Eine Arbeitsgemeinschaft der Verlage

Böhlau Verlag · Wien · Köln · Weimar
Verlag Barbara Budrich · Opladen · Toronto
facultas.wuv · Wien
Wilhelm Fink · Paderborn
A. Francke Verlag · Tübingen
Haupt Verlag · Bern
Verlag Julius Klinkhardt · Bad Heilbrunn
Mohr Siebeck · Tübingen
Nomos Verlagsgesellschaft · Baden-Baden
Ernst Reinhardt Verlag · München · Basel
Ferdinand Schöningh · Paderborn
Eugen Ulmer Verlag · Stuttgart
UVK Verlagsgesellschaft · Konstanz, mit UVK/Lucius · München
Vandenhoeck & Ruprecht · Göttingen · Bristol
vdf Hochschulverlag AG an der ETH Zürich

Günter Endruweit, Gisela Trommsdorff, Nicole Burzan (Hg.)

Wörterbuch der Soziologie

3., völlig überarbeitete Auflage

UVK Verlagsgesellschaft mbH · Konstanz
mit UVK/Lucius · München

Dr. Günter Endruweit war Professor für Soziologie an der Universität des Saarlandes, der Technischen Universität Berlin, der Ruhr-Universität Bochum, der Universität Stuttgart und lehrte bis zu seiner Emeritierung an der Universität Kiel sowie als Gast an der Istanbul Üniversitesi und der Northwestern University in den USA. Er hatte zudem zahlreiche Ämter in der Selbstverwaltung in Bochum, Stuttgart (Dekan), Saarbrücken (Vizepräsident der Universität) und Kiel (Dekan der Wirtschafts- und Sozialwissenschaftlichen Fakultät) inne.

Gisela Trommsdorff ist Forschungsprofessorin am Deutschen Institut für Wirtschaftsforschung (DIW), Sozio-oekonomisches Panel (SOEP), Berlin sowie Leiterin der Arbeitsgruppe für Entwicklungspsychologie und Kulturvergleich an der Universität Konstanz. Sie bekam 2008 das Verdienstkreuz 1. Klasse des Verdienstordens der Bundesrepublik Deutschland verliehen und ist Mitglied der Akademie Gemeinnütziger Wissenschaften in Erfurt.

Nicole Burzan ist Professorin für Soziologie an der Universität Dortmund. Sie wurde 2013 in den Vorstand der DGS (Deutsche Gesellschaft für Soziologie) gewählt und ist dort stellvertretende Vorsitzende und Schatzmeisterin. 2003–2007 war sie Junior-Professorin für »Sozialstrukturanalyse und empirische Methoden« an der FernUniversität in Hagen. Ihre Arbeitsschwerpunkte sind: Soziale Ungleichheit, Inklusion, Zeitsoziologie, Methoden der Sozialforschung.

Online-Angebote oder elektronische Ausgaben sind erhältlich unter
www.utb-shop.de.

Bibliografische Information der Deutschen Bibliothek
Die Deutsche Bibliothek verzeichnet diese Publikation in der Deutschen Nationalbibliografie;
detaillierte bibliografische Daten
sind im Internet über <http://dnb.ddb.de> abrufbar.

2. Auflage: © Lucius & Lucius Verlagsgesellschaft mbH, Stuttgart 2002 (ISBN 3-8252-0172-5)

© UVK Verlagsgesellschaft mbH, Konstanz und München 2014
Einbandgestaltung: Atelier Reichert, Stuttgart
Lektorat: Claudia Hangen, Hamburg
Satz und Layout: Claudia Wild, Konstanz
Druck: fgb · freiburger graphische betriebe, Freiburg

UVK Verlagsgesellschaft mbH
Schützenstr. 24 · D-78462 Konstanz
Tel.: 07531-9053-0 · Fax 07531-9053-98
www.uvk.de

UTB-Band Nr. 8566
ISBN 978-3-8252-8566-1

Inhaltsverzeichnis

Vorwort	9	Elite	89
Abhängigkeit	11	Emanzipation	90
Abhängigkeitstheorien	11	Emergenz	91
Aggregat, soziales	12	Emotionen	92
Aggression	13	Empirie	92
Aktionsforschung	14	Entscheidung	94
Akzeptanz und Sozialverträglichkeit	15	Entwicklung	95
Alltagswissen	15	Entwicklungssoziologie	97
Alterssoziologie	16	Erbe-Umwelt-Theorie	100
Anomie	22	Erklärung	101
Anspruchsniveau	23	Ernährungssoziologie (Soziologie des Essens)	102
Arbeiterbewegung	23	Erwünschtheit, soziale	103
Arbeitsbeziehungen	25	Ethnomethodologie	104
Arbeitssoziologie	26	Ethnologie	107
Arbeitsteilung	30	Ethnozentrismus	108
Arbeitswissenschaft	32	Evaluation	109
Architektursoziologie	34	Evolutionstheorie	111
Aristokratie	35	Experiment	114
Armut und Reichtum	37	Explorationsstudie	118
Ausbeutung	40	Familiensoziologie	120
Auswahlverfahren	41	Feldforschung	124
Autorität	43	Feldtheorie	126
Bedürfnis	45	Forschung	127
Befragung	45	Freizeit	128
Beobachtung	48	Fremdenfeindlichkeit	129
Berufssoziologie	51	Führung	132
Bevölkerungssoziologie und Demographie	56	Funktion	137
Bewegung, soziale	60	Gemeinschaft	140
Beziehungen, soziale	61	Generationen	141
Bias	64	Gerechtigkeit	143
Bildungssoziologie	64	Geschichte der Soziologie	144
Biographieforschung	68	Geschlechterforschung	147
Boykott	70	Gesellschaft	152
Bürgertum	70	Gewalt	154
Bürokratie	71	Gewohnheit	155
Charisma	75	Globalisierung	156
Clique	75	Grounded Theory	157
Datenanalyse	76	Gruppe	158
Definition der Situation	76	Gütekriterien	164
Differenzierung	77	Habitus	166
Diskriminierung	80	Handeln, soziales	167
Dunkelziffer	81	Handlungstheorien	168
Ehe	83	Herrschaft	169
Ehre	84	Hypothese	170
Ehrenamt	85	Identität	172
Eigentum	86	Ideologie	175
Einstellung	87	Image	176
Einzelfallstudie	89	Indikator	176

Indikatoren, soziale 177
Individualisierung 179
Individualismus, methodologischer 181
Individuum 183
Industriesoziologie 184
Inferenz, statistische 189
Inhaltsanalyse 192
Initiation 198
Inklusion/Exklusion 198
Innovation 199
Institution 200
Integration 201
Intellektuelle/Intelligenz 203
Interdisziplinarität 204
Interesse 205
Jugendsoziologie 207
Kapital 212
Kapital, soziales 213
Kapitalismus 214
Kaste 219
Katalysator, sozialer 220
Kindheit 220
Klasse 222
Kodierung 226
Kohäsion 226
Kollektiv 226
Kolonialismus 228
Kommunikations- und Mediensoziologie . . 229
Konflikttheorie 236
Konsens 240
Konservativismus 240
Konsistenz 241
Konstruktivismus 241
Konsumsoziologie 242
Kontrolle, soziale 245
Konvergenztheorie(n)/Konvergenztheorem(e) 248
Körpersoziologie 250
Korrelation 251
Kultursoziologie 252
Kunstsoziologie 257
Kybernetik 260
Land- und Agrarsoziologie 263
Längsschnittuntersuchung 265
Lebenslaufforschung 266
Lebensstil 268
Leistungsgesellschaft 269
Lernen 271
Liberalismus 272
Literatursoziologie 273
Macht 278
Makro- und Mikrosoziologie 279

Marginalität 280
Markt 282
Marktforschung 283
Masse 284
Materialismus, dialektischer und historischer 285
Matriarchat 286
Medizin- und Gesundheitssoziologie 287
Mensch-Tier-Sozialität 293
Messung 294
Methoden, qualitative 298
Methoden, quantitative 302
Methodologie 305
Migration 308
Milieu 310
Militärsoziologie 314
Minderheit 319
Mobilität 321
Mode 325
Modernisierung 326
Musiksoziologie 330
Nachahmung 334
Nachbarschaft 335
Nationalcharakter 335
Netzwerk 336
Norm und Sanktion 338
Operationalisierung 343
Organisationssoziologie 343
Organismustheorie 347
Persönlichkeit(sentwicklung) 349
Phänomenologie 352
Politiksoziologie 356
Position 360
Positivismus 361
Praxis 364
Prestige 364
Pretest 366
Probleme, soziale 366
Professionalisierung 368
Prognose 369
Proletariat 371
Prozess, sozialer 372
Qualifikation 373
Rasse 374
Rational Choice Theorie /
    Theorie der rationalen Wahl 374
Rationalisierung 379
Rationalismus, Kritischer 384
Rationalität 389
Raum, sozialer 390
Raumforschung und Raumplanung 394
Rechtssoziologie 396

Reduktionismus 400
Regressionsanalyse 401
Reiz 403
Religionssoziologie 403
Revolution 408
Risiko 409
Ritual 410
Rolle 411
Rückkopplung 415
Schicht, soziale 417
Segregation 420
Sekundäranalyse 422
Sexualität 422
Sippe 425
Skalierung 425
Sozialarbeit 427
Sozialdarwinismus 429
Sozialethik 430
Sozialgeographie 433
Sozialgeschichte 439
Sozialisation 444
Sozialkunde 451
Sozialökologie 454
Sozialpädagogik 457
Sozialphilosophie 463
Sozialpolitik 467
Sozialpsychologie 471
Sozialstruktur 475
Sozialwissenschaften 480
Soziologie 482
Soziologie, Allgemeine und Spezielle 487
Soziologie, marxistische 488
Soziologie, mathematische 491
Soziologie, strukturell-individualistische . . . 493
Soziologie, verstehende 494
Soziologie, visuelle 496
Soziometrie 496
Soziotechnik 497
Sportsoziologie 498
Sprachsoziologie 503
Stadtsoziologie/Gemeindesoziologie 507
Stand 511
Ständegesellschaft 513
Statistik 514
Status 517
Struktur 518
Strukturalismus 519
Studie, komparative 520
Subjekt, soziales 521
Subkultur 522
Sukzession 523

Symbol 524
Symbolischer Interaktionismus 525
Systemtheorie 528
Tabellenanalyse 535
Tabu 537
Tausch 537
Taylorismus 539
Techniksoziologie 539
Thanatosoziologie 543
Theorie 545
Theorie des Handelns 546
Theorie des kommunikativen Handelns . . . 551
Theorie, kritische 557
Theorie, strukturell-funktionale 561
Tradition 566
Umweltsoziologie 567
Ungleichheit, soziale 571
Utopie 573
Verband 575
Verfahren, multivariate 576
Verfahren, nichtreaktive 579
Vergleich, interkultureller, intersozietärer . . 580
Vergleich, sozialer 583
Verhalten, abweichendes 585
Verhalten, konformes 590
Verhalten, prosoziales 591
Verhaltensmuster 592
Verhaltenstheorie 595
Verstädterung 599
Vorurteile 600
Wahrnehmung, soziale 602
Wahrscheinlichkeit 602
Wandel, sozialer 603
Werbung 607
Wert/Wertewandel 610
Wertfreiheit/Werturteilsproblem 616
Wirtschaftssoziologie 618
Wissenschaft 623
Wissenschaftssoziologie 624
Wissenschaftstheorie 627
Wissenssoziologie 632
Zeit 638
Zensus 639
Zivilgesellschaft 641
Zivilisation 642
Zukunftsforschung 644

Register 647
Autorenverzeichnis 659

Vorwort

Sozialer Wandel ist eines der großen Themen der Soziologie. Sozialen Wandel hat auch dieses Wörterbuch der Soziologie erlebt. Die erste Auflage erschien 1989 im Ferdinand-Enke-Verlag, der später die Veröffentlichung von Soziologie-Büchern einstellte (nicht etwa wegen dieses Wörterbuchs!). Deshalb kam die zweite Auflage 2002 im Verlag Lucius & Lucius heraus, dessen Verleger sein UTB-Programm 2010 aus Altersgründen der UVK Verlagsgesellschaft übertrug, die nun diese dritte Auflage betreut hat und zudem digitale Fassungen des Wörterbuchs plant. Wir danken hier insbesondere Sonja Rothländer für ihre wertvolle Unterstützung.

Wozu braucht man, ob in gedruckter oder digitaler Variante, im Zeitalter schneller Informationsbeschaffung im Internet noch ein Wörterbuch der Soziologie? Für die Herausgeber, für die Autorinnen und Autoren, für Soziologinnen und Soziologen liegt auf der Hand, dass die fachlich fundierte Einordnung des vielfältigen sozialen Wandels in gesicherter Weise von Expertinnen und Experten erfolgen sollte, die aktuell in den verschiedenen Themengebieten der Soziologie forschen, und dass dabei insbesondere der soziologische Blick auf Phänomene wie Emotionen, Markt oder Recht, die ja auch von anderen Disziplinen thematisiert werden, im Fokus der Aufmerksamkeit steht.

Sozialer Wandel zeigt sich entsprechend auch im Inhalt des Wörterbuchs. So wurden als neue Stichworte z. B. aufgenommen: Ehrenamt, Exklusion/ Inklusion, Innovation, Interdisziplinarität, Kommunikationssoziologie, Körpersoziologie, Lebenslaufforschung, Risiko, Thanatosoziologie und Wissenschaftssoziologie. Im Übrigen wurde das frühere Konzept beibehalten. Neben der bewährten Mischung aus längeren und kürzeren Beiträgen ist unter anderem kennzeichnend, dass Sie als Leserinnen und Leser sowohl nach Stichworten suchen können, denen ein eigener Beitrag gewidmet ist, als auch nach Begriffen im Register, sodass Querbezüge leicht herzustellen und Sachverhalte ohne eigenen Beitrag gut auffindbar sind.

Außerdem ist eine Veränderung in der Herausgeberschaft eingetreten. Die ursprünglichen Herausgeber danken Nicole Burzan dafür, dass sie bereit war, sich der zeit- und nervenaufreibenden Arbeit zu unterziehen und zur Kontinuität bereit zu sein. Auch im Kreis der Autorinnen und Autoren ergaben sich aus unterschiedlichsten Gründen große Veränderungen. Wir danken allen, die zu dieser Auflage Beiträge geliefert haben, für ihre Mühe.

Wir hoffen, mit dieser neuen Auflage allen an der Soziologie Interessierten eine nützliche Hilfe leisten zu können.

Kiel/Konstanz/Dortmund, im Januar 2014

Günter Endruweit/Gisela Trommsdorff/
Nicole Burzan

A

Abhängigkeit

Abhängigkeit (engl. dependence, dependency) bezeichnet einen für eine längere Zeit anhaltenden zwischenmenschlichen Zustand in *Dyaden oder Gruppen* als Ergebnis wiederholt abgelaufener Prozesse sozialer Bindung meist mit asymmetrischen und komplementären Tendenzen in *Interaktion* und *Kommunikation*: etwa als Gehorsam gegenüber *Herrschaft* oder *Macht* in hierarchisch gegliederten sozialen Gebilden (hierarchische Abhängigkeit) oder paradigmatisch im Rahmen der primären Sozialisation als überwiegend gefühlsmäßige Beziehung zwischen Kleinkind und Dauerpflegeperson (emotionale Abhängigkeit). Dabei sind generell und über die Bedingungen der Primärsozialisation hinaus Verhaltensdispositionen wie die Suche nach körperlicher Nähe, Fürsorge, Beachtung und Anerkennung oder die Angst vor Trennung, sozialer Isolation und Einsamkeit charakteristisch (Abhängigkeitsbedürfnis). Es können sich daraus wechselseitige Abhängigkeitsverhältnisse ergeben, die unter dem Aspekt *abweichenden Verhaltens* zu untersuchen sind, insofern sie nicht für eine Übergangsphase soziokulturell gebilligt werden (z. B. bei Liebespaaren) oder sich auf soziale Phänomene des *Tausch*es beziehen, die Gegenstand von kulturanthropologischen *Tauschtheorien* und verhaltenstheoretischen *Austauschtheorien* sind.

Daneben wird der Begriff Abhängigkeit verwendet, um eine Beziehung von Personen zu Sachen zu kennzeichnen: etwa in der Arbeitsorganisation, wo sich die Rolleninhaber einer Steuerung und Kontrolle durch technische und nicht-technische Technologien unterwerfen (funktionelle Abhängigkeit), oder im Bereich des nicht mehr kontrollierbaren, süchtigen Konsums von psychotropen Substanzen, z. B. Alkohol (Abhängigkeitssyndrom), der Gegenstand der Soziologie *sozialer Probleme* ist.

Siegfried Tasseit

Abhängigkeitstheorien

Die Abhängigkeitstheorien (*Dependenztheorien*, engl. dependency theories) entstanden Ende der 1960er Jahre in Lateinamerika als Reaktion auf ausbleibende Entwicklungserfolge. Bei den Abhängigkeitstheorien handelt es sich nicht um ein geschlossenes Theoriegebäude, sondern um eine beträchtliche Zahl konkurrierender bzw. aufeinander aufbauender Ansätze (zusammenfassend Menzel 2010: 97–124, Boeckh 1982). Allen gemein ist, dass sie sich von den bis dahin in der *Entwicklung*stheorie dominierenden ökonomischen Aushandelstheorien und den sozialwissenschaftlichen Modernisierungstheorien absetzen und Entwicklungsprozesse im Rahmen internationaler ökonomischer und politischer Herrschaftsprozesse analysieren. Kurz gefasst sehen sie die fehlende Entwicklung der Dritten Welt als eine Folge der Entwicklung der Ersten Welt an.

Während die Aushandelstheorien auf der Basis der Theorie komparativer Kostenvorteile (Ricardo) einen Wohlstandsgewinn durch die Eingliederung in den Welthandel unterstellen, blieb dieser Effekt in Lateinamerika aus. Singer und Prebisch (Prebisch 1968, Kapitel 1) verweisen zur Erklärung auf die im Vergleich zu Industrieprodukten langfristig fallenden Preise für Rohstoffe und sprechen von der Verschlechterung der Tauschverhältnisse (Terms of Trade). Marxistische Autoren, die wesentlich die weitere Debatte in den Abhängigkeitstheorien bestimmten, sehen in dieser Ungleichheit eine Grundstruktur des kapitalistischen Weltsystems, wobei zur Begründung auf frühere Imperialismustheorien (Lenin) bzw. auf Argumente im Rahmen neomarxistischer Überlegungen zurückgegriffen wurde (u. a. marxistische Arbeitswertlehre). Frank (1968) brachte das Kernargument auf die Formel »Entwicklung der Unterentwicklung«. Auf diesen Überlegungen aufbauend entwickelte Wallerstein (1982) seinen Weltsystemansatz.

Die Abhängigkeitstheorien stehen auch im radikalen Gegensatz zu zentralen Annahmen »klassischer« *Modernisierungstheorie*n (Rostow 1960, Lerner 1971), welche Entwicklung als vornehmlich endogenen Prozess bestimmen, der, sobald traditionelle Widerstände überwunden sind, gleichsam automatisch vonstattengehe. Aus Sicht der Abhängigkeitstheorien sind die sozioökonomischen Verhältnisse in der Dritten Welt durchaus dynamisch, allerdings führe die strukturelle Ungleichheit zwischen entwickelten und unterentwickelten Ländern sowie zwischen den kleinen entwickelten Bereichen der unterentwickelten Länder und dem überwiegenden unterentwickelten Teil (strukturelle Heterogenität) zu einem peripheren Kapitalismus (Galtung 1972). Dieser sei nur durch strukturelle Änderungen des ökonomischen Weltsystems unter sozialistischem Vorzeichen oder durch eine zeitweise Abkopplung (Dissoziation) vom kapitalistischen Weltsystem zu überwinden (Amin 1975). Diese theorielastige Argumentation konnte jedoch weder steigende Rohstoffpreise in den 1970er Jahren noch die wirtschaftliche Entwicklung einiger weltmarktorientierter Schwellenländer (u. a. Brasilien, Mexiko, Süd-Korea, Taiwan) erklären.

Cardoso und Faletto (1976) argumentierten weniger ideologisch und betrachteten unterschiedliche Verläufe ausbleibender Entwicklung in Lateinamerika, wobei endogene und exogene Faktoren berücksichtigt wurden. Diese stärker empirisch begründeten Ansätze waren eher in der Lage, die veränderten Bedingungen in der Weltwirtschaft der 1970er Jahre zu erfassen. Trotz aller Unterschiede blieb der Analysefokus auf die als ungerecht empfundenen weltwirtschaftlichen Strukturen gerichtet. Spätere konsequent empirisch ausgerichtete Arbeiten von Menzel und Senghaas (1986) überwanden das dichotome Denken zwischen Erster und Dritter Welt. Sie entwickelten typische Muster von Entwicklung und Unterentwicklung, die durch das Zusammenspiel spezifischer historischer Bedingungen, Weltmarktkonstellationen und gezielter Wirtschaftspolitiken in Bezug auf selektive An- und Abkopplung an den Weltmarkt geprägt sind. Die Autoren distanzierten sich damit von zentralen Argumenten der Abhängigkeitstheorien und plädierten für empiriegeleitete Analysen von Entwicklungsprozessen, die seither anstelle »Großer Theorien« diskutiert werden.

Die wichtige Erkenntnis, dass Entwicklung wesentlich durch globale Prozesse mitbestimmt wird, ist heute eine bedeutsame Grundlage der *Globalisierung*sdebatte. Insbesondere globalisierungskritische soziale Bewegungen (z. B. Attac) beziehen sich auf die Abhängigkeitstheorien und greifen beispielsweise die empirisch wenig fundierten Argumente der »Entwicklung der Unterentwicklung« auf.

Literatur

Amin, Samir, 1975: Die ungleiche Entwicklung. Essay über die Gesellschaftsformationen des peripheren Kapitalismus, Hamburg. – Boeckh, Andreas, 1982: Abhängigkeit, Unterentwicklung und Entwicklung. Zum Erklärungswert der Dependencia-Ansätze; in: Nohlen, Dieter; Nuscheler, Franz (Hg.): Handbuch der Dritten Welt, Bd. 1 Unterentwicklung, Hamburg, 133–151. – Cardoso, Fernando H.; Faletto, Enzo, 1976: Abhängigkeit und Entwicklung in Lateinamerika, Frankfurt a. M. – Frank, André G, 1968: Kapitalismus und Unterentwicklung in Lateinamerika, Frankfurt a. M. – Galtung, Johan, 1972: Eine strukturelle Theorie des Imperialismus; in: Senghaas, Dieter (Hg.): Imperialismus und strukturelle Gewalt, Frankfurt a. M., 29–104. – Lerner, Daniel, 1971: Die Modernisierung des Lebensstils: eine Theorie; in: Zapf, Wolfgang (Hg.): Theorien des sozialen Wandels, Köln/Berlin, 362–381. – Menzel, Ulrich, 2010: Teil I Entwicklungstheorie; in: Stockmann, Reinhard et al. (Hg.): Entwicklungspolitik. Theorien – Probleme – Strategien, München, 11–159. – Menzel, Ulrich; Senghaas, Dieter, 1986: Europas Entwicklung und die Dritte Welt, Frankfurt a. M. – Prebisch, Raúl, 1968: Für eine bessere Zukunft der Entwicklungsländer, Berlin. – Rostow, Walt W., 1960: Stadien wirtschaftlichen Wachstums, Göttingen. – Wallerstein, Immanuel, 1982: Aufstieg und künftiger Niedergang des kapitalistischen Weltsystems. Zur Grundlegung vergleichender Analyse. In: Senghaas, Dieter (Hg.), Kapitalistische Weltökonomie, Frankfurt, 31–66.

Dieter Neubert

Aggregat, soziales

Ein Aggregat (engl. social aggregate) bezeichnet (ähnlich den Begriffen *Masse* und *Menge*) eine Ansammlung von Personen, die sich in räumlicher Nähe befinden, zwischen denen jedoch *Kommunikation* und *Interaktion* nicht oder nur sporadisch stattfindet. Im Gegensatz zur »*Kategorie*« bezeichnet Aggregat eine reale, physisch abgrenzbare soziale Einheit. Aggregate weisen nach Fichter einen geringen Strukturierungs- bzw. Organisationsgrad sowie zumeist einen territorialen und vorübergehenden Charakter auf (vgl. auch Esser 2000, Kap. 2). Die Personen, die ein Aggregat bilden, bleiben relativ anonym, haben (auch bei physischer Nähe) nur beschränkten sozialen Kontakt und zeigen in ihrem Verhalten nur geringe Modifikationen gegenüber ihrem Verhalten außerhalb des Aggregats (Fichter 1970, 57/58). Ordnet man Begriffe, die zur Charakterisierung einer sozialen Einheit dienen, nach dem zunehmenden Grad von Organisiertheit, Interaktion und physischer Präsenz der Mitglieder, so entsteht die folgende Reihe: Kategorie (z. B. Gesamtheit aller Fußballfans unter 30 Jahren), Aggregat (Menge der Zuschauer eines Spiels), *Kollektiv* (Fußballverein), *Gruppe* (Fußballmannschaft).

Literatur

Esser, Hartmut, 2000: Soziologie. Spezielle Grundlagen. Band 2: Die Konstruktion der Gesellschaften, Frankfurt a. M. u. a. – Fichter, Joseph H., 1970: Grundbegriffe der Soziologie, 3. Aufl., Wien/New York.

Gerhard Berger

Aggression

Aggression (engl. aggression) umfasst eine individuelle oder kollektive Haltung, Einstellung (Feindseligkeit) oder *Emotion* (Ärger), resp. Verhalten gegenüber Menschen, Tieren, Dingen oder Einrichtungen, mit dem Ziel, sie zu beherrschen, zu schädigen oder gar zu vernichten (Schädigungsabsicht). Damit ist diese Definition von Vorstellungen abzugrenzen, die unter Aggression jede gerichtete, offensive Aktivität oder »Energie« verstehen. Aggressives Verhalten meint die Umsetzung der genannten Ziele; der Begriff Aggressivität bezeichnet die überdauernde Disposition zu aggressivem Verhalten. Entlang mehrerer Dichotomien werden verschiedene Ausprägungen aggressiven Verhaltens differenziert: z. B. feindselig vs. instrumentell, reaktiv vs. aktiv, offen vs. verdeckt, affektiv vs. räuberisch; zudem werden verbale, physische und indirekte/relationale (auf Beziehungsebene) Formen unterschieden. Aggression kann auf individueller, interpersonaler und intergruppaler Ebene beobachtet werden und wird meistens gesellschaftlich als *Normen*verstoß betrachtet und negativ bewertet. Andererseits kann Aggression im Sinne von Durchsetzungsverhalten auch positiv konnotiert sein. Entscheidend ist dabei die kulturelle, zeitliche und situative Einbettung des Verhaltens. Aggressives Verhalten weist zudem einen Überschneidungsbereich zu *Gewalt* auf.

Ansätze der Aggressionsforschung

In der Aggressionsforschung lassen sich vielfältige Theorien finden, die auf unterschiedlichen Ebenen menschlichen Verhaltens und Erlebens Erklärungsmodelle anbieten. Letztlich ist Aggression nur multifaktoriell verstehbar, weshalb besonders integrative Ansätze, wie z. B. das integrative Prozess-Modell (Anderson) zu bevorzugen sind. Bei weitem nicht jede Aggression hat überwiegend psychologische oder psychopathologische Hintergründe. Nach evolutionsbiologischer Sicht wird Aggression als eine Form des Konkurrenzverhaltens um fitnessbegrenzende Ressourcen und Arterhaltung verstanden. Triebtheorien und die Ethologie sehen Aggression als biologisch determinierten/angeborenen Instinkt/Trieb. Aus tiefenpsychologischer Sicht ist Aggression als Ableitung/Freisetzung negativer Energien und Versuch der Bewältigung von Angst, Unsicherheit und Enttäuschung zu verstehen. Die *Frustrations-Aggressions-Theorie* sieht Aggression als Folge von Frustration (Nicht-Erreichung von Zielen, Bedürfnisbefriedigung), während die *lerntheoretische* Sicht meint, aggressives Verhalten werde aufgrund der Vorbildfunktion aggressiver Menschen, die man beobachtet, erlernt (Lernen am Modell) und durch Verstärkung (Konditionierung) aufrechterhalten. Nach der Kognitiven Neoassoziationstheorie führen gewaltvolle Hinweisreize (z. B. Waffen, Provokationen) zu Aggression, indem sie aggressionsthematische semantische Inhalte aktivieren, die im Langzeitgedächtnis gespeichert sind. Die Sozial-Kognitive Informationsverarbeitungstheorie geht davon aus, dass Verzerrungen in der sozial-kognitiven Informationsverarbeitung zur Interpretation von Signalen als feindselig und zu aggressiven Reaktionen führen.

Soziologische Perspektiven

Nach soziologischer Auffassung wird aggressives Verhalten nicht als Qualität der Handlung, sondern als Konsequenz der Existenz von Regeln und *Normen* verstanden, die im Prozess der *Zivilisation* zu einer zunehmenden Ächtung und Formung unkontrollierter Aggression geführt haben. Die Entstehung, Ausübung oder Stabilisierung aggressiven Verhaltens wird durch Bedingungen im sozialen und gesellschaftlichen Umfeld bestimmt, wobei Macht, Einfluss und Besitzverhältnisse eine bedeutsame Rolle spielen. Die Einstufung eines Verhaltens bzw.

einer Handlung als »aggressiv« hängt sowohl von der Existenz von Regeln ab, deren Verletzung »*abweichendes Verhalten*« darstellt, als auch von der Definition und Anwendung der Regeln durch andere, weshalb die klassischen *Devianz*theorien Anwendung finden: Nach der *Anomietheorie* entsteht Aggression durch die Dissoziation zwischen kulturellen Zielen und dem Zugang bestimmter sozialer Schichten zu den dazu notwendigen Mitteln. Die *Subkulturtheorie* erklärt Aggression durch Zugehörigkeit zu gesellschaftlichen Teilkulturen (Subkulturen), die einen Teil der gesellschaftlichen Normen, Werte und Symbole ablehnen. Der *Labeling approach* versteht Aggression als Resultat von Zuschreibungs- und Etikettierungsprozessen im Verlauf interpersonaler Interaktion. Neuere Ansätze (z. B. Individualisierungsansatz, Sozialisationsansatz) sehen aggressives Verhalten als eine Form der Verarbeitung von Verunsicherung und Desintegration in Folge von Individualisierungs- und Modernisierungsprozessen bzw. als Ausdruck mangelnder sozialer Kompetenz und nicht gelungener Anpassung an Lebensanforderungen. Zur Erklärung intergruppaler Aggression existieren ebenfalls mehrere Theorien: Die Theorie des realistischen *Gruppen*konflikts (Sherif) geht davon aus, dass Aggression gegen Fremdgruppenmitglieder entsteht, wenn sich eine Gruppe in einem Zielkonflikt mit einer anderen befindet und ihre Interessen gefährdet sind. Die Theorie der Sozialen Identität (Tajfel/Turner) meint, dass Konfrontationen mit Fremdgruppen gesucht werden, um ein positives Bild der Eigengruppe und eine soziale Identität zu entwickeln. Nach der Theorie der relativen *Deprivation* entsteht Intergruppenaggression, wenn die Gruppenmitglieder glauben, dass ihre Gruppe benachteiligt ist. Neuere Untersuchungen (Meier et al.) können zeigen, dass Individuen in Gruppen aggressiver sind, da die Entstehung feindlicher Gesinnungen, negativer Gefühle und Enthemmung in Gruppen wahrscheinlicher ist.

Literatur

Anderson, Craig A.; Huesmann, L. Rowell, 2003: Human aggression: A social-cognitive view; in: Hogg, Michael A.; Cooper, Joel (Eds.): Handbook of Social Psychology, London. – Baron, Robert A.; Richardson, Deborah R., 1994: Human aggression, 2nd ed., New York. – Berkowitz, Leonard, 1993: Aggression. Its causes, consequences, and control, New York. – Bierhoff, Hans-Werner; Wagner, Ulrich, 1998: Aggression – Definition, Theorie und Themen; in: Dies. (Hg.): Aggression und Gewalt: Phänomene, Ursachen und Interventionen, Stuttgart, 2–25. – Bründel, Heidrun; Hurrelmann, Klaus, 1994: Gewalt macht Schule, München. – Heitmeyer, Wilhelm; Hagan, John, 2002: Internationales Handbuch der Gewaltforschung, Opladen. – Selg, Herbert et al., 1997: Psychologie der Aggressivität, 2. Aufl., Göttingen.

Vincenz Leuschner/Herbert Scheithauer

Aktionsforschung

Aktionsforschung (engl. action research), auch *Handlungsforschung* genannt, ist eine Art *Begleitforschung* zu eigenem *Praxis*handeln oder, in einer Selbstdarstellung, »eine Forschungsstrategie, durch die ein Forscher oder ein Forschungsteam in einem sozialen Beziehungsgefüge in Kooperation mit den betroffenen Personen aufgrund einer ersten Analyse Veränderungsprozesse in Gang setzt, beschreibt, kontrolliert und auf ihre Effektivität zur Lösung eines Problems beurteilt. Produkt des Forschungsprozesses ist eine konkrete Veränderung in einem sozialen Beziehungsgefüge, die eine möglichst optimale Lösung des Problems für die Betroffenen bedeutet« (Pieper in Haag et al., 100/101). Produkt ist also nicht – wie nach der klassischen *Wissenschaftstheorie* – eine Erhärtung oder Widerlegung einer Hypothese, sondern Gestaltung der Wirklichkeit und eine daraus abgeleitete Beurteilung der Wirksamkeit verschiedener *Wandel*strategien.

Der von Kurt Lewin im Rahmen von sozialpsychologischen und -pädagogischen *Konflikt*therapien entwickelte Begriff wurde in die Soziologie übernommen und sollte insbesondere in den 60er und 70er Jahren des 20. Jh.s ein Versuch zur Verbindung von *Wissenschaft* und *Praxis* sein. Der klassischen *Wissenschaftstheorie* wurde vorgeworfen, ihre Prinzipien von Objektivität und Neutralität führten zur Zementierung der gegenwärtigen Zustände. Demgegenüber müssten Wissenschaftler emanzipatorisch und politisch im Sinne von Beseitigung von Ungerechtigkeit und Naturwidrigkeit wirken; Wissenschaft und soziales Engagement müssten also verbunden werden.

Wichtige Versuchsgebiete waren u. a. frühkindliche Sozialisation, Gastarbeiterintegration, Stadtteilsanierung, Straffälligensozialisation, Organisationswandel und viele Bereiche der Entwicklungshilfe.

Entscheidendes Kriterium war nicht nur die Beteiligung der Wissenschaftler sowohl als Forscher als auch als Praxisveränderer, sondern auch die Einbeziehung der von der Veränderung Betroffenen in alle Phasen der von der Planung bis zur Ergebnisfeststellung und -beurteilung. Forschungs- und Praxiszeiten lösten einander in prinzipiell unbegrenzter Zahl ab, gingen aber oft, besonders bei Alternativversuchen, nebeneinanderher und ineinander über.

Damit war nur eine rudimentäre *Evaluation* möglich, aber keine hypothesenprüfende *Forschung*. Auch das Gebot der *Wertfreiheit* war nicht einzuhalten. Angesichts dieser Schwierigkeit ist sie immer mehr in Vergessenheit geraten.

Literatur

Haag, Fritz et al. (Hg.), 1972: Aktionsforschung, München. – Friedrichs, Jürgen, 1990: Methoden empirischer Sozialforschung, 14. Aufl., Wiesbaden, 370–375. – Burns, Danny, 2007: Systematic Action Research, Bristol.

Günter Endruweit

Akzeptanz und Sozialverträglichkeit

Akzeptanz (engl. acceptance) ist die Eigenschaft einer *Innovation*, bei ihrer Einführung positive Reaktionen der davon Betroffenen zu erreichen. Sozialverträglichkeit (engl. social compatibility) ist die Eigenschaft einer Innovation, sich funktional in eine bestehende *Sozialstruktur* einpflanzen zu lassen (*evolutionärer Wandel*) oder eine gegebene Sozialstruktur so verändern zu können, dass sie funktional in die neue Sozialstruktur passt (*revolutionärer Wandel*). Dabei ist »Innovation« nicht nur auf technische Änderungen (Lucke/Hasse, 17), aber auch nicht nur auf Meinungen, Entscheidungen u. Ä. bezogen zu sehen, sondern als jede Neuheit gegenüber dem Bestehenden. Der methodologische Grundunterschied liegt im subjektiven Ansatz bei der Akzeptanz und im objektiven Ansatz bei der Sozialverträglichkeit (Endruweit, 204–210). In der Forschung ist Akzeptanz, durch Befragung oder Beobachtung ermittelt, ein einfacher, aber hinreichender Indikator dafür, dass eine Innovation nicht nur legal, sondern auch legitim ist. Die empirischen Ergebnisse zeigen große Unterschiede nach Objektbereich und persönlichen Daten der Befragten; selbst die Gesamttendenz in einem so oft beforschten Bereich wie der Technikak-

zeptanz ist nicht unstreitig (Renn/Zwick, 21). Akzeptanz und Sozialverträglichkeit sind vor allem bei Großprojekten technischer (z. B. Bau von Windkraftanlagen) und politischer (z. B. Reform der Schulorganisation) Art von großer Bedeutung. Das Fehlen von Akzeptanz oder das (auch nur vermeintliche oder angebliche) Fehlen von Sozialverträglichkeit sind häufig Anlass für *soziale Bewegungen* des Protestes oder Widerstandes.

Literatur

Endruweit, Günter, 1997: Sozialverträglichkeits- und Akzeptanzforschung als methodologisches Problem; in: ders.: Beiträge zur Soziologie, Bd. I, Kiel, 202–218. – Lucke, Doris; Hasse, Michael (Hg.), 1998: Annahme verweigert. Beiträge zur soziologischen Akzeptanzforschung, Opladen. – Renn, Ortwin; Zwick, Michael M., 1997: Risiko- und Technikakzeptanz, Berlin.

Günter Endruweit

Alltagswissen

Unter Alltagswissen (engl. knowledge of everyday life) wird seit Alfred Schütz der *Wissen*sbestand verstanden, der der *Lebenswelt* des Alltags zuzurechnen ist. Der Alltag ist das Subuniversum der Lebenswelt, in dem wir handelnd und verändernd in die Welt eingreifen können. Anders als im Fall aller anderen subjektiven Erfahrungswirklichkeiten, die sich in unserem Bewusstsein konstituieren – sei es Traum, theoretische Einstellung oder religiöse Erfahrung –, teilen wir den Alltag mit anderen. Wir treten mit ihnen in *Interaktion* und bringen die Alltagswelt gemeinsam hervor. Die Alltagswelt ist insofern unser grundlegender Erfahrungsraum, als er uns als fraglos gegeben erscheint, alle anderen Welten in ihn hineinreichen und wir aus dem Alltag heraus in diese anderen Welten eintreten. Alltagswissen und Alltagshandeln sind untrennbar miteinander verbunden, da sich der Wissenserwerb im Handeln vollzieht und Handeln ohne Wissen nicht möglich ist. Der Alltagsmensch tritt der Welt in aller Regel in einer bestimmten Einstellung gegenüber: Als Handelnder, der in die Welt eingreift, um so die sich aufdrängenden Probleme seiner Existenz einer Lösung zuzuführen. Die auf diese Weise gekennzeichnete Welt des Alltags wird mithin beherrscht von einem ›pragmatischen Motiv‹. Als kategorialer Begriff meint Alltagswissen damit den Bestand an Lösungen für eben diese Probleme, die mit seiner Hilfe ›problemlos‹ bewältigt werden können und sich deshalb im Alltag nicht als Probleme darstellen. Alltagswissen steht damit symbolischem Wissen gegenüber, das die Erfahrung transzendenter, nicht unmittelbar erfahrbarer Wirklichkeiten ermöglicht. Andererseits dient symbolisches Wissen der Legitimation von Alltagswelten und gibt ihnen ihr je spezifisches symbolisch-pragmatisches Gepräge – den sozialen Feldern der Politik und der Ökonomie genauso wie der Familie oder der Nachbarschaft.

Da Wissen einerseits ein gesellschaftliches Produkt ist, andererseits aber auch subjektiv erworben und verwendet wird, kann zwischen subjektivem und gesellschaftlichem Wissensvorrat unterschieden werden. Der subjektive Wissensvorrat besteht zum großen Teil aus Routinewissen, das uns selbstverständlich erscheint und wiederum in Fertigkeiten, Gebrauchswissen und Rezeptwissen unterteilt werden kann, zum anderen aus explizitem Wissen, das in unterschiedlichem Maße vertraut, bestimmt und glaubwürdig ist. Der gesellschaftliche Wissensvorrat besteht aus Allgemeinwissen, das für jeden relevant ist und aus Sonderwissen, das nur von bestimmten Rollenträgern in bestimmten Situationen zum Einsatz gebracht wird.

In empirisch-historischer Hinsicht verweist der Alltagsbegriff auf eine Vielzahl nebeneinander existierender sozialer Welten, an denen wir teilhaben und auf eine Fülle alltäglicher Situationen mit ihren je spezifischen alltäglichen Wissensbeständen und Handlungsmustern. Die Widersprüche zwischen den jeweiligen Wissensbeständen sind solange irrelevant, wie die Handlungsfelder voneinander separiert bleiben. Brüchig und fragwürdig wird Alltagswissen, wo es sich nicht bewährt. Die Verbreitung von Expertenwissen, die Verwissenschaftlichung der Alltagssprache und die gesellschaftliche Dauerkommunikation verweisen darauf, dass mit Technologisierung, der Zunahme von Risikolagen und gesellschaftlicher Pluralisierung der Bestand an selbstverständlichem Alltagswissen geringer wird.

Literatur

Berger, Peter L.; Luckmann, Thomas, 1969: Die gesellschaftliche Konstruktion der Wirklichkeit. Eine Theorie der Wissenssoziologie, Frankfurt a.M. – Schütz, Alfred; Luckmann, Thomas, 2003: Strukturen der Lebenswelt, Konstanz (1975/1984). – Soeffner, Hans-Georg, 2004: Auslegung des Alltags – Der Alltag der Auslegung. Zur wissenssoziologischen Konzeption einer sozialwissenschaftlichen Hermeneutik, 2. Aufl., Konstanz.

Dariuš Zifonun

Alterssoziologie

Begriff

Die Alterssoziologie (engl. sociology of aging), oftmals auch als Alternssoziologie, Soziologie des Alters oder als Gero- bzw. Gerontosoziologie bezeichnet, ist eine spezielle Soziologie, die mit den Instrumenten der allgemeinen Soziologie (Begriffe, Theorien, Methoden) ihren spezifischen Untersuchungsgegenstand – das Alter und Altern von Individuen und sozialen Gruppen – untersucht. Damit befasst sich die Alterssoziologie sowohl mit der Strukturkategorie **Alter** (als Status von Individuen oder sozialen Gruppen) als auch mit der Prozesskategorie **Altern** (als strukturell beeinflusste individuelle oder kollektive Prozesse, Verläufe, Sequenzen, Übergänge oder Veränderungen in *Lebenslauf* und Gesellschaft). Ihr Forschungsgegenstand sind die Einflüsse des Alters bzw. Alterns auf Gesellschaft und Kultur wie auch umgekehrt die Einflüsse von Gesellschaft und Kultur auf das Alter bzw. auf den Alterungsprozess. Dabei geht es sowohl um die Analyse der Gesellschaft als Bedingung von Opportunitätsstrukturen, Handlungsdispositionen, Lebenslagen, Handlungspotentialen usw. als auch um die Veränderungen der Gesellschaft und ihrer sozialen Institutionen als Resultat z. B. veränderter Lebenslagen und Handlungsbedingungen.

Die Alterssoziologie ist gleichermaßen als *spezielle Soziologie* oder als Bindestrich-Soziologie in der allgemeinen Soziologie sowie als Teildisziplin in der inter- bzw. multidisziplinären *Sozialen Gerontologie* bzw. Sozialgerontologie verankert. Gerontologie ist keine Disziplin oder Fachwissenschaft im engeren Sinne, weil sie sich kaum auf gemeinsame Orientierungen, Paradigmen, theoretische Programme, erkenntnistheoretische und methodologische Grundlagen bezieht. Sie ist vielmehr als Versuch der gegenstandsbezogenen interdisziplinären Kooperation verschiedener Geistes-, Human- und Sozialwissenschaften zu verstehen, die sich mit der Deskription, Analyse und Modifikation von physiologischen, psychischen, sozialen und kulturellen Aspekten von Alter und Altern beschäftigen. Dabei können im Idealfall einzelwissenschaftliche Engführungen vermieden und transdisziplinäre Perspektiven entwickelt werden.

Alter und Altern

Das Alter im allgemeinen Sinne bezeichnet gemeinhin a) einen **Zeitraum** oder ein Zeitalter, z. B. die seit der Geburt bzw. Entstehung eines Lebewesens, einer Institution oder eines Gegenstandes verstrichene Zeitdauer (z. B. Lebenszeit), i. d. R. abgelesen an einem Kalender als Maßstab. Alter bezeichnet b) auch Lebensabschnitte oder **Altersphasen** als temporäre und transitive Abschnitte im individuellen Lebensverlauf (z. B. das hohe Alter), die c) von den **Altersgruppen** oder **Altersschichten** als klar abgrenzbare, sozial anerkannte und in unterschiedlichem Ausmaß intern organisierte soziale Gruppen zu unterscheiden sind.

Alter und Altern sind keine natürlichen, quasi präkulturellen Erscheinungen, sondern auf unterschiedlichen Ebenen sozial konstruierte Kategorien (Reifikationen), die dann als faktisch vorhandene äußerliche Phänomene (Objektivationen) aufgefasst werden. In der Alterssoziologie wird das **Alter** als *Status* und soziales Strukturierungsprinzip bzw. gesellschaftliches Ordnungsmuster verstanden, durch welches zugleich Zugang und Ausschluss von sozialen Teilnahmechancen geregelt und soziale Beziehungen hergestellt oder unterbunden werden (Prahl, Schroeter 1996: 277). Das **Altern** drückt den dynamischen Aspekt des individuellen und kollektiven Altwerdens aus und bezieht sich auf das Durchschreiten von sozial bewerteten und an soziale Rollen gebundenen Altersstufen oder *Lebensphase*n. Es bezieht sich auf eine Sequenz von Ereignissen im individuellen Lebensverlauf, wobei einige dieser Ereignisse direkt mit dem chronologischen Alter verbunden sein können (z. B. wurden Altersgrenzen bzw. -spielräume für Schuleintritt oder Pensionierung festgelegt), während andere Ereignisse (z. B. Eheschließung, -scheidung) weniger durch formalrechtliche Vorgaben, sondern eher aus der sozialen Struktur und damit korrespondierenden Normen oder durch sozio-kulturelle Zugehörigkeiten geregelt sind. Auch psychische und physiologische Veränderungsprozesse (z. B. korporale Vulnerabilitäten wie Krankheit oder Pflegebedürftigkeit), die mit dem kalendarischen Alter korreliert sind, werden als Indikatoren von Alter und Altern verwendet.

Alter und Altern sind also keine eindeutig definierten Begriffe, sondern je nach (disziplinärer) Perspektive unterschiedlich akzentuierte und semantisch verschieden gefasste, idealtypische soziale Konstruktionen. Das **biologische Alter** oder **physiologische Alter** bezeichnet z. B. den körperlichen Zustand des Menschen aufgrund biologischer Vorgänge von Wachstum, Reife, Abbau und Verfall. Diese »biologischen Grundbefindlichkeiten« (Schelsky [1959] 1965: 199) sind jedoch keine sozialen Realitäten sui generis, sondern stets einem sozialen Wandel unterworfen, wobei sich das je biologisch Vorgegebene und das gesellschaftlich Konstruierte im Erkenntnisprozess nicht vollständig voneinander trennen lassen. Als Maßstab wird zumeist das **kalendarische** oder **chronologische Alter** – die seit der Geburt vergangene (oder im Falle des prospektiven Alters die noch verbleibende) – Kalenderzeit verwendet, welche diese Prozesse zwar nicht misst – Uhren und Kalender sind an Erdrotation und Planetenkonstellationen ausgerichtet –, aber zumindest eine gewisse (wenn auch mit zunehmendem Alter abnehmende) statistische Korrelation aufweist. Mit der Verwendung des Kalenders als Messinstrument sind aber auch weitere (möglicherweise problematische) Annahmen wie gleichmäßig voranschreitende und irreversible Entwicklung verbunden. Eine Alternative ist das **funktionale Alter** – eine soziale Kategorisierung, die auf Einschränkungen bzw. Kompetenzen im Vergleich zu Durchschnittswerten abhebt. Mehrfach wurde auch versucht, die Altersphase im Lebenslauf im Sinne des funktionalen Alters in weitere Abschnitte zu untergliedern, also z. B. ein viertes oder fünftes Alter abzugrenzen. Während die Dreiteilung des Lebenslaufs aber durch relativ konkrete Altersgrenzen gesellschaftlich geregelt ist – die Schulpflicht auf der einen, und zumindest für die Mehrheit der Bevölkerung das Rentenzugangsalter auf der anderen Seite –, wäre der Rekurs auf ein kalendarisches Alter hier ausgesprochen unpräzise und potentiell diskriminierend: Auch diese Prozesse sind mit der Kalenderzeit mehr oder weniger stark (und im Zeitverlauf abnehmend) statistisch korreliert, aber nicht selbst von Erdrotation oder Planetenkonstellationen abhängig. Letztlich handelt es sich auch hier um Varianten eines **sozialen Alters**, also gesellschaftlich zugeschriebene Größen.

Offensichtlicher ist dies beim **administrativen Alter** (gelegentlich auch als bürokratisches oder formales Alter bezeichnet) als Kategorisierung von Altersgruppen für Statistik, Verwaltung usw., bzw. dem **rechtlichen Alter** als Kennzeichnung für kulturell festgelegte Pflichten und Rechte (z. B. Geschäftsfähigkeit, Volljährigkeit). Hier ist die Bezugnahme auf das kalendarische Alter konstitutiv, was möglicherweise wiederum zur Selbstverständlichkeit beigetragen haben könnte, mit der der Kalender als Messinstrument für Prozesse menschlichen Alterns heute herangezogen wird. Konzepte **psychologischen Alters** schließlich beziehen sich u. a. auf kognitive Leistungsfähigkeit und Intelligenz (Denkfähigkeit, Wahrnehmungsgeschwindigkeit, Gedächtnis, Wortflüssigkeit, Wissen) sowie Alltagskompetenz, Weisheit und Erfahrung (Einsicht, Klugheit, Fakten-, Kontext-, Relativitäts-, Strategiewissen) und drücken die psychische bzw. kognitive Verfassung eines Menschen aus.

Durch die breite Verwendung des kalendarischen Alters ist es möglich, dass kalendarisch gleichaltrige Personen oder Gruppen auf den verschiedenen genannten Konstruktionen oder in unterschiedlichen sozialen Kontexten unterschiedliche Werte aufweisen können. Kalendarisch gleichaltrige Personen können z. B. durchaus biologisch mehr oder weniger »gealtert« sein – besonders drastisch macht dies das Hutchinson-Gilford-Syndrom (Progerie) deutlich. Sie können auch unterschiedlich »weise«, und in verschiedenen sozialen Kontexten sogar gleichzeitig unterschiedlich »alt« sein – man denke etwa an einen Fußballspieler, der in diesem Zusammenhang mit z. B. 30 Jahren schon zu den »Alten« zählt, während er in anderen sozialen Kontexten durchaus noch zu den »Jungen« zählen dürfte. Analoges gilt z. B. für Fußballmannschaften, Betriebe, Branchen oder Nationen. Eines der zentralen wissenschaftlichen Arbeitsgebiete der Alterssoziologie ist die empirische Beschreibung und theoretische Erklärung solcher Regelmäßigkeiten (wie auch der jeweiligen Abweichungen).

Entwicklung

Die Geschichte der soziologischen Alternsforschung geht zurück bis ins 19. Jh., als die ersten Sterbestatistiken erstellt wurden, doch erst im 20. Jh. wurden vermehrt empirische Studien über das Alter durchgeführt. Ein Markstein war das von Cowdry vorgelegte Werk über »Problems of Aging« (1939). In dieser Zeit wurden zunächst vor allem in den USA, später dann auch in anderen Ländern, verschiedene Netzwerke der Alternsforschung ins Leben gerufen. So entstanden die Deutsche Gesellschaft für Altersforschung (1938), die American Society of Geriatrics (ASG, 1942), die Gerontological Society (heute Gerontological Society of America, GSA, 1945) sowie im deutschsprachigen Raum die Schweizerische (SGG, 1953), Österreichische (ÖGG, 1955) und Deutsche Gesellschaft für Gerontologie (heute Deutsche Gesellschaft für Gerontologie und Geriatrie, DGGG, 1967). Innerhalb der soziologischen Fachverbände ist die Alterssoziologie u. a. in der International Sociological Association (ISA), in der European Sociological Association (ESA) sowie in der Deutschen Gesellschaft für Soziologie (DGS) institutionell etabliert.

Das Thema Alter wurde in der Soziologie bzw. der Thematisierung von Gesellschaft wohl schon immer, wenn auch eher am Rande thematisiert. Das Alter spielte etwa eine wichtige Rolle im Falle der Gerontokratie oder in Altersklassengesellschaften. Die Alterssoziologie als eigenständige Bindestrich-Soziologie entwickelte sich in Deutschland aber erst nach dem Zweiten Weltkrieg. Insbesondere seit Ende der 1950er Jahre wurde das Thema verstärkt prominent aufgegriffen (u. a. von R. König und H. Schelsky), sehr bald schon folgten eigene Abhandlungen (z. B. F. X. Kaufmann und R. Tartler 1961) und Übersichten zur Alterssoziologie insgesamt (H. P. Tews 1971). Auch größere empirische Untersuchungen folgten schnell – zunächst speziell zu einzelnen Bereichen wie z. B. der Aktivität im Alter (K. W. Boetticher 1975), ebenso breiter angelegte Darstellungen zu jeweils in der soziologischen Diskussion aktuellen Teilbereichen. Im Vergleich etwa zu den Themenbereichen Jugend und Familie wurde aber erst relativ spät mit dem Alters-Survey 1996 eine bundesweit repräsentativ angelegte Sozialberichterstattung zu Altersfragen begonnen (Kohli/Künemund 2000).

Soziologische Theorien des Alters

Die Alterssoziologie ist zwar in weiten Teilen empirisch ausgerichtet, dennoch stand sie von Anbeginn immer auch unter einem theoretischen Fokus. In der unmittelbaren Nachkriegszeit wurden zunächst in den USA unter den damals herrschenden Paradigmen von Funktionalismus und Rollentheorie verschiedene Studien zur sozialen Anpassung (social adjustment) im Alter durchgeführt (Pollak 1948; Cavan et al. 1949). Die Frage nach der Bewältigung des Übergangs in den Ruhestand erfolgte vor dem Hintergrund *rolle*ntheoretischer Ansätze, wobei der Ruhestand als eine »eigentümlich funktionslose Situation« (Parsons [1942] 1968: 82) wahrgenommen wurde. Dabei wurde der Rollenverlust im Alter als eine fortlaufende Schwächung der individuellen Position in der Gesellschaft gesehen (Rosow 1974: 117 ff.).

Das ebenfalls bereits früh in diesem Kontext formulierte **Aktivitätskonzept** (z. B. Havighurst/Albrecht 1953) geht davon aus, dass Menschen im Alter zufrieden sind, wenn sie sich als gebraucht und nützlich empfinden und folglich danach streben, die sozial bedingten Ausgliederungsprozesse aus sozial relevanten Funktionszusammenhängen und die damit verbundenen Rollen- und Statusverluste durch erweiterte Handlungsräume in anderen Rollen zu kompensieren.

Die auf der strukturfunktionalen Theoriebildung fußende **Disengagementtheorie** (Cumming/Henry 1961) sieht das Altern dagegen als einen, durch verminderte Interaktionen bedingten, unvermeidbaren sozialen Rückzug (Disengagement) älterer Menschen aus ihrem Sozialsystem, in dem eine gesellschaftlich notwendige, aber gleichsam entlastende und befreiende Entwicklung gesehen wird. Gesellschaftlich notwendig sei dieser Rückzug, damit die nachwachsenden Generationen die beruflichen, politischen und gesellschaftlichen Positionen besetzen könnten. Individuell entlastend sei er, weil die Beschränkung auf die eigene Privatsphäre gesellschaftliche Enttäuschungen, Ablehnungen und Missachtungen vermeiden könne. Damit würde ein Gleichgewicht zwischen den gesellschaftlichen Interessen und den individuellen Rückzugsmotiven gewahrt.

Die ebenfalls strukturfunktional gerahmte *Modernisierungstheorie* (u.a. Cowgill/Holmes 1972) geht von einer relativen Verminderung des sozialen Status der Alten in der modernen im Vergleich zur traditionalen Gesellschaft aus. Als kritische Entgegnung auf die strukturfunktionalen Modelle wurde in den 1960er Jahren die *Subkultur*theorie auch auf das Alter angewandt (Rose 1962). Demnach könnten ältere Menschen auf der Grundlage gemeinsamer Vorteile, Probleme oder lang andauern-

der Freundschaften eine positive Affinität zueinander entwickeln, zum anderen könnten sie aber auch aus der Interaktion mit anderen Bevölkerungsgruppen ausgeschlossen sein. Die zunehmende Interaktion der Älteren untereinander bei gleichzeitiger Kontakteinschränkung zu anderen Generationen führe zu einem Altersgruppenbewusstsein und zu einer Altersgruppenidentität der Älteren. Das zeige sich z. B. an der Bereitschaft zum alterssegregierten Wohnen in den »Retirement Communities« sowie an der zunehmenden Partizipation an Altersorganisationen (z. B. »Golden Age Club«, »Senior Citizens Club«).

Auch der *Etikettierungsansatz* (Labeling approach) ist in die Alterssoziologie überführt worden (Hohmeier 1978). Dabei wird argumentiert, dass die auf das Alter und Altsein bezogenen Definitionsprozesse als *Stigmatisierung*en gefasst werden können, weil sie a) zumeist monokausal in biologischen Veränderungen gesucht werden, b) auf Grund der Unvereinbarkeit mit den zentralen gesellschaftlichen Werten fast immer negativ ausfallen und weil sie c) für die subjektive und objektive Situation älterer Menschen zumeist negative Konsequenzen haben, wenn den Betroffenen über das attestierte Stigma (z. B. altersbezogene körperliche Einschränkungen) hinaus weitere negative Eigenschaften und Verhaltensweisen zugeschrieben werden. Alter wird damit zu einem »master status« (Hohmeier 1978: 13), der die gesamte Identität eines Menschen festlegt.

Das Hauptaugenmerk des **Kontinuitätsansatzes** (Atchley 1983) liegt dagegen auf der Entwicklung und Erhaltung der sozialen Anpassungsfähigkeit im späten Erwachsenenalter. Demnach versuchen Menschen mittleren und höheren Alters, innere psychische Muster und Dispositionen (z. B. Temperament, Gefühle, Präferenzen, Einstellungen, Wertvorstellungen, Überzeugungen) und äußere Strukturen (z. B. soziale Beziehungen und Handlungen, soziale Umwelten) zu bewahren.

Aus der Perspektive der *Tausch*theorie (Dowd 1975) werden mit fortschreitendem Alter die *Macht*ressourcen der Akteure vermindert und ältere Menschen dadurch zunehmend unfähig, in ausgeglichene Austauschbeziehungen zu anderen Generationen zu treten. Der soziale Rückzug aus gesellschaftlich anerkannten Positionen ist das Tauschgut der Älteren. Als Gegenleistung erhalten sie materielle und soziale Sicherheit im Alter (u. a. Renten- und Pensionszahlung, Gesundheitsversorgung).

In dem Modell der **Altersschichtung (Altersstratifikation)** (Riley et al. 1972) wird das Alter in Analogie zur sozialen Klasse als eine Kategorie sozialer Ordnung gedacht. Doch während die Klassenschichtung im Wesentlichen nach ökonomischen und sozialen Kriterien vorgenommen wird, sei die Altersstratifikation bis zu einem gewissen Grade biologisch bedingt. Demnach sei jede Gesellschaft nach Schichten unterteilt, die sich aus der Aufeinanderfolge von *Kohorten* zusammensetzen (Kohortenfluss). Diese nach Zeit geordneten und grundsätzlich nicht umkehrbaren Altersschichten bilden eine geordnete Reihe entlang der Dimension von jünger nach älter und unterscheiden sich durch die den Menschen in den verschiedenen Entwicklungsstufen von der Gesellschaft zugeschriebenen sozialen Rollen, Rechte und Privilegien.

In den 80er Jahren entstand mit der **Lebens(ver)laufsperspektive** ein neues Paradigma der Alternsforschung (Elder 1995). Der schon von Eisenstadt und Parsons formulierte Gedanke, dass der Mensch in seinen verschiedenen *Sozialisation*sphasen unterschiedlich strukturierte und zunehmend differenzierte Rollenbeziehungen durchläuft, fand seinen Niederschlag zunächst im strukturfunktionalen **Altersnormensystem** (Neugarten/Datan 1973), später dann auch in dem Modell der **Statusbiographie** (Levy 1977). Dort wird der Lebenslauf als eine sozial geregelte Bewegung in der Sozialstruktur und als »eine mehr oder weniger stark institutionalisierte Sequenz von Status-Rollen-Konfigurationen umrissen und damit zum Vergesellschaftungsprogramm erklärt. Mit Fokus auf quantitative Methoden wird diese Perspektive in der *Lebenslauf*forschung fortgeführt, die ihr Augenmerk stärker auf die soziale Ungleichheit im Lebensverlauf richtet und die Altersstrukturen weniger als normierte Tatbestände, sondern vielmehr als »empirisch nachgeordnete Folgen« (Mayer 1996: 48) ansieht. Die lange Tradition der (qualitativen) *Biographieforschung* wurde in die Alterssoziologie integriert. In dem Modell der *Institution*alisierung des Lebenslaufs (Kohli 1985) werden beide Aspekte verbunden und die historisch beobachtbaren Veränderungen in den Lebensläufen in einen Zusammenhang mit dem Übergang zur Arbeitsgesellschaft gestellt. Als Pendant zur *Individualisierung* sei die Orientierung an Biographie und Lebenslauf an die Stelle stabiler Zugehörigkeiten getreten, wobei der Lebenslauf zu einem wichtigen sozialen Ordnungsprinzip wurde – eine soziale Institution, die gleichermaßen für die Organisation der Gesellschaft wie auch für die biographischen Perspektiven der Individuen zentral wurde.

Parallel zu diesen Entwicklungen bildete der **politisch-ökonomische Ansatz** des Alters (u. a. Minkler/Estes 1991) einen theoretischen Rahmen, um Altern in einen unmittelbaren gesellschaftlichen Bezug zu ökonomischen Strukturen und gesellschaftlichen Zwängen zu setzen. Er zielt vor allem auf eine Analyse der strukturellen Bestimmungsfaktoren von sozialer Ungleichheit im Alter. Das Altern wird im Wesentlichen in Beziehung zu Arbeit und Produktion gesetzt und unter den Aspekten der Dequalifizierung und des erzwungenen Ausschlusses aus dem Arbeitsprozess debattiert. Ein wichtiges Thema ist in diesem Kontext der Wohlfahrtsstaat (z. B. Myles 1984), der zwar auf die Linderung sozialer Ungleichheiten zielt, aber mit den Verteilungsprinzipien der sozialen Unterstützung, Versicherung und Steuerpolitik bestehende Klassen-, Alters- und Geschlechterstratifikationen verstärken und die Älteren in eine »strukturierte Abhängigkeit« drängen kann (Townsend 1981).

Unter dem Label der **Kritischen Gerontologie** (z. B. Cole et al. 1993) hat sich ein Forschungsansatz entwickelt, der – z. T. in starker Affinität zur Kritischen Theorie der Frankfurter Schule und zum Diskurs- und Disziplinierungsansatz von Foucault stehend (Green 1993; Katz 1996) – sich gegen die Vorstellung wendet, das Alter objektiv messen und durch den Erwerb eines solchen Wissens auch kontrollieren zu können. Die Kritische Gerontologie fordert ein im Zentrum der Alternstheorien und Lebenslaufentwicklung stehendes »emanzipatorisches Ideal« ein, das Altern als ein Fortschreiten in Richtung Freiheit (Autonomie, Weisheit, Transzendenz) jenseits von Beherrschung begreift (Moody 1988).

Die Identitätstheorien von Mead und Goffman bilden die theoretische Grundlage der **Mask-of-Ageing-Hypothese** (Featherstone/Hepworth 1991). Demnach kommt es mit zunehmendem Alter zu einer Diskrepanz zwischen der äußerlichen Erscheinung und dem inneren Selbst. Die sichtbare körperliche Hülle erscheint als nichts anderes als eine Maske, die das wirkliche Selbst nur verdeckt. Das individuelle Selbst wird quasi zum Gefangenen des alternden Körpers, der die wahre Identität nicht länger physisch zum Ausdruck bringen kann. Analog dazu geht das **Ageless-Self-Konzept** (Kaufman 1986) davon aus, dass mit zunehmendem Alter eine wachsende Diskrepanz zwischen dem subjektiven Altersempfinden und dem chronologischen Alter einhergeht. Diese Konzepte wurden im Modell der **Altersmaskerade** reformuliert – als eine Strategie, um sich vor einer altersfeindlichen Umwelt zu schützen (Biggs 1993).

Das ursprünglich als eine Neuformulierung der Disengagementtheorie konzipierte und später stärker entwicklungspsychologisch ausgerichtete Modell der **Gerotranszendenz** (Tornstam 1989) geht davon aus, dass der Rückzug und die Passivität älterer Menschen auch positiv zu interpretieren sind. Es stellt erneut das gesellschaftliche Aktivitätsideal grundlegend in Frage und stellt heraus, dass mit zunehmendem Alter veränderte bzw. ganz neue Sichtweisen des Lebens (u. a. verminderte Ich-Zentriertheit, kosmische Transzendenz, stärkere Generativität und Reminiszenz) an Bedeutung gewinnen (können).

Auch die **sozialkonstruktivistische Perspektive** wurde mehrfach auf das Alter bezogen. Dort erscheint das Alter als a) in einem umfassenden symbolischen Verweisungszusammenhang konstruiert, b) in der sozialen Organisation gesellschaftlichen Handelns als objektive Struktur realisiert, c) in der Somatisierung gesellschaftlicher Machtverhältnisse materialisiert und d) zugleich in seiner sinnlich empfundenen Qualität als konstitutiver Bestandteil subjektiver Identitäten. Auf dieser Folie ist die **Verwirklichung des Alters** (Doing Age) (Schroeter 2012) idealtypisch auf vier Ebenen in den Blick zu nehmen: auf der symbolischen Ebene (allgemeine Alterssemantiken, -definitionen, -diskurse, -grenzen, -ordnungen), der interaktiven Ebene (korporale und soziale Performanzen, Präsentationen und Inszenierungen), der materiell/somatischen Ebene (Körperpolitiken und -strategien) und auf der leiblich-affektiven Ebene (subjektiv empfundenes und körperlich/leiblich gespürtes Altern).

Aktuelle Schwerpunkte

Ein großer Teil der gestiegenen Aufmerksamkeit für die Alterssoziologie ist vermutlich der zunehmend breiteren Thematisierung des *demographischen Wandels* und der damit verbundenen Problemlagen in der wissenschaftlichen Diskussion wie auch der breiteren Öffentlichkeit geschuldet. Entsprechend lassen sich Schwerpunkte in den Bereichen der Alterssicherung, der gesundheitlichen und pflegerischen Versorgung sowie generell der Familien- und *Gene-*

*ration*enbeziehungen ausmachen, wobei die Spannweite jeweils von der individuellen Ebene über die Analyse von Organisationen und Institutionen bis zum Vergleich von höher aggregierten Systemen reicht. Besondere Aufmerksamkeit erlangen z. B. die aufgrund der vorgenommenen Änderungen im System der Rentenversicherung zu erwartende Altersarmut bzw. zunehmende soziale Differenzierung, der politische Einfluss der Älteren, das Alter(n) nach Migration, die Belastungen der Pflegenden sowie die Möglichkeiten der Unterstützung der Älteren, der Pflegenden und auch der Versorgungsstrukturen insgesamt durch neue Technologien. Diskussionen gibt es auch um stärker (sozial-)politische Perspektiven und Positionen, etwa im Falle des »aktiven« oder »produktiven« Alterns als Gegenargument zur »Alterslast«-Interpretation auf der einen, als (unangemessene) Forderung für den Einzelnen auf der anderen Seite.

Literatur

Atchley, Robert C., 1983: Aging. Continuity and change, Belmont, CA. – Biggs, Simon, 1999: The mature imagination. Dynamics of identity in midlife and beyond, Buckingham, UK. – Boetticher, Karl W., 1975: Aktiv im Alter, Düsseldorf. – Cavan, Ruth S. et al., 1949: Personal adjustment in old age, Chicago, IL. – Cole, Thomas R. et al. (Eds.), 1993: Voices and visions of aging, New York, NY. – Cowdry, Edmund V. (Ed.), 1939: Problems of aging, Baltimore, MD. – Cowgill, Donald O.; Holmes, Lowell D. (Eds.), 1972: Aging and modernization, New York, NY. – Cumming, Elaine; Henry, William E., 1961: Growing old. The process of disengagement, New York, NY. – Dowd, James J., 1975: Aging as exchange. A preface to theory; in: Journal of Gerontology 30, 584–593. – Elder, Glen H. Jr., 1995: The life course paradigm; in: Moen, Phyllis et al. (Eds.): Examining lives and context, Washington, DC, 101–140. – Featherstone, Mike; Hepworth, Mike, 1991: The mask of ageing and the postmodern life course; in: Featherstone, Mike et al. (Eds.): The body. Social processes and cultural theory, London, UK, 371–389. – Green, Bryan S., 1993: Gerontology and the construction of old age, New York, NY. – Havighurst, Robert J.; Albrecht, Ruth, 1953: Older people, New York, NY. – Hohmeier, Jürgen, 1978: Alter als Stigma; in: Ders.; Pohl, Hans-Joachim (Hg.): Alter als Stigma, Frankfurt a.M., 10–30. – Katz, Steven, 1996: Disciplining old age, Charlottesville, NC/London, UK. – Kaufman, Sharon R., 1986: The ageless self. Sources of meaning in late life, Madison, WI. – Kohli, Martin, 1985: Die Institutionalisierung des Lebenslaufs; in: Kölner Zeitschrift für Soziologie und Sozialpsychologie 37, 1–29. – Ders.; Künemund, Harald (Hg.), 2000: Die zweite Lebenshälfte, Opladen. – Levy, René, 1977: Der

Lebenslauf als Statusbiographie, Stuttgart. – Mayer, Karl U., 1996: Lebensverläufe und gesellschaftlicher Wandel; in: Behrens, Johann; Voges, Wolfgang (Hg.): Kritische Übergänge, Frankfurt a. M., 43–72. – Minkler, Meredith; Estes, Carroll L. (Eds.), 1991: Critical perspectives on aging, Amityville, NY. – Moody, Harry R., 1988: Toward a critical gerontology; in: Birren, James E.; Bengtson, Vern L. (Eds.): Emergent theories of aging, New York, NY, 19–40. – Myles, John, 1984: Old age in the welfare state, Boston, MA. – Neugarten, Bernice L.; Datan, Nancy, 1978: Lebensablauf und Familienzyklus; in: Rosenmayr, Leopold (Hg.): Die menschlichen Lebensalter, München 165–188. – Parsons, Talcott, 1968: Alter und Geschlecht in der Sozialstruktur der Vereinigten Staaten; in: Ders.; Rueschemeyer, Dietrich (Hg.): Beiträge zur soziologischen Theorie, Neuwied/Berlin, 65–83 (1942). – Pollak, Otto, 1948: Social Adjustment in Old Age, New York, NY. – Prahl, Hans-Werner; Schroeter, Klaus R., 1996: Soziologie des Alterns, Paderborn. – Riley, Matilda W. et al. (Eds.), 1972: Aging and society. A sociology of age stratification, vol. 3., New York, NY. – Rose, Arnold M., 1962: The subculture of the aging; in: The Gerontologist 2, 123–127. – Rosow, Irving, 1974: Socialization to old age, Berkeley, CA. – Schelsky, Helmut, 1965: Die Paradoxien des Alters in der modernen Gesellschaft; in: Ders.: Auf der Suche nach der Wirklichkeit, Düsseldorf/Köln, 198–220 (1959). – Schroeter, Klaus R., 2012: Altersbilder als Körperbilder; in: Berner, Frank et al. (Hg.): Individuelle und kulturelle Altersbilder, Wiesbaden, 153–229. – Tews, Hans P., 1971: Soziologie des Alters, Heidelberg. – Tornstam, Lars, 1989: Gerotranscendence; in: Aging. Clinical and Experimental Research 1, 55–63. – Townsend, Peter, 1981: The structured dependency of the elderly; in: Ageing and Society 1, 5–28.

Harald Künemund/Klaus R. Schröter

Anomie

Quellentexte

Der franz. Soziologe Emile Durkheim (1858–1917) hat den Anomiebegriff (engl. anomy, aus dem Griechischen: Verneinung/Fehlen von Gesetz/*Ordnung*) in die Soziologie eingeführt, vor allem im Rahmen seiner Untersuchungen zur *Arbeitsteilung* (1992 [1893]) und zum Selbstmord (1983 [1897]). Die zweite autoritative Quelle, auf die sich fast alle Soziologen beziehen, die heutzutage das Anomiekonzept – vor allem zur Erklärung *abweichenden* oder *kriminellen Verhaltens* – heranziehen, sind Arbeiten von Robert K. Merton (1910–2003), insb. zwei Aufsätze in Merton 1968 ([1957], Kap. 6, 7). Zu den deutschen Autoren, die eigene Varianten des Anomiekonzepts ausgearbeitet haben, gehören Dah-

rendorf (1979), Opp (1974), Waldmann (2003). Zum gegenwärtigen Stand der internationalen Diskussion s. den Sammelband von Agnew/Kaufman (2010).

Zentrale Bedeutungskomponenten

Zum Verständnis des Anomiekonzepts sind zwei analytische Unterscheidungen wichtig, die schon Durkheim (implizit) eingeführt hat: Als **gesellschaftliches Strukturmerkmal** bezeichnet Anomie verschiedene Formen einer »Störung der kollektiven Ordnung«, hervorgerufen vor allem durch eine unzulängliche normative Regulierung, die sich einerseits in der lebensweltlichen »sozialen Praxis« mehr oder weniger ungeplant vollzieht, andererseits durch bestimmte (nicht zuletzt staatl.) Instanzen und Akteursgruppen gestaltet wird. Durkheim konzentriert sich auf unzulängliche Koordination bzw. *Kooperation* zwischen gesellschaftlichen Teilsystemen und den entsprechenden Akteursgruppen (z. B. Konflikte zwischen »Kapital« und »Arbeit«) sowie Formen einer »erzwungenen« Arbeitsteilung, die das Gerechtigkeitsprinzip verletzen und die Individuen an ihrer Selbstverwirklichung hindern. Auf der anderen Seite bezieht sich Anomie auf **Persönlichkeitsmerkmale**, insb. auf normative und kognitive Desorientierung, auf überschießende Bedürfnisse und Aspirationen, einen Verlust an Sinn gebenden moralischen Bindungen. Um die beiden Ebenen terminologisch auseinanderzuhalten, spricht man mit Bezug auf Persönlichkeitsmerkmale auch von »Anomia« (verstanden als Folge gesellschaftlicher »Anomie«).

Damit kommen wir zur Unterscheidung von **prozess-** und **struktur**-bedingter Anomie. Durkheim hatte zunächst vor allem jene Regulierungs- und Orientierungsdefizite im Blick, die durch einen rapiden, tiefgreifenden *sozialen Wandel* ausgelöst werden – weitgehend unabhängig von dessen spezifischer Entwicklungsrichtung (s. Thome 2010). Später entdeckte er die Möglichkeit einer »chronischen« Anomie in Form einer regulativ nicht mehr aufhebbaren Dominanz der Ökonomie über alle anderen Lebensbereiche.

Merton greift Durkheims Überlegungen auf, abstrahiert und systematisiert sie. Ihm zufolge ist eine anomische Konstellation strukturell durch drei Komponenten gegeben: a) Kulturell sind *Wert*e und Handlungsziele definiert, die allgemein akzeptiert und angestrebt werden. b) Kulturell sind auch die Wege und Mittel festgelegt, die dabei legitimerweise eingesetzt werden dürfen. c) Die *Sozialstruktur* verteilt diese Mittel unter den Aspiranten in ungleichem Maße, so dass viele Akteure die legitimen Ziele nicht mit legitimen Mitteln erreichen können. Es entsteht also ein hoher Anreiz, sich illegitimer (auch gesetzwidriger) Mittel zu bedienen. Dieser Anreiz ist umso stärker, je dominanter ein einzelnes Ziel ist (insbesondere der eigene ökonomische Erfolg im Vergleich zum Erfolg Anderer). Zu beachten ist außerdem, dass auch die illegitimen Mittel sozial ungleich verteilt sind, was für diejenigen, die auch hierin benachteiligt sind, den Einsatz körperlicher Gewalt besonders attraktiv macht.

Literatur

Agnew, Robert; Kaufman, Joanne (Hg.), 2010: Anomie, Strain and Subcultural Theories of Crime, Surrey (GB). – Dahrendorf, Ralf, 1979: Lebenschancen. Anläufe zur sozialen und politischen Theorie, Frankfurt a. M. – Durkheim, Emile, 1983: Der Selbstmord, Frankfurt a. M. (1897). – Ders., 1992: Über soziale Arbeitsteilung, Frankfurt a. M. (1893). – Merton, Robert K., 1968: Social Theory and Social Structure, Glencoe, IL (Frühere Ausgaben 1957/1949). – Opp, Karl-Dieter, 1974: Abweichendes Verhalten und Gesellschaftsstruktur, Neuwied. – Thome, Helmut, 2010: Violent Crime (and Suicide) in Imperial Germany, 1883–1902: Quantitative Analyses and a Durkheimian Interpretation; in: International Criminal Justice Review 20, 5–34. – Waldmann, Peter (Hg.), 2003: Diktatur, Demokratisierung und soziale Anomie, München.

Helmut Thome

Anspruchsniveau

Das Anspruchsniveau (engl. level of aspiration) bezeichnet einen Maßstab, an dem ein Individuum seine eigene Leistung misst bzw. bewertet. Der Begriff stammt aus der psychologischen *Entscheidungsforschung* (Charakterdiagnostik; Leistungsmotivation) und wurde dort von Lewin und Mitarbeitern eingeführt (Lewin et al. 1944; Hoppe 1931). Untersucht wurden der Einfluss des individuellen Anspruchsniveaus auf Erfolgs- und Misserfolgserlebnisse und seine Bedeutung als motivbildender Faktor in leistungsorientierten Situationen. Dem Anspruchsniveau ist ein Zeitfaktor inhärent, der in den Wirtschaftswissenschaften als Zielausmaß (bzgl.

Leistung, Besitz und Möglichkeiten) gekennzeichnet wird, das ein Individuum gegenwärtig oder in der Zukunft erreichen möchte. Im Marketing dient das Anspruchsniveau auch zur Reduktion möglicher Handlungsalternativen. Entspricht eine individuelle Leistung dem Anspruchsniveau oder liegt sie darüber, so erlebt das Individuum dies als Erfolg und erhöht in der Regel sein Anspruchsniveau. Liegt die Leistung darunter, so wird das Anspruchsniveau herabgesetzt. Liegt eine Leistung sehr weit über oder sehr weit unter dem Anspruchsniveau, so wird diese externen Faktoren zugeschrieben. Eine große Abweichung des Anspruchsniveaus vom tatsächlichen Leistungsniveau kann auf einen mangelnden Realitätssinn zurückgeführt werden oder aber auf eine neurotische Fehlhaltung im Leistungsbereich. Die Herausbildung eines »realistischen Sinns« (Lewin/ Lewin 1953) wird von den Sozialisationsbedingungen mitbestimmt. Damit spielen, neben im weitesten Sinne individuellen Variablen (Leistungsmotiv; Aufgabenhaltung; persönliche Standards) auch überindividuelle bzw. soziale Faktoren (Gruppendruck; Macht; geschlechtsspezifische bzw. ethnische Unterschiede) eine nicht unbedeutende Rolle im Hinblick auf die Genese des Anspruchsniveaus. Auf der Makroebene verändern sich gruppen- oder gemeinschaftsspezifische Anspruchsniveaus unter Deprivations- bzw. Wohlfahrtsbedingungen.

Literatur

Hoppe, Ferdinand, 1930: Erfolg und Misserfolg; in: Psychologische Forschung 40, 1–62. – Lewin, Kurt; Lewin, Gertrud W., 1953: Die Lösung sozialer Konflikte, Bad Nauheim. – Lewin, Kurt et al., 1944: Level of aspiration; in: Hunt, J. McV (ed.): Personality and the behaviour disorders, New York, 333–378.

Birgit Blättel-Mink

Arbeiterbewegung

Die Arbeiterbewegung (engl. labour movement) ist die dominante *soziale Bewegung* des 19. und frühen 20. Jh.s. Sie ist Produkt der kapitalistischen *Industrialisierung* (Industrielle Revolution) und ihrer sozialen Begleit- und Folgeerscheinungen (»*Entfremdung*«, »soziale Frage«, »Arbeiterfrage«). Die freie Lohnarbeit als dauerhaftes, »vererbbares« Schicksal wurde den besitzlosen, depossedierten, von zünftigen Privilegien entbundenen Schichten (*Proletariat*) zum gemeinsamen Ausgangspunkt solidarischer Selbsthilfe (Hilfskassen, Genossenschaften), kollektiver Gegenwehr (Streiks, Kampfkoalitionen, Gewerkschaften) und politischer Organisierung (Arbeiterparteien); daneben formierten sich – als »vierte Säule« der Arbeiterbewegung – Arbeiterbildungsvereine und proletarische Freizeitorganisationen. Aus den zunächst spontanen Rebellionen (Maschinensturm) und vielfältigen kollektiven Aktionen zur Verbesserung der sozialen Lage, Erkämpfung politischer Rechte und Hebung des Bildungsniveaus entwickelte sich eine mächtige Bewegung, die den von abhängiger Arbeit lebenden und gesellschaftlich benachteiligten Unterschichten das Selbstbewusstsein vermittelte, die eigentlich produktive und »werteschaffende« *Klasse* zu sein (Klassenbewusstsein).

Hervorgegangen ist die Arbeiterbewegung nicht aus den verelendeten Schichten des Industrieproletariats; ihre ersten Trägergruppen kamen vielmehr aus der »Arbeiteraristokratie«, waren Handwerker- und Facharbeitergruppen, die sich gegen die Proletarisierung ihrer Arbeits- und Lebenssituation zur Wehr setzten. So gehörten die Buchdrucker zu den frühesten Gewerkschaftsgründern. Aus den bürgerlichen Schichten zur Arbeiterbewegung stoßende Intellektuelle wurden zu ihren wichtigsten Theoretikern (Marx, Engels, Lassalle, Lenin, Trotzki, Luxemburg).

Bei allen Unterschieden der politischen Strömungen war das generelle Ziel der Arbeiterbewegung die soziale und politische Emanzipation der arbeitenden Klasse, die Aufhebung ihrer gesellschaftlichen Unterprivilegierung und Schaffung einer neuen, gerechten Gesellschaftsordnung. Der Marxismus, der sich als theoretischer Ausdruck der Arbeiterbewegung verstand, gewann auf die **sozialistische** Arbeiterbewegung Europas erheblichen Einfluss. Als Mitglied des Zentralrats der 1864 in London gegründeten »Internationalen Arbeiterassoziation« (IAA, später »Erste Internationale« genannt) formulierte Marx programmatische Aussagen (z. B. Inauguraladresse und Statuten der IAA). Sie postulierten als historische Aufgabe der Arbeiterbewegung die »Selbstbefreiung« des Proletariats durch Klassenkampf und revolutionäre Eroberung der politischen Macht zwecks Errichtung einer klassenlosen Gesellschaft. **Syndikalistische** Richtungen der Arbeiterbewegung fanden vornehmlich in den romanischen Ländern Rückhalt; sie verwarfen – unter dem Einfluss des Anarchismus und ihrer Theoretiker (Proudhon, Bakunin) – Parlamentarismus, Wahlbeteiligung und politischen Kampf; stattdessen propagierten sie die »direkte Aktion«, letztlich den Generalstreik als »Revolution der gekreuzten Arme«. **Sozialreformerische** bzw. **labouristische** Tendenzen zeigten sich früh in der angelsächsischen Arbeiterbewegung; für sie war die pragmatisch-gradualistische Orientierung (Fabianismus) und die grundsätzliche Anerkennung des demokratisch-parlamentarischen Systems einschließlich des Bündnisses mit dem bürgerlichen Liberalismus kennzeichnend. Die **christliche** Arbeiterbewegung schließlich orientierte sich an der christlichen Soziallehre, die die Gleichberechtigung von Kapital und Arbeit fordert. – Nach der Russischen Revolution 1917 kam es zur Spaltung der sozialistischen Arbeiterbewegung in eine sozialdemokratische und kommunistische mit jeweils eigenen internationalen Vereinigungen (Sozialistische Internationale, Kommunistische Internationale).

Galten die früheren Bemühungen der Arbeiterbewegung der Beseitigung der rechtlichen Restriktionen (Koalitions- und Streikverbot) und der Durchsetzung des allgemeinen und gleichen Wahlrechts, dann zielten später die sozialen und politischen Aktivitäten von Gewerkschaften und Arbeiterparteien in den westlichen Demokratien auf die Nutzung der Tarifautonomie und des Wahlrechts als Hebel zur Schaffung eines Systems kollektivvertraglicher und sozialstaatlicher Sicherungen ab, die die Integration der vordem »exterritorialen Klasse« in die Massendemokratien des westlichen *Kapitalismus* aktiv beförderten. Mehr noch als Sozialstaat und Massenwohlstand haben die Auflösung proletarischer Lebensmilieus und die unaufhaltsame Schrumpfung der traditionellen Industriearbeiterschaft der These vom »Ende der Arbeiterbewegung« (Gorz, Pirker) eine zunehmende Plausibilität verliehen.

Literatur

Abendroth, Wolfgang, 1975: Sozialgeschichte der europäischen Arbeiterbewegung, Frankfurt a. M. – Braunthal, Julius, 1978: Geschichte der Internationale, 3. Bde., Bonn. – Gorz, André, 1980: Abschied vom Proletariat, Frankfurt a. M. – Grebing, Helga, 1980: Geschichte der deutschen Arbeiterbewegung, 10. Aufl., München. – Klönne, Arno, 1980: Die deutsche Arbeiterbewegung, Köln. – Kocka, Jürgen, 1983: Lohnarbeit und Klassenbildung, Berlin. – Mooser, Josef, 1984: Arbeiterleben in Deutschland 1900–1979,

Frankfurt a. M. – Pirker, Theo, 1984: Vom Ende der Arbeiter-bewegung; in: Ebbinghausen, Rolf; Tiemann, Friedrich (Hg.): Das Ende der Arbeiterbewegung in Deutschland? Opladen, 39–51. – Ritter, Gerhard A. (Hg.), 1984 ff.: Ge-schichte der Arbeiter und der Arbeiterbewegung in Deutschland seit dem Ende des 18. Jahrhunderts, Berlin/Bonn (bisher erschienen: Bde. 1, 2, 5, 9, 10, 11, 12). – Tennstedt, Florian, 1983: Vom Proleten zum Industriearbeiter, Köln.

Walther Müller-Jentsch

Arbeitsbeziehungen

Die Begriffe Arbeitsbeziehungen oder *industrielle Beziehungen* sind – in den sozialwissenschaftlichen Disziplinen synonym verwandte – wörtliche Übersetzungen aus dem Englischen (labour relations, industrial relations). Gebräuchlich sind auch die Begriffe: Arbeitgeber-Arbeitnehmer-Beziehungen, Sozialpartnerschaft, Konfliktpartnerschaft. In der älteren deutschen Literatur finden sich für den Gegenstandsbereich Umschreibungen wie »Der Kampf zwischen Kapital und Arbeit« (A. Weber) oder »Die Klassen auf dem Arbeitsmarkt und ihre Organisationen« (Lederer, Marschak) oder einfach »soziale Arbeitsverhältnisse« (Geck).

Arbeitsbeziehungen bezeichnen ganz allgemein die ökonomischen *Austausch*prozesse und sozialen *Konflikt*beziehungen zwischen *Kapital* und Arbeit in einem Betrieb, einem Wirtschaftszweig, einem Land oder einem regulierten transnationalen Wirtschaftsraum (z. B. Europäische Union) sowie die aus diesen Interaktionen resultierenden Normen, Verträge, Institutionen und Organisationen. Ihre Träger bzw. Akteure sind *Verbände* (Gewerkschaften und Arbeitgeberorganisationen), *Gruppen* (Management, Betriebsrat, teilautonome Arbeitsgruppen) und Personen beider Seiten sowie staatliche Instanzen. Die Kapital und Arbeit repräsentierenden Akteure treten in der Regel als Kontrahenten im doppelten Sinne (Vertragspartner und Gegner) auf. Die staatlichen Instanzen nehmen a) hoheitliche Funktionen wahr (Setzung der institutionellen Rahmenbedingungen durch kollektives Arbeitsrecht, staatliches Schlichtungswesen etc.; Festlegung bestimmter Mindestnormen wie Mindestlohn, tägliche und wöchentliche Höchstarbeitszeit und Mindestjahresurlaub), beeinflussen b) als »dritte Partei« den tarifpolitischen Prozess etwa durch einkommenspolitische

Daten oder verhandeln c) als Tarifvertragspartei des öffentlichen Dienstes direkt über Lohnsätze und Arbeitsnormen.

Arbeitsbeziehungen haben die **kollektive Regelung** von Arbeitsverhältnissen (d. h. Beschäftigungs-, Arbeits- und Entlohnungsbedingungen) zum Inhalt. Ihr Gegenstandsbereich umfasst 1. den kontrahierten wirtschaftlichen Austausch zwischen Kapital und Arbeit (Lohn gegen Arbeitsleistung), 2. eine daraus resultierende typische *Konflikt*konstellation, die sich in Arbeits- und Verteilungskonflikten (industrieller Konflikt) manifestiert, und 3. ein historisch gewachsenes Institutionensystem (z. B. Tarifautonomie und Betriebsverfassung), das die Austauschprozesse und Konfliktbeziehungen normativ regelt.

Die kollektiven Regelungen können unterschieden werden in 1. unilaterale, bilaterale und trilaterale, 2. formelle und informelle, 3. substantielle und prozedurale Regelungen.

Zum Kernbestand der Arbeitsbeziehungen gehören die **bilateralen** Regelungen z. B. zwischen Betriebsrat und Management (Betriebsvereinbarungen) sowie zwischen Gewerkschaften und Arbeitgeberverbänden (Tarifverträge). **Unilaterale** Regelungen können vom Staat (Gesetze, Verordnungen) erlassen, vom Management (Direktionsrecht) angeordnet, aber auch von starken Arbeitergruppen (Arbeiterkontrolle) durchgesetzt, in seltenen Fällen auch von Gewerkschaften der anderen Seite aufgezwungen werden (z. B. Closed Shop). Bei **trilateralen** Regelungen ist überdies der Staat beteiligt (z. B. Konzertierte Aktionen, Sozialpakte, trilaterale Abkommen). **Formelle** Regelungen werden meist in Schriftform erlassen, vereinbart oder angeordnet, aber auch förmliche mündliche Anordnungen und Abreden sind ihnen zuzurechnen. Insbesondere im betrieblichen Alltag werden die formellen Regelungen ergänzt, modifiziert, konkretisiert und nicht selten konterkariert durch **informelle** Regelungen bzw. Normen. Sie füllen einerseits Planungslücken und Koordinationsmängel der Betriebshierarchie durch selbstständige »Belegschaftskooperation« (Frielingshaus) aus und schützen andererseits die abhängig Arbeitenden gegen Leistungsverdichtung und umfassende Management-Kontrolle. **Substantielle** Regelungen beziehen sich auf inhaltliche Arbeitsnormen (Arbeitsentgelt, Arbeitsbedingungen); **prozedurale** Regelungen sind Verfahrensregeln (z. B. über Mitbestimmung, Schlichtung, Konfliktaustragung).

Retrospektiv betrachtet, sind Arbeitsbeziehungen eine historisch gewachsene Kompromissstruktur, die sich als »intermediäres Institutionensystem« zwischen die Arbeitsmarktparteien geschoben hat und deren unilaterale Konfliktstrategien durch bilaterale Verhandlungssysteme (»joint regulation«) überformte. Ihre Entstehung und Entwicklung verdankt sie zwei interagierenden und konfligierenden Kräften: dem (manifesten und latenten) Klassenkampf und der (reaktiven und prophylaktischen) Sozialpolitik von Unternehmern und Staatsapparat; zwischen beiden vermittelten bürgerliche Sozialreformer (vom Bruch).

Die für Deutschland charakteristischen Institutionensysteme der Arbeitsbeziehungen bestehen aus Betriebsverfassung, Unternehmensmitbestimmung und Tarifautonomie. Betriebsverfassung und Tarifautonomie bilden ein *duales System* der Interessenrepräsentation. Es ermöglicht eine funktionale Differenzierung der Regelung von Interessenkonflikten in zwei – nach Interessen, Akteuren und Durchsetzungsformen – voneinander getrennten »Arenen« (Müller-Jentsch 1997, 195). Eine die Betriebsverfassung ergänzende Institution ist die Unternehmensmitbestimmung (Arbeitnehmervertretung im Aufsichtsrat), die meist in Personalunion von den Vorsitzenden und geschäftsführenden Mitgliedern des Betriebsrats, neben gewerkschaftlichen Vertretern, wahrgenommen wird.

Als neues Phänomen sind Systeme direkter Partizipation wie teilautonome Gruppenarbeit, Qualitätszirkel etc. (Müller-Jentsch 2007, 102 ff.) und »andere Vertretungsorgane« wie Runde Tische, Sprecher, Ältestenräte etc. (Hauser-Ditz et al. 2008, 73 ff.) anzusehen. Sie können als Ergänzung, Konkurrenz oder Substitut der repräsentativen Formen der Mitbestimmung durch den Betriebsrat in Erscheinung treten.

Da das Forschungsgebiet zentrale gesellschaftliche Konflikte und widersprüchliche *Interesse*n zum Inhalt hat, kann eine geschlossene und allseits akzeptierte Theorie der Arbeitsbeziehungen nicht erwartet werden. Es herrscht theoretischer Pluralismus vor. Ein erster systematischer Versuch zu einer Theorie der Arbeitsbeziehungen stammt von John T. Dunlop. Heute werden folgende Theorieansätze unterschieden: a) systemtheoretische, b) marxistische, c) institutionalistische, d) handlungstheoretische, e) strukturationstheoretische und f) ökonomische bzw. modelltheoretische (vgl. Müller-Jentsch 2008, 239–283).

Kennzeichnend für die Forschung ist indessen der pragmatische Umgang mit diesen sich nicht ausschließenden, z. T. komplementären Ansätzen.

Literatur

Dunlop, John T., 1958: Industrial Relations Systems, New York. – Ferner, Anthony; Hyman. Richard (eds.), 1998: Changing Industrial Relations in Europe, Oxford. – Geck, L. H. Adolph, 1931: Soziale Arbeitsverhältnisse, Berlin. – Hauser-Ditz, Axel et al., 2008: Betriebliche Interessenregulierung in Deutschland, Frankfurt a. M. – Keller, Berndt, 2008: Einführung in die Arbeitspolitik, 7. Aufl., München. – Lederer, Emil; Marschak, Jakob, 1927: Die Klassen auf dem Arbeitsmarkt und ihre Organisationen; in: Grundriß der Sozialökonomik IX. Abt., Tübingen. – Müller-Jentsch, Walther, 1997: Soziologie der Industriellen Beziehungen, 2. Aufl., Frankfurt a. M. – Müller-Jentsch, Walther (Hg.), 1999: Konfliktpartnerschaft, 3. Aufl., München. – Müller-Jentsch, Walther, 2007: Strukturwandel der Arbeitsbeziehungen, Wiesbaden. – Müller-Jentsch, Walther, 2008: Arbeit und Bürgerstatus, Wiesbaden. – Müller-Jentsch, Walther; Ittermann, Peter, 2000: Industrielle Beziehungen. Daten, Zeitreihen, Trends 1950–1999, Frankfurt a. M. – vom Bruch, Rüdiger, 1985: »Weder Kommunismus noch Kapitalismus«. Bürgerliche Sozialreform in Deutschland, München. – Weber, Adolf, 1954: Der Kampf zwischen Kapital und Arbeit, 6. Aufl., Tübingen.

Walther Müller-Jentsch

Arbeitssoziologie

Die Arbeitssoziologie (engl. sociology of work) ist eine spezielle Soziologie, die sich mit der besonderen Form des sozialen *Handeln*s beschäftigt, das auf die Existenzsicherung gerichtet ist; dabei kann es sich um bezahlte Arbeit ebenso handeln wie um unbezahlte Arbeit, wobei in der Arbeitssoziologie traditionell die Erwerbsarbeit im Vordergrund steht (als Überblick Böhle et al. 2010; Minssen 2006). Während bis in die 1980er Jahre vor allem Industriearbeit Gegenstand der Untersuchungen war, ist in den letzten zwei Dekaden das Augenmerk verstärkt, dem gesellschaftlichen *Wandel* entsprechend, auf immaterielle Arbeit gerichtet worden, wobei Tätigkeiten mit eher geringen *Qualifikation*sanforderungen ebenso untersucht werden wie Tätigkeiten mit hohen Qualifikationsanforderungen (*Wissen*sarbeit).

Arbeitssoziologie wird häufig in einem Atemzug mit *Industriesoziologie* genannt, wobei eine Abgrenzung schwierig ist. In aller Vorläufigkeit kann der Unterschied darin gesehen werden, dass die Industriesoziologie ihren Blick auch auf die institutionellen Bedingungen richtet, unter denen die Produktion materieller und immaterieller Güter erfolgt; Forschungsthemen sind z. B. *industrielle Beziehungen*, die Folgen der als »*Globalisierung*« bezeichneten Veränderungen in der Weltwirtschaft oder die Veränderungen auf dem Arbeitsmarkt. Im Zentrum der Arbeitssoziologie hingegen steht stärker die Analyse der Bedingungen, Formen und Folgen der im Zeitverlauf wechselnden Lösungen der **Transformationsproblematik**, d. h. der Problematik, dass die unternehmerische Verfügbarkeit über Arbeitskraft noch keineswegs bedeutet, dass auch wie gewünscht gearbeitet wird. Zwar ist im Arbeitsvertrag geregelt, welche Arbeit für welche Vergütung zu leisten ist, es bleibt jedoch unbestimmt, wie die Arbeit geleistet wird, da nicht alle zu erbringenden Leistungen und Gegenleistungen von Arbeitgebern und Arbeitnehmern im Voraus zu spezifizieren sind (»Unvollständigkeit des Arbeitsvertrages«). Die Überzeugungen, wie die Transformationsproblematik am besten zu lösen ist, verändern sich im Zeitverlauf.

Themen bis in die 1940er Jahre

Lange Zeit wurde die Subjektivität von Arbeitskraft als Störfaktor und das Allheilmittel für einen reibungslosen Arbeitsprozess in einer möglichst exakten Vorstrukturierung und einer rigiden Kontrolle der Arbeitsabläufe gesehen. Dies folgte den Überlegungen und Vorschlägen des amerikanischen Ingenieurs Frederick Winslow Taylor. Die Prinzipien des *Taylorismus* lassen sich in vier Punkten bündeln: Erstens eine Trennung von Hand- und Kopfarbeit, um die optimale Arbeitsausführung zu bestimmen, zweitens ein Wechsel vom Fest- zum *Leistung*slohn, um Leistungsanreize zu setzen, drittens eine weit vorangetriebene *Arbeitteilung*, um durch die Zerlegung der Arbeit in einzelne Teilschritte eine hohe Spezialisierung bei der Ausführung dieser Teilschritte und damit einen hohen Leistungsgrad zu erzielen, und viertens schließlich eine sorgfältige Auslese und Anpassung der Arbeiter, um die Arbeitsaufgabe optimal zu erfüllen. Das technisch-organisatorische Rückgrat war das von Henry Ford 1913 für die Automobilproduktion nutzbar gemachte Fließband.

Allerdings zeigten die sogenannten *Hawthorne-Experimente* schon recht frühzeitig die personalwirtschaftlichen Nachteile dieses Arbeitssystems. Diese Experimente (Roethlisberger/Dickson 1939) begannen 1924 und zielten, durchaus in der Tradition tayloristischer Überlegungen, auf die Analyse der Auswirkungen von Arbeitsumgebungseinflüssen auf die Arbeitsleistung. In den Hawthorne-Werken der Western Electric Company in Chicago sollten die Auswirkungen der Beleuchtungsstärke auf die Arbeitsleistung von Arbeiterinnen untersucht werden. Die dabei durchgeführten Experimente wurden berühmt, weil sie (anfangs) scheiterten: alle Variationen der Beleuchtungsstärke gingen entgegen den Erwartungen einher mit Leistungssteigerungen der beobachteten Arbeiterinnen. Dies führte jedoch nicht zu einem Abbruch, sondern zu einer Weiterführung der Untersuchungen bis in die dreißiger Jahre, mit denen eine Forschungsgruppe um den Psychologen Elton Mayo beauftragt wurde. Diese Untersuchungen erbrachten vor allem zwei Ergebnisse: Zum einen wurde die Leistungssteigerung der Arbeitskräfte durch die Aufmerksamkeit erklärt, die diesen allein durch die Tatsache zuteilwurde, dass sie an einem wissenschaftlichen Experiment teilnahmen (der sogenannte Hawthorne-Effekt). Zum anderen wurden die *informellen Gruppen* entdeckt. Dies sind soziale Gruppen, die sich neben und außerhalb der formalen Organisationsstruktur aufgrund kooperativer Bezüge im Arbeitsprozess finden.

Diese Entdeckung der Bedeutung menschlicher Beziehungen im Arbeitsprozess war Ausgangspunkt einer Managementlehre, der »**Human-Relations-Bewegung**«, die in den 1930er und 1940er Jahren (vor allem in den USA) auf die Bedeutung hinwies, die auch unter ökonomischen Aspekten den zwischenmenschlichen Beziehungen im Betrieb zukommt. Das führte nicht nur zu einem enormen Aufschwung der Organisationspsychologie an amerikanischen Universitäten, sondern auch zu einem veränderten Verständnis von Führung, demzufolge das Management auch die Bedürfnisse der Arbeiter zu berücksichtigen habe. Zum anderen zeigte die Existenz von informellen Gruppen, dass der Ansatz von Taylors »scientific management«, eine Optimierung des Produktionsprozesses durch die Optimierung des Arbeitsablaufs eines einzelnen Arbeiters anzustreben, zumindest verkürzt war, da informelle Gruppen in starkem Maße das Arbeitsverhalten ihrer Mitglieder prägen.

Themen 1950–1990

In Deutschland war die Themensetzung der Arbeitssoziologie bis in die 1980er Jahre zunächst, oftmals angeleitet durch die Marxsche Analyse des Produktionsprozesses, bestimmt durch das konflikthafte Verhältnis von *Kapital* und Arbeit. Dabei standen insbesondere zwei Themenbereiche im Vordergrund.

Erstens ging es um das Verhältnis von technischem Wandel und Industriearbeit (Popitz et al. 1957a; Kern/Schumann 1973). Der **technische Wandel** wurde als exogener Faktor begriffen, der prägenden Einfluss auf Arbeitsbedingungen und Qualifikationsanforderungen hat. Im Laufe der Untersuchungen zeigte sich freilich, dass Arbeitsbedingungen und Qualifikationsanforderungen durch Technik nicht determiniert sind, da sich die Annahme einer allgemeinen Entwicklungsrichtung (»je mehr Automatisierung, desto besser bzw. schlechter die Arbeitsbedingungen«) als verkürzt herausstellte.

Zweitens wurden die Veränderungen im **Arbeiter*bewusstsein*** untersucht (Popitz et al. 1957b). Alle Studien bestätigten, dass die Arbeiter sich mit dem politischen System der Bundesrepublik Deutschland arrangiert hatten, auch wenn sie die Gesellschaft in ein »oben« und ein »unten« geteilt sahen. Der ehemals angenommene enge Zusammenhang zwischen Arbeitssituation und Bewusstsein erwies sich als zu kurz gegriffen, da subjektive Aneignungsprozesse der Arbeitssituation durch die Arbeiter mit in Betracht gezogen werden mussten, für die auch Erfahrungen in der außerberuflichen Lebenswelt von Bedeutung sind.

Eine tayloristische Arbeitsgestaltung galt in dieser Zeit als eine dem kapitalistischen Produktionsprozess angemessene Form der Arbeitsgestaltung. Zu Beginn der 1980er Jahre hatten sich freilich die Dimensionen von *Rationalisierung* sowohl hinsichtlich ihrer Ziele als auch hinsichtlich ihrer Reichweite verändert. Zum einen waren die Anforderungen an qualitative und quantitative Flexibilität gestiegen: vom Anbietermarkt zum Käufermarkt, so kann diese Entwicklung benannt werden. Damit wandelte sich auch die Perspektive von Rationalisierung: nicht mehr wie bisher Fertigung für einen Massenmarkt mittels standardisierter, hochproduktiver Maschinen und spezialisierter Arbeitskräfte, sondern flexible Spezialisierung, d.h. eine auf die jeweiligen Kundenwünsche ausgerichtete Fertigung durch Facharbeiter.

Zum anderen waren komplexe Informations- und Kommunikationstechniken bis zur Anwendungsreife entwickelt worden. Die Mikroelektronik hielt auf breiter Front Einzug in die Produktion. Dadurch wurde die Realisierung der gewandelten Rationalisierungsperspektive überhaupt erst denkbar; ohne Mikroelektronik in der Produktion wäre eine zugleich flexiblere und kostengünstigere Produktion kaum möglich gewesen. Es entstand ein »neuer Rationalisierungstyp«, die **systemische Rationalisierung** (Altmann et al. 1986); er zeichnete sich dadurch aus, dass Rationalisierung nun in der Perspektive auf den gesamten betrieblichen Ablauf erfolgte und dabei durch die Nutzung der Mikroelektronik auch Liefer-, Bearbeitungs- und Distributionsprozesse einbezogen werden konnten. Zeitgleich diagnostizierten Kern und Schumann (1984) unter der Überschrift »Ende der Arbeitsteilung?« **neue *Produktion*skonzepte** – oder zumindest deren Möglichkeit. Lebendige Arbeit galt zunehmend weniger als ein Störfaktor der Produktion, deren Unberechenbarkeit durch Vorstrukturierung und Technisierung in Schach zu halten ist, sondern auch aus einer ökonomischen Perspektive war die Wertschätzung der qualitativen Potentiale von Arbeit gestiegen; selbst im Management fand sich zunehmend eine Sichtweise, der zufolge es Gestaltungsoptionen auszuschöpfen galt, um die Qualifikations- und Motivationspotenziale von Arbeitern zu nutzen.

Einen nachhaltigen Einfluss übten dann die Ergebnisse einer weltweit durchgeführten Automobilstudie aus (Womack et al. 1990), die die Vorteile einer in Japan implementierten Produktionsweise herausstellten, von den Autoren »***lean production***« genannt. Der Erfolg dieser insbesondere bei Toyota entwickelten schlanken Produktion begründete sich nicht etwa in einer überlegenen Technik, einer weit vorangetriebenen Automation oder dergleichen, sondern in einer überlegenen *Organisations*- und *Kooperation*sform, die sich vor allem durch eine Dezentralisierung von Unternehmensstrukturen auf allen Ebenen auszeichnete. Für die Arbeitsebene popularisierte dies u.a. die Vorteile von ***Gruppenarbeit*** in der Fertigung, d.h. der Arbeit in dauerhaft eingerichteten Gruppen, der auch Entscheidungskompetenzen zugewiesen werden, die zuvor den unmittelbaren Vorgesetzten oblagen. Diese Form der Arbeitsgestaltung wurde nun nicht mehr nur als eine unter Aspekten einer Humanisierung der Arbeit wünschenswerte, sondern als eine auch ökonomisch sinnvolle Form der Arbeitsgestaltung angesehen. Entsprechend wurde in vielen Unternehmen von der Einzelarbeit auf Gruppenarbeit umgestellt, so dass mittlerweile unter dem Label »Gruppenarbeit« eine Vielzahl höchst unterschiedlicher Organisationsformen figuriert. Allen gemeinsam aber ist, dass die Arbeitsinhalte, wenn auch in unterschiedlichem Umfang, erweitert und Entscheidungskompetenzen in die Gruppe verlagert worden sind.

Neuere Entwicklungen

Im Zusammenhang mit dem Konzept des »Shareholder Value« werden die auf Arbeit bezogenen Veränderungen in den letzten zwei Dekaden als Folgen einer »**Ver*markt*lichung**« rubriziert. Mit dieser Metapher soll darauf hingewiesen werden, dass Unternehmen sich gegenüber den Anforderungen externer Märkte geöffnet haben; der Erfolg am Markt soll für alle Unternehmensangehörigen zum Bezugspunkt ihres Handelns werden (»Unternehmer im Unternehmen«). Zugleich werden marktliche Elemente zunehmend als Steuerungsinstrumente genutzt, indem die unternehmensinterne Steuerung als (indirekte) Steuerung mit Hilfe von Kennzahlen erfolgt. Gewinnmargen und Ergebniserwartungen werden zu verbindlichen Zielgrößen. Auf Unternehmensebene geht dies bspw. einher mit einer Aufsplittung in Profit-Center, die in über Geld definierte Beziehungen treten – bis hin zu einer fiktiven oder faktischen Konkurrenz von Unternehmenseinheiten. Auf der Arbeitsebene bedeutet dies, dass die Leistungskontrolle verstärkt über marktlich bewertete Outputgrößen erfolgt und weniger als direkte Kontrolle des Arbeitsverhaltens; Steuerung qua Hierarchie tritt zurück zugunsten einer Selbststeuerung (»von der Prozesskontrolle zur Ergebniskontrolle«). Damit werden bislang gültige Standards der Arbeitsbedingungen, bisher übliche Formen der Beschäftigung und die bisher übliche Organisation von Arbeit verändert; Arbeitszeit und Personaleinsatz werden flexibilisiert, und seitens der Unternehmen wird vermehrt auf Selbstorganisation der Beschäftigten gesetzt. Dies geht einher mit einem veränderten Verständnis von *Leistung*: Als Leistung gilt nicht mehr eine der Aufgabe angemessene Leistungsverausgabung, sondern der Grad der Erreichung eines vereinbarten oder verordneten Ziels; letztlich zählt nicht mehr die Mühe, sondern der Erfolg, der sich auf dem Markt zu beweisen hat.

Dies führt zu Phänomenen, die als **Entgrenzung** diskutiert werden. Durch Prozesse der *Dezentralisierung* sind ehemals klare Grenzen undeutlich geworden. Die organisatorischen Grenzen von Unternehmen werden unschärfer, wenn sie sich zu *Netzwerk*en wandeln, die durch marktliche Beziehungen verbunden sind. Ebenso verwischen sich die durch die vertikalen und horizontalen Trennlinien gezogenen Grenzen innerhalb von Betrieben, wenn im Zuge der Selbstorganisation Kompetenzen »nach unten« verlagert werden. Und schließlich werden die Grenzen zwischen Arbeit und Leben undeutlicher, wenn von Arbeitnehmern verlangt wird, sich in ihrem Handeln an den Unternehmenszielen zu orientieren und die an sie gestellten zeitlichen und räumlichen Flexibilitätsanforderungen zu bewältigen. Dies geht einher mit einer **Subjektivierung** der Arbeit. Der Subjektivitätsbedarf seitens der Unternehmen ergibt sich daraus, dass Regeln, Routinen und Vorgehensweisen nur unvollständig vorab definiert werden können. Subjektive Fähigkeiten sollen deswegen für betriebliche Zwecke genutzt werden; Haltungen, Wissen, Fertigkeiten, Motive, Gefühle, Werte etc. werden in Verwertungsstrategien einbezogen. Dies trifft durchaus auf Ansprüche der Beschäftigten an die Gestaltung ihrer Arbeit. Im Zuge des *Wertwandels* sind die Ansprüche an Selbstverwirklichung gewachsen, und dies betrifft auch die Sphäre der Arbeit; auch hier wollen die Beschäftigten ihre Subjektivität stärker berücksichtig wissen. In diesem Sinne unterliegt Erwerbsarbeit einem doppelten Subjektivierungsprozess: Einerseits haben Betriebe einen erhöhten funktionalen Bedarf an Subjektivität, andererseits tragen die Individuen verstärkt subjektive Ansprüche an ihre Arbeit heran. Darin begründet sich die Ambivalenz von Subjektivierung. Subjektive Fähigkeiten und Eigenschaften dürfen nicht nur in den Arbeitsprozess eingebracht werden, sie müssen auch genutzt werden; eine Eigenleistung wird nicht nur erlaubt, sie wird selbst dann gefordert, wenn sie gar nicht gewollt ist. Die Möglichkeit, die eigene Subjektivität in den Arbeitsprozess einbringen zu können, bedeutet zugleich den Zwang, die eigene Arbeitskraft umfassend zu ökonomisieren. Dies ist nicht beschränkt auf die Sphäre der Erwerbsarbeit allein, sondern Ausdruck übergreifender gesellschaftlicher Wandlungsprozesse, die in der Soziologie als *Individualisierung* diskutiert werden.

Subjektivierung und Entgrenzung kulminieren in einem Typus von Arbeitskraft, für den sich die Bezeichnung »*Arbeitskraftunternehmer*« eingebürgert hat, einem Unternehmer, der die eigene Arbeitskraft vermarktet. Der relativ gesicherte und standardisierte Status eines Arbeitnehmers mit relativ stetigen Arbeitsvorgaben wird im Grundsatz ersetzt durch einen Auftragnehmer mit temporären Auftragsbeziehungen. Da eine eng kontrollorientierte Strategie der Nutzung von Arbeitskraft für die betrieblichen Produktivitätsziele zunehmend weniger ausreicht, wird das Problem einer Transformation von Arbeitskraft in Arbeit an die Arbeitenden gewissermaßen zurückgegeben; sie haben sicherzustellen, dass die erwartete Leistung erbracht wird, wobei es ihnen im Grundsatz überlassen bleibt, wie sie das erreichen. Die Ergebniskontrolle geht einher mit einer verstärkten Selbst-Kontrolle der Arbeitenden, die sich insbesondere bezieht auf die Arbeitszeit, den Arbeitsort, die Regulierung der interpersonalen Beziehungen, die fachliche Flexibilität und die Fähigkeit zur Eigenmotivation. Hinzu kommt eine Selbst-Ökonomisierung, die nicht nur eine aktive Entwicklung der individuellen Potenziale umfasst, sondern auch ein gezieltes Selbst-Marketing, um die Arbeitskraft potentiellen Auftraggebern anzubieten. Selbst-Kontrolle und Selbst-Ökonomisierung haben Einfluss auf die gesamte Lebensorganisation, auf das Verhältnis von Arbeit und Leben. Erforderlich ist eine Selbst-Rationalisierung des gesamten Lebenszusammenhanges. Es muss systematisch durchgestaltet und auf Erwerb ausgerichtet werden. Der Arbeitskraftunternehmer ist nicht der bereits quantitativ vorherrschende Arbeitskrafttypus, aber er ist doch Realität. Als Typus findet er sich in erster Linie in einigen Bereichen der modernen Dienstleistungs-, Medien- und Telekommunikationsindustrien, aber nicht im Dienstleistungssektor insgesamt oder gar in den industriellen Kernsektoren. Die für den Arbeitskraftunternehmer typische Arbeits- und Erwerbsorientierung allerdings ist weiter verbreitet als der Typus selbst und findet sich auch bei abhängig Beschäftigten, vor allem bei Angestellten.

Literatur

Altmann, Norbert et al., 1986: Ein »Neuer Rationalisierungstyp« – neue Anforderungen an die Industriesoziologie; in: Soziale Welt 37, 189–207. – Böhle, Fritz et al. (Hg.), 2010: Handbuch Arbeitssoziologie, Wiesbaden. – Kern, Horst; Schumann, Michael, 1973: Industriearbeit und Arbeiterbewusstsein, 2. Aufl., Frankfurt a. M. – Dies., 1984: Das Ende der Arbeitsteilung? Rationalisierungsprozesse in der industriellen Produktion, München. – Kratzer, Nick, 2003: Arbeitskraft in Entgrenzung. Grenzenlose Anforderungen, erweiterte Spielräume, begrenzte Ressourcen, Berlin. – Lutz, Burkart; Schmidt, Gert, 1977: Industriesoziologie; in: König, René (Hg.): Handbuch der empirischen Sozialforschung, Bd. 8, 2. Aufl., Stuttgart, 101–262. – Minssen, Heiner, 2006: Arbeits- und Industriesoziologie. Eine Einführung, Frankfurt a. M./New York. – Pongratz, Hans J.; Voß, G. Günter, 2003: Arbeitskraftunternehmer. Erwerbsorientierungen in entgrenzten Arbeitsformen, Berlin. – Popitz, Heinrich et al., 1957a: Technik und Industriearbeit. Soziologische Untersuchungen in der Hüttenindustrie, zit. nach 3. Aufl. 1976, Tübingen. – Popitz, Heinrich et al., 1957b: Das Gesellschaftsbild des Arbeiters. Soziologische Untersuchungen in der Hüttenindustrie, Tübingen. – Roethlisberger, Fritz J.; Dickson, William J., 1939: Management and the Worker, Cambridge/Mass. – Schmidt, Gert et al. (Hg.), 1982: Materialien zur Industriesoziologie; in: Kölner Zeitschrift für Soziologie und Sozialpsychologie Sonderheft 24, Opladen. – Womack, James P. et al., 1990: The Machine that Changed the World, New York.

Heiner Minssen

Arbeitsteilung

Vor dem Hintergrund eines allgemeinen Arbeitsbegriffes bezeichnet Arbeitsteilung (engl. division of labor) weitgefasst alle Formen der funktionalen *Spezifizierung* und sozialen *Differenzierung* (zumeist: ökonomisch) zweckorientierter produzierender Tätigkeit des Menschen. Teilung der Arbeit kann zunächst unter höchst unterschiedlichen Gesichtspunkten erfolgen: Alter, Fertigkeiten und Kenntnisse, Geschlecht, Geburtsstand, Macht und Einfluss etc.

Grundsätzlich zu unterscheiden – historisch-konkret freilich immer wechselseitig aufeinander bezogen – sind Formen sozialer Arbeitsteilung (Berufsdifferenzierung und soziale Spezifizierung von Arbeitsrollen) und Formen technischer Arbeitsteilung (Arbeitszerlegung, Arbeitsaufsplitterung, Arbeitszerstückelung). Auseinanderhalten lassen sich analytisch darüber hinaus drei Bezugsebenen von Arbeitsteilung: *Handeln* (die Prägung von Handlungskonstellationen durch Arbeitsteilung), *Organisation* (Arbeitsteilung als Strukturprinzip von Produktionsbetrieben und Verwaltungen) und *Gesellschaft* (die Bedeutung der Berufsgliederung für die soziale Struktur und Entwicklungsdynamik von Gesellschaften).

Das Stichwort »internationale Arbeitsteilung« schließlich weist auf in den letzten Jahren zunehmend bedeutsame Formen der Verlagerung spez. Produktionsbereiche – insbesondere der Elektronik-, Bekleidungs- und Textilindustrie – aus den entwickelten Industriestaaten in Dritte-Welt-Länder und sog. Schwellenländer und auf die hiermit verbundenen Austauschbeziehungen zwischen den verschiedenen Wirtschaftsregionen und deren Rückwirkung auf Wirtschafts- und Arbeitsmarktentwicklungen.

Arbeitsteilung ist eine grundlegende universale Voraussetzung für die Herausbildung von Gesellschaft. Komplexe Gesellschaften sind durch differenzierte Konfigurationen der Teilung von Arbeit gekennzeichnet. Bei ökonomischer und technisch-funktionaler Betrachtung wird Arbeitsteilung vor allem unter den Gesichtspunkten der Entwicklung der gesellschaftlichen Produktivkräfte (Produktivitätsfortschritt) und der Effizienzsteigerung thematisiert. In soziologischer Sicht ist darüber hinaus Arbeitsteilung immer auch als Ausprägung und Problem sozialer *Ungleichheit* (z. B. gesellschaftsspezifische Arbeitsteilung) und als Ausdruck gesellschaftlicher *Macht-* und *Herrschafts*verhältnisse (z. B. Differenzierung von disponierender Tätigkeit und ausführender Tätigkeit) Thema.

Die große Bedeutung von Arbeitsteilung als Phänomen gesellschaftlicher Strukturierung zeigt auch das Studium der Staatsphilosophie seit der griechischen Klassik. Von Aristoteles stammt der Satz: ›Aus zwei Ärzten entsteht keine Gemeinschaft, wohl aber aus einem Arzt und einem Bauern.‹

Vor dem Hintergrund der Ausdifferenzierung wirtschaftlichen Handelns und der Ausweitung gewerblicher Produktion setzt im 18. Jh. mit den großen Arbeiten Adam Fergusons (1723–1816) – »Essay on the History of Civil Society« (1767) – und Adam Smiths (1723–1790) – »Inquiry into the Nature and Causes of the Wealth of Nations« (1776) – die neuzeitliche sozialtheoretische Analyse der Arbeitsteilung ein. Smith rückt die produktionsorganisatorischen Aspekte ins Zentrum (Produktionssteigerung, Arbeitszerlegung – vgl. »Stecknadelbeispiel«), während Ferguson – Durkheim vorgreifend! – Arbeitsteilung als Strukturtyp von *Solidarität* fasst (Berufsdifferenzierung). Arbeitsteilung ist schon früh Thema wertender und interesseorientierter Stellungnahmen und Debatten: Charles Babbage (1792–1871) beispielsweise forciert den Unternehmerstandpunkt. Er rühmt: Verringerung der notwendigen Lehrzeit des Arbeiters, Austauschbarkeit der Arbeiter, Möglichkeit der Lohnsenkung. Demgegenüber hebt schon J. B. Say (1767–1832) hervor: extreme Arbeitszerlegung für den Arbeiter, Verkümmerung von Fähigkeiten und Unfreiheit. Karl Marx (1818–1883) unterscheidet zwischen »sozialer Arbeitsteilung« – gemäß natürlicher Merkmale der Menschen (Geschlecht, Alter etc.) oder als Ergebnis der Spezialisierung von Familien und Stämmen in verschiedenen Produktionsfeldern (Basis sind ganzheitliche Handwerksberufe), deshalb bei Marx auch »naturwüchsige Arbeitsteilung« – und »manufakturmäßige Arbeitsteilung« – die Zerlegung von Arbeit im Produktionsprozess einer Organisation gemäß technischer und ökonomischer Gesichtspunkte der Vereinfachung und Profitabilität. Seine auf eine theoretische Kritik der kapitalistischen Produktionsweise begründete *Entfremdungs*theorie, wonach der einzelne Arbeiter infolge der sozialen Trennung von Produktionsmittelbesitz und Arbeitskraft entfremdet ist vom Produkt seiner Arbeit, vom Produktionsprozess, von seinen Mitmenschen und letztlich von der Gattung, ist Ausgangspunkt späterer soziologischer Studien und politischer Frontstellungen zu Arbeitsteilung und Arbeitszerlegung.

Rapide *Industrialisierung* und *Verstädterung*, die Aktualität der sog. »sozialen Frage« und die Faszination an den arbeitsorganisatorischen Formen und den sozialen Folgen des »Fabrikwesens« provozieren Ende des 19. Jh.s Versuche, Struktur und Dynamik der »modernen« Gesellschaft über Konzepte von Arbeitsteilung auf den »Begriff« zu bringen. Gustav Schmoller (1838–1917) etwa versucht, Arbeitsteilung und ständische Ordnung konzeptionell zu verknüpfen und auch die berühmte Tönniessche (Ferdinand Tönnies, 1855–1936) Gegenüberstellung von »*Gemeinschaft*« und »*Gesellschaft*« basiert auf Typen von Arbeitsteilung (der »natürlichen Arbeitsteilung« – Familie, Dorf – steht die marktgenerierte Arbeitsteilung, die Generalisierung kontraktuell fixierter Teilzeitarbeit gegenüber).

Der wichtigste soziologische Klassiker der Theorie der Arbeitsteilung ist fraglos Emile Durkheim (1858–1917), dessen Dissertationsschrift »La Division du Travail« eine auf Modi der Arbeitsteilung fußende These zur Entwicklung von Gesellschaft vorträgt und speziell einen strukturell-funktionalen Analyseansatz forciert. Durkheim betont die Integrationsfunktion von Arbeitsteilung speziell in komplexen Gesellschaften. Komplexe Gesellschaften sind – Durkheim zufolge – über organische Solidarität (beruhend auf sozialer Konfiguration und Arbeitsteilung gleichartiger »Einheiten«) integriert. Durkheim nimmt auch wahr, dass Arbeitsteilung nicht in jedem Falle sozialintegrativ ist – es gibt ihm zufolge ungeregelte »anomische« Arbeitsteilung, insbesondere auch im Kontext der modernen Fabrikarbeit, wo Prozesse der Arbeitszerlegung nur produktionstechnischen und/oder ökonomischen Kalkülen folgen, ohne Bindung an geltende sozialintegrierende Normen und Werte.

Um die Jh.wende konzentriert sich das Interesse dann vor allem auf die forcierten, mit dem Thema »*Taylorismus*« (Frederick W. Taylor, 1856–1915) und mit den Stichworten »*Scientific Management*« und »One best Way« verbundenen Bemühungen um rationale Arbeitsgestaltung. »Taylorismus« und »Fordismus« (Fließbandfertigung) werden Signate für Formen extremer Arbeitszerlegung und für Rationalisierungsstrategien der Anpassung des Menschen an die Maschine bzw. an den funktional-technisch optimalen Prozess. Die betriebliche Politik der Arbeitsteilung und der Arbeitszerlegung wurde in den 20er und 30er Jahren mit Berücksichtigung des »Human Factors« und des »Group Factors« (Elton Mayo, F. Roethlisberger u.a.) auf eine theoretisch breitere Grundlage gestellt. Die Kennzeichnung der modernen Industriearbeit als »*anomisch*« war zumindest nicht hinreichend: Auch auf Basis extrem arbeitsteiliger Strukturen bilden sich Formen sozialer *Integration* – nicht zuletzt als Ausdruck kollektiver Opposition – heraus (sog. informelle Gruppen*).* Georges Friedmann, Alain Touraine, Robert Blauner, Heinrich Popitz und andere haben die Wirklichkeit der modernen Industriearbeit in ihren extrem arbeitsteiligen und entfremdeten Formen und speziell bezüglich der Herausbildung technikvermittelter Arbeitsformen und Kooperationsstrukturen analysiert.

Mit Blick auf die neuen Informations- und Kommunikationstechnologien wird deutlich, dass Technisierung und organisatorische Systemisierung von Produktionsprozessen hinsichtlich Arbeitskrafteinsatz und Gestaltung betrieblicher Arbeitsteilung höchst unterschiedlich umgesetzt werden. Neben der Einführung neuer »negativer« Formen von Arbeitsteilung und Arbeitszerlegung wird in einigen Industriezweigen eine »arbeitspolitische Wende« hin zu stärker »ganzheitlicher« Nutzung von Arbeits-

kraft erkennbar (Stichwort: »Neue Produktionskonzepte« – Kern/Schumann 1984 – zur daran anknüpfenden Fachdebatte siehe Malsch/Seltz 1987 und Springer 1999).

Literatur

Kern, Horst; Schumann, Michael, 1984: Das Ende der Arbeitsteilung? München. – Malsch, Thomas; Seltz, Rüdiger (Hg.), 1987: Die neuen Produktionskonzepte auf dem Prüfstand, Berlin. – Springer, Roland, 1999: Rückkehr des Taylorismus? Frankfurt a.M.

Gert Schmidt

Arbeitswissenschaft

Arbeitswissenschaft (engl. ergonomics) kann definiert werden als die Analyse und Gestaltung der technischen, organisatorischen, psycho-sozialen und medizinischen Bedingungen von *Arbeits*prozessen. Verbunden wird damit das Ziel, dass die Arbeitenden in effizienten Arbeitsprozessen a) ausführbare und beeinträchtigungsfreie Arbeitsbedingungen vorfinden, b) Standards sozialer Angemessenheit erfüllt sehen, c) Handlungsspielräume entfalten und in Kooperation mit anderen ihre Persönlichkeit entwickeln können (Schlick et al., 7). Die International Ergonomics Association (IEA) hat 2000 die folgende Definition verabschiedet: »Ergonomics (or human factors) is the scientific discipline concerned with the understanding of interactions among humans and other elements of a system, and the profession that applies theory, principles, data and methods to design in order to optimize human well-being and overall system performance«.

Die Anfänge einer systematischen Arbeitswissenschaft finden sich 1857 bei Jastrzebowki. Erste Studien und Institutsgründungen erfolgten seit Anfang des 20. Jh.s in einigen Ländern Europas und in Nordamerika. Weitreichende Institutionalisierungen des Fachs in Form der Einrichtung von Lehrstühlen und der Gründung wissenschaftlicher Vereinigungen setzen jedoch erst zu Beginn der 1950er Jahre ein. Sie wurden 1959 unter dem Dach der IEA zusammengefasst.

Forschung und institutionelle Verortung dieses interdisziplinären Fachs haben heute drei primäre **Ausrichtungen**: a) **Physische** *Ergonomie* befasst sich mit anatomischen, anthropometrischen, physiologischen und biomechanischen Eigenschaften der körperlichen Aktivität. Themen sind u. a.: Arbeitsplatz- und Maschinengestaltungen, Arbeitsumgebung wie Lärm, Strahlungen, Temperatur, etc. Körperbewegung, Kommunikation und Pausenregelungen (Kumar, Osborne). b) Die **kognitive** Ergonomie untersucht mentale Prozesse, wie Wahrnehmung, Denken, Bewegungsreaktionen etc. im Zusammenhang mit Interaktionen zwischen Menschen und anderen Elementen von Systemen. Themen sind u. a.: psychische Arbeitsbelastung und Stress, Entscheidungsfindung, Geschicklichkeitsleistung, Mensch-Computer-Interaktion (Kirlik). c) **Organisatorische** Ergonomie beschäftigt sich mit der Optimierung von soziotechnischen Systemen, einschließlich ihrer organisatorischen Strukturen, Verfahrensweisen und Prozesse. Themen sind u. a. Kommunikation, Projekt-, Team-, Gruppenarbeit, Partizipation, Vertrauen und Kontrolle, Arbeitszeitgestaltung, virtuelle Organisationen oder Qualitätsmanagement (O'Neill).

Konzepte

Unter den Leitkonzepten der Arbeitswissenschaft finden drei hervorgehobene Beachtung: das Belastungs-Beanspruchungs-Konzept und Stresstheorien in der eher ingenieurs- bzw. in der humanwissenschaftlich ausgerichteten Mikroergonomie sowie Konzepte der Makroergonomie, die sozial- und wirtschaftswissenschaftliche Ursprünge haben.

In den 1970er Jahren entwickelte Rohmert ein **Belastungs-Beanspruchungs-Konzept**. Kausalanalytisch werden hier äußere Arbeitsbedingungen (Belastungen) mit menschlichen Reaktionen (Beanspruchungen) verbunden und inter- und intraindividuelle Varianzen von Arbeitspersonen berücksichtigt. Belastungen werden in diesem arbeitsphysiologischen Modell als objektive Faktoren der Bewirkung subjektiver Beanspruchungen angesehen und über den Umweg der Bewertung von Beanspruchungen gemessen. In einigen Teilbereichen energetischer, körperlicher Arbeit und insbesondere bei der Wirkung von Strahlung oder Gefahrenstoffen konnten gesetzesmäßige Zusammenhänge von Belastung und Beanspruchung aufgedeckt werden. Insgesamt ließen sich jedoch nur für einige Formen körperlicher Arbeit exakte Zusammenhänge nachweisen. Einerseits lassen sich verschiedene Teilbeanspruchungen nur schwer zu Gesamtbeanspruchungen zusammenfassen, so gehen v. a. psychische Arbeitsbelastungen nur

unzureichend in solche Modelle ein. Zudem tragen etwa Geschlechterdifferenzen, ethnische Faktoren, Klasse und Beruf und der säkulare Trend der körperlichen Akzelleration von Kohorte zu Kohorte zur ›human diversity‹ bei (zur Synopse anthropometrischer Daten und zur ›human diversity‹ siehe Pheasant). Allgemein kam es in den letzten Jahrzehnten in fortgeschrittenen Gesellschaften zu einer Bedeutungsverringerung physischer Arbeitsbelastungen und zu einer Bedeutungssteigerung psychischer Arbeitsbelastungen (Salvendy).

Ein zweites zentrales Leitkonzept ist im Kontext der Arbeitspsychologie und Arbeitsmedizin der **Stress**begriff. Als Stressbedingungen gelten Regulationshindernisse, -überforderungen und -unsicherheiten. Arbeitsmedizinische Studien haben Stress als wichtigen Gesundheitsfaktor belegt (Cox et al.). Zentral für das Stresskonzept ist, dass die Wirkung der Stressbedingungen durch personale und intersubjektive Ressourcen, etwa durch *Netzwerk*e sozialer Unterstützung sowie den Grad der Handlungskontrolle, etwa durch *Autonomie* und Handlungsspielräume am Arbeitsplatz gemindert werden kann. In der Arbeitspsychologie, die Arbeit als bewusste, zielgerichtete Tätigkeit begreift, wird der zugewiesene Handlungsspielraum als eine zentrale Gestaltungsgröße menschengerechter Arbeit angesehen. Für diese subjektvermittelte Konzeptionalisierung von psychischen Arbeitsbelastungen spricht, dass sich neben negativen Stressfolgen auch positive Effekte von Stress (Eustress) feststellen lassen. Eine alternde Bevölkerung stellt Arbeitspsychologie und Arbeitsmedizin vor neue Aufgaben. Die Psychophysiologie des Alterns wird wichtiger mit Untersuchungen von Lernen, Gedächtnis, Wahrnehmung, Bewegungskontrolle, Anthropometrie, Biomechanik, Sprache und Kommunikation über den Lebensverlauf einschließlich der Möglichkeiten einer Pharmakologie des Verhaltens (Fisk/ Rogers). Zudem spielt die Kognitionsforschung in Verbindung von Psychologie und Medizin gegenwärtig eine besondere Rolle für Erwartungen an eine Verbesserung der Lebensqualität von Arbeit (Hancock).

Auch die **Makroergonomie** (Organisatorische Ergonomie) gewinnt in Folge der Veränderungen der Arbeitswelt an Bedeutung (O'Neill; Hendrick, Kleiner). Hier werden Technik, Organisationen, Arbeitsgruppen und Individuen als Sub*system*e im Wechselspiel untereinander und mit ihrer Umwelt betrachtet. Das deterministische Weltbild einseitiger kausaler Wirkungen ist aufgegeben. Stattdessen gelten technische, psychosoziale, organisatorische Komponenten und Umwelt als interdependent, sie können nur gemeinsam optimiert werden. In Abhängigkeit von der Wandlungsgeschwindigkeit und der Komplexität der Umwelt der Organisation bewähren sich unterschiedliche Organisationstypen. Der Maschine-Bürokratie-Typ zeichnet sich durch hohe Arbeitsteilung, Hierarchisierung und Formalisierung aus. Die Effizienz-, Kontroll- und Stabilitätsvorteile dieses Typs gleichen die mangelnde intrinsische Motivation der Beschäftigten aus, wenn eine überwiegend gering qualifizierte Arbeiterschaft routinisierte Systemoperationen in einer stabilen einfachen Umwelt zu vollziehen hat. Steigende Qualifikationsniveaus der Beschäftigten und komplexere, dynamischere Umwelten haben jedoch zu einer wachsenden Bedeutung von professionellen Bürokratie-Typen und zu verschiedenen Formen des Adhocracy-Typs geführt. Letztere sind durch geringere Formalisierung sowie durch projekt- und problembezogene Dezentralisierungen gekennzeichnet. Den Vorteilen einer schnellen, effizienten und kreativen Reaktion auf dynamische Umwelten stehen Nachteile in Form von aus mehrdeutigen Verantwortlichkeiten resultierenden Konflikten, sozialem und psychischem Stress und sich aus geringerer Routinisierung ergebender Ineffizienz entgegen.

Die Arbeitswissenschaft ist konsequent anwendungsorientiert und interdisziplinär. Unter ihren Bezugswissenschaften spielt die Soziologie eine geringe Rolle, obwohl z. B. Max Weber mit seinen Studien zur Psychophysik der industriellen Arbeit früh Schnittstellen zwischen der Soziologie und der Arbeitswissenschaft hergestellt hat und obwohl es eine lange Tradition arbeits- und industriesoziologischer Forschung gibt. Die mit den heutigen Veränderungen der Arbeitswelt einhergehende, steigende Bedeutung der Makroergonomie bietet von der Problemstellung her erneut Anknüpfungspunkte für die interdisziplinäre Zusammenarbeit von Soziologie und Arbeitswissenschaft, insbesondere im Bereich der *Industrie-* und *Organisationssoziologie*.

Literatur

Cox, Tom et al., 2000: Research on work-related stress. European Agency for Safety and Health at Work, Luxembourg. – Fisk, Arthur D.; Rogers, Wendy A. (Eds.), 1997: Handbook of Human Factors and the Older Adult, San Diego. – Hancock, Peter A. (Ed.), 1999: Human Performance and Ergonomics, San Diego. – Hendrick, Hal W.; Kleiner, Brian M. (Eds.), 2002: Macroergonomics: Theory, Methods, and Applications, Mahwah. – International Ergonomics Association (IEA), 2000: What is Ergonomics? – Kirlik, Alex (Ed.), 2006: Adaptive perspectives on human-technology interaction: Methods and models for human-computer interaction and cognitive engineering, New York/Oxford. – Kumar, Shrawan (Ed.), 1999: Biomechanics in Ergonomics, London. – Osborne, David (Ed.), 1995: Ergonomics and Human Factors, 2 Vol., Aldershot. – O'Neill, Michael, 1998: Ergonomic Design for Organizational Effectiveness, New York. – Pheasant, Stephen, 1986: Bodyspace, London. – Rohmert, Walter, 1973: Psychische Beanspruchung; in: Schmidtke, Heinz (Hg.): Ergonomie, Bd. 1, München. – Salvendy, Gavriel (Ed.), 2006: Handbook of Human Factors and Ergonomics, 3rd ed., New York. – Schlick, Christopher et al. (Hg.), 2010: Arbeitswissenschaft, Berlin/Heidelberg. – Weber, Max, 1998: Zur Psychophysik der industriellen Arbeit, Tübingen.

Reinhold Sackmann/Olaf Struck/Ansgar Weymann

Architektursoziologie

Gegenstand der Architektursoziologie (engl. sociology of architecture) ist das Gebaute, sind die architektonischen Artefakte in ihrem Bezug zu den Akteuren (deren Aktionen und Interaktionen) respektive zur Gesellschaft insgesamt (mit all ihren Teilsystemen und Institutionen). Darin eingebettet ist als weiteres Thema die Profession der Architekten.

Es handelt sich um eine junge Disziplin der Soziologie, die auf impliziten Klassikern aufbauen kann, sich aber vor allem aus neuen Theorieentwicklungen der Kultur- und Sozialwissenschaft speist: der Hinwendung zu Körper, Artefakten, Symbolischem, Affekten, Kreativem, zum Raum. Diese Architektursoziologie ist gesellschaftstheoretisch und diagnostisch angelegt sowie auf die interdisziplinäre Arbeit (v. a. mit der Architektur) angewiesen. Explizit kommt sie bisher vornehmlich aus dem deutschsprachigen Raum. Anders als die *Stadtsoziologie* geht sie davon aus, dass die Gesellschaft basal im Medium der architektonischen Artefakte zu beschreiben ist; anders als die Soziologie des *Wohnen*s ist sie gesellschaftstheoretisch interessiert und umfasst alle Bautypen bis hin zur Infrastruktur (Verkehrsarchitektur, Kanalisierung); mit der *Raumsoziologie* hat sie Überschneidungen, wo diese sich den materialisierten Räumen widmet; mit der Artefaktsoziologie teilt sie das Interesse für die Verschränkung von Artefakten und Akteuren. Anders als die *Techniksoziologie* berücksichtigt sie die Expressivität der Artefakte.

Entwicklung von Architektur und Gesellschaft

Die Entwicklung der Architektur ist so alt wie die Kultur – versteht man darunter auch alle nicht von Architekten entworfenen Gebäude, auch die gewebten und genähten Architekturen nichturbaner Gesellschaften. In modernen, funktional differenzierten Gesellschaften ist es die Architektur, die in ihrer professionellen Kreativität stets neue Lebenswelten und zugleich bleibende Gestalten der Gesellschaft schafft.

Entwicklung der Architektursoziologie

Seit Gründung der Soziologie gibt es implizite architektursoziologische Klassiker, insbesondere französische (u. a. Mauss, Halbwachs, Maunier, Tarde, Foucault, Augé, Bourdieu, Lefebvre) und deutsche (u. a. Simmel, Krakauer, Benjamin, Elias). Sie lassen sich danach sortieren, ob sie die Architektur als bloßen Ausdruck der Gesellschaft verstehen oder ihr eine aktive Funktion in der Vergesellschaftung zusprechen. Wegen der Gegenstandsbestimmung der Allgemeinen Soziologie, die das Soziale als Interaktion intentional Handelnder oder als ›Kollektivbewusstsein‹ fasste, blieb die Thematisierung der Architektur insgesamt aber marginal. Erst in den 1970er Jahren etablierte sich eine explizite Beobachtung in einer kapitalismuskritischen oder aber sich an der Planung beteiligenden Architektursoziologie. Die neue Soziologie der Architektur (seit etwa 2000) ist demgegenüber grundlegend gesellschaftstheoretisch und -diagnostisch interessiert, offen für verschiedene Perspektiven.

Forschungsstand

Die neue Architektursoziologie wird u. a. von der ANT, der Philosophischen Anthropologie, der Praxeologischen Theorie, vom Poststrukturalismus aus entfaltet. Angesichts der faktischen Untrennbarkeit von Architektur und Sozialem hält sie die ganze Komplexität der Architektur im Blick (vom Entwurf bis zur Destruktion, vom Einzelhaus bis zur übergreifenden Struktur, von der Fassade über den Grundriss bis zu Baurecht, Eigentumsfragen, Finanzierung, von Interaktions-, Struktur- bis zu Symbolperspektiven, diagnostisch historisch-genetisch arbeitend oder auf aktuelle Entwicklungen konzentriert). Auch die methodische Annäherung ist entsprechend vielfältig (von Diskursanalysen bis zu ethnografischen Methoden).

Literatur

Champy, Florent, 2001: Sociologie de l'architecture, Paris. – Delitz, Heike, 2009: Architektursoziologie, Bielefeld. – Fischer, Joachim; Delitz, Heike (Hg.), 2009: Die Architektur der Gesellschaft. Theorien für die Architektursoziologie, Bielefeld. – Jones, Paul, 2011: The Sociology of Architecture: Constructing Identities, Liverpool. – Schäfers, Bernhard, 2006: Architektursoziologie. Grundlagen – Epochen – Themen, 2. Aufl., Opladen. – Trebsche, Peter et al. (Hg.), 2010: Der gebaute Raum. Bausteine einer Soziologie vormoderner Architekturen, Münster.

Heike Delitz

Aristokratie

Aristokratie (engl. aristocracy; aus dem Griechischen: Herrschaft der Besten) bezeichnet eine *Herrschaft*sform, wird aber auch synonym für die Gruppe der Edelleute, insbesondere des Hoch*adel*s, verwendet. Die Aristokratie beruht in der griechischen Staatslehre (Platon, Aristoteles, Polybios) auf der Führung durch eine auf Grund von Tugend und Verdiensten ausgezeichnete Gruppe. Sie unterscheidet sich von der *Oligarchie* durch die Orientierung am *Gemeinwohl*. In der Geschichte lassen sich Ritteraristokratien, Priesteraristokratien und Plutokratien differenzieren. Gesellschaften durchlaufen meist eine Phase der Aristokratie mit Ausnahme jener, die despotische Herrschaftsformen ausbilden (z. B. Osmanenreich). Da die Aristokratie auf Grund von internen Kämpfen keine stabile Herrschaftsform darstellt, geht sie früher oder später in *Monarchie* oder *Demokratie* über, wobei in beiden Fällen aristokratische Strukturelemente erhalten bleiben können.

Als *Stand* entwickelte sich die Aristokratie in Europa erst im Zuge der Stärkung der zentralen Gewalt der Krone ab dem Hochmittelalter; davor waren die Vorrechte des Adels nicht generell erblich und auch nicht formell geregelt. Voraussetzungen der Anerkennung als adelig waren ein Vermögen aus Grundherrschaft und der über Generationen hinweg nachgewiesene Status des Freien (Edelfreie). Der Adelsbrief enthielt die Genehmigung zum Ritterschlag, die Standesvertretung gegenüber der Krone und die Vorrechte des Adels, d. h. die Ehrenvorrechte (Adelsprädikate, Insignien etc.), rechtliche Privilegien, politische Rechte (auf bestimmte Ämter oder Ränge) und wirtschaftliche Vorrechte (Grunderwerb, Steuerbefreiungen, Jagdrechte etc.).

Die Aristokraten stellten eine gesellschaftliche *Elite* dar, die sich durch ihre Werthaltung und Lebensweise von der Masse des Volkes abhob, sich auf die ehrenvolle Abstammung ihrer Familie berief und daher auf Grund des »Blutes« bzw. der Geburt eine hohe Stellung beanspruchte. Grundprinzipien der Aristokratie sind die Ausschließung durch »connubium« und die interne *soziale Kontrolle* über Lebensweise und Handlungen der Mitglieder sowie die Kontrolle über den Zugang zum Adel. Immer aber kam es auch zu einer gewissen *sozialen Mobilität* durch den *Aufstieg* von Personen aus dem Volk auf Grund von Verdiensten bzw. durch Reichtum. Im 18. Jh. nahmen die Nobilitierungen von Bürgerlichen und der Ämterkauf zu, weshalb sich der alte Schwertadel von diesem Amtsadel stärker abzugrenzen suchte.

Der Adel weist eine interne **Hierarchie** zwischen dem Hochadel und den niederen Rängen auf. Zwischen Letzteren und dem *Bürgertum* bestanden oft kaum Unterschiede der Lebensweise, und der Übergang war, wie etwa bei der englischen »gentry«, fließend. Meist konnten die Adeligen aber von einem ererbten Vermögen, vorzugsweise an Grund und Boden, leben, ohne nicht ihrem Ansehen entsprechende Tätigkeiten ausüben zu müssen. Besondere Betätigungsfelder des Adels waren der Krieg, der hohe Staatsdienst, hohe kirchliche Ämter und das Mäzenatentum in Kunst und Kultur. Der auf Grund von Eheschließungen zwischen den Herrscherhäusern und Grundbesitz sowie Herrschaftsrechten in verschiedenen Regionen Europas stark internationale Charakter des Hochadels und seine *Werte* und *Lebensstile* sowie die »höfisch-aristokratische Kultur« prägten den europäischen Zivilisationsprozess (Elias).

Mit der Französischen Revolution kam es in Frankreich vorübergehend zur Abschaffung des Adels, dann zum napoleonischen Neuadel und schließlich zur Restauration. Nach dem Ersten Weltkrieg wurden die Vorrechte des Adels in allen Ländern Europas, wenn auch in unterschiedlichem Aus-

maß, abgeschafft; die Aristokraten wurden einfache Staatsbürger, sozial und kulturell werden sie aber auch heute noch in der Öffentlichkeit als eine besondere Gruppe mit eigenem Lebensstil wahrgenommen.

Die Adeligen selbst sind sich einerseits ihrer *Tradition* bewusst, müssen sich andererseits aber der modernen Welt in Bezug auf Werte, Lebensformen und berufliche Tätigkeiten öffnen. Der aristokratische Habitus umfasst daher Strategien zur Reproduktion des sozialen und symbolischen Kapitals und seiner Rekonversion in ökonomisches und Bildungskapital (Bourdieu; Saint Martin). Noch immer ist auch die interne soziale Kontrolle in Bezug auf standesgemäßes Verhalten, *Ehre* und Würde der Familie relativ stark wirksam. Sie stellen daher in gewisser Weise einen »verborgenen Stand« dar, dessen Werte und Normen eine Art Gegenwelt konstituieren (Walterskirchen). Da der Adel noch über einen beträchtlichen Grundbesitz verfügt, ist er auch von wirtschaftlicher Bedeutung.

Als Herrschaftsform wird der Begriff der Aristokratie zur Kennzeichnung von neuen Elitebildungen auch in demokratischen Gesellschaften (»labor aristocracy«, »Finanzaristokratie«) oder von überstaatlichen Eliten verwendet. Eine Elite als Aristokratie zu bezeichnen, betont das Bestehen einer starken *sozialen Distanz* in der Gesellschaft sowie die Wirkung eines Gruppencharismas und die Kontrolle über die gemeinsamen Werte und Lebensweisen der Gruppe.

Literatur

Beck, Hans et al. (Hg.), 2008: Die Macht der Wenigen. Aristokratische Herrschaftspraxis, Kommunikation und ›edler‹ Lebensstil in Antike und Früher Neuzeit, München. – Bourdieu, Pierre, 2004: Der Staatsadel, Konstanz. – Conze, Eckart; Wienfort, Monika (Hg.), 2004: Adel und Moderne. Deutschland im europäischen Vergleich im 19. und 20. Jahrhundert, Köln/Weimar/Wien. – Demel, Walter, 2005: Der europäische Adel. Vom Mittelalter bis zur Gegenwart, München. – Elias, Norbert, 1969: Die höfische Gesellschaft, Darmstadt/Neuwied. – Roscher, Wilhelm, 1933: Naturgeschichte der Monarchie, Aristokratie, Demokratie, Leipzig, 57 ff. – Saint Martin, Monique de, 2003: Der Adel. Soziologie eines Standes, Konstanz. – Simmel, Georg, 1908: Soziologie. Untersuchungen über die Formen der Vergesellschaftung, Berlin, 545 ff. – Walterskirchen, Gudula, 2010: Adel in Österreich heute. Der verborgene Stand, Innsbruck/Wien.

Gertraude Mikl-Horke

Armut und Reichtum

Armut (engl. poverty) und Reichtum (engl. wealth) sind extreme Erscheinungsformen *sozialer Ungleich-heit*en, deren Bestimmung immer von normativen Wertungen abhängt. Die gesellschaftliche Wahrnehmung von Erscheinungen des Mangels oder des Überflusses als Armut bzw. Reichtum hängt dabei vom historischen, regionalen und sozialpolitischen Kontext ab. In modernen Gesellschaften ist der Begriff der Armut eng verbunden mit der Idee einer sozialstaatlich garantierten Mindestsicherung: Er verweist auf eine **Schwelle**, unterhalb derer Menschen nicht mehr in sozialer Würde leben können. Mit der Feststellung von Armut ist daher ein sozialpolitischer Handlungsimperativ verbunden: Armut ist zu bekämpfen. Wo jedoch diese Armutsschwelle liegt und wie sie abgeleitet werden kann, ist umstritten und bedarf grundsätzlicher normativer Entscheidungen. Von daher existiert eine Vielzahl an Armutskonzepten.

Noch stärker hängt die Bestimmung von Reichtum von normativen bzw. konventionellen Abgrenzungen ab. Im Unterschied zu Armut provoziert die Feststellung der Existenz von Reichtum keinen unmittelbaren sozialpolitischen Handlungsbedarf: Reichtum ist nicht prinzipiell verwerflich. Offenbar beziehen sich Armut und Reichtum aber auf ein gemeinsames normatives Koordinatensystem der Bewertung (extremer) sozialer Ungleichheit.

Armutsberichterstattung: Zwischen Sozialpolitik und Armutsforschung

Eine zentrale Rolle für die Verbreitung von Armutskonzepten spielt die Armutsberichterstattung, d. h. das regelmäßige Monitoring der Entwicklung und Strukturen von Armut (vgl. BMAS 2001, 2005, 2008). Aufgrund des normativen Charakters von Armutskonzepten werden in Armutsberichten in der Regel verschiedene Armutskonzepte bzw. Armutsindikatoren zu Grunde gelegt und auf dieser Basis untersucht, wie sich Armut im Zeitverlauf entwickelt, wie Armutsrisiken bei unterschiedlichen Bevölkerungsgruppen verteilt sind oder nach Regionen und Ländern variieren. Während das Niveau der Armut stark vom verwendeten Armutskonzept abhängt, liefert der Vergleich über die Zeit oder zwischen Gruppen und Ländern belastbare Informationen, die

etwa zur Bewertung sozialpolitischer Maßnahmen der Armutsbekämpfung genutzt werden können.

Armutsberichte gibt es auf kommunaler, Länder- und nationaler Ebene sowie darüber hinaus auf suprastaatlicher (EU, OECD) und globaler Ebene (z. B. Weltbank). Die Armutsberichterstattung steht dabei im Schnitt- und Spannungsfeld zwischen einer sozialpolitisch eingebundenen Berichterstattung und der wissenschaftlichen Armutsforschung. Die wissenschaftliche Armutsforschung reicht in ihren Zielsetzungen und Erkenntnisinteressen über die Berichterstattung hinaus, indem sie sich intensiver mit den methodischen und theoretischen Aspekten der Armutsmessung beschäftigt und Armut im Kontext von ökonomischen und sozialen Ungleichheiten sowie gesellschaftlichen Entwicklungen analysiert.

Armutskonzepte

Viele Sozialstaaten verpflichten sich selbst dazu, ein »*Existenzminimum*« zu gewähren, das als eine **politisch definierte Armutsschwelle** interpretiert werden kann (zur Übersicht von Armutskonzepten vgl. Andreß 1999; Groh-Samberg 2008; Groh-Samberg/ Voges 2013). Dabei unterscheidet man zwischen Personen, die Mindestsicherungen beziehen (»**bekämpfte Armut**«) und Personen, die zwar Anspruch darauf haben, faktisch aber keine Leistungen beziehen (»**verdeckte Armut**«). Bei der Verwendung politisch definierter Armut tritt jedoch eine Paradoxie auf: So führte eine Herabsetzung der Bedürftigkeitsschwelle zu einer Reduktion der Armut, während umgekehrt eine Heraufsetzung von Mindeststandards eine wachsende Zahl von Armen mit sich bringt. Ebenso ist umstritten, inwiefern der Bezug von Mindestsicherungen, die ja die Beziehende/innen über die politisch definierte Armutsschwelle heben sollen, als Armut zu bezeichnen ist (daher der Ausdruck »bekämpfte Armut«).

Faktisch greift auch die *Sozialpolitik* bei der Bestimmung von Armut auf **wissenschaftliche Verfahren** zurück. Das traditionelle sozialpolitische Modell besteht in einer durch Experten vorgenommenen Festlegung von Mindestbedarfen an Ernährung, Kleidung, Obdach etc., die in entsprechende Warenkörbe umgesetzt und auf Basis gängiger Marktpreise in monetäre Armutsschwellen umgerechnet werden (sog. Warenkorbmodell). Der Schwellenwert zur Bestimmung von Armut kann reichen von der Festlegung eines physischen Existenzminimums bis hin zu einem darüber hinausgehenden »**sozio-kulturellen Existenzminimum**«, das am Wohlstandsniveau der Gesellschaft oder unterer Einkommensgruppen orientiert ist. Bei einem Schwellenwert, der die unmittelbare Bedrohung der physischen Existenz durch Hungern oder Erfrieren zum Kriterium erhebt, wird häufig von **absoluter** Armut gesprochen. Dahinter stand lange Zeit die Vorstellung, dass es ein zeit- und raumunabhängiges physiologisch bestimmbares Existenzminimum gibt; heute weiß man, dass dies unmöglich ist, da körperliche Mangelerscheinungen infolge von Armut in vielen graduellen Abstufungen vorkommen.

Bei einem **relativen** Verständnis von Armut tritt die Relation zum Wohlstand aller Gesellschaftsmitglieder in den Vordergrund – Armut wird hier grundsätzlich als relativ zu konkreten Gesellschaften in historischer Zeit gedacht. Am bekanntesten und verbreitetsten ist das Konzept der relativen **Einkommensarmut**. Als arm gelten hier Personen, deren bedarfsgewichtetes verfügbares Einkommen unterhalb eines bestimmten Prozentanteils des Durchschnittseinkommens aller Personen liegt. Für die Festlegung einer relativen Einkommensarmutsgrenze gibt es kaum schlüssige theoretische oder inhaltliche Argumente, sondern nur politische Übereinkünfte. Nach den EU-Empfehlungen von Laeken 2001 wird ein Schwellenwert von 60 % des Median-Einkommens als Indikator für Armutsgefährdung verwendet.

Einkommensarmutsschwellen lassen sich auch anhand repräsentativer Bevölkerungsumfragen zum notwendigen Mindesteinkommen bzw. zur Bewertung von Einkommenspositionen bestimmen (subjektive Einkommensarmut). Die Armutsgrenze wird an dem Punkt festgelegt, wo sich das tatsächliche Einkommen und die berichteten Mindesteinkommen entsprechen (in der Regel liegt sie für Alleinstehende über dem Wert von 60 % des Medianeinkommens).

Einkommen und Lebenslage: Zur Definition von Armut

Einkommensbasierte Armutskonzepte sind nach wie vor am stärksten verbreitet, jedoch auch der Kritik ausgesetzt. So werden die tatsächlich verfügbaren monetären Ressourcen häufig nur unzureichend erfasst, weil etwa Vermögenswerte und Verschuldung meist ausgeblendet bleiben und auch die Messung

von laufenden Einkommen nie fehlerfrei gelingt. Ungeachtet der dominanten Bedeutung monetärer Ressourcen lässt sich nicht umstandslos vom Einkommen auf den *Lebensstandard* schließen, weil eine Vielzahl vermittelnder Faktoren (soziale *Netzwerk*e und Unterstützung, Eigenproduktion, Haushaltsausstattung, Sonderbedarfe aufgrund von Krankheiten und Behinderungen, Verwendungsweise der Ressourcen, Zeit) unberücksichtigt bleiben.

Aus diesen Gründen wird statt von relativer Einkommensarmut vielmehr von Armutsgefährdung (at-risk-of-poverty) gesprochen. Nach einer (ursprünglich von Peter Townsend vorgeschlagenen) Definition des EU-Ministerrates sind diejenigen Personen als arm zu bezeichnen, »die über so geringe (materielle, soziale und kulturelle) Mittel verfügen, dass sie von der Lebensweise ausgeschlossen sind, die in dem Mitgliedstaat, in dem sie leben, als Minimum annehmbar ist.« (BMAS 2001: XIV) Armut wird also verstanden als ein durch Ressourcenmangel (im Unterschied etwa zu Krankheit oder *Lebensstil*präferenzen) verursachter Ausschluss vom minimalen Lebensstandard. Ressourcenmangel oder ein nicht mehr akzeptabler Lebensstandard allein erfüllen also noch nicht den Tatbestand der Armut: beides muss gleichzeitig vorliegen, und zwar als Kausalzusammenhang.

Vor diesem Hintergrund werden ressourcenbasierte Armutskonzepte auch als **indirekte** Armutsmessungen bezeichnet. Der Deprivations- oder Lebensstandardansatz versucht demgegenüber, diese Armutsdefinition empirisch direkter umzusetzen. Anhand repräsentativer Umfragen, welche Güter oder Aktivitäten von der Bevölkerung als lebensnotwendig eingeschätzt werden, wird ein minimaler Lebensstandard **direkt** zu bestimmen versucht und gleichzeitig erfragt, ob sich die Befragten Elemente dieses Lebensstandards aus finanziellen Gründen nicht leisten können (vgl. Andreß 1999).

Im Unterschied zum Lebensstandardansatz versucht der *Lebenslagen*ansatz, die unterschiedlichen Lebenslagen – Einkommen, Konsum, Wohnen, Bildung, Gesundheit, Arbeit etc. – umfassender zu dokumentieren, also auch nicht finanziell bedingte Einschränkungen – z. B. Arbeitslosigkeit oder fehlende Bildungsabschlüsse – zu erfassen. Damit werden der Sozialpolitik einerseits konkretere Informationen über eventuelle Mangellagen bereitgestellt, wobei für die ausgewählten Lebenslagenbereiche jeweils Unterversorgungsschwellen definiert werden müssen. Eine zentrale Schwierigkeit besteht darin, diese vielfältigen Informationen in die eine Bestimmung von Armut vs. Nicht-Armut zu überführen.

Armutsdynamik

Eine tiefgreifende Wendung erfuhr die Beschäftigung mit Armut durch die Berücksichtigung der zeitlichen Dimension, also der Dauer von Armutsepisoden und der individuellen Armutsgeschichten (vgl. Leibfried et al. 1995). Implizit denken wir bei Armut an ein dauerhaftes Phänomen: Ressourcenmangel wird erst dann zum Ausschluss von einer minimal akzeptablen Lebensweise und zu nachhaltigen Folgen für die Lebenschancen führen, wenn dieser Mangel von Dauer ist. Andererseits zeigt die empirische Längsschnittanalyse von Armut, dass Armutsepisoden häufig nur von kurzer Dauer sind (etwa weniger als ein Jahr). Häufig sind aber auch wiederholte und/oder mehrjährige Armutsepisoden, wobei diese Haushalte auch in den Jahren der »Nicht-Armut« kaum über prekäre Lagen hinausgelangen. Damit wird bereits deutlich, dass der Einbezug der zeitlichen Dimension die Abgrenzung von Armut vs. Nicht-Armut noch einmal komplizierter macht, weil neben der »Stärke« (z. B. 40 %-Schwelle vs. 60 %-Schwelle) auch die Dauer bzw. das zeitliche Muster von Armut entscheidend ist. Die damit einhergehenden Herausforderungen sind in der Armutsberichterstattung noch nicht eingelöst worden. Die dynamische Betrachtungsweise hat vorrangig in der wissenschaftlichen Armutsforschung große Bedeutung erlangt. Sie ermöglicht etwa die genauere Analyse der Ursachen, die in Armut hineinführen, aber auch wieder aus der Armut herausführen können, und generell die Analyse von Mustern der Armutsbetroffenheit über den Lebenslauf hinweg.

Armutsentwicklung und Armutsrisikogruppen

Die Armutsentwicklung in der Bundesrepublik Deutschland weist einen langfristigen U-förmigen Verlauf auf: Nach einem steilen Absinken der Nachkriegsarmut durchlaufen die Armutsquoten in den 70er Jahren ihre Talsohle, um seit Ende der 1970er Jahre allmählich und relativ kontinuierlich – dabei dem stufenförmigen Anstieg der Arbeitslosigkeit folgend – wieder anzusteigen. Insbesondere seit der Jahrtausendwende hat sich dieser Trend deutlich beschleunigt: die Armut wächst in diesem Zeitraum in Deutschland schneller als in allen anderen OECD-Ländern. Dabei nehmen nicht nur die Armutsquoten zu, sondern auch die Dauer der Armutsepisoden. Die Armut verfestigt sich zunehmend (vgl. Groh-Samberg 2008).

Nach wie vor ist das Armutsrisiko sozialstrukturell ungleich verteilt, mit besonders hohen Armutsrisiken bei Personen aus den Arbeiterschichten, gering Qualifizierten, Alleinerziehenden, kinderreichen Familien und Personen mit Migrationshintergrund – entsprechend kumuliert das Armutsrisiko bei Überlappung dieser Merkmale. Besonders betroffen vom Anstieg der Armut sind Personen aus Ostdeutschland und mit Migrationshintergrund sowie Alleinerziehende. Ebenfalls zugenommen hat die Armut in Erwerbstätigkeit (working poor).

Armut und soziale Ungleichheit

Die wissenschaftliche Armutsforschung befasst sich nicht nur intensiver mit den theoretischen Grundlagen und methodischen Problemen verschiedener Armutskonzepte, sondern analysiert auch die Erscheinungsformen und Entwicklungen der Armut in einer breiteren sozialwissenschaftlichen Perspektive. Hier geht es etwa um die Bewältigungsstrategien und Erfahrungsweisen von Armut, um eine stadt- und ungleichheitssoziologische Verortung von Armut im Sinne einer sozialen *Exklusion* oder **underclass**, um Fragen der sozialen Spaltung und ihrer Gefährdung politischer Demokratie, um den Einbezug von *Prekarität* und Unsicherheit und um die langfristigen Folgen von Armut im Lebenslauf, etwa in Bezug auf Bildung oder Gesundheit, kurz: um die individuellen und gesellschaftlichen Ursachen und Folgen von Armut (vgl. Kronauer 2010).

Reichtum

Die Abgrenzung von Armut als einem untersten Bereich *sozialer Ungleichheit*, der soziapolitisch nicht tolerierbar und daher zu bekämpfen ist, steht unmittelbar im Kontext von sozialstaatlichen Institutionen der Sicherung eines minimalen Lebensstandards. Für die Abgrenzung von Reichtum am entgegengesetzten Ende der sozialen Ungleichheit findet sich dazu kein Pendant: es gibt keine Schwelle, ab der Reichtum nicht mehr »tolerierbar« ist, und keine sozialpolitische Institution, die eine solche Idee der Deckelung des Reichtums legitimieren könnte (abgesehen vielleicht von der Bemessungs-grundlage in der Sozialversicherung); und es fehlt auch ein Pendant zur »absoluten« Schwelle des To-des. Dass Reichtum trotzdem Eingang in die Ar-muts- und Reichtumsberichterstattung gehalten hat, lässt sich gleichwohl mit Verweis auf das sozial-politische Motiv des sozialen Ausgleichs und der Reduktion (übermäßiger) sozialer Ungleichheit be-gründen. Diese Verallgemeinerung ist im Kontext relativer Armutskonzepte insofern methodisch kon-sequent, als dass eine Zunahme des Reichtums zu einer Erhöhung des gesellschaftlichen Durch-schnittseinkommens führt (zumindest beim arith-metischen Mittel; nicht beim Median, wenn nur die obere Bevölkerungshälfte immer reicher wird!) und in der Konsequenz auch die Armut zunimmt. Im Sinne von Prinzipien der Verteilungsgerechtigkeit macht es daher Sinn, Armut stets auch im Zusam-menhang mit Reichtum zu betrachten.

Die Bestimmung einer Reichtumsschwelle ist aus den genannten Gründen jedoch arbiträr. Es hat sich die schwache Konvention gebildet, diese bei dem Zwei- oder Dreifachen des Durchschnittseinkom-mens anzusetzen. Freilich bereitet auch die Messung von Reichtum erhebliche Probleme, insbesondere, weil hier das Vermögen eine ungleich dominantere Rolle spielt. Die verfügbaren Daten für Deutschland zeigen, dass nicht nur die Einkommensarmut, son-dern auch der Einkommensreichtum in den letzten Jahren zugenommen hat. Auch die im Vergleich zum verfügbaren Einkommen ungleich größere Ver-mögenskonzentration hat zwischen 2002 und 2007 noch zugelegt (vgl. Frick et al. 2010).

Literatur

Andreß, Hans-Jürgen, 1999: Leben in Armut. Analysen der Verhaltensweisen armer Haushalte mit Umfragedaten, Opladen. – Bundesministerium für Arbeit und Soziales, 2001: Lebenslagen in Deutschland. Der erste Armuts- und Reichtumsbericht der Bundesregierung, Bonn (2003: Zweiter Bericht; 2008: Dritter Bericht). – Frick, Joachim R. et al., 2010: Die Verteilung der Vermögen in Deutschland. Empirische Analysen für Personen und Haushalte, Berlin. – Groh-Samberg, Olaf, 2008: Armut, soziale Ausgrenzung und Klassenstruktur. Zur Integration multidimensionaler und längsschnittlicher Perspektiven, Wiesbaden. – Groh-Samberg, Olaf; Voges; Wolfgang, 2013: Armut und soziale Ausgrenzung; in: Mau, Steffen; Schöneck, Nadine M. (Hg.): Handwörterbuch zur Gesellschaft Deutschlands, 3. Aufl., Wiesbaden, 58–79. – Kronauer, Martin, 2010: Exklusion: Die Gefährdung des Sozialen im hoch entwickelten Kapi-talismus, 2. Aufl., Frankfurt a. M./New York. – Leibfried, Ste-phan et al, 1995: Zeit der Armut: Lebensläufe im Sozial-staat, Frankfurt a. M.

Olaf Groh-Samberg/Wolfgang Voges

Ausbeutung

In der ursprünglichen, heute noch geläufigen Be-deutung meint Ausbeutung (engl. exploitation) die Extraktion von Bodenschätzen. Als Aneignung fremder, unbezahlter Arbeit hat Marx – im An-schluss an die klassische Politische Ökonomie (A. Smith; D. Ricardo) und den Frühsozialismus (R. Owen) – Ausbeutung ins Zentrum seiner *Kapita-lismus*analyse und *Klasse*ntheorie gerückt. Dort er-scheint Ausbeutung als Bedingung der Kapitalver-wertung und Ursache des Klassenantagonismus zwischen Lohnarbeit und *Kapital*. In der Entfrem-dung und Verelendung des *Proletariats* werden ihre Begleit- und Folgeerscheinungen gesehen.

Alle *Klasse*nsysteme beruhen auf Ausbeutung, auf dem Transfer von unbezahlter Arbeit von der ausge-beuteten zur ausbeutenden Klasse. Die vorkapitalis-tischen Formen der Ausbeutung (Sklaverei; Leib-eigenschaft) sind leichter durchschaubar als die kapitalistische Ausbeutung, weil jene auf außeröko-nomischem Zwang beruhen und die Gratisarbeit der Ausgebeuteten offensichtlich ist, diese jedoch durch die frei kontrahierte Lohnarbeit verschleiert wird: »Auf Basis des Lohnsystems erscheint auch die unbe-zahlte Arbeit als bezahlt« (MEW 16, 134). Das »Ge-heimnis des Arbeitslohns« sah Marx darin, dass in Wirklichkeit nur die notwendige Arbeit (d. h. das Äquivalent für die Reproduktionskosten der Arbeits-kraft) entlohnt wird und die Mehrarbeit den Kapi-talbesitzern als *Mehrwert* zufließt. Die Mehrwertrate (Verhältnis der Mehrarbeitszeit zur notwendigen Arbeitszeit) ist das Maß für die Ausbeutung.

Der Marxsche Ausbeutungsbegriff wird gewöhn-lich als Bestandteil der *Arbeitswerttheorie* angesehen, Roemer und Holländer haben indes gezeigt, dass Ausbeutung und Klassenantagonismus auch unab-hängig von dieser Theorie begründet werden kön-nen, wobei Holländer die Marxsche Annahme in Frage stellt, dass Ausbeutung ausschließlich in der Produktionssphäre stattfinde. Ein ökonomisch-ma-thematischer Beweis für die Ausbeutung stammt von Morishima.

Mit der Theorie vom »ungleichen Tausch« hat Emmanuel, im Anschluss an Lenins Imperialismustheorie, den Ausbeutungsbegriff auf das Verhältnis der Industrieländer zu den Entwicklungsländern der Dritten Welt übertragen. Auch Wallersteins Weltsystemtheorie (1974 ff.; 1984) basiert auf der Annahme eines systematischen Profittransfers von den Ländern der Peripherie in die des kapitalistischen Zentrums.

Literatur

Emmanuel, Arghiri, 1972: Unequal Exchange, London. – Holländer, Heinz, 1982: Class Antagonism, Exploitation and the Labour Theory of Value; in: The Economic Journal 92, 868–885. – Marx, Karl, 1962: Das Kapital, 1. Bd.; in: Marx-Engels-Werke (MEW), Bd. 23, Berlin. – Ders., 1968: Lohn, Preis und Profit; in: Marx-Engels-Werke (MEW), Bd. 16, Berlin. – Morishima, Michio, 1973: Marx's Economics, Cambridge. – Roemer, John E., 1982: A General Theory of Exploitation and Class, Cambridge (Mass.). – Wallerstein, Immanuel, 1974(I), 1980(II), 1989(III): The Modern World System, Vols. I ff., New York. – Ders., 1984: Der historische Kapitalismus, Berlin.

Walther Müller-Jentsch

Auswahlverfahren

Auswahlverfahren in der quantitativen Forschung

Die quantitativen Auswahlverfahren (engl. *sampling strategies*) sind Methoden, die im Rahmen des quantitativen Forschungsparadigmas dazu dienen, aus einer bestimmten *Grundgesamtheit* gezielt jene Elemente auszuwählen, die einer empirischen Analyse unterzogen werden sollen.

Untersuchungsansätze, die dem quantitativen Paradigma folgen, zielen in der Regel darauf ab, Parameter einer Grundgesamtheit anhand von bei *Stichproben* ermittelten Parametern zu schätzen. So könnte es beispielsweise darum gehen, den vermutlichen Stimmenanteil zu schätzen, der auf eine bestimmte Partei bei einer Wahl entfallen wird. Da es kaum möglich ist, für diesen Zweck alle Elemente der Grundgesamtheit – in unserem Beispiel alle wahlberechtigten Bürger – zu befragen, werden in der quantitativen Forschung Auswahlverfahren eingesetzt. Mittels solcher Stichprobenverfahren wird eine bestimmte Anzahl an Personen ausgewählt, die

dann empirisch untersucht werden. Aus den so ermittelten Ergebnissen erfolgt dann die Schlussfolgerung auf die Grundgesamtheit.

Die Bedeutung quantitativer Auswahlverfahren

Quantitative Auswahlverfahren besitzen in der empirischen Sozialforschung eine hohe Bedeutung: Erstens verursacht die Erhebung von empirischen Informationen Kosten. Mit steigendem Stichprobenumfang nehmen diese Kosten zu. Gelingt es, für die Bearbeitung eines Problems eine optimale Stichprobengröße zu bestimmen, so können entsprechend Kosten gespart werden. Zweitens erlauben es die quantitativen Auswahlverfahren, Vertrauensintervalle zu bestimmen. Die Erhebung von Stichproben liefert – im Unterschied zu Totalerhebungen – stets nur unsichere Ergebnisse. Ist für die Auswahl der Elemente der Stichprobe ein Zufallsverfahren eingesetzt worden, so lässt sich ermitteln, in welchem Intervall der in der Stichprobe ermittelte Wert mit welcher Wahrscheinlichkeit auch in der Grundgesamtheit angetroffen werden kann. Die Frage, ob z. B. eine Partei die Fünfprozenthürde erreichen wird, wenn sie in einer Umfrage einen bestimmten Wert erreicht hat, lässt sich über die Bestimmung des Vertrauensintervalls beantworten.

In der sozialwissenschaftlichen Umfragepraxis hat sich eine ganz Reihe an Auswahlverfahren etabliert. Dabei handelt es sich um die Zufallsverfahren, bewussten Auswahlverfahren und willkürlichen Verfahren zur Auswahl der Untersuchungseinheiten.

Zufallsauswahlen

Allen *Zufallsauswahl*en ist gemeinsam, dass die *Wahrscheinlichkeit* angegeben werden kann, mit der ein Element der Grundgesamtheit in die Stichprobe gelangt. Diese Wahrscheinlichkeit muss größer als null sein.

Bei einstufigen oder **einfachen** Zufallsverfahren erfolgt die Auswahl ähnlich wie mithilfe einer Urne oder einer Lostrommel. Hier wird aus der Gesamtheit aller Elemente zufällig die gewünschte Anzahl gezogen. Dafür ist in der Praxis ein Auswahlrahmen (engl. *frame*) erforderlich, in dem diese Elemente vollständig verzeichnet sind und der von der Forschung für diesen Zweck genutzt werden darf. Für zahlreiche Untersuchungsanliegen existiert ein solcher Auswahlrahmen jedoch nicht, weshalb nach anderen Strategien gesucht werden muss. In der Bundesrepublik haben sich **mehrstufige**, **geschichtete** und **geklumpte** Zufallsverfahren durchgesetzt, um Stichproben in der Allgemeinbevölkerung zu ziehen. Dazu werden in einem ersten Schritt Gemeinden gezogen. Hier existieren dann Melderegister, aus denen beim Vorliegen bestimmter Voraussetzungen eine Zufallsauswahl an zu befragenden Personen gezogen werden kann. Hier handelt es sich also um ein zweistufiges Verfahren. Der ADM hat für diesen Zweck ein dreistufiges Design entwickelt (vgl. ADM 1999).

Auch für telefonische *Befragung*en wurden Vorgehensweisen für die Ziehung von Zufallsstichproben ausgearbeitet, da hier ebenfalls nicht auf einen geeigneten frame zurückgegriffen werden kann. Bekanntlich sind zahlreiche Telefonanschlüsse nicht mehr in Verzeichnissen gelistet. Deshalb werden zunächst aus den zur Verfügung stehenden Verzeichnissen alle gelisteten Rufnummern heruntergeladen. Danach werden systematisch in bestimmten Abschnitten Nummernfolgen ergänzt und daraus dann zufällig die für die Stichproben zu verwendenden Nummern gezogen. Zu Einzelheiten bei dieser Vorgehensweise vgl. Gabler/Häder (1997, 2002) und Häder et al. (2012).

Bewusste und willkürliche Auswahlen

Eine andere Klasse an Auswahlverfahren sind die bewussten Auswahlen, bei denen nicht zufällig, sondern bewusst ermittelt wird, wer in die Stichprobe gelangt. Gegenüber den Zufallsauswahlen kann hier eine Wahrscheinlichkeit, mit der ein Element in die Stichprobe gelangt, nicht angegeben werden. Insbesondere **Quotenverfahren** werden genutzt, um eine solche Auswahl vorzunehmen. Dazu werden den Interviewern bestimmte Merkmale der zu befragenden Personen vorgegeben. Diese werden als Quoten bezeichnet. Die Zusammenstellung der Quoten erfolgt nach Merkmalen wie der Ortsgröße, dem Geschlecht, dem Alter und der Tätigkeit der zu befragenden Person. Im Weiteren steht es den Interviewern frei, welche Personen sie für die Befragung aussuchen. Im Ergebnis erhält man eine Stichprobe, die in den genannten Kriterien die Struktur der Grundgesamtheit abbildet. Andere Verfahren, die zu einer bewussten Auswahl führen, suchen bspw. nach typischen Beispielen für eine konkrete Ausprägung von Merkmalen oder

nach kontrastierenden Beispielen, um die bisherigen Erkenntnisse gezielt mittels weiterer Informationen zu ergänzen.

Schließlich kommen auch **willkürliche Auswahlen** zum Einsatz. Diese zeichnen sich dadurch aus, dass sie die Stichprobenelemente unkontrolliert rekrutieren, dass also die Auswahl nicht – wie bisher beschrieben – bestimmten Regeln folgt. Diese preisgünstige Strategie hat sich als gangbare Möglichkeit erwiesen, wenn es darum geht, bestimmte Modelle zu testen. Auch in der psychologischen Forschung sowie im Rahmen von Pretests hat ein solches Vorgehen Bedeutung.

Auswahlverfahren in der qualitativen Forschung

Auch in der *qualitativen Forschung* ist zu überlegen, welche Fälle man für eine Untersuchung auswählt. Wenngleich das Thema in der Methodenliteratur lange wenig Aufmerksamkeit erfuhr, so bezweckt die qualitative Forschung ebenfalls, Aussagen über die untersuchten Fälle hinaus zu treffen (und nicht etwa, einen Sachverhalt anhand beliebiger Fälle zu illustrieren). Verallgemeinerungen erfolgen hier allerdings nicht, wie in der quantitativen Forschung üblich, auf dem Weg der statistischen *Repräsentativität* einer möglichst großen Stichprobe für die Grundgesamtheit einer Population, sondern mit Hilfe anderer Verfahren (z. B. einer Typenbildung) und oft mit einem Schwerpunkt auf Theorieentwicklung. Für die Auswahl von Fällen heißt dies, dass das Sampling ein Abbild der theoretisch relevanten Kategorien widerspiegelt.

Es sind verschiedene Verfahren des Samplings zu unterscheiden, die auch kombinierbar sind:

In einer *Einzelfallstudie* wird ein bestimmter Fall untersucht (eine Person, Organisation, eine Situation etc.), wobei unterstellt wird, dass allgemeine Strukturen in dem Fall zum Ausdruck kommen (z. B. die Kulturhauptstadt Europas als ein Beispiel für ein ›Mega-Event‹ bei Hitzler et al. 2013). Teilweise dient eine Einzelfallstudie als (eigenständige) *Exploration* vor weiteren empirischen Forschungen zum Thema.

Andere qualitative Auswahlverfahren zielen darauf, Fälle einzubeziehen, die die **Bandbreite** der für das Thema relevanten Kategorien spiegeln. Insbesondere gehört dazu das von B. Glaser und A. Strauss im Rahmen der *Grounded Theory* entwickelte **Theoretische Sampling**. Die Fälle werden hier nach und nach im Laufe der Untersuchung bestimmt: Nach einer recht offenen Auswahl erster Fälle werden Hypothesen über relevante Kategorien bzw. Konzepte aufgestellt und auf dieser analytischen Basis mittels minimaler und maximaler Kontrastierung weitere Fälle ausgewählt. In einer Studie von Glaser/Strauss über die Interaktion mit Sterbenden stellte sich etwa als relevante Kategorie heraus, in welchem Maße sich der Sterbende seines Zustands bewusst war. Der Prozess der Datenerhebung wird somit durch die sich entwickelnde Theorie kontrolliert. Die minimale Kontrastierung richtet sich auf ähnliche Fälle (mit der Frage, ob sie die Relevanz der Kategorien und Zusammenhänge bestätigen), die maximale Kontrastierung lotet die Varianz im Untersuchungsfeld aus, bis durch neue Fälle keine neuen Erkenntnisse mehr erzielt werden können. Man spricht hierbei von theoretischer Sättigung. Um diese Sättigung zu erreichen, wird unter anderem das **Schneeballverfahren** angewendet, wobei Akteure im Feld, z. B. Interviewpartnerinnen, auf andere Akteure verweisen und ggf. einen Kontakt zu ihnen herstellen.

Ein anderer Weg, die Bandbreite eines Untersuchungsfeldes abzustecken, ist das **selektive Sampling**. Es handelt sich um eine Fallauswahl nach zuvor festgelegten Kriterien. Dies kann bspw. im Rahmen eines *Mixed-Methods-Design*s geschehen, wenn Befunde aus quantitativen Studien näher auf zugrunde liegende Mechanismen untersucht werden sollen und dann z. B. Teilgruppen in den Blick genommen werden (z. B. zum Thema Studienverläufe Absolvent/innen, die ihr Studium besonders schnell abgeschlossen haben). Teilweise liegen auch vor der Datenerhebung Arbeitshypothesen über strukturell bedeutsame Einflussfaktoren vor, so dass ein Stichprobenplan mit einer Kombination der Ausprägungen dieser Merkmale erstellt wird (z. B. könnte festgelegt werden, aus mehreren Wirtschaftsbranchen jeweils Frauen und Männer zu befragen). Auch dieses Verfahren – das nicht zuletzt oft forschungspraktischen Erwägungen folgt – strebt die Berücksichtigung theoretisch bedeutsamer Merkmalskombinationen an und stellt nicht das Abbild einer Häufigkeitsverteilung dar.

Literatur

ADM, Arbeitskreis Deutscher Markt- und Sozialforschungsinstitute e. V. (Hg.), 1999: Stichproben-Verfahren in der Umfrageforschung. Eine Darstellung für die Praxis, Opladen. – Gabler, Siegfried; Häder, Sabine, 1997: Überlegungen zu einem Stichprobendesign für Telefonumfragen in Deutschland; in: ZUMA-Nachrichten 41, 7–18. – Dies. (Hg.), 2002: Telefonstichproben, Münster u. a. – Häder, Sabine et al., 2012: Telephone Surveys in Europe, Research and Practice, Berlin/Heidelberg. – Hitzler, Ronald et al., 2013: Mega-Event-Macher. Zum Management multipler Divergenzen am Beispiel der Kulturhauptstadt Europas RUHR.2010, Wiesbaden. – Kelle, Udo; Susann Kluge, 1999: Vom Einzelfall zum Typus, Opladen, Kap. 3. – Kromrey, Helmut, 2009: Empirische Sozialforschung, 12. Aufl., Stuttgart, 251–295. – Przyborski, Aglaja; Wohlrab-Sahr, Monika, 2008: Qualitative Sozialforschung, München, Kap. 4. – Strauss, Anselm; Corbin, Juliet, 1996: Grundlagen qualitativer Sozialforschung, Weinheim, Kap. 11.

Michael Häder/Nicole Burzan

Autorität

Herkunft und Bedeutung des Begriffs

Der Begriff Autorität (engl. authority) leitet sich aus dem lateinischen **auctoritas** ab, das für eine charismatische *Macht* stand, die den im Staat maßgeblichen Persönlichkeiten zugeschrieben wurde. Der Schlüsselsatz zum Verständnis des Begriffes findet sich im Tatenbericht des ersten römischen Kaisers Augustus, der im Jahr 27 v. Chr. seine vorher gewaltsam erworbenen Machtbefugnisse feierlich an die (allerdings politisch gleichgeschalteten) legitimen Verfassungsorgane zurückgab und seitdem formal als Privatmann lebte, faktisch jedoch auch weiterhin unangefochten über das Reich herrschte. Er schrieb: »Seit jener Zeit (nämlich seit der Rückgabe der Ämter) überragte ich alle an auctoritas, an Amtsgewalt aber besaß ich nicht mehr als die anderen, die auch ich im Amt zu Kollegen hatte« (Augustus 1975, Abschnitt 34). Auctoritas steht für eine informelle, auf Ansehen, Würde und Respekt gegründete Machtposition und ist damit streng zu trennen von **potestas**, der formellen Amtsgewalt.

Diese Bedeutung bildet auch heute noch den Kern des Begriffes »Autorität«. Der Pädagoge Winfried Böhm drückt es so aus: »Autorität ist streng zu unterscheiden von Macht und Gewalt. Während diese die faktische Möglichkeit bezeichnen, anderen zu befehlen und sie zu einem bestimmten Handeln und Verhalten zu zwingen, setzt jene grundsätzlich die freie Zustimmung dessen voraus, über den Autorität ausgeübt wird (…). Autorität meint also die anerkannte Fähigkeit einer Person, einer Gesellschaft oder Einrichtung, auf andere einzuwirken, um sie einem bestimmten Ziel näherzubringen« (Böhm 1994, 60).

Autorität und Autoritarismus

Allerdings wird im Alltagsverständnis und auch in manchen wissenschaftlichen Diskussionen die logische Trennung zwischen Autorität und auf *Gewalt* gegründete Machtausübung nicht immer vollständig vollzogen. Die klare Unterscheidung zwischen **authority** und **authoritarianism**, wie sie im Englischen üblich ist, hat sich im Deutschen nicht gänzlich durchgesetzt. Eine Schlüsselrolle spielt in diesem Zusammenhang vermutlich die berühmte Studie »The Authoritarian Personality« von Theodor W. Adorno und Mitarbeitern aus dem Jahr 1950 (Adorno 1967), die den Begriff des Autoritären prominent in der intellektuellen Debatte platzierte. Dieses Stichwort wurde in den folgenden Jahrzehnten in verschiedener Form aufgegriffen – etwa als »antiautoritäre Erziehung« – und dabei oft mit der Forderung verbunden, traditionelle Autoritäten in Frage zu stellen. Die dadurch entstandene Vermischung der Begriffe klingt im heutigen Wortverständnis nach. In Repräsentativumfragen zeigt sich, dass das Stichwort »Autorität« bei Teilen der Bevölkerung auch Assoziationen wie »Machtmissbrauch« oder »Gewalt« weckt, die eigentlich eher dem Begriff des Autoritären zuzuordnen wären (Petersen 2011, 23).

Quellen der Autorität

Autorität wird von der Bevölkerung überwiegend als Persönlichkeitseigenschaft verstanden, sie ist aber zu einem gewissen Grad auch an Ämter und gesellschaftliche *Position*en gebunden. Autorität ist deswegen nicht mit bloßer Gefolgschaft aufgrund von *Vertrauen* zu verwechseln, auch wenn beides miteinander verknüpft ist. Fragt man die Bevölkerung, welchen Personengruppen sie vertraut, und zum Vergleich, welche Personengruppen Autorität besitzen, erhält man unterschiedliche Ranglisten. Vertrauen wird beispielsweise Ärzten entgegengebracht, Nichtregierungsorganisationen oder Vereinen. Autorität besitzen aus Sicht der Bevölkerung beispielsweise die Polizei, Gerichte, aber auch Lehrer und Professoren (Petersen 2011, 65). Zur Bereitschaft, die Autorität einer Person anzuerkennen, gehört damit auch der Respekt vor deren gesellschaftlicher Position.

Gesellschaftliche Bewertung von Autorität

Autorität wird – trotz der beschriebenen Begriffsvermischung mit dem Stichwort des Autoritären – von der deutschen Bevölkerung überwiegend als etwas Notwendiges angesehen. Die positiven Assoziationen überwiegen deutlich die negativen. Auf die Frage »Glauben Sie, dass man in einer Gesellschaft Autoritätspersonen braucht, oder meinen Sie das nicht?« antworteten in einer Repräsentativumfrage vom Herbst des Jahres 2010 79%: »Man braucht sie« (Petersen 2011, 34).

Literatur

Adorno, Theodor W., 1967: The Authoritarian Personality, 2 Bde, 3. Aufl., New York. – Augustus, 1975: Res Gestae Tatenbericht (Monumentum Ancyranum). Lat.-griech. u. deutsch. Übers. u. hg. v. Marion Giebel, Stuttgart. – Böhm, Winfried, 1994: Wörterbuch der Pädagogik, 14. Aufl., Stuttgart. – Petersen, Thomas, 2011: Autorität in Deutschland. Bad Homburg.

Thomas Petersen

B

Bedürfnis

Ein Bedürfnis (engl. need) ist zunächst das Gefühl eines Menschen, einen Mangel zu haben, und der Wunsch, diesen Mangel zu beheben. Das ist ein psychologischer Bedürfnisbegriff. Zum soziologischen wird er, wenn der Mangel von den Menschen in einer sozialen Gruppierung, z. B. einer Schicht oder einer Berufs- oder Alters*gruppe*, empfunden wird und die Behebung auf gesellschaftliche Weise stattfinden soll oder muss, z. B. durch Gesetzgebung oder Subvention. Ein soziologischer Bedürfnisbegriff könnte also lauten: Ein Bedürfnis ist ein ***sozialer Katalysator***, bei dem die Menschen in einer sozialen Gruppierung einen Mangel empfinden und den Wunsch haben, den Mangel auf gesellschaftliche Weise zu beheben. Daneben gibt es noch andere Bedürfnisbegriffe, z. B. wirtschaftswissenschaftliche oder medizinische.

Als sozialer Katalysator steuern Bedürfnisse das *Handeln* des Menschen. Beispielsweise wird ein Machthungriger für eine Wahl in eine Machtposition kandidieren, oder eine freiheitliche *soziale Bewegung* wird den Aufstand gegen einen Diktator wagen. Eine frühe, in der Forschung oft benutzte Theorie, die Theorie der **Bedürfnispyramide** von Abraham Maslow, teilt die Bedürfnisse in fünf Gruppen ein: 1) physiologische Bedürfnisse (Unterkunft, Schlaf, Nahrung), 2) Sicherheit (Ordnung des täglichen Lebens), 3) Zugehörigkeit zu anderen Menschen, 4) Selbstachtung und soziale Anerkennung, 5) Selbstverwirklichung (die Reihe wurde 1970 noch erweitert; in den Sozialwissenschaften wurde bisher aber meistens das ursprüngliche Fünferschema verwendet). Diese Theorie nimmt an, dass jedes Bedürfnis erst dann auftauche bzw. verwirklicht werde, wenn die jeweils vorherigen im Wesentlichen erfüllt sind. Empirisch ist diese Theorie manchmal bestätigt worden, manchmal nicht. Gleiches zeigten Untersuchungen zur Theorie von Ronald Inglehart, dass jedenfalls in entwickelten *Industriegesellschaft*en die zuvor herrschenden materiellen Bedürfnisse zunehmend von Immateriellen abgelöst würden. Eine andere Unterscheidung trennt primäre (naturgegebene, z. B. Triebe, Instinkte) von sekundären (gelernten) Bedürfnissen. Das führt zu der Frage, ob Bedürfnisse auch „geweckt« werden können, etwa durch *Werbung* oder soziale *Vorbild*er. Beispiele (etwa Hula-Hoop oder Tamagotchi) zeigen bisher, dass das nur vorübergehend möglich ist. Anders ist es bei neuen Mitteln zur Befriedigung eines alten Bedürfnisses (z. B. neue *Kommunikation*smittel). Politisch-praktisch wirksam wurde der Begriff der *Grundbedürfnis*se in der 2. Hälfte des 19. Jhs. Formuliert wurde er 1976 vom Internationalen Arbeitsamt (ILO) in Genf. Dabei wurden private Konsumbedürfnisse (Unterkunft, Nahrung, Kleidung usw.) von sozialer Infrastruktur (sauberes Trinkwasser, Abwasser- und Müllentsorgung, Gesundheitsdienst, öff. Verkehrsmittel, Ausbildung) unterschieden. Dieses Konzept sollte die Primärziele für nationale und internationale *Entwicklung*smaßnahmen bestimmen helfen. Als empirisch gesichert kann gelten, dass die Bedürfnisse sich nach Zahl und Rang von einer *Kultur* zur anderen unterscheiden, dass aber auch innerhalb einer Kultur sich *Subkulturen* in ihren Bedürfnissen unterscheiden (z. B. zwischen Künstlern und Investmentbankern oder zwischen Jugendlichen und Rentnern). Damit sind Bedürfnisse großenteils die dynamische Seite der *Wert*ordnung.

Literatur

Hondrich, Karl Otto; Vollmer, Randolph (Hg), 1983: Bedürfnisse im Wandel, Wiesbaden. – Inglehart, Ronald F., 1977: The Silent Revolution, Princeton (dt. 1982). – Maslow, Abraham H., 1954: Motivation and Personality, New York (dt. 1977/1981). – UNESCO, 1978: Study in Depth on the Concept of Basic Human Needs in Relation to Various Ways of Life and its Possible Implications for the Action of the Organization, Paris.

Günter Endruweit

Befragung

Die Befragung (engl. *interview*) ist ein *Datenerhebungsinstrument* der empirischen Forschung neben der Beobachtung und der Inhaltsanalyse. Sie wird in der quantitativen Forschung in (teil-)standardisierter Form, in der qualitativen Forschung in nicht standardisierter Form angewandt.

Standardisierte Befragungen in der quantitativen Forschung

In der quantitativen Forschung galt die Befragung lange als Königsweg der Datenbeschaffung und wird nach wie vor am häufigsten verwendet. Insbesondere bei der Untersuchung von *Einstellung*en ist sie oft das Instrument der Wahl. Große Längsschnittbefragungen in Deutschland, die mehrere Themen abdecken, sind z. B. der Mikrozensus, die Allgemeine Bevölkerungsumfrage (ALLBUS) und das Sozioökonomische Panel (SOEP). Meist handelt es sich um Einzel- (nicht Gruppen-)Befragungen möglichst vieler Personen. *Standardisierung* bedeutet, dass der Wortlaut der Fragen und der Antwortmöglichkeiten sowie die Reihenfolge feststehen (die zutreffende Antwort wird angekreuzt). Dies fördert die Vergleichbarkeit der Daten und mindert zudem den Aufwand für die Befragten und für den auswertenden Forscher.

Formen der standardisierten Befragung

- persönlich-mündlich
- telefonisch
- schriftlich (Papierform/Online)

Befragungen können persönlich-mündlich, telefonisch oder schriftlich (in Papierform oder als Online-Befragung) durchgeführt werden; oft erfolgt die Befragung dabei computerunterstützt (z. B. werden die Antworten direkt in den Computer eingegeben, was späteren Übertragungsfehlern vorbeugt und die Filterführung vereinfacht). Jede Form hat Vor- und Nachteile, der Forscher entscheidet je nach Fragestellung und Praktikabilität.

So ist bei der persönlich-mündlichen Befragung die Ausschöpfung relativ groß, bei hoher Situationskontrolle sind auch längere Interviews möglich. Dem stehen eine mögliche Verzerrung durch den Interviewereinfluss (ggf. antwortet die ältere Frau einer anderen älteren Frau anders als einem jungen Mann) sowie ein vergleichsweise hoher Kosten- und Zeitaufwand gegenüber.

Bei der schriftlichen Befragung entfällt der Interviewereinfluss, der Anonymitätsgrad steigt, die Kosten sind geringer. Jedoch fehlt auch die Situationskontrolle (z. B. Kontrolle der Anwesenheit anderer und der Ernsthaftigkeit der Antworten), und die Fragebögen müssen in noch höherem Maße selbster-

klärend sein. Das größte Problem der schriftlichen Befragung ist die geringe Ausschöpfung (insbesondere in Papierform), selbst nach Erinnerungsschreiben. In der Online-Variante, in der die Befragten nicht persönlich angeschrieben werden, sondern einem Link zum Fragebogen auf einer Internetseite folgen, ist oft unklar, von welcher Grundgesamtheit der Forscher ausgehen kann, so dass die *Repräsentativität* der Befunde in Frage steht.

Die Beurteilung der telefonischen Befragung liegt zum Teil in der Mitte, z. B. Aufwand und Kosten, die Ausschöpfung oder auch den Interviewereinfluss betreffend (der Befragte hört, aber sieht den Interviewer nicht). Zu beachten ist, dass visuelle Unterstützungen hier nicht ohne weiteres einsetzbar sind, z. B. Karten bei langen Listen von Antwortmöglichkeiten. Der Anteil der telefonischen sowie der Online-Befragungen hat im Zeitverlauf zugenommen, die Sozialforschung konkurriert hier mit der *Marktforschung* um Zielgruppen.

Verzerrungsgefahren

Verzerrungsquellen in der standardisierten Befragung:
- Befragungssituation
- Befragtenmerkmale
- Fragebogen: Formulierungen, Reihenfolge, Gestaltung

Neben Verzerrungsgefahren (die die *Gütekriterien Zuverlässigkeit* und *Gültigkeit* beeinträchtigen), die von der Befragungssituation ausgehen, gibt es auch solche, die sich entweder auf Merkmale des Befragten oder auf den Fragebogen beziehen. Zu den Befragtenmerkmalen, die die »richtige« Antwort gefährden, gehören etwa die Tendenz zu *sozialer Erwünschtheit* (man neigt z. B. dazu, eher zu wenig als zu viel Zeit für Fernsehen anzugeben) oder zu *Response-Sets*, also Antworttendenzen, die unabhängig vom Inhalt der Frage sind (z. B. in Einstellungsskalen keine Extremkategorien ankreuzen).

Solche Reaktionen sind eng verknüpft mit den Formulierungen und ihrer Reihenfolge im Fragebogen sowie ggf. dessen visueller Gestaltung. Ziel ist, dass die Fragen und Antwortmöglichkeiten von allen Befragten in gleicher Weise verstanden werden. Es ist z. B. zu beachten, dass die Formulierungen einfach und eindeutig sein sollten (was in der Umsetzung nicht so banal ist, wie es sich anhört), dass sie Unterstellungen und soziale Erwünschtheit vermeiden (z. B. wäre die Formulierung: »Glauben Sie noch an …« zu vermeiden). Reihenfolgeeffekte sind in Tests nachgewiesen worden sowohl für einzelne Fragen (und Antwortkategorien) als auch für die gesamte Anlage des Fragebogens (sind die Eingangsfragen z. B. interessant und leicht zu beantworten?).

Richtet sich die Befragung an eine bestimmte Zielgruppe, sind zudem deren Spezifika zu berücksichtigen, wenn z. B. Kinder, Menschen mittleren Alters oder Ältere befragt werden. Besondere Anforderungen stellen Längsschnittuntersuchungen (haben z. B. Fragen nach dem Geschmack nach zehn Jahren noch die gleiche Bedeutung?) und internationale Vergleichsstudien (die sorgfältige Übersetzungen erfordern). Ein *Pretest* mit wenigen Befragten kann Verzerrungen durch den Fragebogen teilweise erkennen, ein »perfekter« Fragebogen ist jedoch kaum realistisch. Die Methodenforschung untersucht kontinuierlich Verzerrungsgefahren und Möglichkeiten ihrer Vermeidung.

Schließlich ist darauf aufmerksam zu machen, dass eine Untersuchung nicht mit der Fragebogenerstellung beginnen darf. Ein systematischer Bezug zu *Hypothese*n und ihrer *Operationalisierung* ist notwendig, um die Forschungsfrage nicht aus dem Auge zu verlieren und um in der Auswertungsphase keinen statistischen Datenfriedhof zu erzeugen.

Nicht standardisierte Befragungen in der qualitativen Forschung

Für Befragungen in der *qualitativen Forschung* hat sich die englische Bezeichnung *Interviews* durchgesetzt. Qualitative Interviews werden zumeist einmalig, mit einem Interviewpartner und face-to-face durchgeführt, d. h. Interviewer/in und Befragte/r begegnen sich persönlich und führen ein Gespräch. Davon wird eine Tonaufnahme, manchmal auch eine Bild- und Tonaufnahme angefertigt, die wortgetreu, teilweise auch parasprachliche Äußerungen berücksichtigend, verschriftet und dann ausgewertet wird. Die Dauer von Interviews variiert stark, vor allem wegen der unterschiedlichen Erzählbereitschaft von Befragten; 60 bis 90 Minuten sind eine gängige Länge.

Als Erhebungsinstrument ist das qualitative Interview – im Gegensatz zur quantitativen Befragung – alltäglichen Gesprächssituationen nachmodelliert und macht sich deren grundlegende Eigenschaften, wie z. B. die Orientierung am Kenntnisstand und am Informationsinteresse des Gegenübers, zunutze. Der/die Befragte kann in qualitativen Interviews auf die offen gestellten Fragen frei formulierend und ausführlich antworten, kann Themen nach eigenem Ermessen ansteuern und verknüpfen, kann auch Fragen an die Interviewerin richten und über die gestellten Fragen selbst sprechen. Das Gesprächsverhalten des Interviewers hingegen ist im Gegensatz zu alltäglichen Gesprächen sehr auf das möglichst offene, möglichst wenig steuernde Fragenstellen hin vereinseitigt, um die Einflussnahme auf die Darstellung des Befragten zu minimieren.

Diese Erhebungsform setzt zwei zentrale Anforderungen einer qualitativen Sozialforschung um: »**Offenheit**« – was bedeutet, dass zuerst die Bedeutungsstrukturierung des Befragten möglichst vollständig erhoben und rekonstruiert wird, bevor dann eine theoretische Strukturierung in wissenschaftlicher Perspektive erfolgt – und »***Kommunikation***« – was bedeutet, dass zur Erhebung von bedeutungsstrukturierten Daten eine Kommunikationsbeziehung eingegangen werden muss, die den Kommunikationsregeln des Interviewpartners und nicht denen der wissenschaftlichen Forschung folgt (Hoffmann-Riem 1980, 343 f. und 346 f.).

Formen qualitativer Interviews

Die meistverwendeten Formen qualitativer Interviews:

- Leitfadeninterview bzw. leitfadengestütztes Interview
- Narratives Interview
- Experteninterview

Die verschiedenen Formen qualitativer Interviews können nach der Interviewführung, nach ihrem Gegenstand und teilweise auch nach bestimmten, dem Befragten zugeschriebenen Merkmalen unterschieden werden: Beim **Leitfadeninterview** handelt es sich um eine Interviewführung, die tendenziell stärker durch den Interviewer strukturiert wird. Er agiert anhand eines vorab entworfenen Fragenleitfadens, soll sich dabei allerdings an den Themensetzungen und -verknüpfungen des Befragten orientieren und den Leitfaden flexibel einsetzen. Inhalt sind hierbei sowohl Fragen nach Handlungen und Erleben als auch zu Einstellungen und Deutungen. Zu beachten ist, dass die Forschungsfragen nicht umstandslos in Leitfadenfragen umgesetzt werden können und dass die Fragen in alltagssprachlichen und nicht in wissenschaftlichen Begriffen formuliert sein müssen (also nicht: »Wann fällt Ihnen Ihr Doing Gender auf?« »In welchen Situationen ist Ihnen Ihr Habitus hinderlich?« »Welche Rolle spielt Bildungspanik bei Ihren Entscheidungen?«).

Das **narrative Interview** ist eine Interviewform, in der die Befragte auf eine initiale Frage ohne Unterbrechungen antworten und das von ihr Erlebte vollständig ausformulieren kann. Gegenstand ist ein vergangener oder bis heute andauernder Handlungsprozess, an dem die Befragte selbst beteiligt war; am häufigsten werden narrative Interviews zur Erhebung von Biographien eingesetzt.

Bei **Experteninterviews** handelt es sich zumeist um Leitfadeninterviews, bei denen dem Befragten ein besonderer Status zugeschrieben wird, nämlich Träger von »Expertenwissen« zu sein. Darunter wird meist Wissen über institutionalisierte Interaktionsbeziehungen oder über dritte Akteure verstanden (z. B. Richter, die über die Interaktion zwischen Strafverteidigern und Staatsanwälten und deren Einflüsse auf die Urteilsfindung befragt werden).

Auswertung qualitativer Interviews

Die so erhobenen Daten zeichnen sich durch eine geringe formale Vergleichbarkeit aus; dies erfordert eine kaum standardisierbare Auswertung der einzelnen Interviews. Die Auswertung beginnt mit einer Analyse des Interaktionsgeschehens, insbesondere beim Interviewbeginn, mit besonderem Augenmerk auf die Selbstdarstellung des Befragten. Nach einer Sequenzierung in Sinneinheiten bzw. einem Nachzeichnen des thematischen Verlaufs bei Leitfadeninterviews bewegt sich die Analyse am Textverlauf entlang. Es werden hierbei nicht allein die oberflächlichen Aussagen extrahiert (»hat sich für Karriere entschieden«, »ist mobil«, »hat aus Liebe geheiratet«), sondern anhand einer Analyse der formalen, sprachlichen und thematischen Besonderheiten werden die prägenden Deutungs- und Wahrnehmungsstrukturen und Handlungsverläufe des erhobenen Falls rekonstruiert; gerade auch im Widerspruch zur Selbstpräsentation. Wie bei quantitativen Befragungen gibt es auch in qualitativen Interviews Antworttendenzen, die sich an der *sozialen Erwünschtheit* orientieren; im Gegensatz zur quantitativen Erhebung erhält man jedoch in einem gelungenen quali-

tativen Interview ausreichend viele Kontextinformationen, um widersprüchliche Aussagen und die Handlungswirksamkeit von postulierten Einstellungen erkennen zu können. Dies verweist aber darauf, dass ein Interview vollständig, also als Fall, interpretiert werden muss. Das – bisweilen praktizierte – Herauspicken von einzelnen Passagen reicht von der Auswertungstiefe her nicht aus. Für das narrative Interview wurden unterschiedliche narrationsanalytische Auswertungsverfahren entwickelt. Grundsätzlich finden bei der Interviewanalyse die eingeführten qualitativen Auswertungsverfahren wie z. B. die *Objektive Hermeneutik* oder die *Dokumentarische Methode* der Interpretation Anwendung.

Literatur

Zur standardisierten Befragung: Diekmann, Andreas, 2007: Empirische Sozialforschung, 4. Aufl., Reinbek. – Beiträge in der Zeitschrift »Methoden-Daten-Analysen. Zeitschrift für empirische Sozialforschung«, ab 2007 (s. a. die Publikationen unter www.gesis.org).
Zu qualitativen Interviews: Bogner, Alexander et al. (Hg.), 2009: Experteninterviews, 3. Aufl., Wiesbaden – Hoffmann-Riem, Christa, 1980: Die Sozialforschung einer interpretativen Soziologie – der Datengewinn; in: Kölner Zeitschrift für Soziologie und Sozialpsychologie 32, 339–372. – Küsters, Ivonne, 2009: Narrative Interviews, 2. Aufl., Wiesbaden. – Przyborski, Aglaja; Wohlrab-Sahr, Monika, 2009: Qualitative Sozialforschung, 2. Aufl., München, 91–159.

Nicole Burzan/Ivonne Küsters

Beobachtung

Die Beobachtung (engl. observation) ist Grundlage empirischer Forschung, da wissenschaftliche Erkenntnisprozesse allgemein auf sinnlichen Erfahrungen der Wahrnehmung und Beobachtung beruhen (Bortz/Döring, Kap. 4). Im engeren Sinne ist die Beobachtung eine empirische *Methode* der Untersuchung von Verhalten in den Human- und Sozialwissenschaften. Im Vergleich zu sprachbasierten Verfahren (z. B. *Befragung*) wird bei Methoden der Beobachtung eher der Anspruch betont, dass sie einen unmittelbaren, weitgehend unverfälschten Zugang zu menschlichem *Verhalten* liefern. In der *experimentell* orientierten Psychologie liegt dabei ein Schwerpunkt auf der Beobachtung unter standardisierten Bedingungen, um eine größtmögliche Kontrolle von Störvariablen zu gewährleisten. Da aus soziologischer Perspektive die Beobachtung eine geeignete methodische Zugangsweise zur Prüfung theoretischer Fragen hinsichtlich der Herstellung sozialer *Wirklichkeit* in alltäglichen *Interaktionen* ist, steht die Beobachtung in natürlichen Verhaltenskontexten im Mittelpunkt (z. B. teilnehmende Beobachtung). Zur ergänzenden Dokumentation werden hierzu auch visuelle Medien (Foto, Video) herangezogen, die z. B. mittels Bildanalyse untersucht werden (Flick, Kap. 17–21). Beobachtung ist ein Sammelbegriff für eine Reihe teilweise sehr unterschiedlicher Datenerhebungstechniken (z. B. Beobachtung sprachlichen und nicht-sprachlichen Verhaltens, Beobachtung kultureller Zeichen wie Kleidung). Davon abhängig variieren das methodische Vorgehen und damit einhergehende Probleme der *Reaktivität* (vgl. *nicht-reaktive Verfahren*).

Formen der Verhaltensbeobachtung

In Abgrenzung zur Alltagsbeobachtung bezieht sich systematische Beobachtung auf spezifische Fragestellungen und erfolgt daher zielgerichtet und geplant. Dies beinhaltet eine systematische Aufzeichnung der Daten sowie die Sicherstellung von *Reliabilität* und *Validität* (Hoyle et al.). Ferner wird eine Differenzierung zwischen **systematischer** und **freier Beobachtung**, die nicht hypothesengeleitet erfolgt, vorgenommen (Greve/Wentura). Der Beobachtung durch trainierte externe Beobachter (Fremdbeobachtung) steht die systematische Beobachtung und Protokollierung des eigenen *Verhaltens* gegenüber (Selbstbeobachtung), die z. B. in der psychologischen Diagnostik Anwendung findet (z. B. Tagebuchmethode) (Bodemann).

Methoden der Beobachtung lassen sich hinsichtlich ihres Standardisierungsgrades einteilen. Die Kontrolle über die Durchführungsbedingungen ist hoch in künstlich erzeugten Situationen, in der durch Stimuli gezielt ein bestimmtes Verhalten evoziert wird (z. B. emotionale Reaktion auf Musik). Je nachdem, ob Beobachtung im natürlichen Verhaltenskontext erfolgt oder in einem Labor, ist der Ort der Beobachtung ein weiteres Unterscheidungskriterium (**Feld-/natürliche** vs. **Laborbeobachtung**). Ebenso ist zu berücksichtigen, inwieweit die untersuchten Personen wissen, dass sie Gegenstand wissenschaftlicher Beobachtung sind oder der Beobachter verdeckt agiert (**offene** vs. **verdeckte Beobach-**

tung). Bei der **teilnehmenden Beobachtung** ist der Beobachter in der Situation selbst anwesend, um eine bestimmte Rolle im sozialen Geschehen zu übernehmen oder gezielt mit den untersuchten Personen zu interagieren. Bei der **nicht teilnehmenden Beobachtung** hingegen ist der Beobachter nicht präsent (teilnehmende vs. nicht teilnehmende Beobachtung).

Die Auswertung des beobachteten Verhaltens kann unmittelbar oder technisch vermittelt erfolgen. Die Auswertung **aufgezeichneter Beobachtungsdaten** (z. B. Ton-/Videoaufnahmen, Transkripte) bietet Vorteile gegenüber einer unmittelbaren Kodierung in der aktuellen Situation. Aufzeichnungen erlauben die wiederholte Betrachtung der Beobachtungsepisoden und tragen zur Reduzierung von Beobachtungsfehlern bei. Verschiedene Verhaltensaspekte können getrennt und nacheinander ausgewertet werden. Dies erlaubt zu prüfen, wie hoch die Beurteilerübereinstimmung ist. Digitale Videoaufnahmen erleichtern heute übliche computergestützte Auswertungen mit Programmen, die komplexe Auswertungsprozeduren (z. B. Sequenzanalyse) vereinfachen (Bakeman/Quera). Bei allen Auswertungsmethoden erfolgt eine Informationsreduktion. Diese Reduktion hängt davon ab, welche Aspekte des Verhaltens im Zeitverlauf erfasst werden sollen (z. B. sprachliches oder nicht sprachliches Verhalten) (Greve/Wentura).

Beobachtungs- und Beschreibungssysteme

Grundlage einer systematischen Beobachtung ist die Festlegung für die Fragestellung relevanter Beobachtungseinheiten. »Als **Beobachtungseinheit** wird derjenige Bestandteil in einem Verhaltensablauf bezeichnet, der dem Untersucher als kleinstes, nicht reduzierbares Ereignis zur Analyse des Verhaltens notwendig erscheint« (Cranach/Frenz: 286). Je nach theoretischem Interesse unterscheiden sich die gewählten Beobachtungseinheiten. In der Soziologie und Sozialpsychologie ist die Untersuchung von sozialen *Interaktion*en von Interesse (z. B. Kooperation in *Gruppen*), die Persönlichkeitspsychologie interessiert sich für individuelle Unterschiede in *Verhaltens*mustern (z. B. Wirkung von Stress auf Essverhalten), während in der Entwicklungspsychologie Veränderung und Stabilität von Verhalten im Mittelpunkt stehen (z. B. in Eltern-Kind-Interaktionen). Beobachtungseinheiten können qualitativer und quantitativer Natur sein und hinsichtlich der zeitlichen Auflösung variieren. In Studien zur emotionalen Entwicklung wurde festgestellt, dass kulturelle Unterschiede bestehen, wie Mütter auf negative Emotionen ihrer Kinder reagieren (d. h. Sensitivität; Trommsdorff). Emotionen lassen sich hinsichtlich qualitativer (z. B. positiv, negativ) und quantitativer Merkmale (z. B. Intensität, Häufigkeit, Dauer) unterscheiden. Ebenso kann Sensitivität als eine qualitativ variierende Einheit (d. h. Formen der Sensitivität unterscheiden sich zwischen Kulturen) verstanden werden, deren Ausprägungen sich auf individueller Ebene einschätzen lässt. Bezieht sich die Erfassung von Sensitivität auf eine Interaktionssequenz mit einer Dauer von mehreren Minuten, lassen sich Verhaltensmerkmale auf der Mikroebene heranziehen (z. B. Position der Augenbrauen, Mundwinkel), um die Intensität des emotionalen Ausdrucks zu beurteilen (mikro- vs. makroanalytische Beobachtung). Beobachtungseinheiten variieren, je nachdem, ob sie natürliche Verhaltenseinheiten (z. B. weinen) oder komplexe soziale Handlungen (z. B. Aufmerksamkeit suchen) abbilden (Bakeman/Quera).

Bei der Verhaltensbeobachtung nimmt ein Beobachter stets Zuschreibungen vor und erschließt Beobachtungseinheiten aufgrund des wahrgenommen Verhaltens (Cranach/Frenz). Bei der Beobachtung von Begrüßungsritualen werden Beobachter mit hoher Übereinstimmung, zumindest in einer bestimmten Kultur, Förmlichkeit und Höflichkeit beurteilen können. Kann eine hohe intersubjektive Übereinstimmung nicht gelingen (z. B. Kulturvergleich), ist es unerlässlich, direkt wahrnehmbare Beobachtungseinheiten (z. B. Körperkontakt) zu wählen.

Beobachtungen werden in Form von **Beschreibungssystemen** festgehalten. Aufzeichnungen in schriftlicher Form, die sich der Alltagssprache bedienen, umfassen Selbst- und Fremdbeobachtung (z. B. Tagebuch) oder Verlaufsprotokolle. Dies sind unsystematische Ereignisprotokolle, die einer weiteren *inhaltsanalytisch*en Auswertung bedürfen. Index-Systeme beinhalten eine Aufzeichnung von Verhaltensmerkmalen, z. B. ethologische Verhaltensprotokolle, in denen bestimmte in einer Situation auftretende Verhaltensweisen oder Merkmale, die einen übergeordneten Aspekt (z. B. Verhaltensmuster) repräsentieren, registriert werden (Faßnacht). Ziel eines *Kategoriensystem*s ist es, das beobachtete Verhalten möglichst erschöpfend zu beschreiben und anhand definierter Kategorien zu klassifizieren.

Ein Kategoriensystem bestimmt Struktur und Regeln, die für eine systematische Zuordnung der beobachteten Verhaltenseinheiten zu einzelnen Kategorien erforderlich sind. Einzelkategorien müssen inhaltlich und definitorisch voneinander abgrenzbar sein, um eine eindeutige, exklusive Zuordnung der untersuchten Beobachtungseinheiten zu den Kategorien zu gewährleisten. Die Erstellung eines Kategoriensystems ist somit eine Voraussetzung für die spätere Übersetzung beobachteter Verhaltenseinheiten in numerische Variablen zwecks statistischer Datenverarbeitung. Mit diesem Schritt kann Beobachtung als eine Form der *Messung* im wissenschaftlichen Sinne verstanden werden (Greve/Wentura).

Eine Alternative zu nominalen Klassifikationssystemen stellen dimensionale Systeme dar, bei denen Ratingskalen zur Anwendung kommen. Die Verwendung von Ratingskalen anstelle kategorialer Maße kann die Erfassung sozial komplexer Verhaltensweisen erleichtern und Informationen liefern, die bei der Verwendung rein verhaltensbasierter Kategorien verborgen bleiben. Ein kulturinformierter Beobachter, der auf einer Skala die Qualität einer Mutter-Kinder-Interaktion beurteilt, berücksichtigt möglicherweise kulturelle Besonderheiten, die durch eine Erfassung von Häufigkeit und Dauer rein verhaltensbezogener Beobachtungseinheiten (z. B. Körperkontakt) nicht abgebildet würden. Im Vergleich zu nominalen Kategoriensystemen sind Ratingskalen weniger zeitintensiv und können vergleichbar zuverlässige Ergebnisse liefern (Bakeman/Quera). Ein weiteres Beispiel ist die *Sequenzanalyse*, die es ermöglicht, Verhaltensmuster zu identifizieren und strukturelle Zusammenhänge im zeitlichen Verlauf zu untersuchen. Voraussetzung ist das Vorliegen zeitlich fortlaufend erhobener Daten zu mehreren Messzeitpunkten (Bakeman/Quera).

Objektivität der Verhaltensbeobachtung

Einschränkungen der *Zuverlässigkeit* und *Objektivität* können aufgrund von Urteilsverzerrungen seitens der Beobachter und durch die Tatsache der Beobachtung selbst entstehen. Da Beobachtung auf der individuellen Wahrnehmungsleistung der einzelnen Beobachter basiert, ist die Herstellung einer hohen Übereinstimmung zwischen verschiedenen Beobachtern (Interrater-Reliabilität) eine Voraussetzung, um die Objektivität einer Beobachtung zu gewährleisten. Unterschiedliche Quellen für **Beob-**

achtungsfehler sind bei der Auswertung zu berücksichtigen. Bei der Verwendung globaler Ratingskalen besteht die Gefahr, dass bei der Kodierung extreme Werte vermieden werden (zentrale Tendenz), die Beurteilung durch den Gesamteindruck oder besonders saliente Verhaltensmerkmale überlagert wird (*Halo-Effekt*) oder Erwartungshaltungen des Beobachters die Urteilsbildung beeinflussen. Auch können Personenmerkmale des Beobachters (z. B. Geschlecht, Alter) zu Urteilsverzerrungen führen. Neben Auswahl und Training der Beobachter ist die Kontrolle der Auswertung unerlässlich, um Verzerrungen infolge von Beobachtungsfehlern entgegenzuwirken (Greve/Wentura). Genauigkeit und Zuverlässigkeit der *Kodierung* werden sichergestellt, indem die Übereinstimmung zwischen unabhängigen Beobachtern ermittelt wird oder ein Abgleich der Auswertung mit einem zuvor etablierten Expertenrating erfolgt. Zur Prüfung der Interrater-Reliabilität wird z. B. Cohens Kappa als statistisches Maß verwendet (Bakeman/Quera). Eine Alternative für die Prüfung der Interrater-Reliabilität bei qualitativen Verfahren, die mit weniger Einschränkungen hinsichtlich der Anzahl der Beobachter, Skalenniveau, Stichprobengröße und fehlender Werte verbunden ist, stellt Krippendorffs Alpha dar (Hayes/Krippendorff).

Grundsätzlich können Beobachtungsfehler jedoch auch durch die untersuchten Personen verursacht werden. Insbesondere Beobachtung ist anfällig für Probleme der *Reaktivität*, wenn die untersuchten Personen ihr Verhalten aufgrund ihres Wissens über die Untersuchungsabsicht verändern (Versuchspersoneneffekt). Bei teilnehmender Beobachtung über einen längeren Zeitraum (z. B. *Feldforschung*), wenn Beobachter und untersuchte Personen direkt miteinander interagieren, ist nicht auszuschließen, dass die Messung anhaltende Änderungen im Verhalten zur Folge hat (z. B. um Erwartungen des Beobachters zu erfüllen; Hawthorne-Effekt; Greve/Wentura).

Methoden der Beobachtung stellen besondere Herausforderungen an Planung und Durchführung der Datenerhebung (z. B. Reaktivität) und -auswertung (z. B. Entwicklung eines Kategoriensystems, Training der Beobachter). Methoden der Beobachtung sind jedoch eine wichtige Alternative für die Erfassung von Verhalten, wenn die Verwendung anderer Verfahren (z. B. Befragung) schwierig ist (z. B. komplexe soziale Interaktionen in Gruppen) oder untersuchte Personen nicht über ihr Verhalten Auskunft geben können (z. B. Kleinkinder) (Greve/Wentura; Schnell et al., Kap. 7). Generell empfiehlt es sich, unterschiedliche Datenquellen (z. B. Befragungen wie Selbst- und Fremdbericht) mit Methoden der Beobachtung zu kombinieren (*Triangulation*; Schnell et al., Kap. 7).

Literatur

Bakeman, Roger; Quera, Vincenç, 2011: Sequential analysis and observational methods for the behavioral sciences, New York. – Bodemann, Guy, 2006: Beobachtungsmethoden; in: Petermann, Franz; Eid, Michael (Hg.): Handbuch der psychologischen Diagnostik, Göttingen, 151–159. – Bortz, Jürgen; Döring, Nicola, 2009: Forschungsmethoden und Evaluation für Human- und Sozialwissenschaftler, Heidelberg. – Cranach, Mario von; Frenz, Hans-Georg, 1969: Systematische Beobachtung; in: Graumann, Carl Friedrich (Hg.): Handbuch der Psychologie, Band 7, Sozialpsychologie, Göttingen, 269–331. – Faßnacht, Gerhard, 1995: Systematische Verhaltensbeobachtung: Eine Einführung in die Methodologie und Praxis, München. – Flick, Uwe, 2007: Qualitative Sozialforschung: Eine Einführung, Reinbek. – Greve, Werner; Wentura, Dirk, 1997: Wissenschaftliche Beobachtung: Eine Einführung, Weinheim. – Hayes, Andrew F.; Krippendorff, Klaus, 2007: Answering the call for a standard reliability measure for coding data; in: Communication Methods and Measures, 1, 77–89. – Hoyle, Rick H. et al., 2009: Research methods in social relations, Belmont Drive, CA. – Schnell, Rainer et al., 2011: Methoden der empirischen Sozialforschung, München. – Trommsdorff, Gisela, 2007: Entwicklung im kulturellen Kontext; in Trommsdorff, Gisela; Kornadt, Hans-Joachim (Hg.): Enzyklopädie der Psychologie: Themenbereich C, Serie VII, Bd. 2: Kulturelle Determinanten des Erlebens und Verhaltens, Göttingen, 435–519.

Tobias Heikamp

Berufssoziologie

Gegenstand

In der Berufssoziologie (engl. occupational sociology/sociology of occupations) bzw. in berufssoziologischen Analysen geht es um die Bedeutung des Berufs für Individuen, *Organisation*en und gesellschaftliche Teilbereiche und genauer: um eine soziologische Beschreibung dieser Verhältnisse. In der mittelalterlichen Gesellschaft war der Beruf nicht nur ein Teil des Lebens, sondern er bestimmte die

Existenz des ›ganzen Hauses‹ sowie das ›ganze Leben‹ der in ihm arbeitenden und wohnenden Personen. Der Beruf fungierte als Leitgesichtspunkt für die ganze Lebensführung und war der bestimmende Orientierungsrahmen für betriebliche Organisationen. Diese umfassende Stellung hat er in der modernen Gesellschaft freilich längst eingebüßt, was gleichwohl nicht heißt, dass er bedeutungslos geworden wäre, worauf schon Helmut Schelsky (1960/1965) in seinem einflussreichen Aufsatz »Die Bedeutung des Berufs in der modernen Gesellschaft« hingewiesen hat. Obwohl Schelsky sehr wohl die Gefahr sieht, dass der »in seiner Lebensbedeutung reduzierte Beruf nur als Mittel und Zweck für die Lebenserfüllung in anderen Lebensbereichen angesehen« und damit zum »bloßen Job« werden könnte (240), betont er, dass auch in dieser teilhaften Bedeutung, die der Beruf jetzt noch für das menschliche Leben hat, »die Berufstätigkeit immer noch der wichtigste Faktor für die soziale Bestimmung des menschlichen Lebens in unserer Kultur« ist (240) und dass die Menschen »im Wesentlichen nach ihren Berufen sozial eingeordnet« werden (S. 241). Der Beruf ermögliche nämlich den Menschen nach wie vor den Großteil ihrer Sozialkontakte und strukturiert ihren Alltag und ihren Lebenslauf; er bestimmt ihre Einkommens- und ihre Vermögensverhältnisse und damit auch ihren sozialen *Status* und ihr soziales *Prestige*; und schließlich prägt er ihre Selbst- und Fremdeinschätzung, also das Bild, das sie von sich beziehungsweise andere von ihnen haben. Und, so kann man hinzufügen, auch Organisationen sind natürlich immer noch zwingend auf das berufliche Wissen ihrer Mitarbeiter angewiesen.

Hiermit ist bereits ein grundsätzlicher Unterschied zwischen *Arbeit* und Beruf angedeutet. Der Arbeitsbegriff ist sehr weit gefasst: nicht nur Arbeiter arbeiten, sondern auch Angestellte, Beamte und Selbstständige, und die Gesellschaft mit ihren Teilbereichen und Organisationen ist auf diese Arbeit angewiesen. Der Berufsbegriff setzt dagegen spezifischer an und bezeichnet darüber hinaus die jeweilige Form der Arbeit. Als zusätzliches Moment kommt beim Beruf zum einen immer auch die Form der Ausbildung/*Qualifizierung* für die (berufliche) Arbeit hinzu und zum anderen kann man von Berufen erst sprechen, wenn sich »Arbeit in ausdifferenzierter Rollenstruktur (…) konstituiert« (Luckmann, Sprondel 1972, 13). Berufe lassen sich so gesehen als »die soziale Organisation der Arbeit« (ebd.: 17) be-schreiben oder anders: als berufliche Organisation des Arbeitens, d. h. als Berufsform. Und genau diese »Berufsform von Arbeiten in ihren vielfältigen Aspekten ist der Gegenstand der ›Berufssoziologie‹« (Daheim 2001, 22).

Geschichte des Berufsbegriffs

Die Geschichte des Berufsbegriffs hat ihren Ursprung in der Theologie. Gemeinhin gilt Martin Luther mit seiner Übersetzung des griechischen Wortes für Arbeit als Wegbereiter der reformatorischen Lehre vom Beruf – es geht jetzt um die Berufung zur Arbeit, die das alte Verstandnis der Arbeit als Buße ergänzt. In enger Beziehung zur besonderen Form der *Ehre* fungiert der Beruf im Weiteren in der geburtsständischen Gesellschaft für lange Zeit als ein zugeschriebener sozialer *Status*. Und erst unter den rationalistischen Einflüssen der Aufklärung im 18. Jh. ist die Berufsidee dann zunehmend säkularisiert worden. In der Vorstellung des deutschen Idealismus erfolgt die Berufung zu einem Beruf nicht mehr durch Gott, sondern determiniert sich durch Eignung und Neigung des Menschen, womit gleichsam ein Weg der sozialen Positionierung von Herkunft zum *Aufstieg* über den Beruf auf Grund von Anlage, Talent und Begabung durch freie Berufswahl eingeleitet wurde.

Die hier nur in aller Kürze angedeutete Geschichte des Übergangs von einem religiösen zu einem weltlichen Berufsbegriff nachgezeichnet zu haben, ist zunächst einmal das Verdienst des Soziologen Max Weber, der damit zudem das Berufsthema an theoretisch zentraler Stelle der neuen Disziplin Soziologie in Deutschland positioniert hat. In seiner *Protestantismus*studie etwa fragt Weber nach den aus der modernen Berufsethik resultierenden Folgen für die kapitalistische Ökonomie und bestimmt das Berufsmenschentum und dessen Ausformungen als Fach- und Geschäftsmenschentum als grundlegendes Erklärungsmuster für den modernen Kapitalismus. Und in seiner Herrschaftssoziologie bestimmt er darüber hinausgehend auf der Grundlage des Fachmenschentums die Legitimation über Kompetenzen gleichsam als das Merkmal der modernen Gesellschaft – welche die Legitimation über Herkunft früherer Gesellschaftsformationen ersetzt – und versucht auf dieser Grundlage den modernen Staat, das Berufsbeamtentum und die *bürokratische* Organisationsform zu bestimmen.

Berufssoziologie als Disziplin

Damit hat die Soziologie schon in ihrer Begründungsphase der Theorie und Geschichte des Berufs große Aufmerksamkeit gewidmet. Insbesondere in den Arbeiten von Max Weber und Émile Durkheim, die sicherlich noch nicht als Berufssoziologen bezeichnet werden können, finden sich bereits grundlegende, einen Anfang markierende Überlegungen zu einer Soziologie des Berufs. So hat etwa Durkheim (1996, 41 ff.) die Berufsgruppe als Vermittlungsglied zwischen den Individuen und der Gesellschaft herausgestellt, und Weber (1985, 80) hat mit seiner Bestimmung des Berufs als »jene Spezifizierung, Spezialisierung und Kombination von Leistungen einer Person (…), welche für sie Grundlage einer kontinuierlichen Versorgungs- oder Erwerbschance ist« sozusagen das Zeitalter der modernen Berufskonzeption eingeleitet.

Im Weiteren ist dann insbesondere die Bedeutung von Talcott Parsons herauszustellen. Dieser war zwar wie Durkheim und Weber kein Berufssoziologe im engeren Sinne, hat aber gleichwohl mit der umfangreichen Thematisierung des Berufs- und *Profession*enkomplexes in seinem Werk für viele Jahre die berufssoziologischen Diskussionen bestimmt. Parsons verbindet dabei die Analysen von Durkheim zur beruflichen Rollendifferenzierung und von Weber zur *Differenzierung* gesellschaftlicher Teilbereiche und arbeitet die Berufsrollen als Bestandteil der jeweiligen gesellschaftlichen Teilsysteme heraus. Diese Systeme sind auf eine fortschreitende Ausdifferenzierung von bestimmten Leistungen angewiesen, sie etablieren dazu passende berufliche Positionen, die sie sozialen Akteuren zuweisen, damit diese ihrer beruflichen Rolle erwartungsgemäß spezialisierte Leistungen erbringen.

Als eigenständiges Fach kann sich die Berufssoziologie erst nach dem Zweiten Weltkrieg etablieren; es kommen erste lehrbuchartige Monographien auf den Markt, die das Wissen der Disziplin systematisieren. In den folgenden Jahren werden dann verstärkt Monographien und Sammelbände zur Berufsproblematik mit jeweils unterschiedlichen Schwerpunktsetzungen publiziert. In der Berufssoziologie geht es dann anders als etwa in der Berufspädagogik zum einen um die Ausarbeitung von nicht auf den Bildungsaspekt beschränkten Berufstheorien, die sowohl die Bedeutung der beruflichen Arbeit für Personen als auch die gesellschaftliche Funktion des Berufs untersuchen (s. etwa Beck et al. 1980). Und zum anderen geht es um empirische und theoretische Berufsanalysen, die sich nicht nur auf die Tätigkeiten auf der Ebene der Facharbeiter und Fachangestellten beschränken, die zumeist im dualen System ausgebildet werden, sondern auch noch den Bereich der hochqualifizierten akademischen Berufe wie Professionen und Wissensarbeit, aber auch solche neuen Arbeitsformen wie die des *Arbeitskraftunternehmer*s (Voß, Pongratz 1998) einbeziehen.

Gleichwohl wird in der Soziologie auch dem Berufsbildungsthema wieder verstärkt Aufmerksamkeit geschenkt, was man insbesondere im Rahmen der Diskussionen um die moderne *Wissensgesellschaft* beobachten kann. Soziologisch sind an dem Thema Berufsbildung insbesondere zwei Themenkomplexe interessant, die jeweils Verknüpfungen zu anderen soziologischen Teildisziplinen erfordern. In Verbindung mit der *Organisationssoziologie* kann etwa untersucht werden, in welcher Art und Weise betriebliche Organisationen die im Beruf enthaltenen Kompetenzbündel zur Steigerung ihres Betriebskapitals nutzen. In den aktuellen Debatten über lernende und wissende Organisationen wird z. B. danach gefragt, wie das individuelle in den Köpfen der Mitarbeiter ›versteckte‹ Wissen in das kollektive Wissen der Organisationen inkorporiert werden kann. Und in Verbindung mit der soziologischen *Ungleichheit*sforschung wird nach der Bedeutung gefragt, die dem beruflichen Wissen im Ungleichheitsgefüge der modernen Gesellschaft zukommt.

Obwohl also dem Berufsthema immer noch eine große Bedeutung zugeschrieben werden muss, mag es überraschen, dass es – zumindest in Deutschland – die Berufssoziologie als eigenständige Teildisziplin der Soziologie eigentlich gar nicht mehr gibt. So beheimatet etwa die Deutsche Gesellschaft für Soziologie keine Sektion Berufssoziologie mehr, wohl aber die Sektionen Arbeits- und Industriesoziologie, Organisationssoziologie, Professionssoziologie sowie Soziale Ungleichheit und Sozialstrukturanalyse, die sich sozusagen das Berufsthema teilen. Exemplarisch seien hier nun zwei Aspekte des Berufsthemas, die Ungleichheitsdebatte und der Bereich der hochqualifizierten Berufe, angesprochen.

Beruf und soziale Ungleichheit

Im Rahmen von *Klassen-* und *Schicht*-Konzepten war die Ungleichheitsforschung bis in die siebziger Jahre hinein weitgehend berufszentriert, der Beruf wurde als der zentrale Bestimmungsfaktor *sozialer Ungleichheit* und als der beste einzelne Indikator der *Sozialstruktur* einer Gesellschaft (Blau/Duncan 1967) interpretiert. Dabei wird die Existenz und Struktur sozialer Ungleichheit im Wesentlichen durch ökonomische Ursachen erklärt. Obwohl seit den siebziger Jahren in zunehmenden Maße andere Ungleichheiten ins Bewusstsein gerückt sind, konnte man den Beruf noch viele Jahre lang (in Abkehr von Herkunft) als ein zentrales Medium der sozialen Differenzierung in der modernen Gesellschaft bestimmen. In der gegenwärtigen Soziologie wird jedoch mehr und mehr davon ausgegangen, dass dem Beruf diese Zentralstellung nicht mehr zugeschrieben werden kann.

Die ehemals herausragende Bedeutung des Berufs ist vor allem in Zusammenhang mit konstatierten Entschichtungstendenzen der Gesellschaft in Frage gestellt worden. Neben der vertikalen Ungleichheit entlang der Berufshierarchie richtet sich das Augenmerk nun verstärkt auf horizontale Ungleichheiten wie Geschlecht, Kohorte, Region, Alter, Nation etc. Dieser Perspektive folgend sind die subjektiven Lebensweisen der Menschen nicht mehr im Wesentlichen Konsequenzen des Berufs; dieser ist nur noch eines unter vielen ungleichheitsrelevanten Kriterien in modernen hoch *individualisierten* Gesellschaften. Allerdings ist das nicht unbestritten, so wird dagegen argumentiert, dass – besonders durch die Verschiebung und Entwertung anderer sinnintegrierender Instanzen und Beziehungen wie Religion, Ehe und *Familie* bedingt – der Beruf eine zunehmend *identität*srelevante Bedeutung erhält. Auch wird ins Feld geführt, dass soziale Ungleichheiten und Lebenschancen in erheblichem Ausmaß von traditionellen Schichtkriterien wie Berufsposition und Bildungsniveau abhängen.

Sicherlich ist der Beruf nur einer unter vielen Bestimmungsfaktoren für die Positionierung von Personen im sozialen Raum, dennoch kommt ihm etwa im Zusammenhang mit Organisationen immer noch eine bedeutende Rolle zu. Die Organisationsmitgliedschaft erfordert den Beruf als qualifizierte Erwerbsarbeit, wie Max Weber ihn definiert hat: Man ist ausgebildet für eine Tätigkeit in der Organi-

sation und wird dafür von dieser bezahlt. Für die andere Seite der sozialen Positionierungsfunktion von Organisationen, der Partizipation des Publikums an organisationsspezifischen Entscheidungen, muss in der Regel Geld gezahlt werden, für dessen Erwerb der ausgeübte Beruf eine wesentliche Rolle spielt. In diesem Sinne ist der Beruf eine der Voraussetzungen für die Teilhabe an Gesellschaft, die über Organisationen vermittelt wird.

Professionen und Wissensberufe

Wer heute über die Form der qualifizierten Erwerbsarbeit nachdenkt, der bleibt nicht mehr bei der klassischen Steigerungsformel »Arbeit, Beruf, Profession« (Hartmann 1968) stehen, sondern unterscheidet im Bereich der hochqualifizierten akademischen Tätigkeiten professionelle Arbeit und die sogenannten Wissensberufe wie Experten, Ratgeber und Berater. Der Begriff der Wissensberufe ist ein Steigerungsbegriff, in der modernen *Wissensgesellschaft* tendiert immer mehr Arbeit zur Wissensarbeit. Demgegenüber haben wir es beim Begriff der Professionen mit einem exklusiven Begriff zu tun, Professionen können immer nur sehr wenige Berufe sein (s. a. das Stichwort »*Professionalisierung*«).

*Profession*en sind in der Moderne akademische Berufsgruppen, die lebenspraktische Probleme von Klienten im Kontext einzelner gesellschaftlicher Teilbereiche wie dem Gesundheits-, dem Rechts-, dem Religions- und dem Erziehungssystem in Interaktionssituationen mit Klienten stellvertretend deuten, verwalten und bearbeiten. Die Professionellen wie Ärzte, Rechtsanwälte, Seelsorger und Lehrer fungieren dabei als verberuflichte Leistungsrollen dieser *Sozialsysteme*, denen sowohl bei der Ausdifferenzierung der Systeme wie auch bei deren Erfüllung der Leistung für andere Funktionssysteme der Gesellschaft eine besondere Bedeutung beigemessen werden konnte. Diese sogenannten Leitprofessionen (Stichweh 1996) verwalten jeweils den besonderen Wissenskorpus dieser Funktionssysteme und nehmen gegenüber den anderen im Kontext des Systems arbeitenden Berufen eine Kontroll- und Delegationsfunktion ein.

Obwohl nun die neuen Wissensberufe gegenüber den klassischen Professionen weder unbedingt etwas mit lebenspraktischen Problemen von Klienten zu tun haben noch gesellschaftliche Zentralwerte abdecken müssen, kann man in Bezug auf die Form der

Wissensbasierung beider beruflichen Gruppen auch eine Gemeinsamkeit markieren. Auch die Handlungslogik der zunehmenden Wissensberufe ist nicht die einer technisch-instrumentellen Anwendung von wissenschaftlichem Regelwissen; wie das Wissen der Professionen ist auch das Expertenwissen der Wissensberufe interpretationsbedürftig, kontingent und im Handeln immer wieder neu zu reproduzieren.

Ende des Berufs?

Der Bedeutungsverlust der Berufssoziologie korrespondiert in gewisser Weise mit der in den Massenmedien und der Wissenschaft seit den 1980er Jahren geführten Debatte über eine Krise bzw. einem Ende von Arbeit und Beruf (Dahrendorf 1983), womit zwar nicht ausgesagt wird, dass der Erwerbsgesellschaft gleich die (berufliche) Arbeit ausgehen würde, wohl aber wird das Ende der sogenannten Vollzeiterwerbsarbeitsgesellschaft prognostiziert. Die Veränderungen, die wir gegenwärtig in der Arbeitswelt beobachten können, zeigen gleichwohl auch noch nicht das von vielen heraufbeschworene Ende der Berufsform überhaupt an. Auch in Zeiten, in denen wir in Wissenschaft, Politik und Wirtschaft über das sogenannte bedingungslose Grundeinkommen diskutieren, werden Personen für Arbeit, die ihnen ihren Lebensunterhalt sichern soll, ausgebildet, und Organisationen müssen für die ausgeübte Arbeit, auf die sie angewiesen sind, bezahlen. Was sich aber vor allem verändert, ist das Verhältnis von Ausbildung und Arbeit/Erwerb und damit ein inhaltlicher Wandel des Berufs. Im Übergang zur Wissensgesellschaft, in der immer mehr Arbeit zur reflexiven Wissensarbeit wird, muss sich das Bildungssystem darauf einstellen, dass mehr und mehr Personen mit überfachlichen Kompetenzen und entwicklungsoffenen Qualifikationspotentialen gesucht werden. Hier zeigen sich Tendenzen einer Annäherung von beruflicher und allgemeiner Bildung.

Obwohl in zunehmendem Maße andere Formen von Arbeit an Bedeutung gewinnen, wird die berufliche Erwerbsarbeit auch weiterhin die dominante Form des Arbeitens bleiben (Daheim 2001). Die Veränderungen, die wir gleichwohl in der Arbeitswelt beobachten können, scheinen denn auch eher ein neues und sich immer schneller wandelndes Mischungsverhältnis anzudeuten; und zwar auf der einen Seite im Rahmen beruflicher Erwerbstätigkeit selber, auf der anderen Seite aber auch im Verhältnis der Erwerbsorientierung zu gemeinschaftsorientierten Tätigkeiten oder solchen im persönlich-familiären Bereich.

Genauso wenig wie man von einem Ende des Berufs sprechen kann, ist auch die Berufssoziologie noch lange nicht überflüssig geworden, sie scheint sogar gegenüber anderen das Berufsthema bearbeitenden soziologischen Teildisziplinen einen analytischen Vorteil zu haben: So kann sie etwa das Themenspektrum der *Arbeitssoziologie* und der *Professionssoziologie* mit bearbeiten. Denn der zwischen Arbeit und Profession stehende Berufsbegriff schließt sowohl nur wenig berufliche Qualifikationen erfordernde Erwerbsarbeit als auch hochqualifizierte professionelle Arbeit bzw. Wissensarbeit ein. Und darüber hinaus kann sie Beiträge zu anderen soziologischen Debatten beisteuern, wie etwa denen der Organisationssoziologie oder der soziologischen Ungleichheitsforschung, so dass die Berufssoziologie aus der spezifischen Perspektive der Berufsform eine Verbindung zwischen diesen Teildisziplinen herstellen kann (Kurtz 2005).

Literatur

Beck, Ulrich et al., 1980: Soziologie der Arbeit und der Berufe. Grundlagen, Problemfelder, Forschungsergebnisse, Reinbek. – Blau, Peter M.; Duncan, Otis D., 1967: The American Occupational Structure. New York u.a. – Daheim, Hansjürgen, 2001: Berufliche Arbeit im Übergang von der Industrie- zur Dienstleistungsgesellschaft; in: Kurtz, Thomas (Hg.): Aspekte des Berufs in der Moderne, Opladen, 21–38. – Dahrendorf, Ralf, 1983: Wenn der Arbeitsgesellschaft die Arbeit ausgeht; in: Matthes, Joachim (Hg.): Krise der Arbeitsgesellschaft? Verhandlungen des 21. Deutschen Soziologentages in Bamberg 1982, Frankfurt a.M./New York, 25–37. – Durkheim, Emile, 1996: Über soziale Arbeitsteilung. Studie über die Organisation höherer Gesellschaften, 2. Aufl., Frankfurt a.M. (1893). – Hartmann, Heinz, 1968: Arbeit, Beruf, Profession; in: Soziale Welt 19, 193–216. – Kurtz, Thomas, 2005: Die Berufsform der Gesellschaft, Weilerswist. – Luckmann, Thomas; Sprondel, Walter Michael, 1972: Einleitung; in: dies. (Hg.): Berufssoziologie, Köln, 11–21. – Parsons, Talcott; Smelser, Neil J., 1956: Economy and Society. A Study in the Integration of Economic and Social Theory, London. – Schelsky, Helmut, 1960/1965: Die Bedeutung des Berufs in der modernen Gesellschaft; in: ders.: Auf der Suche nach Wirklichkeit, Düsseldorf/Köln, 238–249. – Stichweh, Rudolf, 1996: Professionen in einer funktional differenzierten Gesellschaft; in: Arno Combe; Helsper, Werner (Hg.): Pädagogische Professionalität. Untersuchungen zum Typus pädagogischen Handelns, Frankfurt a. M., 49–69. – Voß, G. Günter; Pongratz, Hans J., 1998: Der Arbeitskraftunternehmer. Eine neue Grundform der Ware Arbeitskraft? In: Kölner Zeitschrift für Soziologie und Sozialpsychologie 50, 131–158. – Weber, Max, 1984: Die protestantische Ethik I. Eine Aufsatzsammlung, hg. von Johannes Winckelmann, Gütersloh (1920). – Weber, Max, 1985: Wirtschaft und Gesellschaft. Grundriss der verstehenden Soziologie, Tübingen (1920).

Thomas Kurtz

Bevölkerungssoziologie und Demographie

Gegenstand und Thematik

Demographie (engl. demography) ist der Oberbegriff für Analysen quantitativer und qualitativer Veränderungen der Bevölkerungsverhältnisse einer Region, eines Landes oder der Welt als Ganzes. Da gesellschaftliche, wirtschaftliche, politische, kulturelle und biologische Faktoren demographische Entwicklungen beeinflussen, ist Demographie idealerweise eine interdisziplinär ausgerichtete Wissenschaft. Die **Bevölkerungssoziologie** – als Teildisziplin – eröffnet einen spezifischen soziologischen Zugang zu demographischen Prozessen und Strukturen, und sie setzt dabei soziologische Denk- und Theorieansätze zur Analyse demographischer Entwicklungen ein (Niephaus 2012, 13 ff.). Im Zentrum der Bevölkerungssoziologie stehen sowohl die Auswirkungen gesellschaftlicher Wandlungen auf demographische Größen (wie Geburtenniveau, Überlebensordnung, Migration, Altersverteilung der Bevölkerung) als auch die Auswirkungen demographischer Entwicklungen auf Gesellschaften, Organisationen, Familien und Individuen. Zu den zentralen demographischen Komponenten – welche bevölkerungssoziologisch auf ihre gesellschaftliche Einbettung und Bedeutung hin untersucht werden – gehören im Einzelnen:

a) ***Familie*ngründung** und **Geburtenniveau**: Die Zahl von neugeborenen Kindern wird zum einen durch die Zahl von Frauen im gebärfähigen Alter bestimmt. Zum anderen wird die Geburtenzahl durch das *Fertilität*sverhalten von jungen Frauen und Männern bestimmt. Das Fertilitätsverhalten seinerseits wird durch eine Reihe von Faktoren – wie Partnerschafts- und Familiengründungsver-halten, Kinderwunsch und Geburtenkontrolle – beeinflusst. Entsprechend ist das Geburtenniveau einer Gesellschaft eng mit ihren sozialen, wirtschaftlichen und kulturellen Rahmenbedingungen verknüpft. Eine demographische Analyse von Veränderungen des Fertilitätsverhaltens kommt deshalb nicht aus ohne Bezug etwa auf familiensoziologische Konzepte. Bedeutsam für das Verständnis von Familiengründung und Geburtenverhalten sind aber auch soziologische Ansätze der *Genderforschung* oder – da das Familiengründungsverhalten je nach sozialer Schicht variiert – Theorien *sozialer Ungleichheit*en.

b) Sterbefälle (***Mortalität***) bzw. Absterbe- und Überlebensordnung: Veränderungen der *Lebenserwartung* innerhalb einer Gesellschaft sind von gesellschaftlichen, wirtschaftlichen und epidemiologischen Einflussfaktoren abhängig. Zwar müssen alle Menschen einmal sterben, aber die Lebenserwartung bzw. Überlebensordnung von Menschen unterliegt markanten sozialen Unterschieden bzw. Ungleichheiten, etwa nach Geschlecht oder sozialer *Schicht*zugehörigkeit. Umgekehrt wirken sich Veränderungen der Überlebensordnung tiefgreifend auf gesellschaftliche Lebensverhältnisse, intergenerationelle Beziehungen und individuelle Lebensverläufe aus. Soziologisch stehen vor allem Fragen sozialer Ungleichheiten der (aktiven) Lebenserwartung sowie die Zusammenhänge zwischen *Sozialstruktur* und Lebenserwartung im Zentrum des Interesses.

In der klassischen Bevölkerungsstatistik werden Geburten und Sterbefälle zur sog. ›natürlichen Bevölkerungsbewegung‹ gezählt. Aus soziologischer Sicht – und angesichts der nachweisbaren enormen Bedeutung sozialer Faktoren für Geburtenhäufigkeit und Sterblichkeitsverläufe – greift der Begriff ›natürlich‹ zu kurz. Zudem genügen einzig auf globaler Ebene die Geburten- und Sterbezahlen formal zur Erklärung der Bevölkerungsentwicklung. Werden national oder regional begrenzte Gebiete analysiert, kommt eine weitere demographische Komponente hinzu:

c) Wanderungsbewegungen (***Migration***): Abwanderung reduziert und Zuwanderung erhöht die Bevölkerungszahl eines gegebenen Gebietes. Speziell für kleinere geographische Einheiten (Regionen, Kommunen, Quartiere) kann die Bevölkerungsentwicklung primär von Zu- oder Abwanderungsprozessen bestimmt sein. Migrationsbewegungen sind nicht nur ökonomisch begründet, sondern sozial determiniert und sozial eingebettet (wie etwa bei Familiennachzug, Kettenmigration usw.). Soziologisch betrachtet sind räumliche Wanderungsbewegungen bedeutsame Elemente (sozial ungleich gestalteter) sozialer *Mobilität*sprozesse. In vielen Fällen beeinflussen Zu- oder Abwanderungsbewegungen nicht allein die Bevölkerungszahl, sondern auch die sozialstrukturelle und sozialkulturelle Zusammensetzung der Bevölkerung einer Nation oder Region.

Geburtenniveau, Sterbeverhältnisse und Migrationsprozesse bestimmen zusammen Bevölkerungs*entwicklung* (Zu- oder Abnahme der Bevölkerung) und Bevölkerungsstruktur, inklusive Alters- und Geschlechterverteilung innerhalb einer Bevölkerung. Der spezifische Einfluss der drei demographischen Komponenten (Geburten, Sterbefälle, Migration) auf Bevölkerungsentwicklung und Bevölkerungsstruktur variiert je nach den gesellschaftlichen Rahmenbedingungen. Starkes Bevölkerungswachstum kann sich aufgrund hoher Geburtenzahlen, aber auch aufgrund massiver Zuwanderung ergeben. Eine stagnierende Bevölkerungszahl kann sowohl das Ergebnis hoher Geburtenhäufigkeit gekoppelt mit geringer Lebenserwartung als auch das Resultat hoher Lebenserwartung bei geringer Geburtenhäufigkeit sein. Aktuell stehen in Europa vor allem Fragen einer ansteigenden **demographischen *Alterung*** und Szenarien einer schrumpfenden Bevölkerung im Zentrum demographischer und bevölkerungssoziologischer Diskurse.

Aus soziologischer Sicht von Bedeutung ist die Tatsache, dass die jeweiligen demographischen Strukturen und Entwicklungen eng mit der vorherrschenden Sozial- und Wirtschaftsstruktur einer Gesellschaft verbunden sind. Veränderungen der demographischen Komponenten lassen sich zwar rein bevölkerungsstatistisch beschreiben, jedoch nie ohne Rückgriff auf soziologische Theorien – wie etwa *sozialstruktur*analytische, *modernisierung*stheoretische oder *lebensverlauf*sanalytische Ansätze – verstehen. Bei bevölkerungssoziologischen Analysen stehen die gesellschaftlichen Determinanten und Konsequenzen quantitativer Veränderungen von Bevölkerungsindikatoren im Zentrum. Im Grunde geht es darum, quantitative Phänomene bevölkerungsstatistischer Art mit qualitativen Veränderungen der Gesellschaft zu verknüpfen.

Demographische Prozesse und bevölkerungssoziologische Fragestellungen

Wie andere Teilgebiete der Soziologie weist auch die Bevölkerungssoziologie eine Vielfalt unterschiedlicher Fragestellungen auf. Es gibt allerdings allgemeine Grundfragen, die schon seit jeher die Diskussionen innerhalb der Bevölkerungssoziologie bestimmt haben. Dazu gehören namentlich folgende Fragestellunggen (vgl. Höpflinger 2012):

a) Welche wechselseitigen Zusammenhänge bestehen zwischen (quantitativen) demographischen und (qualitativen) gesellschaftlichen Wandlungen? Inwiefern sind Modernisierungsprozesse einer Gesellschaft systematisch mit spezifischen demographischen Wandlungen – wie etwa sinkende Geburtenhäufigkeit und steigende Lebenserwartung – verknüpft?

b) Welche individuellen, familialen und gesellschaftlichen Faktoren bestimmen Familiengründung und Fertilität junger Frauen und Männer? Wie lässt sich sozial differenziertes Fertilitätsverhalten erklären? Und welche gesamtgesellschaftlichen Konsequenzen sind längerfristig bei tiefem Geburtenniveau zu erwarten?

c) Welche gesellschaftlichen Wandlungen führen zu verstärkten räumlichen *Mobilität*sprozessen (Emigration oder Immigration), und von welchen gesellschaftlichen Folgeerscheinungen sind starke Ein- oder Auswanderungsbewegungen begleitet? Inwiefern sind räumliche und soziale Mobilität wechselseitig verknüpft?

d) Welche sozialen Faktoren tragen zu einer Erhöhung der Lebenserwartung bzw. zum Rückzug eines vorzeitigen Sterbens bei? Was sind die gesellschaftlichen Wirkungen einer hohen Lebenserwartung? Aus welchen Gründen entstehen soziale Ungleichheiten der Lebenserwartung insgesamt und der gesunden Lebenserwartung im Speziellen?

Neuerdings stehen in europäischen Gesellschaften zudem auch folgende Fragestellungen im Zentrum bevölkerungssoziologischer Aufmerksamkeit:

e) Welche gesellschaftlichen und sozialpolitischen Auswirkungen resultieren aus Prozessen einer verstärkten demographischen Alterung? Und welche Folgen hat eine stagnierende oder schrumpfende Bevölkerungszahl auf gesellschaftliche und sozialpolitische Verhältnisse?

Bedeutung der Soziologie
für demographische Analysen

Die Bevölkerungssoziologie bewegt sich dabei zwischen Makro- und Mikroebene einerseits und zwischen quantitativen und qualitativen gesellschaftlichen Wandlungen andererseits. Bevölkerungswachstum, Geburtenhäufigkeit, Migration oder demographische Alterung beispielsweise sind gesamtgesellschaftlich relevante Phänomene, die ihre Wurzeln gerade auch in familialem und/oder individuellem Verhalten und Handeln haben. Quantitative Veränderungen etwa von Bevölkerungszahl, Bevölkerungsverteilung und Bevölkerungsstruktur sind eng mit qualitativen Wandlungen von Gesellschaften verbunden.

Vielfach lassen sich demographische Entwicklungen nur durch den gleichwertigen Einbezug von Statistik, Ökonomie, Soziologie und Sozialgeschichte erfassen und verstehen. Soziologische Versuche, die gesellschaftlichen Wirkungen und sozialen Einbettungen demographischer Prozesse zu untersuchen, kommen nicht ohne Berücksichtigung der Arbeiten anderer Fachrichtungen aus. Ein wichtiges Merkmal der modernen Bevölkerungssoziologie – im weitesten Sinne als gesellschaftstheoretische Analyse und Diskussion bevölkerungsstatistisch feststellbarer Wandlungen zu verstehen – ist ihre **disziplinübergreifende Perspektive**. Trotz der unbestreitbaren Bedeutung anderer Fachrichtungen (Bevölkerungsstatistik, Ökonomie, Sozialgeschichte usw.) kann allerdings mit einigem Recht behauptet werden, dass im Rahmen der Bevölkerungswissenschaften der soziologischen Betrachtungsweise eine zentrale Bedeutung zukommt. G. Mackenroth – einer der Klassiker der deutschen Bevölkerungslehre – stellte die Soziologie sogar explizit ins Zentrum: »Das letzte Wort hat in der Bevölkerungslehre immer die Soziologie, und die Soziologie kann wiederum nicht betrieben werden ohne Einbeziehung der historischen Dimension.« (1953, 111, zur Geschichte der deutschen Bevölkerungssoziologie Henßler/Schmid 2007). Mackenroth brachte damit zum Ausdruck, dass rein bevölkerungsstatistische Analysen strukturblind sind. Da Bevölkerungsstatistiken von den gesellschaftlichen Rahmenbedingungen abstrahieren, sind sie für eine Erklärung demographischer Veränderungen wenig geeignet. Modelle, welche Bevölkerungsentwicklungen nur mit Hilfe demographischer Variablen zu erklären

versuchen, sind klar gescheitert. Mackenroth war gleichzeitig aber auch der Ansicht, dass Bevölkerungssoziologie ohne historische Betrachtung nicht betrieben werden kann, da Bevölkerungsverhältnisse ihren Ursprung oft in der Vergangenheit haben bzw. demographische Prozesse sich erst allmählich und mit beträchtlicher Zeitverzögerung auf Sozialstruktur, Wirtschaft und Politik auswirken. Auch der deutsche Demograph Josef Schmid (1984) vertrat die Ansicht, dass die Beschäftigung mit Bevölkerungsgeschichte ein notwendiger Bestandteil der Bevölkerungssoziologie sei: »Es geht ihr aber dabei nicht um ›Historie‹, sondern vielmehr um bevölkerungsbezogene Erforschung vergangener Epochen, die für unsere Gegenwart besonders konstitutiv sind und die zum Gegenwartsverständnis wesentlich beitragen.« (Schmid 1984: 18–19).

In den letzten Jahrzehnten ergaben sich gesamthaft betrachtet verstärkte Überlappungen zwischen **bevölkerungsstatistischen** und **bevölkerungssoziologischen** Forschungsansätzen und Analyseverfahren, und zwar primär aus zwei Gründen: Erstens erhielten die Sozialwissenschaften vermehrt Zugang zu anonymisierten Grunddaten der *Statistik*. Die Verbreitung von Mikrozensus-Erhebungen und umfangreicher *Panel*untersuchungen hat den traditionellen Unterschied zwischen sozialer Umfrageforschung und Bevölkerungsstatistik aufgeweicht. Große Datensätze erlauben es, demographische und soziale Fragestellungen – etwa im Rahmen von *Mehrebenen-Analysen* – empirisch zu verknüpfen. Umgekehrt flossen die klassischen Methoden der statistischen Demographie vermehrt in die Soziologie ein. So werden in soziologischen Forschungsarbeiten vermehrt *Kohorteneffekte* (= Verhaltensunterschiede zwischen Personen aus unterschiedlichen Geburtsjahrgängen) empirisch analysiert. Auch ereignisanalytische Studien bzw. die Benützung stochastischer Modelle für diskrete Ereignisse in kontinuierlicher Zeit erfuhren in den letzten Jahrzehnten einen deutlichen Aufschwung, wodurch vermehrt soziologische Variablen in demographische Analysen (zum Beispiel von Geburtenentwicklung oder Überlebensordnungen) einbezogen werden.

Zweitens ergaben sich in konzeptueller und theoretischer Hinsicht deutliche Konvergenzen. Das wichtigste Beispiel ist die Entwicklung der *Lebensverlauf*forschung, die traditionelle soziologische Forschungsfragen (wie z. B. Mobilitätsforschung) mit sozio-demographischen Fragen (z. B. Familiengründung, *Migration*) verbindet. Damit werden klassische demographische Konzepte (Geburtsjahrgang bzw. Kohorte, generatives Verhalten, Migration, Sterblichkeit) mit sozialwissenschaftlichen Konzepten (Lebenslauf, Familienzyklus, kritische Übergänge und Statuspassagen) in Verbindung gesetzt. Eine verstärkte Verknüpfung von demographischen und sozialwissenschaftlichen Ansätzen ist auch im Bereich der historischen Familienforschung zu beobachten, wodurch die Beziehungen zwischen Geburtenentwicklung, Lebenserwartung und Familien- und Generationenstrukturen in verschiedenen Zeitepochen differenziert erfasst werden konnten. Auf gesellschaftstheoretischer Ebene haben Fragen zum Zusammenhang von *Sozialstruktur* und Reproduktion (Geburtenentwicklung, Generationenfolge) ebenfalls eine theoretische Weiterentwicklung erfahren, wodurch sich beispielsweise die Wechselwirkungen zwischen wohlfahrtsstaatlichen Strukturen und soziodemographischen Wandlungen gezielter untersuchen lassen.

Neuere bevölkerungssoziologische Ansätze und Themen

Die in den letzten Jahrzehnten feststellbaren markanten Veränderungen der Geburtenhäufigkeit, des Familiengründungsverhaltens wie auch der familialen Strukturen und Lebensformen waren Anlass zur Entwicklung einer Theorie einer **Zweiten demographischen Transition** in hochentwickelten Gesellschaften. Dabei wird davon ausgegangen, dass die neueren Entwicklungen des generativen Verhaltens in modernen Gesellschaften einen vollständig anderen Charakter aufweisen als der Wandel von hoher zu tiefer Fertilität in der Phase einer ersten demographischen Transformation. Die Theorie einer zweiten demographischen Transformation ist ein theoretischer Ansatz, der explizit von engen Zusammenhängen zwischen sozio-kulturellen Wertorientierungen, familialen Lebensentwürfen und sozio-demographischen Variablen, wie Form und Zeitpunkt der Familiengründung und Geburtenniveau, ausgeht (vgl. Surkyn, Lesthaeghe 2004). Im Bereich der Migrationssoziologie wird räumliche Mobilität vermehrt als zentrales Element sozialer Mobilität wahrgenommen, und Migrationsbewegungen wurden systematischer mit Lebensereignissen und Lebensverläufen in Verbindung gesetzt. Namentlich lebensverlaufsanalytische Ansätze bieten sich in besonderem Maße

an, weil Migration häufig mit einem Wechsel im biographischen und sozialen *Status* verbunden ist (Kley 2009, 50). Bezüglich Lebenserwartung bzw. Überlebensordnung steht die Feststellung im Zentrum, dass soziale Ungleichheiten – von Bildung, Einkommen und Status – zu ausgeprägten Ungleichheiten der Lebenserwartung beitragen. Dahinter verbergen sich auch soziale Ungleichheiten der gesunden Lebensjahre, des erfolgreichen Alterns und allgemein der Lebensqualität (vgl. Richter, Hurrelmann 2006). Entsprechend sind soziale Unterschiede der (gesunden) Lebenserwartung harte Indikatoren für die negativen Auswirkungen sozialer Chancenungleichheiten. Die erhöhte Lebenserwartung – auch im Alter – führen gleichzeitig dazu, dass Langlebigkeit und Hochaltrigkeit als gesellschaftliche Phänomene stark an Bedeutung gewinnen, mit bedeutsamen Auswirkungen auf Sozialpolitik, Generationenverhältnisse oder Pflegeaufwendungen.

Da immer mehr Länder mit einer doppelten demographischen Alterung (wenige Geburten, längere Lebenserwartung im Alter) konfrontiert werden, bilden die festgestellten oder vermuteten gesellschaftlichen Auswirkungen veränderter Alters- und Generationenstrukturen einen zentralen Themenschwerpunkt demographischer und bevölkerungssoziologischer Analysen und Diskurse (vgl. Schimany 2003). In einigen Regionen zeichnet sich sogar eine schrumpfende Bevölkerung ab (Kaufmann 2005). Bevölkerungssoziologisch zentral ist die Feststellung, dass sich demographische Alterungsprozesse oder Bevölkerungsrückgänge immer nur in Wechselwirkung mit gesellschaftlichen und sozialpolitischen Rahmenbedingungen auswirken (und dass eine Gleichsetzung von demographischer Alterung mit gesellschaftlicher Alterung keineswegs zulässig ist). Sowohl demographische Alterung wie Bevölkerungsschrumpfung erfordern vielfältige Anpassungen von Sozial-, Gesundheits- und Siedlungspolitik wie auch von Arbeits- und Konsummärkten (was etwa den Bedarf nach soziodemographischer und bevölkerungssoziologischer Politikberatung erhöht) (vgl. Jansen et al. 2005).

Literatur

Henßler, Patrick; Schmid, Josef; 2007: Bevölkerungswissenschaft im Werden. Die geistigen Grundlagen der deutschen Bevölkerungssoziologie, Wiesbaden. – Höpflinger, François; 2012. Bevölkerungssoziologie. Eine Einführung in bevölkerungssoziologische Ansätze und demographische Prozesse, Weinheim. – Jansen, Stephan A. et al. (Hg.), 2005: Demographie. Bewegungen einer Gesellschaft im Ruhestand – Multidisziplinäre Perspektiven zur Demographiefolgenforschung, Wiesbaden. – Kaufmann, Franz-Xaver, 2005: Schrumpfende Gesellschaft. Vom Bevölkerungsrückgang und seinen Folgen, Frankfurt a. M. – Kley, Stefanie, 2009: Migration im Lebensverlauf. Der Einfluss von Lebensbedingungen und Lebenslaufereignissen auf den Wohnortwechsel, Wiesbaden. – Mackenroth, Gerhard, 1953: Bevölkerungslehre. Theorie, Soziologie und Statistik der Bevölkerung, Berlin. – Niephaus, Yasemin, 2012: Bevölkerungssoziologie. Eine Einführung in Gegenstand, Theorien und Methoden, Wiesbaden. – Richter, Matthias; Hurrelmann, Klaus (Hg.), 2006: Gesundheitliche Ungleichheit. Grundlagen, Probleme, Perspektiven, Wiesbaden. – Schimany, Peter, 2003: Die Alterung der Gesellschaft. Ursachen und Folgen des demographischen Umbruchs, Frankfurt a. M. – Schmid, Josef, 1984: Bevölkerung und soziale Entwicklung: Der demographische Übergang als soziologische und politische Konzeption, Boppard am Rhein. – Surkyn, Johan, Lesthaeghe, Ron J., 2004: Wertorientierungen und ›second demographic transition‹ in Nord-, West- und Südeuropa: Eine aktuelle Bestandsaufnahme; in: Zeitschrift für Bevölkerungswissenschaft 29, 63–98.

François Höpflinger

Bewegung, soziale

Unter einer sozialen Bewegung (engl. social movement) versteht man ein soziales Subjekt, das aus einer relativ großen Anzahl von Menschen besteht, die unter einer zentralen, manchmal *charismatischen*, Führung, aber ohne sehr feste Organisation ein gemeinsames Anliegen gegenüber der Gesamtgesellschaft oder deren politischen Einrichtungen verfolgen. Meist will sie sozialen oder technischen *Wandel* herbeiführen, beschleunigen, umkehren oder verhindern und wirkt dann teilweise wie ein sozialer *Katalysator*.

Dieses Anliegen kann sein: wirtschaftliche Besserstellung und Schutz vor Willkür (z. B. Arbeiterbewegung), Gleichberechtigung (Frauenbewegung, US-Bürgerrechtsbewegung), Gewährung von Freiraum für selbstbestimmte Lebensführung (Jugendbewegung), Selbstbefreiung von fremder Unterdrückung (nationale Bewegungen), Schutz der Natur vor dem Menschen (Umweltbewegung), Protest gegen die Nichtbeachtung von Minderheiteninteressen in der offiziellen Politik (außerparlamentarische Opposi-

tion), Kampf gegen die Unterdrückung von Menschen durch den Staat (Menschenrechtsbewegung), Abwehr von befürchteten Nachteilen durch weltweite Entwicklungen (Antiglobalisierungsbewegungen) usw. Regelmäßig geht es um einen Missstand, der nach Ansicht der Bewegung von den vorhandenen und zuständigen gesellschaftlichen und politischen Organen gar nicht oder nicht angemessen beachtet wird. Insofern sind soziale Bewegungen i. d. R. ein Anzeichen für fehlenden sozialen oder politischen *Wandel* und damit ein *sozialer Indikator* für potenziellen *Konflikt*, mindestens aber für Mangel an *Legitimität* der zurzeit zuständigen Instanzen.

Wird dem Anliegen einer sozialen Bewegung nicht durch Anpassung der vorhandenen Institutionen Rechnung getragen, sind bei hinreichender Macht der sozialen Bewegung Unruhen, Bürgerkriege und gar *Revolutionen* nicht ausgeschlossen. Setzt sich die soziale Bewegung aber durch, wird sie zumeist in die bestehenden Strukturen eingebaut (z. B. Unterorganisation für Frauen oder Frauenquote in einer Partei), zur eigenständigen, formalen Organisation (Arbeiterbewegung als Gewerkschaft) oder von den bestehenden Einrichtungen aufgesogen (Umweltziele in die Programme aller Parteien integriert).

Wegen ihres im Vergleich zu formellen *Organisationen* recht konturlosen, aber facettenreichen Erscheinungsbildes, nur wenig deutlicher als *Massen* oder *Mengen*, haben die sozialen Bewegungen bisher noch nicht sehr viel allgemeintheoretische Aufmerksamkeit erhalten. Bisher wurden daher eher einige Einzelfragen eingehender behandelt, Führer-Gefolgschafts-Beziehungen, Rekrutierungswesen, Umschlag von Unterdrückung in Aufstand, Zustandekommen von Kollektivhandeln, Mobilisierungsstrategien der Führung usw.

Bürgerinitiativen unterscheiden sich von sozialen Bewegungen durch ihre lokale Begrenzung, geringe Mitgliederzahl, relativ enge Anliegen (Verlangen einer Umgehungsstraße, Verhinderung eines Gefängnisbaus) und relativ kurze Lebensdauer, so dass ihre Anliegen nicht auf sozialen Wandel deuten. Soziale Bewegungen werden wegen ihres Verlangens nach zumeist gesamtgesellschaftlichem Wandel an ihrem Anfang oft als illegitim angesehen, kriminalisiert und verfolgt, während Bürgerinitiativen fast regelmäßig erwartete und geduldete bis anerkannte Begleiterscheinungen z. B. eines jeden Bebauungsplans sind.

Literatur

Eder, Klaus, 2000: Kulturelle Identität zwischen Tradition und Utopie. Soziale Bewegungen als Ort gesellschaftlicher Lernprozesse, Frankfurt a. M./New York. – Kern, Thomas, 2008: Soziale Bewegungen, Wiesbaden. – Roth, Roland; Rucht, Dieter (Hg.), 2008: Die sozialen Bewegungen in Deutschland seit 1945, Frankfurt a. M./New York.

Günter Endruweit

Beziehungen, soziale

Soziale Beziehungen (engl. social relationships) bestehen zwischen Personen, die voneinander abhängig sind und die ihre Interaktion koordinieren. Soziale Beziehungen werden durch Regeln organisiert, die der Koordination der beteiligten Personen dienen; sie setzen soziale Fertigkeiten voraus, sie verbinden Individuen, die ihre Ziele verfolgen, und sie werden durch die gegebenen Umweltfaktoren gefördert oder eingeschränkt (Argyle/Henderson 1990). Beispiele, die die Spannweite von sozialen Beziehungen veranschaulichen, sind Geschäftsbeziehungen, *Freundschaft*en und *Paarbeziehung*en, die im zweiten Teil auch ausführlicher behandelt werden. Im ersten Teil wird mit dem Begriff der *Figuration* ein sozialwissenschaftliches Rahmenkonzept für soziale Beziehungen dargestellt, und im Anschluss daran wird die Norm der *Reziprozität* beschrieben, die eine der zentralen Regeln darstellt, durch die soziale Beziehungen koordiniert werden.

Figuration: Die Verbindung zwischen Individuum und Gruppe

Elias (1997, urspr. 1939) schreibt in der Einleitung seines berühmten Werkes »Über den Prozess der Zivilisation«: »Das Geflecht der Angewiesenheit von Menschen aufeinander, ihre *Interdependenz*en, sind das, was sie aneinander bindet.« Sie sind das Kernstück dessen, was hier als *Figuration* bezeichnet wird, als »Figuration aufeinander ausgerichteter, voneinander abhängiger Menschen« (S. 70). Er benennt diese Konfigurationen im Weiteren als Gruppen oder – auf einer höheren Ebene – als Gesellschaften. Mit dieser Begriffsbildung soll die Dichotomie zwischen Individuum und Gesellschaft überwunden werden. Die Gesellschaft wird entsprechend als »das von Individuen gebildete Interdependenzgeflecht« bezeichnet (S. 71).

Eine Analogie kann das Verständnis dessen, was eine Konfiguration ausmacht, erleichtern: Figurationen haben eine gewisse Ähnlichkeit mit Gesellschaftstänzen wie Tango oder Rock'n Roll (Elias 1997, 71). Zwar können unterschiedliche Individuen miteinander tanzen, aber die Abhängigkeit unter den Tänzern, die ihre Tanzschritte koordinieren, ist ein konstituierendes Merkmal des Tanzes. Figuration umfasst also interpersonelle Abhängigkeit und Koordination unter den Handlungen der beteiligten Personen. Während der Tanz eine überschaubare Anzahl von Menschen umfasst und meist auf einer dyadischen Beziehung beruht, kann die Figuration ganze Gesellschaften beschreiben, indem sie die Beziehung der kleineren Gesellschaftseinheiten untereinander darstellt.

An anderer Stelle verwendet Elias (2009, urspr. 1970) das Bild eines Gesellschaftsspiels, bei dem vier Personen zusammen Karten spielen. Die Spieler interagieren miteinander und bilden eine Figuration. Eine größere Figuration ergibt sich, wenn zwei Fußballmannschaften aufeinander treffen. An diesen Beispielen wird deutlich, dass Personen in Konfigurationen sowohl Verbündete als auch Gegner sein können (S. 142). Verbündete sind z. B. Lehrer und Schüler oder Arzt und Patient oder Mitglieder eines Stammtischs (zumindest wenn es gut läuft). Hingegen gilt es auch, Interessengegensätze zu berücksichtigen, wenn etwa die Bewohner einer Stadt in ihren *Interdependenz*en betrachtet werden. Die einen streben z. B. eine Reduzierung der Lärmbelästigung an, während andere den Ausbau des Regionalflughafens forcieren.

Der Begriff der Figuration thematisiert die Interdependenz der Individuen und die Koordination ihrer Handlungen auf unterschiedlichen Ebenen. Dem liegt die Idee zugrunde, dass es ein Grundbedürfnis nach Gesellung gibt (Bierhoff 2006). Menschen leiden unter Einsamkeit und streben danach, ihre Bedürfnisse in sozialen Beziehungen zu befriedigen. Elias spricht von Gefühlsbefriedigungen, die durch die Verbundenheit mit anderen Personen möglich werden. Die Nähe anderer, mit denen eine Beziehung aufgebaut wird, ermöglicht soziale Vergleiche und das Lernen von angemessenen Strategien. Dadurch wird die Unsicherheit reduziert und die Selbstsicherheit gesteigert.

Die Bedeutung der Interdependenz der Individuen, die Elias in den Mittelpunkt des Begriffs der Konfiguration rückt, wird in der sozialpsychologischen Interdependenztheorie genauer betrachtet (Bierhoff/Jonas 2011). Dabei geht es um die Frage, wie individuelle Bedürfnisse und gemeinsame Interessen ein Muster der Interdependenz erzeugen, in dem die beteiligten Personen mehr oder weniger gut ihre Ziele erreichen können bzw. sich koordinieren müssen, um die Zielerreichung zu optimieren.

Reziprozität als Basis der Kooperation

Die Bedeutung der *Reziprozität* nimmt in der Moderne zu (Elias 2009, 159). In modernen, durch IT bestimmten Gesellschaften reduziert sich tendenziell die Bedeutung von Machtunterschieden, während ein System, das auf Gegenseitigkeit aufgebaut ist, an Bedeutung gewinnt. Reziprozität setzt eine gewisse Verlässlichkeit der Partner in sozialen Beziehungen voraus. Wenn das *Vertrauen* einer Person durch reziproke Verlässlichkeit der anderen Person bestätigt wird, nimmt das Vertrauen in der Folge zu. Wenn andererseits auf Vertrauen mit Misstrauen geantwortet wird, sinkt das Vertrauen dramatisch. Vertrauen baut sich langsam auf, wird aber schnell reduziert, wenn es in Frage gestellt wird.

Soziale Beziehungen üben einen Druck im Hinblick auf Reziprozität aus (Blau 1964). Denn bei Einseitigkeit der Beziehung besteht eine Imbalance, die in Richtung Balance tendiert, wie sie bei der Ausgeglichenheit des Austauschs gegeben ist. Jede Machtdifferenz erzeugt eine Imbalance, die nach Möglichkeit vermieden und bei Fortbestehen durch Legitimität oder Loyalität gerechtfertigt wird. Die Bedeutung der Reziprozität ist nicht nur zwischen Familienmitgliedern, sondern auch zwischen gesellschaftlichen Gruppen und Institutionen festzustellen (Worsley 1970). Die zunehmende Spezialisierung von Gruppen und Institutionen führt zu einem intensiven Austausch von Leistungen, die in einem gewissen Sinne alle von allen abhängig macht. Im Zuge der Globalisierung hat sich die regionale Abhängigkeit in eine weltweite Abhängigkeit entwickelt.

Die Tit-for-Tat-Strategie wird häufig angewandt, um reziproke Beziehungen aufzubauen. Sie beinhaltet, dass die Vorgabe des ersten Akteurs durch eine kooperative Handlung gekennzeichnet ist. In den weiteren Handlungen findet eine Spiegelung der Wahlen der Interaktionspartner statt. Handelt der andere kooperativ, antwortet der Akteur mit *Kooperation*. Handelt der andere mit Wettbewerb, reagiert

auch der Akteur wettbewerbsorientiert. Durch die Verwendung der Norm der Reziprozität werden im Regelfall kooperative soziale Beziehungen aufgebaut. Die Bewältigung der Vertrauensfrage beruht auf der Reziprozität kooperativer Wahlen. Reziprozität ist die Voraussetzung für einen florierenden Austausch. Die Regel der Reziprozität stellt eine soziale *Norm* dar, die kulturübergreifende Gültigkeit besitzt.

Freundschaft/Feindschaft in Beziehungen

Freundschaft ist eine Sozialbeziehung, die zwischen zwei Personen in informeller Weise aufgebaut wird. Sie beruht wesentlich auf der Norm der *Reziprozität*. Man spricht dann von Freundschaft, wenn folgende Kriterien erfüllt sind: Freiwilligkeit, Stabilität über die Zeit, positiver Erlebnischarakter und sexuelle Neutralität (Auhagen 1993). In Freundschaften spielt die Kommunikation eine große Rolle. Freundschaften tragen dazu bei, dass die beteiligten Personen ihre Biographie rekonstruieren und ihre Selbst-Identität entwickeln. Bemerkenswert sind die geschlechtsspezifischen Besonderheiten. Für Frauen sind Freundschaften generell häufiger und wichtiger als für Männer (Giddens 1992).

Eine *Feindschaft* beruht auf Gegensätzlichkeit und Kontroverse, wie sie z. B. zwischen Binnengruppe und Außengruppe bestehen kann. Wenn die Gruppenbeziehung durch Feindschaft gekennzeichnet ist, kann sich ein permanenter Antagonismus bilden, bei der ethnozentrische *Einstellung*en vorherrschen (Campbell 1967). Feindseligkeit zwischen Gruppen ist nicht immer das Ergebnis der Gegenüberstellung von Binnengruppe und Außengruppe, sondern hängt auch von der Natur der Begegnung der Gruppen ab. *Konflikt*e sind dann zu erwarten, wenn die Interessen kollidieren. Bei einer potenziellen Inkompatibilität der Interessen und Ziele der Gruppen nimmt die Wahrscheinlichkeit zu, dass die Beziehung antagonistischer gestaltet wird (Fritsche/Kessler 2008). Diese zuletzt genannte Kennzeichnung lässt sich auch auf individuelle Feindschaften übertragen. Je mehr die Personen Interessenkonflikte haben oder sich mit Gruppen solidarisieren, die Interessenkonflikte aufweisen, desto eher kann eine Feindschaft zwischen ihnen entstehen.

Feindselige Konflikte entstehen häufig dadurch, dass das subjektive Empfinden von Unvereinbarkeit gegeben ist. Vielfach wird der Aspekt der subjektiven Einschätzung betont. Denn wie eine potenzielle Konfliktsituation kognitiv interpretiert wird, hat einen erheblichen Einfluss auf den Konfliktverlauf. Unter Entstehungsbedingungen von sozialen Konflikten sind Äußerungen von Absichten zu fassen, der Mangel an Vertrauen sowie die Erfahrung der relativen Deprivation. Mit Letzterer sind Enttäuschung und Empörung über die Benachteiligung verbunden, die die Wahrscheinlichkeit von Konflikten erhöhen (Baros 2004). Feindschaften werden auch durch ein Null-Summen-Denken gefördert, wie es der Wettbewerbseinstellung entspricht: Der irrationale Glaube daran, dass es nur Gewinner und Verlierer geben kann, trägt zur Konflikteskalation bei.

Eskalationsprozesse müssen nicht Stufe auf Stufe ablaufen, sondern entwickeln sich häufig nach dem Motto, zwei Schritte vor, ein Schritt zurück. Wichtig ist auch, dass die Konfliktparteien sich in ihrem Eskalationsverlauf unterscheiden, da eine Partei eine höhere Eskalationsstufe erreicht hat als die andere.

Konstruktive Konfliktbearbeitung beruht darauf, dass anstelle eines Null-Summen-Denkens das Prinzip der graduellen Verbesserung gestellt wird. Konfliktmanagement ist ergebnisorientiert und zielt auf tragfähige Win-win-Lösungen. Die Erreichung solcher Lösungen kann durch Mediation von dritter Seite erleichtert werden (Montada/Kals 2007).

Paarbeziehungen

In *Paarbeziehung*en bezeichnet *Liebe* eine kulturabhängige Vorstellung. Man kann vier Komponenten der westlichen Vorstellung von Liebe unterscheiden:
- Idealisierung des Partners
- Überraschender Beginn (»Liebe auf den ersten Blick«)
- Auftreten physiologischer Erregung (»Schmetterlinge im Bauch«)
- Projektion einer langfristigen Bindung verbunden mit Opferbereitschaft.

Liebe wird aufgrund empirischer Ergebnisse als emotionale Basiskategorie bezeichnet. Die Auswertung von philosophischen und literarischen Schriften des Abendlands führt zu der Identifikation der folgenden Bedeutungen der Liebe:
- Physische/emotionale Abhängigkeit vom Partner
- Wunsch danach, den Partner zu umsorgen
- *Vertrauen* in den Partner.

Nach Barnes und Sternberg (1997) kann man zwischen leidenschaftlicher und kameradschaftlicher Liebe unterscheiden. Unter die erstgenannte Form fallen die romantische, besitzergreifende und spielerische Liebe. Unter die letztgenannte Form lassen sich pragmatische, freundschaftliche und altruistische Liebe einordnen (vgl. Rohmann et al. 2012).

Empirische Studien von Bierhoff und Schmohr (2004) lassen erkennen, dass es eine allgemeine Entwicklungssequenz der Liebe gibt, wonach die besitzergreifende und die altruistische Liebe bei Jugendlichen im Alter zwischen 15 und 18 Jahren überwiegt, während junge Erwachsene romantische Liebe und freundschaftliche Liebe bevorzugen (zusätzlich zur altruistischen Liebe). Im weiteren Verlauf der Beziehung nimmt die Bedeutung von altruistischer, pragmatischer und freundschaftlicher Liebe zu, während die Bedeutung der spielerischen Liebe abnimmt. Romantische und besitzergreifende Liebe bleiben bis zum mittleren Erwachsenenalter relativ unverändert. Das deutet darauf hin, dass kameradschaftliche (z. B. freundschaftliche) und leidenschaftliche (z. B. romantische) Liebe parallel hoch ausgeprägt sein können und gleichermaßen zur Initiierung und Aufrechterhaltung einer Beziehung beitragen.

Geschäftsbeziehungen

Geschäftsbeziehungen finden typischerweise zwischen *Organisation*en statt. Ein Beispiel ist die Beziehung zwischen einer Organisation, die als Kunde auftritt, und einer, die als Lieferant zur Verfügung steht. Geschäftsbeziehungen zeichnen sich durch ein Commitment aus, das unterschiedlich stark ausgeprägt sein kann. Z. B. kann der Kunde ein enges Commitment an den Lieferanten entwickeln.

Für Geschäftsbeziehungen ist außerdem das *Vertrauen* zwischen den Partnern von großer Bedeutung (Shapiro et al. 1992). Grundsätzlich lassen sich drei Stufen des Vertrauens unterscheiden: Vertrauen als kalkuliertes Risiko (Vertrauen hängt von erwarteten Belohnungen und Kosten ab), Vertrauen aufgrund von Vorerfahrungen mit dem anderen (Vertrauen ist eine Funktion der Verhaltenskonsistenz des anderen) und Vertrauen, das auf gemeinsamen Projekten und einer früheren Transaktion beruht (Vertrauen durch Identifikation).

Literatur

Argyle, Michael; Henderson, Monika, 1990: Die Anatomie menschlicher Beziehungen, München. – Auhagen, Ann E., 1993: Freundschaft unter Erwachsenen; in: Dies.; Salisch, Maria von (Hg.): Zwischenmenschliche Beziehungen, Göttingen, 215–233. – Barnes, Michael L.; Sternberg, Robert, 1997: A hierarchical model of love and its prediction of satisfaction in close relationships; in: Sternberg, Robert; Hojjat, Mahzad (Hg.): Satisfaction in close relationships, New York, NY, 79–101. – Baros, Wassilios, 2004: Konfliktbegriff, Konfliktkomponenten und Konfliktstrategie; in: Sommer, Gert; Fuchs, Albert (Hg.): Krieg und Frieden, Weinheim, 208–221. – Bierhoff, Hans-Werner, 2006: Sozialpsychologie, Stuttgart. – Ders.; Jonas, Eva, 2011: Soziale Interaktion; in: Frey, Dieter; Bierhoff, Hans-Werner (Hg.): Sozialpsychologie. Interaktion und Gruppe, Göttingen, 131–159. – Ders.; Schmohr, Martina, 2004: Romantic and marital relationships; in: Lang, Frieder R.; Fingerman, Karen L. (Eds.): Growing together, Cambridge, NY, 103–129. – Blau, Peter M., 1964: Exchange and power in social life, New York, NY. – Campbell, Donald T., 1967: Stereotypes and the perception of group differences; in: American Psychologist 22, 817–829. – Elias, Norbert, 1997: Über den Prozess der Zivilisation (Bd. 1), Frankfurt a. M. – Ders., 2009: Was ist Soziologie?, Weinheim. – Fritsche, Immo; Kessler, Thomas, 2008: Die Theorie des realistischen Gruppenkonflikts; in Peterson, Lars E.; Six, Bernd (Hg.): Stereotype, Vorurteile und soziale Diskriminierung, Weinheim, 214–222. – Giddens, Anthony, 1992: The transformation of intimacy, Cambridge, UK. – Montada, Leo; Kals, Elisabeth, 2007: Mediation, Weinheim. – Rohmann, Elke et al., 2012: Grandiose and vulnerable narcissism. Self-construal, attachment, and love in romantic relationships; in: European Psychologist 17, 279–290. – Shapiro, Debra L. et al., 1992: Business on handshake; in: Negotion Journal 8, 365–377. – Worsley, Peter, 1970: Introducing sociology, Harmondsworth, UK.

Hans-Werner Bierhoff

Bias

Bias (engl. für »Verzerrung«) bezeichnet ein verzerrtes Abbild der Wirklichkeit, verursacht durch systematische oder zufällige Fehler.

In der *Empirie* spricht man von Verzerrungen, wenn *Forschung*sergebnisse (beispielsweise von Umfragen) nicht die tatsächlichen Meinungen, d.h. nicht den »wahren Wert« abbilden und somit (Teil-)Ergebnisse über- bzw. unterschätzt werden. Auftreten können diese Abweichungen in quantitativen und qualitativen Untersuchungen unter anderem bei der *Stichprobe*nauswahl (Selection-Bias), bei Selbstauskünften von Befragten (z.B. Non-Response-Bias oder infolge von *sozialer Erwünschtheit*), aber auch durch die Untersuchungsperspektive der Forschenden (z.B. Bestätigungs-Bias). In der *Statistik* beschreibt eine Verzerrung der Schätzfunktion (Estimation-Bias) die Differenz zwischen dem Schätzwert aus der Stichprobe und dem wahren Wert in der Population. Erwartungstreue Schätzfunktionen haben per Definition einen Bias von 0 (Unverzerrtheit).

Anders als zufällige Fehler können systematische Verzerrungen nicht durch (theoretisch unendlich) viele Messungen aufgehoben werden; allerdings können z.B. der Einsatz valider Messverfahren, eine Standardisierung der Erhebung oder Interviewerschulung Verzerrungen reduzieren.

Literatur

Diekmann, Andreas, 2009: Empirische Sozialforschung. Grundlagen, Methoden, Anwendungen, 20. Aufl., Reinbek. – Schnell, Rainer et al., 2011: Methoden der empirischen Sozialforschung, 9. Aufl., München.

Silke Kohrs

Bildungssoziologie

Die Bildungssoziologie (engl. sociology of education) beschäftigt sich – trotz der teilweise mit dem Begriff Bildung verbundenen essentialistischen Diskussionen – vor allem mit den inneren Strukturen und den Ergebnissen des Bildungssystems. Im Mittelpunkt der Forschung stehen dabei das Verhältnis von Bildung und *Arbeit*swelt, die Effizienz der Schule sowie unterschiedlicher *Bildungssysteme* und insbesondere das Problem der *sozialen Ungleichheit* und der Rolle der Bildung und der Bildungssysteme bei der Perpetuierung derartiger (Ungleichheits-) Strukturen sowie schließlich mögliche Änderungspotentiale. Hierbei werden immer die ökonomischen, kulturellen, politischen und sozialstrukturellen Bedingungen dieser Prozesse mitgedacht und untersucht (Kopp 2009; Becker 2009). Die Zahl, vor allem aber auch die Rezeption bildungssoziologischer Studien unterliegt dabei großen Schwankungen. Während in Westdeutschland im Anschluss an die Arbeiten von Dahrendorf (1965) bis in die Mitte der 1970er Jahre eine rege Diskussion zu finden ist,

ist danach eine relativ lange Latenzphase zu beobachten, die erst wieder durch die Studien von Shavit und Blossfeld (1993) sowie Müller und Haun (1994) beendet wird. Seit der Veröffentlichung der ersten PISA-Studie im Jahr 2000 ist die Bildungsforschung eines der am stärksten beachteten Felder innerhalb der Soziologie. Dies ist sicherlich auch dadurch begründet, dass mit dem Thema Bildung eine der genuinen Fragestellungen der Soziologie, die Beschäftigung mit den Gründen sozialer Ungleichheit (Berger 2005) wieder stärker in den Mittelpunkt des Interesses rückt. Die wohl zunehmende Bedeutung von Bildung für die soziale Platzierung und die vielfältig zu findenden unterschiedlichen Chancen im Bildungssystem vor allem im Bezug zur *sozialen Herkunft* machen das zunehmende Interesse an bildungssoziologischen Fragestellungen verständlich. Darüber hinaus darf nicht vergessen werden, dass gerade in Anbetracht des *demographischen Wandels* die Funktion von Bildung im ökonomischen Prozess insbesondere in modernen *Industriegesellschaften* wohl immer wichtiger wird.

Historische Entwicklung und die Anfänge der Bildungsforschung in der Bundesrepublik

Ein erster Blick richtet sich auf die *institution*elle Ausgestaltung des Bildungsbereiches und damit meist auf die historische Entwicklung und die aktuelle Situation des Bildungssystems. Bedingt durch ihre föderale Struktur weist die Bundesrepublik eine nur schwer nachvollziehbare Vielfalt der einzelnen Bildungsinstitutionen auf (vgl. für den Versuch eines Überblickes Cortina et al. 2008). Von besonderem Interesse ist dabei, dass die wesentlichen Züge des aktuellen Bildungssystems – die nahezu überall zu findende deutliche horizontale Gliederung des Bildungssystems mit einer frühen Entscheidung für einen bestimmten Bildungsgang sowie meist relativ geringen Übergangschancen, die Trennung zwischen einer grundständigen Ausbildung und einer Schulbildung als Vorbereitung für ein akademisches Studium, die territoriale Unterschiedlichkeit des Bildungssystems, aber auch die klare Trennung in der Ausbildung der Lehrkräfte für die einzelnen Bildungsgänge – ihre Wurzeln weit im 19. Jh. haben und trotz aller politischen Krisen und Umbrüche des 20. Jh.s eine erstaunlich hohe Persistenz bis in die heutige Zeit aufweisen (Herrlitz et al. 1998).

Soziologische Aufmerksamkeit kommt Bildung jedoch nicht nur durch ihre Institutionen zu, sondern vor allem durch ihre gesellschaftlichen Funktionen. Ausgehend von der Idee einer geordneten und systematischen gesellschaftlichen *Entwicklung* galt Bildung etwa bei Talcott Parsons als Universalie im Rahmen des gesellschaftlichen Entwicklungsprozesses und als charakteristisches *Differenzierung*smerkmal moderner, ausdifferenzierter Gesellschaften. Wenn man von einigen eher kultursoziologischen Studien im Anschluss an die Katastrophe des Zweiten Weltkrieges absieht, die sich mit der Entstehung der Barbarei in einer selbst so definierten Bildungsnation befassten und den daraus zu ziehenden Konsequenzen beschäftigten (Adorno 1969), waren jedoch die empirischen Diagnosen von Georg Picht, Hansgert Peisert und – sicherlich am bekanntesten – Ralf Dahrendorf zur (ungleichen) Bildungsbeteiligung in der Bundesrepublik der 1950er und 1960er Jahre bahnbrechend für eine empirisch orientierte Bildungsforschung. Diese führte u. a. zur Gründung eines Max-Planck-Instituts. Während die ersten Arbeiten noch vor allem auf die starken regionalen Unterschiede und die vermuteten Bildungsreserven hinwiesen (hierbei ging es unter anderem um das wirtschaftliche Entwicklungspotential), rückten mit den Studien von Peisert und Dahrendorf die »soziale Lage und die Bildungschancen in Deutschland« in den Mittelpunkt. Bei diesen Analysen lässt sich Bildungs*ungleichheit* in vier Dimensionen zeigen: neben den schon erwähnten regionalen Mustern, die vor allem auch eine Stadt-Land-Differenzierung abbilden, zeigen sich konfessionelle Unterschiede, ungleiche geschlechtsspezifische Bildungschancen sowie schließlich eben auch dramatische Unterschiede hinsichtlich der sozialen Herkunft. Zusammenfassend wurde hierbei von der Problematik des ›katholischen Arbeitermädchens auf dem Lande‹ gesprochen.

Diese auch große öffentliche Aufmerksamkeit erzeugende Untersuchungen waren der Beginn einer weitreichenden Diskussion über die sogenannte Bildungskatastrophe, die die Veränderung und hierbei vor allem den historisch unvergleichbaren Ausbau des Bildungssystems, der bereits seit den späten 1950er Jahren in der alten Bundesrepublik zu beobachten war, begleitete, wenn auch nicht verursachte. Die unterschiedliche Bildungsbeteiligung wurde dabei als Gefahr für die Gestaltung einer offenen und modernen Gesellschaft, als ökonomisches Entwicklungsrisiko aufgrund fehlenden Fachpersonals mit qualifizierten Kenntnissen und schließlich als *soziales Problem* wahrgenommen, da hierdurch *soziale Mobilität* und das Prinzip der *Meritokratie* beeinträchtigt werden. Obwohl sicherlich die ökonomischen Argumente die größte Rolle beim Ausbau des Bildungssystems spielten, kam auch der soziologischen Argumentation bei der *Akzeptanz* dieser Maßnahmen eine Bedeutung zu. Theoretisch kann Bildung dabei als Investition in *Humankapital* angesehen werden, das wiederum in verschiedenen Bereichen produktiv eingesetzt beziehungsweise in andere *Kapitali*en im Bourdieuschen Sinne umgewandelt werden kann. Variierende Bildungsbeteiligungen sind dann als unterschiedliche Investitionsstrategien zu verstehen. Alternativ lassen sich diese Unterschiede jedoch auch auf *soziale Schließungs*mechanismen und als Ergebnis *sozialer Konflikte* interpretieren. Der Zugang zu Bildungsabschlüssen wird erschwert und beispielsweise von der Verwendung bestimmter Sprachcodes abhängig gemacht. Wenn Bildungszertifikate allein nicht mehr den Zugang zu angestrebten sozialen *Position*en eröffnen, werden nichtfunktionale und sogenannte feine Unterschiede im Sinne Bourdieus als *Distinktion*smechanismus eingesetzt.

Die Bildungssoziologie der 1970er und 1980er Jahre hatte einen Schwerpunkt bei der Erforschung der schulinternen Mechanismen, die diese Bildungsungleichheiten in der Schule reproduzieren. Hierbei wurde auf unterschiedliche *Sozialisation*serfahrungen, Erwartungen und Denk- sowie Verhaltensweisen, aber eben – wie gerade erwähnt – auch auf die schichtspezifische Verwendung bestimmter *Sprachcodes* (restringierter versus elaborierter Sprachcode) und deren unterschiedliche Einsetzbarkeit in Bildungsinstitutionen verwiesen. Begleitet wurde diese Diskussion durch einen enormen Ausbau des Bildungssystems und eine historisch einzigartige *Bildungsexpansion*. Als Ergebnis dieser Prozesse lässt sich ein deutlicher Rückgang der regionalen Unterschiede und damit einhergehend der Konfessionsunterschiede feststellen. Während bis in die 1970er Jahre noch deutlich schlechtere Bildungsergebnisse von Mädchen zu beobachten waren, hat in diesem Bereich eine Umkehr der Verhältnisse stattgefunden: der Frauenanteil in weiterführenden Schulen, aber auch an den Universitäten liegt über 50 Prozent, wobei sich jedoch immer noch deutlich unterschiedliche Schwerpunktsetzungen etwa bei der universitären Ausbildung finden.

Während die aktuellen Befunde auch für das wiedervereinigte Deutschland Gültigkeit beanspruchen, muss die historische **Entwicklung für die DDR** gesondert betrachtet werden (vgl. Kopp 2009). Hier wurde nach 1945 ein einheitliches und eben nicht föderal zersplittertes Schulsystem aufgebaut, dessen Kern zuerst eine verbindliche achtjährige Grundschule war, die – und das war nicht selbstverständlich – koedukativ unterrichtete. Anschließend stellte eine vierjährige Oberschule einen, aber nicht den einzigen Weg zur Hochschulreife dar. Unterstützt wurde dieses zentralisierte Schulbildungssystem durch die konsequente und nahezu flächendeckende Einrichtung von Institutionen der Vorschulerziehung wie Kinderkrippen und -gärten, die selbstverständlich als Ganztageseinrichtungen konzipiert waren. Aussagen zur sozialen Selektivität des Schulsystems in der DDR sind aufgrund der stark eingeschränkten Datenlage nur schwer möglich. Versuche der positiven *Diskriminierung* von Kindern aus der Arbeiterklasse in den frühen Jahren der DDR beinhalteten eine gezielte Benachteiligung von Kindern bürgerlicher Schichten und religiös gebundener Bevölkerungsteile. Zu bedenken ist jedoch auch, dass der Zugang zu höherer Bildung im Rahmen der Planwirtschaft auch quantitativ gesteuert und vor allem stark eingeschränkt wurde und dass später Bildungsprivilegien der sog. sozialistischen Intelligenz zunahmen und man deshalb durchaus von einer sozialen Schließung des Bildungssystems sprechen kann. Mit dieser anfänglichen sozialen Öffnung des Bildungssystems und der daran anschließenden Zunahme *sozialer Ungleichheit*en spiegelt sich in der DDR ein Muster wider, das auch in anderen sozialistischen Staaten zu beobachten war (Shavit/Blossfeld 1993).

Bildung und soziale Herkunft

Während sich hinsichtlich der regionalen, konfessionellen und geschlechtsspezifischen Unterschiede also eine rasche Angleichung der Bildungserfolge beobachten lässt, sind die Befunde hinsichtlich der sozialen Selektivität der Bildung wesentlich unklarer und uneinheitlicher. Zwar hat die Bildungsbeteiligung in den unteren sozialen Schichten zugenommen, es ist jedoch offen, ob sich die Ungleichheitsrelationen auch verändert haben oder ob nicht vielleicht die Bildungsbeteiligung der oberen Schichten noch stärker gestiegen ist. Genau mit diesen Fragen beschäftigen sich verschiedene Studien aus den 1990er Jahren, wobei die Entwicklungen sowohl in der Bundesrepublik wie auch im internationalen Vergleich beobachtet wurden (Shavit/Blossfeld 1993; Müller/Haun 1994). Generell lässt sich als ein Ergebnis dieser Untersuchungen festhalten, dass trotz der nahezu in allen Ländern und auch in allen sozialen Schichten feststellbaren gestiegenen Bildungspartizipation und einigen Egalisierungsentwicklungen immer noch – teilweise sogar dramatische – Ungleichheiten zu konstatieren sind. Darüber hinaus gibt es Befunde, die eine Verschiebung der Trennungslinie vom Übergang Hauptschule versus Realschule und Gymnasium hin zum Übergang Hauptschule beziehungsweise Realschule versus Gymnasium – also einen *Fahrstuhleffekt* sozialer Ungleichheit – vermuten lassen.

Die aktuelle bildungssoziologische Diskussion ist durch Spekulationen über den Einfluss der konkreten Organisation des Schulsystems geprägt. Schon in den 1970er Jahren wurde versucht, mit Hilfe der Einführung der Gesamtschulen der sozialen Selektivität von Bildung entgegenzusteuern. Hierzu wurden konkrete Bildungsreformen durchgeführt, die unter anderem die Einführung von integrierten Gesamtschulen als Regelschule umfassten. Der politische Widerstand gegenüber diesen Maßnahmen war allerdings so groß, dass diese Versuche wieder zurückgenommen werden mussten, bevor die begleitenden sozialwissenschaftlichen Evaluationen beendet und ihre relativ klaren und vor allem positiven Ergebnisse veröffentlicht werden konnten. Dabei sind diese Ergebnisse mit neueren Leistungstests nicht vergleichbar, da im heutigen Bildungssystem Gesamtschulen eine Option unter vielen, aber eben keine Regelschule darstellen und somit Prozesse der Selbstselektion zu beobachten sind (Fend 1982).

Bildungsleistungen im internationalen Vergleich

Die sicherlich in den letzten Jahren am häufigsten diskutierte bildungssoziologische Untersuchung stellt die sogenannte **PISA-Studie** dar, deren Ziel es war, vergleichende Daten über die Ressourcenausstattung, individuelle Nutzung sowie Funktions- und Leistungsfähigkeit ihrer Bildungssysteme zur Verfügung zu stellen. Ausgangspunkt war der Versuch, die Vermittlung bestimmter Basiskompetenzen in einzelnen Wissensbereichen zu überprüfen. Im Einzelnen stehen die Lesekompetenz, eine

mathematische und eine naturwissenschaftliche Grundbildung 15-jähriger Jugendlicher im Mittelpunkt von PISA. Die öffentliche Diskussion fokussierte sich eher auf die Rangordnung der einzelnen Länder, Ursachen für die unterschiedlichen Platzierungen lassen sich aus den Daten aber nur schwer ableiten. Bildungssoziologisch relevanter ist aber die dabei zu Tage tretende große Streuung der Leistungen innerhalb der Bundesrepublik. Wenn man die Verteilung der Schüler und Schülerinnen auf fünf Kompetenzstufen betrachtet und davon ausgeht, dass vor allem Schüler, die bereits mit den Aufgaben der ersten Stufe Probleme aufweisen, eine besondere Risikogruppe darstellen, so zeigt sich rasch, dass in der Bundesrepublik besonders Kinder mit einem *Migration*shintergrund in diese Risikogruppe fallen. Es zeigt sich zudem, dass diese Schüler sich konzentriert in Hauptschulen wiederfinden – und dort auch verbleiben. Darüber hinaus lassen sich auch mit den Daten von PISA einige bekannte Tatsachen über die soziale Ungleichheit von Bildungschancen replizieren. So interessant diese Befunde auch sind, wirklich überraschen konnten sie aufgrund der zuvor skizzierten Forschungsergebnisse nicht mehr. Die Befunde erneuern bekannte Ergebnisse und Probleme.

Bildung und ethnische Herkunft

Gerade auch in den PISA-Untersuchungen wird immer wieder auf die dramatische Ungleichheit hinsichtlich einer ethnischen Dimension hingewiesen. Auch in diesem Bereich kann man auf einige bahnbrechende Studien in den Vereinigten Staaten hinweisen wie beispielsweise die Untersuchung »Equality of Educational Opportunity«, in der unter der Leitung von James S. Coleman die Ursachen für die dramatischen Unterschiede im Bildungsniveau zwischen farbigen und weißen Schülern im Auftrag des amerikanischen Präsidenten geklärt werden sollen (vgl. Kopp 2009 für eine ausführliche Darstellung). Trotz aller im Nachhinein diskutierbaren methodischen Probleme wurde als wichtigste Ursache die fehlende ethnische Heterogenität der Schulen ausgemacht und durch konkrete sozialpolitische Maßnahmen – das sogenannte busing – in Angriff genommen. Auch in der Bundesrepublik finden sich in der Zwischenzeit erste Ergebnisse, die die Zusammensetzung beziehungsweise die hohe Segregation der Schulklassen als wichtigen Faktor des Bildungserfolges diagnostizieren. Weiterhin wird auf die Bedeutung eines frühzeitigen Spracherwerbs hingewiesen. Gerade in diesen Bereinen besitzt die Bildungsforschung evaluativen Charakter für die verschiedensten schulpolitischen Maßnahmen (vgl. als weiteres Beispiel die Studie von Bowen und Bok (1998) über die Folgen der affirmative action bei der Zulassung zu Colleges und Universitäten in den Vereinigten Staaten).

Aktuelle Entwicklungen der Bildungsforschung

Die Schwierigkeiten der empirischen Bildungsforschung in der Bundesrepublik und die zunehmende Bedeutung von Bildung im Lebensverlauf haben zur Initiierung des Deutschen Bildungspanels (NEPS: National Educational Panel Study) geführt. In dieser Studie werden seit 2009 Längsschnittdaten zu Kompetenzentwicklungen, Bildungsprozessen, Bildungsentscheidungen und Bildungsrenditen in formalen, nicht-formalen und informellen Kontexten über die gesamte Lebensspanne erhoben. Zusammen mit einer zunehmend theoretisch beleuchteten Analyse der Bildungsentscheidungen der verschiedenen Akteure auf den unterschiedlichen Ebenen des Bildungssystems (vgl. etwa Breen/Goldthorpe 1997) erscheinen hierdurch die bildungssoziologischen Fragen dauerhaft gut beantwortbar.

Literatur

Adorno, Theodor W., 1969: Stichworte, Frankfurt a. M. – Becker, Rolf (Hg.), 2009: Lehrbuch der Bildungssoziologie, Wiesbaden. – Berger, Johannes, 2005: »Über den Ursprung der Ungleichheit unter den Menschen«. Zur Vergangenheit und Gegenwart einer soziologischen Schlüsselfrage; in: Zeitschrift für Soziologie 33, 354–374. – Bowen, William G.; Bok, Derek, 1998: The Shape of the River. Long-Term Consequences of Considering Race in College and University Admissions, Princeton. – Breen, Richard; Goldthorpe, John H., 1997: Explaining Educational Differentials. Towards a Formal Rational Choice Theory; in: Rationality and Society 9, 275–305. – Cortina, Kai S. et al. (Hg.), 2008: Das Bildungswesen in der Bundesrepublik Deutschland. Strukturen und Entwicklungen im Überblick, Reinbek. – Fend, Helmut, 1982: Gesamtschule im Vergleich. Bilanz der Ergebnisse des Gesamtschulversuchs, Weinheim/Basel. – Herrlitz, Hans-Georg et al., 1998: Deutsche Schulgeschichte von 1800 bis zur Gegenwart. Eine Einführung. 2. Aufl., Weinheim/München. – Kopp, Johannes, 2009: Bildungssoziologie, Wiesbaden. – Müller, Walter; Haun, Dietmar, 1994: Bildungsungleichheit im sozialen Wandel; in: Kölner Zeitschrift für Soziologie und Sozialpsychologie 46, 1–42. – Shavit, Yossi; Blossfeld, Hans-Peter (Hg.), 1993: Persisting Inequality: Changing Educational Stratification in Thirteen Countries, Boulder.

Johannes Kopp

Biographieforschung

Biographieforschung (engl. biographical research) ist eine insbesondere in der Soziologie (Rosenthal 2005; Völter u. a. 2005), aber auch in den Erziehungswissenschaften (Krüger, Marotzki 1999) national und international etablierte Teildisziplin mit einer eigenen genuinen Theoriegrundlage und Methodologie, die in der Bundesrepublik in erster Linie auf dem *Sozialkonstruktivismus* in der Tradition von Peter L. Berger und Thomas Luckmann und *interpretativen Methoden* gründet. Zentrales Anliegen der soziologischen BF ist es, der gegenseitigen Konstitution von Individuen und Gesellschaften gerecht zu werden. Lebensgeschichtliche und kollektivgeschichtliche Prozesse werden in ihren »Wechselwirkungen« und unhintergehbaren Verflechtungen empirisch untersucht. Biographie wird also nicht als etwas rein Individuelles oder Subjektives, sondern als ein soziales Konstrukt verstanden, das auf kollektive Regeln, Diskurse und gesellschaftliche Rahmenbedingungen verweist und sowohl in seiner Entwicklung als auch im deutenden Rückblick der AutobiographInnen immer beides zugleich ist: ein individuelles und ein soziales Produkt. Mit einem biographietheoretischen Ansatz sind neben dem von den Biographien und Handlungsgeschichten von Individuen ausgehenden Versuch, diesen »Wechselwirkungen« gerecht zu werden, noch zwei weitere Prämissen verbunden. Zum einen ist es die Forderung danach, Bedeutungen von Erfahrungen nicht isoliert, sondern im Gesamtzusammenhang der Lebensgeschichte zu interpretieren, und zum anderen der Anspruch einer *Prozess*analyse, die den historischen Verlauf der Entstehung, Aufrechterhaltung und Veränderung von sozialen Phänomenen im Kontext von Lebensverläufen rekonstruiert.

Datenmaterial

Neben meist in biographisch-*narrativen Interviews* erzählten bzw. präsentierten Lebensgeschichten sind auch niedergeschriebene und veröffentlichte Autobiographien, biographische Thematisierungen in Alltags- oder Organisationskontexten, (familien-) biographische Dokumente (Fotoalben, Tagebücher oder Briefe etc.) und personenbezogene Akten (Lebensläufe in Gerichtsverfahren, Personalakten in Parteien, Anamneseakten etc.) und die Kombination dieser Materialien die Datengrundlage für die Rekonstruktion sozialen *Handeln*s (sowie Erlebens) und sozialer *Milieus* in ihrer Entstehungsgeschichte.

Ziele

Das Anliegen biographischer Forschung kann in unterschiedliche Ziele differenziert werden. Zum einen geht es um die Analyse des gelebten Lebens bzw. spezifischer Lebensbereiche oder -phasen von bestimmten Personengruppen oder gesellschaftlichen Gruppierungen in bestimmten historischen Zeiträumen (z. B. die klassische Untersuchung von Thomas und Znaniecki zu polnischen Migranten in den USA oder Studien zu bestimmten Jugendszenen). Zum anderen geht es um die Rekonstruktion bestimmter sozialer Settings aus der Perspektive der Handelnden in spezifischen historischen Epochen und soziokulturellen Kontexten (z. B. eine Milieustudie über einen sozialen Brennpunkt in einer Großstadt). Ein weiteres Ziel ist die Analyse biographischer Selbst- und Fremdthematisierungen in sozialen Interaktionen (z. B. biographische Thematisierungen von Klient/innen auf Ämtern). Für die gegenwärtige soziologische Biographieforschung sind weitere wichtige Anliegen die Analyse der biographischen Konstruktionen und der biographischen Selbstpräsentation in der Gegenwart (z. B.: Was sind die Regeln biographischer Selbstthematisierungen von Überlebenden kollektiver Gewalt aus Bosnien oder von ehemaligen Psychiatriepatienten?) und, damit verbunden, die Rekonstruktion der Genese und Transformationen dieser Konstruktionen. Dabei wird auch der Frage nachgegangen, inwiefern biographische Thematisierungen in der Vergangenheit in bestimmten Settings (wie z. B. ein Asylverfahren oder auch Gespräche in der Psychiatrie) einen nachhaltigen Einfluss auf die Konstruktionen in der Gegenwart in anderen sozialen Kontexten und Situationen haben. Des Weiteren zielt biographische Forschung auf Konzeptionen für eine biographische Diagnostik sowie biographische Gesprächsführung in diversen Praxisfeldern ab.

Biographisch-narrative Interviews und Biographische Fallrekonstruktionen

Fritz Schütze (1983) entwickelte in den 1970er Jahren die Technik des narrativen Interviews sowie eine Methode der textanalytischen Auswertung erzählter *Lebensgeschichte*n. Die Methoden der narrativen Gesprächsführung wurden seither, insbesondere was die Nachfragetechniken betrifft, weiterentwickelt und in unterschiedlichen Forschungs- sowie Beratungskontexten erprobt (Rosenthal 1995, 186–207). Im Interview werden die Befragten zunächst zur ausführlichen Erzählung ihrer Familien- und Lebensgeschichte oder bestimmter Phasen und Bereiche ihres Lebens aufgefordert, und erst in der zweiten Phase des Gesprächs werden erzählgenerierende Nachfragen gestellt. Neben der von Schütze vorgestellten Text- und Erzählanalyse, bei der die Unterscheidung von Textsorten (Erzählung, Argumentation und Beschreibung) und die Analyse der Funktionen ihrer Verwendung eine wesentliche Rolle spielen, gibt es mittlerweile mehrere Modifikationen und Versuche der Verbindung mit anderen interpretativen Verfahren, insbesondere mit der *Objektiven Hermeneutik* von Ulrich Oevermann, wie sie z. B. von Bruno Hildenbrand, Monika Wohlrab-Sahr oder der Autorin vorgestellt wurden. Gemeinsam ist diesen Verfahren ihr **rekonstruktives** und **sequenzielles** Vorgehen. In der von der Autorin vorgestellten Methode biographischer Fallrekonstruktionen (Rosenthal 2005, 137–160, 173–198) ist es entscheidend, zwischen erzählter und erlebter Lebensgeschichte zu differenzieren und den beständigen Wandel von Bedeutungen im Lebensverlauf zu berücksichtigen. Um dies zu ermöglichen, ist es erforderlich, in getrennten Analyseschritten den biographischen Bedeutungen von Erlebnissen in der Vergangenheit und den Bedeutungen von Erinnerung und Präsentation in der Gegenwart nachzugehen. Einerseits wird versucht, die Chronologie der biographischen Erfahrungen im Lebensverlauf und deren Bedeutungen für den Biographen zu rekonstruieren. Andererseits wird die zeitliche Struktur der Lebenserzählung analysiert, d. h. der Frage nachgegangen, in welcher Reihenfolge, in welcher Ausführlichkeit und in welcher Textsorte die Biograph/innen ihre Erfahrungen im Kontext der Textproduktion (in einem Interview oder auch in einem anderen Rahmen, wie z. B. einem Familiengespräch oder einer niedergeschriebenen Biographie) präsentieren.

Bei diesem Analyseschritt, der sich auf die aktuelle Präsentation der Lebensgeschichte konzentriert, wird vor allem der Interaktionsverlauf zwischen Befragten und Zuhörern rekonstruiert.

Literatur

Fuchs-Heinritz, Werner, 2000: Biographische Forschung, Opladen. – Krüger, Heinz Hermann; Marotzki, Winfried (Hg.) (1999): Handbuch Biographieforschung, Opladen. – Rosenthal, Gabriele, 1995: Erlebte und erzählte Lebensgeschichte, Frankfurt a. M. – Dies., 2005: Interpretative Sozialforschung, Weinheim/München, Kap. 5.4. Narratives Interview und narrative Gesprächsführung, 137–160; Kap. 6. Biographieforschung und Fallrekonstruktionen, 161–198. – Schütze, Fritz, 1983: Biographieforschung und narratives Interview; in: Neue Praxis 3, 283–293. – Völter, Bettina et al. (Hg.), 2005: Biographieforschung im Diskurs, Wiesbaden.

Gabriele Rosenthal

Boykott

Boykott (engl. boycott) oder »Verrufserklärung« (bzw. Ächtung) bezeichnet primär ein wirtschaftliches und soziales *Sanktion*smittel (benannt nach dem gleichnamigen irischen Gutsverwalter, der 1879/80 wegen seiner sozialen Härte allgemein geächtet wurde). Während der Früh- und Hochindustrialisierung diente er als Ersatz oder Ergänzung zu Streik und Aussperrung. So suchten Arbeiter, (zusätzlichen) Druck auf Unternehmer auszuüben durch organisierte Entziehung von Kaufbereitschaft (Warenboykott), z. T. auch durch Unterbindung des gesamten wirtschaftlichen Verkehrs; eine Steigerungsform stellen Blockaden dar, die dies auf direktem Weg, mit physischen Mitteln zu erreichen suchen. Unternehmer bedienten sich »schwarzer Listen«, um die Einstellung unliebsamer Arbeitnehmer (z. B. Agitatoren, Streikführer, Gewerkschaftskader) zu verhindern. Mit dem Ausbau der Gewerkschaften und der Institutionalisierung der Tarifautonomie verlor der Boykott als Mittel des industriellen *Konflikt*s an Bedeutung.

Als politisches Druckmittel ist er weiterhin gebräuchlich (Boykott jüdischer Geschäfte durch die Nationalsozialisten 1933; Boykott südafrikanischer Produkte als Protest gegen die Apartheidpolitik). In neuerer Zeit kam es auch aus ökologischen Motiven zu organisierten Warenboykotts (z. B. gegen den Import von Robbenfellen oder Schildkrötenprodukten). Anwendung findet der Boykott als Störung und Unterbindung des wirtschaftlichen Verkehrs auch in den internationalen Beziehungen: Regierungen benutzen ihn als politisches Mittel gegen feindliche Staaten oder Staatengruppen.

Literatur

Binkert, Gerhard, 1981: Gewerkschaftliche Boykottmaßnahmen im System des Arbeitskampfrechts, Berlin. – Maschke, Richard, 1911: Boykott, Sperre und Aussperrung, Jena. – Schwittau, Georg., 1912: Die Formen des wirtschaftlichen Kampfes, Berlin.

Walther Müller-Jentsch

Bürgertum

Das Bürgertum (engl. *bourgeoisie*) bezeichnete in den europäischen Ständeordnungen den Dritten *Stand*. Der Begriff des Bürgers hingegen findet sich bereits in der Antike und verweist auf jene, die im Besitz der Bürgerrechte im Staat sind. Im Frühmittelalter kennzeichnete der Begriff jene, die sich um eine Burg ansiedelten, schließlich im Hochmittelalter die freien Bewohner der Städte, die sich zu einem Schwurverband zusammenschlossen und sich eine von der feudalen Grundherrschaft unabhängige kommunale Verwaltung erkämpft hatten. An der Spitze der Stadtgemeinde stand das Ratspatriziat aus Großkaufleuten und Adeligen, darunter das zünftische Handwerk, während die zunftlosen Gewerbe und das »kleine Volk« oft kein Bürgerrecht besaßen.

Die politische Macht des Bürgertums war im Gegensatz zu seiner wirtschaftlichen Stärke in den absolutistischen Staaten der Neuzeit gering. Es stellte zwar in der herrschaftsständischen Privilegienordnung den Dritten Stand neben Adel und Klerus dar, aber jene dominierten politisch und kulturell. Das Bürgertum orientierte sich am adeligen *Lebensstil* und strebte nach Adelstiteln. Erst allmählich entwickelte es eigene Lebensweisen und Wertvorstellungen, ein Bewusstsein von »Bürgerlichkeit«, das nach allgemeiner Anerkennung strebte, so dass man im 18. Jh. von der Entstehung einer *Zivilgesellschaft* bzw. **bürgerlichen Gesellschaft** sprach, die eine außerpolitische Sphäre des Privaten zwischen Familie und Staat war. In ihr stellten Besitz, Bildung und individuelle Leistung die wesentlichen Werte dar, die überständische Kriterien des sozialen Aufstiegs darstellten.

Die Französische *Revolution* war eine bürgerliche Revolution, die sich aber aller Schichten bediente und zeitweise eine standeslose Bürgergesellschaft der »citoyens« ins Leben gerufen hatte (Labrousse). Obwohl die ständisch-aristokratische Herrschaftsstruktur das 19. Jh. überdauerte, bestimmten Ideen, Wertvorstellungen und Lebensstile des Bürgertums zunehmend die moderne *Kultur* und Bildung, ihre Ausrichtung auf Fortschritt und Wissenschaft. Es spaltete sich jedoch in das wohlhabende Besitzbürgertum und das oft von Armut bedrohte Bildungsbürgertum. Die Wirtschaftsbürger bezeichnete Karl Marx als Bourgeoisie und sah sie als die herrschende Klasse des *Kapitalismus*. Ihre Weltanschauung orientierte sich an Liberalismus und Individualismus, die auch die Kultur des Kapitalismus prägte (Sombart).

Der Begriff des Bürgertums kann, wie Weber meinte, daher in politischem, in ständischem oder in ökonomischem Sinn verstanden werden. Noch heute wird der Begriff »bürgerlich« mitunter zur Bezeichnung ideologischer Anschauungen und ökonomischer Lage eingesetzt.

In der Gegenwart macht sich jedoch auch eine Rückkehr zu einem mehr soziokulturellen Verständnis des Bürgerlichen bemerkbar. Die Existenz eines Bürgertums und sein Verhältnis zum »Mittelstand« sowie die Entstehung einer »neuen Bürgerlichkeit« werden in der Gegenwart diskutiert (Hettling/Ulrich; Budde et al.). Damit verbunden ist die Frage, inwieweit noch von einer bürgerlichen Gesellschaft gesprochen werden kann und in welchem Verhältnis diese zum Begriff einer freien, verantwortlichen und solidarischen »Bürgergesellschaft« (Fürstenberg) im Zeitalter der transnationalen Vernetzung und der globalen Migrationsbewegungen steht.

Literatur

Budde, Gunilla et al. (Hg.), 2010: Bürgertum nach dem bürgerlichen Zeitalter, Göttingen. – Fürstenberg, Friedrich, 2011: Die Bürgergesellschaft im Strukturwandel, Berlin. – Gall, Lothar, 1889: Bürgertum in Deutschland, Berlin. – Hettling, Manfred; Ulrich, Bernd (Hg.), 2005: Bürgertum nach 1945, Hamburg. – Labrousse, Ernest et al., 1979: Geburt der bürgerlichen Gesellschaft: 1789, Frankfurt. – Mommsen, Wolfgang J., 2000: Bürgerliche Kultur und politische Ordnung, Frankfurt. – Ruppert, Wolfgang, 1983: Bürgerlicher Wandel, Frankfurt. – Schäfer, Michael, 2009: Geschichte des Bürgertums, Köln/Wien/Graz. – Schulz, Andreas, 2005: Lebenswelt und Kultur des Bürgertums im 19. und 20. Jahrhundert, München. – Sombart, Werner, 1913: Der Bourgeois, München. – Weber, Max, 1958: Wirtschaftsgeschichte, München, 270 ff.

Gertraude Mikl-Horke

Bürokratie

Begriff

Der Begriff »Bürokratie« (engl. bureaucracy) wird seit dem 18. Jh. in einer polemischen Version vorgetragen; seit dem ausgehenden 19. Jh. koexistiert daneben ein begriffsgeschichtlicher Strang, in dem es um einen versachlichten, soziologischen Gebrauch mit theoretischer Unterlegung geht. Zwischen beiden Bestrebungen kam es jedoch bis in die Gegenwart hinein zu Verwischungen und Überlagerungen, bei denen z. B. der negative Beigeschmack des alltagssprachlichen Bürokratiebegriffs für beabsichtigte, implizite Wertungen nutzbar gemacht wird.

Doch der polemische Sprachgebrauch selbst war nie einheitlich. Im spätabsolutistischen Staat wurde er als Etikett für eine Machtverschiebung – weg von den Ständen, hin zu den zentralisierenden »Bureaus« der Zentralverwaltung – eingeführt, so ursprünglich bei Vincent de Gournay. Die Brechung alter Strukturen und Privilegien durch Zentralisation und Beamtenherrschaft blieb im 19. Jh. ein wichtiger Anstoß für Klagen über Bürokratie – bezeichnenderweise vor allem aus konservativer Sicht, die darin vor allem die Nivellierung durch abstrakt-gleiche staatliche Verfahren kritisierte (Jacoby 1969, 78 ff.). Somit wurden schon früh zumindest **drei Varianten** der Begriffsverwendung erkennbar: Bürokratie als Bezeichnung einer durch Verwaltung machtausübenden Kaste, als eine bestimmte Verfasstheit des Staatswesens und als die Spezifik der Verfahren und der Maßnahmen, die dabei auf die Gesellschaft angewandt werden. Schon dabei treten eigenartige Paradoxien auf: als »bürokratisch« wird ebenso häufig ein Staatshandeln, das träge und schablonenhaft auftritt (»red tape«), wie auch ein interventionistisches und bevormundendes Agieren gegenüber den Untertanen kritisiert. Der gemeinsame Nenner ist hier Erstarrung: die *Herrschaft* der Prozeduren und des am Status quo ansetzenden Eigensinns der Kompetenzverwalter. Mit diesem Akzent erhielt der polemische Bürokratiebegriff eine besondere Schlagkraft in der Kritik an Systemen des »real existierenden *Sozialismus*«. Die Herrschaft der *Kader*, die in Zeiten der revolutionären Umwälzung sich noch auf zukunftsgerichtete und begeisternde Ideologien stütze, wandele sich nach der Machtstabilisierung in eine Herrschaft bürokratischer Funktionäre, die mit revolutionären Lippenbekenntnissen ihre Privilegien und die Erstarrung im Status quo verschleierten (vgl. Hegedüs 1981, 86 f.). Diese Kritik bewegte sich in der Kontinuität der Parteiensoziologie Robert Michels: Dieser beobachtete an der Sozialdemokratie im wilhelminischen Deutschland Verselbstständigungstendenzen der Funktionsträger bis hinab zur Ortsebene, für die sich die Routine der Amtswaltung und der kleinlichen Kompetenzwahrung vor die deklarierten, umwälzenden Ziele schiebt. Über dieser bürokratischen Verkrustung erhebt sich dann die Darstellungspolitik der akademischen Führungs*elite*n. Nachrevolutionäre, sozialistische Systeme schließen jedoch in noch einer anderen Weise an die Widersprüche der alten Bewegungspolitik an. Subalternfunktionäre ebenso wie abgehobene Spitzenkader benötigen nämlich weiterhin den Anschein der ideengeleiteten Massenmobilisierung als Rechtfertigungsmuster. Darum etablieren sich regelmäßig aktivierende Massenorganisationen, die Pseudo-Partizipation bei erzwungener Mitgliedschaft betreiben und Aktivitäten zugunsten von Kultur, Infrastruktur oder Zivilschutz usw. kanalisieren. Solche Organisationen sind keine Anfechtung für die Kader und Eliten, sondern schaffen ihnen eine zusätzliche, ideologisch verbrämte Bestätigung (Kasza 1995, 26 ff.).

Bürokratie bei M. Weber

Diese Dialektik von *Wandel* und Beharrung ist mit dem wichtigsten Versuch, den Bürokratiebegriff der polemischen Verwendung zu entkleiden, gut beschreibbar. Max Weber hat die Umsetzungsleistung eines bürokratischen Verwaltungsstabs als wesensmäßig dem *Idealtypus* einer legalen *Herrschaft*spraxis und -legitimation zugeordnet. Gehorsam wird hier inhaltsunabhängig für Befehle geleistet, weil diese aus allgemeinen Regeln abgeleitet sind, denen sich auch die Befehlenden fügen. Die Prinzipien der Bürokratie – z. B. Einsetzung nach Fachqualifikation, Trennung von den Amtsmitteln, Aktenkundigkeit, vorstrukturierte Arbeitsteilung, hierarchische Ge-

horsams- und Rechenschaftspflicht – unterbinden alles, was von der administrativen Regelorientierung ablenken könnte. Solche Apparate handeln nach abstrakten Gleichheitsgrundsätzen, sie negieren alte (ständische) Besonderheiten ebenso, wie dies Märkte und moderne Staatsverfassungen tun. Hier markierte Weber den »rationalen« Zug der Bürokratie: sie füge sich in eine neuzeitliche Weltordnung, die natürliche und gesellschaftliche Verhältnisse gesetzesförmig zu durchschauen und beherrschbar zu machen trachte. Außerdem sei der bürokratische Verwaltungsstab in seiner »neutralen« Instrumentalisierbarkeit bestens dafür geeignet, einheitlichen Willen auf große *Organisationen*, bis hinauf zum Nationalstaat, auszuüben. Damit aber macht sich der Apparat tendenziell unentbehrlich. Wegen des in der Bürokratie akkumulierten Fach- und Dienstwissens sah auch Weber die Gefahr, dass sich Diener in Herrscher verwandeln, dass dadurch selbst politische Umwälzungen nur einen Austausch des Spitzenpersonals brächten. Zudem war der bürokratische Arbeitsmodus für ihn kein Privileg des Staates, sondern charakterisiere alle hochorganisierten Zusammenhänge in Wirtschaft und Gesellschaft (was wiederum einen Ausstieg aus dem ineinander verzahnten Arbeits- und Herrschaftsmechanismus erschwere!).

Damit ist es auch mit Webers Kategorien möglich, Bürokratie als Grundlage organisatorischer Fehlentwicklungen zu bestimmen. Er selbst hat dies in eher zeitbezogenen Schriften getan, als er die Selbstrekrutierung der politischen Führung aus den Verwaltungsstäben heraus als Ursache für Kreativitätsverlust und Kastenwesen (z. B. im Wilhelminischen Reich) kritisierte.

Die **Weber-Rezeption** in der angelsächsischen Organisationssoziologie ab ca. 1930 übersah diesen Aspekt und missverstand das *Rationalität*spostulat. Wollte Weber damit die Einordnung bürokratischer Elemente in den neuzeitlichen Rationalisierungsprozess verdeutlichen, so deuteten seine Kritiker »Rationalität« in die behauptete Leistungsfähigkeit dieser Elemente bei der Erfüllung einzelorganisatorischer Aufgaben um. Trotz ihrer Schieflage hat diese Kritik eine wichtige, empirisch fundierte Sicht auf Organisationen begründet (Morgan 1990, 63 ff.). Kernaussagen waren z. B. jeweils

- dass Steuerung durch strikte Regeln und Hierarchien nur in standardisierten, wiederkehrenden Aufgabenstellungen Erfolg garantiere;

- dass gerade bei der Integration von professionellen Kompetenzen die Fixierung auf die offizielle, positionale Autoritätsstruktur zu starr sei;
- dass Organisationen von komplexeren Zielstrukturen angeleitet würden als nur durch die autoritativen Festlegungen seitens der Spitze;
- dass erfolgreiche, anpassungsfähige Verwaltungsführung Freiräume und eigenständige Umweltbeziehungen der nachgeordneten und dezentralen Einheiten zulassen müsse.

»Weberanische« Bürokratie wurde für diesen Argumentationsstrang zum Typus einer überformalisieren, überzentralisierten und überroutinisierten *Organisation*sgestaltung; sie wurde somit implizit in die Nähe einer tayloristischen Arbeitsgestaltung gerückt, in der menschliche Spielräume als zu tilgende Störfaktoren erscheinen. In politologischer Kritik erschien der Typ als Korrelat einer Verwaltungskontrolle, die allein auf Gesetzeseinhaltung poche und ein repräsentativ-zentralistisches Demokratieverständnis pflege.

Weitere Ansätze

In noch stärkerem Maße machte sich eine andere Theorievariante den negativen, alltagssprachlichen Klang des Bürokratiebegriffs zunutze. Es handelt sich dabei um Argumentationen auf der Grundlage von »**public choice**«-Prämissen, die Bürokratie als Kernform des nicht-marktlichen Entscheidens bestimmen. Diese Zuordnung impliziert, dass solches Entscheiden regelmäßig zu Fehlallokation und Überproduktion öffentlicher Güter neigend beschrieben wird, da ihr die Gegenmacht von unverfälschten Konsumentenwünschen und Preisbildung fehle.

Konkurrenz, wenn sie denn stattfindet, ist die der »Bureaus«, um die Anteile des öffentlichen Haushalts, mit denen günstige Beziehungen zu den fachspezifischen Umweltinteressen hergestellt werden, die selbst wieder (z. B. durch Lobbyismus) Vorteile suchen, für die die Allgemeinheit aufkommen muss. Kritik an Bürokratie meint in dieser Denkrichtung etwas Allgemeineres: nämlich die Verteilung von Vorteilen an Nutznießer, die ebenso wenig wie die Verteiler für die Kosten äquivalent aufkommen müssen (vgl. z. B. Mitchell/Simmons 1994). Nicht zufällig erlangte diese Sicht politische Popularität, als Wohlfahrtsstaaten und Umverteilungspolitiken

über das demokratische Mehrheitsprinzip ab ca. 1980 von konservativen/libertären Bestrebungen geächtet wurden. Ausdruck dieser Ideologie waren Verwaltungsreformbestrebungen, die staatliche Leistungen privatisierten und staatliche Einrichtungen inneren oder äußeren Wettbewerbsanforderungen aussetzten (Suleiman 2003, 51 ff.).

Bürokratie wird ökonomisch als Produktivitätsverlust für den Auftraggeber »Steuerzahler« in seiner Gesamtheit verbucht; Therapie kann für diese Optik in spezifischeren, dezentralen Käuferbeziehungen gegenüber einzelnen öffentlichen Gütern bestehen: durch Privatisierung, Verpreisung usw. Die Interessen des Gesamtsteuerzahlers können aber auch zentral gegen den Eigensinn der Bürokratie und ihrer Klientenbeziehungen geltend gemacht werden. Dies ist das Thema der »**principal-agent**«-Fragestellung, die ebenfalls meist in Kategorien der »public choice«-Ansätze erörtert wird.

Der Ansatz hat seinen Ursprung in der Versicherungswirtschaft und beschreibt Vertragsbeziehungen mit riskanten Partnern. Der Prinzipal »Parlament« delegiert z. B. die Ausfüllung von Gesetzesinhalten an semi-autonome Behörden, ohne deren Agieren im Politikfeld hinreichend kalkulieren zu können. Die Stimulierung von rationalen Verhaltensanreizen oder von korrigierenden Einwirkungsmöglichkeiten ausgewählter Interessenten (»stakeholder«) kann die Delegationsrisiken mindern.

Eine solche Minderung kann aber auch durch die altfränkische, hierarchische Einwirkungsform »Bürokratie« zustande kommen, die in einem neuen, sozialwissenschaftlichen Modenumschwung wieder respektvollere Bewertung erfährt (Olsen 2008). Regeln werden nicht nur als Einschränkungen, sondern auch als Entlastung eingestuft, da sie von ständigen Neuaushandlungen der Entscheidungskontexte befreien und die Akteure überhaupt erst entscheidungsfähig in ihren zugewiesenen Kompetenzen machen. Im Gegensatz dazu erscheint die horizontale und dezentrale Aushandlung in »*Netzwerk*en« als eine, die häufig *Privileg*ien, Verstetigung und Intransparenz erzeugt. Auch im organisierten Innenverhältnis wird die Steuerung durch *Hierarchie*- und Regelbindung inzwischen wieder milder gesehen, da sie bestimmten Persönlichkeitstypen und Arbeitssituationen angemessen erscheint und einen Sockel der routinehaften Erledigung schafft, auf dem anspruchsvollere Aufgabenzuweisung aufbauen kann (Bobic/Davis 2003). Bürokratie im Weber'schen Sinne bleibt also ein anregendes Studienobjekt, an dem auch die Abkehr von ihr interpretativ zu bewerten ist.

Literatur

Bobic, Michael P.; Davis, William E., 2003: A Kind Word for Theory X: Or Why So Many Newfangled Management Techniques Quickly Fail; in: Journal of Public Administration Research and Theory 13, 239–264. – Bozeman, Barry, 2000: Bureaucracy and Red Tape, Upper Saddle River, N.J. – Derlien, Hans-Ulrich et al., 2011: Bürokratietheorie. Einführung in eine Theorie der Verwaltung, Wiesbaden. – Hegedüs, András, 1981: Sozialismus und Bürokratie, Reinbek bei Hamburg. – Jacoby, Henry, 1969: Die Bürokratisierung der Welt. Ein Beitrag zur Problemgeschichte, Neuwied/Berlin. – Kasza, Gregory J., 1995: The Conscription Society. Administered Mass Organizations, New Haven/London. – Mitchell, William C.; Simmons, Randy T., 1994: Beyond Politics. Markets, Welfare and the Failure of Bureaucracy, Boulder/San Francisco/Oxford. – Morgan, Glenn, 1990: Organizations in Society, Houndsmills/London. – Olsen, Johan P., 2008: The Ups and Downs of Bureaucratic Organization; in: Annual Review of Political Science 11, 13–37. – Suleiman, Ezra, 2003: Dismantling Democratic States, Princeton/Oxford. – Weber, Max, 1980: Wirtschaft und Gesellschaft, 5. rev. Aufl. 1972, Studienausgabe, Tübingen (1921).

Rainer Prätorius

C

Charisma

Mit dem Begriff »Charisma« (engl. charisma), der sich aus dem griechischen Wort für Gnadengabe herleitet und den M. Weber unter Rückgriff auf den Kirchenrechtler R. Sohm in die Soziologie eingeführt hat, wird eine außeralltägliche Eigenschaft bezeichnet, die einer Person durch andere zugeschrieben wird und als Legitimationsgrundlage eines spezifischen Herrschaftsverhältnisses dient, der charismatischen *Herrschaft*. Sie beruht wesentlich auf dem Glauben an den außeralltäglichen Charakter der Herrschaftsinhaber (Bewährung), mit dem Schwinden dieses Glaubens verliert sie ihren Anspruch auf Gehorsam.

Beispiele für diesen Typus sind religiöse Bewegungen wie das Urchristentum, ebenso wie die totalitären Führerdiktaturen des 20. Jahrhunderts. Häufig entsteht Charisma in Krisensituationen aus Formen der Selbststigmatisierung (W. Lipp). Charismatische Herrschaft unterliegt regelmäßig einer Veralltäglichung, durch die sie in entweder traditionale oder legal-bürokratische Herrschaft übergeht, also auf Dauer institutionalisiert wird. Da sie Werte und Ordnungen radikal umzugestalten vermag, ist sie ein wichtiger Faktor in der soziologischen Erklärung kulturellen und gesellschaftlichen *Wandels* und hat daher ihren festen Ort in Theorien politischer Umwälzungen.

Literatur

Breuer, Stefan, 1994: Bürokratie und Charisma, Darmstadt. – Kaesler, Dirk, 1977: Revolution und Veralltäglichung, München. – Lindholm, Charles, 1990: Charisma, Oxford. – Lipp, Wolfgang, 2010: Stigma und Charisma, 2. Aufl., Würzburg. – Weber, Max, 1976: Wirtschaft und Gesellschaft, 5. Aufl., Tübingen.

Dirk Kaesler/Matthias Koenig

Clique

Der Begriff Clique (engl. clique) stammt aus der *Kleingruppe*nforschung. Verwendet wird er in der Jugend- und Organisationsforschung und aktuell insbesondere in der Netzwerkforschung.

In der Jugendforschung wird darunter eine besondere Gesellungsform von *Peers* verstanden. Neben einer (relativ) festen Mitgliedschaft und einer hohen Kontakthäufigkeit weist eine Clique ein gesteigertes Zusammengehörigkeitsgefühl auf, das vielfach durch einen besonderen Kleidungsstil kommuniziert wird.

In der Organisationsforschung reicht die Verwendung von Clique bis zur berühmten *Hawthorne-Studie* zurück. Synonym zum Konzept der informellen *Gruppe* wird damit eine Subgruppe bezeichnet, deren Mitglieder auf einer freundschaftlichen Ebene häufig miteinander interagieren, ein gemeinsames Normensystem besitzen und sich von den anderen Organisationsmitgliedern abgrenzen.

In der *Netzwerk*forschung wird Clique als eine Teileinheit von Personen innerhalb eines Netzwerkes aufgefasst, in der jedes Mitglied für jedes andere direkt erreichbar ist. Eine Clique umfasst mindestens drei Personen, die durch enge Beziehungen direkt miteinander verknüpft sind.

Literatur

Roethlisberger, Fritz J. et al., 1964: Management and the Worker, Cambridge. – Trappmann, Mark et al., 2005: Strukturanalyse sozialer Netzwerke. Konzepte, Modelle, Methoden, Wiesbaden. – Whyte, William Foote, 1996: Die Street Corner Society. Die Sozialstruktur eines Italienerviertels, Berlin (1949).

Karl Lenz

D

ten, 4. Aufl., Wiesbaden. – Przyborski, Aglaja; Wohlrab-Sahr, Monika, 2010: Qualitative Sozialforschung. Ein Arbeitsbuch, 3. Aufl., München, bes. Kap. 5.

Nicole Burzan

Datenanalyse

Die Datenanalyse (engl. data analysis) umfasst alle Schritte der Aufbereitung und Auswertung empirischer Daten im Hinblick auf eine Fragestellung. Diese kann sich im Schwerpunkt etwa auf die Deskription eines Phänomens, die Überprüfung einer Theorie oder eine Evaluation richten.

Das erkenntnistheoretische und empirische Konzept der Untersuchung sowie die qualitativen/quantitativen Methoden der *Datenerhebung* (z. B. Befragung, Beobachtung, Inhaltsanalyse von Quellen) beeinflussen dabei erheblich das Spektrum der Auswertungsmöglichkeiten. So können standardisiert erhobene Daten nicht interpretativ ausgewertet werden, und das Messniveau der Merkmale bedingt, welche statistischen Analysen zweckmäßig sind.

In der **quantitativen** *Forschung* erfolgt die Datenanalyse typischerweise mit Hilfe von *Statistik* (je nach Anzahl zugleich berücksichtigter Merkmale uni-, bi- oder multivariate Statistik, deskriptive/schließende Statistik). So werden – unterstützt durch Analysesoftware (z. B. SPSS, Stata) – große Datenmengen zusammengefasst und vorab aufgestellte Hypothesen überprüft.

Die **qualitative** *Forschung* nutzt interpretative/hermeneutische, daneben kategorisierende Auswertungsmethoden (z. B. Narrationsanalysen, *Objektive Hermeneutik*, *Grounded Theory*, dokumentarische Methode), etwa um Sinndeutungen von Akteuren im Kontext struktureller Bedingungen zu rekonstruieren. Sie ist oft eher theorieentwickelnd statt -prüfend ausgerichtet.

Nach der Datenanalyse im engeren Sinne folgt im Forschungsprozess eine umfassende Interpretation im Sinne der Fragestellung sowie eine Einschätzung des Erkenntnisgewinns, ggf. zudem ein Ausblick auf künftige Forschungen oder Empfehlungen bei anwendungsorientierter Forschung.

Literatur

Kühnel, Steffen-M.; Krebs, Dagmar, 2007: Statistik für die Sozialwissenschaften, 5. Aufl., Reinbek. – Müller-Benedict, Volker, 2007: Grundkurs Statistik in den Sozialwissenschaf-

Definition der Situation

(engl. definition of situation) Menschliche Handlungen vollziehen sich i. d. R. in Situationen, d. h. innerhalb raumzeitlicher Ausschnitte der aktuellen Umwelt, die durch Akteure definiert werden und so ihr Handeln anleiten.

Eine der ersten und bis heute maßgebenden soziologischen Konzeptionen der Situationsdefinition ist das sog. **Thomas-Theorem**, das auf den Zusammenhang der Deutung einer Situation und den daraus resultierenden Folgen aufmerksam macht. »If men define situations as real, they are real in their consequences.« (Thomas/Thomas 1928: 572). Ein gemeingefährlicher Gefängnisinsasse, so ein Beispiel von Thomas, verstand beim Freigang Selbstgespräche von Passanten als Beschimpfungen seiner selbst mit der Konsequenz, diese Mitmenschen zu erschlagen.

Bei der Situationsdefinition geht es um die Frage: »Was geht hier eigentlich vor?« (Goffman 1977: 26). Idealiter werden in Situationsdefinitionen zunächst die gegebenen äußeren und inneren Voraussetzungen (materielle Gegebenheiten, Normen, soziale Beziehungen, Einstellungen, Wünsche, aber auch etwa klimatische Bedingungen) registriert und geordnet (u. a. durch zweck-, oder wertrationale, emotionale oder identitätsbewahrende Ziele oder einem Abgleich von aktuell erfahrenen und früheren Situationsdefinitionen). Hierfür stehen den Akteuren durch *Sozialisation* sowie Erfahrung gesellschaftliche Deutungsmuster zur Verfügung. Esser beschreibt sie als mentale Modelle typischer Situationen und bezeichnet sie im Anschluss an Goffmans (1977) Rahmentheorie als »frames« (Esser 2001: 261 ff). Sie vereinfachen die Situationslogik und ermöglichen so erst Handlungen. Würden in einer Situation alle verhaltensrelevanten Möglichkeiten berücksichtigt, wären Akteure handlungsunfähig.

Daher sind alltägliche Situationsdefinitionen meist gesellschaftlich vorgegeben, selten individuell entwickelt. Die Anpassung an gesellschaftlich fixierte und oft verbindliche Situationsdefinitionen ermöglicht Kooperation und Ordnung. Individuell relativ eigenständige Situationsdefinitionen können hingegen zu sozialem *Wandel* führen. Sie setzen i. d. R. Wissen über konventionelle Situationsdefinitionen voraus.

Soziologische Konzeptionen der Situationsdefinition unterstellen häufig, dass Menschen zu hohen Intelligenzleistungen fähig sind. Dies schließt nicht aus, dass tatsächliche Situationsdefinitionen von schlichten, fast unbewussten bis hin zu hochkomplexen, analysierenden reichen.

Literatur

Esser, Hartmut, 2001: Soziologie. Spezielle Grundlagen, Bd. 6: Sinn und Kultur, Frankfurt a. M./New York. – Goffman, Erving, 1977: Rahmenanalyse. Ein Versuch über die Organisation von Alltagserfahrungen, Frankfurt a. M. – Thomas, William I.; Thomas, Dorothy S., 1928: The Child in America. Behaviour Problems and Programs, New York.

Stefan Hradil/Christian Steuerwald

Differenzierung

Differenzierung (engl. differentiation) ist das zentrale Konzept, um die *Struktur* sowie den *Prozess* der evolutionären Abfolge verschiedener Gesellschaften zu erfassen. Es hat eine lange Tradition und Kontinuität in der Geschichte der Soziologie.

Linien differenzierungstheoretischen Denkens

Drei Quellen und Linien differenzierungstheoretischen Denkens lassen sich identifizieren (Tyrell 2008: 107 ff.): a) Die **biologienahe** Tradition lässt sich von der Organismusanalogie inspirieren. Es wird von einem Ganzen ausgegangen, das sich aufgliedert und in der Teilung die Einheit wahrt; b) Eine zweite Variante stammt aus der **Wirtschaftswissenschaft** und arbeitet mit dem Begriff der *Arbeitsteilung*. Mit zunehmender Populationsdichte ergibt sich ein Zwang, ehemals fusionierte Tätigkeiten zu teilen, um dem Konkurrenzdruck durch Spezialisierung zu entgehen. Das Arbeitsteilungsparadigma bleibt sehr stark an die *Rolle*nebene gebunden und erfasst weniger die Differenzierung auf weiteren Aggregatebenen von Ordnungen oder Systemen; c) Schließlich gibt es eine **kulturwissenschaftliche** Traditionslinie, in der die ideelle Differenzierung

verschiedener Kultursphären im Mittelpunkt steht: Religion, Kunst, Wissenschaft, Politik, Wirtschaft. Diese und andere Bereiche verdanken sich unterschiedlichen sinnspezifischen Orientierungen, die sich nicht mehr ohne Weiteres, wie in den beiden anderen sogenannten »Dekompositionsparadigmen«, miteinander vereinbaren lassen. Es geht hier nicht um die biologische oder ökonomische Teilung eines Ganzen, sondern die einzelnen Kultursphären und die ihnen korrespondierenden Gebilde und Strukturen beruhen auf ideellen Eigengesetzlichkeiten (Max Weber) oder Codes (Niklas Luhmann), die nicht mehr im Sinne der Teil-Ganzes-Vorstellung integrierbar sind.

Diese drei Quellen und Traditionslinien differenzierungstheoretischen Denkens, biologisch, ökonomisch und kulturwissenschaftlich, werden schwerpunktmäßig von unterschiedlichen Autoren entwickelt. Bei Herbert Spencer, Emile Durkheim und noch bei Georg Simmel dominiert die biologische Ganzheits- und die ökonomische Arbeitsteilungsvorstellung. Auch bei Talcott Parsons steht das Ganzes-Teil-Modell noch im Vordergrund, allerdings erweitert um eine ideelle Dimension. Niklas Luhmanns konsequent systemtheoretisch entwickeltes Differenzierungsverständnis betont vor allem die Sinn- oder Codedimension, die freilich bei ihm in einer gewissen Spannung zur nach wie vor vorhandenen dekompositionstheoretischen Denkfigur steht. Von Durkheim über Parsons bis hin zu Luhmann wird die Thematik mittels des methodologischen Kollektivismus entfaltet. Max Weber folgt dagegen dem *methodologischen Individualismus*. Gemäß seiner verstehenden Soziologie interessiert er sich dafür, wie aus der sinnhaften Orientierung der Akteure soziale Ordnungen entstehen, die einer je spezifischen kulturellen Eigendynamik folgen.

An diese Klassiker der Differenzierungstheorie wird auf verschiedene Weise in der **neueren Diskussion** angeknüpft. In den 1980er Jahren gab es in den USA den Versuch der sogenannten *Neofunktionalisten* um Jeffrey Alexander (Alexander/Colomy 1990), Parsons kritisch in Richtung einer handlungstheoretischen und historischen Soziologie weiterzuentwickeln. Dieser Ansatz ist jedoch zum Erliegen gekommen und hat keine nachhaltige Theorieentwicklung angestoßen. In Deutschland ist dagegen die differenzierungstheoretische Diskussion bis heute virulent geblieben (Schwinn et al. 2011). Nicht Parsons, sondern Luhmann liefert hier die zentrale Bezugstheorie. Eine Reihe seiner Schüler betreibt hierbei eine orthodoxe Interpretation, weniger die Weiterentwicklung seines Werkes. In Absetzung davon sind aus der Gründung des Max-Planck-Instituts für Gesellschaftsforschung einige Versuche entstanden, das Luhmann'sche Differenzierungsverständnis handlungstheoretisch zu korrigieren und zu erweitern (Mayntz et al. 1988; Schimank 2007). In Anknüpfung an Max Weber werden schließlich Anstrengungen unternommen, das Differenzierungsthema handlungstheoretisch und historisch detaillierter zu entwickeln (Schwinn 2001).

Differenzierungsprozesse in modernen Gesellschaften

Das Differenzierungsmodell wird vor allem für die moderne Gesellschaft entwickelt. Als Prozesskonzept beansprucht es, auch alle vormodernen Strukturmuster und ihre *evolution*äre Abfolge zu erfassen; dies geschieht aber mehr im Hinblick auf eine Rekonstruktion des historischen Ablaufs auf die moderne Struktur hin. Die evolutionären Vorläufer, etwa die segmentäre und stratifikatorische Differenzierung, dienen als historische Kontrastfolien. Entsprechend hat das Konzept in der Geschichtswissenschaft nur eine spärliche Rezeption gefunden. Differenzierung meint die Entflechtung traditioneller Strukturen, in denen heterogene Aufgaben fusioniert und zusammengebunden sind. **Durkheim** und **Parsons** verstehen diesen Vorgang als eine *Arbeitsteilung*, in der eine funktionale, diffuse Einheit in Teile dekomponiert und im Austausch zwischen ihnen integriert wird. Ist es bei Durkheim die voranschreitende Spezialisierung auf der *Rolle*nebene von Berufen, so ist es bei Parsons die funktionale Differenzierung auf der *System*ebene, die als zentral herausgestellt wird. Nach Parsons müssen vier funktionale Erfordernisse gesellschaftlicher Reproduktion erfüllt werden (*AGIL-Schema*), die im Laufe der sozialen Evolution hin zur modernen Struktur immer stärker entflochten werden. Funktionale Spezialisierung betont die Vorteile der Leistungssteigerung, die als ein wesentlicher Motor der Differenzierungsdynamik angenommen wird.

Dieses Dekompositions- und Arbeitsteilungsmodell, wie generell der Ausdruck »funktionale Differenzierung«, findet sich im Werk von Max **Weber** nicht. Hier läuft die Differenzierungsthematik unter dem *Rationalität*sbegriff. Anders als bei Parsons, ist

dies kein universeller evolutionärer Prozess, sondern charakteristisch für die Sondergestalt der okzidentalen Entwicklung, die durch eine spezifische Rationalisierung aller Lebensbereiche gekennzeichnet ist. Rationalisierung als Differenzierung bedeutet die Entwicklung von immer schärfer auseinandertretenden Sphären des Lebens, die von ihren eigenen Sinn- und Sachlogiken geleitet werden. Dieser Prozess vollzieht sich auf den beiden Ebenen der Wert- und der Institutionendifferenzierung. Die verschiedenen institutionalisierten Sinn- und Leitkriterien stehen untereinander in spannungs- und konfliktreichen Beziehungen. Aus solchen Konfigurationen bestimmt sich die Dynamik einer Sozial- und Kulturordnung. Weber identifiziert die differenzierten Bereiche nicht über die Frage nach den Bestandsbedingungen sozialer Systeme, sondern durch seine historischen, insbesondere religionssoziologischen Untersuchungen stößt er auf unterschiedliche Möglichkeiten, dem Handeln einen differierenden Sinn zu geben und soziale Beziehungen und Ordnungen danach auszurichten.

Trotz der grundlagentheoretischen Differenz (Handlungs- versus Systemtheorie) weist **Luhmann** in Bezug auf verschiedene Aspekte eine größere Nähe zu Weber als zu seinem Vorgänger Parsons auf. Die *Funktion*en lassen sich nicht nach einem abstrakten Schema allgemein, sondern nur historisch bestimmen, und der Durchbruch zum modernen Ordnungsmuster vollzieht sich nicht nach einer evolutionären Zwangsläufigkeit, sondern ist historisch eher unwahrscheinlich und einmalig. Schließlich begreift Luhmann Differenzierung nicht nach dem Modell der Arbeitsteilung, sondern das Auseinandertreten von *Sinn*perspektiven ist primär. Während Parsons aus der privilegierten Stellung übergreifender Werte und aus dem einheitsverbürgenden AGIL-Schema jedem Teilsystem seinen angemessenen Platz im Ganzen anweisen konnte, ist es nach Luhmann nicht möglich, die funktional differenzierte Gesellschaft von einem privilegierten Wert oder einem Zentrum aus zu integrieren oder über ein theoretisch-allgemeines Schema notwendige Funktionen und ihre Beziehungen festzulegen. Die Differenzierungslogik wird hier auf die Spitze getrieben. Es dominiert ein Relativismus teilsystemspezifischer Perspektiven. Von der Wirtschaft aus stellt sich die Gesellschaft als kapitalistische dar und von der Politik aus als Demokratie, aus der Perspektive des Rechts als Rechtsstaat und aus der der Wissenschaft als Wissensgesellschaft usw. Jede dieser Beschreibungen hat eine eingeschränkte Gültigkeit. In einer solchen polyperspektivischen und multizentrischen Gesellschaft erfolgen alle Aussagen und Operationen von einem bestimmten Systemgesichtspunkt aus, für den alles andere zur *Umwelt* gehört. Zweifel und Kritik werden geäußert, ob es angesichts des teilsystemischen Radikalismus noch sinnvoll ist, von einem Gesellschaftssystem zu sprechen.

Theoretische und thematische Bezüge

Die Differenzierungstheorie ist unverzichtbar für das Verständnis der historischen Entstehung und der Grundstruktur moderner Gesellschaften. Viele Aspekte, Probleme und Themen, die in der Soziologie bearbeitet werden, finden in ihr eine theoretische Klammer. So sind die speziellen Soziologien, wie z. B. die Wirtschafts-, Rechts-, Religions-, Familiensoziologie oder die Politische Soziologie, auf den allgemeinen Rahmen der Differenzierungstheorie angewiesen, der gleichsam ein soziales Koordinatensystem aufspannt, mittels dessen die Teilsoziologien verortet und Zusammenhänge hergestellt werden können. Ein Thema mit einer langen Tradition sind *Individualisierung*sprozesse. Mit der Differenzierung verschiedener Ordnungen oder Teilsysteme verändert sich das Person-Gesellschaftsverhältnis. Das moderne Ordnungsarrangement erzwingt vom Einzelnen eine gesteigerte Selbstthematisierung und Eigeninitiative, da es durch keinen sozialen Kontext mehr gänzlich umfasst und definiert wird. Und es ermöglicht ein individuell geführtes Leben, weil die nötigen Institutionen und die mit ihnen verbundenen Optionen und Leistungen zur Verfügung stehen. Die Kehrseite sind *Entfremdung* und *Desintegration*.

Neben vielen anderen Themen, wie Säkularisierung oder Organisationswachstum, hat die Differenzierungstheorie gerade in den letzten Jahrzehnten einen Einsatz als zeitdiagnostisches Instrumentarium gefunden. Der **Zusammenbruch der sozialistischen Gesellschaften** wurde mit ihrer mangelhaften Differenzierung erklärt. Die Überinstitutionalisierung der politischen Ordnung setzte der Freisetzung bereichsspezifischer, eigenständiger Rationalitäten enge Grenzen. In Konkurrenz mit dem westlichen Ordnungsmodell war der sozialistische Weg in die Moderne unterlegen, da wirtschaftliche Leistungsfähigkeit, wissenschaftliche Autonomie und politische

Freiheiten mit dem Machtmonopol der Partei nicht vereinbar waren. Sind die kommunistischen Staaten an ihrer Überintegration gescheitert, so werden für den westlichen Typ zunehmend die **Folgeprobleme** der mit der Differenzierung verbundenen Unterintegration thematisiert. War noch in den 1960er und 1970er Jahren ein enormer Steuerungs- und Planungsoptimismus verbreitet, gewinnt in der Folgezeit bis heute die Einschätzung einer schwer kontrollierbaren, eigendynamischen Entwicklung des modernen differenzierten Ordnungsarrangements die Oberhand. Am prominentesten ist Ulrich Becks Diagnose einer »*Risikogesellschaft*«, die die ökologischen Probleme einer »organisierten Unverantwortlichkeit« zuschreibt. Moderne Gesellschaften sind auf eine Steigerung der Binnenrationalität der differenzierten Institutionen hin angelegt, nicht aber auf eine Rationalisierung und Integration des Zusammenspiels der Einzelrationalitäten. Die Forderung einer komplexen Modernisierung und reflexiven Rationalisierung sei nur mit einem neuen Differenzierungszuschnitt der verschiedenen institutionellen Kompetenzen verwirklichbar.

Ein weiteres Themenfeld, das sehr gut mit der Differenzierungstheorie erschließbar ist und einen theoretischen Zugang im Kontrast zu den vielen konzeptarmen Arbeiten ermöglicht, ist die *Globalisierung*. Seine historische Entstehung ist an spezifische Bedingungen gebunden, die Ausbreitung der differenzierten Ordnungsform verdankt sich dagegen einem universellen Potenzial. Die Sinn- und Sachlogiken der einzelnen Sphären und Teilsysteme machen an nationalstaatlichen Grenzen nicht Halt: Ökonomische Chancen werden überall gesucht, tendieren zu einem Weltmarkt hin; genauso ist wissenschaftliche Wahrheit eine universelle Errungenschaft. Offen bleibt, wie man das Fortbestehen und das Neuentstehen verschiedener regionaler und kulturspezifischer Ordnungsformen erklärt. Während weltgesellschaftliche Ansätze auf globaler Ebene nur ein Differenzierungsmuster am Werk sehen, verfolgt die Multiple-Modernities-Perspektive die Vielfalt differenzierter Ordnungsmuster.

Diese neueren Entwicklungen und Diskussionen haben **theoretische und konzeptionelle Fragen** aufgeworfen, auf die es bei den Klassikern keine Antworten gibt: Wenn das Differenzierungsprinzip alternativlos für moderne Gesellschaften ist, wie lässt sich seine ungebremste Eigendynamik steuern? Gibt es die Differenzierungsform moderner Gesellschaft nur im Singular oder auch im Plural? Wie sind die beiden Strukturprinzipien der Differenzierung und der *sozialen Ungleichheit* ins Verhältnis zu setzen (Schwinn 2007)? Nach wie vor nicht geklärt ist, nach welchen Kriterien man einen ausdifferenzierten Bereich bestimmt, wie viele Bereiche es gibt und ob man zwischen primären und sekundären Bereichen unterscheiden muss.

Literatur

Alexander, Jeffrey C.; Colomy, Paul (eds.), 1990: Differentiation Theory and Social Chance, New York. – Durkheim, Emile, 1977: Über soziale Arbeitsteilung, Frankfurt a.M. (1893). – Luhmann, Niklas, 1997: Die Gesellschaft der Gesellschaft, Frankfurt a.M. – Mayntz, Renate et al., 1988: Differenzierung und Verselbständigung, Frankfurt a.M./New York. – Parsons, Talcott, 1971: Das System moderner Gesellschaften, München. – Schimank, Uwe, 2007: Theorien gesellschaftlicher Differenzierung, 3. Aufl., Wiesbaden. – Schwinn, Thomas, 2001: Differenzierung ohne Gesellschaft. Umstellung eines soziologischen Konzepts, Weilerswist. – Schwinn, Thomas, 2007: Soziale Ungleichheit, Bielefeld. – Schwinn, Thomas et al. (Hg.), 2011: Soziale Differenzierung. Handlungstheoretische Zugänge in der Diskussion, Wiesbaden. – Tyrell, Hartmann, 2008: Soziale und gesellschaftliche Differenzierung, Wiesbaden. – Weber, Max, 1978: Zwischenbetrachtung: Theorie der Stufen und Richtungen religiöser Weltablehnung; in: Ders.: Gesammelte Aufsätze zur Religionssoziologie I, Tübingen (1920).

Thomas Schwinn

Diskriminierung

Diskriminierung (engl. discrimination) bedeutet die wahrgenommene ungerechtfertigte Schlechterbehandlung von Mitgliedern einer sozialen *Gruppe* oder einer sozialen Kategorie allein auf der Basis ihrer Gruppen- bzw. Kategoriemitgliedschaft (Mummendey/Otten 2001). Daher wird oft auch von sozialer Diskriminierung gesprochen, um den Aspekt der Gruppe oder Kategorie zu betonen und von individueller Schlechterbehandlung abzugrenzen, wie sie in frühen Definitionen beispielsweise von Allport (1954) noch vorkommt. Der Begriff Diskriminierung ist zunächst subjektiv und wird aus einer Opferperspektive definiert. Wahrnehmung von Diskriminierung muss zwischen Opfern, Tätern und nicht direkt betroffenen Gruppen ausgehandelt werden, da mitunter große Perspektivendivergenzen (d.h.

unterschiedliche Ansichten über die Rechtmäßigkeit eines Verhaltens) zwischen den jeweiligen Positionen bestehen. Nach der Überwindung dieser Perspektivendivergenzen handelt es sich entweder um einen legitimen kategorialen Unterschied, d.h. um Differenzierung, oder um eine Form von übereinstimmend als negativ anerkannter Schlechterbehandlung. Diskriminierung muss von einer Reihe anderer verwandter Konzepte unterschieden werden (Jonas/ Beelmann 2009), z.B. **Vorurteile**n. Der Begriff weist aber andererseits auch Verbindungen zu thematisch bezogenen Konzepten auf, z.B. **Toleranz** als Gegenmaßnahme zu Diskriminierung, oder gesellschaftliche **Diversität** als Kontext von diskriminierendem Verhalten. Obwohl einerseits Menschen versuchen, bloß nicht als diskriminierend zu erscheinen, wie Forschungen aus den USA zeigen (Monin/ Miller 2001), nehmen Diskriminierungsphänomene in der Gesellschaft kaum spürbar ab. Diskriminierung wird zumindest in unserem Rechtssystem nunmehr auch höchstrichterlich sanktioniert (z.B. Allgemeines Gleichbehandlungsgesetz in der Bundesrepublik Deutschland), aber auch diese Instrumente scheinen angesichts vielfältiger gegenteiliger Beispiele zunächst wirkungslos. Diskriminierung kann möglicherweise auch nicht vollständig vermieden werden, da der Diskriminierung basale Kategorisierungs- und Differenzierungsprozesse menschlicher Wahrnehmung zu Grunde liegen, die an sich wünschenswerte Funktionen besitzen. Ohne den Rückgriff auf bestehende Kategorien oder die Konstruktion neuer Kategorien, also der Differenzierung von Information, wäre eine Verarbeitung komplexer sozialer Kontexte kaum möglich.

Formen und Konsequenzen

Unter Schlechterbehandlung wird eine große Bandbreite von Verhaltensweisen verstanden, die von Ausgrenzung, über den Entzug von Ressourcen, bis hin zur Zufügung von psychischem oder physischem Schaden gehen können. Forschungsergebnisse zeigen, dass Menschen, die Opfer von Diskriminierung werden, mit einer Vielzahl von negativen Konsequenzen umgehen müssen. Diese gehen von Verlust von individuellen, Bildungs-, oder beruflichen Chancen bis hin zu schweren körperlichen Schäden, z.B. Depression oder Herz-Kreislaufkrankheiten (Hansen 2009).

Normative Sanktionierung

Diskriminierung ist insbesondere von umgangssprachlichem Wortverständnis abzugrenzen. Unter Diskriminierung versteht man alltagssprachlich häufig einfach eine illegitime oder nicht begründete schlechte Einschätzung oder schlechte Behandlung von Menschen. Dabei wird im Unterschied zum wissenschaftlichen Terminus die erwähnte Perspektivendivergenz vernachlässigt. Diese relationale Definition von Diskriminierung bedeutet jedoch nicht, dass Diskriminierung nicht auch durch *norm*ative Grundlagen bestimmt sein kann. Der Übergang von einer relationalen Definition von Diskriminierung zu einem »objektiven« Konsens der Mehrheitsgesellschaft ist ein Prozess der zunehmenden Akzeptanz von illegitimen sozialen Relationen als Diskriminierung. In der Gegenrichtung ist auch ein Wechsel von einer normativen hin zu einer relationalen Definition denkbar. Gerade abstrakte normative Definitionen von Diskriminierung verlieren schnell ihren Konsens-Charakter, wenn es um die konkrete Ausgestaltung geht. In der Folge sind dann wieder konkrete relationale Aushandlungen darüber, was Diskriminierung darstellt und was nicht, notwendig.

Zeitliche Dimension

Ein wichtiger Aspekt in der Auseinandersetzung mit der relationalen Definition von Diskriminierung ist die zeitliche Dimension. Individuelle Opfer können sich unrechtmäßig zu Diskriminierungsopfern machen und damit illegitim den Begriff ausnützen. Die für Diskriminierung notwendige Schlechterbehandlung muss aufgrund der Gruppenmitgliedschaft ex ante geschehen sein. Häufig wird jedoch eine Gruppe der Opfer ex post konstruiert, um der individuellen Position mehr Gewicht zu verleihen und zu einer Legitimitätsgrundlage zu verhelfen. Dem gegenübergestellt ist es jedoch auch denkbar, dass mehrere Individuen das gemeinsame Merkmal (der Gruppe oder Kategorie) als den Grund für ihre illegitime Schlechterbehandlung erst im Nachhinein erkennen. Individuelle Opfer können so gruppenbasierte Schlechterbehandlung erst ex post identifizieren. Beispiele hierfür sind Schlechterbehandlungen auf der Basis von nicht sichtbaren Merkmalen, z. B. Krankheiten, über die man sich auch nicht offen austauscht. In diesem Falle greift aber die relationale Definition von Diskriminierung wieder, die individuellen Opfer konstituieren tatsächlich eine soziale Gruppe oder Kategorie, auf deren Basis die Schlechterbehandlung stattfindet. In so einem Fall ist auch ein Konflikt mit der Täter- oder Mehrheitsposition zu erwarten, die diese Auffassung zunächst nicht teilen mögen wird.

Literatur

Allport, Gordon W., 1954: The nature of prejudice, Reading, MA. – Hansen, Nina, 2009: Die Verarbeitung von Diskriminierung; in: Beelmann, Andreas; Jonas, Kai J. (Hg.): Diskriminierung und Toleranz, Wiesbaden, 155–170. – Jonas, Kai J.; Beelmann, Andreas, 2009: Begriffe und Anwendungsperspektiven; in: Beelmann, Andreas; Jonas, Kai J. (Hg.): Diskriminierung und Toleranz, Wiesbaden, 19–42. – Monin, Benoît; Miller, Dale T., 2001: Moral credentials and the expression of prejudice; in: Journal of Personality and Social Psychology 81, 33–43. – Mummendey, Amélie; Otten, Sabine, 2001: Aversive Discrimination; in: Brown, Rupert; Gaertner, Samuel L. (Eds.): Blackwell handbook of social psychology. Intergroup processes, Malden, MA, 112–132.

Kai J. Jonas

Dunkelziffer

Die Dunkelziffer (richtig eigentlich Dunkelzahl, engl. dark number, auch undetected/unreported cases, dark figure) ist traditionell in der *Kriminalsoziologie* die Anzahl der von der amtlichen *Statistik* nicht erfassten Straftaten. Systematisch muss man in der Statistik darunter aber jede Differenz zwischen den wirklich stattgefundenen Ereignissen und den in einer i. d. R. amtlichen Statistik erfassten verstehen. Deshalb gibt es Dunkelziffern auch z. B. in der Gesundheits- (etwa Seuchen), Außenhandels- (wirklicher gegenüber von den Firmen nach Steuerüberlegungen gemeldetem Wert von Exporten), Arbeitslosen-, Einkommens- und sonstigen Statistik.

Für den Forscher beginnt die Dunkelfeldproblematik schon, wenn er für eine Untersuchung eine *Stichprobe* ziehen will. Nimmt er als Grundgesamtheit die statistische Angabe, kann die Dunkelziffer nicht nur bewirken, dass die Stichprobe zu klein wird; wenn das Dunkelfeld nicht dieselbe Struktur hat wie die Gesamtheit (sondern z. B. überwiegend schwerere Fälle erfasst), kann die Stichprobe sogar inhaltlich falsch sein. Dann kommt es nicht nur zu falschen Wirklichkeitsbeschreibungen, sondern auch zu unbrauchbaren *Praxis*empfehlungen.

Die erste Frage ist bei der Dunkelfeldproblematik stets: Wie verlässlich ist die vorliegende Statistik? Eine Faustregel sagt: Je mehr eine Statistikstelle selber Daten unmittelbar erhebt, desto geringer ist die Dunkelziffer; die Dunkelziffer ist desto größer, je mehr negative Folgen mit der Datenangabe verbunden sein können (z. B. Besteuerung bei Einkommensangabe, Quarantäne bei Seuchenmeldung) und desto kleiner, je mehr positive Folgen damit verbunden sind (z. B. mehr Planstellen bei hoher Kriminalitätsbelastung in einem Polizeibezirk oder Arbeitslosengeld bei Arbeitslosmeldung trotz Einkommens aus Schwarzarbeit; hier kann es sogar zu einer »negativen Dunkelziffer« kommen, wenn die Statistik mehr Fälle meldet, als in der Wirklichkeit vorhanden sind). Intersystemische Statistikvergleiche sind wissenschaftlich nur brauchbar, wenn sie ganz genau das Erhebungsverfahren angeben.

Zur Erforschung der Dunkelziffer bedient man sich meistens der *Befragung* einer repräsentativen Bevölkerungsstichprobe, deren Ergebnisse auf die Population des Erhebungsgebiets hochgerechnet und mit den Statistikdaten (desselben Gebiets und Zeitraums) verglichen werden.

Literatur

Leder, Hans-Claus, 1998: Dunkelfeld, Frankfurt a. M. – Schwind, Hans-Dieter, 2009: Kriminologie, 19. Aufl., Heidelberg.

Günter Endruweit

E

Ehe

Die Ehe (engl. marriage) ist eine durch Sitte und/oder Gesetz normierte, auf Dauer angelegte Form gegengeschlechtlicher *Paarbeziehung* eigener Art. Diese eigene Art wird durch eine besondere Binnenstruktur und durch die Zuweisung gesellschaftlicher Funktionen, zumindest der biologischen Reproduktionsfunktion, begründet. Trotz aller kulturellen Unterschiede ist die Ehe überall – wenn auch mit unterschiedlichen Verpflichtungsgraden – als soziale Institution der legitimen Nachkommenssicherung anerkannt. Sie steht zumeist unter öffentlichem Schutz und ist – in mehr oder weniger starkem Maße – öffentlichen Regulierungen unterworfen. Sie begründet Erbfolgen und verlangt – zumindest dem Anspruch nach – von den Partnern und ihren Herkunftsfamilien gegenseitige Hilfeleistung und Kooperation.

Die für die heutige Ehe in fast allen Industriegesellschaften konstitutiven Merkmale der Emotionalität und Intimität ihrer Binnenstruktur und die der relativen Autonomie gegenüber der Herkunftsfamilie sind neuartige Erscheinungen und gelten daher auch keineswegs für die Ehen aller Kulturen. Dass sich die sog. »romantische Liebe« in der westlichen Welt in allen Schichten immer mehr als einzig legitimer Heiratsgrund durchsetzte und zur unhinterfragten sozialen *Norm* für jede Eheschließung wurde, hat die Eheforschung seit langem beschäftigt. Das Konstrukt »romantische Liebe« jedoch wurde erst mit der Entwicklung der *Emotions*soziologie zu einem intensiv behandelten Thema der Soziologie.

Auch in den außereuropäischen Staaten setzt sich die »romantische Liebesehe« allmählich immer stärker durch. Gleichwohl überwiegen quantitativ weltweit die »arrangierten Ehen«. Diese waren – historisch gesehen – auch in unserem Kulturkreis nicht nur im Feudalsystem, sondern überall dort, wo Besitz zu vererben war, üblich. Hiervon sind zu unterscheiden die »Zwangsehen«, in denen Kinder von ihren Eltern gegen ihren Willen verehelicht werden.

Weiterhin bleibt ein wesentliches Strukturmerkmal aller Ehen, auch der modernen, dass sie über das bloße personale Paarverhältnis auf *Familie* verwei-

sen. Denn die Hochzeit, die überall mit bestimmten rituellen Handlungen vollzogen wird, beinhaltet einen Statuswechsel des Brautpaares sowohl im Hinblick auf die Öffentlichkeit als auch innerhalb des Familienverbandes. Die Eheschließung stellt nämlich insofern auch heute noch einen »rite de passage« dar, als mit ihr neue soziale Rollen mit genau festgelegten Rechten und Pflichten übernommen werden: Die Braut wird zur Schwiegertochter, die Mutter zur Schwiegermutter, der Bruder zum Schwager usw. Welche konkreten Folgen bzw. Pflichten und Rechte für die Einzelnen mit der Eheschließung und der Übernahme der neuen sozialen Rollen verbunden sind, ist kulturvariabel und von den bestehenden Verwandtschaftslinien abhängig, ob z.B. ein patri- oder matrilineares oder – wie in unserem Kulturkreis – ein duales Verwandtschaftssystem gegeben ist. Solche durch die Eheschließung zugeschriebenen Rollen werden lebenslänglich erworben und bleiben auch bei Tod des Ehepartners – und bei Ehescheidung neu definiert – sozial relevant. Insofern verweist die Eheschließung immer auf Familie (selbst bei Kinderlosigkeit), die Familie dagegen nicht auf Ehe, z.B. bei Alleinerzieherschaft.

Die Differenz zwischen der Ehe und den heutigen nichtehelichen Lebensgemeinschaften liegt insbesondere auch in dem Nichtbestehen eines sozial regulierten Integrationsprozesses zu den Herkunftsfamilien und der fehlenden öffentlichen Absichtserklärung, die Paarbeziehung mit dem Anspruch der Dauerhaftigkeit erhalten zu wollen. Nichteheliche Lebensgemeinschaften sind in Deutschland überwiegend eine neue Lebensform ohne Verpflichtungscharakter während der Postadoleszenz.

In allen Kulturen gibt es die Möglichkeit der Eheauflösung, zumindest in der Form der Partnertrennung. Die Ehescheidung ist der letzte rituelle oder formal-rechtliche und somit an bestimmte öffentliche Vorschriften gebundene Vollzug der Eheauflösung. In vielen Staaten ist vor der Ehescheidung eine Trennungszeit formal-rechtlich vorgeschrieben. Die Zahl der gerichtlichen Ehescheidungen ist seit Ende des vorigen Jh.s in allen Industrienationen stetig gestiegen. In einigen Staaten wird von allen Ehen bereits wieder die Hälfte durch Scheidung aufgelöst (z.B. in den USA, Kanada), zumindest ein Drittel (z.B. in Deutschland).

In Bezug auf die Eheformen ist zwischen Monogamie und Polygamie zu unterscheiden. Die polygame Ehe ist soziologisch zu definieren als die Mehrfach-Besetzung einer Ehepartner-Rolle, entweder der des Ehemannes (=Polyandrie) oder der der Ehefrau (=Polygynie).

Literatur

Burkhart, Günter, 2001: Liebe am Ende des 20. Jahrhunderts, Opladen. – Lenz, Karl, 2003: Soziologie der Zweierbeziehungen, Wiesbaden. – Nave-Herz, Rosemarie, 1997: Die Hochzeit. Ihre heutige Sinnzuschreibung seitens der Eheschließenden, Würzburg. – Dies., 2006: Ehe- und Familiensoziologie, 2. Aufl., Weinheim/München. – Dies.; Markefka, Manfred (Hg.), 1989: Handbuch der Familien- und Jugendforschung, Bd. I: Familienforschung, Neuwied.

Rosemarie Nave-Herz

Ehre

Begriffserklärung

Die Ehre (engl. honour) ist eine psycho-soziale Gegebenheit, die Simmel zwischen Recht und Moral im Bereich der *Sitte* ansiedelt. Im Deutschen bezeichnet der Begriff Ehre ein Doppelphänomen, das sowohl die Subjekt- wie auch die Objekt-Perspektive erfasst: als subjektive Ehre meint sie das Selbstwertgefühl eines Menschen, Selbstachtung, *Anstand*, Redlichkeit, Glaubwürdigkeit, *Integrität*; als objektive Ehre die Ehrerbietung und Wertschätzung, die jmdm. vom Sozium entgegengebracht wird: *Ansehen, Anerkennung, Respekt, Reputation,* guter Ruf (Leumund). Als übergeordnete philosophische Kategorie gilt *Würde*, die den Menschen als vernunftbegabtes und zu moralischem Handeln fähiges Gattungswesen gegenüber dem Tier auszeichnet.

Historischer Wandel

»Nicht die Ehre ist veränderlich, sondern das, worin die Menschen ihre Ehre setzen« (Scheler). Was heutzutage ein Gebot der *Höflichkeit* und der guten *Manieren* ist, z. B. jemandem den Vortritt lassen, war in der vertikal differenzierten Gesellschaft eine Frage der Ehre (s. den Königinnen-Streit im »Nibelungenlied«). Signifikant ist etwa auch der Bedeutungswandel des Begriffs »unehrlich« von einer sozialen Kategorie zu einem mentalen Attributivum: »Unehrlich« bedeutet heute »unaufrichtig«, während man in der ständischen Gesellschaft unter »unehrlichen Leu-ten« die marginalisierte Gruppe der Fahrenden, Prostituierten, Henker, Abdecker und anderer Stigmatisierter verstand. Auch wenn die Ehre in der funktionalen Massengesellschaft gleichberechtigter Staatsbürger ihr ausgeprägtes soziales und kulturelles Profil eingebüßt hat, ist sie in Alltagsbereichen (etwa im Sport) und beim Staatszeremoniell noch von gewisser Relevanz; sie besitzt jedoch keine Geltung mehr als zentraler normativer Wert. Der Wandel im Begriffsumfang der Ehre besteht i.W. darin, dass die nichtverantworteten Eigenschaften einer Person (Abkunft, Alter, Geschlecht) sowie die Stellung im Gesellschaftsgefüge als Kriterien adäquater Ehrezuweisung an Gewicht verloren, während persönliche Leistung und Moralität als Prüfstein für Ehrbarkeit zu Dominanz gelangten. Gleichzeitig gingen moralitätsunabhängige Charakteristika der Ehre in Begriffe wie *Prestige, Status* und *Image* ein.

Kulturspezifische Dimensionen

Die europäische Ständegesellschaft prägten öffentliche Ehrenstrafen (Pranger etc.) und (seit dem 16. Jh.) Duelle, während in Japan die Familienehre durch rituellen Selbstmord (Seppuku bzw. Harakiri) restituiert werden konnte. Den vom indischen *Kasten*wesen ausgeschlossenen »Unberührbaren« entsprachen in etwa die »unehrlichen Leute«. In patriarchalischen Milieus traten und treten Blut*rache* oder der sogenannte Ehrenmord (literarisiert z. B. in Lessings »Emilia Galotti«) als Form von Selbstjustiz auf. Zugrunde liegt eine somatische Auffassung von Ehre, deren Berechtigung mit zunehmender Aufgeklärtheit in Zweifel gezogen wird.

Aktualität der Ehre

Weniger die Modernität der Ehre (Vogt) steht zur Debatte, sondern vielmehr die Frage ihres Fortbestehens in der Gegenwart. Im Gegensatz zur »völkischen Ehre« im Nationalsozialismus und der Gleichsetzung von Ehre und Parteitreue in sozialistischen Staaten wird in rechtsstaatlichen Systemen Würde (Menschenwürde) als Grund für die Ehrbarkeit des Menschen angesehen. Neben dem im Grundgesetz Art. 1, 2 und 5 verankerten oder aus diesen abzuleitenden Recht der persönlichen Ehre gibt es in der Bundesrepublik einen strafrechtlichen Schutz vor Beleidigung (StGB §§ 185–200) und einen zivilrechtlichen Ehrenschutz (BGB §§ 823, 824, 826).

Zu konstatieren sind ein ausgeprägter Gabentausch in Form von Ordens- und Preisverleihungen, Selbstehrung durch Stiftungen, Ahndung des »unehrenhaften und berufswidrigen« Handelns von Journalisten (Pressekodex Ziffer 15) sowie Affären um das ehrlose Verhalten von Politikern, Wirtschaftsführern oder Wissenschaftlern (*Korruption, Plagiat*) bzw. deren Klagen gegen Rufmord (*Diffamierung*).

Der Rufschädigung im Internet mittels weltweiter digitaler Anprangerung (Cyber-mobbing etc.). wird durch Online-Reputationsmanagement begegnet.

Literatur

Burkhart, Dagmar, 2006: Eine Geschichte der Ehre, Darmstadt. – Scheler, Max, 1957: Über Scham und Schamgefühl. Ges. Werke, Bd. 10, Bern. – Simmel, Georg, 1922: Soziologie, 2. Aufl., München/Leipzig (1908). – Speitkamp, Winfried, 2010: Ohrfeige, Duell und Ehrenmord, Stuttgart. – Vogt, Ludgera, 1999: Die Modernität der Ehre; in: Ethik und Sozialwissenschaften 10, H. 3, 335–344, 384–393, dazu 20 Kritikartikel, 345–383.

Dagmar Burkhart

Ehrenamt

Unter Ehrenamt (engl. volunteering) versteht man eine produktive Tätigkeit, die freiwillig und unentgeltlich geleistet wird und die der Förderung der Allgemeinheit dient. Eine Tätigkeit wird dann als **produktiv** bezeichnet, wenn die Leistung prinzipiell auch von Dritten gegen Bezahlung erbracht werden könnte. Der Aspekt der **Freiwilligkeit** ist wichtig, um das Ehrenamt abgrenzen zu können von verpflichtenden Tätigkeiten, wie den Arbeitsgelegenheiten für ALG II-Empfänger (Ein-Euro-Jobs) oder unbezahlten Praktika im Rahmen einer Ausbildung. Das Kriterium der **Unentgeltlichkeit** bedeutet, dass zwar Kostenersatz für Ausgaben (z. B. Fahrtkosten) oder auch Pauschalen (wie die Übungsleiterpauschale im Sport) geleistet werden können, dass aber nicht wie bei der Erwerbsarbeit der geleistete Zeitaufwand abgegolten werden darf. Das Kriterium der **Förderung der Allgemeinheit** dient der Abgrenzung gegenüber Familienarbeit, wie beispielsweise Pflegeaufgaben für Angehörige innerhalb oder außerhalb des eigenen Haushalts. Es schließt nicht aus, dass die ehrenamtlich tätige Person auch selbst Nutzen aus ihrer Tätigkeit ziehen darf. Das wird häufig der Fall sein, da von einem Motivmix der Ehrenamtlichen auszugehen ist, der neben altruistischen auch egoistische Motive umfasst; ein Grenzfall, bei dem kontrovers diskutiert wird, ob es sich um Ehrenamt handelt, sind Selbsthilfegruppen. Ehrenamt findet in seiner **formellen** Form in Vereinen und Verbänden statt. Darüber hinaus ist umstritten, ob auch **informelle** *Freiwilligenarbeit* außerhalb solcher Organisationsformen, wie beispielsweise Nachbarschaftshilfe, dem Ehrenamt zugerechnet werden sollte. Eine passive Mitgliedschaft in einem Verein sowie Geldspenden sind nicht als Ehrenamt zu bezeichnen.

Der Begriff des Ehrenamts stammt aus dem 19. Jh. und betraf einerseits administrativ politische Ehrenämter, andererseits humanitär und karitativ christliche Hilfstätigkeiten gegenüber Armen. Heute wird alternativ auch von Freiwilligenarbeit bzw. *bürgerschaftlichem Engagement* gesprochen, wobei sich die Bezeichnung der Freiwilligenarbeit bewusst stärker an dem englischsprachigen Begriff des Volunteering orientiert.

Theoretisch ist das Ehrenamt vor allem mit dem Begriff des **Sozialkapital**s verbunden. Nach dem politikwissenschaftlichen Verständnis von Sozialkapital erhöht das ehrenamtliche Engagement in einer Region das Sozialkapital derselben, was wiederum mit der wirtschaftlichen Prosperität der Region in Verbindung gebracht wird. Die soziologische Perspektive betrachtet Sozialkapital als individuelle Ressource; im Ehrenamt wird vor allem die Anzahl schwacher sozialer Bindungen erhöht, denen eine positive Funktion beispielsweise bei der sozialen *Integration* zugesprochen wird.

Literatur

Dathe, Dietmar, 2005: Bürgerschaftliches Engagement; in: SOFI et al. (Hg.): Berichterstattung zur sozioökonomischen Entwicklung in Deutschland. Arbeit und Lebensweisen, Wiesbaden, 455–480. – Gensicke, Thomas et al., 2005: Freiwilliges Engagement in Deutschland 1999–2004, Wiesbaden.

Susanne Strauß

Eigentum

Die Definition von Eigentum (engl. property) kann unterschiedlich eng bzw. weit erfolgen: Im weitesten Sinne lässt sich Eigentum als auf knappe Güter bezogenes Handlungspotenzial in einer sozialen Umwelt verstehen (Krüsselberg) oder eingegrenzter als rechtlich geschützte Ansprüche bzw. Verfügung über knappe Güter. In juristisch eingegrenzter Definition ist Eigentum das weitgehendste Verfügungsrecht über Sachen und Rechte, wobei zwischen **Besitz** und Eigentum zu trennen ist: Während mit Besitz die tatsächliche Verfügungsgewalt angesprochen ist, beinhaltet Eigentum die höchste Verfügungsmacht über eine Sache. Eine zentrale Unterscheidung ist die in **Privateigentum** und **Kollektiveigentum**. Damit ist deutlich gemacht, dass nicht bezüglich aller knappen Güter in einer sozialen Umwelt privates Einzeleigentum möglich oder gesellschaftlich akzeptabel erscheint: Dies kann einerseits mit der Unteilbarkeit des Gutes zusammenhängen (»die Luft zum Atmen«), kann andererseits aber auch eine politische Entscheidung sein: In sozialistischen Gesellschaften etwa ist festgelegt, dass Eigentum an Produktionsmitteln im Regelfall kollektiv verankert ist. Der französische Frühsozialist Proudhon verurteilte die zu seiner Zeit bestehende Eigentumsverfassung sogar mit dem Verdikt »Eigentum ist Diebstahl«.

Eigentum hat verschiedene **Funktionen**. So ist mit Eigentum Verfügbarkeit und ein Zuwachs an Handlungsspielraum verbunden. Eigentum macht damit die Person z. B. unabhängiger von sonstigen Rahmenbedingungen (z. B. davon, zur Existenzsicherung täglich seine Arbeitskraft anbieten zu müssen). Des Weiteren bedeutet Eigentum »soziale Sicherheit«. In dem Maße, wie Eigentum unterschiedlich konvertibel ist (Geldeigentum vor allem; Eigentum an Grund und Boden je nach Marktlage; Eigentum an einer »Idee«, die erst noch zu erproben ist, am wenigsten), beinhaltet dies auch Sicherung der zukünftigen Existenz. Gerade in sozialer Hinsicht beinhaltet Eigentum auch einen Zuwachs an *Prestige*, ist somit eine wesentliche Teildimension für relative Rangpositionen und die soziale *Position*szuweisung der Person.

In dem Maße, wie Eigentum nicht ausschließlich und selbst genutzt wird, ist damit eine Delegation von Eigentumsbefugnissen verbunden. So ist die Trennung zwischen Eigentum (des Unternehmers) und Verfügung über Produktionsmittel (durch den Arbeitnehmer) das durchgängige Prinzip der Wirtschaftsstruktur heutiger (westlich/kapitalistischer) *Industriegesellschaft*en. In großen Wirtschaftsunternehmen ist die Rolle des *Manager*s ein herausragendes Beispiel für weitreichende Entscheidungen auf der Basis von delegierten Eigentumsbefugnissen. Bezieht man die in der Theorie der »property rights« sowie in den sozialwissenschaftlichen *Austauschtheorien* zentrale Annahme des selbstinteressierten Handelns hier in die Überlegungen ein, so ist abzuleiten, dass die Ziele des Managers partiell anders gelagert sind als die Ziele des Eigentümers. Damit zeichnet sich bei delegierten Eigentumsbefugnissen grundlegend das Problem der *Kontrolle* ab. Die Delegation erscheint nur in dem Maße (ökonomisch) sinnvoll, wie die Kontrollkosten nicht die Gewinne aus der Delegation aufzehren. Delegation bedeutet durchweg eine Verdünnung von Eigentumsrechten. Je nach Sachkategorie bzw. nach Nutzercharakteristik können hohe Sicherungskosten entstehen; diese sind umso niedriger, je weniger Eigentumsrechte bestritten werden, je funktionaler Rechtspflege und Gerichtsbarkeit organisiert sind, je eindeutiger das Staatsmonopol zur Sicherung von Eigentumsrechten gegeben und allgemein anerkannt ist.

Literatur

Badura, Peter, 1998: Freiheit und Eigentum in der Demokratie, Köln. – Bieszcz-Kaiser, Antonia (Hg.), 1994: Transformation – Privatisierung – Akteure, München. – Engerer, Hella, 1997: Eigentum in der Transformation, FU Berlin. – Hauck, Ernst, 1987: Wirtschaftsgeheimnisse – Informationseigentum kraft richterlicher Rechtsbildung? Berlin. – Heinsohn, Gunnar, 1996: Eigentum, Zins und Geld, Berlin. – Kessler Rainer; Loos, Eva (Hg.), 2000: Eigentum: Freiheit und Fluch, Gütersloh. – Krüsselberg, Hans-Günter 1977: Die vermögenstheoretische Dimension in der Theorie der Sozialpolitik; in: Kölner Zeitschrift für Soziologie und Sozialpsychologie, Sonderheft 19, 232–259. – Roggemann, Herwig (Hg.), 1996: Eigentum in Osteuropa, Berlin. – Stehr, Nico, 1994: Arbeit, Eigentum und Wissen, Frankfurt a.M. – Tomuschat, Christian (Hg.), 1996: Eigentum im Umbruch, Berlin. – Wengorz, Lars H., 2000: Die Bedeutung von Unternehmertum und Eigentum für die Existenz von Unternehmen, Frankfurt a.M.

Thomas Kutsch

Einstellung

Wenn wir mit dem Begriff »Einstellung« (engl. attitude) konfrontiert werden, können wir uns unmittelbar eine inhaltliche Vorstellung davon machen, was gemeint ist. Man denkt vielleicht an die Einstellung zu Politikern oder die Einstellung zu gesunder Ernährung oder evtl. auch an die Einstellung zu bestimmten Produkten im Smartphone-Bereich. Die Verwendung des Begriffs der sozialen Einstellung – im Unterschied zu der Einstellung, die an einer mechanischen Vorrichtung vorgenommen wird – beruht auf dem bekannten Werk »The Polish peasant in Europe and America« der Soziologen William Thomas und Florian Znaniecki von 1918. Einstellungen bilden soziale Gegebenheiten ab. Sie werden sowohl von individuellen Präferenzen als auch von gesellschaftlichen *Wert*en beeinflusst. In der Regel hat eine Person eine Vielzahl von Einstellungen, die zusammengenommen ihre Einstellungsstruktur bilden. Diese dient als soziales Orientierungsschema. Damit ist gemeint, dass Einstellungen die Person darüber informieren, was sie vermeiden muss und wem sie sich annähern kann. Einstellungen sind *emotion*al aufgeladen: **Negative** Einstellungen verweisen auf Sachverhalte, die die Person schwächer oder stärker ablehnt, während **positive** Einstellungen auf Gegebenheiten deuten, die die Person mit Freude erwartet.

Einstellungsobjekt

Eine Einstellung ist ein evaluatives Summenurteil über ein Objekt, das kognitive, affektive und behaviorale Komponenten beinhalten kann (Bierhoff/ Frey 2011, 304). Wenn von einem evaluativen Summenurteil gesprochen wird, soll damit zum Ausdruck gebracht werden, dass die Person das Einstellungsobjekt auf verschiedenen Dimensionen bewertet und dass der Einstellung die Summe dieser Bewertungen des Einstellungsobjekts zugrunde liegt. Betrachten wir z. B. ein Produkt wie das Smartphone der Marke X. Die Benutzerin kann es im Hinblick auf sein Design, seinen Preis, seine Beständigkeit, seine Benutzeroberfläche und weitere Aspekte bewerten. Diese **Meinungen** werden in der Einstellung zu dem Smartphone X zusammengefasst. Somit sind Einstellungen Zusammenfassungen, die in einer kurzen Aussage einen komplexen Sachverhalt wiedergeben und sowohl leicht im Gedächtnis gespeichert werden als auch als Handlungsanweisung benutzt werden können.

Es besteht in der Tendenz ein positiver Zusammenhang zwischen Einstellung und *Verhalten*, der substantiell ist, wenn die Einstellungsmessung in ihrem Abstraktionsniveau mit der Verhaltensmessung übereinstimmt. Die Einstellungsmessung erfolgt in der Regel durch die Bewertung eines Einstellungs-Objekts auf einer Urteilsskala. Ein Beispiel lautet: ›Das Smartphone X ist gut ------- schlecht‹. Zusätzlich wird auch auf implizite Einstellungsmessungen zurückgegriffen, bei denen der Zweck der Messung für den Teilnehmer nicht transparent ist. Ein Beispiel ist der Implizite-Assoziations-Test.

Einstellungen beziehen sich häufig auch auf die eigene Person. Dann spricht man von Selbstbewertung. Andere Einstellungen, die den Blickwinkel auf bestimmte Personengruppen verzerren, werden *Vorurteile* genannt. Wenn die Einstellung auf einzelne Personen gerichtet ist, spricht man von Sympathie und Antipathie. In der Regel wird zwischen einer bewertenden, einer kognitiven und einer Verhaltenskomponente der Einstellung unterschieden (Drei-Komponenten-Modell der Einstellung).

Diese Unterscheidung lässt sich an dem Einstellungsobjekt Smartphone veranschaulichen. Wir hatten schon gezeigt, wie die bewertende Komponente gemessen wird. Die kognitive Komponente bezieht sich auf Meinungen über die Vor- und Nachteile des Smartphones. Diese beziehen sich z. B. auf Design, Preis, Beständigkeit und Benutzeroberfläche. Um die Meinung über diese Attribute direkt zu erfassen, kann man Feststellungen vorgeben wie: »Das Design von Smartphone X ist überhaupt nicht ------- sehr gelungen«. Schließlich können auch Verhaltensabsicht und tatsächliches Verhalten erfasst werden. Die Verhaltensabsicht beinhaltet die subjektive Wahrscheinlichkeit dafür, Smartphone X zu kaufen, während die Erfassung des offenen Verhaltens den Bericht über den Kauf des Smartphones betrifft.

Einstellungen haben bestimmte **Funktionen**. Sie beinhalten Wissen, das es erlaubt, Probleme zu lösen. Darüber hinaus dienen sie der sozialen Anpassung in einer gegebenen kulturellen Umwelt. Sie haben eine Wert-Ausdrucksfunktion, da sie bestimmte Präferenzen der Person kennzeichnen, und sie können der Funktion der Ich-Abwehr dienen, indem z. B. durch positive Einstellungen gegenüber

Minderheiten Schuldgefühle gemildert werden, die durch die gesellschaftliche Benachteiligung dieser Minderheiten ausgelöst werden.

Vertrauen

Im Folgenden werden zwei wichtige Themen der Sozialwissenschaft angesprochen, die eng mit Einstellungen zusammenhängen: *Vertrauen* und subjektives Wohlbefinden. Vertrauen beinhaltet eine Einstellung gegenüber anderen Personen, die von deren wahrgenommener Glaubwürdigkeit und Ehrlichkeit abhängt. Hohes Vertrauen in die Information, die eine andere Person gibt, reduziert die Unsicherheit darüber, ob die andere Person wahrheitsgemäß Auskunft gibt. Vertrauensvorschuss ist aber auch mit einem Risiko der Enttäuschung verbunden.

Hohes Vertrauen reduziert die Komplexität der sozialen Welt auf ein überschaubares Ausmaß (Luhmann 1973). Die Unsicherheit, die in der Zukunft liegt, wird durch Vertrauen verringert. Denn objektive (und möglicherweise lähmende) Unsicherheit wird in subjektive Sicherheit umgewandelt, die es der Person ermöglicht, die Initiative zu ergreifen und zu handeln. Die subjektive Sicherheit kann sich auf den Umgang mit Personen oder Systemen (wie Medien) beziehen und ist nicht weiter ableitbar (Giddens 1991). Vertrauen ist eine implizite soziale Orientierung, die auf einzelne Personen, Organisationen oder politische Systeme gerichtet ist. Die Entwicklung einer sicheren Bindung zu den Eltern trägt wesentlich zum Aufbau von Basisvertrauen bei. Während sichere Bindung mit hohem Vertrauen gegenüber der Bezugsperson einhergeht, hängt unsichere Bindung mit geringem Vertrauen zusammen.

Glück und subjektives Wohlbefinden

Einer der am meisten untersuchten Einstellungs-Inhalte ist die Einstellung zum eigenen Leben. Die bewertende Einschätzung des eigenen Lebens bezieht sich auf das Lebens*glück*. In empirischen Untersuchungen wird Lebensglück häufig als subjektives *Wohlbefinden* erfasst, das die Bewertung des eigenen Lebens betrifft, die sich entweder auf den Augenblick oder auf einen bestimmten Lebensabschnitt bezieht (Frey/Bierhoff 2011). Ein Beispiel ist die Beantwortung der Frage: »Auf einer Skala von 1 (unzufrieden) bis 10 (zufrieden), wie zufrieden sind Sie gegenwärtig mit Ihrem Leben insgesamt?«

Glück ist subjektiv und stellt eine individuelle Erfahrung dar, die für jede Person besonders sein kann. Daher ist streng genommen das Glück der einen Person nicht vergleichbar mit dem der anderen. Vergleichbarkeit wird dadurch hergestellt, dass der Glückszustand sprachlich beschrieben oder auf einer Urteilsskala eingeschätzt wird. Die Einschätzung des Glücks wird sowohl durch aktuelle Gefühle als auch durch die allgemeine Lebenszufriedenheit beeinflusst. Die aktuellen Gefühle sind von dem Kontext abhängig, in dem sie auftreten. Wie Dostojewski eindrucksvoll geschildert hat, kann der Vorgang zu baden ein Erlebnis höchsten Glücks sein, wenn man Gefangener in einem russischen Gulag ist.

Subjektives Wohlbefinden hängt eng mit Beziehungszufriedenheit, Vertrauen und Commitment an die *Partnerschaft* zusammen (Rohmann 2008). Unter glücklichen Menschen finden sich nur wenige, die keinen romantischen Partner haben. Von hohem subjektivem Wohlbefinden kann eine Aufwärtsspirale des Denkens und Handelns ausgehen, die sich ihrerseits wieder positiv auf das Wohlbefinden auswirkt.

Der Begriff des *Glück*s kann sehr oberflächlich oder auch tiefergehend verstanden werden. Grundsätzlich lassen sich drei Ebenen unterscheiden:

1) Vergnügen, das sich kurzfristig ergibt, weil ein erfreuliches Ereignis eingetreten ist (z. B. das Erlebnis eines sonnigen Vormittags während eines Besuchs im Park)
2) Eudämonie. Unter diesem Begriff der Griechen, der so viel wie »Gelingen« bedeutet, versteht man ein tugendhaftes Leben, das das eigene Potenzial ausschöpft. Das Leben »blüht auf« (engl. flourish). Die Philosophie von Sokrates, Platon und Aristoteles lassen sich diesem Glücksbegriff zuordnen.
3) Flow bezeichnet ein Engagement für eine Aufgabe, das als erfüllend erlebt wird. Man widmet sich einer Aufgabe voll und ganz, vergisst Zeit und Umgebung und geht in der Tätigkeit auf. Die Erfüllung, die auf diese Weise erlebt wird, erzeugt das Gefühl, glücklich zu sein.

Literatur

Bierhoff, Hans-Werner; Frey, Dieter, 2011: Sozialpsychologie. Individuum und soziale Welt, Göttingen. – Frey, Dieter; Bierhoff, Hans-Werner, 2011: Sozialpsychologie. Interaktion und Gruppe, Göttingen. – Giddens, Anthony, 1991:

Modernity and self-identity, Stanford, CA. – Luhmann, Niklas, 1973: Vertrauen, Stuttgart. – Rohmann, Elke, 2008: Zufriedenheit mit der Partnerschaft und Lebenszufriedenheit; in: Dies. et al. (Hg.): Sozialpsychologische Beiträge zur Positiven Psychologie, Lengerich, 93–117.

Hans-Werner Bierhoff/Elke Rohmann

Einzelfallstudie

Die Einzelfallstudie (engl. case study) stellt die genaue Beschreibung eines Falls dar (Ragin/Becker 1992). Einzelfallstudien werden meist mit *qualitativen,* aber auch mit *quantitativen Methoden* durchgeführt (Yin 2009, Flick 2009). »Fall« kann sich auf Personen, Gemeinschaften (z. B. Familien), Organisationen und Institutionen (z. B. Unternehmen) beziehen. Zentral für die Beurteilung von Einzelfallstudien ist, wofür der Fall und seine Analyse stehen und was an ihm verdeutlicht werden soll: Geht es um die einzelne Person (Institution etc.)? Ist die Person typisch für eine bestimmte Teilgruppe der Studie? Steht der Fall für eine spezifische professionelle Perspektive? Nach welchen Kriterien wurde der Fall ausgesucht zur Erhebung, Analyse und Darstellung der Daten? Forschungsstrategisch entscheidend sind für Einzelfallstudien die Identifikation eines für die Untersuchung aussagekräftigen Falls und die Klärung, was zum Fall gehört und welche Methoden seine Analyse erfordert. Bei einer Einzelfallstudie zum Verlauf der chronischen Erkrankung eines Kindes: Reicht es, das Kind im Behandlungskontext zu beobachten? Sollte der Familienalltag beobachtet werden? Müssen Lehrer oder Mitschüler befragt werden? Einzelfallstudien verwenden häufig mehrere Erhebungsmethoden (z. B. *Interviews, Beobachtungen, Dokumentenanalyse*n). Hermeneutische Interpretationen in *qualitativer Forschung* arbeiten oft zunächst mit Einzelfallstudien (ein Gespräch, Dokument oder Interview). Einzelfallstudien werden auch zur Illustration einer vergleichenden Studie verwendet, um Zusammenhänge zwischen verschiedenen Themenbereichen zu zeigen. So findet sich eine Reihe von Einzelfallstudien neben einer thematisch gegliederten fallübergreifend vergleichenden Darstellung in einer Studie zur Gesundheit obdachloser Jugendlicher (Flick/Röhnsch 2008).

Literatur

Flick Uwe, 2009: Sozialforschung – ein Überblick für die BA-Studiengänge, Reinbek. – Flick, Uwe; Röhnsch, Gundula, 2008: Gesundheit auf der Straße. Vorstellungen und Erfahrungsweisen obdachloser Jugendlicher, Weinheim. – Ragin, Charles; Becker, Howard (Hg.), 1992: What is a Case? Exploring the Foundations of Social Inquiry, Cambridge. – Yin, Robert, 2009: Case Study Research – Design and Methods, 4th. Ed., Thousand Oaks.

Uwe Flick

Elite

Unter Elite (engl. elite) versteht man im allgemeinen Sprachgebrauch eine durch besondere Merkmale aus der Gesamtbevölkerung herausgehobene Personengruppe. Man verwendet den Begriff sowohl für herausragende Sportler und Wissenschaftler als auch für Spitzenpolitiker und Topmanager. In der sozialwissenschaftlichen Eliteforschung fällt die Definition enger aus. Zur Elite zählen ihr zufolge im Wesentlichen nur diejenigen Personen, die (in der Regel qua Amt oder, im Falle der Wirtschaft, qua Eigentum) in der Lage sind, durch ihre Entscheidungen gesellschaftliche Entwicklungen maßgeblich zu beeinflussen. Die vier zentralen Eliten kommen deshalb aus den Bereichen Wirtschaft, Politik, Verwaltung und Justiz. Sie haben in dieser Hinsicht den größten Einfluss.

Der Elitebegriff (élire=auswählen), erstmals im 17. Jh. erwähnt, wurde ab dem 18. Jh. vom aufstrebenden französischen Bürgertum als demokratischer Kampfbegriff gegen die traditionellen Vorrechte von Adel und Klerus eingesetzt. Die individuelle Leistung sollte statt der familiären Abstammung zum entscheidenden Kriterium für die Besetzung gesellschaftlicher Spitzenpositionen werden. Ende des 19. Jh.s veränderte sich der Gebrauch des Begriffs grundlegend. Elite wurde nun nicht mehr als Gegenpol zum Adel, sondern als Gegenpol zur *Masse* verstanden. Das Bürgertum definierte Elite, als die es sich selbst begriff, in Abgrenzung zur (aus seiner Sicht) ungebildeten und unkultivierten Masse.

Die drei Soziologen Mosca, Pareto und Michels formulierten vor diesem gesellschaftlichen Hintergrund ihre klassischen Elitetheorien. In dem Gegensatz von Elite und Masse sehen sie ein allgemein gültiges Prinzip der Menschheitsgeschichte. Erstere verfüge über die materiellen, intellektuellen und psychologischen Fähigkeiten, die zur Ausübung von *Macht* und damit zur *Herrschaft* erforderlich seien, Letztere nicht. Die klassischen Elitetheorien bildeten eine wichtige ideologische Grundlage für den Faschismus.

Seit dem Zweiten Weltkrieg wird der Begriff Elite überwiegend funktionalistisch definiert. Der Ansatz von den **Funktionseliten** besagt, dass es in modernen Gesellschaften keine einheitliche Elite oder gar herrschende *Klasse* mehr gibt, sondern nur noch einzelne, miteinander konkurrierende funktionale Teileliten an der Spitze der wichtigen gesellschaftlichen Bereiche. Der Zugang zu diesen Eliten stehe prinzipiell jedermann offen, weil die Besetzung von Elitepositionen im Wesentlichen nach Leistungskriterien erfolge.

Die funktionalistischen Elitetheorien sind in der Soziologie allerdings nicht unumstritten. So weisen z. B. Mills und Bourdieu darauf hin, dass es auch in der heutigen Gesellschaft keine Vielzahl voneinander unabhängiger und prinzipiell gleichrangiger Teileliten gebe, sondern eine einzige Macht-Elite bzw. herrschende Klasse, die trotz ihrer internen Differenzierung einen starken inneren Zusammenhalt aufweise. Außerdem haben empirische Untersuchungen gezeigt, dass die soziale Herkunft immer noch entscheidend für den Zugang zu den Eliten ist.

Literatur

Dreitzel, Hans P., 1962: Elitebegriff und Sozialstruktur, Göttingen. – Hartmann, Michael, 2004: Elitesoziologie, Frankfurt a. M. – Ders., 2007: Eliten und Macht in Europa, Frankfurt a. M. – Mills, C. Wright, 1962: Die amerikanische Elite, Hamburg.

Michael Hartmann

Emanzipation

Emanzipation (engl. emancipation) bezieht sich im sozialwissenschaftlichen Sprachgebrauch auf jene Vielzahl historisch spezifischer, zumeist generationenübergreifender *sozialer Prozesse*, in denen sich *Individuen* bzw. *Gruppen* aus wirtschaftlichen, sozialen oder kulturellen Zwangs- und Abhängigkeitsverhältnissen selbst befreien.

Emanzipationsprozesse treiben zumeist Individuen bzw. Gruppen voran, zu deren Gunsten sich das gesellschaftliche *Macht*gefüge im *sozialen Wandel* zu verändern beginnt bzw. verändert hat und die ihr Machtpotential in einer Stärkung ihrer *Position* nun auch realisieren wollen. Emanzipationsprozesse sind im Kern Auseinandersetzungen zwischen machtstärkeren (im Extremfall: *Etablierten*-) und machtschwächeren (im Extremfall: *Außenseiter*-, *Rand*-) *Gruppen*, bei denen die Mitglieder der Letzteren gegen ihren mehr oder minder starken Ausschluss von ökonomischen Ressourcen, sozialen Chancen, politischen Rechten und kultureller Teilhabe kämpfen. Die Kampfmittel reichen von Aufständen, Demonstrationen, Agitation, Boykott, Sabotage bis hin zum Einsatz geeigneter, die Emanzipation legitimierender Theorien, Philosophien, Utopien oder Ideologien. In dem Maße, in dem die Emanzipation einer sozialen Gruppe vorangetragen und damit die *Sozialstruktur* bzw. die Machtkonfiguration verändert wird, kann u. U. die Ausgangssituation für die Emanzipation einer anderen Gruppe erst geschaffen werden. Emanzipationsprozesse können evolutionären sozialen Wandel bewirken, indem sie sich funktional-integrativ noch in die bestehende Sozialstruktur einfügen. Andere Emanzipationsbewegungen zielen auf radikale Veränderung der bestehenden (z. B. Eigentums-) Verhältnisse und damit auf revolutionären sozialen Wandel ab. Analysiert man einzelne historische Emanzipationsbewegungen, hat man somit detailliert den folgenden **Grundfragen** nachzugehen: Welche *Gruppe*, *Schicht* oder *Klasse* trägt den Emanzipationsprozess und wie ist ihre Einbindung in das Machtgefüge? Warum und wohin verändert sich die Struktur dieser Konfiguration von Macht und *sozialer Ungleichheit*? Von welchen Machtquellen bzw. Ressourcen ist bzw. war diese Gruppe in welchem Maße ausgeschlossen und welches sind daher die Ziele des Emanzipationsprozesses? Welcher Mittel bedient sie sich zum Vorantreiben der Emanzipation?

Wie Grass und Koselleck (1975) im Einzelnen darstellen, beginnt die Karriere des Begriffs mit der Proklamation von Menschenrechten in Europa und Nordamerika, mit der *Aufklärung*, mit dem Kampf des *Bürgertums* gegen feudale, absolutistische, ständische Vorrechte in den bürgerlichen Revolutionen des 18. und 19. Jh.s. Das Bürgertum, dem zunehmend ökonomische Chancen und Funktionen zuwachsen, fordert nun Staatsbürgerrechte ohne Rücksicht auf Geburt und Stand. Verschränkt mit diesem Prozess kommt im Deutschland der ersten

Hälfte des 19. Jh.s auch die Emanzipation der Juden mit dem Ziel ihrer politischen, ökonomischen und religiösen Gleichstellung voran.

Die **Frauenemanzipation** hat ihre Ursprünge im späten 18. und frühen 19. Jh. ebenfalls darin, dass zunächst von einigen bürgerlichen Intellektuellen politische und soziale Gleichstellung für Frauen gefordert werden. Wie die Industrialisierung, verspätet sich im europäischen Vergleich in Deutschland auch der Beginn einer organisierten *Frauenbewegung*. Es geht zunächst und zentral um die Machtquelle des Zugangs zu Berufsausbildung, zu qualifizierterer Berufstätigkeit und den entsprechenden Arbeitsmärkten über die bestehende unqualifizierte Fabrik-Frauenarbeit hinaus. Das Frauenwahlrecht etwa folgt erst 1919.

Mit dem Entstehen der *Industriegesellschaft* wurde das Bürgertum in Gestalt der »sozialen Frage« mit dem Emanzipationsstreben der **Arbeiterbewegung** konfrontiert, die teilweise die einstmals bürgerliche Forderung nach politischer Gleichstellung (z. B. Aufhebung von Wahlrechtseinschränkungen, Koalitionsfreiheit, Mitbestimmung) aufnahm und damit auf evolutionären Wandel zur Verbesserung der eigenen Position setzte, teilweise unter Übernahme des Marxschen Emanzipationsgedankens revolutionäre Wandlungen einleiten wollte. Für Marx war die erstgenannte Emanzipationsbestrebung (»politische Emanzipation«) »allerdings ein großer Fortschritt, sie ist zwar nicht die letzte Form der menschlichen Emanzipation überhaupt, aber sie ist die letzte Form der menschlichen Emanzipation innerhalb der bisherigen Weltordnung« (Zur Judenfrage, MEW 1, 356). Die vollständige Emanzipation (»menschliche Emanzipation«) liegt für Marx jedoch erst in der Aufhebung des Privateigentums, in der Aufhebung der Entfremdung (vgl. Hartfiel 1975).

Eine wichtige Rolle (vgl. Hartfiel 1975; Greiffenhagen 1973) spielt der Begriff auch in der sozialwissenschaftlichen Theorie- und Methodologiedebatte (*Kritische Theorie* der Frankfurter Schule als Wissenschaft mit »emanzipatorischem Erkenntnisinteresse«), in der *Entwicklungssoziologie* (Emanzipation ehemaliger Kolonial- bzw. Entwicklungsländer), in der *Pädagogik* (»emanzipatorische Erziehung« etwa als Leitbild der Bildungsreformen der 70er Jahre; vgl. Bath 1974 m. w. N.) sowie in der *Psychologie*, in der Jugend- und *Sozialarbeit*.

Literatur

Bath, Herbert, 1974: Emanzipation als Erziehungsziel?, Bad Heilbrunn. – Claußen, Bernhard, 1983: Emanzipation; in: Mickel, Wolfgang W. (Hg.): Handlexikon zur Politikwissenschaft, München. – Grass, Karl Martin; Koselleck, Reinhart, 1975: Emanzipation; in: Brunner, Otto et al. (Hg.): Geschichtliche Grundbegriffe, Bd. 2, Stuttgart, 153–197. – Greiffenhagen, Martin (Hg.), 1973: Emanzipation, Harnburg. – Habermas, Jürgen, 1968: Erkenntnis und Interesse, Frankfurt a. M. – Hartfiel, Günter (Hg.), 1975: Emanzipation – Ideologischer Fetisch oder reale Chance?, Opladen.

Gerhard Berger

Emergenz

Emergenz (engl. emergence) bezeichnet das Auftreten »höherstufiger« Eigenschaften eines Phänomens, die sich von den Eigenschaften der zugrunde liegenden Elemente unterscheiden. Höherstufig kann sich auf das Verhältnis von Ebenen (wie Mikro-Makro) oder von Teil und Ganzem beziehen. Emergenz findet sich vielfältig in allen Bereichen der Wirklichkeit (etwa als V-Form eines Vogelschwarms, im Bewusstsein, das auf neuronalen Prozessen beruht, die selbst nicht über Bewusstsein verfügen), aber auch in der sozialen. Bspw. besitzen Gruppen die Eigenschaft der Gruppengröße, wohingegen die einzelnen Mitglieder keine solche Eigenschaft aufweisen. In diesem Fall ist die höherstufige Eigenschaft auf einfache Weise »reduzierbar« (Gruppengröße = Zahl der Mitglieder der Gruppe). Umstritten ist, ob es Fälle gibt, in denen eine Reduktion der emergenten Eigenschaften des Phänomens prinzipiell nicht möglich ist (häufig als »starke« Emergenz bezeichnet). Wenn Soziales nicht auf biologische oder psychologische Eigenschaften reduzierbar ist, so würde dies die (klassisch von Emile Durkheim formulierte) Annahme stützen, dass soziale Phänomene solche eigener Art (»sui generis«) sind. Daher ist die Emergenzdebatte auch zentral für die Auseinandersetzung um *Individualismus* und *Holismus*.

Literatur

Greve, Jens; Schnabel, Annette (Hg.), 2011: Emergenz, Berlin. – Stephan, Achim, 2007: Emergenz, Paderborn.

Jens Greve

Emotionen

Unter »Emotionen« oder »Gefühlen« (engl. emotions, sentiments, feelings) versteht man die neben dem Denken und Wollen dritte Grundfunktion des *Bewusstsein*s, die die Eigenschaft aufweist, dass sie mit bestimmten *affekt*iven Zuständen verbunden ist. In der Soziologie findet sich eine Vielfalt von Emotionskonzepten, die sich darin unterscheiden, ob sie Emotionen vornehmlich als physiologische, kognitive, kulturelle oder leibliche Zustände betrachten. Die Soziologie analysiert die Zusammenhänge zwischen Emotionen und sozialen Sachverhalten. Ihr Erkenntnisinteresse besteht darin, die Bedeutung von Emotionen für die Genese von sozialen Sachverhalten wie auch umgekehrt die sozialen Bedingungen der Genese von spezifischen Emotionen zu untersuchen. Schon beginnend mit der Gründungsphase der Soziologie werden die wechselseitigen Konstitutionsprozesse von emotionalem Erleben und der Selektion von Handlungen (Max Webers *Idealtypus* des affektiven Handelns), aber auch die Rolle von Emotionen für die Bildung bestimmter sozialer Phänomene (Durkheims Untersuchungen zur kollektiven Efferveszenz) oder Vergesellschaftungsformen in den Blick genommen (Gemeinschaft vs. Gesellschaft). Meist spielt in den klassischen Untersuchungen der Gegensatz von »Emotionalität« und »*Rationalität*« als zwei unterschiedlich reflexiven Formen der Handlungssteuerung eine Rolle. In der heutigen Forschung geht man hingegen oft davon aus, dass Emotionen und Kognitionen oder Emotionalität und Rationalität sich wechselseitig bedingen. Wichtige Forschungsfelder sind die Funktion von Emotionen für die Aufrechterhaltung sozialer Interaktionen (so bspw. in der »Affekttheorie des sozialen Austauschs«), die emotionale Bedeutung von sozialen Diskursen für die Handlungsmodifikation (so in der »Affekt-Kontroll-Theorie«) oder die Rolle von Emotionen bei der Genese von sozialen Bewegungen. Einen Schwerpunkt stellt die Organisations- und *Arbeitssoziologie* dar. Das Konzept der »Emotionsarbeit« weist darauf hin, dass zahlreiche Arbeitstätigkeiten insbesondere im Bereich der Dienstleistungsarbeit vornehmlich eine interaktive, emotionsbezogene Dimension aufweisen.

Literatur

Schnabel, Annette; Schützeichel, Rainer (Hg.), 2012: Emotionen, Sozialstruktur und Moderne, Wiesbaden. – Schützeichel, Rainer (Hg.), 2006: Emotionen und Sozialtheorie, Frankfurt a. M./New York. – Stets, Jan E.; Turner, Jonathan H. (Hg.), 2007: Handbook of the Sociology of Emotions, New York.

Rainer Schützeichel

Empirie

Der Begriff Empirie (engl. empirical, empiricism) ist aus dem Griechischen (empeiria) abgeleitet und bedeutet Sinneserfahrung. Empirie bezeichnet in den Sozialwissenschaften ein auf systematischen Erfahrungen sowie auf theoretischen Modellen basierendes *Wissen*. Empirische Informationen sind damit eine spezifische Form von Aussagen zur Beschreibung der *Wirklichkeit*. Die Gewinnung des empirischen Wissens erfolgt auf der Grundlage wissenschaftlicher Erkenntnisse und ist nicht voraussetzungslos. Somit unterscheidet sich die Empirie sowohl von der Alltagserfahrung als auch von der Theorie und auch von der Praxis.

Empirie und Alltagserfahrung

Während man sich *Alltag*serfahrungen voraussetzungslos, spontan und unsystematisch aneignet, werden die empirischen Aussagen gezielt und systematisch gewonnen. Alltagserfahrungen können jedoch durchaus als Auslöser für die Gewinnung empirischen Wissens fungieren, dies z. B. dann, wenn aufgrund der Alltagserfahrung Lücken im Wissen ausgemacht werden. In den Sozialwissenschaften werden für die Gewinnung empirischen Wissens elaborierte Instrumente eingesetzt. Vor allem mithilfe solcher Methoden wie den *Befragungen*, den *Beobachtungen, den Inhaltsanalysen* und den sozialen *Experimenten* gelingt es, empirische Aussagen zu gewinnen. Die dabei erhobenen Daten müssen, ebenfalls im Unterschied zu den Alltagserfahrungen, bestimmten Anforderungen genügen. So sollen diese vor allem objektiv, reliabel und valide sein. Diese Eigenschaften stellen zugleich wichtige Kriterien der Wissenschaftlichkeit dar, wobei *Objektivität* die intersubjektive Nachvollziehbarkeit der Datengewinnung meint. Wenn unterschiedliche Forscher zu den gleichen Befunden gelangen, so sind diese objektiv. Dritte müssen die Möglichkeit haben, die Gewinnung der Daten nachzuvollziehen. Mit *Reliabilität* wird die Genauigkeit bzw. die Exaktheit einer Messung und mit *Validität* deren *Gültigkeit* bezeichnet. Die Reliabilität kann ermittelt werden mithilfe der Wiederholung einer Messung unter den gleichen Bedingungen. Validität liegt dann vor, wenn bei einer Erhebung auch jener Gegenstand gemessen worden ist, der beabsichtigt war, gemessen zu werden.

Empirie und Theorie

Die Empirie steht in einem engen Zusammenhang mit der *Theorie*. Aufgrund empirischer Erkenntnisse kann es erstens zur Weiterentwicklung des theoretischen Wissens kommen. Opp (1995: 188) spricht von einer notwendigen »empirischen Konfrontation von Theorien.« Zweitens kann aber auch aufgrund des theoretischen Wissens und aufgrund von hier ausgemachten Defiziten gezielt nach neuen empirischen Erfahrungen gesucht werden. Die Theorie geht von daher der Empirie voraus. Dies bedeutet, dass empirische Informationen aufgrund einer gezielten, theoretisch begründeten Auswahlstrategie gewonnen werden. Da es nicht möglich ist, die Wirklichkeit in ihrer Gesamtheit zu erfassen, ist eine gezielte, theoretisch begründete Selektion erforderlich. So gilt es, jene Merkmale der zu untersuchenden Objekte zu bestimmen, die für die Lösung des Problems geeignet sind. In diesem Zusammenhang kommt auch den *Indikator*en eine wichtige Bedeutung zu. Sie stellen die Verbindung zwischen dem theoretischen und dem empirischen Wissen her. Auch die Indikatoren werden aufgrund theoretischer Überlegungen über das Funktionieren der Gesellschaft gebildet. Sie dienen dem Ziel, empirische Informationen zu gewinnen. Empirische Daten werden beispielsweise genutzt, um die in *Hypothesen* enthaltenen Vermutungen zu prüfen und diese dann schrittweise in theoretisches Wissen zu überführen. In dieser Beziehung geht nun die Empirie der Theorie voraus.

Empirie und Praxis

Schließlich gilt es auch, Theorie, Empirie und *Praxis* voneinander abzugrenzen. Trotz der wissenschaftlich begründeten, d.h. theoretisch fundierten Vorgehensweise bei der Gewinnung empirischen Wissens ist dieses nicht unfehlbar. Somit muss sich die Theorie (ausreichend und umfassend) in der Praxis be-

währen. Eine solche Funktion kann von der Empirie nicht wahrgenommen werden. Die Empirie steht damit quasi vermittelnd zwischen Theorie und Praxis. Der Übergang von empirischem oder Erfahrungswissen zum theoretischen Wissen ist zudem fließend. Auch in dieser Beziehung geht die Empirie der Theorie voraus. Theorie und Empirie stehen damit in einem dialektischen Verhältnis. Sie bedingen einander und gehen ineinander über.

Empirismus

Unter *Empirismus* wird eine Denkrichtung bzw. auch eine philosophische Strömung verstanden, bei der alles Wissen lediglich als auf Erfahrungen basierend verstanden wird. Die Empirie wird hier zu der zentralen Quelle der Erkenntnis der Wirklichkeit. Zugleich ignoriert der Empirismus damit jedoch die oben beschriebene theoriegeleitete Forschung zur Gewinnung des empirischen Wissens. Der *Positivismus* knüpft am Empirismus an. Es lassen sich verschiedene Richtungen des Empirismus unterscheiden.

Der logische Empirismus, der vor allem von den Wissenschaftlern des Wiener Kreises (Rudolf Carnap, Hans Reichenbach, Herbert Feigl) entwickelt worden ist, lehnt beispielsweise – im Unterschied zum *Kritischen Rationalismus* – jede Induktionslogik ab. Dem Begriffsempirismus folgend sind alle gehaltvollen Begriffe Erfahrungsbegriffe, während der Aussagenempirismus davon ausgeht, dass es sich bei den gehaltvollen Aussagen um Erfahrungsaussagen handelt. Der naive Empirismus unterstellt, dass Begriffe Abbilder von Sinneserfahrungen sind, und der moderne Empirismus vertritt die Auffassung, dass die Begriffe auf Beobachtungen zurückgeführt werden können. Der reduktionistische Empirismus nimmt gegenüber dem schwachen Empirismus an, dass die Begriffe vollständig auf Beobachtungen zurückgeführt werden können. Schließlich vertritt der dogmatische Empirismus die Auffassung, die empirische Erkenntnis gewährleiste Sicherheit, während der kritische Empirismus die Fehlbarkeit empirischer Aussagen annimmt.

Literatur

Carnap, Rudolf, 1929: Abriss der Logistik, mit besonderer Berücksichtigung der Relationstheorie und ihrer Anwendungen, Wien. – Chalmers, Alan, 2007: Wege der Wissenschaft: Einführung in die Wissenschaftstheorie, 6. Aufl., Berlin. – Gadenne, Volker, 2004: Empirische Forschung und normative Wissenschaftstheorie. Was bleibt von der Methodologie des kritischen Rationalismus? In: Diekmann, Andreas (Hg.): Methoden der Sozialforschung, Sonderheft 44 der Kölner Zeitschrift für Soziologie und Sozialpsychologie, Wiesbaden, 33–50. – Haller, Rudolf, 1993: Neopositivismus. Eine historische Einführung in die Philosophie des Wiener Kreises, Darmstadt. – Opp, Karl-Dieter, 1995: Methodologie der Sozialwissenschaften. Einführung in Probleme ihrer Theoriebildung und praktischen Anwendung, Wiesbaden.

Michael Häder

Entscheidung

Wahl zwischen beziehungsweise Selektion von Alternativen. In der Soziologie werden Entscheidungen (engl. decision) in sozialtheoretischer Perspektive vorwiegend mit Blick auf das soziale *Handeln* der Menschen untersucht – wie (menschliche) Akteure Handlungsoptionen wählen und Entscheidungen treffen. In dieser Sicht geht es vornehmlich darum zu verstehen und zu erklären, wie das Entscheiden »funktioniert«, was genau eine Entscheidung ist, wie Handeln und Entscheiden voneinander zu unterscheiden sind und worin der Zusammenhang zwischen Entscheider/in und Entscheidung besteht. In gesellschaftstheoretischer und -diagnostischer Perspektive wird danach gefragt, wie sich Menschen in historisch-spezifischen Situationen entscheiden und wie sich die Praxis des Entscheidens unter veränderten gesellschaftlichen Bedingungen wandelt. In der Moderne, so beispielsweise Schimank (2005), vervielfältigen sich die Entscheidungsmöglichkeiten und -spielräume, aber auch die Zwänge, Entscheidungen zu treffen. In der soziologischen Theoriebildung werden mit Blick auf das Entscheiden unterschiedliche Ansätze vertreten.

›Entscheidung‹ in Theorien der rationalen Wahl

In der bis heute dominierenden Tradition der *Theorien der rationalen Wahl* wird unter einer Entscheidung der Prozess oder das Ergebnis einer Wahlhandlung verstanden: Eine Entscheidung zu treffen bedeutet, eine Handlungsalternative aus mehreren im Hinblick auf ein bestimmtes Handlungsziel auszuwählen. Modellhaft besteht ein Entscheidungspro-

zess darin, dass der Akteur eine Entscheidungssituation wahrnimmt und deutet, das Entscheidungsproblem definiert, die Entscheidungskriterien möglichst vollständig erfasst, diese in eine stabile und widerspruchsfreie Rangfolge von Prioritäten bringt, sich aller Handlungsalternativen und ihrer Folgen vergewissert und dann im Hinblick auf die Prioritätenordnung und das vorab definierte Ziel die Handlungsoption auswählt, die am besten geeignet ist, das Ziel zu erreichen. Im Anschluss an die Auswahl wird die Entscheidung kommuniziert und umgesetzt; von Beobachtern wird sie als Entscheidung interpretiert und dem Akteur als Entscheidung zugeschrieben. Betont wird dabei a) die Intentionalität der Entscheidung und b) die *Nutzen*orientierung des entscheidenden Akteurs.

Da die zeitlichen Ressourcen und die Informationsverarbeitungskompetenzen menschlicher Akteure begrenzt sind, kann eine vollständige *Rationalität* des Entscheidens unter Abwägung aller Möglichkeiten nicht erreicht werden. Die Rationalität ist vielmehr sowohl mit Blick auf die Entscheidung selbst als auch mit Blick auf das Entscheidungsverfahren begrenzt (»bounded rationality«, March/Simon): Entscheider suchen nicht nach optimalen, sondern nach zufriedenstellenden Lösungen (»satisficing«), wählen die nächstbeste Handlungsalternative (»simple minded search«) und gehen im Entscheiden inkrementalistisch vor (»muddling through«, Lindblom). An einem Entscheidungsprozess können ein oder mehrere Akteure beteiligt sein; das gemeinsame und bewusste Abstimmen einer Entscheidung wird als kollektive Entscheidung bezeichnet. Grundsätzlich bedeutet Entscheiden Handeln unter Unsicherheit – wenn das Ergebnis der Wahl von vornherein feststeht, kann man nicht mehr von einer Entscheidung sprechen: »Nur **die** Fragen, die prinzipiell unentscheidbar sind, können **wir** entscheiden.« (Foerster 1993, 153). Im Rahmen der Annahmen der Theorien rationaler Wahl entwerfen und analysieren spieltheoretische Modelle interaktive Entscheidungssituationen. Sie versuchen, das (rationale) Entscheidungsverhalten der Beteiligten in sozialen Konfliktsituationen zu prognostizieren.

›Entscheidung‹ in weiteren theoretischen Ansätzen

Im Gegensatz zu einer akteur- bzw. handlungstheoretischen Fassung wird aus der Perspektive der neueren *Systemtheorie* Entscheiden nicht als mentaler Akt eines Akteurs verstanden, sondern als spezifische Form der *Kommunikation*. Entscheidungen sind auf Erwartungen reagierendes *Verhalten*, so Luhmann; sie bestehen nicht in der Auswahl einer Alternative, sondern dokumentieren sich an ihr. Nicht der Wille und Entschluss eines denkenden und handelnden Akteurs sind maßgeblich, sondern die Anschlussfähigkeit der Entscheidung an eine andere – und die Tatsache, dass eine Entscheidung ihre eigene Kontingenz thematisiert (Luhmann 1984, 1993, 2005).

Die neuere Forschung der Neurobiologie und der Psychologie betont, dass eine Entscheidung nicht notwendig als kognitive Handlungsvorbereitung zu verstehen ist. Entscheidungen fallen vielmehr automatisch, gefühlsmäßig oder intuitiv; sie sind die Folge neuronaler Vernetzungen von Handlungsimpulsen und Mustern der Handlungsdurchführung (Roth 2007). Auch der Ansatz des »Naturalistic Decision Making« weist darauf hin, dass Entscheidungen im Moment des Wiedererkennens einer Situation fallen: Mit der Typisierung einer Situation fällt die Entscheidung, wie gehandelt werden soll. So gesehen, bestehen Entscheidungen nicht mehr in der Auswahl einer Handlungsoption, denn es werden keine Alternativen gegeneinander abgewogen, sondern sie fallen zusammen mit der Repräsentation der Situation (Zsambok/Klein 1997). Auch neuere, praxistheoretisch inspirierte Überlegungen zum Entscheiden diskutieren, inwieweit Entscheidungen kein klar begrenztes Ereignis und Produkt eines zielgerichteten Denkprozesses sind, sondern im Prozess des Zusammenwirkens von Akteuren im Fluss des Handelns fallen und als Entscheidung interpretiert werden (Wilz 2009). Entscheiden wird dort als bewusste oder unbewusste Handlungsvorbereitung eines Akteurs (dann ist die daraus folgende Handlung die Umsetzung der Entscheidung) und/oder als spezifische Form sozialen Handelns betrachtet.

Neben der soziologischen Theorie- bzw. Begriffsbildung wird die Entscheidungsforschung vor allem im Bereich der Wirtschafts- und *Organisationssoziologie*, aber auch der *Biographieforschung* und vor allem im Feld der Wirtschaftswissenschaften betrieben.

Literatur

Diekmann, Andreas; Voss, Thomas (Hg.): 2004: Rational-Choice-Theorie in den Sozialwissenschaften, München. – Esser, Hartmut, 1991: Die Rationalität des Alltagshandelns. Eine Rekonstruktion der Handlungstheorie von Alfred Schütz; In: Zeitschrift für Soziologie 20, 430–445. – Foerster, Heinz von, 1993: KybernEthik, Berlin. – Kirsch, Werner, 1998: Die Handhabung von Entscheidungsproblemen, 5. Aufl., München. – Lindblom, Charles E., 1969: The science of »muddling through«; in: Etzioni, Amitai (Hg.): Readings on modern organizations, Englewood Cliffs, 154–166. – Luhmann, Niklas, 1984: Soziologische Aspekte des Entscheidungsverhaltens; in: Die Betriebswirtschaft 44, 591–603. – Ders., 1993: Die Paradoxie des Entscheidens; in: Verwaltungs-Archiv 83, 287–310. – Ders., 2005: Soziologische Aufklärung 3: Soziales System, Gesellschaft, Organisation, 4. Aufl., Opladen. – March, James G., 1994: A primer on decision making. How decisions happen, New York. – March, James; Simon, Herbert A., 1958: Organizations, New York. – Roth, Gerhard, 2007: Persönlichkeit, Entscheidung und Verhalten, Stuttgart. – Schimank, Uwe, 2005: Die Entscheidungsgesellschaft. Komplexität und Rationalität der Moderne, Wiesbaden. – Schmid, Michael, 2004: Rationales Handeln und soziale Prozesse, Wiesbaden. – Simon, Herbert A., 1957: Models of man – social and rational, New York. – Wilz, Sylvia Marlene, 2009: Entscheidungen als Prozesse gelebter Praxis; in: Böhle, Fritz; Weihrich, Margit (Hg.): Handeln unter Unsicherheit, Wiesbaden, 105–120. – Zsambok, Caroline E.; Klein, Gary, 1997: Naturalistic decision making, New Jersey.

Sylvia Marlene Wilz

Entwicklung

Als Entwicklung (engl. development) bezeichnet man im alltäglichen und im politischen Sprachgebrauch zumeist jeden positiven technischen oder sozialen Wandel in vor- oder frühindustriellen Gesellschaften (»Entwicklungsländer«). Wissenschaftlich brauchbarer ist es, Entwicklung als eine der Formen von Veränderung der *Sozialstruktur* anzusehen und sie damit von anderen Formen zu unterscheiden. *Sozialer Wandel* beschreibt schwerpunktmäßig die Veränderung von charakteristischen, typischen Elementen der Sozialstruktur, *Fortschritt* ist eine positiv beurteilte Veränderung, und *Evolution* eine Veränderung, die in einer quasi-genetisch determinierten Weise von einfacheren zu komplexeren Ebenen führt. Dann könnte man Entwicklung als einen Prozess definieren, durch den Elemente der Sozialstruktur verändert werden und bei dem die realen Veränderungen im Verhältnis zu den objektiven Möglichkeiten gesehen werden (Endruweit, 12). Das ist die auf Natur, Technik usw. erweiterte Fassung der nur menschenbezogenen Definition von Entwicklung als »the realisation oft the potential of human personality« (Seers, 2). Damit wird der Begriff auch der nur bei diesem Wort bestehenden Vorstellung von **Unter- und Überentwicklung** gerecht. In Wissenschaft und Praxis werden aber auch viele andere Definitionen benutzt, oft auch im Sinne anderer Formen von Veränderung der Sozialstruktur (so Harrison, XII, i. S. von Fortschritt) oder unnützerweise wertbeladen (so z. B. Behrendt, 130; Seers, 2).

Etymologisch zeigen sowohl der deutsche Entwicklungsbegriff (dazu Kößler, 15–47) als auch viele fremdsprachige Entsprechungen, so im Frz. (développement), Span. (desarrollo), Russ. (razvitije), Schwed. (utweckling) und Türk. (gelişme), wie beim Evolutionsbegriff die Vorstellung, dass alles aus einem vorhandenen Potenzial entstehe und dadurch auch in seinen Möglichkeiten determiniert sei. Damit würde soziale, politische und ökonomische Entwicklungspraxis eine Potenzialanalyse voraussetzen, für die die methodologischen Grundlagen noch weitgehend fehlen (zum Zusammenhang von Definition und Messung von Entwicklung vgl. auch Barnett, 173–193).

Als Grundbegriff in der nicht nur auf die Entwicklungsländer zu beschränkenden *Entwicklungssoziologie*, aber auch in anderen Wissenschaften, ermöglicht dieser Begriff eine Untersuchung von stattfindenden, möglichen oder geplanten Veränderungen im Hinblick auf ihre Ausgangslage, Randbedingungen und mögliche Reichweite. Damit ließe sich dann u. U. auch die ungleiche Entwicklung, entweder mehrerer Gesellschaften oder verschiedener Sektoren innerhalb derselben Gesellschaft, evtl. kausal erklären oder gar vorhersagen und dann sinnvoll steuern (vgl. auch Seers bei Goetze, 187–189).

In der *Allgemeinen Soziologie* hat der Entwicklungsgedanke schon an ihrem Beginn, etwa bei Comte, Ferguson und Spencer, eine oft beherrschende Rolle gespielt und gar zur Aufstellung vermeintlicher Entwicklungsgesetze geführt. Dabei wurde manchmal aus *Ethnozentrismus* oder *Ideologisierung* der Geschichte der eigenen Gesellschaft deren Verlauf als alternativloses Modell dargestellt, bei dem die Möglichkeit von *funktionalen Äquiva-*

lenten gar nicht erst erwogen wurde. In der Allgemeinen Soziologie weitgehend aufgegeben, setzt sich dieser Ansatz aber in manchen Entwicklungstheorien noch fort.

Der in neuerer Zeit häufig benutzte Begriff der **nachhaltigen Entwicklung** (engl. sustainable development) geht zurück auf den Kgl. Sächs. Oberberghauptmann Hans Carl von Carlowitz (Sylvicultura Oeconomica, oder haußwirthliche Nachricht und naturmäßige Anweisung zur wilden Baum-Zucht, Leipzig: J. F. Braun 1713). Er bestimmt Nachhaltigkeit für die Forstwirtschaft eindrucksvoll klar: Man holze im Wald nicht mehr ab, als in derselben Zeit nachwächst. Wenn man in diesem Sinne den obigen Entwicklungsbegriff einengt, kann man nachhaltige Entwicklung definieren als eine Entwicklung, die Dauerhaftigkeit dadurch erreicht, dass sie die notwendigen Ressourcen nie erschöpft. Nachhaltige Entwicklung überschreitet also nie die Grenze zur Überentwicklung.

Weltweite Aufmerksamkeit erhielt der Begriff der nachhaltigen Entwicklung seit einer UN-Konferenz über Umwelt und Entwicklung 1992 in Rio de Janeiro. Sie baute auf dem Bericht der sog. Brundtland-Kommission über »Our Common Future« aus dem Jahr 1987 auf. Nachhaltige Entwicklung wurde darin definiert als eine Entwicklung, die weltweit die Bedürfnisse der gegenwärtigen Generation befriedigt, ohne die Lebenschancen zukünftiger Generationen zu gefährden. Das ist ein politischer Begriff, weil er die gegenwärtige Verteilungsgerechtigkeit umfasst, für die es keinen wissenschaftlichen Maßstab gibt. Konkrete Folgerungen aus der allgemeinen Definition sind u. a.: Abkehr vom quantitativen Wachstum; Nutzung regenerativer statt fossiler Energiequellen; Schutz der Trinkwasservorräte; Einschränkung des Individual- zugunsten des öffentlichen Verkehrs; Vermeidung von Nahrungsmittelverschwendung; Aufrechterhaltung der biologischen Vielfalt; Vermeidung von Überfischung und Verunreinigung von Flüssen und Meeren. Das alles wurde 2002 auf einer UN-Konferenz über nachhaltige Entwicklung in Johannesburg bekräftigt, wird aber bisher nur minimal umgesetzt, weil es dafür am notwendigen Wandel der *Wert*ordnung, der *Verhaltens*muster und anderer Sozialstrukturelemente in den einzelnen Gesellschaften fehlt. Im Grundgesetz steht seit 1994 in Art. 20a: »Der Staat schützt auch in Verantwortung für künftige Generationen die natürlichen Lebensgrundlagen im Rahmen der verfassungsrechtlichen Ordnung durch die Gesetzgebung und nach Maßgabe von Gesetz und Recht durch die vollziehende Gewalt und Rechtsprechung.«

Literatur

Barnett, Tony, 1988: Sociology and Development, London. – Behrendt, Richard F., 1965: Soziale Strategie für Entwicklungsländer, Frankfurt a. M. – Brand, Karl-Werner (Hg.), 1997: Nachhaltige Entwicklung für Deutschland. Eine Herausforderung an die Soziologie, Opladen. – Endruweit, Günter, 1986: Elite und Entwicklung, Frankfurt a. M. – Goetze, Dieter, 1976: Entwicklungssoziologie, München. – Grober, Ulrich, 2010: Die Entdeckung der Nachhaltigkeit, München. – Harrison, David, 1991: The Sociology of Modernization and Development, London. – Kößler, Reinhart, 1998: Entwicklung, Münster. – Otto, Siegmar, 2007: Bedeutung und Verwendung der Begriffe Entwicklung und Nachhaltigkeit, Bremen. – Renn, Ortwin et al. 2007: Leitbild Nachhaltigkeit, Wiesbaden. – Seers, Dudley, 1977: The meaning of development; in: International Development Review 19, 2–7. – Statistisches Bundesamt (Hg.), 2008: Nachhaltige Entwicklung in Deutschland, Indikatorenbericht 2008, Wiesbaden. – European Union (ed.), 2009: Sustainable Development in the European Union, Brussels. – Umweltbundesamt (Hg.), 2002: Nachhaltige Entwicklung in Deutschland, Berlin.

Günter Endruweit

Entwicklungssoziologie

Der Entwicklungssoziologie (engl. sociology of development) geht es um die Analyse von *Modernisierung*sprozessen innerhalb der Moderne. Bis in die siebziger Jahre konnte die Frage, um was es bei Entwicklung geht und welches die Perspektive der Soziologie dabei sein könnte, relativ klar entlang zweier Paradigmen beantwortet werden: Auf der einen Seite wurde Entwicklung als nachholende Modernisierung und Überwindung traditioneller Relikte gesellschaftlicher Organisation in den Entwicklungsländern verstanden. Die »westliche« Moderne galt als Maßstab, mit der Annahme, dass früher oder später die Strukturen sich im Sinne einer universalisierten globalen Moderne angleichen. Auf der anderen Seite wurde genau diese Idee linearer Modernisierung in Frage gestellt. Demgegenüber wurde betont, dass Unterentwicklung nicht den Fortbestand von Traditionen oder vor-modernen Strukturen (feudale Formen des Großgrundbesitzes, Subsis-

tenzproduktion usw.) bezeichnet, sondern selbst Teil der internationalen Entwicklung der Moderne ist. (Goetze 2002, 18 ff.)

Ein Kennzeichen der Modernisierungsprozesse ist, dass sie zum einen auf einer gesellschaftlichen und kulturell-ideologischen Grundlage erfolgen, die sich von der generischen Modernisierung in Westeuropa im 18. und 19. Jh. unterscheiden, und zum weiteren direkt verbunden sind mit globalen Interaktionen (*Kolonialismus, Globalisierung*). Diese globalen Interaktionen in Form des Kolonialismus waren gleichzeitig ein Faktor der europäischen Modernisierung wie der Transformation vor-kolonialer Gesellschaften. *Industrialisierung*, Ausweitung der Marktwirtschaft und Nationalismus in Westeuropa sind eng verbunden mit kolonialer Ausbeutung, bzw. diese war selbst eine Bedingung für die Entwicklung der Moderne. Gleichzeitig begrenzte Kolonialismus Transformationsprozesse in den Kolonien, was als »abhängige Entwicklung« beschrieben wurde. Unterentwicklung ist damit nicht Ergebnis fehlender oder begrenzter Modernisierung, das Fortbestehen traditionaler oder feudaler Gesellschaftsformen, sondern eine spezifische Form von Modernisierung innerhalb der Moderne.

Ebenso wie sich innerhalb Europas die Bedingungen für Modernisierung unterschieden, bestehen weitreichende Differenzen zwischen den »Entwicklungsländern« oder »Entwicklungsregionen«. Amerika wurde von Europa besiedelt, so dass sich dort eine leicht modifizierte europäische Moderne ergab. In Asien und Afrika traf koloniale Modernisierung auf lang etablierte vor-koloniale Strukturen, die in diesen Prozessen aufgehoben wurden. Deutlich äußert es sich z. B. in der Integration vor-kolonialer *Elite*n in die Kolonialverwaltung und Wirtschaft. Diese Differenzen spielen eine erhebliche Rolle für die entwicklungssoziologische Theoriebildung.

In der lateinamerikanischen Erfahrung stellte sich die Frage, warum der Norden sich rapide modernisierte und zu einer Weltmacht wurde, während der Süden des Kontinentes sich »unterentwickelte«. Dieses bildete die Grundfrage der **Dependenztheorien** seit den 1960er Jahren. Das Hauptargument dieser Theorien, von denen Wallersteins »*Weltsystemtheorie*« als die ausgearbeitetste Version angesehen werden kann, ist, dass Modernisierung als globaler Prozess verstanden werden muss, der durch massive *Macht*differentiale zwischen einem *Zentrum* und *Peripherie*n charakterisiert ist. Da diese Machtdifferentiale mit Ausbeutung verbunden sind, die durch gesellschaftliche und politische Strukturbildungen (Kompradorenbourgoisie, autoritäre Entwicklungsregimes etc.) gefestigt werden, erlauben sie Entwicklung des Zentrums und führen zur Unterentwicklung der Peripherien.

In Asien, wo viele Gesellschaften bis mindestens zum 18. Jh. in ihrer Entwicklungsdynamik durchaus vergleichbar waren mit Europa, ging es um die Frage, ob eine eigenständige Modernisierung der Gesellschaften möglich gewesen wäre, wie das Beispiel Japans belegt. Mit der Diskussion der Postmoderne wurde Moderne als universelle Kategorie in Frage gestellt. Damit wurde es möglich, eine »asiatische Renaissance« basierend auf einer islamischen oder neo-konfuzianischen Moderne zu diskutieren. (Anwar 1996) Die rapide wirtschaftliche Entwicklung Ost- und Südostasiens sowie Indiens in den neunziger Jahren, während die westliche Welt vor Wirtschaftskrisen stand, konnte als empirischer Beleg dafür gesehen werden. Mit der Asienkrise Ende der neunziger Jahre und der Vereinnahmung dieser Diskussion als Herrschaftsideologien waren Ideen einer auf »asiatischen Werten« basierenden asiatischen Moderne allerdings weitgehend diskreditiert.

Entwicklungssoziologie oder Soziologie der Entwicklungsländer?

Als vergleichende Soziologie von Modernisierungsprozessen verfolgt die Entwicklungssoziologie ein sehr breites Programm, was eine eingrenzende Bestimmung des konkreten Gegenstandes erschwert. Vor allem **drei Perspektiven** lassen sich unterscheiden. Als allgemeine Soziologie der Entwicklung knüpft sie an Theorien des *sozialen Wandel*s, der *Zivilisationstheorie*n und der Sozialgeschichte an. Ein deutlich engerer Fokus ist, Entwicklungssoziologie als Soziologie der Entwicklungsländer zu verstehen, der es darum geht, die besonderen gesellschaftlichen Formen und Dynamiken der Entwicklungsländer zu erfassen. Eine noch weitergehende Einschränkung ist Entwicklungssoziologie als Soziologie der Entwicklungsorganisationen und Entwicklungsprojekte zu definieren. Hier bilden organisationssoziologische sowie Theorien *sozialer Bewegung*en eine Grundlage. Ein besonderes Feld der Entwicklungssoziologie sind *Globalisierung*sprozesse, in denen diese diversen Fragestellungen verbunden sind. Internationale Entwicklungsorganisationen und soziale Bewegungen

sind Kernbereiche der Globalisierung. Durch Globalisierung verschwimmen regionale Differenzen wie z. B. zwischen Zentrum und Peripherie oder entwickelten und Entwicklungsländern. Nicht zuletzt durch Auslagerungen von Industrien im Rahmen der »neuen internationalen *Arbeitsteilung*«, die ein Faktor der rapiden *Industrialisierung* in den Schwellenländern und struktureller *Arbeitslosigkeit* in den Industrieländern darstellt, der Transnationalisierung der Medien und Informationstechnologie sowie globaler *Migration* haben sich diese Differenzen in die Länder und Regionen selbst verlagert. Ebenso wie es in den Entwicklungsländern höchst entwickelte Regionen gibt, finden sich in den entwickelten Ländern unterentwickelte Gebiete. *Zentrum* und *Peripherie* sind damit keine Kategorien regionaler Differenzierung, sondern finden sich als *Inklusion* und *Exklusion* überall.

Über die Analyse allgemeiner gesellschaftlicher Entwicklungsprozesse, zu denen Globalisierungsprozesse gehören, lassen sich Prozesse der Inklusion und Exklusion auf globaler Ebene erfassen, was es erlaubt, räumliche Festlegung im Sinne von Entwicklungs- und entwickelten Ländern aufzulösen. Weiterhin gelingt es, spezifische Organisationsformen globaler Gesellschaft, nämlich transnationale Organisationen und Bewegungen zu benennen und in ihrer Bedeutung für Differenzierungen innerhalb der globalen Gesellschaft zu erfassen. Die besondere Perspektive der Analyse von Globalisierungsprozessen der Entwicklungssoziologie verbindet so lokale Dynamiken und globale Prozesse im Sinne der Lokalisierung des Globalen, was am offensichtlichsten in den Städten ist, als auch die Untersuchung der Globalisierung lokaler gesellschaftlicher Spezifika.

Entwicklungssoziologische Analyse der Entwicklungsländer

Entwicklungssoziologie als Soziologie gesellschaftlicher Entwicklung oder als Soziologie der Entwicklungsländer verbindet sich, wenn die Kreation der Entwicklungsländer selbst das Thema ist. Folgt man den statistischen Daten der Weltbank und dem Human Development Index, so zeigt sich, dass einige »Entwicklungsländer« deutlich höhere Werte aufweisen als manche Länder, die nicht als solche bezeichnet werden. Hier drückt sich eine Form von Orientalismus aus: »As much as the West itself, the Orient (or Entwicklungsländer) is an idea that has a history and a tradition of thought, imagery, and vocabulary that have given it reality and presence in and for the West« (Said 1978, 4 f.). Mit der Konstruktion der Entwicklungsländer als Teil einer modernen *Weltgesellschaft*, ist es einerseits möglich, Prozesse der Modernisierung moderner Gesellschaften zu beschreiben und andererseits diejenigen Aspekte der Moderne, die nicht dem europäischen *Idealtypus* entsprechen – wie Despotie, dauerhafte Verarmung, Patronage etc. – als spezifische regionale Sonderfälle auszuklammern.

Indem in einer entwicklungssoziologischen Perspektive die Geschichte der Interaktionen und *Macht*differentiale der globalen Gesellschaft einbezogen werden, wird eine implizite Verräumlichung der Soziologie vermieden, wie sie z. B. Peters vornimmt. Nach Peters ist Gesellschaft »eine individuierte Entität mit eindeutigen Grenzen und Mitgliedschaft nach dem Muster nationalstaatlich organisierter Gesellschaften. Solche Gesellschaften werden als relativ autark betrachtet in dem Sinne, dass sie wesentliche Voraussetzungen zu ihrer Selbstreproduktion erschließen« (Peters 1993, 59). In einer entwicklungssoziologischen Perspektive ist es demgegenüber möglich, die »Vielfalt der Moderne« (Eisenstadt 2002) empirisch zu untersuchen und damit auch einige der impliziten Annahmen zu relativieren. Die entwicklungssoziologisch relevante Frage ist dann nicht, wie traditionale Gesellschaften sich modernisieren, was für die *Modernisierungstheorien* seit den 1950er Jahren zentral war, sondern Modernisierung als globalen Prozess umstrittener Institutionalisierung zu analysieren, im Rahmen dessen besondere Differenzierungen institutionalisiert werden.

Postkoloniale und Postdevelopment-Kritik am Entwicklungskonzept

Ab der Mitte der 1980er Jahre etablierte sich eine gegenläufige Strömung zum vorherrschenden Entwicklungsparadigma. Esteva (1985) und Sachs (1992) dekonstruierten »Entwicklung« als Legitimation zum Eingriff in die Lebenswelten der »Unterentwickelten«. Auch die stetige Umdefinition von »Entwicklung« durch Anhängen von Suffixen wie grundbedürfnisorientiert, nachhaltig, partizipativ oder menschlich änderten daran nichts. Durch Escobar (1995), der in Rekurs auf Michel Foucault »Entwicklung als Diskurs« bezeichnete, ermöglicht

dieser eine hegemoniale Form der Wissensproduktion (durch den globalen Norden) und damit eine Fortschreibung der Herrschaftsausübung über die »Dritte Welt«. Diese postkoloniale Perspektivierung, die in den Protagonisten E. Said (1978), G. Spivak (1988) und H. Bhabha (2000) ihre prominentesten AnhängerInnen findet, untersucht Kontinuitäten und Diskontinuitäten kolonialer Repräsentation und der darin verwirklichten Machtverhältnisse.

Eine gänzliche Ablehnung des Konzeptes »Entwicklung« ist im Anschluss an die **Postdevelopment-Kritik** formuliert worden, die den Entwicklungsdiskurs als eurozentrisch, entpolitisierend und autoritär bezeichnet (Ziai 2007). Durch die Zweiteilung in entwickelte und unterentwickelte Länder begreift der eurozentrische Entwicklungsdiskurs die historische Entstehung der westlichen Gesellschaften als universell und impliziert eine Fortsetzung kolonialen Überlegenheitsdenkens als ideale Norm und defizitäre Abweichung: Der Süden hat Probleme und der Norden bietet die Lösungen an. Er ist entpolitisierend, da »Entwicklung« suggeriert, ein Land habe einen gemeinsamen Lebensstandard und entwicklungspolitische Maßnahmen würden dem Allgemeinwohl dienen, wobei strukturelle Ungleichheiten, unterschiedliche *Interesse*n der Bevölkerungsgruppen und *Konflikt*e ausgeblendet werden. Und drittens sei »Entwicklung« autoritär, da Expert/innenwissen implizit von der notwendigen Veränderung anderer Lebensformen ausgehe und somit die Durchsetzung sozialtechnologischer Maßnahmen auch gegen den Willen der Betroffenen erlaube. Und dennoch gilt es im Sinne von Ferguson letztlich zu konstatieren: »Es erscheint uns heute nahezu unsinnig, abzustreiten, dass es ›Entwicklung‹ gibt, oder das Konzept als bedeutungslos zu verwerfen, gerade so wie es im 19. Jahrhundert schlichtweg unmöglich gewesen sein muss, das Konzept ›Zivilisation‹ abzulehnen oder im zwölften Jahrhundert das Konzept ›Gott‹.« (1994, xiii).

Literatur

Anwar, Ibrahim, 1996: The Asian Renaissance, Singapore/Kual Lumpur. – Bhabha, Homi, 2000: Die Verortung der Kultur, Tübingen. – Eisenstadt, Shmuel N., 2002: Multiple Modernities, Brunswick, New Jersey. – Escobar, Arturo, 1995: Encountering Development: The making and unmaking of the Third World, Princeton, New York. – Esteva, Gustavo, 1985: Development. Metaphor, Myth, Threat; in: Development: Seeds of Change, No. 3, 78–79. – Ferguson,

James, 1994: The Anti-Politics Machine. ›Development‹, Depolitization and Bureaucratic Power in Lesotho, Minneapolis. – Goetze, Dieter, 2002: Entwicklungssoziologie. Eine Einführung, Weinheim/München. – Menzel, Ulrich, 1992: Das Ende der Dritten Welt und das Scheitern der großen Theorien, Frankfurt a.M. – Peters, Bernhard, 1993: Die Integration moderner Gesellschaften, Frankfurt a.M. – Sachs, Wolfgang (Hg.), 1992: Dictionary of development, London. – Said, Edward W., 1978: Orientalism. Western Conceptions of the Orient, London/New York. – Spivak, Gayatri C., 1988: Can the subaltern speak? In: Grossberg, Lawrence; Nelson, Cary (Hg.): Marxism and the Interpretation of Culture, Urbana, 271–313. – Ziai, Aram, 2007: Development Discourse and Its Critique. An Introduction to Post-Development; in: ders. (Hg.): Exploring Post-Development. Theory, Practice, Problems and Perspectives, London, 3–17.

Rüdiger Korff/Eberhard Rothfuß

Erbe-Umwelt-Theorie

Sie fragt nach dem relativen Beitrag von Erbe und *Umwelt* (engl. nature – nurture) auf körperliche und Verhaltensmerkmale, in denen sich Individuen derselben biologischen Art unterscheiden. Das Erbe wird dabei klassischerweise durch das von den Eltern geerbte Genom definiert. Alles andere ist Umwelt (z.B. die mütterliche Eizelle ohne Genom, die pränatale Umwelt). Die Gene (funktional definierte Abschnitte des Genoms) unterscheiden sich innerhalb einer biologischen Art fast nicht. Was variiert, sind die Allele (Varianten desselben Gens). Z.B. haben alle Menschen ein Blutgruppen-Gen, das in den Varianten A, B, 0 vorkommt. Bei Menschen lautet daher die Erbe-Umwelt-Frage: Welcher Anteil der in einem bestimmten Alter beobachtbaren Merkmalsvariation geht auf Unterschiede in den Allelen und welcher Anteil auf Unterschiede in den erfahrenen Umweltbedingungen zurück? Zur Beantwortung dieser Frage gibt es zwei völlig verschiedene Methoden.

Indirekte Schätzungen durch genetisch sensitive Designs

Hierbei wird die Ähnlichkeit von Merkmalen zwischen genetisch Verwandten ähnlichen Alters bestimmt, z.B. zwischen eineiigen Zwillingen (genetisch identisch), zweieiigen Zwillingen und biologischen Geschwistern (50% in Allelen identisch) und Adoptivgeschwistern (0% identisch). Eine höhere Merkmalsähnlichkeit bei genetisch ähnlicheren Paaren wird dabei interpretiert als genetischer Einfluss, wobei der genetische Anteil an der Merkmalsvarianz (die Heritabilität des Merkmals) quantitativ durch Korrelationsdifferenzen bestimmt wird (vgl. z.B. Asendorpf 2007, 336 ff. für die Methodik). Die Ergebnisse variieren u.a. mit dem Merkmal (die Heritabilität ist bei Körpergröße ca. 85%, bei Testintelligenz ca. 50%, bei vielen Einstellungen nahe 0%) und mit dem Alter (z.B. beträgt sie bei Testintelligenz ca. 20% im Vorschulalter, aber ca. 75% im hohen Alter).

Diese relativen Einflussschätzungen verdecken die Tatsache, dass es Genom-Umwelt-Interaktionen und -Korrelationen gibt, die als »neutrale« Anteile in die Schätzungen eingehen. Bei G-U-Interaktionen hängen die Effekte genetischer Unterschiede von den Umweltbedingungen ab und umgekehrt. Bei Korrelationen häufen sich bestimmte Genome in bestimmten Umwelten, wobei dies daran liegen kann, dass bestimmte Umwelten aufgesucht oder vermieden werden (aktive G-U-Korrelation), dass andere aufsuchend oder vermeidend auf genetisch mitbestimmte Merkmale eines Individuums reagieren (reaktive G-U-Korrelation) oder dass genetisch Verwandte diese Umwelt herbeigeführt haben (passive G-U-Korrelation). Deshalb können empirisch gefundene Korrelationen zwischen Umweltbedingungen und Persönlichkeitsmerkmalen (z.B. *Erziehung*sstil der Eltern und Aggressivität ihrer Kinder) genetisch mitbedingt sein (alle drei Korrelationsarten können dazu beitragen).

Direkte Schätzungen durch Genomanalysen

Hierbei werden weite Anteile des Genoms molekulargenetisch sequenziert und Merkmalsunterschiede mit dem Vorkommen bestimmter Allele korreliert. In derartigen genomweiten Assoziationsstudien werden typischerweise tausend von Allelen gleichzeitig untersucht, so dass das Hauptproblem die Kontrolle zufälliger Korrelationen ist. Einzelne Allele erklären bei Persönlichkeitsmerkmalen höchstens 2% der beobachteten Unterschiede, so dass an deren Zustandekommen sehr viele Gene beteiligt sein müssen (Asendorpf 2011).

Epigenetik

Letztlich ist das Vorhandensein von Allelen nur insofern relevant, als sie tatsächlich Funktionen im Stoffwechsel ausüben (Genexpression). Deshalb interessiert sich die neuere *Genetik* vor allem für die Epigenetik (die z. T. umweltabhängige »Programmierung« der Expression von Genen). Da es Beispiele der Vererbung umweltbedingt erworbener epigenetischer Effekte im Tierversuch gibt, gilt die Gleichsetzung Erbe = Gene heute nicht mehr (Asendorpf 2011).

Literatur

Asendorpf, Jens B., 2007: Psychologie der Persönlichkeit, 4. Aufl., Heidelberg. – Ders., 2011: Verhaltens- und molekulargenetische Grundlagen; in: Schneider, Wolfgang; Lindenberger, Ulman (Hg.): Entwicklungspsychologie, 7. Aufl., Weinheim, 81–96.

Jens B. Asendorpf

Erklärung

Im Alltagssprachgebrauch ist eine Erklärung (engl. explanation) jede Erläuterung, die zum besseren Verständnis eines Sachverhaltes oder Vorgangs dienen kann. Erklärungen sind »kommunikative Akte«, das heißt grundsätzlich eingebunden in soziale *Interaktion*en.

Um den Begriff der (sozial)wissenschaftlichen Erklärung existiert eine umfangreiche philosophische Debatte. Ein wichtiger Bezugspunkt dieser Debatte ist das Konzept der »deduktiv-nomologischen (DN-)Erklärung« von C. G. Hempel und P. Oppenheim (1948). Bei einer DN-Erklärung wird ein Satz über einen zu erklärenden Sachverhalt, das sog. »**Explanandum**« (lat: »das zu Erklärende«) dadurch erklärt, dass eine Reihe von allgemeinen Gesetzesaussagen herangezogen wird, bei deren Geltung das Explanandum-Ereignis dann notwendigerweise eintreten muss, wenn bestimmte Anfangs- oder Randbedingungen gegeben sind. Gesetzesaussagen und Sätze über Anfangsbedingungen bilden zusammengenommen das »**Explanans**« (lat: das »Erklärende«). Zur Erläuterung einer DN-Erklärung nach dem sog. »Hempel-Oppenheim (HO) –Schema« werden meist naturwissenschaftliche Alltagsbeispiele verwendet: Dass eine volle Bierflasche, die man zur schnellen Kühlung in eine Tiefkühltruhe gelegt und dann vergessen hat, zerbricht (das Explanandum), kann man dadurch erklären, dass Wasser (und damit auch Bier) beim Gefrieren an Volumen zunimmt (eine allgemeine Gesetzmäßigkeit) und dass das Eisfach eine Temperatur unter 0 Grad Celsius hatte und die Bierflasche vorschlossen war (die konkreten Anfangsbedingungen).

Für eine DN-Erklärung nach dem HO-Schema gelten drei sog. »**logische Adäquatheitsbedingungen**«: das Explanans muss erstens mindestens ein allgemeines Gesetz enthalten, das Explanandum muss sich zweitens logisch aus dem Explanans ableiten lassen und drittens empirisch überprüfbar sein. Hinzu kommt eine »empirische Adäquatheitsbedingung«: Gesetzesaussagen und Aussagen über Anfangsbedingungen müssen wahr sein. Zusammengenommen führen diese Anfangsbedingungen dazu, dass eine DN-Erklärung einer *Prognose* logisch äquivalent ist: Das bedeutet, dass eine Erklärung nur dann als wissenschaftliche Erklärung nach dem HO-Schema gelten kann, wenn sie sich zu einer Vorhersage nutzen lässt: Wenn man eine Flasche Bier in die Tiefkühltruhe legt und dort vergisst, kann man mit ziemlicher Sicherheit davon ausgehen, dass sie irgendwann zerbricht. Ein Merkmal pseudowissenschaftlicher Erklärungen ist es demgegenüber, dass diese oft erst nach dem Geschehnis (»ex post«) formuliert werden und zur *Prognose* von Ereignissen nicht geeignet sind.

Hempel und Oppenheim vertreten in Bezug auf ihr Erklärungsschema eine einheitswissenschaftliche Position, das heißt sie legen Wert auf die Feststellung, dass das HO-Schema für alle Wissenschaften gleichermaßen gültig ist. Auch soziales *Handeln*, soziale *Prozess*e und soziale *Struktur*en müssten sich dementsprechend auf Gesetze zurückführen lassen, die wie die Naturgesetze raumzeitlich universell gelten. Ob solche Gesetze allerdings existieren und gefunden werden können, ist streitig. Einer Unterscheidung des Erziehungswissenschaftlers und Philosophen W. Dilthey zwischen naturwissenschaftlichem Erklären und geisteswissenschaftlichen *Verstehen* folgend sehen viele Autoren deshalb im Konzept des sozialwissenschaftlichen »Verstehens« eine Alternative zur DN-Erklärung, mit deren Hilfe eine spezifisch geistes- und sozialwissenschaftliche Methodologie begründet werden kann. Da aber auch das Verstehen sozialen Handelns einen Rückgriff auf allgemeinere Konzepte (etwa auf kulturell geteilte

Wissensbestände) voraussetzt, existiert eine sehr langdauernde und teilweise ausgesprochen komplexe philosophische Debatte in der Handlungsphilosophie über die Frage, inwieweit Verstehen und Erklären tatsächlich verschiedene Erkenntnismodi zugeordnet werden können (Wright 2008). Im Zentrum steht dabei die Frage, bis zu welchem Ausmaß Handlungsbegründungen analog zu den von den Naturwissenschaften untersuchten kausalen Ursachen von Ereignissen betrachtet werden können.

Literatur

Dilthey, Wilhelm, 1900: Die Entstehung der Hermeneutik; in: Strübing, Jörg; Schnettler, Bernt (Hg.), 2004: Methodologie interpretativer Sozialforschung. Klassische Grundlagentexte, Konstanz, 19–42. – Hempel, Carl Gustav; Oppenheim, Paul, 1948: Studies in the Logic of Explanation; in: Philosophy of Science 15, 135–175. – Wright, Georg Henrik von, 2008: Erklären und Verstehen, Frankfurt a. M.

Udo Kelle

Ernährungssoziologie (Soziologie des Essens)

Die Ernährungssoziologie (engl. sociology of food) gehört bislang nicht zu den etablierten, theoretisch und methodisch ausgearbeiteten *speziellen Soziologien*. Auch die soziologischen Klassiker haben sich mit dem Essen bis auf wenige Ausnahmen – etwa Norbert Elias' Studie »Über den Prozess der Zivilisation« und Pierre Bourdieus Untersuchung »Die feinen Unterschiede« – nur punktuell befasst. Dies liegt insbesondere daran, dass das Verhältnis von Natur (Ernährung) und Kultur (Essen) für die Soziologie schwer zu fassen ist, die Befriedigung dieses Grundbedürfnisses zum Alltagsgeschehen gehört und deshalb als von geringer sozialer Gestaltbarkeit gilt. Zudem waren Beschaffung und Zubereitung von Nahrung traditionell weibliche Tätigkeiten und wurden entsprechend dem *Geschlecht*erverhältnis gesellschaftlich abgewertet (Setzwein 2004).

Dieser geringen soziologischen Beachtung steht die enorme soziale Tragweite der Ernährung und des Essens gegenüber. Nicht nur lassen sich beinahe alle sozialen Phänomene am Beispiel des Essens studieren, das Nahrungsbedürfnis gilt zudem als Ursprung grundlegender gesellschaftlicher Strukturen und Prozesse, weshalb Marcel Mauss (1990) von einem »gesellschaftlichen Totalphänomen« sprach und Claude Lévi-Strauss (1973) davon ausging, dass in der Nahrung die Gesamtheit der gesellschaftlichen Strukturen auf unbewusste Weise ausgedrückt wird. Georg Simmel (1957) führte am Beispiel der Mahlzeit aus, wie aus einem »primitiv« physiologischen Bedürfnis ein soziales »Gebilde« von »unermeßlicher Bedeutung« entsteht, für Max Weber (1990) stand fest, dass »die Entfaltung des rationalen Wirtschaftens« aus dem »Schoße der instinktgebundenen reaktiven Nahrungssuche« stammt, und George Ritzer (1997) hat am Beispiel des Essens dargelegt, was er unter der McDonaldisierung der Gesellschaft versteht. Dies sind typische Beispiele für soziologische Thematisierungen des Essens: Es wird zur Veranschaulichung allgemeiner sozialer Phänomene genutzt oder bildet den Ausgangspunkt für umfassende gesellschaftliche Analysen. Die soziale Eigenlogik des Essens wird dagegen kaum untersucht.

Für die Ausarbeitung einer speziellen Soziologie des Essens ist eine solche Vorgehensweise jedoch unzureichend. Sie steht vor der Aufgabe, sowohl der Eigenart des Gegenstands gerecht zu werden, ohne sich in Details zu verlieren, als auch zu zeigen, wie Essen in allgemeine soziale Strukturen und Prozesse eingebunden ist (Barlösius 2011). Die Soziologie des Essens ist deshalb eine spezielle Soziologie, die einerseits für ihren Gegenstand angemessene spezifische Erklärungen und Systematisierungen entwickelt und andererseits auf allgemeine soziologische Theorien zurückgreift, um ihr Sujet in größere gesellschaftliche Zusammenhänge wie Ver*gemeinschaft*ungs- und Vergesellschaftungs-, Differenzierungs- und Desintegrationsprozesse einzubetten.

Literatur

Barlösius, Eva, 2011: Soziologie des Essens, Weinheim. – Bourdieu, Pierre, 1984: Die feinen Unterschiede, 3. Aufl., Frankfurt a. M. (1979) – Elias, Norbert, 1981: Über den Prozeß der Zivilisation, Bd. 1., 8. Aufl. Frankfurt a. M. (1939). – Kiple, Kenneth; Ornelas, Connee K. (Eds.), 2000: The Cambridge World History of Food, New York. – Lévi-Strauss, Claude, 1973: Mythologie III. Der Ursprung der Tischsitten, Frankfurt a. M. – Mauss, Marcel, 1990: Gabe. Form und Funktion des Austauschs in archaischen Gesellschaften, Frankfurt a. M. – Ritzer, George, 1997: Die McDonaldisierung der Gesellschaft, Frankfurt a. M. – Setzwein, Monika, 2004: Ernährung – Körper – Geschlecht, Wiesbaden. – Simmel, Georg, 1957: Soziologie der Mahlzeit; ders. (Hg.): Brücke und Tür. Essays des Philosophen zur Geschichte, Religion, Kunst und Gesellschaft, Stuttgart, 243–250. – Weber, Max, 1980: Wirtschaft und Gesellschaft, Tübingen.

Eva Barlösius

Erwünschtheit, soziale

Soziale Erwünschtheit (engl. social desirability) oder auch ›Effekt der Konformität‹ bezeichnet in empirischen *Umfragen* eine systematische *Antwortverzerrung* in eine bestimmte Richtung. Soziale Erwünschtheit liegt vor, wenn der Befragte dazu neigt, seine Einstellungen, Eigenschaften oder Verhaltensweisen in ein günstigeres Licht zu stellen, indem er nicht seine eigene Antwort gibt, sondern eine solche, von der er annimmt, dass sie (eher) der gesellschaftlichen Norm entspricht. Soziale Erwünschtheit basiert auf der theoretischen Annahme, dass für die vom Befragten gegebene Antwort im Prinzip ein »wahrer Wert« existiert, von der die tatsächlich gegebene Auskunft im Falle von sozialer Erwünschtheit jedoch abweicht. Liegt soziale Erwünschtheit in einer Befragung vor, ist die *Gültigkeit* der Aussage nicht mehr in vollem Umfang gegeben.

Grundsätzlich sind alle Fragen, die *Wert*e und *Norm*en der Gesellschaft betreffen, anfällig für soziale Erwünschtheit; der Grad der sozialen Erwünschtheit hängt dabei jedoch stark mit dem Thema bzw. den erfragten Merkmalen (Items) der Untersuchung zusammen, indem sie einen unterschiedlich hohen Anreiz für soziale Erwünschtheit auslösen (trait desirability). Beispiele für solche Themen sind allgemein heikle oder peinliche Themen, Umfragen zum Alkohol- oder Drogenkonsum, zur Parteipräferenz bzw. Einstellungen zu Extremparteien, Fremdenfeindlichkeit, aber auch Fragen über Fernsehsendungen (hier z. B. Aussagen hinsichtlich bevorzugter Fernsehprogramme im Vergleich zu den tatsächlichen Einschaltquoten).

Zu den Entstehungsbedingungen von sozialer Erwünschtheit zählen zum einen der persönlichkeitstheoretische Ansatz, bei dem das Verhalten auf ein generelles Bedürfnis nach sozialer *Anerkennung* (Need for Social Approval) zurückgeführt wird und zum anderen der handlungstheoretische Ansatz: Hierbei differenziert Esser zwischen sozial erwünschten Antworten, die eine Anpassung an gesellschaftliche Normen beabsichtigen (kulturelle Erwartungen) und solchen, die situationsspezifisch durch Merkmale wie z. B. Geschlecht oder Alter, Eigenschaften oder Verhaltensweisen des Interviewers oder die Anwesenheit Dritter verursacht werden (situationelle Erwartungen). Auch hier wird die Angabe sozial erwünschter Antworten als Strategie erklärt, eine Maximierung der sozialen Anerkennung (Verhaltensbestätigung, Vermeidung negativer Sanktionen) anzustreben.

Das tatsächliche Ausmaß bzw. der Effekt von sozialer Erwünschtheit ist nur schwer zu bestimmen. Nach Paulhus (1984) werden die beiden Dimensionen Selbsttäuschung und Fremdtäuschung unterschieden, wobei nur die Fremdtäuschung als eine absichtliche, bewusste Täuschung verstanden werden kann; bei der Selbsttäuschung handelt es sich dagegen um eine »Tendenz, die Realität in einer optimistischen Weise verzerrt wahrzunehmen« (Winkler et al. 2006, 3); dabei zeichnet »ein gewisses Maß an Selbsttäuschung ein psychisch gesundes Individuum aus« (ebd.).

Maßnahmen, um soziale Erwünschtheit in Umfragedaten zu vermeiden bzw. gering zu halten, sind während der Interviewsituation z. B. geschickte Frageformulierungen, der Einsatz von Skalen oder die sog. Randomized-Response-Technik, wodurch der Anteil der ehrlichen Antworten geschätzt werden soll, sowie nachträgliche statistische Kontrollprozeduren (einen Überblick zu den Gegenmaßnahmen bietet Diekmann 2010, 446 ff.).

Literatur

Diekmann, Andreas, 2010: Empirische Sozialforschung, Reinbek. – Esser, Hartmut, 1991: Die Erklärung systematischer Fehler in Interviews; in: Wittenberg, Reinhard (Hg.): Person – Situation – Institution – Kultur, Berlin, 59–78. – Paulhus, Delroy L., 1984: Two-Component Models of Socially Desirable Responding; in: Journal of Personality and Social Psychology 46, 598–609. – Schnell, Rainer et al., 2011: Methoden der empirischen Sozialforschung, 9. Aufl., München. – Winkler, Nils et al., 2006: Entwicklung einer deutschen Kurzskala zur zweidimensionalen Messung von sozialer Erwünschtheit, Berlin (DIW).

Silke Kohrs

Ethnomethodologie

Die Ethnomethodologie (engl. ethnomethodology) ist ein von Harold Garfinkel (1967) begründeter wissenssoziologisch-konstruktivistischer Forschungsansatz, der sozialtheoretische Fragestellungen mit Hilfe empirischer Untersuchungen sozialer Praktiken verfolgt. Der Ausdruck ›Ethnomethodologie‹ leitet sich vom Begriff **Ethnoscience** her, einem Ansatz in der Ethnologie, der sich für das Wissen interessiert, mit dem die Angehörigen einer fremden Kultur die Dinge ihrer Welt wahrnehmen, definieren, klassifizieren und ihnen so eine Bedeutung zuschreiben. Diese ›Ordnung der Dinge in den Köpfen der Leute‹ umfasst etwa ihre Ethnokosmologie, Ethnobiologie und Ethnomedizin. Von dort führen drei Verschiebungen zur Ethnomethodologie als (1.) kulturbeobachtendem, (2.) reflexivem und (3.) praxistheoretischem Ansatz:

Was heißt Ethnomethodologie?

1. Der Ethnomethodologie geht es um das *Wissen* in der **eigenen** Gesellschaft. Diese wird also einem ethnologischen Blick ausgesetzt. Einen solchen Blick muss man sich erarbeiten. Die Ethnomethodologie entwickelt daher ähnlich wie Erving Goffman eine Reihe von Strategien der *Verfremdung* des soziologischen Gegenstands und der *Entfremdung* und Distanzierung des soziologischen Beobachters (s. u.).
2. Der Ethnomethodologie geht es um die Ethnosoziologie: das *Alltagswissen* über Gesellschaft in der Gesellschaft, das man soziologisch kennen muss, um zu verstehen, warum die Leute tun, was sie tun. Damit betreibt sie zugleich eine reflexive Aufklärung von Denkvoraussetzungen der Soziologie. Sie kritisiert an deren szientistischen Überwindungsversuchen des Alltagswissens, dass sie dessen Prämissen verhaftet bleibt. Eine professionell betriebene Soziologie dürfe nicht laufend als Denkmittel und Ressource einsetzen, was doch ihr primärer Gegenstand sei, den sie sich vor Augen führen müsse: das Alltagswissen vom Sozialen. Sonst entstünde nur ›folk-sociology‹, distanzlos verwachsen mit den kulturellen Selbstverständlichkeiten des Untersuchungsfeldes.
3. Dieses Alltagswissen unterscheidet sich in drei Hinsichten von sozialwissenschaftlichem Wissen:

(1) Seine sprachlichen Ausdrücke sind äußerst ungenau, sie bekommen ihre Eindeutigkeit nur in den jeweiligen Umständen ihres situativen Gebrauchs. Garfinkel sieht eben diese Vagheit (im Einklang mit der Sprachphilosophie Ludwig Wittgensteins) als etwas Rationales: Sie ist essentiell für das Funktionieren alltäglicher Sozialität. (2) Das Alltagswissen besteht, wie schon Alfred Schütz in seiner Sozialphänomenologie betonte, wesentlich aus stillschweigenden Annahmen, Glaubensüberzeugungen und Unterstellungen, die zu selbstverständlich sind, als dass darüber gesprochen würde: ein implizites Wissen. (3) Es ist z. T. überhaupt nicht sprachfähig, eher ein stummes körperliches Können, ein praktisches Wissen, etwas zu beherrschen, ohne genau sagen zu können, wie wir es vollziehen: etwa ein Gespräch führen (das Thema der ethnologischen Konversationsanalyse: Atkinson/Heritage 1984), eine Frau darstellen (ein Thema der ethnologischen Gender Studies: West/Zimmerman 1987), ein Klavier spielen (Sudnow 1978, eines von vielen Themen der ethnologischen studies of work: Garfinkel 1986) oder einen Text zu formulieren und zu gebrauchen (der Fokus der ethnologischen Diskursanalyse: Smith 1986). Eben diese Form des Wissens ist der Grund, von Ethno*methodologie* zu sprechen. Gemeint sind die praktischen Methoden der Leute, ihre Alltagswelt hervorzubringen, ihr praktisches Wissen, Handlungen zu vollziehen. Mit diesem praktischen Wissen, wie etwas zu tun ist, **vollziehen** sie (wir) zugleich ihre (unsere) kulturellen Annahmen darüber, woraus die soziale Welt besteht. Die rationalitätskritische Betonung der Implizität praktischen Wissens teilt die Ethnomethodologie dabei mit anderen *praxistheoretischen* Ansätzen (etwa von Erving Goffman, Pierre Bourdieu oder Clifford Geertz).

Forschungstechniken der Befremdung

Im Versuch, stillschweigendes und körperlich vollzogenes Wissen empirisch beobachtbar zu machen, entwickelten ethnologische Studien unterschiedliche Befremdungstechniken. Fünf seien hier genannt:

1. Die sogenannten *Krisenexperimente* arrangieren eine Störung der sinnhaften Normalität von Situationen durch ein Fehlverhalten, das es ihren Teilnehmern unmöglich macht zu begreifen, was ge-

rade vor sich geht, und ihre Sinnwelt wieder zu ordnen. Garfinkel forderte etwa seine Studenten auf, ihre Eltern einen Tag lang zu siezen. Das Ziel war, auf diese Weise sichtbar zu machen, welch fundamentale Erwartungen unsere Interaktionen regulieren. Die Krisenexperimente sollten dabei nicht Personen, sondern Situationen verwirren und ›verrückt‹ machen. Es stellte sich aber heraus, dass es zu den elementaren Reparaturmaßnahmen gehört, die Verwirrtheit der Situation Personen zuzuschreiben. Die Zurechnung auf Personen (»entweder der spinnt oder ich«) ist bereits eine Normalisierungsmaßnahme, mit der wir die Sinnstörung einer Situation auf Personen abschieben.

2. Der Rückgriff auf ›Fremde in der eigenen Kultur‹ nutzt diese als **Beobachtungsexperten** für Normalität. Das gilt etwa für Behinderte (in den Disability Studies), die ein geschärftes Bewusstsein von der Rolle des Körpers in Arbeitsvollzügen und Kommunikation haben (etwa Länger 2002), und es gilt für Garfinkels klassische Studie über eine Transsexuelle: Ihre Außenseiterposition wirkte wie ein Vehikel, das dem Soziologen die Distanzierung von seinen erlernten Denkgewohnheiten erleichterte. Wer sich selbst nicht für normal halten kann (keinen Platz in vorgefundenen kulturellen Kategorien findet), kann auch seine Umwelt nicht so betrachten. Und die Soziologie profitiert von der Krisenhaftigkeit dieser Weltwahrnehmung durch ›unfreiwillige Soziologinnen‹.

3. Die *Konversationsanalyse* arbeitet mit einem Befremdungseffekt, der durch die gewaltige *Entschleunigung* realzeitlicher Abläufe entsteht: Wenn sekundenkurze Sprechereignisse ›unter die Lupe genommen‹ werden, wird etwas so Vertrautes wie ein Gespräch zu einem staunenswerten Koordinationskunstwerk. Wer sich selbst einmal auf einem Tonband anhörte, alle Stotterer, Räusperer und Satzabbrüche transkribierte und deren Funktionen analysierte, versteht schnell, warum sich manche Ethnomethodologen auch Molekularsoziologen nennen und beanspruchen, wie Molekularbiologen Grundlagenforschung zu betreiben.

4. Eine begriffsstrategische Verfremdungsmaßnahme (ähnlich Goffmans Theatermetapher) schlug Harvey Sacks, ein Kollege Garfinkels, vor, um die soziologische Aufmerksamkeit beharrlich auf die Prozesshaftigkeit und praktische Vollzugsbedürf-

tigkeit aller sozialen Tatsachen zu lenken. Soziologen sollten alle von ihnen wahrgenommenen Zustände mit der heuristischen Annahme betrachten, sie seien methodisch hervorgebracht: ein ›**doing being**‹. Wenn Soziologen z. B. jemanden als »wütend« wahrnehmen, also eine spontane Motivzuschreibung vornehmen, machen sie einfach nur von Alltagskompetenzen der Dechiffrierung eines Gesichtsausdrucks Gebrauch. Sacks empfiehlt, zur Verlangsamung dieses alltäglichen Verstehens die Unterstellung dazwischenzuschieben, dass dieses Wütendsein **getan** wird. Wir sollen uns also fragen, wie »doing being angry« geht, wie man das also macht. Wer einen Professor vor sich sieht, sollte sich fragen, wie »doing being a professor« geht, wie man es also bewerkstelligt, als ein solcher zu erscheinen und spontan erkannt zu werden. Das ›doing‹ ist also die *methodologische* Maxime der Praxisforschung der Ethnomethodologie: Betrachte jedes Phänomen so, als würde es gerade erst gemacht.

5. Gewissermaßen in Summierung dieser und anderer Techniken haben insbesondere die ethnologischen **Science Studies** (Lynch 1991, 1993) zu einer beträchtlichen Steigerung soziologischer *Reflexivität* beigetragen. Auf der Basis einer unbefangen ›ethnologischen‹ Beobachtungshaltung, einer temporären Indifferenz gegenüber Geltungsansprüchen und mit einer schamlos empiristischen Neugier auf soziale Praktiken lassen sich selbstverständlich auch soziologische Forschungspraktiken empirisch untersuchen, einschließlich der Schreib- und Formulierungspraktiken beim Verfassen eines Lexikonartikels und eines Satzes wie diesem.

Theoretische Positionierung

Sozialtheoretisch grenzte sich Garfinkel zunächst von Émile Durkheim ab, der soziale Tatsachen als Sachverhalte betrachtete, die unabhängig vom Erleben und Handeln gegeben sind. Die Ethnomethodologie soll genau dieses Erleben von der Faktizität des Sozialen hintergehen und das, was die Handelnden als objektiv gegeben wahrnehmen, als deren eigene praktische Hervorbringungen aufdecken. Für die Ethnomethodologie ist soziale Wirklichkeit eine reine Vollzugswirklichkeit, sie wird laufend ›verwirklicht‹. Die soziale Welt, in der wir handeln, ist die, die wir uns ›erhandeln‹ – die wir herbeireden, zurechtinterpretieren, körperlich durchführen, uns gegenseitig zeigen und bestätigen.

Gegen die strukturell-funktionale Theorie von Talcott Parsons wandte Garfinkel ein, dass dieser die Akteure als »Beurteilungstrottel« erscheinen lasse, als Marionetten, die nur mehr auszuführen haben, was ihnen ein »kulturelles System« vorschreibt. Er ignoriere damit jene Sinnstiftungsleistungen, mit denen Handelnde kulturelle Regeln laufend situieren und interpretieren, was erforderlich ist, weil Regeln die Art ihrer Befolgung nicht selbst festlegen können. Das Problem sozialer Ordnung ist für Garfinkel daher ein Dauerproblem des »Ordnens«, das Interaktionsteilnehmer stets neu zu lösen haben.

Sie bewerkstelligen dieses beständige Ordnen, indem sie mit ihren Handlungen nicht nur die soziale Wirklichkeit einer Situation herstellen (etwa eine Warteschlange formen), sondern zugleich zum einen den Kontext dieser Situation anzeigen (etwa eine Warteschlange ›vor dem Bankschalter‹ und nicht etwa ›an der Bushaltestelle‹), zum anderen diese Praxis selbst als solche kenntlich (›accountable‹) machen (als Warteschlange und nicht als Pulk, zufällige Aufreihung, Polonaise o. Ä.). Menschliches Handeln ist insofern immer reflexiv auf sich selbst bezogen, als es immer auch metakommunikativ anzeigt, als was es verstanden sein will. Nicht nur in reflexiven ›Auszeiten‹ und nicht nur in sprachlichen Ausdrücken, die explizit bezeichnen, was man tut (z. B. »ich warne dich, das zu tun!«), auch schon in der einfachen körperlichen Orientierung beim Gehen tun Handelnde mehr als bloß eine Richtung zu nehmen: Sie zeigen an, dass sie es tun, und tragen so zur lokalen Produktion einer für alle beobachtbaren sozialen Ordnung bei.

Einordnung der Ethnomethodologie

Die Ethnomethodologie ist zum großen Teil eine empirische Umsetzung der *Phänomenologischen Soziologie* von Alfred Schütz. Zugleich hat sie mit deren bewusstseinsphilosophischen Prämissen gebrochen. Sie nimmt ihren Ausgangspunkt nicht beim Subjekt, sondern in der sozialen *Situation*. Während Schütz den *Sinn* einer Handlung im vorangehenden subjektiven Entwurf des Handelnden suchte, zeigten ethnologische Studien, dass der Sinn ihrer Äußerungen erst **ex post** in der Interaktion mit dem Gegenüber festgelegt wird. Insofern hat die Ethnomethodologie die soziologische Aufmerksamkeit

von der Intersubjektivität auf die Interaktivität verschoben. Dabei verweisen Handlungen und Äußerungen auch beständig und unvermeidlich auf den situativen Kontext, in dem sie gerade ablaufen. Sinn, so Garfinkel, ist daher ein öffentliches, beobachtbares Phänomen, es liegt nicht »unter der Schädeldecke«, sondern vollständig und ausschließlich in der Verhaltensumgebung einer Person. Garfinkel sieht die Soziologie also wie George Herbert Mead und Erving Goffman als *Verhaltenswissenschaft*.

Die **Grenzen** der Ethnomethodologie liegen vor allem in ihrer Beschränkung auf eine empirische *Mikrosoziologie*. Ein Ansatz, der in großem Respekt vor den Handelnden deren interpretative und performative Leistungen beschreibt und analysiert, bleibt reserviert gegenüber theoretischen Ansprüchen, neben der Interaktivität in sozialen Situationen auch die Intersituativität des Sozialen zu denken. Jüngere Autor/innen in der Nachbarschaft und Nachfolge der ethnomethodologischen Tradition (etwa Karin Knorr Cetina und Bruno Latour) verweigern sich daher auch weiterhin makrotheoretischen Abstraktionen. Stattdessen öffnen sie ihren Denkstil ›posthumanistischen‹ Überlegungen, die die Beteiligung von Artefakten, Medien und Körpern an Handlungsketten für die Soziologie zu erschließen versuchen.

Literatur

Einführend: Bergmann, Jörg, 2000: Ethnomethodologie; in: Flick, Uwe et al. (Hg.): Qualitative Forschung. Ein Handbuch, Reinbek, 118–135. – Zimmerman, Don H.; Pollner, Melvin, 1976: Die Alltagswelt als Phänomen; in: Weingarten, Elmar; Sack, Fritz (Hg.): Ethnomethodologie, Frankfurt a. M., 64–104. / Weiterführend: Atkinson, Paul; Heritage, John, 1984: Structures of Social Action. Studies in Conversation Analysis, Cambridge. – Garfinkel, Harold, 1967: Studies in Ethnomethodology, Englewood Cliffs, NJ. – Ders., 1986: Ethnomethodological Studies of Work, London. – Länger, Caroline, 2002: Im Spiegel von Blindheit. Eine Kultursoziologie des Sehsinnes, Stuttgart. – Lynch, Michael, 1991: Pictures of Nothing? Visual Construals in Social Theory; in: Sociological Theory 9, 1–21. – Ders., 1993: Scientific Practice and Ordinary Action, Cambridge. – Smith, Dorothy, 1986: The Active Text. Texts as Constituents of Social Relations; in: dies. (ed.): Texts, Facts, and Femininity. Boston, 120–158. – Sudnow, David, 1978: Ways of the Hand. The Organization of Improvized Conduct, London. – West, Candace; Zimmerman, Don, 1987: Doing Gender; in: Gender and Society 1, 125-151.

Stefan Hirschauer

Ethnologie

von gr. ethnos (ἔθνος) »Volk, Völkerschaft« und logos »Lehre«. Als Sozial- und *Kulturwissenschaft* hat
Ethnologie zum Ziel, das Handeln von Menschen in
der gesamten Breite des dem Menschen Möglichen
zu verstehen und in seinen natürlichen, sozialen und
kulturellen Bedingungen und Zusammenhängen zu
erklären. Aufgrund des allgemeinen, vergleichenden
Ansatzes ist im englischen Sprachraum die Bezeichnung social anthropology (GB) bzw. cultural anthropology (USA) üblich. Zentrale methodologische
Grundannahme ist, dass sich das Erkennen anthropologischer Gemeinsamkeiten und Unterschiede vor
allem in der Auseinandersetzung mit anderen Gesellschaften und Kulturen bildet (daher »Wissenschaft
vom kulturell Fremden«).

Wandel der Forschungsperspektive

Das Erkenntnisinteresse der Ethnologie als akademische Disziplin hat sich seit ihrer Entstehung im
19. Jh. stark verschoben. Als spezifischer Gegenstand
der Ethnologie wurden lange Zeit Gesellschaften verstanden, die sich vermeintlich grundlegend von der
eigenen, d. h. modernen, unterschieden: Naturvölker
vs. Kulturvölker, primitive vs. zivilisierte, schriftlose
vs. alphabetisierte, traditionelle vs. moderne, nicht-
staatliche vs. staatliche, vorindustrielle vs. industria-
lisierte, unterentwickelte vs. entwickelte etc. Derartige universale Dichotomien haben sich durchweg
als pseudowissenschaftliche Konstrukte erwiesen, die
teilweise kolonialen Grundideen verpflichtet blieben, in deren Kontext sich die Ethnologie als Fach
etabliert hatte. Sie bestätigten den »höheren Stand«
der eigenen Gesellschaft und legitimierten den *Imperialismus.*

Als allgemein vergleichende Wissenschaft des Kulturellen und Sozialen konstituierte sich die Ethnologie erst sukzessive im 20. Jh. Im Laufe dieses Prozesses erwies sich auch die zweite Grundüberzeugung
der Ethnologie, d. h. die wissenschaftliche Darstell-
barkeit fremder sozialer Realität, als zunehmend
zweifelhaft. Die folgende Krise der Repräsentation
hat die Ethnologie seit den 1970er Jahren in einen
tiefgreifenden Prozess der Selbstreflektion und Aufklärung geführt. Er lässt sich als verspätete Entko-
lonialisierung deuten, hängt aber auch mit anderen
intellektuellen Strömungen der Zeit, v. a. der Postmoderne, zusammen. Die Ethnologie ist seitdem the-

menoffen und nicht auf einen bestimmten Typus von
Gesellschaften fixiert. Als *Anthropologie* geht es ihr
um die Aufklärung dessen, was den Menschen in allen Gesellschaften als soziales Wesen auszeichnet.

Ethnos und Ethnizität

Auch der **Ethnos** als Gegenstand der Ethnologie hat
seine Selbstverständlichkeit verloren. Es hat sich gezeigt, dass ein primordiales Verständnis von Ethnien
als geschlossene soziale Formationen mit eigener
Sprache, Herkunft, Geschichte, Territorium, sozialer
Organisation und Kultur sowie darauf rekurrieren-
der Identität mehr imaginiert ist, als dass es auf historische oder gesellschaftliche Tatsachen verweist.
Kulturelle Differenz und die Konstitution eigener
Identität werden vielmehr durch den Austausch mit
anderen gesellschaftlichen Akteuren erst geschaffen.
Die als unwandelbar imaginierte eigene Identität
wächst mithin aus einem diskursiven Prozess, dessen
Akteure je eigene Interessen verfolgen und der nur
politisch zu verstehen ist. *Ethnizität* in diesem konstruktivistischen Sinne ist die regelmäßige Kommunikation sozialer und kultureller Unterschiede. Als
Gegenstand einer diskursiven Formation ist sie trotz
ihrer grundsätzlichen Formbarkeit nicht frei wählbar
oder volatil und in der Regel mit der Ausübung von
Macht oder *Herrschaft* verknüpft. Ethnizität kann in
allen sozialen Figurationen entstehen, früheren wie
zeitgenössischen. In modernen Staaten hat sie sich
vielfach mit einem restriktiven Verständnis von Nationalität verschränkt und deren politische Instrumentalisierung befördert.

Methodischer Ansatz

Trotz wichtiger Beiträge zu politischen Debatten in
der eigenen Gesellschaft bleibt die Auseinandersetzung mit fremden Lebenswelten zentral für die Identität der Ethnologie. Um essentialistische, notwendig
normative Gegenstandsdefinitionen zu umgehen,
definierte sich die neuere Ethnologie mehr über ihren methodischen Ansatz. Im Zentrum standen und
stehen partizipative Methoden, die seit B. Malinowski (1922) unter dem Begriff *Teilnehmende Beobachtung* zusammengefasst werden. Spezifikum der Ethnologie als empirische Sozialwissenschaft ist, dass
sich dabei der Ethnograph physisch und psychisch
in die andere Gesellschaft einbringt. Elementar sind
dichte Teilnahme am Leben der anderen Menschen

über einen langen Zeitraum, Beherrschung ihrer Sprache, Erwerb von Handlungsroutinen etc., die zur Integration in den Alltag führen. Dabei sollen auch jene als selbstverständlich hingenommenen Teile des fremden Alltags erfasst werden, die nicht reflektiert werden und sich folglich nur unzureichend mittels der Sprache und Interviews erfassen lassen. Obwohl Teilnahme und Beobachtung unterschiedlichen Modi der Erfahrung verpflichtet sind und unterschiedliche Daten generieren, treffen sie sich in einem grundsätzlich induktiven Vorgehen, welches in einem zirkulären Verfahren allfällige Hypothesen ständig hinterfragt und revidiert.

Ziel ist, die Außenperspektive des Ethnographen, d. h. die etische Sichtweise des Sozialen zu überschreiten und ihr die Binnenperspektive der Akteure, die emische Sicht, entgegenzusetzen. Erst aus dem Kontrast beider lassen sich sowohl das Eigene wie das Fremde erkennen. Diese gegenseitige Artikulation lässt sich als Kern einer ethnologischen Perspektive beschreiben. Theoretische Grundlage bleibt die Annahme, dass sich soziale und kulturelle Unterschiede nur aufgrund einer allen Menschen gemeinsamen anthropologischen Grundlage erkennen lassen. Quantitative Methoden spielen v. a. dort eine Rolle, wo die Ethnologie thematisch in den Bereich der Naturwissenschaften hineinreicht.

Neuere Ansätze

Universalien und anthropologische Konstanten auf der einen Seite sowie **Kulturrelativismus** auf der anderen Seite waren lange Zeit Gegenstand ethnologischer Debatten. In der jüngeren Ethnologie hat die Auseinandersetzung zwar an theoretischer Relevanz verloren, aber an politischer gewonnen. V.a. die fortlaufenden Auseinandersetzungen, ob Menschenrechte universal definiert werden können oder kulturell gebunden sind, haben erkennen lassen, dass es einmal mehr um eine diskursive Formation geht, in der die einzelnen Positionen sich eng mit Interessen der Akteure verknüpfen. Als ethnologische Denkfigur ist der Relativismus aber wirkungsmächtig geblieben, da er oft als methodologische Voraussetzung für die Überwindung des relativ natürlichen *Ethnozentrismus* ausgewiesen wird.

Die Ethnologie hat sowohl zu allgemeinen wie zu thematischen Sozialtheorien beigetragen. Neben den Kerndebatten um Ethnizität und Interkulturalität hat die Ethnologie spezifische Theorien vor allem im Bereich der *Kultur*, der sozialen *Organisation* und *Verwandtschaft*, der staatenlosen Gesellschaften, der Rolle dieser im kolonialen und postkolonialen Staat, der Gabe und des *Tausch*es, des *Ritual*s und der Kognition entwickelt. In der jüngeren Ethnologie sind u. a. allgemeine Beiträge zu *Migration, Modernisierung*s- und *Globalisierung*sprozessen sowie *Konflikt*forschung hinzugekommen. Die theoretischen und methodischen Beziehungen zwischen der Soziologie und der Ethnologie sind vielfältig. So hat die Ethnologie maßgeblich die *Reflexivität*sdebatte in der Soziologie beeinflusst, oder in neuerer Zeit die *Netzwerk*analyse bereichert. Der Ort der Ethnologie ist die **vergleichende Perspektive**, indem sie die Auseinandersetzung mit dem Fremden in den Mittelpunkt von spezifischen und allgemeinen Erkenntnis- und Deutungszusammenhängen rückt.

Literatur

Barnard, Alan, 2000: History and Theory in Anthropology, Cambridge. – Eriksen, Thomas Hylland, 2001: Small Places, Large Issues: An introduction to social and cultural anthropology. London. – Fischer, Hans; Beer, Bettina (Hg.), 2003: Ethnologie: Einführung und Überblick, Berlin. – Kohl, Karl-Heinz, 1993: Ethnologie, die Wissenschaft vom kulturell Fremden, München.

Till Förster/Lucy Koechlin

Ethnozentrismus

Ethnozentrismus (engl. ethnocentrism) ist eine weltweit verbreitete, in der Entwicklungsgeschichte des Menschen angelegte und angesichts des Aufwachsens in einer bestimmten sozialen *Umwelt* unvermeidbare Neigung, Fremdes zuerst einmal nach dem Maßstab der eigenen Gesellschaft, Schicht, Berufsgruppe usw. zu erfassen und zu beurteilen. Damit ist er oft die Grundlage für *Vorurteile*, wenn man diese *wertfrei* als Urteile ohne gründliche »Beweiserhebung« ansieht. Erst wenn solche Neigungen und Einstellungen resistent gegen Korrekturen werden, die Wahrnehmung von Gegeninformationen verhindern und in *Ideologie* übergehen, werden sie zur Grundlage von Selbsttäuschung, Desorientierung und *Konflikt*. Dann wird die *Eigengruppe* überschätzt und jede *Fremdgruppe* abgewertet.

Angesichts der Unausweichlichkeit von Ethnozentrismus beim erstmaligen Wahrnehmen und

Überdenken von sozialen Phänomenen sind sowohl Alltags- als auch wissenschaftliche *Theorie*n in ihrem Anfangsstadium häufig ethnozentrisch. Werden sie ohne Überprüfung auf ihre Richtigkeit auch in einer anderen Kultur dort zur Grundlage von praktischen Maßnahmen gemacht, können sie zu schwersten Schäden führen. »Die meisten Studien aus der ›Comparative Management‹ Schule sind amerikanisch-ethnozentrisch. Um den Ethnozentrismus zu beschränken, ist es unentbehrlich, dass Kulturforscher Toleranz für abweichende Werthaltungssysteme entwickeln und dass sie versuchen, ihre eigenen Werthaltungen explizit zu machen. Es ist wünschenswert, dass die Forschungsgruppen Forscher verschiedener Kulturen umfassen und/oder zwei- oder mehrkulturelle Forscher, d. h. Personen, die in mehr als einer Umweltkultur erzogen sind, gelebt und/oder gearbeitet haben« (Hofstede, Sp. 1176).

Gesellschafts- oder *Kulturvergleich* sind unabdingbarer Bestandteil der *Theorieprüfung*, wenn die Theorie nicht nur für eine einzige Gesellschaft gelten soll. Dabei sind *Idealtypen* ein Instrument zur Vermeidung von Ethnozentrismus, ebenso die automatische Suche nach *funktionalen Äquivalenten* oder überhaupt funktionale Analysen, möglichst noch in mathematischer Formulierung. Die kleine Schwester des Ethnozentrismus ist die persönliche Voreingenommenheit (engl. *bias*). Ansätze zur Vermeidung des intrasozietären Ethnozentrismus bieten etwa die *Verstehende Soziologie* (vgl. Max Webers Begriff des *Handelns*) und die *Ethnomethodologie*. Das Gegenteil von Ethnozentrismus und für die *Validität* der Ergebnisse genauso schädliche Abweichen von der wissenschaftlichen *Objektivität* ist das »going native« (Lamnek, Bd. 1, 49, 235; Bd. 2, 259).

Literatur

Forbes, Hugh Donald, 1985: Nationalism, Ethnocentrism, and Personality, Chicago/London. – Hofstede, Geert, 1980: Kultur und Organisation; in: Grochla, Erwin (Hg.): Handwörterbuch der Organisation, 2. Aufl., Stuttgart, Sp. 1168–1182. – Lamnek, Siegfried, 1993 bzw. 1989: Qualitative Sozialforschung, Bd. 1, 2. Aufl., Bd. 2, 1. Aufl., München.

Günter Endruweit

Evaluation

Evaluation (engl. evaluation) steht nicht nur für spezifisches Handeln, das die Bewertung von empirisch gewonnenen Informationen zum Ziel hat, auf deren Basis rationale Entscheidungen getroffen werden können, sondern auch für das Ergebnis dieses Prozesses. Wissenschaftlich durchgeführte Evaluationen zeichnen sich dadurch aus, dass sie (a) auf einen klar definierten Gegenstand bezogen sind; (b) dass für die Informationsgewinnung objektivierende empirische *Datenerhebung*smethoden eingesetzt werden und dass (c) die Bewertung anhand präzise festgelegter und offengelegter Kriterien, (d) mit Hilfe systematisch vergleichender Verfahren vorgenommen wird. Die Evaluation wird (e) in der Regel von dafür besonders befähigten Personen (Evaluatoren) durchgeführt, um (f) auf den Evaluationsgegenstand bezogene Entscheidungen zu treffen.

Damit das Nutzungspotenzial von Evaluationen möglichst optimal ausgeschöpft wird, hat sich jede professionell durchgeführte Evaluation mit folgenden fünf Fragen auseinanderzusetzen: 1) Was (welcher Gegenstand), wird 2) wozu (zu welchem Zweck), 3) anhand welcher Kriterien, 4) von wem, 5) wie (mit welchen Methoden) evaluiert?

1) **Gegenstand**: Im Prinzip gibt es bei der Wahl des Evaluationsgegenstands kaum Einschränkungen. Objekte der Bewertung können Gesetze, Produkte, Dienstleistungen, Organisationen, Personen, Prozesse sowie soziale Tatbestände jedweder Art oder gar Evaluationen selbst sein. Häufige Evaluationsgegenstände sind allerdings Reformmaßnahmen, Projekte, Programme oder Policies.

2) **Funktionen**: Evaluationen können folgenden vier unterschiedlichen, aber miteinander verknüpften Funktionen dienen: (a) Der Gewinnung von Erkenntnissen, um die Prozessabläufe oder die Wirkungszusammenhänge in einem Programm zu verstehen. (b) Um Kontrolle auszuüben, indem festgestellt wird, ob die in der Planung festgelegten Ziele erreicht wurden. (c) Um Lernpotenziale zu eröffnen, die für die Weiterentwicklung von Programmen genutzt werden sollen. (d) Um Programme zu legitimieren, indem öffentlich belegt wird, wie nützlich, wirksam oder nachhaltig sie waren.

Da Evaluationen mittlerweile als Ausdruck moderner, »evidence based policy« gelten, werden

Evaluationen mitunter auch missbraucht, indem sie dazu verwendet werden, politisch bereits getroffene Entscheidungen nachträglich mit Hilfe von Evaluationsergebnissen zu legitimieren. Diese »taktische« Funktion von Evaluation lässt sich jedoch nicht mit ihrem eigentlichen Zweck begründen, sondern stellt eher ihre pathologische Seite dar.

Die Festlegung auf eine prioritäre Funktion steuert die Herangehensweise und bestimmt das Design und die Durchführung von Evaluationen. Diese können nicht nur verschiedene Funktionen erfüllen, sondern im Rahmen der einzelnen Phasen der Programmentwicklung auch unterschiedliche Analyseperspektiven und Erkenntnisinteressen verfolgen. Evaluationen können dazu genutzt werden, (a) die Planung eines Programms oder einer Maßnahme zu verbessern (**ex-ante** Evaluation), (b) die Durchführungsprozesse zu beobachten (**ongoing** Evaluation) oder (c) die Wirksamkeit und Nachhaltigkeit von Interventionen ex-post zu bestimmen (**ex-post** Evaluation).

Evaluationen können demnach mehr **formativ**, d. h. aktiv-gestaltend, prozessorientiert, konstruktiv und kommunikationsfördernd angelegt sein, oder mehr **summativ**, d. h. zusammenfassend, bilanzierend und ergebnisorientiert.

Die *Begleitforschung* kann als eine besondere Form der Evaluation gelten, die sich ex-ante mit den Voraussetzungen bzw. der Planung oder (ongoing) mit der Implementation von Programmen beschäftigt. Anders als die meisten Evaluationen wird sie nicht nur punktuell, zu einem bestimmten Zeitpunkt im Programmverlauf eingesetzt, sondern kontinuierlich – programmbegleitend. Dadurch können Längsschnittdaten gewonnen werden, die nicht nur kontinuierlich über Veränderungsprozesse informieren, sondern auch Ursache-Wirkungszuschreibungen erleichtern.

Eine besonders wichtige Form der Evaluation stellt die **Wirkungsevaluation** dar, die zum einen darauf abzielt, (idealerweise) möglichst alle beabsichtigten (intendierten) und nicht-intendierten Wirkungen zu erfassen und die zum anderen mit größtmöglicher Zuverlässigkeit feststellen soll, welche Ursachen (die Programminterventionen oder andere Faktoren) dafür verantwortlich sind. Diese Aufgabe stellt eine der größten Herausforderungen einer Evaluation dar. Dies liegt vor allem daran, dass die soziale Welt einen hohen Komplexitätsgrad aufweist, d. h. die meisten sozialen Phänomene auf vielen Ursachen basieren. Interventionen haben zudem in der Regel nur einen geringen Eingriffsspielraum und ein niedriges Veränderungspotenzial. Oft sind die Programm- oder Leistungswirkungen nur schwach ausgeprägt, und es besteht selbst bei professionellem Einsatz von Auswertungsverfahren die Gefahr, dass sie im allgemeinen ›Rauschen‹ gar nicht erkannt werden.

3) **Kriterien**: Im Unterschied zu Normenreihen (wie ISO, oder EFQM) kann Evaluation nicht auf einen fixierten Kanon von Bewertungskriterien zurückgreifen. Sehr häufig orientieren sich die Bewertungskriterien allerdings am Nutzen eines Gegenstands, Sachverhalts oder Entwicklungsprozesses für bestimmte Personen oder Gruppen. Die Festlegung der Kriterien kann durch den Auftraggeber (direktiv), durch den Evaluator (wissens-/erfahrungsbasiert) oder durch alle Stakeholder (partizipativ) erfolgen, um möglichst viele Perspektiven zu berücksichtigen.

4) **Evaluierende Akteure**: Evaluationen können prinzipiell von internen oder externen Experten durchgeführt werden. Als **intern** werden Evaluationen bezeichnet, wenn sie von der gleichen Organisation vorgenommen werden, die auch das Programm oder das Projekt durchführt. Wird diese interne Evaluation von Mitarbeitern der Abteilung (dem Referat) durchgeführt, die gleichzeitig mit der operativen Durchführung des Programms betraut sind, dann wird von ›**Selbstevaluation**‹ gesprochen.

»**In-house**«- Evaluationen haben den Vorteil, dass sie rasch und mit geringem Aufwand durchgeführt werden können, dass die Evaluatoren in der Regel über eine hohe Sachkenntnis verfügen und dass die Ergebnisse sich unmittelbar umsetzen lassen. Schwächen der internen Evaluation werden vor allem darin gesehen, dass die Evaluierenden zumeist nicht über eine ausreichende Methodenkompetenz verfügen, dass es ihnen an Unabhängigkeit und Distanz mangelt und dass sie möglicherweise so sehr mit ihrem Programm verhaftet sind, dass sie aussichtsreichere Alternativen nicht erkennen.

Externe Evaluationen werden von Personen durchgeführt, die nicht dem Fördermittelgeber oder der Durchführungsorganisation angehören. In der Regel weisen externe Evaluatoren deshalb eine größere Unabhängigkeit, eine profunde Methodenkompetenz und professionelles Evaluationswissen auf und kennen das Fachgebiet, in dem das Programm bzw. das Projekt angesiedelt ist. Zudem können externe Evaluationen reformerischen Kräften innerhalb einer Organisation zusätzliche Legitimität und Einflussstärke verleihen, die sie benötigen, um Veränderungsprozesse in Gang zu setzen.

5) **Methodische Ansätze**: Grundlegend für die Frage, wie evaluiert wird, ist die Wahl des Forschungsparadigmas. Grob kann zwischen zwei Hauptrichtungen unterschieden werden. Die einen betrachten Evaluation als ein empirisch-wissenschaftliches Verfahren, das der **kritisch-rationalen Forschungslogik** folgt und prinzipiell alle bekannten empirischen Forschungsmethoden für einsetzbar hält. Evaluation ist somit als *angewandte Sozialforschung* zu verstehen, die besondere Forschungsbedingungen zu berücksichtigen und ein spezifisches Erkenntnis- und Verwertungsinteresse hat, bei dem der Nutzen der Evaluationsergebnisse für die ›Praxis‹ im Vordergrund steht. Die zweite Hauptrichtung verbindet mit Evaluation einen anderen Anspruch und geht von anderen Voraussetzungen aus. Das Vorhandensein einer real existierenden Welt, die prinzipiell erkannt und »objektiv« mit Hilfe empirisch-wissenschaftlicher Verfahren erfasst werden kann, auch wenn diese Instrumente unvollständig und teilweise fehlerhaft sein können, wird bestritten. Stattdessen wird angenommen, dass »**Realität**« aus verschiedenen Perspektiven **sozial konstruiert** ist, die in Konflikten zueinander stehen können. Deshalb fordern die Anhänger dieses Ansatzes ein ›qualitatives‹ Denken, um die verschiedenen Sichtweisen und Interpretationen der ›Realität‹ erfassen zu können. Je nach wissenschaftstheoretischer Ausrichtung werden unterschiedliche Designs und Verfahren angewendet. In der Evaluationspraxis wird häufig ein sogenannter Methodenmix angewendet, der aus *qualitativen* und *quantitativen Verfahren* besteht. Dadurch sollen die Schwächen einzelner Ansätze durch die Stärken anderer ergänzt werden.

Literatur

Fitzpatrick, Jody L. et al., 2004: Program Evaluation. Alternative Approaches and Practical Guidelines, 3. Aufl., Boston u.a. – Rossi, Peter H. et al., 2004: Evaluation. A systematic Approach, Thousand Oaks u.a. – Shaw, Ian F. et al. (Hg.), 2006: The SAGE Handbook of Evaluation, Thousand Oaks u.a. – Stockmann, Reinhard, 2006: Evaluation und Qualitätsentwicklung, Münster. – Ders. (Hg.), 2007: Handbuch zur Evaluation, Münster. – Ders.; Meyer Wolfgang, 2010: Evaluation. Eine Einführung, Opladen/Farmington Hills.

Reinhard Stockmann

Evolutionstheorie

(engl. evolution theory)

Zur Evolution des Evolutionsbegriffes

Wenn man erklären will, wie etwas entstanden ist, brauchen wir eine Theorie, die diese Genese erklärt. Solche Entstehungsgeschichten gehören zum universalen Erklärungsrepertoire des Menschen. Meist handelt es sich dabei um die Erzählung einmaliger Ereignisse, die mit einem oft religiös begründeten Schöpfungsakt einhergehen und eine zeitlose, statische Welt zum Ergebnis haben. Bemerkenswerterweise sind hingegen evolutionäre Ideen, also Gedanken über langfristige, kontinuierliche und graduelle Prozesse der Veränderung oder Entwicklung erst recht spät in der Wissenschaftsgeschichte entstanden. Vorsokratikern wie Thales und Anaximander wurde zwischenzeitlich der Verdienst zugeschrieben, erste evolutionäre Ideen wie die der naturalistischen Erklärung des Lebens, der Anpassung und der gemeinsamen Abstammung aller Lebewesen formuliert zu haben (Osborn 1894). Aus biophilosophischer Sicht können all diese Ansätze jedoch nicht als Vorläufer eines Evolutionskonzeptes angesehen werden, da ihnen noch ein Selektionsmechanismus und die geschichtliche Idee des immerwährenden *Wandels* fehlt (Mayr 1984). Eine geschichtliche Dimension der Evolution kam erst mit dem in der *Aufklärung* aufkeimenden *Fortschritts*glauben hinzu. Die historische Dimension wurde auch von H. Spencer (1862) aufgegriffen. Dessen Idee des »survival of the fittest« und seine teleologische Missinterpretation des evolutionären Geschehens als zielgerichtete Vervollkommnung hin zu einem idealen Endzustand sind jedoch irreführend, wurden allerdings unter dem Begriff des *Sozialdarwinismus* gefasst und in den Sozialwissenschaften teilweise bis zum heutigen Tage fälschlicherweise Darwin zugeschrieben. Als echter Vorläufer, der als Erster eine konsequente Theorie evolutionären Wandels formulierte, kann Lamarck (1809) gelten, allerdings erlag er dem Irrtum, den evolutiven Mechanismus in der Vererbung erworbener Eigenschaften zu suchen. Praktisch alle soziologischen Evolutionstheorien zeigen eine gewisse Affinität zu diesem Konzept der intergenerationalen Weitergabe erlernter Eigenschaften. Dies zeigt sich am prägnantesten darin, der biogenetischen Weitergabe von Information einen tradigenetischen Transmissionmodus gegenüberzustellen und neben der biologischen eine soziokulturelle Evolution zu postulieren (dual inheritance theory; Boyd/Richerson 1985, 2005). Diese dualistische Sicht führte zu unterschiedlichen Auffassungen über deren Beziehung, deren einer Pol für die völlige Unabhängigkeit oder gar Emanzipation der soziokulturellen Evolution steht, bei der die soziokulturelle der biologischen Evolution gewissermaßen enteilt ist und bei dessen Gegenpol die biogenetische Evolution in einer Art Basis-Überbau-Beziehung das Primat über die soziokulturelle Evolution hat. Der aktuell interdisziplinär favorisierte Ansatz scheint jedoch eher darin zu bestehen, von zwei parallel verlaufenden Evolutionsprozessen auszugehen, die koevolvieren und über epigenetische Regeln miteinander verbunden sind. Dieser Ansatz, bei dem der Organismus sich in gewisser Weise seine Umgebung selbst definiert, geht auf das ökologische Konzept der »niche construction« zurück (Odling-Smee et al. 2003; Dawkins 1982; zur Grundidee bereits Darwin 1881).

Eine Art, den Unterschied zwischen biogenetischer und tradigenetischer Transmission von Information (Boyd/Richerson 1985, 2005) zu verdeutlichen, liegt in der Kontrastierung zum individuellem *Lernen*: Während Letzteres schnelle Anpassungen erlaubt, indem es eine unmittelbare, aktualgenetische Adaptation auf veränderte Bedingungen ermöglicht und genetische Veränderungen (genetisches »Lernen«, Dennett 1995) mit etwa 100 Generationen langsam vonstatten gehen, gelingen Anpassungen an soziokulturelle Veränderungen in der Regel innerhalb einer Generation (Berry et al. 2011). Werden diese unterschiedlichen Lerngeschwindigkeiten typologisiert, indem man ihnen unterschiedliche Transmissionseinheiten zuordnet, erfolgt eine unzulässige Reifikation des prozeduralen Geschehens, da kein Unterschied in dem, was letztlich übermittelt wird, vorliegt: Das zugrunde liegende Substrat, das letzlich Informationen übermit-

telt, ist sowohl beim bio- und tradigenetischen »Lernen« als auch beim individuellen Lernen nur das Gen. Dementsprechend ist eine befriedigende Definition, geschweige denn Identifikation exogenetischer Transmissionseinheiten trotz intensiver interdisziplinärer Debatte seit dem Dawkinschen Mem-Postulat (1976) immer noch nicht gefunden (Aunger 2007). Die Debatte über den Platzhalter-Status des Mems erinnert hier stark an den von »Kultur« in der kulturvergleichenden Psychologie (Chasiotis 2007, 2011b).

Die Evolutionstheorie der natürlichen Selektion

Darwins (1844 bzw. Wallace 1858) Evolutionstheorie stellt genaugenommen eine Integration mehrerer untergeordneter Theorien mit geringerem Geltungsbereich dar, mit der Theorie der natürlichen Selektion als ihrem charakteristischen Bestandteil (neben Phylogenese, Speziation, gemeinsamer Abstammung und Gradualismus, Mayr 1984). Die **drei zentralen Annahmen** der modernen Evolutionstheorie sind Reproduktion, Vielfalt und Selektion (Campbell 1970; Dennett 1995). Darwin ging bei der Formulierung seiner Evolutionstheorie davon aus, dass der formgebende Mechanismus im Evolutionsgeschehen die natürliche Selektion sei, welche die einzelnen, genetisch einzigartigen Varianten (Individuen) danach ausliest, wie erfolgreich sie sich fortpflanzen. Diese Schlussfolgerung basierte auf der Beobachtung, dass innerhalb einer Art eine individuelle Vielfalt der Erbeigenschaften besteht. Wenn einige Eigenschaften eher zur Überlebens- und Fortpflanzungsfähigkeit beitragen, breiten sich diese erblichen Eigenschaften in der Population aus, so dass sich im Laufe der Zeit die Verteilung der erblichen Merkmale in der Population einer Art verändern. Diesen Prozess nannte er natürliche *Selektion* durch differentielle Reproduktion. Die biologische Evolution erfolgt zufällig oder durch Neukombination entstehende, geringfügige und meistens unauffällige genetische Änderungen (Mutation, Gen-Drift, Migration) an der Genmenge eines Individuums bzw. der Gesamtpopulation. Durch diese Selektion ist die Evolution nicht – wie noch bis Mitte der 1960er Jahre angenommen – ein arterhaltender, sondern ein artenschaffender Prozess. Kriterium dieser in der Regel individuellen Selektion ist die Güte der Anpassung neuer Merkmalsausprägungen an die Umweltbedingungen, d.h. an die ökologische Nische und beim Menschen in besonderer Weise an die soziale Komplexität der *Umwelt*. Da neue, durch zufällige genetische Änderungen auftretende Eigenschaften eines Lebewesens in der Regel keine Vorhandenen ersetzen, sondern den bestehenden hinzugefügt werden, zeichnet sich der Mensch wie alle anderen Lebewesen durch eine »geschichtliche Natur«, d. h. durch in seiner stammesgeschichtlichen Vergangenheit erworbene genetische Programme aus, die unsere gegenwärtigen phänotypischen Eigenschaften bestimmen (Mayr 1984, 2000). Tinbergen (1963) hat vorgeschlagen, zwischen phylogenetischen (ultimat-funktionalen), ontogenetischen (distalen) und aktualgenetischen (proximaten) Fragen zu unterscheiden. Die Differenzierung von Fragen nach den unmittelbaren Ursachen (»Wie kommt dieses augenblickliche Verhalten zustande?«) und solchen nach den stammesgeschichtlichen Ursachen (»Welche stammesgeschichtliche Anpassung erfüllt dieses Verhalten?«; zur Unterscheidung Mayr 1984, 2000) wurde zum zentralen Charakteristikum moderner evolutionärer Ansätze. Die Einbeziehung der Funktionslogik des Entstehens bietet eine völlig neue Perspektive auch für soziologische Fragestellungen (Berry et al. 2011; Brown et al. 2011). So gelang Lamba und Mace (2011) in einer neueren Untersuchung, in der sie intrakulturelle Varianz mitberücksichtigten, der Nachweis, dass Kooperationsverhalten eher von demographischen und ökologischen Faktoren abhängt als von kulturellen *Norm*en. Sie interpretieren diesen Befund explizit als empirisches Gegenargument zu gruppenselektionistischen Annahmen zur Evolution von Kooperation auf gesellschaftlicher Ebene.

Evolutionstheorien in der Soziologie

Die Evolutionstheorien in der Soziologie, die sich über Weber bis hin zur Theorie des *sozialen Wandel*s in den 1960er Jahren erstrecken, gehen zumeist auf H. Spencer zurück und beinhalten dementsprechend mehr oder weniger explizit die Untersuchung von Selektionsmechanismen und einen gerichteten *Fortschritt*sgedanken. Problematisch ist neben dem Postulat einer Fortschritts- oder Steigerungsdynamik des sozialen Wandels die fehlende Anbindung an das individuelle Verhalten (Schmid 1998). Als ein Gegenentwurf können funktionalistische Theorien angesehen werden, deren Abwehr gegen den teleologischen Historizismus der Spencerschule darin bestand, Nützlichkeitserwägungen zur Erklärung

sozialer Strukturen heranzuziehen. Beispiele dieses Funktionalismus sind vor allem die Theorien von Durkheim (z. B. zur sozialen Funktion der Religion, 1915), Parsons (1977) und in neuerer Zeit Luhmann (1984, 1997). Problematisch daran ist, aristotelisch gesprochen, Zweckursachen heranzuziehen, wo Wirkursachen gefragt sind: der Funktionalismus erklärt, warum eine soziale Institution ein Problem löst, kann aber nicht erklären, wie diese Institution entstanden ist. Ein weiteres Problem, das der Funktionalismus mit dem Strukturalismus teilt, ist seine Zeitlosigkeit. In gewisser Weise das Kind mit dem Bade ausschüttend, wurde der zielgerichtete Zeitpfeil nicht durch weniger teleologische Entwicklungsmodelle, sondern durch eine Wiederkehr des Immergleichen ersetzt, die am ehesten der aristotelischen Formursache entspricht (Bischof 1985, 2008). Das Hauptproblem in der Rezeption des Evolutionskonzepts in der Soziologie sind seine Gleichsetzung bzw. fehlende Abgrenzung von a) *Entwicklung* durch die Konfundierung von Phylo- und Ontogenese (Parsons 1977; s. auch das *Autopoiese*-Konzept von Luhmann 1983) und von b) Geschichte und somit von schlichtem historischen *Wandel* (Schmid 1998; Wortmann 2010). Diese fehlende Differenzierung zeigt sich auch bei der Beschreibung externer Einflussgrößen auf das Sozialverhalten; eine adäquate Umwelttheorie, die etwa Adaptationsleistungen auf der phylogenetischen (Selektion), ontogenetischen (Alimentation) und aktualgenetischen Ebene (Stimulation) zu unterscheiden vermag (Bischof 2008; Chasiotis 2010), ist schlichtweg nicht vorhanden.

Als Fazit ist Wortmanns Diktum (2010) somit zuzustimmen, dass es sich bei der Evolutionstheorie des Sozialen immer noch nur um ein, wenn auch vielversprechendes, Desideratum handelt. Laut Mayr (1984, 2003) bestand bis zum Beginn des 21. Jh.s das größte Hindernis auf dem Weg zu einer hinreichenden Wissenschaftsphilosophie darin, den Unterschied zwischen einer physikalistischen und biologischen Auffassung von Evolution nicht herausgearbeitet zu haben. So wäre der Versuch einer essentiellen Typologie menschlicher Gesellschaften laut Mayr (1984, 2003) physikalistisch. Diese auf Pythagoras und Platon zurückgehende Denkweise, deren ungünstige Einflüsse auf die abendländische Philosophie (Mayr 1991), vor allem auf die biologische (Mayr 1984), aber auch auf die psychologische Gedankenwelt (Bischof 2008) noch nicht gänzlich überwunden sind, geht davon aus, dass es in der

Wissenschaft darum geht, den zugrunde liegenden unveränderlichen »Typus«, die »Idee« oder »Essenz« eines veränderlichen Phänomens zu identifizieren (Chasiotis 2010, 2011b). Evolutionistische Theorien in der Soziologie zeichnen sich dadurch aus, dass sie in typisch essentialistisch-physikalistischer Weise entweder alle Individuen als identisch, austauschbar und somit ignorierbar ansehen oder keine befriedigende Verhaltenstheorie für Individuen aufweisen (Wortmann 2010). Was Darwin jedoch im Wirken der artenschaffenden Evolution erkannt hat, ist das »Populationsdenken«, d.h. die Art nicht als zu erhaltenden Typus, sondern als variable Population zu betrachten. Damit postulierte er, die historisierte Einzigartigkeit der Individuen als Grundlage der Wissenschaft des Lebens zu betrachten. Dies ist ein Vermächtnis, dessen Implikationen immer noch erst in Ansätzen eingelöst worden sind.

Literatur

Aunger Robert, 2007: Memes; in: Dunbar, Robin; Barrett, Louise (eds.): Oxford Handbook of Evolutionary Psychology, Oxford, UK, 599–604. – Berry, John W. et al., 2011: Cross-cultural psychology. Research and applications, 3rd ed., Cambridge, UK. – Bischof, Norbert, 1985: Das Rätsel Ödipus, München. – Ders., 2008: Psychologie, München. – Boyd, Robert; Richerson, Peter J., 1985: Culture and the evolutionary process, Chicago. – Dies., 2005: The origin and evolution of cultures, New York. – Brown, Gillian et al., 2011: Evolutionary accounts of human behavioral diversity. Philosophical Transactions of the Royal Society B, 366, 313–324. – Campbell, Donald, 1970: Natural Selection as an epistemological model; in: Naroll, Raoul; Cohen, Ronald (eds.), A handbook of method in cultural anthropology, NY, 51–85. – Chasiotis, Athanasios, 2007: Evolutionstheoretische Ansätze im Kulturvergleich; in: Trommsdorff, Gisela; Kornadt, Hans-Joachim (Hg.): Kulturvergleichende Psychologie, Band I, Göttingen, 179–219. – Ders., 2010: Developmental Psychology without dualistic illusions; in: Frey, Ulrich J. et al. (eds.): Homo novus – A human without illusions, Berlin, 147–160. – Ders., 2011a: Evolution and culture. Online Readings in Psychology and Culture, Unit 9. Retrieved from http://scholarworks.gvsu.edu/orpc/vol9/iss1/1, 1–15. – Ders., 2011b: An epigenetic view on culture. What evolutionary developmental psychology has to offer for cross-cultural psychology; in: van de Vijver, Fons J.R. et al. (eds.): Fundamental questions in Cross-Cultural Psychology, Cambridge, 376–404. – Darwin, Charles, 1844: Essay. The foundations of the origin of species by Charles Darwin, Cambridge, UK (zuerst veröffentlicht von F. Darwin, 1909). – Ders., 1881: The formation of vegetable mould through the action of worms, with observations on their habits, London. – Dawkins, Richard, 1976: The selfish gene, Oxford, UK. – Ders., 1982: The extended phenotype, Oxford, UK. – Durkheim, Emile, 1915: The elementary forms of religious life, London. – Mayr, Ernst, 1984: Die Entwicklung der biologischen Gedankenwelt. Berlin. – Ders., 2003: Das ist Evolution, München. – Lamarck, Jean-Baptiste, 1909: Zoologische Philosophie, Leipzig (1809). – Lamba, Shakti; Mace, Ruth, 2011: Demography and ecology drive variation in cooperation across human populations. Proceedings of the National Academy of Science, Early edition. Doi: 10..1073/pnas.1105186108. – Luhmann, Niklas, 1983: Evolution – kein Menschenbild; in: Riedl, Rupert; Kreuzer, Franz (Hg.), Evolution und Menschenbild, Hamburg, 193–205. – Ders., 1984: Soziale Systeme, Frankfurt a.M. – Ders., 1997: Die Gesellschaft der Gesellschaft, Frankfurt a.M. – Odling-Smee, F. John et al., 2003: Niche construction: The neglected process in evolution, Princeton. – Osborn, Henry F., 1894: From the Greeks to Darwin, NY. – Parsons, Talcott, 1977: Social systems and the evolution of action theory, NY. – Schmid, Michael, 1998: Soziologische Evolutionstheorien; in: Preyer, Gerhard (Hg.), Strukturelle Evolution und das Weltsystem, Frankfurt a.M., 387–411. – Spencer, Herbert, 1862: First principles, London. – Tinbergen, Nikolaas, 1963: On aims and methods of ethology; in: Zeitschrift für Tierpsychologie 20, 410–433. – Wallace, Alfred, 1958: On the tendency of varieties to depart indefinitely from the original type; in: Journal of the Proceedings of the Linnean Society (Zoology) 3, 53–62. – Wortmann, Hendrik, 2010: Zum Desiderat einer Evolutionstheorie des Sozialen, Konstanz.

Athanasios Chasiotis

Experiment

Das Experiment (lateinisch: experimentum für »Versuch«, »Probe«; engl. experiment) ist eine methodisch kontrollierte Vorgehensweise, die in allen empirischen Wissenschaftsdisziplinen eingesetzt wird, um aus Theorien abgeleitete Kausal*hypothese*n (»T bewirkt Y«) zu überprüfen. In einem Experiment liegt eine Situation vor, in der die unabhängige Variable (T), also die vermutete Ursache eines Phänomens, systematisch variiert wird und Veränderungen der abhängigen Variablen (Y) gemessen werden. Zu einem idealen experimentellen Versuchsaufbau gehören im einfachsten Fall **drei Elemente**: die Aufteilung in eine Experimental- (oder engl. Treatment-) Gruppe und eine *Kontrollgruppe*, die zufällige Aufteilung der Versuchsobjekte des Experiments auf diese beide Gruppen (sog. *Randomisierung*) und das kontrollierte Setzen des Treatments, also die Manipulation durch die Versuchsleiter. Ronald A. Fisher (1935) hat in seiner Abhandlung »The Design of Experiments« die wesentliche Grundlage für die statistische Behandlung von experimentell erhobenen Daten geschaffen. Wenn die genannten drei Voraussetzungen erfüllt sind, können, je nach Anzahl der Versuche bzw. Versuchspersonen, durch die *Wahrscheinlichkeitstheorie* abgesicherte Schlüsse gezogen werden.

Experimentelle Designs

Experimentelle Studien werden vor allem in den Naturwissenschaften, sehr häufig in der Psychologie und seltener in den empirischen Sozialwissenschaften eingesetzt. In den letzten Jahren hat sich das Experiment jedoch in der verhaltenswissenschaftlichen Ökonomik (behaviorial economics) als Methodik zur Datengenerierung verbreitet (Fehr/Gintis 2007). In der Soziologie werden experimentelle Designs vergleichsweise selten verwendet. Ein von Soziologen durchgeführtes Experiment stellt zum Beispiel die Studie von M. Salganik, P. Dodd und D. Watts (2006) dar, in der Ungleichheit und die Prognostizierbarkeit von Erfolg auf Märkten für kulturelle Güter untersucht wurden. Die Teilnehmer dieses Experiments sollten Musikdownloads unbekannter Bands bewerten, entweder mit (Treatmentgruppe) oder ohne Information (Kontrollgruppe) über die Bewertungen anderer. Ein wichtiges Ergebnis des Experiments war, dass vorhandene Information über Präferenzen anderer die Ungleichheit des Erfolgs deutlich erhöht. Der Vorzug eines methodisch kontrollierten Experiments gegenüber anderen Wegen, Daten zur Prüfung von Zusammenhängen zu erheben, liegt darin, die schwierige Aufgabe kausalen Schließens in idealtypischer Weise zu lösen. Voraussetzung ist allerdings, dass alle drei aufgeführten Elemente eines Experiments eingesetzt werden. Gegeben, dass die Randomisierung auf die Treatment- und Kontrollgruppe erfolgreich war und das Treatment nur durch die Versuchsleiter manipuliert wird, geht die Variation der abhängigen Variablen (Y) nur auf das Treatment (T) zurück und ein *Kausalschluss* »T bewirkt Y« wird möglich. Der Unterschied von Y (etwa im Mittelwert) zwischen beiden Gruppen wird **Treatmenteffekt** genannt. Sind einzelne Elemente eines Experiments nicht oder nur unvollständig gegeben, dann ist ein Kausalschluss nicht mehr zulässig.

Experimentelle **Versuchspläne** können auch wesentlich komplexer ausfallen. So ist es oft von Interesse, durch Vergleiche von Vorher- und Nachhermessungen in Treatment- und Kontrollgruppen zeitliche Veränderungen zwischen t_1 und t_2 zu erfassen. Der Treatmenteffekt wird in solchen Fällen mittels der Differenz zwischen den Gruppen und den zwei Messzeitpunkten berechnet. Solche Designs sind angebracht, wenn man davon ausgeht, dass auch ohne Setzen eines Treatments messbare Veränderungen (z. B. Reifung, Lernen) stattfinden. Außerdem ist es möglich, dass man den Zweigruppenvergleich systematisch erweitert. So können mehrere Treatment-Gruppen miteinander verglichen werden, etwa wenn verschiedene Treatment-Stärken eingesetzt werden. In den berühmten Milgram-Experimenten zur Gehorsamkeit gegenüber Autoritäten wurde etwa die Distanz-Nähe-Beziehung zu den vermeintlichen Opfern variiert und hinsichtlich der gezeigten Reaktionen verglichen (Milgram 1963, 1974). Außerdem ist häufig von Interesse, mehrere Bedingungen (mehrere unabhängige Variable) zugleich systematisch zu variieren und dabei jeweils mehrere Ausprägungen von Treatments zu berücksichtigen. Man spricht dann von mehrfaktoriellen Designs, wobei hier häufig sog. Moderatoreffekte erforscht werden: Je nach Ausprägung einer Drittvariable Z fällt der Zusammenhang von T und Y anders aus. Beispielhaft sind etwa Studien zum sog. Stereotype-Threat zu erwähnen. Nach der Theorie des Stereotype-Threat ist die Aktivierung eines negativen Selbstbilds, das dann nachfolgend zur Leistungsverschlechterung in Testsituationen führt, von situationalen Faktoren (z. B. der konkreten Aufgabenstellung) abhängig (Aronson et al. 1999).

Qualitätskriterien

Qualitätskriterien der mittels Experiment gewonnenen Daten sind die interne und die externe *Validität* (oder Gültigkeit). Von **interner Validität** spricht man, wenn die Randomisierung und das Setzen des Treatments durch die Versuchsleiter den Anforderungen entsprechend erfolgt. Die Zufallsaufteilung von Versuchsobjekten (in den Sozialwissenschaften: Probanden) ist deswegen elementar, weil nur so weitere, unkontrollierte Einflussfaktoren in ihrer Wirkung ausgeschaltet werden können. Man geht davon aus, dass durch die Randomisierung mögliche Störgrößen zufällig auf Treatment- und Kontrollgruppe verteilt werden und sich in ihrer Wirkung aufheben. Damit dies wahrscheinlich wird, ist eine gewisse Mindestbesetzung beider Gruppen notwendig. Weiterhin kann die Setzung des Treatments misslingen oder beeinträchtigt werden. In diesem Fall ist die interne Validität nicht gegeben. **Externe Validität** bezieht sich auf die Verallgemeinerbarkeit des Treatmenteffekts aus der experimentellen Situation, häufig in Laboren, auf nicht-experimentelle Situationen.

Ein allgemeines Problem experimenteller Forschung ist die mögliche *Reaktivität* der Erhebungssituation auf die Probanden. Sie reagieren nicht nur auf das gegebene Treatment, sondern unkontrolliert auf die Randbedingungen der Durchführung des Experiments. Bekannt sind etwa *Versuchsleitereffekte*. Je nachdem, wer die Experimente durchführt, zeigen sich andere Resultate. Wenn Probanden oder Versuchsleiter über die Forschungshypothese Bescheid wissen oder nur meinen, Bescheid zu wissen, kann dies die Ergebnisse beeinflussen. Diesbezüglich werden *Doppelblindversuche*, bei denen weder Probanden noch Versuchsleiter wissen, wer in der Treatment- und wer in der Kontrollgruppe ist, empfohlen. Außerdem sind in vielen Experimenten die Probanden eine selektierte Gruppe, oftmals handelt es sich um Studierende. Selbst wenn man diese Probanden zufällig auf Treatment- und Kontrollgruppe verteilt, sind die Ergebnisse des Experiments hinsichtlich der Generalisierbarkeit oft stark beeinträchtigt.

Feld- und natürliche Experimente

Man kann neben Laborexperimenten auch sog. *Feldexperimente* durchführen, die in für die Versuchspersonen gewöhnlichen (Alltags-)Kontexten stattfinden. Bei Feldexperimenten wissen die Probanden in der Regel nicht, dass sie an Experimenten teilnehmen. In solchen Fällen sind Feldexperimente nicht reaktiv. In den letzten Jahren haben sich zur Aufdeckung von Diskriminierung sog. Audit-Studien und Korrespondenztests etabliert (Überblick bei Pager/ Sheperd 2008). Dabei variiert man in realen Bewerbungssituationen etwa in Anschreiben und Lebensläufen den ethnischen Hintergrund von Bewerbern und analysiert die Reaktionen der Adressaten. Hier stellt sich die Frage der externen Validität nicht, allerdings müssen die Forscher den erzielbaren Wissensfortschritt gegenüber ethischen Bedenken abwä-

gen. Von Feldexperimenten, bei denen die Versuchsleiter in einer gewohnten Umgebung experimentelle Bedingungen herstellen, sind **natürliche Experimente** zu unterscheiden, bei denen ein exogenes (oft natürliches, nicht vorhersehbares) Ereignis eine Randomisierung in Treatment- und Kontrollgruppe bewirkt. Joshua Angrist und William Evans wollten beispielsweise die Auswirkungen eines dritten Kinds auf die Arbeitsmarktbeteiligung von Müttern untersuchen (1998). Sie betrachteten die Geschlechtermischung von Familien mit zwei Kindern als eine Art von Zufallsaufteilung, weil der Geschlechtermix nicht manipulierbar erscheint. Bei zwei gleichgeschlechtlichen Kindern ist die exogen (d.h. nicht durch Präferenzen oder Arbeitsmarktchancen) beeinflusste Wahrscheinlichkeit größer, ein drittes Kind zu bekommen, als bei Familien mit zwei gegengeschlechtlichen Kindern. Die Ergebnisse natürlicher Experimente müssen besonders sorgfältig daraufhin geprüft werden, ob die gewünschte Zufallsaufteilung nicht durch kaum zu bemerkende Selektionsprozesse unterlaufen wurde. In diesen Fällen wäre der Kausalschluss wiederum gefährdet.

Experimente in der Evaluationsforschung

Ein wichtiges Anwendungsfeld experimenteller Forschung in den Sozialwissenschaften ist die methodisch kontrollierte *Evaluationsforschung*. Selten kann in Evaluationsstudien (»was bewirkt eine bestimmte Maßnahme«?) ein reines Experiment durchgeführt werden. Etwa ist eine wirkliche Randomisierung auf die Treatment- und Kontrollgruppe nicht möglich. Man spricht dann von sog. **Quasi-Experimenten**. In der Evaluationsforschung haben sich verschiedene Methoden etabliert, die experimentelle Idealsituation möglichst gut anzunähern. So wird etwa über das sog. Propensity-Matching, eine statistische Technik zur Bildung von Treatment- und Kontrollgruppe, angestrebt, in beiden Gruppen möglichst ähnliche Verteilungen hinsichtlich gemessener Störgrößen zu erreichen. Solche Verfahren waren in den letzten Jahren sehr hilfreich, die Logik experimenteller Designs mit dem Ziel kausalen Schließens auch in der empirischen Soziologie zu verbreiten (Gangl 2010). Hauptprobleme in Evaluationsstudien sind die Selbstselektion in die Treatment- und Kontrollgruppe. Dies kann man sich leicht an Hand der in vielen Universitäten üblichen Evaluation der Lehrveranstaltungen verdeutlichen. Die Studierenden verteilen sich nicht zufällig auf die unterschiedlichen Veranstaltungen. Präferenzen nach Fach bzw. Wahl- oder Pflichtveranstaltung oder Rahmenbedingungen der Veranstaltungen (Uhrzeit, Gruppengröße, etc.) machen einen Vergleich der Resultate pro Veranstaltung schwierig bis unmöglich.

In der Praxis der (quasi-)experimentellen Forschung muss man sich mit dem Problem der Randomisierungsverzerrung beschäftigen. Es sollte ausgeschlossen sein, dass mit der Teilnahme an der Treatmentgruppe (und nicht durch das Treatment) eine Veränderung gegenüber der Kontrollgruppe einhergeht. Weiterhin sollte vermieden werden, dass Probanden, die der Treatmentgruppe zugeordnet wurden, aus systematischen, also nicht-zufälligen Gründen das Treatment verweigern. Eine Substituierungsverzerrung tritt auf, falls Mitglieder der Kontrollgruppe das nicht erhaltene Treatment ersetzen.

Der Einsatz von Experimenten in der Soziologie

Der vergleichsweise seltene Einsatz von Experimenten in der Soziologie hat mit ihren Forschungsgegenständen zu tun. Die in der Soziologie interessierenden sozialen Prozesse lassen sich vielfach nicht sinnvoll in Laboren nachstellen – etwa wenn es um die Wirkung von Bildung auf berufliche Chancen geht. Selbst wenn man hinsichtlich der institutionellen Variation von Bildungssystemen, in denen Probanden beschult wurden, von einer angenäherten Randomisierung ausgehen könnte (allerdings unter der Annahme: Eltern und ihre Kinder wählen das Bundesland, in dem sie wohnen, nicht nach dem Schulsystem), sind doch zu viele unkontrollierte Faktoren bedeutsam, etwa die wirtschaftliche Situation der Bundesländer, die dadurch ausgelöste regionale Mobilität etc. Oder: Bei der Untersuchung geschlechtsspezifischer Lohnunterschiede kann man nicht davon ausgehen, dass sich Männer und Frauen randomisiert auf unterschiedliche Treatment-Bedingungen verteilen – etwa in den öffentlichen Dienst und die Privatwirtschaft. Es bleiben bei der Auswertung von sog. ex post facto Daten nur die nachträglichen Versuche, die Probleme durch Selektionsprozesse und (beobachtete und unbeobachtete) Störgrößen durch geeignete statistische Verfahren möglichst zu reduzieren bzw. auszuschalten.

Dennoch gibt es neben der verhaltenswissenschaftlichen Ökonomik Bereiche, in denen experi-mentelle Designs in der empirischen Soziologie an Bedeutung gewinnen. Z. B. integriert man experimentelle Versuchsaufbauten in die Umfrageforschung. In Umfragestudien werden spieltheoretische Experimente integriert (Naef/Schupp 2009). Weiterhin finden sich interessante Studien zu stated preferences in sog. Choice Experimenten. Probanden werden mit hypothetischen Alternativen konfrontiert, die sich hinsichtlich verschiedener Dimensionen systematisch unterscheiden (Auspurg/Liebe 2011). Ähnlich werden in faktoriellen Surveys Situationsbeschreibungen, etwa zur Geltung von Normen und zu Prinzipien von Gerechtigkeit, manipuliert (Jasso 2006). In diesen Anwendungen werden zunächst die Entscheidungsalternativen bzw. Situationsbeschreibungen experimentell variiert, dann erfolgt eine Randomisierung der Entscheidungsalternativen bzw. Situationsbeschreibungen auf die ausgewählten Befragten, die im Idealfall eine Zufallsstichprobe aus der Bevölkerung darstellen. Beide Verfahren können damit die Beschränkungen herkömmlicher Experimente auf die üblichen Probanden vermeiden (Mutz 2011).

Auswertung experimenteller Daten

Die Auswertung von experimentellen Daten ist im Vergleich zu anderen Designs verhältnismäßig einfach (Brown/Melamed 1990; Kirk 1982). Es müssen – sofern echte Experimente vorliegen – keine Drittvariablenkontrollen in komplexen statistischen Modellen eingesetzt werden. Es genügen einfache *Test*s, etwa Mittelwertvergleiche (sog. T-*Test*s bei metrischen Variablen). Sofern Daten mittels mehrfaktorieller Designs erhoben wurden, arbeitet man meist mit der *Varianzanalyse* (ANOVA), um die erwähnten Moderatoreffekte (die Wirkung von T auf Y fällt je nach Ausprägung der Drittvariablen Z anders aus) zu identifizieren und sie besonders anschaulich darzustellen. Bei der Auswertung ist zu beachten, ob vollständig randomisierte Designs oder sog. Blockdesigns umgesetzt wurden. Bei Blockdesigns sind bestimmte Faktoren bewusst nicht randomisiert, die Probanden werden auf Grund von Vorwissen bestimmten Faktorgruppen zugewiesen. Ein Vorteil der Blockbildung liegt in der größeren statistischen Power. Es sind weniger Probanden nötig, um einen Treatmenteffekt statistisch signifikant schätzen zu können. Dies verweist auf die generell von Fisher vorgeschlagene Methode des *Signifikanztest*s, welche in der großen Mehrheit der experimentellen Forschung Anwendung findet. Wenn eine explizite Null*hypothese* formuliert wurde, bevor das Experiment geplant und durchgeführt wurde, kann diese Hypothese zwar nicht bestätigt, aber mit einer akzeptablen Irrtumswahrscheinlichkeit (i. d. R. unter 5 %) zurückgewiesen werden. Die Publikation experimenteller Forschungsergebnisse unterliegt der Gefahr einer Verzerrung. Wann immer die statistische Signifikanz die Chancen der Rezeption der Ergebnisse beeinflusst, liegt ein sog. publication bias vor (Auspurg/Hinz 2011).

Ethische Fragen

An den meisten Experimenten in den Sozialwissenschaften nehmen menschliche Versuchspersonen teil. Damit sind besondere ethische Fragen aufgeworfen. Die empirischen Wissenschaften haben sich auf die Einhaltung eines *Ethik-Codex* verständigt. Die Teilnahme an Experimenten ist freiwillig, die Probanden willigen explizit in die Teilnahme und die Möglichkeit der Datenauswertungen ein, die Probanden können jederzeit abbrechen, eine angemessene Kompensation für die Teilnahme ist üblich, und die Versuchspersonen dürfen nicht getäuscht bzw. geschädigt werden. Die Einhaltung dieser Anforderungen ist in bestimmten Fällen nicht möglich – gerade in Feldexperimenten oder in der Sozialpsychologie, in der die tatsächlichen Forschungsinteressen mitunter verschleiert werden. Wie man an den bekannten Milgram-Experimenten sieht, liegt in der vorübergehenden Täuschung von Probanden die Chance auf besonderen Erkenntnisgewinn. In solchen Fällen sind Beratungen von Ethik-Kommissionen vorgesehen und für die Teilnehmer an den Experimenten immerhin eine nachträgliche Aufklärung.

Literatur

Angrist, Joshua; Evans, William N., 2005: Children and their parents' labor supply: Evidence from exogenous variation in family size; in: American Economic Review 88, 450–477. – Aronson, Joshua et al., 1999: When White Men Can't Do Math: Necessary and Sufficient Factors in Stereotype Threat; in: Journal of Experimental Social Psychology 35, 29–46. – Auspurg, Katrin; Hinz, Thomas, 2011: What Fuels Publication Bias? Theoretical and Empirical Analyses of Risk Factors Using the Caliper-Test; in: Journal of Econo-mics and Statistics 235, 630–660. – Auspurg, Katrin; Liebe, Ulf, 2011: Choice Experimente und die Messung von Handlungsentscheidungen in der Soziologie; in: Kölner Zeitschrift für Soziologie und Sozialpsychologie 63, 301–314. – Brown, Steven R.; Melamed, Lawrence E., 1990: Experimental Design and Analysis, Newbury Park. – Fehr; Ernst; Gintis Herbert, 2007: Human Motivation and Social Cooperation: Experimental and Analytical Foundations; in: Annual Review of Sociology 33, 43–64. – Fischer, Ronald A., 1935: The Design of Experiments, Oxford. – Gangl, Markus, 2010: Causal Influence in Sociological Research; in: Annual Review of Sociology 36, 21–47. – Jasso, Guillermina, 2006: Factorial Survey Methods for Studying Beliefs and Judgments; in: Sociological Methods & Research 34, 334–423. – Kirk, R. E., 1982: Experimental Design. Procedures for the Behavorial Sciences, 2. Aufl., Belmont. – Milgram, Stanley, 1963: Behavioral Study of Obedience; in: Journal of Abnormal and Social Psychology 67, 371–378. – Milgram, Stanley, 1982: Das Milgram Experiment. Zur Gehorsamsbereitschaft gegenüber Autorität, Rowohlt (zuerst: Obedience to Authority. An Experiment View, New York, 1974). – Mutz, Diana C., 2011: Population Based Survey Experiments, Princeton. – Naef, Michael; Schupp, Jürgen, 2009: Measuring Trust. Experiments and Surveys in Contrast and Combination, SOEP Papers 167, Berlin. – Pager, Devah; Sheperd, Hana, 2008: The Sociology of Discrimination: Racial Discrimination in Employment, Housing, Credit, and Consumer Markets; in: Annual Review of Sociology 34, 181–209. – Salganik, Matthew J. et al., 2006: Experimental Study of Inequality and Unpredictability in an Artificial Cultural Market; in: Science 311, 854–856.

Thomas Hinz

Explorationsstudie

Explorationsstudien (engl. exploratory study) sind einerseits relevant, wenn das existierende Wissen (über ein Feld, eine Zielgruppe, ein Thema, einen Zusammenhang) nicht ausreicht, *Hypothese*n zu formulieren und zu testen und standardisierte Instrumente (z. B. Fragebogen mit einer begrenzten Anzahl vorgegebener Antwortmöglichkeiten) zu verwenden. Eine Explorationsstudie stellt dann eine **Vorstudie** einer solchen Studie mit dem Ziel der Entwicklung von Hypothesen und Methoden dar. Explorationsstudien stellen anderseits einen **eigenständigen Forschungsansatz** dar, bei dem es darum geht, Neues in einem wenig bis nicht erforschtem Feld zu entdecken und aus der Studie eine *gegenstandsbegründete Theorie* (*Grounded Theory*, Strauss 2007) zu entwickeln.

In Explorationsstudien werden häufig *qualitative Methoden* (teilnehmende *Beobachtung*, *Interview*s) verwendet, um dem Untersuchten möglichst offen gegenüberzutreten. Ethnographische Studien sind i. d. R. als Explorationsstudie angelegt. Bei komplexen Datensätzen können Explorationsstudien zur Entdeckung von bislang unbekannten Zusammenhängen in den Daten mit statistischen Methoden durchgeführt werden (Tukey 1977). Relevant für die Beurteilung von Explorationsstudien ist: Handelt es sich tatsächlich um einen noch zu explorierenden Gegenstand? Ist der methodische Zugang offen und sensibel genug konzipiert, so dass das Neue im Untersuchten sichtbar werden kann? Fragestellungen und Methoden werden bei Explorationsstudien oft erst im Laufe der Studie (weiter) konkretisiert. Für die Bedeutung als eigenständiger Untersuchungsansatz ist bei Explorationsstudien zentral, inwieweit sich die Ergebnisse nicht nur auf die Entwicklung von Instrumenten für eine Folgeuntersuchung beschränken, sondern auch Erkenntnisse über das untersuchte Feld bzw. den Gegenstand etwa in einer aus dem empirischen Material entwickelten *Typologie* oder *Theorie* darstellen.

Literatur

Flick Uwe, 2009: Sozialforschung – ein Überblick für die BA-Studiengänge, Reinbek. – Ders., 2011: Qualitative Sozialforschung. Eine Einführung, 4. Aufl., Reinbek. – Strauss, Anselm, 2007: Grundlagen qualitativer Sozialforschung, Stuttgart. – Tukey, John, 1977: Exploratory Data Analysis, Reading, MA.

Uwe Flick

F

Familiensoziologie

(engl. sociology of family) Traditionell wird Familie als eine auf Dauer angelegte Beziehung zwischen Mann und Frau mit einem gemeinsamen Kind und einer gemeinsamen Haushaltsführung definiert. Innerhalb der familiensoziologischen Forschung findet die dadurch angelegte Einengung praktisch jedoch kaum Beachtung, und die Untersuchung der unterschiedlichsten Lebensformen und deren Veränderung, wie beispielsweise die Entstehung und Entwicklung von ersten Partnerschaften ebenso wie die Arbeitsteilung in homosexuellen *Paarbeziehung*en oder die soziale Integration kinderloser Paare sind Gegenstand der Forschung. Versuche, neue Begrifflichkeiten (Soziologie der Zweierbeziehung, Soziologie partnerschaftlicher Lebensformen) zu etablieren, erscheinen wenig sinnvoll und stoßen auf geringe Akzeptanz. Eine der wichtigen Aufgaben einer derart breit angelegten Familiensoziologie besteht dann auch darin, die Entwicklung und Verbreitung der unterschiedlichen partnerschaftlichen und familialen Lebensformen zu beschreiben und erklären.

Zur historischen Entwicklung von Partnerschaften und Familie

Anthropologische Forschungen und evolutionsbiologische Erkenntnisse legen nahe, dass Partnerschaft und Familie zu den ursprünglichen *Institution*en in der Menschheitsgeschichte gehören. Die *Ethnographie* zeigt aber andererseits, dass sich hier eine nahezu unbegrenzte Vielfalt der konkreten Organisationsformen finden lässt, die häufig anhand der *Heirats*formen (Polygamie versus Monogamie), der Lokalitätsregeln (patri-, matri- oder neolokal), der Deszendenzregeln (patri-, matri- oder ambilateral), der formalen und informellen Herrschaftsregeln (Patriarchat oder Matriarchat) sowie der Verwandtschaftsterminologie zu systematisieren ist (Hill/Kopp 2006). Während über längere Zeit die Suche nach allgemeinen Gesetzmäßigkeiten vorherrschte – beispielsweise von einem ursprünglichen *Matriarchat* (Bachofens These des Mutterrechts)

oder urkommunistischen Formen mit einer hohen Promiskuität (Engels Vermutungen zum Ursprung der Familie) hin zu eher *patriarchischen* Formen oder von der erweiterten Familie zur Kleinfamilie (Kontraktionsgesetz der Familie bei Durkheim) – dominiert in der modernen Familienforschung der Versuch, die genauen Bestimmungsgründe einzelner familialer Organisationsformen zu untersuchen und auf strukturelle Unterschiede zurückzuführen. So ist beispielsweise die Polygynie (ein Mann hat mehrere Frauen), aber auch die wesentlich seltener vorkommende Polyandrie (eine Frau hat mehrere Männer) das Ergebnis dauerhafter ökonomischer Ungleichheit und Knappheit und – wie nahezu alle genannten komplexeren Familienformen – meist nur in Gartenbau- und einfachen Ackerbaugesellschaften zu finden. In Europa und den Vereinigten Staaten wurde von der historischen Familienforschung mit Hilfe verschiedenster Verfahren – unter anderem der Ableitung von Biographien aus alten Kirchenbüchern – die familiale Lebenssituation in den einzelnen Epochen rekonstruiert (vgl. Gestrich et al. 2003; Ketzer/Barbagli 2001). Viele Vermutungen mussten aufgrund dieser Ergebnisse revidiert werden: so war die Familiengröße nie besonders hoch, unvollständige Familien waren bei den Bauern selten, kamen jedoch in unterbäuerlichen Schichten durchaus häufig vor, Stieffamilien waren aufgrund der hohen Sterblichkeit vor allem von Frauen und einem ökonomisch bedingten Rollenergänzungszwang keine Seltenheit, das Heiratsalter war in der Regel relativ hoch, und durch die Industrialisierung lassen sich vielerorts sogar stärkere und nicht schwächere familiale Beziehungen beobachten. Bei allen Problemen hinsichtlich der Datenlage lässt sich zudem vermuten, dass die *Emotion*alität zwischen den (Ehe-)Partnern, aber auch gegenüber Kindern keine Erfindung der Moderne ist. Familiale Verhaltensweisen waren immer eine Reaktion auf die äußeren Umstände, Emotionen waren ein Bestandteil des Handlungskalküls.

Zur demographischen Entwicklung von Partnerschaften und Familie

Während sich für die Zeit bis etwa zum Ende des 19. Jh.s mit Hilfe dieser geschichtswissenschaftlichen Verfahren nur lokal vereinzelt Aussagen über die Struktur familialen Lebens machen lassen, ist es im 20. Jh. mit Hilfe der amtlichen Statistik und verstärkt seit Mitte der 1970er Jahre aufgrund der Ergebnisse der empirischen Sozialforschung möglich, die Entwicklungen genauer zu erfassen und zu untersuchen. Hierbei werden zuerst die einzelnen familiendemographischen Prozesse wie das Heiratsalter und die Zahl der *Ehe*schließungen, die Zahl der Geburten und das Alter der Frau bei der ersten Geburt, die Zahl der Ehescheidungen oder die durchschnittliche Größe der einzelnen Haushalte genauer fokussiert. Auch wenn bei diesen Studien durchaus interessante Ergebnisse zu beobachten sind – das Heiratsalter sinkt bis Mitte der 1970er Jahre und hat seitdem einen historisch nie erreichten Höchststand erlangt, einen ähnlich u-förmigen Verlauf kann man hinsichtlich des Alters bei der Erstgeburt beobachten, die Zahl der Eheschließungen ist rückläufig, die Zahl der Ehescheidungen steigt seit 1880 nahezu linear an und die Zahl der in einem Haushalt lebenden Personen nimmt stetig ab – stellte sich rasch heraus, dass derartige Trendbeschreibungen nur sehr wenig Erkenntnisse hinsichtlich der Ursachen dieser Prozesse und vor allem auch nur ein geringes Potenzial zur Vorhersage der weiteren Entwicklung hervorbringen, zumal sich in einer regional und international vergleichenden Perspektive deutliche Unterschiede beobachten lassen. Mit der Einsicht in die Unmöglichkeit allgemeiner makrotheoretischer Trendaussagen ist auch ein Wechsel in der theoretischen Sichtweise der Familie verbunden.

Theoretische Perspektiven der Familienforschung

Wenn man von eher soziographischen Versuchen der Erfassung unterschiedlicher Lebensformen innerhalb einer funktionalistisch orientierten Sozialanthropologie und ihren mikrotheoretischen Fortsetzungen in einzelnen Milieustudien absieht, so dominieren heute vor allem theoretische Überlegungen aus dem Bereich der *Handlungs*- und *Austauschtheorie*, die zugleich eine *Lebensverlaufs*perspektive einnehmen (vgl. als Überblick Hill/Kopp 2006; White 2005). Besonders hervorzuheben sind dabei die Überlegungen der Familienökonomie bzw. der »new home economics« (Becker 1981), die die vielfältigsten Aspekte menschlichen Sozialverhaltens mit Hilfe eines gemeinsamen handlungstheoretisch fundierten Rahmens erklären. Die Bedeutung der verschiedenen theoretischen Ansätze lässt sich jedoch am besten anhand ihrer Erklärungsleistung

hinsichtlich konkreter Beziehungs- und Familienprozesse beurteilen. Hierzu werden im Folgenden die wichtigsten Schritte in diesen Abläufen nacheinander betrachtet und einige empirische Befunde berichtet – ohne dabei jedoch auf die Details der theoretischen Argumente und empirischen Analysen eingehen zu können.

Die Entstehung und Verfestigung von Partnerschaften und die Wahl der Lebensform

Es erscheint unbestritten, dass der Wunsch nach einer romantischen *Beziehung* sicherlich zu den *Universalien* menschlichen Daseins gehört. Soziologisch interessant sind dann die Umstände der Partnerwahl sowie die ersten Entwicklungsschritte von Partnerschaften. Auch wenn sich innerhalb der Psychologie ab und an Versuche finden, die Entstehung einer konkreten *Liebes*- und Paarbeziehung zu erklären, so liegt das Augenmerk soziologischer Forschungen doch eher auf strukturellen Gemeinsamkeiten. Wenn allein die sicherlich bedeutsame ›romantische Liebe‹ die Entstehung von Partnerschaften bestimmen würde, wäre die in vielen Dimensionen beobachtbare Ähnlichkeit zwischen den Partnern nicht erklärbar. Sozialstrukturell homogene Partnerschaftsmärkte – hier ist nur an die Bildungsinstitutionen zu denken – und die Partnerwahl im engeren sozialen Umfeld bilden dabei wichtige Ergänzungen. Gerade in der ersten Phase der Partnerschaftsentwicklungen sind dabei vielfältige kleine Schritte der Institutionalisierung beobachtbar, die letztlich auch als Investitionen in die Beziehung verstanden werden können, die dann wiederum ihre Stabilität erhöhen (Kopp et al. 2010). Trotz aller Vermutungen finden sich kaum verlässliche Daten, die eine Aussage über das Alter bei Beginn der ersten Liebesbeziehung im Zeitvergleich erlauben. Erste Hinweise sprechen dafür, dass sich in den letzten Jahrzehnten keine dramatischen Veränderungen beobachten lassen. Analytisch sind mit der Paarbildung und dem entsprechenden gegenseitigen Commitment, der Gründung eines gemeinsamen Haushaltes, der Heirat und der Geburt eines Kindes verschiedene Dimensionen der Verfestigung von Partnerschaften zu unterscheiden. Während bis in die 1970er Jahre in der Bundesrepublik diese Prozesse relativ zeitnah stattgefunden haben, lassen sich heute vielfältige Unterschiede, vor allem aber klare zeitliche Muster ausmachen. Während die Aufnahme sexueller Beziehungen und das Commitment zu dieser Beziehung relativ zeitnah und rasch stattfinden, erfolgt die Gründung eines gemeinsamen Haushaltes und damit einer nichtehelichen Lebensgemeinschaft mit einer deutlichen zeitlichen Verzögerung. Ein wichtiger Erklärungsfaktor ist dabei sicherlich neben allgemeinen gesellschaftlichen Entwicklungstrends die durch die *Bildungsexpansion* bedingte späte und unsichere berufliche Platzierung beider Partner. Besonders hervorzuheben ist aber, dass diese Phase des nichtehelichen Zusammenlebens heute immer mehr zum Lebenslauf gehört und nicht immer durch eine Eheschließung beendet wird. Als Dimensionen dieser Entscheidung zwischen Partnerschaften mit getrennten oder gemeinsamen Haushalten werden die Möglichkeiten gemeinsamer Aktivitäten, die – berufs- oder ausbildungsbedingten – Opportunitäten, aber auch der Wunsch nach einer weiteren Verfestigung der Partnerschaft genannt. Ergänzend muss an dieser Stelle angemerkt werden, dass derartige Fragestellungen eine biographische und lebensverlaufsorientierte Herangehensweise und vor allem entsprechende Daten nötig machen. Trotz vielerlei Fortschritte ist hier ein deutliches Forschungsdefizit zu konstatieren.

Der Übergang zur Ehe

Trotz der zunehmenden Verbreitung nichtehelicher Lebensgemeinschaften stellt die *Ehe* keine überholte Institution dar, sondern ist ein fester Bestandteil der Lebensplanung der meisten Menschen. Immer mehr wird die Eheschließung dabei mit der Familiengründung, also mit der Geburt eines ersten Kindes, verbunden. Neben normativen Aspekten und dem subjektiv vielleicht wichtigsten Motiv der Liebe spielen dabei auch Überlegungen eine Rolle, die sich auf die rechtliche Absicherung der durch die neue Lebenssituation entstandenen Unsicherheiten beziehen. Ehen stellen darüber hinaus den verfestigten institutionellen Rahmen, das ›nomoserzeugende Instrument‹, in dem Paare ihre jeweils eigene Lebenswelt bilden, dar (Berger/Kellner 1965). Immer noch wird zudem ein traditionelles Familienmodell durch sozialstaatliche Regelungen unterstützt. Trotz aller Angleichungsprozesse lassen sich hinsichtlich der verschiedenen partnerschaftlichen und familialen Prozesse deutliche Unterschiede zwischen Ost- und Westdeutschland, aber auch im in-

ternationalen Vergleich feststellen. So scheinen sowohl in den skandinavischen Ländern als auch in Ostdeutschland nichteheliche Lebensgemeinschaften als dauerhafte Alternative zur Ehe eher Verbreitung zu finden als in den südeuropäischen Ländern und Westdeutschland.

Familiengründung und -erweiterung

In der Zwischenzeit stellt die Familiengründung, also die *Geburt* eines ersten Kindes, den bedeutsamsten Schritt in der Familienbiographie dar. Im historischen Vergleich ist dabei sowohl eine Veränderung des Timings festzustellen, bedingt durch die deutliche *Bildungsexpansion* gerade von Frauen und den damit verbundenen längeren Zeitraum bis zur Etablierung einer eigenen beruflichen Position, als auch ein Rückgang der Geburtenzahlen. Genauere Analysen lassen jedoch vermuten, dass dieser historische Rückgang vor allem die Geburten höherer Parität betrifft und deshalb trotz der sicherlich steigenden Anzahl von dauerhaft kinderlosen Frauen die Geburt eines Kindes immer noch zum Lebenslauf der meisten Frauen gehört. Weitere Analysen befassen sich mit der Familienerweiterung und hierbei vor allem mit der Geburt eines zweiten Kindes und untersuchen dabei unter anderem den Zeitabstand zwischen den Geburten sowie Bestimmungsgründe der Familienerweiterung und die damit einhergehenden Änderungen in der Familie wie beispielsweise die – geschlechtsspezifisch unterschiedlichen – Konsequenzen für das Erwerbsverhalten oder für die innerfamiliale Teilung der häuslichen Arbeit.

Interaktion in Partnerschaft und Familie

Neben diesen auch demographisch interessanten Phänomenen – Wahl der Lebensform, Heirat und *Fertilität* – beschäftigt sich die Familienforschung mit den internen Prozessen in Partnerschaften und Familien. Ein wichtiges Forschungsfeld in diesem Zusammenhang bilden Analysen zur emotionalen Grundlage der Beziehung und zur Erklärung entsprechender Veränderungen im Zeitverlauf. So finden sich Studien, die einen Wandel in der Grundlage der Beziehung – ein Rückgang der romantischen und eine Zunahme der sogenannten kameradschaftlichen *Liebe* – diagnostizieren, aber auch Arbeiten, die generell einen u-förmigen Verlauf des Eheglücks im Beziehungsablauf feststellen. Eine Schwierigkeit vieler dieser Analysen ist auch hier wiederum die fehlende längsschnittliche Datenbasis. Trotz ihrer letztendlich sicherlich gegebenen Alltäglichkeit sind ernstzunehmende Studien zur *Sexualität*, aber auch zu *Konflikten* in Partnerschaften selten. Im Gegensatz hierzu, sind die Determinanten innerfamilialer *Arbeitsteilung* empirisch relativ deutlich: so finden sich zahlreiche Belege, dass die von der Familienökonomie formulierten Hypothesen – die Arbeitsteilung sollte mit den relativen Ressourcen und Möglichkeiten auf dem Arbeitsmarkt korrelieren – zutreffen, gleichzeitig erklären sie das Phänomen ungleicher Arbeitsteilung nur partiell. Offensichtlich spielen normative oder machtorientierte Motive ebenfalls eine große Rolle (Treas/Dronic 2010). Neben dieser paarbezogenen Perspektive stehen vielfach auch die Beziehungen zwischen Eltern und Kindern und neuerdings auch zwischen Großeltern und Enkeln sowie vereinzelt zwischen Geschwistern oder Beziehungen zur erweiterten Verwandtschaft im Mittelpunkt. Neben Untersuchungen zur (frühkindlichen) Bindung und *Sozialisation* werden dabei vor allem die Bestimmungsfaktoren der intergenerationalen Beziehungen im Erwachsenenalter und die Interdependenz der einzelnen Dimensionen dieser Beziehung fokussiert (vgl. Bengtson 2001). Einen letzten Themenbereich bilden Studien zur *Macht*verteilung in Beziehungen, aber auch zur *Gewalt* in Partnerschaft und Familie. Vor allem in den Vereinigten Staaten werden hierzu Studien durchgeführt, die verschiedene Risikofaktoren für Gewalt in Beziehungen herausarbeiten (Straus/Gelles 1990).

Stabilität von Paarbeziehungen

Sicherlich nicht unabhängig von der Interaktion der Partner ist die Dauerhaftigkeit und Stabilität partnerschaftlicher oder ehelicher Beziehungen. Zahllose empirische Studien haben sich im Laufe der letzten Jahrzehnte international, aber auch in der Bundesrepublik mit den Bestimmungsgründen für das Scheitern von Paarbeziehungen und Ehen beschäftigt. Neben eher psychologisch orientierten Untersuchungen, die beispielsweise die Rolle von Interaktions- und Konfliktstilen betonen, lässt sich – wiederum auf der theoretischen Grundlage der Familienökonomie – eine Fülle sozialstruktureller Einflussfaktoren ausmachen: eine frühe Eheschließung erhöht das Trennungsrisiko, gemeinsame Kinder und andere Investitionen in sog. beziehungs-

spezifisches Kapital fördern hingegen die Stabilität. Neben diesen Determinanten der Stabilität rücken immer mehr auch die Konsequenzen einer Trennung in den Mittelpunkt. Hier lassen sich Folgen für die Partner sowie für die Kinder unterscheiden, ebenso sind kurzfristige und langfristige Folgen zu differenzieren. Generell sind Trennungen sicherlich ein bedeutsamer Einschnitt im *Lebensverlauf*, wobei vor allem die kurz- und mittelfristigen finanziellen Folgen für Frauen auch sozialpolitische Relevanz besitzen. In den letzten Jahren findet zudem die familiale Organisation nach einer Trennung und hierbei vor allem die Rolle von Alleinerziehenden und Stiefelternschaft zunehmende Aufmerksamkeit.

Zur Zukunft der Familie

Gerade in der allgemeinen Soziologie wird die Organisation privater Lebensformen häufig als Beispiel für die Folgen unterschiedlichster allgemeiner Entwicklungen wie der Urbanisierung, Modernisierung oder Differenzierung herangezogen. Je nach theoretischer und teilweise auch ideologischer Ausrichtung wird dann über die Krise oder teilweise sogar das Ende der Familie spekuliert. Wenn man seinen Blick von der kurzfristigen Veränderung einzelner demographischer Kennziffern abwendet und sowohl kulturell wie historisch seinen Blickwinkel erweitert, so kann bei aller Veränderung der konkreten Organisation familialen und privaten Lebens festgehalten werden, dass sowohl normativ wie auch konkret derartige partnerschaftliche und familiale Lebensformen ihre Bedeutung nicht verloren haben.

Literatur

Becker, Gary S., 1981: A Treatise on the Family, Cambridge/London. – Bengtson, Vern L., 2001: Beyond the Nuclear Family: The Increasing Importance of Multigenerational Bonds; in: Journal of Marriage and the Family 63, 1–16. – Berger, Peter L., Kellner, Hansfried, 1965: Die Ehe und die Konstruktion der Wirklichkeit; in: Soziale Welt 16, 220–235. – Gestrich, Andreas et al., 2003: Geschichte der Familie, Stuttgart. – Hill, Paul B.; Kopp, Johannes, 2006: Familiensoziologie, 4. Aufl., Wiesbaden. – Kertzer, David I.; Barbagli, Marzio (Hg.), 2001: Family Life in Early Modern Times, 1500–1789. New Haven/London. – Kopp, Johannes et al., 2010: Verliebt, verlobt, verheiratet. Institutionalisierungsprozesse in Partnerschaften, Wiesbaden. – Straus, Murray A.; Gelles, Richard J. (eds.), 1990: Physical Violence in American Families. Risk Factors and Adaptations to Violence in 8145 Families, New Brunswick, NJ. – Treas, Judith; Drobnic, Sonja, 2010: Dividing the Domestic. Palo Alto. – White, James M., 2005: Advancing family theories, Thousand Oaks.

Johannes Kopp

Feldforschung

Feld*forschung* (engl. field research) ist ein *Datenerhebung*sansatz, der in der *Ethnologie* und Anthropologie entwickelt wurde und dort immer noch vorwiegend benutzt wird. Seit einigen Jahrzehnten ist er auch in der Soziologie und der Psychologie übernommen worden.

Methodischer Ansatz

Feldforschung muss im Gegensatz zur **Laborforschung** gesehen werden, die als Begriff aber kaum benutzt wird. Feldforschung bedeutet dann, dass die Daten in der natürlichen Umgebung der Untersuchungspersonen erhoben werden und nicht in einer Umgebung, in die die Untersuchungspersonen nur zum Zweck der Untersuchung kommen. Ein Extrem an Laborforschung sind etwa Untersuchungen mancher empirischer Ökonomen zum Investitionsverhalten, bei denen man Versuchspersonen in einen Universitätsraum oder in einen gemieteten Wirtshaussaal einlädt, damit sie dort, durch Sichtblenden getrennt, mit Spielgeld Investitionsentscheidungen in verschiedenen angenommenen Konjunktursituationen fällen.

Demgegenüber sollen in der Feldforschung die Daten in der alltäglichen Umgebung der Versuchspersonen erhoben werden, weil dort alle die Faktoren auf die Versuchsperson einwirken, die auch außerhalb der Forschungssituation auf sie wirken. Am deutlichsten wird der Gegensatz beim *Experiment*, wo die Unterscheidung von Feld- und Laborexperiment auch gängiger Sprachgebrauch ist. Im Gegensatz zum eben skizzierten Laborexperiment zum Investitionsverhalten würde man in einem Feldexperiment beispielsweise Handwerkern aus verschiedenen Branchen echtes Geld geben, um zu sehen, wie sich die unterschiedliche Konjunktur der Branchen auf die Risikobereitschaft beim Investieren auswirkt.

Entsprechend dem Beginn der Feldforschung in der *Ethnologie* ist einer ihrer Hauptzwecke ein Vorteil für den Forscher: Er erhält Kenntnis vom sozialen (und natürlichen) Umfeld seines Forschungsgegenstandes und vermag ihn erst dadurch zutreffend zu deuten. Ethnologie ist ein interkulturelles Vorhaben. Forscher aus einer Kultur forschen über eine andere, für sie fremde Kultur. Selbst wenn sie die Sprache der beforschten Kultur fließend beherrschen sollten, kennen sie noch nicht die Bedeutung von Gesten, Traditionen, die Wirkung von Ängsten, religiösen Normen, die Rücksicht auf Bräuche, Loyalitäten usw. und geraten so in die Gefahr von *Ethnozentrismus* bei der Deutung ihrer Ergebnisse. Wer etwa als mitteleuropäischer Forscher nicht weiß, dass in manchen Kulturen ein deutliches Nein auf eine Frage eine ungezogene Unhöflichkeit ist und deshalb durch zurückhaltende Zustimmung ersetzt wird, der würde sich wundern, dass er auf die Frage, ob jemand bereit wäre, ehrenamtlich in einer Hilfsorganisation mitzuarbeiten, sehr oft scheinbare Bereitwilligkeit findet in Antworten wie »Wenn mich jemand fragte und ich hätte gerade Zeit übrig, wäre ich grundsätzlich sicherlich interessiert daran«, die in Wirklichkeit aber eine Verneinung bedeutet. In solchen Situationen ist die langfristige teilnehmende *Beobachtung* ein methodisch angezeigter Ausweg. Dabei ist aber eine große methodische Schwierigkeit, dass der Beobachter allein durch seine Teilnahme schon das Feld verändert. Das kann sich allerdings im Laufe der Zeit durch Gewöhnung des personalen Umfeldes ändern; so wurde ein Forscher, der in der Rolle des Protokollanten an den Sitzungen eines Betriebsrates teilnahm, nach Wochen stillen Mitschreibens gefragt, warum er sich aus allem heraushalte und nie seine Meinung sage, wie es sich für ein Mitglied des Betriebsrates gehöre. Eine methodisch ziemlich unproblematische, aber in ihrer Validität sehr begrenzte Datensammlungstechnik für Feldforschung ist das Informantengespräch oder -*interview*. Elemente von Feldforschung werden auch bei der mündlichen *Befragung* benutzt, wenn diese in einer Umgebung durchgeführt wird, die dem Befragungsthema entspricht, also eine Befragung zur Arbeit am Arbeitsplatz, zu Erziehungszielen am Wohnzimmer- oder ggf. am Küchentisch usw. Das soll die Forderung nach »Einheitlichkeit der (Daten-)Erhebungssituation« verwirklichen, die man bei der schriftlichen Befragung gar nicht erst erheben kann. Die Begriffe Feldphase und Feldarbeit haben nichts mit der Feldforschung zu tun. Sie bezeichnen die Datenerhebung außerhalb des Arbeitszimmers auch bei jeder Laborforschung.

Vor- und Nachteile

Am geschilderten Experimentbeispiel wird deutlich: Im Laborexperiment können wir die uns hier interessierende unabhängige Untersuchungsvariable, das Investitionsverhalten unter verschiedenen Konjunktursituationen, schön eindeutig messen, weil alle »Störvariablen« ausgeschaltet werden können. Wir können aber die Ergebnisse nicht als Entwicklungsprognose für die Wirklichkeit verwenden, weil dort die Störvariablen nicht ausgeschaltet werden können. Im Feldexperiment haben wir diese Störvariablen (z. B. Familiensituation, Gesundheitszustand) enthalten, können aber ihren jeweiligen Anteil an der Investitionsentscheidung nicht bestimmen. Ein Nachteil der Feldforschung ist – neben den viel höheren Kosten und der längeren Dauer – gegenüber der Laborforschung die Gefahr, dass Forscher sich mit ihren Objekten (über-)identifizieren (»going native«, wie die Ethnologen sagen) und so das Qualitätsmerkmal der *Objektivität* verletzen. *Repräsentativität* kann in der Feldforschung nicht erreicht, nicht einmal angestrebt werden. Sie eignet sich daher – das aber hervorragend – zur *Einzelfallstudie*, zur *Hypothese*nfindung und auch überhaupt zur Darstellung des Bühnenbildes für folgende methodisch strengere Untersuchungen. Die externe *Validität* der Feldforschung ist sehr hoch. Feldforschung ist also weitgehend deskriptiv und qualitativ. Sie wird daher oft im Vorlauf zu quantitativen Untersuchungen durchgeführt. Verbindungen zur soziologischen *Theorie* bestehen u. a. darin, dass die Feldforschung manche Überlegungen Max Webers zur *Verstehenden Soziologie* aufgegriffen hat. Andererseits hat sich der *Symbolische Interaktionismus* Gedanken der Feldforschung zur Grundlage gemacht; in dieser Beziehung war die Feldforschung wohl fruchtbarer als alle *quantitativen Methoden*.

Beispiele für Feldforschung

Zu den einflussreichsten Werken der Feldforschung gehören die Untersuchungen von A. R. Radcliffe-Brown (The Andaman Islanders. 1922), B. Malinowski (Argonauts of the Western Pacific, 1922) und Feldforschung Boas mit seinen Forschungen über die Eskimos (ab 1886) und die Indianer-Studien seiner Schüler. Alle drei waren Mitbegründer der Ethnologie, die beiden Ersten waren ihrerseits beeinflusst von dem Soziologen Emile Durkheim.

Die Soziologie nahm ihre Anregungen für Feldforschung vor allem von diesen Arbeiten auf, nicht zuletzt wegen der methodologischen Einleitung von Malinowski. Ebenfalls ethnologisch waren die Feldforschungen, die M. Mead ab 1931 in Neuguinea durchführte und die viele methodologische Diskussionen auslösten. Vor diesen Anstößen aus dem Indischen bzw. Pazifischen Ozean gab es eigentlich schon geeignete Anregungen aus Europa, so etwa von W. H. von Riehl und C. Booth.

Aber der erste Autor war Schriftsteller, Journalist, Theater- und Museumsdirektor, und der Zweite war Geschäftsmann und Sozialpolitiker, und ihre Werke waren weniger wissenschaftlich als sozialpolitisch ausgerichtet. Bahnbrechend für die moderne soziologische Feldforschung war die »*Chicagoer Schule*« in den USA. Zugleich mit der Begründung der *Stadtsoziologie* wurden dort *Subkultur*en erforscht. Als Beispiele sind zu nennen: W. I. Thomas: The Polish Peasant in Europe and America (1918–1922); The Unadjusted Girl (1923); R. E. Park: The Press and Its Control (1922); L. Wirth: The Ghetto (1922); P. G. Cressey: The Taxi-Dance Hall (1932). Hier entstand auch die Verbindung zum *Symbolischen Interaktionismus*. Eine ebenfalls viele Folgestudien anregende Feldforschung unternahm W. F. Whyte, der vier Jahre unter Jugendlichen in einem italienischen Stadtteil von Boston zubrachte und die Ergebnisse 1943 im Buch »Street Corner Society« veröffentlichte. Auch hier ist der methodologische Anhang noch heute interessant. Im deutschsprachigen Raum war die Marienthal-Studie von M. Jahoda, P. Lazarsfeld und H. Zeisel ein Pionier der Feldforschung. Diese psychologisch-soziologische Untersuchung aus einer Zeit, als die beiden Fächer noch nicht so säuberlich geschieden waren, beschreibt das Leben von einzelnen Menschen und Familien in einem niederösterreichischen Dorf, nachdem der beherrschende Betrieb geschlossen worden war und praktisch alle Bewohner arbeitslos waren. Um einen Eindruck von der Vielfalt der Feldforschung zu erhalten, seien hier die Datenquellen aufgezählt: Karteikarten für jeden der 1.486 Einwohner mit allen erreichbaren Daten; Lebensgeschichten von 62 Personen; Zeitverwendungsbögen; Anzeigen und Beschwerden; Schulaufsätze, u. a. über Berufswünsche; Preisausschreiben für Jugendliche über Zukunftsvorstellungen; Inventare der Mahlzeiten in 40 Familien; Protokolle über Weihnachtsgeschenke, Gesprächsthemen in Läden, Umsätze in Geschäften und der Gastwirtschaft usw.; Statistiken über den Konsumverein, Bibliotheksentleihungen, Vereinsmitgliedschaften usw.; historische Angaben über Fabrik, Gewerkschaften, Parteien usw.; Bevölkerungsstatistik; Erkundungen durch teilnehmende Beobachtung in Parteien, Zuschneidekurs, Arztsprechstunden, Mädchenturnkurs und Erziehungsberatung. Aus der neueren Feldforschung sind vor allem die zahlreichen Studien von R. Girtler über die verschiedensten Subkulturen zu nennen, von Prostituierten über Polizeibeamte, Stadtstreicher, Wilderer bis zu den Nachfahren des ehemaligen österreichischen Adels. Für die französische Soziologie wurden besonders die Feldforschungen von P. Bourdieu in Algerien wichtig, sowohl methodisch wie theoretisch.

Literatur

Booth, Charles, 1891–1903: Life and Labour of the People of London, 17 Bde., London. – Girtler, Roland, 2001: Methoden der Feldforschung, Stuttgart. – Jahoda, Marie et al., 1960: Die Arbeitslosen von Marienthal, Allensbach/Bonn. – Riehl, Wilhelm H. von, 1851–1869: Naturgeschichte des Volkes als Grundlage einer deutschen Socialpolitik, 4 Bde., Stuttgart. – Sutterlüty, Ferdinand; Imbusch, Peter (Hg.), 2008: Abenteuer Feldforschung. Soziologen erzählen, Frankfurt a.M. – Whyte, William F., 1943: The Street Corner Society, Chicago (dt. 1996).

Günter Endruweit

Feldtheorie

Die sozialwissenschaftliche Entwicklung der Feldtheorie (engl. field theory) basiert auf der Übertragung der physikalischen Entdeckungen des elektromagnetischen Feldes und des Gravitationsfeldes. Diese natürlichen Felder sind Kraftfelder, innerhalb derer Objekte ihre Positionen durch auf sie einwirkende Kräfte erhalten. Bereits seit Galilei wird die Erde nicht mehr als das Zentrum des Universums verstanden, sondern erhält nach Newton eine relative Position innerhalb eines Systems von Planeten. Die Position wird damit durch die Gravitationskräfte der Planeten bestimmt. Übertragen auf den sozialwissenschaftlichen Bereich bedeutet dies, dass die soziale *Position* eines Menschen nicht auf das Individuum selbst zurückgeführt werden kann, sondern durch ein soziales bzw. gesellschaftliches Kraftfeld bestimmt wird.

Der erste sozialwissenschaftliche Feldbegriff geht auf Kurt Lewin zurück, der ab den 1920er Jahren für seine Sozialpsychologie einen **mikrosoziologischen** Feldbegriff entwarf. Lewins Ziel bestand darin, mithilfe der Konzeption eines psychologischen Feldes das *Verhalten* von einzelnen Menschen zu erklären. Demzufolge sind Menschen von einem Kraftfeld umgeben, auf das ihr Verhalten zurückgeführt werden muss (Lewin 1982a: 159). Das den Menschen umgebende Feld besteht für Lewin aus zwei Teilen: der psychologischen Umwelt, also dem Lebensraum oder der sozialen Welt, und der psychologischen Innenperspektive der Person, also ihren inneren Motiven zu einem bestimmten Verhalten, das sich aus den Erfahrungen der Vergangenheit und den Erwartungen an die Zukunft ergibt (Lewin 1982d: 196 ff., 1982b: 375 ff.). Somit bilden die Person und ihre Umwelt zusammen die beiden Teile eines dynamischen psychologischen Feldes (Lewin 1982c: 294, 1982d: 207).

Die Struktur dieses Feldes betrachtet Lewin als dynamisch, weil es aus einer Reihe von gerichteten Kräften besteht, den Vektoren (Lewin 1982e: 68, Vester 2002: 62). Das Verhalten einer Person ergibt sich aus allen zu einem bestimmten Zeitpunkt wirkenden Kräften des psychologischen Feldes. Lewin spricht dabei von einer Konstellation oder Topologie (Lohr 1963: 24 f.). Mit seiner Konzeption des psychologischen Feldes intendiert Lewin zwar vorrangig die Beschreibung der psychologischen Innenperspektive, jedoch denkt er dabei explizit auch das äußere soziale Umfeld einer Person mit (Lewin 1982a: 160, 1982d: 187 ff.).

Unter anderem auf der Basis von Lewins Feldkonzeption entwickelte Pierre Bourdieu einen **makrosoziologischen** Feldbegriff (Bourdieu 1993, 1996). Die theoretische Grundkonzeption des Feldes entwickelte Bourdieu in Auseinandersetzung mit Max Webers Religionssoziologie (Weber 1972: 245–381, Bourdieu 1986: 156). Weber analysierte darin, dass der Prozess zur Produktion, Reproduktion und Verbreitung religiöser Güter von der sozioökonomischen Entwicklung der Gesellschaft relativ unabhängig verlief, weshalb er den Bereich der Religion als »relativ autonomes religiöses Feld« veranschaulichte (Bourdieu 2000: 53). Bourdieu analysierte im Rahmen seiner Feldtheorie eine Reihe von sozialen Bereichen als Felder. Neben dem religiösen Feld widmete er dem wissenschaftlichen (Bourdieu 1988, 1998) dem künstlerischen (1999) und dem politischen Feld (2001) jeweils eigene Untersuchungen.

Zudem übernahm auch Bourdieu für seine Feldkonzeption das physikalische Paradigma, also die Vorstellung des Feldes als Kräftefeld: Entsprechend der Feststellung in der Physik, »dass die Sterne nicht auf einem Gerüst hängen, sondern miteinander ein bewegtes Energiefeld bilden«, ist ein soziales Feld bei Bourdieu nicht einfach ein feststehendes, hierarchisch geordnetes »Klettergerüst« der sozialen Positionen, sondern ein Kräftefeld, das erst durch den Kampf der sozialen Akteur/innen untereinander zustande kommt (Vester 2002: 63). Soziale Felder erhalten ihre Struktur also erst durch konkurrierende Positionen von Akteur/innen (Bourdieu 1993: 107). Eine Position auf einem Feld ergibt sich dem zufolge in Relation bzw. Abgrenzung zu anderen Positionen. Damit ist ein Feld »ein Netz oder eine Konfiguration von objektiven Relationen zwischen Positionen« (Bourdieu 1996: 127). Soziale Felder sind folglich Arenen, in denen Konkurrent/innen um die Bewahrung und Veränderung der Struktur des jeweiligen Kräftefeldes kämpfen: »Das generierende und vereinheitlichende Prinzip dieses ›Systems‹ ist der Kampf selbst.« (Bourdieu 1999: 368). Zwar nehmen die Kämpfe auf den unterschiedlichen Feldern unterschiedliche Formen an, jedoch besteht die Grundstruktur immer in der feldinternen Auseinandersetzungen zwischen den auf dem Feld Etablierten, den Herrschenden, und den Anwärter/innen auf die *Herrschaft* (Bourdieu 1993: 107). Die etablierten Akteur/innen mit den höchsten Positionen neigen unter den gegebenen Kräfteverhältnissen zum Konservativismus, d. h. zu Erhaltungsstrategien, während die Akteur/innen mit niedrigen Positionen zu feldinternen Revolutionen und Umsturzstrategien tendieren (Schumacher 2011: 140).

Literatur

Bourdieu, Pierre, 1986: Der Kampf um die symbolische Ordnung. Pierre Bourdieu im Gespräch mit A. Honneth, H. Kocyba und B. Schwibs; in: Ästhetik und Kommunikation 62/16. – Ders., 1988: Homo academicus. Frankfurt a. M. – Ders., 1992: Rede und Antwort. Frankfurt a. M. – Ders., 1993: Über einige Eigenschaften von Feldern; in: ders. (Hg.): Soziologische Fragen, Frankfurt a. M., 107–114. – Ders., 1996: Die Logik der Felder; in: ders; Wacquant, Loïc J. D (Hg.): Reflexive Anthropologie, Frankfurt a. M., 124–147. – Ders., 1998: Vom Gebrauch der Wissenschaft. Für eine klinische Soziologie des wissenschaftlichen Feldes, Konstanz. – Ders., 1999: Die Regeln der Kunst. Genese und Struktur des literarischen Feldes. Frankfurt a. M. – Ders., 2000: Das religiöse Feld. Texte zur Ökonomie des Heilsgeschehens, Konstanz. – Ders., 2001: Das politische Feld. Zur Kritik der politischen Vernunft, Konstanz. – Lewin, Kurt, 1982a: Feldtheorie des Lernens; in: Graumann, Carl-Friedrich (Hg.): Feldtheorie, Bern/Stuttgart, 157–185. – Lewin, Kurt, 1982b: Verhalten und Entwicklung als Funktion der Gesamtsituation; in: Weinert, Franz E.; Gundlach, Horst (Hg.): Psychologie der Entwicklung und Erziehung, Bern/Stuttgart, 375–448. – Lewin, Kurt, 1982c: Psychologische Ökologie; in: Graumann (Hg.) [s. o.], 291–312. – Lewin, Kurt, 1982d: Feldtheorie und Experiment in der Sozialpsychologie; in: Graumann (Hg.) [s. o.], 187–213. – Lewin, Kurt (1982e): Formalisierung und Fortschritt in der Psychologie; in: Graumann (Hg.) [s. o.], 41–72. – Lohr, Winfried, 1963: Einführung zur deutschsprachigen Ausgabe; in: Cartwright, Dorwin (Hg.): Feldtheorie in den Sozialwissenschaften. Ausgewählte theoretische Schriften, Bern/Stuttgart, 15–42. – Schumacher, Florian, 2011: Bourdieus Kunstsoziologie, Konstanz. – Vester, Michael, 2002: Das relationale Paradigma und die politische Soziologie sozialer Klassen; in: Bittlingmayer, Uwe H. et al. (Hg.): Theorie als Kampf? Zur politischen Soziologie Pierre Bourdieus, Opladen, 61–121. – Weber, Max, 1972: Wirtschaft und Gesellschaft, Tübingen (1921).

Florian Schumacher

Forschung

Forschung (engl. research) ist in den beiden Hälften der empirischen *Sozialwissenschaften*, der *Theorie* und der *Empirie*, die Tätigkeit des Wissenschaftlers im Bereich der Empirie, d. h. die Tätigkeit, durch die er mit objektspezifischen Methoden in der Wirklichkeit Erkenntnisse über sein Objekt sammelt oder auch die Suche »nach Erkenntnissen durch systemische Auswertung von Erfahrungen (›empirisch‹ aus dem Griechischen: ›auf Erfahrung beruhend‹)« (Bortz/Döring, 5).

Damit sind *quantitative und qualitative Methoden* gleichermaßen gemeint, aber stets grundsätzlich Methoden der *Feldforschung*, auch in deren Modifikation als *Laborforschung*, weil es auch in dieser um Erforschung am Erkenntnisobjekt geht, nur eben in einer künstlichen Situation. Ausgeschlossen ist damit die »Schreibtischforschung« (desk research im Gegensatz zu field research), die nur ein Irrtum erregender Ausdruck für Theoriearbeit ist. Diese ist entweder vor der Forschung angesiedelt, wenn es um erste hypothetische Erklärungen der Forschungsfragen geht, oder nach der Forschung, wenn deren Ergebnisse für eine revidierende, nun validere Fassung der Theorie ausgewertet werden; dieser zweite Bereich ist in der Soziologie allerdings bisher völlig unterentwickelt. Damit stehen *Theoriekonstruktion* und Forschung in den empirischen Sozialwissenschaften in einem untrennbaren Zusammenhang, auch wenn dieser im Wissenschaftsalltag längst nicht immer beachtet wird (Babbie, 35–54; Endruweit, 66–69, 78, 125–128), u. a. auch dadurch nicht, dass Theorien i. d. R. nicht »überprüfungsorientiert« formuliert werden.

Der Grundsatz von Forschung als Feldforschung wird nur vermeintlich durchbrochen von Datensammlungsverfahren, die in der Tat am Schreibtisch, jetzt eher am Computertisch angewendet werden, so etwa bei der *Inhaltsanalyse*. Hierbei ist beispielsweise das eigentliche Forschungsobjekt die Sozialisationspraxis der Adelsfamilien im 17. Jh., die »im Feld« nicht mehr beobachtet oder durch Befragung erforscht werden kann, sondern die z. B. nur aus autobiografischem Material als der Wirklichkeit noch nächster Quelle ermittelt werden kann, gewissermaßen als *Interview*ersatz, also indirekte Feldforschung.

Über die Unterschiede zwischen qualitativer und quantitativer Forschung gibt es viele idealtypische Aussagen (vgl. z. B. die Tabellen bei Lamnek, 244, und Bortz/Döring, 299–302), die alle einige sehr fragwürdige Elemente enthalten. Ob man quantitativ oder qualitativ vorgeht, hängt nicht zuletzt davon ab, was man einerseits an Daten hat oder haben kann und was man andererseits mit den Daten aussagen will. Wenn Totalerhebungen oder *Stichprobe*n unmöglich sind, ist auch quantitative Forschung unmöglich. Wenn man dagegen, wie so oft, aus keiner Theorie eine *Hypothese* für das ins Auge gefasste Forschungsthema finden kann, ist ein *qualitatives Interview* manchmal weit aufschlussreicher als jede quantitative *Explorationsstudie*. Allerdings darf in den Sozialwissenschaften nie vom Teil auf das Ganze geschlossen werden (ebenso nicht vom Ganzen auf ein Teil), weil sie keine den Naturgesetzen entsprechende Erkenntnisse haben. Aber nicht nur zur Hypothesenfindung ist qualitative Forschung brauchbar, sondern auch zur Hypothesenprüfung, wenn es sich um Es-gibt-Hypothesen handelt (Beispiel: Es gibt nachhaltige wirtschaftliche Entwicklung durch die Vergabe von Mikrokrediten). Je-desto-Hypothesen sind dagegen immer nur mit quantitativer Forschung zu überprüfen.

Das hier beschriebene Konzept von Forschung ist am *Kritischen Rationalismus* orientiert. Daneben gibt es noch andere Auffassungen, etwa in der *Kritischen Theorie* oder in der *marxistischen Soziologie* (dazu u. a. Friedrichs, 18–32; Aßmann/Stolberg, 30–40), die aber in der tatsächlichen Forschung schon immer eine geringe Bedeutung hatten und jetzt eine fast nur noch Historische.

Literatur

Aßmann, Georg; Stollberg, Rudhart (Hg.), 1979: Grundlagen der marxistisch-leninistischen Soziologie, Berlin. – Babbie, Earl, 1989: The Practice of Social Research, 5. ed., Belmont. – Bortz, Jürgen; Döring, Nicola, 2006: Forschungsmethoden und Evaluation für Human- und Sozialwissenschaftler, 4. Aufl., Heidelberg. – Endruweit, Günter, 1997: Beiträge zur Soziologie, Bd. I, Kiel. – Friedrichs, Jürgen, 1990: Methoden empirischer Sozialforschung, 14. Aufl., Opladen. – Lamnek, Siegfried, 1995: Qualitative Sozialforschung, Bd. 1, 3. Aufl., Weinheim.

Günter Endruweit

Freizeit

Freizeit im sozialen Wandel

Frei*zeit* (engl. leisure time, free time) im 21. Jh. hat eine andere Qualität als in den Nachkriegszeiten der fünfziger und sechziger Jahre oder den *Wohlstands*zeiten der siebziger bis neunziger Jahre: Steigende Lebenserwartung auf der einen und sinkende Realeinkommen auf der anderen Seite lassen erwerbsfreie *Lebensphase*n in einem ganz anderen Licht erscheinen. Lebensstandardsicherung und *soziale Ungleichheit*en, Gesundheiterhaltung sowie neue Sinnorientierungen des Lebens jenseits von Konto und Karriere machen den ehemaligen »Wohlstandsfaktor Freizeit« zu einer gleichermaßen ökonomischen wie sozialen Frage: Wie kann die persönliche und gesellschaftliche *Lebensqualität* auch in politisch und wirtschaftlich schwierigen Krisenzeiten erhalten und nachhaltig gesichert werden? Frei verfügbare Zeit- und Lebensabschnitte werden immer mehr zur Investition in lebenslanges Lernen, in Wohlfühlkonzepte, in Familien- und Nachbarschaftshilfen, aber auch in Unterhaltungs- und Entspannungsprogramme genutzt. Aus dem »Frei von« bezahlter Arbeit wird zunehmend ein »Frei für« eine lebenswerte Zukunft. Das »spart« Geld, aber »kostet« Lebenszeit.

Freizeitbegriff

Das Freizeitverständnis hat sich grundlegend gewandelt. Quantitativ und qualitativ unterscheidet sich die Freizeit heute von früheren Freizeitformen. Auch gegenwärtig findet Erholung von der *Arbeit* in der Freizeit statt, aber die Freizeit ist nicht mehr nur – wie in den fünfziger Jahren – Erholungszeit. Für die überwiegende Mehrheit der Bevölkerung hat die Freizeit einen eigenständigen Wert bekommen. So vertritt die überwiegende Mehrheit der Bevölkerung die Auffassung, dass Freizeit in erster Linie eine Zeit ist, in der man tun und lassen kann, was einem Spaß und Freude macht. Aus einem arbeitsabhängigen Zeitbegriff, der Freizeit negativ als Abwesenheit von Arbeit definierte, hat sich ein positives Freizeitverständnis entwickelt: Freizeit ist eine Zeit, in der man für etwas frei ist.

Freizeitverhalten

Nur auf den ersten Blick verändert sich im Freizeitverhalten nichts. Doch im Zeitvergleich der letzten 50 Jahre hat es fast erdrutschartige Veränderungen gegeben. Die Lieblingsbeschäftigung »Aus dem Fenster sehen« wurde durch das »Fernsehen« ersetzt und »Telefonieren« macht regelmäßige »Verwandtenbesuche« weitgehend entbehrlich. Fest behauptet hat sich dagegen das »Radiohören« als wichtiges Begleitmedium des Freizeitalltags.

Die Wirklichkeit des Freizeitverhaltens der Deutschen vermittelt auf den ersten Blick ein ernüchterndes Bild: Die reale Freizeitqualität spielt sich zwischen *Medien-* und *Erlebnis*konsum ab. Und gesellschaftlich hoch bewertete Kulturaktivitäten in der Freizeit wie Opern-, Konzert- und Theaterbesuche, Rock-, Pop- und Jazzkonzertbesuche oder Museums- und Kunstausstellungsbesuche rangieren in der Beliebtheitsskala am unteren Ende. Der Medienkonsum ›frisst‹ den größten Teil der Freizeit. Im Westen wie im Osten Deutschlands widmen sich die Bundesbürger am meisten dem *Medienkonsum*.

Tourismus und Erlebnismobilität

»Travel« und »Travail«, *Reisen* und Arbeiten, haben die gleiche Wortwurzel und deuten auf das gleiche Phänomen hin: Der Mensch kann auf Dauer nicht untätig in seinen eigenen vier Wänden verweilen. Noch nie in der Geschichte des modernen *Tourismus* reisten so viele so viel. Reisen gilt als die populärste Form von Glück. Nach dem Bahn-, Auto- und Flugtourismus steht die vierte Welle der Demokratisierung des Reisens unmittelbar bevor: Trotz globaler Finanz- und Wirtschaftskrisen expandiert der Kreuzfahrttourismus – und die Wachstums-Ära der Billigflieger geht bald zu Ende.

Literatur

Opaschowski, Horst W., 2008: Einführung in die Freizeitwissenschaft, 5. Aufl., Wiesbaden. – Carius, Florian; Gernig, Björn, 2010: Was ist Freizeitwissenschaft?, Aachen.

Horst W. Opaschowski

Fremdenfeindlichkeit

Definition

Fremdenfeindlichkeit (griech. Xenophobie, engl. xenophobia) bezeichnet ablehnende *Einstellung*en und aggressive *Verhalten*sweisen von Personen, die zu einer *Gemeinschaft* (»ingroup«, »Wir-Gruppe«) gehören, gegenüber Mitgliedern anderer Gemeinschaften (»outgroup«, »Sie-Gruppe«). Dabei kann die Zugehörigkeit zu einer Gemeinschaft real oder vorgestellt sein. Als fremdenfeindlich kann auch jede Weigerung ausgelegt werden, die Mitglieder der anderen Gemeinschaft als gleichwertig anzuerkennen und ihnen die allgemeinen Menschenrechte zu gewähren. Bei der Fremdenfeindlichkeit handelt es sich um eine komplexe Wertorientierung, die einerseits die eigenen kulturellen Praktiken, *Werte* und *Normen* als positiv und verbindlich definiert und andererseits die Fremden als bedrohlich und feindlich *stigmatisiert*. Voraussetzung für die Fremdenfeindlichkeit ist, dass die Zugehörigkeitsmerkmale, z. B. Religionszugehörigkeit, Nationalität, Rassenzugehörigkeit, Sprache, Kultur, regionale Zugehörigkeit etc. von einem Kollektiv negativ markiert und als fremd empfunden werden. Grundlage der Fremdenfeindlichkeit ist der sog. »*Ethnozentrismus*«, d. h. die empfundene Überlegenheit der eigenen kulturellen Werte, Lebensweise, Weltanschauung, Religion, Rasse, Nation, Region und ethnischen Zugehörigkeit. Die Fremdenfeindlichkeit kann gesetzlich verankert und staatlich legitimiert werden, wie z. B. in der Zeit des Nationalsozialismus in Deutschland. In der Fachliteratur wird zwischen latenter (versteckter) und manifester (offener) Fremdenfeindlichkeit unterschieden.

Entwicklung des Begriffs

Die Fremdenfeindlichkeit ist ein altes Phänomen. Dieses beruht auf der Erfassung der Welt durch binäre Kategorien, z. B. »gut« und »böse«, »groß« und »klein«, »weiß« und »schwarz«, »unsere« und »fremde« etc. Ursprünglich bedeutete das Wort »Xenophobie« »Angst vor den Fremden«. In der Fachliteratur wird die Bedeutung auf das komplette Spektrum der negativen Einstellungen und Handlungen ausgeweitet. Die ursprüngliche Anwendung des Begriffs fokussierte auf Gruppen und Personen, die außerhalb eines Territorialstaates lebten – die »Ausländer«. Fremdenfeindlichkeit gehört, historisch gesehen, zu den wichtigsten *Konflikt-* und Kriegsursachen.

Prozesse wie *Globalisierung* und Pluralisierung der Kulturen, sowie die zunehmenden *Migrations*bewegungen stellen moderne Gesellschaften vor die Herausforderung, das Zusammenleben unterschiedlicher Kulturen im Alltag zu gestalten. Aus diesem Grund beziehen sich sowohl die analytische Kategorie als auch das Phänomen »Fremdenfeindlichkeit« immer mehr auf Personen und Gruppen, die aus unterschiedlichen *Kultur*kreisen stammen, aber innerhalb einer Gesellschaft oder eines Staates leben, z. B. Migranten und Menschen mit Migrationshintergrund. Sie werden von einzelnen sozialen Gruppen oder von der ganzen Gesellschaft als »anders« oder als »fremd« gekennzeichnet und in ihrer »Fremdheit« benachteiligt. In den modernen kulturpluralistischen Gesellschaften gehört die Fremdenfeindlichkeit zu den wichtigsten Ursachen der *Diskriminierung*. Eine weitere Anwendung des Begriffs »Fremdenfeindlichkeit« geht über die ethnischen, nationalen und religiösen Dimensionen hinaus. Als »fremd« können *Minderheit*en, Subgruppen oder *Randgruppe*n empfunden und stigmatisiert werden.

Typologisierung der Fremdenfeindlichkeit

Der Begriff der Fremdenfeindlichkeit ist definitorisch unscharf. Er umfasst die »*Ausländerfeindlichkeit*«, die als eine Unterart der Fremdenfeindlichkeit primär auf die nationalen Unterschiede fokussiert: Eine Person wird aufgrund einer realen oder vermuteten nationalen Zugehörigkeit ausgegrenzt und diskriminiert. Vor allem in Einwanderungsgesellschaften verliert das Kriterium Staatsangehörigkeit an Bedeutung. Die fremdenfeindlichen, im Unterschied zu den ausländerfeindlichen, Einstellungen beziehen sich auf Personen, die aufgrund ihres Äußeren, ihre Sprache oder ihre Kultur als »fremd« empfunden werden. In der Forschung gewinnt der Begriff »gruppenbezogene Menschenfeindlichkeit« (engl. »group-focused enmity«) zunehmend an Bedeutung. Dieser Begriff ist umfangreicher und reduziert die feindlichen Einstellungen nicht auf die ethnischen und nationalen Aspekte der Problematik. Vielmehr fokussiert der Begriff »gruppenbezogene Menschenfeindlichkeit« auf reale oder vorgestellte Gruppenzugehörigkeiten, die folgende Merkmale berücksichtigen: Rassismus, Fremdenfeindlichkeit, Antisemitismus, Homophobie, Abwertung von Obdachlosen, Abwertung von Behinderten, Islamophobie, klassischer Sexismus, Etabliertenvorrechte, Abwertung von Langzeitarbeitslosen. Der Begriff wurde von W. Heitmeyer und dem Institut für interdisziplinäre Konflikt- und Gewaltforschung der Universität Bielefeld geprägt. Die Formen der Fremdenfeindlichkeit sind unterschiedlich: Sie reichen von verbaler *Stigmatisierung* (»hate speech«) bis hin zur Ausgrenzung, Vertreibung oder Vernichtung.

Determinanten der Fremdenfeindlichkeit

Das Phänomen der Fremdenfeindlichkeit wird von vielen Fachdisziplinen analysiert, unter anderem von der Anthropologie, (Sozial-)Psychologie, Pädagogik, Soziologie und Medienwissenschaften. Sie machen unterschiedliche Ursachen für die Entstehung der Fremdenfeindlichkeit aus. In der Forschung wird diskutiert, ob die Fremdenfeindlichkeit auf ein Abwehrmuster, das bei allen Kulturen und Individuen vorhanden und damit universal ist, zurückzuführen ist oder ob sie sozial hergestellt und erlernt wird und damit typisch für einige Gesellschaftsformen und individuelle Problemlagen ist.

Die Anthropologie und die Soziobiologie versuchen, die Fremdenfeindlichkeit als eine »natürliche«

Reaktion und eine instinkthafte Abwehrhaltung des Individuums gegen Einwirkungen von außen darzustellen und den universalen Charakter der Fremdenfeindlichkeit zu beweisen. Die Sozialpsychologie hingegen betont die Bedeutung der sozialen Anbindung der Individuen für die Entstehung der Fremdenfeindlichkeit. Klassisch in dieser Hinsicht ist die Kontakthypothese von G. Allport. Nach dieser führt der Kontakt zwischen Mitgliedern verschiedener Gruppen zum Abbau der *Vorurteile* und der fremdenfeindlichen Einstellungen. Die Grundlage dieser Hypothese ist die Annahme, dass die fremdenfeindlichen Einstellungen aus Mangel an Information und Interaktion resultieren. Diese Hypothese wird oft diskutiert in den Sozialwissenschaften, denn nicht jeder Kontakt führt nachweislich zum Abbau von Vorurteilen und dadurch zur Reduzierung fremdenfeindlicher Einstellungen. Unter Umständen können Kontakte sogar die fremdenfeindlichen Einstellungen erhöhen. Die Qualität des Kontakts, der (gleiche) Status der Kontaktpartner und die (gemeinsamen) Ziele, die durch den Kontakt verfolgt werden, sind von Bedeutung.

Die Psychologie akzentuiert die Bedeutung der »autoritären Persönlichkeit« für die Entstehung fremdenfeindlicher Einstellungen auf individueller Ebene. Die repressiven Einwirkungen der Eltern und der Gesellschaft können zu einer Schwäche der Persönlichkeit führen, die kompensatorisch hierarchische Strukturen sucht und *Gewalt* billigt. Auch die Pädagogik betont die Bedeutung der *Sozialisation* für die fremdenfeindlichen Einstellungen: Erlebte Gewalt in der Familie und in den sog. »Peer-Gruppen« wirken in diese Richtung ein. Präventiv können hingegen Bildung und Erziehung sein.

Die soziologische Perspektive auf die Fremdenfeindlichkeit betont die Frage nach den sozial-strukturellen Ursachen. Die Zu- bzw. Abnahme der fremdenfeindlichen Einstellungen hängt u. a. auch von der wirtschaftlichen Entwicklung einer Gesellschaft ab. Gesellschaften, die wirtschaftlich stabil sind, sind in geringerem Maß fremdenfeindlich. Hingegen erhöhen sich in einer wirtschaftlichen Krise die fremdenfeindlichen Einstellungen. Diese These wird von der sog. »Konkurrenztheorie« unterstützt. Die reale oder empfundene *Konkurrenz* um knappe Ressourcen (z. B. Arbeitsplätze oder Wohnungen) erhöht die fremdenfeindlichen Einstellungen in einer Gesellschaft. Insgesamt wirkt sich die gesellschaftliche *Desintegration*, z. B. die Auflösung familiärer Struktu-

ren, Verunsicherung, Perspektivlosigkeit, Verlust verbindlicher *Norm*en auf die fremdenfeindlichen Einstellungen aus und kann als eine Ursache der Fremdenfeindlichkeit angesehen werden.

In der soziologischen Forschung wird diskutiert, in wieweit Fremdenfeindlichkeit schicht-, milieu-, und genderspezifisch ist. Die These, dass fremdenfeindliche Einstellungen bei bestimmten sozialen *Schicht*en häufiger vorkommen, ist nicht unumstritten. Auch bei sozial etablierten Schichten sind fremdenfeindliche Einstellungen festzustellen. Besonders im Kontext der sog. »Sarrazin-Debatte« ist die Rede von einem zunehmenden »Extremismus der Mitte«. Umstritten in den Sozialwissenschaften ist die These, dass die Fremdenfeindlichkeit von der Anzahl der Fremden in einer Gesellschaft, von der Dauer ihres Aufenthaltes und von ihrem Aufenthaltsstatus abhängig ist. Es ist lediglich nachgewiesen, dass die öffentliche Wahrnehmung der »Fremden« auf Problemgruppen, z. B. Asylbewerber und Flüchtlinge, fokussiert. Dieses Forschungsthema ist zentral für die Medienwissenschaften. Sie befassen sich mit der diskursiven Konstruktion und mit den Techniken der medialen Darstellung der »Fremdheit«.

Ausblick

In der öffentlichen Debatte über Fremdenfeindlichkeit wird die These vertreten, dass durch die Demokratisierung und durch die Erhöhung des Lebensstandards die Fremdenfeindlichkeit abnehmen würde. Allerdings zeigt sie sich resistent: Komparative europaweite Studien verdeutlichen, dass die Fremdenfeindlichkeit ein fester Bestandteil der europäischen Gesellschaften ist. Die Zunahme fremdenfeindlicher, insbesondere antisemitischer und homophober, Einstellungen und eine Verschlechterung der Lage der Roma in Osteuropa sind auch nach der EU-Osterweiterung festzustellen. In einer kulturpluralistischen Gesellschaft stellt sich die Frage nach der Begründung der Abgrenzung einer Gruppe als fremd und auch nach dem, aus welcher Perspektive definiert werden kann, was »fremd« ist. Zur gesellschaftlichen und politischen Diskussion steht die Frage, ob eine kulturpluralistische Gesellschaft verbindliche Werte und Normen braucht und welche diese sein sollen.

Literatur

Agency for Fundamental Rights, 2007: Bericht über Rassismus und Fremdenfeindlichkeit in den Mitgliedstaaten der EU, Wien. – Ahlheim, Klaus, 2011: Sarrazin und der Extremismus der Mitte. Empirische Analysen und pädagogische Reflexionen, Hannover. – Allport, Gordon, 1971: Die Natur des Vorurteils, Köln. – Frindte, Wolfgang (Hg.), 2002: Fremdenfeindliche Gewalttäter, Wiesbaden. – Heitmeyer, Wilhelm, 2011: Deutsche Zustände. Folge 10, Frankfurt a. M. – Institut für Sozialforschung (Hg.), 1992: Aspekte der Fremdenfeindlichkeit: Beiträge zur aktuellen Diskussion, 5. Aufl., Frankfurt a. M. – Jäger, Siegfried, 2007: Mediale Barrieren: Rassismus als Integrationshindernis, Münster. – Möller, Kurt; Schuhmacher, Nils, 2007: Rechte Glatzen: Rechtsextreme Orientierungs- und Szenezusammenhänge – Einstiegs-, Verbleibs- und Ausstiegsprozesse von Skinheads, Wiesbaden. – Sommerfeld, Alkje, 2010: Fremdenfeindlichkeit durch Emotionen? Subjektive Deutungsmuster Jugendlicher gegenüber Zuwanderern, Weinheim/München. – Willems, Helmut; Steigleder, Sandra, 2011: Jugend in einem marginalisierten Stadtteil: Perspektivlosigkeit, Gewalt, Fremdenfeindlichkeit und interethnische Konflikte, Wiesbaden.

Marina Liakova

Führung

Das Thema der »Führung« (engl. leadership) von Personen genießt in unterschiedlichen Wissenschaften (z. B. Sozial- und Organisationspsychologie, Organisations- und Betriebssoziologie, Betriebswirtschaftslehre) seit längerem besondere Beachtung. Vereinfacht kann Führung als »zielbezogene Einflussnahme auf andere« beschrieben werden (Rosenstiel et al. 1988). Unterschieden wird dabei zwischen einer Führung durch Strukturen (z. B. durch Anreizsysteme oder Vorschriften) und einer Führung durch Menschen. Diese Darstellung fokussiert auf Führung durch Menschen: eine Person versucht, auf andere Personen Einfluss auszuüben, sie zu motivieren oder sie dazu zu bringen, einen Beitrag zum Erreichen eines kollektiven Ziels einer Gruppe oder Organisation zu leisten (vgl. Chhokar et al. 2007; Yukl 2012). Drei Elemente sind deshalb typisch für Führungsdefinitionen: *Gruppe*, *Einfluss* und Ziel (Bryman 1992).

Alle Führungstheorien verfolgen explizit oder implizit das Ziel, Führungserfolg (z. B. Produktivität der geführten Gruppe, Mitarbeiterzufriedenheit) zu erklären, vorherzusagen und Beeinflussungsmöglichkeiten aufzuzeigen. Sie unterscheiden sich jedoch in den Bedingungen oder Prozessen, die dabei im Zentrum des Interesses stehen: Klassische Führungstheorien fokussieren auf die Führungskraft (z. B. ihre Eigenschaften, ihr Verhalten). Interaktionale Führungstheorien konzeptualisieren Führung als Wechselspiel zwischen Führungskraft und Mitarbeiter. Neuere Entwicklungen in der Führungsforschung betonen u. a. die soziale Konstruktion von Führung und sozialer Identität im Gruppenkontext (vgl. Kerschreiter et al. 2011). Ein umfassender Überblick über Führungstheorien findet sich bspw. bei Yukl (2012).

Klassische Führungstheorien

Eigenschaftstheoretische oder personalistische Ansätze: Ein Großteil der Führungsforschung konzentrierte sich bis in die 1960er Jahre auf *Persönlichkeits*merkmale, die für Führungspersonen charakteristisch sind. Dabei wurde implizit angenommen, dass die Fähigkeit, andere zu führen, eine relativ stabile, von Zeit und Situation unabhängige Persönlichkeitsdisposition ist. Ziel war die Identifikation des Eigenschaftsprofils von Führungspersönlichkeiten und, darauf aufbauend, die Erstellung eines idealen Eigenschaftsprofils, das die Auswahl geeigneter Personen für Führungspositionen ermöglichen sollte (bspw. durch den Einsatz von Persönlichkeitstests). Metaanalysen (Judge et al. 2002; Judge et al. 2004) bestätigen zwar positive Zusammenhänge zwischen bestimmten Persönlichkeitseigenschaften (z. B. Extraversion, Offenheit, Gewissenhaftigkeit und Intelligenz) und Kriterien des Führungserfolges, jedoch sind diese Zusammenhänge im kleinen bis mittleren Bereich der Effektgröße und erklären Führungserfolg bei weitem nicht erschöpfend.

Verhaltenstheoretische Ansätze: Um den Führungserfolg besser vorhersagen zu können, als dies mit den persönlichkeitsorientierten Ansätzen möglich war, wandten sich zahlreiche Forscher zu Beginn der 1950er Jahre dem Einfluss des Führungs*verhaltens* auf den Führungserfolg zu. Dabei wurden beobachtbare Führungsverhaltensweisen beschrieben und klassifiziert, mit Hilfe des Konzepts des Führungsstils systematisiert und der Einfluss des jeweiligen Führungsstils für den Führungserfolg untersucht. Aufbauend auf den frühen Arbeiten Kurt Lewins und seiner Schüler (vgl. Lewin et al. 1939) entwickelte die sog. Ohio-Gruppe (Stogdill, Fleishman, Hemphill et al.) mit Hilfe von Fragebögen zur Beschreibung des Führungsverhaltens ein Konzept zur Systematisierung des Führungsverhaltens, das zwei voneinander unabhängige Dimensionen des Führungsverhaltens unterscheidet: Mitarbeiterorientierung (engl. consideration), gekennzeichnet durch freundliches und unterstützendes Verhalten den Mitarbeitern gegenüber sowie Interesse am Wohlbefinden der Mitarbeiter zeigend, und Aufgabenorientierung (engl. initiating structure), gekennzeichnet durch eine Ausrichtung des Verhaltens an Zielerreichung und Aufgabenerledigung. Eine neuere Metaanalyse (Judge et al. 2004) bestätigt moderate Beziehungen zwischen Mitarbeiterorientierung sowie Aufgabenorientierung und verschiedenen Kriterien des Führungserfolgs (z. B. Arbeitszufriedenheit, Zufriedenheit mit der Führungskraft, Motivation der Geführten, Effektivität der Führungskraft).

Kontingenztheoretische Ansätze: Die Kontingenztheorien ergänzen die bisher genannten Ansätze um verschiedene Aspekte der Situation (z. B. Merkmale der Arbeitsaufgabe, der Mitarbeiter, des Organisationskontexts) und fokussieren auf die Frage, in welchen Situationen welcher Führungsstil besonders erfolgreich ist.

Wegbereiter dieser Ansätze war das mittlerweile inhaltlich überholte Kontingenzmodell von Fiedler (1967; Fiedler/Mai-Dalton 1995), das als erstes Führungsmodell auch Merkmale der Situation berücksichtigt. Hohe bzw. geringe Ausprägungen von drei Situationsmerkmalen (in absteigender Wichtigkeit: Qualität der Führer-Geführten-Beziehung, Positionsmacht, Aufgabenstruktur) ergeben acht unterschiedliche Grade der Situationskontrolle der Führungskraft. Auf Seiten der Führungskraft werden über die Einstellung der Führungskraft zum am wenigsten geschätzten Mitarbeiter (sog. »least preferred coworker«, LPC) mitarbeiterorientierte (vergleichsweise positive Einschätzung des LPC) und aufgabenorientierte (negative Einschätzung des LPC) Führungskräfte unterschieden. Fiedler zufolge sind bestimmte Kombinationen von Situationskontrolle und Führungsstil besonders günstig für den Führungserfolg, was für die meisten Kombinationen auch bestätigt werden konnte, allerdings eher in Labor- als in Feldstudien (vgl. Strube/Garcia 1981; Peters et al. 1985; Schriesheim et al. 1994). Vereinfacht sind mitarbeiterorientierte Führungskräfte in mittelgünstigen Situationen (z. B. gute Beziehung zu den Geführten, eher unstrukturierte Aufgaben und

geringe Positionsmacht) erfolgreich, während aufgabenorientierte Führungskräfte eher in sehr ungünstigen (z. B. schlechte Beziehung zu den Geführten, geringe Aufgabenstrukturierung und schwache Positionsmacht) oder sehr günstigen Situationen (z. B. gute Beziehung zu den Geführten, strukturierte Aufgaben und hohe Positionsmacht) erfolgreich sind. Fiedlers Modell ist vielfach kritisiert worden (vgl. im Überblick Brodbeck et al. 2002). Ein bleibender Verdienst Fiedlers ist, die Führungsforschung in eine neue Richtung geführt und die Entwicklung zahlreicher weiterer Kontingenztheorien stimuliert zu haben.

Die Weg-Ziel- (engl. path-goal) Theorie von Evans (1970; 1979) und House (1971; House/Mitchell 1974) spezifiziert, aufbauend auf den Instrumentalitäts- oder Erwartungstheorien der *Motivation* (z. B. Vroom 1964), unter welchen Bedingungen welches Führungsverhalten motivierend auf die Mitarbeiter wirkt. Je nach Struktur der Aufgabe und Merkmalen der Geführten sollten sich bestimmte Arten der Führung (klassifiziert in unterstützend, direktiv, partizipativ und leistungsorientiert) unterschiedlich auf Motivation und Zufriedenheit der Geführten auswirken. Allerdings kommen Wofford und Liska (1993) in ihrer Metaanalyse zu dem Schluss, dass die Befunde wesentliche Annahmen der Weg-Ziel-Theorie nicht stützen. Die Bedeutung, die der Weg-Ziel-Theorie trotzdem zukommt, gründet sich vor allem auf neue, in dieser Theorie enthaltene Überlegungen, die zur Entwicklung einiger sehr erfolgreicher Führungstheorien führten, z. B. zu der Theorie der Führungssubstitution (Kerr/Jermier 1978; Kerr/Mathews 1995), der Theorie der impliziten Führungstheorien (Lord/Mahler 1991) oder den Theorien über charismatische (House 1977) bzw. transformationale versus transaktionale Führung (Bass 1998).

Interaktionale Führungstheorien

Diese Gruppe von Führungsansätzen befasst sich mit den wechselseitigen sozialen Einflussprozessen zwischen Führenden und Geführten.

Die Grundlagen der Macht nach French und Raven: Im Führungsprozess kommt »*Macht*« als der Möglichkeit einer Person, auf eine oder mehrere andere Personen Einfluss auszuüben, besondere Bedeutung zu. Die bekannteste Taxonomie der Grundlagen der Macht stammt von French und Raven

(1959), die fünf Arten von Machtgrundlagen unterscheiden: (1.) Belohnungsmacht, (2.) Bestrafungsmacht, (3.) Expertenmacht, (4.) legitimierte Macht und (5.) Identifikationsmacht. Menschen stützen sich nicht notwendigerweise nur auf eine dieser Grundlagen von Macht, sondern können eine oder mehrere Arten der Macht benutzen, um ihre Ziele zu erreichen. Positive Zusammenhänge mit der Leistung und der Zufriedenheit der Mitarbeiter gibt es bei Führungskräften hinsichtlich Experten- und Identifikationsmacht; die Ergebnisse hinsichtlich der anderen Machtgrundlagen waren bisher uneinheitlich (vgl. Yukl 2012). Auch bei politischen Führern, die zumindest in demokratischen Systemen über legitimierte Macht verfügen, spielt die Identifikationsmacht eine besondere Rolle. Große politische Führer sind immer Identifikationsfiguren, die über die Fähigkeit verfügen, ihre Anhänger zu begeistern und für ihre Ideen zu gewinnen, so dass diese ihnen »freiwillig« folgen. Insgesamt kommt in unserer Gesellschaft der Identifikationsmacht mehr und mehr Bedeutung zu. Als Folge dieser Entwicklung gewinnen Führungsansätze an Beachtung, die die emotionale Beziehung zwischen Führendem und Geführtem thematisieren (z. B. transformationale Führung, charismatische Führung).

Die Leader-Member-Exchange (LMX)-Theorie: Als eine der ersten Führungstheorien überhaupt konzentrierte sich die von Graen und Kollegen (Dansereau et al. 1975; Graen/Uhl-Bien 1995) entwickelte LMX-Theorie auf die wechselseitige Beeinflussung von Führenden und Geführten. Nach der LMX-Theorie entwickelt eine Führungskraft zu jedem Mitarbeiter eine individuelle dyadische Beziehung, weshalb der Ansatz auch als »Führungstheorie der vertikalen Dyadenverbindungen« oder »vertical dyad linkage«-Ansatz bezeichnet wird. Die Qualität dieser dyadischen Beziehung ist der LMX-Theorie zufolge in verschiedenen Führer-Geführten-Dyaden unterschiedlich und wirkt sich nicht nur auf das Verhalten der Führungskraft gegenüber dem Mitarbeiter aus, sondern ist auch entscheidend für die Ergebnisse auf der Ebene von Individuum, Gruppe und Organisation. Empirische Studien bestätigen, dass gute LMX-Beziehungen positiv mit Einstellung und Verhalten der Mitarbeiter zusammenhängen (z. B. Commitment und Leistung, Gerstner/Day, 1997). Deshalb wird empfohlen, mit allen Mitarbeitern eine gute Beziehungsqualität aufzubauen (Graen/Uhl-Bien, 1995). Ferner empfehlen Schyns und

Day (2010), dass Organisationen und Führungskräfte nach LMX-Excellence streben sollten, das heißt, nach einer guten Beziehungsqualität bei gleichzeitig hoher Übereinstimmung zwischen Mitarbeiter und Führungskraft in der Bewertung ihrer Beziehung sowie hohem Konsens der Mitarbeiter bezogen auf die Einschätzungen ihrer Beziehung zur Führungskraft.

Transaktionale und transformationale Führung: In einer Arbeit über politische Führer verwendete Burns (1978) erstmals den Begriff »transformationale Führung« in Abgrenzung zur sogenannten »transaktionalen Führung«. Transaktionale Führung ist aus Aushandlungsprozessen aufgebaut, d. h. der Führende bringt die Geführten dazu, ein vom ihm gewünschtes Verhalten im Austausch für Belohnungen/Vorteile, die für die Geführten wertvoll sind, zu zeigen. Damit werden Ziele, Werte und Bedürfnisse des Geführten implizit als gegeben angesehen. Im Unterschied dazu konzentriert sich transformationale Führung auf jene Aktivitäten des Führenden, die in einer Veränderung der Ziele, Bedürfnisse und Ansprüche der Geführten resultieren. Die spezifische Wirkung transformationaler Führung geht damit über das Erbringen von Leistungen im Austausch für Belohnungen hinaus, indem die Geführten durch das Führungsverhalten beispielsweise dazu motiviert werden, sich für höhere Ziele wie eine gemeinsame Vision einzusetzen und nicht nur im Eigeninteresse zu handeln (vgl. Bass/Steyrer 1995). Bass und Mitarbeiter (Bass 1998; Bass/Steyrer 1995) haben das Konzept der transformationalen Führung weiterentwickelt und einen standardisierten Fragebogen entwickelt, den »Multifactor Leadership Questionnaire« (MLQ). Dieser differenziert zwischen vier Komponenten transformationaler Führung: (1.) Charisma, (2.) Motivation durch begeisternde Visionen, (3.) Anregung und Förderung von kreativem und unabhängigem Denken und (4.) individuelle Unterstützung und Förderung (vgl. Felfe 2006). Metaanalysen zeigen, dass transaktionale und transformationale Führung mit Erfolgsfaktoren wie Leistung zusammenhängen (Judge/Piccolo 2004; Lowe et al. 1996). Ferner gibt es Hinweise, dass transformationale Führung über transaktionale Führung hinaus Leistung erklärt (Bass/Avolio 1993), weshalb empfohlen wird, sowohl transaktional als auch transformational zu führen.

Charismatische Führung: Die charismatischen Führungsansätze gehen zurück auf die Konzeptualisierung von *Charisma* durch Max Weber und umfassen u. a. die Theorie der charismatischen Führung von House (1977) und die charismatische Attributionstheorie von Conger und Kanungo (1987). Charismatische Führung wird enger definiert als transformationale Führung und spezifiziert die Eigenschaften eines idealisierten Führers, wie sie von den Geführten wahrgenommen und dem Führenden zugeschrieben werden (u. a. hohes Machtmotiv, hohe Selbstsicherheit, feste Überzeugung von den eigenen Ideen, ausgeprägte verbale Fähigkeiten). Typische Verhaltensweisen eines charismatischen Führers sind beispielsweise die Artikulation einer ansprechenden Vision, das Einschlagen ungewöhnlicher Wege, um die Vision zu erreichen, die Selbstdarstellung als kompetent und erfolgreich sowie der Ausdruck hoher Erwartungen an und hoher Zuversicht in die Geführten (vgl. Bass 1998).

House et al. (1991) untersuchten die Amtszeiten amerikanischer Präsidenten mit verschiedenen Maßen nationaler Effektivität und fanden, dass es eine positive Beziehung zwischen persönlichem Charisma und Effektivität gibt, speziell in Krisensituationen. Insbesondere in der Politik gewinnen Themen v. a. durch die Personen, die sie vertreten, an Kontur. Charismatische politische Führer können daher Entwicklungen beschleunigen (z. B. Martin Luther King, Nelson Mandela). Zum Problem wird das Charisma eines politischen Führers, wenn dieser seinen Einfluss missbraucht und beispielsweise Gefolgschaft für eine menschenverachtende Ideologie erzielt (z. B. Adolf Hitler).

Im Vergleich zur zuvor beschriebenen transformationalen Führung fällt bei den Ansätzen zu charismatischer Führung auf, dass diese die Rolle der Geführten und die Effekte, die charismatische Führung auf Mitarbeiter hat (u. a. die Veränderung ihrer Wertesysteme), stärker betonen.

Mitarbeiterzentrierte Führungstheorien

In den letzten Jahren haben sich einige weitere Führungsansätze und -theorien in der Führungsforschung etabliert, die zentral auf die geführten Mitarbeiter fokussieren und die soziale Konstruktion von Führung in einer Gruppe betonen (vgl. Avolio et al. 2009). Zwei dieser Ansätze werden im Folgenden exemplarisch zusammengefasst.

Implizite Führungstheorien: Aufbauend auf dem Konzept der impliziten Persönlichkeitstheorien

von Schneider (1973) entwickelten Eden und Leviatan (1975) das Konzept der impliziten Führungstheorien. Dabei handelt es sich um Alltagstheorien über Eigenschaften und Verhaltensweisen von Führungskräften, die situationsspezifisch abgerufen werden, beispielsweise dann, wenn man eine Führungskraft trifft. Lord und Kollegen (Lord et al. 1984) entwickelten eine Kategorisierung von impliziten Führungstheorien, die auf der obersten Ebene Führungskräfte von Nicht-Führungskräften unterscheidet, auf der nächsten Ebene Führungskräfte in verschiedenen Bereichen (z. B. Politik, Wirtschaft), bis hin zu immer spezifischeren Theorien über Führungskräfte. Studien belegen, dass implizite Führungstheorien die Wahrnehmung tatsächlicher Führungskräfte beeinflussen (z. B. Schyns et al. 2007). Insbesondere wenn Führungskräfte von verschiedenen Personen Feedback erhalten, ist dies bedeutsam, weil dieses Feedback durch die jeweiligen impliziten Führungstheorien von Mitarbeitern oder Kollegen verzerrt sein kann.

Soziale Identitätstheorie der Führung: In der sozialen *Identitäts*theorie der Führung (Hogg 2001) kommt der geteilten Gruppenmitgliedschaft von Führungskraft und Geführten besondere Bedeutung zu (Tajfel/Turner, 1986). Die geteilte Gruppenmitgliedschaft und damit die soziale Identität bilden nach den Annahmen der Theorie die Grundlage für Reaktionen der Geführten auf Einflussbestrebungen durch die Führungskraft: je stärker sich die Geführten mit dem jeweiligen Kollektiv (z. B. Gruppe, Organisation, Nation) identifizieren, desto offener sind sie gegenüber dem Einfluss von solchen Führungskräften, die als prototypisch für die Gruppe wahrgenommen werden, desto mehr bildet also ein spezifischer Gruppenprototyp und nicht etwa ein abstrakter Führungskraftprototyp (vgl. Lord/Maher 1991) den Bezugsrahmen für die Wirkung von Führung (Hogg 2001). Als prototypisch für eine Gruppe wiederum werden solche Führungskräfte wahrgenommen, die das repräsentieren, was die Gruppenmitglieder gemeinsam haben und was die Gruppe von anderen Gruppen unterscheidet (z. B. bestimmte Werte, Verhaltensweisen, Ziele). Prototypische Führungskräfte verkörpern gewissermaßen die soziale Identität der Gruppe. Zahlreiche Labor- und Felduntersuchungen bestätigen die Grundannahmen der sozialen Identitätstheorie der Führung (vgl. Haslam et al. 2011).

Insgesamt wird deutlich, dass neuere Führungsansätze nicht mehr versuchen, Führungserfolg auf ein einzelnes Merkmal (bspw. ein bestimmtes Persönlichkeitsmerkmal oder einen bestimmten Führungsstil) zurückzuführen, sondern sich vermehrt den wechselseitigen Anpassungsprozessen von Person-, Verhaltens- und Situationsvariablen zuwenden und die soziale Konstruktion von Führung in einer Gruppe betonen. Dennoch gibt es bisher keine etablierte, allgemeine Theorie der Führung und Motivation, die die weitgehend getrennten Ansätze in der Führungsforschung integriert. Das von Frey und Mitarbeitern (z. B. Frey et al. 2001) entwickelte Prinzipienmodell der Führung versucht auf der Grundlage sozialpsychologischer Theorien Hinweise zu geben, auf welche Aspekte bei der Entwicklung eines solchen Modells geachtet werden sollte.

Literatur

Avolio, Bruce J. et al., 2009: Leadership: current theories, research, and future directions; in: Annual Review of Psychology 60, 421–49. – Bass, Bernard M., 1998: Transformational leadership, Mahwah NJ. – Ders.; Avolio, Bruce J., 1993: Transformational leadership: A response to critics; in: Chemers, Martin M.; Ayman, Roya (Eds.): Leadership theory and research, San Diego, 49–80. – Ders.; Steyrer, Johannes, 1995: Transaktionale und transformationale Führung; in: Kieser, Alfred et al. (Hg.), 2053–2062. – Bryman, Alan, 1992: Charisma and leadership in organizations, London. – Brodbeck, Felix C. et al., 2002: Führungstheorien; in: Frey, Dieter; Irle, Martin (Hg.): Theorien der Sozialpsychologie: Motivations- und Informationsverarbeitungstheorien, Bern, 329–365. – Burns, James M., 1978: Leadership, New York. – Chhokar, Jagdeep et al., 2007: Culture and leadership across the world: The GLOBE Book of in-depth studies of 25 societies, Mahwah, NJ. – Conger, Jay A.; Kanungo, Rabindra N., 1987: Toward a behavioral theory of charismatic leadership in organizational settings; in: Academy of Management Review 12, 637–647. – Dansereau, Fred Jr. et al., 1975: A vertical dyad linkage approach to leadership within formal organizations; in: Organizational Behavior and Human Performance 13, 46–78. – Eden, Dov; Leviatan, Uri, 1975: Implicit leadership theory as a determinant of the factor structure underlying supervisory behavior scales; in: Journal of Applied Psychology 60, 736–741. – Evans, Martin G., 1970: The effects of supervisory behavior on the path-goal relationship; in: Organizational Behavior and Human Performance 5, 277–298. – Ders., 1979: Leadership; in: Kerr, Steven (Ed.): Organizational Behavior, Columbus, OH, 207–239. – Felfe, Jörg, 2006: Validierung einer deutschen Version des »Multifactor Leadership Questionnaire« (MLQ Form 5 x Short) von Bass und Avolio (1995); in: Zeitschrift für Arbeits- und Organisationspsychologie 50, 61–78. – Fiedler, Fred E., 1967: A theory of leadership effectiveness,

New York. – Ders.; Mai-Dalton, Renate, 1995: Führungstheorien – Kontingenztheorie, in: Kieser, Alfred et al. (Hg.), 940–953. – French, John R. P.; Raven, Bertram, 1959: The bases of social power; in: Cartwright, Dorwin (Ed.): Studies in social power, Ann Arbor, MI, 150–167. – Frey, Dieter et al., 2001: Führung im Center of Excellence; in: Friederichs, Peter; Althauser, Ulrich (Hg.): Personalentwicklung in der Globalisierung, Neuwied, 114–151. – Gerstner, Charlotte R.; Day, David V., 1997: Meta-analytic review of leader-member exchange theory; in: Journal of Applied Psychology 82, 827–844. – Graen, George B.; Uhl-Bien, Mary, 1995: Führungstheorien, von Dyaden zu Teams; in: Kieser, Alfred et al. (Hg.), 1045–1058. – Haslam, S. Alexander et al., 2011: The New Psychology of Leadership, New York. – Hogg, Michael A., 2001: A social identity theory of leadership; in: Personality and Social Psychology Review 5, 184–200. – House, Robert J., 1971: A path goal theory of leader effectiveness; in: Administrative Science Quarterly 16, 321–328. – Ders., 1977: A theory of charismatic leadership; in: Hunt, James G.; Larson, Lars L. (Eds): Leadership: The cutting edge, Carbondale, IL, 189–207. – Ders.; Mitchell, Terrence R., 1974: Path-goal theory of leadership; in: Contemporary Business 3, 81–98. – Ders. et al., 1991: Personality and charisma in the U. S. Presidency; in: Administrative Science Quarterly 36, 364–396. – Kieser, Alfred et al. (Hg.), 1995: Enzyklopädie der Betriebswirtschaftslehre, Bd. 10: Handwörterbuch der Führung, Stuttgart. – Kerr, Steven; Jermier, John M., 1978: Substitutes for leadership: Their meaning and measurement; in: Organizational Behavior and Human Performance 22, 375–403. – Kerr, Steven; Mathews, Charles S., 1995: Führungstheorien – Theorie der Führungssubstitution; in: Kieser, Alfred et al. (Hg.), 1022–1034. – Kerschreiter, Rudolf et al., 2011: Führung; in: Frey, Dieter; Bierhoff, Hans-Werner (Hg.): Sozialpsychologie – Interaktion und Gruppe, Bd. 22, Göttingen, 181–200. – Lewin, Kurt et al., 1939: Patterns of aggressive behavior in experimentally created social climates; in: Journal of Social Psychology 10, 271–299. – Lord, Robert G. et al., 1984: A test of leadership categorization theory; in: Organizational Behavior and Human Performance 34, 343–378. – Ders.; Maher, Karen J., 1991: Leadership and information processing, Boston. – Rosenstiel, Lutz von et al., 1988: Organisationspsychologie, 7. Aufl., Stuttgart. – Schneider, David J., 1973: Implicit personality theory: A review; in: Psychological Bulletin 79, 204–309. – Schriesheim, Chester A. et al., 1994: Least preferred co-worker score, situational control, and leadership effectiveness; in: Journal of Applied Psychology 79, 561–573. – Schyns, Birgit; Day, David, 2010: Critique and Review of Leader-Member Exchange Theory; in: European Journal of Work and Organizational Psychology 19, 1–29. – Schyns, Birgit et al., 2007: Is charisma hyper-romanticism?; in: Applied Psychology: An International Review 56, 505–527. – Strube, Michael J.; Garcia, Joseph E., 1981: A meta-analytic investigation of Fiedler's contingency model of leadership effectiveness;

in: Psychological Bulletin 90, 307–321. – Vroom, Victor H., 1964: Work and motivation, New York. – Wofford, J.C.; Liska, Laurie Z., 1993: Path-goal theories of leadership: A meta-analysis; in: Journal of Management 19, 857–876. – Yukl, Gary, 2012: Leadership in organizations, 8th ed., Upper Saddle River, NJ.

Rudolf Kerschreiter/Dieter Frey

Funktion

Funktion (engl. function, lat. functio), ›Tätigkeit‹, ›Verrichtung‹, die Beschreibung einer Leistung, die ein Teil in einem Ganzen, aber auch das Ganze für ein Teil erfüllt, bzw. die Beschreibung einer Abhängigkeit, in der die Variable einer Gleichung oder Ungleichung von einer anderen Variablen steht. Der erste Funktionsbegriff ist teleologisch und betont eine *Hierarchie*, der Zweite ist mathematisch und betont eine *Interdependenz*.

Man unterscheidet **Funktionen** und **Dysfunktionen**. Funktionen dienen der Hierarchie oder Interdependenz, Dysfunktionen sind Störungen der Hierarchie bzw. der Interdependenz. Dysfunktionen können ihrerseits eine funktionale Rolle spielen, wenn sie dazu führen, dass die Hierarchie oder die Interdependenz gegen die Störung verteidigt und so gestärkt werden. Diese Verteidigung wiederum kann dysfunktional werden, wenn sie die Beweglichkeit der Hierarchie oder der Interdependenz angesichts geänderter Umstände einschränkt.

Man unterscheidet überdies **manifeste** und **latente** Funktionen und Dysfunktionen. Manifeste Funktionen und Dysfunktionen sind allen oder einigen Beteiligten bekannt, möglicherweise auch von ihnen intendiert, latente Funktionen und Dysfunktionen wirken hinter ihrem Rücken, obwohl es auch dann den einen oder anderen Beobachter geben muss, dem sie auffallen, denn andernfalls könnten sie nicht beschrieben werden. In Frage steht, ob manifeste oder latente Funktionen und Dysfunktionen zuverlässiger sind. Stärkt oder schwächt ihre Reflexion die Funktion oder Dysfunktion? Beides ist möglich, da die Reflexion die Engführung fördert, aber auch zu Ausweichverhalten einlädt. In beiden Fällen stellt sich die Frage, wer warum die Engführung fördert und wer sich warum zu Ausweichverhalten eingeladen fühlt.

Die funktionale Analyse bewegt sich in diesen Unterscheidungen von Hierarchie und Interdependenz, Funktion und Dysfunktion, Manifestation und Latenz, Beobachter und Akteur. Die unvermeidbare Verwicklung der Beobachtung in ihren Gegenstand führt zu Konfusionen, die in der Anthropologie unter dem Gesichtspunkt des Verstehens und in der Soziologie unter dem Gesichtspunkt der Kritik zu kontrollieren versucht werden. Verstehen heißt, dass die funktionale Analyse den Gegenstand nicht ändern darf, sondern schützen muss, Kritik heißt, dass sie ihn ändern muss, weil man andernfalls mit ihm einverstanden wäre. Die *Ideologie* beider Positionen ist nur durch eine weitere Ideologie zu korrigieren, die auf der freien Beweglichkeit der Relationen von Teil und Ganzem bzw. der Variablen besteht und sich so des Modernismus verdächtig macht.

Kingsley Davis hat die Position vertreten, dass die funktionale Analyse in der Soziologie keine Methode unter anderen ist, die ihre Stärken und Schwächen hätte, sondern dass sie mit dieser Disziplin identisch und dementsprechend heterogen ist. Die funktionale Analyse ist die wissenschaftliche Analyse schlechthin, insofern sie Relationen zwischen Phänomenen herstellt und so das eine aus dem anderen erklärt. Ihre Funktion ist in der Soziologie seit Emile Durkheim die Abwehr reduktionistischer Positionen, die soziale Phänomene auf psychologische oder biologische Determinanten reduzieren, sowie die Abwehr von Positionen, die sich mit der Datensammlung und Beschreibung begnügen, ohne Relationen zu unterstellen und zu testen. Abgelehnt wird der Funktionalismus vor allem von Positionen, die ein Phänomen aus sich heraus verstehen und würdigen wollen, oder auch von Positionen, die sich aus Werturteilen heraus weigern, funktionale Beiträge unerwünschter Phänomene (Armut, Reichtum, Ungleichheit, Korruption, Kriminalität, Krieg) zum Erhalt und zur Weiterentwicklung der Gesellschaft zur Kenntnis zu nehmen.

Teleologie und Mathematik

Der **teleologische** Funktionsbegriff leitet sich von der ›causa finalis‹, der Zweckursache, im aristotelischen Kausalitätsschema ab. Er verweist damit auf ein Ganzes, bei den alten Griechen den Kosmos, die Polis und die Psyche, aus dem heraus der Platz (telos) und damit die Leistung eines Teils zu erklären sind. Eine teleologische Funktion kann entweder perfekt erfüllt oder korrupt verfehlt werden. Sie kann überdies von einer ›Regierung‹ in den Funktionszusammenhang wieder eingeführt werden, um ihre Leistung zu bestätigen oder ihr Versagen zu korrigieren. Umgekehrt kann von der ›Kritik‹ angemahnt werden, dass das Ganze seine Aufgabe nicht erfüllt, bestimmte Teile in ihrer Leistungserbringung zu unterstützen.

Der **mathematische** Funktionsbegriff beschreibt seit René Descartes, Gottfried Leibniz und Leonhard Euler eine Abhängigkeit zwischen Variablen

$$y = f(x)$$

derart, dass mithilfe der Funktion »f« die Variable »y« bestimmt werden kann, wenn »x« bekannt ist. Man spricht auch von einem Input »x« in eine Funktion »f(x)«, um den Output »y« errechnen zu können. Solche Funktionen sind die Grundlage eines Kalküls.

Im Gegensatz zum teleologischen Funktionsbegriff der Antike, der ontologisch konzipiert ist, das heißt Feststellungen über das Wesen des Seienden trifft (nämlich: Teil eines Ganzen zu sein), ist der mathematische Funktionsbegriff modern, indem er nach der Variation von Variablen in einem Zusammenhang von Abhängigkeiten fragt, die vorab keinen Einschränkungen unterworfen sind, sondern es ermöglichen, nach faktischen Einschränkungen zu suchen und sie unter Umständen aufzulösen. Beide Funktionsbegriffe sind heuristisch fruchtbar, doch der antike Begriff ist auf eine endliche Menge natürlicher Einheiten beschränkt, während der moderne Begriff sich auf eine unendliche Menge auch technisch erweiterbarer Möglichkeiten bezieht.

Soziologie

Für die theoretische und empirische Arbeit der Soziologie faszinierend ist dabei weniger die Frage nach »x« und »y« als vielmehr die Frage nach »f«. Wer oder was stellt die funktionale Verknüpfung »f« zwischen »x« und »y« her? Worin besteht sie? Wie häufig muss sie vorkommen, um als Verknüpfung aufzufallen? Wie zuverlässig ist sie? Muss man von ihr wissen, damit sie wirkt, oder ist es hilfreich, wenn man nichts von ihr weiß? Und wer muss etwas wissen und wer sollte nichts wissen? Man kann hier Natur und Technik, Akteur und System, Intention und Fatalität, Kultur und Zufall als Formen des Ausbuchstabierens von *f* unterscheiden, ohne diese Fragen je abschließend beantworten zu können.

Vor allem Robert K. Merton und Niklas Luhmann dekonstruieren den Funktionsbegriff im Hinblick auf seine teleologischen Komponenten und plädieren für eine Reduktion auf den mathematischen Funktionsbegriff.

Merton kritisiert die bisherigen drei Postulate des Funktionalismus, die darauf hinauslaufen, eine funktionale Einheit der Gesellschaft, eine positive Funktionalität aller sozialen Phänomene und die funktionale Unersetzbarkeit jedes einzelnen Phänomens anzunehmen, und plädiert stattdessen für einen strengen Äquivalenzfunktionalismus, der für jedes soziale Phänomen von einem Variationsspielraum zwischen gesellschaftlichen *Bedürfnis*sen und gesellschaftlichen Leistungen ausgeht. Merton schlägt vor, zwischen manifesten Funktionen, die Akteuren bekannt sind und von ihnen intendiert werden, und latenten Funktionen, die nur der Beobachter durchschaut, zu unterscheiden, lässt dabei allerdings die Fragen offen, wie Akteure etwas intendieren können, ohne die Funktion zu gefährden, und woraus Beobachter schließen können, dass den Akteuren etwas nicht bewusst ist.

Und **Luhmann** kritisiert die kausalwissenschaftliche Einschränkung eines Funktionalismus, der die Funktion, also Wirkung, eines Phänomens zu dessen Ursache erklärt. Diesem Vorgehen widerspricht, dass die kausale Erklärung in der Moderne einen zeitlichen Richtungssinn erhalten hat, den sie in der eher zirkulären Kosmologie der Antike nicht hatte. Die ›causa finalis‹ gerät damit in die Schwierigkeit, das Vorhergehende aus dem Nachfolgenden zu erklären. Überdies musste man in der Moderne mit dem Abschied von der Ontologie einsehen, dass die Anzahl möglicher Ursachen und Wirkungen unendlich ist. Damit wird die funktionalistische Behauptung invarianter Bedürfnisse, Leistungen und Reziprozitäten problematisch. Die Invarianz kann nicht mehr als die des Forschungsgegenstands behauptet werden, sondern fällt auf den Beobachter und dessen ideologische Voreinstellung zurück.

Die funktionale Analyse eröffnet einen Vergleichshorizont von Möglichkeiten, der funktionale Äquivalente und Substitute in den Blick rückt, jedoch nur eingelöst werden kann, wenn eine Struktur, ein Bezugssystem, benannt wird, das die Auswahl der Variationsmöglichkeiten steuert.

Literatur

Cassirer, Ernst, 1980: Substanzbegriff und Funktionsbegriff: Untersuchungen über die Grundfragen der Erkenntniskritik, Darmstadt (1910). – Davis, Kingsley, 1959: The Myth of Functional Analysis as a Special Method in Sociology and Anthropology; in: American Sociological Review 24, 757–772. – Durkheim, Emile: 1895: Les règles de la méthode sociologique, Paris (dt. 1961). – Luhmann, Niklas, 1962: Funktion und Kausalität; in: Kölner Zeitschrift für Soziologie und Sozialpsychologie 14, 617–644. – Malinowski, Bronislaw, 1944: A Scientific Theory of Culture and Other Essays, Chapel Hill, NC (dt. 2005). – Merton, Robert K., 1968: Manifest and Latent Functions; in: ders.: Social Theory and Social Structure, revised and enlarged edition, New York, 73–138 (1948). – Radcliffe-Brown, Alfred R., 1935: On the Concept of Function in Social Sciences; in: American Anthropologist 37, 394–402.

Dirk Baecker

G

Gemeinschaft

Als Gemeinschaft (engl. community) werden jene Formen des menschlichen Zusammenlebens bezeichnet, die auf einem primär emotional und/oder traditional bestimmten Zusammengehörigkeitsgefühl aller Beteiligten beruhen und durch eine zumindest relative Dauer gekennzeichnet sind.

Als soziologischer Grundbegriff geht Gemeinschaft auf Ferdinand **Tönnies** und sein 1887 erstmalig erschienenes Werk ›Gemeinschaft und *Gesellschaft*‹ zurück. Gemeinschaft bezeichnet Tönnies hier als eine Sozialform, in der die Menschen miteinander verbunden sind auf der Grundlage enger persönlicher und um ihrer selbst willen bejahter Beziehungen. Gemeinschaft beruhe auf der Betonung des Gemeinsamen, auf Verzicht bestimmter Formen der Selbstbehauptung und einzelhafter Ich-Interessen, auf Selbsthingabe, *Liebe*, Direktheit, Unvermitteltheit, auf der Ausschaltung aller distanzierenden menschlichen und technischen Zwischeninstanzen, kurz: auf Wärme, Nähe, Intimität und Rückhaltlosigkeit. Als typische Formen von Gemeinschaft nennt er die Familie als ›Gemeinschaft des Blutes‹, die Nachbarschaft als ›Gemeinschaft des Ortes‹ und die *Freundschaft* als ›Gemeinschaft des Geistes‹. Der ›organischen‹ Gemeinschaft stellt er die ›mechanische‹ Gesellschaft gegenüber, die er – gestützt auf die Marxsche Gesellschaftsanalyse – wesentlich durch die Defizite bestimmt, die sie im Vergleich mit der Gemeinschaft aufweise. Gesellschaftlich miteinander verbundene Menschen seien gar nicht wirklich miteinander verbunden. Gesellschaft sei vielmehr ein bloßes Nebeneinander wesentlich getrennter einzelner Individuen, kein echtes, sondern nur ein scheinbares, ein künstliches Zusammenleben, ein mechanischer Artefakt. Gesellschaft beruhe auf Entscheidung, auf Egoismus, auf Begierde und Furcht, auf »vernunftgemäßer Berechnung von Nutzen und Annehmlichkeiten«, kurz: auf einer grundsätzlich »negativen Haltung« (Tönnies 1979: 34). Deshalb überrascht es auch nicht, wenn Tönnies keinen Zweifel daran lässt, dass er Gemeinschaft nicht nur für die ursprünglichere, sondern auch für die höherwertige Sozialform hält und dass »der Begriff der Gesellschaft ... den

gesetzmäßig normalen Prozeß des Verfalls aller Gemeinschaft« (Tönnies 1925, 71) bezeichne – eine Sichtweise, die in der *Geschichte der Soziologie* deutliche und vielfältige Spuren hinterlassen hat. Dies gilt nicht nur für die Soziologie der Weimarer Republik, in der zum Beispiel Hans Freyer forderte, die Soziologie müsse nun mithelfen, die gemeinschaftszersetzende industrielle Gesellschaft durch eine »geistige Welt« zu ersetzen, »die Gemeinschaft ermöglichen soll« (Freyer 1930: 245), sondern beispielsweise auch in den sozialphilosophischen Lehren Jürgen Habermas' mit seiner Unterscheidung von ›*System*‹ und ›*Lebenswelt*‹ und den Zeitdiagnosen des – vor allem – angelsächsischen *Kommunitarismus*.

Dieser – geschichtsphilosophisch inspirierten, ›kulturkritischen‹, ja ›kulturpessimistischen‹ – Sichtweise von der Überlegenheit der Gemeinschaft über die Gesellschaft hat Helmuth **Plessner** in seiner frühen Studie ›Grenzen der Gemeinschaft‹ (1924/2002) dezidiert widersprochen. Für Plessner sind Distanz, Indirektheit und Vermitteltheit als Grundrelationen ›gesellschaftlicher‹ Beziehungen keine defizienten, weil künstlichen Modi wie bei Tönnies, sondern in der ›leib-seelischen Konstitution des Menschen‹ selbst begründet. Gesellschaft als Sphäre ›indirekter Direktheit‹, ›natürlicher Künstlichkeit‹, als paradoxer und doppelsichtiger Spielraum des menschlichen Lebens, die der objektivierten Formen des Taktes, des Prestiges und der Zeremonie bedarf, ist für ihn genauso ›natürlich‹ wie Gemeinschaft. Gemeinschaft und Gesellschaft stehen deshalb für Plessner nicht in einer hierarchischen Beziehung, sondern gelten als zwei gleichberechtigte, historisch schon immer vorhanden gewesene Formen des menschlichen Zusammenlebens. Auch Max **Weber** war bemüht, Tönnies' dichotomische Begriffsbildung geschichtsphilosophisch zu entschärfen und sie zu de-ontologisieren. In seinen ›Soziologischen Grundbegriffen‹ verwandelt er Gemeinschaft und Gesellschaft in idealtypische Prozessbegriffe und spricht von Formen der ›*Vergemeinschaftung*‹ und der ›*Vergesellschaftung*‹. Letztere wird definiert als eine *soziale Beziehung*, »wenn und insoweit die Einstellung des sozialen Handelns auf rational (wert- oder zweckrational) motiviertem Interessenausgleich oder auf ebenso motivierter Interessenverbindung beruht«, erstere als eine solche, »wenn und insoweit die Einstellung des sozialen Handelns ... auf subjektiv gefühlter (affektueller oder traditionaler) Zusammengehörigkeit der Beteiligen beruht« (Weber 1976, 21). Mit dieser

Konzentration auf die Motive des *sozialen Handelns* kann Weber nicht nur der Frage nach der ›Naturgemäßheit‹ der Sozialformen aus dem Weg gehen, sie ermöglicht es ihm auch, den Begriff der Gemeinschaft – jenseits persönlicher Nahverbände wie der *Liebe*gemeinschaft, der *Familie* oder der *Freundschaft* – auf ›größere‹ Sozialgebilde wie der Nation auszuweiten, die er als ›sekundäre Vergemeinschaftung‹ bezeichnet.

Ohne Zweifel lassen sich die Kategorien Gemeinschaft und Gesellschaft auch heute noch gewinnbringend für die Analyse der Formen menschlichen Zusammenlebens einsetzen. Gleichwohl ist nicht zu übersehen, dass im Zuge von *Individualisierungs*-, *Pluralisierungs*- und *Globalisierung*sprozessen die bisherigen ›klassischen‹ Gemeinschaften und Gesellschaften an Attraktivität und Bedeutung verlieren und sich neuartige, weniger verbindliche und nur kurzfristig wirksame Sozialformen ausbilden, in denen sich vor allem das Bedürfnis nach ›authentischen‹ Gemeinschaftserlebnissen situativ Ausdruck verschafft. Manfred Prisching bezeichnet diese Formen als ›temporäre Vergemeinschaftungen‹, Ronald Hitzler spricht in Anschluss an Michel Maffesoli von ›posttraditionalen Vergemeinschaftungen‹. Beiden ist gemeinsam, dass sie Elemente von Gemeinschaft und Gesellschaft miteinander kombinieren. Sie sind dadurch gekennzeichnet, dass sich Individuen oftmals zufällig dafür entscheiden, sich freiwillig und zeitweilig mehr oder weniger intensiv und mehr oder weniger dauerhaft als mit anderen zusammengehörig zu betrachten, mit denen sie nicht nur eine gemeinsame Interessenfokussierung haben oder vermuten, sondern mit denen sie sich – jenseits aller gemeinsamen Interessen – in einer Art von ›Gesinnungsbrüderschaft‹ auch affektuell verbunden fühlen. Konkrete Ausgestaltungen solcher posttraditionalen Gemeinschaften streuen und reichen von (Jugend-) *Szenen* und ihren Events, über (virtuelle) *soziale Netzwerke* bis hin zu situativen Event-Vergemeinschaftungen wie flash-mobs oder public-viewing-events, in denen das auf den Moment beschränkte, ekstatische, grenzenlose und deshalb weitgehend unverbindliche, weil folgenlose Gemeinschaftserlebnis im Mittelpunkt steht.

Literatur

Gebhardt, Winfried, 1999: ›Warme Gemeinschaft‹ und ›kalte Gesellschaft‹. Zur Kontinuität einer deutschen Denkfigur; in: Meuter, Günter; Otten, Henrique R. (Hg.): Der Aufstand gegen den Bürger, Würzburg, 165–184. – Hitzler, Ronald et al., 2008: Zur Einleitung: ›Ärgerliche‹ Gesellungsgebilde? In: Dies. (Hg.): Posttraditionale Gemeinschaften, Wiesbaden, 9–31. – Freyer, Hans, 1930: Soziologie als Wirklichkeitswissenschaft, Berlin. – Maffesoli, Michel, 1996: The Time of the Tribes, Thousand Oaks. – Plessner, Helmuth, 2002: Grenzen der Gemeinschaft, Frankfurt a. M. (1924) – Prisching, Manfred, 2009: Das Selbst. Die Maske. Der Bluff, Wien u. a. – Tönnies, Ferdinand, 1925: Zur Einleitung in die Soziologie; in: Ders.: Soziologische Studien und Kritiken, Bd. 1, Jena, 65–74. – Tönnies, Ferdinand, 1979: Gemeinschaft und Gesellschaft, Darmstadt (1887). – Weber, Max, 1976: Wirtschaft und Gesellschaft, Tübingen (1922).

Winfried Gebhardt

Generationen

Generation (engl. generation) ist ein schillernder Begriff, der in verschiedenen Zusammenhängen gebraucht wird. Generell kann man zwischen Gesellschafts- und Familiengenerationen unterscheiden.

Gesellschaftsgenerationen

Gesellschaftsgenerationen bezeichnet im Sinne des einflussreichen Aufsatzes von Karl Mannheim (1928) Personengruppen, die in einem Zeitraum von wenigen Jahren geboren wurden und sich durch besondere Gemeinsamkeiten auszeichnen. Dabei können generationstypische Erfahrungen wie bedeutende historische Umbrüche zu spezifischen Lebensläufen, Lebensstilen und einem besonderen Generationsbewusstsein führen. Idealerweise unterscheiden sich solche Generationen sowohl von vorherigen als auch von nachfolgenden Geburtsjahrgängen. Damit wäre für bloße Geburtsjahrgänge eher der *Kohorte*nbegriff geeignet. Eine Generation umfasst demnach zwar eine bestimmte Kohorte, eine Kohorte jedoch nicht unbedingt eine Generation.

Gesellschaftsgenerationen lassen sich darüber hinaus als politische, ökonomische und kulturelle Generationen konzipieren. Mannheim bezieht sich generell auf **politische Generationen** und unterscheidet hierbei zwischen Generationslagerung, Generationszusammenhang und Generationseinheiten. Eine Generationslagerung betrifft Personen, die zur selben Zeit in derselben historisch-sozialen Lebensgemeinschaft geboren wurden. Daraus kann ein Generationszusammenhang entstehen, also eine Teilnahme an den gemeinsamen Erfahrungen dieser Geburtsjahrgänge. Generationseinheiten sind dann Personengruppen mit ähnlichen Ansichten, Zielen und Verhaltensweisen, die innerhalb desselben Generationszusammenhangs durchaus in Widerstreit stehen können. Übertragen auf die sogenannte 68er-Generation würden die in den 1940er Jahren geborenen Westdeutschen einer gemeinsamen Generationslagerung angehören. Ein Generationszusammenhang würde im Kern auf politisch Aktive, vor allem Studierende zutreffen, wobei als Generationseinheiten sowohl die politisch linke außerparlamentarische Opposition als auch der konservative RCDS genannt werden können.

Kulturelle Generationen lassen sich durch besondere kulturelle (Lebens-) Erfahrungen, Einstellungen und Stile charakterisieren. Allerdings kann man vielen Generationenetiketten im Sinne kultureller Generationen mit Skepsis begegnen, wenn damit lediglich aktuelle Moden in den Blick genommen werden und kaum langfristige, idealerweise lebenslange Charakteristika bestimmter Kohorten.

Ökonomische Generationen schließlich können sich über spezifische ökonomische Chancen und Risiken ergeben, bspw. durch den Arbeitsmarkt oder (Wohlfahrts-) Staat. Hieraus kann eine dauerhafte Bevorzugung oder Benachteiligung bestimmter Geburtsjahrgänge resultieren.

Weitere Generationenbegriffe beziehen sich auf Einwanderergenerationen (die zumeist über das Geburtsland definiert werden), pädagogische Generationen (Lehrer und Schüler), bevölkerungsstatistisch auf den durchschnittlichen Abstand zwischen Geburtsjahren von Eltern und Kindern sowie auf Technikgenerationen. Alltagssprachlich werden zuweilen auch Altersgruppen als Generationen bezeichnet (z. B. als »junge« oder »alte« Generation), wobei diese Personengruppen zeitlebens nicht derselben Generation angehören. Auch bei Debatten um eine sogenannte »Generationengerechtigkeit« macht es Sinn, zwischen Altersgruppen, Kohorten und Generationen zu unterscheiden.

Familiengenerationen

*Familie*ngenerationen stellen Generationen im ursprünglichen Sinne dar (»Erzeugung«) und beziehen sich auf Enkel, Kinder, Eltern, Großeltern, usw. Hierfür ist der Generationenbegriff unproblematisch, und einige Autoren schlagen sogar vor, ihn lediglich für die Linienverwandten zu verwenden.

In Hinblick auf die sogenannte **Generation*solidarität*** wird untersucht, in welchem Maße Familiengenerationen durch emotionale Bindungen, Kontakte und Unterstützungen miteinander verbunden sind (affektive, assoziative und funktionale Solidarität). Empirische Studien zeigen, dass die Generationenbeziehungen auch nach dem Auszug der erwachsenen Kinder aus dem Elternhaus nicht abbrechen. Vielmehr existieren lebenslang enge Bindungen, häufige Kontakte und vielfältige Unterstützungen, bspw. in Form von Hilfe, Pflege, aktuellen finanziellen Transfers und Vererbungen.

Faktoren für einen mehr oder weniger ausgeprägten Generationenzusammenhalt lassen sich mittels Opportunitäts-, Bedürfnis-, familialer und kulturell-kontextueller Strukturen ermitteln. Damit werden individuelle Ressourcen und Bedarf sowie familienbezogene und gesellschaftliche Bedingungen unterschieden, innerhalb derer sich die Generationenbeziehungen ausdrücken und entwickeln (z. B. Sozial-, Wirtschafts- und Steuersystem, Arbeits- und Wohnungsmarkt, Rollen und Normen). Studien belegen bspw. deutliche Länderdifferenzen bei Häufigkeit und Intensität intergenerationaler Unterstützungen.

Ein weiterer Forschungsstrang widmet sich **Generationenambivalenzen**. Hierbei geht es insbesondere um unauflösbare Widersprüche bei Eltern-Kind-Beziehungen, die bspw. in den Spannungsfeldern von Nähe und Distanz, Abhängigkeit und Autonomie auftreten können (z. B. Lüscher/Pillemer). Untersucht werden auch Generationen*konflikte* (wobei Konflikt, Ambivalenz und Solidarität nicht als Gegensätze erachtet werden müssen), Herausforderungen des *demographischen Wandel*s für sowie Verbindungen zwischen Familien- und Gesellschaftsgenerationen.

Generationenbeziehungen sind ein wichtiges Thema zentraler soziologischer Teilgebiete. Hierzu zählen neben der politischen Soziologie und Wohlfahrtsstaatsforschung u. a. die Alters-, Familien-, Geschlechter-, Gesundheits-, Lebenslauf-, Migrations- und Wirtschaftssoziologie. Bedeutsam sind auch Verbindungen mit Sozialstruktur und *sozialer Ungleichheit*. Empirische Studien belegen, dass Eltern ihre (erwachsenen) Kinder lebenslang unterstützen, wobei höher gebildete und reichere Eltern hierzu in besonderem Maße in der Lage sind. Die Bandbreite reicht vom Bildungserwerb in frühen Lebensjahren bis hin zu Erbschaften in der zweiten Lebenshälfte. Damit zeigt sich ein prekäres Verhältnis zwischen lebenslanger Generationensolidarität und sozialer Ungleichheit.

Literatur

Höpflinger, François, 1999: Generationenfrage. Konzepte, theoretische Ansätze und Beobachtungen zu Generationenbeziehungen in späteren Lebensphasen, Lausanne. – Kohli, Martin, 1999: Private and Public Transfers Between Generations; in: European Societies 1, 81–104. – Künemund, Harald; Szydlik, Marc (Hg.), 2009: Generationen. Multidisziplinäre Perspektiven, Wiesbaden. – Lüscher, Kurt; Pillemer, Karl, 1998: Intergenerational Ambivalence. A New Approach to the Study of Parent-Child Relations in Later Life; in: Journal of Marriage and the Family 60, 413–425. – Mannheim, Karl, 1928: Das Problem der Generationen; in: Kölner Vierteljahrshefte für Soziologie, 157–185 u. 309–330. – Nauck, Bernhard, 2009: Patterns of Exchange in Kinship Systems in Germany, Russia, and the People's Republic of China; in: Journal of Comparative Family Studies 40, 255–278. – Silverstein, Merril; Bengtson, Vern L., 1997: Intergenerational Solidarity and the Structure of Adult Child-Parent Relationships in American Families; in: American Journal of Sociology 103, 429–460. – Szydlik, Marc, 2000: Lebenslange Solidarität? Generationenbeziehungen zwischen erwachsenen Kindern und Eltern, Opladen.

Marc Szydlik

Gerechtigkeit

Gerechtigkeit (engl. justice) ist ein Gebot, auf dessen Einhaltung Menschen größten Wert legen. Gerechtigkeitsmaßstäbe werden bei der Beurteilung von Verteilungen von Gütern und Belohnungen, der Zumutung von Belastungen und Strafen, an individuelles Handeln und institutionelle Entscheidungen sowie an Lebenslagen und Schicksale angelegt. Gerechtigkeit spielt insbesondere in Kontexten eine Rolle, in denen Akteure unterschiedliche oder gar gegenläufige *Interesse*n verfolgen. Beispiele sind die Vergütung von Arbeit, der Preis für Waren, die Zahlung von Steuern und Abgaben, die Nutzung begrenzter Ressourcen sowie die Bewahrung der Lebensgrundlage künftiger Generationen. Zu *Konflik*ten kommt es, wenn eine Partei die Verletzung eines Anspruchs wahrnimmt, der aus einem Gerechtigkeitsprinzip abgeleitet werden kann, z.B. den Anspruch auf Gleichbehandlung.

Normative Wissenschaften wie die Philosophie streben die Begründung von allgemeingültigen Gerechtigkeitsprinzipien an. Deskriptive Wissenschaften wie die Soziologie interessieren sich dafür, welche Ereignisse und Entscheidungen von Menschen als gerecht oder ungerecht empfunden werden und welche Reaktionen auf Ungerechtigkeit folgen.

Soziologische und psychologische Gerechtigkeitstheorien

Die **Theorie der relativen *Deprivation*** besagt, dass subjektive Benachteiligung weniger durch objektiv schlechte Lebensumstände erzeugt wird als durch enttäuschte Erwartungen, die aus sozialen *Vergleich*en abgeleitet werden. Relative Benachteiligung im Vergleich zu anderen Mitgliedern der eigenen Gruppe bezeichnet man als egoistische Deprivation, relative Benachteiligung der eigenen Gruppe im Vergleich zu einer anderen Gruppe als fraternale Deprivation. Erwartet, aber nicht in allen Untersuchungen bestätigt wurde, dass egoistische Deprivation primär das Wohlbefinden schädigt, während fraternale Deprivation primär zu Protest führt (Schmitt et al. 2009b).

Die **Equity-Theorie** nimmt an, dass auch ungleiche Verteilungen von Gütern als fair beurteilt werden, wenn sie mit entsprechenden *Leistung*sunterschieden gerechtfertigt werden können. Vorhersagen der Theorie konnten vor allem im Bereich der Lohngerechtigkeit und der Partnerschaftszufriedenheit bestätigt werden (Walster et al. 1978).

Theorie der relativen Privilegierung: Die Equity Theorie sagt vorher, dass außer unverdienten Nachteilen auch unverdiente Vorteile als ungerecht und belastend empfunden werden. Dieser Überlegung folgend konnte entsprechend einer Theorie der Relativen Privilegierung (Montada et al. 1986) in mehreren Untersuchungen gezeigt werden, dass Menschen existentielle Schuldgefühle entwickeln, wenn sie ihre relative Besserstellung nicht rechtfertigen können.

Theorien der Verfahrensgerechtigkeit: Außer Verteilungen von Gütern und Lasten sind auch die Verfahren, die zu Verteilungsentscheidungen und anderen, z.B. juristischen Entscheidungen führen, Gegenstand von Gerechtigkeitsurteilen. Verfahren werden als gerecht erlebt, wenn sie den Kriterien der Genauigkeit, Unvoreingenommenheit, Korrigierbarkeit, Konsistenz, Repräsentativität und ethischen Legitimität genügen (Leventhal 1976).

Die **Gerechtigkeitsmotivtheorie** von Lerner (1980) nimmt an, dass Menschen ein Bedürfnis haben, an eine gerechte Welt zu glauben. Wird dieser Glaube durch die Beobachtung einer Ungerechtigkeit bedroht, versuchen Menschen zunächst, diese zu beseitigen, z. B. durch Bestrafung des Täters oder Unterstützung des Opfers. Ist dies nicht möglich, wird Gerechtigkeit jedoch durch eine Umdeutung der Situation wieder hergestellt, z. B. durch Selbstverschuldungsvorwürfe an das Opfer.

Individuelle Unterschiede im Gerechtigkeitserleben

Die genannten Theorien beanspruchen, Wahrnehmung von und Reaktionen auf Ungerechtigkeit für alle Menschen gleichermaßen zu beschreiben. In zahlreichen Untersuchungen wurde jedoch gefunden, dass Menschen auf die gleiche gerechtigkeitsrelevante Situation durchaus unterschiedlich reagieren. Erklärbar sind solche Unterschiede damit, dass Menschen unterschiedliche Gerechtigkeitsprinzipien bevorzugen (Sabbagh et al. 1994), unterschiedlich stark an eine gerechte Welt glauben (Maes, 1998) und unterschiedlich sensibel für Ungerechtigkeit sind (Schmitt et al. 2009a).

Literatur

Lerner, Melvin J., 1980: The belief in a just world, New York, NY. – Leventhal, Gerald S., 1976: Fairness in social relationships; in: Thibaut, John W. et al. (Eds.): Contemporary topics in social psychology, Morristown, NJ, 211–239. – Maes, Jürgen, 1998: Eight stages in the development of research on the construct of belief in a just world; in: Montada, Leo; Lerner, Melvin J. (Eds.): Responses to victimizations and belief in a just world, New York, NY, 163–186. – Montada, Leo et al., 1986: Thinking about justice and dealing with one's own privileges; in: Bierhoff, Hans-Werner et al. (Eds.): Justice in social relations, New York, NY, 125–143. – Sabbagh, Clara et al., 1994: The structure of social justice judgments; in: Social Psychology Quarterly 57, 244–261. – Schmitt, Manfred et al., 2009a: Sensibilität für Ungerechtigkeit; in: Psychologische Rundschau 60, 8–22. – Schmitt, Manfred et al. 2009b: Longitudinal effects of egoistic and fraternal relative deprivation on well-being and protest; in: International Journal of Psychology 44, 1–9. – Walster, Elaine et al. 1978: Equity. Theory and research, Boston, MA.

Anna Baumert/Manfred Schmitt

Geschichte der Soziologie

Definition und Vorgehensweise

Die Geschichte der Soziologie (engl. history of sociology) beinhaltet den historischen Prozess, in dem sich das soziologische Denken über gesellschaftliche Zusammenhänge und menschliches Sozialverhalten herausgebildet hat. Bei der Geschichte der Soziologie geht es über die reine **Ideengeschichte** hinaus um die **Institutionengeschichte**, d. h. um die Formierung des soziologischen Denkens zu einer eigenständigen Fachdisziplin und deren organisatorische Verankerung im Wissenschaftssystem. Die Ideengeschichte lässt sich anhand der in der Soziologie paradigmatisch gewordenen Theorieansätze, empirischen Forschungsmethoden und *Zeitdiagnosen* nachvollziehen. Hierbei wird den soziologischen Klassikern eine innovative Rolle zugesprochen, da sie instruktive Problemstellungen und Lösungsansätze entwickelt haben, an die nachfolgende Soziologen bis heute anknüpfen (Kaesler 2006a). Wichtige Quellen für die Analyse solcher »hidden points of continuity« (Turner 1999, viii) sind die wissenschaftlichen Werke und persönlichen Aufzeichnungen der Klassiker und auf sie Bezug nehmenden Soziologen. Geht es um die soziologische Institutionengeschichte, wird stärker auf archivierte Dokumente inner- und außeruniversitärer Einrichtungen und für das Fach wichtige Publikationen, wie Fachzeitschriften, Lexika, Lehrbücher und Tagungsdokumentationen zurückgegriffen.

Die Geschichte der Soziologie wird von Wissenschaftshistorikern und Soziologen – hier oftmals als ein Gegenstandsbereich der *Allgemeinen Soziologie* – untersucht und ist inzwischen institutionalisiert. Seit Mitte der 1960er Jahre gibt es spezielle nationale und internationale Publikationsorgane, in denen Studien zur Geschichte der Soziologie regelmäßig veröffentlicht werden, wie der von der International Sociological Association (ISA) ab 1976 herausgegebene ›Research Committee on the History of Sociology‹ Newsletter, oder das ›Jahrbuch für Soziologiegeschichte‹, das in Deutschland seit 1990 erscheint.

Wie jede Geschichtsschreibung muss auch die Historiografie der Soziologie eine teleologische Verkürzung und idiosynkratische Verklärung der Vergangenheit systematisch vermeiden. Typische soziologiegeschichtliche Fehlinterpretationen sind die Annahmen einer Ideenkontinuität und eines kumulativen Erkenntnisfortschritts. Sie resultieren in der Regel daraus, dass die Geschichte der Disziplin »von hinten aufgerollt wird«, d. h. dass Begriffe, Theoriekonzepte und Fragestellungen der Gegenwart als Projektionsfläche bei der Betrachtung der Vergangenheit benutzt werden. Neben diesem Präsentismus führt auch die Nichtbeachtung sozialer, kultureller und historischer Kontextbedingungen der Theorieproduktion zu systematischen Fehlinterpretationen der Geschichte der Soziologie (Merton 1967; Lepenies 1981). Fundierte Untersuchungen rekurrieren auf die wechselseitige Beeinflussung zwischen Ideen- und Institutionengeschichte. In diesem Zusammenhang wird häufig auf die Einflussnahme von Schulen innerhalb der Soziologie verwiesen. Die Schulen bündeln jeweils Anhänger einer bestimmten soziologischen *Theorie* bzw. eines *Forschungsprogramms*. Da sie untereinander um die Deutungshoheit innerhalb der Scientific Community konkurrieren, gestaltet sich die Entwicklung der Soziologie insgesamt als ein dynamischer, von *Paradigmenwechseln* geprägter Prozess. Angeregt durch Studien (beginnend mit Sorokin 1928) über soziologische Schulen setzt sich seit den 1970er Jahren eine *wissenssoziologische* Betrachtung der Geschichte der Soziologie durch. Auch gesellschaftliche Rahmenbedingungen sind Gegenstand einer solchen Betrachtung. Dem liegt die Annahme zugrunde, dass die Soziologie – anders als etwa die Physik oder Chemie – ein- und rückgebunden ist in ihren Untersuchungsgegenstand, d. h. in die von ihr beobachteten gesellschaftlichen Prozesse. Tatsächlich trat die Soziologie in der Vergangenheit häufig mit dem Anspruch auf, als Reflexions- und Krisenwissenschaft der modernen Gesellschaft die sozialen Veränderungen nicht nur adäquat widerzuspiegeln, sondern sie auch wissenschaftlich mitzugestalten. Rückblickend lässt sich konstatieren, dass die gesellschaftliche Reputation der Soziologie als Wissenschaft und die Nachfrage nach soziologischen Erkenntnissen gewissen Schwankungen unterworfen sind. Mal galt sie als moderne Leitwissenschaft und hatte ein sehr hohes Ansehen, mal hatte sie den Status einer Begleitwissenschaft von anderen Gesellschafts-, Sozial- und Humanwissenschaften.

Nimmt man das Prestige der Soziologie zum Maßstab, lässt sich ihre Ideen- und Institutionengeschichte durch drei historische Perioden grob nachzeichnen: Anfänge des soziologischen Denkens und Etablierung als Wissenschaft im 19. Jh.; Professionalisierung und Prestigezuwachs in den 1950er und 1960er Jahren; Soziologie als eine multiperspektivische Sozial- und Humanwissenschaft seit den 1970er Jahren.

Anfänge der Soziologie und Etablierung als Einzelwissenschaft

Bereits aus früheren Hochkulturen sind Gedanken über das menschliche Zusammenleben überliefert. Man findet sie beispielsweise im Babylonischen Gilgamesch-Epos um 2100–1800 v. Chr. ebenso wie in der Konfuzianischen Lehre aus dem alten China 500 v. Chr. oder der christlichen Bibel. Mit dem Brüchigwerden der traditionalen Feudalordnung in Europa kommt es seit dem 15. Jh. verstärkt zu systematischen Überlegungen zur Herrschaftsausübung (Machiavelli, Hobbes, Hume), zur Arbeitsteilung als Grundlage des gesellschaftlichen Reichtums (Smith), zum gesellschaftlichen Fortschritt (Montesquieu, Turgot, Saint-Simon) und zur Demografie (Quetelet). Soziologische Erkenntnisse im strengen Sinne werden jedoch erst seit Mitte des 19. Jh.s hervorgebracht. Der *soziale Wandel* (insb. Kapitalismus, Industrialisierung, Urbanisierung, Säkularisierung, revolutionäre Bewegungen, Bildung von Nationalstaaten) lässt sich mit den Wissensbeständen der Geschichts- und Staatswissenschaften, der Ökonomie, Psychologie oder Philosophie nicht angemessen beschreiben und erklären. Die neu aufkommende Denkweise, für die Auguste Comte die Bezeichnung ›Soziologie‹ prägt, lenkt den Blick auf die Gesamtgesellschaft und ihre historischen Entwicklungsstadien. Neben Comte haben zu dieser Zeit auch Karl Marx mit seinem antagonistischen *Klassen*modell und Herbert Spencer mit *systemtheoretischen* Überlegungen das soziologische Denken maßgeblich vorangetrieben. Die drei Theoretiker gelten als die frühen Klassiker der Soziologie. Während sie noch der Idee einer gesetzmäßigen und wissenschaftlich steuerbaren Höherentwicklung der *Zivilisation* anhängen, konzipieren Ende des 19. Jh.s bis zum 1. Weltkrieg Theoretiker wie Emile Durkheim, Max Weber und Georg Simmel die Soziologie als *Erfahrungswissenschaft* auf der Grundlage einer eigenständigen Begriffs-, Methoden- und Theoriebildung. Die von ihnen untersuchten Phänomene der *Individualisierung*, gesellschaftlichen *Desintegration*, *Rationalisierung* und Geldwirtschaft deuten sie – getragen von einem pessimistischen Zeitgeist – als Krisensymptome der modernen Gesellschaft.

In dieser Zeit etabliert sich die Soziologie als akademische Disziplin. Die ersten soziologischen Lehrstühle und Abteilungen an Universitäten werden in den 1890er Jahren in Frankreich und in den USA, etwas später auch in England und Deutschland eingerichtet. Es entstehen nationale Vereinigungen, wie die heute noch existierenden American Sociological Association (1905) und die Deutsche Gesellschaft für Soziologie (1909). Forschungsprogrammatisch ist die Geschichte der Soziologie bis in die 1940er Jahre hinein stark von länderspezifischen Unterschieden geprägt. In Frankreich erlangt die *positivistisch* ausgerichtete Durkheim-Schule großen Einfluss, während in Deutschland die Soziologie stärker kulturwissenschaftlich und historisch orientiert ist, bis sie in der NS-Zeit politisch vereinnahmt wird und vollkommen an Bedeutung verliert. Viele jüdische Soziologen emigrieren ins Ausland, darunter die Vertreter der *Frankfurter Schule*. In den USA gehen wichtige Impulse von der Chicago School aus, die am Pragmatismus George H. Meads anknüpft und wegweisende empirische Untersuchungen zum urbanen Leben in der multiethnischen Großstadt durchführt.

Professionalisierung und Prestigezuwachs

Mit der 1949 gegründeten ISA wird eine organisatorische Struktur für einen besseren Austausch und eine dauerhafte Vernetzung zwischen den Soziologen aus verschiedenen Ländern geschaffen. Parallel zu dieser Transnationalisierung findet die Soziologie immer stärker Anerkennung als Normalwissenschaft. Talcott Parsons hat daran einen großen Anteil, indem er Ende der 1930er Jahre verschiedene Theorieströmungen der europäischen Soziologie konzeptionell zusammenführt und in der Folgezeit eine Sozialwissenschaft vorantreibt, die mit logisch verknüpften Axiomen (im Sinne eines theoretischen Systems) operiert. Der von ihm und seinen Schülern ausgearbeitete *Strukturfunktionalismus* wird nach dem 2. Weltkrieg bis in die frühen 1960er Jahre zum dominanten Paradigma innerhalb der Soziologie. Der wirtschaftliche Aufschwung und die damit verbundene Verbesserung der Lebensverhältnisse in den westlichen Nachkriegsgesellschaften wecken ebenso wie die Dekolonialisierung in vielen Regionen der Welt das Bedürfnis nach einer wissenschaftlichen Planung und Steuerung der eingeleiteten *Modernisierung*sprozesse. Nicht nur die gesellschaftliche

Nachfrage auch das in dieser Zeit vermehrte universitäre Lehrangebot für Soziologie einschließlich der aufgewerteten empirischen Datenerhebung und -analyse führen schließlich dazu, dass sich diese Wissenschaft zu einer stark professionalisierten, thematisch ausdifferenzierten Disziplin mit hohem Prestige in der akademischen Rangordnung entwickelt. Dies gilt allerdings nicht für die sozialistischen Länder, in denen die Soziologie im Schatten der marxistisch-leninistischen Gesellschaftswissenschaft steht.

Im Sog der 68er-Bewegung gewinnen marxistische Positionen an Einfluss innerhalb der Soziologie Westeuropas (insbesondere Deutschlands und Frankreichs) und – wenn auch in abgeschwächter Form – der USA. Eine entsprechende Politisierung des Faches macht sich Anfang der 1970er Jahre sowohl in der akademischen Diskurskultur bemerkbar als auch in Stellenbesetzungen und Lehrinhalten an Hochschulen und Universitäten.

In dieser Zeit entfaltet die Soziologie eine gewisse Außenwirkung. Ihre Erklärungsansätze und Untersuchungsmethoden werden verstärkt nachgefragt, wenn es um gesellschaftliche Krisenszenarien und *soziale Probleme* geht. Gemessen an den bereitgestellten Finanzmitteln kommt es zu einem deutlichen Forschungsboom. Die Ausstrahlung der Soziologie ist so groß, dass sich selbst benachbarte Disziplinen wie Linguistik, Kultur- und Geschichtswissenschaften, Psychologie und Kriminologie zu »soziologisieren« beginnen.

Soziologie als eine multiperspektivische Sozial- und Humanwissenschaft

Obwohl einzelne Vertreter der Soziologie immer wieder eine Einheitswissenschaft anstreben, ist dieses Ideal bislang nicht verwirklicht worden. Selbst in der strukturfunktionalistischen Hochzeit und der politisch aufgeladenen Phase um 1970 firmieren unter dem Dach der Soziologie ein Vielzahl von Ansätzen, Schulen und *Methodologie*n, die nicht immer miteinander kompatibel sind. Teilweise kommt es zu heftigen Auseinandersetzungen zwischen den jeweiligen Vertretern, wie etwa beim *Positivismusstreit* Anfang der 1960er Jahre oder im Hinblick auf die seit den 1980er Jahren verstärkt diskutierte Frage, in welcher Moderne wir leben (Spät-, Post-, Zweite Moderne etc.).

Seit den späten 1970er Jahren gilt die Pluralität von Theorieschulen und -paradigmen, empirischen

Forschungsmethoden und Untersuchungsfeldern als ein Markenzeichen der Soziologie. Die Wissenschaft spreizt sich in viele Spezialisierungsrichtungen (»Bindestrich-Soziologien«, *spezielle Soziologien*) auf und deckt ein großes Spektrum an gesellschaftsrelevanten Themen ab. Stärker als in den Jahrzehnten zuvor wenden sich Soziologen Phänomenen der kulturellen bzw. symbolischen Sinnwelt, der Massenmedien und der alltäglichen Lebenswelt zu. Im Zuge dieses *cultural turns* gewinnt das interpretative Paradigma an Gewicht, werden elaborierte Methoden der qualitativen Sozialforschung entwickelt, und es entstehen neue Forschungsrichtungen wie bspw. die soziologischen gender oder science studies.

Weiterhin gibt es Versuche, die »multiple Paradigmatase« (Luhmann) in der soziologischen Theoriebildung durch grand theories zu überwinden. Zum einen gehen diesbezüglich wichtige Impulse von Theoretikern aus, die ihre jeweilige Konzeption als eine Synthese bestehender (oftmals gegensätzlicher) soziologischer Paradigmen entwickeln. Hierzu zählen vor allem Jürgen Habermas (Theorie des kommunikativen Handelns), Pierre Bourdieu (praxeologische Soziologie), Anthony Giddens (Strukturationstheorie) und Jeffrey Alexander (Neofunktionalismus). Andere Soziologen, wie James S. Coleman (Rational Choice Theory), Luhmann (Systemtheorie), Bruno Latour (Actor-Network Theory) grenzen sich schärfer von den Klassikern ab, um eine innovative Wende in der soziologischen Theoriebildung voranzutreiben. Ihr Anspruch ist es, ein Fächer und Disziplinen übergreifendes Forschungsprogramm auf den Weg zu bringen.

Es sind aber weniger die abstrakten Großtheorien als vielmehr die Zeitdiagnosen, durch die die Soziologie in den 1980er und 1990er Jahren öffentliche Aufmerksamkeit erlangt – nicht zuletzt die Diagnose der *Risikogesellschaft* (Ulrich Beck) oder der McDonaldisierung (George Ritzer). Die diagnostizierte *Globalisierung* wird in den Folgejahrzehnten zum beherrschenden Themenfeld für die Soziologie. Erkennbar wird dies u. a. daran, dass internationale und nationale Kongresse, die als Wegweiser für Forschungstrends fungieren, sehr stark auf Phänomene des globalen Wirtschafts- und Finanzmarktes, Transnationalität, Migration, Multikulturalität sowie massenmediale Kommunikation fokussiert sind.

In den letzten Jahrzehnten ist die Soziologie spürbar einer starken Konkurrenz benachbarter Disziplinen ausgesetzt, insbesondere der Wirtschafts-, Kul-tur- und Kommunikationswissenschaften. Auch die neu aufkommenden Life Sciences (Neurophysiologie, Hirnforschung, Genforschung, Demografie) fordern den Deutungs- und Erklärungsanspruch der Soziologie in Hinblick auf menschliche Verhaltensweisen heraus. Allerdings steht dem Prestigeverlust, den die Soziologie als akademisches Fach hinnehmen musste, eine verstärkte Nachfrage nach Soziologen und ihrem Know-how in der Politik-, Organisations- und Unternehmensberatung gegenüber.

Auf der institutionellen Ebene bleibt die Umstrukturierung der Studiengänge (Bologna-Prozess) nicht folgenlos für die Soziologie als akademisches Fach. An europäischen Universitäten kommt es zur Reduzierung von soziologischen Studiengängen und Instituten bzw. zur Zusammenlegung mit artverwandten Disziplinen. Inwiefern die Soziologie dadurch als akademische Disziplin insgesamt geschwächt ist, wird sich in der Zukunft zeigen.

Literatur

Bottomore, Tom; Nisbet, Robert (ed.), 1978: A History of Sociological Analysis, London. – Jonas, Friedrich, 1968: Geschichte der Soziologie, 2 Bde., Reinbek. – Kaesler, Dirk, 2006: Was sind und zu welchem Ende studiert man die Klassiker der Soziologie? In: Ders. (Hg.): Klassiker der Soziologie, Bd. 1, München, 11–38. – Lepenies, Wolf (Hg.), 1981: Geschichte der Soziologie, 4 Bde., Frankfurt a. M. – Merton, Robert K., 1967: On the History and Systematics of Sociological Theory; in: Ders.: On Theoretical Sociology, New York, 1–37. – Oberschall, Anthony (ed.), 1972: The Establishment of Empirical Sociology, New York. – Parsons, Talcott et al., 1975: Soziologie – autobiographisch. Drei kritische Berichte zur Entwicklung einer Wissenschaft, Stuttgart. – Sorokin, Pitirim A., 1928: Contemporary Sociological Theories, New York. – Turner, Bryan S., 1999: Classical Sociology, London. – Young, Robert M., 1966: Scholarship and the History of the Behavioral Sciences; in: History of Science 2, 1–41.

Uwe Krähnke

Geschlechterforschung

Definition und Charakteristika

Das Wissensfeld der Geschlechterforschung, zunehmend auch Genderforschung in Anlehnung an den englischen Begriff *gender* research (mit Schwerpunkt auf Lehre: *gender studies*), lässt sich durch mindestens drei Merkmale charakterisieren: kritische Reflexivität, die Befassung mit dem Gegenstand Geschlecht bzw. Geschlechterordnung, und Inter- und *Transdisziplinarität.*

Die kritische Reflexivität der Geschlechterforschung besteht zum einen in ihrem Selbstverständnis als Wissenschaftskritik, die sich auf die Epistemologien, Theorien und Methodologien ihrer Herkunftsdisziplinen bezieht und dabei vor allem an die sich als kritisch verstehenden Ansätze anschließt wie Marxismus, Kritische Theorie und Poststrukturalismus. Diese Kritiken sind inzwischen in die Produktion eigener Epistemologien, Theorien und Methodologien eingemündet. Zum anderen ist die Geschlechterforschung selbstreflexiv: Viele ihrer Protagonistinnen und Protagonisten reflektieren, dass und wie ihr wissenschaftliches Tun durch eine geschlechtshierarchische Gesellschaft und Kultur bedingt ist und welche Auswirkungen dies auf die daraus erwachsenden Epistemologien, Theorien und Methodologien hat.

Unverzichtbares Grundtheorem der Geschlechterforschung ist die Kategorie Geschlecht und daran anschließende Begrifflichkeiten. Geschlecht stellt dabei den zentralen Gegenstand der Geschlechterforschung und/oder ihre Erkenntnisperspektive dar. Der **Gegenstand** der Geschlechterforschung ist folglich die Bedeutung der Geschlechterunterscheidung in allen gesellschaftlichen Teilbereichen. Die Anwendung von Geschlecht als **Erkenntnisperspektive** beinhaltet hingegen eine spezifische, durch die Kategorie Geschlecht geprägte Art und Weise zu forschen, die die Geschlechterunterscheidung als bedeutsam für den Erkenntnisprozess ansieht. Beide Ebenen können miteinander verbunden sein, müssen es aber nicht. Schließlich findet sich in der Geschlechterforschung auch eine Hochschätzung von **Inter- und Transdisziplinarität**, mittels der gegenüber der disziplinären Perspektive eine umfassendere Analyse und Kritik der Bedeutung von Geschlecht erreicht werden soll.

Der Begriff Geschlechterforschung wird seit den 1990er Jahren als Sammelbegriff für verschiedene Strömungen der Forschung zu geschlechterbezogenen Fragen verwendet. Insbesondere in den 1970er und 1980er Jahren wurde Geschlechterforschung als *Frauenforschung* bzw. women's research (mit Schwerpunkt auf Lehre: women's studies) verstanden, deren Gegenstand Frauen, ihre Lebenszusammenhänge und ihre Positionierung in der Geschlechterordnung sind. In Anlehnung an diese Anfänge der Geschlechterforschung und ihre starken Wurzeln in den Be-

freiungsbewegungen ist häufig auch die Rede von Frauen- und Geschlechterforschung. Feministische Forschung ist demgegenüber explizit normativ auf die Überwindung der Geschlechterhierarchie im Interesse einer Geschlechtergleichheit ausgerichtet und insofern politischen Zielsetzungen verhaftet, die bereits in den bürgerlichen Revolutionen des 18. und 19. Jh.s entwickelt wurden. Die in den 1990er Jahren entstandene *queer theory* (mit Schwerpunkt auf der Lehre der queer studies) zielt in ihren kritischen Analysen auf normalisierende Praxen und Glaubenssätze rund um Geschlecht, Sexualität und andere »Normalitäten« wie etwa Weißsein oder Nichtbehinderung und begründet damit eine eigene Wissenschaftsrichtung.

Die verschiedenen Begriffe für geschlechterbezogene Forschung deuten auf die Heterogenität und Multiperspektivität des damit verbundenen Wissensfelds hin und sind ebenfalls Gegenstand der selbstreflexiven Auseinandersetzungen der Geschlechterforschung. Die theoretischen Auseinandersetzungen mit Geschlecht sind nicht auf einen Nenner zu bringen und werden in der Geschlechterforschung als eine ihrer Stärken gesehen.

Entstehungsgeschichte und Entwicklung

Die Entstehung und Professionalisierung der Geschlechterforschung ist eng mit der Geschichte der *Frauenbewegung*en verknüpft, als deren »akademischer Arm« sie häufig auch bezeichnet wird. In Deutschland kämpfte bereits der bürgerliche Flügel der ersten Frauenbewegung seit dem 19. Jh. für die Zulassung von Frauen zum akademischen Studium und zur Wissenschaft als Beruf von Frauen. Dieser Flügel war von intellektuellen Frauen dominiert und entwickelte auch erste Ansätze zur Frauenforschung. Doch erst in den 1970er Jahren, im Zuge der Studentenbewegung und dem Erstarken anderer sozialer Bewegungen, begann sich aus der quantitativ und qualitativ ausgerichteten Kritik der zweiten Frauenbewegungen an den Institutionen Wissenschaft und Hochschule, aber auch aus ihrer Gesellschaftskritik die Frauenforschung bzw. feministische Forschung herauszubilden. Aufgrund der Verknüpfung von Wissenschafts- und Gesellschaftskritik schlug die neue Forschungsrichtung starke Wurzeln in den Sozialwissenschaften, aber auch in den Geistes- und Kulturwissenschaften. Hinzu kam angestoßen durch die in den 1980er Jahren einsetzenden

Männerbewegungen und die an diese anschließende Männer- bzw. *Männlichkeitsforschung* (englisch men's studies) die wissenschaftliche Auseinandersetzung mit Männerwelten. Wichtige Anstöße für die Entwicklung und Institutionalisierung der Geschlechterforschung in Form von Forschungsschwerpunkten, -zentren, Professuren und Studiengängen kamen und kommen aus den USA und den angelsächsischen Ländern.

Neben dieser in Selbstbeschreibungen der Geschlechterforschung dominierenden Sichtweise auf ihre Entstehung finden sich auch Stimmen, die darauf verweisen, dass die Bedeutung von Geschlecht und damit verbundener Phänomene seit den Anfängen der Sozialwissenschaften zu deren Gegenstandsbereich zählte, da diese Fächer untrennbar mit der gesellschaftlichen Entwicklung und der Gesellschaftsordnung verknüpft sind. Eine besondere Rolle in der gesellschaftlichen Selbstthematisierung kommt hierbei der Soziologie und insofern auch der soziologischen Geschlechterforschung zu. Von den als Klassikern aus den Anfängen der Disziplin akzeptierten Soziologen beschäftigte sich insbesondere Georg Simmel ausführlich mit geschlechterbezogenen Fragestellungen.

Erkenntnisperspektive, disziplinärer Teilbereich oder eigene Disziplin?

Aus den verschiedenen Sichtweisen auf die Bedeutung von Geschlecht haben sich idealtypisch betrachtet drei Positionen zum disziplinären Status der Geschlechterforschung im Wissenschaftssystem ausgeprägt, die nebeneinander existieren.

Die erste Position beschreibt die Geschlechterforschung als geschlechterbezogene **Erkenntnisperspektive** innerhalb der bestehenden Wissenschaftsdisziplinen. Demzufolge ist Geschlecht in der Soziologie eine generelle Kategorie, die im Sinne eines Mainstreaming in allen disziplinären Gegenstandsbereichen Anwendung finden muss, also in der Allgemeinen Soziologie, in den diversen Speziellen Soziologien, in der soziologischen Theorienbildung und in der empirischen Sozialforschung. Die als verschieden voneinander und/oder als asymmetrisch angenommenen Lebensweisen und -lagen der Geschlechter begründen somit die Notwendigkeit, das Phänomen der Geschlechterdifferenz und/oder -hierarchie in allen soziologischen Erkenntnisprozessen zu berücksichtigen. Demnach wäre jegliche

Soziologie, die Geschlecht als Erkenntnisperspektive berücksichtigt, soziologische Geschlechterforschung.

Die zweite Position beschreibt die Geschlechterforschung über ihren spezifischen Gegenstand und begründet so einen eigenständigen **Teilbereich** in der Soziologie, der beispielsweise Geschlechtersoziologie oder Soziologie der Geschlechterverhältnisse genannt wird. Demzufolge sind die Erforschung der Bedeutung von Geschlecht und die als verschieden voneinander und/oder als asymmetrisch angenommenen Lebensweisen und -lagen der Geschlechter ein ebenso spezieller soziologischer Gegenstand wie etwa Familie, Politik oder Migration, die in der disziplinären Systematik der Soziologie jeweils eigenständige *Spezielle Soziologien* begründen.

Die dritte Position schließlich versteht die Geschlechterforschung als autonom existierende **Disziplin**, die im Wissenschaftssystem neben der Soziologie und anderen Disziplinen besteht. Demzufolge ist der Gegenstandsbereich Geschlecht der Geschlechterforschung so umfassend, dass er die Herausbildung und Etablierung einer eigenen Disziplin mit einem eigenen Kommunikationszusammenhang, einer eigenen wissenschaftlichen Gemeinschaft und einer eigenen historischen Identität rechtfertigt.

Die Koexistenz dieser drei Positionen und die damit verbundenen spezifischen Verortungen der Geschlechterforschung im Wissenschaftssystem belegen die inzwischen hohe Ausdifferenzierung dieses Wissensfelds und verdeutlichen, dass es sich bei Geschlechterforschung nicht um ein einheitliches Paradigma oder etwa eine in sich geschlossene Wissenschaftsrichtung handelt.

Geschlecht als soziologische Kategorie

In der Geschlechterforschung finden sich idealtypisch gesehen drei Sichtweisen auf das Geschlecht als Kategorie: Geschlecht ist demnach eine Stratifikationskategorie, eine Strukturkategorie und eine Prozesskategorie. Je nach wissenschaftstheoretischem Standort der Forscherin bzw. des Forschers kommt die eine oder andere Sichtweise oder auch eine Verknüpfung der Sichtweisen auf das Geschlecht im wissenschaftlichen Handeln zum Einsatz.

In den Sozialwissenschaften wurde das Geschlecht schon vor dem Entstehen der Geschlechterforschung als sozialstatistische Variable bzw. **Stratifikationskategorie** beachtet und zwar in der Beschreibung von Verteilungen nach Geschlecht in den verschiedensten gesellschaftlichen Bereichen wie Arbeitsmarkt, Familie, Bildung, Kultur und Politik. Geschlecht wurde und wird in dieser Sichtweise weitgehend alltagsweltlich naiv als vermeintlich natürliche Unterscheidung zwischen Frauen und Männern verstanden und dient dem empirischen, i. d. R. quantifizierenden, Nachweis von Phänomenen sozialer Ungleichheit zwischen den Geschlechtern. Die Geschlechterdifferenz, verstanden als Zweigeschlechtlichkeit, steht in dieser Sichtweise nicht in Frage.

Neu unter dem Einfluss der Geschlechterforschung in den 1980er Jahren zu den sozialwissenschaftlichen Grundbegriffen hinzugekommen ist ein Verständnis von Geschlecht als sozialer **Strukturkategorie**. Hier verweist der Begriff von Geschlecht auf die konstitutive, historisch sedimentierte Verbindung zwischen dem Geschlechterverhältnis und der Gesellschaftsstruktur. Demnach begründet eine bestimmte Form des Geschlechterverhältnisses einen kapitalistisch verfassten Gesamtzusammenhang und wird zugleich durch diesen begründet. Dieser beruht auf einem spezifischen, hierarchischen und durch die Trennung von Privatheit und Öffentlichkeit bestimmten sozialen Verhältnis der Genusgruppen, in dem die private und unentgeltliche Erbringung von Versorgungsleistungen organisiert wird. Die Perspektive von Geschlecht als Strukturkategorie ermöglicht also, die historische Konstitution geschlechtsbezogener *Herrschafts*verhältnisse zu analysieren. Die Geschlechterdifferenz gilt hier als gesellschaftlich, kulturell und historisch produziert, wird in ihrer soziokulturellen Ausprägung als Zweigeschlechtlichkeit zumeist aber nicht hinterfragt. Als problematisch gilt in dieser Sichtweise vor allem die mit der Geschlechterdifferenzierung verbundene gesellschaftliche Hierarchisierung der Geschlechter, derzufolge Frauen und Männern gesellschaftlich je unterschiedliche Plätze zugewiesen und durch *Sozialisation* wie auch entsprechende Institutionalisierungen reproduziert werden. Diese makrosoziologisch orientierte Sichtweise auf Geschlecht, die beispielsweise von Regina Becker-Schmidt, Ursula Beer und Gudrun-Axeli Knapp geprägt wurde, lehnt sich an marxistische Denkweisen an.

Neben dieser strukturtheoretischen Sicht findet sich in der Geschlechterforschung auch eine prozesstheoretische Sicht auf das Geschlecht. Der Begriff von Geschlecht als **Prozesskategorie** lehnt sich an sozialkonstruktivistische Denkweisen an, allen voran an die *Ethnomethodologie*, in der die Herstellung von Geschlecht und der Zweigeschlechtlichkeit bereits vor dem Aufkommen der zweiten Welle der Frauenbewegungen und der Frauenforschung analysiert wurde, beispielsweise von Harold Garfinkel oder Erving Goffman. Geschlecht ist demnach eine *soziale Konstruktion*, die in den alltäglichen Interaktionen des ***doing gender*** immer wieder als unreflektierter Zuschreibungsprozess reproduziert und institutionalisiert wird. Die an diese Sichtweise anschließende mikrosoziologisch orientierte Geschlechterforschung, zu deren Hauptvertreterinnen Carol Hagemann-White, Regine Gildemeister und Angelika Wetterer gehören, setzt sich vor allem mit der Rekonstruktion des »Wie« der Geschlechterkonstruktionen auseinander. Gefragt wird hier auch, ob und inwiefern ein **undoing gender** möglich ist und ob mehr als zwei Geschlechter denkbar sind. In Anlehnung an die im angelsächsischen Sprachraum übliche Unterscheidung zwischen **sex**, dem biologischen Geschlecht, und **gender**, dem sozialen Geschlecht, wird in dieser Sichtweise bspw. von Judith Butler gezeigt, dass sex auch gender ist, also auch die Zweigeschlechtlichkeit eine soziokulturelle Konstruktion ist.

Diese auf verschiedene sozial- und geschlechtertheoretische Vorstellungen gründenden Sichtweisen existieren in der Geschlechterforschung nebeneinander. Ergänzend finden sich Versuche einer umfassenden Definition, etwa von Karl Lenz und Marina Adler, die über den herkömmlichen Gegensatz von Makro und Mikro hinausweisen und Geschlecht als Gefüge sozialer Beziehungen verstehen, als Komplex kultureller Leitvorstellungen und Zuschreibungen und als Komplex sozialer Praktiken, die allesamt Körperunterschiede aufgreifen und herausstellen, um eine Differenzierung der Lebensführung, einschließlich der Zuweisung ungleicher Lebenschancen und Ressourcen, zu generieren und zu legitimieren. In diesem Zusammenhang wird in der Geschlechterforschung auch der Begriff der Geschlechterordnung geprägt, der die Gesamtheit des Arrangements der Geschlechter erfasst und ein Stratifikationssystem umschreibt, in dem Frauen und Männer verschiedene Positionen einnehmen, und das die mit ihrem Geschlecht verbundenen Aufgaben und Verhaltensweisen unterschiedlich bewertet bzw. die Lebenschancen von Frauen und Männern beeinflusst.

Geschlecht als Rolle

Trotz einer breiten Kritik ist vor allem in der psychologischen und sozialpsychologischen Geschlechterforschung der Begriff der *Geschlechterrolle*n weit verbreitet. Er beinhaltet die kulturell geteilten Überzeugungen und Normen hinsichtlich der für Frauen und Männer (bzw. Mädchen und Jungen) sozial geteilten typischen und angemessenen Fähigkeiten, Eigenschaften, Motive und Verhaltensweisen. Geschlecht ist demnach eine soziale Rolle, verstanden als Position innerhalb einer Gesellschaft, die mit spezifischen Erwartungen an die Rollenträger und -trägerinnen einhergeht. Diese Erwartungen haben normativen Charakter hinsichtlich der Ausprägungen von Weiblichkeit und Männlichkeit, z. B. hinsichtlich Identität, Verhalten und Präsentation, und deren Verhältnis, die von beiden Geschlechtern geteilt werden und in der sozialen Praxis wirksam sind. Die Geschlechterrollen erhalten ihre normative Kraft durch Habitualisierung, Institutionalisierung und Inkorporation. Im Vergleich zu anderen spezifischeren und klarer definierten sozialen Rollen (z. B. Lehrerin bzw. Lehrer) gelten Geschlechterrollen als eher diffus, da sie ja für alle Mitglieder einer Gesellschaft gelten und für viele zwischenmenschliche Prozesse von Bedeutung sind.

Gemäß den Erwartungen an traditionell komplementäre Geschlechterrollen übernehmen aus rollentheoretischer Sicht Frauen gesellschaftlich die Rolle der Mutter und Hausfrau und regeln die familialen Innenbeziehungen, während Männer die Ernährerrolle übernehmen und die familialen Außenbeziehungen regeln. Dieses Rollenmodell, das die traditionelle geschlechtliche *Arbeitteilung* abbildet und über den *Sozialisation*sprozess auf die nachfolgende Generation übertragen wird, wurde bereits in den 1950er Jahren von Talcott Parsons und Robert Freed Bales im Rahmen der Analyse von Interaktionsprozessen in der Familie beschrieben. Die soziale Geschlechterrollentheorie betont, dass Geschlechterrollen das gesellschaftlich vorherrschende Ungleichgewicht von Frauen und Männern in verschiedenen sozialen Rollen widerspiegeln. Neuere Ansätze aus den 2000er Jahren nehmen aber auch an, dass Geschlechterrollen dynamisch sind, insofern als sich Erwartungen an Frauen und Männer ändern können, wenn sich die Geschlechterverteilung in verschiedenen Lebensbereichen verändert.

Am Geschlechterrollenmodell kritisiert wird u. a., dass es an individuellen Einstellungen und Meinungen ansetzt und die Ungleichheitsstrukturen zwischen den Geschlechtern ignoriert. Zudem trennt dieses Modell strikt zwischen sex und gender, indem es davon ausgeht, dass die Geschlechterrolle situationsbezogen übernommen, aber auch abgelegt werden kann.

Herausforderungen der Geschlechterforschung

Eine Herausforderung der Geschlechterforschung entspringt der konstruktivistischen Sicht auf Geschlecht, denn hier wird Geschlecht als soziale, wenn auch wirkmächtige Konstruktion und nicht als soziale Tatsache angesehen. Aus dieser theoretischen Perspektive sieht sich die Geschlechterforschung folglich dem Vorwurf ausgesetzt, eine Geschlechterdifferenz entdecken, ja affirmieren, zu wollen, die selbst als sozial konstruiert zu dechiffrieren wäre. Hinzu kommt eine weitere Herausforderung, die die Arbeit der Geschlechterforschung an und mit der Kategorie Geschlecht bereits seit den 1970er Jahren zunehmend ergänzt um die Forderung nach Berücksichtigung weiterer Kategorien der Differenz und *Ungleichheit*, von denen vor allem *Klasse* bzw. *Schicht* und *Milieu* für die soziale Dimension und »*Rasse*« bzw. *Ethnie* für die kulturelle Dimension genannt werden. Erweitert werden diese Achsen der Differenz und Ungleichheit noch durch ebenfalls einflussreiche andere Kategorien wie Alter und sexuelle Orientierung. Das Zusammenwirken der Kategorie Geschlecht mit anderen Kategorien der Differenz und Ungleichheit wird in der Geschlechterforschung unter dem Stichwort **Intersektionalität** diskutiert. Diese Erweiterung und wachsende Komplexität der für die Geschlechterforschung originäre, an der Kategorie Geschlecht orientierte Erkenntnisperspektive geht erstens zurück auf kritische Einwürfe von Akteurinnen in diesem Wissensfeld, die die Eindimensionalität der Geschlechterforschung mit ihrer impliziten Orientierung am Weißsein, an der Mittelschichtzugehörigkeit und der Heterosexualität kritisier(t)en. Sie geht zweitens zurück auf Einflüsse aus angrenzenden Wissenschaftsgebieten wie beispielsweise den Cultural, Queer, Critical Whiteness und Postcolonial Studies, die das Zusammenwirken der verschiedenen Differenz- und Ungleichheitskategorien bereits länger in den Blick nehmen, ohne Geschlecht zentral zu setzen.

In der Geschlechterforschung besteht weitgehende Einigkeit darüber, dass durch diese Herausforderungen die Geschlechterforschung nicht obsolet wird. Sie weisen aber darauf hin, dass auch die wissenschaftliche Auseinandersetzung mit Geschlecht kontingent ist und die Einflüsse anderer, insbesondere sich als kritisch verstehender, Wissenschaftsrichtungen aufzunehmen hat. Will die Geschlechterforschung nicht veralten und so ihr reflexives Potenzial schmälern oder gar einbüßen, ist sie weiterhin aufgefordert, die auf sie einwirkenden und durch sie ausgelösten gesellschaftlichen und wissenschaftlichen Veränderungen wie die wachsende Komplexität ihres Gegenstands reflexiv zu verarbeiten.

Literatur

Athenstaedt, Ursula; Alfermann, Dorothee, 2011: Geschlechterrollen und ihre Folgen. Eine sozialpsychologische Betrachtung, Stuttgart. – Becker, Ruth; Kortendiek, Beate (Hg.), 2010: Handbuch Frauen- und Geschlechterforschung. Theorie – Methoden – Empirie, 3. erw. und durchges. Aufl., Wiesbaden. – Degele, Nina, 2008: Gender/Queer Studies. Eine Einführung, München. – Hark, Sabine, 2005: Dissidente Partizipation. Eine Diskursgeschichte des Feminismus, Frankfurt a. M. – Kahlert, Heike, 2005: Wissenschaftsentwicklung durch Inter- und Transdisziplinarität: Positionen der Frauen- und Geschlechterforschung; in: Kahlert, Heike et al.(Hg.): Quer denken – Strukturen verändern. Gender Studies zwischen Disziplinen, Wiesbaden, 23–60. – Kahlert, Heike; Weinbach, Christine (Hg.), 2012: Zeitgenössische Gesellschaftstheorien und Genderforschung – Einladung zum Dialog, Wiesbaden. – Lenz, Karl; Adler, Marina, 2010: Geschlechterverhältnisse. Einführung in die sozialwissenschaftliche Geschlechterforschung Bd. 1. Weinheim/München. – Lenz, Karl; Adler, Marina, 2011: Geschlechterbeziehungen. Einführung in die sozialwissenschaftliche Geschlechterforschung Bd. 2. Weinheim/München. – Lutz, Helma et al. (Hg.), 2010: Fokus Intersektionalität. Bewegungen und Verortungen eines vielschichtigen Konzeptes, Wiesbaden. – Villa, Paula-Irene, 2009: Feministische und Geschlechtertheorien; in: Kneer, Georg; Schroer, Markus (Hg.): Handbuch Soziologische Theorien, Wiesbaden, 111–132.

Heike Kahlert

Gesellschaft

Mit dem Begriff der Gesellschaft (engl. society) wird gemeinhin eine alle anderen sozialen Einheiten (Familie, Gemeinde, Unternehmen, etc.) einschließende Gesamtheit bezeichnet, in der Menschen, zumeist innerhalb eines abgegrenzten Raums, zusammenleben.

Die im 19. Jh. entstandene *Soziologie*, die mit diesem Begriff ihren eigenen Gegestand bezeichnete, steht damit in der auf Aristoteles zurückgehenden Tradition des Nachdenkens über die *Ordnung* menschlichen Zusammenlebens. Sie verarbeitet jedoch auch den von Th. Hobbes (Leviathan, 1651), J.-J. Rousseau (Du contrat social, 1762), G. W. F. Hegel (Grundlinien der Philosophie des Rechts, 1821) und anderen politischen Philosophen der europäischen Neuzeit vollzogenen Bedeutungswandel des Gesellschaftsbegriffs. Insbesondere greift sie die in den Theorien des *Gesellschaftsvertrag*s artikulierte Vorstellung auf, dass sich die Welt – auch die soziale Welt – keiner festen gottgegebenen Ordnung fügt, sondern von Menschen gestaltet und verändert werden kann. Und ferner reflektiert sie die Erfahrungen von Wandel und Entzweiung der sozialen Welt, wie sie in der begrifflichen Scheidung von Staat und bürgerlicher Gesellschaft artikuliert werden. In erfahrungswissenschaftlicher Wendung des politisch-philosophischen Diskurses der Moderne versuchen die Gründungsväter der Soziologie die Frage zu beantworten, wie angesichts menschlicher Autonomie und Individualität und rapidem sozialen Wandel gesellschaftliche Ordnung überhaupt möglich ist.

Besonders E. Durkheim stellte den Begriff der Gesellschaft ins Zentrum seiner disziplinären Begründung der Soziologie. In kritischem Bezug auf die v. a. bei A. Comte und H. Spencer anzutreffende organizistische Metapher des Gesellschaftskörpers, seiner Differenzierung und seiner Integration, versuchte Durkheim nachzuweisen, dass auch die moderne, arbeitsteilige Gesellschaft durch soziale Solidarität, eine bindende Moral und, wie er im religionssoziologischen Spätwerk ausführte, kollektive Repräsentationen zusammengehalten werden kann. Indem er die »organische« *Solidarität* moderner, hochgradig arbeitsteiliger Gesellschaft von der »mechanischen« Solidarität vormoderner, segmentär organisierter Gesellschaft unterschied, formulierte er eine typologische Unterscheidung, die für die Soziologie insgesamt prägend war. Bei F. Tönnies (Gemeinschaft und Gesellschaft, 1887) wird sie zur begrifflichen Gegenüberstellung von einer auf kollektivem »Wesenswillen« basierenden *Gemeinschaft* und einer auf individuellem »Kürwillen« basierenden Gesellschaft. M. Weber, der die prozessualen Begriffe von *»Vergemeinschaftung«* und *»Vergesellschaftung«* einer statischen Begrifflichkeit vorzog, setzte andere Akzente. Er sah die Aufgabe der Soziologie weniger darin, eine umfassende Gesellschaftstheorie zu formulieren, sondern das soziale Handeln von Menschen in sozialen Beziehungen verstehend zu erklären. Nicht die *Integration* der Gesellschaft steht daher im Mittelpunkt seiner Soziologie, sondern die Analyse sozialer *Ordnung*en wie Wirtschaft, Herrschaft, Recht oder Religion und deren je eigenlogische Rationalisierung. Ging es Weber primär um das verstehende Erklären historisch bedeutsamer Vorgänge, insbesondere die Entstehung des okzidentalen Kapitalismus, so bestimmte G. Simmel die reinen (räumlichen, zeitlichen, zahlenmäßigen) Formen von Wechselwirkung und Vergesellschaftung als eigentlichen Gegenstand der Soziologie. In seiner neukantianischen Erkenntnistheorie der Gesellschaft beantwortet er die Frage »Wie ist Gesellschaft möglich?« durch die drei Apriori-Bedingungen der verallgemeinerten Wahrnehmung des Anderen, der lückenlosen Wechselwirkung und der Doppelstellung des Individuums in der Gesellschaft als Teil und Nicht-Teil zugleich. Mit je unterschiedlichen Akzentsetzungen versuchen die soziologischen Klassiker zwischen *Individuum* und Gesellschaft, Handlungs- und Ordnungstheorie zu vermitteln und damit die Extrempositionen vom Individuum ausgehender Vertragstheorien und des vom Kollektiv ausgehenden Organizismus zu vermeiden.

Die bis heute prominenteste Synthese der klassischen Soziologie und ihrer Überlegungen zum Begriff der Gesellschaft stammt von T. Parsons. Als Teil einer funktionalistischen Theorie sozialer Systeme definierte er Gesellschaft als das umfassendste selbstgenügsame Sozialsystem, das im Laufe der gesellschaftlichen Evolution einen Prozess der inneren *Differenzierung* durchlaufe, aber durch zunehmend generalisierte und von den Einzelnen internalisierte kulturelle *Wert*e integriert werde. Die integrative Funktion des Gesellschaftssystems verortete er dabei im Subsystem der »gesellschaftlichen Gemeinschaft« (societal community), womit er die Tönnies'sche Begriffsopposition zu überwinden und die gemeinschaftlichen Elemente innerhalb der gesellschaftli-

chen Prozesse anderer Subsysteme, insbesondere Wirtschaft und Politik, herauszuarbeiten versuchte.

Mit dem Plausibilitätsverlust von Parsons' theoretischer Synthese seit den 1970er Jahren verlor auch das Projekt einer anspruchsvollen Gesellschaftstheorie an Aufmerksamkeit, vor allem in der zunehmend mikrosoziologisch und empirisch orientierten US-amerikanischen, aber auch in der europäischen Soziologie. Die Häufung zeitdiagnostisch zugespitzter Komposita-Begriffe (»Risiko-Gesellschaft«, »Multioptions-Gesellschaft« etc.) zeugt ebenso davon, wie die Renaissance der älteren politisch-philosophischen Begriffstradition der *»Zivilgesellschaft«*, die in den Bürgerrechtsbewegungen der staatssozialistischen Staaten Mitteleuropas eine wichtige Rolle gespielt hat. Prominente Ausnahmen sind die Gesellschaftstheorien von J. Habermas und N. Luhmann. Ersterer hält ausdrücklich an dem Anspruch fest, die Soziologie habe – anders als andere sozialwissenschaftliche Disziplinen wie etwa Politik- oder Wirtschaftswissenschaft – ihre theoretische Energie aufs Ganze der (modernen) Gesellschaft zu richten. Er formuliert eine sprachtheoretisch fundierte *Theorie kommunikativen Handelns*, auf deren Grundlage er die zunehmende Durchdringung der als Sprachgemeinschaft konzipierten Lebenswelt durch die gesellschaftlichen Systeme von bürokratischem Staat und kapitalistischer Wirtschaft analysiert. Reformuliert Habermas in kritischer Absicht die Tönnies'sche Begriffsopposition, so geht Luhmann, der soziale Systeme streng kommunikationstheoretisch bestimmt, andere Wege. Den Gesellschaftsbegriff definiert er als das umfassendste Sozialsystem, das den Horizont jeglicher anschlussfähiger Kommunikation darstellt und analytisch von mitgliedschaftsbasierten Organisationen und anwesenheitsbasierter Interaktion zu unterscheiden sei. Die Evolution der Gesellschaft sei durch den Wandel der Kommunikationsmedien sowie den Übergang von segmentärer, über stratifikatorische zu funktionaler *Differenzierung* gekennzeichnet, in dessen Folge die noch von Durkheim und Parsons geteilte Vorstellung normativer Integration an Plausibilität verliere. Die moderne Gesellschaft könne angesichts der Entwicklung elektronischer Verbreitungsmedien und angesichts der Eigenlogik funktional differenzierter Teilsysteme nur noch als *»Weltgesellschaft«* gedacht werden.

Mit dem zuletzt genannten Argument nimmt Luhmann jene gegenwärtig verbreitete Kritik vorweg, wonach die klassische Soziologie einem *»methodologischen Nationalismus« unterliegt. Damit ist gemeint, dass das allgemeine und teilweise auch das soziologische Nachdenken über Gesellschaft implizit deren Kongruenz mit dem in der europäischen Neuzeit entstandenen, territorial begrenzten Nationalstaat unterstellt. Der Einfluss dieser impliziten Annahme greift bis in die Organisation statistischer Daten und damit bis in die soziologische Forschungspraxis hinein, wenn Phänomene wie öffentliche Meinung, soziale Schichtung, Integration von Einwanderern etc. stets auf die Einheit einer nationalstaatlich gerahmten Gesellschaft bezogen werden. Angesichts gegenwärtiger Prozesse der *Globalisierung* und unter dem Eindruck der gewachsenen Sensibilität für die Bedeutung von Kolonialismus und Imperialismus für ein historisches Verständnis der Moderne, verliert diese implizite Unterstellung indessen an Plausibilität.

Kritiker des »methodologischen Nationalismus« plädieren daher für ein Begriffsinstrumentarium, das dezidiert quer zu nationalen Räumen steht und deren historische Entstehung daher besser zu erfassen vermag. Manche Soziologen, wie M. Albrow, U. Beck oder A. Giddens folgen dabei Webers Desinteresse an einem umfassenden Gesellschaftsbegriff und stellen auf die Analyse weltumspannender Ordnungen, transnationaler Figurationen und globaler Systeme ab. Andere hingegen versuchen den Begriff der Gesellschaft auf globaler Ebene anzusetzen: N. Luhmanns Gesellschaftstheorie ist hier ebenso zu nennen, wie die stärker empirisch gesättigte neo-institutionalistische Weltgesellschaftstheorie von John W. Meyer. Inwieweit Konzepte der *Weltgesellschaft* noch an den in der politisch-philosophischen Tradition mittransportierten Bedeutungsgehalt von Ordnung und Einheit anschlussfähig sind, ist offen. Dennoch signalisiert die Debatte um Weltgesellschaft ebenso wie die Diskussion um das Entstehen einer »europäischen Gesellschaft« eine Erfahrungslage, die zukünftige soziologische Forschung über Interdependenzen der Menschengesellschaft nicht ignorieren kann.

Literatur

Chernilo, Daniel, 2007: A Social Theory of the Nation-State, London. – Durkheim, Emile, 1984: Die Regeln der soziologischen Methode, 6. Aufl., Frankfurt a. M. (1885). – Elias; Norbert, 1999: Die Gesellschaft der Individuen, 4. Aufl., Frankfurt a. M. – Göbel, Andreas, 2003: Gesellschaft, Bielefeld. – Habermas, Jürgen, 1981: Theorie des kommunikativen Handelns, Frankfurt a. M. – Ders.; Luhmann, Niklas, 1990: Theorie der Gesellschaft oder Sozialtechnologie, 2. Aufl., Frankfurt a. M. – Luhmann, Niklas, 1984: Soziale Systeme, 14. Aufl., Frankfurt a. M. – Ders., 1998: Die Gesellschaft der Gesellschaft, 7. Aufl., Frankfurt a. M. – Meyer, John W., 2005: Weltkultur. Frankfurt a. M. – Nassehi, Armin, 2009: Der soziologische Diskurs der Moderne. Frankfurt a. M. – Parsons, Talcott, 1964: The Social System, New York (1951). – Ders., 2009: Das System moderner Gesellschaften, 7. Aufl., Weinheim (1971). – Ritsert, Jürgen, 2000: Gesellschaft, 2. Aufl., Frankfurt a. M./New York. – Schimank, Uwe, 2000: Theorien gesellschaftlicher Differenzierung, 2. Aufl., Stuttgart. – Simmel, Georg, 1991: Soziologie, Frankfurt a. M. (1908). – Tönnies, Ferdinand, 2005: Gemeinschaft und Gesellschaft, Darmstadt (1887). – Weber, Max, 1980: Wirtschaft und Gesellschaft, 5. Aufl., Tübingen (1922). – Wobbe, Theresa, 2000: Weltgesellschaft, Bielefeld.

Dirk Kaesler/Matthias Koenig

Gewalt

Gewalt (engl. violence) ist eine physische oder psychische Verletzung oder deren Androhung. In der kaum noch zu übersehenden Literatur begegnet man den unterschiedlichsten Formen der Gewalt. So unterscheidet man z. B. legitime von illegitimer Gewalt, direkte von indirekter Gewalt, organisierte von spontaner Gewalt, Gewalt gegen Sachen von der Gewalt gegen Personen und personaler von struktureller Gewalt (Schönfeld 1993, Maurer 2004: 15 ff.). Gewalt ist vor allem ubiquitär. Sie hat es immer gegeben und wird es immer geben, was sich schon an dem Begriff der strukturellen Gewalt (Galtung 1975) zeigen lässt, nach der z. B. jede Form *sozialer Ungleichheit* als Gewalt bezeichnet werden kann. Absolute Gleichheit kann es aber nicht geben, wie schon Durkheim am Beispiel des Nonnenklosters expliziert hat. Trotz der Gelübde von Armut und Frömmigkeit werden doch einige Nonnen frommer sein als andere und sich daraus *Macht-* und *Herrschafts*verhältnisse (Weber 1972) bilden, die immer durch den Besitz und die Anwendung von Gewalt gekennzeichnet sind. Der Begriff »strukturelle Gewalt« ist so allgemein, dass man damit in der wissenschaftlichen Analyse nichts anfangen kann (Claessens 1995: 117).

Eine der wichtigsten Ursachen der Gewalt liegt in der Knappheit begehrenswerter Güter. Die Denkfigur, dass der Mensch des Menschen Wolf sei

(Hobbes), hat hier ihren Ursprung. Die »Monopolisierung legitimer Gewaltsamkeit« (Weber 1972: 519) war die notwendige Vorbedingung für die Errichtung des modernen Staates. Der Einsatz staatlicher Gewalt unterliegt wiederum rechtlichen Bindungen. Nur so lässt sich das Gewaltmonopol rechtfertigen. Wer aber kontrolliert den Staat? Ein Kennzeichen des modernen Rechtsstaates ist eine Trennung der staatlichen Gesamtgewalt in eine gesetzgebende (legislative), ausführende (exekutive) und in eine rechtsprechende (judikative) Gewalt, um so die gegenseitige Kontrolle zu erhöhen und einer Machtkonzentration entgegenzuwirken. Wann allerdings der Punkt erreicht ist, an dem die Legitimität staatlicher Machtanwendung fraglich ist und ein Widerstandsrecht reklamiert werden kann, ist umstritten. Die Geschichte kennt unterschiedliche Ausformungen. Sie reichen vom Tyrannenmord bis zum »aktiven Pazifismus« (Kobler 1928). Beispiele für die Bundesrepublik: Außerparlamentarische Opposition (APO), Sitzblockaden, Rote Armee Fraktion (RAF), Schottern. In der Entwicklung der Gewalt stellen Heitmeyer und Soeffner (2004: 13) Qualitätssprünge (11. September 2001, Amokläufe an Schulen) sowie eine Re-Theologisierung der Gewalt fest. Gewalttätige Auseinandersetzungen zwischen Staaten versucht man mit mäßigem Erfolg durch supranationale Organisationen zu vermeiden (Völkerbund, UNO). Die Sehnsüchte der »Menschen nach unverletzter Integrität« und nach einer friedfertigen Welt (Heitmeyer/Hagan 2002: 17) bleiben ungestillt.

Die Soziologie der Gewalt ist sehr ausdifferenziert und faktenreich, aber auch widersprüchlich, weil wenig theoriegeleitet. So ist es z. B. umstritten, ob die Gewalthäufigkeit insgesamt zugenommen hat. Eindeutiger postuliert man einen Anstieg der Jugendgewalt (Greve 1999) und dass rechte Gewalt in Ostdeutschland häufiger sei als in Westdeutschland. Thome und Birkel betten jedoch in ihrem Ländervergleich (Deutschland, England, Schweden) unter Rückgriff auf Durkheimsche Ideen ihre Fragestellungen in einen gesellschaftstheoretischen Bezugsrahmen ein (2007).

Literatur

Claessens, Dieter, 1995: Macht und Herrschaft; in: Korte, Hermann; Schäfers, Bernhard (Hg.): Einführung in Hauptbegriffe der Soziologie, 3. Aufl., Opladen, 111–125. – Galtung, Johan, 1975: Strukturelle Gewalt. Beiträge zur Friedens- und Konfliktforschung, Reinbek. – Greve, Werner, 1999: Kriminalität und Gewalt in Deutschland; in: Zeitschrift für Sozialpsychologie 2–3, 95–110. – Heitmeyer, Wilhelm; Hagan, John (Hg.), 2002: Internationales Handbuch der Gewaltforschung, Wiesbaden. – Heitmeyer, Wilhelm; Soeffner, Hans-Georg (Hg.), 2004: Gewalt, Frankfurt a. M. – Kobler, Franz (Hg.), 1928: Gewalt und Gewaltlosigkeit. Handbuch des aktiven Pazifismus, Zürich/Leipzig. – Schönfeld, Gerhard, 1993: Gewalt in der Gesellschaft, Bonn. – Thome, Helmut; Birkel, Christoph (Hg.), 2001: Sozialer Wandel und Gewaltkriminalität, Halle. – Trotha, Trutz von (Hg.), 1997: Soziologie der Gewalt, Opladen/Wiesbaden. – Weber, Max, 1972: Wirtschaft und Gesellschaft, 5. Aufl., Tübingen.

Heinz Sahner

Gewohnheit

Gewohnheit (engl. habit) beschreibt die »automatisierte«, unreflektierte Verbindung zwischen Reizkonstellationen und Reaktionsformen auf kognitivem (Wahrnehmungshypothesen, *Stereotyp*ien, *Vorurteil*e), affektivem (Angst, Phobien) und konativem (Handlungsmuster, Skripte, Etiketten) Gebiet. Neben dieser qualitativen Unterscheidung kann man auch eine quantitative vornehmen, die sich auf die unterschiedlichen Systemumfänge bezieht: Individual-, Mikro-(Kleingruppe), Meso- (konkrete Organisationseinheit) und Makrosystem (Kultur, Justiz etc. sowie die Gesamtgesellschaft). Man kann damit $3 \times 4 = 12$ unterschiedliche Gewohnheitsformen differenzieren, die auch alle in der Literatur vorkommen, nur manchmal wird der Gewohnheitsaspekt nicht besonders betont, wie z. B. bei der Betrachtung von *Tradition*, *Sitte* und Gebräuchen, aber auch bei Essgewohnheiten, Denkkollektiven (Fleck), kollektiven Repräsentationen nach Durkheim und sozialen Repräsentationen nach Moscovici. Die Gewohnheit ist wissenschaftlich nicht so sehr im Zentrum, weil man vor allem Veränderungen betrachtet, die auffälliger sind. Erst durch die Betrachtung von synchronen Unterschieden werden diese Konstanten, die in der Gewohnheit liegen, erkennbar (Verplanken/Aarts).

Die Gewohnheitsbildung hat mehrere Funktionen: individualsystemisch wirkt sie entlastend, aber macht auch unflexibel; mikrosystemisch ist sie strukturbildend, aber auch konformitätsfördernd; mesosystemisch ist sie kooperationsfördernd, aber auch bürokratisch; und makrosystemisch fördert sie die *Anpassung* ohne Repression, aber verhindert auch Innovationen.

In der theoretischen Konstruktion finden wir die Gewohnheit auf individuellem Niveau im Behaviorismus als »habit«-Stärke sowie in der Wahrnehmungs- und Einstellungsforschung, z. B. in der Hypothesentheorie der Wahrnehmung und in der Drei-Komponenten-Theorie der Einstellung von Triandis. Dabei ist die Grundlage dieser Ansätze das individuelle Lernen durch Verstärkung. Im Mikrosystem kann man die Interaktionsstrukturen unter dem Aspekt der Gewohnheit betrachten. Die Grundlage ist ein Gesetz des geringsten Aufwandes, so dass sich in einer konkreten Gruppe eine Differenz der Redebeiträge einstellt und so beibehalten wird. Im Mesosystem kann man die Frage der Organisationskultur unter dieser Perspektive betrachten. Die Grundlagen sind Modelllernen und Verstärkungslernen. Unter dem Blickwinkel des Makrosystems kann man z. B. die Wertekonstanz von Gesellschaften und ihre Differenzen untereinander ins Zentrum rücken. Die Grundlagen sind implizites Lernen während der *Sozialisation*, indem durch Geschichten und Darstellungen Inhalte und Ansichten übernommen werden.

Literatur

Durkheim, Emile, 1976: Die Regeln der soziologischen Methode, Neuwied (1895). – Fleck, Ludwik, 1980: Entstehung und Entwicklung einer wissenschaftlichen Tatsache, Frankfurt a. M. (1935). – Moscovici, Serge, 1995: Geschichte und Aktualität sozialer Repräsentationen; in: Flick, Uwe (Hg.): Psychologie des Sozialen, Reinbek, 266–314. – Verplanken, Bas; Aarts, Henk, 1999: Habit, attitude, and planned behaviour; in: European Review of Social Psychology 10, 101–134. – Witte, Erich H., 1994: Lehrbuch Sozialpsychologie, 2. Aufl., Weinheim.

Erich H. Witte

Globalisierung

Globalisierung (engl. globalization) lässt sich als weltweite Vernetzung ökonomischer Aktivitäten bezeichnen. Globalisierung ist jedoch ein mehrdeutiger Begriff, mit dem sowohl ein Zustand als auch ein Prozess bezeichnet wird, oft sogar die Folgen der Globalisierung zum Bestandteil der Definition gemacht werden.

Vernetzt bzw. internationalisiert sind nicht nur Kapitalströme, sondern auch Arbeitsmärkte, Informationen, Rohmaterial, Management und Organisation. Andere Autoren betonen die Bedeutung von finanz- und unternehmensbezogenen Dienstleistungen, u. a. Versicherungen, Banken, Finanz-Dienstleistungen, Immobilien, Rechtsberatung, Wirtschaftsprüfung und professionelle Vereinigungen (Sassen 1988, 1991). Eine weitere Position ist, die Globalisierung über die Aktivitäten der transnationalen Unternehmen (transnational corporations, TNC) für den Prozess der Globalisierung zu bestimmen. Ihre Investitionen sind es vor allem, die weltweit unterschiedliche Märkte zusammenführen. Das geschieht durch die Verlagerung der Produktion, die Diversifizierung der Produkte und Dienstleistungen und durch Direktinvestitionen in zahlreichen Ländern (Dicken 2011).

Die beiden wichtigsten **Ursachen** sind: 1. die politische Deregulierung nationaler Wirtschaftsmärkte, beginnend mit dem Abkommen von Bretton Woods (1944) und dem GATT-Abkommen von 1947 sowie den folgenden GATT-Runden. Sie ermöglichten sowohl eine steigende internationale Verflechtung der Güter- und Finanzmärkte als auch eine höhere Mobilität des Kapitals; 2. die modernen Transport- und Kommunikationsmittel, die eine Übermittlung von Nachrichten praktisch in Echtzeit ermöglichen, ferner die historisch niedrigen Transportkosten.

Zu den wichtigsten **Folgen** der Globalisierung zählen: a) die Deregulierung nationaler Märkte; b) die Senkung von Lohn- und Lohnnebenkosten, was wiederum zu einer Verringerung wohlfahrtsstaatlicher Leistungen führt; c) die Verlagerung der Produktion in Länder mit niedrigeren Löhnen; d) die durch Fusion von Unternehmen und transnationale Unternehmen (TNU) steigende Tendenz zu Oligopolen; e) verstärkter Standortwettbewerb zwischen großen Städten; f) sinkender Handlungs- und Regulierungsspielraum nationaler Regierungen (»Denationalisierung«); g) steigender Druck, supranationale Institutionen zu schaffen, um den Wettbewerb zu regulieren; h) steigende Internationalisierung der *Kultur* und der Unterhaltungsindustrie, z. B. Filme, Bücher; i) veränderte persönliche Identitäten durch globale und lokale Zugehörigkeit (»Hybridkultur« und »Glokalisierung«); j) steigende Konzentration unternehmensbezogener Dienstleistungen in wenigen Städten, den »global cities«.

Literatur

Altvater, Elmar; Mahnkopf, Brigitte, 1997: Grenzen der Globalisierung, Münster. – Dicken, Peter, 2011: Global Shift. The Internationalization of Economic Activity, 6. Aufl., New York/London. – Friedrichs, Jürgen, 1997: Globalisierung – Begriff und grundlegende Annahmen; in: Aus Politik und Zeitgeschichte B 33/34, 3–19. – Mayer, Tilman et al., 2011: Globalisierung im Fokus von Politik, Wirtschaft und Gesellschaft, Wiesbaden. – Sassen, Saskia, 1988: The Mobility of Labor and Capital. A Study of International Investment and Labor Flow, Cambridge, MA. – Sassen, Saskia, 1991: The Global City, Princeton, NJ.

Jürgen Friedrichs

Grounded Theory

Die Grounded Theory oder Grounded Theory-Methodologie ist ein methodologischer Ansatz, zugleich eine Auswertungsmethode innerhalb der *qualitativen Sozialforschung*, die ab den 1960er Jahren von B. Glaser und A. Strauss (später von A. Strauss/ J. Corbin) entwickelt wurde mit dem Ziel, empirische Forschung und in ihr gründende Theoriebildung (daher der Name) zu verknüpfen. Theorien werden also nicht aufgestellt und dann empirisch überprüft, sondern bereits die *Theoriebildung* wird mit empirischer Fundierung verschränkt.

Vorgehen der Grounded Theory:
- Vielfältige Formen der Datenerhebung
- Theoretisches Sampling
- Datenauswertung durch Kodieren: offen, axial, selektiv
- Erstellen von Konzepten/Kategorien durch Vergleiche und Fragen, flankiert durch die Erstellung von Memos
- Theoretische Integration der Forschungsschritte

Zentrale Elemente

Ausdrücklich ist eine vielfältige Datenbasis erwünscht, z. B. Beobachtungsprotokolle, offene Interviews, Dokumente. Es werden jedoch nicht erst alle Daten erhoben und dann ausgewertet, sondern schon mit Hilfe der ersten Materialien formuliert der Forscher heuristische *Hypothese*n zu seiner Fragestellung, die ihn dann anleiten, weitere Situationen, Konstellationen etc. gezielt zu erheben, die die Hypothesen prüfen bzw. hinterfragen und erweitern können. Diese theoriegeleitete Fallauswahl bezeichnet man als *Theoretisches Sampling*. Die Hypothesenerstellung und ihre Prüfung auf Robustheit (am Fall und im Fallvergleich), damit ein Zusammenspiel von induktivem und deduktivem Vorgehen, erfolgen durch drei Formen des *Kodierens*, im Idealfall durch eine Gruppe von Forschern durchgeführt:

1. Das **offene** Kodieren in Form einer extensiven sequentiellen Analyse (Wort für Wort oder Zeile für Zeile) dient der Erstellung erster theoretischer Konzepte, z. B. »Ablehnung des früheren Lebensstils« bei einer Studie über Krebskranke (Corbin 2010). 2. Das **axiale** Kodieren ist auf Kategorien (abstraktere Konzepte) und Verknüpfungen zwischen ihnen ausgerichtet. Das Kodierparadigma, wonach Prozesse nach Bedingungen, Handlungsstrategien und Konsequenzen zu kodieren sind, bietet hier eine Hilfestellung. 3. Beim **selektiven** Kodieren wird systematisch nach einer Schlüsselkategorie kodiert, die die Analyse herausgearbeitet hat, so dass sich viele Einzelbefunde allmählich zu einem Ergebnis verdichten.

Wichtige Forschungsstrategien bestehen in diesem Prozess darin, Fragen an das Material zu stellen und Vergleiche vorzunehmen, um über den Einzelfall hinaus zu abstrakteren Kategorien zu gelangen. Im obigen Beispiel könnte der Forscher z. B. gezielt nach dem Fall eines Krebskranken suchen, der seinen früheren Lebensstil nicht ablehnt, sondern anders (wie?) mit der Krankheit umgeht und im Vergleich die Gründe dafür analysieren. Formal dient dabei das Erstellen von Memos dazu, den Prozess der Theoriegenerierung zu fördern, zu dokumentieren und zu reflektieren. Am Ende steht die Formulierung theoretischer Erklärungszusammenhänge, z. B. verschiedene Typen des Umgangs mit schweren Krankheiten mitsamt entsprechenden Bedingungskonstellationen ihres Vorkommens (Aussagen über Häufigkeitsverteilungen streben qualitative Methoden demgegenüber nicht an). Einen Abschluss findet die Datenerhebung bei theoretischer Sättigung, wenn weitere Daten also keine neuen Konzepte mehr hervorbringen.

Stärken und Schwächen

Eine Stärke des Ansatzes besteht darin, im Idealfall komplexe Phänomene beschreiben und erklären zu können, dabei auch im Gegensatz z.B. zu einer *Inhaltsanalyse* nicht nur zu klassifizieren, sondern Sinnstrukturen in ihrem Kontext zu rekonstruieren. An Grenzen stößt die Methode dadurch, dass sie hohe Ansprüche an den Forscher stellt, insofern die kreative Theorieentwicklung nur schwierig als Technik erlernbar ist. Dieses Problem wird auch durch Kodierungen unterstützende Software (z.B. ATLAS/ti oder MAXQda) nicht gelöst.

Literatur

Im Überblick: Corbin, Juliet, 2010: Grounded Theory; in: Bohnsack, Ralf et al. (Hg.): Hauptbegriffe Qualitativer Sozialforschung, 3. Aufl., Opladen, 70–74. – ausführlicher mit Beispiel: Przyborski, Aglaja; Wohlrab-Sahr, Monika, 2010: Qualitative Sozialforschung, 3. Aufl., München, Kap. 5.1. – Strauss, Anselm; Corbin, Juliet, 1996: Grounded Theory. Grundlagen Qualitativer Sozialforschung, Weinheim.

Nicole Burzan

Gruppe

Wir alle leben normalerweise von Geburt an in Gruppen (engl. group). Gruppen prägen unser Verhalten in fast allen Lebensbereichen. Selbst wenn keine anderen Personen anwesend sind, überlegen wir uns nicht selten, was andere über uns denken und wie wir auf andere wirken. Der homo sapiens ist ein Gruppenmensch. Die Gruppen helfen uns beim Überleben der Art, und wir sind damit sehr erfolgreich. Historisch gesehen wird die Gruppe von den vier Schwesterdisziplinen der Sozialpsychologie (Witte 1994) beforscht: a) Die **Anthropologie** mit der kulturellen Position erforscht die Unterscheidung in »in-group« und »out-group« als Grundlage des *Ethnozentrismus*, ihre biologische Ausrichtung konzentriert sich auf die genetische Ausstattung des homo sapiens als Gruppenmensch (Witte 2006); b) die **Soziologie**, die schon früh natürliche Kleingruppen wie Ehe, *Familie*, Arbeitsgruppe, und »Gang« thematisiert hat; c) die **Psychologie**, die insbesondere die Auswirkungen des Gruppenkontextes auf Massen, Konformität und Leistung betrachtet hat; sowie d) die **Sozialarbeit** als angewandte Sozialpsychologie, die sich mit Teamentwicklung, Gruppenmoderation und Gruppentherapie beschäftigt (s. zusammenfassend theoretische Ansätze bei Witte/Davis 1996).

Wir gehen von folgenden äußeren **Merkmalen** aus:

1. Gruppen bestehen aus mehreren Personen. Die untere Anzahl ist drei, obwohl auch Dyaden gewisse Eigenschaften von Gruppen besitzen, nämlich die Berücksichtigung einer Außenperspektive und die damit verbundene Anpassung. Bei Dyaden fehlt die Möglichkeit einer Koalitionsbildung, um den Anpassungsdruck auf eine Minderheit zu erhöhen. Die obere Anzahl einer (kleinen) Gruppe zu bestimmen ist ebenfalls nicht einfach. Je länger die Personen sich in diesem Gruppenkontext befinden, desto größer kann die Zahl sein, damit jeder mit jedem kommunizieren kann. So können Schulklassen von 20 bis 30 Schülern noch immer den Charakter einer Gruppe haben, weil sie über so lange Zeit gemeinsam im Unterricht interagieren. Dass solche Gruppen auch in Untergruppen nach Sympathie und Kommunikationshäufigkeit zerfallen, ist an dieser Stelle nicht relevant. Faktisch gibt es aber die Selbst- und Fremdzuschreibung dieser Gruppe als über-individuelle Einheit. Die obere Grenze ergibt sich dadurch, dass man die Mitglieder nicht mehr als Personen wahrnimmt und keinen individuellen Kontakt mehr herstellen kann. Üblicherweise aber sind Gruppen sehr viel kleiner. Sie umfassen nicht mehr als die magische Zahl 7 plus oder minus 2. Die genaue Zahl ist auch nicht von besonderer Bedeutung, weil es um die psychologischen Prozesse geht, die durch die Anwesenheit anderer Personen ausgelöst werden. Das wesentliche Merkmal in der Gruppensituation ist also die Beeinflussung der eigenen Handlung durch die Bewertung anderer Personen, die direkt oder indirekt auf meine Handlung reagieren können, weil wir in *Interaktion* stehen, aber nicht unbedingt in einer Face-to-face Interaktion.

2. Diese Interaktion in der Gruppe ist zielorientiert. Dieses Ziel kann mehr oder weniger präzise, es kann von außen gesetzt sein oder von der Gruppe selber festgelegt werden. Die Interaktionen werden also gesteuert. Damit gibt es fast immer zwei Aufgaben zu bewältigen: zum einen die intendierte Zielverfolgung und zum anderen die Steuerung der Interaktion in der Gruppe, Letzteres häufig als verborgene Aufgabe.

In Gruppen gibt es Strukturen, nach denen die Interaktionen ablaufen und die die individuelle Einflussstärke auf das Endergebnis der Gruppe festlegen. Die einzelnen Mitglieder einer Gruppe können also nach dem Ausmaß ihrer Beiträge und dem Gewicht bei der gemeinsamen Entscheidung differenziert werden. Hier spielt natürlich der Status in einer Organisation keine unwesentliche Rolle, der diese Personen mit Ressourcen (Belohnungsmöglichkeiten) ausstattet, über die andere Personen nicht verfügen. Aber auch die Persönlichkeit ist nicht unwichtig. Die Vielredner sind sozial weniger ängstlich und haben ein höheres Selbstvertrauen. Schaut man sich die Unterschiede in den durchschnittlichen Redebeiträgen z. B. in Fünf-Personen-Gruppen an, so kommen auf den ersten Vielredner 69 % der Beiträge und auf den Zweiten nur mehr 22 % in freien Diskussionen, wenn man ein recht gut bestätigtes Gesetz heranzieht. Man würde jetzt weiterhin naiverweise annehmen, dass zumindest eine längere Erfahrung in der Gruppe bei ähnlichen Aufgaben die Identifikation der individuellen Fähigkeiten bei der Lösung von Problemen verbessert. Leider finden sich in diesem Zusammenhang sogar Ergebnisse, die zeigen, dass sich die Identifikation leistungsfähiger Mitglieder der Gruppe mit der Gruppenerfahrung verschlechtert hat. Es bestehen also erhebliche Diskrepanzen zwischen den subjektiven Eindrücken und den realen Verhältnissen, wie sie sich im Ausmaß der Einflussstärke widerspiegeln.

3. Ferner gibt es in Gruppen Bindungskräfte, die zu einer gewissen Abhängigkeit der einzelnen Mitglieder von der Gesamtgruppe führen. Die Abhängigkeit ist keine reine instrumentelle Abhängigkeit, weil die Gruppe eine Unterstützung zur Erreichung eigener Ziele darstellt, sondern auch eine emotionale, weil man die Gruppenmitglieder mag und selber gemocht werden möchte. Diese Bindung an die Gruppe ist unterschiedlich intensiv, von der emotionalen Bindung an die *Familie* bis zur Bindung an eine kurzfristige Projektgruppe. Im ersten Fall handelt es sich um natürliche Primärgruppen, die ein Leben lang Bestand haben, und im zweiten Fall sind es kurzfristige funktionale Gruppen zur Erledigung einer Aufgabe. Im ersten Fall macht es Sinn, die Gruppe als Einheit zu betrachten, weil die Abhängigkeiten so stark sind, dass man kaum unabhängig von den anderen Familienmitgliedern wichtige Entscheidungen treffen kann. Demgegenüber wird in Projektgruppen auf das individuelle Verhalten Bezug genommen. Die anderen Gruppenmitglie-

der sind für das Individuum nur eine von mehreren möglichen relevanten Umwelten. Im Fokus stehen aber das individuelle Vorgehen und das zwar gemeinsame, aber zeitlich begrenzte Projekt.

4. Das Verhalten von Gruppen und in Gruppen wird durch die Mitglieder selber bewertet, aber auch durch unabhängige Beurteiler, die die Leistung einer Gruppe einschätzen sollen. Eine solche Bewertung hat Konsequenzen. Zum einen kann man sich als Gruppenmitglied fragen, ob man weiterhin in dieser Gruppe bleiben soll, zum anderen können externe Beurteiler sich fragen, ob man an der Gruppe etwas ändern muss, um eine bessere Zielerreichung zu ermöglichen. Wichtig ist dabei, dass die Beurteilungskriterien häufig nicht übereinstimmen, wenn man diese zwei Qualitätsmaßstäbe vergleicht. Die internen Kriterien beziehen sich fast ausschließlich auf die Abläufe und kaum auf die Handlungsergebnisse. Vielfach kann man sie auch gar nicht einschätzen, weil man keine Vergleichsmaßstäbe hat. Demgegenüber kann ein externer Beurteiler zwischen Gruppen vergleichen und vor allem die erbrachten Ergebnisse zur Bewertung heranziehen und nicht nur die internen Verläufe. Diese Bewertungsgrundlagen sind einmal intern für die Mitglieder handlungsleitend, weil man diesen Kriterien, die Erwartungen an das eigene Handeln darstellen, genügen möchte. Die externen Kriterien sind nicht direkt handlungsrelevant, sie werden erst nachträglich bei der Beurteilung des Ergebnisses herangezogen. Daran wird dann auch schon deutlich, dass es hier erhebliche Widersprüche geben kann. Auf jeden Fall ist zu beachten, dass das Verhalten in Gruppen einem kontinuierlichen Bewertungsprozess ausgesetzt ist, der aber nach unterschiedlichen Kriterien vorgenommen wird bzw. werden muss, je nach Innen- oder Außenperspektive. Das Gruppenmitglied kann nur den Gruppenprozess selber heranziehen, jedoch ist dem unabhängigen Beobachter die Möglichkeit gegeben, das Ergebnis mit anderen Gruppen oder mit einem theoretischen Konstrukt zu vergleichen. Er kann also externe Bezugspunkte wählen, um eine Bewertung vorzunehmen. Dann kann das als qualitativ hochwertig angesehene Ergebnis aus der Sicht der Teilnehmer wegen des positiv bewerteten Gruppenverlaufes für die Beurteilung eines externen Beurteilers minderwertig sein oder fehlerhaft, weil jetzt andere Kriterien

herangezogen werden. Die beiden Grundlagen zur Beurteilung einer Gruppenleistung können erheblich divergieren. Man kann sich also nicht auf die interne Beurteilungsgrundlage bei der Bewertung eines Leistungskriteriums verlassen.

Die unterschiedlichen Begriffsbildungen lassen sich auf zwei typische Formen reduzieren, wobei die eine in der soziologischen Tradition steht und Verbindungen zur Kultur-Anthropologie aufweist und die andere in der psychologischen mit Verknüpfungen zur Sozialarbeit als Veränderung des Einzelnen in der Gruppe. Die soziologische Perspektive einer Explikation von Gruppe lässt sich gut in der Darstellung von Neidhardt erkennen: »Gruppe ist ein soziales System, dessen *Sinn*zusammenhang durch unmittelbare und diffuse Mitgliederbeziehungen sowie durch relative Dauerhaftigkeit bestimmt ist.« (1979, 642). Mit dem Begriff »Sinnzusammenhang« ist die symbolische Abgrenzung der Gruppe nach außen gemeint, wie gemeinsame Bezeichnungen, gemeinsame Ziele etc. Durch die Charakterisierung »unmittelbar« wird auf die Face-to-face-Kommunikation hingewiesen, und »diffus« bedeutet, dass die Mitglieder Beziehungen auf sehr verschiedenen Ebenen gleichzeitig haben, z. B. über gemeinsame Interessen, emotionale Bindungen, Zielsetzungen. Inhaltlich ist eine solche Explikation deutlich auf natürliche Kleingruppen wie Ehe, Familie, Arbeitsgruppe etc. abgestellt.

Wenn ich dieser soziologischen Variante meine eigene psychologische Explikation gegenüberstelle, so wird die andere Extremposition aus psychologischer Sicht deutlich: »Gruppensituation = df eine Situation, in der man als Einzelperson veranlasst wird, das eigene Urteil (Reaktion) in Beziehung zu anderen Urteilen (Reaktionen) zu setzen.« (Witte 1979, 125). Hier kommt die Gruppe nur als Umgebungsvariable vor, die Einfluss auf das individuelle Handeln nimmt.

Wichtig ist, diese Extrempositionen – Gruppe als Mikrosystem und Gruppe als Umgebung für ein Individualsystem – herauszuarbeiten und sie nicht in Form einer vermittelnden Explikation klassischer Art zu verschleiern : Eine klassische Explikation der Kleingruppe lautet (Shaw 1971, 10): »A group is defined as two or more persons who are interacting with one another in such a manner that each person influences and is influenced by each other person.«

Grundsätzlich handelt es sich um zwei verschiedene Ebenen mit unterschiedlichen Gesetzmäßig-

keiten, wie sie z. B. an dem Begriff der Gruppen*kohäsion* erläutert werden können: Man kann diese über das durchschnittliche, gegenseitige »Mögen« der einzelnen Gruppenmitglieder operationalisieren (Psychologie) oder über das »Mögen der Gruppe« als Einheit aus der Sicht der einzelnen Gruppenmitglieder (Soziologie). Ebenfalls hat sich schon frühzeitig die Frage gestellt, womit man den Leistungsgewinn von Gruppen gegenüber Einzelpersonen vergleichen soll. Ist es zulässig die Lösewahrscheinlichkeit von N-Personen-Gruppen mit Einzelpersonen zu vergleichen?

Wenn man die Qualität von Gruppenleistungen mit der von Einzelpersonen vergleicht, dann muss man triviale Effekte der Anzahl ausschalten. So kann man einfache Effekte der Mitteilung einer richtigen Lösung an andere Personen kaum als Gruppenleistung ansehen.

Man kann diesen Mitteilungseffekt als Beurteilungsgrundlage für die Leistungsgüte von Gruppen heranziehen, wobei man erwarten würde, dass Gruppen letztlich besser sind, als durch solche einfachen Mitteilungen der Wahrheit zu erwarten wäre. Man hat dann die psychologische Definition von Gruppe als Ausgangspunkt gewählt.

Um solche Effekte der einfachen Mitteilung in Abhängigkeit der Gruppengröße erfassen zu können, hat man ein Modell entwickelt. Die Annahmen sind Folgende: 1. Die einzelnen Mitglieder suchen unabhängig voneinander; 2. Wenn ein Mitglied die richtige Lösung weiß, dann teilt es diese den anderen mit, und diese akzeptieren sie. Formal gilt dann Folgendes:

P_i : durchschnittliche individuelle Lösungswahrscheinlichkeit

$1-P_i$: durchschnittliche Wahrscheinlichkeit, dass ein Gruppenmitglied die Aufgabe nicht löst.

P_N : Wahrscheinlichkeit, dass die Gruppe aus N Mitgliedern die Aufgabe löst.

$P_N = 1-(1-P_i)^N$

Die Lösungswahrscheinlichkeit von 1 wird um genau die Wahrscheinlichkeit reduziert, die sich ergibt, wenn alle Gruppenmitglieder die Aufgabe **nicht** lösen. Wenn eine Person die richtige Lösung kennt, dann beträgt die Wahrscheinlichkeit 1, dass die Aufgabe gelöst wird.

Dieses Modell unterstellt sehr einfache Prozesse in einem System von N Personen: Es gibt Mitteilungen über richtiges Wissen und Akzeptierung dieses

Wissens in dem Mikrosystem Kleingruppe. Betrachtet man jetzt ein Beispiel:

Man nehme an, dass die individuelle Lösungswahrscheinlichkeit 0.50 beträgt (reiner Zufall) und man 4-Personen-Gruppen zusammengestellt hat, um die komplexe Aufgabe zu bearbeiten. Die beobachtete Wahrscheinlichkeit der Gruppenlösung beträgt 0.80. Ist dieser Zuwachs größer als ein einfacher Mitteilungseffekt? Die individuellen Lösungswahrscheinlichkeiten liegen bei: 0.60, 0.60, 0.40, 0.40.

Daraus ergibt sich:

$P_N = 1-(1-0.50)^4 = 0.94.$

Bei einem einfachen Mitteilungseffekt sollte die Lösungswahrscheinlichkeit einer 4-Personen-Gruppe bei 0.94 liegen.

Dieser einfache Mechanismus der Mitteilung der richtigen Lösung führt bereits zu einer erheblich höheren Lösungswahrscheinlichkeit der Gruppe, als mit 0.80 beobachtet wurde. Letztere Wahrscheinlichkeit wiederum ist erheblich besser als die Lösungswahrscheinlichkeit des besten Individuums von 0.60.

Ob man diesen Zuwachs als einen »assembly bonus effect« (Gruppengewinn) bezeichnen kann, bleibt sehr umstritten (Larson 2010). Generell ist der Vergleich von Einzelpersonen mit Gruppen unzulässig, weil eine simple Mitteilung an andere noch keine Gruppenleistung darstellt, höchstens einen Effekt der Wissensverbreitung, aber keinen Effekt der Wissensschöpfung. Man müsste also nicht einmal reale Gruppen zusammenstellen, um diesen Effekt zu erzielen. Dieser ist also nicht an eine Gruppe mit ihren spezifischen Charakteristika der gemeinsamen Zielsetzung, interner Strukturierung nach Rollen, Normen der Interaktion, gewisse Kohäsion etc. gebunden. Das Ergebnis hängt nur von der Anzahl der Personen ab, die diese Mitteilung bekommen. Trotzdem liegt die theoretische Lösungswahrscheinlichkeit noch weit höher, als bei realen Gruppen beobachtet wird (0.94 zu 0.80).

Dieser Verlust liegt häufig daran, dass nicht bereits dann eine Lösung als richtig akzeptiert wird, wenn **eine** Person sie vorschlägt, sondern eine Majorität muss sich für diese Lösung entscheiden. Allgemein gilt:

$$P_N = \sum_{h=m}^{N} \binom{N}{h} \cdot P_i^h \cdot (1-P_i)^{N-h}$$

P_N: Wahrscheinlichkeit, dass eine Gruppe der Größe N die richtige Lösung wählt, wenn die Majorität zustimmt.

h: 1, 2, ..., N

m: Anzahl der Mitglieder, die eine Majorität bilden

P_i: individuelle Lösungswahrscheinlichkeit

Für das obige Beispiel mit N = 4 und P_i = 0.50 gilt Folgendes:

$P_N (N=3,4) = \binom{4}{3} 0.50^3 (1-0.50)^1 + \binom{4}{4} 0.50^4 (1-0.50)^0$
$= 4 \cdot 0.125 \cdot 0.50 + 1 \cdot 0.06 \cdot 1$
$= 0.25 + 0.06 = 0.31$

Wenn man als Beispiel 4-Personen-Gruppen betrachtet, dann müssen mindestens 3 Personen die richtige Alternative vorschlagen, damit sie als richtig von allen akzeptiert wird. Folglich wächst die von der Gruppe akzeptierte Lösung sehr viel langsamer.

Man kann die obige Gleichung so erweitern, dass man die Wahrscheinlichkeit berechnet, die sich ergibt, wenn nur 1 Mitglied die richtige Lösung kennt. Dann muss man nicht nur die Majoritätskonstellationen, sondern auch noch die für h = 1 und h = 2 hinzuaddieren. Dann ergibt sich:

$P_N (N=1,...,4) = \binom{4}{3} 0.50^3 (1-0.50)^1 + \binom{4}{4} 0.50^4 (1-0.50)^0$
$+ \binom{4}{2} 0.50^2 (1-0.50)^2 + \binom{4}{1} 0.50^1 (1-0.50)^3$
$= 0.25 + 0.06 + 0.38 + 0.25 = 0.94$

Dieser Wert ist mit dem des anderen Modells zu vergleichen, der ebenfalls 0.94 beträgt.

Man sieht also, dass die beiden Formeln zu identischen Resultaten führen. Sie haben nur einen verschiedenen Rechenweg: Die erste Formel betrachtet das Nicht-Wissen und die Zweite das Wissen als Grundlage.

Theoretisch wichtig ist jetzt aber an dieser Formel für die Majorität, dass nur dann die *Majorität* die richtige Lösung in der Gruppe mit größerer Wahrscheinlichkeit findet, wenn die individuelle Lösung größer ist als 0.50, eine reine Zufallswahl. Bei einer geringeren Lösungswahrscheinlichkeit als 0.50 sinkt die Gruppenleistung und bei 0.50 bleibt sie konstant unabhängig von der Gruppengröße. Das gilt aber nur für ungerade Anzahlen von Gruppenmitgliedern (3, 5, 7, 9 ...). Bei geraden Anzahlen (4, 6, 8, 10 ...) muss man noch die Hälfte der Lösungswahrscheinlichkeit bei einer Gleichverteilung hinzuzählen, um die Konstanz auf 0.50 erhalten zu können, weil die Gleichverteilung keine eindeutige Entscheidung für eine statistische Majorität bedeutet:

$$P_N = 0.06 + 0.25 + (0.38) \cdot 1/2 = 0.50$$

Ferner ergeben sich bei Gruppengrößen zwischen 3 und 7 Mitgliedern, wie sie häufig zu beobachten sind, dass die Majoritätslösung dann deutlich besser ist als die durchschnittliche Einzellösung, wenn die individuelle Lösungswahrscheinlichkeit zwischen $P_i = 0.66$ und $P_i = 0.87$ liegt. Unter $P_i = 0.66$ ist der Zuwachs gering, weil die Majorität sich häufig auf falsche Lösungen einigt, über $P_i = 0.87$ ist generell eine Gruppenentscheidung kaum nötig.

Damit ist der sinnvolle Einsatz von Gruppen auf einen engen Schwierigkeitsbereich beschränkt, wobei es immer Experten sein müssen, die besser als der Zufall ($P_i > 0.50$) eine richtige Lösung finden können, sofern man eine Majoritätsregel unterstellt. Hinter dieser Forderung verbergen sich implizit Kritikpunkte an demokratischen Regeln bei Aufgaben, die eine richtige Lösung zum Gegenstand haben.

Die obige Kritik an der Unvergleichbarkeit der beiden Systemebenen Gruppe mit Individuum lässt sich so auflösen, dass man die Wahrscheinlichkeit der Gruppenlösung wieder zu einer individuellen Lösewahrscheinlichkeit transformiert, indem man nach der Gruppenlösung (t) die individuelle Übernahmewahrscheinlichkeit der richtigen Lösung betrachtet:

$$_tP_i = \alpha \cdot P_N$$

$_tP_i$: die individuelle Wahrscheinlichkeit der Übernahme der in der Gruppe gefundenen Lösung durch ein Durchschnittsindividuum.

α : die Übernahmewahrscheinlichkeit der Lösung aus der Gruppe.

P_N : die Wahrscheinlichkeit, die richtige Lösung in der Gruppe von N Personen zu finden.

Wenn jetzt alle Personen die gefundene Gruppenlösung übernehmen ($\alpha=1$), dann hat die Gruppe den einzelnen Personen geholfen und ihre durchschnittliche Lösungswahrscheinlichkeit verbessert von 0.50 auf 0.80. Nur auf diesem Hintergrund sind die Wahrscheinlichkeiten zu vergleichen. Man erkennt an diesen einfachen Beispielen auch, dass Gruppen häufig hinter ihrem Leistungspotenzial zurückbleiben. Diese Leistungsminderungen bei Gruppen sind vielfältig: bei der Motivation, der Kreativität,

dem Helfen, dem komplexen Problemlösen etc. (Witte/Kahl 2008). Gleichzeitig wird deutlich, dass diese Prozessverluste in Gruppen bereits genetisch angelegt sind. Es lässt sich nämlich zeigen, dass diese Verluste in der Gruppe gleichzeitig individuelle Vorteile darstellen, wie es oben gezeigt werden konnte, wenn man die Problemlösewahrscheinlichkeit des durchschnittlichen Individuums vor der Gruppendiskussion (P_i) und nach der Gruppendiskussion ($_tP_i$) vergleicht, wobei dann die Übernahmewahrscheinlichkeit (α) nahe bei 1 liegen muss und die Gruppenmitglieder Kenntnisse über die Problemstellungen haben müssen ($P_i > 0.50$). Dann ist die Majoritätsregel zwar der Grund, die optimale Möglichkeit in der Gruppe nicht ausschöpfen zu können, aber gleichzeitig der Anlass die individuelle Übernahmewahrscheinlichkeit zu erhöhen. Faktisch könnte die Gruppe eine bessere Leistung erzielen, aber der Gruppenkontext verbessert die individuelle Lage in ausreichendem Maße (zur Erhöhung der Fortpflanzungswahrscheinlichkeit). Aus diesem Grund findet man in der wissenschaftlichen Diskussion diesen Widerspruch zwischen Prozessverlusten in Gruppen und Gruppenvorteilen im Vergleich zu individuellen Reaktionen. Es ist kein Widerspruch: Im ersten Fall vergleicht man die Gruppenreaktion mit einem theoretisch möglichen Potenzial einer Gruppe, im zweiten Fall mit einer individuellen Reaktion ohne Gruppeneinfluss.

Diese bereits für den homo sapiens genetisch vorgeprägten Verhaltensweisen in Gruppen hat auch eine kulturelle Verankerung erfahren: Wir glauben an die Leistungsfähigkeit von Gruppen und richten unsere soziale Praxis danach aus. Deshalb ist unsere soziale Praxis auch so organisiert, dass wir Gruppen eher vertrauen als Einzelpersonen: Die Minister lassen ihre Vorstellungen durch das Kabinett bestätigen, das Urteil eines schwerwiegenden Verbrechens wird nicht vom Einzelrichter, sondern vom Schöffengericht gefällt, die Beurteilung einer Dissertation wird von zwei Gutachtern vorgenommen, Punktrichter beim Boxen oder beim Eiskunstlauf beurteilen in kleinen Gruppen das Ergebnis usw. Ferner haben wir eine soziale Repräsentation von Gruppen entwickelt, die das gute Funktionieren von Gruppen verbindet mit positiver emotionaler Beziehung untereinander, Gleichbehandlung aller, Vermeidung von persönlichen, auch sachlichen Konflikten und der gezielten Steuerung des positiven Zusammenhaltes (Witte/Engelhardt 1998). Unter solchen nach Harmonie strebenden Verhaltensweisen mit hoher *Konformität* lassen sich Probleme durch eine sachliche Auseinandersetzung qualitativ hochwertig kaum angehen, weil diese Auseinandersetzungen vermieden werden. Gleichzeitig erhöhen diese Vorstellungen die konformen Verhaltensweisen in Gruppen, wodurch die individuelle Übernahme dieser Gruppenentscheidung verbessert wird. Das aber ist die Voraussetzung für den individuellen Vorteil durch den Gruppenkontext, wenn die Gruppenteilnehmer bessere Entscheidungen zeigen können, als es rein zufällig geschehen würde. Verbunden mit dieser sozialen Repräsentation von Gruppen gibt es auch die soziale Repräsentation von Teamfähigkeit, also die Eigenschaften, die eine Person mitbringen sollte, damit sie sich zum Vorteil der Gruppe an ihren Zielen beteiligen kann (Seelheim/Witte 2007): Kommunikationsfähigkeit, Kontaktfähigkeit, Kooperationsfähigkeit, Integrationsfähigkeit, Konsensfähigkeit, Konfliktfähigkeit. Faktisch führen diese Eigenschaften aber nicht zu einem Erfolg der Gruppe. Sogar dann, wenn man zeigen kann, dass die Gruppe durch eine abweichende Meinung zu einem besseren Ergebnis kommt, wird dieser Person mit der abweichenden Meinung keine hohe Teamfähigkeit zuerkannt (Seelheim 2011).

Nach diesen sozial vermittelten Vorstellungen ist es nicht verwunderlich, dass Personen einer einheitlich falsch urteilenden Mehrheit in einer Wahrnehmungsaufgabe entgegen ihrer eigenen Wahrnehmung in ca. 33 % diesen Reaktionen folgen (Asch-Experiment). Wir ändern auch eher unser Verhalten, wenn wir in Gruppen darüber diskutiert, als wenn wir nur einen Vortrag gehört haben, wie es Lewin im Zweiten Weltkrieg bei der Verwendung von Nahrungsmitteln gezeigt hat (s. zusammenfassend Witte 1979). Verstärkt man den sozialen Druck in einer Gruppensituation, dann kann man in einem solchen Gruppenkontext erreichen, dass ca. 66 % der Personen einen tödlichen elektrischen Schlag austeilen (Milgram-Experiment).

Konzentriert man sich jetzt auf die soziologische Definition von Gruppe als ein Mikrosystem (Arrow et al. 2000), dann verlässt man die individuelle Ebene und betrachtet über-individuelle Parameter und Prozesse. Die Bildung eines Mikrosystems braucht aber Zeit. Sie findet als Minimalvoraussetzung dann statt, wenn die Mitglieder sich als ähnlich betrachten und hinzukommend ein gemeinsames Schicksal erfahren. Solch eine Bildung eines Systems scheint über verschiedene Phasen zu laufen: Das

Forming als gemeinsames Kennenlernen, das **Storming** als den Versuch individuelle Interessen durchzusetzen, das **Norming** als die Kompromissbildung auf gemeinsame Regeln und Standards und dann das **Performing** als die angestrebte Zielverfolgung. Bei der Zielerreichung kann dann die Gruppe als (Quasi-)System aufgelöst werden (Adjourning oder Termination), was manchmal als Verlust empfunden wird. Die mikrosystemische Betrachtung lässt sich unter ein Konzept subsumieren, das aus drei Komponenten besteht: Systemtransparenz als geteiltes Wissen über die Gruppe verbunden mit der Meta-Kommunikation über die Gruppenprozesse, die Strukturflexibilität als innere Ordnung der Gruppe und die Außenkontaktsteuerung als Abgrenzungsstrategie von außen und nach außen. Die konkreten Ausprägungen ändern sich über die Zeit durch interne und externe Einflüsse, die über die Interaktion, Sympathie und die Aktivitäten in der Gruppe verändert werden (Homanssche Regel).

Generell gilt: Die Erwartungen an Gruppen sind überzogen, die Menschen streben Gruppen an und die Organisation des Verhaltens in Gruppen wird selten thematisiert.

Literatur

Arrow, Holly et al., 2000: Small groups as complex systems, London, UK. – Larson, James R., 2010: In search of synergy in small group performance, New York, NY. – Neidhardt, Friedhelm, 1979: Das innere System sozialer Gruppen; in: Kölner Zeitschrift für Soziologie und Sozialpsychologie 31, 639–660. – Seelheim, Tanja, 2011: The perception of team skills, Hamburg (unver. Diplomarbeit). – Dies.; Witte, Erich H., 2007: Teamfähigkeit und Performance; in: Gruppendynamik und Organisationsberatung 38, 73–95. – Shaw, Marvin E., 1971: Group Dynamics, 3. Aufl., New York, NY. – Witte, Erich H., 1979: Das Verhalten in Gruppensituationen, Göttingen. – Ders., 1994: Lehrbuch Sozialpsychologie, 2. Aufl., Weinheim. – Ders., 2006: Gruppenleistung. Eine Gegenüberstellung von proximater und ultimater Beurteilung; in: Ders. (Hg.): Evolutionäre Sozialpsychologie und automatische Prozesse, Lengerich, 178–198. – Ders.; Davis, James H. (Eds.), 1996: Understanding group behavior, Vol.I/II, Mahwah. – Ders.; Engelhardt, Gabriele, 1998: Zur sozialen Repräsentation der (Arbeits-)Gruppe; in: Ardelt-Gattinger, Elisabeth et al. (Hg.): Gruppendynamik, Göttingen, 25–29. – Ders.; Kahl, Cara H., 2008: Small group performance. Reinterpreting proximate evaluations from an ultimate perspective, Hamburger Forschungsberichte zur Sozialpsychologie Nr. 85, Hamburg.

Erich H. Witte

Gütekriterien

Gütekriterien (engl. quality factors) der empirischen Forschung dienen zur Beurteilung, welche Qualität die Befunde (bzw. die Messoperationen) haben, ob sie somit als wissenschaftlich fundiert gelten können. Die wichtigsten Gütekriterien der *quantitativen Forschung* lauten: *Gültigkeit, Zuverlässigkeit, Repräsentativität* und *Objektivität* bzw. *Intersubjektivität*.

Gültigkeit (*Validität*)

Gültig sind Ergebnisse dann, wenn man das gemessen hat, was man messen wollte. Dies bedeutet z. B., dass man angemessene *Indikatoren* verwendet hat und dass das Instrument und die Erhebungssituation (z. B. die Anwesenheit Dritter bei einer Befragung) die Ergebnisse nicht systematisch verfälschen. Würde ein Forscher z. B. als Indikator für »Schulerfolg« allein die Note in der letzten Mathearbeit wählen, wäre der Sachverhalt wohl nicht gültig gemessen worden.

Es werden verschiedene Arten der Validität unterschieden: **Inhaltsvalidität** bedeutet, dass möglichst alle Aspekte einer forschungsrelevanten Dimension berücksichtigt wurden (z. B. wäre es zu einseitig, »Patientenzufriedenheit« nur an der Beurteilung des Essens im Krankenhaus festzumachen). **Kriteriumsvalidität** richtet sich auf den Zusammenhang zwischen dem Messergebnis und einem von dieser Messung unabhängigen Kriterium. Dieses kann zur gleichen Zeit erfasst werden (Übereinstimmungsv.) oder zu einem späteren Zeitpunkt die Vorhersagekraft der ersten Messung überprüfen (Vorhersagev.). **Konstruktvalidität** (mit den Kriterien der konvergierenden und diskriminierenden Validität) richtet sich auf den empirischen Nachweis theoretisch hergeleiteter Zusammenhänge. **Intern valide** ist etwa ein Experiment dann, wenn Unterschiede beim zu erklärenden Merkmal (z. B. aggressives Verhalten) ausschließlich auf die experimentelle Variation des erklärenden Merkmals (z. B. einen vorher gezeigten Film) zurückgehen. **Externe Validität** liegt dann vor, wenn die Ergebnisse eines Experiments zutreffend auf andere Personen und Situationen (außerhalb des Labors) verallgemeinert werden können.

Zuverlässigkeit (*Reliabilität*)

bezeichnet die interpersonelle, intertemporale und interinstrumentelle Stabilität empirischer Ergebnisse und damit das Ausmaß, in dem ein wissenschaftlicher Befund reproduzierbar ist. Für das empirische Ergebnis sollte es also unerheblich sein, von welcher Person die Messung durchgeführt wird, zu welchem genauen Zeitpunkt dies geschieht oder mit welchem Instrument. Andere Forschende, die die Messung mit dem gleichen Messkonzept unter vergleichbaren Bedingungen überprüfen, müssten entsprechend zum gleichen Befund gelangen.

Zur Überprüfung der Zuverlässigkeit eines Tests oder Fragebogens werden verschiedene Koeffizienten eingesetzt. So wird etwa bei der **Split-half-Reliabilität** ein Test in zwei äquivalente Hälften aufgeteilt und das Ergebnis korreliert. Eine hohe Korrelation spricht dabei für eine hohe Zuverlässigkeit. Bei der Beobachtung oder Inhaltsanalyse können die Kategorisierungen der Beobachter/Kodierer verglichen werden, das heißt die Kategorisierungen des gleichen Sachverhalts durch zwei Personen (**Intercoder-Reliabilität**) oder durch eine Person zu verschiedenen Zeitpunkten (**Intracoder-Reliabilität**). Eine hohe Übereinstimmung spricht für die Zuverlässigkeit der Ergebnisse.

Zum Zusammenhang von Gültigkeit und Zuverlässigkeit: Ein Ergebnis, das nicht zuverlässig ist, kann auch nicht gültig sein. Die Zuverlässigkeit stellt somit eine notwendige Bedingung für Gültigkeit dar. Sie ist andererseits noch nicht hinreichend für Gültigkeit, so führen etwa zuverlässige Messungen bei unangemessenen Indikatoren trotzdem zu einem ungültigen Ergebnis.

Repräsentativität

bedeutet, dass eine *Stichprobe* ein verkleinertes Abbild einer angebbaren *Grundgesamtheit* darstellt, dass die Ergebnisse aus der Stichprobe also auf diese Grundgesamtheit verallgemeinerbar sind. Die Grundgesamtheit umfasst alle Fälle, über die eine Untersuchung Aussagen treffen will. Ob die Ergebnisse der Stichprobe repräsentativ sind, hängt neben der Größe der Stichprobe und der Ausschöpfung (über wie viele der ausgewählten Fälle gibt es tatsächlich Daten, z. B. wie viele Befragte füllen einen Fragebogen letztlich aus?) insbesondere vom *Auswahlverfahren* ab. Hierbei sind grob zufallsgesteuerte und nicht zufallsgesteuerte Verfahren zu unterscheiden. Auf einer wahrscheinlichkeitstheoretischen Basis fördern Zufallsauswahlen (jeder Fall der

Grundgesamtheit hat die gleiche bzw. bekannte Chance, in die Stichprobe zu gelangen) Repräsentativität am ehesten.

Objektivität/Intersubjektivität

Versteht man Objektivität in diesem Kontext als Unabhängigkeit von subjektiven Eigenschaften und (Wert-)Haltungen des Betrachters bzw. des Forschers, so ist es unmöglich, einen Forschungsgegenstand vollständig objektiv wahrzunehmen und zu untersuchen. Zur Annäherung an dieses Ideal können Forscher jedoch ihr Vorgehen für andere klar dokumentieren, ihre Forscherrolle dabei reflektieren und so ihre Untersuchung für andere intersubjektiv nachvollziehbar, kontrollierbar, damit kritisierbar machen. Die Güte der Befunde steigt danach, wenn die scientific community die Ergebnisse (zustimmend) nachvollzieht. Standardisierte Instrumente dienen in der quantitativen Forschung als Mittel, die Intersubjektivität zu fördern.

Gütekriterien in der qualitativen Forschung

Durch einen anderen erkenntnistheoretischen Zugang und andere (nicht-standardisierte) Verfahren in der *qualitativen Forschung* sind diese Gütekriterien nicht problemlos auf qualitative Methoden übertragbar. Es ist umstritten, ob sie für diese reformulierbar sind oder ob eigene, je nach Untersuchung zu konkretisierende Gütekriterien verwendet werden sollten. Beispiele für solche Kriterien sind neben intersubjektiver Nachvollziehbarkeit die empirische Verankerung, die kommunikative Validierung (die Untersuchten bewerten die Gültigkeit der Ergebnisse) oder die Festlegung des Geltungsbereichs (vgl. Steinke 2005).

Literatur

Diekmann, Andreas, 2007: Empirische Sozialforschung. Grundlagen, Methoden, Anwendungen, 4. Aufl., Reinbek, Kap. VI 3. – Rammstedt, Beatrice, 2004: Zur Bestimmung der Güte von Multi-Item-Skalen: Eine Einführung, ZUMA How-to-Reihe Nr. 12. – Schnell, Rainer et al., 2008: Methoden der empirischen Sozialforschung, 8. Aufl., München/ Wien, Kap. 4.3.2. – Steinke, Ines, 2005: Gütekriterien qualitativer Forschung; in: Flick, Uwe et al. (Hg.): Qualitative Forschung. Ein Handbuch. 8. Aufl., Reinbek, 319–331.

Nicole Burzan

H

Habitus

Begriff

Als soziologischer Grundbegriff ist der Begriff Habitus (engl. habitus) von Pierre Bourdieu in das sozialwissenschaftliche Denken eingeführt worden. Bourdieu bezeichnet damit eine Instanz im *Individuum*, in die Denk- und Sichtweisen, Wahrnehmungsschemata, Prinzipien des Urteilens und Bewertens eingelagert sind, die unser Handeln, alle unsere expressiven, sprachlichen, praktischen Äußerungen strukturieren. Entscheidend für das Verständnis des Habitus-Konzepts – und neu im Verhältnis zur herkömmlichen soziologischen Vorstellung vom sozialen Akteur – ist zunächst, dass der Habitus nicht auf den ›**Geist**‹ des Menschen reduziert werden kann, sondern den *Körper* mit einbezieht: Die Menschen sind als körperliche Wesen in der Welt, und so ist *soziales Handeln* immer auch körperliches Handeln, gestützt auf eine sinnliche Wahrnehmung, die ihrerseits ›sozial codiert‹ ist. Der sozialisierte Körper ist daher nicht als das Gegenteil von *Gesellschaft* zu sehen, sondern als eine ihrer Existenzformen; er ist »das Körper gewordene Soziale« (Bourdieu/Wacquant 1996, 161). Damit ist soziales Handeln nicht etwas, das sich allein auf die Ebene des Bewusstseins bezieht, vielmehr handeln die Individuen über weite Strecken intuitiv.

Der Habitus als Produkt der individuellen Geschichte und als generatives Prinzip

Der Habitus ist nicht angeboren, er ist etwas Gewordenes. In ihm wirkt die ganze Vergangenheit des Individuums, die ihn hervorgebracht hat, in der Gegenwart fort. Die Erfahrungen, die ein Individuum in seiner praktischen Auseinandersetzung mit der Welt macht, die Sichtweisen und Einteilungen der Welt, die es sich dabei als zunächst selbstverständliche Wahrnehmungs- und Klassifikationsschemata aneignet, werden in den Habitus eingelagert und prägen das Handeln eines Menschen, seine Haltung zur Welt und zu anderen Menschen in charakteristischer Weise. Der Habitus eines Menschen ist also

zugleich etwas sehr **Individuelles**, sofern sich darin die jeweils individuellen Erfahrungen mit der Welt niederschlagen, und etwas sehr **Soziales**, insofern man bestimmte grundlegende Erfahrungen mit Individuen in den gleichen sozialen Verhältnissen teilt. Der Habitus einer Person existiert auch nicht ›für sich‹, er ist vielmehr immer bezogen auf den sozialen Kontext. Es gibt, wie Bourdieu schreibt, zwei Formen, in denen sich Geschichte objektiviert, die Objektivierung in den *Institution*en und die Objektivierung im Menschen, eben: als Habitus (Bourdieu 1987, 106). Dies bedeutet allerdings auch, dass die *Macht*- und *Herrschaft*sverhältnisse den Akteuren nicht äußerlich sind. Vielmehr ist die *Ordnung* der sozialen Welt mit den in sie eingelassenen Ungleichheits- und Herrschaftsstrukturen als symbolische *Ordnung* in den Sachen, in den Handlungen, in den Köpfen und in den Körpern präsent.

Der Habitus funktioniert als eine Art **generatives Prinzip** im Menschen; er macht uns handlungsfähig; er bewirkt, dass wir uns in der Welt zurechtfinden. Dabei verfährt er nach einer dem lebenden Organismus eigenen, d.h. nach einer flexiblen, nicht mechanistischen Logik, als »ein offenes Dispositionensystem, das ständig mit neuen Erfahrungen konfrontiert und damit unentwegt von ihnen beeinflusst wird« (Bourdieu/Wacquant 1996, 167). Der Habitus hat also das Potenzial einer ars inveniendi, einer Erfindungskunst – allerdings in den durch die bisherigen Erfahrungen vorgegebenen Grenzen. Diese Begrenzung der Flexibilität des Habitus, eine Art eingebautes Trägheits-Moment, nennt Bourdieu *Hysteresis*. Sie kommt insbesondere bei tief greifenden gesellschaftlichen Veränderungen zum Tragen, in denen die bislang selbstverständlichen Sichtweisen und Gewohnheiten des Handelns dazu führen, dass man in den neuen Verhältnissen nicht mehr intuitiv weiß, worauf es ankommt (Bourdieu 2010).

Würdigung

Es geht Bourdieu darum, mit Hilfe des Habitus-Konzepts die herkömmliche Sichtweise des *homo sociologicus* zu überwinden, die von der Entgegensetzung von Individuum und Gesellschaft ausgeht, und statt dessen den Menschen von vornherein als vergesellschaftetes Individuum zu begreifen, als ein handelndes, fühlendes, denkendes Individuum, das in seinem Handeln die Welt herstellt und zugleich von ihr hergestellt wird. Dagegen ist angeführt worden, das Habitus-Konzept bestimme den Menschen als ein durch und durch von der Gesellschaft beherrschtes, ja deterministisch festgelegtes Wesen und sei daher nicht in der Lage, das Aufbegehren und die Emanzipation des Individuums analytisch zu erfassen (Honneth 1984, Witz 2004). Doch sucht Bourdieu die Potenziale für gesellschaftliche Veränderung nicht im Individuum an und für sich oder gar im aufgeklärten Bewusstsein des Individuums, sondern in den gesellschaftlichen Bedingungen, die im Zusammenwirken von Gesellschaftskritik, individuellem Widerstand und der Bündelung der Aktivitäten einer ›kritischen Masse‹ von Individuen dazu führen, dass Herrschaft als solche sichtbar wird und durch eine veränderte Alltagspraxis der Individuen, aber auch durch ihre politische Aktion auf kultureller, juristischer und politischer Ebene abgebaut wird.

Literatur

Bourdieu, Pierre, 1987: Sozialer Sinn, Frankfurt a. M. – ders. 2010: Algerische Skizzen, Frankfurt a. M. – ders.; Wacquant, Loïc, 1996: Reflexive Anthropologie, Frankfurt a. M. – Honneth, Axel, 1984: Die zerrissene Welt der symbolischen Formen; in: Kölner Zeitschrift für Soziologie und Sozialpsychologie 36, 147–164. – Jurt, Joseph, 2008: Bourdieu, Stuttgart. – Krais, Beate; Gebauer, Gunter, 2002: Habitus, Bielefeld. – Witz, Anne, 2004: Anamnesis and amnesis in Bourdieu's work: the case for a feminist anamnesis; in: Adkins, Lisa; Skeggs, Beverley (Hg.): Feminism after Bourdieu, Oxford, 211–223.

Beate Krais

Handeln, soziales

Maßgeblich geprägt worden ist der Begriff des sozialen Handelns (engl. social action) durch Max **Weber**: »›Soziales‹ Handeln […] soll ein solches Handeln heißen, welches seinem von dem oder den Handelnden gemeinten Sinn nach auf das Verhalten anderer bezogen wird« (Weber 1980, 1). Für Weber bildet das soziale Handeln einen Unterfall von **Handeln** und dieses wiederum von *Verhalten:* »›Handeln‹ soll […] ein menschliches Verhalten (einerlei ob äußeres oder innerliches Tun, Unterlassen oder Dulden) heißen, wenn und insofern als der oder die Handelnden mit ihm einen subjektiven Sinn verbinden.« (Weber 1980, 1)

Verhalten
 \
   Handeln
   (Verhalten mit subjektiv gemeintem Sinn)
    \
      soziales Handeln
      (Handeln, das am Verhalten anderer orientiert ist)
       \
         soziale Beziehung
         (wechselseitig aneinander orientiertes soziales Handeln)

Die im Alltag häufiger anzutreffende Konnotation von »sozial« als gut, positiv etc. ist dabei nicht gemeint (wer einen Tee vergiftet, um den anderen zu töten, handelt ebenfalls sozial). Der Begriff des *Sinn*s wird von Weber weit gefasst (als etwas, das verständlich ist), im Falle des Handelns lässt sich der subjektive (aus der Sicht des Handelnden gesehene) Sinn gut mit dem Begriff des *Motiv*s erfassen. Handlungserklärungen bestehen demnach in einer Bestimmung der (freilich nicht immer voll bewussten) Motive des Handelns. Weber unterscheidet dabei u. a. vier idealtypische Bestimmungsgründe des Handelns: zweckrationale, wertrationale, traditionale und affektuelle.

Weitere Perspektiven

Alfred Schütz schließt an Weber an, unterscheidet aber Handlung (als abgeschlossenes Ereignis) und Handeln (als Entwurf der Handlung). Zudem führt er über Weber hinaus die Unterscheidung zwischen »weil-Motiven« (aus Vergangenem motiviert) und »um-zu-Motiven« (auf die Zukunft hin gerichtet) ein. Für das Handlungsverstehen rückt die Einbettung in die alltägliche *Lebenswelt* in eine zentrale Position. Gemeinsame Unterstellungen und Typisierungen in der Lebenswelt lösen für Schütz das Intersubjektivitätsproblem (Zugang zum Weltverstehen des anderen) sowie die Frage nach erfolgreicher Handlungskoordination. Talcott Parsons unterscheidet in seiner frühen Werkphase an der Handlung als basaler Einheit (unit act) der Handlungstheorie vier Elemente: den »Aktor«, das »Ziel« der Handlung, die »*Situation*« – diese beinhaltet Mittel (kontrollierbar) und Bedingungen (nicht kontrollierbar) – sowie einen Modus der Relationierung zwischen diesen Elementen, die »normative

167

Orientierung«. Für Parsons bezieht sich diese immer auch auf letzte Werte, die für die soziale *Ordnung* eine unverzichtbare Rolle spielen. In seiner späteren Ausformulierung der Systemtheorie werden *soziale Systeme* als Interaktionssysteme gefasst, deren normative Ordnung sich in *Rolle*nerwartungen niederschlägt. Aus der Sicht von Niklas **Luhmann** ist die basale Einheit des Sozialen nicht Handlung, sondern *Kommunikation*. Handeln erscheint als Teilaspekt der Kommunikation, nämlich der Mitteilungskomponente (die neben Information und Verstehen Kommunikation ausmacht). Die Beschreibung als Handlung dient für Luhmann so der Selbstsimplifikation sozialer Systeme. Die **Theorien rationaler Wahl** verstehen Handlungen als Resultat von Entscheidungen für Handlungen, welche aus der Sicht der Handelnden ihren Nutzen maximieren (Webers Fall der Zweckrationalität). Die **Praxistheorie** (darunter Bourdieu, Giddens und Taylor) betont die Eingebettetheit des Handelns in körperliche Bezüge, implizites Wissen und soziale Praktiken.

Interaktion

Interaktion meint häufig dasjenige, was Weber als *soziale Beziehung* bezeichnet hat, die wechselseitige Orientierung der Handelnden aneinander. George H. Mead betont hingegen die Bedeutung der zunächst über Reiz-Reaktionsbeziehungen vermittelten Interaktion in der Herausbildung des Selbstbewusstseins. Der an Mead anschließende *symbolische Interaktionismus* hebt den Umstand hervor, dass die dem Handeln jeweils zugrunde liegenden Bedeutungen gemeinsam festgelegt werden. Ein spezifisches Verständnis von Interaktion wird von Erving Goffman formuliert. Interaktion bedeutet für ihn wechselseitige Wahrnehmung unter Bedingungen der körperlichen Ko-Präsenz (Face-to-face-Situation).

Diskurs und Anerkennung

Einen engen Zusammenhang zwischen sozialem Handeln und *Diskurs* sieht Jürgen Habermas in seinem Konzept *kommunikativen Handelns*. Im kommunikativen Handeln erheben Sprecher mit ihren Äußerungen stets drei Geltungsansprüche: dass das Gesagte wahr ist (Wahrheitsanspruch), dass es legitim ist (Richtigkeit) und dass der Sprecher aufrichtig ist (Wahrhaftigkeit). Werden diese Ansprüche strittig, können sie in einem rationalen Diskurs geprüft

werden. Andere Anerkennungskonzeptionen betonen eher die Bedeutung der grundlegenden *Anerkennung* von Personen, weniger von Rationalitätsansprüchen (so Honneth). Michel Foucault betont zum einen die enge Verflechtung von Diskursen und Machtstrukturen, zum anderen die subjektkonstituierende Leistung von Diskursen.

Literatur

Goffman, Erving, 2005: Interaktionsrituale, 7. Aufl., Frankfurt a. M. – Habermas, Jürgen, 1987: Theorie des kommunikativen Handelns. 4. Aufl., Frankfurt a. M. – Honneth, Axel, 1994: Kampf um Anerkennung, Frankfurt a. M. – Joas, Hans; Knöbl, Wolfgang, 2004: Sozialtheorie, Frankfurt a. M. – Luckmann, Thomas, 1992: Theorie des sozialen Handelns, Berlin. – Luhmann, Niklas, 1984: Soziale Systeme. Frankfurt a. M. – Mills, Sara, 2007: Der Diskurs, Tübingen. – Parsons, Talcott, 1949: The Structure of Social Action, New York (1937). – Schütz, Alfred, 1993: Der sinnhafte Aufbau der sozialen Welt, 6. Aufl., Frankfurt a. M. – Weber, Max, 1980: Wirtschaft und Gesellschaft, 5. Aufl., Tübingen.

Jens Greve

Handlungstheorien

Handlungstheorien (engl. theories of action oder action theories) werden, im Plural, in einem engeren Sinne gebraucht als Oberbegriff für solche Theorien der *Allgemeinen Soziologie*, die mit einem *mikrosoziologischen, individualistischen* Ansatz grundsätzlich alle Objekte vom Handeln her erklären wollen und dementsprechend auch untersuchen müssen. Das sind im Wesentlichen die *Phänomenologische Soziologie*, der *Symbolische Interaktionismus* und die *Ethnomethodologie*.

In einem weiteren Sinne fasst man darunter neben den eben erwähnten auch solche Theorien, die u. a. eine ausgearbeitete Theorie des (sozialen) Handelns, oft gar als Grundstock ihrer Soziologie, enthalten, ohne es aber gleich zum notwendigen Ausgangspunkt jeden Ansatzes zu machen. Hierzu würden z. B. auch die Theorien von Max Weber, Durkheim und Parsons gehören. Hier könnte man, weil die Aussagen über das Handeln eher partialtheoretischen Charakter haben, besser von einer *Theorie des Handelns* sprechen.

Da es auch noch quasi intermediäre Theorien über soziales Handeln und seine Folgen gibt (so etwa Habermas' *Theorie des kommunikativen Handelns*, z. T. auch Elsters *Theorie der rationalen Wahl*), gibt es keinen einheitlichen Sprachgebrauch.

Literatur

Lenk, Hans (Hg.), 1977 ff.: Handlungstheorien – interdisziplinär, 4 Bde., München. – Luckmann, Thomas, 1992: Theorie des sozialen Handelns, Berlin. – Münch, Richard, 1988: Theorie des Handelns, Frankfurt a. M.

Günter Endruweit

Herrschaft

Herrschaft (engl. authority, domination) »soll heißen die Chance, für einen Befehl bestimmten Inhalts bei angebbaren Personen Gehorsam zu finden« (Weber 1972, 28). Der Begriff bezieht sich also auf Über- und Unterordnungsverhältnisse, doch im Unterschied zur *Macht*, die als amorph gilt, wird er näher bestimmt. So spricht Popitz (1992: 232) in diesem Zusammenhang von institutionalisierter Macht, und für Weber tritt »normalerweise« der *Legitimität*sglaube hinzu, wenn es um Herrschaft geht (122). Nach Weber gibt es drei reine **Typen legitimer Herrschaft**: »Ihre Legitimitätsgeltung kann nämlich primär sein: 1. rationalen Charakters: auf dem Glauben an die Legalität gesatzter Ordnungen und des Anweisungsrechts der durch sie zur Ausübung der Herrschaft Berufenen ruhen (legale Herrschaft), – oder 2. traditionalen Charakters: auf dem Alltagsglauben an die Heiligkeit von jeher geltender Traditionen und die Legitimität der durch sie zur Autorität Berufenen (ruhen) (traditionale Herrschaft), – oder endlich 3. charismatischen Charakters: auf der außeralltäglichen Hingabe an die Heiligkeit oder die Heldenkraft oder die Vorbildlichkeit einer Person und der durch sie offenbarten oder geschaffenen Ordnung ruhen (charismatische Herrschaft)« (Weber 1972, 124; hierzu auch Imbusch 2010). Diese Definitionen Webers werden zwar regelmäßig zitiert, wurden für die Forschung aber nur partiell fruchtbar gemacht, am ehesten noch dann, wenn es um Fragen der Legitimität, Rationalität und Effizienz von Herrschaft ging. Fragen der Entstehung und Reproduktion von Herrschaft blieben weitgehend ausgespart, erst recht wartet man auf empirisch abgesicherte Antworten. Dies ist umso

erstaunlicher, weil mit diesen Fragen Grundprobleme der Soziologie angesprochen werden, wie z. B. die nach Entstehung und Veränderung der sozialen *Ordnung*.

Dabei weist der Herrschaftsdiskurs selbst eine lange Tradition auf, die in der Antike (Platon) wurzelt und über das Mittelalter und die Renaissance (Machiavelli: Methoden monarchischer Herrschaft) und über die Herrschaftstheoretiker vor allem des 17. Jh.s (vor allem T. Hobbes: Vertragstheorie) bis in die Gegenwart reicht. Nach dem Zweiten Weltkrieg wurde die Diskussion vor allem durch die US-amerikanische Forschung befruchtet. Reinhard Bendix mit seinem interkulturellen Ansatz und Gerhard Lenski mit seiner leistungsbasierten Herrschaftstheorie sind Beispiele dafür. Auch an aktuellen Theorieangeboten mangelt es nicht. Eine Pluralität von Ansätzen ist zu verzeichnen, die von Ralf Dahrendorf (*Konflikttheorie*), Karl Otto Hondrich (leistungs- und entscheidungstheoretischer Ansatz), Jürgen Habermas (*Diskurstheorie*), Niklas Luhmann (*Systemtheorie*), Hans Haferkamp (*Handlungstheorie*) über Michel Foucault (Disziplinierungsansatz), Pierre Bourdieu (*Habitus*konzept), Anthony Giddens (Theory of Structuration) bis zu Karola Maltry (feministische Ansätze) reichen.

So unterschiedlich Ansätze und Fragestellungen sein mögen, gemeinsam ist ihnen allen der Mangel, eine befriedigende Antwort auf die Frage zu liefern, wie Herrschaft – und damit soziale *Ordnung* – entsteht und wie sie sich – prekär wie sie ist – verändert. Prekär ist sie schon deshalb, weil sie in einem Spannungsverhältnis zu individueller *Freiheit* und sozialer Ordnung steht. Man sollte meinen, dass aufgrund von *Individualisierung*stendenzen und damit wachsender Wahlmöglichkeiten der Individuen dieses Spannungsverhältnis eher noch angewachsen ist. Für diese Vermutung gibt es empirisch aber keine Anhaltspunkte. Nimmt man die Geschichte der Bundesrepublik Deutschland, so lassen sich Konjunkturen feststellen, in denen die »gesatzte Ordnung« (Weber 1972, 124) in unregelmäßigen Zyklen herausgefordert wurde (Stichwörter: Halbstarkenkrawalle, außerparlamentarische Opposition, Studentenbewegung, die Rote-Armee-Fraktion (RAF), Friedensbewegung, Umweltbewegung etc.). Aber die Zeiten, in denen von »Unregierbarkeit« gesprochen wurde, sind eher vorbei – was nicht ausschließt, dass sie schon morgen wieder präsent sein können. Die Frage bleibt, wie sich die in den letzten

Jahrzehnten gewachsenen Wahlmöglichkeiten der Individuen einerseits und die vergleichsweise hohe Stabilität der Gesellschaft andererseits vereinbaren lassen. Die Erklärung könnte darin liegen, dass diese Gesellschaft durch ihr *Institution*ensystem über ausreichend Flexibilität verfügt und über die Institution Konkurrenzdemokratie z. B. in der Lage ist, Gruppierungen, die die »gesatzte Ordnung« herausfordern, wieder zu integrieren. Schließlich sind *soziale Bewegungen* nicht ohne Auswirkung auf die »gesatzte Ordnung« geblieben. Und da Individuen sich innerhalb strukturell vorgegebener Rahmenbedingungen verhalten, müsste eine Herrschaftstheorie sowohl die individualistische als auch die kollektivistische *Theorie*tradition inkorporieren. Generelle Ansätze dafür (constraint-choice-Ansatz, strukturell-individualistischer Ansatz, Büschges et al. 1995), die nicht nur die Brücke zwischen Makro-Mikro-Makro-Ebene, sondern sogar den Hiatus zwischen »*Verstehen*« und »*Erklären*«, zwischen naturwissenschaftlich und geisteswissenschaftlich geprägter Sozialwissenschaft überbrücken wollen, sind in der jüngeren Vergangenheit entwickelt worden (Modell soziologischer Erklärung, Esser 1993, 3 ff., 83 ff.; 2010), und sind durchaus für die Analyse von Herrschaftsverhältnissen anwendbar (Esser 1993, 97 ff.). Einen ehrgeizigen und erfolgversprechenden Versuch, die weiter oben beklagten Defizite zu beheben, unternimmt Andrea Maurer (1999). Mit Bezug zu James S. Coleman, der selbst auf der Basis eines austauschtheoretischen Modells über Herrschaft als Verteilung von Rechten gearbeitet hat (1990), entwickelt sie ihr Thema »Herrschaft und soziale Ordnung«. Ausgehend von der Definition, Herrschaft sei ein »sozial konstituierter Ordnungsmechanismus« (1999, 196), geht sie der Frage nach, »warum formal freie Akteure soziale Ordnungen herrschaftlich organisieren und unter welchen Bedingungen sie diese aufrechterhalten bzw. verändern« (1999, 11). Schwierigkeiten, die mit der Beantwortung solcher Fragen verbunden sind, »lassen sich durchaus aufheben« (Maurer 2004, 151; Maurer/Schmid 2010).

Literatur

Bendix, Reinhard, 1980: Könige oder Volk. Machtausübung und Herrschaftsmandat, 2 Bde., Frankfurt a. M. (1978) – Bourdieu, Pierre, 1982: Die feinen Unterschiede, Frankfurt a. M. (1979) – Büschges, Günter et al., 1995: Grundzüge der Soziologie, München/Wien. – Coleman, James S., 1990: Foundations of Social Theory. Cambridge, Mass./London

(dt.: Grundlagen der Sozialtheorie. Handlungen und Handlungssysteme, München, 3 Bde. 1991, 1992, 1993) – Dahrendorf, Ralf, 1963: Gesellschaft und Freiheit. Zur soziologischen Analyse der Gegenwart, München. – Esser, Hartmut, 1997: Soziologie. Allgemeine Grundlagen, 3. Aufl., Frankfurt a. M./New York. – Ders., 2010: Sinn, Kultur, Verstehen und das Modell der soziologischen Erklärung; in: Wohlrab-Sahr, Monika (Hg.): Kultursoziologie, Wiesbaden, 309–335. – Foucault, Michel, 1976: Überwachen und Strafen. Die Geburt des Gefängnisses, Frankfurt a. M. (1975). – Giddens, Anthony, 1988: Die Konstitution der Gesellschaft. Grundzüge einer Theorie der Strukturierung, Frankfurt a. M./New York. – Habermas, Jürgen, 1981: Theorie des kommunikativen Handelns, 2 Bde., Frankfurt a. M. – Haferkamp, Hans, 1983: Soziologie der Herrschaft, Opladen. – Hobbes, Thomas, 1965: Leviathan oder Wesen, Form und Gewalt des kirchlichen und bürgerlichen Staates, Reinbek (1651). – Hondrich, Karl Otto, 1973: Theorie der Herrschaft, Frankfurt a. M. – Imbusch, Peter, 2010: Macht und Herrschaft; in: Korte, Hermann; Schäfers, Bernhard (Hg.): Einführung in Hauptbegriffe der Soziologie, 8. Aufl., Wiesbaden, 163–184. – Lenski, Gerhard, 1977: Macht und Privileg, Frankfurt a. M. (1966) – Luhmann, Niklas, 1975: Macht, Stuttgart. – Machiavelli, Niccoló, 1963: Der Fürst, Stuttgart. – Maltry, Karola, 1993: Die neue Frauenfriedensbewegung, Frankfurt a. M. – Maurer, Andrea, 1999: Herrschaft und soziale Ordnung, Opladen/Wiesbaden. – Dies., 2004: Herrschaftssoziologie. Eine Einführung, Frankfurt a. M./New York. – Maurer, Andrea; Schmid, Michael, 2010: Erklärende Soziologie, Wiesbaden, 278–362. – Popitz, Heinrich, 1992: Phänomene der Macht. 2. Aufl., Tübingen. – Weber, Max, 1972: Wirtschaft und Gesellschaft, 5. Aufl., Tübingen (1922).

Heinz Sahner

Hypothese

Bei einer Hypothese (engl. hypothesis) handelt es sich um wissenschaftlich begründete Vermutungen über einen Tatbestand oder über einen Zusammenhang zwischen mindestens zwei Merkmalen. Hypothesen enthalten sowohl gesichertes Wissen als auch unbestätigte Vermutungen. Hypothesen sollen mithilfe der *Empirie* überprüft werden. Sie dienen damit der Weiterentwicklung des *Wissen*s. Das gesicherte Wissen sorgt sowohl für eine widerspruchsfreie Formulierung der in den Hypothesen enthaltenen Vermutungen als auch für eine Einordnung dieser Vermutung in ein theoretisches Gebäude. Die Prüfung einer Hypothese beginnt damit mit deren widerspruchsfreier Formulierung.

Während in der **quantitativen** *Forschung* das Ziel darin besteht, das in der Hypothese enthaltene noch unbestätigte Wissen zu überprüfen, widmet sich die **qualitative** *Forschung* der empiriegestützten Erstellung von Hypothesen. Die Hypothesen üben damit in der quantitativen Forschung eine wichtige forschungsleitende Funktion aus. Die notwendigen Schritte für die Hypothesenprüfung ergeben sich aus den in den Hypothesen enthaltenen Vermutungen.

In der *Statistik* sind auch die Begriffe Null- und H_1-Hypothese gebräuchlich. Während die H_1-Hypothese eine Vermutung über einen Zusammenhang enthält, beinhaltet die Null-Hypothese die entsprechende Alternative. Mithilfe statistischer Tests wird untersucht, ob die Alternativhypothese abgelehnt werden kann. In diesem Fall gilt die Annahme als nicht widerlegt und kann beibehalten werden.

Literatur

Diekmann, Andreas, 2011: Empirische Sozialforschung, Reinbek.

Michael Häder

I

Identität

Identität (engl. identity) ist das Bewusstsein, ein unverwechselbares *Individuum* mit einer spezifischen Lebensgeschichte zu sein, in seinem Handeln und Denken eine gewisse Konsequenz zu zeigen, in der Auseinandersetzung mit den Anderen eine Balance zwischen eigenen Ansprüchen und sozialen Erwartungen gefunden zu haben und in dieser individuellen Besonderheit (persönliche Identität) auch von den Anderen wahrgenommen zu werden (soziale Identität).

Mead: sich mit den Augen des Anderen sehen

Nach George H. Mead (1973) entwickelt sich unser Bewusstsein von uns selbst in der permanenten Kommunikation zwischen uns und den Anderen. Nach der Phase des Rollenspiels (»play«), in dem das Kind sich mit »signifikanten Anderen« identifiziert, als sie denkt und handelt, ohne sich dessen und seiner selbst bewusst zu werden, gerät es in geregelte Spielsituationen (»game«), in denen viele Andere gleichzeitig und nach einem bestimmten Prinzip handeln. Um im Spiel zu bleiben, muss das Kind sich in die Perspektive aller hineinversetzen, es muss ihre Rollen verstehen. Die Summe aller Perspektiven in einem bestimmten sozialen Handlungszusammenhang nennt Mead den »generalisierten Anderen«. Das Bild, das das Kind (wie später auch der Erwachsene in jeder sozialen Kommunikation) von sich aus der Erfahrung mit den Anderen gewonnen hat, bezeichnet Mead als »me«. Da das Individuum in immer neue und unterschiedliche Kommunikationen gerät, ist diese **soziale Identität** keineswegs fest gefügt, sondern differenziert, manchmal sogar widersprüchlich und in ständiger Bewegung. Zum Bewusstsein seiner **Ich-Identität**, die Mead als »self« bezeichnet, gelangt das Individuum, indem es sich in die Rolle des Anderen hineinversetzt (»taking the role of the other«) und sein Handeln mit dessen Augen beobachtet. (300 f.)

Parsons: stabile Orientierung in einer strukturell differenzierten Gesellschaft

Die zunehmende »strukturelle Differenzierung der Gesellschaft«, so legt Talcott Parsons das Problem der Identität an, bringt eine »zunehmende Pluralisierung der Rollenverpflichtungen« und eine verwirrende Fülle von »Wahlmöglichkeiten« mit sich (1980, 68). Dadurch stellt sich dem Individuum immer drängender die Frage, wer es in den vielen sozialen Systemen ist, welche Bedeutung es für sie hat (und sie für sein eigenes Selbstbild), welches motivationale Engagement erwartet wird und welche Bindung es selbst eingehen will. Es wird »unerlässlich, ein angemessenes Niveau der Integration dieser einzelnen Komponenten herzustellen.« (73) Das Orientierungsmuster, das das Individuum in Abwägung seiner Rollenverpflichtungen und eigener Interessen ausbildet, bezeichnet Parsons als »Identität«. Es ist der »individuelle Code des Persönlichkeitssystems« (83), das sich im Prozess der Sozialisation nach Maßgabe eines gegebenen kulturellen Systems ausbildet.

Riesman: Außenleitung

Im 20. Jh. zeichnet sich zunächst in den USA und dann auch in Europa eine typische Verhaltenssteuerung ab, die David Riesman (1958) als »Außenleitung« bezeichnet. Der moderne Mensch folgt immer weniger eingelebten Wertvorstellungen, sondern ist offen für jede neue Mode, seien es Optionen, Verpflichtungen oder Überzeugungen. Er spielt flexibel immer neue Rollen und weiß schließlich nicht mehr, »wer er eigentlich wirklich ist und was mit ihm geschieht« (152). Das Individuum zeigt nicht, wer es ist, sondern was es kann.

Goffman: soziale Identität, impression management, Rollendistanz

Bei der »presentation of self« im Alltag stellt sich für Erving Goffman (1991b) unausweichlich das dramaturgische Problem des »impression management«: Wir wollen ein bestimmtes Bild von uns vermitteln, also einen bestimmten Eindruck erwecken, und damit das gelingt, müssen wir das Bild, das sich die Anderen von uns machen (soziale Identität), genau kontrollieren. Eine Voraussetzung, zu einem Bewusstsein der persönlichen Identität zu gelangen, ist, sich die Erwartungen der Anderen und die Rolle, die man spielt, klar zu machen. Die Fähigkeit, von der eigenen Rolle zurückzutreten und sie aus einer neuen Perspektive zu betrachten und die Zumutungen der Anderen an die soziale Identität abzuweisen, nennt Goffman *Rollendistanz* (1973). Es ist eine Strategie, eigene Erwartungen gegen fremde ins Spiel zu bringen, seine persönliche Identität durch selbstdefiniertes Handeln zu schützen und eine neue soziale Identität zu präsentieren. Wo die Definitionsmacht der Anderen zu groß ist (z. B. in totalen Institutionen, Goffman 1991a), flüchten sich die einen in eine Scheinidentität, andere, denen wegen eines bestimmten Stigmas (1996) Diskreditierung droht, sehen sich gezwungen, das sozial definierte Defizit einer »normalen« Identität zu kaschieren und eine Scheinnormalität vorzuspiegeln.

Strauss: Spiegel und Masken und die soziale Geschichte der Identität

Auf der »Suche nach Identität« präsentiert sich das Individuum vor sich selbst und den Anderen in Masken, die es nach seinen Antizipationen ihrer Urteile geformt hat. (Strauss 1968, 7) Gleichzeitig betrachtet es die Anderen als Spiegel, die das Bild, das es von sich vermittelt, reflektieren. Sie sind es mit ihren Erwartungen, Anerkennungen und Sanktionen, die seine Identität von außen mitformen. Die persönliche Identität ist eingewoben in die soziale Geschichte der Gesellschaft und bestimmter *Bezugsgruppe*n in ihr. (178)

Erikson: Ich-Identität als Methode, Gleichheit und Kontinuität zu wahren

Nach Erik H. Erikson entwickelt sich die Identität in der kontinuierlichen Bewältigung phasenspezifischer »Kernkonflikte« (z. B. in der Kindheit zwischen sozialem Urvertrauen und Misstrauen, in der Jugendphase zwischen Identität und Diffusion oder im reifen Erwachsenenalter zwischen Ich-Integrität und Verzweiflung). Die Konflikte entstehen aus der Differenz zwischen dem eigenen Können und Wollen und den sozialen Erwartungen der Umwelt. In jeder Phase wird eine bestimmte Grundhaltung oder Tugend (1971, 96) ausgebildet. Die Summe der Tugenden bildet die Ich-Qualität, mit der sich der Mensch aktiv durch sein Leben »steuert« (98). Die lebensgeschichtlich entscheidende Phase ist die Ju-

gend, in der sich der Heranwachsende aus der sicheren Orientierung an seinen primären Bezugspersonen löst und in der *peer group* die ersten Antworten auf die Fragen »wer bin ich?«, »wer bin ich nicht?« und »wie sehen mich die Anderen?« finden muss. Das Muster, das sich durch die biographische Entwicklung eines Individuums zieht, nennt Erikson »persönliche Identität«. Seine bewusste Erfahrung, dass es dieses Muster auch kontinuierlich durch sein Handeln zum Ausdruck bringt und dass auch die Anderen es nach diesem gleichen Muster immer wieder wahrnehmen und anerkennen, bezeichnet Erikson als Ich-Identität (1974, 17) Sie ist die »Methode« (18), über das ganze Leben hin und »angesichts des wechselnden Schicksals Gleichheit und Kontinuität aufrechtzuerhalten« (1971, 82).

Krappmann: Balance der Identität und identitätsfördernde Fähigkeiten

Um seinen eigenen Vorstellungen gerecht zu werden und gleichzeitig seine »weitere Beteiligung an Interaktionen zu sichern« (Krappmann 1997, 81), muss das Individuum bestimmte ›identitätsfördernde Fähigkeiten‹ haben: Es muss sich seinen *Rolle*n gegenüber kritisch reflektierend verhalten (*Rollendistanz*) und eigene Vorstellungen gegen unberechtigte Erwartungen setzen; es muss sich in die Rolle eines Anderen hineinversetzen und ihn von seinem Standpunkt aus verstehen können (*Empathie*); es muss aushalten, dass Rollen widersprüchlich (lat. ambiguus) interpretiert werden und dass nicht alle seine Bedürfnisse in einer Situation befriedigt werden (*Ambiguitätstoleranz*); und schließlich muss es zeigen, wer es unter den Normalitätserwartungen der Anderen und in der Kontinuität der eigenen Biographie ist (Identitätsdarstellung). (Krappmann 1971, 132 ff.) In dem Maße, wie es die Balance zwischen fremden und eigenen Erwartungen immer neu findet und darstellen kann, erreicht das Individuum Ich-Identität (208).

Taylor: Kampf um die Anerkennung einer individualisierten Identität

Charles Taylor sieht den Gedanken einer »individualisierten Identität (…), die allein mir gehört und die ich in mir selbst entdecke« (1997, 17), Ende des 18. Jh.s (besonders bei Herder) auftauchen: »Es gibt eine bestimmte Art, Person zu sein, die meine Art ist. Ich bin aufgerufen, mein Leben in dieser Art zu leben und nicht das Leben eines Anderen nachzuahmen.« (19) Diese individuelle Art finden wir nur im Dialog mit »signifikanten Anderen« (22); von ihnen wollen wir anerkannt werden. »Das Verlangen nach *Anerkennung* ist (…) ein menschliches Grundbedürfnis« (15). Sie konstituiert erst Identität, aber die Chancen, sich der eigenen Identität bewusst zu werden und dafür Anerkennung zu finden, sind angesichts wachsender struktureller gesellschaftlicher Widersprüche ungleich verteilt.

Keupp: Identitätsarbeit – Passungen zu einem Patchwork der Identitäen

In einer ambivalenten, komplexen Welt ist »das Inventar übernehmbarer Identitätsmuster ausgezehrt« (Keupp 1997, 34); weder gibt es die eine Identität, noch gibt es eine feste Identität. Stattdessen muss das Individuum in »alltäglicher Identitätsarbeit (…) Passungen (…) und Verknüpfungen unterschiedlicher Teilidentitäten« vornehmen. (ebd.) So kommt es zu einem immer neuen Patchwork der Identitäten (Keupp et al. 2002).

Bourdieu: Sozialer Raum und Habitus

Es gibt eine enge Wechselbeziehung zwischen dem *sozialen Raum*, in dem Akteure interagieren, und klassenspezifischen Mustern zu denken, zu handeln und sich selbst zu sehen. Diese verinnerlichten Muster bezeichnet Pierre Bourdieu als *Habitus*. (1983, 132) Die Akteure handeln nicht nach einer »gedanklichen Setzung« (1998, 144), sondern verkörpern »klassenunbewusst« in ihrer Praxis, was die objektiven Strukturen vorgeben und erzwingen. Das »Subjekt« setzt Bourdieu deshalb auch in Anführungszeichen, weil es in Wirklichkeit kein selbstbewusstes Subjekt, »kein bewusstes Ich« ist, sondern in den allermeisten Fällen wie ein Automat funktioniert. (1987, 740; 2001, 165)

Berger et al.: Krise der modernen Identität

Peter L. und Brigitte Berger und Hansfried Kellner erklären die Krise der modernen Identität, worunter sie »die tatsächliche Erfahrung des Ich in einer bestimmten sozialen Situation« verstehen, mit der Segmentierung und »Pluralisierung der sozialen Lebenswelten« (1975, 60/69). Die moderne Identität

ist (im Sinne Riesmans) besonders offen für alle möglichen Anregungen, Erwartungen und Transformationen. Auf die vielen verschiedenen sozialen Wirklichkeiten stellt sich der moderne Mensch mit einer besonders differenzierten Identität ein. Da alles in der Welt mit allem zusammenzuhängen scheint, muss auch alles reflektiert werden, was auch beinhaltet, das eigene Ich in seiner permanenten Umstellung auf die flüchtigen Welten zu beobachten. Deshalb kann man die moderne Identität auch als besonders reflexiv bezeichnen. Schließlich ist sie besonders individuiert, denn jeder reklamiert als oberstes aller individuellen Rechte, die ihm die *Moderne* beschert hat, »das Recht, sein Leben so frei wie möglich zu planen und zu gestalten«. (70 ff.)

Bauman: Ambivalenz, Ende der Eindeutigkeit

Für Zygmunt Bauman ist das Signet der Moderne ihre »Ambivalenz« (1992): die Moderne hat uns zwar von vielen Zwängen und auch dazu befreit, eine Identität selbst zu wählen, aber es ist »nicht mehr möglich, sie festzuhalten« (1993). Mit dem »Ende der Eindeutigkeit« (1991) ist auch das Fundament zerbröckelt, auf dem man eine sichere Entscheidung über sich und die sozialen Verhältnisse treffen könnte. Entscheidungen, wenn sie überhaupt getroffen werden, mangelt es »an Gewicht und Festigkeit«; sie gelten als jederzeit widerrufbar. »Freiheit gerät zu Beliebigkeit; das berühmte Zu-allem-Befähigen, für das sie hochgelobt wird, hat den postmodernen Identitätssuchern alle Gewalt eines Sisyphos verliehen. (…) Heutzutage scheint alles sich gegen ferne Ziele, lebenslange Entwürfe, dauerhafte Bindungen, ewige Bündnisse, unwandelbare Identitäten zu verschwören.« (1993)

Literatur

Abels, Heinz, 2010: Identität, 2. Aufl., Wiesbaden. – Bauman, Zygmunt, 1992: Moderne und Ambivalenz. Das Ende der Eindeutigkeit, Hamburg (1991). – Ders., 1993: Wir sind wie Landstreicher, München (Süddeutsche Zeitung). – Berger, Peter L. et al., 1975: Das Unbehagen in der Modernität, Frankfurt a. M. (1973). – Bourdieu, Pierre, 1983: Die feinen Unterschiede oder: Die Abhängigkeit aller Lebensäußerungen vom sozialen Status; in: L'80. Demokratie und Sozialismus, Köln. – Ders., 1987: Die feinen Unterschiede, Frankfurt a. M. (1979). – Ders., 1998: Praktische Vernunft, Frankfurt a. M. (1994) – Ders., 2001: Wie die Kultur zum Bauern kommt, Hamburg. (2000) – Erikson, Erik H., 1971:

Einsicht und Verantwortung, Frankfurt a. M. (1964). – Ders., 1974: Identität und Lebenszyklus, 2. Aufl., Frankfurt a. M. (1946). – Goffman, Erving, 1973: Interaktion: Spaß am Spiel. Rollendistanz (1961) – Ders., 1991a: Asyle, 8. Aufl., Frankfurt a. M. (1961). – Ders., 1991b: Wir alle spielen Theater, 7. Aufl., München (1959). – Ders., 1996: Stigma. Über Techniken der Bewältigung beschädigter Identität, 12. Aufl., Frankfurt a. M. (1963). – Keupp, Heiner, 1997: Diskursarena Identität; in: Ders.; Höfer, Renate (Hg.): Identitätsarbeit heute, Frankfurt a. M. – Ders. et al., 2002: Identitätskonstruktionen. Das Patchwork der Identitäten in der Spätmoderne, 2. Aufl., Reinbek. – Krappmann, Lothar, 1971: Soziologische Dimensionen der Identität, Stuttgart (1969). – Ders., 1997: Die Identitätsproblematik nach Erikson aus einer interaktionistischen Sicht; in: Keupp, Heiner; Höfer, Renate (Hg.), 66–92. – Mead, George Herbert, 1973: Geist, Identität und Gesellschaft, Frankfurt a. M. (1934). – Parsons, Talcott, 1980: Der Stellenwert des Identitätsbegriffs in der allgemeinen Handlungstheorie; in: Döbert, Rainer et al. (Hg.): Entwicklung des Ichs, 2. Aufl., Hanstein (1968). – Riesman, David, 1958: Die einsame Masse, Reinbek (1950). – Strauss, Anselm L., 1968: Spiegel und Masken. Die Suche nach Identität, Frankfurt a. M. (1959). – Taylor, Charles, 1997: Multikulturalismus und die Politik der Anerkennung, Frankfurt a. M.

Heinz Abels

Ideologie

Die Ideologie (engl. ideology) hat trotz der relativ kurzen Existenz des Wortes in der Begriffsgeschichte von Philosophie, Politik, Wissenssoziologie und Psychologie eine übergroße Vielfalt von Bedeutungen hinterlassen (vgl. Dierse/Romberg 1976). Deshalb soll sie hier nur in mehr umgangssprachlicher Bedeutung als allgemeinsoziologisch-wissenschaftstheoretischer Begriff im Gegensatz zur *Theorie* gesehen werden.

Talcott Parsons definiert Ideologie als »a system of beliefs, held in common by the members of a collectivity, i. e., a society, a sub-collectivity of one – including a movement deviant from the main culture of the society – a system of ideas which is oriented to the evaluative integration of the collectivity, by interpretation of the empirical nature of the collectivity and of the situation in which it is placed, the processes by which it has developed to its given state, the goals to which its members are collectively oriented, and their relation to the future course of events« (1951: 349). Damit beschreibt er zwar eine wichtige soziale Funktion der Ideologie, die *Integration*sfunktion, aber er beschreibt nicht das Typische der Ideologie, sondern eine Mischung aus Wertordnung, Geschichtsbewusstsein und Zukunftsorientierung, also wichtige Kulturbestandteile, die Ideologie sein können, aber nicht müssen.

Sprachlich ist Ideologie weder von vielen anderen Kulturelementen (*Mythen, Tradition* u. Ä.) noch von einer wissenschaftlichen *Theorie* zu unterscheiden. Alle bestehen aus Aussagesätzen (anders etwa normative Systeme, die auch Kulturbestandteile sind). Der Unterschied liegt im Umgang mit ihnen: Im Gegensatz zu den kognitiven Kulturelementen und vor allem zu den Theorien ist Ideologie *falsifikations*resistent (Endruweit, 119 f.). Wird eine Theorie widerlegt, gibt der Wissenschaftler sie bereitwillig auf. Erweist sich eine historische Überlieferung als falsch, wird sie korrigiert (oder augenzwinkernd, etwa als Nationalepos, in mehr oder weniger folkloristischer Absicht weiterhin gepflegt, aber nicht geglaubt).

Eine Ideologie wird auch bei Gegenbeweis aufrechterhalten. Der Widerspruch zur Wirklichkeit wird mit »falschem Bewusstsein« oder als Oberflächenphänomen o. Ä. erklärt. Es ist wohl etwas überspitzt zu sagen: »Zwei Merkmale sind es vor allem, die den Ideologie-Charakter eines Aussagensystems kennzeichnen: Es enthält unwahre Aussagen, und diese dienen dazu, das System als Waffe im politischen Kampf verwendbar zu machen. Unwahrheit und darauf beruhende politische Brauchbarkeit machen also das Wesen der Ideologie aus« (Albert, 126, mit Verweis auf Theodor Geiger, der viel für die soziologische Modernisierung des Ideologiebegriffs getan hat); das kann auch auf eine wissenschaftliche Theorie vor gründlicher empirischer Überprüfung zutreffen. Richtig daran ist, dass bei der Formulierung insbesondere von agitatorisch-aktionistischen Ideologien offensichtliche Wahrheiten mit verdeckten Handlungszielen und obskuren Rechtfertigungen vermischt werden, so dass sie »eine nicht-objektive, von subjektiven Werturteilen beeinflusste, den Gegenstand der Erkenntnis verhüllende, sie verklärende oder entstellende Darstellung dieses Gegenstandes« (Kelsen, 111) ergeben und die Anhänger diskussionsimmun und manipulierbar machen. Das kann gerade wegen der sprachlichen Gleichheit auch leicht unter dem Mantel der Wissenschaftlichkeit geschehen: »Unter ›ideologischer Verzerrung‹ soll … der Versuch verstanden werden, praktische

Werturteile als wissenschaftliche Annahmen auszugeben, d.h. in Form wissenschaftlicher Annahmen anzubieten, was nachweislich jenseits empirischer Prüfbarkeit beheimatete Werterklärungen sind« (Dahrendorf, 84). Ideologie ist also bestenfalls eine »Para-Theorie« (Geiger, 57).

Literatur

Albert, Hans, 1972: Ökonomische Ideologie und politische Theorie, Göttingen. – Dahrendorf, Ralf, 1967: Pfade aus Utopia, München. – Dierse, Ulrich; Romberg, Reinhard, 1976: Ideologie; in: Ritter, Joachim; Gründer, Karlfried (Hg.): Historisches Wörterbuch der Philosophie, Bd. 4, Darmstadt, 158–185. – Eagleton, Terry, 1991: Ideology. An Introduction, London. – Endruweit, Günter, 1997: Theorie-Empirie-Praxis; in: ders.: Beiträge zur Soziologie, Bd. I, Kiel, 118–143. – Geiger, Theodor, 1953: Ideologie und Wahrheit, Stuttgart. – Kelsen, Hans, 1960: Reine Rechtslehre, 2. Aufl., Wien. – Parsons, Talcott, 1951: The Social System, New York/London.

Günter Endruweit

Image

Das Image (engl. image) eines Objekts ist die Vorstellung, die sich einzelne oder mehrere Menschen von dem Objekt (Mensch, Sache, Organisation wie z.B. einer Gewerkschaft, Institution wie z.B. Strafvollzug oder Investmenthandel usw.) machen. Sie kann auf eigener Kenntnis, gelerntem Wissen, Informationen aus Medien, Erwartungen, Gefühlen, Gerüchten und weiteren Quellen beruhen. Liegt keinerlei hinreichende Sachkenntnis zu Grunde, stimmt das Image weitgehend mit dem *Vorurteil* überein. Oft enthält das Image auch ein *Werturteil* über das Objekt.

Als sozialer Katalysator bestimmt das Image einen großen Teil nicht nur der *Einstellungen*, sondern auch des *Handelns* gegenüber den Objekten. Deshalb versuchen diese, sofern sie handlungsfähig sind (z.B. Politiker, Firmen, Schauspieler) ihr Image positiv zu beeinflussen, und Gegner (etwa Konkurrenten in Politik oder Wirtschaft) bemühen sich, es, oft heimlich, negativ zu beeinflussen. Das kann nicht nur durch Information, sondern auch durch Unterdrückung von Information oder durch Desinformation geschehen. Imageberatung ist daher eine eigene Branche geworden, die nicht nur in der Wirtschaft (Markenartikel, Produktgestaltung), der Politik (Wahlkampfkonzeption) und der Selbstdarstellung von Schauspielern und Politikern (Platzierung von„home stories« in Boulevard-Blättern), sondern auch in der Berichterstattung über Staaten in der Weltpolitik (›Verbesserung des Deutschlandbildes‹) große Bedeutung hat. Man unterscheidet *Selbstbild* und *Fremdbild*, je nachdem, ob man selbst (indem man sich gewissermaßen selbst als Objekt behandelt) oder ein anderes Objekt Gegenstand der Vorstellung ist. Entstehung und Wirkungsweise sind im Wesentlichen gleich. Wenn sich die Vorstellungen stark verfestigen und gar noch korrekturresistent werden, spricht man von Auto- bzw. Hetero*stereotypen*. Dabei bezieht sich das Verfestigen oft auf das Festhalten an früher zutreffenden, inzwischen aber überholten Vorstellungen. Das wichtigste Verfahren zur Messung von Images ist das semantische Differenzial nach C.E. Osgood. Dazu wird Befragten eine Liste von Adjektiven (so der häufigste Fall), Substantiven oder Verben und deren jeweiligem Gegenteil vorgelegt, die Eigenschaften, Bestandteile, Aktivitäten o.Ä. des Objekts bezeichnen; zwischen den jeweiligen Paaren ist eine Skala, auf der die Befragten ihre Meinung über die Verwirklichung dieses Merkmals bei dem Objekt angeben sollen. So lassen sich nicht nur Beschreibungen des Images ermitteln, sondern – durch die Verbindung der Skalenpunkte – auch graphische Vergleiche und – durch formelhafte Fassung der Skalendaten – (pseudo-)genaue quantitative Vergleiche von Objekten.

Literatur

Kautt, York, 2008: Image, Bielefeld. – Kleining, Gerhard, 1961: Über soziale Images; in: Kölner Zeitschrift für Soziologie und Sozialpsychologie, Sonderheft 5.

Günter Endruweit

Indikator

Unter Indikatoren (engl. indicators) werden allgemein Anzeiger verstanden. Die Eigenschaften bestimmter Sachverhalte können dazu dienen, auf nicht direkt beobachtbare Eigenschaften anderer Sachverhalte hinzudeuten. Letzteres wird auch als das Indikatum bezeichnet. Bekannt ist das Beispiel des Quecksilbers, das die Eigenschaft besitzt, sich bei veränderten Temperaturen auszudehnen oder zusammenzuziehen. Diese Funktion wird dann im Thermometer genutzt, um die Temperatur zu ermitteln.

Indikatoren in der empirischen Sozialforschung

Indikatoren sind vor allem dann hilfreich und erforderlich, wenn es sich beim Indikatum um einen Sachverhalt handelt, der selbst nicht direkt beobachtbar ist, wie etwa die Temperatur. Da sich gerade die empirische Sozialforschung für zahlreiche Sachverhalte interessiert, für die dies zutrifft, gewinnen hier Indikatoren eine wichtige Funktion. So lässt sich beispielsweise das Alter einer Person – hier das Indikatum – nicht ohne weiteres beobachten. Die Antwort auf eine Frage wie: »In welchem Jahr sind Sie geboren?« vermag nun eine Indikatorfunktion auszuüben und eine Information zum Alter der betreffenden Person zu liefern.

Ein Problem in der empirischen Sozialforschung besteht darin, dass man aus dem Indikator zumeist lediglich mit einer bestimmten Wahrscheinlichkeit auf das Indikatum schließen kann. So könnte eine befragte Person bemüht sein, vor dem Fragenden jünger (oder älter) zu erscheinen und deshalb ihr Geburtsjahr in die entsprechende Richtung korrigieren.

Zahlreiche sozialwissenschaftlich interessante Sachverhalte lassen sich zudem nicht über eine einzelne Frage ermitteln, sondern machen es erforderlich, eine ganze Reihe an Informationen zu ermitteln. So benötigt die Erhebung der sozialen Stellung einer Person beispielsweise eine ganze Reihe an Auskünften. Wichtig ist nun, solche Indikatoren einzusetzen, die in einem theoretisch begründeten, möglichst engen Verhältnis zur sozialen Stellung stehen bzw. auf diese gut zu verweisen vermögen. Dies ist der Gegenstand des Prozesses der *Operationalisierung*. Dabei werden *Korrespondenzregel*n herangezogen, die die Verknüpfung zwischen dem beobachtbaren und dem nicht beobachtbaren Sachverhalt theoretisch erklären.

*Index*bildung und Indikator

Eng verbunden mit der Indikatorentwicklung ist auch die Bildung von Indices. Während es bei der Operationalisierung darauf ankam, (mehrere) Indikatoren zu finden, die auf einen komplexen bzw. latenten Sachverhalt – wie etwa die soziale Stellung – hindeuten, werden bei der Bildung eines In-

dex die unterschiedlichen Informationen mithilfe von Rechenoperationen wieder zu einem Wert zusammengefasst. Dieser drückt dann den gesuchten Sachverhalt aus. Ein bekanntes Beispiel dafür ist der Schichtungsindex, der die Dimensionen Bildung, Einkommen und Berufsposition vereint (vgl. Scheuch/Daheim 1970: 102 f.).

Weitere Bedeutungen des Begriffs Indikator

Der Begriff des Indikators wird bei der Gestaltung von Fragebögen noch in einem besonderen Verständnis benutzt. Hier werden die einzelnen Fragebogenfragen synonym auch als Indikator bezeichnet. Dies liegt nahe, da solche Fragen innerhalb eines Erhebungsstandards eine Indikatorfunktion erfüllen: Sie veranlassen eine befragte Person dazu, die entsprechenden Auskünfte zu geben.

Schließlich wird im Rahmen der Wohlfahrtsforschung auch von *Sozialen Indikatoren* gesprochen. Damit ist ein komplexes System von Messinstrumenten gemeint, das genutzt wird, um das in einer Gesellschaft vorhandene Wohlfahrtsniveau abzubilden und um die Wirkung einer spezifischen Sozialpolitik zu erkennen.

Literatur

Habich, Roland; Noll, Heinz-Herbert, unter Mitarb. V. Wolfgang Zapf, 1994: Soziale Indikatoren und Sozialberichterstattung, Bundesamt für Statistik, Reihe »Statistik der Schweiz«, Bern. – Häder, Michael, 2009: Empirische Sozialforschung, Wiesbaden. – Opp, Karl-Dieter, 1970: Methodologie der Sozialwissenschaften, Reinbek. – Scheuch, Erwin K.; Daheim, Hansjürgen, 1970: Sozialprestige und soziale Schichtung; in: Glass, David W.; König, René (Hg.): Soziale Schichtung und soziale Mobilität, Kölner Zeitschrift für Soziologie und Sozialpsychologie Sonderheft 5, 4. Aufl., 65–103.

Michael Häder

Indikatoren, soziale

Soziale Indikatoren (engl. social indicators) sind *statistische* Maßzahlen, die gesellschaftlich bzw. gesellschaftspolitisch relevante Sachverhalte und Ziele quantitativ darstellen. Soziale Indikatoren beziehen sich typischerweise auf individuenbezogene Endprodukte oder Leistungen (outputs). Es kann sich sowohl um einfache Ziffern als auch um zusammenfassende *Indizes* handeln, sowohl um Angaben für einen bestimmten Zeitpunkt als auch um *Zeitreihe*n, sowohl um aggregierte Maße für eine Nation als auch um disaggregierte Maße für Bevölkerungsgruppen und Regionen. Soziale Indikatoren dienen einer kontinuierlichen Analyse des *sozialen Wandels* und kennzeichnen all jene Daten, »die uns in irgendeiner Weise ›aufklären‹ über Strukturen und Prozesse, Ziele und Leistungen, Werte und Meinungen« (Krupp/Zapf).

Ein Beispiel für einen sozialen Indikator ist die Säuglingssterblichkeit (Gestorbene je 100 Lebendgeborene). Dieser Indikator erhielt in der Vergangenheit hohe Aufmerksamkeit, und es bestand ein umfassender gesellschaftlicher Konsens darüber, dass der Rückgang des Zahlenwerts eine positive Entwicklung anzeigt. Eine in den sozialen Schichten und Nationen unterschiedlich hohe Säuglingssterblichkeit weist darauf hin, dass für die schlechter gestellten Gruppen Verbesserungsmöglichkeiten bestehen. Die Veränderung der Messziffer ist im Zusammenhang mit gesundheitspolitischen Maßnahmen untersucht werden.

Im Rahmen des Entwicklungsprogramms der Vereinten Nationen (UNDP) werden seit 1990 jährlich Berichte vorgelegt, in denen komplexere und aus mehreren Einzelindikatoren zusammengesetzte soziale Indikatoren entwickelt wurden. Neben dem Index für menschliche Entwicklung (HDI), der drei bzw. vier Teilindikatoren zu einem Wert zusammenfasst, wurden weitere Indizes erarbeitet, um multidimensionale Aspekte des Wohlergehens zu erfassen. Hierzu zählen insbesondere *Ungleichheit*, Geschlechter*gerechtigkeit* sowie *Armut*. Diese Indizes wurden auf der Grundlage verbesserter Methoden und einer verbesserten Datenverfügbarkeit entwickelt.

Drei **zentrale Fragestellungen** bestimmen die Sozialindikatorenforschung: Erstens geht es um die Messung von *Lebensqualität* und Wohlfahrt: Dabei dienen Sozialindikatoren als Messzahlen, die anzeigen, wie sich objektiv beobachtbare Lebensbedingungen und subjektiv wahrgenommene Lebensqualität zwischen Bevölkerungsgruppen und zwischen Nationen unterscheiden und im Zeitablauf verändern. Als Bewertungskriterien für die erreichte »Wohlfahrt« werden Expertenstandards, gesellschaftspolitische Ziele und die Urteile der betroffenen Individuen herangezogen. In neueren Ansätzen wird das Ziel der *Nachhaltigkeit* betont.

Die zweite Frage bezieht sich auf die Beobachtung von *sozialem Wandel* und gesellschaftlicher *Entwicklung und Transformation*. Soziale Indikatoren sind dabei die Maßzahlen, an denen sich Richtung, Schnelligkeit und Tiefgang gesellschaftlicher Wandlungsprozesse ablesen lassen.

Der dritte Ansatz besteht in der Durchführung von *Prognose*n und Wirkungsanalysen. Soziale Indikatoren bilden dabei die Variablen eines Modells, mit dessen Hilfe Vorhersagen gemacht oder Wirkungszusammenhänge analysiert werden. Vor allem dieser Anspruch wird mittlerweile innerhalb der Forschung zu sozialen Indikatoren eher skeptisch reflektiert (Smith), da sich mit Hilfe aggregierter Indikatoren in der Regel keine kausalen Wirkungsanalysen erzielen lassen.

Insgesamt trägt die Sozialindikatorenforschung mit ihren mehrdimensionalen Indikatorensystemen wesentlich zu einer aufgeklärten gesellschaftlichen Ziel- und Gestaltungsdiskussion bei, da sie Probleme verschiedener Ziele zumindest transparent macht und damit einer rationalen gesellschaftlichen *Planung* und Transformation dient.

Mitte der sechziger Jahre bildete sich in den Sozialwissenschaften eine »Sozialindikatorenbewegung«, die ein Erkenntnisinteresse an *Sozialberichterstattung* bzw. gesellschaftlicher Berichterstattung förderte (vgl. die Fachzeitschrift »Social Indicators Research«). Die sogenannte »Soziale Indikatoren-Forschung« fand damals nicht allein an Universitäten und außeruniversitären Forschungseinrichtungen statt, sondern erstreckte sich auch auf die Arbeit der amtlichen Statistik, nationaler Behörden und internationaler Organisationen. In zahlreichen Staaten wurden – überwiegend von amtlichen Stellen – Sozialreports erstellt, die über die »Lage der Nation« Bericht erstatten (vgl. für Deutschland: Statistisches Bundesamt, 1985, mit dem Datenreport, der 2011 in der 13. Auflage erschien). In Deutschland arbeiten mittlerweile im Rat für Sozial- und Wirtschaftsdaten (RatSWD) die wichtigsten Produzenten der Datengrundlagen zusammen. Diese Experten stammen sowohl aus dem Bereich der amtlichen Statistik als auch aus der wissenschaftsgetragenen Forschungsdateninfrastruktur. Für die Erweiterung der Europäischen Union spielten soziale Indikatoren eine besondere Rolle, und es wurden auch methodische Qualitätskriterien entwickelt: Zum Beispiel wurde gefordert, dass ein Indikator in ausreichend vergleichbarer Weise für alle

Mitgliedstaaten messbar sein müsse und soweit wie möglich mit den internationalen Standards, die durch die Vereinten Nationen und die OECD verwendet werden, verglichen werden müsse (Atkinson et al. 2002). Insbesondere im Rahmen der Weiterentwicklung der europäischen Sozialpolitik liefern soziale Indikatoren als Instrumente der offenen Methode der Koordinierung einen wichtigen Beitrag und finden sich als Zielindikatoren auch im auf zehn Jahre angelegten Entwicklungsprogramm der Europäischen Union Europa 2020.

Mit dem Beginn der Finanzmarktkrise wurde in Politik, Wissenschaft und Gesellschaft wieder über Möglichkeiten einer statistischen Messung von Wohlstand und Lebensqualität jenseits des Bruttosozialprodukts diskutiert. Diese Debatte über die Festlegung von einem Bündel an erstrebenswerten Zieldimensionen greifen nun vor allem Ökonomen erneut auf und entwickeln sie weiter. Eine von den Wirtschafts-Nobelpreisträgern Joseph Stiglitz und Amartya Sen geleitete französische Sachverständigenkommission brachte eine solche alternative Wohlstandsmessung »Beyond GDP« wieder als erstrebenswertes Ziel auf die politische Agenda. Auch der Deutsche Bundestag setzte im Jahr 2010 eine Enquete-Kommission ein, die unter dem Titel »Wachstum, Wohlstand, Lebensqualität – Wege zu nachhaltigem Wirtschaften und gesellschaftlichem Fortschritt in der Sozialen Marktwirtschaft« Vorschläge erarbeiten soll, wie die Einflussfaktoren auf Lebensqualität und gesellschaftlichen Fortschritt angemessen berücksichtigt und eventuell zu einem gemeinsamen Indikator zusammengeführt werden können. Die Suche nach alternativen sozialen Indikatoren wirft dabei eine Reihe praktischer nach wie vor nicht gelöster Fragen auf, die Krupp/Zapf bereits in den 70er Jahren thematisierten: Auf Grundlage welcher Statistiken können solche Indikatoren gebildet werden? Gelingt es, sie zeitnah zu liefern? Und welche Rolle sollen statistische Ämter dabei spielen, vor allem wenn es um die Erhebung subjektiver Indikatoren geht?

Literatur

Atkinson, Tony et al., 2002: Social Indicators, Oxford, UK. – Ballerstedt, Eike; Glatzer, Wolfgang, 1979: Soziologischer Almanach. Handbuch gesellschaftlicher Daten und Indikatoren, 3. Aufl., Frankfurt/New York. – Deutsche Gesellschaft für die Vereinten Nationen (Hg.), 2010: Der wahre Wohlstand der Nationen, Berlin. – Glatzer, Wolfgang; Zapf, Wolfgang, 1984: Lebensqualität in der Bundesrepublik, Frankfurt/New York. – Krupp, Hans-Jürgen; Zapf, Wolfgang, 1986: »Indikatoren, soziale«; in: Albers, Willy et al. (Hg.): Handwörterbuch für die Wirtschaftswissenschaften, Göttingen, 119–133 – OECD, 2009: Gesellschaft auf einen Blick. OECD Sozialindikatoren, Paris. – Smith, Tom W., 1981: Social Indicators. A Review Essay; in: Journal of Social History 14, 739–747. – Statistisches Bundesamt (Hg.) in Zusammenarbeit mit dem SFB 3 der Universitäten Frankfurt und Mannheim, 1985: Datenreport 1985, Stuttgart. – Statistisches Bundesamt/WZB/SOEP (Hg.), 2011: Datenreport 2011, Bonn. – Stiglitz, Joseph E. et al., 2010: Mismeasuring Our Lives, New York/London, UK.

Jürgen Schupp/Wolfgang Glatzer

Individualisierung

Es ist schwer, Individualisierung (engl. individualization) nicht misszuverstehen. Individualisierung als realgeschichtlicher Prozess meint nicht die Ideengeschichte des *Individualismus* (d. h. die Betonung der Autonomie, der Würde und Eigenverantwortung des Individuums, wie sie auf die griechische Philosophie zurückgeht und in der europäischen Aufklärung ausformuliert wurde). Individualisierung ist nicht *Individuation* – ein Begriff, der von Psychologen benutzt wird, um den Prozess zu beschreiben, wie man ein autonomes Individuum wird; und Individualisierung darf auch nicht verwechselt werden mit Marktegoismus, Thatcherismus oder Egogesellschaft. Schließlich ist es ein weitverbreitetes Missverständnis, Individualisierung fälschlich gleichzusetzen mit *Emanzipation* (im Sinne Jürgen Habermas').

Individualisierung als **real**geschichtlicher (und nicht nur ideengeschichtlicher) Prozess ist ein soziologisches Konzept, das eine strukturelle Transformation sozialer Institutionen und der Beziehung zwischen *Individuum* und Gesellschaft beschreibt (Beck 1983; Beck-Gernsheim 1983; Berger 1996; Vester 1997). Man kann eine Geschichte der Soziologie verfassen, indem man nachzeichnet, wie Durkheim, Weber, Simmel, Marx, Foucault, Elias, Giddens, Bauman u. a. die Idee der Individualisierung verwendet und interpretiert haben (Schroer 2001). Es handelt sich also keineswegs schlicht um ein Phänomen, das für die zweite Hälfte des 20. Jh.s charakteristisch ist. Frühe historische Phasen der Individualisierung lassen sich in der Renaissance beobachten, in der Hofgesellschaft des Mittelalters, in der innerweltlichen Askese des Protestantismus, in der Freisetzung der Bauern aus feudalen Bindungen sowie in der Auflösung bzw. Lockerung intergenerationaler Familienbindungen im 19. und frühen 20. Jh. Nicht nur die Ideengeschichte des Individualismus, auch die Realgeschichte der Individualisierung zeigt, dass die europäische Moderne die Individuen freigesetzt hat aus historisch vorgegebenen und zugewiesenen *Rolle*n. Traditionelle Sicherheiten (z. B. religiöse Glaubensgemeinschaften, *Klasse*nstrukturen) wurden unterminiert, während zugleich neue Formen sozialer Einbindungen (Nation, Zivilgesellschaft, Bürgerrechte) kreiert wurden.

Worin liegt dann aber das historisch Spezifische des Individualisierungsschubs seit den 1960er Jahren und der Individualisierungsdebatte seit Beginn der 1980er Jahre in den Sozialwissenschaften? Auf eine Formel gebracht: Individualisierung in der *Zweiten Moderne* meint »disembedding **without** reembedding«, Freisetzung **ohne** Wiedereinbettung. Zum ersten Mal in der Geschichte wird das Individuum zur Einheit sozialer Reproduktion (Beck 1986).

Anders gesagt: Individualisierung selbst wird zur paradoxen Sozialstruktur der Zweiten Moderne (Beck/Beck-Gernsheim 2002). Zentrale Institutionen (wie zivile, politische und soziale) Grundrechte sind an das Individuum adressiert, gerade nicht an *Kollektiv*e oder *Gruppe*n. Das Bildungssystem, die Arbeitsmarktdynamik, Karrieremuster, ja Märkte ganz allgemein sind in diesem Sinne »individualisierende Strukturen«, individualisierende Institutionen, also »Motoren« der Individualisierung Ebenso bedeutet die laufende Flexibilisierung der Erwerbsarbeit Individualisierung von *Risiken* und Lebenszusammenhängen. Der westliche Typ einer individualisierten Gesellschaft verpflichtet die Individuen dazu, biographische Lösungen für systemische Widersprüche zu suchen (Leibfried et al. 1995). Bspw. zeigen Spannungen im Familienalltag, wie schwierig oder unmöglich es geworden ist, zwei Arbeitsmarkt-Karrieren mit den Rollen der Elternschaft und der Partnerschaft zu verbinden. Es ist praktisch ausgeschlossen, die Gleichheit von Männern und Frauen in einer institutionalisierten Familienstruktur zu verwirklichen, welche die *Ungleichheit* voraussetzt und verstärkt (Beck/Beck-Gernsheim 1990; Beck-Gernsheim 2010).

Individualisierung allein, gleichsam als autistischer Massenindividualismus gedacht, ist ein Un

ding. Individualisierung steht unter dem normativen Anspruch der Co-Individualisierung, d. h. der Individualisierung mit- oder gegeneinander. Individualisierung (der) des Einen ist oft genug die Grenze der Individualisierung des (der) Anderen. So werden mit zunehmender Individualisierung auch die nervigen Grenzen derselben miterzeugt. Anders gesagt: Individualisierung ist ein durch und durch gesellschaftlicher Sachverhalt oder gar nichts. Die Vorstellung eines autarken Ich ist pure *Ideologie*. Wo Individualisierung und *Globalisierung* sich überschneiden, heißt es: die Welt als Gegensatz zu begreifen – und zu leben. Der Zwang, zwischen Kulturen, Gewissheiten, Lebensstilen wählen und vermitteln zu müssen, verlangt nach öffentlichem Austausch über die eingebauten Widersprüche der Wahl-Lebensformen und ihrer Konsequenzen für andere und alle. Dies aber bedeutet: Das Rollenmodell des sozialen Lebens, nach dem das eigene Leben als Kopie nach der Vorgabe traditionaler Blaupausen gelebt werden konnte, läuft aus. Individualisierung ersetzt das Leitbild der »Kopisten-Existenz« durch das der »dialogischen Existenz«, dialogischen Imagination, in welcher die Gegensätze der Welt im eigenen Leben ausgehalten, überbrückt werden müssen. Jeder und jede muss sich nun, im Zurückkommen auf sich selbst, einen Reim machen auf die Vor- und Nachteile, diejenigen zu sein, die sie sind.

Welche **politischen Implikationen** hat Individualisierung? Politik, verstanden als parlamentarische und Regierungspolitik, setzt aggregierte *Interesse*n voraus, und dies wiederum eine (relativ) übersichtliche und stabile Sozialstruktur sowie dazu passende Parteien und Verbände. Der Interessenbegriff (wie er insbesondere von der Politikwissenschaft zugrunde gelegt wird) unterstellt eine kollektive Sozietät, die im Zuge von Individualisierung und Globalisierung fragwürdig wird. Was hält im Individualisierungsprozess das Bewusstsein dafür wach, dass Grundlagen des eigenen Lebens nur im öffentlichen und politischen Austausch mit anderen gewonnen und verteidigt werden können? Wie wird es möglich, dass Männer und Frauen, Schwarze und Weiße, Israelis und Araber, Christen und Moslems eine nicht-individualistische und nicht-essentialistische Definition der conditio humana dennoch teilen? *Kultur* wird damit – wie Alain Touraine bemerkt – zu einem Experiment mit dem Ziel herauszufinden, »wie wir zusammenleben können als Gleiche und doch Verschiedene«.

Das Zeitalter der Individualisierung ist also keineswegs durch die Gespenster bedroht, die in den öffentlichen Debatten an die Wand gemalt werden: *Wert*everfall und Ich-Sucht. Es ist vielmehr dadurch gefährdet, dass es erstens nicht gelingt, die schöpferischen Impulse der experimentellen Normativität der Individualisierung in politisch-öffentliche Formen und Prioritäten zu übersetzen; und dass zweitens sich die Suche nach den Grundlagen des eigenen Lebens in einem unendlichen Regress des Privaten (des Psychologischen, Esoterischen) verläuft und verliert. Das Zeitalter der Individualisierung kann also nicht mehr durch **Kontroll*norm*en** geregelt und gegängelt werden. Es muss vielmehr durch **Konstitutivnormen** angeregt und abgesichert werden, welche die Experimente der Individualisierung ermöglichen, also gegen die schiefe Ebene der Atomisierung absichern.

Bei der **Weiterentwicklung** des Individualisierungstheorems (Bauman 2001; Beck 2007; 2008; Beck/Beck-Gernsheim 1994; 2002; Berger/Hitzler 2010; Friedrichs 1998; Giddens 1991; Kron 2001; Kron/Horáček 2009; Schroer 2001) muss es darum gehen, eine vergleichende Perspektive einzunehmen und verschiedene Variationen der Individualisierung, insbesondere im außereuropäischen Vergleich, zu erkennen. Der Prozess der Individualisierung bringt nicht überall die gleichen institutionellen Formen (z. B. im Recht, in der Familie, in den Geschlechterbeziehungen) oder auch gleiche biographische Muster und gesellschaftliche Widersprüche bzw. *Konflikte* hervor. Gilt es doch vielmehr konzeptionell-empirisch auszuarbeiten, dass selbst der europäische Individualisierungspfad in seiner Besonderheit überhaupt erst im Vergleich mit außereuropäischen Variationen von Individualisierung erklärt und verstanden werden kann (Beck/Beck-Gernsheim 2010; 2011; Chang/Song 2010; Hansen/Svarverud 2010; Shim/Han 2010; Suzuki et al. 2010; Yan 2009; 2010).

Literatur

Bauman, Zygmunt, 2001: The Individualized Society, Cambridge. – Beck, Ulrich, 1983: Jenseits von Stand und Klasse?; in: Kreckel, Reinhard (Hg.): Soziale Ungleichheiten, Göttingen, 35–74. – Ders., 1986: Risikogesellschaft auf den Weg in eine andere Moderne, Frankfurt a. M. – Ders. (Hg.), 1997: Kinder der Freiheit, Frankfurt a. M. – Ders., 2007: Tragische Individualisierung; in: Blätter für deutsche und internationale Politik, H. 5, 577–584. – Ders., 2008: Jenseits von Klasse und Nation: Individualisierung und Transnationalisierung sozialer Ungleichheiten; in: Soziale Welt 59, 301–325. – Ders./Beck-Gernsheim, Elisabeth (Hg.), 1994: Riskante Freiheiten. Individualisierung in modernen Gesellschaften, Frankfurt a. M. – Dies., 2002: Individualization: Institutionalized Individualism and its Consequences, London. – Dies., 2010: Chinesische Bastelbiographie? Variationen der Individualisierung in kosmopolitischer Perspektive, in: Honer, Anne et al. (Hg.), 2010: Fragile Sozialität, Wiesbaden, 199–206. – Dies., 2011: Fernliebe. Lebensformen im globalen Zeitalter, Berlin. – Beck-Gernsheim, Elisabeth, 1983: Vom »Dasein für andere« zum Anspruch auf ein »eigenes Leben«; in: Soziale Welt 34, 307–340. – Dies., 2010: Was kommt nach der Familie?, München. – Berger, Peter A., 1996: Individualisierung: Statusunsicherheit und Erfahrungsvielfalt, Opladen. – Ders.; Hitzler, Ronald (Hg.), 2010: Individualisierungen, Wiesbaden. – Chang, Kyung-Sup; Song, Min-Young, 2010: The Stranded Individualizer under Compressed Modernity: South Korean Women in Individualization without Individualism; in: British Journal of Sociology 61, 539–564. – Friedrichs, Jürgen (Hg.), 1998: Die Individualisierungs-These, Opladen. – Giddens, Anthony, 1991: Modernity and Self-Identity: Self and Society in the Late Modern Age, Cambridge. – Hansen, Mette H.; Svarverud, Rune (Hg.), 2010: iChina: The Rise of the Individual in Modern Chinese Society, Copenhagen. – Kron, Thomas (Hg.), 2001: Individualisierung und soziologische Theorie, Opladen. – Ders.; Horáček, Martin, 2009: Individualisierung, Bielefeld. – Leibfried, Stephan et al., 1995: Zeit der Armut, Frankfurt a. M. – Schroer, Markus, 2001: Das Individuum der Gesellschaft, Frankfurt a. M. – Shim, Young-Hee; Han, Sang-Jin, 2010: »Family-Oriented Individualization« and Second Modernity; in: Soziale Welt 61, 237–255. – Suzuki, Munenori et al., 2010: Individualizing Japan; in: British Journal of Sociology 61, 513–538. – Vester, Michael, 1997: Soziale Milieus und Individualisierung; in: Beck, Ulrich; Sopp, Peter (Hg.): Individualisierung und Integration, Opladen, 99–124. – Yan, Yunxiang, 2009: The Individualization of Chinese Society, Oxford. – Ders., 2010: The Chinese Path to Individualization; in: British Journal of Sociology 61, 489–512.

Ulrich Beck

Individualismus, methodologischer

Will man mit einer bündigen Umschreibung auf den Begriff bringen, was »methodologischer Individualismus« (engl. methodological individualism) bedeutet, stellt man fest, dass dies nicht so ohne weiteres möglich ist, da es verschiedene Varianten gibt (Udehn 2002; Hodgson 2007). Im Wissen um diese Vielfalt sind der groben Linie nach jedoch einige

Punkte zu benennen, die den methodologischen Individualismus übergreifend beschreiben lassen.

Grundlinien des Konzepts

Als wesentliches Kennzeichen ist zunächst festzuhalten, dass der methodologische Individualismus für die Begründung eines methodischen Vorgehens steht, um Soziales kausal erklären zu können. Grundlegend ist die Annahme, dass jegliches soziale Geschehen – von einfachen sozialen Phänomenen bis hin zu komplexen, auch »*emergent*« genannten sozialen Gebilden und Konstellationen – im Kern aus nichts anderem besteht, als aus in bestimmter Weise sozial gerichteten und dadurch miteinander verbundenen Handlungen, Erwartungen, Einstellungen individueller Entitäten (Schmid 1996, 76, 80). Insofern, auch wenn die Charakterisierung »methodisch« signalisiert, dass der methodologische Individualismus im Grunde kein sozialtheoretisches Konzept ist, impliziert der methodologische Individualismus Annahmen über die Beschaffenheit des Sozialen, auf denen das Konzept aufbaut. Mit »individuellen Entitäten« sind dabei in der Regel sinnhafte Einheiten – Akteure, Personen, Individuen, Prozessoren usw. – gemeint, die auf der Basis generalistisch-reflexiver Intentionalität und damit koordinierbarem körperlichen Verhalten operieren.

Erklärung sozialer Sachverhalte durch methodisches Reduzieren

Für das angesprochene Erklären wird deshalb so zentral auf solche Entitäten Bezug genommen, weil nur sie als aktiv-dynamische Kräfte begriffen werden, die jeweiliges Soziales produzieren können. Konsequenz dieser Annahme ist, dass kausale Erklärungen der Reproduktion bzw. des Wandels überindividueller Entitäten – sozialer Gebilde, Strukturen bzw. Prozesse – notwendigerweise auf Erklärungen von in bestimmter Weise disponierten und handelnden individuellen Prozessoren rekurrieren müssen, weil die genannten überindividuellen Entitäten keine eigene Produktionskraft haben (Greshoff 2011). In der Einschätzung, dass bei diesen Entitäten keine derartige Kraft zu erkennen ist, unterscheidet sich der methodologische Individualismus von – manchem – **methodologischen Holismus**, der davon ausgeht, dass etwa soziale Strukturen – Normen, Institutionen – als soziale Strukturen eine eigene Wirkkraft haben.

Im Sinne der erläuterten Erklärungsnotwendigkeiten ist auch Max Webers Reduktionsmaxime im Kategorienaufsatz zu begreifen. Auf diese wird immer wieder als paradigmatisch für eine methodologisch-individualistische Position verwiesen: um verstehen und also kausal erklären zu können, so Weber, ist es Aufgabe der Soziologie, soziale Gebilde auf verständliches *Handeln* der beteiligten Einzelmenschen zu reduzieren (Weber 1973: 439). Mit diesem Reduzieren ist eine methodische, keine gegenständliche Reduktion gemeint (methodische und gegenständliche Perspektive unterscheiden methodologischen und **ontologischen Individualismus**; Bunge 2000). Reduktion auf »Handeln der Einzelmenschen« steht somit nicht – wie irrtümlich oft angenommen – im Sinne von »Letztelement« für eine Minimalbestimmung von Sozialem, sondern für eine methodische Verstehensperspektive, die die Erklärung sozialen Geschehens ermöglichen soll.

Varianten des methodologischen Individualismus

Den methodologischen Individualismus gibt es in verschiedenen Versionen. Diese unterschieden sich vor allem darin, mit welchem Zuschnitt und mit welcher Situierung im Sozialen individuelle Prozessoren konzipiert werden. Grob differenziert wird zwischen einem **starken** und einem **schwachen** methodologischen Individualismus, die jeweils noch einmal in verschiedene Varianten untergliedert sind (Udehn 2002, 497–502). Im starken methodologischen Individualismus werden die individuellen Entitäten vor allem in frühen Versionen als eigenständig-»naturale«, nicht-sozialisierte Größen, später jedoch als sozialisierte – bzw. sozialisiert werdende – Prozessoren begriffen, die durch ihr Tun und dessen Folgen soziales Geschehen produzieren. Im schwachen methodologischen Individualismus wird sozialen Gebilden gegenüber individuellen Entitäten ein anders gewichteter Stellenwert zugemessen. Individuelle Entitäten werden in soziale Gebilde eingebettet und als deren Teile in ihrem Tun etwa von den Strukturen solcher Gebilde auf irgendeine Weise beeinflusst angenommen, ohne damit zu negieren, dass diese Gebilde immer von irgendwelchen individuellen Prozessoren hergestellt werden. Ein solcher methodologischer Individualismus wird auch als **strukturtheoretischer Individualismus** bezeichnet. Erklärungen sozialer Phänomene, die in diesem

Rahmen vorgenommen werden, basieren auch auf dem oben erläuterten methodischen Reduzieren, gehen aber insofern darüber hinaus, als sie versuchen, im sozialen Zusammenhandeln soziale Mechanismen zu entdecken und darüber Regelmäßigkeiten überindividueller Abläufe zu erklären (Little 2010, Greshoff 2011).

Sozialwissenschaftliche Vertreter eines methodologischen Individualismus finden sich in Ökonomie, Politikwissenschaft und Soziologie. Als Gründergeneration sind Carl Menger, Joseph Schumpeter, Friedrich A. von Hayek, Ludwig von Mises und Max Weber zu nennen, als wichtige spätere Repräsentanten Karl R. Popper, George Homans, James Coleman, Raymond Boudon, Jon Elster, Hartmut Esser, Siegwart Lindenberg, Karl-Dieter Opp, Michael Schmid, Reinhard Wippler, Reinhard Zintl.

Literatur

Bunge, Mario, 2000: Ten Modes of Individualism – None of Which Works – And Their Alternatives; in: Philosophy of the Social Sciences 30, 384–406. – Greshoff, Rainer, 2011: Die Produktion des Sozialen als Erklärungsproblem. Oder: Ist es irrational, komplexes Sozialgeschehen mittels methodologisch-individualistisch fundierter Konzepte zu erklären?; in: Maurer, Andrea; Schimank, Uwe (Hg.): Die Rationalitäten des Sozialen, Wiesbaden, 183–213. – Hodgson, Geoffrey M., 2007: Meanings of methodological individualism; in: Journal of Economic Methodology 14, 211–226. – Little, Daniel, 2010: Methodological Individualism; in: Bevir, Mark (ed.): Encyclopedia of Political Theory, Los Angeles u. a., 880–883. – Schmid, Michael, 1996: Rationalität und Theoriebildung, Amsterdam/Atlanta. – Udehn, Lars, 2002: The Changing Face of Methodological Individualism; in: Annual Review of Sociology 28, 479–507. – Weber, Max, 1973: Gesammelte Aufsätze zur Wissenschaftslehre, Tübingen.

Rainer Greshoff

Individuum

Ein Individuum (lat.: das »Unteilbare«, engl. individual [person]) ist das in seiner raumzeitlichen und qualitativen Besonderung einmalige Wesen, das nicht mehr geteilt werden kann, ohne seine besondere *Identität* zu verlieren, die in seiner geschlossenen Ganzheit begründet ist. Die Gegenüberstellung von Individuum und *Kollektiv* (Gemeinschaft und Gesellschaft), eine der grundlegenden Fragestellungen soziologischen Denkens, hat eine lange Tradition in der abendländischen Philosophie. In der Soziologie behauptet der *Individualismus* den Vorrang des Einzelnen vor gesellschaftlichen Gebilden. Letztere seien nichts weiter als die Summe individueller Aktivitäten. Ein Hauptvertreter dieser Sichtweise ist Gabriel Tarde. Vorläufer finden sich bei den griechischen Sophisten, den Nominalisten im Mittelalter und den Aufklärern des 17. und 18. Jh.s. Demgegenüber ist für universalistische (kollektivistische) Denker das Ganze dem Einzelnen übergeordnet. Die Gesellschaft gilt ihnen als das Ursprüngliche, das Einzelwesen als das Abgeleitete. Ein Hauptvertreter dieser Richtung ist Emile Durkheim. Vorläufer waren Plato, Aristoteles, die neuplatonischen Scholastiker sowie idealistische Philosophen wie Hegel und jene, die das gesellschaftliche Geschehen in Analogie zu den Entwicklungsgesetzen natürlicher Organismen deuten. Eine dritte Theorietradition schließlich lehnt sowohl die Denkfigur des losgelösten, verselbstständigten Individuums ab wie die Vorstellung von der festen und allseitigen Einbindung des Individuums in das gesellschaftliche Ganze. Für sie ist das Individuum von vornherein ein vergesellschaftetes ebenso wie es gesellschaftliche Gebilde nur insoweit gibt, als ihre Existenz von den Individuen getragen und immer wieder neu geschaffen wird. Der Einzelne lebt zwar in gesellschaftlichen Gebilden, aber nicht minder leben sie in ihm. Hervorragende Vertreter dieser Denkrichtung sind Karl Marx und Franz Oppenheimer. Im gegenwärtigen soziologischen Denken wird das Individuum als entscheidender Faktor des *Vergesellschaftung*sprozesses angesehen. Gesellschaft erscheint als Resultat menschlichen Handelns. Während einige Autoren die Chancen und Freiheitsräume, die sich dem Individuum eröffnen, hervorheben, betonen andere die damit verbundenen Verhaltenszumutungen und Risiken. Es wird zwar zur Kenntnis genommen, dass das Individuum an Vergesellschaftungsprozessen leiden kann, aber im Mittelpunkt der Interessen steht der gewachsene Möglichkeitsraum des Individuums zur Beeinflussung und Mitgestaltung von Vergesellschaftungsprozessen. In soziologischen Theorien, die auch Artefakten und nicht-menschlichen Wesen Handlungsträgerschaft zubilligen, etwa in der Tradition Tardes stehend, bei Bruno Latour, kann jedes materielle System (»Netzwerk«, »Assoziation«, »Kollektiv«) als Individuum angesehen werden, da es über Eigenschaften verfügt, die keines seiner Elemente losgelöst von den anderen Elementen besitzt und in dieser spezifischen Ausprägung auch kein anderes System.

Literatur

Beck, Ulrich; Beck-Gernsheim, Elisabeth (Hg.), 1994: Riskante Freiheiten. Individualisierung in modernen Gesellschaften, Frankfurt a. M. – Brose, Hanns-Georg; Hildenbrand, Bruno (Hg.), 1988: Vom Ende des Individuums zur Individualität ohne Ende, Opladen. – Junge, Matthias, 2002: Individualisierung, Frankfurt a. M. – Sennett, Richard, 1983: Verfall und Ende des öffentlichen Lebens. Die Tyrannei der Intimität, Frankfurt a. M. – Tarde, Gabriel, 2008: Monadologie und Soziologie, Frankfurt a. M. (1893).

Arno Bammé

Industriesoziologie

Begriff und Gegenstandsbezug

Der Blick auf die soziologische Forschung zu Problemen der *Industriegesellschaft* lässt eine schlanke Definition von Industriesoziologie (engl. industrial sociology) nicht zu – statt einer Definition mag folgende Annäherung nützlich sein: Industriesoziologische Forschung richtet sich auf die historisch außerordentlich varianten ökonomischen, sozialen und politischen Bedingungen der Herausbildung und des Wandels von Strukturen industrieller *Produktion*, auf die mit der Dynamik der Industrialisierung verknüpften Formen und sozialen Folgeprobleme gesellschaftlicher *Arbeitsteilung* und betrieblicher Arbeits*organisation*, auf die begleitenden Prozesse individuellen und kollektiven Bewusstseins und die hiermit eng verbundenen Handlungsorientierungen insbesondere von abhängig Beschäftigten sowie auf die gesellschaftsspezifischen Strukturen und Prozesse der Interessenauseinandersetzung um die Gestaltung und um die politische Kontrolle von Produktion und Arbeitskräfteeinsatz in der Industriegesellschaft.

Das skizzierte Verständnis von Industriesoziologie impliziert drei **Analyseebenen** von industriesoziologischer Forschung:

1. Die Rekonstruktion gesamtgesellschaftlicher Entwicklungen – z. B. die Analyse des Prozesses der Verrechtlichung der Konfrontation zwischen »*Kapital*« und »*Arbeit*« und die Veränderung der Inhalte industrieller *Konflikt*e (»Institutionalisierung des Klassenkonfliktes«, Novellierung des Betriebsverfassungsgesetzes und wachsende Bedeutung arbeitsinhaltlicher und betriebspolitischer Aspekte für Tarifabkommen), Untersuchung der Auswirkungen sozialstruktureller Veränderungen (etwa Gliederung der Beschäftigten nach Qualifikation, Alter, Geschlecht etc.) und sozio-ökonomischer Entwicklungen (Energieverteuerung, Neubestimmung des »Nord-Süd-Dialoges«, die Funktionskrise des formellen Arbeitsmarktes, neue Formen industrieller Arbeitslosigkeit, Internationalisierung und Globalisierung der Wirtschaftsaktivität etc.) auf das industrielle System sowie die Untersuchung der Bedeutung von herrschenden, kollektiven Handlungsorientierungen und *Wertwandel* (Abbau der protestantischen Arbeits- und Berufsauffassung, wachsende Technikfeindlichkeit und zunehmende kritische Sensibilität gegenüber »naturwüchsiger« Wirtschafts- und Technikentwicklung und -umsetzung) für Identität und weitere Entwicklung von Industriegesellschaften.

2. Darstellung und Analyse betrieblicher Strukturveränderungen und betrieblicher Sozialphänomene – z. B. das Studium der Veränderung tradierter *Kooperation*s- und *Herrschaft*sbeziehungen im Zusammenhang mit technisch-organisatorischen Veränderungen (Veränderung von Arbeitszusammenhängen durch Informatisierung, »Versachlichung« von Herrschaftsverhältnissen etc.), Analyse betriebsspezifischer »Umsetzung« neuer technischer, marktbedingter oder rechtlicher Gegebenheiten über veränderten Arbeitskräfteeinsatz (Forcierung betriebsspezifischer Qualifizierung, Entwicklung und Durchsetzung neuer differenzierender Entlohnungsformen, sich wandelnde Zusammensetzung und Bedeutung von betrieblichen »Stammbelegschaften« etc.).

3. Analyse von Veränderungen der Arbeitssituationen sowie der hieran geknüpften Erfahrungen und Verhaltensreaktionen von Arbeitskräften – hierzu zählt bspw. die Untersuchung von veränderten Qualifikationsanforderungen und vom Wandel der Belastungsstruktur (etwa zunehmende Bedeutung abstrakt theoretischer Kenntnisse, tendenzielle Verschiebung von physischer und psychischer Beanspruchung), Situationserfahrung und Reaktion der von technisch-organisatorischen Veränderungen betroffenen Arbeitskräfte (z. B. Widerstand gegen Veränderungen auf Seiten der Beschäftigten – »Resistance to Change«), Wandel der inhaltlichen »Besetzung« von Lohn-Leistungs-Relationen auf der Arbeitsplatzebene (Wandel der Ansprüche an Lebensqualität auch in der Arbeit, zunehmende Bedeutung qualitativer, arbeitsinhaltlicher Fragen – aktuelle Stichworte hierzu sind: »normative *Subjektivierung*«, »*Arbeitskraftunternehmer*« und »berufliche Patch-Work-Karriere«).

Industriesoziologie schließt nach diesem Verständnis *Betriebssoziologie, Arbeitssoziologie* und soziologische Arbeitsmarktforschung ein. Industriesoziologie hat darüber hinaus in vielen Sachfragen enge thematische und theoretische Verbindungen mit anderen soziologischen Forschungsdisziplinen wie der *Organisationssoziologie,* der Berufs- und Bildungssoziologie und auch mit der sozialwissenschaftlichen Forschung über Entwicklungen in »Dritte-Welt-Ländern«. In neuerer Zeit hat sich allerdings **Arbeitssoziologie** als übergeordneter Begriff durchgesetzt (vgl. das Stichwort ›Arbeitssoziologie‹ sowie Böhle et al. 2010, Schmidt 2011).

Zur Geschichte des Faches

Ein wissenschaftliches Forschungsinteresse »Industriesoziologie« bildet sich im ersten Drittel des 20. Jh.s in Westeuropa und in den USA als Ausdruck der Anstrengungen heraus, jene seit Ende des 18. Jh.s sich entfaltenden Prinzipien des »Industrialismus« in ihren gesellschaftlichen Verursachungszusammenhängen, sozialen Folgen und Handlungs- wie Entscheidungsproblemen auf gesamtgesellschaftlicher und Organisations-Ebene zu verstehen und als gesellschaftspolitische Herausforderung »in den Griff« zu bekommen.

Durchsetzungsformen und soziale Folgen von Industrie – Industriearbeit und industriell geprägte Lebenswelt – waren bereits im 19. Jh. wichtige Themen von Enqueten und sozialtheoretischen Veröffentlichungen in Deutschland, Frankreich, England und in den USA. Im Zuge der raschen Ausbreitung industrieller Fertigung mit der beginnenden *Rationalisierung* der Fabrikarbeit (vor allem auf dem Hintergrund der Entwicklung »wissenschaftlicher Betriebsführung« im Sinne von Taylor, Gilbreth und Bedeaux) wird die Strukturdynamik industrieller Produktion Gegenstand spezieller empirischer soziologisch orientierter Forschung, die freilich über Themenwahl, theoretische Erklärungsperspektive und Verwertungsabsicht immer auch aktueller gesellschaftspolitischer Problemauseinandersetzung verbunden ist.

Die Mehrzahl der Studien der – bis etwa 1930 dauernden – »Frühgeschichte« industriesoziologischer Forschung, die – nicht zuletzt wegen des Engagements Max Webers (der insbesondere methodische Grundlagen empirischer Sozialforschung formulierte) – berühmten Arbeiterenqueten des Vereins für Socialpolitik (publiziert zwischen 1910 und 1915) zum Thema »Anpassung und Auslese (Berufsverhalten und Berufsschicksal) der Arbeiterschaft der geschlossenen Großindustrie«, die frühen Studien der Webbs zu industriellem Konflikt (1920), die Untersuchungen auf dem Hintergrund der »Human Factor«-Bewegung in den USA und in England sind ebenso wie die zahlreichen Betriebs- und Arbeitsstudien in den 20er Jahren in Deutschland (Hellpach, Lechtape, Rosenstock u. a.), die hier die offizielle Begründung einer *Betriebssoziologie* durch Briefs, Geck u. a. Ende der 20er Jahre vorbereiten, zentriert auf die Fragen der sozialen Beherrschung der industriellen Produktion und der technisch-organisatorischen Entwicklung industrieller Produktion in ihrer Bedeutung für die individuelle und kollektive Umsetzung der Erfahrung von Industriearbeit.

Während in den USA in der Folge der »Hawthorne-Studies« (Mayo) eine empirische Industriesoziologie sich in den 40er Jahren zügig etabliert, ist der Beginn von Industriesoziologie als Forschungs- und Lehrdisziplin in Westeuropa erst Anfang der 50er Jahre zu erkennen. Die kritische Übernahme theoretischer Konzepte und methodischer Regeln amerikanischer Betriebsforschungen und das Anknüpfen an Fragestellungen der Klassiker der europäischen Sozialtheorie führen vor dem Hintergrund der enormen Herausforderung, die die Nachkriegssituation und Industrialisierungsdynamik für die europäischen Gesellschaften nach 1945 darstellte, rasch zur Herausbildung eigener Perspektiven industriesoziologischer Forschung in Westeuropa. Nicht nur rücken die sozialstrukturelle und ökonomische Situation nach dem Kriege und der vehemente Industrialisierungsprozess mit Beginn der 50er Jahre mit einer gewissen Zwangsläufigkeit soziale und politische Aspekte der Organisation industrieller Arbeit in den Mittelpunkt soziologischer Analyseinteressen, für die Sozialwissenschaftler der Nachkriegszeit boten industriesoziologische Forschungen damals am ehesten Chancen der Einflussnahme auf die gesellschaftspolitische Entwicklung speziell auch in der »jungen« Bundesrepublik. Hier konzentriert sich in den 50er Jahren industriesoziologische Forschung an folgenden Forschungsinstituten: an der Sozialforschungsstelle Dortmund (Neuloh et al.), am wiedergegründeten Institut für Sozialforschung in Frankfurt unter der Leitung von Theodor W. Adorno und Max Horkheimer und am Wirtschaftswissenschaftlichen Institut der Gewerkschaften in Köln.

Für die Fortführung der industriesoziologischen Forschung nach den ersten zehn Jahren sozialwissenschaftlicher Industrieforschung nach dem Zweiten Weltkrieg sind die umfangreichen Forschungsarbeiten von Mitgliedern dreier größerer Teams von besonderer Bedeutung: a) der Gruppe Popitz et al. – »Technik und Industriearbeit« sowie »Das Gesellschaftsbild des Arbeiters« (beide 1957); b) der Gruppe Pirker et al. – »Arbeiter, Management, Mitbestimmung«; und c) der Forschungsgruppe des Institutes für Sozialforschung in Frankfurt, wozu insbesondere von Friedeburg et al. gehören – »Betriebsklima« (1955). Die Untersuchungen dieser drei Forschungsgruppen bilden gewissermaßen den »Kristallisationskern« der westdeutschen Betriebssoziologie.

Ende der 50er, Anfang der 60er Jahre künden erste zusammenfassende Lehrbuchdarstellungen zur Industriesoziologie durch Ralf Dahrendorf und M. Rainer Lepsius von einer beginnenden Etablierung dieses Faches als akademischer Disziplin. In der zweiten Hälfte der 60er Jahre zeigt sich Industriesoziologie in der Bundesrepublik auf bescheidenem Niveau »konsolidiert«: Sie findet Platz in den Curricula der Studiengänge, ist zentrales Forschungsfeld einer kleinen Anzahl von Instituten und Forschergruppen, bildet in Ansätzen »professionelle Zirkel« aus und wird, zögernd noch, nachgefragt, vor allem über themenspezifische Projektaufträge des RKW (Rationalisierungskuratorium der deutschen Wirtschaft).

Eine über die Mitte der 60 Jahre hinweg währende »Latenzphase« deutscher Industriesoziologie mündet gegen Ende der 60er Jahre in eine »Renaissance« industriesoziologischen Forschens, die freilich weniger durch wissenschaftsimmanente Entwicklungen als vielmehr von »außen« durch empfindliche ökonomische und soziale »Störungen« des industriellen Wachstumsprozesses, bewirkt wird: Die mit den Begriffen »Strukturwandel« und »Automation« mehr oder minder zutreffend gefassten Prozesse beschleunigter Veränderung von Wirtschafts- und Beschäftigungsstrukturen, Produktionsprozessen und Arbeitsformen weckten einen rasch wachsenden gesellschaftlichen Bedarf an Daten und Analysen, der mit dem inzwischen fest etablierten ökonomisch-statistischen Instrumentarium allein nicht gedeckt werden konnte.

Von dieser Wende hat die anwendungsbezogene Soziologie und auch Industriesoziologie »profitiert«. Neben Sozialberatung und Bildungsexpansion und -reform entwickelt sich der gesellschaftliche Problembereich »Industriearbeit« zu einem politischen Handlungsfeld mit erheblichem Einsatz sozialwissenschaftlicher Kompetenz. Laufende Projekte am Soziologischen Forschungsinstitut Göttingen (SOFI) und am Institut für sozialwissenschaftliche Forschung in München (ISF) werden zu ersten Trägern der Wende hin zu einer erweiterten Rezeption und Anerkennung von Industriesoziologie Die Studie von Horst Kern und Michael Schumann »Industriearbeit und Arbeiterbewußtsein« (1970) ist als Markstein von besonderer Bedeutung: Über die Auseinandersetzung mit dieser Studie entwickeln sich wichtige Positionen und Kontroversen der neueren Industriesoziologie in der Bundesrepublik. In der Absicht eines konstruktiv-kritischen Anknüpfens an die Marxsche Klassenkonzeption wird von Kern/Schumann die Frage, »ob die Arbeiterschaft noch als das historische Subjekt gesellschaftlichen Wandels zu fungieren vermag«, auf zwei thematischen Ebenen verfolgt: 1. »inwieweit der technische Wandel in der industriellen Produktion nicht zu einer Nivellierung der Arbeiten führt, sondern differenzierenden Einfluss auf die Industriearbeit ausübt und dadurch die kollektive Erfahrungsbasis der Arbeiterschaft in die Arbeitssphäre beeinträchtigt; 2. inwieweit die Unterschiede der Arbeitssituation Rückwirkungen auf das Arbeiterbewusstsein haben und relevante Differenzen im Denken der Industriearbeiter auslösen« (Kern/Schumann 1970: 23).

In Arbeiten des Institutes für sozialwissenschaftliche Forschung, München, wird im Bemühen um gesellschaftstheoretische Begründung empirischer und theoretischer Einzelforschung in der Industriesoziologie der Fokus »Betrieb« (analytisch verstanden) als konkrete Instanz (Bezugseinheit) gesellschaftlich durchgesetzter Verwertungsprinzipien zum Ausgangspunkt der konkreten Forschungsarbeit genommen. Von hieraus ergibt sich eine durchaus neue, von der traditionellen Betriebssoziologie (im Sinne von Götz Briefs oder im Sinne der amerikanischen »Plant Sociology«) abweichende industriesoziologische Interessenperspektive.

Mitte der 70er Jahre wird ein gewisser Reifegrad von Industriesoziologie in Westdeutschland schließlich auch über eine erhebliche Anzahl von analytisch z. T. relativ differenziert verfassten Studien zu einzelnen gesellschaftlichen und betrieblichen Problembereichen ausgewiesen – bspw. über Forschungen zu Fragen betrieblicher Weiterbildung (Lenhardt), zum Zusammenhang von betrieblichen Rationalisierungsmaßnahmen und Risiken für Arbeitnehmer (Böhle/Altmann), zur technischen Intelligenz (Buttgereit) und zur »Umsetzung« des sogenannten dualen Systems betrieblicher Interessenvertretung (Bergmann et al.; Dzielak et al.).

Forschungsschwerpunkte und Entwicklungsperspektiven in der BRD nach den 70er Jahren

Vor dem Hintergrund der neueren Entwicklungen von Produktionstechnologie, normativ-institutioneller Veränderungen der Arbeitsverhältnisse und sich wandelnder gesellschaftlicher Wahrnehmungen von Industrie, Technik und Energie, vor allem aber auch auf dem Hintergrund sich durchsetzender neuer politischer Ansprüche an Mitgestaltung und Kontrolle der Produktion durch Arbeitnehmer und ihre Interessenvertretung haben sich z. T. neue Themenschwerpunkte industriesoziologischer Forschung herausgebildet (»Humanisierung des Arbeitslebens« als Themenschwerpunkt der Forschung in den 70er Jahren, ein deutlich verstärktes Interesse an organisationspolitischen Fragen und eine Zuwendung zu Problemen subjektiver »Umsetzung« von Arbeits- und Berufswirklichkeit seit Mitte der 70er Jahre – was sich bspw. in einer Verstärkung der Berufsbiographieforschung niederschlägt).

Eine Weiterentwicklung von Industriesoziologie und fachwissenschaftlicher Erkenntnis-»Fortschritt« wird zu Beginn der 80er Jahre vielfältig dokumentiert: Die klassischen »großen Themen« der Nachkriegssoziologie – *Herrschaft* und *Rationalisierung,* das Arbeiter- und Angestelltenproblem, die Frage nach dem *Klassenbewusstsein* und der objektiven *Klassenlage* der Arbeitnehmer – werden nicht verabschiedet und »überwunden«, sondern eher analytisch und forschungsmethodisch nach »innen« weiterverfolgt. Bezeichnend sind etwa folgende neuere Arbeiten:

Der Untersuchungsbericht von Schumann et al. zur Industrialisierung der Werftarbeit »Rationalisierung, Krise, Arbeiter« zeigt das Bemühen um neue

analytische Zugriffe zu den klassischen Themen der Industriesoziologie besonders (etwa in der Entfaltung der Begriffe »Kapitalperspektive« und »Arbeiterperspektive« zur Analyse objektiver Strukturmomente von Industriearbeit oder in der weiterführenden analytischen Differenzierung der Untersuchung des Arbeitsbewusstseins mit Hilfe des Konzeptes der »doppelten Bezugsweise« des Arbeiters auf seine Tätigkeit – »Arbeitskraftperspektive« zum einen, »Subjektperspektive« zum anderen). Die Monographie des IFS-Frankfurt – Benz-Overhage et al. »Computereinsatz in der Fertigung« – bringt das Beharren auf gesellschaftstheoretischer Verpflichtung industriesoziologischer Forschung über den Anspruch auf die – empirisch verfolgte – Relevanz des Progresses »reeller Subsumtion« im Sinne der Marxschen Bestimmung in den neuesten Formen industrieller Rationalisierung zum Ausdruck. Die »außerhalb« des staatlichen Humanisierungsprogramms angesetzte, auf die strukturell begründeten betrieblichen Interessen an sogenannten »neuen Arbeitsformen« abzielende, mehrschichtig angelegte (die Analyse von Arbeitskräfteeinsatzpolitik der Unternehmen, Gegenmachtpolitik der Betriebsräte und Situationswahrnehmung der Arbeitskräfte umfassende) Studie des ISF-München (Altmann et al. 1982) hat insgesamt erheblich zur »Ernüchterung« der industriesoziologischen HdA-Diskussion beigetragen.

Kern und Schumann haben schließlich der gegenwärtigen industriesoziologischen Diskussion mit der 1984 erschienenen – als »follow-up«-Untersuchung zu »Industriearbeit und Arbeiterbewusstsein« (1970) konzipierten – Studie »Das Ende der Arbeitsteilung?« wichtige Impulse vermittelt: Die These der Chance der »neuen Produktionskonzepte«, die einen gegenüber tayloristischen Formen der Arbeitsorganisation ganzheitlicheren Zuschnitt von Arbeitsaufgaben gerade auch als im Interesse der Kapitalverwertung liegend anzeigen, und die mit dieser These verknüpfte gesellschaftstheoretische Aussage eines durch die Einsatzmöglichkeiten der neuen mikroelektronischen Steuerungs-, Informations- und Kommunikationstechniken mitgeprägten grundlegend neuen Modus kapitalistischer Rationalisierung, gezielt »Neoindustrialisierung« benannt, sind als Anstöße für die Theorieorientierung und die Forschungsanalytik ebenso wie in ihren arbeitspolitischen Perspektiven seit Mitte der 80er Jahre lebhaft diskutiert und in einer großen Zahl von Forschungsberichten und theoretischen Beiträgen aufgenommen und kritischweiterführend bearbeitet worden (zur Diskussion der Studie von Kern/Schumann vgl. Braczyk/Schmidt; Düll; R. Schmidt; als Beispiel einer ›konkurrierenden‹ Interpretation siehe Altmann et al. 1986 – zur aktuellen Debatte siehe Springer). Die Schlagworte »Lean Production« und »Toyotismus« forcieren und erweitern die neuere industriesoziologische Rationalisierungsforschung (vgl. als Beispiele unter einer großen Zahl einschlägiger Publikationen Braczyk/Schienstock und Howaldt/Minssen).

Ergänzt wird die Kontinuität der Themenstellung in der Industriesoziologie seit Mitte der 70er Jahre durch die wachsende Aufnahme anderer neuer Forschungsfragen. Das Thema »*Frauen*arbeit« (mit dem auch Bemühungen um theoretischanalytische und methodische Erweiterung von Industriesoziologie verknüpft sind – siehe etwa die Debatte um das Konzept »weibliches Arbeitsvermögen« bei Beck-Gernsheim/Ostner; Becker-Schmidt et al.) und die vielfältigen Anstöße auch für industriesoziologische Forschung durch die Themen der »ökologischen Bewegung«, die neue Aufmerksamkeit gegenüber Problemen der subjektiven Verarbeitung von Arbeitswelt und Berufskarriere (Marstedt/Mergner, Brock/Vetter) sowie auch die breite Wertewandeldiskussion – spezifisch industriesoziologisch aufgegriffen, bspw. über die Themen »Arbeitszeit« (Offe et al.) und »Krise des protestantisch-puritanischen Arbeitsethos« und der entsprechenden Berufsauffassung und die Debatte um ›Subjektivierung‹ der Lebensführung (Baethge et al.) – haben als inhaltliche Orientierungen der allgemeinen gesellschaftlichen Auseinandersetzung zum Thema veränderte Entwicklungstendenzen der Industriegesellschaft auch in den industriesoziologischen Forschungen Resonanz gefunden.

Eine der wichtigsten Entwicklungen industriesoziologischer Forschung nach der sog. ›Humanisierungs-Phase‹ ist zweifellos die Wendung hin zur Anwendungsorientierung, ist ihre »Vorstellung« als *angewandte Wissenschaft*: Die seit Mitte der 70er Jahre verstärkt kontrovers geführte Debatte um ein angemessenes »Anwendungsverständnis« von forschender Industriesoziologie signalisiert eine veränderte, »weiterentwickelte« gesellschaftliche Integration der Forschung (Schmidt 1981, Bosch et al. 1999).

Auch in Frankreich, Italien und Großbritannien »erlebt« die Industriesoziologie in den 70er Jahren eine bedeutende Aufschwungphase auf dem Hintergrund eines breiten sozialpolitischen Konsenses. Auch in diesen Ländern werden neue Strukturen der Vermittlung von Forschung und Praxis institutionalisiert, auch dort wird industriesoziologische Forschung zunehmend als praxisrelevante Wissenschaft gefördert und gefordert. Auch in diesen Ländern kommt es freilich in der zweiten Hälfte der 70er Jahre zu einer Krise der Industriesoziologie, die nicht zuletzt auch Reaktion auf enttäuschte überzogene Erwartungen an sozialwissenschaftliche Industrieforschung ist (Schmidt 1982).

Das (Selbst-)Verständnis der gegenwärtigen »modernen« Gesellschaft als *Industriegesellschaft* wird in wachsendem Maße kritisch debattiert und in Frage gestellt – beobachtbare technisch-organisatorische Veränderung, struktureller Wandel im Bereich der Ökonomie (insbesondere die Herausbildung eines informellen Arbeitsmarktes, Wachstum des Dienstleistungsbereiches etc.), die Auswirkungen neuer Produktionstechnologien (Mikroelektronik etc.) und Prozesse des *Wertewandel*s lassen es zunehmend problematisch erscheinen, die Kennzeichnung, den »Begriff« der gegenwärtig fortgeschrittensten Gesellschaften auf die Formel »Industrie« zu zentrieren. Auch für industriesoziologische Forschung wird seit Mitte der 60er Jahre systemtheoretisches Denken – vor allem in der Form von Organisationsanalyse – als Ausdruck säkularer Entwicklung allgemeiner soziologischer Theoretisierung zunehmend drängend nahegelegt (Luhmann). Die Industriesoziologie (heute: *Arbeitssoziologie*) hat den Anspruch aufgegeben, die zentrierende fachwissenschaftliche Disziplin der Untersuchung der modernen »industriellen«, »spät-« oder »nachindustriellen« Gesellschaft zu sein – ihr Beitrag zum Verständnis von Struktur und Dynamik der heutigen Gesellschaft kann nur angemessen »gewichtet« werden in Verknüpfung mit den Aussagen und den Resultaten von thematisch anders zentrierten fachwissenschaftlichen Forschungen. Last not least verbinden sich mit ›Internationalisierung‹ und ›Globalisierung‹ neue methodische und inhaltliche Herausforderungen auch an arbeits- und industriesoziologische Forschung (Schmidt/Trinczek 1999).

Literatur

Altmann, Norbert et al., 1982: Grenzen neuer Arbeitsformen, Frankfurt a. M. – Ders. et al., 1986: Ein »neuer Rationalisierungstyp«. Neue Anforderungen an die Industriesoziologie; in: Soziale Welt 37, 191–207. – Ders.; Böhle, Fritz (Hg.), 2010: Nach dem ›Kurzen Traum‹ – Neue Orientierung in der Arbeitsforschung, Berlin. – Baethge, Martin et al., 1989: Jugend, Arbeit und Identität, Opladen. – Beck-Gernsheim, Elisabeth; Ostner, Ilona, 1978: Frauen verändern Berufe nicht?; in: Soziale Welt 29, 257- 287. – Becker-Schmidt, Regina et al., 1981: Frauenarbeit in der Fabrik: Betriebliche Sozialisation als Lernprozess?; in: Gesellschaftliche Beiträge zur Marxschen Theorie 14, 52–74. – Bergmann, Joachim et al., 1975: Gewerkschaften in der Bundesrepublik, Frankfurt a.M. – Böhle, Fritz; Altmann, Norbert, 1972: Industrielle Arbeit und soziale Sicherheit, Frankfurt a.M. – Böhle, Fritz et al. (Hg.), 2010: Handbuch Arbeitssoziologie, Wiesbaden. – Bosch, Aida et al. (Hg.), 1999: Sozialwissenschaftliche Forschung und Praxis, Wiesbaden. – Braczyk, Hans-Joachim; Schmidt, Gert, 1986: Die Hauptsache kommt erst; in: Soziologische Revue 11, 243–248. – Ders.; Schienstock Gerd, 1996: Kurswechsel in der Industrie. Lean Production in Baden-Württemberg, Stuttgart. – Brock, Ditmar; Vetter, Hans-Rolf, 1982: Was kann der Belastungsbegriff leisten?; in: Soziale Welt 33, 303–327. – Buttgereit, Michael, 1978: Ingenieur und Weiterbildung, Weinheim/Basel. – Dahrendorf, Ralf, 1959: Industrie- und Betriebssoziologie, Berlin. – Düll, Klaus, 1985: Modernisierungspolitik durch neue ›Produktionskonzepte‹?; in: WSI-Mitteilungen, H. 3, 141–145. – Deutschmann, Christoph, 2001: Die Gesellschaftskritik der Industriesoziologie – ein Anachronismus?: in: Leviathan 29, 58–69. – Dzielak, Willi et al., 1978: Belegschaften und Gewerkschaften im Streik, Frankfurt a.M. – Friedeburg, Ludwig von, 1963: Soziologie des Betriebsklimas, Frankfurt a.M. – Fürstenberg, Friedrich, 2000: Arbeitsbeziehungen im gesellschaftlichen Wandel, Mering. – Heidenreich, Martin; Schmidt, Gert (Hg.), 1991: International vergleichende Organisationsforschung, Opladen. – Hildebrandt, Eckart et al. (Hg.), 2007: Arbeitspolitik im Wandel – Entwicklung und Perspektiven von Arbeitspolitik, Berlin. – Hirsch-Kreinsen, Hartmut, 2009: Wirtschafts- und Industriesoziologie. Grundlagen, Fragestellungen, Themenbereiche, Weinheim. – Howaldt Jürgen; Minssen Heiner (Hg.), 1993: Lean, leaner …? Die Veränderungen des Arbeitsmanagements zwischen Humanisierung und Rationalisierung, Dortmund. – Kern, Horst; Schumann, Michael, 1970: Industriearbeit und Arbeiterbewusstsein, Frankfurt a.M. – Dies., 1984: Das Ende der Arbeitsteilung?, München. – Lenhardt, Gero, 1974: Berufliche Weiterbildung und Arbeitsteilung in der Industrieproduktion, Frankfurt a.M. – Lepsius, Mario Rainer, 1960: Strukturen und Wandel im Industriebetrieb, München. – Luhmann, Niklas, 1975: Organisation, soziologisch; in: Ev. Staatslexikon, o.O. – Lutz, Burkart (Hg.), 2001: Entwicklungsperspektiven von Arbeit – Ergebnisse aus dem Sonderforschungsbereich 333, Berlin. – Marstedt, Gerd; Mergner, Ulrich, 1982: Erfassung artikulierter Beanspruchungen, in: Schmidt, Gert et al. (Hg.): Materialien zur Industriesoziologie, Opladen, 470–481. – Mayo, Elton, 1933: The Human Problems of an Industrial Civilization, New York. – Neuloh, Otto, 1960: Der neue Betriebsstil, Tübingen. – Offe, Claus et al., 1982: Arbeitszeitpolitik, Frankfurt/New York. – Pirker, Theo et al., 1955: Arbeiter, Management, Mitbestimmung, Düsseldorf. – Popitz, Heinrich et al., 1957: Technik und Industriearbeit, Tübingen. – Ders. et al., 1957: Das Gesellschaftsbild des Arbeiters, Tübingen. – Pries, Ludger, 2010: Erwerbsregulierung in einer globalisierten Welt, Wiesbaden. – Sauer, Dieter, 2005: Arbeit im Übergang. Zeitdiagnosen, Hamburg. – Schmidt, Gert, 1981: Der Soziologe als Apotheker oder Funktionär?; in: Alemann, Heine von; Thurn, Hans Peter (Hg.): Soziologie aus weltbürgerlicher Sicht, Köln/Opladen, 217–228. – Ders., 1982: Blicke über die Grenzen, in: Ders. et al. (Hg.): Materialien zur Industriesoziologie, Opladen, 57–83. – Ders.; Trinczek, Rainer (Hg.), 1999: Globalisierung, Sonderheft der ›Sozialen Welt‹, Göttingen. – Ders., 1999: Kein Ende der Arbeitsgesellschaft, Berlin. – Ders., 2011: Gebietskartierung Soziologie der Arbeit; in: Soziologische Revue 34, 411–432. – Schmidt, Rudi, 1985: Zu den arbeitspolitischen Chancen und Grenzen neuer Produktionskonzepte; in: WSI-Mitteilungen, H. 3, 146–150. – Schumann, Michael et al., 1982: Rationalisierung, Krise, Arbeiter, Frankfurt a.M. – Ders., 2003: Metamorphosen von Industriearbeit und Arbeiterbewusstsein, Hamburg. – Springer, Roland, 1999: Rückkehr zum Taylorismus?, Frankfurt a.M. – Touraine, Alain, 1982: Die postindustrielle Gesellschaft, Frankfurt a.M. – Zugehör, Rainer, 2003: Die Zukunft des rheinischen Kapitalismus. Opladen.

Gert Schmidt

Inferenz, statistische

Unter *statistisch*er Inferenz (engl. statistical inference) versteht man den Versuch, auf Basis von *Stichprobe*ndaten Aussagen über die Eigenschaften einer Population oder *Grundgesamtheit* treffen zu können. Da es sich bei solchen Aussagen um einen Induktionsschluss handelt, der mit einem Fehlerrisiko behaftet ist, ist es eine wichtige Aufgabe der statistischen Inferenz, die Unsicherheit zu quantifizieren. Möchte man anhand der Stichprobe beschreibende Aussagen über Parameter der Population treffen, spricht man von *statistischem Schließen*. Die Überprüfung einer Hypothese über einen Grundgesamtheitsparameter anhand von Stichprobendaten bezeichnet man als *statistischen Test* oder *Signifikanztest*.

Klassische Verfahren der Inferenz: Frequentistische Statistik

Grundlage statistischer Inferenz ist in den meisten Fällen die frequentistische Statistik, bei der ausgehend von Zufallsstichproben und Konvergenzannahmen wie dem Gesetz der Großen Zahl und dem zentralen Grenzwertsatz die *Wahrscheinlichkeit* des Auftretens bestimmter Stichproben bestimmt wird. Der zentrale Grenzwertsatz besagt, dass die Verteilungsfunktion von arithmetischen Mittelwerten aus Zufallsstichproben mit steigendem n gegen eine *Normalverteilung* mit Erwartungswert μ und Varianz σ^2/n konvergiert. Ab einer Stichprobengröße von $n \geq 30$ kann für alle praktischen Zwecke von einer hinreichenden Annäherung der Wahrscheinlichkeitsverteilung an die Normalverteilung ausgegangen werden. Da die Eigenschaften der Normalverteilung bekannt sind, ist es unter Kenntnis der Grundgesamtheitsparameter (GG) nun möglich, zu berechnen, wie wahrscheinlich es ist, eine Stichprobe mit einem bestimmten Stichprobenmittelwert (SP) zu ziehen. Hierdurch ermöglicht die frequentistische Inferenz, die Wahrscheinlichkeit des Stichprobenparameters unter Kenntnis der Grundgesamtheit direkt anzugeben [Pr(SP|GG)]. Da die oft gewünschte Aussage, wie wahrscheinlich der Grundgesamtheitsparameter bedingt auf die Stichprobenergebnisse ist [Pr(GG|SP)], nicht getätigt werden kann, erfolgt die Berechnung von Konfidenzintervallen und Signifikanzniveaus in diesem Paradigma indirekt. Da die Populationsparameter nicht aus einem Wahrscheinlichkeitsprozess resultieren, sondern unmittelbar gegeben sind, ist die indirekte Vorgehensweise – zumindest paradigmenintern – jedoch keine Einschränkung.

Schätzen von Populationsparametern

Statistisches Schätzen eines Populationsparameters kann als Punktschätzung oder als Intervallschätzung erfolgen. Die Schätzer sind hierbei Ergebnis eines Zufallsprozesses. Generell wird erwartet, dass geeignete Schätzer erwartungstreu, konsistent, erschöpfend und effizient sind. Ein Schätzer ist erwartungstreu, wenn er den Populationsparameter unverzerrt schätzt. Bspw. ist die Stichprobenvarianz kein erwartungstreuer Schätzer für die Populationsvarianz, da sie die Varianz systematisch unterschätzt. Unter Konsistenz versteht man, dass der Schätzer asympto-

tisch genauer wird, also bei steigendem n gegen den Populationsparameter konvergiert. Dies ist beispielsweise auch bei der Stichprobenvarianz der Fall, da die Verzerrung von -1/n asymptotisch gegen Null geht. Erschöpfend meint die Nutzung aller relevanten Informationen der Stichprobe, und das Effizienzkriterium legt nahe, den Schätzer mit dem kleinsten mean squared error zu verwenden (MSE, entspricht bei unverzerrten Schätzern der Varianz der Stichprobenkennwertverteilung). Während die Punktschätzung genau einen Wert als Schätzer angibt (bspw. den Stichprobenmittelwert), berücksichtigt die Intervallschätzung die Unsicherheit, die beim Induktionsschluss auftritt und gibt ein *Konfidenzintervall* an. Die Intervalle werden hierbei breiter, je größer das gewählte Vertrauensniveau und je kleiner die Stichprobe ist. Üblich sind 90-, 95- oder 99-prozentige Vertrauensintervalle. Im Fall normalverteilter Stichprobenkennwerte ergeben sich symmetrische Konfidenzintervalle um den Punktschätzer mit einer Breite von ± 1,65, ±1,96 und ±2,58 Standardfehlern. Ein 95-prozentiges Konfidenzintervall enthält mit einer Wahrscheinlichkeit von 0,95 den Populationsparameter. Es ist zu beachten, dass sich die Wahrscheinlichkeitsaussage nicht auf den Populationsparameter bezieht, da dieser als fix angenommen wird. Vielmehr bezieht sich die Wahrscheinlichkeitsaussage immer auf das Intervall, da lediglich die Stichprobe und das auf Basis der Stichprobe berechnete Konfidenzintervall Ergebnis eines Zufallsprozesses sind.

Testen von Hypothesen

Statistisches Testen beruht auf derselben, bereits oben geschilderten Logik. Es wird jedoch zunächst ein statistisches *Hypothesen*paar, bestehend aus einer Alternativ- und einer Nullhypothese formuliert. Die Alternativhypothese ist hierbei die Formalisierung der inhaltlichen Forschungshypothese und die Nullhypothese ergibt sich als Negation der Alternativhypothese. Wird bei der Alternativhypothese eine Richtung angegeben (z. B. Männer verdienen mehr Geld als Frauen) spricht man von einem einseitigen Test, wird keine Richtung formuliert, handelt es sich entsprechend um einen zweiseitigen Test (z. B. das Einkommen hat einen Effekt auf die Lebenszufriedenheit). Obwohl in der Forschungspraxis inhaltlich meist gerichtete Hypothesen formuliert werden, hat sich der zweiseitige Test als Standard etabliert.

Beim statistischen Testen wird errechnet, wie hoch die Wahrscheinlichkeit ist, dass eine Stichprobe mit dem konkret gefundenen Stichprobenparameter gezogen wird, wenn in der Population die Nullhypothese gilt. Liegt diese Wahrscheinlichkeit unterhalb einer zuvor festgelegten Irrtumswahrscheinlichkeit, bezeichnet man das gefundene Ergebnis als *signifikant*. Analog zu den oben genannten Vertrauenswahrscheinlichkeiten werden oft Irrtumswahrscheinlichkeiten von 1 %, 5 % oder 10 % verwendet. Es ist wichtig zu bedenken, dass statistische Signifikanz keinesfalls mit der umgangssprachlichen Bedeutung im Sinne von »Wichtigkeit« interpretiert werden darf. Vielmehr meint »signifikant« lediglich »mit hinreichender Sicherheit von der Stichprobe auf die Grundgesamtheit übertragbar«, und dies muss gerade bei großen Stichproben keineswegs mit Wichtigkeit korrespondieren. Auch wenn die genannten Signifikanzniveaus – insbesondere das 5-prozentige Signifikanzniveau – lediglich eine Konvention darstellen und inhaltlich vollkommen unbegründet sind, und das Erreichen eines Signifikanzniveaus maßgeblich von der Fallzahl mit bestimmt wird, haben sie in der Forschungs- und vor allem Publikationspraxis hohe Bedeutung erlangt. Dieses und andere Probleme haben unter dem Stichwort »null hypothesis significance testing« oder »NHST« zu einer kontroversen Diskussion über die Sinnhaftigkeit von Signifikanztests geführt.

Neuere Entwicklungen: Bootstrapping und Bayesianische Inferenz

Als alternative Methoden der statistischen Inferenz haben sich Bootstrapping und bayesianische Statistik etabliert. Beim Bootstrapping handelt es sich um ein nichtparametrisches Verfahren, bei dem keine a-priori-Annahme über die Verteilung der Stichprobenkennwerte getroffen werden muss. Folglich muss auch die Gültigkeit des zentralen Grenzwertsatzes nicht angenommen werden. Dies ist insbesondere dann hilfreich, wenn die Gültigkeit der Annahmen fraglich ist oder wenn die Verteilung eines bestimmten Parameters nicht bekannt ist. Die Verteilung der Parameter wird dann direkt aus der vorliegenden Stichprobe geschätzt, indem eine große Zahl von bootstrap-Stichproben aus der Stichprobe gezogen wird. Das Ziehen erfolgt mit Zurücklegen, so dass ein Fall, der bereits im ersten

Zug gezogen wurde, auch im zweiten Zug noch einmal gezogen werden kann etc. Mittels Bootstrapping ist es möglich, auch ohne Vorannahmen Kenntnis über die Kennwerteverteilung zu verhalten. Das Bootstrap-Verfahren ist hierdurch sehr flexibel, weist aber auch eine Reihe von Nachteilen auf. Insbesondere ist anzumerken, dass die Qualität der vorliegenden Stichprobe in noch größerem Maße als bei parametrischen Inferenzverfahren über die Qualität des Ergebnisses entscheidet. Hinzu kommt, dass die statistische Power von Bootstrapping geringer ist. Daher ist es ratsam, parametrische Verfahren zu verwenden, wenn diese existieren und die jeweiligen Annahmen gültig sind.

Bayesianische Inferenz hingegen basiert auf einer gänzlich anderen Logik als frequentistische Verfahren. Bayesianische Statistik baut auf der Logik der Wissenskumulation oder, genauer, der Anpassung von Vorwissen durch neu hinzuerworbenes Wissen auf. Hierbei wird im Gegensatz zur frequentistischen Inferenz auch der Populationsparameter als zufällig verstanden, so dass es im Gegensatz zu jener möglich ist, eine Aussage über $Pr(GG|SP)$ zu treffen. In der Bayesianischen Inferenz wird zunächst auf der Basis von empirischem oder theoretischem Vorwissen sogenannte a priori-Information über die Wahrscheinlichkeitsverteilung des Parameters spezifiziert. Diese wird mit den auf Basis der neuen empirischen Daten errechneten Likelihoods aktualisiert, woraus über Monte Carlo Markow Chains (MCMC) die posterior-Verteilung geschätzt werden kann. Diese posterior-Verteilung repräsentiert dann das aktuelle Wissen. Insofern kein Vorwissen vorliegt, kann ein nichtinformativer prior verwendet werden. In diesem Fall unterscheiden sich posterior und likelihood nicht und Bayesianische Verfahren können ihre spezifischen Vorteile kaum einsetzen. Durch die Verwendung von priors bietet die Bayesianische Inferenz vor allem bei kleinen Stichproben Vorteile und hat daher in der Politikwissenschaft größere Verbreitung gefunden als in der Soziologie. Es muss jedoch beachtet werden, dass auf der Basis Bayesianischer Inferenz keine klassischen Nullhypothesentests vorgenommen werden können und sich die Interpretation der »credible intervals« von herkömmlichen Konfidenzintervallen unterscheidet. Dies ist jedoch, wiederum paradigmenintern, nicht als Einschränkung zu verstehen, da Bayesianische Inferenz andere Ziele verfolgt und das Testen von Nullhypothesen nicht in ihre Logik passt.

Literatur

Gelman, Andrew et al., 2003: Bayesian Data Analysis, London. – Krantz, David H., 1999: The Null Hypothesis Testing Controversy in Psychology; in: Journal of the American Statistical Association 94, 1372–1381. – Kühnel, Steffen; Krebs, Dagmar, 2010: Grundlagen des statistischen Schließens; in: Wolf, Christof; Best, Henning (Hg.): Handbuch der sozialwissenschaftlichen Datenanalyse, Wiesbaden, 165–189. – Shikano, Susumu, 2010: Einführung in die Inferenz durch den nichtparametrischen Bootstrap; in: Wolf, Christof; Best, Henning (Hg.): Handbuch der sozialwissenschaftlichen Datenanalyse, Wiesbaden, 191–204.

Henning Best

Inhaltsanalyse

Begriff

Die Inhaltsanalyse (engl. content analysis) ist eine empirische *Methode* zur systematischen und intersubjektiv nachvollziehbaren Analyse kommunikativ verwendeter *Symbol*mengen. Dazu gehören Gebrauchs- und Sachtexte ebenso wie Bilder, Filme, Musik oder Antworten auf offene Fragen in Interviews. Trotz ihres Namens beschäftigt sie sich heute nicht nur mit dem **Inhalt** von *Kommunikation*, sondern auch mit **formalen** Aspekten oder latenten Sinnstrukturen.

Lange war Berelsons Formulierung die meistzitierte Definition: »Content analysis is a research technique for the objective, systematic and quantitative description of the manifest content of communication« (18). Zwei neuere Definitionen spiegeln Kristallisationspunkte der aktuellen methodologischen Diskussion wider: »Content analysis is a research technique for making replicable and valid inferences from data to their context« (Krippendorff, 13) und »Die Inhaltsanalyse ist eine empirische Methode zur systematischen und intersubjektiv nachvollziehbaren Beschreibung inhaltlicher und formaler Merkmale von Mitteilungen; (häufig mit dem Ziel einer darauf gestützten interpretativen Inferenz)« (W. Früh, 25). Die Bedeutungsrekonstruktion ebenso wie der Schluss auf Kontextbedingungen der Kommunikation sind problematische, aber dennoch zentrale Prämissen der Inhaltsanalyse. Sie werden bis heute kontrovers diskutiert, was zur Folge hat, dass derzeit keine konsensuale Definition der Inhaltsanalyse existiert.

In einer Bestandsaufnahme der Leistungen der Inhaltsanalyse kommen Merten/Großmann aber zu dem Schluss, dass die Methode sich neben *Befragung* und *Beobachtung* zu einem ebenbürtigen Instrument zur Erhebung sozialer Wirklichkeit etabliert habe. Bei Lisch/Kriz heißt es gar, sie sei »**das** zentrale Modell zur Erfassung sozialwissenschaftlicher Realität« (S. 11). Entscheidend ist, sie nicht als nur deskriptive textbezogene Zähltechnik zu begreifen, sondern als theoriegeleitete schlussfolgernde Methode im Kommunikationszusammenhang zu formulieren.

Entwicklung der Inhaltsanalyse

Nach einigen unsystematischen Vorläufern wurde die Inhaltsanalyse zu Beginn des 20. Jh.s als Methode der Kommunikationswissenschaft zur Auswertung großer Materialmengen im Rahmen der aufkommenden *Massenmedien* (Zeitungen, Radio) entwickelt (vgl. zur Geschichte der Inhaltsanalyse: W. Früh; Merten; Mayring 2010). In den USA führten in den 30er Jahren Analysen der öffentlichen *Meinung* über Radiosendungen (Lazarsfeld, Bureau of Applied Social Research at Columbia University) und Auswertungen der Nazi-Propaganda (Lasswell, Experimental Division for the Study of War-Time Communications, U. S. Congress) zu einer großen Verbreitung der Methode.

In der Nachkriegszeit erfuhr die Inhaltsanalyse disziplinäre Erweiterungen. Auch Soziologie, Psychologie, Erziehungswissenschaft, Literaturwissenschaften, Geschichte und Kunstwissenschaften griffen die Methode auf und erweiterten sie. Berelson verfasste 1952 das erste Lehrbuch mit der o. a. Definition. Seit Mitte des vorigen Jahrhunderts häufte sich die Kritik an der rein quantitativen Ausrichtung auf den manifesten Kommunikationsinhalt (vgl. z. B. Kracauer). Das Problem der **Text*bedeutung*** wurde thematisiert, die Betrachtung des Kontextes und des Kommunikationszusammenhangs, die Einbeziehung auch qualitativer Interpretationsschritte und schließlich die ersten Computerprogramme bestimmten die Methodendiskussion (vgl. Pool, Gerbner et al.).

Methodologische Grundzüge der Inhaltsanalyse

Die Inhaltsanalyse als wissenschaftliche Methode ist insbesondere durch folgende Eigenschaften charakterisiert:

a) ein streng systematisches Vorgehen mit Hilfe von *Kategoriensysteme*n, welche die Auswertung nachvollziehbar, wiederholbar und intersubjektiv überprüfbar machen *(Reliabilität)*; das Postulat der Systematik ist bei einer invarianten Anwendung der Methode auf das gesamte Analysematerial erfüllt, und intersubjektiv nachvollziehbar ist die Inhaltsanalyse dann, wenn der Bezug zwischen theoretischen Konstrukten und Kategorien in präzisen Definitionen offengelegt und die Anwendung des Kategoriensystems auf das Textmaterial durch detaillierte Codierregeln dokumentiert ist;

b) die Benutzung größerer Materialmengen, u. a. um die Auswertung von Zufälligkeiten des Einzelfalls unabhängig zu machen *(Validität)*.

Im Vergleich zu anderen sozialwissenschaftlichen Datenerhebungsverfahren gilt für die Inhaltsanalyse insbesondere:

a) Es sind Aussagen über Merkmale vergangener und nicht direkt zugänglicher Kommunikationsvorgänge möglich.

b) Der Forscher ist nicht auf die Kooperation von Versuchspersonen u. Ä. angewiesen.

c) Durch die Untersuchung tritt keine unmittelbare Beeinflussung oder Veränderung des Untersuchungsobjektes – der Texte – ein, sodass es sich um ein *nicht-reaktives Verfahren* handelt (vgl. Bungard/Lück). Nach anderer Auffassung ist die Inhaltsanalyse doch reaktiv, weil die sprachverstehende Reaktion des Codierers den Untersuchungsgegenstand erst rekonstruiert (W. Früh, 38 ff.).

Darüber hinaus vertreten viele Autoren (z. B. Merten, Holsti, Krippendorff) die Ansicht, das essentielle Merkmal der Inhaltsanalyse sei die **Inferenz**, d. h. der Schluss vom Inhalt des Textes auf Merkmale des Kommunikators, der Rezipienten oder des entstehungsgeschichtlichen Kontextes. Alle müssen jedoch einräumen, dass solche Inferenzen ohne zusätzliche Annahmen, die außerhalb der Inhaltsanalyse liegen, nicht möglich sind, weil sich diese Merkmale nicht unvermittelt im Text niederschlagen und eindeutige Referenzregeln kaum existieren. Berelson, Maletzke, W. Früh u. a. trennen deshalb Deskription und Inferenz, Berelson und Maletzke in Form einer Typologie (»reine« und »erweiterte Analyse«; Maletzke, 64 ff.), W. Früh durch Segmen-

tierung und Ausgrenzung: Die Inhaltsanalyse liefert lediglich durch theorieadäquate Deskription der Texte gezielt Daten, die dann mit Hilfe gültiger Produktions-, Rezeptions- oder Repräsentationstheorien auf Kommunikator, Publikum oder soziokulturellen Kontext bezogen werden können. Forschungslogisch wird damit der Anspruch einer inferentiellen Beweisführung aus der Inhaltsanalyse herausgenommen aber nicht aufgegeben. Sie ist hier eine Methode zur theoriegeleiteten Deskription, die im Rahmen einer übergreifenden Forschungslogik gezielt zur Inferenz eingesetzt werden kann. Ein weiterer Unterschied wird in den beiden Definitionen deutlich: Während es Bestrebungen gibt, Inhalts- und Formanalysen zu trennen (Merten), sind andere Forscher (Berelson, Maletzke, Schulz, W. Früh) der Ansicht, dass eine solche analytische Ausdifferenzierung historisch den Anwendungen der Methode nicht entspricht. Der insofern etwas missverständliche Terminus »Inhaltsanalyse« umfasst also auch Fragestellungen, die sich auf formale Eigenschaften der Texte richten (wie etwa Umfang, Form, Stil, Gestaltung).

Grundzüge des Verfahrens der Inhaltsanalyse

Die Inhaltsanalyse ist ein methodisches Paradigma der Datenerhebung; für jedes Forschungsproblem muss jeweils eine neue, an den Forschungsgenstand angepasste methodische Variante entwickelt werden. Mittlerweile gibt es jedoch auch eine Reihe von Varianten, die für bestimmte Forschungszwecke ein gewisses Maß an Standardisierung aufweisen, z. B. die Evaluative Assertion Analysis (Osgood et al.), die Motivationsanalyse (McClelland), die Lesbarkeitsanalyse (Flesch), Valenz- und Intensitätsanalysen sowie Kontingenzanalysen.

Frequenzanalysen sind eine Selektions- und Klassifikationsstrategie: Sie erfassen nur die hypothesenrelevanten Merkmale der Texte (Selektion); definierte Mengen originärer Inhaltsaspekte werden unter einem übergeordneten Gesichtspunkt als äquivalent betrachtet und in Kategorien zusammengefasst (Klassifikation). Selektions- wie Klassifikationskriterien gibt der Inhaltsanalytiker vor, legt sie offen und begründet sie in Bezug auf die Forschungsfrage sowie das Untersuchungsmaterial.

Theoretische Basis von Häufigkeitsanalysen ist die Annahme, dass Häufigkeiten inhaltliche Merkmale anzeigen, wie z. B. Wichtigkeit oder Auffälligkeit. **Einfache** Häufigkeitsanalysen zählen Textbestandteile (z. B. Wörter) im Material aus (Fragestellungen wie: die häufigsten Begriffe in Schlagertexten, die Häufigkeitsverteilung von ethnischer Zugehörigkeit von Romanfiguren; Rubriken in Zeitungen). **Komplexere** Häufigkeitsanalysen (Indikatorenanalysen) zählen solche Textbestandteile aus, die aufgrund theoretischer Erwartungen Indikatoren für zu untersuchende Variablen darstellen. Beispiele dafür wären: Emotionswörter in freien Texten als Indikatoren für emotionale Zustände des Textverfassers; »muss«, »niemals«, »!« als Indikatoren für den Dogmatismus von Verfassern von Beschwerdebriefen; »äh«, Wiederholungen, Satzbrüche als Zeichen von Angst von Patienten in Therapieprotokollen; relative Häufigkeiten von Füllwörtern (und, oder, man) als Zeichen des Sprachstils des Autors, um unbekannte Verfasser eines Textes zu identifizieren. Die theoretische Stimmigkeit ist hier entscheidend (die sich im Beispiel der zuletzt genannten Sprachstilanalysen als nicht haltbar erwiesen hat; vgl. Krippendorff).

Das typische Merkmal der Inhaltsanalyse in der quantitativen Forschung ist ihre Systematik, die sich in einem streng regelgeleiteten Vorgehen zeigt. Folgende Schritte sind dabei zentral:

1) **Fragestellung der Analyse**: Die Inhaltsanalyse analysiert ihr Merkmal nicht per se, sondern verfolgt dabei theoretisch abgeleitete, in den Forschungsstand eingebettete Fragestellungen.

2) **Auswahl und Charakterisierung des Materials**: Dabei sind Probleme der Stichprobenkonstruktion zu beachten, und die Qualität des Materials muss diskutiert werden.

3) **Einordnen des Materials in den Kommunikationszusammenhang**: Das Modell muss zumindest die Bestandteile Kommunikator (Sender), Objektbereich (Quelle), soziokultureller Hintergrund, Text, Zielgruppe, Rezipient und Inhaltsanalytiker umfassen (vgl. Holsti; Mayring, 2010).

4) **Festlegung des Kategoriensystems**: Bei einem hypothesengeleiteten Einsatz der Inhaltsanalyse müssen die Kategorien so gebildet werden, dass sie sowohl eine Bestätigung wie auch eine Widerlegung der Hypothese erlauben. Sie werden in einem alternierenden theorie- und empiriegeleiteten Vorgehen entwickelt, d. h. sowohl aus den Konstrukten der Hypothese als auch aus einer repräsentativen Stichprobe des Untersuchungsmaterials abgeleitet. Hierbei werden die Analyseaspekte theoriegeleitet in Kurzform formuliert.

»Content analysis stands or falls by its categories« (Berelson, 147). Das Kategoriensystem muss eindimensional, vollständig (erschöpfend) und trennscharf sein; **eindimensional** heißt, dass es nach einem einheitlichen Klassifikationsprinzip gebildet sein muss; **vollständig** (erschöpfend) meint, dass es alle theoretisch relevanten Bedeutungsaspekte in Form von Kategorien enthalten muss und deren operationale Definition geeignet sein soll, jeweils alle kategorienbezogenen Bedeutungen (und nur diese) im Untersuchungsmaterial zu identifizieren; **Trennschärfe** schließlich bedeutet, dass sich die Bedeutungsfelder der Kategorien nicht überschneiden, damit jede Bedeutungseinheit genau einer Kategorie zugeordnet werden kann.

5) **Operationale Definition der Kategorien**: Hierbei müssen die konkreten Merkmale der Texte identifiziert werden, die den Bedeutungsraum der einzelnen Kategorien abgrenzen. Die **Auswertungseinheit** (sampling unit) legt fest, welche Textportionen jeweils zur Auswertung herangezogen werden (z. B. einzelne Protokolle, Zeitungsausgaben oder Interviews). Die **Kodiereinheit** (recording unit) bestimmt die kleinsten Textteile, an denen das Vorkommen von Kategorien festgestellt wird; sie können syntaktischer (Wort, Satz, Abschnitt) oder semantischer Art (Thema, Argument etc.) sein. Die **Kontexteinheit** (context unit) schließlich bezieht sich auf den Hintergrund, auf dessen Basis ein Kodierurteil abgegeben werden kann, und meint damit den größten Textbestandteil, der unter eine Kategorie fallen kann. **Kodierregeln** bestimmen, wie groß der Interpretationsspielraum der Kodierer ist: Sprache ist selten eindeutig, so dass Textverstehen immer auf einem Spektrum von Plausibilitäten variiert. Viele Bedeutungen lassen sich überhaupt nicht an »harten«, völlig evidenten *Indikator*en festmachen. Der Inhaltsanalytiker muss deshalb entscheiden, ob er auf solche Inhalte verzichtet oder ob er den Kodierern einen größeren Interpretationsspielraum zugesteht. Die Grenzen verlaufen dort, wo die Interpretationsspielräume durch Kodierregeln nicht mehr kontrolliert und für Dritte nicht mehr nachvollziehbar sind. Hier sollte auch festgelegt werden, ob überlappende Kodierungen oder Doppelkodierungen zugelassen werden. Wenn diese Schritte für eine konkrete Untersuchung entwickelt wurden, sollte es in einer Pro-

beuntersuchung *(Pretest)* am Material getestet werden. In diese Phase fällt auch eine sorgfältige Kodiererschulung.

6) **Schrittweise Materialbearbeitung mit Hilfe des Kategoriensystems**: Dabei wird schrittweise, von Zeile zu Zeile, vorgegangen, und die Kodierurteile werden festgehalten (Unterstreichungen, Randnotizen, Kodierbögen).

7) **Anwenden inhaltsanalytischer *Gütekriterien***: Die Qualität des Kategoriensystems und die Einhaltung der Kodierregeln werden durch *Reliabilität*stests kontrolliert. Bei der **Interkoder-Reliabilität** wird überprüft, inwieweit die Kodierer dasselbe Untersuchungsmaterial übereinstimmend kodieren. Die Empfehlungen reichen von 0,6 bis mindestens 0,9 (Cohen's Kappa). Die **Intrakoder-Reliabilität** kontrolliert die Übereinstimmung, mit der derselbe Kodierer in zeitlichem Abstand dasselbe Textmaterial kodiert. Allerdings sollte die Prüfung der Güte des Verfahrens nicht nur auf Reliabilitätsmessungen beschränkt bleiben (vgl. Becker/Lißmann). Die *Validität*sprüfung erfolgt – sofern man Inferenz als essenziellen Bestandteil der Methode auffasst – entweder durch einfache Plausibilitätskontrolle (face-validity) oder durch Vergleich mit Außenkriterien (correlational oder external validity). Wurde z. B. ein prognostischer Ansatz gewählt, bei dem eine Inferenz auf das Textverständnis des Publikums beabsichtigt ist, kann man empirisch prüfen, ob sich die analysierten Textinhalte mit den Textinterpretationen des Publikums decken. Bei diagnostischen Ansätzen, die Inferenzen auf Absichten und Eigenschaften des Autors planen, können *Befragung*en des Autors zur Validierung benutzt werden.

8) **Quantitative Analysen der Kategorienzuordnungen**: Die nach 7 abgesicherten Kodierurteile werden nach den üblichen statistischen Verfahren quantitativ analysiert (Häufigkeitsverteilungen, Zusammenhangsanalysen, Prozessverläufe).

9) **Interpretation im Sinne der Fragestellung**: Hierzu gehört insbesondere für jede Hypothese die klare Feststellung, ob sie widerlegt wurde oder sich bewährt hat.

Komplexe Inhaltsanalyse

Die Inhaltsanalyse eliminiert Mehrdeutigkeiten, indem nur der jeweils evidenteste Bedeutungsgehalt erfasst wird. Dies ist dann ein Nachteil, wenn – wie

z. B. in künstlerischen Texten oder »diplomatisch« formulierten Politikeraussagen – Mehrdeutigkeiten und bewusst diffuse Andeutungen die wesentlichen Texteigenschaften sind. Eine Möglichkeit, dem zu begegnen, ist die Verwendung sog. »synthetischer Codes« (W. Früh, 199 ff.). Äußerungen repräsentieren gleichzeitig mehrere Merkmalsdimensionen (z. B. syntaktische, semantische und pragmatische Bedeutung/kommunikative Funktionen). Wird jede Äußerung immer nach mehreren analytischen Aspekten eingestuft, lassen sich beliebige Kombinationen flexibel synthetisieren.

Ein weiteres Problem besteht bei der Abbildung komplexer Bedeutungsstrukturen (z. B. Argumentationszusammenhänge). Zwar kann man die Kodiereinheiten der Inhaltsanalyse beliebig komplex definieren, verändern sie sich jedoch in ihrer Binnenstruktur oder werden variabel zu immer neuen Konstellationen kombiniert, relativiert oder ergänzt, so wird eine inhaltsanalytische Erfassung sehr umständlich. Bereits ein hohes Maß an Flexibilität erreichen Kepplinger/Mathes mit ihrer »**Modultechnik**« bzw. Mathes mit der »**Netzwerktechnik**«. Vorab definierte komplexere Textbausteine können durch eine begrenzte Zahl von Funktionen untereinander kombiniert werden. Doch das auf diese Weise handhabbare Inventar von Bedeutungseinheiten und Funktionsbeziehungen bleibt aus Gründen der Überschaubarkeit beschränkt.

Sofern man noch höhere Ansprüche an die Komplexität der Abbildung stellt, müssen neue inhaltsanalytische Verfahren entwickelt werden, die zusätzlich berücksichtigen, dass sprachliche Äußerungen erstens simultan Bedeutungen auf mehreren Ebenen tragen, zweitens Bedeutungen sich oft erst durch ein bestimmtes sequenzielles Arrangement darstellen sowie drittens zusätzlich durch weitere (formale; textexterne) Merkmale charakterisiert sein können. Mit der »**Systematischen Struktur- und Inhaltsanalyse**« (SSI) (W. Früh, 246 ff.) wurde eine Methode entwickelt, die diesen Ansprüchen gerecht wird. Der SSI liegt eine Kombination textlinguistischer und inhaltsanalytischer Prinzipien zugrunde. Als kommunikationsrelevante semantische Analyseeinheiten werden Propositionen benutzt. Gleiche Bedeutungen werden identisch codiert, auch wenn sie an der Textoberfläche verschieden repräsentiert sind. Dazu werden die Texte zunächst von Kodierern in eine formale Metasprache übersetzt, die dann mit Hilfe spezieller Computer-Software ausgewertet wird. Die formale Metasprache besteht aus einem alphanumerischen Teil, der in Form von Buchstabenkombinationen und Klammerausdrücken die semantischen Bedeutungsbeziehungen angibt, und einem numerischen Teil, der auf inhaltsanalytischem Wege die Bedeutung durch eine Kennziffer näher bestimmt. Die Propositionen lassen sich zu fast beliebig komplexen Argumentationsfiguren verbinden. Auf dieser Ebene der aggregierten semantischen Informationen lassen sich neben den inhaltsanalytischen auch strukturelle Kennwerte errechnen (wie Dichte, Kohärenz, Argumentationsmuster etc.). Außerdem können weitere Zusatzinformationen wie pragmatische, syntaktische, stilistische Merkmale, die Textsorte, Informationen über den Autor und formale Merkmale eines Textes erfasst und zu den anderen Kennwerten in Beziehung gesetzt werden.

Qualitative Inhaltsanalyse

Qualitativ orientierte Inhaltsanalyse versucht die Vorteile der Systematik der Inhaltsanalyse beizubehalten, ohne in vorschnelle Quantifizierungen zu verfallen. Dabei wird an verschiedenen Punkten angesetzt. Ritsert geht davon aus, dass auch einmalig auftauchende Motive, auch nicht auftauchende Aspekte (Absenz) wichtig sein können, und versucht ideologische Syndrome aus dem Material heraus zu rekonstruieren (Latenz). Mayring (2010) beschreibt den Prozess der Zuordnung von (deduktiv aufgestellter) Kategorie zu einer Textstelle als Interpretationsakt, der genauen Regeln (Kategoriendefinitionen, Ankerbeispiele, Abgrenzungsregeln) folgen muss, die in einem Kodierleitfaden festgehalten werden. Schrittweise Textzusammenfassungen werden mit der qualitativen Inhaltsanalyse kontrolliert möglich. Als stärker qualitativ orientiert werden Vorgehensweisen der induktiven Kategorienformulierung beschrieben. Zur Festlegung des Kategoriensystems findet man in der traditionellen Inhaltsanalyse wenig Hinweise: »How categories are defined … is an art. Little is written about it« (Krippendorff, 76). Bei induktiver Kategorienbildung nach der qualitativen Inhaltsanalyse (Mayring 2010) werden die Kategorien nach einer vorher festgelegten allgemeinen Kategoriendefinition und der Bestimmung eines einheitlichen Abstraktionsniveaus schrittweise aus dem Material herauskristallisiert, möglichst in der Sprache des Materials formuliert und dann zu Hauptkategorien zusammengefasst.

Mit solchen induktiv gebildeten Kategorien kann jedoch quantitativ weiter gearbeitet werden, wodurch sich hier die klare Trennung qualitativ – quantitativ überwinden lässt (vgl. Mayring 2001), wie in einer Studie zur Arbeitslosenforschung gezeigt wurde (Mayring et al.). Eine weitere neuere inhaltsanalytische Methode, die eine Konvergenz qualitativer und quantitativer Analyse anstrebt, stellt die Semantische Struktur- und Inhaltsanalyse (SSI) dar (Früh), bei der das Material textlinguistisch fundiert in eine formale Metasprache überführt und dann weiter analysiert wird.

Computerunterstützte Inhaltsanalyse

Bereits in den 1960er Jahren wurde mit dem »General Inquirer« ein inhaltsanalytisches Wörterbuch als Kategoriensystem vorgestellt, das eine automatische Erkennung von Kategorien im Text ermöglichte (vgl. Gerbner et al.). Diese computerunterstützte Inhaltsanalyse (CUI) wurde in vielfältiger Weise weiterentwickelt (vgl. Alexa/Züll; Scharkow); sie ermöglicht heute die Definition komplexer, hierarchischer Kategoriensysteme und erkennt Begriffe auch in Beugungsformen. Für Qualitative Inhaltsanalysen (Mayring) steht eine spezielle Software als Open-Access-Programm zur Verfügung (www.qiapro.com).

Diktionärsbasierte Ansätze und Co-Occurance-Verfahren: Unter den quantitativen Verfahren finden sich am häufigsten diktionärsbasierte (deduktive) Ansätze (vgl. Landmann/Züll): Mit Hilfe eines deduktiv aus der Theorie abgeleiteten Kategorienschemas wird ein Diktionär erstellt, womit sich maschinenlesbare Texte systematisieren lassen. Die Auswertung basiert im Wesentlichen auf Häufigkeiten. Elaboriertere Ansätze der diktionärsbasierten CUI verwenden zusätzlich Codierregeln (vgl. Scharkow). Diktionärsbasierte Varianten der CUI genügen zwar durch deduktiv abgeleitete Kategorienschemata und Codierregeln der Forderung nach Systematik, jedoch bringen sie auch etliche Nachteile mit sich: Das Erstellen eines Diktionärs ist ein aufwändiger Prozess, häufig ist dieses letztlich so spezifisch, dass es nur einmalig angewendet werden kann. Hinzu kommt, dass aus den resultierenden Ergebnissen – in der Regel Häufigkeitsverteilungen bezüglich einzelner Wörter und Wortgruppen – meist nur vage Schlüsse gezogen werden können.

Als Alternative zu diktionärsbasierten Ansätzen werden häufig Co-Occurance-Ansätze zitiert (Landmann/Züll): Da sie keines Diktionärs bedürfen, eignen sie sich zur explorativen Textanalyse. Basierend auf Clusteranalysen und MDS wird in vorab definierten Einheiten das gemeinsame Auftreten einzelner Zeichenketten (Wörter und Wortstämme) erfasst. Weder das Untersuchungsthema, noch die zu suchenden Wortgruppen müssen vorab definiert werden, die Kategorien bilden sich sozusagen selbstständig. Dennoch müssen meist sog. Stopp-Listen erstellt werden, um beispielsweise Konjunktionen von der Clusterbildung auszunehmen. Dies stellt somit eine Parallele zur diktionärsbasierten Vorgehensweise dar. Auch bei diesen Verfahren ist die Aussagekraft der Ergebnisse beschränkt, da nicht die Computer, sondern lediglich die Forscher Texte verstehen können; Letztere können am Ende häufig nur mittels mutiger Interpretationen Schlüsse aus den einzelnen Clustern ziehen.

Beide Vorgehensweisen haben ihre spezifischen Vor- und Nachteile (vgl. Landmann/Züll). Nach einem anfänglichen Boom hat die CUI seit den 1980er Jahren lange Zeit kaum Weiterentwicklungen erfahren. Dies änderte sich mit dem Aufkommen erheblicher Mengen maschinenlesbarer Texte durch das Internet: Viele massenmediale Angebote waren online verfügbar, die relevanten Informationsquellen der Nutzer haben sich potenziert, Online-Befragungen generieren in kürzester Zeit viele Antworten, die weiterverarbeitet werden müssen. Insbesondere in der Politikwissenschaft sowie der Informatik wurde die CUI daher Anfang des 21. Jh.s weiterentwickelt, sodass mittlerweile eine Vielzahl unterschiedlicher Varianten deduktiver (diktionärsbasierter) und induktiver (Co-Occurence) Varianten der CUI existieren (vgl. auch Scharkow).

Online-Inhaltsanalyse: Ein großes Anwendungsgebiet für die CUI ist die Analyse von Online-Inhalten, da hier alle Informationen bereits digitalisiert vorliegen. Online-Inhalte lassen sich aber auch mit Hilfe der konventionellen Inhaltsanalyse untersuchen. Unabhängig davon, ob man zur Analyse von Online-Inhalten eine konventionelle oder eine computerunterstützte Inhaltsanalyse durchführen möchte, stellen die Infrastruktur des Internets sowie die Spezifika unterschiedlicher Kommunikationsmodi den Forscher vor neue Herausforderungen, bspw. durch die Dynamik, die Transitorik/Flüchtigkeit, durch die Nonlinearität/Hypertextualität, die Multimedialität sowie die Reaktivität/Personalisierung von Online-Inhalten (Welker et al.). Hierdurch ergeben sich Probleme bei der Definition der Untersuchungseinheit und der Stichprobenziehung, bei der Erstellung der Messinstrumente sowie bei der Durchführung. Rössler und Wirth schlagen daher ein Ordnungsschema vor, das den Umgang mit diesen Problemen erleichtern soll. Sie unterscheiden dabei im Wesentlichen zwischen anwendungs- und nutzerzentrierter Online-Inhaltsanalyse.

Obwohl die Online-Inhaltsanalyse prinzipiell keine neue Methode darstellt, wird sich die Methode der Inhaltsanalyse insgesamt vermutlich mit der wachsenden Bedeutung von Online-Kommunikation und deren Spezifika weiter differenzieren. Trotz vieler Vorteile dürfte die computergestützte Inhaltsanalyse jedoch auch hierdurch die konventionelle Inhaltsanalyse nicht völlig ablösen (vgl. auch Geis). Das Hauptproblem der CUI ist die *Validität*, während die *Reliabilität* keine Probleme bereiten muss. Die Ursache des Validitätsproblems liegt in der Tatsache, dass der Computer keine hinreichende Sprachkompetenz besitzt und deshalb auch keine – im Kontext verstandenen – Bedeutungen interpretativ kodiert, sondern nur deren formale Zeichengestalten auszählt.

Literatur

Alexa, Melina; Züll, Cornelia, 2000: Text Analysis Software: Commonalities, Differences and Limitations: The Results of a Review; in: Quality & Quantity 34, 299–321. – Becker, Jörg; Lißmann, Hans-J., 1973: Inhaltsanalyse, München. – Berelson, Bernard, 1952: Content Analysis in Communication Research, Glencoe, Ill. – Bungard, Walter; Lück, Helmut E., 1974: Forschungsartefakte und nicht-reaktive Messverfahren, Stuttgart. – Früh, Werner, 2005: Inhaltsanalyse, Konstanz (7. Aufl. 2011). – Geis, Alfons, 2001: Konventionelle versus computerunterstützte Codierung offener Fragen. Ein Vergleich der Codier-Ergebnisse; in Wirth/Lauf (Hg.), 318–336. – Gerbner, George et al. (Eds.), 1969: The analysis of communication content, New York. – Holsti, Ole R., 1969: Content analysis for the social sciences and humanities, Reading, Mass. – Keplinger, Hans-Matthias; Mathes, Rainer, 1988: Künstliche Horizonte; in: Scharioth, Joachim; Uhl, Hans (Hg.): Medien- und Technikakzeptanz, München. – Krippendorff, Klaus, 1980: Content Analysis, Beverly Hills. – Landmann, Juliane; Züll, Cornelia, 2004: Computerunterstützte Inhaltsanalyse ohne Diktionär? Ein Praxistest; in: ZUMA-Nachrichten 54, 117–140. – Lisch, Ralf; Kriz, Jürgen, 1978: Grundlagen und Modelle der Inhaltsanalyse, Reinbek. – Maletzke, Gerhard, 1972: Psychologie der Massenkommunikation, 2. Aufl., Hamburg. – Mathes, Rainer, 1989: Modulsystem und Netzwerktechnik – neuere inhaltsanalytische Verfahren zur Analyse von Kommunikationsinhalten, ZUMA-Arbeitsbericht 13, Mannheim. – Mayring, Philipp, 2001: Kombination und Integration qualitativer und quantitativer Analyse; in: Forum Qualitative Sozialforschung 2 (1). – Ders., 2010: Qualitative Inhaltsanalyse, 11. Aufl., Weinheim. – Ders. et al., 2000: Opfer der Einheit, Opladen. – Merten, Klaus, 1995: Inhaltsanalyse, 2. Aufl., Opladen. – Ders.; Großmann, Brit, 1996: Möglichkeiten und Grenzen der Inhaltsanalyse; in: Rundfunk und Fernsehen, 70–85. – Pool, Ithiel de Sola, 1959: Trends in Content Analysis, Urbana, Ill. – Ritsert, Jürgen, 1972: Inhaltsanalyse und Ideologiekritik, Frankfurt a. M. – Rössler, Patrick; Wirth, Werner, 2001: Inhaltsanalysen im World Wide Web; in: Wirth/Lauf (Hg.), 280–302. – Scharkow, Michael, 2010: Lesen und lesen lassen – Zum State of the Art automatischer Textanalyse; in: Welker/Wünsch (Hg.), 340–364. – Welker, Martin et al., 2010: Die Online-Inhaltsanalyse: Methodische Herausforderung, aber ohne Alternative; in: Welker/Wünsch (Hg.), 9–30. – Welker, Martin; Wünsch, Carsten (Hg.), 2010: Die Online-Inhaltsanalyse, Köln. – Wirth, Werner; Lauf, Edmund (Hg.), 2001: Inhaltsanalyse: Perspektiven, Probleme, Potentiale, Köln.

Hannah Früh/Philipp Mayring

Initiation

Initiation (lat. initium, Anfang, Eintritt, engl. initiation) bezeichnet im weitesten Sinne jede formal deutlich markierte Aufnahme in eine *Gruppe*, einen Verband, ein Milieu oder auch die *Gemeinschaft* der Erwachsenen, im engeren Sinne die Einführung in eine religiöse Gesellschaft oder einen Bund Gleichgesinnter. Der kritische Wechsel zu veränderter *Identität* und neuem *Status* soll durch die rituelle oder zeremonielle Organisation des Übergangs gewährleistet und den Initianden erleichtert werden. Initiation gehört zu den Passageriten (s. a. *Ritual*), deren formal einheitlicher Aufbau in drei Phasen zuerst von van Gennep beschrieben wurde. Initiationsriten waren besonders in frühen und sind heute in außereuropäischen Gesellschaften weit verbreitet, aber in gleicher Weise lassen sich viele Erscheinungen moderner Gesellschaften als Initiationen interpretieren. Beispiele sind Kommunion, Konfirmation und als säkulare Form die Jugendweihe, die alle den Übergang zum Erwachsenenalter dramatisieren und mit dem Erwerb von Wissen verknüpfen, das beansprucht, nicht hinterfragbar zu sein.

Profane Beispiele waren die Aufnahme in den Adelsstand, in Studentenverbindungen oder heute in Jugendbanden.

Till Förster

Inklusion/Exklusion

Inklusion (engl. inclusion) bezeichnet die Einbindung von Personen in soziale Kontexte bzw. ihre Teilhabe, z. B. durch die Mitgliedschaft in Organisationen oder durch Anrechte im Wohlfahrtsstaat. Exklusion (engl. exclusion) richtet sich entsprechend auf soziale *Ausgrenzung*.

Zum einen wurzelt das Begriffspaar im *Strukturfunktionalismus* bzw. der **Differenzierungstheorie**. T. Parsons bezeichnet Inklusion als den zunehmenden Einbezug von Gesellschaftsmitgliedern in gesellschaftliche Teilsysteme durch umfassende Partizipationsrechte im Zuge von *Modernisierung*sprozessen, z. B. durch die Ausweitung des Wahlrechts. N. Luhmann wendet Inklusion und Exklusion auf funktional differenzierte gesellschaftliche Teilsysteme an. In diesen werden jeweils nur die sozialen *Rolle*n wahrgenommen, die der Eigenlogik des Systems entsprechen, z. B. Konsumenten im Wirtschaftssystem. Aus der Sicht des Individuums kann man von multipler Partialinklusion in modernen Gesellschaften sprechen.

Während Exklusion danach also abnimmt oder auch neutral verwendet wird, erfährt das Begriffspaar im Kontext der **Ungleichheits**- und **Armutsforschung** eine deutliche Wertung. Inklusion tritt dabei in manchen Diskursen neben (oder vor) den *Integration*sbegriff (z. B. Inklusion von Menschen mit Behinderung). Exklusion zielt darauf ab, dass Benachteiligungen eine kategoriale Grenze überschreiten, hinter der es den Betroffenen nicht allein graduell schlechter geht als vielen anderen, sondern wo sie von zentralen Teilhabemöglichkeiten ausgeschlossen sind, wo Benachteiligungen kumulieren (man z. B. nach dem Arbeitsplatzverlust umziehen muss, sein Auto verkauft, weniger Kontakte hat etc.) und sich zeitlich verfestigen.

Literatur

Bude, Heinz; Willisch, Andreas (Hg.), 2008: Exklusion: die Debatte über die »Überflüssigen«, Frankfurt a. M. – Farzin, Sina, 2011: Die Rhetorik der Exklusion: Zum Zusammenhang von Exklusionsthematik und Sozialtheorie, Weilerswist. – Kronauer, Martin, 2010: Exklusion. Die Gefährdung des Sozialen im hoch entwickelten Kapitalismus, 2. Aufl., Frankfurt a. M. – Stichweh, Rudolf; Windolf, Paul (Hg.), 2009: Inklusion und Exklusion, Wiesbaden.

Nicole Burzan

Innovation

Begriffliche Abgrenzungen

Innovation (engl. innovation) bezeichnet eine Idee, Praktik oder ein materielles Artefakt, die bzw. das als neu wahrgenommen wird von derjenigen sozialen Einheit (z. B. Organisation, Gesellschaft, Staat), die sie annimmt und umsetzt (Zaltman et al., 10). Fruchtlose Versuche, Neuheit unabhängig von spezifischen Kontexten bzw. Referenzgruppen zu definieren, sind schließlich darin gemündet, Neuheit in Bezug auf die Wahrnehmung der Bezugsgruppe der Innovation zu definieren. Es kommt auf die Veränderung in der Selbstbeschreibung des Systems an, auf die Betonung der Diskontinuität, den Bruch mit der *Tradition* (Luhmann 1987, 320). Die Wahrnehmung als Neuheit unterscheidet Innovation zugleich von Veränderungen bzw. *sozialem Wandel*. Während jede Innovation Veränderung mit sich bringt, impliziert Veränderung oder Wandel nicht notwendigerweise Innovation (Zaltman et al., 158).

Ansätze, die den Ursprung des Neuen erklären, verweisen zugleich auf benachbarte Begriffe. Evolutionstheoretische Ansätze rekonstruieren Innovation auf der Basis der Konzepte Variation und Selektion. Betont wird die Rekombination von alten Formen. Diffusionstheoretische und neo-institutionalistische Ansätze betonen, dass die Verbreitung von Innovation im Wesentlichen auf *Imitation* beruht. Dem stehen handlungstheoretische Ansätze gegenüber, die die Rolle von Kreativität und Originalität betonen. Vom wirtschaftswissenschaftlichen Innovationsbegriff unterscheidet sich der sozialwissenschaftliche dadurch, dass er weit über die Durchsetzung einer technischen oder organisatorischen Neuerung im Produktionsprozess (z. B. Schumpeter) hinausgreift.

Theoretische Bezüge

Soziologische Theorien befassen sich unter anderem mit der gesellschaftlichen Bewertung und Durchsetzung des Neuen. Die **Theorie gesellschaftlicher Differenzierung** hebt hervor, dass bis ins 17. Jh. Warnungen in Bezug auf den Umgang mit Neuerungen überwiegen. Mit der beginnenden funktionalen Differenzierung wird das Einführen von Neuheiten dadurch erleichtert, dass man sie in unterschiedlichen Funktionssystemen unterschiedlich behandelte: Zu einer Neubewertung des Neuen kommt es zunächst in der Kunst und in den Wissenschaften, sodann in der Wirtschaft, später in Politik und Religion. Die Erfindung der *Mode* im 17. Jh. kann als erstes Indiz einer neuheitssüchtigen Gesellschaft gelten (Luhmann 1995). Die These der kulturellen Verzögerung bezieht sich auf die Spannung zwischen der Dynamik der Innovation in Wissenschaft und Technik und sozialem und kulturellem *Wandel*. **Mikropolitisch-organisationssoziologische** Ansätze beschreiben Innovation als Sonderfall, der sich gegen die herrschenden *Routinen* durchsetzen muss. Innovationsspiele sind Metaspiele im Verhältnis zu Routinespielen. Sie sind besondere Spiele des Managements. Sie stoßen bei den Routinespielern auf Widerstand, weil sie die normalen Aufgaben reorganisieren (Ortmann/Becker). **Handlungstheoretische** Ansätze betonen die Kreativität jeglichen Handelns, und führen den Nachweis, dass dieser Aspekt von den Klassikern der Soziologie vernachlässigt wurde. In der jeweiligen Situation des Handelns werden vielfach neue und kreative Lösungen erforderlich (Joas). Die Sprache verweist auf die Kreativität des *Individuum*s (Castoriadis). Auch in der Analyse *sozialer Bewegungen* wurden entscheidende Phänomene kollektiven Handelns übersehen: In sozialen Bewegungen tauchen neue *Wert*e und Handlungsziele auf, die erst in der Situation des Massenhandelns erzeugt werden. Sie bewirken sozialen Wandel und gesellschaftliche Innovation (Joas).

Literatur

Castoriadis, Cornelius, 1984: Gesellschaft als imaginäre Institution, Frankfurt a. M. – Joas, Hans, 1996: Die Kreativität des Handelns, Frankfurt a. M. – Luhmann, Niklas, 1987: Paradigmenwechsel in der Systemtheorie. Ein Paradigma für den Fortschritt? In: Herzog, Reinhart; Koselleck, Reinhart (Hg.): Epochenschwelle und Epochenbewusstsein, München, 305–322. – Luhmann, Niklas, 1995: Die Behandlung von Irritationen: Abweichung oder Neuheit? In: Ders.: Gesellschaftsstruktur und Semantik. Studien zur Wissenssoziologie der modernen Gesellschaft, Bd. 4, Frankfurt a. M.,

55–100. – Ortmann, Günther; Becker, Albrecht, 1994: Management und Mikropolitik; in: Ortmann, Günther (Hg.): Formen der Produktion, Opladen, 43–80. – Zaltman, Gerald et al., 1973: Innovations and Organizations, New York.

Nicole J. Saam

Institution

In der Alltagsprache wird der Institutionenbegriff (engl. institution) oft synonym mit dem *Organisations*begriff verwendet. In der Fachsprache setzte sich allerdings eine klare semantische Trennlinie durch: Während unter Organisationen kollektive Akteure samt ihrer materiellen Ausstattung verstanden werden, beziehen sich Institutionen ausschließlich auf mehr oder weniger formalisierte Handlungs*regeln*, die gegebenenfalls zu Bestandteilen einer organisierten Handlungsstruktur werden können, aber nicht müssen. Innerhalb des so abgegrenzten semantischen Feldes koexistieren zumindest **drei unterschiedliche Deutungstraditionen**.

In der klassischen soziologischen Deutungstradition bedeuten Institutionen **norm**ative Regeln, die Verbote, Gebote oder Erlaubnisse um ihrer selbst willen konstituieren. Insbesondere bei E. Durkheim stehen solche mit moralischer Autorität (selbstlegitimierten) Regeln im Zentrum der soziologischen Analyse, weshalb er Soziologie gelegentlich als Wissenschaft von Institutionen definiert. Generell lassen sich die klassischen soziologischen Theorien von M. Weber über T. Parsons bis zu J. Habermas dadurch definieren und von den mentalistisch, kulturalistisch oder strukturalistisch verkürzten Ansätzen abgrenzen, dass diese Klassiker Institutionen zu den sozialtheoretischen Grundbegriffen zählen.

Bereits bei Durkheim standen Institutionen im anthropologischen Kontext der *Bedürfnis*regulierung und -mäßigung. Die Unbegrenztheit des menschlichen Strebens macht die Menschen unglücklich; da sie in ihrer Bedürfnisstruktur keine innere Schranke eingebaut haben, muss die Gesellschaft ihnen von außen eine aufzwingen. Die Entfaltung dieses Denkanstoßes findet sich in der Theorie der menschlichen Umweltoffenheit und Instinktarmut von A. Gehlen, hier allerdings in einer folgenschweren Wendung zur Problematik der Entlastung oder, wie es später bei N. Luhmann heißen wird: der Reduktion der Komplexität. Da der Mensch im Unterschied zum Tier

umweltoffen ist, muss er Entscheidungen treffen; da er aber zugleich instinktarm ist, kann er die Entscheidungen nicht seinen Instinkten überlassen. Um in der unübersichtlichen Welt zurechtzukommen, braucht der Mensch Institutionen. »Sie sind die Formen, die seiner Natur nach riskiertes und unstabiles, affektüberlastetes Wesen findet, um sich gegenseitig und um sich selbst zu ertragen« (Gehlen: 71).

In Gehlens Verständnis der Institutionen finden sich schon Akzente, die in einer zweiten Deutungstradition dominant werden: weniger der normative als vielmehr der **konstitutive** Charakter institutioneller Setzungen für das menschliche Handeln, weniger der Moral- als vielmehr der *Sinn*bezug steht hier im Vordergrund. Während im normativen Verständnis die Institutionen auf ein unabhängig von ihnen bestehendes Handeln bloß regulatorisch einwirken, definieren oder ermöglichen erst die konstitutiven Regeln das gegebene Handeln selbst. So regulieren die Benimmregeln bei Tisch das von ihnen unabhängig existierende Verhalten in einer bestimmten Art und Weise, während die Heiratsregeln das Heiraten erst ermöglichen oder konstituieren. Ohne Kenntnis der Tischmanieren kann man ein schlechtes Tischverhalten demonstrieren, während man ohne die Heiratsregeln nicht »schlecht«, sondern gar nicht heiraten kann. Das konstitutive Verständnis von Institutionen kommt insbesondere im Werk von Th. Luckmann und P. A. Berger sowie in dem sog. *Neoinstitutionalismus* zum Einsatz. Anstatt von Normregeln wird darin von kognitiven Schemata oder »scripts« gesprochen, die den Bereich des Sinnhaften abstecken. Damit hängen die Zwanglosigkeit institutionellen Verhaltens und die sog. isomorphische Theorie des Institutionenwandels zusammen.

In einer dritten Deutungstradition stehen Institutionen weder im Kontext normativer Autoritätsregeln noch im Kontext sinnkonstituierender, kognitiver »scripts«, sondern im **instrumentellen** Kontext der *Interessen*befriedigung. Zwar haben die Institutionen auch hier die formale Gestalt von Verboten und Geboten, aber keine moralische Autorität und keine von ihrer instrumentellen Wirksamkeit unabhängige Geltungsgrundlage. Sie bestehen nur und insofern, als sie der Interessenbefriedigung eigennütziger Akteure dienen. Der Bedarf an institutionellen Regelungen ergibt sich im ökonomischen Ansatz allein aufgrund der Paradoxie der Irrationalität des rationalen Nutzenstrebens. Institutionen lösen die

Dilemmas kollektiven Handelns (z. B. das bekannte Gefangenendilemma), indem sie die Defektion in den Kooperationsspielen mit *Sanktion*en belegen (verteuern) und so die Ausbeutung gutgläubiger Akteure verhindern. Insbesondere bei der Institutionenökonomik und der evolutorischen Ökonomik sind Institutionen in das Zentrum explanatorischer Analysen gerückt. Die **Institutionenökonomik** betont den Einfluss institutioneller Settings auf die Wirtschaftsleistung. In einer klassischen Studie von D. North und R. Thomas wurde der Aufstieg der westlichen Welt in der frühen Neuzeit auf spezifische institutionelle Neuerungen in Holland und England des 17. Jh.s zurückgeführt. E. Ostrom zeigte wiederum, wie Institutionen die »tragedy of the commons« (Tragödie der Allmende) verhindern, indem sie die kollektiven Güter vor der Übernutzung schützen. In der Signaltheorie der Normen tragen Institutionen wiederum zur Lösung des Problems asymmetrischer Informationen bei. In einer Studie über Gebrauchtwagenmärkte konnte die Ineffizienz eines Marktes demonstriert werden, der durch asymmetrische Informationsverteilung zwischen Käufern und Verkäufern geprägt ist (sog. »lemmon market«).

Eine ebenso prominente Rolle spielen die Institutionen, aber auch konventionelle, unbewusste, habitualisierte Normen, im Ansatz der **evolutorischen Ökonomik**. Dieses Forschungsprogramm verabschiedet sich von den Annahmen der vollständigen Informiertheit und der strikten teleologischen Ausrichtung des menschlichen Handelns in der neoklassischen Ökonomik. Die Institutionen sind keine Produkte planerischer, zielgerichteter Bemühungen um möglichst effiziente Handlungsregeln, sondern *Evolution*sprodukte, d. h. Regeln, die von Menschen zwar unbewusst und oft zufällig adoptiert, aber in abermaligen Selektionsprozessen bestätigt wurden. Der Erfolg einer Institution bedeutet hier Erfolg jener Gruppe, die die Institution unintendiert angenommen und konsequent (d. h. auch bei temporären Rückschlägen) angewandt hat.

Die Unterscheidung zwischen den drei Deutungstypen schließt typenübergreifende Konfigurationen nicht aus. So kombiniert z. B. M. Weber in seiner verstehenden Soziologie den normativen Ordnungsbegriff mit dem konstitutiven Sinnbezug sozialen Handelns. Normative Institutionen stiften demnach den Sinn des Handelns. Eine andere Konfiguration findet sich in der Framing-Theorie sozialen Handelns von H. Esser. Hier werden die konstitutiven Wahrnehmungs- (Frames) und Handlungsregeln in eine übergreifende ökonomische Selektionslogik eingebettet.

Literatur

Berger, Peter L.; Luckmann, Thomas, 1979: Die gesellschaftliche Konstruktion der Wirklichkeit, Frankfurt a. M. – DiMaggio, Paul J.; Powell, Walter W., 1991: Introduction; in: Powell, Walter W.; DiMaggio, Paul J. (ed.): The New Institutionalism in Organizational Analysis, Chicago u. a., 1–38. – Durkheim, Emile, 2002: Die Regeln der soziologischen Methode, Frankfurt a. M. – Esser, Hartmut, 2000: Soziologie. Spezielle Grundlagen, Bd. 5: Institutionen, Frankfurt a. M. – Hayek, Friedrich A. von, 2003: Recht, Gesetz und Freiheit, Tübingen. – North, Douglas C.; Thomas, Robert Paul, 1980: The Rise of Western World, Cambridge u. a. – Ostrom, Elinor, 1992: Governing the Commons. The Evolution of Institutions for Collective Action, Cambridge u. a. – Stachura, Mateusz, 2008: Einleitung. Der Standort weberianischer Institutionentheorie im Raum konkurrierender Forschungsprogramme; in: Ders. et al. (Hg.): Der Sinn der Institutionen, Wiesbaden, 8–39. – Vanberg, Victor, 1994: Rules and Choice in Economics, London u. a. – Weber, Max, 1988: Gesammelte Aufsätze zur Wissenschaftslehre, Tübingen.

Mateusz Stachura

Integration

Zum Begriff

Integration (engl. integration) kommt von lat. integrare, was so viel bedeutet wie wiederherstellen, verselbstständigen oder eingliedern. Bei der Betrachtung von Integration sind zwei Perspektiven möglich. Man kann davon sprechen, dass Teile in ein Ganzes integriert werden oder davon, dass ein Ganzes durch das Zusammenspiel seiner Teile integriert ist. Dies entspricht sozialwissenschaftlich der Unterscheidung von Lockwood (1979) zwischen **Sozialintegration**, bei der Akteure oder Gruppen von Akteuren in ein soziales System integriert werden und **Systemintegration**, bei der es um Integration eines sozialen *System*s in seiner Gesamtheit geht. Zugänge zur Integration sind eher sozialstrukturell, wenn von der Zuweisung von *Position*en und *Funktion*en die Rede ist, oder eher kultursoziologisch, wenn neben *Verhalten*smustern *Wert*strukturen betrachtet werden.

Integrationsbegriff in unterschiedlichen theoretischen Schulen

Besonders geeignet ist der Integrationsbegriff für systemtheoretische Ansätze. Hier kann zum Beispiel das Verhältnis zwischen gesellschaftlichen Teilsystemen untersucht werden. Verschiedene Teilsysteme können sich Aufgaben teilen; einzelne Teilsysteme können Leistungen für andere Teilsysteme erbringen; Entwicklungen in einem Teilsystem können zu Herausforderungen für ein anderes Teilsystem führen. Wichtige Vertreter der *Systemtheorie* sind auch im Hinblick auf den Integrationsbegriff Parsons und Luhmann. Parsons sieht das Zusammenspiel der Teilsysteme eher positiv und betont eine desintegrierende Wirkung von Konflikten. Luhmann (1997: 603) fasst Integration eher negativ als »Reduktion der Freiheitsgrade von Teilsystemen«.

Schimank (2005) vergleicht einschlägige zeitdiagnostische Analysen im Hinblick auf die deutlich werdenden Integrationskonzeptionen. Neben Phänomenen einer vor allem »von oben« gesteuerten Überintegration sei eine *Desintegration* als unzureichende Integration »von unten« zu beobachten. Die vorgestellten Autor/innen gewichten Probleme der Sozialintegration deutlich stärker als Probleme der Systemintegration.

Integrationsvorstellungen in der deutschen Migrationssoziologie
Verlangt Integration kulturelle Angleichung?

Klassischer Bezugspunkt zur Unterscheidung von Integrationsdimensionen ist in der deutschsprachigen *Migrations*forschung Esser. Esser et al. (1979) unterschieden zwischen sozialstruktureller, sozialer, identifikativer und kognitiver *Assimilation*. Diese Ebenen wurden als Ebenen der Integration z. B. von Heckmann aufgegriffen. Esser selbst sprach später (z. B. 2009) für die vier Dimensionen von Platzierung, Interaktion, Identifikation und Kulturation. Ein anderer Ansatz unterscheidet sozialstrukturelle und kulturelle Eingliederung. So spricht Hoffmann-Nowotny für Erstere von Integration und für Letztere von Assimilation. Ähnlich unterscheiden Hoffmann/Even (1984) zwischen Status- und Identitätspassage. Bei der Unterscheidung dieser beiden Ansätze geht es nicht nur um eine Frage der Definition. Sie ist relevant für die Frage, ob Integration mit kultureller Vielfalt kompatibel ist (vgl. z. B. Geißler 2005).

Auf welche soziale Einheit bezieht sich Integration?

Die vier Dimensionen der Integration wurden zunächst auf die Aufnahmegesellschaft bezogen. Elwert (1982) richtete dann mit dem Begriff der »Binnenintegration« den Blick auf Integration in ethnische Communities. Dieser Ansatz wurde aufgegriffen, indem Integration nun theoretisch und empirisch sowohl auf die von Einheimischen dominierten Teile der Aufnahmegesellschaft als auch auf die Herkunftsgruppe bezogen wurde. Problematisch bei diesem Zugang ist, dass beide gesellschaftlichen Bereiche als in sich homogen gefasst werden und dass der Nationalstaat Bezugspunkt bleibt, obwohl inzwischen *transnationale* Räume entstanden sind: Migranten verorten sich zugleich in verschiedenen Räumen, die zu unterschiedlichen Nationalstaaten zählen (vgl. Pries).

Wie lässt sich Integration empirisch erforschen?

Unter Integration wird auch verstanden, dass sich die Integrierten sozialstatistisch nicht mehr von der Aufnahmegesellschaft unterscheiden. Bestehende Benachteiligungen müssen aufgehoben sein. Dass diese noch massiv bestehen, zeigt z. B. Diefenbach (2010) für den Bereich der Schule. Im Zuge der konstruktivistischen Wende werden zunehmend Diskurse zu Integration untersucht. Dabei finden Diskurse in den Medien, von Expert/innen und von den Migrant/innen selbst Berücksichtigung (z. B. Rauer/Schmidtke 2001; Zwengel 2011).

Kritik am Integrationsbegriff

Integration von Migrant/innen wird gefasst als Eingliederung einer Gruppe in eine andere. Dies wird der Vielfalt der eingegliederten Individuen nicht gerecht. Die einzelne Gruppe wird, unzulässigerweise, als homogen betrachtet. Daneben ist zu berücksichtigen, dass Integration zugleich in viele unterschiedliche Gruppen erfolgt. Die Vorstellung von Integration bedeutet Angleichung an eine Norm, die den unterschiedlichen, vielfältigen Lebensweisen nicht gerecht wird. Um eine Gruppe zu integrieren, also einzugliedern, muss sie zunächst einmal isoliert und separiert werden. Dies schafft selbst die Ausgliederung, der entgegengewirkt werden soll. Und schließlich: Integration bedeutet nicht nur Angleichung an eine neue Gruppe. Sie kann diese Gruppe ebenfalls verändern.

Literatur

Diefenbach, Heike, 2010: Kinder und Jugendliche aus Migrantenfamilien im deutschen Bildungssystem, Wiesbaden. – Elwert, Georg, 1982: Probleme der Ausländerintegration; in: Kölner Zeitschrift für Soziologie und Sozialpsychologie 34, 717–731. – Esser, Hartmut, 2009: Pluralisierung oder Assimilation? in: Zeitschrift für Soziologie 38, 358–378. – Ders. et al., 1979: Arbeitsmigration und Integration, Königstein. – Geißler, Rainer, 2005: Interkulturelle Integration von Migranten; in: Ders.; Pöttker, Horst (Hg.): Massenmedien und die Integration ethnischer Minderheiten in Deutschland, Bielefeld, 45–70. – Hoffmann, Lutz; Even, Herbert, 1984: Soziologie der Ausländerfeindlichkeit, Weinheim/Basel. – Lockwood, David, 1979: Soziale Integration und Systemintegration; in: Zapf, Wolfgang (Hg.): Theorien des sozialen Wandels, Königstein, 124–137. – Luhmann, Niklas, 1997: Die Gesellschaft der Gesellschaft, Frankfurt a. M. – Rauer, Valentin; Schmidtke, Oliver, 2001: ›Integration‹ als Exklusion? in: Berliner Journal für Soziologie 11, 277–296. – Schimank, Uwe, 2005: Differenzierung und Integration der modernen Gesellschaft, Wiesbaden, insb. 255–275. – Zwengel, Almut, 2011: Seinen Weg gehen; in: Neue Praxis 41, 144–156.

Almut Zwengel

Intellektuelle/Intelligenz

Im engeren Sinn bezeichnen die in soziologischer Hinsicht weitgehend synonymen Begriffe Intellektuelle und Intelligenz (engl. intellectuals, intelligentsia) eine Gruppe von Personen, die primär geistig-kulturelle Güter produzieren, die im öffentlichen Leben als legitime symbolische Produzenten und -innen anerkannt werden und die sich als politisches Sprachrohr für unterprivilegierte Gruppen, Schichten und Klassen verstehen (vgl. den französischen Fall Ory/Sirinelli). Charakteristisch für diesen Intellektuellentypus ist ein eigenes Ethos, das meist in einem akademischen Kanon legitimer kultureller Werke wurzelt und das sich dem Anspruch nach an einer allgemeinen Moral orientiert. Im weiteren Sinn schließt dies alle gesellschaftlichen Schichten ein, deren Lebensunterhalt auf nicht-manueller Arbeit basiert, d. h. insbesondere die liberalen Professionen, akademisch-administrative Eliten sowie alle Arten geistiger Tätigkeit und kreativer kultureller Gestaltung. In diesem weiteren Zusammenhang spricht man bisweilen von Intelligentia, insbesondere um die aufklärerisch-rationale Wirkung einer gebildeten *Bürger*schicht hervorzuheben, oder von *Technokratie*, die eine vorrangig naturwissenschaftlich orientierte und administrativ planende *Elite* bezeichnet (vgl. Ehrenreichs »professional-managerial class« oder auch Gouldners »New Class«).

Das besondere Interesse der Forschung gilt der *sozialstruktur*ellen Positionierung der Intellektuellen. Für Mannheim zeichnen sich die **freischwebenden Intellektuellen** durch ihre Unabhängigkeit von ökonomisch basierten Klasseninteressen aus, was sie als systemkritische Schicht par excellence prädestiniert. Andere Theoretiker dagegen verstehen die Intellektuellen als eine *Klasse*, die auf spezifische Weise an der Herstellung *sozialer Ungleichheit* mitwirkt (vgl. Bourdieu und Ringer). Eine Frage, die die Soziologie der Intellektuellen von Anfang an beschäftigt hat, ist die Stellung der Intellektuellen gegenüber der Arbeiterklasse und der *Bourgeoisie*. So wurde insbesondere von den der Arbeiterbewegung nahestehenden Intellektuellen gefragt, ob intellektuelle Führer und -innen das Klasseninteresse der Arbeiter authentisch vertreten können. So betrachtet Gramsci die **organischen Intellektuellen** als Produzenten, die durch ihre sozialen, ökonomischen und kulturellen Aufgaben mit ihrer Klasse verflochten sind und sich an der Artikulation einer politisch-kulturellen Hegemonie beteiligen. Bei Bourdieu hingegen, der die Intellektuellen als dominierte Fraktion der herrschenden Klasse bezeichnet, sind die Intellektuellen **symbolische Produzenten und -innen**, die einer autonomen Logik symbolischer Produktion gehorchen und kulturell-symbolische Dominanz über das Kleinbürgertum und die Arbeiterschichten ausüben. Seit Bourdieus Intellektuellensoziologie interessiert sich die Forschung insbesondere für die langfristigen Prozesse der Ausbildung der intellektuellen *Habitus* symbolischer Produzenten und -innen und für die Mechanismen symbolischer *Distinktion*.

Literatur

Bourdieu, Pierre, 1992: Homo academicus, Frankfurt a. M. – Debray, Régis, 1979: Le Pouvoir intellectuel en France, Paris. – Ehrenreich, Barbara; Ehrenreich, John, 1979: The Professional-Managerial Class; in: Walker, Pat (Hg.): Between

Labor and Capital, Montreal, 5–45. – Gouldner, Alvin W., 1979: The Future of Intellectuals and the Rise of the New Class, New York. – Hamon, Hervé; Rotman, Patrick, 1981: Les Intellocrates: Expédition en haute intelligentsia, Paris. – Mannheim, Karl, 1985: Ideologie und Utopie, 7. Aufl., Frankfurt a. M. – Ringer, Fritz, 1969: The Decline of the German Mandarins, Cambridge, MA. – Robbins, Bruce (Hg.), 1990: Intellectuals: Aesthetics, Politics, Academics, Minneapolis. – Ory, Pascal; Sirinelli, Jean-François, 1992: Les Intellectuels en France, de l'affaire Dreyfus à nos jours, Paris.

Johannes Angermüller

Interdisziplinarität

Begriffsdefinition

Interdisziplinarität (engl. interdisciplinarity) ist ein Begriff aus der Wissenschaftsforschung, der eine epistemische Eigenschaft von *Forschung*sprozessen beschreibt. Forschungsprozesse sind interdisziplinär, wenn sie Wissensbestände aus verschiedenen Spezialgebieten integrieren. Der Begriff ist also insofern etwas irreführend, als er sich nicht auf die Integration oder Interaktion ganzer wissenschaftlicher Disziplinen bezieht, sondern auf die Integration von Wissen aus kleineren Spezialgebieten. Spezialgebiete sind im Zuge der immer weiter voranschreitenden Binnendifferenzierung des Wissenschaftssystems zur sozialen Organisationsform der modernen Forschung geworden, während Disziplinen als die dominierende soziale Organisationsform der Lehre verbleiben. Wissenschaftliche Spezialgebiete sind Fachgemeinschaften von Wissenschaftlern, die einen gemeinsamen Wissensbestand bearbeiten und durch ein geteiltes Set an Forschungsproblemen, -methoden oder -objekten charakterisiert sind. Die stets weiter voranschreitende Spezialisierung der Forschung erfordert immer häufiger, dass Wissenschaftler auf Wissen aus anderen Spezialgebieten zurückgreifen müssen. Eine verbreitete Form von Interdisziplinarität besteht darin, dass Wissenschafter für die Lösung ihres Forschungsproblems Methoden aus anderen Gebieten anwenden. Solche interdisziplinären Forschungsprozesse können durch einzelne Wissenschaftler realisiert werden, wenn diese das dafür erforderliche Wissen aus anderen Gebieten erwerben. Viel häufiger sind aber interdisziplinäre Kooperationen, in denen Wissenschaftler aus verschiedenen Spezialgebieten ihr Wissen kombinieren.

Die Interdisziplinarität von Forschungsprozessen ist eine kontinuierliche Variable: Forschungsprozesse können mehr oder weniger interdisziplinär sein. Ein hoher Grad an Interdisziplinarität liegt vor, wenn Wissen aus mehreren unterschiedlichen Spezialgebieten oder aus epistemisch sehr unterschiedlichen Gebieten (z. B. aus einem naturwissenschaftlichen und einem sozialwissenschaftlichen Gebiet) integriert wird.

Abgrenzung zu benachbarten Begriffen

Die beiden am häufigsten verwendeten benachbarten Begriffe in diesem Kontext sind Multidisziplinarität und Transdisziplinarität. **Transdisziplinarität** beschreibt interdisziplinäre Prozesse, die neben verschiedenen wissenschaftlichen Spezialgebieten auch außerwissenschaftliche Anwendungskontexte einbeziehen. Der Begriff **Multidisziplinarität** charakterisiert nicht Forschungsprozesse, sondern die Bearbeitung eines gemeinsamen Gegenstandes (eines geteilten Sets von Problemen oder empirischen Objekten) mit den jeweils spezifischen Forschungsansätzen verschiedener Spezialgebiete, ohne dass eine Integration des Wissens in einzelnen Forschungsprozessen erfolgt.

Messung von Interdisziplinarität

Die Messung von Interdisziplinarität ist problematisch, weil sich Spezialgebiete nicht scharf voneinander abgrenzen lassen. Sie wird bislang von sehr groben Verfahren dominiert, die. z. B. die Fachgebietsklassifikationen von Zeitschriften-Datenbanken zugrunde legen. In der Bibliometrie gibt es in jüngster Zeit verstärkt Bemühungen, validere Methoden zu entwickeln.

Literatur

Robert Frodeman (ed.), 2010: The Oxford Handbook of Interdisciplinarity, Oxford. – Huutoniemi, Katri et al., 2010: Analyzing interdisciplinarity: Typology and indicators; In: Research Policy 39, 79–88.

Grit Laudel

Interesse

Generell ist der Begriff ›Interesse‹ (engl. interest) ein Produkt moderner Gesellschaften, wodurch unbeständige (launenhafte) Leidenschaften von Menschen kanalisiert und berechenbar werden. Er bezeichnet die Aufmerksamkeit, die eine Person einer anderen Person oder einer Sache gegenüber erbringt. Interesse stellt ergo eine zielgerichtete Verbindung zwischen einem Subjekt und einem Objekt her (lat.: inter: ›zwischen, inmitten‹ und esse: ›sein‹). Historisch gesehen erhielt der Begriff erstmals durch das Werk »The Wealth of Nations« (1776) gesellschaftstheoretische Bedeutung. Smith hob die Bedeutung von individuellem Interesse für die Entwicklung der Gesellschaft hervor: Die auf Eigeninteresse basierte individuelle wirtschaftliche Entscheidung führt zur Erhöhung gesamtgesellschaftlicher Wohlfahrt. Aus der Sicht heutiger soziologischer Theoriekonstruktion gesehen, würden wir formulieren, dass Smith eine mikrotheoretische Fundierung makrosozialer Zusammenhänge vornahm, ohne dies jedoch explizit so zu verstehen. Individuelle Interessen und die daraus entstehenden Handlungen münden in eine optimale Integration wirtschaftlicher Handlungen zum Wohle der gesellschaftlichen Wohlfahrt. Eigeninteresse und die darauf aufbauenden Handlungen werden zu Triebfaktoren für gesellschaftlichen Wohlstand.

In den 1960er und 1970er Jahren wurde extrem zwischen kollektiven und individuellen Interessen unterschieden. Beide Arten fußen auf dem Gedanken der zweckgerichteten Einflussnahme auf ein Objekt oder Subjekt. ›**Kollektives Interesse**‹ basiert auf gemeinsam geteilten Vorstellungen und *Wert*en. Bspw. können Schichten und Klassen, allg. Gruppen, ein Handlungsziel haben. Markant formuliert wurde diese Position in der deutschen Verwendung und Interpretation des Klassenbegriffes von Marx. Angehörige der Arbeiterklasse haben ein kollektives Interesse am Umsturz der herrschenden Verhältnisse. Als ›**individuelles Interesse**‹ wird eine motivationale Fixierung auf ein Objekt bezeichnet, die in eine *nutzen*maximierende Handlung umgesetzt wird. In der Ökonomie wird die nutzenmaximierende Handlung in einem Streben nach materiellen Gütern gesehen, in der Soziologie hingegen wird der Begriff weiter gefasst: Er subsummiert auch das Streben nach *Ehre*, *Status* und *Anerkennung*.

In der neuen soziologischen Theoriebildung wird der Begriff vor allem durch Coleman weiterentwickelt und auf interessengeleitetes Handeln kollektiver Akteure übertragen. Kollektive Akteure, verstanden als juristische Personen, gelten als wesentliche Bestandteile einer modernen Sozialstruktur. Sie handeln fast ausschließlich rational, d. h. der zu maximierende Nutzen gilt als Eigenschaft des kollektiven Akteurs. So kann beispielsweise das Interesse von Akteuren darin bestehen, möglichst immer die Interessen der Eigner des Akteurs durchzusetzen (z. B. den Gewinn zu maximieren), was vorwiegend in Aktiengesellschaften geschieht. Oder aber das Interesse einer Organisation kann darin bestehen, auf möglichst effiziente Weise Wissen zu produzieren, um dadurch eine hohe gesellschaftliche Reputation als kollektiver Akteur zu erlangen (Universitäten).

Die interessengeleiteten Handlungen zwischen kollektiven Akteuren und natürlichen Personen können – wie es Coleman selbst kritisch formuliert (1986,1995) – durch starke Ungleichgewichte geprägt sein, denn die Kontrolle über Ressourcen ist häufig zugunsten der kollektiven Akteure verteilt (Asymmetrische Gesellschaft).

Die sich entwickelnde und kanonisierende handlungstheoretisch begründete Theoriebildung der letzten Jahre nahm den Begriff des Interesses als einen Grundbaustein in die Theoriebildung auf. Die auf den Arbeiten von Lindenberg, Kahneman, Tversky formulierte Theorie, jüngst weiterentwickelt durch Esser, Stocké u. a., fundierte mikrosoziale Handlungen auf individuellen Interessen, die zur Herstellung sozialer Produktionsfunktionen notwendig sind. Als soziale Produktionsfunktion wird ganz allgemein die Sicherung der Ressourcen, Güter, Ereignisse und Leistungen zur Gestaltung des Alltages von Menschen verstanden, sie handeln ergo unter der Prämisse der Suche nach Anerkennung und der Vermeidung von Pein. Speziell handeln sie danach, um die in ihrem sozialen Umfeld als wertvoll erachteten Güter auch bekommen zu können (primäre Zwischengüter). Und Menschen müssen unter restriktiven Bedingungen (Ressourcenausstattung) handeln (indirekte Zwischengüter). Menschen haben daher zufolge vor allem Interesse an Ressourcen, über die sie verfügen können (Kontrolle) und die daher zu einer Steigerung ihres Wohlbefindens (Soziale Produktionsfunktion) beitragen. Insgesamt ist der Begriff Interesse in der modernen Handlungstheorie zu einem grundlegenden Baustein geworden, der zielgerichtetes Handeln erklärt.

Literatur

Baumert, Jürgen et al., 2009: Bildungsentscheidungen. Wiesbaden. – Coleman, James, S., 1995: Grundlagen der Sozialtheorie, 2 Bd.e, München. – Esser, Hartmut, 1999/2000: Soziologie. Spezielle Grundlagen. Bd. 1, Situationslogik und Handeln/Bd. 3: Soziales Handeln, Frankfurt a. M. – Hirschman, Albert O., 1987: Leidenschaften und Interessen. Politische Begründungen des Kapitalismus vor seinem Sieg, Frankfurt a. M. – Smith, Adam, 1776: An Inquiry into the Nature and Causes of the Wealth of Nations, London. – Stocké, Volker, 2002: Framing und Rationalität, München.

Wolfgang Lauterbach

J

Jugendsoziologie

Warum ist »Jugendsoziologie« als eigene Bindestrich-Soziologie notwendig?

Jugendsoziologie (engl. youth sociology) befasst sich allgemein mit der gesellschaftlichen Bedingtheit der Lebensphase Jugend, also mit ungleichen und geschlechterbezogenen Lebensbedingungen Jugendlicher. Sie analysiert typische Verhaltensweisen und soziale Praktiken, auch mit Blick auf jugendkulturelle Formen, in denen »Jugendliche selbst zur Entstehung und Entwicklung von Jugend als abgrenzbare Lebensphase beitragen« (Scherr 2006: 88). Sie analysiert Jugend makro- und mikrotheoretisch als historisch-gesellschaftliche Erscheinung, die gesellschaftlich und pädagogisch gedeutet und sozial konstruiert wird (Griese/Mansel 2003) und fragt, wie sich die Bedingungen für Jugendliche durch *sozialen Wandel* verändern, wie Jugendliche darauf reagieren, wie das auf die Gesellschaft zurückwirkt und was sich zur künftigen Lage Jugendlicher sagen lässt. Als eigenständige *Bindestrich-Soziologie* hat sie sich spät institutionalisiert. Die DGS-Sektion »Jugendsoziologie« entstand erst 1998 aus der ursprünglich gemeinsamen Sektion Jugend- und Familiensoziologie.

Inwieweit es der Jugendsoziologie bedarf, wurde wiederholt kontrovers diskutiert. Die massiven Kritiken Anfang der 1970er-Jahre waren von den Fehlprognosen der Studien vor den »68er«-Protesten geprägt und drückten massive Zweifel an der theoretischen und methodischen Kompetenz aus. Neidhardt (1972) monierte deskriptives Arbeiten mit Ad-hoc-Erklärungen, Griese (1980) ein Nebeneinander von Theorie und Empirie, die Vernachlässigung der gesellschaftlichen Perspektive und wenig Praxisorientierung. Gefordert wurden Längsschnittstudien, Fallstudien mit anschließenden Überblicksuntersuchungen, alternative theoretische Ansätze und Berücksichtigung der soziologischen Theorie (Rosenmayr 1971). Das Methodenproblem besteht so nicht mehr, es erfolgen qualitative und quantitative Forschungen, aber wenig Längsschnittuntersuchungen. Der Vorwurf von Ad-hoc-Theorien trifft insoweit, als der Methodendualismus die Verbindung aus Theorieproduktion und Hypothesenprüfung immer noch erschwert. Notwendig ist der vermehrte Einbezug soziologischer Theorien, speziell zur sozialen Ungleichheit (Mertens 2011; Scherr 2003). Gefordert wird mehr Relevanz der Forschung für die Praxis bzw. Probleme Jugendlicher (Fischer 1999).

Die aktuelle Frage bezieht sich darauf, ob Jugendsoziologie in einer allgemeinen Jugendforschung aufgehen soll. Jugendsoziologinnen und -soziologen teilen den Gegenstand mit Vertreterinnen und Vertretern aus Pädagogik, (Entwicklungs-)Psychologie oder Kriminologie. In thematischen Teilfeldern werden Ergebnisse und Ansätze anderer Disziplinen mit einbezogen, wie die Jugendgewaltforschung (Holtappels et al. 1997; Scheithauer et al. 2008) belegt. Fragestellungen und Ergebnisse überschneiden sich, (fach-)spezifische Designs und Methoden sind durch den gemeinsamen Gegenstand schwierig. Das spricht für allgemeine Jugendforschung. Andererseits ermöglicht der disziplinspezifische Blick, Jugend aus unterschiedlichen Perspektiven zu betrachten. Jugendsoziologie unterstützt und ist Voraussetzung: Die Analyse der Entwicklungsaufgaben erfordert zuvor eine strukturell umfassende Gesellschaftsanalyse (Scherr 2006). Jugendsoziologisches Wissen hat gesellschaftliche und gesellschaftspolitische Bedeutung, gerade wenn Jugendliche als Folge gesellschaftlicher Veränderungen unerwartetes Verhalten zeigen. Dies spricht für die Bindestrich-Soziologie Jugendsoziologie, die rückgebunden ist an die Gesellschaftstheorie (Abels 2000).

Entstehung und Entwicklung der Jugendsoziologie

Soziologie als moderne Wissenschaft entstand, um Gesellschaften der Moderne bzw. im Prozess der *Modernisierung* zu analysieren. Jugend in unserem Verständnis ist ein typisches Produkt der Moderne und damit Gegenstand für die Soziologie. Eine Jugendphase als universelle und relativ eigenständige Lebensphase konnte sich so nur unter den Rahmenbedingungen einer fortschreitenden Modernisierung entwickeln. Es dauerte aber bis in die 1950er-Jahre, bis in Abgrenzung zur pädagogischen und entwicklungspsychologischen Jugendforschung eine systematische soziologische Analyse von Jugend(lichen) einsetzte. Schelsky (1957: 11; 13) führt dies sowohl auf die Entwicklung der empirischen Sozialforschung als auch auf den Übergang zur »jüngeren Soziologie« zurück, die von der Strukturanalyse sozialer Gebilde zur Analyse des Verhaltens innerhalb der Gebilde überging. Dadurch wurde Jugend kein rein individuelles Phänomen mehr. Allerdings dauerte es bis in die 1970er-Jahre, bis Jugendkohorten in Gänze und nicht nur in sozialstrukturellen Ausschnitten umfassend untersucht wurden.

Bis in die 1920er-Jahre war die psychologische Jugendforschung (z. B. Bühler, Lazarsfeld) bestimmend. Für die Entwicklung der Jugendsoziologie war sie insofern wichtig, als der Soziologie die statistischen Analysen zugedacht wurden und der soziale Kontext Jugendlicher zum relevanten Faktor wurde (Rosenmayr 1969). Die Soziologie in Deutschland befasste sich allerdings wenig mit Jugend. Nennenswert ist im Wesentlichen das Konzept des einheitlichen *Generations*zusammenhangs von Mannheim, der die Bedeutung der »gesellschaftlich formierenden Kräfte« (1928: 328) aufzeigte. In der Nachkriegszeit arbeitete Schelsky (1957) für das 20. Jh. drei Generationseinheiten heraus, zuletzt die »skeptische Generation«. Rosenmayr (1971) hielt den Generationenbegriff nach 1950 für unangemessen, da inzwischen sozialstrukturelle Unterschiede relevanter geworden seien. Spätestens mit den 1980er-Jahren war keine typische Generationsgestalt mehr feststellbar (Fend 1988), und der Generationenbegriff wurde endgültig »zum pauschalisierenden Schlagwort« (Dudek 1989: 11): Generation X, Y, 89, Golf, Praktikum. Durch das Verschwinden der Generationsgestalten und die gesellschaftliche Anerkennung von Jugend als *Lebensphase* verloren auch Analysen des Generationskonflikts an Bedeutung. Die Heterogenität der Haltungen unter Jugendlicher ist relativ groß, die Werte- und Einstellungsdifferenz zwischen Jugendlichen und Erwachsenen in der Gegenwart relativ gering (Roth/Rucht 2000). Die neue Konfliktlinie ist durch den demographischen Wandel eher ökonomisch und sozialpolitisch bestimmt (Nullmeier 2003).

Eine weitere inhaltliche Linie der Jugendsoziologie war *abweichendes Verhalten*. Vertreter der *Chicago-School* führten ab Mitte der 1920er Jahre ethnographische Studien unter Heranwachsenden und Jungerwachsenen durch. Dabei ging es um Beschreibung und Hintergründe der Delinquenz in Zuwandervierteln. Das Thema abweichendes Verhalten zog sich weiter durch die Jugendsoziologie. Als Folge des sozialen Aufbruchs Jugendlicher in den 1960er-

Jahren und der Verunsicherung der Erwachsenengesellschaft widmete sich die Forschung ab den 1970er-Jahren verstärkt jugendlichem Problemverhalten. Ab den 1990er-Jahren gewann dies an Bedeutung, da der öffentlich-politische Diskurs die scheinbar steigende Gewalt(kriminalität) diverser Gruppen junger Menschen zum Gegenstand machte. Jugendgewalt wurde damit bis heute zum Forschungsthema. Mit den 1990er-Jahren wurden auch Jugendliche mit Migrationshintergrund vermehrt Forschungsgegenstand, sowohl mit Blick auf die Devianz als auch auf die Möglichkeiten, Probleme und Grenzen der gesellschaftlichen Integration.

Bei der theoretischen Analyse dominierten bis Mitte der 1960er-Jahre strukturfunktionalistische Konzepte. Angenommen wurde, Jugend lebe innerhalb der normativen Vorgaben der Gesellschaft und wachse eher harmonisch in sie hinein, wobei Peergroups den Übergang in das Sozialsystem erleichtern (Eisenstadt 1956). Parsons (1968 [1959]) sieht die Jugendkultur kritisch, da ihr »Anti-Intellektualismus« gegen den notwendigen schulischen Selektionsprozess gerichtet sei; andererseits übe sie auch die Übernahme von Verantwortung. Der gesellschaftliche Wandel ab Ende der 1960er-Jahre ließ diese Betrachtung obsolet werden, eine ungleichheitsbezogene, neomarxistische Analyse dominierte vorübergehend. (Problem-)Verhalten von Jugendlichen wurde auf benachteiligende materielle Umweltbedingungen zurückgeführt. Gesellschaftliche Veränderungen führten zu neuen Fragestellungen: War die frühe Forschung makrosozial, wurde sie ab den 1980ern durch neue Sozialisationskonzepte und individualisierungstheoretische Überlegungen eher mikrosozial. Die Analyse von Jugendsub- bzw.-teilkulturen wurde ein Schwerpunkt. In den 1990ern traten individualisierungs- bzw. desintegrationstheoretische Konzepte (Heitmeyer et al. 1995) in den Vordergrund. Gegenwärtig könnte der demographische Wandel mit seinen Auswirkungen auf Bildung, Ausbildung, Arbeit wieder zu einer stärker makrosozialen Betrachtung führen (Mansel/Hoffmann 2010: 169; s. a. Groenemeyer/Hoffmann 2013).

Jugendsoziologie: Mitkonstrukteur von Jugend

Jugendsoziologie hat ein grundsätzliches Problem, ihren Gegenstand zu erfassen, denn es gibt nicht »die« Jugend als homogene Sozialgruppe, sondern verschiedene Jugenden (Schäfers/Scherr 2005: 23).

Bereits die Abgrenzung von Jugend wird schwierig, da es keine festen normativen Bezugspunkte für ein Ende der Jugendphase gibt und dies eher Gegenstand individueller Entscheidungen ist (Mansel/Hoffmann 2010: 170). Daher fordert Scherr (2003: 50) eine »reflexive Wendung in der Jugendsoziologie« durch den Verzicht auf eine allgemeine Jugenddefinition.

Das Interesse »der« Erwachsenengesellschaft an »ihrer« Jugend war nie losgelöst von Befürchtungen und Hoffnungen. Die steigende Selbstständigkeit Jugendlicher weckte Ängste vor einer scheinbar unkontrollierbaren Jugend. Jugendforschung bzw. Jugendsoziologie dien(t)en damit auch der Selbstvergewisserung der Gesellschaft über den Zustand »ihrer« Jugend. Dabei kann die Jugendsoziologie ihren Gegenstand nicht unabhängig von den Fragestellungen ihrer Zeit sehen. (Auch) sie trägt dazu bei, ihren Gegenstand mit zu konstituieren. Aus den großen quantitativen Studien nach 1945 wurden Generationsgestalten abgeleitet, die den (jugend-)soziologischen Blick auf die Jugend(en) widerspiegeln (Abels 2000). Problematisch (mehr für die Jugendsoziologie) kann dies werden, wenn die Ergebnisse an der Wirklichkeit Jugendlicher vorbeigehen, wie die Studie von Blücher (1966) zur »Generation der Unbefangenen« zeigt. Problematisch für Jugendliche kann dagegen sein, wenn Ergebnisse schlagwortartig gefasst werden und als Etikettierung in den öffentlich-politischen Diskurs eingehen. Ein Beispiel ist die »no-future«-Generation (Fischer et al. 1982). Werden (gerade negative) Typisierungen diskursiv verbreitet, müssen sich Jugendlichen damit auseinandersetzen. Machen sie die Typisierung zum Teil ihres Selbstbildes, könnte die Jugendsoziologie sich selbst bestätigende Prophezeiungen erzeugen.

Jugendkulturforschung: differenzierte Erfassung oder soziale Konstruktionen?

Jugendsoziologie versucht auch, Jugend(liche) in ihrer kulturellen und sozialen Differenziertheit zu erfassen. Jugendkulturen gelten als Ausdruck der relativen Eigenständigkeit Jugendlicher. Jugend auf kulturelle Stile zu reduzieren, könnte aber zu einer »Entsoziologisierung der Jugendforschung« (Scherr 2003: 62) führen, wenn strukturelle Bedingungen wie Bildungs- und Herkunftsungleichheit nicht mehr angemessen berücksichtigt würden.

Es fällt auf, dass die von der Forschung erfassten oder als solche herausgestellten Jugend(teil)kulturen zumeist nur einen (sehr) kleinen Teil der jungen Menschen ihrer Zeit umfassen. Bis in die 1970er-Jahre bleibt die Zahl der (zumeist proletarischen) Jugendkulturen überschaubar: Halbstarke, Teddys, Mods, Rocker, Skins, Punks. Erst mit den 1980ern ändert sich auch durch die *Individualisierungs*- und *Pluralisierung*sdebatte der Blick: Jugend wird vielgestaltiger und als immer vielgestaltiger beschrieben. Die Zahl der Stiltypen oder Jugend(teil)kulturen nimmt seitdem so stark zu, dass Ferchhoff (2011: 193) für die 2000er-Jahre eine »kaum mehr überschaubare Pluralität und Zersplitterung« feststellt. Es ist kritisch zu fragen, inwieweit diese Vielfalt dem realen Verhalten Jugendlicher, den Vorstellungen von Forscherinnen und Forschern oder dem Einfluss medial-politischer Diskussionen entspricht (Griese 2000). Der Wandel im Blick auf junge Menschen schlägt sich auch in den theoretischen Konzepten nieder: der analytisch unscharfe *Subkultur*-Begriff der 1970er-Jahre wird in den 1980ern durch die Jugend(teil)kultur und schließlich in den 2000er-Jahren durch die Jugendszene ersetzt bzw. ergänzt (Ferchhoff/Neubauer 1996; Hitzler et al. 2001). Durch den demographischen Wandel kommt aktuell die Frage nach islamischen Jugendkulturen auf.

Jugend(teil)kulturen wurden mit der Zeit immer weniger als bedrohlich und immer mehr als Teil gesellschaftlicher Normalität wahrgenommen. Wie die Forschung zeigte, bieten Jugendkulturen den Jugendlichen aufgrund der Kommerzialisierung und der zunehmenden Altersindifferenz des Verhaltens inhaltlich wie zeitlich nur noch begrenzte Möglichkeiten, sich kulturell abzusetzen. Wenn neue Jugendkulturen wirklich ausbleiben, kann das bedeuten, dass damit auch keine neuen Impulse in Richtung Vielfalt und Kreativität mehr erfolgen (Rink 2002).

Die Zentrierung auf Devianz: Jugend = Protest, Gewalt, Kriminalität, Drogen

Ein Thema und ein Problem (nicht nur) für die Jugendsoziologie war und ist die im gesellschaftlichen Diskurs bestehende Koppelung von Jugend und Devianz, nach der *abweichendes Verhalten* Jugendlicher eine Bedrohung für die (Erwachsenen-)Gesellschaft bildet. Durch die Modernisierung entstanden für junge Menschen mehr Verhaltensspielräume (für die

(Frei-)Zeitgestaltung, die politische Beteiligung, Sexualität), die sie vermehrt nach ihren Vorstellungen nutzen konnten. Zusammen mit dem relativen Kompetenzverlust Erwachsener veränderte dies gesellschaftliche Kontrollmöglichkeiten. Das »Abweichende« bei Jugendlichen manifestierte sich für Erwachsene vor allem in Kleidungs-, Musik- und Habitusformen. Zum Problemverhalten gehörten Drogenumgang, *Gewalt*, politischer Protest. Seit den »Halbstarkenkrawallen« der 1950er-Jahre wurden Protest- und Gewaltaktionen Jugendlicher skandalisiert, diskreditiert und zur Legitimation von Gegengewalt herangezogen (Neidhardt 1989). Die »Gewaltfrage« wurde spätestens seit dem »deutschen Herbst« 1978 zur »Jugendfrage« (Brandt 1986). Spektakuläre, brutale Einzelaktivitäten wie Amokläufe an Schulen bestätigen scheinbar das stereotype Wahrnehmungsmuster, wonach von Jugendlichen (immer mehr) Gefahr ausgeht, bis in die Gegenwart. Diese Sichtweise verhinderte für lange Zeit, dass die z.T. auch devianten Reaktionen junger Menschen auf gesellschaftliche Ereignisse und ihre soziale Situation auch als Ausdruck einer sozialen Notlage gesehen werden konnten (Fend 1988).

Die Jugendsoziologie musste auf diese (auch für sie zunächst überraschende) Verhaltensänderung Jugendlicher ab Ende der 1960er-Jahre und den gesellschaftlichen Diskurs mit vermehrter Forschung reagieren. Abweichendes Verhalten wurde damit in den 1970ern zu einer bis heute andauernden Forschungslinie, die sich dann Anfang der 1990er-Jahre auf Jugendgewalt konzentrierte aufgrund des gesellschaftlichen Diskurses über »amerikanische Verhältnisse« an Schulen und die scheinbar unaufhaltsam steigende Gewaltkriminalität Jugendlicher. Kriminalität und Drogenumgang Jugendlicher wurde in den 1970ern Forschungsthema, in den 1980ern erweitert um Forschung zu Jugendlichen in Neuen *Sozialen Bewegungen*, ab den 1990ern Forschung zu Jugendgewalt in diversen Kontexten und Gewaltkriminalität Jugendlicher. Die Analysen verlagerten sich dabei von eher individuenbezogenen wieder stärker hin zu sozialstrukturellen und sozialökologischen Betrachtungen. Durch den Einbezug sozial- und ungleichheitsstruktureller Hintergründe kann die Jugendsoziologie auch einer »*Individualisierung*« von Problemlagen entgegenwirken.

Desiderata für eine jugendsoziologische Forschung

Ein jugendsoziologisch noch zu wenig bearbeitetes Feld ist der *Körper* in seiner Bedeutung, Bearbeitung und Verwendung durch Jugendliche. Das geht auf die »Sinnvergessenheit der Soziologie« mit der Folge einer »übersozialisierten Konzeption von Jugend« (Hübner-Funk 2003: 70) zurück. Hier böten sich auch Kooperationen mit der Geschlechter- und Gesundheitssoziologie an. Ähnlich sollte auch der Raumbezug des Verhaltens Jugendlicher (sowohl alleine als auch in der Peergroup) stärker als bisher berücksichtigt werden. Das bezieht sich sowohl auf die soziale Bildung von (Jugend-)Räumen als auch auf die Frage, wie sich die gesellschaftliche (Um-)Gestaltung von öffentlichen und privat-öffentlichen Räumen auf Jugendliche und ihr Verhalten auswirkt. Weiter sollte die Jugendsoziologie für ihre Analysen mehr als bisher Theorien *sozialer Ungleichheit* berücksichtigen (Scherr 2003). Allerdings bewirkt *sozialer Wandel* »Strukturen begrenzter Reichweite«, die raumzeitlich nur begrenzt gültig sind (Kelle 2007: 57). Das kann für die Analyse neue Theorien notwendig machen. Diese sind aber weniger durch das Nebeneinander von qualitativer und quantitativer Forschung, sondern durch die Verwendung integrierter Forschungsdesigns zu erreichen (2007: 282 ff.). Darüber hinaus befasst sich Jugendsoziologie mit Erscheinungen, die – wie Jugendkulturen oder die Bedeutung von Ausbildung und Arbeit(slosigkeit) für Jugendliche – gesellschaftsübergreifend sind. Um diese transnationalen Erscheinungen zu analysieren, muss neben der nationalgesellschaftlichen auch die transnationale Ebene stärker berücksichtigt werden.

Literatur

Abels, Heinz, 2000: Die »Jugend« der Soziologie; in: Sander, Uwe; Vollbrecht; Ralf (Hg.): Jugend im 20. Jahrhundert, Neuwied, 75–100. – Blücher, Viggo Graf von, 1966: Die Generation der Unbefangenen, Düsseldorf. – Brand, Karl-Werner et al., 1986: Aufbruch in eine andere Gesellschaft, Frankfurt a. M. – Dudek, Peter, 1989: Jugend als Objekt der Wissenschaften. Geschichte der Jugendforschung in Deutschland und Österreich 1890–1933, Wiesbaden. – Eisenstadt, Shmuel N., 1956: From Generation to Generation, New Brunswick, NJ. – Fend, Helmut, 1988: Sozialgeschichte des Aufwachsens, Frankfurt a. M. – Ferchhoff, Wilfried, 2011: Jugend und Jugendkulturen im 21. Jahrhundert, 2., aktual. u. überarb. Aufl., Wiesbaden. – Ders.; Neubauer, Georg, 1996: Jugendkulturelle Stile und Moden zwischen Selbstinszenierung, Stilzwang und (Konsum-) Vereinnahmung; in: Mansel, Jürgen; Klocke, Andreas (Hg.): Zwischen Stigma, Wirklichkeit, Selbstanspruch und Ideal, Weinheim, 32–52. – Fischer, Arthur, 1999: Sozialwissenschaft und Jugendforschung; in: Timmermann, Heiner; Wessela, Eva (Hg.): Jugendforschung in Deutschland, Opladen, 11–24. – Ders., 1982: Jugend '81, Hamburg. – Griese, Hartmut, 1980: Entwicklung und Stand sozialwissenschaftlicher Jugendforschung; in: deutsche jugend 9, 391–401. – Ders., 2000: »Jugend(sub)kulturen«: Facetten, Probleme und Diskurse; in: Roth, Roland; Rucht, Dieter (Hg.): Jugendkulturen, Politik und Protest, Opladen, 37–48. – Ders.; Mansel, Jürgen (2003): Jugendtheoretische Diskurse; in: Mansel, Jürgen et al. (Hg.), 11–30. – Groenemeyer, Axel; Hoffmann, Dagmar (Hg.), 2013: Jugend als soziales Problem – Probleme der Jugend?, Wiesbaden. – Hitzler, Ronald et al., 2001: Leben in Szenen, Opladen. – Holtappels, Heinz-Günter et al. (Hg.), 1997: Forschung über Gewalt an Schulen, Weinheim. – Hübner-Funk, Sibylle, 2003: Wie entkörperlicht ist die Jugend der Jugendsoziologie?; in: Mansel, Jürgen et al. (Hg.), 67–74. – Kelle, Udo, 2007: Die Integration qualitativer und quantitativer Methoden in der empirischen Sozialforschung, Wiesbaden. – Mannheim, Karl, 1928: Das Problem der Generationen; in: Kölner Vierteljahreshefte für Soziologie 7, 309–330. – Mansel, Jürgen; Hoffmann, Dagmar, 2010: Jugendsoziologie; in: Kneer, Georg; Schroer, Markus (Hg.): Handbuch Spezielle Soziologien, Wiesbaden, 163–178. – Mansel, Jürgen et al. (Hg.), 2003: Theoriedefizite der Jugendforschung. Weinheim. – Merkens, Hans, 2011: Perspektiven für die Jugendforschung; in: Heitmeyer, Wilhelm et al. (Hg.): Individualisierung von Jugend, Weinheim, 213–223. – Neidhardt, Friedhelm, 1989: Gewalt und Gegengewalt; in: Heitmeyer, Wilhelm et al. (Hg.): Jugend – Staat – Gewalt, Weinheim, 233–245. – Ders., 1972: Bezugspunkte einer soziologischen Theorie der Jugend; in: Ders. et al. (Hg.): Jugend im Spektrum der Wissenschaften, München, 11–48. – Nullmeier, Frank, 2003: Spannungs- und Konfliktlinien im Sozialstaat; in: Der Sozialstaat in der Diskussion. Reihe Der Bürger im Staat 53, 181–185. – Parsons, Talcott, 1968: Die Schulklasse als soziales System; in: Ders.: Sozialstruktur und Persönlichkeit. Stuttgart, 297–318 (1959). – Rink, Dieter, 2002: Beunruhigende Normalisierung: Zum Wandel von Jugendkulturen in der Bundesrepublik Deutschland; in: Aus Politik und Zeitgeschichte B 5, 3–6. – Rosenmayr, Leopold, 1969: Jugendsoziologie; in: Bernsdorf, Wilhelm (Hg.): Wörterbuch der Soziologie. 2., neub. u. erw. Ausg., Stuttgart, 518–527. – Ders., 1971: Zur theoretischen Neuorientierung der Jugendsoziologie; in: Allerbeck, Klaus; Rosenmayr, Leopold (Hg.): Aufstand der Jugend? Neue Aspekte der Jugendsoziologie, München, 229–268. – Roth, Roland; Rucht, Dieter, 2000: Weder Rebellion noch Anpassung: Jugendproteste in der Bundesrepublik 1950–1994; in: Dies. (Hg.): Jugendkulturen, Politik und Protest. Opladen, 283–304. – Sander, Uwe; Vollbrecht, Ralf (Hg.), 2000: Jugend im 20. Jahrhundert, Neuwied. – Schäfers, Bernhard; Scherr, Albert, 2005: Jugendsoziologie, 7. Aufl., Wiesbaden. – Scheithauer, Herbert et al. (Hg.), 2008: Problemverhalten und Gewalt im Jugendalter, Stuttgart. – Schelsky, Helmut, 1957: Die skeptische Generation, Düsseldorf. – Scherr, Albert, 2003: Konturen einer genuin soziologischen Jugendforschung; in: Mansel, Jürgen et al. (Hg.), 49–66. – Ders., 2005: Jugenden; in: Ders. (Hg.): Soziologische Basics, Wiesbaden, 86–90.

Jens Luedtke

K

Kapital

Kapital (engl. capital) ist ein zentraler und klassischer Grundbegriff der Wirtschafts- und Gesellschaftswissenschaften. Im volkswirtschaftlichen Denkansatz werden mit Kapital produzierte Produktionsmittel bezeichnet, welche neben den ursprünglichen Produktionsmitteln Arbeit und Boden anzuführen sind und welche Mittel darstellen zur effizienten Allokation dieser ursprünglichen Produktionsmittel. In betriebswirtschaftlicher Betrachtungsweise ist unter Kapital der in der Unternehmensbilanz ausgewiesene Wert des Gesamtvermögens zu verstehen. Dabei wird zusätzlich in **Eigenkapital** und **Fremdkapital** unterschieden. Im Unterschied zu der klassischen volkswirtschaftlichen Definition – Kapital als Produktionsfaktor – wird Kapital in der modernen Betriebswirtschaftslehre nicht pauschal als einheitlicher Produktionsfaktor betrachtet. Hier wird vielmehr unterschieden in Erscheinungsformen wie Betriebsmittel, Grund und Boden, diverse Werkstoffe etc.

Mit Bezug auf das Kapital wurden im Verlauf der sich hierzu entwickelnden Theoriegeschichte unterschiedliche Schwerpunkte gelegt und Bedeutungen abgeleitet. Insbesondere bei Karl Marx ist dieser Sachverhalt so zentral, dass er sein Hauptwerk mit diesem Begriff benannt hat. Für Marx ist Kapital Eigentum, welches die Lohnarbeit ausbeutet. Im Sinne der *marxistischen Theorie* ergibt sich in Gesellschaften mit Privateigentum an Produktionsmitteln eine Polarisierung zwischen den Eignern an Produktionsmitteln und den anderen, die keine Produktionsmittel besitzen und die somit gezwungen sind, ihre Arbeitskraft anzubieten. Insofern wird unterschieden in *kapitalistische* Gesellschaften (mit privatem Unternehmertum und privatem Besitz an Produktionsmitteln) und *sozialistische* Gesellschaften (mit kollektivem Eigentum an Produktionsmitteln), in denen per definitionem keine Polarisierung innerhalb der Gesellschaft auftreten könne.

Aus der Sicht des Konsumenten betrachtet, bedeutet Kapitalbildung Verzicht auf Gegenwartskonsum und Hoffnung auf entsprechend höheren Zukunftskonsum. In diesem Sinn bedeutet Konsumverzicht in der Gegenwart = Kapitalbildung des Konsumenten = Verhalten entsprechend dem Muster der »*aufgeschobenen Belohnung*«. Empirische Forschungen mit Bezug auf den *Sozialisation*sprozess weisen aus, dass es hier bedeutsame *schicht*spezifische Unterschiede gibt. Das Muster der aufgeschobenen Belohnung scheint insbesondere in Mittelschichtlagen internalisiert und praktiziert zu werden.

In sozialwissenschaftlicher Hinsicht erscheint eine Weiterentwicklung des Kapitalkonzepts bedeutsam, bei der die Perspektive Kapital = Geldmittel ausgeweitet wird und gleichfalls Fähigkeiten, Fertigkeiten und ein Bestand an Bildung im Kapitalbegriff subsumiert werden. Die Kennzeichnung »human capital« aus der anglo-amerikanischen Literatur stellt den Schlüsselbegriff einer solchermaßen erweiterten Perspektive dar. In dieser Blickrichtung findet sich die Differenzierung in **Humankapital** und **Sozialkapital** (z. B. Coleman 1988). Während der Begriff Humankapital auf die individuellen Fertigkeiten und Fähigkeiten von Personen verweist, werden mit Sozialkapital *Beziehungen* angesprochen, über welche z. B. Akteure in einem Beziehungsnetzwerk verfügen. Im Übrigen differenziert Coleman zwischen physischem Kapital (z. B. Geld, aber auch Werkzeuge), Humankapital und Sozialkapital. Es handelt sich somit um Ressourcen unterschiedlicher Qualität. Das Sozialkapital kann als Kombinationsmöglichkeit der humanen Ressourcen verstanden werden.

Im Sinne Bourdieus kann man die Struktur und das »Funktionieren« gesellschaftlicher Bezüge nur adäquat erfassen, wenn man den Begriff des Kapitals umfassend versteht, also nicht nur – und eingeschränkt – im Verständnis der Wirtschaftstheorie, sondern eben in allen seinen (auch darüber hinausgehenden) Erscheinungsformen. Nach Bourdieu tritt Kapital (und damit: *Macht*) in drei grundlegenden Formen in Erscheinung: als ökonomisches Kapital (direkt in Geld darstellbar); als **kulturelles** Kapital (etwa in der Form schulischer Abschlüsse und Bildungs-Titel); als **soziales** Kapital (illustriert in Form von »Beziehungen« – von Bourdieu insbesondere dargestellt anhand von Adelstiteln und dem damit gegebenen Beziehungsgeflecht), als ein Netz des wechselseitigen Kennens und Anerkennens, verstanden als ein Reservoir von Ressourcen, auf welche man im Bedarfsfalle zurückgreifen kann. Mit Blick auf die Ausstattung der Person mit allen drei Formen (und ihrer jeweiligen Mischung) stellt Bourdieu fest, dass die verschiedenen Formen des Kapitals wechselseitig transformierbar sind. So diskutiert er die Umwandlung von ökonomischem in soziales Kapital bzw. in kulturelles Kapital. Die Möglichkeit der gegenseitigen Konvertibilität der verschiedenen Kapitalarten thematisiert er hinsichtlich von Strategien, welche die Reproduktion des Kapitals mit möglichst geringen Umwandlungskosten zum Ziel haben. Die entsprechende Dynamik findet nach Bourdieu im *sozialen Raum* statt, zu dessen Kennzeichnung und Operationalisierung er – in Erweiterung gängiger Klassen- und Schichtungstheorien – zur Verortung von Personen und Gruppen (primäre) Merkmale wie Beruf, Einkommen und (Aus-)Bildungsniveau berücksichtigt, ergänzt um (sekundäre) Merkmale wie Geschlecht, Alter, ethnische Zugehörigkeit und Nationalität.

Literatur

Bourdieu, Pierre, 1968: The Forms of Capital; in: Richardson, John G. (ed.): Handbook of Theory and Research for the Sociology of Education, Westport. – Bourdieu, Pierre, 1983: Ökonomisches Kapital, kulturelles Kapital, soziales Kapital; in: Kreckel, Reinhard (Hg.): Soziale Ungleichheiten, Soziale Welt, Sonderband 2, Göttingen, 183–198. – Coleman, James S., 1988: Social Capital in the Creation of Human Capital; in: American Journal of Sociology 94 (supplement), 95–120. – Flieger, Wolfgang, 1999: Effekte von Arbeitsmarktstrukturen und -institutionen auf die Formation von Humankapital, Regensburg. – Furger, Franz, 1992: Moral oder Kapital?, Zürich. – Levermann, Wolfgang, 1989: Kommunismus und Kapital, Melsungen. – Marx, Karl, 2000: Das Kapital, 3 Bde. (I: 1867, II: 1885, III: 1894), Berlin. – Pfeiffer, Friedhelm, 1999: Der Faktor Humankapital in der Volkswirtschaft, Baden-Baden. – Stewart, Thomas A., 1998: Der vierte Produktionsfaktor, München.

Thomas Kutsch

Kapital, soziales

Soziales Kapital (engl. social capital) bezeichnet die in soziale Beziehungsnetze eingebetteten Ressourcen, die sich für individuelles oder kollektives Handeln nutzen lassen. Im Gegensatz zum ökonomischen und *Humankapital* befindet sich soziales Kapital als relationales Gut nicht im Besitz eines Akteurs, sondern wohnt den Beziehungen zwischen Akteuren inne und ist deshalb nicht fungibel. Individuen profitieren aufgrund der Informations- und Unterstützungsfunktion egozentrierter *Netzwerke* in vielfältiger Weise von ihren Beziehungen (vgl. Bourdieu; Coleman).

Ihr soziales Kapital kann wiederum positive oder negative Auswirkungen auf individueller oder kollektiver Ebene haben. Beziehungsnetze jenseits des Familienverbandes verbinden unterschiedliche soziale Gruppen und fördern den sozialen Zusammenhalt; sie können aber auch andere Personen auf Grund ethnischer, religiöser oder kultureller Zugehörigkeiten ausschließen (vgl. Bourdieu; Putnam). Soziales Kapital wird sowohl als unabhängige als auch als intervenierende Variable begriffen und sein Einfluss auf Phänomene verschiedener Gesellschaftsebenen erforscht: auf der Mikro-Ebene z. B. auf den Erwerb von Humankapital, auf der Meso-Ebene z. B. auf die Leistung von Organisationen und vor allem auf der Makro-Ebene z. B. auf die wirtschaftliche Entwicklung einer Gesellschaft. Nach verschiedenen Analysen gelingt es Gesellschaften, die mit viel sozialem Kapital ausgestattet sind, besser, Probleme des kollektiven Handelns zu überwinden, als solchen, die nicht oder nur begrenzt auf diese Ressource zurückgreifen können (vgl. z. B. Putnam 1993, 2001).

Die Entstehung von sozialem Kapital wird u. a. durch kulturelle Traditionen, Organisations- und Netzwerkstrukturen sowie soziodemografische Merkmale erklärt. Als Indikatoren für soziales Kapital gelten sowohl generalisiertes Vertrauen, Normen der Reziprozität und Formen von Bürgersinn als auch freiwillige Mitgliedschaften in *Organisation*en wie Vereinen und Verbänden. Dabei werden verschiedene Maße der *Netzwerkanalyse* herangezogen, die von Dichte über Verbundenheit bis Zentralität reichen. Zu bemängeln ist allerdings, dass in der Forschung (1) meist nicht zwischen Determinanten und Konsequenzen von sozialem Kapital unterschieden wird; (2) die Summe individuellen sozialen Kapitals mit kollektivem sozialen Kapital gleichgesetzt wird; (3) negative Effekte auf kollektiver Ebene ausgeblendet werden; und (4) die Frage nach dem Zugang bzw. der Verteilung von sozialem Kapital unterbelichtet bleibt.

Literatur

Bourdieu, Pierre, 1983: Ökonomisches Kapital, kulturelles Kapital, soziales Kapital; in: Kreckel, Reinhard (Hg.): Soziale Ungleichheiten, Göttingen, 183–198. – Coleman, James S.,

1988: Social Capital in the Creation of Human Capital; in: American Journal of Sociology, 9, Supplement, 95–120. – Putnam, Robert D., 1993: Making Democracy Work, Princeton. – Ders. (Hg.), 2001: Gesellschaft und Gemeinsinn. Sozialkapital im internationalen Vergleich, Gütersloh. – Strasser, Hermann et al., 2010: Sozialkapital in einer alternden Gesellschaft: Die soziale Frage des 21. Jahrhunderts; in: Möltgen, Thomas (Hg.): Wert und Nutzen ehrenamtlichen Engagements, Kevelaer, 205–220.

Michael Stricker/Hermann Strasser

Kapitalismus

Kapitalismus (engl. capitalism) ist die Bezeichnung für ein Gesellschaftssystem mit einer dominanten *Wirtschaft*sweise, in welcher Eigentümer Geld mit dem Ziel investieren, mehr Geld zu erzielen. Obwohl er diesen Begriff selbst selten gebraucht hat, gilt Karl Marx als einer der Begründer sozialwissenschaftlicher Kapitalismusanalyse. Klassische soziologische Kapitalismustheorien sind jedoch überwiegend erst im Anschluss an und in Auseinandersetzung mit Marx entstanden. Nach Dobb (1972: 13–43) lassen sich drei basale Kapitalismusdefinitionen unterscheiden.

Zum Begriff

Die erste, soziologisch vielleicht gebräuchlichste Definition stammt von Werner Sombart. Kapitalismus bezeichnet demnach eine besondere Wirtschaftsgesinnung, die den *Unternehmer* und Abenteurer mit dem Kalkulierenden, Rationalen des »Bürgergeistes« verbindet. Diese Wirtschaftsgesinnung schafft sich ihre eigenen *Organisation*en und Subjekte (Sombart 1928: 25). Max Weber hat diesen Gedanken etwas anders formuliert: Von Kapitalismus kann demnach gesprochen werden, sofern die Bedarfsdeckung einer Menschengruppe durch die rationale Unternehmung stattfindet: Die »Einzelmaßnahmen rationaler Unternehmen werden durch Kalkulation am geschätzten Rentabilitätserfolg« bestimmt (Weber 1980: 48). Kapitalistisch kann ein Betrieb genannt werden, sofern seine Rentabilität rechnerisch über Bilanzen und die moderne Buchführung kontrolliert wird. Nach Webers Definition existierte eine kapitalistische Wirtschaftsgesinnung bereits in der Antike; erst der moderne Nationalstaat ermöglichte jedoch die Verstetigung des Kapitalismus in seiner

neuzeitlich-abendländischen Variante (Weber 1980: 815). In seiner modernen Ausprägung wird der Kapitalismus zu einer »Schicksalsmacht«; wer sich »in seiner Lebensführung den Bedingungen des kapitalistischen Erfolgs nicht anpasst, der geht unter oder kommt nicht hoch« (Weber 1988: 56).

Eine zweite Definition beschreibt den Kapitalismus als Handelssystem, Geldwirtschaft oder »Produktionsorganisation für einen fernen *Markt*« (Dobb 1972: 17). Diese Definition ist wesentlich der Entwicklungslehre der deutschen historischen Schule entnommen. Danach verlängert die Ausdehnung von Marktbeziehungen den Weg, den eine Ware vom Produzenten zum Konsumenten zurücklegen muss. Erst diese raum-zeitliche Ausdehnung der Marktvergesellschaftung verhilft einem Wirtschaftssystem zum Durchbruch, in welchem das Profitstreben zum zentralen Motiv einer besonderen Klasse von Akteuren wird. Der Kapitalismus ist demnach eine »Austauschwirtschaft« (Nußbaum, vgl. Pirenne 1947), deren Leitprinzip das uneingeschränkte Gewinnstreben ist. Die Entstehung des Kapitalismus wird folgerichtig mit der Herausbildung des Kaufmanns- und Handelskapitalismus etwa im 12. Jh. identifiziert. Hier ergeben sich Parallelen zur Kapitalismusdefinition Fernand Braudels (Braudel 1984–1986, Annales-Schule), der sich wiederum von Studien aus dem Spektrum der *Weltsystemtheorie* inspirieren lässt (Wallerstein 1984). Aus dieser Perspektive entsteht die kapitalistische Geldwirtschaft in den oberitalienischen Städten des 16. Jh.s. Braudel unterscheidet dabei systematisch zwischen *Marktwirtschaft* und Kapitalismus. Kapitalismus bedeutet die Indienstnahme der Marktvergesellschaftung durch Netzwerke sozialer *Macht*. Die Sphäre von Marktwirtschaft, Kleinunternehmertum und Handwerk ist nicht kapitalistische Produktion im eigentlichen Sinne. Dementsprechend kann der Kapitalismus – die Sphäre der großen Vermögen, Kapitalien und Unternehmen – die Gesellschaft niemals vollständig durchdringen, denn es herrscht »eine lebendige Dialektik zwischen dem Kapitalismus und jenem gegensätzlichen, weit unten angesiedelten Bereich, der nicht als echter Kapitalismus bezeichnet werden kann. Angeblich dulden die großen Firmen die kleineren Unternehmen […] In Wirklichkeit brauchen die großen Firmen die kleineren Unternehmen« (Braudel 1986: 706 f.). Der Kapitalismus setzt eine Hierarchie sozialer Räume und Produktionsweisen voraus, und »er siedelt sich an der Spitze dieser Hierarchie an, ob er sie nun selbst geschaffen hat oder nicht« (ebd.: 66).

Annales-Schule und Weltsystemtheorie verarbeiten bereits eine dritte Definition, die aus der Marxschen Theorie hervorgegangen ist. Für Marx sind weder Profitstreben und kalkulierendes Verhalten, noch die Herausbildung des Fernhandels, des Kreditwesens oder besonderer Klassen von Kaufleuten und Finanziers hinreichende Bedingungen für kapitalistische Vergesellschaftung: »Kapitalisten, und seien sie noch so gewinnsüchtig, reichen nicht aus: Sie müssen vielmehr ihr Kapital so nutzen, dass bei der Produktion durch die Arbeitskraft ein Mehrwert erzeugt wird.« (Dobb 1972: 19) Von Kapitalismus kann somit gesprochen werden, wenn eine Wirtschaftsweise entsteht, in der angehäuftes Geld (G) mit dem Ziel in Waren (W) investiert wird, mehr Geld (G′) zu erzeugen (G-W-G′). Die Verwandlung von *Arbeit*skraft und natürlichem Reichtum in *Kapital*, das mit dem Ziel der Profitmaximierung, d. h. der Mehrung des sodann erneut investierten Kapitals, immer wieder in den Wirtschaftskreislauf zurückgeleitet wird, macht die Besonderheit der kapitalistischen Gesellschaftsformation aus. Der Kapitalismus reproduziert sich, so Marx in Korrektur seiner früheren Auffassungen, erst mit der industriellen Revolution auf eigener Grundlage. Seine Entstehung setzt eine Klassenspaltung in Kapitalisten und Lohnarbeiter voraus. Obwohl die kapitalistische Produktionsweise den Äquivalententausch auf Warenmärkten verallgemeinert, beruht sie auf *Ausbeutung* der Lohnabhängigen durch die Klasse der Produktionsmittelbesitzer, die sich den erzeugten *Mehrwert* aneignet. *Klassenkampf*, verstanden als das ständige Ringen darum, Interessengegensätze, Konkurrenzen und Konflikte zwischen auseinanderstrebenden Individuen und Gruppen mit diesem Verwertungszweck in Einklang zu bringen, ist eine wesentliche Triebkraft kapitalistischer Entwicklung.

In den meisten zeitgenössischen soziologischen Konzeptionen werden Elemente der klassischen Kapitalismusdefinitionen in unterschiedlicher Weise kombiniert (Fulcher 2007; Wright 2010). So beinhaltet die Minimaldefinition von Boltanski/Chiapello (2003; 2005) drei charakteristische Bestimmungen: (a) die Notwendigkeit unbegrenzter Kapitalakkumulation in monetärer Form, die sich sukzessive vom materiell-stofflichen Reichtum ablöst und so zum Perpetuum mobile wird; (b) ein Wettbewerbssystem, in welchem jeder Akteur fortwährend

durch die Aktionen anderer Akteure herausgefordert wird, was einen Zustand ständiger Unruhe hervorbringt. »Selbsterhaltung« wird so zu einer »nie versiegenden Triebkraft der Akkumulation«; (c) eine *Ideologie*, die das »Engagement für den Kapitalismus rechtfertigt« und es »attraktiv erscheinen lässt« (Boltanski/Chiapello 2005: 290). Dabei ist der »Geist des Kapitalismus« allerdings kein bloßes Moment eines ideologischen »Überbaus«, der durch die materielle »Basis« kapitalistischer Vergesellschaftung determiniert wird. Vielmehr setzt dieser »Geist« dem Akkumulationsprozess Grenzen, weil er es beispielsweise ermöglicht, legitime von nicht legitimen Profiten zu unterscheiden (ebd.: 292). Die Formel G-W-G′ ist demnach die Essenz eines »absurden Systems« (ebd.: 290), das die Aktivität sowohl der Kapitalisten als auch der Lohnabhängigen einem abstrakten Zweck unterwirft, der sich von ihrer eigentlichen Lebenstätigkeit ablöst. Für die Masse nicht nur der Lohnabhängigen, sondern auch der Kleinunternehmer, Handwerker, Bauern, Sozialtransferbezieher und ihre Familien gilt im Grunde die Formel der einfachen Warenproduktion W-G-W′. Sie arbeiten, um, vielleicht in Zukunft etwas besser, leben zu können. Die Umwandlung von Absurdität in subjektiven Sinn obliegt dem jeweiligen »Geist des Kapitalismus«, präziser: den Institutionen, Praktiken und sozialen Konflikten, in denen sich dieser hegemoniale Geist herausbildet.

Transformationen des Kapitalismus

Wie die allgemeinen Merkmale, so sind auch die historischen Transformationen des Kapitalismus Gegenstand sozialwissenschaftlicher Kontroversen. Marx war der Ansicht, die Verallgemeinerung von Lohnarbeit und die damit verbundene soziale Polarisierung werde die gesellschaftlichen Voraussetzungen für eine revolutionäre Überwindung des Kapitalismus schaffen. Diese Auffassung hat sich so nicht bewahrheitet. Stattdessen hat der – fortgeschrittene – Kapitalismus mehrere Transformationen durchlaufen, in denen sich die Institutionen, Produktionsweisen und Lebensformen kapitalistischer Gesellschaften qualitativ verändert haben. Die meisten Interpreten unterscheiden zwei große Transformationen: (a) den Übergang vom frühen, »anarchischen« Markt- zum organisierten Kapitalismus, der sich Ende des 19./Anfang des 20. Jh.s vollzog, und (b) die Verwandlung des organisierten in einen revitalisierten Marktkapitalismus, die während der 1970er Jahre einsetzte (Fulcher 2007: 78–122). Im Zuge dieser Transformationen haben sich auch soziologische Kapitalismustheorien gewandelt.

Die **erste Metamorphose** des Kapitalismus war Gegenstand von zwei bedeutenden theoretischen Neuerungen. Die Erste kam von Joseph **Schumpeter**, der die kapitalistische Dynamik als einen fortwährenden Prozess schöpferischer Zerstörung interpretierte. Schumpeter stellt die kreative Arbeit des Unternehmens, einer besonderen »Führergestalt«, ins Zentrum seiner Theorie. Der *Unternehmer* ist nicht Erfinder, sondern der Durchsetzer des Neuen. Sein soziales *Milieu* sind aufstiegswillige Mittelschichten, deren Repräsentanten im Niedergangsstadium eines Produktzyklus ihre Chance ergreifen, unternehmerische *Risiken* eingehen, Erfindungen marktfähig machen und so für einen Strukturwandel in Permanenz sorgen. Im Ergebnis entstehen eine immer größere Produktvielfalt, immer feinere Produktdifferenzierungen und eine sich ständig verbessernde Produktqualität. Schumpeter macht damit auf eine Bedingung kapitalistischer Dynamik aufmerksam, die bei Marx unterbelichtet geblieben ist: *Innovation*sprozesse benötigen Freiräume für kreatives Handeln, welches implizites Wissen erschließt. Werden diese Freiräume zu sehr beschnitten, kann das die Innovationsdynamik schwächen. Schumpeter fürchtete deshalb, der organisierte Kapitalismus mit seinen *Bürokratisierung*stendenzen werde die Innovationskraft der Unternehmen untergraben und letztendlich den, unerwünschten, Triumph des Sozialismus bewirken (Schumpeter 2005, 2006).

Während Schumpeter den von Marktkonkurrenz getriebenen schöpferischen Zerstörer als Agens kapitalistischer Entwicklung betrachtet, setzt Karl **Polanyi** implizit einen Gegenakzent. In seiner Great Transformation (Polanyi 1995) beschreibt er die erste Metamorphose des Kapitalismus als Doppelbewegung: Die soziale Entbettung von Märkten bewirkt als Reaktion eine Konservierung von, eigentlich dysfunktionalen, Regulationssystemen, deren gewaltsame Zerstörung dann in die gesellschaftliche Katastrophe, in Faschismus und Krieg einmündet.

Nach Schumpeter Anreiz für Innovationen, betrachtet Polanyi die Entfesselung der Marktkonkurrenz als »Teufelsfühle«; eine reine Marktwirtschaft würde die Gesellschaft zerstören. Interessant ist, dass beide Grundmotive, Innovation und Marktkritik, in den Theoremen, die die **zweite kapitalistische**

Transformation analysieren, erneut auftauchen. Zu Beginn dieser zweiten Transformation schien es zunächst, als büße Kapitalismus den Status einer Schlüsselkategorie soziologischer Gesellschaftsanalyse ein. Ökologischer Gesellschaftskonflikt, ausdifferenzierte Ungleichheiten und neue soziale Bewegungen mussten gesellschaftstheoretisch ebenso bearbeitet werden wie später der Zusammenbruch staatssozialistischer Gesellschaften. Sofern in der Soziologie von Kapitalismus überhaupt noch die Rede war, wurde er im Plural buchstabiert. Hatten zuvor Staats*sozialismus* und sozialer Kapitalismus im Systemwettbewerb gestanden, konkurrierten nun divergente nationale Kapitalismusmodelle um Vorteile im *Globalisierung*sprozess (Albert 1992). *Theorien mittlerer Reichweite* wie (Neo-)Korporatismus, (Neo-)Institutionalismus oder Regulationsschule fragten nach Konvergenz und Divergenz kapitalistischer *Institutionen* und lieferten dazu heterogene Antworten.

(1) *Neokorporatismus*: In seiner liberalen Fassung bezeichnet Korporatismus eine soziopolitische Technik zur Regulierung des *Klassen*konflikts (Lehmbruch 1979). Danach bleiben die grundlegenden Motive, Mechanismen, Attribute und Resultate des Kapitalismus (Gewinnstreben, Allokation durch Wettbewerb, Expansionismus, Akkumulationstendenz) »konstant«. Politische Interventionen, kulturelle *Norm*en oder Krisen können diese Charakteristika verzerren; als »wesenseigene Merkmale« des Kapitalismus werden sie sich jedoch »letztendlich wieder durchsetzen« (Schmitter 1996: 314). Dass sich der Kapitalismus dennoch mehr oder minder erfolgreich entwickeln kann, lässt sich auf eine Einverleibung und Institutionalisierung von Kollektivinteressen zurückführen (ebd.: 316).

(2) *Neoinstitutionalismus*: Während manche die Gefahr einer marktgetriebenen Universalisierung des angelsächsischen Kapitalismusmodells akzentuieren, argumentieren konkurrierende neoinstitutionalistische Ansätze, der Druck einer internationalisierten Ökonomie müsse die Ausprägung unterschiedlicher Kapitalismen zusätzlich verstärken. Die vermeintlich homogenisierende Wirkung globaler Märkte werde durch »institutionelle Filter« (North 1998: 247–257) klein gearbeitet und in eine tiefere Ausprägung von »Varieties of Capitalism« (Hall/Soskice 2001) transformiert. Selbstverständlich ist *sozialer Wandel* auch innerhalb des institutionalistischen Paradigmas vorstellbar; wahrscheinlich ist er jedoch als pfadabhängige Entwicklung.

(3) Regulationstheorie: Im Spannungsfeld von Konvergenz und Divergenz bewegen sich regulationstheoretische Ansätze auf einer »mittleren« Argumentationslinie. Den Übergang von einer kapitalistischen Formation zu einer anderen führen sie sowohl auf allgemeine, übernationale, als auch auf besondere, institutionenspezifische Triebkräfte zurück (Boyer 1997: 71–101; Aglietta 1979). Eine kapitalistische Formation konstituiert sich über halbwegs stabile Entsprechungen von Akkumulationsregime, Regulationsweise und Produktionsmodell. Institutionelle Vielfalt ist wesentlich, aber nicht ausschließlich auf der Ebene der Regulationsweise angesiedelt.

Spätestens seit der globalen Finanz- und Wirtschaftskrise von 2007–2009 rücken jedoch die Gemeinsamkeiten kapitalistischer Gesellschaften wieder stärker in den sozialwissenschaftlichen Fokus. Die jüngste globale Krise hat alle nationalen Kapitalismusmodelle, wenngleich unterschiedlich, erfasst. Besonders hart getroffen wurden jene marktzentrierten »angelsächsischen« Kapitalismen, denen neokorporatistische Ansätze zuvor eine Überlegenheit im globalen Wettbewerb attestiert hatten. Als Folge der globalen Krise sind Armut, Arbeitslosigkeit und Prekarität weltweit weiter angestiegen. 197 Mio. Menschen, d. h. 27 Mio. mehr als vor der Krise, sind erwerbslos; ca. 900 Mio. leben unter der absoluten Armutsschwelle (ILO 2012). Strukturelle Krisenherde (öffentliche und private Verschuldung, Bankenkrise, ökologische Verwerfungen) erschüttern auch die fortgeschrittenen Kapitalismen. Das Spannungsverhältnis von Kapitalismus und Demokratie tritt wieder offen zutage (Crouch 2011), und die Auffassung, »dass das kapitalistische System in seiner jetzigen Form nicht mehr in die heutige Welt passt« (Knop 2012), ist nicht nur im Alltagsbewusstsein verbreitet, sondern findet Eingang in den *Elite*ndiskurs. Soziologische Theoriebildung ist gegenwärtig dabei, diese Entwicklung einzuholen. Exemplarisch seien drei Arbeitsfelder genannt.

Arbeitsfelder soziologischer Kapitalismustheorien

Finanz(markt)kapitalismus: Institutionalistische, regulationstheoretische, aber auch neoschumpeterianische Ansätze haben die kapitalistische Restrukturierung seit den 1970er Jahren als Übergang zum Finanz(markt)kapitalismus interpretiert. Aglietta behauptet die Herausbildung eines finanzgetriebenen Akkumulationsregimes, für das die Regulation des Lohnverhältnisses nicht mehr zentral sei. Vom angelsächsischen Kapitalismus übernehme das »Akkumulationsregime der Vermögensbesitzer« die »Vorherrschaft der Konkurrenz, die Unternehmenskontrolle durch die institutionellen Anleger, das bestimmende Kriterium des Profits und die Kapitalisierung an der Börse« (Aglietta 2000: 66).

In der Neuen *Wirtschaftssoziologie* (Fligstein 2001) ist Finanzmarktkapitalismus die Bezeichnung für ein Produktionsregime, das durch eine spezifische Konfiguration von Institutionen und Akteuren geprägt wird (u. a. Aktienmärkte, Investment-Fonds, Analysten, Rating-Agenturen). Steuerungszentrum dieser Konfiguration sind die Finanzmärkte, auf denen fiktives Kapital gehandelt wird. Weil Unsicherheiten auf diesen Märkten nur unvollständig in Risiken transformierbar sind, entstehen besondere Gelegenheiten für einen moral hazard. Die Neigung wichtiger Akteure zu hochriskanten Operationen wächst. Neue Eigentümer wie Investmentfonds motivieren Unternehmen zu kurzfristorientierten Strategien der Profitmaximierung. Feindliche Übernahmen, der Markt für Unternehmenskontrolle, Aktienoptionen für Manager oder auch die Shareholder-Value-Steuerung von Unternehmen fungieren als wichtige Transfermechanismen, die die Wettbewerbsrationalität der Finanzwirtschaft auf die Produktionsökonomie übertragen, um dort die Flexibilisierung und Prekarisierung der Arbeit zu begünstigen. Ist der Bedeutungszuwachs des Anlagekapitals und der Finanzmärkte unbestritten, so wird über die Tiefe und das Ausmaß der Transformation kontrovers diskutiert (Deutschmann 2010).

Wachstumsdilemma: Zeitdiagnostisch mitunter ähnlich, rückt eine zweite Gruppe von Ansätzen den expansiven Charakter kapitalistischer Dynamik in den Fokus sozialwissenschaftlicher Analyse (Jackson 2009). Der Kapitalismus wird als Aktivierungs- und Beschleunigungsmaschine begriffen, die sich nur über fortwährende Landnahmen stabilisieren kann (Dörre et al. 2009, 2012). Strukturelle Verwerfungen des zeitgenössischen Kapitalismus lassen sich demnach als Verlust der Fähigkeit kapitalistischer Gesellschaften zu dynamischer Selbststabilisierung interpretieren.

Weltsystem: Das Wachstumsdilemma berührt vor allem die reichen Gesellschaften des globalen Nordens. Im globalen Süden und hier insbesondere in den BRICS-Staaten hat sich ein spezifischer Staatskapitalismus als dynamischer Wachstumsgenerator erwiesen. Aus der Weltsystem-Perspektive werden diese Prozesse als Ende des US-amerikanischen Hegemoniezyklus interpretiert, der mit einer Machtverschiebung zugunsten der BRICS-Staaten und hier vor allem Chinas einhergeht (Arrighi 2007). Mit der Verschiebung der industriellen Zentren verlagern sich allerdings auch die sozialen *Konflikte*. In den dynamischen Wachstumsregionen entstehen neue Arbeiterbewegungen und jenseits regulierter Klassenbeziehungen sind labour unrest und spontane Revolten an der Tagesordnung (Silver 2003). Wallerstein geht noch einen Schritt weiter. Er diagnostiziert eine Übergangsphase »von unserem existierenden Weltsystem zu einem oder mehreren anderen« (Wallerstein 2002 76), ohne dass dies schon die Garantie für eine bessere Gesellschaft wäre.

Die Auflistung der Arbeitsfelder soziologischer Kapitalismustheorie und -analyse ließe sich beträchtlich erweitern. Begriffe wie flexibler Kapitalismus, High-Tech-Kapitalismus, Beraterkapitalimus, kognitiver Kapitalismus, akademischer Kapitalismus, emotionaler Kapitalismus etc. zeugen davon, dass Kapitalismusanalyse wieder zu einem Gegenstand soziologischer Forschung und Theoriebildung geworden ist. Dabei rückt der Kapitalismus als gesellschaftliche Formation allmählich wieder ins Zentrum soziologischer Betrachtungen (Streeck 2009).

Literatur

Aglietta, Michel, 1979: A theory of capitalist regulation. The US-experience, London. – Ders., 2000: Ein neues Akkumulationsregime, Hamburg. – Albert, Michel, 1992: Kapitalismus contra Kapitalismus, Frankfurt a.M. – Arrighi, Giovanni, 2007: Adam Smith in Beijing, London. – Boltanski, Luc; Chiapello, Ève, 2003: Der neue Geist des Kapitalismus, Konstanz. – Dies., 2005: Die Rolle der Kritik für die Dynamik des Kapitalismus; in: Miller, Max (Hg.): Welten des Kapitalismus. Institutionelle Alternativen in der globalisierten Ökonomie, Frankfurt a.M./New York, 285–322. – Boyer, Robert, 1997: French Statism at the Crossroads; in: Crouch/Streeck (Hg.), 71–101. – Braudel, Fernand, 1984–1986: Sozialgeschichte des 15.-18. Jahrhunderts. 3 Bände (Bd. 3: 1986), München. – Brenner, Robert, 2005: Nach Boom, Blase und Pleite: Wohin tendiert die US-Wirtschaft; in: Miller, Max (Hrsg.): Welten des Kapitalismus, Frankfurt a.M., 241–284. – Crouch, Colin, 2011: Das befremdliche Überleben des Neoliberalismus, Berlin. – Crouch, Colin; Streeck, Wolfgang (Hg.): Political Economy of Modern Capitalism, London – Deutschmann, Christoph, 2010: Soziologische Erklärungen kapitalistischer Dynamik; in: Beckert, Jens; ders. (Hg.): Wirtschaftssoziologie, Wiesbaden, 43–66. – Dobb, Maurice, 1972: Entwicklung des Kapitalismus, Köln (1946). – Dörre, Klaus, 2012: Landnahme, das Wachstumsdilemma und die ›Achsen der Ungleichheit‹; in: Berliner Journal für Soziologie 22, 101–128. – Ders. et al., 2009: Soziologie – Kapitalismus – Kritik. Eine Debatte, Frankfurt a.M. – Knop, Carsten, 2012: Vertrauensverslust und Kapitalismuskritik. Frankfurter Allgemeine Zeitung v. 28.01.2012. – Fligstein, Neil, 2001: The Architecture of Markets, Princeton. – Fulcher, James, 2007: Kapitalismus, Stuttgart. – Hall, Peter A.; Soskice, David, 2001: Varieties of Capitalism, Oxford. – Harvey, David, 2006: Limits to Capital. New and fully updated edition, London. – Ders., 2010: The Enigma of Capital and the Crisis of Capitalism, London. – ILO (Hg.), 2012: Global Wage Report 2012–2013, Geneva. – Jackson, Timothy, 2009: Prosperity without growth, London. – Lehmbruch, Gerhard, 1979: Einige Entwicklungslinien und Probleme in der »Korporatismus«-Diskussion. Diskussionspapier für den Arbeitskreis Parteien, Parlamente, Wahlen der DVPW. Neuß 23./24. Februar 1979, Neuß. Ms. – Marx, Karl, 1962: Das Kapital. Kritik der politischen Ökonomie, 1. Bd., Marx-Engels-Werke, Bd. 23, Berlin (1867). – North, Douglass C., 1998: Economic Performance trough Time; in: Brinton, Mary C.; Nee, Victor (Hg.): The New Institutionalism in Sociology, Stanford, 247–257. – Offe, Claus (Hg.), 1984: Arbeitsgesellschaft, Frankfurt a.M. – Pirenne, Henri, 1947: Sozial- und Wirtschaftsgeschichte Europas im Mittelalter, Bern. – Polanyi, Karl, 1995: The Great Transformation. Politische und ökonomische Ursprünge von Gesellschaften und Wirtschaftssystemen, 3. Aufl., Frankfurt a.M. (1944). – Schimank, Uwe, 2012: Kapitalistische Gesellschaft – Eine differenzierungstheoretische Perspektive; In: Dörre, Klaus et al. (Hg.): Kapitalismustheorie und Arbeit, Frankfurt a.M., 172–186. – Schmitter, Philippe C., 1996: Sektoren im modernen Kapitalismus; in: Kenis, Patrick; Schneider, Volker (Hg.): Organisation und Netzwerk, Frankfurt a.M., 313–355. – Schumpeter, Joseph A., 2005: Kapitalismus, Sozialismus und Demokratie, 8. Aufl., München (1942). – Ders., 2006: Theorie der wirtschaftlichen Entwicklung, Leipzig (1912). – Silver, Beverly, 2003: Forces of Labor. Workers' Movements and Globalization since 1870, Cambridge. – Sombart, Werner, 1928: Der moderne Kapitalismus, Bd. 1, Leipzig. – Streeck, Wolfgang, 1997: German Capitalism. Does it exist? Can it survive? In: Crouch/Streeck (Hg.), 33–54. – Ders., 2009: Re-Forming Capitalism. Institutional Change in the German Political Economy, Oxford. – Wallerstein, Immanuel, 1984: Der historische Kapitalismus, Berlin. – Ders., 2002: Utopistik. Historische Alternativen des 21. Jahrhunderts, Wien. – Weber, Max, 1980: Wirtschaft und Gesellschaft. Grundrisse der verstehenden Soziologie, Tübingen (1921). – Weber, Max, 1988: Die protestantische Ethik und der Geist des Kapitalismus; in: Ders. (Hg.): Gesammelte Aufsätze zur Religionssoziologie, Bd. 1, 9. Aufl., Tübingen, 17–206. – Windolf, Paul, 2005: Was ist Finanzmarkt-Kapitalismus? In: Ders. (Hg.): Finanzmarkt-Kapitalismus, Wiesbaden, 20–57. – Wright, Eric O., 2010: Envisioning Real Utopias, London.

Klaus Dörre

Kaste

Begriff und Verbreitung der Kaste

Kaste (engl. caste) ist neben *Stand*, *Klasse* und *Schicht* einer der Kernbegriffe zur Kennzeichnung und Analyse sozialer Gruppierungen. Der Begriff entstammt dem portugiesischen »casta« (Abstammung, *Rasse*, Reinheit), der ab dem 16. Jh. eine Gliederungseinheit der indischen, insbesondere der hinduistischen Gesellschaft bezeichnete. Von Indien beeinflusst findet sich die Kaste auch in anderen Regionen, wie z. B. Pakistan, Nepal, Bangladesch, Sri Lanka, Malaysia und Indonesien. Vor allem über hinduistische Auslandspopulationen ist sie auch in außerasiatischen Regionen anzutreffen, etwa in Europa (vor allem Großbritannien) sowie auf dem nordamerikanischen und afrikanischen Kontinent. Unter Abhebung von der spezifisch hinduistischen Konzeption haben auch Islam, Christentum und andere *Religion*sgruppen Süd- und Vorderasiens teilweise Kastenstrukturen ausgebildet. Angewandt wird der Begriff im weiteren Sinne auch auf Gliederungen von Gesellschaften Polynesiens, Ost- und Nordafrikas, der arabischen Halbinsel, Persiens, des alten Japans und einiger nordamerikanischer Indianerstämme. Im übertragenen, meist sozialkritischen Sinne bezeichnet der Begriff auch Gruppierungen, die aufgrund besonderer Privilegien ein Standesgefühl entwickeln (z. B. Richter, Offiziere, Klerus, Politiker) oder aber in ihren sozialen Partizipationsmöglichkeiten beschnitten sind (z. B. bestimmte ethnische Minoritäten). Metaphorische Verwendung findet der Begriff außerdem in der Sozialbiologie (z. B. »Arbeiterkaste« im Bienenstaat).

Ursprünge, religiöse und soziale Aspekte

Ursprünglich war die Kaste religiös und machtpolitisch inspiriert und diente arischen Stämmen, die um 1500 v. Chr. nach Indien eindrangen, zur Herrschaftsfestigung. Bereits ein Mythos aus dem Rig-veda behauptet die von Göttern vorgenommene Teilung der Gesellschaft in vier Kasten (»varna«). An der Spitze standen die »kshatriya« oder »rajanya« (Krieger u. Adelige), gefolgt von den »brahmana« (Priester u. Gelehrte), den »vaishya« (Kaufleute) und den »shudra« (Arbeiter u. Bauern). Indem es ihnen gelang, die religiöse Legitimation des Herrschers an das priesterliche Ritualmonopol zu binden, setzten sich später die Brahmanen vor den Kriegeradel. Der Sanskritausdruck »varna« (Farbe) für die vier Ur-Kasten legt nahe, dass einst auch rassische Merkmale über die Zugehörigkeit zur jeweiligen Kaste mitentschieden haben. Ausführlichstes Dokument zur Grundlegung der altindischen Kastengesellschaft ist das »Gesetzbuch des Manu« (manu smriti, 2. Jh. v. Chr.), in dem die Kastenstruktur in die hinduistische Weltdeutung eingebunden wird. Jeder Kaste ist darin ein »Reinheitsstatus« zugeordnet, der nur durch striktes Einhalten des »dharma« (Weltordnung, u. a. niedergelegt als Katalog von Kastenpflichten) bewahrt werden kann. Darunter fallen als kastenübergreifende Gebote das Einhalten von Berufsschranken, Endogamie (Heirat nur innerhalb bestimmter Kastengrenzen) und Kommensalität (gemeinsame Mahlzeiten nur mit Reinheitsgleichen). Die Erfüllung oder Nichterfüllung der spezifischen Pflichten entscheidet mit über das individuelle »karma« (Summe der ethischen Qualität aller Handlungen) und damit über die biologische und soziale Qualität der nächsten Wiedergeburt. Auch der soziale Rang, einschließlich der Kastenzugehörigkeit wird somit religiös erklärt und ethisch »gerechtfertigt«. Indem Kaste damit sowohl als soziale wie auch religiöse Gliederung, sowohl als Geburts-, Lebens-, wie auch Schicksals- und Glaubensgemeinschaft konzipiert ist, kommt ihr große *identität*sstiftende Bedeutung zu, die in bestimmten Familiennamen, Ernährungs- und Kleidungsgewohnheiten, religiösen Orientierungen (präferierten Göttern, Tempeln, Kulten), *Wert*einstellungen und im *Habitus* ihren Ausdruck findet.

Sozialer Wandel und sozialwissenschaftliche Diskussion

Die Fähigkeit des im altindischen Kastenmodell idealisierten Systems zu *sozialem Wandel* zeigt sich in seiner historisch kontinuierlichen Ausdifferenzierung zu mittlerweile Tausenden von Unterkasten, die in Abhebung zu den vier mythologischen »varnas« als

»jatis« (Geburtsgruppen, Familien) bezeichnet werden und die indische Sozialstruktur wesentlich mitbestimmen. Die einzelnen »jatis« haben sich meist durch zunehmende Macht und Einkommen von anderen Kasten abgespalten. Sie sind mehrheitlich institutionell organisiert, d. h. sie verfügen über eigene Ausbildungs- und Wohlfahrtseinrichtungen, über Geldinstitute und eigene Zeitungen und üben so auch politischen Einfluss aus, der wiederum größere *Macht* und das Bedürfnis nach neuen eigenständigen Unterkasten zur Folge haben kann. Festzuhalten ist, dass der »Reinheitsstatus« einer »jati« mit ihrem Einfluss nicht zusammenfallen muss, da z. B. manchen niedrigeren Kasten lukrativere Betätigungsbereiche offenstehen als anderen. Außerhalb der durch die »jatis« konstituierten Kastengesellschaft stehen die sogenannten »Unberührbaren« (ca. 20 % der Bevölkerung), die aufgrund des beruflichen Umgangs mit rituell »unreinen« Substanzen (z. B. Leichen, Kadaver, Fäkalien) von anderen streng gemieden werden. In der indischen Verfassung werden sie als »dalits« (Unterdrückte) unter die sogenannten »scheduled castes« gerechnet und erfahren eine partielle rechtliche Sonderbehandlung (z. B. durch Quotenregelung bei Hochschul- und Berufszugang).

Die sozialwissenschaftliche Diskussion sieht sich hinsichtlich der Genese von Kastengesellschaften und der Identifizierung eindeutiger Kastenmerkmale vor Schwierigkeiten gestellt. So werden Kasten als Resultat des Bedürfnisses nach weitestgehender Geschlossenheit von Gruppen (Weber), als vom Adel etabliertes Patronagesystem (Hocart), als Ausdruck sozialen Hierarchisierungsstrebens auf Basis von Reinheit vs. Unreinheit (Dumont) oder auch als regional variierendes Ergebnis der Spannungen zwischen herrschaftlichen und verwandtschaftsbasierten Interessen (Quigley) aufgefasst. Inwieweit religiöse Aspekte zur Erklärung des Kastenkonzepts überhaupt nötig sind, ist in diesen Auffassungen umstritten, wobei auch Differenzen zwischen westlichen und indischen Autoren deutlich werden (siehe z. B. Khare). Kaste etwa als Teil eines unverrückbaren »dharma« und als »Reinheitsstatus« zu fassen, lässt schwerlich eine befriedigende Erklärung für die indische Entwicklung zu, die durch immer raschere und regional spezifische Ausdifferenzierungsprozesse sowie durch *Mobilität* und Pluralismus gekennzeichnet ist, Merkmale also, die Kastengesellschaften im Unterschied etwa zu Schichtengesellschaften gemeinhin abgesprochen wurden. Säkularisierte Konzeptionen versuchen, diesen Widersprüchen zu begegnen, indem sie Kasten als primär genealogisch miteinander verbundene endogame *Familie*n fassen, deren Identität sich primär über bestimmte Berufe, Besitz und Werteinstellungen herstelle, wobei ehemals religiös konnotierte Unterschiede mehr und mehr zu kulturellen Lifestyles transformieren (Natrajan).

Literatur

Dumont, Louis, 1980: Homo Hierarchicus. The caste system and its implications, rev. ed., Chicago, IL. – Hocart, Arthur M., 1950: Caste. A comparative study, London, UK. – Khare, Ravindra S., 1984: The untouchable as himself, Cambridge, NY. – Khare, Ravindra S. (Hg.), 2006: Caste, hierarchy, and individualism. Indian critiques of Louis Dumont's contributions, New Delhi. – Natrajan, Balmurli, 2012: The culturalization of caste in India, London, UK. – Quigley, Declan, 1993: The interpretation of caste, Oxford, UK. – Weber, Max, 1996: Die Wirtschaftsethik der Weltreligionen Hinduismus und Buddhismus, 1916–1920 (Max-Weber-Gesamtausgabe, Bd. 20), Tübingen.

Pradeep Chakkarath

Katalysator, sozialer

Sammelbezeichnung für alle Gegenstände der Soziologie, die *soziale Prozesse* in ihrem Ablauf lenken, beschleunigen oder bremsen. Als sozialen Katalysator (engl. social catalyst) kann man also etwa *Normen, Werte, Macht, Verhalten*smuster bezeichnen; sie sind gewissermaßen intervenierende Variablen bei sozialen Prozessen und als solche auch forschungstechnisch zu ermitteln, sofern man sie nicht mit Methoden der Einstellungsforschung untersucht.

Literatur

Endruweit, Günter, 1998: Der Begriff der Soziologie; in: ders.: Beiträge zur Soziologie, Bd. II, Kiel, 14 – 34.

Günter Endruweit

Kindheit

Kindheit (engl. childhood) wird in der Soziologie als »soziale Konstruktion« begriffen, als gesellschaftliche Hervorbringung von Institutionen, Normen, Wissensbeständen, die diese *Lebensphase* strukturieren. Anders als im alltäglichen Verständnis wird sie nicht als Lebensabschnitt verstanden, dessen Ausgestaltung sich »natürlich« aus Bedürfnissen und Möglichkeiten derjenigen, die sich in diesem Alter befinden, ergibt. Für die Soziologie stellen sich Fragen nach der Verknüpfung bestimmter Kindheitskonstruktionen mit weiteren gesellschaftlichen Entwicklungen.

Bis in die 1990er Jahre wurde die soziologische Thematisierung der Kindheit durch die Vorstellung der *Sozialisation* dominiert, wie sie etwa Émile Durkheim und Talcott Parsons entwickelten. Diese beinhaltet, dass eine Passung zwischen den zunächst vorsozialen Individuen, den Kindern, und gesellschaftlichen Anforderungen geschaffen werden müsse – im Interesse der sozialen Ordnung wie auch der (zukünftigen) Gesellschaftsmitglieder. Damit galt Kindheit nur als gesellschaftliche Vorbereitungsphase, in der *Norm*en und *Wert*e internalisiert und Bedürfnisdispositionen erwartungskonform geprägt werden. Mit der Dominanz des Sozialisationsparadigmas wurde zweierlei ausgeblendet: (1) die Varietät von Kindheiten, wie sie sich im historischen und interkulturellen Vergleich zeigt; (2) die Beiträge von Kindern zu sozialen Interaktionen.

Entscheidende Anregungen erhielt die soziologische Kindheitsforschung dann zum einen durch die historische Forschung: Philippe Ariès machte darauf aufmerksam, dass die Vorstellung kindlicher Besonderheit am Beginn der Neuzeit kaum existierte. Kinder hätten (fast) unterschiedslos an Arbeit, Härten, Freuden und Geselligkeit der Erwachsenen teilgehabt. Allmählich sei kindliche Andersartigkeit »entdeckt« worden, und dies habe einen entscheidenden Wandel der Institutionen Schule und *Familie* bewirkt, die sich neu als Schonräume formierten. Dieses Geschehen sei mit dem Streben nach effizienterer gesellschaftlicher *Ordnung* verbunden gewesen. Die spätere historische Forschung relativierte die These; ein grundlegender Wandel bleibt aber unbestritten. Einen zweiten wichtigen Anstoß leisteten Studien wie die von Norman K. Denzin oder der Forscher um Aaron Cicourel, die in der (mikro-)ethnographischen Rekonstruktion von Situationen aufzeigten, wie das Handeln selbst kleiner Kinder soziale Kompetenzen im Sinne der Kenntnis von und der Orientierung an Regeln erkennen lässt und wie ihre sozialen Beiträge geordnete Abläufe in Schulen, Kindergärten etc. erst ermöglichen. Die »neue Kindheitssoziologie«, die dadurch angeregt wurde, verwendet v. a. zwei theoretische Konzepte: (1) »Generationale Ordnung«, die Vorstellung der

gesellschaftlichen Zuschreibung von Rechten, Pflichten, Eigenschaften an Mitglieder bestimmter Altersgruppen; (2) Kinder als »soziale Akteure«, die Vorstellung, dass Kinder schon immer an sozialen Interaktionen kompetent teilhaben.

Seit den 1950er Jahren ändern sich Kindheiten in westlichen Ländern in der Weise, dass Kinder in ihren schulischen Leistungen, persönlichen Begabungen und Interessen zunehmend gefördert werden. Harsche Disziplinierung dagegen wird seltener, ebenso die Mithilfe der Kinder bei der Hausarbeit. Die individualisierte Förderung der Kinder wird u. a. von den Eltern initiiert und durch einen wachsenden Markt an Angeboten und Experten unterstützt. Als Kehrseite der Entwicklung sind zwei Erscheinungen zu vermerken: Zum einen erfolgt (anhaltende) *soziale Ungleichheit*. Kulturelle Investitionen von Eltern, elterliche Unterstützung der Kinder oder Freizeitverhalten der Familien unterscheiden sich je nach sozialem *Status*. Dies kann Kinder aus tieferen Schichten hinsichtlich Bildungs- und Berufserfolg benachteiligen (während der Migrationshintergrund eine andere Bedeutung hat). Zum anderen geht eine zunehmende Pathologisierung u. a. mit zunehmenden Leistungsforderungen und der wachsenden Zahl von Experten einher: Die Rate diagnostizierter Teilleistungsschwächen und Verhaltensstörungen ist seit den 1970er Jahren rasant gestiegen.

In Ländern des globalen Südens ergeben sich im Zusammenwirken lokaler Bedingungen und globaler Einflüsse, wie sie auch in Folge der UN-Kinderrechtskonvention von 1990 bedeutender geworden sind, krass unterschiedliche Kindheitsbedingungen. Sie reichen von behüteten Kindheiten nach westlichem Muster, über Mischformen von Arbeits- und Schulkindheit, die von den Kindern u. U. mit großem Selbstbewusstsein durchlebt werden können, bis zu Kindheiten, die je nach sozio-ökonomischen Bedingungen (u. a. auch Ermessen der Erwachsenen, die über das Kind und seine Arbeitskraft verfügen), sehr prekär ausfallen. Im Vergleich zu Deutschland ist die Kindersterblichkeit unter fünf Jahren in Afghanistan und einigen Ländern Afrikas fünfzig Mal höher.

Literatur

Ariès, Philippe, 1978: Geschichte der Kindheit, München (1960). – Bühler-Niederberger, Doris, 2011: Lebensphase Kindheit, München. – Cicourel, Aaron V. et al. (Eds.), 1974:

Language Use and School Performance, New York. – Cunningham, Hugh, 2006: Die Geschichte des Kindes in der Neuzeit, Düsseldorf (2005). – Denzin, Norman K., 1971: Childhood as a Conversation of Gestures; in Hamilton, Peter (Ed.): George Herbert Mead: Critical Assessments, Vol. IV, London, New York, 51–66. – Durkheim, Emile, 1972: Erziehung und Soziologie, Düsseldorf (1922). – Parsons, Talcott, Bales, Robert F., 1955: Family, Socialization and Interaction Process, New York. – Qvortrup, Jens et al., 2009: The Palgrave Handbook of Childhood Studies, Basingstoke.

Doris Bühler-Niederberger

Klasse

Klasse (engl. class) bezeichnet ein soziales Subjekt, dessen Mitglieder sich durch eine strukturell gleiche Stellung im Wirtschaftsprozess und damit durch eine ähnliche *soziale Lage* (»Klassenlage«), durch gemeinsame *Interessen* und unter bestimmten Bedingungen auch durch ein gemeinsames *Bewusstsein* dieser Lage (»Klassenbewusstsein«) auszeichnen. Der Klassenbegriff ist neben den Begriffen *Kaste*, *Stand* und *Schicht* (engl.: ebenfalls class, social class) eines der zentralen Konzepte der Forschung zur *sozialen Ungleichheit*.

Karl Marx: Klassentheorie

Vor allem Karl Marx (1818–1883) und Friedrich Engels (1820–1895) haben den Klassenbegriff in seiner modernen Form geprägt. Die in ihrem Werk nur verstreut und keineswegs geschlossen ausgeführte, für die *marxistische Theorie* gleichwohl zentrale Klassenlehre wird später von Lenin in einem prominenten Zitat wie folgt auf den Punkt gebracht: »Klassen sind Gruppen von Menschen, von denen die eine sich die Arbeit der anderen aneignen kann infolge der Verschiedenheit ihres Platzes in einem bestimmten System der gesellschaftlichen Wirtschaft« (Die große Initiative, LW 29, 1919: 410).

Zentrales Kriterium dafür, welcher Klasse Gesellschaftsmitglieder zuzuordnen sind, ist demnach ihr Verhältnis zu den wichtigsten *Produktionsmittel*n dieser Gesellschaft, im wesentlichen also die Frage des Privateigentums oder Nicht-Eigentums an diesen Produktionsmitteln. Die Marxschen Klassen sind somit keine Einkommensklassen: ihre Konstruktion beruht weder auf dem Kriterium »Höhe des Einkommens« noch auf dem Kriterium »Art der Einkommensquelle«.

Vielmehr leiten sich weitere wichtige Definitionsmerkmale des Marxschen Klassenbegriffs erst aus dem genannten grundlegenden Kriterium »Eigentumsverhältnisse an den Produktionsmitteln« (als dem Kern der sog. »Produktionsverhältnisse«) ab:

(1.) steht die Klassenteilung als historischer Prozess in engem Zusammenhang mit der Entwicklung der Produktivkräfte und der Produktionsverhältnisse. Zur Geschichte von *Klassenkämpfen* wird die menschliche Geschichte, nach der Geschichtsauffassung des dialektischen Materialismus, erst mit der Herausbildung eines *Privateigentum*s an Produktionsmitteln nach dem Stadium der Urgesellschaft, in der gemeinsames Eigentum an den Produktionsmitteln vorherrscht. Mit der weiteren Entwicklung der Produktivkräfte und der *Arbeitsteilung* wächst auch die Produktivität der menschlichen Arbeitskraft über jenes Niveau hinaus, das gerade nur für den eigenen Unterhalt, d. h. die Wiederherstellung der Arbeitskraft, ausreicht. Dies ermöglicht überhaupt erst die Aneignung dieser Mehrarbeit durch andere und damit die Bildung des Privateigentums an Produktionsmitteln. Die folgenden Gesellschaftsformationen, denen die antike, die feudale (als vorkapitalistische) und schließlich die bürgerlich-*kapitalistisch*e Produktionsweise zugrundeliegen, sind somit Klassengesellschaften und unterscheiden sich vor allem darin, welche Form die Aneignung der Mehrarbeit durch die herrschende Klasse annimmt. In der bürgerlich-kapitalistischen Gesellschaft spitzen sich die Klassengegensätze »mehr und mehr in zwei große feindliche Lager, in zwei große, einander direkt gegenüberstehende Klassen: Bougeoisie und Proletariat« zu (Manifest der Kommunistischen Partei, MEW 4, 463). Es stehen sich hier vor allem die beiden Klassen der Kapitalisten (***Bourgeoisie***) als Eigentümer von *Kapital* und der Lohnarbeiter (***Proletariat***) als Eigentümer bloßer Arbeitskraft gegenüber. Und es wird dann auch die weitere und »volle Entfaltung der modernen Produktivkräfte« sein, durch die die Klassenteilung als solche nach dieser »Vorgeschichte der menschlichen Gesellschaft« weggefegt werden wird: die Abschaffung der gesellschaftlichen Klassen »… hat also zur Voraussetzung einen Höhegrad der Entwicklung der Produktion, auf dem Aneignung der Produktionsmittel und Produkte und damit der politischen Herrschaft, des Monopols der Bildung und der geistigen Leitung durch eine besondere Gesellschaftsklasse nicht nur überflüssig, sondern auch ökonomisch, politisch und intellektuell ein Hindernis der Entwicklung geworden ist« (MEW 19, 225). Träger dieser *Revolution* von der kapitalistischen Klassengesellschaft über die Klassendiktatur des Proletariats zur klassenlosen Gesellschaft ist die *Arbeiter*klasse; hier liegt ihre historische Rolle. Insofern ist die Marxsche Klassenlehre zugleich Kernstück seiner Theorie des *sozialen Wandels*. Triebkräfte des »gesellschaftlichen Fortschritts« sind die Klassen in ihrer antagonistischen Verflechtung. Zusammenfassend nimmt Marx denn auch für sich in Anspruch: »Was ich neu tat, war 1. nachzuweisen, daß die Existenz der Klassen bloß an bestimmte historische Entwicklungsphasen der Produktion gebunden ist; 2. daß der Klassenkampf notwendig zur Diktatur des Proletariats führt; 3. daß diese Diktatur selbst nur den Übergang zur Aufhebung aller Klassen und zu einer klassenlosen Gesellschaft bildet« (MEW 28, 508).

(2.) wachsen mit der Zuspitzung der Klassenteilung, mit der zunehmenden Verelendung und Vereinheitlichung der Lebens- und Interessenlage der Proletarier und ihrer räumlichen Konzentration, mit dem Aufkommen von Wirtschaftskrisen auch die Chancen für die Entwicklung von **Klassen***bewusstsein*. Denn zunächst ist der Klassenbegriff ein rein analytischer Begriff, mit dessen Hilfe die Mitglieder einer Gesellschaft (theoretisch angeleitet) objektiv kategorisiert werden sollen: dies ist der Marxsche Begriff der »**Klasse an sich**«. Unter den genannten historischen Bedingungen können die so zu einer »Klasse an sich« kategorisierten Menschen dann auch subjektiv das Bewusstsein erlangen, Mitglieder dieser Klasse zu sein, gemeinsame Interessen zu haben. Erst jetzt organisieren sie sich als politische Klassenpartei, verteidigen ihre Klasseninteressen im politischen Kampf: Marx spricht dann von einer »**Klasse** für sich«.

(3.) ist der Antagonismus, der Klassengegensatz, im Unterschied etwa zum Konzept der sozialen *Schicht*, ein essentielles Moment des Marxschen Klassenbegriffs: »Die einzelnen Individuen bilden nur insofern eine Klasse, als sie einen gemeinsamen Kampf gegen eine andre Klasse zu führen haben« (MEW 3, 54). Zumindest dann, wenn Marx und Engels in die Rolle politischer Agitatoren schlüpfen, werden in ihren Augen die Proletarier erst zur Klasse, wenn sie zur »Klasse für sich« geworden sind. Der aus diesem Antagonismus resultierende Klassenkampf ist die Haupttriebkraft für den (unter 1. skizzierten) gesellschaftlichen *Fortschritt*.

(4.) geht die Zuspitzung der Klassenteilung in der kapitalistischen Gesellschaft mit einer Vereinfachung der Klassengegensätze einher: »**Zwischenklassen**« lösen sich zunehmend auf, indem *soziale Mobilität* zwar in der Richtung Bourgeoisie – Proletariat als *Abstiegs*mobilität, nicht aber in der umgekehrten Richtung als *Aufstiegs*mobilität vorkommt: »Die bisherigen kleinen Mittelstände, die kleinen Industriellen, Kaufleute und Rentiers, die Handwerker und Bauern, alle diese Klassen fallen ins Proletariat hinab, teils dadurch, daß ihr kleines Kapital für den Betrieb der großen Industrie nicht ausreicht und der Konkurrenz mit den größeren Kapitalisten erliegt, teils dadurch, daß Ihre Geschicklichkeit von neuen Produktionsweisen entwertet wird. So rekrutiert sich das Proletariat aus allen Klassen der Bevölkerung« (MEW 4, 469).

Soweit zumindest die vereinfachende Sicht des »Manifests der Kommunistischen Partei«. In seinem früh abgebrochenen Kapitel über »Die Klassen« (MEW 25, 892/893) spricht Marx von den »drei großen Klassen der modernen, auf der kapitalistischen Produktionsweise beruhenden Gesellschaft«, wobei selbst in England, als der ökonomisch »am weitesten, klassischsten« entwickelten modernen Gesellschaft, diese Klassengliederung von »Mittel- und Übergangsstufen« »vertuscht« werde. Auch bei Autoren der marxistischen Theorietradition wird im Folgenden natürlich gesehen, dass der polarisierende Dualismus des Zweiklassenmodells eine allzu vereinfachende Sichtweise darstellt, die zwar in theoretisierender Absicht als ein zentrales Erklärungsmoment des von Marx gesuchten »Bewegungsgesetzes der modernen Gesellschaft« dienen kann, bei einer Sozialstrukturanalyse historisch spezifischer Gesellschaften jedoch zu erweitern ist. Häufig wird daher von Grund- bzw. Hauptklassen (Bourgeoisie und Proletarier in der kapitalistischen Gesellschaft) einerseits und Zwischen-, Nebenoder Übergangsklassen (Grundbesitzer, Bauern, Handwerker, Kleinbürger, Intelligenz) andererseits gesprochen. Letztere werden zumeist als außerhalb des bestimmenden Klassenantagonismus' stehende Reste vorangegangener Gesellschaftsformationen, die vom, nicht alle Gesellschaftsbereiche gleichförmig erfassenden, geschichtlichen Fortschritt (noch) nicht erfasst wurden, oder als erste Erscheinungsformen der zukünftigen Gesellschaftsformation erklärt. Nicht bestritten wird mit ähnlicher Begründung die Existenz verschiedener Interessengruppen oder Fraktionen innerhalb der Hauptklassen.

Trotz der Vielfalt der Verwendungsformen des Klassenkonzeptes schon allein bei Marx und Engels selbst (vgl. Stuke) bleibt in der marxistischen Theorietradition in aller Regel der Konsens darüber, dass es nur eine einzige herrschende, ausbeutende, unterdrückende und nur eine einzige beherrschte, ausgebeutete, unterdrückte Klasse gebe, wobei alle sonstigen Gruppen gegenüber diesem zentral relevanten Klassengegensatz theoretisch wie auch historisch-politisch relativ marginal blieben. So behandelt etwa Giddens (28 ff.) in seiner Rekonstruktion des Marxschen Klassenmodells dieses Problem dahingehend, dass er von den beiden Argumentationsebenen eines »abstrakten Modells« einerseits und eines »konkreten Modells der Klassenherrschaft« andererseits spricht. Ersteres wird dichotomisch durch die zwei Hauptklassen konstituiert, Letzteres soll die Vielzahl von *Übergangs*klassen, Quasi-Klassen und Klassenfraktionen abbilden, die sich in spezifischen, historischen Gesellschaftsformationen um die dichotomische »Hauptachse« des abstrakten Modells herum anlagern.

(5.) ist schließlich die **herrschende Klasse** auch zugleich die im politischen, kulturellen, rechtlichen und religiösen Bereich herrschende Klasse: Der Staat ist »… in der Regel Staat der mächtigsten, ökonomisch herrschenden Klasse, …« (MEW 21, 166/167) und »Die Gedanken der herrschenden Klasse sind in jeder Epoche die herrschenden Gedanken, …« (MEW 3, 46).

Max Weber: Klassen und Stände

Es war zunächst vor allem Max Weber (1864–1920), der sich mit dem Marxschen Klassenbegriff unter dem Ziel auseinandersetzte, diesen aus den geschichtsphilosophischen und politisch-ideologischen Bezügen herauszulösen, in die Marx und Engels ihn gestellt hatten, ihn seines ökonomischen Determinismus' bzw. Reduktionismus' zu entkleiden. Es besteht bei Weber auch nicht mehr der (Marxsche) Anspruch, mit der Klassenlehre zugleich einen zentralen Baustein der Erklärung *sozialen Wandels* zu liefern. Aufgegeben wird sowohl der Aspekt des Antagonismus' in den Klassenbeziehungen, auch der Versuch, einen in der kapitalistischen Industriegesellschaft notwendig sich verfestigenden Zusammenhang zwischen strukturell-ökonomischer Verursachung, individueller Lebens- und Bewusst-

seinslage und kollektiv-politischer Aktion herzustellen und zu begründen. Was Weber im Kern betreibt, ist der Versuch der Entzauberung der Produktionsverhältnisse »als dem primär bestimmenden Faktor sozialer Ungleichheit« (zum Folgenden s. Weber 1922: 177–180, 531–540, 285–314).

So trifft man zunächst auf eine Abgrenzung des Klassenbegriffs von dem der »*Stände*« und »*Parteien*«: »Wir wollen da von einer ›Klasse‹ reden, wo 1. einer Mehrzahl von Menschen eine spezifische ursächliche Komponente ihrer Lebenschancen gemeinsam ist, soweit 2. diese Komponente lediglich durch ökonomische Güterbesitz- und Erwerbsinteressen und zwar 3. unter den Bedingungen des (Güter- und Arbeits-)Markts dargestellt wird (›Klassenlage‹)« (531).

Ist der Klassenbegriff so von der Seite der Produktion her und objektiv zu bestimmen, wird der Begriff des »*Stand*es« von der Seite der *Konsum*tion und subjektiv definiert: »›Klassen‹ gliedern sich nach den Beziehungen zur Produktion und zum Erwerb der Güter, ›Stände‹ nach den Prinzipien ihres Güterkonsums in Gestalt spezifischer Arten von ›Lebensführung‹« (538).

Schließlich »… sind ›Parteien‹ primär in der Sphäre der ›Macht‹ zu Hause. Ihr Handeln ist auf soziale ›Macht‹, und das heißt: Einfluß auf ein Gemeinschaftshandeln gleichviel welchen Inhalts ausgerichtet« (539). Klassen, Stände und Parteien sind gleichermaßen »Phänomene der *Macht*verteilung innerhalb einer *Gemeinschaft*«, wobei (im Unterschied zu Marx) gilt: »›Ökonomisch bedingte‹ Macht ist natürlich nicht identisch mit Macht überhaupt« (531). Der Zusammenhang von Klassenlage, Lebensführung, Bewusstsein und (partei-) politischer Aktion wird weder als theoretisch gegeben noch als geschichtlich notwendig betrachtet: so können etwa »Vergesellschaftungen der Klasseninteressenten (Klassenverbände)« (177) zwar entstehen (Weber nennt ähnliche Entstehungsbedingungen wie Marx, 179, 532f), sie müssen dies aber nicht.

Zudem gliedert Weber den Klassenbegriff selbst näher auf. Da ist zum einen die **Besitzklasse**: »Besitzklasse soll eine Klasse insoweit heißen, als Besitzunterschiede die Klassenlage primär bestimmen« (177). Typische Beispiele für »positiv privilegierte Besitzklassen« sind Besitzer von Menschen (Sklaven), Boden oder »Arbeitsanlagen und Apparaturen«, negativ privilegierte Besitzklassen sind etwa »Unfreie«, »Deklassierte« oder »Arme«. Dazwischen stehen »Mittelstandsklassen« (z. B. Bauern, Handwerker, Beamte).

Da ist zum anderen die **Erwerbsklasse**, die in modernen *markt*verfassten Gesellschaften an Größe und Bedeutung zunimmt: »Erwerbsklasse soll eine Klasse insoweit heißen, als die Chancen der Marktverwertung von Gütern oder Leistungen die Klassenlage primär bestimmen« (177). Typische Beispiele für positiv privilegierte Erwerbsklassen sind Unternehmer, aber auch »Arbeiter mit monopolistischen Qualitäten«, negativ privilegierte Erwerbsklassen sind gelernte, angelernte oder ungelernte Arbeiter. Auch hier existieren Mittelklassen (selbstständige Handwerker und Bauern, Beamte, Arbeiter mit ausnahmsweise monopolistischen Qualitäten).

Im Unterschied zu Marx entfaltet sich hier also eine sehr vielfältige Landschaft von Klassenlagen, die durch die Einbeziehung des Aspekts der *sozialen Mobilität*, auch hierin liegt eine Differenz zu Marx, allerdings wieder etwas strukturiert wird, indem bestimmte einzelne Klassenlagen, zwischen denen soziale Mobilität stattfindet, zu einer »sozialen Klasse« analytisch zusammengefasst werden. »Soziale Klasse« soll so « … die Gesamtheit derjenigen Klassenlagen heißen, zwischen denen ein Wechsel a. persönlich, b. in der Generationenfolge leicht moglich ist und typisch stattzufinden pflegt« (177). Als zeitgenössische »soziale Klasse« in diesem Sinne nennt Weber: »a. die Arbeiterschaft als Ganzes, je automatisierter der Arbeitsprozeß wird, b. das Kleinbürgertum und c. die besitzlose Intelligenz und Fachgeschultheit …, d. die Klassen der Besitzenden und durch Bildung Privilegierten« (179).

Angesichts dieser analytischen Ausdifferenzierung des Klassen- bzw. Ständebegriffs lässt sich wohl mit einiger Berechtigung sagen, dass Max Weber hier einen der Grundsteine für jenen Zweig sozialwissenschaftlicher Ungleichheitsforschung gelegt hat, der sich, oft in heftiger Konkurrenz zur von Marx inspirierten Klassenanalyse, mit dem Konzept der sozialen *Schicht* und dem Ziel verbindet, weniger eine Theorie über Ursachen und Formen der *Ungleichheit* im sozialen Wandel, sondern eher einen konzeptionellen Rahmen für deren multidimensionale empirische Analyse vorzulegen.

Weitere Klassenmodelle

Offensichtlich ist die Klassenanalyse fortgeschrittener Industriegesellschaften bereits von der Begriffsbildung her ein weitaus komplexeres und kontinuierlich zu aktualisierendes Unterfangen, als dass hierfür allein die klassischen Konzepte herangezogen werden könnten. So haben sowohl Autoren der bürgerlichen wie auch der *marxistischen Soziologie* neuere Klassenmodelle vorgelegt (als Übersichten m. w. N. vgl. Burzan 2011; Hradil 1987: 64 ff; Herz 1983: 26ff; Kreckel 1983; Zerger 2000). Beispielhaft seien genannt:

Wright (z. B. 1989) legte in mehreren Entwicklungsstufen ein neo-marxistisches Konzept vor, das Klassenverhältnisse nicht mehr ausschließlich auf den Nicht-/Besitz von Produktionsmitteln, sondern zudem auf die Ressourcen Qualifikation und Organisationsmacht zurückführt. Sein Modell sieht damit auch verschiedene Zwischen- oder Mittelklassen, insgesamt bis zu 12 Klassen vor. Zudem verankert Wright sein Konzept insbesondere an der Frage der Emanzipation: »What sort of transformations are needed to eliminate economic oppression and exploitation within capitalist societies?« (Wright 2005).

Goldthorpe (z. B. 1974) hat in ebenfalls mehreren Schritten ein Klassenmodell entwickelt, das häufig als »neo-weberianisch« bezeichnet wird, da es im Kern an der (Arbeits-)Marktperspektive und der relativen Stellung einer Person im Arbeitsmarkt- und Berufssystem anknüpft: das Beschäftigungsverhältnis (employment relations) und insbesondere dessen Aspekte »Qualifikation«, die damit verbundenen Lebenschancen (Goldthorpe 2010), sowie »Autonomie« in der Arbeitätigkeit werden als konstituierende Elemente des sog. EGP-Klassenschemas (Erikson/Goldthorpe/Portocarero) herangezogen. Angesichts der Nähe zur Kategorie »Beruf« hat das »EGP-Schema« international vielfach Eingang in die amtliche Statistik gefunden (z. B. UK Population Census) und insgesamt die empirische Forschung befruchtet (vgl. z. B. Muntaner et al. 2010).

Bourdieu überbrückt (insbesondere in seinem Werk »Die feinen Unterschiede«; 2008) die Weber'sche Trennung von »Klasse« und »Stand«, indem er zeigt, wie Produktion und Konsumption, das Materielle und das Symbolische, soziale Positionen und Lebensstile in einer modernen Theorie sozialer Klassen weiterführend integriert werden können (Weininger 2005).

Literatur

Berger, Peter A., 1987: Klassen und Klassifikationen; in: Kölner Zeitschrift für Soziologie und Sozialpsychologie 39, 59–85. – Bourdieu, Pierre, 2008: Die feinen Unterschiede. Kritik der gesellschaftlichen Urteilskraft, Frankfurt a. M. (1979) –Burzan, Nicole; 2011: Soziale Ungleichheit, 4. Aufl., Wiesbaden – Dahrendorf, Ralf, 1957: Soziale Klassen und Klassenkonflikt in der industriellen Gesellschaft, Stuttgart. – Giddens, Anthony, 1979: Die Klassenstruktur fortgeschrittener Gesellschaften, Frankfurt a. M. – Goldthorpe, John H., 1974: The social grading of occupations, Oxford. – Ders., 2010: Class analysis and the reorientation of class theory: the case of persisting differentials in educational attainment; in: The British Journal of Sociology 61, 311–335. – Herz, Thomas A., 1983: Klassen, Schichten, Mobilität, Stuttgart. – Hradil, Stefan, 1987: Sozialstrukturanalyse in einer fortgeschrittenen Gesellschaft, Opladen. – Kreckel, Reinhard (Hg.), 1983: Soziale Ungleichheiten, Soziale Welt, Sonderband 2, Göttingen. – Mauke, Michael, 1977: Die Klassentheorie von Marx und Engels, Frankfurt a. M. – Muntaner, Carles et al., 2010: Employment relations, social class and health; in: Social Science & Medicine 71, 2130–2140. – Ossowski, Stanislaw, 1962: Klassenstruktur im sozialen Bewußtsein, Neuwied. – Röder, Horst, 1972: Abschied vom Klassenbegriff?, Opladen. – Stuke, Horst, 1976: Bedeutung und Problematik des Klassenbegriffs; in: Engelhardt, Ulrich et al. (Hg.): Soziale Bewegung und politische Verfassung, Stuttgart, 46–82. – Weber, Max,1976: Wirtschaft und Gesellschaft, Tübingen (1922). – Wehler, Hans-Ulrich (Hg.), 1979: Klassen in der europäischen Sozialgeschichte, Göttingen. – Weininger, Elliot B., 2005: Foundations of Pierre Bourdieu's class analysis; in: Wright, Erik Olin (Hg.): Approaches to class analysis. Cambridge u. a., 82–118. – Wright, Erik Olin, 1989: Classes, London u. a. – Ders., 2005: Conclusion: If »class« is the answer, what is the question? In: Ders. (ed.): Approaches to class analysis, Cambridge u. a., 180–192. – Zerger, Frithjof, 2000: Klassen, Milieus und Individualisierung. Eine empirische Untersuchung zum Umbruch der Sozialstruktur, Frankfurt a. M./New York.

Gerhard Berger

Kodierung

Die Kodierung (engl. coding) oder »*Verschlüsselung*« ist Teil jeder empirischen Untersuchung. Es werden sprachliche Äußerungen in Texten, *Interview*s oder Antworten im Fragebogen Kategorien (Codes) zugeordnet. Der »Code« stellt eine Menge von wenigen Kategorien dar, denen die Inhalte eines umfangreicheren Textes oder einer Antwort zugeordnet werden. Das Material wird hierdurch geordnet und re-

duziert. Um die Zahl der Kategorien nicht zu groß werden zu lassen, empfiehlt es sich zu bestimmen, welche Arten von Inhalten erforderlich sind, um die *Hypothese*n zu testen und nur für diese (und »Sonstiges«) Kategorien zu bilden. Codes müssen drei Anforderungen erfüllen: Sie sollen eindimensional sein, die Kategorien sollen sich gegenseitig ausschließen, und sie sollen erschöpfend sein, weshalb man meist die Kategorie »Sonstiges« hinzunimmt.

Jürgen Friedrichs

Kohäsion

Der Begriff Kohäsion (engl. cohesion) geht auf Lewins systemische Vorstellungen zurück und wurde von seinem Schüler Festinger als »the total field of forces which act on members to remain in the group« (164) in die Kleingruppenforschung eingebracht. In neuerer Zeit ist dieser Begriff von Hogg weiter differenziert worden, indem er die vorwiegend affektiven Bindungskräfte unterteilt in ein interpersonelles Niveau und ein Gruppenniveau, das über-individuelle Bindungen an die *Gruppe* als Gesamtheit beinhaltet. Gemessen werden kann die Kohäsion durch Beobachtung oder Befragung, wofür es jeweils mehrere Instrumente gibt. Kohäsion bewirkt ein positives Gruppenklima, größere Konformität, aber nicht notwendig eine bessere Aufgabenbewältigung (Forsyth).

Literatur

Festinger, Leon, 1950: Social Pressures in informal groups, New York, NY. – Forsyth, Donelson R., 2010: Group dynamics, 5th ed., Belmont, CA. – Hogg, Michael A., 1992: The social psychology of group cohesiveness, New York, NY.

Erich H. Witte

Kollektiv

Der Begriff Kollektiv (engl. collective, lat. collectivus, »angesammelt«) gehört in der Soziologie zur Familie der Gruppenbegriffe; häufig undifferenziert synonym mit »soziale *Gruppe*« (Team, Arbeitsgruppe, *Gemeinschaft* u. a.) verwendet. In seiner minimalen Bedeutung steht der Terminus Kollektiv für das – soziologisch zentrale – Problem des Zusammenwirkens einer Mehrzahl von Individuen und/ oder anderen *Akteur*en; weitergehende definitorische Eingrenzungen ergeben sich meistens aus dem semantischen Feld oder den theoretischen Kontexten, in denen Kollektiv auftritt. Im Unterschied zum Begriff des »kollektiven Verhaltens oder Handelns« unterstreicht Kollektiv den Aspekt der räumlichen und zeitlichen Stabilität kollektiver Zusammenhänge (»soziale Gebilde«).

Im Anschluss an L. von Wiese, H. Becker, Fl. Znaniecki und T. Parsons hat R. K. Merton 1949 mit der definitorischen Unterscheidung von »Kollektivitäten«, »sozialen Gruppen« und »sozialen Kategorien« einen einflussreichen Vorschlag zur Präzisierung des Sprachgebrauchs gemacht. **Kollektivitäten** sind danach Mehrheiten von Personen, die infolge geteilter gemeinsamer Werte Solidaritätsempfindungen untereinander aufweisen und die moralische Verpflichtung zur Erfüllung von Rollenerwartungen entwickeln. Von **sozialen Gruppen** sollte man nach Merton sprechen, wenn Kollektivitäten neben den erwähnten zusätzlich das Kriterium der sozialen *Interaktion* zwischen ihren Mitgliedern aufweisen. In Unterscheidung von Kollektivitäten und sozialen Gruppen sind **soziale Kategorien** Aggregate von Statuspositionen, deren Inhaber gleiche soziale Merkmale (wie Geschlecht, Alter, Familienstand, Einkommen, usw.) aufweisen, aber nicht untereinander interagieren müssen und nicht notwendig über einen distinkten gemeinsamen Normenkanon verfügen. Wie Merton ergänzt, können soziale Kategorien durch Mobilisierungsprozesse in Kollektivitäten und soziale Gruppen übergehen (vgl. Merton 1968: 353f). R. K. Mertons Begriffspräzisierung ist von den theoretischen Grundannahmen der *funktionalistischen Soziologie* seiner Zeit informiert (vgl. Parsons 1951: 41); sie tendiert stark zur Identifikation von »Kollektivität« mit »Großgruppe«.

Eine etwas andere Verwendungsweise von Kollektiv lässt sich an H. Essers einflussreichem Versuch der Systematisierung einer erklärenden individualistischen Soziologie illustrieren. Esser unterscheidet als Erklärungsgegenstände der Soziologie grundsätzlich »soziale Gebilde« und »soziale Prozesse«, und differenziert Letztere weiter in Aggregate, Märkte, kollektive Akteure, soziale Beziehungen, einfache Sozialsysteme, Gruppen, Organisationen, korporative Akteure und Gesellschaften. Zentrales Unterscheidungskriterium bei dieser Aufzählung ist das als Explanans-Explanandum-Relation konzipierte Ver-

hältnis der (Einzel-)Individuen zu kollektiven Phänomenen (sozialen Gebilden). Esser thematisiert drei Formen dieses Verhältnisses. Zum einen das Verhalten einzelner, unverbundener Individuen im Aggregat. Die Akteure bilden hierbei »auch ein Kollektiv, dieses ist jedoch unorganisiert und hat als solches keine unmittelbare Auswirkung auf das Verhalten der Einzelpersonen« (Esser 1993: 85). Zum anderen das Verhalten von Individuen als Mitglieder eines sozialen Kontextes. Neben Gesamtgesellschaften (Staaten) und Organisationen wären hierunter u. a. auch Gruppen zu subsumieren, die als »Kollektive von Akteuren mit partiell gemeinsamen Interessen und Orientierungen, mit gelegentlichen Kontakten untereinander, ohne eine formelle Mitgliedschaft und ohne eine formelle Regelung des Handelns in der Gruppe« (a. a. O.: 86) definiert werden. Schließlich kennt Esser die Form des sozialen Gebildes als ein »handelndes Kollektiv«. Kollektive Akteure sind für Esser »Aggregate, die ›handeln‹, so ›als ob‹ sie ein gemeinsames Ziel hätten. Das ›Handeln‹ solcher kollektiven Akteure ist nichts als die Folge des unkoordinierten, aber gleichgerichteten Handelns der Individuen mit ähnlichen Interessen« (ebd.). Ausgeschlossen ist bei dieser *methodologisch individualistisch*en Position die Annahme oder das Problem einer kollektiven Intentionalität (vgl. Schmid/Schweikard 2009), die sich in der auf Emile Durkheim (»*Kollektivbewusstsein*«, »kollektive Repräsentationen«) zurückgehenden kollektivistischen Tradition in der Soziologie zwangsläufig stellt.

Eine normativ und ideologisch hochgradig aufgeladene Fassung erfuhr Kollektiv in den realsozialistischen Gesellschaften, so auch in der DDR (»sozialistisches Kollektiv«). Unter Voraussetzung der falschen Annahme, mit der Beseitigung des Privateigentums an den Produktionsmitteln die wesentliche Quelle antagonistischer gesellschaftlicher und sozialer Konflikte beseitigt zu haben, wurde das strukturell primär als Kleingruppe konzipierte Kollektiv zu einem sozialen Ort der Ausprägung einer neuen Qualität der sozialen Beziehungen zwischen den Gruppenmitgliedern und damit von »Kollektivität« als »gesamtgesellschaftlicher Qualität« stilisiert. Diese neue Qualität sozialer Beziehungen bzw. Kollektivität wurden in der Regel mit den Formeln »kameradschaftliche Zusammenarbeit und gegenseitige Hilfe«, »sozialistische Bewusstheit«, »Atmosphäre des Vertrauens, der Zusammengehörigkeit, der Aufmerksamkeit und Verantwortung« beschrieben. Das sozialistische Kollektiv wurde als sozialer Kontext der Persönlichkeitsentwicklung (von der Kinderkrippe bis zum sozialistischen Arbeitskollektiv), aber auch der Entwicklung von »sozialistischem Leistungsverhalten«, d. h. von Leistungsmotivation, Effizienz und politischer Loyalität, angesehen (vgl. Autorenkollektiv 1977).

In der **Akteur-Netzwerk-Theorie** (ANT) erfährt der Terminus Kollektiv eine sozialtheoretisch bedeutsame Erweiterung, indem neben menschlichen Akteuren auch dingliche und diskursive Entitäten in das Problem des Zusammenwirkens handlungsfähiger Akteure einbezogen werden. Kollektiv steht hierbei für eine theoretische Strategie der Entgrenzung unseres herkömmlichen Verständnisses des Sozialen (Latour 2010; Callon/Law 1997; Kneer et al. 2008).

Literatur

Autorenkollektiv (Hg.), 1977: Wörterbuch der marxistisch-leninistischen Soziologie, Berlin (Ost). – Callon, Michel; Law, John, 1997: After the Individual in Society: Lessons on Collectivity from Science, Technology and Society; in: The Canadian Journal of Sociology/Cahiers canadiens de sociologie 22, 165–182. – Esser, Hartmut, 1993: Soziologie. Allgemeine Grundlagen, Frankfurt a. M. – Hansen, Klaus P., 2009: Kultur, Kollektiv, Nation, o.O. – Kneer, Georg et al. (Hg.), 2008: Bruno Latours Kollektive. Kontroversen zur Entgrenzung des Sozialen, Frankfurt a. M. – Latour, Bruno, 2010: Eine neue Soziologie für eine neue Gesellschaft: Einführung in die Akteur-Netzwerk-Theorie, 2. Aufl, Frankfurt a. M. – Merton, Robert K., 1986: Social Theory and Social Structure, New York (Enlarged Edition). – Parsons, Talcott, 1951: The Social System, New York. – Schäfers, Bernhard (Hg.), 1994: Einführung in die Gruppensoziologie. Geschichte, Theorien, Analysen, 2. Aufl., Heidelberg. – Schmid, Hans Bernhard; Schweikard, David P. (Hg.), 2009: Kollektive Intentionalität. Eine Debatte über die Grundlagen des Sozialen, Frankfurt a. M.

Frank Ettrich

Kolonialismus

Der moderne Kolonialismus (engl. colonialism) bezeichnet die Ausdehnung staatlicher Souveränität auf meist überseeische Gebiete im Zuge der europäischen Expansion seit dem 16. Jh. Kol. *Herrschaft* bezeichnet ein spezifisches *Gewalt*verhältnis, das ökonomische *Ausbeutung* und den Überlegenheitsanspruch der Kolonisatoren einschließt.

Die europäische Kolonialexpansion erfolgte in mehreren Schüben. Neben flächendeckenden spanischen Eroberungen in Süd- und Zentralamerika ab 1492 stand zunächst die portugiesische Handelsexpansion im Indischen Ozean. Es folgten Siedlerkolonien in Nordamerika, im südlichen Afrika und später in Ozeanien. Seit dem späten 18. Jh. überschnitten sich die *Unabhängigkeits*bewegungen in Amerika mit neuen Kolonisierungsschüben. Neben der britischen Expansion in Indien stand die »Öffnung« Chinas und im letzten Drittel des 19. Jh.s die flächendeckende Kolonisierung Afrikas, Zentralasiens und Ozeaniens. Das Territorialstaatsprinzip war damit universal, aber asymmetrisch durchgesetzt. Ihren Höhepunkt fand die europäische Kolonialexpansion 1919 mit dem auf der Versailler Konferenz beschlossenen Mandatssystem; es folgten mehrere Schübe der Entkolonisierung, die in den 1990er Jahren zu einem formalen Abschluss kam.

Die koloniale Expansion war integrales Moment der Entstehung des auf das westliche Europa zentrierten kapitalistischen Weltmarktes. In ihrem Zentrum stand die Inwertsetzung der Ressourcen der Kolonien: tropische Produkte, mineralische Rohstoffe und Arbeitskraft, daneben der Absatz industrieller Massenprodukte. Diesen Zielsetzungen wurde die Form kolonialer Beherrschung angepasst. Bis weit in die Mitte des 19. Jh.s spielte für Großbritannien das »informal empire« eine wesentliche Rolle; die *Kontrolle* der Kolonien nahm die Formen unmittelbarer staatlicher Verwaltung einerseits, indirekter Herrschaft unter Nutzung transformierter indigener Institutionen andererseits an. Die koloniale Herrschaft war systematisch auf Gewaltanwendung aufgebaut. Dies gilt für die Mobilisierung der Arbeitskraft der Kolonisierten in Form von Sklaven-, Kontrakt-, Wander- und Zwangsarbeit ebenso wie für ihren Ausschluss von natürlichen Ressourcen einschließlich Land. Systematische Landnahme kennzeichnete insbesondere die Siedlerkolonien und gipfelte in vielen Fällen in Formen des Völkermords. Hinzu kommen massive Bevölkerungsverschiebungen durch den transatlantischen Sklavenhandel, aber auch spätere Formen der Kontraktarbeit.

Die aktuelle Debatte unterstreicht, dass es verfehlt ist, die Problematik des Kolonialismus zeitlich oder regional einzugrenzen, ihn etwa auf eine Epoche des »Imperialismus« und die ehemaligen Kolonien zu beschränken. Vielmehr handelt es sich um eines der zentralen Merkmale und Probleme der gesellschaftlichen *Moderne*.

Der Kolonialismus hat tiefe gesellschaftliche Spuren hinterlassen, die auch nach der formalen Unabhängigkeit Bestand haben oder deutliche Nachwirkungen zeigen. Frühzeitig wurden dauerhafte strukturelle Abhängigkeiten als Neokolonialismus diskutiert. Die daran anschließende Diskussion schloss insbesondere auch viele Formen und Auswirkungen der Entwicklungszusammenarbeit ein. Die neuere postkoloniale Debatte geht wesentlich weiter. Sie betont den übergreifenden Wirkungszusammenhang eines globalgeschichtlichen Prozesses, in dem Westeuropa nicht länger die Akteurs- und der Kolonialsphäre die Opferrolle zugeschrieben wird. Zugleich werden die andauernden Folgen des Kolonialismus für alle modernen Gesellschaften betont, zu denen nicht zuletzt große Teile des modernen *Migrations*geschehens zählen. Die daraus folgende konzeptionelle Dezentrierung der Prozesse der Kolonisierung wie der heutigen postkolonialen Situation kann zugleich als Kritik an der nach wie vor überwiegenden Ausrichtung der Sozialwissenschaften gelesen werden, die in der Konzentration auf Westeuropa und Nordamerika die »Provinz Europa« (Chakrabarty) noch längst nicht hinter sich gelassen haben.

Literatur

Chakrabarty, Dipesh, 2000: Provincializing Europe. Postcolonial thought and historical difference, Princeton (dt. Ausg. i.E.) – Cooper, Frederick, 2005: Colonialism in Question. Theory, Knowledge, History, Cambridge (dt. Ausg. i.E.) – Moses, Dirk (ed.), 2008: Empire, colony, genocide. Conquest, occupation, and subaltern resistance in world history, New York, NY.

Reinhart Kößler

Kommunikations- und Mediensoziologie

Die Kommunikationssoziologie (engl. sociology of communication) ist eine spezielle Soziologie, die den Einfluss von Kommunikation auf die Gesellschaft oder Teile davon untersucht sowie den Einfluss der Gesellschaft oder Teilen davon auf die Kommunikation. *Mediensoziologie* (engl. sociology of [mass] media) ist ein Spezialfall der Kommunikationssoziologie, wobei der soziale Einfluss von bzw. auf *Medien*, also den Trägern von Kommunikation, ebenso untersucht wird wie die Einflüsse der Medien auf das soziale Leben und auf die Gesellschaft.

Grundbegriffe

(Massen-)Kommunikation: *Kommunikation* ist eine Form *sozialen Handelns*, durch die der Handelnde (Sender, Kommunikator, Adressant) mit Hilfe eines Kommunikationsmittels (Mediums) Mitteilungen an einen oder mehrere Empfänger (Rezipienten, Adressaten) leitet. Kommunikation kann verbal über gesprochene oder geschriebene Sprache oder nonverbal über Gestik, Mimik, Bilder oder andere nicht-sprachliche Zeichen und *Symbol*e erfolgen. Kommunikation ist vermutlich der häufigste soziale Prozess überhaupt. Sie ist Gegenstand verschiedener Wissenschaften: z. B. der (Sozial-)Psychologie, Sprachwissenschaften, Erziehungswissenschaften, Politikwissenschaften, Kriminologie, Ethnologie und Soziologie.

Die Vielfältigkeit der **Kommunikation** wird aus folgender Unterscheidung nach den Beteiligten deutlich: 1) intrapersonal: die soziologisch uninteressante, aber psychologisch und psychiatrisch wichtige »Unterhaltung« des Senders mit seinem Selbst (z. B. verstärkende oder abschwächende Gedankenargumente bei Krankheiten oder Konflikten); 2) interpersonal: der soziologisch wichtigste Fall der Kommunikation von sich von Angesicht zu Angesicht Gegenüberstehenden (Face-to-face-Kommunikation); 3) Gruppenkommunikation, bei der sich auf Sender- und Empfängerseite in der Regel kleinere *Gruppe*n gegenüberstehen, sodass zum angemessenen Verständnis der Kommunikation auch gruppendynamische Prozesse als Kommunikationsbedingungen in Betracht kommen; 4) Massenkommunikation, bei der relativ wenige Personen auf der Senderseite relativ vielen, meist dem Sender im Einzelnen unbekannte Personen auf der Empfängerseite gegenüberstehen und die ausnahmslos auf Medien angewiesen sind; 5) die zunehmend interessante extrapersonale Kommunikation, bei der sich menschliche Sender an nicht-menschliche Empfänger richten, z. B. beim Umgang mit Tieren, insbesondere aber bei der Interaktion von Mensch und (elektronischer) Maschine.

Der **Sender** kann ein einzelner Mensch sein und darüber hinaus jede Art von Kollektiv bis hin zu einer Gesellschaft. Er kann die Kommunikation bewusst beginnen, wobei dann oft ein Plan und eine Strategie dahinter vermutet werden. In solchen Fällen interessieren sich Forschung wie Praxis für die Absicht, Interessen, Ziele, Motive der Mittelwahl u. Ä. Findet die Kommunikation unbewusst statt (häufig durch oft unkontrollierte »Körpersprache«), können durch eine Analyse latente *Einstellung*en usw. erschlossen werden, oft auch als Widerspruch zum manifesten, sogar parallel ablaufenden Inhalt der Kommunikation. Geschickte Sender können auch latente Inhalte bewusst zum Zwischen-den-Zeilen-Lesen mitteilen.

Auf der **Empfänger**seite sind ebenfalls alle Personenzahlen von Eins (beim Zwiegespräch) bis hin zur großen Menge (etwa einer Wahlversammlung) möglich. Hier sind insbesondere interessant: Einstellung der Rezipienten zum Sender, allgemeine Aufnahmebereitschaft, besondere situationsspezifische Interessen, Absichten usw. Ist der Empfängerkreis sehr groß sowie in der Regel heterogen und nicht genau bestimmbar, handelt es sich um Massenkommunikation, bei der geeignete Medien als Mittler, in aller Regel geeignete Massenmedien genutzt werden. Fragen zu diesem Sachverhalt sind Kern der Mediensoziologie, so z. B. die nach Medien(aus)wirkungen auf das soziale Leben oder auf einzelne Rezipientengruppen, also auf ein bestimmtes Publikum, eine Teil-Öffentlichkeit.

(Massen-)Medien: Als Medien interessieren in der Soziologie weniger die technischen Details (Druck, Film, Breitbandkabel, Satellitenfunk u. Ä., die vor allem zur Überbrückung zeitlicher und räumlicher Abstände zwischen Sender und Empfänger sowie zur Vergrößerung des Empfängerkreises (der Reichweite) dienen und damit erst Kommunikation in Form von Massenkommunikation möglich gemacht haben) als vielmehr die von diesen nur transportierten eigentlichen Träger der Mitteilungen: verbale oder nonverbale Kommunikation, die alle *Symbole* benutzen und damit an bestimmte Kulturen gebunden und über *Sozialisation* vermittelt sind. Fehlt es am dafür notwendigen Mindestmaß an gleicher Sozialisation von Sender und Empfänger, wird die Kommunikation verkürzt, verzerrt, missverständlich oder unmöglich. Derselbe Effekt kann auch durch Mängel der eingesetzten Medien entstehen, so dass Kommunikationsforschung zu einem guten Teil Schwachstellenanalyse ist. Andererseits sind hohe Kommunikationsfähigkeit und deren

Einsatz eine wichtige Voraussetzung für *Einfluss*, *Herrschaft* und *Macht* sowie auch Erfolgsbedingung für *Innovation*, gesteuerten *Wandel* u. Ä., mithin also Grundlage vieler anderer sozialer Prozesse.

Als Massenmedien sind solche Medien zu verstehen, die von Sendern, die oft große Organisationen (Medienunternehmen) sind, bewusst konzipiert, kontrolliert und eingesetzt werden, um mit Hilfe technischer Informationsträger große Menschenmengen als Empfänger zu beeinflussen. Dies ist z. B. beim Fernsehen und Hörfunk der Fall, wenn verschiedene Fernsehsender für ein bestimmtes (Ziel-) Publikum bestimmte Filme, Dokumentationen, Nachrichtenformate senden oder wenn dort bestimmte *Werbung* gesendet wird. In diesem Fall spricht man von planvoller, strategischer Kommunikation, wozu insbesondere die marketingstrategische Werbung, Public Relations und Propaganda zählen. Auf jeden Fall handelt es sich überwiegend um einseitige Kommunikation, obwohl Elemente von gegenseitiger Kommunikation (z. B. Leserbriefe, Höreranrufe im Rundfunk) vorhanden sein und auch zur *Medienwirkungsforschung* genutzt werden können. Als intervenierende Variable ist die Kontrolle durch den Staat zu nennen, von einer überall notwendigen allgemeinen Gesetzgebung bis hin zur Zensur. Wie weit der Einfluss von Medien auf Wissen, Werte, Normen, Moden, Interessen, soziales Handeln (z. B. Wahlverhalten) usw. reicht, ist in der Medien(wirkungs)forschung noch nicht systematisch geklärt, zumal er sicherlich gesellschafts- und kulturspezifisch ist. Modelle hierzu, wie unten skizziert, sind aber bereits entworfen und werden stetig weiterentwickelt.

Digitale Medien: Ein besonders vielseitiges Medium ist das *Internet*. Es kann einerseits ein schnelles und weit reichendes, völlig einseitiges Kommunikationsmedium sein, das dann Bekanntmachungen und andere »Verlautbarungen« von Regierungen, Parteien oder Firmen verbreitet oder von Rezipienten zur Informationsgewinnung und zu Recherchezwecken gezielt genutzt wird. Es kann aber auch zweitens ein Mittel für gleichzeitige oder knapp zeitversetzte gegenseitige Kommunikation sein, das z. B. in Form von Email zunehmend Briefe und oft auch Telefonate im Geschäfts- wie im Alltagsleben ersetzt und hier zu einem großen Teil räumliche Distanzen verkürzt, Zeitverzögerungen reduziert, aber auch die Erwartungen an persönliche Verfügbarkeiten und schnelle Reaktionen auf Anfragen erhöht. Drittens kann es ein Mittel für gleichzeitige oder knapp zeitversetzte gegenseitige virtuelle Kommunikation sein wie in Chatrooms oder in interaktiven Portalen, die spontanen und formlosen Gedankenaustausch ermöglichen ähnlich wie beim Kaffeeklatsch oder Stammtisch. Dabei handelt es jedoch um sogenannte virtuelle Kommunikation, weil bei dieser Form der Kommunikation die tatsächliche *Identität* der Kommunikationspartner nicht wirklich überprüfbar ist, weshalb in diesem Zusammenhang oft auch von virtueller Identität gesprochen wird, womit sich Anschlussmöglichkeiten an den *Konstruktivismus* ergeben, dessen Annahmen, soziale Realität sei konstruiert, in den Kommunikations- und Medienwissenschaften insgesamt eine kaum zu unterschätzende Bedeutung innehat. Angesicht der technischen Interventionsmöglichkeiten ergeben sich bei der gegenseitigen Kommunikation via Internet zudem Probleme für die Steuerung der Information durch den Sender, der auch einfach »abgeschaltet« werden kann. Das heißt, in der Regel ist die Hemmschwelle, die interaktive Kommunikation im Internet bei Nichtgefallen schnell und relativ folgenlos abzubrechen, erheblich niedriger, als dies bei den traditionellen interaktiven Kommunikationsformen (von Angesicht zu Angesicht, Telefon, aber auch Postbriefen) der Fall ist. Auf jeden Fall steht das Internet für ein, wenn nicht für das zentrale interaktive Medium.

Soziologische Theorien und Forschungsmethoden

Von den allgemeinsoziologischen **Theorien** eignen sich besonders die handlungstheoretischen Ansätze für die Kommunikationssoziologie und als Grundlage für die sozialwissenschaftliche empirische Kommunikationsforschung sowie Medien(wirkungs)forschung. Dabei sind vor allem der *Symbolische Interaktionismus* und die *Ethnomethodologie* zu nennen. Die Interaktionsforschung von Erving Goffman hat dabei wichtige Beiträge geleistet. Aber auch mehr strukturanalytisch ausgerichtete Theorien wie die von Habermas und Luhmann haben sich mit wichtigen Aspekten der Kommunikation beschäftigt. Eine übergeordnete einheitliche, ausgearbeitete Kommunikationstheorie, die idealerweise die Mikroebene von Handlungen mit der Strukturebene verbindet, fehlt zur Zeit, wäre aber wohl auch nur innerhalb einer Theorie der *Allgemeinen Soziologie* sinnvoll und dann Rahmen gebend. Die häufigste

Fragestellung, die kommunikations- und mediensoziologischen Untersuchungen zu Grunde liegt, ist die nach der Konstruktion sozialer Wirklichkeit in Medien (Filmen, Nachrichten usw.) sowie nach der durch Medien vermittelten Wirklichkeitskonstruktion beim rezipierenden Publikum. Im Zentrum steht dabei überwiegend die Kommunikations- bzw. Medienwirkung: Wer sagt wann wie was warum zu wem mit welchem Effekt? Diese Grundfrage wurde und wird in Modellen zur Medienwirkungsforschung kontinuierlich weiterentwickelt.

Unter den empirischen **Methoden** der Kommunikations- und Mediensoziologie sind *Inhaltsanalyse*, *Soziometrie* und *Gruppendiskussion* besonders geeignete Datensammlungsverfahren. Sie können mehr oder weniger quantitativ oder qualitativ sein. Rein quantitative Erhebungs- und Auswertungsverfahren dienen in der Regel einer Hypothesenprüfung, wobei statistische Analyseverfahren zum Einsatz kommen und z. B. Häufigkeitsauszählungen (etwa Nennung bestimmter Wörter in Ansprachen oder Werbetexten) oder Korrelationen (etwa von Schlüsselsubstantiven zusammen mit bestimmten Adjektiven oder Verben) durchgeführt werden. Die Erkenntnisse daraus sind zwar relativ exakt und intersubjektiv überprüfbar, bleiben inhaltlich aber oft an der Oberfläche. Tiefer gehend sind qualitative Erhebungs- und Auswertungsverfahren, die oft der Hypothesengenerierung dienen und wobei interpretativ-sinnverstehende oder rekonstruktive Verfahren zum Einsatz kommen, z. B. die hermeneutische Aussagenanalyse, die dafür oft stark subjektiv geprägt sind.

Geschichte und Modelle der Medienwirkungsforschung

Stimulus-Response-Modell und Lasswell-Formel: Das *Stimulus-Response-Modell* (Reiz-Reaktions-Modell) stellt das Grundmodell der Wirkungsanalyse dar. Es geht von der Grundannahme aus, dass ein Stimulus (Reiz) auf einen Organismus einwirkt, wodurch dieser eine Reaktion (Response) zeigt. Übertragen auf Medien wird angenommen, dass Medien Stimuli aussenden (kommunizieren), die auf Rezipienten einwirken, woraufhin diese eine Reaktion zeigen, z. B. eine Antwort geben, eine Partei wählen oder ein Produkt kaufen.

Dieses Grundmodell ist eindimensional in dem Sinne, dass es wie eine »Einbahnstraße« aufgebaut ist

Abb. 1: Stimulus-Response-Modell

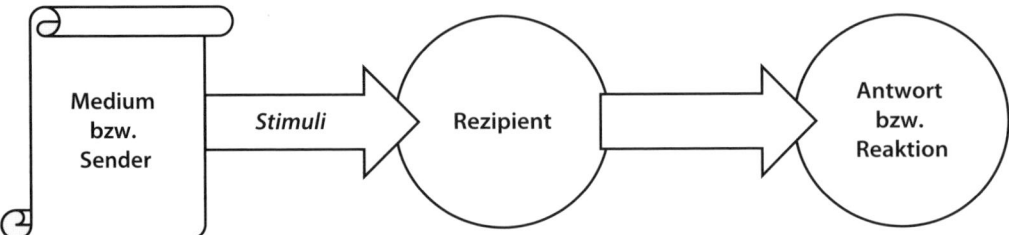

Quelle: Eigene Darstellung in Anlehnung an Jäckel 1999, S. 60.

und von einem klar kausalen Ursache-Wirkungs-Mechanismus ausgeht und damit von einem Rezipientenbild, das Menschen als Objekte begreift und nicht als Subjekte mit der Fähigkeit zur eigenständigen Meinungsbildung. Reflexivität im Sinne eines deutenden Verstehens bleibt also ausgeschlossen. Ferner wird von einem Publikum als einer undifferenzierten Masse ausgegangen, bei der alle Rezipienten in gleichförmiger Weise auf die Medienbotschaft reagieren. Diese Homogenitätsannahme vernachlässigt zum einen Einflüsse interpersonaler Kommunikation (wenn z. B. mehrere Menschen gemeinsam Fernsehen schauen und sich dabei über die Nachrichten unterhalten); zum anderen kulturelle Indikatoren wie insbesondere die in den sozialen Schichten, Klassen, Milieus, Lebensstilen usw. verankerten unterschiedlichen Werte-, Normen- und Deutungsmuster, die dann zu schicht-, klassen- oder milieuspezifisch verschiedenen Bewertungen einer Botschaft mit entsprechend unterschiedlichen Reaktionen führen können. Trotz solcher Kritik, dass das Stimulus-Response-Modell zu kurz greife, erfreut es sich wegen seiner Einfachheit und Anschaulichkeit andauernder Popularität.

Basierend auf dem Stimulus-Response-Modell hat Harold D. Lasswell, einer der »Väter« der Kommunikations- und Medienwirkungsforschung, in der ersten Hälfte des 20. Jh.s folgende, nach ihm benannte, ebenfalls eindimensionale Formel entwickelt:

Seit den Anfängen der Medienwirkungsforschung in den 1930er/40er Jahren in den USA wurden auf der Lasswell-Formel und dem Stimulus-Response-Modell aufbauend zunehmend komplexere Modelle entwickelt, die kulturelle Indikatoren sowie mögliche Einflüsse interpersonaler Kommunikation, die Rolle von Meinungsführern und von *sozialen Netzwerken* bei der Medienwirkung und Meinungsbildung mit berücksichtigen sollen und wollen.

Zwei-Stufen-Fluss der Kommunikation: Die These des Zwei-Stufen-Flusses der Kommunikation (Two Step Flow of Communication) fußt auf Erkenntnissen der Studie »The People's Choice« von Paul F. Lazarsfeld, Bernard Berelson und Hazel Gaudet, in der Umfragedaten zum Wahlverhalten bei der amerikanischen Präsidentschaftswahl von 1940 analysiert wurden und die später als Erie-County-Studie bekannt wurde (1944, 1969; zusammenfas-

Abb. 2: Lasswell-Formel

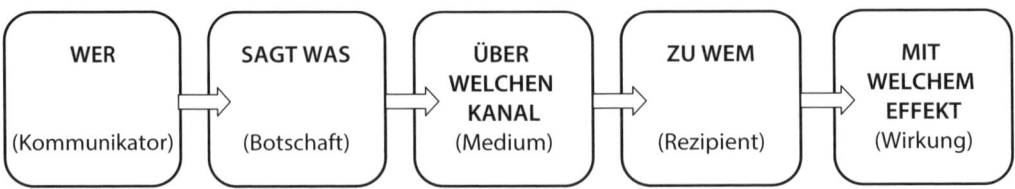

Quelle: eigene Darstellung in Anlehnung an Lasswell, Harold D.: The Structure and Function of Communication. In: Bryson, Lyman (ed.): The Communication of Ideas. A Series of Adresses. New York 1948, S. 37-51; engl. Darstellung vgl. Jäckel 1999, S. 63; McQuail, Denis/Windahl, Sven: Communication Models for the Study of Mass Communications. London/New York 1981, S. 10.

send vgl. z. B. Jäckel 1999, Kap. 5) Diese Studie wurde in Erie County vom Bureau of Applied Social Research (BASR) der Columbia University durchgeführt und bildet die Grundlage der später als Columbia School titulierten *mikrosoziologischen* (handlungstheoretisch ausgerichteten) Denkrichtung zur Erklärung des Wählerverhaltens. Die Arbeiten am BASR verfolgten das Ziel, mittels damals neuartiger quantitativer und qualitativer Forschungsansätze allgemeine Schlussfolgerungen über das Sozialverhalten zu erkennen und zu erklären, so in der Erie-County-Studie über das Zustandekommen von Wahlverhalten und Parteienpräferenzen.

Im medien- und kommunikationssoziologisch interessanten Kern wurde in der Studie von Lazarsfeld et al. ein Kommunikationsmodell beschrieben, in dem ein zweistufiger Prozess, bestehend aus Meinungsführern (opinion leader) und den letztlichen Rezipienten (Informationsempfängern), für die Verbreitung von Botschaften durch die Massenmedien verantwortlich ist. Dieser unter dem Titel »Zwei-Stufen-Fluss der Kommunikation« (meist englisch genannt: »Two Step Flow of Communication«) bekannt gewordene Befund verweist auf die kaum zu unterschätzende soziale Rolle und Funktion von am Thema sehr interessierten und gut informierten Meinungsführern und deren weniger informierten oder auch weniger interessierten Gefolgschaft für den Prozess der Meinungsbildung und Entscheidungsfindung im Alltag.

Der Erie-County-Studie zufolge entstehen und verfestigen sich Meinungen (hier Wahlentscheidungen) insbesondere durch interpersonale Kommunikation, wie Gespräche im persönlichen Umfeld der Wähler (z. B. in der Familie, mit Arbeitskollegen und in sozialen Gruppen wie Vereinen), wobei einem gut informierten Meinungsführer die besondere Rolle eines Gatekeepers (Pförtners, Torwächters, Schleusenwärters) zukommt. Ein Gatekeeper nimmt einerseits die Filterung, also die Auswahl von Informationen vor, andererseits liefert er eine Vorab-Interpretation, also eine Deutung und erste Wertung der gefilterten Information für die sogenannte Gefolgschaft. Neben den persönlich bekannten Per-

Abb. 3: Zwei-Stufen-Fluss der Kommunikation

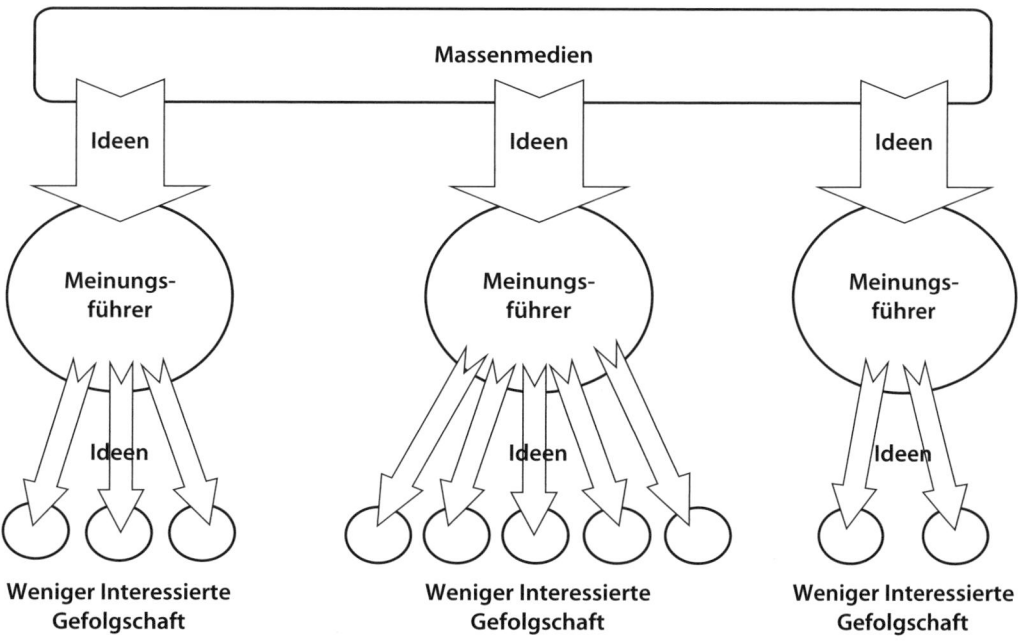

sonen in der interpersonalen Kommunikation im Alltag sind die Massenmedien ebenfalls Gatekeeper, indem sie eine erste Selektion der zu sendenden Informationen (wie Nachrichtenmeldungen) aus dem Pool aller möglichen Informationen vornehmen. Gatekeeper können aber auch Personen sein, die in den Massenmedien auftreten, wie Journalisten, Prominente, Wissenschaftler. Allerdings wird die Gatekeeper-Funktion der traditionellen Massenmedien (wie Fernsehen, Radio, Zeitung) durch die Verbreitung von Online-Foren, Blogs und Sozialen Netzwerken im Internet zunehmend unwichtiger.

Zudem, so die Ergebnisse der Erie-County-Studie, seien für die Auswahl der Gesprächspartner vor allem sozialstrukturelle Merkmale von besonderer Bedeutung. Trotz einiger Kritik an der methodischen Umsetzung der Studie kamen andere ebenso bekannte Studien zu ähnlichen Ergebnissen, so die von Robert K. Merton in den 1960er Jahren durchgeführte »Rovere Study« und die von Elihu Katz und Paul F. Lazarsfeld in den Jahren 1945/46 durchgeführte »Decatur Study« (zum Überblick vgl. Jäckel 1999; 2011, Kap. 5). Auch diese wie weitere Studien heben sowohl die große Bedeutung von Meinungsführern im Prozess der Meinungs- und Entscheidungsbildung hervor wie auch die Wichtigkeit von sozialstrukturellen Merkmalen, wie Bildungsabschluss, Berufsposition, Einkommenshöhe, allgemein Schichtzugehörigkeit, aber auch Alter, Geschlecht u. v. m. Diese Erkenntnisse, dass sozialstrukturelle und kulturelle Indikatoren für den Prozess der Meinungsbildung wie für den gesamten Kommunikationsprozess sehr bedeutsam sind, haben in der Folge die sozialwissenschaftliche Modellweiterentwicklung geprägt. Denn genau wie alle Menschen und sozialen Beziehungen sind auch die (Massen-) Medien und jedwede Kommunikation eingelassen in eine ganz bestimmte, zeitlich und räumlich konturierte *Kultur* mit ihren spezifischen *Wert*en, *Norm*en und *Symbol*en (z. B. Adels- und akademische Titel, Kleidungsmarken, Autos und andere Statussymbole), die z. B. je nach Schicht- oder Milieuzugehörigkeit etwas verschieden gedeutet und bewertet werden können.

Mehrdimensionale Modelle und Netzwerkanalyse: Die besondere Bedeutung der Relaisfunktion der Meinungsführer (opinion leader), d. h. der Beeinflussungs- und Verstärkungsfunktion im Informationsfluss, fließt in die These des Mehr-Stufen-Flusses der Kommunikation (Multi-Step-Flow of

Communication) mit ein. Hierbei wird davon ausgegangen, dass in der interpersonalen Kommunikation des Alltags Meinungsführer im *sozialen Netzwerk* der Gefolgschaft existieren, wie innerhalb der Familie, einer Clique, eines Vereins u. Ä., aber auch in den sogenannten Social Networks des Internet. Ein soziales Netzwerk kann dabei auch als Netzwerk *sozialer Beziehungen* oder allgemein auch als Netzwerk von Kommunikationen beschrieben werden. Bei der Identifikation von Meinungsführern kommen in empirischen Forschungen vor allem drei Verfahren zum Einsatz, die manchmal auch kombiniert werden: 1) Selbsteinschätzungsverfahren, 2) Fremdeinschätzungsverfahren, 3) *soziometrische* Verfahren und *Netzwerkanalysen*, bei denen in einem Netzwerk nach der Person gefragt wird, die zu einem bestimmten Thema besonders oft kontaktiert wird, auf deren Meinung besonders viel Wert gelegt wird. Dabei werden in der Netzwerkanalyse einerseits die sogenannten »strong ties« (enge Beziehungen) hervorgehoben, die für eine relativ starke Bindung und enge Kommunikation zwischen den Mitgliedern des Netzwerks und eine starke Orientierung von Gefolgschaftsmitgliedern an ihrem Meinungsführer stehen. Hiervon unterschieden werden andererseits die sogenannten »weak ties« (schwache Beziehungen), die immer dann bestehen, wenn Mitglieder des Netzwerks eher am Rande stehen, also Randständige oder Marginale sind, wobei diese Marginalen oft auch Beziehungen zu anderen Netzwerken pflegen und so zur Inter-Netzwerk-Kommunikation wesentlich beitragen, quasi hierfür eine Schlüsselrolle übernehmen.

Im Modellvergleich werden zudem noch die Inaktiven ausgewiesen, die mehr oder weniger keinem Netzwerk zuzuordnen sind und die sich dem interpersonalen Meinungsbildungsprozess, vermittelt über Meinungsführer, weitgehend entziehen. Wesentlich ist, dass ein Meinungsführer diese Funktion und soziale *Rolle* in der Regel nur bezogen auf ein Thema oder ein Bündel von bestimmten Themen innehat; solche Themen, bei denen er als besonders gut informiert und als »wissend« gilt. In der Kommunikations- und Mediensoziologie meint Meinungsführer daher thematisch anerkannte und akzeptierte Meinungsführer. Dies wiederum verweist auf die große Bedeutung von sozialstrukturellen und kulturellen Indikatoren für die Bestimmung von Meinungsführern und für die Beschreibung, erst recht für Erklärungsversuche von Kommunikations-

Abb. 4: Massenkommunikation und interpersonale Kommunikation: Modelle im Vergleich

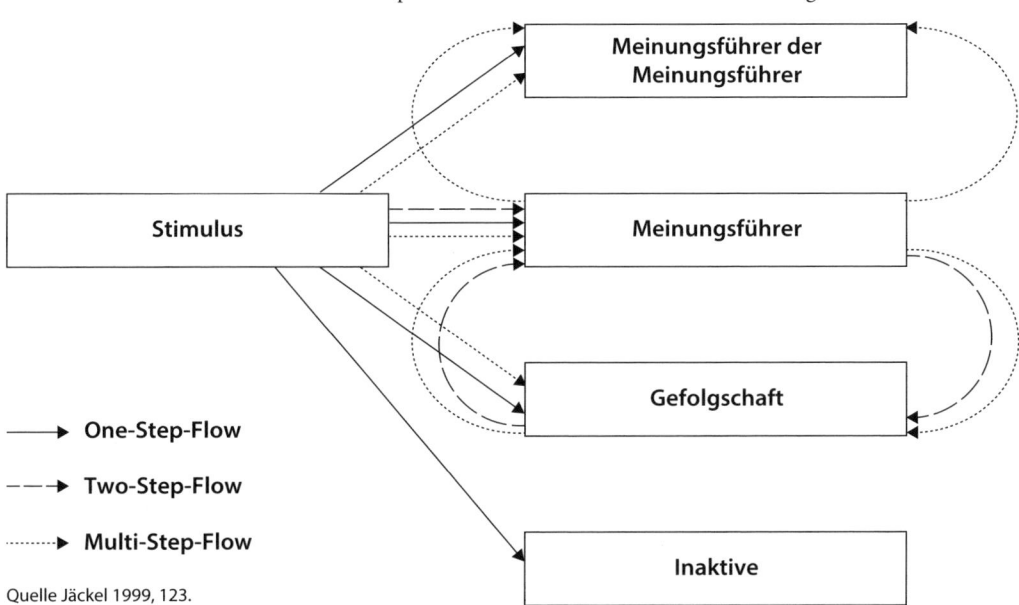

Quelle Jäckel 1999, 123.

strukturen, Meinungsbildungsprozessen und Medienwirkungen. Dies wurde in Verbindung zu Ansätzen der sogenannten New *Cultural Studies* (jüngere Ansätze der Kultursoziologie) durch eine ganzheitliche Betrachtung in Rechnung zu stellen gesucht. Bei diesem Blickwinkel wird postuliert, dass alle Kommunikationsprozesse in eine bestimmte räumlich und zeitlich definierte Kultur eingebunden sind und entsprechend von den Kommunikationspartnern wechselseitig gedeutet und bewertet werden und ebenso von der Forschung derart zu deuten und zu bewerten sind. Trotz aller Erweiterungen des ursprünglichen Modells bleiben Bezüge zur Pionierphase deutlich. So bleibt vermutlich auch weiterhin die Hauptaufgabe der Kommunikations- und Medien(wirkungs)forschung, den Kommunikationsalltag insbesondere mittels Massenmedien und Internet zu rekonstruieren, wobei der Meinungsführerforschung weiterhin eine zentrale Rolle zukommen dürfte.

Literatur

Hartmann, Frank, 2008: Medien und Kommunikation, Wien. – Hepp, Andreas et al. (Hg.), 2006: Konnektivität, Netzwerk und Fluss. Konzepte gegenwärtiger Medien-, Kommunikations- und Kulturtheorie, Wiesbaden. – Jäckel, Michael, 2011: Medienwirkungen. Ein Studienbuch zur Einführung, 5., vollst. überarb. Aufl., Wiesbaden (1999). – Jäckel, Michael (Hg.), 2005: Mediensoziologie. Grundfragen und Forschungsfelder, Wiesbaden. – Lasswell, Harold D., 1948: The Structure and Function of Communication; in: Bryson, Lyman (ed.): The Communication of Ideas. A Series of Adresses, New York, 37–51. – Lazarsfeld, Paul F. et al., 1944: The People's Choice. How the Voter Makes Up his Mind in a Presidential Campaign, New York – Ders. et al., 1969: Wahlen und Wähler, Neuwied/Berlin. – McQuail, Denis; Windahl, Sven, 1981: Communication Models for the Study of Mass Communications, London/New York. – Neumann-Braun, Klaus; Müller-Doohm, Stefan (Hg.), 2000: Medien- und Kommunikationssoziologie. Eine Einführung in zentrale Begriffe und Theorien, Weinheim/München. – Schenk, Michael, 2007: Medienwirkungsforschung, 3., vollst. überarb. Aufl., Tübingen (1987). – Schützeichel, Rainer, 2004: Soziologische Kommunikationstheorien, Konstanz. – Ziemann, Andreas, 2006: Soziologie der Medien, Bielefeld.

Günter Endruweit/Barbara Hölscher

Konflikttheorie

In einem engeren Sinne wird die Konflikttheorie (engl. conflict theory) in der Soziologie als Gegenpol zum Strukturfunktionalismus von Talcott Parsons verstanden (Bonacker 2005). Parsons hatte vor allem in den 1950er und 60er Jahren eine Handlungstheorie entworfen, die die Frage beantworten sollte, wie soziale Ordnung möglich sei. Parsons entwarf eine Handlungstheorie, in deren Zentrum die Annahme einer normativen *Integration* von Gesellschaften durch gemeinsame Werte stand. Dieser Auffassung haben seinerzeit Autoren wie Lewis Coser (1965) und Ralf Dahrendorf (1961) widersprochen, die Parsons vorwarfen, er übersehe einen zentralen Aspekt nicht nur moderner Gesellschaften, sondern aller sozialen *Beziehungen*: den Konflikt. Bei aller Unterschiedlichkeit waren sich Coser und Dahrendorf darin einig, dass die integrationstheoretische Perspektive von Parsons' Funktionalismus durch eine konflikttheoretische ergänzt werden müsse.

Dabei greifen Dahrendorf und Coser auf unterschiedliche Perspektiven soziologischer Klassiker zurück. Coser hat seine Theorie als eine Art Kommentar zu Simmel entwickelt, Dahrendorf versuchte, eine Brücke zwischen den gemeinhin als unvereinbar geltenden Arbeiten von Marx und Weber zu schlagen. Für Randall Collins (1985) war damit ein neues soziologisches Paradigma geboren – neben der integrationstheoretischen Perspektive, die von Durkheim zu Parsons führte, und der mikrointeraktionistischen, wie sie bei Autoren wie Mead und Goffman zu finden ist.

Ausgangspunkte der Konflikttheorie: Dahrendorf und Coser

Dahrendorf hat seine Konflikttheorie herrschaftssoziologisch ausgerichtet und mit dem Argument eingeleitet, *Herrschaft* – und deshalb auch Konflikt – sei für alle Gesellschaften ubiquitär, also ein Normalfall. Er konnte sich dabei vor allem auf Marx beziehen, der gemeinsam mit Engels den Zusammenhang von *sozialer Ungleichheit* und gesellschaftlichem Konfliktpotential hervorgehoben hat. Collins (1985) zufolge haben Marx und Engels in fünffacher Hinsicht die soziologische Konflikttheorie geprägt: a) durch eine Theorie sozialer *Klasse*n, die einen kausalen Zusammenhang von sozialer Ungleichheit und gesellschaftlichen Konflikten herstellt; b) durch eine

*Ideologie*theorie, die zeigt, dass Werte- und Identitätskonflikte eine sozialstrukturelle Grundierung besitzen; c) durch eine Theorie des politischen Konflikts, mit der deutlich wird, dass Klassenkonflikte als politische Konflikte ausgetragen werden und dies an spezifische Formen der kollektiven Mobilisierung gebunden ist; d) durch eine *Revolution*stheorie, die unterschiedliche Phasen der Konfliktaustragung unterscheidet und Konflikte im Ansatz auch als Eskalationsprozess versteht; und e) durch eine zumindest andeutungsweise entwickelte Theorie der geschlechtlichen *Arbeitsteilung*, mit der darauf hingewiesen wird, dass innerhalb von Klassengesellschaften Frauen in einer strukturellen Abhängigkeitsbeziehung zu Männern stehen und dass sich darüber hinaus der Stand gesellschaftlicher *Emanzipation* letztlich am Stand der weiblichen Emanzipation ablesen lasse (vgl. Marx/Engels 1845). Wenigstens zwei konflikttheoretisch entscheidende Punkte aber haben Marx und Engels nicht befriedigend beantworten können: Unter welchen Bedingungen führt soziale Ungleichheit zu Konflikten und letztlich zu Revolutionen, wenn empirisch klar ist, dass dies nicht immer der Fall ist? Und wie kann im Anschluss daran erklärt werden, dass sich Konflikte im Rahmen eines Herrschaftsverbandes in Bahnen einer gewaltfreien Auseinandersetzung lenken lassen?

Dahrendorf (1961) hat den ersten Punkt mit seiner Theorie der Formierung von Quasi-Gruppen zu Konfliktparteien zu beantworten versucht. Ihm zufolge sind Konflikte so lange latent, also nicht direkt beobachtbar, wie Interessengruppen sich nicht als solche öffentlich artikulieren und formieren. Für den Übergang von Quasi-Gruppen zu Interessengruppen spielen Dahrendorf zufolge wenigstens drei Aspekte eine Rolle: (a) die Bedingungen der *Organisation*, (b) die Bedingungen der Konfliktaustragung und (c) die Bedingungen, die den Strukturwandel direkt betreffen (Dahrendorf 1961: 223 ff.). Damit geht Dahrendorf zum zweiten Punkt über: zur Rolle des *Staat*es, der unter den Bedingungen legitimer Herrschaft einen rechtlichen und politischen Rahmen dafür herstellt, dass Konflikte öffentlich und gewaltfrei ausgetragen werden können. Da es in jedem Herrschaftsverband Dahrendorf zufolge Träger von positiven und negativen Herrschaftsrollen gibt und Letztere ein Interesse an der Verbesserung ihrer Situation haben, sollten positive Herrschaftsrollen nicht zugleich mit der Möglichkeit verbunden sein, den Konflikt zu entscheiden oder die Spielregel des

Konfliktaustrags einseitig festzulegen (Dahrendorf 1972; 1994).

Dem Strukturfunktionalismus hat Dahrendorf vorgehalten, dieser vernachlässige die positive Funktion von sozialen Konflikten, die zu *Fortschritt*, Offenheit und *Innovation* in einer Gesellschaft führten und nicht etwa deren *Integration* bedrohten: »Wo Konflikte anerkannt und geregelt werden, bleibt der Prozess des Wandels als allmähliche Entwicklung erhalten. Immer aber liegt in sozialen Konflikten eine hervorragende schöpferische Kraft von Gesellschaften« (Dahrendorf 1974: 272). Demgegenüber erblickte Coser die positive Funktion von Konflikten darin, dass sie zu einer stärkeren Integration einer sozialen Gruppe beitrügen. Konflikte stärken das Zugehörigkeitsgefühl und ermöglichen ein Befolgen sozialer Regeln und Normen. Im Anschluss an Simmel ging Coser von einer »Kreuzung sozialer Kreise« (Simmel) aus, also davon, dass Individuen in pluralistischen Gesellschaften unterschiedliche Rollen und Loyalitäten besitzen, die letztlich eine dramatische Zuspitzung eines Konflikts zwischen zwei Großgruppen verhindern. Vor diesem Hintergrund konnte Coser dann schlussfolgern, dass eine fehlende oder unterdrückte Konfliktaustragung die Stabilität einer Gruppe gefährdet, weil sie Lernprozesse blockiert und *Desintegration* wahrscheinlich macht (Coser 1965: 82).

Die demokratietheoretische Weiterentwicklung

Konflikt und nicht Integration ist für Dahrendorf und Coser der in modernen Gesellschaften zu beobachtende Normalfall. Schon bei Coser wird allerdings deutlich, dass sich Konflikt und Integration keineswegs ausschließen, sondern Konflikte selbst unter Umständen zur Integration beitragen – eine These, die dann in den 1990er Jahren systematisch von Helmut Dubiel im Anschluss an Cosers Unterscheidung von Echten und Unechten ausgearbeitet wurde (Dubiel 1997). Ähnlich wie in der sozialpsychologischen Theorie des realistischen Gruppenkonflikts argumentiert Coser, dass man zwischen Konflikten, die im Rahmen einer Zielerreichung zwischen Konkurrenten ausgetragen werden, und solchen, die sich direkt auf die Schädigung und Abwertung des Gegners beziehen, unterscheiden müsse (Coser 1965). Erstere basierten im Gegensatz zu Letzteren auf einer grundsätzlichen Anerkennung des Gegners. Eine Integration durch gemeinsame

Werte sei, so Dubiel, deshalb gar nicht erforderlich, um pluralistische Gesellschaften zusammenzuhalten. Eine gewaltfreie und öffentliche Konfliktaustragung reiche dafür aus: »In dem Maße, wie sich die politischen Akteure über die Zielsetzung ihrer Gesellschaft streiten, betätigen sie sich auch als Mitglieder ein und derselben Gemeinschaft. Durch den Konflikt hindurch begründen sie ohne Aufgabe ihrer Gegnerschaft einen sie zugleich integrierenden symbolischen Raum« (Dubiel 1997: 428). Konflikte übernehmen damit selbst die Funktion gesellschaftlicher Integration. Diese integrative Kraft von Konflikten ist freilich an einige Voraussetzungen gebunden. Dubiel nennt hierfür bspw. die gewaltfreien Methoden des Konfliktaustrags und die wechselseitige Anerkennung der Konfliktparteien. Dubiel überführt die von Dahrendorf und Coser angestoßene Debatte um Integration oder Konflikt als zentrale Bezugspunkte soziologischer Theoriebildung damit in eine demokratietheoretische Perspektive.

Konflikttheoretische Ansätze in der makrosoziologischen Gesellschaftsanalyse

Im Rahmen der makrosoziologischen Gesellschaftsanalyse und hier insbesondere der historischen Soziologie spielten konflikttheoretische Ansätze ebenfalls eine zentrale Rolle. Die Arbeiten von Skocpol (1979) zu *Revolution*en haben ebenso wie die von Mann (2007) und Giddens (1987) zur Entstehung und Entwicklung des modernen Nationalstaats dazu beigetragen, dass innerhalb der Makrosoziologie der Konflikt als Motor gesellschaftlichen *Wandels* aufgefasst wird. Träumte die Soziologie im späten 19. und frühen 20. Jh. vielleicht noch den »Traum von der gewaltfreien Moderne« (Joas 2000: 49ff.), so widmete sie sich später intensiver der Konflikt- und *Gewalt*haltigkeit moderner Gesellschaften (Imbusch 2005). Im Mittelpunkt steht dabei bis heute die Ambivalenz zentraler gesellschaftlicher und politischer Institutionen moderner Gesellschaften – allen voran der Staat. Auf der einen Seite bilden staatliche Institutionen – insbesondere das Gewaltmonopol und die formal-legale *Herrschaft* – den Kern der Zivilisierung des Konflikts. Auf der anderen Seite ermöglichen sie eine bis dahin kaum gekannte Makrogewalt. Insbesondere Mann hat die »dunkle Seite der Demokratie« (Mann 2007) herausgearbeitet und gezeigt, dass Demokratien im Kern auf kollektive Identitäten und damit auf Ab- und Ausgrenzungen angewiesen sind, die unter bestimmten Bedingungen in – nicht selten staatlich gestützte oder vollzogene – kollektive Gewalt münden können.

Nicht zuletzt weil das Gewaltmonopol und der öffentliche Konfliktaustrag allein die Zivilisierung von Konflikten nicht garantiert, hat Senghaas (1995) vor dem Hintergrund der europäischen Entwicklung systematisch fünf gesellschaftliche Voraussetzungen für eine Institutionalisierung ziviler Konfliktbearbeitung unterschieden: a) ein funktionierendes staatliches Gewaltmonopol, b) dessen rechtsstaatliche Kontrolle, c) eine aktive demokratische Partizipation, d) soziale Gerechtigkeit im Sinne einer verwirklichten Chancengleichheit und e) die Kontrolle von Affekten und die Realisierung von Interdependenzen zwischen ausdifferenzierten Teilbereichen.

Meso- und mikrotheoretische Perspektiven der Konflikttheorie

Konflikttheoretische Ansätze im Rahmen der Makrosoziologie schließen methodologisch gesehen in der Regel von sozialen Strukturen auf Konflikte. Ein entscheidender Schritt dabei ist die Formierung von Konfliktparteien und kollektiven Akteuren. Mesosoziologische Ansätze der Protest- und Bewegungsforschung haben auf die Bedeutung interpretatorischer Rahmen und materieller wie symbolischer Ressourcen hingewiesen, damit bspw. objektive *soziale Ungleichheit* einerseits subjektiv als Ungerechtigkeit (Moore 1987) und soziale Missachtung und andererseits als kollektives Schicksal empfunden wird (Honneth 1994). In dem Maße, wie legitime Ansprüche gesellschaftlich dauerhaft verletzt werden und die ökonomischen, politischen und kulturellen Institutionen einer Gesellschaft in eine Strukturkrise geraten, wächst nicht nur die Wahrscheinlichkeit sozialer Konflikte mit dem Ziel von Gruppen, ihre Ansprüche notfalls mit Gewalt einzulösen. Vielmehr bilden sich Intergruppenkonflikte heraus, in denen sich ausgegrenzte oder statusgefährdete Gruppen diskriminierend und feindlich gegenüber anderen Gruppen verhalten (Heitmeyer 2002).

In Abgrenzung zu makrosoziologischen Ansätzen hat Randall Collins schließlich den Versuch unternommen, die Konflikttheorie mikrotheoretisch zu fundieren, weil Collins zufolge Makrophänomene in beobachtbare Interaktionen übersetzbar sein müssen, um soziologisch erklärt werden zu können (Col-

lins 1985; Rössel 1999). Konflikttheoretisch von besonderer Bedeutung ist dabei Collins' These, dass Konflikte mit Emotionen und affektiven Bindungen an *Symbol*e zusammenhängen. In Konflikten, die sich Collins zufolge als Interaktionsrituale verstehen lassen, können affektive Bindungen erzeugt und verstärkt werden. Sie dienen den Beteiligten deshalb auch dazu, emotionale Energie und damit ihren sozialen Status zu steigern. Entscheidend für den Verlauf von Konflikten und die Entstehung von Gewalt ist Collins zufolge vor allem die Interaktionssituation, in der Emotionen bspw. den Ausbruch von Gewalt blockieren oder wahrscheinlich machen (Collins 2011).

Konflikt als Form der Vergesellschaftung

Collins macht damit deutlich, dass die Konflikttheorie Konflikte auch als ein eigenständiges Interaktionsgeschehen betrachten sollte, das nicht nur aus sozialen Strukturen heraus entsteht, sondern das selbst soziale Strukturen etwa in Form der wechselseitigen Erwartung von Widerspruch hervorbringt. Simmel kann vor diesem Hintergrund mit einigem Recht als Begründer einer soziologischen Konflikttheorie verstanden werden, hat er doch im Kapitel »Der Streit« Konflikte als eine spezifische Form der Vergesellschaftung interpretiert (Simmel 1908). Konflikte prägen ihm zufolge ein spezifisches Muster der *sozialen Beziehung* und integrieren die Beteiligten in einem Maße, wie es kaum eine andere Form der Vergesellschaftung schafft. Simmels Ansatz, der strukturbildenden Eigenschaft des Konflikts auf den Grund gehen zu wollen, ist nicht nur von Coser, sondern vor allem von Luhmann (1984) aufgegriffen worden, der soziale Konflikte als eigenständigen Systemtyp konzipiert hat. Luhmann hat damit deutlich gemacht, dass einmal angefangene Konflikte prozessual zur Fortsetzung neigen und sich Anlässe dafür aus dem Konfliktgeschehen selbst ergeben. Messmer (2003) hat daran anschließend eine Kommunikationstheorie sozialer Konflikte entworfen, die die immanente Steigerungs- und Eskalationsdynamik von Konflikten in den Vordergrund rückt und zwischen Sach-, Beziehungs- und Identitäts- sowie Machtkonflikten unterscheidet, die jeweils einem eigenen Muster der Auseinandersetzung folgen. Werron (2010) hat sich Simmels Unterscheidung von Konflikt und *Konkurrenz* als Strukturformen der Gegnerschaft zunutze gemacht. Ihm zufolge unterscheiden sich beide Formen der Auseinandersetzung darin, dass Konflikte direkt zwischen Gegnern, die einander widersprechen, ausgetragen werden, während Konkurrenten einen Dritten benötigen, um dessen Gunst gerungen wird. Die Qualität des politischen Streits ist im Fall der Konkurrenz eine andere als im Fall der direkten Gegnerschaft, weil sich die Konfliktparteien, die sich in einer Konkurrenzsituation wähnen, an Erwartungen Dritter orientieren. Dadurch kann sich der Konflikt, wie Werron im Anschluss an die Begrifflichkeit Messmers formuliert, »von der Stufe des Identitäts- oder Machtkonflikts auf die Stufe des Sachkonflikts zurückbewegen« (Werron 2010: 315).

Zusammenfassung und Ausblick

Das große Thema soziologischer Konflikttheorien ist der Zusammenhang von sozialen Strukturen, die zu Konflikten führen, den sozialen Identitäten, ohne die kein Konflikt entstehen kann, die sich aber in Konflikten verändern oder unter Umständen auch erst generiert werden, und dem Konflikt, der selbst soziale Strukturen hervorbringt. Konflikttheoretische Ansätze haben in unterschiedlicher Weise versucht, diesen Zusammenhang verständlich zu machen. Makrosoziologische Ansätze neigen in der Regel dazu, den sozialen Strukturen den Vorzug zu geben und schließen von ihnen auf die Konflikthaftigkeit von Gesellschaften. Ein klassisches Beispiel dafür findet sich in der Revolutionsforschung: Rascher *sozialer Wandel* führt dazu, dass soziale *Norm*en erodieren und an Bindungskraft verlieren, mit dem Resultat, dass Konflikte zunehmen, weil die neue soziale Ordnung zwischen Gruppen erst ausgehandelt werden muss und Gruppen die Gelegenheit sehen, sich Positionen und Ressourcen anzueignen, die ihnen vorher verwehrt wurden. Vernachlässigt wird dabei, dass diese Gruppen wiederum durch etwas – und jemanden – mobilisiert werden müssen. Mit anderen Worten scheinen kollektive Akteure und Gruppenidentitäten für die Entstehung von Konflikten zentral zu sein. Und schließlich entstehen durch Konflikte erst soziale Strukturen und kollektive Identitäten, die bspw. eine nachrevolutionäre soziale Ordnung entscheidend prägen können.

Es scheint vor diesem Hintergrund schwierig zu sein, eine umfassende soziologische Konflikttheorie zu formulieren, die Konflikte sowohl als etwas verstehen müsste, das aus sozialen Strukturen heraus

entstehen kann, als auch als etwas, das soziale Strukturen entstehen lässt. Zugleich sind die meisten konflikttheoretischen Arbeiten auf bestimmte Typen und Erscheinungsformen von Konflikten festgelegt. So hat Dahrendorf seine Konflikttheorie explizit nur für Konflikte zwischen Rangungleichen in organisierten Herrschaftsverbänden formuliert. Ulrich Beck (2004) hat zu Recht darauf hingewiesen, dass viele soziologische Arbeiten zu gewaltsamen Konflikten und Kriegen einem methodologischen Nationalismus verhaftet geblieben sind, weil sie sich in der Regel an der Unterscheidung zwischen innerstaatlichen und internationalen Konflikten orientieren – eine Unterscheidung, die für Weber noch selbstverständlich war, die aber angesichts der Entkopplung gesellschaftlicher und politischer Grenzen insbesondere für die Konflikttheorie problematisch geworden ist.

Literatur

Beck, Ulrich, 2004: Der kosmopolitische Blick oder: Krieg ist Frieden, Frankfurt a.M. – Bonacker, Thorsten (Hg.), 2005: Sozialwissenschaftliche Konflikttheorien, Wiesbaden. – Collins, Randall, 1985: Three Sociological Traditions, Oxford. – Collins, Randall, 2011: Dynamik der Gewalt, Hamburg. – Coser, Lewis, 1965: Theorie sozialer Konflikte, Neuwied. – Dahrendorf, Ralf, 1961: Gesellschaft und Freiheit, München. – Ders., 1972: Konflikt und Freiheit, München. – Ders., 1974: Pfade aus Utopia, München. – Ders., 1994: Der moderne soziale Konflikt, München. – Dubiel, Helmut, 1997: Unversöhnlichkeit und Demokratie; in: Heitmeyer, Wilhelm (Hg.): Was hält die moderne Gesellschaft zusammen?, Frankfurt a.M., 425–444. – Giddens, Anthony, 1987: The Nation-State and Violence, Cambridge. – Heitmeyer, Wilhelm, 2002: Gruppenbezogene Menschenfeindlichkeit; in: Ders. (Hg.): Deutsche Zustände, Folge 1, Frankfurt a.M., 15–36. – Honneth, Axel, 1994: Kampf um Anerkennung, Frankfurt a.M. – Imbusch, Peter, 2005: Moderne und Gewalt, Wiesbaden. – Joas, Hans, 2000: Kriege und Werte. Studien zur Gewaltgeschichte des 20. Jahrhunderts, Weilerswist. – Luhmann, Niklas, 1984: Soziale Systeme, Frankfurt a.M. – Mann, Michael, 2007: Die dunkle Seite der Demokratie. Eine Theorie der ethnischen Säuberung, Hamburg. – Marx, Karl; Engels, Friedrich, 1845: Die heilige Familie; in: Marx-Engels-Werke, Band 2, Berlin 1990, 3–223. – Messmer, Heinz, 2003: Der soziale Konflikt, Stuttgart. – Moore, Barrington, 1987: Ungerechtigkeit, Frankfurt a.M. – Rössel, Jörg, 1999: Konflikttheorie und Interaktionsrituale. Randall Collins' Mikrofundierung der Konflikttheorie; in: Zeitschrift für Soziologie 28, 23–43. – Senghaas, Dieter, 1995: Frieden als Zivilisierungsprojekt; in: Ders.: Den Frieden denken. Si vis pacem para pacem, Frankfurt a.M.,

196–223. – Simmel, Georg, 1992: Der Streit; in: Ders.: Soziologie. Untersuchungen über die Form der Vergesellschaftung, Frankfurt a. M., 284–382 (1908). – Skocpol, Theda, 1979: States and Social Revolutions, New York. – Werron, Tobias, 2010: Direkte Konflikte, indirekte Konkurrenzen. Unterscheidung und Vergleich zweier Formen des Kampfes; in: Zeitschrift für Soziologie 39, 302–318.

Thorsten Bonacker

Konsens

Konsens (engl. consensus; lat. consensus = Übereinstimmung) ist ein sozialer Mechanismus, der dazu beiträgt, eine *Gemeinschaft* oder eine *Gesellschaft* am Leben zu erhalten. Konsens bezieht sich damit auf die Übereinstimmung im Hinblick auf vitale gemeinschaftliche oder gesellschaftliche Aspekte (*Werte*, *Norme*n und Rechtssystem, Regeln der *Konflikt*austragung, Verteilung der Ressourcen). Gesellschaftstheoretisch werden zwei Denkmodelle gegenübergestellt: die konsensuale Gesellschaft, in der Konflikte für das Funktionieren des Gemeinwesens dysfunktional sind (vgl. *Strukturfunktionalismus*) und die anpassungsfähige, sich stetig wandelnde Gesellschaft, in der Konflikte die Aufgabe haben, diesen Wandel zu perpetuieren (Dahrendorf 1967). Während im ersten Modell vor allem der Wertkonsens, wie er vom kulturellen Subsystem reproduziert wird, eine Grundbedingung der Stabilität sozialer Systeme darstellt, kommt auch das Konfliktmodell von Gesellschaft nicht ohne Konsens, nämlich im Hinblick auf die Regeln der Konfliktregulierung aus. Die Frage des gesellschaftlichen Grundkonsenses ist eine Grundfrage der *Makrosoziologie*. Pluralistische Gesellschaften zeichnen sich durch eine Vielfalt von Lebensformen, ethnischen Zugehörigkeiten, Gruppen- und individuellen Interessen aus, die schwer zu einem übergreifenden Konsens zu integrieren sind. Etzioni (1969) hat eine Liste menschlicher Grundbedürfnisse als Grundlage des Prozesses authentischer Konsensbildung formuliert. Herrschaftsfreie Diskurse über die Wahrheit, Richtigkeit und Wahrhaftigkeit von individuellen oder gruppenspezifischen Geltungsansprüchen (Habermas 1981) sind nur sehr schwer durchzusetzen. In der Diskurstheorie wird unter Konsens eine Einigung verstanden, die von allen Diskursteilnehmern als besser angesehen wird als alle anderen denkbaren Entscheidungsoptionen inkl. der Beibehaltung des

Status quo. Die *Politische Soziologie* analysiert Herrschaftssysteme u. a. im Hinblick auf die institutionalisierten Mechanismen der Konsensbildung.

Literatur

Dahrendorf, Ralf, 1967: Die Funktion sozialer Konflikte; in: ders.: Pfade aus Utopia, München, 263–277. – Etzioni, Amitai, 1969: Elemente einer Makrosoziologie; in: Zapf, Wolfgang (Hg.): Theorien des sozialen Wandels, Köln, 147–176. – Habermas, Jürgen, 1981: Theorie des kommunikativen Handelns, 2 Bde., Frankfurt a. M.

Birgit Blättel-Mink

Konservativismus

Die Begriffe konservativ und Konservativismus (von lat. conservare, bewahren, engl. conservatism) werden sowohl zur Kennzeichnung psychologischer Verhaltens- und Reaktionsweisen (Neigung zum Festhalten am Hergebrachten und Gewohnten) als auch zur Benennung eines nach Zeit und Umständen (und nach jeweiliger Definition) höchst unterschiedlich zusammengesetzten Systems gesellschaftspolitischer Ideen benutzt. Dabei liegen die alltagssprachliche und die ideenpolitische Verwendung näher beisammen als im Falle anderer ideengeschichtlicher Begriffe, da der politische Konservativismus eher Prinzipien des Reagierens auf vorherrschende Tendenzen ausdrückt, als selbst ein zusammenhängendes System von Ideen zur Konstruktion gesellschaftlicher und politischer Ordnungen zu repräsentieren.

Die gängigen Definitionsversuche unterscheiden sich v. a. durch ihre Antwort auf die Frage, ob der Konservativismus als Reaktion auf die Französische Revolution zu verstehen ist oder ob er ebenso wie die in dieser Revolution wirksam werdenden Ideen mit der Entwicklung des neuzeitlichen Denkens verbunden ist. In diesem Falle wäre er die zwangsläufige Begleiterscheinung des modernen *Rationalismus*.

Die erstgenannte Interpretation wurde dadurch nahegelegt, dass zu Beginn des 19. Jh.s der Begriff konservativ als Kennzeichnung und Selbstbezeichnung politischer Richtungen aufkam. Chateaubriand gab in Frankreich seiner ab 1818 erscheinenden Zeitschrift den Namen »Le Conservateur«; John Calhoun, der Verteidiger des Eigenrechts der einzelnen Staaten innerhalb der amerikanischen Union, beschrieb diese Position als konservativ, und die englischen Tories übernahmen schließlich als ihren Parteinamen die zuvor von anderen gebrauchte Charakterisierung. Gegen den Versuch, das Phänomen des politischen Konservativismus aus der Französischen Revolution abzuleiten, sprechen jedoch sowohl die historischen Tatsachen als auch jene formalen Bestimmungselemente, in denen die ansonsten voneinander abweichenden Definitionen übereinstimmen. So hat z. B. Klaus Epsteins grundlegende Arbeit über die Ursprünge des Konservativismus in Deutschland gezeigt, dass schon der bürokratisch-absolutistische Rationalismus einer von oben betriebenen planmäßigen Vereinheitlichung der Lebensverhältnisse jene konservative Kritik hervorruft, die etwa Justus Möser schon vor der Französischen Revolution den »Herrn beim Generaldepartement« entgegenhielt, da diese »alles, wie es scheinet, auf einfache Grundsätze zurückgeführt« sehen wollen. Dadurch aber bahnten sie den Weg zum »Despotismus, der alles nach wenig Regeln zwingen will, und darüber den Reichtum der Mannigfaltigkeit verlieret.«

Auch die formalen Definitionen des Konservativismus (nämlich als Reaktion auf Veränderungen, die von den so Reagierenden als bedrohlich empfunden werden) verweisen darauf, dass dieser gleichzeitig mit jenen Denkweisen entstand, gegen deren politische Konsequenzen er sich richtet. Er ist daher zunächst allgemein als eine Denkbewegung zu beschreiben, die sich selbst in dem Maße entfaltet, in dem eine geschichtsphilosophische Teleologie sich als *Fortschritt*sideologie präsentiert und sich mit der Vorstellung von rationaler Planbarkeit und Steuerbarkeit der Verhältnisse verbindet. Im Unterschied zu dem in dieser Hinsicht ebenfalls skeptischen klassischen *Liberalismus* bleibt der Konservativismus aber nicht bei der ideologiekritischen Infragestellung der Erkennbarkeit und Lenkbarkeit des Fortschritts stehen, sondern beruft sich seinerseits auf andere historische Legitimitätsquellen, die wiederum in ihrer Unterschiedlichkeit verschiedene Varianten des Konservativismus charakterisieren.

Literatur

Burke, Edmund; Gentz, Friedrich, 1991: Über die Französische Revolution: Betrachtungen und Abhandlungen, Berlin. – Epstein, Klaus, 1973: Die Ursprünge des Konservatismus in Deutschland: Der Ausgangspunkt: Die Herausforderung durch die Französische Revolution 1770–1806, Frankfurt a. M. u. a. – Hayek, Friedrich A. von, 1973: Die Verfassung der Freiheit, 3. Aufl., Tübingen. – Mannheim, Karl, 1964: Das konservative Denken; in: Wolff, Kurt H. (Hg.): Wissenssoziologie: Auswahl aus dem Werk, Berlin u. a., 408–613. – Mohler, Armin, 1964: Die konservative Revolution in Deutschland: 1918– 1932, 4. Aufl., Darmstadt. – Nisbet, Robert A., 1986: Conservatism, Minneapolis.

Michael Zöller

Konsistenz

Konsistenz (engl. consistency) bezeichnet die logische Übereinstimmung (Widerspruchsfreiheit) unterschiedlicher Antworten einer Person. Wird ein *Fragebogen* auf interne Konsistenz geprüft, so wird man z. B. untersuchen, ob die Altersangabe sich mit anderen Angaben verträgt, z. B. dem Familienstand oder dem PKW-Besitz. Solche Plausibilitätstests sind unerlässlich, um sowohl Fehler im *Interview* als auch Fehler der Interviewer aufzudecken.

Jürgen Friedrichs

Konstruktivismus

Der Konstruktivismus (engl. constructivism; lat. constructio = Zusammenbau) ist ein methodischer Ansatz in der Erkenntnis- bzw. *Wissenschaftstheorie*, dessen Vertreter davon ausgehen, dass die vom Forscher ermittelten Daten nicht unabhängig von ihm sind, sondern durch seine Theorie und Messinstrumente hergestellt sind. Daten können somit nicht unabhängige Prüfinstanz für die Theorien sein. Damit wird der *Falsifikationismus* nach Popper in Frage gestellt. Die durchaus unterschiedlichen Lesarten dieses Ansatzes vereint die Kritik an Realismus, Ontologie und der Korrespondenztheorie von Wahrheit und *Wissen*. Die Frage nach dem »Was« der Erkenntnis ersetzt der Konstruktivismus durch die Frage nach dem »Wie« des Erkenntnisvorgangs. Im Hinblick auf die gesellschaftliche Relevanz der Forschung wird der Konstruktivismus auch als Grundlage für eine kritische Wissenschaft gesehen (Ritsert 1996).

Der **methodische Konstruktivismus** geht auf die Arbeiten von Dingler (1955) zurück und wird von der sog. »Erlanger Schule« weiterentwickelt. Deren Vertreter (Lorenzen, Kamlah, Kambartel, Lorenz und Mittelstraß) begannen in den sechziger

Jahren damit, eine Theorie der konstruktiven Begründung zu formulieren, in deren Zentrum ein schrittweises, übersehbares und gerechtfertigtes, nicht-zirkuläres argumentatives Vorgehen steht (Lorenzen/Schwemmer 1973). Ein Hauptkritikpunkt am Konstruktivismus betrifft die Neigung zur Immunisierung von Theorien durch die Suche nach Störvariablen im Falle auftretender Widersprüche zwischen Daten und der Theorie, anstelle einer, wie im *Kritischen Rationalismus* geforderten, Aufgabe derselben. Der **radikale Konstruktivismus**, der von Glasersfeld (1998) ausgearbeitet wurde, bedient sich des Modells des autopoietischen Systems der Hirnforscher Maturana und Varela und behauptet, dass Kognitionen die Wirklichkeit nicht abbilden. Das Gehirn, das die Sinnesempfindungen verarbeitet, repräsentiert demzufolge nicht die Realität, sondern es konstruiert sie. Paradoxerweise ist der methodische Konstruktivismus radikaler als der radikale Konstruktivismus, insofern er sich nicht unbesehen auf die Anerkennung naturwissenschaftlicher Erkenntnisse stützt, sondern diese selbst einer erkenntnistheoretischen Konstruktion unterwirft.

In der Entwicklungspsychologie basiert der radikale Konstruktivismus auf den Arbeiten von Piaget, der davon ausgeht, dass sich die kognitiven Strukturen, die unser Wissen über die Welt formen, in der Interaktion von sozialer Umwelt und Subjekt herausbilden.

In der Soziologie geht die Annahme der »sozialen Konstruktion von Wirklichkeit« und damit auch der sozialen Konstruktion von Gesellschaft auf die *Phänomenologie* von Schütz, Berger und Luckmann zurück (Berger/Luckmann 1980). Des Weiteren findet sich eine Analogie zur *Ethnomethodologie* und zum *symbolischen Interaktionismus*. Sämtliche Ansätze sind von der Überzeugung getragen, dass das Prinzip lebensweltlicher Vergesellschaftung die ständige Herstellung und Übertragung von *Sinn* durch alltagssprachliche Sprechhandlungen ist (Ritsert 2009). Die konstruktivistische *Wissenschaftssoziologie* erklärt die scheinbar sicheren Fakten der Naturwissenschaften als gesellschaftliche Phänomene, die sich im Prozess des Erkennens im Labor manifestieren (Knorr-Cetina 1991). Analog hierzu verläuft die Entwicklung hin zu einer konstruktivistischen *Techniksoziologie* (Degele 2002). In der *Genderforschung* wird von einer sozialen Konstruktion der Differenz der Geschlechter ausgegangen, die im Verlaufe der *Sozialisation* reproduziert wird (Gildemeister 1988). Beide Faktoren,

die soziale Konstruktion von Wissenschaft sowie die soziale Konstruktion von Geschlecht, führen in der feministischen Wissenschaftstheorie zu einer grundlegenden Kritik des anthropozentrischen Wissenschaftsverständnisses (Harding 1991).

Literatur

Berger, Peter L.; Luckmann, Thomas, 1980: Die gesellschaftliche Konstruktion der Wirklichkeit, Frankfurt a. M. – Degele, Nina, 2002: Einführung in die Techniksoziologie, München. – Dingler, Hugo, 1955: Die Ergreifung des Wirklichen, München. – Friedmann, Johannes, 1981: Kritik konstruktivistischer Vernunft, München. – Gildemeister, Regine, 1988: Geschlechtsspezifische Sozialisation; in: Soziale Welt 39, 486–503. – Glasersfeld, Ernst von, 1998: Radikaler Konstruktivismus, 2. Aufl., Frankfurt a. M. – Harding, Sandra, 1991: Feministische Wissenschaftstheorie, 2. Aufl., Hamburg. – Knorr-Cetina, Karin, 1991: Die Fabrikation von Erkenntnis, 2. Aufl., Frankfurt a. M. – Lorenzen, Paul; Schwemmer, Oswald, 1973: Konstruktive Logik, Ethik und Wissenschaftstheorie, Mannheim. – Ritsert, Jürgen, 2009: Einführung in die Logik der Sozialwissenschaften, 3. Aufl., Münster.

Birgit Blättel-Mink

Konsumsoziologie

Begriff und Gegenstandsbereich

Die Konsumsoziologie (engl. sociology of consumption) befasst sich mit allem, was vor, während und nach der Planung und Tätigung des Erwerbs von Sach- oder Dienstleistungen geschieht. Erforscht wird somit nicht bloß das Einkaufen, sondern auch das Suchen, Auswählen, Ausprobieren, Bezahlen, Mitnehmen, Verbrauchen, Gebrauchen, Einlagern und Entsorgen jeder Art von Sach- oder Dienstleistung, einschließlich aller Aktivitäten, die sich im näheren Umfeld abspielen mögen, wie Vorstellen, Vorzeigen, Angeben, Mitteilen, Teilen, Ausleihen, Verschenken, Stehlen, Neiden, Sammeln, Sparen usw.

Angesichts dieses Ausmaßes grenzt sich die Konsumsoziologie deutlich von der ökonomischen Konsumforschung ab, die unter Konsum lediglich die Verwendung des verfügbaren Einkommens für Zwecke des Verbrauchs versteht und dabei primär an sehr marktspezifische Vorgänge wie Nachfrage, Bezahlung und *Markt*entnahme denkt. Was mit den jeweiligen Sach- oder Dienstleistungen anschließend passiert, gehört nicht mehr zu ihrem Gegenstandsbereich. Die Konsumsoziologie beschäftigt sich demgegenüber nicht nur mit solchen, primär marktbezogenen Vorgängen, sondern erforscht sämtliche Formen der Nutzung potentiell wie tatsächlich erworbener Sach- und Dienstleistungen zum Zwecke der Befriedigung unterschiedlichster *Bedürfnis*se, ob nur vorgestellt oder real ausgelebt.

Konsum zwischen Notwendigkeit und Luxus

Zum weiteren Verständnis der Konsumsoziologie ist es hilfreich, idealtypisch zwischen zwei Formen des Konsums zu unterscheiden: Konsum erster Ordnung, der durch das Moment des Lebensnotwendigen gekennzeichnet ist, und Konsum zweiter Ordnung, der über das Notwendige hinausgeht, eine prinzipiell relative Differenz. Konsum erster Ordnung bezieht sich auf die Befriedigung primärer Bedürfnisse, wie Essen, Trinken, Schlafen etc. Im Mittelpunkt der Aufmerksamkeit steht die physiologische Grundversorgung. Die Befriedigung primärer Bedürfnisse ist dabei eine Sache der Notwendigkeit, die kaum Kontingenz zulässt: Entweder gelingt deren Befriedigung ausreichend, oder aber das Überleben steht in Frage. Hiermit ist eine untere, quasi existentielle Grenze des Konsums markiert. Konsum zweiter Ordnung richtet sich hingegen auf die Befriedigung sekundärer Bedürfnisse, also sämtlicher Bedürfnisse, für die keine echte Notwendigkeit reklamiert werden kann, und betrifft damit – bezogen auf Werner Sombarts Feststellung »Luxus ist jeder Aufwand, der über das Notwendige hinausgeht« – durchweg *Luxus*bedürfnisse. Dabei ist das Entwicklungspotential des Konsums zweiter Ordnung nach oben hin nahezu unbegrenzt und auf ständige Selbstüberbietung angelegt. Es gibt mithin keine quantitative oder gar qualitative Grenze dafür, was alles für den Konsum zweiter Ordnung in Betracht kommen könnte: Prinzipiell scheint alles konsumierbar.

Klassiker der Konsumsoziologie

Fragt man vor diesem Hintergrund nach den Klassikern der Konsumsoziologie, ist die Auswahl vergleichsweise überschaubar. Grundlegend sind die Studien über Mode von Georg Simmel zum ausgehenden 19. Jh. sowie die Streitschrift »The Theory of the Leisure Class« von Thorstein Veblen aus dem Jahre 1899 (dt. »Theorie der feinen Leute« 1986). Bemerkenswert sind ferner der Band »The Lonely Crowd« von David Riesman unter Mitarbeit von Reuel Denney und Nathan Glazer (1950, dt. »Die einsame Masse« 1958), das Buch »The Affluent Society« von John K. Galbraith (1958, dt. »Gesellschaft im Überfluss« 1958) sowie »The Powerful Consumer« von George Katona aus dem Jahre 1960 (dt. »Die Macht der Verbraucher« 1962). Für die neuere Konsumsoziologie sind insbesondere zwei Bücher bedeutsam geworden: »La société de consummation« von Jean Baudrillard aus dem Jahre 1970 (engl. »The Consumer Society« 1998) und »La distinction« von Pierre Bourdieu aus dem Jahre 1979 (dt. »Die feinen Unterschiede« 1982). Speziell in Deutschland setzte die Konsumsoziologie im Laufe der 1960er Jahre ein. Ihre Hochzeit umfasste die Jahre um 1970. Danach kam die Konsumsoziologie in Deutschland fast völlig zum Erliegen (vgl. Schrage 2009a; Hellmann 2010a).

Fachentwicklung und Forschungsfelder der Konsumsoziologie

Bezüglich der Fachentwicklung der Konsumsoziologie können mindestens vier Stadien unterschieden werden (vgl. Hellmann 2010b). Zu Beginn, in den 1940er und 1950er Jahren, wurde die Konsumforschung durch die »Buyer Behavior«-Perspektive beherrscht. Im Mittelpunkt stand die Untersuchung des Kaufverhaltens am Point of Sale. Grundlegend hierfür war die Stimulus-Response-Annahme, der zufolge das Kaufverhalten weitgehend von Anreizen abhängig ist, die von außen gesetzt werden. Im Hintergrund dieser Annahme stand die Verhaltenspsychologie. Mitte der 1950er Jahren kam die »Consumer Behavior«-Perspektive hinzu, deren Forschungsradius sich über das unmittelbare Kaufverhalten hinaus erstreckte. Untersucht wurde nunmehr auch das alltägliche Konsumverhalten, während die Konsumenten auf Grundlage der Kognitionspsychologie als Computer modelliert wurden, die unterschiedliche Informationen (Produkte, Preise, Mengen etc.) daraufhin vergleichen, welche optimale Kosten/Nutzen-Relation sich jeweils errechnen lässt. Im Laufe der 1960er Jahre gewann dann die »Consumer Research«-Perspektive immer mehr Einfluss. Der Gegenstandsbereich wurde erheblich ausgeweitet; der Konsum nach der Marktentnahme geriet vollends in den Fokus. Die Konsumenten wurden plötzlich psychologisch gedeutet, als Wesen, die aus einer Vielzahl innerer Antriebe heraus handeln, die hochdynamisch, auf Abwechselung bedacht und von außen nicht mehr ohne weiteres einsehbar sind. Die Konsumenten verwandelten sich: Sie wurden zusehends unberechenbarer. Im Laufe der 1980er Jahre traten schließlich die »Consumer Studies« auf den Plan. Deren Perspektive zeichnet sich dadurch aus, dass Konsum häufig ethnographisch untersucht wird, um seine jeweilige Bedeutung in konkreten Lebenswelten herauszufinden. Im Zuge dessen ging es vermehrt um die Kontextualisierung der Konsumenten. Gefragt wird nun, in welchem Umfeld die einzelnen Konsumenten handeln, in welches soziale *Netzwerk* von Freunden und Bekannten sie eingebettet sind und wie sie bestimmte Sach- oder Dienstleistungen für sich nutzen und bewerten. Der subjektive Faktor wird seitdem großgeschrieben.

Wendet man sich daraufhin den konkreten Forschungsfeldern der Konsumsoziologie zu, wird man, bezogen auf die internationale Konsumforschung, kaum einen Bereich finden, der nicht erforscht wird, ohne dabei irgendeine strenge Rangordnung oder facheinheitliche Wertschätzung ausmachen zu können. So beforscht die Konsumsoziologie Themen wie Alter, Autos, Bildung, Einkaufen, Ernährung, Ethnizität, Freizeit, Geschlecht, Geschmack, Gesundheit, Globalisierung, Identität, Internet, Kaufboykotte, Kindheit, Konsumpraktiken, Kulturkonsum, Lebensstile, Luxus, Marken, Medikamente/ Medizin, Mode, Motorräder, Musik, Nachhaltigkeit, Politik, Sucht, Tourismus oder Weine unter dem Aspekt des Konsums, bei erheblichen regionalen Unterschieden und oftmals recht kurzen Zyklen. Auch die Konsumsoziologie ist Moden unterworfen.

Konsumsoziologie als Gesellschaftstheorie

Ein letzter Punkt betrifft den Geltungsanspruch der Konsumsoziologie als *spezielle Soziologie*. Anfangs noch klein gehalten und oftmals geschmäht, weil der Aspekt der Produktion, Stichwort Arbeits- und *Industriesoziologie*, fast alle Aufmerksamkeit auf sich vereinigen konnte, hat sich die Konsumsoziologie im Laufe der Jahrzehnte international beträchtlich gemausert. Inzwischen erhebt die Konsumsoziologie nämlich den Anspruch, nicht bloß für Zwecke der Zeitdiagnose konsultiert zu werden, sondern auch für die Gesellschaftstheorie relevant zu sein. So hat die Konsumsoziologie längst eine eigene Theorie der

Gesellschaft ausgearbeitet, die Gesellschaft als Konsumgesellschaft konzipiert: Alles, was passiert, läuft letzten Endes auf Konsum hinaus. Dies schließt nicht bloß Wirtschaft, sondern auch die Familie/ Liebe, Massenmedien, Medizin, Politik, Religion, Sport, Wissenschaft mit ein. Alles dreht sich demnach um Konsum, dies ist der alles beherrschende Antrieb der gegenwärtigen Gesellschaft.

Aus Sicht der Konsumsoziologie gibt es für diese Einschätzung viele bedenkenswerte Ereignisse und Vorkommnisse, und dies nicht bloß für die sehr weit fortgeschrittenen Industrienationen, oder wie man kurzerhand auch sagen könnte: die *postindustrielle Gesellschaft*, wie Daniel Bell sie konzipiert hat. Denn auch in vielen Schwellenländern ist der Konsum zu einem wichtigen Antriebsfaktor geworden, mit entsprechenden Konsequenzen für das, was Gesellschaft insgesamt darzubieten hat. Aus Sicht der Gesellschaftstheorie mag dieser Anspruch hingegen arg überzogen erscheinen. Hier gilt es, den innerdisziplinären Dialog zu suchen.

Literatur

Baudrillard, Jean, 1998: The Consumer Society, London. – Bocock, Robert, 1993: Consumption, London/New York. – Bell, Daniel, 1991: Die kulturellen Widersprüche des Kapitalismus, Frankfurt/New York. – Bourdieu, Pierre, 1982: Die feinen Unterschiede, Frankfurt a.M. – Corrigan, Peter, 1997: The Sociology of Consumption, London. – Featherstone, Mike, 1991: Consumer Culture and Postmodernism, London u.a. – Galbraith, John Kenneth, 1958: Gesellschaft im Überfluß, München/Zürich. – Hellmann, Kai-Uwe, 2010a: Konsumsoziologie; in: Kneer, Georg; Schroer, Markus (Hg.): Handbuch Spezielle Soziologien, Wiesbaden, 179–195. – Ders., 2010b: Konsum, Konsument, Konsumgesellschaft; in: Beckert, Jens; Deutschmann, Christoph (Hg.): Wirtschaftssoziologie, Wiesbaden, 386–408. – Ders., 2011: Fetische des Konsums, Wiesbaden. – Jäckel, Michael, 2006: Einführung in die Konsumsoziologie, Wiesbaden. – Katona, Erik, 1962: Die Macht des Verbrauchers, Düsseldorf. – Riesman, David et al., 1958: Die einsame Masse, Reinbek. – Rosenkranz, Doris; Schneider, Norbert F. (Hg.), 2000: Konsum. Soziologische, ökonomische und psychologische Perspektiven, Opladen. – Schrage, Dominik, 2009a: Der Konsum in der deutschen Soziologie; in: Torp, Claudius; Haupt, Heinz Gerhard (Hg.): Geschichte der deutschen Konsumgesellschaft 1890–1990, Frankfurt/New York, 319–334. – Ders., 2009b: Die Verfügbarkeit der Dinge. Eine historische Soziologie des Konsums, Frankfurt/New York. – Schor, Juliet B.; Holt, Douglas B. (Hg.), 2000: The Consumer

Society Reader, New York. – Sombart, Werner, 1996: Liebe, Luxus und Kapitalismus, Berlin. – Veblen, Thorstein, 1986: Theorie der feinen Leute, Frankfurt a. M. (1899).

Kai-Uwe Hellmann

Kontrolle, soziale

Definition

Soziale Kontrolle (engl. social control) ist ein Mechanismus der *Integration* von Gesellschaften und dient der Aufrechterhaltung *sozialer Ordnung*. Über soziale Kontrolle wird *abweichendes Verhalten* (Devianz), insbesondere jenseits des rechtlich Erlaubten (Delinquenz), auf gesellschaftlich lizenzierte Handlungsspielräume und legitime Einstellungen begrenzt und der Zerfall von Gesellschaften verhindert.

Soziale Kontrolle besteht, in der Bedeutung von Prüfung, Messung, Test und Attest, allgemein im Abgleich von Ist- und Soll-Werten, bedeutet in einem weiteren Wortsinn aber auch beherrschen. In einem engeren Sinne kann soziale Kontrolle definiert werden als (Versuch der) Steuerung und Beeinflussung insb. der Verhaltensweisen, aber auch der *Einstellungen* von Individuen oder Gruppen. Indem die Einhaltung geltender Standards oder das Erreichen gesetzter Ziele überwacht und nach Maßgabe vorab definierter Auffälligkeiten und nicht (mehr) tolerierter Abweichungen (Peters 1995) korrigierend eingeschritten wird, dient soziale Kontrolle der (Wieder-)Herstellung und Erhaltung von *Konformität* und Normalität. Über sozialen Ausschluss und gezielte Manipulation werden auf dem Wege der sozialen Kontrolle Zugänge zu Chancen gesellschaftlicher Partizipation und Zugehörigkeiten zu bestimmten Gruppen und Milieus eingeschränkt und Randgruppen (Hartz IV-Empfänger, Obdachlose, etc.) konstruiert. In einem erweiterten Sinne findet soziale Kontrolle allein durch (körperliche) Anwesenheit, also Co-Präsenz, (mindestens) einer weiteren Person statt. Beispiele sind »bearing witness«-Strategien sozialer Bewegungen, aber auch unfreiwillige Augen- und Ohrenzeugen. Dabei kann selbst ein nur vermutetes (Ab-)Gehör- oder Beobachtetwerden Individuen zu Verhaltensweisen und Einstellungen bewegen, die diese, wie verschiedene, mittlerweile klassische sozialpsychologische Experimente zu *Gruppen*druck und *Autorität*shörigkeit (Milgram-Experiment, Autokinetischer Effekt) nachgewiesen

haben, ohne Kontrollvermutung nicht oder zumindest so nicht zeigen oder artikulieren würden. Soziale Kontrolle bezeichnet mithin ein universelles, ubiquitäres und grundsätzlich asymmetrisches Phänomen mit hierarchischen Komponenten.

Begriffsgeschichte

Zurückgeführt wird der Begriff social control auf Edward A. Ross (1901), einen der Hauptvertreter der am. Sociological Jurisprudence (zur Begriffsgeschichte Janowitz in Kölner Zeitschrift für Soziologie und Sozialpsychologie 25 (1973): 499–514). Mit den Nachbarbegriffen soziale *Normen*, Ordnung, *Macht* und *Herrschaft* gehört soziale Kontrolle als forschungsleitende und die Theoriebildung inspirierende Kategorie zu den Grundbegriffen der Soziologie. In nicht immer synonymer Bedeutung zur Alltagssprache tritt soziale Kontrolle in den unterschiedlichsten Sozialkontexten, als Ausweis-, Geschwindigkeits-, aber auch Erfolgs-, Leistungs-, Qualitäts- oder Folgenkontrolle, in Erscheinung. In der semantischen Nähe zum sozialen Zwang ist soziale Kontrolle, wie die *Sanktion*, im Alltagsbewusstsein überwiegend negativ konnotiert. Einem Leninschen Diktum folgend basiert soziale Kontrolle weniger auf Vertrauen denn auf Macht, welche ihrerseits eine Asymmetrie zwischen Definitionsmächtigen und -ohnmächtigen impliziert. Machtgestützte Kontrollhierarchien können außer Kraft gesetzt werden, wenn Mitarbeiter ihre Vorgesetzten und Kinder ihre Eltern kontrollieren oder Demonstranten die Polizei in Schach halten. Dann verkehren sich die Kontrollverhältnisse in einer Kontrollkonversion von einseitigen Abhängigkeitsverhältnissen in auf Gegenseitigkeit beruhende Kontrollbeziehungen. Mit Ursprüngen in der Markierung, zunächst von Tieren, dann von Verbrechern und Ausländern, schließlich aller Bürger und Bürgerinnen, hat soziale Kontrolle eine wechselhafte Begriffskarriere durchlaufen.

Theoretischer Stellenwert

Wechselhaft wie die Begriffskonjunkturen und die auf den unterschiedlichsten Anwendungs- und Praxisfeldern hierdurch angeregten empirischen Forschungsarbeiten ist der Stellenwert des Kontrollbegriffs in der soziologischen Theorie. Dieser reicht von der vernachlässigbaren Größe in harmonistischen Gesellschaftsmodellen, etwa des Strukturfunktionalismus von Talcott Parsons, bis zum inflationär überzogenen Gebrauch in einigen *konflikttheoretischen* Varianten der Gesellschaftstheorie, wo Kontrolle als Gesamtheit der Mittel, mit denen Gesellschaften ihren Zusammenhalt gewährleisten, auf nahezu jede Art zwischenmenschlicher Beziehungen angewandt wird und alles umfasst, was unerwünschtes Verhalten verhindert oder verhindern soll und in irgendeiner Form auf dieses reagiert. In Zusammenhang mit Schlagworten von der *totalen Institution*, dem gläsernen Bürger oder dem Überwachungsstaat erlangte soziale Kontrolle zeitweilig den Status eines gesellschaftskritischen Kampfbegriffs.

Kontrollformen

Soziale Kontrolle geschieht räumlich, durch Ausgrenzung (Ein- und Ausreisesperren) und Gettoisierung (gated communities, Lager), oder finanziell, durch Entzug(sdrohung), z. B. von Sozialleistungen. Neuere technische Kontrollformen und Kontrollpolitiken beziehen sich auf Aufenthaltsorte (Handy), Bewegungsprofile (Bahn-Card-Punkte), Finanzströme (Kartenzahlung), Einkaufsgewohnheiten (Pay-Back-Karten), Wohngegenden (Google Street) und Lebensstile (Ebay). Verschärfte Kontrolldichten finden sich nach (BSE-)Skandalen (Lebensmittelkontrolle), (Finanz-)Krisen (BAFIN) und terroristischen Anschlägen (Geheimdienste). Seit dem 11. September 2001 werden Kontrolldiskurse vor allem als *Sicherheit*sdiskurse geführt.

Soziale Kontrolle vollzieht sich manifest oder latent, restriktiv oder direktiv, personell oder institutionell. Zunehmend häufig erfolgt soziale Kontrolle über sich wechselseitig verstärkende soziale, rechtliche und wissenschaftlich-technische *Norm*en (Kontrollverbund). Andere Formen sozialer Kontrolle funktionieren auf sozialpsychologischer Ebene über Isolationsfurcht gegenüber der (vermeintlichen) Mehrheitsmeinung, etwa in Gestalt der »Schweigespirale« (Elisabeth Noelle-Neumann), oder unter Ausnutzung von Zugehörigkeitsbedürfnissen und Konformitätszwängen. Soziale Kontrolle kann entsprechend den Regeln von Außen- und Innengeleitetheit (David Riesman) als externe Kontrolle oder über internalisierte Kontrollinstanzen, z. B. in Form der Selbstkontrolle, stattfinden. Weiterhin lässt sich zwischen formaler und informeller Kontrolle unterscheiden. Nutzen-Kosten-Erwägungen können Kon-

trollverzichte, z. B. bei Schwarzfahrern oder Falschparkern, kostengünstiger als Kontrollverschärfung oder konsequente Strafverfolgung erscheinen lassen. Soziale Kontrolle kann in Verbindung ein- und ausschließender Kontrollmechanismen aktiv, reaktiv oder antizipatorisch ausgeübt werden. Kontrollstile können strafend (punitiv), schlichtend (mediatorisch), kompensierend oder therapierend sein.

Kontrollinstanzen

Soziale Kontrolle erfolgt i. d. R. über hierzu legitimierte Instanzen (Polizei, Gerichte, Psychiatrie), mit Hilfe flankierender personeller Maßnahmen (soziale und psychiatrische Dienste, Bewährungshelfer) und für Kontrollzwecke eigens geschaffener und von Amts wegen autorisierter Gremien (Aufsichtsräte, Staatsanwaltschaften) und professioneller Kontrollinstitutionen (Gesundheitsbehörden, Jugend- und Sozialämter, geschlossene Anstalten). Unterstützt werden diese von Einrichtungen der *Sozialisation* (Familie, Schule) sowie durch vorgeschriebene Kontrollwege und Kontrollverfahren (Prüfungsordnungen, Meldepflichten, Anzeigeerstattung). *Recht* (governmental social control) gilt als das spezialisierteste und vollkommenste Mittel sozialer Kontrolle. Eine unsichtbare, wenngleich im Alltag äußerst wirkungsvolle Form der sozialen Kontrolle ist die *Zeit* (Termine, Fristen, etc.). Im Zuge gesellschaftlichen Wandels können ehemalige Kontrollinstitutionen (Kirche) an Bedeutung verlieren.

Kontrollmechanismen

Klassische Mechanismen sozialer Kontrolle sind Disziplinierung, Domestizierung und Kasernierung (als Begrenzung von Handlungsradien), *Stigmatisierung* und Etikettierung (zumeist in Verbindung mit *Ritual*en der Degradation) sowie *Sanktion*ierung und Sanktionsdrohung (durch Einschüchterung und Abschreckung). Kontrollprozesse sind häufig verbunden mit Delegitimierung, Demoralisierung, *Marginalisierung* (insbes. von *Minderheit*en) bis hin zu deren Kriminalisierung.

Soziale Kontrolle geschieht mittelbar und akteurlos in einer der »strukturellen Gewalt« (Johan Galtung) nachgebildeten kafkaesk anonymisierten und keinem individuellen Kontrolleur mehr zurechenbaren Weise, etwa über die gesellschaftliche Durchsetzung von sozialen Problemen und der dazugehörigen Klientelen, die so, bspw. als Sozialhilfeberechtigte oder Asylbewerber, auch unfreiwillig zu Adressatenkreisen sozialer Kontrolle werden. Offiziell intendierte und tatsächlich verfolgte Kontrollziele können auseinanderfallen, z. B. dann, wenn über vorgebliche Qualifikationskontrolle in Wirklichkeit nach Herkunft oder Geschlecht rekrutiert wird und scheinbar objektive Kontrollmechanismen subjektive und interessengesteuerte Auswahlentscheidungen verdecken (sollen).

Aktuelle Entwicklungen

Immer mehr an Bedeutung gewinnt die an Michel Foucaults Biopolitik erinnernde Kontrolle über den *Körper* (Geburtenkontrolle, Weight Watchers, Gesundheitschecks) und die eigene bzw. fremde personale *Identität* (Personerkennung über biometrische Daten, Ganzkörperscanner, DNA-Analyse). Symptomatisch sind die bis zur Grenzüberschreitung von Mensch und Maschine (Radio Frequency Identification über implantierte (RFID)-Chips) reichende technische Kontrolle (elektronischer Fingerabdruck, Fußfessel und Halsband) sowie staatliche Kontrolle durch Übergriffe auf die Privatheit (Lauschangriff).

Weiterhin beobachtbar ist eine Zunahme verdeckter Kontrolle, von der die Kontrollierten keine oder erst nachträglich Kenntnis haben (heimliche Ortung, Vorratsdatenspeicherung) sowie die von Manuel Castells für die *Netzwerk*gesellschaft diagnostizierte Kontrolle über (Daten- und Finanz-) Ströme und Netze im virtuellen Raum. Zur Entstehung neuer rechtsfreier, aber regulierungsbedürftiger Räume (Internet) kommen vermehrt präventive Kontrollmaßnahmen, welche im Sinne einer anticipatory reaction den Abweichungsfall vorwegnehmen (Sicherheitsverwahrung) und zugleich die Kontrolle von der Lösung der hinter *abweichendem Verhalten* stehenden Probleme auf deren kontrollförmige Verwaltung verlagern.

Parallel zur Europäisierung (Europol) und *Globalisierung* sozialer Kontrolle ist eine Entwicklung vom Rechts- zum Sicherheitsstaat hin zur »kontrollierten Gesellschaft« (Gilles Deleuze) bzw. Kontroll- und Disziplinargesellschaft (Frank Hillebrandt) beobachtbar. Diese »Culture of Control« (David Garland) trägt die Züge eines Kontrollwahns (Online-Durchsuchung, räumlich-zeitliche Totalüberwachung, auch des Mobilfunks) und hat neben bereits etablierten Überschneidungsfeldern von *Raumsoziologie* und

Kriminologie u. a. den Forschungszweig der Surveillance Studies hervorgebracht. Begleitet wird diese Entwicklung von Ängsten des Kontrollverlusts über (geheime) Informationen (Wikileaks), persönliche Daten (informationelle Selbstbestimmung) sowie Urheberschaft und geistiges Eigentum (copy right und open source).

Unter den Bedingungen gesellschaftlicher Pluralisierung und *Individualisierung* (Hahn 1995) entstand angesichts wachsender Devianzakzeptanz und Delinquenztoleranz sowie von *Legitimität*sgewinnen zuvor gesellschaftlich missbilligter Verhaltensweisen (Steuerhinterziehung, Schwarzarbeit) oder unkonventioneller Lebensformen (nichteheliche Lebensgemeinschaft, Homo-Ehe) der Eindruck abnehmender sozialer Kontrolle (*Wert*everfall, Normenerosion) und einer fortschreitenden Ent-Ordnung des Sozialen (break down of social control-Panik), der durch städtische Anonymisierung, steigende biographische Diskontinuität und wachsende, auch internationale *Mobilität* verstärkt wurde. Tatsächlich führen durch Technisierung (Whitacker) und Ökonomisierung sozialer Kontrolle (Beste) veränderte Kontrollformen in Verbindung mit Fortschritten, insbesondere im Bereich der neuen Informations- und Kommunikations-/IuK-Technologien, zu immer elaborierteren und ihrerseits zunehmend unkontrollierbaren Möglichkeiten der technikgestützten, medial vernetzten und nicht mehr ortbaren oder personell zuordenbaren sozialen Kontrolle, die u. a. auch zur Kriminalitätsbekämpfung eingesetzt wird (Datenbanken, elektronische Überwachung öffentlicher und z. T. auch privater Räume). Neue Kontrollmöglichkeiten erzwingen neue Kontrollnotwendigkeiten (Daten- und Verfassungsschutz, Normenkontrollklagen, Entstehung einer privatwirtschaftlich organisierten Kontroll- und Sicherheitsindustrie). Diese Kontrolle der Kontrolle mündet in eine Kontrollspirale und bringt bislang unbekannte Kontrollparadoxien, etwa der Sicherheitskontrolle und Risikoregulierung (Krücken/Hiller), hervor, über die sich der Soziologie zukunftsweisende Forschungsfelder erschließen.

Literatur

Albrecht, Peter-Alexis, 2010: Der Weg in die Sicherheitsgesellschaft, Berlin. – Beste, Hubert, 2000: Morphologie der Macht. Urbane »Sicherheit« und die Profitorientierung sozialer Kontrolle, Opladen. – Garland, David 2001: The Culture of Control, Chicago. – Groenemeyer, Axel, 2010: Wege der Sicherheitsgesellschaft, Wiesbaden. – Hahn, Kornelia, 1995: Soziale Kontrolle und Individualisierung, Opladen. – Krücken, Georg; Hiller, Petra (Hg.), 1997: Risiko und Regulierung, Frankfurt a. M. – Peters, Helge, 1995: Devianz und soziale Kontrolle, München/Weinheim. – Singelnstein, Tobias; Stolle, Peer, 2008: Die Sicherheitsgesellschaft, Wiesbaden. – Whitacker, Reg, 1999: Das Ende der Privatheit, München. – Zurawski, Nils (Hg.), 2007: Sicherheitsdiskurse, Frankfurt a. M.

Doris Mathilde Lucke

Konvergenztheorie(n)/ Konvergenztheorem(e)

Theorien gesamtgesellschaftlichen *Wandels*, die allmähliche strukturelle Angleichungsprozesse von Gegenwartsgesellschaften annehmen und theoretisch zu begründen und/oder empirisch zu belegen suchen. In der Geschichte der modernen Sozialwissenschaften lassen sich unterschiedliche Begründungsstrategien für Annahmen gesellschaftlicher Konvergenz (und Divergenz) beobachten. Es ist zweckmäßig, Konvergenztheorien und Konvergenztheoreme (engl. theory/theorem of convergence), die als Hypothesen vielen vergleichenden Untersuchungen zugrunde liegen, zu unterscheiden (vgl. z. B. Langlois 1994).

Ein Höhepunkt konvergenztheoretischen Denkens ist für den Zeitraum von der zweiten Hälfte der 50er Jahre bis Ende der 60er Jahre/Anfang der 70er Jahre des 20. Jh.s zu verzeichnen. Im Zentrum standen dabei gesamtgesellschaftliche Angleichungstendenzen der beiden Supermächte und größten *Industriegesellschaft*en der bipolaren Welt des Kalten Krieges, der USA und der Sowjetunion. Auch für die jungen postkolonialen Staaten dieser historischen Epoche stellte sich angesichts der »Blockkonfrontation« die Frage, welche Pfade gesellschaftsstruktureller *Modernisierung* sie einschlagen würden. Gemeinsamer Nenner der konvergenztheoretischen Entwürfe dieser Zeit war die Annahme, dass entwickelte Industriegesellschaften mit vergleichbaren innergesellschaftlichen Problemen, insbesondere dem Problem der Sicherung wirtschaftlichen Wachstums, und damit vergleichbaren Problemlösungsstrategien konfrontiert sind. Ungeachtet aller politischen und weltanschaulichen Unterschiede bildeten industriegesellschaftliche Theoreme und ein in West wie Ost weit geteilter technologischer Determinismus und

Optimismus die Hintergrundannahmen des Konvergenzdenkens der 1960er Jahre. Als herausragende Begründer und Vertreter von »Konvergenztheorien« moderner Industriegesellschaften werden in der Regel der Nobelpreisträger für Wirtschaftswissenschaften 1969 Jan Tinbergen (1903–1994) (1960/61), der französische Soziologe Raymond Aron (1905–1983) (1964), der Wirtschaftshistoriker und einflussreiche Sicherheitsberater der US-amerikanischen Präsidenten Kennedy und Johnson, Walt W. Rostow (1916–2003) (1960), und der einflussreiche Ökonom John K. Galbraith (1908–2006) (1968) genannt. Konvergenztheoretische Annahmen lassen sich auch bei Autoren im damaligen sowjetischen Hegemonialbereich, z. B. bei dem Physiker und bedeutendsten Vertreter der sowjetischen Dissidenzbewegung Andrej D. Sacharov (1921–1989) (1968), nachweisen. Die genauere Analyse der konvergenztheoretischen Arbeiten der genannten Autoren zeigt allerdings gravierende Unterschiede, und der als Mitbegründer der soziologischen Theorie der Industriegesellschaft bekannte R. Aron war im Grunde kein Konvergenztheoretiker. Noch am ehesten repräsentativ für die Konvergenztheorien und das Konvergenzdenken der 1960er Jahre kann in heutiger Perspektive die Stadientheorie wirtschaftlichen Wachstums von Walt W. Rostow angesehen werden, die weniger eine Theorie des Wirtschaftswachstums im engeren Sinne ist und den Status einer gesamtgesellschaftlichen Entwicklungstheorie beansprucht. Der Untertitel »Eine Alternative zur marxistischen Entwicklungstheorie«, den Rostows bekanntestes Werk trägt, macht deutlich, in welchem politischen und ideologischen Kontext Rostows Konvergenztheorie entstanden ist. Rostow unterscheidet fünf universelle Phasen des wirtschaftlichen Wachstums, die sich als Sequenz von Problemen und Problemlösungen wirtschaftlicher Wachstumsprozesse begreifen lassen. Die bekannteste und am häufigsten diskutierte ist die (dritte) Phase des »Take-offs oder Durchbruchs«, die durch den raschen Anstieg der Investitionsrate auf mehr als 10 % des Nationaleinkommens, die Ausprägung eines oder mehrerer industrieller Sektoren mit hohen Wachstumsraten und starken Rückkopplungseffekten auf andere Wirtschaftsbereiche und die technologische Entwicklung insgesamt sowie die Schaffung eines wachstumsfördernden politisch-institutionellen und sozialen Kontextes gekennzeichnet ist. R. behauptet nicht eine Angleichung der nationalen Lösungsmuster für die stadientypischen Wachstumsprobleme, wohl aber eine Zwangsläufigkeit der stadialen Lösungssequenz von Wachstumsproblemen in allen Industrieländern und sich industrialisierenden Staaten. Die wirtschaftliche Wachstumsdynamik in der Sowjetunion der Nachkriegszeit war damit als eine Wachstumsphase zu kennzeichnen, die die USA und andere westliche Industrienationen durchschritten hatten. Die Annahme einer »Logik des Industrialismus« und der in Fortschrittsoptimismus eingebettete technologische Determinismus bilden den gemeinsamen Nenner der konvergenztheoretischen Entwürfe der 1960er Jahre. Sie lassen sich auch in der soziologischen Modernisierungsforschung (vgl. z. B. Kerr et al. 1960; auch Sorokin 1964) und in der soziologischen *Modernisierungstheorie* dieser Zeit auffinden. Allerdings basieren die stärker am Problem der Komplexität und strukturellen Interdependenz der gesellschaftlichen Realität orientierten modernisierungstheoretischen Entwürfe in der Soziologie auf ambitionierteren theoretischen Begründungsstrategien. So behauptet T. Parsons (1902–1979) im Rahmen seiner soziokulturellen *Evolution*stheorie gesellschaftlichen Wandels die Existenz evolutionärer *Universalien*, d. h. struktureller Innovationen, die die langfristige Anpassungskapazität und damit Überlebens- und Wettbewerbsfähigkeit von Gesellschaften steigern. »Volle Modernität« einer Gegenwartsgesellschaft ist in Parsons' *Modernisierungstheorie* nur dann stabil gegeben, wenn sie demokratisch verfasst ist. Parsons' viel kritisierte Modernisierungstheorie erlaubte so schon 1964 auch für das politische System von Gesellschaften sowjetischen Typs die konvergenztheoretische »Prognose, dass sich die kommunistische Gesellschaftsorganisation als instabil erweisen wird und entweder Anpassungen in Richtung auf die Wahlrechtsdemokratie und ein pluralistisches Parteiensystem machen oder in weniger entwickelte und politisch weniger effektive Organisationsformen ›regredieren‹ wird« (Parsons 1971 [1964]: 71; Parsons 1985).

In den 1970er Jahren war der Höhepunkt wirtschafts- und sozialwissenschaftlicher Konvergenztheorien im skizzierten Sinne überschritten. Dies hatte neben inner- vor allem außerwissenschaftliche Gründe. Zum einen konzentrierte sich die Politik der Entspannung und der ›friedlichen Koexistenz‹ auf die Sicherung des prekären friedlichen Status quo der bipolaren Welt und die Kontrolle des Wettrüstens zwischen den Supermächten; zum anderen wur-

den bis 1989–91 Wachstums- und Krisenprobleme der staatssozialistischen Industriegesellschaften immer offensichtlicher und machten evident, dass hier kein politisch und gesellschaftlich alternatives Modell nachhaltigen industriegesellschaftlichen Wachstums vorlag. Damit wurden zentrale Annahmen der industriegesellschaftlich und modernisierungstheoretisch fundierten Konvergenztheorien obsolet. Generell unterlagen modernisierungstheoretisch inspirierte Theorien makrosozialen Wandels einer umfassenden methodologischen, theoretischen und empirischen Kritik.

In Abgrenzung von der konvergenztheoretischen Diskussion der 60er Jahre, die letztlich dem Leitbild der Modernisierung unabhängiger Einzelgesellschaften verhaftet war, reformulieren seit Mitte der 70er Jahre unterschiedliche makrosoziologische Ansätze die Frage nach der Konvergenz und Divergenz von Gegenwartsgesellschaften im Rahmen von *Weltgesellschaft*s-, Weltsystem- und Weltkulturtheorien neu (vgl. Meyer et al. 1975).

Bei der heute einen Schwerpunkt der soziologischen Forschung bildenden Frage nach den soziokulturellen Konsequenzen der wirtschaftlichen *Globalisierung* werden auf neuer oder modifizierter Grundlage die methodologischen und theoretischen Fragen neu diskutiert, die auch den wissenschaftlichen Gehalt der Konvergenztheorien der 50er/60er Jahre ausmachten (Flora 1974, Schwinn 2006, Meyer 2005). Dabei sind Konvergenztheoreme oder Konvergenzthesen als hypothetische Ausgangspunkte der vergleichenden Forschung von den deterministischen und reduktionistischen Annahmen der ursprünglichen Konvergenztheorien zu unterscheiden.

Literatur

Aron, Raymond, 1964: Die industrielle Gesellschaft. 18 Vorlesungen, Frankfurt a.M. – Flora, Peter, 1974: Modernisierungsforschung. Zur empirischen Analyse der gesellschaftlichen Entwicklung, Opladen. – Galbraith, John Kenneth, 1968: Die moderne Industriegesellschaft, München/Zürich (1967). – Kerr, Clark et al., 1960: Industrialism and Industrial Man, Cambridge, Mass. – Langenohl, Andreas, 2007: Tradition und Gesellschaftskritik. Eine Rekonstruktion der Modernisierungstheorie, Frankfurt a.M./New York. – Langlois, Simon, 1994: Convergence or Divergence? Comparing Recent Social Trends in Industrial Societies. Montreal. – Meyer, John W., 2005: Weltkultur. Wie die westlichen Prinzipien die Welt durchdringen, Frankfurt a.M. – Meyer, John W. et al., 1975: Convergence and Divergence in Development; in:

Annual Review of Sociology 1, 223–246. – Parsons, Talcott, 1971: Evolutionäre Universalien der Gesellschaft; in: Zapf, Wolfgang (Hg.): Theorien des sozialen Wandels, 3. Aufl., Köln/Berlin, 55–74 (1964). – Ders., 1985: Das System moderner Gesellschaften, Weinheim/München. – Rostow, Walt Whitman, 1960: Stadien wirtschaftlichen Wachstums. Eine Alternative zur marxistischen Entwicklungstheorie, Göttingen. – Sacharov, Andrej D., 1968: Wie ich mir die Zukunft vorstelle, Frankfurt a. M. – Schwinn, Thomas, 2006: Konvergenz, Divergenz oder Hybridisierung? Voraussetzungen und Erscheinungsformen von Weltkultur; in: Kölner Zeitschrift für Soziologie und Sozialpsychologie 58, 201–232. – Sorokin, Pitrim A., 1964: The basic trends of our times, New Haven. – Tinbergen Jan, 1960/61: Do communist and free economies show a converging pattern?; in: Soviet Studies 12, 333–341.

Frank Ettrich

Körpersoziologie

In seiner doppelten Gegebenheit als Objekt kultureller Formung und als physische Materialität ist der Körper für die Soziologie ein sperriger Gegenstand. Hierin dürfte begründet liegen, dass körpersoziologische Themen ungeachtet einiger Hinweise auf die soziologische Bedeutung des Körpers bei einigen Klassikern der Soziologie (vor allem bei Mauss, Simmel, Mead, Elias und Goffman) lange Zeit wenig Beachtung fanden. Die Anfänge einer expliziten Soziologie des Körpers (engl. sociology of the body) datieren aus den 1990er Jahren. Seitdem hat sie sich rapide entwickelt. Ausschlaggebend hierfür sind neben disziplinimmanenten Gründen gesellschaftliche Entwicklungen der *Postmoderne*. In einer »Inszenierungsgesellschaft« (Willems/Jurga) wird der Körper zu einem vorrangigen Medium der Selbstpräsentation und einer zentralen *Sinn*ressource.

In der gegenwärtigen Körpersoziologie lassen sich – in der Theoriediskussion und der empirischen Forschung – drei zentrale Fragestellungen ausmachen: die kulturelle Formung des Körpers, seine Bedeutung als Zeichenträger und der Körper als agens (Meuser 2004).

Kulturelle Formung des Körpers

Dass der Körper einer kulturellen Formung unterliegt, ist die Prämisse einer jeglichen Soziologie des Körpers. Diese Perspektive ist in hohem Maße durch die Arbeiten Foucaults inspiriert. Er hat gezeigt, wie in der modernen Gesellschaft die Kontrolle und Disziplinierung des Körpers sowohl durch Überwachung als auch durch Stimulation erfolgt und der Körper dadurch zum Objekt von Machtstrategien wird. In diesem Sinne spricht Foucault (1977, 34, 36) von einer »politischen Technologie« und »politischen Ökonomie« des Körpers. Im Zuge der Entwicklung der modernen Gesellschaft kommt der Stimulation des Körpers eine wachsende Bedeutung zu. Vielfältige Diskurse (des Sports, der Pop-Kultur, der Medizin, der Schönheitsindustrie) sorgen dafür, dass die Individuen Selbsttechniken des Körpers praktizieren, die den Imperativen der *Konsumgesellschaft* entsprechen.

Der Körper als Zeichenträger

Soziale Zugehörigkeiten werden mit dem Körper ausgedrückt und an ihm sichtbar. Dies geschieht zum einen intentional, um kollektive Identitäten zu symbolisieren. Dieser Aspekt einer über den Körper erfolgenden stilistischen Selbstpräsentation wird vor allem aus *modernisierung*s- und inszenierungstheoretischer Perspektive betont. Im Zuge posttraditionaler *Vergemeinschaftung* wird der Körper verstärkt zum Gegenstand der Gestaltung. Zum anderen hat der Körper eine signifizierende Funktion als nicht beabsichtigter Ausdruck sozialer Zugehörigkeit. Diese Perspektive prägt das von Bourdieu entwickelte Konzept des *Habitus*, demzufolge sich soziale Zugehörigkeiten (Klassen-, Geschlechts-, ethnische und andere Zugehörigkeiten) in die sozialisierten Körper einschreiben. Bourdieus Begriff der Inkorporierung meint, dass soziale Verhältnisse sich in Körperhaltungen und -regungen (z. B. Geschmacksempfindungen) niederschlagen. Dies macht die soziale Position eines Individuums auf einer vorreflexiven Ebene sichtbar und den Körper zum Medium sozialer *Distinktion*. Mithin kommt dem Körper eine zentrale Bedeutung sowohl für *Inklusion* als auch für *Exklusion* zu.

Der Körper als agens

In *handlungstheoretisch*er Perspektive wird der Körper als agens thematisiert. Theoretische Grundlegungen hierfür finden sich in Meads Fundierung geistiger Prozesse im handelnden Organismus, in Goffmans Analyse der Interaktionsordnung als auf körperlicher

Kopräsenz beruhend sowie in Philosophie und philosophischer Anthropologie in den Arbeiten von Gehlen, Plessner und Merleau-Ponty. Unter den soziologischen Körpertheorien, welche die Perspektive eines handelnden Körpers aufgreifen, ist die Bourdieusche die prominenteste. Der *Habitus*begriff ist in seiner handlungstheoretischen Dimension eine soziologische Interpretation der von Merleau-Ponty entwickelten Konzepte der »Intentionalität des Leibes« und der »Interkorporalität«. Damit werden Körperbewegungen zu soziologischen Analyseeinheiten.

Die Soziologie des Körpers begreift soziale *Ordnung*en als Körperordnungen. Vor allem solche Wirklichkeitskonstruktionen haben Bestand, die in körperlichen Routinen fundiert sind. Mit der Betonung der vorreflexiven Basis *sozialen Handelns* beansprucht die Körpersoziologie, den rationalistisch-teleologischen Bias der meisten handlungstheoretischen Entwürfe zu überwinden. Insofern ist die Soziologie des Körpers mehr als eine *spezielle Soziologie*. Sie behandelt grundlegende Fragen der Soziologie.

Literatur

Foucault, Michel, 1977: Überwachen und Strafen, Frankfurt a. M. – Gugutzer, Robert, 2004: Soziologie des Körpers, Bielefeld. – Klein, Gabriele, 2010: Soziologie des Körpers; in: Kneer, Georg; Schroer, Markus (Hg.): Handbuch Spezielle Soziologien, Wiesbaden, 457–473. – Meuser, Michael, 2004: Zwischen »Leibvergessenheit« und »Körperboom«. Die Soziologie und der Körper; in: Sport und Gesellschaft 1, 197–218. – Shilling, Chris, 2003: The Body and Social Theory, 2. Aufl., London.

Michael Meuser

Korrelation

Korrelation (engl. correlation) bezeichnet einen statistischen Zusammenhang zwischen Merkmalen, das heißt die Ausprägungen von zwei Variablen tre-

ten in systematischer Weise zusammen auf. Beispiele: Bei Kindern steigt mit zunehmendem Alter auch die Körpergröße, oder je höher die Bildung ist, desto seltener droht Erwerbstätigen Arbeitslosigkeit.

Richtung und Stärke der Korrelation: Der Zusammenhang kann unterschiedliche Richtungen und Stärken aufweisen. Das erste Beispiel verweist auf einen gleichgerichteten (positiven), das Zweite auf einen entgegengerichteten (negativen) Zusammenhang (Abb. a und b). Neben diesen **linearen** sind auch **nichtlineare** Zusammenhänge denkbar, wenn etwa mit zunehmendem Alter die körperliche Kondition typischerweise zunächst ansteigt, dann wieder sinkt (Abb. e). Zumeist ist für sozialwissenschaftliche Fragestellungen nicht von deterministischen Zusammenhängen auszugehen, so ist etwa nicht ausnahmslos jedes ältere Kind größer als ein etwas jüngeres Kind. Bei einem perfekten (linearen) Zusammenhang lägen in einem Diagramm, das die Ausprägungen der Variablen als Punkte abbildet (jeder Punkt ist ein Fall, z. B. auf der X-Achse das Alter und auf der Y-Achse die Größe des Kindes), alle Punkte auf einer Geraden. Je weiter die Punkte von einer solchen Gerade entfernt liegen, desto schwächer ist der Zusammenhang (Abb. d zeigt z. B. einen stärkeren Zusammenhang an als Abb a).

Die Korrelation dient damit als statistisches Mittel, um einen kausalen Zusammenhang zwischen zwei Merkmalen zu prüfen. Korrelation kann allerdings stets nur einen Hinweis auf einen Kausalzusammenhang geben, sie ist kein Beweis für *Kausalität*. Man spricht etwa von *Scheinkorrelation*, wenn ein Zusammenhang durch die Berücksichtigung weiterer Variablen verschwindet, z. B. könnte zunächst ein Befund sein, dass Nicht-Erwerbstätige häufiger einen Arzt aufsuchen als Erwerbstätige. Bei Einbezug auch des Alters würde sich wahrscheinlich herausstellen, dass nicht die Erwerbstätigkeit der entscheidende Einflussfaktor ist, sondern das Alter (Ältere sind seltener erwerbstätig und gehen häufiger zum Arzt). Der Zusammenhang zwischen Erwerbs-

Formen des statistischen Zusammenhangs zwischen zwei Variablen

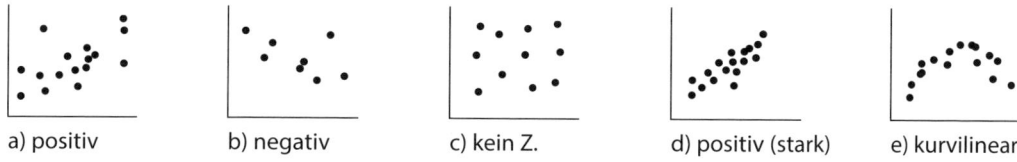

a) positiv b) negativ c) kein Z. d) positiv (stark) e) kurvilinear

tätigkeit und Arztbesuch hätte sich als Scheinkorrelation erwiesen (umgekehrt ist auch eine scheinbare Nichtbeziehung, die sich nach Einbezug weiterer Variablen als Korrelation erweist, möglich). *Multivariate Verfahren*, die mehr als zwei Merkmale zugleich berücksichtigen (z. B. die multiple *Regressions*analyse), können dieses Problem zum Teil, jedoch nicht vollständig beheben.

Zur Berechnung von Korrelationen, ihrer Stärke und Richtung, gibt es verschiedene **Korrelationskoeffizienten**, z. B. die Produktmomentkorrelation, auch Pearsons r genannt. Je näher der Koeffizient am Betrag 1 liegt, desto stärker ist die Korrelation (während 0 anzeigt, dass kein linearer statistischer Zusammenhang vorliegt). Das Vorzeichen deutet auf positive bzw. negative Korrelation hin. Oft spricht man nur dann von Korrelation, wenn die Variablen mindestens intervallskaliert sind. Bei nominalem/ordinalem Messniveau berechnet man entsprechend Kontingenz- bzw. Assoziationsmaße (z. B. den Spearmanschen Rangkorrelationskoeffizienten für ordinales Messniveau).

Die durch einen Koeffizienten ausgedrückte (deskriptive) Stärke eines Zusammenhangs ist abzugrenzen von der **Signifikanz**, einem Konzept aus der schließenden Statistik. Ein signifikanter Zusammenhang bedeutet: Mit einer (festzulegenden) Irrtumswahrscheinlichkeit ist davon auszugehen, dass in der Grundgesamtheit die Hypothese, die einen Zusammenhang postuliert, zutrifft. Da starke Zusammenhänge bei sozialwissenschaftlichen Fragestellungen selten vorkommen – Handeln ist in der Regel nicht durch einen einzigen Faktor determiniert –, liefert über die Stärke eines Zusammenhangs hinaus auch die Signifikanz eine wichtige Information zur Interpretation der Befunde.

Korrelation hängt eng zusammen mit einem weiteren statistischen Konzept, der **Regression**. In der Regressionsrechnung wird die Abhängigkeit eines metrischen Merkmals Y von einem oder mehreren metrischen Erklärungsfaktor(en) X_i untersucht; es geht hier also um einen gerichteten Zusammenhang. Die Form des Zusammenhangs wird in Form einer mathematischen Funktion dargestellt (für die lineare Einfachregression: y=f(x)). Die bedingten Mittelwerte von Y können dabei auf der Basis von X geschätzt werden.

Literatur

Im Überblick: Müller-Benedict, Volker, 2007: Grundkurs Statistik in den Sozialwissenschaften, 4. Aufl., Wiesbaden, bes. Kap. 12. – vertiefend: Kühnel, Steffen-M.; Krebs, Dagmar, 2007: Statistik für die Sozialwissenschaften, 5. Aufl., Reinbek, bes. Kap. 13.

Nicole Burzan

Kultursoziologie

Kultursoziologie als spezielle Soziologie und Perspektive der allgemeinen Soziologie

Kultursoziologie (engl. cultural sociology, sociology of culture) ist eine Disziplin, die zwei unterschiedliche Erkenntnisinteressen verfolgt und z. T. miteinander verbindet: Als eine *spezielle Soziologie* führt sie Kultur bzw. einzelne kulturelle Erscheinungen auf ihre gesellschaftliche Bedingtheit zurück (I). Unter »Kultur« wird dabei ein (unterschiedlich bestimmter) gesellschaftlicher Teilbereich verstanden. Kultursoziologie ist hingegen auch eine eigenständige Perspektive der allgemeinen Soziologie (II); sie geht dann von einer grundlegenden kulturellen Verfasstheit des Sozialen aus.

(I) Gegenstände der Kultursoziologie als spezieller Soziologie sind die Erzeugnisse, Produktions- und Rezeptionsweisen sowohl der sog. »hohen« (auch: »repräsentativen«) Kultur (bildende Kunst, Theater, Musik, Literatur mitsamt ihren Institutionen und Publika) als auch der *Alltagskultur*, v. a. der Massen- bzw. *Populärkultur* (inklusive der sie tragenden technischen Verbreitungsmedien, ökonomischen Verwertungsformen und sozialen Gruppen bzw. Milieus). Klassische Teildisziplinen dieser Kultursoziologie sind die *Kunst-, Literatur- und Musiksoziologie* sowie z. T. die *Religionssoziologie*. Mit der Einbeziehung der Massen- bzw. Populärkultur reagiert die Kultursoziologie in der zweiten Hälfte des 20. Jh.s auf die gewandelten ökonomischen, sozialpolitischen und technologischen Bedingungen der kulturellen Produktion und Rezeption und ihre gewachsene gesellschaftliche Bedeutung.

(II) Die Kultursoziologie als eine Perspektive der *allgemeinen Soziologie* blickt auf eine lange Tradition seit der Gründungszeit des Faches zurück und hat immer wieder kulturwissenschaftliche Erkenntnisse und Begriffe für die Soziologie fruchtbar gemacht.

Sie trägt damit zur soziologischen Theoriebildung und zur interdisziplinären Kulturtheorie bei. Dieses Verständnis von Kultursoziologie hat mit dem Paradigmenwechsel in den Sozialwissenschaften seit den 1960er Jahren (»cultural turn«) wieder verstärkt an Bedeutung gewonnen (s. u.). Kultur umfasst aus dieser Sicht eine menschlichen Lebensweisen gemeinsame Gesamtheit von (1) Wissen, Sprache und *Symbol*en (inklusive der entsprechenden Fertigkeiten und Hervorbringungen), (2) sozialen *Norme*n, Verhaltensweisen und *Wert*vorstellungen (inklusive deren Institutionalisierungen) sowie von (3) Artefakten und ihren Nutzungsweisen (»materielle Kultur«). Kultur in diesem Sinn ist historisch entstanden und unterliegt permanentem Wandel, sie wird von Individuen erlernt und macht deren Selbst-, Sozial- und Weltverhältnis aus, und sie reproduziert und modifiziert sich durch deren Handeln, sei dies intendiert oder nicht. Z. T. werden, beeinflusst von der *Ethnologie*, einzelne »Kulturen« (auch: »Kulturkreise«) aufgrund von *Religion*, gemeinsamer Geschichte oder Sprache unterschieden; meist aber gilt Kultur als universales Merkmal menschlicher Sozialität. Seit dem ausgehenden 20. Jh. wird zudem die Auffassung vertreten, dass die gesellschaftliche Relevanz von Kultur überhaupt zunehme, was mit der gewachsenen gesellschaftlichen Bedeutung von *Lebensstilen* und der Massen-/Populärkultur begründet wird (vgl. I). Die meisten modernen Ansätze der Kultursoziologie grenzen nicht mehr »Kulturkreise« voneinander ab, sondern analysieren kulturelle Abgrenzungs-, Mischungs- und Transferprozesse (»Hybridisierungen«) zwischen sozialen *Klasse*n und *Milieu*s (Lebensstilen), ethnischen *Gruppe*n, *Subkultur*en, *Geschlecht*ern und Generationen; *Migration* spielt eine wichtige Rolle. Darüber hinaus analysiert die Kultursoziologie alle Facetten der sozialen Wirklichkeit – von Interaktionssituationen über Institutionen bis hin zu gesellschaftlichen Teilsystemen (Politik, Wirtschaft, Recht, Kunst (s. o.), Religion etc.) – auf kulturelle Muster hin (Leitideen, *Rituale*, *Mythen*, Diskurse, Praxisformen, Semantiken, Deutungsmuster).

Kulturbegriffe und Positionen der Kultursoziologie

»Kultur« ist kein von der Soziologie selbst geprägter, sondern ein auch (und zuerst) von anderen Disziplinen verwendeter und nicht disziplinär gebundener Begriff. Trotz seiner Herkunft vom Lateinischen ›cultura‹ (Pflege, Ackerbau) handelt es sich um einen modernen Begriff, der seit dem 18. Jh. unterschiedliche, definitorisch nicht immer trennscharfe, auch in den verschiedenen Sprachen variierende Bedeutungen angenommen hat. Diese wurden seit dem frühen 20. Jh. von der Kultursoziologie aufgegriffen, ausgearbeitet und dabei oftmals modifiziert.

Der Kulturbegriff spielte bereits in der Gründungsphase der deutschen Soziologie um 1900 (v. a. bei M. Weber und G. Simmel) eine wichtige Rolle, ohne indes zu einer expliziten Kultursoziologie zu führen; er wurde vielmehr als Korrektiv eines Gesellschaftsbegriffs angesehen, der die Eigenlogiken kultureller Phänomene nicht berücksichtigt; im Hintergrund stand dabei die vieldiskutierte Unterscheidung der »verstehenden« Kulturwissenschaften von den kausal erklärenden Naturwissenschaften (vgl. Lichtblau 1996). Korrigiert werden sollte erstens eine »materialistische« Konzeption der Kultursphäre als »ideologischer Überbau« (im Sinne des Marxismus), der ursächlich von der »sozioökonomischen Basis« bedingt sei. Dagegen zeigt M. Webers Arbeit zur »Protestantischen Ethik« (2010), dass kulturelle Faktoren (wie der puritanische Asketismus) bei der Etablierung des modernen Kapitalismus eine wichtige (wenn auch nicht die ursächliche) Rolle spielten. Der Kulturbegriff wurde zweitens auch gegen eine am naturwissenschaftlichen Modell der Kausalerklärung orientierte Soziologie gestellt, wie sie vom Positivismus (A. Comte) und vom Evolutionismus (H. Spencer) vertreten wurde. Dafür stehen M. Webers methodologische Überlegungen, der das »Sinnverstehen« als Methodik des historisch-soziologischen Zugangs zur »Kulturbedeutung« sozialer Prozesse und Phänomene einführt.

Der Gedanke eines eigens der Kultur gewidmeten soziologischen Forschungszweiges blieb im frühen 20. Jh. zunächst auf den deutschen Sprachraum beschränkt; die Bezeichnung »Kultursoziologie« wurde von Alfred Weber 1920 eingeführt; seine Kultursoziologie unterscheidet Gesellschaftsprozess, Zivilisationsprozess und »Kulturbewegung« und betont so die Eigenlogik der Kultursphäre. M. Scheler und K. Mannheim entwickelten jeweils eigenständige Ansätze der Kultursoziologie, in deren Zentrum die Bestimmung des Verhältnisses von Weltanschauungen und den sozialen Positionen (Standorten) der sie tragenden Gruppen steht. Mannheims später als *Wissenssoziologie* firmierender Ansatz untersucht

»geistige Gebilde« (Ideen, *Ideologie*n, Denkformen) in Bezug auf ihre gesellschaftlichen Trägergruppen und greift damit Elemente der Marx'schen Ideologietheorie auf, ersetzt aber deren ökonomischen Determinismus durch eine differenziertere »Relationierung« von sozialem Standort und Denkform (Mannheim 1982).

Im englischen und französischen Sprachraum ging der Kulturbegriff erst später, zum Teil durch diese Autoren beeinflusst, in die Soziologie ein. In den USA hat die Soziologie den Terminus ›culture‹ in den 1930er Jahren zunächst von der *Ethnologie* (›cultural anthropology‹) übernommen, deren Gegenstand die schriftlosen Kulturen waren. Die amerikanische Soziologie verwendet diesen nunmehr für die Untersuchung von (z. B. nach Migrationsherkunft, sozialer Lage oder Generation unterschiedenen) »*Subkultur*en«. Einflussreich ist die von T. Parsons und dem Ethnologen A. L. Kroeber vereinbarte Harmonisierung des ethnologischen und soziologischen Konzepts von »Kultur«, das nun *Wert*e, Ideen und andere symbolisch-sinnhafte Systeme umfasst, deren verhaltensformende Wirkung betont wird (Kroeber/Parsons 1958). In Parsons' Strukturfunktionalismus wird »Kultur« dann als ein von biologischen Erfordernissen (*Bedürfnis*se) und der Sozialintegration unterschiedenes Handlungssystem in das »soziale System« eingegliedert. In der französischen Soziologie wird ›culture‹ hingegen erst im Zuge der Rezeption der amerikanischen Ethnologie und Soziologie ab Mitte des 20. Jh.s häufiger und meist in deren Sinne verwendet. Gleichwohl sind seit Ende des 19. Jh.s in Frankreich wichtige soziologische Arbeiten zur symbolischen Dimension des Sozialen entstanden, die nicht nur z. B. Parsons beeinflusst haben, sondern auch mit zur Herausbildung einer eigenständigen französischen Kulturtheorie-Tradition beigetragen haben, die zunächst funktionalistisch (E. Durkheim), ethnologisch (M. Mauss) oder strukturalistisch (C. Lévi-Strauss) ausgearbeitet wird.

Seit den 1960er Jahren ist eine zunehmende Verwendung des Kulturbegriffs in der internationalen soziologischen Diskussion zu beobachten (im Zuge des sog. »cultural turn«, s. u.). Die verschiedenen (älteren und neueren) Ansätze der Kultursoziologie bauen auf keiner einheitlichen Begriffsdefinition auf, was an der inhaltlichen Mehrdeutigkeit, aber auch an den abweichenden Bedeutungen des Kulturbegriffs in den verschiedenen Sprachen liegt. Die Positionen der Kultursoziologie unterscheiden sich aber nicht nur inhaltlich in ihren Kulturbegriffen, sondern auch darin, wie sie deren Verhältnis zum Gesellschaftsbegriff konzipieren, und damit welche Rolle sie für die Kultursoziologie innerhalb der Soziologie vorsehen. Neben der Auffassung, dass »Kultur« gar kein soziologisch tragfähiger Begriff sei, sondern lediglich als »historische Semantik« ein Gegenstand der *Wissenssoziologie* sein könne (N. Luhmann), gibt es das Verständnis der Kultursoziologie als spezieller Soziologie, die einen durch »Kulturinstitutionen« identifizierbaren Teilbereich der Gesellschaft (Künste, Alltagskultur, Massenmedien, Religion) soziologisch bearbeitet. Auch die Parsons'sche Integration des Kulturbegriffs in seine Systemtheorie fasst »Kultur« als (analytisch abgegrenztes) Teilgebiet der Gesellschaft und lässt Kultursoziologie damit als spezielle Soziologie kollektiv verbindlicher normativer Ordnungen erscheinen. Davon zu unterscheiden sind Positionen, welche das Spannungsverhältnis von »Kultur« und »Gesellschaft« nicht aufzulösen trachten, sondern die Aufgabe der Kultursoziologie als Perspektive der allgemeinen Soziologie darin sehen, es nutzbar zu machen. Für einen Überblick über die in der Kultursoziologie verwendeten Kulturbegriffe ist es sinnvoll, von fünf seiner Grundbedeutungen auszugehen, daran werden die Unterschiede und Übergänge zwischen den älteren und neueren Ansätzen der Kultursoziologie deutlich.

Grundbedeutungen von Kultur

(1) In einem anthropologischen Sinn (nicht zu verwechseln mit engl. anthropology = Ethnologie) bezeichnet »Kultur« alle menschlichen Hervorbringungen, im Unterschied zu natürlich Entstandenem. Der Gegensatz von Kultur und Natur hebt grundlegende Gemeinsamkeiten aller menschlichen Lebensformen im Gegensatz zu den Tieren hervor; Kultur nimmt dann die Stelle der beim Menschen nur schwach ausgebildeten Instinkte ein (J. G. Herder). V.a. in der deutschsprachigen Kultursoziologie geht der Denkansatz der »Philosophischen Anthropologie« seit den 1920er Jahren (M. Scheler, A. Gehlen, H. Plessner) von dieser Bedeutung des Kulturbegriffs aus, indem er die menschliche Existenz auf ihre sowohl natürlichen (biologischen) als auch kulturellen Bedingungen hin untersucht (vgl. Fischer 2009). »Kultur« in diesem Sinne ist in der »natürlichen Künstlichkeit« des Menschen situiert (H. Plessner).

(2) In einem kulturvergleichenden Sinn bezeichnet der Begriff hingegen die den verschiedenen menschlichen Lebensformen jeweils eigenen Gebräuche, Denkweisen und Erzeugnisse; der Begriff reflektiert insofern Erfahrungen kultureller Fremdheit bzw. des Kontakts mit fremden menschlichen Lebensweisen. Er wird dabei in zwei unterschiedlichen Hinsichten akzentuiert:

(2a) Einerseits wird die Vielfalt der »Kulturen« auf einen universalhistorischen *Differenzierung*sprozess zurückgeführt, wenn diese hinsichtlich ihrer (technologischen, sozialen) Komplexität verglichen und als Stufen einer die gesamte Menschheit umfassenden *Entwicklung*sgeschichte interpretiert werden (von den schriftlosen über die Hochkulturen zur modernen Gesellschaft verlaufend). »Kultur« ist dann ein Synonym des (im Frz. und Engl. lange Zeit einschlägigeren) Begriffs »*Zivilisation*«. Diese Deutung führte z. T. zur Abwertung nicht-westlicher Kulturen als »primitive« Vorformen einer westlichen Kultur, aber auch zu ihrer kulturkritischen Romantisierung als unentfremdeter Naturzustand (J. J. Rousseau). In der frühen Kultursoziologie fragen von diesem Kulturbegriff ausgehende Ansätze häufig nach den kulturellen Entstehungsbedingungen und Entwicklungstendenzen der modernen, kapitalistisch-nationalstaatlichen Gesellschaft (M. Weber, W. Sombart, N. Elias). Seit Ende des 20. Jh.s wird auch versucht, teleologische *Modernisierung*stheorien um den Gedanken »multipler«, d. h. kulturell differenter Wege der Modernisierung zu ergänzen und so an Bedingungen der Globalität anzupassen (S. Eisenstadt 2000).

(2b) Andererseits erhält »Kultur« eine kulturrelativistische und holistische Akzentuierung, wenn das je einzelne, sprachlich-symbolisch und durch Dinge vermittelte Verhältnis eines Kollektivs zur Welt in seiner Eigenständigkeit und Gleichwertigkeit betont wird (J. G. Herder); oft wird von der Religion als Grundlage ausgegangen. Unterschiede zwischen den Kulturen werden dann nicht auf eine Menschheitsgeschichte bezogen, vielmehr wird »Kultur« als (gruppen-)bezogene Weltsicht von einer universalistisch gedachten »Zivilisation« unterschieden. Auch dieses Verständnis hat historisch zu Überlegenheitsbehauptungen geführt, die allerdings nicht mit einem *Fortschritt*, sondern mit kulturspezifischen Werten begründet werden. So unterlag bspw. im Deutschland des 19. und frühen 20. Jh. der Kulturbegriff selbst solch einer Instrumentalisierung, wenn

eine »tiefere« deutsche Kultur von einer angeblich »oberflächlichen« englischen und französischen Zivilisation abgegrenzt wurde (N. Elias [1936]). N. Elias' Ablehnung des Kulturbegriffs ist allerdings angesichts der inzwischen auch in der englischsprachigen Soziologie geläufigen Verwendung des Begriffs (sowie der Bedeutungsverschiebungen im Deutschen) obsolet geworden.

(3) Von den genannten, die kollektive Dimension betonenden Kulturbegriffen ist ein weiterer abzugrenzen, der vom *Individuum* als Träger der Kultur ausgeht. Für ihn gilt »Kultur« als ein zwar auf kollektiven Beständen aufbauendes, dabei aber vom Individuum als bedeutsam erlebtes, auf dessen »*Wert*ideen« bezogenes, insofern aktiv gestaltetes und intrinsisch motiviertes Weltverhältnis; »Kultur« sind dann diejenigen Aspekte der Wirklichkeit, die »wir mit Wertideen in Beziehung setzen« und die durch »jene Beziehung für uns bedeutsam werden« (M. Weber 1904: 175). Schon I. Kant hatte in der »Idee der Moralität« die Zweckbestimmung individueller Kultur gesehen und die autonome (»innere«) moralische Einsicht von den durch Disziplin vermittelten (»äußerlichen«) Fertigkeiten abgegrenzt. Neben diese ethische tritt mit der Romantik im 19. Jh. eine ästhetische Konnotation des Kulturbegriffs; beide werden nicht von der Religion, sondern von der Idee der »Bildung« bzw. den Künsten her gedacht; entsprechend wird nicht die Bindung individuellen Handelns durch kollektive *Symbol*e, sondern die Öffnung von Denk- und Handlungsmöglichkeiten durch Symbolverwendung (etwa in der Kunst) betont. Der Begriff reflektiert nun auch die moderne Erfahrung des Auseinandertretens von persönlicher (»*Lebenswelt*«) und sachlicher Sphäre (Technik, *Bürokratie*, Wirtschaft) und die Loslösung der Kunst(-institutionen) aus religiösen Kult- und herrschaftlichen Repräsentationsfunktionen. Er erhält damit eine kulturkritische Färbung, insofern man mit ihm die Wirklichkeit anhand von Maßstäben bewertet, die der Persönlichkeit oder einem sozial autonomen Kunstgeschehen zugerechnet werden. In der Kultursoziologie wird der Gedanke eines Spannungsverhältnisses von »subjektiver« und »objektiver Kultur« v. a. vermittelt über die Arbeiten von Georg Simmel aufgenommen (1996); sein Erkenntnisinteresse gilt der besonderen Verfasstheit der modernen Kultur, die im Unterschied zu traditionsverhafteten Kulturen von eben diesem Spannungsverhältnis geprägt ist, insofern hält Simmel Distanz zur

moralisierenden Kulturkritik (vgl. v. a. 1995). Die *Kritische Theorie* verbindet diesen Kulturbegriff mit marxistischen Überlegungen und sieht in der »Kulturindustrie« eine Vereinnahmung sowohl der autonomen Kunst als auch der volkstümlichen Alltagskultur durch ökonomische Verwertungsinteressen (Adorno 1977); der ästhetische Kulturbegriff fungiert insofern als ihre normative Leitvorstellung.

(4) Seit den 1960er Jahren hat der Terminus »Kultur« (bzw. ›culture‹) im Zuge eines oft als »*cultural turn*« bezeichneten Paradigmenwechsels in der Soziologie wesentlich an Verbreitung und Bedeutung gewonnen; Hintergrund ist – neben der Tatsache, dass die im älteren ethnologischen Kulturbegriff (2b) implizierten klar abgrenzbaren »Kulturkreise« angesichts von *Globalisierung*stendenzen an Plausibilität verlieren – v. a. die zunehmende Bedeutung interpretativer Ansätze in der Soziologie. Im Kontext des »cultural turn« bezeichnet »Kultur« in einem erweiterten (»semiotischen«) Sinne alle bedeutungstragenden und mit Deutungs- und Bewertungspraktiken verbundenen sozialen Phänomene; diese gelten dann als Grundeigenschaft von Sozialität; »Kultur«, »*Sinn*« und »*Wissen*« gehen ineinander über. Die bereits in den früheren Kulturbegriffen enthaltene Sinn- bzw. Symboldimension wird so zum eigentlichen Kern des Kulturbegriffs, ihre Differenzen treten zurück. Man kann darin eine »Konvergenz« der verschiedenen Kulturbegriffe sehen (vgl. A. Reckwitz 2000), die neben den genannten auch die differenztheoretischen Denkansätze des französischen »Poststrukturalismus« (M. Foucault, J. Derrida), die Praxistheorie P. Bourdieus sowie die britischen Cultural Studies umfasst und insgesamt die Grenzen zwischen Kultursoziologie und *verstehender Soziologie* fließend macht.

Im Englischen wird in diesem Kontext die Bezeichnung ›cultural sociology‹ verwendet, um die Abgrenzung von einer ›sociology of culture‹ im Sinne Parsons' zu markieren (Alexander/Smith 1998). Den französischen Autoren, von denen sich nur Bourdieu als Soziologe verstand, ist die doppelte Abgrenzung vom holistischen Kulturbegriff des Strukturalismus (Lévi-Strauss) sowie vom Existentialismus (J.-P. Sartre) gemeinsam; ihre zentralen Konzepte (Diskurs, Dekonstruktion, Habitus) haben in der Kultursoziologie seit den 1980er Jahren indes auch über ihren genuin französischen Entstehungskontext hinaus eine breite Rezeption erfahren. Die aus dem Neomarxismus stammenden und seit den 1980er Jahren

ethnographisch argumentierenden britischen *Cultural Studies* verstehen Kultur als »whole way of life« (R. Williams), trotz vielfältiger Aufnahmen in der Kultursoziologie verstehen sie sich indes eher als fachübergreifende, kritische Strömung. Ihr Anliegen ist die Aufwertung der populären Formen der Alltagskultur (anfangs Arbeiterkultur, seit den 1970er Jahren v. a. Jugendkultur, Medienrezeption, Konsumkultur), denen sie kreative Potentiale zusprechen (P. Willis); gegen die Annahme einer Höherwertigkeit der westlichen Kultur setzen sie zudem eine »postkolonialistische«, kritische Sicht (S. Hall). In der Bundesrepublik war die Wiederaufnahme der Kultursoziologie in den 1980er Jahren (Sektionsgründung 1984) motiviert von einer scharfen Abgrenzung von der »Struktursoziologie« funktionalistischer und marxistischer Prägung (Tenbruck 1979, vgl. Göbel 2009). Die deutsche, vergleichsweise frühe (Wieder-)Gründung der Kultursoziologie versuchte an die Traditionslinie der frühen Soziologie (besonders M. Weber) anzuknüpfen und betonte v. a. die Rolle der bürgerlichen, »repräsentativen« Kulturformen; hierin liegt ein wesentlicher Unterschied zur Aufwertung des Kulturbegriffs im englischen Sprachraum, der häufig von neomarxistischen (Cultural Studies), ethnographischen (C. Geertz) und poststrukturalistischen (M. Foucault) Impulsen getragen war. Seit den 1990er Jahren sind die Übergänge zwischen diesen unterschiedlichen Ansätzen der Kultursoziologie indes auch in Deutschland fließend geworden; mit der Ausweitung des Kulturbegriffs wird es indes schwieriger, das Profil der Kultursoziologie gegenüber anderen soziologischen Disziplinen sowie den Kulturwissenschaften zu bestimmen.

Literatur

Adorno, Theodor W., 1977: Résumé über Kulturindustrie; in: Ders.: Gesammelte Schriften Bd. 10.1, Frankfurt a. M., 337–345 (1963) – Alexander, Jeffrey; Smith, Philip, 1998: Cultural Sociology or Sociology of Culture?; in: Sociologie et société 30, 97–106. – Eisenstadt, Shmuel N., 2000: Die Vielfalt der Moderne, Weilerswist. – Elias, Norbert, 1976: Zur Soziogenese der Begriffe ›Zivilisation‹ und ›Kultur‹; in: ders.: Über den Prozess der Zivilisation, Bd. 1, Frankfurt a. M. – Fischer, Joachim, 2009: Philosophische Anthropologie, Freiburg i. Br. – Göbel, Andreas, 2009: ›Kultur‹, Wissenschaft und die Tradition der Kultursoziologie; in: Sociologia Internationalis 47, 69–89. – Kroeber, A. L.; Parsons, Talcott, 1958: The Concepts of Culture and of Social System; in: American Sociological Review 23, 582–590. –

Lichtblau, Klaus, 1996: Kulturkrise und Soziologie um die Jahrhundertwende, Frankfurt a. M. – Mannheim, Karl, 1982: Ideologische und soziologische Interpretation der geistigen Gebilde; in: Meja; Volker; Stehr, Nico (Hg.): Der Streit um die Wissenssoziologie, Bd. 1, Frankfurt a. M., 213–231 (1926). – Reckwitz, Andreas, 2000: Die Transformation der Kulturtheorien, Weilerswist. – Simmel, Georg, 1995: Die Großstädte und das Geistesleben; in: Georg Simmel Gesamtausgabe, Bd. 7, Frankfurt a. M., 116–131 (1903). – Ders., 1996: Der Begriff und die Tragödie der Kultur, in: Georg Simmel Gesamtausgabe, Bd. 14, Frankfurt a. M., 385–416 (1911). – Tenbruck, Friedrich H., 1979: Die Aufgaben der Kultursoziologie; in: Kölner Zeitschrift für Soziologie und Sozialpsychologie 31, 399–421. – Weber, Max, 1988: Die ›Objektivität‹ sozialwissenschaftlicher und sozialpolitischer Erkenntnis; in: Ders.: Gesammelte Aufsätze zur Wissenschaftslehre, 7. Aufl., Tübingen, 146–214 (1904) – Ders., 2010: Die protestantische Ethik und der Geist des Kapitalismus, hg. von Dirk Kaesler, 3. Aufl., München (1904/05).

Dominik Schrage

Kunstsoziologie

Gegenstandsbereich

Kunstsoziologie (engl. sociology of art) beschäftigt sich mit dem Verhältnis von Gesellschaft und Kunst. Diese einfachste Bestimmung des Faches verweist schon auf eine Reihe von Problemen, die bei der Klärung des Gegenstandsbereichs auftreten. Kunstsoziologie ist von der Natur der Sache her an der Schnittstelle von sozial- und *kultur*wissenschaftlichen Traditionen angesiedelt. Sicher werden die sozialen Bestimmungsfaktoren im Vordergrund des Interesses stehen, allerdings wird eine adäquate Kunstsoziologie nur mit Vorkenntnissen in Bezug auf die in Frage kommenden künstlerisch-ästhetischen Phänomene möglich sein.

Mit der lapidaren Frage ›Was ist Kunst?‹ ist ein weiteres Problem angesprochen. Hier reicht das Spektrum von einem sehr engen, bürgerlich-romantischen über ein avantgardistisches Verständnis von Kunst bis hin zu einem umfassenden, bei dem sämtliche Phänomene (Artefakte, Texte, Praktiken), bei denen die ästhetische Dimension eine entscheidende Rolle spielt, berücksichtigt werden, also auch jene der Volks- und Populärkultur. Auch die Frage, ob Kunst nicht eine der wissenschaftlichen Erkenntnis adäquate Form von Erkenntnis (›künstlerisches Forschen‹) darstelle, wird spätestens seit Beginn des 21. Jh.s ernsthaft diskutiert.

Schließlich ist zu fragen, ob angesichts der Tatsache, dass es verschiedene Kunstgattungen gibt, nicht besser von einer ›Soziologie der Künste‹ gesprochen werden müsse. Dazu kommt, dass Kunstsoziologie sich nicht nur mit allen traditionellen (Bildende Kunst, Musik, Literatur, Theater) und neueren, mittlerweile etablierten Kunstgattungen (Fotografie, Film, Computerkunst), sondern auch mit in Bezug auf ihren künstlerischen Stellenwert umstrittenen Bereichen wie Comics, Design, Werbung und natürlich allen Varianten der *Populärkultur* zu befassen hat. Eine Kunstsoziologie, die sich nicht von vornherein einer umfassenden Analysemöglichkeit berauben will, wird zweifellos von einem breitestmöglichen Verständnis von Kunst ausgehen müssen, um z. B. Veränderungen des gesellschaftlichen Stellenwerts von Kunst erkennen zu können.

In diesem Zusammenhang ist anzumerken, dass es möglicherweise sinnvoller wäre, anstelle von Kunstsoziologie von einer Soziologie der *Ästhetik* zu sprechen, weil damit einige Missverständnisse von vornherein aus dem Weg geräumt wären. Wenn im Folgenden weiterhin der Terminus ›Kunstsoziologie‹ verwendet wird, ist das bisher Ausgeführte daher immer mit zu bedenken.

Historische Entwicklung der Kunstsoziologie

Philosophen wie David Hume oder Adam Smith haben bereits im 18. Jh. auf die gesellschaftlichen Entstehungsbedingungen von Geschmacksurteilen hingewiesen. Die Begründer der Soziologie, Auguste Comte, Karl Marx und Herbert Spencer haben sich kunstsoziologisch nur marginal betätigt, zumeist werden Beispiele aus dem Kunstbereich in allgemeinere theoretische Überlegungen – gleichsam zur Illustration – eingewoben. Allerdings ist festzuhalten, dass einige Konzepte von Karl Marx beträchtlichen Einfluss auf die Entwicklung der Kunstsoziologie im 20. Jh. hatten (Basis/Überbau, Kunst als Ware).

Als erste kunstsoziologische Autoren im engeren Sinn sind vor allem Hippolyte Taine und Jean-Marie Guyau zu nennen. Taine sah Kunst beeinflusst durch eine Reihe gesellschaftlicher Faktoren, die er mit Begriffen wie *Milieu* oder ›historisches Moment‹ konkretisierte, wobei vor allem der Begriff des Milieus als zentrale kunstsoziologische Kategorie überdauert hat. Guyau sprach von ›ästhetischer Erregbarkeit‹ und dementsprechender künstlerischer Verantwortung, von der Soziabilität der Kunst und meinte damit die enge funktionale Verbindung von Kunst und Gesellschaft.

Von den Begründern der akademisch institutionalisierten Soziologie haben sich nur Max Weber und Georg Simmel ausführlicher mit kunstsoziologischen Fragen beschäftigt. Im Zentrum der einschlägigen Überlegungen Webers steht die Hervorhebung des Stellenwerts der technischen Mittel (Notenschrift, Klavier, Zentralperspektive etc.) sowie deren *Rationalisierung*, die den abendländischen Sonderweg erklärbar machen. Auch weist Weber ausdrücklich darauf hin, dass Qualitätsurteile von Kunstwerken in der Kunstsoziologie zu vermeiden seien. Georg Simmel hat sich in zahlreichen Aufsätzen und Abhandlungen mit herausragenden Künstlerpersönlichkeiten (Goethe, Rembrandt, Rodin) und mit z. T. sehr spezifischen Themen zu Kunst und Ästhetik beschäftigt, so etwa mit ›Ruinen‹ oder dem ›Bilderrahmen‹.

Entdeckung der Populärkultur (Zwischenkriegszeit, bis ca. 1960)

Ab den 1920er Jahren ist festzustellen, dass die Kulturindustrien zunehmend zu einem zentralen Thema der Kunstsoziologie werden. Dabei sind gesellschaftskritisch, marxistisch ausgerichtete Ansätze (Theodor W. Adorno, Walter Benjamin, Arnold Hauser, Georg Lukács) sowie positivistisch, empirisch ausgerichtete Konzeptionen (Paul Lazarsfeld, Alphons Silbermann) zu konstatieren.

Theodor W. Adorno geht davon aus, dass Kunst Wahrheit vermitteln müsse. Für ihn ist angemessene kunstsoziologische Erkenntnis nur möglich, wenn ein Kunstwerk im Kontext einer umfassenden Gesellschaftstheorie einer adäquaten Analyse unterzogen wird. Gesellschaftliche Wahrheit vermittelnden Kunstwerken stehen die Produkte der Kulturindustrie, die einen ›Verblendungszusammenhang‹ herstellen, ›Aufklärung als Massenbetrug‹ (Horkheimer, Adorno 1947/1969) betreiben, gegenüber. Walter Benjamin (1936/1976) diagnostiziert, dass neue Produktivkräfte im Bereich der Kunst – er bezieht sich vor allem auf Fotografie und Film – deren Wesen und Funktion verändern. Als Folge der technischen Reproduzierbarkeit von Kunst verkümmere die ›Aura‹ traditioneller Kunstwerke, damit einher gehe auch die Ablöse der kontemplativen Betrachtung, der Versenkung im Werk, durch die zerstreute, aber auch die prüfend-sezierende Rezeption. Benja-

min bewertete diese Veränderungen ambivalent: Sie können sowohl Gefahren (Manipulierbarkeit der Massen) wie Befreiungsmöglichkeiten (von traditionellen Zwängen) mit sich bringen.

Den Widerpart zu kulturkritischen, marxistisch inspirierten Betrachtungsweisen stellt der empirisch-positivistische Ansatz dar. Die von Paul Lazarsfeld groß angelegte empirische Erhebung von 1932 zu Verhalten und Werthaltungen des Radiopublikums kann als Begründung der empirischen Kunstsoziologie angesehen werden. In den 1950er Jahren formuliert Alphons Silbermann (1986) die Grundlagen einer empirischen Kunstsoziologie, bei der die Auseinandersetzung mit dem ›Kunsterlebnis‹ im Mittelpunkt steht und die die Beschreibung von Kulturwirkekreisen zum Ziel hat. Einerseits betont Silbermann die Notwendigkeit der Berücksichtigung sämtlicher Faktoren, die die Realisierung des Kunsterlebnisses prägen, von historischen, technischen über mentalen zu wirtschaftsorganisatorischen Komponenten, andererseits will er auch die physiologischen (Wahrnehmung), psychologischen (Gefühle) und soziologischen (Geschmacksurteile) Funktionsweisen von Kunst mitberücksichtigt wissen.

Theoretisch-konzeptuelle Ansätze seit ca. 1960

Während die empirische Kunstsoziologie schon eine prinzipielle Ausweitung des Gegenstandbereiches anbahnt, aber aufgrund ihrer Theorieabstinenz nicht thematisiert, setzt ab den 1960er Jahren eine Entwicklung ein, die aus heutiger Sicht durchaus als *Paradigmen*wechsel der Kunstsoziologie anzusehen ist, wobei zwei Faktoren, die das Fach im engeren Sinne betreffen, hervorzuheben sind: Einmal ist auf die Einbeziehung strukturalistischer und medientheoretischer Konzepte in die Kunstsoziologie hinzuweisen. Für diese Ansätze (z. B. Roland Barthes, Umberto Eco, Marshall McLuhan) sind künstlerische Phänomene nur eine spezielle Variante von symbolisch-expressiven Zeichen. Damit erfolgt eine deutliche Ausweitung des Gegenstandsbereiches hin zur *Populärkultur*. Weiters wurde der Gegensatz zwischen kritischer und empirischer Forschung weitgehend aufgehoben.

Charakteristisch für diese Entwicklung können die Cultural Studies ab den späten 1950er Jahren, die Arbeiten Pierre Bourdieus und die des ›Production of Culture-Ansatzes‹ ab den 1970er Jahren angesehen werden. Diese Ansätze, zusammen mit der *Systemtheorie*, die etwa ab den 1980er Jahren hinzukommt, sind auch zu Beginn des 21. Jh.s immer noch als die wesentlichen im Bereich der Kunstsoziologie anzusehen.

Gegen Ende der 1950er Jahre konstituierte sich im angelsächsischen Raum ein Ansatz, der sich bald unter dem Namen **Cultural Studies** etablierte. Prominente Vertreter sind Raymond Williams, Stuart Hall, Paul Willis oder John Fiske. Ausgehend von einem eher ethnologischen Kulturbegriff ging es weniger um die Auseinandersetzung mit Fragen der Kunst oder auch der Massenkultur, sondern vielmehr um die ganzheitliche Analyse der Lebensweisen von *Gruppe*n (*Subkultur*en) oder *Klasse*n (Stammkulturen). Die Cultural Studies verknüpfen dabei klassentheoretische Konzepte (Karl Marx, Antonio Gramsci) mit solchen des *Strukturalismus* (Roland Barthes, Luis Althusser). Kunst wird für die Cultural Studies als eine von vielen Möglichkeiten gesehen, sich symbolisch-expressiv zu artikulieren. Demgemäß gibt es im breiten Spektrum der Arbeiten der Cultural Studies kaum solche, die sich ausschließlich mit Kunst im engen Sinne beschäftigen.

Eine ähnliche Position wie die Cultural Studies nimmt in vielerlei Hinsicht Pierre Bourdieu ein, er legt mit seiner 1979 (deutsch 1982) erschienen Studie ›Die feinen Unterschiede‹ (›La distinction‹) eine Untersuchung zu den Beziehungen zwischen *Klasse*nzugehörigkeit und *Geschmack*surteilen vor. Darin weist er auf der Basis eines umfassenden empirischen Datenmaterials nach, dass Geschmacksurteile in erster Linie die Funktion erfüllen, den Abstand zwischen verschiedenen gesellschaftlichen Klassen symbolisch zu legitimieren. Angehörige einer bestimmten Klasse oder Klassenfraktion entwickeln einen bestimmten *Habitus* bzw. in weiterer Folge einen bestimmten *Lebensstil*, der sich in einem je spezifischen, verinnerlichten und verkörperten Umgang mit kulturellem *Kapital* (Bildungsabschlüsse, Geschmackssicherheit, repräsentative Objekte) äußert. Daneben wird dieser auch durch das Ausmaß an verfügbarem ökonomischem und sozialem Kapital (Besitz und Beziehungen) geprägt. Bourdieus Ansatz ist sowohl gesellschaftstheoretisch und -kritisch ambitioniert, als auch empirisch fundiert, womit der Widerspruch zwischen ›kritischer‹ und ›empirischer‹ Kunstsoziologie aufgehoben ist.

In den USA entwickelte sich in den 1970er-Jahren ausgehend von Howard S. Beckers Studie ›Art

Worlds‹, der ›Production of Culture-Ansatz‹, dem vor allem die Idee zugrunde liegt, dass Kultur das Ergebnis des Zusammenwirkens verschiedenster gesellschaftlich bedingter Faktoren darstellt. Damit wendet sich dieser Ansatz klar gegen jede Individualisierung künstlerischer Tätigkeiten, also z. B. gegen die *Ideologie* des einsam schöpferischen Genies.

Schließlich ist noch der systemtheoretische Ansatz Niklas Luhmanns zu erwähnen. Er zeichnet die Herausbildung des bürgerlich-romantischen Konzepts von Kunst nach, identifiziert deren *Selbstreferenzialität* als ein wesentliches Charakteristikum, beschränkt sich aber weitestgehend auf die Entwicklung abstrakt-theoretischer Konzepte (Unterscheidung von Medium und Form, Kunst als Modus der Herstellung von Beobachtungen zweiter Ordnung). Auch ist eine auffällige Einschränkung auf das avancierteste Kunstverständnis im Bereich der Bildenden Künste und damit ein Verhaftetbleiben an der bürgerlich-romantischen Konzeption von Kunst festzustellen.

Konzeption der Kunstsoziologie zu Beginn des 21. Jahrhunderts

Spätestens seit der breiteren Rezeption der kunst- und kultursoziologischen Analysen Pierre Bourdieus, aber auch im Anschluss an zahlreiche Arbeiten, die im Rahmen der Cultural Studies oder des ›Production of Culture-Ansatzes‹ entstanden sind, sowie einschlägigen eher sozialphilosophisch ausgerichteten Beiträgen aus dem Umfeld des *Poststrukturalismus* bzw. der *Postmoderne* ist klar, dass der Gegenstandsbereich von Kunstsoziologie alle ästhetisch relevanten Phänomene und Praxen umfassen muss, dass dabei nicht nur innerkünstlerische, sondern auch all die außerkünstlerischen (technischen, rechtlichen, ökonomischen, mentalen, wissenschaftlichen, politischen etc.) Faktoren, die das Kunstleben prägen oder mit diesem eng verwoben sind, berücksichtigt werden müssen. Dies zusammenfassend ist davon auszugehen, dass für eine zeitgemäße Kunstsoziologie (oder Soziologie der Ästhetik) zu Beginn des 21. Jh.s folgende Punkte als unhintergehbar gelten sollten:

a) Kunst ist als historisch und sozial formbestimmt zu begreifen: nicht nur die Kunst – etwa als Abfolge von Stilen – ändert sich, sondern auch das, was als Kunst gilt. Die gesellschaftlichen Faktoren, die konkurrierenden Werthaltungen verschiedenster gesellschaftlicher Gruppierungen, die diese Dynamik betreiben, sind in kunstsoziologischen Überlegungen immer mit zu bedenken; b) Kunstsoziologie beschäftigt sich demnach mit denjenigen Phänomenen, die in einer gegebenen Gesellschaft zu einem gegebenen Zeitpunkt von bestimmten Gruppierungen dieser Gesellschaft als Kunst bezeichnet werden, damit, warum dies so ist und, wenn Änderungen zu konstatieren sind, warum diese stattfinden; c) bei einer Strukturierung des künstlerischen Feldes sind drei Sphären in Bezug auf künstlerisch-ästhetische Phänomene zu unterscheiden: der Entstehungs-, der Vermittlungs-, und der Aneignungszusammenhang.

Konkret beschäftigt sich aktuelle Kunstsoziologie zumeist in fokussierten Einzelstudien und unter Berücksichtigung der genannten inner- wie außerkünstlerischen Faktoren mit den Entstehungszusammenhängen (Kreation, Produktion, diesbezügliche Rückwirkungen der Märkte, der Nachfrage, soziale Lage der Kulturschaffenden), den Verbreitungszusammenhängen (Kulturbetriebe, Medien, Kulturindustrien, Kritik, Wissenschaft) und den Aneignungszusammenhängen (Rezeption, Geschmack, Präferenzen, Sozialisation, Bedeutung und Nutzung) von ästhetisch relevanten Phänomenen.

Darüber hinaus ist die Erarbeitung einer umfassenden Theorie der Funktion von Kunst in der Gesellschaft anzustreben, bei der die Interdependenzen zwischen den einzelnen Zusammenhangsbereichen ebenso wie die Berücksichtigung jeweils neuerer Entwicklungen (z.B. Internet, ›künstlerisches Forschen‹) adäquat erfasst werden können.

Literatur

Benjamin, Walter, 1976: Das Kunstwerk im Zeitalter seiner technischen Reproduzierbarkeit, Frankfurt a.M. (1936). – Bourdieu, Pierre, 1982: Die feinen Unterschiede, Frankfurt a.M. (1979). – Gerhards, Jürgen (Hg.), 1997: Soziologie der Kunst. Produzenten, Vermittler, Rezipienten, Opladen. – Hauser, Arnold, 1974: Soziologie der Kunst, München. – Horkheimer, Max; Adorno, Theodor W., 1969: Dialektik der Aufklärung, Frankfurt a.M. (1947). – Inglis, David; Hughson, John (Hg.), 2005: The Soziology of Art. Ways of seeing, Houndmills. – Kapner, Gerhardt, 1991: Die Kunst in Geschichte und Gesellschaft, Wien. – Silbermann, Alphons, 1979: Klassiker der Kunstsoziologie, München. – Ders., 1986: Empirische Kunstsoziologie, Stuttgart. – Weber, Max, 1972: Die rationalen und soziologischen Grundlagen der Musik, Tübingen (1921).

Alfred Smudits

Kybernetik

Begriffsdefinition

Unter Kybernetik (engl. cybernetics) versteht man die Wissenschaft von der Steuerung und Regelung komplexer Systeme, vor dem Hintergrund einer zirkulären Kausalität. Der Begriff wurde 1948 von N. Wiener geprägt und u.a. durch G. Bateson und H. v. Foerster weiterentwickelt.

Die Kybernetik befasst sich mit »komplexen« Systemen, wobei die sog. sich selbst regelnden Systeme im Mittelpunkt der Betrachtung stehen. Systemmodelle lassen sich dann als »kontingentselektive« (v. Foerster) beobachtende Systeme darstellen, als ein abstrahierendes Abbild distinkter Entitäten einer Realität, d.h. der dort vorfindbaren Tatbestände sowie funktionaler Kausalitäten, im Verhältnis zu einer bestimmten Zielorientierung. H. v. Foerster: »Das fundamentale Prinzip kybernetischen Denkens ist […] die Idee der Zirkularität. Da beginnt alles, von dort aus muss man weiterdenken, das ist die Basis.«

Begriffsgeschichte

Die Begrifflichkeit selbst stammt aus dem Griechischen (altgr. κυβερνήτης *kybernétes* = Steuermann), was im Lateinischen zu »gubernator« und im Englischen zu »govenor« wurde. James Watt gab im Jahre 1776 dem Begriff »govenor« die Ersatzbedeutung »Fliehkraftregler« und verlieh dem Begriff eine technische Relevanz. Im Jahre 1948 erschien Wieners Veröffentlichung mit dem Titel »Kybernetik« und legte einen Grundstein für weitere Forschungen und Denkweisen in der Wissenschaftswelt.

Zur Bedeutung der Kybernetik in der Soziologie

Es gibt zahlreiche Beispiele für kybernetische Ansätze in der Soziologie, wie etwa Modelle zur Beschreibung (und *Prognose*) sozialen Handelns, Modelle im Bereich der Wirkungsforschung, Untersuchungen im sozialstrukturellen Bereich, sozioökonomische Prognosen, Probleme der Politikplanung (Steuerungs- und Konfliktlösungsprobleme). Unter dem Stichwort »Kybernetik und Gesellschaft« werden auch Fragen behandelt zu gesellschaftlichen Wirkungen der Automation, der gesellschaftlichen, ökonomischen und politischen Bedeutung von Information und Informationsverarbeitung, zu Adaptionsproblemen neuer Informations- und *Kommunikation*stechnologien usw.

Die Soziologie verwendet kybernetische Methoden besonders in der *Systemtheorie* zur Beschreibung des Verhältnisses von *Umwelt* und *System*en, die ihre Anpassung an geänderte Umweltbedingungen aus ihrer Selbstorganisation heraus leisten (R. Glanville). Die Systemtheorie N. Luhmanns basiert u. a. auf den Errungenschaften der Kybernetik und adaptiert das Theorem der operativen Geschlossenheit autopoietischer Systeme.

H. v. Foerster fügte die »doppelte Schließung« von Systemen, sowie den »Beobachter« hinzu, um auf die Notwendigkeit hinzuweisen, dass es um komplexe wechselseitige Regulationen geht und nicht nur um lineare Prozesse naiv-realistischer/mechanistischer Positionen, die in einem einfacheren Aktions-Reaktions-Modell beschrieben werden könnten.

Luhmann erarbeitet aus dem Beobachtungsbegriff die sog. Fremd-/und *Selbstreferenz*, mit deren Hilfe sich beobachtende Systeme von ihrer Umwelt differenzieren und die jeweilige Systemrealität beobachterabhängig werden lässt (Selbstbeobachtung, re-entry). Die universelle Systemtheorie und mit ihr die Kybernetik als Grundlage bieten ein Instrument zur Analyse und Beschreibung von Systemzusammenhängen und daraus resultierenden Fragen.

Dies lässt sich auf soziologische Fragestellungen, wie z. B. *Beziehung*sgeflechte zwischen Personen oder Personengruppen, übertragen: Geht man von der (sehr vereinfachten) Vorstellung aus, dass die Bevölkerungszahl einer Periode von der der Vorperiode nach Maßgabe der Bevölkerungswachstumsrate abhängt, so kann man zusätzlich eine Modellbeziehung postulieren (das entstehende Modell besteht also aus zwei Beziehungen), die die Größe als von der jeweiligen Bevölkerungszahl abhängig definiert. Diese Beziehung könnte so aussehen, dass mit steigender Bevölkerungszahl die Wachstumsrate tendenziell sinkt. Auf diese Weise gelangt man zu einem sehr einfachen Modell, das dem Grundmuster eines sich selbstregulierenden Systems entspricht – einmal abgesehen von der Frage des empirischen Gehalts eines derartigen Modells.

Kybernetische Vorgehensweise in der Soziologie

Der Einsatz kybernetischer Methoden orientiert sich an folgenden Arbeitsschritten:

1. Ausgehend von einem gegebenen Forschungsinteresse (z. B. Prognosc der Bevölkerungsentwicklung eines Landes) erfolgt zunächst eine Konkretisierung der Fragestellung und die Überprüfung des Sinngehaltes der Frage im Hinblick auf verwertbare Forschungsergebnisse: Wozu die Prognose? Abgrenzung des Begriffs der Bevölkerung, Herleitung der Untersuchungshypothesen, Operationalisierung der in Frage stehenden Begriffe und Variablen usw.

2. Im nächsten Schritt muss die Eignung geklärt werden, ob sich die jeweilige Fragestellung überhaupt für den Einsatz kybernetischer Methoden eignet. Es muss also geprüft werden, ob das jeweilige Problem als sich selbstregulierendes System darstellbar ist.

3. Auf der Grundlage logischer Deduktionen und ggfs. mathematischer Herleitungen erfolgt die Formulierung des kybernetischen *Modell*s.

4. Nun erfolgt die empirische Datenaufnahme, um das Modell z. B. numerisch zu schätzen. Die in den Modellbeziehungen formulierten Untersuchungshypothesen werden also hinsichtlich der Entscheidung über Beibehaltung oder Verwerfung der einzelnen *Hypothese*n untersucht. Im Falle der Verwerfung können Alternativbeziehungen formuliert werden. Diese Konfrontation des theoretischen Modells mit empirischen Befunden führt also zu einer Optimierung des Modells.

5. Seinen Nutzen demonstriert das Modell, wenn es zu treffsicheren Ex-post-Prognosen führt, wenn es also schon abgelaufene Prozesse in zutreffender Weise »nachzeichnen« kann. In *Simulation*en mit dem Modell kann nun versucht werden, eine schrittweise Verbesserung der Modellstruktur in der Weise zu erreichen, dass iterativ eine Verkleinerung der Differenzen zwischen den modellerzeugten Ex-post-Werten und den beobachteten Werten selbst erfolgt. Es zeichnet Entwicklungslinien vor (eventuell dank alternativ setzbarer Parameterwerte in Form von veränderbaren Simulationen).

Die zutreffende Beschreibung vergangener Entwicklungsverläufe verhilft darüber hinaus zu Einsichten in Zusammenhänge und Beeinflussungsstrukturen. Insoweit wird die Modellüberprüfung und -verbesserung selbst zu einem kybernetischen Prozess der Rückkopplung zwischen Realität und abstrahierendem Modell.

Die Verbreitung von Simulationsansätzen in der Soziologie wird wesentlich beschleunigt durch die rasche Verbreitung von computergestützten Simulationsverfahren (Computer Aided Simulation, CAS), die auch mit komplexeren Modellen in hervorragender Weise ihre vielfältigen Verwendungsmöglichkeiten demonstrieren.

Literatur

Aderhold, Dieter, 1973: Kybernetische Regierungstechnik in der Demokratie, Planung und Erfolgskontrolle, München. – Ashby, William, 1985: Einführung in die Kybernetik, 2. Aufl., Frankfurt a. M. – Foerster, Heinz von, 1981: Observing Systems, Seaside Cal., 304 ff. – Foerster, Heinz von, 1993: KybernEthik, Berlin. – Ders.; Pörksen, Bernhard, 2002: Understanding Systems, Heidelberg. – Dies., 2008: Wahrheit ist die Erfindung eines Lügners, Heidelberg. – Glanville, Ranulph, 1988: Objekte, Berlin. – Herder-Dornreich, Philipp, 1965: Soziale Kybernetik, Köln. – Kopf, Jürgen, 1977: Kybernetische Wirtschaftspolitik, Meisenheim. – Kulla, Bernhard, 1979: Angewandte Systemwissenschaft, Würzburg/Wien. – Lohberg, Rolf, 1990: Keiner weiß, was Kybernetik ist, Köln. – Luhmann, Niklas, 2008: Soziologische Aufklärung 6, 3. Aufl., Wiesbaden. – Ders., 2009: Soziologische Aufklärung 3, 5. Aufl., Wiesbaden. – Wiener, Norbert, 1992: Kybernetik, Düsseldorf.

Stefan Karduck/Werner Voß

L

Land- und Agrarsoziologie

Land- und Agrarsoziologie (engl. rural sociology) ist eine Soziologie des *Raume*s und die Soziologie eines *Wirtschaft*ssektors, der Landwirtschaft. Gegenstand der Land- und Agrarsoziologie sind die Bedingungen und Strategien der Menschen, die in ländlichen Räumen leben und arbeiten. Relevant sind Themen, die die direkte Lebensbewältigung betreffen. Dabei wird davon ausgegangen, dass die Besonderheiten ländlicher Räume Ursachen der Lebensgestaltung sind, zugleich aber auch deren treibende Kräfte. Forschungsarbeiten beziehen sich heute insbesondere auf die Gestaltung und die spezifischen Herausforderungen der Daseinsvorsorge sowie der Nahversorgung, Wirkungen des demografischen Wandels und Veränderungen der Arbeitswelt. Der Bezug zur *Landwirtschaft* entsteht durch die Bedeutung der landwirtschaftlichen Nutzung in der Fläche und durch die Schnittstellen von Landwirtschaft und Gesellschaft. Themenfelder sind die sozialen Wirkungen der Landnutzung und Interessen*konflikt*e, lokale Initiativen, *Netzwerk*e und Wissensmanagement. Auch sozialwissenschaftliche Fragestellungen, die sich auf den Wandel landwirtschaftlicher Unternehmen beziehen, sind hier verortet. In einem weiteren Verständnis ist Land- und Agrarsoziologie auch ein Sammelbegriff für einen weiteren Teil der Sozialwissenschaften im Agrarbereich – der landwirtschaftlichen Kommunikations- und Beratungslehre, sowie der Agrarpädagogik, -didaktik und -geschichte. Auch sind die Fachgrenzen zur Soziologie der *Entwicklung*sländer, *Ernährung*s- und *Umweltsoziologie* sowie zur *Sozialökologie* fließend.

Landwirtschaft und ländliche Räume

Mit der rasanten Entwicklung der städtischen Zentren im ausgehenden 18. Jh. galt das Land zunächst als Pool für die notwendigen Industriearbeitskräfte. Landwirtschaftliche Betriebe spürten einen markant verlaufenden Strukturwandel. Verbesserung der Kulturtechniken und Mechanisierung bringen nicht nur deutlich höhere Erträge, sondern wirken auf das gesamte Sozialgefüge der Höfe mit einer oftmals strengen patriarchalischen Ordnung. Zunehmend differenzieren sich landwirtschaftliche Betriebe voneinander, Betriebe, die wirtschaftlich und technisch nicht mithalten können, geben auf. Insbesondere im Umfeld der Industriezentren entwickelt sich früh eine Landwirtschaft, die in Kombination mit einem anderen Beruf betrieben wird. Heute werden fast 50 % aller landwirtschaftlichen Betriebe im Nebenerwerb geführt.

Bis in die zweite Hälfte des 20. Jh.s hineinreichend spüren die Menschen in den ländlichen Räumen den Sog der Stadtentwicklung. Insbesondere Frauen investieren in die höhere Schul- und Berufsausbildung ihrer Töchter, in der Landwirtschaft konzentriert sich die *Sozialisation* auf einen männlichen Hoferben, zunehmend beschreiten deren Geschwister von der Landwirtschaft unabhängige Berufs- und Lebenswege. In der Landwirtschaft hat bis heute das Modell der *Mehrgenerationenfamilie* Bestand, obgleich dies begleitet ist von Generationenkonflikten und Erbstreitigkeiten.

Eigenständige Entwicklungen werden in ländlichen Räumen lange nicht vermutet und bis in die 1970er Jahre hinein werden landwirtschaftliche und ländliche Entwicklung überwiegend als Einheit betrachtet. Dies ändert sich mit den Ansätzen der *Regio*nalentwicklung, mit der zunehmenden Bedeutung von Landschaft und den entsprechenden Schutzgebieten, mit regionalen *Tourismus*konzepten, aber auch mit der Notwendigkeit der Ortskernsanierungen und Ausweisung von Neubaugebieten. In Westdeutschland verzeichnen etliche Gemeinden in den 1980er und 1990er Jahren Bevölkerungszuwachs. Besonders profitieren Gebiete im Umfeld der heutigen *Metropolregionen*. In ländlichen Gebieten in den ostdeutschen Bundesländern entstehen in den Jahren nach der Wiedervereinigung zunächst dramatische Abwärtsbewegungen. Der Umbau der DDR-Landwirtschaft, Folgeunternehmen und Wiedereinrichter, die plötzliche Freisetzung landwirtschaftlicher Arbeitskräfte oder die *natur*nahe Umgestaltung von Industriebrachen werden im Hinblick auf die Lebenswirklichkeiten der Bevölkerung untersucht. Einen weit gefassten Überblick zu diesen u. ä. Entwicklungen von Dörfern im Bundesgebiet gibt Henkel (2011).

Land- und agrarsoziologische Forschung

Traditionell ist die land- und agrarsoziologische Forschung an den Agrarfakultäten und der entsprechenden Ressortforschung angesiedelt. Heute werden die Themen insbesondere von der Geografie und von Landschaftsplanern aufgenommen, einzelne Wissenschaftler befassen sich auch an soziologischen Fakultäten mit land- und agrarsoziologischen Themen. Einen fundierten Überblick zu den Themenfeldern der ländlichen Sozialstruktur, der Landwirtschaft, des Raumes, aber auch zur Genese der Fachdisziplin geben Beetz et al. (2003). Aktuelle sozialwissenschaftliche Fragestellungen die sich auf Landwirtschaft, Landbewirtschaftung und Gesellschaft beziehen, sind zusammengestellt in Helmle (2010). Beide Sammelbände eignen sich als Nachschlagewerk und Einstieg in die jeweils spezifischen Themen. Länger zurück liegt die Schrift von Planck und Ziche (1979), die lange Zeit als umfassendes Standardwerk galt.

Als Lehrgebiet an den Universitäten ist das Fach Land- und Agrarsoziologie jedoch gegenwärtig weitgehend deinstitutionalisiert. Dabei liegen die Forschungsthemen auf der Hand. Entwicklungsaktivitäten landwirtschaftlicher Betriebe werden beobachtet – ob Stallbau, Biogasanlage oder Naturschutzgebiet, dies geht kaum ohne Zustimmung der lokalen Bevölkerung, ob Fragen zum Mensch-Tier-Verhältnis oder zur Ausrichtung der Landwirtschaft, dies sind Diskurse, die quer durch die Bevölkerung geführt werden (u. a. Sauer 2006, Jürgens 2002, Helmle 2011). Das Auseinanderdriften peripherer und zentraler ländlicher Gebiete, die Konkurrenz zwischen Standorten, Ausweitung der Dienstleistungs- und der Niedriglohnsektoren, aber auch Beispiele, wie vermeintlich unumkehrbare Entwicklungsprozesse in ländlichen Kommunen Entwicklungspotenziale mobilisieren, sind Gegenstand der Arbeiten von Becker (1997), sowie Barlösius und Neu (2008). Zu den klassischen Themen Familie, Generationen und Frauen in der Landwirtschaft sind die Arbeiten von Hildenbrand (1992), Schmitt (1997) und Sawahn (2010) zu nennen.

Neu sind die Arbeiten, in denen Sozialwissenschaftler mit landwirtschaftlichem Fachhintergrund eine vermittelnde Position zwischen Bevölkerung, Landwirtschaft, Raumplanung, Naturschutz und Politik einnehmen. Mit Ansätzen aus der *Aktionsforschung* geht es um die Suche und Implementierung lokal angepasster Umsetzungsmöglichkeiten der sich stetig ändernden Richtlinien und Verordnungen aus der europäischen Politik. Gekoppelt sind die Ansätze mit dem sozialwissenschaftlichen Erkenntnisinteresse über Netzwerke, Interessengruppen, Engagement, lokales Wissen, Konflikte, Macht und Wandel (u. a. Hoffmann 2009; Knierim 2001).

Renaissance des Ländlichen?

Die Betonung der *Region*, lokaler Produkte und Tourismus, die Entdeckung ländlicher Räume durch Journalisten und Künstler – neu ist eine etwas eigenartige Renaissance, die ländliche Räume gegenwärtig erleben. Öffentlich präsentiert wird eine Mischung aus ländlicher Idylle, Handwerk und Schönheit, aber auch aus Tristesse. Doch Landbevölkerung ist keine isolierte, bedürfnislose und dem Handwerk verbundene Gruppe von Menschen. Land- und agrarsoziologische Forschung nimmt durch Beobachtung und Analyse den *Wandel* ländlicher Bevölkerung auf. Differenzierung und Fragmentierung, Chancen zur Teilhabe, Zukunftsgewissheit und proaktive Herangehensweisen mit den Herausforderungen einer alternden Gesellschaft leiten die Betrachtungsweisen. Der vergleichende Fokus auf einzelne Regionen, die fließenden Übergänge zwischen städtischen und ländlichen Räumen, der Wandel, aber auch der Bedeutungswandel von Landwirtschaft, natürlichen Ressourcen und Landschaft wird weiterhin eine Herausforderung sein. Die Bedeutung der Landwirtschaft liegt in der Fläche – bewirtschaftet durch wenige Menschen. Landwirte sind rar, und dennoch ist eine Gesellschaft ohne Landbewirtschaftung nahezu undenkbar. Mit welchen Visionen wir ländliche Räume betrachten und für welche Gesellschaft diese Visionen stehen, bleibt spannend.

Literatur

Barlösius, Eva; Neu, Claudia (Hg.), 2008: Peripherisierung – eine neue Form sozialer Ungleichheit? Berlin. – Becker, Heinrich et al., 2006: Perspektiven und Probleme von Frauen in ländlichen Räumen, Braunschweig. – Beetz, Stephan et al. (Hg.), 2005: Handwörterbuch zur ländlichen Gesellschaft in Deutschland, Wiesbaden. – Heinrich Becker, 1997: Dörfer heute – Ländliche Lebensverhältnisse im Wandel 1952, 1972 und 1993/95, Bonn. – Helmle, Simone, 2011: Images der Landwirtschaft, Weikersheim. – Dies. (Hg.), 2010: Selbst- und Fremdwahrnehmung der Landwirtschaft, Weikersheim. – Henkel, Gerhard, 2012: Das Dorf. Landleben in Deutschland – gestern und heute, Stuttgart. – Hildenbrand, Bruno et al., 1992: Bauern im Modernisierungsprozess, Frankfurt a. M. – Hoffmann, Volker et al. 2009: Transdisziplinäre Umweltforschung. Methodenhandbuch, München. – Jürgens, Karin, 2002: Tierseuchen in der

Landwirtschaft, Würzburg. – Knierim, Andrea, 2001: Konflikte erkennen und bearbeiten: aktionsorientierte Forschung zwischen Landwirtschaft und Naturschutz in Brandenburg, Weikersheim. – Planck, Ulrich; Ziche, Joachim, 1979: Land- und Agrarsoziologie, Stuttgart. – Sauer, Alexandra, 2006: Europäische Naturschutzpolitik, München. – Sawahn, Anke, 2010: Wir Frauen vom Land, Frankfurt a. M. – Schmitt, Matthilde, 1997: Landwirtinnen, Opladen.

Simone Helmle

Längsschnittuntersuchung

Die Längsschnittuntersuchung (engl. longitudinal survey) ist eine Untersuchungsform, in der die Untersuchungseinheiten im Zeitverlauf betrachtet werden. Man kann Formen der Längsschnittuntersuchung danach unterscheiden, ob die Untersuchungseinheiten Aggregate oder Individuen, Haushalte, Betriebe sind. Außerdem kann man Längsschnittuntersuchung hinsichtlich der Erhebungsmethode unterscheiden: Der Zeitverlauf wird entweder retrospektiv oder prospektiv erfasst. Bei der prospektiven Betrachtung werden zu mindestens zwei oder mehreren Zeitpunkten dieselben Untersuchungseinheiten erhoben.

Der Längsschnittuntersuchung steht die **Querschnittuntersuchung** gegenüber, in der Untersuchungseinheiten an nur einem Zeitpunkt erhoben werden. Der Nachteil der Querschnittuntersuchung: Die zu einem Zeitpunkt beobachteten Altersunterschiede können sich durch unterschiedliche Zeiten der Prägung der Heranwachsenden (Generationseffekt) oder durch den Prozess des Alterns (Lebenszykluseffekt) ergeben haben. Welcher Effekt vorliegt, lässt sich in einem Querschnitt nicht klären.

Die Betrachtung von Aggregaten im Zeitverlauf ist durch die Replikation von *Befragung*en möglich. Die Replikation erlaubt eine Trendstudie, die Richtung, Schnelligkeit und Tiefgang des *sozialen Wandels* in der ganzen Bevölkerung darstellt, aber nicht kausal identifiziert. Replikationen von Befragungen sind meist nur zu wenigen Zeitpunkten möglich. Aber es gibt amtliche Daten (meist ökonomischen Inhalts: Inflationsrate, Arbeitslosigkeit etc.) auf monatlicher Basis, die zu sehr vielen Zeitpunkten erhoben werden und so *Zeitreihe*nanalysen mit anspruchsvollen *Regression*stechniken erlauben. Darüber hinaus publizieren auch Umfrageinstitute mo-

natliche sowie seit neuestem tägliche Daten (z. B zur Lebenszufriedenheit), die ebenfalls für Zeitreihenanalysen verwendet werden können.

Eine prospektive Längsschnittuntersuchung, die bei denselben Untersuchungseinheiten die gleichen Inhalte mehrfach erhebt, bezeichnet man auch als **Panel**untersuchung. Diese Methode wird zum Beispiel in der Wahlforschung eingesetzt. Das heißt, Individuen werden in kurzen Abständen, zum Beispiel vor und nach einer Wahl, zu ihren Einstellungen sowie Wahlentscheidungen befragt.

Andere prospektive Längsschnittuntersuchungen untersuchen bei einzelnen oder mehreren Geburtskohorten die Ereignisse im Lebensverlauf sowie deren Wirkungen. Die Analyse repräsentativer Panelstudien privater Haushalte erlaubt, menschliches Verhalten und die dem sozialen Wandel zu Grunde liegenden Mechanismen besser zu verstehen. In dieser Tradition stellt auch die Langzeitstudie ›Sozio-ökonomisches Panel‹ seit nunmehr fast 30 Jahren für die sozialwissenschaftliche Grundlagenforschung Mikrodaten bereit (Schupp). Vielfach werden in einer ersten Welle einer prospektiven Längsschnittuntersuchung retrospektiv biographische Hintergrundfragen erhoben. In der retrospektiven Betrachtung berichten Individuen über frühere Ereignisse in ihrem Leben. Die retrospektive Erhebung etablierte die Lebensverlaufsforschung, die die Lebensläufe mehrerer Geburtskohorten retrospektiv erfragt, so dass individuelle Entwicklung und sozialer Wandel gleichzeitig untersucht werden können. Neuere Mehr-Kohorten-Studien ergänzen ihre Betrachtung von Lebensverläufen zunehmend um prospektive Methoden (Mayer/Diewald), da zunehmend auch Veränderungen von nur prospektiv weitgehend valide ermittelbaren Sachverhalten (z. B. Einkommen, Lebenszufriedenheit) konzeptionell an Bedeutung gewonnen haben. Der Gegensatz von prospektivem und retrospektivem Design geht in neueren Studien zunehmend verloren. Prospektive wie retrospektive Untersuchungen können, sofern sie die Zeit genau, also etwa auf Monatsebene, registrieren, mit *statistisch*en Verfahren analysiert werden, die den zeitlichen Prozess modellieren (Dynamische Analyse, *Ereignisanalyse).* Nicht zuletzt vor dem Hintergrund der statistischen Weiterentwicklungen bei panelökonometrischen Schätzverfahren setzt sich zunehmend die Einsicht durch, dass nur Längsschnittuntersuchungen die Chancen für Kausalanalysen eröffnen (Gangl).

Der methodische Einsatz der jeweiligen Erhebungs- und Messverfahren über die Zeit sowie Fragen der Selektivität einer dauerhaften Teilnahme in Längsschnittuntersuchungen haben sich mittlerweile zu einem eigenständigen survey-methodischen Forschungsthema etabliert (Lynn).

Literatur

Allison, Paul D., 1985: Event history analysis, Beverly Hills, CA. – Ders., 2009: Fixed Effects Regression Models, Thousand Oaks, CA. – Mayer, Karl U.; Diewald, Martin, 2007: Die Institutionalisierung von Lebensverläufen; in: Brandtstädter, Jochen; Lindenberger, Ulman (Hg.): Entwicklungspsychologie der Lebensspanne, Stuttgart 510–539. – Lynn, Peter (Ed.), 2009: Methodology of Longitudinal Surveys, Chichester, UK. – Schupp, Jürgen, 2009: 25 Jahre Soziooekonomisches Panel; in: Zeitschrift für Soziologie 38, 350–357. – Gangl, Markus, 2010: Causal Inference in Sociological Research; in: The Annual Review of Sociology 36, 21–48 – Woolridge, Jeffrey M., 2002: Econometric Analysis of cross section and panel data, Cambridge, NY.

Jürgen Schupp/Heiner Meulemann

Lebenslaufforschung

Begriffsdefinition und Abgrenzung

Lebenslauf (engl. life course) bezeichnet die individuelle Abfolge von Aktivitäten und Ereignissen in verschiedenen Lebensbereichen (z. B. Familie, Beruf) sowie in institutionalisierten Handlungsfeldern wie dem Bildungssystem oder dem Arbeitsmarkt (Mayer 1998). Heute werden Lebensläufe als mehrdimensionale, selbstreferentielle und kumulative Mehrebenenprozesse verstanden (für Erläuterungen s. u.), die in der modernen Soziologie ein zentrales Instrument zur Erforschung sozialer Mechanismen und Ungleichheiten in Gegenwartsgesellschaften sind. Im Gegensatz zur *Biographieforschung* ist die Lebensverlaufsforschung (engl. life course research) nicht an der Untersuchung »persönlicher Einzelschicksale« oder »individueller Lebenslaufdeutungen«, sondern vielmehr an regelhaften dynamischen Ausprägungen von Lebensläufen in Gesellschaften interessiert. Um Lebensverläufe in modernen Gesellschaften zu verstehen, wird die dialektische Beziehung von sozialen Strukturen und individuellen Handlungsentscheidungen in das Zentrum der Betrachtung gerückt.

Die Anfänge: Der »Normallebenslauf«

Nach Kohli (1985) kann man den Lebenslauf als wichtige standardisierte *Institution* in der modernen Gesellschaft betrachten. Kerngedanke ist, dass der Lebenslauf in modernen Gesellschaften nicht zufällig verläuft, sondern nach klaren Mustern sowie gesellschaftlichen und individuellen Erwartungen zeitlich strukturiert ist. Dieser standardisierte Lebenslauf wird nach Kohli durch drei zentrale Lebensabschnitte charakterisiert, um die herum die Individuen ihr Leben organisieren: die Vorbereitungs-, Aktivitäts- und Ruhephase (Kindheit/Jugend, aktives Erwerbsleben, Alter). Das Konzept eines chronologisch standardisierten »*Normallebenslaufs*« ist dabei stark am männlich dominierten Erwerbssystem orientiert und konnte sich unter den spezifischen Bedingungen der Wirtschaftwunderjahre (1950er bis 1970er Jahre) wie der fordistischen Massenproduktion und Vollbeschäftigung entwickeln. Die Männer übernehmen danach die Rolle des männlichen Alleinversorgers, wohingegen die Frauen über den Mann vergesellschaftet werden, da sie überwiegend für Haushalt und Kindererziehung zuständig sind. Man spricht hier auch von einer »Normalfamilienbiographie« (Kohli 2003). Eine zunehmende Pluralisierung von Lebensläufen – unter anderem aufgrund der zunehmenden Flexibilisierung der Übergänge zwischen den drei Phasen und der verstärkten Erwerbstätigkeit der Frauen – deutet jedoch seit den 1980er Jahren auf eine zunehmende De-Institutionalisierung des Lebenslaufs hin (Mayer 1998). Somit ist dieses Modell zunehmend unzureichend, um die Vielzahl sozialer Prozesse und Ungleichheiten in modernen Gesellschaften adäquat zu beschreiben. Trotzdem ist der sogenannte Normallebenslauf auch heute noch ein wichtiges Konzept zum Verständnis *sozialer Ungleichheit*en, da er insbesondere in konservativen und südeuropäischen Wohlfahrtsstaaten weiterhin maßgeblicher Orientierungsrahmen für sozialpolitische Maßnahmen ist und durch rechtliche und institutionelle Rahmenbedingungen gestützt wird.

Strukturelle Merkmale des Lebenslaufs in der modernen Soziologie

Seit den 1980er Jahren hat die Lebensverlaufsforschung einen entscheidenden Beitrag dazu geleistet, die Determinanten und Auswirkungen von Veränderungen auf der Individualebene auf gesellschaftliche Strukturen in modernen Gesellschaften besser zu verstehen und zu erklären. Sie ist heute eine der am häufigsten verwendeten Ansätze, um die Entwicklung sozialer Ungleichheiten in modernen Gesellschaften zu beschreiben, zu analysieren und zu prognostizieren. Mit Hilfe der Lebensverlaufsforschung gelingt es, die Dynamiken sozialer Prozesse besser zu verstehen und zu erklären. Grundlegend sind dabei die folgenden theoretischen und methodologischen Ansatzpunkte:

(1) Die Lebenslaufforschung analysiert den *Wandel* sozialer Strukturen auf Basis der Veränderungen von Lebensverläufen aufeinander folgender (Geburts-)Kohorten. Im Gegensatz zur traditionellen Forschung mit Querschnittsdaten, die ausschließlich Informationen für einen einzigen Zeitpunkt beinhalten, oder Trendanalysen, die Daten für unterschiedliche Untersuchungseinheiten zu verschiedenen Zeitpunkten aggregieren, ist die Lebensverlaufsforschung daran interessiert, die Veränderungen der Lebensverläufe der Akteure langfristig zu beobachten (Blossfeld/ Rohwer 2002). Es werden dazu *Längsschnittdaten* über Ereignisse und Veränderungen der gleichen Personen zu mehreren Zeitpunkten, basierend auf retrospektiven und prospektiven Lebensverlaufsstudien, verwendet (siehe z. B. die Lebensverlaufsstudie des Max-Planck-Instituts für Bildungsforschung, das Sozio-ökonomische Panel des Deutschen Instituts für Wirtschaftsforschung oder das Nationale Bildungspanel an der Universität Bamberg). Die Lebensverlaufsforschung geht somit über die einfache Beschreibung sozialer Strukturen zu einem Zeitpunkt oder hochaggregierte Zusammenhänge hinaus. Die Lebensverlaufsforschung modelliert vielmehr individuelle Übergänge in und aus verschiedenen Zuständen, wie die *Mobilität* zwischen verschiedenen Arbeitsplätzen und sozialen Schichten, die Teilnahme an verschiedenen Bereichen des Bildungssystems usw. Durch diese Erfassung individueller Dynamiken kann erklärt werden, warum und ob Menschen ihr Verhalten auf individueller Ebene ändern und wie sich diese Veränderungen in aggregierter Form auf die Sozialstruktur auswirken. Somit ist die Untersuchung der Dynamiken sozialer Prozesse auf individueller Ebene zentral, um kausale Auswirkungen von Wandlungsprozessen auf der Makroebene zu erklären.

Durch Anwendung dieses dynamischen Mehrebenen-Ansatzes ist es der Lebensverlaufsforschung möglich, grundlegende soziale Mechanismen im internationalen Vergleich aufzudecken und zu erklären. Moderne Gesellschaften unterscheiden sich auch heute noch stark in Bezug auf ihre historisch gewachsenen Institutionen (wie dem Wohlfahrtsregime, den Arbeitsmarktstrukturen, dem Bildungssystem oder dem Alterssicherungssystem) sowie die Durchlässigkeit ihrer sozialen Strukturen. Bei einer Erklärung sozialer Zusammenhänge alleine auf der Aggregatdatenebene bestünde die Gefahr eines ökologischen Fehlschlusses, d. h., dass die Zusammenhänge auf der Makroebene fälschlich so interpretiert werden, als wären sie Teil der Mikroebene. Bspw. kann die Arbeitslosenquote in zwei Ländern auf aggregierter Ebene zwar ähnlich sein (z. B. 10 Prozent), wohingegen Dynamik (d. h. die Mobilität in und aus Arbeitslosigkeit) jedoch stark variiert. Erst ein dynamischer Forschungsansatz wie die Lebensverlaufsforschung kann diese Unterschiede aufdecken.

(2) Lange Zeit wurden in den Sozialwissenschaften das Bildungssystem, der Arbeitsmarkt oder die Familie als isolierte gesellschaftliche Teilsysteme untersucht, wodurch kausale Zusammenhänge zwischen Bildungskarrieren, Erwerbsverläufen und familiären Ereignissen vernachlässigt wurden. Die Lebensverlaufsforschung ermöglicht es heute theoretisch und methodisch, diese verschiedenen zusammenhängenden Lebensbereiche wieder zu verbinden. Der Lebenslauf wird dabei als mehrdimensionaler Prozess verstanden, verschiedene Lebensbereiche sind also interdependent zueinander. Bspw. kann das Eingehen einer Ehe einen starken Einfluss auf die Erwerbskarriere haben. Als Beispiel kann hier die weibliche Erwerbskarriere angeführt werden, die in vielen Fällen von familiären Ereignissen wie Heirat und insbesondere der Geburt eines Kindes beeinflusst wird (vgl. Blossfeld 1995). Aggregatdaten können diese Zusammenhänge nicht aufdecken.

(3) Weiterhin wird der Lebensverlauf als hochgradig differenzierter gesellschaftlicher Mehrebenenprozess angesehen. Soziale Strukturen werden als Ergebnis von Prozessen auf mehreren gesellschaftlichen Ebenen angesehen. Der Lebenslauf ist unter anderem durch institutionelle Rah-

menbedingungen sowie den historischen Kontext (s. o.) und durch zentrale Bezugspersonen geprägt. Es zeigt sich z. B., dass Paare ihre Erwerbskarrieren planvoll aufeinander ausrichten, so dass diese oftmals gemeinsam in den Ruhestand gehen (Blossfeld/Drobnic 2001).

(4) Schließlich ist der Lebensverlauf ein *selbstreferentiell*er Prozess. Die Vorgeschichte der Akteure hat Auswirkungen auf deren künftige Entscheidungs- und Handlungsprozesse. Somit bedingt die Vorgeschichte das Optionsspektrum und damit auch den weiteren Lebenslauf. Die Lebensverlaufsforschung erfasst soziale Ungleichheiten und deren Dynamik auch dadurch, dass vorausgegangene Erfahrungen und Ereignissen der Individuen berücksichtigt werden. Die *Ereignisanalyse* bietet dabei eine sinnvolle statistische Methode, um Entwicklungen über die Zeit sowie parallel verlaufende Prozesse im Lebenslauf zu analysieren (Blossfeld/Rohwer 2002).

Zentrale Inhalte

Zentrale Inhalte der modernen Lebensverlaufsforschung sind die Erforschung des Wandels von Bildungs-, Familien- und Beschäftigungssystemen, die Untersuchung von Familien- und Haushaltsbiographien, die Analyse von Bildungs- und Ausbildungsverläufen sowie von Erwerbs- und Berufskarrieren. Weiterhin ist die Lebensverlaufsforschung für den internationalen Vergleich von großer Bedeutung, da mit ihr die Entwicklung sozialer Ungleichheiten und der Einfluss institutioneller Faktoren (z. B. Arbeitsmarkt, Wohlfahrtsregime) modelliert und verstanden werden kann. Die Lebensverlaufsforschung ist damit ein zentraler Ansatz in der Soziologie, um Muster und Dynamiken *sozialer Ungleichheit* und die ihr zugrundeliegenden Mechanismen verstehen und analysieren zu können, indem individuelle Lebensverläufe über längere Zeiträume verfolgt werden (siehe u. a. Blossfeld et al. 2007).

Literatur

Blossfeld, Hans-Peter, 1995: The new role of women, Boulder, CO. – Ders.; Drobnic, Sonja, 2001: Careers of couples in contemporary societies, Oxford, UK. – Ders.; Rohwer, Götz, 2002: Techniques of Event History Modeling, New York, NY. – Ders. et al., 2007: Globalisierung und die Veränderung sozialer Ungleichheiten in modernen Gesellschaften. Eine Zusammenfassung der Ergebnisse des GLOBALIFE-Projektes; in: Kölner Zeitschrift für Soziologie und Sozialpsychologie 59, 667–691. – Kohli, Martin, 1985: Die Institutionalisierung des Lebenslaufs; in: Kölner Zeitschrift für Soziologie und Sozialpsychologie 37, 1–29. – Ders., 2003: Der institutionalisierte Lebenslauf. Ein Blick zurück und nach vorn; in: Allmendinger, Jutta (Hg.): Entstaatlichung und soziale Sicherheit, Opladen, 525–545. – Mayer, Karl U., 1998: Lebensverlauf; in: Schäfers, Bernhard; Zapf, Wolfgang (Hg.): Handwörterbuch zur Gesellschaft Deutschlands, Opladen, 438–451. – Mayer, Karl U., 2004: Whose lives? How history, societies, and institutions define and shape life courses; in: Research in human development 1, 161–187.

*Hans-Peter Blossfeld/Kathrin Kolb/
Sandra Buchholz*

Lebensstil

Lebensstile (engl. lifestyle) sind raum-zeitlich strukturierte Muster der *Lebensführung* (so H. P. Müller), die bestimmte Verhaltensmuster einschließen, insbesondere im Konsum-, Freizeit- und sozialen Bereich (z. B. *Geschmack* bei Musik, Kleidung und Möbeln oder Geselligkeitsformen). In manchen Begriffsbestimmungen kommen zu den Verhaltensaspekten *Werte* und Ziele hinzu; oft spielt auch eine expressive Komponente eine Rolle, dass man also seinen Geschmack und seine Lebensführung sichtbar nach außen demonstriert. Lebensstile geben den Einzelnen im Alltag Handlungsorientierung und bringen Zugehörigkeiten bzw. Abgrenzungen (*Distinktion*) zu anderen Lebensstilgruppen zum Ausdruck, sind damit auch *identität*sstiftend.

Bereits bei soziologischen Klassikern (z. B. Weber, Simmel, Veblen) lassen sich Bezüge zu Lebensstilen finden, eine größere Bedeutung erlangte die Lebensstilforschung, aufbauend auf der Marktforschung in diesem Bereich, ab Ende der 1980er Jahre (z. B. Dangschat/Blasius 1994). Angesichts der Pluralisierung *sozialer Ungleichheit*en sollte die Lebensstilforschung – teilweise eng verbunden mit *Milieu*ansätzen – ein Weg alternativ zu *Klasse*n- und *Schicht*modellen sein, soziale Ungleichheiten differenziert zu untersuchen, u. a. neben Ressourcen kulturelle und symbolische Dimensionen zu erfassen und so Makro- und Mikroebenen zu verknüpfen. Georg (1998) bspw. macht empirisch sieben Lebensstiltypen fest (z. B. hedonistisch-expressive, familienzentrierte, zurückaltend-konventionelle), die er darauf mit Lagemerkmalen (u. a. Alter, Bildung und Geschlecht) verbindet.

In der Folge geriet die Lebensstilforschung im Kontext sozialer Ungleichheit jedoch zunehmend in die Kritik. Erstens gehe sie zu beschreibend, geradezu empiristisch vor, ohne Theorieanbindung, die soziale Ungleichheit und ihre Reproduktion hinreichend erklären würde. Zweitens verliere sie angesichts der Betonung von Wahlfreiheiten und Entstrukturierungen Benachteiligungen, gesellschaftliche Restriktionen und Herrschaftsaspekte aus den Augen. Als allgemeines Ungleichheitsmodell verloren Lebensstile dadurch und im Zuge genereller »Restrukturierungs«-Tendenzen in der Ungleichheitsforschung ab etwa Ende der 1990er Jahre wieder an Bedeutung.

Aber wenngleich nur wenige die Gegenwartsdiagnose einer »Lebensstilgesellschaft« (R. Richter) teilen würden, haben Lebensstile doch weiterhin ihren Platz in der Ungleichheitsforschung: So werden sie in (empirischen) Analysen zu spezifischen Bereichen wie etwa Konsum, Freizeit, Wohnen oder Gesundheit und teilweise im Rahmen von Milieumodellen genutzt. Besondere Aufmerksamkeit genießen sie nach wie vor im Kontext des Modells des *sozialen Raums* von P. Bourdieu. Bourdieu geht davon aus, dass die durch verschiedene *Kapital*arten bestimmte soziale Position, vermittelt über den *Habitus*, die Lebensstile, also Handlungspraxis und *Geschmack*, prägt. Er unterscheidet den »legitimen« Geschmack der herrschenden Klasse, den mittleren (prätentiosen) Geschmack der mittleren Klasse und den »Notwendigkeitsgeschmack« der Volksklasse. Lebensstile sind hier in ein theoretisches Konzept eingebunden, das die kulturelle Praxis als symbolischen Kampf um die Position im sozialen Raum begreift.

Literatur

Bourdieu, Pierre, 1997: Die feinen Unterschiede, 9. Aufl., Frankfurt a. M. (1979). – Burzan, Nicole, 2011: Soziale Ungleichheit, 4. Aufl., Wiesbaden, Kap. 5, 6 (s. a. die Literaturangaben dort). – Dangschat, Jens; Blasius, Jörg (Hg.), 1994: Lebensstile in den Städten, Opladen. – Georg, Werner, 1998: Soziale Lage und Lebensstil, Opladen. – Rössel, Jörg, 2009: Sozialstrukturanalyse, Wiesbaden, Kap. 5. – Solga, Heike et al. (Hg.), 2009: Soziale Ungleichheit. Klassische Texte zur Sozialstrukturanalyse, Frankfurt a. M., Kap. III.

Nicole Burzan

Leistungsgesellschaft

(engl. meritocracy; achievement-oriented society)

Rückblick

In der Soziologie wird die Diskussion über den normativen Gehalt *sozialer Ungleichheit* seit Youngs (1958) Fabel über den Aufstieg der *Meritokratie* um die Frage geführt, ob die *Elite*positionen einer Gesellschaft durch Leistungen erworben oder in einer nur schwer zu durchschauenden Form von askriptiver Kontinuität, also durch *Zuschreibung* vererbt werden. Denn die Verteilung von sozialen *Privilegien* wie Einkommen, *Macht* und *Status* auf Grund von erbrachten Leistungen setzt den offenen Zugang zu gesellschaftlichen Positionen nach (Vor-)Leistungskriterien voraus, wenn diese Gesellschaft auf Dauer als Leistungsgesellschaft Bestand haben soll. Die individuelle Leistung hat also mit *Motivation* und Belohnung ebenso zu tun wie mit den Folgen für Verteilung und Ungleichheit und damit der Strukturierung der Gesellschaft.

Wer die Vererbungshypothese für plausibel hält, wird die Ungleichheit der Positionen für ungerecht halten (Hartmann 2002). Wer an den Erwerb der hohen Positionen durch Fähigkeit, gepaart mit harter Arbeit, glaubt, könnte geneigt sein, ihren Inhabern einen größeren Anteil an den verfügbaren Ressourcen zuzusprechen und die Leistungsgesellschaft als mehr oder weniger realisiert anzusehen. Parsons' (1977) Spekulationen über eine zunehmende Bedeutung von Leistungskriterien sind gleichwohl ebenso auf heftigen Widerspruch gestoßen wie Bells (1972) Plädoyer für eine gerechte *Meritokratie*. Hauptargument gegen eine »leistungsgerechte« Verteilung von *Position*en und Ressourcen ist die sachliche Unschärfe des Leistungsprinzips: Es biete keine eindeutigen, nachvollziehbaren Kriterien für Beförderungen und Verteilungsungleichheiten (vgl. Offe 1970, Rosenbaum 1984).

Diskussion

In der neueren Forschung ist die umstrittene Frage nach dem meritokratischen Charakter moderner Gesellschaften empirisch wieder aufgenommen worden. So basiert eine in der britischen Soziologie ausgetragene Kontroverse auf Daten über *soziale Herkunft*, Intelligenz und Berufspositionen aus der

»National Child Development Study« (NCDS). Saunders (1997) testete die sogenannte »Meritokratie-These« anhand von Variablen, die auf Leistungen und Fähigkeiten hinweisen, und spitzte sie gegen die von *Klasse*nforschern wie Goldthorpe vertretene SAD-These (social advantage/disadvantage) zu, derzufolge Individuen in der modernen Gesellschaft von vornherein mit klassenspezifischen Vor- und Nachteilen in den Wettbewerb um knappe, aber begehrte *Position*en gehen.

Teile man, so Saunders, die Personen sowohl in ihrer Herkunfts- als auch in ihrer beruflichen Zielklasse jeweils nach unten, mittel und oben auf und korreliere man die Ergebnisse mit den auf erbrachte Leistungen zielenden Variablen, dann könne geprüft werden, ob im Lebensverlauf die soziale Herkunft oder aber die individuelle Leistung einen stärkeren Einfluss auf berufliches achievement hätten. Indikatoren für Fähigkeiten sind insbesondere Testergebnisse von Kindern und Schülern in den Bereichen Mathematik, Sprechen und Lesen sowie Intelligenz allgemein. Hinweise auf das individuelle Leistungsniveau gibt das NCDS ferner über Einstellungsfragen zur Motivation, die Schüler/innen im Alter von 16 Jahren vorgelegt werden, Angaben über das Ausmaß der Abwesenheit in der Schule und schließlich Einstellungsfragen zur Arbeit, die die Teilnehmer an der Befragung dann mit 33 Jahren beantwortet haben. Diesen Daten stehen klassen- bzw. herkunftsbedingte Faktoren gegenüber, etwa Beruf und Bildung des Vaters und/oder der Mutter, die das *kulturelle Kapital* und die Werthaltungen bestimmen, die zum Ausgangspunkt des individuellen *Lebenslaufs* werden. Klassenbedingte Vor- und Nachteile ergeben sich auch aus der Qualität des Wohnens, dem Bildungsstand vor dem Eintritt in die Grundschule, dem Typ der besuchten Schule und schließlich den Lesegewohnheiten sowie den Bildungsaspirationen der Eltern für ihre Kinder (vgl. auch Bond/Saunders 1999: 225 ff.).

Nach Saunders (1997: 281) zeigt sich erstens, dass diese Variablen stärker mit der Zielklasse als mit der Herkunftsklasse zusammenhingen, was zur Schlussfolgerung führe, die Arbeitsmärkte wählten bis zu einem gewissen Grad unabhängig von sozialer Herkunft aus. Zweitens ließen sich Erfolge der unteren Klassen und Misserfolge der Mittelklasse am besten mit Hilfe der Merkmale Intelligenz und Leistungsmotivation vorhersagen. Deshalb liege die These nahe, dass niedrige Fähigkeiten nicht notwendig den Eintritt in die Mittelklasse verhinderten, dass aber hohe Fähigkeiten tendenziell die Menschen unabhängig von ihrer sozialen Herkunft vor dem sozialen *Abstieg* schützten. Drittens verwiesen insgesamt die erreichten Ziele eher auf individuelle Leistungen denn auf die soziale Herkunft. Dieser Einfluss sei von den Klassenforschern, die sich vor allem mit Privatschulen, elterlichem Einfluss, materiellen Herkunftsbedingungen und kulturellem Kapital beschäftigten, nicht ausreichend gewürdigt worden, denn, so Saunders, meritokratische Merkmale »clearly outweigh the effects of initial social advantages and disadvantages associated with class of origin«.

Breen und Goldthorpe (1999) analysierten daraufhin die NCDS-Daten und kamen in ihrer Replik zu dem Ergebnis, dass »children of disadvantaged class origins have to display far more merit than do children of more advantaged origins in order to attain similar class positions« (Breen/Goldthorpe 1999, 21). Obwohl Leistung ohne Zweifel für beruflichen Erfolg hilfreich sei, wirke sie nur Seite an Seite mit substantiellen Klassenungleichheiten und könne diese nicht erklären. Deshalb variierten die mit Leistungen verbundenen Belohnungen je nach Klassenherkunft unterschiedlich, und diese Tatsache sei alles andere als meritokratisch.

Fazit

Wie schon die klassischen Diskussionen lässt auch das jüngere »britische Variablenrennen« letztlich ungeklärt, inwieweit der Begriff der Leistungsgesellschaft heutige sozialstrukturelle Realitäten angemessen bezeichnet. Unumstritten ist aber, dass die Leistung als Bemessungswert für die ungleiche Verteilung von Einkommen und Vermögen in der Praxis eine weitreichende Bedeutung hat. Zahlreiche Umfragen zeigen immer wieder, dass Befragte leistungsorientierten Aussagen wie »In the long run, hard work usually brings a better life« (World Value Survey) in hohem Maße zustimmen (vgl. auch Kluegel, Smith 1986).

*Sozialstruktur*elle Analysen der »Leistungsgesellschaft« unterscheiden sich insofern nach wie vor deutlich von praktischen, weil auch *legitim*ierenden Auffassungen über die Bedeutung von »Leistungen« für den eigenen Lebensverlauf. Im Selbstverständnis alltäglichen Handelns erscheint den Menschen ihre soziale *Umwelt* tatsächlich in hohem Maß als Leistungsgesellschaft, während die wissenschaftliche, sozialstrukturell informierte Beobachterperspektive weiterhin die Bedeutung der sozialen Herkunft sowie weiterer askriptiver Merkmale wie Geschlecht oder ethnische und nationale Zugehörigkeit erkennt. Mit einer weiteren Verbesserung verlässlicher, international vergleichender Längsschnittdaten über moderne Lebensverläufe ist zu erwarten, dass die Forschung eine weitere Präzisierung von Aussagen über die Leistungsgesellschaft erreichen wird.

Literatur

Bell, Daniel, 1972: On Meritocracy and Equality; in: The Public Interest 29, 29–68. – Bond, Rod; Saunders, Peter, 1999: Routes of Success; in: British Journal of Sociology 50, 217–249. – Breen, Richard; Goldthorpe, John H., 1999: Class Inequality and Meritocracy: A Critique of Saunders and an Alternative Analysis; in: British Journal of Sociology 50, 1–27. – Hartmann, Heinz, 2002: Der Mythos von den Leistungseliten, Frankfurt a. M. – Kluegel, James R.; Smith, Eliot R., 1986: Beliefs about Inequality, New York. – Offe, Claus, 1970: Leistungsprinzip und industrielle Arbeit, Frankfurt a. M. – Parsons, Talcott, 1977: Equality and Inequality in Modern Societies, or Social Stratification Revisited; in: ders.: Social Systems and the Evolution of Action Theory, New York, 321–380. – Rosenbaum, James, 1984: Career Mobility in a Corporate Hierarchy, Orlando u. a. – Saunders, Peter, 1997: Social Mobility in Britain: An Empirical Evaluation of Two Competing Explanations; in: Sociology 31, 261–288. – Young, Michael, 1958: The Rise of Meritocracy, London.

Gerd Nollmann/Hermann Strasser

Lernen

Begriffsbestimmung

In seiner psychologischen Bedeutung bezeichnet der Begriff Lernen (engl. learning) einen internen Prozess des relativ dauerhaften Erwerbs und/oder der Veränderung von Fähigkeiten, Fertigkeiten oder Einstellungen auf Grund von Erfahrung. Er grenzt sich damit einerseits gegen die pädagogische Verwendung des Begriffs Lernen im Sinne einer aktiven Tätigkeit der Informationsaufnahme (Studieren, Pauken) ab, wie auch andererseits gegen Veränderungen von Fähigkeiten und Fertigkeiten, die nicht auf Erfahrung zurückzuführen sind (z. B. Reifung, Veränderung durch Alkohol, Medikamente oder Krankheiten). Der psychologische Lernbegriff bezeichnet damit ein hypothetisches Konstrukt, das nicht direkt der Beobachtung zugänglich ist und i. d. R. anhand der Lernergebnisse beobachtet werden kann. Der Fähigkeit zum Lernen wird dabei eine zentrale Rolle beim Überleben des Organismus insofern zugesprochen, als dass Lernen die Voraussetzung für die erfolgreiche Anpassung des Organismus an seine *Umwelt* und an sich verändernde Umweltbedingungen darstellt (Geary 2008) (s. a. *Sozialisation*).

Lerntheorien

Psychologische Lerntheorien unterscheiden sich im Ausmaß ihrer Aussagen über den internen Prozess und lassen sich danach grob in drei Gruppen einteilen (klassische Lerntheorien, kognitive Lerntheorien, konstruktivistische Lerntheorien).

1. Klassische Lerntheorien (klassisches Konditionieren; operantes bzw. instrumentelles Konditionieren) machen keine Aussagen über interne Prozesse (Black-box-Modell) und beschreiben Lernprozesse allein anhand der zeitlichen und räumlichen Übereinstimmung von – objektiv beobachtbaren – Reizen und vorangegangenen oder nachfolgenden Reaktionen (Reiz-Reaktionslernen). Erfolgt wiederholt dieselbe oder eine ähnliche Reaktion bei gleichen oder ähnlichen Reizkonstellationen, geht man von Reiz-Reaktions-Assoziationen im Sinne von Wenn-dann-Verknüpfungen aus. Während sich das klassische Konditionieren in erster Linie mit der Anpassung angeborener Verhaltensweisen (z. B. Reflexe) an neue Umweltgegebenheiten befasst, bezieht sich das operante Konditionieren auf den Erwerb und die Veränderung neuer Verhaltensweisen. Zentrale Bedeutung kommt dabei den Konsequenzen zu, die eine Reaktion nach sich zieht. Erweist sich diese für den Organismus als günstig, erhöht sich die zukünftige Auftretenswahrscheinlichkeit des jeweiligen Verhaltens.

2. Kognitive Lerntheorien befassen sich demgegenüber explizit mit der Beschreibung von Modellen interner Lernprozesse. Lernen wird dabei als Prozess der Informationsverarbeitung betrachtet, bei dem Informationen aus der Umwelt vom Organismus aufgenommen, organisiert, interpretiert und gespeichert und anschließend Handlungen geplant, ausgeführt und auf ihre Konsequenzen hin bewertet werden. Lernprozesse stehen dabei in engem Zusammenhang mit anderen kognitiven Prozessen wie Wahrnehmung, Aufmerksamkeits- und Gedächtnisprozessen und werden zunehmend auch vor dem Hintergrund neurowissenschaftlicher Erkenntnisse über die Funktionsweise des Gehirns diskutiert (z. B. Blakemore/Frith 2006).

3. Konstruktivistische Lerntheorien, die ihren Ursprung in der Debatte um mangelnden Transfer gelernten Wissens (träges Wissen; z. B. Renkl 1996) haben, gehen davon aus, dass kognitive Prozesse interne, selbstorganisierte Vorgänge des Organismus sind, die keine direkte Verbindung zur Außenwelt haben. Ziel des Organismus ist dabei in erster Linie die Aufrechterhaltung der eigenen Funktionalität. Lernen wird im Sinne einer wechselseitigen erfolgreichen Anpassung von Organismus und Umwelt verstanden. Im Mittelpunkt konstruktivistischer Lerntheorien steht daher die Annahme, dass Lernprozesse nur vor dem Hintergrund ihrer situationalen Rahmenbedingungen verstanden werden können (situiertes Lernen).

Varianten des Lernbegriffs

Neben den grundlegenden Lerntheorien wird im Rahmen der Lernforschung eine Reihe weiterer Konzepte verwendet. Zu den bedeutsamsten gehört die Unterscheidung von intentionalem und inzidentellem Lernen. Während intentionales Lernen i. d. R. Prozesse des Wissenserwerbs durch absichtsvolles, geplantes Handeln beschreibt, bezieht sich inzidentelles Lernen auf beiläufiges, eher unbeabsichtigtes Lernen, das weitgehend ohne Aufmerksamkeitszuwendung erfolgt. Weiterhin diskutiert wird der Begriff selbstorganisiertes (bzw. selbstreguliertes) Lernen. Hierunter versteht man, dass der Lerner neben den eigentlichen Lernprozessen auch die Steuerung und Überwachung dieser Lernprozesse mit übernimmt. Dem selbstorganisierten Lernen wird dabei im Zuge sich verändernder Lernbedingungen, z. B. durch die Entwicklungen der modernen Informationstechnologie, zunehmende Bedeutung zugemessen. Breiten Raum in der aktuellen Lernforschung nimmt schließlich der Begriff Lerntransfer ein, der sich auf die Übertragbarkeit einmal erworbener Fähigkeiten und Fertigkeiten auf neue Situationen bezieht (Klauer 2010).

Lernrelevante Faktoren

Über die eigentliche Beschreibung von Lernprozessen hinaus, gehört auch die Analyse von lernbeeinflussenden Bedingungen zum Gegenstandsbereich der psychologischen Lernforschung. Von besonderer Bedeutung sind hierbei z. B. motivationale und emotionale Faktoren sowie die Anwesenheit anderer Personen. Dabei können Lernprozesse einerseits durch die Beobachtung anderer Personen (Modelllernen) beeinflusst werden, andererseits durch gemeinsame Lernaktivitäten (Lernen in Gruppen). Weiterhin von Bedeutung ist in diesem Zusammenhang der Begriff des Lehrens im Sinne eines Verhaltens, das auf die Ingangsetzung und/oder die Aufrechterhaltung von Lernprozessen abzielt. Darüber hinaus wurde im Rahmen kognitionspsychologischer Untersuchungen zum Wissenserwerb eine Vielzahl von Faktoren der Informationspräsentation auf deren Beeinflussung von Lernprozessen hin untersucht. Hierbei spielen u. a. die Darstellungsform (visuell vs. verbal; Paivio: duale Kodierungstheorie; Baddeley: working memory), und die zur Informationsverarbeitung verfügbaren kognitiven Kapazitäten (cognitive load theory; Plass et al. 2010) eine Rolle.

Literatur

Baddeley, Alan D., 1986: Working Memory, Oxford, UK. – Blakemore, Sarah-Jayne; Frith, Uta, 2006: Wie wir Lernen. Was die Hirnforschung darüber weiß, München. – Geary, David, 2008: An evolutionary informed educational science; in: Educational Psychologist 43, 179–195. – Klauer, Karl J., 2010: Transfer des Lernens. Warum wir oft mehr lernen als gelehrt wird, Stuttgart. – Plass, Jan L. et al., 2010: Cognitive Load Theory, New York, NY. – Paivio, Allan, 1986: Mental representations. A dual coding approach, New York, NY. – Renkl, Alexander, 1996: Träges Wissen. Wenn Erlerntes nicht genutzt wird; in: Psychologische Rundschau 47, 78–92.

Roland Brünken

Liberalismus

Kaum ein Begriff hat durch die Vermengung alltagssprachlicher und historisch-politischer Bedeutungen einerseits und das Nebeneinander verschiedener ideenpolitischer Definitionen andererseits so sehr an Aussagekraft verloren wie der Begriff Liberalismus (engl. liberalism). Sowohl die Tatsache dieser Abgenutztheit wie auch die dafür verantwortliche Beliebigkeit des Gebrauchs werden an älteren Beispielen leichter erkennbar. So heißt es etwa in Meyers Konversationslexikon von 1896, liberal bedeute »eigentlich freigebig, gütig« (Gegensatz: illiberal); dann soviel wie »freisinnig, nach Freiheit strebend«, und

Liberalismus sei die »Bezeichnung der dem Fortschritt huldigenden Parteirichtung«. Als gesichert gilt heute, dass der Begriff in den spanischen Verfassungskonflikten der nachnapoleonischen Zeit erstmals als Selbstbezeichnung einer politischen Richtung auftaucht. Übereinstimmung besteht aber auch darüber, dass die Ideen, die den Liberalismus ausmachen, sich lange vorher gebildet haben und dass sie in England während der Kämpfe des 17. Jh.s durch die Vorstellungen der »Whigs«, die in der »Glorious Revolution« als Sieger aus diesen Auseinandersetzungen hervorgingen, erstmals zu politischer Wirksamkeit gelangten. In entsprechenden Darstellungen finden sich jedoch unterschiedliche Auffassungen über die genaue Zusammensetzung dieses Systems von Ideen und über die Prinzipien, die deren Zusammenhang gewährleisten. Diese Unklarheit äußert sich z. B. in der oft diskutierten Frage, ob man politischen und wirtschaftlichen Liberalismus voneinander trennen könne, um sich z. B. für den Ersteren und gegen den Letzteren zu entscheiden. Dagegen spricht nicht nur das Argument, eine solche Unterscheidung setze voraus, dass es einen scharf umgrenzten Bezirk des Politischen gebe, sondern auch der Zusammenhang der ideengeschichtlichen Entwicklung. Was in England während des 17. Jh.s Gestalt annahm und sich 1688 schließlich als artikuliertes politisches Programm manifestiert, lässt sich zwar mit den Forderungen nach Herrschaft des Gesetzes, nach *Wettbewerb* (und nach Eigentum als Voraussetzung des Wettbewerbs) sowie nach *Meinungsfreiheit* beschreiben, doch handelt es sich dabei um negative Prinzipien, in denen sich das Verlangen nach unpersönlichen Formen der sozialen *Kontrolle* ausdrückt. Auch hier geht die Herausbildung einer erkenntnistheoretischen Position der Formulierung einer politischen Theorie voraus: In Reaktion auf den Zusammenbruch einer umfassenden Ordnung bildet sich in England und v. a. in der schließlich sogenannten schottischen Moralphilosophie ein Konzept der Erkenntnis und der Vergesellschaftung heraus, das aus der Umkehrung der gewohnten Fragestellungen folgt: Statt nach einer Verknüpfung von Erkenntnisgewissheit und Heilsgewissheit wird nach den Bedingungen eines Handelns in Ungewissheit und statt nach der »Natur« der *Gesellschaft* oder der *Macht* wird nach den unbewussten und unbeabsichtigten Nebenfolgen individuellen Handelns gefragt. Daher war der klassische Liberalismus weder rationalistisch noch egalitär oder demokratisch.

Erst die kontinentaleuropäische Rezeption der liberalen Ideen verband diese im 18. Jh. in Frankreich mit den Prinzipien der Vernunft, der Selbstvervollkommnungsfähigkeit des Menschen und der Volkssouveränität und schließlich im 19. Jh. in ganz Europa mit den Ideen der Nation und des Fortschritts. Dieses Ideengemenge blieb auch im 20. Jh. bestimmend, bis schließlich v. a. die Schriften F. A. v. Hayeks ein neues Interesse an dem Gesellschaftskonzept des klassischen Liberalismus auslösten.

Literatur

Becker, Werner, 1984: Die Freiheit, die wir meinen: Entscheidung für die liberale Demokratie, 2. Aufl., München u. a. – DeRuggiero, Guido, 1964: Geschichte des Liberalismus in Europa, Aalen. – Donoso Cortés, Juan, 1996: Essay über den Katholizismus, den Liberalismus und den Sozialismus und andere Schriften aus den Jahren 1851 bis 1853, Berlin. – Friedman, Milton, 1990: Capitalism and Freedom, 6. Aufl., Chicago, Ill. u. a. – Gall, Lothar (Hg.), 1985: Liberalismus, 3. Aufl., Königstein/Ts. – Hayek, Friedrich A. von, 1991: Die Verfassung der Freiheit, 3. Aufl., Tübingen. – Sheehan, James J., 1988: Der deutsche Liberalismus: von den Anfängen im 18. Jh. bis zum I. Weltkrieg; 1770–1914, München.

Michael Zöller

Literatursoziologie

Die Literatursoziologie (engl. sociology of literature) untersucht das komplexe Wechselverhältnis zwischen Literatur und Gesellschaft. Unter Literatur wird dabei in der Regel derjenige Bereich sprachlicher Texte verstanden, der fiktional und ästhetisch gestaltet ist – ungeachtet der Frage, ob die *ästhetische* Gestaltung eher hochkulturellen oder populären Mustern folgt. Innerhalb der Soziologie wird Literatursoziologie als ein Teil der *Kultursoziologie* betrieben. Es bestehen aber auch enge Bezüge zur literaturwissenschaftlichen Forschung, sofern sie ihren Gegenstand in seiner sozialen Einbettung untersucht oder diachron im Rahmen einer Sozialgeschichte der Literatur analysiert.

Zentrale Dimensionen

Die literatursoziologische Betrachtung richtet sich grundsätzlich auf vier Dimensionen (vgl. Dörner/Vogt 1994): a) **Produktion**: Hier werden die institutionellen, rechtlichen und ökonomischen Rahmenbedingungen der Produktion und Distribution von Literatur sowie ihr möglicher Einfluss auf die Texte erforscht; es geht z. B. um Marktstrukturen, Bedingungen von Autorschaft, Urheberrechte und Literaturpolitik, etwa im Bereich der Literaturförderung; b) **Text**: Hier wird untersucht, wie die in den Texten fiktional entworfenen sozialen Welten konstruiert sind und in welchem inhaltlichen oder strukturellen Verhältnis diese zu den außertextlichen sozialen Realitäten stehen: ob und in welcher Weise Ähnlichkeiten, kritische Reflexionen oder kontrafaktische Gegenentwürfe vorzufinden sind; c) **Rezeption**: Die Lektüre literarischer Texte wird als eine soziale Praxis betrachtet, die wiederum durch Rahmenbedingungen beeinflusst wird, etwa durch soziale Herkunft, Bildungskarriere und die Lesesozialisation der Rezipienten. Als *soziales Handeln* wirkt Literaturrezeption jedoch auch auf soziale Kontexte ein, sie kann Integrations- und Befriedungsprozesse ebenso vorantreiben wie zum Moment des sozialen Widerstands werden; d) *Feld/System*: Insbesondere neuere Ansätze der Literatursoziologie versuchen, die verschiedenen Aspekte der Gesellschaftlichkeit von Literatur im Zusammenhang systemischer Strukturen zu sehen. So werden die Akteure und Institutionen des Literaturbetriebs in ihrer wechselseitigen Abhängigkeit voneinander und Einwirkung aufeinander untersucht. Historisch dimensionierte Analysen können Prozesse des Strukturwandels aufzeigen. Entwicklungen der Autonomisierung eines Literatursystems werden dabei ebenso erkennbar wie solche der Binnenstrukturierung, etwa zwischen »hoher« und »niederer« Literatur.

Entwicklung der Literatursoziologie

Eine systematisch betriebene Literatursoziologie bildet sich, nach einigen Vorläufern, im Laufe der zweiten Hälfte des 19. Jh.s heraus (vgl. Fügen 1968, 1990 und Magerski 2004). Im 20. Jh. gewinnt dann insbesondere im Bereich der literatursoziologischen Theorien eine Vielfalt von marxistisch inspirierten Konzepten die Vorherrschaft. Diese versuchen auf je eigene Weise und in Kombination mit unterschiedlichen Denktraditionen die bei Karl Marx als zentral herausgearbeitete Frage des Verhältnisses von ökonomischer Basis und Überbau, Struktur und Kultur zu beantworten. Zu diesem Bereich sind etwa die Arbeiten von Georg Lukacs, Valentin N. Medvedev, Theodor W. Adorno und Max Horkheimer, Lucien Goldmann oder Leo Löwenthal zu zählen. Marxistische

Einflüsse finden sich auch noch in neueren Ansätzen, etwa bei P. Bürger (1979), J. Link und U. Link-Heer (1980), sowie bei P. Bourdieu und den British Cultural Studies (zu Letzteren s. u.). Diese Einflüsse wurden dort jedoch theoretisch und empirisch in ganz neue Richtungen weiterentwickelt. Die andere Variante der traditionellen Literatursoziologie ist im weiteren Sinne empirisch-analytisch ausgerichtet (Robert Escarpit, Alphons Silbermann und andere; vgl. dazu Fügen 1990). Zu erwähnen sind schließlich historiographisch orientierte Ansätze, die Literatur als Ausdruck, Bestandteil und Reflexion zivilisationstheoretisch perspektivierter Entwicklungen analysieren oder literarische Texte als Symptom eines gesellschaftlichen Mentalitätenwandels untersuchen (vgl. etwa Elias 1969 und 1976, Wild 1982, Le Goff 1990; Kuzmic/Mozetic 2003).

Im Folgenden soll das Augenmerk auf diejenigen Konzepte konzentriert werden, die gegenwärtig im Zentrum der Diskussion stehen und die in umfangreichem Maße konkrete empirische Forschung angestoßen haben.

Soziologie des literarischen Feldes

Im Zentrum der Bourdieu'schen Literatursoziologie steht der Kampf um die legitime Benennungs*macht* und die daraus resultierende Strukturierung des literarischen *Feld*es. Die relevanten Positionen im Feld werden markiert durch Autoren, Lektoren und Verleger, Kritiker, Publikum, partiell Schule und universitäre Literaturwissenschaft sowie Akademien, Stiftungen und Institutionen. Die *Macht*- und Einflussstrukturen des Feldes greifen nun keineswegs erst dann, wenn ein Text bereits produziert ist. Sie gehen über die Antizipation der anderen Feldpositionen von Seiten des Autors schon in die Werkstruktur ein. Lektor und Verleger sind die nächsten Stationen auf dem Weg des Manuskripts durch das Feld. Durch Ablehnung oder Annahme sowie durch die verlagspolitische Kategorisierung (Reihentitel, Ausstattung, Werbung) des Werkes bestimmen sie wie eine marktwirtschaftliche Zensurbehörde über die Wirkungsmöglichkeiten und versehen es mit einem Qualitätsstempel. Wichtiges Medium zur kommunikativen Regelung dieser Formationsprozesse sind nicht zuletzt die von G. Genette (1989) so benannten »Paratexte«: Vor-, Nach- und Geleitworte, Widmungen und Motti, Klappentexte, öffentliche Interviews und Prospekte.

Das gesamte Interaktionsgeflecht des literarischen Feldes kann angesehen werden als ein ständiger Kampf um die Benennungsmacht, den Bereich der legitimen Literatur festzulegen und Zugehörigkeiten zum Feld zu definieren (Bourdieu 1999). Die aktuellen Machtpositionen der einzelnen Autoren, Verleger, Kritiker sind dabei immer das Produkt vorangegangener Interaktionsprozesse: Je stärker zum Beispiel ein Autor in der Vergangenheit von bestimmten Verlegern und Kritikern akzeptiert worden ist, umso größer ist seine symbolische Machtbasis bei der Produktion des nächsten Werkes. Die Verleger und Kritiker kommen dem erfolgreichen Autor entgegen, eröffnen ihm Freiräume, da sie wissen, dass sie das dem Autor verliehene symbolische Kapital mit Zins und Zinseszins zurückerhalten können. Ein literarischer Text wird also nicht einfach durch den Akt des Schreibens zum »Kunstwerk«, sondern durch die Interaktionsprozesse auf dem Feld. Bourdieu (1999) spricht von »symbolischer Alchemie« bzw., in Anlehnung an den religiösen Diskurs, vom »Wunder der Transsubstantiation«, das aus einem profanen einen heiligen Text, aus einem Manuskript ein Kunstwerk mache.

Als Ergebnis einer Reihe von Interaktionsprozessen strukturiert sich das literarische Feld schließlich in eine Dichotomie von hoher versus niederer Literatur. Im Bereich der hohen Literatur ist das Hauptinteresse der Beteiligten eher auf ein nicht direkt konvertierbares *symbolisches Kapital* gerichtet: Kommerzieller Massenerfolg gilt geradezu als unfein. Im Bereich der niederen Literatur ist es umgekehrt, kommerzieller Erfolg wird angestrebt, symbolisches Kapital ist Nebensache (Bourdieu 1977).

Die Klassifikationsfunktion, die das literarische Feld für die Gesellschaft erfüllt, versorgt die verschiedenen Gruppen und Klassen mit hinreichend deutlich unterscheidbaren Zeichenmaterialien für deren soziale Positionierung. Literarische Rezeption ist insgesamt sozial markiert. Was der Leser aus einem Text macht und was nicht, ist abhängig von seiner kulturellen *Sozialisation* und literarischen Bildung. Literaturkompetenz ist insofern klassenabhängig verteilt, als sie a) in primärer Sozialisation in der *Familie* erworben und b) über klassenspezifisch strukturierte Bildungsinstitutionen vermittelt und eingeübt wird. So wie die Chancen zur Aneignung entsprechender Kompetenzen Bourdieu zufolge ungleich verteilt sind (vgl. dazu ausführlich Bourdieu 1982), so wirken sie andererseits als eine Form kulturellen Kapitals an der zeichenhaften Zementierung der sozialen Grenzen mit. Der souveräne Umgang mit kulturellen Gütern ermöglicht es den höheren Klassen, sich von den unteren sichtbar zu distinguieren und die so zum Ausdruck kommenden hierarchischen Positionen zu legitimieren.

Der literarische Text ist in diesem Ansatz jedoch nicht nur *Distinktion*smittel, sondern auch eine Konstruktion der sozialen Welt, die mit der außerliterarischen Realität in vielfältigen Bezügen steht. In der textsoziologischen Analyse lässt sich mit Bourdieus Konzepten etwa fragen: a) Welchen sozialen Klassen und Gruppen entstammen die in der Textwelt agierenden Figuren?; b) Mit welchen (ökonomischen, sozialen, kulturellen, symbolischen) Kapitalien sind die Figuren ausgestattet, und wie verstehen sie es, diese Ausstattung gewinnbringend einzusetzen?; c) Welche *Lebensstil*e und *Habitus*formen prallen in der Textwelt aufeinander?; d) Wie ist das Machtfeld beschaffen, innerhalb dessen sich die Figuren bewegen?

Schließlich wäre jeweils zu überprüfen, inwiefern diese Textwelt-Struktur mit denen einer bestimmten außerliterarischen Sozialwelt korrespondiert. Bringt der Text eine bestehende Gesellschaft ›auf den Begriff‹? Oder bezieht er kritisch Stellung, beschwört eine längst untergegangene Welt etc. Neuere Analysen auf der Grundlage Bourdieuscher Konzepte finden sich u. a. bei Pinto/Schultheis 1997, Joch/Wolf 2005, Joch et al. 2009.

Systemtheorie der Literatur

Mit N. Luhmanns Variante der soziologischen *Systemtheorie* lässt sich zunächst eine funktionale Ortsbestimmung der Literatur in der Gesellschaft vornehmen. Im Zuge der Entwicklungslogik moderner Gesellschaften bildet sich demnach »Kunst« (inklusive Literatur und Musik) zu einem eigenständigen, ausdifferenzierten Teilsystem heraus, das auf das Herstellen und Erleben von Kunstwerken spezialisiert ist (Luhmann 2008). Dienten früher Literatur, Musik und bildende Kunst primär Zwecken der religiösen Verehrung oder der politischen Repräsentation, so sind sie in der Moderne in einem eigenen System autonom gestellt. Als spezifische Funktion, welche sie für die Gesellschaft erbringen, stellt Luhmann (2008, 189 ff.) die »Kontingentsetzung« heraus: Kunst bietet systematisch die Möglichkeit, das ›Andere‹ der Wirklichkeit durchzuspielen, die normale Realitätssicht einzuklammern und alternative Welten erfahrbar zu machen. Es geht um Fiktionalität, die nun als systemisch erstellte Realitätsoption erscheint, für die ein spezifischer gesellschaftlicher Bedarf besteht. In der Moderne wird diese fiktionale Realität nicht aus der Wirklichkeit, sondern selbstreferentiell nur aus der Kunst heraus entwickelt. Kunst erzeugt »autopoietisch« Kunst, damit sie dann in spezifischer Weise Welt thematisieren kann. In dieser *kommunikationssoziologischen* Sichtweise ist das Kunstwerk nicht ein Objekt, sondern ein Kommunikationsprogramm, das ganz bestimmte Arten von Kommunikation immer wieder neu provoziert (zu alternativen Funktionsbestimmungen vgl. Werber 1992).

Luhmann verweist aus der Sicht einer beobachtungstheoretisch ausgerichteten Systemtheorie noch auf einen weiteren wichtigen Aspekt bei der Ausdifferenzierung des Literatursystems: Die Entstehung eigenständiger fiktionaler Literaturgattungen ist demnach verknüpft mit der Einbeziehung von Beobachtungen zweiter Ordnung. Damit ist gemeint, dass man nicht Objekte beobachtet, sondern Beobachter beobachtet und daraus Rückschlüsse auf die Realität ziehen kann. Im modernen Roman etwa bedeutet dies, dass der Leser die Figuren der Textwelt beobachten kann im Hinblick auf etwas, was sie selbst nicht beobachten können. Dadurch aber ›lernt er‹, seine eigene Perspektive ebenfalls als eine spezifisch beschränkte, in diesem Sinne individuelle Beobachterperspektive einzuschätzen. Sie ist in der Alltagswelt eben nicht transzendierbar: Individualität ist letzte Selbstintransparenz, und Literatur hat somit den sozialen Effekt der Individualisierung, der Ablösung von übergeordneten Zentralperspektiven gerade dadurch, dass es solche Zentralperspektiven nur noch in der Literatur gibt.

In der Nachfolge und Weiterentwicklung Luhmanns wurde das gesamte Begriffsinstrumentarium dieser Spielart der Systemtheorie literaturtheoretisch nutzbar gemacht (vgl. Werber 2011; s. a. Fohrmann/ Müller 1996, Sill 2001, Stöckmann 2001, Berlemann 2011). Parallel dazu hat die systemtheoretisch reformulierte empirische Literaturwissenschaft die Rekonstruktion diverser Akteursrollen im literarischen Prozess in den Mittelpunkt gestellt. Handlungsrollen bilden sich etwa als eigenständiger Produzent; als differenzierte Berufsgruppe der Drucker, Verleger, Buchhändler; als bildungsbürgerliches und in sich ebenfalls differenziertes Publikum; sowie in der Gestalt des professionellen Rezipienten, des Kritikers, der wertende und geschmacksbildende Funktionen wahrnimmt (Schmidt 1989).

British Cultural Studies

Mit R. Hoggart und R. Williams waren zwei der »Gründerväter« der British Cultural Studies. Literaturwissenschaftler, die in den 1960er Jahren nach neuen Wegen suchten, die Rolle literarischer Texte im *sozialen Prozess* herauszuarbeiten und diese Erkenntnisse auch normativ in den Bereich der Arbeiter- und Erwachsenenbildung einzubringen. Im Laufe der Entwicklung hat sich, ausgehend vom Birmingham Center of Contemporary *Cultural Studies*, ein komplexer Forschungs- und Diskussionszusammenhang herausgebildet, der im weiteren Sinne literarische Texte als Teil kultureller Praktiken in der Gesellschaft ansieht (zu den Cultural Studies im Überblick Hepp 2010).

Im Unterschied zur Tradition zeichnet sich der Ansatz der Cultural Studies dadurch aus, dass er erstens den Bereich der populären, reichweitenstarken Kultur und Literatur in den Mittelpunkt der Betrachtung rückt. Dies geschieht, ohne das Populäre im Vorhinein als minderwertig zu diskreditieren oder, wie in der marxistischen Perspektive üblich, als verdummendes Instrument in der Hand der herrschenden Klassen zu ›entlarven‹. Zweitens richten die Cultural Studies ihren Blick nicht mehr primär auf Produktion und Text, sondern auf den Rezeptionsprozess, der nicht länger als passive Aufnahme von kulturellen Objekten, sondern als aktive und eigensinnige Aneignung konzeptionalisiert wird. Autoren wie J. Radway oder J. Fiske verorten im Konsum von Literatur und audiovisuellen Medien Potentiale des sozialen und politischen Widerstands, da etablierte Herrschaftsverhältnisse hierdurch auf der kulturellen Ebene von gesellschaftlicher Hegemonie in Bewegung gebracht würden. Das Umdeuten von Bedeutungen, die Umnutzung industriekultureller Produkte, die kreative Umformung textueller Vorgaben können Wahrnehmungs- und Wertungsroutinen irritieren und setzen damit kulturelle Veränderungsprozesse gegebener Verhältnisse in Gang.

Sie sind damit – drittens – ein Teil jenes ständigen Kampfes, in dem moderne Gesellschaften Deutungs- und Legitimationsmuster aushandeln. Kultur, so eine Grundannahme der Cultural Studies, ist ›contested terrain‹, und hier entscheiden sich letztlich Stabilität und Wandel sozialer wie politischer

Ordnung. Viertens schließlich beziehen die Arbeiten der Cultural Studies ethnographische Methoden ein, um dem komplexen Geschehen der Literatur- und Kulturaneignung empirisch gerecht zu werden.

So zeigt J. Radway (1984) am Beispiel literarischer Rezeption, wie die Lektüre von Liebesromanen durch Hausfrauen in einer amerikanischen Kleinstadt zu kleinen Akten des Widerstands gegen eine patriarchalische Herrschaftsordnung mutiert. Die Frauen entziehen sich, zumindest für die Zeit des Lesens, den haushaltlichen und familiären Pflichten, um sich ihren eigenen Emotionen, Wünschen und Sehnsüchten zu widmen. Sie unterlaufen damit gerade auch jene hegemonialen Muster von *Gender* und weiblicher *Identität*, die in den einfach gestrickten Romanen präsentiert werden. In einer späteren Arbeit zeigt Radway (1997) auf, wie sich Kundinnen eines großen amerikanischen Buchklubs durch die spezifische Lektüreauswahl im Bereich der middle brow culture sozial verorten. Zugleich enthalten die Lektüren auch Momente des ambitionierteren Geschmacks, der sie zu anspruchsvolleren Erwartungen und Büchern und so schließlich auch zu Ausbruchsmöglichkeiten aus der eigenen sozialen *Schicht* führen können.

J. Fiske wiederum versucht in seinen Studien zur Aneignung von Popsongs durch weibliche Jugendliche oder zur Umdeutung von Hollywood-Actionfilmen durch Obdachlose aufzuzeigen, dass populärkulturelle Praxis Einbindungen in hegemoniale *Ideologie*n lösen und so Freiräume gesellschaftlichen Widerstands eröffnen kann (Fiske 1989, 1993). Die Texte werden hier betrachtet als Anlässe zur aktiven Bedeutungsbildung durch die Rezipienten. All diese Studien haben ungeachtet konzeptioneller und methodischer Kritikpunkte innovatives Potential für die literatursoziologische Forschung eröffnet.

Literatur wird jedoch insgesamt nicht nur als Gegenstand der soziologischen Analyse thematisiert. Einen anderen Zugang bieten Reader, die literarische Texte selbst als Form der Gesellschaftsanalyse verstehen und das spezifische Potential dieser Perspektive für die Soziologie nutzbar zu machen suchen. Dies gilt insbesondere für den didaktisch gestalteten Einstieg in das soziologische Denken. Was Lewis A. Coser schon 1963 mit »Sociology through Literature« begann, wurde später u. a. bei Ralf Zoll (2005) weitergeführt. Diese Arbeiten zeigen aus einer ganz anderen Perspektive, wie eng Literatur und Gesellschaft zusammenhängen.

Literatur

Berlemann, Dominic, 2011: Wertvolle Werke. Reputation im Literatursystem, Bielefeld. – Bourdieu, Pierre, 1977: La production de le croyance. Contribution à une économie des biens symboliques; in: Actes de la recherché en sciences socials 3, No. 13, 3–44. – Ders., 1982: Die feinen Unterschiede, Frankfurt a. M. – Ders., 1999: Die Regeln der Kunst. Genese und Struktur des literarischen Feldes, Frankfurt a. M. – Bürger, Peter, 1979: Vermittlung – Rezeption – Funktion. Ästhetische Theorie und Methodologie der Literaturwissenschaft, Frankfurt a. M. – Coser, Lewis A., 1963: Sociology through Literature, Englewood Cliffs, N. J. – Dörner, Andreas; Vogt, Ludgera, 1994: Literatursoziologie, Opladen. – Elias, Norbert, 1969: Die höfische Gesellschaft, Neuwied/Berlin. – Ders., 1976: Über den Prozeß der Zivilisation, 2 Bde., Frankfurt a. M. – Fiske, John, 1989: Reading the Popular, Boston. – Ders., 1993: Power Plays, Power Works, London. – Fohrmann, Jürgen; Müller, Harro (Hg.), 1996: Systemtheorie der Literatur, München. – Fügen, Hans Norbert (Hg.), 1968: Wege der Literatursoziologie, Berlin/Neuwied. – Ders. (Hg.), 1990: Die Hauptrichtungen der Literatursoziologie und ihre Methoden, 6. Aufl., Bonn. – Genette, Gérard, 1989: Paratexte, Frankfurt a. M. – Hepp, Andreas, 2010: Cultural Studies und Medienanalyse, 3. Aufl., Wiesbaden. – Joch, Markus; Wolf, Norbert Christian (Hg.), 2005: Text und Feld. Bourdieu in der literaturwissenschaftlichen Praxis, Tübingen. – Joch, Markus et al. (Hg.), 2009: Mediale Erregungen, Berlin/New York. – Kuzmic, Helmut; Mozetic, Gerald, 2003: Literatur als Soziologie, Konstanz. – Le Goff, Jacques, 1990: Phantasie und Realität im Mittelalter, Stuttgart. – Link, Jürgen; Link-Heer, Ursula, 1980: Literatursoziologisches Propädeutikum, München. – Luhmann, Niklas, 2008: Schriften zu Kunst und Literatur, hg. von Niels Werber, Frankfurt a. M. – Magerski, Christine, 2004: Die Konstituierung des literarischen Feldes in Deutschland nach 1871, Tübingen. – Pinto, Louis; Schultheis Franz (Hg.), 1997: Streifzüge durch das literarische Feld, Konstanz. – Radway, Janice, 1984: Reading the Romance, Chapel Hill. – Dies., 1997: A Feeling for Books. The Book-of-the-Month-Club, Literary Taste and Middle Class Desire, Chapel Hill. – Sill, Oliver, 2001: Literatur in der differenzierten Gesellschaft, Opladen. – Stöckmann, Ingo, 2001: Vor der Literatur. Eine Evolutionstheorie der Poetik Alteuropas, Tübingen. – Schmidt, Siegfried J., 1989: Die Selbstorganisation des Sozialsystems Literatur im 18. Jahrhundert, Frankfurt a. M. – Werber, Niels, 1992: Literatur als System, Opladen. – Ders. (Hg.), 2011: Systemtheoretische Literaturwissenschaft, Berlin/New York. – Wild, Reiner, 1982: Literatur im Prozeß der Zivilisation, Stuttgart. – Zoll, Ralf (Hg.), 2005: Gesellschaft in literarischen Texten, 2 Bde., Wiesbaden.

Ludgera Vogt

M

Macht

Macht (engl. power) bedeutet nach Max Weber »jede Chance, innerhalb einer sozialen Beziehung den eigenen Willen auch gegen Widerstreben durchzusetzen, gleichviel worauf diese Chance beruht« (Weber 1972, 28). Diese relativ umfassende Definition wirft vielfältige Fragen auf: In welchem Verhältnis steht der Begriff zu anderen Begriffen, die sich auf vergleichbare oder ähnliche Sachverhalte beziehen? Was sind die Quellen und Mittel der Macht? Wer sind die Träger und wie identifiziert man sie? Welche empirische Verteilung hat Macht? Welchen Stellenwert findet der Begriff in der Theoriebildung?

Zuallererst ist Macht ein Oberbegriff (»gleichviel worauf diese Chance beruht«). Ist sie z. B. formal geregelt, institutionalisiert und/oder legitimiert, spricht man von *Herrschaft*. Gleichzeitig handelt es sich um einen relationalen Begriff: Macht ist eine asymmetrische Beziehung zwischen zwei Akteuren, in der ein Akteur A einen anderen Akteur B dazu bewegen kann, etwas zu tun, was er nicht aus freien Stücken tun würde. Als Quelle fungieren die unterschiedlichsten Ressourcen: z. B. Geld, physische und psychische Kraft, Wissen, soziale Geschicklichkeit oder Charisma. Individuelle Merkmale reichen jedoch allein nicht aus, um die Mehrdimensionalität von Macht (Lukes 1974, 25), die »absolute Macht« (Sofsky 1993), die »Prozesse der Machtbildung« (Popitz 1969) zu analysieren oder um über die Stufen der Institutionalisierung der Macht schließlich Herrschaft bestimmen zu können (Popitz 1992, 233). Dazu bedarf es eines relationalen Machtbegriffs. Ob er angemessen ist, hängt von der Fragestellung ab (cf. z. B. Sofsky/Paris 1991, 12 f.).

Und wie verteilt sich empirisch Macht in der Gesellschaft? Ist sie mehr als eine »power *elite*« organisiert, wie es Mills (1956) für die USA der fünfziger Jahre behauptet hat, oder ist sie eher pluralistisch organisiert, wie es Bürklin et al. (1997) für Deutschland konstatieren? Dies jeweils zweifelsfrei festzustellen ist nicht einfach, denn weitgehend fehlen allgemein akzeptierte operationale Anweisungen zur Messung von Macht. Am weitesten gediehen ist in diesem Punkt jedoch die Community-power-Forschung (Sahner 1975, 41 ff). Lange Zeit irritierten die widersprüchlichen Sachverhalte über die Verteilung von Macht in der US-amerikanischen Gemeindeforschung. Zeitigten die Ergebnisse der einen Forschergruppe eher eine Kumulation der Macht bei wenigen Personen (power-elite), kamen die anderen eher zu einer pluralistischen Machtstruktur. Eine systematische Analyse der Studien ergab, dass die Ergebnisse abhängig von der Methode waren. Mit den verschiedenen Methoden oder Techniken, die Träger von Macht zu identifizieren, ermittelt man immer nur bestimmte Aspekte der Macht. Macht ist amorph (Weber). Mit der **Positionstechnik** werden diejenigen zur Elite und damit zu den Mächtigen gezählt, die innerhalb einer Organisation, Gemeinde oder Gesellschaft die höchsten Ämter innehaben. Hier wird am ehesten die Dimension der Macht erfasst, die auf »gesatzter« Ordnung beruht, hier handelt es sich im Weberschen Sinne um Herrschaft. Mit der **Reputationstechnik**, bei der diejenigen Mitglieder eines Sozialverbandes als mächtig gelten, die von Mitgliedern (Experten) dieses Sozialverbandes für mächtig gehalten werden, wird die »Reputation von Macht« gemessen. Die Reputationstechnik ist am ehesten geeignet, das »Amorphe« der Macht zu messen. Macht existiert hier sozusagen unabhängig vom Gebrauch. Einen ganz anderen Aspekt ermittelt man mit der **Entscheidungstechnik**. Danach gilt der als mächtig, der an konkreten Streitfragen beteiligt ist und hier Lösungsvorschläge einbringt oder durchsetzt bzw. Vorschläge anderer zu blockieren in der Lage ist. Ein Methodenmix ist also am ehesten in der Lage, Macht zu messen.

Eine umfassende, modelltheoretisch abgestützte, Analyse des Phänomens Macht steht noch aus, doch lässt sich eine Tendenz erkennen, Macht in ihrer zeitlichen Gebundenheit zu untersuchen (Arweiler/Gauly 2008; Bonß/Lau 2011). Als generalisiertes Austauschmedium (»gleichviel worauf diese Chance beruht«) fungiert Macht in unterschiedlichen theoretischen Modellen, z. B. in der *strukturell-funktionalen Theorie* (Parsons 1969) oder in der *Systemtheorie* (Luhmann 1975).

Literatur

Arweiler, Alexander H.; Gauly, Baldo M., 2008: Machtfragen, Stuttgart. – Bonß, Wolfgang; Lau, Christoph, 2011: Macht und Herrschaft in der reflexiven Moderne, Weilerswist. – Bürklin, Wilhelm et al., 1997: Eliten in Deutschland,

Opladen. – Hartmann, Michael, 2007: Eliten und Macht in Europa, Frankfurt a. M./New York. – Imbusch, Peter (Hg.), 1998: Macht und Herrschaft, Opladen. – Luhmann, Niklas, 1975: Macht, Stuttgart. – Lukes, Steven, 1974: Power. A Radical View, London. – Mills, C. Wright, 1956: The Power Elite, New York. – Parsons, Talcott, 1969: On the Concept of Political Power; in: ders.: Politics and Social Structure, New York/London, 352–404. – Popitz, Heinrich, 1969: Prozesse der Machtbildung, Tübingen. – Popitz, Heinrich, 1992: Phänomene der Macht, 2. Aufl., Tübingen. – Sofsky, Wolfgang, 1993: Die Ordnung des Terrors. Das Konzentrationslager, Frankfurt a. M. – Sofsky, Wolfgang; Paris, Rainer, 1991: Figurationen sozialer Macht, Opladen. – Sahner, Heinz, 1975: Führungsgruppen und technischer Fortschritt, Meisenheim. – Weber, Max, 1972: Wirtschaft und Gesellschaft, 5. Aufl., Tübingen (1922). *Foucault? à*

Heinz Sahner

Makro- und Mikrosoziologie

Begriffe

Als Gegensatz-Paar bezeichnen Makro- und Mikrosoziologie (engl. macro-/microsociology) klassischerweise einerseits unterschiedliche Gegenstandsbereiche der soziologischen Analyse, andererseits auch unterschiedliche Erklärungsprogramme. Als **Gegenstandsbereich** der Makrosoziologie werden die Funktionsweise von Gesellschaften und ihrer Untergliederungen in Form von Teilsystemen oder Institutionen sowie Organisationen gesehen; die Mikrosoziologie beschäftigt sich demgegenüber mit individuellem Verhalten und Interaktionen in sozialen Beziehungen und Gruppen. Als **Erklärungsprogramm** sucht die Makrosoziologie nach den Gesetzmäßigkeiten sozialer Gebilde, ihrer Konstanz und Veränderung und ihrer spezifischen Eigenschaften auf der Ebene eben dieser Gebilde selbst, also nicht in den Eigenschaften oder Verhaltensweisen der Gesellschaftsmitglieder als dafür ursächlichen Bedingungen. Umgekehrt besteht die gemeinsame Überzeugung aller mikrosoziologischen Theorien darin, dass sie genau dies annehmen: nämlich dass alle sozialen Gebilde aus den individuellen Wahrnehmungen, Deutungen und Handlungen von Personen hergeleitet werden müssen.

Definitorische Abgrenzungsprobleme

Im Hinblick auf den Gegenstandsbereich beider Soziologien besteht eine gewisse Unschärfe der Abgrenzung darin, wozu etwa große Gruppen oder kleine Organisationen gehören sollten. Gravierender sind die Abgrenzungsprobleme im Hinblick auf das jeweilige Erklärungsprogramm innerhalb der heutigen Soziologie. Die Theoriediskussion lässt sich nicht mehr vollständig in diese kategoriale Unterscheidung einordnen, denn Anstrengungen um die Integration der beiden Perspektiven nehmen mittlerweile einen breiten Raum ein (s. u.).

Theoretische Zusammenhänge

Mikrosoziologische ebenso wenig wie makrosoziologische Ansätze sind jeweils *Theorie*familien. Zu den klassischen mikrosoziologischen Ansätzen gehören zuvörderst die *verhaltenstheoretische* Soziologie in der Tradition von George C. Homans (1972) wie etwa die *Tauschtheorie* und der *Symbolische Interaktionismus* (Blumer 1993). Es wäre jedoch falsch, gerade im Hinblick auf diese beiden Strömungen von einer einheitlichen mikrosoziologischen Theorie zu sprechen; denn sie unterscheiden sich in ihrem Erklärungsprogramm auch untereinander deutlich. Beiden Richtungen ist allerdings gemeinsam, dass sie alle sozialen Gebilde auf die Wahrnehmungen, Deutungen, Motive und Verhaltensweisen einzelner Personen zurückführen müssen und nicht etwa auf deterministische Imperative übergeordneter sozialer Entitäten. Die vielfach geäußerte Kritik an mikrosoziologischen Erklärungen ist dann die eines psychologischen *Reduktionismus*: Menschen handeln aus individuellen Motiven heraus, deren Entwicklung nicht auf die Gesellschaft rückbezogen wird, und vor allem bleibt es ungeklärt, wie aus den vielen individuellen Verhaltensweisen mehr oder weniger stabile soziale Entitäten entstehen.

Makrosoziologische Theorien behaupten dagegen gerade eine Eigenständigkeit gesellschaftlicher Zusammenhänge und ihrer Veränderung von den individuellen Verhaltensweisen. Die wichtigsten Varianten dieser Theoriefamilie sind der *Strukturfunktionalismus* und die *Systemtheorie*. Die grundsätzliche Überzeugung aller makrosoziologischen Theorien ist, dass soziale Entitäten aus sich selbst heraus verstanden werden müssen und nicht auf die Motive und Handlungen ihrer Mitglieder reduziert werden können. Als Beispiel mag das Handeln des Kapitalisten bei Karl Marx dienen. *Klassen*kampf und *Revolution* folgen nicht etwa aus einem als »böse« gedachten ausbeuterischen Motiv der Produktionsmittelbesitzer, sondern aus den Gesetzmäßigkeiten der Produktivkräfte im *Kapitalismus.* Würde sich der individuelle Kapitalist eines Besseren besinnen und seine Arbeiter deutlich besser entlohnen, würde dies nur zu seinem individuellen Untergang führen, an der Lage der Arbeiterklasse aber gar nichts ändern.

Die Einseitigkeiten der klassischen Makro- und Mikrotheorien sind in der Soziologie seit längerem von Vertretern beider Theorierichtungen kritisiert worden (Alexander 1985, Joas 1992). Deshalb vertreten viele Sozialwissenschaftler heute die Auffassung, dass eine starre Trennung in Mikro- und Makrosoziologie nicht mehr unbedingt sinnvoll ist und favorisieren eine Verbindung beider Erklärungsprogramme (etwa Schimank 2000), z. B. in Form einer Erklärung individuellen Verhaltens aus der sozialen Situation in Gesellschaften, Organisationen, sozialen Klassen und Gruppen heraus und dem Rückwirken individuellen Verhaltens auf Konstanz und Veränderung der Gesellschaften, Organisationen, sozialen Klassen oder Gruppen (»Makro-Mikro-Makro-Ansätze«; Esser 1993, Kapitel 30).

Literatur

Alexander, Jeffrey (ed.), 1985: Neofunctionalism, Beverly Hills/New Delhi/London. – Blumer, Herbert, 1973: Der methodologische Standort des Symbolischen Interaktionismus; in: Arbeitsgruppe Bielefelder Soziologen (Hg.): Alltagswissen, Interaktion und gesellschaftliche Wirklichkeit, Bd. 1, Reinbek, 54–79. – Esser, Hartmut, 1993: Soziologie. Allgemeine Grundlagen, Frankfurt a.M./New York. – Homans, George C., 1972: Wider den Soziologismus; in: ders. (Hg.): Grundfragen der soziologischen Theorie, Opladen, 44–58. – Joas, Hans, 1992: Pragmatismus und Gesellschaftstheorie, Frankfurt a.M. – Schimank, Uwe, 2000: Handeln und Strukturen, Weinheim/München.

Martin Diewald

Marginalität

Marginalität (engl. marginality) wurde von R. E. Park (1928) zur Bezeichnung der Lebenslage von Individuen eingeführt, die eine Position am Rande einer sozialen Klasse oder Gesellschaft innehaben.

Marginalität resultiert nach dieser Konzeption aus strukturellen Benachteiligungen, d. h. sie ist in der Regel nicht selbst verschuldet, sondern wird durch gesellschaftliche *Ungleichheit*en ausgelöst. Theoretisch wird die Tatsache als bedeutsam herausgestellt, dass diese Menschen sich im Grenzbereich zwischen zwei Gruppen, Klassen oder Gesellschaften befinden, ohne in der einen oder anderen integriert zu sein. Diese Menschen (z. B. Einwanderer) am Rande zweier *Kultur*en und zweier Gesellschaften sind mit *Rolle*nkonflikten, *Status*- und Orientierungsunsicherheiten belastet, sie sind nicht bereit, mit der eigenen soziokulturellen Vergangenheit und der eigenen *Tradition* zu brechen, und in der neuen Gesellschaft, wo sie nun heimisch zu werden suchen, werden sie nur halb geduldet. Konzeptionell wichtig ist, dass Marginalität im Sinne von Park eine Grenzsituation thematisiert, in der es um das Verhältnis von Kern und Rand geht.

Marginalisierung ist der Prozess, bei dem Personen, Gruppen, soziale Kategorien (z. B. Arme, ethnisch-religiöse Minderheiten) an den Rand der Gesellschaft gedrängt werden und dadurch ihre gesellschaftliche, kulturelle und wirtschaftliche *Teilhabe* erschwert oder verhindert wird. Es handelt sich hier um einen Prozess der gesellschaftlichen Ausschließung. Es gibt aber auch Selbstmarginalisierungen.

Eine theoretische Vertiefung erfuhr der Marginalitätsbegriff in der Konzeption der **Randpersönlichkeit**. Der Randseiter (marginal man) wird von R. E. Park (1928) als Persönlichkeitstyp bezeichnet, der als Auswanderer gesellschaftlich entwurzelt ist, aber noch keine neuen Wurzeln zur Anpassung an eine andere Gesellschaft schlagen konnte. Marginale Persönlichkeiten befinden sich an der Grenze zwischen verschiedenen, entgegengesetzten Gruppenzugehörigkeiten. Im Umgang mit anderen Menschen erschweren ihre Isolation, Ängste und Orientierungsschwierigkeiten die Eingliederung in die Mehrheitsgesellschaft. Dieser Persönlichkeitstyp ist auch durch *Entfremdung* (von der eigenen Kultur), Minderwertigkeitsgefühle, Desorientierung, Statusinkonsistenz gekennzeichnet. Stonequist beschreibt 4 Haupttypen von Marginalität: den unsteten, wandernden Fremden, die zweite Generation von Einwanderern, aus dem Ghetto stammende emanzipierte Juden und rassische Mischlinge. Dieses Konzept wurde später insb. auf Farbige angewandt, allerdings erweitert mit dem Konzept ›minority identity‹ (Ratcliffe). Heute wird Marginalität im soziologischen Sinne zur Bezeichnung verschiedener sozialer Sachverhalte verwendet. Auf die Sozialstruktur der Gesellschaft bezogen, bezeichnet Marginalität eine durch hohe *soziale Distanz* (gesellschaftliche Isolierung, Stigmatisierung, Diskriminierung) und *Unterprivilegierung* gekennzeichnete gesellschaftliche *Position*. Diese Position befindet sich meist an der untersten Sprosse der hierarchischen Struktur (in diesem Sinne am Rande) der Gesellschaft, wobei diese gesellschaftliche Randständigkeit meist auch eine relative Ferne zur dominanten Kultur der Kerngesellschaft beinhaltet (z. B. in Form der Zugehörigkeit zu *Subkultur*en).

Eine soziale Kategorie von Menschen, die sich im Zustand gesellschaftlicher Randständigkeit (marginale Lage) befindet, wird als **Randgruppe** (aber auch: marginale Gruppe, Problemgruppe, sozial verachtete Randschichten, Deklassierte, in der Alltagssprache: Bodensatz, Aussätzige, Asoziale) bezeichnet. So weist die Mehrheitsgesellschaft z. B. Armen, ethnischen, religiösen oder sonstigen kulturellen *Minderheit*en den Status von sozialen Randgruppen zu, wenn sie nicht in das vorherrschende soziale und kulturelle gesellschaftliche Gefüge eingegliedert sind. Dieser Begriff unterstellt ein Gesellschaftsbild bestehend aus einem gut funktionierenden homogenen »Kern« und verschiedenen nicht integrierten bzw. nicht integrierbaren »Rändern« (Zentrum und Peripherie). Bei der Randgruppe handelt es sich um eine Kategorie von Menschen, die sich in unterprivilegierter Lebenslage befindet und zu der die Majorität der Bevölkerung eine hohe soziale Distanz (hohe Stigmatisierungs-, Diskriminierungs- und Absetzungsbereitschaft) einnimmt. Soziale Distanz manifestiert sich auch im Reaktionsmuster der Adressaten negativer Typisierungs- und *Diskriminierung*sbereitschaft. Die *Stigmatisierung*s- und Diskriminierungsbereitschaft der Bevölkerung wird von den Betroffenen wahrgenommen, registriert. Die Wahrnehmung von Stigmatisierung und Diskriminierung führt bei den Betroffenen zu Reaktionsmustern, die die soziale Distanz zusätzlich noch erhöhen können (z. B. Rückzugsverhalten, Solidarisierung, *abweichendes Verhalten*).

Dimensionen von Marginalität

Marginalität als eine Eigenschaft von Individuen meint jene Verhaltens- und Einstellungsmerkmale, die als Folge oder als Korrelate gesellschaftlicher Randständigkeit bei den Betroffenen auftreten (z. B. Kon-taktarmut, Resignation, Apathie, Aggressionen, abweichendes Verhalten etc.). Zur Feststellung der Marginalität wurden verschiedene theoretisch begründete Dimensionen vorgeschlagen. So werden z. B. niedriges Niveau der Anerkennung allgemein verbindlicher soziokultureller *Werte* und *Normen* sowie niedriges Niveau der *Partizipation* an ihrer Verwirklichung und am Sozialleben als konstitutive Merkmale der Randständigkeit betont, auf der anderen Seite wird die wichtigste Dimension der Randständigkeit in der kumulativen sozialen Benachteiligung, den eingeschränkten Kompensations- und Substitutionsmöglichkeiten, der *Stigmatisierung* und *Diskriminierung* gesehen. Andere wiederum heben die relative *Deprivation* und soziale und räumliche Distanz, mangelnde Organisations- und fehlende Konfliktfähigkeit als konstitutive Merkmale der gesellschaftlichen Randständigkeit hervor. Grundlegend wird auch die Tatsache hervorgehoben, dass die Randgruppen als Objekte offizieller Kontrolle und Hilfe die Existenz bestimmter Institutionen legitimieren.

Ursachen von Marginalität

Obwohl je nach theoretischer Perspektive unterschiedliche Verursachungszusammenhänge der Marginalität angeführt werden, besteht doch weitgehende Einigkeit darüber, dass sie nur zum geringeren Teil auf individuelle Faktoren zurückzuführen sind. Die meisten Arten von Marginalität dürften sich aus strukturellen Zusammenhängen und Bedingungen, wie Beteiligung am Produktionsprozess, Einkommensverteilung, das räumliche Verteilungsmuster (z. B. Ghetto-Bildung), *Prekarität* (Castel/Dörre) ergeben. Viele randständige Menschen werden daran gehindert, gemäß üblicher Vorstellungen und gesellschaftlicher Standards zu leben (z. B. Obdachlose); oder sie werden, falls sie dazu physisch und/oder psychisch nicht fähig sind (z. B. Behinderte), deswegen noch zusätzlich benachteiligt. Räumliche Verdrängung führt oft zur unfreiwilligen räumlichen Aussonderung und Konzentration (z. B. in Anstalten für Heimerziehung, in speziellen Betreuungseinrichtungen für psychisch Kranke, in speziellen Unterkünften für ausländische Arbeitnehmer, in Obdachlosensiedlungen). Erschwerend kommt Diskriminierung in Form von augenfälliger ungleicher Behandlung durch Verweigerung gleicher Chancen und Mittel hinzu. Die durch soziale und räumliche Distanz bewirkte unfreiwillige Isolation verbindet sich so mit relativer Benachteiligung (relative *Deprivation*, Unterprivilegierung). Solche individuell nur schwer veränderbaren Bedingungen wie räumliche Aussonderung und Konzentration, spezifische *Sozialisation*sbedingungen tragen erheblich zur Perpetuierung von Marginalität von Generation zu Generation bei. Oft werden gesellschaftliche *Vorurteile* gegenüber Menschen in gesellschaftlicher Randständigkeit von den Betroffenen selbst übernommen und führen zu einem vorurteilskonformen Verhalten (self-fullfilling prophecy). Neben dieser unfreiwilligen Marginalität gibt es auch die frei gewählte in Form von bewusster Distanzierung von durchschnittlichen (zentralen, herrschenden) gesellschaftlichen Vorstellungen über Normalität und in Form von sozialer Abweichung. Es handelt sich hier um Mitglieder devianter *Subkultur*en (z. B. Drogensubkulturen, kriminelle Subkulturen). Neuerdings wird auch der Versuch unternommen, diese Prozesse durch die Unterscheidung der Begriffe *Inklusion* und *Exklusion* (Byrne) theoriegeleitet zu erklären.

Literatur

Bellebaum, Alfred, 1974: Randgruppen – ein soziologischer Beitrag; in: Archiv für Wissenschaft und Praxis der sozialen Arbeit, 277–293 – Byrne, David, 1999: Social exclusion, Buckingham/Philadelphia. – Castel, Robert; Dörre, Klaus (Hg.), 2009: Prekarität, Abstieg, Ausgrenzung, Frankfurt a. M. – Dickie-Clark, Hamish F., 1966: The Marginal Situation. A Sociological Study of a Coloured Group, New York. – Kronauer, Martin; Neef, Rainer, 1996: »Exclusion« und »soziale Ausgrenzung«: Neue soziale Spaltung in Frankreich und Deutschland; in: Frankreich Jahrbuch 1996, 35–58. – Mansel, Jürgen et al., 2009: Prekarität, Segregation und Armut im Sozialraum. Deutsches Institut für Urbanistik, Berlin. – Nickel, Herbert J., 1971: Marginalität als theoretischer Ansatz zur Erklärung von Unterentwicklung; in: Sociologus 21, 33–58. – Park, Robert E., 1928: Human Migration and the Marginal Man; in: American Journal of Sociology, H. 33. – Ratcliffe, Peter, 2000: Is the Assertion of Minority Identity Compatible with the Idea of a Socially Inclusive Society? in: Askonas, Peter; Steward, Angus (eds.): Social Inclusion, London u. a., 169–185. – Stonequist, Everett V., 1937: The Marginal Man, New York. – Vaskovics, Laszlo A., 1977: Probleme der sozialwissenschaftlichen Randgruppenforschung in der Bundesrepublik Deutschland; in: Blaschke, Dieter et al. (Hg.): Sozialwissenschaftliche Forschung, Nürnberg, 199–222. – Ders., 1982: Theoriebildung durch vergleichende Randgruppenforschung; in: Peters, Helge (Hg.): Sozialarbeit als Sozialplanung, Opladen, 58–86.

Laszlo A. Vaskovics

Markt

Märkte (engl. market, markets) verteilen bzw. koordinieren in modernen Wirtschafts- und Gesellschaftssystemen begehrte Ressourcen. Markt-Tausch erfolgt friedlich auf Basis von Eigentumsrechten zwischen Anbietern und Käufern, jedoch konkurrieren Anbieter um Käufer und Käufer um Güter und Dienstleistungen. »Von einem Markt soll gesprochen werden, sobald auch nur auf einer Seite eine Mehrheit von Tauschreflektanten um Tauschchancen konkurrieren.« (vgl. Weber 1985 [1922]: 382) Märkte als Ort des *Tausch*es gibt es seit Menschengedenken, sie unterscheiden sich indes hinsichtlich ihrer sozialen Struktur, ihres kulturellen Überbaus sowie ihrer institutionellen Einbettung. Für vormoderne Gesellschaften ist die Unterscheidung von Tausch innerhalb einer sozialen Gruppe und dem mit Fremden charakteristisch. Ein gruppeninterner Markt wird durch soziale Normen, gesellschaftliche Wertvorstellungen und Religion stark reglementiert und bestimmte Tauschpraktiken wie Feilschen oder Verhandeln sind sozial geächtet. Der *Handel* mit bzw. unter Fremden vollzieht sich hingegen auf Außenmärkten, wobei die fehlenden gemeinsamen Wertvorstellungen freiere Handelsformen und zudem einen auf Profit ausgerichteten Tausch ermöglichen. Märkte vormoderner Gesellschaften sind entsprechend durch die jeweiligen Wirtschaftsethiken oder -kulturen stark geprägt. Die Dominanz stark normativ regulierter Märkte bis weit in das Mittelalter hinein schwand mit der Zunahme an Außenmärkten und dem Fernhandel, der für Kaufleute wie für Feudalherren zunehmend profitabel wurde. Messen als Ort des Tauschens, an denen sich Kaufleute aus unterschiedlichen Regionen in regelmäßigen Abständen treffen, um Handel zu betreiben, verbreiteten sich. Neben dem Handel etablierten die Kaufleute ihre eigenen Rechtsstatuten, so auch das Handelsrecht, die dazugehörigen Instanzen der Rechtsprechung wie auch verschiedene Formen der Selbstverwaltung. Messen wurden unter anderem zu wichtigen Orten des Kapitalverkehrs, die auch neue Finanzinstrumente hervorbrachten. Am Ende des Mittelalters verloren die Messen an Bedeutung, da der Warenhandel zunahm und nach dauerhaften Orten des Handels verlangte. Es entstanden die ersten Börsen, die zu den neuen Märkten der Kaufleute wurden (Swedberg 2003, Kap. 6). Etwa ab Mitte des 16. Jh.s im Zeitalter des Merkantilismus gründeten die Herrscher Europas die ersten größeren, zentralistisch und national organisierten Märkte, die sie mittels Zöllen und Steuern stützten. Die wohl drastischste Veränderung vollzog sich mit der Industriellen Revolution ausgehend vom England des späten 18. Jh.s mit der Verlagerung der Wirtschaftssteuerung weg von den Staatssouveränen und normativ-politischen Gestaltungsmaßnahmen hin zu freien Märkten. Ausgelöst wurde diese Entwicklung durch das Entstehen von Massenkonsum- und Arbeitsmärkten, eine rein auf Gewinn ausgerichtete Produktion sowie durch die geographische Ausbreitung von Märkten mit Hilfe neuer Kommunikations- und Transportmittel. Karl Polanyi spricht in diesem Zusammenhang von einer Marktwirtschaft, die allein von Märkten kontrolliert, reguliert und gelenkt wird (Polanyi 1977: 94).

Diese Entwicklung beschreibt die moderne Markttheorie, wie sie wesentlich durch die Arbeit von Adam Smith »Wohlstand der Nationen« initiiert ist, der als Entdecker der »unsichtbaren Hand« gilt. Adam Smith hebt drei zentrale Funktionen des Marktes hervor: 1) die Motivation individueller Leistungen, 2) die Bildung von Marktpreisen und 3) die Überführung individueller Ziele in soziale Wohlfahrt. In der modernen, vor allem in der neoklassischen ökonomischen Theorie wurde daraus das Idealmodell des vollkommenen Wettbewerbs in Kombination mit dem Handlungsmodell des rationalen Wirtschaftsakteurs: dem sogenannten *homo oeconomicus*, entwickelt. Mit der Neuen Institutionenökonomik, einer kritischen Weiterführung der Neoklassik, werden heute systematisch Formen von »Marktversagen« in Folge sozialer Interdependenzen behandelt und Hierarchie bzw. soziale Netzwerke sowie auch Kultur als effiziente Alternativen zur Marktabstimmung ausgewiesen.

Die sogenannte »neue Wirtschaftssoziologie«, der soziologische Neo-Institutionalismus und neuere Ansätze der Wirtschaftsgeschichte thematisieren dagegen die grundsätzliche Bedeutung sozial-kultureller Faktoren für das Funktionieren von Markttausch. Sie wollen zudem die sozial-kulturelle Konstitution von Märkten und damit die entsprechende Definition von Präferenzen, Gütern und eben auch von Preisen und Verteilungen mit Hilfe sozial-ethischer Konventionen sowie Normen behandeln. Die in den 1980er Jahren in der US-amerikanischen Wirtschaftssoziologie vorgelegten Marktkonzepte von Mark Granovetter, Neil Fligstein, Bruce Carruthers, Joel Podolny, Harrison White, Douglass North,

Viviana Zelizer u.a. werden gegenwärtig stark beachtet und finden wichtige Weiterführungen auch im europäischen Raum. Neuere Ansätze beschreiben Märkte als Felder (Bourdieu), bieten Mikroanalysen von Finanzmärkten, erarbeiten historische Studien zur Ausbildung von Einzelmärkten (Wein- und Kunstmarkt, Auktionen usw.) bzw. Arbeitsmarktstudien usw. (vgl. ausführlich Swedberg 2009, 133 ff.).

Die Wirtschaftssoziologie betrachtet Märkte als eine institutionelle Form wirtschaftlichen Handelns, die es zu allen Zeiten gegeben hat, die aber im Kontext verschiedener Gesellschafts- und Wirtschaftssysteme sowohl unterschiedliche Konstitutionsbedingungen als auch höchst divergierende sozial-ökonomische Aufgaben und kulturelle Bedeutungen annehmen kann. Zunehmend werden für moderne Gesellschaften die wachsenden Abstimmungsleistungen, aber auch die ungenügende soziale Regelung und die negativen sozialen Effekte von Massengüter- und neuerdings auch von Finanzmärkten analysiert. Inwieweit Märkte »sozialen« Aspekten folgen können und inwieweit sie auf ein sozial-kulturelles Fundament aufbauen, sind zentrale Themen der Wirtschaftssoziologie.

Literatur

Polanyi, Karl, 1977: The Great Transformation. Politische und ökonomische Ursprünge von Gesellschaften und Wirtschaftssystemen, Wien (1944). – Swedberg, Richard, 2009: Grundlagen der Wirtschaftssoziologie, Wiesbaden (2003). – Weber, Max, 1985: Wirtschaft und Gesellschaft. Grundriß der verstehenden Soziologie. 5. Aufl., Tübingen (1922).

Andrea Maurer/Robert Skok

Marktforschung

Unter Marktforschung (engl. market research) versteht man denjenigen Teil der *Umfrage*forschung, in dem Vorstellungen und Entscheidungen von Nachfragern auf Märkten erhoben werden. Die Marktforschung arbeitet mit den gleichen wissenschaftlichen *Methoden* der Erhebung und der Analyse wie die akademische und von Ressorts oder Parteien beauftragte Meinungsforschung (Koch, Malhotra). Beide werden, sofern sie national repräsentativ sind, von privatwirtschaftlichen Instituten durchgeführt, deren Umsatz in Deutschland zwischen 2001 und 2005 allerdings zu 97 % in die Marktforschung fällt.

Die Verbände der Marktforschung haben gemeinsam mit der akademischen Sozialforschung Standards der Umfrageforschung definiert und einen Rat der Deutschen Markt- und Sozialforschung e. V. eingerichtet, der die Beachtung der Standards überprüft. Die Standards beziehen sich nicht nur auf Erhebung und Analyse, sondern insbesondere auf die Wahrung der Anonymität der Befragten. Denn die Marktforschung zielt wie die Sozialforschung allgemein nicht auf Personen, sondern auf Zusammenhänge. Von der Marktforschung müssen daher das Direktmarketing, das Personen mit dem Ziel des Verkaufs anspricht, und die Kundenzufriedenheitsforschung, die Personen über ihre Erfahrungen nach dem Kauf befragt, unterschieden werden.

Literatur

Koch, Jörg, 2009: Marktforschung. Grundlagen und praktische Anwendungen, 5. überarb. Aufl., München. – Malhotra, Naresh K., 2010: Marketing research. An applied orientation, 6. ed., Boston, MA. – Meulemann, Heiner, 2007: Das DIN-Interview. Normung und Standardisierung in der Umfrageforschung; in: Soziologie 36, 251–263.

Heiner Meulemann

Masse

Masse (engl. mass) ist soziologisch in zweierlei Hinsicht von Bedeutung: zum einen als ein auf Menschenansammlungen angewendetes Konzept des Stofflich-Materiellen (die physische Masse), zum anderen als strukturelle Signatur moderner Gesellschaften (Bevölkerungsdichte, Massengesellschaft, Massenkultur). So bildet ›die Masse‹ einerseits eine Menschenmenge, deren sozialpsychologische Dynamiken sie als homogenes Aggregat heterogener Elemente erscheinen lässt; als spezifisch modernes Phänomen steht ›Masse‹ andererseits für ein strukturell neues soziales Phänomen der *Moderne*, das sich gesellschaftlichen Veränderungen verdankt. In beiden Fällen erscheint die Masse als bedeutsamer sozialer Faktor mit eigenen Gesetzmäßigkeiten. Man könnte den Massenbegriff daher als Schlüsselbegriff zum Verständnis sozialer *Kollektive* und sozialer Strukturen in modernen Gesellschaften bezeichnen.

Allerdings ist das diskursive Konzept der Masse in der soziologischen Theorie eher diskreditiert. Als Leitmetapher für ein soziales Phänomen mit eigenen Gesetzmäßigkeiten sind ihre Wertakzente fast durchweg negativ; in der diskursiven Konturierung der ›Masse‹ verbergen sich Ressentiments, die am historischen Vorbild kultureller *Elite*n ausgerichtet sind. Sie lässt sich in einer Geschichte kollektiver Ängste und machtstrategischer Praktiken kultureller Differenzierung situieren, die Massenphänomene als ›das Andere der Kultur‹ fasst. Gegenbild der Dynamik von Menschenmengen ist das differenzierte, kontrollierte *Individuum*. Diese klare Grenzziehung zwischen ›Masse‹ und Individuum trug nicht nur zur Selbstkonturierung des als souverän entworfenen, kultivierten Subjekts bei, sondern bildete sich auch auf der Ebene soziologischer Begriffs- und Theoriebildung ab: Masse als soziologische Strukturkategorie blieb lange Zeit eher randständig, ihr Platz wurde eingetauscht gegen Kategorien sozialer Ungleichheit sowie Kulturanalysen der symbolischen Bedeutung von Populärkultur.

Doch obgleich die Masse soziologisch gewissermaßen als ›Störfall‹ sozialer Ordnung erscheint und auch wenn es stimmt, dass, wie Adorno 1956 schrieb, selten jemand zur Masse gehören will, (»Masse sind immer die anderen«): Masse ist als Strukturmerkmal moderner Gesellschaften nicht hintergehbar, sie bezeichnet eine soziale Realität; ihr sind, ungeachtet aller Distinktionsbemühungen, die Mitglieder moderner Gesellschaften unterworfen. ›Die Masse‹ ist ein etablierter Bezugspunkt, der soziale Zugehörigkeiten ebenso regelt wie Vorstellungen von Individualität. Nicht zuletzt tragen Datenmassen dazu bei, soziale Normalität zu ermitteln und Aufschluss über spezifische Möglichkeiten der sozialen Steuerung zu erlangen.

Die Soziologie tritt dem Phänomen ›der Masse‹ als Wissenschaft gegenüber, die nicht nur danach fragt, wie Massendynamiken funktionieren, sondern wie diese kontrolliert werden können. Masse erscheint soziologisch als Problem sozialer *Kontrolle* und Steuerung. Diese beziehen sich weniger auf das einzelne Individuum als auf die Regulierung der Kommunikationsprozesse und des Übertragungsgeschehens in der Masse, aber auch auf die Formierungsprozesse ganzer Bevölkerungen, die eine Homogenisierung des sozialen Raums bewirken.

Literatur

Adorno, Theodor W., 1967: Masse; in: Soziologische Exkurse. Institut für Sozialforschung. Frankfurt a. M. (1956). – Bublitz, Hannelore, 2005: In der Zerstreuung organisiert. Paradoxien und Phantasmen der Massenkultur, Bielefeld. – Freud, Sigmund, 1967: Massenpsychologie und Ich-Analyse. Hamburg (1921). – Gamper, Michael, 2007: Masse lesen, Masse schreiben. Eine Diskurs- und Imaginationsgeschichte der Menschenmenge 1765–1930, München. – Le Bon, Gustave, 1912: Psychologie der Massen, Leipzig (1897). – Link, Jürgen, 1997: Versuch über den Normalismus, Opladen. – Riesman, David et al., 1958: Die einsame Masse. Untersuchung der Wandlungen des amerikanischen Charakters, Hamburg. – Stäheli, Urs, 2009: Emergenz und Kontrolle in der Massenpsychologie; in: Horn, Eva; Gis; Lucas Marco (Hg.): Schwärme. Kollektive ohne Zentrum. Eine Wissensgeschichte zwischen Leben und Information, Bielefeld, 85–100.

Hannelore Bublitz

Materialismus, dialektischer und historischer

Der dialektische und historische Materialismus (engl. dialectical and historical materialism) in seiner marxistisch-leninistischen Ausprägung ist eine philosophische Auffassung, nach der die Welt, einschließlich ihrer nach spezifischen Mustern ablaufenden Bewegungsform, als ein Ganzes, das sowohl Natur, Denken und Gesellschaft umfasst, aufgefasst und gedeutet werden muss, wobei die Ursprünge eines materialistischen und dialektischen Ansatzes sich bis zu den Griechen zurückverfolgen lassen. Als Beispiele seien Demokrit und seine mechanistisch-materialistische Lehre und Sokrates und Platon mit ihrer Unterredungskunst (=dialektike), der Kunst der Rede und Gegenrede, angeführt. Der dialektische und historische Materialismus ist zwar durch das Werk von Karl Marx und vor allem durch das von Friedrich Engels (Dialektik der Natur) initiiert, aber erst durch die Arbeiten von Lenin (1949) und Stalin zu der uns heute bekannten Form entwickelt worden. In der DDR war er Grundlage der Soziologie (Hahn) und jeglicher sozialwissenschaftlicher Forschung (Krause, 23), was einer Immunisierung gegenüber kritischen Herausforderungen gleichkam (Sahner). Eine nähere Bestimmung der Begriffe des dialektischen und historischen Materialismus birgt allerdings die Gefahr, dem Selbstverständnis der Vertreter dieser Richtung nicht gerecht zu werden, weil die grundlegenden Bestandteile sich wechselseitig durchdringen und weil nicht etwa davon ausgegangen werden kann, dass der Materialismus als Theorie und die Dialektik als Methode betrachtet werden können. Vielmehr bilden sie eine Einheit. Denn in den Gesetzen und Kategorien der marxistischen Dialektik spiegeln sich wesentliche Bedingungen der objektiven Realität wider, »wie der Zusammenhang in seinen vielfältigen Formen (…), die Bewegung und Entwicklung der Materie, die Einheit und der ›Kampf‹ der Gegensätze, das Verhältnis von Quantität und Qualität, Möglichkeit und Wirklichkeit, Allgemeinem und Einzelnem, Teil und Ganzem, Element und Struktur u. a.« (Buhr et al., 685). Aber der dialektische und historische Materialismus ist nicht nur Methode und Theorie, sondern zugleich auch Weltanschauung und praktische Veränderung der Welt. Marx selbst ist da weniger mystisch und viel konkreter. Von einem historischen Materialismus kann man insoweit mit Fug und Recht sprechen, als für ihn die praktischen Lebensverhältnisse die Basis historischer Prozesse sind. Konkret geht es ihm um die Transformation der kapitalistischen Gesellschaft, deren Untergang notwendig in ihren Konstruktionsprinzipien liegt: »In der gesellschaftlichen Produktion ihres Lebens gehen die Menschen bestimmte, notwendige, von ihrem Willen unabhängige Verhältnisse ein, Produktionsverhältnisse, die einer bestimmten Entwicklungsstufe ihrer materiellen Produktivkräfte entsprechen. Die Gesamtheit dieser Produktionsverhältnisse bildet die ökonomische Struktur der Gesellschaft, die reale Basis, worauf sich ein juristischer und politischer Überbau erhebt und welcher bestimmte gesellschaftliche Bewusstseinsformen entsprechen. Die Produktionsweise des materiellen Lebens bedingt den sozialen, politischen und geistigen Lebensprozess überhaupt. Es ist nicht das Bewusstsein der Menschen, das ihr Sein, sondern umgekehrt ihr gesellschaftliches Sein, das ihr Bewusstsein bestimmt. Auf einer gewissen Stufe ihrer Entwicklung geraten die materiellen Produktivkräfte der Gesellschaft in Widerspruch mit den vorhandenen Produktionsverhältnissen« (Marx 1975, 8 f), woraus schließlich die soziale Revolution folgt. Lässt sich so ein historischer Materialismus mit Marx begründen, fällt es schon schwerer, eine dialektische Vorgehensweise zu erkennen, wenn er auch gelegentlich damit »kokettierte« (Marx 1977, 27). Marx selbst muss eher als ein Wissenschaftler charakterisiert werden, der nicht nur sein Vorbild in den

Naturwissenschaften sah, sondern auch einer Einheitswissenschaft das Wort redete (MEGA, 1. Abt., Bd. 3, 123), was ihn allerdings zu einem unglücklichen Determinismus verleitete: »Selbst wenn eine Gesellschaft dem Naturgesetz ihrer Bewegung auf die Spur gekommen ist ..., kann sie naturgemäße Entwicklungsphasen weder überspringen noch wegdekredieren« (Marx, 1977, 15 f). In vulgarisierter Form hat sich dieser Determinismus bis in unsere Tage erhalten: Den Sozialismus in seinem Lauf hält weder Ochs noch Esel auf (Erich Honecker).

Literatur

Buhr, Manfred et al., 1972: Materialismus, dialektischer und historischer; in: Klaus, Georg; Buhr, Manfred (Hg.): Marxistisch-Leninistisches Wörterbuch der Philosophie, Reinbek. – Engels, Friedrich, 1972: Dialektik der Natur, MEW Bd. 20, Berlin, 1–303. – Hahn, Erich, 1968: Historischer Materialismus und marxistische Soziologie, Berlin. – Krause, Manfred, 1992: Sozialwissenschaften unter der SED-Parteihegemonie; in: Best, Heinrich (Hg.): Sozialwissenschaften in der DDR und in den neuen Bundesländern, Bonn, 13–310. – Lenin, Wladimir I., 1949: Aus dem Philosophischen Nachlass, Berlin. – Marx, Karl, 1975: Zur Kritik der Politischen Ökonomie, MEW Bd. 13, Berlin. – Marx, Karl, 1977: Das Kapital, Erster Band: Der Produktionsprozess, MEW Bd. 23, Berlin. – Sahner, Heinz, 1994: Gestern Legitimationsinstrument, heute Politikersatz? Empirische Sozialforschung und politisches System; in: Berliner Journal für Soziologie 1, 77–88. – Stalin, Joseph, 1957: Über dialektischen und historischen Materialismus, Frankfurt/Berlin.

Heinz Sahner

Matriarchat

Matriarchate (engl. matriarchates) sind nicht die spiegelbildliche Umkehrung von *Patriarchat*en, indem darin Frauen über Männer herrschen (Vorurteil). Sie sind *mutter*-zentrierte Gesellschaften und bauen bewusst auf mütterlichen Werten auf: Nähren, Pflegen, Fürsorge und Friedenssicherung. Diese Werte gelten für alle, für Mütter und Nicht-Mütter, für Frauen und Männer. Deshalb sind Matriarchate grundsätzlich *bedürfnis*-orientiert und zielen darauf ab, die Bedürfnisse aller am besten zu erfüllen. Auf diese Weise wird Mutter-Sein von einer biologischen Tatsache in ein kulturelles Modell umgewandelt.

Das ist der Themenbereich der ›Modernen Matriarchatsforschung‹, die matriarchale Gesellschaf-

ten weltweit erforscht (Gründerin Heide Göttner-Abendroth, seit 1989). Sie steht im Gegensatz zur herkömmlichen, mit patriarchalen Vorurteilen besetzten Matriarchatsforschung (J. J. Bachofen, seit 1861) auf einer wissenschaftlichen Grundlage: Sie gibt eine genaue, strukturelle Definition dieser Gesellschaftsform und besitzt eine eigene interdisziplinäre und ideologiekritische *Methodologie*. Sie ist nicht nur der Vergangenheit gewidmet, sondern erforscht ebenso die heute noch existierenden matriarchalen Gesellschaften weltweit. Alle diese Gesellschaften haben gender-egalitäre Muster, und viele von ihnen sind vollständig egalitär. Das heißt, sie kennen keine *Herrschaft* des einen *Geschlecht*s über das andere, ebenso keine Klassen und Hierarchien.

Zur strukturellen Definition der matriarchalen Gesellschaft

Im Folgenden werden einige Stichworte genannt, die matriarchalische Gesellschaften auf der ökonomischen, sozialen, politischen und kulturellen Ebene kennzeichnen.

Auf der **ökonomischen Ebene**: meistens, aber nicht ausschließlich Agrargesellschaften; Subsistenzwirtschaft mit lokaler oder regionaler Autarkie; Land und Häuser gehören dem Clan; nur Nutzungsrecht, kein Privatbesitz; keine territoriale Ansprüche; Verwaltung der wesentlichen Lebensgüter durch die Frauen; Güter in einem lebhaften Kreislauf, den Verwandtschaftslinien und Heiratsregeln folgend; keine Akkumulation von Gütern, sondern permanente Verteilung gemäß den Regeln von Gegenseitigkeit; dadurch Ausgleich der Vor- und Nachteile beim Erwerb von Gütern. Matriarchate auf der ökonomischen Ebene: Def. Ausgleichsgesellschaften.

Auf der **sozialen Ebene**: Clan als Basisgruppe; organisiert nach Matrilinearität; matrilineare Vererbung von Kenntnissen, sozialen Würden, politischen Titeln; häufig Matrilokalität: matrilinear verwandte Frauen und Männer in drei bis vier Generationen wohnen zusammen im Clanhaus; freie und häufig wechselnde Liebesbeziehungen beider Geschlechter; keine lebenslangen Zwangsehen; Liebesbeziehungen mit Nachbarclans häufig durch sog. »Besuchsehe« geregelt: Begegnungen nur über Nacht; manchmal auch kurzfristiges Wohnen des Liebespartners auch im Clanhaus der Frau; Kinder bleiben im Mutterclan; biologische Vaterschaft unbekannt oder sozial bedeutungslos; soziale Vaterschaft durch die Mutterbrüder; Verbindung aller Clans untereinander durch komplexe Heiratsregeln (mit zusätzlich spontaner Liebeswahl); Netz von Verwandtschaft als gegenseitiges Hilfssystem. Matriarchate auf der sozialen Ebene: Def. matrilineare *Verwandtschaft*sgesellschaften.

Auf der **politischen Ebene**: Prozesse der Entscheidungsfindung entlang den Verwandtschaftslinien organisiert; Entscheidungen im *Konsens*-Prinzip; Basis der Entscheidungsfindung sind die einzelnen Clanhäuser: Clanrat; auf Dorf- bzw. Stadt-Ebene: gewählte Delegierte der Clanhäuser im Dorfrat/Stadtrat; Delegierte meist männliche Clanvertreter; nur Informations- und keine Entscheidungsträger; sie koordinieren die Konsensfindung in Dorf/Stadt; auf regionaler Ebene: gewählte männliche Delegierte der Dörfer/Städte im regionalen Rat; ebenfalls keine Entscheidungsträger; Informationsaustausch auf regionaler und dörflich/städtischer Ebene bis hin zu den einzelnen Clanhäusern solange, bis Konsens in der Region gefunden wird; komplexes System von Räten beiderlei Geschlechts; gut organisierte »Basisdemokratie«; keine Ausgrenzung von Minderheiten durch Mehrheitsbeschlüsse; keine Bildung von Hierarchien und Klassen. Matriarchate auf der politischen Ebene: Def. egalitäre Konsensgesellschaften.

Auf der **kulturellen Ebene**: keine »Naturreligion«, kein »Animismus« oder »Fruchtbarkeitskult« (abwertende kolonialistisch-missionarische Begriffe); stattdessen komplexe, religiöse und weltanschauliche Systeme; nicht-lineares, sondern zyklisches Weltbild; grundlegender Glaube an Zyklen von Leben, Tod und Wiedergeburt für alles im Kosmos und auf der Erde; Wiedergeburtsglaube sehr konkret: Wiederkehr der Ahn/innen als Kinder im eigenen Clan; zwei umfassende Ur-Göttinnen: Kosmos als Weltschöpferin, Erde als Mutter allen Lebens; Begriff von der Göttin nicht transzendent, sondern immanent: die gesamte Welt ist die Göttin; alles besitzt Göttlichkeit und wird in zahlreichen Festen im Jahreszeitenzyklus verehrt; keine Trennung von Sakralem und Profanem; auch alltägliche Handlungen sind bedeutungsvolle Rituale. Matriarchate auf der politischen Ebene: Def. sakrale Gesellschaften und Göttinkulturen.

Entwicklung in den letzten zehn Jahren: Die ›Moderne Matriarchatsforschung‹ wurde international ausgeweitet und mit indigenen Wissenschaftler/innen aus matriarchalen Gesellschaften verbunden. Dies geschah auf dem 1. Weltkongress für Matriarchatsforschung in Luxemburg 2003 und dem 2. Weltkongress für Matriarchatsforschung in den

USA 2005. Der 3. große Kongress ist der Matriarchatspolitik gewidmet, Schweiz 2011, und macht die politischen Möglichkeiten aus der ›Modernen Matriarchatsforschung‹ sichtbar.

Nach anderen Auffassungen bezeichnet Matriarchat entweder eine Sozialstruktur, in der Mütter Familienoberhaupt sind und Abstammung über sie definiert wird oder eine evolutionstheoretische Vorstellung von einer Gesellschaft, in der Mütter die wichtigsten Machtpositionen innehaben. Vertreter der zweiten Ansicht waren vor allem Bachofen und Engels. Die ethnologische Forschung hat jedoch keinen Nachweis für die Existenz dieser reinen Typen erbracht, sondern vielfältige Beziehungen zwischen Matrilinearität und sozialen Schlüsselpositionen von Frauen.

Literatur

Goettner-Abendroth, Heide, 1989, 1991, 2000: Das Matriarchat, (3 Bände: I, II.1, II.2), Stuttgart. – Dies. (Hg.), 2006: Gesellschaft in Balance. Dokumentation des 1. Weltkongresses für Matriarchatsforschung, Stuttgart. – Dies., (Hg.), 2009: Societies of Peace. Matriarchies in Past, Present, Future, Toronto/Canada. – Lenz, Ilse; Luig, Ute (Hg.), 1990: Frauenmacht ohne Herrschaft, Berlin.

Heide Goettner-Abendroth/Günter Endruweit

Medizin- und Gesundheitssoziologie

Definition

Die **Medizinsoziologie** (oft auch »Medizinische Soziologie« genannt; engl. health and medical sociology/sociology of health and illness) geht eng mit der wissenschaftlichen Disziplin Medizin einher und befasst sich mit der Anwendung von Begriffen, Methoden und Theorien der allgemeinen Soziologie auf die Analyse von Gesundheit und *Krankheit* (Siegrist 2005, Hurrelmann 2006, Borgetto/Kälbe 2007). Ihr Erkenntnisinteresse richtet sich auf die sozialen – und weniger die biologischen oder psychologischen – Bedingungen der Entwicklung und des Verlaufs von Krankheiten sowie ihrer Verhütung. Dies schließt die Analyse von Organisationsstrukturen des medizinischen Behandlungs- und Versorgungssystems sowie von Beziehungsmustern zwischen professionellen Helfern, Kranken und Angehörigen mit ein (Siegrist 2005, Bradby 2009). Die Medizinsoziologie stellt im engeren und konservativen Sinne auf die analytischen Leistungen der Soziologie für die professionelle Krankenversorgung und für medizinische Interventionen zur Krankheitsvermeidung ab – sie kann damit auch als Bestandteil der Medizin definiert werden. Im Rahmen der medizinischen Ausbildung und Forschung ist die Medizinsoziologie fest etabliert, da sie zusammen mit der medizinischen Psychologie seit 1970 Prüfungsfach in der ärztlichen Ausbildung ist. Entsprechend gibt es an den medizinischen Fakultäten in Deutschland eine fast flächendeckende Ausstattung mit wissenschaftlichen Positionen in diesem Bereich.

Gesundheitssoziologie: In teilweise bewusster Abgrenzung zur Medizinsoziologie wurde mit Beginn der 1990er Jahre in Deutschland und anderen Ländern versucht, eine eigenständige soziologische Analyse der sozioökonomischen und psychosozialen Einflüsse auf Gesundheit und der entsprechenden Infrastruktursektoren, die sich mit Gesundheit und Krankheit befassen, zu etablieren: die Gesundheitssoziologie. Entsprechend ihrer Programmatik sollte sie nach eigenen theoretischen und methodischen Standards unabhängig von den Einflüssen der Medizin erfolgen (Hurrelmann 2006, Nettleton 2006, Germov 2009). Gesundheitssoziologie kann dementsprechend als das Teilgebiet der Soziologie bezeichnet werden, das sich mit der Analyse der gesellschaftlichen Ursachen, Hintergründe und Kontexte von Gesundheit und Krankheit, also den »Gesundheitsverhältnissen« befasst (Hurrelmann 2006). Im Unterschied zur Medizinsoziologie beschäftigt sich die Gesundheitssoziologie nicht nur mit den Strukturen und Funktionen des Krankenversorgungssystems, sondern mit der Analyse des gesamten Gesundheitssystems als einem der zentralen gesellschaftlichen Infrastruktursysteme. Medizinsoziologie ist aus dieser Perspektive eine Teildisziplin der Gesundheitssoziologie (Gerlinger 2006). Zu den Aufgaben der Gesundheitssoziologie gehört ebenso die Entwicklung von Strategien der Optimierung der Bedingungen für Gesundheit (d. h. der Lebens- und Arbeitsbedingungen) und des gesundheitsförderlichen Verhaltens. Die Gesundheitssoziologie ist zugleich ein integraler Bestandteil der umfassenden, interdisziplinär ausgerichteten Gesundheitswissenschaften (Health Sciences, Public Health). Dennoch ist sowohl das Fachgebiet als auch der Begriff »Ge-

sundheitssoziologie« im deutschen Sprachraum bislang wenig verbreitet.

Eine moderne Soziologie von Gesundheit und Krankheit

Die Arbeitsschwerpunkte der Gesundheitssoziologie überschneiden sich deutlich mit denen der Medizinsoziologie. Kern beider Ausrichtungen ist die Überzeugung, dass viele gesundheitliche Probleme soziale Ursachen haben und dementsprechend die Soziogenese von Krankheit und Gesundheit, d. h. die Untersuchung der gesellschaftlichen Einflüsse auf die Entstehung und den Verlauf von Krankheiten im analytischen Mittelpunkt stehen sollte (Hurrelmann 2006). International werden die Bezeichnungen Medizinsoziologie, Gesundheitssoziologie oder Soziologie von Gesundheit und Krankheit oft austauschbar verwendet. Zudem werden die Begriffe auch länderspezifisch unterschiedlich ausgelegt (Gabe et al. 2004, Germov 2009, Cockerham 2010). So unterscheidet sich bereits die britische Medizinsoziologie mit ihrem stark qualitativen Charakter in ihrer Ausrichtung deutlich von der amerikanischen. Damit herrscht eine Unklarheit über die Grenzziehungen zwischen den Disziplinen und deren jeweiligen Selbstbeschreibung (Gerlinger 2006).

Darüber hinaus greift die Medizin zunehmend Erkenntnisse der Medizin- und Gesundheitssoziologie auf und richtet ihr Erkenntnisinteresse nicht mehr nur auf Krankheiten und medizinische Versorgung. Gesundheit und Krankheit werden auch in der Medizin zunehmend als ein Kontinuum betrachtet, auf dem sich Menschen je nach Ausstattung ihrer Risiken und Ressourcen befinden. Ein ausschließlich pathogenetischer Blick auf den Menschen – trotz seiner starken Dominanz – scheint in der Medizin der Vergangenheit anzugehören (Cockerham 2009, 2010). Die kritische Auseinandersetzung mit den Ergebnissen des »Human Genom Projects« sowie der zunehmende Ruf nach einer translationalen Medizin sind hier nur zwei Indizien für den Paradigmenwandel. Gesundheitsförderliche Ressourcen der Patienten, Aspekte der Kommunikation zwischen Ärzten und Patienten sowie soziale Determinanten von Gesundheit gelangen immer stärker in den Fokus der Medizin. Dies schlägt sich auch in der deutlichen Stärkung soziologischer und psychologischer Inhalte in der medizinischen Ausbildung sowohl in Deutschland als auch international nieder (Gabe et al. 2004). Die inhaltlichen und terminologischen Gründe im Verbund mit den fachlichen und fachpolitischen Entwicklungen in der Medizin, die seit Jahren einem starken Wandel unterlegen sind, werfen die Frage auf, ob die teilweise künstliche Trennung von Medizinsoziologie und Gesundheitssoziologie noch zielführend ist.

In Anlehnung an andere Bereiche der deutschsprachigen Soziologie (z. B. Arbeits- und Industriesoziologie, Medien- und Kommunikationssoziologie) und Entwicklungen im angelsächsischen Raum wird in den folgenden Ausführungen von einer gleichberechtigten Medizin- und Gesundheitssoziologie gesprochen. Die moderne Medizin- und Gesundheitssoziologie wendet damit Theorien, Methoden und Wissensbestände der allgemeinen Soziologie auf einen Gegenstandsbereich an, der sich nicht ausschließlich auf die Medizin beschränkt, sondern die gesamte Spannweite an Themen zwischen Gesellschaft und Gesundheit umfasst: Ausgehend von den sozialen Ursachen von Gesundheit und Krankheit, über die gesellschaftliche Konstruktion von Krankheit, die Arzt-Patienten-Beziehung bis zur sozialen Organisation der gesamten Gesundheitsversorgung. Diese Inhalte legitimieren die Bezeichnung »Medizinsoziologie« oder »Medizinische Soziologie« längst nicht mehr, vielmehr stellt sie eine Engführung dar und ist schlichtweg irreführend.

Entwicklung

Die Medizin- und Gesundheitssoziologie blickt auf eine lange und wechselvolle Geschichte zurück (Gerlinger 2006, Borgetto/Kälbe 2007, Cockerham 2010). Die Anfänge einer Analyse der sozialen Ursachen von Gesundheit und Krankheit liegen weit von der akademischen Etablierung der Soziologie entfernt und können bis ins 17. Jh. zurückverfolgt werden. Bis zum Beginn des Ersten Weltkriegs war der Einfluss über gesellschaftliche Strukturen vermittelter Lebens- und Arbeitsbedingungen auf Gesundheit und Krankheit zentraler Gegenstand sowohl medizinischer als auch soziologischer Analysen. Prominente Wissenschaftler wie René Villermé und Emile Durkheim in Frankreich, Rudolf Virchow in Deutschland, Friedrich Engels, John Snow und Edwin Chadwick in England konnten im Rahmen ihrer empirischen Analysen klare Zusammenhänge zwischen *Armut*, rasanter *Industrialisierung* und der Häufigkeit insbesondere von Infektionserkrankungen herausarbeiten.

Aus diesen »medizinsoziologischen« Erkenntnissen wurden zunehmend auch praktische, gesundheitspolitische Forderungen abgeleitet. Ohne diese Untersuchungen und das zunehmende Bewusstsein, dass sich Armut und Krankheit gegenseitig bedingen, wäre beispielsweise die Einführung der Bismarck'schen Sozialgesetzgebung – allen voran die gesetzliche Krankenversicherung – undenkbar. Die Tradition einer Analyse der gesellschaftlichen Krankheitsursachen blühte gerade in Deutschland weiter auf und entwickelte sich unter dem Oberbegriff der Sozialhygiene, als spezifische Reaktion der »sozialen Medizin« auf die »soziale Frage«. Alfred Grotjahn, einer der Mitbegründer und wichtigster deutscher Vertreter der Sozialhygiene, fasste z. B. bereits 1923 folgende Punkte zu einer sozialwissenschaftlichen Betrachtungsweise von Gesundheit und Krankheit zusammen: Die sozialen Verhältnisse 1) schaffen oder begünstigen die Krankheitsanlage, 2) sind die Träger der Krankheitsbedingungen, 3) vermitteln die Krankheitsursachen und 4) beeinflussen den Krankheitsverlauf. Bis heute haben diese Aussagen nichts von ihrer Aktualität und Reichweite eingebüßt.

Trotz der oftmals und zu Recht kontrovers diskutierten Persönlichkeiten der Sozialhygiene muss hier das wissenschaftliche Interesse hervorgehoben werden, »medizinische Dinge in sozialwissenschaftlicher Beleuchtung« (Grotjahn 1932, zit. nach Meyer 1997) darzustellen. Das war die Antwort einiger weniger Ärzte auf zunehmende Bestrebungen, die Medizin nur noch von den wachsenden naturwissenschaftlichen Erkenntnissen der Biologie, Chemie und Physik her zu betreiben und damit die »Gesamtpersönlichkeit des Kranken, seine Konstitution, seine spezifische Beeinflussung des Krankheitsverlaufes durch die Umwelt, Wohnung, Ernährung und Arbeit grob zu vernachlässigen« (a. a. O.) – eine Herausforderung, mit der die Medizin- und Gesundheitssoziologie bis heute zu kämpfen hat.

Mit dem Nationalsozialismus brach die Tradition einer sozialwissenschaftlichen Betrachtungsweise von Gesundheit und Krankheit, die primär von einer deutsch-jüdischen Avantgarde vorangetrieben wurde, abrupt ab und hat nach dem Zweiten Weltkrieg nicht wieder an die vielversprechenden Ansätze aus der Weimarer Republik anknüpfen können. Dementsprechend nahmen Fragen sozialer Einflussfaktoren auf Krankheit und Tod nur noch eine untergeordnete Rolle in der wissenschaftlichen und gesundheitspolitischen Diskussion ein. Während sich die medizinsoziologische Forschung im Ausland durch viele im Exil lebende Wissenschaftler weiterentwickeln konnte, dauerte es lange Jahre, bis sich die Soziologie in Deutschland wieder auf eine ihrer Wurzeln und anfänglichen Stärken besinnen konnte: die Medizin- und Gesundheitssoziologie. Mit dem Neubeginn Ende der 1950er Jahre trat auch eine Neuorientierung unter starkem Einfluss der US-amerikanischen Forschung ein, welche die Forschung lange Jahre bestimmte (König/Tönnesmann 1958). Als ein wichtiger Eckpfeiler der Nachkriegs-Medizinsoziologie in Deutschland wird allgemein Talcott Parsons' strukturfunktionalistische Analyse der Arzt-Patienten-Beziehung genannt. Mit diesem Paradigmenwechsel rückte auch stärker eine »Soziologie des Medizinsystems« ins Blickfeld der Forschung (das Medizin-/Versorgungssystem als Objekt soziologischer Erkenntnis). Gefördert wurde diese Ausrichtung der Medizinsoziologie durch eine zunehmend kritische Sicht einer primär naturwissenschaftlichen Medizin in den 1970er Jahren, für welche die Arbeiten von Goffman (1973) und Freidson (1979) wichtige Impulse lieferten. Nicht zuletzt durch den Ausbau der Gesundheitswissenschaften konnte sich erst Mitte der 1990er Jahre die deutsche Medizin- und Gesundheitssoziologie von dieser thematischen Engführung befreien und öffnete sich u. a. mit den Arbeiten von Hurrelmann, Siegrist und Badura auch wieder für eine anwendungsorientierte »Soziologie in der Medizin«.

Arbeits- und Forschungsschwerpunkte der Medizin- und Gesundheitssoziologie

Die vorangehenden Abschnitte haben bereits angedeutet, dass sich die Medizin- und Gesundheitssoziologie grob entlang einer viel zitierten Differenzierung nach Straus (1957) in eine »Soziologie der Medizin« und eine »Soziologie in der Medizin« aufteilen lässt. Im Verlauf der letzten 50 Jahre hat diese Aufteilung – je nach Tradition – immer wieder neue Interpretationen hervorgerufen. Die **Soziologie der Medizin** (oder moderner: »Soziologie der Gesundheitsversorgung«) setzt sich unter Anwendung soziologischer Theorien mit der Struktur und Funktion des medizinischen Versorgungssystems sowie der Arzt-Patient-Beziehung auseinander. Mit der zunehmenden Öffnung der Medizin und der Stärkung der Gesundheitssoziologie wird dieses Erkenntnisinteresse auch auf andere Sektoren und Professionen der Gesundheitsversorgung (Prävention, Gesundheits-

förderung, Pflege und Rehabilitation) ausgeweitet. Eine **Soziologie in der Medizin** (»Soziologie von Gesundheit und Krankheit«) beschäftigt sich stärker anwendungsorientiert mit der Entstehung und dem Verlauf von Erkrankungen, d. h. den gesellschaftlichen Bedingungen für Gesundheit und Krankheit von Menschen. Gerade dieser Forschungsschwerpunkt hat in den letzten zehn Jahren wertvolle, auch gesundheitspolitisch bedeutsame Erkenntnisfortschritte erzielt (Siegrist 2005). Aufgabe der Medizin- und Gesundheitssoziologie ist es hier, dem reduktionistischen, biomedizinischen Krankheits- und Gesundheitsverständnis der naturwissenschaftlichen Medizin ein soziales Modell von Gesundheit und Krankheit entgegenzustellen, das den Menschen und damit auch den Patienten und nicht nur seine Körperfunktionen in den Mittelpunkt stellt (Hurrelmann 2006, Germov 2009). Im Folgenden werden zentrale Arbeitsschwerpunkte der Medizin- und Gesundheitssoziologie vorgestellt.

Gesellschaftliche Ursachen von Gesundheit und Krankheit

Der Ausbruch von Krankheit und die Beeinträchtigung von Gesundheit sind weit mehr als ein unglücklicher Zufall. Die Häufigkeit von Erkrankungen und die frühzeitige Sterblichkeit sind strukturiert durch *soziale Ungleichheit*en, die zu einer dramatisch schlechteren gesundheitlichen Situation sozial benachteiligter Menschen führen (Richter, Hurrelmann 2009). Ein wichtiges Arbeitsfeld der Medizin- und Gesundheitssoziologie ist damit die Analyse der gesellschaftlichen Ursachen, Hintergründe und Kontexte von Gesundheit und Krankheit (social determinants of health). Eng verbunden mit der Analyse der sozialen Determinanten von Gesundheit/Krankheit ist die »Sozialepidemiologie«. Sie verbindet Fragestellungen und Methoden der Soziologie mit denen der herkömmlichen medizinischen Epidemiologie. Im Rahmen der sozialepidemiologischen Forschung konnte z. B. nachgewiesen werden, dass die frühzeitige Sterblichkeit und die meisten Erkrankungen sozial ungleich verteilt sind. Dabei zeigt sich ein sozialer Gradient der Verteilung: Je ungünstiger die Bildung, berufliche Stellung oder das Einkommen, desto höher die Sterblichkeit und die Häufigkeit von Krankheit und Behinderung. Gesundheit ist demnach das Ergebnis eines kausalen Prozesses, der in der sozialen Struktur beginnt und in der die soziale *Position* eines jeden Individuums verortet ist Die sozialen Unterschiede in der Gesundheit sind bedeutende gesellschaftliche Ungerechtigkeiten und reflektieren einen der mächtigsten Einflüsse auf die Gesundheit in der modernen Welt. Auch die berufliche und familiale Einbindung und der *Migrations*status erweisen sich als bedeutsame Einflussfaktoren. Dass das Erkenntnisinteresse der Medizin- und Gesundheitssoziologie über eine reine Sozialepidemiologie hinausgeht, wird deutlich, wenn die Ursachen sozialer Ungleichheiten analysiert werden. Im Sinne einer politischen Ökonomie der sozialen Determinanten der Gesundheit stehen hier makrostrukturelle Determinanten, wie das wohlfahrtsstaatliche Arrangement, Machtverhältnisse, der ökonomische Wohlstand, die Einkommensungleichheit oder auch die Ausgestaltung des Gesundheitssystems im Forschungsfokus. Diese Ergebnisse unterstreichen, dass der größte Teil der aktuellen gesundheitlichen Probleme auf die sozialen Bedingungen zurückgeführt werden kann, in denen die Menschen aufwachsen, arbeiten und leben.

Psychosoziale Einflüsse auf Gesundheit und Krankheit

Wie Armut und soziale Ungleichheiten in den Körper kommen und den Gesundheits- und Krankheitsstatus beeinflussen, ist ein weiterer Schwerpunkt der Medizin- und Gesundheitssoziologie. Von besonderem Interesse ist hier, wie »*soziale Beziehungen*« die gesundheitliche Lage beeinflussen und ätiologische Prozesse in Gang setzen, verstärken oder abmildern. Neben den materiellen Lebens- und Arbeitsbedingungen kommt psychosozialen Faktoren wie chronischen Alltagsbelastungen oder sozialer Unterstützung eine besondere Bedeutung in der Medizin- und Gesundheitssoziologie zu. Die Erkenntnisse der physiologisch ausgerichteten *Stress*forschung des vergangenen Jh.s bilden eine wichtige Basis für die medizin- und gesundheitssoziologische Erforschung psychosozialer Einflüsse auf die Gesundheit. Pearlin (1987), einer der Wegbereiter der soziologischen Stressforschung, hat in seinem Modell vor allem die strukturell verankerten Rollenbelastungen thematisiert. Über Belastungsfaktoren und Überforderungen kann es zu Manifestationen von Stress-Symptomen kommen, die aber durch soziale (z. B. soziale Unterstützungspotentiale) und personale Faktoren (Bewältigungskompetenzen und Selbstwertgefühl) abgefe-

dert oder verhindert werden können. Eine besondere Bedeutung erlangte Antonovskys Modell der Salutogenese, das sich im Gegensatz zur Pathogenese mit der Frage beschäftigt »Was erhält den Mensch (trotz widriger Umstände) gesund«. Das Modell lehnt sich an die Stress- und Bewältigungstheorie an und geht davon aus, dass die Ressourcen, die ein Mensch als »Widerstand« gegenüber Belastungen hat, darüber entscheiden, ob sich diese Belastungen in Symptomen von Beeinträchtigung der Gesundheit niederschlagen oder nicht. Zu den empirisch am besten erforschten Ansätzen zum Einfluss psychosozialer Faktoren auf die Gesundheit gehören Modelle, die sich mit psychosozialen beruflichen Belastungen befassen: das Anforderungs-Kontroll-Modell von Karasek und das von Siegrist entwickelte Modell beruflicher Gratifikationskrisen. Zahlreiche Studien konnten in diesem Kontext nachweisen, dass sowohl eine große Menge von Anforderungen am Arbeitsplatz bei gleichzeitig geringem Entscheidungsspielraum als auch das Missverhältnis zwischen Verausgabungen und Gratifikation (z. B. in Form von Lohn oder beruflichem *Aufstieg*) eng mit ausgeprägten Stressreaktionen zusammenhängen. Sie wirken über pathologische Mechanismen auf das Immun- und Kreislaufsystem und erhöhen so das Risiko von Herz-Kreislauf-Erkrankungen, Depression, Angststörungen.

Gesellschaftliche Einflüsse auf das Gesundheits- und Versorgungssystem

Kaum ein anderer Gegenstand der Medizin- und Gesundheitssoziologie erhält so prominente mediale und politische Aufmerksamkeit wie die gesundheitliche Versorgung. Schwerpunkt des medizin- und gesundheitssoziologischen Interesses liegt explizit nicht nur auf den Strukturen und Funktionen der medizinischen Versorgung (Krankenversorgung) (Nettleton 2006, Hurrelmann 2006), sondern auf der Analyse des gesamten Gesundheitssystems als einem der zentralen gesellschaftlichen Infrastruktursysteme. Im soziologischen Blickfeld steht besonders das komplexe Zusammenspiel von Behandlungsbedarf, Inanspruchnahme gesundheitsrelevanter Leistungen, Leistungserbringung und Wirksamkeit von Behandlungen (Siegrist 2006). Entsprechend einer Gesundheitssystemanalyse befasst sich die Medizin- und Gesundheitssoziologie im Schwerpunkt mit den durch Politik oder Ökonomie vorgegebenen und sich verändernden Rahmenbedingungen, den Merkmalen des Versorgungsystems (Struktur, Zugang, Finanzierung), dem Bedarf, der Verteilungsgerechtigkeit sowie der Effektivität und Effizienz der Leistungen bzw. des Systems (Siegrist 2005, Hurrelmann 2006). Der Blick richtet sich dabei auf systemvergleichende Analysen (z. B. Steuerungsproblematik) als auch auf Teilaspekte des jeweiligen Systems (Wahrnehmung der Versorgungsprozesse und -ergebnisse durch die Nutzer). Verstärkte Aufmerksamkeit hat in diesem Forschungsfeld die medizinsoziologische Versorgungsforschung erlangt (Janßen et al. 2007), die ihre Schwerpunkte in der Analyse der Versorgungssituation der Bevölkerung, über die hierauf aufbauende Entwicklung und Implementierung von Versorgungskonzepten bis hin zur Qualitätssicherung und Evaluierung der Kranken- und Gesundheitsversorgung hat. Nach Hurrelmann (2006) ist an der Medizin- und Gesundheitssoziologie das Interesse charakteristisch, über die Bestandsanalyse hinaus optimierende Veränderungen der Bedingungsfaktoren im Gesundheitssystem und anderen gesundheitsrelevanten Teilsystemen abzuleiten. Sie ist insofern eine veränderungsorientierte Wissenschaftsdisziplin, die an einer Optimierung sämtlicher Gesundheitsbedingungen (»Gesundheitsverhältnisse«) einschließlich des diagnostischen, therapeutischen und präventiven Handelns im Gesundheitssystem und den entsprechenden Strukturen anderer Teilsysteme der Gesellschaft interessiert ist.

Arzt-Patienten-Beziehung

Das zunehmende Misstrauen gegenüber Ärztinnen und Ärzten im Verbund mit einem sinkenden Vertrauen in die Schulmedizin und einer stetig steigenden Bedeutung eines informierten Patienten verändert das Verhältnis zwischen Patient und Arzt. Die professionelle Dominanz des Arztes beginnt zu erodieren. Diese Beziehung zwischen Patient und Arzt (aber auch anderen Gesundheitsberufen) ist ein weiteres Kernthema der Medizin- und Gesundheitssoziologie. Im Mittelpunkt stehen die unterschiedlichen Interaktions- und Kommunikationsprozesse zwischen dem Patienten einerseits und dem Arzt andererseits. Von zentraler Bedeutung für die Medizin- und Gesundheitssoziologie sind Parsons strukturfunktionalistische Analysen der medizinischen Praxis und die Konzepte der Arzt- und Krankenrolle (Siegrist 2005; Borgetto/Kälbe 2007). Der paternalisti-

sche Ansatz von Parsons geht davon aus, dass Gesundheit eine funktionale Voraussetzung für das Bestehen einer Gesellschaft ist und Krankheit die Erfüllung sozialer *Rolle*n unmöglich macht. Spätestens seit den 1980er Jahren haben sich aber die normativen Erwartungen an den Arzt und Patient/Kranken und damit auch die Kommunikation zwischen Arzt und Patient deutlich gewandelt. Dieser Wandel ist Gegenstand der soziologischen Analyse. Inzwischen wird davon ausgegangen, dass das Arzt-Patient-Verhältnis ein enges Interaktionsverhältnis ist, bei dem nicht Anordnung und Ausführung, aber auch nicht unverbindliche Empfehlung bei eigenständiger Auswahl des Verhaltens durch den Patienten vorherrschen (Hurrelmann 2006). Vielmehr handelt es sich um ein aufeinander bezogenes Arbeiten beider Seiten mit einem kontinuierlichen Austausch und regelmäßigen Vereinbarungen und Abstimmungen (Shared Decision Making). Für Patientinnen und Patienten ist mit der Veränderung der Kommunikationsmuster ein weitreichender Wandel von der Fremdverantwortung zur Selbstverantwortung beim »Management« seiner Gesundheitsstörung verbunden. Konzepte des »empowerments« und der »Gesundheitskompetenz« bzw. »Patientenkompetenz« erlangen hier zunehmende Bedeutung. So wird der Nutzer des Gesundheitssystems mit steigender Selbstverantwortung und Selbstbestimmung zu einem Akteur, der sich aktiv die notwendigen Informationen und Angebote einholt, die für die Bewältigung seiner Gesundheitsstörung nötig sind (Patienten als Ko-Produzenten ihrer Gesundheit). Diese Entwicklungen und ihre Analysen finden auch Eingang in die gesundheitspolitische Diskussion, wie es z. B. unterschiedliche Gesetzesänderungen oder die Einrichtungen von Patientenbeauftragten auf Bundes- und Länderebene unterstreichen.

Ausblick

Die Medizin- und Gesundheitssoziologie hat in den letzten 150 Jahren signifikante Einsichten über die sozialen Dimensionen von Gesundheit und gesundheitlicher Versorgung zur Verfügung gestellt. Die Ausführungen konnten das breite und ausdifferenzierte Themenspektrum der Medizin- und Gesundheitssoziologie nur anreißen. Weitere Themen beinhalten die soziale Konstruktion von Krankheit, medizinische Technologien und ihre gesellschaftlichen Konsequenzen, Bioethik sowie Prävention und

Gesundheitsförderung. Alle diese Themen unterstreichen, dass der Fokus der Medizin- und Gesundheitssoziologie nicht auf medizinischer Behandlung oder individueller Heilung einer beeinträchtigten Gesundheit liegt. Vielmehr liegen viele Ursachen und Heilungschancen in den sozialen Kontexten, in denen wir leben und arbeiten. Die Medizin- und Gesundheitssoziologie öffnet den Diskurs und fragt, warum Gesundheit und Krankheit ebenso wie die gesundheitliche Versorgung Nebenprodukte der Organisation von Gesellschaften sind. Damit ist die Medizin- und Gesundheitssoziologie nicht nur eine unverzichtbare Ergänzung des biowissenschaftlichen Forschungsprogramms der Medizin, sondern zentraler Gegenstand der *allgemeinen Soziologie*.

Literatur

Borgetto, Bernhard; Kälble, Karl, 2007: Medizinsoziologie, Weinheim/München. – Bradby, Hannah, 2009: Medical Sociology: An Introduction, Los Angeles. – Cockerham, William C. (Ed.), 2009: Blackwell Companion to Medical Sociology, 2. ed., Oxford. – Ders., 2010: Medical Sociology. 11. ed., Wiley. – Freidson, Eliot, 1979: Der Ärztestand. Berufs- und wissenschaftssoziologische Durchleuchtung einer Profession, hg. v. Rohde, Johann Jürgen; Schoene, Wolfgang, Stuttgart (1970). – Gabe, Jonathan et al. (eds), 2004: Key Concepts in Medical Sociology, London. – Gerlinger, Thomas, 2006: Historische Entwicklung und theoretische Perspektiven der Gesundheitssoziologie; in: Wolf, Wendt (Hg.), 34–56. – Germov, John (Ed.), 2009: Second Opinion: an Introduction to Health Sociology, 4. ed., Melbourne. – Goffman, Erving (1973): Asyle. Über die soziale Situation psychiatrischer Patienten und anderer Insassen, Frankfurt a. M. (1961). – Hurrelmann, Klaus, 2006: Gesundheitssoziologie, 6. Aufl., Weinheim. – Janßen, Christian et al. (Hg.), 2007: Medizinsoziologische Versorgungsforschung, Weinheim/München. – König, René; Tönnesmann, Margret (Hg.), 1958: Probleme der Medizin-Soziologie, Kölner Zeitschrift für Soziologie und Sozialpsychologie, Sonderheft 3, Opladen. – Meyer, Bernhard, 1997: Begründer der Sozialhygiene. Der Arzt Alfred Grotjahn (1869–1931); in: Berlinische Monatsschrift 9, 70–76. – Nettleton, Sarah, 2006: Sociology of Health and Illness, 2. ed., Cambridge. – Parsons, Talcott, 1958: Struktur und Funktion der modernen Medizin. Eine soziologische Analyse; in: König, Tönnesmann (Hg.), 10–57. – Richter, Matthias; Hurrelmann, Klaus (Hg.), 2009: Gesundheitliche Ungleichheit, 2. Aufl., Wiesbaden. – Siegrist, Johannes, 2005: Medizinische Soziologie, 6. Aufl., München. – Straus, Robert, 1957: The Nature and Status of Medical Sociology; in: American Sociological Review 22, 200–204. – Wolf, Cristof; Wendt, Claus (Hg.), 2006: Soziologie der Gesundheit, Kölner Zeitschrift für Soziologie und Sozialpsychologie, Sonderband 46, Wiesbaden.

Matthias Richter

Mensch-Tier-Sozialität

Begriff und Forschungsfeld

Mensch-Tier-Sozialität (engl. human-animal-sociality) ist ein Sammelbegriff für Sozialverhältnisse, die durch Wechselwirkungen zwischen menschlichen Akteuren und Tier-Akteuren bestimmt oder ermöglicht werden. Im Englischen wird Mensch-Tier-Sozialität auch mit »human-animal relations/relationships« umschrieben. Forschungen zur Mensch-Tier-Sozialität sind in unterschiedlichen Disziplinen (z. B. Geschichtswissenschaft, Psychologie, Pädagogik, Philosophie, Ethnologie, Soziologie, Kriminologie, Geographie, Literaturwissenschaft) angesiedelt und oft interdisziplinär orientiert. Zusammenfassend wird dieses Forschungsfeld als Human-Animal Studies, Animal Studies oder als Anthrozoology bezeichnet.

Im Unterschied zur biologischen *Tiersoziologie*, die das Sozialverhalten einzelner Tierarten oder das interspezifische Sozialverhalten zwischen artverschiedenen (nichtmenschlichen) Tieren behandelt, geht es bei soziologischen Forschungen zur Mensch-Tier-Sozialität um Verhaltens-, Handlungs- oder *Kommunikation*sprozesse, die im Kontext von sozialen Gebilden und Situationen (z. B. Landwirtschaftsbetrieben, Familien, Versuchslaboratorien, Zoos, Schlachthäusern, Sportveranstaltungen, therapeutischen settings usw.) oder im Rahmen spezieller Sozialitätsebenen (z. B. Interaktion, Organisation, Gesellschaft) analysiert werden. Auch soziologische Untersuchungen zu entsprechenden Wissensformen (z. B. Tierklassifikationen; filmische oder literarische Darstellungen der Mensch-Tier-Sozialität) oder zum Verhältnis der Mensch-Tier-Sozialität zu zentralen soziologischen Konzepten (wie z. B. Geschlecht, Herrschaft/Macht, Gewalt, soziale Ungleichheit, sozialer Wandel, soziale Bewegung) gehören hierher (vgl. zur Tierrechtsbewegung Jasper/Nelkin 1992).

Dem Konzept der Mensch-Tier-Sozialität oder humanimalischen Sozialität (Wiedenmann 2009) liegt ein erweiterter Sozialitätsbegriff zugrunde, der herkömmliche Natur-Kultur-Gegenüberstellungen unterläuft und betont, dass das Gebiet des Sozialen nicht auf Menschen und/oder die »menschliche Gesellschaft« zu begrenzen ist. Zum anderen ist Mensch-Tier-Sozialität kein biosoziologisches (bzw. soziobiologisches) Konzept: Fokussiert werden die kulturellen Bedingungen und kommunikativen Prozesse der Mensch-Tier-Sozialität, und zwar so, dass das individuelle Erleben, die Interessen und die mentalen Leistungen der involvierten Tierakteure (z. B. ihr Schmerzerleben, ihre Willens- und Typisierungsakte, ihre Wahlentscheidungen) so weit wie methodisch möglich in die Analyse einbezogen werden.

Entwicklung des Themas

Die Mensch-Tier-Sozialität wurde vom soziologischen Mainstream lange vernachlässigt. In der deutschsprachigen Soziologie wurde das Themenfeld z. B. von Weber bewusst ausgeklammert, obgleich er einräumt: Viele »Tiere ›verstehen‹ Befehl, Zorn, Liebe, Angriffsabsicht und reagieren darauf vielfach nicht ausschließlich mechanisch-instinktiv, sondern irgendwie auch bewusst sinnhaft und erfahrungsorientiert« (Weber 1980: 7). Eine Ausnahme ist später Geiger (1931), der zeigt, dass eine wechselseitige »Du-Evidenz« und die damit einhergehende Überwindung (bzw. Reduktion) der »Niveauspannung« zwischen Mensch und Tier eine zentrale Bedingung gelingender Mensch-Tier-Interaktionen sind. Die seit den achtziger Jahren vor allem im englischsprachigen Raum expandierende sozial- und kulturwissenschaftliche Forschung zur Mensch-Tier-Sozialität ist nicht zuletzt von Tierethikdebatten im Umkreis der neuen Tierrechtsbewegung angeregt worden. Auch heute dokumentieren Beiträge in einschlägigen multidisziplinären Zeitschriften (»Society and Animals«, seit 1993; »Anthrozoös«, seit 1987), dass Tierrechtsfragen bzw. Fragen der moralischen Verantwortung gegenüber dem Tier ein inhärenter Bezugspunkt zahlreicher Animal Studies sind. Die künftige Entwicklung der – in der Vergangenheit z. T. recht kontrovers diskutierten – soziologischen Mensch-Tier-Sozialität-Forschungen wird wohl nicht zuletzt davon abhängen, ob bzw. inwieweit bei Schlüsselproblemen der Grundlagenforschung (bes. im Bereich der Mensch-Tier-Interaktionen) weitere Fortschritte erzielt werden.

Literatur

Arluke, Arnold; Sanders, Clinton, 1996: Regarding Animals, Philadelphia. – Geiger, Theodor, 1931: Das Tier als geselliges Subjekt; in: Forschungen zur Völkerpsychologie und Soziologie, Bd. 10, 283–307. – Haraway, Donna, 2003: The Companion Species Manifesto. Dogs, People, and Significant Otherness, Chicago. – Jasper, James; Nelkin, Dorothy, 1992: The Animal Rights Crusade. The Growth of a Moral Protest, New York. – Latour, Bruno, 1998: Wir sind nie modern gewesen. Versuch einer symmetrischen Anthropologie, Frankfurt a. M. – Teutsch, Gotthard, 1975: Soziologie und Ethik der Lebewesen: eine Materialsammlung, Bern. – Weber, Max, 1980: Wirtschaft und Gesellschaft, 5. Aufl., Tübingen. – Wiedenmann, Rainer E., 2009: Tiere, Moral und Gesellschaft. Elemente und Ebenen humanimalischer Sozialität, Wiesbaden.

Rainer E. Wiedenmann

Messung

Mit dem Begriff Messung (engl. measurement) wird die Darstellung eines bestimmten zu messenden Sachverhalts auf einem numerischen Relativ bezeichnet.

Voraussetzungen für eine Messung

Die quantifizierende empirische Sozialforschung ist darum bemüht, in der sozialen Welt Zusammenhänge aufzudecken. Dazu werden zunächst *Hypothesen* formuliert, die Vermutungen über diese Zusammenhänge enthalten und die im Verlauf des empirischen Forschungsprozesses bearbeitet werden sollen. Die in den Hypothesen enthaltenen Sachverhalte sind empirisch zu erheben bzw. zu messen. Voraussetzung für eine sozialwissenschaftliche Messung ist die *Operationalisierung* bzw. Messbarmachung der interessierenden – zumeist komplexen und/oder latenten Sachverhalte. Dies geschieht in der Regel dadurch, dass die zu messenden Objekte in verschiedene einfache, beobachtbare Dimensionen zerlegt und eine Reihe von *Indikator*en abgeleitet werden. Im Anschluss an die Messung geht es darum, die einzelnen Resultate wieder zusammenzufassen und die zu messende, komplexe Dimension als einen Zahlenwert (Index) auszudrücken.

Die Prinzipien der Messung

Um die Prinzipien der Messung zu demonstrieren, soll zunächst ein simpler Vergleich mit einer physikalischen Messung herangezogen werden. Würde man die Größe einer Scheckkarte mithilfe eines Lineals vermessen, so stellte man fest, dass dieses Plastikteil etwa 8,5 cm breit und 5,4 cm hoch ist. Dazu muss man lediglich ein Lineal, auf dem eine bestimmte Menge Zahlen nach einem bestimmten Prinzip angeordnet ist, auf die zu messende Scheckkarte legen und hier das entsprechende Ergebnis ablesen. Später kann man durch Multiplikation der beiden Werte noch ermitteln, dass die Größe der Scheckkarte 45,9 cm² beträgt. Hier handelt es sich um einen trivialen Vorgang. Er enthält jedoch wesentliche und charakteristische Schritte, die auch bei Messungen in den Sozialwissenschaften vorliegen müssen.

Messung wird in der Literatur entweder definiert als der Vergleich von etwas Unbekanntem mit einem normierten Bekannten. Dabei erhalten Ziffern die Aufgabe, Eigenschaften zu bedeuten. Ähnlich könnte man auch sagen, dass beim Messen eine »Zuordnung von Zahlen zu Objekten oder Ereignissen gemäß Regeln« (Stevens 1959: 18) erfolgt. Wenn man also etwa den Mitgliedern einer Fußballmannschaft Zahlen zuordnet, so wäre dies bereits eine Messung. Andere Auffassungen gehen dagegen davon aus, dass Messen stets an eine gewisse Metrik gebunden sei (vgl. Schnell et al. 2005: 138 ff.). Für diesen Fall müssten die Rückennummern der Spieler dann z. B. nach der Anzahl der von den einzelnen Spielern erzielten Treffer vergeben werden, um an dieser Stelle das Kriterium einer Messung zu erfüllen.

Ein wichtiges Element bei der Diskussion um das Messen betrifft das Verhältnis zwischen dem zu messenden Objekt und der Art und Weise, in der die Messung erfolgen kann. So war die Vermessung der Scheckkarte mithilfe eines Lineals zwar trivial, jedoch wird bereits hier deutlich, dass je größer der zu messende Gegenstand ist, desto höher fällt die auf dem Lineal abgelesene Zahl aus. Auch bereitet es kein Problem, entsprechend das Alter oder das Einkommen einer Person zu messen: Je älter diese ist oder je höher ihr Einkommen ausfällt, desto höher fällt bei der Messung auch die entsprechende Angabe über das zu messende Objekt aus. In den Sozialwissenschaften gilt das Interesse des Forschers jedoch mitunter latenten und komplexen Sachverhalten wie z. B. dem Grad an sozialer Integration einer Person, deren Familienstand oder dem Betriebsklima in einer Firma. Nun bestimmen vor allem die Eigenarten dieser Messobjekte das Vorgehen bei deren Messung Einige Grundzüge und Besonderheiten von sozialwissenschaftlichen Messungen sollen näher vorgestellt werden.

Strukturtreue Messung

Zwischen dem zu messenden Objekt und den diesem Objekt zugewiesenen Zahlen können unterschiedliche Beziehungen bestehen. Unter bestimmten Voraussetzungen kann es sich um eine strukturtreue Abbildung handeln. Solche Abbildungen setzen voraus, dass sich das zu messende Objekt nach einem System ordnen lässt. Während es prinzipiell denkbar ist, den Grad an sozialer Integration einer Person in ein System von sehr hoch bis nicht vorhanden einzuordnen, würde sich dies z. B. bei einem Messobjekt Familienstand nicht realisieren lassen. Damit haben wir es nur im ersten Fall mit einer strukturtreuen Abbildung zu tun. Eine strukturtreue Abbildung solcher Messobjekte wie »Familienstand« ist dagegen nicht möglich.

Zwar ist es denkbar, den verschiedenen Ausprägungen des Familienstandes ebenfalls entsprechende Zahlenwerte zuzuordnen, bspw. »ledig« den Wert eins, »verheiratet und zusammenlebend« den Wert zwei, »verheiratet, getrennt lebend« den Wert drei usw., jedoch verbirgt sich hinter den vergebenen Zahlen keine Ordnung, die aus dem zu messenden Objekt resultieren könnte. Anders verhält es sich, wenn man einem niedrigen Grad an sozialer Integration einer Person in ein System, einen kleinen und einem hohen Grad an sozialer Integration einer Person einen entsprechend großen Wert zuordnet. Eine strukturtreue Messung setzt also voraus, dass die gemessenen Objekte geordnet werden können. Entsprechend geordnet werden dann auch jene Ziffern, die den Bedeutungen zugeordnet werden.

Die Forderung, »möglichst viele der zu untersuchenden Erscheinungen einer metrischen Erfassung zugänglich zu machen« (Schreiber 1975: 279), ist deshalb zu pauschal und dahingehend zu relativieren, zunächst zu prüfen, welchen Charakter das zu messende Objekt besitzt.

Empirisches und numerisches Relativ als Elemente einer Messung

Weiter soll im Rahmen von Messungen unterschieden werden zwischen einem empirischen Relativ und einem numerischen Relativ. Ein **empirisches Relativ** stellt eine Menge von Objekten dar, über die eine Relation definiert wird. So kann man eine Menge von Personen (hier die zu ordnenden Objekte) nach verschiedenen Kriterien aufreihen, bspw. nach ihrer Körpergröße, nach ihrem Einkommen oder nach dem Grad ihrer Lebenszufriedenheit.

Ein **numerisches Relativ**, bspw. eine Skala, stellt eine Menge von Zahlen dar, über die eine Relation definiert wird. Hier kann es sich bspw. um Zahlenwerte handeln, die den Grad an Lebenszufriedenheit ausdrücken, wobei eine niedrigere Zufriedenheit mit einer kleineren und ein höherer Grad an Zufriedenheit mit einer entsprechend größeren Zahl ausgedrückt werden. Um auf das triviale Beispiel von oben zurückzukommen: Das empirische Relativ wäre hier die zu messende Scheckkarte und das numerische Relativ das Lineal, das eine bestimmte Menge an Zahlen enthält. Im Rahmen von Ausführungen zur *Skalierung* wird gezeigt, wie solche Instrumente, die den Linealen ähneln, bei sozialwissenschaftlichen Untersuchungen konstruiert werden können.

Beim Messen kommt es nun darauf an, die im empirischen Relativ vorhandene Ordnung entsprechend im numerischen Relativ auszudrücken. Es wäre also völlig unsinnig, etwa eine geringe Integration einer Person in ein soziales System mit dem Wert 15, einen mittleren Grad an Integration mit dem Wert Null und einen entsprechend hohen Grad mit dem Wert acht zu bezeichnen. Bei einer strukturgetreuen Abbildung würden also kleine Werte einen entsprechend geringeren Grad an Integration bedeuten – und entsprechend umgekehrt.

Testtheorie und Messfehler

Eine weitere Annahme, die bei Messungen gemacht wird, betrifft die auftretenden Messfehler. In der klassischen Testtheorie wird dargestellt, unter welchen Voraussetzungen man davon ausgehen kann, dass die Messfehler minimiert werden. Die Grundannahme ist, dass überhaupt ein wahrer Wert des direkt nicht beobachtbaren theoretischen Konstrukts existiert. Es kann sich bspw. um einen bestimmten Grad an Integration in ein bestimmtes

soziales System handeln, über das eine bestimmte Person verfügt. Dies ist dann der sogenannte **wahre Wert** bzw. True Score. In der folgenden Gleichung wird er, wie allgemein üblich, abgekürzt mit T. Weiter wird angenommen, dass mithilfe eines entsprechenden Messinstruments, z. B. einer Befragung, ein Wert oder auch eine ganze Reihe an Werten ermittelt wird. Dieser **beobachtete Wert** soll mit X bezeichnet werden. Er gibt den wahren Wert (T) jedoch nur in etwa an. Deshalb geht die Testtheorie davon aus, dass der beobachtete Wert mit einem bestimmten **Messfehler** behaftet ist. Dieser wird mit E (Error) abgekürzt. Damit setzt sich der beobachtete Wert additiv aus dem wahren Wert und dem Messfehler zusammen. Es gilt damit:

$$X = T + E$$

Der Messtheorie liegt die Idee zugrunde, dass die Messfehler (E) bei vielen Messungen um den wahren Wert streuen. Mit anderen Worten, es kommt vor, dass die Messungen zufällig in beide Richtungen vom wahren Wert abweichen. Der Erwartungswert des Messfehlers – er soll $\mu(E)$ genannt werden – ist damit null, vorausgesetzt, dass es genügend viele Messungen gibt und dass die Abweichungen stets zufällig erfolgen. Es gilt somit:

$$\mu(E) = 0$$

Stellt man sich einen Interviewer vor, der die Antworten seiner Zielperson als Zahlenwerte in eine Liste einträgt, so kommt es unter Umständen vor, dass er – selbstverständlich völlig ohne Absicht – einmal einen zu großen und einmal einen zu kleinen Wert notiert. Diese so zustande gekommenen Fehler sind nicht systematisch, sondern gleichen sich gegenseitig aus. Es gilt damit:

$$T = \mu(X)$$

Dies bedeutet, dass der wahre Wert bei ausreichend vielen Interviews mit dem Erwartungswert der Messung identisch ist. Wiederum wird vorausgesetzt, dass die Summe der Messfehler null ist. Diese Annahme wäre jedoch verletzt, sobald ein Interviewer systematisch, bspw. aufgrund seiner äußeren Erscheinung, auf die befragte Person einwirkt und auf diese Weise bei ihr z. B. sozial erwünschte Antworten provoziert oder sobald das Messinstrument – aus welchem Grund auch immer – nicht einwandfrei funktioniert. Einige weitere Annahmen müssen ergänzend gemacht werden:

Der wahre Wert und der Messfehler korrelieren nicht miteinander. Wenn bspw. der Grad an Integration einer Person in ein soziales System gemessen werden soll, so muss bei jedem Grad an Integration der gleiche Messfehler auftreten. Die obige Grundannahme wäre also auch verletzt, wenn das Messinstrument z. B. bei einer extrem niedrigen Integration einer Person zu anderen Fehlern neigt als bei einer anderen Konstellation. Nimmt man als ein weiteres Beispiel die Frage nach dem Einkommen, so wäre hier diese Annahme ebenfalls verletzt, wenn bei Personen mit höherem Einkommen andere Messfehler auftreten als bei Personen mit einem niedrigen Einkommen.

Weiter muss vorausgesetzt werden, dass die Messfehler bei wiederholter Messung nicht miteinander korrelieren. Ein hoher Messfehler zu einem Zeitpunkt darf noch nichts über den zu einem anderen Zeitpunkt zu erwartenden Fehler aussagen. Um beim Abfragen des Einkommens zu bleiben: Angenommen, bei einer ersten Auskunft einer Person wird von ihr – versehentlich – ein zu hohes Einkommen angegeben. Würde bei einer wiederholten Abfrage – nun jedoch absichtlich – genau diese Angabe repliziert werden, weil die befragte Person bspw. bemüht ist, konsistent zu antworten, und sich noch deutlich an ihre letzte Antwort erinnert, so wäre auch diese Annahme aus der Testtheorie verletzt.

Die letzte Annahme lautet: Es darf keinen Zusammenhang zwischen dem Messfehler einer ersten Messung und dem wahren Wert einer zweiten Messung mit dem gleichen Messinstrument geben.

Indexbildung

Einen *Index* kann man – rein auswertungstechnisch – definieren als eine Variable, die sich aus der Rechenoperation der Ergebnisse aus mehreren anderen Variablen ergibt.

Im Anschluss an die Messung eines Sachverhalts geht es häufig darum, die einzelnen gemessenen Werte aufeinander zu beziehen. So könnte man bspw. die Größe der oben bereits in ihrer Länge und Breite vermessenen Kreditkarte nun mit dem Produkt aus den beiden Größen Länge und Breite (= 45,9 cm^2) angeben.

Solche Zusammenfassungen einzelner Messergebnisse zu Indizes sind besonders dann sinnvoll, wenn man es mit komplexen, multidimensionalen Sachverhalten zu tun hat. Solche komplexen Sachverhalte müssen in der Regel mithilfe einer größeren Anzahl an *Indikator*en erhoben werden. Entsprechend umfangreich sind die auf diese Weise erhaltenen empirischen Informationen. Bei der Indexbildung werden diese Informationen wieder reduziert bzw. es erfolgt so eine Zusammenfassung der einzelnen, bei einer Messung über den komplexen Sachverhalt gewonnenen, Informationen.

Die Ökonomie hat verschiedene Beispiele geliefert, wie das Problem der Messung komplexer Sachverhalte und deren anschließende Verdichtung zu einem Index gelöst werden kann. Erinnert sei an den Kaufkraftindex, der dazu dienen kann, verschiedene Länder zu vergleichen, bzw. dazu benutzt werden kann, um Entwicklungstrends der Kaufkraft innerhalb eines Landes aufzuzeigen. Dabei wird wie folgt vorgegangen:

»Für die Messung der Preisentwicklung notieren rund 600 Preiserheber in 188 Gemeinden Monat für Monat die Preise der gleichen Produkte in denselben Geschäften. Zusätzlich erfolgt für viele Güterarten eine zentrale Preiserhebung, bspw. im Internet oder in Versandhauskatalogen. Insgesamt werden so monatlich über 300 000 Einzelpreise erfasst. Ein einmal für die Preisbeobachtung ausgewählter Artikel wird dann gegen einen anderen ausgetauscht, wenn er nicht mehr oder nur noch wenig verkauft wird. Beim Preisvergleich werden auch Mengenänderungen einbezogen. Verringert zum Beispiel ein Anbieter die Verpackungsgröße eines Produktes bei gleich bleibendem Preis, so wird dies in der Preisstatistik als Preiserhöhung verbucht. Weiterhin werden auch Qualitätsänderungen berücksichtigt – zum Beispiel bei Gütern mit technischem Fortschritt. Für die Preismessung werden die Anschaffungspreise einschließlich Umsatzsteuer (Mehrwertsteuer) und Verbrauchssteuern beobachtet« (Statistisches Bundesamt o. J.).

Im Ergebnis dieser relativ komplizierten Prozedur kann nun von einer Preisveränderung in Höhe eines bestimmten Prozentsatzes gesprochen werden.

Verschiedene Schritte des Vorgehens sind typisch und auf sozialwissenschaftliche Probleme bei Messung übertragbar. So ist es zunächst günstig, wenn die Preise möglichst zahlreicher Güter im Rahmen dieser Zählung registriert werden, um zu verhindern, dass z. B. zufällige Sonderangebote ein verfälschtes Bild liefern. Entsprechend würde man für die Erhebung des Grades der Integration einer Person in ein soziales System auch eine ganze Reihe an

Fragestellungen benutzen, um den Anteil zufälliger Messfehler zu verringern. Auch die Erhebung jeweils zur Monatsmitte ist ein interessanter methodischer Aspekt, der garantiert, dass die ermittelten Indexwerte zeitlich vergleichbar sind. Die Erhebung in verschiedenen Regionen verhindert, dass die Besonderheiten einzelner Gebiete nicht zu stark zum Tragen kommen. Die Auswahl ganz bestimmter Waren und Dienstleistungen trägt dazu bei, dass sich die Befunde verallgemeinern lassen.

Gütekriterien von Messungen

Messungen haben bestimmten Gütekriterien zu genügen. Liegt *Objektivität* bei einer Messung vor, so bedeutet das, dass die Ergebnisse der Messung unabhängig von der Person sind, die die Messung vornimmt. Die *Reliabilität* einer Messung betrifft deren Genauigkeit. So wird erwartet, dass wiederholte Messungen auch zu den gleichen Befunden führen. Als Reliabilitätskoeffizient wird das Verhältnis der wahren Varianz (Streuung) zur gesamten Varianz definiert. Schließlich gibt die *Validität* an, ob eine Messung auch jenen Sachverhalt erhebt, der beabsichtigt ist, mittels der Messung erhoben zu werden. Würde man bspw. für die Messung der Kreditkarte nicht ein Lineal, sondern ein Thermometer verwenden, so könnten diese Messungen zwar objektiv sein – verschiedene Personen gelangen zum gleichen Messergebnis – und auch das Kriterium der Zuverlässigkeit könnte erfüllt sein. Sollte jedoch die Größe der Karte interessieren, so wäre die Messung trotzdem nicht valide.

Es wird zwischen inhaltlicher, kriteriumsbezogener und Konstruktvalidität unterschieden. Eine inhaltliche Validität liegt vor, wenn der Test bereits das zu messende Merkmal beinhaltet. Wird das in einer Erhebung gewonnene Ergebnis zu einem Kriteriumswert in Beziehung gesetzt, so liegt die kriteriumsbezogene Validität vor. Bei der Konstruktvalidität erfolgt die theoretische Klärung eines Messergebnisses. Sie gibt an, welche inhaltliche Bedeutung ein Messwert bzw. eine Variable hat.

Literatur

Diekmann, Andreas, 2011: Empirische Sozialforschung, Reinbek. – Lienert, Gustav A.; Raatz, Ulrich, 1998: Testaufbau und Testanalyse, 6. Aufl., Weinheim. – Lord, Frederic M.; Novick, Melvin R., 1968: Statistical theories of mental test scores, Addison-Welsley, Reading, MA. – Moosbrugger, Helfried; Kelava, Augustin, 2007: Testtheorie und Fragebogenkonstruktion. Heidelberg. – Rost, Jürgen, 1996: Lehrbuch Testtheorie Testkonstruktion, Bern. – Schnell, Rainer et al., 2005: Methoden der empirischen Sozialforschung, München u. a. – Schreiber, Dieter, 1975: Skalierungsprobleme; in: Friedrich, Walter; Hennig, Werner (Hg.): Der sozialwissenschaftliche Forschungsprozess, Berlin, 277–334. – Statistisches Bundesamt: Verbraucherpreisindex(VPI), http://www.destatis.de/jetspeed/portal/cms/Sites/destatis/Internet/DE/Presse/abisz/VPI,templateId=renderPrint.psml – Stevens, Stanley S., 1959: Measurement, psychophysics and utility; in: Curchman, Charles West; Ratoosh, Philburn (Hg.): Measurement: definitions and theories, New York, 18–63.

Michael Häder

Methoden, qualitative

Die qualitativen Methoden (engl. qualitative methods) umfassen unterschiedliche Verfahren, denen gemeinsam ist, dass sie nicht unmittelbar auf Quantifizierung von Daten und Ergebnissen abzielen und auf eine weitgehende Standardisierung der Datenerhebung verzichten. Ziel ihrer Verwendung ist das Verstehen von subjektiven Erfahrungen, die detaillierte Analyse sozialer Interaktionen und Situationen oder von latenten Sinnstrukturen. Qualitative Methoden werden eingesetzt, wenn die Fragestellung und der Wissensstand Hypothesen testende und an statistischer Repräsentativität orientierte Studien nicht sinnvoll erscheinen lassen oder wenn es sich bei der Zielgruppe um schwer zu erreichende Personen handelt.

Kennzeichen und Prinzipien

Qualitative Methoden sollen dem untersuchten Gegenstand angemessen sein (bzw. werden dafür entwickelt). Sie sind am **Prinzip der Offenheit** orientiert und verzichten auf die Formulierung von Hypothesen und Standardisierung der Datenerhebung. Qualitative Methoden basieren auf Texten (statt Zahlen), die analysiert und hergestellt werden. Forscher und die Untersuchungsteilnehmer sind als Personen mit ihren subjektiven Wahrnehmungen, Erfahrungen und Reflexionen Teil der Forschung und des Erkenntnisprozesses, weshalb die Standardisierung von

Vorgehensweisen kein Kennzeichen von qualitativen Methoden ist. Vielmehr sind qualitative Methoden stark von einer Offenheit dem Besonderen des untersuchten Falls bzw. Felds gegenüber gekennzeichnet, was sich etwa in offen formulierten Fragen ohne Antwortvorgaben im Interview umsetzt. Analysen von Fällen wird großer Raum gegeben, Theorien sind das Ziel der Forschung, nicht der Ausgangspunkt.

Theoretischer Hintergrund

In der qualitativen Forschung werden drei Forschungsperspektiven unterschieden: (1) Die Analyse subjektiver Sichtweisen (etwa durch Interviews), (2) die Herstellung sozialer Situationen (etwa durch teilnehmende Beobachtung bzw. Ethnographie oder Konversationsanalysen) und (3) die Analyse bedeutungsgenerierender Tiefenstrukturen (etwa in objektiv-hermeneutischen Analysen latenten Sinns).

Theoretische Hintergrundtheorien bei (1) sind die Varianten des *symbolischen Interaktionismus*, der Realität über die Analyse subjektiver Bedeutungen verständlich machen will. Bei (2) ist die *Ethnomethodologie* (Garfinkel) prägend, die auf Alltagspraktiken der Herstellung des Sozialen abzielt, während bei (3) strukturalistische und psychoanalytische Theorien des (sozialen) Unbewussten dominieren. In allen Richtungen spielen Annahmen des sozialen Konstruktionismus eine Rolle.

Design und Sampling

Q werden gelegentlich in *Einzelfallstudie*n eingesetzt oder als eine Folge von Fallstudien (bspw. mehrerer Biographieverläufe) angewendet. Häufiger sind komparative Designs – Ausschnitte von Erzählungen mehrerer Personen oder die Beobachtungen in mehreren Settings hinsichtlich bestimmter Aspekte werden verglichen. Eher selten werden *Längsschnittstudie*n eingesetzt, zeitliche Verläufe werden meist retrospektiv (etwa durch lebensgeschichtliche Erzählungen) rekonstruiert.

Sampling bzw. Fallauswahl bei qualitativen Methoden folgen nicht dem Ziel, (statistische) *Repräsentativität* etwa durch eine Zufallsauswahl zu erreichen. Sie sind entweder fallbezogen (›purposive sampling‹) an bestimmten Eigenschaften auszuwählender (typischer oder Extrem-) Fälle oder am Stand der sich in der Analyse entwickelnden Theorie orientiert (›theoretisches Sampling‹), wobei Entscheidungen über weitere einzubeziehende Fälle angesichts des Standes von Datenanalyse und Theorieentwicklung getroffen werden. Aus diesem Grund werden die Schritte Sampling, Erhebung und Analyse von Daten häufig nicht nacheinander, sondern miteinander verschränkt durchgeführt.

Erhebungsmethoden

Die mit qualitativen Methoden erhobenen Daten lassen sich zu drei Gruppen zusammenfassen:

1) Verbale Daten werden mit **Interviews** erhoben, die entweder auf einem Leitfaden aus mehr oder minder offenen Fragen basieren (*Leitfadeninterview*). Im *narrativen Interview* werden die Untersuchungsteilnehmer zunächst gebeten, ihre Lebensgeschichte zu erzählen. Nach einer Erzählaufforderung enthält sich der Interviewer aller Fragen, Kommentare, Themenwechsel etc., bis die Interviewten ihre Erzählung erkennbar abgeschlossen haben. Erst danach können Fragen gestellt werden. Es gibt auch Kombinationen aus erzählungs- und fragenorientierten Interviews. Im episodischen Interview wechseln Fragen (zu Konzepten oder Zusammenhängen) mit Aufforderungen zur Erzählung von Situationen, in denen diese umgesetzt wurden, ab. *Experteninterviews* stellen eine Sonderform dar, bei der die Person des Interviewten weniger im Vordergrund steht als ihr Expertenwissen zu einem Thema oder Problem. Interviews werden akustisch oder audiovisuell aufgezeichnet und verschriftlicht (transkribiert). In *Gruppendiskussionen* und Focus Groups diskutieren im Alltag existierende oder zu Forschungszwecken zusammengestellte Gruppen über Aspekte des Untersuchungsgegenstands, die Diskussionen werden aufgezeichnet und als Daten ausgewertet.

2) Visuelle Daten werden mit **Beobachtung**en erhoben. Bei teilnehmender Beobachtung (auch als Ethnographie bezeichnet) werden Forschende für längere Zeit aktiver Teil des untersuchten Feldes, erstellen Feldnotizen, deren Analyse zu beschreibenden Texten über das Untersuchte führt. Bei nichtteilnehmender Beobachtung wird eine Außenperspektive beibehalten und mit Beobachtungsleitfäden gearbeitet. Beobachtung wird auch in Form von Videoaufzeichnungen und -analysen durchgeführt.

3) **Dokumente** als Daten umfassen einerseits z. B. Akten, Tagebücher, Presseartikel, Aufzeichnungen von Gesprächen und andere Texte, andererseits Fotos, Filme, Websites und andere visuelle und elek-

tronische Daten, die nicht zu Forschungszwecken erstellt wurden, aber dazu analysiert werden.

Analysemethoden

Es lassen sich zwei große Gruppen von Methoden zur Analyse qualitativer Daten unterscheiden. (1) **Kategorisierende Verfahren** gehen entweder von Kategorien aus, die aus der Literatur bzw. der Fragestellung entwickelt werden und denen das zu analysierende Material zugeordnet wird. Die *Qualitative Inhaltsanalyse* umfasst drei Techniken: a) Die Zusammenfassung von (ähnlichem) Material mit dem Ziel der Reduktion großer Textmengen, b) die Explikation von nicht eindeutigen bzw. unmittelbar verständlichen Aussagen und c) die Strukturierung von Material entlang einer theoretischen Dimension. Ziel ist die Reduktion großer Datenmengen und die Herausarbeitung von Zusammenhängen zur Erklärung des untersuchten Phänomens. Die Kodierung von Material nach Strauss (2007) ist demgegenüber stark an der Entwicklung von Kategorien aus dem zu analysierenden Material orientiert. Durch offenes Kodieren werden Konzepte (Kategorien) entwickelt, durch axiales Kodieren anhand eines basalen Kodierparadigmas (Ursache – Phänomen – Folgen, Kontextbedingungen und Handlungsstrategien als Bestandteile) in Beziehung gesetzt und verfeinert. Selektives Kodieren zielt auf die Herausarbeitung einer Kernkategorie zur Erklärung des untersuchten Phänomens. Ziel ist die Entwicklung einer gegenstandsbegründeten Theorie (*Grounded Theory*) aus dem Material.

(2) **Interpretative Verfahren** orientieren sich an der Gestalt und Sequentialität des Materials. Zu analysierende Texte werden entsprechend ihrer Entwicklung von Anfang bis Ende analysiert. Die *objektive Hermeneutik* (nach Oevermann) umfasst Analysen auf verschiedenen Ebenen, um darüber die latente Sinnstruktur eines Falles herauszuarbeiten. Der vom Handelnden mit dem Geschehen verknüpfte subjektive Sinn steht dabei weniger im Zentrum als der soziale (latente) Sinn von Handlungen bzw. Interaktionen, der den Akteuren nicht bewusst ist. Ein zentraler Schritt ist dabei die Reflektion von Handlungsalternativen, die an einer bestimmten Stelle zur Verfügung gestanden hätten, aber nicht realisiert wurden, sowie die Diskussion verschiedener Interpretationsalternativen (Lesarten) durch die Forscher. Dabei erhärtet sich dann eine Lesart des Materials.

Die *dokumentarische Methode* (Bohnsack) unterscheidet zwischen einer formulierenden Interpretation, die sich auf die Inhalte eines Textes (Interview, Gruppendiskussion) konzentriert und einer reflektierenden Interpretation, die sich auf die Art und Weise, wie etwas gesagt wird, bezieht. Damit wird ein zweistufiges sequentielles, aber auch fallvergleichendes Verfahren praktiziert. Die *Konversationsanalyse* ist demgegenüber daran interessiert, wie soziale Situationen (z. B. Alltags- oder Therapie-Gespräche) hergestellt werden, nach welchen Regeln etwa Sprecherwechsel vollzogen werden und wie darüber die Herstellung und Fortschreibung sozialer Rollen und Kontexte vollzogen wird. Dazu werden bspw. Eröffnungssequenzen von Interaktionen detailliert analysiert unter besonderer Berücksichtigung parasprachlicher Bestandteile (Pausen, Ähs, Hmms etc.). Die *Diskursanalyse* ist demgegenüber zwar auch an der Frage, wie etwas kommuniziert wird, interessiert, stellt aber wieder stärker die Inhalte der Kommunikation in den Vordergrund und orientiert sich stärker an öffentlichen bzw. medialen Diskursen als an Face-to-face-Gesprächen.

Die in breiterem Maße eingesetzten Programme (z. B. Atlas/ti, MaxQda) zur *computerunterstützten Analyse* von qualitativen Daten finden insbesondere für kategorisierende Analysen Verwendung, da sie an deren Logik des Vorgehens orientiert entwickelt wurden.

Gütekriterien

Die Diskussion über Gütekriterien bei qualitativen Methoden wird seit den 1960er Jahren geführt, hat aber – anders als bei standardisierter Forschung – nicht zu einem allgemein akzeptierten und verbindlichen Kriteriensatz geführt. Die dort etablierten Kriterien *Reliabilität*, *Validität* und *Objektivität* sind zu stark auf der Standardisierung von Vorgehensweisen und der Abstraktion von Personen gegründet, als dass sie dem für qualitative Methoden eigenen Grad der Offenheit in der Forschungssituation gerecht werden könnten. Reformulierungen dieser Kriterien (z. B. kommunikative Validierung als Form der Validitätsbestimmung) für qualitative Methoden können im konkreten Fall hilfreich sein, sind aber ebenso wenig generell akzeptiert wie die Vorschläge für alternative Kriterien (z. B. Glaubwürdigkeit).

Triangulation

Als Alternative werden Strategien wie die *Triangulation* als Weg zur zusätzlichen Fundierung von Erkenntnissen verwendet: Die Triangulation mehrerer qualitativer Methoden in einer Studie, aber auch die Hinzuziehung von quantitativen Methoden werden umgesetzt. Dabei sind die unterschiedlichen theoretischen Hintergründe der jeweiligen Methoden zu berücksichtigen, weshalb hier auch von theoretischer und methodologischer Triangulation gesprochen wird. Triangulation kann sich auf die Kombination von Interviews mit Beobachtungen (s. u.) oder mit Fragebogen oder standardisierten Routinedaten beziehen. Ziel kann dabei die wechselseitige Überprüfung von Erkenntnissen sein, wobei das Ergebnis i. d. R. nicht die Bestätigung oder Ablehnung der Ergebnisse einer Methode durch diejenigen eines anderen Zugangs sind, sondern die komplementäre Ergänzung beider Ergebnisse. Triangulation wird zunehmend auch als Erkenntnisstrategie und nicht als Überprüfungsansatz zur Qualitätsbestimmung bei qualitativen Methoden eingesetzt.

Verallgemeinerung

Bei qualitativen Methoden zielt die Verallgemeinerung von Ergebnissen nicht auf statistische *Repräsentativität* ab. Ziel ist die Herausarbeitung von Regelmäßigkeiten im Material durch konstanten Fallvergleich. Formen der Verallgemeinerung sind etwa die Herausarbeitung von *Typologie*n, zu denen die Fälle zusammengefasst werden können, oder von Deutungsmustern, die sich durch einen Fall durchgängig (interne Generalisierung) oder über mehrere Fälle hinweg (externe Generalisierung) identifizieren lassen. Schließlich stellt eine mit qualitativen Methoden aus dem Material entwickelte gegenstandsbegründete Theorie eine Form der Verallgemeinerung dar.

Herausforderungen: Neue Datensorten, Kontexte und Internationalisierung

Qualitative Methoden wurden ursprünglich für die Erhebung und Analyse von Beobachtungen und Befragungen oder Alltagsgesprächen entwickelt. Seit Ende des 20. Jh.s hat sich das Spektrum der verwendeten Daten deutlich erweitert um neue Formen visueller Daten (Bild, Film, Video), elektronischer Kommunikation (E-Mail, Blogs, mobile Daten, Sounds), aber auch existierende Forschungen selbst werden zu verwendbaren Daten in Metaanalysen und Sekundäranalysen. Die sich in diesen Daten abbildenden Phänomene und Sozialformen machen eine Adaption und Erweiterung der ursprünglich auf Texte fokussierten qualitativen Methoden notwendig (vgl. Flick 2013).

Trends zur Propagierung von *Mixed Methods* als Form der Integration qualitativer und quantitativer Forschung erfordern eine sorgfältige Überprüfung der Anpassungsfähigkeit von qualitativen Methoden, ohne deren spezifisches Potential aufzugeben. Die zunehmende Verwendung von qualitativen Methoden außerhalb der traditionellen Disziplinen Soziologie, Sozialanthropologie und Erziehungswissenschaft etwa in der Gesundheits- oder Politikwissenschaft verlangt nach einer gesteigerten Verwertbarkeit von Ergebnissen, die mit qualitativen Methoden erzielt wurden, und wirft die Frage danach auf, was Evidenz bei der Verwendung von qualitativen Methoden heißt.

Qualitative Methoden wurden im deutschen Sprachraum vor dem Hintergrund von Ansätzen aus dem englischen Sprachraum (z. B. der Ethnomethodologie) aufgegriffen. Die Diskussion im englischen Sprachraum seit den 1990er Jahren (vgl. Denzin/ Lincoln 2011) ist von anderen Akzenten (Politische Relevanz, Reflexivität, Performanz) und Methoden (Discourse Analysis, Autoethnographie, Mixed Methods) als die deutschsprachige Diskussion bestimmt. Der Austausch zwischen den Forschungskulturen in den USA und im deutschen Sprachraum ist jedoch sehr begrenzt.

Anwendungsbeispiel

In zwei DFG-Projekten (Flick/Röhnsch 2008) wurde die Versorgungssituation schwer zu erreichender Zielgruppen – obdachlose Jugendliche und insbesondere solche mit chronischen Krankheiten – analysiert. Dabei wurden drei qualitative Methoden parallel eingesetzt: Teilnehmende Beobachtungen an Szenetreffpunkten der Jugendlichen; episodische Interviews mit 24 obdachlosen Jugendlichen sowie mit zwölf chronisch kranken Straßenjugendlichen (14–25 Jahre alt); Experteninterviews mit Mitarbeitern unterschiedlicher gesundheitlicher und sozialer Einrichtungen (fünf Ärzte und sieben Sozialarbeiter). Durch diese Zugänge wurden einerseits die Erfahrungen der Jugendlichen mit der

Bewältigung von Gesundheitsproblemen generell bzw. ihrer Krankheit und der Inanspruchnahme von Versorgungsangeboten ermittelt. Andererseits wurden die Wahrnehmung der Jugendlichen und die Einschätzung ihres Versorgungsangebots durch Experten deutlich.

Durch die Kodierung der Daten ließen sich drei Muster herausarbeiten: Für chronisch kranke Jugendliche war der Umgang mit Krankheit durch »Ignorieren«, »Verbittern« aufgrund der Krankheit und Lebenssituation oder durch ein »Sich-der-Krankheit-Stellen« gekennzeichnet. Nur im letzten Fall wurde eine aktive Bewältigung (auch) durch Inanspruchnahme von Versorgungsangeboten gesucht. Die Experten benannten ebenfalls »Ignorieren« als Umgangsform der Jugendlichen mit der Krankheit. Sozialarbeiter sahen bei einigen Jugendlichen die »Krankheit als Wendepunkt«, die ggf. zu einem Ausstieg aus dem Straßenleben führte. »Inanspruchnahme« von Hilfe heißt oft, dass die Jugendlichen nicht bei Fachkräften, sondern in der »Szene« Rat suchen, was dann ggf. zu einer Verschlechterung der Krankheitssituation beiträgt.

Zusammenfassend zeigte sich, dass die Einschätzungen von Betroffenen und Experten zum »Umgang mit (chronischer) Krankheit auf der Straße« teils nur graduell, teils aber auch deutlich voneinander abwichen. Letzteres traf im Hinblick auf die Bedeutung von Alkohol und Drogen als »Problem lösend« aus Sicht der Jugendlichen und »Problem verschärfend« nach Meinung der Experten zu. Außerdem unterschieden sich Jugendliche und Experten in ihrer Wahrnehmung des gesundheitlichen Hilfe- und Versorgungsbedarfs: Die Betroffenen sahen diesen als eher gering an, die befragten Ärzte und Sozialarbeiter dagegen als hoch.

Die hier gewählten qualitativen Methoden (episodisches Interview, teilnehmende Beobachtung und Experteninterviews) verdeutlichen drei Perspektiven auf den Umgang mit (chronischer) Krankheit auf der Straße. Aus der empirischen Analyse der Versorgung einer Hard-to-reach-Zielgruppe aus Sicht der Versorgungsanbieter und der potenziellen Klienten ließen sich Vorschläge für die Optimierung von (integrierten, niedrig-schwelligen, zielgruppenspezifischen) Versorgungsangeboten ableiten.

Literatur

Denzin, Norman; Lincoln, Yvonna (Hg.), 2011: Handbook of Qualitative Research, 4. Ed., Thousand Oaks. – Flick, Uwe, 2011a: Qualitative Sozialforschung. Eine Einführung, 4. Aufl., Reinbek. – Ders., 2011b: Triangulation. Eine Einführung, 3. Aufl., Wiesbaden. – Ders. (Hg.), 2013: SAGE Handbook of Qualitative Data Analysis, London. – Ders. et al. (Hg.), 2012: Qualitative Forschung. Ein Handbuch, 9. Aufl., Reinbek. – Ders.; Röhnsch, Gundula, 2008: Gesundheit auf der Straße. Vorstellungen und Erfahrungsweisen obdachloser Jugendlicher, Weinheim. – Strauss, Anselm, 2007: Grundlagen qualitativer Sozialforschung, Stuttgart.

Uwe Flick

Methoden, quantitative

Unter quantitativen Methoden (engl. quantitative methods) versteht man in der empirischen *Sozialforschung* all jene Instrumente, die dazu dienen, verallgemeinerbare Aussagen über bzw. für eine zuvor definierte Grundgesamtheit zu gewinnen.

Jede Wissenschaft verfügt über ein bestimmtes Arsenal an Methoden. Diese dienen dazu, die von der jeweiligen Wissenschaft gesuchten Informationen über die Wirklichkeit zu sammeln. Methoden sind damit – sehr allgemein ausgedrückt – begründete Anleitungen zum Handeln, um die für die jeweilige Wissenschaft relevanten Informationen zu erheben. Im Unterschied zur *Theorie*, deren Absicht es ist, auf der Grundlage der vorliegenden Informationen Sachverhalte zu erklären, treten die Methoden also mit dem Ziel an, neue Informationen zu sammeln. Die Methoden einer Wissenschaft werden systematisch und theoretisch begründet entwickelt. Sie haben vor allem den konkreten Ansprüchen und Vorstellungen über das zu untersuchende Objekt – bei den Sozialwissenschaften handelt es sich um die Gesellschaft – zu genügen und basieren auf bestimmten theoretischen Vorstellungen über dieses Objekt.

Das quantitative Paradigma

Die in der empirischen Sozialforschung eingesetzten Methoden können danach unterschieden werden, ob sie eher einem qualitativen oder eher einem quantitativen Paradigma über die Gesellschaft folgen. Die quantitativen Methoden, denen auch der Survey Approach zuzurechnen ist, verfügen – wie auch die qualitativen Methoden – über eine eigene

Forschungslogik bzw. über eigene Vorstellungen von der zu untersuchenden Gesellschaft. Sie bauen auf dem folgenden, analytisch-nomologischen Paradigma auf:

Bei der Gesellschaft handelt es sich danach – analog wie dies auch für die Natur zutrifft – um eine geordnete, strukturvoll regelhafte Welt. Vorbild für die quantitativen Methoden ist demnach der naturwissenschaftliche Ansatz. Diesem weiter folgend kann auch für das Verständnis der Gesellschaft das Ursache-Wirkungs-Prinzip herangezogen werden. Dieses Prinzip besagt, dass das Vorliegen einer bestimmten Ursache (U) zu einer bestimmten Wirkung (W) führt. Die Aufgabe der Wissenschaft ist es nun, diese Ursache-Wirkungs-Beziehungen aufzudecken, Erklärungen hervorzubringen und damit schließlich die Welt beherrschbar zu machen.

Dem Verständnis des quantitativen Paradigmas weiter folgend unterscheiden sich die Wissenschaften von der Natur und der Gesellschaft nur aufgrund ihres jeweiligen Gegenstandes, jedoch nicht aufgrund der prinzipiellen Art des methodischen Vorgehens bei der Erforschung dieses Gegenstandes. Bei einem solchen nomothetischen Selbstverständnis geht es letztlich um die Suche nach Naturgesetzen.

Hypothesenbildung und Operationalisierung

Das quantitative Paradigma legt es nahe, ähnlich wie in den Natur- auch in den Sozialwissenschaften bei der Suche nach Gesetzmäßigkeiten mit *Hypothese*n zu arbeiten. Hypothesen stellen theoretisch begründete Vermutungen über die Wirklichkeit (beispielsweise in der Form ›wenn U, dann W‹) auf. Die Überprüfung der in den Hypothesen enthaltenen Vermutungen ist das Ziel des Einsatzes der quantitativen Methoden. Hypothesen besitzen damit eine die gesamte weitere Forschung leitende Funktion. Dabei wird ein deduktives Vorgehen, bei dem vom Allgemeinen auf das Besondere geschlossen wird, eingesetzt.

Für die quantitativen Methoden ist es weiterhin charakteristisch, das Prinzip des Messens und der *Operationalisierung* zu praktizieren. Mithilfe der Operationalisierung werden die in den Hypothesen enthaltenen Vermutungen über in der Wirklichkeit existierende Zusammenhänge messbar gemacht. Dazu werden für nicht direkt wahrnehmbare Sachverhalte *Indikator*en – das können beispielsweise gezielte Fragen in einem Fragebogen sein – ermittelt.

Diese deuten auf den interessierenden Sachverhalt mit einer bestimmten Wahrscheinlichkeit hin und bilden diesen ab. Zumeist wird eine ganze Reihe an Indikatoren benötigt, um die erforderlichen Informationen über einen bestimmten Sachverhalt zu erheben. Die Befunde der einzelnen Indikatoren können zu einem *Index* zusammengeführt werden, der dann eine *Messung* des komplexen bzw. latenten Sachverhalts ermöglicht.

Die Untersuchungen mit den quantitativen Methoden finden im Interesse der Vergleichbarkeit der Ergebnisse unter hoch standardisierten (Labor-)Bedingungen statt. Diese sollen zu möglichst objektiven, d. h. vom jeweiligen Forscher unabhängigen Befunden führen. Ziel des Einsatzes der quantitativen Methoden sind damit intersubjektiv nachvollziehbare Ergebnisse. Auch hier existieren starke Analogien zu den naturwissenschaftlichen Erhebungen. Als **Gütekriterien** für die quantitativen Methoden gelten die *Objektivität*, die *Reliabilität* und die *Validität*. Das Kriterium der Objektivität zielt auf die interpersonelle Wiederholbarkeit der erzielten Befunde. Jeder Anwender von quantitativen Methoden soll zu möglichst identischen Befunden kommen. Mit der Reliabilität oder der Zuverlässigkeit wird die Genauigkeit einer Messung verstanden. Werden Messungen wiederholt, so sollen ebenfalls möglichst identische Resultate erzielt werden. Die Validität als das stärkste Kriterium bringt schließlich die Gültigkeit der Untersuchungsergebnisse zum Ausdruck. Hier kommt es darauf an, dass mit der erfolgten Messung tatsächlich auch der ursprünglich beabsichtigte Sachverhalt erhoben worden ist.

Quantitative Methoden zur Auswahl der Untersuchungseinheiten

Dem quantitativen Paradigma zufolge müssen sehr gezielt bestimmte Untersuchungseinheiten für die empirische Erhebung ausgewählt werden, um die aufgestellten Hypothesen zu überprüfen und um zu verallgemeinerbaren Schlussfolgerungen zu gelangen. Für die quantitativen Methoden ist in diesem Zusammenhang der Einsatz von *Stichproben*verfahren charakteristisch. Hier lassen sich drei Gruppen an Verfahren unterscheiden. Die erste Gruppe umfasst die zufallsgesteuerten Verfahren, die zweite Gruppe beinhaltet die bewussten Auswahlen, und in der dritten Gruppe werden schließlich die willkürlichen Auswahlstrategien zusammengefasst. Besondere Bedeutung haben vor allem die *Zufallsauswahlen*. Hier lassen sich die Irrtumswahrscheinlichkeit, mit der bestimmte Aussagen getroffen werden, sowie die Vertrauensintervalle, in denen die geschätzten Werte liegen, berechnen und angegeben. Für die Erhebung werden im Allgemeinen große Fallzahlen herangezogen. Diese erlauben es, die angestrebten Verallgemeinerungen mit einer ausreichenden Sicherheit vorzunehmen.

Von der Fragestellung hängt es nun ab, welches die interessierende Grundgesamtheit und welches die zu analysierenden Einheiten sein können. Bei Befragungen zur Ermittlung von Parteienpräferenzen kann die Grundgesamtheit beispielsweise aus allen wahlberechtigten Personen bestehen. Mittels einer Stichprobenstrategie sind daraus die Analyseeinheiten zu ziehen. Dabei wird es sich dann um Einzelpersonen handeln. Auch Haushalte kommen bei bestimmten inhaltlichen Fragestellungen als Analyseeinheiten infrage. Dies vor allem dann, wenn es um Sachverhalte geht, die auf der Ebene der Haushalte zu erklären sind. Das mag z. B. der Fall sein, wenn der Zusammenhang zwischen der Höhe des Einkommens der Eltern und den Ausbildungschancen der im Haushalt lebenden Kinder erforscht werden soll. Aber auch Texte oder öffentliches Verhalten können bei standardisierten Inhaltsanalysen oder bei standardisierten Beobachtungen für die empirische Untersuchung herangezogen werden. Mithilfe bestimmter statistischer Auswahlverfahren werden dann ebenfalls die zu untersuchenden Einheiten ermittelt. Werden dabei zufallsgesteuerte Verfahren eingesetzt, können die Befunde entsprechend verallgemeinert werden.

Quantitative Methoden zur Datenerhebung

Die wichtigsten und in der Bundesrepublik am häufigsten eingesetzten quantitativen Methoden zur Erhebung von Daten sind standardisierte **Befragungen** (vgl. ADM 2010: 12). Bei diesen lassen sich wiederum zahlreiche Varianten unterscheiden. So kann man je nach gewähltem Zugang zu den Zielpersonen zwischen persönlich-mündlichen, telefonischen, postalischen und internetbasierten Befragungen differenzieren. Nimmt man das Kriterium der technischen Vermittlung der Befragung, so lassen sich Befragungen mit Papier und Bleistift von jenen unterscheiden, die im Haushalt des Befragten mittels Laptop oder die computerunterstützt in einem

Labor erhoben werden. Daneben haben sich auch standardisierte **Inhaltsanalysen** und standardisierte **Beobachtungen** in der empirischen Sozialforschung als quantitative Methoden etabliert.

Alle diese Instrumente ermöglichen es, systematisch sowie gestützt auf theoretische Überlegungen empirische Informationen zu gewinnen. Das Hauptcharakteristikum dieser Methoden ist deren weitgehende **Standardisierung**. Dabei kommt es darauf an, den subjektiven Einfluss des Interviewers, des Beobachters bzw. des Codierers jeweils so gering wie möglich zu halten. Auf diese Weise werden bei standardisierten Befragungen den Interviewern sehr konkrete Anweisungen für ihr Verhalten gegeben. Die den Befragten zu stellenden Fragen werden wortwörtlich ausformuliert, der Einsatz von Hilfsmitteln wie Vorlagekarten ist genau definiert, und auch für die Reaktionen der Befragten sind vorgegebene Antwortmodelle entwickelt worden. Dies erfolgt ähnlich auch bei standardisierten Inhaltsanalysen. Hier werden beispielsweise das Aufgreifkriterium für einen Text, Ankerbeispiele, detaillierte Codieranweisungen usw. den Auswertern vorgegeben.

Quantitative Methoden zur Datenanalyse

Auch bei der *Datenanalyse* kommen dem quantitativen Paradigma weiter folgend spezifische Methoden zum Einsatz. Die Datenerhebung, die bei einer relativ großen Stichprobe vorgenommen wurde, führt zu einer beträchtlichen Datenmenge. Die quantitativen Methoden nutzen für die Datenauswertung die *Statistik* und bedienen sich hier in der Regel verschiedener Software-Pakete. Neben der beschreibenden wird vor allem die schließende Statistik bei den Auswertungen herangezogen. Vor allem mithilfe von *Korrelation*en und *Regression*smodellen werden die in den *Hypothese*n formulierten Vermutungen über Zusammenhänge statistisch überprüft. Ziel der Datenanalyse ist es damit, die zunächst deduktiv entwickelten Hypothesen zu testen.

Mögliche Zusammenhänge zwischen verschiedenen Sachverhalten sollen vor allem mithilfe statistischer Methoden erklärt werden. Dazu werden neben den Alternativhypothesen – sie beinhalten die eigentlich interessierende Vermutung – auch Nullhypothesen, die das Gegenteil behaupten, formuliert. Gelingt es nun anhand des Datenmaterials, die Nullhypothese abzulehnen, so wird die Alternativhypothese als vorläufig bestätigt angesehen. Dem *Kriti-*

schen Rationalismus (vgl. Popper 1971) folgend ist es nicht möglich, endgültige Annahmen zu treffen. Die vorläufigen Annahmen gelten so lange, bis weitere empirische Studien diese Annahme widerlegen.

Besonders an dieser Stelle werden die Unterschiede zwischen den quantitativen Methoden und den *qualitativen Methode*n gut deutlich. Während die quantitativen Methoden Verallgemeinerungen anstreben, zielen die qualitativen Ansätze auf der Basis der Untersuchung von Einzelfällen auf die Beschreibung der individuellen Angaben bzw. von (Einzel-)Fällen. Während die quantitativen Methoden nach Erklärungen suchen, geht es im anderen Paradigma um ein Verständnis der Daten. Der Offenheit in Bezug auf die Erhebung der Daten bei den qualitativen Methoden steht bei den quantitativen Methoden ein strenges Regelwerk der Standardisierung gegenüber.

Literatur

ADM, 2010: Arbeitskreis Deutscher Markt- und Sozialforschungsinstitute, Jahresbericht 2010, http://www.adm-ev.de/fileadmin/user_upload/PDFS/Jahresbericht_10.pdf. – Atteslander, Peter, 2003: Methoden der empirischen Sozialforschung, 10. Aufl., Berlin. – Bortz, Jürgen; Döring, Nicola, 2006: Forschungsmethoden und Evaluation für Human- und Sozialwissenschaftler, 3. Aufl., Berlin u.a. – Diekmann, Andreas, 2011: Empirische Sozialforschung, Reinbek. – Häder, Michael, 2009: Empirische Sozialforschung, Wiesbaden. – Kühnel, Steffen-M.; Krebs, Dagmar, 2012: Statistik für Sozialwissenschaften, Reinbek. – Kromrey, Helmut, 2002: Empirische Sozialforschung, Opladen. – Popper, Karl R., 1971: Logik der Forschung. Tübingen, – Rost, Jürgen, 1996: Lehrbuch Testtheorie Testkonstruktion, Bern. – Schnell, Rainer et al., 2005: Methoden der empirischen Sozialforschung. München/Wien.

Michael Häder

Methodologie

Methodologie (altgr.: »Lehre von dem Weg oder den Wegen«; engl. methodology) bezieht sich in den Sozialwissenschaften auf die verschiedenen Verfahren, Techniken und Strategien, mit deren Hilfe Erkenntnisse gesammelt, begründet und gesichert werden können. In der Regel wird hierunter aber nicht nur ein Kanon von gängigen *Methode*n der empirischen Sozialforschung verstanden (wie sie etwa Fragebo-

gen, Beobachtungsverfahren, Inhaltsanalysen, Skalierungsverfahren, statistische Analysemethoden u.v.a.m. darstellen), sondern die diesen Methoden und ihrer Anwendung zugrunde liegenden Prinzipien und allgemeinen Regeln. Methodologie greift dabei zurück auf Verfahren und Modelle der Logik und Mathematik, auf Konzepte und Debatten aus der Philosophie, insbesondere der Erkenntnistheorie und Wissenschaftsphilosophie, aber auch auf Erkenntnisse der kognitiven Psychologie, um die Funktionsweise des menschlichen Erkenntnisapparats zu berücksichtigen, und auch auf die Sozialwissenschaften, um die soziale Kontextabhängigkeit wissenschaftlichen Wissens in den Blick zu nehmen. Schließlich wird in den Sozialwissenschaften auch häufig gezielt Methodenforschung (etwa: über verzerrende Einflüsse bei Befragungen) betrieben, um die Erkenntnisgrenzen und Fehlerquellen bestimmter Forschungsmethoden empirisch zu untersuchen

Die Frage nach der Begründbarkeit von Theorieaussagen

Im Zentrum der Methodologie steht die Frage nach der Rechtfertigung und Begründbarkeit wissenschaftlicher Aussagen bzw. nach deren Gültigkeit (»*Validität*«). Nach klassischem argumentationstheoretischem Verständnis gelten Aussagen dann als hinreichend begründet, wenn sie logisch schlüssig aus allgemein akzeptierten Sätzen abgeleitet werden können. Da aber, wie bereits Philosophen der Antike verdeutlicht haben, jede Aussage, die zur Begründung eines anderen Satzes herangezogen wird, selber wiederum kritisch hinterfragt werden kann (und dieser Vorgang bis zu einem »infiniten Begründungsregress« fortgeführt werden kann), führt dies zur Frage, welche Typen von Aussagen von einer Wissenschaftlergemeinschaft als Wissensgrundlage akzeptiert werden können. In den empirischen Wissenschaften sind dies i.A. Aussagen über (replizierbare) Beobachtungsdaten, wobei auch empirische Daten keine absolut sicheren Letztbegründungen, sondern immer nur vorläufige Sicherheiten über die Richtigkeit theoretischer Sätze liefern können. Dies liegt einerseits daran, dass auch Daten (durch Irrtum oder Vorsatz) fehlerhaft sein oder falsch interpretiert werden können, und andererseits an dem bereits im 18. Jh. von David Hume beschriebenen grundlegenden Problem der Induktion.

Das Induktionsproblem, Falsifikation und Verifikation

Das *Induktion*sproblem betrifft das grundlegende Verhältnis zwischen wissenschaftlichen Theorien und empirischen Daten. Da Theorien im Idealfall universelle Sachverhalte betreffen und Allaussagen enthalten, empirische Beobachtungen sich aber immer nur auf eine begrenzte Anzahl von Sachverhalten beziehen können, ist letztendlich keine wissenschaftliche Theorie im strengen Sinne durch empirische Daten »*verifizierbar*« (=beweisbar). Aus Daten abgeleitete Einzelaussagen können Allgemeinaussagen immer nur »*falsifizieren*« (d. h. widerlegen). Das Problem lässt sich leicht anhand eines häufig zitierten Beispiels erläutern: dass die Ansicht, Schwäne seien immer weiß, auch durch eine sehr große Menge von Beispielen nicht belegbar war, wurde daran deutlich, dass die Beobachtung einiger weniger schwarzer Schwäne anlässlich der Entdeckung Australiens ausreichte, um diese Ansicht zu widerlegen. In Auseinandersetzung mit dem Induktionsproblem hat der Wissenschaftsphilosoph Karl Popper die »Logik der Forschung« in den empirischen Wissenschaften zu beschreiben versucht: Theorien können dort niemals sicher und letztgültig bewiesen werden, sondern gelten immer nur vorläufig, bis empirische Gegenevidenz auftaucht, die ihre Mängel und Grenzen deutlich und die Formulierung besserer Theorien nötig macht. Die Wissenschaftsgeschichte liefert zahlreiche Beispiele dafür, dass durch eine Entdeckung von Gegenbeispielen für bislang gut bewährte Theorien Erkenntnisfortschritt in Gang gebracht wurde: die Ergebnisse des Michaelson-Morley-Experiments etwa zeigten am Ende des 19. Jh.s endgültig auf, dass das Weltbild der klassischen Mechanik nicht ausreichte, um bestimmte physikalische Phänomene zu verstehen und regten damit die Formulierung der Einstein'schen Relativitätstheorie an.

Abgrenzung zwischen Wissenschaft und Pseudowissenschaft und die Rolle von Paradigmen

Die Anwendung dieses Modells wissenschaftlichen Fortschritts durch eine konsequente Suche nach Gegenbeispielen setzt allerdings voraus, dass Theorien beständig empirisch geprüft und nicht (etwa durch »Ad-hoc-*Hypothese*n« oder sprachliche Kunstgriffe) gegen Widerlegung immunisiert werden. Aus Sicht des von Karl Popper begründeten Ansatzes, des »*Kritischen Rationalismus*«, geraten insbesondere Theorien, die die Existenz unbeobachtbarer Entitäten behaupten (wie sie etwa die Kategorie des »Unbewussten« in der Psychoanalyse darstellt) in den Ruf, an der Grenze zur Pseudowissenschaft zu stehen. Allerdings haben wissenschaftshistorische Untersuchungen der Popperschüler Thomas Kuhn, Imre Lakatos und Paul Feyerabend gezeigt, dass auch erfolgreiche wissenschaftliche Theorien nie entstanden wären, wenn jedes empirische Gegenbeispiel zu ihrer sofortigen Falsifikation geführt hätte. Normalerweise enthält jeder wissenschaftliche Theorieansatz eine begrenzte Anzahl von grundlegenden Annahmen und Voraussetzungen (Kuhn sprach hier von einem »*Paradigma*«), die gegen *Falsifikation* geschützt werden müssen, damit sich der theoretische Ansatz überhaupt entwickeln kann. Konkurrierende Paradigmen, mit deren Hilfe manche empirische Phänomene sehr unterschiedlich erklärt werden, können lange Zeit nebeneinander bestehen, bevor sich eines der Paradigmen als erklärungskräftiger als andere erweist. Insbesondere die Soziologie mit ihren zahlreichen konkurrierenden und manchmal einander widersprechenden Theorieschulen liefert ein gutes Beispiel für eine »multiparadigmatische« Wissenschaft.

Soziale Ordnung, Kausalität und Statistik

Arbeiten aus dem Umfeld des Kritischen Rationalismus haben deutlich gezeigt: Wissenschaftliche Theorien müssen gelegentlich von Voraussetzungen ausgehen, die nicht vollständig empirisch prüfbar sind. Dies gilt natürlich auch für die Grundannahme wissenschaftlicher Forschung überhaupt, dass Vorgänge im Gegenstandsbereich nicht einfach beliebig und zufällig, sondern gesetzmäßig geordnet sind. Die Naturwissenschaft vergangener Jh.e ging von einer letztendlich vollständigen Determination allen Naturgeschehens aus, welches durch Differentialgleichungen im Prinzip beschreibbar sein sollte. Die Physik hat im 20. Jh. das Scheitern dieses Paradigmas erlebt und gelernt, trotz einer prinzipiellen Unvorhersagbarkeit mancher (etwa der in der Quantenmechanik beschriebenen) Vorgänge erklärungskräftige Theorien über »partielle Ordnungen« zu formulieren. Für die Sozialwissenschaften ist der Umgang mit partiellen Ordnungen und mit »Strukturen begrenzter Reichweite« eine Selbstverständlichkeit: Soziale Einflussfaktoren legen kaum je ein bestimmtes Geschehen hundertprozentig deterministisch fest, stets bleibt ein Rest von Unvorhersagbarkeit und »Kontingenz«. In den meisten sozialen Strukturen können Akteure mehr oder weniger große Handlungsspielräume nutzen (bspw. um den Einfluss der sozialen Herkunft auf ihre Bildungschancen bis zu einem gewissen Grad zu kompensieren, um ein Beispiel aus einer angewandten Soziologie zu wählen). Risiken für die Bildungskarriere, wie sie sich bspw. mit einem Migrationshintergrund verbinden, können deshalb bei einer Betrachtung von Einzelfällen oft gar nicht sichtbar werden, sondern erst bei einer statistischen Untersuchung größerer Kollektive. Aus diesem Grund ist für die sozialwissenschaftliche Methodologie ein grundlegendes Verständnis statistischer Konzepte und dabei von Kategorien wie »Varianz«, »Wahrscheinlichkeit«, »Chance« und »Risiko« u. a. m. von essentieller Bedeutung. Dies betrifft auch das Wissen um die Gefahren einer (nicht nur in medialen und politischen Diskursen häufigen) kausalen Fehlinterpretation statistischer Zusammenhänge, bei der die statistische *Korrelation* zwischen zwei Größen (das heißt, das gehäufte gemeinsame Auftreten der hiermit zusammenhängenden Ereignisse) fälschlicherweise so gedeutet wird, als sei eines der betrachteten Ereignisse notwendigerweise Ursache des anderen. Der statistisch feststellbare Sachverhalt etwa, dass Frauen mit Hochschulabschluss im Lebensverlauf durchschnittlich weniger Kinder bekommen als Frauen ohne Studium, darf nicht umstandslos so kausal gedeutet werden, dass Bildung sinkende Fertilität »bewirke« – ein Grund für diese Korrelation kann vielmehr sein, dass die mit einem akademischen Beruf verbundenen Lebens- und Arbeitsbedingungen eine Familiengründung erschweren. Für eine angemessene Kausalinterpretation empirischer Befunde in den Sozialwissenschaften ist zudem Wissen über unterschiedliche »*Forschungsdesigns*« unerlässlich – dabei kommt es bspw. darauf an, ob Korrelationen in experimentellen oder »quasi-experimentellen« Untersuchungen entdeckt wurden und ob die Daten in einer einmaligen Untersuchung als Querschnittsuntersuchung oder in einer mehrfachen Datenerhebung als Längsschnittuntersuchung und dabei gar in einer Panelstudie gesammelt wurden, bei welcher eine Untersuchungsgruppe über mehrere Jahre hinweg in zeitlichen Abständen immer wieder befragt wurde.

Theorie und Empirie im Forschungsprozess: Hypothesenprüfung und empirisch begründete Theoriebildung

In der sozialwissenschaftlichen Forschungspraxis kann das Verhältnis zwischen Theorie und Empirie auf unterschiedliche Weise ausgestaltet sein. Folgt man strikt Poppers falsifikationslogischem Modell, so steht am Anfang des Forschungsprozesses die Formulierung von Hypothesen, deren wesentliche Bestandteile in messbare Variablen übersetzt werden müssen. Eine solche »*Operationalisierung*«, das heißt die Messbarmachung der theoretisch interessierenden Konzepte umfasst dabei auch die Konstruktion von Forschungsinstrumenten, die (wie etwa Fragebögen) der Erhebung von standardisierten Daten dienen, welche mit Hilfe statistischer Verfahren ausgewertet werden können, um die anfangs formulierten Hypothesen zu prüfen. Die Anwendung eines solchen »hypothetiko-deduktiven« (HD-)Modells des Forschungsprozesses ist jedoch keineswegs für alle sozialwissenschaftlichen Fragestellungen ohne weiteres möglich oder sinnvoll. Vorhandene soziologische Theorien reichen in vielen gesellschaftlichen Bereichen nicht aus, um erklärungskräftige Hypothesen über soziale Prozesse und Strukturen zu formulieren – hierzu ist oft »lokales« Wissen über spezifische soziale Lebenswelten, Kulturen und Milieus erforderlich. In solchen Fällen müssen Sozialforscher Informationen im empirischen Feld in der weniger strukturierten Form der sog. »qualitativen Daten« sammeln. Auch hierbei darf nicht theorielos vorgegangen werden – allerdings werden hier im Gegensatz zum HD-Modell nicht am Anfang des Forschungsprozesses präzise Hypothesen aufgestellt, die mit Hilfe empirischer Daten überprüft werden. Der Forschungsprozess wird vielmehr angeleitet durch eher allgemeine theoretische Perspektiven und Konzepte, die die Forscher für soziale Prozesse und Strukturen im Feld sensibilisieren und ihnen helfen, soziologisch relevante Sachverhalte in den qualitativen Daten zu identifizieren. Bei einem solchen Vorgehen können mit Hilfe (ggf. sehr abstrakter) theoretisch sensibilisierender Konzepte einerseits und qualitativer Daten andererseits im Laufe der empirischen Untersuchung erklärungskräftige Kategorien, Hypothesen und *Theorien mittlerer Reichweite* über den untersuchten Gegenstandsbereich entwickelt werden. Die Analyse der qualitativen Daten erfolgt dabei nicht mit Hilfe statistischer Methoden, sondern mit interpretativen, hermeneutischen und kategoriebildenden Verfahren. In der empirischen Sozialforschung muss jeweils nach Maßgabe der jeweiligen Fragestellung, des Gegenstandsbereichs und des Standes der Theoriebildung entschieden werden, ob sinnvollerweise hypothetiko-deduktive, quantitative Methoden oder qualitative und interpretative Verfahren eingesetzt werden müssen – oft ist es sinnvoll, beide Formen der Sozialforschung in einem sog. »*Mixed Methods* Design« miteinander zu verbinden.

Literatur

Chalmers, Alan, 2006: Wege der Wissenschaft. Einführung in die Wissenschaftstheorie, 6. Aufl., Berlin. – Dieckmann, Andreas, 2010: Empirische Sozialforschung. Grundlagen, Methoden, Anwendungen, 4. Aufl., Reinbek. – Kelle, Udo, 1997: Empirisch begründete Theoriebildung. Zur Logik und Methodologie interpretativer Sozialforschung, Weinheim. – Opp, Karl-Dieter, 2005: Methodologie der Sozialwissenschaften. Einführung in Probleme ihrer Theorienbildung und praktischen Anwendung, 6. Aufl., Wiesbaden. – Strübing, Jörg; Schnettler, Bernt (Hg.), 2004: Methodologie interpretativer Sozialforschung. Klassische Grundlagentexte, Konstanz.

Udo Kelle

Migration

Migration (von lat. migrare = wandern; engl. migration) ist die relativ dauerhafte Wohnsitzverlagerung von Individuen oder Gruppen über die Grenzen von Staaten (internationale Migration) oder von Verwaltungseinheiten innerhalb von Staaten (Binnenmigration) hinweg (die folgenden Ausführungen sind auf internationale Migration konzentriert). Das Kriterium der Dauerhaftigkeit grenzt Migration von touristischen sowie Geschäftsreisen, Ausflügen oder privaten (Kurz-)Besuchen ab; die Bestimmung der Dauerhaftigkeit ist relativ, weil es diesbezüglich Abgrenzungsvorschläge von einem mindestens 1-monatigen bis zu einem mindestens 3- oder 12-monatigen Wechsel des Wohnsitzes gibt (IOM 2004: 40 f; Düvell 2006: 5 ff). Migration kann nach der Entfernung zwischen den Wohnsitzen (Nah-/Fern-Migration), dem hauptsächlichen Migrationsgrund (Arbeits-, Flucht-, Umwelt-Migration), den Migrationsumständen (freiwillig – unfreiwillig, geplant – spontan,

individuell – Gruppe/Familie, Kettenmigration), der Migrationsroute (direkte, Etappenmigration) und der Migrationshäufigkeit und -richtung (Emigration/Immigration, saisonale oder Pendel-Migration, Transmigration) näher charakterisiert werden. Neben und aufgrund der Wanderung im geographischen Raum durch Wohnsitzverlagerung beinhaltet Migration immer auch Aspekte der Wanderung in bzw. zwischen Sozialräumen, sie wird deshalb manchmal auch als die dauerhafte Veränderung des Lebensmittelpunktes definiert. Da die Verlagerung des Wohnsitzes und des Lebensmittelpunktes nicht unbedingt zusammenfallen müssen, Letzteres meistens – wenn überhaupt – Ersterem folgt und auch wesentlich schwieriger zu messen ist, gibt die Definition von Migration als relativ dauerhafte Wohnsitzverlagerung eine erste breite und handhabbare Bestimmung, die je nach Problemstellung und Erkenntnisinteresse zu spezifizieren ist (Pries 2001: 5 ff).

Klassische Theorien internationaler Migration

Klassische Theorien zur internationalen Migration (zuerst E. G. Ravenstein in Großbritannien, dann die *Chicagoer Schule* um W. I. Thomas, F. Znaniecki, R. E. Park und E. W. Burgess, im deutschsprachigen Raum H.-J. Hoffmann-Nowotny) fokussieren auf die sozialen, kulturellen, ökonomischen und politischen Voraussetzungen, Formen und Folgewirkungen von Wanderungsprozessen für jeweils spezifische Bevölkerungsgruppen, Herkunfts- und Ankunftsregionen. Dabei standen Emigration/Immigration, ›Gastarbeiter‹-Migration und saisonale Pendelmigrationen im Mittelpunkt des Interesses. Migration wurde dementsprechend vorwiegend als ein- oder zweimalige Wohnsitzverlagerung (Auswanderung bzw. Rückkehrwanderung) oder als vorübergehendes Verlassen des Wohn- und Lebensmittelpunktes für saisonale Wanderarbeit (vgl. z. B. zum ›Rübenwandern‹ Bade 2000: 98 ff.) betrachtet. Wesentliche Erkenntnisse dieser Forschungen sind, dass Migranten in der Regel nicht aus den ärmsten Bevölkerungsgruppen stammen (weil für die Migration selbst Ressourcen oder zumindest Kreditwürdigkeit vorhanden sein müssen), dass Migrationsprozesse im Rahmen *sozialer Netzwerke* und entlang historisch gewachsener Beziehungen zwischen verschiedenen Staaten und Regionen (Migrationsregime) erfolgen. Bei dauerhafter Immigration findet eine *Assimilation* (soziale Anpassung an die Ankunftsgesellschaft) bzw.

Integration (partielle Anpassung an die, partielle Beeinflussung der Ankunftsgesellschaft) stufenweise in ökonomischer, sozialer, kultureller und politischer Hinsicht statt.

Neuere Entwicklungen und Theorien internationaler Migration

Seit dem letzten Viertel des 20. Jh.s führen die *Globalisierung* von Waren-, Kapital- und Informationsströmen, die Ausweitung der Tätigkeit internationaler Unternehmen sowie verbesserte und preiswerte Transport- und Kommunikationstechnologien zu neuen Migrationsphänomenen, die die bekannten Muster ergänzen, aber nicht ersetzen. Vor diesem Hintergrund entstanden seit den 1990er Jahren neue Migrations-Theorien, die auf transnationale Migration fokussiert waren und allgemein als Ansätze von transnationalism bzw. *Transnationalisierung* bezeichnet werden (Treibel 2011: Kap. 2). Dabei wird grenzüberschreitende Migration nicht mehr nur als exzeptioneller Wechsel von einem ›sedentären‹, uni-lokalen und in eine ›Container-Nationalgesellschaft‹ eingebetteten Lebensbezug zu einem anderen uni-lokalen neuen ›Lebensmittelpunkt‹ verstanden. Als gesichert gilt inzwischen (Massey et al. 2006): (1) Einmal initiierte Migration verursacht neue Migration (cumulative causation z. B. durch veränderte Erwartungen in den Herkunftsregionen und neue, migrationsbedingte Nachfragestrukturen in den Ankunftsregionen); (2) die Sozialräume in Herkunfts- und Ankunftsregionen sind durch komplexe Prozesse (Abzug und Rückkehr von qualifizierten Menschen, Geldrücküberweisungen, veränderte ökonomische Erwartungen, neue politische und auf Geschlechterrollen bezogene Beteiligungsansprüche, Lohnkonkurrenz und Arbeitsmarktverdrängung) miteinander verwoben; (3) internationale Migrationsprozesse lassen sich nur begrenzt politisch kontrollieren und steuern; (4) angesichts zunehmender ökologischer Probleme, regionaler kriegerischer Konflikte, wachsender lokal konzentrierter Armut verschwimmen die Grenzen zwischen Arbeits- und Fluchtmigration immer stärker (Castles/Miller 2009, chapter 6); (5) transnationale Migration als ein Sonderfall internationaler Migration ist historisch nicht völlig neu und besteht aus mehrfachen und pluri-direktionalen Wohnortwechseln, die im Rahmen dauerhafter und dichter transnationaler Lebensbezüge und -strategien stattfinden; statt eines Lebensmittelpunktes, der sich wie im Falle des Emigranten/Immigranten nach und nach (vielleicht auch erst über einige Generationen) von der Herkunftsgesellschaft in die Ankunftsgesellschaft verschiebt, findet transnationales Leben über mehrere geographische Orte verteilt statt; (6) transnationale Sozialräume, die wesentlich durch grenzüberschreitende gemeinsame Praxisformen (z. B. regelmäßige Kommunikation, Familienentscheidungen), Symbolsysteme (z. B. Mehrsprachigkeit, Mediennutzung) und Artefaktenutzung (z. B. Geldüberweisungen) konstruiert werden, beeinflussen die (potentiell multiplen und multi-lokalen) Migrations- und Inkorporationsdynamiken in Herkunfts- und Ankunftsregionen gleichermaßen (Pries 2010); (7) zwischen traditionellen und neuen Formen der Migration bestehen enge Wechselbeziehungen.

Internationale Migration ist heute zu verstehen als ein ergebnisoffener Prozess, der über mehrere Generationen hinweg fragil und revidierbar bleibt und der durch wechselseitige Selbst- und Fremdwahrnehmungen/-zuordnungen zwischen Migrierenden und Nicht-Migrierenden zu multiplen (ökonomischen, politischen, sozialen und kulturellen) Formen der pluri-lokalen Einbindung und Teilhabe führt.

Literatur

Bade, Klaus J., 2000: Europa in Bewegung. Migration vom späten 18. Jahrhundert bis zur Gegenwart. München. – Castles, Stephen; Miller, Mark J., 2009: The Age of Migration. International Population Movements in the Modern World, 4th ed, Basingstoke/New York. – Düvell, Frank, 2006: Europäische und internationale Migration. Hamburg. – IOM (International Organisation for Migration) (2004): Glossary on Migration. Gineva: IOM (Website: http://www.iom.int/jahia/Jahia/about-migration/key-migration-terms/lang/en#Migration). – Massey, Douglas S. et al., 2006: Worlds in Motion. Understanding International Migration at the End of the Millennium. Oxford. – Pries, Ludger, 2001: Soziologie Internationaler Migration. Einführung in Klassische Theorien und neue Ansätze, Bielefeld. – Ders., 2010: Transnationalisierung. Theorie und Empirie neuer Vergesellschaftung, Wiesbaden. – Treibel, Annette, 2010: Migration in modernen Gesellschaften: Soziale Folgen von Einwanderung, Gastarbeit und Flucht. Weinheim/München.

Ludger Pries

Milieu

Das »soziale Milieu« (engl. milieu) ist ein Konzept der klassischen Soziologie, das wiederbelebt wurde, um die neueren *Differenzierung*en der *Sozialstruktur* zu erfassen. Es bezeichnet Beziehungszusammenhänge, die die »grundlegenden Bestandteile« (Durkheim) der gesellschaftlichen Gliederung bilden und sich durch ihre praktische »*Lebensführung*« (Weber) bzw. ihre »ganze Lebensweise« (Williams) voneinander abgrenzen. Abgrenzung und Zusammenhalt beruhen sowohl auf ähnlichen äußeren (›ökonomischen‹) Lebensverhältnissen wie auf ähnlicher innerer (›sozio-kultureller‹) Lebensgestaltung. Das Milieukonzept ist mehrdimensional und ergänzt die herkömmlichen *Klasse*n- und *Schicht*konzepte, die wesentlich von der ökonomischen Gliederung der Sozialstruktur ausgehen.

Durkheim

Das »soziale Milieu« wurde als zentrales Konzept von Durkheim in die Soziologie eingeführt. Es bezeichnet »die Tatsache der Assoziation«, d.h. familiale, berufliche und territoriale Beziehungszusammenhänge (Durkheim 1961 [1894/95]: 184, 194, 197). Ihre »überragende Bedeutung« als »lebendige Kraft« und »bestimmender Faktor der kollektiven Entwicklung« haben die Milieus durch die aktive Praxis der Menschen (ebd.: 195, 198). Das »gesatzte Recht, die geltende Moral, literarische und künstlerische Monumente usw.« sind verfestigte »Produkte früherer Tätigkeit« der Menschen, mit deren »Gewicht« die Geschwindigkeit und Richtung dieser Entwicklung variiert (ebd.: 195).

Milieus sind doppelt definiert. Ihr innerer *Zusammenhalt* (*Kohäsion*) und ihre äußere Abgrenzung (*Distinktion*) beruhen auf zwei Arten von sozialen Bindungen, (a) auf spezifischen ›objektiven‹ sozialen Beziehungen und (b) auf einer daran anknüpfenden gemeinsamen kulturellen *Identität*, insbesondere moralischen Verhaltensregeln (Durkheim 1988 [1893/1902]):

(a) Durkheim unterscheidet familiale, berufliche und territoriale Milieus, die sich heute überlagern (ebd.; 237 ff). Das **familiale Milieu** geht auf die Stammesgesellschaften zurück und ist nach Verwandtschaftsbeziehungen organisiert. In den antiken Stadtgesellschaften traten neben die Blutsbande die »sozialen Bande« der Arbeitsteilung in den **berufli-**chen **Milieus**. Diese schafft die »organische *Solidarität*«; ihre Glieder sind aufgrund ihrer funktionalen Spezialisierung voneinander abhängig wie Körperorgane. Mit der Ausdehnung der Arbeitsteilung wurden die traditionellen lokalen, ständischen Schranken nach und nach überwunden. Dadurch wurde auch die Ausdehnung der **territorialen Milieus** (die nach dem Bürgerstatus ihrer Angehörigen organisiert sind) von der Gemeinde zur Nation und übernationalen Zusammenhängen notwendig.

(b) Ein nachhaltiger Zusammenhalt entsteht daraus nicht von selbst, sondern durch die aktive *Praxis* der Menschen, indem Individuen, die sich durch ähnliche Ideen, Interessen, Gefühle und Beschäftigungen von der übrigen Gesellschaft unterscheiden, sich üblicherweise voneinander angezogen fühlen und zu Gruppen zusammenfinden, die allmählich ein gemeinsames Korpus moralischer Regeln entwickeln, mit dem sie ihre *Identität* von der anderer Gruppen abgrenzen (ebd.: 55 f) und den sie in einem eigenen moralischen *Habitus* (ebd.: 44) verinnerlichen. Ein Beispiel sind die beruflichen Korporationen mit ihren gemeinsamen Moral-, Ausbildungs-, Kult-, Gemeinschafts- und Solidaritätsformen (ebd.: 53).

Durkheim grenzt sich damit von dem wirtschaftsliberalen Konzept Spencers ab, das den Zusammenhalt aus wirtschaftlichen Tauschinteressen bereits vorhandener unabhängiger Individuen erklärt. Nach Durkheim entwickelt sich Individualität erst aus der inneren *Differenzierung* der beruflichen Milieus, die in ihrer *Interaktion* Zusammenhalt, Moral und funktionale Spezialisierung hervorbringen und so die intellektuelle Kompetenz und Reflexivität der Individuen erhöhen (ebd.: 55 f, 474 f).

Durkheim verwendet »Milieu« als Oberbegriff. *Stände*, *Kasten* und *Klassen* sind historische Spezialformen der beruflichen Milieus, die davon abhängen, in welche Gesamtordnung der Gesellschaft sie eingebunden sind. Im kapitalistischen Kontext haben die beruflichen Milieus die Gestalt sozialer Klassen. Sie sind dabei durch eine Widerspruchsstruktur gekennzeichnet: Die Potentiale der Emanzipation wachsen, weil mit der Spezialisierung höhere Niveaus von Bildung, Kompetenz und Kooperation entstehen. Doch diese Potentiale werden eingeschränkt, wenn die *Arbeitsteilung*, die auf »Konsensus« und »*Solidarität*« beruht, durch eine von Herrschaftshierarchien »erzwungene Arbeitsteilung« ersetzt wird, in der »die Funktionen derart verteilt sind, dass sie dem Individuum nicht genügend Raum zum Handeln bieten.« Dann seien »schmerzhafte Reibungen« und »Klassenkämpfe« die Folge. (Ebd.: 443–446, 459)

Als Lösung schlägt Durkheim eine auf die Berufsmilieus gegründete Wirtschaftsdemokratie vor (ebd.: 42–51). Ebenso sieht er die Milieus als integrative Kraft, die der sozialen *Desintegration* oder *Anomie*, die mit den industriekapitalistischen Konkurrenz- und Herrschaftsverhältnissen verbunden ist, entgegenwirken kann (ebd.: 44 f, 56, 227, 436 f, 474, 479 f).

Weber

Webers »soziale *Klasse*« entspricht in ihrer doppelten Definition (durch Berufsstellung und Lebensführung) dem »beruflichen Milieu« Durkheims. Weber grenzt sich damit von rein ökonomischen Klassenmodellen ab. Außerdem differenziert er die Klassengliederung nach ihrer inneren Vielfalt. Diese differenzierte Struktur der Klassengliederung wird hier dadurch verdeutlicht, dass der Wortlaut von Webers Beschreibung in ein mehrdimensionales Raumbild übersetzt wird. Die Abbildung macht insbesondere vier Strukturierungsaspekte erkennbar:

(a) Die Differenzierung von ökonomischer und sozio-kultureller Handlungsebene zeigt sich in der Unterscheidung von »Erwerbsklassen« und »sozialen Klassen«, die in der Abbildung nebeneinander stehen. Als »Erwerbsklassen« unterscheiden sie sich durch ihre ökonomische Stellung, als »soziale Klassen« nach der Art der »Lebensführung« und der »Alltagsmentalität«. Diese Praxisformen und auch die Strategien der gesellschaftspolitischen Interessenvertretung werden durch die ökonomische Lage nicht vollständig vorherbestimmt, sondern relativ eigenständig in den Milieus entwickelt. Gemeinsame Klassenlagen stellen keine zwingende, sondern »nur eine mögliche (und häufige) Grundlage eines Gemeinschaftshandelns dar« (Weber 1972 [1921]: 177, vgl. 531–533). – Die beiden Gliederungen sind nicht gleich, aber doch strukturähnlich oder »homolog«, wie es Bourdieu ausdrückt, der die räumlichen Differenzierungen Webers vollständig übernommen hat (Bourdieu 1982 [1979]: 211–219). Die beiden ›Landkarten‹ Webers stellen, ähnlich wie etwa die morphologische und die politische Landkarte eines Territoriums, zwei Aspekte der gleichen Realität dar.

(b) Die sozialen Abgrenzungen erfolgen nicht allein durch ökonomische Mechanismen, sondern auch durch die »ständischen« Mechanismen von *Konvention* und *Recht* (ebd.: 16–25, 187–194, 531–540, 676 f). Diese nichtökonomischen Strukturierungen bringen eine vertikale Dreistufung mit »positiv privilegierten« Klassen oben und »negativ privilegierten« Klassen unten hervor. – In der Politik werden über das Recht die Privilegierungen bestimmter biographischer Chancen praktisch erkämpft und rechtlich institutionalisiert. Im Alltagsleben bilden die Konventionen der »*Lebensführung*«, des »Sichverhaltens«, des *Geschmacks* und der »Stilisierung« des Lebens die sozio-kulturellen Ab- und Ausgrenzungsmechanismen. Weber unterscheidet sich dabei von der ästhetischen *Lebensstil*definition. Der sozialen »Anziehungs- oder Abstoßungsempfindung« liegen nicht nur »ästhetisch auffällige Unterschiede des nach außen hervortretenden Habitus« zugrunde, sondern »durchaus gleichberechtigt« auch »ins Auge fallende Unterschiede in der Lebensführung des Alltags.« Neben »wirklich starken Differenzen der ökonomischen Lebensführung« spielen »solche der äußerlichen Widerspiegelungen, wie die Unterschiede der typischen Kleidung, der typischen Wohn- und Ernährungsweise, der üblichen Art der Arbeitsteilung zwischen den Geschlechtern […]: – alle solche Dinge also, bei denen es sich fragt: was für ›schicklich‹ gilt und was, vor allem, das Ehr- und Würdegefühl der Einzelnen berührt –, eine Rolle.« (ebd.: 236, 238 f)

Beide Mechanismen dienen der »Schließung« gegenüber Neuzugängen und der »Monopolisierung« spezifischer materieller und nichtmaterieller Güter und Chancen und gestalten auch das Bildungssystem, indem sie die soziale Selektion nach Erziehungsidealen, Typen der Lebensführung, Schultypen, berufsberechtigenden Prüfungen usw. organisieren. Diese Mechanismen »›ständischer‹ Bildungen« wirken nach Webers Beobachtungen auch in modernen, demokratischen Gesellschaften »mit außerordentlicher Regelmäßigkeit« (ebd., 535, 539).

(c) *Lebensführung* und *Habitus*: Die Unterschiede der Lebensführung verfestigen sich auch nach Weber in Typen der Verhaltensdispositionen. Er entwickelt die Anfänge einer klassenbezogenen Habitus-Typologie in dem historischen Abriss über »Stände, Klassen und Religion« (ebd., 285–314), der als mentalitätssoziologische Pionierarbeit zum Hauptbezugstext für die Theorie des Klassenhabitus von Bourdieu (2000 [1971]) geworden ist. Im Ergebnis stellt er zwar keine »eindeutige ökonomische Bedingtheit« oder »Determiniertheit« bestimmter Glaubensfor-

»Klassenkategorien« nach Weber

Die vertikale und die horizontale Gliederung der Gesellschaft nach »Erwerbsklassen« und nach »sozialen Klassen« – Einsetzung des Wortlauts von Max Weber (in: Wirtschaft und Gesellschaft, Tübingen 1972 [1921]: 178–179) in ein Raumdiagramm (Hervorhebungen hinzugefügt).

»Erwerbsklassen« [ökonomische Klassen]				»Soziale Klassen« [Klassenmilieus]	
»**Positiv privilegierte Erwerbsklassen** …	… sind typisch **Unternehmer:** Händler, Reeder, gewerbliche Unternehmer, landwirtschaftliche Unternehmer, Bankiers und Finanzierungsunternehmer,	**unter Umständen:** mit bevorzugten Fähigkeiten oder bevorzugter Schulung ausgestattete ›**freie Berufe**‹ (Anwälte, Ärzte, Künstler),	**Arbeiter mit monopolistischen Qualitäten** (eigenen oder gezüchteten od. geschulten).«	»die Klassen der **Besitzenden**	… und **durch Bildung Privilegierten**«
»als ›**Mittelklassen**‹ …	… die **selbstständigen Bauern und Handwerker.**	Ferner sehr oft: **Beamte** (öffentliche und private)«, »die ›**freien Berufe**‹« und die	»**Arbeiter mit** […] **monopolistischen Qualitäten**«	»das **Kleinbürgertum**	… und die **besitzlose Intelligenz und Fachgeschultheit** (Techniker, kommerzielle und andere ›Angestellte‹, das Beamtentum, untereinander evtl. sozial sehr geschieden, je nach Schulungskosten)«
»**Negativ privilegierte Erwerbsklassen** …	… sind typisch **Arbeiter** in ihren verschiedenen qualitativ besonderen Arten: **gelernte,**	**angelernte,**	**ungelernte.**«	»die **Arbeiterschaft** als Ganzes, je automatisierter der Arbeitsprozess wird«	

men fest, räumt aber ein, dass eine gemeinsame ökonomische Lage eine nicht unerhebliche Chance oder Wahrscheinlichkeit solchen typischen sozio-kulturellen Verhaltens mit sich bringt (Weber, ebd., 293).

(d) Schließlich zeigt die Abbildung die horizontale Differenzierung nach Bildung und Besitz. Die oberen und auch die mittleren Klassen sind danach – Bourdieu (1982: 212 f) würde sagen: nach kulturellem und ökonomischem *Kapital* – horizontal in zwei Fraktionen geteilt.

Geiger

Geiger verwendet die gleichen konzeptionellen Differenzierungen wie Weber und Durkheim (wobei seine »soziale Schicht« der »sozialen Klasse« von Weber entspricht) und wendet sie als Erster empirisch

auf konkrete historische Perioden an. Geiger (1932) verband die berufsstatistische Analyse der ökonomischen Klassengliederung mit einer Analyse der Praxis- und Habitusformen und nahm damit zentrale Konzepte von Bourdieu vorweg. Nach Geiger ist die Pluralisierung des sozialen Gefüges nicht eine Auflösung, sondern eine historische Weiterentwicklung der Klassenteilungen. Dieser *Wandel* verläuft jedoch nicht als reibungsloser Prozess, sondern über starke soziale *Konflikt*e. Die Mentalitäten und Lebensweisen der historisch älteren sozialen Schichten haben eine hohe Beharrungskraft (entsprechend dem Trägheits- oder »*Hysteresis*effekt« des Habitus bei Bourdieu 1982: 237–240). Dies kann zu »sozialgeschichtlichen Verwerfungen« führen; Das Fortwirken von mittelalterlich-ständischen Elementen im Mittelstand machte diese anfällig für die ständisch-autoritäre Nazi-Propaganda (ebd.: 84–105). Geiger (1949) zeigt ebenfalls empirisch konkret, wie sich das Schichtungsgefüge durch den Strukturwandel der Arbeitsteilung und die aktive Intervention der Menschen verändert hat. Durch wachsende Berufsqualifikation und demokratische Mitwirkungsrechte hat sich die Verhandlungsmacht der Arbeiterschicht erhöht und als Alternative den modernen »Wohlfahrtsstaat« geschaffen, der der ökonomisch bedingten Ungleichheit und Unsicherheit eine Politik sozialer Teilhabe entgegensetzte (ebd.: 72 f, 184).

Renaissance des Milieukonzeptes

Die klassischen Milieuansätze wurden im soziologischen Mainstream zunehmend auf vertikale Schicht- oder Klassenmodelle reduziert, die *soziales Handeln* aus äußeren Merkmalen (Einkommen, Ausbildung, Beruf) bzw. ›rationalen‹ ökonomischen *Interessen* ableiten. Diese Modelle wurden der Komplexität und Dynamik sozialer und kultureller *Differenzierung*, die in den fortgeschrittenen Gesellschaften seit den 1960er Jahren anwuchs, nicht mehr gerecht. Dies motivierte die Wiederentdeckung der *Alltagskultur* sozialer Klassen und Schichten und die Renaissance mehrdimensionaler Konzepte. Damit konnte ein Fortbestehen, aber auch gleichzeitig ein Wandel der Klassenmilieus empirisch nachgewiesen werden.

Diese Renaissance begann außerhalb der etablierten Soziologie. Aus der nicht-orthodoxen Marxschen Tradition entstanden um 1960 die englischen *Cultural Studies*. Sie definierten die soziale Klassen durch die gesamte Lebensweise (»the whole way of life«), d. h. alltagskulturell und ökonomisch. Mit einflussreichen historischen und kulturwissenschaftlichen Untersuchungen zeichneten sie nach, wie sich Alltags- und Jugendkulturen gewandelt hatten, ohne ihre Klassenfärbung zu verlieren (insbes. Williams 1972 [1958], Thompson 1987 [1963], Clarke/Hall 1979 [1977]). In der deutschen politischen Soziologie und Geschichtswissenschaft erklärten große empirische Studien die Bindung an politische Parteien und ihren Wandel nicht mehr allein aus ökonomischen Klassen- oder Schichtmerkmalen, sondern zusätzlich durch kulturelle, konfessionelle und regionale Dimensionen von »Milieus« (u. a. Lepsius 1994 [1966], Lösche/Walter 1982, Niethammer 1983 ff). Methodologisch innovativ wurde das Milieukonzept in der Markt- und Konsumforschung des ›Sinus‹-Instituts (Becker/Becker/Ruhland 1992, Flaig/

Meyer/Ueltzhöffer 1993). Eine theoretisch reflektierte Zusammenfassung dieser Neuentwicklungen findet sich bei von Oertzen (2006 [1994]). Sie behandelt auch die Ansätze einer akteursorientierten historischen Klassentheorie bei Marx, Weber, Geiger und Thompson und die hannoversche Milieuforschung (Vester et al. 2001 [1993]).

In die deutsche Soziologie führte Hradil (1987) die differenzierenden Milieu- und Lagekonzepte wieder ein. Er grenzte sie von objektivistischen Klassen- und Schichtungstheorien ebenso ab wie von der extremen *Individualisierungs*theorie, die die vollständige Auflösung der sozialen Milieus in Individuen behauptet. Ähnlich wie bei Durkheim wird bei ihm unter Milieu »eine Gruppe von Menschen verstanden, die solche äußeren Lebensbedingungen und/ oder innere Haltungen aufweisen, aus denen sich gemeinsame Lebensstile herausbilden.« (ebd.: 165) Hradil betont besonders die Aspekte der Selbstbestimmung und der fließenden Übergänge zwischen den Milieus.

Internationalen Einfluss erlangte Bourdieu (1982 [1979]). Er fasste die drei Milieuformen Durkheims und die Dimensionen Webers in einem konsistent ausgearbeiteten Konzept zusammen. In großen qualitativen und quantitativen Untersuchungen stellt er dar, wie insbesondere die oberen Klassen sich über ihre Familienmilieus so organisieren und über die Generationen fortsetzen, dass sie ihre soziale Stellung sichern oder verbessern können (Bourdieu 1983). Die Vielfalt der Stil-, Geschmacks-, Wahrnehmungs-, Bewertungs- und Praxismerkmale, aber auch der Bildungs- und Berufsstrategien wird durch ein einheitsstiftendes Prinzip geordnet, durch den »Habitus«. Die soziale Praxis erklärt sich aber nicht allein aus dem Habitus, sondern zusätzlich aus den sozialen *Machtmitteln* (»*Kapital*«) und den Machtverhältnissen der sozialen Auseinandersetzung (»*Feld*«). Bourdieu weist empirisch nach, dass es Entsprechungen (Homologien) zwischen Berufsmilieus und ihnen nahe liegenden Stilen und Praxisformen gibt.

Bourdieu kann die Mechanismen der Aufrechterhaltung (Reproduktion) *sozialer Ungleichheit* erklären, nicht aber den Wandel und die Differenzierung der Berufs-, Milieu- und Habitusformen seit den 1970er Jahren. Dies wurde möglich mit dem Milieukonzept von Vester et al. (2001 [1993]), das Bourdieu mit den Cultural Studies und Geiger verbindet. Mit qualitativen und quantitativen Methoden wurden, im Unterschied zu Bourdieu, besonders die

Differenzierung der Volks- und Arbeitnehmermilieus und die breite Zunahme emanzipatorischer Bildungs- und Selbstbestimmungspotentiale herausgearbeitet.

Die Renaissance des Milieukonzeptes war mit seiner Diversifizierung verbunden. Durch seine Praxis- und Stilorientierung erlangte es besondere Bedeutung nicht nur für die Markt- und Konsumforschung, sondern auch für anwendungsorientierte Wissenschaften, insbesondere die Erziehungswissenschaften, die politische Bildung, die Gesundheitsforschung und nicht zuletzt die politische Soziologie bei der Beratung von Kommunen, Verbänden, Kirchen und Parteien in Fragen der sozialen Chancen und Integration und der politischen Mitwirkung. In der Stadt- und Gemeindesoziologie wurde die soziale Kohäsion der gemeindlichen und regionalen Milieuzusammenhänge wiederentdeckt, als aktive, sozialen Desintegrationstendenzen entgegenwirkende Praxis (Geiling, in Bremer/Lange-Vester 2006). Bei der Untersuchung kleinerer Milieus (Stadtviertel-, Berufs-, Organisations-, Bewegungsmilieus usw.) können die Dimensionen des Wir-Gefühls und des engeren Zusammenhalts spezifischer erfasst werden. Die Vielfalt der Milieuansätze entspricht der Vielfalt der Milieus und der Fragestellungen.

Literatur

Becker, Ulrich et al., 1992: Zwischen Angst und Aufbruch. Das Lebensgefühl der Deutschen in Ost und West nach der Wiedervereinigung, Düsseldorf/New York/Moskau. – Bourdieu, Pierre, 1982: Die feinen Unterschiede, Frankfurt a. M. (1979). – Bourdieu, Pierre, 1983: Ökonomisches Kapital, Kulturelles Kapital, Soziales Kapital; in: Kreckel, Reinhard (Hg.): Soziale Ungleichheiten, Göttingen, 183–198. – Bourdieu, Pierre, 2000: Das religiöse Feld, Konstanz (1971). – Brake, Anna et al. (Hg.), 2013: Empirisch Arbeiten mit Bourdieu, Weinheim. – Bremer, Helmut; Lange-Vester, Andrea (Hg.), 2006: Soziale Milieus und Wandel der Sozialstruktur, Wiesbaden. – Clarke, John et al., 1979: Jugendkultur als Widerstand, Frankfurt a. M. (1977). – Durkheim, Emile, 1961: Regeln der soziologischen Methode, Neuwied (1894/95). – Durkheim, Emile, 1988: Über soziale Arbeitsteilung, Frankfurt a. M. (1893/1902). – Geiger, Theodor, 1932: Die soziale Schichtung des deutschen Volkes, Stuttgart. – Geiger, Theodor, 1949: Die Klassengesellschaft im Schmelztiegel, Köln/Hagen. – Hradil, Stefan, 1987: Sozialstrukturanalyse in einer fortgeschrittenen Gesellschaft, Opladen. – Lepsius, Mario Rainer, 1993: Parteiensystem und Sozialstruktur; in: Ders.: Demokratie in Deutschland, Göttingen, 25–50 (1966). – Lösche, Peter; Walter, Franz, 1992: Die SPD, Darmstadt. – Niet-

hammer, Lutz (Hg.), 1983/1993/1985: Lebensgeschichte und Sozialkultur im Ruhrgebiet, 3 Bde., Berlin/Bonn. – Renn, Joachim (Hg.), 2013: Die Form des Milieus, Sonderband der Zeitschrift für Soziologie, Weinheim/Basel – Thompson, Edward Palmer, 1987: Die Entstehung der englischen Arbeiterklasse, 2 Bde., Frankfurt a. M. (1963). – Ueltzhöffer, Jörg et al., 1993: Alltagsästhetik und politische Kultur. Bonn. – Vester, Michael, 2013: Zwischen Marx und Weber: praxeologische Klassenanalyse mit Bourdieu, in: Brake et al. (Hg.), 130–195 (2013) – Vester, Michael, 2013: Milieu als soziologisches Modell oder als historische Praxis?; in: Renn et al. (Hg.), 222–257 (2013) – Vester, Michael et al., 2001: Soziale Milieus im gesellschaftlichen Strukturwandel, Frankfurt a. M. (vollst. überarb. Fassung der Ausgabe v. 1993). – von Oertzen, Peter, 2006: Klasse und Milieu als Bedingungen gesellschaftlichen Handelns; in: Bremer, Helmut; Lange-Vester, Andrea (Hg.): Soziale Milieus und Wandel der Sozialstruktur, Wiesbaden, 37–69 (1994). – Weber, Max, 1972: Wirtschaft und Gesellschaft, Tübingen (1921). – Williams, Raymond, 1972: Gesellschaftstheorie als Begriffsgeschichte, München (1958).

Michael Vester

Militärsoziologie

Forschungsgegenstand und Merkmale

Militärsoziologie (engl. military sociology) bezeichnet die auf das Militär und die Streitkräfte bezogene sozialwissenschaftliche Forschung. Das Forschungsinteresse gilt dabei gleichermaßen dem Soldaten als Subjekt, der *Organisation*, dem zivil-militärischen Verhältnis und dem Handeln von Militär in internationalen Zusammenhängen. Während die Militärsoziologie in der Regel als eine Teildisziplin der Soziologie verstanden wird, weist sie von ihrem Forschungsgegenstand und ihrer wissenschaftlichen Ausrichtung her für manche eine Reihe dezidierter Merkmale auf, die ihr im Vergleich zu anderen klassischen Teildisziplinen der Soziologie einen deutlich umfassenderen Charakter geben (Kümmel/Prüfert 2000; Leonhard/Werkner 2005). Dazu gehört in erster Linie ihre **interdisziplinäre Ausrichtung**, die Fragestellungen und Ansätze der Soziologie und der Politikwissenschaften, aber auch der Psychologie, der Ethnologie, der Philosophie, der Wirtschaftswissenschaften oder der Geschichtswissenschaft umfasst. Auch wenn diese Interdisziplinarität die Anbindung an die Allgemeine Soziologie und eine fachbezogene Institutionalisierung in Forschung und Lehre an den Universitäten in Deutschland eher erschwert hat, ist der Begriff der Militärsoziologie dennoch zweckmäßig, weil er sich international, vor allem in der angelsächsischen Welt, für militärbezogene Forschung durchgesetzt hat. Ein zweites Merkmal der Militärsoziologie ist ihre **Multiperspektivität**, da ihre Analyseebenen von der Makro- über die Mesoebene bis zur Mikroebene reichen, also den Soldaten als Individuum, die Militärorganisation, die Zusammenhänge zwischen Streitkräften und Gesellschaft sowie das Handeln von Militär im internationalen Kontext wie in multinationalen Einsätzen oder in fremden Kulturkreisen umfassen (s. u.). Neben den militärbezogenen Fragen im engeren Sinne widmet sich die Militärsoziologie aber auch einer ganzheitlichen Betrachtung der politisch-gesellschaftlichen Entstehungs- und Existenzbedingungen von Streitkräften. Schließlich hat die Militärsoziologie einen ausgeprägt **komparativen Charakter**, indem spezifische Entwicklungen in den Streitkräften oder im zivil-militärischen Verhältnis international vergleichend analysiert werden.

Zur Entwicklung der Militärsoziologie

Der Beginn der modernen Militärsoziologie wird gemeinhin in empirischen Untersuchungen amerikanischer Soziologen und Psychologen in der U. S. Army während des Zweiten Weltkriegs gesehen. In der neu gegründeten »Research Branch« wurden ab 1941 über vier Jahre eine halbe Million Soldaten in etwa 200 bis 300 Untersuchungen zu verschiedenen Aspekten befragt (Motivation, Zufriedenheit etc.). Das umfangreiche Datenmaterial wurde in einem vierbändigen Sammelwerk »The American Soldier – Studies in Social Psychology in World War II« 1949/50 von Samuel A. Stouffer et al. veröffentlicht. Nach dem Krieg wurden diese Untersuchungen ausgeweitet, auch auf die Erforschung fremden Militärs und unter Einbeziehung von Sozialwissenschaftlern an Universitäten (Janowitz/Shils 1948). Die Untersuchungen konzentrierten sich in der Folge auf sozialpsychologische Fragen (Gruppenkohäsion, Motivation, Einsatzbereitschaft u. a.) sowie organisationssoziologische Aspekte oder Fragen des Verhältnisses von Streitkräften und Gesellschaft. Herausragend sind hier die Arbeiten von Samuel P. Huntington und Morris Janowitz zur Professionalisierung des Soldatenberufs (Huntington 1957; Janowitz 1960). Durch Janowitz wurde in Abgrenzung zu einem normativ gegebenen Berufsethos auf der Grundlage empiri-

scher Daten ein soziologisches Portrait des US-amerikanischen Offiziers und seiner beruflichen Identität erarbeitet. Unter dem Eindruck der Entwicklungen des Vietnam-Kriegs entwickelte Charles C. Moskos das Konzept soldatischer Identität grundlegend weiter, indem er dessen Entwicklung wesentlich durch die zivile Einbindung des Militärs bestimmt sah. Nicht die normative Abgrenzung der soldatischen Welt von der Zivilgesellschaft, sondern die Prägung ihrer beruflichen Identitäten durch diese rückte in den Mittelpunkt (Moskos 1977). Mit der grundlegend veränderten sicherheitspolitischen Lage und den neuen Aufgaben der Streitkräfte am Ende des 20. Jahrhunderts gewann eine Vielzahl militärbezogener Fragen an Relevanz mit deutlichen Auswirkungen auf die Militärsoziologie. Ausdruck hiervon war die Durchführung einer Reihe vergleichender internationaler militärsoziologischer Forschungsprojekte mit dem Fokus auf Streitkräfteentwicklung, multinationale Einsätze und den Veränderungen im Verhältnis Streitkräfte/Gesellschaft (Boene/Dandecker 1998; Moskos et al. 2000; Kuhlmann/Callaghan 2000). Das Forschungsinteresse galt hierbei u. a. Kontinuität und Wandel der militärischen Kulturen in den verschiedenen Ländern, der Neuordnung des zivil-militärischen Verhältnisses in postkommunistischen Ländern (security sector reform) oder dem Trend zur Privatisierung von Sicherheitsaufgaben. Im vergangenen Jahrzehnt sind umfassende Sammelbände zum Stand der Militärsoziologie erschienen, mit denen die Militärsoziologie überzeugend als eigenständige Wissenschaftsdisziplin im Kontext der Allgemeinen Soziologie etabliert wurde (Kernic 2001; Leonhard/Werkner 2005; Gareis/Klein 2006; von Bredow 2008).

Forschungseinrichtungen und Organe

Das wichtigste internationale militärsoziologische Forum ist das »Research Committee 01: Armed Forces and Conflict Resolution der International Sociological Association (ISA)«. Das »Committee« veranstaltet eigene Tagungen, publiziert deren Ergebnisse und gibt einen eigenen Newsletter heraus. Große Bedeutung hat das 1960 durch Morris C. Janowitz gegründete »Inter-University Seminar on Armed Forces and Society (IUS)«, das zweijährliche Tagungen und Konferenzen durchführt und Sozialwissenschaftler aller Fachrichtungen umfasst. Auch die Zeitschrift »Armed Forces & Society« wird durch das IUS herausgegeben; sie gilt als die bedeutendste militärsoziologische Zeitschrift weltweit. In den achtziger Jahren hat sich unter der Bezeichnung ERGOMAS (»European Research Group on Military and Society«) eine europäische Forschergruppe etabliert, die militärsoziologische Themen diskutiert und die Ergebnisse publiziert. Die bekanntesten US-amerikanischen Forschungsinstitute sind das »US Army Research Institute« mit Hauptsitz in Alexandria, Virginia, das »Department of Social Sciences« an der Militärakademie des Heeres in West Point und das »Center for Research on Military Organization« an der University of Maryland in College Park. Militärsoziologische Forschung findet auch an zahlreichen anderen amerikanischen Universitäten statt. In verschiedenen europäischen Ländern gibt es militärsoziologische Forschungseinrichtungen, wie zum Beispiel das »Dept. of War Studies« am King's College in London, die »Koninklijke Militaire Academie« in Breda (NL), die Militärakademie an der ETH Zürich oder das Institut für Human- und Sozialwissenschaften an der Landesverteidigungsakademie Wien.

In Deutschland beschäftigt sich vor allem das 1974 gegründete Sozialwissenschaftliche Institut der Bundeswehr (»SOWI«) in Strausberg bei Berlin kontinuierlich mit militärsoziologischen Fragestellungen. Darüber hinaus wird an den Universitäten der Bundeswehr und an der Führungsakademie der Bundeswehr in begrenztem Umfang militärsoziologische Forschung betrieben. Das SOWI ist eine Einrichtung der Ressortforschung des Bundes und betreibt im Auftrag des Bundesministeriums der Verteidigung anwendungsorientierte Auftragsforschung und die hierzu notwendige Grundlagenforschung. Das Institut ist stark empirisch nach dem Vorbild der US-amerikanischen Militärsoziologie ausgerichtet. Seine Forschungsergebnisse sind grundsätzlich zur Veröffentlichung vorgesehen. Seit 2007 ist es gemeinsam mit der Universität Potsdam und dem Militärgeschichtlichen Forschungsamt Träger des Masterstudiengangs »Military Studies – Militärgeschichte/Militärsoziologie« an der Universität Potsdam, der die einzige universitäre Institutionalisierung der Militärsoziologie in Deutschland darstellt.

Seit 1971 besteht in Deutschland als militärsoziologisches Netzwerk zudem der »Arbeitskreis Militär und Sozialwissenschaften« (AMS). Er führt jährliche Konferenzen durch, gibt einen Newsletter heraus und veröffentlicht militärsoziologische Sammelbände und Monographien in der Reihe »Militär und Sozialwissenschaften« im Nomos-Verlag. Ein Pendant hierzu gibt es in der Schweiz unter dem Namen »Chance Schweiz – Arbeitskreis für Sicherheitsfragen«.

Forschung und Politikberatung

Sozialwissenschaftliche Streitkräfteforschung wurde in den vergangenen Jahrzehnten in Deutschland, aber auch in anderen Ländern, vor allem im institutionellen Kontext der Verteidigungsressorts und der Streitkräfte betrieben. Ohne die Auftragsforschung des Verteidigungsbereichs hätte sich international keine nennenswerte Militärsoziologie entwickelt. Diese Nähe zum Auftraggeber »Militär« hat immer wieder Anlass zu grundsätzlicher Kritik an der angeblich zu großen »Militär-Nähe« gegeben. In diesem Zusammenhang wurde auch von der »Soziologie für den Dienstgebrauch« gesprochen, die zwar die Probleme des Militärs, nicht aber das Militär als gesellschaftliches Problem erforschen würde (Wachtler 1983). Desgleichen wurde immer wieder ein Spannungsfeld zwischen Forschung und Wissenschaft einerseits, wissenschaftlicher Politikberatung und Auftragsforschung andererseits, gesehen.

Ungeachtet dieser grundsätzlichen Kritik ist der militärsoziologische Beratungsbedarf angesichts der internationalen und gesellschaftlichen Veränderungen weiter gestiegen. Die Lösung von Problemen bedarf in der Großorganisation »Streitkräfte« wie in anderen Politikbereichen wissenschaftlicher Beratung. Wissenschaftliche Politikberatung dient der Rationalisierung politischer Entscheidungsfindung und der Legitimierung politischen Handelns. Denn Legitimation in modernen Demokratien wird sowohl durch die demokratische Wahl als auch durch die Rationalität der Entscheidungen auf Grundlage eines gesicherten und in der Wissenschaft konsentierten Wissens erreicht (Weingart/Carrier/Krohn 2007).

Während also das Gros der militärsoziologischen Forschung in der militärbezogenen Auftragsforschung und in militärnahen Einrichtungen stattfindet und sich streitkräftebezogene Politikberatung als institutioneller Bereich in der Forschungslandschaft etabliert hat, bleibt gerade in Deutschland immer noch eine selbst zu verantwortende und schwer verständliche Distanz in weiten Teilen der zivilen Forschungslandschaft zum Forschungsgegenstand Militär festzuhalten. Dies gilt so nicht für die sicherheitspolitische und die Friedens- und Konfliktforschung.

Forschungsfelder und Perspektiven

Die Forschungs- und Arbeitsfelder der Militärsoziologie reflektieren entsprechend der Komplexität der militärischen Organisation und ihrer starken Abhängigkeit von den gesellschaftlichen Bedingungen einerseits, dem internationalen sicherheitspolitischen Kontext andererseits, ein breites Spektrum an Themen sowie methodischen und theoretischen Ansätzen. Viele grundlegende soziale Prozesse – Sozialisierung, Rollenkonflikte, Primärgruppenbeziehungen, Assimilation, Werte und Wertewandel, Identität und Interkulturelle Kompetenz, Berufswahlprozesse u. v. m. – werden im Rahmen der Militärsoziologie analysiert. Dabei können zwei grundsätzliche Herangehensweisen unterschieden werden: entweder die Untersuchung originär militärspezifischer Themen wie zum Beispiel Belastungen der Soldaten im Einsatz oder die Untersuchung allgemeiner gesellschaftsrelevanter Fragen am Beispiel des Subsystems Militär. Beispiele hierfür sind Forschungsfelder wie Kultur, Tradition oder Gender.

Als Hauptgegenstand der Militärsoziologie wird von manchen der Krieg als wesentliche Bestimmungsgröße des Militärs oder aber die soziale Funktion und gesellschaftliche Bedingtheit des Militärs gesehen. Für andere ist die Militärsoziologie angesiedelt im Dreieck von Militär, Gesellschaft und Krieg. Wieder andere sehen die Streitkräfte vorrangig als Subsystem der Gesellschaft und fragen nach den Funktionszusammenhängen und Beziehungen zwischen Streitkräften und Gesellschaft oder erforschen ausgewählte soziale Gruppen innerhalb des Militärs bzw. spezifische Fragen der Organisation Militär. Aus der Militärethik wird eine Orientierung der Forschungsfragen an den normativen Leitideen Frieden (Legitimierung von Streitkräften), Demokratie (Integration von Streitkräften in die Gesellschaft) und Freiheit (Identifizierung der Soldaten als selbstbestimmte Personen mit dem Dienst in den Streitkräften) vorgeschlagen.

Der Blick auf den internationalen Stand der Militärsoziologie zeigt entsprechend den vier grundlegenden Analyseebenen – Individuum, Organisation, Militär und Gesellschaft, Militär und internationale Politik – eine Vielzahl von Forschungsfeldern, die zu einem wesentlichen Teil bestimmt werden durch die Interessen der Auftraggeber im Verteidigungssektor (s. o.: Forschung und Politikberatung). Diese werden konfrontiert mit einem sich in den vergangenen zwei Jahrzehnten dynamisch wandelnden sicherheitspolitischen Kontext für das Handeln ihrer Streitkräfte (Ende des Ost-West-Konflikts, asymmetrische Kriege, grenzüberschreitende Risiken, internationaler *Terrorismus*, internationale Friedenssicherung und Konfliktbewältigung, militärtechnologische Entwicklungen) sowie mit gleichermaßen tiefgreifenden gesellschaftlichen Veränderungen (postheroische Gesellschaft, Wertewandel, demografischer Wandel). Neue Anforderungen und Aufgaben im Rahmen der internationalen Friedenssicherung und Krisenbewältigung transformieren Strukturen und Identitäten des Militärs und erfordern die ständige Kooperation zwischen politischen, zivilen und militärischen Akteuren. Veränderte demografische und gesellschaftliche Voraussetzungen sowie finanzielle Zwänge führen in vielerlei Hinsicht zu einer Neubewertung des Verhältnisses von Streitkräften und Gesellschaft und zu einer verstärkten sicherheitspolitischen Kooperation im nationalen und internationalen Rahmen.

Als besonders relevante und aktuelle militärsoziologische Forschungsfelder haben sich daher entlang der o. a. Analyseebenen die in der Abbildung dargestellten Forschungsfelder herauskristallisiert.

Individuum: Motivation und Dienstzufriedenheit von Soldaten in einem globalisierten Einsatzrahmen; Belastungen des Soldaten und seiner Familien, am Standort und im Einsatz; Soldat als Beruf und Profession, soldatische Identitäten und Selbstverständnis in der Einsatzarmee; militärische Sozialisation; ethische Grundlagen des soldatischen Handelns; Führungsverhalten und Vertrauen in Vorgesetzte.

Organisation: Wehrverfassung; Tradition; militärische Rituale; Ausbildung und Bildung der Soldaten; Frauen und Minderheiten; die Soldatenfamilie; Familie und Beruf, Kinderbetreuung; interkultureller Kompetenz-Erwerb; ökonomische Modernisierung von Streitkräften; sozialwissenschaftliche Begleitung der Einführung neuer Technologien; Evaluierung militärischer Subsysteme.

Streitkräfte und Gesellschaft: Wesen und Aufgaben von Streitkräften; zivil-militärische Beziehungen; vernetzte Sicherheit; Sozialstruktur und Rekrutierungsmuster der Streitkräfte; demografischer Wandel und Militär; Personalgewinnung und Personalbindung; Attraktivität von Streitkräften als Arbeitgeber; Professionalisierung und berufliches Selbstverständ-

Militärsoziologie – Analyseebenen

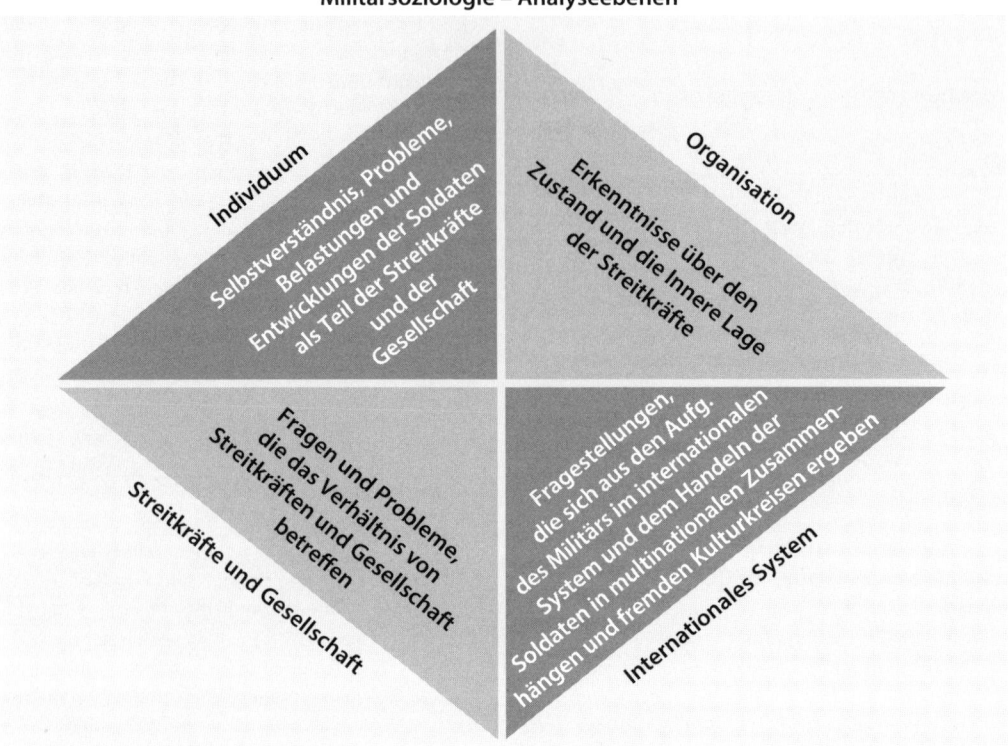

nis des Soldatenberufs; Streitkräfte und Demokratie; Staatsbürger in Uniform; Streitkräfte und Medien; sicherheits- und verteidigungspolitische Meinungsbilder in der Öffentlichkeit und in den Streitkräften; Streitkräfte in der postheroischen Gesellschaft, private Sicherheitsorganisationen.

Militär und internationales System: Zusammenarbeit mit Streitkräften anderer Nationen in stehenden Verbänden und im multinationalen Einsatz; strategische Kulturen und ihre Auswirkungen auf die militärische Integration; Entwicklung und Ausprägung interkultureller Kompetenz in multinationalen Verbänden und in fremdem Kulturkreisen; zivil-militärische Zusammenarbeit in Einsatzgebieten; Evaluierung der einsatzvorbereitenden Ausbildung; Belastungen im Einsatz; Bedrohungswahrnehmungen, Umgang mit Gefahren; psychosoziale Folgen des Einsatzes.

Komparative Ansätze in der Streitkräfteforschung werden vor dem Hintergrund vergleichbarer Problemlagen (z. B. Umgang mit den Folgen des demografischen Wandels für die Personalgewinnung, mul-

tinationales internationales Engagement als Regel, Kooperationsgebot im Rahmen vernetzter Sicherheit zwischen zivilen und militärischen Akteuren, Folgen von Kampfeinsätzen für Streitkräfte und Soldaten, Analyse divergierender strategischer Kulturen etc.) weiter an Bedeutung gewinnen. Desgleichen werden empirische Studien zu Einstellungen, Haltungen und Problemlagen sowie zur Evaluierung militärischer Bildung und Ausbildung zunehmen. Dies entspricht einem klar erkennbaren Trend zur Rationalisierung politisch-militärischer Entscheidungsprozesse durch Nutzung wissenschaftlicher Expertise.

Literatur

Boene, Bernhard; Dandecker, Christopher (Hg.), 1998: Les armées en Europe, Paris. – von Bredow, Wilfried, 2008: Militär und Demokratie in Deutschland, Wiesbaden. – Caforio, Guiseppe, 1998: The Sociology of the Military, Cheltenham. – Gareis, Sven B.; Klein, Paul (Hg.), 2006: Handbuch Militär und Sozialwissenschaften, 2. Aufl., Wiesbaden. – Huntington, Samuel P., 1957: The Soldier and the State,

New York. – Janowitz, Morris; Shils, Edward A., 1948: Cohesion and Disintegration of the Wehrmacht in World War II, Public Opinion Quarterly, Bd. 12. – Janowitz, Morris, 1960: The Professional Soldier. A Social and Polical Portrait, Glencoe. – Leonhard, Nina; Werkner, Ines-Jacqueline (Hg.), 2005: Militärsoziologie – Eine Einführung, Wiesbaden. – Kernic, Franz, 2001: Sozialwissenschaften und Militär – Eine kritische Analyse, Wiesbaden. – Kümmel, Gerhard; Prüfert, Andreas (Hg.), 2000: Military Sociology. The Richness of a Discipline, Baden-Baden. – Kuhlmann, Jürgen; Callaghan, Jean (Hg.), 2000: Military and Society in 21st Century Europe, Münster. – Moskos, Charles C., 1977: From Institution to Occupation: Trends in Military Organisation; in: Armed Forces & Society 4, 411–50. – Moskos, Charles C. et al. (Hg.), 2000: The Postmodern Military, New York. – Roghmann, Klaus; Ziegler, Rolf, 1969: Militärsoziologie; in: König, René (Hg.): Handbuch der empirischen Sozialforschung, Bd. 2, Stuttgart. – Stouffer, Samuel A. et al., 1949/50: Studies in Social Psychology in World War II, Bd. I: The American Soldier. Adjustment during Army Life, Bd. 2: The American Soldier. Combat and its Aftermath, Princeton. – Tresch, Tibor S.; Leuprecht, Christian, 2010: Europe without Soldiers. Recruitment and Retention across the Armed Forces of Europe, Kingston. – Wachtler, Günther (Hg.), 1983: Militär, Krieg, Gesellschaft. Texte zur Militärsoziologie, Frankfurt a. M. – Weingart, Peter et al., 2007: Nachrichten aus der Wissensgesellschaft, Göttingen.

Ernst-Christoph Meier

Minderheit

Definition

Minderheit (Minorität, engl. minority) ist eine Gruppierung innerhalb einer Gesellschaft oder eines Staates, die sich durch sprachliche, religiöse, ethnische, »rassische«, kulturelle, soziale, geschlechtliche, sexuelle u. a. Merkmale von der Mehrheit dieser Gesellschaft unterscheidet. Zunehmend gewinnen in der Fachliteratur die körperlichen Behinderungen und das Alter bei der Definition des Minderheitenbegriffs an Bedeutung. Die Unterscheidungsmerkmale können tatsächlich existieren oder zugeschrieben sein.

Bei der Konstituierung einer Minderheit ist die Quantität einer Gruppe zwar von Bedeutung, sie ist aber nicht zwingend entscheidend für den Minderheitenstatus. Das ist etwa am Beispiel der Apartheid in Südafrika zu sehen. Eine Minderheit wird vielmehr qualitativ bestimmt: Die Minorität hat weniger Einfluss und Macht in der Gesellschaft als die Mehrheit, verfügt über weniger Kapital im Sinne

von Bourdieu und wird von der qualitativen Mehrheit negativ bewertet und von Entscheidungsprozessen ausgeschlossen. Nach anderer Auffassung ist mit dem allgemeinen Sprachgebrauch das quantitative Verhältnis sehr wohl entscheidend: Um die u. U. missverständliche Formulierung zu vermeiden, dass in Südafrika zur Apartheid-Zeit eine kleine Mehrheit eine große Minderheit unterdrückte, spricht man danach auch davon, dass eine Minderheit die Mehrheit unterdrückt habe.

Die Merkmale, nach denen eine Minderheit definiert wird, unterscheiden sich in den einzelnen Gesellschaften bzw. Kulturen und variieren im historischen Kontext. Diese Merkmale werden stark von den Werten und Interessen der jeweiligen Mehrheiten geprägt. Die Mehrheit verfügt über ökonomische und politische Ressourcen, über Macht, ihre eigene(n) Kultur, Lebensstile, Normen und Werte als »normal«, »selbstverständlich« und verbindlich durchzusetzen und dementsprechend die Nichtzugehörigen auszuschließen. Die Zugehörigkeit zu einer Minderheit ist nicht absolut: In einer Gesellschaft kann eine, z. B. ethnische oder religiöse, Gruppe als Minderheit angesehen werden; in einer anderen Gesellschaft können die gleichen ethnischen und religiösen Merkmale die Zugehörigkeit zu einer Mehrheit begründen. Die Entstehung einer Minderheit ist mit dem Glauben an ein gemeinsames Schicksal, an eine gemeinsame Herkunft, Kultur, Geschichte, aktuelle Erfahrungen und Zukunft verbunden. Konstitutiv für die Minderheit ist die politische Akzentuierung auf die stigmatisierte Zugehörigkeit und die öffentliche Artikulation gemeinsamer Interessen. Die politische Konstituierung ist Ergebnis der bewusst gewordenen *Marginalisierung* und empfundener *Diskriminierung*.

Randgruppen

In der Fachliteratur wird zwischen Minderheiten und *Randgruppe*n unterschieden. Die Randgruppen werden aufgrund des (unprivilegierten) sozialen Status ihrer Mitglieder gebildet. Benachteiligte wie Obdachlose, Arbeitslose, Arme, Menschen, die Sozialleistungen erhalten, Drogensüchtige, Prostituierte etc. gehören zu diesen sog. »marginalen Gruppen«. Der Unterschied zwischen den Randgruppen und den Minderheiten liegt in der Annahme, dass bei den Minderheiten die Unterscheidungsmerkmale (z. B. Ethnos, Rasse, Geschlecht) nicht oder nur sehr schwierig geändert werden können. Ein Drogenabhängiger könnte, zumindest theoretisch, beschließen, die Drogensucht aufzugeben; hingegen könnte ein Zugehöriger der Sinti-Minderheit nur bedingt beschließen, sich nicht mehr als Sinti zu identifizieren. Auch wenn er seine ethnische *Identität* ändern würde, kann er möglicherweise den stigmatisierenden Blick der Mehrheit nicht ändern.

Typologisierung der Minderheiten

Die Minderheitentypologisierung von Heckmann fokussiert auf ethnische, nationale und migrationsspezifische Merkmale. Durch die Prozesse der Nationalstaatenbildung entstehen die »nationalen« und die »regionalen« Minderheiten. Durch die Kolonisierung werden zum Ersten die kolonisierten Minderheiten, also »Nachkommen der Urbevölkerung kolonial eroberter« Gebiete, und zum Zweiten die »neuen nationalen Minderheiten« gebildet. Ein weiterer Minderheitentyp formiert sich nach Heckmann durch die Migration – dazu gehören die »Einwandererminderheiten« und die »Arbeitsmigranten«.

In der Forschung werden auch die sog. »religiösen Minderheiten« berücksichtigt. Sie entstehen durch neue Konfessionsbildungen oder religiöse Sezessionen. Eine Erweiterung der Typologisierung, die die Kategorien »Alter«, »Geschlecht« und »Sexualität« umfasst, steht in der Forschung noch aus.

Diskriminierung

In den meisten Gesellschaften werden Minderheiten diskriminiert. Der Umfang der *Diskriminierung* variiert je nach Gesellschaft: Er kann die physische Ausrottung, die Vertreibung über Staatsgrenzen hinweg, die Benachteiligung bei der Verteilung von Zugangs- und Aufstiegsmöglichkeiten im Bereich der Bildung, des Arbeitsmarktes, der Bezahlung, der räumlichen Segregation, der rechtlichen Stellung etc. umfassen. Diskriminierend sind z. B. die Restriktionen bezüglich der Möglichkeiten der Minderheit, ihre Kultur, Traditionen, Religion und Sprache zu pflegen. Eine subtile Form der Diskriminierung ist die bewusste oder unbewusste Anwendung der sog. »hate speech« (z. B. Beleidigungen und verbale *Stigma*tisierungen). Die gezielte oder unreflektierte Verbreitung von *Vorurteile*n, *Stereotype*n und Bildern in der Öffentlichkeit, z. B. durch die Medien und durch die Schulbücher, können sich auch benachteiligend auswirkend.

Ausblick

Die Minderheitenforschung setzt die Zugehörigkeit der Individuen in einer oder mehreren festen Gruppen voraus. Im Zuge der zunehmenden *Individualisierung* sind feste und dauerhafte Gruppenzugehörigkeiten seltener geworden. Selbst als unveränderbar definierte Merkmale wie Hautfarbe und Geschlecht können verändert werden. Eine Herausforderung für die Minderheitenforschung werden die Fragen sein, ob jede gesellschaftliche Form auch in der Zukunft Minderheiten bilden wird, ob die Minderheiten wichtig für die Existenz der Gesellschaft sind oder Gesellschaften ohne Minderheiten existieren können.

Literatur

Bade, Klaus J. (Hg.), 2007: Enzyklopädie Migration in Europa. Vom 17. Jahrhundert bis zur Gegenwart. Paderborn. – Castles, Stephen; Miller, Marc J., 2009: The Age of Migration. International Population Movements in the Modern World, 4. Aufl., Basingstoke. – Fenton, Steve, 2003: Ethnicity. (Polity's Key Concept Series.), Cambridge. – Gordon, Milton M., 1975: Toward a General Theory of Racial and Ethinc Group Raltions; in: Glazer, Nathan; Moynihan (Hg.): Ethnicity. Theory and Experience. Cambridge, MA/London, 84–110. – Heckmann, Friedrich, 1992: Ethnische Minderheit, Volk und Nation. Soziologie inter-ethnischer Beziehungen, Stuttgart. – Schmalz-Jacobsen, Cornelia; Hansen, Georg (Hg.), 1995: Ethnische Minderheiten in der Bundesrepublik Deutschland, München. – Schmidt-Lauber, Brigitta (Hg.), 2007: Ethnizität und Migration. Einführung in Wissenschaft und Arbeitsfelder, Berlin. – Schönwälder, Karen et al., 2008: Ethnizität in der Zuwanderungsgesellschaft Deutschland: Zur Beobachtung ethnischer Identifizierungen, Loyalitäten und Gruppenbildungen. SOEB Arbeitspapier 1. Forschungsverbund Berichterstattung zur sozioökonomischen Entwicklung der Bundesrepublik Deutschland. – Treibel, Annette, 2011: Migration in modernen Gesellschaften. Soziale Folgen von Einwanderung, Gastarbeit und Flucht, 5. Aufl., Weinheim/München. – Vermeulen, Hans; Govers, Cora (ed.), 1996: The Anthropology of Ethnicity. Beyond ›Ethnic Groups and Boundaries‹, Amsterdam.

Marina Liakova

Mobilität

Mobilität (engl. mobility) nennt man Bewegungen von Menschen zwischen *Position*en. Art und Bedeutung dieser Positionen – und damit der Mobilität zwischen ihnen – sind von den Strukturen abhängig, in denen sich die Positionen befinden. Während sich Mobilität auf Bewegungen innerhalb der Strukturen bezieht, wird die Veränderung der Strukturen selbst als *(sozialer) Wandel* bezeichnet.

Mobilität lässt sich nur vor dem Hintergrund eines Bezugssystems verstehen und erfassen, das die zugrundeliegenden Strukturen abbildet (z. B.. Berufsgruppen, Einkommensklassen, geographische Regionen). Art und Ausmaß jeder beobachteten Mobilität hängen von Art und Differenzierungsgrad der jeweiligen Bezugskategorien ab. Je kleiner die Teileinheiten des Bezugssystems (z. B. regionale Gliederung), desto größer ist i. d. R. das Ausmaß der empirisch beobachteten Mobilität.

Arten der Mobilität

Nach der Art der zugrundeliegenden Strukturen wird zwischen a) sozialer und b) räumlicher Mobilität unterschieden. Als soziale Mobilität wird der Wechsel von Menschen zwischen sozialen Positionen bezeichnet, räumliche Mobilität werden Ortsveränderungen von Menschen genannt. Räumliche Mobilität ist ein wichtiger Gegenstand auch der Sozialwissenschaften, da sie sich i. d. R. nicht auf bloße Ortsveränderungen beschränkt, sondern auch soziale Bedeutung hat. So ziehen Arbeitsplatzwechsel in eine andere Region oft Einkommensveränderungen nach sich.

a) **Soziale Mobilität** kann horizontale oder vertikale Mobilität sein (Groß 2008). Wer **horizontal mobil** ist, verändert die Art, nicht aber den Rang seiner sozialen Position. Es kann sich hierbei u. a. um den Wechsel von Arbeitsplätzen, Berufen, Betrieben, Unternehmen, Branchen, Wirtschaftssektoren, aber auch um die Veränderung von Religion, Konfession, Staatsangehörigkeit, Nationalität, sozialem Milieu, Lebensstil, Lebensform (Familie, Single etc.) handeln.

Wer **vertikal mobil** ist, verändert den Rang seiner sozialen Position und steigt auf oder ab. Ordnet man soziale Auf- oder Abstiege nach Art des jeweili-

gen sachlichen Bezugssystems, so lassen sich u. a. Veränderungen des Erwerbsstatus (vollzeiterwerbstätig, teilzeiterwerbstätig, prekäre Erwerbstätigkeit, erwerbslos), des formalen Bildungsgrades, des Berufs(prestige)status, des Einkommens, der Klasse oder Schicht unterscheiden.

Geordnet nach der Art des jeweiligen personalen Bezugssystems differenziert man in:

- **Intergenerationale Mobilität** (Auf- und Abstiege im Vergleich zur Stellung der Eltern) und **intragenerationelle Mobilität** (Auf- und Abstiege im Verlauf der eigenen Karriere).
- **Individuelle** Mobilität (ein begabtes Arbeiterkind wird Lehrer) und **kollektive Mobilität** (die Lehrerschaft wird akademisch gebildet und steigt auf).
- **Zirkulationsmobilität** (ein ökologisch interessierter Lehrersohn wird Landwirt) und **strukturelle Mobilität** (viele Bauernhöfe müssen schließen; die betroffenen Landwirte müssen einen neuen Beruf suchen).
- Abströme (Anteil der Personen, die sich zu einem späteren Zeitpunkt nicht mehr z. B. in einer bestimmten Berufsgruppe befinden) zeigen die Offen- oder Geschlossenheit einer Gruppierung an. Zuströme (Zusammensetzung von Zielkategorien des Auf- oder Abstiegs nach der Herkunft ihrer Mitglieder) zeigen die Hetero- oder Homogenität oder die demographische Identität einer Gruppierung, z. B. einer sozialen Klasse.

b) **Räumliche Mobilität** kann eine Ortsveränderung ohne oder mit Wohnsitzwechsel (Umzug) sein. Begrifflich ist dabei zunächst zwischen Mobilität und *Verkehr* zu unterscheiden (vgl. Gather et al. 2008): Mobilität bezieht sich auf tatsächlich realisierte Ortsveränderungen von Menschen. Mobilität ist eine Ursache von Verkehr, aber gleiche Mobilität kann je nach Verkehrsmittel (Bahn, Pkw etc.) ungleich viel Verkehr hervorrufen.

Mobilität ohne Wohnsitzwechsel führt zum Wohnort zurück. Sie wird deswegen auch **zirkuläre Mobilität** genannt. Sie erstreckt sich von innerstädtischen Alltagswegen (Einkaufen, Besuche), über das Pendeln von Berufstätigen und Kurzreisen bis hin zu langen Urlauben und Weltreisen.

Mobilitätsbewegungen mit Wohnsitzwechsel werden als **Wanderungen (*Migration*)** oder als **residentielle Mobilität** bezeichnet. Sie äußert sich u. a. als: Fernpendeln, saisonale berufliche Wanderungen, Umzüge ins städtische Umland (Suburbanisierung), interregionale Umzüge (z. B. von Ost- nach Westdeutschland), Außenwanderungen über Staatsgrenzen hinweg.

Die dargestellten Mobilitätsarten schließen sich nicht notwendigerweise aus: So ist mit einer Berufsveränderung häufig ein Auf- oder Abstieg und eine Ortsveränderung verknüpft.

Historischer Rückblick

Häufig besteht die Auffassung, dass traditionale Gesellschaften immobil (gewesen) seien. Erst mit der politischen und gesellschaftlichen *Modernisierung* (Deutschlands im Laufe des 19. Jh.s) hätten räumliche und soziale Mobilität dramatisch zugenommen. Diese Meinung ist hauptsächlich dem Selbstverständnis moderner Gesellschaften geschuldet. Historisch trifft sie nur teilweise zu.

Im Mittelalter wanderten Völker quer durch Kontinente; Kaiserreiche wurden aus dem Planwagen regiert; Kriegs- und Kreuzzüge führten weit; Minnesänger, Fernhändler, saisonale Wanderarbeiter, ambulante Kleinhändler, Gesellen auf Wanderschaft, die Vertreibung und Aufnahme von Glaubensflüchtlingen etc. machten räumliche Mobilität zur alltäglichen Erfahrung. Trotz Stände- und Zunftschranken war auch die soziale Mobilität in mittelalterlichen Gesellschaften häufiger als heute weithin vermutet: Bauern stiegen in den Stand unfreier Bauern ab, Händler und Finanziers, Soldaten oder fürstliche Beamte gelangten in den Adelsstand.

Im 17. und 18. Jh. wurde regionale und soziale Mobilität infolge der Maßnahmen absolutistischer Fürsten systematisch herbeigeführt: „Peuplierungspolitik« förderte Einwanderungen in großem Stil; Auswanderungen besserten die Kasse von Landesherren auf; »Freimeister« erhielten Privilegien zur Gründung von »Verlagen« (organisierte Heimarbeit) und Manufakturen; Adelstitel wurden z. T. käuflich.

Im 19. Jh. machten *Industrialisierung*, Gewerbefreiheit und das Ende der Leibeigenschaft räumliche Mobilität zum Massenphänomen. Überbevölkerung und Not auf dem Lande sowie die entstehenden industriellen Erwerbsmöglichkeiten führten zu Landflucht und Verstädterung. Während des 19. Jh.s wanderten, wegen Armut, Hungersnöten und politischer Unterdrückung, ca. 5 Mio. Menschen aus Deutschland aus, meist in die USA, aber auch nach Südamerika. Andererseits kamen Polen und Masu-

ren in das Ruhrgebiet, Russen nach Berlin. Der Ausbau der Eisenbahn, die Verbesserung von Straßen und Brücken sowie der Abbau von Grenzen machten vielen das Reisen möglich. Die zurückgelegten Wegstrecken und die Geschwindigkeiten stiegen. Auch die soziale Mobilität wuchs: Landarbeiter, Handwerker, Fuhrleute, Kleinhändler, die der industriellen Konkurrenz unterlagen, wurden zu Fabrikarbeitern, wenn auch nicht überall so zügig, wie oft vermutet. Mobilität war zum Anspruch einer modernen Gesellschaft geworden. Die Möglichkeit des »Weggehen-Könnens« galt den Menschen immer mehr als Wesensmerkmal ihrer Freiheit in Familie, Betrieb, Staat etc.

Modernisierungstheorien und Mobilität

In vielen soziologischen *Modernisierungstheorien*, die seit dem 19. Jh. entstanden sind, wurde ein enger wechselseitiger Zusammenhang zwischen Modernisierung und Mobilisierung unterstellt.

Bereits die soziologischen Klassiker E. Durkheim, M. Weber, G. Simmel und N. Elias diagnostizierten eine *soziale Differenzierung*, die Zugehörigkeit der Menschen zu immer mehr und unterschiedlicheren sozialen Gebilden, die Lockerung der einzelnen Zugehörigkeiten und die Möglichkeit des Wechsels im Zuge der Modernisierung.

Besonders deutlich wurde das von den angelsächsischen Modernisierungstheoretikern der Kriegs- und Nachkriegszeit herausgestellt: T. Parsons implizierte wachsende Mobilität der Menschen, wenn er die »evolutionären Universalien« *Bürokratie, Markt*systeme, universalistisches Rechtssystem und demokratische Assoziation als notwendige Bestandteile moderner Gesellschaften hervorhob. K. W. Deutsch stellte den Mobilisierungsprozess explizit als Hauptmerkmal moderner Gesellschaften heraus (1970: 330).

Neuere Modernisierungstheorien: *Globalisierung*sthesen behaupten, dass in einer globalen *Weltgesellschaft* die Bedeutung von Landesgrenzen und Entfernungen sinke, weltumspannende individuelle Bewegungen, Handelsströme und *Kommunikatio*nen zunähmen. *Individualisierung*sthesen sehen die Einzelnen aus vorgegebenen Zusammenhängen der Familie, der Klasse und der Schicht herausgelöst. Die Lebensführung sei Sache des Einzelnen, der auch selbst entscheide, welche sozialen Beziehungen geknüpft werden. Moderne Gesellschaften würden zu »vollmobilen Singlegesellschaften« (Beck 1986: 199). Allerdings treffen diese Gegenwartssichten bisher nur teilweise zu.

Soziale Mobilität – Befunde

Prozesse **horizontaler Mobilität** wurden z. B. für familiale Lebensformen und religiöse Zugehörigkeiten untersucht. Besondere Beachtung hat die Beteiligung an der Erwerbsarbeit gefunden. In der aktuellen Debatte (Mayer u. a. 2010) dominiert die These, die Deregulierung und Flexibilisierung der Arbeitsmärkte entstandardisiere die Erwerbs- und Berufsverläufe. Unstrittig ist zwar, dass jüngere Geburtskohorten durch die Zunahme der *Arbeitslosigkeit* in den letzten Jahrzehnten häufiger, länger und in jüngerem Alter betroffen waren als zuvor Ältere. Anders als oft behauptet hat aber die Beschäftigungsstabilität kaum ab- bzw. die betriebliche und berufliche Mobilität kaum zugenommen, trotz gewachsener Arbeitslosigkeit und prekärer Arbeitsverhältnisse (geringfügige und befristete Beschäftigung, Zeitarbeit etc.).

Prozesse **vertikaler Mobilität** wurden in den vergangenen Jahrzehnten im Bereich der Ungleichheitsforschung regelmäßig untersucht, besonders oft intergenerationale Auf- und Abstiege zwischen beruflichen *Schicht*en oder *Klassen*. Daneben spielte auch die intragenerationale Untersuchung von *Einkommen*smobilität sowie von Zu- und Abgängen zwischen *Arbeitslosigkeit* und Erwerbstätigkeit eine wichtige Rolle. Im Folgenden werden zunächst Befunde zur Generationenmobilität vorgestellt und im Anschluss Ergebnisse zur Lebenslaufmobilität berichtet.

Zwischen absoluter und relativer Mobilität wird vor allem bei der Untersuchung intergenerationaler Klassenmobilität unterschieden. **Absolute Mobilitätsraten** beschreiben das Ausmaß von Auf- und Abstiegen in bestimmten Gruppen der Gesellschaft und geben so Auskunft über tatsächliche Mobilitätserfahrungen der Menschen. Absolute Mobilitätsraten sind von den Größenverhältnissen der jeweiligen Herkunfts- und Zielklassen abhängig, werden durch den sozialen Wandel und internationale Unterschiede der Klassenstrukturen beeinflusst. Z. B. hängen die absoluten Aufstiegschancen von den Zahlen niedriger und hochwertiger Berufspositionen ab. **Relative Mobilitätsraten** dagegen sind unabhängig von den Größenverhältnissen der einzelnen Herkunfts- und Zielklassen. Sie eignen sich zur Untersu-

chung von Chancenungleichheiten, da sie durch Selektionsprozesse entstehen.

Die **absolute Klassenmobilität** zwischen den Generationen wurde in den vergangenen Jahrzehnten durch den sozialen Wandel hin zur Dienstleistungsgesellschaft geprägt. Eng damit verbunden – und durch die Bildungsexpansion flankiert – ist eine qualifikatorische Aufwertung der Berufsstruktur (Mayer et al. 2010: 371). Geringer qualifizierte Arbeitsplätze gingen massenhaft verloren. Diese Prozesse äußerten sich in inter- und intragenerationaler Mobilität. In Ostdeutschland ist seit 1990 die Transformation der Wirtschafts- und Berufsstruktur mit einem Schub struktureller Mobilität einhergegangen.

Absolute vertikale Mobilität war daher zwischen 1976 und 2008 sowohl für Frauen als auch für Männer in Ost- und Westdeutschland weit verbreitet (Pollak 2010). Im Vergleich zur Klassenposition der Väter sind knapp 60 % der ost- wie der westdeutschen Frauen auf- oder abgestiegen. Dabei waren nur geringfügige Schwankungen über die Geburtsjahrgänge zwischen den 1920er und den 1970er Jahren festzustellen (Pollak 2010: 16). Die vertikale Mobilität der Männer liegt mit durchschnittlich gut 50 % jeweils unter der der Frauen. In Westdeutschland ist sie von 50 % für die ältesten Jahrgänge auf 55 % für die Jüngsten angestiegen und in Ostdeutschland von 58 % auf 48 % gesunken.

Die typischen Aufstiegspfade (Pollak 2010: 24 f.) der Männer verliefen in Ost- und Westdeutschland von der Klasse der ungelernten Arbeiter zu den Facharbeitern und von dort zu den qualifizierten Angestellten, für ostdeutsche Männer der älteren Geburtskohorten von den Facharbeitern sogar zu den leitenden Angestellten. Für ostdeutsche Männer bestanden in sämtlichen Geburtskohorten ausgeprägte Abstiegsrisiken von den Facharbeitern zu ungelernten Arbeitern und in der jüngsten Geburtskohorte von den leitenden zu den qualifizierten Angestellten. Für westdeutsche Männer waren Abstiege ausgesprochen selten. Erst die in den 1970er Jahren Geborenen steigen oft von Facharbeitern zu ungelernten Arbeitern ab.

Frauen in Ost- und Westdeutschland stiegen typischerweise von Facharbeiterinnen zu qualifizierten Angestellten auf, andererseits von Facharbeiterinnen zu ungelernten Arbeiterinnen ab. Für ältere Geburtskohorten in Westdeutschland kommen Abstiege von Landwirten zu den ungelernten Arbeitern hinzu. Für eine mittlere Geburtskohorte in Ostdeutschland machten sich auch Abstiege von den leitenden zu den qualifizierten Angestellten bemerkbar.

Prozesse der **relativen Klassenmobilität** sind weniger anschaulich als Absolute zu beschreiben. Die jeweiligen Gelegenheitsstrukturen absoluter Mobilität werden zur Bestimmung relativer Mobilitätsraten in komplexen Verfahren statistisch kontrolliert. Ein zusammenfassendes Maß relativer Mobilität (Pollak 2010: 37) lässt im internationalen Vergleich nur geringe relative Aufstiegschancen für westdeutsche Männer und Frauen erkennen. Die Offenheit oder Durchlässigkeit der bundesdeutschen Gesellschaft ist demnach gering einzuschätzen. Als Ursachen dafür werden Bildungsungleichheiten nach der sozialen Herkunft und die beruflich geprägte Struktur von Ausbildung und Arbeitsmarkt angeführt. In Ostdeutschland zeigt sich demgegenüber in den 1990er Jahren mehr relative Mobilität als in Westdeutschland. Allerdings gingen die relativen Aufstiegschancen in Ostdeutschland seitdem zurück, so dass sie zuletzt sogar geringer als in Westdeutschland waren.

Die berufliche **Karrieremobilität** ist in Deutschland ähnlich eingeschränkt wie die intergenerationale Klassenmobilität (Schiener 2006): Hierzulande liegt die aktuelle berufliche Stellung meist nicht allzu weit von der Berufseintrittsposition entfernt. Berufliche Karrieren führen in Deutschland weniger weit als in den meisten anderen Ländern. Ein Grund hierfür wird im hochdifferenzierten und -standardisierten deutschen Berufsausbildungswesen gesehen. Die meisten Berufe haben klare formale Qualifikationsvoraussetzungen. Dadurch ist die Koppelung zwischen *Qualifikation* und beruflicher *Position* besonders eng. Einerseits sind dadurch die Berufstätigen gut qualifiziert, andererseits ist die Karrierestruktur wenig durchlässig, auch wenn sich dieses Bild seit den 1970er Jahren etwas gelockert hat (Schiener 2006: Kap. 3).

Die intragenerationale **Einkommensmobilität** ist in den letzten Jahren im Vergleich zu den 1980er und den 1990er Jahren in fast allen Einkommensgruppen zurückgegangen (Datenreport 2008: 170). Ungleichheiten in der Ressourcenausstattung bundesdeutscher Haushalte haben sich demzufolge verstetigt. Die absoluten Abstiegsrisiken der am besten ausgestatteten Einkommensschichten haben sich ebenso verringert wie die Aufstiegschancen der einkommensärmsten Schichten. Für die mittleren Einkommensschichten haben zwar auch Aufstiegschancen, mehr aber noch die Abstiegsrisiken zugenommen.

Weil Erwerbstätigkeit für die weitaus meisten Deutschen die wichtigste Einkommensquelle darstellt, ist Arbeitslosigkeit die häufigste Ursache von Einkommensarmut. Nach dem schubweisen Anstieg der Arbeitslosigkeit im Konjunkturverlauf der letzten Jahrzehnte hat sich der Trend seit 2005 ungeachtet der Wirtschafts- und Finanzkrise 2008/2009 umgekehrt. Die Arbeitslosigkeit ist wieder auf dem Niveau der frühen 1990er Jahre angekommen. Hinter dieser Entwicklung stehen umfangreiche Mobilitätsprozesse (Datenreport 2008: 119). So waren 2009 etwa 8 Mio. Zugänge in die bzw. Abgänge aus der Arbeitslosigkeit zu registrieren. Dabei gingen die Menschen nicht nur in die (bzw. kamen aus der) Erwerbstätigkeit, sondern auch in die (aus der) Nichterwerbstätigkeit bzw. in die (aus der) Ausbildung. Die durchschnittliche Dauer der (abgeschlossenen) *Arbeitslosigkeit* hat sich 2009 auf 33 Wochen reduziert.

Räumliche Mobilität – Befunde

Eine stete Zunahme von **zirkulärer Mobilität** (Ortsveränderungen ohne Wohnsitzwechsel*)* sieht das Idealbild der mobilen modernen Gesellschaft vor. Empirisch trifft das aber nur teilweise zu (Gather et al. 2008: 172 ff.; Scheiner 2009: 78). So bleiben die täglichen Mobilitätsraten sowie die durchschnittliche Anzahl und Dauer täglicher Wege seit Mitte der 1970er Jahre weitgehend konstant. Gleiches gilt für die relativen Kosten der Mobilität, die mit ca. 15 % des Haushaltsbudgets zu Buche schlagen. Allerdings haben die Wegstrecken auf durchschnittlich etwa 38 Tageskilometer zugenommen (Gather et al. 2008: 49). Dies verursachten wachsende Berufspendlerströme aufgrund von Suburbanisierungsprozessen. Bei etwa gleichbleibendem Zeitaufwand haben sich damit zirkuläre Mobilitätsprozesse infolge des motorisierten Individualverkehrs beschleunigt.

Auch im *Tourismus* (Luft 2010) werden stete Zuwächse nur für einzelne Felder und Aspekte verzeichnet. Häufigkeit und Verbreitung von Haupturlaubsreisen (von mindestens fünftägiger Dauer) nehmen seit Mitte der 1990er Jahre nicht mehr zu (FUR 2010) und dauern immer weniger lange, 2009 nur noch durchschnittlich 12,2 Tage. Kurzreisen von bis zu vier Tagen Dauer werden häufiger. Der Trend geht demnach zu einer Verkürzung der Haupturlaubsreisen und einer Ergänzung durch Kurzurlaubsreisen. Die Reiseziele teilen sich seit 1995 zu gleichen Teilen auf Deutschland, den Mittelmeerraum und das üb-rige Ausland auf, damit ist Deutschland nach wie vor das beliebteste Reiseziel der Deutschen. Bei den Verkehrsmitteln ist es in den letzten Jahren zu leichten Verschiebung zugunsten des Luftverkehrs zulasten des motorisierten Individualverkehrs gekommen.

Nachdem die **residentielle Mobilität** (Ortsveränderungen mit Wohnsitzwechsel) in Westdeutschland lange zurückgegangen war, löste die Wiedervereinigung eine *Wanderung*swelle aus (Datenreport 2008: 15), die erst seit Ende der 1990er Jahre nachließ. Der anhaltend negative Saldo der Binnenwanderungen zwischen Ost- und Westdeutschland (2008: 51 Tsd.) gilt als Ausdruck andauernder Ungleichheiten zwischen alten und neuen Bundesländern.

Außenwanderungen über die Grenzen Deutschlands sind zwar seltener als Binnenwanderungen, haben aber höhere Bedeutung für die gesellschaftliche Integration und die volkswirtschaftliche Entwicklung. Was die Zuwanderung angeht, wurden noch vor der Staatsgründung 1949 etwa 7 Mio. Vertriebene aus den ehemaligen deutschen Ostgebieten aufgenommen. Zwischen 1950 und dem Mauerbau 1961 folgten ca. 3 Mio. Übersiedler aus der ehemaligen DDR. Zwischen 1955 und dem Anwerbestopp 1973 wurden etwa 7 Mio. Arbeitsmigranten, sogenannte »Gastarbeiter«, aus verschiedenen Anwerbestaaten ins Land geholt. Danach verlangsamte sich die Zuwanderung, stieg aber Ende der 1980er bis Mitte der 1990er Jahre mit einer Welle deutscher Spätaussiedler vorwiegend aus Rumänien, Polen und der (ehemaligen) Sowjetunion noch einmal stark an. Seitdem sinkt die Zuwanderung aus dem Ausland.

Die Abwanderung verlief kontinuierlicher als die Zuwanderung, so dass sich im Zeitverlauf unterschiedliche Wanderungssalden ergaben. Dabei überwogen Phasen der Netto-Zuwanderung mit Spitzen von gut einer halben Mio. Menschen 1970 und beinahe 800 Tsd. 1992. Dazwischen kam es zu kürzeren Phasen geringer Netto-Abwanderung in der Wiederaufbauzeit der frühen 1950er Jahre und infolge der Konjunkturkrisen 1967, 1973 und 1982. Langfristig sind seit 1950 per saldo beinahe 10 Mio. Menschen in die Bundesrepublik gekommen. Seit 2004 war die jährliche Nettozuwanderung gering und ist seit 2008 in Nettoabwanderung umgeschlagen. Allerdings könnten die Wanderungssalden ab 2011 wieder ansteigen, wenn die volle Freizügigkeit für Arbeitskräfte aus den EU-Beitrittsstaaten von 2004 in Kraft tritt.

Migration, sei es Arbeits-, Umwelt-, Kriegs- oder politische Migration, ist heute zu einer weltumspannenden Erscheinung geworden. Sie gilt als eine Komponente von Globalisierungsprozessen. Daraus kann nicht der Schluss gezogen werden, dass Migration säkular zunimmt oder schon große Teile der Weltbevölkerung erfasst hätte. Die Zahl der Migranten wird auf ca. 2 % der Weltbevölkerung geschätzt. Und geht man an das Ende des 19. Jh.s zurück, ganz zu schweigen von früheren historischen Epochen, so wird deutlich, dass die Ländergrenzen überschreitende Migration in früheren Jh.en zeitweise mindestens die heutigen Ausmaße erreichte.

Literatur

Beck, Ulrich, 1986: Risikogesellschaft, Frankfurt a. M. – Datenreport 2008 = Statistisches Bundesamt/Gesellschaft Sozialwissenschaftlicher Infrastruktureinrichtungen/Wissenschaftszentrum Berlin für Sozialforschung (Hg.): Datenreport 2008. Ein Sozialbericht für die Bundesrepublik Deutschland, Bonn. – Deutsch, Karl W., 1970: Soziale Mobilisierung und politische Entwicklung; in: Zapf, Wolfgang (Hg.): Theorien des sozialen Wandels, 2. Aufl., Köln. – FUR 2010 = Forschungsgemeinschaft Urlaub und Reisen e.V., 2010: Reiseanalyse. URL: http://www.fur.de/ (18.04.2013). – Gather, Matthias et al. 2008: Geographische Mobilitäts- und Verkehrsforschung, Berlin. – Groß, Martin, 2008: Klassen, Schichten, Mobilität. Eine Einführung, Wiesbaden. – Mayer, Karl-Ulrich et al., 2010: Mythos Flexibilisierung? Wie instabil sind Berufsbiografien wirklich und als wie instabil werden sie wahrgenommen? in: Kölner Zeitschrift für Soziologie und Sozialpsychologie 62, 369–402. – Pollak, Reinhard, 2010: Kaum Bewegung, viel Ungleichheit. Eine Studie zu sozialem Auf- und Abstieg in Deutschland, Berlin. – Scheiner, Joachim, 2009: Sozialer Wandel, Raum und Mobilität. Empirische Untersuchungen zur Subjektivierung der Verkehrsnachfrage, Wiesbaden. – Schiener, Jürgen, 2006: Bildungserträge in der Erwerbsgesellschaft. Analysen zur Karrieremobilität, Wiesbaden.

Stefan Hradil/Jürgen Schiener

Mode

Mode (lat. modus, Art und Weise; engl. fashion) ist ein ambivalentes Thema: Mal gilt sie als banal, dann wieder als »Weltmacht« (R. König 1985). Ihr identitätsstiftendes, aber auch -gefährdendes Potential wird diskutiert, obwohl sie als oberflächlich gilt; sie knechte die Individuen oder verspreche Freiheit und

Entlastung; ihre Verbreitung wird als Indiz der »Demokratisierung« oder der erfolgreichen Durchsetzung von Kapitalinteressen gelesen. Der Begriff Mode setzte sich in Deutschland im 17. Jh. durch. Zunächst bezog sich Mode auf Bekleidung, schließlich auch auf andere Gegenstände wie Möbeleinrichtungen, Musik oder Körperhaltungen. Besonders eng bleibt die Assoziation mit Kleidung resp. ästhetischen Konsumgütern. Kennzeichen der Mode sind 1. ihre relative Kurzlebigkeit (im Vergleich zu äußerst kurzlebigen fads oder langlebigen Sitten/Bräuchen) und 2. ihre *Kollektiv*ität.

Der kurzlebige Wandel

Datiert wird der Anfang der Mode in Europa zumeist auf das Spätmittelalter. Beschleunigte Verbreitung finden Moden mit dem Wegfall von hierarchischen Kleiderordnungen und Konsumverboten, durch neue Produktionsweisen im Industriekapitalismus, mit dem Aufkommen von Kaufhäusern und großflächiger Werbung. Mode ist eng assoziiert mit der Moderne; sie ist Teil *sozialen Wandels*, Vergangenes und Zukünftiges verbindend. Zu Motor und Richtung des Modewandels liegen diverse **Erklärungsansätze** vor: a) Trickle-down-Theorien beschreiben das »Heruntertröpfeln« von Mode – bei Simmel (1919) gefasst als Dynamik von Nachahmung (der unteren Stände) und Absonderung (der oberen Stände); b) laut Zeitgeisttheorien wird Mode nachgeahmt, weil sie modern ist – Blumer (1969) beschreibt dies als Prozess »kollektiver Wahl«; c) Trickle-up resp. Trickle-across-Theorien stellen ein »Hochtröpfeln« aus *Subkultur*en (etwa der Punks) fest bzw. betonen die Rolle (schichtinterner) Meinungsführer; d) ein schichtunabhängiges Modell der spiralförmigen Verbreitung skizziert R. König (1985) für das 20. Jh.: von Metropolen zu Dörfern, von Jüngeren zu Älteren, angetrieben vor allem durch junge Frauen; e) andere Ansätze verweisen auf Kapitalinteressen, die den Modewandel beflügeln. Ein einheitliches Modell der Dynamik ist in Anbetracht der diversen Ausbreitungsrichtungen und -weisen verschiedenster Moden kaum (mehr) skizzierbar.

Zwischen Kollektivität und Individualität

Eine Mode erfasst nicht alle Gesellschaftsmitglieder. Es gibt szenespezifische, vor allem aber klassen-, geschlechts- und altersspezifische Moden. Über modische Gegenstände/Praktiken gibt der Akteur Hinweis darauf, wem er sich zugehörig fühlt (etwa Rappern), von wem er sich abgrenzt (etwa Kindern). Moden sind Elemente sozialer Ordnung, suchen aber auch den Bruch (so der Bubikopf der 1920er Jahre mit der herrschenden Geschlechterordnung), definieren und kombinieren neu (etwa Turnschuhe zum Anzug). Am Beispiel der Mode bzw. modischen Handelns wird das Verhältnis von Kollektivem und Individuellem (Geschmack) greifbar. Früh schon hat Simmel (1919) das Wechselspiel zwischen Zugehörigkeit und *Individualisierung* beschrieben. In individualisierten Gegenwartsgesellschaften wird die Aufnahme, Kombination und Aneignung modischer Gegenstände vor allem als Ausdruck individuellen Geschmacks gedeutet. Dass eine modische Präferenz auf z. B. eine soziale Position verweist, wird zwar erkannt (Mode so zum distinktiven Zeichen), aber als individuelle Wahl gedeutet. So wird über Mode soziale Ordnung auf individualisierte Weise hergestellt (A. König 2006).

Literatur

Blumer, Herbert, 1969: Fashion: From Class Differentiation to Collective Selection; in: Sociological Quarterly 10, 275–291. – König, Alexandra, 2006: Kleider schaffen Ordnung. Mythen und Regeln jugendlicher Selbst-Präsentation, Konstanz. – König, René, 1985: Menschheit auf dem Laufsteg. Die Mode im Zivilisationsprozeß, München/Wien. – Simmel, Georg, 1919: Die Mode; in: Ders.: Philosophische Kultur, 2. Aufl., Leipzig. – Schnierer, Thomas, 1995: Modewandel und Gesellschaft. Die Dynamik von ›in‹ und ›out‹, Opladen. – www.modetheorie.de (Bibliographie, zusammengestellt von Udo H. A. Schwarz).

Alexandra König

Modernisierung

Modernisierung (engl. modernization) im soziologischen Sinn bezeichnet einen Komplex miteinander zusammenhängender struktureller, kultureller und individueller Veränderungen, der in der frühen Neuzeit einsetzt und sich seit dem 20. Jh. beschleunigt fortsetzt. Darunter fallen Prozesse wie *Industrialisierung*, *Rationalisierung* und *Säkularisierung*, *Demokratisierung* und *Emanzipation*, *Individualisierung und Pluralisierung der Lebensstile*, Massen*konsum* und Wachstum, *Urbanisierung* und Steigerung der *sozialen Mobilität*. Solche Modernisierungsprozesse bestimmen in westlichen Gesellschaften nach wie vor die Richtung gesellschaftlicher *Entwicklung*en als Entwicklung von einfachen Agrar- zu komplexen und differenzierten *Industriegesellschaft*en.

Entstehung und Ziele

Modernisierungstheoretisches Denken ist mit der Entstehung der Soziologie untrennbar verbunden: Auguste Comtes Dreistadiengesetz, Karl Marx' historischer Materialismus, Herbert Spencers Evolutionismus, Ferdinand Tönnies' Gegenüberstellung von Gemeinschaft und Gesellschaft, die Ausführungen Max Webers zu Rationalisierung, Emile Durkheims zu Differenzierung und Georg Simmels zu Individualisierung liefern Beschreibungen für die Entwicklung von traditionalen (statischen, agrarischen und irrationalen) zu modernen (dynamischen, industriellen und rationalen) Gesellschaften und legen die Grundlagen für die Soziologie als wissenschaftliche Disziplin. Die Anfänge der genuinen Modernisierungstheorie liegen in den 1950er Jahren, als die USA den Einfluss der Sowjetunion in den Ländern der später so bezeichneten Dritten Welt zurückzudrängen versuchten und Errungenschaften wie freie Marktwirtschaft und demokratische Verfassung zum Entwicklungsziel für die gesamte Menschheit erklärten. 1952 entwickelte Marion Levy ein im Gegensatz zum marxistischen Basis-Überbau-Schema mehrdimensionales Gesellschaftsmodell mit den Komponenten Wirtschaft – Politik – Kultur, in dem er industrielle von traditionalen Gesellschaften vor allem in Hinblick auf Einstellungen und Rollenstrukturen (leistungsbezogen, universalistisch und funktional spezifisch vs. askriptiv, partikularistisch und funktional diffus) unterschied. Ein solches theoretisches Argumentationsmuster sollte als konkurrenzfähige Makrotheorie die Entstehung von Kapitalismus und Demokratie in Westeuropa und Nordamerika historisch erklären und helfen, Lehren daraus auf andere Teile der Welt zu übertragen.

Wirtschaft, Politik, Kultur

Im modernisierungstheoretischen Paradigma lösen wirtschaftliche, politische und soziokulturelle Errungenschaften von Pioniergesellschaften Wandlungsprozesse von Nachzüglern aus (Sogtheorie). Im Hinblick auf **wirtschaftliche** Entwicklung wird Wachstum erst mit der Industrialisierung möglich.

Wohlfahrtsentwicklung und Massenkonsum sind die tragenden wirtschaftlichen Säulen von Modernisierungsprozessen. Symbolisiert wird das Stadium des Massenkonsums durch die Ausbreitung des privaten Automobils. Erst in den 1970ern beginnt mit den sich abzeichnenden »Grenzen des Wachstums« (Meadows u. a. 1972) wie auch mit Sättigungserscheinungen die Suche nach neuen Maßstäben und einer neuen Qualität des Wachstums (›human development‹, ›nachhaltiges Wachstum‹). In Bezug auf die **politische** Ebene sind Staaten- und Nationenbildung die erste Stufe einsetzender Modernisierung, was durch die Herausbildung nationaler *Identität*en, Wahlrecht und parlamentarische Demokratie, soziale Sicherung und Wohlfahrtsstaat begleitet und abgefedert wurde. Thomas H. Marshall spricht diesbezüglich von einer Abfolge von bürgerlichen, politischen und sozialen Grundrechten als Entwicklung eines Rechtsstaats, der zuerst die innere Sicherheit garantiert und dann die individuellen Freiheits- und Beteiligungsrechte anerkennt, was in dieser Reihenfolge allerdings nur für Männer galt. *Inklusion* (der Bevölkerung) und Konkurrenzdemokratie sind damit die maßgeblichen politischen Charakteristika einsetzender Modernisierungsschübe. Politische und ökonomische Wandlungsprozesse sind eng an Veränderungen von Individuen, Sozialstruktur und Kultur und damit an **soziokulturelle** Bedingungen geknüpft. Denn eine sich modernisierende Gesellschaft ist auf gut ausgebildetes, mobiles, flexibles und leistungsbewusstes Personal angewiesen. Voraussetzung wie auch Folgen waren und sind Persönlichkeiten, die Modernisierungsanforderungen standhalten und diese verstärken. Umgekehrt muss die Kultur auf Säkularisierung, Rationalismus und gleichzeitig auch auf Wertepluralismus im Rahmen eines verbindlichen Rechtssystems gegründet sein. Erst durch ein solches Zusammenwirken verschiedener Ebenen konnten sich Trends wie die langfristige *Differenzierung* gesellschaftlicher Teilsysteme herausbilden und stabilisieren.

Klassisches Modernisierungsverständnis

In seinem klassischen, auf Autoren wie Talcott Parsons, David Lerner, Seymor Martin Lipset und Wolfgang Zapf basierenden Verständnis umfasst Modernisierung vier Annahmen: Erstens gilt Modernisierung als endogene Leistung der in diesem Prozess begriffenen Gesellschaften, zweitens unterstützen sich die einzelnen Züge der Modernisierung wechselseitig, drittens behindern Modernisierungsvorläufer nicht die Nachzügler und viertens konvergieren Modernisierungsprozesse in der Steigerung gesamtgesellschaftlicher Anpassungsfähigkeit. Modernisierung gilt damit formal als progressiver (auf eine neue Stufe des Fortschritts führender), systemischer (es sind immer auch mehrere, wechselwirkende Dimensionen betroffen: wirtschaftlicher Wandel lässt die Kultur nicht unberührt etc.), globaler (nach Parsons' Lehre der evolutionären *Universalien* als kulturübergreifende Differenzierungsmuster sind bürokratische Verwaltung, Märkte, das Rechtswesen und die Demokratie als Grundprinzip der politischen Organisation Kennzeichen des Übergangs zur Moderne) und irreversibler Prozess, d. h., die erreichten Fortschritte sind aller Wahrscheinlichkeit nach nicht mehr rückgängig zu machen (Berger 1996, Degele/Dries 2005, Lerner/Coleman/Dore 1968). Die Attraktivität der Modernisierungstheorie bestand in den 1950ern und frühen 60ern mithin darin, dass es sich um eine universale, leicht handhabbare und empirisch einsetzbare Wandlungstheorie handelte, deren normativer *Bias* kaum sichtbar war und die das Versprechen der Praxisnähe mit der Anleitung von Entwicklungsprozessen außerhalb des Westens einlösen konnte.

Kritik

Im diesem Modell sind vor allem der *Fortschritts*gedanke, die Annahme von *Demokratie*, *Wachstum* und *Wohlstand* sowie eine steigerbare gesamtgesellschaftliche Anpassungsfähigkeit als inhärente Modernisierungsziele und die unterstellte Synchronizität der aus westlicher Perspektive beschriebenen Modernisierungsprozesse unter *Ideologie*verdacht geraten. Kritisiert wurde die endogene Perspektive, die imperialistische Strukturen und Prozesse wie auch enorme Ungleichheiten der Weltwirtschaft ausblendet, sowie starke Interdependenzannahmen, wonach Änderungen in der Ökonomie automatisch auch zu Veränderungen in der Politik oder Kultur führen (was sich empirisch nicht halten ließ). In theoretischer Hinsicht blieben die Rolle von Akteuren und kausale Fragen ungeklärt, die Unterscheidung von traditionellen und modernen Gesellschaften bzw. in der korrigierten Fassung von wenig im Gegensatz zu stark differenzierten Gesellschaften erwies sich als nicht plausibel. Angesichts global unter-

schiedlicher Entwicklungspfade, der verstärkten Aufwertung kultureller *Identität*en und hoher Kosten von Modernisierungsprozessen funktioniert die Kontrastfolie zu nicht-modernen Gesellschaften nicht mehr; die Moderne arbeitet sich zunehmend an ihrer eigenen Geschichte ab. Die Korrekturen und Weiterentwicklungen der 1980er und 90er Jahre haben sich bislang als nicht ausreichend tragfähig erwiesen, gesellschaftliche Krisen bringen die Modernisierungstheorie nach den 50ern und 60ern im dritten Jahrtausend erneut in Bedrängnis. Vor allem drei Bündel von Kritikpunkten werden nach wie vor gegen Modernisierungstheorien ins Feld geführt (Bhambra 2007, Schwinn 2006):

Erstens impliziert die unterstellte Entwicklung von der traditionalen zur modernen Gesellschaft einen gerichteten Prozess des menschlichen Fortschritts von Zustand A nach Zustand B. Die **Dichotomie von *Tradition* – Moderne** ist aber weder empirisch noch theoretisch haltbar, sondern dient der Bestimmung eines Bruchs zwischen einem höher bewerteten Eigenen und einem abgewerteten Anderen. Die Tradition bleibt immer eine Residualkategorie, die nicht ist, was moderne Gesellschaft auszeichnet. Die ältere Theorie gestand zwar eine »Gleichzeitigkeit des Ungleichzeitigen« zu, ließ aber offen, was man heute überhaupt noch als traditional ansehen kann, und was sich davon für eigenständige Entwicklungen als modernisierungshemmend oder förderlich erweist. Auch heute müssen für empirische Forschungen zu viele Ad-hoc-Annahmen und Ausnahmen eingeführt werden. Ebenso operiert das Vergleichen von Tradition und Moderne als eine kulturelle, normativ getränkte Projektion und erzeugt ihren Gegenstand nachträglich, statt die Entstehung der Moderne kausal zu erklären.

Zweitens totalisiert eine **eurozentrische Perspektive** heterogene und vielschichtige Prozesse und Phänomene zum europäisch-amerikanischen Originalmodus »die Moderne«. Dagegen rekonstruieren vor allem postkoloniale Arbeiten die geopolitische Gegenüberstellung von entwickeltem Norden/Westen und unterentwickeltem globalen Süden als Effekte des imperialen *Kolonialismus* und kritisieren die Vernachlässigung nicht-westlicher Modernisierungspfade. Weiter deuten *Globalisierung*sprozesse in Form sich verstärkender weltweiter Verflechtungs-, Austausch- und Abhängigkeitsverhältnisse auf einen sich wandelnden Stellenwert des Nationalstaats als bislang wichtigstes Organisationsprinzip sich modernisierender Gesellschaften hin. Gleichwohl bleiben auch bei der Konstruktion von multiplen (Shmuel N. Eisenstadt), flüssigen (Zygmunt Bauman) oder verwobenen (Shalini Randeria) Modernen der Westen bzw. westliche Nationalstaaten oftmals der Referenzrahmen des Anderen. Ebenfalls ist offen, ob und inwieweit Globalisierungstheorien dem konzeptionellen Kern von Modernisierungstheorien verhaftet sind oder ihn überwinden.

Drittens sind die **Katastrophen** des 20. Jh.s wie Weltkriege, Holocaust und Terror eine durchaus moderne Option gesellschaftlicher Entwicklung, werden von den klassischen Modernisierungstheorien aber kaum reflektiert und als theoriekonstitutiv einbezogen. Die verdrängten dunklen Seiten indes sind nicht Alternativen zur Moderne, sondern Teil davon. Ebenso deuten **Krisen** wie der Klimawandel, Verteilungskonflikte um Ressourcen sowie strukturell statt konjunkturell bedingte Finanz- und Wirtschaftskrisen auf Grenzen des Wachstums und des Fortschrittparadigmas hin. In diesem Verständnis wird menschliche Befreiung von und Beherrschung der Natur mit dem Preis neuer Abhängigkeiten erkauft, wie etwa der von Wissenschaft und Technik.

Zwar korrigiert die jüngere Diskussion die bisher vorwiegend evolutionäre Fortschrittsperspektive und Fokussierung auf strukturelle Faktoren der (funktionalen) Differenzierung und Subsystembildung um fortschrittsskeptische Aspekte. So überwinden Konzepte der reflexiven (Ulrich Beck) und ökologischen Modernisierung (Martin Jänicke) wie auch der nichtlinearen Modernisierungsdynamiken (Walter Bühl) zwar das klassische Paradigma weitergehender Modernisierung (Wolfgang Zapf) als bloße Fortführung bisheriger Entwicklungsdynamik. Vor allem Zapf hält jedoch am Programm der Modernisierungsfähigkeit im Sinne der Gestaltbarkeit und Anpassungsfähigkeit von Gegenwartsgesellschaften fest, argumentiert aber weitgehend defensiv: Zwar hätten Konkurrenzdemokratie, Marktwirtschaft und Wohlfahrtsgesellschaft mit Wohlfahrtsstaat und Massenkonsum als evolutionäre Universalien keine ewige Bestandsgarantie, es seien aber keine leistungsfähigen Alternativen absehbar.

Weitergehende Kritik

Weitergehende Kritik am immer noch wirkmächtigen Modernisierungsparadigma dagegen setzt am ebenso anthropozentrischen wie auch androzentri-schen modernen Fortschrittsdenken schlechthin an, das kurzfristig Vorteilsmaximierung im Blick hat und ›mehr‹ mit ›besser‹ gleichsetzt: Mehr soziale Differenzierung, mehr Rationalisierung, mehr Individualisierung, mehr und bessere Naturbeherrschung sind der Theorie gemäß die Kernelemente gesellschaftlichen Wachstums, die sich unaufhaltsam in die Zukunft erstrecken und modern produzierte Probleme mit den gleichen modernen Mitteln zu lösen versuchen. Zu in diesem Sinn weitergehenden modernisierungskritischen Ansätzen zählen Arbeiten zur Postwachstumsökonomie (Nico Paech), Fortschrittskritik (John Gray), politischen Ökologie (Bruno Latour, André Gorz), Subsistenzperspektive (Veronika Bennholdt-Thomsen/Maria Mies), zu globalen Ungleichheitsverhältnissen (Sylvia Walby), (Re)Produktivität (Adelheid Biesecker/Sabine Hofmeister) und ökosozialistischer Nachhaltigkeit (Saral Sarkar) und zur Kapitalismuskritik (Manuel Castells, Klaus Dörre/Stephan Lessenich/Hartmut Rosa).

Literatur

Baumann, Zygmunt, 2003: Flüchtige Moderne, Frankfurt a.M. – Beck, Ulrich, 1986: Risikogesellschaft, Frankfurt a.M. – Berger, Johannes, 1996: Was behauptet die Modernisierungstheorie wirklich – und was wird ihr bloß unterstellt? in: Leviathan 26, 45–62. – Bhambra, Gurminder K., 2007: Rethinking modernity. Postcolonialism and the sociological imagination. Basingstoke. – Bühl, Walter L., 1990: Sozialer Wandel im Ungleichgewicht. Stuttgart. – Degele, Nina; Dries, Christian, 2005: Modernisierungstheorie. Eine Einführung. München. – Eisenstadt, Shmuel N., 2000: Multiple Modernites. in: Daedalus 129 (Winter), 1–29. – Jänicke, Martin, 2008: Megatrend Umweltinnovation. Zur ökologischen Modernisierung von Wirtschaft und Gesellschaft, München. – Lerner, David et al., 1968: Modernization; in: Sills, David L. (Ed.): International Encyclopedia of the Social Sciences, Vol. 10, New York, 386–409. – Meadows, Dennis et al., 1972: Die Grenzen des Wachstums. Stuttgart. – Randeria, Shalini, 1999: Jenseits von Soziologie und soziokultureller Anthropologie: Zur Ortsbestimmung der nichtwestlichen Welt in einer zukünftigen Sozialtheorie. in: Soziale Welt 50: 373–382. – Schwinn, Thomas (Hg.), 2006: Die Vielfalt und Einheit der Moderne. Kultur- und Strukturvergleichende Analysen, Wiesbaden. – Zapf, Wolfgang, 1991: Modernisierung und Modernisierungstheorien; in: Ders. (Hg.), Die Modernisierung moderner Gesellschaften, Frankfurt a.M., 23–39.

Nina Degele

Musiksoziologie

Begriff und Gegenstand

Die Musiksoziologie (engl. sociology of music) befasst sich mit der Wechselbeziehung zwischen Musik und Gesellschaft: Sie untersucht sowohl den Einfluss der Gesellschaft auf Musik als auch die Bedeutungen, Funktionen und Wirkungen von Musik in der Gesellschaft. Als spezielle Soziologie bildet die Musiksoziologie ein Teilgebiet der Kultur- sowie der *Kunst*soziologie; zugleich gilt sie als Subdisziplin der Musikwissenschaft. Darüber hinaus findet auch in benachbarten Disziplinen sowie in transdisziplinären Kontexten (z. B. Popularmusikforschung) eine Beschäftigung mit musiksoziologischen Fragen statt. Nicht zuletzt aufgrund dieser multidisziplinären Verortung gilt die Musiksoziologie als heterogenes Feld, das sich durch Vielfalt an theoretischen und methodischen Zugängen bei gleichzeitig geringer Vernetzung und Institutionalisierung charakterisieren lässt.

Je nach Erkenntnisinteresse und disziplinärer Verortung der Musiksoziologie divergieren die Bestimmungen ihres Gegenstandes (s. Kaden 1997; Shepherd 2001). Die Bandbreite reicht von Ansätzen, die ihr Hauptaugenmerk auf die Musik richten und deren Verhältnis zu gesellschaftlichen Faktoren bestimmen, bis hin zu solchen, die weniger die Musik selbst als die sozialen Akteure und Akteurinnen, Prozesse und Institutionen der Produktion, Distribution und Rezeption von Musik in den Blick nehmen. Konsens besteht indes über die Unmöglichkeit einer allgemeinen Definition von »Musik«, zumal die Unterscheidung zwischen »Musik« und »Nicht-Musik« ein soziales Konstrukt ist, das je nach historischem und kulturellem Kontext unterschiedliche Ausprägungen annehmen kann (vgl. Roy/Dowd 2010, 184).

Historische Entwicklungslinien

Als wichtigster Pionier der Musiksoziologie gilt Max Weber, der in seiner unvollendet gebliebenen, 1921 erstmals veröffentlichten Schrift »Die rationalen und soziologischen Grundlagen der Musik« (s. die kommentierte Neuausgabe 2004) den Blick auf die Eigentümlichkeit der europäischen Musikgeschichte richtet. Die zentrale Frage lautet, warum Techniken wie Notenschrift, temperierte Stimmung, Akkordharmonik und Polyphonie ausgerechnet im Abend-

land entstanden sind. In seinen Analysen begreift Weber diese Entwicklungen als Resultat eines okzidentalen *Rationalisierung*sprozesses, der u. a. in der fortschreitenden Systematisierung von Tönen und Tonabständen zum Ausdruck kommt. Rationalisierung beschränkt sich bei Weber nicht auf musikalische Phänomene; sie ist auch für viele andere Ausprägungen spezifisch abendländischer Kultur (z. B. Bürokratie) von fundamentaler Bedeutung.

Während Webers Beitrag zur Musiksoziologie lange Zeit weitgehend unbeachtet blieb, erlangte Theodor W. Adornos kritisch-dialektische Auffassung von Musiksoziologie spätestens ab den 1950er-Jahren große Aufmerksamkeit. Vor dem Hintergrund der Annahme, dass sich in einem musikalischen Werk der gegenwärtige Zustand der Gesellschaft dokumentiere, geht es Adorno um die soziologische Dechiffrierung von Musik, d. h. die Analyse des sozialen Gehalts in der »objektiv strukturierten Beschaffenheit der Musik« (Adorno 1975, 16). Zudem versteht sich Adornos Musiksoziologie – entsprechend der Prämissen der *Frankfurter Schule* – als kritische Gesellschaftsanalyse: Der Wert einer Musik bemesse sich daran, inwiefern sie vor den negativen Einflüssen der kapitalistischen Produktionsweise gefeit bleibt. Für Adorno erfüllt dieses Kriterium insbesondere das Werk Arnold Schönbergs, das sich aufgrund seiner Atonalität einer Vermarktung weitgehend widersetze.

Im Gegensatz zu Adornos kulturkritischer Betrachtungsweise von »Gesellschaft in der Musik« plädiert Alphons Silbermann (1962) im Rahmen seiner empirischen Musiksoziologie **für die wertfreie Untersuchung von »Musik in der Gesellschaft«. Silbermann richtet sich dezidiert gegen Adornos Vorstellung, wonach die** Musiksoziologie aus einem Werk etwas über die Gesellschaft herauslesen könne. Anstelle werkanalytischer Herangehensweisen fordert er die Anwendung von Methoden der empirischen Sozialforschung; als wichtiges Forschungsfeld nennt er die Untersuchung von Musikschaffenden und Publikum in ihrer wechselseitigen Abhängigkeit.

Zur Gründergeneration der Disziplin zählt auch Kurt Blaukopf, der mit seiner 1938 entstandenen (aber erst 1950 veröffentlichten) »Musiksoziologie« an Max Weber anknüpft. Ausgehend von der Erkenntnis, dass es kein natürliches System der Töne geben kann, sondern jedes Tonsystem das Resultat bestimmter, mehr oder weniger willkürlich gesetzter Konventionen ist, kritisiert Blaukopf die Naturalisierung und Verabsolutierung des abendländischen

Tonsystems. Verschleiert würden damit die gesellschaftlichen Ursachen sowie die grundlegende Kontingenz musikalischer Transformationsprozesse. Ziel der Musiksoziologie sei demnach die Untersuchung des Zusammenspiels von musikalischer Entwicklung und außermusikalischen Faktoren unter besonderer Berücksichtigung ihres *Wandels*. Die praktische Umsetzung dieses musiksoziologischen Programms zeigt sich in der von Blaukopf initiierten und im Rahmen der Wiener Schule der Musiksoziologie fortgesetzten Mediamorphosen-Forschung, die sich dem Wandel der Musikkultur widmet (Blaukopf 1996; 2010; Smudits 2007).

Neuere theoretische Ansätze

Eine bedeutsame Weiterentwicklung erfuhr die Musiksoziologie ab den 1960er Jahren. Wichtige Anregungen kamen zunächst aus ihren beiden Stammdisziplinen: So forderte die US-amerikanische Ethnomusikologie mit ihrer Kritik an dem der traditionellen Musikforschung zugrundeliegenden *Ethnozentrismus* sowie an deren Vernachlässigung von populären Musikformen die bislang zum Großteil auf »westliche Kunstmusik« orientierte Musiksoziologie heraus. Ebenso aus den USA stammt das soziologische Paradigma des *symbolischen Interaktionismus*, das vor allem von Howard Becker mit seinem Konzept der »Art Worlds« (1982) auf kunst- und musiksoziologische Fragen angewendet wurde. Im Vordergrund steht nicht die/der individuelle Musikschaffende, sondern das Zusammenspiel unterschiedlicher Akteur/innen sowie deren Netzwerke und Interaktionen in einem spezifischen Feld musikalischer Produktion. Diese Überlegungen bilden den Grundstein für die Ende der 1970er Jahre initiierte und bis heute einflussreiche Production-of-culture-Perspektive: Ausgehend von einem sehr breit gefassten *Kultur*begriff betont dieser Strang kunst- und kultursoziologischer Forschung, dass eine bestimmte Musik maßgeblich von dem Umfeld, in dem sie produziert, dargeboten und verbreitet wird, geprägt ist (Peterson/Anand 2004).

In seinem Einfluss auf die Musiksoziologie kaum zu unterschätzen ist der französische Soziologe Pierre Bourdieu. In seinem Werk »Die feinen Unterschiede« (1987) erweitert er die traditionelle *Sozialstrukturanalyse* um eine kulturelle Dimension. Demnach unterscheiden sich soziale *Klasse*n nicht nur durch ihre Ausstattung mit materiellen Ressourcen, sondern

auch in ihrem Umgang mit Kunst. Von besonderer Brisanz erweist sich dabei der Musikgeschmack: Insbesondere die Vertrautheit mit klassischer Musik bildet für Bourdieu einen wichtigen Bestandteil des »*kulturellen Kapital*s«, das im Rahmen von Sozialisationsprozessen angehäuft wird und den privilegierten Gesellschaftsmitgliedern dazu dient, ihre soziale Position in Form eines spezifischen Lebensstils auszudrücken und auch aufrechtzuerhalten.

Weitere Impulse bezog die Musiksoziologie aus Strömungen am Rande oder auch außerhalb der jeweiligen Stammdisziplinen (vgl. Parzer 2004). Zu den wohl bedeutendsten zählen die spätestens seit den 1980er Jahren in der Soziologie rezipierten *Cultural Studies*, deren explizit nicht-elitärer Kulturbegriff den Weg für die wissenschaftliche Untersuchung von populärer Musik ebnete. Als bahnbrechend gilt ihre Medienrezeptionstheorie, die der Kreativität der Konsument/innen im Umgang mit populärer Kultur einen besonderen Stellenwert einräumt: Entgegen Adornos Massenkulturthese, wonach die Rezipient/innen populärer Musik die manipulierten Opfer der kapitalistischen Kulturindustrie seien (Adorno 1975), zeigen die Cultural Studies, dass die (sub)kulturelle Aneignung kommerzieller Musik auch subversive Momente beinhalten kann. Wichtige Anregungen für die Musiksoziologie stammen insbesondere aus der Jugendkulturforschung am Centre for Contemporary Cultural Studies in Birmingham (exemplarisch s. Willis 1981). Neben den Cultural Studies hat sich eine Reihe weiterer kulturwissenschaftlicher Strömungen, vor allem Feministische Theorie, Poststrukturalismus und Postmoderne, später auch Queer Studies und Postcolonial Studies, als relevant für musiksoziologische Fragestellungen erwiesen.

Aktuelle Themenbereiche und Forschungsfelder

Anhand der aktuellen musiksoziologischen Forschungsliteratur lassen sich grob drei zentrale (und sich teilweise überschneidende) Themenkreise identifizieren, die an die oben beschriebenen Traditionen anknüpfen und den gegenwärtigen wissenschaftlichen Diskurs prägen:

a) **Produktion von Musik:** Die Untersuchung der unterschiedlichen Facetten musikalischer Produktion zählt zu den zentralen Forschungsfeldern der Musiksoziologie. Darunter fallen nicht nur die Komposition, Improvisation oder Herstellung von Musik im engeren Sinn, sondern auch alle Praktiken und Prozesse, die an der Produktion und Verbreitung von Musik beteiligt sind. Dies soll nicht zuletzt der Tatsache Rechnung tragen, dass ein Großteil der heutigen Musik in einem kommerziellen und industriellen Prozess hergestellt wird. Insbesondere im Kontext der Production-of-culture-Perspektive entstand in den letzten Jahren eine umfangreiche Forschungsliteratur, deren Bandbreite von der Untersuchung der Musikindustrie bis hin zur Analyse der sozialen Herstellung von ästhetischen Klassifikationen (z. B. Genre-Kategorien) reicht (vgl. Dowd 2004). Zu weiteren wichtigen Themen zählen der Einfluss von neuen Kommunikationstechnologien auf die Transformation der Musikkultur, die rechtlichen Rahmenbedingungen musikalischer Produktion, der soziale Status und die Professionalisierung von Musikschaffenden sowie Geschlechterverhältnisse in der Musik.

b) **Soziale Gebrauchsweisen von Musik:** Ein weiteres im Wachsen begriffenes Forschungsgebiet der Musiksoziologie beschäftigt sich mit der Frage, wie Individuen und Gruppen mit Musik umgehen. Vor dem Hintergrund der Allgegenwärtigkeit von Musik wird im Besonderen die Einbettung von Musik in das alltägliche Leben der Menschen in den Blick genommen (s. dazu v. a. DeNora 2000). Ausgehend von Impulsen des *Symbolischen Interaktionismus* sowie der Kulturwissenschaften wird eine ganze Reihe von Forschungsthemen aufgeworfen: Dazu zählen die Rolle von Musik für individuelle und kollektive *Identität*sstiftung, die Bedeutung von Musik in *Migration*sprozessen, die Herausbildung von Jugend- und Geschmackskulturen sowie Musikszenen, die Nutzung von Musik zur Regulierung von Stimmungen, Musik im öffentlichen Raum, Musik als Medium für politische Aktivitäten sowie Musik und (kulturelles) Gedächtnis.

c) **Musik und soziale Ungleichheit:** Einen besonderen Stellenwert in der aktuellen Forschung nimmt die Frage nach dem Zusammenhang von Musik und *sozialer Ungleichheit* ein: Untersucht wird, wo Musik zur Überwindung und Einebnung und wo sie zur Aufrechterhaltung oder sogar Verstärkung von sozialen, ethnischen, klassenspezifischen, geschlechtsspezifischen und/oder nationalen Grenzen beiträgt. Angestoßen durch eine Reihe von Studien der US-amerikanischen Kultursoziologie (Peterson 1992) kommt es seit Mitte der 1990er-Jahre zu einer Revitalisierung der Musikgeschmacksforschung (vgl. Gebesmair 2001). Entgegen Bourdieus Annahme einer

Homologie von sozialem Status und Geschmack deuten neue Ergebnisse darauf hin, dass vor allem privilegierte Gesellschaftsmitglieder neben klassischer auch populäre Musik konsumieren – im Gegensatz zu den aus tendenziell bildungsfernen Milieus stammenden Rezipient/innen, die lediglich an einem Genre Gefallen finden. Während der grenzüberschreitende Musikgeschmack der sogenannten »Allesfresser« (Omnivores) von den einen als Indiz für zunehmende Toleranz und Offenheit interpretiert wird, sehen andere darin eine neue Logik soziokultureller Distinktion, die den Umfang musikalischer Vorlieben zum Maßstab für soziale Überlegenheit macht (Bennett et al. 2009; Chan 2010).

Perspektiven

Die Musiksoziologie hat in den letzten Jahrzehnten – nicht zuletzt im Zuge der kulturtheoretischen Wende in den Sozialwissenschaften – einen großen Aufschwung erfahren. Wenngleich ein Großteil der aktuellen Forschung zum Verhältnis von Musik und Gesellschaft weitgehend außerhalb der engeren Disziplingrenzen stattfindet, wird vermehrt auf die Bedeutung musiksoziologischer Erkenntnisse für die allgemeine Soziologie hingewiesen (Inhetveen 2010; Roy/Dowd 2010). Eine Stärkung des Stellenwerts innerhalb der Soziologie könnte nicht zuletzt davon abhängen, inwiefern die Musiksoziologie nicht nur den Wandel der Musik in der Gesellschaft, sondern auch die Rolle und Bedeutung von Musik in gesellschaftlichen Transformationsprozessen zu beschreiben und erklären imstande ist.

Literatur

Adorno, Theodor W. (1975): Einleitung in die Musiksoziologie, Frankfurt a. M. (1962). – Becker, Howard S.; 1982: Art Worlds, Berkeley et al. – Bennett, Tony et al.; 2009: Culture, Class, Distinction, London et al. – Blaukopf, Kurt (o. A.); 1950: Musiksoziologie. Eine Einführung in die Grundbegriffe mit besonderer Berücksichtigung der Soziologie der Tonsysteme, Wien. – Blaukopf, Kurt (1996): Musik im Wandel der Gesellschaft. Grundzüge der Musiksoziologie, 2., erw. Aufl., Darmstadt (1982). – Blaukopf, Kurt (2010): Was ist Musiksoziologie? Ausgewählte Texte, hg. v. Michael Parzer), Frankfurt a. M. – Bourdieu, Pierre, 1987: Die feinen Unterschiede. Kritik der gesellschaftlichen Urteilskraft, Frankfurt a. M. (1979) – Chan, Tak Wing (Hg.), 2010: Social Status and Cultural Consumption, Cambridge. – DeNora, Tia, 2000: Music in Everyday Life, Cambridge u. a. – Dowd,

Timothy, 2004: Production perspectives in the sociology of music; in: Peterson, Richard A.; Dowd, Timothy (Hg.): Music in Society: The Sociological Agenda (Poetics, Special Issue, Vol. 32, 3–4), 235–246. – Gebesmair, Andreas, 2001: Grundzüge einer Soziologie des Musikgeschmacks, Wiesbaden. – Inhetveen, Katharina, 2010: Musiksoziologie; in: Kneer, Georg; Schroer, Markus (Hg.): Handbuch Spezielle Soziologien, Wiesbaden, 325–340. – Kaden, Christian, 1997: Musiksoziologie, in: Musik in Geschichte und Gegenwart (MGG), Sachteil, Bd. 6, Sp. 1618–1670 – Motte-Haber, Helga de la; Neuhoff, Hans (Hg.), 2007: Musiksoziologie, Laaber. – Parzer, Michael, 2004: Musiksoziologie remixed. Impulse aus dem aktuellen kulturwissenschaftlichen Diskurs, Wien. – Peterson, Richard A., 1992: Understanding audience segmentation. From elite and mass to omnivore and univore; in: Poetics 21, 243–258 – Peterson, Richard A.; Anand, Narasimhan, 2004: The Production of Culture Perspective, in: Annual Review of Sociology 30, 311–334. – Roy, William G.; Dowd, Timothy J., 2010: What Is Sociological About Music? In: Annual Review of Sociology 36, 183–203. – Shepherd, John, 2001: Sociology of Music, in: The New Grove Dictionary of Music and Musicians, Bd. 23, 603–614. – Silbermann, Alphons, 1962: Die Ziele der Musiksoziologie; in: Kölner Zeitschrift für Soziologie und Sozialpsychologie 14, 322–335 – Smudits, Alfred, 2007: Wandlungsprozesse der Musikkultur; in: Motte-Haber, Helga de la; Neuhoff, Hans (Hg.): Musiksoziologie, Laaber, 111–145. – Weber, Max, 2004: Zur Musiksoziologie. Nachlaß 1921, Max Weber Gesamtausgabe I/14, Tübingen. – Willis, Paul, 1981: »Profane Culture«. Rocker, Hippies: Subversive Stile der Jugendkultur, Frankfurt a. M.

Michael Parzer

N

Nachahmung

In einem ganz allgemeinen Sinn bezeichnet »Nachahmung« (engl. »imitation«) zunächst einmal nichts anderes als ein Verhalten, bei dem eine wahrgenommene Äußerungsform der Umwelt in ähnlicher Weise wiederholt wird. Üblicherweise wird unterschieden zwischen unwillkürlicher (Carpenter-Effekt) und willkürlicher, zwischen spontaner und reflektierter sowie zwischen unfreiwilliger und freiwilliger Nachahmung. Lernen durch Nachahmung, etwa beim Erwerb von Sprache, Werthaltungen und Gewohnheiten, gilt dabei als eine der wichtigsten Formen sozialen *Lernens*. Nicht erst im Alter von mehreren Monaten, wie lange angenommen wurde, sondern schon im Alter von 36 Stunden ahmen Kleinkinder nach, was Erwachsene ihnen vormachen.

Gesellschaft ist Nachahmung

Von Bedeutung für die Soziologie wurde der Begriff der Nachahmung dadurch, dass Gabriel Tarde (1843–1904), der große Gegenspieler Emile Durkheims (1858–1917), ihn zum Angelpunkt seiner Begründung der »reinen« bzw. »allgemeinen Soziologie« als Wissenschaft gemacht hat (1890, 1895, 1897, 1898): »Gesellschaft … ist Nachahmung« (2003, 98). »Ihre Gesetze lassen sich auf alle gegenwärtigen, vergangenen und möglichen Gesellschaften anwenden« (a. a. O., 22). »Der Weg der Nachahmung folgt immer demselben Gesetz, egal wie die Gesellschaft strukturiert ist, ob theokratisch, aristokratisch oder demokratisch« (a. a. O., 257).

Akteur-Netzwerk-Theorie

Nachdem Tardes »Soziologie der Nachahmung« lange Zeit in Vergessenheit geraten war, erlebt sie gegenwärtig eine erstaunliche Renaissance. Für Tarde, der es, anders als Durkheim, vorzieht, »Gesamtgleichheiten durch die Anhäufung kleiner elementarer Tatsachen, also das Große durch das Kleine, das Ganze durch das Einzelne« zu erklären, sind »jene winzigen Seinseinheiten, die wir als infinitesimal bezeichnen, die wahren Akteure und ihre

unendlich kleinen Veränderungen die wahren Aktionen.« Weil das nicht nur für zwischenmenschliche Beziehungsgeflechte gilt, kann Tarde den Begriff der Soziologie unendlich erweitern und formulieren, »dass jedes Ding eine Gesellschaft ist und dass alle Phänomene soziale Tatsachen sind« (2009, 51). Damit ist dem tradierten Dualismus von Natur- und Sozialwissenschaften, wie er insbesondere auf dem »fruchtlosen geistigen Weidegrund der Ideologen jenseits des Rheins« kultiviert wird (a. a. O., 89), für das Verständnis der Welt menschlicher Interaktionen der Boden entzogen, ein Sachverhalt, der es Bruno Latour 115 Jahre später erlaubt, sich in seiner Neudefinition des Sozialen (2007), die keinen Unterschied mehr macht zwischen menschlichen und nichtmenschlichen Akteuren, explizit auf Tarde zu beziehen. Die *Akteur-Netzwerk-Theorie* (ANT) findet hier ihre verschütteten Wurzeln.

Meme

Vor diesem Hintergrund kann es kaum verwundern, dass für Tarde mehr als nur »eine Analogie zwischen der Rolle der Nachahmung in den Gesellschaften, der Vererbung in den Organismen und der Wellen in den unbelebten Körpern besteht« (2003, 35). Das, was ihnen an Regelmäßigkeiten gemeinsam ist, was im Sozialen als Nachahmung geschieht, bezeichnet Tarde mit dem allgemeinen Begriff der »Wiederholung, egal ob sie nun im Sozialen, Organischen oder Physikalischen, also durch »Nachahmung, Vererbung oder Schwingung stattfindet« (a. a. O., 27, 31). Durch eine solche Begrifflichkeit, die zugleich das Gemeinsame wie das Trennende betont, ergeben sich unmittelbar Anschlussmöglichkeiten an Dawkins' Theorie der Meme (1978, 223–237). Anders als bei Tarde nimmt Dawkins' Argumentation zwar den Ausgang im Bereich des Natürlichen. Die Mechanismen, die Gegenstand seiner Deutung sind, finden sich aber nicht nur in der Natur, sondern auch in der Gesellschaft: Die Kultur, über die eine Gesellschaft verfügt, sei das Produkt eines nichtbiologischen Prozesses, bestehend aus Replikatoren und unterschiedlichen Wegen der Variation, Vererbung und Selektion. Diese Replikatoren hat Dawkins im Unterschied zu den Genen »*Meme*« genannt (1978, 223–237). Danach ist ein Mem »Element einer Kultur, das offenbar auf nicht genetischem Wege, insbesondere durch Imitation, weitergegeben wird.« Beispiele eines Mems sind Melodien, Gedanken, Schlagworte,

Kleidermoden, die Art, Töpfe zu machen oder Bögen zu bauen. »So wie sich Gene im Genpool vermehren, indem sie sich mit Hilfe von Spermien oder Eiern von Körper zu Körper fortbewegen, so verbreiten sich Meme im Mempool, indem sie von Gehirn zu Gehirn überspringen mit Hilfe eines Prozesses, den man in einem allgemeinen Sinn als Imitation bezeichnen kann« (a. a. O., 227).

Literatur

Blackmore, Susan, 2000: Die Macht der Meme oder Die Evolution von Kultur und Geist, Heidelberg/ Berlin. – Borch, Christian; Urs Stäheli (Hg.), 2009: Soziologie der Nachahmung und des Begehrens. Materialien zu Gabriel Tarde, Frankfurt a. M. – Dawkins, Richard, 1978 (1976): Das egoistische Gen. Berlin, Heidelberg/New York (1976). – Latour, Bruno, 2007: Eine neue Soziologie für eine neue Gesellschaft. Einführung in die Akteur-Netzwerk-Theorie, Frankfurt aM. – Tarde, Gabriel de, 2003: Die Gesetze der Nachahmung, Frankfurt a. M. (1890). – Tarde, Gabriel, 2009 (1893): Monadologie und Soziologie, Frankfurt a. M. (1893). – Tarde, Gabriel, 2009: Die sozialen Gesetze. Skizze einer Soziologie, Marburg (1898).

Arno Bammé

Nachbarschaft

Die Zugehörigkeit zu einer Nachbarschaft (engl. neighbourhood) wird zum einen geographisch, d. h. als Eingrenzung des Wohnungsumfelds, und zum anderen sozial, d. h. in Form von nachbarschaftlichen Beziehungen bestimmt. Nachbarschaften sind Orte der *Sozialisation*, der *Sozialen Kontrolle* und der Unterstützungs*netzwerke*. Die soziale Zusammensetzung der Nachbarschaft wird über den Miet- bzw. Kaufpreis der Wohnungen/Häuser sowie über die verfügbaren Ressourcen der Haushalte und ihre Wohnstandortwünsche bestimmt. Neben der materiellen Ausstattung spielen Faktoren wie der soziale *Status* und die ethnisch-kulturelle Zusammensetzung der Nachbarschaft sowie soziale *Diskriminierung* bei der Wohnstandortwahl eine Rolle. Die Bedeutung der Nachbarschaft im sozialen Netzwerk variiert nach sozio-kulturellem *Milieu* sowie nach Merkmalen wie Alter und Phase im Lebenszyklus. Die räumliche Nähe erleichtert grundsätzlich Kontakte, die Bedeutung dieser hängt jedoch von sozialen und kulturellen Faktoren ab. Moderne *Mobilitäts*- und *Kommunikation*stechniken haben Kontakte/Beziehungen auch zu räumlich entfernten Personen erleichtert und den Einfluss der räumlichen Nähe in der Nachbarschaft verändert.

Literatur

Hamm, Bernd, 1998: Nachbarschaft; in: Häußermann, Hartmut (Hg.): Großstadt. Soziologische Stichworte, Opladen.

Heike Herrmann

Nationalcharakter

In der frühen Neuzeit entwickelt und in der politischen Publizistik und amtlichen Staatsrepräsentation leitend, findet sich die Vorstellung vom Nationalcharakter (engl. national character) in komparatistischen Betrachtungen über Bewohner verschiedener Staaten. Unterscheidende Merkmale bilden die Abstammung von staatengründenden Ahnherren, klimatische Bedingungen und religiöse wie auch administrative Gegebenheiten. Was von Anfang an als Nationalcharakter definiert wird, ist oft das Ergebnis einer Außenansicht auf Bewohner von Staaten, in welche deren kritische, ihrerseits vergleichende Selbstbetrachtungen aufgenommen werden können. Fortgebildet werden solche Vergleiche im späten 18. Jh., als der Begriff Nationalcharakter dazu verwandt wird, die »kulturelle« Eigenart der zu Nationen strebenden Völker zu erfassen (Herder) oder in einer »vergleichenden Anthropologie« (W. v. Humboldt) die »mögliche Verschiedenheit der menschlichen Natur (…) auszumessen«. Er wird schließlich zur Leitkategorie eines Fremd- und Selbstverständnisses, das die Unterschiede zwischen Zugehörigkeitsgruppen betont und zugleich die Eigenschaften ihrer jeweiligen Mitglieder homogenisiert, wobei auch dichotomische Unterscheidungen zwischen Untergruppen entstehen können (Plé 2003). In den zwei Weltkriegen gibt er der Sozialforschung und der Sozialphilosophie das Erkenntnisziel vor (J. Dewey, E. Erikson, S. Kracauer, B. Schaffner, D. M. Levy). Nationalcharakter ist heute Gegenstand der *Kultur*komparatistik, *Konflikt*forschung und der Forschung zu internationalen Beziehungen: als *Stereotyp* in der Selbst- und Fremdwahrnehmung sowie in der Außen- und Minoritätenpolitik, als Brennpunkt interethnischer Konflikte und als Facette der interkulturellen Kommunikation.

Literatur

Francis, Emerich, 1965: Ethnos und Demos, Berlin. – Kuntz, Eva S., 1997: Konstanz und Wandel von Stereotypen, Frankfurt a. M. – Kuzmics, Helmut; Axtmann, Roland, 2000: Autorität, Staat und Nationalcharakter, Opladen. – Plé, Bernhard, 2003: Der Außendiskurs über die Deutschen; in: Wierlacher, Alois; Bogner, Andrea (Hg.): Handbuch interkulturelle Germanistik, Stuttgart, 547–552.

Bernhard Plé

Netzwerk

Definition und Überblick

Ein Netzwerk (engl. network) besteht graphentheoretisch aus einer Menge an Verbindungen (Kanten) zwischen einem festgelegten Satz an Knoten. Die Knoten von sozialen Netzwerken sind meist individuelle *Akteur*e. Aber auch Kollektive oder Organisationen können als Knoten fungieren. Die Verbindungen zwischen ihnen bestehen aus *Sozialbeziehungen*, also beobachtbaren Regelmäßigkeiten der *Kommunikation* bzw. des sozialen *Handeln*s zwischen den Akteuren.

Die Netzwerkanalyse untersucht die Muster solcher sozialer Beziehungen mit formalen mathematischen Methoden in Bezug auf (a) die individuelle *Position* von Akteuren im Netzwerk mit Maßen für Zentralität und Zugehörigkeit zu Subgruppen und (b) auf Eigenschaften des gesamten Netzwerks wie Dichte, *Kohäsion* oder *Rolle*nstrukturen. Dabei wird angenommen, dass sich soziale Strukturen sinnvoll auf Netzwerkstrukturen reduzieren lassen und dass aus diesen das individuelle Verhalten, individuelle Handlungsfolgen (z. B. Erfolg auf dem Arbeitsmarkt) oder auch die Entwicklung von sozialen Phänomenen auf der Meso- oder Makro-Ebene (z. B. der Erfolg *sozialer Bewegungen*) erklärt werden können. Diese grundlegend strukturalistische Sicht auf das Soziale wird auch in zwei weiteren Zweigen der Netzwerkforschung eingenommen: der qualitativen Netzwerkforschung und den statistischen Analysen ego-zentrierter Netzwerke. Oft wird der Netzwerkbegriff in den Sozialwissenschaften auch metaphorisch benutzt und referiert dann entweder auf den Vernetzungscharakter von sozialen Phänomenen (z. B.: »Terrornetzwerke«) oder auf informale Gruppen, die Effekte in formalen Strukturen (z. B. Organisationen oder Märkten) zeigen.

Entwicklung

Die soziologische Netzwerkforschung speist sich aus verschiedenen theoretischen und methodischen Entwicklungen (Freeman 2004; Holzer 2006; Stegbauer/Häußling 2010). Frühe Grundgedanken entstammen der *formalen Soziologie* bei Georg Simmel und Leopold von Wiese, der zufolge soziale Strukturen aus der Wechselwirkung zwischen Individuen heraus entstehen. Erste empirische Netzwerkstudien finden sich in der sozialpsychologisch ansetzenden *Soziometrie* bei Jacob Moreno. Systematisch benutzt wurde der Netzwerkbegriff erstmals in der britischen *Sozialanthropologie* der 1950er Jahre. Netzwerke stehen hier für die empirischen Muster von Sozialbeziehungen und dabei einerseits für die Konstellationen zwischen einzelnen Akteuren, andererseits für die systematischen Beziehungen zwischen *Rolle*nkategorien, wie sie sich etwa in Verwandtschaftsstrukturen zeigen.

Im Gegensatz zu den qualitativ-explorativ ansetzenden frühen anthropologischen Studien ist die Entwicklung in der amerikanischen Soziologie durch die formale mathematische Netzwerkanalyse und die Entwicklung entsprechender Methoden geprägt. Zunächst zielen diese Studien und Methoden rein auf die Beschreibung von Netzwerkkonstellationen. Allerdings implizieren sie eine grundlegend strukturalistische Sichtweise, der zufolge soziale Phänomene verschiedenster Art auf Netzwerkstrukturen zurückzuführen sind. Diese »strukturelle Intuition« (Freeman) liegt auch den neueren Entwicklungen in der Netzwerkforschung zugrunde. Diese untersuchen Netzwerke wieder verstärkt qualitativ, formulieren vor allem auch eine eigene Theorie sozialer Netzwerke (s. u.).

Methoden

Die *Methoden* der formalen Netzwerkanalyse untersuchen Netzwerkstrukturen mit quantitativen Maßzahlen (Jansen 1999; Carrington et al. 2005). Diese machen einerseits Angaben über die Gesamtstruktur des Netzwerks, andererseits über die relative Position einzelner Knoten im Netzwerk. Auf dieser Individualebene liegen etwa die verschiedenen Maße für die **Zentralität** einzelner Knoten: In dem Beispielnetzwerk (s. Abb.) haben die Knoten c und d die meisten Verbindungen zu anderen Knoten (Degree-Zentralität) und stellen Anführer in ihrem jeweiligen Netz-

Abb.: Beispielnetzwerk

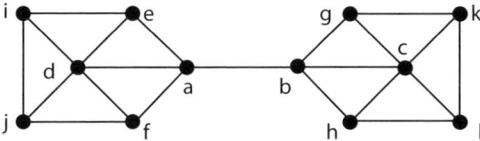

werkclustern dar. Für das Gesamt-Netzwerk sind aber die Knoten a und b wichtiger, da sie die Netzwerkcluster miteinander verbinden, die meisten Knoten in wenigen Schritten erreichen (Reachability) und auf vielen Pfaden zwischen Knoten liegen (Betweenness-Zentralität). Die Verbindung zwischen a und b stellt einen »weak tie« (Granovetter) dar, mit dem ein »strukturelles Loch« (Burt) zwischen den Clustern überbrückt wird. Solche »weak ties« sind insbesondere dort wichtig, wo der Zugang zu Informationen zählt.

Oberhalb der Individualebene lassen sich verschiedene Aussagen über die Gesamtstruktur von Netzwerken treffen. So zeigt das Beispielnetzwerk eine **Dichte** von 35 %, da 21 der 66 möglichen Verbindungen zwischen den 12 Knoten bestehen. Im Netzwerk finden sich insgesamt 10 *Cliquen* mit je drei vollständig miteinander verbundenen Akteuren, die sich vielfach überlappen. Das Netzwerk ist eher in Subgruppen bzw. Cluster von eng miteinander vernetzten Knoten differenziert als in Zentrum und Peripherie.

Eine induktiv ansetzende Methode, die Aussagen sowohl über die Individual- als auch die Netzwerkebene erlaubt, ist die **Blockmodellanalyse**. Mit dieser lassen sich strukturell äquivalente Akteure identifizieren, die eine ähnliche (oder gleiche) strukturelle Position im Netzwerk haben, aber nicht notwendig miteinander verbunden sind. Im Beispielnetzwerk lassen sich vier unterschiedliche strukturell äquivalente Positionen ausmachen: c und d sind lokale Anführer, a und b »Broker« zwischen den Clustern. Die anderen Knoten sind einfache Gruppenmitglieder, wobei e, f, g und h Kontakt zum jeweiligen lokalen Anführer und zu einem der Broker haben. i, j, k und l haben dagegen nur Kontakt zu einem Anführer und zu anderen Gruppenmitgliedern. Die allgemeinen Grundannahmen der Blockmodellanalyse sind, dass solche strukturell äquivalenten Positionen jeweils eine bestimmte *Rolle* im Netzwerk markieren, und dass das Netzwerk insgesamt durch solche Rol-

lenkategorien geprägt ist. Diese werden induktiv mit der Blockmodellanalyse untersucht. Die Netzwerkanalyse folgt damit einem »anti-kategorischen Imperativ« (Emirbayer/Goodwin 1994: 1414): Den Eigenkategorisierungen der Akteure (etwa in Klassen oder Schichten) wird misstraut; stattdessen werden die sozial wirksamen Kategorien aus der Netzwerkstruktur heraus rekonstruiert.

Die hier skizzierten Überlegungen bleiben der Einfachheit halber auf der Ebene einfacher und symmetrischer Sozialbeziehungen. Prinzipiell können die verschiedenen Verfahren der Netzwerkanalyse auch Informationen über asymmetrische (gerichtete) *Sozialbeziehungen*, über graduell abgestufte Beziehungen und über verschiedene Beziehungsarten (»types of tie«, z. B. Freundschaft, Wertschätzung, Konflikt) gleichzeitig berücksichtigen.

Neben der formalen Netzwerkanalyse existieren zwei weitere methodische Ansätze (Fuhse/Mützel 2010): Schon seit den 1940ern werden zunächst in großangelegten Gemeindestudien (von Warner, Laumann, Pappi und Fischer), seit den 1980ern auch in der allgemeinen Umfrageforschung **ego-zentrierte Netzwerke** erhoben und untersucht. Dabei werden Individuen nach wichtigen Bezugspersonen, deren Attributen (z. B. Alter, Geschlecht und ethnische Herkunft) und deren Beziehungen untereinander befragt. Diese ego-zentrierten Netzwerke werden in ihrer Zusammensetzung nach Attributen und in ihrer Struktur (Dichte) in statistischen Analysen in Beziehung gesetzt zu unabhängigen Variablen (z. B. Geschlecht) oder zu abhängigen Variablen (z. B. beruflicher Erfolg). Damit zielt die Analyse ego-zentrierter Netzwerke auf ein Erklären auf der Individualebene. **Qualitative Netzwerkstudien** leisten dagegen entweder eine Exploration von Netzwerkstrukturen (v. a. in Bereichen mit schwierigem Feldzugang) oder ein Verstehen des mit ihnen verknüpften Sinns. Sie arbeiten mit qualitativen Interviews, mit der Analyse von Dokumenten oder mit teilnehmender Beobachtung (Hollstein/Straus 2006).

Theoretische Ansätze

Aus diesen anwendungsorientierten Hauptströmungen der Netzwerkforschung haben sich seit 1990 einige netzwerktheoretische Ansätze entwickelt. Die frühen Arbeiten legten einen einfachen *Strukturalismus* zugrunde, dem zufolge soziale Phänomene alleine aus der Struktur von Sozialbeziehungen erklärt und kulturelle Aspekte ausgeblendet werden können. Diese Perspektive wird im *Sozialkapital*-Ansatz auf die Individualebene gebracht: Sozialbeziehungen und Netzwerke gelten hier als Ressourcen für individuelles Handeln. Entscheidend etwa für den Erfolg auf dem Arbeitsmarkt und im Berufsleben wären vor allem die Menge und die Struktur (»weak ties«) der dem Akteur verfügbaren Sozialbeziehungen.

Konträr dazu hat sich aus der Blockmodellanalyse heraus um Harrison White die relationale Soziologie entwickelt. Diese sieht soziale Netzwerke als untrennbar mit Sinn und kulturellen Formen verwoben und fordert deren stärkere Berücksichtigung in der Netzwerkforschung (White 2008; Fuhse 2009). Netzwerke werden hier als Sinnstrukturen konzipiert, die sich im Laufe von Kommunikationsprozessen entwickeln und diese prägen. Die Grundbausteine von Netzwerken sind *Narrative* (»Stories«), die die Identitäten im Verhältnis zueinander definieren. Auch größere Strukturen wie kollektive Akteure, Institutionen oder sprachliche Strukturen lassen sich auf diese elementare Konstruktion von Netzwerken zurückführen.

Literatur

Carrington, Peter et al. (Hg.), 2005: Models and Methods in Social Network Analysis, Cambridge. – Emirbayer, Mustafa; Goodwin, Jeff, 1994: Network Analysis, Culture, and the Problem of Agency; in: American Journal of Sociology 99, 1411–1454. – Freeman, Linton, 2004: The Development of Social Network Analysis, Vancouver. – Fuhse, Jan, 2009: The Meaning Structure of Social Networks; in: Sociological Theory 27, 51–73. – Ders.; Mützel, Sophie, 2011: Tackling Connections, Structure, and Meaning in Networks; in: Quality & Quantity 45, 1067–1089. – Hollstein, Betina; Straus, Florian (Hg.), 2006: Qualitative Netzwerkanalyse, Wiesbaden. – Holzer, Boris, 2006: Netzwerke, Bielefeld. – Jansen, Dorothea, 1999: Einführung in die Netzwerkanalyse, Opladen. – Stegbauer, Christian; Häußling, Roger (Hg.), 2010: Handbuch Netzwerkforschung, Wiesbaden. – White, Harrison, 2008: Identity and Control, Princeton.

Jan Fuhse

Norm und Sanktion

Soziologische Begriffsbestimmungen

Eine soziale Norm (engl. standard, rule, norm) ist eine sanktionsbewehrte Handlungs- und Einstellungserwartung von überindividueller Gültigkeit.

Im Falle ihrer Einhaltung werden Normen positiv, durch Lob und andere Formen der materiellen und immateriellen Gratifikation, im Übertretungsfall negativ, durch Tadel oder anderweitige Zurechtweisung, sanktioniert. Bereits dies deutet auf den engen Zusammenhang von Norm und Sanktion (engl. sanction) hin. Als Grundbegriffe sowohl der Soziologie als auch der Jurisprudenz verweisen beide auf deren Überschneidungsbereich, die *Rechtssoziologie*.

Die typische Norm-Sanktionskonstellation besteht aus Normensetzer(n), Normensender(n), Normenadressat(en), Normenbenefiziar(en) sowie aus Sanktionssubjekt(en) und Sanktionsobjekt(en). Das Normensenden kann, z. B. bei Eltern im Unterschied zu professionellen Erziehenden, auch unbeabsichtigt erfolgen. Ebenso können Normenbenefiziare als nicht unmittelbar angesprochene Nutznießer von der Geltung einer Norm auch ohne unmittelbar eigenen Adressatenbezug profitieren. Dies ist z. B. der Fall, wenn eine generell durchgesetzte Pünktlichkeitsregel die Verlässlichkeit der Anderen garantiert. Anders als bei klassischen Naturgesetzen, die bereits beim erstauftretenden Einzelfall der offensichtlichen Abweichung überprüft und ggf. korrigiert werden müssen, können Normen als kontrafaktisch stabilisierte und institutionalisierte Regeln auch gegen die empirische Evidenz aufrecht erhalten werden.

Das Gegenstück zur Norm, die Sanktion, bezeichnet die gesellschaftliche Replik sowohl auf normgemäßes wie auf normabweichendes Handeln. Sanktionen können formal oder informell, repressiv, d. h. strafend und vergeltend, oder restitutiv, den Ausgangszustand wiederherstellend, gezielt oder verdeckt, spezifisch oder unspezifisch sein und z. B. auch in einer bloßen Sanktionsdrohung bestehen. Ursprünglich als Heiligung, lat. sanctio, wie das Recht, religiös überhöht, umfasst der Sanktionsbegriff als Billigung und Bestätigung ausdrücklich auch positive Aspekte der *Anerkennung* und *Belohnung*. Wie einige andere termini technici der Soziologie, die zugleich Teil der Alltagssprache sind, hat der Sanktionsbegriff eine Verengung auf die ausschließlich negative Sanktion, bevorzugt als Bestrafung, erfahren. Sanktionen sind dabei umso gravierender, je umfassender diese auf die gesamte Lebenssituation des Sanktionierten bezogen sind (Freiheitsentzug), je größer der Kreis der potenziellen Sanktionssubjekte (Eltern, Lehrer, Strafverfolgungsbehörden) und je höher das Sanktionspotenzial, also die Summe der zur Durchsetzung der Norm zur Verfügung stehenden Mittel (Vorenthaltung von Geld und Ansehen, drohender sozialer Ausschluss), sind.

Häufig findet man Definitionen der Norm als einer mehr oder weniger verbindlichen standardisierten Verhaltensvorschrift, welche das in bestimmten Situationen Ver- oder Gebotene eindeutig festlegt. Im Unterschied zu diesen, dem normativen Paradigma verpflichteten Begriffsbestimmungen erfüllen Normen im Lichte des hier vertretenen interpretativen Paradigmas lediglich handlungsleitende oder Einstellungen kanalisierende Funktionen. Bei sozialen Normen handelt es sich – anders als beim normgesteuerten alternativlosen Sich-Verhalten im Sinne kausaler Stimulus-Response-Modelle – nicht um deterministische Einflussvariablen, welche ein bestimmtes Denken oder *Handeln* regel-recht erzwingen. Normen geben nur gewisse Einstellungs- und Handlungsorientierungen vor. »Die Norm ist kein Befehl« (Geiger). Der Einzelne kann – fast immer – auch anders, muss dann jedoch die für den Fall der Abweichung vorgesehene Sanktion gewärtigen. Selbst das deutsche Strafrecht ist kein Kodex von Verboten, wie etwa die Zehn Gebote, sondern ein »Konditionalprogramm« (Luhmann), das potenziell alles, was Menschen möglich ist – Diebstahl, Raub, Betrug, Mord – zulässt, dies aber von Rechts wegen mit unterschiedlich hohen Strafmaßen belegt.

Theoretische Einordnungen

In einer etwas anderen Akzentuierung als in den eingangs genannten Begriffseingrenzungen lassen Normen sich als Konkretisierungen abstrakter, meist sehr allgemein formulierter *Werte* bestimmen und in einer nach Realisierungs- und Konkretisierungsgraden absteigenden Linie von Wert – Norm – Handlung anordnen. Ein weiterer Bedeutungshorizont erschließt sich mit Norm – *Rolle* – *Position* im Kontext der *Rollentheorie* sowie über das Konzept von der Definition der Situation (*Thomas-Theorem*) als Verbindung von Situation – Norm – Handlung bis zu Geiger und dessen Situations-Gebarens-Modell. Ein wieder anderer Bezug ergibt sich – vermittelt über die Sanktion – zur *sozialen Abweichung*. Die Selektivität sozialer Normen und ihrer gruppen- und milieuspezifischen Durchsetzung stellt die Anschlussfähigkeit zur *sozialen Ungleichheit* sowie – über die Definitionshoheit über normierte Situationen und die Interpretationsmacht über deren Auslegung – zu *Macht* und *Herrschaft* her.

Gemeinsam ist allen Definitionen, dass es sich bei Normen um etwas Regelmäßiges und Regelhaftes von gesetzesähnlichem Charakter, d. h. um etwas auf Dauer Gestelltes, in sich wiederholenden Situationen Wiederkehrendes mit dem Effekt der Erwartbarkeit, Planbarkeit und Kalkulierbarkeit handelt, aufgrund dessen sich mit der normativen Kraft des Faktischen Normalität herstellt. Auf den Erwartungsaspekt und die Wechselseitigkeit dieses sich zu Erwartungserwartungen aufschaukelnden Erwartens hat – aufbauend auf der Reziprozitätsthese von Schütz – insbesondere Luhmann hingewiesen. Dabei können auch enttäuschte Erwartungen beibehalten und die Einhaltung von Normen selbst im wiederholten Übertretungsfall durchgesetzt werden. Luhmann spricht im Falle dieses empirieresistenten Erwartens vom normativen Lernen und unterscheidet dieses vom kognitiven Lernen. Letzteres gibt der Erfahrung nach und passt die Normen den beobachteten Handlungsweisen an. Ein Beispiel für kognitives Lernen ist, wenn der Vorlesungsbeginn den regelmäßig zu spät Kommenden folgend nach hinten verlegt wird. Normatives Lernen dagegen fände dann statt, wenn die zu spät Kommenden von der Veranstaltung ausgeschlossen oder mit anderweitigen Sanktionen, etwa einem Notenabzug, belegt würden.

Empirische Erscheinungsformen und taxonomische Klassifikationen

Von den in unserer Gesellschaft geltenden Normen am bekanntesten dürfte die Deutsche Industrie-Norm (DIN) sein. Neben den im Vergleich zu sozialen Normen immer wirkmächtiger werdenden technischen Normen, die als »datensetzende Macht« (Popitz) etwa über computergestützte Normierungen zunehmend in unser Alltagsleben eingreifen, gibt es u. a. rechtliche, religiöse, ökologische und ästhetische Normen.

Nach Popitz (1980) bestehen Normstrukturen aus Verpflichtungs-, Sanktions- und Geltungsstrukturen. Klassifizieren lassen Normen sich mithin nach Geltungsbereich (universal – partikular), Institutionalisierungsgrad (situativ variabel – situationsübergreifend definiert), Graden ihrer alltagspraktischen Verwirklichung und Relevanz (appellativ, ideal – unmittelbar praktisch wirksam), nach Herkunft und Entstehungsgeschichte (historisch gewachsen – gesatzt), Verbindlichkeit und Verpflichtungsgrad sowie nach der Stärke ihrer Sanktionsbewehrtheit. Seit Weber (1922) gehört insbesondere die hiernach geordnete Unterscheidung, beginnend mit der eingelebten Gewohnheit über den sanktionslos habitualisierten *Brauch* als einer Form der traditionalen *Vergemeinschaftung* und die *Sitte* (Sumner 1906) bis zur auf freiwilliger, oft stillschweigender Übereinkunft beruhenden *Konvention* und Norm hin zum strafbewehrten Recht, zum Kanon soziologischen Grundwissens.

Ursprünglich ebenfalls auf Geiger (1947) zurück geht die von Popitz (1980) übernommene Unterscheidung von Orientierungswissen und Realisierungswissen einschließlich der angenommenen oder auch nur vermuteten Orientierungs- und Realisierungsgewissheit als den subjektiven Komponenten des Normbewusstseins (Lucke/Schwenk 1992). Orientierungswissen meint dabei die Kenntnis der im konkreten Fall geltenden Norm, Realisierungswissen die Kenntnis der Entdeckungswahrscheinlichkeit, wobei Unwissenheit nicht vor Strafe schützt (Lucke 2010). Die Abwägung beider spielt etwa beim Schwarzfahren eine Rolle.

Entstehungshintergründe und Funktionen

Die Kulturanthropologie geht vom Menschen als einem »Mängelwesen« (Gehlen) aus, bei dem die Instinkte bei der Geburt im Vergleich zu Tieren weniger ausgeprägt sind und die deshalb durch Gefüge von Normen, *Institution*en, ersetzt werden müssen. Dieses anthropologische Erklärungsmodell zielt in erster Linie auf die Norm als Instinktersatz, während der machttheoretische – stärker soziologische – Ansatz vor allem auf *Herrschaft*sausübung und Hierarchiebildung und der funktionalistische auf Selektionsleistung, Effizienzsteigerung und die Gewährleistung von sozialer *Ordnung* und gesellschaftlicher Stabilität abstellt. In der Soziologie theoretisch und empirisch weithin unbeantwortet ist die Frage nach der konkreten Normentstehung, also danach, wann und unter welchen Voraussetzungen aus einer individuellen *Gewohnheit*, einem regionalen *Brauch* oder einer milieutypisch verbreiteten Umgangsform eine geltende Norm wird und was genau die Gründe für diesen Übersprung von der bloßen Regelmäßigkeit und Regelhaftigkeit zur Regel i. e. S. sind.

Wie die Struktur – »duality of structure« (Giddens) – besitzt auch die Norm einen, je nach Theoriestandort unterschiedlich fokussierten Doppelcharakter. Normen dienen einerseits der Entlastung des Individuums, andererseits üben sie Zwang und sozi-

ale *Kontrolle* aus. Der Entlastungseffekt besteht in der erhöhten Erwartungssicherheit und der durch Normgeltung und Selektion ermöglichten Komplexitätsreduktion. In als gleich oder ähnlich identifizierten Situationen muss nicht jedes Mal neu überlegt werden, was situationsadäquat und mithin zu tun ist. Der Zwang besteht – in einer hochgradig geregelten und weithin verrechtlichten Gesellschaft zumal – darin, nicht alles tun zu dürfen, was man tun will oder wozu man körperlich, geistig, intellektuell oder von der sozialen *Position* her potenziell in der Lage wäre.

Unter diesen Voraussetzungen besteht das Ziel einer im Lichte funktionalistischer (Parsons) und rollentheoretischer (Dahrendorf, Mead) Ansätze geglückten *Sozialisation* darin, das Wollen und Sollen in Einklang zu bringen und ein möglichst hohes Maß an Normkonformität zu gewährleisten. Andererseits ist, worauf bereits Durkheim mit seiner These von der »Normalität des Verbrechens« hingewiesen hat und Habermas dies in seinen »Stichworten« (Habermas 1973) mit den Sozialisationszielen, Frustrations- und Ambiguitätstoleranz sowie Rollendistanz andeutet, ohne Normabweichung kein *sozialer Wandel* möglich. Indem der sozial sichtbare Normverstoß den Mitgliedern einer konkreten historischen Gesellschaft vor Augen führt, was gut zu heißen oder aber abzulehnen ist, und eine für das scheinbar Selbstverständliche abgestumpfte »conscience collective« (Durkheim) sensibilisiert und den Blick schärft, dass alles, was ist und als »normiert normierend« (Bourdieu), wie die Heterosexualitätsnorm, als normal gilt, prinzipiell auch anders sein könnte, ist die Normabweichung nicht nur negativ zu sehen, sondern im Gegenteil positiv funktional. Die völlig normkonforme Gesellschaft dagegen wäre statisch und ist ebenso undenkbar wie eine normfreie Gesellschaft und so utopisch wie die »herrschaftsfreie Situation« (Habermas) oder die Welt des aus keiner Rolle fallenden »homo sociologicus« (Dahrendorf 1958). Absolute Normlosigkeit bedeutete *Anomie*, also Gesetzlosigkeit. Sie führte zu einer grundlegenden Ent-Ordnung des Gesellschaftskosmos und mündete im Chaos.

Nur ein kleiner Teil der in unserer Gesellschaftsordnung faktisch geltenden Sozialnormen ist als Rechtsnorm paragrafenförmig kodifiziert, in Gesetzestexten oder in Form von Vorschriften und offiziellen Verordnungen verschriftlicht oder in »Benimm«-Büchern nachlesbar. Die rote Ampel allein erzwingt den Stillstand im Straßenverkehr ebenso wenig wie selbst die unverschlossene Tür Studierende in aller Regel bis zum Ende der Vorlesung im Hörsaal hält. Angesichts dieser nomosbildenden »invisible hand« der normativen Konstruktion von Gesellschaft umso erstaunlicher ist die Tatsache der weitestgehenden Normbefolgung. Den Funktionen der Normen hierin ähnlich sind diejenigen der Sanktionen. Auch sie dienen der Verdeutlichung der Normgeltung und deren Bekräftigung, der Stärkung von Sicherheitsbewusstsein und Verlässlichkeit sowie der Solidarisierung und *Kohäsion* innerhalb einer Gruppe, einer *Subkultur* oder auch der *Integration* ganzer Gesellschaften. Auffallenderweise verfügt die Soziologie über eine elaborierte Soziologie *Abweichenden Verhaltens*, während sie das Feld der Norm*konformität* überwiegend der Sozialpsychologie – und hier insbesondere der sozialpsychologischen Kleingruppenforschung – überlassen hat.

Normgerechtes bzw. normkonformes Handeln als solches ist nicht direkt beobachtbar. Ob ein stattgefundenes Handeln einer Norm gefolgt ist oder nicht, wird in einer komplizierten Verkehrung von Zeitabläufen, einer Art »anticipatory reaction« (Luhmann), also einer vorwegnehmenden Reaktion, erst am Nachfolgen bzw. Ausbleiben einer der Handlung auch zeitlich – nicht nur der Höhe nach – zuordenbaren Sanktion erkennbar. Die Sanktion ist dabei ihrerseits normiert, wobei die bekannte »Aug' um Aug', Zahn um Zahn«-Regel nicht nur Vergeltungsgerechtigkeit schaffen, sondern auch die Verhältnismäßigkeit wahren und eine zu harte Bestrafung ausschließen soll. Insbesondere in der Jugendstrafjustiz wird mit Blick auf die Einsicht und das Unrechtsbewusstsein der Täter zusehends darauf geachtet, dass die Strafe der Straftat möglichst auf dem Fuße folgt.

Entwicklungstendenzen

Vor dem Hintergrund des von der *Wertewandel*theorie diagnostizierten Sinkens von Pflicht- und Akzeptanzwerten zugunsten von Selbstentfaltungswerten wird man – mit aller soziologisch gebotenen Vorsicht – davon ausgehen können, dass die Bereitschaft zu Normakzeptanz in der Bevölkerung insgesamt eher im Abnehmen begriffen ist und Thesen von Normerosion, Normkonfusion, Normkonversion und wachsender Devianzakzeptanz gestützt werden können. Angesichts von in der postmodernen

Lebensstilgesellschaft immer vielfältiger, damit auch beliebiger werdenden Referenzgruppen und wegfallenden Vergleichsmaßstäben gewinnt der zunehmend individuelle Umgang mit Normen eine hohe theoretische und empirische Plausibilität. Dies ist der Fall, seitdem nach Normierungswut und Regulierungsflut immer mehr Flexibilisierungs-, Deregulierungs- und Entpönalisierungsprozesse nicht nur des Rechts einsetzen und Normalbiografien, Normalarbeitsplätze, Normalfamilien, etc. im Zuge fortschreitender *Pluralisierungs*- und *Individualisierung*stendenzen entstandardisiert werden. Damit wird der Kreis der universellen Normen tendenziell kleiner, derjenige der nur noch partikular, milieuabhängig, subkulturell, szene- oder situationstypisch geltenden dagegen größer und die Korridore der tolerierten, wenn auch nicht unbedingt akzeptierten Normabweichung größer.

Jedoch sind, wie bei anderen Generaltrends, auch hier gegenläufige Entwicklungen feststellbar. Während in einzelnen Bereichen, etwa bei der allmählichen Auflösung von Geschlechterrollen, die normativen Verpflichtungsgrade abnehmen, entstehen diese auf denselben oder anderen Feldern neu. Beispiele hierfür sind parallel zum Bedeutungsverlust ehemals geschlechtsspezifischer Rollenzuweisungen neu eingeführte Regeln für einen gendersensiblen Sprachgebrauch (»I«), der Ersatz gelockerter Kleiderordnungen durch direkt auf den Körper bezogene Normierungen, wie »body mass«-Indizes, Idealgewichtsvorgaben und entsprechende Diäten, oder die Wiederbelebung der von der 1968er-Generation in Verruf gebrachten Etikette als Netikette im virtuellen Raum des Internets, aber auch die Renaissance von Brauchtümern, wie die Rückkehr von Universitätsfeiern, Kerzenzeremonien oder Hochzeiten als der vorübergehenden biografischen Profanisierung der Eheschließung entgegengesetzte, zelebrierte »rites de passage« (van Gennep).

Als Zeichen des neben der strukturellen auch auf normativer Ebene stattfindenden gesellschaftlichen Wandels kann es zu einem Austausch von Begründungs- und Rechtfertigungszwängen und in der Folge dann auch zu Legitimitätsumkehrungen kommen. Dies ist etwa beim Wandel des Rauchens im öffentlichen Raum vom Emanzipationssymbol vor allem von Frauen zur ghettoartigen Diskriminierung vor Gaststätten und auf Bahnsteigen der Fall. Andere Beispiele sind das Heiraten oder Kinderkriegen, wenn sich das Zusammenleben ohne Trauschein oder die Kinderlosigkeit von Ehen weiter verbreitet und von der begründungs- und rechtsfertigungspflichtigen Ausnahme zur fraglos gegebenen und als selbstverständlich angesehenen Normalität wird. Sanktionsverzichte, wie die Abschaffung der Straftatbestände Ehebruch (§ 172 StGB a. F.), männliche Homosexualität (§ 175 StGB a. F.), bedingt auch des Schwangerschaftsabbruchs (§ 218 StGB a. F.), sind häufig Vorboten eines sich anbahnenden Normwandels. Unter den Bedingungen von multikultureller Gesellschaft und *Globalisierung* werden die Relativität sowie die kulturelle und soziale Konstruiertheit und die damit verbundene prinzipielle Änderbarkeit von Normen einschließlich ihrer Sanktionierung deutlich.

Literatur

Dahrendorf, Ralf, 1958: Homo sociologicus, Opladen – Geiger, Theodor, 1947: Vorstudien zu einer Soziologie des Rechts, Aarhus. – Habermas, Jürgen, 1973: Stichworte zu einer Theorie der Sozialisation; in: Ders.: Kultur und Kritik, Frankfurt a. M., 118–194. – Lucke, Doris Mathilde, 2010: »Unwissenheit schützt vor Strafe nicht.« Wissen und Wirkung im Recht; in: Wagner, Gerhard (Hg.): Kraft Gesetz. Beiträge zur rechtssoziologischen Effektivitätsforschung, Wiesbaden, 65–90 – Lucke, Doris; Schenk, Otto G., 1992: Rechtsbewußtsein als empirisches Faktum und symbolische Fiktion; in: Zeitschrift für Rechtssoziologie 13, 185–204. – Luhmann, Niklas, 1969: Normen in soziologischer Perspektive; in: Soziale Welt 20, 28–48. – Popitz, Heinrich, 1980: Die normative Konstruktion von Gesellschaft, Tübingen. – Sumner, William G., 1906: Folkways: A study of the sociological importance of usages, manners, customs, mores, and morals, Boston. – Weber, Max, 1922: Wirtschaft und Gesellschaft, Tübingen.

Doris M. Lucke

O

Operationalisierung

Die Operationalisierung (engl. operationalization) stellt eine Beziehung zwischen einer latenten Variable (auch: Konstrukt, theoretischer Begriff) und einer oder mehreren messbaren Variable(n), auch als *Indikator*en bezeichnet, her. Es handelt sich um eine Korrespondenzregel und keine Definition, weil das Konstrukt nur mit einer Wahrscheinlichkeit gemessen wird.

*Hypothese*n in der Soziologie sind meist Verknüpfungen theoretischer Begriffe, z. B. »Je größer eine soziale Einheit, desto größer ist deren interne Differenzierung«. Um solche Annahmen empirisch zu prüfen, werden den theoretischen Begriffen »Größe« und »interne Differenzierung« die empirisch messbaren Variablen zugeschrieben, z. B. Zahl der Einwohner und Zahl der verschiedenartigen Berufe. Die Prüfung gilt allerdings nur für die jeweilige Operationalisierung, andere Operationalisierungen können zu anderen Ergebnissen führen. Oft empfiehlt es sich, einen theoretischen Begriff auf seine Dimensionen hin zu untersuchen, z. B. »Religiosität« in die Dimensionen »Erfahrung«, »Glaube« und »Wissen« zu unterteilen (Kecskes/Wolf 1993). Anschließend werden jeder Dimension Indikatoren zugeordnet. Eine weitere Form der Operationalisierung ist es, einen theoretischen Begriff, z. B. Autoritarismus, über eine Batterie von Items, die in einer *Skala* zusammengefasst werden, zu messen.

Literatur

Kecskes, Robert; Wolf, Christof, 1993: Christliche Religiosität. Konzepte, Indikatoren, Meßinstrumente; in: Kölner Zeitschrift für Soziologie und Sozialpsychologie 45, 270–287.

Jürgen Friedrichs

Organisationssoziologie

Die Organisationssoziologie (engl. sociology of organizations) beschäftigt sich mit unterschiedlichen Organisationstypen wie Verwaltungen, Unternehmen, Armeen, Kirchen, Krankenhäusern, Universitäten, Schulen oder Vereinen. Im Gegensatz zu anderen Disziplinen wie der Betriebswirtschaftslehre, der Verwaltungswissenschaft oder der Pädagogik befasst sich die Soziologie also nicht mit einzelnen Organisationstypen, sondern behandelt die Gemeinsamkeiten und Unterschiedlichkeiten ganz unterschiedlicher Organisationstypen.

Bestimmung von Organisationen

Alltagssprachlich – teilweise aber auch in Einzelnen der Stränge der Organisationsforschung – werden die Worte »Organisation« und »Organisieren« verwendet, um eine auf einen Zweck ausgerichtete planmäßige Regelung von Vorgängen zu beschreiben (Weick 1985: 11 ff.). Nach diesem breiten Verständnis von Organisation muss man dann jedoch feststellen, dass fast immer und überall organisiert wird. Denn schließlich »organisieren« nicht nur Organisationen ihre Entscheidungsprozesse, sondern auch Familien ihr Zusammenleben, Protestbewegungen ihre Demonstrationen und Freundesgruppen ihre Partys.

In Abgrenzung zu dieser breiten Verwendung des Begriffs Organisation hat sich – nicht zuletzt durch die Ausbildung der Organisationssoziologie als eigene Spezialsoziologie – ein engeres Verständnis von Organisationen durchgesetzt. In der Organisationssoziologie wird mit »Organisation« eine besondere Form von sozialem Gebilde bezeichnet, die sich von anderen sozialen Gebilden wie bspw. Familien, Gruppen, Bewegungen oder Netzwerke unterscheiden lassen. Dabei lassen sich besonders drei Merkmale von Organisationen hervorheben (s. dazu ausführlich Kühl 2011: 16 ff.).

(1) Organisationen können über den Eintritt und Austritt von Personen entscheiden und können deswegen Bedingungen für **Mitgliedschaft** definieren, denen sich die Mitglieder (und eben nur die Mitglieder) zu unterwerfen haben. Mitgliedern ist bewusst, dass sie die Organisation zu verlassen haben, wenn sie offen zu verstehen geben, dass sie Programme der Organisation nicht befolgen, Kommunikationswege missachten oder andere Personen in der Organisation nicht als Kommunikationspartner akzeptieren (Luhmann 1964: 44 f.).

(2) Organisationen geben sich ferner **Zwecke**, mit denen sie Entscheidungen ausrichten. Auch wenn sich die noch in der Tradition von Max

Weber vertretene zweckrationale Annahme, dass Organisationen sich von ihren Zwecken aus verstehen lassen, nicht durchsetzen konnte, so spielen Zwecke zur Strukturierung von Organisationen eine wichtige Rolle. Sie konzentrieren wie Scheuklappen die Perspektive der Organisation auf einige wenige wichtig erscheinende Aspekte und blenden alles andere aus (Luhmann 1973: 46).

(3) Ferner sind Organisationen durch *Hierarchie*n gekennzeichnet, die Über- Unterordnungsverhältnisse der Mitglieder festlegen. Zwar ist besonders durch die mikropolitisch orientierte Organisationssoziologie überzeugend herausgearbeitet worden, dass hierarchisch weit unten angesiedelte Mitglieder über erhebliche Machtquellen verfügen können (s. Crozier/Friedberg 1977). Das Besondere ist aber, dass die Befolgung hierarchischer Anweisungen zur Mitgliedschaftsbedingung gemacht werden kann und so auch unpopuläre Entscheidungen durchgesetzt werden können.

Entstehung von Organisationen

Wenn dieses enge Verständnis von Organisationen verwendet wird, dann sind Organisationen ein Phänomen, das sich erst in den letzten Jh.en ausgebildet hat. Natürlich waren die Errichtung der Pyramiden in Ägypten oder der Aufbau einer umfassenden Wasserwirtschaft im Nildelta beeindruckende Beispiele von »Organisation« – aber eben nur im weiten Sinne des Begriffes. Klöster wirken mit ihren Aufnahmeritualen, mit ihren Hierarchien und genauen Regelwerken auf den ersten Blick wie Vorläufer von Organisationen, waren aber doch eher Ausdruck vormoderner Gesellschaften. Auch der Zusammenschluss der Handwerker einer mittelalterlichen Stadt in Zünften oder Gilden mag uns vielleicht an moderne Organisationen erinnern, aber auch hier haben wir es noch eher mit Organisationen im weiten Sinne zu tun.

Zwar kann man frühe Formen von »Mitgliedschaft gegen Lohn« bereits seit der Antike beobachten – man denke nur an Söldner, die ihre Kampfkraft dem am besten zahlenden Heeresführer zur Verfügung stellten, oder an Tagelöhner, die ihre Arbeitskraft gegen eine Vergütung anboten. Bis zur Herausbildung der Moderne waren jedoch andere Formen der Einbindung von Personen dominierend. Skla-

venhalter verfügten über Eigentum an der Person des Sklaven. Lehnsherren verpflichteten ihre Leibeigenen zu Abgaben und Frondiensten und setzten diese Leistungen im Notfall mit Gewalt durch. In Zünfte wurde man quasi hineingeboren, und es war selbstverständlich, dass man als Sohn auch den Beruf – und damit auch die Zunftmitgliedschaft – des Vaters übernahm. Mitglied wurde man nicht qua eigener Entscheidung, sondern durch Geburt.

Ein zentrales Merkmal all dieser Ordnungsformen der Vormoderne ist, dass sie Personen komplett inkludierten. Der Eintritt in ein Kloster war eine Lebensentscheidung, die zur Folge hatte, dass letztlich alle Aktivitäten im Rahmen einer christlichen Lebensgemeinschaft stattfanden. Zünfte oder Gilden waren nicht vorrangig Einrichtungen zur Absicherung von Monopolen, sondern regulierten auch die kulturellen, politischen und rechtlichen Beziehungen ihrer Mitglieder.

Organisationen entstanden erst in der modernen Gesellschaft mit der Ausbildung bürokratischer Verwaltungen, der Bildung stehender Heere mit Berufssoldaten, der Durchsetzung der Erziehung an Schulen und Universitäten, der Behandlung von Kranken in Spitälern und Krankenhäusern, der Errichtung von Zuchthäusern, der Verlagerung der Produktion in Manufakturen und Fabriken und der Ausbildung von Vereinen, Verbänden, Gewerkschaften und Parteien. Denn erst mit der Entstehung dieser Organisationen wurde es immer mehr zum Regelfall, dass die Mitgliedschaft auf einer bewussten Entscheidung sowohl des Mitglieds als auch der Organisation selbst basierte und gleichzeitig Mitglieder nicht mehr mit allen Rollenbezügen in die Organisation integriert waren.

Dieser Prozess setzte sich langsam in so unterschiedlichen Bereichen wie der Religion, der Wirtschaft oder der Politik durch. Ab dem 16. Jh. wurde bspw. die Zwangsmitgliedschaft in Kirchen – die Untergebenen wurden zur gleichen Religionsangehörigkeit gezwungen wie ihre Herrscher – zunehmend delegitimiert. Eine ähnliche Entwicklung zeigte sich im Bereich der Wirtschaft. Mit der Ausbildung einer kapitalistischen Wirtschaftsordnung setzte sich in immer mehr Staaten die Gewerbe- und Handelsfreiheit durch, die es den Bürgern ermöglichte, verschiedene Arbeitstätigkeiten aufzunehmen. Durch Aufhebung des Zunftzwanges und die Auflösung von feudalen Abhängigkeitsverhältnissen entstand die Möglichkeit – und der Zwang – für Arbeiter, ihre

Arbeitsleistung auf den sich entwickelnden »Arbeitsmärkten« anzubieten (vgl. Marx 1962: 183). Weitgehend parallel entstanden dann auch zunehmende Möglichkeiten, sich Interessenorganisationen wie Vereinen, Parteien oder Gewerkschaften als Mitglied anzuschließen.

Motivation für Mitgliedschaften

Aber was motiviert Personen, Mitglied einer Organisation zu werden und – weitergehend – auch zu bleiben? Herbert Simon (1957) hat im Anschluss an grundlegende Überlegungen von Chester Barnard (1957) herausgestellt, dass Menschen Mitglied einer Organisation bleiben, wenn zwischen Beiträgen, die die einzelnen Mitglieder leisten, und den Anreizen, die die Mitglieder für die Beiträge erhalten, ein Gleichgewicht entsteht. In den Organisationen lassen sich dabei idealtypisch fünf unterschiedliche Anreizformen unterscheiden, mit denen Personen zur Mitgliedschaft motiviert werden (s. zu deren Möglichkeiten und Grenzen ausführlich Kühl 2011: 37).

(1) **Geld**: Offensichtlich ist, dass Personen über Geldzahlung motiviert werden können, auch unattraktive Aufgaben zu übernehmen. Da Menschen chronisch Bedarf an Geld haben, können Mitglieder nicht nur zeitlich befristet, sondern dauerhaft an eine Organisation gebunden werden. Der Vorteil von Geld als Mittel zur Bindung an Organisationen liegt in der hohen Flexibilität dieses Mittels. Durch Geldzahlungen können Mitglieder veranlasst werden, den Wechsel von Programmen, Kommunikationsweg und Personal der Organisation zu akzeptieren.

(2) **Zwang**: Ein in allen Hochkulturen des Altertums, des Mittelalters und der frühen Neuzeit erprobtes und auch heute noch von einigen Organisationen eingesetztes Motivationsmittel ist Zwang. Der durch die Organisation ausgeübte Zwang besteht darin, den Exit der Mitglieder ausschließlich zu den von der Organisation bestimmten Bedingungen zuzulassen. Dafür setzen diese Organisationen eigene Erzwingungsmittel wie organisationsinterne Polizei, eigene Gerichtsbarkeit und organisationseigene Gefängnisse ein, um die Teilnahme an Organisationsaktivitäten sicherzustellen. Der Einsatz von Zwang zur Rekrutierung und zum Halten von Mitgliedern hat in der modernen Gesellschaft an Popularität verloren, wird aber gerade von staatlichen Organisationen – Stichwort Wehrpflicht – immer noch eingesetzt.

(3) **Zweckidentifikation**: Eine weitere Möglichkeit, um Mitglieder an Organisationen zu binden, ist es, ihnen attraktive Zwecke zu bieten. In der Regel gilt: Je motivierender die Zwecke sind, desto geringer kann die Bezahlung der Mitglieder ausfallen. Selbst wenn Mitglieder nicht deswegen in eine Organisation eintreten, weil sie deren Zweck besonders attraktiv finden, so herrscht doch häufig die Hoffnung vor, dass man ihnen deutlich machen kann, wie attraktiv dieser Zweck eigentlich ist. Die mit Zweckidentifikation verbundene Hoffnung besteht darin, dass Mitarbeiter ihre Arbeit besser machen, wenn der Arbeitsprozess durch Eigeninteressen der Mitarbeiter an ihrer Tätigkeit »versteift« und »stabilisiert« wird.

(4) **Handlungsattraktivität**: Eine weitere Bindungsmöglichkeit von Organisationen besteht darin, dass sie ihren Mitgliedern attraktive Tätigkeiten in der Organisation bieten können. Man betrachte hierzu die Freiwilligen Feuerwehren oder das Rote Kreuz, die ihre Mitglieder vorrangig über interessante Arbeitsaufgaben binden. Die hohe Attraktivität der auszuführenden Handlungen kann, muss aber nicht mit einer hohen Attraktivität der Organisationszwecke einhergehen.

(5) **Kollegialität**: Eine weitere Möglichkeit, Mitgliedschaftsbindung herzustellen, bietet sich über die Kollegialität, die sich unter den Mitgliedern einer Organisation ausbildet. Die Organisationsforschung hat immer wieder nachzuweisen versucht, dass Organisationsmitglieder sowohl zufriedener als auch leistungswilliger sind, wenn sie eine enge Bindung gegenüber ihren Kollegen empfinden. Das Bedürfnis nach Kontakt und Zusammensein mit anderen Menschen werde, so bspw. die Annahmen des sogenannten *Human-Relations-Ansatze*s, von Kollegen befriedigt.

Die Regel ist, dass Organisationen verschiedene Mittel in Anreizformen einsetzen, um ihre Mitglieder zu motivieren. Aber bei aller Heterogenität von Mitgliedschaftsmotivationen ist ein Punkt zentral: Im Alltag sind Organisationen in erheblichem Maß in der Lage, von den Motiven ihrer einzelnen Mitglieder zu abstrahieren (vgl. Luhmann 1964: 42). Was immer einzelne Mitglieder bewogen hat, in ein Unternehmen, einen Verein oder eine Partei einzutreten – Identifikation mit dem Zweck, die Aussicht auf Geld oder die gute Stimmung unter den Organisationsmitgliedern –, die Organisation kann erwarten, dass sich die Mitglieder an die Regeln halten, solange sie Mitglied der Organisation bleiben wollen.

Perspektiven der Organisationssoziologie

Als zentraler Ausgangspunkt der Organisationssoziologie können Max Webers Überlegungen zur *Bürokratie* gesehen werden. Die sich an bürokratischen Kriterien orientierte Organisation sei mit ihrer »Präzision, Disziplin, Straffheit und Verlässlichkeit« jeder anderen Form der Koordination überlegen (Weber 1976: 128). Mit ihrer »Schnelligkeit, Eindeutigkeit, Aktenkundigkeit, Kontinuierlichkeit« verhielte sich, so Weber, die Organisation in der modernen Gesellschaft zu Koordinationsformen der vormodernen Gesellschaft wie »eine Maschine zu den nicht mechanischen Arten der Gütererzeugung« (Weber 1976: 561).

Im sogenannten kontingenztheoretischen Ansatz wurde die Überlegung Webers insofern modifiziert, als dass das »beste Organisationsmodell« von den Rahmenbedingungen der Organisation abhing. Je nach Umweltsituation einer Organisation müssten an *Zweckrationalität* orientierte Organisationen unterschiedliche Strukturen ausbilden. Während die mechanischen Systeme sich bei stabilen Umweltbedingungen bewährten, seien bei einer turbulenten Umwelt organische Systeme im Vorteile. Letztlich wurden in dieser Theorie also Kontextvariablen wie Markt oder Fertigungstechnologie mit Strukturvariablen wie Zentralisierungs- oder Standardisierungsgrad korreliert.

In dieser modifizierten Form dominiert das zweckrationale Modell zwar noch in Teilen der betriebswirtschaftlichen Organisationsform, in der Organisationssoziologie konnte es sich jedoch aufgrund ihrer simplen Kausalannahmen nicht durchsetzen. Vielmehr hat sich in kritischer Abarbeitung mit dem zweckrationalen Organisationsmodell unser Verständnis von Organisationen entwickelt. Dabei wurde herausgearbeitet, dass sich drei Formen von Struktur in Organisationen unterscheiden lassen.

In enger Anlehnung an das Weberianische Verständnis von Organisation wurde der Charakter der **formalen Struktur** der Organisation herausgearbeitet. Während anfangs Formalität eher ungenau als verschriftlichtes Regelwerk oder offizielle Anforderungen bestimmt wurde, präzisierte Luhmann Formalität als die mitgeteilten Mitgliedschaftsbedingungen (Luhmann 1964: 29 ff.). Die Formalstruktur, so könnte man es mit Hilfe der *Systemtheorie* auf den Punkt bringen, sind die »entschiedenen Entscheidungsprämissen« einer Organisation, an die sich die Mitglieder der Organisation halten müssen, wenn sie weiterhin Mitglieder der Organisation bleiben wollen (Luhmann 2000: 228 ff.).

Schon früh wurde jedoch bemerkt, dass in Organisationen neben der formalen Struktur auch eine **informale Struktur** existiert. Unter informaler Struktur – in neueren Forschungen auch als Organisations*kultur* bezeichnet – versteht man Erwartungen, an die Organisationsmitglieder gebunden sind, die aber nicht als Mitgliedschaftsbedingung ausgeflaggt werden. Bei der informalen Struktur handelt es sich um Erwartungen, die nicht entschieden wurden und das Handeln der Mitglieder strukturieren. Insofern kann man informale Strukturen auch als »nicht entschiedene Entscheidungsprämissen« in Organisationen bezeichnen (Luhmann 2000: 239).

Während lange Zeit – besonders auch durch den neoinstitutionalistischen Ansatz – angenommen wurde, dass die formale Struktur der Organisation die Struktur ist, die die Organisation gegenüber ihrer Umwelt produziert, kann man feststellen, dass Organisationen jenseits formaler und informaler Erwartungen eigene Strukturen ausbilden, die lediglich dem Legitimationsgewinn in der Umwelt der Organisation dienen. Diese **Schaustruktur** der Organisation kann Elemente der Formalstruktur beinhalten, besteht aber häufig zu erheblichen Teilen aus allgemeinen Wertformulierungen, die nach außen die Organisation attraktiv erscheinen lassen, aber nur grob als Orientierungspunkte für die Organisationsmitglieder dienen.

Die verschiedenen Schulen, die sich in der Organisationssoziologie herausgebildet haben (s. dazu Tacke 2010), heben meistens nur Einzelne dieser drei Strukturformen hervor. Die verhaltenswissenschaftliche Entscheidungstheorie, die Organisationen als einen Zusammenhang von Entscheidungen versteht, die auf der Basis begrenzter Rationalität getroffen wurden, betonen das Zusammenspiel von formalen und informalen Entscheidungen (vgl. Simon 1957). Die Mikropolitik, die Organisationen als das Ergebnis von Aushandlungsprozessen von eigeninteressierten Akteuren begreift, löst bei ihrer Analyse von Machtspielen tendenziell die Differenz von formalen und informalen Strukturen auf (vgl. Crozier/Friedberg 1977). Der Neoinstitutionalismus erklärt sich Organisationen als das Ergebnis des Kopierens von als legitim angenommenen Schemata in der modernen Gesellschaft und betont deswegen besonders die Bedeutung der Formalstruktur als Schauseite der Organisation (vgl. Meyer/Rowan 1977). Auch wenn diese verschiedenen Theorierichtungen zentrale Einsichten in die Funktionsweise von Organisationen geliefert haben, kann ein umfassendes Verständnis von Organisationen nur gelingen, wenn sowohl die formale Seite, die informale Seite als auch die Schauseite von Organisationen ins Auge gefasst werden.

Literatur

Barnard, Chester I., 1938: The Functions of the Executive, Cambridge. – Bonazzi, Giuseppe, 2002: Storia del pensiero organizzativo. 12. Aufl., Mailand (dt. 2008: Geschichte des organisatorischen Denkens, Wiesbaden). – Crozier, Michel; Friedberg, Erhard, 1977: L'acteur et le système. Les contraintes de l'action collective, Paris (dt. 1979: Macht und Organisation. Die Zwänge kollektiven Handelns, Berlin). – Kühl, Stefan, 2011: Organisationen. Eine sehr kurze Einführung, Wiesbaden. – Luhmann, Niklas, 1964: Funktionen und Folgen formaler Organisation, Berlin. – Ders., 1973: Zweckbegriff und Systemrationalität, Frankfurt a. M. – Ders., 2000: Organisation und Entscheidung, Opladen. – Marx, Karl, 1962: Das Kapital, Erstes Buch; in: Marx-Engels-Werke Bd. 23, Berlin. – Meyer, John W.; Rowan, Brian, 1977: Institutionalized Organizations. Formal Structure as Myth and Ceremony; in: American Journal of Sociology 83, 340–363. – Simon, Herbert A., 1957: Models of Man. Social and Rational, New York (dt. 1981: Entscheidungsverhalten in Organisationen, Landsberg am Lech). – Tacke, Veronika, 2010: Soziologie der Organisation; in: Kneer, Georg; Schroer, Markus (Hg.): Handbuch Spezielle Soziologien, Wiesbaden, 341–360. – Weber, Max, 1976: Wirtschaft und Gesellschaft, 5. rev. Aufl., Tübingen. – Weick, Karl E., 1985: Der Prozeß des Organisierens. Frankfurt a. M.

Stefan Kühl

Organismustheorie

Der übereinstimmende Grundgedanke der – im Übrigen höchst verschiedenen – Organismustheorien (engl. organic/holistic theory) in der Soziologie besagt, dass jegliches gesellschaftliches Gebilde und insbesondere die *Gesellschaft* im Ganzen als Organismus, d. h. als »Lebenseinheit eines aus Teilen bestehenden Ganzen« (Gierke, 15), verstanden werden müsse. Nur eine derartige organologische Betrachtungsweise werde dem Tatbestand gerecht, dass auch gesellschaftliche Ganzheiten mehr seien als die Summe ihrer Teile; darüber hinaus sei nur sie geeignet, das Wechselverhältnis zwischen der überdauernden Einheit des gesellschaftlichen Ganzen und der Vielfalt und Verschiedenheit seiner Elemente, die Abgrenzung und den Austausch zwischen sozialen Gebilden und ihrer jeweiligen *Umwelt* sowie schließlich das Zusammenspiel von sozialer Statik und Dynamik angemessen zu erfassen.

Aufgrund ihres teleologischen Charakters setzen sich Organismustheorien gemeinhin allen als ›mechanizistisch‹ kritisierten kausalanalytischen Vorstellungen in der soziologischen Theoriebildung entgegen. Die dezidiert ganzheitliche oder holistische Perspektive richtet sich mehr oder minder ausdrücklich gegen die als ›atomistisch‹ kritisierte individualistische Denktradition. Biologistisch im eigentlichen Sinne argumentiert nur eine Minderheit unter den Organismustheoretikern, so P. v. Lilienfeld und A. Espinas. Häufig, so auch bei Herbert Spencer, bleibt die ontologische Frage ganz ungeklärt, und speziell in den deutschen, unter dem bestimmenden Einfluss der idealistischen und romantischen Philosophie stehenden Organismustheorien (so etwa bei O. Spann) dient der Organismusbegriff gerade zur Kennzeichnung des geistigen und auch metaphysischen Wesens gesellschaftlicher Entitäten.

Weder in ihrer biologistischen noch in ihrer spiritualistischen Ausprägung entsprechen Organismustheorien den Anforderungen gegenwärtiger soziologischer Theoriebildung, und dabei spielt die früher vieldiskutierte Frage ihrer ideologischen Funktion (vgl. Kellermann) keine entscheidende Rolle mehr. An ihre Stelle sind vor allem die verschiedenen struktur-funktionalen oder systemtheoretischen Konzeptionen getreten (vgl. Luhmann, insbes. 17, 288, 507).

Literatur

Gierke, Otto von, 1902: Das Wesen der menschlichen Verbände, Leipzig. – Kellermann, Paul, 1967: Kritik einer Soziologie der Ordnung, Freiburg. – Lilienfeld, Paul von, 1989: Zur Verteidigung der organischen Methode in der Soziologie, Berlin. – Nikles, Bruno W.; Weiß, Johannes (Hg.), 1975: Gesellschaft. Organismus, Totalität, System, Hamburg. – Spann, Othmar, 1938: Der wahre Staat, 4. Aufl., Jena. – Spencer, Herbert, 1972: Structure, Function and Evolution, London. – Luhmann, Niklas, 1985: Soziale Systeme. Grundriß einer allgemeinen Theorie, 2. Aufl., Frankfurt a. M.

Johannes Weiß

P

Persönlichkeit(sentwicklung)

Persönlichkeit

Unter der Persönlichkeit (engl. personality) eines Menschen wird in der Psychologie die Gesamtheit aller seiner Persönlichkeitseigenschaften (engl. personality traits) verstanden. Persönlichkeitseigenschaften sind mittelfristig stabile individualtypische oder gruppentypische Merkmale des Erlebens und *Verhaltens* und deren körperliche Bedingungen (z. B. genetische oder neurophysiologische Merkmale, Körperbau). In soziologischen Definitionen werden die körperlichen Bedingungen meist nicht eingeschlossen. Mit »zeitlich mittelfristig stabil« ist gemeint, dass die Merkmale sich über einige Monate hinweg nicht ändern. Damit können viele Persönlichkeitseigenschaften als Dispositionen aufgefasst werden, d. h. Tendenzen, bestimmte Situationen in bestimmter Weise zu erleben und sich dort in bestimmter Weise zu verhalten. Mit »individualtypisch« bzw. »gruppentypisch« ist gemeint, dass es sich um Merkmale handelt, die von Mensch zu Mensch bzw. Gruppe zu Gruppe (z. B. Geschlecht, Subkultur, soziale Schicht) variieren.

Paradigmen der Persönlichkeitspsychologie

Die Persönlichkeitspsychologie (Asendorpf, 2007) beschäftigt sich als empirische Wissenschaft mit der Beschreibung, Vorhersage und Erklärung der Persönlichkeit und ihrer Entwicklung.

Vorstellungen in der *Psychoanalyse* über den Charakter und seine Wurzeln in der psychosexuellen Entwicklung sind heute nur noch von heuristischem Interesse, da die meisten psychoanalytischen Grundkonzepte sich als nicht operationalisierbar erwiesen und die Annahmen Freuds über die Entwicklung des Charakters und der Geschlechtsunterschiede empirisch nicht haltbar sind (vgl. Asendorpf, 16 ff.). Einige psychoanalytische Konzepte wie unbewusste Motive und Abwehrstile erwiesen sich dagegen als durchaus fruchtbar, nachdem sie adäquat operationalisiert wurden.

Die klassischen *Lerntheorien* zur Erklärung von Persönlichkeitsunterschieden (Asendorpf, S. 29 ff.) gingen davon aus, dass Persönlichkeitsunterschiede durch Lernen erworben werden. Der Lernerfolg korreliert jedoch kaum mit dem Lernaufwand, weil es Prädispositionen zum Lernen in den Lernenden selbst gibt. Dies gilt sowohl allgemein (z. B. lässt sich Angst vor Schlangen leichter erlernen als Angst vor Hasen) als auch interindividuell (die einen erwerben Schlangenangst leichter und dauerhafter als die anderen). Damit nimmt die Persönlichkeit der Lernenden Einfluss auf ihren Lernvorgang. Dies sprengt den Rahmen der klassischen Lerntheorien, die im Lernenden lediglich ein Produkt der Lernumwelt sahen, und begrenzt den Erklärungswert des Lernens für die Persönlichkeitsentwicklung.

Gegenwärtig wird die Persönlichkeitspsychologie vom Eigenschaftsparadigma dominiert (Asendorpf, 36 ff.). Einzelne Persönlichkeitsdimensionen (z. B. das Ausmaß der Ängstlichkeit) werden isoliert, die interindividuelle Variation auf einer solchen Dimension wird beschrieben, Zusammenhänge zwischen verschiedenen Dimensionen werden korrelativ untersucht (wie stark korrelieren z. B. Ängstlichkeit und Aggressivität), und die zeitliche Stabilität der Rangfolge der Personen auf der Dimension (z. B. wie stabil bleibt die Rangfolge von Personen in Ängstlichkeit über drei Wochen: Korrelation zwischen Zeitpunkten) und ihre transsituative Konsistenz (Korrelation zwischen Situationen) werden untersucht. Hauptergebnis dieses Ansatzes ist, dass Persönlichkeitsunterschiede zwar mittelfristig durchaus stabil sind, aber situationsspezifischer sind als allgemeinhin angenommen (z. B. korrelieren Ängstlichkeit vor Schlangen und Ängstlichkeit vor Prüfungen so gut wie gar nicht).

Während das Eigenschaftsparadigma lediglich Persönlichkeitseigenschaften beschreibt, wird im Informationsverarbeitungsparadigma versucht, die Prozesse zu identifizieren, die diesen Persönlichkeitseigenschaften zugrunde liegen (Asendorpf, 64 ff.). Persönlichkeitsunterschiede werden einerseits in individualtypischen Parametern der Informationsverarbeitung gesucht (Geschwindigkeit, Wahrnehmungs- und Reaktionsschwellen, Intensität von Reaktionen), andererseits in dem vorhandenen Gedächtnisbesitz und seiner affektiven Bewertung. Dieser Ansatz wird dadurch begrenzt, dass die meisten Informationsverarbeitungsprozesse und viele Gedächtnisinhalte nicht bewusstseinsfähig sind und deswegen indirekt aus Verhaltensbeobachtungen erschlossen werden müssen. Z. B. wird versucht, mit Hilfe von Reaktionszeitmessungen in impliziten Assoziationstests (IATs) nicht bewusst zugängliche implizite Einstellungen und implizite Selbstkonzepte zu erfassen (Greenwald et al., Asendorpf et al. 2002).

Im neurowissenschaftlichen Paradigma (Asendorpf, 82 ff.) wird versucht, Persönlichkeitsunterschiede auf neuroanatomischer oder -physiologischer Ebene zu identifizieren, z. B. Persönlichkeitsunterschiede in der Aktivierung bestimmter Gehirnregionen mittels bildgebender Verfahren. Die bisherigen Korrelationen mit selbst- oder fremdbeurteilten Persönlichkeitsunterschieden sind jedoch minimal und kausal unklar: Sind die neuronalen Korrelate Ursachen oder Wirkungen von Verhaltensunterschieden?

Im evolutionspsychologischen Paradigma (Asendorpf, 111 ff.) werden Persönlichkeitsunterschiede als Konsequenzen der Selektionskräfte in der evolutionären Vergangenheit des Menschen zu erklären versucht. Als erfolgreich erwies sich dieser Ansatz bisher vor allem bei der Erklärung von *Geschlecht*sunterschieden (Asendorpf, 385 ff.), sofern sie sich in allen Kulturen finden, z. B. der größeren Bereitschaft von Männern zu Sex ohne emotionale Beteiligung.

Persönlichkeitsbereiche, Persönlichkeitsdimensionen, Persönlichkeitstypen

Traditionell werden in der Persönlichkeitspsychologie Persönlichkeitsbereiche nach den zugrundeliegenden psychischen *Funktion*en abgegrenzt. Hierzu zählen (vgl. Asendorpf, 178 ff.) das Temperament, d. h. individuelle Besonderheiten in der emotionalen Reaktivität, der physiologischen Erregbarkeit und der Aufmerksamkeitssteuerung; Fähigkeiten, d. h. individuelle Besonderheiten in der Intelligenz, der Kreativität, der sozialen und emotionalen Kompetenz, in musikalischen und sportlichen Fähigkeiten; Handlungseigenschaften, d. h. individuelle Besonderheiten in Bedürfnissen, Motiven, Interessen, persönlichen Zielen, Handlungserwartungen, Attributionsstilen, Bewältigungsstilen im Umgang mit Belastungen; Bewertungsdispositionen, d. h. individuelle Besonderheiten in Werthaltungen und Einstellungen; und selbstbezogenen Dispositionen, d. h. individuelle Besonderheiten in Selbstkonzept, Selbstwertgefühl, Selbstaufmerksamkeit, Selbstdarstellung, Wohlbefinden und Lebenszufriedenheit.

Neben dieser funktionsorientierten Klassifikation gibt es empirisch begründete Klassifikationen nach Ähnlichkeit der Verwendung von Eigenschaftsbegriffen im Alltag. Im lexikalischen Ansatz wird versucht, alle Persönlichkeit beschreibenden Worte einer Sprache (im Englischen z. B. ca. 18 000) schrittweise durch Ausschluss von Synonymen etc. auf eine überschaubare Menge zu reduzieren und Persönlichkeitsbeschreibungen in diesen Eigenschaften mittels der statistischen Technik der *Faktorenanalyse* auf wenige unkorrelierte Eigenschaftsdimensionen zu reduzieren. Dieser Ansatz führte im angelsächsischen und deutschsprachigen Raum zu fünf Hauptfaktoren der Persönlichkeitsbeschreibung: Extraversion, Neurotizismus, Verträglichkeit, Gewissenhaftigkeit und Intellekt (Asendorpf, 149 ff.). Diese »Big Five« können wiederum in korrelierende, aber trennbare Unterdimensionen unterteilt werden, z. B. Extraversion in Geselligkeit, Aktivität und Ungehemmtheit. Die Big Five stellen eine Klassifikation von Eigenschaftsbegriffen dar, nicht eine Klassifikation von Personen nach ihrer Persönlichkeit.

Personen lassen sich entweder durch willkürliche Einteilung nach der Ausprägung ihrer Persönlichkeit in wenigen Merkmalen klassifizieren (z. B. hochbegabt = IQ über 130, schüchtern = hoch in Neurotizismus und niedrig in Extraversion) oder empirisch, indem Personen in vielen Merkmalen gleichzeitig beschrieben werden und die resultierenden Persönlichkeitsprofile dann statistisch (z. B. durch *Clusteranalyse*) in möglichst homogene Gruppen eingeteilt werden (Asendorpf, S. 159 ff). Es resultieren Persönlichkeitstypen, wobei wegen der graduellen Variation der Personen auf den Persönlichkeitsdimensionen die Grenzen zwischen den Typen unscharf und nur statistisch erkennbar sind.

Langfristige Stabilität der Persönlichkeitsunterschiede

Inzwischen liegen zahlreiche *Längsschnittstudie*n zur langfristigen Stabilität der Persönlichkeitsunterschiede vor, die zu einer Revision des Glaubens an die prägende Kraft der frühen Kindheit geführt haben. Roberts und DelVecchio fanden in einer *Metaanalyse* von 152 Längsschnittstudien mit insgesamt mehr als 35 000 Personen, dass die 7-Jahres-Stabilität von nur .35 ab der frühen Kindheit auf .50 ab der mittleren Kindheit, .60 ab dem jungen Erwachsenenalter bis hin zu .75 ab dem Alter von 50 Jahren stieg.

Persönlichkeitsunterschiede stabilisieren sich also nur sehr langsam; bis ins mittlere Erwachsenenalter hinein finden noch substanzielle Persönlichkeitsveränderungen statt – nicht nur in Ausnahmefällen, sondern regelmäßig. Dies unterstreicht die Bedeutung von *Sozialisation*sprozessen im Jugend- und frühen Erwachsenenalter. Viel schneller verläuft die Stabilisierung von Intelligenzunterschieden; schon mit etwa 8 Jahren wird eine sehr hohe 7-Jahres-Stabilität von etwa.75 erreicht (Asendorpf, 316 ff.).

Langfristige Konsequenzen früher Persönlichkeitsunterschiede

Angesichts der nur mäßigen langfristigen Stabilität der meisten Persönlichkeitsunterschiede sind Vorhersagen des Lebenslaufs aus frühen Persönlichkeitsmerkmalen nur begrenzt möglich. Immerhin lassen sich Kriminalitätsneigung, bestimmte psychische Probleme, Bildungsverläufe und Integration in die Arbeitswelt bei jungen Erwachsenen überzufällig aus ihrer Persönlichkeit im Vorschulalter vorhersagen (Asendorpf et al. 2008; Caspi), und niedrige Gewissenhaftigkeit in der mittleren Kindheit beeinflusst die Lebenserwartung negativ (Friedman/Martin).

Umweltbedingungen und Umweltkonsequenzen der Persönlichkeit

Die klassisch-sozialisationstheoretische Sicht, dass Persönlichkeit das Resultat prägender *Umwelt*einflüsse vor allem in der *Familie* sei, ist in der Persönlichkeitspsychologie inzwischen durch den dynamischen Interaktionismus (oder Transaktionismus) abgelöst worden (Asendorpf, 97 ff.). Anlass war die Erkenntnis zu Beginn der siebziger Jahre, dass Korrelationen zwischen elterlichem Erziehungsstil und kindlicher Persönlichkeit auch durch das Kind selbst bedingt sein können (z. B. ist inzwischen gut belegt, dass aggressive Kinder ihre Eltern zu einem rigide-autoritären Erziehungsstil zwingen; Lytton). Dies wird in dynamisch-interaktionistischen Modellen der Persönlichkeitsentwicklung berücksichtigt, in denen angenommen wird, dass Persönlichkeit und Umwelt in ständiger Wechselwirkung stehen. *Sozialisation* ist also aus dieser Sicht keine Einbahnstraße von der Umwelt zur Persönlichkeit, sondern eine Straße mit Gegenverkehr; es ist ausschließlich eine empirische Frage, wie stark die Persönlichkeit durch die Umwelt oder wie stark die Umwelt durch die Persönlichkeit geprägt wird.

Empirisch lassen sich diese beiden Einflussrichtungen durch Kreuzkorrelationsstudien statistisch trennen. Längsschnittstudien, in denen Persönlichkeit und Umwelt wiederholt gemessen wurden, ergaben Evidenz für beide Einflussrichtungen. So fanden z. B. Sameroff et al. Effekte der frühen familiären Umwelt auf die nachfolgende Intelligenzentwicklung, nicht aber Effekte der frühen kindlichen Intelligenz auf die familiäre Umwelt. Umgekehrt fanden Asendorpf und Wilpers, dass im frühen Erwachsenenalter die Persönlichkeit zahlreiche Effekte auf die Umwelt hatte, nicht aber umgekehrt. Möglicherweise verschiebt sich mit zunehmender Stabilisierung der Persönlichkeit die Kausalität von einer anfänglichen Dominanz von Umwelteffekten hin zu einer späteren Dominanz von Persönlichkeitseffekten.

Literatur

Asendorpf, Jens B., 2007: Psychologie der Persönlichkeit, 4. Aufl., Heidelberg. – Ders.; Wilpers, Susanne, 1998: Personality effects on social relationships; in: Journal of Personality and Social Psychology 74, 1531–1544. – Ders. et al., 2002: Double dissociation between implicit and explicit personality self-concept. The case of shy behavior; in: Journal of Personality and Social Psychology 83, 380–393. – Ders. et al., 2008: Der lange Schatten der frühen Persönlichkeit; in: Schneider, Wolfgang (Hg.): Entwicklung von der Kindheit bis zum Erwachsenenalter, Weinheim, 124–140. – Caspi, Avshalom, 2000: The child is father of the man; in: Journal of Personality and Social Psychology 78, 158–172. – Friedman, Howard S.; Martin, Leslie R., 2011: The longevity project, New York, NY. – Greenwald, Anthony G. et al., 1998: Measuring individual differences in implicit cognition; in: Journal of Personality and Social Psychology 74, 1464–1480. – Lytton, Hugh, 1990: Child and parent effects in boys' conduct disorder. A reinterpretation; in: Developmental Psychology 26, 683–697. – Roberts, Brent W.; DelVecchio, Wendy F., 2000: The rank-order consistency of personality traits from childhood to old age; in: Psychological Bulletin 126, 3–25. – Sameroff, Arnold J. et al., 1993: Stability of intelligence from preschool to adolescence; in: Child Development 64, 80–97.

Jens B. Asendorpf

Phänomenologie

(engl. phenomenology)

Grundlegung und Entwicklung

Bekanntlich hat Edmund Husserl (vgl. 1954) schon Mitte der 1930er Jahre konstatiert, die entscheidende Ursache der »Krisis der Europäischen Wissenschaften« liege darin, dass die Protagonisten des Szientismus vergessen hätten, dass alle Wissenschaft in der *Lebenswelt* gründet: In ihren konkreten Ausformungen ist die Lebenswelt dem jeweiligen Subjekt zugeordnet als dessen je einzig wirkliche Welt. Diese Variationen bauen sich jedoch auf aus allgemeinen, unwandelbaren Grundstrukturen, dem ›Reich ursprünglicher Evidenzen‹, dem Apriori der Geschichte. Peter Berger und Hansfried Kellner (1984, 69) weisen völlig richtig darauf hin, »dass diese Ebene der conditio humana sehr abstrakt ist. Sie transzendiert Zeit und Raum und bringt daher die historisch konkreten Bedeutungssysteme in ihrer Relativität nicht zum Ausdruck.« Sie ist die primordiale Sphäre, der selbstverständliche, unbefragte Boden sowohl jeglichen alltäglichen Handelns und Denkens als auch jeden wissenschaftlichen Theoretisierens und Philosophierens.

Das so verstandene lebensweltliche Apriori der Wissenschaften aufzuklären, war für Husserl dementsprechend der Weg, um die von ihm konstatierte Krise der Wissenschaften zu beheben. Denn wenn das Sinnfundament der Lebenswelt (wieder) freigelegt ist, dann werden, so Husserl, die wissenschaftlichen Idealisierungen nicht mehr reifiziert, und die Wissenschaften können zu einem adäquaten methodologischen Selbstverständnis gelangen (vgl. dazu z. B. Eberle 1999; Marx 1987, v. a. 95 ff.). Ausgearbeitet für die Sozialwissenschaften wurde diese methodologische Grundlegung dann wesentlich in der durch Alfred Schütz initiierten Tradition der *Lebensweltanalyse*. Die heute wichtigsten Grundlagentexte dieser Tradition sind zum einen die von Thomas Luckmann aus dem Nachlass von Alfred Schütz heraus weiterbearbeiteten »Strukturen der Lebenswelt« (Schütz/Luckmann 2003), zum anderen die beiden in der Alfred Schütz Werkausgabe (ASW) erschienenen Bände »Theorie der Lebenswelt 1« und »Theorie der Lebenswelt 2« (Schütz 2003a/b).

Schütz arbeitete zeitlebens am Problem einer ›sicheren‹ philosophischen Basis Verstehender Sozialwissenschaften. Dieses Anliegen hat er bereits 1932 in seinem ersten systematischen Werk, »Der sinnhafte Aufbau der sozialen Welt« (Schütz 1974), deklariert und durch alle biographischen Wirrungen hindurch auch konsequent weiterverfolgt (vgl. zum Lebenswerk Endreß 1999, 2006). Als Ausgangs- und Bezugspunkt nahm er Max Webers Definition der Soziologie als einer »Wissenschaft, welche soziales Handeln deutend verstehen und dadurch in seinem Ablauf und seinen Wirkungen ursächlich erklären will« (Weber 1972, 1). Verstanden werden soll gemäß Weber der »subjektiv gemeinte *Sinn*«, den die Handelnden mit ihrem Handeln verbinden. Folgerichtig erkennt Schütz das Hauptproblem einer methodologischen Grundlegung der Sozialwissenschaften darin, den Sinnsetzungs- und Sinndeutungsprozess sowie die stufenweise Konstitution menschlichen Wissens zu analysieren.

Seit rund vierzig Jahren wird die Relevanz dieser von Schütz geleisteten Pionier- und Grundlagenarbeiten zu einer mundanphänomenologischen Prototheorie bzw. zu einer Methodologie verstehender Sozialwissenschaften intensiv diskutiert – beginnend etwa mit Maurice Natanson, Thomas Luckmann und Harold Garfinkel; im deutschsprachigen Raum forciert – exemplarisch – von Hansfried Kellner, Richard Grathoff und Hans-Georg Soeffner, von Ilja Srubar, Elisabeth List und Thomas S. Eberle, und in jüngerer Zeit weitergeführt von – um wiederum lediglich exemplarisch einige Namen zu nennen – Hubert Knoblauch, Anne Honer, Ronald Kurt, Martin Endreß und Joachim Renn – vgl. zur Diskussion um Phänomenologie und Soziologie auch die Beiträge in Raab et al. (2008).

Mundanphänomenologie als Proto- und Parasozialwissenschaft

Mehr oder weniger alle in den und für die Sozialwissenschaften ›heute‹ auch methodisch konsequent bedachte Phänomenologie ist die in dieser Tradition betriebene – explizit sowohl von der Transzendental- als auch von der Existenzialphänomenologie abgegrenzte – *Mundanphänomenologie* (vgl. Hitzler/Eberle 2000). In ihr geht es darum, die allgemeinsten Wesensmerkmale der Lebenswelt – im Hinblick auf die besondere Problemstellung der Sozial- gegenüber den Naturwissenschaften – zu rekonstruieren. Die erkenntnistheoretische Grundfrage der Sozialwissenschaften lässt sich demnach so stellen: Wie können andere Menschen verstanden werden, wenn kein direkter Zugang zu ihrem Bewusstsein möglich ist? Und die phänomenologische Analyse zeigt, dass das Alter Ego eben nur »signitiv«, also über Zeichen und Anzeichen vermittelt, verstanden werden kann. Der Verstehensakt besteht daher stets in einer Selbstauslegung des Deutenden auf der Basis seines biographisch bestimmten Wissensvorrates und ausgerichtet an seinem situativen Relevanzsystem. Infolgedessen sind dem Deutenden stets nur fragmentarische Ausschnitte des fremden subjektiven Sinnzusammenhangs zugänglich. Jede Sinndeutung kann daher nicht mehr sein als ein Näherungswert, dessen Qualität vom Ausmaß der Vertrautheit mit und der ›Gegenwärtigkeit‹ des Alter Egos abhängt.

Weil die Sozialwissenschaften somit notwendig die subjektiv sinnhafte Konstitution als Voraussetzung der sozialen Welt und der gesellschaftlichen Konstruktion der Wirklichkeit methodologisch in Rechnung stellen müssen bzw. da für die Sozialwissenschaften Sinnrekonstruktion als unabdingbar erscheint, lautet der phänomenologische ›Auftrag‹ folgerichtig, auf dem Wege kontrollierter Abstraktion zu den fundierenden Schichten von Bewusstseinsprozessen vorzudringen, diese mit der Methode eidetischer Reduktion so, wie sie dem subjektiven Bewusstsein unter Ausklammerung sowohl soziohistorischer Variationen als auch der Frage nach ihrem Wirklichkeitsstatus erscheinen, herauszuarbeiten und dergestalt die universalen Strukturen subjektiver Konstitutionsleistungen aufzudecken. Mit anderen Worten: Mundanphänomenologie als Methode ist Konstitutionsanalyse der Lebenswelt (vgl. z. B. Schütz 1971; Luckmann 1978, 2002; dazu auch Soeffner 1999; Eberle 1984 und 2000; Honer 2000; für eine eher anthropologische Lesart von Lebenswelt vgl. Srubar 1988; für eine eher ›sozial-phänomenologische‹ Deutung vgl. z. B. Grathoff 1989; Matthiesen 1983; Kurt 2002; für die Idee einer explizit ›phänomenologischen Soziologie‹ vgl. Psathas 1989; dazu auch Eberle 1993).

Der laut Thomas Luckmann (1980) darin implizierte Anspruch, eine Universalmatrix für die Sozialwissenschaften bereitzustellen, basiert auf der Grundannahme, dass alle gesellschaftlich konstruierte Wirklichkeit (vgl. Berger/Luckmann 1969) auf der subjektiven Orientierung in der Welt und auf dem sinnhaften Aufbau der sozialen Welt (vgl. Schütz 2004) beruht. Im Gegensatz zu den ›normalen‹ Wissenschaften, die kosmologisch orientiert

sind und induktiv verfahren, nimmt die Phänomenologie also eine egologische Perspektive ein und ist reflexiv. Mithin ist die Mundanphänomenologie von Schütz und in der Nachfolge von Schütz wesentlich eine proto-sozialwissenschaftliche Unternehmung, die der sozialwissenschaftlichen Arbeit im engeren Sinne zugrunde liegt (vgl. dazu Luckmann 1993, Knoblauch 1996 sowie Hitzler/Honer 1984). D. h., es geht vor allem um die epistemologische Klärung des lebensweltlichen Fundaments, das zum einen den Referenzpunkt und zum andern die Grundlage sozialwissenschaftlicher Forschungsbemühungen darstellt.

So impliziert etwa das – wiederum die Methoden der nichtstandardisierten bzw. der als »qualitativ« bezeichneten Sozialforschung begründende – sogenannte interpretative Paradigma die Aufgabe, Sinn deutend zu verstehen (d. h. also etwas zu tun, was das – zumindest – gemein-menschliche Vermögen des sozusagen ›alltäglichen‹ Verstehens überschreitet, indem es sich diesem Verstehen in der Absicht zuwendet, dessen Sinn zu rekonstruieren), epistemologisch durchaus nicht per se den Rekurs auf Phänomenologie, sondern eben auf Hermeneutik – auf die sich ja auch Weber selber (vgl. z. B. 1973) in kritischer Auseinandersetzung etwa mit Wilhelm Dilthey bezogen hat (vgl. auch Soeffner/Hitzler 1994).

Gleichwohl dient die mundanphänomenologische Beschreibung der ›Strukturen der Lebenswelt‹ (Schütz/Luckmann 2003) de facto nicht nur als ein protosoziologischer Bezugsrahmen, als eine »mathesis universalis« (Luckmann 1979), sondern auch als parasoziologische ›Anleitung‹ zur Reflexion sozialwissenschaftlicher Interpretationen im Vollzug. Denn solange und insofern es in ihnen generell darum geht, gesellschaftliche Konstruktionen der Wirklichkeit zu rekonstruieren, ist die Frage nach den Möglichkeiten und Grenzen der Erfassung der Erfahrungen der Subjekte ein keineswegs marginales Thema der Sozialwissenschaften, sondern ihr systematisches Kernproblem: Da Erleben, Erfahren, Handeln im phänomenologisch strengen Sinne eine primordiale, ausschließlich dem erlebenden, erfahrenden, handelnden Subjekt selber ›wirklich‹ zugängliche Sphäre ist, sind sogenannte objektive Faktizitäten auch nur als subjektive Bewusstseinsgegebenheiten überhaupt empirisch (evident) fassbar.

Anders ausgedrückt: Der von Schütz erkannte Bedarf an einer phänomenologischen Fundierung der Sinn-Deutung resultiert aus der ›schlichten‹ Einsicht, dass Handeln, genau genommen, sich weder beobachten, noch ›sicher‹ erfragen, sondern nur erleben und erfahren lässt, da »es sich beim Handeln um eine Bewusstseinsleistung und nicht um eine objektive Kategorie der natürlichen Welt handelt« (Schütz/Luckmann 2003, 454). D. h., genau genommen weiß (letztlich) nur der Handelnde, ob er handelt. Aber wer handelt, weiß auch, dass er handelt; er – und tatsächlich letztlich nur er – weiß überdies, woraufhin er handelt, woraufhin er gehandelt hat und ob bzw. inwiefern das, was er sich damit eingehandelt hat, dem (hinlänglich) entspricht, was er erhandeln wollte; und er weiß schließlich sogar, weshalb er gehandelt hat bzw. warum er so und nicht anders gehandelt hat. Das bedeutet allerdings keineswegs, dass er sich für all dieses Wissen interessieren, geschweige denn, dass er sich dazu oder darüber Gedanken machen oder gar äußern müsste. Und noch weniger bedeutet das, dass andere Menschen – aufgrund welcher Erinnerungen, Theorien oder Offenbarungen auch immer – nicht der Meinung sein könnten, sie wüssten besser als der Handelnde selber, ob und gegebenenfalls woraufhin und/oder weshalb er handelt.

Wesentlich für die Relevanz der Phänomenologie ist dabei ›lediglich‹, dass die sozialwissenschaftliche Zentralkategorie des (sozialen) Handelns sinnhaft nur in Selbstgegebenheit (also vom Handelnden selber) erfasst, ansonsten aber lediglich ›typischerweise‹ über Appräsentationen und Externalisierungen, also z. B. auch über Interviews, typischerweise erschlossen – und gedeutet – werden kann. Dann aber geht es nicht mehr um Evidenzen, sondern um (kommunikative) Typisierungen, also auch nicht mehr um Phänomenologie, sondern um Hermeneutik.

Die (mundan)phänomenologische Methode der eidetischen Erkenntnis

Aber nicht nur die Sozialwissenschaften haben, sondern auch die Mundanphänomenologie hat den Anspruch, empirisch zu sein. Allerdings besteht das spezifisch ›Andere‹ an phänomenologischer *Empirie* eben darin, dass hierbei der Forscher – erkenntnistheoretisch begründet exklusiv – ansetzt bei seinem eigenen, subjektiven Erleben, seinen eigenen, subjektiven Erfahrungen. Ansonsten ist die phänomenologische Methode der eidetischen Erkenntnis keineswegs etwas ›Geheimnisvolles‹. Im Gegenteil: Unter der Voraussetzung hinlänglicher Handlungs-

entlastetheit kann bzw. könnte sie (zumindest) von jedem ›normalen‹, hellwachen, erwachsenen Menschen angewandt werden. Wenn überhaupt, so erscheint sie nur insofern als etwas Besonderes, als sie gewisse – plausible, ja lebensnotwendige – Gewohnheiten bzw. Eigenschaften des Alltagsverstandes hinterfragt. Denn augenscheinlich resultieren die dem Alltagsverstand impliziten erkenntnistheoretischen Schwierigkeiten und Widersprüche nicht (jedenfalls nicht im Wesentlichen) daraus, dass diesem zu wenig Wissen eignen würde, sondern (eher) daraus, dass ihm zu viele Gewissheiten inhärent sind (vgl. dazu z. B. Soeffner 1989). Anders ausgedrückt: Mit ihrem jeweiligen Alltagsverstand sehen Menschen sozusagen ›selbstverständlich‹ in die ›Dinge‹ etwas – bzw. genauer: vielerlei – hinein.

Die Mundanphänomenologie verfolgt demgegenüber das Erkenntnisinteresse, den Gegenstand direkt zu erfassen, d. h. also ihn weder diskursiv, noch ihn theoretisch zu ›begründen‹. Phänomenologie, soweit sie für die Sozialwissenschaften von grundlegender Bedeutung ist, ist vielmehr Wesensschau der »Sachen selbst« – zu denen zurückzukehren Husserl gefordert hat. »Schauen« in diesem Sinne können wir evidentermaßen nur das Gegebene; alles andere können wir nur schlussfolgern – und dadurch indirekt er-schließen.

Die phänomenologische Rekonstruktion zielt infolgedessen darauf ab, Bewusstseinsgegenstände genau zu beschreiben – ansetzend bei ihren besonderen Erscheinungsweisen und hinarbeitend auf ihre wesentlichen Elemente bzw. ihre allgemeinen Strukturen. D. h., die mentale Vergegenwärtigung (die ›Repräsentation‹) des Gegenstandes bildet die materiale bzw. die ›empirische‹ Grundlage der Phänomenologie. Dieser Gegenstand ist konkret gegeben. Und methodische Phänomenologie besteht darin, den Gegenstand von ihm ›zufällig‹ anhaftenden Eigenschaften (insbesondere von allen vorgefassten Meinungen) zu ›reinigen‹ dadurch, dass alle subjektiven Attribuierungen des Gegenstandes ausgeklammert werden (um so eine ausschließlich dem Gegenstand selber zugewandte Haltung zu gewinnen) und dadurch, dass alles, was wir nur wissen (können), weil andere es uns (auf irgendeine – z. B. auch auf theoretische – Art) mitgeteilt haben, ausgeklammert wird (um so den Gegenstand in seiner ›reinen‹ – und vortheoretischen – Evidenz zu erfahren).

Am dergestalt ›gereinigten‹ Phänomen wird im weiteren dann alles für die Wesensbestimmung des

Phänomens nicht zwingend Erforderliche und schließlich auch noch die (metaphysisch-ontologische) Frage ausgeklammert, ob das Phänomen ›wirklich‹ oder nur ›scheinbar‹ ist (es sei denn, es geht eben gerade um das Phänomen ›Wirklichkeit‹ bzw. ›Scheinbarkeit‹). Und ausgeklammert wird schließlich jegliche normative Aussage, jegliches Werturteil darüber, wovon im Hinblick auf das Phänomen ›abgesehen‹ bzw. wovon das Phänomen ›gereinigt‹ worden ist.

Unter Absehung von allen somit ausgeklammerten Elementen werden die eidetischen Strukturen des (als Phänomen gegebenen) Gegenstandes der Betrachtung sichtbar, welche aus phänomenologischer Sicht eben die (einzig) sichere Basis darstellen für die Rekonstruktion aller möglichen ›Systeme‹ von Wirklichkeitsansprüchen, Wissensbeständen, Erinnerungsablagerungen, Sinnverweisungen und Gegebenheitsweisen, in welche unser Erleben und unsere Erfahrungen eingewoben sind, aus denen wiederum Wirklichkeit sozial aufgebaut ist.

Der bescheidene Begründungsanspruch der Phänomenologie

Der Rückgriff auf Phänomenologie als Methodologie beansprucht, den Wirklichkeitszugang des Sozialwissenschaftlers dadurch zu klären, dass dieser bestimmte Gegebenheiten seines eigenen Bewusstseins reflektiert angesichts der Aufgabe, sich mit den Gegebenheiten des Bewusstseins anderer Subjekte zu befassen. Theoriebautechnisch heißt ›Fremdverstehen‹ nämlich, aufgrund typischer Muster eines beobachteten Handlungsablaufs ein rationales Modell eines Handelnden zu konstruieren, dem ein Bewusstsein mit typischen Um-zu- und Weil-Motiven zugeordnet wird. Das bedeutet aber auch: Konstruktionen auf höherer Aggregatebene, wie sie für sozialwissenschaftliche Analysen unumgänglich sind, müssen aus phänomenologischer Sicht so konzipiert sein, dass sie grundsätzlich in subjektive Handlungszusammenhänge rückübersetzt werden können. Solche sozialwissenschaftlichen Konstruktionen zweiter Ordnung müssen für den Akteur – prinzipiell – subjektiv verständlich sein und sein Handeln (im Sinne Webers) ›typisch‹ zutreffend erklären bzw. bescheidener formuliert: plausibel erläutern.

Fazit: Phänomenologie stellt zum Ersten die epistemologische Frage nach den Voraussetzungen und nach der inneren Systematik sozialwissenschaftlicher Deutungen, Deskriptionen und Erklärungen. Zum Zweiten klärt sie das methodologische Problem der Rekonstruktion der Konstruktionen erster Ordnung – und verhindert dadurch eine naive Reifizierung der sozialen Welt mittels szientistischer Kausalmodelle. Infolgedessen erscheint sie, zum Dritten, als unmittelbar fundierungs- und orientierungsrelevant zumindest für jegliche Idee von Sozialwissenschaft, die – im Sinne des Thomas-Theorems – auf der Maßgabe basiert, dass unser Erleben, und nicht ein (wie auch immer zu bestimmender) ›objektiver‹ Sachverhalt, entscheidend ist für unsere Situationsdefinitionen – und somit auch, im Sinne Max Webers, für die Erklärung (oder eben: die plausible Erläuterung) daraus sich ergebender Konsequenzen.

Literatur

Berger, Peter L.; Kellner, Hansfried, 1984: Für eine neue Soziologie. Frankfurt a. M. – Ders.; Luckmann, Thomas, 1969: Die gesellschaftliche Konstruktion der Wirklichkeit. Frankfurt a. M. – Eberle, Thomas S., 1993: Schütz' Lebensweltanalyse: Soziologie oder Protosoziologie?; in: Bäumer, Angelica; Benedikt, Michael (Hg.): Gelehrtenrepublik – Lebenswelt, Wien, 293–320 – Ders., 1999: Sinnadäquanz und Kausaladäquanz bei Max Weber und Alfred Schütz; in: Hitzler, Ronald et al. (Hg.): Hermeneutische Wissenssoziologie, Konstanz, 97–119. – Ders., 2000: Lebensweltanalyse und Handlungstheorie, Konstanz. – Endreß, Martin, 1999: Alfred Schütz; in: Kaesler, Dirk (Hg.): Klassiker der Soziologie, Bd. 1, München. – Ders., 2006: Alfred Schütz, Konstanz. – Grathoff, Richard, 1989: Milieu und Lebenswelt, Frankfurt a. M. – Hitzler, Ronald; Eberle, Thomas S., 2000: Phänomenologische Lebensweltanalyse; in: Flick, Uwe et al. (Hg.): Qualitative Forschung – Ein Handbuch, Reinbek, 109–118. – Hitzler, Ronald; Honer, Anne, 1984: Lebenswelt – Milieu – Situation; in: KZfSS 36, 56–74. – Honer, Anne, 2000: Lebensweltanalyse in der Ethnographie; in: Flick, Uwe et al. (Hg.): Qualitative Forschung – Ein Handbuch, Reinbek, 194–204. – Husserl, Edmund, 1954: Die Krisis des europäischen Menschentums und die Philosophie; in: Ders.: Die Krisis der europäischen Wissenschaften und die transzendentale Phänomenologie (Husserliana Bd. VI), Den Haag, 314–348. – Knoblauch, Hubert, 1996: Soziologie als strenge Wissenschaft?; in: Preyer, Gerhard et al. (Hg.): Protosoziologie im Kontext, Würzburg, 93–105. – Kurt, Ronald, 2002: Menschenbild und Methode der Sozialphänomenologie, Konstanz. – Larsen, Val et al., 2004: Advertising Montage: Two Theoretical Perspectives; in: Psychology & Marketing 21, 1–15. – Luckmann, Thomas (Hg.), 1978: Phenomenology and Sociology, Harmondsworth. – Ders., 1979: Phänomenologie und Soziologie; in: Sprondel, Walter; Grathoff, Richard (Hg.): Alfred Schütz und die Idee des Alltags in den

Sozialwissenschaften, Stuttgart, 196–206. – Ders., 1980: Philosophie, Sozialwissenschaft und Alltagsleben; in: Ders.: Lebenswelt und Gesellschaft, Paderborn u.a., 9–54. – Ders., 1993: Schützsche Protosoziologie?; in: Bäumer, Angelica; Benedikt, Michael (Hg.): Gelehrtenrepublik – Lebenswelt, Wien, 321–326. – Ders., 2002: Lebenswelt: Modebegriff oder Forschungsprogramm?; in: Ders: Wissen und Gesellschaft, Konstanz, 45–54. – Marx, Werner, 1987: Die Phänomenologie Edmund Husserls, München. – Matthiesen, Ulf, 1983: Das Dickicht der Lebenswelt und die Theorie des kommunikativen Handelns, München. – O'Guinn, Thomas; Faber, Ronald J., 1989: Compulsive Buying: A Phenomenological Exploration; in: Journal or Consumer Research 16, 147–157. – Psathas, George, 1989: Phenomenology and Sociology. University Press of America. – Raab, Jürgen et al. (Hg.), 2008: Phänomenologie und Soziologie, Wiesbaden. – Schütz, Alfred, 1971: Phänomenologie und die Sozialwissenschaften; in: Ders.: Gesammelte Aufsätze. Bd. 1, Den Haag, 136–161. – Ders., 1974: Der sinnhafte Aufbau der sozialen Welt, Frankfurt a.M. – Ders., 2003a: Theorie der Lebenswelt 1 (ASW, Bd. V.1), Konstanz. – Ders., 2003b: Theorie der Lebenswelt 2 (ASW, Bd. V.2), Konstanz. – Ders.; Luckmann, Thomas, 2003: Strukturen der Lebenswelt, Konstanz. – Ders.; Parsons, Talcott, 1977: Zur Theorie sozialen Handelns, Frankfurt a.M. – Soeffner, Hans-Georg, 1989: Alltagsverstand und Wissenschaft; in: Ders.: Auslegung des Alltags – Der Alltag der Auslegung, Frankfurt a.M., 10–50 – Ders., 1999: ›Strukturen der Lebenswelt‹ – ein Kommentar; in: Hitzler, Ronald et al. (Hg.): Hermeneutische Wissenssoziologie, Konstanz, 29–38. – Ders.; Hitzler, Ronald, 1994: Hermeneutik als Haltung und Handlung; in: Schröer, Norbert (Hg.): Interpretative Sozialforschung, Opladen, 28–55. – Srubar, Ilja, 1988: Kosmion, Frankfurt a.M. – Weber, Max, 1972: Wirtschaft und Gesellschaft. Tübingen. – Ders., 1973: Roscher und Knies und die logischen Probleme der historischen Nationalökonomie; in: Ders.: Gesammelte Aufsätze zur Wissenschaftslehre, Tübingen, 1–145.

Ronald Hitzler

Politiksoziologie

Politiksoziologie (engl. political sociology) bezeichnet ein Teilgebiet der Soziologie, das sich mit den gesellschaftlichen Voraussetzungen und Folgen von Politik beschäftigt. Sie teilt diese Aufgabe mit der *Politischen Soziologie*, die sich als Sub-Disziplin der Politikwissenschaft versteht (vgl. die Einführungen von Kaina/Römmele 2009; Rattinger 2009). Politiksoziologie setzt den Schlusspunkt hinter eine Selbstverständnisdebatte der 1995 gegründeten Sektion »Politische Soziologie« in der Deutschen Gesell-

schaft für Soziologie. Nach wie vor werden die Begriffe Politische Soziologie, Soziologie der Politik, Politiksoziologie synonym verwendet. Die Suche nach dem »richtigen« Namen verweist auf das tieferliegende Problem, wie eine soziologische Perspektive auf Politik und damit ein eigenes Profil von Politiksoziologie als soziologischer Teildisziplin zu begründen sei. Disziplinäre Identität gewinnt die Politiksoziologie im Zuge einer lebendigen Debatte über ihren Gegenstand, ihr Erkenntnisinteresse und ihre Methodik.

Selbstverständnis: Politiksoziologie als Politische Soziologie

Ebenso wenig wie es eine einheitliche Soziologie gibt, sondern Soziologien unterschiedlicher wissenschaftlicher Provenienz, gibt es eine einheitliche Politiksoziologie. Für das disziplinäre Selbstverständnis maßgebend sind die Fragen, was politiksoziologisch erforscht werden soll, mit welchem Erkenntnisinteresse und mit welchen Methoden. Die Antworten schöpfen ihre Argumente aus unterschiedlichen Denktraditionen der Politischen Soziologie. Diese hat in der frühen Bundesrepublik, in Auseinandersetzung vor allem mit der normativ-ontologischen Rekonstruktion der politischen Wissenschaft (Freiburger Schule), ein eigenständiges Wissenschaftsverständnis entwickelt (vgl. Ebbighausen 1981: 9 ff.). Ihr unverwechselbares Profil als praxisorientierte *Demokratie*forschung gewann sie vor allem in den Arbeiten von Otto Stammer (Berliner Schule; vgl. Stammer 1965). Diese stehen in der Tradition früherer empirischer Ansätze einer historisch-soziologischen Politikforschung, wie sie u.a. von Robert Michels und Max Weber repräsentiert wird. Hier knüpft eine Soziologie der Politik an, die sich als Wirklichkeitswissenschaft und »Politiktatsachenforschung« versteht.

Als praxisbezogene Demokratieforschung gewinnt Politiksoziologie ihre soziologische Perspektive auf Politik aus der Beschäftigung mit der *Sozialstruktur* und damit aus der Analyse der »ökonomischen Organisation einer Gesellschaft« (Ebbighausen 1981: 85) und der Transformation ökonomischer und sozialer Interessen in politische Entscheidungen. Maßgebend ist die Reformulierung eines Demokratiebegriffs, der den Bedingungen von Politik- und Interessenvermittlung in der modernen Gesellschaft Rechnung trägt. Dies ist das Programm der Politischen Soziologie als Demokratiewissenschaft (vgl. Kißler 2007). Demokratiewissenschaft ist in ihrem Kern *Macht-analyse*. Als empirisch-soziologische Einfluss- und Organisationsforschung, Demokratie- und Eliten-forschung, Parlaments- und Wahlforschung, Par-teien- und Verbändeforschung, Medien- und Par-tizipationsforschung verfolgt sie den Zweck, das Wirken und die Demokratiefolgen von politischem und gesellschaftlichem Akteurshandeln auf dem Feld der Politik- und Interessenvermittlung offenzulegen. Ob als Politiktatsachenforschung oder praxisorien-tierte Demokratiewissenschaft – Politiksoziologie setzt eine Vorstellung davon voraus, was mit »Politik« gemeint sein soll.

Gegenstand und Erkenntnisinteresse: Politik- und Interessenvermittlung in der Demokratie

Politiksoziologie teilt ihren Gegenstand mit anderen Disziplinen, in der Tradition der Politischen Sozio-logie, vor allem mit der Politikwissenschaft. Als So-ziologie der Politik verfügt sie, was die gesellschafts-theoretische Perspektive auf ihren Gegenstand angeht, über komparative Vorteile gegenüber der Politikwissenschaft. Zwar ist die klassische Theorie der Politik immer auch schon Theorie der Gesell-schaft (vgl. Luhmann 2010: 30), kommt aber in ei-ner Politischen Soziologie, die sich als empirische Sozialwissenschaft versteht (vgl. zum Beispiel Rat-tinger 2009: 4), nicht mehr zum Tragen. Aus einem Verständnis von Politik als Ensemble von Institutio-nen, Verfahrensweisen, Rollen, Verhaltensweisen und Einstellungen im Prozess der gesellschaftlich verbindlichen Zuweisung von Werten verzichtet die Politikforschung auf eine systematische Verortung ihrer Objektbereiche (u. a. Politische Sozialisation, Politische Kommunikation und Einstellungen, Par-tizipation und politische Kultur). Sie verortet Politik im Verhältnis von Staat und Gesellschaft und for-muliert somit eine soziologische Perspektive auf Po-litik im Schatten des Leviathans.

Demgegenüber definiert Politiksoziologie ihren Gegenstand unter dem Eindruck einer zunehmen-den Quantität von Politikbegriffen (wie z. B. Geo-, Mikro-, Bio-, Sub-, Geschlechterpolitik u. a. m.) und einer neuen Qualität des Politischen. Das Poli-tische transzendiert das politische System und dringt in sämtliche Ritzen der Gesellschaft vor. Eingelagert in lebensweltliche Mikropolitiken disparitärer Be-dürfnisbereiche (wie Wohnen, Freizeitgestaltung,

Verkehr u. a. m.) zieht es die Aufmerksamkeit unter-schiedlicher Soziologien (wie z. B. Konsumsoziolo-gie, räumliche Soziologie etc.) auf sich und erweitert die politiksoziologische Perspektive auf Forschungs-gebiete weit über die traditionellen Themen einer ehemals soziologisch inspirierten Wahl-, Parteien-und Elitenforschung hinaus. Dieser Entgrenzungs-prozess birgt für eine wissenschaftssystematische Verortung der Politiksoziologie erhebliche Risiken, aber auch Chancen. Zu den Risiken zählen der »Rückzug der soziologischen Politikforschung in die begriffliche Diffusität und theoretische Beliebigkeit des Alltags- und Lebensweltlichen« (Bach 2004: 18), zu den Chancen die Etablierung einer praxisorien-tierten Demokratieforschung, die ihren Gegenstand auf seine gesellschaftliche Grundlage hin befragt. Politiksoziologie betritt damit neue Forschungsge-biete. Hierzu zählen (vgl. Meuser 2003: 48 ff.) Neue *Soziale Bewegung*en, die ökonomische, kulturelle und politische Transformation der Gesellschaft, die politischen Dimensionen der *Globalisierung*, Grund-lagen und Akteure der *Zivilgesellschaft*, *Lebensstile* und Subpolitik, die Dimensionen der politischen Inszenierung, der Wandel politischer Institutionen und die *Geschlecht*erpolitik. Dadurch entstehen wis-senschaftliche Orte der (Wieder-)Begegnung von Politikwissenschaft und Soziologie auf der Grund-lage disziplinär geprägter Reflexion über den Gegen-stand, aber auch neue Möglichkeiten für interdiszi-plinäre Kooperation.

Mit dieser Ausdifferenzierung des Forschungs-gegenstandes geht eine immense Erweiterung des politiksoziologischen Themenspektrums einher, aber keine Vertiefung der empirisch-analytischen Themenbearbeitung im Sinne von gesellschaftswis-senschaftlicher »Erdung«. Diese gewinnt Politik-soziologie auf der Grundlage einer demokratiewissen-schaftlichen Bestimmung ihres Gegenstandes (vgl. Kißler 2007: 61 ff.). Die eingangs genannte Auf-gabe, die gesellschaftlichen Voraussetzungen und Folgen von Politik zu analysieren, lässt sich dann genauer beschreiben – als Analyse der gesellschaftli-chen Grundlagen und Konsequenzen politischer Macht und Herrschaft unter den Anforderungen von Demokratie.

Im Untersuchungsfokus steht das Austauschver-hältnis zwischen politisch-administrativem System und Gesellschaft. Es dient der Politik- und Interes-senvermittlung und konstituiert sich auf der Grund-lage von politischer Kommunikation. Die *Partizipa-*

tion der Bürgerinnen und Bürger gehört auf dem Feld der Interessenvermittlung zu deren Kernelement, auf dem Feld der Politikvermittlung die Politische *Sozialisation*. Politiksoziologie ist demnach auch Partizipations- und politische Sozialisationsforschung. Maßgebend für die soziologische Perspektive ist das Problem der Rückbindung von Interessen- und Politikvermittlung an ihre gesellschaftlichen Grundlagen. Diese werden geprägt durch *soziale Ungleichheit* und Interessenpluralismus. Die ungleiche Ressourcenausstattung organisierter Interessen begründet ungleiche Einflusschancen und damit *Macht*.

Die Legitimation von Macht markiert ein zentrales Demokratieproblem. Ausgehend von der Prämisse, dass die politische Kommunikationsleistung und damit die Relevanz intermediärer Akteure für Bestand und Ausbau von Demokratie entscheidend davon abhängen, inwieweit Politik- und Interessenvermittlung für Bürger und Verbandsbürger partizipativ und politisch lernförderlich verlaufen, untersucht Politiksoziologie die Bedingungen von intermediär gestalteter politischer und von innerorganisatorischer Demokratie (*Polity*), die Ausgestaltung des Interessenvermittlungs- und Politikvermittlungsprozesses als Kommunikationsprozess (*Politics*) sowie die in diesem Prozess transportierten Themen und Inhalte (*Policy*).

Politiksoziologie fragt, wie Macht in Prozessen der Interessen- und Politikvermittlung zu legitimieren sei. In Frage steht die politische Kommunikationsleistung der intermediären Akteure (z. B. von Parteien, Verbänden, Bürgerinitiativen, sozialen Bewegungen, Massenmedien, etc.) gegenüber ihrem gesellschaftlichen Umfeld und gegenüber den Einrichtungen des politisch-administrativen Systems, aber auch im Innenverhältnis gegenüber ihren Mitgliedern. Aus der Diskrepanz zwischen normativem Demokratieanspruch und seiner empirisch-praktischen Umsetzung zieht eine demokratiewissenschaftlich fundierte Politiksoziologie ihr Leitmotiv: die kritische, theoretisch reflektierte und empirisch-praktische Analyse der Politik- und Interessenvermittlung unter dem egalitären Anspruch des Demokratiepostulats und unter den Voraussetzungen und Folgen von *sozialer Ungleichheit*. In wissenschaftssystematischer Hinsicht bezeichnet »soziale Ungleichheit« einen Ort, an dem sich Sozialstrukturanalyse und Soziologie der sozialen Ungleichheit sowie Untersuchungen zur Genese, Organisation und Durchsetzung von gesellschaftlichen Interessen und sozialer

Macht begegnen. Politiksoziologie als Demokratiewissenschaft setzt deshalb ein Verständnis dessen voraus, was mit sozialer Ungleichheit gemeint ist. Sie ist auch Soziologie der sozialen Ungleichheit (vgl. dazu Kreckel 2004). Erst die Rückkoppelung ihres Gegenstandes an die gesellschaftliche Machtasymmetrie und damit die makro-soziologische Perspektive öffnet einen Zugang zu einem demokratiewissenschaftlichen Verständnis von Politik.

Das Programm der Politiksoziologie ist damit noch nicht erschöpft. Ihr Gegenstand ragt über den nationalspezifischen Tellerrand hinaus. Politik- und Interessenvermittlung verlaufen in einem europäischen Mehrebenensystem mit (welt-)gesellschaftlichen Voraussetzungen und Folgen. Mit ihrer Analyse rücken systemvergleichende Untersuchungen in den politiksoziologischen Aufgabenkatalog. Weitere erkenntnisleitende Fragen sind einzeldisziplinär nicht zu beantworten und erfordern disziplinenübergreifende Kooperation. Hierzu zählen z. B. die Ausgestaltung der Machtverhältnisse in intermediären Organisationen (im Unterschied zur Machtentfaltung durch Organisationen), das Verhältnis von legitimer Macht und demokratischer Herrschaft auf der Grundlage von primären und sekundären gesellschaftlichen Machtasymmetrien, aber auch die subjektiven akteursgebundenen Qualifikationen für Machtbeteiligung (z. B. Partizipationskompetenz). Politiksoziologie teilt hier ihr Erkenntnisinteresse u. a. mit der politischen Pädagogik, mit politikwissenschaftlicher Demokratietheorie, empirischer Organisations- und Demokratieforschung.

Methodologie und Methodik: Politiksoziologie als kommunikative Wissenschaft

Politiksoziologie kann theoretisch oder empirisch-praktisch arbeiten. In jedem Fall bedarf sie einer theoretischen Fundierung und methodologischen Vergewisserung ihrer Vorgehensweise. Ein prominentes Beispiel für die theoretische Fundierung liefert die *Systemtheorie*. Ausgehend von der Annahme, dass das politische System mit den »offenen« Problemen der Gesellschaft konfrontiert wird, fragt sie nach der Funktion und strukturellen Bestimmung des politischen Systems für die Reduktion von sozialer Komplexität. Das politische System löst offenbar das Problem durch bindende Entscheidungen. Daraus folgt für diesen Theorieansatz, »dass im politischen System Prozesse selektiver Informationsverarbeitung ablaufen, deren Ergebnis von der gesellschaftlichen Umwelt des Systems akzeptiert wird – aus welchen Gründen auch immer« (Luhmann 2010: 39). Für eine systemtheoretisch fundierte Politiksoziologie gehören diese Gründe »nicht zum Begriff des politischen Systems« (ebd.). Sie verzichtet deshalb konsequenterweise auf den Einbau von Macht und Legitimation in den Theorierahmen. Hier setzt eine demokratiewissenschaftlich orientierte Politiksoziologie an. Sie stützt sich auf soziologische Theorien der *Macht*, der *sozialen Ungleichheit*, der *Partizipation* und politischen *Kommunikation* und thematisiert damit auch die »Gehorsamsgründe« (ebd.), die für eine demokratische Politik- und Interessenvermittlung konstitutiv sind.

Politiksoziologie steht vor der Frage, wie ihr Arbeitsprogramm forschungspraktisch umzusetzen ist. Die herkömmlichen Antworten folgen unterschiedlichen Paradigmen, z. B. dem empirisch-analytischen oder dem kritisch-dialektischen Ansatz. Politiksoziologie, die sich dem empirisch-analytischen Ansatz verpflichtet sieht, teilt dessen Prämisse, wonach Theorie und Forschung unauflöslich miteinander verbunden sind. Theorien erscheinen hiernach als Netze, die wir auswerfen, um die soziale Wirklichkeit einzufangen. Hierfür taugen sie allerdings nur dann, wenn sie ständig einer Erfolgskontrolle unterzogen werden, d. h. der wiederholbaren und nachprüfbaren Erfahrung. Ziel dieses Ansatzes ist es deshalb, die soziale Realität soweit als möglich einzufangen, um durch eine solchermaßen erfahrungsgeleitete Theorie *Prognose*n aufstellen zu können. Soziologie gewinnt dadurch den Charakter einer »Sozialtechnologie«, Politiksoziologie wird zur politischen Planungswissenschaft. Ihre Grundlage ist die Politiktatsachenforschung. Dies erklärt, warum der empirisch-analytische Ansatz auch in der praxisorientierten Demokratieforschung dominiert und sich in der modernen Partei-, Verbände-, Wahl- und Politikforschung durchgesetzt hat (vgl. hierzu die entsprechenden Beiträge in Kaina/Römmele 2009).

Der empirisch-analytische Ansatz prägt vor allem solche Untersuchungen, die die gesellschaftliche Effektivität von Politiksoziologie in deren Fähigkeit sehen, politisch verwertbare Erkenntnisse hervorzubringen. Dass sich dieser Ansatz weitgehend durchsetzen konnte, mag auch mit der Faszination zu tun haben, die eine empirisch fundierte Lösung von politischen Entscheidungsproblemen auf sozialwissenschaftlich aufgeschlossene politische Akteure ausübt.

Politiksoziologie reüssiert dadurch auf dem umkämpften Markt der Politikberatung.

Im Unterschied dazu geht die kritisch-dialektische Soziologie von der Prämisse aus, dass nicht die Faktizitätskontrolle, sondern ein historischer Begriff des gesellschaftlichen Ganzen Ausgangspunkt des soziologischen Denkens zu sein habe. Das Ziel dieses Denkens besteht in kritischer Gesellschaftsanalyse. Hierbei können die Ergebnisse der empirisch-analytischen Soziologie durchaus eine wichtige Rolle spielen. Sie werden jedoch eingebaut in einen normativen Rahmen mit Orientierungsfunktion für die gesellschaftliche Praxis.

Die Tradition der kritisch-dialektischen Soziologie ist in der Politischen Soziologie schwach ausgeprägt. Sie wird gelegentlich angemahnt (z. B. Ebbighausen 1981: 227 ff.), hat aber im Mainstream der empirisch orientierten Politiktatsachenforschung einen schweren Stand. Dies resultiert auch aus den Mängeln des Ansatzes selbst. Kritisch-dialektische Politik- und Gesellschaftstheorie verkümmert leicht zur negativen Kritik, die praxislos bleibt und umgekehrt: Die herrschende politische Praxis wird nicht mehr aufgearbeitet in einer soziologisch-kritischen Theorie. Zudem verschließt sich das Denken in Widersprüchen seiner glatten Einpassung in politisch-praktische Konzepte von kurzer Reichweite. Es lässt sich schwerlich instrumentalisieren. Dies ist in einer Zeit, wo instrumenteller Rat häufig, grundsätzliche Kritik dagegen kaum nachgefragt werden, eher abträglich.

Soziologische Politikanalyse, will sie nicht nur affirmativ sein, darf, unter Wahrung des kritischen Potentials dieses Ansatzes, nicht mehr hinter seinen gesellschaftskritischen Anspruch und hinter die Forderung nach dessen praktischer Einlösung zurückfallen. Gerade Letzteres aber verlangt, die blockierte wissenschaftliche Kommunikation in gesellschaftliche Praxisfelder der Politik- und Interessenvermittlung hinein aufzunehmen, mit anderen Worten: kritisch-dialektische als kommunikative Demokratiewissenschaft zu betreiben.

Politiksoziologie sollte sich nicht in jene gegenseitige polemische Isolation begeben, in der die unterschiedlichen Ansätze in der Vergangenheit diskutiert wurden und deren Fruchtlosigkeit evident ist. Ziel einer kommunikativen Politiksoziologie ist es demnach, innerhalb der Soziologie die wissenschaftliche Kommunikation zwischen den verschiedenen Ansätzen zu fördern und diese zu einem Paradigmenverbund zu integrieren. Forschungsmethodisch leitet sich hieraus die Option für einen Methoden-pluralismus ab.

Eine pluri-methodisch arbeitende Politiksoziologie vermeidet das »Schisma« der empirischen Sozialforschung. *Quantitative* und *qualitative Methoden* sind nicht gegeneinander auszuspielen, sie haben vielmehr, je nach Forschungsfrage und Problemstellung, Relevanz. Ihre unterschiedliche Reichweite und instrumentelle Qualität lässt sich, wie die moderne Methodenlehre zeigt, (u. a. durch *Triangulation*) nutzen (vgl. Kelle 2007).

Empirisch arbeitende Politiksoziologie greift auch auf solche Methoden zurück, die bislang nicht zum Traditionsbestand der empirischen politikwissenschaftlichen und soziologischen Forschung gehören. Hierzu zählen u. a. ethnografische Beschreibungen, Diskurs- und Dispositivanalysen und Verfahren der Komparatistik.

Das, auch methodisch untermauerte, Selbstverständnis von Politiksoziologie als kommunikativer Demokratiewissenschaft vermag die friedliche Koexistenz mit angelagerten Disziplinen zu befördern. Nicht zuletzt aber härtet es das wissenschaftliche Profil einer Politiksoziologie, die sich im Haus der Soziologie behaupten muss.

Literatur

Bach, Maurizio, 2004: Denken Soziologen anders über Politik als Politikwissenschaftler? Zur Eigenständigkeit der Politischen Soziologie; in: Soziologie 33, 17–34. – Ebbighausen, Rolf, 1981: Politische Soziologie. Zur Geschichte und Ortsbestimmung, Opladen. – Kaina, Viktoria; Römmele, Andrea (Hg.), 2009: Politische Soziologie. Ein Studienbuch, Wiesbaden. – Kelle, Udo, 2007: Die Integration qualitativer und quantitativer Methoden in der empirischen Sozialforschung, Wiesbaden. – Kißler, Leo, 2007: Politische Soziologie. Grundlagen einer Demokratiewissenschaft, Konstanz. – Kreckel, Reinhard, 2004: Politische Soziologie der sozialen Ungleichheit, 3. erw. Aufl., Frankfurt a. M./New York. – Luhmann, Niklas, 2010: Politische Soziologie, Berlin. – Meuser, Michael, 2003: Politische Soziologie – Ortsbestimmungen und aktuelle Forschungsgebiete; in: Soziologie 32, 48–65. – Rattinger, Hans, 2009: Einführung in die Politische Soziologie, München. – Stammer, Otto, 1965: Politische Soziologie und Demokratieforschung, Berlin.

Leo Kißler

Position

Eine soziale Position (engl. position) kann als eine Leerstelle (Ort, Platz) in einer *sozialen Struktur* (sozialem Gebilde, sozialem Raum) definiert werden. Positionen sind daher unabhängig von den Personen, die sie einnehmen. Diese Unabhängigkeit tritt in zwei unterschiedlichen Varianten auf. So können erstens unterschiedliche Personen Positionen des gleichen Typs einnehmen, nicht aber dieselbe Position in einem spezifischen sozialen Gebilde (z. B. Mutter oder Vater in einer Familie). Diese Trennung wird zweitens in formalen *Organisationen* stärker vorgenommen, hier kann dieselbe Position (z. B. Abteilungsleiter in Abteilung XY) sukzessive durch andere Personen eingenommen werden. Positionen sind mit spezifischen *Rechten* und *Ressourcen* verknüpft, so dass sie die Grundlage der Ungleichheitsstruktur einer Gesellschaft bilden. Zum Teil wird in der Literatur (*Rollentheorie*) der *Status*begriff synonym mit dem Konzept der Position im Sinne dieser Definition verwendet (Linton, Parsons).

Arten von sozialen Positionen

Man kann Askriptive von erworbenen Positionen unterscheiden. Askriptive Positionen werden Menschen aufgrund von zumeist angeborenen Merkmalen wie Herkunft, Geschlecht oder Hautfarbe zugeschrieben. Erworbene Positionen wie Bildung oder Beruf können Menschen im Laufe ihres Lebens durch eigenes Handeln erlangen. Im Anschluss an Webers Unterscheidung von offenen und geschlossenen Beziehungen trennt Sørensen offene von geschlossenen Positionen: Während Inhaber von offenen Positionen jederzeit durch Marktprozesse ersetzt werden können, nehmen Inhaber geschlossener Positionen diese permanent ein, und diese Positionen werden in der Regel durch hierarchische Prozesse neu besetzt.

Die Bestimmung von Positionen in soziologischen Theorien

Insbesondere die strukturell-funktionale Theorie hat darauf hingewiesen, dass soziale Positionen durch gesellschaftliche **Institution**en reguliert sind. Sie werden als mentale Modelle von den Akteuren gelernt, wobei diese Modelle bestimmte deskriptive Überzeugungen (beliefs) hinsichtlich dieser Positionen und normative Erwartungen (Rollenerwartungen) an die Inhaber bestimmter Positionen beinhalten. Im Gegensatz dazu stellen Autoren wie Pierre Bourdieu in den Vordergrund, dass soziale Positionen durch bestimmte **Ressourcen** (Kapitalsorten) definiert sind, welche die Verhaltensdispositionen und Interessen der Positionsinhaber (*Habitus*) prägen. In der *Netzwerkanalyse* werden soziale Positionen durch die Struktur der **sozialen Beziehungen** zu anderen Personen bestimmt. Personen mit ähnlichen Beziehungsmustern nehmen hierbei strukturell äquivalente Positionen ein.

Die Entstehung von Positionen

Die Entstehung von sozialen Positionen setzt ein gewisses Maß von *Differenzierung* und *Arbeitsteilung* in einer Gesellschaft voraus. Die Ausgestaltung von Positionen ist allerdings nicht allein durch die technologischen Bedingungen der Arbeitsteilung determiniert, sondern abhängig von Aushandlungsprozessen zwischen individuellen und kollektiven Akteuren (negotiated order approach), deren Resultat von den machtbasierten Einflusschancen dieser Akteure beeinflusst ist. Da Positionen mit Rechten und Ressourcen verknüpft sind, haben Akteure ein Interesse an der Ausgestaltung der Positionen zu ihren Gunsten.

Literatur

Bourdieu, Pierre; Wacquant, Loic, 2006: Reflexive Anthropologie, Frankfurt a.M. – Dahrendorf, Ralf, 2010: Homo Sociologicus, 17. Aufl., Wiesbaden. – Jansen, Dorothea, 2006: Einführung in die Netzwerkanalyse, Wiesbaden. – Parsons, Talcott, 1951: The Social System, Glencoe, Ill. – Sørensen, Aage B., 1983: Processes of Allocation to Open and Closed Positions in Social Structure; in: Zeitschrift für Soziologie 12, 203–224.

Jörg Rössel

Positivismus

Ursprünge des Positivismus und soziologische Weiterentwicklungen

Seit Auguste Comte (1798–1857) in seiner »positiven Philosophie« das Programm einer positivistischen Soziologie vorlegte, die als Abschluss eines allgemeinen Verwissenschaftlichungsprozesses des menschlichen Geistes (»Enzyklopädisches Gesetz«) die Voraussetzung für eine rationale Gesellschaftsgestaltung bilden sollte, ist der Begriff Positivismus (engl. positivism) aus den Grundlagendiskussionen um Gegenstand, Methode und Praxisbezug der Soziologie nicht mehr verschwunden. Weil sich keine allgemein akzeptierte Nominaldefinition von Positivismus durchsetzen konnte (Halfpenny unterscheidet z. B. 12 Bedeutungen von Positivismus), erscheint es zweckmäßig, zwischen einem engeren und einem weiteren Verständnis von Positivismus zu unterscheiden. Ersteres charakterisiert jene unmittelbar an Comte anschließende Überzeugung, dass die Soziologie insofern eine Naturwissenschaft werden kann, als sie Gesetzmäßigkeiten der Entwicklung menschlicher Gesellschaften entdecken und damit die durch Beobachtung gewonnenen Daten in eine Theorie integrieren kann. Comte vertritt keinen reinen Induktivismus, denn die durch Beobachtung festgestellten »Tatsachen haben an sich keinen Sinn, wenn sie nicht, sei es auch nur durch eine Hypothese, an Gesetze über die soziale Entwicklung angeknüpft werden« (Comte, 103 f.). Indem der Positivismus eine wissenschaftliche Erkenntnis der Gesetzmäßigkeiten sozialer Statik und Dynamik (»Dreistadiengesetz«) ermöglicht, bietet er zugleich »die einzige feste Grundlage für die Umgestaltung der bürgerlichen Gesellschaft« (ebd., 14); durch rationale *Sozialtechnologie* soll es möglich sein, jene Einheit von »Ordnung und Fortschritt« herzustellen, die von Comte zur Parole des Positivismus erhoben wurde. In einem zweifachen Sinne ist die Soziologie eine »Krisenwissenschaft«: zum einen, weil sie als Reaktion auf die krisenhaften Zustände der Gesellschaft in der Zeit nach der Französischen Revolution entsteht, zum andern, weil sie die geistigen Voraussetzungen für die Überwindung dieser Krise zu schaffen verspricht.

Der Aufstieg des Positivismus zu einer der einflussreichsten Denkweisen im 19. Jh. ist weniger auf Comtes soziologisches Werk direkt, als vielmehr darauf zurückzuführen, dass seine Überzeugung, die Analyse von Gesellschaft und Geschichte könne durch die Übernahme einer am Ideal der Naturwissenschaften ausgerichteten *Methodologie* auf die Ebene exakter Wissenschaftlichkeit gehoben werden, von vielen geteilt wurde, die weder die von ihm postulierten Gesetzmäßigkeiten für zutreffend noch sein quasi-religiöses Weltverbesserungsprogramm mit den Aufgaben von Wissenschaft für vereinbar hielten. In diesem weiteren Verständnis von Positivismus kam es zur Ausbildung unterschiedlichster Spielarten dieser Denkweise., denen gemeinsam ist, dass sie die Tradition des klassischen Empirismus, wie er etwa im 18. Jh. durch David Hume vertreten wurde, fortsetzten und sich am Ideal naturwissenschaftlich-exakter Erkenntnisgewinnung orientierten. Im 20. Jh. kulminierte das Bemühen um eine eindeutige Grenzziehung zwischen Wissenschaft und Metaphysik und eine wissenschaftstheoretische Fundierung des Empirismus durch logisch-sprachanalytische Methoden im maßgeblich vom »Wiener Kreis« geprägten Neopositivismus (M. Schlick, R. Carnap, O. Neurath u. a.).

Weder dem Comteschen Positivismus noch dem philosophischen Neopositivismus (»logischer Empirismus«) ist es zuzuschreiben, dass das Programm einer positivistischen Soziologie aktuell blieb. Versucht man einen allgemeinen Kernbestand positivistischen Denkens ausfindig zu machen, bieten sich die folgenden Prämissen an: 1. Eine Realwissenschaft kann nur das faktisch Gegebene (»Realität«) erfassen. 2. Empirische Erfahrungen (»Wahrnehmungen«, »Beobachtungen«, »Basissätze«) bilden das Fundament der Erkenntnis, und daher können Theorien nur induktiv überprüft werden (»Übereinstimmung mit der Wirklichkeit«). 3. Die Wissenschaften sind die oberste Instanz in der Beurteilung von Aussagen über die empirische Realität. 4. In der Wissenschaft ist kein Platz für ungesicherte, insbesondere spekulativ-metaphysische Elemente und wertende Stellungnahmen. 5. Eine »Einheit der Wissenschaften« besteht insofern, als es auf der Ebene der wissenschaftstheoretischen Forschungslogik keine Sonderstellung der Geistes-, Kultur- und Sozialwissenschaften gegenüber den Naturwissenschaften gibt.

Die meisten dieser Merkmale korrespondieren dem Selbstverständnis einer empirischen Sozialforschung, die beansprucht, ein fundiertes Wissen über gesellschaftliche Sachverhalte liefern zu können, und daher hat Neil J. Smelser die Auffassung vertreten, der Positivismus habe sich als implizites Wissenschaftsverständnis in der US-amerikanischen Sozialforschung durchgesetzt. Ähnlich argumentierte Ch. G. A. Bryant, der nachzuweisen trachtete, der *quantitativen Sozialforschung* liege ein »instrumental positivism« zugrunde, der u. a. folgende Merkmale aufweist: hoher Stellenwert der Verfeinerung statistischer Techniken und Quantifizierungsmöglichkeiten; eine nominalistisch-individualistische Konzeption von

Gesellschaft; Affinität zu Induktion und Verifikationismus; klare Trennung zwischen Fakten und Werten.

Auch der *Behaviorismus* ist als Versuch, den naturalistischen Empirismus konsequent durchzuhalten, der positivistischen Tradition zuzurechnen. In die Soziologie Eingang gefunden hat eine Weiterentwicklung dieser Denkweise, die als Lern- oder *Verhaltenstheorie* bekannt geworden ist (G. C. Homans).

Kritik am Positivismus

Schon aus der Sicht des klassischen Marxismus wurde der Positivismus als ein verfehltes Programm der Gesellschaftsanalyse wahrgenommen. Während Marx und Engels ihre materialistische Geschichtsauffassung als eine Theorie über die gesetzmäßige Entwicklung der Gesellschaft durchaus in die Nähe des Naturalismus rückten, warfen sie dem Positivismus vor, weder die gesellschaftliche Bedeutung der Ökonomie zu erkennen noch die dialektische Methode zu beherrschen.

Der Positivismus war also von Beginn an umstritten und stellte insbesondere eine permanente Herausforderung für die Geistes- und Kulturwissenschaften dar; v. a. im deutschsprachigen Bereich wirkte ihm der auch akademisch einflussreiche *Historismus* entgegen, der die Inadäquatheit positivistischen Denkens nachzuweisen trachtete. In diesem Zusammenhang wurden jene antithetischen Dualismen geprägt (wie: *Verstehen* vs. *Erklären, idiographische* vs. *nomothetische Wissenschaften*), die insbesondere ausdrücken sollten, dass die positivistische Vorstellung von der Einheit der Wissenschaften an den Besonderheiten des Menschen und seiner gesellschaftlich-geschichtlichen Welt scheitern muss. Der Positivismus begann jener »Kampfbegriff« zu werden, der er bis in die jüngere Vergangenheit geblieben ist. Die Auseinandersetzung mit dem Positivismus durchzog alle Geistes- und Kulturwissenschaften. Antipositivistisch sind in der Soziologie u. a. der verstehende, der phänomenologische, der ethnomethodologische, der interaktionistische und der figurationssoziologische Ansatz. Gemeinsam ist ihnen die Kritik am Positivismus, dass soziale Gegebenheiten nicht wie natürliche »Fakten« analysiert werden können, weil damit ihr konstitutives Merkmal unterschlagen werde, nämlich dass soziale Realität stets interpretierte, von Bedeutung und Sinn erfüllte, von Menschen gemachte und veränderbare Wirklichkeit darstelle. Die Auseinandersetzung mit dem Positivismus betrifft hier die Grundlagen einer empirischen Sozialwissenschaft, und davon abgeleitet werden auch Konsequenzen im Hinblick auf die Möglichkeiten sozialtechnologischer Umsetzung soziologischen Wissens diskutiert.

Der Positivismusstreit in der deutschen Soziologie

Was 1969 unter dem Titel »Positivismusstreit« bekannt wurde, begann 1961 auf einer Tagung der Deutschen Gesellschaft für Soziologie, bei der Karl R. Popper als Hauptrepräsentant des »Kritischen Rationalismus« und Theodor W. Adorno als einer der führenden Köpfe der »Kritischen Theorie« der Frankfurter Schule Referate zur »Logik der Sozialwissenschaften« hielten. Für diese Debatte ist charakteristisch, dass es »nicht zu einer scharfen Auseinandersetzung und schon gar nicht zu einer über den Positivismus gekommen ist« (Dahms, 349). Niemand vertrat eine klassische positivistische Position, und Poppers Kritischer Rationalismus richtete sich gegen zentrale Annahmen des Neopositivismus: gegen die Fundierung der Erkenntnis in aus Sinnesdaten theoriefrei gewonnenen Basissätzen, gegen die *Verifizierbarkeit* empirischer Aussagen (an deren Stelle die *Falsifizierbarkeit* trat), gegen den Induktivismus, gegen den Naturalismus (mit dem Poppers Konzept einer »Logik der Situation« nicht kompatibel ist). Popper wird von Adorno zunächst überhaupt nicht als Positivist kritisiert; die entscheidende Differenz liegt vielmehr in der Bezugnahme auf Totalität und dialektische Methode, die dem Vertreter der Kritischen Theorie als unverzichtbar erscheinen. Als Kritik an einer unreflektierten Praxis der Sozialforschung bedeutet dies, dass eine vermeintlich noch so exakte Erhebung empirischer Daten defizient bleibt, wenn nicht die dialektische Vermittlung singulärer Sachverhalte mit der gesellschaftlichen Totalität erkannt wird.

Eine deutliche Verschärfung und Zuspitzung ergab sich in einer zweiten Diskussionsphase durch die Beiträge von Jürgen Habermas und Hans Albert sowie Adornos Einleitung zum Sammelband »Positivismusstreit« (1969). Habermas' Kritik an der »analytischen Wissenschaftstheorie« bezieht sich auf einen »positivistisch halbierten Rationalismus«, dessen restringierter Erfahrungsbegriff einem instrumentalistisch-technischen Erkenntnisinteresse entstamme. Dabei werde das für jede Erfahrung fundamentale lebensweltliche Vorverständnis unterschlagen und ein Diskurs über vernunftgeleitete gesellschaftliche Praxis jenseits instrumenteller Rationalität unmöglich. Albert weist diese Vorwürfe einerseits als Missverständnisse der Position des Kritischen Rationalismus zurück und erblickt andererseits im dialektischen Totalitätsbegriff die Konsequenzen einer geschichtsphilosophischen Denkweise, die dem »Mythos der totalen Vernunft« verhaftet bleibe.

Die Soziologie nach dem Positivismusstreit

Im Positivismusstreit wurden grundlegende metasoziologische Fragen einer allgemeinen *Wissenschaftstheorie* der Sozialwissenschaften diskutiert (Begriff der Erfahrung, Verhältnis von Theorie und Empirie, Werturteilsproblem), ohne dass die Ebene der methodischen Probleme empirischer Sozialforschung systematisch miteinbezogen worden wäre. In der neueren Diskussion um den Stellenwert und die Adäquatheit quantitativer und qualitativer Methoden tauchen Argumente auf, die als implizite Fortsetzung der Positivismuskritik anzusehen sind. Inwiefern die Soziologie im Sinne einer kritischen Theorie der Gesellschaft betrieben werden könne und einem emanzipatorischen Erkenntnisinteresse verpflichtet sei oder werden sollte, bleibt auch nach dem Positivismusstreit eine permanent gestellte Frage.

Literatur

Adorno, Theodor W. et al., 1969: Der Positivismusstreit in der deutschen Soziologie, Neuwied/Berlin. – Alexander, Jeffrey C., 1982: Theoretical Logic in Sociology, Vol. I: Positivism, Presuppositions, and Current Controversies, Berkeley/Los Angeles. – Boudon, Raymond, 2001: Soziologie zwischen Szientismus und Ästhetizismus Oder: Kann die Soziologie heute noch positivistisch sein?; in: Merz-Benz, Peter-Ulrich; Wagner, Gerhard (Hg.): Soziologie und Anti-Soziologie, Konstanz, 157–181. – Bryant, Christopher G. A., 1985: Positivism in Social Theory and Research, New York. – Cohen, Percy S., 1980: Is Positivism Dead?; in: Sociological Review 28, 141–170. – Comte, Auguste, 1974: Die Soziologie, Stuttgart. – Dahms, Hans-Joachim, 1994: Positivismusstreit, Frankfurt a.M. – Giddens, Anthony (Ed.), 1974: Positivism and Sociology, London. – Halfpenny, Peter, 1982: Positivism and Sociology, London. – Lepenies, Wolf, 2010: Auguste Comte. Die Macht der Zeichen, München. – Mises, Richard von, 1990: Kleines Lehrbuch des Positivismus, Frankfurt a.M. (1939). – Ritsert, Jürgen, 2010: Der Positivismusstreit; in: Kneer, Georg; Moebius, Stephan (Hg.): Soziologische Kontroversen, Frankfurt a.M., 102–

130. – Schmid, Michael, 1993: Der Positivismusstreit in der deutschen Soziologie; in: LOGOS, NF. 1, 35–81. – Smelser, Neil J., 1986: Die Beharrlichkeit des Positivismus in der amerikanischen Soziologie; in: Kölner Zeitschrift für Soziologie und Sozialpsychologie 38, 133–150. – Wagner, Gerhard, 2001: Auguste Comte zur Einführung, Hamburg.

Gerald Mozetič

Praxis

Praxis (griech., das Handeln; engl. practice), Gesamtheit der menschlichen Handlungen, die Erhaltung, Umwandlung oder Weiterentwicklung der materiellen und gesellschaftlichen Wirklichkeit bewirken. Der bisher nicht eindeutig definierte Status soziologischer *Theorie,* besonders ihre umstrittene Zielsetzung, hat eine unterschiedliche Berücksichtigung und Bedeutung der Praxis innerhalb der verschiedenen Soziologieverständnisse zur Folge. Die Vertreter einer stärker an den Naturwissenschaften sich orientierenden Soziologie betrachten die Praxis als Prüfinstanz für die Theorien; die Veränderung der Praxis erfordert eine Wertentscheidung, die wissenschaftlich nicht begründet werden kann *(Werturteilsstreit).* Demgegenüber wird von den Vertretern anderer Strömungen eine mehr oder weniger stärkere Einheit von Theorie und Praxis postuliert, sei es, dass der Erkenntnisprozess als Widerspiegelung der Praxis gedeutet wird *(Marxismus),* sei es, dass die Praxis zeigt, was Theorie sein soll und dass diese Theorie zur Praxis werde *(Kritische Theorie),* sei es, dass der Unterschied ganz aufgehoben und postuliert wird, Soziologie sei eine Alltagshandlung unter vielen *(Ethnomethodologie).* Der ungeklärte Bezug von Theorie und Praxis, die Kontroversen über die Zielsetzung der Soziologie, aber auch die Ernüchterung, die einer Überschätzung der Leistungsfähigkeit der Soziologie in den sechziger und siebziger Jahren folgte, haben in der Vergangenheit verstärkte Diskussionen über die Praxisrelevanz der Soziologie ausgelöst. Den nachdrücklichen Forderungen nach purer Nützlichkeit muss aber entgegengehalten werden, dass die Funktion der Soziologie immer auch Opposition und Aufklärung (im Kantschen Sinne) waren und ihre Erkenntnisse sich nicht so ohne weiteres technologisch verwerten lassen. Andererseits ist nicht zu leugnen, dass die Soziologie ein breites Spektrum von Ergebnissen vorzuweisen hat, das von nicht immer sofort umsetzbaren Denkanstößen bis zu ganz konkreten für die Tagespolitik wichtigen Erkenntnissen reicht. So ist einerseits davon auszugehen, dass zahlreiche mittlerweile klassisch zu nennende Studien, z. B. der *Wirtschaftssoziologie* und der *Schichtungssoziologie,* zwar keine unmittelbare Anwendung gefunden haben, jedoch bewusstseinsprägend und – auf dem Gebiet der Arbeitsbeziehungen und des Bildungs- und Ausbildungswesens – soziale *Wirklichkeit* verändernd gewirkt haben (Friedrichs/Lepsius/Mayer). Darüber hinaus zeigte und zeigt die Soziologie ihre Effektivität auch in der Analyse ganz konkreter Probleme; in der Nachkriegszeit (Vertreibung, Arbeitslosigkeit, Familien-, Wohnungs- und Jugendprobleme) ebenso wie heute (Indikatorenforschung, Statuszuweisungsprozesse, Diskriminierung von Minoritäten). Erleichtert wird dies durch die Weiterentwicklung der Methoden der empirischen Sozialforschung, so durch eine Rückbesinnung auf *qualitative Verfahren,* die neue Praxisbereiche erschließen, wie auch durch den Ausbau traditioneller Verfahren, z. B. durch die zyklische Durchführung der Allgemeinen Bevölkerungsumfrage der Sozialwissenschaften (ALLBUS; Porst), die bei Einsatz geeigneter Analyseverfahren die Messung sozialen *Wandels* und damit die kontrollierte Steuerung sozialer Praxis erleichtert.

Literatur

Beck, Ulrich (Hg.), 1982: Soziologie und Praxis, Göttingen. – Friedrichs, Jürgen et al. (Hg.), 1998: Die Diagnosefähigkeit in der Soziologie, Opladen. – Habermas, Jürgen, 1963: Theorie und Praxis, Neuwied/Berlin. – Porst, Rolf, 2000: Praxis der Umfrageforschung, 2. Aufl., Stuttgart/Leipzig/Wiesbaden.

Heinz Sahner

Prestige

Unter Prestige (engl. prestige) versteht man in der Soziologie das *Ansehen,* die Wertschätzung und die Anerkennung, die bestimmten Personen, sozialen Gruppen oder sozialen Positionen entgegengebracht wird. Prestige basiert also auf einem relationalen Konzept: der Wahrnehmung und Bewertung durch andere Menschen. Dem Begriff des Prestiges stark verwandt ist das Konzept des *symbolischen Kapitals* bei Bourdieu. Auch dieses verweist auf die Wertschätzung und Anerkennung, die Personen mit einer bestimmen Ausstattung entgegengebracht wird, wobei Bourdieu betont, dass das symbolische Kapital durch die sonstige Kapitalausstattung von Personen geprägt ist.

Herkunft des Prestigekonzepts

Die Beschäftigung mit dem Prestigebegriff geht in der Soziologie mindestens zurück bis auf Max Weber, dessen Arbeiten die Diskussion bis heute stark beeinflussen. Dieser hat von der primär ökonomisch begründeten *Klasse*nlage die sogenannte ständische Lage unterschieden, in der Unterschiede in der sozialen Schätzung verschiedener Gruppen zum Ausdruck kommen. Ein klassisches Beispiel für diese Unterscheidung stellen die sogenannten »Neureichen« dar: Sie weisen zwar eine privilegierte Klassenlage auf, werden aber von den alteingesessenen Eliten nicht als gleichwertig akzeptiert, da sie nicht über entsprechende Manieren und *Lebensstil*e verfügen. Diese besondere ständische Anerkennung kommt nach Weber in den Heirats- und Freundschaftsnetzwerken zum Ausdruck, d.h. andere Personen werden als Heiratspartner oder Freunde aufgrund ihres Prestiges ausgewählt. Webers Begriff des *Stand*es ist in die angelsächsische Literatur als *Status* eingegangen, mit dem bis in die Gegenwart, synonym mit dem Prestigebegriff, eine Dimension gesellschaftlicher Anerkennung und Wertschätzung bezeichnet wird.

Die empirische Erforschung von Prestige

Empirisch wird Prestige zumeist als Berufsprestige untersucht, da dem *Beruf* als sozialer Position eine zentrale Rolle beim Erwerb von *Ressourcen* und sozialer Wertschätzung in Gegenwartsgesellschaften zugesprochen wird. Berufsprestige wird über zwei typische empirische Vorgehensweisen gemessen: Erstens wird die sogenannte Interaktionsmethode verwendet, um zu erfassen, in welchem Ausmaß die Angehörigen bestimmter Berufsgruppen tatsächlich miteinander interagieren. Dazu wird untersucht, inwieweit Personen aus bestimmten Berufen untereinander befreundet sind oder untereinander heiraten, um so eine Skala der gesellschaftlichen Wertschätzung zu entwickeln. Gegenwärtig findet sich ein solches Vorgehen in der von Goldthorpe und Chan entwickelten Statusskala und in der Cambridge Social Interaction and Stratification Scale

(CAMSIS). Zweitens wird das Prestige von Berufen aber auch in Surveys direkt abgefragt. Diese Vorgehensweise liegt der von Donald Treiman und Harry Ganzeboom entwickelten Standard International Occupational Prestige Scale (SIOPS) sowie der von Bernd Wegener vorgestellten Magnitude-Prestigeskala zugrunde. Dabei befinden sich am oberen Ende solcher Prestigeskalen zumeist akademische und freie Berufe, wie der Arzt oder der Professor, dagegen am unteren Ende in der Regel ungelernte Arbeiter und Handlanger. Diese Ergebnisse unterscheiden sich zwischen den verschiedenen Prestigemessungen kaum und sind auch im internationalen Vergleich außerordentlich stabil. Allerdings schätzen Personen aus unteren Statusgruppen diese Prestigedifferenzen im Vergleich zu statushohen Befragten kleiner ein. Das Prestige von Berufen korreliert moderat mit deren sozialem Status, allerdings stärker mit der durchschnittlichen Ausbildung der Berufsinhaber als deren durchschnittlichem Einkommen. Der Anteil von weiblichen Beschäftigten in den jeweiligen Berufsgruppen hat keinen Einfluss auf die soziale Wertschätzung der Berufe, was gegen eine Abwertung typisch weiblicher Berufe im Hinblick auf deren Prestige spricht.

In der Ungleichheitsforschung wird die Relevanz des Prestigekonzepts als eher begrenzt eingeschätzt, da es die Lebenschancen von Menschen nur unzureichend abbildet. Auch in der Mobilitäts- und Statuserwerbsforschung sind Maße des sozioökonomischen Status oder der Klassenzugehörigkeit erklärungskräftiger als das Prestigekonzept. Allerdings weisen insbesondere die Arbeiten von Goldthorpe und Chan nach, dass Prestigekonzepte im Gegensatz zu Klassenkonzepten stark mit den *Lebensstil*en von Personen korrelieren.

Entstehung von Prestige

Für die Entstehung von sozialem Prestige liegt mit der Status Construction Theory ein erklärungskräftiges Modell vor. Der Theorie liegt die Prämisse zugrunde, dass selbst kleine, in aufgabenbezogenen Interaktionen auftretende Unterschiede der Leistung zwischen sozialen Gruppen zu *Stereotypen* und unterschiedlicher Wertschätzung für diese soziale Gruppen führen können. Diese Stereotypen können dann in weiteren Interaktionssituationen nach dem Muster der sich selbst erfüllenden Prophezeiung bestätigt werden: Behandelt man eine andere Person, als ob sie sehr kompetent wäre, dann wird sie sich typischerweise auch eher als kompetent zeigen. In einer Folge von Interaktionen können sich geteilte Überzeugungen über die Kompetenz und das Prestige sozialer Gruppen herausbilden. Gould zeigt in einem formalen Modell, dass die wechselseitigen Bestätigungen einer solchen Überzeugung sich dynamisch verstärken und zu ausgeprägten Stereotypen über soziale Gruppen sowie zu ausgeprägten Differenzen in der Wertschätzung sozialer Gruppen führen können.

Literatur

Chan, Tak Wing; Goldthorpe, John H., 2007: Class and Status; in: American Sociological Review 72, 512–532. – Gould, Roger V., 2002: The Origin of Status Hierarchies; in: American Journal of Sociology 107, 1143–1178. – Ridgeway, Cecilia L., 2006: Status Construction Theory; in: Burke, Peter (ed.): Contemporary Social Psychological Theories, Stanford. – Wegener, Bernd, 1988: Kritik des Prestiges, Opladen. – Wolf, Christoph, 1995: Sozio-ökonomischer Status und berufliches Prestige, in: ZUMA-Nachrichten 37, 102–136.

Jörg Rössel

Pretest

Unter einem Pretest (engl. pretest) versteht man in einem *Experiment* einen Vortest, in dem Ausgangswerte vor einem experimentellen Eingriff und einem evtl. Nachtest gemessen werden. In der *Umfrageforschung* versteht man unter einem Pretest die Erprobung der Frage-Instrumente an einer kleinen *Stichprobe* vor der Haupterhebung in einer großen Stichprobe. Da in der Soziologie der zweite Sprachgebrauch vorherrscht, wird hier nur auf ihn eingegangen.

Pretests sind heute Standard einer »vorbildlichen Praxis der Umfrageforschung« (Deutsche Forschungsgemeinschaft, 24, 133). In ihnen werden Verständlichkeit, Form und Abfolge der Fragen und Frageskalen und die Dauer wie Praktikabilität des ganzen *Fragebogen*s überprüft, um unangenehme Überraschungen in der Haupterhebung zu vermeiden. Die Überprüfung kann durch Experten geschehen, die die einzelnen Fragen nach einem Kategorienschema bewerten (Question Appraisal System, Rothgeb et al.). Überwiegend aber wird unter Pretest

eine Probe-Befragung einer willkürlichen Stichprobe aus der Grundgesamtheit der Haupterhebung verstanden, die u. U. durch Nachfragen nach dem Verständnis jeder Frage erweitert wird (cognitive interviewing, Willis). Neben der Verständlichkeit wird die Fragefolge – insbesondere die Führung von Filterfragen – erprobt. Bei *Skalen* werden häufig schon die Trennschärfe der Skalenitems und die Dimensionalität der Skala überprüft (Alreck/Settle, Kap. 5). Im Allgemeinen reichen für den Pretest weniger als 50 Befragungspersonen. Oft werden schon die Pretestergebnisse auf Datenträger übertragen, wodurch vor allem die Analyse von Skalen erleichtert und evtl. eine erste Analyse von Zusammenhängen ermöglicht wird. Nach den Ergebnissen des Pretests werden Fragen und Fragebogen evtl. modifiziert. Eine zu starke Modifikation könnte jedoch einen erneuten Pretest erfordern; in der Tat sind mehrere Pretests bei komplizierten Themen nicht selten. Will man mehrere Pretests vermeiden, so sollte man die Fragebogenkonstruktion intensivieren und den Pretest gleichsam so nah als möglich an die Haupterhebung rücken.

Literatur

Alreck, Pamela L.; Settle, Robert B., 2004: The Survey Research Handbook, 3rd ed., Boston, MA/New York, NY. – Deutsche Forschungsgemeinschaft, 1999: Qualitätskriterien der Umfrageforschung, Berlin. – Porst, Rolf, 2000: Praxis der Umfrageforschung, 2. Aufl., Stuttgart. – Presser, Stanley; Blair, John D., 1994: Survey pretesting; in: Sociological Methodology 24, 73–104. – Rothgeb, Jennifer et al., 2007: Questionnaire Pretesting Methods; in: Bulletin de Méthodologie Sociologique 96, 5–31. – Statistisches Bundesamt, 1996: Pretest und Weiterentwicklung von Fragebogen, Spektrum Bundesstatistik Bd. 9, Wiesbaden. – Willis, Gordon B., 2005: Cognitive Interviewing, Thousand Oaks, CA.

Heiner Meulemann

Probleme, soziale

Wie für die meisten Grundbegriffe in der Soziologie, die in die Alltagssprache eingegangen sind sowie in Medien und in politischen Diskursen verwendet werden, so lässt sich auch für den Begriff »soziales Problem« (engl. social problems) eine Reihe verschiedener Definitionen und Verwendungsweisen finden (vgl. die Auflistung bei Groenemeyer 2012: 27 f.).

In der Alltagssprache, den Medien und in politischen Reden bleibt der Begriff zumeist ohne klare Konturen und beschreibt sehr unterschiedliche Phänomene, die in irgendeiner Weise als Störung, Missstand, Krise, Leiden, Schaden und Ungerechtigkeit o. ä. wahrgenommen und Gegenstand von Interventionen und Politik werden oder werden sollen. Innerhalb der Soziologie beschäftigen sich verschiedene spezielle Soziologien mit Phänomenen, die in der Gesellschaft als problematisch angesehen werden, wie z. B. Kriminalsoziologie, Soziologie der Armut und der Sozialpolitik, Soziologie abweichenden Verhaltens, Medizin- und Gesundheitssoziologie, Soziologie der Behinderung, des Rassismus oder der Gewalt (vgl. Albrecht/Groenemeyer 2012).

Zusammenfassend können grob vier Perspektiven der Verwendung des Konzepts soziale Probleme unterschieden werden, die in Diskussionen über soziale Probleme häufig zur Konfusion führen (vgl. Groenemeyer 2012: 20 ff.).

1) Aufgrund seiner Herkunft aus dem Kontext einer reformorientierten amerikanischen Soziologie zu Beginn des 20. Jh.s und aufgrund der unmittelbaren Verbindung zu normativen Fragestellungen werden soziale Probleme häufig als *angewandte Soziologie* verstanden. Diese Perspektive knüpft insofern unmittelbar an die Spezialisierungen auf einzelne soziale Probleme an, die sich in Bindestrichsoziologien etabliert haben und bei denen die Produktion und Vermittlung von Wissen über konkrete gesellschaftliche Missstände und über Aktivitäten zu ihrer Bewältigung im Vordergrund steht. Obwohl dies auch eine Aufgabe der Soziologie sozialer Probleme ist, neigt diese Auffassung zu normativen Bestimmungen sozialer Probleme bzw. ist auf die zumeist unreflektierte, durch Politik und professionelle Praxis vorgegebene Kategorisierung des Gegenstands angewiesen.

2) Häufig damit verbunden wird der Begriff soziales Problem auch enger auf bestimmte, als gesellschaftliche Störungen und Missstände angesehene Phänomene eingeschränkt, die das Thema der *Sozialpolitik* und der *Sozialarbeit* darstellen. Soziale Probleme, in Abgrenzung zu ökonomischen, politischen oder materiellen Problemen, sind dann solche Missstände und Störungen, denen Defizite der *Integration* im sozialen Nahraum und individuelle Anpassungsprobleme als Ursachen zugeschrieben werden.

3) In den spezialisierten Forschungen über einzelne soziale Probleme (und häufig auch in Hand- und Lehrbüchern zu sozialen Problemen) wird das Konzept »soziale Probleme« nur als plakativer Sammelbegriff verwendet. Die Überblicke und auch die Forschungen beziehen sich hier auf einzelne konkrete soziale Probleme, wobei die Frage nach dem Zusammenhang und den Gemeinsamkeiten verschiedener sozialer Probleme nicht gestellt wird, von daher mit dem Konzept auch keine analytischen Ansprüche verbunden werden.

4) Unter dem Anspruch einer wissenschaftlichen Fundierung und Vereinheitlichung des Konzepts »soziales Problem« haben sich sogenannte konstruktivistische Perspektiven sozialer Probleme entwickelt. Während bei Forschungen zu Ursachen, Verläufen, Verbreitung und Behandlung einzelner sozialer Probleme deren problematischer Charakter vorausgesetzt werden muss, wird hier die Frage nach den Bedingungen und Prozessen, durch die soziale Phänomene problematisiert werden, in den Vordergrund gestellt. Die Antwort auf die grundlegende Frage nach dem Gemeinsamen der unterschiedlichen Phänomene, die als soziale Probleme aufgefasst werden, und damit die Rechtfertigung für ein einheitliches soziologisches Konzept der Soziologie sozialer Probleme, liegt demnach darin, dass diese Phänomene als problematisch angesehen werden, d. h. sie sind Ergebnis erfolgreicher Problematisierungsaktivitäten in der Gesellschaft. Die Soziologie sozialer Probleme wird hier zu einer *Wissenssoziologie* der Analyse von Strategien und Diskursen der Problematisierung gesellschaftlicher Phänomene. Dabei wird einschränkend häufig allerdings zusätzlich die Soziologie sozialer Probleme auf ein bestimmtes erkenntnistheoretisches bzw. wissenschaftstheoretisches Programm einer konstruktivistischen Perspektive festgelegt (grundlegend hierzu Albrecht 1977; Best 2008; Schetsche 1996, 2008; Schmidt 2000).

Als soziologischer Grundbegriff bezeichnet »soziale Probleme« kein konkretes Phänomen, sondern bezieht sich auf eine analytische Klasse oder Kategorie unterschiedlicher Phänomene, die zum Gegenstand der Analyse gemacht werden soll. In diesem Sinn ist »soziales Problem« ein theoretisches Konstrukt der

Soziologie, das nur dann sinnvoll ist, wenn gezeigt werden kann, dass die unter diesem Begriff zusammengefassten Phänomene gemeinsame Eigenschaften haben bzw. sie unter einer gemeinsamen Fragestellung analysiert werden können.

Die als soziale Probleme thematisierten gesellschaftlichen Phänomene zeichnen sich unter einer soziologischen Perspektive dadurch aus, dass sie innerhalb moderner Gesellschaften als Störung, Schaden oder Abweichung diskutiert werden, von denen behauptet wird, dass sie gegen zentrale *Wert*ideen der Gesellschaft verstoßen und für dessen Bearbeitung bzw. *Kontrolle* spezielle Organisationen und Institutionen etabliert werden sollen oder etabliert worden sind (vgl. die Definition bei Schetsche 2008: 48 f).

Darauf aufbauend beschäftigt sich die Soziologie sozialer Probleme mit drei zusammenhängenden Themen- bzw. Fragekomplexen:

1) Die Analyse von Prozessen und Bedingungen der Problematisierung sozialer Probleme beschäftigt sich mit der Frage, wie und in welcher Weise bestimmte gesellschaftliche Phänomene in der Öffentlichkeit, in *sozialen Bewegungen*, der Politik, durch Professionen und Moralunternehmer als problematisch gedeutet und als Forderungen nach Veränderungen präsentiert werden. Hierbei geht es um die Etablierung und Reproduktion von Problemdiskursen und Problemkategorien in verschiedenen gesellschaftlichen Bereichen (vgl. Best 2008; Groenemeyer 2012: 58 ff.; Schetsche 1996; 2008).

2) Die Analyse von Problemlagen beschäftigt sich mit Fragen nach den Bedingungen der Entstehung, Verbreitung, Entwicklung und Funktionen der Betroffenheit von sozialen Problemen. Auch wenn diese Fragestellungen häufig in sogenannten speziellen Bindestrichsoziologien thematisiert werden, können doch spezifische soziologische Deutungsangebote und Theorien identifiziert werden, die als allgemeine soziologische Konzepte für die gemeinsame und vergleichende Interpretation einer Vielzahl sozialer Probleme Verbreitung gefunden haben, wie z. B. *Anomie*, soziale *Desintegration*, soziale *Desorganisation*, *Exklusion* (vgl. Groenemeyer 2012: 36 ff.).

3) Die Analyse der Institutionalisierung der Bearbeitung und Kontrolle sozialer Probleme beschäftigt sich mit Fragen der Etablierung von Problematisierungen in der Politik, der Anwendung von Problemkategorien und dessen Fol-

gen. Hierzu gehört auch die Analyse der Funktionsweisen der verschiedenen sogenannten Organisationen und Instanzen *sozialer Kontrolle* (z. B. Polizei, Justiz, Sozialpolitik, Soziale Arbeit, Medizin, Psychiatrie), die als Institutionalisierung erfolgreicher Problematisierungsprozesse und als Verkörperung spezifischer Problemdiskurse verstanden werden (vgl. Groenemeyer 2010; Ders. et al. 2012).

Literatur

Albrecht, Günter, 1977: Vorüberlegungen zu einer »Theorie sozialer Probleme«; in: Ferber, Christian von; Kaufmann, Franz-Xaver (Hg.): Soziologie und Sozialpolitik, Opladen, 143–185. – Ders.; Groenemeyer, Axel (Hg.), 2012: Handbuch Soziale Probleme, 2., überarb. Aufl., Wiesbaden. – Best, Joel, 2008: Social Problems, New York. – Groenemeyer, Axel, 2010: Doing Social Problems – Doing Social Control. Mikroanalysen der Konstruktion sozialer Probleme in institutionellen Kontexten; in: Ders.. (Hg.), Doing Social Problems. Mikroanalysen der Konstruktion sozialer Probleme und sozialer Kontrolle in institutionellen Kontexten, Wiesbaden, 13–56. – Ders., 2012: Soziologie sozialer Probleme – Fragestellungen, Konzepte und theoretische Perspektiven; in: Albrecht, Günter; Groenemeyer, Axel (Hg.), 17–116. – Ders. et al., 2012: Die Politik sozialer Probleme; in: Albrecht, Günter; Groenemeyer, Axel (Hg.), 117–192. – Schetsche, Michael, 1996: Die Karriere sozialer Probleme. Soziologische Einführung, München. – Ders., 2008: Empirische Analyse sozialer Probleme. Das wissenssoziologische Programm, Wiesbaden. – Schmidt, Lucia, 2000: Varianten des Konstruktivismus in der Soziologie sozialer Probleme; in: Soziale Welt 51, 153–172.

Axel Groenemeyer

Professionalisierung

Die klassische Steigerungsformel »Arbeit, Beruf, Profession« (Hartmann 1968) unterscheidet einfache Arbeit, qualifizierte Erwerbsarbeit als *Beruf* und hochqualifizierte professionelle Arbeit. Während der Begriff der Verberuflichung den Weg von der Arbeit zum Beruf bezeichnet, geht es beim Begriff der Professionalisierung (engl. professionalization) um den Weg einer Berufsgruppe hin zur Profession. Allerdings zeichnen sich Professionen nicht nur durch besonders hohe Qualifikationen aus, in den unterschiedlichsten Professionsansätzen werden immer auch andere bedeutende Merkmale bestimmt, von denen die Wesentlichen hier aufgeführt werden sollen. 1. Die Berufsangehörigen sind in einem selbstverwalteten Berufsverband organisiert. 2. Der Berufsverband stellt spezifische Verhaltensregeln in Form einer Berufsethik auf, an die die Professionellen in ihrer Praxis gebunden sind. 3. Die Professionstätigkeit ist durch eine besondere Wissensbasis gekennzeichnet, deren Aneignung in der Regel in der Hand des Berufsverbandes liegt. 4. Die professionelle Arbeit ist ein Dienst an der Allgemeinheit und auf zentrale gesellschaftliche *Werte* wie Erziehung, Gerechtigkeit, Gesundheit, Seelenheil bezogen; mit dieser Orientierung der Tätigkeit am öffentlichen Wohl korrespondiert das Postulat der eher altruistischen denn egoistischen Dienstmotivation. 5. In der asymmetrischen Beziehung zwischen den Professionellen und deren Klienten fungieren Erstere als Experten und können weitgehend autonom entscheiden und gestalten; sie haben ein hohes Verantwortungsbewusstsein für ihre Klienten, erwarten von diesen aber auch Vertrauen in ihre fachliche Kompetenz und in ihre moralische Integrität. 6. Die Professionellen besetzen mit ihrer Tätigkeit gegenüber anderen Berufen ein deutlich demarkiertes exklusives Handlungskompetenzmonopol; da die Problemlösung aber nicht selbstverständlich ist, sondern auch scheitern kann (nicht jeder Rechtsstreit kann erfolgreich gelöst werden, nicht jeder Kranke kann geheilt werden), genießt diese mit Unsicherheit hantierende professionelle Arbeit in ihrer externen Umwelt ein hohes Maß an gesellschaftlicher Wertschätzung.

Der Professionsbegriff taucht in der Soziologie als soziale Kategorie bereits bei Herbert Spencer (1897/1966, 179 ff.) auf, der die Entwicklung der Professionen als das wesentliche Merkmal zivilisierter Gesellschaften bestimmt hatte, und Émile Durkheim (1902/1996) zog die Professionen als Folie für sein Konzept der Berufsgruppe heran. Eine eigenständige Theorie der Professionen ist dann aber erst gut 40 Jahre später von Talcott Parsons (1939) ausformuliert worden. Für Parsons haben die Professionen eine herausgehobene Bedeutung für die Gesellschaft, indem sie auf der Grundlage hochspezialisierten Wissens, verbunden mit einer treuhänderischen Verantwortung für die Allgemeinheit, als Experten für Laien bestimmte Aspekte ihrer persönlichen *Lebenswelt* bearbeiten.

Obwohl in der modernen Gesellschaft immer nur sehr wenige Berufe eine Profession sein können – der Professionsbegriff also ein exklusiver Begriff ist – kann man sehen, dass sich die von der Professionsforschung herausgearbeiteten Merkmale der Professionen auch in andere Bereiche der Gesellschaft ausgebreitet haben. Zu denken ist dabei etwa an die von den klassischen Professionen kultivierte Form einer »Solidarität unter Fremden«, an die zuerst an den Professionen untersuchten Unsicherheiten im beruflichen Handeln, an Interaktionsbeziehungen zwischen Experten und Klienten, daran, dass die professionelle Handlungs- und Problemlöseform sich heute ähnlich auch bei den modernen Wissensberufen in der Wissensgesellschaft findet und schließlich an das Aufgreifen professionssoziologischer Themen in der Organisationsforschung (Kurtz 2006).

Literatur

Durkheim, Emile, 1996: Über soziale Arbeitsteilung. Studie über die Organisation höherer Gesellschaften, Frankfurt a. M. (1906). – Hartmann, Heinz, 1968: Arbeit, Beruf, Profession; in: Soziale Welt 19, 193–216. – Kurtz, Thomas, 2006: Organisation, Profession und Gesellschaft; in: Sociologia Internationalis 44, 275–294. – Parsons, Talcott, 1939: The Professions and Social Structure; in: Social Forces 17, 457–467. – Spencer, Herbert, 1966: The Principles of Sociology, Vol. III, Osnabrück (1897).

Thomas Kurtz

Prognose

Begriffsdefinition

Der Begriff »Prognose« (engl. forecast) stammt aus dem Griechischen und bedeutet »Aussagen über zukünftige Entwicklungen«. In diesem Wortsinn wird der Begriff auch im Alltagssprachgebrauch benutzt. Im wissenschaftlichen, speziell im sozialwissenschaftlichen und im soziologischen Sprachgebrauch muss dieser Begriff präzisiert werden, um klarzustellen, dass es sich um eine wissenschaftlichen Kriterien genügende Vorgehensweise handelt. Mit wissenschaftlich gesicherten Prognosen zukünftiger Entwicklungen ist es möglich, gestaltend und planend auf diese *Entwicklung*en Einfluss zu nehmen, um sie, den Bedürfnissen entsprechend, zu verändern (oder zu stabilisieren). Üblicherweise unterscheidet man Prognosen gemäß den folgenden Kriterien:

- Prognosezeitraum (kurz-, mittel-, langfristig);
- Prognoseumfang (z. B. betriebliche, branchenbezogene oder gesamtgesellschaftliche Prognosen);

- Anwendungsbereich (z. B. Bevölkerungsprognose, Wirtschaftsprognose u. a.);
- Prognosemethode (z. B. Trendprognosen, konditionale Prognosen, Modellprognosen, Simulationen) bzw. qualitative Prognosemethoden (heuristische Methoden; Szenarien) vs. quantitative Prognosemethoden (Verknüpfung der betrachteten Variablen durch mathematische Operationen) bzw. univariate Methoden (auf der Basis von Zeitreihen) vs. multivariate Modelle (Prognose einer Zeitreihe mithilfe anderer Zeitreihen).

Prognosen in der Soziologie

In dem Maße, in dem die empirischen Verfahren in der Soziologie Fuß gefasst haben, haben auch prognostische Ansätze an Bedeutung gewonnen. Dass dabei komplexere Methoden (in der Regel rechnergestützt) eingesetzt werden, ist in erster Linie auf die folgenden Gründe zurückzuführen:

a) Die in immer größerem Umfang anfallenden Informationsmengen und der damit einhergehende Wunsch nach rascher und korrekter Informationsverarbeitung.

b) Der zunehmende Komplexitätsgrad sozialer Strukturen und die anwachsende Bedeutung von Problemen der Steuerung sozioökonomischer und politischer Prozesse.

c) Die wachsende Leistungsfähigkeit sowohl des statistischen Instrumentariums als auch beispielsweise der Rechner, die für komplexe Methoden und/oder große Datenmengen eingesetzt werden können.

Davon ausgehend werden auch in der Soziologie immer häufiger prognostische Aufgabenstellungen bearbeitet. Beispiele dafür sind etwa: Prognosen der Bevölkerungszahl und der Bevölkerungsstruktur; Prognosen der Wirtschaftsentwicklung, des Arbeitsmarktes und anderer Märkte; Prognosen von Einstellungen und Verhaltensweisen; Prognosen von Gruppenprozessen, Veränderung sozialer Strukturen und Beziehungen u. a.; Prognosen zum Wandel von Normen und Werten usw.

Bei der Beurteilung der soziologischen Relevanz von Prognosen (und Prognosemethoden) muss darauf geachtet werden, dass Prognosen ihrerseits Rückwirkungen (etwa bei Aktivitäten von Entscheidungsträgern) produzieren, die zu dem Ergebnis führen können, dass die Prognoseresultate nicht Wirklichkeit werden. Hier muss also u. U. von rückgekoppelten Systemen ausgegangen werden, die in kybernetischen Modellen abgebildet werden können. Dasselbe gilt für Prognosen, die durch ihre Veröffentlichung gegenläufige Reaktionen auslösen und deshalb etwas Falsches vorhersagen (self-destroying bzw. *self-fulfilling prophecy*).

Theoretischer Hintergrund

Jede Prognose, ob es sich nun um eine einfache Fortschreibung eines Zeitreihentrends handelt oder ob mit Hilfe eines komplexen Beziehungsgeflechts z. B. die Entwicklung der Arbeitslosenquote in Abhängigkeit von einer Vielzahl sozialer, ökonomischer und politischer Variablen vorausgeschätzt wird, beruht letztlich auf Hypothesen über die Gründe bisher beobachteter Entwicklungsverläufe. Wenn eine solche Hypothese im Lichte empirischer Befunde bestätigt oder verworfen wird, ist dies keine Entscheidung darüber, ob sie wahr ist oder falsch. Vielmehr besteht bei derartigen Entscheidungen immer das Risiko einer Fehlentscheidung. Hier greift dann die Wahrscheinlichkeits*statistik* ein, die die Möglichkeit bietet, die Chancen für Fehlentscheidungen (bzw. für korrekte Entscheidungen) zu quantifizieren (siehe dazu etwa Tiede/Voß).

Prognosemethoden

Beschränkt man die Betrachtung auf die nach wie vor wichtigen *quantitativen Methoden*, kann, wenn auch grob, zwischen Trendprognosen und Modellprognosen unterschieden werden (detaillierte Aufgliederungen finden sich z. B. bei Schöpf). Von einer **Trendprognose** spricht man dann, wenn auf der Grundlage einer vorliegenden statistischen Zeitreihe deren langfristige Entwicklungstendenz (Trend) in die Zukunft hinein fortgeschrieben wird. Dies setzt voraus, dass man den Trend berechnet. Eine der »klassischen« Methoden dafür ist die Methode der kleinsten Quadrate, mit der die Parameter der (linearen oder nichtlinearen) Trendfunktion bestimmt werden. Eine solche Trendprognose ist um so besser, je präziser die gewählte Trendfunktion den tatsächlichen bisherigen Entwicklungsverlauf trifft, je mehr Informationen aus der Vergangenheit vorliegen, je enger die beobachteten Zeitreihenwerte um die Trendfunktion herum streuen und je geringer der Abstand zwischen Prognosezeitraum und dem Ende der Zeitreihe ist. Eine Trendprognose schätzt zukünftige Entwicklungen unter der Annahme, dass die langfristige Entwicklungstendenz der Vergangenheit sich auch in Zukunft fortsetzt (»konditionale Prognose«). Es leuchtet unmittelbar ein, dass diese Annahme die Treffsicherheit derartiger Prognosen deutlich in Frage stellt (zur wahrscheinlichkeitsstatistischen Absicherung derartiger Prognosen siehe z. B. Schlittgen/Streitberg).

Bei einer **Modellprognose** geht man von der Überlegung aus, dass die Beschränkung auf eine einzige statistische Untersuchungsvariable aufzuheben sei. Deshalb untersucht man mehrere sich gegenseitig beeinflussende Variablen gleichzeitig und die Beziehungen zwischen ihnen. Die Zusammenstellung der relevanten Variablen (auf der Grundlage eines theoretischen Konzeptes) und der Beziehungen zwischen ihnen wird Modell genannt. Ein solches Modell ist also nichts anderes als ein (möglichst zutreffendes) abstrahierendes Abbild von Teilbereichen der Realität. Durch die Betrachtung mehrerer Variablen in einem Modell verbessert sich der Informationshintergrund der Prognose, d. h. die Treffsicherheit der Prognose nimmt zu. Die Erstellung eines Modells setzt allerdings voraus, dass die Modellbeziehungen aus empirischen Daten zunächst geschätzt werden müssen, was in der Regel mit einem beträchtlichen methodischen und mathematischen Aufwand verbunden ist. Lässt man in den Modellbeziehungen einige Parameter offen (quasi als Variablen), können – je nachdem, wie diese Parameter numerisch besetzt werden –, alternative Entwicklungsverläufe erzeugt werden. Das Prognosemodell wird zum *Simulation*smodell.

Vorgehensweise

Bei allen prognostischen Ansätzen ist eine Vorgehensweise gemäß der folgenden Arbeitsschritte, die hier nur als Stichworte genannt werden sollen, erforderlich:

a) Festlegung des Prognosegegenstandes und der Prognosemethoden;
b) Auswahl der relevanten statistischen Variablen auf der Grundlage inhaltlich-theoretischer Überlegungen;
c) Bereitstellung des statistischen Datenmaterials;
d) Schätzung der Modellparameter bzw. der Parameter der Trendfunktion;

e) Prüfung der Qualität des Prognoseinstruments (üblicherweise wird dabei versucht, beobachtete Entwicklungen der Vergangenheit mit dem Instrument zu reproduzieren = Ex-post-Prognose);
f) Prognose und Interpretation der Ergebnisse.

Literatur

Albert, Hans, 1965: Theorie und Prognose in den Sozialwissenschaften; in: Topitsch, Ernst (Hg.): Logik der Sozialwissenschaften, Köln/Berlin. – Mertens, Peter; Rässler, Susanne, 2005: Prognoserechnung, Heidelberg. – Popper, Karl, 1965: Prognose und Prophetie in den Sozialwissenschaften; in: Topitsch, Ernst (Hg.): Logik der Sozialwissenschaften, Köln/Berlin. – Sauerbier, Thomas; Voß, Werner, 2009: Kleine Formelsammlung Statistik, München. – Schlittgen, Rainer; Streitberg, Bernd, 2001: Zeitreihenanalyse, München. – Schöpf, Anton, 1966: Das Prognoseproblem in der Nationalökonomie, Berlin. – Stier, Winfried, 2004: Zeitreihenanalyse; in: Voß, Werner (Hg): Taschenbuch der Statistik, Leipzig. – Tiede, Manfred; Voß, Werner, 2000: Schließen mit Statistik, München.

Stefan Karduck/Werner Voß

Proletariat

Proletariat (engl. proletariat) war ursprünglich eine Bezeichnung für die landlosen freien Bürger im antiken Rom. Im 19. Jh. wurde der Begriff auf die besitzlosen Schichten angewendet, aus denen die industrielle *Arbeiterschaft* hervorging. Karl Marx sah das Proletariat als Gegner der Klasse der Bourgeoisie. Da die Proletarier nicht über die für die kapitalistische Industrie notwendigen Produktionsmittel verfügten, seien sie gezwungen, ihre Arbeitskraft als Ware zu verkaufen und sich damit der Ausbeutung durch die Kapitalisten und der Entfremdung durch die Lohnarbeit auszusetzen. Durch die Entwicklung des Klassenbewusstseins wird das Proletariat zur Arbeiterklasse und trägt durch den Klassenkampf zur Überwindung des *Kapitalismus* bei.

Unter dem Druck der Kapitalrentabilität steigt seit dem Ende des 20. Jh.s die Arbeitsplatz- und Einkommensunsicherheit für viele Menschen wieder an; Arbeitslosigkeit und atypische Beschäftigungsverhältnisse nehmen zu; sozialstaatliche Aspekte werden reduziert. Die soziale Lage, die durch niedrig entlohnte Jobs, Mehrfach-Jobs, ständige Bedrohung durch Arbeitslosigkeit und Armut charakterisiert ist, wird als »*Prekariat*« bezeichnet; es handelt sich dabei weder um eine Klasse noch um Angehörige von Randgruppen, sondern um eine heterogen zusammengesetzte Zahl von Menschen mit prekären Arbeits- und Lebensbedingungen (Castel). Die Prekarisierung zeigt den relativen Bedeutungsverlust des Faktors Arbeit an, der für viele Menschen nicht mehr nur zu Ausbeutung, sondern zur drohenden *Exklusion* aus der modernen Erfolgsgesellschaft führt.

Literatur

Castel, Robert, 2000: Die Metamorphosen der sozialen Frage: eine Chronik der Lohnarbeit, Konstanz. – Marx, Karl, 1962: Das Kapital. Marx-Engels-Werke, Bd. 23, Berlin. – Vester, Michael, 1970: Die Entstehung des Proletariats als Lernprozess, Frankfurt a. M.

Gertraude Mikl-Horke

Prozess, sozialer

Sozialer Prozess (engl. social process) ist eine Sammelbezeichnung für alle Gegenstände der Soziologie, die Vorgänge zwischen sozialen *Subjekten* meinen. Zu den sozialen Prozessen gehören z. B. *soziales Handeln, Sozialisation, Akkulturation, sozialer Wandel, soziale Integration, Revolution*. Im Gegensatz zu den sozialen Subjekten, die wenigstens in Gestalt ihrer Mitglieder direkt beobachtbar sind, können soziale Prozesse nur indirekt festgestellt werden, etwa durch die Beobachtung sozialer Subjekte und die Interpretation des Beobachteten. Dazu muss der Beobachter aber mit der Kultur der Beobachteten vertraut sein: Wenn zwei Maori ihre Nasen aneinander reiben, begrüßen sie sich; der dieses Verhaltensmuster nicht kennende Beobachter würde vielleicht auf Bekämpfung von Nasenkribbeln schließen. Im strengen Sinne ist die Feststellung eines sozialen Prozesses zumeist nur die Interpretation einer Reihe von Messpunkten entlang der *Zeit*achse als Verlaufskurve.

Als allgemeinster sozialer Prozess wird zumeist das *soziale Handeln* angesehen. Versteht man mit Max Weber *Soziologie* als »eine Wissenschaft, welche soziales Handeln deutend verstehen und dadurch in seinem Ablauf und seinen Wirkungen ursächlich erklären will« (1964: 3), kann man Soziologie moderner auch als Wissenschaft von den sozialen Prozessen definieren, wenn man dabei die methodologisch notwendige Berücksichtigung von sozialen Subjekten und *sozialen Katalysatoren* für selbstverständlich hält. Seit Cooleys 1918 erschienenem Buch gelten soziale Prozesse immer mehr als Ansatzpunkt für die Analyse des Funktionierens einer *Gesellschaft* und auch ihres Wandels.

Literatur

Cooley, Charles Horton, 1966: Social Process, Carbondale, IL. – Endruweit, Günter, 1998: Der Begriff der Soziologie; in: Ders.: Beiträge zur Soziologie, Bd. II, Kiel, 14–34. – Weber, Max, 1964: Wirtschaft und Gesellschaft, Köln/Berlin (1921).

Günter Endruweit

Q

Qualifikation

Wenngleich im *Bildung*ssystem und in der *Arbeit*swelt eine Umstellung vom Qualifikationsbegriff (engl. qualification) auf den *Kompetenz*begriff zu beobachten ist, fungiert der Begriff Qualifikation immer noch als eine wichtige systematische Verknüpfung dieser beiden gesellschaftlichen Bereiche. Es geht dabei zum einen um die erlernten Fähigkeiten, Fertigkeiten und Wissensbestände einer Person und zum anderen um die Anforderungen, die Arbeits*organisation*en an die Befähigungen ihrer Mitarbeiter stellen. In diesem Sinne investieren sowohl Personen als auch Organisationen in ihr *Humankapital*. Während Personen mit ihren beruflichen Qualifikationen Anschlussfähigkeit am Arbeitsmarkt anstreben, versuchen Organisationen sich mit ihren qualifizierten Mitarbeitern bessere Chancen am ökonomischen Markt zu verschaffen. Dass diese Investitionen zum Erfolg führen, ist dabei allerdings nicht zwingend sichergestellt. So stehen etwa Organisationen vor dem grundlegenden Problem, wie aus dem individuellen *Wissen* ihrer Mitarbeiter kommuniziertes Organisationswissen werden kann, um erfolgreich zu operieren.

Literatur

Kurtz, Thomas; Pfadenhauer, Michaela (Hg.), 2010: Soziologie der Kompetenz, Wiesbaden – Pfeiffer, Friedhelm; Pohlmeier, Winfried (Hg.), 1998: Qualifikation, Weiterbildung und Arbeitsmarkterfolg, Baden-Baden.

Thomas Kurtz

R

Rasse

Der Begriff Rasse (engl. race) stammt aus der Biologie (wo er heute allerdings oft durch »Unterart« ersetzt wird) und meint dort eine Gruppe von Lebewesen, die sich durch ihre gemeinsamen Erbanlagen von anderen Artangehörigen unterscheiden. Das ist auch der Kern von Rassebegriffen in anderen Bereichen; lediglich sprachdilettierende Politiker reden von Rassismus, wenn gar keine erbbedingten Unterschiede feststellbar sind und eigentlich nur *Fremdenfeindlichkeit* vorliegt.

Die Soziologie hat keinen eigenen Rassebegriff, sondern befasst sich mit den in der Gesellschaft vorhandenen, sehr diffusen und manchmal abwegigen Vorstellungen, die zumeist an leicht erkennbare morphologische Unterschiede auf nicht nachvollziehbare Weise geistige und charakterliche Folgen knüpfen. Man versteht in der Soziologie unter Rasse zumeist eine Anzahl von Menschen, die ein oder mehrere durch biologische Vererbung weitergegebene Merkmale gemeinsam haben und sich dadurch von anderen Menschen unterscheiden. Dieser an sich harmlose Begriff bekommt hohe praktische Bedeutung dadurch, dass in der gesellschaftlichen Wirklichkeit oft an Rassenunterschiede auch verschiedene soziale Folgen geknüpft werden, insbesondere verschiedene Wertigkeiten. Dadurch wird Rasse zu einem Merkmal von *sozialer Ungleichheit* (also zu einer Parallele zu *Schicht*, *Klasse* usw.), und zwar in ihrer grausamsten Form, weil diese Ungleichheit von den Betroffenen auch durch größte Anstrengung nicht beseitigt oder gemildert werden kann. Wo Einkommen, Bildung, Verhältnis zu Produktionsmitteln usw. die gruppenbildenden Unterschiede sind, kann der Einzelne, zumindest in gewissem Maße, seine Lage verbessern; selbst in der *Ständegesellschaft* ist der *Aufstieg* in den *Adel* durch Nobilierung bzw. Heirat möglich; die Lage in einer Rassengesellschaft ist sogar für die Nachfahren unabänderlich festgelegt.

Auch die Unterdrückungsmaßnahmen gegenüber den Unterlegenen sind in einer Rassengesellschaft härter als in anders strukturierten Sozialhierarchien: von *Marginalisierung* über Vertreibung und Versklavung bis Massenmord (z. B. an Juden in

Deutschland 1933–45). Das ist besonders dann der Fall, wenn Rassismus zu einer grundlegenden *Ideologie* eines Staates wird. Die zumeist wissenschaftlich sehr zweifelhaften Definitionen von Rassen und die Einordnung von Mischlingen geben dann viel Gelegenheit zu Willkür.

In der deutschen Soziologie spielte der Rassenbegriff keine große Rolle. Grund dafür war nicht nur die relative Seltenheit des Gegenstandes, sondern auch die Zweifelhaftigkeit des Rassenbegriffs; schon Max Weber schrieb in »Wirtschaft und Gesellschaft« von »Rassen"zugehörigkeit. Ganz ohne Distanzierungszeichen wurde in der US-amerikanischen Soziologie bis in die Siebzigerjahre in so gut wie jedem Einführungsbuch ein Kapitel über race oder race relations gebracht (z. B. Horton/Hunt 1972, 349–382). Seitdem wird immer öfter das Wort ethnic group oder ethnicity benutzt. Auch in der deutschen Soziologie wird zunehmend statt von Rasse von *Ethnie* gesprochen, die aber ein weiterer Begriff ist, weil er auch kulturell, vor allem sprachlich oder religiös, definierte Großgruppen umfasst.

Literatur

Horton, Paul B.; Hunt, Chester L. (Hg.), 1972: Sociology, New York. – Klingemann, Carsten (Hg.), 1987: Rassenmythos und Sozialwissenschaften in Deutschland, Opladen. – Mühlmann, Wilhelm E., 1964: Rassen, Ethnien, Kulturen, Neuwied. – Scarr, Sandra, 1981: Race, Social Class, and Individual Differences, Hillsdale, N. J.

Günter Endruweit

Rational Choice Theorie / Theorie der rationalen Wahl

Im Folgenden werden zuerst die grundlegenden theoretischen Annahmen der »Rational Choice«-Theorie (Theorie der rationalen Wahl) dargestellt und diskutiert. Sodann wird gezeigt, wie sie zur Erklärung konkreter sozialer Phänomene angewendet werden kann.

Die Rational Choice Theorie ist Bestandteil einer theoretischen Tradition, die man als **strukturell-individualistischen Ansatz** bezeichnet (Opp 1978, 34). Dieser geht von dem Postulat des *methodologischen Individualismus* aus: soziale Phänomene können und sollen als Ergebnis des Handelns individueller Akteure erklärt werden. (vgl. Boudon 1980; Hummell/Opp 1971; Lindenberg 1977; Opp 1979, 2009a; Raub/Voss 1981; Vanberg 1975; neuere Darstellungen z.B. bei Bohnen 1999; Esser 1993, 1999; Kunz 1997; Opp 2004) Wenn man z.B. erklären will, warum die Leipziger Montagsdemonstrationen entstanden, dann wird man erklären, warum sich Bürger der DDR entschieden, sich zu einem bestimmten Zeitpunkt an einem bestimmten Ort zu versammeln.

Will man soziales Handeln als ein Ergebnis individuellen Handelns erklären und will man ad-hoc-Erklärungen vermeiden, dann wird man eine Theorie über das Verhalten individueller Akteure in ihrem sozialen Kontext anwenden. Der Grund ist, dass eine solche Theorie darüber informiert, welche Faktoren Determinanten individuellen Handelns sind. Vertreter des strukturell-individualistischen Ansatzes wenden gegenwärtig die Rational Choice Theorie an. (zu Darstellungen der Rational Choice Theorie, zu Diskussionen ihrer Probleme, zu Anwendungen und weiteren Entwicklungen vgl. Coleman 1990; Esser 1993, 1999; Frey 1999; Kirchgässner 2008; McKenzie/Tullock 1984; Opp 1999, 2004, 2009b; Ramb/Tietzel 1993; Voss/Abraham 2000; Weede 1992; vgl. auch das Framing-Modell von H. Esser, s. hierzu – mit weiteren Literaturhinweisen – die Zusammenfassung von Esser 2010 und die Diskussion von Opp 2010; zu erwähnen ist auch die *Analytische Soziologie*, die man als eine Variante des Rational Choice Ansatzes ansehen kann: vgl. Hedström 2005, zur Diskussion Kron/Grund 2010; Opp 2007)

Aus diesen Überlegungen folgt, dass eine Akzeptierung des strukturell-individualistischen Ansatzes keineswegs impliziert, dass man auch die Rational Choice Theorie anwenden muss. Da diese jedoch die gegenwärtig dominierende Theorie innerhalb des strukturell-individualistischen Ansatzes ist, soll sie im Mittelpunkt der folgenden Überlegungen stehen.

Die drei Kernhypothesen der Rational Choice Theorie

Es gibt drei Hypothesen, die ich als Kernhypothesen bezeichne. Diese werden vermutlich von allen Vertretern der Rational Choice Theorie akzeptiert. Sie bilden den nomologischen Kern von Erklärungen im Rahmen des strukturell-individualistischen Ansatzes, d.h. sie sind gesetzesartige Aussagen, die nicht auf bestimmte Zeiträume und Orte bezogen sind.

Die erste Hypothese lautet: Die **Motivationshypothese**: Die Präferenzen individueller Akteure (d.h. ihre Ziele, Wünsche oder Motive) sind Bedingungen für ihr Handeln, das aus der Sicht der Individuen zur Realisierung ihrer Ziele beiträgt. Diese Annahme steht im Gegensatz zu kollektivistischen Ansätzen wie der Systemtheorie, dem Funktionalismus oder dem Marxismus, in denen die individuellen Ziele weitgehend ignoriert werden.

Die zweite Kernhypothese enthält strukturelle Merkmale: Die **Hypothese der Handlungsbeschränkungen**: Alles, was die Zielerreichung der Individuen ermöglicht oder behindert, d.h. Handlungsmöglichkeiten oder -beschränkungen, sind Bedingungen für individuelles Handeln.

Wenn z.B. das zur Verfügung stehende Einkommen sinkt, dann steigen die Handlungsrestriktionen, d.h. Individuen können in geringerem Maße ihre Ziele realisieren. Zu den Restriktionen gehören z.B. Rechte oder soziale Normen, die durchgesetzt werden: sie schränken die Handlungsmöglichkeiten ein oder eröffnen neue Handlungsmöglichkeiten. Anstelle von Handlungsmöglichkeiten oder Restriktionen spricht man auch von Nutzen und Kosten oder, gleichbeutend, von positiven oder negativen Anreizen.

Die wohl am meisten umstrittene Hypothese der Rational Choice Theorie informiert darüber, wie Personen handeln, wenn sie ihre Ziele nicht realisieren können: Die **Hypothese der Nutzenmaximierung**: Individuen führen solche Handlungen aus, die ihre Ziele in höchstem Maße realisieren – unter Berücksichtigung der Handlungsbeschränkungen, denen sie sich gegenübersehen.

Die zwei Versionen der Theorie rationalen Handelns

Unter Anhängern der Rational Choice Theorie gibt es unterschiedliche Vorstellungen darüber, wie diese drei Annahmen zu verstehen sind. So impliziert die Motivationshypothese, dass alle real existierenden Motive in Betracht zu ziehen sind, wenn man soziale Phänomene erklären will. Ökonomen gehen jedoch oft davon aus, dass Menschen nur egoistische Motive haben. Es werden also Zusatzannahmen getroffen, die z.B. die Art der Präferenzen und auch der Restriktionen, die Bestandteile von Erklärungen sein dürfen, begrenzen. Entsprechend kann man zwei extreme Versionen unterscheiden: eine enge und eine weite Version der Rational Choice Theorie. Bei der weiten Version werden – im Gegensatz zur engen Version – z. B. alle Arten von Präferenzen und Restriktionen prinzipiell als erklärende Faktoren in Betracht gezogen. Die enge Version ist also ein Spezialfall der weiten Version. Gegenwärtig wird die enge Version insbesondere in der neoklassischen Ökonomie verwendet, während Soziologen eher die weite Version bevorzugen.

Im Folgenden werden die beiden m. E. wichtigsten Unterschiede zwischen den beiden Versionen kurz zusammengefasst (genauer Opp 1999). (1) In der weiten Version wird, wie bereits gesagt, der Vielfalt menschlicher Motive Rechnung getragen. Dies bedeutet u. a., dass in Betracht gezogen wird, dass Menschen oft das Ziel haben, nach bestimmten Normen zu handeln oder Erwartungen von Bezugspersonen nachzukommen. Die Befolgung von Normen oder von Erwartungen von Bezugspersonen verschafft Befriedigung (ist also mit Nutzen verbunden), während bei Nichtbefolgung Scham oder ein schlechtes Gewissen auftreten.

Die Annahme einer egoistischen Motivation ist streng zu unterscheiden von der Annahme der Nutzenmaximierung. Diese besagt, dass Menschen das tun, was sie selbst in höchstem Maße zufriedenstellt. Dies ist oft auch dann der Fall, wenn die Erhöhung der Wohlfahrt anderer intrinsisch nützlich ist – wenn also ein altruistisches Motiv vorliegt. Ein Mönch maximiert genau so seinen eigenen Nutzen wie ein Unternehmer.

(2) Weiter geht die enge Version davon aus, dass objektive und nicht wahrgenommene Beschränkungen von Bedeutung sind. So lässt die weite Version zu, dass die wahrgenommenen (und nicht die objektiv gegebenen) Bestrafungswahrscheinlichkeiten, die falsch sein können, in Erklärungen einbezogen werden.

Einige Argumente für und gegen die enge und weite Version

Gegen die weite Version der Rational Choice Theorie werden insbesondere zwei Einwände vorgebracht (vgl. ausführlicher Opp 1999). (1) Das Messbarkeitsargument behauptet, dass Präferenzen und Wahrnehmungen bzw. kognitive Überzeugungen nicht in Erklärungen einbezogen werden sollten, weil sie nicht zuverlässig gemessen werden können. Dagegen ist einzuwenden, dass in den Sozialwissenschaften ein umfassendes Instrumentarium zur Messung von Präferenzen und Wahrnehmungen vorliegt. Selbst wenn das Messbarkeitsargument zutreffen würde, ist dies keineswegs ein Argument dafür, Präferenzen und Wahrnehmungen aus einer Theorie auszuschließen – wenn man sie prinzipiell als erklärungsrelevant ansieht. Es ist vorzuziehen, entsprechende Erklärungsmodelle zu formulieren und zu versuchen, geeignete Instrumente zu entwickeln.

(2) Gemäß dem Tautologieargument ist eine weite Version tautologisch. Eine Tautologie oder, genauer, eine »analytisch wahre« Aussage liegt dann vor, wenn die Wahrheit einer Aussage allein durch eine Analyse der Bedeutung ihrer Ausdrücke ermittelt werden kann – wie z. B. bei dem Satz »alle Junggesellen sind unverheiratet«. Bei den Kernhypothesen gibt aber allein eine Analyse der Bedeutung der Ausdrücke keinerlei Hinweis darauf, ob sie wahr oder falsch sind. So beziehen sich »Präferenzen«, »Restriktionen« und »Handlungen« auf unterschiedliche Sachverhalte.

Oft wird »Tautologie« mit Zirkularität verwechselt: eine zirkuläre Erklärung liegt vor, wenn aus dem Vorliegen der abhängigen Variablen (z. B. die Zunahme von Blutspenden) das Vorliegen der unabhängigen Variablen (z. B. die Verbreitung altruistischer Motivationen) gefolgert wird. Die Faktoren werden also nicht unabhängig voneinander gemessen. In dieser Weise lässt sich jede Theorie anwenden. Allerdings lautet eine allgemein akzeptierte Regel, dass für empirische Behauptungen Daten beizubringen sind. So wird die empirische Gültigkeit der Anfangsbedingungen – wie z. B. die Annahme einer altruistischen Motivation – bei der Logik der Erklärung explizit als eine der Adäquatheitsbedingungen angesehen.

Ein gewichtiges Argument gegen die enge Version ist, dass sie in vielen Situationen, in denen die weite Version vermutlich zutrifft, falsch ist. So folgt nur aus der engen, aber nicht aus der weiten Version, dass Personen nicht an politischen Wahlen teilnehmen. Weiter existieren die Anomalien (Druwe/Kunz 1998) vermutlich nur, weil man die real wirksamen Anreize nicht in Betracht zieht.

Die genannten Argumente werden eingefleischte Gegner der Rational Choice Theorie kaum überzeugen. Wie immer man die kaum mehr zu überblickende Kritik an der Rational Choice Theorie im Einzelnen beurteilen mag: man wird eine Theorie erst dann aufgeben, wenn eine bessere Theorie vorliegt. Eine solche, der Rational Choice Theorie klar überlegene, Theorie existiert gegenwärtig jedoch nicht. Da die Rational Choice Theorie offensichtlich eine Vielzahl zutreffender und neuer Erklärungen bietet, ist es sinnvoll, diese Theorie anzuwenden und zu verbessern.

Die Vorgehensweise bei der Anwendung der Theorie rationalen Handelns

Die Vorgehensweise bei einer Erklärung wird im strukturell-individualistischen Ansatz als *Modellbildung* bezeichnet. (vgl. – mit weiteren Literaturhinweisen – Opp 2005, 90–105. Esser unterscheidet die »Logik« der Situation, Selektion und Aggregation. Es handelt sich jedoch bei der Anwendung der Rational Choice Theorie keineswegs um rein logische Prozesse. So werden auch Theorien angewendet, wenn man die Beziehungen zwischen Makro- auf die Mikroebene behandeln will, s. Opp 2009a. Entsprechend wird die Terminologie von Esser hier nicht übernommen.) Ein **Modell** ist ein deduktives Erklärungsargument, das aus Axiomen (dem Explanans) besteht, aus dem Explananda (Theoreme) abgeleitet werden. Die im Explanans verwendete Theorie ist die Rational Choice Theorie. Die Aussagen im Explanans (u. a. Anfangsbedingungen) werden als Annahmen des Modells bezeichnet. Bei der Erklärung von Makro-Phänomenen besteht das Ziel darin, diese als Ergebnis individuellen Handelns zu erklären. Dabei wird die Makroebene (also die zu erklärenden Sachverhalte) mit der Mikroebene (also Aussagen über das Handeln individueller Akteure) durch Brückenhypothesen verbunden. Graphisch lässt sich diese Vorgehensweise durch eine Badewanne veranschaulichen – s. Abb. 1. (Diese vor allem durch James Coleman, z. B. 1990, bekannt gewordene Darstellung findet sich bereits bei McClelland 1961, 47, und bei Hummell/Opp 1971, 15; zur Diskussion vgl. Opp 2009a.)

Ausgangspunkt ist eine Makro-Beziehung. Dies ist eine Korrelation – s. die geschwungene Linie. Eine Erklärung dieser Korrelation besteht darin, dass gezeigt wird, wie die unabhängige Makrovariable die Anreize für individuelles Verhalten verändert. Diese veränderten Anreize beeinflussen individuelles Verhalten, dessen Effekte zu bestimmten Werten der zu erklärenden Makro-Variablen führten. Konkrete Erklärungen werden von diesem Grundmodell abweichen. So bestehen zwischen Mikro- und Makro-Ebene nicht nur empirische, sondern auch analytische bzw. logische Beziehungen (z. B. zwischen der Kriminalität von Individuen und der Kriminalitätsrate – einer Aggregation der individuellen Handlungen).

Zur Illustration dieser Vorgehensweise gehen wir aus von der Makrohypothese, dass die neue Politik M. Gorbatschows im Jahre 1985 für das Ansteigen der Proteste in der DDR von Bedeutung war (s. Abb. 2, obere Graphik). Offen bleibt, warum die Reformen in Russland die Proteste erhöhten. Als Antwort könnte man eine Makro-Erklärung vorschlagen: Gorbatschows Politik hat dazu geführt, dass die Sowjetunion die finanzielle Unterstützung für die DDR stark verminderte. Dies führte zu einer

Abb. 1: Die Erklärung von Makrophänomenen durch den strukturell-individualistischen Ansatz

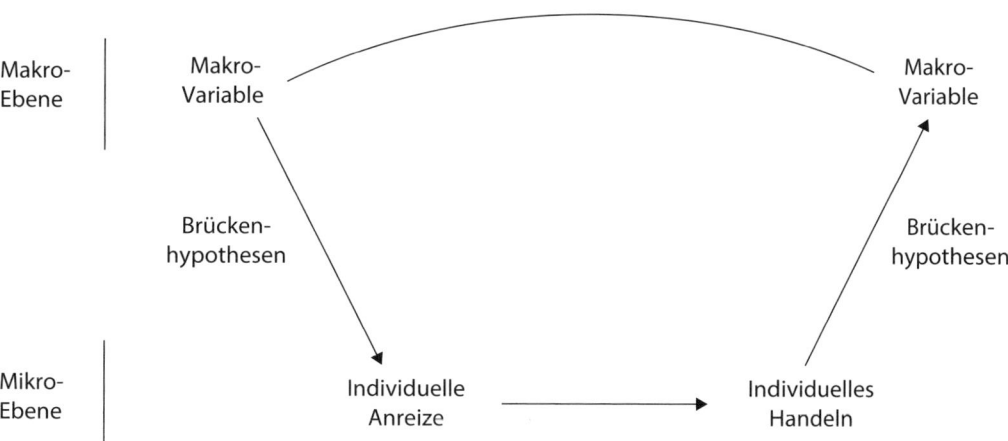

Abb. 2: Beispiel für eine Makro- und eine Mikro-Makro-Erklärung

Makro-Erklärung

Makro-Ebene	Reformen in Russland	Proteste in der DDR
Mikro-Ebene	Verminderung der Hilfe an die DDR	Verminderung des Sozialprodukts der DDR

Mikro-Makro-Erklärung

Makro-Ebene	Reformen in Russland	Proteste in der DDR
Mikro-Ebene	Veränderung von Anreizen für Protest	Bereitschaft zur Teilnahme an Protesten

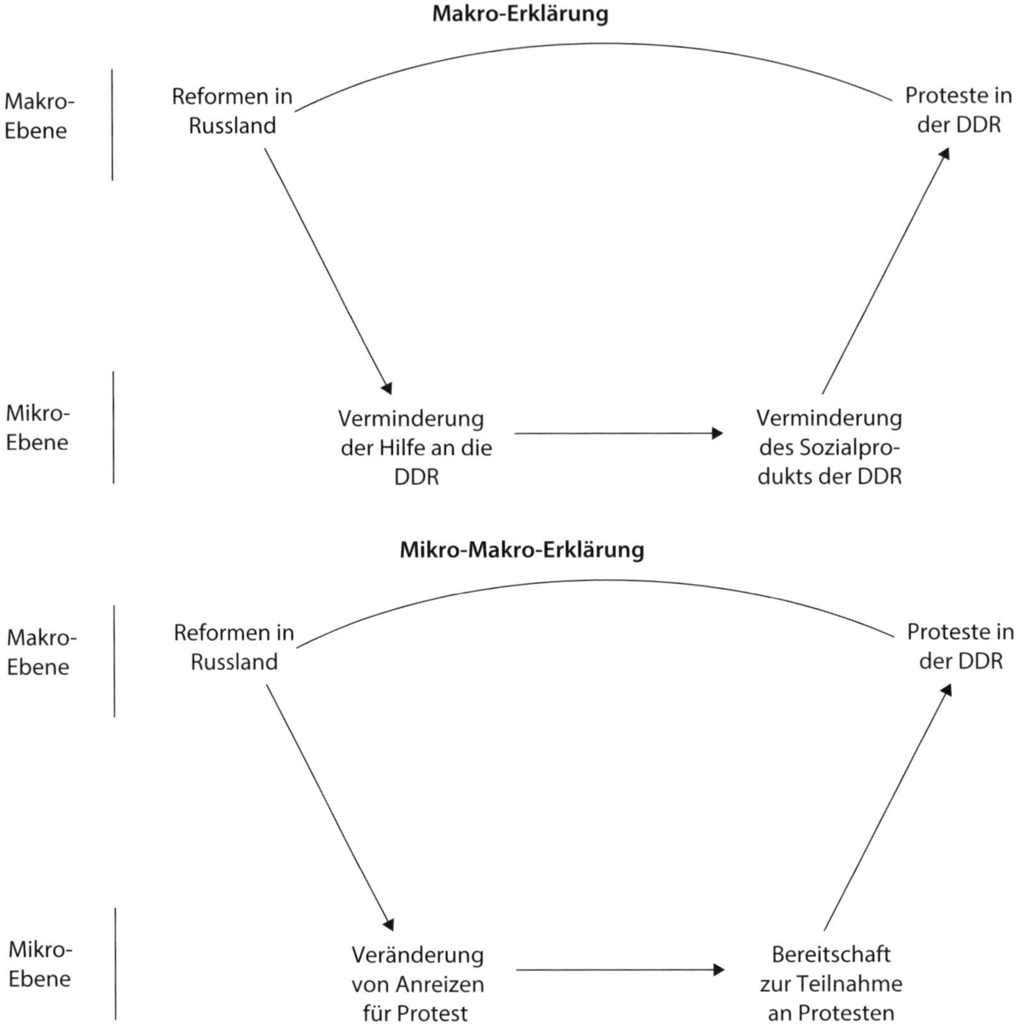

Verringerung des Sozialprodukts in der DDR, was wiederum die Proteste erhöhte.

Vertreter des strukturell-individualistischen Ansatzes dagegen würden zeigen, wie die Politik Gorbatschows die Anreize für individuelles Handeln veränderte, das dann auf der Makroebene zu den zunehmenden Protesten führte. Phänomene oder Beziehungen auf der Makroebene werden also erklärt als Ergebnis individuellen Handelns (s. Abb. 2, untere Graphik, vgl. genauer Opp 2004).

Vergleicht man eine reine Makro-Erklärung mit einer Mikro-Makro-Erklärung, dann zeigt sich, dass eine Mikro-Makro-Erklärung mehr Fragen beantwortet, d.h. eine »tiefere« Erklärung leistet. Weiter fehlt bei einer Makro-Erklärung, bei der keine gesetzesartigen Aussagen angewendet werden, ein Argument dafür, dass man nur bestimmte Faktoren und keine anderen in die Erklärung einbezieht.

Literatur

Bohnen, Alfred, 2000: Handlungsprinzipien oder Systemgesetze, Tübingen. – Boudon, Raymond, 1980: Die Logik des gesellschaftlichen Handelns, Darmstadt. – Coleman, James S., 1990: Foundations of Social Theory, Cambridge. – Druwe, Ulrich; Kunz, Volker (Hg.), 1998: Anomalien in Handlungs- und Entscheidungstheorien, Opladen. – Esser, Hartmut, 1993: Soziologie. Allgemeine Grundlagen, Frankfurt a. M. – Ders., 1999: Soziologie. Spezielle Grundlagen. Bd. 1: Situationslogik und Handeln, Frankfurt a. M. – Ders., 2010: Das Modell der Frame-Selektion: Eine allgemeine Handlungstheorie für die Sozialwissenschaften?; in: Albert, Gert; Sigmund, Steffen (Hg.): Soziologische Theorie kontrovers, Wiesbaden, 45–62. – Frey, Bruno S., 1999: Economics as a Science of Human Behaviour. Towards a New Social Science Paradigm, Boston. – Hedström, Peter, 2005: Dissecting the Social. On the Principles of Analytical Sociology, Cambridge. – Hummell, Hans J.; Opp, Karl-Dieter, 1971: Die Reduzierbarkeit von Soziologie auf Psychologie, Braunschweig. – Kirchgässner, Gebhard, 2008: Homo Oeconomicus. Das ökonomische Modell individuellen Verhaltens und seine Anwendung in den Wirtschafts- und Sozialwissenschaften, 3. Aufl., Tübingen. – Kron, Thomas; Grund, Thomas (Hg.), 2010: Die Analytische Soziologie in der Diskussion, Wiesbaden. – Kunz, Volker, 1997: Theorie rationalen Handelns. Konzepte und Anwendungsprobleme, Opladen. – Lindenberg, Siegwart, 1977: Individuelle Effekte, kollektive Phänomene und das Problem der Transformation; in: Eichner, Klaus; Habermehl, Werner (Hg.): Probleme der Erklärung sozialen Verhaltens, Meisenheim am Glan, 46–84. – McClelland, David C., 1961: The Achieving Society, New York. – McKenzie, Richard B.; Tullock, Gordon, 1984: Homo Oeconomicus. Ökonomische Dimensionen des Alltags, Frankfurt a. M. – Opp, Karl-Dieter, 1978: Theorie sozialer Krisen. Apathie, Protest und kollektives Handeln, Hamburg. – Ders., 1979: Individualistische Sozialwissenschaft, Stuttgart. – Ders., 1999: Contending Conceptions of the Theory of Rational Action; in: Journal of Theoretical Politics 11, 171–202. – Ders., 2004: Die Theorie rationalen Handelns im Vergleich mit alternativen Theorien; in: Gabriel, Manfred (Hg.): Paradigmen der akteurszentrierten Soziologie, Wiesbaden, 43–68. – Ders., 2005: Methodologie der Sozialwissenschaften, 6. Aufl., Wiesbaden. – Ders., 2007: Review Essay of Peter Heström's Book »Dissecting the Social«; in: European Sociological Review 23, 115–122. – Ders., 2009a: Das individualistische Erklärungsprogramm in der Soziologie; in: Zeitschrift für Soziologie 38, 26–47. – Ders., 2009b: Theories of Political Protest and Social Movements, London/New York. – Ders., 2010: Frame-Selektion, Normen und Rationalität; in: Albert, Gert; Sigmund, Steffen (Hg.): Soziologische Theorie kontrovers, Wiesbaden, 63–78. – Ramb, Bernd-Thomas; Tietzel, Manfred (Hg.), 1993: Ökonomische Verhaltenstheorie, München. – Raub, Werner; Voss, Thomas, 1981: Individuelles Handeln und gesellschaftliche Folgen, Darmstadt/Neuwied. – Vanberg, Viktor, 1975: Die zwei Soziologien. Individualismus und Kollektivismus in der Sozialtheorie, Tübingen. – Voss, Thomas; Abraham, Martin, 2000: Rational Choice Theory in Sociology: A Survey; in: Quah, Stella R; Sales, Arnaud (Hg.): The International Handbook of Sociology, London, 50–83. – Weede, Erich, 1992: Mensch und Gesellschaft. Soziologie aus der Perspektive des methodologischen Individualismus, Tübingen.

Karl-Dieter Opp

Rationalisierung

Rationalisierung (engl. rationalization) ist ein vernunftgeleiteter Prozess der Bearbeitung von *Symbolen* (Ideen, Dogmen, Glaubensystemen), Handlungen oder Handlungsregeln (*Institution*en, *Norm*en). Dabei werden die unterschiedlichen Bestandteile eines Symbol-, Handlungs- oder Regelsystems untereinander systematisiert sowie zu »Prinzipen«, »Anfangsgründen« oder »Axiomen« generalisiert.

Fachtypische Differenzierungen

Im Unterschied zum philosophisch geprägten Rationalismusbegriff entstammt der Rationalisierungsbegriff im Wesentlichen der soziologischen Analyse der Wandlungsprozesse okzidentaler Gesellschaften von M. Weber. Von da aus entzweit sich die Wirkungsgeschichte des Begriffs in einen betriebssoziologischen und einen grundlagentheoretischen Strang. Während in der *Betriebssoziologie* unter Rationalisierung generell effizienzsteigernde, d. h. arbeits- und zeitsparende Maßnahmen der Mechanisierung, Technisierung, Automatisierung, Zerlegung oder Stereotypisierung der Produktionsprozesse verstanden werden, fragt der grundlagentheoretische Ansatz nach dem Stellenwert der Rationalisierung bei der Entstehung moderner Gesellschaften nicht nur in ihren wirtschaftlichen, sondern auch in kulturellen, institutionellen oder sozialen Aspekten. Damit geht auch die unterschiedliche Bewertung der Rationalisierungsprozesse in beiden Diskussionsbereichen einher. Während in der Industrie- und Betriebssoziologie die normative Reflexion – falls vorhanden – die humanen Kosten (Dehumanisierung, »Wegrationalisierung« von Arbeitsplätzen) der Rationalisierung beklagt, hofft der grundlagentheoretische Diskurs auf Verwirklichung des »Projekts der Moderne« mit Hilfe der Rationalisierungsprozesse (so am deutlichsten J. Habermas).

Im Kontext der *Globalisierung*sdiskussion zeichnet sich allerdings eine stärkere Vermittlung zwischen diesen beiden bislang separierten Diskurssträngen an. Unter dem Stichwort »McDonaldisierung« führte G. Ritzer den betriebssoziologischen Rationalisierungsbegriff gesellschaftstheoretisch ein. Nun werden nicht nur wirtschaftliche Produktionsprozesse, sondern auch Essgewohnheiten, Freizeit- und Familienaktivitäten, Sport- und Kulturangebote, Bildung und Wissenschaft rationalisiert, d. h. entindividualisiert, entwertet und entmoralisiert.

Max Webers Rationalitätsbegriff

Die ambivalente Bewertung der Rationalisierung geht in mancher Hinsicht auf die Vielschichtigkeit und Komplexität des Rationalisierungsbegriffs bei M. Weber zurück. Ein beträchtlicher Teil der gesellschaftstheoretischen Diskussion dreht sich daher um die Klärung der Ebenen und Dimensionen des Rationalisierungskomplexes in Webers Werk. Die Schwierigkeiten resultieren aus der Mehrzahl der Rationalisierungsbegriffe, die Weber parallel, aber offenbar nicht redundant verwendet. So kennt sein Werk folgende Begriffspaare (in der Adjektivform): zweck- und wertrational, formal- und material-rational sowie theoretisch- und praktisch-rational. Zwei Strategien der Begriffssystematisierung haben sich dabei als unfruchtbar erwiesen. Erstens der Versuch, die unterschiedlichen Rationalitätstypen als exklusive Begriffe zu konzipieren, indem nach Abgrenzungskriterien zwischen der formalen, materialen, praktischen und theoretischen gefragt wurde. Das Unbefriedigende an dieser Strategie war, dass ein Vorgang nun entweder als material-rational oder z. B. als zweckrational zu gelten hätte, während Weber ausdrücklich von Typenkombinationen (»material-rational und zweckrational«) spricht. Eine andere unfruchtbare Strategie bestand in dem Versuch, die Vielfalt der Rationalitätsbegriffe auf einen Grundtypus zu reduzieren. Als besonders verführerisch erschien es dabei, die *Zweckrationalität* als den Grundtypus der Rationalität schlechthin anzusehen und die übrigen Begriffe als abgeleitete oder defizitäre Formen der Zweckrationalität einzustufen. Unbefriedigend an dieser Strategie ist der Umstand, dass Weber ausdrücklich von der Irreduzierbarkeit und Gleichwertigkeit etwa der praktischen und der theoretischen Rationalisierung oder der Wert- und Zweckrationalität spricht. Da sich die beiden extre-

men Strategien wechselseitig logisch aufheben, hat sich in der Literatur der Vorschlag durchgesetzt, zwischen den Ebenen und den Formen der Rationalisierung zu unterscheiden. Auf jeder Ebene gibt es demnach zwei irreduzierbare und gleichwertige Rationalisierungsformen (gegen die Reduktionismusstrategie). Aber die Ebenen stellen nicht exklusive Typen, sondern unterschiedliche Aspekte der jeweiligen Rationalität (gegen die Exklusivitätsstrategie) dar. Auf diese Weise wird man sowohl der Kombinatorik als auch der Irreduzierbarkeit der Rationalisierungstypen im Weber'schen Werk gerecht. In dieser Interpretation beziehen sich das Begriffspaar von wert- und zweckrational auf Handlungen, das Begriffspaar von material- und formal-rational auf Handlungsregeln, speziell auf die Relationen zwischen den Regeln (oder Institutionen) untereinander, während das Begriffspaar praktisch- und theoretisch-rational auf *Kultur* (als Symbole, Ideen, Werte und Wissen) bezogen bleibt. Die Rationalisierung der Handlungen bedeutet eine begründete Selektion von Handlungskomponenten (Mittel, Zwecke, Normen). Die Rationalisierung der Handlungsregeln bedeutet eine rationale Geltung des Zusammenhangs zwischen den Regelkomponenten. Eine Rationalisierung der Kultur bedeutet schließlich eine rationale Gestaltung des Wissens, in das die Handlungsregeln entweder eingebettet oder aus dem sie abgeleitet werden. Die Trennung zwischen den Ebenen des Handelns, der Regeln und der Kultur ist nicht real, sondern analytisch zu verstehen. Ein und derselbe Vorgang kann unter dem Handlungs-, Regel- und Kulturaspekt betrachtet werden. Webers berühmte These von der »*Entzauberung* der Welt« bedeutet z. B. erstens auf der Kulturebene, dass die Überzeugung über die Wirksamkeit magischer Kräfte in der Welt zugunsten einer materialistischen Überzeugung über die exklusive Wirksamkeit rein physischer Kräfte aufgegeben wurde (Rationalisierung des theoretischen Wissens), zweitens auf der Regelebene, dass nur Zweck-Mittel-Relationen als geltende Handlungsanweisungen angesehen wurden, die eben dem physikalischen Weltbild Rechnung trugen (Rationalisierung des Geltungswissens), und drittens auf der Handlungsebene, dass nur solche Dinge oder Ereignisse als passende »Mittel« für konkrete Handlungen ausgewählt wurden, die als gültige Exemplifikationen der als geltend geglaubten Regeln angesehen wurden (Rationalisierung des Anwendungswissens).

Der kantianischen Vorlage seiner Sozialtheorie folgend, widersetzt sich Weber einem handlungstheoretischen Reduktionismus. Die Zweckrationalität ist nicht die basale Orientierung des Handelns schlechthin, sondern wird ihr als eine gleichwertige und gleichursprüngliche wertrationale Handlungsorientierung zur Seite gestellt. Während sich die Zweckrationalität aus dem konsequentialistischen Modell ergibt (die Realisierung einer Präferenz für q erfordert, dass man p tut, falls man glaubt, dass p→q, wobei mit »p→q« ein ontologischer, hier: kausaler Zusammenhang gemeint ist), basiert die Wertrationalität auf einem deontologischen Modell (der Forderung nach p muss in S dann nachgegangen werden, wenn man glaubt, dass S→p, wobei mit »S→p« ein deontologischer, hier: normativer Zusammenhang gemeint ist). Als wert- oder zweckrational bezeichnet Weber generell jedes Handeln, das vom Akteur (auf Nachfrage) in solchen Kategorien (»p→q« oder »S→p«) erläutert, begründet oder gerechtfertigt werden kann, wie insbesondere R. Boudon gezeigt hat. Die Wert- oder Zweckrationalisierung des Handelns bedeutet, dass Handlungen, die unreflektiert oder gewohnheitsmäßig vollzogen wurden, in die Sphäre bewusster Überlegung (Berechnung, Kalkulation) gehoben, kontrolliert und gegebenenfalls in der Selektion der Mittel- oder Normhandlungen (p) korrigiert werden.

Mit den Begriffen material- und formal-rational zielt Weber nicht auf die Eigenschaften von Orientierungen des Handelns, sondern auf die Eigenschaften von Relationen zwischen den Regeln des Handelns oder auch auf die Eigenschaften von *Organisationen* ab. Ein Handlungsbereich ist dann formal rationalisiert, wenn seine Regeln ein logisch geschlossenes, spezifiziertes und widerspruchsfreies System bilden. Gute Beispiele liefern das System der kapitalistischen Wirtschaftsregeln (Institutionen des freien *Marktes*), das moderne System positiver Rechte oder die *Bürokratie*. Obwohl Weber dazu tendiert, ein Spannungsverhältnis zwischen der formalen und materialen Rationalisierung dergestalt zu konstruieren, dass materiale Postulate (z. B. der Gerechtigkeit) tendenziell immer die formale Rationalität (z. B. des kapitalistischen Systems) gefährden, ist es im Rahmen seines Ansatzes ebenfalls möglich, dass formale und materiale Rationalisierung Hand in Hand gehen. Ein System ist jedenfalls dann material rationalisiert, wenn nicht nur seine Operationen, sondern auch die Folgen dieser Operationen den gegebenen normativen Wertpostulaten entsprechen (z. B. wenn ein kapitalistisches System die soziale Ungleichheit nicht verschärft, sondern minimiert). Material irrational ist ein System dann, wenn »konkrete Wertungen des Einzelfalls« die Selektion der Handlungsregeln beeinflussen.

Webers Theorie der kulturellen Rationalisierung nimmt in der Literatur eine ebenso prominente Position ein. Damit ist die intellektuelle Bearbeitung der Glaubensvorstellungen, Deutungssysteme und Ideen gemeint, die in den verschiedenen Kulturen der sog. »Achsenzeit« (A. Weber) eingesetzt hat und die generell als eine Transformation der Magie in die Religion zu beschreiben ist. Aus einer instrumentellen Beziehung zwischen Menschen und Geistern oder Dämonen im magischen Weltbild wird eine normative Beziehung zwischen Mensch und Gott im religiösen Weltbild. In dieser Beziehung ist Gott kein mehr oder weniger passiver Gegenstand magischer Praktiken, sondern eine aktive, fordernde Instanz, die Menschen Befehle, Gebote oder »Normen« gibt.

Die kulturelle Rationalisierung kann aber entweder eine theoretische oder eine praktische Form annehmen. Das praktische Rationalisierungsinteresse ging von »›bürgerlichen‹ Schichten und was diesen anderwärts entsprach: Handwerker, Händler, hausindustrielle Unternehmer« aus (Weber 1988: 256), die weniger an der abstrakten Erkenntnis, sondern vielmehr an der Rationalisierung der Tätigkeit, »technischer und ökonomischer Berechnung und Beherrschung von Natur und Menschen« interessiert waren. Demgegenüber stand ein theoretisches Rationalisierungsinteresse, das vor allem von den adeligen Schichten, der vornehmen städtischen und höfischen Aristokratie auf der einen und von Beamten, Verwaltungstechnikern, Beratern, Lehrern, Erziehern auf der anderen Seite ausging. In Abhängigkeit von dem jeweiligen Interesse wurde die Religion in unterschiedliche Richtungen rationalisiert. Kulturkreise, in denen die Akteure vom praktischen Rationalisierungsinteresse bestimmt waren, tendierten zu einer personifizierten Gotteskonzeption und zu einer aktiven, asketischen Methodik der Heilssuche. Diese bestand nicht im richtigen Erlebnis, sondern in der richtigen Handlung. Kulturkreise, die vom theoretischen Rationalisierungsinteresse geleitet wurden, neigten zu unpersönlichen Gotteskonzeptionen und zu kontemplativ-passiven Mitteln der Heilssuche. Daraus entwickelten sich unterschiedliche generalisierte Konzeptionen des Verhältnisses zwischen Mensch und der Welt. Den größten Kontrast stellen hier sicherlich die kontemplative Weltflucht im Hinduismus und die Idee einer aktiven Weltbeherrschung dar, die sich in protestantischen Sekten des christlichen Okzidents entwickelte. Der »Rationalismus der Weltbeherrschung« (W. Schluchter) erklärt im Weber'schen Ansatz die herausragenden Merkmale der westlichen Kultur, insbesondere deren rationalisierte Wirtschaftsform – den modernen *Kapitalismus*.

Naturalistische und nicht-naturalistische Rationalitätsauffassungen

Die Vielfalt der Rationalisierungformen und -richtungen in Webers Werk macht zudem deutlich, dass seine Theorie zugleich antinaturalistisch und antikognitivistisch ist. Die Theorien der Rationalisierung unterscheiden sich generell hinsichtlich zweier Fragen: erstens der Frage nach dem Objekt der Rationalisierung und zweitens der Frage nach dem Resultat der Rationalisierung Das Objekt der Rationalisierung kann entweder eng gefasst werden, indem behauptet wird, dass allein die Relationen zwischen Naturphänomenen, wie sie insbesondere in der Wissenschaft und Technik reflektiert werden, zum Gegenstand der Rationalisierung werden können (Naturalismus). Oder man behauptet, dass auch moralische, ethische, rechtliche, politische, ästhetische Fragen rationalisierungsfähig seien (Antinaturalismus). Hinsichtlich der Frage nach dem Resultat der Rationalisierung kann man entweder behaupten, dass diese in dem jeweiligen (naturalistischen oder nichtnaturalistischen) Bereich zu einem einzigen als gültig anzuerkennenden Ergebnis führen muss (Kognitivismus), oder aber die These bestreiten, indem man von einer Vielfalt gleichwertiger Rationalisierungsformen ausgeht (Antikognitivismus, Skeptizismus). Im Unterschied etwa zum naturalistischen Utilitarismus bestreitet Weber, dass Moral, Religion, Recht oder Ästhetik nicht rationalisierungsfähig seien. Im Unterschied zum (z. B. kantianischen) Kognitivismus bestreitet er aber den Universalisierungsanspruch einer bestimmten Rationalisierungsform. Der »Rationalismus der Weltbeherrschung« ist nicht »besser« oder »vernünftiger« als der »Rationalismus der Weltflucht«. Zwar hat die westliche Rationalisierung eine Form erreicht, die ihr eine universalhistorische Geltung und Bedeutung verleiht, aber die Geschichte der Rationalisierung und die Geschichte

sozialer Vergesellschaftungsformen geht damit nicht zu Ende. Die Rationalisierung ist immer gesichtspunktabhängig und führt, je nach der gewählten Prämisse, zu einem immer anderen Resultat.

Eine nicht naturalistische und kognitivistische Theorie der Rationalisierung vertritt J. Habermas. Insbesondere auf der Ebene der kulturellen Rationalisierung sieht er Kräfte am Werk, die zur Entfaltung eines Bestands an universalen Bewusstseinsstrukturen führen. Diese verortet Habermas nicht in der partikulären Gestalt des »Rationalismus der Weltbeherrschung«, sondern im Prozess der Rationalisierung der Weltbilder, den er im Sinne einer Dezentrierung von normativen, kognitiven und expressiven Geltungsansprüchen interpretiert. Während im magischen Weltbild diese Geltungsbezüge miteinander verschmolzen bleiben, so dass z. B. moralisches Fehlverhalten mit Krankheit, Misserfolg mit Frevel oder Macht mit Wahrheit gleichgesetzt werden, treten die unterschiedlichen Werte im Zuge der Rationalisierung immer weiter auseinander. So können Liebe, Kunst, Glaube, Wahrheit, Macht oder Reichtum als autonome Ideen auf der symbolischen Ebene einem Generalisierungsprozess unterworfen und somit zu Prinzipien erhoben werden. Die Herauslösung der Moral aus dem religiös-metaphysischen Glaubenskontext ermöglicht die Entwicklung einer prinzipiengeleiteten, universalistischen, prozeduralen Ethik. Die Befreiung der Wertidee der Wahrheit von der Verpflichtung auf theologische Erkenntniszwecke führt zur regulativen Idee der Wissenschaft. Solchen Formen kulturellen Wissens wohnt nach Habermas eine Rationalität inne, die universale Maßstäbe setzt. »Die universalistische Position muß nicht den Pluralismus und die Unvereinbarkeit der historischen Ausprägungen des ›Kulturmenschentums‹ leugnen, aber sie sieht diese Mannigfaltigkeit der Lebensformen auf die kulturellen Inhalte beschränkt und behauptet, daß jede Kultur, wenn sie überhaupt einen bestimmten Grad der ›Bewußtmachung‹ oder ›Sublimierung‹ erreichen würde, bestimmte formale Eigenschaften des modernen Weltverständnisses teilen müßte« (Habermas 1981: 254–255).

Während aber die Rationalisierung der Weltbilder mit der Ausdifferenzierung der normativen, kognitiven und expressiven Werte oder Geltungsbezüge gleichzusetzen ist, führt die Rationalisierung auf der Handlungsebene zur Reintegration diverser Geltungsansprüche im »*kommunikativen Handeln*«. Die Dialektik von Zweck- und Wertrationalität, der materialen und der formalen Rationalisierung, wird auf diesem Wege wenn nicht aufgehoben, so doch entschärft. Zumindest ist es nach Habermas nicht die Rationalisierung, die den Bestand der modernen Gesellschaften gefährdet, sondern vielmehr die Erosion der komplexen Handlungsrationalität infolge des Vordringens systemischer Koordinationsmechanismen in immer weitere Gesellschaftsbereiche. Solche Mechanismen wie Geld oder Macht lassen sich nicht kommunikativ rationalisieren, da sie die Sprache der Werte oder Geltungsansprüche nicht verstehen.

Rationalisierung und Globalisierung

Im Erfahrungskontext der *Globalisierung* wurde der Rationalisierungsbegriff erneut umgewertet. Das Vertrauen auf die komplexe, kommunikative Rationalität schwand angesichts der Gleichschaltung, Entpersönlichung, Entindividualisierung und Entwertung nicht nur der Marktprodukte, sondern auch – wie G. Ritzer herausgearbeitet hat – der sozialen Institutionen und Kommunikationsformen zusehends dahin. Die Rationalisierung führt Ritzer auf vier Dimensionen zurück, die dem Weber'schen Ansatz entnommen werden: Effizienz, Kalkulierbarkeit, Berechenbarkeit zukünftiger Entwicklung und Kontrolle. Im Geschäftsmodell von »McDonalds« sieht er dieses Ideal der Rationalisierung in einer Art und Weise verwirklicht, die dessen *Diffusion* in alle Sozialbereiche, von der Hochschulbildung bis zu Bestattungsunternehmen, ermöglicht. Die generelle Folge ist eine Überschwemmung der Gesellschaft mit Formen des »Nichts« (nothing), d. h. mit Produkten, Dienstleistungen und sozialen Beziehungen, die zentral entwickelt und zentral kontrolliert werden, die keine spezifischen Inhalte und Substanz besitzen. Sie werden an Nicht-Orten (d. h. global stereotypisierten, nicht unterscheidbaren Einrichtungen), von Nicht-Personen (von entindividualisierten *Rollen*trägern oder gar Telemarketern) als Nicht-Dienste (ohne persönliche Beratung) vermarktet. Sie verdrängen die Formen des »Etwas« (something), die genau umgekehrte Eigenschaften haben, und sie zeigen stark paradoxe Effekte. Die Irrationalität der Rationalisierung, die letztlich zu Ineffizienz, Kontrollverlust und Unberechenbarkeit führt, eröffnet erneut die Dialektik der formalen und der materialen Rationalität, der Zweck- und der Wertrationalität, diesmal aber im Zusammenspiel mit der Unterscheidung von individuell und stereotypisiert. Nach Robertson

ist der Ausgang des Konkurrenzkampfes zwischen den Kräften der Globalisierung und *Glokalisierung* (d. h. lokalen Formen der Globalisierung) offen. Durch das Eintrimmen der Produktion auf ein Effizienzkriterium kann man zwar einige Kontrahenten aus dem Markt vertreiben, nicht aber intelligente Innovatoren, die gerade die Eindimensionalität des scheinbar rationalisierten Produkts für ihre Angriffszwecke nutzen. So zeigt sich einerseits der von Habermas vermutete interne Zusammenhang zwischen den unterschiedlichen Dimensionen der Rationalisierung, der jedoch andererseits nicht verhindert, dass sich die formale Rationalisierung streckenweise gegenüber anderen Rationalitätsformen verselbstständigt – bis sie unter günstigen strukturellen Bedingungen material korrigiert wird.

Literatur

Boudon, Raymond, 1997: The Present Relevance of Max Weber's Wertrationalität (Value Rationality); in: Koslowski, Peter (Ed.): Methodology of the Social Sciences, Ethics, and Economics in the Newer Historical School, Berlin/Heidelberg, 3–29. – Döbert, Rainer 1989: Max Webers Handlungstheorie und die Ebenen des Rationalitätskomplexes; in: Weiß, Johannes (Hg.): Max Weber heute. Erträge und Probleme der Forschung, Frankfurt a. M., 210–249 – Esser, Hartmut, 2003: Die Rationalität der Werte; in: Pp. 153–187 in: Albert, Gert et al. (Hg.): Das Weber-Paradigma : Studien zur Weiterentwicklung von Max Webers Forschungsprogramm, Tübingen, 153–187. – Habermas, Jürgen, 1981: Die Theorie des kommunikativen Handelns: Bd. 1: Handlungsrationalität und gesellschaftliche Rationalisierung. Frankfurt a. M. – Ritzer, George, 2008: The McDonaldization of Society, Los Angeles. – Schluchter, Wolfgang, 1998: Die Entstehung des modernen Rationalismus: Eine Analyse von Max Webers Gesellschaftsgeschichte, Frankfurt a. M. – Sprondel, Walter M.; Seyfarth, Constans, 1981: Max Weber und die Rationalisierung sozialen Handelns, Stuttgart. – Tully, Claus J. (Hg.), 1982: Rationalisierungspraxis. Zur Entideologisierung eines parteilichen Begriffs, Frankfurt a. M./New York. – Turner, Stephen P.; Factor, Regis A., 1984: Max Weber and the dispute over reason and value, London/Boston. – Weber, Max, 1976: Wirtschaft und Gesellschaft, Tübingen. – Ders., 1988. Gesammelte Aufsätze zur Religionssoziologie, Bd I, Tübingen. – Whimster, Sam; Lash, Scott (Eds.), 1987: Max Weber, Rationality and Modernity. London.

Mateusz Stachura

Rationalismus, Kritischer

Kritischer Rationalismus (engl. critical rationalism) ist die von seinem Begründer Karl R. Popper selbst gewählte Bezeichnung (1992, 278) für seine Philosophie, die ihren Schwerpunkt in der Erkenntnistheorie hat, welche zentral in »Logik der Forschung« (zuerst 1934) und in einigen Aufsätzen in »Objektive Erkenntnis« dargestellt wird. Sie ist die wissenschaftstheoretische Grundlage für die Arbeit vieler Sozialwissenschaftler.

Begriff

In diesem o. g. engeren Sinne ist Kritischer Rationalismus eine Richtung in der *Wissenschaftstheorie*, nach der eine Aussage nur dann für eine empirisch-wissenschaftliche *Theorie* geeignet ist, wenn sie logisch widerspruchsfrei und falsifizierbar ist (Logik, 59 u. 256), und nach der eine Aussage umso bewährter, aber nie sicher (weil es das nicht geben kann) ist, je öfter sie in nachprüfbaren Untersuchungen nicht falsifiziert werden konnte. Damit eignet sich der Kritische Rationalismus besonders für die *Theorieprüfung* in der *Grundlagenforschung*, für die er auch gedacht ist.

Wissenschaftstheoretisches Umfeld

Der recht bescheidene Satz »Alle Wissenschaft und Philosophie ist aufgeklärter Alltagsverstand« (Erkenntnis, 46) konzentriert das Problem von Wissenschaftlichkeit auf die Methodik der »Aufklärung«. Hierzu meinte bereits der Logische Empirismus, wie er vor allem von Carnap, Reichenbach und Schlick vertreten wurde, dass dazu empirisch überprüfbare Theorien durch *Induktion* aus Einzelbetrachtungen aufgestellt und empirisch *verifiziert* werden müssten. Der Kritische Rationalismus dagegen stützt sich (vgl. Erkenntnis, 104) auf Humes Satz »that there is nothing in any object, consider'd in itself, which can afford us a reason for drawing a conclusion beyond it« (1969, 189) und lehnt deshalb die Induktion als wissenschaftlich ungeeignet ab: »Die Induktion ist ungültig, weil sie entweder zu einem unendlichen Regreß oder zum Apriorismus führt« (Erkenntnis, 101). Ebenso hält der Kritische Rationalismus eine echte Verifikation nur bei relativ uninteressanten singulären Es-gibt-Sätzen für möglich (Logik, 8), nicht dagegen bei den wissenschaftlich wichtigen All-Sätzen und den universellen Es-gibt-Sätzen: »Wir können nicht die ganze Welt absuchen, um zu beweisen, daß es etwas nicht gibt« (Logik, 40). In gleicher Weise wird gegen positivistische, subjektivistische und instrumentalistische Wissenschaftstheorien argumentiert, dass wissenschaftliche Erkenntnis stets Kritik beliebiger Annahmen durch möglichst harte Prüfmethoden in nachvollziehbarer Weise voraussetze.

Wissenschaftstheoretische Grundlagen

Der Kritische Rationalismus ist trotz seiner rationalistischen Grundeinstellung mit den meisten anderen Richtungen der Wissenschaftstheorie darüber einig, dass diese ein normatives System sei und daher Wertsetzungen unterliege, deren Wirksamkeit von ihrer *Akzeptanz* abhängt: »Nach unserem Vorschlag ist Erkenntnistheorie oder Forschungslogik *Methodenlehre*. Sie beschäftigt sich, soweit ihre Untersuchungen über die rein logische Analyse der Beziehungen zwischen wissenschaftlichen Sätzen hinausgehen, mit den *methodologischen* Festsetzungen, mit den Beschlüssen über die Art, wie mit wissenschaftlichen Sätzen verfahren werden muß, wenn man diese oder jene Ziele verfolgt« (Logik, 22).

Dazu meint der Kritische Rationalismus, »die Wissenschaft versuche, die Wirklichkeit zu beschreiben und (so weit wie möglich) zu erklären« (Erkenntnis, 53) und »daß es das Ziel der empirischen Wissenschaft ist, zu erklären, und daß die befriedigendsten Erklärungen die am strengsten prüfbaren und am strengsten geprüften sind« (Erkenntnis, 227). Unter den Erklärungsmöglichkeiten ist die Kausalerklärung zweifellos die befriedigendste, weil sie, im Vergleich beispielsweise zur historischen, am ehesten und am weitesten zur Praxiseignung einer bewährten *Hypothese* führt. Denn trotz der Orientierung auf die Grundlagenforschung sieht der Kritische Rationalismus den Zweck der Wissenschaft insgesamt keineswegs als Selbstzweck, sondern sagt: »Die Aufgabe der Wissenschaft ist teils theoretisch – *Erklärung* – und teils praktisch – *Voraussage* und technische Anwendung« (Erkenntnis, 377). Praxis auf wissenschaftlicher Grundlage heißt aber, ein gewähltes Ziel dadurch sicher, schnell und kostengünstig anzustreben, indem man die von einer bewährten Theorie ermittelte causa des Zieles setzt. Dazu muss die Theorie den Kausalzusammenhang zwischen Ursache und Wirkung richtig erklärt haben. »Einen Vorgang ›kausal erklären‹ heißt, einen Satz, der ihn beschreibt, aus Gesetzen und Randbedingungen deduktiv ableiten« (Logik, 31).

Die richtige kausale Erklärung ist der Kern dessen, was man etwas anspruchsvoller *Wahrheit* nennt. Popper »möchte sagen können, die Wissenschaft strebe nach der Wahrheit im Sinne der Übereinstimmung mit den Tatsachen oder der Wirklichkeit« (Erkenntnis, 73) und kommt, indem er sich an A. Tarskis Gedanken anschließt (Erkenntnis, 57 u. 351), zu der Feststellung, »daß eine Theorie wahr ist genau dann, wenn sie mit den Tatsachen übereinstimmt« (Erkenntnis, 56). Die Wissenschaft dient auch der Praxis, wenn sie versucht, »wahre Lösungen der Probleme zu finden: Lösungen, die den Tatsachen entsprechen« (Erkenntnis, 317; ähnlich 291); denn Praxis besteht im Verändern i. w. S. von Tatsachen.

Wenn man also in der Wissenschaft nach der Wahrheit sucht (Erkenntnis, 83), dann muss der Wissenschaftler unendlich viele denkbare Aussagen auf ihre Wahrheit prüfen, und »wir prüfen auf Wahrheit, indem wir das Falsche ausscheiden« (Erkenntnis, 42). Die Wissenschaftstheorie muss also Verfahren und Regeln zum Beschluss vorschlagen, die das Erkennen und Ausscheiden des Falschen ermöglichen. »Die Beschlüsse, die wir vorschlagen, die also eine unseren Zwecken entsprechende ›empirische Methode‹ festlegen, werden daher mit unserem Abgrenzungskriterium zusammenhängen: Wir beschließen, solche Verwendungsregeln für die Sätze der Wissenschaft einzuführen, die die Nachprüfbarkeit, die Falsifizierbarkeit dieser Sätze sicherstellen« (Logik, 22).

Einige Prinzipien des Kritischen Rationalismus

Einige zentrale Prinzipien sind, in der Formulierung Poppers, die Folgenden:

Natur der wissenschaftstheoretischen Regeln

»Wir betrachten die methodischen Regeln als Festsetzungen. Man könnte sie die Spielregeln des Spiels ›empirische Wissenschaft‹ nennen. Sie unterscheiden sich von den Regeln der Logik in ähnlicher Weise wie etwa die Regeln des Schachspiels, die man ja nicht als einen Zweig der Logik zu betrachten pflegt« (Logik, 25). So wie über die Schachregeln nicht die Fußballer mitentscheiden, hängt auch die Akzeptanz der Wissenschaftsregeln nicht von der »scientific community« insgesamt ab, sondern nur von den Wissenschaftlern mit gleicher wissenschaftstheoretischer Zielsetzung: »Über die Zweckmäßigkeit einer Festsetzung kann man verschiedener Meinung sein; einen vernünftigen, argumentierenden Meinungsstreit kann es jedoch nur zwischen denen geben, die denselben Zweck verfolgen; die Wahl des Zweckes aber ist allein Sache des Entschlusses, über den es einen Streit mit Argumenten nicht geben kann« (Logik, 12).

Funktion von Theorien

»Die Erfahrungswissenschaften sind Theoriensysteme. ... Die Theorie ist das Netz, das wir auswerfen, um ›die Welt‹ einzufangen – sie zu rationalisieren, zu erklären und zu beherrschen. Wir arbeiten daran, die Maschen des Netzes immer enger zu machen« (Logik, 31).

Theorien im Anfangsstadium

Bei ihrer Aufstellung sind Theorien Systeme von Hypothesen (oder Antizipationen von Wirklichkeit) geradezu beliebiger Art. Sie enthalten noch keinerlei Erkenntnis, sondern nur Vermutungen, die zu überprüfen und ggf. aufzugeben sind. »Aber diese oft phantastisch kühnen Antizipationen der Wissenschaft werden klar und nüchtern kontrolliert durch methodische Nachprüfungen. Einmal aufgestellt, wird keine Antizipation dogmatisch festgehalten; die Forschung sucht nicht, sie zu verteidigen, sie will nicht recht behalten« (Logik, 223), wenn die Tatsachen mit der Theorie nicht übereinstimmen, denn »alle Theorien sind Hypothesen; alle können umgestoßen werden« (Erkenntnis, 42).

Falsifizierbarkeit als Theoriemerkmal

Wenn empirische Wissenschaften die Wirklichkeit immer besser erklären wollen, ist die Falsifizierbarkeit ein notwendiges Qualitätsmerkmal ihrer Theorien: »Die Theorien müssen falsifizierbar sein; durch ihre Falsifikation macht die Wissenschaft Fortschritte« (Erkenntnis, 390). Falsifizierbar sind Theorien aber nur, wenn sie so formuliert sind, dass ihre Übereinstimmung mit der Wirklichkeit überprüft werden kann: »Ein empirisch-wissenschaftliches System muß an der Erfahrung scheitern können« (Logik, 15).

Typologie von Theoriesätzen

Da eine Wissenschaft und damit auch eine Theorie ein System von Sätzen ist (Logik, 9 u. 31), sind zur Festlegung der Überprüfbarkeit die Sätze nach Typen zu unterscheiden, von denen hier nur die wichtigsten mit einigen ihrer Merkmale aufgeführt werden, nämlich a) Allgemeine und besondere Sätze: »Wir finden … zwei verschiedene Arten von Sätzen, die erst gemeinsam die vollständige ›kausale Erklärung‹ (i. w. S.; G. E.) liefern: [1] allgemeine Sätze – Hypothesen, Naturgesetze – und [2] besondere Sätze, d. h. Sätze, die nur für den betreffenden Fall gelten – die ›Randbedingungen‹. … Die Randbedingungen pflegt man manchmal auch ›Ursache‹ zu nennen … und die Prognose ›Wirkung‹« (Logik, 32). Beispiel: Eine soziale Gruppe wird, wenn sie unter Druck von außen gerät, sich enger zusammenschließen. Der Hauptsatz ist die Hypothese, die Prognose, die Wirkung, das explicandum, der Nebensatz ist die Randbedingung, die Erklärung i. e. S., die Ursache, das explicans; »mit einer (kausalen) *Erklärung* ist eine Klasse von Sätzen gemeint, von denen einer den Sachverhalt beschreibt, der erklärt werden soll (das explicandum), während die anderen, die erklärenden Aussagen, die ›Erklärung‹ im engeren Sinne des Wortes bilden (das explicans des explicandums)« (Erkenntnis, 213). / b) Basissätze: man braucht sie, »um entscheiden zu können, wann wir eine Theorie falsifizierbar bzw. empirisch nennen können …(,) und wir brauchen sie zur Bewährung von falsifizierenden Hypothesen bzw. zur Falsifikation von Theorien« (Logik, 66); »Basissätze sind … Sätze, die behaupten, daß sich in einem individuellen Raum-Zeit-Gebiet ein beobachtbarer Vorgang abspielt« (Logik, 69). Sie eignen sich also als Prüfhypothese in einem Forschungsprozess. Sie haben i. d. R. die Form eines singulären Es-gibt- oder Es-gibt-nicht-Satzes. Die Prüfhypothesen werden durch *Deduktion* aus den Theoriesätzen abgeleitet (Logik, 7). / c) Allsätze und universelle Es-gibt-Sätze: Allsätze sind »eine Aussage über unbegrenzt viele Elemente« (Logik, 34) vom Muster »Alle Politiker sind machtorientiert« und deshalb geeignet besonders für deskriptive Teile von Theorien. Verneint man einen Allsatz (»Nicht alle Politiker …«), kann man ihn auch in einen universellen Es-gibt-Satz umformen: »Es gibt nicht-machtorientierte Politiker«, und umgekehrt kann man solche Es-gibt-Sätze in Allsätze verwandeln. Das ist wichtig für die Formulierung von Theoriesätzen, die ja möglichst falsifizierbar sein sollen (Logik, 53); Allsätze sind falsifizierbar, universelle Es-gibt-Sätze nicht, umgekehrt ist es mit der Verifizierbarkeit (Logik, 40).

Theorieprüfung im Allgemeinen

Die Theoriesätze müssen, um Erkenntnis zu liefern, geprüft werden, und zwar logisch-inhaltlich sowie empirisch-methodisch. »Dabei lassen sich vier Richtungen unterscheiden, nach denen die Prüfung durchgeführt wird: der logische Vergleich der Folgerungen untereinander, durch den das System auf seine innere Widerspruchslosigkeit hin zu untersuchen ist; eine Untersuchung der logischen Form der Theorie mit dem Ziel, festzustellen, ob es (sic!) den Charakter einer empirisch-wissenschaftlichen Theorie hat, also z. B. nicht tautologisch ist; der Vergleich mit den anderen Theorien, um unter anderem festzustellen, ob die zu prüfende Theorie, falls sie sich in den verschiedenen Prüfungen bewähren sollte, als wissenschaftlicher Fortschritt zu bewerten wäre; schließlich die Prüfung durch ›empirische Anwendung‹ der abgeleiteten Folgerungen« (Logik, 7/8).

Empirische Prüfung im Besonderen

»Diese letzte Prüfung soll feststellen, ob sich das Neue, das die Theorie behauptet, auch praktisch bewährt, etwa in wissenschaftlichen Experimenten oder in der technisch-praktischen Anwendung. Auch hier ist das Prüfungsverfahren ein deduktives: Aus dem System werden (unter Verwendung bereits anerkannter Sätze) empirisch möglichst leicht nachprüfbare bzw. anwendbare singuläre Folgerungen (»Prognosen«) deduziert und aus diesen insbesondere jene ausgewählt, die aus bekannten Systemen nicht ableitbar sind bzw. mit ihnen in Widerspruch stehen. Über diese … Folgerungen wird nun im Zusammenhang mit der praktischen Anwendung, den Experimenten usw., entschieden« (Logik, 8).

Ergebnis der Prüfung: Verifizierung, Falsifizierung, Bewährung

»Fällt die Entscheidung positiv aus, werden die singulären Folgerungen anerkannt, verifiziert, so hat das System die Prüfung vorläufig bestanden; wir haben keinen Anlaß, es zu verwerfen. Fällt eine Entscheidung negativ aus, werden Folgerungen falsifiziert, so trifft ihre Falsifikation auch das System, aus dem sie deduziert wurden« (Logik, 8). Allerdings sind *Verifikation* und *Falsifikation* nicht die zwei Seiten derselben Medaille, wie es hier noch scheinen könnte. Denn »obwohl … die Falsifikation der Prognose das explicans falsifiziert, ist das Umgekehrte nicht der Fall; das heißt, es ist unrichtig und irreführend, die ›Verifikation‹ der Prognose als eine ›Verifikation‹ des explicans oder auch nur eines seiner Teile, z. B. der Theorie, anzusprechen. Denn eine wahre Prognose kann sehr gut aus einem falschen explicans deduziert worden sein« (Erkenntnis, 382); es gibt also »eine Asymmetrie zwischen Verifizierbarkeit und Falsifizierbarkeit« (Logik, 15). Durch die Falsifikation einer aus einem Satzsystem abgeleiteten Prüfhypothese »wird das ganze *System* (die Theorie einschließlich der Randbedingungen), das zur Deduktion des falsifizierten Satzes … verwendet wurde, falsifiziert« (Logik, 45); dieses Ergebnis ist endgültig (vgl. aber die Modifikationen bei Albert, 118 f.). Umgekehrt ist Verifizierung nicht endgültig; denn »wissenschaftliche Hypothesen können niemals … ›verifiziert‹ werden« (Logik, 257) in dem Sinne, dass ihre Aussage ein für alle Mal richtig ist. Verifikation gibt es also nur in einem gegenüber der Falsifikation eingeschränkten Sinn. Deshalb wird hier lieber von *Bewährung* gesprochen: »Die positive Entscheidung kann das System immer nur vorläufig stützen; es kann durch spätere negative Entscheidungen immer wieder umgestoßen werden. Solange ein System eingehenden und strengen Nachprüfungen standhält und durch die fortschreitende Entwicklung der Wissenschaft nicht überholt wird, sagen wir, daß es sich bewährt« (Logik, 8).

Tatsachen, Wirklichkeit, Wahrheit

An dieser Stelle zeigt sich die in der Empirie enge Verwandtschaft der erkenntnistheoretisch recht schwierigen Begriffe Wahrheit, *Wirklichkeit* und Tatsachen. »Durch die Falsifikation unserer Annahmen bekommen wir tatsächlich Kontakt mit der ›Wirklichkeit‹. Die Widerlegung unserer Irrtümer ist die ›positive‹ Erfahrung, die wir aus der Wirklichkeit gewinnen« (Erkenntnis, 389); »die Tarskische Theorie gestattet uns, die Wahrheit zu definieren als Übereinstimmung mit den Tatsachen, aber wir können sie auch benutzen, um die Wirklichkeit zu definieren als das, dem wahre Sätze entsprechen« (Erkenntnis, 357).

Hier zeigt sich aber auch die Beziehung zwischen wissenschaftlicher Theorie und Wirklichkeit: »Insofern sich die Sätze einer Wissenschaft auf die Wirklichkeit beziehen, müssen sie falsifizierbar sein, und insofern sie nicht falsifizierbar sind, beziehen sie sich nicht auf die Wirklichkeit« (Logik, 256). Die Systematisierung von Alltagswahrnehmungen, eine tägliche Verrichtung eines jeden Menschen, ist damit zugleich Konstruktion von Wirklichkeit und Entwurf einer Theorie, allerdings einer prüfungsbedürftigen: »Ich vermute, daß wir angeborenermaßen dazu neigen, Nachrichten auf ein zusammenhängendes und teilweise regelmäßiges oder geordnetes System zu beziehen: die ›Wirklichkeit‹. … Wie dem auch sei, wir lernen das Entschlüsseln durch Versuch und Fehlerbeseitigung« (Erkenntnis, 77).

Ergebnis der Prüfung: eine verbesserte Theorie

Was erreicht nun die Wissenschaft mit ihrer empirischen Theorieprüfung? »Mit allen Mitteln ihres logischen, ihres mathematischen und ihres technisch-experimentellen Apparats versucht sie, sie (die Hypothesen, Antizipationen, G. E.) zu widerlegen – um zu neuen … Antizipationen, zu neuen ›leichtsinnigen Annahmen‹, wie Bacon spottet, vorzudringen« (Logik, 223). Diese neuen Annahmen ersetzen aber i. d. R. falsifizierte alte. Insofern ist die revidierte Theorie also zum Teil erstmals bewährt, aber insgesamt wieder hypothetisch; denn »vom Gesichtspunkt des objektiven Wissens aus bleiben … alle Theorien Vermutungen« (Erkenntnis, 94), und diese müssen wieder an den Tatsachen geprüft werden mit der Folge: »Unsere von Menschen geschaffenen Theorien können diesen realen Tatsachen widersprechen, und so müssen wir bei unserer Wahrheitssuche unsere Theorien oft abändern oder aufgeben« (Erkenntnis, 357).

Erkenntnisfortschritt, sicheres Wissen, Qualität geprüfter Theorien

Wenn wir eine Theorie nicht als falsifiziert aufgeben müssen, sondern als zumindest teilweise bewährt ansehen können, können wir sie, wenn nichts falsifiziert wurde, insgesamt erneut (mit besseren Methoden oder an anderen Objekten) prüfen, um ihr mehr Bewährung zu verschaffen, oder wir können, wenn sie teilweise falsifiziert wurde, die falsifizierten und damit nichtwissenschaftlichen Sätze durch neue Annahmen ersetzen und diese prüfen.

Es zeigt sich, »daß der Erkenntnisfortschritt das Ergebnis eines Vorganges ist, der dem sehr ähnlich ist, was Darwin ›natürliche Auslese‹ nannte; es gibt also eine natürliche Auslese von Hypothesen: unsere Erkenntnis besteht zu jedem Zeitpunkt aus denjenigen Hypothesen, die ihre (relative) Tüchtigkeit dadurch gezeigt haben, daß sie bis dahin in ihrem Existenzkampf überlebt haben, einem Konkurrenzkampf, der die untüchtigen Hypothesen ausmerzt« (Erkenntnis, 288). Aber diese Auslese geht wegen der stets problematischen Natur dieses »positiven« Erkenntnisfortschritts unablässig weiter und bringt niemals endgültige »richtige« Erkenntnis. »Das alte Wissenschaftsideal, das absolut gesicherte Wissen (episteme), hat sich als Idol erwiesen. Die Forderung der wissenschaftlichen Objektivität führt dazu, daß jeder wissenschaftliche Satz vorläufig ist. Er kann sich wohl bewähren – aber jede Bewährung ist relativ, eine Beziehung, eine Relation zu anderen, gleichfalls vorläufig festgesetzten Sätzen« (Logik, 225).

So gibt es nie den Moment, in dem man die »ganze Wahrheit« mit Sicherheit erforscht hat, in dem man »sicheres Wissen« besitzt. Aber es gibt eine schrittweise Abkehr von der Unwissenheit, und je mehr Schritte in dieser Richtung getan wurden, desto größer wird das Vermögen, mit Hilfe so bewährter Theorien das Leben zielsicher zu gestalten. »Wenn wir die neue Theorie gerade auf den Gebieten, auf denen ihr Vorgänger scheiterte, nicht widerlegen können, dann können wir das als einen objektiven Grund für die Vermutung anführen, daß die neue Theorie eine bessere Annäherung an die Wahrheit ist als die alte« (Erkenntnis, 96).

Kritik des Kritischen Rationalismus

Durch diese wie seine anderen Entwürfe wurde Popper »one of the most creative, wide-ranging and controversial philosophers of the twentieth century«, …»yet virtually every one of Popper's many contributions … is heatedly disputed by professional philosophers« (Bartley in Kuper/Kuper, 621).

In Deutschland fand die Auseinandersetzung einen ersten Höhepunkt im fälschlich sogenannten »*Positivismusstreit*«. Adorno stellt dort die Philosophie der *Kritischen Theorie* (81–101) dem Kritischen Rationalismus gegenüber, wobei er mancher Idee Poppers zustimmt, im Einzelnen aber u. a. bemängelt: »Ohne die Antizipation jenes strukturellen Moments, des Ganzen, das in Einzelbeobachtungen kaum je adäquat sich umsetzen läßt, fände keine einzelne Beobachtung ihren Stellenwert«; dass der kritisch-rationale Wissenschaftler beim Erforschen einer Sache »nichts Eigenes an diese heranbringe, sondern sich einer registrierenden Apparatur gleichmache«; »Theorie ist das Telos, kein Vehikel von Soziologie«; »das spekulative Moment ist keine Not der gesellschaftlichen Erkenntnis, sondern ihr als Moment unentbehrlich«; »die Sache, der Gegenstand gesellschaftlicher Erkenntnis, ist so wenig ein Sollensfreies, bloß Daseiendes …, wie die Werte jenseits an einem Ideenhimmel anzunageln sind«; »die Gesellschaft, auf deren Erkenntnis Soziologie schließlich abzielt, wenn sie mehr sein will als bloße Technik, kristallisiert sich überhaupt nur um eine Konzeption von richtiger Gesellschaft« (Adorno, 127, 131, 133 f., 138 f.).

Ein solcher Streit von verschiedenen Wissenschaftskonzeptionen her kann nach Popper eigentlich kaum fruchtbar sein. Deshalb ist auch der Einwand, der Kritische Rationalismus biete dem Praktiker kaum etwas, weil er wissen will, was sicher ist, und nicht, was sicher nicht ist, nicht schlagend; die Praxishilfe ist nur ein spätes Nebenprodukt der in erster Linie bezweckten Theorieprüfung. Daneben kann zumindest in der Soziologie die Bewährung allein schon deshalb nur vorläufig sein, weil der allgegenwärtige *soziale Wandel*, zu dem auch die Änderung der Interpretation der Wirklichkeit durch die Menschen gehört, jede bisherige »positive« Erkenntnis überholen kann.

Systemimmanent zu diskutieren wäre z. B. die Frage, ob die Falsifizierung nicht auch nur vorläufig sei, weil z. B. verbessertes Messinstrumentarium alte Erkenntnisse korrigiert. So wie eine Beobachtung ohne Brille durch eine Beobachtung mit Brille korrigiert werden kann, so könnte eine Falsifizierung einer Hypothese durch eine herkömmliche Befragung durch eine Bewährung mittels einer Befragung unter Mescalin-Einfluss abgelöst werden (dass diese »Wahrheitsdroge« nicht Bestandteil einer Befragung sein darf, beruht auf einem ethisch-rechtlichen Verbot, aber nicht auf einem wissenschaftstheoretisch-methodologischen Defizit des Datenerhebungsinstrumentes selbst).

Weiterentwicklung des Kritischen Rationalismus

Die Diskussion geht unvermindert weiter, wobei für den Kritischen Rationalismus vor allem die Arbeiten von Hans Albert, W. W. Bartley III, Mario Bunge, Imre Lakatos, Alan Musgrave, Kurt Salamun (der die Schriftenreihe zur Philosophie Karl R. Poppers und des Kritischen Rationalismus im Amsterdamer Verlag Rodopi herausgibt), Ernst Topitsch und John W. N. Watkins eintreten. Zu deren Weiterentwicklungen des Kritischen Rationalismus gehört etwa der Vorschlag eines »raffinierten Falsifikationismus«, nach dem eine Theorie nur dann als falsifizierbar gilt, wenn ihre Nachfolgetheorie die nicht-widerlegten Gehalte der Theorie enthält und dazu noch einen bewährten Gehalt über die Ursprungstheorie hinaus hat (Lakatos/Musgrave, 114). Neben den erkenntnistheoretischen werden auch die damit eng zusammenhängenden sozialphilosophischen Positionen des Kritischen Rationalismus lebhaft diskutiert.

Gegenwärtige Bedeutung

Der Kritische Rationalismus hat bei Wissenschaftlern – und auch manchen (politischen) Praktikern (vgl. dazu u. a. Schäfers 1996, 16) – immer mehr Interessenten und Anhänger gefunden, so dass er zurzeit zumindest in den Sozialwissenschaften wohl die herrschende wissenschaftstheoretische Richtung ist, auch wenn manche Wissenschaftler in öffentlichen Stellungnahmen oft dagegen verstoßen, indem sie keineswegs bewährte, nicht einmal geprüfte Theorien als wissenschaftliche Erkenntnis ausgeben. Mit dem Satz »nicht der Besitz von Wissen, von unumstößlichen Wahrheiten macht den Wissenschaftler, sondern das rücksichtslose kritische, unablässige Suchen nach Wahrheit« (Logik, 225) hat der Kritische Rationalismus auch die gegenwärtige Rolle des Wissenschaftlers beschrieben im Gegensatz zur Rolle des Akademikers, der einmal eine Ausbildung auf wissenschaftlicher Grundlage erhalten hat, nun aber nach anderen Dingen als Wahrheit suchen kann.

Literatur

Adorno, Theodor W. et al., 1969: Der Positivismusstreit in der deutschen Soziologie, Neuwied/Berlin. – Albert, Hans, 1987: Kritik der reinen Erkenntnislehre, Tübingen. – Ders., 2000: Kritischer Rationalismus, Tübingen. – Hume, David, 1969: Treatise on Human Nature (ed. by Ernest C. Mossner), Book I, Part III, Section XII, Harmondsworth (1739/40). – Kuper, Adam; Kuper, Jessica (Eds.), 1985: The Social Science Encyclopedia, London/New York – Lakatos, Imre; Musgrave, Alan (Hg.), 1974: Kritik und Erkenntnisfortschritt, Braunschweig. – Niemann, Hans-Joachim, 2004: Lexikon des Kritischen Rationalismus, Tübingen. – Popper, Karl R., 1973: Objektive Erkenntnis, Hamburg. – Ders., 1976: Logik der Forschung, 6. Aufl., Tübingen. – Ders., 1992: Die offene Gesellschaft und ihre Feinde, Bd. II, 7. Aufl., Tübingen. – Schäfers, Bernhard, 1996: Soziologie und Gesellschaftsentwicklung, Opladen.

Günter Endruweit

Rationalität

Mit dem Begriff der Rationalität (engl. rationality) bewegt sich die Soziologie in einem komplexen semantischen Feld, auf dem sich zahlreiche wissenschaftliche Disziplinen treffen. Ausgehend vom lat. Begriff der ›ratio‹, der menschlichen Vernunft, wird mit Rationalität zumeist bezeichnet: a) die Eigenschaft von Sachverhalten als vernünftig und verstandesmäßig erfassbar, b) die Eigenschaft von menschlichen Subjekten als vernunftbegabt und von der Vernunft bestimmt und c) die Eigenschaft von sprachlichen Äußerungen als intersubjektiv begründbar. In der Soziologie allgemein gilt Rationalität als Orientierungsprinzip für individuelles und kollektives *Handeln*. Schon bei V. Pareto ist eine Handlung zunächst dann rational bzw. logisch, wenn sie in ihren Mitteln dem durch das Subjekt verfolgten Zweck objektiv angepasst ist. Von legislativer Bedeutung für die Soziol. wurde allerdings die Bestimmung M. Webers, dem zufolge *zweckrational* handelt, wer sein Handeln nach Zweck, Mitteln und Nebenwirkungen orientiert, indem er diese drei Komponenten rational gegeneinander abwägt. Diese vermeintlich einfache Definition wiederholt sich in diversen Ansätzen soz. *Handlungstheorien*, angefangen von T. Parsons Konzept des instrumentalen Handelns, über A. Schütz‹ Konzept des Handelns nach Wozu-Motiven, bis hin zu den gegenwärtig einflussreichen *Theorien der rationalen Wahl* (*rational choice*). Letztere basieren, ähnlich wie die *Entscheidungstheorie* und *Spieltheorie*, auf der Annahme, dass Menschen ihr Handeln wesentlich an der Maximierung erwarteten Nutzens orientieren und dabei Kosten-Nutzen-Kalkülen folgen, die mathematisch modellierbar sind und der empirischen Forschung als Maßstab dienen.

In zwei Hinsichten hat der Begriff der Rationalität in der Soziologie eine bedeutungsvolle Erweiterung erfahren. Erstens wurde seine ursprüngliche Fokussierung auf Instrumentalität um andere Dimensionen von Rationalität ergänzt. Für die Soziologie prägender als Paretos Konzept des nicht-logischen Handelns war hier, dass M. Weber neben den Begriff des zweckrationalen den des *wertrationalen* Handelns stellte, demzufolge Menschen ebenfalls rational handeln, wenn sie ohne Rücksicht auf vorauszusehende Folgen aus normativen Überzeugungen heraus handeln. In Anlehnung an die philosophische Diskussion hat J. Habermas dem Begriff der instrumentellen Rationalität den der kommunikativen Rationalität kontrastierend gegenübergestellt; kommunikatives Handeln ist für ihn insofern rational, als es allein auf das der Sprache innewohnende telos der intersubjektiven Verständigung hin orientiert ist. Theorien der rationalen Wahl stellen zunehmend die kognitiven Grenzen menschlicher Entscheidungen in Rechnung (bounded rationality).

Zweitens wurde die handlungstheoretische Ausrichtung des soziologischen Rationalitätsbegriffs in system-, bzw. gesellschaftstheoretische Perspektiven überführt. Bei M. Weber etwa steht er im Zentrum seiner historisch-empirisch gesättigten Analyse eines universalen Prozesses der eigenlogischen *Rationalisierung* aller Wertsphären. Entsprechend wurde in *Modernisierung*stheorien Rationalität als Merkmal der sozialen Systeme von Wissenschaft und Technik, Wirtschaft und Politik und ihrer jeweiligen Organisationsstrukturen bestimmt. Hatte bereits Weber die zunehmende Dominanz formaler Rationalität über materiale Rationalität betont und dabei die Einsicht entwickelt, dass dadurch paradoxe Wirkungen der zunehmenden Versachlichung, Bürokratisierung, Entfremdung und Entmenschlichung erzeugt werden, so rückte diese Dialektik der instrumentellen Vernunft bei Horkheimer und Adorno geradezu ins Zentrum einer »*Kritischen Theorie*« der Gesellschaft. Bei Habermas schließlich wird dieser Entwicklungstrend moderner Gesellschaft als »Kolonialisierung« der durch kommunikative Rationalität geprägten Lebenswelt durch die Rationalität systemischer Imperative gedeutet.

Literatur

Boudon, Raymond, 2003: Raison, Bonnes Raisons, Paris. – Habermas, Jürgen, 1997: Theorie des kommunikativen Handelns, 2 Bde., Frankfurt a. M. – Horkheimer, Max; Adorno, Theodor W., 1986: Dialektik der Aufklärung, Frankfurt a. M. – Luhmann, Niklas, 1973: Zweckbegriff und Systemrationalität, Frankfurt a. M. – Pareto, Vilfredo, 1988: Trattato di sociologia generale, Ed. critica, a cura di Giovanni Busino, 4 Bde., Torino. – Weber, Max, 1976: Wirtschaft und Gesellschaft, 5. Aufl., Tübingen.

Dirk Kaesler/Matthias Koenig

Raum, sozialer

Die Kategorie des Raums (engl. space) eignet sich in besonderer Weise dazu, soziale Phänomene zu analysieren. Dies liegt vor allem daran, dass der Raum mit einer Ordnungsweise assoziiert ist: der Ordnung des Nebeneinanders. Diese Ordnungsweise kann zur Charakterisierung verschiedenster Prozesse und Sachverhalte verwendet werden, insbesondere zur Beschreibung *sozialer Beziehungen* und Verhältnisse. Diese Eignung besitzt geradezu »anthropologische Qualität«. Bereits in seinen grundlegenden Studien über den »Raum und die räumlichen Ordnungen der Gesellschaft« konstatiert Georg Simmel, dass Menschen sich »nicht einander nahe oder fern sein (können), ohne daß der Raum seine Form dazu hergebe« (Simmel 1992: 687). Aber erst durch das gesellschaftliche Beisammensein oder Fernsein erhält der Raum seinen Inhalt. Die sozialen Wechselwirkungen untereinander nehmen Menschen als »Raumerfüllung« wahr (ebd.: 689). Die enge Verbindung von Sozialität und Räumlichkeit hat ihre Ursache darin, dass sie auf ähnliche Weise sinnlich erlebt und erfahren werden. Die räumliche Vergegenwärtigung sozialer Phänomene gründet somit weniger auf einer Denkweise oder einem theoretischen Konzept; vielmehr drückt sich darin die sinnliche Wahrnehmung sozialer Beziehungen und Verhältnisse aus. Der Raum »entsteht« somit aus der »menschlichen Art«, »an sich unverbundene Sinnesaffektionen zu vereinheitlichen und Anschauungen zu verbinden« (ebd.).

Soziologische Raumbegriffe

Der Raum selbst – auch darauf hat bereits Simmel hingewiesen – ist eine »wirkungslose Form«, die erst durch menschliche Tätigkeit geschaffen wird und »gesellschaftliche Bedeutung« erhält (ebd.: 687 f.). In der Sprache der Gegenwartssoziologie formuliert: Räume sind sozial konstruiert. Der Raum erlangt auf zweifache Weise gesellschaftliche Bedeutung:

erstens durch die Verräumlichung sozialer Beziehungen, bspw. Grenzziehungen, Bildung von Einheiten oder sinnliche Nähe und Distanz, und zweitens durch Vergesellschaftungen, die Räume schaffen, bspw. indem Herrschaftsformen Räume herstellen und hierarchisch stufen, oder durch gesellschaftliche Vereinheitlichungen, die für sich exklusive räumliche Gebilde schaffen. In dieser Linie steht auch die von Martina Löw entwickelte Raumsoziologie (2001). Sie definiert Raum als »eine relationale (An-)Ordnung von Lebewesen und sozialen Gütern an Orten«, die »durch zwei analytisch zu unterscheidende Prozesse« – Spacing und Syntheseleistung – konstituiert werden (ebd.: 271).

Obwohl die Soziologie den Raum von Anfang an, insbesondere in der Tradition von Simmel, dessen Raumbegriff an Leibniz und Kant anschließt, als relativen bzw. relationalen Raum entworfen hat, dominiert bis heute in vielen soziologischen Studien das Konzept eines **absoluten** Raums, der bildlich als Behälter oder Container veranschaulicht wird. Dieses Konzept unterstellt dem Raum eine eigene Realität, womit ihm eine Existenz vor allen menschlichen Wahrnehmungen und Tätigkeiten zugeschrieben wird. Der Raum wird als ein Behälter oder Container gedacht, in dem die Dinge, Individuen oder Gruppen angeordnet sind. Die räumliche Ordnung ist dabei weitgehend durch den Behälter bzw. Container selbst vorgegeben. Das Konzept des relativen bzw. **relationalen** Raums geht dagegen davon aus, dass der Raum aus den (sozialen) Wechselwirkungen der Dinge, Individuen oder Gruppen untereinander entsteht. Durch die (sozialen) Wechselwirkungen treten diese in Relationen zueinander, wodurch ihre Position im Raum bestimmt ist. Der relationale Raum baut sich somit aus der Gesamtheit der wechselseitigen Positionierungen auf, und genau daraus entsteht die soziale Ordnung des Raums.

Sozialer Raum (Bourdieu)

Verbunden mit der Rezeption der Soziologie von Pierre Bourdieu hat das Konzept des sozialen Raums Bedeutung erlangt. Bourdieus Raumbegriff ist auf die Beschreibung und Untersuchung sozialer Strukturen konzentriert. Es handelt sich um ein analytisches Konzept, das er zum Zweck empirischer Untersuchungen entwickelt hat. Dies wird daran deutlich, dass Bourdieu den sozialen Raum nutzt, um eine »Sozialtopologie« – das heißt eine soziologische Ver-

gegenwärtigung der sozialen Welt – zu erstellen. Der soziale Raum soll erstens zeigen, an welchem sozialen Ort (topos) ein Mensch, ein kollektiver Akteur oder eine Institution lokalisiert ist. Diese Lokalisierung ist als absolute Position innerhalb der sozialen Welt anzugeben. Daraus entsteht der Raum der Positionen, der die Distribution der materiellen Ressourcen und die Möglichkeiten der Aneignung ausweist und substanziell zu untersuchen ist. Ausgerichtet wird der Raum der Positionen durch die dominanten sozialen Strukturprinzipien. Zweitens hat die Sozialtopologie den Ort auch relational als »Platz innerhalb einer Ordnung« zu bestimmen (Bourdieu 2001: 169). Die relationale Lokalisierung ist Bourdieu besonders wichtig, weil sie den Standort beschreibt, den die Individuen und Akteure einnehmen und von dem aus sie selbst den sozialen Raum bzw. die sozialen Felder wahrnehmen. Daraus ergibt sich der Raum der Perspektiven.

Die Analyse des sozialen Raums ist somit zweigleisig angelegt; sie arbeitet sowohl mit einem absoluten als auch einem relationalen Raumbegriff. Es handelt sich jedoch nicht um zwei voneinander getrennte Räume, sondern nur um einen Raum, den sozialen Raum, der allerdings in zwei Ausprägungen vorliegt: als sozial strukturierter (objektive Positionen) und als sozial strukturierender (Praxisformen, Wahrnehmungs- und Bewertungsmuster). Der *Habitus* bildet das Gelenk oder Scharnier zwischen dem Raum der Positionen und dem Raum der Perspektiven, weil er sowohl den Blick des Einzelnen im sozialen Raum/in den sozialen Feldern als auch die Perspektive auf die Gesellschaft strukturiert. Den Habitus bezeichnet Bourdieu im Kontext des sozialen Raums auch als »theoretischen Raum der Arten des Habitus« (Bourdieu 1984: 214).

Raum der Positionen

Dieser Raum ist theoretisch so zu konstruieren, dass möglichst viele soziale Unterschiede und *Ungleichheiten* zwischen den *Individuen* und sozialen *Gruppen* erklärt und prognostiziert werden können. Dafür sind zunächst die dominanten sozialen Strukturprinzipien zu identifizieren, das heißt jene *Kapital*sorten zu bestimmen, deren Besitz es ermöglicht, auf die Gestaltung des sozialen Raums bzw. der sozialen Felder und damit indirekt auf die Positionierung der Individuen und sozialen Gruppen einzuwirken. Anschließend ist die ungleiche Verteilung der Kapitalsorten, das heißt das Kapitalvolumen zwischen den Individuen und sozialen Gruppen zu betrachten. Ungleichheitssoziologisch formuliert sind die ungleichheitsgenerierenden Ressourcen und deren ungleiche Verteilung zu untersuchen. Ähnliche Positionierungen bezüglich der Zusammensetzung der Kapitalsorten und des Kapitalvolumens können zu Gruppen gebündelt werden, bspw. zu sozialen *Klassen*, ethnischen Einheiten oder Altersgruppen (vgl. Bourdieu 1985: 12). Dabei handelt es sich jedoch nicht um reale und mobilisierbare Klassen, Einheiten oder Gruppen, sondern lediglich um »wahrscheinliche« Klassen, Einheiten oder Gruppen. Auf diese Weise will Bourdieu die sozialstrukturelle Gliederung des sozialen Raums aufzeigen.

Welche Strukturprinzipien und damit Kapitalsorten bei der Positionierung tatsächlich wirksam sind, ist jeweils empirisch zu prüfen. Dies kann von Gesellschaft zu Gesellschaft variieren, vor allem verändert sich dies im Laufe der Geschichte. Häufig sind in den verschiedenen sozialen *Feld*ern eigene bzw. spezifische Kapitalsorten bestimmend, z.B. Reputation im wissenschaftlichen Feld oder im Feld der *Mode* die Macht, den eigenen Namen als Markenzeichen durchzusetzen. Diese feldspezifischen Kapitalsorten werden zumeist von wirkungsmächtigen Kapitalsorten, die den gesamten sozialen Raum strukturieren, überlagert. Trotz der relativen Offenheit Bourdieus gegenüber verschiedensten Kombinationen und Ausprägungen von Kapitalsorten lässt er keine Zweifel daran aufkommen, dass in *modernen Gesellschaften* das ökonomische Kapital tendenziell alle anderen Kapitalsorten dominiert. Um die historische Entwicklung des Raums der Positionen darzustellen, vor allem welche Laufbahn die Individuen und sozialen Gruppen durch den Raum genommen haben, fügt Bourdieu in sein Modell zusätzlich zu den Kapitalsorten und dem Kapitalvolumen die Laufbahnen ein, die Einzelne bzw. Gruppen biographisch bzw. sozialhistorisch durchlebt haben. Diese stellt er als sogenannte Histogramme dar. Aus ihnen lässt sich ablesen, ob die Personen bzw. Akteure einen sozialen *Aufstieg* erfahren haben, ihre Position gleich geblieben ist oder sie eine Schwächung ihrer sozialen *Position* verkraften mussten.

Bei der veranschaulichenden Darstellung des Raums der Positionen in Form eines Diagramms greift Bourdieu auf den geometrischen Raum zurück, der durch drei Achsen – die x-, y- und z-Achse – definiert ist. Im Nullpunkt, von dem aus die Positionen

miteinander verglichen werden, schneiden sich die drei Achsen bzw. Koordinaten. Auf der x-Achse sind die Akteure entsprechend der Zusammensetzung ihres Kapitals einzutragen, wobei mehrere Kapitalsorten miteinander kombiniert sein können, sofern die statistische Analyse einen Zusammenhang erbracht hat. Entweder es werden zwei oder mehr Kapitalsorten addiert, die sich gegenseitig verstärken, oder sie werden einander entgegengesetzt, wenn sie konträr wirken. Auf der y-Achse wird der Umfang des gesamten Kapitalvolumens – also aller wirksamen Kapitalsorten – eingezeichnet. Die z-Achse soll schließlich die Zeitdimension veranschaulichen. Auf ihr werden die Laufbahnen der verschiedenen sozialen Gruppen abgetragen. Am bekanntesten ist Bourdieus Diagramm des Raums der Positionen aus seiner Studie »Die feinen Unterschiede«, in dem er die soziale Struktur der französischen Gesellschaft der 1960er Jahre dargestellt hat. Methodisch basiert es auf *Korrespondenzanalysen*. Auf der x-Achse sind das ökonomische und das kulturelle Kapital als einander entgegengesetzt wirksame Kapitalsorten abgetragen. Auf der y-Achse ist das Kapitalvolumen abzulesen. Entlang dieser beiden Dimensionen sind die verschiedenen Berufsgruppen entsprechend ihrer Kapitalzusammensetzung (Dominanz entweder des ökonomischen oder des kulturellen Kapitals) und des ihnen zur Verfügung stehenden Kapitalvolumens eingezeichnet. Die Laufbahnen durch den sozialen Raum sind als Pfeile dargestellt.

Raum der Perspektiven

Dieser Raum hat keine einheitliche Bezeichnung. Mal nennt ihn Bourdieu den Raum der Perspektiven, wenn er vornehmlich Wahrnehmungs- und Bewertungsmuster rekonstruiert wie in »Das Elend der Welt« (Bourdieu et al. 1997). Ein anderes Mal bezeichnet er ihn als Raum der *Lebensstil*e wie in »Die feinen Unterschiede« (Bourdieu 1984), wo er hauptsächlich die Praktiken des Habitus untersucht. Schließlich nennt er ihn den »Raum der Stellungnahmen«, wenn er die gesellschaftlichen Sichtweisen analysiert.

Bei der Rekonstruktion des Raums der Perspektiven hat die Soziologie sich darauf zu beschränken, nachzuvollziehen, wie dieser sozial »erzeugt« wird. Dafür ist es erforderlich, dass die Soziologie »den … zentralen, beherrschenden, kurz: gleichsam göttlichen Standpunkt … zugunsten der Pluralität der

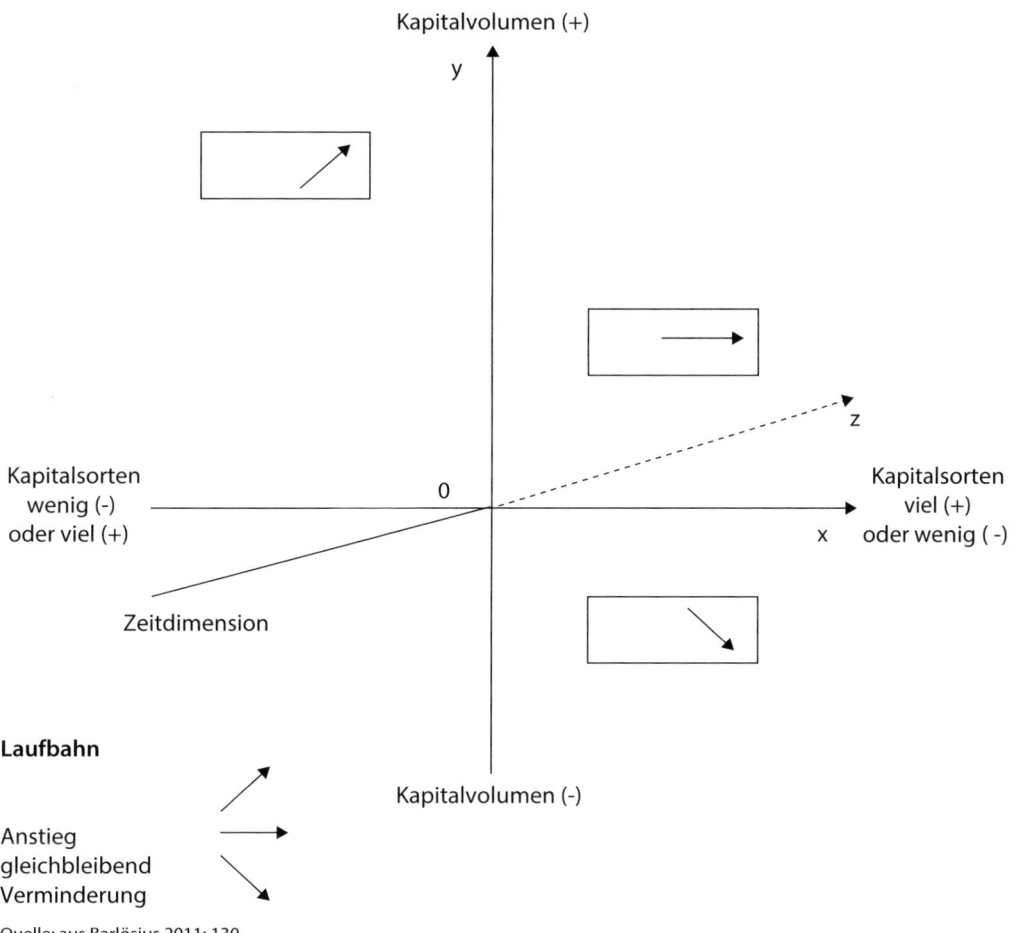

Kapitalvolumen (+)

y

Kapitalsorten
wenig (-)
oder viel (+)

0

z

Kapitalsorten
viel (+)
oder wenig (-)

x

Zeitdimension

Kapitalvolumen (-)

Laufbahn

Anstieg
gleichbleibend
Verminderung

Quelle: aus Barlösius 2011: 130

Perspektiven« aufgibt (Bourdieu et al. 1997: 17 f.). Um die Relationalität des Raums der Perspektiven erfassen zu können, hat sich die Soziologie mit den Aufgaben zu bescheiden, die Bewertungs- und Wahrnehmungsschemata, die Lebensstile oder die Sichtweisen empirisch zu erheben, sie zueinander in Beziehung zu setzen, um so die »repräsentierte soziale Welt« (Bourdieu 1984: 278), wie sie von den Akteuren hergestellt und erfahren wird, wiederzugeben.

In dieser Konzeption des Raums der Perspektiven ist enthalten, dass die soziale Welt abhängig vom Standpunkt im sozialen Raum verschieden betrachtet, wahrgenommen und auch repräsentiert wird. Um die »Pluralität der Perspektiven« erfassen zu können, hat sich die Soziologie gedanklich an den Ort zu begeben, an dem sich ihr Objekt befindet. Auf diese

Weise wird es ihr möglich, »den Standpunkt ihres Objekts zu re-produzieren« und ihn im sozialen Raum zu verorten (Bourdieu et al. 1997: 802).

Als Leitorientierung für die Reproduktion der Perspektiven, Sichtweisen und Stellungnahmen nennt Bourdieu das »*Verstehen*«. Das *Interview* ist nach Bourdieu eine geeignete Methode, die Wahrnehmungen und Bewertungen, Lebensstile und Sichtweisen und damit die Perspektive auf den sozialen Raum zu ermitteln. Verstehen bedeutet somit, die Sozialwelt von den Standpunkten der Befragten aus zu sehen und zu verstehen, um so die Pluralität von oft entgegengesetzten Perspektiven systematisch nachzuzeichnen. Verstehen ist also nicht im phänomenologischcn Sinn als Hineinversetzen und Hineinprojizieren in den Anderen gemeint, vielmehr geht es um ein »genetisches« Verständnis dafür, weshalb jemand zu einer bestimmten Sicht der sozialen Welt gelangt ist und welche sozial strukturierenden Prinzipien sich dahinter verbergen. Damit ist das Anschlussglied an den Raum der Positionen benannt.

Literatur

Barlösius, Eva, 2011: Pierre Bourdieu, 2. Aufl., Frankfurt a. M. – Bourdieu, Pierre, 1984: Die feinen Unterschiede. Kritik der gesellschaftlichen Urteilskraft, Frankfurt a. M. – Ders., 1985: Sozialer Raum und »Klassen«, Frankfurt a. M. – Ders., 2001: Meditationen. Zur Kritik der scholastischen Vernunft, Frankfurt a. M. – Ders. et al., 1997: Das Elend der Welt. Zeugnisse und Diagnosen alltäglichen Leidens an der Gesellschaft, Konstanz. – Keim, Karl-Dieter, 2003: Das Fenster zum Raum. Traktat über die Erforschung sozialräumlicher Transformation, Opladen. – Löw, Martina, 2001: Raumsoziologie, Frankfurt a. M. – Pries, Ludger, 2008: Transnationalisierung der sozialen Welt, Frankfurt a. M. – Simmel, Georg, 1992: Raum und die räumlichen Ordnungen der Gesellschaft; in: Ders.: Soziologie. Untersuchungen über die Formen der Vergesellschaftung, Frankfurt a. M. (1908).

Eva Barlösius

Raumforschung und Raumplanung

Raumforschung (engl. spatial research) ist eine den Raum einbeziehende Analyse und Bewertung gesellschaftlicher Strukturen und Prozesse, die von wissenschaftstheoretischen Ansätzen unterschiedlicher raumbezogener Disziplinen geprägt wird. Bei den auf die *Raumplanung* abzielenden Disziplinen ist die Materialität des Raumes und die baulich-räumliche Struktur des Ausschnitts aus der Erdoberfläche ein wesentlicher Ansatzpunkt der Forschungen, im Hinblick auf gesellschaftswissenschaftliche Raumkonzepte steht zudem der Prozess der sozialen Raumkonstruktion im Mittelpunkt. Ansätze zur diskursiven Produktion von Raum (z. B. über die Medien) werden durch konstruktivistische Ansätze ergänzt.

Raumforschung bezieht sich auf den Einfluss des Raumes auf menschliches *Handeln/Verhalten* und/oder umgekehrt auf den Einfluss des Handelns auf den Raum. Jahrzehntelang bezog sich die Raumforschung auf ein Raumverständnis, das den Raum als natürlich gegebenen Raum ansah (vgl. Herrmann 2010). Der Raum in diesem Sinne ist ein dreidimensionaler Behälter (z. B. ein Gebiet), in dem die Raumforschung vorhandene Strukturen und Prozesse untersucht sowie Prognosen für zukünftige Entwicklungen abgibt. Die quantitative Raumforschung verfolgt das Ziel, räumliche Verteilungs- und Verbreitungsmuster sozialer Phänomene und ihrer Ursachen zu analysieren und hieraus Rückschlüsse für die Wahrscheinlichkeit zukünftiger Entwicklungen in den entsprechenden Gebieten zu ziehen. Dabei sind die unterschiedlichen Ebenen räumlicher Entwicklung (lokal, regional, global) ebenso zu berücksichtigen, wie die Verflechtungen ökonomischer, politischer, sozialer sowie kultureller Prozesse und Strukturen. Die qualitative Raumforschung zielt auf Differenzen und mögliche *Typologie*n in der Raumwahrnehmung bzw. dem Raumerleben von unterschiedlichen Bevölkerungsgruppen (ebd.). Sie befasst sich u. a. mit der Relevanz der sinnlich-emotionalen Qualitäten von Räumen.

Raumplanung (engl. spatial planning) stützt sich auf die Ergebnisse von Raumforschungen. Sie ist ein Instrument der Politik und umfasst die steuernden und planenden Tätigkeiten zur Gestaltung und Entwicklung des Raumes. Raumplanung hat Ordnungs-, Entwicklungs-, Schutz- und Ausgleichsfunktion. Ziel der Raumplanung ist es, den Raum in seinen jeweiligen Funktionen optimal nutzbar sowie nachhaltig lebenswert zu gestalten. Verschiedene Interessen und Nutzungsansprüche der räumlichen Ebenen (z. B. lokal und regional) sind im Hinblick auf zukünftige Entwicklungen zu berücksichtigen und das Gemeinwohl und Einzelinteressen miteinander in Einklang zu bringen.

Die Raumplanung ist als Aufgabe der öffentlichen Hand durch die in den entsprechenden Gesetzen festgeschriebenen Vorgehensweisen und Entscheidungsebenen geregelt. Als rechtlicher Rahmen des Bundes enthält das Raumordnungsgesetz (ROG) die Grundsätze für die gesamträumliche Entwicklung, Regelungen zu den Aufgaben, Leitvorstellungen, Begriffsbestimmungen und Bindungswirkungen der Erfordernisse der Raumordnung im Bund und der Länder. Die Inhalte und Programme des Landes und der Regionen sowie die Vorgaben der Umsetzung und Organisation der Planung sind in den Landesplanungsgesetzen (LPlG) geregelt. Im Baugesetzbuch (BauGB) ist schließlich die Bauleitplanung festgelegt. Das Raumordnungsgesetz (ROG) und das Baugesetzbuch (BauGB) sind seit 1998 in einem Gesetz zusammengefasst (BauROG). Am 30. Juni 2009 ist das »Gesetz zur Neufassung des Raumordnungsgesetzes und zur Änderung anderer Vorschriften« in Kraft gesetzt und damit das ROG in seiner alten Fassung abgelöst worden.

Der gesetzliche Rahmen macht deutlich, dass die Raumplanung inhaltlich, rechtlich und organisatorisch auf unterschiedlichen Ebenen zu verorten ist. Auf der Europäischen Ebene wird über die Strukturfonds und einzelne Subventionen von Fachressorts Einfluss auf die unterschiedlichen Planungsebenen im Bund genommen. Mit dem Europäischen Raumentwicklungskonzept (EUREK) ist zudem eine Art »Masterplan« gesetzt, der die Abstimmung der Planungen der EU erleichtern soll. EUREK hat Empfehlungscharakter (vgl. Durner 2011: 401), beinhaltet keine Rechtsverbindlichkeit. Eine umfassende und koordinierende Planung findet auf der Ebene des Bundes statt, auf der über die Raumordnung die raumbedeutsamen Fachplanungen (z. B. Verkehrsplanungen) koordiniert werden. Darüber hinaus vertreten die Fachkräfte dieser Ebene die deutschen Interessen gegenüber der Europäischen Union. Im Zuge der globalen Verflechtungen von Infrastrukturen hat diese Ebene der Raumordnung als übergeordneter Rahmen an Gewicht gewonnen. Eine wesentliche Steuerungsebene ist die darunter liegende Landesplanung, die für die Programme und Pläne auf der Länderebene verantwortlich ist. Ein ausführliches Berichtswesen erleichtert die Abstimmungen auf dieser wie auf allen anderen Ebenen der Planung. Eine Konkretisierung der Landesplanung geschieht über die Regionalplanung. Über die Regionalplanung sind die Landesplanung und die kommunalen Bauleitplanungen miteinander verknüpft. Im Rahmen der kommunalen Bauleitplanung wird wiederum zwischen der vorbereitenden Planung (Flächennutzungsplanung) und verbindlicher Planung (Bebauungsplanung) unterschieden. Die konkrete Umsetzung der Raumplanung geschieht vor allem im Rahmen der Bauleitplanungen in den Kommunen sowie in den Fachplanungen der Ressorts (wie Verkehr, Ver- und Entsorgung), aber auch im Rahmen der Wirtschaftsförderung und -entwicklung sowie der Planungen im Sinne einer *nachhaltigen Entwicklung*. Da die jeweiligen Ordnungen und Entwicklungen der unterschiedlichen Teilräume und Ebenen sich gegenseitig beeinflussen, müssen die jeweiligen gegenseitigen Erfordernisse und Einflüsse berücksichtigt werden. Dies geschieht im Rahmen des sogenannten Gegenstromprinzips: Eine untergeordnete Planung darf

den übergeordneten Ebenen der Planung nicht widersprechen, gleichzeitig sind die Belange der untergeordneten Ebenen auf den übergeordneten zu berücksichtigen.

Neben der eigentlichen Planungsphase gewinnt die Planumsetzung mit marktähnlichen Steuerungsformen und Vertragshandeln gegenüber hoheitlich-interventionistischen Instrumenten an Bedeutung. Regionalplanung wird enger verknüpft mit Formen der Regional *Governance* (vgl. Fürst/Mäding 2011: 11). Dabei kommen im Zuge der Umsetzung der Ziele und Grundsätze der Planungen die unterschiedlichsten Steuerungs- und Lenkungsinstrumente zum Einsatz. Hierzu zählen zunächst einmal die Programme und Pläne der Länder, Regionen und Kommunen (z. B. Landesentwicklungsprogramme) mit den darin festgeschriebenen Zielen. Den Ländern stehen darüber hinaus Verfahren wie das Raumordnungsverfahren zur Verfügung, mit denen sie koordinieren, planerische Entscheidungen sichern und durchsetzen. Die förmlichen (d. h. in ihrer Form und im Ablauf stark festgelegten) Instrumente werden durch informelle planerische Ansätze ergänzt. Auf der regionalen Ebene kommt der Raumplanung dabei die Rolle eines Moderators und Mediators von *Interesse*n und Gemeinwohl zu. Mit informellen Instrumenten soll eher überzeugt als angeordnet werden, in stärkerem Maße als bei formellen Instrumenten soll hier ein Interessenausgleich zwischen Beteiligten hergestellt werden. Beispiele für informelle Instrumente sind regionale Entwicklungskonzepte, regionale und interkommunale *Netzwerk*e und Kooperationsstrukturen, Regionalmanagement und -marketing, Wettbewerbe oder die Durchführung von Modellprojekten der Raumordnung (vgl. Danielzyk/Knieling 2011: 473 ff). Dabei gewinnen kommunikative Formen und Verfahren informeller Planung aufgrund der zunehmenden Komplexität und der mit den Verfahren einhergehenden Verbesserung der Informations- und Entscheidungsgrundlagen an Bedeutung. Auch ist hiermit die Hoffnung auf eine Erhöhung der *Akzeptanz* der Entscheidungen verbunden.

Literatur

Danielzyk, Rainer; Knieling, Jörg, 2011: Informelle Planungsansätze; in: Akademie für Raumforschung und Landesplanung (Hg.): Grundriss der Raumordnung und Raumentwicklung, Hannover. – Durner, Wolfgang, 2011: Raumordnung auf der europäischen Ebene; in: Akademie für Raumforschung und Landesplanung (Hg.) (s. o.). – Fürst, Dietrich; Mäding, Heinrich, 2011: Raumplanung unter veränderten Verhältnissen; in: Akademie für Raumforschung und Landesplanung (Hg.) (s. o.). – Herrmann, Heike, 2010: Raumbegriffe und Forschungen zum Raum – eine Einleitung. In: Dies. (Hg.): RaumErleben. Beiträge zur Sozialraumforschung, Opladen/Farmington Hills MI.

Heike Herrmann

Rechtssoziologie

Die Rechtssoziologie (engl. sociology of law) erforscht die mannigfachen sozialen und kulturellen Voraussetzungen des Rechts sowie dessen systematische, situierte wie komplexe Wirkungsweise. Sie hinterfragt die unterstellte Omnipotenz des Rechts und nimmt die Rechtspraxis sowohl im lokalen wie im globalen Maßstab in den Blick. Der praktische Status von rechtlichen Normen erwächst zum wichtigsten rechtssoziologischen Erkenntnisproblem.

Fachliche Identitäten: Juristische und soziologische Rechtssoziologien

Die Soziologie befasste sich seit der vorletzten Jh. wende mit dem Recht als Mittel zur Herstellung, Gestaltung und Kontrolle gesellschaftlicher Ordnung. Die Soziologie des Rechts lieferte dabei zentrale makrotheoretische Komponenten. In ihrer Geschichte verlor die Rechtssoziologie allerdings ihr Gewicht für die allgemeine Soziologie.

Innerhalb der Rechtssoziologie finden sich seit Mitte des letzten Jh.s juristische und soziologische Ausprägungen. Die Soziologie dient den Rechtswissenschaften als Hilfswissenschaft, indem sie – ähnlich der Kriminologie – entscheidungsrelevantes Kontextwissen über gesellschaftliche Trends, soziale Lagen oder Delinquentengruppen bereitstellt. Hinzu treten ›fachfremde‹ und ›kritische‹ Lesarten von Gesetzestexten oder Reformvorhaben im Hinblick auf ihre ideologischen, technokratischen und historischen Gehalte.

Die soziologische Rechtssoziologie bezieht sich auf das Recht als konstitutiven Bestandteil gesellschaftlicher *Ordnung*. Recht dient als eine Antwort auf die Simmelsche Frage »Wie ist Gesellschaft möglich?« Recht soll den Zusammenhalt, das Funktionieren oder auch die Machtunterschiede in der Gesellschaft oder zwischen sozialen Klassen und

Schichten erklären. Außerdem ist die Rechtssoziologie in ihrer ganzen Breite wiederum Bestandteil in den interdisziplinären »Law & Society Studies«. Sie kooperiert dort insbesondere mit Rechtsanthropologen, Rechtshistorikern und Rechtsphilosophen zu den verschiedenen Verhältnissen von Recht in (Welt)Gesellschaft und (zwischen) Kultur/en.

Die Uneinheitlichkeit der Rechtssoziologie spiegelt sich in den Rezeptionen soziologischer Theorie und rechtsdogmatischer Analysen wider: Soziologieferne hier und Gesetzesferne dort. Sie findet ihren Ausdruck in Curricula, in Abschlüssen, in Lehrstuhlzuschnitten, bis hin zu verschiedenen Fachgesellschaften. Die typische Rechtssoziologin arbeitet im Jahre 2010 nicht in der Soziologie, sondern an einer juristischen Fakultät mit gesellschaftspolitisch geweitetem Profil.

Die repräsentative Rechtssoziologie: Recht als soziale Ordnung

Die klassische Rechtssoziologie zeichnet sich durch einen Fokus auf und einen dokumentarischen Gebrauch von gesatztem Recht aus. Sie schließt vom Recht auf die gesellschaftliche Formation und Entwicklung. In dieser Weise haben die Rechtssoziologie-Klassiker im Zuge ihrer historischen Soziologie vom Recht auf eine Klassengesellschaft (Karl Marx), eine mehr oder weniger rationalisierte Gesellschaft (Max Weber) oder auf organische/mechanische Mechanismen der *Solidarität* (Emile Durkheim) geschlossen. Insbesondere Weber hatte mit seinen umfassenden Schriften zur Rechtsgeschichte und zur Rechtvergleichung Gesetzestexte als sozialwissenschaftliche Quellen mobilisiert. Dieser Gebrauch beschreibt bis heute eine dominierende Methodologie in den institutionalistischen, international vergleichenden Politik- und Verwaltungswissenschaften.

Die dokumentarische Sicht aufs Recht hat bereits bei den Klassikern kritische Diagnosen befeuert: auf seine latenten Wirkungsweisen (Marx), moralischen Verfehlungen (Durkheim) und formalistischen Überformungen (Weber). Grundlegende Debatten zeichnen dieses Paradigma aus: etwa die Debatte um den »Rechtspluralismus« (Eugen Ehrlich) bzw. die Frage nach dem Verhältnis des positiven, staatlichen Rechts zu anderen Normen: religiösen Geboten, tradierten Moralvorstellungen, Verbandsregeln etc. Modernistische Theorien behaupten, entgegen pluralistischer und kulturalistischer Entwürfe, ein Primat des

Rechts aufgrund des allgemeinen *Legitimität*sglaubens, staatlicher *Autorität* und *Sanktion*sandrohung.

Daran anknüpfend wirft die Rechtssoziologie die Frage nach der Rolle des Staates auf. Ein Republikanismus kritisiert die Unterwanderung demokratisch legitimierter Normen durch intransparente und partikulare Regelsysteme etwa im internationalen Marktgeschehen oder in Verhandlungssystemen der *Verbände*. Liberalistische Positionen kritisieren einen Staatsdirigismus (etwa in der Umweltpolitik), der die plurale Verfasstheit der modernen, freiheitlichen Wirtschaftsordnung bedroht. Zeitnahe und sachlich angemessene Selbstregulierungen der Marktakteure – etwa die Selbstverpflichtung oder bilaterale Absprachen – erwachsen demnach nur im Schutz vor staatlichen Eingriffen.

Interpretative Rechtssoziologien: Recht als Text

Wissenssoziologisch inspirierte Studien stellen dem Gesetzestext konkurrierende Bewertungen, Wissensbestände und Lesarten gegenüber. Statistische Erhebungen (groß N) oder kontrastive Fallstudien (klein N) konnten den Rechtsglauben oder die Normenbindung in Kollektiven erheben und auf diese Weise die variable Reichweite und Aneignung von Gesetzen anzeigen. Den Rechtsnormen steht deren Rezeption gegenüber. Letztere gilt der interpretativen Rechtssoziologie und Rechtsethnologie (Clifford Geertz) als die soziale Realität des Rechts. Das Recht ist die Regelmäßigkeit seiner lokalen Deutungen.

Das Recht erweist sich hier als uneinlösbares Versprechen universeller Gültigkeit. Manches wird kaum gewusst, gar nicht angewandt und abweichend interpretiert. Recht ist gesatzt, aber deswegen nicht per se »lebendig« (Ehrlich). Recht ist formal in Kraft, aber deswegen nicht per se »Kollektivglauben« (Durkheim). In den Blick geraten Symbolpolitik, Implementationsdefizite und Vermittlungsprobleme. Rechtssoziologie fungiert in dieser Weise als Rechtskritik, indem sie das normative Sollen (auf der semantischen Ebene der Gehalte) mit einem empirischen Ausschnitt des Seins (auf der pragmatischen Ebene der Aneignung) kontrastiert.

Derlei Kontraste werden entlang juristischer Professionen und ihrer Deutungsmacht, etwa in der ideologiekritischen Richtersoziologie (Wolfgang Kaupen) oder in der Forschung zu Scheidungsanwälten und ihrem Klientel (William Felstiner), verhandelt. Ein verwandter Forschungsstrang findet

sich außerdem in der Rechtspolitik, die etwa Verfahrensreformen aus Sicht der Betroffenen bzw. Prozessbeteiligten (Opfer- oder Täterbias) diskutiert. Die neuere interpretative Richtersoziologie befasst sich mit latenten Deutungsschemata in der Herrichtung und Handhabung von Fällen (Peter Stegmaier). Letztere durchkreuzt die hermetische Gegenüberstellung von gesatztem Recht hier und seiner Interpretation im Ermessen seiner Nutzer dort.

Im Rahmen der interpretativen Rechtssoziologie wurden allgemeine soziologische Debatten ausgetragen, die bis in die neuere Rechtssoziologie nachwirken: etwa zwischen konflikt- und konsensorientierten Ansätzen. Letztere fragen nach der Möglichkeit einer gesellschaftlichen *Integration* sowie nach dem Beitrag von Recht und Justiz für den Moralhaushalt einer Gemeinschaft. Urteilssprüche, Verträge, Sanktionen erneuern demnach geteilte *Wert*maßstäbe und *Norm*erwartungen. Der Strukturfunktionalismus behandelt Recht als Ordnung stiftend. In der marxistischen Tradition ist das Recht dagegen Kampfmittel der herrschenden Klasse. Recht reproduziert *Herrschaft*sverhältnisse, pflanzt Hegemonien fort. Die kritische, feministische Rechtssoziologie erklärt asymmetrische Machteffekte anhand des Zugangs zum Justizapparat und zu juristischer Expertise. Schon die Chance, so die kritische Kriminologie, mit dem Gesetz in Konflikt zu geraten, ist ungleich verteilt.

Grundlegend ist hier auch die Debatte um den Grad der Ausdifferenzierung von Recht und Moral, wie sie zwischen Emile Durkheim und Max Weber und später zwischen Niklas Luhmann und Jürgen Habermas ausgetragen wurde. Nach Durkheim hat das Recht die Funktion, der Gemeinschaft ›verwerfliche‹ *Anomie* und damit gleichsam Moralität vorzuführen. Recht ist, indem es in dieser Weise erzieht, das wichtigste soziale Bindemittel. Eine Entlastung des Rechts von den Zumutungen des Moralisierens und einer allgemeinen Zweckdienlichkeit verfolgt dagegen die *Systemtheorie*. Sie konstatiert eine wachsende Selbstbezüglichkeit des positiven Rechts. Recht operiert auf selbst geschaffenen Grundlagen. Jürgen Habermas wies die Hypothese einer »vollendeten Ausdifferenzierung« des Rechts zurück. Recht bleibt an *Moral* gekoppelt. In seinen jüngeren Arbeiten identifiziert Habermas das Verfahren mit seinen deliberativen Momenten als Gewähr einer Vermittlung von Peripherie und Zentrum, von Lebens- und Systemwelt.

Rechtssoziologie und -anthropologie: Recht in/als Kultur

Eine Kritik der dogmatischen Lesart des Rechts sowie der soziologischen Übernahmen und Interpretationen von Rechtstexten findet sich insbesondere aus Kultur vergleichender Perspektive. Gleiche gesetzliche Grundlagen erfahren unterschiedliche Implementation. So hat Erhard Blankenburg rechtskulturelle Unterschiede anhand der Klagefreudigkeit diagnostiziert und mit dem Vorliegen alternativer Konfliktlösungsangebote erklärt. Ähnliche Umfeld-Studien finden sich im Hinblick auf die Anzeigebereitschaft oder auf die Bereitschaft, als Zeugen auszusagen. Soziologische und ethnologische Kulturvergleiche zeigen, dass und wie Recht nicht nur verschieden nachgefragt oder genutzt wird, sondern auch, wie es selbst Teil pragmatischer Taktiken und Selbstverständnisse wird.

Recht und *Kultur* sind dort eng verschränkt, wo kulturelle Ressourcen – Rituale, Symbole, Semantiken, Überzeugungen – als prägend für den Rechtsbetrieb identifiziert werden. Die Robe des Richters, die Architektur der Gerichte, die formelhaften Sprechakte etc. beruhen ihrerseits auf kulturellen Tradierungen und sind mehr als nur Beiwerk eines ansonsten rationalen Rechtsbetriebs. Der Rechtsglaube ist, neben dem religiösen Glauben, eine Facette des »Conscience Collective« (Durkheim). Aspekte einer Rechtskulturforschung finden sich bei Weber, wo er den Rechtsbetrieb und seine Verbreitung und Verstetigung mit der institutionellen Verfestigung und Routinisierung von Haltungen – des Fachmenschentums, der Sachlichkeit, der Förmlichkeit, des juristisch-bürokratischen »Habitus« (Bourdieu) – korreliert.

Modernisierung ist aus Weberianischer Sicht ganz wesentlich Verrechtlichung bzw. Durchdringung kultureller Felder – seien es Wissenschaft, Technik oder Familie – mittels juristischer Prämissen und Ansprüche. Die *Verrechtlichung* greift als Regulation, als Risikomanagement, als »Governmentality« (Michel Foucault), als Standardisierung (Marc Berg) oder als bloßes Dokumentationserfordernis auf den Alltag über: sei es beim Kauf der Frühstücksbrötchen, dem Treiben auf dem Kinderspielplatz, dem Auffahrunfall im Berufsverkehr oder der Durchführung eines Forschungsprojektes. Das Recht wirkt derart als schwache, aber kontinuierliche zivilisierende Macht (Norbert Elias), die Widerstand nicht

konfrontativ bricht, sondern sich des Lebens bemächtigt und es sukzessive/unmerklich »normalisiert« (Foucault).

Die kulturelle Einbettung der Rechtsform – in Verträgen (Durkheim), Verfahren (Habermas), Verwaltungsakten (Don H. Zimmerman), aber auch in Erfahrungen und Geschichten (Ewick/Silbey 1998) – kehrt das dokumentarische bzw. repräsentative Verhältnis von Recht und *Kultur* um. Recht in Kultur fragt nach den Gelingensbedingungen rechtlicher Normen vor dem Hintergrund konfligierender, unterstützender oder gar verstärkender kultureller Momente. Sie wirft die Frage auf, welche Dispositionen mit dem staatlichen, positiven Recht dis-/harmonieren. Teile der »law & culture studies« verfolgen ein solches empirisches Programm. Die Frage nach der Rechtsgeltung in soziokulturellen Milieus de-essentialisiert Recht und erhebt es zum fokalen empirischen Gegenstand. Statt gesellschaftliche Ordnung zu erklären (Explanans), wird Recht nun selbst erklärungsbedürftig (Explanandum).

Zur dauernden kommunikativen Konstitution des Rechts: Recht operativ

Mit dem »linguistic turn« in den 70er Jahren rückt das Recht in seiner performativen, operationalen und medialen Existenzweise in den Vordergrund. Recht ist nicht mehr Struktur, Ressource oder Programm, sondern vor allem ein beständig operierendes System vergleichbar mit der gesprochenen Sprache. Diese Verflüssigung des Rechts lässt sich sowohl in der theoretischen Rechtssoziologie eines Niklas Luhmann, in der interpretativen Forschung bei Clifford Geertz oder in der empirischen »law-in-action«-Forschung beobachten. All diese Ansätze stellen die Relevanz des Rechts nicht auf der Ebene der Legitimität oder der Befolgung infrage, sondern grundlegender anhand des praktischen Erfordernisses einer tatsächlichen Kommunikation des Rechts. Mit dieser käme auch die »force of law« (Bourdieu) zum Erliegen. Sie erklären entsprechend, wie das Recht nicht nur Entscheidungsprozesse bestückt, sondern Letztere das Recht fortführen. Auch wird verdeutlicht, dass Recht hierbei je spezifisch operiert: als Code, als Symbol (oder gar Totem) oder als Darstellungserfordernis.

Die funktional-strukturelle *Systemtheorie* rückt von gesellschaftlichen Funktionsbestimmungen ab zugunsten systemeigener Gelingensbedingungen der

Fortführung. Rechtliche Kommunikation knüpft an rechtliche Kommunikation an – und ist nur lose mit politischen oder ökonomischen Kommunikationsmedien (Macht/Geld) verwoben. Der systemtheoretische Fokus richtet sich auf die Bedingungen der Möglichkeit der juristischen Operationsweise bzw. die Reproduktion seiner relativen Autonomie und Exklusivität. Dies gelingt, so Luhmanns Theorienagebot, in der garantierten Unterscheidung von Recht/Unrecht (in jedem Fall), d. h. in der Prozessierung einer binär codierten Leitdifferenz und der Bewährung derselben als rechtens.

Die neuere Rechtssoziologie: Recht als kontingente Praxis

Diese medien- und kommunikationsanalytische Sicht verdichtet sich zur Analyse von Rechtspraxis, wo die konstatierten Systemerfordernisse durch empirische Nachvollzüge der Herstellung von Entscheidungen und ihrer entscheidbaren Fälle fundiert werden. Laborstudien zur Rechtspraxis (Bruno Latour) erheben die Handhabungen, Methoden und Taktiken einer »community of practice«, vermittels derer juridische Darstellungserfordernisse überhaupt erfüllbar werden. Entsprechende Rechtsethnographien behandeln die Rechtspraxis als interaktiv und kognitiv geleistete Fallarbeit (Aaron Cicourel), als transsequentielle Fabrikation von Fällen im Zuge sich entfaltender Verfahren (Thomas Scheffer) oder als Inskription und Zirkulation von Spuren in einer vernetzten Apparatur (Latour). Von besonderer (wissenssoziologischer) Bedeutung sind hierbei jeweils die Wissensinhalte, ihre Formen und ihre Übersetzungen zwischen Recht und Wissenschaft und zwischen Recht und dem Common Sense.

Die kultursoziologische und kommunikationsanalytische Sicht auf das Recht folgte der linguistischen und praxeologischen Wende in den Sozial- und Kulturwissenschaften. Interessanterweise hat sich diese Radikalisierung in der und anhand der Justizforschung Bahn gebrochen. In dem Maße, wie Recht(swirklichkeit) als sozial bedingt vorgestellt wurde, verschob sich der Fokus vom Gesetz als Entscheidungsprogramm hin zum Recht als Vollzug. Ausgehend von kommunikativen Prozessen wurden Wissensprozesse (Paul Meehan), Entscheidungsverläufe (Malcolm M. Feeley), situierte Diskurspraxen (Scheffer) rekonstruiert und korreliert. Die *konstruktivistisch*e Rechtssoziologie führt die Vor- und Zwischenprodukte, die epistemischen Objekte, die sukzessive Herrichtung an. Sie öffnet die »black box« des Rechtsbetriebs und hintergeht so die Idealisierung und Essentialisierung des Rechts.

Die konstruktivistische Rechtssoziologie betrachtet Recht als organisierten, sukzessiven und kontingenten Vollzug. Sie löst damit die dokumentarische und die interpretative Rechtssoziologie zumindest in Teilen ab. Gesetzestexte dokumentieren hier keine soziale Ordnung; sie stehen nicht schon als zu deutende Texte zur Verfügung; Gesetze sind noch nicht oder womöglich nie im Spiel. Die konstruktivistische Rechtssoziologie klammert das Recht aus, um es an den Stätten juristischer Tätigkeit – und deren Verkettungen – zu finden: vor Gericht, in der Anwaltskanzlei, bei der Polizei und Staatsanwaltschaft, im Nachbarschaftskonflikt oder in der »street corner society« (William F. Whyte). Diese Hinwendung zur Rechtspraxis rückt die »Objektivierungen« (Bourdieu) in den Fokus. Hier bewähren und verdichten sich epistemische Strategien, der Normgebrauch und Entscheidungsstile zum Urteil über einen Sachverhalt, der in dieser Weise zwar einzig, aber juristisch nie beispiellos ist.

Die Mikrofundierung des Rechts wird vielfach kritisiert als konkretistisch, deskriptiv und gesellschaftsvergessen. Umgekehrt wird deutlich, welche Idealisierung und Verallgemeinerung in der dokumentarischen und interpretativen Sicht auf Recht immer schon induziert war. Recht nicht mehr als »langue«, sondern als »parole« zu beforschen, erneuert den soziologischen Anspruch der Rechtssoziologie, sich als empirische Forschung der komplexen, sozialen Gemengelage zu stellen. Die ethnomethodologische »law-in-action«-Forschung hat in dieser Weise die Rechtsgeltung epistemologisch verfügbar gemacht.

Rechtssoziologie im interdisziplinären Verbund: zu den Existenzweisen des Rechts

Mit der komplexen Sichtweise auf die Rechtspraxis stellt sich die Frage nach der gesellschaftlichen Existenz des Rechts, seiner Ontologie. Die Rechtssoziologie findet Recht an verschiedensten Orten, in verschiedenen Rollen und unterschiedlicher Gestalt vor. Das Recht existiert nicht nur im Gesetzbuch oder den »case reports«; es findet sich in Formularen, Verträgen, Gebrauchsanweisungen, Handlungsweisen, Sprechakten, etc. Das Recht ist Faktor und

Aspekt sozialer Relationen, seien es ökonomische Transaktionen, Paarbeziehungen oder politische Kämpfe. Mit Recht wird gestritten, argumentiert, kritisiert, verhandelt, etc. In der Gesamtheit ergibt sich ein Verweisungszusammenhang, der – gleich einer Leitwährung – die Sozialitäten in arbeitsteiligen Gesellschaften in unterschiedlicher Intensität und Konsequenz (punktuell, nachhaltig etc.), mit verschiedenen Maßstäben (Sicherheit, Schuld etc.) und in divergenten zeitlichen Richtungen (Bestrafung, Prävention etc.) überzieht.

Recht wird durch ein Netzwerk von Kommunikationsmedien und Diskurspraktiken überhaupt erst als solches beobachtbar und relevant. Es operiert vermittels eines Netzwerks von Erinnerungs- und Kommunikationsmedien: Archive, Akten (Cornelia Vissmann), Dokumenten, Fallsammlungen, Versammlungen, Bilder (Klaus Röhl) etc. Mit dem »spatial turn« werden die Situationen und Karrieren der Rechtsgeltung durch Analysen ihrer Reichweite, Überlagerungen und Konzentrationen ergänzt. Diese Performanz im Raum bleibt dabei an die praxeologischen Fragen gekoppelt: Recht kann für die Rechtssoziologie und die ihr verwandten Disziplinen der Rechtsforschung nicht mehr in Gänze und fraglos gelten.

Die interdisziplinäre Rechtforschung hat diese ontologische und epistemologische Herausforderung produktiv gewendet. Sie recherchiert heute die Existenzweisen in verschiedensten Analyserahmen mithilfe unterschiedlichster Bezugstheorien und ohne eine Leittheorie oder gar Leitdisziplin. Diesem Verbund unterliegt keine Metatheorie des Rechts, kein per se gültiger Analyserahmen, wohl aber die empirische und konzeptionelle Frage, wie(so) genau und mit welchen Effekten rechtliche Normen soziale Geltung erlangen.

Literatur

Atkinson, John; Drew, Paul, 1979: Order in Court: the Organization of Verbal Interactions in Judicial Settings, London. – Durkheim, Emile, 1930: De la division du travail social, Paris. – Ehrlich, Eugen, 2001: Fundamental Principles of the Sociology of Law, New Brunswick/London. – Ewick, Patricia; Silbey, Susan, 1998: The Common Place of Law. Stories from Everyday Life, Chicago. – Habermas, Jürgen, 1992: Faktizität und Geltung, Frankfurt a.M. – Latour, Bruno, 2002: La fabrique du droit, Paris. – Luhmann, Niklas, 1969: Legitimation durch Verfahren. Frankfurt a.M. – Ders., 1995: Das Recht der Gesellschaft. Frankfurt a.M. – Scheffer, Thomas, 2010: Adversarial Case-Making. An Ethnography of English Crown Court Procedure, Leiden. – Travers, Max; Manzo, John, 1997: Law in Action: Ethnomethodological and Conversation Analytical Approaches to Law, Brookfield (US). – Weber, Max, 1972: Wirtschaft und Gesellschaft, Tübingen (1921).

Thomas Scheffer

Reduktionismus

Der Begriff des Reduktionismus (engl. reductionism) bezeichnet das Durchführen von Reduktionen. Reduktion bedeutet die Zurückführung eines Phänomens auf ein basaleres oder einfacheres Phänomen. Diese Vereinfachung kann ontologisch gemeint sein (in Wirklichkeit gibt es weniger Phänomene als vor der Reduktion angenommen) oder epistemisch (als Ersetzung einer Beschreibung oder Theorie). Epistemische Reduktion geht in der Regel mit dem Anspruch einher, in höherem Maße explanativ zu sein (die Reduktion führt zu besseren Erklärungen des Phänomens). Die epistemisch-explanative Reduktion ist klassisch zunächst als **Theoriereduktion** formuliert worden: Ein Gesetz der Form A->B wird dabei auf ein Gesetz $A^* \rightarrow B^*$ zurückgeführt, indem für alle A und B behauptet wird, dass $A \leftrightarrow A^*$ und $B \leftrightarrow B^*$ gilt. Dieses Reduktionsmodell steht allerdings vor drei Problemen: 1. A und A^* sind in der Regel nur näherungsweise äquivalent (Übersetzungsproblem). 2. Warum $A \leftrightarrow A^*$ gilt, ist selbst erklärungsbedürftig (Problem der Erklärungslücke) und 3. A kann durch eine unbestimmte Menge von einander ähnlichen Phänomenen realisiert werden (multiple Realisierung). Als Alternative zur (aber auch als Variante der) Theoriereduktion wird die **funktionale Reduktion** verstanden. Bei dieser wird behauptet, dass eine Reihe von unterschiedlichen Entitäten funktionale Rollen erfüllen, welche sich in eine allgemeinere Theorie über den Zusammenhang solcher Rollen einfügen lassen. Beispielsweise kann die Eigenschaft, zentrale Positionen in einem Netzwerk einzunehmen, von organischen und nicht-organischen Entitäten erfüllt werden – allgemeine Aussagen über Netzwerke sind dann unabhängig von den sonstigen Eigenschaften der Basiselemente möglich. Als Gegenbegriff zur Reduktion wird häufig der Begriff der *Emergenz* verwendet. In der Soziologie ist die Debatte um Reduktion eng verbunden mit der grundsätzlichen Frage, in welchem Maße sich kollektive auf individuelle Phänomene zurückführen lassen (wie z. B. bei Weber und in Theorien rationaler Wahl behauptet). Reduktion meint in der Soziologie zudem häufig die Zurückführung auf Theorien, die bestimmte Merkmale eines sozialen Phänomens vor anderen Aspekten als kausal relevant(er) auszeichnen, z. B. Ökonomische (wie z. B. im Marxismus), Politische (Macht- und Herrschaftsperspektive) oder Kulturelle (Werte, Diskurse).

Literatur

Greve, Jens; Schnabel, Annette (Hg.), 2011: Emergenz, Berlin. – Hoyningen-Huene, Paul, 2007: Reduktion und Emergenz; in: Bartels, Andreas; Stöckler, Manfred (Hg.): Wissenschaftstheorie. Ein Studienbuch, Paderborn, 177–197.

Jens Greve

Regressionsanalyse

(engl. regression analysis) Bei der Analyse von (standardisierten) empirischen Daten steht gewöhnlich die Untersuchung des Zusammenhangs zwischen einem als ›abhängig‹ bezeichneten Merkmal und einem oder mehreren anderen (als ›unabhängig‹ bezeichneten) Merkmalen im Vordergrund. So versucht man etwa zu bestimmen, welchen Einfluss (die unabhängigen Merkmale) Bildung und Herkunft auf (das abhängige Merkmal) Einkommen haben. Unter Verwendung von *Indikator*en metrischen Messniveaus lässt sich die Beziehung zwischen den Merkmalen mathematisch als Regressionsmodell formulieren, in dem die einzelnen Koeffizienten aus den empirischen Daten geschätzt werden. Regressionsmodelle sind das Kernstück statistischer Datenanalyse. Viele andere Analyseverfahren (u. a. Zeitreihenanalyse, dynamische Modelle und Strukturgleichungsmodelle) sind Modifikationen oder Erweiterungen des grundlegenden Regressionsmodells.

Deskriptives Grundmodell

Im einfachsten Fall ist das Regressionsmodell eine Gleichung der Form $Y = b_0 + b_1 X$. Geometrisch lässt sich diese Konstellation durch ein **Streudiagramm** veranschaulichen: Jede Untersuchungseinheit (z. B. befragte Person) wird dabei in einem Koordinatenkreuz durch einen Punkt repräsentiert; der Abstand in horizontaler Richtung (X-Achse) entspricht dem

Wert für das unabhängige Merkmal (z. B. Länge der Bildungsphase), der Abstand in vertikaler Richtung (Y-Achse) dem Wert für das abhängige Merkmal (z. B. Einkommen). Das Regressionsmodell ist in diesem Fall eine gerade Linie, die diese ›Punktwolke‹ so gut wie möglich repräsentiert (b_0 ist der Schnittpunkt dieser Geraden mit der Y-Achse, b_1 ihre Steigung). Die Bestimmung der Regressionsgeraden erfolgt nach der *Kleinste-Quadrate-Methode* (ordinary least squares – OLS), bei der unter allen denkbaren Geraden diejenige ausgewählt wird, bei der die Summe der quadrierten Abstände jedes Datenpunktes von der Geraden in vertikaler Richtung am kleinsten ist. Dieses Modell lässt sich sofort auf mehrere unabhängige Merkmale verallgemeinern (multiple Regression): $Y = b_0 + b_1 X_1 + b_2 X_2 + \dots + b_k X_k$. Der Koeffizient b_k gibt an, um wie viele Einheiten sich die abhängige Variable verändert, wenn sich die k-te unabhängige sich um eine Einheit verändert. In unserem Beispiel: b_1 beziffert die Änderung des Einkommens (Y) in Euro, wenn sich die Bildungsphase (X_1) um 1 Jahr verlängert. Zu beachten ist, dass sich die Regressionskoeffizienten durch Hinzufügen oder Weglassen einzelner Merkmale verändern, sie also immer relativ zum Gesamtmodell interpretiert werden müssen. Neben den unstandardisierten Koeffizienten – wie sie sich unmittelbar aus der Gleichung ergeben – betrachtet man auch standardisierte Koeffizienten (beta Koeffizienten). Sie beschreiben die Veränderung des abhängigen Merkmals in Standardabweichungen bei Veränderung des jeweiligen unabhängigen Merkmals um eine Standardabweichung; sie sind damit in ihrer Größe unabhängig von der Einheit, in der die einzelnen Merkmale gemessen werden, und eignen sich somit sehr viel besser für den Vergleich des Einflusses der einzelnen unabhängigen Merkmale innerhalb eines Regressionsmodells. Für Vergleiche zwischen verschiedenen Datensätzen sind jedoch die unstandardisierten Koeffizienten vorzuziehen. Von wenigen Ausnahmen abgesehen, lassen sich die Regressionskoeffizienten stets ermitteln. Damit ist aber noch nichts darüber gesagt, wie gut das (idealisierende) Regressionsmodell die empirische Datenkonstellation beschreibt. Die Güte der Anpassung des Modells an die Daten wird durch den **Determinationskoeffizienten** gemessen. Er beruht auf einer Zerlegung der *Varianz* des abhängigen Merkmals in zwei Komponenten: der ›erklärten‹ Varianz (Differenz zwischen den durch das Modell vorhergesagten Werten und dem generellen Mittelwert) und der ›unerklärten‹ Varianz der Einzelwerte um die Regressionsgerade (Residuen). Der Determinationskoeffizient misst den Anteil ›erklärter‹ Varianz und liegt deshalb stets zwischen null und eins. Rein rechnerisch ergibt sich der Determinationskoeffizient in der bivariaten Regression auch als Quadrat des *Korrelation*skoeffizienten (nach Pearson).

Probabilistisches Modell

In weiterführenden Anwendungen wird das Regressionsmodell um einen Fehlerterm erweitert, der als Zufallsvariable betrachtet wird. Innerhalb dieses Regressionsmodells können dann Fehlertoleranzen (*Konfidenzintervall*e) für die Regressionskoeffizienten angegeben werden sowie ihre Abweichung vom Wert null auf Zufälligkeit getestet werden (t-, F-*Test*s). Die Gültigkeit dieser Berechnungen ist jedoch an zusätzliche Voraussetzungen gebunden, die von EDV-Programmen schlicht unterstellt werden, deren faktische Gegebenheit jedoch vom Benutzer in jedem Einzelfall zu prüfen ist. Vorausgesetzt werden muss, dass die Fehlerterme für jede Untersuchungseinheit (zumindest näherungsweise) einer *Normalverteilung* mit Mittelwert null und (über alle Untersuchungseinheiten) konstanter Standardabweichung s (Annahme der Homoskedastizität) folgen und dass die Fehlerterme für je zwei Einheiten statistisch unabhängig voneinander sind (Annahme der Abwesenheit von Autokorrelation). In diesem Falle führt die *Kleinste-Quadrate-Methode* (OLS) nicht nur zu unverzerrten, sondern sogar zu optimalen (BLUE = best linear unbiased estimates) Schätzungen.

Die Annahme einer Normalverteilung ist in der Regel aufgrund des zentralen Grenzwertsatzes gerechtfertigt. Heteroskedastizität und Autokorrelation können durch Analyse der Residuen und darauf aufbauende Tests (z. B. Durbin-Watson-Test auf Autokorrelation) ex post diagnostiziert werden. Die OLS-Methode führt in diesem Fall zwar noch zu unverzerrten, aber nicht mehr effizienten Schätzungen. Das hat zur Folge, dass sowohl die Bestimmung der Konfidenzgrenzen als auch die t-Tests für die Regressionskoeffizienten fehlerhaft sind. Durch eine Verallgemeinerung der Schätzmethode (GLS = generalized least squares) oder durch Berechnung robuster Standardfehler können diese Probleme gelöst werden. Ein weiteres Problem ist die mögliche **Multikollinearität** der unabhängigen Variablen. Im

strikten Sinn liegt Multikollinearität dann vor, wenn eine der unabhängigen Variablen eine lineare Kombination der Übrigen ist; praktisch spricht man von Multikollinearität auch dann, wenn die unabhängigen Variablen untereinander hoch korreliert sind. Im ersten Fall (perfekte lineare Abhängigkeit) ist eine Schätzung der Regressionskoeffizienten nicht möglich, im zweiten Fall ergeben sich ungenaue Schätzwerte (erkennbar an den hohen Standardfehlern). Multikollinearitätsprobleme können durch Sorgfalt bei der Modellformulierung und Bündelung von hoch korrelierenden Variablen (etwa durch Indexbildung oder *Faktorenanalyse*) vermieden werden. Methoden der schrittweisen Regression, d. h. die sukzessive Einbeziehung und/oder Eliminierung von unabhängigen Variablen, bieten weitere Möglichkeiten, diese Probleme zu kontrollieren.

Sonderformen

Während die Einbeziehung von kategorialen unabhängigen Variablen keine besonderen Probleme aufwirft, aber (primär aus historischen Gründen) gesondert unter dem Stichwort *Varianzanalyse* behandelt wird, sind gewisse Modifikationen notwendig, wenn die abhängige Variable – im einfachsten Fall mit zwei Ausprägungen – ein kategoriales Merkmal ist. Die OLS-Methode führt dann zu inkorrekten oder zumindest suboptimalen Lösungen. Abhilfe schaffen verallgemeinerte Kleinste-Quadrate-Schätzungen (GLS) sowie Logit- und Probit-Modelle. Die Letzteren modellieren die Wahrscheinlichkeit, dass eine bestimmte Ausprägung der kategorialen abhängigen Variablen auftritt, und schätzen die Regressionskoeffizienten mit der Hilfe der Maximum-Likelihood-Methode. Logit- und Probit-Modelle unterscheiden sich im Endergebnis häufig nur geringfügig. Das Logit-Modell (auch logistische Regression genannt) ist eng verwandt mit den log-linearen Modellen in der *Tabellenanalyse* (vgl. auch *multivariate Verfahren*).

Modifikationen sind auch angezeigt, wenn das abhängige Merkmal zwar kontinuierlich, aber in seinem Wertebereich beschränkt ist (Tobit-Modelle). Nicht-lineare Regressionsmodelle schließlich können oft durch geeignete Transformationen der ursprünglichen Variablen auf den linearen Ansatz zurückgeführt werden.

Literatur

Hanushek, Eric A.; Jackson, John E., 1977: Statistical Methods for Social Scientists, New York. – Long, John S., 1997: Regression models for categorical and limited dependent variables, Thousand Oaks. – Wolf, Christof; Best, Henning (Hg.), 2010: Handbuch der sozialwissenschaftlichen Datenanalyse, Wiesbaden.

*Manfred Küchler, überarbeitet
von Hans-Jürgen Andreß*

Reiz

Reiz (engl. stimulus) ist eine durch einen Organismus über Rezeptoren der Sinnesorgane wahrnehmbare äußere und innere Bedingung des Verhaltens und Erlebens. Der Begriff wurde zunächst in der Psychophysik verwendet, welche die Beziehung zwischen einfachen physikalischen Reizen (z. B. Licht) und ihrer organismus-internen Repräsentation untersuchte (Reizschwellen, Unterschiedsschwellen, Skalierung von Reizstärken). Während in der Psychophysik das Erleben eines Reizes interessierte, wurde im *Behaviorismus* das gesamte Verhalten ausschließlich als von Reizen kontrolliert angesehen *(Reiz-Reaktions-Psychologie):* Beim sog. Klassischen *Konditionieren* im Sinne von Pawlow steht das Verhalten unter der Kontrolle vorauslaufender Reize, beim sog. Operanten Konditionieren im Sinne von Skinner unter der Kontrolle nachfolgender Reize, die als Verstärker bzw. Bestrafung wirken und die Auftretenswahrscheinlichkeit des Verhaltens entsprechend erhöhen bzw. vermindern. In neueren kognitionstheoretischen Ansätzen werden Reize allgemein als Träger von *Information* aufgefasst. Schrittmacher dieser Auffassung waren z. B. Untersuchungen zu komplexen Wahrnehmungsleistungen wie die räumliche Tiefenwahrnehmung: Hier wurde es nötig, sich von der Betrachtung einzelner isolierter physikalischer Reize zu lösen und komplexe Reizmuster und deren Variabilität miteinzubeziehen. Häufig werden auch Aufgaben in *Tests* und Fragen in *Fragebögen* sowie allgemein für einen Organismus in einer bestimmten Situation relevante Objekte als Reiz bezeichnet. Prinzipien der Wahrnehmungspsychologie lassen sich unter der Bezeichnung soziale *Wahrnehmung* unschwer auf soziale Sachverhalte übertragen: Es geht zum einen um die Wahrnehmung von Sozialem (d. h. z. B. andere Personen) und zum anderen um die Beeinflussung der Wahrnehmung durch Soziales (ebenfalls z. B. andere Personen). In dieser Hinsicht sind andere Personen ebenso als Reize aufzufassen wie physikalische Reize, so dass sich auch hier die Frage nach dem Erleben anderer und der Verhaltenssteuerung durch andere stellt.

Detlev Leutner

Religionssoziologie

Abgrenzung von anderen mit Religion befassten Disziplinen

Die Religionssoziologie (engl. sociology of religion) beschäftigt sich mit den gesellschaftlichen Erscheinungsformen der Religion. Im Unterschied zur Religionsphilosophie, die ausgehend von der aufklärerischen Frage nach dem Pro und Contra rationaler Religionsbegründung Religion begrifflich zu bestimmen sucht und sich dabei denkerisch bewertend zu ihr verhält, lässt die Religionssoziologie die Frage nach der vernünftigen Begründbarkeit der Religion offen. Im Unterschied zur Theologie, die die wissenschaftliche und öffentliche Darstellung einer bestimmten Religion unter der Voraussetzung der Aneignung ihrer Glaubensinhalte betreibt, stellt die persönliche Religiosität keine Voraussetzung religionssoziologischen Arbeitens dar. Im Unterschied zur Religionspsychologie geht es der Religionssoziologie vorrangig nicht um die Art und Weise, wie sich Religion in den Erfahrungen, Vorstellungen, Erlebnissen, Gefühlen und Gedanken des Individuums zum Ausdruck bringt, obschon nach dem ›cultural turn‹ die Erfahrungs-, Gefühls- und Ideenwelt der Religion religionssoziologisch auch nicht ausgeblendet bleiben kann. Während Religionsphänomenologie und Religionsgeschichte eine historische und empirische Gesamtdarstellung aller Religionen in ihrer Entstehung, ihrer Entwicklung und ihrer Formenvielfalt in Vergangenheit und Gegenwart anstreben, ist die religionssoziologische Analyse stärker konzeptionell und theoretisch angeleitet, wenn sie auch grundsätzlich gleichfalls jedes religiöse Phänomen zu ihrem Gegenstand machen kann. Von der Religionsphilosophie und Theologie ist die Religionssoziologie durch ihren nicht-normativistischen Ansatz unterschieden. Die Grenzen zur Religionspsychologie, zur Religionsgeschichte, zur Religionsphänomenologie, aber auch zur Religionsgeographie und Religionsethnologie sind hingegen fließend.

Bestimmung des religionssoziologischen Gegenstandes

In der religionssoziologischen Analyse herrscht eine auffällige Unsicherheit über ihren Gegenstand, die mit den Problemen der Erstellung einer allgemeingültigen Religionsdefinition zu tun haben. Substantielle und funktionale Religionsbegriffe stehen einander gegenüber. Substantielle Definitionen versuchen das Gemeinsame aller Religionen herauszufinden, indem sie den Gegenstand bestimmen, auf den sich alle Religionen beziehen. Sie finden ihn im Begriff Gottes oder höherer Wesen oder auch des Heiligen. Mit dem Begriff des Heiligen wird eine Unterscheidung aufgerufen, deren sich bereits Durkheim bedient hatte: die Unterscheidung zwischen heilig und profan. Besondere Bekanntheit erlangte diese Unterscheidung durch die 1917 in Breslau erschienene und seitdem immer wieder aufgelegte Schrift des Religionsphänomenologen Rudolph Otto »Das Heilige«. In der neueren Religionssoziologie wird diese Unterscheidung etwa von Peter L. Berger verwendet, der Religion als menschlichen Glauben und Handeln gegenüber einem heiligen Kosmos definiert, der jenseits der normalen Alltagserfahrung liegt und der sozial konstruierten Ordnung zugleich Legitimität und Gewissheit vermittelt (Berger 1967: 26). Der Vorteil dieser Begriffsbestimmung liegt in seiner Phänomennähe. Problematisch ist, dass sich Gottesvorstellungen nicht in allen Religionen finden lassen und dass es das Heilige oder Gott nicht unabhängig von der Erfahrung des Religionsangehörigen gibt. Eine auf das Heilige oder den Gottesbegriff rekurrierende Religionsdefinition steht insofern in der Gefahr, sich von der religiösen Eigenperspektive abhängig zu machen.

Die funktionale Methode definiert Religion nicht durch Rekurs auf innerreligiöse Eigenschaften, sondern dadurch, dass sie sie zu einem Problem in Beziehung setzt, zu dessen Lösung sie angeblich beiträgt. Religion wird hier also durch Angabe ihrer Leistung für nicht-religiöse Bereiche bestimmt. Unter funktionaler Perspektive lässt sich so zum Beispiel sagen, dass Religion die stets gefährdete politische Ordnung legitimiert, eine *Gemeinschaft* integriert oder dem Individuum personale *Identität* gewährt. Kritisch wird gegenüber funktionalistischen Religionsdefinitionen

eingewandt, dass sie das ausgemachte funktionale Bezugsproblem oft unbegründet setzen und zumeist nicht anzugeben vermögen, warum sich religiöses Handeln und Erleben ausgerechnet auf dieses und nicht auf ein anderes bezieht. Außerdem wird an ihnen immer wieder kritisiert, dass sie in der Regel zu weit ausfallen, denn eine politische Ordnung lässt sich natürlich auch nichtreligiös legitimieren, zum Beispiel durch demokratische Verfahren, eine Gemeinschaft wird auch durch Recht und Moral zusammengehalten, und Identitätsstiftung kann auch über die Familie, die Arbeit und anderes erfolgen. Funktionalistische Religionsdefinitionen beziehen also *funktionale Äquivalente* in ihren Erfassungsbereich ein, die nicht unbedingt als religiös zu verstehen sind. In dieser Kontextualisierung liegt freilich zugleich auch einer ihrer Vorzüge.

Um den Einseitigkeiten einer substantialistischen und einer funktionalistischen Religionsdefinition zu entgehen, kombinieren nicht wenige beide Herangehensweisen miteinander. Schon bei den Klassikern der Religionssoziologie findet sich die Verbindung substantialistischer und funktionalistischer Argumente. So definiert zum Beispiel Durkheim (1981/1912: 65) Religion als Bezugnahme auf sakrale, d.h. abgetrennte und verbotene Dinge und weist ihr zugleich die Funktion zu, diejenigen, die sich auf bestimmte sakrale Dinge glaubend und handelnd beziehen, zu einer moralischen Gemeinschaft zu vereinen. Bei den australischen Ureinwohnern, anhand derer Durkheim seine Theorie entwickelt, ist das *Totem* – in der Regel eine Pflanze oder ein Tier – der Gegenstand der Verehrung, dem man sich nur unter Beachtung ritueller Vorsichtsmaßnahmen nähert. Zugleich stellt das als heilig verehrte Totem eine *Symbol*isierung der Gruppe, die es verehrt, dar, so dass sich die Gruppe in der Verehrung des Totems ihrer selbst bewusst wird, in religiösen *Riten* und Feiern den machtvollen Zusammenhang der Gesellschaft immer wieder erfährt und auf diese Weise religiös integriert wird.

Die Verbindung funktionaler und substantieller Methoden ist auch in der neueren Religionssoziologie anzutreffen. Niklas Luhmann beispielsweise sieht die Funktion der Religion darin, mit der *Kontingenz* aller sinnhaften Selektionen umzugehen und die prinzipiell unabschließbare und damit unbestimmbare Welt in eine bestimmbare zu transformieren. Die Transformation von Unbestimmbarkeit in Bestimmbarkeit erfolgt seiner Theorie zufolge in einem Prozess der Chiffrierung. *Chiffren* »konstituieren Wissen, indem sie das Bestimmte an den Platz des Unbestimmten setzen und dieses dadurch verdecken« (Luhmann 1977: 33). Durch die Fassung der Sinnform des Religiösen als Einheit von Bestimmtheit und Unbestimmtheit gibt Luhmann das gegenständlich benennbare Mittel an, mit dessen Hilfe Kontingenz religiös bewältigt wird.

Die Kombination funktionaler und substantieller Ansätze scheint ein fruchtbarer Weg zu sein, um einen ebenso allgemeinen wie trennscharfen Religionsbegriff zu entwickeln (Pollack 2012: 28–55). Allerdings bestreiten mehr und mehr Religionssoziologen, Religionswissenschaftler und Religionsphilosophen, dass eine Definition von Religion überhaupt möglich sei, da keine Definition die Vielfalt und Fülle des empirischen religionshistorischen Materials zu umgreifen vermöge und jeder Definitionsversuch als relativ spätes Produkt des europäisch-neuzeitlichen Denkens in der Gefahr stehe, eurozentrische Vorannahmen zu universalisieren (Dubuisson, Matthes). Dieser Einwand läuft auf die Bestreitung der Möglichkeit, allgemeingültige Begriffe zu erstellen, hinaus. Demgegenüber ist darauf hinzuweisen, dass kulturelle Besonderheiten im Licht allgemeiner Kategorien überhaupt erst zum Vorschein kommen und dass der Verzicht auf die Entwicklung allgemeiner Kategorien den Verzicht auf eine wissenschaftliche Erfassung religiöser Phänomene und ihre Abgrenzung von anderen Phänomenen bedeuten würde (Graf 2004: 237).

Methoden der Religionssoziologie

Zur Erfassung der gesellschaftlichen Erscheinungsformen der Religion bedient sich die Religionssoziologie sowohl quantitativer als auch qualitativer *Methoden*. Während es der quantitativ arbeitenden Religionssoziologie darauf ankommt, repräsentative Aussagen über ein Untersuchungsfeld zu treffen und kausale Erklärungen für beobachtete Entwicklungstendenzen sowie soziale und regionale Unterschiede anzubieten, richtet sich das leitende Forschungsinteresse der qualitativ ansetzenden Religionssoziologie auf das Verstehen subjektiver Sinnzusammenhänge, Welt- und Selbstdeutungen und Diskurse anhand weniger ausgewählter Fälle. Die quantitativ ansetzende Religionssoziologie versucht, mittels statistischer Verfahren Entwicklungstendenzen, sozialstrukturelle Muster und Zusammenhänge sowie kausale Erklärungen zu finden, ohne deshalb auf das Sinn-

verstehen religiösen Handelns und Erlebens zu verzichten. Die qualitativ arbeitende Religionssoziologie geht vom einzelnen Fall oder einzelnen Fällen aus und bemüht sich, durch hermeneutische Verfahren Typen religiösen Handelns, Erlebens und Kommunizierens herauszuarbeiten. Die erstere Methodologie ist mehr einem distanziert-erklärenden Ansatz verpflichtet, die Letztere mehr einer einfühlend-verstehenden Herangehensweise. Beide methodologische Zugänge können sich auf eine lange Tradition des Nachdenkens über Religion berufen, Erstere auf eine auf Spinoza, Hobbes, Locke, Hume zurückgehende aufklärerische Traditionslinie, die letztendlich in die Religionskritik Feuerbachs, Marx und Freuds mündete, Letztere auf eine romantische Denktradition, die etwa durch Theologen und Religionswissenschaftler wie Friedrich D. E. Schleiermacher und Rudolf Otto repräsentiert ist. In den beiden letzten Jahrzehnten hat die qualitative Religionsforschung in Europa an Gewicht gewonnen, in den USA dominieren quantitativ ausgerichtete Ansätze.

Zur Geschichte der Religionssoziologie

Entstanden ist die Religionssoziologie als eigenständige wissenschaftliche Disziplin, als sie sowohl die aufklärerische Religionskritik überwand und sich auch von der religionsaffirmativen Semantik verabschiedete. Während noch Comte Religion und Metaphysik durch eine positivistisch verstandene Soziologie als gesellschaftliche Leitdisziplin ersetzen wollte und de Bonald und de Maistre umgekehrt Religion als die unverzichtbare moralische Grundlage stabiler gesellschaftlicher Ordnung ansahen, kultivieren die Gründungsväter der Religionssoziologie ein distanziertes Verhältnis zu ihrem Gegenstand, das sich sowohl aus der Opposition gegenüber der Religion als auch aus der Parteinahme für sie löst. Indem sowohl das Programm einer Soziologie statt Religion als auch der Anspruch auf moralische Welterklärung aufgegeben wird, wird der Weg frei für eine Soziologie der Religion. Durkheim verfolgt nicht ein aufklärerisches Entlarvungsinteresse, das Religion als Illusion behandelt, sondern führt ihren verpflichtenden Charakter auf ihren sozialen Ursprung zurück. Gerade weil sie nicht im Bewusstsein des Individuums und seiner Wünsche gegründet ist, sondern in der Gesellschaft, besitze sie Macht über den Einzelnen. Max Weber versteht Religion zwar vor allem als einen das Handeln des Einzelnen motivierenden Sinnzusammenhang. Aber auch ihm geht es um die sozialen Effekte religiöser Vorstellungen, Ideen und Motive. In seinem weltberühmten Essay »Die protestantische Ethik und der Geist des Kapitalismus« weist er dem asketischen Protestantismus und seiner Ethik eine Schlüsselrolle für die Beantwortung der Frage zu, warum es im Okzident und nur im Okzident zur Herausbildung des modernen *Kapitalismus* gekommen ist.

Trotz des hohen Stellenwertes, den Durkheim der Religion für die *Integration* der Gesellschaft einräumt, beobachtet er in der Moderne einen dramatischen Bedeutungsrückgang der Religion. Erstreckt sich Religion in vormodernen Gesellschaften noch auf alles, was sozial ist, so wird der Bereich der Religion mit der Ablösung der politischen, wirtschaftlichen und wissenschaftlichen Funktionen von der religiösen Funktion immer kleiner (Durkheim 1988: 224 f.). Gleichwohl sieht Durkheim aber auch für die moderne Gesellschaft einen heiligen Kern als unerlässlich an. Auch wenn die alten Götter sterben, gebe es in der Religion etwas Ewiges, das alle Einzelsymbole überlebe und auf das die Gesellschaft nicht verzichten könne. Ob dieses Ewige im Glauben an die Würde der Person, wie der frühe Durkheim annahm, oder im *Nationalismus* oder in Kulten kollektiver Ekstase besteht, bleibt offen. Klar ist nur, dass die Gesellschaft einer kollektiv erfahrbaren moralischen Macht, die ihr den Zusammenhalt gibt, bedarf.

Auch Max Weber führt den Bedeutungsrückgang der Religion in modernen Gesellschaften auf Prozesse der funktionalen *Differenzierung* oder, wie er sagt, der Differenzierung unterschiedlicher Wertsphären zurück. Obschon die Religion den großen religionsgeschichtlichen Prozess der Entzauberung der Welt selbst angestoßen hat, ist sie von diesem Prozess negativ betroffen und wird in ihm von einer rationalen Potenz, die sie einst war, zur »irrationalen oder antirationalen überpersönlichen Macht schlechthin« (Weber 1920: 564). Im Unterschied zu Durkheim dominiert bei Weber aber nicht die Frage nach der Einheit der Gesellschaft und daher auch nicht die Frage nach dem Beitrag der Religion zur Gewährleistung dieser Einheit.

Die neuere Religionssoziologie seit den 60er und 70er Jahren greift die Analysen Webers und Durkheims auf und treibt sie weiter voran. Das Erbe der soziologischen Klassik besteht a) in der Prominenz der *Säkularisierung*stheorie, die als Theorie funktionaler Differenzierung ausgearbeitet wird (Bryan Wilson, Niklas Luhmann), b) in der Neigung, ein funktionales Erfordernis für Religion zu postulieren, das auch in modernen Gesellschaften erhalten bleibe (Thomas Luckmann, Ulrich Oevermann, Niklas Luhmann), c) in der Unterstellung, dass dieses funktionale Erfordernis nur noch in hochgeneralisierter Form, etwa als »säkulare Religion« (Talcott Parsons), als Zivilreligion (Robert N. Bellah) oder als Gedächtniskette (Danièle Hervieu-Léger) gesamtgesellschaftliche Verbindlichkeit erlangen könne, sowie d) in der Tendenz, den sozialen Ort der gegenwärtigen Religion in personalen Identitätskonstruktionen zu suchen (Thomas Luckmann, Ulrich Oevermann, Armin Nassehi).

Diskussion seit den neunziger Jahren

Seit den neunziger Jahren beherrschen drei theoretische Modelle die religionssoziologische Diskussion über den gegenwärtigen religiösen Wandel: die Säkularisierungstheorie, die Individualisierungsthese sowie das ökonomische Marktmodell (vgl. Tab. 1).

Die **Säkularisierungstheorie** nimmt an, dass sich die soziale Signifikanz von Religion in modernen Gesellschaften im Vergleich zu früheren Zeitepochen abschwächt (empirisch-historische Deskription), und zieht zur Erklärung dieses Wandels unterschiedliche Versionen der *Modernisierung*stheorie heran, die davon ausgeht, dass Modernisierung zur Säkularisierung führt (explanatorischer Kern). Neuere Säkularisierungstheorien vermeiden deterministische und teleologische Aussagen und behaupten weder die Unumkehrbarkeit noch die Unvermeidbarkeit der Marginalisierung des Religiösen in modernen Gesellschaften, wohl aber ihre Wahrscheinlichkeit. Kritisch wird gegenüber der Säkularisierungstheorie eingewandt, dass die empirische Evidenz gegen den behaupteten Kausalzusammenhang zwischen Modernisierung und Säkularisierung spricht. Weder bringe Modernisierung stets einen religiösen Bedeutungsrückgang hervor, noch sei eine Abschwächung der sozialen Relevanz von Religion an Prozesse der Modernisierung gebunden. Hingewiesen wird dabei etwa auf die hohe religiöse Vitalität in den USA, die zweifellos zu den wirtschaftlich-technologisch und kulturell am weitesten entwickelten Ländern der Erde gehören, oder auch auf die Gleichzeitigkeit von Prozessen nachholender Modernisierung und religiösem Aufschwung etwa in Lateinamerika, China oder in Osteuropa, aber

Tabelle 1: Religionssoziologische Ansätze zur Erklärung religiösen Wandels in der Gegenwart

	Säkularisierungstheorie	Individualisierungsthese	Ökonomisches Marktmodell
Deskription des religiösen Wandels in der Moderne	Bedeutungsrückgang von Religion in allen ihren Dimensionen	Entkirchlichung bei gleichzeitiger religiöser Individualisierung	Religiöse Mobilisierung
Explanatorischer Kern	Modernisierung (Wohl-standsanhebung, Bil-dungsexpansion, funk-tionale Differenzierung) führt zu Säkularisierung	Modernisierung befördert Prozesse der religiösen Pluralisierung und Indivi-dualisierung sowie der Vermischung unterschied-licher Religionstraditionen	Fairer Wettbewerb zwi-schen religiösen Anbie-tern erhöht die religiöse Vitalität
Vorausgesetztes Religionsverständnis	Religion vor allem als abhängige Variable behandelt	Weiter Religionsbegriff, Neigung, Religion als an-thropologisch angelegt zu verstehen	Religiöse Organisationen sind Agenten des religiö-sen Wandels
Hauptvertreter	Wilson, Bruce, Luhmann, Norris,	Luckmann, Hervieu-Léger, Davie, Knoblauch	Stark, Finke, Iannaccone

auch auf Tendenzen des religiösen Niedergangs vor dem Einsetzen von Industrialisierung und Urbanisierung, etwa im 18. Jh.

Die **Individualisierungsthese** nimmt eine deutliche Unterscheidung zwischen Religion und Kirche vor und kritisiert die Reduktion von Religiosität auf Kirchlichkeit. Während sich die soziale Signifikanz religiöser Institutionen in der Moderne abschwäche, bleibe Religion für das Individuum bedeutsam. In der Moderne komme es nicht zu einer Marginalisierung des Religiösen, sondern zu einem Wandel seiner dominanten Formen. Anstelle einer konventionellen und institutionalisierten Religion würden Formen einer selbstgewählten hochindividuellen Religiosität und Spiritualität mit starken synkretistischen Anteilen jenseits der etablierten Kirchen treten. Kritisiert wird an dieser These, dass sie die Bedeutungszuwächse außerkirchlicher Religiosität wie New Age, Okkultismus, Esoterik, Astrologie überschätze und die außerordentlich starke Stellung institutionalisierter Sozialformen der Religion auf dem religiösen Feld, wie etwa das kirchliche Ritenmonopol oder die kirchliche Sozialarbeit beweise, unterschätze (Karl Gabriel). Charakteristisch für die Religion in der Moderne, so ein anderer Einwand, sei nicht ihre Privatisierung, sondern ihre Rückkehr in die Öffentlichkeit (José Casanova). Außerdem un-

terliegt auch der weite Religionsbegriff, den die Individualisierungstheoretiker benutzen, um auch nicht-institutionalisierte Sinnformen des Religiösen und *funktionale Äquivalente* von Religion wie Sport, Unterhaltungsmusik oder Kunst in den Blick zu bekommen, der Kritik.

Das **ökonomische Marktmodell** bestreitet die von den Klassikern der Religionssoziologie und auch noch von Peter L. Berger in den 60er und 70er Jahren vertretene Annahme, dass religiöse Überzeugungen und Verhaltensweisen dann am stabilsten sind, wenn ihnen der Charakter der »Taken-for-Granted-ness« zukomme. Im Gegenteil: Das Niveau der Religiosität erhöhe sich mit dem Grad der religiösen Pluralität und der dadurch ausgelösten Konkurrenz zwischen unterschiedlichen religiösen Organisationen und Gemeinschaften. Während religiöse Monopole dazu tendierten, die religiösen Anbieter nachlässig zu machen, fordere der Wettbewerb zwischen ihnen sie dazu heraus, ihren religiösen Service zu verbessern. Die geringere religiöse Vitalität Europas im Vergleich zu den USA erkläre sich aus diesem Mechanismus. Voraussetzung für die Emergenz eines wettbewerbsorientierten religiösen Marktes sei die strikte Trennung von Kirche und Staat, die die Privilegierung einiger Religionsgemeinschaften gegenüber anderen ausschließe und allen religiösen Anbietern die gleichen Wettbewerbsbedingungen garantiere. Die Kritik an diesem ›Supply-Side-Modell‹ richtet sich einmal darauf, dass Länder mit einem exzeptionell geringen religiösen Pluralisierungsgrad wie etwa Irland, Italien, Polen, Kroatien außergewöhnlich hohe Religiositätsindizes aufweisen und dass sich die positiven Effekte religiöser Pluralisierung auf religiöse Vitalität oft nicht nachweisen lassen. Auch die Wirkung der Liberalisierung des Kirche/Staat-Verhältnisses auf das Religiositätsniveau ist umstritten. Weiterhin wird gegenüber dem Marktmodell eingewandt, dass es wie viele *Rational-Choice-Ansätze* kulturelle Kontextbedingungen, unter denen die unterstellten kausalen Mechanismen überhaupt nur wirken, aus der Analyse ausklammere, von den ökonomisch, politisch und sozial bedingten Veränderungen religiöser Bedürfnisse absehe und eine Konstanz der religiösen Nachfrage unterstelle.

Obwohl die drei Erklärungsansätze religiösen Wandels in modernen Gesellschaften stark umstritten sind, lassen sich die meisten religionssoziologischen Analysen einem der drei Ansätze zuordnen. Daneben steht allerdings eine soziologisch weithin weniger stark beachtete Herangehensweise, die sich auf einer theoretischen Ebene von mittlerer Reichweite bewegt und statt universalistischer Annahmen historische Akteurskonstellationen und politisch-religiöse *Figuration*en ausfindig macht, um unterschiedliche religiöse Verläufe zu analysieren (Philip Gorski, Hugh McLeod, auch schon David Martin). So unterscheidet etwa McLeod (2003) Entwicklungspfade, die durch eine Vermischung von Religion und Nationalismus charakterisiert sind (z. B. Polen), von solchen, die durch religiöse Versäulung (z. B. Niederlande), durch religiösen Pluralismus (z. B. Großbritannien, USA) und religiösen Konflikt (z. B. Frankreich) gekennzeichnet sind.

Literatur

Berger, Peter L., 1967: The Sacred Canopy: Elements of a Sociological Theory of Religion, Garden City, New York (dt. 1973). – Durkheim, Émile, 1981: Die elementaren Formen des religiösen Lebens, Frankfurt a. M. (1912). – Ders., 1988: Über soziale Arbeitsteilung. Frankfurt a. M. (1893). – Graf, Friedrich W., 2004: Die Wiederkehr der Götter: Religion in der modernen Kultur, München. – Luckmann, Thomas, 1991: Die unsichtbare Religion. Frankfurt a. M. (1967). – McLeod, Hugh, 2003: Introduction; in: Ders.; Ustorf, Werner (Hg.): The Decline of Christendom in Western Europe, 1750–2000, Cambridge, 1–26. – Pollack, Detlef, 2012: Säkularisierung – ein moderner Mythos? Studien zum religiösen Wandel in Deutschland, 2. Aufl., Tübingen. – Pollack, Detlef; Olson, Daniel V. A (Hg.), 2008: The Role of Religion in Modern Societies, New York/London. – Stark, Rodney; Finke, Roger, 2000: Acts of Faith: Explaining the Human Side of Religion, Berkeley/Los Angeles. – Weber, Max, 1920 ff.: Gesammelte Aufsätze zur Religionssoziologie, 3 Bde., Tübingen.

Detlef Pollack

Revolution

Der aus der Astronomie entlehnte Begriff »revolutio« dient erstmals im 17. Jh. zur Kennzeichnung eines grundlegenden Wandels von Staaten. Analog zur kreisförmigen Wiederkehr der Gestirne werden in der Mitte des 17. Jh. einzelne Umwälzungen in der Herrschafts-, Wirtschafts- und Sozialstruktur als Momente innerhalb eines vorbestimmten Kreislaufs verstanden. Mit dem *Fortschritt*sglauben im 18. Jh. bedeutet Revolution (engl. revolution) hingegen eine vorbestimmte Phase beschleunigten Übergangs von einer niederen zur nächsthöheren Stufe der *Zivilisation*. Entscheidend wird hierfür die Übertragung des Schemas der christlichen Heilsgeschichte auf den Untergang der Staaten, was in Frankreich durch Bossuet (Gebhardt 1977) und in Nordamerika durch den Millenarismus (Pellicani 2010) erfolgt ist. Der beschleunigte Übergang wird später von A. Comte als »Krise« und kritisches Stadium auf dem Weg zur Heilung des sozialen Organismus konzipiert (Plé 1996: 230 ff.) Revolution ist und bleibt auch eine Kategorie der Selbstinterpretation der an solchen Umwälzungen Beteiligten: Für aktiv Mitwirkende und Zeitgenossen bedeuten einzelne Umwälzungen sowie die ihnen zugeordneten Aktionen notwendige Glieder einer vorbestimmten Ablauffolge zu einer höheren »Ordnung«, die im Gegensatz zur früheren als legitim gilt und durch Gesetzgebung, Verwaltung und Militär aufrechterhalten und geschützt werden soll. Diese Ablauffolge verallgemeinernd, haben Karl Marx und Friedrich Engels die Revolutionen als vorbestimmte Ablauffolge zu einer höheren, aus der Vernichtung der älteren Gesellschaftsformationen hervorgehenden *Ordnung* konzipiert und dabei die Übergänge analog zum Millenarismus verstanden (Pellicani 2010). Großstaaten, deren Verfassungen auf die Ziele jener bürgerlichen oder sozialistischen Revolutionen zurückgehen, werden von ihren politischen Repräsentanten als Schutzmächte für jeweils konforme Staaten und Bestrebungen interpretiert und entsprechend geführt.

Der Begriff Revolution ist auch in den Sozialwissenschaften nicht wertfrei (vgl. M. Weber). Revolution im Sinne des Selbstverständnisses ihrer Subjekte kehrt hier als »offenes Bekenntnis zu (…) normativen Sollwerten« (Meyer 1976: 173) wieder. So verleiht es Umwälzungen im Vokabular der *Systemtheorie* die Bedeutung von »innovativen Entwicklungsschüben«, die »systemimmanent nicht mehr behebbare Funktionsstörungen« aufheben, indem sie die Fähigkeiten zur Problemlösung steigern wie auch die Chancen für politische *Partizipation*, Selbstbestimmung und Gleichheit erhöhen (ebd.: 169–170). Oder es verleiht »Umwälzungsepochen« im Vokabular der marxistischen Wissenschaft die Bedeutung gesetzmäßiger Transformationen, in denen sich die »Umwälzung der Produktionsweise« und die »Klassenbewegung als Umwälzungsprozess« vereint vollziehen und auf einen Endzustand hinwirken, in dem die Produktivität der sozialistischen Wirtschaft, die Beschleunigung des wissenschaftlichen Fortschritts und die Zunahme der Führungsfunktion der Arbeiterpartei sich gegenseitig bedingen (Eichhorn 1984: 10 ff.).

Wo hingegen das jeweilige Selbstverständnis von Revolutionen als Bewusstsein ihrer Trägergruppen objektiviert wird und deren Organisationen sowie Gruppendynamiken kulturvergleichend-historisch untersucht werden, ist die Wirkung ordnungsstiftender Visionen nachgewiesen worden (Brinton 1965, Eisenstadt 1982, Gusdorf 1978, Harth/Assmann 1992, Pellicani 2010). Solche Visionen steigern die Distanz zu einer als unrecht, deformierend oder ordnungslos wahrgenommenen Daseinsweise und leiten zur Umsetzung einer transzendenten Gegenordnung auf innerweltlichem Wege an, wobei sie an Breitenwirkung gewinnen, wenn sie sich der überregionalen Vernetzung lokaler Aufstände, Widerstände oder Aufbegehren bedienen. Daraus entstehen symbolische Legitimationen der neuen Ordnung; zu ihnen zählen Theorien des Naturrechts, Rekurse auf mythische Gründergestalten, paradigmatische Stadtrepubliken wie auch Geschichtsphilosophien und politische Theologien. Entscheidend für die Genese von Revolutionen sind neben der Propagierung solcher Visionen durch Intellektuelle und deren Organisationen auch deren Bündnisse mit Spaltgruppen im Militär, in der Verwaltung und mit Dissidenten innerhalb der vor der Revolution amtierenden Regierung.

Entscheidend für den Verlauf und den Ausgang von Revolutionen sind auch die Konterrevolutionen. Sie streben an, die vor der Revolution bestehende Ordnung und deren Herrschaftsapparat wieder zu errichten und ringen um Teile jener Massenbasis, die auch Zielgruppe der Revolutionäre ist (Middell 1994). Was die Ergebnisse revolutionärer Transformationen auf symbolischer Ebene nachhaltig sichert, sind offizielle Praktiken wie Pantheon und Staatsfeiern, Denkmalbau und sinnfällige Gestaltungen öffentlicher Räume, Eidesformeln, monumentale Historie und politische Bildung.

Literatur

Brinton, Crane, 1965: The Anatomy of Revolution, New York. – Eichhorn, Wolfgang, 1984: Gesetzmäßigkeit von Revolutionen, Berlin. – Eisenstadt, Shmuel N., 1982: Revolution und die Transformation von Gesellschaften, Opladen. – Englehart, Stephen F. (Ed.), 1994: Three Beginnings: Revolution, Rights and the Liberal State, New York. – Gebhardt, Jürgen, 1977: Strukturprobleme einer Revolutionstheorie; in: Zeitschrift für Politik 24, 32–55. – Giordano, Christian, 2007: Ist es angebracht, von Revolution zu sprechen? In: Ethnoscripts 9, H. 2, 8–36. – Gusdorf, Georges, 1978: La conscience révolutionnaire, Paris. – Harth, Dietrich; Assmann, Jan (Hg.), 1992: Revolution und Mythos, Frankfurt a.M. – Meyer, Georg P., 1976: Revolutionstheorie heute; in: Geschichte und Gesellschaft, Sonderheft 2, 122–176 – Middell, Matthias (Hg.), 1994: Widerstände gegen Revolutionen, 1789–1989, Leipzig. – Pellicani, Luciano, 2010: Revolutionäre Apokalypse; in: Gebhardt, Jürgen; Plé, Bernhard (Hg.), Symbole und politische Ordnungen, Berlin/Milano, 309–328. – Plé, Bernhard, 1996: Die »Welt« aus den Wissenschaften, Stuttgart.

Bernhard Plé

Risiko

In den Natur- und Technikwissenschaften wird Risiko (engl. risk) als das Maß für die Wahrscheinlichkeit eines Schadens definiert. Risiken lassen sich mathematisch aber nur zuverlässig bestimmen, wenn genügend Beobachtungsdaten über die Wahrscheinlichkeit des Eintretens und das Ausmaß des Schadens vorliegen und gleichzeitig die in der Vergangenheit beobachteten Kausalbezüge zwischen auslösendem Ereignis und Schadensumfang auch in Zukunft stabil bleiben (Aven/Renn 2009). Je ungenauer diese kausalen Zusammenhänge sind und je weniger Beobachtungsdaten man besitzt, desto mehr wandelt sich Risiko in Ungewissheit.

Der Umgang mit unsicheren Folgen von Ereignissen oder Handlungen ist ein zentrales Element der soziologischen Risikoanalyse, bei der die Behandlung von *Unsicherheit* und Mehrdeutigkeit der gesellschaftlichen Folgenabschätzung im Mittelpunkt des Interesse steht (van Asselt 2005). Die Problematik der durch industrielle und technische Dynamik erzeugten Risiken besteht nicht primär in den gesundheitlichen und ökologischen Folgen, sondern sie ergibt sich aus den »sozialen, ökonomischen und politischen Nebenfolgen dieser Nebenfolgen« (Beck 1986: 103).

Die Produktion von primären und sekundären Nebenfolgen lässt sich auf die zunehmende Verdichtung menschlicher Siedlungsräume, die Zentralisierung von technischen Produktionsanlagen, die zunehmende Eingriffstiefe in die Natur durch menschliche Aktivitäten sowie die sich beschleunigende globale Vernetzung zurückführen (OECD 2003). Dieser realen Entwicklung kommt zusätzlich eine zentrale symbolische und konstruktive Bedeutung zu: Zum Ersten werden technische Risiken mit symbolischen Konnotationen versehen, die großen Einfluss auf die intuitive Wahrnehmung und Bewertung ausüben (Jungermann/Slovic 1993; Jaeger et al. 2001: 101 ff.). Zum Zweiten werden riskante Aktivitäten mit bestimmten Interessen, *Wert*en und Weltbildern in Verbindung gebracht (Japp 1996). Zum Dritten ranken sich kulturelle Sinnmuster um riskante Aktivitäten, die von rein symbolischen Verletzungen (etwa von religiösen Gefühlen) bis zu mentalen Kombinationen von drohendem Schaden und kulturellen Verlusterlebnissen führen (Douglas und Wildavsky 1982; Bonß 1993.) Diese drei konstruktiven Elemente der Risikoverarbeitung werden in der Regel durch die *Medien*berichterstattung sozial verstärkt.

Für die zuständigen Institutionen des Risikomanagements ergeben sich dadurch Risiken zweiter Ordnung in Form von politischem *Vertrauen*sverlust, *Legitimation*sentzug oder *Stigmatisierung*seffekten (Luhmann 1991). Viele Gefährdungen werden als entscheidungsabhängig definiert und sind damit legitimationspflichtig; (darin gründet die semantische Unterscheidung zwischen Gefahr als externer Bedrohung und Risiko als internalisierter Steuerungsaufgabe von Schadensabwehr bei Luhmann). Sie setzen die verantwortlichen Institutionen von

außen und innen unter Handlungsdruck. Entsprechend verstärken sich die Debatten über effektive und legitime Maßnahmen der Risikosteuerung (*Governance*) in Wissenschaft, Wirtschaft und Politik (Renn 2008; Klinke/Renn 2012).

Literatur

Aven, Terje; Renn, Ortwin, 2009: The Role of Quantitative Risk Assessments for Characterizing Risk and Uncertainty and Delineating Appropriate Risk Management Options, with Special Emphasis on Terrorism; in: Risk Analysis 29, 587–600. – Beck, Ulrich, 1986: Risikogesellschaft, Frankfurt a.M. – Bonß, Wolfgang, 1996: Die Rückkehr der Unsicherheit. Zur gesellschaftstheoretischen Bedeutung des Risikobegriffs; in: Banse, Gerhard (Hg.): Risikoforschung zwischen Disziplinarität und Interdisziplinarität, Berlin, 166–184 – Douglas, Mary; Wildavsky, Aaron, 1982: Risk and Culture, Berkeley. – Jaeger, Carlo C. et al., 2001: Risk, Uncertainty and Rational Action, London. – Japp, Klaus P., 1996: Soziologische Risikotheorie, Weinheim/München. – Jungermann, Helmut; Slovic, Paul, 1993: Charakteristika individueller Risikowahrnehmung; in: Krohn, Wolfgang; Krücken, Georg (Hg.): Riskante Technologien: Reflexion und Regulation, Frankfurt a.M., 79–100 – Klinke, Andreas; Renn; Ortwin, 2012: Adaptive and Integrative Governance on Risk and Uncertainty; in: Journal of Risk Research 1, 3–20. – Luhmann, Niklas, 1991: Soziologie des Risikos, Berlin. – OECD (Organisation for Economic Cooperation and Development), 2003: Emerging Systemic Risks: Final Report to the OECD Futures Project, Paris. – Renn, Ortwin, 2008: Risk Governance. Coping with Uncertainty in a Complex World, London. – van Asselt, Marjolein B.A., 2005: The Complex Significance of Uncertainty in a Risk Area; in: International Journal of Risk Assessment and Management 5, 125–158.

Ortwin Renn

Ritual

Als Ritual (engl. ritual) wird eine formal weitgehend regulierte Performanz von sinnhaften Handlungen bezeichnet, die nichttechnische Zwecke erfüllen. Mehrere Ebenen lassen sich unterschieden: a) die **Kommunikation** kulturellen Wissens, das sich als Sinn ritueller Handlungen konstituiert, b) zweckorientiertes **Handeln**, welches die Teilnehmenden sozial integriert und ihnen *Identität* verleiht, c) der Erwerb von **Praktiken**, welche die Teilnehmenden durch ihre Vorhersehbarkeit und Verlässlichkeit vor allem in Krisen psychisch entlasten. Aufgrund ihres alle Bereiche der Lebenswelt berührenden Charakters haben Riten eine überaus große gesellschaftliche Bedeutung, in der Geschichte wie in der Gegenwart.

Die Vermittlung kulturellen *Wissen*s bezieht sich meist auf allgemein anerkannte weltanschauliche Grundüberzeugungen und *Wert*e. Häufig, aber nicht notwendig, sind diese religiös begründet. Rituale können durch kanonische Texte, wie Mythen oder sakrale Schriften, legitimiert sein und erscheinen dann als *symbol*ische Handlungen. Eine Unterscheidung von religiösen und säkularen Ritualen oder Zeremonien ist jedoch nur sinnvoll, wenn sie auf eine solche kulturelle Dichotomie verweist.

Analog zur kognitiven Reproduktion von Kernbeständen kulturellen Wissens, den Orthodoxa, lassen sich die formal regulierten Handlungen als Orthopraxis verstehen, die sich kognitiv-sprachlicher Sinnsetzung entzieht. Rituelle Handlungen sind durchweg aus sich heraus wirkungsmächtig und bedürfen keiner sprachlich-kognitiven Legitimation, Ergänzung oder Erklärung. In der Performanz des Rituals, im körperlichen Vollzug von rituellen Handlungen wird ihr Sinn erfahrbar, durch den Rituale Kernbestände kulturellen Wissens oft erst konstituieren. Daher sind Rituale oft als eigene Erkenntnisinstrumente bzw. als reine Handlungen, denen ein darstellender Charakter nur sekundär anhaftet, aufgefasst worden. Der Vollzug solcher Handlungen wird oft geschützt und nach außen durch deutliche Rahmen abgegrenzt. Die formal regulierten Handlungen beschränken sich bisweilen auf die Rahmung selbst. Innerhalb des rituellen Rahmens können dann alltägliche Handlungszwänge oder Hierarchien aufgehoben oder in ihr Gegenteil verkehrt werden.

Rituale werden von Individuen, Gruppen oder ganzen Gesellschaften begangen. Viele Rituale rahmen und regulieren außeralltägliche Erfahrungen, von der Bewältigung von Trauer bis hin zur Ekstase oder den Konsum von Drogen und Alkohol. Beispiele sind Passage- oder Übergangsriten, die einen natürlichen Ablauf – vor allem Geburt, Erwachsenwerden, *Initiation*, Heirat und zunehmend auch Scheidung, Tod – überhöhen oder substituieren und damit gestalten. Passageriten lassen sich als soziales Drama (Turner) beschreiben, in dem die Akteure einen neuen sozialen *Status* erwerben. Der Trennung von der bisherigen Alltagswelt folgt oft eine liminale Phase, in der die Personen keinen eindeutigen Status haben und soziale *Normen* aufgehoben sind. In dieser Phase können jenseits üblicher Moral kreativ ver-

schiedene soziale *Rollen* erprobt und ausagiert werden, wobei diese zur Übernahme von Rollen, Annahme des neuen Status und schließlich zur erneuten sozialen *Integration* führt. Die Identifikation mit kulturellen Werten und sozialen Normen vollzieht sich mithin durch das Paradox ihrer temporären Überschreitung.

Literatur

Bell, Catherine, 1992: Ritual Theory, Ritual Practice, New York. – Dies., 1997: Ritual, New York. – Belliger, Andrea et al. (Hg.), 1998: Ritualtheorien, Opladen. – Turner, Victor, 1969: The Ritual Process, Ithaca.

Till Förster

Rolle

Begriff und Stellenwert in der Soziologie

Der Terminus »Rolle« (soziale, engl. role) gehört seit Jahren zum »selbstverständlichen Begriffsinventar der Soziologie. Nur wenige soziologische Begriffe sind so weitgehend akzeptiert worden wie der Rollenbegriff – allerdings sind auch nur wenige Begriffe so unscharf und vieldeutig geblieben« (Dreitzel 1972, 95). Mit Rolle wird in der soziologischen Theoriebildung versucht, die Vermittlung von *Individuum* und *Gesellschaft* bzw. von *Person* und *System* adäquat zu beschreiben, zu erklären und zu prognostizieren. Unter Rolle versteht man ein »Bündel von Erwartungen, die sich in einer gegebenen Gesellschaft an das Verhalten der Träger von Positionen knüpfen …. Insofern ist jede einzelne Rolle ein Komplex oder eine Gruppe von Verhaltenserwartungen« (Dahrendorf, 26). Zur Illustration soziologischen Denkens und Argumentierens ist das Rollenkonzept geeignet, weil es Rollen – wie *Position*en – als prinzipiell vom Einzelnen unabhängig und sozialstrukturell verankert annimmt, den Menschen als handelndes und gesellschaftliches Wesen konzipiert, Verhalten als durch *Norm*en geregelt und *Sanktion*en beeinflusst betrachtet und Rollen als vom Menschen historisch-gesellschaftlich geschaffen und somit auch veränderbar definiert. Soziale Rollen werden im *Sozialisation*sprozess gelernt, was auch besagt, dass Rollenlernen immer auch eine Form der Anpassung an gegebene gesellschaftliche Verhältnisse darstellt.

Die Uneinheitlichkeit des Rollenbegriffs

Obwohl in der internationalen Soziologie Konsens besteht, dass der Rollenbegriff wie kein anderer Terminus als »Elementarkategorie« für die theoretische Analyse geeignet und entsprechend häufig – auch in Nachbarwissenschaften – verwendet wird, gibt es weder einen einheitlichen Rollenbegriff, noch die einheitliche Rollentheorie. Allgemein wird beklagt, »daß die Liste der Rollendefinitionen kein Ende zu nehmen scheine« (Claessens 1970, 14; dort auch zehn Definitionsbeispiele der amerikanischen Soziologie der 50er und 60er Jahre). So wird z. B. vom Begriff/Terminus oder vom Konstrukt, Modell, Konzept, Theorem oder gar Theorie der Rolle gesprochen. Dazu kommt, dass Rolle immer auch auf Grund der Nähe zur Alltags- und Umgangssprache (»aus der Rolle fallen«, »eine Rolle spielen«), den Assoziationen zum Theater und der zweifellos anthropologischen Dimension weltanschaulich-ideologische Aspekte beinhaltet (Menschenbild, vgl. Griese), die zu Kontroversen in wissenschaftlichen und dann auch politisch-öffentlichen Diskussionen führen (können/müssen).

Grundsätzlich kann man drei Dimensionen des Rollenbegriffs unterscheiden: Rolle als dynamischer Aspekt von Status/Position (positionsbezogen), als Verhaltensmuster (verhaltensbezogen) und als an Positionsinhaber gerichteter Erwartungskomplex (personenbezogen). Der Rollenbegriff wird zur Deskription (des Verhaltens und der Zusammenhänge der Gesellschaft) als auch zur Reflexion und Kritik (am Zwangs- bzw. Repressionscharakter der Gesellschaft) benutzt. In seiner Dialektik zwischen Alltagsnähe/-erfahrung einerseits und abstraktem Theoriekonstrukt andererseits liegen Vor- und Nachteile, Möglichkeiten und Gefahren seiner Anwendung. Fazit: »Es gibt viele Möglichkeiten, Rolle genauer zu definieren. Welche gewählt wird, hängt ab von den Forschungsinteressen … aber auch … von ›Weltdeutungen‹ und Vorurteilen über Gesellschaft« (Ullrich, 10).

Rollenbegriff und allgemeine Soziologie

Die Rollentheorie wurde von »zwei Ansätzen, einer mikro-soziologischen und einer makro-soziologischen Betrachtung aus entwickelt« und etablierte sich wissenschaftsgeschichtlich als Teil eines »handlungstheoretisch-interaktionistischen« und eines »systemtheoretisch-funktionalen« Ansatzes. »Im Schnittfeld der beiden Theorieansätze (oder besser: Perspektiven) steht die Rollentheorie als ein intermediäres Konzept«, als »*Theorie mittlerer Reichweite*« (Merton), welche die Vermittlungsmechanismen zwischen Individuum und System zum Thema haben und empirischer Überprüfung zugänglich sind.

Aufgrund seiner scheinbar universalen Anwendbarkeit findet sich der Rollenbegriff in allen relevanten Theorien der Allgemeinen Soziologie wieder: makro-soziologisch innerhalb der (strukturell-funktionalen) *Systemtheorie* (als kleinste Einheit des sozialen Systems), in der (konflikttheoretischen) Systemtheorie (als »ärgerliche Tatsache der Gesellschaft«), innerhalb einer *»kritischen Theorie«* (»Rolle und Macht«, Rollenpathologie, »Rolle und Klasse« oder »Rollentheorie als bildungsbürgerliche Verschleierungsideologie«) und in neo-marxistischen Theorien (der kapitalistischen Gesellschaft) (als Ausgeburt »bürgerlichen Denkens« und einer »Subjektivierung und Psychologisierung«); mikro-soziologisch finden wir den Rollenbegriff im phänomenologisch-interaktionistischen Paradigma (»role-taking« und »role-making«, Rollenkompetenz, Sozialisation und *Identität* – von G. H. Mead über Goffman bis Habermas) und auch in der *Verhaltenstheorie* empirisch-analytischer Provenienz (als Grundbegriff lückenlos operationalisierbarer Hypothesen über Sozialverhalten, Opp, Wiswede).

Vorwürfe, Unterstellungen und ideologische Ab- und Ausgrenzungen vor allem an den Extrempolen des wissenschaftstheoretischen Kontinuums (Marxismus und Konflikttheorie versus Funktionalismus und Verhaltenstheorie) kennzeichneten die Situation gegen Ende der rollentheoretischen Diskussion um Anpassung und Widerstand gegenüber dem Zwangscharakter (*Anpassung*) bzw. der »ärgerlichen Tatsache der Gesellschaft« (Dahrendorf) und erklären ihr plötzliches Abklingen bzw. ihr Ausklingen in einer Identitätstheorie. Nach 1977/78 verstummten die Kontroversen.

Historische Entwicklung des Rollenbegriffs bzw. -theorems

Als Vorläufer wird in der Regel der Begriff der »Charaktermaske« (vgl. Matzner) genannt, worunter Marx die »Personifikation der ökonomischen Verhältnisse«, das »falsche Bewusstsein«, die entfremdende Existenzform des Menschen durch die ihm aufgezwungene Klassenlage versteht und ihr das freie Individuum der klassenlosen Gesellschaft ge-genüberstellt. Konzepte mit rollenassoziierenden Überlegungen – ohne dass der Begriff expliziert und diskutiert wird – finden sich bei den Klassikern Durkheim (Arbeitsteilung, »soziale Tatsachen« als vom Einzelnen unabhängige Phänomene, erwartbares und regelhaftes Verhalten), Simmel (zwischenmenschliche Beziehungen als »apriorisch wirkende Bedingungen oder Formen der Vergesellschaftung«, Gesellschaft als System sozialer Wechselwirkungen) oder auch bei Cooley (»looking-glass self«).

Im engeren Sinne beginnt die Rollendiskussion mit Linton (1936), Mead (1934 posthum) und Moreno (1934) (vgl. Claessens 1970, 16 ff). Mead behandelte z. B. Fragen und Probleme der (symbolischen) Interaktion, Sozialisation und Identitätsbildung über den zentralen Terminus »role-taking« (vgl. Griese et al., 38 ff), Linton arbeitete in seinem (kultur)anthropologischem Ansatz die Unterscheidung von »Rolle und Status« (Position im System, an die bestimmte Rechte und Pflichten gebunden sind) heraus – Rolle ist dann der »dynamische Aspekt des Status« –, und Moreno entwickelte den Begriff »role-playing« sowie die Differenzierung in »psychosomatische«, »psychodramatische« und »soziale« »Rolle«.

Die Lintonsche Version (Individuen haben feste Plätze – *Status* – mit Rechten und Pflichten im System, die erworben oder zugeschrieben sind – »achieved status«, »ascribed status« –, die Wahrnehmung bzw. Aktivierung des Status nennt man Rolle) erhielt ihre klassische Weiterentwicklung und Ausformulierung durch Parsons. In seinem Entwurf einer umfassenden Handlungs- und Systemtheorie (1951) zeigt er, wie der menschliche Organismus zur Persönlichkeit (»personality system« als Wert- und Motivsystem) wird (Sozialisation) und durch Handeln in bestimmten Situationen (im »social system«) die allgemeinen Wertmuster und Orientierungen (des »cultural systems«) verinnerlicht (*Internalisierung*). Das kulturelle System wird über Prozesse der Institutionalisierung in das soziale System und durch Sozialisation und Internalisierung in die Persönlichkeit integriert. Soziale Rollen sind dabei die Grundelemente sozialer Systeme; ihre Verinnerlichung gewährleistet *Integration* und damit die soziale *Kontrolle* des Individuums und die Stabilisierung des Systems als Ganzes.

Meads Konzept wurde vor allem durch den Begriff des »role-making« (Turner) ergänzt: Rollen

können ohne Identifizierung, mit sog. »Rollendistanz« (Goffman) übernommen und mittels Ich-Leistungen (Dreitzel) verändert, neu gemacht, umgestaltet werden. Symbolische Interaktion ist dann ein antizipatorischer (role-taking) und kreativ-innovatorischer (role-making) Prozess des wechselseitigen Aushandelns und Interpretierens von Rollen durch Handelnde, die diese Fähigkeiten im Prozess der Sozialisation (als »play« und »game« und »taking the role of the – generalized – other«) lernen und dadurch Identität und Reflexivität (»self« und »mind«) ausbilden (vgl. Joas, 36 ff).

Die strukturell-funktionale Variante der Rollentheorie (vor allem Parsons und Merton) wurde über Dahrendorf und seinen »*Homo Sociologicus*« (das Konstrukt des »rollenspielenden Menschen«) 1958 in die deutschsprachige Soziologie eingeführt und philosophisch-konflikttheoretisch angereichert (Problem der Freiheit im Rollenverhalten; die Frage nach dem »Menschenbild« in der Soziologie – vgl. Griese 1977; die »ärgerliche Tatsache der Gesellschaft«) und führte zur ersten großen Theoriekontroverse und -diskussion in der deutschen Nachkriegssoziologie (Dahrendorf; Tenbruck; Claessens 1963; zusammenfassend dazu Joas; Griese 1976), die weit über die Fachgrenzen hinaus beachtet wurde.

Die interaktionistische Version gelangte zehn Jahre später durch Habermas (1968, 1973), angereichert durch die »Kritische Theorie«, in die deutschsprachige Diskussion um den Zusammenhang von Rolle, Sozialisation und Interaktion und verstand sich vor allem als Kritik an der »konventionellen Rollentheorie« von Parsons. Im selben Jahr erhielt mit den zusammenfassenden und weiterführenden Studien von Claessens (1970) und Dreitzel (1968) die Rollentheorie ihren endgültigen festen und anerkannten Platz in der theoretischen Soziologie; die Diskussion im deutschsprachigen Bereich hatte sich verselbstständigt und bekam »kritischen« Gehalt – nicht zuletzt durch die Fortsetzung dieser Tradition durch Gerhardt (1971) in ihrer »Rollenanalyse als kritische Soziologie«. Diese kritische Wende und Absetzung von der strukturell-funktionalen bzw. konventionellen Rollentheorie US-amerikanischer Prägung fand ihre Zuspitzung in (neo-)marxistischen Arbeiten, die die Rollentheorie ideologiekritisch diskutierten, eine Vermittlung von Rollen- und Klassentheorie versuchten oder die Rollentheorie als »bürgerliches Konzept« verwarfen.

Nach der »Homo-Sociologicus«-Kontroverse hatte die Rollentheorie zweifellos um 1970 ihren größten Einfluss auf die allgemeine Soziologie, da sich eigentlich alle einschlägigen (wissenschafts)theoretischen Ansätze an der Diskussion beteiligten (s. o.). Mit diesem Höhepunkt war gleichzeitig das Ende der Rollendiskussion eingeleitet – danach bestimmen nur noch Zusammenfassungen (z. B. Joas; Griese et al.; Griese 1976; Ullrich), vergebliche Neuformulierungsversuche von Epigonen der extremen Positionen (z. B. Ottomeyer/Scheer auf der einen, Opp, Wiswede auf der anderen Seite) oder pädagogische Anwendungen oder Einfärbungen zu Lehrerrolle, Rollenspiel und Sozialisation das Bild.

Unterbegriffe und Begriffszusammenhang der Rollentheorie

Rolle ist eigentlich ein Hinweis auf eine ganze Gruppe zusammengehörender Begriffe, die dann als Begriffssystem die Rollentheorie bilden: Rolle, Position (Status), Erwartungen (Kann-, Soll-, Muss-Erwartungen), Sanktionen (positiv, negativ), Bezugsgruppe, Verhalten (erwartet und tatsächlich); dann die zusätzlichen und ergänzenden Begriffe wie Ich-Leistung, Macht, Identität, Identifikation, Verfügbarkeit, Situation, Schicht und die Rollendifferenzierungen wie zugeschriebene und erworbene Rollen, Rollenattribute, Rollensatz (role-set), Rollenübernahme, Rollenselbstdeutung, Rollendistanz, Rollendruck, Rollenkonflikt, Rollensegment, Rollensender, Rollensequenz, Rollenspiel, Rollenträger. Bekannt und wichtig ist auch die Unterscheidung zwischen psychischen (der Zornige), naturhaft-mitmenschlichen (Eltern, Kamerad), Primärrollen (Mutter, der Dicke) einerseits und den soziologisch interessanteren Begriffen »kulturelle Rolle« (Übernahme und Verankerung von Kultur und Sprache in der Enkulturation bzw. primären Sozialisation – nicht abwerfbar, verinnerlicht als »Basispersönlichkeit« wie »Deutscher«, »Italiener«) und »soziale Rollen« als die später erworbenen (schichtspezifisch-bildungs- und berufsbezogenen) Rollen, die lockerer sitzen und auch Distanz erlauben (Claessens 1970, 37 ff).

Für die Rollentheorie sind vor allem die analytischen Ergänzungen Rollensatz (Merton: Gesamtheit der Rollen in einer Position; Rollensegmente bzw. -sektoren bezeichnen dann einen Ausschnitt davon als Rollenbeziehung, z. B. Lehrer-Schüler), Rollendistanz (Goffman: Fähigkeit zur kreativen und refle-

xiven Lösung von einer Rolle – so tun als ob) und *Rollenkonflikt* (Merton, Dahrendorf: Interrollenkonflikt als schwer bzw. nicht vereinbare Erwartungen an zwei Rollen, z. B. an das Individuum als Vater und Lehrer, Konflikt zwischen zwei Rollen; Intrarollenkonflikt als unterschiedliche Erwartungen an eine Rolle, z. B. divergierende Erwartungen von Schülern und Eltern an den Lehrer) relevant. Vor allem Merton hat Lösungsmuster für Rollenkonflikte aufgezeigt.

Eigenständige Diskussionen entwickelten sich zum Begriff der Geschlechter- bzw. Frauenrolle und zu den Termini »totale Rolle« und »deviante Rolle« im »labeling approach«. »Typologien der sozialen Rollen« haben Claessens (1970) und Dreitzel (1972) versucht, deren Analysen zusammen mit dem konzeptionellen Rahmen bei Gerhardt und der Kritik von Habermas und Krappmann am konventionellen Rollenmodell (Parsons) den differenzierten Erkenntnis- und Analysestand der Rollentheorie am besten widerspiegeln.

Empirische Untersuchungen mittels des Rollentheorems liegen vor allem zu typischen Berufsrollen wie Lehrer, Betriebsmeister oder allgemein von Mitgliedern bürokratischer Organisationen vor, die sich auf die Pionierarbeit von Gross et al. oder auf das Konfliktmodell von Dahrendorf/Merton beziehen (zusammenfassend Claessens 1970, 69 ff). Versuche zur empirisch-analytischen Operationalisierung des Rollenmodells liegen bei Opp und Wiswede vor. Ihr Postulat, ohne anthropologische Vorannahmen oder Theoriediskussionen die Rollentheorie in »lückenlos operationalisierbare Hypothesen aufgehen zu lassen« (Wiswede) und endlich empirische Forschung wie im »angelsächsischen Bereich« zu betreiben, wird von Vertretern einer phänomenologischen oder kritischen Position (Dreitzel; Joas; Gerhardt) als »fundamentales Missverständnis« interpretiert. Der Rollenbegriff hat – zumindest in der deutschsprachigen Soziologie – eine eindeutig theoretische Relevanz.

Gegenwärtiger Stand und Zukunft der Rollendiskussion

Ungeklärt bleibt die zentrale methodologische Frage, ob Rolle eine Universalkategorie von Gesellschaft und menschlicher Existenz – also eine ahistorisch-*anthropologische Konstante* – oder lediglich ein analytisches Erkenntnismodell für komplexe Gesellschaften sei – Rolle als Synonym für Entfremdung oder für Menschsein schlechthin; damit bleibt die Rollen-diskussion auch ideologieträchtig und ideologiever-dächtig. Dokumentiert ist, dass das Rollentheorem sowohl Prozesse der Anpassung als auch des Wider-standes erfassen kann, sich sowohl für »konservative« wie für »kritische« Analysen und Positionen in der Soziologie eignet (vgl. die Diskussion bei Habermas und Krappmann zum »Rollenverhältnis«: »Integra-tionstheorem« vs. »Repressionstheorem«, »Identitäts-theorem« vs. »Diskrepanztheorem«, »Konformitäts-theorem« vs. »Distanztheorem«). Strittig bleibt die Frage nach der Vermittlung des Rollenbegriffs/-theo-rems mit marxistischen (*Klassen*-)Ansätzen (Dreitzel, Ottomeyer/Scheer) oder dessen Stellenwert in einer Gesellschaftstheorie. Einigkeit besteht über die »be-grenzte Reichweite des Rollenmodells« und die »Not-wendigkeit der Ergänzung« durch a) biographische Aspekte (Kompetenzen des Rollenträgers/Spielers), b) situative Komponenten (Ort des Handelns) und c) »Einbeziehung gesellschaftlicher und politisch-öko-nomischer Dimensionen« (Griese et al., 48 ff.).

Die unterschiedlichen Konzepte mehr makro-oder mehr mikro-theoretischer Art sind wohl analy-tisch zu trennen, empirisch aber schon dadurch vereinbar, dass – je nach dem Grad der Institutiona-lisierung oder Formalisierung von Rollen, je nach-dem, wie plastisch oder vorstrukturiert Rollen sind, oder je nachdem, wie viel Gestaltungsfreiräume, Ich-Leistungen oder situativ abhängige Kompeten-zen vom Rollenträger erwartet und eingebracht werden – mal der eine, mal ein anderer Rollenbe-griff mit seinen spezifisch theoretisch-analytischen Dimensionen für die Analyse fruchtbar und erklä-rungskräftig sein kann. Die Diskussionen und Kon-troversen um die Rollentheorie scheinen ausgereizt, ihre allgemeine Akzeptanz als »*Theorie mittlerer Reichweite*« dagegen nach wie vor unbestritten.

Literatur

Argument SH 10,1978: Diskussionen über die Rollentheo-rie, Berlin. – Claessens, Dieter, 1963: Rolle und Verantwor-tung; in: Soziale Welt 14, 1–13. – Ders., 1970: Rolle und Macht, 2. Aufl., München. – Dahrendorf, Ralf, 1965: Homo Sociologicus, 5. Aufl., Köln/Opladen. – Dreitzel, Hans-Peter, 1972: Die gesellschaftlichen Leiden und das Leiden an der Gesellschaft, Stuttgart. – Ders., 1978: Soziale Rolle und poli-tische Emanzipation; in: Das Argument 14, 110–129 (1971). – Gerhardt, Uta, 1971: Rollenanalyse als kritische Soziologie, Neuwied/Berlin. – Goffman, Erving, 1973: Rol-lendistanz; in: Steinert, Heinz (Hg.), 260–279 (1961). –

Griese, Hartmut, 1976: Rollentheorie und Anthropologie, Duisburg. – Ders., 1977: Menschenbilder in der Soziologie; in: Medizin, Mensch, Gesellschaft 2, 123–129. – Ders. et al. (Hg.), 1977: Soziale Rolle, Opladen. – Gross, Neal et al., 1958: Explorations in Role Analysis, New York. – Habermas, Jür-gen, 1973: Notizen zum Begriff der Rollenkompetenz; in: Ders.: Kultur und Kritik, Frankfurt a.M., 195–231. – Hart-mann, Heinz (Hg.), 1967: Moderne amerikanische Soziolo-gie, Stuttgart. – Haug, Frigga, 1972: Kritik der Rollentheorie und ihrer Anwendung in der bürgerlichen Soziologie, Frankfurt a.M. – Joas, Hans, 1978: Die gegenwärtige Lage der soziologischen Rollentheorie, 3. Aufl., Frankfurt a.M.. – Krappmann, Lothar, 1969: Soziologische Dimensionen der Identität, Stuttgart. – Linton, Ralph, 1967: Rolle und Status; in: Hartmann, Heinz (Hg.), 308–315 (1945). – Mead, George H., 1973: Geist, Identität und Gesellschaft aus der Sicht des Sozialbehaviorismus, Frankfurt a.M. (1934). – Matzner, Jutta, 1964: Der Begriff der Charaktermaske bei Karl Marx; in: Soziale Welt 15, 130–139. – Merton, Robert K., 1967: Der Rollen-Set: Probleme der soziologischen Theorie; in: Hart-mann, Heinz (Hg.), 255–267 (1957). – Opp, Karl-Dieter, 1970: Soziales Handeln, Rollen und Soziale Systeme, Stuttgart. – Ottomeyer, Klaus; Scheer, Klaus-Dieter, 1976: Rollendistanz und Emanzipation; in: Bruder, Klaus J. et al. (Hg.): Kritik der pädagogischen Psychologie, Reinbek, 39–73. – Parsons, Tal-cott, 1951: The Social System, London. – Steinert, Heinz (Hg), 1973: Symbolische Interaktion, Stuttgart. – Tenbruck, Friedrich H., 1961: Zur deutschen Rezeption der Rollenthe-orie; in: KZfSS 13, 1–40. – Ullrich, Otto, unter Mitarb. v. Dieter Claessens, 1978: Soziale Rolle in der Industriegesellschaft, Studientexte Fernuniversität, München. – Wiswede, Günter, 1977: Rollentheorie, Stuttgart.

Hartmut M. Griese

Rückkopplung

Der aus der Kybernetik stammende Begriff Rück-kopplung (engl. feedback) bezeichnet in dynami-schen Systemen die Wirkung von Änderungen in einer der Ausgangsgrößen (Output) zurück auf die Eingangsgrößen (Input). Rückkopplung beschreibt den selbstregelnden Charakter bei der Veränderung oder Stabilisierung von Systemen oder deren Kom-ponenten durch Rückführung (eines Teils) der eige-nen Prozessergebnisse.

Der Begriff Rückkopplung wird auf technische, biologische, physiologische, psychologische, kom-munikative Systeme bzw. Prozesse und insbesondere in der Soziologie angewendet, z.B. bei Lern-, Ent-wicklungs- oder Prozessen der Selbstorganisation.

Die Theorien sozialer Systeme (vgl. etwa Luhmann) kennen Rückkopplung als Mechanismus, wie *System*e sich an ihre *Umwelt* anpassen. Dabei »erkennen« sie einen Anpassungsbedarf nicht an einem Wandel der Umwelt selbst, sondern an den Rückmeldungen zu den Ergebnissen der eigenen Prozesse aus der Umwelt. Diese Rückkopplung seines Outputs ermöglicht so eine Systemanpassung, ohne dass die Komplexität der Umwelt durch das System erfasst werden müsste.

Auch in der nicht-systembezogenen Soziologie, z. B. den Interaktions- und Handlungstheorien, wird der Begriff Rückkopplung verwendet. Z. B. werden Normen und Werte, auf die sich soziales Handeln und Kommunikation zum Teil stützen, erst durch Rückkopplung bei den Individuen verankert. Sie ist Teil der *Sozialisation*, in denen die Auswirkungen des eigenen Verhaltens als *Sanktion* und Belohnung an das Individuum zurückgeführt werden und so Verhaltensanforderungen erlernt werden.

Weitere praktische soziologische Beispiele für Rückkopplungen sind der Einfluss von Wahlprognosen auf das Wahlverhalten oder das Phänomen der sich selbst erfüllenden Voraussagen (self-fulfilling prophecies).

Neuere mediensoziologische Ansätze sehen Rückkopplung im Zusammenhang mit Informations- und Kommunikationstechnologie. Dabei führt die durch das Internet ermöglichte Unmittelbarkeit der Rückkopplung und der quasi unbegrenzte Adressatenkreis medialer Botschaften zu beschleunigten Systemanpassungen, und dies nicht nur innerhalb realer oder virtueller, sondern auch zwischen diesen Welten.

Im wachsenden Bewusstsein der Eigendynamik und Nichtsteuerbarkeit dieser und anderer gesellschaftlicher Prozesse hat es sich als fruchtbar erwiesen, Rückkopplung zur Erklärung nicht nur sozialer, sondern auch politischer und wirtschaftlicher Phänomene heranzuziehen.

Allerdings ist der Begriff der Rückkopplung im Falle komplexer Systemzusammenhänge, als die man solche gesellschaftliche Realitäten interpretieren kann, grundsätzlich beschränkt, da er zunächst von einer Einzelhandlung oder -funktion her konzipiert ist. In Systemen mit vielfältigen Wechselwirkungen auf verschiedenen Systemebenen scheint der Verweis auf Rückkopplungsmechanismen nicht ausreichend, das Gesamtverhalten des Systems zu erklären.

Literatur

Ashby, W. Ross, 1985: Einführung in die Kybernetik, 2. Aufl., Frankfurt a. M. – Baecker, Dirk, 2005: Schlüsselwerke der Systemtheorie, Wiesbaden. – Habermas, Jürgen, 1995: Theorie des kommunikativen Handelns, Frankfurt a. M. – Luhmann, Niklas, 1999: Soziale Systeme, Frankfurt a. M. – Schelske, Andreas, 2007: Soziologie vernetzter Medien – Grundlagen computervermittelter Vergesellschaftung, München.

Robert Bülow/Stefan Karduck

S

Schicht, soziale

Soziale Schicht (engl. social class, selten stratum) ist einer der zentralen Begriffe der *Sozialstrukturanalyse*; er dient zur Beschreibung des *Ungleichheit*sgefüges einer Gesellschaft und ist eine Metapher aus der Geologie.

Begriff

Unter Schicht versteht man im weiteren Sinn jedes Element vertikaler Ungleichheit. Dann wäre auch eine *Feudalgesellschaft* eine Schichtengesellschaft.

Im engeren Sinne versteht man unter Schicht ein Element vertikaler Ungleichheit, zu dem ein Mensch als Mitglied je nach der bei ihm vorhandenen Ausprägung von Eigenschaften eingestuft wird, die in der Gesellschaft als wichtig angesehen werden. In der modernen westlichen *Industriegesellschaft*, für die *Schichtung* (engl. stratification) i. e. S. typisch sein soll, sind es die im Wesentlichen berufsbezogenen Merkmale Bildung, Einkommen und (Berufs-)Prestige (in manchen Modellen kommen weitere Merkmale hinzu): Je höher die Ausprägung dieser Merkmale beim einzelnen Menschen, desto höher seine Zuordnung zu einer Schicht. Diese werden mindestens nach Unter-, Mittel- und Oberschicht unterschieden, welche oft jeweils in Untere, Mittlere und Obere unterteilt werden. Soziale Folge der Zugehörigkeit zu einer bestimmten Schicht ist insbesondere ein jeweils entsprechend unterschiedlicher Zugang zu sozialen Ressourcen, *Lebenschancen* und *Lebensstilen*. Entscheidend bei dem Modell ist, dass der Einzelne durch Veränderung seiner konstitutiven Schichtungskriterien auch seine abhängigen Schichtungskriterien (mit-)bestimmen kann, so dass soziale *Mobilität* in hohem Maße auf persönlicher Entscheidung beruht und prinzipiell unbegrenzt, individuell gestaltbar und nicht lebenslang oder gar über Generationen sozial determiniert ist, wie etwa beim Modell der *Stände*- und *Kasten*gesellschaft.

Allerdings ist nicht zu übersehen, dass in der Literatur – z. T. wohl wegen der undifferenzierten englischen Terminologie – der Gebrauch von »Schicht« und »Klasse« (und oft auch »Stand«; vgl. Mittel»stand«) nicht sauber unterschieden wird. Die eigentlichen soziologischen Schichtungstheorien (Überblick bei Grimes, 43–195) beginnen erst jenseits der hier behandelten Grundbegriffsklärung. Grob lässt sich sagen, dass Klassen- und Schichtansätze sich in ihrem Blick auf sozioökonomische Ungleichheiten ähneln, welche die Lebensführung der Individuen beeinflussen und eine vertikale Ungleichheitsstruktur bewirken. Unterschiede bestehen u. a. darin, dass Klassenmodelle auf der Basis der Stellung im Produktionsprozess Herrschaftsaspekte und Klassenkonflikte im Kontext gesamtgesellschaftlichen Wandels stärker hervorheben, wohingegen Schichtmodelle auf der Basis von Bildung, Beruf und Einkommen differenzierte Beschreibungen von Ungleichheitsstrukturen und Mobilitätsprozessen fokussieren.

Zur Entwicklung der Schichtungsforschung

Eines der ersten und heute noch komplexesten (Schroth, 173) Schichtungsmodelle stammt von Theodor Geiger. Auf der Grundlage der Volkszählung von 1926 beschreibt Geiger die deutsche Gesellschaft als Pyramide aus fünf »Hauptmassen« (Geiger, 82–105), entsprechend fünf *sozialen Lagen*: an der Spitze befanden sich die Kapitalisten mit ca. 1 % der Bevölkerung, gefolgt von dem »alten« (Handwerker, Bauern u. Ä.) und dem »neuen Mittelstand« (Angestellte und Beamte), die jeweils etwa 18 % der Erwerbstätigen ausmachten. Die »Proletaroiden« (»Tagwerker für eigene Rechnung«) umfassten etwa 13 % der Schichtungspyramide, und das Proletariat stellte mit 51 % die größte Gruppe. Geiger betont jedoch, dass die rein statistisch darstellbare soziale Lage nicht identisch mit einer Schicht ist; denn diese besteht aus dem Zusammenspiel der objektiven sozialen Lage mit der rein statistisch nicht erfassbaren typischen Schichtungsmentalität. Er verwendet also den Schichtbegriff i. w. S.

Eine weitere einflussreiche Schichtungstheorie ist eng mit der *strukturell-funktionalen Theorie* der 1940er und 1950er Jahre (T. Parsons) verknüpft. Dieser stellte insbesondere die *Funktion* von Schichtung für die soziale Ordnung in einer Gesellschaft heraus: Danach brauchen stabile soziale *System*e Normen, die Beziehungen von Über- und Unterordnung regeln – und soziale Schichtung stellt ein solches Regelsystem dar, das den Einzelnen zugleich Handlungsorientierung gibt. Zentrale Einflussfaktoren für den Rang einer *Position* in einer Gesellschaft sehen Davis/Moore im Anschluss an Parsons erstens in der Bedeutung, die eine Position in der Gesellschaft hat und zweitens in der Knappheit von Personen mit geeigneten Qualifikationen und Begabungen hierfür. Um die Ausfüllung wichtiger Funktionen zu sichern, müssen die Positionsinhaber entsprechend belohnt werden (z. B. der Herzchirurg mehr als der Verkäufer). Diese Vorstellung einer nicht zwingend mit Konflikten einhergehenden Schichtung wurde jedoch auch stark kritisiert, u. a. weil sie Chancengleichheit voraussetzt (vgl. im Überblick und mit weiteren Literaturhinweisen Burzan 2011, Kap. 2.4).

Nach dem Zweiten Weltkrieg wandelte sich im Rahmen der Amerikanisierung der deutschen Soziologie das Schichtkonzept. Zwar gab es in der Tradition der amerikanischen *Gemeindesoziologie* (»Middletown«) auch Studien, die soziale *Netzwerk*e und *Interaktions*- und *Macht*strukturen in deutschen Kommunen untersuchten, jedoch entwickelte sich das Schichtungskonzept im Verlauf der 50er- und 60er-Jahre weg von einer interaktions- und mentalitätsbezogenen Kategorie und hin zu einer »objektiven« Klassifikationsgröße der Bevölkerung, für die das Beruf*sprestige* ein wichtiger Faktor war. Eine prominente visuelle Darstellung der Schichtungsstruktur der 1960er Jahre in Deutschland ist die »Zwiebel« (Bolte), nach der eine breite untere Mitte den Statusaufbau der Gesellschaft prägt. Dahrendorf (1965) stellte Schichtung in Form eines Hauses dar.

Im Gefolge des »Bildungsnotstandes« der 60er-Jahre und des sog. Sputnikschocks, der die Überlegenheit des Westens im Bereich der Forschung in Frage stellte, gerieten schichtungsbezogene Ungleichheiten im Bildungssystem in das Zentrum des Interesses. So wurden unterschiedliche Formen der Sprachverwendung in Unter- und Mittelschicht und eine schichtspezifische Benachteiligung von Arbeiterkindern im Bildungssystem konstatiert (Bernstein, 36–42; Oevermann, 210 f.). Weitere Beispiele sind schichtspezifische Unterschiede im Erziehungsverhalten (Kohn, 17–37) und in subkulturellen Gesellungsformen von Jugendlichen (Clarke et al., 63–69).

Blau und Duncan untersuchten in den USA mit Hilfe komplexer statistische Modelle den Einfluss des Elternhauses (operationalisiert über den Berufsstatus des Vaters) auf die Schulbildung des Sohnes und wiederum deren Einfluss auf den Status des ersten Berufs. Solche Untersuchungen unterstrichen die Annahme, dass die Schichtzugehörigkeit (die Eigene und auch die der Eltern) die Lebensführung, u. a. Einstellungen und Verhalten, im Ganzen prägt, wobei empirische Studien die Kulturabhängigkeit von Variablen je nach Gesellschaft jedoch nicht immer berücksichtigten. In ähnlicher Weise wurden mit Hilfe sog. Mobilitätstabellen sozialer *Aufstieg* und *Abstieg* i. S. von Schichtenwechsel im internationalen Vergleich analysiert.

Zu Beginn der 80er-Jahre geriet das Schichtmodell in der bundesrepublikanischen Sozialstrukturanalyse (in anderen Ländern wurde diese Diskussion nicht in dieser Form geführt) in Zweifel über seine weitere Gültigkeit. Ulrich Beck formulierte 1983 erstmalig seine *Individualisierungs*these, die ein Ende lebensweltlich existierender Schichtungsstrukturen unterstellte. Ausgangspunkt dieses Theorems waren soziale Wandlungsprozesse, die seit Mitte der 1960er-Jahre einsetzten. Die Wohlfahrtsentwicklung führte nach Beck zu verbesserten Lebensbedingungen auch für Arbeiter, so dass der auf materieller Not basierende Zusammenhalt dieser Schicht erodierte. Mit der Metapher des »Fahrstuhleffekts« unterstellt Beck eine Reproduktion des Schichtungssystems mit gleichen relativen Abständen zwischen den Schichten auf höherer Ebene, so dass Arbeiter nun in den Genuss von Lebensbedingungen kamen, die in früherer Zeit den Angestellten vorbehalten waren.

Als Erweiterung (z. T. auch mit dem Anspruch der Ablösung) traditioneller Schichtmodelle verstanden sich insbesondere in den 1980er und 1990er Jahren auch *Milieu*- und *Lebensstil*modelle, die der in Schichtmodellen dominanten vertikalen Achse sozialer Ungleichheit horizontale Elemente hinzufügten, etwa durch verschiedene *Wert*haltungen innerhalb von Schichten (z. B. Georg, Schulze, Vester et al.). R. Geißler bspw. hielt jedoch nach wie vor den Schichtbegriff für angemessen, um auch pluralisierte soziale Ungleichheiten abzubilden; er nutzte dafür eine moderne Variante des Hausmodells der Schichtung nach Dahrendorf (Geißler 2011). Im Zuge einer Diskussion seit etwa der Jahrtausendwende um Restrukturierungen sozialer Ungleichheit hat die Diskussion um das eine richtige Ungleichheitsmodell an Bedeutung verloren. Schichtmodelle – die im englischsprachigen Raum von »social class« oftmals gar nicht unterschieden werden –, werden in der sozialstrukturell orientierten Forschung neben anderen Konzepten angewendet, ohne dass sie eine ähnlich dominante Stellung hätten wie im Kontext der Prestigeuntersuchungen in den 1960er Jahren.

Probleme der empirischen Schichtungsanalyse

Im Laufe dieser Forschungsgeschichte zeigte sich ein Problem des Schichtbegriffs im Verlauf des sozialen Wandels. Ursprünglich war man von einer Konsistenz zentraler Schichtungsmerkmale ausgegangen. Im Laufe der Zeit wurde deutlich, dass hohe Bildung nicht immer mit hohem Einkommen (z. B. Akademikerarbeitslosigkeit) oder hohes Einkommen mit hohem Prestige des Berufs (z. B. Zuhälter) verbunden ist. Das Problem der *Statusinkonsistenz* konnten auch Indexmodelle (z. B. von Scheuch) nicht zufriedenstellend lösen (u. a. ging er vom Beruf und der Bildung des Haushaltsvorstands aus).

Ebenso ist der Grundansatz noch weitgehend undiskutiert. Für die Soziologie angemessen wäre ein **objektives** Schichtungsmodell, bei dem in einer Voruntersuchung für die jeweilige Gesellschaft ermittelt wird, wonach in dieser zurzeit t Oben von Unten unterschieden wird. Mit diesem Ansatz ließe sich auch sozialer Wandel gut erfassen, wenn etwa das Berufsprestige durch den Lebensstil ersetzt würde. Dabei kann aber in einer Gesellschaft z. B. auch die Rasse, das Geschlecht oder das Alter eine Rolle spielen, Gesichtspunkte also, die wegen ihrer individuellen Unabänderlichkeit eigentlich nicht in das Schichtkonzept passen. Weitere Schwierigkeiten könnten entstehen, wenn einzelne Subsysteme (z. B. Wirtschaft oder Religion) verschiedene Einstufungskriterien hätten.

Diese Probleme vermeidet das **subjektive** Schichtungsmodell, das – vielleicht deshalb – am häufigsten benutzt wird. Dabei legt der Forscher die Konstitutionskriterien nach nicht weiter überprüften Plausibilitätsüberlegungen fest sowie auch die Anzahl der Schichten und ihrer Unterteilungen und erforscht dann deren quantitativen Umfang und die korrelierenden Folgeerscheinungen der Zugehörigkeit zu den einzelnen Schichten (vgl. Endruweit, 5 f.). Davon abzugrenzen ist die subjektive Schichteinstufung als Befund der Umfrageforschung.

Bei allen Schichtungsanalysen ist die erste Frage: Welche Merkmale bestimmen mit welchem Anteil am Gesamtergebnis, in welcher Höhe die Abstufungen sozialer Ungleichheit der Träger der Merkmale eingestuft wird? An welchen Stellen befinden sich also Grenzlinien zwischen den Schichten, die nicht allein statistische Festlegungen sind? Damit ist zugleich festgestellt, bei welcher Merkmalsveränderung sozialer Auf- und Abstieg erfolgt. Die zweite Frage ist: Wie sind die Optionen zur Merkmalsveränderung verteilt? Alle Ungleichheiten, die Aufstieg (z. B. durch hohe individuelle Kosten für höhere Bildung) oder Abstieg (z. B. teure Privatschulen, die auch Leistungsschwachen bessere Bildungszertifikate verschaffen) be- oder verhindern, sind *Mobilitäts*schranken und damit Entwicklungshindernisse. Die dritte Frage ist: Wie eng ist der Zusammenhang zwischen unabhängigen und abhängigen Merkmalen der Schichtung? Die abhängigen Merkmale werden nach den meisten Ansätzen als Belohnung der Gesellschaft für die Erbringung sozial verschieden wichtiger Leistungen verstanden; je weniger attraktiv (z. B. durch progressive Einkommensbesteuerung) der Aufstieg und je weniger bedrohlich der Abstieg (z. B. durch staatliche Transfers) ist, desto geringer sind die Mobilitätsimpulse für den Einzelnen und die Wandelchancen für die Gesellschaft. Damit ergibt sich als vierte Frage: Wenn der Leistungsanreiz nicht nach diesen Merkmalen optimiert wird, wie will man ihn dann erreichen, oder wird auf Wandel in dieser Weise weitgehend verzichtet?

Kritik des Schichtkonzepts

Gegen die Schichtungstheorie wird eingewandt, sie könne neue Aspekte von Ungleichheit der Lebenschancen, wie ungleiche Verteilung sozialer Lasten, nicht erklären; berücksichtige *Randgruppe*n nicht; sei zu grob durch Übersehen von Lebensstilen u. Ä.; sei zu abstrakt für die Erfassung von schichtübergreifenden Interaktionen, Gefühlen, Interessen; sei zu statisch, zu ethnozentrisch durch Vernachlässigung der Unterschiede zwischen Gesellschaften (vgl. Übersicht bei Geißler, 12–14 m. w. N.). Sie erfasse mit dem Anknüpfen an den *Beruf* nur die Erwerbstätigen, alle anderen hätten lediglich einen vom Haushaltsvorstand abgeleiteten *Status* (Kreckel, 122). Weiterhin zeige die *Lebenslauf*forschung, dass die Konstitutionsmerkmale der Schichtung bei einer Person durchaus schwanken können (Meyer/Blossfeld in Berger/Hradil, 97–315). Zudem berücksichtigten die oft recht deskriptiven Schichtungsmodelle Herrschafts- und Ausbeutungsverhältnisse nicht hinreichend, da sie prinzipiell von einer Durchlässigkeit zwischen den Schichten ausgehen.

Gegenargumente gegen diese Kritik lauten, dass teilweise der Unterschied übersehen werde zwischen den unabhängigen Variablen, die zur Einordnung in eine bestimmte Schicht führen, und den abhängigen Variablen, die eine Folge der Unabhängigen sind. Auch dehne die Kritik den Erklärungshorizont unzulässig über den Ansatz hinaus aus, weil es der Sozialstrukturanalyse nur um die Erklärung der Ungleichheit innerhalb einer Gesellschaft gehen kann. Weiterhin werde nicht beachtet, dass es um Erklärung der *Industriegesellschaft* geht, die als *Leistungsgesellschaft* soziale *Mobilität* optimieren muss; wenn mobilitätsunfähige Kriterien wie *Rasse* oder *Geschlecht* eine Rolle in der Schichtung spielen, sind das Defizite in der Industriegesellschaft. Wähnt man sich dagegen in einer post-industriellen Gesellschaft, müsste man erklären, ob diese sich von der Industriegesellschaft nicht nur durch den Übergang von Waren- zu Dienstleistungsproduktion unterscheide, sondern auch durch Abschaffung von Leistungsprinzip, möglichst maximaler Wandlungsfähigkeit, Anpassungsbereitschaft an Umwelterfordernisse und Wachstumsstreben; weiterhin müsste festgestellt werden, ob das für die ganze Gesellschaft gilt oder nur für die oberen Schichten, die ihre Position in standesgesellschaftlicher Weise gegen Abstieg sichern wollen. Schließlich will die Schichtungstheorie erklären, wodurch Auf- und Abstieg bewirkt werden, und dabei sind die drei Hauptvariablen der Schichtung empirisch immer noch zentral. Dagegen ist nicht Gegenstand der Schichtungstheorie, die vielen Unterschiede innerhalb einer Schicht (»horizontale Ungleichheit«) zu erfassen und zu erklären, insofern diese Unterschiede eben nicht zu sozialer Ungleichheit, die hier stets als Vertikale verstanden wird, führen.

Natürlich lässt die Schichtungstheorie damit »blinde Flecken« in der Sozialstrukturanalyse. Wie bereits erwähnt, wird die Diskussion um die adäquate Konzeptualisierung *sozialer Ungleichheit* heutzutage nicht zuletzt deshalb begleitet von einer gewissen Paradigmenvielfalt (z. B. Geißler 2011, 119), derzufolge je nach Fragestellung z. B. Schicht- oder Klassen-, Milieu-, Lebensstil- oder *Intersektionalität*ansätze zur Anwendung kommen.

Literatur

Beck, Ulrich, 1986: Risikogesellschaft, Frankfurt a. M. – Berger, Peter A.; Hradil, Stefan (Hg.), 1990: Lebenslage, Lebensläufe, Lebensstile, Soziale Welt Sonderbd. 7, Göttingen. – Bernstein, Basil, 1970: Soziale Struktur, Sozialisation und Sprachverhalten, Amsterdam. – Blau, Peter M.; Duncan, Otis Dudley, 1967: The American Occupational Structure, New York/London. – Bolte, Karl Martin et al., 1966: Soziale Schichtung, Opladen. – Burzan, Nicole, 2011: Soziale Ungleichheit, 4. Aufl., Wiesbaden. – Clarke, John et al., 1981: Jugendkultur als Widerstand, 2. Aufl., Frankfurt a. M. – Endruweit, Günter, 2000: Milieu und Lebensstilgruppe – Nachfolger des Schichtenkonzepts?, München/Mering. – Geiger, Theodor, 1932: Die soziale Schichtung des deutschen Volkes, Stuttgart. – Geißler, Rainer (Hg.), 1994: Soziale Schichtung und Lebenschancen in Deutschland, 2. Aufl., Stuttgart. – Ders., 2011: Die Sozialstruktur Deutschlands, 6. Aufl., Wiesbaden. – Georg, Werner, 1994: Soziale Lage und Lebensstil, Opladen. – Gordon, Milton, 1963: Social Class in American Sociology, New York. – Grimes, Michael D., 1991: Class in Twentieth Century American Sociology, New York. – Kohn, Melville L., 1977: Class and Conformity, 2nd ed., Chicago/London. – Kreckel, Reinhard, 1992: Politische Soziologie der sozialen Ungleichheit, Frankfurt a. M./New York. – Oevermann, Ulrich, 1972: Sprache und soziale Herkunft, Frankfurt a. M. – Page, Charles, 1940: Class and American Sociology: From Ward to Ross, New York. – Parsons, Talcott, 1973: Soziologische Theorie, 3. Aufl., Darmstadt/Neuwied (1954). – Schroth, Yvonne, 1999: Dominante Kriterien der Sozialstruktur, Münster. – Schulze, Gerhard, 1996: Die Erlebnisgesellschaft, 6. Aufl., Frankfurt a. M. – Vester, Michael et al., 2001: Soziale Milieus im gesellschaftlichen Strukturwandel, Frankfurt a. M.

Günter Endruweit/Nicole Burzan

Segregation

Definition

Segregation (engl. segregation) bezeichnet den Grad der Trennung sozialer Gruppen. Im deutschen Sprachgebrauch bezieht sich der Begriff meist auf die disproportionale wohnräumliche Verteilung sozialer Kategorien über geographische Einheiten, etwa Stadtviertel (residentielle Segregation). Die Soziologie interessiert daran der Zusammenhang mit *sozialer Ungleichheit*. Die angelsächsische Forschung verwendet den Begriff auch losgelöst von der Raumperspektive als direktes Maß sozialer Ungleichheit, etwa im Zugang zu Bildungswesen und Arbeitsmarkt. Sie thematisiert neben der ethnischen v. a. die Geschlechterungleichheit.

Entstehung

Segregation entsteht einerseits durch individuelle Präferenzen. Nach *Lebensstil* homogene städtische *Milieus* oder durch ein Geschlecht dominierte Berufe beruhen teils auf präferenzbasierten Wahlentscheidungen. So bevorzugten Einwanderer historisch oft Stadtteile mit ethnischer Infrastruktur. Andererseits stabilisieren Zugangsbarrieren die Segregation. Marktmechanismen erschweren kaufkraftschwachen Gruppen den Zugang zu attraktiven Wohngebieten, ethnische Präferenzen von Immobilienbesitzern und Banken behindern Minderheiten im Zugang zu Segmenten des Wohnungsmarkts (›redlining‹). Residentielle Segregation wächst zudem durch selektive Abwanderung und endogenes Wachstum von Teilbevölkerungen. Diskriminierende Einstellungen können eine Rekrutierungspraxis für gesellschaftliche Positionen zum Nachteil von Frauen (›glass ceiling effect‹), Zuwanderern und anderen Gruppen bewirken. Erlangen derartige Barrieren den Rang gesetzlicher Anordnung, spricht man von De-jure-Segregation (z. B. Apartheid), geht sie auf soziale Praxis zurück, von De-facto-Segregation.

Folgen

Segregation kann somit eine soziale, kulturelle oder räumliche Dimension oder deren Kombination aufweisen. Eine solche Mischform ist die residentielle Segregation, die oftmals als Folge ethnischer Segregation auftritt und zur Homogenität bzgl. weiterer Merkmale wie Bildungsabschluss, Einkommen oder Konfession führt. Der residentiellen Segregation werden oft abträgliche Kontexteffekte auf die Lebensverhältnisse der segregierten Bevölkerung zugeschrieben, nämlich Homogenisierungstendenzen in Einstellungen und Verhaltensweisen. Sie sollen sich durch ein Ausmaß *sozialer Probleme* äußern, das durch die Zusammensetzung der Bewohnerschaft allein, den sog. Kompositionseffekt, nicht zu erklären ist. Als ursächlich gelten fehlende Kontakte zu anderen Bevölkerungsgruppen und damit mangelnde Gelegenheit zu sozialem Lernen, die *Sozialisation* zu abweichenden *Normen*, etwa einer Kultur der Armut, mangelnde Netzwerke aufgrund eingeschränkter vertikaler sozialer *Mobilität*, schlechtere Infrastruktur, z. B. schlechtere Schulen, sowie Stigmatisierung durch den Ruf des Wohnorts. Andererseits argumentieren amerikanische Forscher, freiwillige Segregation bewahre Immigranten mit hoher Leistungsmotivation vor Abwärts*assimilation* an lokale Unterschichten. Auch soll ethnische Binnenintegration die *Integration* in die Aufnahmegesellschaft fördern können.

Die empirische Forschung hat diese Wirkungen bisher nur eingeschränkt bestätigt. Aufgrund kleinräumiger Mobilität finden Kontakte auch außerhalb des Wohnquartiers statt, und räumliche Nähe geht nicht zwingend mit sozialer Nähe einher. Eingeschränkte *Netzwerk*e wurden in Einwanderergesellschaften mit hoher Segregation und eigenethnischer institutioneller Vollständigkeit beobachtet. Deutsche Städte weisen im internationalen Vergleich dagegen geringe Segregationsgrade und schwache ethnische Infrastruktur auf. Im Zeitverlauf sinkt hier die ethnische Segregation, u. a. durch Fortzug ökonomisch erfolgreicher Migranten aus Ausländerquartieren, während die Segregation von Armen und Arbeitslosen steigt.

Berufliche Segregation dagegen, die sich häufig in Geschlechtertrennung äußert und die Polarisierung des Arbeitsmarktes in weibliche und männliche Berufe beschreibt, führt nicht nur zu geringeren Karrierechancen und einem schlechteren sozialen *Status* für Personen in Frauenberufen, sie wird außerdem als eine zentrale Ursache des in Deutschland nach wie vor existenten geschlechtsspezifischen Lohngefälles angeführt.

Dimensionen und Messung

In der Forschung zu residentieller Segregation werden fünf Dimensionen unterschieden: Gleichverteilung über geographische Einheiten; Wahrscheinlichkeit des Kontakts zwischen Gruppen; Konzentration auf kleinen Teilflächen; Zentralität, d. h. Ballung in bestimmten zentralen oder peripheren Lagen; sowie Grad der Clusterbildung der Wohngebiete. Gängige Messinstrumente zur Beschreibung der Gleichverteilung (Dissimilaritätsindex, Gini-Koeffizient) wurden für Untersuchungen zur Geschlechter- bzw. beruflichen Segregation adaptiert.

Literatur

Duncan, Otis D.; Duncan, Beverly, 1955: A methodological analysis of segregation indexes; in: American Sociological Review 20, 210–217. – Elwert, Georg, 1982: Probleme der Ausländerintegration. Gesellschaftliche Integration durch

Binnenintegration?; in: Kölner Zeitschrift für Soziologie und Sozialpsychologie 34, 717–731. – Friedrichs, Jürgen, 2008: Ethnische Segregation; in: Kalter, Frank (Hg.): Migration und Integration, Wiesbaden, 380–411. – Ders. et al., 2005: Neighbourhood Effects on Social Opportunities; in: Dies. (Hg.): Life in Poverty Neighbourhoods, London, 1–10. – Häußermann, Hartmut, 2007: Ihre Parallelgesellschaften, unser Problem. Sind Migrantenviertel ein Hindernis für Integration?; in: Leviathan 35, 458–469. – Karmel, Tom; Maclachlan, Maureen, 1988: Occupational Sex Segregation – Increasing or Decreasing?; in: The Economic Record 64, 187–195. – Massey, Douglas S.; Denton, Nancy, 1988: The Dimensions of Residential Segregation; in: Social Forces 67, 281–315. – Oberwittler, Dietrich, 2004: Stadtstruktur, Freundeskreise und Delinquenz; in: Ders.; Karstedt, Susanne (Hg.): Soziologie der Kriminalität, Wiesbaden, 135–170.

Julia Marth/Kurt Salentin

Sekundäranalyse

Unter Sekundäranalyse (engl. secondary analysis) versteht man eine Forschung, in der die Originaldaten der Primärforschung unter neuen Gesichtspunkten ausgewertet werden. Sekundäranalysen folgen der gleichen Logik wie die Primärforschung (Bulmer et al.); sie sparen die Erhebungsarbeit und müssen dafür eine Einschränkung der Fragemöglichkeiten in Kauf nehmen. Sekundäranalysen können nach den Originaldaten klassifiziert werden, auf die sie zurückgreifen; das sind vor allem die amtliche *Statistik*, prozessproduzierte *Daten* und *Umfrage*n. Daten der amtlichen Statistik wurden bereits von den Klassikern der Soziologie – Durkheim im Selbstmord und Weber in der Protestantischen Ethik – genutzt. Prozessproduzierte *Daten* fallen im Arbeitsvollzug der Verwaltung an; so kann man z. B. die An- und Abmeldungen bei den Einwohnermeldeämtern nutzen, um die Entwicklung der sozialen Segregation in Stadtvierteln zu verfolgen. Am häufigsten basieren Sekundäranalysen jedoch auf Umfragen, die nach der primären Auswertung in Datenarchiven gelagert und für die Sekundäranalyse aufbereitet werden (Bulmer et al., Kiecolt/Nathan); in Deutschland wird diese Aufgabe vom GESIS-Datenarchiv wahrgenommen. In jüngster Zeit ist der Begriff Sekundäranalyse auch auf nicht-standardisierte Erhebungen ausgeweitet worden (Witzel et al.).

Die Sekundäranalyse von Umfragen dient oft der Vorbereitung einer *Replikationsstudie* (Bulmer et al., Volume I/IV), in der die gleichen Fragen in der gleichen Grundgesamtheit wiederholt werden, so dass eine *Zeitreihe* konstruiert und der *soziale Wandel* z. B. von Einstellungen beschrieben werden kann. Inhaltlich ist dies vor allem auf dem Gebiet der Wahlsoziologie, aber auch auf dem Gebiet des sog. *Wert*wandels (Meulemann) geschehen. Seit 1980 werden in der Bundesrepublik mit dem ALLBUS im Zwei-Jahres-Abstand systematisch bestimmte inhaltliche Bereiche mit Wiederholungsfragen im Zusammenhang mit einer Standarddemographie untersucht, die neben einer Analyse der Hintergründe von Einstellungen auch eine Analyse des Wandels der Sozialstruktur erlaubt (Porst).

Auch wenn die genau gleichen Frageformulierungen in der gleichen Grundgesamtheit repliziert wurden, können die gewonnenen Zeitreihen noch durch Artefakte verzerrt sein. Häufig wurden früher Quoten-, später aber Zufallsstichproben angewandt und verschiedene Erhebungsinstitute mit einem unterschiedlichen Arbeitsstil beauftragt. Zudem kann selbst eine gleiche Frageformulierung eine gleiche Erhebung nicht garantieren, wenn sich die Bedeutung der Frage selbst geändert hat.

Literatur

Bulmer, Martin et al. (Hg.), 2009: Secondary Analysis of Survey Data, Vol. I-IV, Los Angeles. – Firebaugh, Glenn, 1997: Analyzing Repeated Surveys, Thousand Oaks. – Kiecolt, K. Jill; Nathan, Laura E., 2008: Secondary Analysis of Survey Data, Beverly Hills. – Meulemann, Heiner, 2002: Wertwandel und kulturelle Teilhabe, Kurseinheit Fernuniversität, Hagen. – Porst, Rolf, 2000: Praxis der Umfrageforschung, 2. Aufl., Stuttgart. – Witzel, Andreas et al., 2008: Sekundäranalyse qualitativer Daten. Zum gegenwärtigen Stand einer neuen Forschungsstrategie; in: Historical Social Research 33, 10–32.

Heiner Meulemann

Sexualität

Sexualität (engl. sexuality) ist eine körperlich-emotionale Interaktionsform, bei der es wesentlich um die Generierung von (eigenen und fremden) Lustempfindungen geht. *Kommunikation* ist Sexualität nur insofern, als ein Sexualpartner am Lustgewinn beteiligt sein kann, aber nicht muss. Der Begriff des sexuellen Handelns muss differenziert verwenden werden, da er impliziert, dass sexuelle Gefühlsregungen absichtsvoll herbeigeführt werden, während sich Lust- und Erregungszustände tatsächlich auch abgekoppelt vom Bewusstsein einstellen können. Gerade das Erleben des sexuellen Höhepunktes ist ein Zustand außerhalb bewusster Steuerung, wenngleich das Erreichen dieses Höhepunktes keineswegs ein konstitutives Merkmal »gelingender« Sexualität darstellt. Sexualität findet auch abseits genitaler Stimulanz statt, ist aber nicht vom Bezug auf den *Körper* zu trennen.

Aus soziologischer Sicht ist Sexualität in ihrer idealtypischen Ausgestaltung (als Begegnung zweier gleichberechtigter Akteure) ein paradigmatisches Beispiel für *soziales Handeln*, welches die Resonanzsignale des Körpers funktional einbezieht. Die meisten Sexualakte finden innerhalb fester *Paarbeziehungen* statt (Sigusch 2005: 170), ob jedoch ein vorheriger Austausch von Sozialkapital wie Zuneigung und Vertrauen zwischen den Sexualpartnern stattfindet oder nicht, scheint den Lustgewinn in der sexuellen Interaktion weder zu fördern noch zu behindern.

Soziologiegeschichte

Sexualität ist erst verhältnismäßig spät als soziologisches Thema ernst genommen worden. Schon bei Weber wird Sexualität am Rande seiner religionssoziologischen Studien und im Kontext der rationalen Grundlagen der Vergesellschaftung thematisiert, während Simmel in verschiedenen Schriften auf mikrosoziologische Komponenten erotischer und sexueller Momente in der Gesellschaft hinweist. Bei Elias wird Sexualität im Kontext des Zivilisationsprozesses beleuchtet; hier lässt sich ein historischer Wandel in der Bewertung des Zusammenhangs von »Trieb« und Bewusstsein konstatieren. Schelsky legte 1955 eine erste umfassende Studie über die »Sexualität der Gesellschaft« vor, in der er gegen die Ordnungsgefährdung einer primär lustfixierten Erotik plädiert und den Nachweis für die notwendige Einbeziehung moralischer Perspektiven zu liefern versucht. Dem gegenüber hat Adorno Sexualität sporadisch auf ihr Befreiungspotenzial aus den totalen gesellschaftlichen Bezügen des Spätkapitalismus hin angesprochen. Giddens geht – in Anlehnung an Foucault – am Beispiel der Sexualität exemplarisch auf den gesellschaftlichen Wandel im Zeichen reflexiver Modernisierung ein. Bei Luhmann, der die Rolle der Sexualität in Intimbeziehungen thematisiert, kommt

die moralische Facette durch die Codierung »mit/ ohne« Liebe wieder ins Spiel. Für Bourdieu sind Ausprägungen der Sexualität ein Beispiel für die »männliche Herrschaft«, der beiden *Geschlecht*ern eine quasi-natürliche Geltung zuzusprechen scheint. Bauman versteht Sexualität unter postmodernen Vorzeichen als ein strategisches Mittel zur autonomen *Identität*serstellung. Im Sinne einer kritischen Sexualwissenschaft prangert dagegen Sigusch die Instrumentalisierung von Sexualitätsdiskursen für gesellschaftspolitische Zwecke an und verortet Sexualität in ihren soziohistorischen Bezügen. Lautmann hat 2002 ein Standardwerk zur »Soziologie der Sexualität« vorgelegt, das die kulturellen Grundlagen gegenwärtiger Sexualformen umfangreich nachweist.

Interaktionsformen

Körperlichkeit und Sozialverhalten fallen in der Sexualität explizit zusammen: Äußerlich besehen zeigt der Körper im Erregungsfall den Erfolg der Lustgenerierung an, die Deutung dieser Signale ist jedoch von soziokulturellen Rahmenbedingungen abhängig. Überhaupt lässt sich Sexualität nicht losgelöst von den je vorherrschenden, wandelbaren Sinnstiftungen einer Gesellschaft denken. So liegt beispielsweise dem traditionell heteronormativ geprägten Verständnis von Sexualität in der westlichen Welt die Vorstellung einer Gender-Bipolarität zugrunde, gegen die Homosexualität lange Zeit als Subversion oder Pervertierung abgegrenzt wurde. Das empirische Vorkommen dieser und vieler anderer Sexualformen und -praktiken, die zu verschiedenen Zeiten als deviant galten (und in anderen Zeiten legitim waren), untergräbt das Bild einer in der Mann-Frau-Konstellation aufgehenden Sexualität jedoch seit jeher. Die Analyse des sozialen Wandels im Sexuellen ist stets auch Analyse von *Macht*aspekten. Sie belegt, dass viele Facetten der Sexualität sozial erworben und eben nicht angeboren sind.

Im Zuge des Zivilisationsprozesses hat sich eine Sexualkultur entwickelt, die wesentlich aus der Abkopplung der persönlichen Sexualeinstellung von der Performance im Alltag besteht: Anstelle des offenen Lustbekenntnisses, das in der römischen Antike und noch im Mittelalter möglich war, tritt die Verlagerung des Sexuellen in die Heimlichkeit des Schlafzimmers. Dies geht mit der *Scham*besetzung der Nacktheit und der Idealisierung einer auf (lustfeindlicher) Vernünftigkeit aufbauenden Teilhabe an der

Gesellschaft einher. Mittels »Triebunterdrückung« sollte die irrationale Natur des Menschen, die in der Sexualität ihr Ventil zu finden scheint, gebrochen werden. Ergebnis dieser Verzauberung war für lange Zeit die Repression sexueller Empfindungen (insbesondere weiblicher Lust), welche nur als Privatissimum Bestand haben durften und außerhalb der öffentlichen Kommunikation zu stehen hatten.

In der Neuzeit ist Sexualität zunehmend mit Semantiken der *Intimität*, des wechselseitigen Begehrens und der Verführung verbunden worden; das stets vorhandene Risikopotenzial sexuellen Tuns (vgl. Löw 2008) wird durch die Leitorientierung am reziproken Lustgewinn und an der Verknüpfung von Sinn(zuschreibung) und Sinnlichkeit(serleben) abgemildert. Sexualität kann jedoch noch immer als hochgradig mystifizierter Bereich der sozialen Welt angesehen werden, da die – gesellschaftlich zugeschriebene – Intimität des Sujets das Verheimlichen der subjektiven Sexualpräferenzen diktiert. Aus dieser sozialen Norm heraus hat sich dialektisch als Gegengewicht eine Bekenntnislust etabliert, mit der das »Geständnistier Mensch« (Foucault) sich selbst und anderen seine souveräne Handhabung der eigenen Sexualität, aber auch seine Vielseitigkeit und Offenheit demonstriert. (Ausgenommen sind Eingeständnisse der eigenen Insuffizienz, da sie dem symbolischen Kapital, das mit sexueller Leistungsfähigkeit assoziiert wird, schaden.) Die Publizität sexuell konnotierter Themen und Bilder in den *Massenmedien* führt gleichsam zu einem visuellen und Wissens-Überangebot, gegenüber dem das eigene sexuelle Erleben quantitativ häufig nicht mithalten kann. Die ursprüngliche Verdrängung sexueller Diskurse in den Privatbereich wird durch diese Verlagerung zwar »nach außen« getragen, dafür aber konterkariert: Sexualität dehnt sich vom ursprünglichen Handlungs- zum Besprechungskontext aus.

Moralbezug

Sexualität ist immerzu von ethischen Geboten begleitet worden, die das Ausagieren von Lust im Namen des Erhalts der gesellschaftlichen Ordnung reglementiert (oder angeleitet) haben. Die biologistische Legitimation der Sexualität zum Fortpflanzungszweck stellt dabei die dominanteste, nur vermeintlich antiquierte *moral*ische Orientierung dar, die sich – häufig in Verbindung mit religiösen Überzeugungssystemen – auch in den Zeiten individualisierter Lebensformen noch auffinden lässt. Gleichsam wiederkehrend ist der Diskurs über die angebliche »sexuelle Verwahrlosung« Jugendlicher durch (stets neu definierte) Umwelteinflüsse, die die Entwicklung einer »gesunden« (Sexual-)Autonomie zu untergraben drohen.

Auf einer anderen Ebene setzt die sexuelle *Treue* an. Obwohl die Multioptionalität des sozialen Lebens eine Atmosphäre großer Liberalität im Umgang mit sexuellen Wünschen geschaffen hat, nimmt partnerschaftliche Exklusivität in der Lebensführung einen hohen Stellenwert ein. In Paarbeziehungen gilt Sexualität nahezu einhellig als für den Partner reserviertes Privileg. Dies gilt jedoch weniger für das Lustempfinden an sich: problematisch ist das körperliche Ausagieren sexueller Interessen, nicht jedoch (möglicherweise als Tribut an die Unvermeidbarkeit erotischer Stimuli im sozialen Alltag) die prinzipielle Erregbarkeit. Treue ist vor diesem Hintergrund vor allem eine durch körperliches Unterlassen zu bewerkstelligende Sozialleistung.

Einer liberalen Sichtweise gemäß besteht der Imperativ sexueller Freiheit in der unvoreingenommenen Bewertung von Praktiken und Handlungsvarianten, die auf den ersten Blick von der »*Norm*« des gesellschaftlich etablierten Sexualhandelns abweichen. Die steigende Wertschätzung der sexuellen Autonomie, die mit der forcierten Trennung von Öffentlichkeit und Privatsphäre einhergeht, lässt es zu, dass solche »neosexuellen« Trends (Sigusch) in Eigenregie als Bereicherung der individuellen Erlebnispalette abbuchbar sind.

An der Schnittstelle zwischen sexueller Selbstbestimmung und gesellschaftlicher Intervention stehen die Prostitution (ein in allen Gesellschaften verbreitetes Kulturphänomen) und der Pornografiekonsum, während Selbstbefriedigung als Sexualform mittlerweile weitgehend akzeptiert ist. Das Erkaufen sexueller Dienstleistungen (trotz juristischer Anerkennung des Berufsstandes) bzw. das Bezahlen für das Erlangen von Lustempfindungen qua Medienkonsum unterliegen zum Teil noch immer der sozialen Ächtung bzw. der institutionellen Kontrolle.

Literatur

Benkel, Thorsten; Akalin, Fehmi (Hg.), 2010: Soziale Dimensionen der Sexualität, Gießen. – Eder, Franz X., 2009: Kultur der Begierde. Eine Geschichte der Sexualität, München. – Lautmann, Rüdiger, 2002: Soziologie der Sexualität, Weinheim/München. – Löw, Martina, 2008: »Sexualität«; in: Nina Baur et al. (Hg.): Handbuch Soziologie, Wiesbaden, 431–443. – Schmidt, Günter; Strauß, Bernhard (Hg.), 2002: Sexualität und Spätmoderne. Über den kulturellen Wandel der Sexualität, Gießen. – Sigusch, Volkmar, 2005: Neosexualitäten. Über den kulturellen Wandel von Liebe und Perversion, Frankfurt a. M./New York.

Thorsten Benkel

Sippe

Der Begriff Sippe (engl. sib, kindred) kann dreierlei bezeichnen: 1. als Fachterminus in der englischen Tradition der Sozialanthropologie im Anschluss an A. R. Radcliffe-Brown (1950, 15) ein ego-zentriertes *Verwandtschafts*netz nach dem Modell der germanischen Sippenverfassung; 2. in der amerikanischen Tradition im Anschluss an G. P. Murdock (1949, 47) eine unilineare Abstammungsgruppe, deren Mitglieder sich als Nachfahren eines gemeinsamen Ahnen oder einer gemeinsamen Ahnin betrachten, ohne dass allerdings die genaue genealogische Beziehung über alle Glieder in jedem Fall nachvollziehbar wäre. In der englischen Tradition wird eine solche unilineare Verwandtschaftsgruppe i. d. R. als *Lineage* oder *Klan* bezeichnet; 3. eher umgangssprachlich und häufig mit derogativem Beiklang im Sinn von Sippschaft verwendet, eine erweiterte *Familie*.

Nicht zuletzt wegen der uneinheitlichen Terminologie wird Sippe als Begriff der Verwandtschaftsbestimmung in der Sozialanthropologie heute weniger gebraucht, v. a. die amerikanische Tradition hat sich in Deutschland nicht durchgesetzt. Gehalten hat sich Sippe dagegen als Begriff der Rechtsgeschichte des frühen Mittelalters. Unter den germanischen Völkern wurde Sippe als Kreis von Verwandten einer Person aufgefasst, die nach dem Zusammenbruch des römischen staatlichen Rechts und unter Bedingungen der wieder zunehmenden Bedeutung der Selbsthilfe zu Beistand verpflichtet waren (Drew 1988). In den germanischen Rechtskodizes wird Sippe als bilaterales, also sowohl über die Vater- als auch die Mutterseite gerechnetes Verwandtschaftsnetz bis zu einem bestimmten Grad, häufig inklusive des 2. oder 3. Cousins, verstanden. Zu beachten ist, dass bei bilateraler Verwandtschaftsrechnung lediglich Vollgeschwister, nicht aber Cousins oder Eltern und Kinder über ein deckungsgleiches Verwandtschaftsnetz verfügen. Im Gegensatz zu linearer Verwandtschaftsrechnung, die auf einen gemeinsamen Vorfahren bezogen ist, erzeugt diese bilaterale Verwandtschaftsrechnung also keine fortdauernden korporierten Deszendenzgruppen (Lineages), wie sie typisch für Afrika und den Nahen Osten sind, aber sie eignet sich zur Mobilisierung von temporären Aktionsgruppen und von einer Person ausgehend zur Bestimmung des Kreises von Personen, denen gegenüber sie bestimmte Rechte und Pflichten (etwa bezüglich Beistand, Erbschaft, Heiratsverbote) hat. Sippe, in der neueren englischsprachigen Literatur häufig nicht als sib, sondern als kindred übersetzt, spielt als gesellschaftliche Organisationsform eine wichtige Rolle in Südostasien, Ostasien und in sehr abgeschwächter Form in Euroamerika.

Seine Hochkonjunktur erlebte der Begriff der Sippe zweifellos im nationalsozialistischen Deutschen Reich. In der Folge der Nürnberger Rassengesetze von 1935 wurde das Reichssippenamt zur letzten Instanz, die über den Ariernachweis und damit über Leben und Tod entscheiden konnte (Schulle 2001).

Literatur

Drew, Katherine, 1988: Law and Society in Early Medieval Europe, London. – Murdock, George P., 1949: Social Structure, Toronto. – Radcliffe-Browne, Alfred R., 1950: Introduction; in: Ders.; Forde, Daryll (Eds): African Systems of Kinship and Marriage, London. – Schulle, Diana, 2001: Das Reichssippenamt. Eine Institution nationalsozialistischer Rassenpolitik, Berlin.

Kurt Beck

Skalierung

Die Skalierung (engl. scaling) dient in der empirischen Sozialforschung der *Messung* latenter Sachverhalte. Während in den Naturwissenschaften die relevanten Gegenstände zumeist direkt wahrnehmbar sind und damit auch mithilfe der entsprechenden Instrumente gemessen werden können, beschäftigt sich die Sozialforschung zumeist mit sehr komplexen oder mit verborgenen Sachverhalten. Dazu zählen beispielsweise Verhaltensabsichten, Meinungen, Interessen, Wertorientierungen usw. Um solche Sachverhalte quantifizieren zu können, sind bestimmte Verfahren, die Skalierungsverfahren, erforderlich.

Die Entwicklung von Skalen

Bei der Entwicklung von Skalen können verschiedene Schritte unterschieden werden. Im ersten Schritt erfolgt die *Operationalisierung* des zu untersuchenden Sachverhalts. Beispielsweise könnte man annehmen, dass eine Einstellung zu einem Objekt eine kognitive, eine evaluative und eine behaviorale Dimension besitzt. Im zweiten Schritt wird eine Sammlung von (mitunter bis zu 100 und mehr) Aussagen angelegt, die unterschiedliche Ausprägungen dieses Sachverhalts beschreiben. Die Basis dafür können eine Literaturdurchsicht, eigene Konstruktionen, Voruntersuchungen, Tagebücher u. Ä. sein. Der dritte Schritt sieht die Aussonderung doppelter Aussagen und eine sprachliche Überarbeitung vor. Daran schließt sich viertens die eigentliche Eichung der Skala an. Hierfür können nun unterschiedliche Skalierungsverfahren wie die Likert-Technik, die Skalogramm-Analyse nach Guttman oder das Verfahren der gleich erscheinenden Abstände nach Thurstone benutzt werden. Aus den verbleibenden Aussagen wird abschließend die Finalskala konstruiert.

Skalierung nach der Likert-Technik

Bei der Likert-Skalierung (vgl. Likert 1937) werden die gesammelten Aussagen einer Untersuchungspopulation mit der Bitte vorgelegt, jede Einzelne zu bewerten. Dazu werden in der Regel fünfstufige Intensitätsskalen verwandt (vgl. Faulbaum et al. 2009: 24 ff.). Auf der Grundlage dieser Bewertungen wird für jede Person ein Punktwert vergeben. Um jene Aussagen zu ermitteln, die nicht den gesuchten Sachverhalt zum Ausdruck bringen, benötigt man einen Referenzwert, der die gesuchte Einstellung zum Ausdruck bringt. Schließlich sind nur solche Aussagen für die Skala geeignet, die mit dem Referenzwert in einem engen Zusammenhang stehen. Dazu wird die Item-Interkorrelation zwischen allen Aussagen berechnet. Eine hohe Korrelation deutet auf eine gute Qualität der Aussage hin, entsprechend sind jene Aussagen auszusondern, für die dies nicht zutrifft.

Die Skalogrammanalyse nach Guttman

Alle Aussagen werden nach ihrer Schwierigkeit angeordnet. Man kann annehmen, dass Personen mit einer hohen Ausprägung der gesuchten Eigenschaft allen Aussagen zustimmen. Personen mit einer mitt-leren Ausprägung werden lediglich einem Teil der Aussagen zustimmen. Schließlich werden Personen mit einer nur geringen Ausprägung auch lediglich nur den einfachen Aussagen zustimmen. Bis zu einem Umschlagpunkt werden also alle Aussagen von einer Person zustimmend beantwortet und danach werden die Aussagen abgelehnt. Die Annahme eines solchen Umschlagpunktes wird bei der Skalogramm-Analyse (vgl. Guttman 1944, 1947) auch als deterministische Sprungfunktion bezeichnet. Zur Ermittlung der Güte einer solchen Skala lässt sich der Reproduzierbarkeitskoeffizient (Rep) ermitteln. Er gibt Auskunft darüber, inwieweit die Annahme der Eindimensionalität erfüllt wird.

Die Thurstone-Skalierung

Eine Gruppe heterogen zusammengesetzter Eichpersonen wird darum gebeten, die gesammelten Aussagen einzuordnen (vgl. Thurstone/Chave 1929). Dabei besteht die Aufgabe darin, die einzelnen Aussagen in vorgegebene Kategorien abzulegen. Dafür wird z. B. eine elfstufige Intensitätsskala mit Verbalisierungen an den Polen benutzt: 11 = positive Aussage und 1 = negative Aussage. Die Eichpersonen werden dazu angehalten, nicht ihre eigenen Ansichten zur erfragten Thematik zu äußern, sondern unabhängig davon lediglich die ihnen vorgelegten Aussagen zu bewerten. Mithilfe eines Vorlageblattes, auf dem die elfstufige Skala visualisiert wird, und mittels Kärtchen, auf denen die einzelnen Aussagen aufgedruckt wurden, kann die Aufgabe erleichtert werden. Die Eichpersonen üben damit eine gewisse Expertenfunktion aus. Im Ergebnis wird erstens sichtbar, ob für alle elf Skalenwerte Aussagen im Itempool vorhanden sind oder ob beispielsweise extreme Ausprägungen des Einstellungskontinuums vorkommen.

Coombs-Skalen

Dieser Skalierungstechnik liegt die Annahme zugrunde, dass sich alle zu bewertenden Sachverhalte nebeneinander auf nur einer Dimension anordnen lassen. Ein solcher Meinungsgegenstand könnten beispielsweise alle politischen Parteien sein, die dann auf einer Links-Rechts-Dimension eingeordnet werden. Eine solche Anordnung erfolgt unabhängig von der eigenen individuellen Bewertung dieser Sachverhalte – hier der einzelnen politischen Parteien. Sie kann damit als allgemein verbindlich angesehen werden. Jede Person hat nun auf dieser Skala ihren Idealpunkt. Sie präferiert dann beispielsweise jene Partei, welche diesem Idealpunkt am nächsten kommt (vgl. Bortz/Döring 2002). Es werden dabei die I- (individual) und die J- (joint) oder die entfaltete Skala unterschieden. Während die I-Skalen individuell sehr verschieden ausfallen, sollte es gelingen, eine J-Skala zu erstellen, bei der alle Objekte so angeordnet werden, dass sich darauf die individuellen Präferenzen reproduzieren lassen. Dies ist jedoch nicht immer erfolgreich.

Multidimensionale Skalierung (MDS)

Während die bisher vorgestellten Techniken von der Eindimensionalität des zu skalierenden Sachverhalts ausgingen, unterstellt die MDS ein mehrdimensionales Messobjekt (vgl. Borg/Staufenbiel 1997, Borg 2000). Dies lässt sich anschaulich an einem Beispiel darstellen. So ist (vgl. Kruskal/Wish 1978: 30) die subjektiv empfundene Ähnlichkeit verschiedener Staaten erfragt worden. Daraus ergeben sich Ähnlichkeitsratings zu den einzelnen Staaten. Diese werden mithilfe entsprechender Software im zweidimensionalen Raum dargestellt, wobei Staaten, die ähnlich bewertet wurden, nahe beieinander positioniert werden, und solche, bei denen nur wenig Ähnlichkeit ermittelt wurde, entsprechend mit einem größerem Abstand. Dabei lassen sich zwei Dimensionen aufspannen. Diese können nun inhaltlich interpretiert werden. Dabei wurden erstens eine Nord-West und zweitens eine Süd-Ost Region ausgemacht, die mit dem industriellen Entwicklungsgrad der Länder einhergeht. Die zweite Dimension wurde durch die Pole prowestlich und prokommunistisch aufgespannt.

Literatur

Borg, Ingwer; Staufenbiel, Thomas, 1997: Theorien und Methoden der Skalierung. Eine Einführung, Bern/Göttingen. – Borg, Ingwer, 2000: Explorative Multidimensionale Skalierung. ZUMA How-to-Reihe Nr. 1. http://www.gesis.org/fileadmin/upload/forschung/publikationen/gesis_reihen/howto/how-to1ib.pdf. – Bortz, Jürgen; Döring, Nicola, 2002: Forschungsmethoden und Evaluation für Human- und Sozialwissenschaftler, 3. Aufl., Berlin u. a. – Faulbaum, Frank et al., 2009: Was ist eine gute Frage? Die systematische Evaluation der Fragenqualität, Wiesbaden. – Guttman, Louis, 1944: A basic for scaling qualitative data; in: American Sociological Review 9, 139–150. – Häder, Michael, 2008: The use of scales; in: Donsbach, Wolfgang; Traugott, Michael W. (Hg.): Handbook of public opinion research, Los Angeles u. a. – Kruskal, Joseph B.; Wish, Myron, 1978: Multidimensional Scaling, Beverly Hills. – Likert, Rensis, 1932: A technique for the measurement of attitudes; in: Archives of Psychology to the Study of Functional Groups No. 140, 1–55, New York. – Thurstone, Louis L.; Chave, Ernest J., 1929: The measurement of attitude, Chicago.

Michael Häder

Sozialarbeit

Definition

Sozialarbeit (engl. social work) ist die berufliche Einwirkung auf individuelle Not- und Bedarfslagen, die rechtlich und behördlich als soziale Probleme definiert werden. Sie ist Bestandteil der Sozialpolitik, soweit diese durch staatliche, kommunale und verbandliche Träger durch Produktion sozialer Dienstleistungen realisiert wird.

Genese

Als versuchte Behebung von Problemlagen erscheint Sozialarbeit als Tätigkeit des Helfens. Wie jede Form der organisierten Hilfe durch Dienstleistungen erfordert sie dabei jedoch auch Kooperationswilligkeit der Hilfeempfänger. Allein darum schon kann Sozialarbeit zugleich auch als Form der *sozialen Kontrolle* und *Verhaltens*regulierung gesehen werden.

Dieser Aspekt tritt stärker hervor bei Betrachtung der historischen Genese von Sozialarbeit, die in allen entwickelt-kapitalistischen Systemen ab Ende des 19. Jh.s aus der Nachfolge der lokalen Armenfürsorge heraus entstand. Während die zentralstaatliche Sozialpolitik in Deutschland, institutionalisiert durch die Sozialversicherungssysteme, sich auf aktive Arbeitnehmer bei Risiken der Erwerbsunfähigkeit mit Instrumenten des Einkommensersatzes richteten, hatte die lokale Fürsorge schon davor Menschen im Visier, die sich nicht in die Disziplin des Erwerbslebens kontinuierlich einpassen konnten.

Vereinfacht gesagt: Die Armenfürsorge bestätigte, dass bestimmte Menschen die *Normalbiographie* von Erwerbstätigkeit und Leben in der Kleinfamilie nicht erreichten, und isolierte diese Menschen in paternalistisch-betreuten Verhältnissen jenseits der Normalität. Die Sozialarbeit hingegen erstrebte die Rückführung zur Normalität, insbesondere zum geordneten

Familienleben. Der verantwortliche Haushaltsvorstand und Erwerbstätige als Ideal hatte das Wirtschaftssubjekt in einer Tauschgesellschaft zur Voraussetzung. Darum wurde reiner Altruismus, also Helfen um des Helfens willen, für die Sozialarbeit zum Problem. Marktteilnehmer werden darauf sozialisiert, für zuwendende Leistungen Gegenleistungen erbringen zu müssen; Unterstützung kann dann leicht in Erzeugung von Abhängigkeit und Dankesschuld umgedeutet werden. Für Sozialarbeit stellt sich dieses Problem allerdings anders als für punktuellen Altruismus, der sich als Hilfe zwischen konkreten Personen durch persönliche Zuwendung und Sympathie manifestiert. Sozialarbeit soll dagegen Hilfe verstetigen, erwartbar und die Leistungen von Problemlagen typisierbar abhängig machen, sie orientiert sich zudem an beruflichen Standards angemessener Behandlung. Eine solche, verstetigte Hilfe weckt weniger den Verdacht unangemessener Personalisierung, wenn sie aus Gründen erbracht wird, die sich von der unverwechselbaren Individualität des Empfängers schrittweise ablösen. Hilfe bleibt dann immer noch eine ungleiche Sozialbeziehung, doch sowohl die Erfahrung der Über- wie der Unterordnung kann entdramatisiert werden. Eine Form der Entpersönlichung der Hilfsbeziehung, die diese für beide Seiten entlastet, ist die Ver*recht*lichung: Die Sozialarbeit hilft den Klienten, weil sie dazu rechtlich verpflichtet ist, der Klient kann sich als Anspruchsberechtigter einer dankesschuldigen Unterwerfung entziehen; die Hilfsberufe können sich über allzu viel Personenverstehen erheben und Standardisierung, *Profession*alisierung sowie Verfahrenssicherheit anstreben. Die gleiche Leistung kann theoretisch von einem übergeordneten Werte- und Glaubenssystem ausgehen, das der Helfende befolgt. Auch hier wird individuelle Abhängigkeit durch eine höhere, dritte Instanz relativiert. Mit der Verfestigung der Sozialarbeit als Beruf trat aber ihre Rechtfertigung vor allem aus christlichem Glauben in den Hintergrund, denn eine transzendentale Begründung behinderte die universelle Anwendbarkeit beruflicher Standards und widersprach der primären Orientierung an den zu erbringenden Leistungen, nicht an den Motiven. In Deutschland ging diese Verberuflichung jedoch den Umweg über ein anderes »Glaubenssystem«: die Rollenerwartung an Frauen, primär für Hilfe im Sinne einer Familienstabilisierung kompetent und engagiert zu sein (Sachße). Zunächst von bürgerlichen Frauen im Ehrenamt getragen, blieb die Sozialarbeit auch feminin geprägt, als sie sich in der Weimarer Republik als Hauptberuf durchsetzte. Dies verhinderte aber auch ihre Etablierung als Universitätsstudium und bereitete so ihre anhaltend prekäre Professionalisierung vor.

Anfechtungen

Sozialarbeit sucht Anerkennung als standardisierter, hochqualifizierter Beruf, reklamiert Kompetenz aber auch aus der allgemeinmenschlichen Fähigkeit, auf Einzelschicksale verstehend eingehen zu können. Sie will als spezialisierter Zugang religiösen und ideologischen Deutungen entgehen, erfährt aber häufig von dort wesentliche Unterstützung – z. B. durch freiwilliges und verbandliches Engagement oder die Ansprechbarkeit bestimmter Klienten.

Eine weitere Anfechtung folgt aus dem Verhältnis zur Laienkompetenz: Da soziale Veränderungen leichter einzuleiten sind, wenn sie auf Kooperation der Klienten stoßen, sind Aktivierungsstrategien (Selbsthilfe, *Nachbarschaft*shilfe, *Ehrenamt*) wichtige Komponenten der Sozialarbeit; sie werden aber begrenzt durch den Anspruch, dass berufliche Hilfe auch in der Kooperation eine nicht ersetzbare Kompetenz demonstrieren muss. Diesem Dilemma verwandt ist der mögliche Konflikt zwischen politischer Parteinahme zugunsten der Klienten und Statussicherung durch die beschäftigenden Organisationen. In den USA z. B. wurde in den sechziger Jahren »case work« hauptsächlich als Aktivierungsstrategie zugunsten Benachteiligter betrieben, weil sich die Sozialarbeit auch eine Ausdehnung ihres Berufsfeldes davon versprach. Als jedoch die Aktivierten auch die Betreuer in Frage stellten und das politische Klima sich wandelte, zog sich die Sozialarbeit wieder verstärkt auf ihre gewährleistenden Rechtspositionen und Organisationsmuster zurück (Polsky, 175–177). Diese Rückzugsmöglichkeit ist auch in Deutschland gegeben, da Sozialarbeit nicht allein Beratung und Dienstleistung gewährt, sondern bei der Bewilligung von Sozialhilfe auch erhebliche Kontrollfunktionen wahrnahm. Seitdem durch die sog. »Hartz-IV«-Reformen (2005) diese Funktionen mit der Grundsicherung am Arbeitsmarkt und den entsprechenden Lohnersatz- und Vermittlungsfunktionen zusammengeführt wurden, hat sich der Eindruck verstärkt. Es dominiert nun ein Innendienst, der sich vor allem der Reintegration des dafür »eigenverantwortlichen« Klienten in das Berufsleben widmet (soweit diese Chance gesehen wird). *Soziale Beziehungen* und kulturelle *Bedürfnisse* treten gegen die Erzeugung einer wirtschaftlich ausgerichteten Verhaltenskonformität zurück. Unter diesen Umständen droht der klassischen Sozialarbeit die Abdrängung in die Fürsorge für die »Nicht-Verwertbaren«.

Die bürokratische Einbindung wird als eine der Ursachen gesehen, dass sich Sozialarbeit nur unvollständig professionalisiert habe, dazu kommen die halbherzige Akademisierung und die verschwommene Grenze zu jedermanns Kompetenzen. Neue Anfechtung widerfährt Sozialarbeit durch die prekäre Balance zwischen Generalisierung und Spezialisierung. In seiner wichtigsten Organisationsform, dem Allgemeinen Sozialen Dienst (ASD), ist Sozialarbeit von dem Ideal eines integrativen Eingehens auf Lebenslagen und persönliche Schicksale geprägt; diese Ausrichtung (und Ausbildung an Fachhochschulen) hebt sie gegen punktuelle Hilfsanbieter auch hervor. Genau diese finden vermehrt neue Ausbildungsprofile – vom Logopäden zum Rehabilitationsspezialisten – und höhlen den Gestaltungsanspruch der generalisierten Sozialarbeit aus. Neben dem spezialisierten Helfen bildet auch die *Kontrolle* von delinquentem Verhalten eine fortwährende Reibungsfläche. Wachsende, öffentliche Aufmerksamkeit hat entsprechenden Berufsfeldern (z. B. Bewährungshilfe, aber auch im Umfeld der Polizei) Relevanz zugebilligt, aber die primär helfenden Selbstverständnisse der Sozialarbeit tun sich dauerhaft schwer mit ihnen. Die Entwicklung reflektiert auch die Pluralisierung der Hilfe anbietenden Organisationen und belegt zusätzlich, dass Orientierungsprobleme der Sozialarbeit wohl dauerhaft zu eigen sind: Als integratives Berufs- und Rollenbild wird sie zz. vor allem gefährdet durch den Gegenentwurf eines kleingerasterten Lebenskrisenmanagements.

Literatur

Albrecht, Günther et al. (Hg.), 1999: Handbuch soziale Probleme, Opladen. – Evers, Adalbert et al. (Hg.), 2011: Handbuch Soziale Dienste, Wiesbaden. – Müller, Siegfried et al. (Hg.), 2000: Soziale Arbeit, Neuwied. – Oelerich, Gertrud; Otto, Hans-Uwe (Hg.), 2011: Empirische Forschung und Soziale Arbeit. Ein Studienbuch, Wiesbaden. – Polsky, Andrew J., 1991: The Rise of the Therapeutic State, Princeton N. J. – Sachße, Christoph, 1986: Mütterlichkeit als Beruf. Sozialarbeit, Sozialreform und Frauenbewegung 1871–1929, Frankfurt a. M.

Rainer Prätorius

Sozialdarwinismus

Sozialdarwinismus (engl. social darwinism) steht für unterschiedliche Versuche, Elemente der biologischen *Evolutionstheorie*, vor allem den »Kampf ums Dasein« (struggle for existence) und das »Überleben der Tüchtigsten« (survival of the fittest) auf menschliche Gesellschaften zu übertragen. Der Sozialdarwinismus entstand in der zweiten Hälfte des 19. Jh.s im Zuge der Rezeption der Schriften von Thomas Malthus, Herbert Spencer und Charles Darwin und erlebte um die Wende zum 20. Jh. seine Blütezeit. Heute ist der Sozialdarwinismus als wissenschaftlich unhaltbar und als einer der Grundpfeiler der nationalsozialistischen *Rasse*nideologie diskreditiert. Der Begriff Sozialdarwinismus ist zuerst Ende der 1870er Jahre nachweisbar und geht in seiner heutigen Bedeutung auf den Soziologen Talcott Parsons und den Historiker Richard Hofstadter zurück. Er diente den Vertretern des Sozialdarwinismus nur selten zu Selbstbezeichnung.

Sozialdarwinisten gab es in allen politischen Lagern. Vertreter einer autoritären oder ständischen Gesellschaftsordnung, einer ökonomischen Laissez-faire-Position und Verteidiger des Kolonialismus beriefen sich ebenso auf die Evolution wie Sozialisten und Marxisten, die im »Kampf ums Dasein« den Motor des *Klassenkampf*s erblickten. Während Sozialdarwinismus in England und den USA vor allem individualistisch, der »Kampf uns Dasein« als Bewährungsprobe des *Individuum*s verstanden wurde, verbreitete Ernst Haeckel in Deutschland einen kollektivistischen Sozialdarwinismus, demzufolge der »Kampf ums Dasein« zwischen Völkern oder Rassen stattfindet. Während der individualistische Sozialdarwinismus zumeist mit der optimistischen Erwartung eines evolutionären Fortschritts der Menschheit einherging, war die Furcht vor »Degeneration« charakteristisch für den kollektivistischen Sozialdarwinismus. Zusammen mit dem Begriff der natürlichen Selektion wurde diese Form des Sozialdarwinismus zur Grundlage nationalsozialistischer Rassenhygiene und Eugenik: In der Natur sorge die natürliche Selektion dafür, dass nur die Stärksten ihre Anlagen an die nächste Generation weitergeben können; weil die Kultur diesen Prozess außer Kraft setze, müssten die Menschen die Funktion der Selektion selbst übernehmen, um die Degeneration der Menschheit zu verhindern.

Der ideenhistorischen Forschung macht vor allem die vielfältige Verwendung des Begriffs Sozialdarwinismus Probleme, der »alles und das Gegenteil von allem« bedeuten kann (Becquemont 2011) und mit Darwins Evolutionstheorie nur oberflächlich zu tun hat.

Literatur

Becquemont, Daniel, 2011: Social Darwinism: from reality to myth and from myth to reality; in: Studies in History and Philosophy of Biological and Biomedical Sciences 42, 12–19. – Hodgson, Geoffrey M., 2004: Social Darwinism in Anglo-Saxon Academic Journals. A contribution to the history of the term; in: Journal of Historical Sociology 17, 428–463. – Shipman, Pat, 1995: Die Evolution des Rassismus. Gebrauch und Missbrauch von Wissenschaft, Frankfurt a. M.

Manuela Lenzen

Sozialethik

Sozialethik (engl. social ethics) ist Ethik der Gesellschaft. Sie reflektiert die gesellschaftliche Wirklichkeit mit Blick auf die Selbstentfaltung des Menschen. Ihr geht es um die *moral*ische Bewertung des Sozialen, also jener institutionellen Gebilde, zu denen sich *Interaktion*en verdichtet und verfestigt haben. Zu den über das einzelne Subjekt hinausreichenden Formen gehören *Norm*en, *Recht*e, komplexere Ganzheiten wie Strukturen, *Institution*en und übergreifende soziale Systeme. Sind gegebene *Institution*en gerecht? so lautet die zentrale Frage.

Weil die Hinordnung des Menschen auf ein Leben in Gemeinschaft nach entsprechenden sozialen Gestaltungen verlangt, geht die Sozialethik davon aus, dass die jeweiligen gesellschaftlichen Ordnungen und die einzelnen Subjekte wechselseitig Einfluss aufeinander nehmen – Interaktion vollzieht sich nicht nur zwischen einzelnen Personen. M. a. W., sie betrachtet die Gesellschaft unter dem Aspekt ihrer Veränderbarkeit.

Das Interesse, den Menschen über die sein Handeln prägenden sozialen Bedingungen aufzuklären, verbindet Sozialwissenschaft und Sozialethik – wobei die Sozialethik die normative Perspektive festhält, die nach der sittlich angemessenen Gestaltung dieser Bedingungen fragt.

Sozialethische Reflexionen finden sich ursprünglich und bis heute vor allem im Kontext katholischer und evangelischer Theologie, darüber hinaus aber auch in der Sozialphilosophie oder politischen Philosophie. Außerdem hat sich die Sozialethik ausdifferenziert und verschiedene Bereichsethiken entwickelt: politische Ethik, Wirtschaftsethik, Rechtsethik, Medienethik, Wissenschaftsethik, Technikethik, Umweltethik, Tierethik u. a. (vgl. Nida-Rümelin).

Individual- und Sozialethik

Das sozialethische Grundlagenproblem schlechthin ist die Spannung zwischen dem Anspruch des Sittlichen, dessen Verbindlichkeit sich an den Menschen als freies Vernunftwesen richtet, und den sozialen *Ordnung*en und *Institution*en, die sich in ihrer organisationsförmigen Realität diesem Anspruch entziehen (vgl. Korff 1998, 379).

Diese Spannung wird dem Menschen im Zuge der Aufklärung bewusst und führt zur Auftrennung der ethischen Perspektive: Die Individualethik erörtert Praxis insofern, als Praxis individuellen Personen zugeordnet und auf deren persönliche Verantwortung bezogen werden kann. Es geht darum, Motive, Einstellungen, Haltungen von Personen moralisch zu beurteilen. Der Sozialethik geht es um die moralische Bewertung des Sozialen, also jener Gebilde, die gerade nicht mehr dem unmittelbaren Gestaltungswillen des Einzelnen unterliegen, sondern ihm vor- und aufgegeben sind.

Was das Verhältnis von Sozial- und Individualethik betrifft, so muss man sowohl vor einer Reduktion der Sozialethik auf die Individualethik warnen – dann, wenn das Soziale nur als die Summe individueller Wechselwirkungen angesehen wird – als auch vor einer Reduktion der Individualethik auf die Sozialethik – dann, wenn man glaubt, die persönliche Verantwortung ausblenden zu können.

Allerdings bleiben beide Perspektiven wesentlich aufeinander verwiesen, weil die einzelnen Personen notwendig interagieren und dadurch zwangsläufig auf die bestehende gesellschaftliche Ordnung Einfluss nehmen. Und umgekehrt: Die gesellschaftliche Ordnung nimmt Einfluss auf die ethische Qualität des Handelns jedes Einzelnen, gerade weil er sich ihr in seiner Selbstentfaltung nicht entziehen kann.

Historische Entwicklungen

Zwei geschichtliche Umstände waren es, die die Sozialethik als eigenständige Disziplin möglich gemacht haben: 1. die neuzeitliche »Wende zum Subjekt«, die dem Menschen bewusst machte, dass er für die sozialen Gestaltungen verantwortlich ist; 2. die negativen Folgen der *Industrialisierung* im 19. Jh., das Massenelend der Arbeiterschaft, die eine massive Kritik an den bestehenden Verhältnissen hervorriefen und ihre sittliche Bedeutsamkeit ins Bewusstsein hoben. Wobei es gerade die christlichen Theologen waren, die sich durch die Umwälzungen des 19. Jh.s herausfordern ließen und in den sozialen Umständen einen eigenen Gegenstand ethischen Reflektierens sahen (auf evangelischer Seite immer als Ethik verstanden, katholischerseits ursprünglich als »Soziallehre«, d. h. als lehramtliche Sozialdoktrin).

Bis dahin kann man von einem »Zeitalter der Individualethik« sprechen: In Antike und Mittelalter fand der Mensch sein gutes Leben, indem er sich in das ihm vorgegebene Gemeinwesen einordnete. Das Ganze hatte Vorrang vor dem Teil. Die Tugenden hatten die Aufgabe, den Menschen in die kollektive Ordnung einzufügen. Im Mittelalter galt diese Ordnung für die Kirche wie die Welt als vorgegeben, fraglos gültig, nicht als menschlicher Entwurf. Mit der Wende zur Neuzeit änderte sich die Konstellation. Hauptverantwortlich, so die übliche Deutung, waren zum einen die Religionskriege und zum anderen die »Wende zum Subjekt«. Seitdem offensichtlich die Religion nicht mehr imstande war, die friedliche Integration der Gesellschaft zu gewährleisten, musste man die Fundamente für politisches Handeln und die politische Organisation des Gemeinwesens woanders suchen. Und man fand sie zum einen in der naturwissenschaftlich zu beschreibenden Natur und zum anderen in der menschlichen Vernunft. Die ethische Frage lautet seitdem nicht mehr: Wie muss das Verhalten des Einzelnen beschaffen sein, um den gegebenen Strukturen zu entsprechen? Sie lautet: Wie müssen diese Strukturen beschaffen sein, damit sie die Entfaltung des Menschen, seine Freiheit ermöglichen und fördern? Damit erweist sich, wenn man so zuordnen will, die Neuzeit als »Zeitalter der Sozialethik« (vgl. Hausmanninger, 153–163).

Nach verschiedenen Vorläufern steht Immanuel Kant für eine Ordnungsidee von Gesellschaft, für eine Zuordnung von gutem Leben und Gemeinwesen, die bis heute ihre prägende Kraft nicht verloren

hat: Was als gutes und gelingendes Leben gelten soll, wird dem Einzelnen und seiner Freiheit überlassen, und die für das Gelingen notwendigen strukturellen Bedingungen sichert das *Recht.* Unter Rückgriff auf die klassische Vertragstheorie hat Anfang der 1970er Jahre John Rawls mit seiner »Theorie der *Gerechtigkeit*« dem formalethischen Ansatz mit Hilfe der modernen Entscheidungstheorie neue Impulse gegeben.

Allerdings sind solche Entwürfe einer liberalen Gesellschaftsethik nicht unumstritten geblieben. Zu nennen wären beispielhaft die politische Philosophie des sogenannten »*Kommunitarismus*« oder die christliche Ethik, die vor einer Formalisierung des Gemeinwesens warnen und die Aufmerksamkeit auf materiale Bedingungen, auf positive und konkrete Freiheit zu lenken versuchen. Sie verweisen auf das einseitige Menschenbild des Liberalismus und erinnern daran, dass die moderne Gesellschaft auf bestimmte *Wert*vorstellungen angewiesen bleibt, dass sie für deren Vermittlung *Tradition, Familie* und *Religion* braucht – ohne Vertrauen, Solidarität und Verantwortungsbewusstsein der Menschen können *Staat* und *Markt* nicht dauerhaft funktionieren. Dabei ist es nicht zuletzt der christliche Glaube, der noch einmal darauf aufmerksam machen kann, dass es gerade die Ohnmacht und Begrenztheit des Menschen ist, die sowohl vor Kontrollillusionen warnen lässt, als auch Ordnungen verlangt, die Leben in Freiheit ermöglichen (vgl. Wilhelms, 52 f.).

Gesellschaftliche Herausforderungen

Nicht allein die Hinordnung des Menschen auf ein Leben in *Gesellschaft* als Bedingung der Möglichkeit seiner Entfaltung verlangt nach entsprechenden sozialen Ordnungen und Institutionen. Erst mit der Neuzeit wird dem Menschen bewusst, dass er für eben diese Ordnungen selbst verantwortlich ist.

Aber mit der zunehmend komplexer werdenden Gesellschaft wird dieses Bewusstsein noch einmal eigentümlich widersprüchlich: Die überall behauptete Selbstzwecklichkeit und Autonomie des Menschen stellt in der politischen und gesellschaftlichen Realität keine mehr dar. Zu stark scheinen die vielfältigen Abhängigkeiten und Zwänge, gerade im Zuge wissenschaftlich-technischer und politisch-ökonomischer Instrumentalisierung. Deshalb sprechen moderne Gesellschaftsdiagnosen auch von einer »Entmoralisierung« der Gesellschaft. D. h. die moderne Gesellschaft gelangt im Prozess ihrer fortschreitenden *Differenzierung* in einen Zustand, in dem die Moral als Faktor gesellschaftlicher *Integration* immer mehr ausfällt (vgl. Niklas Luhmann). Mehr noch: Die Schattenseiten der modernen Gesellschaft, die in den Nebenfolgen sachrationalen Handelns wie Umweltverschmutzung, Auflösung traditioneller Lebensformen, Korruption, Risikokommunikation u. a. spürbar werden, gepaart mit einer Pluralisierung kultureller und alltäglicher Wirklichkeiten, stellen für die Verantwortung des Menschen eine große Herausforderung dar – auf der Ebene des Wertkonsenses, vor allem aber bezüglich der Implementierungsmöglichkeiten von Ethik überhaupt.

Nicht zuletzt deshalb findet angesichts von Komplexität und Entmoralisierung im ethischen Begründungsdiskurs die Frage nach der Anwendung oder Implementierung große Aufmerksamkeit. Dabei geht es um das Problem, wo *Norm*en zu verorten und wie sie zur Geltung zu bringen sind. Die sogenannte »Strukturenethik« versteht sich als Antwort auf diese Herausforderung. Ihre Kernthese lautet: Die Gesellschaft ist so zu gestalten, dass die Strukturen und Institutionen dem Menschen zu »sittlich fundierter humaner Entfaltung seines Daseins verhelfen« (Korff 1993, 173).

Konzentriert sich der »demokratie- oder diskurstheoretische« Ansatz (in Anlehnung an Jürgen Habermas) zu sehr auf die Begründungsfrage und dort auf die Beteiligung aller Betroffenen und vernachlässigt die Komplexität moderner gesellschaftlicher Bedingungen, so spitzt demgegenüber die sogenannte »ökonomische Ethik« (Karl Homann) die Anwendungsproblematik weiter zu, trennt strikt zwischen Rahmenordnung (»Spielregeln«) und Handlungen innerhalb der Rahmenordnung (»Spielzügen«) und verortet die Moral schließlich in der Rahmenordnung (vgl. Suchanek).

Aber die „Minima moralia" (Theodor W. Adorno) moderner Gesellschaften finden sich nicht schon und ausschließlich in den moralfreien, evolutiven Steuerungserfordernissen der wichtigsten Sachbereiche. Das wäre das Ende jeder Ethik. Vielmehr müssen Strukturen entwickelt werden, die die funktionalen Erfordernisse mit persönlichem Verantwortungsbewusstsein zu vermitteln gestatten.

Nicht die Dispensierung individueller Verantwortlichkeit, sondern ihre Ermöglichung ist das zentrale ethische Interesse. Wirtschaft, Politik, Wissenschaft, Recht und Technik, aber auch Familie, Bildung und Kunst müssen als soziale Orte begriffen werden, die die verantwortliche Freiheit des Menschen herausfordern und unterstützen. Eine Wirtschaft, Politik oder Bildung, die sich nur auf Kosten-Nutzen-Kalkulation, Machterhalt oder Wissensvermittlung konzentrierten, die für ihr Funktionieren auf das Verantwortungsgefühl der Manager, der Politiker, der Eltern und Lehrer verzichteten, wären im wahrsten Sinne des Wortes inhuman.

Die Idee der Menschenrechte als auch die sogenannten Sozialprinzipien (Personalität, Gemeinwohl, Gerechtigkeit, Solidarität, Subsidiarität, Nachhaltigkeit) dienen der Legitimation solcher Forderungen. Sie verweisen auf die unhintergehbare Würde des Menschen und verlangen eine Gesellschaft, die nicht nach mechanischen Regeln funktioniert, sondern sittlich integriert ist.

Gesellschaft gestalten

Will die Sozialethik konkret werden und unter den Bedingungen moderner Gesellschaft an ihrem Selbstanspruch festhalten und das individuelle sittliche Subjekt zum Zuge kommen lassen, ist es hilfreich, die gesellschaftlichen Ebenen noch einmal zu differenzieren. Dabei ist davon auszugehen, dass Normierungen auf verschiedenen sozialen Ebenen angesiedelt sind und diese Ebenen jeweils in einem besonderen Verhältnis zur Autonomie des sittlichen Subjekts stehen. Welche Normierungsebenen lassen sich unterscheiden? Üblich ist eine dreifache Gliederung: Person, Institution und komplexe Sozialsysteme. Sozialethisch präziser formuliert: subjektives Ethos, institutionalisierte Selbstbindung und rechtliche Rahmenordnung (vgl. Korff 1998, 380 ff.). Die Sozialwissenschaften sprechen von Mikro-, Meso- und Makroebene:

1. Die **personale Ebene** ist die des Ethos; man könnte auch von kulturellen Deutungsmustern sprechen. Was prägt das Gewissen des Einzelnen, wie bilden sich Verantwortungsbewusstsein und Tugenden aus? Welche Bedeutung haben Normarten wie Sitte, Brauch, Konvention? Sind die Möglichkeiten individueller Moral auf die Privatsphäre beschränkt oder was kann und darf man überhaupt vom Einzelnen erwarten?

2. Mit der Ethik der *Institution*en bzw. *Organisation*en erreicht die menschliche Handlungswirklichkeit ihre nächstgrößere Einheit. Zu fragen ist hier nach der Struktur und Funktion sozialer Institutionen, ihren Gesetzmäßigkeiten und ihrer

ethischen Legitimation. Es geht um unternehmerische Strategien, aber auch um Institutionen wie Familie oder Bildung, sofern sie formal organisiert, rechtlich strukturiert und in Form von bestimmten Verhaltenserwartungen fixiert und sofern sie als je abgrenzbare soziale Einheit (als Betrieb, Schule, Familie) identifizierbar sind.

3. Die Ebene *sozialer Systeme* umgreift noch einmal die Zuweisungsebenen von Person und Institution. Gemeint sind die ausdifferenzierten Teilsysteme der Gesellschaft wie Recht, Wirtschaft, Politik, Wissenschaft, Medien. Sie heben sich von den Institutionen oder Organisationen dadurch ab, dass sie nunmehr eine bestimmte Sachlogik voneinander unterscheidet. Ethisch greifbar werden sie in den Rahmenordnungen. Wie steuert die Abgrenzung von Sachbereichen – Wirtschaft ist nicht Wissenschaft, Wissenschaft ist nicht Politik –, wie prägen die Wirtschafts- oder Sozialordnung unser Verhalten? Wann sind bestehende Ordnungen als gerecht zu qualifizieren? Diese Ebene ist am abstraktesten und hat sich am weitesten von der individuellen Ebene entfernt – und spiegelt sich doch im individuellen Verhalten dann, wenn der Einzelne eine bestimmte *Rolle* zu übernehmen hat oder ökonomisch sachgerecht handeln will.

4. Seit den 1970er Jahren ist schließlich die *Umwelt* als eigener Gegenstandsbereich konstitutiver Bestandteil der sozialethischen Reflexion. Dass Soziales, Ökonomisches und Ökologisches untrennbar miteinander verknüpft sind, dass die Zeit, d.h. die künftigen Generationen und ihre Lebensgrundlagen, unverzichtbarer Bestandteil ethischen Reflektierens sein soll, diese Einsichten sind dem Bewusstsein der ökologischen Krise erwachsen, folgen aber auch aus dem Wissen um die Komplexität und Krisenhaftigkeit moderner Gesellschaft insgesamt (vgl. Vogt).

Auf allen diesen Normierungsebenen sucht die Sozialethik nach Möglichkeiten, dass der Mensch »wieder weniger Objekt und mehr Subjekt« (Nell-Breuning, 352) sein kann.

Literatur

Hausmanninger, Thomas, 2004: Problemgeschichte philosophischer Ethik; in: Heimbach-Steins, Marianne (Hg.): Christliche Sozialethik. Ein Lehrbuch, Bd. 1, Regensburg, 113–164. – Heimach-Steins, Marianne (Hg.), 2004: Christliche Sozialethik. Ein Lehrbuch, 2 Bde., Regensburg. – Hengsbach, Friedhelm, 2001: Die andern im Blick. Christliche Gesellschaftsethik in den Zeiten der Globalisierung, Darmstadt. – Herms, Eilert, 1991: Gesellschaft gestalten. Beiträge zur evangelischen Sozialethik, Tübingen. – Korff, Wilhelm, 1993: Institutionstheorie: Die sittliche Struktur gesellschaftlicher Lebensform; in: Hertz, Anselm et al. (Hg.): Handbuch der christlichen Ethik, Bd. 1, Freiburg. – Ders., 1998: Art. Sozialethik; in: Lexikon der Bioethik. Bd. 3, Gütersloh. – Nell-Breuning, Oswald von, 1990: Den Kapitalismus umbiegen. Schriften zu Kirche, Wirtschaft und Gesellschaft. Ein Lesebuch (hg. von Hengsbach, Friedhelm), Düsseldorf. – Nida-Rümelin, Julian (Hg.), 2005: Angewandte Ethik. Die Bereichsethiken und ihre theoretische Fundierung. Ein Handbuch. 2 akt. Aufl., Stuttgart. – Rawls, John, 1975: Theorie der Gerechtigkeit, Frankfurt a.M. – Suchanek, Andreas, 2001: Ökonomische Ethik, Tübingen. – Vogt, Markus, 2009: Prinzip Nachhaltigkeit. Ein Entwurf aus theologisch-ethischer Perspektive, München. – Wilhelms, Günter, 2010: Christliche Sozialethik, Paderborn.

Günter Wilhelms

Sozialgeographie

Sozialgeographie (engl. social geography) ist ein spezifischer Arbeitsbereich der Humangeographie (Geographie des Menschen), die sich im Gegensatz zur naturwissenschaftlich ausgerichteten Physischen Geographie als Sozial- und Wirtschaftswissenschaft versteht. Die Positionierung der Sozialgeographie in der Systematik des Gesamtfaches wird unterschiedlich bewertet. Für manche Autoren stellt die Sozialgeographie eine von mehreren Teildisziplinen der Humangeographie dar; überwiegend wird seit H. Bobek (1948) jedoch die Auffassung vertreten, dass die Sozialgeographie eine ausdrückliche Sonderstellung einnimmt und als verbindende Klammer für die anderen Teildisziplinen der Humangeographie anzusehen ist. Manche Autoren sind sogar der Meinung, dass Sozialgeographie als Synonym für den Gesamtbereich der Humangeographie zu verstehen sei.

Wie die meisten Humanwissenschaften weist auch die Sozialgeographie seit einiger Zeit eine ausgeprägt multiparadigmatische Struktur auf. Es existiert also kein einheitliches und für das gesamte Fach verbindliches Lehrgebäude oder Theoriesystem. Unter dem Label »Sozialgeographie« werden vielmehr mehrere unterschiedliche und weitgehend inkompatible Konzeptionen der Disziplin vertreten, die jeweils auf der Grundlage konkurrierender Theorien und erkenntnistheoretischer Positionen operieren. Gemeinsam ist ihnen jedoch ein spezifisches Erkenntnisobjekt, das sich abstrakt mit zwei Grundfragen umschreiben lässt (vgl. B. Werlen 2008, 11): Wie sehen die räumlichen Strukturen und Konstitutionsbedingungen der Gesellschaft aus, und welche Auswirkungen haben gesellschaftliche Prozesse und Phänomene auf die Räumlichkeit der Welt?

Die Begründung der Sozialgeographie durch Hans Bobek und die Wien-Münchener-Schule

Der Begriff »Sozialgeographie« wird seit langer Zeit verwendet. Es gab in der Vergangenheit auch eine ganze Reihe von Autoren, die Überlegungen zum Verhältnis von *Gesellschaft* und *Raum* anstellten und die damit als Vorläufer der Sozialgeographie gelten können. Mit dem Anspruch, die Sozialgeographie als eigenständige Teildisziplin der Geographie zu etablieren, ist jedoch erstmals der Wiener Geograph Hans Bobek in einem Vortrag am Bonner Geographentag 1947 aufgetreten (publiziert 1948). Er ging davon aus, dass gesellschaftliche Phänomene bislang in der Geographie weitgehend ignoriert worden seien und dass es keine Auseinandersetzung mit der Nachbardisziplin Soziologie gebe. Seine Begründung einer Sozialgeographie erfolgte über die damals das Gesamtfach dominierende Grundkonzeption der Landschaftskunde und deren funktionale Perspektive. Diese postuliert, dass bestimmte materielle Strukturen, wie Siedlungen oder Verkehrseinrichtungen, spezifische Aufgaben oder *Funktion*en für menschliche Bedürfnisse und daraus resultierende Nutzungen erfüllen. Bobeks zentrales Axiom für die Begründung der Sozialgeographie lautete: Jede Funktion bedarf eines Trägers. Bobek schreibt diese Funktionsausübung nun nicht dem Einzelmenschen, sondern sozialen *Gruppe*n zu. Unter »Gruppen« versteht Bobek dabei Aggregate gleichartig handelnder Menschen. Die Auffassung Bobeks, nur Gesellschaften und Gruppen seien sozialgeographisch relevant, nicht aber menschliche Individuen, wurde von den Fachvertretern seiner Zeit uneingeschränkt akzeptiert und hielt sich mehrere Jahrzehnte als unwidersprochenes Dogma. Als zweiter »Gründervater« der klassischen deutschsprachigen Sozialgeographie gilt Wolfgang Hartke. Er sah die Landschaft als »Registrierplatte« sozialer Prozesse und suchte nach »Indices« bzw. »Indikatoren« (z. B.

Sozialbrache oder Aufforstung), mit deren Hilfe solche Prozesse – gleichsam im Sinne eines »Spurenlesens« – erfasst werden können. Auf der Grundlage der Arbeiten Bobeks und Hartkes entwickelte sich die Wien-Münchener Schule der Sozialgeographie, deren Ausrichtung im ersten deutschsprachigen Lehrbuch (J. Maier et al. 1977) zusammenfassend dargestellt ist. Als Schlüsselkonzept dieser Entwicklungslinie des Faches wurden in Anlehnung an Bobeks »Funktionskreise menschlicher Daseinsäußerungen« die »Grunddaseinsfunktionen« Wohnen, Arbeiten, Sich-Versorgen, Sich-Bilden, Sich-Erholen, Verkehrsteilnahme und in Gemeinschaft Leben eingesetzt. Es wurde postuliert, dass diese Funktionen das »anthropogene Kräftefeld« bilden und die Grundlagen für die räumliche Lebensentfaltung des Menschen darstellen. Weil diese Daseinsfunktionen spezifische Raumansprüche sowie »verortete« Einrichtungen besitzen, deren räumlich differenziertes Muster die Sozialgeographie erfassen und erklären müsse, sei die Kulturlandschaft ein »komplexes Gefügebild räumlicher Strukturmuster der ... Daseinsfunktionen der Gesellschaft eines Gebietes« (J. Maier et al. 1977, 18). Wegen der ausdrücklichen Bindung an das klassische Landschaftskonzept, an landschaftlich »sichtbare« Indikatoren und die Fokussierung auf Reste agrargesellschaftlicher Strukturen war eine Erfassung der raumstrukturellen Gegebenheiten aktueller gesellschaftlicher Entwicklungen im Rahmen dieser Entwicklungslinie nicht möglich. Da die klassische Sozialgeographie der Wien-Münchener-Schule auch keine Anschlussfähigkeit an die benachbarten Sozialwissenschaften entwickeln konnte, erscheinen ihre Ansätze und Konzepte aus heutiger Sicht weitgehend obsolet.

Die makroanalytische Sozialraumanalyse

Die *Sozialraumanalyse* ist der älteste Ansatz der raumbezogenen Sozialforschung. Sie geht auf die Sozialökologie der *Chicagoer Schule* der Soziologie und die Social Area Analysis zurück. In der Geographie wurden derartige Ansätze frühzeitig aufgegriffen und – nicht zuletzt wegen der engen Bindung des Faches an die Kartographie und neuere Entwicklungen der Geodatenverarbeitung (vor allem im Bereich der Geographischen Informationssysteme) – auch erheblich weiterentwickelt. Die Sozialraumanalyse geht davon aus, dass viele soziale Phänomene verortet sind und eine räumliche Position besitzen. Damit weisen sie räumlich definierbare Erscheinungsmuster (wie Dispersion oder Clusterung) und Relationen zu anderen sozialen (oder nichtsozialen) Phänomenen auf (Nähe, Ferne, Konnektivität). Allerdings lassen sich damit nur solche sozialen Phänomene fassen, die in irgendeiner Form an physisch-materielle Dinge oder Körper gebunden sind. Der generelle Algorithmus der Erkenntnisgewinnung ist bei derartigen Ansätzen sehr einfach. Empirische Beobachtungen oder Daten über soziale Phänomene werden in räumlich differenzierter Form aufbereitet und in Karten (oder Tabellen mit räumlich definierten Zähleinheiten) dargestellt, wodurch die räumliche Variation des Datenmaterials zum Ausdruck kommt und nach räumlichen Bezugseinheiten dargestellt oder visualisiert werden kann. Dabei können räumliche Verteilungsmuster von Einzelphänomenen, Verhältniszahlen, aber auch komplexe *soziale Indikatoren* verwendet werden. Es kommen oft auch aufwändige Verfahren der analytischen *Statistik* zum Einsatz. Aus der räumlichen Variation der in den Daten repräsentierten sozialen Phänomene werden dann Aussagen über die Struktur, Funktionsweise oder Entwicklung der betreffenden sozialen Gegebenheiten abgeleitet. Dabei sind zwei Haupttypen von Aussagen möglich. Beim ersten Typus können soziale Gegebenheiten durch räumliche Attribute charakterisiert werden: »Das soziale Phänomen x besitzt die Eigenschaft, in räumlicher Nachbarschaft des sozialen oder nichtsozialen Phänomens y mit höherer Wahrscheinlich aufzutreten als anderswo.« »Gastarbeiter haben ihren Wohnsitz überproportional häufig in statistischen Zählbezirken, die gleichzeitig einen hohen Besatz an Substandardwohnungen aufweisen.« Beim zweiten Typus von Aussagen werden Raumeinheiten (Zählsprengel, Gemeinden, Bezirke, Regionen ...) durch soziale Attribute charakterisiert: »X ist eine Arbeitersiedlung«, »Der Stadtteil Y ist ein Oberschicht-Wohnquartier«.

Mit der neopositivistischen Wende, für die in der deutschsprachigen Geographie der deutsche Geographentag in Kiel (1969) als Symbol angesehen werden kann, wurde diese Entwicklungslinie der Sozialgeographie zu einem Mainstream des Faches. Man befasste sich mit choristischen und chorologischen Analysen und stützte sich auf die Interpretation der räumlichen Kovariation von sozialen Phänomenen (vgl. Bartels 1970). Aus der räumlichen Koinzidenz sozialer Phänomene werden Vermutungen über kausale Verursachungszusammenhänge abgeleitet. Dabei

werden auch Hypothesen über subjektive Handlungsmotive, Einstellungen, Präferenzen oder Geisteshaltungen geäußert, die auf der Grundlage statistisch fassbarer Trends (z. B. Wanderungsströme) indirekt erschlossen werden (»revealed space preferences«). Die Ergebnisse der Raumstrukturforschung sind von der Datenverfügbarkeit, dem Auflösungsniveau und der räumlichen Form der verwendeten Zähleinheiten (Zählraster, Baublöcke, statistische Zählsprengel, Zählbezirke, Gemeinden, Bezirke etc.) abhängig und müssen als methodische Artefakte angesehen werden. Zahlreiche sozialwissenschaftlich relevante Problemstellungen können im Rahmen dieses Ansatzes gar nicht behandelt werden, weil dazu keine ausreichenden Datengrundlagen zur Verfügung stehen. Viele bedeutsame Parameter gesellschaftlicher Systeme wie Werte, Sinn, Bedeutung, Intention oder Normen lassen sich im Rahmen dieser Perspektive nicht oder nur indirekt darstellen. Dennoch kann die makroanalytische Sozialraumanalyse wichtige Einblicke in die räumliche Struktur sozialer Phänomene und Prozesse vermitteln und stellt ein wichtiges Instrument der Hypothesenfindung dar.

Mikroanalytische Ansätze

Eine ganz andere Zugangsweise zur sozialen Welt und ihrer Räumlichkeit haben die mikroanalytischen Ansätze der Sozialgeographie. Ausgangspunkt ist hier die Annahme, dass die mentalen Prozesse der *Umwelt*wahrnehmung und der Umweltbewertung menschlicher Individuen sowie deren Intentionalität für die Erfassung sozialgeographischer Erscheinungen im Vordergrund stehen müssten. Die Räumlichkeit sozialer Systeme soll in diesen Arbeitsrichtungen also auf dem Weg über die Analyse der mentalen Repräsentation sozialer Existenz inhaltlich erfasst werden. Damit wenden sich die mikroanalytischen Ansätze direkt jenen Werthaltungen, Bedeutungsinhalten, kognitiven und intentionalen Strukturen zu, die in der Raumstrukturforschung nur indirekt erschlossen werden können. Die unterschiedlichen Ansätze der Mikroanalyse unterscheiden sich vor allem darin, welche Rolle dem menschlichen Subjekt zugebilligt wird und welche Aspekte seiner kognitiven Operationen und Bewusstseinszustände thematisiert werden.

Bereits Mitte der 1940er-Jahre begann sich im englischen Sprachraum der Behavioral Approach (»Wahrnehmungsgeographie«) zu entwickeln. Dieser Ansatz der Sozialgeographie geht davon aus, dass menschliches Tun durch Stimuli der Außenwelt angestoßen wird. Das (räumliche) Verhalten des Menschen hängt dabei nicht von »objektiven« Gegebenheiten der Außenwelt, sondern von subjektiv wahrgenommenen Strukturen der Realität ab. Um das »räumliche« Verhalten von Menschen verstehen und erklären zu können, sei es daher erforderlich, die Wahrnehmungen und Vorstellungen über räumliche Gegebenheiten zu untersuchen. Erst vor diesem Hintergrund der Wahrnehmungs- und Bewertungsprozesse könne das beobachtbare »overte« Verhalten erklärt werden (R. M. Downs 1970). Wegen der starken Wirksamkeit des Bobek'schen Dogmas von der Bedeutungslosigkeit des Individuums wurde die Wahrnehmungsgeographie im deutschen Sprachraum sehr spät rezipiert und nur von wenigen Fachvertretern in empirischen Studien umgesetzt. Die Bezeichnung »Behavioral Approach« trägt diese Entwicklungslinie der Sozialgeographie eigentlich zu Unrecht, weil die grundlegenden Konzepte (vor allem bei den sogenannten »organismischen Kognitionsmodellen«) auf kognitive Prozesse und verschiedene intervenierende Variablen (wie soziokulturelle Faktoren) Bezug nehmen, was nach den strikten Stimulus-Response-Konzepten des *Behaviorismus* nicht zulässig ist. Vielmehr ist eine Nähe zu den Vorstellungen der Gestaltpsychologie zu erkennen. Während Fragen der raumbezogener Kognition und die Rekonstruktion von Mental Maps auch aus heutiger Sicht als bedeutsame Problemstellungen angesehen werden, wird die Erklärungskraft der wahrnehmungsgeographischen Ansätze für das overte Verhalten mit guten Gründen bezweifelt.

Eine im deutschen Sprachraum wenig beachtete Variante der mikroanalytischen Sozialgeographie ist die Humanistic Geography (vgl. z. B. A. Buttimer 1976). Die Vertreter dieses Ansatzes führten den Begriff »place« in die Fachdiskussion ein und betonen die subjektive oder gruppenspezifische emotionale Bedeutung spezifischer existenziell wirksamer »Raumeinheiten«, deren Sinn- und Bedeutungsdimensionen im Forschungsprozess rekonstruiert werden sollen. Als erkenntnistheoretische Hintergrundpositionen werden hier vor allem Phänomenologie, Existenzialismus und Hermeneutik wirksam.

Die wohl bedeutsamste Entwicklungslinie der mikroanalytischen Ansätze stellt die handlungstheoretische Sozialgeographie dar. Sie war eine Innovation der deutschsprachigen Geographie und unterscheidet sich sehr wesentlich von den anderen Ansätzen dieser Gruppe. Ihre Besonderheit besteht darin, dass menschliches Tun ausdrücklich als *Handeln*, das heißt, als bewusstes, vom Subjekt autonom getragenes Agieren, als zielgerichtete, intentional begründete und sinnbezogene Tätigkeit dargestellt wird. Die handlungszentrierte Sozialgeographie greift das auch in anderen Sozialwissenschaften sehr prominente handlungstheoretische Paradigma auf und kritisiert ausdrücklich sowohl die Wahrnehmungsgeographie als auch die Raumstrukturforschung. Die Entwicklungslinie der handlungszentrierten Sozialgeographie wurde von B. Werlen begründet, der unter Rückgriff auf verschiedene Handlungstheorien sowie auf andere Sozialtheorien (vor allem A. Giddens' Strukturationstheorie) in zahlreichen Veröffentlichungen seit Mitte der 1980er-Jahre sein Konzept der »alltäglichen Regionalisierungen« entwickelte (vgl. z. B. 2007[2]). Er unterscheidet produktiv-konsumtive, politisch-normative und informativ-signifikative Bereiche alltagsweltlicher Regionalisierungen. Nach Auffassung der handlungszentrierten Sozialgeographie sind die räumlichen Konfigurationen von Artefakten auf der Erdoberfläche, die kultur-, wirtschafts- und sozialräumlichen Gegebenheiten, also all das, was in der klassischen Geographie mit dem Begriff »Kulturlandschaft« umschrieben wurde, als Ergebnis menschlichen Handelns anzusehen. Sie sind somit als intendierte und nicht intendierte Folgen vergangener und gegenwärtiger Handlungen zu erklären. Ein wichtiger Vorzug der handlungszentrierten Sozialgeographie besteht darin, dass im Rahmen dieser Entwicklungslinie dezidiert auch der soziale Kontext der alltäglichen Regionalisierungen sowie die Rückwirkungen der so produzierten Räumlichkeit auf soziale Systeme berücksichtigt werden.

Emanzipatorische Entwicklungslinien

Als ausdrückliche Gegenposition zum Spatial Approach der Raumstrukturforschung sowie zur Wahrnehmungsgeographie entwickelte sich seit den 1970er-Jahren eine marxistische Variante der Sozialgeographie, die sich als Radical Geography, Welfare Geography oder Critical Geography versteht und neben der Verfolgung spezifischer Fragestellungen auch ausdrücklich gesellschaftsverändernde Ambitionen vertritt. Hier wird – ausgehend von den Arbeiten Henri Lefebvres und David Harveys (z. B. 1973) – die gesellschaftliche Produktion des Raumes thematisiert und dessen Bedeutung für Kapitalakkumulation, Ausgrenzung, Zugangsbeschränkungen, Ausbeutung und die Produktion sozialräumlicher Disparitäten analysiert. Im Vordergrund stehen kapitalismuskritische Analysen der Raumproduktion und der ökonomischen Instrumentalisierung raumstruktureller Gegebenheiten. Die gesellschaftspolitische Abstinenz des Mainstreams der Sozialgeographie wird kritisiert, und es treten Analysekategorien wie Klassen, Macht, Herrschaft, Konflikt, Gewinn und Profit, »accumulation by dispossesion« oder soziale Kosten in den Vordergrund. Zeitschriften wie Antipode oder ACME: An International E-Journal for Critical Geographies verstehen sich als Sprachrohr dieser Entwicklungslinie der Sozialgeographie.

Eine dezidiert emanzipatorische Grundhaltung ist auch für die feministische Sozialgeographie charakteristisch. Im Rahmen dieser Entwicklungslinie geht man davon aus, dass »Geschlecht« eine soziale Kategorie darstellt, deren normative Kraft sehr hoch ist (vgl. D. Wastl-Walter 2010, 9). Dabei werden unterschiedliche Konzepte von Geschlecht und Sexualität in Hinblick auf wirksame Raumbezüge und deren Konsequenzen analysiert, wobei vor allem das sozial, praktisch und diskursiv hergestellte Geschlecht (Gender) als Analysekategorie für sozialräumliche Differenzierungen im Vordergrund steht. Man kann zwischen einer ausdrücklich politisch-emanzipatorisch engagierten Feministischen Geographie im engeren Sinne und den stärker theoretisch und pluralistisch orientierten Gender Geographien mit ebenfalls emanzipatorischen Attitüden unterscheiden. Geschlecht und Raum werden als einander bedingende Kategorien angesehen. Zentrale Themen sind geschlechtsspezifische und räumliche Ein- und Ausschlussprozesse in verschiedenen Bereichen des alltäglichen Lebens vor dem Hintergrund hierarchisierender Ungleichheit zwischen den Geschlechtern in unterschiedlichen räumlichen Kontexten. Wegen der ausdrücklichen Bezugnahme auf poststrukturalistische und postkoloniale Konzepte und Theorien können die verschiedenen Varianten der Gender-Geographien auch der folgenden Gruppe von Entwicklungslinien zugeordnet werden.

Poststrukturalismus und Neue Kulturgeographie

Auch die vom Poststrukturalismus inspirierte Sozialgeographie und jene Variante, die sich als »Neue Kulturgeographie« versteht, sind durch eine ausdrücklich kritische Attitüde gekennzeichnet. Die Kritik bezieht sich hier aber mehr auf die erkenntnistheoretischen Zugangsweisen des Faches. Gesucht wird eine »andere Geographie«, die nur durch eine »Veränderung des Blicks« (J. Lossau 2003) gefunden werden könne. Diese beiden Entwicklungsstränge der Sozialgeographie sind sehr stark aufeinander bezogen und weisen trotz einiger Differenzen große Ähnlichkeiten auf. Sie können am ehesten durch den Grad der Radikalität unterschieden werden, nach dem sie ihre zentralen Thesen auf sich selbst anwenden. Als übergreifende Metapher lässt sich für beide Entwicklungslinien jene der »Verunsicherung« erkennen. Die Arbeiten, die im Rahmen dieser beiden Entwicklungslinien vorgelegt wurden, wollen irritieren, die Leser auf unreflektiert als selbstverständlich angesehene Voraussetzungen von Wissenschaft aufmerksam machen und Grundstrukturen des abendländischen Denkens in Frage stellen. Sie wollen Verwerfungen gängiger geographischer Weltdeutungen erkennbar machen und setzen dazu oft auch einen ästhetisierenden und ausdrücklich antirationalistischen und antiszientistischen Stil ein.

Die Rezeption der Neuen Kulturgeographie setzte im deutschen Sprachraum mit deutlicher Verspätung ein. Als wichtiger Denkanstoß kann das 2003 erschienene Sammelwerk »Kulturgeographie« gelten (H. Gebhardt et al.). 2004 wurde in Leipzig eine Tagungsreihe zum Thema »Neue Kulturgeographie« begründet, die jährlich an wechselnden Orten weitergeführt wird (vgl. http://kulturgeographie.org/) und sich in der Zwischenzeit zu einer festen Institution des Faches entwickelt hat. Die Neue Kulturgeographie kann als Aufgreifen der verschiedenen Varianten des »Cultural Turns« durch die Sozialgeographie interpretiert werden. Kultur wird dabei als »Textur des Sozialen« gesehen, als Prozess, durch den die soziale Welt in ihrer Räumlichkeit konstruiert und konstituiert wird. Kultur wird als grundlegende Funktionskategorie und adäquater Beschreibungsmodus des Sozialen verstanden. Durch den Einsatz eines derart übergreifend konzipierten und ganzheitlichen Kulturverständnisses kam es zu einer ausgeprägten Vernetzung und Verknüpfung zwischen den verschiedenen Teildisziplinen der Humangeographie, die – ganz im Sinne der Visionen von Hans Bobek – nun unter dem Dach einer Sozialgeographie qua Neue Kulturgeographie zusammengebunden werden. Diese Entwicklungslinie der Sozialgeographie ist ausdrücklich konstruktivistisch orientiert,

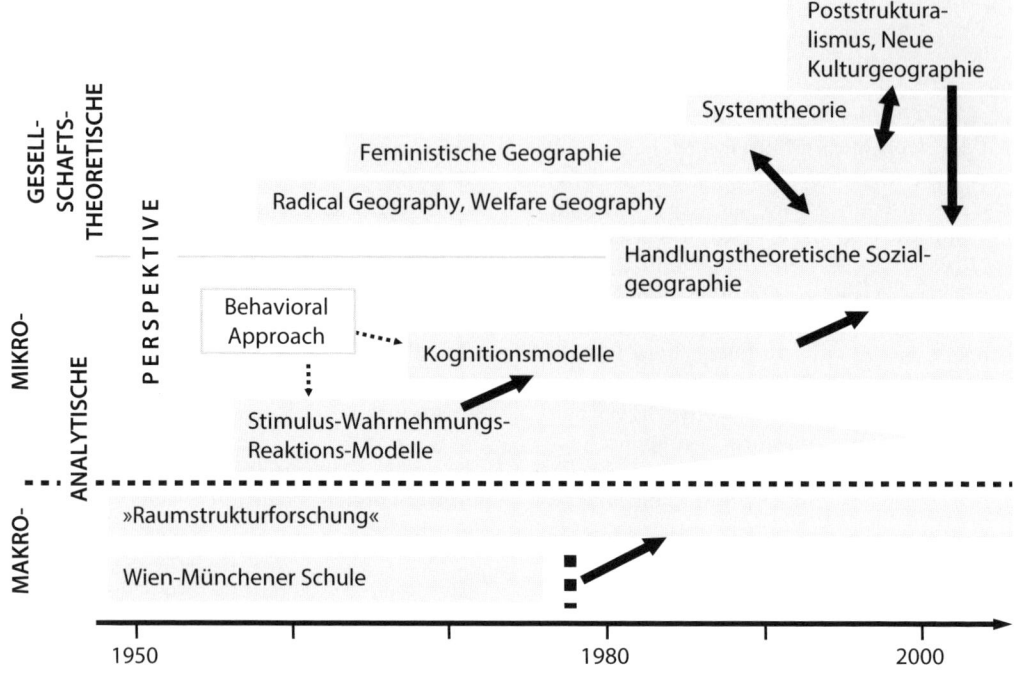

zielt darauf ab, die in raumbezogenen Diskursen vorgenommenen Weltdeutungen zu dekonstruieren und als hegemoniale Sprachspiele um Raum und Macht zu entlarven.

Als eigenständige Entwicklungslinie hat sich auch eine systemtheoretische Sozialgeographie entwickelt, deren Vertreter die Theorie *sozialer Systeme* von Niklas Luhmann für die Humangeographie nutzbar machen wollen. Nach einem frühen Versuch von Helmut Klüter (1986), Raum »als Element sozialer Kommunikation« im Sinne von Luhmann zu deuten, werden seit einigen Jahren Fragestellungen der Sozialgeographie aus der Perspektive Luhmanns reformuliert und neu interpretiert (vgl. H. Egner 2008).

In der Abbildung werden die wichtigsten Entwicklungslinien der Sozialgeographie nach ihren Entwicklungsverläufen und wechselseitigen Beeinflussungen (Pfeile) dargestellt.

Literatur

Bartels, Dietrich (Hg.), 1970: Wirtschafts- und Sozialgeographie, Köln/Berlin. – Bobek, Hans, 1948: Stellung und Bedeutung der Sozialgeographie; in: Erdkunde 2, 118–125. – Buttimer, Anne, 1976: Grasping the Dynamism of Lifeworld; in: Annals of the Association of American Geographers 66, 277–292. – Downs, Roger M., 1970: Geographic Space Perception. Past Approaches and Future Prospects; in: Progress in Geography 2, 65–108. – Egner, Heike, 2008: Gesellschaft, Mensch, Umwelt – beobachtet, Stuttgart. – Gebhardt, Hans et al. (Hg.), 2003: Kulturgeographie. Aktuelle Ansätze und Entwicklungen, Heidelberg/Berlin. – Harvey, David, 1973: Social Justice and the City, Baltimore. – Klüter, Helmut, 1986: Raum als Element sozialer Kommunikation, Gießen. – Lossau, Julia, 2003: Geographische Repräsentationen: Skizze einer anderen Geographie; in: Gebhardt, Hans et al. (Hg.), 101–111. – Maier, Jörg et al., 1977: Sozialgeographie, Braunschweig. – Wastl-Walter, Doris, 2010: Gender Geographien. Geschlecht und Raum als soziale Konstruktionen, Stuttgart. – Weichhart, Peter, 2008: Entwicklungslinien der Sozialgeographie. Von Hans Bobek bis Benno Werlen, Stuttgart. – Werlen, Benno, 2007: Globalisierung, Region und Regionalisierung. Sozialgeographie alltäglicher Regionalisierungen, Bd. 2, 2. Aufl., Stuttgart. – Ders., 2008: Sozialgeographie: Eine Einführung, Bern.

Peter Weichhart

Sozialgeschichte

Umschreibung

Unter Sozialgeschichte (engl. social history) versteht man zum einen eine geschichtswissenschaftliche Teildisziplin, die sich mit einem Teilbereich der geschichtlichen Wirklichkeit, nämlich den sozialen *Struktur*en, *Prozess*en und *Handlung*en im engeren Sinn beschäftigt. Sozialgeschichte ist insofern von anderen geschichtswissenschaftlichen Teildisziplinen (Politikgeschichte, Kulturgeschichte u. Ä.) zu unterscheiden. Sie befasst sich mit sozialen Formationen (*Stände*n, *Klasse*n, *Ethnie*n etc.; mit ihrer Lage und Zusammensetzung, den für sie typischen Erfahrungen, Haltungen und Verhaltensweisen), mit *Institution*en wie Familie, Betrieb, Verein und Verband, mit *sozialen Beziehungen* wie Verwandtschaften, Arbeitsverhältnissen, Kommunikationsbeziehungen und Netzwerken, sozialen Allianzen und Konflikten, mit Prozessen wie *Urbanisierung*, *Industrialisierung* und *Rationalisierung*, mit *sozialen Bewegungen*, mit den verschiedensten Aspekten sozialer *Ungleichheit* und *Mobilität*, aber auch mit den sozialen Voraussetzungen und Folgen politischer, kultureller und ökonomischer Phänomene (hier mit vielfältigen Übergängen zur Wirtschafts-, Politik- und Kulturgeschichte).

Zum andern bedeutet Sozialgeschichte so viel wie Geschichte ganzer *Gesellschaft*en (»Gesellschaftsgeschichte«), und insofern stellt sie einen spezifischen Zugriff auf die allgemeine Geschichte (eine spezifische Betrachtungsweise) dar. Als Gesellschaftsgeschichte zielt Sozialgeschichte auf Zusammenhang und Synthese und bezieht dann Wirtschaft, Politik und Kultur ein, jedoch unter Betonung der sozialen Strukturen, Prozesse und Handlungen im engeren Sinn. Sozialgeschichte in diesem Sinn ist von anderen Betrachtungsweisen zu unterscheiden, die die allgemeine Geschichte etwa primär als Geschichte der großen Mächte und ihrer Beziehungen oder als Geschichte der Ideen und kulturellen Hervorbringungen verstehen (Kocka 1986, 82–111).

Begriffliche Alternativen, Stoßrichtungen, Konnotationen

Sozialgeschichte ist oftmals als »Oppositionswissenschaft« gegen dominante Strömungen in der Geschichtswissenschaft gefordert, vertreten und entwickelt worden. Die Verwendung von Sozialgeschichte als Kampfbegriff mit verschiedener Stoßrichtung wie zur Bezeichnung herkömmlich unterbelichteter Untersuchungsgegenstände und Fragestellungen erklärt die zeitweise stark wertende Aufladung des Begriffs.

Manchmal ist unter Sozialgeschichte vornehmlich die Geschichte der »kleinen Leute«, der unteren Schichten, dann der Arbeiterschaft, der »sozialen Frage« und der *Arbeiterbewegung* verstanden worden – in kritischer Absetzung gegenüber der etablierten Geschichte der Herrschenden und Mächtigen. Vor allem in der Tradition der Arbeiterbewegung hat diese Bedeutung von Sozialgeschichte eine Rolle gespielt. Heute ist sie veraltet.

Der Begriff enthält oftmals eine *ideologie*kritische Stoßrichtung, die die Sozialgeschichte in Opposition zu der seit dem 19. Jh. dominierenden Politikgeschichte erworben hat, indem sie nach den nicht bewussten, verschwiegenen und verdrängten sozialen (und ökonomischen) Bedingungen und Folgen von *Herrschaft*, *Politik* und *Kultur* fragte – lange in marxistischer Tradition, mit *konflikt*- und *interessen*analytischer Absicht. Doch ist diese Bedeutungsdimension, die die Schärfe zurückliegender Kontroversen mit erklärt, in den letzten Jahren schwächer geworden.

Sehr oft ist Sozialgeschichte als Alternative oder Ergänzung zur lange vorherrschenden Ereignis- und Handlungsgeschichte gefordert (oder zurückgewiesen) und dann oft mit »Strukturgeschichte« (oder »Struktur- und Prozessgeschichte«) gleichgesetzt worden. So verstand Otto Brunner unter Sozialgeschichte »eine Betrachtungsweise, bei der der innere Bau, die Struktur der menschlichen Verbände im Vordergrund steht« und setzte sie von der »politischen Geschichte« ab, in der es primär um das »Handeln« der Verbände und die »Selbstbehauptung« gehe (Brunner 1968, 82). Die (allerdings nie absolute) Dominanz ereignis-, personen- und handlungsgeschichtlicher Zugriffe in der traditionellen Politikgeschichte und die unbestreitbar große Bedeutung struktur- und prozessgeschichtlicher Zugriffe in der Sozialgeschichte mögen dieser Äquivokation von Sozialgeschichte und »Strukturgeschichte« Vorschub geleistet haben. Jedoch ist zu betonen, dass sich Strukturen und Prozesse auch im Bereich der Politik, der Verfassung, der Kultur, der Religion, der Mentalitäten, der Sprache, der Ökonomie finden lassen. Strukturgeschichtliche Betrachtungsweisen sind also keineswegs auf die Sozialgeschichte beschränkt. Umgekehrt würde die Sozialgeschichte viel zu kurz greifen, wenn sie nicht versuchte, in den von ihr untersuchten Wirklichkeitsbereichen den Zusammenhang zwischen Strukturen und Prozessen einerseits, Erfahrungen und Handlungen andererseits zu analysieren. Die Bedeutungsfelder von Sozialgeschichte und Strukturgeschichte stehen insofern quer zueinander. Der synonyme Gebrauch beider Begriffe führt in die Irre.

Methoden und Theorien

Als Subdisziplin oder Betrachtungsweise innerhalb der Geschichtswissenschaft teilt die Sozialgeschichte deren theoretische Prämissen und methodische Eigenarten im Prinzip: In ihr geht es primär um die wissenschaftliche Erkenntnis des *Wandels* menschlicher Wirklichkeit in der Zeit unter sich ändernden, gesichtspunkt- und letztlich wertbezogenen Fragestellungen, die Vergangenem Bedeutung zumessen und es damit auf die Gegenwart und mögliche Zukunft beziehen. Auch in der Sozialgeschichte geht es vor allem um das empirische Begreifen von historischen Phänomenen in ihrer Eigenart wie in ihrem synchronen und diachronen Zusammenhang, weniger um die Formulierung allgemeiner Gesetzmäßigkeiten als Ziel der Erkenntnis. Kontextualisierung ist auch in der Sozialgeschichte unabdingbar. Auch in der Sozialgeschichte verwendet man hermeneutisch-verstehende und analytisch-erklärende Verfahren und verschiedenartige Darstellungsweisen, die von der Erzählung über die theoriegeleitete Argumentation bis zu Statistik und Graphik reichen. Die in der Geschichtswissenschaft allgemein üblichen Grundsätze der Quellenkritik gelten auch in der Sozialgeschichte, auch in ihr stehen sprachlich-schriftliche Quellen als Träger empirischer Informationen im Vordergrund, die jedoch immer häufiger durch die Verwendung bildlicher und gegenständlicher Quellen oder – für die jüngste Geschichte – durch *Befragung*en (»Oral History«) und teilnehmende *Beobachtung* ergänzt werden.

Jedoch bringen es die in der Sozialgeschichte vorherrschenden Erkenntnisinteressen und die Eigenarten ihrer vornehmlichen Untersuchungsgegenstände mit sich, dass in ihr die Beschäftigung mit Strukturen und Prozessen (vor Handlungen und Ereignissen) Vorrang hat, häufig Massenphänomene untersucht und Kollektivdaten verwendet werden. So erklärt sich, dass in der Sozialgeschichte besonders früh und konsequent mit Typisierung, Generalisie-

rung und systematischem Vergleich gearbeitet worden ist, ähnlich wie in der Wirtschaftsgeschichte. In der Sozial- wie in der Wirtschaftsgeschichte haben auch quantifizierend-statistische Verfahren früh große Bedeutung erlangt und seit der Einführung der EDV große Fortschritte gemacht – jedoch fast immer nur in Teilbereichen, ohne dominant zu werden, und mit einer gewissen Rückläufigkeit seit den 1980er Jahren. Aus ähnlichen Gründen sind vor allem in der Sozialgeschichte (wie auch in der Wirtschaftsgeschichte) sozialwissenschaftliche *Theorie*n – oft in idealtypischer Verwendung – zur Entwicklung von Fragestellungen und *Hypothese*n, zur Abgrenzung des Untersuchungsgegenstandes, zur Periodisierung und zum Vergleich wie zur Erklärung von Zusammenhängen verwandt worden, vor allem in der auf Synthese zielenden Gesellschaftsgeschichte. Argumentative Darstellungsformen entsprechen deshalb der Sozialgeschichte stärker als Erzählende. Mit diesen methodisch-theoretischen Eigenarten – wie auch mit ihrer Stoßrichtung gegen die herkömmlich dominante Politikgeschichte – erwies sich die Sozialgeschichte als vielleicht wichtigstes Feld, auf dem die Kritik des Historismus formuliert und ein Stück weit eingelöst wurde (Mommsen).

Zugleich ergab sich in der Sozialgeschichte (wie auch in der Wirtschaftsgeschichte) für Historiker die Möglichkeit zu enger Kooperation mit den systematischen Nachbarwissenschaften, vor allem mit der Soziologie und später verstärkt mit der Anthropologie, deren Begriffe, Modelle, Verfahren und Theorien oftmals benutzt und inkorporiert, wenn auch nur selten einfach übernommen werden konnten. Für solche Ansätze (auch, aber nicht nur in der Sozialgeschichte) hat man (programmatisch) im deutschsprachigen Raum die Bezeichnung »Historische Sozialwissenschaft« verwandt (Wehler 1980). Häufig ist die Sozialgeschichte in einer »Brückenstellung zwischen Geschichte und Soziologie« (Conze in Wehler 1966, 20) gesehen worden. I.d.R. ist sie dennoch im Verbund der allgemeinen Geschichtswissenschaft geblieben und hat diese mehr und mehr durchdrungen und gefärbt. In einzelnen ihrer Ausprägungen – so als »Historische Sozialforschung« (Best/Schröder) – hat sie sich den Postulaten und Methoden der empirischen Soziologie weit geöffnet. Der Übergang zur »Historischen Soziologie« ist fließend. Sozialgeschichte wird nicht nur von Historikern, sondern auch von historisch orientierten Soziologen geschrieben (bspw. Smelser, Lepsius, Mann).

Stadien der Entwicklung

Im späten 19. und frühen 20. Jh. entwickelte sich die Sozialgeschichte zögernd, oft in marginaler Stellung und in vielfältigen Verknüpfungen, vor allem mit der Wirtschaftsgeschichte. Von den 1930er Jahren bis in die 1980er Jahre erlebte sie ihren entscheidenden Aufstieg und Durchbruch: mit selbstständigem Profil, in ständiger Erweiterung, mit wachsendem Einfluss auf die Geschichtswissenschaft insgesamt und teilweise in enger Verbindung mit den benachbarten Sozialwissenschaften, besonders der Soziologie. Seit den 1980er-Jahren setzen sich Ausdehnung und Ausdifferenzierung der Sozialgeschichte zwar einerseits fort. Doch verlor sie andererseits ihre Führungsstellung an die Kulturgeschichte. Narrative und konstruktivistische Ansätze wurden wichtiger, die Sozialgeschichte veränderte sich. Sie drang gleichzeitig tief in die allgemeine Geschichte ein und veränderte sie in ihrem Sinn. Das trug zur weiteren Verwischung ihrer nie sehr klaren Außenabgrenzungen bei.

Im späten 19. und frühen 20. Jh. entstand die Sozialgeschichte in engster Verbindung mit Wirtschaftsgeschichte, als Spezialfach mit eigenen Zeitschriften. Seit 1893/1903 wird in Deutschland die Vierteljahrschrift für Sozial- und Wirtschaftsgeschichte veröffentlicht. Entsprechende Zeitschriften erschienen in Frankreich 1908/1913, den Niederlanden 1916, England 1927, den USA 1928 und Polen 1932. Bis heute existiert diese Kombination, etwa in der deutschen »Gesellschaft für Sozial- und Wirtschaftsgeschichte«, wie in der Bezeichnung mancher Professuren, meist mit starker Betonung der Wirtschaftsgeschichte. Eine zweite Wurzel der Sozialgeschichte lag in den historisch orientierten Staats- und Sozialwissenschaften, vor allem in Deutschland (Gustav Schmoller, Werner Sombart, Max Weber). Marxistische, sozialistische Anstöße fehlten nicht ganz. Die nur teilweise akademisierte »Kulturgeschichte« brachte ebenfalls sozialgeschichtliche Sichtweisen hervor. Auf Ansätzen der Jh.wende (Henri Berr um 1900, teilweise von Karl Lamprecht beeinflusst) gelang schließlich französischen Historikern wie Marc Bloch, Lucien Febvre und François Simiand in den 1920er und 1930er Jahren ein weit gespannter, langfristig einflussreicher Neuansatz interdisziplinär orientierter Geschichtswissenschaft mit zivilisationsgeschichtlichem Anspruch und sozial- und wirtschaftsgeschichtlichen Akzenten (Sprachrohr seit 1929 die Zeitschrift »Annales«, die in den ersten zehn Jahren »Annales d'histoire économique et sociale« hieß, danach »Annales. Economies. Sociétés. Civilisations« und seit 1994 »Annales. Histoire, Sciences Sociales«). Dagegen blieb die »allgemeine« Geschichtswissenschaft, vor allem in Europa, noch auf Politik-, Ereignis- und Ideengeschichte konzentriert und an sozialen Strukturen und Prozessen wenig interessiert. Doch gab es große Ausnahmen wie das Werk Otto Hintzes und Gebiete wie die Landesgeschichte, die viel Sozialgeschichte integrierten. Die amerikanische Geschichtswissenschaft hat sozial- und wirtschaftsgeschichtliche Aspekte nie in dem Maße ausgeschlossen und in eine eigene Randdisziplin abgedrängt, wie es in Europa der Fall war. Mit der »Volksgeschichte« der 1930/40er Jahre entstand in Deutschland und Österreich eine Minderheitsströmung, die das Interesse an sozialgeschichtlichen Strukturen und Prozessen mit rechtsgerichteter, nationalistischer, teilweise nationalsozialistischer *Ideologie*, mit Orientierung an Volkstum und *Rasse* wie mit Kritik an der engen Politikgeschichte verband. Doch hauptsächlich blieb die Sozialgeschichte ein eng begrenztes Ergänzungs- und Randfach, meist mit Wirtschafts-, teilweise mit Kulturgeschichte verbunden: »the history of the people with the politics left out«, wie es 1942 hieß (Trevelyan, 9).

Die Diktaturen, Kriege und Zusammenbrüche des zweiten Jh.drittels erschütterten das herkömmliche Paradigma der Geschichtswissenschaft mit ihrer stark national- und politikgeschichtlichen Orientierung. Es entstanden Raum für und Bedarf an Neuorientierung. Der Aufstieg der Sozialgeschichte wurde zu einem wichtigen Antrieb und bedeutenden Zeichen des akademischen und intellektuellen Wandels der Zeit. In der »neuen Sozialgeschichte« der 60er und 70er Jahre verband sich vehemente Traditionskritik mit methodisch-theoretischen Neuansätzen und bisweilen mit den für die Zeit typischen Hoffnungen auf grundsätzliche gesellschaftliche und politische Reform. Die rasche Expansion des Hochschulsystems erleichterte die Durchsetzung. Der Aufstieg von Soziologie und Politologie wirkten sich fördernd aus.

Dies war ein international verflochtener Prozess, doch weiterhin mit großen nationalen Unterschieden. Die französische »nouvelle histoire« um die Zeitschrift Annales (mit Fernand Braudels Mittelmeer-Buch von 1949 als wichtigstem Modell) beeinflusste die internationale Debatte seit den 1950er-Jahren, mit besonderen Schwerpunkten in der Frühneuzeitforschung. In England bestand starkes Interesse an der modernen Marktgesellschaft, der Industrialisierung und den sozialen Bewegungen. E. P. Thompsons »The Making of the English Working Class« (1963) wurde zu einem Klassiker. 1964 gründeten Peter Laslett und andere die »Cambridge Group for the History of Population and Social Structure«, ein wirkungsreiches Zentrum für die Historische Demographie und die Geschichte von Familie und Haushalt. In den USA kam es früh zu einflussreichen Verbindungen zwischen Sozialgeschichte und Sozialwissenschaften, so im Harvard Research Center in Entrepreneurial History in den 50er Jahren, in großen Werken historischer Sozialwissenschaft, wie sie etwa von Reinhard Bendix und Barrington Moore, später von Charles Tilly und Michael Mann vorgelegt wurden, sowie in stark quantifizierenden, analytisch orientierten Formen der »Social Science History« (so der Name einer Zeitschrift seit 1975). Während es in der DDR (viel stärker als in Polen und Ungarn) zu einem politisch dekretierten Paradigmenwechsel unter marxistisch-leninistischem Vorzeichen kam, rückte in der BRD eine Variante der Sozialgeschichte ins Zentrum, die man als »Politische Sozialgeschichte« bezeichnet hat. Stark an der Erklärung der Brüche deutscher Geschichte und damit am 19./20. Jh. interessiert, verband sie Webersche und marxistische Anstöße mit Einflüssen aus der zeitgenössischen Soziologie und Politikwissenschaft. *Modernisierung*shistorische Ansätze und die These vom »deutschen Sonderweg« wurden sozialhistorisch genutzt, Wirtschaft und Politik blieben einbezogen. Andererseits setzten sich ältere Traditionen in der neu konzipierten Strukturgeschichte der 50er-Jahre fort (Conze 1957) und gingen in bahnbrechende begriffsgeschichtliche Werke ein (Koselleck 1972).

International wurden analytische Methoden aufgewertet: explizite Erklärung, der internationale und intertemporale Vergleich, quantifizierende Ansätze und die Verwendung sozialwissenschaftlicher Begriffe, Modelle und Theorien besonders aus der Soziologie und Politikwissenschaft, zunehmend auch aus der Ethnologie und Anthropologie. Anfang der 1970er-Jahre zählte eine Bestandsaufnahme folgende zentrale Forschungsgebiete der Sozialgeschichte auf: Demographie und Verwandtschaftsbeziehungen, Stadtentwicklung und Urbanisierung, soziale Klassen und Gruppen (vor allem Arbeiterschaft), Mentalitäten, kollektives Bewusstsein bzw. Kultur im Sinne der Anthropologie, soziale Bewegungen und sozialer Pro-

test, Industrialisierung und Modernisierung (Hobsbawm, 342). Anderes wäre hinzuzufügen, wie die in den 70er Jahren boomende Sozialgeschichte der *Mobilität* und der *sozialen Ungleichheit*. Bald kam die Frauengeschichte hinzu und setzte, in Konflikten mit dem mainstream, das seitdem anhaltende Interesse an *Geschlecht*ergeschichte durch. Die Sozialgeschichte hörte auf, bloß ein untergeordnetes Element in anders dominierten Kombinationen (z. B. Wirtschafts- und Sozialgeschichte) zu sein, sie emanzipierte, erweiterte und differenzierte sich aus.

Gleichzeitig beeinflusste sie die allgemeine Geschichte zutiefst. Indem man nach den sozialen Bedingungen und Folgen politischer Entscheidungen, Prozesse und Strukturen fragte und auch Ökonomie und Kultur in ihren sozialen Zusammenhängen zu begreifen versuchte, drang die Sozialgeschichte in die Interpretation der allgemeinen Geschichte ein und veränderte sie in Richtung »Gesellschaftsgeschichte«. Mikhail Rostovtzeffs »Social and Economic History of the Roman Empire« von 1926 und Marc Blochs »Société Féodale« von 1939/40 sind frühe Beispiele sozialgeschichtlich orientierter Synthesen. Aus unorthodox-marxistischer Perspektive schrieb Eric J. Hobsbawm seine Synthesen: The Age of Revolution (1962), The Age of Capital (1975), The Age of Empire (1987) und The Age of Extremes (1994). In Max Weberscher Theorietradition steht Hans-Ulrich Wehlers fünfbändige »Deutsche Gesellschaftsgeschichte (1987–2008).

Zahlreiche Zeitschriften entstanden als Foren der sich durchsetzenden Sozialgeschichte: »Past and Present« in Großbritannien seit 1952, das »International Review of Social History« in Amsterdam seit 1956, »Comparative Studies in Society and History« seit 1958, »Le Mouvement Social« in Paris seit 1960, das deutsche Jahrbuch »Archiv für Sozialgeschichte« seit 1961, das amerikanische »Journal of Social History« seit 1967, »Geschichte und Gesellschaft« seit 1975 und »Historical Social Research-Historische Sozialforschung« seit 1976 in der Bundesrepublik sowie »Social History« und »History Workshop Journal« in Großbritannien seit 1976.

Seit den 1980er Jahren hat sich die Sozialgeschichte erneut sehr verändert. Familie und Haushalt, Vereine und Geselligkeit, Erziehung und Bildung, Kirche und Religiosität wurden verstärkt untersucht. Krankheit, Gesundheit und Tod, der Körper und der Umgang mit ihm, Emotionen, Vertrauen und gesellschaftlicher Zusammenhalt, Gerüche und Gesten, Erinnerung und kollektives Bewusstsein, nationale Symbole und *Alltagskultur*, Konsum – es gibt wenig, was nicht Gegenstand der Sozialgeschichte werden kann (Stearns 1994, 2001). Die Bedeutung von »sozial« verändert sich und wird kontrovers diskutiert (Joyce; Mergel in Maeder). Zum Teil unter dem Einfluss Pierre Bourdieus ist »soziales Handeln« zu einem Zentralbegriff geworden. »Gesellschaft« wird stärker als Gewebe von Beziehungen denn als Struktur und Prozess verstanden. Während früher sozialökonomische Unterscheidungen und Begriffe dominierten (wie Stand, Klasse und Schicht) wird heute anderen Differenzierungen mehr Aufmerksamkeit gewidmet: dem *Geschlecht*, den Lebensphasen, der ethnischen Zugehörigkeit, der *Rasse*. Der Einfluss von Marxismus einerseits, von *Modernisierungstheorien* andererseits hat stark nachgelassen. Früher hatten die Arbeitergeschichte und die Geschichte der kleinen Leute das größte Interesse gefunden; heute ist die Arbeitergeschichte an den Rand gerückt, die Geschichte des *Bürgertum*s und der *Elite*n findet größere Aufmerksamkeit, vor allem aber Probleme, die nicht schichtenspezifisch sind. Während früher vor allem Strukturen und Prozesse thematisiert wurden, hat sich seit der Alltagsgeschichte der 80er Jahre (Lüdtke) die »Innenseite« der Geschichte als untersuchenswert etabliert: die Welt der Wahrnehmungen und Erfahrungen, die Art, wie Zeitgenossen *Wandel* erfuhren, erlitten, verarbeiteten und handelnd beeinflussten, der Alltag, in dem all dies geschah. Viele halten das mikrohistorische Detail für interessanter als den makrohistorischen Zusammenhang. Sozialökonomische Erklärungen haben an Überzeugungskraft eingebüßt, die Wirtschaftsgeschichte nahm an Bedeutung ab, auch für die Sozialgeschichte. Zwischen Sozial- und Kulturgeschichte ergaben sich intensive Debatten, viel Konkurrenz, aber auch zahlreiche Verschmelzungen (Mergel/Welskopp). Der Aufstieg der Sozialgeschichte in den 60er/70er Jahren war mit einer »analytischen Wende« verknüpft. Nun wurden dagegen hermeneutisch-narrativ-interpretierende Verfahren auch in der Sozialgeschichte wieder stärker, die Betonung des Kontexts – auch gegen allzu analytische Zugriffe – nahm wieder zu, Quantifizierung trat zurück. Die *Sprache* wurde auch in der Sozialgeschichte zu einem viel beachteten Thema, etwa die Kategorisierung der sozialen Ungleichheit durch die Zeitgenossen. Konstruktivistische Zugriffe gewannen an Boden.Unter dem Eindruck der Globalgeschichte seit ca. 2000 hat die Sozialgeschichte begonnen, ihre lange vorherrschende nationalgeschichtliche Rahmung zu revidieren. Transnationale Themen (z. B. Migrationen) und Zugriffe (Verflechtung und Vergleich) gewinnen an Boden (Boomgaard/t'Hart; Pomeranz). Die Frage nach Großstrukturen, umfassenden Prozessen und Zusammenhängen wird wieder wichtiger – und mit ihr die Sozialgeschichte.

Seit den 1990er Jahren ist die Häufigkeit des Gebrauchs des Begriffs »Sozialgeschichte« rückläufig. Die großen Kontroversen um Sozialgeschichte gehören der Vergangenheit an, wenngleich sie von diskurs- oder kulturgeschichtlicher Seite bisweilen grundsätzlich in Frage gestellt wird (etwa mit Orientierung an Michael Foucault von Sarrazin in Maeder). Die Grenzen zwischen Sozial- und Kulturgeschichte, zwischen Sozial- und Allgemeingeschichte sind sehr flüssig geworden, die innere Vielfalt der Sozialgeschichte nahm zu, ihre Abgrenzbarkeit wurde noch schwieriger. Aber zumindest in Abgrenzung zum methodischen Individualismus, im Gegenzug zu geschichtswissenschaftlicher Fragmentierung, mit dem Insistieren auf der Notwendigkeit, Wahrnehmungen, Erfahrungen, Diskurse und Handlungen in ihrem wechselseitigen Zusammenhang mit Strukturen, Prozessen und Konstellationen zu rekonstruieren wie mit ihrer Präferenz für analytische Zugriffe besitzt Sozialgeschichte weiterhin ihre Identität (Jürgen Kocka in Woyke, 20–22). Sie hat eine immense Bereicherung erfahren. Sozialgeschichtliche Themen und Fragestellungen sind überdies in die allgemeine Geschichte eingedrungen und haben diese verändert, wie bspw. der Vergleich zwischen der 8. Aufl. des »Gebhardt. Handbuch der deutschen Geschichte« von 1954 ff. (Bd. 3 mit einem separaten Kapitel über »Wirtschafts- und Sozialgeschichte«, im Übrigen politikgeschichtlich strukturiert) und der 10. Aufl. 2001 ff. (ohne ein solches Kapitel, aber mit sozialgeschichtlichen Fragen und Themen als voll integrierte Teile der Darstellung) zeigt. Ein entsprechendes Eindringen der Sozialgeschichte in die Soziologie lässt sich als Trend der letzten Jahrzehnte nicht konstatieren. In einzelnen Teilbereichen aber erweist sich Sozialgeschichte als anschlussfähig und einflussreich, z. B. in der Historischen Soziologie, in soziologisch-anthropologischen Ansätzen, in der Wirtschafts-, der Familien oder der Wissenssoziologie, bei der Untersuchung sozialer Ungleichheit sowie in der Soziologie der *Globalisierung* und ihrer vielfältigen

Folgen. Die Sozialgeschichte bietet vieles, was für die Weiterentwicklung der Soziologie von Nutzen sein kann.

Literatur

Best, Heinrich; Schröder, Wilhelm, 1988: Quantitative historische Sozialforschung; in: Meier, Christian; Rüsen, Jörn (Hg.): Historische Methode, München, 235–66. – Boomgaard, Peter; i'Hart, Marjolein (Hg.), 2010: Globalization, environmental change, and social history, New York. – Braudel, Fernand, 1949: La Méditerranée et le monde méditerranéen à l'époque de Philippe II, Paris. – Brunner, Otto, 1968: Neue Wege der Verfassungs- und Sozialgeschichte, 2. Aufl., Göttingen. – Budde, Gunilla et al. (Hg.), 2006: Transnationale Geschichte, Göttingen. – Conrad, Christoph, 2001: Art. »Social History/History of Society«; in: International Encyclopedia of the Social and Behavioral Sciences, 3. Aufl., London. – Conze, Werner, 1957: Die Strukturgeschichte des technisch-industriellen Zeitalters als Aufgabe für Forschung und Unterricht, Köln. – Hobsbawm, Eric J., 1972: From Social History to the History of Society; in: Daedalus 1971, 20–45; dt. in: Wehler, Hans-Ulrich (Hg.): Geschichte und Soziologie, Köln, 331–353. – Journal of Social History: Bd. 37, No. 1, Special Issue (Autumn 2003). – Joyce, Patrick, 2010: What ist the Social in Social History?; in: Past&Present 206, 213–248. – Kocka, Jürgen, 1986: Sozialgeschichte, 2. erw. Aufl., Göttingen. – Ders. (Hg.), 1988: Sozialgeschichte im internationalen Überblick, Darmstadt. – Ders, 2002: Sozialgeschichte in Deutschland seit 1945, Bonn. – Koselleck, Reinhart, 1972: Begriffsgeschichte und Sozialgeschichte; in: Ludz, Peter C. (Hg.): Soziologie und Sozialgeschichte, Opladen, 116–132. – Landes, David S.; Tilly, Charles, 1971: History as a Social Science, Englewood Cliffs. – Lüdtke, Alf,1989: Alltagsgeschichte, Frankfurt. – Lepsius, Mario R., 1993: Demokratie in Deutschland. Soziologisch-historische Konstellationsanalysen, Göttingen. – Maeder, Pascal et al. (Hg.), 2012: Wozu noch Sozialgeschichte?, Göttingen. – Mann, Michael, 1986–2012: Sources of Social Power, 3 Bde, New York. – Mergel, Thomas; Welskopp, Thomas, 1997: Geschichte zwischen Kultur und Gesellschaft, München. – Mommsen, Wolfgang J., 1971: Die Geschichtswissenschaft jenseits des Historismus, Düsseldorf. – Pomeranz, Kenneth, 2007: Social History and World History: Prospects for Collaboration; in: Journal of World History, Bd. 18, 43–52. – Revel, Jacques (Hg.), 1996: Jeux d'echelles. La micro-analyse à l'expérience, Paris. – Rosenberg, Hans, 1969: Probleme der deutschen Sozialgeschichte, Frankfurt. – Ritter, Gerhard, 1991: The New Social History in the Federal Republic of Germany, London. – Rürup, Reinhard (Hg.), 1977: Historische Sozialwissenschaft, Göttingen. – Schieder, Wolfgang; Sellin, Volker (Hg.), 1986/7: Sozialgeschichte in Deutschland, 4 Bde, Göttingen. – Schulz, Günther et al. (Hg.), 2004: Sozial- und Wirtschaftsgeschichte, Stuttgart. – Stearns, Peter N. (Hg.), 1994: Encyclopedia of Social History, New York. – Ders. (Hg.), 2001: Encyclopedia of European Social History from 1350–2000, New York. – Tilly, Charles, 1981: As Sociology Meets History, New York. – Ders., 1984: Big Structures, Large Processes, Huge Comparisons, New York. – Trevelyan, George M., 1967: English Social History (1942), Harmondsworth. – Wehler, Hans-Ulrich, 1980: Historische Sozialwissenschaft und Geschichtsschreibung, Göttingen. – Ders. (Hg.), 1972: Moderne deutsche Sozialgeschichte, Köln. – Ders., 1993: Bibliographie zur modernen deutschen Sozialgeschichte, München. – Woyke, Meik (Hg.), 2011: 50 Jahre Archiv für Sozialgeschichte, Bonn. – Zunz, Oliver, 1985: Reliving the Past. The Worlds of Social History, Chapel Hill.

Jürgen Kocka

Sozialisation

Ursprünge des Sozialisationsbegriffs

Vermutlich wird der Begriff »Sozialisation« (engl. socialization) in wissenschaftlichen Abhandlungen zum ersten Mal im ausgehenden 19. Jh. benutzt. Von herausragender Bedeutung für die Entwicklung des Konzeptes ist der französische Soziologe Emile Durkheim (1858–1917). Bei seiner Untersuchung des Übergangs von einfachen zu arbeitsteilig organisierten Gesellschaften beschäftigt er sich mit der Frage, wie auch unter geänderten Bedingungen soziale *Integration* hergestellt werden kann (Durkheim 1972, Original 1907). Er weist der Sozialisation dabei eine hohe Bedeutung zu: Die Individuen müssen nach seiner Lehre die *Norm*en und Zwangsmechanismen, die eine *Gesellschaft* ermöglichen und sichern, verinnerlichen, die Gesellschaft muss also gewissermaßen in sie eindringen und sie von innen her organisieren. Gesellschaftliche Normen stoßen, so Durkheim, auf ein Individuum, das sich triebhaft, egoistisch und asozial verhält und erst durch den Prozess der Sozialisation gesellschaftsfähig wird.

Durkheim hat damit als erster Geistes- und Sozialwissenschaftler auf den Vorgang der »Vergesellschaftung der menschlichen Natur« hingewiesen und hierfür den Begriff Sozialisation verwendet. Sein Konzept wirkt aus heutiger Sicht allerdings verkürzt, weil es allein auf die Unterwerfung des Menschen unter gesellschaftliche Anforderungen abhebt und die Einwirkungen der Gesellschaftsmitglieder auf die Gestaltung des Gemeinwesens nicht berücksichtigt. In neueren Ansätzen wird in Abgrenzung von Durkheim deshalb sowohl in der Soziologie als auch in den Disziplinen Psychologie, Pädagogik und Anthropologie Sozialisation als menschliche Subjektwerdung und Persönlichkeitsentwicklung in ständiger Wechselwirkung von *Umwelt* und Person definiert.

Soziologische und psychologische Basistheorien der Sozialisation

Von vielen allgemeinen soziologischen und psychologischen Theorien werden Aussagen zur Sozialisation getroffen. In der psychologischen Tradition sind es vor allem lerntheoretische, psychoanalytische, entwicklungstheoretische und ökologische Theorien, die den menschlichen Entwicklungsprozess in seiner Wechselwirkung mit der sozialen und materiellen Umwelt akzentuieren.

- Lerntheoretische Positionen (Bandura) treffen insofern die sozialisationstheoretische Fragestellung, als sie die Impulse der sozialen Umwelt für Lernprozesse thematisieren. Verhaltensmuster werden über die aktive Verarbeitung der Umwelt aufgebaut.
- Die psychoanalytische Theorie (Freud) ist für die Sozialisationsthematik bedeutsam, weil sie die menschliche Entwicklung auf ihre biologischen und psychodynamischen Grundlagen zurückführt. In Freuds Theorie ist eine Konzeption der Person-Umwelt-Beziehung enthalten, in der durch Verinnerlichung gesellschaftlicher Normen die Triebbedürfnisse kontrolliert und kanalisiert werden. Im Anschluss an Freud hat vor allem Erikson den Einfluss soziokultureller Normen für die Persönlichkeitsentwicklung betont.
- In der entwicklungspsychologischen Konzeption von Piaget und Inhelder wird der Prozess der Persönlichkeitsentwicklung als eine aktiv gesteuerte Anpassung an Umweltbedingungen definiert, die auf den konstruktiven Austausch- und Auseinandersetzungsprozess zwischen Person und Umwelt verweist. In der Weiterentwicklung der Theorie durch Kohlberg wird auch der gesellschaftlich vermittelten Umwelt ein wenn auch nur geringer Stellenwert für die (moralische) Entwicklung eingeräumt.
- Ökologische Ansätze (Bronfenbrenner) betonen die konkrete Beschaffenheit des menschlichen Lebensraumes für die Persönlichkeitsentwicklung. Der Entwicklungsprozess ist ein kontinuierlicher, wechselseitiger Anpassungsprozess zwi-

schen dem aktiv sich entwickelnden Menschen und seinen Lebensbereichen. Entwicklungsprozesse werden durch schrittweises Erschließen der verschiedenen Lebensbereiche und der größeren Kontexte (Makrosysteme), in die sie eingebettet sind, beeinflusst.

In der soziologischen Tradition sind es vor allem systemtheoretische, handlungstheoretische und gesellschaftstheoretische Konzeptionen, die Sozialisation als den Prozess der Auseinandersetzung des Menschen mit gesellschaftlichen Bedingungen konzipieren.

- Im Anschluss an Durkheim hat die durch Parsons entwickelte funktionalistische *Systemtheorie* bisher wohl den größten Einfluss auf die soziologische Sozialisationsforschung ausgeübt. Der Sozialisationsprozess gestaltet sich nach Parsons durch die Übernahme sozialer *Rolle*n, die die Verinnerlichung der *Wert-* und *Norm*vorstellungen der sozialen *Umwelt* repräsentieren und in einem fortschreitenden Prozess zu Selbstmotivierungskräften des eigenen Handelns werden.
- In kritischer Auseinandersetzung mit systemtheoretischen Ansätzen betonen interaktions- und handlungstheoretische Konzeptionen die subjektive Interpretation der sozialen Umwelt. Im Anschluss an Mead geht diese Theorie von einer Mensch-Umwelt-Konzeption aus, die einen seine Umwelt erschließenden und gestaltenden Menschen postuliert und Persönlichkeitsentwicklung als Produkt eines dialektischen Prozesses zwischen Mensch und Umwelt versteht. Meads Konzeption ermöglicht die umfassende Analyse der Bildung und Entwicklung der Persönlichkeit innerhalb sozialer Strukturen und betont, dass sich Persönlichkeitsentwicklung in einem Austauschprozess zwischen einer »äußeren« und »inneren« Realität vollzieht.
- Die materialistische Gesellschaftstheorie im Anschluss an Marx hat Modelle der produktiven und kommunikativen Aneignung der Umwelt entwickelt. Sie versucht, die makrosozialen Strukturen in der Analyse der Beziehungen zwischen Person und Umwelt zu berücksichtigen und interaktions- und handlungstheoretische Elemente einzubeziehen. Vor allem Habermas hat versucht, die sozialstrukturellen Makro- und Mikrobedingungen herauszuarbeiten, die für die Konstitution einer autonom handlungsfähigen Person Voraussetzung sind. Er bedient sich dabei auch

einzelner Theoriestücke der *Handlungstheorie* und der Entwicklungstheorie. Auch die Milieutheorie von Bourdieu greift diesen Ansatz auf

Definition von Sozialisation

Diese verschiedenen psychologischen und soziologischen Positionen spielen bis heute für die Sozialisationstheorie eine große Rolle (Goslin). Eine intensive Neueröffnung der Diskussion um Konzepte der Sozialisation trat in den 1960er-Jahren ein, verbunden mit scharfen Kontroversen zwischen den materialistischen und den handlungstheoretischen Ansätzen zum Verhältnis von Vergesellschaftung und *Individualisierung.*

Diese Diskussion wurde durch die inzwischen allgemein anerkannte Definition von Sozialisation versachlicht, die z. B. 1980 im »Handbuch der Sozialisationsforschung« vorgeschlagen wurde und beide Positionen zusammenführte. Sozialisation ist demnach zu verstehen »als der Prozess der Entstehung und Entwicklung der Persönlichkeit in wechselseitiger Abhängigkeit von der gesellschaftlich vermittelten sozialen und materiellen Umwelt. Vorrangig thematisch ist dabei, wie sich der Mensch zu einem gesellschaftlich handlungsfähigen Subjekt bildet« (Geulen/Hurrelmann, 51). Diese Definition hat sich in Psychologie und Soziologie und in den angrenzenden Disziplinen weitgehend bewährt.

Sozialisation bezeichnet nach dieser Definition den Prozess, in dessen Verlauf sich der mit einer biologischen Ausstattung versehene menschliche Organismus zu einer sozial handlungsfähigen Persönlichkeit bildet, die sich über den Lebenslauf hinweg in Auseinandersetzung mit den Lebensbedingungen weiterentwickelt. Sozialisation ist die lebenslange Aneignung von und Auseinandersetzung mit den natürlichen Anlagen und der körperlichen und psychischen Konstitution (der »inneren Realität« von Körper und Psyche) und der sozialen und materiellen Umwelt (der »äußeren Realität«).

Als Definitionsbestandteil von »Sozialisation« wird der Begriff »*Persönlichkeit*« verwendet. Mit Persönlichkeit wird das einem Menschen spezifische organisierte Gefüge von Merkmalen, Eigenschaften, Einstellungen und Handlungskompetenzen bezeichnet, das sich auf der Grundlage der biologischen Ausstattung als Ergebnis der Bewältigung von Lebensaufgaben lebensgeschichtlich ergibt. Als »Persönlichkeitsentwicklung« lässt sich entsprechend die

Veränderung wesentlicher Elemente dieses Gefüges im Verlauf des Lebens bezeichnen. In der biologischen und anthropologischen Forschung wird für diese Entwicklung der Persönlichkeit im Lebenslauf auch der Begriff »Ontogenese« verwendet.

Eine wichtige Rolle in der Persönlichkeitsentwicklung spielt die Frage, ob die jeweils früheren Persönlichkeitsmerkmale im Laufe des Lebens erhalten bleiben oder durch biologische, psychische und gesellschaftliche Veränderungen in ihrem Gefüge und ihrer Beschaffenheit umstrukturiert werden. Die verschiedenen Stufen der Ontogenese stehen dabei mit der Strukturierung des Lebenslaufs in einzelne *Lebensphase*n (Kindheit, Jugend, Erwachsener, Senior) in Beziehung. Die gesamte Abfolge von Stadien der Persönlichkeitsentwicklung im Lebenslauf kann als »*Biographie*« bezeichnet werden (Kohli).

Korrespondierende Begriffe

In enger Beziehung zum Begriff Sozialisation stehen die Begriffe Bildung, Erziehung und Enkulturation:

Bildung: Der Begriff »Bildung« hat eine lange geisteswissenschaftliche Tradition und ist seit über zwei Jh.en ein Zentralbegriff der Pädagogik. In älteren pädagogischen Definitionen wird hierunter die Herausarbeitung der verschiedenen Facetten von Menschlichkeit verstanden, um an den in einer kultivierten Gesellschaft üblichen Lebensformen teilhaben zu können. In einer modernen Definition lässt sich unter Bildung der Prozess der Selbstentfaltung und Selbstbestimmung eines Menschen verstehen, der durch eine gedankliche Auseinandersetzung mit der ökonomischen, kulturellen und sozialen Lebenswelt entsteht. Hierdurch wird die Komponente der Auseinandersetzung mit und produktiven Rückwirkung auf soziale, kulturelle und gesellschaftliche Verhältnisse mit bedacht. »Bildung« ist in diesem Verständnis die normative Zielsetzung des Sozialisationsprozesses. Die Aufgabe der Bildungsforschung liegt darin, die kulturellen, sozialen und ökonomischen Rahmenbedingungen für Erziehungsprozesse zu analysieren und Möglichkeiten einer positiven Beeinflussung von Bildungsprozessen herauszuarbeiten. Dazu gehören auch die Strukturen und der Aufbau des Bildungssystems und Vorschläge für eine angemessene öffentliche Bildungspolitik und -planung.

Erziehung: Der Begriff »Erziehung« bezeichnet alle gezielten und bewussten Einflüsse auf den Bildungsprozess. Als Erziehung werden die Handlungen bezeichnet, durch die Menschen versuchen, auf die Bildung und die Persönlichkeitsentwicklung anderer Menschen Einfluss zu nehmen, um diese nach bestimmten Zielvorstellungen zu steuern. Erziehung bezeichnet damit den Teil der sozial vermittelten Einflussnahme auf die Persönlichkeitsentwicklung, der bewusst geplant und beabsichtigt gesteuert wird. Ebenso wie »Bildung« ist »Erziehung« in diesem Sinn ein Unterbegriff von Sozialisation. Sozialisation umfasst alle Impulse auf die Persönlichkeitsentwicklung, unabhängig davon, ob sie geplant und beabsichtigt sind, und auch unabhängig davon, welche Dimension der Persönlichkeitsentwicklung (Wissen, Motive, Gefühle, Bedürfnisse, Handlungskompetenzen) faktisch beeinflusst werden. Erziehung hingegen konzentriert sich auf einen kleinen Ausschnitt davon, vor allem die absichtsvollen Interaktionen zwischen Eltern/Pädagogen und Kindern in Familie, Kindergarten und Schule.

Enkulturation: Auch der Begriff der »Enkulturation« lässt sich als ein Unterbegriff von Sozialisation verstehen. Enkulturation ist der Prozess, über den ein Mensch von Geburt an die kulturellen Überlieferungen der Gesellschaft erlernt. Dazu gehört zentral das Erlernen der Sprache. Ebenso wie der Sozialisationsprozess allgemein vollzieht sich auch der spezifische Prozess der Enkulturation nur teilweise als eine bewusste Vermittlung von Inhalten und Techniken; die meisten Aspekte werden unbewusst in die alltägliche *Interaktion* und *Kommunikation* mit wichtigen Bezugspersonen einbezogen. Gesellschaften stellen über die Gestaltung ihrer sozialen Institutionen und sozialen Umwelten und in Form von sozialen Mustern und Normen »Mitgliedschaftsentwürfe« bereit. Dieses sind Vorstellungen, Wünsche, Erwartungen und Merkmale, die für eine Mitgliedschaft in der Gesellschaft als erforderlich erachtet werden. Diese Mitgliedschaftsentwürfe sind Bestandteile der *Kultur* einer Gesellschaft und bestimmen die sozialen und psychischen Voraussetzungen für das *Handeln* (Hurrelmann/Ulich). Sie beeinflussen zugleich die Lebenskonzepte der Mitglieder einer Gesellschaft.

Zusammenspiel von Anlage und Umwelt

Die biologische Verankerung menschlicher Merkmale (der Genotyp eines Menschen als Gesamtheit aller seiner genetischen *Anlage*n) legt die Entwicklungsmöglichkeiten über den gesamten Lebenslauf hinweg in Grenzen fest. Gene beeinflussen die Per-

sönlichkeit eines Menschen aber nicht direkt. Die genetische Ausstattung eines Menschen stellt vielmehr einen Möglichkeitsraum dar, aus dem einzelne Elemente aktiviert werden. Wann und ob sie aktiviert werden, hängt stark von Umweltbedingungen ab, die genetische Dispositionen entweder zurückhalten oder freilegen können. Die genetische Ausstattung begrenzt zugleich die Möglichkeiten eines Menschen, denn er kann nicht über die Anlagen hinaus, die vorgegeben sind.

Anlage- und Umweltfaktoren überlagern sich in vielfältiger Weise. So kommen bestimmte Anlagefaktoren nur dann zur Geltung, wenn sie auf eine angemessene Umwelt stoßen. Andererseits können identische genetische Anlagen wie bei eineiigen Zwillingen zu unterschiedlichen Phänotypen (tatsächlich realisierten Ausprägungen der menschlichen Persönlichkeit) führen, wenn sich die soziale Umwelt unterscheidet. Die Umwelt wirkt schon in frühen Stadien der Entwicklung auf die weitere Ausformung des genetischen Potenzials, umgekehrt beeinflusst das genetische Potential, in welcher Weise die Umwelt aufgenommen und angeeignet wird. Die soziale und physische Umwelt sind auch für das Anregungspotenzial verantwortlich, das die jeweilige Entfaltung und die weitere Richtung der genetischen Disposition bestimmt.

Das Zusammenspiel von Anlage und Umwelt wird besonders deutlich bei der Ausprägung von männlichen und weiblichen Phänotypen. Männer und Frauen unterscheiden sich nach ihren *Geschlecht*schromosomen und Geschlechtshormonen.

Die genetische und hormonelle Ausstattung, die Unterschiede nach Körperbau, inneren Organen und Hormonen werden durch kulturelle Vorstellungen von Männlichkeit und Weiblichkeit überformt.

Die Differenz der Geschlechter ist zu einem erheblichen Teil durch solche sozialen Einflüsse bedingt. Viele Persönlichkeitsmerkmale und Verhaltensweisen der Geschlechter sind offensichtlich erlernt und werden im Verlaufe des Sozialisationsprozesses gebildet. Die genetische Anlage begrenzt den Raum von sozialen und gesellschaftlichen Entfaltungsmöglichkeiten (Tillmann).

Das Verhältnis von innerer und äußerer Realität

Die Persönlichkeitsentwicklung von Menschen wird sowohl durch physiologische als auch durch soziale und psychische Bedingungen beeinflusst. Kein

Mensch kann die körperlichen und psychischen Vorgaben abstreifen, mit denen er geboren wird, und die sich im Laufe des Lebens verändern können. Kein Mensch kann auch die sozialen und physischen (materiellen) Umweltbedingungen ausschalten, die für sein Handeln die Rahmenbedingungen setzen.

Die Art und Weise aber, wie sich jeder einzelne Mensch mit seinen Anlagen und seiner Umwelt auseinandersetzt und wie er sie verarbeitet, ist individuell und einmalig. Das gilt besonders in heutigen Gesellschaften, weil die gesellschaftlichen Vorgaben durch soziale *Rolle*n und kulturelle *Norm*en vergleichsweise offen sind, wodurch jedem Menschen ein großer Spielraum für die persönliche Entfaltung eingeräumt wird (Hurrelmann).

Für die Gestaltung der Persönlichkeitsentwicklung ist jeder Mensch auf die genetische Disposition, die körperliche Konstitution und das psychische Temperament angewiesen, die zu den natürlichen und nur in engen Grenzen veränderbaren Anlagen gehören. Wie ein Mensch mit seinen Anlagen umgeht und in welcher Weise er sie auf die äußeren Lebensbedingungen anzupassen versteht, entscheidet sich nach der Kompetenz, die innere und äußere Realität realistisch einzuschätzen und ihr Potential für eigene Handlungen und Entwicklungen auszuschöpfen.

Im Laufe der Persönlichkeitsentwicklung wird das Verhältnis zwischen der inneren und der äußeren Realität ständig neu eingestellt und in jeweils vorübergehende Gleichgewichtszustände überführt. Sowohl die innere als auch die äußere Realität müssen von einem Menschen in jeder Phase der Entwicklung aufgenommen, angeeignet und verarbeitet werden, wobei es zu einer subjektiven Repräsentanz der äußeren und der inneren Realität mit einer Einschätzung der Bedingungen für das eigene Handeln kommt.

Die innere Realität ist durch genetische Veranlagung, körperliche Konstitution, Intelligenz, psychisches Temperament und Grundstrukturen der Persönlichkeit gegeben. Die äußere Realität der sozialen und physischen Umwelt ist durch die informellen *Gruppe*n und *Netzwerke* (*Familie*, Verwandtschaft, Gleichaltrigengruppe, Freundeskreis), organisierte Bildungseinrichtungen (Kindergärten, Schulen usw.) und soziale *Organisation*en (politische Einrichtungen, öffentliche Dienstleistungen, Behörden u. a.), *Massenmedien*, Freizeitorganisationen, Wohnbedingungen und physische Umweltbedingungen charakterisiert. Die Ausprägung dieser verschiedenen Organisationen ist durch die ökonomische, technologische,

politische, soziale und kulturelle Struktur der Gesellschaft mitbestimmt.

Sozialisation als produktive Realitätsverarbeitung

Sozialisation ist ein lebenslang anhaltender dynamischer Prozess der Verarbeitung der inneren Realität von körperlichen und psychischen Impulsen und der äußeren Realität von sozialen und physischen (Umwelt-)Impulsen. Der Prozess der Auseinandersetzung mit der inneren und äußeren Realität kann als »produktiv« bezeichnet werden, um zum Ausdruck zu bringen, dass es sich hierbei nicht um eine passive Informationsverarbeitung, sondern um eine dynamische, prozesshafte und aktive Form von Tätigkeit handelt, auch wenn sie nicht immer im Bewusstsein präsent ist:

- Es geht es um eine ständige aktive Beobachtung und Diagnose der eigenen Anlagen und ihrer Veränderung im Laufe des Lebens. Durchgehend stellt sich einem Menschen die Entwicklungsaufgabe, die jeweilige Veränderung von körperlichen und psychischen Ausgangsgrößen sensibel aufzunehmen und das eigene Handeln hierauf abzustellen.
- Analoges gilt für die Auseinandersetzung mit der sozialen und physischen Umwelt. Auch hier ist es für das menschliche Leben unabdingbar, sensibel auf alle Veränderungen einzugehen und sie in das eigene Handeln einzubeziehen.

Die produktive Verarbeitung bezeichnet gewissermaßen eine »stoffliche« Beschäftigung mit dem eigenen Körper und der eigenen Psyche ebenso wie mit der kommunikativen und materiellen Umwelt. Das Wort produktiv soll ausdrücken, dass es sich bei der individuell je spezifischen Verarbeitung der inneren und der äußeren Realität um Prozesse handelt, bei denen ein Individuum eine individuelle, den eigenen Voraussetzungen und Bedürfnissen angemessene Form wählt. Die Verarbeitung ist »produktiv«, weil sie sich aus der jeweils flexiblen und von der Natur her kreativen Anpassung der inneren und der äußeren Bedingungen ergibt. Das Ergebnis der »produktiven"« Realitätsverarbeitung soll nicht vorab bereits positiv bewertet werden, vielmehr kann das Ergebnis für die weitere Persönlichkeitsentwicklung auch beeinträchtigenden Charakter haben (Hurrelmann).

Die aufgenommenen Informationen über die innere und äußere Realität sind der Einschätzung und Bewertung verfügbar, gleichzeitig besteht die Möglichkeit, unterschiedliche Reaktionen auf eine einmal diagnostizierte Ausgangslage gedanklich durchzuspielen, die Konsequenzen zu bedenken und erst daraufhin eine Handlung einzuleiten. Im Unterschied zu den meisten anderen Lebewesen kommt es deswegen nur selten zu mechanischen, fest programmierten (instinktiven) Reaktionen auf Informationen aus der äußeren und inneren Realität (Oerter/ Montada).

Die Rolle der Sozialisationsinstanzen

Familien, Gleichaltrigengruppen, Erziehungseinrichtungen, Schulen und sozialpädagogische Institutionen werden als »Sozialisationsinstanzen« bezeichnet. Sie stellen Wahrnehmungs- und Problemlösungsstrategien für die Verarbeitung der inneren und der äußeren Realität zur Verfügung, die von ihren Mitgliedern in individuell modifizierter Weise übernommen werden. Sozialisationsinstanzen richten sich in erster Linie an Kinder und Jugendliche, um die Grundstrukturen der Persönlichkeitsentwicklung zu festigen und Basiskompetenzen zu etablieren. Zu den informellen Instanzen gehören soziale Gruppen wie Gleichaltrige und Freundeskreise, zu den formellen die Erziehungs- und Bildungseinrichtungen. In abgeschwächter Form wirken alle Sozialisationsinstanzen über den gesamten Lebenslauf hinweg bis in das hohe Alter.

Seit 1900 ist der Prozess der Spezialisierung und Ausdifferenzierung von wichtigen gesellschaftlichen Funktionen mit unveränderter Stärke weitergelaufen. Er hat dazu geführt, dass einige Komponenten der familiären Sozialisation in gesellschaftliche Teilsysteme wie Kindergärten, Schulen, Berufsbildungseinrichtungen, Hochschulen und sozialpädagogische Einrichtungen verlagert wurden. Es handelt sich hierbei vor allem um Kompetenzen im Bildungs-und Berufsbereich.

Die *Familie* hat dennoch auch in den heutigen westlichen Gesellschaften eine Schlüsselfunktion im Sozialisationsprozess, weil sie für die ersten und besonders prägenden Lebensjahre eines Menschen der zentrale Aufenthaltsort ist. Obwohl durch die Auslagerung von Erziehungsfunktionen und durch die zunehmende außerhäusliche Berufstätigkeit von Vätern und Müttern erheblich weniger Zeit für den Umgang von Eltern und Kindern zur Verfügung

steht, werden die grundlegenden Strukturen der Persönlichkeitsentwicklung durch den Kontakt im Elternhaus geprägt. Der sozialen Lebenslage und der Verankerung der Familie in ihrer sozialen und physischen Umwelt kommt dabei eine wichtige Rolle zu.

Wie in einem Mikrokosmos spiegeln sich in der Familie von früher Kindheit an kulturelle, ökonomische und normative Lebensbedingungen, die durch den Umgang von Eltern und Kindern miteinander aufgenommen und verarbeitet werden. Die soziale Lebenslage von Vätern und Müttern und insbesondere ihr Bildungsgrad entscheiden über die Vielfalt und Angemessenheit der Entwicklungsimpulse und der Erziehungsstile, die Eltern auf ihre Kinder ausüben.

Je günstiger die ökonomische Lage der Familie und je höher der Bildungsgrad von Vater und Mutter, desto reichhaltiger kann der Sozialisationsprozess in der Familie gestaltet werden. In der Kindheits- und Jugendphase überlagern sich die Sozialisationsimpulse der Familie schrittweise immer stärker mit denen aus Kindertagesstätten, Schulen und Ausbildungseinrichtungen, aber auch aus Nachbarschafts- und Verwandtenkontakten.

Typisch für die Struktur von Sozialisationsprozessen in heutigen Gesellschaften ist eine Vielfalt von Sozialisationsinstanzen. Die Betreuungsformen wechseln in der Regel im Tagesverlauf, wobei eine unterschiedliche Zahl von Bezugspersonen mit verschiedenstem biographischen und Erfahrungshintergrund, Erziehungsstil und sozialen Anforderungen auftreten.

Familien sind in diesem vielfältigen Kontext von Sozialisationsinstanzen eine Instanz unter mehreren. Sie können die noch in den 1950er-Jahren charakteristische dominierende Rolle für Sozialisationsprozess nicht mehr spielen. Hierdurch kann es auch zu Irritationen bei Kindern und Jugendlichen kommen, wenn die Sozialisationsimpulse und Erziehungsstile in den verschiedenen Sozialisationsinstanzen, mit denen sie täglich zu tun haben, in Spannung oder Widerspruch zueinander stehen.

In Relation auf diese Entwicklung haben Kindergärten und Schulen ihren Einfluss auf die Gestaltung des Sozialisationsprozesses erhöht. Insbesondere Schulen müssen in den hoch entwickelten Gesellschaften wegen der langen Dauer der Aufenthaltszeit als einflussreiche Instanzen gelten. Neben der Erziehung haben sie in der Regel auch die gesellschaftliche Funktion der Vermittlung von sozialem und berufsrelevantem Wissen und der Vorauswahl für unterschiedliche *Position*en im Erwerbsleben. Erfolg und Versagen im schulischen Leistungsprozess sind deswegen wichtige Ausgangspunkte für die Gestaltung der beruflichen Lebenslaufbahn.

Der Einfluss sozialer Lebenslagen

Die *schicht*spezifische Sozialisationsforschung hat die Bedeutsamkeit der *Familie* als Vermittlungsinstanz für die Reproduktion *sozialer Ungleichheit* hervorgehoben (Rolff). Danach entscheidet die Berufs- und Bildungsposition der Eltern maßgeblich über ihren Erziehungsstil und damit die zentralen Impulse für die Persönlichkeitsentwicklung.

Eine präzisierte Bestimmung lebenslagenspezifischer Bedingungen der Persönlichkeitsentwicklung wurde vor allem von Kohn vorgenommen. Er untersuchte die sozialen und materiellen Lebensbedingungen mit lebenslagespezifischen Indikatoren (neben Einkommen, Besitz, Berufsposition auch Wohnsituation und Infrastrukturversorgung). Gleiche Lebenslagen sind jeweils durch eine spezifische Ausprägung dieser Indikatoren gekennzeichnet. Kohn konzentrierte sich in seinen Untersuchungen auf Auswirkungen der Arbeits- und Berufsbedingungen erwachsener Familienmitglieder für die Persönlichkeitsentwicklung. Nach seinen Untersuchungen tragen Eltern diejenigen Wertvorstellungen und Lebensstile in den familialen Erziehungsprozess hinein, die sie selbst an ihrem Arbeitsplatz als bedeutsam wahrnehmen.

Nach diesen Studien haben sich in den hoch entwickelten Gesellschaften die Lebensbedingungen der unterschiedlichen Bevölkerungsgruppen durch ein ausgebautes Wohlfahrtssystem aneinander angeglichen. Dennoch gibt es Unterschiede zwischen verschiedenen Bevölkerungsschichten, die über den familialen Sozialisationsprozess Auswirkungen auf die Persönlichkeitsentwicklung haben (Hradil). Von großer Bedeutung ist dabei die Qualität und Länge der Bildung und Ausbildung und die Art und Weise der Arbeits- und Berufstätigkeit. Die Arbeits- und Berufserfahrungen von Eltern haben zwar keinen direkten Einfluss auf ihr Erziehungsverhalten, doch sie strahlen über unterschiedliche Persönlichkeitsmerkmale und Einstellungen auf das soziale Klima und die Beziehungsmuster des Umgangs in der Familie und damit auch auf das Erziehungsverhalten aus (Tillmann).

Väter und Mütter, die an ihrem Arbeitsplatz einen hohen Grad von Selbstständigkeit und viel Entscheidungsbefugnisse gewohnt sind, übertragen diese Situation in den Familienbereich. Sie neigen dazu, auch bei ihren eigenen Kindern Selbstständigkeit und Selbststeuerung hoch zu bewerten und positiv zu belohnen. Je weniger eigene Einfluss- und Kontrollmöglichkeiten Väter und Mütter an ihren Arbeitsplätzen haben, desto weniger Selbstentfaltungsmöglichkeiten räumen sie ihren Kindern ein. Je einfühlsamer Eltern auf die Persönlichkeitsmerkmale eines Kindes eingehen, je mehr Anregungen und Entfaltungsmöglichkeiten sie dem Kind einräumen, je klarer sie dabei auch die eigenen Wertvorstellungen und Verhaltenserwartungen definieren, desto günstiger sind die Entwicklungsvoraussetzungen für das Kind (Dippelhofer-Stiem).

Langfristig führt diese Entwicklung dazu, dass das Kind auch mit den besseren Schulabschlüssen die Schule verlassen und in gehobene und karrieremäßig aussichtsreiche berufliche Positionen einmünden kann. In diesem Sinne kann von einer sozialen Übertragung (»sozialen Vererbung«) der Lebenslagenzugehörigkeit von einer Generation in die Nächste gesprochen werden (Grundmann).

Neben der elterlichen Arbeitserfahrung spielen auch materielle, soziale und Wohnbedingungen der Familienmitglieder für die Sozialisation eine wichtige Rolle. Die Ausstattung des Wohngebietes mit Kindergärten, kulturellen Einrichtungen und Spielplätzen ist von ebenso großer Bedeutung wie die Ausstattung der Wohnung selbst, ihre Größe und Einrichtungsqualität sowie auch das soziale Umfeld der Wohnung. Häufig ist ein Zusammenhang dieser Gegebenheiten mit der finanziellen Lage der Familie zu erkennen, und diese hängt nach wie vor sehr stark von der beruflichen Position der Eltern ab.

Lebenslage, Schullaufbahn und Sozialstatus

Am Ende der *Jugend*phase ist durch Ausbildungsabschluss und Berufseintritt eine den weiteren Lebenslauf vorbestimmende Verortung einer Person in der sozialen Privilegienstruktur der Gesellschaft erfolgt. Dabei spielt die *soziale Herkunft* eine entscheidende Rolle. Kinder aus den niedrigen sozialen Schichten werden offensichtlich den spezifischen kognitiven und sozialen Erwartungen und Anforderungen der Schule im Durchschnitt weniger gerecht als die übrigen Kinder. Sie erleben eine Spannung zwischen der Familien- und der Schulkultur, die ihnen eine nur gebrochene Identifikation mit den schulischen Anforderungen ermöglicht, und erfahren meist eine ungesicherte und distanzierte Unterstützung durch ihre Eltern, was ihre schulische Leistungsfähigkeit negativ beeinflusst.

Die Familien in allen Lebenslagen und sozialen Schichten suchen über die Investition von »Bildungskapital« in Gestalt der (Aus-)Bildung der Kinder ihre Position in der sozialen Markt- und Privilegienstruktur zu halten oder zu verbessern. Viele Familien sind bemüht, durch spezifische Verhaltensstrategien auf dem Bildungsmarkt Vorteile gegenüber den anderen Gruppen zu erlangen, also eine Änderung der gegebenen Ungleichheitsverhältnisse zu ihren Gunsten zu erreichen. Dadurch wird die Bildungsnachfrage allgemein in die Höhe getrieben (Fend).

Die Kinder aus den Mittelschicht- und Oberschichtfamilien müssen Strategien entwickeln, um dem sozialen *Abstieg* zu entgehen und in die für ihre Schicht typische Laufbahn einmünden zu können. Die Kinder aus den übrigen Schichten müssen sich bemühen, trotz verschärften Wettbewerbs eine möglichst günstige Ausgangsposition für den Übergang ins Berufsleben zu gewinnen. Um ein bestimmtes Anspruchsniveau der beruflichen Tätigkeit sicherzustellen, muss die jeweils beste Ausgangsposition für die nachschulische Laufbahn erworben werden. Das Bemühen aller sozialen Schichten richtet sich deshalb auf das hochwertigste erreichbare Schulabschlusszertifikat.

In den hohen Leistungserwartungen sind auch Risikofaktoren für die Persönlichkeitsentwicklung zu sehen. Wegen hoher Anforderungen im Beschäftigungssystem sind hochqualifizierende Schulabschlüsse schon fast zu einem »Muss« für Jugendliche geworden (Hurrelmann). Wie Untersuchungen zeigen, ergibt sich hieraus ein Leistungsdruck der Eltern gegenüber den eigenen Kindern, der bei Schulversagen zu psychischen Überforderungen und psychosozialen und psychosomatischen Störsymptomen führen kann (Hurrelmann 2000).

Literatur

Bandura, Albert, 1979: Sozialkognitive Lerntheorie, Stuttgart. – Bronfenbrenner, Urie, 1981: Die Ökologie der menschlichen Entwicklung, Stuttgart. – Dippelhofer-Stiem, Barbara, 1995: Sozialisation in ökologischer Perspektive, Opladen. – Durkheim, Emile, 1972: Erziehung und Soziologie, Düsseldorf. – Erikson, Erik, 1973: Identität und Lebenszyklus, Frankfurt a. M. – Fend, Helmut, 2000: Entwicklungspsychologie des Jugendalters, Opladen. – Freud, Sigmund, 1953: Abriss der Psychoanalyse, Frankfurt a. M. – Geulen, Dieter; Hurrelmann, Klaus, 1980: Zur Programmatik einer umfassenden Sozialisationstheorie; in: Hurrelmann, Klaus; Ulich, Dieter (Hg.), 51–70. – Goslin, Dennis A. (Ed.), 1969: Handbook of Socialization Theory and Research, Chicago, IL. – Habermas, Jürgen, 1981: Theorie des kommunikativen Handelns, 2 Bde., Frankfurt a. M. – Hradil, Stefan, 2009: Soziale Ungleichheit, Opladen. – Hurrelmann, Klaus, 2006: Einführung in die Sozialisationstheorie. Über den Zusammenhang von Sozialstruktur und Persönlichkeit, Weinheim. – Ders., 2010: Lebensphase Jugend, Weinheim. – Ders., 2010: Gesundheitssoziologie, Weinheim. – Hurrelmann, Klaus; Ulich, Dieter (Hg.), 1980: Handbuch der Sozialisationsforschung, Weinheim. – Hurrelmann, Klaus et al. (Hg.), 2008: Handbuch der Sozialisationsforschung, Weinheim. – Kohlberg, Lawrence E., 1974: Zur kognitiven Entwicklung des Kindes, Frankfurt a. M. – Kohli, Martin, 1980: Lebenslauftheoretische Ansätze in der Sozialisationsforschung; in: Hurrelmann, Klaus; Ulich, Dieter (Hg.), 299–320. – Kohn, Melvin L., 1968: Persönlichkeit, Beruf und soziale Schichtung, Stuttgart. – Mead, George H., 1968: Geist, Identität und Gesellschaft, Frankfurt a. M. – Oerter, Rolf; Montada, Leo (Hg.), 1995: Entwicklungspsychologie, München. – Parsons, Talcott, 1981: Sozialstruktur und Persönlichkeit, Frankfurt a. M. – Piaget, Jean; Inhelder, Bärbel, 1972: Die Psychologie des Kindes, Olten. – Rolff, Hans G., 1980: Sozialisation und Auslese durch die Schule, Heidelberg. – Tillmann, Klaus J., 2010: Sozialisationstheorien, Reinbek.

Klaus Hurrelmann

Sozialkunde

Sozialkunde (engl. social studies) ist 1. eine wissenschaftliche Disziplin, in der das grundlegende Tatsachenwissen über eine Gesellschaft (wie auch der Vergleich von Gesellschaften) systematisch erarbeitet und didaktisch aufbereitet wird; 2. ist Sozialkunde ein Unterrichtsfach in verschiedenen Schularten, das der politischen und sozialkundlichen Bildung dient.

Entwicklung

Bemühungen um die staatsbürgerliche Erziehung lassen sich bis in das Wilhelminische Kaiserreich zurückverfolgen. Doch erst in der Weimarer Republik kommt es zur Ausbildung der Sozialkunde in ihrer

Doppelgestalt als wissenschaftliche Disziplin und als Unterrichtsfach. Fast alle bekannten Soziologen der 1920er Jahre beteiligen sich in verschiedener Weise an der Fundierung und Verbreitung sozialwissenschaftlichen Wissens in aufklärerischer und politischer (demokratischer) Absicht, sei es an den damals gegründeten Pädagogischen Hochschulen, den Volkshochschulen oder in Sonderkursen an der Universität.

Die heute noch vorherrschende Begriffsvielfalt zur Bezeichnung des Unterrichtsfachs Sozialkunde sowohl in den Bundesländern als auch in den Schularten beginnt bereits in den 1920er-Jahren. Neben Sozialkunde finden sich: Sozialerziehung; Gemeinschaftskunde; Staatsbürgerliche Erziehung; Politik; Staatsbürgerkunde (vgl. im Internet den länderspezifischen Überblick unter »Sozialkunde«).

Nach dem Zweiten Weltkrieg wurden, nicht zuletzt angeleitet durch das Re-Education-Programm der alliierten Siegermächte, die Bemühungen um die politische und sozialkundliche Bildung intensiviert. Durch Beschlüsse der Kultusminister-Konferenz (seit 1950) und den Ausbau der Sozialkunde als wissenschaftlicher Disziplin kam es zu einer viel stärkeren Kooperation zwischen der Sozialkunde als Disziplin (an Universitäten und Pädagogischen Hochschulen) und dem Schulsystem, als dies zuvor der Fall war.

Durch die Bildungsreform kam es zu einer Intensivierung sowohl der wissenschaftlichen als auch der fachdidaktischen Auseinandersetzungen um die Sozialkunde Ein Höhepunkt und in gewisser Weise auch ein Endpunkt dieser Entwicklung waren die Hessischen »Rahmenrichtlinien« im Fach Gesellschaftskunde (1971), die soziologische Theorien (hier vor allem die Konflikt-Theorie von R. Dahrendorf) und Elemente der Kritischen Theorie in die politische und sozialkundliche Bildung an den Schulen umzusetzen versuchten. Die zahlreichen politischen Didaktiken dieser Zeit haben auch für die Kooperation von Sozialkunde als wissenschaftliche Disziplin und Sozialkunde als Unterrichtsfach die grundlegenden Zusammenhänge und Problempunkte erarbeitet, so dass sich die Didaktik der Sozialkunde vor allem in Didaktiken zur politischen Bildung findet.

Sozialkunde als wissenschaftliche Disziplin

Die Sozialkunde als wissenschaftliche Disziplin hat zwei Aufgaben zu erfüllen: Zum einen hat sie Tatsachenwissen über eine Gesellschaft und deren Staats- und Herrschaftsform zu erarbeiten, zu analysieren und zu systematisieren; zum zweiten hat sie die didaktische Aufgabe der Vermittlung dieses Wissens in den verschiedenen Unterrichtsfächern der Politischen Bildung. Während die erste Aufgabe nicht fest institutionalisiert ist, sondern z. T. in den verschiedenen Sozialstrukturanalysen einzelner Gesellschaften geleistet wird, ist die zweite Aufgabe an Fachhochschulen und Wissenschaftlichen Hochschulen mit klaren Lehr- und Forschungsaufgaben verknüpft, vor allem in der Soziologie und in der Politologie. Kopplungen der Unterrichtserfahrungen mit sozialkundlichem Wissen an die verantwortlichen wissenschaftlichen Disziplinen sind jedoch nur zum Teil institutionalisiert (z. B. in der Lehrerausbildung). Leider hatten und haben Vertreter der Soziologie oft Distanz zu der eher als deskriptiv denn theorieorientiert angesehenen Sozialkunde und zu Lehramtsstudiengängen ganz allgemein.

Inhalte und Aufgaben der Sozialkunde

Die wohl bekannteste »Sozialkunde der Bundesrepublik« erschien erstmals 1965 (Autoren: Claessens/Klönne/Tschoepe); sie gab die Inhalte vor, die auch die nachfolgenden Gesellschafts- und Sozialstrukturanalysen der Bundesrepublik behandelten. Hierbei zeigte sich die Begrenzung und Problematik des Begriffs Sozialkunde in verschiedener Hinsicht. Einmal ist der seit Beginn des 19. Jh.s übliche Begriff »Kunde« insofern eine Einschränkung, als er – dem Wortursprung entsprechend – zwar über einen Gegenstandsbereich umfassend informieren und aufklären will, aber zur hypothesen- und theorieorientierten Wissenschaft klar abzugrenzen ist; zum anderen verleitet der Begriff Sozialkunde zu der irrigen Annahme, dass es nur um das Soziale, nicht auch um Ökonomie, Recht, Politik und Kultur geht.

Die Inhalte der Sozialkunde werden vor allem in der Soziologie und Politologie erarbeitet. Die Einbeziehung relevanter Ergebnisse aller Nachbardisziplinen, vor allem der Geschichtswissenschaft, des Staats- und Verfassungsrechts, der Ökonomie, aber auch der Volkskunde und Geographie (Letztere z. B.

zur differenzierten Beschreibung der Siedlungsstruktur einer Gesellschaft) sind hierbei unabdingbar. Der Streit darüber, ob auf diese Weise »nur« Faktenwissen systematisch und in bestimmter Absicht zusammengetragen oder neues Wissen auf wissenschaftlich fundierter Basis erarbeitet wird, ist müßig und kann unter methodologischen Gesichtspunkten kaum eindeutig entschieden werden.

Inhalte und Aufgaben der Sozialkunde im Einzelnen:

a) Analyse der historischen Entwicklungslinien einer bestimmten Gesellschaftsformation.

Herausarbeitung von Kontinuität und Wandel sozialer Einrichtungen und die Kenntlichmachung der Ursachen verschiedener Strukturumbrüche, sei es im politischen oder im ökonomischen System.

b) Analyse der sozialen *Differenzierung, sozialen Ungleichheit* und damit der Klassen- und Schichtungsstruktur.

Die Untersuchung der Ursachen sozialer Ungleichheit bzw. der sozialen Differenzierung gehört zum Kern der soz. und polit. Gesellschaftstheorien: Wie viel Ungleichheit verträgt bzw. erfordert ein Gemeinwesen, um sowohl als integriert als auch als nicht restriktiv wahrgenommen zu werden? Eine Schlüsselstellung kommt hierbei der Durchsetzung von Chancengleichheit im Bildungs- und Ausbildungsbereich zu.

c) Analyse von politischen Institutionen, Macht und Herrschaft, Partizipation und Mitbestimmung.

Ihrer kurz skizzierten Entwicklungsgeschichte nach ist dieses der Kern der Sozialkunde, sofern sie als Unterrichtsfach zentral auf die politische Bildung zielt. Im Mittelpunkt steht die Erarbeitung und Vermittlung von Wissen und Handlungswissen, das sich auf die Demokratie als Institution und Prozess bezieht. Die Grundidee der Sozialkunde, dass in einer Demokratie das Basiswissen über die Formen der Herrschaft und ihre Legalität und *Legitimität* auch »demokratisiert«, d. h. allgemein werden muss, hat hier ihren Anknüpfungspunkt.

d) Analyse der Bevölkerungsstruktur und des ökonomischen Systems.

Bevölkerung ist das Grundelement, das »materielle Substrat« (Durkheim) einer Gesellschaft und ihrer »sozialen Morphologie«. Mangelnde Kenntnisse auch bei Soziologen über die Bevölkerungsstruktur sind häufig die Ursache dafür, dass die aus diesem Element resultierende soziale (und auch politische) Dynamik nicht gesehen wird. Zur Darstellung des politischen Systems in sozialkundlicher Absicht gehört nicht nur die Frage nach Umfang, Verflechtungen und Eigenständigkeit des ökonomischen Systems und eine Analyse der Grundelemente der Wirtschaftsordnung (wie Arbeit und Arbeitsteilung, Eigentum und Leistungsmotivation), sondern auch der Bereich der Berufs- und Qualifikationsentwicklung (v. a. im Hinblick auf den technischen Wandel) und der Arbeitslosigkeit.

e) Die Analyse der weiteren Bereiche und Elemente der Sozialstruktur einer Gesellschaft, die hier nur stichwortartig genannt werden können: Bildung und Ausbildung; Siedlung und Wohnen; soziale Sicherheit und Sozialpolitik; Situation der Altersgruppen (wie Kinder, Jugendliche, Alter); Darstellung grundlegender Institutionen: der Familie; Kirchen; Medien (Rundfunk, Fernsehen usw.); Militär; Hochschulbereich und Wissenschaft; Gewerkschaften und alle anderen Verbände und Interessengruppen, die großen Vereine für Sport und Freizeit, Unterhaltung und Kultur.

f) Analyse der vorherrschenden *Wert*e und *Norm*en und der allgemeinen Kulturmuster.

Für die Handlungsebene der Individuen und Gruppen besteht die Aufgabe der Sozialkunde darin, die vorherrschenden Werte und Normen, Ethiken und die pluralen Weltanschauungen und religiösen Orientierungen systematisch darzustellen. Die seit einigen Jahren belebte kultursoziologische Forschung hat inzwischen ein breites Basiswissen über diesen so wichtigen Bereich der Gesellschaft und ihrer auch vom Kultursystem »gesteuerten« Dynamik erarbeitet.

g) Systematischer Vergleich zwischen unterschiedlichen Gesellschaftssystemen und -epochen.

Immer weniger kann sich die Vermittlung sozialkundlichen Wissens auf die deutsche Gesellschaft beschränken. Wie in Sozialstrukturanalysen muss der Vergleich mit den Ländern der Europäischen Union (EU) bei allen genannten Gegenstandsbereichen angestrebt werden, weil die gemeinsamen Grundlagen in den politischen und ökonomischen, den verfassungsrechtlichen und rechtlichen Sozialbereichen kontinuierlich verbreitert werden.

Literatur

Hinzuweisen ist auf die zahlreichen Schriften der Bundeszentrale und Landeszentralen für politische Bildung. – Classens, Dieter et al., 1989: Sozialkunde der Bundesrepublik Deutschland, vollst. überarb. Neuauflage, Reinbek. – Gagel, Walter, 2005: Geschichte der politischen Bildung in der Bundesrepublik Deutschland 1945–1989/90, 3. überarb. und erw. Aufl., Wiesbaden. – Geißler, Rainer, 2008: Die Sozialstruktur Deutschlands, 5. Aufl., Wiesbaden. – Hradil, Stefan, 2005: Soziale Ungleichheit in Deutschland, 8. Aufl., Wiesbaden. – Sarcinelli, Ulrich, 2011: Politische Kommunikation in Deutschland. Medien und Politikvermittlung im demokratischen System, 3. erw. und überarb. Aufl., Wiesbaden. – Schäfers, Bernhard; Zapf, Wolfgang (Hg.), 2001: Handwörterbuch zur Gesellschaft Deutschlands, 2. erw. Aufl., Opladen (3. Aufl. Hg. von Mau, Steffen; Schöneck, Nadine M. 2012).

Bernhard Schäfers

Sozialökologie

Begriff und historische Entwicklung

Die Sozialökologie (engl. social ecology) beschäftigt sich mit den Beziehungen der Menschen zu ihrer jeweiligen natürlichen und gesellschaftlichen *Umwelt*. Als Wissenschaft untersucht sie komplexe Probleme an der Schnittstelle von *Natur* und Gesellschaft und verfolgt dabei einerseits ein theoretisches Programm, andererseits zielt sie als transdisziplinäre Forschung auf Problemlösungen, die im Alltag umgesetzt werden können.

Die Sozialökologie hat sich in den letzten hundert Jahren nach und nach zusammen mit den modernen Natur- und Sozialwissenschaften entwickelt. Unter Ökologie versteht man allgemein die Wissenschaft von den Beziehungen der Organismen einer Gattung zu ihrer gesamten Umwelt. Etwas »ökologisch« zu betrachten bedeutet demnach, etwas in all seinen Beziehungen zu seiner »Umwelt« in den Blick zu nehmen. Durch Übertragung von Vorstellungen und Begriffen aus der biologischen Ökologie in den sozialen Bereich haben sich verschiedene Ansätze einer Sozialökologie (vielfach synonym verwendet mit Humanökologie oder Soziale Ökologie) herausgebildet. Dabei geht es stets um die wechselseitigen Beziehungen zwischen Menschen und ihrer sozialen, biologischen und physischen Umwelt.

In den 1920er Jahren ist in den USA in der Form einer raumbezogenen Soziologie mit der »*Chicagoer*

Schule« eine Form der Social Ecology bzw. Human Ecology ausgearbeitet worden, die zu Beginn zahlreiche Anregungen aus der biologischen Ökologie bezog und auf eine ökologische Betrachtung der menschlichen Gesellschaft abzielte. Begründet von den Soziologen Robert E. Park, Ernest W. Burgess und Roderick D. McKenzie war sie von Anfang an eng mit Problemen der Stadt- und Regionalplanung verknüpft. Bei ihrem Entwurf einer Theorie urbaner Entwicklung verfolgten die Begründer das Ziel, Gesetzmäßigkeiten in den auf den ersten Blick chaotisch anmutenden Strukturen der *Stadt* zu erkennen. Dabei sahen sie Gesetze einer sozialen Ökologie am Wirken, als deren Vorbild die Evolution natürlicher Organismen galt. Bis 1950 standen Entwicklungsbedingungen von Großstädten im Zentrum der klassischen Social Ecology: Die Entstehung und das Wachstum städtischer Siedlungssysteme, ihre interne Differenzierung nach Landnutzungen und Bevölkerungsgruppen, die Prozesse sozialräumlichen Wandels, die räumliche Verteilung von Phänomenen wie Kriminalität und Prostitution und die typischen Formen sozialer *Organisation* in segregierten Wohngebieten. Ein Kerngedanke ist, dass sich Städte als Verdichtungsräume charakterisieren lassen, die ihre Form vor allem den Gewohnheiten, Nutzungs- und Aneignungspraktiken ihrer Bewohner und Bewohnerinnen verdanken. Untersucht wird die räumliche Organisation und Differenzierung großstädtischer Gebiete in zwei Dimensionen: (1) als Verteilung sozialer Aktivitäten und Funktionen (z. B. Innenstadt, Wohngebiete, Gewerbegebiete), aus denen typische Muster und Entwicklungen städtischer Flächennutzung bestimmt werden; (2) als Verteilung einer nach sozialen Schichten, Familienstruktur, Ethnien und Kulturen differenzierten Bevölkerung über die Wohngebiete. Ernest W. Burgess entwickelte in diesem Zusammenhang die berühmte Theorie der Stadtentwicklung in konzentrischen Zonen. Aus der Kritik am klassischen Ansatz der Chicago School entstanden um 1950 drei unterschiedliche Orientierungen: (1) der neoklassische Ansatz befasst sich nicht mehr ausschließlich mit der Entwicklung von Großstädten, sondern bestimmt den Gegenstand der Sozialökologie durch den Begriff der Subsistenzorganisation. Diese untersucht er in Abhängigkeit von der Entwicklung der Bevölkerung, der Umwelt und der Technologie im »ökologischen Komplex«. Begründer dieses Ansatzes sind Amos H. Hawley und Otis D. Duncan. (2) Die sozio-kulturelle Schule verweist demgegenüber auf die Bedeutung kultureller *Tradition*en, *Wert*e und *Norm*en für die Erklärung städtischer Entwicklungsprozesse. Hier sind vor allem Walter Firey und Gideon Sjoberg zu nennen. (3) Sozialraumanalyse und Faktorialökologie (Wendell Bell, Frank Sweetser u. a.) konzentrieren sich auf die quantitativ-statistische Analyse binnenstädtischer Differenzierung und öffneten damit den Weg zum empirischen Vergleich von Stadtentwicklungen. Die große Zahl theoretischer und empirischer Beiträge führte zu einer gut fundierten Theorie der Stadtentwicklung in modernen kapitalistischen Gesellschaften. Heute werden zahlreiche dieser Ansätze in der *Stadt- und Regionalsoziologie*, aber auch in anderen soziologischen Teilgebieten wie bspw. der Bevölkerungs- und *Kultursoziologie* weitergeführt.

In Deutschland hat sich in den vergangen Jahrzehnten ein zusammenhängendes, aber keineswegs eindeutig abgegrenztes Gebiet wissenschaftlicher und politischer Aktivitäten herausgebildet, in dem zahlreiche ökologisch orientierte sozialwissenschaftliche Ansätze nebeneinander existieren. Diesem Forschungsfeld wurden viele Namen gegeben: Angewandte Ökologie, Politische Ökologie, Integrierte Umweltforschung oder Nachhaltigkeitsforschung. Die Grenzen zur Kultur- und Humanökologie, zur Industrial Ecology oder zur Stadtökologie sind fließend. Parallel dazu hat sich die sozialwissenschaftliche Forschung in der Umweltsoziologie, in der politikwissenschaftlichen Forschung und in der Humangeographie immer stärker ausdifferenziert.

Aus einer Kritik an der unreflektierten Übertragung biologischer Vorstellungen auf die Gesellschaft und als wissenschaftliche Reaktion auf wachsende ökologische Krisen seit den 1970er Jahren ist in Deutschland zunächst außerhalb der Universitäten und quer zu den akademischen Disziplinen eine fachübergreifende und problemorientierte, transdisziplinäre sozial-ökologische Forschung entstanden. Der Problembezug ergibt sich dabei durch konkrete ökologische Krisenerscheinungen (Klimawandel, Rückgang der Biodiversität, Verschmutzung von Wasser, Luft und Böden, großtechnische Risiken etc.). Sie werden nicht als außergesellschaftliche »Umweltprobleme« aufgefasst, sondern als Ausdruck tiefgreifend gestörter Beziehungen zwischen »Gesellschaft« und »Natur«.

Theoretische Ansätze zur Analyse von Natur-Gesellschafts-Beziehungen

Heute liegen verschiedene theoretische Ansätze und Konzepte vor, welche die Beziehungen zwischen Natur und Gesellschaft ins Zentrum der Betrachtung stellen. Eine entscheidende Frage ist dabei, welche Beziehungsformen zwischen Gesellschaft und Natur herausgehoben werden und wie diese Beziehungen inhaltlich bestimmt und klassifiziert werden können.

Am ISOE-Institut für sozial-ökologische Forschung in Frankfurt am Main wurde seit Mitte der 1980er Jahre ein Konzept entwickelt, das Soziale Ökologie als Wissenschaft von den gesellschaftlichen Naturverhältnissen begreift. Dieses Konzept liegt in unterschiedlichen Ausarbeitungen vor und wird vor allem in der *Umweltsoziologie* und in der Humanökologie aufgenommen. Inzwischen hat es zur Etablierung der Sozialen Ökologie als einer eigenständigen Wissenschaft geführt. Als wissenschaftliches Konzept, das unterschiedlich ausgelegt wird, bildet der Begriff der gesellschaftlichen Naturverhältnisse den Rahmen für viele thematisch recht unterschiedliche empirische Projekte und theoretische Studien.

Der Terminus gesellschaftliche Naturverhältnisse markiert eine Erkenntnisperspektive und ein theoretisches Rahmenkonzept, um die dynamischen Beziehungsmuster zwischen Menschen, Gesellschaft und Natur in ihrer empirischen Besonderheit zu begreifen und zu analysieren. Gesellschaftliche Naturverhältnisse gehen aus den kulturell spezifischen und historisch variablen Formen und Praktiken hervor, in und mit denen einzelne Menschen, Gruppen und Gesellschaften ihre Verhältnisse zur Natur gestalten und regulieren. Dabei lassen sich basale gesellschaftliche Naturverhältnisse ausweisen, die sowohl für die individuelle als auch für die gesellschaftliche Reproduktion und Entwicklungsfähigkeit unverzichtbar sind. Misslingt deren Regulation, können räumlich, zeitlich und sozial weit reichende Krisen die Folge sein, die in der empirischen Forschung für spezifische Problemstellungen analysiert werden können: Arbeit und Produktion, Ernährung und Landnutzung, Sexualität und Fortpflanzung, Fortbewegung und Mobilität sind Bereiche, in denen sich sozialökologische Probleme verdichten. Sie sind in allen Gesellschaften unabdingbare Voraussetzung dafür, dass der gesellschaftliche Lebensprozess intergenerativ fortsetzbar ist. Das Konzept beansprucht jedoch keine universalisierende Welterklärung, sondern die Generierung von Gestaltungswissen in spezifischen sozialen, politischen, ökonomischen und ökologischen Kontexten. Gesellschaftliche Naturverhältnisse werden in ihrer Pluralität betrachtet, und es wird zwischen einer Vielzahl gesellschaftlicher Naturverhältnisse differenziert. Die Reflexion der Kategorie *Geschlecht* ist in dem Konzept wichtiger Bestandteil, denn die Geschlechterdifferenz stellt ein basales Ordnungsmuster von Gesellschaften dar, das individuelle Wahrnehmungen, Unterscheidungen und Handlungen prägt.

Analytisch wird in dem Konzept der gesellschaftlichen Naturverhältnisse zwischen stofflich-materiellen und kulturell-symbolischen Beziehungsaspekten unterschieden. Diese Unterscheidung betont einerseits die Materialität sämtlicher Naturverhältnisse (bio-physische Strukturen und Prozesse), andererseits berücksichtigt sie deren Einbettung in symbolische Ordnungen, Deutungszusammenhänge und soziale Konstruktionen.

Ähnliche Unterscheidungen werden auch in anderen Ansätzen vorgenommen, zum Beispiel in der *Akteur-Netzwerk-Theorie* oder in der Wiener Sozialen Ökologie. Dabei wird meistens zwischen materiellen und sozial konstruierten Beziehungsformen unterschieden. Betont werden soll damit, dass auch die physisch-materiellen Aspekte nicht einfach in einer deutungsunabhängigen Realität gegeben sind, sondern als Resultat sozialer und kognitiver Konstruktionen interpretiert werden müssen. Nach der Akteur-Netzwerk-Theorie (Bruno Latour) sammeln sich zwischen Natur und Gesellschaft »Hybridobjekte« an, wie radioaktive Wolken oder Ozonlöcher. Aber auch Menschen in der Doppelgestalt als Natur- und Kulturwesen sind in diesem Sinne Hybridobjekte. Der Akteur-Netzwerk-Ansatz konzentriert sich auf diese Hybridobjekte und untersucht Prozesse und Praktiken, in denen sich Netze aus materiell-stofflichen und sozialen Elementen stabilisieren. Im Unterschied zum Konzept der gesellschaftlichen Naturverhältnisse wird dabei nicht zwischen Gesellschaft und Natur unterschieden, sondern zwischen menschlichen und nicht-menschlichen »Aktanten«, die zumindest theoretisch gleichberechtigt behandelt werden. Der Akteur-Netzwerk-Ansatz wurde auch in Arbeiten im Kontext der Theorie reflexiver Modernisierung (Ulrich Beck) aufgenommen.

In der Wiener Sozialen Ökologie (Marina Fischer-Kowalski u. a.) wird zwischen einem Natursystem und einem Kultursystem unterschieden. Die menschliche Population bildet die vermittelnde Struktur, über die der »gesellschaftliche Stoffwechsel« und die »Kolonisierung der Natur« verlaufen. Gesellschaft wird strukturell als die Kopplung eines kulturellen Systems mit biophysischen Elementen betrachtet. Innerhalb der sozialen Organisationsformen reproduziert sich die menschliche Population kulturell und biophysisch. Kulturelles und naturales System sind co-evolutionär aufeinander bezogen, sind also interdependent, aber entwickeln sich relativ unabhängig voneinander. Darin wird ein wesentlicher Grund für anthropogene Umweltprobleme gesehen. Um den notwendigen materiellen und energetischen Stoffwechsel zwischen Natur und Gesellschaft aufrechtzuerhalten, greifen Gesellschaften gezielt in Natursysteme ein und verändern sie so, dass sie gesellschaftlich nützlicher sind als in ihrem ursprünglichen Zustand, bspw. durch Ackerbau und Viehzucht oder durch Verfahren der Gentechnik. Diese Form der Naturbeziehung wird als Kolonisierung der Natur bezeichnet.

Seit einiger Zeit gibt es Versuche, das Beziehungsgeflecht zwischen Natur und Gesellschaft als *Systemzusammenhang* zu begreifen und als sozial-ökologische Systeme (social-ecological systems, SES) zu erforschen. Ein einflussreicher Ansatz entstammt dem Umfeld des skandinavisch-angloamerikanischen Forschernetzwerks »Resilience-Alliance« (Carl Folke, Elinor Ostrom u. a.), der in der sozial-ökologischen Forschung aufgenommen und weiter ausgebaut wurde. SES werden als komplexe Systeme konzeptualisiert, die aus bio-physischen und sozialen Komponenten sowie deren Interaktionen bestehen und unterschiedliche räumliche, zeitliche und soziale Skalen umfassen. Das Konzept der SES ermöglicht, natur- und sozialwissenschaftliche Perspektiven zu integrieren, die Strukturen und Prozesse der Wechselwirkungen zwischen Natur und Gesellschaft zu analysieren und damit neue Problembezüge und Anwendungen aufzunehmen. So lassen sich bspw. Versorgungssysteme für Wasser und Nahrung als SES analysieren, die abhängig von Institutionen, Praktiken, Technologien und Wissensformen die Beziehungen zwischen natürlichen Ressourcen und deren unterschiedlichen Nutzergruppen regulieren und dabei spezifische sozial-ökologische Problemlagen ausbilden können.

Weiterer Ausbau der Sozialökologie

In den vergangenen zwei Jahrzehnten hat sich ein neues Feld der sozial-ökologischen Forschung herausgebildet. Sozial-ökologische Forschung befasst sich mit lebensweltlichen Problemlagen und mit Forschungsfragen, die nicht ausschließlich innerhalb der Wissenschaft generiert werden. Als Forschungstyp ist sie damit im Kontext der problemorientierten inter- und transdisziplinären Forschung verortet und normativ an das Konzept der *Nachhaltigkeit* gebunden. Ihr geht es nicht allein darum, sozial-ökologische Probleme besser wissenschaftlich zu verstehen und zu bewerten, sondern sie zielt auch darauf ab, alternative Handlungsoptionen zu generieren, die Wege aus den als problematisch erachteten Zuständen und Prozessen eröffnen.E

Durch das seit der Konferenz 1992 der Vereinten Nationen über »Umwelt und Entwicklung« in Rio anerkannte Leitbild der Nachhaltigkeit und die seit 2002 von den Bundesregierungen verfolgte Strategie zur nachhaltigen Entwicklung hat die sozial-ökologische Forschung eine starke politische Bedeutung und wissenschaftliche Anerkennung gefunden. Mittlerweile hat sie sich zu einem eigenständigen Wissenschaftsgebiet der Sozialen Ökologie entwickelt. Seit 2000 fördert das Bundesministerium für Bildung und Forschung (BMBF) die sozial-ökologische Forschung. Im Zentrum stehen zwei miteinander verknüpfte thematische Bereiche: »Sozial-ökologische Transformation und gesellschaftliche Innovation« sowie »Gesellschaftliche Bedürfnisse und Stoff-, Energie- und Informationsflüsse«. Diese beiden Themenfelder werden für unterschiedliche Handlungs- und Problemfelder erforscht, wie z.B. Ernährung, Mobilität und nachhaltiger Konsum, Transformation von Infrastruktur- und Versorgungssystemen für Wasser und Energie, oder der Umgang mit systemischen Risiken. Mit diesem staatlichen Förderprogramm soll insbesondere die außeruniversitäre Forschung, aber auch die sozial-ökologische Forschung an den Hochschulen gestärkt werden. Durch die Förderung sind neue Forschungsprojekte und -strukturen entstanden, die in recht unterschiedlichen wissenschaftlichen und institutionellen Kontexten verortet sind. In diesem Zuge hat sich die Soziale Ökologie nach und nach als Teil der internationalen Nachhaltigkeitsforschung (Sustainability Science) etabliert.

Literatur

Becker, Egon; Jahn, Thomas (Hg.), 2006: Soziale Ökologie. Grundzüge einer Wissenschaft von den gesellschaftlichen Naturverhältnissen, Frankfurt a.M. – Fischer-Kowalski, Marina et al., 1997: Gesellschaftlicher Stoffwechsel und Kolonisierung von Natur, Amsterdam. – Glaeser, Marion et al., 2012: Human Nature Interactions in the Anthropocene, Routledge. – Görg, Christoph, 2003: Regulation der Naturverhältnisse. Zu einer kritischen Theorie der ökologischen Krise, Münster. – Groß, Matthias (Hg.), 2011: Handbuch Umweltsoziologie, Wiesbaden. – Latour, Bruno, 1995: Wir sind nie modern gewesen, Berlin. – Schäfer, Martina et al., 2006: Gender-Perspektiven in der sozial-ökologischen Forschung, München.

Diana Hummel/Thomas Jahn

Sozialpädagogik

Begriff und historisch-gesellschaftliche Einbettung

Der Begriff »Sozialpädagogik« (engl. social education) wird seit Anfang der 70er-Jahre (Ausbildungsreform »Sozialwesen« 1971) synonym zum Terminus *»Sozialarbeit«* und dann gemeinsam als »Sozialpädagogik/Sozialarbeit« sowohl in der Theoriediskussion als auch zur Kennzeichnung der Praxis benutzt (vgl. Eyfert et al.; Schwendtke: »Konvergenztheorem«). Sozialpädagogik/-arbeit ist ein sozial- und erziehungswissenschaftliches sowie praktisch-pädagogisches und sozialpolitisch-administratives Instrument der modernen *Industriegesellschaft*, welches Aufgaben der a) Erziehung und Bildung, b) Beratung, Fürsorge, Pflege und Hilfe und c) *Integration* und *Kontrolle* im widersprüchlichen Spannungsfeld »zwischen Sozialstaatsanspruch und einer politisch-ökonomisch bedingten strukturellen Gewalt« einerseits und »zwischen den Chancen moderner Dienstleistungen und der mit ihnen gegebenen Gefahr der Enteignung von Lebens- und Erfahrungsmöglichkeiten der Adressaten« andererseits voranzutreiben versucht (Thiersch/Rauschenbach, 988). Als sozial- und erziehungswissenschaftlich fundierte *»Gesellschafts- und Handlungstheorie«* muss sich Sozialpädagogik/-arbeit in ihren Zielen, Aufgaben und Perspektiven an den jeweiligen Entwicklungen und Erfordernissen der *Praxis* ausrichten, die wiederum im Kontext der sich wandelnden sozialstaatlichen Versorgung eine Reaktion auf sich verändernde Lebensbedingungen darstellt. Diese

»Dialektik der Moderne« bestimmt in ihrer spezifischen Widersprüchlichkeit die Theorie und Praxis der Sozialpädagogik/-arbeit seit der Mitte des 20. Jh.s in besonderer Weise. Sozialpädagogik/-arbeit ist »Bestandteil desjenigen pädagogischen Systems, das durch die industrielle Gesellschaft hervorgebracht wurde. Alles, was über sie zu sagen ist, kann deshalb sinnvoll auch nur im Hinblick auf diese Gesellschaft gesagt werden. Von ihrem Beginn an und in allen ihren Formen war sie ein Antworten auf Probleme dieser Gesellschaft, die der Sozialpädagoge zu Erziehungsaufgaben umformulierte« (Mollenhauer, 19) – hier, am Ursprungsort der Sozialpädagogik/-arbeit, ist bereits ihr Strukturdilemma, die »Pädagogisierung gesellschaftlicher Probleme«, angesiedelt (vgl. Griese 1994).

Ziele, Methoden, Bereiche und Tätigkeitsfelder der Sozialpädagogik/-arbeit

Zur Begründung und Legitimation bedarf die Sozialpädagogik/-arbeit eines theoretischen Leitbildes, einer handlungsanleitenden *Ideologie*. Orientiert an der »Idee der Freiheit des Menschen in einer freien und gerechten Gesellschaft« (Klafki) haben sozialpädagogische Bemühungen das mündig-emanzipierte *Individuum* in einem demokratischen und sozialen Rechtsstaat zum Ziel. Sozialpädagogik/-arbeit intendiert die Veränderung problematischer Lebenslagen und will zur besseren Gestaltung des Alltags beitragen. Dafür hat sie bestimmte pädagogische und psychosoziale Methoden (Einzelfallhilfe, Einzel- und Gruppengespräche, Gruppenarbeit und -dynamik, Therapieansätze) und sozialpolitische Techniken und Strategien (Gemeinwesenarbeit, Beratung, Interventionen, Präventivmaßnahmen, Modelle und Projekte) entwickelt. Die wichtigsten Aufgaben- und Praxisbereiche der Sozialpädagogik/-arbeit beziehen sich auf a) Sozialhilfe (finanzielle Unterstützung, Beratung und Rehabilitation), b) Gesundheitshilfen (soziale Dienste, Betreuung und Arbeit mit Behinderten und Kranken) und c) Kinder- und Jugendhilfe bzw. -wohlfahrt (eigentliches und wichtigstes sozialpädagogisches Handlungsfeld bei privaten und öffentlichen Trägern: Hilfe, Erziehung, Beratung, Fürsorge).

Der Begriff Sozialpädagogik/-arbeit wird in der Fachliteratur und -diskussion nach wie vor ebenso mehrdeutig und unterschiedlich gebraucht wie in der Alltagssprache und Praxis. Das Nebeneinander mehrerer und unterschiedlicher Definitionen erklärt sich aus der Ideengeschichte und der erwähnten »Dialektik der Moderne«. Die beiden grundlegenden kontroversen Auffassungen wurden bereits 1928 im »Handbuch der Pädagogik« von den Klassikern der Sozialpädagogik, Hermann Nohl und seiner Schülerin Gertrud Bäumer, formuliert: »Sozialpädagogik ... bezeichnet nicht ein Prinzip, dem die gesamte Pädagogik, sowohl ihre Theorie wie ihre Methoden, wie ihre Anstalten und Werke ... unterstellt ist (Version l, H. G.), sondern (Version 2, H. G.) einen Ausschnitt: alles, was Erziehung, aber nicht Schule und Familie ist«, also »gesellschaftliche und staatliche Erziehungsfürsorge« (zitiert nach Marburger, 68; dort weitere einschlägige Definitionen).

Sozialpädagogik/-arbeit und ihre (wissenschafts-)theoretische Einbettung

Tendenziell besteht gegenwärtig Einigkeit darin, dass eine Theorie der Sozialpädagogik/-arbeit vor allem eine Theorie des sozialpädagogischen *Handeln*s sein solle und dabei ihre Funktion und Ziele (den gesellschaftlichen Auftrag), sowie die dazugehörende Ziel-Mittel-Relation und ihre Praxis zu reflektieren habe. Konsens besteht aber auch darin, dass dieses Postulat bisher kaum realisiert wurde/werden konnte. Wie im gesamten Bereich der Erziehungs- und Sozialwissenschaften kann gesagt werden, dass die jeweils zugrunde liegende gesellschaftspolitische und/oder wissenschaftstheoretische Position auch die jeweilige Auffassung von Theorie, Praxis und empirischer Forschung der (unterschiedlichen) Sozialpädagogik/-arbeit, sowie das Verhältnis dieser drei Bereiche zueinander determiniert. Idealtypisch lassen sich die Schulen/Ansätze/Richtungen wie folgt darstellen:

- Das »idealistisch-individualisierende Paradigma«: Theorie der *Einzelfallhilfe* und der »Erziehung zum sittlich-moralischen Sozialverhalten«; Hilfe, Betreuung und Beratung im Einzelfall ohne Reflexion struktureller Bedingungen oder politisch-ökonomischer Ursachen von Not, Leiden; Rekurs auf Alltagserfahrungen und -theorien, keine empirische Forschung, (Haupt-)Vertreter: Wichern (Rettungshauspädagogik).
- Das »pragmatisch-hermeneutische Paradigma«: Theorie des dritten Erziehungsbereichs neben Familie und Schule, Theorie der Jugendhilfe als »Herzstück von Erziehungswissenschaft«; bürgerlich-humanitär motiviertes pädagogisches Han-

deln im Schutzraum eigener Institutionen, normative Ausrichtung am »pädagogischen Ethos«, Relevanz des »pädagogischen Bezugs« zwischen »reifen« Erwachsenen und Zögling; hermeneutisch sinnverstehende Lebensweltanalysen, teilnehmende Beobachtung. (Haupt-)Vertreter: Nohl, Bäumer (sozialpädagogische Bewegung).

- Das »neo-marxistisch-materialistische Paradigma«: Politische Ökonomie des Kapitalismus und *Klasse*ntheorie, Ideologiekritik der Sozialpädagogik/-arbeit als Überbauphänomene mit systemstabilisierender Funktion; kollektives klassenbewusstes Handeln im antikapitalistischen Kampf gegen Ausbeutung und Repression; Bezug auf Statistiken, keine eigene empirische Forschung. (Haupt-)Vertreter: Bernfeld, Hollstein/Meinhold.
- Das »analytisch-empiristische Paradigma«: Technokratische Theorie der Erziehung, Orientierung am *Kritischen Rationalismus* (Popper), Ausklammerung empirisch nicht zugänglicher Bereiche, fehlender Makrobezug; Anwendung und Umsetzung von Handlungsgesetzen in Integrationshilfen; quantitative, objektivierende Methoden (Fragebogen, Test) zur Erfassung der Erziehungswirklichkeit, distanzierte Analysen. (Haupt-)Vertreter: Rössner, Brezinka.
- Das »kritisch-emanzipative Paradigma«: Sozialpädagogik/-arbeit als kritische Sozialwissenschaft, Orientierung an der *Kritischen Theorie* (Horkheimer/Adorno/Marcuse), Kritik und Reflexion der Praxis, Handlungsziel sind Strukturveränderungen; Stadtteil- und Gemeinwesenarbeit, Theorie-Praxis-Verbund in Projekten und Initiativen; Handlungsforschung, Ideologiekritik, Hinwendung zu hermeneutischen Methoden. (Haupt-)Vertreter: Thiersch, Hornstein, Otto.

Geschichte und Entwicklung der Sozialpädagogik/-arbeit

Neben den Vorläufern der Sozialpädagogik/-arbeit (das christlich-karitative Motiv der Nächstenliebe – der barmherzige Samariter; Armenfürsorge und Almosen, sowie vor allem das aufklärerisch-emanzipatorische Motiv der Französischen Revolution bzw. das Konzept einer Sozial-Pädagogik bei Pestalozzi: *Soziale Probleme* werden als pädagogisch handhabbar und als erzieherische Herausforderung verstanden, obwohl deren gesellschaftliche Ursachen erkannt werden) sieht Mollenhauer (1964) den

eigentlichen Beginn in drei Motiven: Die »Idee der allgemeinen Volkserziehung«, die *Aufklärung* und das Erkennen der »Jugendverwahrlosung« gegen Ende des 19. Jh.s. *Kapitalismus* (Proletarisierung, Ungleichheit), *Industrialisierung* (Urbanisierung, Technik) und bürgerliche Gesellschaft (*Rationalität, Bürokratie*) führten zum schrittweisen Zerfall traditioneller und gewachsener Existenzweisen und zu einer Gefährdung der Heranwachsenden, wodurch ein »neuer groß angelegter Lernprozess« als »Herstellung von Arbeits- und Militärkraft« notwendig wurde. Formalen Niederschlag fanden diese funktionalen Erfordernisse in ersten Fortbildungsmaßnahmen (1880 in Berlin), Kursen an »Sozialen Frauenschulen« (1899), staatlichen Prüfungsordnungen (1911/12) und Berufsorganisationen (1918/22).

Die engere Geschichte der Sozialpädagogik/-arbeit lässt sich in **Phasen** darstellen:

- Sozialpädagogik um die Jh.wende: Erziehung zur Gemeinschaft, Sozialstaat und Vergesellschaftung (Natorp). Zunehmende politisch-soziale Gegensätze (Revolution 1848, Gründung der SPD 1891, die neue »soziale Frage«), wachsende Bevölkerungszahlen und wirtschaftlicher Aufstieg bestimmten das Bild einer staatlich propagierten Sozialpädagogik als »Versuch, die Einheit der Nation wiederherzustellen«, die »Idee des Individualismus« (Rousseau) zu bekämpfen und pädagogisch auf die »innere Zerrissenheit des deutschen Volkes« zu reagieren (vgl. Marburger, 41 f). 100 Jahre später klingt vieles davon hoch aktuell.
- Die »sozialpädagogische Bewegung der 20er-Jahre« (Nohl/Bäumer): Jugendbewegung, Kulturkritik und Reformpädagogik beeinflussten die Entwicklung der Sozialpädagogik zur eigenständigen Wissenschaft als hermeneutisch-parteiliche Erziehungstheorie. Kernbegriffe wurden der »pädagogische Bezug« und das »pädagogische Ethos«. Jugendarbeit und -wohlfahrt, Erwachsenenbildung (Volkshochschulen) und sozialpädagogische Methoden entstanden. Das auf Diltheys Überlegungen (hermeneutische Reflexion, Sinnverstehen) aufbauende Konzept der Erziehungsfürsorge sollte die geistigen Strömungen der Zeit (Sozialismus, Innere Mission, Frauenbewegung, Sozialpolitik, Jugendbewegung) integrieren, blieb jedoch in der Weimarer Republik überwiegend Postulat.
- Sozialpädagogik/-arbeit in den 50er und 60er Jahren: Wiederaufnahme und Weiterentwicklung der

Traditionen (Mollenhauer; Bornemann). Als Reaktion auf das Vakuum des Dritten Reiches und den sich entfaltenden *Kapitalismus* kam es zur Reaktualisierung der beiden Hauptströmungen in den angelegten Bahnen (Natorp, Nohl). »Verwahrlosung« durch den »pädagogischen Funktionsverlust« allgemein und insbesondere den der Familie wurde als Hauptproblem ernannt/erkannt, Sozialpädagogik zum Schlüsselwort der Epoche. Sie sollte »schlechte Erziehung korrigieren«, die »allgemeine Not der Jugend« (Wilhelm) beheben und das »mit der Struktur der modernen Gesellschaft wesensmäßig gegebene ... neue Erziehungsbedürfnis« (Mollenhauer, 1959, 124) befriedigen (Etablierung des »Kinder- und Jugendschutzes«). Daneben wurde die Natorpsche Position in der nun neu konzipierten »Sozialerziehung« als Erziehung zum sittlich-moralischen Verhalten weitergeführt (Bornemann). Sie versteht sich als Antwort auf Vereinzelung, Entwurzelung und den sittlichen Verfall der *Moderne* und beruht auf einer ethisch-christlichen Gesinnung (Bergpredigt), auf die hin erzogen werden soll.

- *Sozialpädagogik in den 70er Jahren:* Versozialwissenschaftlichung und wissenschaftstheoretische Kontroversen – der »Positivismusstreit«. Universitätsausbildung (Diplom seit 1969), kritische Impulse aus der Studentenbewegung, der antiautoritären Pädagogik und die Wende zur Sozialwissenschaft bedingten einen tiefgreifenden Wandel der Sozialpädagogik/-arbeit, der bis in die 80er Jahre, oft bis zur Gegenwart, nachwirkt. Zunehmende Theorieproduktion, politische Kontroversen und sozialliberale Fortschritts- und Demokratisierungsgesinnung trafen auf eine starke Nachfrage bei Studenten und der Praxis der Sozialpädagogik/-arbeit. Die »emanzipativ-kritische Position« im Kontext der »kritischen Erziehungswissenschaft« (Klafki) setzte sich – zumindest theoretisch – als »kritische Handlungswissenschaft«, als *Handlungsforschung* und »radikale Gesellschafts- und Erziehungskritik« mit emanzipatorischer Zielsetzung durch.

- *Sozialpädagogik/-arbeit in den 80er Jahren:* »Alltagswende« und »Kolonialisierungstheorem« – zurück zur Hermeneutik? Durch den verzögert rezipierten allgemeinen Paradigmenwechsel in den Sozialwissenschaften (*Symbolischer Interaktionismus, Ethnomethodologie,* interpretatives Paradigma, Stigmatheorie und labeling approach;

Hinwendung zu qualitativ-hermeneutischer Forschung und entsprechender Methoden) wurde auch die Sozialpädagogik/-arbeit (selbst-)reflexiver und wandte sich dem Subjekt (*Identität*, Biographie, Deutungsmuster) und seinem Alltag (*Lebenswelt*) zu. Hinzu kamen Verweigerungstendenzen der Klientel (»we don't need no education«) und Selbsthilfe und Lernen in *Bürgerinitiative*n als Herausforderungen an die professionelle Sozialpädagogik/-arbeit. Nach der »realistischen Wende« (pragmatisch) und der »emanzipatorischen Wende« (gesellschaftskritisch) kann nunmehr von der »Alltagswende« (subjektivistisch) gesprochen werden.

- *Sozialpädagogik/-arbeit in den 90er Jahren:* »*Professionalisierung*sdebatte«, »Risikogesellschaft« (Beck), »*multikulturelle Gesellschaft*«, »neue Unübersichtlichkeit« (Habermas), deutsche Einheit (1990) sowie »Pluralisierung« der Lebenslagen und »*Individualisierung*« der Lebensführung in der »Post-Moderne«. In den 90er Jahren wird die Lage – gesellschaftlich, mit Blick auf die Zukunft Deutschlands und Europas und so auch in der Sozialpädagogik/-arbeit-Theorie und -Praxis – vollends und endgültig diffus, wenn man so will: postmodern beliebig. Es lassen sich angesichts der theoretischen und wohl auch praktischen Erkenntnis, dass Problemlagen wohl sozialstrukturell verursacht (sein können), aber nur biographisch nachvollziehbar und verstehbar sind und dass Unterstützung und Hilfe auf den individuellen Einzelfall zugeschnitten, also variabel und spezifisch sein muss (z. B. in der Obdachlosenarbeit, bei der AIDS-Hilfe, in der »interkulturellen Pädagogik«, der Gewaltprävention oder der Drogentherapie), viele Theorieansätze, praktische Maßnahmen, Modelle und Projekte voneinander unterscheiden. In jedem Fall hat sich die Sozialpädagogik/-arbeit in den 90er-Jahren aber ein eigenes Forschungsprofil verschafft, vor allem, was Studien zu den Themen betrifft, die durch die deutsche Einheit verschärft wurden: »Kinder- und Jugendkriminalität«, »ethnische Ausgrenzungen«, »Gewalt«, »Rechtsradikalismus« sowie neue »Armut« und neue Ungleichheiten (vgl. z. B. Müller/Peter, Otto/Mertens, Iben, Helsper/Wenzel).

- Sozialpädagogik/-arbeit nach der Jahrtausendwende: Unter dem Einfluss der politisch-medial-öffentlichen Debatte um die Ergebnisse der PISA-Studien (zuerst 2000) sowie der zunehmenden

Armut und prekärer familialer Lebenslagen in weiten Teilen der Bevölkerung haben sich die Themen »*Exklusion*«, »Frühkindliche Bildung/Erziehung« und »Familienhilfe« einerseits sowie das Verhältnis von Jugend(sozial)arbeit und Schule neu etabliert. In der Theoriediskussion steht immer noch die Frage im Mittelpunkt: »Was ist kritisch(-reflexive) Sozialarbeit?«, wobei analytisch und praktisch die Ebenen »*Individuation*« (Biographie, Identität), »Interaktion« (Lebenswelt, Beratung) »Strukturierung« (Institutionen) und »Gesellschaft« voneinander unterschieden werden. Daneben werden Theorieeinflüsse des *Konstruktivismus* dominanter und die *Gender*-Debatte (»doing gender«, »Gender-Mainstreaming«) gewinnt an Bedeutung. Unter dem Einfluss der (Kritik der) »Interkulturellen Pädagogik« (Griese) und *Migration*sforschung sowie der reflexiven Geschlechterforschung nimmt der »intersectionality approach« (Degele/Winkler) bzw. das »*Diversity*-Theorem« eine vermittelnde Theorieposition ein, die zukünftig an Relevanz gewinnen wird.

Neben diesen Theorieinnovationen im Kontext von Armut – Migration – Gender (die Struktur-Triade von »class – race – gender«) sowie *Intersektionalität* und Diversität werden weiterhin Diskurse zur »Professionalisierung«, zum »Theorie-Praxis-Problem« und zum fehlenden Gesellschaftsbezug von Sozialpädagogik/-arbeit geführt. Typische Themen von Theorietagungen lauten z. B.: »Gender and diversity«, »Ethnographie und Differenz«, »Diversität und Ungleichheit«, »Doing difference und Intersektionalität« (alle in 2011).

Fragen und Probleme der aktuellen Sozialpädagogik/-arbeit

- Trägt Sozialpädagogik/-arbeit durch pädagogisch-therapeutische Versorgung zum Entzug von (Selbst-) Verantwortung und zur »Entmündigung durch Experten« (Illich) bei? Entsteht dadurch eine diffuse »Angst vor dem Herrschaftswissen«, das der Klientel ihre Probleme, aber auch Problemlösungskompetenzen abnimmt?
- Kann der »emanzipative Selbstanspruch« gegen die Funktion der Kolonialisierung, Pazifizierung und sozialen Kontrolle sowie gegen die Risiken eines zunehmenden Individualisierungsschubs behauptet werden?

- Muss nicht eine selbstkritisch-reflexive Sozialpädagogik/-arbeit neben Fragen nach den Problemen der Klientel und ihren Ursachen auch Fragen nach den *Interesse*n derer stellen, die Probleme und Defizite benennen, erforschen und ihre Hilfen anbieten?
- Wenn die kritisch-emanzipative Sozialpädagogik/-arbeit davon ausgeht, dass eine die wirklichen Ursachen betreffende Lösung der Probleme nur »politisch-gesellschaftlich« sein kann (z. B. in der »interkulturellen Sozialarbeit«, in der »Gewaltprävention«), »führt dies entweder zu einer neuen Variante pädagogischer Anmaßlichkeit (Pädagogik gibt sich als Politik, als ›Politik von unten‹ aus) oder, wo dieser Selbstanspruch durchschaut wird, zu Resignation und Frustration« (Thiersch/Rauschenbach, 1003).
- Theorieproduktion und -kontroversen haben die widersprüchliche Situation der Sozialpädagogik/-arbeit gegen Ende des Jh.s potenziert und zu einem »dichten, undurchsichtigen Nebel« geführt, der a) zu Anpassung an Moden, Trends oder angebliche Innovationen, z. B. »akzeptierende Jugendarbeit« oder »Erlebnispädagogik« führt, b) einen Rückzug ins Privat-Alltägliche einer Lohnarbeiterexistenz, d. h. die Sehnsucht der Praxis nach einem Schreibtisch bzw. der Theorie und Forschung nach einem gesicherten Arbeitsplatz zur Folge hat oder c) die Zuflucht bei *Meta-Theorie*n *(Systemtheorie, Konstruktivismus)* oder einer Kritik der Sozialpädagogik/-arbeit provoziert.
- *Professionalität* als »geglückte Verbindung von erwerbswirtschaftlichem Streben, wissenschaftlichem Denken und altruistischem Ethos, ist ein Traum« (geblieben) (Gross) – gerade im Zeichen der »Alltagswende«, der Mittelkürzungen und noch mehr eines postmodernen Relativismus.
- Sozialpädagogik/-arbeit neigen dazu, den Begriff »sozial« mit all seinen Assoziationen und Verbindungen in einen Gegensatz zu »politisch« zu setzen und Differenzen im Klientel nach einem pädagogischen »Defizitmodell« in Mängel und Probleme umzudefinieren; daraus folgt konsequent, auch unter dem Druck der Praxis bzw. der Forschung, die tendenzielle Negierung politischer Frage(stellunge)n sowie der Perspektive der Betroffenen – mit dem Ergebnis Passivität beim Klientel und Entpolitisierung in der Profession.
- Die Kritik an der systemintegrativen Funktion von Sozialpädagogik/-arbeit erhielt in der »*Theo-*

rie des kommunikativen Handelns« und dem darin entwickelten Theorem der »Kolonialisierung der Lebenswelt« (Habermas) ihre notwendige Ergänzung und Präzisierung. Sie bestimmten die Diskussion in den 80er Jahren (vgl. Müller/Otto) und ermöglichten eine reflexive Selbstkritik.

- Im Kolonialisierungstheorem spiegeln sich die immanenten Fragen und Probleme der Sozialpädagogik/-arbeit im theoretisch neuen und reflexiv weiterführenden Gewand wider; es impliziert auch Fragen nach den Möglichkeiten und Notwendigkeiten von Widerstand (z. B. in den »neuen sozialen Bewegungen«, in der »Selbstorganisation« ethnischer Minderheiten) und die einer neuen Ethik sozialpädagogischen Forschens und Handelns.
- Die soziologischen Theoreme der »Risikogesellschaft« (Beck), der »Erlebnisgesellschaft« (Schulze) oder »Desintegrierten Gesellschaft« (Heitmeyer), deren Faszination sich die Sozialpädagogik/-arbeit nicht entziehen konnte, haben sie seit den 90er-Jahren wieder daran erinnert, dass (Sozial)Pädagogik immer in einer konkreten Gesellschaft (oder auch »multikulturellen«, »postmodernen«, »Medien- und Informationsgesellschaft«) stattfindet und dass das Klientel biographisch, milieuspezifisch bzw. gesellschaftlich (vor)belastet ist.
- Die aktuellen »*sozialen Probleme*« (vgl. Albrecht et al.) der »Risikogesellschaft«, vor allem die »neue Armut« und ihre strukturelle »Familialisierung, Feminisierung und Infantilisierung«, die zunehmende mediale, gesellschaftliche und Jugend-»Gewalt«, der »Rechtsradikalismus« – aus der Mitte der Gesellschaft, die »Ethnisierung sozialer Konflikte« sowie ethnische Ausgrenzungen (*Exklusion*, »Institutionelle Diskriminierung«) und insgesamt die »Deutschen Zustände« (Heitmeyer) haben der Sozialpädagogik/-arbeit die Grenzen und die Begrenztheit ihrer Möglichkeiten aufgezeigt.
- So scheint die gegenwärtige Lage der Sozialpädagogik/-arbeit dadurch charakterisiert zu sein, dass sie sich zwar als eigenständige Wissenschaft mit einer spezifischen Forschung durchaus in der »scientific community« etabliert hat, dass sie aber selbstkritisch erkennen muss, dass mit der Zunahme ihrer wissenschaftlichen Bedeutung und sozialpolitischen Nachfrage gleichzeitig ihre Grenzen und Möglichkeiten angesichts der Übermacht gesellschaftlicher Zwänge (und finanzieller Kürzungen) eingeschränkt werden.

- Ein Dilemma teilt die Sozialpädagogik/-arbeit mit ihrer Hauptbezugswissenschaft, der Soziologie: Sie soll (sozial-)pädagogisch auf Probleme und Risiken einer »Gesellschaft« antworten bzw. reagieren, ohne diese »Gesellschaft« aber theoretisch auf den Begriff bringen zu können. »In welcher Gesellschaft leben wir eigentlich?« (Pongs) – solange diese Frage unbeantwortet bleibt (und so wird es sein), so lange fehlt der Sozialpädagogik/-arbeit eine Grundvoraussetzung ihres Handelns (Praxis) und ihrer Theoriebildung (Reflexion). Bleibt nur die Flucht in die Forschung?

Literatur

Albrecht, Günter et al. (Hg), 1999: Handbuch Soziale Probleme, Opladen. – Beck, Ulrich, 1986: Risikogesellschaft, Frankfurt a. M. – Bornemann, Ernst; von Mann-Tiechler, Gustav (Hg.), 1963/64: Handbuch der Sozialerziehung, 3 Bde., Freiburg. – Degele, Nina; Winker, Gabriele, 2009: Intersektionalität, Bielefeld. – Eyferth, Hanns et al. (Hg.), 1984: Handbuch zur Sozialarbeit/Sozialpädagogik, Neuwied/Darmstadt. – Griese, Hartmut, 1994: Wider die Re-Pädagogisierung in der Jugendarbeit; in: deutsche jugend 7–8. – Ders., 1999: Jugend; in: Albrecht et al. (Hg.), 462–486. – Ders., 2002: Kritik der Interkulturellen Pädagogik, Münster. – Heitmeyer, Wilhelm (Hg.), 1997: Bundesrepublik Deutschland: Auf dem Weg von der Konsens- zur Konfliktgesellschaft. 2 Bde., Frankfurt a. M. – Ders. (Hg.), 2010: Deutsche Zustände, Folge 9, Frankfurt a. M. – Helsper, Werner; Wenzel, Hartmut (Hg), 1995: Pädagogik und Gewalt, Opladen. – Hollstein, Walter; Meinhold, Marianne (Hg.), 1973: Sozialarbeit unter kapitalistischen Produktionsbedingungen, Frankfurt a. M. – Iben, Gerd (Hg) 1998: Kindheit und Armut, Münster. – Klafki, Wolfgang et al., 1971: Funk-Kolleg Erziehungswissenschaft, 3 Bde., Frankfurt a. M. – Kreft, Dieter; Mielenz, Ingrid (Hg.), 1996: Wörterbuch Soziale Arbeit, Weinheim/Basel (1980). – Marburger, Helga, 1979: Entwicklung und Konzepte der Sozialpädagogik, München. – Mollenhauer, Klaus, 1964: Einführung in die Sozialpädagogik, Weinheim. – Müller, Siegfried; Otto, Hans-Uwe (Hg.), 1984: Verstehen oder Kolonialisieren? Grundprobleme sozialpädagogischen Handelns und Forschens, Bielefeld. – Müller, Siegfried; Peter, Hilmar (Hg) 1998: Kinderkriminalität, Opladen. – Müller, Siegfried; Otto, Ulrich (Hg) 1997: Armut im Sozialstaat, Neuwied. – Nohl, Helmut; Pallat, Ludwig (Hg.), 1966: Handbuch der Pädagogik, Bd. 5: Sozialpädagogik, Nachdruck, Weinheim (1928). – Otto, Hans-Uwe; Schneider, Siegfried (Hg.), 1973: Gesellschaftliche Perspektiven der Sozialarbeit, 2 Bde., Neuwied/Darmstadt. – Otto, Hans-Uwe; Mertens, Roland (Hg) 1993: Rechtsradikale Gewalt im vereinten Deutschland, Bonn. – Rössner, Lutz, 1973: Theorie der Sozialarbeit,

München/Basel. – Schwendtke, Arnold (Hg.), 1977: Wörterbuch der Sozialarbeit und Sozialpädagogik, Heidelberg. – Thiersch, Helmut, 1980: Theorie der Sozialarbeit/Sozialpädagogik; in: Kreft, Dieter; Mielenz, Ingrid (Hg.), 463–468. – Ders.; Rauschenbach, Thomas, 1984: Sozialpädagogik/Sozialarbeit: Theorie und Entwicklung; in: Eyferth, Hans et al. (Hg.), 984–1016.

Hartmut M. Griese

Sozialphilosophie

Begriff

Die Sozialphilosophie (engl. social philosophy) gehört neben der Moralphilosophie und der politischen Philosophie zu den Subdisziplinen der praktischen Philosophie, überschneidet sich inhaltlich jedoch auch mit der soziologischen *Theorie* bzw. Gesellschaftstheorie und der Philosophie der Sozialwissenschaften. Was genau unter »Sozialphilosophie« eigentlich zu verstehen ist, welchen Bereich an Problemen und Gegenständen, welche theoretischen Strömungen und welche Autoren (vgl. Gamm et al. 2001) zu ihr zu rechnen sind, ist jedoch alles andere als klar. So wird die Sozialphilosophie im angelsächsischen Kontext etwa häufig mit der politischen Philosophie gleichgesetzt oder zumindest nicht genauer von ihr unterschieden. In der deutschsprachigen Tradition stehen sich hingegen einflussreiche Definitionsversuche gegenüber, die eine sehr unterschiedliche Reichweite aufweisen. Während Max Horkheimer (1931, 1937) in seinen für die *Kritische Theorie* der Frankfurter Schule grundlegenden Aufsätzen eine sehr weite Bestimmung der Sozialphilosophie vorlegt und diese als philosophische Deutung der sozialen Existenzweise des Menschen versteht, argumentiert Axel Honneth (1994) für ein sehr viel engeres und normatives Verständnis von Sozialphilosophie als Diagnose sozialer »Pathologien«, also derjenigen Entwicklungen in einer Gesellschaft, die als soziale Fehlentwicklungen oder Störungen zu begreifen sind (z. B. Kommerzialisierung, Gemeinschaftsverlust und Entfremdung).

Zur Entwicklung der Sozialphilosophie

Auch auf die Frage, welche theoretischen Paradigmen und welche Autoren eigentlich zum Kanon der Sozialphilosophie gehören, finden sich in der Diskussion durchaus unterschiedliche Antworten. Während eine – eher gesellschaftskritische – Traditionslinie von Rousseau über Hegel zu Marx und dann zur Kritischen Theorie verläuft, kann eine andere – die sich eher der phänomenologischen Analyse von Intersubjektivität und dem Problem des Anderen widmet und daher auch als Sozialphänomenologie bezeichnet wird – von Husserl über Scheler und Heidegger zu Sartre gezogen werden (vgl. zu Letzterer Theunissen 1977). Damit zusammenhängend wird natürlich der Ursprung dieser Disziplin anders situiert und ihre Geschichte anders erzählt. Man kann die Sozialphilosophie mit der Entstehung der modernen *Gesellschaft* – zu Beginn des Prozesses kapitalistischer *Modernisierung* – beginnen lassen, da erst dann die Gesellschaft selbst als ein von der politischen Gemeinschaft und dem *Staat* unterschiedener Gegenstandsbereich überhaupt in den Blick kommt. Rousseau erscheint dann als ihr Begründer, da er als Erster eine systematische Analyse und Kritik der Fehlentwicklungen dieser Gesellschaft vorlegt (vgl. Honneth 1994). Die plausible These, dass von Sozialphilosophie eigentlich erst dann die Rede sein kann, wenn ein eigenständiger Begriff von Gesellschaft im Unterschied zum Staat vorliegt und damit ein klares Bewusstsein für das Problem des Sozialen, kann aber auch zu der Einschätzung führen, dass Hegel und Marx erst im Zeitalter der *Industrialisierung* und damit entwickelter kapitalistischer Gesellschaften zu den eigentlichen Gründervätern der Sozialphilosophie werden konnten.

Aus diesen Uneindeutigkeiten ergibt sich das Desiderat, einen deutlicher konturierten Begriff von Sozialphilosophie zu entwickeln (vgl. Celikates/Jaeggi 2013). Die Sozialphilosophie muss sich dabei (1) von der politischen Philosophie (die nach der Stabilität und der Legitimität politischer Ordnung fragt) ebenso wie von der Moralphilosophie (in der es um die Bewertung individuellen Handelns geht) unterscheiden und (2) aus der praktischen Philosophie im engeren Sinne herausreichen, sofern sie auch die Ontologie des Sozialen (also Fragen wie: Was ist ein Kollektiv und was sind Institutionen?) sowie von den Sozialwissenschaften aufgeworfene methodologische Fragen (wie: Sind die Sozialwissenschaften »echte« Wissenschaften? Sind ihre Analysen wirklich wertfrei?) behandelt.

Sozialphilosophie ist, diesem Verständnis nach, zum einen der Name für die Beschäftigung mit einem bestimmten Gegenstandsbereich, den Problemen nämlich, die sich an der Schnittstelle von *Individuum* und *Gesellschaft* ergeben. Zum anderen wird sie durch eine bestimmte Perspektive auf diese Probleme bestimmt. Dabei muss nicht nur eine Überdehnung der Sozialphilosophie vermieden werden, sondern auch ihre Identifikation mit der »Diagnose sozialer Pathologien«, wie Honneth sie vornimmt, die insofern eine problematische Engführung darstellt, als sie nicht kategorial berücksichtigt, dass zur Sozialphilosophie eben auch die Analyse der Struktur sozialer Entitäten und kollektiven Handelns, also Fragestellungen der Sozialtheorie im Allgemeinen und der neueren Sozialontologie sowie methodologischen Reflexion in Form der Philosophie der Sozialwissenschaften im Besonderen gehören (vgl. Detel 2007; Searle 2011). Die Sozialphilosophie fragt danach, wie das Soziale konstituiert ist, wie es funktioniert und wie es zu verstehen ist, nicht nur danach, was fehlschlägt.

Charakteristik der Sozialphilosophie

Das Spezifische der Sozialphilosophie lässt sich daher durch drei Thesen umreißen: (1) Die Sozialphilosophie ist eine distinkte Disziplin, die Pathologiediagnose, also die Frage nach sozialen Fehlentwicklungen, mit Sozialtheorie und Sozialontologie, die sozialtheoretisch und sozialontologisch die Struktur der sozialen Wirklichkeit durchdringen, sowie mit der methodologischen Reflexion in Form der Philosophie der Sozialwissenschaften verbindet. (2) Sie hat dabei sowohl einen spezifischen Gegenstandsbereich als auch eine spezifische Perspektive auf diesen Gegenstandsbereich, den sie partiell mit anderen Teildisziplinen teilt. (3) Sie ist durch eine spezifische Durchdringung/Verbindung von normativen und deskriptiven Momenten charakterisiert und umfasst immer sowohl Analyse als auch Kritik. Ihre Begriffe – Pathologie, *Entfremdung, Ideologie* etc. – sind daher nie rein deskriptiv, sondern immer auch evaluativ.

Diese Bestimmung schließt an zwei einflussreiche Definitionsversuche aus der jüngeren Geschichte der Sozialphilosophie an. Der Erste findet sich in Horkheimers programmatischen Aufsätzen aus den 1930er Jahren. Dort wird die Aufgabe der Sozialphilosophie als »philosophische Deutung des Schicksals der Menschen, insofern sie nicht bloß Individuen, sondern Glieder einer Gemeinschaft sind« (Horkheimer 1931: 20) definiert. In der Sozialphilosophie geht es um die Phänomene, die Horkheimer der

»materiellen und geistigen Kultur der Menschheit« zurechnet, insofern sie nur aus ihrem sozialen Kontext heraus verstanden werden können. Für Horkheimer ergibt sich die Bestimmung der Sozialphilosophie folglich aus ihrem Gegenstandsbereich ebenso wie aus der für sie spezifischen Perspektive. Da seine Bestimmung des Gegenstandsbereichs der Sozialphilosophie recht umfassend ist und sich natürlich nicht nur andere philosophische Ansätze, sondern auch andere Wissenschaften (wie etwa Soziologie, Ökonomie und Rechtswissenschaft) mit Teilen dieses Gegenstandsbereichs befassen, kommt der Bestimmung der Perspektive der Sozialphilosophie in Horkheimers Konzeption eine zentrale Rolle zu.

Diese spezifische Perspektive lässt sich – im Vokabular der heutigen Diskussion ausgedrückt – als »holistisch« bezeichnen. Ihr zufolge ist die Gesellschaft als ›organische‹ Einheit oder Ganzheit zu betrachten, die nicht reduzierbar auf ihre Einzelteile und daher kein bloßes Aggregat von Individuen ist, sondern eine Realität sui generis. In diesem Sinne hat bereits Émile Durkheim (1895) dem durch die Verbindung der Individuen gebildeten System eine spezifische Realität und einen eigenen Charakter zugeschrieben. Ein solcher Holismus steht im Gegensatz zu einem »individualistischen« oder »atomistischen« Ansatz, wie etwa der *Rational-Choice-Theorie*, der soziale Phänomene aus dem Handeln und den Interessen individueller Akteure heraus zu erklären bestrebt ist und der sozialen Phänomenen keine darüber hinausgehende Wirklichkeit zuspricht (vgl. Hollis 1994). Holistisch betrachtet kann man das, was man – unausweichlich in Gesellschaft – tut und das, was einem hier widerfährt, nur richtig verstehen, wenn man es in Bezug setzt zu einem »übergreifenden Allgemeinen« – also zu den Praktiken, Institutionen und Strukturen, die *Gesellschaft* ausmachen –, das diese Handlungen und Widerfahrnisse konstituiert und prägt. Neben der holistischen Perspektive ist für Horkheimers Ansatz kennzeichnend, dass die Sozialphilosophie es nicht mit rein normativen oder empirischen oder analytischen Fragen zu tun hat, sondern mit Fragen, in denen diese verschiedenen Aspekte miteinander verschränkt sind. In dieser spezifischen Verbindung von philosophischer Reflexion und empirischer Sozialforschung liegt, so können wir Horkheimer an dieser Stelle interpretieren, ein Spezifikum der Sozialphilosophie, die eben weder einfach nur Deskription oder Erklärung noch normative oder begriffliche Analyse ist, sondern gerade die methodologische Notwendigkeit behauptet, diese Aspekte miteinander zu verbinden: Die Fragen, wie die Gesellschaft eingerichtet ist und funktioniert und wie sie eingerichtet sein und funktionieren sollte, lassen sich nicht unabhängig voneinander beantworten, wie empiristische und normativistische Ansätze meinen. Die Sozialphilosophie ist also darauf angewiesen, diese empiristischen und normativistischen Verkürzungen zu vermeiden.

Empirisches und Normatives in der Sozialphilosophie

Zusammenfassend kann man daher sagen, dass die Sozialphilosophie auf einen spezifischen methodologischen Zugang zu ihrem Gegenstandsbereich angewiesen ist, der sich als holistisch bezeichnen lässt. Zudem können wir die Einheit empirischer, deskriptiver (also deutender, erklärender und analytischer) Aspekte und normativer (kritischer, bewertender) Aspekte als wesentlich für die Sozialphilosophie begreifen, die weder die soziale Wirklichkeit einfach nur beschreibt noch vorab philosophisch gerechtfertigte oder identifizierte Normen auf sie anwendet. Diese beiden Charakterisierungen sind freilich noch recht vage und lassen viele Fragen offen. Vor diesem Hintergrund ist ein zweiter Bestimmungsversuch zu skizzieren, der die Frage nach den normativen Grundlagen der Sozialphilosophie expliziter stellt.

Honneth (1994: 10) plädiert für ein spezifischeres Verständnis, dem zufolge es der Sozialphilosophie »vordringlich um eine Bestimmung und Erörterung von solchen Entwicklungsprozessen der Gesellschaft geht, die sich als Fehlentwicklungen oder Störungen, eben als ›Pathologien des Sozialen‹ begreifen lassen« (1994: 10). Die Sozialphilosophie wird damit in Abgrenzung zur gerechtigkeitstheoretischen oder ordnungspolitischen Perspektive der (zeitgenössischen) politischen Philosophie (etwa im Anschluss an John Rawls) definiert und mit einer Perspektive assoziiert, die über die moralphilosophische Frage, was wir einander schulden, hinausgeht und die Frage nach dem guten individuellen und kollektiven Leben und seinen sozialen Ermöglichungsbedingungen aufwirft. Dabei setzt sie negativ an bzw. verfährt negativistisch, indem sie eben von Fehlentwicklungen oder Störungen ausgeht, das heißt gerade jene Bedingungen analysiert, die verhindern, dass die Menschen ein gutes bzw. gelungenes Leben nach ihren eigenen Vorstellungen zu führen in der Lage sind. Wesentlich für diese Spielart der Sozialphilosophie ist damit die Annahme überindividueller gesellschaftlicher Voraussetzungen für individuelle Selbstverwirklichung bzw. dafür, als *Individuum* ein selbstbestimmtes und gutes Leben führen zu können. *Soziale Beziehungen* einer bestimmten Art werden hier als Bedingung von Individualität und Freiheit in einem starken Sinne verstanden: Die Anerkennung durch andere ist eine soziale Voraussetzung und konstitutive Bedingung von individueller Autonomie und Selbstverwirklichung (vgl. auch Honneth 2011).

Zum einen ermöglicht dieses spezifische Verständnis von Sozialphilosophie eine ebenfalls spezifische Aufgabenbeschreibung der Sozialphilosophie und eine deutliche Abgrenzung von anderen Disziplinen der praktischen Philosophie, die etwa auf die Stabilität (so die politische Philosophie im Anschluss an Hobbes) oder die Gerechtigkeit einer sozialen *Ordnung* (so die politische Philosophie im Anschluss an Rawls) abzielen. Eine stabile Ordnung kann gleichzeitig ungerecht sein und soziale »Pathologien« aufweisen; und selbst eine gerechte Ordnung könnte noch pathologisch sein, wenn in ihr zwar eine gerechte Verteilung, aber auch Entfremdungs- und Sinnlosigkeitserfahrungen (etwa angesichts umfassender Kommerzialisierung) vorliegen. Zugleich führt der Begriff der sozialen Pathologie aber auch in Probleme, scheint er doch einen Zustand der »Gesundheit« zu implizieren, von dem methodologisch unklar ist, wie er einer Gesellschaft als ganzer zu- oder abgesprochen werden soll. Verfügen wir wirklich über Kriterien, um Gesellschaften oder soziale Entwicklungen als in diesem Sinne gut oder schlecht zu beurteilen? Die Frage, ob die Sozialphilosophie eine distinkte Disziplin ist, hängt damit auch von der Möglichkeit derartiger ethischer Urteile über das gesellschaftliche Zusammenleben ab – diese Möglichkeit ist aber notorisch umstritten, da keinerlei Einigkeit über die Basis solcher Urteile (die »Natur« des Menschen, geschichtlicher Fortschritt, universelle oder partikulare Normen und Werte etc.) besteht.

Zur Kritik der Sozialphilosophie

Jenseits der üblichen Gegenüberstellung von Formen interner Kritik, die ihren Maßstab dem kritisierten Phänomen selbst entnehmen, und solchen externer Kritik, die den Maßstab von außen an das kritisierte Phänomen herantragen, ist in der Sozialphilosophie im Allgemeinen und der *Kritischen Theorie* im Besonderen ein drittes Modell der Kritik entwickelt worden, das im Anschluss an Hegel und Marx häufig als immanente bzw. rekonstruktive Kritik verstanden wird. Immanent bzw. rekonstruktiv verfährt die Kritik dann, wenn sie ihre Maßstäbe aus den normativen Strukturen der für einen bestimmten sozialen Zusammenhang konstitutiven Praktiken entwickelt, ohne sich dabei an das faktische Selbstverständnis der Akteure zu binden (vgl. Geuss 1981; Celikates 2009). Die Konzeption einer immanenten bzw. rekonstruktiven Kritik ist aufs Engste verbunden mit der für die Sozialphilosophie als Ganze charakteristischen Idee einer »Einheit von Analyse und Kritik« (vgl. Jaeggi 2013). Entsprechend verfährt sie im Gegensatz zu eher an Kant orientierten Ansätzen nicht rein normativ, sondern ist auf eine spezifische Verbindung von philosophischer Reflexion und empirischer Sozialforschung, auf die soziologische Analyse gesellschaftlicher Entwicklungen und die Verankerung in den realen Erfahrungen und Selbstverständnissen der Akteure angewiesen. Nicht zuletzt aus diesem Grund muss sich auch die Sozialphilosophie stets von neuem die methodologische Frage nach dem Verhältnis von philosophischem Begründungsdiskurs, soziologischer Erklärung und dem Selbstverständnis gesellschaftlicher Gruppen stellen.

Dass die Sozialphilosophie nicht in der Pathologiediagnose aufgeht, wird auch daraus ersichtlich, dass sich soziale Fehlentwicklungen nicht identifizieren und kritisieren lassen, ohne einen Begriff von der spezifischen Dynamik und Verfasstheit des Sozialen vorauszusetzen. Aus diesem Grund muss zur Sozialphilosophie wesentlich auch die sozialontologische Perspektive auf die Struktur und Dynamik von Gesellschaft gezählt werden, aus der sich die normativen Kriterien, die sich spezifisch auf soziale Einheiten und deren (Eigen-)Dynamik beziehen, erst ergeben. Fragen danach, wie das Soziale als Soziales verfasst ist, gehören also zum Gegenstandsbereich der Sozialphilosophie (und bilden die Grundlage für »Pathologiediagnose«).

Auf die Frage, ob die Sozialphilosophie nun einen spezifischen Gegenstandsbereich oder eine spezifische Perspektive auf bestimmte Phänomene hat, die auch andere Disziplinen untersuchen, muss die Antwort daher lauten: beides. Sie hat sowohl einen spezifischen Gegenstandsbereich als auch eine bestimmte Perspektive auf ihren Gegenstand. Dabei

überschneidet sich ihr Gegenstandsbereich mit dem anderer Disziplinen (etwa Anthropologie, Politik- und Rechtswissenschaft). Die Methode hingegen stellt eine Kombination dar aus der Diagnose und Kritik sozialer Pathologien und der sozialontologisch fundierten sowie methodologisch reflektierten Sozialtheorie, muss also sowohl Analyse als auch Kritik umfassen und zumindest in dem abgeschwächten Sinn holistisch sein, dass sie gesellschaftlichen Phänomenen eine eigenständige Wirklichkeit und Logik zuschreibt, die sich nicht auf individuelle Handlungen und Einstellungen reduzieren lassen.

Die damit einhergehende Verbindung von philosophischer Reflexion und empirischer Sozialforschung ist im 20. Jh. vor allem in der Kritischen Theorie der *Frankfurter Schule* entwickelt worden, die primär als Versuch einer selbstreflexiven, interdisziplinären und materialistischen Theorie der Gesellschaft begriffen werden kann, die ein emanzipatorisches Erkenntnisinteresse verfolgt. Für das maßgeblich von Horkheimer geprägte ursprüngliche Forschungsprogramm ist dabei die Reflexion auf die eigenen Grundlagen und generell die sozialen und historischen Voraussetzungen von Erkenntnis ebenso prägend wie die Verbindung philosophischer, kulturkritischer und sozialpsychologischer Motive, die zu einflussreichen Zeitdiagnosen wie der der »Kulturindustrie«, des »autoritären Charakters« und des »Verblendungszusammenhangs« geführt hat.

In diese Tradition stellen sich auch heute zahlreiche sozialphilosophische Ansätze, wenn sie den Anspruch aufrechterhalten, zur Diagnose und Kritik sozialer (Fehl-)Entwicklungen beizutragen (vgl. Honneth 2004; Fischbach 2009). Dies äußert sich in verschiedenen Versuchen, die charakteristischen Entwicklungen unserer Gegenwartsgesellschaften sozialphilosophisch auf den Begriff zu bringen. Dabei reicht das Spektrum der als problematisch verstandenen Phänomene von der Vermarktlichung aller Lebensbereiche, den Pathologien moderner Arbeitsverhältnisse und dem Verfall der Öffentlichkeit über Verdinglichung (vgl. Honneth 2005) und Entfremdung (vgl. Jaeggi 2005) bis zu den Effekten einer voranschreitenden Beschleunigung sozialer Prozesse und anderen »Paradoxien« oder »Widersprüchen« des Kapitalismus. Weiterhin ist freilich umstritten, ob sich diese Phänomene auf einen einheitlichen theoretischen Nenner bringen lassen oder ob ihr Verständnis einen methodologischen und theoretischen Pluralismus erfordert, wie er die Sozialphilosophie auch faktisch prägt. Will die Sozial-philosophie diesen Ansprüchen auch weiterhin ge-nügen, muss sie sich jenseits der (meta-)theoretischen Debatten in jedem Fall auch und vielleicht sogar vor allem in der Auseinandersetzung mit substantiellen Problemen der genannten Art bewähren.

Literatur

Celikates, Robin, 2009: Kritik als soziale Praxis, Frankfurt a. M. – Ders.; Jaeggi, Rahel, 2013: Sozialphilosophie, München. – Detel, Wolfgang, 2007: Grundkurs Philosophie, Bd. 5: Philosophie des Sozialen, Stuttgart. – Durkheim, Emile, 1984: Die Regeln der soziologischen Methode, Frankfurt a. M. (1895). – Fischbach, Franck, 2009: Manifeste pour une philosophie sociale, Paris. – Gamm, Gerhard et al., 2001: Hauptwerke der Sozialphilosophie, Stuttgart. – Geuss, Raymond, 1981: Die Idee einer kritischen Theorie, Bodenheim. – Hollis, Martin, 1994: Soziales Handeln, Berlin. – Honneth, Axel, 2005: Verdinglichung, Frankfurt a. M. – Ders., 2011: Das Recht der Freiheit, Berlin. – Ders. (Hg.), 1994: Pathologien des Sozialen, Frankfurt a. M. – Horkheimer, Max, 1931: Die gegenwärtige Lage der Sozialphilosophie und die Aufgaben eines Instituts für Sozialforschung; in: Ders.: Gesammelte Schriften, Bd. 3, Frankfurt a. M. – Ders., 1937: Traditionelle und kritische Theorie; in: Ders.: Gesammelte Schriften, Bd. 4, Frankfurt a. M. – Jaeggi, Rahel, 2005: Entfremdung, Frankfurt a. M. – Dies., 2013: Kritik von Lebensformen, Berlin. – Liebsch, Burkhard (Hg.), 1999: Sozialphilosophie, Freiburg. – Searle, John R., 2011: Die Konstruktion der gesellschaftlichen Wirklichkeit, Berlin. – Theunissen, Michael, 1977: Der Andere. Studien zur Sozialontologie der Gegenwart, Berlin.

Robin Celikates/Rahel Jaeggi

Sozialpolitik

Begriff

Sozialpolitik (engl. social policy) ist das zielgerichtete Einwirken auf als problematisch perzipierte gesellschaftsstrukturelle Gegebenheiten, bei dem vor allem staatliche Instanzen und verbandliche Organisationen als Akteure auftreten. Wichtige **Ziele** der Sozialpolitik sind u. a.: die Kompensation in eingetretenen Schadensfällen; Unterstützung und Beratung bei der Bewältigung von Lebenslagen, die das Individuum überfordern (Soziale Dienste); Fürsorge bei der Unfähigkeit, eigenständig das Existenzminimum zu sichern; Umverteilung sowohl hinsichtlich materiellen Einkommens wie auch sozialer Machtpositionen; Bewirtschaftung der Zukunftsperspektive durch Solidargemeinschaften (Versicherungen). Wichtige **Instrumente** bei der Erreichung dieser Ziele sind: Transferzahlungen und -abgaben als Mittel der finanziellen Verteilung, gesetzliche Regulierungen als Beeinflussung des gesellschaftlichen *Macht*gefälles, Betreuungs- und Hilfeleistungen durch Professionen und Freiwilligkeit sowie das Angebot allgemein zugänglicher Einrichtungen.

Geschichte

Diese weite Begriffsfassung ist für die deutsche Tradition nicht selbstverständlich. Die »*soziale Frage*«, die das 19. Jh. beherrschte, wurde aufgeworfen durch das Industrieproletariat; Politiker, die sich der Beantwortung widmeten, zentrierten sich folglich auf die industriellen *Konflikt*e. Zentralstaatliche Sozialpolitik begann darum als Fabrikinspektion und Arbeitsschutzgesetzgebung. Aber auch, als sie sich durch Bismarcks Gesetzgebung 1883–1889 zur Sozialversicherungspolitik ausweitete, erfasste sie nicht die untersten und ärmsten Schichten der Bevölkerung (z. B. Dienstboten und das Landproletariat), sondern primär die politisch konfliktfähige Industriearbeiterschaft. Aus dem obrigkeitlichen Zugriff Bismarcks, der von sozialistischer wie unternehmerischer Seite gleichermaßen Anfeindung erfuhr, erklärt sich aber auch die staatszentrierte Tradition im deutschen Verständnis von Sozialpolitik. Bereits im Vormärz war es in Deutschland zu massenhaften Verelendungsphänomenen gekommen: auf die Auflösung ständischer Bindungen folgten Erscheinungen wie *Mobilität*, Überbevölkerung, desolates Vagantentum, ausbeuterischer Frühkapitalismus. Während Konservative (z. B. Franz von Baader) die soziale Heilung von einer Reintegration in dezentrale Ständeordnungen erhofften, erkannte Lorenz von Stein schon sehr früh, dass die sich formierende Industriearbeiterschaft durch derart restaurative Lösungen nicht zu befrieden war. Hier liegt zugleich auch der Ursprung einer wissenschaftlichen Sozialpolitiklehre: Steins Konstruktion einer »sozialen Monarchie«, die als Maßnahmestaat in die gesellschaftliche *Ungleichheit* eingreifen sollte, um sich so eine eigene *Legitimität*squelle auch bei den Benachteiligten zu erschließen, benötigte – anders als ein »Nachtwächterstaat« – zuverlässige Dauerbeobachtung der gesellschaftlichen Bewegung, also Statistik, Gesetzgebungskunde und Verwaltungslehre sowie historische konkretisierende Nationalökonomie.

Just diese Subdisziplinen sammelten sich im »Verein für Socialpolitik«, in dem sich die sog. »Kathedersozialisten« bündisch gegen die wirtschaftsliberale »Manchesterschule« der ökonomischen Theorie absonderten. Der Initiator Gustav Schmoller bestimmte 1872 den gemeinsamen Zweck als den einer handlungsleitenden Interventionswissenschaft, als Adressat diente ihm »eine starke Staatsgewalt, welche, über den Klasseninteressen stehend, die Gesetze gebe, mit gerechter Hand die Verwaltung leite, die Schwachen schütze, die unteren Klassen hebe« (Diehl/Mombert, 92). Sozialpolitik war demzufolge das obrigkeitliche Handeln zur Milderung des industriellen *Konflikts*, zugleich aber auch die Bezeichnung für eine akademische Unterdisziplin, die an staats- und wirtschaftswissenschaftlichen Fakultäten zu lehren sei. Kennzeichnend war neben der »etatistischen« auch die systematisierende Perspektive: An die Stelle der polizeilichen oder fürsorglichen Abhilfe sollte umfassende Gesellschaftsgestaltung treten, anstatt des »Armen« sei also die »Armut« in den Blick zu rücken. Sozialpolitik wurde für die frühe »historische Schule« zum Herzstück von Wirtschaftspolitik schlechthin. Wissenschaftshistorisch liegt darin auch eine Pionierleistung für die Etablierung empirischer Sozialforschung. Auch in späteren Jahrzehnten stand in Deutschland eine sozialstatistisch argumentierende Soziologie meist in deutlicher Nähe zur wirtschaftswissenschaftlichen Sozialpolitiklehre.

Politisch entsprach dieses Verständnis von Sozialpolitik insofern dem Geist der Zeit, als es auf eine umfassende Institutionalisierung und Verrechtlichung der sozialen Konfliktbewältigung abzielte. Im Verständnis Adolph Wagners z. B. sollte die Sozialreform dadurch ihr »Friedenswerk« leisten, dass sie die der industriellen Arbeitswelt entspringenden Konflikte in rechtliche Bahnen kanalisiere. Indem der Staat auf dem Wege der *Recht*setzung in immer weitere gesellschaftliche Teilbereiche eindringe, werde die vormals anarchische Konfrontation zu einem normierten und institutionalisierten Interessenaustrag sich wechselseitig anerkennender Rechtssubjekte. Der Verrechtlichungsschub durch die Sozialpolitik war in der Tat beträchtlich, seinen ersten vorläufigen Höhepunkt erreichte er mit der zusammenfassenden Reichsversicherungsordnung von 1911. Die immense Bedeutung der Sozialversicherungen darf jedoch nicht den Blick dafür trüben, dass sie nur einen Teil der sozialpolitischen Tradition begründen. Daneben stehen die Kontinuität religiös

und philanthropisch motivierter Fürsorge und Freiwilligkeit, die für die Geschichte der großen Wohlfahrtsverbände prägend wurde, und die Tradition der Selbsthilfe (Gemeinwirtschaft) und gewerkschaftlichen Interessenvertretung im Arbeitermilieu. In langfristiger Betrachtung haben alle drei Traditionen einen grundlegenden *Wandel* beschleunigt, der wenig von den auslösenden Impulsen der »sozialen Frage« fortbestehen ließ. Diese Strukturveränderungen können hier nur in groben Zügen skizziert werden; die deutschen Spezifika werden zudem nicht in eine vergleichende Perspektive gerückt.

Soziale Funktion

Die Normalität, die durch die Sozialpolitik abgesichert werden sollte, war die Erwerbsbiographie abhängig Beschäftigter. Bezogen auf die Ausgangssituation kann diese Intention als realisiert gelten. Durch das Äquivalenzprinzip wurde in den großen Sozialversicherungen die Beitragslast einkommensabhängig gestaltet und – zumindest in der Renten- und Arbeitslosenversicherung – auch der erwartbare Transfer an die eingezahlten Leistungen gebunden: die Vorsorge erschien daher als erworbener Eigentumstitel und leistete somit die Stabilisierung selbstbewusster Wirtschaftssubjekte. Da aber der Empfang von Zahlungen durch das Kausalprinzip strikt an den Nachweis eines eingetretenen Bedarfsfalles gebunden war, verweist diese Konstruktion in doppelter Weise auf die Reintegration in das Berufsleben zurück: einmal durch die Nachweispflicht für den Fortbestand des Versicherungsfalles, andererseits durch die Notwendigkeit, ausreichendes Quasi-Eigentum durch Beitragsleistungen zu horten.

Der erlangte Schutz durch »Zwangssparen« erscheint dann aber nur als individuell zurechenbarer Rechtsanspruch, nicht als kollektive Leistung, auch wenn das Wort »Solidargemeinschaft« an andere Vorstellungen appelliert. Es ist unergiebig, darüber zu streiten, ob die Sozialversicherungen eine Aushöhlung der *Familie* als sozialer Sicherungsinstanz beförderten oder ob sie vielmehr aus dieser Erosion folgten; historisch standen beide Prozesse jedenfalls in einem dichten Zusammenhang. Immerhin blieb bis heute aber auch die Familie das einzige Kollektiv, das explizit in die Vermittlung sozialpolitischen Schutzes einbezogen wurde; sei es positiv durch übertragenes Leistungsrecht (z. B. Kinder in der Krankenversicherung), sei es negativ durch Heranziehung von Unterstützungspflichten (z. B. in der Sozialhilfe). Insgesamt aber ist die Sozialpolitik für die Individualisierung der Lebenslagen in diesem Jahrhundert eine durchaus wirkungsträchtige Ursache. Das darf jedoch nicht dahin missverstanden werden, dass prinzipiell schichtungsspezifische oder gar nivellierende Effekte behauptet würden. Im Gegenteil haben sozialpolitische Einrichtungen oft auch Schicht- und Statusgrenzen gefestigt. So hat z. B. die 1911 gesondert eingerichtete Angestelltenversicherung viel zur (in Deutschland besonders auffälligen) Separierung dieser Gruppe von den Arbeitern beigetragen; bis heute ist auch die Krankenversicherung eine wichtige Scheidelinie, über der sich der Angestelltenstatus abhebt (Ersatzkassen).

Die gegenläufige Wirkung besteht darin, dass die Sozialversicherungen sich immer mehr über die Regulierung der Arbeiterfrage hinaus zu echten »Volksversicherungen« ausgedehnt haben, zuletzt z. B. in der Rentenreform von 1972, die den Versicherungsschutz auch auf Freiberufliche und Hausfrauen ausweitete. Für große Teile der erwerbsfähigen Bevölkerung ergibt sich damit eine Stabilisierung in einer gesellschaftlich dominanten Mittel-Lage: einerseits werden die ökonomisch völlig Autarken, die Lebensplanung und Sicherung ganz aus eigenem Vermögen gewährleisten können, zur verschwindenden Minorität, andererseits ist die Hilfe bei existentieller Not, die frühere Armenfürsorge, aus den herkömmlichen Sicherungssystemen ausgegliedert und der Sozialhilfe sowie der verbandlichen Wohlfahrtspflege überlassen. Zwischen diesen Extrempositionen erscheint einer übergroßen Mehrheit die materielle Absicherung des eigenen Lebenslaufes als eine Kombination von persönlicher (abhängiger) Berufsbiographie und staatlich garantierten Transferleistungen. Die steigende, relative Bedeutung dieser »Sekundäreinkommen« hat Gesellschaftstheoretiker unterschiedlicher Couleur zu Krisenszenarien inspiriert. Die eine Version lautet: Zunehmende Umleitung der gesellschaftlichen Einkommen über staatliche Budgets politisiert die Verteilungskonflikte und gefährdet die Neutralität des politischen Systems. Die zweite Version behauptet eine Eskalation der Erwartungen, ausgelöst durch das Abwälzen der Kosten für individuelle Wohlfahrtssteigerung auf anonyme Großkollektive. Beiden Varianten ist jedoch auch die langfristig stabilisierende Wirkung der Sozialpolitik entgegenzuhalten. *Institutionalisierung* der Sozialpolitik begünstigt die Ausbildung von eigenen, funktionalen *Eliten* der

Arbeiterschaft – so in der Selbstverwaltung der Sozialversicherung, in der Gemeinwirtschaft und in den gewerkschaftlichen Vertretungsorganen. Diese Funktionärsschicht war das Ferment des Reformismus; sie betrieb in erster Linie die Integration der *Arbeiterbewegung* in die geregelte soziale und politische Interessenartikulation. Ein paralleler Effekt dazu war die Verrechtlichung des *Konflikt*austrags: Indem die vormals Besitzlosen zunehmend Rechtspositionen sowohl im Versicherungs- wie auch im Arbeitsverhältnis erlangten, wuchsen sie zugleich auch in die »Staatsbürgerrolle« hinein; an die Stelle kollektiver Kampfformen trat vermehrt die individualistische Rechtssuche. Diese Entwicklung lockerte die Bindung an fest umrissene, lokal gebundene »proletarische *Milieus*«; was nicht nur einer Abmilderung sozialer Spannungen diente (Mooser). Da die alten Milieubindungen häufig auch soziale Schutz- und Solidaritätsleistungen erbrachten (dies aber wiederum nur in lokaler Beschränktheit), standen sie im Widerspruch zu den *Mobilität*sanforderungen einer dynamisierten Volkswirtschaft. Demgegenüber gewähren die sozialpolitischen Einrichtungen Schutz und Vorsorge auch bei Ortswechsel und beruflicher Veränderung. Sie erleichtern damit die Herauslösung aus dem Herkunftsmilieu – und werden in diesem Effekt verstärkt durch die verlängerten Ausbildungszeiten, die nach dem 2. Weltkrieg als gesellschaftspolitisches Angebot auch vormals bildungsferne Schichten zu erfassen begannen. Diese Tendenz der Sozialpolitik – Minderung *sozialer Ungleichheit* und Relativierung der dazugehörigen Milieugrenzen – stagniert in neuerer Zeit. Die Selektivität der Bildungsinstitutionen zu Lasten benachteiligter Schichten fällt vor allem im internationalen Vergleich wieder auf; die Reintegration in das Erwerbsleben wird vermehrt mit reglementierenden Instrumenten selbst bei Versicherungsbezug betrieben (»Fordern und Fördern«); bei Niedrigeinkommen kann sogar der Erhalt zusätzlicher Sozialleistungen nicht vor gesellschaftlicher Randständigkeit bewahren.

Kritik der sozialpolitischen Praxis

Der Erfolg der deutschen Sozialpolitik ist unbestreitbar, wenn er an den deklarierten Absichten der ursprünglichen Begründer gemessen wird. Dennoch waren grundsätzliche Kritiken und Alternativkonzepte stetige Begleiter dieser Politik. Die grundlegende Konstruktion, dass monetäre Kompensationen über den Hauptverdiener an die Schutzinstanz »Normalfamilie« weitergeleitet werden, enthält in feministischer Sicht eine Festlegung auf vaterzentrierte Leitbilder. Die Tatsache, dass aktuell alleinerziehende Mütter immer noch zu den Menschen mit dem höchsten Armutsrisiko zählen, belegt, dass die sozialpolitische Institutionalisierung sich in der Tat träge gegenüber dem sozialstrukturellen Wandel verhält. Diese Überstabilisierung gilt dem auf Versicherung und auf kollektive, industriegewerkschaftliche Interessenvertretung spezialisiertem Weg als eigen (Esping-Andersen): Er tendiert zur Festschreibung von Soziallagen in Verbandsorganisationen und gesetzlich definierten Kollektividentitäten und bevorzugt die routinierten Lösungswege von Vertretungseliten. Ansetzend an diesem Problem wurden seit etwa vier Jahrzehnten wiederholt Grundsatzkritiken am anstaltlichen Charakter der deutschen Sozialpolitik vorgetragen – meist mit politischer Änderungsabsicht.

Das von CDU-Politikern in den 1970er Jahren geprägte Schlagwort der »Neuen Sozialen Frage« stand für den Befund, die alten Notlagen um den industriellen Verteilungskonflikt seien weitgehend behoben, hingegen seien soziale Leistungen dort defizitär, wo die überkommenen Organisationen keine Interessenpolitik einbrächten: z. B. bei Alten, Kinderreichen, Verbrauchern oder sozial Isolierten. Aber auch aus dem »ökosozialen« Kontext der achtziger Jahre wurde der überkommene Sozialversicherungsstaat kritisiert: hier mit dem Reformansinnen eines garantierten, allgemeinen Grundeinkommens, das von verwaltungsaufwändigen anspruchsabhängigen Transfers entlasten und so Kapazitäten freisetzen sollte für dezentrale Unterstützungen und Selbsthilfeinitiativen.

Aus ähnlichem Kontext kommt Kritik am reaktivverrechtlichten Wirken von Geldtransfers und professionellen Sozialfunktionären auf. Solche Unterstützung sei symptomorientiert und verfehle die langfristigen Problemursachen, die präventives und partizipatives Herangehen forderten: Chronische Erkrankungen, soziale Isolation (vgl. z. B. im Alter), Jugendkriminalität oder Drogenabhängigkeit gelten als *soziale Probleme*, denen mit den nachsorgenden Mitteln der Versicherungsleistungen nicht beizukommen ist. Hier wird die Notwendigkeit einer sozialen Dienstleistungsproduktion postuliert, bei der es auf die aktive Mitwirkung der Klienten ankommt. Unter dem modischen Schlagwort »aktivierender Staat« geht die Forderung nach mehr Laienkompetenz und gesellschaftlicher Selbstregulierung eine Koalition ein mit der Kritik an der Finanzierbarkeit überkommener Sozialpolitik Ein Zusammenhang zwischen ausgedehnten Sozialsystemen und gehemmtem, wirtschaftlichem Wachstum lässt sich langfristig zwar nicht nachweisen (Esping-Andersen, 725 f.), wird aber aktuell von Politikern, die der Haushaltsdisziplin und der Standortattraktivität für das global mobile Kapital hohe Priorität beimessen, immer wieder behauptet. Dieser Kritikansatz hat wesentlich mehr praktische Konsequenzen gezeitigt als die vorherigen Beispiele. Dies belegt auch die (darin exzeptionelle) deutsche Sozialpolitik um die Jahrtausendwende. Durch Einschränkung und Konditionierung von Leistungen wird der Druck auf die niedrigen Einkommensschichten erhöht; die Ausdehnung prekärer Beschäftigungsverhältnisse verschlechtert deren relative Stellung in der Sozialstruktur. Zudem werden durch kontrollierende Mechanismen insbesondere bei der arbeitsmarktbezogenen Sozialpolitik die Problemursachen stark auf das zur Kooperation verpflichtete Klientel zurückprojiziert. Während also die langfristigen Wirkungen der Sozialpolitik die sozialen Spannungen der Gesellschaft milder erscheinen ließen, scheinen sich kurzfristigere, neue Symptome kaum in dieses Bild zu fügen.

Literatur

Alber, Jens, 1989: Der Sozialstaat in der Bundesrepublik 1950–1983, Frankfurt a. M. – Bäcker, Gerhard et al., 2010: Sozialpolitik und soziale Lage in Deutschland, 2. Bde., Wiesbaden. – Diehl, Karl; Mombert, Paul (Hg.), 1984: Ausgewählte Lesestücke zur Geschichte der politischen Ökonomie – Sozialpolitik, Frankfurt a. M. u. a. – Esping-Andersen, Gösta, 1994: Welfare States and the Economy; in: Smelser, Neil J.; Swedberg, Richard (Hg.): The Handbook of Economic Sociology, Princeton/New York, 711–732. – Groser, Manfred; Veiders, Wolfgang W., 1979: Die Neue Soziale Frage, Melle/St. Augustin. – Hentschel, Volker, 1983: Geschichte der deutschen Sozialpolitik 1880–1980, Frankfurt a. M. – Mätzke, Margitta, 2011: Staatsbürger als Wirtschaftssubjekte und als demografische Ressource; in: Leviathan 39, 385–406. – Mooser, Josef, 1984: Arbeiterleben in Deutschland 1900–1970, Frankfurt a. M. – Schmidt, Josef, 2011: Wohlfahrtsstaaten im Vergleich, 3. Aufl., Wiesbaden.

Rainer Prätorius

Sozialpsychologie

Was ist Sozialpsychologie?

Sozialpsychologie (engl. social psychology) ist eine alte Disziplin – sie beschäftigt sich mit Fragestellungen, die schon das Altertum umgetrieben hat, z. B. die Weitervermittlung von *Wert*en in einer *Kultur* oder die Beeinflussung des *Individuum*s durch den sozialen Kontext (vgl. Allport 1968). Andererseits ist die Sozialpsychologie auch eine relativ junge Disziplin, deren wissenschaftliche Ursprünge im ausgehenden 19. Jh. liegen. Wilhelm Wundt, der Begründer der modernen Psychologie, unterschied zwischen der »Allgemeinen Psychologie«, welche die grundlegenden Gesetzmäßigkeiten der menschlichen Psyche zum Thema hat, und der sog. »Völkerpsychologie«, welche die »menschliche Gemeinschaft« und die Beziehung zwischen Individuum und Gemeinschaft untersuchen solle. Letztere ist Vorläufer der modernen Sozialpsychologie. Ein Meilenstein auf dem Weg der Sozialpsychologie zu einer empirisch orientierten Wissenschaft war die häufig als erstes sozialpsychologisches Experiment bezeichnete Studie von Triplett aus dem Jahr 1889, welche die Forschung zur »sozialen Erleichterung« einleitete, also zu dem Effekt, dass einfache Aufgaben in Anwesenheit anderer oft schneller erledigt werden. Dieser Autor zeigte, dass Kinder eine Schnur schneller aufwickeln, wenn sie dies gleichzeitig mit einem anderen Kind tun, als wenn sie es alleine tun. Ein weiterer Meilenstein war das gleichzeitige Erscheinen zweier Lehrbücher zur Sozialpsychologie im Jahr 1908, eines eher soziologisch orientiert von Edward A. Ross, eines eher psychologisch orientiert von William McDougall (vgl. Jones 1998). Auf die soziologisch orientierte Sozialpsychologie können wir hier nicht weiter eingehen, da die psychologisch orientierte Sozialpsychologie im Fokus steht. Die bekannteste **Definition** dieser Sozialpsychologie stammt von Gordon Allport, der Sozialpsychologie als den Versuch bezeichnet, zu verstehen und zu erklären, wie das Denken, Fühlen und Handeln von Individuen durch die tatsächliche, die vorgestellte oder die implizierte Gegenwart anderer beeinflusst wird (Allport 1968, 3).

Neben der oben genannten Studie von Triplett sind die berühmten *Milgram-Experiment*e ein Beispiel für die Beeinflussung menschlichen Denkens, Fühlens und Handelns durch die tatsächliche Gegenwart anderer (vgl. Aronson et al. 2008, Kap. 8).

Stanley Milgram untersuchte, ob man Menschen durch Anweisungen einer Autoritätsperson dazu bringen kann, anderen zu schaden. Die Versuchsteilnehmer dachten, sie nähmen an einer Studie teil, bei der der Einfluss von Bestrafung auf die Lernleistung untersucht werden sollte. Sie selbst erhielten hierbei die Rolle des Lehrers zugewiesen, der jeden Fehler eines vermeintlichen Schülers (de facto ein Vertrauter des Versuchsleiters) mit einem in der Stärke sukzessiv zunehmenden Elektroschock bestrafen sollte. Die Filmaufnahmen dieser Studie zeigen deutlich, wie unangenehm den »Lehrern« ihr Handeln war. Trotzdem folgten nahezu zwei Drittel der Beteiligten den Anweisungen des Versuchsleiters und gingen bis zur höchstmöglichen, potenziell tödlichen Schockstärke – obwohl in einer Vorläuferstudie keine der Personen, die das entsprechende Szenario geschildert bekamen, glaubte, dass sie selbst oder andere dieser Aufforderung folgen würden. Diese Studie zeigt besonders deutlich, wie Menschen durch die Gegenwart anderer und durch die »Macht der Situation« beeinflusst werden können. Doch schon allein die vorgestellte Anwesenheit anderer kann menschliches Denken, Fühlen und Handeln beeinflussen. So belegt nicht nur eine Vielzahl an Studien, dass *Vorurteile* gegenüber *Minderheiten* durch Kontakt mit Mitgliedern der entsprechenden Gruppe effektiv reduziert werden können (die sog. Kontakthypothese), bereits die bloße Vorstellung einer positiven *Interaktion* mit einem Mitglied einer vorurteilsbehafteten *Gruppe* kann *Einstellungen* und Verhalten gegenüber dieser Gruppe verbessern (z. B. Turner et al. 2007). Mit dem Einfluss der »implizierten« Gegenwart anderer schließlich ist gemeint, dass menschliches Denken, Fühlen und Handeln häufig dadurch beeinflusst wird, dass Personen in einer komplexen sozialen Struktur bestimmte *Positionen* einnehmen, weil sie bestimmte *Rollen* innehaben oder Mitglied bestimmter kultureller Gruppen sind. Als Beispiel für einen so gearteten sozialen Einfluss kann die Forschung zum Thema »soziale *Macht*« herangezogen werden. Eine Person ist in einer mächtigen Position, wenn sie anderen Personen *Ressourcen* zukommen lassen kann, ihnen diese aber auch vorenthalten oder sie bestrafen kann (Keltner et al. 2003, 265). Personen in so definierten Machtpositionen verhalten sich in vielerlei Hinsicht anders als Personen, die eine solche Position/Rolle nicht innehaben. Inhaber mächtiger Rollen sind bspw. risikofreudiger und handeln stärker in Einklang mit ihren Motiven, während Personen, die sich in untergeordneten Positionen befinden, stärker auf situative Bedingungen achten und weniger in Einklang mit ihren Motiven handeln.

Zusammenfassend beschäftigt sich die Sozialpsychologie also mit dem Einfluss des sozialen Kontextes auf psychologische Prozesse. Der Einfluss kann direkt (tatsächliche Gegenwart anderer) oder auch indirekt (vorgestellte und implizierte Gegenwart anderer) sein. Die Sozialpsychologie ist damit eine wichtige Erweiterung z. B. persönlichkeitspsychologischer oder allgemeinpsychologischer Ansätze, die Denken, Fühlen und Handeln stärker individuumzentriert untersuchen.

Methodische Herangehensweise

Die Sozialpsychologie ist empirisch orientiert. Sie testet ihre Theorien bzw. daraus abgeleitete Hypothesen mittels (meist quantitativer) empirischer Forschungsmethoden. Zu nennen sind hier *Beobachtung*smethoden, *Befragung*smethoden und insbesondere *experimentelle* Methoden. In der Sozialpsychologie übliche Beobachtungsmethoden sind in der Regel sehr stark strukturiert und systematisiert, wie beispielsweise die *Interaktions-Prozess-Analyse* von Bales, die unter anderem zur Analyse von Interaktionsprozessen in Gruppen eingesetzt wird (vgl. Jones 1998). Bei **Befragungsmethoden** werden mehr oder weniger standardisierte Fragebögen eingesetzt, um z. B. Einstellungen zu bestimmten Sachverhalten zu erforschen. Der Einsatz standardisierter Fragebögen zur Erfassung von durch Beobachtung nicht zugänglichen Konstrukten wie z. B. ›soziale Einstellungen‹ begann im ersten Drittel des 20. Jh.s (und war damals insofern besonders innovativ, als der Zeitgeist in der Psychologie eher behavioristisch orientiert war, d. h. man beschäftigte sich mit beobachtbarem Verhalten und war an inneren Prozessen wenig interessiert, vgl. Allport 1968; Jones 1998). Befragungsmethoden spielen auch in der heutigen Sozialpsychologie noch eine wichtige Rolle. Als zeitgemäße Herangehensweise ergänzen online-Befragungen klassische paper-and-pencil-tests, wobei spezifische Einflüsse, denen die Antworten bei Internet-Befragungen unterliegen können, zu beachten sind.

Experimentelle Methoden sind in der Sozialpsychologie am weitesten verbreitet (vgl. Aronson et al. 2008, Kap. 2). Hierbei werden unabhängige *Variablen* (UVs) »hergestellt«, um die Auswirkungen auf zu messende abhängige Variablen (AVs) zu testen. Ein

Beispiel wäre, Versuchspersonen in positive oder negative Stimmung zu versetzen und anschließend ihre Hilfsbereitschaft zu erfassen, um so den Einfluss der Stimmung (UV) auf hilfsbereites Verhalten (AV) zu untersuchen. Entsprechende Forschung wird meist im Labor betrieben, d. h. in speziell dafür bereitgestellten räumlichen Arrangements, um weitere potentielle Einflüsse außer den UVs auf die interessierenden AVs weitgehend ausschalten oder kontrollieren zu können. Einflüsse, die nicht kontrolliert werden können (z, B. Ausgangsstimmung vor dem Experiment) können durch eine zufällige Zuteilung der Probanden zu den verschiedenen Experimentalbedingungen (hier positive/negative Stimmungsmanipulation) und eine entsprechend große *Stichprobe* neutralisiert werden. Experimentelle Forschung hat viele Vorteile: interessierende Konstellationen (die UVs) können willkürlich hergestellt werden; andere nicht interessierende Faktoren können kontrolliert werden; Versuchsanordnungen können systematisch variiert werden; und der gesamte Versuchsablauf kann gut protokolliert und somit prinzipiell wiederholt werden. Auswirkungen experimenteller Bedingungen auf die AVs können kausal bzw. funktional interpretiert werden. Experimentelle Forschung unterliegt jedoch auch Einschränkungen. So kann die Reduktion des sozialen Kontextes auf die jeweils interessierende(n) UV(s) unter Konstanthaltung anderer Einflüsse dazu führen, dass die gemessenen Zusammenhänge zwar eindeutig interpretierbar sind, die Übertragbarkeit auf komplexere soziale Situationen aber schwierig ist. Auch kann der Aufforderungscharakter der experimentellen Situation die Beteiligten dazu veranlassen, sich anders zu verhalten, als sie das außerhalb des Experimentallabors tun würden.

In neuerer Zeit haben auch sog. **implizite Methoden** viel Anklang gefunden. Im Gegensatz zu »expliziten« Methoden wie z. B. der Erfassung von Einstellungen mittels klassischer Fragebögen ist hier die Wahrscheinlichkeit, dass Probanden ihre Antworten in eine bestimmte Richtung verzerren, reduziert. Werden beispielsweise *Stereotype* und *Vorurteile* gegenüber bestimmten Gruppen explizit erfasst, besteht die Möglichkeit, dass Befragte sich überlegen, was die normativ angemessene Antwort sein könnte und diese dann entsprechend ankreuzen. Bei impliziten Verfahren ist diese Möglichkeit nicht bzw. nur eingeschränkt gegeben, da die zugrunde liegende Absicht nicht ohne weiteres erkennbar ist. Ein Beispiel für ein solches Verfahren ist der sog. Implizite Assoziations-Test, bei dem mittels Reaktionszeitmessung erfasst wird, welche Assoziationen besonders leicht verfügbar sind. Beispielsweise können Geschlechterstereotype implizit erfasst werden, indem man misst, ob und wie leicht es einer Versuchsperson fällt, das Konzept »Führung« eher mit Männern zu assoziieren als mit Frauen. Implizite Verfahren sind jedoch durchaus umstritten, insbesondere ihre Interpretation und ihr Zusammenhang mit expliziten Einstellungen (vgl. Aronson et al., Kap. 7).

Theoretische Ansätze

Sozialpsychologische Theoriebildung und Forschung lässt sich gut anhand von vier Ebenen der Betrachtung systematisieren, nämlich der intrapersonellen, interpersonellen, intragruppalen und intergruppalen Ebene. Die intrapersonale Ebene bezieht sich auf die Untersuchung von Prozessen im einzelnen Individuum, das sich im sozialen Kontext bewegt. Die interpersonale Ebene bezieht sich auf Prozesse zwischen Individuen, wie beispielsweise Forschung zu sozialem Einfluss oder interpersonaler Attraktion. Die intragruppale Ebene bezieht sich auf Prozesse innerhalb von Gruppen wie Führung oder Gruppenentscheidungen. Auf intergruppaler Ebene schließlich befasst sich die Sozialpsychologie mit Themen des Umgangs zwischen sozialen Gruppen wie Vorurteile und Diskriminierung sowie mit Prozessen, die zur Aufrechterhaltung bzw. Veränderung *sozialer Ungleichheit* beitragen. Bereits in ihrer historischen Entwicklung war die Sozialpsychologie immer an diesen verschiedenen Ebenen und sowohl am Denken und Fühlen, als auch am Handeln interessiert (vgl. Allport 1968).

»Große« sozialpsychologische Theorien des letzten Jahrhunderts waren verschiedene Formen der Konsistenztheorien, z.B. die Balancetheorie von Heider und die Dissonanztheorie von Festinger. Kerngedanke dieser Theorien ist, dass Menschen motiviert sind, ihr Handeln in Einklang mit ihrem Denken zu sehen – andernfalls erleben sie einen unangenehmen Spannungszustand, der dazu führt, dass sie sich ihre Realität so »konstruieren«, dass diese mit dem Handeln in Einklang steht (vgl. Abele/Gendolla 1997).

Eine weitere wichtige Entwicklung waren die *Attributionstheorien*, die explizit die »Laienpsychologie«, d.h. die Art und Weise, wie Alltagsmenschen ihre Realität begreifen, thematisieren. Im Mittel-punkt steht die Annahme, dass Menschen »naive« Psychologen sind, die Ursachen für ihre eigenen Handlungen und die anderer Menschen erkunden wollen. Diese Forschungsrichtung erbrachte einerseits Erkenntnisse darüber, wie solche Ursachenzuschreibungen ablaufen. Andererseits wurden, quasi als Nebenprodukte, verschiedene Verzerrungen (»biases«) der Laienpsychologie aufgedeckt. So zeigt sich bspw., dass Menschen die Macht der Situation meist sträflich vernachlässigen und stattdessen einem »fundamentalen Attributionsfehler« erliegen, wonach sie Verhalten in erster Linie »personal«, d.h. durch innere Bedingungen der handelnden Personen, erklären und situative Einflüsse außer Acht lassen (vgl. Abele/Gendolla 1997). Forschung zu Heuristiken und *bias*es in der sozialen Urteilsbildung folgten. Sie standen unter der theoretischen Prämisse, dass Menschen »soziale Informationsverarbeiter« sind, die nicht nur bestrebt sind, »richtige« Schlussfolgerungen zu ziehen, sondern die insbesondere auch möglichst schnell und einfach zu ihren Schlussfolgerungen kommen möchten. Dafür sind Heuristiken als eine Art kognitiver Faustregeln geeignet. Ein Beispiel ist die sogenannte Verfügbarkeitsheuristik, die besagt, dass wir uns in der sozialen Urteilsbildung an dem orientieren, was momentan kognitiv am leichtesten zugänglich ist, uns also spontan als Erstes in den Sinn kommt (vgl. Aronson et al. 2008, Kap. 3).

Eine ganze Reihe von Ansätzen kann unter die sog. »**Zwei-Prozess-Theorien**« subsumiert werden, wonach soziale Informationsverarbeitung entweder schnell und weitgehend automatisiert oder aber aufwändig und kontrolliert abläuft (vgl. Smith/DeCoster 2000). Automatisierte Prozesse stützen sich auf vorher erlernte und verinnerlichte Assoziationen, laufen meist unbewusst ab und benötigen kaum kognitive Ressourcen; kontrollierte Prozesse sind sehr aufwändig und kommen nur zum Einsatz, wenn die Kapazitäten dafür vorhanden sind und zugleich hohe Motivation besteht, ein richtiges Urteil zu fällen. Ein Beispiel ist Petty und Cacioppos Elaboration Likelihood Modell (s. Aronson et al. 2008, Kap. 7), das sich mit persuasiver *Kommunikation* beschäftigt, also damit, welche Arten von Überzeugungsstrategien wann Wirkung zeigen. Botschaften können danach auf zwei Arten verarbeitet werden: weitgehend automatisch über die sog. periphere Route oder über die aufwändigere sog. zentrale Route, die eine intensive Auseinandersetzung mit der Botschaft beinhaltet. Bei peripherer Verarbeitung sind leicht zugängliche Faktoren wie die Anzahl der Argumente oder der Expertenstatus des »Senders« entscheidend, bei zentraler Verarbeitung hingegen v. a. die Qualität der Argumente. Wichtig ist, dass automatisierte und kontrollierte Prozesse nicht zwangsläufig zu anderen Urteilen führen müssen und sich nicht allgemeingültig sagen lässt, welche Art der Verarbeitung eher zu »richtigen« Entscheidungen führt (Smith/DeCoster 2000).

Ein weiteres wichtiges Ziel sozialpsychologischer Forschung seit ihren Anfängen war es, zur **Lösung sozialer Probleme** beizutragen (vgl. Allport 1968). Frühe Beispiele sind Milgrams o. g. Studien oder Kurt Lewins Arbeiten zu Führungsstilen und aggressivem Verhalten in den 1930er und 40er Jahren (vgl. Jones 1998). Deutlich zeigt sich dies auch in der Forschung zum Hilfeverhalten, insbesondere zu der Frage, wann Menschen in Notsituationen helfend eingreifen und wann sie dies nicht tun. Ein gutes Beispiel ist der sog. Bystander-Effekt, der das scheinbar paradoxe Phänomen bezeichnet, dass die Anwesenheit mehrerer »Zeugen« die Wahrscheinlichkeit für Hilfeverhalten drastisch reduzieren kann – durch kollektive Fehlinterpretationen der Situation, Verantwortungsdiffusion und Bewertungsangst (vgl. Aronson et al. 2008, Kap. 11).

Ein weiterer wichtiger Bereich sozialpsychologischer Forschung sind **Intragruppenprozesse**. Ein Beispiel ist die Forschung zur sogenannten Gruppenpolarisation, die gezeigt hat, dass Gruppen häufig Entscheidungen treffen, die in ihrer Richtung der ursprünglichen Neigung der Mitglieder entsprechen, jedoch extremer ausfallen, z. B. je nach Ausgangslage riskanter oder vorsichtiger werden (vgl. Aronson et al. 2008, Kap. 9; Jones, 1998). Weitere zentrale Themenbereiche sind Theorien, die sich mit der Bedeutung sozialer *Gruppen* für die Selbstdefinition und mit intergruppalen Prozessen wie Konflikten zwischen sozialen Gruppen, Stereotypen, Vorurteilen usw. beschäftigen. Wichtige Grundannahmen sind hierbei, dass die Zugehörigkeit zu sozialen Gruppen und Kategorien das Selbstverständnis von Individuen stark beeinflusst und dass Menschen nicht nur auf individueller Ebene nach einem positiven Selbstbild streben, sondern auch nach einer positiven Sicht der sozialen Gruppen, denen sie angehören. Schneidet die eigene Gruppe im Vergleich zu anderen schlecht ab, bedienen sich Personen einer Reihe von Strategien, um eine positive soziale *Identität* wiederherzustellen. Nach der Theorie der Sozi-

alen Identität von Tajfel und Turner gehören dazu das Verlassen der Gruppe (falls möglich) oder Disidentifikation, soziale Kreativität, d. h. eine Herabwürdigung von Vergleichsdimensionen, auf denen die eigenen Gruppe schlechter abschneidet und eine Aufwertung von Dimensionen, auf denen die eigene Gruppe überlegen ist, sowie aktiver Einsatz für eine Veränderung der sozialen Verhältnisse (vgl. Simon/Trötschel, 2007).

Abschließend wollen wir kurz zwei neuere Forschungsbereiche der Sozialpsychologie ansprechen, die derzeit viel Beachtung erfahren. Dies sind die Erforschung kultureller Einflüsse auf psychologische Prozesse sowie die Verbindung von Sozialpsychologie mit den Neurowissenschaften. In der stark europäisch-nordamerikanisch geprägten Sozialpsychologie (vgl. Jones 1998) setzt sich mittlerweile immer mehr die Erkenntnis durch, dass kulturelle Gegebenheiten menschliches Denken, Fühlen und Handeln entscheidend beeinflussen. So zeigt sich bspw., dass der fundamentale Attributionsfehler, wonach im Individuum liegende Ursachen für menschliches Handeln über- und Ursachen im sozialen Kontext unterschätzt werden (s. o.), vor allem in westlich-individualistischen *Kultur*en auftritt, nicht jedoch in kollektivistischen Kulturen (vgl. Kitayama 2012). Ein wichtiger vermittelnder Faktor ist dabei das Selbstverständnis von Menschen in den jeweiligen Kontexten als eher independent, d. h., das *Selbst* wird primär als von anderen abgrenzbare Entität verstanden und durch innere Merkmale wie Fähigkeiten und Einstellungen definiert, bzw. als eher interdependent, d. h. das Selbst wird als sozial eingebettet verstanden und primär durch Beziehungen zu anderen, Gruppenmitgliedschaften und soziale Rollen, definiert (vgl. Simon/Trötschel 2008). Die sozialen Neurowissenschaften profitieren von neuen Methoden der Gehirnforschung, insbesondere den bildgebenden Verfahren. Bei diesen können Prozesse z. B. der sozialen Informationsverarbeitung im Gehirn abgebildet und lokalisiert werden, und man kann z. B. untersuchen, ob die gerade angesprochene Kulturspezifität mancher Prozesse der sozialen Informationsverarbeitung auch neurobiologisch nachweisbar ist (vgl. Kitayama 2012). Interessant ist auch die neurobiologische Untersuchung stärker automatisierter vs. stärker kontrollierter Informationsverarbeitung. Proponenten dieser Richtung betonen die Synergieeffekte, die sowohl die Neurowissenschaften (die sich wenig mit sozialen Kontexten beschäftigen) als auch die Sozialpsychologie (die »körpernäher« werden könnte) erwarten können (vgl. Todorov/Fiske 2011). Kritiker verweisen dagegen auf die Gefahr des *Reduktionismus*, die in einem solchen Ansatz liegen könnte.

Literatur

Abele, Andrea E.; Gendolla, Guido, 1997: Soziale Informationsverarbeitung; in: Straub, Jürgen et al. (Hg.): Psychologie. Eine Einführung, München, 579–603. – Allport, Gordon W., 1968: Is the concept of self necessary?; in: Gordon, Chad; Gergen, Kenneth J. (Hg.): The self in social interaction: Vol. 1. Classic and contemporary persepectives, New York, 25–32. – Aronson, Elliot et al., 2008: Sozialpsychologie, 6. Aufl., München. – Jones, Edward E., 1998: Major developement in five decades of social psychology; in: Gilbert, Daniel T. et al. (Eds.): The Handbook of Social Psychology, Vol. 1 and 2, 4th ed., New York, 3–57. – Keltner, Dacher et al., 2003: Power, approach and inhibition; in: Psychological Review 110, 265–284. – Kitayama, Shinobu, 2012: The cultural approach in social psychology: How far have we come and where shall weg go?; in: Dialogue 26, 14–17. – Simon, Bernd; Trötschel, Roman, 2007: Das Selbst und die soziale Identität; in: Jonas, Klaus et al. (Hg.). Sozialpsychologie, Heidelberg, 147–185. – Smith, Eliot R.; DeCoster, Jamie, 2000: Dual-process models in social and cognitive psychology: Conceptual integration and links to underlying memory systems; in: Personality and Social Psychology Review 4, 108–131. – Todorov, Alexandre; Fiske, Susan (Ed.), 2011: Social neuroscience: Toward understanding the underpinnings of the social mind, New York. – Turner, Rhiannon N. et al., 2007: Imagining Intergroup Contact Can Improve Intergroup Attitudes; in: Group Processes & Intergroup Relations 10, 427–441.

Andrea E. Abele/Susanne Bruckmüller

Sozialstruktur

Definition und Verbreitung

Sozialstruktur (engl. social structure) ist im angelsächsischen wie im deutschsprachigen Bereich ein äußerst vielfältig verwendeter Grundbegriff (Blau 1976, 1). Der Wortherkunft nach geht *Struktur* auf die lateinische Sprache zurück (struere = aufbauen, ordnen); das Substantiv »Struktur« wird mit Aufbau, innere Gliederung, (Sinn-)Gefüge umschrieben. Von einer Struktur wird im Allgemeinen gesprochen, wenn eine Mehrzahl von Einheiten in einer nicht zufälligen Weise angeordnet bzw. miteinander verbun-

den ist. Es bestehen also Regelmäßigkeiten oder Muster; man kann erwarten, dass das, was an einer Stelle auftritt, an einer anderen Stelle wiederkehrt. In diesem Sinn verwenden viele natur-, sozial- und geisteswissenschaftlichen Disziplinen den Strukturbegriff (Beispiele sind Molekülstruktur, Wirtschaftsstruktur, Satzstruktur, psychische Struktur u. a.).

Der Strukturbegriff in der Soziologie ist im Unterschied zu diesen Konzepten auf soziales Handeln, bzw. soziale Gebilde bezogen. Der Sachverhalt wird bereits von den Gründern der Soziologie angesprochen. Der explizite Begriff wird seit der Mitte des 19. Jh.s zuerst im angelsächsischen Sprachraum entwickelt und erreicht in der Nachkriegszeit nach dem 2. Weltkrieg einen Höhepunkt der Beachtung. Eine im deutschen Sprachraum frühe Definition hat Fürstenberg 1956 vorgeschlagen: der »erkennbare, sich nur allmählich verändernde Wirkungszusammenhang sozialer Kräfte in der Gesellschaft ist ihre soziale Struktur« (Fürstenberg 1978, 10). Ähnliche Definitionen lauten: »Die Sozialstruktur bezeichnet den durch das Netzwerk der Beziehungen zwischen den sozialen Elementen vermittelten bzw. bewirkten Zusammenhang des gesellschaftlichen Ganzen« (Mayntz 1966, Sp. 2415). »Der Begriff Sozialstruktur (zielt) auf den Zusammenhang sozialer Tatbestände und die zwischen ihnen bestehenden sozialen Beziehungen und Abhängigkeiten« (Schäfers 1985, 328). »Unter sozialen Strukturen versteht man die (relativ) stabilen Regelmäßigkeiten des sozialen Lebens, z. B. Rollenverhalten, Organisationsmuster und soziale *Schichtung*« (Zapf bei Schäfers 1986, 365).

Geht man davon aus, dass der Stellenwert eines Begriffs in einer sozialwissenschaftlichen Disziplin darin zum Ausdruck kommt, ob und wie umfangreich er in wissenschaftlichen Texten Berücksichtigung findet, dann muss man schließen, dass sich der Begriff »Sozialstruktur« im deutschsprachigen Bereich erst in jüngerer Zeit etabliert hat. Erstaunlicherweise publizierte Ferdinand Tönnies bereits 1905 einen Aufsatz mit dem Titel »The Present Problems of Social Structure«, aber dieser erschien in den USA im American Journal of Sociology. In der deutschsprachigen Literatur tauchen »Bemerkungen zur Erfassung des sozialen Struktur« in den dreißiger Jahren in der Überschrift eines Aufsatzes (Speier 1933) auf, aber in den frühen Wörterbüchern sucht man den Begriff »Sozialstruktur« meist vergebens. Im »Handwörterbuch der Sozialwissenschaften« von 1956 ist der Begriff zwar als Überschrift vorhanden, jedoch werden darunter ausschließlich die Problemkreise »Soziale Schichtung« (Reigrotzki bei Beckerath, 1956) und »Sozialer Aufstieg und Abstieg« (Eisendraht bei Beckerath, 1956) behandelt. Diese Gleichsetzung von sozialer Schichtung und Sozialstruktur ist häufiger anzutreffen und beruht auf einem Ansatz, der die soziale Schichtung als wichtigsten Aspekt der Sozialstruktur ansieht. Im »Wörterbuch der marxistisch-leninistischen Soziologie« (Eichhorn et al. 1969) wird das Konzept »Sozialstruktur« ausführlich dargestellt und darauf verwiesen, dass sich an diesem Konzept die Wissenschaftlichkeit der soziologischen Vorgehensweise erweise. Von Fürstenberg (1966) wurde der Begriff »Sozialstruktur als Schlüsselbegriff der Gesellschaftsanalyse« herausgestellt. Mayntz (1966) hat auf zwei diametrale Ansätze aufmerksam gemacht: eine mikroskopische Perspektive, die soziale Rollen und Positionen als Einheiten der Sozialstrukturanalyse verwendet, und eine makroskopische Perspektive, die von Institutionen und größeren sozialen Gruppen als Einheiten ausgeht. In einführenden Texten zu »Schlüsselbegriffen« bzw. »Grundbegriffen der Soziologie« (Bahrdt 1985, 107; Schäfers 1986, 283) hat das Konzept einen mehrdeutigen, aber etablierten hohen Stellenwert.

Die Aufnahme des Konzepts in die deutschsprachige Soziologie folgt der Verbreitung im angelsächsischen Sprachraum mit Verspätung. Ein Blick in die »International Encyclopedia of the Social Sciences« (Sills 1966) zeigt, dass der Begriff dort zu den prominenten Begriffen gehört, denen zwei Beiträge gewidmet wurden: »The History of the Concept« (Leach bei Sills 1968) und »Social Structure Analysis« (Udy bei Sills 1968). Auf dem Kongress der American Sociological Association im Jahr 1974 stand das Konzept im Mittelpunkt der Debatten. Daraus ging das einen Überblick gebende Buch »Approaches to the Study of Social Structure« (Blau 1976) hervor, dem später »Continuities in Structural Inquiry« (Blau/Merton 1981) im Anschluss an die Behandlung des Themas auf dem Weltkongress der Soziologie 1978 folgte.

Sozialstruktur steht mit zwei weiteren sozialwissenschaftlichen Grundbegriffen in sehr enger Beziehung, nämlich ›soziales *System*‹ und ›sozialer *Wandel*‹. Aus einer *systemtheoretischen* Perspektive wird behauptet, dass der Begriff Struktur nur sinnvoll im Hinblick auf *System*e definiert werden kann. Struktur bezeichnet die relativ beständigen Aspekte des Systems. »Die Struktur eines Systems ist die Gesamtheit der zwischen seinen Elementen bestehenden und das System als Ganzes konstituierenden Relationen … Die Struktur bestimmt die Variationsbreite von Funktionen und die möglichen Verhaltensweisen des Systems« (Ludz 1972, 436). Das tatsächliche Verhalten des Systems ist ein Ergebnis von Einflüssen der inneren Struktur und von externen Umwelteinflüssen.

Im Zusammenhang mit dem Konzept des sozialen Wandels wird das Argument vorgebracht, dass die Analyse des sozialen *Wandels* die Analyse der Sozialstruktur voraussetzt (Zapf 1970, 11). Nur auf der Folie einer als stabil gedachten Struktur kann Wandel überhaupt identifiziert werden. Entsprechend wird »sozialer Wandel« oft als Veränderung sozialer Strukturen, als »Strukturwandel« definiert (Zapf 1970, 13). Ein weiteres sich ergänzendes Begriffspaar ist ›*Struktur*‹ und ›*Funktion*‹ (s. a. die Beiträge dazu in diesem Band).

Sozialstrukturelle Analysen

Die sozialstrukturelle Analyse ist eine spezifisch soziologische Methode, die in unterschiedlichen Ausprägungen angewendet wird. Ihre explizite Einführung wird Spencer zugeschrieben, der die Gesellschaft mit einem Organismus verglich, dessen Strukturen und Funktionen für die Erhaltung des Ganzen zusammenwirken. Dieser an sozialer Stabilisierung orientierten Sichtweise stehen Gesichtspunkte entgegen, die Marx in die Debatte brachte: Die strukturelle Verankerung sozialer (Klassen-) *Konflikt*e und der von ihnen endogen bewirkte Strukturwandel. Im Anschluss an Durkheim wird die Eigenständigkeit der »Sozialstruktur«, die regulierende Kraft, die »soziale Tatsachen« für das individuelle Verhalten haben, betont. Auf Max Weber gehen die Konzepte von *Status* und *Rolle* zurück, die von Nadel (1957) als Grundlage der Sozialstrukturanalyse herangezogen werden. In den fünfziger Jahren hat sich »Sozialstruktur« als Modebegriff etabliert, vor allem unter Sozialanthropologen; man verstand darunter so gut wie jede geordnete Zusammenstellung sozialer Phänomene. Herausgehobene »Schulen« hatten ihr jeweils eigenes Sozialstrukturverständnis, z. B. Murdock (1949) in den USA, Radcliffe-Brown (1952) in Großbritannien und Levi-Strauss (1958) und später Bourdieu (1987) in Frankreich.

Eine ältere Bestandsaufnahme sozialstruktureller Ansätze beginnt mit folgender Feststellung: »Es wurden viele verschiedene Ansätze entwickelt, um unser Verständnis von sozialen Strukturen und ihrer Veränderung zu verbessern. Sie richten ihre Aufmerksamkeit auf eine große Vielfalt von Untersuchungsthemen und beziehen sich dabei auf die Klassenstruktur und ihre Bedeutung für historische Entwicklungen; den evolutionären Prozess zunehmender Differenzierung in sozialen Strukturen; die dialektischen Prozesse strukturellen Wandels; die Arbeitsteilung mit ihren Konsequenzen für wechselseitige Abhängigkeit und Konflikte; die strukturell-funktionale Analyse von institutionellen Subsystemen; die Status- und Rollenarrangements, die die Dynamik von Sozialstrukturen klären helfen; die strukturellen Wurzeln von Abweichung und Rebellion; die Wechselbeziehungen zwischen Umwelt, Bevölkerung und Sozialstruktur; die Mikrostrukturen, die sich in Face-to-face-Interaktionen ausbilden; die Konstruktion der sozialen Realität; die strukturelle Analyse von Verwandtschaft und Mythen« (Blau 1976, 2). Wenn dies alles aus einer sozialstrukturellen Perspektive thematisiert werden kann, dann stellt sich die Frage nach dem harten Kern: Dieser wird darin gesehen, dass der strukturelle Ansatz nicht zum Ziel hat, das Verhalten von Individuen zu erklären, sondern die stabilen Beziehungen zwischen Gruppen und Individuen, die im Verhalten ihren Ausdruck finden.

Ansonsten werden Ähnlichkeiten und Verschiedenheiten sozialstruktureller Analysen in drei Dimensionen aufgezeigt (Blau, 1976): Welche Reichweite haben die Konzepte, was wird als Antithese zur Sozialstruktur betrachtet und welche grundlegende Vorstellung prägt die Konzeptualisierung der Sozialstruktur?

Was die **Reichweite** der Konzepte von Sozialstruktur betrifft, so werden die Extreme von makrosoziologischen, langfristigen Analysekonzepten (Lenski in Blau 1976) auf der einen Seite und von Untersuchungen der Elementarformen sozialen Verhaltens einschließlich der sich aus ihnen ergebenden Gruppenstrukturen auf der anderen Seite gebildet (Homans in Blau 1976). Eine vermittelnde Position nimmt Merton (in Blau) ein; er stellt gerade als Spezifikum der sozialstrukturellen Analyse heraus, dass sie die Mikro- und Makroebene zueinander in Beziehung setzt. Er fordert, Mikro- und Makrophänomene sukzessiv miteinander zu verbinden.

Die Frage, was sich Sozialwissenschaftler als **Antithese** von Sozialstruktur vorstellen, führt ebenfalls zu mehreren Antworten. Eine verbreitete Vorstellung ist, dass Chaos, Formlosigkeit bzw. idiosynkratisches Verhalten das Gegenteil eines strukturierten sozialen Lebens darstellen. Sozialstruktur impliziert demgegenüber Dauerhaftigkeit, Regelmäßigkeit und Beständigkeit. Öfter wird sozialer Wandel als Antithese zur Sozialstruktur gesehen. Sozialstruktur bezieht sich dann auf die stabilen Muster, sozialer Wandel auf die dynamischen Aspekte einer Gesellschaft. Jedoch wird nie eine absolute Unveränderlichkeit der Sozialstruktur behauptet, sondern stets nur eine relative Stabilität. Es wird auch eine sozialstrukturelle von einer historischen Weise, Gesellschaft zu betrachten, unterschieden. Die sozialstrukturelle Methode sucht nach der festen und überdauernden Struktur der Gesellschaft, die historische Methode betrachtet den Prozess der immer wieder auftretenden Zusammenbrüche und Erneuerungen.

Was die **konzeptuelle Grundvorstellung** betrifft, so können wiederum drei zentrale Muster unterschieden werden: Konfigurationen, Tiefenstruktur und Differenzierung. *Konfiguration* bezieht sich auf die Anordnung der Elemente zueinander und zu einem Ganzen. Die Konfiguration sozialer Beziehungen zwischen Individuen ist die Grundvorstellung der Sozialstruktur bei Autoren wie Homans und Merton. Auch die »*Figuration*ssoziologie« von Elias (1977) schließt an dieses Konzept an. Die Vorstellung, dass eine fundamentale Tiefenstruktur das soziale Leben und den historischen Prozess reguliert, ist bei Marx implizit, bei Levi-Strauss explizit vorhanden und ebenso bei Parsons, der einen kulturellen Determinismus vertritt, gegeben. Die dritte konzeptuelle Grundvorstellung geht von einem multidimensionalen Raum differenzierter Positionen der Mitglieder einer Gesellschaft oder eines Kollektivs aus. Untersucht werden sowohl das Ausmaß und die Bedeutung von Differenzen in den sozialen Positionen als auch die Bedeutung der *Differenzierung* selbst.

Die Sozialstruktur spezifischer Gesellschaften (Gesellschaftsstruktur)

Die Buchproduktion mit dem Titel »Sozialstruktur« und »Sozialstrukturanalyse« mit dem Schwerpunkt Deutschland, in manchen Fällen im internationalen Vergleich, ist kaum zu überbieten (Hradil 2004; Klein 2005; Geissler 2008, Holtmann 2008,

Huinink/Schröder 2008; Rössel 2009). Hier kommt die im deutschsprachigen Bereich dominierende Verwendung des Begriffs Sozialstruktur zum Ausdruck. Dabei geht es um die soziologische Beschreibung, Erklärung und Interpretation der Gesellschaft in Deutschland, im Einzelnen um die sozialhistorische Entwicklung, die sozialdemographischen Grundlagen, die sozioökonomische Ungleichheit, das Zusammenwirken gesellschaftlicher Strukturkomponenten und die zusammenfassende Charakterisierung von Gesellschaftsformen.

Sozialstatistische Aspekte der Sozialstruktur

Eine größere Anzahl von gesellschaftsbezogenen *Statistik*en enthält den Begriff Struktur: Die Altersstruktur bezieht sich auf die Aufteilung der Bevölkerung nach Altersjahrgängen (und Geschlecht). Als Haushaltsstruktur wird die Gliederung der Haushalte und Familien nach der Haushaltsgröße und nach Haushalts- und Familienformen bezeichnet. Bildungsstruktur wird die Verteilung allgemeinbildender Schulabschlüsse und beruflicher Ausbildungsabschlüsse genannt. Die Inhalte der Sozialberichterstattung werden oft zusammenfassend als Sozialstatistik bezeichnet.

In den letzten Jahren erfolgte die Erweiterung dieser Dimensionen um die subjektiv wahrgenommene *Lebensqualität* (Glatzer 2010). Sie wird kontinuierlich im internationalen Maßstab in zumeist repräsentativen Bevölkerungsumfragen untersucht. In diesem Zusammenhang verwendete Konstrukte, wie bspw. die Lebenszufriedenheit, sind von Strukturen gekennzeichnet, die sich nur langsam wandeln. Die objektive sozialstatistische Realität der Sozialforscher erhält durch die subjektiv wahrgenommene Realität der Bevölkerung eine Vergleichsmöglichkeit, die Einblick in die gesellschaftliche Dynamik gibt.

Soziale Ungleichheit

Soziale Ungleichheit im Sinne der vertikalen Verteilung wertvoller und schädlicher Güter ist vor allem in Deutschland in engem Zusammenhang mit der Sozialstruktur betrachtet worden. Eine eigene Sektion »Soziale Ungleichheit und Sozialstrukturanalyse« ist in der Deutschen Gesellschaft für Soziologie dieser Problemstellung gewidmet. Im Allgemeinen richtet sich das Interesse nicht nur auf den status quo der Struktur, sondern zugleich auf den Strukturwandel, der in allen Gesellschaften mehr und weniger schnell abläuft.

Der Strukturwandel sozialer Ungleichheit steht im Zentrum der »Sozialstruktur Deutschlands« (Geißler 2008). Vor allem das mit der Vereinigung entstandene Ungleichheitsgefüge zwischen Ost- und Westdeutschland wird beachtet. Auch beim internationalen Vergleich der Sozialstruktur Deutschlands (Hradil 2004; Holtmann 2008) wird dem Problem der Ungleichheit in allen Dimensionen, die im hier vorhandenen Kontext bedeutsam erscheinen, Beachtung gezollt.

Entgegen der Erwartung abnehmender sozioökonomischer Ungleichheit werden im internationalen Rahmen neue Tendenzen der Ungleichheit sichtbar. Neuere Sozialstrukturanalysen (Hradil 1987) schlagen vor, die Begriffe »*Klasse*n« und »*Schicht*en« abzulösen durch die Konzepte »*Lage*n« und »*Milieu*s«. Statt von Klassengegensätzen wird von einer Pluralisierung der *Lebensstil*e gesprochen. In der neueren Soziologie haben Diskussionen um Individualisierung, Entstrukturierung und Entschichtung großen Stellenwert. Hierbei wird die Frage diskutiert, ob Klassen und Schichten noch adäquate Begriffe seien oder ob nicht soziale Lagen, Lebensstile und soziale Milieus die aufkommende Sozialstruktur besser beschreiben würden. Manche Forschungsansätze, die dem Entstrukturierungsansatz zuzuordnen sind, deuten auf Entstrukturierungsprozesse in der Realität hin. Auf der anderen Seite hält der Strukturierungsansatz an der Fortexistenz von Klassen und Schichten fest. In expliziten Untersuchungen der sozialen Ungleichheit wird meist ebenfalls auf das Konzept der Sozialstruktur Bezug genommen (Burzan 2011, 11). Ältere Ansätze zur sozialen Ungleichheit – Klassen und Schichten – werden dort neueren Ansätzen – modifizierten Klassen- und Schichtmodellen, Lebensstilen und Milieus sowie Lebenslagen – gegenübergestellt. Jede Gesellschaft beinhaltet unterschiedliche Ungleichheitsdimensionen, die durch starke oder weniger starke Ungleichheit gekennzeichnet sind. Eine starke Ungleichheit weist das Vermögen auf, danach kommen dem Ungleichheitsgrad entsprechend die Haushaltseinkommen, schließlich folgen – bei etwas weniger Ungleichheit – die Konsumausgaben und dahinter die Haushaltsausstattung. Soziale Ungleichheit und soziale Verschiedenheit sind strukturelle Tatbestände von Gesellschaft. Sie sind ubiquitär und relativ dauerhaft.

Im Ausmaß der Ungleichheit sind die Gesellschaften jedoch verschieden, die Toleranz für Ungleichheit und die Präferenz für Gleichheit weisen erhebliche Unterschiede auf.

Sozio-ökonomische Ungleichheit wird vor allem am Beispiel der *Einkommens*struktur aufgezeigt. Es handelt sich um die Aufgliederung der Bevölkerung auf Einkommensklassen, die nach den gewichteten Haushaltseinkommen erfolgen. In Bezug auf die Einkommensverteilung ist eine wachsende Differenz festzustellen, welche mit einer gewissen Schrumpfung der Mittelschicht bzw. einem Anstieg der Einkommensreichen und -armen einhergeht. *Armut*squoten zeigen den Anteil der Bevölkerung unterhalb verschiedener Armutsgrenzen. Die Armutsgrenze kann entweder relativ, d. h. im Vergleich zu anderen oder absolut d. h. unter einem festgesetzten Maße liegend, bestimmt werden. Oft wird die soziale *Schicht*ung als Sozialstruktur aufgefasst. Soziale Schichten können dabei durch multiple Kriterien, z. B. Einkommen, Bildung und beruflichen Status definiert werden. Die Sozialstatistik liefert lediglich »*soziale Indikatoren*« der Sozialstruktur, sie ist kein Ersatz für eine theoretische Analyse.

Gesellschaftliche Problembereiche und Verhaltensfelder als Komponenten der Sozialstruktur

Stärker theoretische Betrachtungen der Sozialstruktur richten ihr Interesse auf das soziale *Verhalten* und die sozialen *Prozesse* in gesellschaftlichen Teilbereichen. Die Untersuchung von gesellschaftlichen Teilbereichen hat ihren eigenen Stellenwert und ist zugleich unumgänglich als Vorstufe für die Typisierung ganzer Gesellschaften.

Die Unterteilung der Gesellschaft in Problembereiche und Verhaltensfelder erfolgt dabei nach verschiedenen Kriterien: Aus einer *systemtheoretisch*en Perspektive werden Subsysteme unterschieden, z. B. das ökonomische System, das politische System, das soziokulturelle System und eventuell weitere, wie das System der sozialen Sicherheit. Aus einer *verhaltenstheoretisch*en Perspektive stehen Verhaltensfelder oder Lebensbereiche im Mittelpunkt, z. B. Familie, Arbeitswelt, Freizeitbereich, Bildungseinrichtungen u. a. Eine soziodemographische Perspektive stellt die Betrachtung verschiedener Bevölkerungsgruppen in den Mittelpunkt, meist in der Abfolge des *Lebenslaufs*: Die alten Menschen, erwachsene Männer und

Frauen, die Jugend, die Kinder. Eine vierte Perspektive nimmt Bezug auf *soziale Probleme*, z. B. Arbeitslosigkeit, Armut, Partizipation und Legitimation.

Typisierung von Gesellschaften nach ihrer Sozialstruktur

Die Sozialstrukturanalyse einer Gesellschaft strebt an, über die Zusammenstellung von gesellschaftlichen Einzelbefunden hinauszugehen und umfassende Typisierungen und Zusammenhangsanalysen vorzunehmen. Sie entwickelt dabei oft einen einzigen Begriff, mit dem die wesentliche Struktur einer ganzen Gesellschaft charakterisiert wird. Dies geht nicht ohne Zuspitzungen und Vereinfachungen. Unterscheidungen wie die von ›einfachen‹ und ›komplexen‹ Gesellschaften sind bipolare Konzepte und stehen am Beginn der Soziologie. In der marxistischen Tradition hat die Dreistufenabfolge vom Feudalismus über den Kapitalismus zum Sozialismus einen hohen Stellenwert. Weitgehend in das Alltagswissen übergegangen ist die Abfolge von vorindustrieller, industrieller und nachindustrieller Gesellschaft.

Die Schwierigkeit, unter Sozialwissenschaftlern zu verbindlichen Befunden bei der Analyse ganzer Gesellschaften zu kommen, zeigte sich exemplarisch beim Deutschen Soziologentag 1968, der die Diagnosen »Spät*kapitalismus*« und »*Industriegesellschaft*« einander gegenüberstellte (Adorno 1969). Ähnlich gelagert ist das Spannungsverhältnis zwischen den Konzepten »nivellierte Mittelstandsgesellschaft« versus »Klassengesellschaft«, die lange Zeit im Mittelpunkt von Diskussionen standen.

Aus der »Industriegesellschaft« ging manchen Diagnosen zufolge die »Wissens- oder Informationsgesellschaft« mit neuen symbolischen Strukturmerkmalen hervor. Auch die Diagnose der »Risikogesellschaft« weist auf neu entstandene bedrohliche Strukturmerkmale hin (Beck 1986), die auf dem Soziologentag 1990 in Kontrast zur modernen Gesellschaft und ihrer »weiterführenden *Modernisierung*« gestellt wurden (Zapf 1992).

Auf dem Hintergrund der verschiedenen Typisierungen der Gesellschaft in Deutschland wurde schließlich die Frage gestellt: »In welcher Gesellschaft leben wir eigentlich?« (Pongs 1999, 2000). Die Auswahl unter den vorhandenen *Idealtypen* ist breit, u. a. befinden sich darunter die Erlebnisgesellschaft (Schulze), die Mediengesellschaft (Postman), die multikulturelle Gesellschaft (Leggewie) und auch die

Weltgesellschaft (Albrow). Schließlich gibt es das Problem der Zeitdiagnose, ob wir also noch in der Moderne oder schon in der Postmoderne leben. Das Interesse richtet sich nicht zuletzt auf Entwicklungstendenzen der Sozialstruktur sowie zukünftige Herausforderungen und Optionen. Im Rahmen der gesellschaftlichen Dauerbeobachtung (Glatzer et al. 2002) wird die Sozialstrukturanalyse auf eine neue, kontinuierliche Basis gestellt. Der in der Gegenwart dominierende Strukturwandel wird vor allem als »*Globalisierung*« beschrieben, wobei die Entwicklung weltweiter *Netzwerk*strukturen kennzeichnend ist.

Die sozialstrukturelle Diagnose einer Gesellschaft kann ihren Blick auf ganz verschiedene Sachverhalte einer Gesellschaft konzentrieren. Selektive Wahrnehmung und gesellschaftliche Komplexität sind Ursachen der Vielfalt von Diagnosen. Auf dem Hintergrund der vielen verschiedenen sozialstrukturellen Ansätze, die entwickelt worden sind, muss jeweils eine Auswahl vorgenommen werden. Erforderlich ist es jeweils, den eigenen Ansatz im Vergleich zu rekonstruieren und präzise zu konzipieren. Auf jeden Fall wird Sozialstruktur ein unvergänglicher Grundbegriff der Soziologie bleiben.

Literatur

Adorno, Theodor W. et al., 1969: Spätkapitalismus oder Industriegesellschaft, Stuttgart 1969. – Beck, Ulrich, 1986: Risikogesellschaft, Frankfurt a.M. – Blau, Peter M. (Hg.), 1976: Approaches to the Study of Social Structure, London 1976. – Ders.; Merton, Robert K., 1981: Continuities in Structural Inquiries, London/Beverly Hills. – Bourdieu, Pierre, 1987: Die feinen Unterschiede, 4. Aufl., Frankfurt a.M. – Burzan, Nicole, 2011: Soziale Ungleichheit, 4. Aufl., Wiesbaden. – Elias, Norbert, 1977: Über den Prozeß der Zivilisation, 3. Aufl., Frankfurt a.M. – Fürstenberg, Friedrich, 1956: Das Strukturproblem in der Soziologie; in: KZfSS 8, 623–633. – Ders., 1966: »Sozialstruktur« als Schlüsselbegriff der Gesellschaftsanalyse; in: KZfSS 18., 438–453. – Geißler, Rainer, 2008: Die Sozialstruktur Deutschlands, 5. Aufl., Wiesbaden. – Glatzer, Wolfgang et al., 2002: Sozialer Wandel und gesellschaftliche Dauerbobachtung, Opladen. – Glatzer, Wolfgang, 2010: Dauerbeobachtung der Gesellschaft. In: RatSWD Working Paper Series 133. – Holtmann, Dieter, 2008: Die Sozialstruktur der Bundesrepublik Deutschland im internationalen Vergleich, 3. Aufl., Potsdam. – Hradil, Stefan, 1987: Sozialstrukturanalyse in einer fortgeschrittenen Gesellschaft, Opladen. – Huinink, Johannes; Schröder, Thomas, 2008: Sozialstruktur Deutschlands, Konstanz. – Hradil, Stefan, 2004: Die Sozialstruktur Deutschlands im internationalen Vergleich, Wiesbaden. – Klein, Thomas, 2005: Sozialstrukturanalyse, Reinbek. – Ludz, Peter Christian, 1972: Soziologie und Sozialgeschichte, Sonderheft der KZfSS, Opladen, 419–427. – Mayntz, Renate, 1966: Sozialstruktur, in: Kunst, Hermann; Grundmann, Siegfried (Hg.): Evangelisches Staatslexikon, Stuttgart, Sp. 2413–2418. – Nadel, Siegfried F., 1957: The Theory of Social Structure, London/Glencoe, Ill. – Pongs, Armin, 1999: In welcher Gesellschaft leben wir eigentlich? Bd. I., München. – Rössel, Jörg, 2009: Sozialstrukturanalyse. Eine kompakte Einführung, Wiesbaden. – Schäfers, Bernhard, 1998: Sozialstruktur und sozialer Wandel in Deutschland, 7. Aufl., Stuttgart. – Schulze, Gerhard, 1996: Die Erlebnisgesellschaft, 6. Aufl., Frankfurt a.M./New York. – Speier, Hans, 1933: Bemerkungen zur Erfassung der sozialen Struktur; in: Archiv für Sozialwissenschaft und Sozialpolitik 69, 705–725. – Zapf, Wolfgang (Hg.), 1970: Theorien des sozialen Wandels, Köln/Berlin. – Ders., 2000: Entwicklung und Sozialstruktur moderner Gesellschaften; in: Korte, Hermann; Schäfers Bernhard (Hg.): Einführung in Hauptbegriffe der Soziologie, Opladen, 237–251.

Wolfgang Glatzer

Sozialwissenschaften

Den Sozialwissenschaften (engl. social sciences) rechnet man akademische Disziplinen zu, die sich mit Aspekten des gesellschaftlichen Zusammenlebens der Menschen befassen. Im weiteren Sinne schließt dies Disziplinen wie die Rechtswissenschaft, die Geschichtswissenschaft oder auch die Sprachwissenschaften ein. Im engeren, und üblicheren, Sinne versteht man darunter insbesondere die Soziologie, die Wirtschaftswissenschaft und die Politische Wissenschaft, ergänzt um Disziplinen wie die Sozialpsychologie oder die Sozialanthropologie.

Obschon die gemeinsame Beschäftigung mit menschlichem Sozialverhalten und daraus resultierenden Erscheinungen die Sozialwissenschaften eint, trennen Unterschiede in den Erkenntnisinteressen, in Terminologien und theoretischen Konzeptionen nicht nur die verschiedenen Disziplinen voneinander, sondern prägen zum Teil auch die Auseinandersetzung innerhalb der Einzeldisziplinen selbst. Die Fragmentierung der Sozialwissenschaften steht in auffallendem Kontrast zur Situation in den Naturwissenschaften, in denen eine pragmatische Aufgliederung in spezielle Problembereiche gepaart ist mit der Leitidee wechselseitiger theoretischer Kompatibilität. Die Frage ihrer Vergleichbarkeit mit oder ihrer grundsätzlichen Unterschiedlichkeit gegenüber den

Naturwissenschaften gehört denn auch zu den Dauerthemen der Auseinandersetzung um das Selbstverständnis der Sozialwissenschaften, ebenso wie die Frage des Verhältnisses der sozialwissenschaftlichen Einzeldisziplinen zueinander.

Die Divergenzen und Konflikte innerhalb der Sozialwissenschaften sind weitgehend ein Erbe der unterschiedlichen philosophischen Strömungen, aus denen sie hervorgegangen sind. Zu nennen sind hier insbesondere die Einflüsse der angelsächsischen Moralphilosophie (Adam Smith, David Hume), der französischen Geschichtsphilosophie (über Henri de Saint-Simon und Auguste Comte) und des deutschen Idealismus (G. W. F. Hegel). In den Methodenkontroversen, die die Geschichte der Sozialwissenschaften begleitet haben, finden sich die charakteristischen Elemente dieser Denktraditionen in der einen oder anderen Form wieder. Wiederkehrende Themen in diesen Kontroversen sind die Frage der Möglichkeit nomologischer Erklärung in den Sozialwissenschaften, die Frage nach der Rolle von *Werturteilen* in sozialwissenschaftlichen Theorien oder die Frage der Erklärbarkeit sozialer Sachverhalte aus Annahmen über das Verhalten von Individuen (*methodologischer Individualismus*).

Während Zweckmäßigkeitserwägungen durchaus eine pragmatische Arbeitsteilung zwischen den einzelnen sozialwissenschaftlichen Disziplinen nahelegen, erscheint angesichts des gemeinsamen Untersuchungsgegenstandes deren traditionelle theoretische Abschottung voneinander wenig einleuchtend. Naheliegender ist die Annahme, dass die Sozialwissenschaften, soweit sie sich als erklärende Wissenschaften verstehen, eine gemeinsame theoretische Grundlage teilen. Die Idee der theoretischen Integration der Sozialwissenschaften ist denn auch wiederholt, freilich unter unterschiedlichen Vorzeichen, verfochten worden. Dabei stehen sich im Wesentlichen zwei grundsätzliche Varianten gegenüber: Eine makro-theoretische Integration, die von der Annahme eigenständiger sozialer Erklärungsprinzipien ausgeht, wie sie etwa von systemtheoretischen Ansätzen unterstellt werden, und eine mikro-theoretische Integration, die die gemeinsame Grundlage sozialwissenschaftlicher Erklärungen in einer Theorie menschlichen Verhaltens sieht.

Ein prominentes Beispiel für die **makro-theoretische Variante** ist etwa der ambitionierte Versuch von Talcott Parsons, mit seiner funktionalistischen *Systemtheorie* eine theoretische Grundlage für eine integrierte Sozialwissenschaft zu bieten. Allerdings blieb die Parsonssche Konzeption außerhalb der Soziologie ohne nennenswerte Resonanz, und sie hat auch innerhalb der Soziologie ihre zeitweilige Rolle als vorherrschender Theorieansatz seit Langem eingebüßt. Im deutschen Sprachraum hat die an Parsons anknüpfende Systemtheorie von Niklas Luhmann einige Bedeutung als ein über die Soziologie in andere Sozialwissenschaften, nicht zuletzt die Rechtswissenschaft, hineinwirkender allgemeiner Sprach- und Deutungsrahmen gewonnen.

Was die zweite, die **mikro-theoretische Variante** sozialwissenschaftlicher Integrationsbemühungen anbelangt, so gehen in den zeitgenössischen Sozialwissenschaften die stärksten Impulse von Teilen der Wirtschaftswissenschaft aus, die – in bewusster Abkehr vom Formalismus der Neoklassik – die allgemeine sozialtheoretische Orientierung der klassischen politischen Ökonomie, und damit der schottischen Moralphilosophie, wiederzubeleben suchen. Die in Frage stehenden Theorieansätze, zu denen die Neue Politische Ökonomie, die Neue Institutionenökonomik und verwandte Strömungen gehören, haben einen interdisziplinären Diskurs in Gang gesetzt, der in mehr oder minder starkem Maße in die Soziologie, die Politik-, Geschichts- und Rechtswissenschaft hineinreicht und der von manchen als ermutigender Schritt in Richtung auf eine theoretische Einheit der Gesellschaftswissenschaften gewertet wird. Kennzeichnend für diese Ansätze ist ihr *methodologischer Individualismus*, mit dem zwangsläufig die Frage nach den Verhaltensannahmen in den Mittelpunkt gerät, die den verschiedenen sozialwissenschaftlichen Disziplinen als gemeinsame theoretische Grundlage für ihre Erklärungen dienen sollen. In der Diskussion um die von der Ökonomik ausgehenden Impulse zur sozialwissenschaftlichen Integration geht es denn auch nicht zuletzt um diese Frage. Strittig ist insbesondere, inwieweit das herkömmliche ökonomische Modell rationalen Handelns eine angemessene Basis für eine theoretisch integrierte Sozialwissenschaft zu bieten vermag und inwieweit seine Modifikation im Lichte der Erkenntnisse anderer Verhaltenswissenschaften angezeigt ist.

Literatur

Albert, Hans, 1998: Marktsoziologie und Entscheidungslogik, Tübingen. – Bohnen, Alfred, 2000: Handlungsprinzipien oder Systemgesetze – Über Traditionen und Tendenzen theoretischer Sozialerkenntnis, Tübingen. – Frey, Bruno S., 1999: Economics as a Science of Human Behavior – Towards a New Social Science Paradigm, 2. Aufl., Dordrecht. – Martin, Michael; McIntyre, Lee C. (Eds.): Readings in the Philosophy of Social Science, Cambridge, MA. – Opp, Karl-Dieter, 2005: Methodologie der Sozialwissenschaften, 6. Aufl., Wiesbaden. – Vanberg, Viktor, 1975: Die zwei Soziologien, Tübingen. – Ders., 1994: Rules and Choice in Economics, London/New York. – diverse Bände der Schriftenreihe »Die Einheit der Gesellschaftswissenschaften«, Tübingen.

Viktor Vanberg

Soziologie

Soziologie (engl. sociology) ist ein etymologischer Bastard aus lat. socius = Gefährte, Bundesgenosse, Geschäftspartner und griech. logos = Wort, Vernunft. Als Bezeichnung für eine Wissenschaft wurde der Begriff von Auguste Comte eingeführt, der eher die Bezeichnung »Physique sociale« seines Lehrers Saint-Simon vorgezogen hätte, sie aber durch Quetelet für eine statistische Darstellung »missbraucht« sah (Comte, 46e et 47e leçon).

Begriff

Will man die Soziologie von ihren Objekten her bestimmen, kann man definieren: Die Soziologie ist diejenige *Sozialwissenschaft*, die sich mit den sozialen *Subjekt*en, den *sozialen Prozess*en und den *sozialen Katalysator*en beschäftigt (Endruweit 1998, 22; dort auch viele weitere Definitionen). Damit kann man dem Vorwurf der Unvollständigkeit begegnen, der gegen die weithin geteilte Definition Max Webers, »eine Wissenschaft, welche soziales Handeln deutend verstehen und dadurch in seinem Ablauf und seinen Wirkungen ursächlich erklären will« (Weber 1964, 3), erhoben wird (Dahrendorf, 19), obwohl dieser Begriff die Beschäftigung mit dem, was hier soziale Subjekte und Katalysatoren genannt wurde, notwendig impliziert.

Mit der Wahl von »Sozialwissenschaft« als Oberbegriff müssen für die Soziologie alle Kriterien gelten, die für *Wissenschaft* allgemein und die *Sozialwissenschaften* im Besonderen aufgestellt wurden. Für die Soziologie, hier mit der überwiegenden Meinung als empirische Sozialwissenschaft aufgefasst, ergeben sich dabei u. a. die folgenden Gesichtspunkte (zu weiteren Gesichtspunkten siehe u. a. Esser, 3–28).

Objektbezug der Soziologie

Wenn die Soziologie nicht wie eine Geisteswissenschaft, sondern als Wirklichkeitswissenschaft »die geschichtliche Welt nicht als Sinngefüge und Formenwelt, sondern als Lebenswirklichkeit zu begreifen unternimmt« (Freyer, 80; »Wirklichkeitswissenschaft« auch bei Weber 1968, 24), dann sind ihre Objekte damit unmittelbar die in der Definition erwähnten Gegenstände, nicht etwa irgendwelche Aussagen darüber. Überspitzt könnte man daher sagen: die Soziologie (außer der *Literatursoziologie*) hat keine Primärliteratur. Wie für jede empirische Wissenschaft ist für die Soziologie primär immer nur die Wirklichkeit.

Gegenstand ist die Gesellschaft in allen ihren internen und externen Bezügen. Ort des Soziologen »sind alle Plätze der Welt, wo Menschen mit Menschen zusammentreffen …. Nichts, was Menschen treiben, ist ihm zu hoch oder zu gering, zu langweilig oder zu lästig« (Berger, 27). Somit ist die Zahl der Gegenstände, mit denen sich die Soziologie beschäftigt, nicht beschränkt, da es sich um eine spezifische Perspektive handelt, die in diesem Rahmen die Wechselwirkungen zwischen Handeln und Strukturen bzw. zwischen Individuum und Gesellschaft, d. h. zwischen sozialen Mikro-, Meso- und Makroebenen analysiert. Die Soziologie im modernen Sinne begann erst, als man durch die Trennung von Gesellschaft und Staat (Jonas, 11) sich »der Eigentümlichkeit des Sozialen bewußt wurde«, also etwa in der Zeit der französischen Enzyklopädisten, die erstmals gesellschaftliche Phänomene nicht auf religiöse, mythologische, philosophische usw. Weise erklärten, sondern als soziale Tatsachen, also als unmittelbare Wirklichkeit (Cuvillier, 20). Die Soziologie ist ein Kind der *Aufklärung*; und nur auf die damit gegebene Unmittelbarkeit ihrer Wirklichkeitserklärung kann sie ihre Existenz als Wissenschaft gründen. Insofern ist Soziologie immer kritisch, emanzipatorisch und realistisch, in jeder Hinsicht wie jede Wissenschaft ein Werkzeug für den »Ausgang der Menschheit aus ihrer selbstverschuldeten Unmündigkeit« (Kant). Aus diesem Zusammenhang ergibt sich auch, dass die Soziologie jedenfalls insoweit eine Krisenwissenschaft ist, als Krisen die Soziologen besonders zur Analyse gesellschaftlicher Erscheinungen anregen und andererseits auch die Nichtsoziologen besonders nach soziologischer Erklärungshilfe verlangen lassen, obwohl den Bedürfnissen beider Seiten nur eine wissenschaftliche Arbeit gerecht werden kann, die nicht zu große Diskontinuitäten erleidet.

Zeit- und Raumbezug der Soziologie

Als empirische Wissenschaft kann Soziologie sich nicht auf die *Zukunft* beziehen, weil es darüber in der Gegenwart keine Daten gibt. Alles, was in Vergangenheit und Gegenwart Datenspuren hinterlassen hat, kommt damit für die Soziologie in Frage. Das schließt nicht aus, dass Soziologie zu einer wissenschaftlich fundierten Zukunftsgestaltung beitragen kann. Denn im Grundsatz ist für die Soziologie die Forschung nicht diachronisch, also entlang der *Zeit*achse, angelegt. Lediglich bei Untersuchungen zum *sozialen Wandel* in größerem Maße und bei anderen sozialen *Prozess*en in kleinerem Umfang kommt ein historisches Element in die Soziologie. Im Kern ist die Soziologie eher ahistorisch und, das besonders beim Kultur- und intersozietären *Vergleich*, synchronisch angelegt. Es kommt ihr, jedenfalls in der *Allgemeinen Soziologie*, in erster Linie auf die Untersuchung der Regelmäßigkeiten – Comtes Suche nach den »lois fondamentales propres aux phénomènes sociaux« als Parallele zu den Naturgesetzen ist längst als objektinadäquat aufgegeben (vgl. auch Merton, 96) – ihrer Gegenstände an, unabhängig von Zeit und Raum. Das gilt jedenfalls für die soziologische Theorie auf allgemeinstem Niveau. Es ist aber aufgrund der Soziologiegeschichte und der bisherigen geographischen Verteilung der Entwicklungszentren der Soziologie immer noch so, dass Begriffsbildung und Theoriekonzeptionen auf den Erfahrungen der Soziologen in ihrer eigenen *Kultur* und *Gesellschaft* beruhen und daher überwiegend an europäischen und nordamerikanischen Gegebenheiten orientiert sind (Davis bei Tiryakian, 4); die Soziologie hat damit insgesamt unangemessen viel »*Ethnozentrismus*« in ihren Theorien. Das führt bei einer empirischen Wissenschaft zwar nicht immer zu falschen »Ergebnissen«, weil eine ungeeignete Theorie die Wirklichkeit nicht erklären kann; es führt eher zu Erkenntnislücken für ganze, z. T. sehr bedeutende Gesellschaften und Kulturen. Je detaillierter eine Untersuchung einer bestimmten Gesellschaft sein soll, desto mehr muss die Theorie selbstverständlich auch auf die Besonderheiten eben dieser Gesellschaft abgestellt sein, sodass eine weltweit gültige Theorie relativ abstrakt und eine zur konkreten Forschung geeignete Theorie eine kulturspezifische Verfeinerung davon sein muss.

In den *Speziellen Soziologien* mit ihren noch mehr auf konkrete Lebensbereiche ausgerichteten Forschungsinteressen ist der *Universalien*-Teil i. d. R. noch geringer und der auf die untersuchte Gesellschaft bezogene noch größer. Mit Bezug auf *Globalisierung*sprozesse werden in vielen (empirischen) soziologischen Analysen Ansprüche auf intersozietäre Vergleiche und transnationale Perspektiven, die den *Raum* nicht als sog. Containerbegriff ansehen, bedeutsam.

Wo die Soziologie etwas über die Zukunft sagt, kann es sich im Sinne der *Wissenschaftstheorie* nie um Wissen handeln, sondern immer nur um *Hypothese*n. Selbst bei der *Prognose* als der Voraussage zukünftiger Prozesse oder Zustände aufgrund gegenwärtiger Daten sind die anscheinend so exakten Verfahren (z. B. **Extrapolation** als projektive Fortsetzung einer empirisch ermittelten Verlaufskurve unter der Annahme, die bisher wirksamen Faktoren werden genauso weiter wirken; **Alternativhypothese** als projektive Fortsetzung unter der Annahme, ein Faktor werde sich ändern bei Konstanz der anderen; **Mini-Max-Technik** als objektive Fortsetzung einer empirisch ermittelten Verlaufskurve bei gleichzeitiger Darstellung der denkbaren minimalen oder maximalen Veränderungen) eben doch nur Vermutungen unter der salvierenden, aber i. d. R. kontrafaktischen *Ceteris-paribus-Klausel*. Dasselbe gilt für die *Planung*, in der die Soziologie aber im Vergleich zu vielen anderen Sozialwissenschaften den Vorteil hat, bei der Projektierung und Implementation ihr relativ umfangreiches Wissen als umfassendste Handlungswissenschaft zur optimalen Steuerung nutzen zu können.

Methodenbezug der Soziologie

»Der Soziologe … ist jemand, der die Gesellschaft verstehen will, und zwar mit der Hilfe und den Mitteln einer wissenschaftlichen Disziplin. Diese seine Disziplin gehört zu den exakten Wissenschaften. Das bedeutet, dass die Entdeckung, Untersuchung und Formulierung von gcscllschaftlichen Phänomenen sich in den klar festgelegten Grenzen einer spezifischen Systematik bewegen müssen« (Berger, 26). Die Bezugnahme auf die exakten Wissenschaften sieht nach Heimatsuche bei den Naturwissenschaften aus. Sie sind in der Tat das Ideal, wenn es um *Objektivität, Validität, Reliabilität* und *Wertfreiheit* geht; darum muss auch die Soziologie möglichst nahe an die Leistungsfähigkeit der Naturwissenschaften auf diesen Gebieten herankommen, um eben *Wissen* zu produzieren. Mehr als Annäherung ist aber nicht möglich. Die Soziologie hat es im Gegensatz zu den Naturwissenschaften (dazu auch Acham, 336–340), die ja auch immer »inexakter« werden, je mehr sie sich von der Anorganik zur Organik bewegen, mit Menschen und Menschenprodukten zu tun. Das heißt u. a.: Beschränkung der *Datenerhebung*sverfahren aus ethischen Gründen; relativ hohe und damit schwer kontrollierbare Zahl von unabhängigen *Variable*n, die jedoch bei Betrachtung eines größeren Kausalzusammenhanges wiederum in vielstufigen Abhängigkeitsbeziehungen stehen; Unmöglichkeit, die Situation von Labor*experiment*en und damit deren Ergebnisse in die Wirklichkeit zu übertragen; Fähigkeit ihrer Gegenstände, selbst zu handeln usw. (vgl. Endruweit 1997, 70 f.). Dafür hat die Soziologie wiederum mit den Geisteswissenschaften gemeinsam, dass ihre Gegenstände, jedenfalls zu einem wesentlichen Teil, sich selbst definieren und konstituieren. Die Soziologie ist daher »weder Natur- noch Geisteswissenschaft« (von Wiese, 101), sondern sie muss von ihrem Gegenstand her und von den davon abhängigen Methoden her mit ähnlichen Wissenschaften zusammen zur eigenständigen Kategorie der Sozialwissenschaften gezählt werden (Endruweit 1997, 73).

Als *Methoden*bezug (vgl. auch Acham, 138 ff.), i. S. eines Bindegliedes zwischen Theorie und Datenerhebungsverfahren, ergeben sich daher u. a. die folgenden Gesichtspunkte: Begriffe der Soziologie sind nicht – wie viele Begriffe etwa der Biologie oder Chemie – Bezeichnungen für Objekte, die es auch dann gäbe, wenn sich kein Mensch damit beschäftigte; vielmehr sind sie – wie auch in der Mathematik oder Physik – **Konstrukte,** d. h. Bezeichnungen für Gegenstände, die erst durch menschliches Denken konzipiert und existent werden. Im Gegensatz zu rein theoretischen Wissenschaften kann Soziologie aber Begriffe schwerlich nur für den Fachmann definieren, da viele von ihnen kulturelles Selbstverständnis berücksichtigen müssen. Was eine Familie ist, kann intersozietär verschieden sein. Aber auch »*Akkulturation*« als alltagsferner Begriff kann auf dem Hintergrund verschiedener alltagsnaher Begriffe von *Gesellschaft* und Kultur nicht so einmütig definiert werden wie die Gleichung »v=axt/2« in der Physik.

Die Soziologie hilft sich dann oft mit einem **Idealtypus:** Dieser »wird gewonnen durch einseitige Steigerung eines oder einiger Gesichtspunkte und durch Zusammenschluß einer Fülle von diffus und diskret, hier mehr, dort weniger, stellenweise gar nicht, vorhandenen Einzelerscheinungen, die sich jenen einseitig herausgehobenen Gesichtspunkten fügen, zu einem in sich einheitlichen Gedankenbilde. In seiner begrifflichen Reinheit ist dieses Gedankenbild nirgends in der Wirklichkeit empirisch vorfindbar …, und für die historische Arbeit erwächst die Aufgabe, in jedem einzelnen Falle festzustellen, wie nahe oder wie fern die Wirklichkeit jenem Idealbilde steht« (Weber 1968, 43). Mit solchen Methoden muss die Soziologie aber die Gefahr der **Reifikation** vermeiden, also einer – oft unbewussten – Neigung, theoretische Begriffe als Teile der empirisch nachweisbaren Wirklichkeit anzusehen und nicht nur als »Messlatten« o. ä. Instrumente.

Theorie und Empirie

Von ihrem Anspruch her müsste soziologische *Theorie* weltweit und zeitlos sein. Sie müsste nicht nur eine bestimmte Gesellschaft oder mehrere Gesellschaften, sondern »Gesellschaft als solche« erklären können. Universale Ansätze wie z. B. die *strukturellfunktionale Theorie* haben genau das im Auge. In großen Teilen kommen sie zur Zeit aber kaum über das hinaus, was allgemeinste Theoriestufe ist: ein System von Begriffen und Annahmen über Grundbeziehungen zwischen den Gegenständen dieser Begriffe; für *Hypothese*n, die in empirischer Forschung zu überprüfen wären, sind sie oft viel zu abstrakt.

In der *Empirie* dagegen steht die Soziologie nämlich vor der Tatsache, dass ihr »Datenträger« fast ausnahmslos das Individuum, ein einzelner Mensch, ist; die *Gruppendiskussion* ist ein wichtiger, wenngleich immer noch ungewisser Versuch der Überwindung dieser Grenze, und Überlegungen zur Kontextanalyse in der Empirie und zum *Mikro-Makro-Problem* in der Theorie sind der methodologische Ort der Problemkoordination. Das Individuum steht immer in einer konkreten sozialen, kulturellen Umgebung, von der es mitgeprägt ist und die sich von der Umgebung anderer Individuen unterscheidet.

In dieser Zwickmühle sind die meisten als Analyseinstrumente wirksamen Ansätze der Soziologie **Theorien mittlerer Reichweite,** nämlich »theories intermediate to the minor working hypotheses evolved in abundance during the day-to-day routines of research, and the all-inclusive speculations comprising a master conceptual scheme from which it is hoped to derive a very large number of empirically observed uniformities of social behavior« (Merton, 5 f.). Zu solchen Theorien gehören bspw. Zeitdiagnosen moderner Gesellschaften wie die einer Wissens- oder individualisierten Gesellschaft. Angesichts des theoretisch-empirischen Dilemmas der Soziologie zwischen universellem Erklärungsanspruch und individueller Überprüfungsmöglichkeit ist es nicht verwunderlich, dass sich die meisten Theorien hauptsächlich mit der erstaunlichen Tatsache beschäftigen, warum es trotz der großen Verschiedenheit der Menschen doch recht gut funktionierende Gesellschaften gibt. Was sich bei der *Mehrebenenanalyse* in beschränktem Rahmen zeigt, ist bei der Theoriekonstruktion unbeschränkt problematisch: Inwieweit kann man empirisch gesicherte Ergebnisse aus Theorien mittlerer Reichweite in eine »grand theory« übernehmen, ohne dabei dem *Ethnozentrismus* zu verfallen? Vermutlich wird es nicht anders gehen, als dass eine allgemeine soziologische Theorie von vornherein mehrere parallele Ausprägungen derselben Variablen vorsieht und Bedingungen für das Zutreffen der einen oder anderen Möglichkeit festlegt. Bisher sind die meisten Ansätze eindimensional und bei einer lernunwilligen Konzeption gar in der Gefahr von *Ideologie*.

Soziologie und Praxis

Die Soziologie hat als *Wissenschaft* mit dem Beschreiben und Erklären von Wirklichkeit zu tun; *Praxis* dagegen ist Handeln zur Gestaltung der Wirklichkeit. Deshalb gilt für die soziologische wie für jede wissenschaftliche Theorie: »Je stärker sie über einen Objektbereich informiert, desto strengere Prognosen lassen sich prinzipiell aus ihr ableiten« (Albert, 213), wobei die Prognoseeignung Indikator für die Praxiseignung ist. Noch allgemeiner: Je mehr validierte Theorien über Kausalzusammenhänge eine Wissenschaft anzubieten hat, desto mehr eignet sie sich für die Praxis zu zielgerichteter Veränderung der Wirklichkeit. Vom Gegenstand her werden hier mehr die *Speziellen Soziologien* als Praxispartner in Frage kommen, obwohl auch die *Allgemeine Soziologie*, nicht zuletzt für die Politik, hilfreich sein könnte. Dieser Aspekt der Sozialtechnologie, die auch *Soziotechnik* genannt wird, eröffnet der Soziologie eine zutiefst humanistische Perspektive: Damit kann vermieden werden, dass die Praxis, die im Gegensatz zur Wis-

senschaft oft unter Handlungszwang steht, nach dem Prinzip von Versuch und Irrtum handelt, was im sozialen Bereich nicht weniger katastrophal sein muss als im Technischen. Deshalb betrieben viele der ersten Soziologen ihre Studien auch in dem Bestreben, durch wissenschaftliche Analysen der Gesellschaft zu einer Verbesserung der Alltagspraxis beizutragen (Cuvillier, 75 f.). Die auf Auguste Comte zurückgehende Formel »savoir pour prévoir, prévoir pour prévenir« (vgl. Comte, II, 100 f; wie sich dieser Gedanke in der *Kriminalsoziologie* und in der *Sozialarbeit* fortsetzte, zeigt König, 277) ist der prägnanteste Ausdruck dafür; seine Idee, die Untersuchung der Strukturen sozialer Ordnung für die Herbeiführung von Fortschritt zu nutzen, ist auch als »ordem e progresso« zum Motto der brasilianischen Flagge geworden (vgl. zu Comte Seger, 22–28).

Die Sozialwissenschaften haben eine große Zahl von Forschungsergebnissen aufzuweisen (über 1.000 Beispiele bei Berelson/Steiner; u.a. 327, 403, 489, 502), die praxisrelevant sein können. Trotzdem ist die Soziologie mit Praxisratschlägen zurückhaltend. Die *Wissenschaftsethik* gebietet ihr, nur solche Theorien für Praxisberatung zu benutzen, deren *Validität* schon erwiesen ist. Wegen der vergleichsweise geringen Investition von Forschungsmitteln in die Soziologie sind das nicht immer hinreichend viele (näher zum Verhältnis zwischen Theorie, Empirie und Praxis Endruweit 1993, 5–22).

Wie viel die Soziologie aber auch an gesichertem *Wissen* hätte, sie könnte wie jede Wissenschaft Praxisbezug nur in der Weise haben, dass sie dem Praktiker Konsequenzenketten der möglichen Handlungsalternativen aufzeigt oder ihm bei Zielvorgabe die günstigste Alternative herausfindet. Niemals könnte die Soziologie selber Handlungsziele für die Praxis bestimmen; denn »eine empirische Wissenschaft vermag niemanden zu lehren, was er soll, sondern nur, was er kann und – unter Umständen – was er will« (Weber, 1968, 6). Für die Praxiszielbestimmungen fehlen der Soziologie wie jeder Wissenschaft ein wissenschaftliches Verfahren und, jedenfalls in der Demokratie, die Legitimation.

Andere Soziologiekonzeptionen

Neben der bisher beschriebenen, in der Fachwelt wohl vorwiegenden Auffassung von Soziologie gibt es auch andere, die sich als Wirklichkeitswissenschaft nicht nur für die Gegenwart, sondern auch für die Zukunft verstehen. Sie können das letztlich wohl nur damit begründen, dass sie entweder auf Grund einer *Ideologie* zu wissen meinen, wie die Zukunft aussehen werde, oder dass sie mehr oder weniger normative Vorschläge darüber machen, wie die Gesellschaft eine ideale Struktur gestalten könnte. In allen Fällen handelt es sich nach der hier vertretenen Auffassung um Verbindungen von soziologischen und philosophischen Elementen.

Zu diesen Konzeptionen gehört z. B. die *Kritische Theorie*. Sie sieht auch die Postulate der *Objektivität* und der *Wertfreiheit* in der *Wissenschaftstheorie* anders (vgl. Adorno, 84–87, 137–141). In den auf ihr als Ausgangspunkt entwickelten neueren Theorien finden sich ebenfalls die Verknüpfung von Philosophie und Soziologie (z. B. Habermas, 15–22), die Benutzung von Annahmen und Unterstellungen bereits bei der Begriffs- und Modellbildung (Habermas, 149), sodass etwa Konzepte wie »ideale Sprechsituation« oder »kommunikatives Handeln« nicht etwa nur Idealtypen sind, sondern durchaus normativen oder jedenfalls bewusst kontrafaktischen Charakter haben.

Ebenfalls ein abweichendes Konzept hat die marxistisch-leninistische Theorie, bei der man im Zweifel sein kann, ob sie Soziologie ist oder ein empirischer Zusatz zu einer Philosophie, wenn gesagt wird: »Der *historische Materialismus* ist allgemeine methodologische weltanschauliche und theoretische Grundlage sämtlicher marxistischer Gesellschaftswissenschaften. Die Beziehung des historischen Materialismus zur marxistisch-leninistischen Soziologie ist enger. Er ist allgemeine methodologische weltanschauliche und theoretische Grundlage, aber er ist zugleich ein Teil der Soziologie, nämlich die allgemeine Soziologie« (Hahn, 30). Andere Meinungen gehen davon aus, dass der Historische Materialismus zwar nicht mit allgemeiner Soziologie gleichzusetzen, nichtsdestoweniger jedoch die Basis für alle Gesellschaftswissenschaften sei (z. B. Kuczynski, 57). Die Basis einer solchen Soziologie ist also relativ schmal; auch wenn die Soziologie-Definitionen bei Marxisten (Beispiele bei Kuczynski, 57 f.) und der Mehrheit der Soziologen nicht wesentlich verschieden sind, ergeben sich erhebliche Unterschiede bei Berücksichtigung des wissenschaftstheoretischen Umfeldes.

Ausdrücklich nirgends zugegeben, aber in der publizistischen Praxis häufig verwirklicht wird eine Auffassung, nach der Soziologie zu jeweils aktuellen Themen schleunigst einfallsreiche Wortschöpfun-gen und phantasievolle Ad-hoc-Theorien ohne jegliche empirische Überprüfung(sabsicht) als Paraphrasierungs- und Interpretationsmuster auf diskursivem Plausibilitätsniveau für die gehobene Alltagsdiskussion liefert (Publikumsspott: mit Wörtern, die niemand kennt, erklären, was jeder weiß). Damit wird allerdings das Gelände der Wissenschaft verlassen.

Verhältnis der Soziologie zu anderen Sozialwissenschaften

Offensichtlich unabhängig von den jeweiligen Soziologie-Konzepten wird das Verhältnis der Soziologie, die schon Comte als »Oberwissenschaft« (Jonas, 233) propagierte, zu den anderen *Sozialwissenschaften* gesehen. Sie gilt so sehr als »grundlegende Sozialwissenschaft« (Hillmann, 821), dass angesichts der Soziologie-Definitionen schon gefragt wurde, »was eigentlich die meisten anderen Gesellschaftswissenschaften sollen« (Kuczynski, 58). Andere Sozialwissenschaften beschäftigen sich in der Tat entweder nicht mit so vielen Objekten wie die Soziologie oder sie tun es nur unter einzelnen Aspekten, wie etwa im Hinblick auf die historischen Veränderungen oder in ihrer Eigenschaft als Teilnehmer am Wirtschaftsleben. »Die Soziologie hat als einzige der sozialwissenschaftlichen Disziplinen den Bezug zu Problemen der Gesamtgesellschaft beibehalten« (Habermas, 20) – eine Meinung, die von vielen geteilt wird (Endruweit 1998, 26). Indessen ist es weder notwendig noch nützlich, einzelne Wissenschaften sehr scharf voneinander zu unterscheiden; Definitionen sind hier zweckmäßigerweise nicht Grenzziehungen, sondern Schwerpunktbestimmungen.

Literatur

Acham, Karl, 1983: Philosophie der Sozialwissenschaften, Freiburg/München. – Adorno, Theodor W. et al., 1972: Der Positivismusstreit in der deutschen Soziologie, Neuwied/Berlin. – Albert, Hans, 1960: Wissenschaft und Politik; in: Topitsch, Ernst (Hg.): Probleme der Wissenschaftstheorie, Wien, 201–232. – Berelson, Bernard; Steiner, Gary, 1964: Human Behavior: An Inventory of Scientific Findings, New York. – Berger, Peter L., 1969: Einladung zur Soziologie, Olten/Freiburg. – Coleman, James S., 1990: Foundations of Social Theory, Cambridge, MA/London. – Comte, Auguste, 1968: Cours de philosophie positive, Paris (1830–1842). – Cuvillier, Armand, 1967: Manuel de sociologie, tome premier, 5e éd., Paris. – Dahrendorf, Ralf, 1968: Homo Sociologicus, 7. Aufl., Köln/Opladen. – Endruweit, Günter (Hg.),

1993: Moderne Theorien der Soziologie, Stuttgart. – Ders., 1997: Der soziologische Forschungsprozeß – Natur- oder Geisteswissenschaft?; in: Ders.: Beiträge zur Soziologie, Bd. I, Kiel, 65–79. – Ders., 1998: Der Begriff der Soziologie; in: Ders.: Beiträge zur Soziologie, Bd. II, Kiel, 14–34. – Esser, Hartmut, 1993: Soziologie. Allgemeine Grundlagen, Frankfurt a. M./New York. – Freyer, Hans, 1964: Soziologie als Wirklichkeitswissenschaft, 2. Aufl., Darmstadt. – Habermas, Jürgen, 1981: Theorie des kommunikativen Handelns, Bd. 1, Frankfurt a. M.. – Hahn, Erich, 1974: Theoretische Probleme der marxistisch-leninistischen Soziologie, Köln. – Hillmann, Karl-Heinz, 1994: Wörterbuch der Soziologie, 4. Aufl., Stuttgart. – Joas, Hans (Hg.), 2007: Lehrbuch der Soziologie, 3. Aufl., Frankfurt a. M./New York. – Jonas, Friedrich, 1968: Geschichte der Soziologie, Bd. I, Reinbek. – Kaesler, Dirk (Hg.), 2005: Aktuelle Theorien der Soziologie, München. – König, René (Hg.), 1967: Soziologie, Neuausgabe, Frankfurt a. M. – Kuczynski, Jürgen, 1986: Bemühungen um die Soziologie, Berlin. – Merton, Robert K., 1957: Social Theory and Social Structure, rev. ed., Glencoe. – Schneider, Wolfgang Ludwig, 2008/2009: Grundlagen der soziologischen Theorie, 3 Bd.e, Wiesbaden. – Seger, Imogen, 1970: Knaurs Buch der modernen Soziologie, München/Zürich. – Tiryakian, Edward O. (Ed.), 1963: Sociological Theories, Values, and Sociocultural Change, New York. – Weber, Max, 1964: Wirtschaft und Gesellschaft, Köln/Berlin. – Weber, Max, 1968: Methodologische Schriften, Frankfurt a. M. – Wiese, Leopold von, 1964: System der allgemeinen Soziologie, 4. Aufl., Berlin.

Günter Endruweit

Soziologie, Allgemeine und Spezielle

Allgemeine/Spezielle Soziologie (engl. general and hyphenated sociology, wobei der zweite Ausdruck sehr selten benutzt wird) ist eine vor allem in der deutschen Soziologie benutzte Unterscheidung von soziologischen Arbeitsgebieten.

Allgemeine Soziologie umfasst die Gegenstände, die mehr oder weniger in jeder *Gesellschaft* vorkommen, und damit die Theorien, die sich mit dem Beschreiben und Erklären von Gesellschaft im Allgemeinen befassen. Hierzu gehören Gegenstände wie Schichtung, Gruppe, Rolle, Mobilität, Norm, Wandel, Sozialisation. Zu den Theorien der Allgemeinen Soziologie gehören damit die Universaltheorien, die zumindest tendenziell »Gesellschaft als solche« oder »Alles« erklären wollen (z. B. die *strukturell-funktionale Theorie*), und Partialtheorien, die nur einen oder

einige in jeder Gesellschaft vorkommende Gegenstände erklären wollen (z. B. die *Konflikttheorie*). Die Allgemeine Soziologie ist das Zentrum genuin soziologischer Theorieentwicklung, damit auch das die Spezielle Soziologie befruchtende Zentrum der Grundlagenforschung. Da die Grundlagenforschung in der Soziologie i. d. R. aber fast ganz auf öffentliche Förderung angewiesen ist, profitiert die Allgemeine Soziologie auch von den Speziellen Soziologien, wenn deren oft privat finanzierte Forschung gesamtgesellschaftlich relevante Ergebnisse bringt.

Spezielle Soziologien, auch *Bindestrich-* oder *Zweigsoziologien* (Letztere mehr in der DDR) genannt, sind Teilwissenschaften der Soziologie, die die Wirkung ihres spezifischen Gegenstandes (z. B. Arbeit, Gemeinde, Jugend) auf die Gesellschaft oder Teile davon untersuchen sowie die Wirkung der Gesellschaft oder einiger Teile davon auf den spezifischen Gegenstand. Zu diesem Zweck muss sie auch den speziellen Gegenstand als solchen analysieren; da dieser i. d. R. auch Objekt anderer Wissenschaften ist, hat die Soziologie hier den wichtigsten Bereich für *interdisziplinäres* Arbeiten und ihren engsten *Praxis*bezug. Zu diesem Praxisbezug wie auch zum Charakter der Soziologie als Wirklichkeitswissenschaft gehört, dass hier keine »soziologischen Begriffe« von Familie, Gemeinde, Industrie usw. definiert werden dürfen, weil diese Objekte außerhalb der Soziologie bestehen und weil die Soziologen sonst etwas »erklären«, was außer ihnen niemand sieht, aber das unerklärt lassen, was sie im Rahmen der hier häufigen Drittmittelforschung erklären sollen. Hier besteht ein fließender Übergang zur *Angewandten Soziologie* (applied sociology), die nicht theorieorientiert (theorieprüfend) ist, sondern die untersucht, welche empirisch gesicherten Theorieerkenntnisse zur Veränderung von Praxis, im Extrem: von *sozialen Problemen*, in einem konkreten Fall angewendet werden können (vgl. Marshall 1994: 18, 397).

Allgemeine und Spezielle Soziologie ergänzen sich also gegenseitig. Die Speziellen Soziologien profitieren von den Theorie- und Methodenentwicklungen der Allgemeinen Soziologie, und diese kann Forschungsergebnisse, gelegentlich auch Theoriestücke aus den Speziellen Soziologien für ihre eigene Weiterarbeit benutzen, weil diese durch den speziellen Gegenstand bestimmte sektorale Ausschnitte aus der Allgemeinen Soziologie sind. Da die Speziellen Soziologien in ihrem Sektor mehr Differenzierung entwickeln und da sie in konkreten sozialen Situationen empirisch arbeiten, können sie sowohl *ethnozentrische* Ansätze der Allgemeinen Soziologie als auch beginnenden *sozialen Wandel* leichter entdecken.

Versteht man unter Spezieller Soziologie »solche Teilgebiete der Soziologie, die sich mit spezifischen sozialen Phänomenen und/oder gesellschaftlichen Bereichen befassen« (Reinhold, Stichwort Bindestrich-Soziologie, 2000: 68), dann kann jedes überdurchschnittlich bearbeitete Gebiet zur Speziellen Soziologie werden. So z. T. bei Kneer/Schroer, wo auch soziale Ungleichheit, Sozialisation und soziale Kontrolle behandelt werden, die nach der hier vertretenen Auffassung zur Allgemeinen Soziologie gehören.

Literatur

Binder, Johann, 1986: Vom Nutzen der Bindestrich-Soziologie; in: Bulletin 54 der Schweiz. Ges. für Soz., 8–10. – Kneer, Georg; Schroer, Markus (Hg.), 2010: Handbuch spezieller Soziologien, Wiesbaden. – Korte, Hermann; Schäfers, Bernhard (Hg.), 1993: Einführung in Spezielle Soziologien, Opladen. – Marshall, Gordon (Ed.), 1994: The Concise Oxford Dictionary of Sociology, Oxford. – Reinhold, Gerd (Hg.), 2000: Soziologie-Lexikon, 4. Aufl., München/Wien.

Günter Endruweit

Soziologie, marxistische

Die Marxsche Theorie zielt auf die Klärung der Bedingungen revolutionären Handelns. Sie liegt damit quer zur Konstituierung von Soziologie als Ordnungswissenschaft. Dennoch haben die Arbeiten von Karl Marx, aber auch zahlreicher Vertreterinnen und Vertreter der von ihm begründeten Theorietradition wesentlich die soziologische Theoriebildung beeinflusst, sowohl in der Form der Weiterführung, wie auch in kritischer Auseinandersetzung, etwa durch Max Weber, Georg Simmel, Pierre Bourdieu oder Anthony Giddens. Entgegen weit verbreiteter Annahmen haben die Umbrüche der Jahre 1989/91 daran nichts Grundsätzliches geändert, auch wenn die Debatte international ungleichmäßig verläuft. Eine ausdrücklich »marxistische Soziologie« (engl. Marxist sociology) entstand im Kontext des Sowjetmarxismus seit den 1960er Jahren, nachdem Soziologie unter dem Stalinismus als bürgerliche Abweichung geächtet war. Von ihr sind die Strömungen des westlichen Marxismus abzugrenzen.

Marxsche Theorie

Den Kern der Marxschen Theorie macht die Kritik der politischen Ökonomie aus: Durch die kritische Rekonstruktion des avanciertesten Bewusstseins der bürgerlich-*kapitalistisch*en Gesellschaft von sich selbst hoffte Marx, deren Tiefenstrukturen und -dynamiken zu entschlüsseln. Die Kapital-Schriften verfolgen dieses Ziel im Zuge einer folgenreichen Ideologiekritik. Deren springender Punkt ist der Aufweis der Verdinglichung, anders scheinhaften Verobjektivierung menschlicher Beziehungen in der universalisierten Warenform. Dem falschen Schein der Naturhaftigkeit der gesellschaftlichen Verhältnisse stellt Marx ihre geschichtliche Gewordenheit durch das Handeln von Menschen gegenüber. Da Marx zugleich auf der Analyse der gesellschaftlichen Verhältnisse als Bedingungen solchen Handelns beharrt, ergibt sich ein spezifisches Spannungsverhältnis von Struktur- und Handlungsanalyse.

Vor diesem Hintergrund stehen im Zentrum der Marxschen Theorie die Bewegungsgesetze der kapitalistischen Wirtschaft und Gesellschaft. Jenseits der unverkennbar szientistischen Formulierungen lassen sich hier säkulare Tendenzen und Zwänge erkennen, die kapitalistische Gesellschaften allgemein bestimmen: Sie wurzeln in der Verwertungslogik des Kapitals, die eine beständig fortgetriebene Profitmaximierung zur entscheidenden, objektiv vorgegebenen Handlungsmaxime macht. Die Akkumulationszyklen führen durch Unterkonsumtion sowie Disproportionen notwendig zu wiederkehrenden Krisen, in denen überschüssiges Kapital vernichtet wird, um dann einen neuen Zyklus einzuleiten. Krisen sind von schweren sozialen Erschütterungen begleitet, die Marx mit der Erwartung der *Revolution* verband.

Klassen, Arbeit

Ein zentrales und nach wie vor einflussreiches Element der Marxschen Theorie ist die *Klasse*nanalyse. Zunächst verweist die Annahme, das gesellschaftliche Subjekt der erwarteten Revolution sei die Arbeiterklasse, das »*Proletariat*«, auf ein komplexes, in Teilen spekulatives Konzept der Klasse. Diese ist nicht durch Einkommensniveaus definiert, sondern durch ihre Enteignung von sachlichen Produktionsmitteln und ihre Verfügung über die eigene Arbeitskraft. Ähnlich bestimmt Marx in kritischer Wendung gegen Zeitgenossen auch Bourgeoisie, Kleinbürgertum und Grundeigentümer nach ihrer Stellung zu den Voraussetzungen gesellschaftlicher Produktion und zum Produktionsprozess selbst.

Entscheidend ist damit nicht die materielle Lage, etwa auch Verelendung, sondern die Formbestimmtheit des jeweiligen gesellschaftlichen Produktionsverhältnisses. Für den Kapitalismus ist dabei das Lohnverhältnis zentral. Marx entwickelt die diesem inhärente Ausbeutungsbeziehung aus der Analyse des Warentauschs und der Besonderheit, die er der Ware *Arbeitskraft* zuschreibt: Sie könne mehr Wert produzieren, als durch ihren Verbrauch vernutzt werde; dieser »Mehrwert« wird vom Kapitalisten angeeignet. Das *Ausbeutungs*verhältnis beruht daher im Kern auf Äquivalententausch, keineswegs auf formalem Unrecht, soweit es im Rahmen der Warenwirtschaft angesiedelt ist. Da der Wert der Ware Arbeitskraft nicht dem physischen Existenzminimum, sondern den gesamten Reproduktionskosten, etwa auch dem Aufwand für Qualifikation sowie für die Aufzucht der nächsten Generation entspricht, enthält der Lohn ein kulturelles oder »moralisches« Element. Anders als im zeitgenössischen »ehernen Lohngesetz« behauptet, ist der Lohn daher politisch verhandelbar. Dies schafft – wie bei allen sozialwissenschaftlichen Lohntheorien – Probleme der Objektivierbarkeit, konterkariert jedoch vordergründige Verelendungsthesen, die zumal im Sowjetmarxismus lange Zeit vertreten wurden.

Als problematisch erwies sich in der Folge die Zuschreibung eines der objektiven Lage der Arbeiterklasse adäquaten Bewusstseins, das im Bolschewismus in der kommunistischen Partei verortet wurde. Gerade aufgrund der Verschränkung objektiver mit subjektiven Aspekten stößt die Anknüpfung an den Begriff des Proletariats heute auf erhebliche Schwierigkeiten. Die Selbst-Konstituierung der Arbeiterklasse in der gesellschaftlichen Auseinandersetzung wurde demgegenüber auch in einer Vorwegnahme des »cultural turn« richtungsweisend von dem britischen Sozialhistoriker E. P. Thompson nachgezeichnet. In der Gegenwart erweisen sich Marxsche Bezugspunkte fruchtbar insbesondere bei der Analyse der Bourgeoisie, ihrer Organisation und transnationaler Verflechtungen. Neuere interessante Ansätze richten sich insbesondere auf Analysen der Bourgeoisie, als »transnationale herrschende Klasse« besonders angesichts längerfristig systematisierter transatlantischer Beziehungen. Heute verweist endlich auch die Identifizierung nahezu anonymer,

durch die Logik globaler Finanzmärkte angetriebener, krisenträchtiger Prozesse und ihrer lokalen Konsequenzen auf Aspekte der Marxschen Analyse.

Neben eher makrosoziologischen Perspektiven sind Marxsche Ansätze nach wie vor fruchtbar für ein systematisches Verständnis der *Herrschafts*förmigkeit von Kooperationsbeziehungen zumal im betrieblichen Bereich. Im unmittelbaren Bereich der Arbeit sind ferner die Marxschen Überlegungen zur Verwissenschaftlichung der Produktion und generell zu den Folgen der Steigerung der Produktivität der Arbeit nach wie vor aufschlussreich. Da dadurch der Anteil der Arbeitskraft am Produktwert asymptotisch zurückgeht, steigt nicht nur die Ausbeutungsrate, sondern es kommt auch zur massenhaften Freisetzung von Arbeitskräften. Freilich geht aus dieser Perspektive nicht »der Arbeitsgesellschaft die Arbeit aus«, vielmehr indiziert dies die Chance einer grundlegenden Alternative: nicht die Freisetzung der Arbeitenden aus formaler Beschäftigung, sondern die Erweiterung ihrer freien Zeit.

Weltgeschichtliche Dynamik und Tendenzen

Die Marx-Orthodoxie und die populäre Rezeption haben seit Jahrzehnten das von Stalin kanonisierte Fünf-Stadienmodell von Urkommunismus, Sklavenhaltergesellschaft, Feudalismus, Kapitalismus und Sozialismus/Kommunismus als marxistisches Konzept sozialer Evolution betrachtet. Eine alternative und fruchtbarere Lektüre hebt auf die sukzessiven Trennungsprozesse ab, die Marx am Modell der westeuropäischen Geschichte im Verhältnis zwischen Land bzw. Natur, Gemeinschaft und Individuum als langfristigen Prozess der »sogenannten ursprünglichen Akkumulation« durch verschiedene gesellschaftliche Formen hindurch nachgezeichnet hat. Dieser Prozess gipfelt in der bezeichneten Trennung der unmittelbaren Produzenten von den Produktionsmitteln, aber auch von persönlichen Abhängigkeiten. Die Herstellung dieser Verhältnisse verläuft höchst gewaltsam. Wie neuerdings argumentiert wird, ist dieser Trennungsprozess keineswegs in einen »stummen Zwang der Verhältnisse« (Marx) übergegangen, sondern durch anhaltende Prozesse der Inwertsetzung von Natur und der ausgreifenden Landnahme (land grabbing) mittels der Exklusion der bisherigen Nutzerinnen und Nutzer zumal im Globalen Süden hoch aktuell. Teilweise in Anknüpfung an die Pionierleistung Rosa Luxemburgs, die kapitalistische Akkumulation im Unterschied zu Marx systematisch als anhaltenden Prozess beständiger gewaltsamer Ausweitung bestimmt hat, lassen sich hier aktuelle Tendenzen der Expansion, aber auch Intensivierung kapitalistischen Wirtschaftens und die damit weiterhin verknüpften Prozesse der Enteignung und Aneignung verstehen. Zudem knüpfen hier neuere Arbeiten zur sozialwissenschaftlichen *Raum*-Analyse an.

Wie bereits angedeutet, erscheint die gesellschaftliche *Moderne* in der Marxschen Theorie in einem höchst widersprüchlichen Spannungsverhältnis: Der Aufsprengung traditionaler Bindungen und der Dynamisierung auch technologischer Veränderungen einerseits stehen die äußerste Zuspitzung gesellschaftlicher Widersprüche, sowie das System der Klassenherrschaft und der Ausbeutung von Mensch und Natur gegenüber. Marx selbst verband die Kritik an den kapitalistischen Verhältnissen mit dem Glauben an die historische Notwendigkeit ihrer Herstellung, etwa durch die britische Kolonialherrschaft in Indien, als historisch notwendige Voraussetzung der entscheidenden revolutionären Perspektive. Diese modernisierende, durch evolutionistische Annahmen unterfütterte Emphase prägte im 20. Jh. auch das bolschewistische Projekt in der Sowjetunion. Zugleich war diese Perspektive konstitutiv für deutliche Überschneidungen mit modernisierungstheoretischen Konzepten. Kritische und weiterführende Perspektiven repräsentieren demgegenüber die Ansätze der *Frankfurter Schule* einerseits sowie neuere, teils auf die epikureischen Grundpositionen von Marx rekurrierende ökologische Konzepte andererseits.

Hegemonie und Staat

Die ebenso einfache wie eingängige klassische Formel, die »moderne Staatsmacht« sei »nur ein Ausschuß, der die gemeinschaftlichen Geschäfte der ganzen Bourgeoisklasse verwaltet« (Komm. Manifest), hat zweifellos sowjetmarxistische Konzepte wie die Theorie des staatsmonopolistischen Kapitalismus informiert, sich angesichts der historischen Erfahrungen der letzten 150 Jahre aber als deutlich unterkomplex erwiesen. Die Überlegungen Antonio Gramscis angesichts der säkularen Niederlage nach 1918 haben zu Konzepten geführt, die sehr viel stärker kulturelle Prozesse in den Blick rücken, durch die ein Herrschaft legitimierender Konsens auch der

subalternen Klassen geschaffen wird. Die Auszeichnung dieses Verhältnisses als Hegemonie verweist bei Gramsci auf inhärente Asymmetrien und Ausbeutungsverhältnisse, die auf diese Weise gerade abgesichert werden. Diese Dimension gerät bei neueren hier anknüpfenden Ansätzen, die etwa auch im Bereich der Internationalen Politischen Ökonomie interessante Theorieangebote hervorgebracht haben, des Öfteren aus dem Blick. Der »erweiterte Staat« wird, etwa auch unter Bezug auf Nicos Poulantzas, aus dieser Sicht nicht einfach als festes Institutionengefüge, sondern prozesshaft verstanden und umfasst weitere Herrschaftsapparate, nicht zuletzt die gleichfalls hegemonial geprägte Zivilgesellschaft.

Regulationsweisen

In Anknüpfung an die Marxsche Begrifflichkeit der Produktionsweise wurden die tiefgreifenden Veränderungen des industriellen Kapitalismus als Ergebnis langer zyklischer Krisen (Kondratieff-Zyklen) und grundlegender Neustrukturierungen im Verhältnis von Kapital und Arbeit, aber auch der Rolle des Staates und schließlich der gesellschaftlichen Naturverhältnisse analysiert. Ausgehend vom Konzept des »*Fordismus*« – der Kombination von industrieller Massenproduktion, Massenkonsum, Massendemokratie und einer auf den männlichen Brotverdiener zentrierten *Gender*-Struktur – hat diese Debatte vor allem die aktuellen Fragen einer »post-fordistischen« Regulationsweise verfolgt. Dabei spielt neben den offenkundigen Problemen der Deregulierung zunehmend die Frage der gesellschaftlichen Naturverhältnisse eine wesentliche Rolle. Zum einen lassen sich so aktuelle Prozesse der Flexibilisierung, des Umbaus der Sozialsysteme, aber auch der Verlagerung industrieller Produktionszentren analytisch fassen; weiter beeinflusst diese Diskussion wesentlich aktuelle Debatten über einen differenzierten gesellschaftlichen Weltzusammenhang. Zugleich stellt sich hier die Frage nach grundlegend anderen Formen der gesellschaftlichen Produktion und des Lebens im Fluchtpunkt der Marxschen Theorie.

Literatur

Görg, Christoph, 2003: Regulation der Naturverhältnisse, Münster. – Hahn, Erich, 1974: Theoretische Probleme der marxistischen Soziologie, Köln. – Gramsci, Antonio, 2004 ff.: Gramsci-Reader, Hamburg. – Jessop, Bob, 2007: Kapitalismus, Regulation, Staat, Hamburg. – Kößler, Reinhart; Wienold, Hanns, 2001: Gesellschaft bei Marx, Münster (Neuaufl. i. V.). – Marx, Karl, 1968: Das Kapital. Kritik der politischen Ökonomie, Marx-Engels-Werke Bd. 23, Berlin (1867).

Reinhart Kößler

Soziologie, mathematische

Die mathematische Soziologie (engl. mathematical sociology) befasst sich mit formalen Modellen sozialer Zusammenhänge, Strukturen und Prozesse. In den Sozialwissenschaften und der Soziologie wird unter einem mathematischen Modell eine Menge formalisierter Aussagen über einen sozialen Sachverhalt verstanden.

Ziele mathematischer Soziologie

Ziele mathematischer Formalisierung sind (Ziegler 1972): 1. die Präzisierung von *Theorie*n, z. B. die Präzisierung von Zusammenhängen zwischen Variablen oder die Präzisierung von Konzepten. Darüber hinaus stellt 2. die formale Sprache Deduktions- oder Ableitungsregeln zur Verfügung. Aus formalisierten Modellen können auf mathematischem Weg *Hypothesen* abgeleitet und dabei häufig auch überraschende, neue Einsichten gewonnen werden. Weiterhin können 3. die Annahmen eines Modells auf Widerspruchsfreiheit und die Ableitungen auf Korrektheit hin überprüft werden. Dabei können auch verborgene Annahmen und Konsequenzen sichtbar werden, die in rein verbalen Theoriefassungen nicht erkennbar sind.

Mit mathematischen Modellen wird nicht angestrebt, die Wirklichkeit in ihrer vollen Komplexität darzustellen. Wie eine Landkarte soll ein Modell die Wirklichkeit nicht fotografisch abbilden, sondern die wesentlichen Merkmale und Zusammenhänge erfassen. »So einfach wie möglich, so komplex wie nötig«, lautet die Devise sparsamer Modellkonstruktion. Dieses Prinzip ist unter dem Begriff »Ockhams razor« (Ockhams »Rasiermesser« nach dem spätscholastischen Philosophen William Ockham) in die Wissenschaftsgeschichte eingegangen.

Arten mathematischer Modelle

Mathematische *Modelle*, die soziale Prozesse mit zeitabhängigen Funktionen darstellen, werden als dynamisch bezeichnet. Formal basieren dynamische Modelle auf Differenzen- oder Differenzialgleichungen. Modelle ohne Zeitabhängigkeit sind statische Modelle. Weiterhin unterscheidet man deterministische und stochastische Modelle voneinander. Deterministische Modelle informieren über die exakten Variablenwerte; stochastische Modelle machen dagegen Aussagen über die Wahrscheinlichkeitsverteilung von Variablen (Überblick, Beispiele und Anwendungen in Rapoport 1980, Esser/Troitzsch 1991).

Eine wichtige Klasse stochastischer Prozesse sind *Markoff-Modelle*, mit denen z. B. Prozesse sozialer *Mobilität* beschrieben werden. Die Übergangswahrscheinlichkeiten für den Wechsel von »Zuständen« oder Kategorien einer Variablen, z. B. die Wahrscheinlichkeit für den Übergang von der Arbeiterklasse in den Mittelstand innerhalb einer Generation, werden in Mobilitätsmatrizen festgehalten. Markoff-Modelle sind dynamische und stochastische Modelle, die in vielen Bereichen, z. B. in der Sozialstrukturanalyse, der Bevölkerungssoziologie oder der Migrationsforschung, eingesetzt werden. Ein weiteres Anwendungsfeld mathematischer Soziologie ist die *Netzwerkanalyse* (Wasserman/Faust 1994). Mit strategischen sozialen Interaktionen und ihren Folgen befasst sich die *Spieltheorie*. Bei strategischen Interaktionen sind die Ergebnisse von Entscheidungen einzelner Akteure von den Handlungen der anderen Akteure abhängig. Statusverlust durch Bildungswettbewerb, Verkehrsstaus, Paniksituationen, das Problem sozialer Kooperation und viele andere Arten sozialer Interaktion werden mit Modellen der Spieltheorie analysiert. Vielversprechend sind insbesondere Modelle der evolutionären Spieltheorie, bei denen auf strenge Rationalitätsannahmen verzichtet werden kann (Gintis 2000).

Ein Modell sozialer Diffusion als Beispiel

Als Beispiel für die Anwendung mathematischer Modelle in der Soziologie sei ein deterministisch-dynamisches Modell sozialer Diffusion etwas genauer betrachtet. Die Ausbreitung von technischen *Innovation*en, Nachrichten und *Mode*n in einer Bevölkerungsgruppe folgt häufig dem Muster eines charakteristischen Diffusionsprozesses.

Im Standardmodell der logistischen *Diffusion* wird angenommen, dass sich Innovationen in bestimmter Weise aufgrund von Kontakten zwischen den Mitgliedern einer Bevölkerungsgruppe bzw. durch *Imitation* epidemisch verbreiten. Im Wesentlichen basiert das logistische Diffusionsmodell auf zwei Grundannahmen: (a) Alle denkbaren Paare von Populationsmitgliedern haben die gleiche Chance einer Kontaktaufnahme (Annahme einer »homogenen Durchmischung«). (b) Bei jedem Kontakt zwischen einer Person, die bereits die Neuerung übernommen hat, mit einer bisher nichtinnovativen Person besteht eine konstante und für alle Personen gleiche Wahrscheinlichkeit, dass die nicht-innovative Person zum Neuerer konvertiert. Bezeichnet man den Anteil der Neuerer an der Population zum Zeitpunkt t mit P(t), die Zuwachsrate der Neuerer pro Zeiteinheit mit dem Differenzialquotienten dP(t)/dt und den Diffusionsparameter als Maß der Ausbreitungsgeschwindigkeit mit a, so lassen sich die obigen Annahmen mit der Differenzialgleichung dP(t)/dt = a P(t) (1 – P(t)) formalisieren. Aus der Gleichung geht hervor, dass die Zuwachsrate des Neuereranteils dP(t)/dt dem Produkt aus Neuereranteil P(t) und Nicht-Neuereranteil (1 – P(t)) und damit der Wahrscheinlichkeit eines Kontakts zwischen den beiden Gruppen zu jedem Zeitpunkt t proportional ist. Der Parameter a kann mit statistischen Methoden anhand von Beobachtungen über den Verlauf eines Diffusionsprozesses geschätzt werden. Je nach Bevölkerungsgruppe und Art der Innovation (z. B. die Ausbreitung einer neuen Getreidesorte in der Landwirtschaft, die kumulative Zahl der Installation energiesparender Technik, die Verbreitung einer Nachricht in einer sozialen Gruppe) werden die empirisch schätzbaren Werte des Parameters a variieren.

Die obige Diffusionsgleichung stellt eine Formalisierung der Annahmen (a) und (b) dar. Auf deduktivem Weg können nun aus der Gleichung verschiedene Folgerungen mathematisch abgeleitet werden. Durch Integration findet man die explizite Lösung der Differenzialgleichung, d. h. den Neuereranteil

P(t) in Abhängigkeit von t, dem Parameter a und einem Anfangsanteil von Neuerern P(0). Es handelt sich dabei um die s-förmige logistische Diffusionskurve, die in der Populationsökologie bereits von Pierre F. Verhulst im Jahre 1838 beschrieben und auf den Prozess des Bevölkerungswachstums angewandt wurde. Als weitere Folgerung ergibt sich, dass die Zuwachsrate maximal ist, wenn sich die Anteile von Neuerern und Nicht-Neuerern die Waage halten (P(t) =0,5), und dass nach hinreichend langer Zeit alle Personen die Neuerung übernehmen werden (Folgerung von Nicht-Immunität). Diese Folgerungen sind empirisch prüfbar und geben Hinweise auf die Gültigkeit des Modells. Sofern die Annahmen (a) und (b) zumindest näherungsweise erfüllt sind, kann das Modell auch zur *Prognose* des Verlaufs sozialer Diffusionsprozesse herangezogen werden. Abweichungen von den strengen, die Realität häufig zu vereinfachenden Annahmen haben die Entwicklung verschiedener alternativer und komplexerer Diffusionsmodelle angeregt (Rapoport 1980, Rogers 2003).

Das Beispiel zeigt, dass die allgemeine und zunächst vage Idee einer Ausbreitung von Neuerungen durch Kontakt und Imitation in spezieller Weise mit einer Differenzialgleichung präzisiert werden kann. Aus der Gleichung folgt u. a. die Deduktion einer s-förmigen Diffusionskurve. Sofern sich das Modell als empirisch gültig erweist, erlaubt es eine informationshaltige und präzise Prognose über den Verlauf des Prozesses. Die häufig beobachtbare s-förmige Ausbreitung von Neuerungen ist ferner durch die zugrunde gelegten Annahmen des Modells tiefer erklärbar, und das Modell vereinheitlicht verschiedene soziale Prozesse, die auf dem gleichen Mechanismus beruhen (die Ausbreitung von Nachrichten, Neuerungen, Krankheiten etc.). Schließlich wird mit dem empirisch schätzbaren Diffusionsparameter ein genaues und interpretierbares Maß der Ausbreitungsgeschwindigkeit gewonnen. Die Annahmen des Modells stellen Idealisierungen dar, die allenfalls näherungsweise erfüllt sind. Ist die Diskrepanz zwischen den Modellannahmen nicht tolerierbar (d. h. führt das Modell zu falschen Prognosen), empfiehlt es sich, das Modell entsprechend zu modifizieren und durch realitätsgerechtere Annahmen zu erweitern.

Eine instruktive Anwendung des Modells findet man in der klassischen Studie von Coleman, Katz und Menzel (Coleman 1964) über die Verbreitung eines neuen Medikaments in einem sozialen Netzwerk von Ärzten.

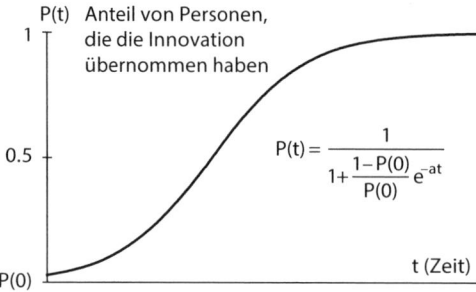

Simulationsmodelle

Sind die Zusammenhänge und Wechselwirkungen in einem Modell sehr komplex, so ist es oftmals nicht mehr möglich, Folgerungen auf mathematisch-analytischem Wege abzuleiten. Man behilft sich in diesem Falle mit Computer*simulation*en (Gilbert/Troitzsch 1999). Bei »agentenbasierter Computersimulation« (agent based computer simulation, ABS) wird direkt von den Handlungen der Akteure (»Agenten«) ausgegangen, die in sozialen Umwelten nach bestimmten Regeln und in Wechselwirkung zueinander agieren. Untersucht werden soziale Prozesse und Strukturen, die sich aus den Annahmen über individuelles Verhalten im sozialen Kontext ergeben. Ein anschauliches Beispiel ist das *Segregation*smodell von Thomas Schelling (1978). Mit dem Modell lässt sich zeigen, dass nicht-diskriminierende Motive der Akteure in Nachbarschaften zu vollständiger Segregation auf der Makro-Ebene führen können. Allgemein liefern Modelle sozialer Prozesse ein besseres Verständnis dafür, unter welchen Bedingungen Wechselwirkungen zwischen einzelnen Akteuren (»lokale Interaktionen«) paradoxe Effekte und gesellschaftliche Strukturen auf der Makroebene hervorrufen.

Literatur

Coleman, James S., 1964: Introduction to Mathematical Sociology, New York u. a. – Diekmann, Andreas (Hg.), 2006: Methoden der Sozialforschung, Wiesbaden. – Esser, Hartmut; Troitzsch, Klaus G. (Hg.), 1991: Modellierung sozialer Prozesse, Bonn. – Gilbert, Nigel; Troitzsch, Klaus G., 1999: Simulation fort the Social Scientist, Philadelphia u. a. – Gintis, Herbert, 2000: Game Theory Evolving. A Problem-Centered Introduction to Modeling Strategic Interaction, Princeton, N. J. – Rapoport, Anatol, 1980: Mathematische Methoden in den Sozialwissenschaften, Würzburg/Wien. – Rogers, Everett M., 2003: Diffusion of Innovations, 5. Aufl., New York. – Schelling, Thomas 1978: Micromotives and Macrobehavior, New York. – Wasserman, Stanley; Faust, Katherine, 1994: Social Network Analysis. Methods and Applications, Cambridge. – Ziegler, Rolf, 1972: Theorie und Modell, München.

Andreas Diekmann

Soziologie, strukturell-individualistische

Die strukturell-individualistische Soziologie (engl. structural-individualistic sociology) erklärt soziale Sachverhalte aus Annahmen über das Handeln und Verhalten individueller Akteure. Struktureller Individualismus ist eine Variante des *Methodologischen Individualismus*. Um Missverständnisse zu vermeiden, soll mit der Bezeichnung »strukturell« zum Ausdruck gebracht werden, dass eine »Struktursoziologie auf individualistischer Grundlage« (Hans J. Hummell) soziale Strukturen oder andere kollektive Phänomene keineswegs ignoriert, sondern in entscheidender Weise berücksichtigt: Zunächst geht es darum, kollektive oder Makrophänomene wie z. B. soziale *Netzwerke*, *Normen* und *Institutionen* oder andere Eigenschaften »sozialer Systeme« und ihren Wandel zu erklären. Es wird weiter vorausgesetzt, dass eine *Erklärung* struktureller Phänomene wesentlich Gebrauch machen muss von Annahmen über das Verhalten und die Eigenschaften der beteiligten individuellen *Akteur*e, die jedoch durch den sozialen Kontext beeinflusst werden. Wichtig ist es, die Wechselwirkungen zwischen den individuellen Akteuren und ihren Handlungen derart zu analysieren, dass der »soziale Mechanismus« aufgezeigt wird, der ein kollektives Phänomen generiert. Um das strukturell-individualistische Programm zu realisieren sind drei – mitunter ineinander verwobene – Erklärungsaufgaben zu bewältigen. Erstens geht es um den Übergang von der Makro- zur Mikro-Ebene, zweitens um die Anwendung einer Mikrotheorie (z. B. Handlungstheorie) und drittens um die Aggregation oder »Transformation« der einzelnen Handlungen zu dem in Frage stehenden kollektiven Sachverhalt (Übergang von der Mikro- zur Makro-Ebene). Für die Analyse von Mikro-Makro-Übergängen sind mathematische Modelle oder agentenbasierte *Simulatio*nen nützlich. Es existiert aber keine Methodologie, die einen einfachen Algorithmus liefert, um diese drei Aufgaben unabhängig vom konkreten Forschungsproblem zu lösen.

Wichtige Impulse zur strukturell-individualistischen Soziologie gingen von George C. Homans, James S. Coleman und Raymond Boudon aus. Gelegentlich werden Grundideen dieses Ansatzes auch unter anderem Namen formuliert. Ein Beispiel ist die »*analytische Soziologie*« und das Programm einer

493

»Erklärung durch Mechanismen« im Sinn von Peter Hedström, Jon Elster und anderen.

Literatur

Buskens, Vincent et al. (Ed.s), 2011: Micro-Macro-Links and Microfoundations in Sociology, London. – Hedström, Peter; Bearman, Peter (Hg.), 2009: The Oxford Handbook of Analytical Sociology, Oxford. – Opp, Karl-Dieter Opp, 2009: Das individualistische Erklärungsprogramm in der Soziologie; in: Zeitschrift für Soziologie 38, 26–47.

Thomas Voss

Soziologie, verstehende

Der methodischen Richtung der verstehenden Soziologie (engl. interpretive sociology, hermeneutic sociology, sociological hermeneutics), dem Namen nach auf Max Webers Abhandlung »Über einige Kategorien der verstehenden Soziologie« (1913) und auf die dort und an anderen Stellen von Weber entwickelten Forschungsprinzipien zurückgehend, werden heute insbesondere auch Inhalte der *Hermeneutik* Wilhelm Diltheys und der von ihm inspirierten *Wissenssoziologie* (Max Scheler, Karl Mannheim) und *Kulturanthropologie* (Franz Boas), des *symbolischen Interaktionismus* (Charles H. Cooley, William I. Thomas, George H. Mead, Herbert Blumer) und der *phänomenologischen Soziologie* (Alfred Schütz, Peter Berger, Thomas Luckmann) zugeordnet. Verstehen ist dabei das eine Mal als ein Nacherleben durch Einfühlung, das andere Mal als die Fähigkeit begriffen, jenen Regeln folgen zu können, die für das Verhalten von Individuen und sozialen Gruppen in Institutionen charakteristisch sind.

»Erklärende Soziologie«

Unter Absetzung insbesondere vom empathischen Begriff des Verstehens gehen die Vertreter der »*erklärenden Soziologie*« ans Werk. Sie sind bestrebt, unter Zugrundelegung nomologischer *Hypothese*n aus verschiedenen Disziplinen individuelles und Gruppen-Verhalten zu *erklären* und bedienen sich dabei zumeist folgender theoretischer Ansätze: der in den verschiedenen Varianten des soziologischen Institutionalismus zur Anwendung kommenden organisationstheoretischen Modelle, der *Verhaltenstheorie* nach

Art von George C. Homans, der aus ihr hervorgegangenen *Theorie der rationalen Entscheidung*, wie sie vor allem von James S. Coleman und Raymond Boudon entwickelt wurde. Nicht mehr entspricht man damit – wie bereits andere zuvor – Diltheys Terminologie, der zufolge sich das Verstehen auf das »Seelenleben«, das Erklären aber auf die »Natur« bezieht (Dilthey, 144).

Zur kategorialen Differenz von »Verstehen« und »Erklären«

Seit Dilthey war das Verstehen nicht nur auf das Textverstehen bezogen, sondern auch auf das Verstehen menschlicher Seelenzustände, Handlungsvollzüge sowie Handlungsresultate (»Objektivationen«). Im Unterschied zum Naturalismus und Behaviorismus sehen die Vertreter der verstehenden Soziologie das durch Absichten, Gründe oder *Motiv*e bewirkte soziale Handeln als ein »*sinn*haftes« Verhalten an, dem bestimmte beobachtbare physiologische oder andere extramentale Zustände und Vorgänge als seine Bedingungen zwar korrespondieren bzw. vorausgehen mögen, dessen Sinn sich aber weder aus seinem physiologischen Korrelat noch aus anderen Umständen seiner Verursachung erschließen lässt. Wie für Dilthey, so war es etwa auch für Karl Jaspers im Prinzip nicht widersinnig, ein bestimmtes Gefühl oder einen bestimmten Denk- oder Willensakt sowohl (mentalistisch) zu verstehen, als auch (physiko-chemisch) zu erklären. Nur seien die beiden gefundenen Zusammenhänge von ganz verschiedener Herkunft und ganz verschiedener Art der Geltung: »Sie helfen sich gegenseitig nicht im geringsten. Die Erklärung macht den Zusammenhang nicht verständlicher, das Verständnis macht ihn nicht erklärter. Jedes, das Verstehen wie das Erklären, bedeutet dem andern gegenüber etwas Neues.« Zwar sei etwa für den Psychologen die Kombination der verstehenden und der erklärenden Methode, das Erfassen des Sinnes von Verhaltensweisen und der sie bedingenden Umstände gleich unentbehrlich, »aber«, so fügt Jaspers hinzu, »in keinem Falle treffen das Verstehen und das Erklären von verschiedenen Seiten her denselben realen Teil des komplexen seelischen Vorgangs« (Jaspers, 333).

»Erklärendes Verstehen« bei Max Weber und danach

Max Weber steht in dieser Tradition, auch wenn er ihr eine spezifische Wendung gibt. Denn er unterscheidet sich dadurch von Dilthey, dass er das Erklären nicht mehr nur auf nicht-mentale (zu erklärende) Sachverhalte bezieht und die Operation des Verstehens nicht mehr in erster Linie, wie dies seiner Ansicht nach Dilthey tat, auf Einfühlung und Nacherleben. Aber der Handlungshermeneutik bleibt er verbunden, wenn er in seinen »Soziologischen Grundbegriffen« (1922) – ähnlich wie bereits in seiner Abhandlung zur »verstehenden Soziologie« aus dem Jahre 1913 – die Soziologie als eine Wissenschaft bezeichnet, welche *soziales Handeln* »deutend verstehen« will, »Handeln« aber als »ein menschliches *Verhalten*« charakterisiert, mit welchem der oder die Handelnden einen »subjektiven *Sinn*« verbinden (Weber, 542). Die unser Handeln leitenden Ansichten über die Natur, die Gesellschaft und den Menschen sind nie unabhängig von den Erfahrungen, Erwartungen und »Wertbeziehungen« des sozialen Akteurs, wie Weber – ähnlich wie schon vor ihm Heinrich Rickert – zeigte. Stets sei daher von der durch den Akteur erfolgenden Einschätzung seiner subjektiven Lage auszugehen. Im weiteren Verlauf mag sich dann etwa zeigen, dass die objektive Lage jener subjektiven Wirklichkeitsdeutung gar nicht entspricht. Die Feststellung der Differenz zwischen dem, was in einem Verhalten »sinnhaft adäquat« und dem, was in ihm »kausal adäquat« ist, ist nach Weber für den Sozialwissenschaftler unverzichtbar (Weber, 550 f.). Das »erklärende Verstehen« – nach Dilthey käme diese Wortschöpfung einer contradictio in adiecto gleich – kann so unter anderem dazu verhelfen, das Zustandekommen unrichtiger Annahmen und die mit Bezug darauf erfolgenden (Fehl-)Handlungen zu erfassen. Die Antwort auf die Frage nach dem Warum seelischer Inhalte wird nun aber nicht durch Bezugnahme auf physiologische, physikalische, klimatische, demographische oder andere nicht-mentale Variablen oder Faktoren gegeben – dies wäre kein erklärendes Verstehen mehr –, sondern im Sinne dessen, was bei Kant »Kausalität aus Motivation« heißt. Es geht also darum, die »Weil-Motive«, wie sie Alfred Schütz später bezeichnete, also die Handlungsgründe, in Erfahrung zu bringen und diese gemeinsam mit den »Um-zu-Motiven«, den Absichten und Intentionen, der Rekonstruktion des sozialen Handelns zugrunde zu legen (Schütz, 99 f.).

Auch dem berühmten Theorem von William I. Thomas liegt die Anerkennung einer Differenz zwischen subjektiver »*Situationsdefinition*« und objektiver Lage zugrunde: »Wenn Individuen eine Situation als real definieren, so ist sie auch in ihren Konsequenzen real« (Thomas, 114). Die Berücksichtigung der objektiven Folgen sozialen Handelns aufgrund subjektiver Fehldeutungen sollte später für die durch Robert K. Merton erfolgte Charakterisierung von sich selbst erfüllenden und sich selbst zerstörenden Prophezeiungen von großer Bedeutung sein.

Die verstehende Soziologie und der »linguistic turn«

Jüngere Tendenzen innerhalb der Soziologie – von der Ethnomethodologie (Harold Garfinkel) über den Neo-Pragmatismus (Richard Rorty) bis zu verschiedenen Varianten des Dekonstruktivismus (Jacques Derrida) – leben, so scheint es, häufig von der Beschwörung eines Positivismus, den es in der von ihnen dargestellten Form zumeist nicht mehr gibt. Im Bestreben, der Dogmatisierung des »Gegebenen« auszuweichen, löst sich oftmals jede Korrespondenz von Aussage und empirischem Bezug auf in eine Vielfalt von subjektiven Erlebnisweisen, »Perspektiven«, »Sprachspielen« und »Paradigmen«. Es bleibt zumeist unklar, ob dabei immer »Differentes« das Ergebnis ist oder ob es nicht doch zumeist um verschiedene (Partial-)Ansichten eines »Identischen« geht. Nicht zufällig weicht man daher auch Wahrheitsfragen dadurch aus, dass man sie durch Fragen nach dem Sinn von Aussagen oder der Bedeutung von Ausdrücken in unterschiedlichen »Begriffsrahmen« ersetzt. Und so übersieht man gelegentlich unter der Dominanz des »linguistic turn« in den Sozialwissenschaften, was in der älteren verstehenden Soziologie noch als evident vorausgesetzt wurde: dass aller wirklich bestehende Sinnzusammenhang eingefügt ist in einen dem »erklärenden Verstehen« zugänglichen Realzusammenhang und von ihm getragen wird.

Literatur

Dilthey, Wilhelm, 1982: Ideen über eine beschreibende und zergliedernde Psychologie; in: Ders.,: Die geistige Welt (Ges. Schriften, Bd. V), 7. Aufl., Stuttgart/Göttingen, 139–237 (1894). – Endreß, Martin, 2004: Varianten verstehender Soziologie; in: Lichtblau, Klaus (Hg.): Max Webers ›Grundbegriffe‹, Wiesbaden, 21–46 – Helle, Horst Jürgen, 1999: Verstehende Soziologie. Lehrbuch, München/Wien. – Jaspers, Karl, 1990: Kausale und »verständliche« Zusammenhänge zwischen Schicksal und Psychose bei der Dementia praecox (Schizophrenie); in: Ders.: Ges. Schriften zur Psychopathologie. Nachdr. der 1. Aufl. 1963, Berlin/Heidelberg/New York, 329–412 (1913). – Maurer, Andrea; Schmid, Michael, 2011: Erklärende Soziologie, Wiesbaden. – Merton, Robert K., 1957: The self-fulfilling prophecy; in: Ders.: Social theory and social structure, rev. and enl. edn., New York, 421–436 – Rabinow, Paul; Sullivan, William M. (Hg.), 1979: Interpretive Social Science, Berkeley/Los Angeles/London. – Schneider, Wolfgang Ludwig, 2004: Grundlagen der soziologischen Theorie, Bd. 3, Wiesbaden. – Schütz, Alfred, 1974: Der sinnhafte Aufbau der sozialen Welt. Eine Einleitung in die verstehende Soziologie, 2. Aufl., Frankfurt a. M. (1932). – Thomas, William I., 1965: Person und Sozialverhalten, Neuwied/Berlin. – Weber, Max, 1968: Gesammelte Aufsätze zur Wissenschaftslehre, 3. Aufl., Tübingen (1922).

Karl Acham

Soziologie, visuelle

Die visuelle Soziologie (engl. visual sociology) ist in der deutschsprachigen Soziologie, anders als in der amerikanischen Soziologie etwa, nicht fest etabliert. Wie Margot Berghaus schon 1989 deutlich machte, ist der Begriff visuelle Soziologie heterogen; er kann sich (1) sowohl auf eine theoretische Herangehensweise beziehen oder aber (2) den methodischen Zugang meinen oder (3) den Datentyp.

1. Theoretische Überlegungen zur Soziologie des Visuellen liegen bislang eher vereinzelt und unsystematisch vor, etwa bei Becker (1974) oder Bourdieu (1983) (siehe neuerdings aber u. a. Schändlinger 1998).
2. Zur methodischen Herangehensweise findet sich inzwischen eine Reihe an Übersichtstexten und Einführungen, welche zur Analyse visuellen Datenmaterials anleiten (z. B. Ball/Smith 1992; Rose 2011). Sie machen deutlich, wie omnipräsent Visuelles ist, was die Soziologie aufgrund ihrer logozentrischen Methoden bislang weitgehend außer Acht ließ.
3. Viele Ansätze haben in den vergangenen Jahren mit visuellem Material (z. B. Harper 1982 mit Fotografie) gearbeitet. Viele (qualitative) Methoden haben sich aber zudem in den letzten Jahren an der technischen Entwicklung orientiert und

setzen vermehrt Videoaufzeichnungen ein. Dies gilt vor allem für die *Ethnographie* und die *Konversationsanalyse*. Entsprechend verfeinern sich empirische Beobachtungen und verschieben sich theoretische Fragestellungen. Auch wirft der neue Datentyp neue methodische Probleme auf.

Literatur

Ball, Michael S.; Smith, Gregory W. H., 1992: Analyzing Visual Data, Newbury Park. – Becker, Howard S., 1974: Photography and Sociology; in: Studies in the Anthropology of Visual Communication 1, 3–26. – Berghaus, Margot, 1989: Soziologie, visuelle; in: Endruweit, Günter; Trommsdorff, Gisela (Hg.): Wörterbuch der Soziologie, Bd. 3, 1. Aufl., Stuttgart, 673–675. – Bourdieu, Pierre et al., 2006: Eine illegitime Kunst. Die sozialen Gebrauchsweisen der Photographie, Reinbek (1965). – Harper, Douglas, 1982: Good Company, Chicago. – Rose, Gillian, 2011: Visual Methodologies, 3. erw. Aufl., London. – Schändlinger, Robert, 1998: Erfahrungsbilder. Visuelle Soziologie und dokumentarischer Film. Konstanz.

Ruth Ayaß

Soziometrie

Die Soziometrie (engl. sociometry) untersucht die Wahrnehmungs- und Wunschstrukturen von *Gruppen* und deren Veränderung über die Gruppenteilnehmer selber. Sie bedient sich dabei soziometrischer Wahlfragen, in denen die Beziehungen zwischen den Gruppenmitgliedern erfragt werden. Die so erhaltenen Daten besitzen folgende Eigenschaften:

a) Relationalität (wer wählt wen), b) doppelte Identifizierung (Sender und Empfänger sind bekannt), c) Gruppenspezifität (Sender und Empfänger sind Gruppenmitglieder) und d) Einschränkungsfreiheit (innerhalb der Gruppe kann jeder wählen und gewählt werden). Das Ergebnis soziometrischer Erhebungen lässt sich für jede Frage in einer dreidimensionalen Matrix darstellen mit den Aspekten Wähler, Gewählt, Wahlfrage und einem Zahlenwert in der entsprechenden Zelle, der die Häufigkeiten angibt.

Die Soziometrie reicht bis zur Jh.wende zurück. Im Zentrum standen damals Schulklassen oder andere existierende Gruppen von Kindern und Jugendlichen. Später wurden dann gezielt Gruppen von Erwachsenen betrachtet, die für therapeutische

Maßnahmen zusammengestellt worden sind (Moreno 1934). Die Konfrontation der Gruppenmitglieder mit der Wahlstruktur wird als wichtige therapeutische Technik eingesetzt.

Betrachtet man jetzt die theoretische Entwicklung der Soziometrie, so zeigt sich deutlich eine große Abstinenz bei gleichzeitiger Unüberschaubarkeit soziometrischer Maßzahlen. Die technische Möglichkeit, mit derartigen Matrizen zu arbeiten, ist für die Forscher außerordentlich verlockend. Dabei tritt die theoretische Bedeutung dieser Zahlenwerte stark in den Hintergrund. Methodisch werden drei Auswertungsstrategien verwendet: Korrelationsstatistische, graphentheoretische und informationstheoretische Verfahren.

Die am meisten verwendeten *Indizes* sind die Folgenden:

Wenn man den Wahlstatus von Personen bezüglich mehrerer Kriterien betrachtet, so gibt es über die Korrelationsrechnung mindestens zwei Faktoren, die zum einen eine Leistungsdifferenzierung und zum anderen eine Beziehungskomponente unterscheiden, wenn man nach den realen Interaktionen fragt. Diese beiden Faktoren sind aber abhängig (um $r = .50$). Die Wunschstruktur ist von der realen Struktur ebenfalls noch zu trennen. Trotzdem lässt sich deutlich eine Hierarchisierung innerhalb der Gruppen erkennen. Neben dieser Form der Differenzierung lässt sich häufig noch eine Untergruppenbildung (clustering) finden, wie es bereits von Homans behauptet wurde. Diese entdeckt man am besten über graphentheoretische Ansätze, indem man binäre Sender-Empfänger-Matrizen multipliziert.

Die informationstheoretischen Auswertungen beziehen sich auf die Gesamtstruktur und können Status- und Untergruppenbildung sowie Isolierte gemeinsam betrachten. Die Grundlage sind Wahrscheinlichkeitsmodelle, die in Entropiemaße für die beobachtete Struktur der Gruppe umgerechnet werden. Betrachtet man die Struktur der Gruppe als unabhängige Variable und setzt sie zu anderen Größen in Beziehung, so kann man folgende empirische Ergebnisse finden:

a) Wenn der Hierarchisierungsgrad ein bestimmtes Maß überschreitet, dann zerfällt die Gruppe.
b) Wenn die Kohäsion einer Gruppe groß ist, dann ist sie leistungsfähiger als weniger kohäsive Gruppen bei Aufgaben mit großen Anteilen an Koordinationen.

c) Personen, die von der Gruppe abgelehnt werden, sind den Gewählten ähnlicher in Bezug auf Personenmerkmale als den Unbeachteten.
d) Der hohe Wahlstatus in einer Gruppe ergibt sich aus Ressourcen, wie z. B. Information, Status, Empathie, Intelligenz etc.
e) Je größer der Wahlstatus ist, desto besser erkennen die Personen die Vorgänge in der Gruppe.

In Zukunft wird man sehr viel umfassender die Strukturbildung in Gruppen thematisieren müssen. Hierbei sind dann die Ergebnisse folgender Forschungsrichtungen zu verbinden: Soziometrie, Kommunikationsnetze, Führungsforschung, Entscheidungsschemata, Aufgabenstruktur, Phasen der Gruppenentwicklung, Struktur-Ziel-Analyse, Strukturflexibilität etc.

Literatur

Ardelt, Elisabeth, 1984: Das Soziogramm; in: Roth, Erwin (Hg.): Sozialwissenschaftliche Methoden, München, 184–195. – Dollase, Rainer, 1976: Soziometrische Techniken, 2. Aufl., Weinheim. – Moreno, Jacob L., 1967: Die Grundlagen der Soziometrie, Köln/Opladen. – Nehnevasja, Jiri, 1973: Soziometrie; in: König, René (Hg.): Handbuch der empirischen Sozialforschung, 3. Aufl., Stuttgart.

Erich H. Witte

Soziotechnik

Begriff

Unter dem Begriff Sozio*technik* (engl. social engineering) werden diejenigen Verfahren zusammengefasst, die rationalisierte *Planungs*- und Entscheidungsinstrumente zur Lösung praktischer gesellschaftlicher Probleme bereitstellen sollen. Die Grundlage hierfür bildet ein mechanisches Verständnis *sozialer Beziehungen*, das eine Analogie des Sozialen zur Regelhaftigkeit technischer Systeme herstellt – und damit einen durch *Kausal*zusammenhänge kontrollierbaren Eingriff in soziale Prozesse denkbar macht. Soziotechnik lässt sich somit nur in Feldern einsetzen, in denen die komplexen Wechselwirkungen sozialer Beziehungen hinreichend bekannt und formalisiert sind.

Begriffsgeschichte

Karl Popper (1945) prägte die Unterscheidung zwischen kleinteiligen, schrittweisen Eingriffen in gesellschaftliche Zusammenhänge (»piecemeal social engineering«) gegenüber gesamtgesellschaftlichen Reformanstrengungen (»utopian social engineering«). Angesichts der Undurchschaubarkeit komplexer *sozialer Prozesse* plädiert er für die stückweise Reform gesellschaftlicher Realitäten, da die utopischen Reformen – wenn überhaupt – nur durch totalitäre Machtkonstellationen durchgesetzt werden können. Als Teil eines instrumentalistischen Zugriffs auf soziale Zusammenhänge stehen Sozialtechniken gleichwohl in der Kritik einer zunehmenden Verwissenschaftlichung und *Rationalisierung* weiterer gesellschaftlicher Bereiche (Habermas 1968). Die Hervorhebung der technischen gegenüber den sozialen Aspekten im Begriff der Sozialtechnik kann darüber hinaus als einseitige und planungsoptimistische Perspektive auf Gesellschaft gesehen werden.

Das Zusammenspiel von Technischem und Sozialem kann jedoch auch anders konzipiert werden. Beispielsweise prägten die Studien des Londoner Tavistock Instituts zur Arbeitsorganisation in Bergwerken den Begriff des sozio-technischen Systems (Trist/Bamforth 1951). Aus dieser Perspektive gestalten sich die kooperativen Arbeitsvollzüge beim Kohleschürfen weder allein durch technische Vorgaben noch durch rein soziale Beziehungen. Vielmehr bedingen sich Technik und Soziales wechselseitig. Während im Begriff der Sozialtechnik eine technisierte Vorstellung des Sozialen vorherrscht, beinhaltet der Begriff des sozio-technischen Systems die Wechselwirkung von Sachtechnik, d. h. Maschinen, mit Menschen. Der sozio-technische Systemansatz geht nicht von einer einseitigen Optimierung technischer Verfahren aus, er versucht vielmehr, soziale und technische Aspekte aneinander anzupassen und eine optimale Balance von beiden zu finden.

Begriffsentwicklung

Heutzutage sind Begriff und Konzept der Sozialtechnik oft negativ konnotiert und werden selten genutzt. Einerseits klingt in ihnen noch der Planungsoptimismus vergangener Zeiten nach, andererseits werden sie zunehmend mit manipulativen Verfahren in Verbindung gebracht, z. B. um soziale Prozesse in unerwünschter Weise zu beeinflussen. So wird unter social engineering heute meist das geschickte Hervorlocken

vertraulicher Informationen in *Kommunikation*snetzen verstanden, etwa um an Passworte o. Ä. zu gelangen. Diese Verwendung hat offensichtlich wenig mit der von Popper intendierten Bedeutung gemein.

Dagegen verbreitete sich das Adjektiv »soziotechnisch« in viele Bereiche, in denen das Zusammenspiel von Technik und Sozialem untersucht wird. Neuere Ansätze wie die *Akteur-Netzwerk-Theorie* versuchen darüber hinaus, die strikte Trennung zwischen technischen und sozialen Teilaspekten aufzuheben und fordern ein breiteres Verständnis materiell-semiotischer Assoziationen (Law 2009). Aus dieser Perspektive sind Technik und Soziales untrennbar miteinander vermischt und eine Aufteilung in zwei getrennte Welten von Technik und Sozialem oder die Dominanz der einen über die andere nicht denkbar.

Literatur

Habermas, Jürgen, 1968: Technik und Wissenschaft als ›Ideologie‹, Frankfurt a. M. – Law, John, 2009: Actor network theory and material semiotics; in: Turner, Bryan S. (Hg.): The new Blackwell companion to social theory, Oxford, 141–158. – Popper, Karl, 1945: The open society and its enemies. Volume I: Plato, London. – Trist, Eric L.; Bamforth, Ken W., 1951: Some social and psychological consequences of the longwall method of coal-getting; In: Human Relations 4, 3–38.

Cornelius Schubert

Sportsoziologie

Historische Entwicklung und disziplinäre Einordnung

Sport hat sich als ein eigenes Teilsystem der Gesellschaft mit einer systemspezifischen Handlungsorientierung, entsprechenden Programmen und einer strukturellen Basis von *Rolle*n und *Organisation*en europaweit Anfang des 19. Jh.s ausdifferenziert. Die Resonanz, die Turnen, Sport und Spiel im 19. Jh. erzeugen konnten, wurde zu jener Zeit durch die Geistes- und Sozialwissenschaften eher beiläufig beobachtet und thematisiert. Zwei Phasen lassen sich im Hinblick auf die Etablierung der Sportsoziologie (engl. sociology of sport) als eigenständige (Sub-) Disziplin skizzieren.

Die **erste Phase** ist charakterisiert durch beiläufige Thematisierungen des Sports aus den Reihen der sich formierenden Soziologie Mitte des 19. bis Mitte des 20. Jh.s: Von den Vertretern der frühen Soziologie wird der Sport eher sporadisch und vornehmlich als Beispiel zur Plausibilisierung der je eigenen analytischen Perspektiven und theoretischen Konzepte herangezogen. So erörtern z. B. Thorstein Veblen im Rahmen seiner Theorie der Freizeitklassen Sport und die Wahl von Sportarten als Mittel des Distinktionsmanagements höherer Klassen, Georg Simmel die sozialen Funktionen von Streit und Konkurrenz auch an verschiedenen Formen des (Sport-)Spiels, Max Weber im Rahmen seiner religionssoziologischen Studien sowohl die Wertschätzung als auch Diskreditierung verschiedener Formen von Leibesübungen und Sport im Puritanismus und George Herbert Mead die vergesellschaftende Funktion des Rollenspiels am Beispiel von Kinderspielen und sportlichen Wettkämpfen.

Diesen und anderen soziologischen Ausführungen des frühen 20. Jh.s ist zu eigen, dass unterschiedlichste Spiel- und Sportpraktiken aus verschiedenen analytischen Perspektiven thematisiert wurden, ohne dass ein systematischer Diskussionszusammenhang entstanden wäre. Daran änderte auch die erste explizite begriffliche Festlegung auf eine »Soziologie des Sports« durch die Dissertation von Heinz Risse (1921) zunächst nichts. Sein Anliegen war, die Leistungen des Sports für die Gesellschaft zu analysieren, wobei er diese – in einem kulturkritischen Rundumschlag – vor allem darin sah, ein Gegenpol zu den zahlreichen Verfallserscheinungen und dem überzogenen Intellektualismus der Gesellschaft zu sein.

Die **zweite Phase** der Entwicklung der Sportsoziologie ist zwischen 1950 und 1980 zu beobachten, in der die Institutionalisierung kognitiver Differenzen zu anderen Disziplinen und sozialstrukturelle Arrangements zu einer Etablierung der Sportsoziologie führten: Intensivere soziologische Auseinandersetzungen mit dem Sport erfolgten in Deutschland ab Ende der 1950er Jahre, induziert durch drei unterschiedliche strukturelle Entwicklungen. Zu jener Zeit expandierte die (allgemeine) Soziologie als akademische Disziplin an den Universitäten, und es bot sich erstmalig die Gelegenheit für eine Spezialisierung und die Ausdifferenzierung von Subdisziplinen. Zum anderen gewann die (gesellschafts-)wissenschaftliche Auseinandersetzung mit dem Sport auch im Zuge des Ausbaus der Lehrerausbildung an Bedeutung, so dass sich die Sportwissenschaft in der Lehramtsausbildung etablierte und mit ihr eine

Vielzahl von Spezialperspektiven auf den Sport, u. a. auch die Sportsoziologie. Darüber hinaus generierte das politische System im Kontext des Kalten Krieges, d. h. des Wettbewerbs der Sportnationen, Erwartungen an eine wissenschaftlich fundierte Auseinandersetzung mit dem Sport, mit denen auch die Entwicklung der Sportsoziologie unterstützt wurde. Als akademisches Fach etablierte sich die Sportsoziologie ab Mitte der 1970er nicht in universitären Einrichtungen der allgemeinen Soziologie, sondern ausschließlich an sportwissenschaftlichen Fakultäten und Instituten und dort auch später als die für die Lehrerbildung zentrale Sportpädagogik oder die für die Entwicklung des Hochleistungssports essentielle Sportmedizin oder Trainingswissenschaft.

Somit konstituiert sich die Identität der Sportsoziologie zum einen als Teildisziplin der Soziologie und zum anderen als eine Fachrichtung innerhalb der Sportwissenschaften. Ihre kognitive Spezialisierung wurde in den 1960er Jahren durch die Gründung einer internationalen Vereinigung und mit der Herausgabe eines Publikationsorgans beschleunigt (ISSA – International Sociology of Sport Association). In Deutschland ist sie zum einen innerhalb der Deutschen Gesellschaft für Soziologie (DGS) als Sektion Soziologie des Sports bzw. seit einiger Zeit als Sektion Körper- und Sportsoziologie verankert (www.soziologie.de/sektionen/s07/index.htm) und zum anderen innerhalb der Deutschen Vereinigung für Sportwissenschaft als Sektion Sportsoziologie (www.dvs-sportsoziologie.de). Auf europäischer Ebene existiert seit 2002 die European Association for the Sociology of Sport (www.eass-sportsociology.eu).

Angesichts der dynamischen Entwicklung der Sport- und Bewegungskultur und auch des universitären Ausbaus von Studiengängen hat sich die Sportsoziologie seit Mitte der 1980er Jahre sowohl in ihren inhaltlichen Schwerpunkten als auch analytischen Perspektiven und der Anwendung von Methoden erheblich differenziert.

Gegenstand und Forschungsebenen

Die Sportsoziologie beschäftigt sich mit dem Wechselverhältnis von Sport und Gesellschaft, d. h. mit der fortlaufenden Konstitution von gesellschaftlichen und sportbezogenen sozialen Strukturen und dem sozialen Handeln im Sport. In den Blick geraten somit allgemeine und sportspezifische *Normen*, *Werte* und Konstellationsstrukturen zwischen Akteuren sowie Prozesse, die diese sozialen Strukturen in Bezug auf das Handeln vermitteln und als Rahmenbedingungen des Handelns, die Motive und Ausdrucksformen des körper- und sportbezogenen Handelns prägen.

Ordnet man die sportsoziologische Forschung typischen **analytischen Ebenen** zu – Interaktionsebene (Mikro), Organisationsebene (Meso), Gesellschaftsebene (Makro) – so lassen sich hierin verschiedene thematische Schwerpunkte erkennen.

Auf der **Ebene der Interaktion** stehen das individuelle oder kollektive *Handeln* von Akteuren sowie die das Handeln prägenden sozialen Strukturen im Mittelpunkt. Gegenstand ist das mikrosoziale Handeln in Konstellationen, die typischerweise zustande kommen, wenn Menschen sich in ihrer physischen und psychischen Präsenz wechselseitig wahrnehmen und ihr Handeln aneinander ausrichten (müssen). Gegenstand von Untersuchungen sind hierbei z.B. das Spannungsfeld von *Kooperation* und *Konflikt* in Sportspielmannschaften (Thiel 2002), Prozesse der *Lebensstil*expression in den neuen Sportszenen (Alkemeyer et al. 2003) oder auch die soziale Konstruktion von *Geschlecht* im Kontext verschiedener Interaktionskonstellationen (Hartmann-Tews et al. 2003).

Im Mittelpunkt der Analysen auf der ***Organisations*ebene** stehen Einrichtungen, die durch ihre personelle und materielle Infrastruktur das systemtypische Handeln tragen, d.h. Spiel- und Sportaktivitäten bereitstellen und gestalten. Im Sportsystem selbst sind dies vor allem die Sportvereine sowie nationale und internationale Sportverbände, die als Freiwilligenorganisationen agieren. Ins Blickfeld kommen aber auch Einheiten, die zwar funktionell dem Sportsystem zuzuordnen sind, strukturell aber in anderen gesellschaftlichen Teilsystemen angesiedelt sind und durch die je teilsystemspezifischen Sinnkontexte mitgeprägt sind, wie z.B. die kommerziellen Sportanbieter (vgl. Breuer 2011; Weis/Gugutzer 2008, 122 ff.).

Auf der ***Gesellschafts*ebene** rücken analytisch vor allem die Wirkzusammenhänge und Effekte der Leistungsbeziehungen zwischen dem Sport und anderen gesellschaftlichen Teilsystemen wie Politik, Medien und Wirtschaft in den Blick. So wird z.B. Doping – d.h. die normabweichende Handlung einzelner Individuen – als Konstellationsprodukt sozialer Strukturen dechiffriert und die Einbettung der Handlungswahlen des Einzelnen in die Makro-Kontexte der Nutzungsverschränkungen des Hochleistungssports mit anderen gesellschaftlichen Teilsystemen herausgearbeitet oder auch der Strukturwandel von Sportsystemen im europäischen Vergleich als Produkt der Entwicklung von teilsystemtypischen Leistungsbeziehungen sowie Reflexion der Sportsysteme analysiert (Bette/Schimank 2006; Hartmann-Tews 1996).

Theoretische und methodische Ansätze

Im Hinblick auf die zum Tragen kommenden theoretischen und methodischen Ansätze sind für die gegenwärtige deutschsprachige Sportsoziologie sowohl ein Theorien- als auch ein Methodenpluralismus kennzeichnend. Mit dem Voranschreiten der kognitiven und institutionellen Differenzierung wurde seit Beginn der 1980er Jahre die soziologische *Systemtheorie* in der Prägung von Niklas Luhmann nicht nur als analytischer Blick genutzt, sondern auch systematisch ausgearbeitet und mittlerweile in verschiedenen Arbeiten durch differenzierungs- und akteurtheoretische Facetten ergänzt. Hierzu gehören Analysen der Entwicklung des Abenteuer- und Risikosports (Bette 2004), Analysen zum Doping (Bette/Schimank 2006), zur Ausdifferenzierung und Entwicklungsdynamik des Sports (Cachay/Thiel 2000).

Darüber hinaus sind in der Sportsoziologie die Theorie sozialer Felder und das *Habitus*konzept von Pierre Bourdieu verstärkt zur Anwendung gekommen. In diesem Kontext werden vor allem neue oder moderne Körper- und Bewegungspraktiken (z.B. Trendsportarten) als Kulturphänome des Performativen analysiert (Alkemeyer et al. 2003). Darüber hinaus sind weitere Studien sichtbar, die eher durch die Perspektive der *cultural studies* geprägt sind, also ein weitaus weniger homogenes Konzept zugrunde legen als die anderen o.g. Denktraditionen, sondern durch verschiedene kultursoziologische Ansätze geprägt sind (Schwier 2000).

Der breiten Fächerung von Forschungsfragen und theoretischen Ansätzen entspricht auch ein breites Spektrum der zur Anwendung kommenden empirischen Methoden. So werden vor allem Bevölkerungsbefragungen, verschiedene Formen qualitativer Interviews, Beobachtung, Dokumentenanalyse, Inhaltsanalyse und ethnographische Studien genutzt.

Zentrale Forschungsthemen und Ergebnisse

Inhaltliche Schwerpunkte der Forschung lassen sich wie folgt skizzieren:

Sportentwicklung im gesellschaftlichen Wandel

Das Zusammenwirken von gesellschaftlichem Wandel und Sportentwicklung wird im Rahmen sportsoziologischer Forschung in verschiedenen Facetten analysiert. Hierzu gehören Studien zur Veränderungen der Sport*partizipation* der Bevölkerung, zur Entwicklung neuer Körper- und Bewegungskulturen, die Ausdifferenzierung verschiedener sogenannter Sportmodelle, die in der Vielfalt der Begrifflichkeiten von Leistungs-, Freizeit-, Breiten-, Fitness-, Gesundheits-, Trend-, Risiko-, Abenteuer- oder auch Mediensport zum Ausdruck kommen, oder zum Wandel der organisatorischen Form und Basis von Sportaktivitäten, die durch eine erhebliche Binnendifferenzierung gekennzeichnet sind. Bei der Einordnung und Erklärung dieser Veränderungen des modernen Sports wird auf unterschiedliche Konzepte zurückgegriffen, wobei Bedeutungen, Formen und Inhalte des zeitgenössischen Sports in Anlehnung an Ulrich Beck vielfach als Resultat gesellschaftlicher Individualisierungsprozesse oder in Anlehnung an Niklas Luhmann als gesellschaftliche Reaktion auf die Wirkungen und Ambivalenzen der *Moderne* eingeordnet werden (vgl. Weis/Gugutzer 2008).

Vereins- und Verbandsforschung

Die sportsoziologische *Vereins*- und *Verband*sforschung kann mittlerweile auf eine fundierte Wissensbasis verweisen, da hier – durch das politische Interesse sowohl des organisierten Sports selbst (Deutscher Olympischer Sportbund) als auch des politischen Systems – Forschungen über die Strukturen der traditionellen Basis des Sportsystems, d. h. die Sportvereine und -verbände, systematisch befördert wurden. Seit den 1990er Jahren generieren die Finanz- und Strukturanalysen des (organisierten) Sports bzw. der Sportentwicklungsbericht sowie einzelne vertiefende Studien kontinuierlich Analysen zur finanziellen und personellen Situation der Sportvereine, zur Talentförderung, zu Art und Umfang des ehrenamtlichen Engagements und Formen der Vereinspolitik etc. (Breuer 2011). Im Kern stellen die Sportvereine und Verbände Freiwilligenorganisationen dar, deren

Handlungsorientierungen zwischen dem Modell der Solidargemeinschaft und des Dienstleistungsbetriebs balancieren müssen. Aus organisationssoziologischer Perspektive wurde lange Zeit davon ausgegangen, dass Vereine einem Modernisierungsdruck ausgesetzt sind und strukturelle Veränderungen das notwendige Resultat einer Anpassung an gesellschaftliche Herausforderungen darstellen. Zunehmend gibt es aber gegenteilige Einsichten, dass Vereine substantiell unabhängig von ihrer Vereinsumwelt sind und gerade das Ignorieren von Irritationen durch die Systemumwelt ihren Fortbestand sichert.

Geschlechterordnung im Sport

Analysen der sozialen Differenzierung zwischen den *Geschlecht*ern in Bezug auf geschlechtstypische somatische Kulturen und entsprechende Motive sowie Formen der Sportpartizipation haben sich in systematischer Form erst seit Ende der 1990er Jahre etabliert. Die soziologische Perspektive auf die Geschlechterordnung im Sport nimmt dabei nicht mehr primär wie noch in den 1980er Jahren das bewegungsbezogene Handeln und die es tragenden Handlungsorientierungen in den Blick, sondern verstärkt auch die sozialstrukturellen Komponenten der Geschlechterdifferenzierung, wie sie in gesellschaftlichen oder sportbezogenen Deutungsstrukturen (z. B. Geschlechterstereotypen), Normen (z. B. geschlechtsbezogenen Regelwerken im Sport) und Konstellationen (z. B. geschlechtstypische vertikale Segregation im Ehrenamt) zum Ausdruck kommen. Zum Gegenstand der Analysen werden dabei u. a. Sportlerinnen in traditionellen Männerdomänen wie z. B. Ringen, Boxen und Fußball, die soziale Konstruktion von Geschlecht in der medialen Vermittlung des Sports, der interaktive Aufbau der Geschlechterordnung im Eltern-Kind-Turnen, die Perpetuierung der Geschlechterordnung im Ehrenamt und die Geschlechterdifferenzierung im Marketing-Management von Fitness-Studios (vgl. Hartmann-Tews et al. 2003).

Integration im und durch Sport

Die Forschung, die unter dem Label *Integration* subsummiert wird, ist sehr heterogen und rekurriert auf unterschiedliche Konzeptionen von Integration. Prinzipiell konzentriert sich die Forschung zum einen auf Integration im Sport, d. h. auf die Frage nach Art und Intensität der Beziehungen verschiedener Akteure im Sport (z. B. Freundschaftsnetzwerke im Sport, Zugehörigkeit zu und Identifikation mit dem Sportverein oder mit Mannschaften) und zum anderen auf soziale Integration durch Sport, d. h. die Frage, inwieweit aktive Sportpartizipation oder auch passiver Sportkonsum Auswirkungen haben auf das soziale Handeln oder die dem Handeln vorgelagerten Motive und Einstellungen. Verschiedenste Studien lassen erkennen, dass der organisierte Sport, insbesondere die Vereine, einen Beitrag zur individuellen und sozialen Integration leisten (können), ihre Leistungen aber überschätzt werden (Baur/Braun 2003; Breuer et al. in Weis/Gugutzer 2008, 298–307).

Sportsoziologischer Körperdiskurs

In den vergangenen Jahrzehnten ist eine Vielzahl von neuen Sport- und Bewegungsformen entstanden, die sich jenseits des organisierten Vereinssports, standardisierter Regelwerke und normierter Sporträume entwickelt haben und die oft unter dem Oberbegriff ›Alternativsport‹ subsummiert und als spezifisches Sportmodell etikettiert werden. Die analytischen Perspektiven zur Beschreibung und Erklärung dieser Phänomene sind heterogen, basieren aber zumeist auf einer theoretischen Zeitdiagnose und arbeiten typische Sinnelemente dieser neuen Formen heraus, die insbesondere in der Suche und Nachfrage nach körperlichen Primärerfahrungen, außeralltäglichen Sinneseindrücken, identitätsstiftenden Körper- und Leistungs- bzw. Virtuositätserfahrungen liegen. Ein weiteres und wesentliches Merkmal der neuen Bewegungskulturen wird auch in ihrer *Distinktions*funktion gesehen, d. h. der Möglichkeit der demonstrativen Abgrenzung nach außen und der Generierung einer (Szenen-)*Gemeinschaft* nach innen. In ethnographisch inspirierten Studien wird deutlich, wie über den Stil, sei es in der Kleidung oder auch der Motorik, körperliche Vergemeinschaftung und kollektive Identitäten produziert werden (Alkemeyer et al. 2003).

Einsichten und Aussichten

Die Sportsoziologie hat sich als Teildisziplin der allgemeinen Soziologie und der Sportwissenschaft an den Universitäten etabliert, allerdings ausschließlich in dem Bereich der sportwissenschaftlichen Studien-

gänge. Genau hier liegt die Herausforderung für ihre weitere professionelle Entwicklung: mit der Theorie- und Methodenentwicklung der Mutterdisziplin Schritt zu halten und gleichzeitig anschlussfähig an die Nachfragen des Sports oder anderer gesellschaftlicher Teilsysteme zu sein, die ein anwendungsbezogenes Wissen fordern. Sie könnte vor allem dann erfolgreich bewältigt werden, wenn es gelingt, den disziplinären Vorteil einer theoretisch reflektierten Auseinandersetzung mit der sozialen Realität des Sports auszubauen. Eine Gefahr für die weitere Entwicklung der Sportsoziologie könnte in einer zunehmenden thematischen Binnendifferenzierung bestehen, mit der das eigenständige Profil als Teildisziplin und die Integration nach innen verloren ginge, und auch darin, sich unter dem Ökonomisierungsdruck der Hochschulen zunehmend als Serviceforschung für Kommunen, Sportverbände oder Krankenkassen etc. zu entwickeln und die Weiterentwicklung der Sportsoziologie als wissenschaftliche Teildisziplin aus den Augen zu verlieren.

Literatur

Alkemeyer, Thomas et al. (Hg.), 2003: Aufs Spiel gesetzte Körper. Aufführungen des Sozialen in Sport und populärer Kultur, Konstanz. – Baur, Jürgen; Braun, Sebastian (Hg.), 2003: Integrationsleistungen von Sportvereinen als Freiwilligenorganisationen, Aachen. – Bette, Karl-Heinrich, 2004: X-treme. Zur Soziologie des Abenteuer- und Risikosports, Bielefeld. – Ders.; Schimank, Uwe, 2006: Die Dopingfalle. Soziologische Betrachtungen, Bielefeld. – Breuer, Christoph (Hg.), 2011: Sportentwicklungsbericht für Deutschland 2009/10. Analyse zur Situation der Sportvereine, Köln. – Cachay, Klaus; Thiel, Ansgar, 2000: Soziologie des Sports, Weinheim/München. – Hartmann-Tews, Ilse, 1996: Sport für alle!? Strukturwandel europäischer Sportsysteme im Vergleich, Schorndorf. – Dies. et al., 2003: Soziale Konstruktion von Geschlecht im Sport, Opladen. – Risse, Heinz, 1921: Soziologie des Sports, Berlin (Neuaufl. Münster 1981). – Schwier, Jürgen, 2000: Sport als populäre Kultur. Sport, Medien und Cultural Studies, Hamburg. – Weis, Kurt; Gugutzer, Robert (Hg.), 2008: Handbuch Sportsoziologie, Schorndorf. – Thiel, Ansgar, 2002: Konflikte in Sportspielmannschaften, Schorndorf.

Ilse Hartmann-Tews

Sprachsoziologie

Die Sprachsoziologie (engl. sociology of language) ist als spezielle Soziologie in den 1960er Jahren entstanden und konnte sich rasch etablieren. Im Unterschied zur Linguistik, die Sprache vorwiegend als Zeichensystem definiert, behandelt die Sprachsoziologie Sprache in ihren sozialen Verwendungszusammenhängen – die Ausdrucksformen und die Gestalt von Sprache und *Sozialstruktur*, Sprache und *Kultur*, sprachliche bzw. *kommunikative* Handlungen sowie kommunikative Formen und kommunikative *Milieu*s.

Zur Geschichte der Sprachsoziologie

Doch ist die Beschäftigung mit dem Zusammenhang von Sprache und Gesellschaft älter. In der (deutschen) Philosophie wurden immer wieder Überlegungen über das Verhältnis von Sprache und Gesellschaft angestellt – bei Marx, Leibniz, Herder (vgl. für eine Übersicht Werlen 1989). Besonders hervorzuheben, da bis heute die Diskussion beeinflussend, ist die ursprünglich von Wilhelm von Humboldt aufgeworfene Frage nach dem Zusammenhang von Sprechen und Denken (1836). Diese Überlegung taucht in der sozialwissenschaftlichen Beschäftigung mit Sprache immer wieder in unterschiedlichen Nuancen auf.

Als Begründer der modernen wissenschaftlichen Auseinandersetzung mit Sprache gilt der französische Strukturalist Ferdinand de Saussure, der, von Durkheim beeinflusst, in seinem »Cours de linguistique générale« (1916) die bis heute verwendete Unterscheidung zwischen »langue« als einem abstrakten Regel- und Zeichensystem und »parole« als konkreter Realisierung von sprachlichen Äußerungen traf. Für die Soziologie ist zunächst die Ebene der »parole« ausschlaggebend, da hier und nur hier sozial Handelnde agieren. Sprache ist ein Medium – genau genommen das *Massenmedium* par excellence – mittels dessen verschiedene Formen sozialen Handelns durchgeführt werden. Sprachsoziologie befasst sich somit mit den kommunikativen Handlungen, die mit Sprache, Sprachen bzw. verschiedenen anderen Zeichensystemen vollzogen werden. Bei Sprache handelt es sich um das wichtigste Mittel der gesellschaftlichen Konstruktion von *Wirklichkeit* (zur Rolle von Sprache und Wissen in der Alltagswelt Berger/Luckmann 1969, 36–48; s. a. Knoblauch 1995).

Die modernen Ansätze der Sprachsoziologie entstanden vor dem Hintergrund der Linguistik, Philosophie und Soziologie der 1950er und 1960er Jahre. Mehrere Traditionen sind hier zu erwähnen. Zunächst die *Sozialisationstheorie* Basil Bernsteins. Bernstein legte in den frühen 1960er Jahren seine Theorie der sprachlichen Codes vor (1972). Er unterschied zwischen einem »restringierten« und einem »elaborierten« Code, die sich durch unterschiedliche Komplexitätsgrade auszeichnen. *Soziale Ungleichheit* schlägt sich diesem Ansatz zufolge in sprachlicher Ausdrucksfähigkeit nieder. Kinder aus der Unter*schicht* stoßen an eine Art natürliche Sprachbarriere, die ihnen Fortkommen und sozialen *Aufstieg* verwehre, weil gesamtgesellschaftlich der Mittelschichtcode maßgeblich sei. Die Sprache der Unterschicht wird damit insgesamt als defizitär beschrieben. Diesem Defizitansatz wurde später durch den Differenzansatz widersprochen, demzufolge auch und gerade den Sprachen und kommunikativen Formen sozial benachteiligter Sprachgemeinschaften Kunstfertigkeit und Virtuosität eigen sei (etwa bei den rituellen Beschimpfungen schwarzer oder türkischer Jugendlicher), sie somit nicht als defizitär zu beschreiben seien.

Als eine radikalisierte Wiederauflage Humboldts lässt sich die »sprachliche Relativitätstheorie« Benjamin Lee Whorfs bezeichnen. Sie enthält die These eines sprachlichen Determinismus. Denn Whorf postuliert, dass das Sprechen das Denken bestimme, sprachliche Strukturgesetze unser Denken gar beherrschten (1974). Whorfs sprachliche Relativitätstheorie wurde breit diskutiert und taucht auch in der modernen Sprachforschung, v. a. in Pädagogik und Psychologie, immer wieder auf. In ihrer radikalen Form gilt sie jedoch als widerlegt. Sprache, so der Stand, könne zwar bestimmte Denkfiguren – Raumwahrnehmungen etwa – erleichtern oder erschweren, keinesfalls aber determiniere Sprache die Denkstrukturen linear und kausal (vgl. Gumperz/ Levinson 1996).

Während sich die Erforschung von Varietäten in sprachlichen Ausdrucksformen bis dato vornehmlich regionalen Ausdrucksweisen (etwa in der klassischen Dialektgeographie) bzw. der Erforschung fremder, exotischer Sprachen (in der anthropologischen Linguistik) gewidmet hatte, rückten in den 60er Jahren, wie schon bei Bernstein, die schichtspezifischen Differenzen von Sprachverwendung in den Mittelpunkt. Vor allem William Labov zeigte in seinen Untersuchungen, dass der sprachliche Ausdruck systematisch mit sozialer Schicht korreliert, die sog. Soziolekte wurden entdeckt. Wegen des methodischen Verfahrens der statistischen Korrelation sprachlicher und sozialer Parameter wird dieser Ansatz heute korrelative *Soziolinguistik* genannt. Die (sprachliche) Statusorientierung sozial benachteiligter, aber aufsteigender sozialer Schichten, die sich in einer Übertreibung sprachlicher Standards ausdrückten, bezeichnete Labov als »Hyperkorrektheit der unteren Mittelschicht«. Labov zeigte des Weiteren, dass das Phänomen des Sprachwandels, von der Linguistik bislang als rein sprachliches, dem Zeichensystem immanentes Problem behandelt, sozialen Ursprungs ist und seine sozialen Trägergruppen hat (Labov 1976 und 1978).

In den 60er Jahren entstand in den USA vor dem Hintergrund der anthropologischen Linguistik in der Tradition von Boas und Sapir die »Ethnographie des Sprechens«. Angestoßen durch einen programmatischen Aufsatz von Dell Hymes (1979) standen in dieser Disziplin kommunikative, in sich geschlossene Formen – »speech events« – im Zentrum des Interesses. Diese Sprechereignisse zeichnen sich durch eine bestimmte Teilnehmerkonstellation (wie Sender und Empfänger), ein bestimmtes kommunikatives Repertoire (kommunikative Mittel, Kanäle etc.) sowie bestimmte soziale Situationen aus. Nur auf den ersten Blick ergeben sich Ähnlichkeiten mit der philosophischen Sprechakttheorie. Die (sprachphilosophische) Sprechakttheorie in der Tradition Austins (1962) oder Searles (1969) basiert auf der Grundannahme, dass mit Sprache kommunikative Handlungen verbunden sind (»How to do things with words«). Einzelne sprachliche Äußerungen werden von ihrem Kontext isoliert und als Sprechakte nach ihrer unterschiedlichen Funktion klassifiziert (illokutionär, perlokutionär etc.). Im Unterschied zu dieser Theorie behandelt die Ethnographie des Sprechens (später: Ethnographie der *Kommunikation*) kommunikative Aktivitäten in ihrem Kontext und ihren Verwendungszusammenhängen als »activity in its own right« (Hymes), deren Formen und Funktionen nicht von außen theoriegeleitet und deduktiv an den Gegenstand heranzutragen, sondern aus dem empirischen Material heraus, induktiv zu gewinnen sind. Die frühen Untersuchungen aus der Ethnographie des Sprechens behandelten fast ausschließlich fremde und exotische und damit oftmals kleine und geschlossene Sprachgemeinschaften (s. Gumperz/

Hymes 1972, Bauman/Sherzer 1974, für eine Übersicht s. Saville-Troike 1982).

Neuere Ansätze

Neuere Untersuchungen wenden sich mehr und mehr der/den eigenen (modernen) Kultur(en) zu bzw. dem Zusammentreffen von unterschiedlichen sprachlichen Kulturen in modernen multi-ethnischen Gesellschaften, in denen Angehörige verschiedener Sprachgemeinschaften mit unterschiedlichen kommunikativen Erwartungen und Konventionen aufeinandertreffen. Wie vor allem John Gumperz in mehreren empirischen Untersuchungen aufzeigte, verfügen Sprecher nicht nur über einen bestimmten sprachlichen Code oder eine bestimmte Grammatik, sondern auch über sog. »contextualization cues«, mittels derer sich Kommunizierende wechselseitig den Interpretationshorizont ihrer Äußerungen anzeigen. Kulturell verschieden definierte Kontextualisierungshinweise führen, wie Gumperz u. a. anhand von Aufzeichnungen von Interaktionen zwischen indischen Immigranten und Briten zeigte, zu Irritation, Verärgerung – also zu Missverständnissen in der interkulturellen *Kommunikation* – etwa, wenn eine Einladung nicht als eine Einladung oder eine Bitte als Anweisung verstanden wird (s. Gumperz 1982). Auch bilinguale Gemeinschaften und ihre funktionalen Verwendungen der verschiedenen Codes in verschiedenen sozialen Kontexten (sog. »Codeswitching«) sind Gegenstand dieses Ansatzes.

Auch in der amerikanischen **Ethnomethodologie** gab es verschiedene Auseinandersetzungen mit der Rolle der Sprache (v. a. Cicourel 1975). Aus der Ethnomethodologie heraus entstanden, von dieser aber mittlerweile emanzipiert, ist die **Konversationsanalyse**. In diesem empirischen Ansatz wird auf der Basis von Tonbandaufzeichnungen und Transkriptionen natürlicher *Kommunikation*en untersucht, wie Interagierende gemeinsam das Gespräch als Gespräch erzeugen und sich wechselseitig ihre Interpretation des Geschehens anzeigen (Bergmann 2000). Die Konversationsanalyse hat zahlreiche Einzeluntersuchungen hervorgebracht, in denen etwa die Durchführung von Begrüßungen oder Verabschiedungen als von den Interagierenden systematisch gemeinsam hergestellte kommunikative Realität analysiert wird (s. die Sammelbände von Atkinson/Heritage 1984 und Button/Lee 1987; sowie Sacks 1992). Zentrale Idee ist die Sequenzstruktur des Gesprächs sowie der

»turn« (Redezug) als interaktiv konstruierte Einheit. So wurden zum Beispiel Schweigephasen, Versprecher und Korrekturen, in der bisherigen Sprachsoziologie eher randständig behandelte Erscheinungen, als systematisch erzeugte und interaktiv bewältigte Interaktionsphänomene beschrieben.

Einen ähnlichen Ansatz verfolgt die **Objektive Hermeneutik** in der Tradition Ulrich Oevermanns, die jedoch weniger auf Sequenzanalysen als auf Einzelfallanalysen basiert. Im weitesten Sinne wird in der Soziolinguistik, wiederum angestoßen durch John Gumperz, eine discourse analysis betrieben, die der ethnomethodologischen Konversationsanalyse in vielen Punkten ähnelt und Überschneidungsbereiche aufweist, wenn sie auch nicht ihren soziologischen Hintergrund teilt (vgl. Gumperz 1982; van Dijk 1985). Gemeinsam ist allen drei genannten Ansätzen die methodische Herangehensweise mit Aufzeichnungen und Transkriptionen, die einen anderen Blick auf Sprache und Kommunikationen erlaubt als mit gängigen Methoden bislang üblich und, anders als in der Sprechakttheorie oder der korrelativen Soziolinguistik, systematisch den Kontext einer sprachlichen Äußerung als konstitutiv mit einbezieht.

Sowohl auf der Ethnographie des Sprechens, wie auf der Konversationsanalyse aufbauend, als auch die ältere Gattungsforschung Bakhtins (1986) einbeziehend, ist die von Bergmann und Luckmann angestoßene **Gattungsforschung**. Unter kommunikativen Gattungen werden verfestigte Muster der Kommunikation verstanden, die ihrerseits Lösungsmuster für kommunikative Probleme bereitstellen. Im Unterschied zur Konversationsanalyse werden größere kommunikative Formen und Vorgänge wie Klatschgespräche, therapeutische Sitzungen oder auch massenmediale Gattungen untersucht und stärker in ihrem sozialen Kontext, in ihrer Verlaufsstruktur und ihren sozialen Funktionen (etwa für belehrende, persuasive oder moralische Kommunikation) erörtert (vgl. die Beiträge in Bergmann/Luckmann et al. 1999; für eine Übersicht Ayaß 2011). Vielfach wird hier auch Bezug auf einen der wenigen (modernen) soziologischen Klassiker, die sich mit Sprache und Interaktion befasst haben, genommen: auf Erving Goffmans Untersuchungen über »Interaktionsrituale« sowie über die sozialen Situationen und Teilnehmerkonstellationen in den »forms of talk« (Goffman 1986; 2005).

Die Grenzen zu anderen Disziplinen, die sich mit Sprache befassen (neben der Linguistik wären vor allem Psychologie, Semiotik, Literaturwissenschaft und Rhetorik zu nennen) sowie zu anderen Teildisziplinen der Soziologie (*Mediensoziologie*) sind bei vielen Gegenständen der Sprachsoziologie – Spracherwerb oder Sprachstörungen z. B. Sprache der Massenmedien etc. – nicht immer trennscharf zu ziehen. Vor allem die Übergänge zur Soziolinguistik sind fließend.

Gegenwärtige Schwerpunkte

Verglichen mit anderen Ansätzen hat die Sprachsoziologie vor allem dort ihren Kernbereich, wo mit Sprache verbunden soziale Handlungen und Interaktionen erfolgen bzw. wo sich ein Zusammenhang von Sprache und sozialen Kategorien ergibt. Neben den früh entdeckten Zusammenhängen von Sprache und sozialer *Schicht* wendet man sich neuerdings weiteren Kategorien zu, *Generation* etwa, *Ethnie/Kultur* oder dem (sozialen) *Geschlecht* (vgl. exemplarisch Ayaß 2008), wobei die Grundannahme inzwischen lautet, dass sich nicht schlicht die soziale Kategorie (etwa Geschlecht) über Sprache ausdrückt, sondern über Sprache die Kategorien und ihre Zugehörigkeiten sich erst konstituieren. Ein weiteres Themengebiet stellt der Zusammenhang von Sprache und *Organisationen* bzw. *Institutionen* (z. B. Politik, Wirtschaft etc.) dar (vgl. z. B. Coulmas 1992). Ein großes Forschungsfeld bildet das Gebiet der (Massen-) Medien, wobei systematische Bearbeitungen der Sprache der Massenmedien fehlen. Es liegen vorwiegend Einzeluntersuchungen vor, etwa zur Sprache der *Werbung* oder der Fernsehnachrichten (Burger 1990, vgl. für eine Übersicht Biere/Henne 1993). In den vergangenen Jahren sind hier auch die neuen *Medien* untersucht worden (vgl. Thimm 2000). In Untersuchungen von Medienkommunikation gilt die Aufmerksamkeit auch dem Verhältnis von Schriftlichkeit und Mündlichkeit, denen zufolge in massenmedialer Kommunikation von einer Mischung primärer und sekundärer Oralität (als von der Schrift abgeleitet) (Ong 1987) auszugehen ist. Falluntersuchungen widmen sich einzelnen Mediengattungen hinsichtlich ihrer Sprache, ihrer Teilnehmerkonstellationen und deren komplexen Adressierungsmöglichkeiten (vgl. exemplarisch Holly et al. 1986).

Verglichen mit früheren Studien zeichnen sich die neueren Ansätze vor allem dadurch aus, dass Sprache nicht von ihrem sozialen Kontext isoliert betrachtet wird. In unterschiedlichem Ausmaß wird der Kontext Teil des Untersuchungsgegenstands. Des Weiteren zeichnet sich eine Hinwendung zu authentischen Face-to-face-Kommunikationen in sozialen Situationen ab. Entsprechend treten mehr und mehr kommunikative Gemeinschaften, soziale Szenen oder *Milieu*s in das Zentrum (vgl. Keppler 1994, Kallmeyer 1994, 1995). In den Methoden weichen experimentelle und quantitative Methoden mehr und mehr hermenetischen qualitativen Verfahren.

In neueren ethnographischen, konversationsanalytischen und anderen Untersuchungen, die mit Videoaufzeichnungen statt mit Tonbandaufzeichnungen und auch mit anderen visuellen Dokumenten (schriftliche Dokumente, Embleme, Symbole) arbeiten (vgl. exemplarisch Goodwin 1981, Atkinson 1984, Knorr-Cetina 1991, Soeffner 1992), wird genau genommen das engere Gebiet der Sprachsoziologie verlassen und die Grenze zur *Visuellen Soziologie* überschritten, da hier zudem Gestik, Körperhaltung und Blickkontakt eine Rolle spielen. Ebenso gerät zunehmend der Gebrauch von technischen Apparaturen (zum Beispiel in den »Studies of Work«) oder die Handhabung von Artefakten im weiteren Sinn in den Blickpunkt (siehe Streeck 1996: »How to do things with things«). Dies schlägt sich auch terminologisch nieder: So wird in der *Konversationsanalyse* immer häufiger der Gegenstand als »talk in interaction« bezeichnet; aus der linguistischen Pragmatik stammen die Untersuchungen, die ihren Gegenstand als »communities of practice« analysieren. Darunter werden Gemeinschaften verstanden, denen zur Durchführung ihrer Anliegen ein gemeinsames Repertoire an Praktiken zur Verfügung steht – wobei diese Praktiken sprachlicher, aber auch nicht-sprachlicher Art sein können.

Die neue Sprachsoziologie fasst Sprache damit nicht mehr als isolierten Untersuchungsgegenstand, sondern versucht, Sprache als Teil von und Mittel zu *Kommunikation* und *Interaktion* zu begreifen und sie damit mehr in ihren sozialen Verwendungszusammenhängen und Kontexten zu verorten.

Literatur

Atkinson, J. Maxwell, 1984: Our Masters' Voices. The Language and Body Language of Politics., London. – Ders.; Heritage, John (Hg.), 1984: Structures of Social Action. Studies in Conversation Analysis, Cambridge. – Auer, Peter, 1999: Sprachliche Interaktion. Eine Einführung anhand von 22 Klassikern, Tübingen. – Austin, John L., 1962: How to Do Things with Words, Cambridge. – Ayaß, Ruth, 2008: Kommunikation und Geschlecht. Eine Einführung, Stuttgart. – Ayaß, Ruth, 2011: Kommunikative Gattungen, mediale Gattungen; in: Habscheid, Stephan (Hg.): Textsorten, Handlungsfelder, Oberflächen. Linguistische Typologien der Kommunikation, Berlin/New York, 275–295. – Bakhtin, Mikhail M., 1986: Speech Genres and Other Late Essays, Austin. – Bauman, Richard; Sherzer, Joel (Hg.), 1974: Explorations in the Ethnography of Speaking, London/New York. – Berger, Peter L.; Luckmann, Thomas, 1969: Die gesellschaftliche Konstruktion der Wirklichkeit, Frankfurt a. M. (1966). – Bergmann, Jörg, 2000: Konversationsanalyse; in: Flick, Uwe et al. (Hg.): Qualitative Sozialforschung. Ein Handbuch, Reinbek, 524–537. – Bergmann, Jörg; Luckmann, Thomas et al., 1999: Kommunikative Konstruktion von Moral, Bd. 1 und 2, Opladen. – Bernstein, Basil, 1972: Studien zur sprachlichen Sozialisation, Düsseldorf (1971). – Biere, Bernd Ulrich; Henne, Helmut, 1993: Sprache in den Medien nach 1945, Tübingen. – Burger, Harald, 1990: Die Sprache der Massenmedien, 2. erw. Aufl., Berlin/New York. – Button, Graham; Lee, John R. E. (Hg.), 1987: Talk and Social Organisation, Clevedon. – Cicourel, Aaron, 1975: Sprache in der sozialen Interaktion, München (1973). – Coulmas, Florian, 1992: Die Wirtschaft mit der Sprache, Frankfurt a. M. – Dijk, Teun A. van, 1985: Handbook of Discourse Analysis, Bd. 1–4, London u.a. – Goffman, Erving, 1986: Interaktionsrituale, Frankfurt a. M. (1967). – Ders., 2005: Redeweisen. Formen der Kommunikation in sozialen Situationen, Konstanz (1981). – Goodwin, Charles, 1981: Conversational Organization. Interaction between Speakers and Hearers, New York u. a. – Gumperz, John J., 1982: Discourse Strategies, Cambridge. – Ders.; Hymes, Dell (Hg.), 1972: Directions in Sociolinguistics. The Ethnography of Communication, New York. – Ders.; Levinson, Stephen C. (Hg.), 1996: Rethinking Linguistic Relativity, Cambridge. – Holly, Werner et al., 1986: Politische Fernsehdiskussionen. Zur medienspezifischen Inszenierung von Propaganda als Diskussion, Tübingen. – Humboldt, Wilhelm von, 1836: Über die Verschiedenheit des menschlichen Sprachbaues und ihren Einfluß auf die geistige Entwickelung des Menschengeschlechts, Berlin. – Hymes, Dell, 1979: Soziolinguistik. Zur Ethnographie der Kommunikation, Frankfurt a. M. – Kallmeyer, Werner (Hg.), 1994/1995: Kommunikation in der Stadt, Teil 1–3, Berlin – Keppler, Angela, 1994: Tischgespräche. Über Formen kommunikativer Vergemeinschaftung am Beispiel der Konversation in Familien, Frankfurt a. M. – Knoblauch, Hubert, 1995: Kommunikationskultur. Die kommunikative Konstruktion kultureller Kontexte, Berlin/New York. – Knorr-Cetina, Karin, 1991: Die Fabrikation von Erkenntnis, Frankfurt a. M. (1981). – Labov, William, 1976/1978: Sprache im sozialen Kontext, Kronberg (Bd. 1); Königstein (Bd. 2). – Luckmann, Thomas, 1979: Soziolgie der Sprache; in: König, René (Hg.): Handbuch der empirischen Sozialforschung Bd. 13, 2. Neubearb. Aufl., Stuttgat, 1–116. – Ong, Walter J., 1987: Oralität und Literalität. Die

Technologisierung des Wortes, Opladen (1982) – Quasthoff, Uta (Hg.), 1995: Aspects of Oral Communication, Berlin/New York. – Sacks, Harvey, 1992: Lectures on Conversation, Vol. 1 and 2, Oxford. – Saussure, Ferdinand de, 1916: Cours de linguistique générale, Paris. – Saville-Troike, Muriel, 1982: The Ethnography of Communication. An Introduction, Oxford. – Searle, John R., 1969: Speech Acts, London. – Soeffner, Hans-Georg, 1992: Die Ordnung der Rituale. Die Auslegung des Alltags 2, Frankfurt a. M. – Streeck, Jürgen, 1996: How to Do Things with Things. Objets trouvés and Symbolization; in: Human Studies 19, 365–384. – Thimm, Caja (Hg.), 2000: Soziales im Netz. Sprache, Beziehungen und Kommunikationskulturen im Internet, Opladen. – Werlen, Iwar, 1989: Sprache, Welt und Mensch. Das Prinzip der sprachlichen Relativität, Darmstadt. – Whorf, Benjamin Lee, 1974: Sprache, Denken, Wirklichkeit. Beiträge zur Metalinguistik und Sprachphilosophie, Reinbek (1956).

Ruth Ayaß

Stadtsoziologie/ Gemeindesoziologie

Die Gemeinde-/Stadtsoziologie (engl. sociology of community) ist eine spezielle Soziologie, die die sozialen Strukturen und Prozesse auf »lokaler Basis« (König 1958) untersucht. Die Gemeindesoziologie hat zum Ausgangspunkt, dass Menschen in sich verändernden *Figurationen* (N. Elias) zusammenleben, von denen die Wichtigsten die *Gruppe* und *Familie*, *Gemeinde*, *Gesellschaft* und *Staat* sind, und dieses Zusammenleben immer lokal, also räumlich und örtlich, gebunden ist.

Wie bei anderen speziellen Soziologien lassen sich eine Mikro- und eine Makroebene als Untersuchungsfelder ausmachen. Die Mikroebene ist die der lokalen Basis des Zusammenlebens. Für die Makroebene stehen Städtenamen als Synonym für Kulturen, Epochen oder Länder, in der Antike mit Rom als markantestem Beispiel. Weimar steht synonym sowohl für die Klassik als auch für die erste deutsche Republik. In der Gemeindesoziologie ist die *Stadt* Untersuchungsraum allgemeiner gesellschaftlicher Prozesse und des *sozialen Wandels*.

Zur Differenzierung der Gemeinde: *Gemeinde* ist ein Oberbegriff für alle Siedlungsgebilde, die über die Form von Einzelsiedlungen hinausgehend eine bestimmte Struktur und damit eine soziale und kulturelle *Identität* ausgebildet haben. Das Spektrum reicht vom Dorf bis zur Megalopolis.

Gemeinde lässt sich durch drei Merkmale definieren (Hamm 1982): durch das materielle Substrat (das durch Grenzen eingefasste Gebiet und die sich darin befindenden Menschen und Sachanlagen); durch das institutionell differenzierte und abgestützte soziale Interaktionsnetz und semiotisch durch Name, Erscheinungsbild usw. der Gemeinde. Für die Unterscheidung von Dorf und Stadt oder andere spezifische Ausprägungen der Siedlungsstruktur müssen zusätzliche Merkmale eingeführt werden, in soz. Perspektive z. B. Einwohnerzahl, Dichte und soziale Heterogenität der Bevölkerung.

Dorf

In der Jungsteinzeit, beginnend vor ca. 10 Tsd. Jahren, wurde mit der Sesshaftwerdung eines großen Teils der Menschen auf der Basis intensivierter Acker- und Viehwirtschaften eine bedeutende Schwelle der menschlichen Kultur- und Sozialentwicklung erreicht. Weltweit gibt es bei abnehmender Differenzierung eine große Zahl unterschiedlicher Dorftypen und damit verbundener sozialer und politischer Organisationsformen. Nicht nur sind die Dörfer nach Weltregionen, kulturellen und allgemein gesellschaftlichen Entwicklungsstadien höchst verschieden, sondern ebenso wenig kann eine bestimmte Größenordnung angegeben werden. Über die ganze Erde verbreitet sind Haufen-, Reihen- und Straßendörfer; Runddörfer finden sich vor allem in Afrika.

Die Mehrzahl der Dörfer im mitteleuropäischen Raum entstand im 11.–14. Jh., also zu jener Zeit, als auch das Städtewesen expandierte. Gleichzeitig kam es zur Ausbildung sehr differenzierter Dorfverfassungen, in denen Allmenden, *Nachbarschaften*, die Grund- und Herrschaftsordnungen und die Niederstgerichtsbarkeit eine Rolle spielten. Die enge Verbindung von Dorf und Kirchspiel ist auch heute noch in Teilen Deutschlands erhalten. Traditionell waren die Dörfer bis zur *Industrialisierung* im Kern immer Ackerdörfer, d. h. Teil einer komplexen Agrargesellschaft und Agrarverfassung. Von Anfang an gehörten jedoch auch die für die Landwirtschaft wichtigen Handwerke zum Dorf.

Durch Industrialisierung und *Verstädterung* verloren die Dörfer an Bedeutung; doch erst nach dem Zweiten Weltkrieg ging die das Gemeinschaftsleben stützende dörfliche Infrastruktur, Schule und Postamt, Handwerker und Einzelhandel, weitgehend verloren. Im Zuge der kommunalen Gebietsreform der Jahre 1968–1978, als in Westdeutschland von 24 282 Gemeinden (von denen mehr als 16 000 weniger als 1000 Einwohner zählten) 8.502 übrig blieben, verloren die Dörfer auch die Rathäuser und damit ihre Selbstständigkeit als Gemeinden (die nach Art. 28 Grundgesetz das Recht haben, »alle Angelegenheiten der örtlichen Gemeinschaft im Rahmen der Gesetze in eigener Verantwortung zu regeln«).

Der rapide Rückgang der landwirtschaftlichen Erwerbsbevölkerung in der Sozialgeschichte der Bundesrepublik (von 23 % Anteil an der Beschäftigtenzahl 1950 auf 2,1 % 2010) hat aus den vor allem stadtnahen und in Ballungszentren gelegenen Dörfern Wohngemeinden gemacht. Das zumeist sehr ausgeprägte dörfliche Vereinsleben und die dörfliche Traditionspflege erweisen sich als ein wichtiger *Integration*sfaktor.

Stadt

Im Zuge der Sesshaftwerdung entstanden auch die ersten Städte, vor allem in Vorderasien (zu Ursprüngen und Entwicklung vgl. Benevolo 2000, Berndt 1978, Mumford 1979, Schäfers 2010). Durch sie erhielt die Menschheitsgeschichte, vor allem ihre Kultur- und Zivilisationsgeschichte, ihre Geschichte der Machtzentrierung, der Errichtung von Imperien usw. einen anderen Verlauf.

Unter *Stadt* wird eine menschliche Siedlung verstanden, die durch alle bzw. einige der folgenden Merkmale und Funktionen gekennzeichnet ist:

- größere Siedlung mit geschlossener Bebauung;
- gegenüber anderen Siedlungen relativ hohe Bevölkerungsdichte;
- Ort, an dem das gesellschaftsspezifische »System der Bedürfnisse« (Hegel) und damit die *Arbeitsteilung* am differenziertesten »lokalisiert« ist;
- Siedlung, die weitgehende oder zumindest auffällige Unabhängigkeit von landwirtschaftlicher Produktion zeigt;
- Siedlung, die für ein weiteres Umland ökonomisches und administratives, religiöses und kulturelles Zentrum ist.

Im Hinblick auf die soziale Struktur der Stadt und ihrer Bewohner seien im Anschluss an die Definitionen von Georg Simmel (1998) und Louis Wirth (1974) noch die folgenden Merkmale hervorgehoben: Trend zur Säkularisierung; Vorherrschen sekundärgruppenhafter Beziehungen und freiwilliger As-

soziationen, höhere Segmentierung sozialer *Rolle*n und Abnahme der Rigidität sozialer *Normen* und *Sanktion*en.

Diese Definition ist auf historische Städte – man denke an die »Ordnung« mittelalterlicher Stadtgesellschaften – nur bedingt anwendbar; sie zielt eindeutig auf die »offenen« Bürgerstädte seit Beginn der Neuzeit und damit auf »urbanism as a way of life« (Wirth).

Phasen der Verstädterung

Für Europa lassen sich die folgenden Phasen der Stadtbildung und Verstädterung unterscheiden (Schäfers 2010):

Stadtbildung in der Alten Welt: Diese ist besonders hervorzuheben, weil sie durch die Ausbreitung des römischen Städtewesens bis nach Mitteleuropa und Großbritannien für die weiteren Epochen der Stadtbildung von großer Bedeutung war. Sie prägte das Bild von Stadt sowie die Vorstellungen von städtischer Lebensweise und Kultur (»Urbanität«).

Für die ersten Städte wie für die Expansion des Städtewesens in Kleinasien, Nordafrika (Ägypten), Griechenland und im Römischen Imperium waren ausschlaggebend: technische Neuerungen wie die Erfindung des Rades und die darauf basierende erste Revolutionierung des Transportwesens und damit der Versorgungsmöglichkeiten größerer agglomerierter Bevölkerungen; ein Surplus der agrarischen Produktion durch Verbesserung der Anbaumethoden, der Tierhaltung und Zucht; ein sich ausbildendes Herrschaftsgefälle von der Stadt zum Land.

Das antike Städtewesen ging im mitteleuropäischen Raum in der Völkerwanderungszeit größtenteils unter, bis auf einzelne frühe Bischofssitze als nuclei der späteren frühmittelalterlichen Stadtbildung. Nur im Einflussbereich des Islam und des Oströmischen Reiches (wozu in der Frühzeit ja auch Venedig zählte) kann von Erhaltung und Weiterentwicklung der Stadt und Stadtkultur der Alten Welt gesprochen werden.

Städtebildung im Mittelalter: Erst die Festigung des Fränkischen Reiches, das Wiederaufblühen des Handels zu Lande und zu Wasser seit dem 10. Jh., das Wiedererwachen einer sich spezialisierenden Handwerkskunst und die Herausbildung eines *Stande*s, dessen Lebensgewohnheiten von nicht-agrarischen Tätigkeiten bestimmt ist, führte zu neuem städtischen Leben, zur Einzigartigkeit und Vielfalt und zügigen Ausbreitung (Stoob 1979) der mittelalterlichen Stadt. Die Rechts-, Sozial- und Wirtschaftsordnung, die ständische Gliederung und »Exterritorialität« der mittelalterlichen Stadt im Verhältnis zum agrarisch-feudalen Umland ist seit den grundlegenden Studien Georg Ludwig von Maurers (1869–71) gut erforscht. Bei Max Weber (1999) wird die mittelalterliche Stadt zu einem »*Idealtypus*«, an dem sich die *Rationalisierung* der abendländischen Rechts- und Wirtschaftsordnung als Grundelement der Heraufkunft des spezifisch okzidentalen Kapitalismus besonders eindringlich analysieren lässt.

Städtebildung im Absolutismus: Im Absolutismus (16.-18. Jh.) verliert die Mehrzahl der ehemals Freien Reichsstädte die Unabhängigkeit; es kommt, herrschaftssoz., zum »Sieg« des feudalen Landes über die Stadt einerseits, zu typischen Städtegründungen des Absolutismus andererseits: der Verbindung von barocker Residenz, militärischer Garnison und ökonomischem Zentrum. In vielen barocken Residenzstädten ist bis heute diese Form der Um- und Neugestaltung sichtbar: in Mannheim und Ludwigshafen, in Dresden und Potsdam.

Industrielle Verstädterung: Die *Industrialisierung* und die mit ihr verknüpfte *Urbanisierung* führten zu neuen Mustern der Stadtbildung, die nun so rasch verläuft, dass von Verstädterung gesprochen werden muss. Diese Phase begann im England des ausgehenden 18. Jhs.; sie ist heute weltweit und hat zu einem noch vor wenigen Jahrzehnten unvorstellbaren Ausmaß der in Städten oder stadtähnlichen Gebilden lebenden Bevölkerung geführt. Groß-London hatte zu Beginn des 19. Jhs. 1,1 Mill. Einwohner, 100 Jahre später 6,5 Mill. Die Anzahl der Großstädte in der Welt nahm von 1800 bis 1905 von 21 auf 340 zu; der Anteil der Großstadtbevölkerung an der Weltbevölkerung stieg von 1,7 % im Jahre 1800 auf 13,1 % im Jahre 1950. Seither hat sich das städtische System gegenüber der Zunahme der Weltbevölkerung (1850 ca. 1,2 Mrd.; 1950 ca. 2,5 Mrd.; 1999 wurde die 6-Mrd.-Grenze überschritten) überproportional stark ausgedehnt. Die Zahl der Millionenstädte stieg von 13 im Jahre 1900 auf 63 im Jahre 1950 und erreicht 2010 ca. 340, wobei etliche dieser Städte mehr als 10 Mill. Einwohner zählen. Stadtregionen wie Tokio und Mexiko City, Shanghai und Lagos haben über 20 Mill. Einwohner. Im Jahr 2005 lagen 15 von 20 Megastädten in Entwicklungs- und Schwellenländern.

Tertiäre Verstädterung: Die industrielle Verstädterung ging hier früher, dort später in eine Phase der »tertiären Verstädterung« (Mackensen 1974) über, die sich nicht mehr so sehr durch das Wachstum der großen Agglomerationen als vielmehr durch die »Verdichtung des gesamten Siedlungsrasters auszeichnet« (Hamm 1982). Typisch für diese Phase ist die zunehmende Bedeutung des tertiären Sektors für das Wachstum der Städte und ihre sozialräumliche Strukturierung. Mit der Entwicklung modernster Transportsysteme, insbesondere des Autos als Massenverkehrsmittel, werden die Trennung von Wohn- und Arbeitsstätte, wachsende *Pendler*zonen und eine fast beliebige Ausdehnung des »städtischen« Siedlungssystems möglich.

Da das Städtewesen in Deutschland (zu Entwicklung und landschaftstypischen Besonderheiten Schöller 1998) überwiegend mittelalterlichen Ursprungs ist, lassen sich die beschriebenen Phasen an der Mehrzahl der Städte, trotz der Kriegszerstörungen und der Verkehrs- und Sanierungsmaßnahmen seit den 1950er Jahren, ablesen. Wie diese »archäologischen« Schichten der Stadtgeschichte von den Bürgern erlebt werden und was letztlich die »Natur der Stadt« (Berndt) ausmacht, ist auch stadtsoziologisch und raumpsychologisch von Interesse.

Entwicklung der Gemeindesoziologie

In ihren Anfängen war die Gemeindesoziologie deutlicher noch als heute vor allem Soz. der sich entwickelnden industriellen Großstadt (Pfeil 1972). Die wichtigsten Beiträge von F. Tönnies, M. Weber, W. Sombart zur Stadtsoziologie sind nicht als deren Begründung zu verstehen. Bei Tönnies ist die große Stadt der Gegenpol zu gemeinschaftlichen Verhältnissen, bei Sombart und Weber der »Ort«, wo sich der moderne Kapitalismus herausbildet. Das frühe Interesse der Bevölkerungswissenschaft, der Sozialhygiene, aber auch der Geschichtswissenschaft und der Medizinalstatistik an der industriellen Großstadt des 19. und beginnenden 20. Jhs. ist inzwischen anderen Fragestellungen und Untersuchungsansätzen gewichen. Besonders hervorzuheben ist die sozialökologische Richtung der *Chicagoer Schule* der Soziologie, die Städte nach typischen Merkmalen der Ausdehnung (des »Wachstums«), der innergemeindlichen Umschichtung (*Segregation* und *Sukzession*) und der sozialräumlichen Differenzierung unterschied. Die weiteren Paradigmen der Stadt- und Gemeindesoziologie erreichten nie die Geschlossenheit des Ansatzes der Chicago-Schule.

Nach Hamms Darstellung (1977) war es vor allem Robert E. Park, der die entscheidenden Anstöße zur Entwicklung der *Sozialökologie* gab (als methodisches Hilfsmittel zur Durchsetzung von Sozialreformen in der Großstadt). Die theoretische Fundierung erfolgte durch seine Mitarbeiter Roderick D. McKenzie und Ernest W. Burgess (Friedrichs 1983, Hamm 1977). Hatte Park vor allem die »competitive cooperation« als Grundmerkmal zwischenmenschlicher Beziehungen herausgestellt und den Wettbewerb um knappe Ressourcen auch auf die Raumbildungsmuster im städtischen Sozialgefüge übertragen, so betonte McKenzie den Einfluss von Kultur, Technik und Administration auf diese Muster. Es war dann Ernest W. Burgess, der im gemeinsam mit Park und McKenzie publizierten Band »The City« (1925) eine modellhafte Darstellung des städtischen Wachstums und der Differenzierung in Zonen vornahm. Mit Hilfe der von McKenzie 1926 (dt. 1974) formulierten Begriffe wie Dominanz und Expansion, Dispersion und Zentralisierung, Invasion und Sukzession, Segregation und Konzentration (Definitionen bei J. Friedrichs 1981, 34) war ein Grundgerüst für die »Stadtanalyse« und damit für die »soziale und räumliche Organisation der Gesellschaft« (Friedrichs 1983) gegeben.

Sowohl in Bezug auf die Fragestellung als auch hinsichtlich der Untersuchungsmethoden waren diese und weitere Arbeiten der amerikanischen Stadt- und Gemeindeforschung Vorbild für die erst nach dem Zweiten Weltkrieg in Deutschland etablierte Gemeindesoziologie (wenngleich durch die vor allem von S. R. Steinmetz ausgebaute Methode der Soziographie bereits in den 1920er Jahren von F. Tönnies, L. v. Wiese et al. zahlreiche Gemeindeuntersuchungen vorgelegt wurden und Stadt und Land im Dritten Reich ein zentraler bevölkerungs- und raumordnungspolitischer Forschungsgegenstand waren). Nach dem Zweiten Weltkrieg dienten die v. a. unter amerikanischem Einfluss durchgeführten Gemeindeuntersuchungen auch als Basis der Re-Education und Demokratisierung. Die »Darmstadt-Studien«, 1952–54, waren nach Anlage und Umfang bisher in Deutschland ohne Beispiel.

Die Entwicklung der Gemeindesoziologie in der Bundesrepublik Deutschland kann nach einer Einteilung von Herlyn für die 1950er Jahre als Gründungsjahrzehnt, die 1960er Jahre als Ausbaujahrzehnt und die 1970er Jahre als Jahrzehnt der Politisierung und der danach erreichten Konsolidie-

rung bezeichnet werden. Im Gründungsjahrzehnt standen in der Tradition der amerikanischen Gemeindesoziologie Analysen ganzer Gemeinden im Vordergrund, sei es, um ihre schichtspezifischen Strukturen zu erfassen (Geiger 1951; Mayntz 1958) oder die Entwicklung einer jungen Industriestadt (Schwonke/Herlyn am Beispiel Wolfsburgs 1967). Hans Paul Bahrdts »Soziologische Überlegungen zum Städtebau« (1961/1998) ziehen sowohl zeitlich als auch inhaltlich einen Schlussstrich unter die Phase der »Soziologie der Gemeinde« und markieren den Übergang zu einer Soziologie des Städtebaus, der raum- und bodenbezogenen Planungen, der Öffentlichkeits- und Partizipationsstrukturen bei gemeindlichen Planungsprozessen.

Die Auffassung Königs (1958) von der Gemeinde als »globaler Einheit auf lokaler Ebene« begegnete wachsender Kritik. Stadt und Gemeinde wurden im Zusammenhang der zunehmenden Ökonomisierung und Zentralisierung gesellschaftlicher Prozesse mehr und mehr als Aktionsfeld dieser Prozesse, aber nicht mehr als deren (relativ) autonome Urheber angesehen. Veränderungen in der Gesellschaftsstruktur durch die »digitale Revolution« 1970ff., die Zuwanderungen von ausländischen Arbeitnehmern und ihren Familien, von Spätaussiedlern und Übersiedlern im Zuge der Wiedervereinigung führten zu neuen Problemlagen und Fragen nach der *Integration* der Stadtgesellschaft und nach den Folgen der *Segregation* (Friedrichs/Tiemer 2008). Auch die neuen Leitbilder der Stadtentwicklung, die mit *Nachhaltigkeit*, Berücksichtigung von Frauen (Rodenstein 1998), Kindern, älteren Menschen, Nachverdichtung, Bedeutung des öffentlichen Raumes, Stadtschrumpfung (Hannemann 2004) und lokaler *Identität* (Löw 2008) umschrieben werden können, forderten die Gemeindesoziologie theoretisch und methodisch neu heraus. Hierzu gehört auch das wachsende Interesse der Bürgerinnen und Bürger an »ihrer« Gemeinde, gleich welcher Größenordnung, der Entwicklung der Baukultur (Durth/Sigel 2009) und Partizipationsforderungen für gemeindliche, regionale und überregionale Planungsprozesse. War die Gemeindesoziologie in ihrer Etablierungs- und Konsolidierungsphase stark vom Struktur-Funktionalismus und neomarxistischen Ansätzen beeinflusst, so kamen nach 1970 neue Paradigmen hinzu, die u. a. dem Fundus der phänomenologisch orientierten Handlungstheorie, den Ansätzen von Pierre Bourdieu, Norbert Elias oder Anthony Giddens entstammen.

Zur Etablierung und Konsolidierung der Stadtsoziologie seit den 1970er Jahren gehören neben der Gründung der Sektion »Stadt- und Regionalsoziologie« in der Deutschen Gesellschaft für Soziologie 1971/72 Lehrbücher, zusammenfassende Darstellungen und Textsammlungen (vgl. Literatur).

Literatur

Bahrdt, Hans Paul, 1961: Die moderne Großstadt, Reinbek (Neuausgabe 1998). – Benevolo, Leonardo, 2000: Die Geschichte der Stadt, 8. Aufl., Frankfurt a.M./New York. – Berndt, Heide, 1978: Die Natur der Stadt, Frankfurt a.M. – Burdett, Ricky; Sudjic, Deyan, 2007: The endless City. The Urban Age Project, New York. – Durth, Werner; Sigel, Paul, 2009: Baukultur. Spiegel gesellschaftlichen Wandels, Berlin. – Friedrichs, Jürgen, 1983: Stadtanalyse. Soziale und räumliche Organisation der Gesellschaft, 3. Aufl., Opladen (1977). – Ders., 1995: Stadtsoziologie, Opladen. – Ders.; Triemer, Sascha, 2008: Gespaltene Städte? Soziale und ethnische Segregation in deutschen Großstädten, Wiesbaden. – Gottmann, Jean, 1961: Megalopolis, New York. – Hahn, Alois et al., 1979: Gemeindesoziologie, Stuttgart. – Hamm, Bernd, 1977: Die Organisation der städtischen Umwelt, Frauenfeld/Stuttgart. – Ders., 1982: Einführung in die Siedlungssoziologie, München. – Hannemann, Christine, 2004: Marginalisierte Städte. Probleme, Differenzierungen und Chancen ostdeutscher Kleinstädte im Schrumpfungsprozess, Berlin. – Häußermann, Hartmut; Siebel, Walter, 2004: Stadtsoziologie, Frankfurt a.M./New York. – Herlyn, Ulfert (Hg.), 1974: Stadt- und Sozialstruktur, München. – Ders., 1989: Der Beitrag der Stadtsoziologie; in: Hesse, Joachim Jens (Hg.): Kommunalwissenschaften in der Bundesrepublik Deutschland, Baden-Baden, 359–387. – Ders., 1997: Stadt- und Regionalsoziologie; in: Korte, Hermann; Schäfers, Bernhard (Hg.): Praxisfelder der Soziologie, 2. Aufl., Opladen, 243–262. – König, René, 1958: Grundformen der Gesellschaft: Die Gemeinde, Hamburg. – Löw, Martina, 2008: Soziologie der Städte, Frankfurt a.M. – Mackensen, Rainer, 1974: Städte in der Statistik; in: Pehnt, Wolfgang (Hg.): Die Stadt in der Bundesrepublik Deutschland, Stuttgart, 129–165. – Mayntz, Renate, 1958: Soziale Schichtung und sozialer Wandel in einer Industriegemeinde, Stuttgart. – Mumford, Lewis, 1979: Die Stadt. Geschichte und Ausblick, 2 Bde., München (1961). – Pfeil, Elisabeth, 1972: Großstadtforschung, Hannover (1950). – Rodenstein, Marianne, 1998: Artikel »Frauen«; in: Häußermann, Hartmut (Hg.): Großstadt: soziologische Stichworte, Opladen, 47–57. – Schäfers, Bernhard, 2010: Stadtsoziologie, Stadtentwicklung und Theorien – Grundlagen und Praxisfelder, 2. überarb. Aufl., Wiesbaden. – Schmals, Klaus M. (Hg.), 1983: Stadt und Gesellschaft, München. – Schöller, Peter, 1998: Die deutschen Städte, 2. Aufl., Stuttgart. – Simmel, Georg, 1998: Die Großstädte und das Geistesleben; in: Ders.: Soziologische Ästhetik. Bodenheim, 119–134 (1903). – Stoob, Heinz, 1979: Die hochmittelalterliche Städtebildung im Okzident; in: Ders. (Hg.): Die Stadt. Gestalt und Wandel bis zum industriellen Zeitalter, Köln/Wien, 131–156. – Weber, Max, 1999: Die Stadt. Teilbd. 5 von: Wirtschaft und Gesellschaft, Tübingen (1922).

Bernhard Schäfers

Stand

Der Standesbegriff (engl. estate, status) gehört neben dem der *Klasse, Schicht, Kaste* und *Gruppe* zu den wichtigsten Gliederungskategorien sozialer Gebilde wie Gemeinde, Nation und Gesellschaft. Mit ihm ist die Vorstellung von einem festen Standort des Menschen in Staat, Wirtschaft und Gesellschaft gemeint, mit dem eine Art von rechtlichem Anspruch auf Absicherung und die Pflicht zur Aufgabenerfüllung verbunden ist.

Die mittelalterliche **Feudalgesellschaft** war eine *Ständegesellschaft*, weil in ihr die Rechte und Pflichten des Adels, des Klerus und der Patrizier gesetzlich verankert waren. Es gab Geburtsstände, geschichtet in Adel, Freie und Unfreie. Der Stand repräsentierte den Ort, wohin der Mensch von Gott zum Dienst am Nächsten berufen wurde. Nicht die Funktion sollte den gesellschaftlichen Rang des Standesgenossen bestimmen, sondern »das personhafte Sein … bestimmt den Rang und mit ihm die dem Rang zugeordnete Funktion« (Nell-Breuning, 7). Daher galt auch der an der Person haftende Wert als angeboren, gottgewollt und erblich. Die Untertanen waren zum Dienen und Gehorsam ebenso geboren wie die Herren zur Herrschaft und zum Befehlen. Im herrschaftsständischen Aufbau des Mittelalters kam nur den führenden Gruppierungen, den Ständen, die Subjektstellung in Staat und Gesellschaft zu; die große Masse der Untertanen, die Hintersassen, blieb sozial verachtet und politisch unmündig. Die Herrschaftsstände waren Geburtsstände und beruhten auf der Grundherrschaft.

Landeigentum und landesherrliche Rechte waren auch für die Geistlichkeit, den Klerus, von großer Bedeutung, wie überhaupt Grundeigentümer nur die volle Staatsbürgerschaft besaßen, galten sie doch als Landverwalter, -besteller und -verteidiger. Die altdeutsche Freiheit ging darauf zurück, auf familieneigenem Grund ansässig zu sein. Vor allem aber für den *Adel* stellte zunächst das unbewegliche Vermögen das

»Erhaltungsmittel aller Geschlechter« dar. Der Bürgerstand sei nach dem Standesforscher Hüllmann aus dem 19. Jh. erst Teil der Gesellschaft geworden, nachdem der Staat aufgehört habe, »ein Inbegriff von Genossenschaften zu sein«, während für den Bauernstand erst »das neunzehnte Jahrhundert der bürgerliche Schöpfungstag« (Hüllmann, V) gewesen sei. Deshalb unterschied er zwischen Geistlichkeit, vor allem katholischen Glaubens, Adel, Bürger- und Bauernstand. Die Rangverhältnisse seien am deutlichsten in den Geldsummen zum Ausdruck gekommen, »die bei Mordtaten bezahlt werden mussten« (Hüllmann, III): Je höher der Rang, desto höher die Strafe. Hüllmann hoffte auf die »Eintracht der Fürsten in Deutschland«, auf dass deren Tugenden »den Erdkreis mit unvergänglichen Schätzen« (Hüllman, VI) bereicherten.

Herrschaftsständische Vorstellungen wirkten in der Tat bis tief in die **Neuzeit** hinein, wenn z. B. im Gefolge der Französischen Revolution das städtische Großbürgertum als Dritter Stand, die Lohnarbeiterschaft als Vierter Stand und das Lumpenproletariat gelegentlich als Fünfter Stand bezeichnet wurden. Mit dem Voranschreiten der Dienstleistungsgesellschaft nach dem Zweiten Weltkrieg bezeichnete sich für den französischen Soziologen Raymond Aron die Intelligenz, vor allem die Manager, Techniker und Wissenschaftler, als Fünfter Stand. Deren Handlungsweisen und Interessen würden sowohl in Ost und West dazu führen, dass sich Kapitalismus und Sozialismus zunehmend annäherten. In der Neuzeit verlor jedoch der Begriff Stand seine übernatürliche Grundlage und erlebte eine zunehmende »Verweltlichung«, die aufgrund politisch-sozialer Umwälzungen sowie philosophischer Neuausrichtungen im Laufe des 18. Jh.s zu einer Wort- und Deutungsverschiebung von Stand zu *Klasse* führte. Die z. T. traumatischen Auswirkungen der Französischen Revolution und der Industriellen Revolution verliehen allerdings dem metaphysisch-theologisch entwerteten, aber unter veränderten politischen Bedingungen neu zu definierenden »Stand« wieder Nahrung. Er fand wieder Verwendung als »Kampfbegriff«.

Das vielschichtige Spannungsverhältnis von Kapitalismus und Demokratie, von Marktwirtschaft und Sozialstaat gab dem ständestaatlichen Modell der politischen Willensbildung Auftrieb. Überdies hoffte man, mit Hilfe einer berufsständischen Ordnung die revolutionäre Saat der Klassengesellschaft ersticken zu können. Der regionale Pluralismus in der Politik sollte sich mit einem funktionalen Pluralismus in der Wirtschaft zum Konstruktionsprinzip der modernen *Industriegesellschaft* verbinden (vgl. Durkheim; Messner). Wie die Beispiele Portugals unter Salazar und Österreichs unter Dollfuß zeigen, fehlte es nicht an Versuchen, konkrete Gesellschaften berufsständisch bzw. ständestaatlich zu reorganisieren. Als Konstruktionsprinzip der Gesellschaft ist politisch der Ständestaat im Gegensatz zum Parteienstaat, ökonomisch die ständische Gesinnung im Gegensatz zur individualistisch-kapitalistischen Wirtschaftsweise und sozial der Standesbegriff als Gegenstück zum Klassenbegriff zu verstehen.

Durch die Unterscheidung zwischen Klassen, Ständen und Parteien als Formen der Gruppenbildung und der gesellschaftlichen Machtverteilung hat Max Weber den Standesbegriff auch zu soziologischen Ehren gebracht. Im Gegensatz zur rein ökonomisch begründeten Klassenlage bezeichnet er als ständische Lage »jede typische Komponente des Lebensschicksals von Menschen, welche durch eine spezifische, positive oder negative, soziale Einschätzung der ›Ehre‹ bedingt ist, die sich an irgendeine gemeinsame Eigenschaft vieler knüpft« (Weber, 534). Ständische *Ehre* kann also die Folge einer bestimmten Klassenlage, z. B. Besitzklasse, oder unabhängig davon mit der persönlichen Lebensführung, dem Beruf, einer bestimmten Erziehung oder Herkunft verbunden sein. Die Zugehörigkeit zu einem Stand wird in der Regel durch die Pflege eines entsprechenden *Lebensstil*s, Kontaktkreises und Heiratszirkels unter Beweis gestellt. Ständebildung braucht daher Zeit und kann sich nur in Zeiten stabiler Verhältnisse vollziehen. Als subjektiv definierte Kategorien der Sozialstruktur stehen Stände in einem Spannungsverhältnis zur Klassengliederung, die sich objektiv aus der Marktkonkurrenz ergibt.

Im Anschluss an Webers Auffassung von Ständen als Lebensstilgruppen werden auch **heute** noch bestimmte Bevölkerungsgruppen, wie z. B. der »Mittelstand« oder Angehörige von Professionen wie Ärzte und Beamte, mit dem Attribut »ständisch« belegt. Mitglieder eines »Standes« in der modernen Gesellschaft zeichnen sich u. a. durch symbolisch vermittelte, demonstrative Homogenität und bestimmte *Initiationsrituale* aus, die unter ihnen ein Gemeinschaftsgefühl erzeugen. Die auch heute noch häufig benutzte Bezeichnung »standesbewusstes Denken« ist Ausdruck für die Aktualität des Ständebegriffs. Aufgegriffen wird er auch, um die kulturelle und rechtliche Diskriminierung von Frauen in der Gegenwartsgesellschaft zu brandmarken (vgl. Beck).

Im Vordergrund der soziologischen Definition des Standes steht die gemeinsame Einschätzung durch andere, d. h. sein relationaler Charakter. Auf der Dimension der sozialen Ehre bauen auch die späteren *Prestige*modelle der sozialen Schichtung in der Ungleichheitsforschung auf (vgl. Hradil; Strasser).

Literatur

Aron, Raymond, 1964: Die industrielle Gesellschaft, Frankfurt a. M. – Beck, Ulrich, 1986: Risikogesellschaft, Frankfurt a. M. – Durkheim, Emile, 1928: Le socialisme, Paris. – Hradil, Stefan; Schiener, Jürgen, 2001: Soziale Ungleichheit in Deutschland, 7. Aufl., Stuttgart. – Hüllmann, Karl Dietrich, 1830: Geschichte des Ursprungs der Stände in Deutschland, 2. Ausgabe, Berlin. – Messner, Johannes, 1936: Die berufsständische Ordnung, Innsbruck. – Nell-Breuning, Oswald von, 1959: Ständischer Gesellschaftsaufbau; in: Beckerrath, Erwin von (Hg.): Handwörterbuch der Sozialwissenschaften, Bd. V, Bernhardi-Distribution (ii), ix, 6–11. – Strasser, Hermann, 1985: Was Theorien der sozialen Ungleichheit wirklich erklären; in: Ders.; Goldthorpe, John H. (Hg.): Die Analyse sozialer Ungleichheit, Opladen, 155–172. – Weber, Max, 1956: Wirtschaft und Gesellschaft, Tübingen.

Hermann Strasser

Ständegesellschaft

Ständegesellschaft (engl. estate system of stratification) bezeichnet eine soziale Ordnung, in welcher jeder seine Zuordnung zu einer formal und sozial bestimmten Gruppe durch Privilegierung erhält. Es kann sich dabei um eine berufsständische oder eine herrschaftsständische Ordnung handeln, in den meisten Fällen jedenfalls um eine geburtsständische (erbcharismatische) Ordnung.

Um die erste Jahrtausendwende waren theologische Vorstellungen einer »trifunktionalen Ordnung« (Duby) verbreitet, die auf griechischen, römischen und christlichen Grundlagen aufbauten und eine Homologie zur himmlischen Ordnung implizierten. Aber die *Feudalgesellschaft* des Frühmittelalters stellte noch keine Ständegesellschaft dar, weil sie auf dezentralen Strukturen beruhte (Bloch). Erst durch die Stärkung der zentralen Gewalt des Königs kam es im Laufe des Hochmittelalters zur Verweltlichung in Form einer Ständeordnung von Klerus, *Adel* und dem Dritten Stand der freien *Bürger* und teilweise auch der freien Bauern. Die Stände wiesen einen korporatistischen Charakter auf, besaßen eigene Ehrbegriffe, Verhaltensnormen, Symbole und eigene Standesgerichte. Ihre Funktion bestand in der Unterstützung und Beratung des Königs (Gall): Die Generalstände in Frankreich, die Reichs- und Landstände in Deutschland, das Parlament in England waren Gremien der Mitregierung. Damit war ein Dualismus zwischen Fürst und Ständen begründet, dem Tendenzen hin zu Absolutismus oder Parlamentarismus innewohnten. Dieser trug zu dem Bürgerkrieg des 17. Jh.s in England und der Entstehung des Konstitutionalismus bei. In der Schweiz und in den Niederlanden setzten sich im 17. Jh. die Stände durch, in Frankreich, Spanien und in Mitteleuropa verstärkte sich die Macht der Krone.

Im 18. Jh. ging in Letzteren daher die politische Macht der Stände zurück, aber es entstand eine Ständegesellschaft über eine durch Privilegierung begründete Ungleichheitsordnung. Diese umfasste nur Personen »von Stand«, nicht die gesamte Bevölkerung; Frauen, Kinder und Dienstboten zählten nicht dazu und Landlose, Besitzlose und Angehörige nichtzünftischer Berufe waren unterständische Schichten.

Die Französische Revolution erschütterte zwar die aristokratisch-ständische Gesellschaft, führte aber nicht zu ihrem vollkommenen Verschwinden. Das Allgemeine Preußische Landrecht von 1794 bezeichnete zwar alle Menschen als Staatsbürger, schrieb aber gleichzeitig die ständische Ordnung fest. Dieser Widerspruch verschärfte sich durch die *Soziale Frage*, die durch die Auffassung von der Arbeiterschaft als viertem Stand zu lösen versucht wurde.

Berufssolidarität sollte die Anomie der individualistischen Gesellschaft bekämpfen (Durkheim). Insbesondere entwickelte auch die Katholische Soziallehre berufsständische Ordnungsvorstellungen. In der Politik sollten ständestaatliche Strukturen eine Alternative zu Parteiendemokratie und Sozialismus darstellen, und sie fanden im 20. Jh. eine reale Entsprechung im Austrofaschismus, in Mussolinis Italien, Francos Spanien u. a.

In der Soziologie wird der Stand als Begriff sozialer *Differenzierung* vormoderner Gesellschaften verstanden und von den Begriffen der *Klasse* und der *Schicht* klar abgegrenzt. In der Öffentlichkeit wird jedoch auch heute noch häufig die Bezeichnung »Mittelstand« verwendet, ohne dass damit eine ständische Ordnung vorausgesetzt wird.

Literatur

Bloch, Marc, 1982: Die Feudalgesellschaft, Frankfurt a. M./ Berlin/Wien. – Duby, Georges, 1986: Die drei Ordnungen. Das Weltbild des Feudalismus, Frankfurt a. M. – Durkheim, Emile, 1977: Über die Teilung der sozialen Arbeit, Frankfurt a. M. (1893). – Gall, Lothar, 1993: Von der ständischen zur bürgerlichen Gesellschaft, München. – Weber, Max, 1985: Wirtschaft und Gesellschaft, Tübingen (1922).

Gertraude Mikl-Horke

Statistik

Mit Statistik (engl. statistics) bezeichnet man im Rahmen der Sozialwissenschaften ein System von Modellvorstellungen und den damit verbundenen (weitgehend mathematisch-algorithmischen) Vorgehensweisen (»*Methoden*«), mit deren Hilfe man die angefallenen Befunde empirischer Sozialforschung systematisch zusammenstellen, analysieren und auf wesentliche Informationskerne reduzieren kann. Hierzu gehören auch formalisierte Vorgehensweisen beim Entscheiden zwischen alternativen Hypothesen, beim Prognostizieren von Effekten und Trends sowie beim Schätzen von bestimmten Kennwerten in den Grundgesamtheiten (s. u.), welche den erhobenen Daten zugrunde liegen.

Zur historischen Entwicklung

In elementarster Form – dem systematischen Sammeln und Zusammenstellen von Information – lässt sich statistisches Tun als sog. praktische oder materielle Statistik seit vielen tausend Jahren belegen: In Ägypten wurden im Alten Reich (2650–2190 v. Chr.) alle zwei Jahre Gold und Felder gezählt, Volkszählungen für die Zeit um 2000 v. Chr. sind nachgewiesen. In China (um 2300 v. Chr.) und im Persischen Großreich (um 500 v. Chr.) wurden ebenfalls statistische Zahlen ermittelt; im Römischen Reich gab es ab 433 v. Chr. regelmäßig Volkszählungen, unter Augustus (63 v. -14 n. Chr.) sogar eine Dokumentation der Land- und Seestreitkräfte, Staatsfinanzen usw. als breviarium augusti. Integrierte Nationalstatistiken und die Gründung nationaler statistischer Ämter erfolgten in Europa weitgehend erst im 19. Jh. und z. B. in Australien, Ägypten oder den USA sogar erst im 20. Jh. Früher und weitgehend unabhängig von dieser praktischen Statistik entwickelte sich die sog. Universitätsstatistik, eine systematische, vergleichende Staaten-Beschreibung, deren Blüte im 17. und 18. Jh. war. Sie wurde abgelöst durch die – ebenfalls seit dem 17. Jh. entwickelte – Politische *Arithmetik*, deren Ziel weniger eine Beschreibung war, als vielmehr auf analytische Weise Gesetzmäßigkeiten in gesellschaftlichen und wirtschaftlichen Erscheinungen zu finden. Durch Quetelet mit der *Wahrscheinlichkeits*theorie (Pascal, Bernoulli, Gauss u. a.) verbunden, entwickelte sich im 19. Jh. die neuere Statistik, die im 20. Jh. durch Ausarbeitung der Konzepte von Schätzung, Hypothesentests und Entscheidungstheorie (Fisher, Neyman, Pearson, Wald u. a.) und die axiomatisierte Fassung der Wahrscheinlichkeitstheorie durch Kolmogoroff wesentlich erweitert wurde. In dieser Form ist die Statistik heute ein Teilgebiet der Mathematik, das (auch) in den Sozialwissenschaften angewendet wird. Daher genügt es für Substanzwissenschaftler nicht, allein die statistischen Methoden zu betrachten, sondern ihr Stellenwert ist mit zu bedenken, wenn eine sinnvolle Anwendung gewährleistet werden soll.

Zum Stellenwert der Statistik

(Mathematische) Statistik geht grundsätzlich von Zahlen aus, zwischen denen genau festgelegte numerische Beziehungen (oder: Relationen) gelten. Von diesen Relationen hängt ab, welche Operationen ausgeführt werden dürfen und welche nicht. Abfolgen solcher Operationen werden nach unterschiedlichen Kriterien zu Methoden zusammengefasst. Dabei kann prinzipiell immer festgestellt werden, ob eine Methode richtig oder falsch durchgeführt wurde. Gegenstand von Substanzwissenschaften – also auch der Sozialwissenschaften – sind aber empirische Sachverhalte, die in der Regel systematisch mit den Mitteln empirischer Sozialforschung erhoben wurden. Mit Ausnahmen handelt es sich dabei also keineswegs um Zahlen oder definierte numerische Relationen. Die Frage, welche Funktion Zahlen in den Sozialwissenschaften haben, ist somit keineswegs trivial. Sachverhalte stellen sich in unserem, durch den indoeuropäischen Sprachtypus (und damit auch durch die aristotelische Logik) geprägten, wissenschaftlichen Denken in Form von Subjekt-Prädikat-Sätzen dar, mittels derer wir solche Sachverhalte kommunizieren und Erfahrung interindividuell austauschen. »Subjekte« bezeichnen dabei empirische Elemente – wie z. B. Menschen, Gruppen, Werturteile, Wünsche, Texte usw. –, Prädikate hingegen bezeichnen empirische Beziehungen, die zwischen den Elementen festgestellt wurden – wie z. B. »ist älter als«, »hat x-mal so viele Mitglieder wie«, »ist scheußlich«, »möchte ich lieber als«, »steht im Text zwischen … und …« usw. Ein System von empirischen Elementen und empirischen Beziehungen zwischen ihnen heißt **empirisches Relativ**.

Empirische Relative sind nun – so wie sie üblicherweise aus einer bestimmten Erhebung hervorgehen – in ihrem Informationsgehalt viel zu komplex, um ohne Hilfsmittel vom Menschen aufgenommen und geistig verarbeitet werden zu können: Bei nur zehn Einstellungsfragen, die von 30 Personen beantwortet werden, ergeben sich Millionen von Aussagen (Vergleichen). Wesentliches Ziel von Wissenschaft ist es daher, die komplexe empirische Information systematisch aufzubereiten und zu reduzieren, so dass sie einerseits leichter überschaubar – und damit aufnehmbar und kommunizierbar – wird, andererseits *Entscheidung*en und *Prognosen* hinsichtlich zukünftigen Handelns ermöglicht.

Der Stellenwert von Statistik für die Sozialwissenschaften liegt darin, dass sie ein ausgezeichnetes Hilfsmittel zur *Information*sreduktion und zur *Prognose* darstellen kann. Dazu wird das empirische Relativ – bestehend aus empirischen Objekten und empirischen Beziehungen zwischen diesen – auf ein **numerisches Relativ** – bestehend aus Zahlen und numerischen Beziehungen zwischen diesen –abgebildet. Dieser Vorgang heißt *Messen*. In Sonderfällen (in den Naturwissenschaften allerdings im Normalfall) werden die empirischen Relationen gleich bei ihrer Erfassung in Zahlenrelationen ausgedrückt. Trotzdem bleiben die Erfassung von Phänomenen und die Abbildung ihrer Strukturen auf Zahlen prinzipiell (analytisch) trennbar.

Die Abbildung auf Zahlen ist natürlich nicht die einzig mögliche Form der Informationstransformation zum Zwecke der besseren Kommunizierbarkeit. Die Vorteile der Verwendung von Statistik gegenüber anderen Möglichkeiten (z. B. der Verwendung sprachlich-metaphorischer Systeme) sind insbesondere: 1. Eindeutigkeit – mathematische Symbole und Operationen lassen sich im Gegensatz zu Begriffen der natürlichen Sprachen völlig eindeutig definieren; 2. Nachvollziehbarkeit – die Operationen im mathematisch-statistischen Reduktionsprozess sind explizit, nachvollziehbar und damit objektiviert; 3. Kommunizierbarkeit – die Bedeutung mathematischer Symbole ist definiert und damit die Verständigung nicht wie bei Sprache an räumlich/zeitlich sich verändernde (Sub-)Kulturen gebunden; 4. Optimierbarkeit – die formalen Operationen bei der Informationsreduktion lassen sich im Hinblick auf bestimmte, explizierbare Optimierungskriterien auswählen (z. B. »erwartungstreue Schätzung«, »Fehlerminimierung« etc.).

Aus diesen Überlegungen sollte deutlich werden, dass im Kontext der Sozialwissenschaften die mathematisch-statistischen Methoden als *Modelle* für bestimmte Aspekte der Informationsverminderung, Vorhersage und Entscheidung anzusehen sind. Nicht die richtige oder falsche Ausführung einer statistischen Methode hat im Vordergrund zu stehen, sondern zunächst einmal die Frage, ob die relevante Information adäquat oder inadäquat durch das statistische Modell erfasst wird. Dies kann nicht aus formalen Axiomen heraus, sondern nur im Hinblick auf die Beantwortung einer Frage (bzw. Lösung eines Problems) begründet werden.

Klassifikation statistischer Modelle

Je nach inhaltlicher Fragestellung und abhängig von der Struktur des empirischen Relativs ergeben sich unterschiedliche Einteilungen der statistischen Modelle. Eine wesentliche Strukturierung hängt damit zusammen, dass durch die oben skizzierten Aspekte sozialwissenschaftlicher Messung Zahlen im numerischen Relativ – völlig unberührt von irgendwelchen axiomatischen Eigenschaften von Zahlen – genau nur jene Bedeutung zukommt, die sich aus dem jeweils abgebildeten empirischen Relativ (d. h. den empirischen Beziehungen) herleitet. Im Hinblick darauf, welche Information die Zahlen repräsentieren, unterscheidet man vier *Skalenniveaus*, nämlich:

a) Nominalskala – Zahlen werden nur hinsichtlich »=« und »≠« unterschieden (d. h. rein benennende Funktion der Zahlen; z. B. Postleitzahlen, Telefonnummern),

b) Ordinalskala – zusätzlich hat hier die Relation »<« und »>« empirischen Sinn (d. h. [rang]ordnende Funktion der Zahlen; z. B. Schulnoten, Zufriedenheitsangaben auf einer Rangskala),

c) Intervallskala – zusätzlich hat hier die Größe von Differenzen (und damit das »Intervall« zwischen Zahlen) einen empirischen Sinn (z. B. Temperatur in Celsius/Fahrenheit, viele sozialwissenschaftliche Indizes, etwa Schichtindizes),

d) Verhältnisskala – auch das Verhältnis zweier Zahlen hat empirischen Sinn (und, wie man zeigen kann, ein absoluter Nullpunkt) – z. B. Einkommen, Alter.

Obwohl dies eine recht grobe Einteilung ist (man hat auch differenzierte Skalensysteme entwickelt), reicht für die meisten Probleme die Unterscheidung in diese vier Gruppen. Oft werden sogar die letzten beiden als metrische Skalen zusammengefasst und Nominal- und Ordinalskalen in Abgrenzung dazu als nicht-metrische Skalen bezeichnet. Mit dem Skalenniveau ist bestimmt, welche numerischen Operationen ausgeführt werden dürfen, d. h., welche statistischen Modelle für ein bestimmtes Datenmaterial überhaupt in Frage kommen.

Eine weitere wichtige Unterscheidung statistischer *Modell*e ergibt sich, wenn man betrachtet, wie diese Modelle die einzelnen Ausprägungen der untersuchten Merkmale behandeln. Handelt es sich um ein Merkmal mit wenigen Ausprägungen (Kategorien), ein sogenanntes kategoriales Merkmal, dann kann es sinnvoll sein, die Kategorien einzeln zu modellieren (z. B. die Häufigkeit oder die Wahrscheinlichkeit ihres Auftretens). Man spricht in diesem Fall von Modellen für **kategoriale Daten**. Hat das Merkmal dagegen sehr viele Ausprägungen, ist dieses Vorgehen nicht sehr effizient. Handelt es sich dabei um eine metrische Variable, betrachtet man stattdessen bestimmte Kennwerte der Verteilung aller Ausprägungen des Merkmals (z. B. den Durchschnittswert). Man spricht in diesem Fall von Modellen für kontinuierliche oder **metrische Daten**. Bei Modellen für kategoriale Daten können dagegen Messungen auf unterschiedlichen (nominalen, ordinalen, metrischen) Skalenniveaus betrachtet werden.

Schließlich kann man statistische Modelle hinsichtlich der Fragestellung klassifizieren: Geht es um Zusammenfassung, Darstellung und Beschreibung von Phänomenen, spricht man von beschreibender oder deskriptiver Statistik. Geht es darum, mit Hilfe einer Stichprobe Werte der Population (Grundgesamtheit) zu schätzen, aus der die Stichprobe stammt, oder Entscheidungen zwischen Hypothesen zu fallen, so spricht man von schließender Statistik oder *Inferenz*statistik.

Beschreibende Statistik (Deskriptivstatistik)

Zwar können Daten nicht theorielos gesammelt werden, doch gibt es oft Situationen, wo man noch keine Entscheidungen fällen oder bestimmte Werte schätzen will, sondern sich zunächst einmal einen Überblick über einen begrenzten Gegenstandsbereich verschaffen will. Hier benutzt man Statistik dazu, um das Material anschaulicher zu strukturieren sowie bestimmte Aspekte und Effekte deutlicher hervortreten zu lassen. Dies ist die wesentliche Aufgabe der beschreibenden Statistik (die z. B. in Form der amtlichen Statistik auch der breiteren Bevölkerung bekannt ist). Dazu gehört:
1. Auflisten und Strukturieren von Daten in Form von Tabellen sowie deren graphische Darstellung,
2. Beschreibung von einzelnen Daten-Verteilungen durch bestimmte Kennwerte – besonders hinsichtlich des Zentrums der Verteilung (häufigster Wert – *Modus*, »mittlerer« Wert – *Median*, Mittelwert – *arithmetisches Mittel*) und ihrer Streuung (*Varianz, Standardabweichung*),
3. Beschreibung des Zusammenhanges zwischen zwei Variablen durch *Korrelationsmaße*,
4. Zusammenfassung von Untersuchungseinheiten zu Klassen und Reduktion vieler Variablen auf wenige Faktoren (*Clusteranalyse, Faktorenanalyse*),
5. Prognose, einer abhängigen Variablen mit Hilfe einer oder mehrerer unabhängiger Variablen (*Regressionsanalyse*).

Schließende Statistik (Inferenzstatistik)

Oft ist das Ordnen und Umstrukturieren der Daten mittels der Deskriptivstatistik nur ein erster Schritt, und die eigentliche Fragestellung zielt weiter: Die an einer begrenzten Personenzahl und unter speziellen Bedingungen erhobenen Daten werden dann als *Stichprobe* aus einer (realen oder theoretischen) *Grundgesamtheit* aufgefasst. Mit dem **Repräsentationsschluss** wird, von diesen empirischen Beobachtungen bzw. Daten ausgehend, unter Beachtung bestimmter theoretischer Bedingungen auf »zugrunde liegende« Strukturen geschlossen. Es handelt sich also um einen Induktionsschluss – z. B. von dem Mittelwert als Kennwert einer Stichprobe auf den Mittelwert als Parameter der Grundgesamtheit (vgl. *Schätzen*, statistisches). Voraussetzung für dieses Vorgehen ist das Vorliegen einer Zufallsstichprobe (vgl. *Auswahlverfahren*). Mindestens muss für jedes

Element der Stichprobe bekannt sein, mit welcher Wahrscheinlichkeit es ausgewählt wurde.

Weiterhin bedarf es beim Repräsentationsschluss neben den beobachteten empirischen Werten auch bestimmter A-priori-Annahmen. Danach lassen sich verschiedenartige Inferenz-Modelle unterscheiden: Beim Bayes-Modell werden die A-priori-Verteilungen als bekannt vorausgesetzt, beim Fiduzialmodell von R.A. Fisher ist die sog. Fiduzialwahrscheinlichkeit eine Aussage über einen festen, aber unbekannten Zustand, beim Likelihood-Modell wird ein Plausibilitätsmaß für die unbekannten Parameter berechnet und beim Konfidenz-Modell von Neyman und Pearson geht es um Zufallsintervalle, die den unbekannten festen Parameter mit einer bestimmten Wahrscheinlichkeit überdecken. Zahlreiche moderne Autoren neigen dazu, Repräsentationsschlüsse als Entscheidungsprobleme aufzufassen und so eine unmittelbare Verbindung zur Theorie statistischer Tests herzustellen. Hier steht die Prüfung von Hypothesen im Zentrum – z.B. soll im Rahmen eines Experiments die Hypothese verworfen werden, die beobachteten Mittelwert-Unterschiede zwischen der Experimental- und der Kontrollgruppe wären rein zufällig (vgl. Test, statistischer).

Literatur

Bohrnstedt, George W. et al., 2002: Statistics for Social Data Analysis, Itasca, Ill. – Fahrmeir, Ludwig et al., 2009: Statistik: der Weg zur Datenanalyse, Berlin. – Kühnel, Steffen; Krebs, Dagmar, 2007: Statistik für die Sozialwissenschaften, Reinbek.

Jürgen Kriz, überarbeitet von Hans-Jürgen Andreß

Status

Der Begriff des sozialen Status (engl. status) wird in der Soziologie in unterschiedlicher Weise verwendet. Erstens wird Status im Anschluss an Linton in der *Rollentheorie* vielfach synonym mit dem Begriff der sozialen *Position* verwendet. Zwei andere Verwendungsweisen von sozialem Status schließen an den Begriff des *Stand*es bei Max Weber an. Dieser hatte von der primär ökonomisch begründeten Klassenlage von Personen die sogenannte ständische Lage abgegrenzt, in der Unterschiede in der sozialen Wertschätzung von Personengruppen zum Ausdruck kommen.

In der US-amerikanischen Soziologie wurde Webers Begriff des Standes als Status übersetzt. In einer engeren Variante wurde Status vor allem als soziale Wertschätzung und *Prestige* von Gruppen verstanden. In einer weiteren Variante, die hier im Zentrum steht, fokussierte man mit dem Begriff des Status auf die Stellung von Personen in unterschiedlichen Dimensionen der Struktur *sozialer Ungleichheit*.

Position und Status

In der Gesellschaft existieren soziale *Position*en, die mit unterschiedlichen Arten von Rechten und *Ressourcen* in ungleichem Ausmaß ausgestattet sind. Soziale Ungleichheit kann daher in verschiedenen Dimensionen (z.B. kulturelles *Kapital*, ökonomisches Kapital, soziales Kapital und symbolisches Kapital im Anschluss an Bourdieu) untersucht werden. Personen werden diesen Positionen durch spezifische Rekrutierungsmechanismen zugeordnet. Der Status einer Person auf einer Ungleichheitsdimension basiert auf der Ausstattung der jeweiligen Position mit für diese Dimension spezifischen Ressourcen. Da Rechte und Ressourcen besonders auf der Grundlage von Berufspositionen verteilt werden, stehen diese im Zentrum der Ungleichheitsforschung.

Merkmale des Status

Personen können unterschiedliche Status auf verschiedenen Dimensionen der Ressourcenverteilung einnehmen (z.B. Bildung und Einkommen). Mit dem Begriff der Rigidität bezeichnet man das Ausmaß, in dem Personen inter- und intragenerational ihren Status auf einer der Ungleichheitsdimensionen verändern können. Mit dem Begriff der *Statuskonsistenz* beschreibt man das Ausmaß der Übereinstimmung der Status von Personen auf unterschiedlichen Ressourcendimensionen. In der Literatur findet sich die Annahme, dass Statusinkonsistenz erstens zu sozialem Stress und damit zu bestimmten Formen radikalen Verhaltens führe. Zweitens wird argumentiert, dass Statusinkonsistenz in den vergangenen Jahrzehnten zugenommen habe. Beide Thesen können nicht empirisch kaum belegt werden.

Statusskalen

Der soziale Status von Personen wird in der Ungleichheitsforschung zumeist auf der Grundlage von Skalen gemessen, welche die verschiedenen Status von Personen und ihren Berufen auf den unterschiedlichen Ressourcendimensionen zusammenfassen, wobei hier insbesondere Bildung, Einkommen und Berufsprestige im Vordergrund stehen. Der Klassiker unter diesen Skalen ist der Socioeconomic Index for Occupations (SEI), der von Otis Duncan entwickelt wurde. Eine international vergleichbare Skala des sozioökonomischen Status ist der Standard International Socio-Economic Index of Occupational Status (ISEI) von Ganzeboom und Treiman.

Status und soziales Handeln

Die Status einer Person prägen in unterschiedlichen Hinsichten ihr *soziales Handeln*: Einerseits ermöglichen und beschränken die den Status definierenden Ressourcen das Handeln in verschiedener Weise und prägen die Interessen der Akteure. Andererseits gehen mit dem Status von Personen bestimmte Statusüberzeugungen (Stereotype) einher, die den Ablauf von *Interaktion*en nachhaltig prägen, wie dies vor allem in der Expectation State Theory (Ridgeway) herausgearbeitet wurde.

Literatur

Ridgeway, Cecilia, 2001: Interaktion und die Hartnäckigkeit der Geschlechterungleichheit in der Arbeitswelt; in: Heintz, Bettina (Hg.): Geschlechtersoziologie, Opladen, 250–275. – Rössel, Jörg, 2009: Sozialstrukturanalyse, Wiesbaden. – Wolf, Christoph, 1995: Sozioökonomischer Status und berufliches Prestige; in: ZUMA-Nachrichten 37, 102–136.

Jörg Rössel

Struktur

Struktur (engl. structure, lat. structura), »Zusammenfügung«, »Aufbau«, die Beschreibung eines Zusammenhangs von Elementen, der als dieser Zusammenhang ebenso sehr die Verbindung zwischen den Elementen herstellt wie ein Modell dieser Verbindung ist. Der Strukturbegriff hat auch deswegen in der Soziologie an Prominenz verloren, weil die Ambiguität zwischen einem Begriff für einen empirischen Sachverhalt einerseits und einem Begriff für ein theoretisch abgeleitetes Modell andererseits nie aufgelöst werden konnte.

Strukturen sind zum einen konkrete Zusammenhänge, zum anderen das Ergebnis einer Verallgemeinerung durch einen Beobachter, die den Vergleich des einen Zusammenhangs mit einem anderen ermöglicht. Die Struktur einer Familie, die Beziehungen zwischen ihren Mitgliedern, die Häufigkeit ihrer Treffen, die wechselseitigen Rechte und Verpflichtungen sind die Strukturen einer besonderen Familie und doch vergleichbar mit Strukturen anderer Familien, Strukturen anderer sozialer Systeme, Strukturen von Organismen, Strukturen von Molekülen und so weiter. Für diese Vergleiche gilt zum einen, dass sie neben Vergleichbarem auch Unvergleichbares finden, und zum anderen, dass Vergleichbarkeit und Unvergleichbarkeit Perspektiven eines Beobachters sind.

Strukturalismus

Im *Strukturalismus* etwa bei Claude Lévi-Strauss ist die Referenz einer Struktur nicht die empirische *Wirklichkeit*, sondern ein *Modell* dieser Wirklichkeit. Der Begriff dient der systematischen Überprüfung unseres Wissens von der Wirklichkeit im Medium ihrer Modellierung. Er bezieht sich auf Experimente, die möglichen Verknüpfungen zwischen den Elementen eines Zusammenhangs nachgehen, dabei jedoch immer ein »strukturelles Differential« (Alfred Korzybski) zwischen Ereignissen, E, dessen Eigenschaften unendlich viele sind, Objekten, O, die einige wenige dieser Eigenschaften auswählen, und Namen, N, die noch weniger Eigenschaften für wesentlich halten, berücksichtigen müssen. Strukturen, S, sind Abstraktionen, die mengentheoretisch wie folgt angeschrieben werden können:

$$S = N \subset O \subset E$$

Soziologie

Die jüngere Soziologie reformuliert ihren Strukturbegriff daher als Begriff einer rekursiven Beziehung zwischen *Kommunikation* oder *Handlung* einerseits und *System*en oder *Netzwerken*, an denen sich diese Kommunikation oder Handlung orientiert, andererseits. Strukturen sind Erwartungen (Niklas Luhmann), die im Rahmen ihrer Äquivalenz für Aufgaben der Kontrolle von Identität untereinander ausgetauscht werden können (Harrison C. White), aber auch durch Lücken oder Löcher voneinander getrennt sind (Roland S. Burt), die diese Austauschbarkeit begrenzen. Strukturen besitzen eine Statik, die auf Prozesse der *Emergenz* aus Unstrukturiertem zurückgerechnet werden kann (John Levi Martin).

Der Begriff wird so theoretisch kontrollierbar und empirisch fruchtbar. Er beschreibt zum Beispiel Prozesse der Regionalisierung, in denen die Orientierung von Kommunikation und Handlung an der Identität von Orten dazu führt, dass diese Orte eine Identität gewinnen, die sich von anderen Orten unterscheidet. Kleine Abweichungen können durch Selbstverstärkung zu großen Unterschieden führen. Ein anderes Beispiel sind Prozesse der Hierarchisierung, in denen die Orientierung an einer Unterscheidung von Oben und Unten dazu führen kann (nicht muss), dass diese Orientierung sich für weitere Kommunikation und Handlung bewährt und so die Hierarchie bestätigt, von der sie ausging. Ebenso können Prozesse der Traditionalisierung verstanden werden, in denen Bewahrenswertes festgehalten wird, weil es als bewahrenswert gilt.

Strukturen höherer Ordnung können im Anschluss daran, wie Niklas Luhmann gezeigt hat, Bedingungen der Änderung von Strukturen formulieren: »*Rationalität*« kann als eine Struktur verstanden werden, die Bedingungen definiert, unter denen Mittel und Zwecke ausgetauscht werden können, solange nur an Mitteln und Zwecken festgehalten wird. »*Wissen*« ist eine Struktur der Formulierung einer Bereitschaft, aus dem Umgang mit Wirklichkeit zu lernen. Und im Gegensatz dazu wiederum ist »*Recht*« eine Struktur, in der festgehalten wird, dass deswegen normativ genannte Erwartungen auch dann aufrechterhalten werden, wenn sie enttäuscht werden.

Literatur

Burt, Roland S., 1992: Structural Holes: The Social Structure of Competition, Cambridge, MA. – Giddens, Anthony, 1984: The Constitution of Society, Berkeley, CA. – Korzybski, Alfred, 1994: Science and Sanity: An Introduction to Non-Aristotelian Systems and General Semantics, 5. Aufl., Lakeville, CT, Kap. 25 (1933). – Lévi-Strauss, Claude, 1953: Social Structure; in: Kroeber, Alfred L. (Ed.): Anthropology Today, Chicago, 424–553. – Luhmann, Niklas, 1984: Soziale Systeme: Grundriß einer allgemeinen Theorie, Frankfurt a. M. – Martin, John Levi, 2009: Social Structures, Princeton, NJ. – White, Harrison C., 1992: Identity and Control: A Structural Theory of Action, Princeton, NJ.

Dirk Baecker

Strukturalismus

Mit Strukturalismus (engl. structuralism) werden theoretische Richtungen der Sprach-, Literatur- und Sozialwissenschaften bezeichnet, die von einem Primat der Struktur über dessen Elemente ausgehen. Als »strukturaal« oder »strukturalistisch« gelten gemeinhin solche *Theorien*, die das Einzelne durch seinen Platz in einem Ganzen definieren.

Im engeren Sinne versteht man unter Strukturalismus die auf Ferdinand de Saussure zurückgehende strukturale Semiotik bzw. formale Linguistik (Saussure 1967). Saussure bestimmt die Bedeutung eines Zeichens durch dessen Stellung in einem System von Differenzen ohne positiven Term. Bedeutung ist demnach nicht dem Element eigen, sondern resultiert allein aus den Differenzen, die dieses zu allen anderen Elementen eingeht. Ein Zeichen besteht aus zwei Seiten: aus dem Lautbild oder dem Bedeutenden (signifiant) und dem Konzept oder Bedeutetem (signifié), wobei das Verhältnis zwischen beiden als arbiträr zu sehen ist. Die Sprecher einer Sprache führen die Regeln des Sprachsystems (langue) zumeist unbewusst aus. Saussures Frage ist, nach welchen Regeln sprachliche Elemente zu grammatikalisch korrekten Sätzen kombiniert und selektiert werden.

Mit dem Fokus auf die (synchrone) Struktur und die (grammatikalischen) Regeln der Sprache hat Saussure eine Vielzahl von theoretischen Entwicklungen in den Sprach-, Kultur- und Sozialwissenschaften angestoßen. In Osteuropa sind es v. a. holistische Tendenzen der Sprach- und Kulturanalyse, und zwar von den ästhetischen Theorien des russischen Formalismus bis hin zur Theorie kultureller Systeme von Yuri Lotman et al. (cf. Seriot 1999). Saussures west- und mitteleuropäische Epigonen bauen Saussures Modell dagegen im Sinne konstruktivistischer Differenztheorien aus, so z. B. die Phonologie des Prager Kreises, Louis Hjelmslevs Glossematik, die Pariser Schule der Semiotik um Algirdas Greimas und die vergleichende Linguistik von Emile Benveniste. Seit den 1950er Jahren finden differenztheoretische Gedanken Eingang in die französischsprachigen Sozialwissenschaften, z. B. mit Claude Lévi-Strauss' strukturaler Anthropologie (cf. Kauppert 2008), die gewissermaßen das schon bei Saussure angedeutete Projekt einer allgemeinen Semiologie des kulturellen und sozialen Lebens zu realisieren versucht.

Strukturale Ideen werden in einer kurzen, aber folgenreichen Kontroverse um 1966/1967 Jahre von Intellektuellen wie Michel Foucault und Jacques Derrida, Louis Althusser und Jacques Lacan als ein Modell für das gesamte Spektrum der Geistes- und Sozialwissenschaften (sciences humaines) aufgenommen und in die breitere intellektuelle Debatte in Frankreich getragen (Angermüller 2007; Dosse 1999). Diese Theoretiker wenden das Modell der strukturalen Linguistik auf nicht-sprachliche Gegenstände an und unterstreichen dessen kritische epistemologische Konsequenzen für die Sozial- und Geisteswissenschaften (bzw. sciences humaines). Im Licht einer kausalismuskritischen Epistemologie formulieren die Strukturalisten eine Kritik des »Humanismus« (d. h. an Subjekt- und Bewusstseinsphilosophie, Hermeneutik, Dialektik …). Während der Strukturalismus auch auf politische, ästhetische und massenkulturelle Debatten ausstrahlt (Kauppi 2010), etabliert sich der Strukturalismus als akademische Schule besonders in der Literatur (z. B. Genette 1993) sowie in der Soziologie, in der etwa Pierre Bourdieu strukturale Ideen mit seinem genetischen Strukturalismus kritisch weiterführt (vgl. Diaz-Bone 2002).

Insbesondere die subjektkritischen Spielarten des Strukturalismus haben außerhalb Frankreichs mit dem in Frankreich ungebräuchlichen Etikett des Poststrukturalismus Verbreitung gefunden. So leben Saussures Ideen heute – mehr als in den Sprachwissenschaften – in den Sozial- und Kulturwissenschaften fort, etwa in Laclau/Mouffes *Diskurstheorie* (Laclau/Mouffe 1991) oder in den *Cultural Studies* (z. B. Jameson 1972; Hall 1980).

Speziell in der Soziologie werden mit »struktural« bzw. »strukturalistisch« auch auf eine unverbindliche Weise Ansätze bezeichnet, die sich dem Verhältnis von Individuum und Gesellschaft von makrosoziologischer Seite aus nähern. Als »struktural« in einem weiteren Sinn können etwa von Karl Marx inspirierte Analysen von Klassen- bzw. Sozialstrukturen verstanden werden, deren Mitglieder sich durch ihre Position in einem Gefüge *sozialer Ungleichheit* definieren. Auch funktionale Systemtheorien im Anschluss an Emile Durkheim werden bisweilen als »struktural« qualifiziert, beispielsweise der Strukturfunktionalismus (Parsons 1951), für den sich die Gesellschaft als eine durch Normen und Werte strukturierte Einheit darstellt.

Literatur

Angermüller, Johannes, 2007: Nach dem Strukturalismus. Theoriediskurs und intellektuelles Feld in Frankreich, Bielefeld. – Diaz-Bone, Rainer, 2002: Kulturwelt, Diskurs und Lebensstil. Eine diskurstheoretische Erweiterung der bourdieuschen Distinktionstheorie, Opladen. – Dosse, François, 1999: Geschichte des Strukturalismus, Bd. 1 u. 2, Frankfurt a. M. – Genette, Gérard, 1993: Palimpseste. Die Literatur auf zweiter Stufe, Frankfurt a. M. – Hall, Stuart, 1980: Encoding/Decoding; in: Centre for Contemporary Cultural Studies (ed.), Culture, Media, Language: Working Papers in Cultural Studies, 1972–79, London, 128–138. – Jameson, Fredric, 1972: The Prison-House of Language. A Critical Account of Structuralism and Russian Formalism, Princeton, NJ. – Kauppert, Michael, 2008: Claude Lévi-Strauss, Konstanz. – Kauppi, Niilo, 2010: Radicalism in French Culture: A Sociology of French Theory in the 1960s, Aldershot. – Laclau, Ernesto; Mouffe, Chantal, 1991: Hegemonie und radikale Demokratie: Zur Dekonstruktion des Marxismus, Wien. – Parsons, Talcott, 1951: The Social System, New York/London. – Saussure, Ferdinand de, 1967: Grundfragen der allgemeinen Sprachwissenschaft, Berlin. – Seriot, Patrick, 1999: Structure et totalité. Les origines intellectuelles du structuralisme en Europe centrale et orientale, Paris.

Johannes Angermüller

Studie, komparative

Als komparativ versteht man Studien (engl. comparative studies), in denen nicht Individuen, sondern soziale *System*e explizit und systematisch miteinander verglichen werden. Überwiegend werden dabei – aufgrund von *Befragung*en (Berg-Schlosser et al.) oder von öffentlichen Daten (Flora) – Nationen verglichen, ebenso aber auch *Kultur*en, d. h. Gemeinschaften, die keine politische Lenkungsinstanz ausdifferenziert haben (Schweizer). Der *Vergleich* sozialer Systeme bringt besondere methodische Probleme mit sich, vor allem bei der Auswahl der Untersuchungseinheiten und bei der Konstruktion zwischen den Einheiten vergleichbarer *Messung*en. Der Vergleich sozialer Systeme unterscheidet sich jedoch logisch nicht vom Vergleich von Individuen; insofern ist jede Studie komparativ. Der Vergleich ist das wissenschaftliche Vorgehen schlechthin, so dass das Aggregationsniveau der verglichenen Objekte für die Qualifikation einer Studie als »vergleichend« unwesentlich ist. Aus diesem Grund ist versucht worden, »komparative« Analysen als eine spezifische wissenschaftliche Vorgehensweise unabhängig von den betrachteten Objekten zu bestimmen.

Przeworski/Teune sehen die Besonderheit komparativer Analysen darin, dass Beziehungen unter Individuen zwischen sozialen Systemen verglichen werden. Der Vergleich der Korrelation von Klassenzugehörigkeit und Wahlabsicht zwischen Nationen ist danach eine komparative Studie, der bloße Vergleich von Aggregatmerkmalen zwischen Nationen jedoch nicht. Eine komparative Studie ist m. a. W. eine *Mehrebenenanalyse*, bei der mindestens zwei Ebenen, Individuum und Nationalstaat, gleichzeitig betrachtet werden. Zunächst wird geprüft, ob die untersuchte Beziehung auf der Individualebene in jedem Nationalstaat in gleicher Weise gilt. Ist das der Fall, braucht die höhere Ebene nicht betrachtet zu werden; ist es nicht der Fall, muss der Nationalstaat als modifizierende Variable eingeführt werden. Aber sie kann nicht wie eine weitere Individualvariable als zusätzliche erklärende Variable in *Regressionsanalyse*n eingeführt werden; vielmehr muss eine sog. hierarchische Regression angewendet werden, die berücksichtigt, dass die Prädiktorvariablen aus mehreren Ebenen stammen.

Das Ziel der weiteren Analyse ist dann, in der Erklärung die Eigennamen der Nationalstaaten durch allgemeine Merkmale, die den ganzen Satz untersuchter Nationalstaaten beschreiben können (wie etwa wirtschaftlicher Entwicklungsstand, Form des Parteiensystems etc.) zu ersetzen. Dabei kann sich allerdings das Problem ergeben, dass die Nationalstaaten durch eine Vielzahl sehr stark untereinander korrelierender Merkmale beschreibbar sind und sich zwischen alternativen Erklärungen nicht entscheiden lässt.

Um Beziehungen unter Individuen zwischen Nationen vergleichen zu können, muss man Äquivalenz (Harkness u. a.) der Messungen in den Nationen unterstellen können, die in statischen Verfahren der Item-Analyse geprüft werden kann. Die manifest gleichen (oder in verschiedenen Sprachen: die wörtlich übersetzten) Fragen oder die gleiche Beobachtung garantieren aber noch nicht die Äquivalenz in Bezug auf einen allgemeinen Begriff. So unterstellt »Freund« im Deutschen einen höheren Grad von Intimität als »friend« im Englischen; das gleiche Verhalten kann in einem Land als Zeichen der Bestechlichkeit, im anderen als Zeichen der Systemloyalität angesehen werden. Häufig muss die Bedeutung einer Frage oder eines Verhaltens erschlossen

werden, und dieser Schluss hängt von dem System ab, auf das er sich bezieht. Für die Vergleichbarkeit ist dann nicht die Gleichheit der Messoperation, sondern die *Gültigkeit* des Schlusses entscheidend. Die Gültigkeit des Schlusses lässt sich daran bemessen, ob die unterschiedlichen Messoperationen in jedem Nationalstaat in der gleichen Stärke und im gleichen Muster mit anderen Messungen zusammenhängen, die für das gleiche Konzept wie die untersuchte Messoperation stehen. Äquivalente Messoperationen sollen also eine möglichst hohe *Validität* in jeder einzelnen Nation, aber eine möglichst hohe *Reliabilität* über alle Nationen aufweisen.

Eine Besonderheit von Vergleichen überhaupt – ob sie sich auf Länder oder Personen beziehen – ist es, dass man viele unabhängige Variablen und wenig Fälle hat. Dann sind konventionelle Verfahren der *Regressionsanalyse* nicht anwendbar. Man kann aber mit mengentheoretischen Operationen die Kombinationen der unabhängigen Variablen eruieren, die die Zielvariable am besten voraussagen (Ragin).

Literatur

Berg-Schlosser, Dirk et al. (Hg.), 2003: Vergleichende Politikwissenschaft, 4. überarb. u. erw. Aufl., Wiesbaden. – Flora, Peter, 1987: State, economy, and society in Western Europe, Frankfurt a. M. (1983). – Harkness, Janet A. et al. (Eds.), 2003: Cross-Cultural Survey Methods, Hoboken, NJ. – Przeworski, Adam; Teune, Henri, 1970: The logic of comparative inquiry, New York, NY. – Ragin, Charles C., 1987: The comparative method, Berkeley, CA. – Schweizer, Thomas, 1999: Wie versteht und erklärt man eine fremde Kultur?; in: Kölner Zeitschrift für Soziologie und Sozialpsychologie 51, 1–33.

Heiner Meulemann

Subjekt, soziales

Sammelbezeichnung für alle Gegenstände der Soziologie, die oder deren Mitglieder physisch existieren und die selbst oder durch Repräsentation handeln können bzw. denen *soziales Handeln* zugeschrieben wird. Zu den sozialen Subjekten (engl. social subject) gehören also z. B. einzelne Menschen, *Familie*n, *Klasse*n, *Gruppe*n, *Organisation*en.

Literatur

Endruweit, Günter, 1998: Der Begriff der Soziologie; in: Ders.: Beiträge zur Soziologie, Bd. II, Kiel, 14–34.

Günter Endruweit

Subkultur

Mit dem Begriff Subkulturen (engl. subcultures) werden Gesellungsgebilde bezeichnet, die durch relativ ›geschlossene‹ Interaktionskontexte von Personen mit bestimmten, relativ exklusiven ›Qualitäten‹ gekennzeichnet sind, in denen mittels spezifischer Praktiken eine von der gesellschaftlichen Gesamtkultur abweichende, gemeinsame Weltsicht und kollektive *Identität* erzeugt und gesichert werden.

Disziplinäre Verortung und Entwicklung des Begriffs Subkulturen

Der Begriff Subkultur wurde von dem amerikanischen Soziologen Milton M. Gordon Ende der 1940er Jahre in einem Aufsatz über ›The Concept of the Sub-Culture and Its Application‹ in die Fachdiskussion eingebracht. Gordon ging es seinerzeit darum, auf die Separierung ethnischer Gruppen in US-amerikanischen Großstädten aufmerksam zu machen. Mit Subkulturen bezeichnete er Untergruppen der nationalen *Kultur* und bezog dabei auch die zur damaligen Zeit vorherrschenden Vorstellungen der amerikanischen *Gesellschaft* im Sinne eines Schmelztiegels und einer pluralistischen Gesellschaft in seine Argumentation mit ein. Der Bezug auf ethnische Gruppierungen (insbesondere italienische und jüdische Immigranten) – die sich in verschiedenerlei Hinsicht von der Gesamtgesellschaft unterscheiden, auch wenn sie bestimmten Gesetzen und Regeln der Gesamtgesellschaft unterliegen – sollte die soziologische Analyse im Rahmen des Subkultur-Ansatzes zu einer Präzisierung der Untersuchungseinheit führen und damit auch eine soziale und kulturelle Faktoren verbindende Analyse in sich kohärenter ›Systeme‹ ermöglichen.

Zentrales Kennzeichen des Subkultur-Ansatzes ist es also, dass er auf identifizierbare ›Teile‹ einer Gesellschaft fokussiert, die sich in ihrer Lebensweise, in ihren Ansichten, *Normen* und *Werten* von der Gesamtgesellschaft unterscheiden. Offenkundig ist, dass die Überlegungen zur Andersartigkeit einer Subkultur vom konsensuellen Standpunkt der Hegemonialkultur getroffen werden bzw. dass unterstellt wird, es gebe einen solchen konsensuellen Standpunkt (Lindner 1981). Angelegt sind diese Überlegungen bereits in der *Anomie*theorie von Robert K. Merton, der davon ausging, dass *abweichendes Verhalten* aus der Diskrepanz oberster kultureller Werte und sozial nur beschränkt verfügbarer, institutioneller Mittel resultiert, so dass sich unterprivilegierte Gruppen bilden. Lange Zeit wurde das Konzept der Subkulturen primär mit Blick auf Eigenschaften entwickelt, welche die fraglichen Gruppen selbst betrafen. Demgegenüber betonte Erving Goffman in seinen Studien zum *Stigma*, dass abweichendes Verhalten und die daraus entstehenden Subkulturen wesentlich durch die soziale *Umwelt*, genauer: durch relevante *Bezugsgruppen* definiert werden.

Der Subkultur-Ansatz hat in der Folge dann vor allem Anwendung bei der Analyse von Jugenddelinquenz und anderen Formen *abweichenden Verhaltens* gefunden. Robert R. Bell (1961) prägte in seinem Aufsatz ›The Adolescent Subculture‹ die Vorstellung von *Jugend* als einem einheitlichen Sozialgebilde, das es aus strukturfunktionalistischer Perspektive in das Gesamtsystem ›Gesellschaft‹ zu integrieren gilt. Auch wenn es Bell vornehmlich darum ging, die Lebensphase Jugend als ein Stadium der Transition zu beschreiben, in dem sichergestellt werden muss, dass der Anschluss an die Erwachsenenwelt gewährleistet bleibt, weist er doch auch auf die Eigenständigkeit der jugendlichen Subkultur hin.

Diese Überlegungen wurden Anfang der 1970er Jahre von Forschern aus dem Birminghamer ›Centre for Contemporary *Cultural Studies*‹ (CCCS) aufgegriffen und weiter entwickelt. Zentral und neu war an den Subkultur-Analysen der Mitarbeiter des CCCS, dass Subkulturen eigene Stile ausbilden und dass es (zunächst) nicht um das Aufweisen von Delinquenz, sondern um die Beschreibung von Lebensweisen geht. Anders ausgedrückt: Es geht bei der Analyse von Subkulturen nicht um eine Beschreibung im Verhältnis zum Eigenen (im Sinne der Hegemonialkultur), sondern um die Beschreibung des Anderen im Hinblick auf dessen eigene Normen, Werte und Stile (Sack 1971). Die ›Mitglieder‹ von (jugendlichen) Subkulturen erscheinen so als aktive Gestalter kulturellen und gesellschaftlichen *Wandels*, da sie den ›Spaß am Widerstand‹ durch Aneignung und Umformung hegemonialkultureller Angebote zur Ausbildung eigener Stile kultivieren (Willis 1979, 1991).

Vor dem Hintergrund dieser Klärungsversuche ist gleichwohl zu konstatieren, dass der Begriff Subkulturen nach wie vor häufig lediglich als Sammelbegriff für Abweichungen bzw. Unterschiede (ohne weitere Differenzierung der jeweils fokussierten Gesellungsgebilde) im Verhältnis zur Gesamtgesellschaft in Anschlag gebracht wird. Insofern verwundert es nicht, dass der Begriff Subkulturen anhaltend umstritten ist und dass beständig die Konnotation von Subversion sowie die im Kulturbegriff angelegte Homologie und Geschlossenheit reklamiert werden (Bennett/Kahn-Harris 2004, Jenks 2005).

Kennzeichen von Subkulturen und Abgrenzung zu anderen Gesellungsgebilden

Gegenüber anderen, sozusagen ›anrainenden‹ Gesellungsgebilden – wie beispielsweise Szenen, *Milieu*s oder *Peer Groups*/*Clique*n – zeichnen sich Subkulturen vor allem durch sehr ›hohe‹ Ein- und Austrittsschwellen und durch ›starke‹ *Sanktion*spotentiale aus. Die Spezifika, Eigenständigkeit und Dynamik von Subkulturen manifestieren sich aber auch darin, dass es ausgesprochen schwierig ist, weitere, verbindliche Kriterien zur Bestimmung bzw. Abgrenzung aufzuweisen. In jedem Falle gilt, dass die Bezüge, durch die Subkulturen Abweichung zum Ausdruck bringen, lebensweltlich nicht nur periphere Bedeutung haben, sondern für die Gruppe und den Gruppenzusammenhalt von zentraler Bedeutung sind. Dies wird immer dann besonders deutlich, wenn in empirischen Studien zu Subkulturen auf die Bedeutung eines Ehrenkodex, die Ausbildung diverser *Ritual*e oder den Gebrauch von Sondersprachen hingewiesen wird (Tertilt 1996, Hodkinson/Deicke 2007).

Die Unschärfe in der Verwendung des Begriffs Subkulturen wird besonders am Beispiel der so bezeichneten ›rechten Szene‹ deutlich, die den genannten Kriterien einer Subkultur entspricht. (Jugend-)*Szene*n unterscheiden sich von Subkulturen nämlich wesentlich durch ihre Diffusität im Hinblick auf *Inklusion* und *Exklusion*. *Szene*n werden in der fachwissenschaftlichen Diskussion definiert als thematisch fokussierte kulturelle Netzwerke von Personen, die bestimmte materiale und/oder mentale Formen der kollektiven Selbststilisierung teilen. Auch von *Milieu*s – die aus kollektiv auferlegten Lebenslagen entstehen, für die also vorgängige biographische Umstände konstitutiv sind – und von *Peer Groups*/*Clique*n – mit denen relativ informelle Zusammenschlüsse von zumeist lokalen Freundeskreisen bezeichnet werden – sind Subkulturen analytisch abzugrenzen.

Literatur

Bell, Robert R., 1961: The Adolescent Subculture; in: Education Magazine, 1–3 – Bennett, Andy; Kahn-Harris, Keith (Hg.), 2004: After Subculture: Critical Studies in Contemporary Youth Culture, Hampshire/New York. – Gordon, Milton M., 1947: The Concept of the Sub-Culture and Its Application; in: Social Forces 26: 40–42. – Hodkinson, Paul; Deicke, Wolfgang (Hg.), 2007: Youth Cultures: Scenes, Subcultures and Tribes, New York. – Jenks, Chris, 2005: Subculture. The Fragmentation of the Social, London u.a. – Lindner, Rolf, 1981: Jugendkultur und Subkultur als soziologische Konzepte; in: Brake, Mike (Hg.): Soziologie der jugendlichen Subkulturen, Frankfurt a.M., 172–193. – Sack, Fritz, 1971: Die Idee der Subkultur; in: Kölner Zeitschrift für Soziologie und Sozialpsychologie 23, 261–282 – Tertilt, Hermann, 1996: Turkish Power Boys. Ethnographie einer Jugendbande, Frankfurt a.M. – Willis, Paul, 1979: Spaß am Widerstand. Gegenkultur in der Arbeiterschule, Frankfurt a.M. – Ders., 1991: Jugend-Stile. Zur Ästhetik der gemeinsamen Kultur, Hamburg/Berlin.

Arne Niederbacher

Sukzession

Sukzession (engl. succession) ist ein Begriff aus der sozialökologischen Theorie der *Chicagoer Schule*, der einen Austausch der Bewohnerinnen und Bewohner sowie die Veränderung der Nutzung eines urbanen Gebietes beschreibt. Durch verschiedene Faktoren (Wandel der Lebensstile, fehlende Erhaltungsmaßnahmen oder beginnende Investitionen) kommt es zu einer a) Wertsteigerung, b) Wertminderung oder c) einem Wandel der Nutzung eines *Stadt*gebietes, in dessen Verlauf sich die Zusammensetzung der Bewohnergruppe verändert. Fremde *Bevölkerung*sgruppen ziehen zu (Invasion), verdrängen die dort Ansässigen und werden schließlich im Gebiet dominant. Von der Chicago-Schule wurden diese Umstrukturierungen als natürliche Prozesse der Stadtentwicklung verstanden und Anfang des 20. Jh.s mit empirischen Untersuchungen über die Stadt Chicago untermauert (Häussermann/Siebel 2004).

Auch aktuelle empirische Studien untersuchen die unterschiedlichen Arten der Sukzession:

a) Die werterhöhende Sukzession wird u. a. durch Sanierungsprozesse veranlasst, wodurch das Stadtgebiet eine Statuserhöhung erfährt. In der Literatur wird diese Form der Sukzession *Gentrification* genannt (vgl. Holm 2012).

b) Zur Wertminderung tragen sich selbst verstärkende Prozesse der Statusabwertung und Verslumung oder Ghettoisierung bei (s. dazu Hoffmeyer-Zlotnik 1976).

c) Bei einem Wandel der (Boden-)Nutzung (in einem stillgelegten Industriegebiet entsteht ein Dienstleistungsgebiet, oder leer stehende Bürogebäude werden zum Wohngebiet umgewandelt) spricht man von funktionaler Sukzession (s. dazu Schaar 1993).

Literatur

Häussermann, Hartmut; Siebel, Walter, 2004: Stadtsoziologie. Eine Einführung, Frankfurt a. M. – Hoffmeyer-Zlotnik, Jürgen, 1976: Der Prozess der Sukzession: die Unterwanderung von Berlin-Kreuzberg, Hamburg. – Holm, Andrej, 2012: Gentrification; in: Eckhardt, Frank (Hg.): Handbuch Stadtsoziologie, Wiesbaden, 661–687. – Schaar, Wolfgang, 1993: Strukturwandel im Stuttgarter Osten. Geographisches Institut der Universität Stuttgart.

Cassandra Lill

Symbol

Der Begriff des Symbols (griech. symbolon = Zusammengefügtes; engl. symbol) umfasst Gegenstände, (Kenn)Zeichen, die auf prägnante Weise einen Bedeutungsgehalt versinnbildlichen. Dieser Bedeutungsgehalt kann in einem Hinweis auf ein weiteres Objekt, auf ein soziales Gebilde, auf ein Verhaltensmuster oder auf eine Idee bestehen. Solche Zeichen (z. B. Verkehrszeichen, Zahlen, Initialen, Logos) sind im Alltag moderner Gesellschaften weit verbreitet und erfüllen unverzichtbare Erkenntnis-, Gedächtnis- und Steuerungsfunktionen. Sie erinnern (z. B. Denk- und Mahnmale), Verhalten zu initiieren (z. B. Geld), Erwartungen auszulösen (z. B. Rotlicht), *Macht* und Autoritäten zu repräsentieren (z. B. Siegel). Die *Werbung* profitiert davon, dass Symbole die Phantasie und das Assoziationsvermögen des Betrachters anregen und *Bedürfnisse* wecken. Für die Ausübung des Glaubens spielen symbolische Objekte (z. B. das Kreuz für Christen) eine große Rolle. Symbole sind sinnhafte Erzeugnisse, die aus der menschlichen *Praxis* resultieren und deren Gestaltung prägen, indem geistige Inhalte (Sinn) mit materiellen Ausdrucksmitteln (z. B. Metall, Holz, Stein), kulturelle Bedeutungen mit Materie und die innere Welt des Bewusstseins der Individuen mit der äußeren Welt der Dinge verknüpft werden. In ihrem empirisch-materiellen Substrat objektivieren sich die in der Geschichte wirksamen Vorstellungen der Menschen. Jede neue Generation findet im Kleinen wie im Großen ein zusammenhängendes symbolisches Universum vor, das zu ihrer Orientierung, Ordnung und Organisation dient und das von ihr neu angeeignet, gedeutet und erweitert wird. Kämpfe und Konflikte um die Durchsetzung symbolischer Wirklichkeiten im öffentlichen Raum spiegeln zu allen Zeiten, insbesondere in der Medien- und Informationsgesellschaft, Kämpfe und Konflikte um Macht, Anerkennung und Aufmerksamkeit wider. Die Einsicht in den symbolischen Charakter der gesellschaftlichen Wirklichkeit ist Ausdruck eines modernen Weltbildes und Bestandteil klassischer soziologischer Theorien der modernen Gesellschaft.

In den Geisteswissenschaften nimmt der Symbolbegriff eine herausragende Stellung ein, vor allem innerhalb der philosophischen Anthropologie, des Deutschen Idealismus, der Kunsttheorie der Romantik und des Neokantianismus bei Ernst Cassirer. In der Soziologie gilt dies für nicht naturalistisch argumentierende Theorien, vor allem für die interaktions- und handlungstheoretischen Ansätze der allgemeinen und speziellen Soziologie, für die Medien-, Religions-, Kultur-, die Ethno- und Alltagssoziologie und für die Sozialpsychologie sowie für die sinnverstehenden Methodologien der empirischen Sozialforschung. Dabei werden vielfach disziplinenübergreifende ästhetische, psychoanalytische, kommunikations-, sprach-, zeichen- und bedeutungstheoretische Einsichten verarbeitet.

Literatur

Bender, Christiane, 1989: Identität und Selbstreflexion, Frankfurt a. M. u. a.. – Berndt, Frauke; Drügh, Heinz, J., 2009: Symbol – Grundlagentexte aus Ästhetik, Poetik und Kulturwissenschaft, Frankfurt a. M. – Bourdieu, Pierre, 2007: Zur Soziologie der symbolischen Formen, 9. Aufl., Frankfurt a. M. – Cassirer, Ernst, 1985: Symbol, Technik, Sprache, Hamburg. – Douglas, Mary, 2004: Ritual, Tabu, Körpersymbolik, 4. Aufl., Frankfurt a. M. – Durkheim, Émile, 2007: Die elementaren Formen des religiösen Lebens, 2. Aufl., Frankfurt a.M. – Frotscher, Sven, 2006: 5000 Zeichen und Symbole der Welt, Bern. – Geertz, Clifford, 2003: Dichte Beschreibung, Frankfurt a.M. – Habermas, Jürgen, 1995: Theorie des kommunikativen Handelns, Bd. 2, 7. Aufl, Frankfurt a.M. – Hülst, Dirk, 1999: Symbol und soziologische Symboltheorie, Opladen. – Husserl, Edmund, 1986: Phänomenologie der Lebenswelt, Bd. 2, Stuttgart. – Mead, George H., 1973: Geist, Identität und Gesellschaft aus der Sicht des Sozialbehaviorismus, 16. Aufl., Frankfurt a.M. – Schütz, Alfred, 1972: gesammelte Aufsätze, Bd.e 1–3, Den Haag.

Christiane Bender

Symbolischer Interaktionismus

»Symbolischer Interaktionismus« (engl. symbolic interactionism) ist der Name eines Erklärungsansatzes, der auf einer *Kommunikation*stheorie des Sozialen aufbaut und die Rolle kollektiver Deutungsprozesse hervorhebt. Genutzt wird er v.a. in der Forschung über Kriminalität, ›abweichendes‹ *Verhalten* und Protest, der Professionssoziologie, der Soziologie der Emotionen, teils auch in der Techniksoziologie; er spielt eine wichtige Rolle in der Reflexion ›qualitativer‹ *Methoden*. Der Begriff der symbolic interaction – ›symbolvermittelte Interaktion‹ (Habermas) – wurde geprägt von Herbert Blumer (1900–1987), soll jedoch einen Grundgedanken der Sozialtheorie von George Herbert Mead (1863–1931) benennen, den Blumer – durchaus selektiv – für die Zwecke empirischer Forschung übersetzt. Im Folgenden wird zuerst Meads Theorieperspektive dargestellt; dann die klassische, eher individualistische Variante des symbolischen Interaktionismus; und schließlich eine Reihe von Ansätzen im symbolischen Interaktionismus, soziale Strukturen ernst zu nehmen und über die Grenzen von Blumers individualistischer Position hinauszukommen.

George Herbert Mead: Das soziale Selbst und andere soziale Objekte

Meads Arbeiten sind Teil eines zunächst psychologisch-philosophischen Projekts, das unter dem Titel ›Pragmatismus‹ bekannt wurde: Alle ›geistigen‹ Phänomene sollen von ihrem praktischen Bezug auf Handlungssituationen her begriffen werden; das soll es erlauben, die Funktionen dieser ›geistigen‹ Phänomene besser zu erfassen und ihr Auftreten besser zu erklären. Dafür ist zentral das – von William James (1842–1910) formulierte – Konzept einer **selektiven Aufmerksamkeit**, die aus einer jeweils vorgängigen Handlungsorientierung entsteht. Gegen einfache Modelle der *Umwelt*anpassung betont dieses Konzept die Selektionsleistung des einzelnen Organismus: Die Objekte, an denen sich *Verhalten* ausrichtet, werden demnach immer erst durch eine solche selektive Aufmerksamkeit konstituiert. – John Dewey (1859–1952) ergänzt das durch eine theoretische Aufwertung der **Situation**: Diejenige Reflexivität, die heutige rationalistische Theorien als stabiles Merkmal menschlicher Akteure deuten, kommt – so Dewey – erst durch irritierende Situationen in Gang, die den Handlungsfluss unterbrechen.

Mead nimmt diese Ideen auf und wendet sie sozialtheoretisch: Ein Großteil der handlungsleitenden Objekte, die durch vorgängige Handlungsorientierungen konstituiert werden, entsteht im Zuge von **Kooperation**sprozessen, ist also essentiell sozialer Natur. Die selektive Aufmerksamkeit, auf die es hier ankommt, sieht Mead als vermittelt über ›Symbole‹ (nicht notwendig sprachlicher Art), die bestimmte Elemente der Situation hervorheben. (Hier zeigt sich der indirekte Einfluss der Zeichentheorie von Charles Sanders Peirce (1839–1914).) Meads radikaler Schritt besteht darin, auf diese Weise ein Argument über den essentiell sozialen Charakter des individuellen Bewusstseins zu begründen. Er widerspricht der Auffassung, *Handeln* sei wesentlich durch stabile ›innere‹, im Kern präsoziale Persönlichkeitsmerkmale zu erklären. Der Gegenstand des Selbstverständnisses, an dem sich das Handeln eines Individuums orientiert – sein **Selbst** – ist nach Mead bereits ein **soziales Objekt**: Erstens bieten Situationen sozialer Kooperation, weil sie eine gesteigerte Aufmerksamkeit auf das eigene Verhalten befördern, den Anlass dafür, dass ein Individuum sich zum Problem wird und ein entsprechender Selbstbezug überhaupt in Gang kommt. (Das ist eine Anwendung von Deweys Einsicht, dass Reflexivität erst durch irritierende Situationen ausgelöst wird.) Zweitens ermöglichen solche Situationen erst den Selbstbezug, denn – so Mead – kein *Individuum* hat einen unmittelbaren Zugang zu sich selbst; nur vermittelt über die Reaktionen Anderer kann es sich selbst beobachten. Darum bleiben personale *Identität*en essentiell an Kommunikationskontexte gebunden und wandeln sich mit ihnen (vgl. Mead [1925] 1964; Joas 1989: Kap. 5, 7).

Herbert Blumer: Die individualistische Variante des symbolischen Interaktionismus

Soziologisch prominent wurden Meads Thesen zuerst in der Aneignung durch Herbert Blumer. Er nimmt das Konzept sozialer Objekte auf, um eine Alternative zu einfachen Theorien der Umweltanpassung zu entwickeln: »In a genuine sense the organization of a human being consists of his objects [...].The world of objects of a group represents in a genuine sense its action organization« (Blumer 1969: 69). Um das zu erläutern, greift er auch auf das (von William I. Thomas, einem Vertreter der frühen *Chicago School*, formulierte) sog. *Thomas-Theorem* zurück, das den gemeinsamen Nenner aller ›konstruktivistischen‹ Forschung beschreibt: »If men define situations as real, they are real in their consequences.« Die Untersuchung von Prozessen symbolvermittelter *Interaktion* soll zeigen, wie und warum es jeweils gerade zu dieser ›Situationsdefinition‹ kommt. – Da die gesuchten Erklärungen auf die **Bedeutungen** verweisen, die bestimmte Situationselemente für die Beteiligten annehmen, hat dieser Ansatz eine große Nähe zu ›qualitativen‹ Verfahren, vor allem zur *Ethnographie* und – auch wegen des Interesses für die Wandelbarkeit personaler Identitäten – zum *narrativen Interview*.

Ein Beispiel für diese Forschungsstrategie bietet Howard Beckers (*1928) Studie »Becoming a Marihuana User« (Becker 1963: Kap. 3, zuerst 1953): Ob jemand zum Marihuana-Konsumenten wird, lässt sich – so Becker – nicht zureichend durch vorgängige feste Merkmale erklären (pharmazeutische Empfänglichkeit, eine bestimmte soziale Lage etc.). Entscheidend ist der Verlauf der ersten Situationen des Drogenkonsums: Der Neuling muss zunächst den Zustand des ›High‹ überhaupt erkennen; und es müssen für ihn die angenehmen, nicht die potentiell bedrohlich erscheinenden Elemente dieses Zustands in den Vordergrund treten. Die dafür nötige Fokussierung der Aufmerksamkeit kann nur interaktiv hergestellt werden, in Gruppen von gemeinsam Rauchenden: durch Signale auch nonverbaler Art, die dem Neuling zeigen, worauf er zu achten hat und was er nicht ernst nehmen muss. In diesem Sinne ist das Marihuana, das zum längerfristigen Konsum anregt, ein **soziales** Objekt.

Diese Perspektive wird aber auch zur Untersuchung komplexerer sozialer Prozesse genutzt. Blumer will eine Alternative zu einem funktionalisti-

schen Denkstil entwickeln, dessen Grundannahme lautet: Bestand und Arbeitsweise empirisch anzutreffender Institutionen lassen sich durch objektiv gegebene Probleme erklären, auf die diese Institutionen reagieren und in Bezug auf die sie eine *Funktion* erfüllen. Der symbolische Interaktionismus kehrt die Fragerichtung um: Wie kommt es überhaupt zu der Vorstellung, es gebe ein dringend zu lösendes Problem? Wie verläuft der *soziale Prozess*, durch den das Problem als soziales Objekt entsteht? Dabei wird – stärker als im klassischen Pragmatismus – nach Deutungs*konflikt*en und nach der Rolle opportunistischer Kalküle gefragt. Auch für diese Analysestrategie ist Beckers »Outsiders« (1963) ein einflussreiches Beispiel. Seine These lautet: Die scheinbar objektiven Probleme erweisen sich regelmäßig als Produkte politischer Mobilisierungen. Das begründet eine neue Sicht auf das jeweilige ›abweichende‹ Verhalten, dessen Auftreten zum Problem erklärt wurde: Neben die Frage, warum manche Individuen regelmäßig kriminell handeln, tritt nun die Frage, warum bestimmte Verhaltensweisen als kriminell stigmatisiert und zudem (im Unterschied zu anderen) auch tatsächlich verfolgt werden. Und es begründet eine neue Perspektive auf die ›problemlösenden‹ Institutionen und die dort tätigen *Professionen* (die in Parsons' Variante funktionalistischer Soziologie eine zentrale Rolle spielen und auch darum ein strategisches Forschungsobjekt für den symbolischen Interaktionismus bilden): Ist nicht – wie der ordnungsgefährdende Marihuana-Konsument – auch der zu entsprechenden Diagnosen fähige Psychiater als Produkt einer sozialen Definitionsleistung zu begreifen, hier: einer Zuschreibung von Problemlösungskompetenzen, die wiederum erst durch politische Mobilisierungen durchgesetzt wurde? Allgemeiner wird dann gefragt, inwieweit gesellschaftlich wirksame kulturelle Muster auf *Protestbewegung*en zurückgehen (dazu Pettenkofer 2010). Der symbolische Interaktionismus ist also eine Perspektive, die politischen Prozessen – und in diesem Zusammenhang: kulturellen Deutungsmustern – eine zentrale Rolle in soziologischen Erklärungen zuweist und dementsprechend die **Wandelbarkeit** sozialer Ordnungen stark hervorhebt.

In der klassischen Variante des symbolischen Interaktionismus führt der polemische Bezug auf den zeitgenössischen Funktionalismus allerdings zu Einseitigkeiten (die sich durchaus nicht aus Meads Sozialtheorie ergeben). Blumer argumentiert ja nicht bloß, dass der Bestand sozialer Strukturen von einer immer neu zu vollziehenden Restabilisierung abhängt. Zumindest auf der Ebene der theoretischen Argumentation scheint er – wie oft kritisiert wurde – letztlich die Realität sozialer Strukturen, die über Interaktionssituationen hinausreichen, überhaupt zu leugnen. Die Erklärungen verweisen dann oft nur auf die Absichten der Beteiligten, mit Handlungsbeschreibungen, die allein das aktive, ›unternehmerische‹ Moment unterstreichen und die in der pragmatistischen Handlungstheorie hervorgehobene passive Dimension weithin ausblenden. All das macht es schwer, das Erklärungsprogramm des symbolischen Interaktionismus konsequent zu verfolgen (Joas 1988). Diese Verkürzungen – und die entsprechend selektive Nutzung der pragmatistischen Tradition – wurden aber auch in der Debatte des symbolischen Interaktionismus rasch kritisiert; auch im symbolischen Interaktionismus gibt es Versuche, Strukturmomente zu erfassen, die erklären helfen, warum bestimmte ›Situationsdefinitionen‹ wirksam werden und warum bestimmte soziale Objekte und bestimmte Selbstverhältnisse entstehen.

Everett Hughes und seine Erben: Die strukturtheoretische Variante des symbolischen Interaktionismus

Entscheidend ist hier zunächst ein stärkeres Interesse für die Effekte von *Organisation*en, befördert durch den (mit Blumer eher verfeindeten) Arbeitssoziologen Everett C. Hughes (1897–1983), der die ›ökologische‹ Perspektive der älteren *Chicago School* weiterentwickelt. Gerade der organisationssoziologische Zugang erlaubt es ihm, den Wandel personaler Identitäten wieder stärker in den Blick zu nehmen: *Organisation*en stellen spezifische Interaktionskonstellationen auf Dauer und machen es wahrscheinlicher, dass bestimmte Individuen bestimmte Interaktionssituationen wiederholt durchlaufen und/oder unterschiedliche Interaktionssituationen in einer bestimmten Abfolge durchlaufen. Daraus können sich spezifische *Karriere*n ergeben, in deren Verlauf die Sicht, die diese Individuen auf die Welt wie auf sich selbst einnehmen, sich schrittweise verändert. (Dieses ›Karriere‹-Konzept wurde auch durch die frühen kriminologischen Studien der Chicago School vorbereitet, dort aber nur ganz unsystematisch genutzt.) Hughes' Schüler Erving Goffman (1922–1982) arbeitet das aus, am Extremfall der Einweisung in die geschlossene Psychiatrie (Goffman [1959] 1972): Das typische Verhalten, das sich bei deren Patienten beobachten lässt, resultiert – so Goffman – wesentlich aus *Identität*sveränderungen, die erst durch die psychiatrischen Organisationen verursacht werden: Diese lassen neue Mitglieder eine Sequenz von Interaktionssituationen durchlaufen, die ihnen neue Kriterien zur Bewertung ihrer selbst und anderer Personen vermitteln und damit ›moralische Karrieren‹ auslösen, in deren Verlauf sich die betroffenen Individuen von Grund auf ändern. Ähnliche Mechanismen treten jedoch auch in anderen Organisationen auf; unter anderem, weil die Machtstruktur einer Organisation es den Adressaten **immer** erschwert, sich der Selbstdeutung zu entziehen, die ihnen dort nahegebracht wird. – Die von Hughes angestoßene Erweiterung der Perspektive wird in der Debatte um den symbolischen Interaktionismus vor allem in zwei Hinsichten generalisiert:

Zum einen wird allgemeiner gefragt, wie Organisationen die in Interaktionen wirksamen ›Situationsdefinitionen‹ prägen. Ein Beispiel ist Arlie Hochschilds Buch Das »gekaufte Herz« ([1983] 2006), das den seither viel genutzten Begriff der **Emotionsarbeit** entwickelt. In einer Fallstudie über Flugbegleiterinnen zeigt Hochschild: Ein wesentlicher Teil ihrer Arbeit besteht im Aussenden emotionaler Signale, die die Koordination erleichtern, weil sie es den Passagieren nahelegen, die Flugsituation zugleich als vertrauenerweckend und als attraktiv – als Situation der Gastlichkeit – zu erleben. Insofern leisten sie weithin ›Gefühlsarbeit‹: Arbeit an der Gefühls**darstellung**, aber auch am tatsächlichen Gefühlsempfinden, durch das überzeugende Gefühlsdarstellungen erst möglich werden. Zu diesem Zweck üben sie sich in Situationsdefinitionen ein, die eine entsprechende selektive Aufmerksamkeit erlauben, etwa: wenn sie einen aggressiven Passagier als eine Art quengelndes Kleinkind betrachten, dem man nicht böse sein kann. Insofern macht die Perspektive des symbolischen Interaktionismus hier – weil sie nach den Zeichen fragt, die in Interaktionsprozessen koordinierend wirken – auf eine wichtige soziale Rolle von Emotionen aufmerksam; und – weil sie den Prozess der sozialen Vermittlung von Selbstverhältnissen in den Blick nimmt – auch auf soziale Mechanismen, durch die diese Emotionen entstehen. Für Hochschilds Erklärung ist aber zentral, dass diese Emotionen **keine** reinen Interaktionsphänomene sind, sondern durch die Normen einer Organisation – der Fluggesellschaft – geprägt werden, die sich wiederum an einer Marktkonkurrenz mit anderen Fluggesellschaften orientiert. Dieser Rahmen erklärt erst die Wirksamkeit der Emotionsnormen (die durch Ausbildungsprogramme und *Sanktion*sdro-hungen gestützt werden) und teils auch den konkreten Inhalt der Normen. (Die auf Emotionssignale gestützte Inszenierung von Gastlichkeit soll eine Marktnische sichern.) Entsprechend ist der Passagier, an dem sich die Flugbegleiterinnen ausrichten, ein soziales Objekt, das durch die Regeln einer Organisation konstituiert wird. Und auch das spezifische Selbstverhältnis der Flugbegleiterinnen – ihre Aufmerksamkeit für ihre emotionalen Reaktionen, ihre Bewertung dieser Emotionen und ihre Bemühungen um Selbstdisziplinierung – ist ein Effekt der Normen einer Organisation.

Zum anderen wird das ›Karriere‹-Konzept von der Bindung an organisationssoziologische Fragen gelöst und allgemeiner zur Untersuchung des Wandels personaler Identitäten genutzt. Wichtig ist hier das Programm einer auf *narrativen Interview*s aufbauenden Untersuchung sozialer Prozesse, das Fritz Schütze formuliert hat (zum Rückgriff auf den symbolischen Interaktionismus vgl. Schütze 1987). Dieser Ansatz lenkt die Aufmerksamkeit gerade auf das passive Moment im Handeln. Ein Beispiel, das eng an die kriminologische Forschung des symbolischen Interaktionismus anknüpft, ist die Studie von Ferdinand Sütterlüty (2002) zur Frage, unter welchen Bedingungen Jugendliche ihre Identität an den Vollzug von Gewalttaten binden. Durch narrative Interviews stellt er fest: Die Wendepunkte hin zu einer solchen ›Karriere‹ bestehen in Situationen eigenen Gewalthandelns, die als einschneidend erfahren werden. Dieser Effekt ergibt sich aber nicht schon aus der Materialität der physischen Gewalt, sondern erst aus dem symbolischen Wert, den das Gewalthandeln in diesen Interaktionssituationen erlangt. Für die Erklärung reicht es auch nicht, dass andere Jugendliche auf das Gewalthandeln anerkennend reagieren. Entscheidend ist ein Vorverständnis des Gewalttäters, das aus seiner Vorgeschichte resultiert: Dass die Anerkennungserweise für ihn eine solche Bedeutung gewinnen, ergibt sich aus früheren Gewalterfahrungen in der eigenen Familie, die er als radikale Missachtung erlebt hat; das eigene Gewalthandeln kann er nun als Negation dieser Missachtungserfahrungen erleben. Das zeigt den Erklärungsnutzen einer Suche nach ›Situationsdefi-

nitionen‹, die nicht auf die Vorgaben einer Organisation o. ä. zurückgehen, aber auch nicht von den Beteiligten frei gewählt werden.

Literatur

Becker, Howard S., 1963: Outsiders: Studies in the Sociology of Deviance, Glencoe. – Blumer, Herbert, 1969: Symbolic Interactionism: Perspective and Method, Englewood Cliffs. – Goffman, Erving, 1972: Die moralische Karriere des Geisteskranken; in: ders.: Asyle, Frankfurt a. M., 125–167. – Hochschild, Arlie, 2006: Das gekaufte Herz, 2. erw. Aufl., Frankfurt a. M. – Joas, Hans, 1988: Symbolischer Interaktionismus; in: Kölner Zeitschrift für Soziologie und Sozialpsychologie 40, 417–446. – Ders., 1989: Praktische Intersubjektivität. Die Entwicklung des Werkes von G. H. Mead, 2. erw. Aufl.. Frankfurt a. M. – Mead, George H., 1964: The Genesis of the Self and Social Control; in: ders.: Selected Writings, Chicago, 267–293. – Pettenkofer, Andreas, 2010: Die soziale Konstitution des Protestakteurs (Dewey, Mead etc.); in: ders.: Radikaler Protest, Frankfurt a. M., 133–180. –Schütze, Fritz, 1987: Symbolischer Interaktionismus; in: Ammon, Ulrich et al. (Hg.): Soziolinguistik (1. Halbbd.), Berlin, 520–553. – Sutterlüty, Ferdinand, 2002: Gewaltkarrieren, Frankfurt a. M.

Andreas Pettenkofer

Systemtheorie

Die Systemtheorie (engl. systems theory, von griech. Sýstema, das »Gebilde«, »Zusammengestellte«, »Verbundene«) ist eine Theorie, die eine Menge von Elementen aus dem Zusammenhang erklärt, den diese Elemente als Elemente eines Systems bilden. Ausgehend von Phänomenen natürlicher, technischer, sozialer oder psychischer Art ordnet die Systemtheorie diese Phänomene als Ergebnisse der Reproduktion der Elemente dieser Phänomene aus den Elementen dieser Phänomene. Diese Ordnung schließt Unordnung ein, wenn es sich um eine Reproduktion unter Bedingungen der Nichtlinearität handelt. Das ist immer dann der Fall, wenn sich ein System in der Auseinandersetzung mit einer *Umwelt* reproduziert, die das System mit Störungen versorgt, auf die das System eine Antwort suchen muss.

Der Graph der rekursiven Rekursion, der eine selbstreferentielle Rückkopplung, genannt »System«, von einer Störung, genannt »Umwelt«, unterscheidet, die von einer black box miteinander verrechnet werden, beschreibt diesen Zusammenhang (Abb. 1).

Abb. 1: Perturbierte Rekursion (Baecker 2002, 89)

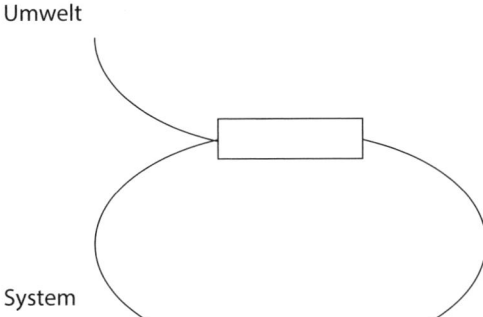

Quelle: Baecker 2002, 89

Mathematisch angeschrieben lautet der Fundamentalsatz der Systemtheorie:

$$S \neq S, \text{ wenn } S = S (S, U)$$

Das System, S, ist mit sich identisch und nichtidentisch zugleich, wenn es die rekursive Funktion, S, seiner selbst, S, und seiner Umwelt, U, ist.

Das Abenteuer der Systemtheorie besteht erstens darin, aus dem Systembegriff eines Beobachters auf die Selbstreferenz eines Gegenstands, der als System gefasst wird, zu schließen. Und es besteht zweitens darin, diese Selbstreferenz nicht nur Gott und den Menschen, sondern auch Organismen, Nervensystemen, sozialen Systemen, künstlichen Systemen (Maschinen) und Objekten, insofern diese quantenmechanisch verstanden werden, zuzuschreiben. Das Abenteuer wird empirisch fruchtbar, wenn diese Zuschreibungen nicht als Postulate, sondern als *Heuristik*en verstanden werden, die es erlauben, die Annahmen der Systemtheorie unter angebbaren Bedingungen zu überprüfen. Dann begibt sich der Beobachter in eine Interaktion mit dem Gegenstand und verändert dadurch die Wirklichkeit, mit der er es zu tun hat.

Entwicklung

Die Systemtheorie geht auf Entdeckungen im antiken Griechenland zurück, nach denen etwa die Körpersäfte eines Organismus (Hippokrates) oder die Töne einer Tonleiter (Aristoxenos) untereinander in einem Zusammenhang stehen, der weder zufällig noch festgelegt, sondern unter Einschluss von Frei-

heitsgraden selbstdeterminierend ist. Spätestens im Mittelalter, als die Scholastiker Systematiken (»Summen«) des Wissenswerten schrieben, lernte man jedoch, die faktische Existenz eines Zusammenhangs und die ideale Unterstellung eines Zusammenhangs voneinander zu unterscheiden.

Die Systemtheorie ist eine Theorie, die auf den Beobachter aufmerksam macht, der glaubt, in der Wirklichkeit ein System unterscheiden und identifizieren zu können. Die Unterstellung von *Selbstreferenz* steigert das Risiko des Beobachters, selber auffällig zu werden, lädt jedoch den Gegenstand unter Umständen dazu ein, sich auf eine Interaktion einzulassen.

Die Systemtheorie ist darüber hinaus eine Theorie, die den Beobachter als eigenes System in den Blick nimmt und nach dessen Selbstreferenz, Reproduktion und Nichtlinearität fragt. Eine Systemtheorie, die nicht epistemologisch über ihr eigenes Risiko aufgeklärt ist, ist schwer vorstellbar, obwohl sie faktisch oft genug vorkommt. Insbesondere technische Versionen der Systemtheorie neigen dazu, über den Modellen der Systeme, die sie entwerfen, den Ingenieur zu vergessen, der diese Modelle aufstellt und sich zu diesem Zweck die Wirklichkeit spezifisch zugeschnitten haben muss.

Im 20. Jh. rückte die Systemtheorie in das Zentrum wissenschaftlicher Entwicklungen in den Natur-, Sozial- und Ingenieurwissenschaften. Man war auf sogenannte komplexe Systeme aufmerksam geworden, die sich weder kausal noch statistisch beschreiben und verstehen ließen, sondern denen man eine Selbstorganisation unterstellen musste, um ihr Vorkommen und ihren Selbsterhalt erklären zu können (Warren Weaver). Beispiele für solche komplexen Systeme sind Organismen, Gehirne, Familien, Organisationen, Kulturen und, wenn auch bis heute nur postuliert, intelligente Maschinen. Komplexität wird hierbei als Einheit einer Vielfalt verstanden und von Kompliziertheit unterschieden. Komplizierte Systeme sind synthetisch und analytisch determinierte Systeme (vor allem: Maschinen), komplexe Systeme sind selbstdeterminierende und damit nichttriviale, weil Selbstreferenz einschließende, beobachtende Systeme (W. Ross Ashby, Heinz von Foerster). Die Systemtheorie geht davon aus, dass komplexe Systeme nicht mehr verstanden, das heißt analytisch bestimmt werden können, sondern nur noch kontrolliert werden können. Der Beobachter muss sich auf eine Interaktion mit ihnen einlassen und seine eigenen Erwartungen vor dem Hintergrund seiner Erfahrungen kontrollieren, das heißt laufend korrigieren, ohne je vorhersagen zu können, welche seiner Anregungen aus welchen Gründen welche Reaktionen des Systems ausgelöst haben.

Diese Ideen der Systemtheorie haben in der Psychotherapie, Familientherapie, Organisationsberatung, Pädagogik, politischen Steuerungslehre, Informatik und Robotik weitreichende Anregungen und Ablehnungen ausgelöst. Wissenschaft und *Wissenschaftstheorie* erweisen sich als eher widerständig, da die Systemtheorie sowohl die aristotelischen Sätze von der Identität, vom Widerspruch und vom ausgeschlossenen Dritten als auch das Kausalitätsprinzip nicht als allgemeine Grundlagen von Wissenschaft, sondern als besondere Fälle eines allgemeinen, jedoch noch nicht formulierten Gesetzes des Erwerbs und des Umgangs mit Wissen betrachtet. Hinzu kommt der Mystizismusverdacht gegenüber der Formulierung einer Selbstreferenz des Gegenstands wissenschaftlicher Forschung.

Soziologische Theorie

In der soziologischen Theorie haben die Rezeption und Weiterentwicklung der Systemtheorie in den Werken von Talcott Parsons und Niklas Luhmann zwei Höhepunkte erlebt. Talcott Parsons gilt als Vertreter einer analytischen, Niklas Luhmann als Vertreter einer empirischen Systemtheorie, obwohl dies Vereinfachungen sind, die einer genaueren Lektüre nicht standhalten. Immerhin hat Parsons sein Handlungssystem (action system) als analytische Zerlegung jeder einzelnen Handlung in vier und nur vier Aspekte (adaptation, goal-attainment, integration und latent-pattern-maintenance-and-conflict-regulation: AGIL) verstanden, ohne jedoch darauf zu verzichten anzunehmen, dass diese vier Aspekte notwendige Aspekte der Orientierung von Handelnden an ihren jeweiligen Situationen sind. Und immerhin hat Luhmann in seinem diesbezüglichen Hauptwerk geschrieben, dass »die folgenden Überlegungen (davon ausgehen), dass es Systeme gibt« (1984, 30), ohne deswegen jedoch darauf zu verzichten anzunehmen, dass es sich um seine, eines Beobachters, Überlegungen handelt.

Kreuztabellierung

Talcott Parsons hat seine Systemtheorie der Handlung als Element eines Paradigmas der menschlichen Bedingung (human condition) vorgestellt und ausgearbeitet, das allen Bedingungen eines kognitionswissenschaftlichen Forschungsprogramms genügte, bevor es auch nur den Namen eines solchen Programms gab (Abb. 2).

Das selbstähnlich auf jeder Ebene neu in vier Felder unter immer denselben Aspekten A, G, I und L skalierte Schema seiner Theorie weist der soziologischen Theorie im engeren Sinne ein soziales System als Forschungsgegenstand zu, das den integrativen Aspekt, i, des Handlungssystems ausmacht. Die drei anderen Aspekte des Handlungssystems sind das Persönlichkeitssystem, g, das der Handlung Ziele setzt, das Verhaltenssystem, a, das die Handlung den organischen, physikalisch-chemischen und telischen Bedingungen der menschlichen Bedingung anpasst, und das kulturelle System, l, das die ultimativen Werte des telischen Systems für die Werte und Normen des Handlungssystems verfügbar macht. Dieses Handlungssystem ist seinerseits der integrative Aspekt, I, der gesamten human condition, die diese Integration durch Handlung mit der Zielsetzung der Reproduktion der menschlichen Gattung, G, den Bedingen der Anpassung an die natürliche Umwelt, A, und jenem ultimativen Grund, jener ultimativen Ordnung, jener höchsten Instanz und jener letzten Erfüllung, L, vermittelt, die vom Zweck und Platz (telos) des Menschen handeln.

Die soziologische Theorie kann ihren Teil des Handlungssystems, das social system, nur erforschen, wenn sie sich interdisziplinär mit der Psychologie, im Falle von Parsons vor allem der Psychoanalyse Freuds, mit der Verhaltensforschung und mit den Kulturwissenschaften austauscht, etwas von der Biologie und Ökologie des Menschen versteht, über den natürlichen Ressourcenhaushalt der Erde weiß und nicht zuletzt vermutlich von Priestern und Philosophen etwas über jenes Ultimative erfährt, das in der Lage ist, Konflikte zwischen allen Aspekten der human condition nicht zu lösen, aber doch zu regulieren. Diese interdisziplinäre und letztlich kognitionswissenschaftliche Orientierung gilt auf der allgemeinen Ebene des Handlungssystems, setzt sich jedoch fort, wenn das soziale System seinerseits nach den vier Aspekten A, Wirtschaft, G, Politik, I, integratives System, und L, kulturmotiviertes System

Abb. 2: Structure of the Human Condition as System (Parsons 1978, 382)

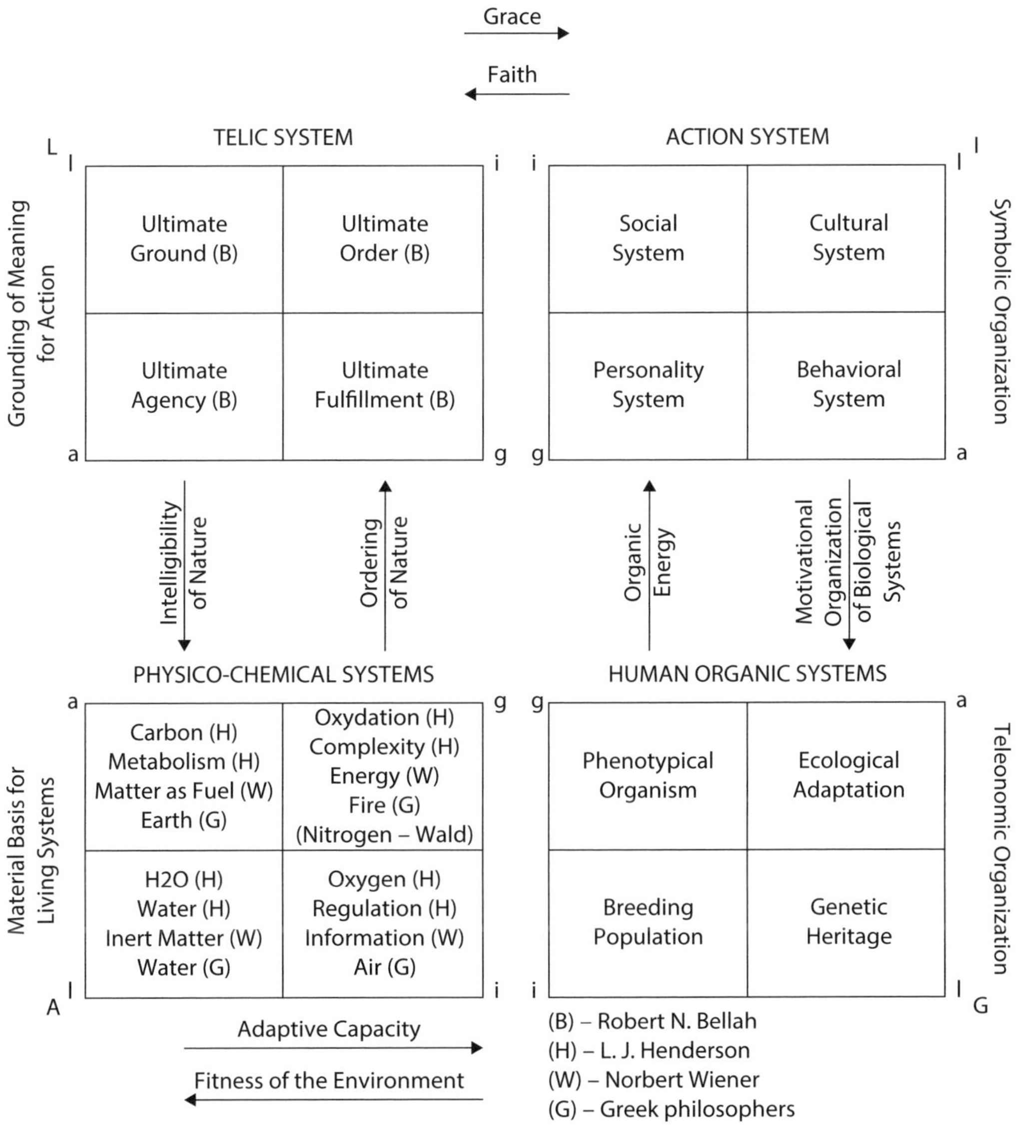

Quelle: Parsons 1978, 382

der Aufrechterhaltung latenter Muster und Konfliktregulierung unterschieden wird (Abb. 3).

Denn auf dieser differenzierten Ebene wiederholt sich die Notwendigkeit der Abstimmung mit der Persönlichkeit, mit dem Verhaltenssystem und mit der Kultur auf der Ebene des Handlungssystems und mit Gattung, Natur und höchster Ordnung auf der Ebene der human condition. Und es wiederholt sich auf der nächst-tieferen Ebene ein weiteres Mal, wenn auch jedes der vier Subsysteme des sozialen Systems in seinen vier Handlungsaspekten unterschieden wird.

Zu Ehren der in diesem Entwurf von Parsons häufig als zu arbiträr und zu schematisch beschriebe-

Abb. 3: Die differenzierten Subsysteme des sozialen Systems (Parsons/Smelser 1956, 53)

THE DIFFERENTIATED SUB-SYSTEMS OF SOCIETY

A		G
Economy		Polity
Latent Pattern-Maintenance and Tension-Management Sub-system (Cultural-Motivational System)		Integrative Sub-system
L		I

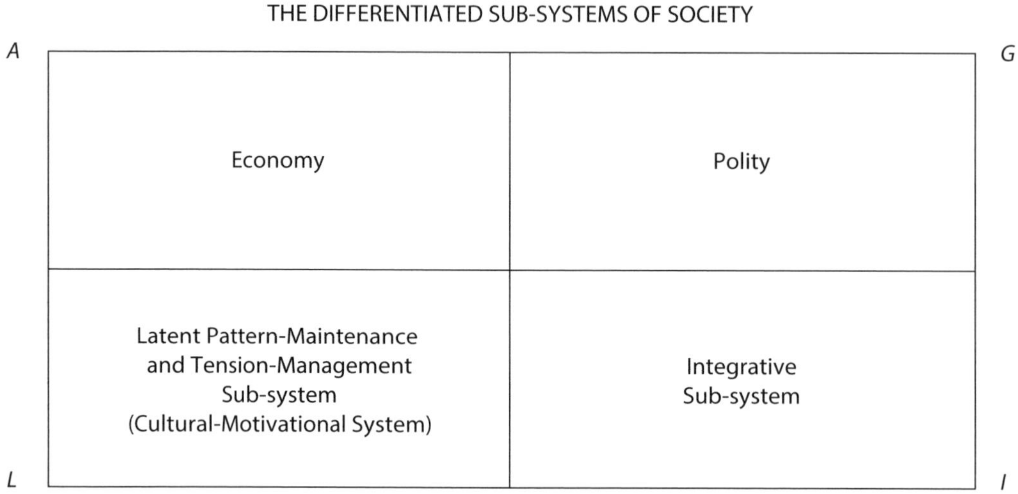

Quelle: Parsons/Smelser 1956, 53

nen Systemtheorie muss man unterstreichen, dass sich diese Struktur in seinen Händen auch empirisch als außerordentlich fruchtbar erwiesen hat. Parsons war in der Lage, jedem Kästchen, jedem Strich der Abgrenzung von anderen Kästchen und jeder Beziehung zwischen den Kästchen (die berühmten »boundary processes«, die zur Entdeckung der »symbolical media of interchange« führten) einen empirischen Sachverhalt zuzuordnen, dessen funktionale Bedeutung mit bloßem Auge nicht zu erkennen gewesen wäre.

Aber auch die Konstruktion der vier Felder ist alles andere als arbiträr. Denn erstens nehmen die vier Aspekte jeder Handlung die Orientierungsprobleme auf, die jede Handlung angesichts des Problems der doppelten Kontingenz (Ego und Alter Ego warten darauf, dass jeweils der andere den ersten Schritt macht) hat, und benennen die Ressourcen und Restriktionen, die es erlauben, diese Orientierungsprobleme zu lösen. Damit ist es Parsons gelungen, die Unruhe und damit Instabilität jeder Handlung nachweisen, die erst in der Lage sind zu erklären, dass und

Abb. 4: General Paradigm of the Human Condition (Parsons 1978, 361)

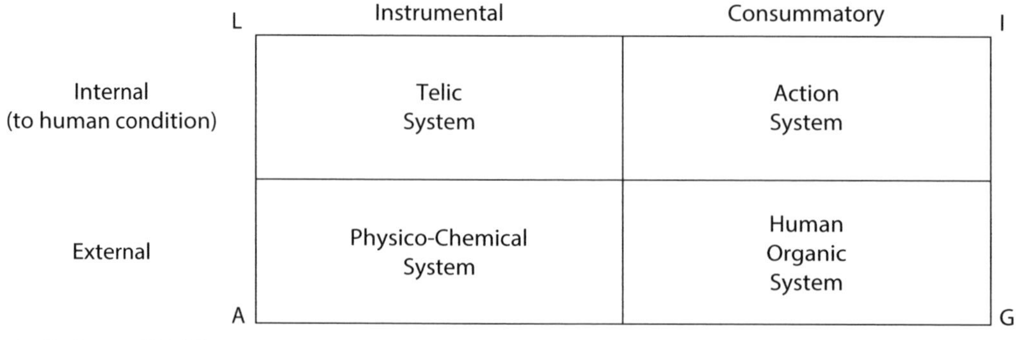

	L	Instrumental	Consummatory	I
Internal (to human condition)		Telic System	Action System	
External		Physico-Chemical System	Human Organic System	
	A			G

Quelle: Parsons 1978, 361

wie jede einzelne Handlung in die Ökologie ihrer System/Umwelt-Beziehungen eingebettet ist.

Zweitens steht die Konstruktion der Kreuztabellierung mit ihren beiden Achsen der Systemdifferenzierung (internal/external) und der Systemreproduktion (instrumental/consummatory, das heißt zukunfts-/gegenwartsorientiert) (Abb. 4) in einer soziologischen Tradition, die von Auguste Comtes Unterscheidung zwischen Statik (Konsens) und Dynamik (Fortschritt) bis zu Niklas Luhmanns Unterscheidung zwischen Differenzierung und Evolution (vermittelt in der Kommunikation) und zu Harrison C. Whites Unterscheidung zwischen decoupling und embedding (vermittelt in Phasenübergängen) reicht.

Und drittens hat die soziologische Theorie im Rahmen ihres Interesses an skalierbaren Netzwerken erst jüngst die Fruchtbarkeit von Annahmen der Selbstähnlichkeit von Handlungsstrukturen wiederentdeckt, die es ihr erlauben, die alte Frage nach der Unterscheidung und Vermittlung von Mikro- und Makroaspekten sozialen Handelns als irreführend hinter sich zu lassen.

Selbstreferenz

Niklas Luhmann stellt die soziologische Systemtheorie vom Grundbegriff der *Handlung* auf den Grundbegriff der *Kommunikation* um, nicht ohne eine eigene *Handlungstheorie* zu entwickeln, die die Handlung als Adresse der Zurechnung andernfalls zu unübersichtlich werdender Kommunikationsprozesse konzipiert. Im Unterschied zu Parsons startet Luhmann nicht analytisch, sondern empirisch, indem er die Absicht einer Gesellschaftstheorie ins Zentrum seiner Arbeit stellt und nach den realiter

zu lösenden Problemen fragt, die eine Gesellschaft zu lösen hat.

Daraus ergibt sich das Schema seiner Unterscheidung verschiedener Ebenen einer allgemeinen Systemtheorie (Abb. 5), das zugleich ein Schema der Unterscheidung und Vermittlung der allgemeinen Systemtheorie und angewandter Systemtheorien ist. Konsequent warnt er vor Analogieschlüssen zwischen verschiedenen konkreten Fällen von Systemen und plädiert stattdessen für einen Umweg über die allgemeine Systemtheorie, wenn es etwa darum geht, Errungenschaften der biologischen Untersuchung von Organismen zu rezipieren und für die soziologische Systemtheorie fruchtbar zu machen. Seine Rezeption des biologischen Begriffs der *Autopoiesis*, das heißt der selbstreferentiell geschlossenen Reproduktion lebender Systeme (Humberto R. Maturana/Francisco J. Varela), ist dafür ein gutes Beispiel. Er löst den Begriff aus seiner Bindung an die Körperlichkeit eines Organismus heraus, radikalisiert dementsprechend die Frage nach der Grenzziehung und bereichert die allgemeine Systemtheorie mit der aus der Erfahrung des Umgangs mit sozialen Systemen gewonnenen Einsicht, dass es fruchtbar sein kann, die Elemente eines Systems zu temporalisieren, das heißt als Ereignisse zu fassen, die auftauchen und wieder verschwinden. Und sind sie verschwunden, müssen Neue gefunden werden.

Aus der Beobachtung der Unwahrscheinlichkeit der Anschlussfindung einer temporal gefassten Kommunikation ergibt sich ein allgemeiner Begriff der Unwahrscheinlichkeit von Kommunikation, der jedes soziale System zugleich als Lösung des Problems und als Bedingung der Wiederholung des Problems zu beschreiben erlaubt. In diesen allgemeinen Begriff können konkrete Analysen von Interaktion,

Abb. 5: Analyseebenen der Systemtheorie (Luhmann 1984, 16)

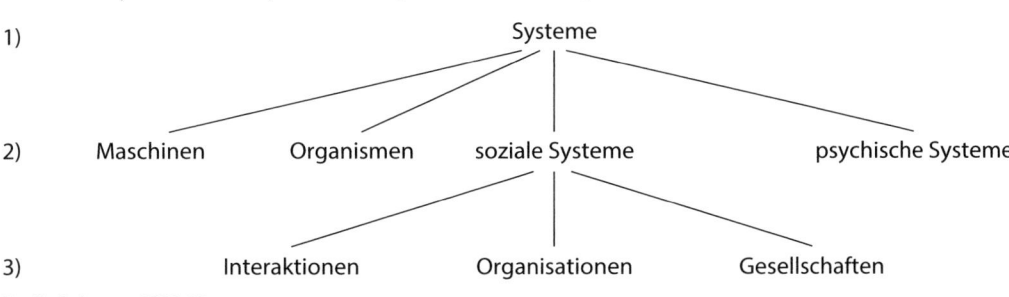

Quelle: Luhmann 1984, 16

Organisation, Gesellschaft im Allgemeinen und Wirtschaft, Wissenschaft, Recht, Kunst, Massenmedien, Politik und Erziehung im Besonderen eingebettet werden, die jeweils nach den Bedingungen fragen, unter denen es diesen Systemen gelingt, sich in der Auseinandersetzung mit ihrer *Umwelt* und den Systemen in dieser Umwelt zu reproduzieren.

Anders als Parsons konzipiert Luhmann soziale Systeme im Anschluss an die neuere Systemtheorie und hier vor allem an die Kybernetik zweiter Ordnung als ihrerseits beobachtende Systeme. Anders als Parsons schreibt Luhmann diesen sozialen Systemen damit eine *Selbstreferenz* und ineins mit dieser Selbstreferenz eine Intransparenz zu. Er kann es daher nicht vermeiden, seine Gesellschaftstheorie als ein Angebot zu begreifen, das er der Gesellschaft macht, sich mithilfe seiner Theorie selber zu beobachten und zu beschreiben. Das Angebot und damit die Beobachtung und Beschreibung liegen vor. Kommunikative Anschlüsse bleiben jedoch auch hier unwahrscheinlich.

Literatur

Ashby, W. Ross, 1960: Design for a Brain: The Origin of Adaptive Behavior, 2. Aufl., New York. – Baecker, Dirk, 2002: Wozu Systeme? Berlin. – Comte, Auguste, 1995: Leçon sur la sociologie, Paris (1830; dt. 1933). – Foerster, Heinz von, 1981: Observing Systems, Seaside, CA. – Luhmann, Niklas, 1980: Talcott Parsons – Zur Zukunft eines Theorieprogramms; in: Zeitschrift für Soziologie 9, 5–17. – Ders., 1984: Soziale Systeme: Grundriß einer allgemeinen Theorie, Frankfurt a.M. – Ders., 1997: Die Gesellschaft der Gesellschaft, Frankfurt a.M. – Maturana, Humberto R.; Varela, Francisco J., 1980: Autopoiesis and Cognition: The Realization of the Living, Dordrecht. – Parsons, Talcott, 1951: The Social System, New York. – Ders., 1978: A Paradigm of the Human Condition; in: Ders.: Action Theory and the Human Condition, New York, 352–433. – Ders.; Smelser, Neil J., 1984: Economy and Society: A Study in the Integration of Economic and Social Theory, Reprint London (1956). – Weaver, Warren, 1948: Science and Complexity; in: American Scientist 36, 536–544. – White, Harrison C., 1992: Identity and Control: A Structural Theory of Action, Princeton, NJ.

Dirk Baecker

T

Tabellenanalyse

Begriffsdefinition

Mit dem Begriff der Tabellenanalyse (engl. tabular analysis) wird eine Gruppe von *statistisch*en Auswertungsverfahren angesprochen, die insbesondere in der quantitativen empirischen Sozialforschung Zusammenhänge zwischen kategorialen Variablen aufdecken bzw. quantifizieren sollen. Solche Variablen werden in zwei Gruppen eingeteilt: Dichotome *Variablen* (sie weisen – wie etwa Geschlecht – nur zwei Ausprägungen auf) und polytome Variablen (solche mit mehr als zwei Ausprägungen, wie etwa die Variable bevorzugte politische Partei).

Dichotome Variablen

Eine *Kontingenztabelle* (*Kreuztabelle*) präsentiert die bivariate Häufigkeitsverteilung, die sich im Fall dichotomer Variablen wie folgt darstellt:

62 zufällig ausgewählte Erwachsene werden danach befragt, ob sie Raucher oder Nichtraucher sind. Aufgeteilt nach Geschlecht ergibt sich der folgende Befund:

Tabelle 1: Ausgangsbeispiel

		X		Zeilensumme
		Männlich	weiblich	
Y	Nichtraucher	10	20	30
	Raucher	25	7	32
Spaltensumme		35	27	62

Spaltenprozentuierung: Es geht um die Frage, ob zwischen X und Y eine gerichtete Beziehung besteht. Zur Beantwortung dieser Frage werden die sog. Spaltenprozente berechnet (Zellenhäufigkeit/Spaltensumme * 100). Für die obige Tabelle ergeben sich dabei die Werte der Tabelle 2:

Tabelle 2: Spaltenprozente

		X	
		männlich	Weiblich
Y	Nichtraucher	28,57	74,07
	Raucher	71,43	25,93
Spaltensumme		100,00	100,00

Deutliche Unterschiede zwischen den Spaltenprofilen, wie sie hier zu beobachten sind, weisen auf einen Zusammenhang zwischen beiden Variablen hin, d. h. die Variable Geschlecht beeinflusst das Rauchverhalten.

Prozentsatzdifferenz: Die Prozentsatzdifferenz (d%) quantifiziert die Abweichung zwischen den Spaltenprofilen. Im obigen Beispiel ergibt sich:

d% = 28,57 – 74,07 = –45,5
d% = 71,43 – 25,93 = 45,5

Bei dichotomen Variablen sind die beiden Prozentsatzdifferenzen – abgesehen vom Vorzeichen – gleich, d. h. es genügt eine zur Beschreibung des Zusammenhangs zwischen X und Y. Der obige Befund besagt, dass der Anteil von Nichtrauchern bei männlichen Befragten um 45,5 Prozentpunkte niedriger ist als bei weiblichen Befragten.

Phi-Koeffizient: Um die Stärke des Zusammenhangs zwischen X und Y zu quantifizieren, kann der sog. Phi-Koeffizient berechnet werden. Dazu benötigt man die Wurzel aus dem Produkt aller Randsummen der obigen Tabelle, was zu Wert 952,47 führt. Dann rechnet man (10 * 7 – 20 * 25)/952,47 = –0,451.

Der Phi-Koeffizient ist im Wertebereich zwischen –1 und +1 definiert, wobei aber das Vorzeichen keine Rolle spielt. Der Absolutwert 1 kennzeichnet einen maximal starken Zusammenhang; der Wert 0 kennzeichnet Unabhängigkeit zwischen X und Y. Im obigen Fall ergibt sich also ein »mittelstarker« Zusammenhang zwischen den beiden betrachteten Variablen.

Anmerkung: Wenn man die Ausprägungen der beiden Variablen mit 0 und 1 codiert, kann man auch den *Korrelationskoeffizient*en von Bravais/Pearson berechnen (das bekannteste Zusammenhangsmaß für metrische Variablen), was zum gleichen Ergebnis führt wie die Berechnung des Phi-Koeffizienten. Dieser Koeffizient kann mit einem geeigneten Testverfahren auf *Signifikanz* geprüft werden (s. z. B. Tiede/Voß 2000, Kapitel 10.3). Ersatzweise kann auch der Fisher-Test eingesetzt werden (ebd., Kapitel 9.2).

Polytome Variablen

Es soll untersucht werden, welchen Einfluss die Variable Geschlecht auf die Frage hat, welche Partei man wählen würde, wenn am kommenden Sonntag Wahlen zum Deutschen Bundestag stattfinden würden. In einer Zufallsstichprobe möge sich der folgende Befund ergeben haben:

Tabelle 3: Geschlecht und bevorzugte politische Partei

	männlich	Weiblich	Summe
CDU/CSU	215	255	470
SPD	188	172	360
FDP	25	20	45
Grüne	35	40	75
Sonstige	30	20	50
Summe	493	507	1000

Um die Stärke des Zusammenhangs zwischen beiden Variablen zu bemessen, berechnet man beispielsweise den Kontingenzkoeffizienten C (es gibt aber auch alternative Zusammenhangsmaße), der wie folgt zustande kommt:

Den beobachteten Häufigkeiten in der obigen Tabelle werden diejenigen Häufigkeiten gegenübergestellt, die zu erwarten wären, wenn Unabhängigkeit zwischen beiden Variablen bestünde (sog. Erwartungswerte). Diese erhält man für jede Tabellenzelle, wenn man rechnet: Spaltensumme * Zeilensumme dividiert durch n. Beispielsweise erhält man also für die männlichen CDU/CSU-Wähler den folgenden Erwartungswert:

493 * 470/1000 = 231,71

Führt man diese Berechnung für jede Tabellenzelle durch, erhält man also 10 Erwartungswerte.

Bestimmt man nun die Abweichungen zwischen beobachteten und erwarteten Häufigkeiten, quadriert diese Abweichungen, dividiert man die quad-

rierten Abweichungen durch die Erwartungswerte und addiert alle 10 Ergebnisse, erhält man den Wert 6,81, der als Pearson'sche Prüfgröße U bezeichnet wird.

Der Kontingenzkoeffizient C ergibt sich dann, indem man die Quadratwurzel aus U geteilt durch U + n berechnet. Im obigen Beispiel ergibt sich der Wert C = 0,082.

Dieser Koeffizient C ist im Wertebereich zwischen 0 und 1 definiert (0 = kein Zusammenhang; 1 = maximal starker Zusammenhang; der Maximalwert 1 kann allerdings nur erreicht werden, wenn eine Kontingenztabelle vorliegt mit unendlich vielen Spalten und unendlich vielen Zeilen; in allen konkreten Fällen liegt der Maximalwert, den C erreichen kann, bei

$$C_{max} = \frac{1}{2} \cdot \left(\sqrt{\frac{r-1}{r}} \right) + \left(\sqrt{\frac{s-1}{s}} \right),$$

wobei r = Zahl der Zeilen, s = Zahl der Spalten der Kontingenztabelle.

Der Kontingenzkoeffizient C, der übrigens auch in dem Fall berechnet werden kann, dass beide Variablen dichotom sind (s. erstes Beispiel), kann ebenfalls auf Signifikanz überprüft werden. Dazu wird die Prüfgröße U verwendet, die – wie Pearson gezeigt hat – asymptotisch der sog. Chi-Quadrat-Verteilung folgt, die im obigen Beispiel 4 Freiheitsgrade aufweist (die Zahl der Freiheitsgrade ergibt sich aus (r – 1) * (s – 1)).

Mit dieser Wahrscheinlichkeitsverteilung kann die Wahrscheinlichkeit dafür berechnet werden, dass in der gegebenen Zufallsstichprobe ein U-Wert von 6,81 oder größer auftaucht – unter der Bedingung, dass in der Grundgesamtheit kein Zusammenhang vorliegt. Diese Wahrscheinlichkeit ergibt sich im obigen Beispiel zu 14,63 % (Einzelheiten zu diesem sog. Chi-Quadrat-Unabhängigkeitstest finden sich in jedem Lehrbuch zur statistischen Methodenlehre; s. z. B. Tiede/Voß 2000, Kapitel 10.1).

Bei üblichen Signifikanzniveaus (z.B. 1 % oder 5 % oder 10 %) bedeutet dies, dass die Hypothese der Unabhängigkeit zwischen Geschlecht und bevorzugter politischer Partei aufgrund des Stichprobenbefundes nicht verworfen werden kann.

Dieser Test setzt allerdings voraus, dass alle Erwartungswerte, also die bei Unabhängigkeit zu erwartenden Häufigkeiten, größer als 5 sind. Ist dies nicht der Fall, kann man diese Bedingung durch Zusammenlegen von Klassen erfüllen. Sofern man dabei gezwungen ist, eine Vierfelder-Tabelle zu erzeugen, und einzelne Erwartungswerte immer noch kleiner als 5 sind, ist auf die beim ersten Beispiel genannten Testverfahren auszuweichen.

Ergänzungen

Verfahren der Tabellenanalyse können auch zur *Drittvariablenkontrolle* eingesetzt werden. Es geht dabei um die Klärung der Frage, ob der Zusammenhang zwischen zwei Variablen X und Y durch den Einfluss einer dritten Variablen Z sowohl auf X als auch auf Y »vorgetäuscht« wird, bzw. ob es Interaktionseffekte gibt, was bedeutet, dass sich der Einfluss von X auf Y bei unterschiedlichen Werten von Z ändert (Einzelheiten dazu finden sich in der Einführung von Diaz-Bone 2006).

Betrachtet man mehr als drei Variablen, benötigt man *multivariate Verfahren* zur Analyse von (den dann mehrdimensionalen) Kreuztabellen. Dazu zählen insbesondere multinomiale logistische *Regressionsmodelle* zur Schätzung der Erwartungswerte, wie sie mit der geeigneten Software eingesetzt werden können (s. z. B. Bühl 2012, Kapitel 15.5)

Literatur

Bühl, Achim, 2012: SPSS 20: Einführung in die moderne Datenanalyse, München. – Diaz-Bone, Rainer, 2006: Statistik für Soziologen, Konstanz. – Sauerbier, Thomas; Voß, Werner, 2009: Kleine Formelsammlung Statistik, München. – Tiede, Manfred; Voß, Werner, 2000: Schließen mit Statistik, München.

Werner Voß

Tabu

Tabu (engl. taboo), im Deutschen und Englischen sowohl Substantiv wie Adjektiv, kommt vom polynesischen tapu = Heiliges, Ungewöhnliches, Verbotenes und kam über die *Ethnologie* Ende des 19. Jh.s in andere Sozialwissenschaften. In der Soziologie ist das Tabu eine soziale *Norm*, die

- nicht durch formellen Beschluss oder Erlass wie eine Rechtsnorm, sondern durch traditionelle Überlieferung im Rahmen der *Sozialisation* Gel-

tung erlangt, wobei die Thematisierung so weit gehen kann, dass Tabubrecher an schweren endogenen Krankheiten leiden;
- auf *Religion*, *Mythos*, Aberglauben, Tradition beruht, so dass Diskussionen über die Berechtigung des Tabus unzulässig sind;
- i. d. R. Verbote, selten Gebote zum Gegenstand hat;
- oft, aber nicht immer mit z. T. strengen informellen *Sanktion*en (etwa Ächtung, *Marginalisierung*, Ausstoßung aus der Gesellschaft) bewehrt ist;
- zum Schutz von Herrschern, Priestern, bestimmten Tieren, unberührbaren Gegenständen, heiligen Orten usw. dient

und die in Gesellschaften mit wenigen oder schwachen staatlichen *Institution*en ein bedeutsamer Regulator des *Handeln*s ist, aber mit der Entwicklung zur *Industriegesellschaft* an Zahl und Wirksamkeit abnimmt. Dabei gelten auch in angeblich rationalen Gesellschaften Tabus; die political correctness, die schon Joseph Goebbels so effektiv zu nutzen verstand, hat weitgehend Tabucharakter; der Inzest ist, soweit sein Verbot nicht wie in Deutschland durch § 173 StGB formelles Recht ist, ein wohl weltweites Tabu.

Der Soziologe Emile Durkheim und die Ethnologin Mary Douglas haben versucht, die soziale Funktion des Tabus (oder der Äquivalente) rational zu deuten als Unterscheidungsfaktor in binären Ordnungssystemen, etwa heilig – weltlich, gut – böse usw.

Literatur

Douglas, Mary, 1975: Implicit Meanings, London. – Durkheim, Emile, 1912: Les formes elementaires de la vie religieuse, Paris. – Radcliffe-Brown, Alfred, 1939: Taboo, Stanford. – Webster, Hutton, 1942: Taboo. A sociological study, Stanford.

Günter Endruweit

Tausch

Tauschbegriff

Die soziologische (Aus-)Tauschtheorie betrachtet jede soziale Beziehung analytisch aus der Perspektive des gegenseitigen Gebens und Nehmens von Ressourcen materieller und symbolischer Art. Im einfachsten Fall des ökonomischen Tauschs werden Waren gegeneinander oder gegen Geld getauscht, und zwar unmittelbar und zum gegenseitigen Vorteil. Sozialer Tausch (engl. exchange) ist dagegen durch eine längere Abfolge von Tauschakten, also *Gabe*n und Gegengaben, innerhalb einer *sozialen Beziehung* charakterisiert. Dabei ist sowohl die Art der ausgetauschten Güter (materieller und immaterieller Art) als auch die zeitliche Taktung überaus vielgestaltig und variabel. Konstitutiv für das daraus entstehende System von Gaben ist das Prinzip der Gegenseitigkeit.

Marcel Mauss (1968 [1925]) hat den Gabentausch in einfachen Gesellschaften untersucht. Obwohl die Gaben freiwillig erscheinen, sind sie im Grunde sozial obligatorisch. Es werden nicht nur Güter im ökonomischen Sinne, sondern auch Höflichkeiten, Festessen, Rituale etc. ausgetauscht. Gerade in normativ verpflichtenden und ritualisierten Tauschformen handeln die Akteure nicht als Individuen, sondern als Vertreter ihrer *Gruppen*. Dadurch entsteht ein sozial integratives *Netzwerk* aufeinander bezogener Verpflichtungen und Tauschbeziehungen.

Tauschformen

Jeder Tausch ist ein Spiel mit gemischten Motiven. Einerseits besteht das gemeinsame Interesse beider Akteure an der Tauschgewinne generierenden Beziehung. Andererseits gibt die Aufteilung des Tauschgewinns Anlass zu *Konflikt*en zwischen den beiden Tauschpartnern, wobei die relative Macht der beiden Tauschpartner von ausschlaggebender Bedeutung ist. Dies gilt nicht nur in der dyadischen Tauschbeziehung, sondern erst recht für Netzwerke von Tauschbeziehungen (vgl. Braun/Gautschi 2004).

Tauschnetzwerke bestehen aus negativ oder positiv verbundenen Tauschbeziehungen. Der idealtypische Fall negativer Verbundenheit ist die ökonomische Konkurrenz zwischen den Tauschakten in verschiedenen Tauschbeziehungen, während positive Verbundenheit durch *Ressourcen*flüsse im Netzwerk entsteht, etwa im Fall der Informationsweitergabe (vgl. dazu und für das folgende Argument Kappelhoff 1993, insbesondere Kap. 3.3). Generell sind neben der Reziprozität im direkten Tausch auch Ressourcenflüsse als einseitige Tauschformen möglich: A gibt ohne direkte Gegenleistung an B, B an C und erst C wieder an A. Auf diese Weise können komplexe Tauschzyklen entstehen, wie z. B. der von

Malinowski untersuchte Kula-Ring. Gerade solche indirekten Tauschformen sind auf eine unterstützende Tauschmoralität angewiesen, generieren aber auch selbst durch ihre Funktionsweise wieder Vertrauen, *soziales Kapital* und soziale *Solidarität*.

Tauschtheorien

Die soziologische *Tauschtheorie* kann als *Theorie mittlerer Reichweite* verstanden werden, die verschiedene Theorietraditionen umfasst, insbesondere die individualistische und die kollektivistische (vgl. Ekeh 1974), ohne sich auf eine dieser Traditionen reduzieren zu lassen. Der tauschsystemische Ansatz (vgl. Kappelhoff 1993) untersucht Netzwerke von Tauschbeziehungen, die einerseits individualistisch als Resultat eines zielorientierten Handelns der beteiligten Akteure erklärt werden können (Emergenz von unten), und die andererseits auch als durch systemische Strukturen beschränkt und durch normative Regelungen gesteuert verstanden werden können (Konstitution von oben).

Aus der Perspektive der evolutionären Psychologie wird die Bedeutung kognitiver Mechanismen, so z. B. zur Entdeckung von Regelverletzungen in Tauschzusammenhängen und zur Ermöglichung von N-Personen-Tausch, hervorgehoben. Diese sog. Darwinschen Algorithmen sind als speziestypische Anpassungen des Homo sapiens im Tier-Mensch-Übergangsfeld entstanden (vgl. Tooby et al. 2006).

Literatur

Braun, Norman; Gautschi, Thomas, 2004: Wer bekommt wie viel vom Kuchen? Ein Modell für Tauschnetzwerke und seine Anwendungen; in: Zeitschrift für Soziologie 33: 493–510. – Ekeh, Peter, 1974: Social Exchange Theory. The Two Traditions, London. – Kappelhoff, Peter, 1993: Soziale Tauschsysteme. Strukturelle und dynamische Erweiterungen des Marktmodells, München. – Mauss, Marcel, 1968: Die Gabe, Frankfurt a. M. (1925). – Tooby, John et al., 2006: Cognitive Adaptations for n-person Exchange: The Evolutionary Roots of Organizational Behavior; in: Managerial and Decision Economics 27, 103–126.

Peter Kappelhoff

Taylorismus

»Taylorismus« (engl. taylorism) oder »Taylor-System« geht zurück auf den amerikanischen Ingenieur Frederick W. Taylor (1856–1915), der um die Jahrhundertwende vor dem historischen Hintergrund zunehmenden Fachkräftemangels in der expandierenden Industrie und sich verschärfender Marktkonkurrenz eine Verknüpfung von verschiedenen, auf die Steigerung der *Arbeit*sleistung zielenden Methoden der organisatorischen *Rationalisierung* industrieller Produktionsprozesse als System des »Scientific Management« (wissenschaftliche Betriebsführung) zusammengefasst hat: a) Systematische Zerlegung von Arbeitsfunktionen und funktionsoptimale Gestaltung von Arbeitsmitteln und Arbeitsumwelt; b) systematische Auswahl und Schulung der geeigneten Arbeitskräfte für die jeweils hochgradig zerlegten Arbeitsaufgaben; c) Nutzung des ökonomischen Eigeninteresses des Arbeitenden mittels Lohnanreiz (Prämien- und Akkordentlohnung); d) strikte Trennung von Leitungs- und Planungsaufgaben (Kopfarbeit) einerseits und ausführender Tätigkeit (Handarbeit) andererseits.

Sozialtheoretische Grundlage der »wissenschaftlichen Betriebsführung« Taylors ist der Rationalismus der klassischen Ökonomie, unterstützt durch die Annahmen der damaligen Psychologie und Psychophysik. Die »Figur« des *homo oeconomicus* zum einen und die »idée fixe« eines objektiv-wissenschaftlich begründeten »one best way« der Arbeits- und Organisationsgestaltung zum anderen sind erkenntnisleitend. Von Taylors »wissenschaftlicher Betriebsführung« sind – insbesondere in Verbindung mit den Bewegungsstudien der Gilbreths (seit 1912) – wichtige Impulse zur Entwicklung der Arbeitswissenschaft und der betrieblichen Organisationslehre in den 20er Jahren ausgegangen. In den letzten Jahrzehnten erfuhr das Thema Taylorismus mit Blick auf den zunehmenden EDV-Einsatzes und neuer mikro-elektronisch gestützter Kontroll- und Steuerungstechniken wie auch im Zusammenhang von *Globalisierung* und industrieller Restrukturierung (z. B. in der Automobilbranche) neue Dramatik und inhaltliche Erweiterung (Stichworte: »Taylorisierung der geistigen Arbeit« und »Neo-Taylorismus«).

Gert Schmidt

Techniksoziologie

Die Soziologie der Technik

Technik wird von Menschen gemacht. Damit ist sie ein elementarer Bestandteil des *Handeln*s sowie unverzichtbarer Baustein von *Gesellschaft*. Die Techniksoziologie (engl. technology studies) fragt nach den sozialen Zusammenhängen der Herstellung und Nutzung von Technik und untersucht das Wechselspiel sozialer und technischer Dynamiken. Denkt man an Technik, so fallen einem zuerst die sachtechnischen Artefakte ein – Werkzeuge, Gerätschaften und Maschinen. Technik kann aber auch allgemeiner als ein zielgerichtetes, methodisches Vorgehen verstanden werden – wie Schwimmen, Kochen oder Autofahren. Im weitesten Sinne bedeutet Technik eine spezifische Beziehung von Menschen zu ihrer Umwelt, nämlich die eines »produktiven Umwegs«, durch den Wirkungen gesteigert und auf Dauer gestellt werden können. In großen Teilen beschäftigt sich die Soziologie der Technik daher auch mit Produktionstechniken, mit den Fragen ihrer gesellschaftlichen Herstellung und Verwendung. Sie untersucht, wie neue Techniken gesellschaftliche Veränderungen anstoßen und welche Folgen sich daraus ergeben. Neben den Produktionstechnologien betrachtet die Techniksoziologie aber auch Transporttechnologien und Alltagstechniken. Zudem wächst die gesellschaftliche Bedeutung von Kommunikations- und Biotechnologien. Lange Zeit galt der rasche technologische Wandel allgemein als einer der Haupttriebkräfte gesellschaftlichen Wandels. Die Techniksoziologie hinterfragt diese scheinbare Abhängigkeit der Gesellschaft von der Technik, indem sie Technik konsequent als von Menschen gemachtes Produkt versteht, das keine autonome Macht darstellt, sondern in vielfältige Bedeutungs-, Begründungs- und Herrschaftszusammenhänge eingebettet ist.

Begriffsbestimmungen

Da Technik in vielfältigen Anwendungskontexten und Erscheinungsformen aufzufinden ist, bedarf es zunächst eines allgemeinen Technikverständnisses, unter dem möglichst alle Aspekte des Technischen gefasst werden können: »Unter Technik sind alle künstlich hervorgebrachten Verfahren und Gebilde, symbolische und sachliche Artefakte, zu verstehen, die in soziale Handlungszusammenhänge zur Steigerung ausgewählter Wirkungen eingebaut werden« (Rammert 1993: 10). In dieser allgemeinen Fassung tritt der instrumentelle Charakter von Technik hervor: Als Objektivation menschlichen Tuns ist sie kein Selbstzweck, sondern immer ein Mittel zum Zweck. Aber sie ist kein neutrales Mittel oder einfaches Substitut menschlichen Handelns. Als vermittelnde Instanz in Zweckhandlungen wirkt sie einerseits auf das Handeln zurück, andererseits wird sie selbst im Gebrauch verändert. Technik darf daher nicht als festgefügte, unveränderliche Tatsache missverstanden werden – sie entfaltet ihre Wirkung erst durch den sozialen Kontext der Benutzung.

Innerhalb des allgemeinen Technikverständnisses unterscheidet die Techniksoziologie zwischen Sachtechniken und Handlungstechniken (ebd.: 10 f.). Unter **Sachtechniken** versteht man die in Werkzeugen, Gerätschaften, Maschinen und Apparaten materiell manifestierten Techniken. Sachtechniken liegen dem gebräuchlichen Technikverständnis am nächsten, und sie sind die Techniken, die uns in Alltag und Beruf am sichtbarsten umgeben. Prinzipiell kann jeder Gegenstand zu Technik werden, wenn er gezielt und wiederholbar für einen bestimmten Zweck eingesetzt wird. So wird aus einem gefundenen Ast ein zweckdienlicher Knüppel. Durch weitere Bearbeitung werden aus natürlichen Dingen kunstfertig hergestellte Sachen, aus dem Stein wird ein Faustkeil. Unter Handlungstechniken versteht man dagegen im Menschen verkörperte Technik. Tatsächlich hat menschliches Handeln sehr oft technischen Charakter und **Handlungstechniken** finden sich in vielen gesellschaftlichen Bereichen, z. B. in Gebetstechnik, Erziehungstechnik, Verwaltungstechnik oder künstlerischen Techniken (Weber 1922/1972: 32). Handlungstechniken können somit als Formen zweckrationalen Handelns verstanden werden und letztendlich fallen auch *Sprache* und Schrift unter einen weitgefassten Begriff der Technik, womit dieser jedoch an analytischer Schärfe verliert. Im Zentrum der Techniksoziologie stehen aus diesem Grund die konkreten sachtechnischen Artefakte, ohne dass die für den Gebrauch notwendigen Handlungstechniken dabei vergessen werden dürfen.

Eine weitere Unterscheidung ist die zwischen Technik und **Technologie** – obwohl beide Begriffe ebenso oft synonym benutzt werden. Die Differenz zwischen Technik und Technologie betont den Unterschied zwischen traditioneller Technik und moderner Technologie. Kurz gesagt bedeutet Techno-

logie dann Technik plus wissenschaftliches Wissen. Mit der Unterscheidung sollen insbesondere die Eigenheiten moderner Technik für die Entwicklung moderner Gesellschaften herausgestellt werden. Werner Sombart klassifiziert beispielsweise die vorkapitalistische Technik als »empirisch-organisch« während die kapitalistische Technik »wissenschaftlich-rationalistisch« sei (Sombart 1916: 478 f.). Ähnlich gestaltet sich die soziologische Unterscheidung zwischen Werkzeug und Maschine. Das Werkzeug unterstützt menschliche Arbeit, die Maschine ersetzt sie (Marx 1867/1968: 391 ff.). Wir sehen, dass der allgemeine Technikbegriff weiter zugeschnitten werden muss, um spezifische gesellschaftliche Problemlagen genauer analysieren zu können. Gerade innerhalb der Sachtechniken finden derart rasante und weitreichende Entwicklungen statt, die sich in genauen Begriffsbestimmungen wiederfinden müssen. Es ist eine bleibende Herausforderung der Techniksoziologie, ein begriffliches Inventarium zu erstellen, mit dem sich sowohl die allgemeinen Muster wie auch die spezifischen Eigenheiten von Technik fassen lassen.

Historische Entwicklung

Als eigenständiges Teilgebiet der Soziologie ist die Techniksoziologie vergleichsweise jung. Sie entstand in den 1980er Jahren und etablierte sich in den 1990er Jahren. Diese »neuere« Techniksoziologie blickt jedoch auf eine Ahnenreihe, die bis zu den Gründervätern der Soziologie reicht und üblicherweise mit Karl Marx ihren Anfang nimmt. In seiner Analyse des *Kapitalismus* untersuchte Marx sehr genau den Einfluss der Technik auf die sozialen Dynamiken (Marx 1867/1968: 391 ff.). Während in den Manufakturen noch die *Arbeit*skraft, d. h. die Menschen, bestimmend war, so sind es in der großen Industrie die Arbeitsmittel, d. h. die Maschinen. Nach Marx ist es auch nicht die Dampfmaschine, die die industrielle Revolution hervorruft, indem sie menschliche Kraft ersetzt, sondern die Werkzeugmaschine, die menschliches Können ersetzt. Gerne wird der Technik hierbei eine treibende Kraft unterstellt, die dann mit Marx' berühmtem Zitat »Die Handmühle ergibt eine Gesellschaft mit Feudalherren, die Dampfmühle eine Gesellschaft mit industriellen Kapitalisten« (Marx 1885/1972: 130) belegt wird. Eine solche Deutung hatte Marx aber nicht im Sinn. Ihm ging es um die differenzierte Analyse von Produktivkräften und Produktionsverhältnissen, die beide als Produkte gesellschaftlichen Handelns miteinander in Beziehung stehen. Der Wandel von der Manufaktur zur modernen Industrie ist eben nicht allein technisch bedingt, sondern entwickelt sich schrittweise aus der Verflechtung technischer, ökonomischer und sozialer Verhältnisse.

Derartige Wandlungsprozesse bergen immer ein großes Potential für gesellschaftliche Spannungen. William F. Ogburn sah den gesellschaftlichen *Wandel* nicht wie Marx als revolutionären Umwälzungsprozess, sondern als schrittweise Anpassung verschiedener Gesellschaftsbereiche an die rasante technische Entwicklung (Ogburn 1922). Wenn der Wandel innerhalb eines Gesellschaftsbereichs, etwa in der Industrie, einen Anpassungsdruck auf mit ihm verbundene Bereiche, etwa in der Bildung, ausübt, dann spricht Ogburn vom cultural lag (ebd.: 200 f.). Ebenso wie Marx wird auch Ogburn gerne ein Vorrang technischer vor sozialen Entwicklungen unterstellt, was Ogburn selbst vehement zurückweist (Ogburn 1964: 90). Er versuchte vielmehr, eine allgemeine Theorie unausgewogener Passungsverhältnisse im Prozess des gesellschaftlichen Wandels aufzustellen.

Die augenscheinliche Wirkmächtigkeit von Technik ist aber nicht nur für Theorien gesellschaftlichen Wandels von Bedeutung. Für die Soziologie selbst forderte Emile Durkheim als erste und grundlegende Regel, soziale Tatbestände wie Dinge zu behandeln (Durkheim 1895/1976: 115). Um den Gegenstand der Soziologie herauszustellen, konzipiert er soziale Tatsachen in Analogie zu natürlichen und technischen Strukturen: als dauerhaften, externalen Zwang. Als vom Einzelnen unabhängige Objektivierungen bestimmen z. B. Verkehrsnetze, so Durkheim, das gesellschaftliche Leben genauso wie soziale *Normen* und *Werte*. Zwar sind soziale Tatsachen und technische Dinge von Menschen gemacht, über die Zeit verfestigten sie sich aber zu einem kaum entrinnbaren Zwang. Versteht man *Institution*en in dieser Weise als Objektivationen und als dauerhafte Handlungsmuster, so zeigen sie eine große Ähnlichkeit mit Technik. Teilweise wird daher auch von Kulturtechniken wie dem Lesen oder Schreiben, dem Feuermachen oder der Landwirtschaft gesprochen. Breit gefasst lebt der Mensch dann sowohl in einer von ihm geformten Gesellschaft als auch in einer von ihm geschaffenen *Umwelt*: der Wald wird zum Forst, der Erdboden zum Acker, der Fluss zur Wasserstraße.

Gesellschaftlicher Wandel geht aus Sicht der Techniksoziologie aus der Wechselwirkung von sozialem und technischem Wandel hervor. Es bleibt die Frage, was von beidem zuerst da war. In vielen Fällen wird Technik als Anstoß für sozialen Wandel gesehen. Eine klare Gegenposition nimmt Max Weber ein. Er kontert in Bezug auf das oben genannte Handmühlenzitat von Marx, dass die Behauptung einer technologischen Geschichtskonstruktion schlichtweg falsch sei (Weber 1911/1988: 450). In seiner Studie zur Entstehung des modernen *Kapitalismus* führt er dagegen ins Feld, dass es zuerst die sozialen Veränderungen durch die protestantische Ethik sind, denen der kapitalistische Maschineneinsatz nachfolgte (Weber 1920/1988). Ähnlich argumentiert auch der Technikforscher Lewis Mumford in seinen Studien zur Wechselbeziehung von Technik, Kultur und Zivilisation (Mumford 1934). In der Zeit der Jäger und Sammler, so Mumford, wurden technische Neuerungen noch durch Magie und Kunst angestoßen und erst langsam in technische Funktionalitäten übersetzt.

Im Anschluss an Weber neigt die Soziologie dazu, im Wechselspiel von sozialem und technischem Wandel dem Sozialen mehr Gewicht zu verleihen. Diese Tendenz geht bis zur von Hans Linde (1972) emphatisch beklagten »Exkommunikation« der Sachen aus der Soziologie. Daher ist die neuere Techniksoziologie bestrebt, der »Technikvergessenheit der Soziologie« (Rammert 1998) entgegenzuwirken.

Argumentationslinien und Forschungsfelder

Die Analysen des Zusammenspiels von Technik und Gesellschaft werden oftmals holzschnittartig in zwei Lager unterschieden: den **Technikdeterminismus** einerseits und den **Sozialdeterminismus** andererseits. Aus der Perspektive des Technikdeterminismus werden soziale Strukturen durch technische Zwänge geprägt. Aus der Perspektive des Sozialdeterminismus ist es anders herum. Wie bei Marx und Ogburn schon angesprochen, finden sich in der Soziologie kaum Vertreter eines harten Technikdeterminismus. Selbst scharfe Kritiker der »technischen Zivilisation«, wie Jaques Ellul (1954/1964) heben hervor, dass moderne Gesellschaften nicht durch eine Herrschaft der Maschinen, sondern durch die Ausbreitung der »Technique«, also von methodisch/rationalen Vorgehensweisen, gekennzeichnet sind. In gleicher Manier darf der Sozialdeterminismus nicht auf den Voluntarismus verkürzt werden. Die Unterschiede zwischen diesen Lagern finden sich daher, je nach Lesart, in der unterschiedlichen Gewichtung sozialer und technischer Einflüsse.

Ein wichtiger Bereich techniksoziologischer Forschung ist die auf Ogburn zurückgehende **Technikfolgenabschätzung**. Als wissenschaftliches *Prognose*verfahren soll sie die gesellschaftlichen Folgeprobleme der Einführung neuer Technologie im Vorfeld abschätzen und so zu einer höheren *Akzeptanz* beitragen. Die Technikfolgenabschätzung hat sich als Methode der wissenschaftlichen Politikberatung etabliert und fragt beispielsweise nach den Auswirkungen neuer Kommunikations- oder Biotechnologien für Politik, Wirtschaft und Gesellschaft (Grunwald 2008). Sie untersucht Risiken und Potentiale oder bewertet die *Nachhaltigkeit* neuer Technologien. Aus Sicht der Technikfolgenabschätzung haben technische Neuerungen immer gewollte und ungewollte, oft auch unerwartete Auswirkungen auf die Gesellschaft. Darum ist es wichtig, mögliche Probleme frühzeitig zu erkennen. Ein zweiter wichtiger Bereich, die **Technikgeneseforschung**, setzt einen Schritt vorher an und untersucht die sozialen Bedingungen der Technikentwicklung selbst (Rammert 1988). Technikgenetische Studien zeigen, dass technische Entwicklungen nur zum Teil technischen oder ökonomischen Logiken folgen – wichtiger sind dagegen politische und kulturelle Leitvorstellungen sowie soziale Aushandlungsprozesse. International hat sich diese Forschungsrichtung unter dem Namen »Social Construction of Technology« (SCOT, Pinch/Bijker 1987) etabliert. Grundsätzlich gehen diese Ansätze von einer wechselseitigen Gestaltung technischer und sozialer Dynamiken aus: Zu Beginn prägen soziale Vorstellungen, *Norm*en und *Wert*e die Form technischer Entwicklungen. Mit der Zeit gewinnen bestimmte Verkoppelungen sozialer und technischer Aspekte an Härte, bis sie schließlich in Form fertiger Technologien wiederum auf soziale Prozesse zurückwirken. In der Techniksoziologie spricht man aus diesem Grund von soziotechnischen Prozessen. Soziotechnische Entwicklungsdynamiken folgen keinem linearen Muster von der Erfindung über die Entwicklung zur Anwendung, sondern ähneln einem evolutionären Prozess, in dem die verschiedenen Phasen miteinander verschränkt sind und bei dem das Ergebnis nicht im Vorhinein bestimmt werden kann.

Über die gesellschaftliche Bedeutung und die soziale Gestaltung von Technik hinaus weist die Techniksoziologie auf die Relevanz von Technik für die soziologische Theoriebildung hin. Damit hat sie seit den 1980er Jahren eine hitzige Debatte entfacht und fortgeführt, in der die Integration der technischen Artefakte in den soziologischen Begriffskanon vehement gefordert wird. Als prominenteste Vertreterin dieser Forderung gilt die *Akteur-Netzwerk-Theorie* (ANT, Callon/Latour 1981, Law 2009). Sie geht nicht mehr von einer dichotomen Trennung von Sozialem und Technischem aus, sondern betont, dass menschliches Handeln immer aus technischen und sozialen Bestandteilen zusammengesetzt ist und dass Gesellschaft nicht nur sozial konstruiert, sondern materiell gebaut werden muss. Ontologische Unterscheidungen zwischen dem, was Technik und Soziales ausmacht, werden zugunsten einer relationalen Betrachtung der Handlungsbeteiligung von Mensch und Technik aufgegeben, womit die ANT weder menschlichen Akteuren noch technischen Artefakten einen Vorrang bei der Erklärung sozialer Phänomene einräumt. Der radikale Verzicht auf eine Vorunterscheidung menschlicher und technischer Wirkungsmächtigkeit hat den größten Teil der soziologischen Kritik auf sich gezogen. In der nachfolgenden Debatte um die Handlungsträgerschaft von Technik (engl. agency) wird nicht selten übersehen, dass die ANT eine Symmetrie der Beschreibungskategorien und nicht die Nivellierung aller Unterschiede zwischen Mensch und Technik fordert. Grundsätzlich versteht sich die ANT als »materiell-semiotischer« Ansatz (Law 2009) und als Methode, den vielschichtigen Verwicklungen von Mensch und Technik, von Sinn und Ding, in modernen Gesellschaften nachzugehen und diese als schrittweise Verfestigung materiell-semiotischer Arrangements zu untersuchen.

Zwar bezieht sich die Techniksoziologie auf einen eigenständigen Gegenstandsbereich, über den hinaus ist sie aber eng mit der interdisziplinären Wissenschafts- und Technikforschung verbunden (engl. Science and Technology Studies; Hackett et al. 2008). Dieses internationale Forschungsfeld beschäftigt sich mit den Bedingungen und Folgen moderner Wissenschaft und Technik, untersucht deren ethische Implikationen und politische Steuerung oder auch die Beteiligung zivilgesellschaftlicher Akteure. Wissenschaft und Technik gelten nicht als rein rationale und effektive Formen gesellschaftlichen Handelns, sondern sind selbst von kulturellen und politischen Orientierungen durchzogen, wie beispielsweise die feministische Technikforschung aufzeigt (Wajcman 1991/1994). Ein weiteres interdisziplinäres und internationales Anknüpfungsfeld der Techniksoziologie ist die *Innovation*sforschung, die sich aus soziologischer und ökonomischer Perspektive insbesondere den Dynamiken der Technologieentwicklung und der Gestaltung sozio-technischer Systeme widmet (Weyer 2008).

Literatur

Callon, Michel; Latour, Bruno, 1981: Unscrewing the big leviathan; in: Knorr Cetina, Karin; Cicourel, Aaron V. (Hg.): Advances in social theory and methodology, London, 277–303. – Durkheim, Émile, 1976: Die Regeln der soziologischen Methode, Frankfurt a.M. (1895). – Ellul, Jacques, 1964: The technological society, New York (1954). – Grunwald, Armin, 2008: Technik und Politikberatung, Frankfurt a.M. – Hackett, Edward J. et al. (Hg.), 2008: The handbook of Science and Technology Studies, Cambridge. – Law, John, 2009: Actor network theory and material semiotics; in: Turner, Bryan S. (Hg.): The new Blackwell companion to social theory, Oxford, 141–158. – Linde, Hans, 1972: Sachdominanz in Sozialstrukturen, Tübingen. – Marx, Karl, 1968: MEW Band 23: Das Kapital, Berlin (1867). – Ders., 1972: MEW Band 4: Das Elend der Philosophie, Berlin (1885). – Mumford, Lewis, 1934: Technics and civilisation, London. – Ogburn, William F., 1922: Social change. With respect to culture and original nature, New York. – Ders., 1964: On culture and social change, Chicago. – Pinch, Trevor J.; Bijker, Wiebe E., 1987: The social construction of facts and artifacts; in: Bijker, Wiebe E. et al. (Hg.): The social construction of technological systems, Cambridge, 17–50. – Rammert, Werner, 1988: Technikgenese; in: Kölner Zeitschrift für Soziologie und Sozialpsychologie 40, 747–761. – Ders., 1993: Technik aus soziologischer Perspektive, Wiesbaden. – Ders., 1998: Technikvergessenheit der Soziologie?; in: Ders. (Hg.): Technik und Sozialtheorie, Frankfurt a.M., 9–28. – Sombart, Werner, 1916: Der moderne Kapitalismus, Bd. 1, München. – Wajcman, Judy, 1994: Technik und Geschlecht. Die feministische Technikdebatte, Frankfurt a.M. (1991). – Weber, Max, 1972: Wirtschaft und Gesellschaft, Tübingen (1922). – Ders., 1988: Diskussionsrede zu W. Sombarts Vortrag über Technik und Kultur; in: Weber, Marianne (Hg.): Gesammelte Aufsätze zur Soziologie und Sozialpolitik, Tübingen, 449–456 (1911). – Ders., 1988: Gesammelte Aufsätze zur Religionssoziologie I, Tübingen (1920). – Weyer, Johannes, 2008: Techniksoziologie, Weinheim.

Cornelius Schubert

Thanatosoziologie

(engl. sociology of death and dying) *Sterben* war in traditionalen Kulturen ein normaler Lebensvorgang und wurde in der modernen Gesellschaft zu einem bürokratisch, technisch und professionell aufwendigen Herstellungsprozess in Organisationen. Das Sterbe- und *Tode*sgeschehen, vor allem der Umgang mit der Leiche und mit den Todesvorstellungen, war in traditionalen Hochkulturen sakralisiert und von Priesterkasten gesteuert. Das Sterben wurde im 20. Jh. vom Tod und von den religiösen Todesvorstellungen getrennt und zunehmend medikalisiert.

In traditionalen Kulturen wurde der Sterbeprozess als Übergang in einen anderen Zustand, häufig in ein Reich der Toten, konzipiert. Dieser Übergang ist mit *Riten* verbunden, die nach A. v. Gennep durch eine dreistufige Struktur gekennzeichnet sind:
- Trennung von einem Status (Separation)
- Übergangszustand (Transition)
- Eingliederung in einen neuen Status (Inkorporation).

Heute richtet sich der professionelle Blick der meisten Ärzte und Pflegenden nicht mehr auf eine *Statuspassage*, die ins Jenseits führt, sondern auf den Prozess, der mit dem medizinisch festgelegten physischen Tod endet. Allerdings bestehen Interessen von Betroffenen, Bezugspersonen und Professionellen bezüglich der zeitlichen Gestaltung des Sterbens, zum Beispiel dass es schneller erfolgen oder verzögert werden sollte. Wenn eine Person, die noch lebt, bereits (kommunikativ) so behandelt wird, als wäre sie physisch tot, bezeichnete Sudnow diesen Zustand als social death. Doch mit einer physisch toten Person kann auch interagiert und kommuniziert werden, so dass das soziale Sterben hinausgezögert wird.

Folgende gesellschaftliche Veränderungen vor allem in den vergangenen Jahrzehnten lassen die Setzung eines soziologischen Schwerpunkts im Bereich Sterben und Tod bedeutsam oder notwendig erscheinen: Sterben in Organisationen (Krankenhaus, Heim, Hospiz), Erosion der mit Sterben und Tod verbundenen Rituale, Privatisierung der Trauer, Professionalisierung der Sterbe- und Todesarbeit, Entstehung einer Sekundärrealität.

Historische Entwicklung

Die Klassiker der Soziologie haben sich nur mit einigen Aspekten von Sterben und Tod beschäftigt. Durkheim hat in seinem Werk über den *Suizid* die These vertreten, dass zu hohe Suizidraten in einem Land Zeichen für eine kollektive moralische Krise, für *Anomie* und überschießende Individualisierung seien. Für Max Weber führten *Rationalisierung*, ›Entzauberung‹, Verwissenschaftlichung, Technisierung und Ökonomisierung zu einer ›Sinnkrise‹, die sich auch auf die Vorstellungen und Gestaltungsweisen von Sterben und Tod ausweitete. Georg Simmel und Jahrzehnte später Christian von Ferber spekulierten über eine Individualitätsgarantie durch die ›Aneignung‹ und Kultivierung des Sterbens (vgl. Feldmann/Fuchs-Heinritz 1995).

Eine (empirische) Soziologie des Sterbens und des Todes entstand in den 1950er und 1960er Jahren in den Vereinigten Staaten, wobei vor allem Glaser und Strauss (1974) und Sudnow (1973) als Pioniere zu nennen sind. Weitere Basisarbeiten für eine sozialwissenschaftliche Sterbeforschung haben in Deutschland Hahn (1968) und Fuchs (1969) geleistet.

Berühmt sind die von Glaser und Strauss (1974) unterschiedenen vier Bewusstseinsformen von Krankenhauspatienten geworden:

1. Unkenntnis des bevorstehenden Todes (closed awareness): Ärzte und Krankenschwestern kennen den kritischen Zustand des Patienten, geben ihm und oft auch den Angehörigen nur vage bzw. falsche Auskünfte.
2. Argwohn (suspicion): Der Patient ist argwöhnisch oder ambivalent, aber das Personal und/oder die Angehörigen versuchen, ihn zu täuschen und zu beruhigen.
3. Wechselseitige Täuschung (context of mutual pretense): Ärzte, Krankenschwestern, der Kranke und seine Bezugspersonen wissen über die Situation Bescheid, täuschen sich aber gegenseitig bzw. sprechen nicht offen darüber.
4. Offenheit (open awareness): Patient, Krankenhauspersonal und Angehörige sprechen offen über den bevorstehenden Tod.

Die Hospizbewegung führte für eine wachsende Minderheit in den hoch entwickelten Staaten zu kritischer Thematisierung und zu Humanisierung des Sterbens (Schmerzbekämpfung etc.), wobei allerdings Bürokratisierungstendenzen in Hospizen und Palliativstationen und eine wechselseitige Annäherung zwischen dem Sterben im Krankenhaus und im Hospiz zu erwarten sind.

Die soziologische Sterbe- und Todesforschung ist inzwischen zu einem Feld geworden, in dem wichtige Grundlagenarbeiten und auch Lehrbücher entstanden sind (Feldmann, Knoblauch, Kellehear, Howarth). Kellehear (2007), ein international führender Thanatosoziologe, hat eine materialistische soziologische Theorie des Sterbens vorgelegt. Er zeigt in seinem Werk, wie die Formen des Sterbens von der Steinzeit bis heute von den Produktionsweisen abhängen. Im Rahmen der Medizin und der Pflegewissenschaft werden viele empirische Untersuchungen zu Sterben und Tod auch mit soziologischen Schwerpunkten durchgeführt.

Verdrängung des Todes

Die folgenden Veränderungen, die in Industrie- und Dienstleistungsgesellschaften stattfanden, werden bezüglich ihrer theoretischen und ideologischen Zuordnung kontrovers beurteilt: der seltene Tod von Bezugspersonen in der Kindheit, Individualisierung, Medikalisierung, Sterben im Krankenhaus und im Heim, Inflationierung der Sekundärerfahrungen, Säkularisierung, Erosion traditioneller Vorstellungen und Rituale.

Kulturkritische Thesen der Verdrängung, der Tabuisierung oder Verneinung des Todes (vgl. Feldmann 2010, 59 ff.) wurden im gesamten 20. Jh. von Humanwissenschaftlern vertreten. Schon Parsons und Lidz (1967) haben gegen die Verdrängungsthesen eingewendet, dass die amerikanische Gesellschaft eine akzeptierende Todesorientierung aufgrund des vorherrschenden instrumentellen Aktivismus institutionalisiert habe. Auch Fuchs (1969) und Hahn (1968) haben in der deutschen Diskussion schon frühzeitig Gegenpositionen eingenommen. Elias (1982) knüpfte in seinem Buch »Über die Einsamkeit der Sterbenden in unseren Tagen« bezüglich der individuellen Verdrängung an die psychologische Position von Freud an. Die soziale Verdrängung dagegen bejahte Elias im Rahmen seiner Zivilisationstheorie, da »die elementaren, animalischen Aspekte des menschlichen Lebens« eingehegt, mit Scham- und Peinlichkeitsempfindungen belegt, aus dem öffentlichen Leben teilweise ausgesondert und »hinter die Kulissen des gesellschaftlichen Lebens« verlagert wurden (ebd., 21 f.).

Zukünftige Entwicklung

Für die Thanatosoziologie entstehen durch folgende zu erwartende gesellschaftliche Veränderung neue Anforderungen: steigende Lebenserwartung, neue Technologien der Lebenserhaltung, Umgang mit dem psychischen Sterben, vor allem mit Demenz, neue Formen der Vergemeinschaftung, um die Betreuung von Sterbenden zu humanisieren, zunehmende globale Ungleichheit der Lebenschancen, globaler und auch nationaler ›dying divide‹ bzw. ›Sterbearmut‹, Verschärfung der Konflikte um aktive Sterbehilfe und Beihilfe zum Suizid, Identitätsprobleme und neue Formen der postmortalen Identitätserhaltung, weitere ›Denaturalisierung‹ und Prothetisierung des Körpers.

Literatur

Durkheim, Emile, 1983: Der Selbstmord, Frankfurt a. M. – Elias, Norbert, 1982: Über die Einsamkeit der Sterbenden in unseren Tagen, Frankfurt a. M. – Feldmann, Klaus, 2010: Tod und Gesellschaft, Wiesbaden. – Feldmann, Klaus; Fuchs-Heinritz, Werner (Hg.), 1995: Der Tod ist ein Problem der Lebenden, Frankfurt a. M. – Fuchs, Werner, 1969: Todesbilder in der modernen Gesellschaft, Frankfurt a. M. – Gennep, Arnold van, 1986: Übergangsriten, Frankfurt a. M. – Glaser, Barney G.; Strauss, Anselm L., 1974: Interaktion mit Sterbenden, Göttingen. – Hahn, Alois, 1968: Einstellungen zum Tod und ihre soziale Bedingtheit, Stuttgart. – Howarth, Glennys, 2007: Death and dying. Cambridge. – Kellehear, Allan, 2007: A social history of dying, Cambridge. – Knoblauch, Hubert; Zingerle, Arnold (Hg.), 2005: Thanatosoziologie, Berlin. – Parsons, Talcott; Lidz, Victor M., 1967: Death in American society; in: Shneidman, Edwin S. (ed.): Essays in self-destruction, New York, 133–170. – Sudnow, David, 1973: Organisiertes Sterben, Frankfurt a. M.

Klaus Feldmann

Theorie

Theorie (griech. theorein = schauen, engl. theory), ein nicht einheitlich definierter Begriff. Zu analytischen Zwecken wird zwischen den Begriffen Theorie, Metatheorie und theoretisches Modell unterschieden.

Nach einem weitverbreiteten – von vielen Wissenschaftlern aber als zu eng definierten – Verständnis von Theorie, wie es den Vertretern einer an den Naturwissenschaften orientierten Soziologie (z. B. Neopositivismus) eigen ist, wird der Begriff wie folgt definiert: Theorie ist ein System logisch widerspruchsfreier und empirisch gehaltvoller Aussagen (*Hypothesen*). Es enthält Basisannahmen (Axiome), aus denen weitere Aussagen abgeleitet werden können. Danach ist Theorie zuallererst eine empirisch überprüfbare Aussage über die *Wirklichkeit*. Wahre Aussagen im Sinne der Korrespondenztheorie der Wahrheit (Aussagen und Wirklichkeit korrespondieren) sind das Ziel dieses Programms einer Einheitswissenschaft, wobei die Fehlbarkeit allen *Wissen*s betont und die Restriktivität dieses Wissenschaftsverständnisses gesehen wird. Theorie soll *Erklärung*, *Prognose* und *Technologie* ermöglichen.

Metatheorie

Um dieses Ziel zu erreichen, gibt es mehr oder weniger voneinander abweichende Regelwerke, Axiomatiken. Hierbei handelt es sich in Abgrenzung zu theoretischen Aussagen nicht um Aussagen über einen Objektbereich, die im oben definierten Sinne wahr oder falsch sein können, sondern um Postulate, um Strategien, die als fruchtbar angesehen werden, um das gesteckte Ziel zu erreichen. Solche Regelwerke werden verbreitet Metatheorien oder auch *Wissenschaftstheorien* genannt. Beispiele für die Metatheorien zum oben angegebenen Theoriebegriff sind der Logische Empirismus und der *Kritische Rationalismus*, für andere Theoriebegriffe (s. u.) z. B. die Dialektische Methode und die Hermeneutik.

Erweiterung des Theoriebegriffs

Aus der Einsicht, dass ein Wissenschaftsprogramm, das die Regel der empirischen Überprüfbarkeit als notwendige Voraussetzung enthält, keine präskriptiven Aussagen begründen kann – denn aus dem, was ist, kann nicht geschlossen werden, was sein soll (Weber 1968) – wurde den Vertretern dieses Wissenschaftsprogramms der Vorwurf des »positivistisch halbierten Rationalismus« (Habermas, 1969) gemacht, weil die Ziele (z. B. einer Gesellschaft) der Irrationalität preisgegeben würden. Es wurden verschiedene Strategien vorgeschlagen, um diesen Mangel zu beheben. Schon Marx will aus »der existierenden Wirklichkeit die wahre Wirklichkeit als ihr Sollen und ihren Endzweck entwickeln« (345). Aus dem, was ist, soll abgeleitet werden, »was die Idee einer vernünftigen der Allgemeinheit entsprechenden gesellschaftlichen Organisation« sei (Horkheimer 1968, Bd. II: 162). Die Normen gelten als wahr, die in einer herrschaftsfreien Situation bei gleichem Informationsstand als Konsens sich herausbilden (Habermas 1971). Die Versuche, auf diesen Wegen *Normen* zu begründen, blieben bislang jedoch umstritten.

Theoretische Modelle

Betrachtet man nun, was gängig als soziologische »Theorie« bezeichnet wird, dann handelt es sich jeweils um Wissenschaftsprogramme, deren Axiomatik metatheoretische (Verfahrensregeln) und theoretische Basisannahmen (Aussagen über die Wirklichkeit) enthält, also Seinsaussagen, deren Gültigkeit als gegeben (z. B. als anthropologische Konstanten) unterstellt werden, ohne sie, was ja Programm ist, erst zu überprüfen. Ihre Gültigkeit wird höchstens mit der Fruchtbarkeit des Wissenschaftsprogramms begründet. Da es sich bei diesen Wissenschaftsprogrammen nicht um Theorien im oben definierten Sinne handelt, werden sie als theoretische Modelle bezeichnet. Die Funktion derartiger Modelle ist die Theorieproduktion. Beispiele solcher innerhalb der vorherrschenden Soziologie verwendeten Modelle sind die Kritische Theorie, strukturell-funktionale Theorie, Konflikttheorie, marxistische Theorie, Austauschtheorie, strukturell-individualistische Theorie, Symbolischer Interaktionismus, Ethnomethodologie usw. Die verschiedenen theoretischen Modelle lassen sich nach einigen zentralen Basisannahmen charakterisieren, so danach (kollektivistische Variante), ob Gesellschaft eine Einheit sui generis (das Ganze ist mehr als die Summe seiner Teile) und nicht auf Individualverhalten zurückführbar sei, oder danach, ob durch individuelles *Verhalten* Soziales erklärt werden soll (individualistische Variante). Eine andere Dichotomisierung ist danach möglich, ob eine an den Naturwissenschaften sich orientierende Verfahrensweise gewählt oder eine den Geisteswissenschaften eigene Methode (Dilthey 1883) gefordert wird. Modelle mit dieser metatheoretischen Fundierung (z. B. Symbolischer Interaktionismus, Ethnomethodologie, Interpretative Soziologie) gewinnen zunehmend an Bedeutung. In ihrem Theoriebegriff variieren sie stark, wenn sie der Theoriebildung nicht überhaupt skeptisch gegenüberstehen, weil diese letztlich den Zugang zur Realität versperrt. Erst in der jüngeren Vergangenheit wird eine Brücke sowohl zwischen individualistischen und kollektivistischen als auch zwi-

schen erklärenden und verstehenden Ansätzen zu schlagen versucht (Modell soziologischer Erklärung, Esser 1993: 3 ff, 83 ff; 2002; 2010).

So wenig es bisher über die Ziele und Strategien der Soziologie Konsens gibt (Baecker 2003), so wenig gibt es eine allgemein akzeptierte umfassende soziologische Theorie, es gibt höchstens »*Theorien mittlerer Reichweite*« (Merton).

Literatur

Baecker, Dirk, 2003: Die Zukunft der Soziologie; in: Soziologie 32, 66–70 – Dilthey, Wilhelm, 1883: Einleitung in die Geisteswissenschaften, Leipzig. – Esser, Hartmut, 1997: Soziologie. Allgemeine Grundlagen, 3. Aufl., Frankfurt a. M./New York. – Ders., 2002: Der Stand der Dinge: Erträge und Perspektiven soziologischer Forschung?; in: Soziologie 31, 20–32. – Ders., 2010: Sinn, Kultur, Verstehen und das Modell der soziologischen Erklärung; in: Wohlrab-Sahr, Monika (Hg.): Kultursoziologie. Paradigmen – Methoden – Fragestellungen, Wiesbaden, 309–335. – Giddens, Anthony, 1984: Interpretative Soziologie, Frankfurt a. M./New York. – Habermas, Jürgen, 1969: Gegen einen positivistisch halbierten Rationalismus; in: Adorno, Theodor W. et al.: Der Positivismusstreit in der deutschen Soziologie, Neuwied/Berlin, 235–266. – Ders., 1971: Vorbereitende Bemerkungen zu einer Theorie der kommunikativen Kompetenz; in: Ders.; Luhmann, Niklas: Theorie der Gesellschaft oder Sozialtechnologie. Was leistet die Systemforschung?, Frankfurt a. M., 101–141. – Horkheimer, Max, 1968: Kritische Theorie, Frankfurt a. M. – Marx, Karl, 1976: Briefe aus den »Deutsch-Französischen Jahrbüchern«, Marx-Engels-Werke, Bd. 1, Berlin. – Maurer, Andrea; Schmid, Michael, 2010: Erklärende Soziologie, Wiesbaden. – Merton, Robert K., 1957: Social Theory and Social Structure, 2. Aufl., Glencoe. – Opp, Karl-Dieter, 2005: Methodologie der Sozialwissenschaften, 6. Aufl., Opladen. – Sahner, Heinz, 1982: Theorie und Forschung, Opladen. – Weber, Max, 1973: Die »Objektivität« sozialwissenschaftlicher Erkenntnis; in: Ders.: Soziologie. Universalgeschichtliche Analysen. Politik, 5. Aufl., Stuttgart, 186–262.

Heinz Sahner

Theorie des Handelns

Begriffsdefinition/Abgrenzungen

Die Theorie des Handelns (engl. action theory, theory of action) steht im Fokus mehrerer wissenschaftlicher Disziplinen, u. a. der Psychologie, der Philosophie, der Ökonomie oder der Soziologie. Selbst innerhalb der Soziologie existieren sehr unterschiedliche Zielsetzungen und Herangehensweisen auf dem Gebiet der Handlungstheorie. Die fundamentalste Trennlinie verläuft zwischen konstitutions- und kausaltheoretischen Ansätzen (Kroneberg 2011: 31 ff.). **Konstitutionstheoretische** Ansätze widmen sich primär der Frage, was menschliches Handeln ausmacht, und versuchen die essentiellen Bestandteile menschlichen Handlungsvermögens begrifflich herauszuarbeiten (Emirbayer/Mische 1998). Diese Orientierung dominiert in den phänomenologischen, pragmatistischen und interaktionistischen Theorietraditionen (Reckwitz 2004). **Kausaltheoretische** Ansätze versuchen dagegen Selektionsregeln aufzustellen, die möglichst präzise und allgemein angeben, unter welchen Bedingungen eine bestimmte Handlungsalternative in die Tat umgesetzt wird (Esser 1999). Am bekanntesten ist hier der *Rational-Choice-Ansatz* (*Theorie rationaler Wahl*), der nicht nur die Ökonomie dominiert, sondern auch innerhalb der Politikwissenschaft und Soziologie weit verbreitet ist. Dieser Ansatz erklärt Handeln unter Rekurs auf Präferenzen, Erwartungen und Restriktionen und nimmt an, dass Akteure diejenige Handlungsalternative wählen, die ihre Präferenzen unter gegebenen Restriktionen und Erwartungen am besten realisiert (Opp 1999). Das kausaltheoretische Verständnis der Theorie des Handelns ist allerdings nicht an die Kernannahmen des Rational-Choice-Ansatzes gebunden und liegt auch neueren Versuchen zu Grunde, eine integrative erklärende Handlungstheorie zu entwickeln (Boudon 2003, Esser 2010, Kroneberg 2011, Lindenberg 2008).

Historische Entwicklung

Bei allen soziologischen Klassikern lassen sich mehr oder weniger explizite handlungstheoretische Konzepte und Annahmen rekonstruieren. Teilweise bildeten diese sogar die Grundlage für Versuche, die Soziologie als eigenständige wissenschaftliche Disziplin zu etablieren. So vertrat V. Pareto die Ansicht, die Soziologie sei – im Gegensatz zur Ökonomie – die Wissenschaft der »nichtlogischen Handlungen«, welche durch die Abwesenheit eines objektiven oder subjektiven Entsprechungsverhältnisses zwischen Mitteln und Zwecken gekennzeichnet seien. In M. Webers »soziologischer Kategorienlehre« wird das zweckrationale Handeln zwar nicht jenseits des soziologischen Gegenstandsbereichs verortet, aber es werden ihm mit dem wertrationalen, traditionalen (d. h. gewohnheitsmäßigen) und affektuellen Handeln drei weitere Typen des Handelns anbeigestellt. Von derartigen Unterschieden abstrahierend entwickelte T. Parsons seine voluntaristische Handlungstheorie als Versuch, die notwendigen Elemente zu identifizieren, die jedem Handeln zu Grunde liegen. Eine zentrale Rolle nimmt dabei die normative Orientierung ein, welche sowohl die zulässigen Handlungsmittel eingrenze als auch die erstrebenswerten Handlungsziele festlege und damit sinnvolles Handeln und soziale Ordnung erst ermögliche. Die von Parsons vorausgesetzte normative Orientierung wurde von interpretativen Ansätzen problematisiert und in ihrer Voraussetzungshaftigkeit analysiert, so dass die Frage nach den Bedingungen und Grenzen von Intersubjektivität ins Zentrum theoretischer Bemühungen gelangte, etwa in der *phänomenologischen Soziologie* von A. Schütz. Dies gab den Anstoß zu einer sprachtheoretischen Wende in der Handlungstheorie. Anknüpfend vor allem an das Werk von G. H. Mead wurde Handeln nicht mehr vom einzelnen Akteur aus betrachtet, sondern als sozialer Interaktions- und Kommunikationsprozess. Diese Sichtweise wurde u. a. von J. Habermas in seiner *Theorie des kommunikativen Handelns* aufgegriffen, welche durch ein konstitutionstheoretisches und ein normatives Erkenntnisinteresse gekennzeichnet ist.

Seit der Abkehr von Parsons ist die soziologische Handlungstheorie durch ein Nebeneinander interaktionistischer, wissenssoziologischer, rationalistischer und rollentheoretischer Ansätze gekennzeichnet. Die Frage, wie die jeweils hervorgehobenen Handlungsdimensionen und -determinanten zusammenhängen, hat wiederholt konstitutions- und kausaltheoretische Syntheseversuche motiviert (u. a. Emirbayer/Mische 1998, Esser 2010). Die Perspektive auf eine einheitliche handlungstheoretische Grundlage der Soziologie bieten insbesondere integrative Handlungstheorien, welche Grundeinsichten und Konzepte konstitutionstheoretischer Ansätze erklärend nutzbar zu machen versuchen. Um diese Entwicklungen einschätzen zu können, ist es notwendig, die besondere Stellung von Handlungstheorien innerhalb soziologischer Erklärungen zu erläutern.

Theorie des Handelns und soziologische Erklärung

In der Soziologie ergibt sich das kausaltheoretische Interesse an einer Theorie des Handelns aus der Annahme, dass soziale Phänomene aus dem handelnden

Zusammenwirken von Akteuren zu erklären sind und dabei zu berücksichtigen ist, auf welche Weise das Handeln der Akteure durch die soziale Situation beeinflusst wird. Schematisch wird dies im *Makro-Mikro-Makro-Modell* der soziologischen Erklärung veranschaulicht: Um ein kollektives Phänomen (z. B. eine Revolution oder gesunkene Geburtenrate) zu erklären, müssen in einem ersten Schritt Einflüsse der Situation auf die relevanten Akteure nachvollzogen werden (»Logik der Situation«). Dabei werden sog. Brückenhypothesen formuliert, d. h. Annahmen, welche die Situationsmerkmale mit den Determinanten des Handelns verbinden. Im zweiten Schritt wird das Handeln der Akteure durch Anwendung einer Handlungstheorie erklärt (»Logik der Selektion«). Im dritten Schritt wird das interessierende kollektive Phänomen auf diese Handlungen zurückgeführt, indem deren oftmals unbeabsichtigte Folgen betrachtet werden (»Logik der Aggregation«). Dieses struktur-individualistische Erklärungsschema überwindet den theoriegeschichtlich lange Zeit prägenden Gegensatz zwischen *Struktur* und Handeln.

Vor dem Hintergrund des Makro-Mikro-Makro-Modells werden einige Besonderheiten soziologischer Handlungserklärungen deutlich: Erstens wird Handeln immer in seiner situativen und damit sozialen Einbettung betrachtet. Wie stark der Einfluss der Situation ist, lässt sich dabei nicht vorab bestimmen. Obgleich materielle Restriktionen, sanktionsbewährte institutionelle Regeln und kulturelle Deutungsmuster das Handeln in vieler Hinsicht vorstrukturieren, bestehen gleichzeitig immer auch Deutungs- und Handlungsspielräume, die von den Akteuren kreativ ausgenutzt werden können. Zweitens geht es aufgrund des soziologischen Erkenntnisinteresses an kollektiven Zusammenhängen zumeist darum, typisches Handeln – etwa von Bürokraten, Wählern, Familienvätern – zu erklären. Der Fokus liegt daher darauf, auf welche Weise unterschiedliche gesellschaftliche Lagen und soziale Situationen zu typischen Unterschieden im Handeln führen. Im Unterschied zur Psychologie wird in soziologischen Anwendungen daher ein Großteil interindividueller Verhaltensvariation bewusst vernachlässigt. Drittens hat die Handlungstheorie im Makro-Mikro-Makro-Modell eine zentrale explanative und heuristische Bedeutung. Da sie die gesetzesartigen Hypothesen mit dem höchsten Allgemeinheitsgrad enthält, vermag sie die Mannigfaltigkeit soziologischer Erklärungen auf eine einheitliche theoretische Grundlage zu

stellen. Da in der »Logik der Situation« die Eigenschaften der Situation in Beziehung zu den Determinanten des Handelns gesetzt werden, erfolgt die soziologische Situationsanalyse prinzipiell in den Parametern der verwendeten Handlungstheorie.

Für die Theorie des Handelns ergeben sich aus dem Makro-Mikro-Makro-Modell spezifische Anforderungen (Kroneberg 2011: 36 ff.): Um Brückenhypothesen über Situationseinflüsse formulieren zu können, müssen soziologische Handlungstheorien die Determinanten des Handelns präzise benennen und erlauben, die soziologisch relevanten Einflussgrößen zu berücksichtigen. Um im Rahmen der »Logik der Aggregation« auch komplexere Formen des handelnden Zusammenwirkens von Akteuren (etwa dynamische soziale Prozesse) analysieren zu können, müssen soziologische Handlungstheorien eine stark vereinfachende Betrachtung individuellen Handelns ermöglichen.

Bedeutung und Grenzen des Rational-Choice-Ansatzes

Aufgrund ihrer analytischen Präzision und Sparsamkeit erscheinen *Theorien rationaler Wahl* in besonderem Maße geeignet, als Mikrofundierung von Erklärungen und Modellen sozialer Strukturen und Prozesse zu dienen. Tatsächlich wurden sie äußerst erfolgreich u. a. zur Analyse von Märkten, Organisationen oder sozialen Netzwerken eingesetzt, häufig unter besonderer Berücksichtigung strategischer Interaktionen mit Hilfe der *Spieltheorie*.

In seinem handlungstheoretischen Kern ist der Rational-Choice-Ansatz gleichwohl umstritten. Der Vorstellung von Handeln als rational gewähltem Mittel zur Befriedigung eigener Interessen wurde in der Soziologie traditionell entgegengehalten, dass Akteure in vielen Situationen nicht rational entscheiden oder kaum eine Wahl haben, da sie an verinnerlichte *Norm*en, *Wert*überzeugungen, gesellschaftliche *Positio*nen und *Macht*beziehungen gebunden sind oder tiefsitzenden Routinen, situativen Emotionen und kulturellen Deutungsmustern folgen. Teilweise beruht diese Kritik jedoch auf einem Missverständnis. Die Theorie rationaler Wahl ist eine äußerst abstrakte Handlungstheorie, insofern sie von Unterschieden in den handlungsgenerierenden Mechanismen absieht: Menschliches Handeln wird als Ergebnis der Maximierung subjektiv erwarteten Nutzens dargestellt, solange Akteure Präferenzen und Erwartungen aufzuweisen scheinen, hinsichtlich derer sie sich konsistent verhalten. Ob die Akteure dabei tatsächlich kalkulieren, unhinterfragt verinnerlichten Normen folgen oder emotional reagieren, sind psychologische Unterschiede, die bewusst ausgeblendet werden. Dieser Umstand bleibt in der soziologischen Rezeption häufig unerkannt, was zu unberechtigter Kritik führt, etwa an einer vermeintlichen Überbetonung menschlicher Wahlfreiheit und Reflexionsvermögens.

Soziologisch ertragreich ist vor allem die weite Version des Rational-Choice-Ansatzes (Opp 1999), die traditionelle ökonomische Annahmen, wie diejenige rein egoistischer Präferenzen oder rational gebildeter Erwartungen, aufgibt und die auch soziale Präferenzen (Altruismus, Fairness, u. a.) und verzerrte Erwartungen zulässt. Die weite Version impliziert einen nur noch minimalen, subjektiven Begriff von *Rationalität*: Akteure handeln rational, sofern sie in Einklang mit konsistenten Präferenzen und subjektiven Erwartungen handeln, gleich welchen Ursprung und Inhalt diese haben. Man bezeichnet diese Handlungstheorie auch als *Werterwartungstheorie* und teilweise synonym als SEU-Theorie (SEU = subjective expected utility).

Die Vorteile der Werterwartungstheorie bestehen darin, dass ihre Anwendung lediglich Informationen bzw. begründete Annahmen hinsichtlich der Bewertungen, Erwartungen und Restriktionen von Akteuren voraussetzt und dass sie trotz dieser Sparsamkeit bereits eine Vielfalt sozialer Situationseinflüsse abzubilden erlaubt. Allerdings ist diese Einfachheit der Theorie zugleich ihre Begrenzung. Für viele soziologische Fragestellungen ist es interessant, die unterschiedlichen handlungsgenerierenden Mechanismen in den Blick zu nehmen, von denen diese Theorie absieht. Dies gilt etwa für Anwendungen, in denen nicht komplexe Interaktionsprozesse zwischen mehreren Akteuren, sondern die Wirkmächtigkeit sozialer Phänomene im individuellen Handeln im Vordergrund steht. Nicht zuletzt aufgrund der zu weit gehenden handlungstheoretischen Sparsamkeit des Rational-Choice-Ansatzes haben einige (ehemalige) Hauptvertreter dieses Ansatzes versucht, komplexere Theorien des Handelns zu entwickeln, die ermöglichen, wichtige Einsichten soziologischer Handlungskonzepte zu bewahren und darüber die kausal- und konstitutionstheoretischen Traditionen produktiv zu verbinden.

Integrative Handlungstheorien

Ausgehend vom, aber teilweise in deutlicher Abgrenzung zum Rational-Choice-Ansatz hat es Versuche gegeben, eine integrative erklärende Handlungstheorie zu entwickeln. Die *Theorie der kognitiven Rationalität* von R. Boudon (2003) knüpft an Weber an und zielt darauf ab, die intersubjektiven guten Gründe zu rekonstruieren, aus denen die Überzeugungen und das Handeln der Akteure resultieren. Neben instrumentellen Kosten-Nutzen-Abwägungen seien als eigenständige Begründungsformen Prinzipien zu berücksichtigen, die ein Handeln oder ein Urteil als gut, gerecht oder legitim oder als wahr, wahrscheinlich oder plausibel erscheinen ließen. Das Modell der *Frame-Selektion* (Esser 2010, Kroneberg 2011) übernimmt als integrative Handlungstheorie u. a. Einsichten der *verstehenden Soziologie*, indem es von einer variablen Rationalität der Akteure ausgeht und die Bedeutung von Situationsdeutungen für menschliches Handeln betont. Das Modell betrachtet, welche Situationsdeutung Akteure vornehmen (Frame-Selektion), welche Verhaltensdispositionen sie aktivieren (*Skript*-Selektion) und welche Handlungsalternative sie schließlich auszuführen versuchen (Handlungsselektion). Zudem erlaubt es zu analysieren, inwieweit diese Selektionen aus einem spontanen Aktivierungsprozess oder aus einer reflektierten Entscheidung resultieren. Aus dem Modell folgt u. a. eine zentrale Hypothese der soziologischen handlungstheoretischen Tradition: Eine stark auferlegte *Definition der Situation* bzw. ein stark verankertes Skript können dazu führen, dass andernfalls relevante Anreize bei der Situationswahrnehmung und beim Handeln ausgeblendet werden. Eine verwandte Handlungstheorie, in deren Zentrum die situative Aktivierung grundlegender Zielorientierungen (hedonistischer, normativer oder investitionsbezogener) und Prozesse der Selbstregulation stehen, hat S. Lindenberg (2008) entwickelt. Auch der akteurstheoretische Bezugsrahmen von T. Kron (2005) geht von unterschiedlichen Zielorientierungen aus (den Akteurstypen homo oeconomicus, homo sociologicus, Identitätsbehaupter, emotional man und homo politicus, vgl. Schimank 2000). Der Bezugsrahmen ermöglicht, diese in verschiedenen Mischungsverhältnissen bei der Modellierung der Handlungswahl zu berücksichtigen, und richtet ein besonderes Augenmerk auf die Unsicherheit von Erwartungen. Die Interaktion zwischen monetären Verhaltenskosten und normativen Einstellungen betrachtet die Low-Cost-Hypothese (Diekmann/Preisendörfer 1992), welche besagt, dass der Effekt von Einstellungen in Niedrigkostensituationen geringer ist als in Hochkostensituationen, in denen monetär viel auf dem Spiel steht (Best/Kroneberg 2012). Auch in der Ökonomie lassen sich Entwicklungen in Richtung auf eine komplexere Theorie des Handelns beobachten, etwa durch den Einbezug von situativ variierenden Identitäten (Akerlof/Kranton 2000).

Ein gemeinsames Anliegen dieser Theorien besteht darin, das kausale Zusammenwirken rationaler, normativer, emotionaler und kultureller Handlungsdeterminanten zu verstehen. Im Unterschied zu dieser kausaltheoretischen Zielsetzung bemühen sich konstitutionstheoretische Ansätze um eine möglichst differenzierte, begriffliche Konzeptualisierung menschlichen Handlungsvermögens (Emirbayer/Mische 1998) und problematisieren stillschweigende Annahmen bisheriger Analyseschemata, etwa durch einen Fokus auf die Kreativität und Körpergebundenheit von Handlungsprozessen (Joas 1992).

Anwendungen in der empirischen Sozialforschung

Die *empirische Sozialforschung* macht nahezu zwangsläufig von handlungstheoretischen Annahmen Gebrauch. Bspw. verwenden viele statistische Analysen von Umfragedaten implizit eine Vorstellung subjektiv interessegeleiteten Handelns. Demgegenüber ermöglicht eine explizite handlungstheoretische Fundierung die Ableitung spezifischerer, empirisch prüfbarer *Hypothese*n. Ob bzw. in welchem Maße der datenanalytische Test dieser Hypothesen Aussagekraft hinsichtlich der Gültigkeit der zu Grunde gelegten Handlungstheorie besitzt, hängt davon ab, ob eine direkte oder indirekte Teststrategie verwendet wird (Kroneberg/Kalter 2012).

Bei der **direkten Teststrategie** werden die individuellen Determinanten des Handelns empirisch gemessen (z. B. subjektive Erwartungen oder die wahrgenommenen Kosten und Nutzen bestimmter Handlungsalternativen). Es wird dann geprüft, ob sie das ebenfalls erhobene Verhaltensmaß in der theoretisch vorhergesagten Weise beeinflussen. Die direkte Teststrategie stellt hohe Anforderungen an die Daten und die Validität der Messinstrumente. Die **indirekte Teststrategie** verzichtet dagegen auf die empirische Erhebung individueller Handlungsdeterminanten. Stattdessen werden Annahmen (Brückenhypothesen) darüber getroffen, wie diese Determinanten mit leichter messbaren Merkmalen der Befragten bzw. ihrer sozialen Situation variieren. Bspw. kann angenommen werden, dass die Erwartung, die Zielerreichung einer Gruppe durch eigenes Beitragen (oder Trittbrettfahren) entscheidend zu beeinflussen, mit der Größe der Gruppe abnimmt. Empirisch überprüft wird dann lediglich das Vorliegen des handlungstheoretisch vorhergesagten Zusammenhangs (z. B. zwischen Gruppengröße und geleisteten Beiträgen). Trotz ihrer begrenzten Aussagekraft hinsichtlich des Wahrheitsgehalts der verwendeten Handlungstheorie ist die indirekte Teststrategie von besonderem Wert für die Soziologie. Insbesondere fördert sie die theoretische Fundierung empirischer Forschung sowie die theoretische Integration über die verschiedenen Themengebiete der Soziologie hinweg, indem deren empirische Forschungsergebnisse und themenspezifische Theoreme auf allgemeine Grundlagen bezogen werden. Handlungstheorien finden daher in nahezu allen Teilgebieten der Soziologie Verwendung.

Literatur

Akerlof, George A.; Kranton, Rachel E., 2000: Economics and identity; in: The Quarterly Journal of Economics 115, 715–53. – Best, Henning, Kroneberg Clemens, 2012: Die Low-Cost-Hypothese: Theoretische Grundlagen und empirische Implikationen; in: Kölner Zeitschrift für Soziologie und Sozialpsychologie 64, 535–561. – Boudon, Raymond, 2003: Beyond rational choice theory; in: Annual Review of Sociology 29, 1–21. – Diekmann Andreas; Preisendörfer Peter, 1992: Persönliches Umweltverhalten. Diskrepanzen zwischen Anspruch und Wirklichkeit; in: Kölner Zeitschrift für Soziologie und Sozialpsychologie 44, 226–51. – Emirbayer, Mustafa; Mische, Ann, 1998: What is agency?; in: American Journal of Sociology 103, 962–1023. – Esser, Hartmut, 1999: Soziologie. Spezielle Grundlagen, Bd. 1, Frankfurt a. M. – Ders., 2010: Das Modell der Frame-Selektion. Eine allgemeine Handlungstheorie für die Sozialwissenschaften?; in: Albert, Gert; Sigmund, Steffen (Hg.): Soziologische Theorie kontrovers, Sonderheft 50 der Kölner Zeitschrift für Soziologie und Sozialpsychologie, Wiesbaden, 45–62. – Joas, Hans, 1992: Die Kreativität des Handelns, Frankfurt a. M. – Kron, Thomas, 2005: Der komplizierte Akteur. Vorschlag für einen integralen akteurstheoretischen Bezugsrahmen, Münster. – Kroneberg, Clemens, 2011: Die Erklärung sozialen Handelns, Wiesbaden. – Ders.; Kalter, Frank., 2012: Rational Choice Theory and Empirical Research. Methodological and Theoretical Contributions in Europe; in: Annual Review of Sociology 38, 73–92. – Lindenberg, Siegwart, 2008: Social rationality, semi-modularity and goal-framing: what is it all about?; in: Analyse & Kritik 30, 669–687. – Opp, Karl-Dieter, 1999: Contending conceptions of the theory of rational choice; in: Journal of Theoretical Politics 11, 171–202. – Reckwitz, Andreas, 2004: Die Entwicklung des Vokabulars der Handlungstheorien: Von den zweck- und normorientierten Modellen zu den Kultur- und Praxistheorien; in: Gabriel, Manfred (Hg.): Paradigmen der akteurszentrierten Soziologie, Wiesbaden, 303–328. – Schimank, Uwe, 2000: Handeln und Strukturen, Weinheim.

Clemens Kroneberg

Theorie des kommunikativen Handelns

Mit seinem zweibändigen Hauptwerk von 1981 »Theorie des kommunikativen Handelns« (engl. theory of communicative action) hat Habermas eine originäre soziologische *Handlungstheorie* vorgelegt und zugleich eine zweistufige Gesellschaftstheorie (System und Lebenswelt) konzipiert, die später in »Faktizität und Geltung« (FG) (1992) weitergeführt wird. Als dritten Themenkomplex avisiert das Vorwort eine Theorie der Moderne, die im »Philosophischen Diskurs der Moderne« (PDM) (1985) ihre theoriegeschichtliche Fundierung findet.

Die Theorie des kommunikativen Handelns markiert die sprach- bzw. kommunikationstheoretische Wende der *Kritischen Theorie*, die mit der These, dass in der Sprache die Potenzialität von Vernünftigkeit und Versöhnung eingelassen sei, eine normative Grundlage erhält. »Die utopische Perspektive von Versöhnung und Freiheit ist in den Bedingungen einer kommunikativen Vergesellschaftung der Individuen angelegt, sie ist in den sprachlichen Reproduktionsmechanismen der Gattung schon eingebaut« (TKH1, 533). Hierin gründet schließlich die Idee der »idealen Sprechsituation« als eines prozeduralen Strukturmodells »herrschaftsfreier Kommunikation«.

Die kommunikationstheoretische Zäsur, die das Ende der »Subjektphilosophie« für die Gesellschaftstheorie bedeutet, kennzeichnet Habermas wie folgt: »Wenn wir davon ausgehen, dass sich die Menschengattung über die gesellschaftlich koordinierten Tätigkeiten ihrer Mitglieder erhält, und dass diese Koordinierung durch Kommunikation, und in zentralen Bereichen durch eine auf Einverständnis zielende Kommunikation hergestellt werden muss, erfordert die Reproduktion der Gattung eben auch die Erfüllung der Bedingungen einer dem kommunikativen Handeln innewohnenden Rationalität« (TKH1, 532).

Wie immer greift Habermas theoriegeschichtlich weit aus, um »Handlungsrationalität und gesellschaftliche Rationalisierung« (so der Untertitel des 1. Bandes) philosophisch und soziologisch zu begründen. Seine theoriegeschichtlichen Rekonstruktionen werden von systematischen Explikationen in kapitellangen »Zwischenbetrachtungen« unterbrochen. Besonders in Kap. I und III finden wir die grundlegenden Ideen der Theorie des kommunikativen Handelns. Ausgangspunkte sind der Weber'sche *Rationalität*sbegriff und das bis auf Aristoteles zurückgehende teleologische Handlungsmodell. In beiden sieht Habermas theoretische Beschränkungen: einmal die Verengung auf instrumentelle Rationalität, die durch kommunikative Rationalität zu ergänzen sei; ein andermal die Konzentration auf zweckrationales und zudem monologisch konzipiertes Handeln, dem das kommunikative Handeln als ein von vornherein interaktives Handlungsmodell gegenübergestellt wird. Habermas fundiert seine Handlungstheorie mit der Theorie der Sprechakte (Austin, Searle), ohne indes *Kommunikation* mit Handeln gleichzusetzen. Der für die Gesellschaftstheorie wichtige Begriff der *Lebenswelt* wird als Komplementärbegriff des kommunikativen Handelns verstanden.

Die Handlungstheorie

Kapitel I der Theorie des kommunikativen Handelns elaboriert das Konzept der »kommunikativen Rationalität« an vier in der Literatur vorfindbaren Handlungsbegriffen: an dem bereits von Aristoteles begründeten »teleologischen«, dem durch Durkheim und Parsons eingeführten »normativen«, dem von Goffman explizierten »dramaturgischen« und dem von Mead stammenden »kommunikativen« Handlungsbegriff. Seinen eigenen Begriff des »kommunikativen Handelns« führt Habermas an dieser Stelle erst »provisorisch« ein (TKH1, 143). In der Sekundärliteratur (z. B. Reese-Schäfer) wird diese Darstellung irrtümlicherweise als die eigentliche Habermassche Handlungstypologie rekonstruiert, obwohl sie erst in der »Ersten Zwischenbetrachtung« (Kap. III) systematisch expliziert wird.

Kommunikative Rationalität ist für Habermas eine »Disposition sprach- und handlungsfähiger Subjekte« (TKH1, 44), d. h. zurechnungsfähige Personen können sich sprachlich verständigen, indem sie sich an intersubjektiv anerkannten Geltungsansprüchen orientieren. Sein zentrales theoretisches Postulat lautet: »Wir verstehen einen Sprechakt nur, wenn wir wissen, was ihn akzeptabel macht« (TKH1, 168 u. 400). Rational sind nicht nur konstative Sprechhandlungen (Behauptungen über Tatsachen), sondern auch normenregulierte Handlungen und expressive Äußerungen. Sie unterscheiden sich durch jeweils andere Geltungsansprüche und andere Weltbezüge (s.w.u.).

Die im dritten Kapitel entwickelte Handlungstypologie knüpft an die Webersche Unterscheidung zwischen »einer Handlungskoordination durch Interessenlage und normatives Einverständnis« (TKH1, 384) an. Habermas unterscheidet zunächst zwischen instrumentellem, strategischem und kommunikativem Handeln (vgl. Schaubild 1) und definiert dieses wie folgt:

»Eine erfolgsorientierte Handlung nennen wir **instrumentell**, wenn wir sie unter dem Aspekt der Befolgung technischer Handlungsregeln betrachten und den Wirkungsgrad einer Intervention in einen Zusammenhang von Zuständen und Ereignissen bewerten; **strategisch** nennen wir eine erfolgsorientierte Handlung, wenn wir sie unter dem Aspekt der Befolgung von Regeln rationaler Wahl betrachten und den Wirkungsgrad der Einflussnahme auf die Entscheidungen eines rationalen Gegenspielers bewerten. Hingegen spreche ich von **kommunikativen** Handlungen, wenn die Handlungspläne der beteiligten Aktoren nicht über egozentrische Er-

folgskalküle, sondern über Akte der Verständigung koordiniert werden« (TKH1, 385 – Hervorh. i. O.).

Nur strategisches und kommunikatives Handeln wird als *soziales Handeln* identifiziert; beide Formen sind sprachvermittelt – allerdings auf charakteristisch verschiedenartige Weise. Strategisches Handeln ist erfolgsorientiert; Sprechakte dienen hierbei als bloßes Mittel zur Zweck- bzw. Zielerreichung. Kommunikatives Handeln ist verständigungsorientiert; Sprechakte dienen der Erzeugung eines Einverständnisses auf der Grundlage kritisierbarer Geltungsansprüche. Dabei wird kommunikatives Handeln nicht mit sprachlicher Verständigung gleichgesetzt: »Sprache ist ein Kommunikationsmedium, das der Verständigung dient, während Aktoren, indem sie sich verständigen, um ihre Handlungen zu koordinieren, jeweils bestimmte Ziele verfolgen« (TKH1, 158).

Der für die Theorie des kommunikativen Handelns zentrale Gedanke zielt auf unterschiedliche Formen der Handlungskoordination. Deren Unterscheidung wird auf dem Wege der Analyse von Sprechhandlungen vorgenommen. Habermas übernimmt die von Austin eingeführte Differenzierung zwischen **lokutionärem Akt**, mit dem etwas ausgesagt wird, **illokutionärem Akt**, mit dem eine Handlung vollzogen wird, und **perlokutionärem Akt**, mit dem der Sprecher beim Hörer eine Reaktion erzielt (vgl. TKH1, 388 f.). Für die Theorie des kommunikativen Handelns ist insbesondere der illokutionäre Akt (»handeln, indem man etwas sagt«) bedeutsam: Die Sprechhandlung wird vollzogen mit der Absicht, dass der Hörer die Äußerung verstehen und akzeptieren möge. Illokutionäre Sprechakte haben die Form von Behauptung, Versprechen, Gruß, Befehl, Ermahnung, Erklärung etc. Im perlokutio-

Schaubild 1: Handlungstypen

Handlungs-Situation \ Handlungs-Orientierung	erfolgsorientiert	verständigungsorientiert
nicht-sozial	instrumentelles Handeln	—
sozial	strategisches Handeln	kommunikatives Handeln

nären Akt hingegen instrumentalisiert der Sprecher Sprechhandlungen für Ziele (Intentionen), die mit der Bedeutung des Gesagten nur in einem kontingenten Zusammenhang stehen. Pointierter noch: »Perlokutionäre Ziele darf ein Sprecher, wenn er Erfolg haben will, nicht zu erkennen geben, während illokutionäre Ziele allein dadurch zu erreichen sind, dass sie ausgesprochen werden« (TKH1, 393). Sprechhandlungen, in denen alle Beteiligten illokutionäre Ziele und nur diese verfolgen, nennt Habermas kommunikatives Handeln; Interaktionen, in denen mindestens einer der Beteiligten mit seinen Sprechhandlungen perlokutionäre Effekte beim Gegenüber erzielen will, bezeichnet er als »sprachlich vermitteltes strategisches Handeln«.

Die Koordination kommunikativer Handlungen erfolgt über das Einverständnis: Nur wenn die im illokutionären Akt von Ego erhobenen Geltungsansprüche akzeptiert werden, kann er zwischen den Beteiligten eine »koordinationswirksame interpersonale Beziehung«, mit einer Anschlusshandlung von Alter, herstellen. Wird der Geltungsanspruch nicht akzeptiert, kommt es zur »Metakommunikation« bzw. zum Diskurs (s. w. u.).

Neben dem universalen Sinnanspruch der Verständlichkeit werden drei Kategorien von Geltungsansprüchen unterschieden: die (propositionelle) Wahrheit, die (normative) Richtigkeit und die (subjektive) Wahrhaftigkeit. Im konkreten Sprechakt steht zwar jeweils ein Geltungsanspruch im Vordergrund, aber prinzipiell werden alle drei zugleich thematisiert. Zur Veranschaulichung zieht Habermas folgendes Beispiel heran: Professor fordert einen Seminarteilnehmer auf »Bitte bringen Sie mir ein Glas Wasser«. Der Angesprochene kann auf dreifache Weise den erhobenen Geltungsanspruch zurückweisen:

(1) »Nein, Sie können mich nicht wie einen Ihrer Angestellten behandeln.«
Hiermit bezweifelt er die normative Richtigkeit.

(2) »Nein, eigentlich haben Sie ja nur die Absicht, mich vor anderen Seminarteilnehmern in ein schiefes Licht zu bringen.«
Hiermit bezweifelt er die subjektive Wahrhaftigkeit.

(3) »Nein, die nächste Wasserleitung ist soweit entfernt, dass ich vor Ende der Sitzung nicht zurück sein könnte.«
Hiermit bezweifelt er die propositionelle Wahrheit.

Die einzelnen Geltungsansprüche aktualisieren unterschiedliche Weltbezüge. »Als Medium der Verständigung dienen Sprechakte (a) der Herstellung und der Erneuerung interpersonaler Bindungen, wobei der Sprecher auf etwas in der **Welt** legitimer Ordnungen Bezug nimmt; (b) der Darstellung oder der Voraussetzung von Zuständen und Ereignissen, wobei der Sprecher auf etwas in der **Welt** existierender Sachverhalte Bezug nimmt, und (c) der Manifestation von Erlebnissen, d. h. der Selbstrepräsentation, wobei der Sprecher in der ihm privilegiert zugänglichen subjektiven **Welt** Bezug nimmt« (TKH1, 413 – Hervorh. i. O.). Mit den drei Weltbezügen greift Habermas zwar den Gedanken der »Dreiweltentheorie« Karl Poppers auf, verwirft aber deren ontologische Beschränkung auf drei Seinsregionen innerhalb einer objektiven Welt. Für ihn bilden »die Welten insgesamt ein in Kommunikationsprozessen gemeinsam unterstelltes Bezugssystem«; die Aktoren verständigen sich über etwas, das in der objektiven, sozialen oder subjektiven Welt »statthat oder eintreten bzw. hervorgebracht werden kann« (TKH1, 126). Ihnen entsprechen unterschiedliche Wissensformen: der objektiven Welt das empirisch-theoretische, der sozialen Welt das moralisch-praktische und der subjektiven Welt das ästhetisch-praktische Wissen.

Die unterschiedlichen Sprechakte, Geltungsansprüche und Weltbezüge erlauben es Habermas, das kommunikative Handeln in »drei reine Typen oder Grenzfälle« auszudifferenzieren: **Konversation, normengeleitetes** und **dramaturgisches Handeln**. Instruktiv für ihre Differenzierungsmerkmale ist die zusammenfassende Übersicht, in der neben den drei Typen des kommunikativen Handelns auch das strategische Handeln aufgenommen wurde (vgl. Schaubild 2).

Ein teleologischer Handlungstypus hat in dieser Systematik keinen Platz mehr. Den Ausführungen Habermas ist zu entnehmen, dass es wenig Sinn macht, von einem gesonderten »teleologischen Handeln« zu sprechen, etwa durch eine Gleichsetzung mit erfolgsorientiertem Handeln, da nicht nur soziale, sondern alle menschlichen Handlungen auf Ziele gerichtet sind; das macht ihren intentionalen Charakter aus. An dem in der Sekundärliteratur verbreiteten Missverständnis über den teleologischen Handlungsbegriff ist Habermas indessen nicht unschuldig: einmal behandelt er ihn als einen eigenständigen, vom kommunikativen Handeln abzugrenzenden Typus, z. B. als Oberbegriff für instrumentelles und strategisches Handeln (vgl. TKH1, 447 f.), ein andermal konstatiert er, dass »die teleologische Struktur für **alle** Handlungsbegriffe fundamental (ist). Die Begriffe des *sozialen Handelns* unterscheiden sich aber danach, wie sie die **Koordinierung** für die zielgerichteten Handlungen (…) ansetzen« (TKH1, 150 f. – Hervorh. i. O.). Zielorientierung oder Zwecktätigkeit des Handelns kann über zwei unterschiedliche Modi der Handlungskoordinierung verfolgt werden: einmal über die »Einwirkung auf Alter«, ein andermal über die »Herstellung eines rational motivierten Einverständnisses zwischen Ego und Alter« über Werte und Normen. Im ersten Fall handelt es sich um strategisches Handeln (erfolgsorientiert), im Zweiten um kommunikatives Handeln, bei dem die Bedingungen (verständigungsorientiert) spezifiziert werden, unter denen Personen ihre Ziele verfolgen. Beide Male wird das teleologische Handlungsmodell vorausgesetzt; denn es ist der übergreifendere Handlungstypus, der alle Klassen des menschlichen (= teleologischen) Handelns umfasst: das (nicht-soziale) instrumentelle ebenso wie das strategische und das kommunikative Handeln.

Verständigung misslingt (d. h. eine Anschlusshandlung kommt nicht zustande), wenn die von Ego erhobenen Geltungsansprüche von Alter bestritten werden; dann wird die Ebene des kommunikativen Handelns verlassen. Man tritt in einen *Diskurs* ein, der der empirisch-theoretischen, moralisch-praktischen oder ästhetisch-praktischen Erörterung bestrittener Geltungsansprüche dient. Der Diskurs wird zur »Fortsetzung des verständigungsorientierten Handelns mit anderen Mitteln« (TKH1, 447).

Die Gesellschaftstheorie

Die zweistufige Gesellschaftstheorie mit den Komponenten Lebenswelt und System hat zum Ausgangspunkt die Dualität von symbolischer und materieller Reproduktion der Gesellschaft, die Habermas bereits in seiner früheren Gegenüberstellung von »Arbeit« und »Interaktion« thematisierte (1968). Ihr entspricht die theoretisch folgenreiche Unterscheidung zwischen Teilnehmer- und Beobachterperspektive, da »die Selbsterhaltungsimperative der Gesellschaft (sich) nicht nur in der Teleologie der Handlungen ihrer individuellen Mitglieder, sondern

Schaubild 2: Reine Type sprachlich vermittelter Interaktion

Formalpragmatische Merkmale / Handlungs Typen	kennzeichnende Sprechakte	Sprach-Funktionen	Handlungsorientierungen	Grundeinstellungen	Geltungsansprüche	Weltbezüge
strategisches Handeln	Perlokutionen, Imperative	Beeinflussung des Gegenspielers	erfolgsorientiert	objektivierend	[Wirksamkeit]	objektive Welt
Konversation	Konstative	Darstellung von Sachverhalten	verständigungsorientiert	objektivierend	Wahrheit	objektive Welt
normenreguliertes Handeln	Regulative	Herstellung interpersonaler Beziehungen	verständigungsorientiert	normenkonform	Richtigkeit	soziale Welt
dramaturgisches Handeln	Expressive	Selbst-Repräsentation	verständigungsorientiert	expressive	Wahrhaftigkeit	subjektive Welt

zugleich in den funktionalen Zusammenhängen aggregierter Handlungseffekte durch(setzen)« (TKH1, 533). Der Primat kommt der Lebenswelt zu. Sie wird als Komplementärbegriff zum kommunikativen Handeln konzipiert; beide Begriffe verwendet Habermas als Grundkategorien einer allgemeinen Gesellschaftstheorie.

Lebenswelt meint zunächst das in einer Kommunikationsgemeinschaft intersubjektiv geteilte, kulturell überlieferte Hintergrundwissen, das ein Reservoir für sprachliche Verständigung und kooperative Situationsdeutungen bietet (vgl. TKH2, 189). Aktuelle Handlungssituationen werden durch gemeinsame *Situationsdefinitionen* der unmittelbar Beteiligten aus dem lebensweltlichen Deutungsvorrat thematisch ausgegrenzt, wenn auch mit einem »beweglichen Horizont« (Themen können sich verschieben, überlagern etc.). Nur wenn sich die Situationsdefinitionen der Beteiligten hinreichend überlappen, ist Verständigung möglich. Der »kontinuierliche Vorgang von Definition und Umdefinition bedeutet die Zuordnung von Inhalten zu Welten« (TKH2, 186) – zur objektiven, sozialen und subjektiven Welt. Die Kategorie der Lebenswelt hat einen anderen logischen Status als die formalen Weltbegriffe. Diese bilden »ein Bezugssystem für das, **worüber** Verständigung möglich ist«, während die Lebenswelt »für Verständigung als **solche** konstitutiv ist« (TKH2, 192 – Hervorh. i. O.).

Das in der »Zweiten Zwischenbetrachtung« (Kap. VI) systematisch entwickelte Konzept der Lebenswelt ist ein mehrdimensionales. Es überschreitet die »kulturalistische Verkürzung« des phänomenologischen Ansatzes (Husserl, Schütz) mit seiner Konzentration auf die Reproduktion und Erneuerung kulturellen Wissen, indem es, informiert von Durkheim, Parsons und Mead, auch *Solidarität* und gesellschaftliche *Integration, Sozialisation* und persönliche *Identität* einschließt.

Grundbausteine der Lebenswelt sind: **Kultur** (Wissensvorrat der Kommunikationsteilnehmer), **Gesellschaft** (im engeren Sinne von institutionellen Ordnungen, die Gruppenmitgliedschaften regeln und Solidarität sichern) und **Persönlichkeit** (sprach- und handlungsfähige Kompetenzen) (vgl. TKH2, 209). Habermas begreift diese als lebensweltliche »Ressourcen« des kommunikativen Handelns, welches seinerseits in einem »Kreisprozess« die Strukturen der Lebenswelt reproduziert (TKH2, 212 ff.). Daher kann die Analyse der Lebenswelt auch an

verschiedene Aspekte des kommunikativen Handelns (Verständigung, Koordinierung, Vergesellschaftung) anknüpfen. »Unter dem funktionalen **Aspekt der Verständigung** dient kommunikatives Handeln der Tradition und Erneuerung kulturellen Wissens; unter dem **Aspekt der Handlungskoordinierung** dient es der sozialen Integration und Herstellung von Solidarität; unter dem **Aspekt der Sozialisierung** dient schließlich kommunikatives Handeln der Ausbildung von personalen Identitäten« (TKH2, 208 – Hervorh. i. O.).

Die Lebenswelt ist logisch und genetisch das Primäre; erst im historischen Prozess differenzieren sich aus ihr (funktionale) *System*e heraus, namentlich *Wirtschaft* (marktregulierte Ökonomie) und *Politik* (moderne Staatsanstalt). Habermas argumentiert hier durchaus im Sinne der Parsonsschen und Luhmannschen Theorie ausdifferenzierter Funktionssysteme, die er jedoch als einen Prozess soziokultureller Evolution konzipiert, in deren Verlauf symbolische und materielle gesellschaftliche Reproduktion sich zu selbstständigen, autonomen Handlungssphären entkoppeln. Die emergente Konsequenz heißt: entsprachlichte Kommunikation in den ausdifferenzierten Subsystemen Wirtschaft und Politik; Sprache in ihrer Funktion der Handlungskoordination wird durch die Steuerungsmedien *Geld* und *Macht* ersetzt. Habermas begreift diesen Vorgang »als eine Entlastung von Kommunikationsaufwand und -risiko« (TKH2, 273) der Lebenswelt, welche für die Koordinierung dieser Handlungen nicht mehr benötigt wird. Die partielle Umstellung von kommunikativ strukturierter *Sozialintegration* auf funktionale *Systemintegration* (ein Begriffspaar, das auf Lockwood zurückgeht) ist in modernen Gesellschaften irreversibel; ihr verdanken sie eine Steigerung ihres Komplexitätsniveaus, aber auch ihre Sozialpathologien (s. u.).

Gleichsam als Reaktion auf die systemisch integrierten Handlungsbereiche Wirtschaft und Politik formieren sich in der Lebenswelt als komplementäre, sozial integrierte Handlungsbereiche die **Privatsphäre** und *Öffentlichkeit*. Die Austauschbeziehungen zwischen System und Lebenswelt werden in modernen Gesellschaften über das Geld- und Machtmedium vornehmlich über vier soziale Rollen geregelt: die des Beschäftigten und Konsumenten (Austausch zwischen Privatsphäre und Wirtschaft) sowie die des Klienten und Staatsbürgers (Austausch zwischen Öffentlichkeit und staatlich-administrativem System) (vgl. TKH2, 471 ff.). »Mit den über Medien laufenden Austauschprozessen entsteht (…) eine dritte Ebene autonom gewordener funktionaler Zusammenhänge« (PDM, 407).

Auf dieser analytischen Grundlage kann Habermas schließlich den auf Zweck-Mittel-Rationalität verkürzten *Rationalisierung*sbegriff Max Webers erweitern, indem er zwischen kultureller (lebensweltlicher) und funktionaler (systemischer) Rationalisierung bzw. Modernisierung unterscheidet. »Rationalisierung der Lebenswelt lässt sich als sukzessive Freisetzung des im kommunikativen Handeln angelegten Rationalitätspotenzials verstehen« (TKH, 232). Erst wenn diese »ein entsprechendes Niveau erreicht hat«, können »neue Ebenen der Systemdifferenzierung (…) eingerichtet werden« (TKH2, 267). Habermas diskutiert dies an der Freisetzung der Menschen aus tradierten, vornehmlich religiösen Weltbildern (Säkularisierung) und der Auskristallisierung von Wissenschaft, Moral und Kunst als eigenständige Wertsphären sowie an der historischen Entwicklung zum Universalismus in *Recht* und *Moral* und an der Herausbildung von Kommunikationsnetzwerken in Form von politischer Öffentlichkeit auf der Basis von Kommunikationstechnologien (Schrift, Druckerpresse, elektronische Medien). Daran knüpft er die Beobachtung, dass die ausdifferenzierten Subsysteme sich zwar ihre »eigenen, normfreien, über die Lebenswelt hinausragenden Sozialstrukturen« schaffen, diese aber »über die Basisinstitutionen des bürgerlichen Rechts mit der kommunikativen Alltagspraxis rückgekoppelt« bleiben (TKH2, 275). In »Faktizität und Geltung« fügt Habermas das *Recht* gleichsam als Scharnier zwischen Lebenswelt und System ein. Der Rechtscode vermag lebensweltliche Ansprüche in für die Teilsysteme verständliche Sprache zu transformieren. Das Recht ist das »Medium (…), über das sich kommunikative Macht in administrative umsetzt« (FG, 187). Kommunikative Macht versteht Habermas als einen aus »zwangloser Kommunikation« in »nicht-deformierten Öffentlichkeiten« und »Strukturen unversehrter Intersubjektivität« hervorgehenden gemeinsamen Willen, dem die Erzeugung legitimen Rechts zugrunde liegt (vgl. FG, 182 ff.). Bleibt die politische Öffentlichkeit über ihre zivilgesellschaftliche Basis in der Lebenswelt verwurzelt (FG, 435), dann bildet der Rechtsstaat die gesellschaftsintegrative Klammer, der das über den Machtcode gesteuerte administrative System an die rechtsetzende kommunikative Macht bindet und überdies die Balance herstellen soll »zwischen den drei Gewalten der gesamtgesellschaftlichen Integration: Geld, administrative Macht und Solidarität« (FG, 187). Wir können die Habermassche Gesellschaftstheorie in einem vereinfachenden Schaubild zusammenfassen (vgl. Schaubild 3).

Schaubild 3: Komponenten der Gesellschaftstheorie

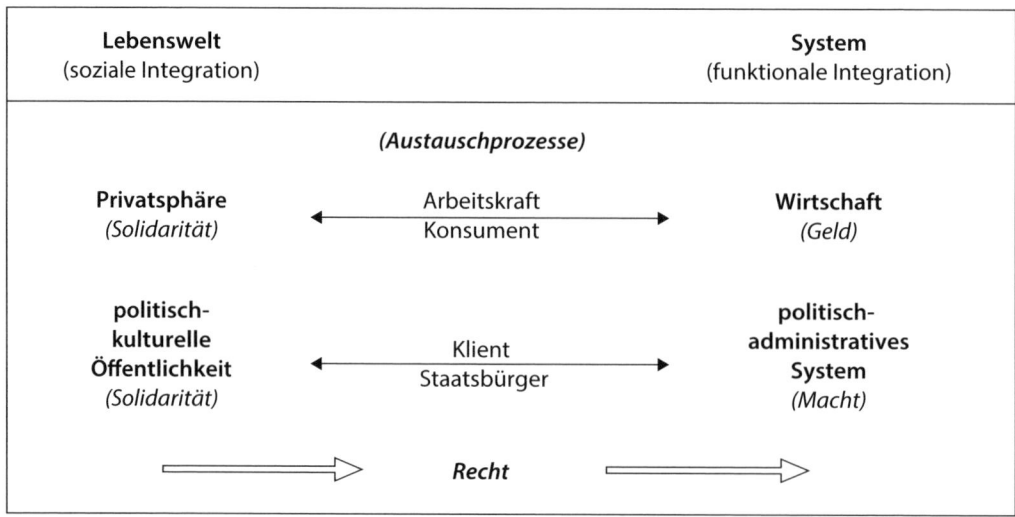

556

Theorie der Moderne

An die Gesellschaftstheorie schließt sich die Theorie der *Moderne* an; in ihr verschränken sich verschiedene Motive: (a) Sie erhebt den Anspruch einer Theorie der kapitalistischen *Modernisierung* nach dem Marxschen Vorbild: kritisch sowohl gegenüber den zeitgenössischen Sozialwissenschaften wie gegenüber der gesellschaftlichen Realität (TKH2, 549). (b) Sie hält an den Intentionen der *Kritischen Theorie* fest, ersetzt aber deren Kritik der instrumentellen Vernunft (wie sie Horkheimer und Adorno in der »Dialektik der Aufklärung« formulierten) durch eine Kritik der funktionalistischen Vernunft. (c) Sie ist empirisch gehaltvolle Zeitdiagnose, indem sie die »Verdinglichungsproblematik« in der »Kolonialisierung der Lebenswelt« wieder entdeckt; gemeint ist damit, dass auf dem Wege der Monetarisierung und Bürokratisierung die »losgelassene funktionalistische Vernunft« der Teilsysteme auf die Lebenswelt übergreift und deren »kommunikativen Eigensinn« zu unterminieren droht. (d) Sie will das Projekt der Aufklärung fortsetzen, indem sie in der Moderne nicht nur eine Steigerung der Zweck-Mittel-Rationalität konstatiert, sondern auch die der kommunikativen Rationalität, deren Manifestationen an die traditionsreichen Bestimmungen einer »vernünftigen Praxis« erinnern: »das **Selbstbewusstsein** kehrt wieder in Gestalt einer reflexiv gewordenen Kultur, die **Selbstbestimmung** in generalisierten Normen und Werten, die **Selbstverwirklichung** in der fortgeschrittenen Individuierung der vergesellschafteten Individuen« (PDM, 400 – Hervorh. WMJ). (e) Schließlich erkennt sie in den basisdemokratischen Bewegungen an den »Nahtstellen zwischen System und Lebenswelt« Ausdrucksformen einer »vernünftigen Moderne«, die sich gegen die »systemisch induzierten Lebensweltpathologien« zur Wehr setzen.

Literatur

Austin, John L., 1962: How to Do Things With Words, Oxford (dt.: Zur Theorie der Sprechakte, Stuttgart 1979). – Habermas, Jürgen, 1968: Technik und Wissenschaft als »Ideologie«, Frankfurt a.M. – Ders., 1981: Theorie des kommunikativen Handelns (TKH), Bd. 1: Handlungsrationalität und gesellschaftliche Rationalisierung, Bd. 2: Zur Kritik der funktionalistischen Vernunft, Frankfurt a.M. – Ders., 1984: Vorstudien und Ergänzungen zur Theorie des kommunikativen Handelns, Frankfurt a.M. – Ders., 1985: Der philosophische Diskurs der Moderne (PDM), Frankfurt a.M. – Ders., 1992: Faktizität und Geltung (FG), Frankfurt a.M. – Honneth, Axel; Joas, Hans (Hg.), 1986: Kommunikatives Handeln, Frankfurt a.M. – Horster, Detlef, 1999: Jürgen Habermas zur Einführung, Hamburg. – McCarthy, Thomas, 1989: Kritik der Verständigungsverhältnisse, Frankfurt a.M. – Reese-Schäfer, Walter, 1991: Jürgen Habermas, Frankfurt a.M. – Searle, John R., 1971: Sprechakte, Frankfurt a.M.

Walther Müller-Jentsch

Theorie, kritische

Begriff

Als »kritische Theorie der Gesellschaft« (engl. critical theory) bezeichnet der engere Mitarbeiterkreis des vom NS-Regime ins Exil getriebenen Frankfurter »Instituts für Sozialforschung« (neben Max Horkheimer insbesondere Friedrich Pollock, Leo Löwenthal, Erich Fromm, Herbert Marcuse und Theodor W. Adorno) sowohl die authentische Gestalt der Marx'schen Gesellschaftstheorie als auch das programmatische Selbstverständnis der eigenen Arbeiten, die auf eine Verschränkung von philosophischer Reflexion und sozialwissenschaftlicher Empirie zielen.

Theoretischer Hintergrund

Die kritische Theorie stellt eine originäre Fortentwicklung des »westlichen Marxismus« dar, wie er insbesondere in den Studien von Georg Lukács über »Geschichte und Klassenbewusstsein« (1923) seinen Ausdruck fand. Die Warenstruktur durchdringt nach Lukács die kapitalistische Gesellschaft in all ihren Lebensäußerungen, das Warenverhältnis ist »Urbild aller Gegenständlichkeitsformen und aller ihnen entsprechenden Formen der Subjektivität in der bürgerlichen Gesellschaft« (Lukács, 257). Im Zentrum der Analyse steht das Phänomen der Verdinglichung, d. h. die Verkehrung gesellschaftlicher Beziehungen in Beziehungen zwischen Sachen; aufgrund dieser »Fetischisierung« gewinnt die gesellschaftliche Organisation des materiellen Lebensprozesses eigenständige Realität gegenüber den einzelnen Individuen: Hierin besteht das gesellschaftliche Fundament des Hegel'schen »objektiven Geistes«, der somit aus den wirklichen Lebensverhältnissen der Individuen zu dechiffrieren ist. Die Verdinglichungsstruktur ist indes nur durchschaubar, wenn der Bezug auf Totalität, das Ganze des gesellschaftlichen Prozesses, nicht zu Gunsten eines blanken Empirismus aufgegeben wird: Die am methodischen Vorbild der Naturwissenschaften orientierte »traditionelle Theorie« kann die Gestalten des »objektiven Scheins« allenfalls beschreibend verdoppeln, nicht aber als Verdinglichungszusammenhang verkehrter Subjektivität fassen. Noch im »Positivismusstreit der deutschen Soziologie« (vgl. Adorno et al.) kritisieren Adorno und Habermas die Trennung von Sozialforschung und philosophischer Reflexion, wie überhaupt die Einschränkung von Erfahrung auf den Bereich methodologisch normierter Empirie; die verabsolutierte Disjunktion von Tatsachenfeststellung und praktischer Bewertung ist Ausdruck gesellschaftlich produzierten Scheins, nicht seiner Erkenntnis. Soweit im Konzept totalitätsbezogener Empirie ein latenter *Funktionalismus* wirksam ist, besitzt dieser kritische Stoßrichtung: Wenn das Ganze der *Gesellschaft* als Zwangszusammenhang verstanden wird, dann bedeutet der funktionale Beitrag einer *Praxis,* einer Institution zur Reproduktion der herrschenden Ordnung gerade keine normative Empfehlung. Anders als in Hegels »Rechtsphilosophie« ist das Wirkliche nicht notwendig das Vernünftige.

Entwicklung und Arbeitsschwerpunkte

Die Gründung des der Frankfurter Universität angegliederten »Instituts für Sozialforschung« (1923), seine weitgehende Unabhängigkeit gegenüber den akademischen Traditionen wie gegenüber den Organisationen der Arbeiterbewegung, seine Verlagerung ins Ausland (1933) und die Fortsetzung der Arbeiten unter den Bedingungen des Exils (zunächst in Genf, dann in Paris, schließlich in New York) verdankt sich großzügigen Stiftungen des jüdischen Großkaufmanns Hermann Weil und seines Sohnes Felix, der zeitweilig selbst zum Mitarbeiterkreis des Instituts gehörte. Ihr spezifisches intellektuelles Profil gewinnt die Arbeit des Instituts erst mit der Berufung des Philosophen Max Horkheimer zum Direktor; Horkheimer formuliert 1931 das Programm eines interdisziplinären Materialismus, dem des darum zu tun ist, »aufgrund aktueller philosophischer Fragestellungen Untersuchungen zu organisieren, zu denen Philosophen, Soziologen, Nationalökonomen, Historiker, Psychologen in dauernder Arbeitsgemeinschaft sich vereinigen« (Horkheimer 1972, 41 f.). Dieses Programm findet seinen Niederschlag

in der 1931 bis 1941 von Horkheimer herausgegebenen »Zeitschrift für Sozialforschung« (Nachdruck München, 1970). Das Begreifen der gesellschaftlichen Lage bedeutet, wie Horkheimer 1937 betont, zugleich die Verurteilung der das gesellschaftliche Leben beherrschenden Kategorien; die revolutionäre Umgestaltung der Gesellschaft liegt im Interesse der Vernunft selbst, da die Vernunft sich selbst nicht durchsichtig werden kann, solange die Menschen als Glieder eines vernunftlosen Organismus handeln (Horkheimer 1968, II, 137–200). Im Verlauf der späten 1930er Jahre beurteilt der Kreis um Horkheimer die Möglichkeiten aufklärerischer empirischer Forschung zunehmend skeptischer, hinzu kommen ernüchternde Erfahrungen mit dem amerikanischen Research-Betrieb: Exemplarisch sind die Kooperationsprobleme von Adorno und Paul Lazarsfeld (vgl. Wiggershaus, 266–276). Die Anstrengungen im Bereich empirischer Forschung werden dennoch intensiviert, die Revision der ursprünglichen Programmatik betrifft den Stellenwert standardisierter Empirie für die gesellschaftskritischen und geschichtsphilosophischen Analysen; die wirklich entscheidenden Einsichten allerdings werden zunehmend eher im Medium ästhetischer Erfahrung gewonnen. Trotz der sich damit abzeichnenden Tendenz einer Aufspaltung in empirische Sozialforschung und philosophische Kulturkritik (vgl. Brandt) setzt sich mit der Rückkehr des Instituts für Sozialforschung nach Frankfurt das aufklärerische intellektuelle Engagement im Rahmen der Neubelebung empirischer Sozialforschung (insbesondere im Bereich der Industriesoziologie und der Vorurteilsforschung) fort.

Wichtigste Arbeitsschwerpunkte seit den 1930er Jahren sind

a) die Studien zum Komplex »**Autorität und Familie**«, die im Rahmen einer Verknüpfung von Psychoanalyse und materialistischer Gesellschaftstheorie Perspektiven einer theoretisch angeleiteten empirischen Forschungspraxis eröffnen. Die *Familie* wird als wichtige Vermittlungsinstanz zwischen dem materiellen Lebensprozess und dem kulturellen Überbau begriffen. Die Untersuchung der Funktion väterlicher *Autorität* in der liberalen Gesellschaft führt zur Feststellung eines Funktionswandels, durch den *Sozialisation*sprozesse zunehmend an der Familie vorbei direkt von anderen gesellschaftlichen Institutionen in Regie genommen werden. Dies wird im Zusammenhang gesehen mit sozioökonomischen *Entwicklung*sprozessen, die die gesellschaftliche Basis rationaler Autorität untergraben und somit auf gesamtgesellschaftlicher wie auf individualpsychologischer Ebene die Entwicklung zum autoritären Staat begünstigen. Die aus den frühen 1940er Jahren stammenden Studien zur »autoritären Persönlichkeit«, über *Vorurteil* und Antisemitismus tendieren zu einer stärker psychologisch orientierten Analyse. Adorno begründet dies mit Verweis auf objektive gesellschaftliche Entwicklungen: »Immer anonymere und undurchsichtigere soziale Prozesse erschweren zunehmend die Integration des begrenzten Bereichs persönlicher Lebenserfahrung in objektive gesellschaftlich Dynamiken. Soziale Entfremdung wird verborgen unter einem Oberflächenphänomen, das das genaue Gegenteil hervorkehrt: die Personalisierung von politischen Attitüden und Gebräuchen bietet Kompensation für die Entmenschlichung der sozialen Sphäre, die den heutigen Missständen zugrunde liegt« (Jay, 272). Auch in den weiteren theoretischen Arbeiten bleibt die Freud'sche Lehre ein wichtiger Bezugsrahmen sowohl der Analyse von Unterwerfungsbereitschaft als auch von Widerstandspotenzialen. Die Verbindung von Psychoanalyse und Gesellschaftstheorie ist in den 30er Jahren zunächst wesentlich durch Beiträge des Psychoanalytikers Erich Fromm geprägt. Erst nach der Abkehr Fromms vom orthodoxen Freudianismus und der Aufgabe des Triebkonzepts kommt es zur Trennung vom Institut, da Horkheimer, Marcuse und Adorno dadurch wichtige materialistische Momente der Freud'schen Theorie preisgegeben und den Konflikt zwischen triebgeleiteten *Bedürfnis*sen und gesellschaftlichen *Norm*en harmonistisch entschärft sehen. In den 60er Jahren initiieren Alfred Lorenzer und Jürgen Habermas eine hermeneutische Kritik des szientistischen Selbstmissverständnisses der Freud'schen Metapsychologie und deuten gesellschaftliche Lern- und Emanzipationsprozesse nach dem Modell psychoanalytischer therapeutischer Aufklärung (Habermas 1968; Lorenzer).

b) Ein weiterer zentraler Arbeitsschwerpunkt ist der Bereich **Wirtschaft, Recht und Staat.** Auf diesem Gebiet konkurrieren zunächst recht unterschiedliche Forschungsansätze. Henryk Grossmanns Arbeiten halten am klassischen politökonomischen Krisenszenario fest. Friedrich Pollock legt empirische Untersuchungen zu den planwirtschaftlichen Versuchen in der UdSSR vor: Er formuliert seine Analyse der NS-Wirtschaft, derzufolge der *Markt* zugunsten des direkten Eingriffs der politischen *Macht* ver-

drängt wird, und sieht darin die herrschende Tendenz aller modernen Gesellschaften: Mit dem »Staatskapitalismus« zeichnet sich ein stabiles, repressiv integriertes, alle Freiheiten vernichtendes und ökonomische Widersprüche ausschaltendes System ab. Die Gruppe um Franz Neumann, Otto Kirchheimer und Arkadius Gurland befasst sich mit dem Zusammenhang von ökonomischen, politischen und rechtlichen Strukturen; sie betont die Unmöglichkeit eines krisenfreien *Kapitalismus* und favorisiert das Konzept eines »totalitären Monopolkapitalismus«; ihre Argumente kommen gegen Pollock institutsintern kaum zum Zug, zumal sie nicht anschlussfähig sind an die psychoanalytischen Autoritarismusstudien, sondern von der dort problematisierten Annahme rational handelnder Akteure ausgehen (vgl. Wiggershaus, 251–265; Jay, 175–208).

c) Die ästhetischen und ***kunstsoziologisch*en Arbeiten** von Löwenthal, Marcuse, Adorno sowie von Walter Benjamin (der als wichtiger Anreger gleichwohl dem Institut eher lose verbunden war) zu Fragen der Musik, der Literatur und des Films haben bis heute intensive Wirkung entfaltet. Der gesellschaftliche Gehalt des Kunstwerks ist nicht aus der sozialen Position des Künstlers oder einem explizit bekundeten »Klassenstandpunkt« zu entnehmen, sondern aus der inneren Struktur des Werks zu dechiffrieren; es handelt sich nicht um die Entlarvung des Scheincharakters der Kunst, große Kunst ist nicht nur Verschleierung realer Verhältnisse, ihr wohnt, wie Marcuse betont, ein utopisch-emanzipatorischer Gehalt inne, der über die bestehenden Verhältnisse hinausweist. Kontrovers werden die Möglichkeiten der populären bzw. Massenkultur beurteilt. In der technischen Reproduzierbarkeit des Kunstwerks sieht Benjamin die Chance, den Hermetismus der Kunst, ihre elitäre Isolation aufzusprengen und befreiende Potenziale produktiv werden zu lassen. Für Adorno wird Kunst unter den Bedingungen der technischen Reproduktion zur Kulturindustrie, zum Manipulationsmittel des autoritären Staates, zum Sedativ; einzig die avancierte, schwierige, den eingeschliffenen Wahrnehmungsweisen unzugängliche Kunst besitzt kritisches Potenzial, weist über den geschlossenen Kreislauf kulturindustrieller *Ideologie*bildung hinaus und verkörpert darin einen Wahrheitsanspruch; für die kritische Theorie verbietet sich damit jede Anbiederung an den populären Geschmack, der nur Reflex dessen ist, was die herrschenden Verhältnisse den

Individuen und ihrem ästhetischen Vermögen angetan haben.

d) Nachdem revolutionäre Potenziale des Widerstands gegen den autoritären Staat kaum noch auszumachen sind, kommt es in den 1940er Jahren zu einer **Reflexion der geschichtsphilosophischen Prämissen**. Die »Dialektik der Aufklärung« (Horkheimer/Adorno) zeichnet nach, wie *Aufklärung* selbst in *Mythos* umschlägt, Naturbeherrschung in Herrschaft über Menschen; *Herrschaft* ist bereits im identifizierenden Denken am Werk, das auf die Unterwerfung des Besonderen unter den allgemeinen Begriff, auf den Ausschluss des Nichtidentischen hinausläuft. Wenn das Ganze das Unwahre ist, wie Adorno in Umkehrung des Hegel'schen Diktums »das Wahre ist das Ganze« formuliert, dann ist auch der Satz, der dies ausspricht, Teil des von ihm diagnostizierten Verblendungszusammenhangs. Philosophische Reflexion kann sich nicht mehr als positives System vortragen, Wahrheit ist nur in aporetischer, negativer Gestalt formulierbar. Während die »Dialektik der Aufklärung« die Aporien einer verselbstständigten und universal gewordenen instrumentellen Vernunft gleichsam von innen heraus ausbuchstabiert, unternimmt Habermas den Versuch, die Pathologien totalisierter Zwecksysteme aus der Perspektive eines reicheren, nicht auf instrumentell-strategische *Rationalität* verengten, sondern um die kommunikative Dimension von *Intersubjektivität* erweiterten Vernunftbegriffs zu kritisieren, um damit zugleich die Selbstbezüglichkeitsprobleme der »Dialektik der Aufklärung« zu umgehen. Diese »Rettung« geht einher mit dem Verzicht auf die bewusstseinsphilosophische Begrifflichkeit der älteren kritischen Theorie und einer deutlichen Absage an deren »verschwiegene Marxorthodoxie«. Anders als die in der BRD Ende der 60er Jahre neu einsetzende und z. T. deutlich von der kritischen Theorie geprägte Marx-Diskussion (vgl. Schmidt; Krahl) hält es Habermas für wenig chancenreich, unmittelbar an die Problemstellungen der Kritik der politischen Ökonomie anzuschließen. Er unternimmt eine weitausgreifende Metakritik der je avanciertesten wissenschaftstheoretischen, sprachtheoretischen und gesellschaftstheoretischen Konzeptionen, um auf diesem Wege die gegenwärtige Gesellschaft und ihre Entwicklungstendenzen zu durchdringen. Die Marx'sche Werttheorie wird durch die Anlehnung an das Modell systemtheoretischer Steuerungsmedien generalisiert, der Zusammenhang von Verwertungsprozess und konkreten Klassenauseinandersetzungen wird als Verschränkung von *Systemtheorie* und *Lebenswelt*analyse reformuliert (vgl. Habermas 1981). Gegen sozial pathologische Tendenzen einer systematischen »Kolonialisierung der Lebenswelt« stellt Habermas die normative Idee einer »Rationalisierung der Lebenswelt« in Gestalt des Projekts einer schrittweise verbesserten Institutionalisierung von Verfahren vernünftiger kollektiver Willensbildung; er expliziert den Verfahrensbegriff deliberativer Politik als normativ gehaltvolles Kernstück einer Theorie des demokratischen Rechtsstaats (vgl. Habermas 1992).

Perspektiven

Stehen für Habermas Begründungsprobleme kritischer Gesellschaftstheorie im Vordergrund, so richtet sich das Interesse bei Honneth verstärkt auf die Verankerung der Kritik in der vorwissenschaftlichen Praxis, in moralischen Empfindungen und Unrechtserfahrungen. Sozialem Protestverhalten liegen Erfahrungen der Verletzung von intuitiv gegebenen Gerechtigkeitsvorstellungen und Gefühle sozialer Missachtung zugrunde, nicht positiv formulierte Moralprinzipien. Die Analyse der »moralischen Grammatik sozialer Kämpfe« aus der »sozialen Dynamik von Missachtung« erfordert daher eine anerkennungstheoretische Rekonstruktion (vgl. Honneth 1992). Die Bezugspunkte einer immanent ansetzenden Gesellschaftskritik sind die jeweils noch nicht eingelösten, aber gleichwohl bereits institutionalisierten Freiheitsversprechen, die auf dem Wege einer »normativen Rekonstruktion« aus der Gesellschaftsanalyse zu entwickeln sind (Honneth 2011). Vor dem Hintergrund der mit den Mitteln empirischer Analyse rekonstruierten Freiheitsversprechen richten sich die Forschungsanstrengungen des Instituts für Sozialforschung auf normative Paradoxien kapitalistischer *Modernisierung*, die mit erweiterten Freiheitsspielräumen zugleich neue Formen der Abhängigkeit hervorbringt und Gefahr läuft, ihre eigenen sozialen und kulturellen Voraussetzungen zu untergraben. In diesem Zusammenhang gewinnt in den letzten Jahren auch die Analyse wirtschaftlichen Handelns neue Aufmerksamkeit (vgl. Neckel).

Literatur

Adorno, Theodor W., et al., 1969: Der Positivismusstreit in der deutschen Soziologie, Neuwied/Berlin. – Brandt, Gerhard, 1981: Ansichten kritischer Sozialforschung 1930–

1980; in: Institut für Sozialforschung: Gesellschaftliche Arbeit und Rationalisierung, Opladen. – Habermas, Jürgen, 1968: Erkenntnis und Interesse, Frankfurt a.M. – Ders., 1981: Theorie des kommunikativen Handelns, Frankfurt a.M. – Ders., 1992: Faktizität und Geltung: Beiträge zur Diskurstheorie des Rechts und des demokratischen Rechtsstaats, Frankfurt a.M. – Honneth, Axel, 1992: Kampf um Anerkennung: zur moralischen Grammatik sozialer Konflikte, Frankfurt a.M. – Ders., 2011: Das Recht der Freiheit – Grundriss einer demokratischen Sittlichkeit, Frankfurt a.M. – Horkheimer, Max, 1968: Kritische Theorie, Frankfurt a.M. – Ders., 1972: Sozialphilosophische Studien, Frankfurt a,M. – Ders.; Adorno, Theodor W., 1969: Dialektik der Aufklärung, Frankfurt a.M. – Jay, Martin, 1976: Dialektische Phantasie. Die Geschichte der Frankfurter Schule und des Instituts für Sozialforschung 1923–1950, Frankfurt a.M. – Krahl, Hans Jürgen, 1971: Konstitution und Klassenkampf, Frankfurt a.M. – Lorenzer, Alfred, 1970: Sprachzerstörung und Rekonstruktion, Frankfurt a.M. – Lukács, Georg, 1968: Frühschriften 11, Neuwied. – Neckel, Sighard, 2010: Refeudalisierung der Ökonomie, MPIfG Working Paper 10/6, Köln. – Schmidt, Alfred, 1962: Zum Begriff der Natur in der Lehre von Karl Marx, Frankfurt a.M. – Wiggershaus, Rolf, 1986: Die Frankfurter Schule, München.

Hermann Kocyba

Theorie, strukturell-funktionale

Die strukturell-funktionale Theorie (engl. structural-functional theory) sozialer Systeme bezeichnet eines der vier Paradigmen der heute klassischen amerikanischen Theorie (neben Symbolischem Interaktionismus, Ethnomethodologie und Rational-Choice-Denken). Die strukturell-funktionale Theorie war das vorherrschende gesellschaftstheoretische *Paradigma* der vierziger und fünfziger Jahre. Der weltweite Erfolg der amerikanischen Soziologie in der ersten Nachkriegszeit machte die strukturell-funktionale Theorie zeitweise zu dem Ansatz, der die Moderne schlechthin zu verkörpern schien. Bis zum Beginn der sechziger Jahre war sie unbestritten, seit der Jahrtausendwende wird sie mit neuen Argumenten wieder in die Diskussion eingebracht.

Begriff und Reichweite

Der Ausdruck »structural functionalism« wird vielfach gleichgesetzt mit Talcott Parsons' Theorie der Sozialsysteme. Erstmals 1945 entwarf Parsons den Ansatz der Strukturanalyse, die dynamisch die Sys-

temprozesse analysiert, was eine Funktionsanalyse naheleg sowohl für ganze Gesellschaften als auch soziale Handlungen und Beziehungsmuster (Parsons 1945, 1951a, Parsons et al. 1953). In den fünfziger Jahren konkretisierten Parsons/Smelser vier System*funktion*en (Adaptation, Goal attainment, Integration, Latency), die in einem systematischen Zusammenhang stehen. Gegen Ende der vierziger Jahre zeigte Robert Merton, dass empirische Funktionsanalysen wesentlich feinere Begriffsklärungen verlangen, während ein Jahrzehnt später Kingsley Davis meinte, jede soziologische Theorie sei zugleich strukturell-funktionales Denken. Die Aufsatzsammlung Structure and Process in Modern Societies (1960) war der Schlussstein der strukturell-funktionalen Systemtheorie bei Parsons, der sich fortan den Symbolmedien zuwandte und seine Theorie ausdrücklich nicht mehr strukturell-funktional verstand. Seit den achtziger Jahren hat die strukturell-funktionale Theorie ein Comeback im *Neofunktionalismus* (Alexander), aber bis heute wird sie in der amerikanischen Soziologie zum Buhmann der Gesellschaftskritik, wo diese sich stattdessen an C. Wright Mills orientiert (Calhoun 2007).

Die frühen Ansätze

Den Grundstock der strukturell-funktionalen Theorie legte der Kulturanthropologe Radcliffe-Brown in den Essays »On the Concept of Function in Social Science« (1935) und »On Social Structure« (1940). Er berief sich auf Durkheim, als er klärte: »The concept of function … involves the notion of a structure consisting of a set of relations amongst unit entities, the continuity of the structure being maintained by a life-process made up of the activities of the constituent units« (1952, 180). Er betrachtete die Kulturanthropologie als eine Naturwissenschaft, die die Strukturgesetze der Vergesellschaftung (»forms of association«) durch vergleichende Analysen empirischer Gesellschaften ermittelt. In Analogie zum Körper als Ganzheit aus interdependenten Organen verglich Radcliffe-Brown – und Parsons folgte ihm darin – die Erkenntnis des Strukturaufbaus gesellschaftlicher Systeme mit der Morphologie und die Erkenntnis der Ablaufformen des gesellschaftlichen Geschehens mit der Physiologie.

Parsons berief sich auch auf »The Wisdom of the Body« (Cannon 1932), als er den Vergleich zu Anatomie und Physiologie zog. Die strukturell-funktionale

Theorie war von vornherein eine empirische Theorie, in Abhebung gegen die analytische Theorie, denn die **Funktionsbestimmung** sollte die *sozialen Prozesse* in den Zusammenhang der Gesellschaft als Geschichte stellen. Zur Erläuterung: »Once resort is made to the structure of a system as a positive constituent of dynamic analysis there must be a way of linking these ›static‹ structural categories and their relevant particular statements of fact to the dynamically variable elements of the system. This link is supplied by the all-important concept of function. Its crucial role is to provide criteria of the importance of dynamic factors and processes within the system« (in 1954, 217). Für jedes Element und jeden Prozess des Gesellschaftsgeschehens war festzustellen, was seine besondere Wichtigkeit für die Erhaltung des Gesamtsystems sei (»functional significance to the system«).

Um mechanistische oder gar positivistische Interpretationen auszuschließen, erläuterte Parsons: Wenn die »functional significance« der Systemelemente und -prozesse festgestellt werde, sei Max Webers Theorie des sozialen Handelns zugrunde zu legen, wie sie Sinnsetzung und Sinndeutung voraussetzt. Außer Weber – ihm hinzuzufügen – seien Durkheim und auch Vilfredo Pareto als Begründer der modernen Soziologie anzusehen, aber Anklänge an die mechanistischen Theorien Herbert Spencers, die das »Recht des Stärkeren« behaupten, seien strikt zu vermeiden. Diesen antipositivistischen Impetus verstärkte Merton in seinem Aufriss der Systemfunktionen. Sein Essay, der die Unterscheidung zwischen manifesten und latenten Funktionen bei empirischen Systemanalysen fordert, wollte auch sicherstellen, dass nicht – wie in der Ethnologie der damaligen Zeit üblich – jedem Element einer Gesellschaft unwillkürlich eine systemerhaltende »functional significance« zugeschrieben wird. Merton unterschied deshalb zwischen function und dysfunction. Nur die Erstere trage zur positiven Systemerhaltung bei. Letztere – nämlich *Dysfunktion* – verkörpere demgegenüber eine Störung der *Integration* eines Gesamtsystems durch ein Element oder einen Prozess, was empirisch zu ermitteln ist. Viele Systemelemente sind unter dem einen Gesichtspunkt funktional, unter einem anderen allerdings möglicherweise dysfunktional. Merton: »Functions are those observed consequences which make for the adaptation or adjustment of a given system; and dysfunctions, those observed consequences which lessen the adaptation or adjustment of the system. There is also the empi-

rical possibility of nonfunctional consequences, which are simply irrelevant to the system under consideration« (1949/1957, S. 51).

Wenn zwischen manifesten und latenten Funktionen unterschieden werde, sehe man: **Manifeste Funktionen** sind im Bewusstsein der Betroffenen jeweils offenkundig; sie zeigen an, warum ein Gesellschaftsphänomen wichtig ist, etwa beim Regentanz der Hopi, einem Indianervolk, dass der Regen für die wachsende Frucht auf den Feldern erforderlich ist, weshalb die Hopi durch ihren Tanz den Regen letztlich durch Gunst der Götter herbeiführen wollen. **Latente Funktionen** sind demgegenüber den Betroffenen nicht bewusst. Die Funktion des Regentanzes, so Merton, ist latent: Der Regentanz bewirkt bei den Hopi das gemeinsame Gefühl, etwas zu tun, schafft also *Kohäsion* in ihrer kleinen Gesellschaft. Das heißt: »Manifest functions are those objective consequences contributing to the adjustment or adaptation of the system which are intended and recognized by participants of the system; latent functions, correlatively, being those which are neither intended nor recognized« (51).

Um zu demonstrieren, was die soziologische Analyse leisten kann, die sich mit latenten Funktionen befasst, wählt Merton als Beispiel die politischen Bosse der Südstaaten-Großstädte, die halbkriminell über die Lokalpolitik herrschten, die sogenannte »Machine«. Sie hätten eine latente Funktion in der amerikanischen Sozialstruktur der dreißiger und vierziger Jahre: Die Bosse verteilten Chancen an jene Einwanderer- oder moralisch defizitären Subgruppen, die den Wertestandards der offiziellen konventionellen Strukturen nicht genügten. Merton: »The distinctive feature of the political machine for their criminal, vice and racket clientele is to enable them to operate in satisfying the economic demands of a large market without due interference from the government« (80).

Die frühen Ansätze leisten: Die funktionale Analyse gesellschaftlicher Systemstrukturen wird begrifflich verfeinert durch die Unterscheidung zwischen Funktionen und Dysfunktionen sowie manifesten und latenten Funktionen. Der begriffliche Bezugsrahmen ist nicht deskriptiv, sondern heuristisch. Ob bei einem Element (Prozess) dessen Funktionalität oder Dysfunktionalität festzustellen ist, entscheidet die Erkenntnisperspektive des Forschers und die Fragestellung der jeweiligen empirischen Untersuchung.

Die vier Begriffssysteme der strukturell-funktionalen Theorie Parsons'

In der Zeit zwischen 1951 und 1956 – auch auf der Grundlage der Merton'schen Überlegungen – erarbeitet Parsons vier Begriffssysteme. Diese sollten den beschreibenden Vergleich der historisch bekannten Handlungssysteme ermöglichen, und sie sollen die Systemprozesse in Handlungsstrukturen sowohl als Verlauf (Handlungsphasen) als auch Entwicklung (Sozialisation, sozialer Wandel) erfassen.

Das **Erste** der vier Begriffssysteme wurde in The Social System vorgestellt. Die Handlungskomponenten (im Weber'schen Bezugsrahmen) lassen sich zu einem Tableau der fünf Orientierungsalternativen anordnen, die für die Werthaltungen gelten, wie sie in den gesellschaftlichen Normen und Rollen gelten. Die fünf Orientierungsalternativen (»***pattern variables***«): (1) Universalismus (Geltung, ohne Ansehung der Person') vs. Partikularismus (nach Personengruppen differenzierte Geltung), (2) Relevanz der eigenen Leistung (»Achievement-orientation«) vs. Relevanz der Zugehörigkeit zu einer Personenkategorie (»Ascription-orientation«), (3) Diffusheit über institutionelle Funktionsbereiche hinweg (»functional diffuseness«) vs. Spezifische Geltung für nur einen Funktionsbereich (»functional specificity«), (4) Affektivität (»affectivity«) vs. affektive Neutralität (»affective neutrality«) als emotionales Klima zwischen Handelnden in ihren Funktionen sowie – als Letztes – (5) utilitaristisches Eigeninteresse (»self orientation«) vs. Bezogenheit auf eine Gemeinschaft oder auf andere Menschen (»collectivity orientation«). Parsons findet alle fünf Orientierungsalternativen – jeweils eine Seite – in allen Handlungen bzw. Institutionalisierungen. Für ganze Gesellschaften erarbeitete er Strukturtypen – mittels der vier Varianten bei den zwei Strukturvariablen Universalismus-Partikularismus und »Achievement« – »Ascription« (1951a, 180–200).

Das **zweite** Begriffssystem war das vielzierte ***AGIL-Schema***. Ursprünglich hatte Robert Bales (1950) experimentell Gruppengeschehen bei zweckbezogenen (goaloriented) Kleingruppen nach einem vierstufigen Verlaufsschema analysiert. Parsons adaptierte Bales' Schema: Die vier Phasen des Prozessgeschehens bildeten die Schritte der Handlung: Adaptation, Goal attainment, Integration sowie Latency. Erstmals gelang in den Working Papers in the Theory of Action, wo das Verlaufsschema A–G–I–L vorgeführt wurde, die vergleichende Darstellung von Handlungsgeschehen (Parsons/Bales/Shils, S. 88–90; dazu: Alexander 1983, S. 77–85). Dieses Verlaufsschema erfasst die einzelnen Handlungszyklen in sozialen Beziehungen: Es wurde ein Versatzstück der strukturell-funktionalen Theorie.

Das **dritte** Begriffssystem entstand aus der Betrachtung der Arzt-Patient-Beziehung in der Therapie, wo zwischen vier Stadien des Genesungsprozesses unterschieden wurde (1951b). Die vier Stadien: Permissivität, Unterstützung, Verweigerung der Gratifikation bei abweichenden Handlungen und schließlich der Normalzustand der Gratifikation bei erwartetem und Sanktionierung bei abweichendem Verhalten (die englischen Bezeichnungen: permissiveness – support – denial of reciprocity –manipulation of rewards). Der weiterführende Gedanke sah diese vier Stadien als Umkehrung der Phasensequenz der sozialen Handlungsprozesse und Abfolge Latency – Integration – Goal attainment – Adaptation. Daraus entstand das Begriffssystem bzw. Prozessschema **L–I–G–A**. Mit einem Wort: Soziale Kontrolle – nämlich Therapie, Sozialisation, sozialer Wandel insgesamt – bedeutet (Wieder)Herstellung von Normalität oder normale Entwicklung entsprechend dem Prozessschema L–I–G–A (Parsons et al., 163 ff.). In einer Monographie zeigen Parsons und Bales (1955), wie Sozialisierungsvorgänge in der Familie (bis einschließlich Adoleszenz) sozialisationstheoretisch in Spiralen der vier Phasen L, I, G und A gedacht werden können.

Das **vierte** Begriffssystem befasst sich mit ganzen Gesellschaften. In Economy and Society, dessen Weber'sche Thematik durch die ökonomische Theorie von John Maynard Keynes erläutert wird, um den Laissez-faire-Liberalismus zurückzuweisen, entwerfen Parsons und Smelser eine nunmehr viergliedrige Darstellung der **gesellschaftlichen Funktionen**. Die vier verschiedenen Funktionen, die in einem System gewährleistet sein müssen, entsprechen spezifischen Institutionen. Der A-Funktion entspreche die Wirtschaft, der G-Funktion das politische System des Gemeinwesens, der I-Funktion seien Rechtssystem, Religion, Medizin und die Universitäten als der Hort der Höheren Bildung zuzuordnen, und der L-Funktion insgesamt entspreche das Bildungssystem insgesamt und ferner die Familie und andere Institutionen der Kultur und des Kulturtransfers von Generation zu Generation (Parsons/Smelser, 53). Da jeder Institutionenbereich wiederum eigens ein System bildet, innerhalb dessen die viergliedrige Verlaufsdynamik zu erfassen ist, wird der strukturell-funktionale Ansatz nun wesentlich verbessert. Die Untersysteme mit ihrer eigenen Funktionsdifferenzierung erlauben eine verfeinerte Analyse der gesellschaftlichen Strukturprozesse.

1960 dokumentiert Parsons in seiner Aufsatzsammlung, was die strukturell-funktionale Theorie zu leisten imstande ist. 1967 unterstreicht sein Vortrag anlässlich des Kongresses der American Sociological Association in Los Angeles, dass seine neue Theorie der Symbolmedien nichts mehr mit der strukturell-funktionalen Theorie zu tun hat. Er betont ausdrücklich, wie seine Notizen des Vortrags lauten, die in den Harvard University Archives aufbewahrt werden: »Why I am no longer a structural functionalist« (s. Gerhardt 2002).

Strukturell-funktionale Analyse der sozialen Schichtung

In den ersten Jahren der Nachkriegszeit erregten Kingsley Davis und Wilbert Moore die Gemüter mit ihrer strukturell-funktionalen These zur sozialen *Schicht*ung (alle Beiträge zu dieser Diskussion in Bendix/Lipset, 47 f.).

Davis/Moore betrachten funktionalistisch ganze Gesellschaften als *Position*ssysteme, die – so die Hypothese – hierarchisch gegliedert sind sowohl bei Anforderungen und Aufgaben als auch (und dies ist das Problem) Befriedigungen und Belohnungen à la *Prestige* und *Macht*. Die Hypothese: »Granting the general function that inequality subserves, one can specify the two factors that determine the relative rank of different positions. In general those positions convey the best reward, and hence have the highest rank, which a) have the greatest importance for the society and b) require the greatest training of talent. The first factor concerns function and is a matter of relative significance; the second concerns means and is a matter of scarcity.« (in Bendix/Lipset, 48). Von dieser Hypothese aus wollen Davis und Moore »the functional necessity of stratification« beweisen. Sie wollen dartun, unter welchen Bedingungen optimaliter eine Gesellschaft die jeweilig Talentiertesten in die höchsten und verantwortungsvollsten Positionen bringt und dass deren Machtfülle gerechtfertig ist, da sie das Opfer langer und mühseliger Ausbildung auf sich nahmen. Mit anderen Worten: »If the skills required (for a position) are scarce by reason of the rarity of talent

or the costliness of training, the position, if functionally important, must have an attractive power that will draw the necessary skills in competition with other positions« (in Bendix/Lipset, 49). Die vier »major societal functions«, die hinsichtlich Schichtung als Institutionenschwerpunkte mit eigenen Positionshierarchien in Erscheinung treten, seien (1) die Religion bzw. priesterliche und andere Formen der Divinisierung von Welt oder Gesellschaft, (2) die Regierung bzw. die politische Macht – in modernen Demokratien amtsgebunden – per Recht und Autorität, (3) Reichtum, Eigentum und Arbeit als Verfügung über Güter und Personen sowie (4) Technisches Wissen, die Fähigkeit zur operativen Beherrschung der Welt mittels angewandter Wissenschaft. (In abgewandelter Reihenfolge spiegelt diese Aufstellung die vier Funktionsbereiche, wie sie Parsons in den fünfziger Jahren herausarbeitet.)

Davis/Moores Ansatz gilt als Apotheose einer *Meritokratie* (Young 1961). Bemängelt werden die unrealistische Annahme optimaler Gerechtigkeit der gesellschaftlichen Macht- und Güterverteilung und die Außerachtlassung der Mobilitätsbarrieren zwischen den sozialen Schichten, die den sozialen Aufstieg der Bestgeeigneten tendenziell verhindern (Tumin 1953): »Historically, … no systematic effort has ever been made, under propitious circumstances, to develop the tradition that each man is as socially worthy as all other men so long as he performs his appropriate tasks conscientiously« (in Bendix/Lipset, 57).

Schließlich bringt Bernard Barber 1957 die kontroversen Standpunkte auf einen gemeinsamen Nenner. Die Differenzierung innerhalb aller Gesellschaften und die Evaluierung von Leistungstendenzen aller Mitglieder erkläre die *soziale Schichtung*, allerdings nicht die *Mobilität*sbarrieren. Soziale Schichtung sei dysfunktional, wenn ganze Bevölkerungsgruppen keine Chancen hätten, die Ziele zu verwirklichen und dafür die Mittel zu haben, die ihnen die gesellschaftlichen Führungspositionen öffnen. Der Problemhorizont war laut Merton: »We ought to ask ourselves, that is, for whom the system is functional, so far as values are concerned, for whom dysfunctional« (9).

Rezeption und Kritik

In Deutschland wurde die strukturell-funktionale Theorie bereits in den fünfziger Jahren diskutiert, allerdings in kritischer Distanzierung und – teilweise verzerrt – als Folie für die anderslautenden Theoreme der Schichtung und der *Rollentheorie* verwendet. Ralf Dahrendorf vermutete ein Weltbild à la 1984 in Parsons' Systemtheorie, und er monierte das Menschenbild der strukturell-funktionalen Rollentheorie, das die Freiheit negiere (Dahrendorf 1958a, 1958b). Interessanterweise wurde Dahrendorf trotzdem kritisiert, seine Arbeit zeige, wie problematisch die strukturell-funktionale Sichtweise sei (z. B. Tenbruck, Bahrdt).

In den USA wurde die strukturell-funktionale Theorie etwa in dem durch Max Black 1976 neu herausgegebenen Kompendium der Theorie Parsons' als widersprüchlich angeprangert. Dennis Wrong (1961) verwarf das Menschenbild der strukturell-funktionalen Theorie, und Alvin Gouldner (1970) verdammte die ganze Richtung der – aus Harvard kommenden – soziologischen Denkweise.

Es gab viele Arbeiten, die sich um Weiterentwicklung des strukturell-funktionalen Ansatzes bemühten, etwa in der Familiensoziologie (z. B. Bell und Vogel). Schließlich gelang Alexander (1987) ein Comeback der strukturell-funktionalen Theorie in »Twenty Lectures: Sociological Theory Since World War II«, wo fünf Vorlesungen Parsons' Theorie behandelten und die sechste »The Revolt Against the Parsonian Synthesis« schilderte. Dieser »Neo-functionalism« (Alexander 1990, 1998) will einen Zusammenhang zwischen funktionalen Erfordernissen moderner Gesellschaften und dem Wohl der Bürger – und zwar ohne Ungleichheiten – herstellen, was jüngst im Werk »The Civil Sphere« gesellschaftsgeschichtlich ausgearbeitet worden ist (Alexander 2006).

Bereits in den neunziger Jahren hat die Renaissance weniger der strukturell-funktionalen Theorie, aber insgesamt der Parsons'schen Soziologie begonnen, wobei eine Reihe neuer Ansätze entstanden ist, die den gegenwärtigen Forschungsstand über eine Retrospektive der strukturell-funktionalen Theorie hinaus befruchten. »Talcott Parsons on National Socialism« ist eine Sammlung veröffentlichter und unveröffentlichter Arbeiten der »mittleren« Schaffensphase, der Zeit, als Parsons die strukturell-funktionale Theorie erarbeitete (Gerhardt 1993). Ergänzend beleuchtet die Biographie die Bezüge zwischen der politischen Analyse der vierziger Jahre und dem strukturell-funktionalen Denken bei Parsons werkchronologisch und zeitgeschichtlich (Gerhardt 2002). Umfangreiche Aufsatzsammlungen mit – großenteils – kritischen Arbeiten zu Parsons

als dem Hauptvertreter der strukturell-funktionalen Theorie haben seit der Jahrtausendwende die Diskussion belebt und bereichert (Trevino 2001, Fox et al. 2005, Holmwood 2006, Hart 2010).

Literatur

Alexander, Jeffrey C., 1983: The Modern Reconstruction of Classical Thought: Talcott Parsons, Berkeley. – Ders., 1987: Twenty Lectures: Sociological Theory Since World War II, New York. – Ders., 1990: Neofunctionalism and After, Oxford. – Ders., 2006: The Civil Sphere, New York. – Bahrdt, Hans Paul, 1961: Zur Frage des Menschenbildes in der Soziologie; in: Europäisches Archiv für Soziologie 2, 1–17. – Bales, Robert F., 1950: Interaction Process Analysis, Cambridge, MA. – Barber, Bernard, 1957: Social Stratification, New York. – Bell, Norman W.;Vogel, Ezra F. (Eds.), 1968: A Modern Introduction to the Family, rev. Ed., New York. – Bendix, Reinhard; Lipset, Seymour Martin (Eds.), 1966: Class, Status, and Power, 2nd ed., New York. – Black, Max (Ed.), 1976: The Social Theories of Talcott Parsons, rev. ed., Urbana (1961). – Calhoun, Craig (Ed.), 2007: Sociology in America. A History, Chicago. – Cannon, Walter, 1932: The Wisdom of the Body, New York. – Dahrendorf, Ralf, 1958a: Homo Sociologicus; in: Kölner Zeitschrift für Soziologie und Sozialpsychologie 10, 178–208, 345–378. – Ders., 1958b: Out of Utopia. Toward a Reorientation of Sociological Theory; in: American Journal of Sociology 64, 115–127. – Davis, Kingsley/Moore, Wilbert, 1945: Some Principles of Stratification; in: American Sociological Review 10, 242–247. – Davis, Kingsley, 1959: The Myth of Functional Analysis as a Special Method in Sociology and Anthropology; in: American Sociological Review 24, 757–772. – Fox, Renée et al. (Ed.), 2005: After Parsons. A Theory of Social Action for the Twenty-First Century, New York. – Gerhardt, Uta (Hg.), 1993: Talcott Parsons on National Socialism, New York. – Gerhardt, Uta, 2002: Talcott Parsons – An Intellectual Biography, New York. – Uta Gerhardt, 2005: Why Read The Social System Today?; in: Journal of Classical Sociology 5, 267–301. – Gouldner, Alvin, 1970: The Coming Crisis of Western Sociology, London. – Hart, Christopher, 2010: A Collection of Essays in Honour of Parsons, Poyton (Cheshire). – Holmwood, John, 2006: Talcott Parsons, Aldershot. – Merton, Robert K., 1957: Manifest and Latent Functions; in: Social Theory and Social Structure, rev. ed., Glencoe, 19–84 (1949). – Parsons, Talcott, 1951a: The Social System, Glencoe. – Ders., 1951b: Illness and the Role of the Physician; in: American Journal of Orthopsychiatry 21, 452–460. – Ders., 1954: Position and Prospects of Systematic Theory in Sociology; in: Essays in Sociological Theory, rev. ed., Glencoe, 212–237 (1945). – Ders., 1960: Structure and Process in Modern Societies, New York. – Ders. et al., 1953: Working Papers in the Theory of Action, Glencoe. – Ders.; Bales, Robert, 1955: Family Socialization and Interaction Processes, London. – Ders.; Smelser, Neil, 1956: Economy and Society, London. – Radcliffe-Brown, A. R., 1952: On the Concept of Function in Social Science (1935), On Social Structure (1940); in: Structure and Function in Primitive Society, London. – Tenbruck, Friedrich, 1961: Zur deutschen Rezeption der Rollentheorie; in: Kölner Zeitschrift für Soziologie und Sozialpsychologie 13, 1–40. – Trevino, Xavier, 2001: Talcott Parsons Today. His Theory and Legacy in Contemporary Sociology, Lanham. – Tumin, Melvin, 1953: Some Principles of Stratification; in: American Sociological Review 18, 387–393. – Wrong, Dennis, 1961: The Oversocialized Conception of Man in Modern Sociology; in: American Sociological Review 26, 183–193. – Young, Michael, 1961: The Rise of Meritocracy, London.

Uta Gerhardt

Tradition

Tradition (engl. tradition) hat in der Soziologie zwei Bedeutungen, nämlich a) als *sozialer Prozess*: innerhalb der *Sozialisation* die Überlieferung von bisher üblichen Verhaltensmustern, Werten, Normen, Symbolen, Mythen, Arbeitstechniken, Überzeugungen u. a. von Älteren an Jüngere; b) als sozialer *Katalysator*: die Gesamtheit der durch a) überlieferten Inhalte. Die zweite Bedeutung ist die Wichtigere. Denn als sozialer Katalysator steuert Tradition das *Verhalten* (Handeln und Denken) des Menschen nach bisher bereits vorhandenen Orientierungen und ist damit das Gegenteil von *Innovation*, die prinzipiell neue Orientierungen sucht.

Dieser Gegensatz bedeutet aber nur, dass ein Mensch, eine Gruppe, eine Organisation, eine Schicht oder eine ganze Gesellschaft nur überwiegend traditionell oder innovativ eingestellt ist. Eine ausschließliche Orientierung nach dem einen oder anderen Muster ist aus praktischen Gründen (*Umwelt*erfordernisse z. B.) nicht möglich. Deshalb sind Traditionen oft neuer als man meint (Beispiele bei Hobsbawm/Ranger 1983).

Traditionale Grundorientierung in einem sozialen System kann die *Entwicklung* bremsen, die Stabilität erhöhen, *Konflikte* vermeiden, das Störrisiko vergrößern, die Reaktionsfähigkeit mindern, die *Identität* stärken usw. und ist deshalb nur in bestimmter Hinsicht funktional oder dysfunktional, nicht aber in jeder Hinsicht. Deshalb ist Tradition auch kein Widerspruch zur *Rationalität*; vielmehr kann es irrational sein, hohen Innovationsaufwand zu treiben, wenn der dadurch erreichbare Vorteil vorhersehbar klein ausfällt, so dass es rational wäre, beim Vorhandenen zu bleiben, solange das Neue nicht erheblich besser ist. Insofern ist Tradition auch Alltagsentlastung von wenig produktiven Neuerungssuchen und immer neuen *Akzeptanz*entscheidungen. Wird sie aber zu prinzipiell, ist sie ein Hindernis für *Entwicklung* und *Wandel*, also für die Anpassung des *System*s an die Umwelt und damit eine Gefahr für das Überleben des Systems; sie wird dann zum *Konservativismus*. Im Übrigen ist jede *Sozialisation* ein Anfang von Tradition, wie die Definition am Anfang zeigt. *Kultur* ist ohne Tradition nicht denkbar, und damit *Gesellschaft* ebenfalls nicht.

Literatur

Boudon, Raymond; Bourricaud, François; 1994: Tradition; in: Dies: Dictionnaire critique de la sociologie, 4ème éd., Paris, 635–641. – Eisenstadt, Shmuel N., 1973: Tradition, change and modernity, New York/London. – Hobsbawm, Eric; Ranger, Terence (eds.), 1983: The Invention of Tradition, Cambridge. – Shils, Edward, 1981: Tradition, Chicago.

Günter Endruweit

U

Umweltsoziologie

Umweltsoziologie (engl. environmental sociology) befasst sich mit dem Verhältnis von Gesellschaft und Naturumwelt. Dieses Verhältnis besteht zum einen durch gesellschaftliche Kommunikation über Umweltbezüge, zum anderen in der gesellschaftlichen Organisation des Umwelthandelns.

Begriffliche Zusammenhänge

Der Begriff der *Umwelt* besitzt in der Umweltsoziologie eine konkrete ökologische Bedeutung. Er unterscheidet sich insoweit vom unspezifischen Umweltbegriff einer abstrakten Systemtheorie oder der Verhaltenspsychologie. Im Sprachgebrauch der Umweltwissenschaften bezieht sich Umwelt auf die Geo- und Biosphäre, im Genaueren auf den Lebensraum des Menschen (Anthroposphäre), einschließlich der Ressourcen und Senken, die sich der Mensch darin verfügbar macht. Ressourcen sind Naturstoffe in ihrer Funktion als Input in Produktions- und Konsumprozesse. Senken sind die Umweltmedien Atmosphäre, Böden (Lithosphäre), Gewässer und Ozeane (Hydrosphäre) sowie Organismen und Produkte in ihrer Funktion der Aufnahme anthropogener Emissionen.

Ökologie untersucht den Stoffwechsel zwischen Populationen und ihrer Umwelt. Der Stoffwechsel der modernen *Industriegesellschaft* (auch als Dienstleistungs-, Wissens- oder Technologiegesellschaft) in ihrer Umwelt heißt industrieller Metabolismus. Dessen ökosystemische Gegebenheiten heißen industrielle Ökologie. Umweltprobleme stellen Störungen des industriellen Metabolismus dar und bedeuten eine Gefährdung der industriellen Ökologie. Typische Umweltprobleme sind erstens Veränderungen der geo- und biosphärischen Lebensbedingungen (z. B. Klimawandel), zweitens Verschleiß und Verknappung von Ressourcen und Senken (Umweltzerstörung), drittens Unfall-, Vergiftungs- und Infektionsgefahren einer nicht optimal naturkreislauf-integrierten industriellen Ökologie.

Bereiche der Umweltsoziologie

Umweltsoziologie kann in einem weiteren oder engeren Sinn verstanden werden. Das weitere Verständnis bedeutet umfassende sozialwissenschaftliche Umweltforschung. Diese besitzt ihre Grenzen zur naturwissenschaftlichen Umweltforschung und beinhaltet die Untersuchung sämtlicher menschlicher Lebenszusammenhänge und gesellschaftlicher Strukturen und Funktionssysteme im Hinblick auf ihre ökologische Relevanz. Im engeren Verständnis von Umweltsoziologie bleiben Fragen von Regierung, Management, Recht, Wirtschaft und Technik eher ausgeklammert, da sie als Sache der Politikwissenschaft, Jurisprudenz, Ökonomik und des Ingenieurwesens angesehen werden. Es kommt zu einer Begrenzung des Blickfeldes auf Fragen von *sozialer Bewegung*, Umweltbewusstsein, Umweltethik, Umweltdiskursen und alltäglichem Umweltverhalten (obwohl man auch hier sagen könnte, diese seien Sache der Philosophie, Psychologie, Pädagogik, Medienwissenschaft, Markt- und Verbraucherforschung).

Die Soziologie hat sich in diesem Umfeld bis in die 1990er Jahre schwer getan, ein eigenes umweltsoziologisches Forschungsprofil zu finden. In jedem Fall bleibt Umweltsoziologie auch in disziplinärer Ausprägung stets ein interdisziplinäres Unterfangen. Die wichtigsten Gegenstandsbereiche der Umweltsoziologie in einem weiteren Verständnis sind:

- Umweltbewusstsein und Umweltethik
- Umweltbewegung und Umweltpolitik
- ökologische Leitbilder und Strategiedebatten
- das Umwelthandeln von Gesetzgebung, Regierung und Behörden
- das Umwelthandeln von Unternehmen (betriebliches Umweltmanagement, Ökomarketing)
- das Umwelthandeln der privaten Haushalte (umweltorientiertes Verbraucherverhalten im Zusammenhang mit unterschiedlichen Lebensstilen und sozialen Milieus)
- nicht zuletzt alle diese Aspekte auf der Ebene des Weltsystems im Rahmen einer Global Environmental Governance.

Umweltbewusstsein, Umweltethik

Im Zuge des Aufschwungs der Umweltbewegung in den 1970–80er Jahren hat sich in der Bevölkerung der Industrieländer ein Umweltbewusstsein allgemein verbreitet. Auch in den früheren Entwicklungsländern hat dies mit 10–15 Jahren Verzögerung zunehmend stattgefunden. Nach einer klassischen Definition des deutschen Rates von Sachverständigen für Umweltfragen bedeutet Umweltbewusstsein ›Einsicht in die Gefährdung der natürlichen Lebensgrundlagen durch den Menschen, verbunden mit der Bereitschaft, Abhilfe zu schaffen‹.

Umweltbewusstsein in diesem Sinn bildet einen festen Bestandteil im kulturellen und politischen Fundus weiterentwickelter Nationen. Zugleich hat eine gesellschaftliche Assimilierung der Umweltbewegung und ihrer Anliegen stattgefunden. Umweltschutz ist in allen Bereichen der Gesellschaft institutionalisiert und professionalisiert – in Wissenschaft und Forschung, Bildung, Massenmedien, Parteien und Verbänden, Regierung und Behörden, produzierenden Betrieben und anderen Einrichtungen.

Die Institutionalisierung und Professionalisierung des Umweltschutzes haben teilweise zu beachtlichen Erfolgen geführt, insb. bei der Luft- und Gewässerreinhaltung, dem Recycling sowie der Ausschleusung von Schadstoffen. Andererseits bestehen vielfältige Umweltprobleme fort, darunter der anthropogene Beitrag zum Klimawandel infolge der Nutzung fossiler Energie, die Rodung der Regenwälder, Verluste an Biodiversität und Böden.

Die Bevölkerung hat sich Umweltbewusstsein nicht in der ursprünglichen industrie- und kapitalismuskritischen Ausprägung der Protestbewegungen angeeignet. Vielmehr wurde das Umweltbewusstsein an die vorherrschenden Formen der Weltanschauung und Wertorientierungen assimiliert. Das Spektrum der Einstellungen zur Umwelt bewegt sich in einem bipolaren Feld, das der Soziologie durch die Wertwandelforschung bekannt ist (materialistisch-utilitaristische versus ›postmaterialistisch‹-idealistische Einstellungen), aber auch durch kultursoziologische Typologien wie *Rationalismus* versus Romantik.

In diesem Sinn unterscheidet man Formen einer anthropozentrischen von einer biozentrischen Umweltethik. Anthropozentrische Umweltethik hält an dem kartesianischen Programm fest, den Menschen zum ›maître et possesseur de la nature‹ zu machen, anerkennt jedoch in einem Nutzenkalkül aufgeklärten Eigeninteresses, dass die Umwelt als Lebensgrundlage erhalten bleiben muss. Demgegenüber betrachten biozentrische Umweltethiken die Natur als Schöpfung in eigenem Recht, als deren Teil der Mensch sich behutsam einfügen soll.

Die große Mehrheit vertritt beide Arten von Umwelteinstellungen in verantwortungsethisch gemäßigter Weise, wobei insgesamt eine Tendenz zu anthropozentrisch-utilitaristischen Haltungen überwiegt, speziell in konservativen, leistungsorientierten und hedonistischen Milieus, prototypisch bei Berufsgruppen mit naturwissenschaftlichen, technischen, kaufmännischen und administrativen Tätigkeiten.

Leitbilder und Strategiedebatten

Umweltbewusstsein und Umwelthandeln stehen im formativen Kontext von ökologischen Diskursen. Durch diese werden Umweltprobleme thematisiert und Leitbilder und Strategien des Umwelthandelns formuliert. Wie jede *Kommunikation* verlaufen auch ökologische Diskurse in Themenzyklen mit verschiedenen Strängen und Phasen:

Die Wachstumsdiskussion prägte den Zeitraum der **1970–80er Jahre** und setzt sich weiter fort. Das Bewusstwerden von ökologischen ›Grenzen des Wachstums‹ führte einerseits zu Postulaten wie Nullwachstum oder mutwilliger Schrumpfung. Andererseits wurden erste weiterführende Konzepte entwickelt wie das des organischen, selektiven, entkoppelten und qualitativen Wachstums.

Im **Verlauf der 1980er Jahre** entfaltete sich das strategische Konzept der ökologischen *Modernisierung*. Es geht davon aus, dass Ökonomie und Ökologie, Industrie und Natur, nicht zwangsläufig Gegensätze zu sein brauchen. Sie lassen sich so weit miteinander in Einklang bringen, wie es gelingt, die Steigerung der Ressourcenproduktivität zu einer ebensolchen Wohlstandsquelle zu machen wie die bisherige Arbeitsproduktivität. Anstatt Rohstoffe, Energieträger und die Umweltmedien zu verschleißen, kommt es darauf an, sie effizienter und vor allem naturverträglicher zu nutzen. Der Schlüssel dazu wird in neuen Technologien gesehen, insbesondere den sauberen Energien, neuen Materialien, neuen Produktionsweisen und Praktiken. Sie vermögen die ökologische Tragekapazität der Geo- und Biosphäre für den Menschen zu erhöhen.

Die Schlüsselrolle technologischer Umwelt*innovation*en rührt daher, dass der industrielle Metabolismus in der durch Arbeit und Technik geprägten materiellen Produktion und Konsumtion stattfindet. Freilich hängen diese Prozesse subsystem-interaktiv von einer langen Reihe weiterer gesellschaftlicher Gegebenheiten ab, insb. von ökonomischen Bedingungen und Interessen, der rechtlich-institutionellen Ordnung, politischen Prozessen und formativen kulturellen Faktoren wie industrieller Lebensweise und Lebensstilen, Erziehung und Persönlichkeitsbildung, Wissens- und Bewusstseinsbildung, Werte- und Normenbildung. Eine Neuanpassung des Verhältnisses zwischen Gesellschaft und Umwelt durch ökologische Modernisierung beinhaltet daher nicht nur technologische Innovationen, sondern vorauslaufend und ko-direktional auch entsprechende Modernisierungen in allen diesen anderen Teilbereichen der Gesellschaft.

In den **1980–90ern** stand häufig der *Risiko*diskurs im Vordergrund. Er drehte sich besonders um die großtechnischen Umweltrisiken von Atomtechnik, Chemie, industrieller Landwirtschaft und Gentechnik. Kontroversen darüber, wie weit bestimmte Unwägbarkeiten unter welchen Nutzenkriterien noch akzeptabel oder nicht mehr akzeptabel erscheinen, führen erfahrungsgemäß nicht zu einer Annäherung der Standpunkte, wohl aber zu einem schärferen Problembewusstsein und mehr Wissen zur Sache, einschließlich mehr Klarheit darüber, was man nicht weiß. Auch der Risikodiskurs setzt sich fort und erlangt mit neuen Themenzyklen jeweils neue Aktualität, besonders bezüglich der Risiken des Klimawandels.

Seit der UN-Konferenz über Umwelt und Entwicklung 1992 in Rio ist der *Nachhaltigkeit*sdiskurs prägend geworden. Das Leitbild der nachhaltigen Entwicklung beinhaltet erstens weitere industrielle Entwicklung und verlangt zweitens, diese in Einklang zu bringen mit den Erfordernissen einer dauerhaften Tragfähigkeit der Ökosysteme sowie drittens mehr Gerechtigkeit bei der Verteilung von Einkommen bzw. der Nutznießung von Ressourcen und Senken. Dieses ›magische Dreieck‹ wurde international und national zum gemeinsamen Bezugspunkt für Regierungs-, Nichtregierungs- und Wirtschaftsorganisationen.

Der Nachhaltigkeitsdiskurs hat seinerseits drei Teilstränge ausgebildet in der Frage, wie Nachhaltigkeit zu erreichen sei: Das Suffizienz-Postulat knüpft an die ›Grenzen des Wachstums‹ an und verlangt Konsumverzicht, Produktions- und Verkehrsbeschränkungen, Entschleunigung und Rückzug aus der Weltwirtschaft in kleinere regionale Bezüge. Der Ökoeffizienz-Ansatz knüpft an das Konzept des entkoppelten Wachstums und an einen Teilaspekt der ökologischen Modernisierung an. Angestrebt wird eine Minderung des Ressourcen- und Senkenver-

brauchs durch Produktivitätssteigerungen. Demgegenüber setzt der Diskurs der metabolischen Konsistenz (eco-effectiveness) auf grundlegende Umweltinnovationen im Sinn des Modernisierungsdiskurses.

Mit fortschreitender Entwicklung kommt es im ›magischen Dreieck‹ der Nachhaltigkeit nicht nur zu den herkömmlichen Spannungen zwischen Ökonomie und Ökologie, sondern vermehrt auch zu Konflikten zwischen unterschiedlichen ökologischen Zielen. So kollidiert der forcierte Ausbau der Windkraft und anderer erneuerbarer Energien nicht nur mit ökonomischen Kosten-Nutzen-Aspekten, sondern ebenso mit dem Natur- und Landschaftsschutz. Dies gilt ähnlich für den Anbau von Getreide, Ölsaaten, Zucker- und Stärkepflanzen zur Produktion von Biokraftstoffen, wobei hier zusätzlich noch ethische und soziale Unverträglichkeiten ins Spiel kommen (z. B. Überteuerung von Mais als Grundnahrungsmittel wegen Maisnachfrage zwecks Ethanolproduktion).

Umwelthandeln

Die staatliche **Umweltpolitik** hat charakteristische Interventionsweisen und Rechtsinstrumente herausgebildet. Dazu gehören

- gesetzlich vorgegebene technische und ökologische Standards (Grenzwerte)
- Verwaltungsvorschriften betreffend Planung, Genehmigung, Zertifizierung sowie laufende Kontrolle von Infrastrukturen, Betriebsanlagen, Produkten und Stoffen
- Finanzinstrumente wie Ökosteuern und Umweltabgaben, handelbare Nutzungs- und Emissionsrechte, Subventionen, Pfandsysteme, Kontrahierungszwang und administrierte Preise
- Informations- und Wissensinstrumente, z. B. in Form von obligatorischen oder freiwilligen Umweltberichten oder Beratungsangeboten oder Umweltaudits
- Kooperationsansätze. Deren Spektrum reicht von der Konfliktmediation oder freiwilligen kollektivvertraglichen Selbstverpflichtungen bis zu komplexeren Ansätzen einer Mehrebenengovernance im Rahmen von Umweltplanungen und der Einführung von Umweltinnovationen, die weite Bereiche von Wirtschaft und Gesellschaft tangieren.

Die verschiedenen Interventionsweisen haben ihre Vor- und Nachteile. Ihre Anwendbarkeit hängt von der zu regulierenden Sache ab sowie von der jeweiligen Akteurskonstellation. Besteht zwischen beteiligten Akteursgruppen eine starke Konfrontation (etwa Ökoaktivisten gegen Atomindustrie), sind ordnungsrechtlich-bürokratische Maßnahmen unvermeidlich. Je mehr dagegen eine gewisse Verständigungs- und Kompromissbereitschaft vorhanden sind, desto mehr können Ansätze der Akteurs-Kooperation und Mehrebenen-Koordination zum Zug kommen. Die Instrumente staatlichen Umwelthandelns werden meist nicht einzeln angewendet, sondern im Rahmen eines Instrumentenmix, der ordnungsrechtliche Vorgaben und Interventionen, finanzielle und kooperative Komponenten beinhalten kann.

Es soll in Deutschland insgesamt über 800 umweltrelevante Gesetze geben, 2.770 Umweltverordnungen und rund 4.700 umweltbezogene Verwaltungsvorschriften. Darüber hinaus existieren über 150 Umweltstandard-Listen, deren jede wiederum eine Vielzahl von Einzelstandards enthält. Hierbei wird die nationale Gesetzgebung weitgehend vom EU-Recht bestimmt. Speziell auf den Gebieten Umwelt und Landwirtschaft folgt die nationale Gesetzgebung zu 80 Prozent Verordnungen und Direktiven der EU, im Bereich Verkehr zu 65 Prozent.

Zusammen mit der staatlichen Umweltpolitik, zum Teil auch diese ergänzend oder ersetzend, haben sich Formen der ökologischen Unternehmensführung, des betrieblichen Umweltmanagements und des Ökomarketings herausgebildet. Damit korrespondieren Formen des umweltorientierten Verbraucherverhaltens. Als umweltbewusst werden Verbraucher in Umfragen eingestuft, wenn sie z. B. Raumwärme dosieren, den Müll trennen, beim Einkauf auf Öko-Labels wie den Blauen Engel achten, sie sich öfter einmal für Bio-Lebensmittel entscheiden, energiesparende Geräte kaufen, oder sie bereit sind, der Umwelt zuliebe etwas mehr Geld auszugeben.

Gemessen an solchen Kriterien kann rund ein Viertel der Verbraucher als kohärent umweltbewusst eingestuft werden. Im Weiteren verhält sich die Hälfte der Konsumenten ebenfalls umweltbewusst, jedoch in Form eher inkohärenter Patchworkmuster, die verschiedenerlei Verhaltensweisen ›mal so, mal so‹ beinhalten. Das restliche Viertel ist dem zugrunde gelegten Verständnis zufolge nicht umweltorientiert. Jedoch gehören davon 10–20 % zur Gruppe jener Verbraucher, die wegen geringen Einkommens sparsam sein müssen – wodurch sie faktisch weniger Umweltverbrauch verursachen, auch wenn sie nicht sonderlich umweltbewusst sein mögen.

Die Motive derer, die ihren Haushalt umweltbewusst führen, liegen in erster Linie in einem gestiegenen Gesundheits-, Qualitäts- und Stilbewusstsein. Umweltorientierte Lebensstile oder LOHAS (Lifestyles Of Health And Sustainability) finden sich in den verschiedenen sozialen Milieus umso ausgeprägter, je mehr sich Bildung und gehobene Einkommen verbinden mit weitergehend modernisierten Wertekombinationen und einem gewissen Maß an Offenheit für Neues.

Produkt-Ökobilanzen und betriebliche Öko-Audits haben zu der Erkenntnis geführt, dass bereits um 60–80 % der Umweltwirkungen einer Produktlinie durch ihre Konzeption in Forschung und Entwicklung bleibend festgelegt werden. In der Produktion lassen sich etwa weitere 20–30 % der Umweltwirkungen kontrollieren, im Endverbrauch noch etwa 10–20 %. Von daher relativiert sich die Frage, ob es eine Kluft zwischen Umweltbewusstsein und Verbraucherverhalten gebe. Als bedeutender erweisen sich Umweltinnovationen durch das Zusammenspiel von Forschern, Entwicklern, Produzenten, Investoren und Regulateuren. Gleichwohl bleibt den Verbrauchern die wichtige Steuerungsfunktion der Selektion von Angeboten durch kaufkräftige Endnachfrage (Abstimmung an der Ladenkasse).

Ein weiterer Schwerpunkt des Umwelthandelns liegt auch künftig in Bemühungen um eine **Global Environmental Governance**. Allerdings haben sich internationale Umweltregime bisher meist als wenig wirksam erwiesen in Folge laxen Vollzugs, mangelnder Vollzugskontrolle und fehlender *Sanktions*möglichkeiten. Wichtige Bereiche sind hier z. B. Klimapolitik, Wasserversorgung, Regenwälder und Artenschutz, Bodenschutz und Wüstenbildung, Meeresschutz, Offshore-Bewirtschaftung und Hochseefischerei.

Ebenso geht es darum, transnationale Produktions- und Handelsströme an ökologische Standards zu knüpfen. Konzernen und anderen weltweit operierenden Unternehmen fällt hier eine Schlüsselrolle zu. Wie weit ökologische Modernisierung und nachhaltige industrielle Ökologie weltweit gelingen, hängt wesentlich von diesen Unternehmen sowie guter Gesetzgebung und *Elite*nkooperation in und zwischen betreffenden Ländern ab.

Neuindustrielle Länder wie China, Indien, Türkei, Brasilien, Mexico, Südafrika u. a. erstellen inzwischen einen größeren Teil des Weltwirtschaftsproduktes als altindustrielle Länder. Aufgrund ihrer vorläufig noch geringeren Ressourcenproduktivität bedeutet dies, dass sie bereits deutlich mehr Ressourcen verbrauchen und stärker die Umwelt belasten als die altindustriellen Länder. Gleichwertige Umweltschutzbeiträge der neuindustriellen Länder im Rahmen internationaler Umweltregime dürfen nicht länger ausbleiben. Eine naturkreislauf-integrierte, industrielle Ökologie wird sicherlich lokal umgesetzt, verlangt aber organisatorisch, alle bedeutenden Massenverbraucher und Massenemittenten der Erde in globale Umweltregime einzubinden. Ohne wegweisende Vorleistungen der Technologienationen wird dies allerdings auch künftig kaum zu erreichen sein.

Literatur

Diekmann, Andreas; Preisendörfer, Peter, 2001: Umweltsoziologie, Reinbek. – Groß, Matthias (Hg.), 2011: Handbuch Umweltsoziologie, Wiesbaden. – Groß, Matthias; Heinrichs, Harald (Eds.), 2010: Environmental Sociology. European Perspectives and Interdisciplinary Challenges, Heidelberg. – Huber, Joseph, 2004: New Technologies and Environmental Innovation, Cheltenham. – Ders., 2011: Allgemeine Umweltsoziologie, Opladen. – Mol, Arthur et al. (Eds.), 2009: The Ecological Modernisation Reader. Environmental Reform in Theory and Practice, London/New York. – Redclift, Michael; Woodgate, Graham (Eds.), 2010: The International Handbook of Environmental Sociology, 2nd ed., Cheltenham. – Redclift, Michael; Woodgate, Graham (Eds.), 2005: New Developments in Environmental Sociology, Cheltenham.

Joseph Huber

Ungleichheit, soziale

Soziale Ungleichheit (engl. social inequality) ist in weiterem Sinne ein Unterschied zwischen mindestens zwei Menschen, gemessen durch verschiedene Ausprägungen mindestens eines sozial relevanten Merkmals. Im Unterschied zu *Heterogenität* oder *Diversität* bezieht sich soziale Ungleichheit auf solche Unterschiede, die letztlich unterschiedliche Lebensbedingungen im Sinne der Verfügung über gesellschaftlich relevante Ressourcen (z. B. Geld, Macht) markieren, also auf Privilegien und Benachteiligungen hindeuten. So herrscht Ungleichheit zwischen Hauseigentümern und -nichteigentümern bei der Kreditwürdigkeit; ein Beispiel dafür, dass Unterschiede in der unabhängigen Variablen zu Unterschieden in der abhängigen führen. Es können aber auch Unterschiede in der abhängigen Variablen bei Gleichheit der unabhängigen auftreten, wenn Unterschiede in einer intervenierenden Variablen bestehen: z. B. bei verschiedener Entlohnung von Frauen und Männern bei gleicher Arbeitsleistung. Allgemein üblich ist es, soziale Ungleichheit bei Unterschieden in der abhängigen Variablen, also der sozialen Folge, zu sehen. Ungeklärt ist bisher, ob soziale Ungleichheit auch bei Unterschieden in der unabhängigen und Gleichheit in der abhängigen Variablen vorliegt (z. B. Goldmedaille für Männer und Frauen trotz verschiedener sportlicher Leistung; verschiedene Zugangsvoraussetzungen zum Studium nach biologischen oder kulturellen Kriterien). In der Wissenschaft wird soziale Ungleichheit in diesem weiteren Sinne sehr selten benutzt. Ohnehin ist das Verhältnis zwischen Dimensionen und Determinanten sozialer Ungleichheit (Hradil; Einführungskapitel in Solga et al.) nicht stets eindeutig: So können z. B. divergierende Bildungschancen eine Folge unterschiedlicher sozialer Herkunft, ethnischer oder Geschlechtszugehörigkeit sein; Bildung kann aber auch selbst eine unabhängige Variable, einen Einflussfaktor für soziale Lagen i. w. S. darstellen.

Allgemein verbreitet in der Soziologie ist soziale Ungleichheit in einem engeren Sinne: ein Unterschied zwischen typischen Großgruppen einer Gesellschaft, wobei sich soziale Ungleichheit als Oberbegriff ab etwa den 1980er Jahren gegenüber dem Schichtungsbegriff durchsetzte. So haben *Stände* verschiedene Privilegien, *Kasten* verschiedene Rechte und Pflichten, *Schichten* verschiedene Lebenslagen. In allen Fällen führen Unterschiede in den unabhängigen Variablen zu Unterschieden in den abhängigen, bei einer Vorstellung von Gesellschaft als vertikal gegliedert (wie das Verhältnis zwischen *Klassen* nach der Vorstellung von Marx aussieht, ist ungewiss, wenn die *Bourgeoisie* kurzfristig dem *Proletariat* in Lebenschancen überlegen, langfristig in Überlebenschancen aber unterlegen ist).

Modelle sozialer Ungleichheit

Für die älteren, vorindustriellen Gesellschaftsformen wurde soziale Ungleichheit in den abhängigen Variablen zumeist durch religiöse, biologische, rechtliche oder traditionelle Unterschiede in den unabhängigen Variablen gerechtfertigt und in philosophische, kirchliche, juristische oder historische Staatsideologien einbezogen.

Die mit dem Aufkommen der *Industriegesellschaft* entstandene Soziologie konzeptualisierte soziale Ungleichheit zunächst als Klassen oder Schichten im Kontext einer allgemeineren Gesellschaftstheorie (vgl. auch die Beiträge zu diesen Stichworten in diesem Band).

*Klasse*n heben insbesondere auf die Stellung im Wirtschaftsprozess ab, ob jemand also z. B. Produktionsmittel besitzt (z. B. als Unternehmer) oder nicht und inwiefern somit ein Ausbeutungsverhältnis zwischen Kapital und Arbeit begründet wird. Daraus folgend betonen Klassenkonzepte den Konflikt zwischen den zwei oder mehr Klassen, der unter Umständen auch zu einem gemeinsamen Bewusstsein der gegensätzlichen Klassen führen kann. Insofern der Klassenkonflikt auch den Motor gesellschaftlichen Wandels darstellt, untersucht diese Perspektive Prozesse vorrangig in Form dieses gesamtgesellschaftlichen Wandels.

Soziale *Schicht*modelle lenken den Blick – im Gegensatz zu mancher politischer Lehre, für die soziale Ungleichheit ein zu minimierendes Übel ist – auf die funktionalen Wirkungen von Schichtung. Insbesondere die *strukturell-funktionale Theorie* beschreibt die relative berufliche Position, den Bildungsgrad und das Einkommen nicht nur als Schichtungsfaktoren, sondern zugleich als individuelle Antworten auf gesellschaftliche Anforderungen. Hiernach ist soziale Ungleichheit durch die knappheitsbedingte ungleiche Verteilung von Belohnungen nach sozialer Nützlichkeit der (Berufs-)Tätigkeit und damit i. d. R. nach der Schwierigkeit der Berufsausbildung und -ausübung verteilt und so Anreiz zur Anstrengung zwecks *Aufstieg*s. Unter der Bedingung von Chancengleichheit könnte diese leistungsgerechte Besser- bzw. Schlechterstellung im *Status*aufbau dann prinzipiell breite Anerkennung finden, auch bei den Schlechtergestellten. Prozesse, die die Schichtungsforschung abbildet, richten sich vorrangig auf soziale *Mobilität* innerhalb einer grundsätzlich durchlässigen Sozialstruktur.

Nach dem Zweiten Weltkrieg stellte die differenziert beschreibende, den Schwerpunkt stärker auf Funktionen als auf Konflikte setzende Schichtungsforschung auf der Basis der Merkmale Berufs*prestige*, Bildung und Einkommen (und ggf. weiteren) zunächst den »mainstream« der Ungleichheitsforschung sowohl gegenüber einigen neomarxistischen Studien als auch in gewisser Abgrenzung zur These einer »nivellierten Mittelstandsgesellschaft« nach Schelsky dar. Die Abbildung von Schichtung als »Zwiebel« (Bolte et al.) repräsentierte diese Strömung prominent. Eine vergleichbare soziologische, empirisch fundierte Diskussion um soziale Ungleichheiten gab es in der DDR hingegen nicht.

In den 1970er Jahren wuchs die Unzufriedenheit mit bisherigen Ungleichheitsmodellen angesichts von Pluralisierungen im Zuge von wirtschaftlicher und wohlfahrtsstaatlicher Entwicklung, Bildungsexpansion und damit einhergehendem *Wertwandel*. Kritikpunkte lauteten, dass Klassen und Schichten zu stark auf ökonomische und damit vertikale Merkmale ausgerichtet seien und so die Differenzierung von Lebenslagen und Lebenswirklichkeiten sowie deren Dynamik nicht mehr angemessen darstellen könnten. Seither haben sich Ungleichheitsmodelle stärker ausdifferenziert (s. a. die Beiträge zu diesen Modellen im Einzelnen in diesem Band). Klassen und Schichten (im englischsprachigen Raum ohnehin weniger klar getrennt als in der deutschen Sprache) finden weiterhin Anwendung (z. B. das Klassenmodell von Goldthorpe u. a.; das gegenüber früheren Ansätzen dem Anspruch nach dynamischere und pluralere Hausmodell der Schichtung nach Geißler). Daneben entwickelten sich in den 1980er und 1990er Jahren *soziale Lage*-, *Lebensstil*- und *Milieu*modelle (z. B. von Schulze), die beanspruchten, soziale Ungleichheiten in umfassenderer Form, darunter horizontale Aspekte und neben strukturellen auch kulturelle Elemente der Handlungsebene zu erfassen. Merkmale wie Geschlecht, Alter, ethnische und regionale Herkunft, aber auch Geschmack und Werte spielten eine zentralere Rolle als in Klassen- und Schichtmodellen. Jedoch zogen diese Modelle ebenfalls Kritik auf sich, im Extremfall seien sie theorielose Vielfaltsbeschreibungen, die Machtverhältnisse in einer Gesellschaft unterschätzten. Das Modell des *sozialen Raum*s nach Bourdieu, der das Klassen- und Lebensstilkonzept durch den *Habitus* miteinander verbindet und dabei Lebensstile als Distinktionsmittel versteht, die die Reproduktion sozialer Ungleichheit fördern, ist allerdings ein nach wie vor oft herangezogenes Konzept, z. B. für die Erklärung von Bildungsungleichheiten. Zahlreiche Abgrenzungen erfuhr wiederum die *Individualisierung*sthese nach Ulrich Beck (1986), weniger als Zeitdiagnose, sondern in ihren ungleichheitstheoretischen Implikationen mit der Annahme, dass die Struktur sozialer Ungleichheit gar nicht mehr in Form stabiler Großgruppen gefasst werden könne.

Diskussionslinien

Seit etwa der Jahrtausendwende bestehen verschiedene Strömungen der soziologischen Perspektive auf soziale Ungleichheit nebeneinander. Zum einen werden angesichts Entwicklungen wie einer sich öffnenden Schere von Einkommensungleichheiten und Deregulierungen des Arbeitsmarkts sowie damit einhergehend diagnostizierten Tendenzen der *Prekarität* und *Exklusion* vertikale Strukturierungen sozialer Ungleichheiten wieder stärker betont. Weiterhin werden teilweise Schwerpunkte auf andere Fragen als Strukturmodelle sozialer Ungleichheit gelenkt, z. B. auf Mechanismen der Herstellung und Reproduktion sozialer Ungleichheit (»doing inequality«; z. B. durch *soziale Schließung*), auf eine Transnationalisierung sozialer Ungleichheit oder auf eine Wiederaufnahme der Mehrdimensionalität sozialer Ungleichheit im *Intersektionalität*sansatz, der Überschneidungen von Diskriminierungsformen nach den Kriterien von Geschlecht, Klasse, Ethnie und ggf. weiterer Merkmalen untersucht. Solche Entwicklungen gehen einher mit einer teilweise beschriebenen Paradigmenvielfalt (z. B. Geißler), wonach Ungleichheitsmodelle wie ein passendes Werkzeug je nach Fragestellung zur Anwendung kommen. Kritische Stimmen warnen jedoch andererseits vor Zersplitterungen (z. B. Diewald/Faist 2011) und Fokussierungen auf empirische Fragen im Kontext teils recht spezieller sozialstruktureller Analysen, die keine weitergehenden theoretischen Anknüpfungen aufweisen.

Literatur

Beck. Ulrich, 1986: Risikogesellschaft, Frankfurt a. M. – Burzan, Nicole, 2011: Soziale Ungleichheit, 4. Aufl., Wiesbaden. – Burzan, Nicole, 2012: Soziale Ungleichheiten. Klassen und Schichten; in: Mau, Steffen; Schöneck, Nadine M. (Hg.): Handwörterbuch zur Gesellschaft Deutschlands, 3. Aufl., Wiesbaden, 774–787. – Diewald, Martin; Faist, Thomas, 2011: Von Heterogenitäten zu Ungleichheiten; in: Berliner Journal für Soziologie, 21, 91–114. – Geißler, Rainer, 2011: Die Sozialstruktur Deutschlands, 6. Aufl., Wiesbaden. – Grusky, David B. (Hg.), 2008: Social Stratification. Class, Race and Gender in Sociological Perspective, Boulder. – Hradil, Stefan, 2001: Soziale Ungleichheit in Deutschland, 8. Aufl., Wiesbaden. – Kreckel, Reinhard, 2004: Politische Soziologie der sozialen Ungleichheit, 3. Aufl., Frankfurt a.M./New York. – Müller, Hans-Peter; Schmid, Michael (Hg.), 2003: Hauptwerke der Ungleichheitsforschung, Wiesbaden. – Parsons, Talcott, 1964: Essays in Sociological Theory, rev. ed., New York. – Schäfers, Bernhard, 2012: Sozialstruktur und sozialer Wandel in Deutschland, 9. Aufl., Konstanz/München. – Solga, Heike et al (Hg.), 2009: Soziale Ungleichheit. Klassische Texte zur Sozialstrukturanalyse, Frankfurt a. M.

Günter Endruweit/Nicole Burzan

Utopie

Utopie (aus dem Griechischen ou, nicht; tópos, Ort: »Nirgendwo«; engl. utopia), der Begriff geht auf den Titel des 1516 erschienenen Romans »Libellus [...] de optimo statu deque nova insula rei publicae Utopia« von Thomas Morus zurück und bezieht sich bei ihm – in gewisser Nachfolge von Platons »Staat« – auf den imaginären Ort einer noch nicht *Wirklichkeit* gewordenen Wunschvorstellung von einer gerechten, wohlgeordneten Gesellschaft: einer Gesellschaft frei von Hunger, Unterdrückung, körperlichem Schmerz und seelischem Leid.

Formen der Utopie

Wie sich schon an Hesiods lange vor Platon entstandenem Lehrgedicht »Werke und Tage« zeigen lässt, gibt es auch so etwas wie retrospektive Utopien, in denen die ideale Welt in der Vergangenheit liegt. Zwischen diesen und den prospektiven, ihren Gegenstand in eine unbestimmte *Zukunft* verlagernden Utopien besteht häufig ein Zusammenhang. Denn immer wieder wurde von religiösen und politischen Bewegungen einem gesellschaftlichen Idealzustand, von dem sich die Menschen im Laufe der geschichtlichen Entwicklung wegbewegt hätten, ein Realitätsgehalt attestiert. Was bereits einmal wirklich gewesen sei, sei aber nach wie vor prinzipiell möglich, und daher gelte es, auf dessen Wiederherstellung hinzuarbeiten.

Daneben unterscheidet man auch abstrakte und konkrete Utopien (bezogen auf die Verfügbarkeit angemessener Mittel zu ihrer Realisierung), totale und partielle Utopien (bezogen auf den Umfang oder die Dimensionen des zu reformierenden gesellschaftlichen Lebens), positive und negative Utopien (also »Utopien« und »Dystopien« als werthaft-positive bzw. werthaft-negative Gegenbilder zur jeweiligen gesellschaftlichen Wirklichkeit). Genannt seien ferner Formen der Utopie, deren Eigenart mit den spezifischen Mitteln zu tun hat, welche jeweils die Realisierung der sozialen Harmonie verbürgen sollen: religiöse, gesellschaftliche (sozialökonomische), politische und wissenschaftlich-technische Utopien.

Aktualität und Grenzen des utopischen Denkens

Der bereits erwähnte prospektive und retrospektive Typ von Utopien erlangte vor allem durch Karl Mannheims *Wissenssoziologie* eine neue Bedeutung, da dieser – ähnlich wie schon Max Scheler zuvor – die Auffassung vertrat, dass sozial untergeordnete Schichten »utopischen« Überzeugungen anhängen, für welche der Glaube an die Veränderung und den Wandel kennzeichnend sei, während sozial dominante Schichten im Regelfall der Annahme von »*Ideologie*n« zuneigen, welche der Legitimierung der bestehenden sozialen Verhältnisse dienlich sind. Die Konjunktur, welche utopisches Denken auch noch im 20. Jh. hatte, war insbesondere bestimmt durch die Konfundierung von Elementen der jüdisch-christlichen Tradition mit bestimmten sozialistischen Verheißungen sowie durch die Kritik an einem lediglich auf die Beschreibung und Erklärung der gesellschaftlichen Welt bezogenen Positivismus. Dieser sollte durch Wertorientierungen ersetzt oder doch ergänzt werden, die in einer vergangenen Tradition oder aber in einer verheißenen Zukunft zu verankern seien. Nur allzu oft dominierte dabei allerdings die abstrakte Utopie, und so beließ man es wieder einmal, wie Nietzsche in seiner »Zweiten Unzeitgemäßen Betrachtung« einmal sagt, bei einem Erkennen des Guten, ohne es zu tun, weil man auch das Bessere kennt, ohne es tun zu können.

Über den Nutzen von Idealbildern

Die Naivität bestimmter utopischer Visionen von idealen Gemeinschaften und Lebensformen war dafür bestimmend, dass sich für einige Zeit Dystopien wie die von von Aldous Huxley, Jewgenij I. Samjatin und George Orwell großen Zuspruchs erfreuten, entsprachen doch die durch sie vermittelten Schreckensbilder von Krieg und Terror sowie einer aus den Fugen geratenen wissenschaftlich-technischen Zivilisation dem Wirklichkeitssinn ganzer Generationen. Trotzdem kommt den utopischen »Idealbildern« die wichtige Funktion einer Aufrechterhaltung des Möglichkeitssinnes zu, sofern mindestens in Umrissen die Bedingungen einer Annäherung an das in ihnen dargestellte Ziel aufgezeigt werden. In diesem Sinne akzeptierte auch Max Weber in seinem »Wertfreiheits«-Aufsatz aus dem Jahre 1917 utopische Orientierungen, erschien es ihm doch evident, »daß das Mögliche sehr oft nur dadurch erreicht wurde, daß man nach dem jenseits seiner liegenden Unmöglichen griff« (Weber, 514).

Literatur

Kumar, Krishan, 1991: Utopianism, Minneapolis. – Mannheim, Karl, 1995: Ideologie und Utopie, 8. Aufl., Frankfurt a.M. (1929). – Maresch, Rudolf; Rötzer, Florian (Hg.), 2004: Renaissance der Utopie. Zukunftsfiguren des 21. Jahrhunderts, Frankfurt a.M. – Scheler, Max, 1980: Die Wissensformen und die Gesellschaft, 3. Aufl., Bern/München (1926). – Vosskamp, Wilhelm (Hg.), 1985: Utopieforschung. Interdisziplinäre Studien zur neuzeitlichen Utopie, 3 Bde., 2. Aufl., Frankfurt a.M. – Waschkuhn, Arno, 2003: Politische Utopien. Ein politiktheoretischer Überblick von der Antike bis heute, München/Wien. – Weber, Max, 1988: Gesammelte Aufsätze zur Wissenschaftslehre, 7. Aufl., Tübingen (1922).

Karl Acham

V

Verband

Ein Verband (engl. association) ist die kontinuierliche und geregelte Zusammenfassung von Menschen, die darin eine deklarierte *Interesse*nartikulation und -verfolgung betreiben. Diese Zielausrichtung kann sich überwiegend auf die Teilnahme an politischen *Entscheidung*sprozessen im nationalen Maßstab richten, muss dies aber nicht notwendigerweise. Dieser mehr an gegenwärtigen Anschauungen gewonnene Begriff setzt sich ab von der umfassenderen Definition Max Webers: »Verband soll eine nach außen regulierend beschränkte oder geschlossene soziale Beziehung dann heißen, wenn die Innehaltung ihrer Ordnung garantiert wird durch das eigens auf deren Durchführung eingestellte Verhalten bestimmter Menschen: eines Leiters und eventuell, eines Verwaltungsstabes, der ggf. normalerweise zugleich Vertretungsgewalt hat« (Weber 26). Ein politischer Verband zählt darunter als ein Sonderfall von *Herrschaft*sverbänden, insofern er für ein geographisches Gebiet das Recht für zwangsverbindliche Anordnungen regelt – wie z. B. auch der Nationalstaat.

Die neuere, sozialwissenschaftliche Verbändeforschung hat hingegen ein engeres, alltagssprachliches Begriffsverständnis gewählt. Nicht zufällig wurde diese Forschung überwiegend im Kontext der *Politiksoziologie* betrieben; häufig galt dabei »Verband« als Synonym zu »Interessengruppe«. Beide Wortbestandteile sind hier von Belang. Historisch-genetisch wie auch analytisch lässt sich Verbandsorganisation als höhere Stufe von *Gruppe*nbildungsprozessen begreifen: ausschlaggebend sind das Größenwachstum, die Ausbildung einer Formalordnung, die Festlegung von delegierter Kompetenz und Vertretungsaufträgen. Zur Formalisierung gehört auch eine Zielstruktur, die diffusen Interessen und Mitgliedermotivationen eine bündige und durchsetzungsfähige Zweckausrichtung verleiht.

Verbände sind in dieser Hinsicht spezifizierter als (demokratische) *Parteien*, die eine generalisierte, themenunabhängige Legitimation erstreben. Verbände aggregieren also *Interesse*n – das wirft die Frage nach ihrer Repräsentativität auf. Diese Frage bestimmte die lang anhaltenden Kontroversen zwischen pluralistischen und neo-marxistischen Ansätzen der Verbändeforschung. Ob nun die Verbändekonkurrenz als gerechter Ausdruck aller gesellschaftlichen Interessen aufgefasst wird oder ob eine systematische Diskriminierung nach *Klassen*lagen unterstellt wird – in beiden Fällen ist die Betrachtung durch eine eigentümliche »Staatsfixierung« geprägt. Ausgleich oder *Macht*gefälle wird hauptsächlich an den Einflusschancen auf Instanzen des politischen Systems geprüft. Die Verhandlungs- und Tauschbeziehungen, die daraus folgen, können sich ausschnitthaft auf politische Entscheidungsträger konzentrieren – das ist aber nicht zwangsläufig. Häufig sind auch die Machtbeziehungen von Verbänden untereinander kurzgeschlossen – Tarifverhandlungen sind das wichtigste Beispiel. Aber auch hier wirken Dritte ein – z. B. durch staatliche Interventionen und Normierungen. *Korporatismus*forschung versucht, dieses komplizierte Geflecht zu durchleuchten, sie wird allerdings relativiert durch neuere *Netzwerk*ansätze, die offenere Zugänge zum Politikfeld und eine geringere Dominanz des Staates darin behaupten. Die nach außen gerichtete Interessenartikulation und -durchsetzung können aber nicht der alleinige Ansatzpunkt für eine sozialwissenschaftliche Verbandsanalyse sein. Besonders Großverbände sind heute multifunktionale Gebilde, die auch nach innen gerichtete materielle und emotionale Mitgliederbedürfnisse bedienen, die Unternehmenscharakter annehmen usw. Stabilität und Wandel eines Verbands können aus der normativen Zielausrichtung allein nicht erklärt werden, wie in der Organisationsforschung schlechthin müssen zahlreiche weitere Dimensionen (z. B. der instrumentellen und expressiven Mitgliedermotivationen) einbezogen sein.

Die andauernde Prägung von Sozialstruktur und Politikprozessen durch Verbandsorganisation wird jüngst vermehrt angezweifelt. Aushöhlung nationalstaatlicher Kompetenzen, Zerfall traditionaler Milieus, Organisationsphobie einer individualisierten Konsumentengesellschaft sind hier relevante Schlagworte. Dazu kommen breit streuende und latente Interessen (z. B. Umwelt, Generationengerechtigkeit, Staatsschulden), die sich als schwer organisierbar erweisen. Andere Machtstrukturen (z. B. in der Ökonomie) entziehen sich hingegen nationalem Verbandsaustausch durch ihre schiere Ausdehnung.

Literatur

Lavaque-Manty, Mika, 2006: Bentley, Truman, and the Study of Groups; in: Annual Review of Political Science 9, 1–18. – Reutter, Werner; Rütters, Peter (Hg.), 2001: Verbände und Verbandssysteme in Westeuropa, Opladen. – Weber, Max, 1972: Wirtschaft und Gesellschaft, 5. Aufl., Tübingen. – Willems, Ulrich; von Winter, Thomas (Hg.), 2000: Politische Repräsentation schwacher Interessen, Opladen. – Wilson, James Q., 1995: Political Organizations, Princeton N.J.

Rainer Prätorius

Verfahren, multivariate

Multivariate Verfahren (engl. multivariate methods) sind eine Klasse von *Datenanalyse*verfahren, bei der die Zusammenhänge zwischen drei und mehr Variablen gleichzeitig untersucht werden. Bei zwei beteiligten Variablen wird von bivariaten Verfahren gesprochen, bei nur einer Variablen von univariaten Verfahren. Generell können multivariate Verfahren eingesetzt werden, um Daten zu reduzieren (datenreduzierende Verfahren), Gruppen von Untersuchungseinheiten zu bilden (klassifizierende Verfahren) oder um den partiellen Effekt mehrerer erklärender Variablen auf eine oder mehrere abhängige Variablen zu untersuchen (Regressionsverfahren). Im Folgenden werden die lineare Regression als Beispiel für die Regressionsanalyse und die explorative Faktorenanalyse als Beispiel für ein datenreduzierendes Verfahren beschrieben. Da diese beiden Verfahren die Grundlage für eine Vielzahl komplexer und spezialisierter Verfahren bilden, werden Bezüge zu diesen Erweiterungen aufgezeigt. Als Beispiel für klassifizierende Verfahren wird kurz auf die Clusteranalyse eingegangen.

Regressionsverfahren: Lineare Regression

Die *Regressionsanalyse* ist ein Verfahren zur Schätzung des Einflusses einer oder mehrerer Merkmale auf eine abhängige *Variable*. Der große Vorteil der Regressionsanalyse gegenüber bivariaten Verfahren ist, dass sie den Einfluss eines einzelnen Merkmals auf eine abhängige Variable unter Konstanthalten der anderen Einflussgrößen schätzt. Das Merkmal, das erklärt werden soll, wird auch als abhängige Variable bezeichnet, die erklärenden Merkmale entsprechend

als unabhängige Variablen oder Prädiktoren. Die Auswahl der abhängigen und unabhängigen Variablen sollte in der Regressionsanalyse immer aus einer konkreten inhaltlichen Fragestellung bzw. einer theoretischen Argumentation folgen. Grundlage der Regression ist, dass die abhängige Variable mathematisch als eine Funktion der unabhängigen Variablen modelliert wird, und dass der Einfluss der unabhängigen Variablen unter gegenseitiger Kontrolle erfolgt. Gerade Letzteres ist von großer Bedeutung für die Kausalanalyse, da hierdurch eine verzerrte Schätzung des kausalen Effektes durch die Wirkung beobachteter Drittvariablen vermieden werden kann.

Im einfachen OLS-Regressionsmodell nimmt man an, dass der bedingte Erwartungswert der abhängigen Variable Y über eine lineare Funktion mit mehreren unabhängigen Variablen X_i verknüpft ist, d.h.

$$E(Y|\mathbf{x}) = \beta_0 + \mathbf{x}'\beta,$$

wobei β_0 die Konstante, β ein Vektor der Steigungskoeffizienten und $\mathbf{x}$ ein Vektor der unabhängigen Variablen des Modells sind. Hieraus folgt, dass die einzelnen Datenpunkte durch die Funktion

$$\mathbf{y} = \beta_0 + \mathbf{X}\beta + \mathbf{u}$$

beschrieben werden. $\mathbf{y}$ ist hierbei ein Vektor der einzelnen Beobachtungen der abhängigen Variablen, $\mathbf{X}$ eine Matrix der Beobachtungen mehrerer unabhängiger Variablen und $\mathbf{u}$ ein Fehlerterm. Der Steigungskoeffizient β wird als partieller Effekt von X auf Y interpretiert und ergibt sich mittels Kleinst-Quadrat-Methode als $\beta = (\mathbf{X}'\mathbf{X})^{-1}\mathbf{X}'\mathbf{y}$. Es kann gezeigt werden, dass unter der Gültigkeit der Gauss-Markov-Annahmen der OLS-Schätzer BLUE-Eigenschaften aufweist, also der beste lineare unverzerrte Schätzer ist. Namentlich müssen Annahmen über die Parametrisierung (linear), Stichprobe (Zufall) den bedingten Erwartungswert des Fehlers (E[U]=0), Kollinearität (keine vollständige) und Homoskedasitität (liegt vor) getroffen werden. Insbesondere aus der Annahme über den Erwartungswert des Fehlers lassen sich weitere Annahmen ableiten, wie etwa Exogenität, also cov($\mathbf{x}$, u)=0.

Die lineare Regression bietet die Möglichkeit, auf eine einfache Art und Weise partielle Effekte zu berechnen, d.h. Effekte unter Kontrolle anderer unabhängiger Variablen. Letzteres ist ein distinktives Merkmal multipler Regressionsverfahren. Um nachvollziehen zu können, was unter »Kontrolle anderer unabhängiger Variablen« zu verstehen ist, betrachten wir den Spezialfall einer Regression mit zwei unabhängigen Variablen X_1 und X_2. Hier ergeben sich für β_1 und β_2 die Schätzformeln

$$\beta_1 = \frac{r_{yx_1} - r_{yx_2}\, r_{x_1 x_2}}{1 - r_{x_1 x_2}^2} * \frac{s_y}{s_{x_1}} \quad \text{bzw.} \quad \beta_2 = \frac{r_{yx_2} - r_{yx_1}\, r_{x_1 x_2}}{1 - r_{x_1 x_2}^2} * \frac{s_y}{s_{x_2}}.$$

Man sieht, dass im ersten Term rechts des Gleichheitszeichens die bivariate Korrelation zwischen X und Y um den indirekten Effekt korrigiert wird. Im Fall von $cov(x_1, x_2)=0$ ist der Term. $r_{x_1 x_2}$ gleich Null, so $-r_{yx_2} r_{x_1 x_2}$ im Zähler und $-r_{x_1 x_2}^2$ im Nenner wegfallen. Damit reduziert sich der erste Bruch auf r_{yx_1} und entspricht damit der einfachen bivariaten Korrelation.

Verwandte Verfahren und Erweiterungen der linearen Regression

Neben seiner Einfachheit überzeugt die lineare Regression durch die einfache Erweiterbarkeit, die sie zur Mutter einer Vielzahl komplexerer multivariater Analyseverfahren gemacht hat. Zunächst ist die enge Verwandtschaft zur *Varianzanalyse* zu erwähnen: Die beiden Verfahren lassen sich mathematisch ineinander überführen. In ihrer ursprünglichen Formulierung ist die lineare Regression zwar auf metrische unabhängige Variablen beschränkt, die Varianzanalyse auf kategoriale Unabhängige. Durch Erweiterung der Varianzanalyse um metrische Kovariaten und der Regression um Dummy-Kodierungen kategorialer unabhängiger Variablen nähern sich die Verfahren jedoch einander an.

Regressionsverfahren lassen sich flexibel auf unterschiedlichste Situationen anpassen.

Eine Gruppe häufig genutzter Varianten passt die Regression an Eigenschaften der abhängigen Variablen an. Je nach *Skalenniveau* der abhängigen Variablen kommen unterschiedliche Varianten der Regressionsanalyse in Frage. Für binäre abhängige Variablen kann die logistische Regressionsanalyse verwendet werden, bei der eine latente abhängige Variable y^* linear modelliert wird: $y^* = \beta_0 + X\beta + u$. Es wird weiterhin angenommen, dass die Ausprägung der binären Abhängigen von der Unter- oder Überschreitung eines Schwellenwerts für y^* bestimmt wird. Unter Annahmen über diesen Schwellenwert und die Verteilung und Varianz der Fehler lässt sich ein nichtlineares Wahrscheinlichkeitsmodell für $Pr(Y=1)$ ableiten. Für nominalskalierte Merkmale mit mehr als zwei Ausprägungen und für ordinalskalierte Merkmale stehen verallgemeinerte Varianten der logistischen Regressionsanalyse zur Verfügung. Für Zähldaten wird dagegen oft auf die Poisson-Regression zurückgegriffen.

Eine weitere häufig genutzte Erweiterung der linearen Regression ist die Mehrebenenregression bzw. *Mehrebenenanalyse*. Dieses Verfahren ist für hierarchisch gegliederte Daten, bspw. »Personen in Ländern« oder »Schüler in Klassen« geeignet, wenn die Gruppierungsvariable ausreichend Einheiten aufweist. In der einfachsten Form der Mehrebenenregression wird ein gesonderter Fehlerterm für die Einheiten der höheren hierarchischen Ebene hinzugenommen (random intercept). Hierdurch wird eine Variation der Konstante auf z. B. Länderebene ermöglicht. Nimmt man an, dass die Konstante systematisch mit Eigenschaften der höheren Ebene variiert, können auch unabhängige Variablen auf dieser Ebene aufgenommen werden (Makrovariablen wie z. B. BIP/Kopf oder Demokratie). Komplexere Modelle verwenden weitere Fehlerterme, welche auch eine Variation der Regressionskoeffizienten zwischen den höheren Ebenen erlauben (random slopes). Wird eine solche Variation festgestellt, kann auch diese durch entsprechende Makrovariablen modelliert werden.

Schließlich soll nicht unerwähnt bleiben, dass auch für Daten mit Zeitbezug spezialisierte Regressionsverfahren entwickelt wurden, seien es ARIMA-Modelle zur Analyse von *Zeitreihen*, Time-Series-Cross-Section-Verfahren, Analysemodelle für *Ereignisdaten* oder die *Panel*regression. Durch die sich ändernden Datenstrukturen in der Sozialwissenschaft gewinnen insbesondere die Verfahren für Paneldaten eine stärkere Bedeutung; sie bieten gerade in der Kausalanalyse unschätzbare Vorteile gegenüber einfachen Verfahren mit Querschnittsdaten.

Datenreduzierende Verfahren: *Faktorenanalyse*

Während das Ziel der Regressionsverfahren die Zusammenhangs- bzw. Kausalanalyse ist, dient die Klasse der faktorenanalytischen Verfahren vornehmlich Zwecken der Analyse der Dimensionalität einer Menge von Variablen bzw. allgemeiner der Datenreduktion. Es wird versucht, eine Menge an Variablen auf eine kleinere Menge an zugrundeliegenden, aber unbeobachteten (latenten) Konstrukten zurückzuführen. Diese latenten Konstrukte werden als Faktoren bezeichnet. Ein häufiger Einsatzbereich ist die Konstruktion von *Skalen* etwa bei der Likert-Skalierung oder, allgemeiner, die Konstruktion oder Prüfung von Mehr-Indikatoren-*Messung*en. So ist bspw. ein Fragebogen vorstellbar, in dem mehrere *Item*s verwendet werden, um ethnozentristische Einstellungen zu messen. Hierdurch können *Messfehler* verringert werden, es stellt sich aber die Frage, ob und wie man die einzelnen Items zu einer Skala zusammenfassen kann. Mit Hilfe der Faktorenanalyse kann man nun untersuchen, ob die Indikatoren tatsächlich das gleiche unbeobachtete Konstrukt – den Ethnozentrismus – messen.

Im einfachsten faktorenanalytischen Verfahren, der explorativen Hauptkomponentenanalyse, wird davon ausgegangen, dass die Korrelationsmatrix der Variablen vollständig auf die Faktoren zurückgeführt werden kann ($\mathbf{R}=\mathbf{ADA}'$). Diese vereinfachende Annahme wird in weiterführenden Verfahren – der Faktorenanalyse im engeren Sinn – aufgegeben, und es wird ein ideosynkratischer Fehlerterm $\mathbf{U}$ mit hinzugenommen. $\mathbf{ADA}'$ beschreibt dann die Korrelationsmatrix der Variablen nicht mehr vollständig, sondern lediglich den gemeinsamen Teil $\mathbf{R}_h$ (mit $\mathbf{R}_h = \mathbf{R} - \mathbf{U}^2$). Dies hat u. a. zur Folge, dass Messfehler besser berücksichtigt werden können, führt aber gleichzeitig auch dazu, dass die Faktorenwerte nicht mehr exakt berechenbar sind. Dies liegt an der Tatsache, dass zusätzlich zu den inhaltlich bedeutsamen Faktoren für jeden Indikator ein weiterer ›unique factor‹ konstruiert wird, der Messfehler und sonstige spezifische Eigenschaften der Variable repräsentiert. Insofern eine genaue Vorhersage der Faktorenwerte nicht erforderlich ist, sondern die Faktorenanalyse als Vorstufe zur Bildung von Summenvariablen durchgeführt wird, ist diese Einschränkung unerheblich. Eine Ergänzung der Faktorenanalyse um statistische Tests zum Modellfit, d. h. der Übereinstimmung von Daten und theoretischem Modell, führt zur konfirmatorischen Faktoranalyse. Die konfirmatorische Faktorenanalyse bildet in Verbindung mit regressionsanalytischen Verfahren die Grundlage von Strukturgleichungsmodellen.

Klassifizierende Verfahren: Clusteranalyse

Während in der Faktorenanalyse, vereinfacht gesprochen, Gruppen von Variablen gefunden werden sollen, ist das Ziel klassifizierender Verfahren, Gruppen von Untersuchungseinheiten zu finden, also datengeleitet eine Klassifikation zu erstellen. Es sollen homogene Gruppen von Untersuchungseinheiten identifiziert werden (Bacher et al. 2010), die Unterschiede zwischen den Clustern sollten entsprechend so groß wie möglich sein (Tarnai 2010). Die Clusteranalyse ist hierbei kein Verfahren im engeren Sinne, sondern vielmehr eine Gruppe von Verfahren, die mit teilweise sehr unterschiedlichen Methoden das gleiche Ziel verfolgen. Üblicherweise wird zwischen hierarchischen, partitionierenden und weiteren Verfahren unterschieden. Eine häufig verwendete Variante der hierarchischen Verfahren ist die k-means-Methode, bei der von einer vorgegebenen Zahl von Clustern ausgegangen wird. Basierend auf einem Distanzmaß zum Zentroid des Clusters werden die Beobachtungen in einem iterativen Prozess umsortiert, bis eine Abbruchbedingung erreicht ist. Bei hierarchischen Verfahren wird hingegen keine Clusterzahl vorgegeben, sondern vielmehr aus den Daten extrahiert. Agglomerative Verfahren, eine wichtige Untergruppe der hierarchischen Verfahren, beginnen mit einem eigenen Cluster pro Beobachtungseinheit und prüfen anhand von Veränderungen in Ähnlichkeitsmaßen iterativ, ob eine weitere Reduktion der Clusterzahl zu einer Verbesserung der Optimierungsbedingung führt (centroid linkage bspw. führt diejenigen Gruppen zusammen, deren Mittelwerte die geringste Distanz aufweisen). Es ist zu beachten, dass clusteranalytische Verfahren explorativ sind, verschiedene Verfahren im gleichen Datensatz durchaus zu verschiedenen Ergebnissen führen können und es keinesfalls sicher ist, dass eine Clusterlösung, welche in den Daten gefunden wurde, auch inhaltlich sinnvoll ist.

Literatur

Bacher, Johann et al., 2010: Clusteranalyse: Anwendungsorientierte Einführung in Klassifikationsverfahren, München. – Best, Henning; Wolf, Christof, 2010: Logistische Regression; in: Wolf, Christof; Best, Henning (Hg.): Handbuch der sozialwissenschaftlichen Datenanalyse, Wiesbaden, 827–854. – Tarnai, Christian, 2010: Clusteranalyse; in: Hölling, Heinz; Schmitz, Bernhard (Hg.): Handbuch Statistik, Methoden und Evaluation, Göttingen, 548–555. – Urban, Dieter; Mayerl, Jochen, 2011: Regressionsanalyse: Theorie, Technik und Anwendung, Wiesbaden. – Wooldridge, Jeffrey M., 2002: Econometric Analysis of Cross Section and Panel Data, Cambridge. – Wolf, Christof; Best, Henning, 2010: Lineare Regressionsanalyse; in: Wolf, Christof; Best,

Henning (Hg.): Handbuch der sozialwissenschaftlichen Datenanalyse, Wiesbaden, 607–638. – Wolff, Hans-Georg; Bacher, Johann, 2010: Hauptkomponentenanalyse und explorative Faktorenanalyse; in: Wolf, Christof; Best, Henning (Hg.): Handbuch der sozialwissenschaftlichen Datenanalyse, Wiesbaden, 333–365.

Henning Best

Verfahren, nichtreaktive

Bei nichtreaktiven Verfahren (engl. nonreactive methods) erfolgt der Messvorgang »unaufdringlich«, um Einflüsse auf das Verhalten der Teilnehmer, die sich der Messung nicht bewusst sind, zu vermeiden (unobtrusive measures; Webb et al.). Nichtreaktive Verfahren wirken Problemen der *Reaktivität* entgegen, die entstehen, wenn Teilnehmer aufgrund der Untersuchungssituation ihr Verhalten verändern (*soziale Erwünschtheit*). Da Erwartungshaltungen des Untersuchungsleiters auch das Verhalten der Teilnehmer beeinflussen können, lassen sich nichtreaktive Verfahren als Messungen definieren, in denen »das Verhalten des Teilnehmers nicht durch soziale Interaktion mit dem Forscher beeinflusst wird« (Fritsche/Linneweber, 191).

Nicht-Reaktivität

Nicht-Reaktivität kann zum einen als distinktes Merkmal von Verfahren verstanden werden. Zum anderen lassen sich Verfahren entlang eines Kontinuums der Nicht-Reaktivität einteilen. Reaktivität nimmt zu, je stärker Untersuchungsleiter und -teilnehmer in den Messvorgang involviert sind (z. B. direkte *Interaktion* bei *Befragung* durch einen Interviewer). Der Grad der Nicht-Reaktivität ist davon abhängig, inwieweit der Untersuchungskontext künstlich hergestellt wird (z. B. Labor) und inwieweit die Teilnehmer Kenntnis von der Untersuchungsabsicht haben (z. B. Wissen über Fragestellung, Hypothesen). Während in explorativen *Interviews* die Reaktivität aufgrund der erwünschten Offenheit hoch ist, lässt sich in *Experimenten* durch Täuschung über die Untersuchungsabsicht (Cover Story) das Risiko der Reaktivität reduzieren, obwohl die Probanden wissen, dass sie an einer Untersuchung teilnehmen. Bei verdeckten *Beobachtung*en von Personen in ihrer natürlichen Umgebung ist Reaktivität weniger wahrscheinlich (Fritsche/Linneweber).

Nicht-reaktive Messverfahren

Neben der Analyse von Archivdaten und physischen Spuren gelten üblicherweise einfache *Beobachtung*en als nichtreaktive Verfahren (Lee; Webb et al.). Bei physischen Spuren wird zwischen Abnutzungs- und Ablagerungsspuren unterschieden. Natürliche Abnutzungen auf Fußböden in Museen lassen etwa Rückschlüsse auf die Beliebtheit einzelner Exponate zu. Weitere Beispiele sind die Analyse von Graffiti hinsichtlich Auftretenshäufigkeit (z. B. öffentliche/private Räume) und Inhalt (z. B. rassistische, beleidigende Inhalte), um Aufschluss über *Konflikt*e zwischen sozialen Gruppen zu erhalten. Zur Messung des *Konsum*verhaltens erwies sich die Analyse von Haushaltsmüll als effiziente Methode (z. B. Schätzung des Alkoholkonsums aufgrund der entsorgten Flaschen). Ablagerungsspuren lassen sich zur Messung impliziter *Einstellungen* heranziehen. Wähler, die am Wahltag Wahlwerbung an der Windschutzscheibe ihrer Autos vorfanden, behielten die Flugblätter eher, wenn darin der von ihnen favorisierte Kandidat unterstützt wurde; wobei sich ein signifikanter Zusammenhang zwischen den weggeworfenen Flugblättern und Wahlpräferenz und offiziellem Wahlergebnis zeigte und sich die implizite Messung als zuverlässiger erwies als eine offene *Befragung* (Cialdini/Baumann).

Neben öffentlichen Archiven, die regelmäßige Aufzeichnungen über einen längeren Zeitraum enthalten (z. B. Bevölkerungs-, Wahlstatistik), lassen sich Schrift- und Bilddokumente von Personen (z. B. Briefe, Tagebücher) oder Organisationen (z. B. Verkaufszahlen) für qualitative und quantitative Analysen heranziehen. Wenn Archivdaten ursprünglich nicht zum Zweck wissenschaftlicher Auswertung erhoben wurden, kann die Nicht-Reaktivität vorausgesetzt werden, wobei die Daten in ihrem jeweiligen Entstehungskontext (z. B. Autor, Adressat, Medium) zu interpretieren sind (z. B. mittels systematischer *Inhaltsanalyse*). Wissenschaftliche Archivdaten (z. B. das Sozio-ökonomische Panel: SOEP) werden üblicherweise nicht den nichtreaktiven Verfahren zugerechnet; wobei jedoch auch hier der Grad der Nicht-Reaktivität in Abhängigkeit von den verwendeten Erhebungsmethoden variiert. Darüber hinaus bietet das Internet Möglichkeiten »elektronische Verhaltensspuren« auszuwerten. Soziale *Interaktion*en in elektronischen Netzwerken (z. B. Newsgroups) werden zur Untersuchung der öffentlichen Meinungsbildung in Folge von Medienberichterstattung ausgewertet (Fritsche/Linneweber).

Nicht-Reaktivität von *Beobachtung*en ist dann gegeben, wenn ein Beobachter »unaufdringlich« agiert und als solcher nicht erkennbar ist und auf das beobachtete Verhalten keinen Einfluss nimmt. Beispiele sind die Beobachtung physischer Zeichen (z. B. Kleidung, Körperschmuck), die Beobachtung nichtsprachlichen (z. B. Mimik, Gestik) und räumlichen Verhaltens (z. B. Distanzverhalten als Indikator für *Rolle*nstrukturen) sowie die Erfassung verbaler Interaktionen durch Mithören zufällig ausgewählter Gespräche in der Öffentlichkeit (z. B. Geschlechtsunterschiede hinsichtlich Dauer und Inhalt) und die Beobachtung zeitbezogenen Verhaltens (z. B. Hilfeverhalten zu unterschiedlichen Tageszeiten) (Lee).

Vor- und Nachteile nichtreaktiver Verfahren

Ein Vorteil nichtreaktiver Verfahren ist die Erfassung von Verhalten in natürlichen Kontexten und die damit verbundene Reduzierung von Reaktivität, welche jedoch auch bei nichtreaktiven Verfahren variiert. So ist der Forscher bei Feldbeobachtungen immer Teil des Verhaltenskontexts. Einschränkungen nichtreaktiver Verfahren können sich aufgrund der geringen Kontrollierbarkeit der Untersuchungsbedingungen ergeben. Wenn keine weiteren Stichprobeninformationen vorliegen, bleibt unklar, inwieweit eine Generalisierung der Befunde möglich ist. Da für bestimmte nichtreaktive Verfahren keine *Gütekriterien* existieren, ist die Verwendung nichtreaktiver Verfahren (z. B. physische Spuren) in Kombination mit anderen Methoden (z. B. Befragung) empfehlenswert (*Triangulation*; Schnell et al., Kap. 7). Bei einigen Verfahren stellt sich die Frage nach der Gewährleistung forschungsethischer Standards (z. B. Einverständnis, Aufklärung über Forschungsziele (Fritsche/Linneweber).

Literatur

Cialdini, Robert B.; Baumann, Donald J., 1981: Littering: A new unobtrusive measure of attitude; in: Social Psychology Quarterly 44, 254–259. – Fritsche, Immo; Linneweber, Volker, 2006: Nonreactive methods in psychological research; in: Eid, Michael; Diener, Ed (Eds.): Handbook of multimethod measurement in psychology, Washington, DC, 189–203. – Lee, Raymond M., 2000: Unobtrusive methods in social research, Buckingham. – Schnell, Rainer et al., 2011: Methoden der empirischen Sozialforschung, München. – Webb, Eugene J. et al, 2000: Unobtrusive measures, Thousand Oaks, CA.

Tobias Heikamp

Vergleich, interkultureller, intersozietärer

Interkultureller/-sozietärer Vergleich (engl. cross-cultural, cross-national, cross-societal comparison) gilt in den Sozial- und Verhaltenswissenschaften seit langem als unverzichtbare Methode (vgl. Anthropologie: Keesing; Soziologie Tenbruck; politische Wissenschaft: Przworski/Teune; Psychologie: Berry et al.). Der interkulturelle/-sozietäre Vergleich hat seine Wurzeln in den Anfängen der Psychologie mit Wundt und der Soziologie mit Comte, Durkheim und Tyler. Gegenstandsbereich des interkulturellen/-sozietären Vergleichs sind einfache *Gesellschaft*en (*Gemeinschaft*en), komplexe differenzierte Systeme, Teilsysteme innerhalb von Gesellschaften (*Institutio*ne*n*, *Gruppe*n) oder Verhalten von Individuen im jeweiligen sozio-kulturellen Kontext. Entsprechend werden unterschiedliche Analyseeinheiten im interkulturellen/-sozietären Vergleich verwendet. Als Analyseeinheit im interkulturellen/-sozietären Vergleich kann der kulturelle (ggf. nationale) Kontext als globale Einheit (holistisches Vorgehen; vgl. die Methode der Human Relations Area Files; Murdock) oder als Kombination von (z. B. soziostrukturellen oder ökonomischen) Bedingungen auf Makro-, Meso- oder Mikroebene verstanden werden. In weiteren Ansätzen des interkulturellen/-sozietären Vergleichs wurden psychologische Beschreibungen für kulturelle Dimensionen (z. B. Individualismus – Kollektivismus) vorgenommen (Hofstede 2007). Allerdings sind *Kultur*en meist keine homogenen Einheiten. Zudem können Konstrukte auf der Kulturebene nicht gleichgesetzt werden mit gleichnamigen Konstrukten auf der Individualebene (daher der Versuch von kultursensitiven Forschern »to peel the onion of culture«). Bei einem deskriptiven Vorgehen wird gefragt, welche Typen von Gesellschaften oder Kulturen überhaupt bestehen oder inwieweit bestimmte soziale Phänomene (z. B. Inzest*tabu*) universell oder in bestimmten Kulturen auftreten. Beim hypothesentestenden Ansatz wird gefragt, inwieweit theoretische Aussagen beim Vergleich möglichst verschiedener Kulturen falsifiziert werden müssen.

Als **Ziele** des interkulturellen/-sozietären Vergleichs lassen sich zusammenfassen: 1. Beschreibung von kulturellen und gesellschaftlichen (ggf. nationalen) Unterschieden und/oder Ähnlichkeiten (global; z. B. in Bezug auf Modernisierung; Säkularisierung etc.); 2. Formulierung, Spezifizierung bzw. Modifizierung allgemeiner Theorien zur Erklärung und Vorhersage sozialer Phänomene und Prozesse; 3. Entwicklung von Technologien zur Steuerung kultureller bzw. sozialer Probleme. Diese Ziele sind teilweise miteinander verbunden. Ohne geeignete Methoden lassen sich weder fundierte deskriptive noch Theorientestende Vergleiche durchführen; andererseits lassen sich solche Methoden sowie auch anwendungsbezogene Technologien nur aufgrund von theoretischen Analysen entwickeln. Diese Ziele sind jedoch nicht unangefochten. So stehen sich zwei Auffassungen gegenüber, die gleichzeitig ein grundsätzliches Dilemma in den Sozialwissenschaften spiegeln: 1. Soziale (und psychologische) Phänomene lassen sich nur in ihrer spezifischen Ausprägung und in ihrem jeweiligen (kulturellen) Kontext bzw. aus Sicht dieses Kontextes beschreiben; da diese Phänomene ihrer Natur nach einzigartig sind, verbieten sich generalisierbare Erklärungen. 2. Soziale (und psychologische) Phänomene lassen sich auf der Grundlage von allgemeinen Gesetzmäßigkeiten unabhängig von Raum und Zeit im Sinne naturwissenschaftlicher Theoriebildung erklären und vorhersagen. Es geht hier nicht nur um die Kontroverse zwischen idiographischer und nomothetischer Vorgehensweise in den Sozialwissenschaften, sondern um eine spezifische Auseinandersetzung im interkulturellen/-sozietären Vergleich darüber, dass westliche Theorien und Konzepte durch Sichtweisen aus nichtwestlichen Gesellschaften (»majority world«) ergänzt oder ersetzt werden müssen, um *ethnozentrische* Voreingenommenheiten zu vermeiden. Auf methodologischer Ebene spiegelt sich dieser Streit in der »emic vs. ethic«- Kontroverse, der Auseinandersetzung zwischen einem kulturspezifisch deskriptiven und einem kulturvergleichend generalisierendem Ansatz. Inzwischen erscheint jedoch nicht die gegenseitige Ausgrenzung sondern die jeweilige Ergänzung von kulturpsychologischen und kulturvergleichenden Ansätzen erforderlich und realisierbar, um eine fruchtbare Theorieentwicklung voranzutreiben. Bei der Frage nach dem kulturspezifischen oder universellen Auftreten sozialer Phänomene

stehen sich entsprechend zwei unvereinbar erscheinende theoretische Positionen gegenüber. Vertreter der kulturrelativistischen Perspektive, die alles soziale Verhalten als Ergebnis kultureller Einflüsse bzw. als Teil kultureller Phänomene verstehen, sehen im interkulturellen/-sozietären Vergleich eine Methode, die die unterschiedlichen kulturspezifischen Ausprägungen sozialer Phänomene und Prozesse belegt. Vertreter der universalistischen Perspektive setzen hingegen den interkulturellen/-sozietären Vergleich als Methode ein, um unter möglichst unterschiedlichen Kontextbedingungen theoretisch angenommene Gesetzmäßigkeiten sozialen Verhaltens (deren Entstehungsbedingungen und Funktionen) zu prüfen. *Universalien* werden häufig auf biosoziale Prozesse der Anpassung (an Umweltanforderungen) in der Phylogenese zurückgeführt. Damit wird hier ein weiteres grundlegendes Problem sozialwissenschaftlicher Theoriebildung angesprochen: die Anlage-Umwelt (nature-nurture) Kontroverse, die von der einen wie anderen Seite nicht nur sachlich geführt worden ist. Berichte anthropologischer Klassiker der »culture and personality«-Schule, wie Mead, sind aus dieser Kontroverse entstanden. Obwohl sie methodisch nicht haltbar sind (Freeman), haben sie die *Sozialisations*forschung einseitig beeinflusst und werden häufig ungeprüft in Lehrbüchern aufgenommen. Die Anlage-Umwelt-Kontroverse ist u. a. in Debatten zu genetisch-evolutionären, soziobiologischen und kontextualistischen Positionen eingegangen. Heute ist eine einseitige Vertretung deterministischer Annahmen primär genetischer oder primär kulturspezifischer Einflüsse überholt. Vielmehr steht heute die Aufgabe des interkulturellen/-sozietären Vergleichs im Vordergrund, die komplexen Wechselwirkungsprozesse zwischen *Kultur*, *Gesellschaft* und *Individuum* zu erfassen. Dabei geht es um Fragen, welche kulturellen, sozialen und psychologischen Prozesse die verschiedenen Ebenen sozialen *Handelns* beeinflussen und wie diese Ebenen miteinander zusammenhängen. Dies wird in möglichst verschiedenen als auch ähnlichen Kulturen vergleichend untersucht, um auch Bedingungen sozialen und kulturellen *Wandel*s aufzuklären (Trommsdorff 2007).

Der interkulturelle/-sozietäre Vergleich als Methode ist für diese Fragestellung von besonderem Vorteil. Im interkulturellen/-sozietären Vergleich lässt sich die oft vernachlässigte ökologische *Validität* der gewonnenen Daten verbessern und die *Varianz* der interessierenden Variablen, die in einer einzelnen

Kultur meist nicht gegeben ist, vergrößern. Dabei kann man im interkulturellen/-sozietären Vergleich auch auf Variablen und deren Zusammenhänge stoßen, die in der Eigenkultur so nicht vorkommen oder nicht erkennbar sind. Weiter lassen sich Variablengruppen, die in der eigenen Kultur untrennbar miteinander verbunden sind, im interkulturellen/-sozietären Vergleich entkonfundieren. Durch die Einbeziehung des kulturellen Kontextes lassen sich Kulturen (Gesellschaften) als Variablenmuster auffassen, die im Sinne eines experimentellen Vorgehens, aber anders als im Labor unter natürlichen Bedingungen variiert werden können, um so deren möglichen Einfluss auf interessierende *Verhaltensmuster* zu prüfen. Damit besteht die Möglichkeit und Aufgabe, die auszuwählenden Kulturen/Gesellschaften als Indikatoren für bestimmte theoretische Konstrukte (Variablen) einzusetzen, um so deren spezifischen Erklärungsbeitrag im systematischen interkulturellen/-sozietären Vergleich zu prüfen (Przeworsky/Teune). Diese Methode wird heute durch Multilevel-Analysen weiter geführt, wobei die Kultur- und Individualebene gleichzeitig berücksichtigt, aber theoretisch und methodisch unterschieden werden (van de Vijver et al.).

Die Einbeziehung möglichst verschiedener Kulturen mit dem Ziel der theoriegeleiteten Varianzvergrößerung erlaubt eine möglichst strenge Hypothesentestung und Prüfung möglicher *ethnozentrisch*er Fehlschlüsse in der Theoriebildung (Trommsdorff/Mayer). Diese methodischen Vorteile des i. Vs. können prinzipiell für eine Weiterentwicklung sozialwissenschaftlicher Theorien nutzbar gemacht werden. Durch die Verknüpfung verschiedener theoretischer Ansätze und Analyseebenen (u. a. der Verbindung mikro- und makrosoziologischer Ebenen) lassen sich theoretische und methodische Ansätze differenzieren.

So ergeben sich mit dem interkulturellen/-sozietären Vergleich neue theoretische und methodische Möglichkeiten und Herausforderungen. Beim interkulturellen/-sozietären Vergleich verschärfen sich die bekannten methodologischen und messtheoretischen Probleme der empirischen Sozialwissenschaft. Die in verschiedenen Kulturen zu beobachtenden Phänomene müssen in Bezug auf theoretisch relevante Kriterien miteinander vergleichbar sein. Dazu bedarf es einer Metasprache (ähnlich wie sie in der *Messtheorie* entwickelt worden ist), um die Isomorphie zwischen Instrument und Phänomenbereich sicherzustellen.

Dies erfolgt durch Verwendung *reliabler, objektiver* und *valider* Untersuchungsverfahren. Das besondere Problem beim interkulturellen/-sozietären Vergleich ist, dass Verfahren zwar in einer Kultur valide sein können, nicht aber in einer anderen Kultur. In verschiedenen Kulturen können formal identische Merkmale unterschiedliche und formal unterschiedliche Merkmale gleiche Bedeutungen haben. Blinde Rückübersetzung und die Verwendung formal identischer Fragen, Skalen und Beobachtungseinheiten sind daher keine Lösung zur Sicherung der Äquivalenz von *Indikator*en (vgl. Poortinga, van de Vijver, Matsumoto/van de Vijver, Trommsdorff/Mayer). Probleme des i. Vs. bestehen vor allem in der Sicherung der funktionalen, konzeptionellen, linguistischen und metrischen Äquivalenz sowie in angemessener Stichprobenwahl (der Kulturen, Institutionen, Personen, Verhaltensklassen) (Davidov et al., Matsumoto/van de Vijver, Trommsdorff, van de Vijver). Zentral für die Entwicklung von geeigneten Indikatoren für den interkulturellen/-sozietären Vergleich ist daher zu prüfen, dass die Indikatoren in den verschiedenen Kulturen mit gleicher Validität erlauben, auf die Ausprägung des theoretisch interessierenden Merkmals zu schließen. Dafür empfiehlt sich die Verwendung multipler Indikatoren, deren Strukturen in verschiedenen Kulturen aber ähnlich sein und das theoretische Konstrukt angemessen abbilden müssen, auch wenn dafür in verschiedenen Kulturen jeweils (teilweise) verschiedene Items und Kategorien verwendet werden müssen. Dass die gesamte Untersuchungssituation kultur- bzw. kontextabhängig unterschiedliche Bedeutungen (cultural meaning) haben kann, ist bereits bei der Untersuchungsplanung, dem Untersuchungsdesign, der Auswahl von Kulturen, von Stichproben, von Messverfahren, dem Ablauf der Erhebung, Datenanalysen und schließlich der Interpretation zu berücksichtigen. Sobald die Äquivalenz der Methoden im interkulturellen/-sozietären Vergleich nicht gewährleistet ist, sind so gewonnene Daten für die Prüfung von Theorien nicht nutzbar und ethnozentrische Fehler wahrscheinlich. Für die Sicherung der Äquivalenz der im interkulturellen/-sozietären Vergleich verwendeten Methoden bzw. der konzeptionellen Vergleichbarkeit der Konstrukte und Verfahren sind ein hohes Maß an theoretischen und methodologischen Überlegungen sowie kulturspezifische Vorstudien erforderlich. Weitere Probleme des interkulturellen/-sozietären Vergleichs ergeben sich aus Fragen der Organisation kulturvergleichender

Forschung (z. B. Art der Beteiligung der ausländischen Kollegen, Amtsträger, Infrastruktur für Datenaufnahme und -analyse), kulturbezogen ethischen Fragen der aktuellen Forschungsarbeit (bei allen Untersuchungen an Personen) und aus Fragen zum Einfluss westlicher Modelle und Vorgehensweisen in nichtwestlichen Gesellschaften (und damit verbundenen Problemen imperialistischer westlicher Satelliten-Forschung) sowie schließlich aus Fragen der Transformation von im interkulturellen/-sozietären Vergleich gewonnenen Theorien für Anwendungen (z. B. bei Fragen der Migration, *Akkulturation* und des sozialen Wandels). Die Vielfalt dieser Probleme sollte aber nicht entmutigen; vielmehr ist die Auseinandersetzung mit ihnen angesichts der vielfältigen Vorteile des interkulturellen/-sozietären Vergleichs lohnenswert.

Literatur

Berry, John W. et al. (Eds.), 1997: Handbook of cross-cultural psychology, Vol. 1: Theory and method, Boston (1980). – Berry, John W. et al., 2011: Cross-cultural psychology: Research and application, Cambridge, MA (1992). – Davidov, Eldad et al. (Eds.), 2011: Cross-cultural analysis: Methods and applications, New York. – Freeman, Derek, 1983: Mead and Samoa: The making and unmaking of an anthropological myth, Cambridge. – Hofstede, Geert H., 2007: Der kulturelle Kontext psychologischer Prozesse; in Trommsdorff, Gisela; Kornadt, Hans-Joachim (Hg.): Enzyklopädie der Psychologie: Themenbereich C. Theorie und Forschung: Serie VII. Kulturvergleichende Psychologie: Bd. 1. Theorien und Methoden in der kulturvergleichenden und kulturpsychologischen Forschung, Göttingen, 385–406. – Keesing, Roger M., 1981: Cultural anthropology, New York. – Matsumoto, David; van de Vijver, Fons J. R. (Eds.), 2010: Cross-cultural research methods in psychology, New York. – Mead, Margaret, 1981: Kindheit und Jugend in Samoa, München. – Murdock, George P, 1940: The cross-cultural survey; in: American Sociological Review 5, 361–370. – Poortinga, Ype H., 2007: Dateninterpretation in der kulturvergleichenden Psychologie; in Trommsdorff, Gisela; Kornadt, Hans-Joachim (Hg.): Enzyklopädie der Psychologie: Themenbereich C. Theorie und Forschung: Serie VII. Kulturvergleichende Psychologie: Bd. 1. Theorien und Methoden in der kulturvergleichenden und kulturpsychologischen Forschung, Göttingen, 290–336. – Przeworski, Adam; Teune, Henry, 1970: The logic of comparative social inquiry, New York. – Tenbruck, Friedrich H., 1992: Was war der Kulturvergleich, ehe es den Kulturvergleich gab?; in: Matthes, Joachim (Hg.): Zwischen den Kulturen?, Göttingen, 13–36. – Trommsdorff, Gisela, 2002: Kulturvergleichende Sozialpsychologie; in: Frey, Dieter; Irle, Martin (Hg.): Theorien der Sozialpsychologie, Göttingen, 390–408. – Trommsdorff, Gisela, 2003: Kulturvergleichende Entwicklungspsychologie; in; Thomas, Alexander (Hg.): Kulturvergleichende Psychologie, Göttingen, 139–179. – Trommsdorff, Gisela, 2007: Entwicklung im kulturellen Kontext; in: Trommsdorff, Gisela; Kornadt, Hans-Joachim (Hg.): Enzyklopädie der Psychologie Themenbereich C. Theorie und Forschung, Serie VII. Kulturvergleichende Psychologie, Bd. 2: Kulturelle Determinanten des Erlebens und Verhaltens, Göttingen, 435–519. – Trommsdorff, Gisela; Mayer, Boris, 2005: Kulturvergleichende Ansätze; in: Weber, Hannelore; Rammsayer, Thomas (Hg.): Handbuch der Persönlichkeitspsychologie und differentiellen Psychologie, Göttingen, 220–228. – van de Vijver, Fons J. R., 2007: Methodologische und methodische Probleme des Kulturvergleichs; in: Trommsdorff, Gisela; Kornadt, Hans-Joachim (Hg.): Enzyklopädie der Psychologie: Themenbereich C. Theorie und Forschung, Serie VII. Kulturvergleichende Psychologie, Bd. 1: Theorien und Methoden in der kulturvergleichenden und kulturpsychologischen Forschung, Göttingen, 338–382. – van de Vijver, Fons J. R. et al. (Eds.), 2008: Multilevel analysis of individuals and cultures, New York, NY. – van de Vijver, Fons J. R. et al. (Eds.), 2011: Fundamental questions in cross-cultural psychology, New York, NY.

Gisela Trommsdorff

Vergleich, sozialer

Sozialer Vergleich (engl. social comparison) ist eine spezielle Form der Informationssuche, die darauf gerichtet ist, eigene Meinungen, Bewertungen und Leistungen mit denen von anderen Personen ins Verhältnis zu setzen. Leon Festinger (1954) hat die Grundlagen der Theorie der sozialen Vergleiche dargestellt, die bis heute ihre Gültigkeit behalten haben. Der soziale Vergleich durchzieht den Lebenslauf. Jugendliche vergleichen sich z. B. mit Mitschülern, um ihre Erfolge oder Misserfolge in der Schule zu kennzeichnen. Frauen vergleichen sich mit Männern, um ihre Gesundheit zu bewerten, Jüngere vergleichen sich mit Älteren, um die Rentengerechtigkeit abzuschätzen. Schließlich ist auch die *Lebenszufriedenheit* zumindest teilweise von sozialen Vergleichen abhängig.

Subjektives Wohlbefinden und Lebenszufriedenheit

Soziale Vergleiche drängen sich auf, wenn eine spürbare Veränderung stattgefunden hat. Ein Beispiel ist der *Abstieg* in die *Armut*, der sich erwartungsgemäß ungünstig auf die Entwicklung der Lebenszufriedenheit auswirkt. Das gilt besonders stark für Personen, die aus der Mittelschicht absteigen (im Vergleich zu Personen, die aus dem »prekären Wohlstand« absteigen; Böhnke 2010). Als Erklärung wird darauf hingewiesen, dass sich die Absteiger mit der Mehrheitsgesellschaft vergleichen, die in relativem Wohlstand lebt. Dieser Vergleich ist für ehemalige Mittelschichtangehörige besonders naheliegend und schmerzhaft. Interessanterweise bleibt diese Beeinträchtigung des subjektiven Wohlbefindens so lange erhalten, wie die Armutserfahrung anhält, ohne dass sich eine Erholung auf das frühere Niveau ergibt.

Soziale Vergleiche können aber auch nach unten gerichtet sein (abwärts gerichteter sozialer Vergleich). Diese Richtung liegt vor, wenn sich Mittelschichtangehörige mit Menschen vergleichen, die in Armut oder in »prekärem Wohlstand« leben. Der Verlust an Lebenszufriedenheit bei sozialen Absteigern kann sowohl dadurch zustande kommen, dass sie sich weniger als vorher abwärts vergleichen können als auch dadurch, dass sie verstärkt aufwärts vergleichen. Abwärtsvergleiche scheinen einen gewissen Anteil an der Einschätzung der Lebenszufriedenheit zu haben, z. B. bei Krankheiten und ihrer Bewältigung (Wills, 1991). Personen können ihr subjektives Wohlbefinden durch den Vergleich mit weniger glücklichen anderen erhöhen. Abwärts gerichtete Vergleiche sind in den meisten Fällen auf Zielpersonen mit niedrigem gesellschaftlichem *Status* gerichtet, die evtl. auch stigmatisiert werden. Solche Vergleichsprozesse werden besonders häufig von Personen mit einem hohen Selbstwert durchgeführt, die einen Misserfolg erleiden.

Soziale Vergleiche stellen eine soziale Konstruktion dar, bei der bestimmte Vorannahmen das Ergebnis mitbestimmen. Depressive zeigen z. B. eine Tendenz dazu, aus sozialen Vergleichen negative Schlussfolgerungen zu ziehen, während Nichtdepressive im Gegenteil eher positive Schlüsse ziehen oder soziale Vergleiche vermeiden, die zu negativen Schlüssen führen würden (Fujita 2008).

Theorie der Sozialen Vergleiche

Sozialer Vergleich dient dazu, die subjektive Unsicherheit zu reduzieren (Festinger 1954). Zu beachten ist, dass soziale Vergleiche sowohl zur Bewertung von Meinungen als auch von Fähigkeiten dienen. Bezogen auf beide Bereiche stellten Goethals und Darley (1977) die Relevante-Attribute-Hypothese auf, die sich auf Ähnlichkeit bezieht. Sie besagt, dass Menschen sich bevorzugt mit solchen Personen vergleichen, die ihnen in relevanten Merkmalen ähnlich sind. So werden sich Drittklässler häufig mit anderen Drittklässlern vergleichen oder Frauen mit anderen Frauen.

Sich im Ruhm der anderen sonnen

Soziale Vergleiche können dazu dienen, die Person aufzuwerten. Dazu kann auch der aufwärts gerichtete Vergleich Verwendung finden, wenn er es der Person ermöglicht, sich mit erfolgreichen anderen zu assoziieren oder sich von ihnen inspirieren zu lassen. Die Person sonnt sich im Ruhm der anderen (»Basking in Reflected Glory«, Cialdini 2001). Beispiele dafür sind Sportfans, die nach Siegen ihrer Mannschaft rufen: »Wir haben gewonnen«. Andere Beispiele sind Groupies, die ihren Freundinnen erzählen können, dass sie einen berühmten Fernsehstar näher kennen, oder ehrgeizige Eiskunstlaufmütter, die ihre minderjährigen Töchter zu höchsten Leistungen anstacheln, um sich mit ihrem Erfolg assoziieren zu können.

Relative Deprivation

Ein besonders beeindruckendes Beispiel für die Wirksamkeit von sozialen Vergleichen ist das Gefühl der Benachteiligung, weil *Privilegien* vorenthalten werden. Man spricht in diesem Fall von *relativer Deprivation* (Bierhoff 2006). Diese ist dann gegeben, wenn einige Betriebsangehörige oder Angehörige einer militärischen Einheit befördert werden, andere aber nicht. Die Grundlage für den Ärger, der durch den Vergleich mit ähnlichen anderen, die besser abschneiden als man selbst, ausgelöst wird, ist relative Deprivation. Diese lässt sich von objektiver Deprivation abgrenzen. Während Letztere sich auf objektive Mängel in Einkommen, Wohnverhältnissen oder Gesundheitsversorgung bezieht, ist relative Deprivation das Ergebnis subjektiver Vergleiche mit anderen Personen, die aufgrund einer Bevorzugung als privilegiert erscheinen.

Der Vergleich mit den Privilegien anderer kann ein paradoxes Phänomen hervorrufen: Personen, die besonders optimistisch sind, dass sie ihren sozialen Status oder ihre berufliche Position verbessern können, bringen besonders viel Unzufriedenheit zum Ausdruck. Vor mehr als 60 Jahren wurde empirisch gezeigt, dass Mitglieder der US-Luftwaffe, die mit besonders häufiger Beförderung rechnen konnten (47 % in einem gegebenen Zeitraum), das Beförderungssystem negativer einschätzten als Mitglieder der Militärpolizei, bei der weniger häufig befördert wurde (24 % in demselben Zeitraum; Stouffer et al. 1949). Es ist naheliegend, dass die relative Deprivation der Benachteiligten umso größer ausfällt, je mehr Vergleichspersonen schon den erstrebten Status besitzen. Ein wichtiges Beispiel für relative Deprivation ist Diskriminierung von Frauen im Vergleich mit Männern (Crosby et al. 2002).

Subjektive Bewertung objektiver Leistung

Die weitere soziale Umgebung kann soziale Vergleiche aufdrängen. Ein Beispiel dafür bezieht sich auf die Schulklasse als Bezugssystem für die Bewertung schulischer Leistung. Schüler schätzen ihr Selbstkonzept der Fähigkeit höher ein, wenn sie in der Schulklasse zu den besten Schülern zählen. Hingegen fällt das Selbstkonzept ungünstig aus, wenn sich die Schüler bei den schwächsten Mitschülern finden. Daher kann bei gleicher durchschnittlicher Leistung ein positives Selbstkonzept (z. B. in der Hauptschule) oder ein negatives Selbstkonzept (z. B. im Gymnasium) resultieren. Die Schulklasse stellt das wichtigste soziale Bezugssystem zur Bewertung der eigenen Leistung für die Schüler dar. Dieser in zahlreichen Ländern nachgewiesene *Bezugsgruppe*neffekt (Marsh/ Hau, 2003) stellt das Ergebnis sozialer Vergleiche dar, die innerhalb der überschaubaren Bezugsgruppe der Schulklasse stattfinden. Er wird anschaulich als »Big-Fish-Little-Pond«-Effekt bezeichnet.

Literatur

Bierhoff, Hans-Werner, 2006: Relative Deprivation;.in: Ders.; Frey, Dieter (Hg.): Handbuch der Sozialpsychologie, Göttingen, 113–118. – Böhnke, Petra, 2010: Hoher Flug, tiefer Fall? Abstiege aus der gesellschaftlichen Mitte und ihre Folgen für das subjektive Wohlbefinden; in: Burzan, Nicole; Berger, Peter A. (Hg.): Dynamiken (in) der gesellschaftlichen Mitte, Wiesbaden, 231–248. – Cialdini, Robert B., 2001: Die Psychologie des Überzeugens, Bern. – Crosby, Matthew et al, 2002: Japanese and American reactions to gender discrimination; in: Walker, Iain; Smith, Heather J., (Eds.): Relative deprivation, Cambridge, 185–199. – Fujita, Frank, 2008: The frequency of social comparison and its relation to subjective well-being; in: Eid, Michael; Larsen, Randy J. (Eds.): The science of subjective well-being, New York, 239–257. – Goethals, George R.; Darley, John M., 1977: Social comparison theory: An attributional approach; in: Suls, Jerry M.; Miller, Richard L. (Eds.), Social comparison processes, Washington, DC, 259–278. – Marsh, Herbert W.; Hau, Kit-Tai, 2003: Big-fish-little-pond effect on academic self-concept: A cross-cultural (26-country) test of the negative effects of academically selective schools; in: American Psychologist 58, 364–376. – Stouffer, Samuel A. et al., 1949: The American soldier (Vol. 1), Princeton, NJ. – Wills, Thomas A., 1991: Similarity and self-esteem in downward comparison; in: Suls, Jerry; Wills, Thomas A. (Eds.): Social comparison, Hillsdale, NJ, 51–78.

Hans-Werner Bierhoff/Elke Rohmann

Verhalten, abweichendes

Als »abweichend« oder »deviant« wird ein Verhalten (engl. deviant behaviour) bezeichnet, das gegen die in bestimmten sozialen Umgebungen geteilten und für legitim gehaltenen institutionalisierten Erwartungen verstößt und mit negativen *Sanktion*en verbunden wird. Ursprünglich geht der Begriff auf das französische Verb »dévier« zurück, welches mit »abdriften«, »ablenken« oder »abweichen« übersetzt werden kann. Der Begriff des »abweichenden Verhaltens« umfasst im allgemeinsten Sinne Verstöße gegen diejenigen Regeln, nach denen sich das soziale Miteinander vollzieht, und bezieht sich insofern auf viele verschiedene Phänomene, nämlich auf alle Verhaltensweisen, die als Verstöße gegen die *Sitten* und Gebräuche, die *Konvention*en und/oder das *Recht* betrachtet werden. Hierzu gehören die Missachtung von Tischsitten ebenso wie die Überschreitung der erlaubten Geschwindigkeit im Straßenverkehr oder der bewaffnete Raubüberfall auf eine Bank. Welche Verhaltensweisen genau in bestimmten sozialen Umgebungen als »abweichend« gelten oder nicht, ist Ausdruck von *Wert*orientierungen, die Prozessen des *sozialen Wandels* unterliegen und nicht zwingend von allen Mitgliedern eines Gemeinwesens geteilt werden.

Mit René König (1968: X) kann man in den von Emile Durkheim in dessen Werk »Die Regeln der soziologischen Methode« entwickelten methodologischen Prinzipien den eigentlichen Beginn einer Soziologie abweichenden Verhaltens sehen. Durkheim entwickelt dort zentrale methodologische Prinzipien der soziologischen Analyse und wendet diese – später auch in seinem Werk »Über die Teilung der sozialen Arbeit« – auf die Untersuchung der

Kriminalität an. Den Ausgangspunkt seiner Analysen bildete zunächst die Beobachtung, dass Kriminalität zu jeder Zeit und in jeder beobachteten Gesellschaft vorgekommen und insofern als ein völlig **normales** soziales Phänomen zu betrachten sei. Er betonte, dass die Eigenschaft der »Kriminalität« dem Verhalten nicht eigen ist; vielmehr nahm Durkheim an, dass ein Verhalten in einem bestimmten sozialen Zusammenhang als »kriminell« bewertet wird. Eine soziologische Erklärung umfasst nach Durkheim zwei Aspekte, nämlich zum einen die Angabe von Bedingungen, unter denen bestimmte soziale Phänomene auftreten, und zum anderen die Angabe der *Funktion*, die diese sozialen Phänomene erfüllen. In Bezug auf die Analyse der Kriminalität entsteht hier bei Durkheim eine paradoxe Situation: Zum einen analysiert Durkheim die Kriminalität als ein **pathologisches** soziales Phänomen, das – wenn es in einer Gesellschaft im Übermaß vorkommt – zu einer Gefahr für den Bestand der sozialen *Ordnung* wird. Die Ursache für einen übermäßigen Anstieg der Kriminalität sieht Durkheim in Prozessen *sozialen Wandels*: Sowohl krisenhafte Umbrüche als auch zu rasch sich vollziehende Veränderungen der sozialen Rahmenbedingungen können zu Problemen der Abstimmung zwischen einzelnen gesellschaftlichen Bereichen führen und in einem Zustand der *Anomie* gipfeln. Dabei beschreibt er die Anomie als einen Zustand der Norm- und Regellosigkeit, der immer nur temporär auftritt und sich durch einen Mangel an kollektiven moralischen Prinzipien für das individuelle Verhalten auszeichnet. Zum anderen betrachtet Durkheim die Kriminalität – solange sie nicht zu gehäuft auftritt – als notwendig für den Bestand sozialer Ordnung. Ihre Funktion besteht nämlich darin, dass sich über das Vorkommen und die negative Sanktionierung von Normverstößen in einer Gesellschaft die Geltung von Normen erschließt. Popitz (1968) hat allerdings herausgearbeitet, dass eine vollständige Sanktionierung aller Normverstöße letztlich die Wirkung von Normen untergräbt.

Die Idee, dass die Eigenschaft der »Abweichung« keine ist, die dem Verhalten selbst innewohnt, sondern vielmehr sozial definiert und zugeschrieben wird, wurde zu einem zentralen Bezugspunkt für die Soziologie abweichenden Verhaltens. Im Rahmen des Labeling Approach oder **Etikettierungsansatzes** wird die Auffassung vertreten, dass in einer Gesellschaft verschiedene Gruppen um die Definition dessen rivalisieren, was als »abweichend« oder im Rahmen kodifizierter Normen als »kriminell« gelten soll. Entsprechend sind die sozialen Prozesse, die zu einer Definition bestimmter Formen sozialen Handelns als »abweichend« oder »kriminell« führen, von genuin soziologischem Interesse. Insbesondere Howard B. Becker hat in diesem Zusammenhang die Bedeutung sogenannter Moralunternehmer herausgestellt, die im Prozess der Setzung der Regeln, nach denen bestimmte Formen sozialen Handels als »abweichend« oder »kriminell« etikettiert werden, ihre Interessen mit *Macht* durchsetzen. Vertreter des Etikettierungsansatzes fragen nicht nach den sozialen Bedingungen abweichenden Verhaltens, sondern nehmen die gesellschaftliche Reaktion auf Verhaltensweisen, die als »abweichend« bezeichnet werden, in den Blick. Einer der ersten Vertreter des Etikettierungsansatzes ist Frank Tannenbaum, der die These vertreten hat, dass Gesellschaftsmitglieder erst dadurch zu »Abweichlern« werden, dass ihre Verhaltensweisen an den gesellschaftlichen Erwartungen gemessen und als »abweichend« bezeichnet werden. Insbesondere Edwin M. Lemert hat die Idee, dass letztlich soziale Kontrollprozesse zu abweichendem Verhalten und zur Übernahme eines entsprechenden Selbstbildes führen, aufgegriffen und anhand der Konzepte der primären und der sekundären *Devianz* präzisiert. Als primäre Devianz bezeichnet er spontane Regelverletzungen und Gesetzesverstöße, sekundäre Devianz hingegen sind Regelverletzungen und Gesetzesverstöße, die eine Person begeht, nachdem sie wiederholt aufgrund primärer Devianz als »abweichend« etikettiert worden ist und diese Zuschreibung schließlich Bestandteil ihres Selbstbildes geworden ist. Sekundäre Devianz entsteht also Lemert zufolge in einem mehrstufigen Prozess als Folge gesellschaftlicher Reaktionen auf »abweichendes Verhalten« (siehe hierzu Lamnek 1977). Der Labeling Approach hat einer **konflikttheoretischen Perspektive** auf abweichendes Verhalten den Weg bereitet. Nachdem Willem Bonger bereits zu Beginn des 20. Jh.s Elemente einer marxistischen Gesellschaftsanalyse auf die Analyse der Kriminalität übertragen hatte, gewann die konflikttheoretische Perspektive in den 1960er Jahren an Bedeutung. Austin T. Turk und Richard Quinney als Vertreter einer ›Conflict Criminology‹ führten Kriminalität im Anschluss an die Gesellschaftstheorien Max Webers und Georg Simmels auf Konflikte zwischen rivalisierenden Gruppen zurück, wohingegen William Chambliss und später auch Richard Quinney als Vertreter einer

›Radical Criminology‹ im Anschluss an die marxistische Gesellschaftsanalyse betont haben, dass diese Konflikte aus Klassengegensätzen resultieren. Eine besondere Ausprägung haben konflikttheoretische Perspektiven im Rahmen feministischer Ansätze erfahren, bspw. bei Meda Chesney-Lind. Konflikttheoretische Perspektiven in Verbindung mit den Ideen des Labeling Approach wurden im deutschsprachigen Bereich vielfach aufgegriffen und auf die Analyse ganz verschiedener Formen abweichenden Verhaltens angewandt. Prominent wurde insbesondere die von Fritz Sack (1968) ausgehende Kritische Kriminologie. Im Anschluss an die programmatischen Arbeiten Sacks haben sich deren Vertreter vor allem gegen die Auffassung gewandt, Kriminalität sei eine marginale, auf bestimmte soziale Kreise beschränkte Form sozialen Handelns. Vielmehr haben sie die Ubiquität von Kriminalität betont und die Beteiligung aller Bevölkerungsgruppen an illegalen Aktivitäten herausgestellt.

Andere Ansätze haben nicht die Bedingungen und Folgen gesellschaftlicher Definitions- und Zuschreibungsprozesse in den Vordergrund gerückt, sondern – die gesellschaftliche Definition bestimmter Formen sozialen Handelns als »abweichend« voraussetzend – die sozialen Bedingungen abweichenden Verhaltens in den Blick genommen. In diesem Zusammenhang wurden zahlreiche Perspektiven und Theorien entwickelt, die sich mit der Frage beschäftigen, inwiefern abweichende Verhaltensweisen sozial verursacht werden (s. zusammenfassend Eifler 2013; Lamnek 2007, 2008).

Perspektiven und Theorien

Eine der ganz zentralen soziologischen Perspektiven auf abweichendes Verhalten entstand im Rahmen der *Chicago School* der Soziologie. Unter dem Eindruck der sozialen Probleme der rasant wachsenden und sich wandelnden *Stadt* Chicago wurden – einem soziökologischen Ansatz folgend – Zusammenhänge zwischen Merkmalen von städtischen Umgebungen und der dort ansässigen Bevölkerung hergestellt. Als »natural areas« wurden städtische Gebiete bezeichnet, in denen sich Kriminalität und Abweichung häuften. Von besonderer Bedeutung ist die ›Concentric Zone Theory‹ von Robert E. Park, Ernest W. Burgess und Roderick D. McKenzie, die die Entwicklung einer Stadt modellhaft beschreibt: Danach entwickelt sich eine Stadt ausgehend von einem Stadtkern in Form von konzentrischen Kreisen nach außen, wobei eine den Stadtkern umgebende Zone entsteht – die »transition zone«, in der sich Kriminalität und Abweichung häuft, und die in struktureller Hinsicht – heruntergekommene Wohnviertel, hohe Arbeitslosigkeit, hohe Schulabbrecherquoten, niedriger soziökonomischer Status der Bevölkerung, unvollständige und/oder instabile Familien – als »sozial desorganisiert« beschrieben werden. Die Perspektive der Sozialen Desorganisation wurde insbesondere im Rahmen der Arbeiten von Robert J. Bursik und Harold G. Grasmick weiterentwickelt. Dabei stellten die Autoren den Aspekt der *sozialen Beziehungen* in den Mittelpunkt der Analyse und vertreten die These, dass Kriminalität und Abweichung durch *soziale Netzwerke* eingedämmt werden können, da diese bei entsprechender Größe, Dichte und Reichweite ein effektives System *sozialer Kontrolle* etablieren können.

Eine weitere zentrale Perspektive ist die *Anomietheorie* Robert K. Mertons, die dieser im Anschluss an die Arbeiten Durkheims formuliert hat. Merton zufolge ist die amerikanische Kultur durch die Idee des »American Dream« geprägt, die für alle Gesellschaftsmitglieder verbindlich das Ziel vorgibt, materiellen Wohlstand anzustreben bzw. zu erreichen. Die soziale Struktur stellt legitime Mittel und Wege bereit, dieses Ziel zu erreichen. Sind kulturelle und soziale Struktur kongruent, resultiert im Sinne der Anomietheorie »Konformität«. Im Zustand der Anomie fallen kulturelle und soziale Struktur auseinander, und es resultieren verschiedene Formen der Anpassung: Bei der »Innovation« werden kulturelle Ziele anerkannt, jedoch illegale Wege der Zielerreichung verfolgt. Die »Rebellion« besteht in einer Substitution von kulturellen Zielen und Wegen der Zielerreichung. Als »Rückzug« wird die Aufgabe von kulturellen Zielen und Wegen der Zielerreichung bezeichnet. Schließlich bezeichnet Merton als »Ritualismus« eine Form der Anpassung, bei der kulturelle Ziele zwar innerlich aufgegeben werden, nach außen aber weiterhin verfolgt werden. Die Anomietheorie wurde von Merton selbst mikrosoziologisch weiterentwickelt, der das individuelle Leiden an einer Diskrepanz zwischen Zielen und verfügbaren Mitteln als »anomia« bezeichnet hat. Im Anschluss daran hat Robert Agnew im Rahmen seiner ›General Strain Theory‹ abweichendes Verhalten als eine Anpassung an belastende soziale Rahmenbedingungen konzeptualisiert, wobei er »anomie« mit stresstheoretischen Überlegungen verknüpft hat. In jüngerer

Zeit vertreten Stephen F. Messner und Richard Rosenfeld mit der ›Institutional Anomie Theory‹ eine makrosoziologische Weiterentwicklung der Anomietheorie. Die Autoren formulieren ein analytisches Modell, in dem sie gegenüber der ursprünglichen Version der Anomietheorie insbesondere Aspekte der sozialen Struktur verfeinern: Je stärker ökonomische Strukturmerkmale die gesellschaftlichen Institutionen durchdringen, desto stärker können sich anomische Situationen in Abweichung und Kriminalität niederschlagen.

Die Perspektive der sozialen Desorganisation und die Anomietheorie bildeten die Grundlage für Theorien der *Subkultur*. Diese gehen von der Überlegung aus, dass es für bestimmte gesellschaftliche Gruppen nicht möglich ist, der allgemeinen Zielvorgabe des American Dream zu entsprechen, weshalb sie ein eigenes Wertsystem ausbilden, dem sie entsprechen können. Konfliktär ist dieser Prozess Thorsten Sellin zufolge, wenn dieses eigene Wertsystem der allgemeinen Zielvorgabe widerspricht. In diesem Zusammenhang hat Walter B. Miller die »Kultur der Unterschicht« beschrieben, und Albert K. Cohen sowie Richard A. Cloward und Lloyd E. Ohlin haben die strukturellen Bedingungen des Entstehens jugendlicher Subkulturen, insbesondere der Subkultur der jugendlichen Bande herausgearbeitet.

In späteren Theorien abweichenden Verhaltens wurden Merkmale *sozialer Beziehungen* explizit zur Erklärung abweichenden Verhaltens herangezogen. So stand im Mittelpunkt lerntheoretischer Ansätze die Annahme, dass Muster abweichenden Verhaltens im Kontext sozialer Beziehungen gelernt werden. In sozialen Beziehungen werden ebenso konforme wie delinquente Aktivitäten vorgelebt bzw. die entsprechenden Orientierungen vermittelt. Aufgrund der Prinzipien von Belohnung und Bestrafung wird gelernt, welche Formen sozialen Handelns in bestimmten sozialen Kontexten erwünscht sind und welche nicht. Aus der Perspektive der auf Robert L. Burgess und Ronald L. Akers zurückgehenden Theorie der differentiellen Verstärkung begünstigen 1. ein Überwiegen von abweichenden gegenüber konformen Verhaltensmustern (Differentielle Assoziationen), 2. ein Überwiegen von Belohnungen gegenüber Bestrafungen für abweichende Verhaltensweisen (Differentielle Verstärkung) und 3. delinquente Orientierungen (Definitionen) abweichendes Verhalten. Im Kontext der Lerntheorie abweichenden Verhaltens wurde von Gresham Sykes und David Matza das

Konzept der Neutralisierungstechniken entwickelt. Die Autoren gingen von der Überlegung aus, dass abweichende Verhaltensweisen auch bei vorhandener Bindung an die geltenden Normen gezeigt werden (drift) und dass die durch Normverstöße entstehenden Gefühle von Scham und Schuld durch kognitive Strategien der Rechtfertigung »neutralisiert« werden können. Der Theorie zufolge kann die Rechtfertigung abweichenden Verhaltens darin bestehen, dass man die Verantwortung dafür abstreitet (denial of responsibility), den angerichteten Schaden bestreitet (denial of injury), das Opfer für den Normverstoß verantwortlich macht (denial of a victim), die Legitimität von Instanzen sozialer Kontrolle anzweifelt (condemnation of condemners) und den Normverstoß mit Bezug auf übergeordnete Normen als legitim erklärt (appeal to higher loyalities). Dagegen fragt Travis Hirschi im Rahmen der Kontrolltheorie abweichenden Verhaltens nach den Bedingungen für *Konformität*. Den Ausgangspunkt bildet die Annahme, dass Bindungen an das Werte- und Normensystem einer Gesellschaft abweichendes Verhalten verhindert. Diese Bindungen werden im Rahmen der Kontrolltheorie Hirschis als »soziale Bande« bezeichnet. Deren wichtigstes Element ist das »Attachment«, die Sensibilität für die Einstellungen konformer Bezugspersonen oder -gruppen. Ein weiteres Element ist das »Commitment«, das Ausmaß der Bindung an konventionelle Ziele. Die zeitliche Einbindung in konventionelle und/oder konforme Aktivitäten, das »Involvement«, verhindert als weiteres Element sozialer Bande abweichendes Verhalten. Schließlich führt das Element des »Belief« – die Überzeugung, dass das konventionelle Werte- und Normensystem richtig ist – dazu, dass abweichendes Verhalten unterlassen wird. In einer neueren Version der Kontrolltheorie wird insbesondere die Relevanz des elterlichen Erziehungsverhaltens für die Herausbildung stabiler sozialer Bande herausgestellt. Im Mittelpunkt der von Michael R. Gottfredson und Travis Hirschi vorgeschlagenen ›General Theory of Crime‹ steht die »Self-Control«, ein ursprünglich schillerndes Konstrukt, das inzwischen als mangelnde Fähigkeit und Bereitschaft zur Berücksichtigung langfristiger Risiken bei der Handlungsplanung zugunsten einer Orientierung an kurzfristigen Vorteilen aufgefasst wird. Eine inadäquate *Sozialisation* führt den Autoren der Theorie zufolge zu einer geringen Self-Control, die ihrerseits dazu führt, dass eine Vielzahl abweichender Verhaltensweisen von denselben Personen gezeigt wird (versatility).

Angesichts der Vielzahl einzelner Theorien wurden in der Soziologie abweichenden Verhaltens seit dem Ende der 1980er Jahre konsequent Strategien der theoretischen Integration diskutiert. Die wichtigsten Beiträge zu dieser Diskussion sind in einem Sammelband von Messner et al. (1989) dokumentiert. Im Kontext dieser Diskussion wurde eine Vielzahl integrativer Ansätze zur Erklärung abweichenden Verhaltens entwickelt, von denen der Ansatz von Frank S. Pearson und Neil A. Weiner sicherlich der bislang umfassendste ist. Die Autoren haben einen integrativen Bezugsrahmen entwickelt und darin alle relevanten Konzepte und Variablen zentraler Theorien abweichenden Verhaltens in der Sprache der Lerntheorie reformuliert und eingeordnet. Inzwischen beziehen sich die meisten integrativen Ansätze im Bereich der Soziologie abweichenden Verhaltens mehr oder weniger explizit auf ein Makro-Mikro-Modell soziologischer Erklärungen, in dem abweichendes Verhalten ausgehend von handlungstheoretischen Überlegungen in Weberianischer Tradition sowohl als gewohnheitsmäßiges Handeln als auch als affektuelles Handeln oder als Ergebnis von Wert-Erwartungs-Überlegungen konzeptualisiert wird bzw. werden kann. Verwandt mit diesen Ansätzen ist die von Per-Olof Wikström formulierte ›Situational Action Theory‹ (s. hierzu Eifler 2013).

Ein anderer Weg wird gegenwärtig in der Analyse des abweichenden Verhaltens von *Jugend*lichen verfolgt. Ausgehend von dem ubiquitären und episodischen Auftreten der Jugendkriminalität wurden in der Tradition der klassischen Mehrfaktorenansätze in der Kriminologie, die auf die Forschungsarbeiten des amerikanischen Ehepaares Eleanor und Sheldon Glueck zurückgehen, die Lebensläufe von Jugendlichen untersucht (s. ausführlich Boers 2007). Robert J. Sampson und John Laub haben eine Reanalyse der Daten des Ehepaares Glueck vorgenommen und die ›Theory of Age-Graded Informal Social Control‹ formuliert. Mit dem Konzept der »turning points« beschreiben sie, inwiefern Prozesse der informellen *sozialen Kontrolle* zu einer Aufgabe abweichender Verhaltensweisen im Lebensverlauf führen. In ihren Analysen zeigte sich, dass Prozesse einer formellen sozialen Kontrolle schwächend auf Möglichkeiten einer informellen sozialen Kontrolle wirken, weshalb sie im Rahmen ihrer Theory of Cumulative Disadvantage Ideen des Labeling Approach integriert haben.

Prävention und Intervention

Die als »abweichend« bezeichneten Formen sozialen Handelns lassen sich der Kategorie *sozialer Probleme* zuordnen (Schetsche 2008). Im gesellschaftlichen Umgang mit den als »abweichend« geltenden Formen sozialen Handelns haben sich verschiedene Strategien und Maßnahmen zur Prävention und Intervention etabliert. Abweichendes Verhalten wird im Rahmen informeller und formeller sozialer Kontrollprozesse als solches etikettiert und mit negativen Sanktionen verbunden. Diese sind vielfach Gegenstand intensiver gesellschaftlicher Auseinandersetzungen. Am Beispiel der Kriminalität als einer Form von Abweichung lässt sich dies verdeutlichen. Ursprünglich beruhte der gesellschaftliche Umgang mit den als »kriminell« bezeichneten Formen sozialen Handelns auf der Idee der Abschreckung, die bereits auf die sogenannte klassische Schule der Kriminologie zurückgeht. Danach wird die Attraktivität kriminellen Handelns durch die Androhung von Strafe gemindert: Kriminelles Handeln wird umso eher unterlassen, je sicherer, schneller und schwerer die angedrohte Strafe dafür ist. Als Beleg für generalpräventive Effekte der Androhung von Strafe werden negative Zusammenhänge zwischen dem Strafmaß und der Kriminalitätsrate betrachtet, und als Beleg für spezialpräventive Effekte gelten negative Zusammenhänge zwischen dem Ausmaß negativer Sanktionierung und der Kriminalitätsrate, auch wenn damit kein Nachweis erbracht wird, dass die Androhung von Strafe zu einer Unterlassung kriminellen Handelns führt. Insbesondere die Vertreter des Etikettierungsansatzes haben die gesellschaftlichen Praktiken der Strafverfolgung problematisiert: Zum einen würden sie selektiv gegen bestimmte Bevölkerungskreise eingesetzt, zum anderen riefen sie *stigma*tisierende Effekte hervor und verhinderten eine Resozialisierung von (ehemaligen) Straftätern. Im Kontext dieser Kontroverse wurden alternative gesellschaftliche Praktiken der Strafverfolgung vorgeschlagen, wie der Verzicht auf das Strafrecht im Rahmen des Abolitionismus oder die Umlenkung von Straftätern weg von einer Bestrafung hin zu alternativen Sanktionsformen wie bspw. dem Täter-Opfer-Ausgleich im Rahmen der Diversion. John Braithwaite betrachtet soziale Kontrollhandlungen primär als Praktiken des Beschämens, wobei er zwei verschiedene Formen sozialer Kontrollpraktiken voneinander unterscheidet: das stigmatisierende Beschämen, das den Täter als solchen etikettiert, und das reintegrative Beschämen, das eine Versöhnung zwischen dem Täter und der Gesellschaft anstrebt, in dem es den Täter an die Werte und Normen erinnert und erneut daran bindet. Die gegenwärtige Diskussion über die strafrechtliche Sozialkontrolle bezieht sich in erster Linie auf Veränderungen der Formen sozialer Kontrolle hin zu einer stärker situationsbezogenen Kriminalprävention. In diesem Zusammenhang beschreibt Jan Wehrheim Veränderungen des polizeilichen Kontrollhandelns, Detlef Nogala und Fritz Sack problematisieren die Technisierung sozialer Kontrolle, und Leon Hempel und Jörg Metelmann betrachten die zunehmende Überwachung öffentlicher Räume als Hinweis auf soziale Wandlungsprozesse (siehe hierzu Lange et al. 2008).

Literatur

Boers, Klaus, 2007: Hauptlinien der kriminologischen Längsschnittforschung; in: Ders.; Reinecke, Jost (Hg.): Delinquenz im Jugendalter, Münster. – Eifler, Stefanie, 2013: Theorien der Kriminalität, Wiesbaden. – König, René, 1968: Theorie und Praxis der Kriminalsoziologie; in: Sack, Fritz; König, René (Hg.): Kriminalsoziologie, Frankfurt a. M., ix–xv. – Lamnek, Siegfried, 1977: Kriminalitätstheorien – kritisch: Anomie und Labeling im Vergleich, München. – Ders., 2007: Theorien abweichenden Verhaltens 1: »Klassische« Ansätze, Stuttgart. – Ders., 2008: Theorien abweichenden Verhaltens 2: »Moderne« Ansätze, Stuttgart. – Lange, Hans-Jürgen et al., 2008: Auf der Suche nach neuer Sicherheit, Wiesbaden. – Messner, Stephen F. et al. (Hg.), 1989: Theoretical Integration in the Study of Deviance and Crime, Albany/NY. – Popitz, Heinrich, 1968: Über die Präventivwirkung des Nichtwissens, Tübingen. – Sack, Fritz, 1968: Neue Perspektiven in der Kriminologie, in: Ders.; König, René (Hg.): Kriminalsoziologie, Frankfurt a. M., 431–475. – Schetsche, Michael, 2008: Empirische Analyse sozialer Probleme: Das wissenssoziologische Programm, Wiesbaden.

Stefanie Eifler

Verhalten, konformes

Prinzipiell wird als »konform« ein Verhalten (engl. behavioural conformity) bezeichnet, das sich im Einklang mit den in bestimmten sozialen Umgebungen geltenden *Norm*en befindet. Ursprünglich geht der Begriff auf das lateinische Adjektiv »conformis« zurück, welches mit »gleichförmig« oder »ähnlich« übersetzt werden kann. In der Soziologie wird konformes Verhalten als ein Ergebnis von verschiedenen sozialen Prozessen aufgefasst: Akteure imitieren die in einer bestimmten sozialen Umgebung üblichen und verbreiteten Verhaltensweisen, sie identifizieren sich mit den und/oder internalisieren die dort jeweils geltenden Normen im Zuge von *Sozialisation*sprozessen, oder sie ändern unter dem Einfluss von anderen ihre Einstellungen und Verhaltensweisen. Der Begriff des konformen Verhaltens ist in der Soziologie insofern problematisch, als er in einem soziologischen Sprachgebrauch nicht selten präskriptiv verwendet wird und begriffliche Festlegungen häufig im Rahmen konkreter Forschungsperspektiven vorgenommen wurden. So setzt Jahoda (1955) den Begriff des konformen Verhaltens mit dem des uniformen Verhaltens gleich und betrachtet soziale Prozesse der Angleichung individueller Verhaltensweisen an die Verhaltensweisen einer sozialen Mehrheit. Demgegenüber betrachten Merton (1968) und Hirschi (1969) den Begriff des konformen Verhaltens als Gegenbegriff zu dem des *abweichenden Verhalten*s und analysieren Verhaltensweisen, die den in bestimmten sozialen Umgebungen geltenden Normen entsprechen. Schließlich stellen Kiesler/Kiesler den Prozess des sozialen Einflusses in den Mittelpunkt ihrer klassischen Definition konformen Verhaltens: »conformity is (…) a change in behavior or belief toward a group as a result of real or imagined group pressure« (Kiesler/Kiesler 1970: 2). Dabei unterscheiden die Autoren im Anschluss an Festinger (1953) konforme Verhaltensweisen, die auf einer tatsächlich erfolgten Änderung der privaten Einstellungen beruhen (private acceptance), von konformen Verhaltensweisen, die ohne die entsprechende private Einstellung lediglich öffentlich zur Schau gestellt werden (public compliance). Konforme Verhaltensweisen, die nicht aufgrund von eigenen Überzeugungen ausgeführt werden, sondern unter dem Einfluss sozialer Umgebungen entstehen, können als Folgen von *Anpassung* oder Gehorsam betrachtet werden: Im Falle der Anpassung erfolgt die Übernahme von Regeln freiwillig, im Falle des Gehorsams werden Regeln aufgrund ausdrücklich erteilter Anweisungen befolgt (Milgram 1963). Die unterschiedlichen Facetten des Begriffs des konformen Verhaltens wurden im Rahmen von zwei- und mehrdimensionalen Typologien des konformen Verhaltens aufgegriffen. Wiswede (1976) hat ein Würfel-Modell konformen Verhaltens vorgeschlagen, das die Konformität als Mittelpunkt der Dimensionen der Uniformität-Varianz, der Abweichung-Überanpassung und der Compliance-Akzeptanz konzeptualisiert. Typologien können jedoch immer nur einer Beschreibung des in Frage stehenden Phänomens dienen. Erklärungen für konformes Verhalten wurden vor allem aus mikrosoziologischer bzw. sozialpsychologischer Perspektive entwickelt, wobei neben Austauschtheorien vor allem Kognitionstheorien herangezogen wurden. Dem Bereich der Wert-Erwartungs-Theorien ist die von Peuckert (1975) vorgeschlagene Theorie zur Erklärung konformen Verhaltens zuzuordnen, die dieser im Anschluss an die Theorie der Leistungsmotivation von Atkinson (1964) formuliert hat: »Wenn der bei konformem (nicht-konformem) Verhalten erwartete Gesamtgewinn größer ist als der bei nicht-konformem (konformem) Verhalten, dann verhält sich das Individuum konform (nicht-konform)« (Peuckert 1975: 45). Kognitionstheorien knüpfen an die klassischen Konformitätsexperimente von Sherif (1936), Asch (1952) und Crutchfield (1955) zum sozialen Einfluss an. Sherif (1936) untersuchte anhand des autokinetischen Effekts, wie in uneindeutigen Situationen unter sozialem Einfluss soziale Normen entstehen. Als Erklärung für die Herausbildung sozialer Normen wurde Festingers (1950) Theorie der informationalen sozialen Kommunikation herangezogen, in deren Mittelpunkt die These steht, dass angesichts unterschiedlicher Meinungen innerhalb einer *Gruppe* ein Druck entsteht, sich auf eine uniforme Meinung hin zu verständigen. Asch (1952) und im Anschluss daran Crutchfield (1955) zeigten, dass auch in vermeintlich eindeutigen Situationen konformes Verhalten in Richtung eines tatsächlich unzutreffenden Urteils gezeigt wird. Sehr einflussreich wurde in diesem Zusammenhang die Erklärung von Deutsch/Gerard (1955), die konformes Verhalten als das Ergebnis von normativem oder informationalem Einfluss betrachtete; dabei wurde der normative Einfluss auf ein *Bedürfnis* nach sozialer Anerkennung, der informationale Einfluss auf ein Bedürfnis, richtig zu handeln und zu urteilen, zurückgeführt. Außerdem wurde die *Theorie der kognitiven Dissonanz* (Festinger 1957) herangezogen, um Einstellungs- und Verhaltensänderungen infolge von sozialem Einfluss zu erklären. Insbesondere Wiswede (1976) hat ein reduktionistisches Erklärungsmodell für konformes Verhalten entwickelt, welches die Konzepte der Dissonanztheorie in einen verhaltenstheoretischen Ansatz integriert und welches die Annahme beinhaltet, dass »Individuen (…) konformes Verhalten dann

realisieren (werden), wenn ihre Dissonanzerwartungen per Saldo eine solche Verhaltensweise begünstigen« (Wiswede 1976: 154). Ein integrativer Bezugsrahmen, der es erlauben würde, verschiedene Dimensionen von konformen Verhaltensweisen aus der sozialen Situation der Akteure heraus zu verstehen und zu erklären, wurde bislang jedoch nicht erarbeitet, so dass sich die Soziologie konformen Verhaltens weitestgehend als Stückwerk präsentiert.

Literatur

Cialdini, Robert B.; Trost, Melanie R., 1998: Social Influence: Social Norms, Conformity, and Compliance; in: Gilbert, Daniel T. et al. (Eds.): The Handbook of Social Psychology, Vol. 2, 4th ed., Boston, Mass., 151–192. – Kiesler, Charles A.; Kiesler, Sara B., 1970: Conformity, Reading, Mass. – Peuckert, Rüdiger, 1975: Konformität. Erscheinungsformen – Ursachen – Wirkungen, Stuttgart. – Wiswede, Günter, 1976: Soziologie konformen Verhaltens, Stuttgart.

Stefanie Eifler

Verhalten, prosoziales

Unter prosozialem Verhalten (engl. prosocial behavior) versteht man Handlungen, die mit der Absicht erfolgen, einer konkreten Person eine Wohltat zu erweisen, ohne dass dienstliche Rollenverpflichtungen die Handlungen vorschreiben. Prosoziales Verhalten lässt sich einerseits von dem Begriff des hilfreichen Verhaltens abgrenzen, der weiter gefasst ist und z. B. auch unterstützende Tätigkeiten eines Arztes oder einer Stewardess umfasst. Andererseits liegt eine Abgrenzung zu dem Begriff altruistisches Verhalten vor, der enger gefasst ist und sich auf solche unterstützende Handlungen bezieht, die einzig und allein auf die Verbesserung der Situation eines Opfers gerichtet sind, ohne dass die unterstützende Person eine Belohnung erwartet (Bierhoff 2010). Der Begriff Altruismus geht auf Auguste Comte zurück.

Prosoziales Verhalten lässt sich nach mehreren **Dimensionen** klassifizieren: geplant und formal vs. spontan und informell, direkt (Eingreifen) vs. indirekt (Geben) und in ernsthaften vs. nicht-ernsthaften Problemsituationen (Smithson et al. 1983). Die erste Dimension, die organisiertes Engagement von spontaner Hilfeleistung unterscheidet, bezieht sich auf das gegebene soziale Setting, die Zweite auf die

Art der Hilfe und die Dritte auf die Bedürfnisse der Hilfeempfänger.

Während sich die experimentelle Forschung überwiegend mit spontaner Hilfe befasst hat, wird zunehmend die Bedeutung von zivilem Engagement hervorgehoben (Bierhoff 2002). Beispiele sind Unterstützung Behinderter, umweltpolitisches Engagement, Hausaufgabenhilfe, Besuche bei einsamen Altenheimbewohnern, Telefonseelsorge und Durchführung von Sammlungen für einen guten Zweck.

Die Motive für prosoziales Verhalten sind vielfältig (Bierhoff 2010): Empathie/Nächstenliebe, Verantwortung/moralische Verpflichtung, Reziprozität, Streben nach *Gerechtigkeit*, Streben nach *Anerkennung* und prosoziales Selbstschema. Die Bedeutung des prosozialen Selbstschemas kommt darin zum Ausdruck, dass prosoziales Verhalten häufig auf der Grundlage eines Selbstbildes einer prosozialen Person (›Ich bin ein hilfsbereiter Mensch‹) zustande kommt.

Nach einem Bericht über extreme Fälle unterlassener Hilfeleistung (Fall der Kitty Genovese, die in New York ermordet wurde, obwohl zahlreiche Zeugen die Tat hätten verhindern können) wurde von Latané/Darley zur Erklärung auf das Phänomen der Verantwortungsabwehr (›Diffusion der Verantwortung‹) verwiesen, das die Wahrscheinlichkeit eines Eingreifens verringert (Bierhoff/Neumann 2006). Soziale Verantwortung basiert auf sozialen *Norm*en. Sie wird in der Unterstützung unter Familienmitgliedern realisiert. Ein Beispiel für Inter-Generationenbeziehungen ist der hemmende Einfluss der Verantwortungsabwehr auf die Hilfe erwachsener Töchter gegenüber ihren Müttern (Montada et al. 1991). Positiv wirken sich die Fähigkeit zur Hilfeleistung und die Qualität der Tochter-Mutter-Beziehung aus.

Prosoziales Verhalten ist eine interpersonelle Handlung, die in einem konkreten Interaktionskontext zwischen Helfer und Hilfeempfänger stattfindet. Wie reagieren die Hilfeempfänger auf Hilfe? Einerseits treten positive Reaktionen auf, wenn die Überwindung der Notlage im Vordergrund steht. Andererseits treten abwehrende Reaktionen auf, wenn die Hilfeleistung Hinweise auf die Schwäche der Hilfeempfänger enthält. Hilfeerhalt kann für die soziale Gruppe, die Hilfe erhält, Unterlegenheit signalisieren, während die helfende Gruppe als mächtig und dominant erscheint (Nadler 2002).

Literatur

Bierhoff, Hans-Werner, 2002: Prosocial behavior, London, UK. – Ders., 2010: Psychologie prosozialen Verhaltens, Stuttgart. – Ders.; Neumann, Eva, 2006: Soziale Verantwortung und Diffusion der Verantwortung; in: Bierhoff, Hans-Werner; Frey, Dieter (Hg.): Handbuch der Sozialpsychologie und Kommunikationspsychologie, Göttingen, 174–179. – Latané, Bibb; Darley, John M., 1970: The unresponsive bystander. Why doesn't he help?, New York, NY. – Montada, Leo et al., 1991: Prosocial commitments in the family. Situational, personality, and systemic factors; in: Montada, Leo; Bierhoff, Hans-Werner (Hg.): Altruism in social systems, Göttingen, 177–203. – Nadler, Arie, 2002: Intergroup helping relations as power relations; in: Journal of Social Issues 58, 487–502. – Smithson, Michael et al., 1983: Dimensions of helping behavior, Oxford, UK.

Hans-Werner Bierhoff

Verhaltensmuster

Verhaltensmuster (engl. pattern of behavior, behavior pattern, behavioral pattern) sind molare Einheiten des Verhaltens, die auf funktionalen Verknüpfungen von elementaren Verhaltenseinheiten basieren. Verhaltensmuster sind miteinander verbundene, wiederkehrend auftretende Verhaltensweisen, die gleichzeitig oder in kurzem zeitlichen Abstand aufeinander folgend auftreten und zielgerichtet sind (Beckmann/Heckhausen). Verhaltensmuster sind somit funktionale Verhaltenseinheiten, deren Struktur bei zeitlicher Wiederholung erhalten bleibt, die strukturell abgrenzbar und als eigenständige Einheiten identifizierbar sind. Verhaltensmuster variieren hinsichtlich ihrer zeitlichen Stabilität und strukturellen Komplexität und beziehen sich sowohl auf individuelles Verhalten (z. B. persönliche Gewohnheiten) wie auch die Beschreibung sozialer *Interaktion*en in und zwischen *Grupp*en (z. B. *Norm*en).

Verhaltensmuster in der Soziologie

In der Soziologie sind Verhaltensmuster im Kontext sozialer Interaktionen relevant und lassen sich als *soziales Handeln* auffassen, das durch »eingelebte Gewohnheit« entsteht (Max Weber). Verhaltensmuster machen aufgrund ihrer Beständigkeit und Regelmäßigkeit Verhalten erwartbar und haben eine soziale Orientierungsfunktion. Soziale Verhaltensmuster können sich zu verpflichtenden *Norm*en verfestigen

(*Institutionalisierung*), die situationsspezifisch sozial erwünscht sind und deren Nichteinhaltung *sanktioniert* wird. Soziale Verhaltensmuster reduzieren Unsicherheit und Komplexität in sozialen Handlungsprozessen und erfüllen eine integrative Funktion, die die Stabilität sozialer *Systeme* fördert.

Verhaltensmuster können sich auf soziale *Rolle*n und damit verbundene Verhaltenserwartungen beziehen und die Entstehung und Festlegung von Verhaltensmustern in sozialen Interaktionen fördern. Soziale Rollen sind mit normativen Erwartungen an das Verhalten verknüpft und erhöhen die Auftrittswahrscheinlichkeit sozial erwarteter Verhaltensmuster Durch die Aneignung, Übernahme und Internalisierung von Verhaltensmustern in der *Sozialisation* werden sozial geteilte, wechselseitige Verhaltenserwartungen entwickelt. Spezifische Erwartungen in Bezug auf Verhaltensmuster variieren in Abhängigkeit der jeweils übernommenen Rolle und sind mitunter mehrdeutig (*Rollenkonflikt*). Rollenspezifisch erwartete Verhaltensmuster bieten auf unterschiedlichen Ebenen einen Handlungsbezugsrahmen (Mustervariablen; Parsons/Shils), an denen das eigene Verhalten ausgerichtet wird. Rollenerwartungen lassen sich in diesem Sinne als eine normativ erwartete Form von Verhaltensmustern verstehen (Stones).

Die Übernahme sozialer Rollen und *Identität*sentwicklung vollzieht sich auf der Basis sozialer Erfahrungen in Prozessen symbolisch vermittelter *Interaktion*en. Die symbolische Übernahme der Perspektive anderer ermöglicht, Verhalten zu antizipieren und eigene Verhaltensmuster zu modifizieren. Die Wahrnehmung und Deutung von Verhaltensmustern sind demnach stets eingebettet in Kontexte sozialer Interaktionen und ein Ergebnis fortlaufender Prozesse sozialer Ko-Konstruktion. Die Bedeutung sozio-kultureller Verhaltensmuster lässt sich folglich nur unter Bezugnahme auf den jeweiligen sozio-kulturellen Kontext deuten. Händeschütteln gilt in westlichen Ländern (aber z. B. nicht in Japan) als angemessenes Verhaltensmuster (Begrüßungsritual). Verhaltensmuster wie *Rituale* variieren als Produkt sozialer Austauschprozesse je nach gesellschaftlichem Umfeld und kulturellen Werten; daher können sie sich über die Zeit ändern (Weymann).

Harold Garfinkel untersuchte durch paradoxe *Alltags*interventionen (breaching experiments), inwieweit sich soziale Akteure sozialen Verhaltensmustern verpflichtet fühlen. Das Hinterfragen sozialer Verhaltensmuster in der Alltagskommunikation kann bereits als Verletzung sozialer Spielregeln gedeutet werden und Unsicherheit auslösen, da alltägliches *soziales Handeln* durch wechselseitig erwartete Verhaltensmuster strukturiert wird. Die Erwartungssicherheit von Verhaltensmustern ermöglicht die Interpretation von Situationen, der Handlungsintentionen und des Verhaltens der beteiligten Akteure. Verhaltensmuster bilden daher auch ein Fundament für kooperatives soziales Handeln. Erfahrungsabhängiges Wissen über soziale Erwartungen in bestimmten Situationen ermöglicht es, das Verhalten anderer Personen zu verstehen und zu erklären und erzeugt gleichzeitig Erwartungshaltungen, wie sich Personen in bestimmten Situationen verhalten. Geteilte Erfahrungen werden in Form von Deutungs- oder Erklärungsschemata repräsentiert und beeinflussen die Erwartung, dass unter ähnlichen Umständen dem Schema entsprechende Handlungen folgen werden. Internalisierte Verhaltensmuster beeinflussen auf diese Weise auch die soziale Wahrnehmung und Urteilsbildung über Personen, gerade dann, wenn das Handeln nicht den erwarteten Schemata entspricht.

Verhaltensmuster in der Ethologie

In der *Ethologie* werden unter Verhaltensmustern überdauernde, artspezifische, biologisch verankerte, Verhaltensweisen verstanden, die *evolution*är bedingt sind und zum Überleben eines Individuums und einer Art beitragen. Im Gegensatz zu Reflexen sind instinktive Verhaltensmuster biologisch bedingte Reaktionen auf Umweltreize, die sich in Wechselwirkung mit individuellen Lernprozessen in der Ontogenese zu einer komplexen Sequenz von Verhaltensweisen ausformen (Beckmann/Heckhausen). In der Humanethologie wird die Bedeutung angeborener Verhaltensmuster für die menschliche Entwicklung betont. Bei Säuglingen lassen sich universelle, biologisch bedingte Verhaltensmuster beobachten (z. B. Schreien bei Unwohlsein). So wird in der Reaktion von *Bezugsperson*en auf das Schreien eines Säuglings ein angeborenes, adaptives Verhaltensmuster gesehen, das die Funktion hat, sicherzustellen, dass die *Bedürfnis*se eines Kindes (z. B. Nahrung, Sicherheit) adäquat befriedigt werden und ein Kind eine emotionale Bindung zu seinen Bezugspersonen aufbauen kann (Bindungsverhaltensmuster; Bowlby).

Verhaltensmuster in der Psychologie

Aus entwicklungspsychologischer Sicht lernen Kinder auf der Basis angeborener Reflexe (z. B. Saug-, Greifreflex) durch *Interaktion*en mit ihrer Umwelt, einfache motorische Reaktionen (z. B. Strecken eines Arms, Greifbewegung) gezielt zu koordinieren. Darauf aufbauend vollzieht sich die Entwicklung komplexer werdender Verhaltensmuster (Schemata; z. B. Greifhandlung). Aus psychologischer Sicht wird die Bedeutung der Wechselwirkung zwischen angeborenen und erfahrungsabhängigen Faktoren für die Entwicklung von Verhaltensmustern betont (siehe *Anlage-Umwelt-Theorien*). Dies bedeutet auch, dass biologisch bedingte Verhaltensmuster (z. B. Bindungsverhaltensmuster) in Abhängigkeit vom Entwicklungskontext kulturspezifisch geformt werden (Lohaus et al., Kap. 2, 8).

Die *Lerntheorie* erklärt die Entstehung von Verhaltensmustern als Ergebnis erfahrungsabhängiger Verstärkung von Stimulus-Response-Mustern. Gemäß dem Prinzip der operanten *Konditionierung* erhöht sich die Wahrscheinlichkeit, dass ein Verhalten wiederholt wird, wenn auf die Reaktion eine Verstärkung erfolgt. Unter Verstärkung wird jede Verhaltenskonsequenz verstanden, die das Auftreten des vorangegangen Verhaltens wahrscheinlicher macht, entweder da ein bestimmtes Verhalten mit einer angenehmen Konsequenz, einer Belohnung, verbunden ist (positive Verstärkung; z. B. Lob) oder unangenehme Konsequenzen ausbleiben (negative Verstärkung; z. B. Vermeidung negativer *Sanktion*en durch konformes Verhalten). Unter Bestrafung werden Verhaltenskonsequenzen verstanden, die die Auftretenshäufigkeit eines Verhaltensmusters reduzieren, entweder weil das vorangegangene Verhalten negative Konsequenzen mit sich bringt (positive Bestrafung; z. B. Erhalten eines Strafzettels für Falschparken) oder eine angenehme Konsequenz vorenthalten wird (negative Bestrafung; z. B. Entzug von Privilegien). Die operante Konditionierung erlaubt es insbesondere, den Erwerb neuer Verhaltensmuster in der *Sozialisation* zu erklären, die bisher nicht im Verhaltensrepertoire eines Individuums enthalten waren (Myers, Kap. 7).

Unter Beobachtungslernen wird eine Form sozialen *Lernen*s verstanden, bei der Individuen mittels Beobachtung und Nachahmung lernen, Verhaltensmuster zu reproduzieren. In einer klassischen Studie zum Beobachtungslernen von Albert Bandura wurden Kindern im Vorschulalter Filme präsentiert, in denen sich eine erwachsene Person gegenüber einer Puppe *aggressiv* verhielt. Kinder, die zuvor ein Rollenmodell beobachteten, das aggressiven Handlungen nachging, imitierten das aggressive Verhaltensmuster und zeigten nach erlebter Frustration signifikant mehr aggressive Reaktionen gegenüber der Puppe als Kinder, die zuvor kein aggressives Rollenmodell beobachteten (Bandura et al.).

Die Wahrscheinlichkeit, dass ein *Rollen*modell nachgeahmt wird, ist dann hoch, wenn das beobachtete Verhalten positive Konsequenzen nach sich zieht, besonders salient ist (d. h. Aufmerksamkeit auf sich zieht), dem Rollenmodell positive Merkmale zugeschrieben werden und eine wahrgenommene Ähnlichkeit zwischen den Eigenschaften des Rollenmodells und dem Beobachter besteht. Die Funktion von Vorbildern für die Entwicklung von Verhaltensmustern wird in unterschiedlichen *Sozialisation*sbereichen diskutiert; zum Beispiel für die Entwicklung *geschlecht*sspezifischer Verhaltensmuster durch Nachahmung geschlechtstypischen Rollenverhaltens (Lohaus et al., Kap. 14) und für Zusammenhänge zwischen *Medienkonsum* und Entstehung aggressiver Verhaltensmuster (Myers, Kap. 7).

In der Persönlichkeitspsychologie werden Dispositionen (Traits) als Verhaltensmuster verstanden, die konsistent über Situationen hinweg auftreten. Traits sind Persönlichkeitsmerkmale (z. B. Extraversion), die biologisch bedingt früh in der Ontogenese auftreten, im Erwachsenenalter relativ stabil sind und charakterisieren, wie Individuen in ihrem Denken, Fühlen und Handeln auf ihre *Umwelt* reagieren (z. B. gesellig, herzlich) (Myers, Kap. 12). Obwohl Persönlichkeitsmerkmale im Erwachsenenalter relativ stabil sind, ist Verhalten stets als das Ergebnis einer Wechselwirkung zwischen internalen (d. h. Person) und externalen Merkmalen (d. h. Situation) zu sehen. Personenspezifische Verhaltensmuster weisen über unterschiedliche Situationen hinweg nur niedrige Korrelationen auf, jedoch besteht eine hohe intraindividuelle Stabilität in Bezug auf das Auftreten situationsspezifischer Verhaltensmuster (Shoda et al.).

Literatur

Beckmann, Jürgen; Heckhausen, Heinz, 2010: Motivation durch Erwartung und Anreiz; in: Heckhausen, Jutta; Heckhausen, Heinz (Hg.): Motivation und Handeln, Heidelberg, 105–143. – Bandura, Albert et al., 1961: Transmission of aggression through imitation of aggressive models; in: The

Journal of Abnormal and Social Psychology 63, 575–582 – Bowlby, John, 1973: Attachment and loss. Vol. 2: Separation: Anxiety and anger, London. – Garfinkel, Harold, 1967: Studies in ethnomethodology, Englewood Cliffs, NJ. – Lohaus, Arnold et al., 2010: Entwicklungspsychologie des Kindes- und Jugendalters, Heidelberg. – Parsons, Talcott; Shils, Edward A. (Eds.), 1951: Toward a general theory of action, Cambridge, MA. – Shoda, Yuichi et al., 1995: Intraindividual stability in the organization and patterning of behavior: Incorporating psychological situations into the idiographic analysis of personality; in: Journal of Personality and Social Psychology 67, 674–687. – Stones, Rob, 2009: Theories of social action; in: Turner, Brian S. (Ed.): The new Blackwell companion to social theory, Malden, MA, 105–143. – Myers, David G., 2011: Exploring Psychology, New York. – Weymann, Ansgar, 2007: Interaktion, Institution und Gesellschaft; in: Joas, Hans (Hg.): Lehrbuch der Soziologie, Frankfurt a. M., 107–135.

Tobias Heikamp

Verhaltenstheorie

In der Soziologie wurde die Verhaltenstheorie (engl. behavioral theory) zunächst in den sechziger und siebziger Jahren im Rahmen eines Erklärungsprogramms verwendet, das im deutschen Sprachraum als »verhaltenstheoretische Soziologie« (K.-D. Opp) bezeichnet wurde. Es handelt sich um den Versuch, die Ziele des *Methodologischen Individualismus* durch die Anwendung psychologischer Theorien des Verhaltens umzusetzen. Der bekannteste und wichtigste Wegbereiter dieses Ansatzes einer »behavioral sociology« war G. C. Homans. Homans bezieht sich primär auf die behavioristische Lerntheorie des Psychologen Skinner. Andere Autoren verstehen Verhaltenstheorie in einem umfassenderen Sinn und schließen auch verschiedene andere Lerntheorien und kognitive sozialpsychologische Theorien mit ein (z. B. A. Malewski). Die Verwendung von Verhaltenstheorien ist in der Soziologie seit den 1980er Jahren stark durch *Rational-Choice-Theorie*n verdrängt worden, erfuhr aber aufgrund der großen Bedeutung verhaltenswissenschaftlicher Ansätze in der Ökonomik (»behavioral economics«) eine gewisse Renaissance. In diesem Zusammenhang werden Verhaltenstheorien meist mit *Handlungstheorie*n kontrastiert, die wie die *Rationalität*spostulate der Entscheidungs- und Spieltheorie axiomatisch und normativ begründet werden. Die Verhaltensökonomik unterzieht die Rationalitätspostulate der Rational-Choice-Theorie einer empirischen Kritik und versucht, die dabei zutage tretenden empirischen Anomalien durch realwissenschaftlich fundierte Theorien des Entscheidungsverhaltens zu erklären.

Behavioristische Lerntheorie als psychologische Basis

Homans zufolge muss die Soziologie keine eigenständigen Gesetze auf der Ebene sozialer Systeme formulieren, sondern in der Psychologie entdeckte und empirisch bestätigte Aussagen auf die Erklärung soziologischer Phänomene der Mikro- und der Makro-Ebene anwenden. Dabei könne man sich auf die Lerntheorie von B. F. Skinner stützen. Skinners Lerntheorie steht in der Tradition des amerikanischen Pragmatismus und *Behaviorismus*, indem sie theoretische Begriffe verwendet, die sich auf das beobachtbare Verhalten und Variablen der Umgebung beziehen und nicht auf innere Zustände (z. B. Kognitionen) des Akteurs. Die meisten empirischen Regelmäßigkeiten dieses Ansatzes wurden in tierexperimentellen Untersuchungen bestätigt, lassen sich aber nach Skinner grundsätzlich auf menschliches Verhalten übertragen. Skinners Theorie ist beeinflusst durch viele Vorarbeiten, zum Beispiel die Theorie des klassischen *Konditionieren*s (nach I. P. Pawlow) und das sog. Effektgesetz (nach E. L. Thorndike). Im Unterschied zum klassischen Konditionieren geht es in Skinners »operantem« Konditionieren nicht darum, durch bestimmte *Reize* (Stimuli), z. B. akustische Signale, ein instinktives Antwortverhalten auszulösen (z. B. Speichelfluss bei einem Versuchstier, das mit der Zeit ein akustisches Signal mit Nahrungsvergabe assoziiert). Vielmehr zeigt Skinner, dass spontan auftretende Verhaltensweisen – genannt »Operanten« (z. B. Druck auf einen Hebel im Labor) –, die die Umgebung des Organismus verändern, vom Organismus wiederholt ausgeführt (gelernt) werden, wenn dieses Verhalten systematisch belohnt wurde. Voraussetzung für das Erlernen eines Verhaltens ist eine gewisse *Deprivation* (Zustand der Nichtsättigung) hinsichtlich belohnender Reize (z. B. Nahrungsentzug im Tierexperiment). Skinners Theorie soll die Entstehung, Aufrechterhaltung, Veränderung und Tilgung (Extinktion) von operantem Verhalten erklären. Grundidee ist, dass in Situationen, in denen die Umgebungsreize planmäßig kontrolliert werden, bestimmte »Kontingenzen« zwischen Reizen und (operantem) Verhalten entstehen. Es gibt dabei zwei Arten von belohnenden Stimuli, nämlich positive und negative Verstärker. Positive Verstärkung bedeutet, dass ein Verhalten durch die Vorgabe von Belohnungen (z. B. Nahrung im Tierversuch) häufiger auftritt. Negative Verstärkung ist ebenfalls eine Form von Belohnung, besteht allerdings in der Beseitigung bestrafender Reize. Ein stark Suchtkranker (z. B. Alkoholabhängiger) wird nach einer gewissen Zeit der Abstinenz durch den erneuten Genuss des Suchtmittels vor allem von den physiologischen und psychischen Symptomen (also Bestrafungen) des Entzugs befreit, erfährt also negative Verstärkung. Neben verstärkenden Reizen gibt es »aversive« Stimuli, die bestrafend wirken, also die Häufigkeit des Auftretens eines Verhaltens reduzieren. In Laborexperimenten konnte gezeigt werden, dass das Muster der Verknüpfung von Operanten mit belohnenden oder bestrafenden Stimuli für das Lernen oder Verlernen des Verhaltens wichtig ist (»schedules of reinforcement« bzw. »schedules of punishment«). Neben kontinuierlichen Verstärkungsplänen, bei denen jedes einzelne Auftreten des Verhaltens regelmäßig belohnt wird, wurden intermittierende Verstärkungen (z. B. Belohnung durchschnittlich jeder n-ten Reaktion) untersucht. Es zeigte sich, dass bestimmte unregelmäßige Belohnungen besonders wirksame Lernprozesse auslösen. Ein Beispiel sind Glücksspiele wie Roulette, bei denen die Einsätze eines Spielers, der wiederholt am Glücksspiel teilnimmt, zufällig belohnt werden. Viele unregelmäßig auftretende kleine Gewinne können dazu beitragen, das Spielverhalten dauerhaft zu fixieren. Neben dem Verstärkungsmuster ist die Höhe der Belohnung oder Bestrafung sowie der zeitliche Abstand zwischen dem Verhalten und dem Auftreten der Belohnung/Bestrafung entscheidend für die Wirksamkeit von Lernprozessen. Je größer der zeitliche Abstand, desto geringer die Chance, dass eine verhaltenswirksame Verstärkungskontingenz entsteht. Dies gilt auch für Bestrafungen: Soll etwa die Bereitschaft für *abweichendes Verhalten* (wie Kriminalität) durch Strafe vermindert werden, so ist es wichtig, dass die Strafe in einem engen zeitlichen Zusammenhang mit dem unerwünschten Verhalten steht.

Homans' lernpsychologische Hypothesen

Homans' Wissenschaftsideal orientiert sich am *Kritischen Rationalismus* Poppers und an der empirisch-analytischen Wissenschaftstheorie. Aufgabe der Soziologie ist es aus dieser Sicht, Erklärungen sozialer

Sachverhalte zu formulieren und empirisch zu prüfen. Homans kritisiert funktionalistische und systemtheoretische Ansätze, weil ihnen empirische Erklärungskraft fehle. Die Suche nach soziologischen Gesetzen sui generis habe sich als Fehlschlag erwiesen, stabile Gesetzmäßigkeiten seien nur für die Ebene des individuellen Verhaltens vorhanden. Insbesondere seien psychologische Lerntheorien für die Erklärung sozialer Phänomene geeignet. Um diese Verhaltenstheorien jedoch auf die Erklärung von Sachverhalten, die für die Soziologie von Interesse sind, anwenden zu können, sei es erforderlich, diese psychologischen Gesetze in einer vereinfachten Form zu verwenden. Nur dann sei es möglich, die Verhaltenstheorie auf die komplexen sozialen Situationen, in denen eine Vielzahl von Individuen interagiert, anzuwenden. Dementsprechend schlägt Homans (1974) vor, die Verhaltenstheorie zu einer Menge einfacher empirischer *Hypothesen* zusammenzufassen. Die wichtigste ist die Erfolgshypothese: Je häufiger ein Verhalten belohnt wurde, desto größer ist die Wahrscheinlichkeit, dass die betreffende Person dieses Verhalten wieder ausführen wird. Diese Hypothese (die dem Effektgesetz der klassischen Psychologie und auch den Grundaussagen der Theorie Skinners entspricht) macht deutlich, dass die vergangenen Konsequenzen des Verhaltens eine Determinante für die Häufigkeit seines Auftretens sind. Eine weitere Hypothese ist die Werthypothese: Je wertvoller für eine Person das Ergebnis ihres Verhaltens ist, desto höher ist die Wahrscheinlichkeit, dass sie dieses Verhalten ausführt. Homans (1974: 45–47) erwähnt auch eine Rationalitätshypothese, die seiner Ansicht nach die Erfolgshypothese und zwei weitere Hypothesen der Verhaltenstheorie umfasst bzw. mit ihnen korrespondiert. Die Rationalitätshypothese besagt, dass Akteure diejenige Handlungsalternative wählen, die den erwarteten Nutzen maximiert. In Homans' Hypothesenkatalog gibt es zudem Aussagen über Emotionen (»sentiments«), z. B. eine Frustrations-Aggressionshypothese, wonach das Ausbleiben erwarteter Belohnungen aggressives Verhalten wahrscheinlicher macht. Ferner macht Homans deutlich, dass neben den beschriebenen individuellen auch soziale Lernprozesse möglich sind, so dass der Akteur erfolgreiches Verhalten nicht aufgrund der Erfahrung von Konsequenzen in der eigenen Lerngeschichte übernimmt, sondern durch Identifikation mit einem Verhaltensmodell »stellvertretend« erlernt.

Anwendungen und Probleme der verhaltenstheoretischen Soziologie

Die Verhaltenstheorie wurde in der Soziologie, insbesondere auch in Homans' Beiträgen, überwiegend auf die Erklärung elementarer sozialer Interaktionen im Kontext von Klein*gruppe*n angewandt. Ein wichtiges Anwendungsfeld sind soziale *Austausch*beziehungen. Diese sind definiert als Interaktionen, in denen mindestens zwei Personen wiederholt miteinander Belohnungen (oder auch Bestrafungen – vgl. Molm 1997) austauschen, wobei auch »generalisierte« Verstärker wie soziale Wertschätzung (*Status*) im Tausch gegen bestimmte Leistungen (z. B. Hilfe und Unterstützung) eingesetzt werden. Ungleichgewichte hinsichtlich der Abhängigkeit der Akteure von den Belohnungen, die in der Beziehung transferiert werden, bedeuten *Macht*unterschiede und führen auf der Ebene von Kleingruppen zu Statusdifferenzierung. Das gilt insbesondere, wenn die Gruppenmitglieder in unterschiedlichem Ausmaß über wertvolle Ressourcen verfügen (z. B. Unterstützung bieten können), so dass weniger Mächtige ihre Abhängigkeit durch verstärkte Vergabe von Wertschätzung gegenüber dem weniger Abhängigen verringern. Eine wichtige Forschungstradition wurde von R. Emerson und Kollegen begründet (u. a. K. Cook, L. Molm, E. Lawler). Die Bedeutung dieses Ansatzes liegt in dem Übergang von dem Austausch in einer Zweierbeziehung zum Austausch in einem *Netzwerk* und den daraus resultierenden Implikationen der Netzwerkstruktur auf das soziale Verhalten. Emerson errichtet seine Theorie auf der Basis eines behavioristischen Verhaltensmodells, wobei die Akteure ihre Entscheidungen an vergangenen positiven und negativen Verstärkern orientieren. Neben Netzwerken von sozialen Austauschbeziehungen gab es vielfältige Versuche einer Anwendung lerntheoretischer Hypothesen. So wurde versucht, *Sozialisation*svorgänge und die Internalisierung sozialer *Norm*en, Normkonformität und *abweichendes Verhalten* (z. B. Kriminalität, Drogensucht) durch lerntheoretische Überlegungen zu erklären. Einzelne Beiträge richten sich sogar auf die Erklärung gesamtgesellschaftlichen *sozialen Wandel*s, etwa in Gestalt der Diffusion von Neuerungen (R. H. Hamblin, J. H. Kunkel). Dennoch hat sich der Ansatz der Verhaltenstheorie in der Soziologie nicht durchsetzen können.

Behavioristische Lerntheorien und der Anspruch einiger ihrer Vertreter (wie Skinner), auf ihrer Basis zahlreiche elementare aber auch komplexere individuelle und soziale Verhaltensmuster erklären zu können, wurden in den Human- und Sozialwissenschaften stark kritisiert. Häufig wurde darauf hingewiesen, dass Skinners Konzeption operanten Konditionierens (oder die Hypothesen Homans') empirisch leer bzw. zirkulär seien. So wird behauptet, dass die Erfolgshypothese keinen empirischen Gehalt besitze, da Verstärker per definitionem die Häufigkeit des vorangegangenen Verhaltens erhöhen. Hierbei wird übersehen, dass sich diese Hypothese explizit auf den Effekt der Frequenz einer Verstärkung bezieht. Es ist aber durchaus empirisch testbar, ob eine einmalige Verstärkung eine geringere Wirkung auf das Verhalten zeigt, als eine dreimalige Verstärkung. Eine ähnliche Kritik, mit der sich Homans auseinandersetzt (1974: 33–37), richtet sich auf den (angeblich) tautologischen Charakter der Werthypothese. Auch hier kann man entgegenhalten, dass der Wert einer Verstärkung über deren empirisch messbare Menge kontrolliert werden kann. Die Werthypothese bleibt jedoch problematisch bei der Anwendung auf unterschiedliche Verstärker.

Weiterhin wurde kritisiert, dass die behavioristische Lerntheorie vor allem unter kontrollierten Laborsituationen überprüft bzw. induktiv entwickelt wurde. In natürlichen Situationen ist es jedoch schwierig bis unmöglich, sämtliche für die Lerngeschichte eines Individuums relevanten belohnenden oder bestrafenden Reize zu kontrollieren, so dass der Anwendung der Theorie enge Grenzen gesetzt sind. Das gilt besonders für den Versuch, die Verhaltenstheorie für die Erklärung komplexer Verhaltensmuster (z. B. Spracherwerb) einzusetzen. Es scheint, dass die behavioristische Verhaltenstheorie sich am ehesten für die Erklärung einfacher, wiederholt auftretender Verhaltensmuster eignet. Ihre Anwendung setzt jedenfalls voraus, dass das betreffende Verhalten überhaupt erstmalig aufgetreten und konsistent verstärkt (oder bestraft) worden ist. Neuartige (»kreative«) Handlungen und im Lebensverlauf selten auftretende Entscheidungen wie die Wahl einer Schul- oder Studienlaufbahn, Heirat und Scheidung lassen sich durch die Verhaltenstheorie nicht ohne weitere Zusatzannahmen erklären. Homans versucht diese Lücke zu schließen, indem er soziales Lernen und *Imitation* der behavioristischen Lerntheorie hinzufügt. So kann der Erfolg einer beobachteten Handlung das eigene Verhalten beeinflussen und dessen erstmaliges Auftreten in ähnlichen Situationen erklären.

Matching Law und Rationalität

Verschiedentlich wurde (z. B. Homans 1974) behauptet, dass die verhaltenspsychologischen Hypothesen und die *Rationalität*sannahme der *Rational-Choice-Theorie* miteinander vereinbar oder sogar äquivalent sind. In beiden Theorien wird das Verhalten durch die (vergangenen oder zukünftig erwarteten) Konsequenzen geformt. Beide Theorien betonen die Wirkungen von Anreizen (Belohnungen oder Bestrafungen). Dieser Auffassung muss jedoch zunächst mit Skepsis begegnet werden, weil die Hypothesen der Verhaltenstheorie in formaler Hinsicht Aussagen über (relative) Häufigkeiten oder Wahrscheinlichkeiten sind, während die meisten Fassungen der Rational-Choice-Theorie deterministische Aussagen über das gewählte Handeln enthalten. Ferner sind die Voraussetzungen der Anwendung unterschiedlich: Die Lerntheorie kann aufgrund ihres »historischen« Charakters (Homans 1974: 40–42) nicht ohne möglichst detaillierte Informationen zu den individuellen Lerngeschichten angewendet werden. Die Rational-Choice-Theorie setzt Kenntnisse der aktuell wirksamen Wünsche (Präferenzen) und Opportunitäten (Restriktionen) voraus.

Weitere entscheidende Unterschiede werden deutlich, wenn man einige Implikationen von Weiterentwicklungen der Verhaltenstheorie Skinners in Betracht zieht. R. J. Herrnstein (1997) entwickelte Skinners empirische Verallgemeinerungen weiter und schlug eine Formel vor, welche den Zusammenhang zwischen Verhalten und Belohnungen beschreibt. Angenommen, eine Person wählt, über einen Zeitraum betrachtet, eine Alternative i genau B(i) mal und wird dafür R(i) mal belohnt, dann besagt das Entsprechungsgesetz (Matching Law), dass die relative Häufigkeit von B(i) direkt proportional zur relativen Häufigkeit des Auftretens von R(i) ist:. (B(j) und R(j) bezeichnen die Häufigkeiten des Auftretens bzw. der Belohnung einer zweiten Alternative j, wobei die Art der Verstärkung für beide Alternativen identisch ist.) Dieser Sachverhalt wurde in Laborexperimenten bestätigt und stellt ein robustes Verhaltensgesetz dar, das die Erklärungskraft der Verhaltenstheorie insofern verbessert, als es (analog zur Rational-Choice-Theorie) möglich ist, die Wahl zwischen (im Prinzip beliebig vielen) konkurrierenden Alternativen zu beschreiben.

Das Matching Law kann in verschiedenen Hinsichten erweitert werden. Es lässt etwa Aussagen über die Wirkungen unterschiedlich starker Belohnungen zu. Eine interessante Implikation bezieht sich auf die Wirkungen des zeitlichen Abstands zwischen dem Verhalten und der Präsentation einer Belohnung. Das Matching Law behauptet eine indirekt proportionale Beziehung zwischen zeitlichem Abstand und relativer Auftretenshäufigkeit des Verhaltens. Dadurch können zeitliche Inkonsistenzen im Verhalten einbezogen werden. Über einen Zeitraum betrachtet impliziert das Entsprechungsgesetz eine individuelle Verteilung der verschiedenen Handlungsentscheidungen, so dass die durchschnittlichen Verstärkungen für alle Alternativen gleich groß sind. Jedoch bedeutet das keine optimale Verwendung der Ressource Zeit. Bei vielen Gelegenheiten entscheiden sich die Akteure für ein Verhalten, welches zwar kurzfristig, d. h. soweit die Akteure die Folgen überblicken, optimal erscheint, langfristig jedoch eine nachteilige Wirkung hat. Im Gegensatz zu anderen Verhaltensmodellen (besonders der Rational-Choice-Theorie) werden solche Sachverhalte durch die Verhaltenstheorie in Gestalt des Matching Law erklärt. Das sind in der Regel Entscheidungen gegen selbstkontrollierende und für impulsive Handlungen, deren nachteilige Folgen erst nach einem längeren Zeitraum ersichtlich sind. Unter anderem zählt Suchtverhalten dazu (Ainslie 1992, Rachlin 2000).

Ausblick auf weitere Entwicklungen

Da das Matching Law ein Gleichgewicht beschreibt, das sich meist erst über mehrere Interaktionen einstellt, schlägt Herrnstein einen Lernprozess vor, welcher zu diesem Zustand führt. Dieser Prozess wird als Melioration learning bezeichnet. Er kann als lerntheoretisches Modell formalisiert und für Erklärungen und Vorhersagen auf der sozialen Ebene genutzt werden (Brenner/Witt 2003). Verschiedene Untersuchungen mit alternativen verhaltens- bzw. lerntheoretischen Annahmen, die einerseits von der Rational-Choice-Theorie und andererseits von Skinners Verhaltenstheorie abweichen, sind in der Psychologie und Verhaltensökonomik durchgeführt worden. Die meisten der verwendeten Modelle wurden entwickelt, um auf Unzulänglichkeiten der klassischen ökonomischen Ansätze zu reagieren. H. A. Simon (1955) schlug in einer Pionierarbeit zu eingeschränkt rationalem Verhalten ein Modell vor, gemäß dem Akteure nicht ihr Verhalten zu optimieren versuchen, sondern zufriedenstellende Handlungen wählen (»satisficing«), die ihrem Anspruchs-niveau entsprechen. Soweit diese Faktoren einen Einfluss auf den Entscheidungsprozess haben, kön-nen sowohl die begrenzten kognitiven Fähigkeiten des Menschen (in Bezug auf Informationsbeschaf-fung und -verarbeitung) als auch die Situation und Umgebung der Akteure berücksichtigt werden.

Ähnlich dem Melioration learning basieren An-spruchsniveau-Modelle auf dem Effektgesetz der klassischen Lerntheorie (und der Erfolgshypothese Homans'). Dieses Gesetz besagt, dass Verhalten wie-derholt wird, solange es zufriedenstellende Ergeb-nisse erzielt. Dagegen werden Handlungen unterlas-sen, welche negative Konsequenzen zur Folge haben. Damit versuchen die Akteure eine graduelle Verbes-serung der Handlungsergebnisse zu erreichen. Es wird aber in keinem der beiden Modelle garantiert, dass die Akteure ein globales Maximum finden. Bei dem Melioration learning sind die Situationen pro-blematisch, in denen die langfristigen Auszahlungen von dem aktuellem Verhalten beeinflusst werden. Für das Aspiration learning ist es vor allem wichtig, wie die Aspirationen gesetzt sind bzw. ob sie einer Dynamik unterliegen.

Besonders in Verbindung mit Agenten-basierten Simulationen ermöglichen lerntheoretische Modelle eine Lockerung der strengen Verhaltensannahmen und strukturellen Voraussetzungen der Rational-Choice- und *Spieltheorie*, ohne deren formale Strin-genz einzubüßen (Macy/Flache 2009). So können, auf der einen Seite, Situationen untersucht werden, welche sich aufgrund eingeschränkter Berechenbar-keit oder hinreichender Komplexität der mathemati-schen Analyse entziehen. An die Stelle der rationalen Überlegungen der Akteure treten dann Heuristiken, die z. B. auf einem Anspruchsniveau-Modell basie-ren. Auf der anderen Seite erlaubt die Benutzung von lerntheoretischen Modellen eine realistischere Dar-stellung des menschlichen Verhaltens. Dadurch kön-nen sich Lösungen von Problemen ergeben, an denen die klassische Rational-Choice-Theorie scheitert, z. B. Paradoxien des politischen Wahlverhaltens (Bendor et al. 2011). Andere Untersuchungen zei-gen, dass durch lerntheoretische Mechanismen Wege zur Erreichung von Gleichgewichten im Sinn der Spieltheorie beschrieben werden können. So entsteht auch unter lernenden Akteuren beidseitige Koopera-tion, falls das Gefangenendilemma wiederholt ge-spielt wird (Macy 1991). Auf der Suche nach den re-alen Kausalzusammenhängen zur Erklärung von sozialen Phänomenen lohnt sich demnach die Einbe-ziehung lerntheoretischer Modelle.

Literatur

Ainslie, George, 1992: Picoeconomics, Cambridge. – Ben-dor, Jonathan et al., 2011: A Behavioral Theory of Elections, Princeton. – Brenner, Thomas; Witt, Ulrich, 2003: Melio-ration learning in games with constant and frequency-de-pendent pay-offs; in: Journal of Economic Behavior & Orga-nization 50, 429–448. – Cook, Karen S.; Emerson, Richard, 1978: Power, Equity, and Commitment in Exchange Net-works; in: American Sociological Review 43, 721–739. – Hamblin, Robert L.; Kunkel, John H. (Eds.), 1977: Behavioral Theory in Sociology. Essays in Honor of George C. Homans, New Brunswick, N. J. – Herrnstein, Richard J., 1997: The Mat-ching Law, Cambridge, Mass. – Homans, George C., 1974: Social Behavior, 2., rev. Aufl., New York. – Macy, Michael W.; Flache, Andreas, 2009: Social dynamics from the bottom up. Agent-based models of social interaction; in: Hedström, Pe-ter; Bearman, Peter (Eds.): The Oxford Handbook of Analyti-cal Sociology, Oxford, 245–268. – Macy, Michael W., 1991: Learning to Cooperate: Stochastic and Tacit Collusion in Social Exchange; in: American Journal of Sociology 97, 808–843. – Malewski, Andrzej, 1977: Verhalten und Interaktion, 2. Aufl., Tübingen. – Molm, Linda, 1997: Coercive Power and Social Exchange, Cambridge. – Opp, Karl-Dieter, 1972: Ver-haltenstheoretische Soziologie, Reinbek. – Rachlin, How-ard, 2000: The Science of Self-Control, Cambridge, Mass. – Simon, Herbert A. (1955): A behavioral model of rational choice; in: The Quarterly Journal of Economics 69, 99–118.

Thomas Voss/Johannes Zschache

Verstädterung

Der Begriff der Verstädterung (engl. meist als urbani-sation bezeichnet) bezieht sich a) auf das Verhältnis der Einwohnerzahl von Städten zu nicht-städtischen Siedlungen und das hier festzustellende Anwachsen der Stadtbevölkerung, b) auf das Flächen- und/oder Bevölkerungswachstum einzelner Städte oder auch c) auf die zunehmende Verbreitung einer »städti-schen Lebensweise«. Die Eingrenzung des Begriffs ist ebenso schwierig, wie die Beschreibung dessen, was das Besondere des Städtischen oder der *Stadt* aus-macht (vgl. Herrmann et al. 2011). »Stadt« wird sta-tistisch eingegrenzt als spezifisches Siedlungsgebilde mit einer bestimmten Größe (in Deutschland ab 2000 Einwohnern), Dichte und Heterogenität. Im historischen Rückblick wird deutlich, wie unterschiedlich Prozesse der Verstädterung verlaufen, insbesondere dann, wenn ganze Kontinente miteinander verglichen werden: Für Nordamerika und Europa wird eine erste *Urbanisierung*swelle für den Übergang von der feudalen zur industriellen Gesellschaft festgestellt. Am Beginn des 21. Jh.s setzte eine zweite Urbanisierungswelle auf dem afrikanischen Kontinent, in China und Indien ein: Bis 2030 wird sich hier die Zahl der Stadtbewohner mehr als verzehnfachen (UNFPA 2007: 9). Ein rasches Bevölkerungswachstum einzelner Städte – hiervon sind insbesondere Städte in Indien, China und afrikanische Städte wie Lagos betroffen (vgl. Burdett/ Rode 2007: 28/29) – wirft enorme ökologische und infrastrukturelle Probleme auf. Insbesondere die sehr rasch wachsenden Mega-Cities mit über 10 Mill. Einwohnern haben Probleme mit dem Verkehr, aber auch mit unzureichenden Wasser- und Abwassersystemen.

In Europa steht der Prozess der Verstädterung im Zuge eines wirtschaftlichen Strukturwandels und des Wandels von Gesellschaften zur Dienstleistungs- und Wissensgesellschaft einem Prozess der »Schrumpfung« gegenüber. Es wird deutlich, dass Wanderungsbewegungen innerhalb Europas und darüber hinaus in manchen Städten und Regionen zu einer sinkenden Einwohnerzahl führen. Mit Blick auf diese Entwicklungen bezeichnet der Begriff der Verstädterung einen von zwei Polen einer Entwicklung. Wachstums- oder Schrumpfungsprozesse werden primär von der ökonomischen Basis und der Einbindung der Städte in regionale und überregionale Netzwerke bestimmt. Die zunehmende Bedeutung von unternehmensbezogenen Dienstleistungen und Wissenstechnologien, globale Vernetzungen und hiermit verbundene Funktionsschwerpunkte einzelner Städte (z. B. Finanzmetropole oder Hochtechnologiestandort) haben zu einer Verschärfung des nationalen sowie internationalen Standortwettbewerbs geführt. Dabei fördert die Nähe zu den Zentren der wirtschaftlichen Entwicklung die Verstädterung im Umland; *Metropolregion*en entstehen.

Ob in Europa noch zwischen einer städtischen und nicht-städtischen (d. h. dörflichen) Lebensweise unterschieden werden kann, also die dritte Dimension der Verstädterung als Analysedimension weiterhin hilfreich ist, ist umstritten. Dies hängt nicht zuletzt auch damit zusammen, dass sich das Leben in den sehr unterschiedlichen Städten – der Mega-City, einer deutschen Großstadt oder einer Mittelstadt, außerhalb/ innerhalb einer prosperierenden Region

usw. – ebenfalls sehr voneinander unterscheidet. Ein bleibendes Kennzeichen der städtischen Lebensweise ist seit den Ausführungen Simmels (1984) die relative Anonymität bei Begegnungen sowie eine Art »positive Ignoranz«, die den Fremden so sein lässt, wie er ist. Andererseits treffen besonders in den Städten soziale Gegensätze aufeinander.

Literatur

Burdett, Ricky; Rode, Philipp, 2007: The Urban Age Project; in: Burdett, Ricky; Sudjic, Deyan (Hg.): The endless City: The Uban Age Project by the London School of Economics and Deutsche Bank´s Alfred Herrhausen Society, London u. a., 8–31. – Herrmann, Heike et al. (Hg.), 2011: Die Besonderheit des Städtischen. Entwicklungslinien der Stadt(soziologie), Opladen/Farmington Hills MI. – Simmel, Georg, 1984: Die Großstädte und das Geistesleben; in: Ders.: Das Individuum und die Freiheit, Berlin, 192–204 (1903). – UNFPA, Bevölkerungsfond der Vereinten Nationen (Hg.), 2007: Weltbevölkerungsbericht. Urbanisierung als Chance: Das Potenzial wachsender Städte nutzen, Stuttgart.

Heike Herrmann

Vorurteile

Vorurteile (engl. prejudices) werden als negativer Affekt oder negatives Verhalten gegenüber Mitgliedern einer sozialen *Gruppe* definiert. Sie basieren auf abwertenden Einstellungen oder Überzeugungen (Brown 1995). Der Begriff Vorurteil beschreibt somit Emotionen und Verhalten und bewertet sie vor einem normativen Hintergrund. Grundlage von Vorurteilen sind Wissensstrukturen, sogenannte *Stereotype*, die sozial geteilt sein können, aber nicht müssen, und die auch nicht notwendigerweise mit tatsächlichen Merkmalen der Gruppe übereinstimmen müssen. Vorurteile sind, wie bereits oben erwähnt, zumeist negative, affektiv aufgeladene Assoziationen mit Mitgliedern einer sozialen Gruppe oder Kategorie. Vorurteile enthalten affektive (Bewertungen der Situation aufgrund von eigener Betroffenheit), kognitive (beispielsweise stereotypes Wissen) und konative (d. h. verhaltensrelevante) Komponenten. Was negative Merkmale oder Eigenschaften einer Gruppe sind und was nicht, gilt als sozial geteiltes, konsensuales Wissen, muss aber keine Entsprechung in der Realität finden. Im Vergleich zur *Diskriminierung* ist aber in der Vorurteilsperspektive die normative Frage der Rechtfertigung bei der Ausführung vorurteilsbehafteten Verhaltens bereits beantwortet, der gesellschaftliche Aushandlungsprozess bereits durchlaufen (Sechrist/Stangor 2001).

Obwohl Vorurteile in der überwiegenden Mehrzahl der Fälle negatives, schädliches Verhalten beschreiben, ist es dennoch möglich, dass Vorurteile auch positive Erwartungen beschreiben können (Förster 2007). In der Umgangssprache sind in diesem Fall dann eher die Begriffe Fehlurteil oder Irrglaube gebräuchlich. Ihre Struktur ist jedoch dem negativen Vorurteil vollkommen ähnlich. Im Kontext von Betroffenheit wird, auf der Basis positiven stereotypen Wissens, ein Verhalten gezeigt, das dieser positiven Erwartung Ausdruck verleiht.

Verschiedene Typen von vorurteilsbasiertem Handeln

Vorurteile können in implizites und explizites oder bewusstes vorurteilsbehaftetes Handeln unterschieden werden. Auch sind die Begriffe automatisch vs. bewusst gebräuchlich. Diese Unterscheidung betrifft einerseits die kognitive Kontrolle des Akteurs über sein Tun und andererseits die Messbarkeit des Verhaltens. Im Falle von impliziten oder automatischen Vorurteilen werden diese nicht willentlich gezeigt, sondern sind ein Prozess unbewusster Verhaltensweisen. Auch ist es denkbar, dass der oder die vorurteilsbehaft Handelnde sich nicht über die Art und Bewertung seines oder ihres Verhaltens im Klaren ist, er oder sie kann also im schlimmsten Fall denken, dass es sich nicht um vorurteilsbehaftetes Verhalten handelt. Implizit bzw. non-reaktiv gemessene Vorurteile entziehen sich weitgehend der bewussten Beeinflussung durch die Akteure im Moment der Erfassung. Sozial erwünschtes Verhalten kann in solchen Erfassungsmethoden nicht die an sich vorliegenden Vorurteile überdecken. Gerade im Kontext von normativ negativ sanktionierten Verhaltensweisen, z. B. Rassismus, versuchen Individuen ihre eigentlichen, üblichen Verhaltensweisen im Falle einer Befragung oder Messung zu verbergen, um nicht als vorurteilsbehaftet zu erscheinen. Implizite Messmethoden können diese versteckten Vorurteile dennoch aufdecken.

Interventionsmöglichkeiten

Vorurteile werden auch als manifester Endpunkt eines psychologischen Prozesses angesehen, dessen vorangehende Stufen nicht der willentlichen Kontrolle des Akteurs unterliegen. Die Veränderung eigener emotionaler Betroffenheit und die Aktivierung bzw. das Verlernen bestimmter stereotyper Merkmale über andere soziale Gruppen lassen sich schwer oder vermutlich nur in wenigen Einzelfällen erfolgreich umsetzen. Die darauffolgende Verhaltensreaktion, das Vorurteil, ist jedoch schon willentlich beeinflussbar. Menschen können sich den vorurteilsbehafteten Konsequenzen ihrer emotionalen Lage und der aktivierten Stereotype bewusst werden und diese vermeiden. Interventionsmaßnahmen müssen die stereotype Basis und die emotionalen Grundlagen aufdecken, bewusst machen und idealerweise stark internalisierte Motivation aufbauen, Vorurteile dann zu vermeiden. Einfache Vermeidungsformeln hingegen können zu sogenannten Umkehreffekten führen. Nach der bewussten Vermeidung werden die Vorurteile umso stärker gezeigt (Förster 2007).

Literatur

Brown, Rupert J., 1995: Prejudice: It's social psychology, Oxford. – Förster, Jens, 2007: Kleine Einführung in das Schubladendenken. Über Nutzen und Nachteil des Vorurteils, München. – Sechrist, Gretchen B.; Stangor, Charles, 2001: Perceived consensus influences intergroup behavior and stereotype accessibility; in: Journal of Personality and Social Psychology 80, 645–654.

Kai J. Jonas

W

Wahrnehmung, soziale

Soziale Wahrnehmung (engl. social cognition) ist der u. a. durch Hypothesen, Erwartungen, Interessen und Emotionen gesteuerte Prozess der subjektiven Repräsentation äußerer Gegebenheiten. Menschen sind aufgrund ihrer biophysischen Natur nicht in der Lage, alle Umweltreize aufzunehmen. Wahrnehmung ist deshalb bereits auf einer ersten Stufe – bedingt durch die Art, Kapazität und Funktionstüchtigkeit der Sinnesorgane – biophysisch selektiv. Aus der Vielzahl von wahrnehmbaren Umweltreizen muss zudem kognitiv ausgewählt werden, um Orientierung und Verhaltenssicherheit zu geben. Dies bedingt eine fundamentale Weltoffenheit. Soziale Wahrnehmung umfasst die Urteilsbildung über sich selbst, über andere Personen oder über Gruppen als Ergebnis interner kognitiver Mechanismen und sozialer Interaktionen. Hierbei spielen soziale Faktoren wie *Sozialisation* und Selbstkonzept, Einstellungen, Motive und Emotionen, aber auch *soziale Vergleich*sprozesse eine wichtige Rolle. Die Wahrnehmung kann durch eine Fülle sozialpsychologischer Prozesse beeinflusst und verzerrt werden (fundamental attribution error, minimal-group-paradigm, primacy vs. recency effect). Soziale Urteile werden dabei unter Zuhilfenahme von Schemata, *Stereotypen*, Prototypen oder *Skript*en gefällt. Diese Strukturen sind sozial verankert und Ergebnis interpersoneller Lernprozesse. Die aktivierten Schemata oder Skripte bestimmen, welche Informationen überhaupt aufgenommen und wie sie interpretiert werden. Sie sind an *Rollen* und Situationen geknüpft, werden erlernt und erleichtern generell soziale (Inter-)Aktionen, da sie eine Lösung des Problems der doppelten Kontingenz darstellen. Diese Selektion führt schließlich zu einer Vielzahl subjektiv wahrnehmbarer *Wirklichkeit*en. Ist die Differenz zwischen Schemainformationen und wahrgenommener Realität zu groß, werden Mechanismen der Wahrnehmungsabwehr eingesetzt (Balance-Theorie, *Theorie der kognitiven Dissonanz*). Erkenntnistheoretisch wird deutlich, dass Positionen des naiven *Positivismus* ebenso jeder Grundlage entbehren wie radikal konstruktivistische Positionen.

Literatur

Fiske, Susan T., Taylor, Shelley E., 2008: Social Cognition. From Brains to Culture, New York.

Johannes Kopp

Wahrscheinlichkeit

Unter bestimmten Bedingungen lässt sich dem Eintreten eines definierten Ereignisses A eine Zahl zwischen 0 und 1 zuordnen und als dessen Wahrscheinlichkeit (engl. probability) bezeichnen – in der Regel P(A) geschrieben. Hinsichtlich der Bedingungen und Zuordnungsregeln wurden diverse Konzepte entwickelt, wobei insbesondere unterschieden wird zwischen a) logischer (Laplace), b) subjektiver (Bayes, Savage) und c) statistischer Wahrscheinlichkeit (v. Mises, Reichenbach).

a) **Logische** Wahrscheinlichkeit (auch: **mathematische** oder **klassische** Wahrscheinlichkeit) ist eine Konzeption, die gemäß dem »Prinzip vom unzureichenden Grunde« von gleichwahrscheinlichen (Elementar-)Ereignissen ausgeht. Z. B. hat jede der sechs Seiten eines idealen Würfels die gleiche Wahrscheinlichkeit, bei einem Wurf »oben zu liegen«, da es keinen Grund gibt, weshalb eine Seite »bevorzugt« »oben liegen« sollte. Die Wahrscheinlichkeit ist dann der Quotient aus »günstigen Fällen« und »möglichen Fällen«. Da diese Wahrscheinlichkeit rein logisch, ohne empirische Beobachtungen bestimmt wird, spricht man auch von »A-priori-Wahrscheinlichkeit«.

b) **Subjektive** Wahrscheinlichkeit steht im Zusammenhang mit Verhalten und Entscheidungen von Personen und ist daher unter einem personen-, handlungs- und entscheidungszentrierten Verständnis von Sozialwissenschaft von Interesse. Eine wichtige Rolle spielt das *Bayessche Theorem*, mit dessen Hilfe man von (subjektiv angenommenen) A-priori-Wahrscheinlichkeiten unter Einbeziehung von Beobachtungsdaten zu einer Revision dieser Annahmen, also zu A-posteriori-Wahrscheinlichkeiten, gelangen kann.

c) **Statistische** Wahrscheinlichkeit (auch: Häufigkeitswahrscheinlichkeit) ist eine empirische und induktive Wahrscheinlichkeitsinterpretation, bei der von der relativen Häufigkeit k/n ausgegangen wird, mit der (unter bestimmten Bedingungen) bei n Experimenten k mal das gefragte Ereignis A aufgetreten ist. Die wesentlichsten Voraussetzungen für die Angemessenheit dieses Vorgehens liegen einmal in einer beliebig häufigen Wiederholbarkeit eines zugrunde liegenden *Zufallsexperiment*es unter immer denselben Ursachenbedingungen, zum anderen in einer sehr großen Zahl n, so dass k/n »typisch« wird. Dazu wird P(A) in der »Limes-Definition« als jener Grenzwert definiert, dem die relative Häufigkeit zustrebt, wenn n über alle Grenzen wächst, also lim (k/n) = P(A). Obwohl beide Voraussetzungen als problematisch umstritten sind, ist der statistische der für die Praxis bedeutsamste Wahrscheinlichkeitsbegriff.

Da man empirisch beobachten kann, dass Ereignisse, deren Wahrscheinlichkeiten sehr klein sind, auch sehr selten auftreten, lässt sich mit Hilfe des von Poisson begründeten »*Gesetzes der großen Zahlen*« eine Verbindung zwischen *Empirie* (Häufigkeit) und *Theorie* (Wahrscheinlichkeit) herstellen. Der mathematische Kern lautet folgendermaßen: Es sei bei n unabhängigen Experimenten k mal das Ereignis A aufgetreten. Die konstante Wahrscheinlichkeit für das Ereignis A sei p, und f sei die relative Häufigkeit k/n. Dann gilt: $\lim P(|f - p| > \varepsilon) = 0$, d. h. die Wahrscheinlichkeit P, dass p und f (= k/n) mehr als ein beliebig kleines vorgegebenes ε voneinander abweichen, geht bei $n \to \infty$ gegen 0, oder: für genügend großes n wird P beliebig klein. Daraus lässt sich als Cournotsche Brücke folgern, dass eine bestimmte Abweichung der beobachteten relativen Häufigkeit f von der erwarteten Wahrscheinlichkeit p umso seltener auftreten wird, je größer n ist. Selbst diese Fassung aber beinhaltet, dass im Einzelfall auch bei sehr großem n die Abweichung sehr groß werden kann – was oft fälschlicherweise übersehen wird.

Für die *Statistik* ist nun aber nicht so sehr die Bestimmung der Wahrscheinlichkeit einzelner Ereignisse interessant als vielmehr die Analyse von Ereigniskomplexen und damit die Verknüpfung von Wahrscheinlichkeit mittels der Wahrscheinlichkeitsrechnung. Diese ist heute durch die allgemein üblichen Axiome von Kolmogoroff völlig abstrakt begründet, d. h. nur im Hinblick auf die Angabe von wünschenswerten mathematischen Eigenschaften. Ein wichtiger Bereich der Wahrscheinlichkeitsrechnung ist die Konstruktion von **Wahrscheinlichkeitsverteilungen**. Diese geben die Wahrscheinlichkeiten für alle möglichen Ausprägungen einer Variablen an (z. B. für alle möglichen »Augen-Summen« dreier Würfel). Da bei stetigen Variablen in einem Intervall unendlich viele Werte (»Ausprägungen«) liegen, macht es natürlich nur Sinn, von einer Wahrscheinlichkeit dafür zu sprechen, dass ein Wert in ein bestimmtes Intervall fällt – sie ist dann als Integral der sog. Dichtefunktion definiert.

Die wichtigsten diskreten Wahrscheinlichkeitsverteilungen sind Binominal- oder Bernoulli-, Hypergeometrische-, Poisson- und Polya-Verteilung. Die wichtigste stetige Wahrscheinlichkeitsverteilung ist die Normal- oder Gauss-Verteilung. Der »zentrale Grenzwertsatz« belegt ihre besondere Bedeutung: alle Zufallsvariablen, die sich additiv aus vielen unabhängigen »Faktoren« zusammensetzen (z. B. sehr viele biologische und soziale Variablen) sind nämlich annähernd normalverteilt. Viele weitere wichtige stetige Wahrscheinlichkeitsverteilungen – wie z. B. t-Verteilung, F-Verteilung und Chi-Quadrat-Verteilung – sind unmittelbare Ableitungen aus der Normalverteilung. Alle diese (und weitere) Wahrscheinlichkeitsverteilungen dienen als Kern von Modellen zur Analyse und Prognose empirischer Ereignisse (bzw. Ereigniskomplexe) – z. B. lassen sich Modelle für deduktive und induktive Schlüsse zwischen Stichproben und Grundgesamtheiten ableiten – und sind so u. a. wichtige Grundlage der Schätz- und Test-*Statistik*.

Literatur

Fahrmeir, Ludwig et al., 2009: Statistik: der Weg zur Datenanalyse, Berlin.

Jürgen Kriz, überarbeitet von Hans-Jürgen Andreß

Wandel, sozialer

Einleitung

Es ist eine allgemeine Erfahrung, dass die Gesellschaft durch geordnetes Fortbestehen ebenso charakterisiert ist wie durch stetige Veränderung. Daher erstaunt es nicht, dass Analysen sozialen Wandels (engl. social change) seit jeher zu den zentralen Erkenntnisinteressen der Soziologie zählen. In gewisser Weise können alle frühen gesellschaftswissenschaftlichen Theorien als Versuche verstanden werden, die Entwicklungen und Prozesse zu erfassen, die schließlich jene (westlich-moderne) Welt hervorgebracht haben, in der wir heute leben. Einen inhaltlichen

Schwerpunkt bilden hierbei die mit der *Industrialisierung* in der zweiten Hälfte des 19. Jh.s beschleunigt einsetzenden tiefgreifenden Umbildungen der *Sozialstruktur*. Das damalige Entstehen der soziologischen Theorie lässt sich daher auch »als eine Reaktion auf teilweise schockartig sich verbreitende Modernisierungserfahrungen« (Rosa et al. 2007, 13) interpretieren. Weil sich die Gesellschaft selbst in ihren materiellen, sozialen und kulturellen Beständen in jener Zeit massiv veränderte, wurde sie auf neuartige Weise zum Problem. Dieser Perspektive folgend ließ sich die klassische Soziologie in ihren Untersuchungen in vielen Fällen von den kontrastiven Differenzen zwischen der sich herausbildenden modernen (industriellen) Gesellschaft und der im Niedergang begriffenen traditionellen (vorindustriellen) Gesellschaft leiten.

Zumal mit Blick auf die modernen – mitunter auch als postmodern oder spätmodern etikettierten – Gegenwartsgesellschaften zeigt sich der Wandel als allgegenwärtig und das gleichsam einzig Beständige. Moderne Ordnungen lassen sich deshalb als auf fortwährende Entwicklung angelegte Ordnungen definieren. Folglich sind es typische Themen wie etwa der Wandel der Arbeitswelt, der Geschlechterrollen, der Bevölkerungsstruktur, des Schichtungsgefüges, der Herrschaftsstrukturen, der Wertordnung oder die Veränderung des Lebensalters, der Lebensformen und der Lebensstile, die den theoretischen und empirischen Analysen der Soziologie ihren Stempel aufdrücken. In jüngerer Zeit sind es auch die in den Schlagworten der »*Globalisierung*«, der »*Beschleunigung*« und der »*Digitalisierung*« zum Ausdruck gebrachten gesellschaftlichen Umbrüche, die regen Eingang in die zeitdiagnostischen Wandlungsdiskurse der Soziologie finden.

Soziologische Analysen, die beabsichtigen, ihren Gegenstand im Rahmen des Zeitablaufs zu erfassen, haben sich in der Regel den folgenden Schlüsselfragen zu stellen: In welchen sozialen Bereichen ist Wandel feststellbar? Wie sehen seine Erscheinungsformen und Symptome aus? Welche Geschwindigkeit (langfristig, abrupt), Intensität und Reichweite (partiell, total), welche Muster und Zielrichtungen des Wandels sind zu erkennen? Ist er irreversibel, oder lassen sich Umkehrtrends ausmachen? Welche strukturellen Folgen und personellen Auswirkungen zeitigt das Geschehen? Und nicht zuletzt: Welche bewegenden Motoren, Triebkräfte und Mechanismen (ökonomischer, kultureller, sozialer und politi-

scher Art) sind im Spiel? Welche dominanten, exogenen oder endogenen Ursachen treiben die Dynamik voran? Eine einheitliche und paradigmatische Theorie, die zur unangefochtenen Beantwortung all dieser Fragen beitragen könnte, gibt es nicht. Der Theorienvielfalt der Soziologie entspricht vielmehr eine Vielzahl an Scheinwerfern, die aus je unterschiedlichen Blickwinkeln die Phänomene des sozialen Wandels beleuchten. Erschwerend tritt hinzu, dass sich die Perspektiven entweder auf die Makroebene (Gesellschaft, Sozialstruktur), die Mesoebene (Gruppen, Organisationen, Institutionen) oder die Mikroebene (Persönlichkeitsstrukturen, Lebensläufe, Einstellungen), selten aber auf alle drei Dimensionen zugleich beziehen.

Begriff und Gegenstandsbereich

Der Begriff des sozialen Wandels wurde von William F. Ogburn (1886–1959) im Jahr 1922 eingeführt und löste die älteren normativ oder geschichtsphilosophisch aufgeladenen Begriffe wie *Fortschritt* oder *Evolution* ab, welche sich oftmals mit Vorstellungen einer sinnhaften, entwicklungslogisch oder gesetzmäßig auf ein Endziel hin gerichteten Veränderung verbanden. Zwei Beispiele vermögen den Kerninhalt, wie er den heute gängigen Definitionen zugrunde liegt, illustrieren. David Lockwoods (1971, 124) Vorschlag lautet: »Der Begriff sozialer Wandel soll die Veränderung in der institutionellen Struktur eines sozialen Systems bezeichnen; genauer, eine Umbildung der herrschenden institutionellen Ordnung einer Gesellschaft, so dass wir von einem Wandel im Typus der Gesellschaft sprechen können.« In einer anderen Begriffsbestimmung von Peter Heinz (1962, 268) heißt es kurz und bündig: Sozialer Wandel ist »die Gesamtheit der in einem Zeitabschnitt erfolgenden Veränderungen in der Sozialstruktur einer Gesellschaft.« Damit ist gesagt, der soziologische Wandlungsbegriff zielt nicht auf jede Veränderung, sondern nur auf diejenigen, die die Charakteristik der Sozialstruktur einer Gesellschaft, ihre grundlegenden Institutionen, Beziehungs- und Kulturmuster signifikant betreffen. Mit der Binsenweisheit, dass alle gesellschaftlichen Phänomene eine historische Dimension besitzen, lässt sich der Gegenstandsbereich der Soziologie des sozialen Wandels also nur unzureichend bestimmen. Aus dem engeren Umfeld des sozialwissenschaftlichen Wandlungsbegriffs verdienen noch zwei weitere Termini erwähnt zu werden. Für Veränderungen im Zuge der Überführung des sozialistischen Gesellschaftstypus in den Typus der modern-westlichen Gesellschaft hat sich das Konzept der »*Transformation*« eingebürgert. Während sich die Transformationsforschung überwiegend in den Händen der Sozialwissenschaften befindet, sind Formen des »katastrophenartigen sozialen Wandels« (Vester 2009, 161), wie vor allem die durch »*Revolution*en« ausgelösten dramatischen und relativ raschen Umwälzungen der gesellschaftlichen Ordnung, insbesondere auf das Interesse der Politik- und Geschichtswissenschaften gestoßen. Dies hat unter anderem seinen Grund darin, dass sich der soziale Wandel im Allgemeinen nicht in revolutionären Sprüngen, sondern als gradueller Prozess ständiger Veränderung von Teilen gesellschaftlicher Strukturen vollzieht.

Kompakte Definitionen dürfen nicht über die Vielfalt der Schwierigkeiten hinwegtäuschen, mit denen Untersuchungen zum sozialen Wandel konfrontiert sind. Eine bereits angedeutete Herausforderung bildet der immer zugleich statische und dynamische Charakter sozialer Strukturen. Denn obwohl diese auf der einen Seite die für die Ordnungsbildung unerlässlichen Regelmäßigkeiten gewährleisten, sind sie auf der anderen Seite in dauerhafter Entwicklung begriffen. Knapp kann gesagt werden: Sozialer Wandel bedeutet die Umbildung sozialer Ordnungen. Darum können Ordnungs- und Wandlungsanalysen auch als zwei Seiten einer Medaille begriffen werden. Wolfgang Zapf (2003, 427) umschreibt sozialen Wandel ganz in diesem Sinn als »Abweichung von relativ stabilen Zuständen, deren Stabilitätsbedingungen wir kennen müssen, um Wandlungspotentiale und Entwicklungsrichtungen analysieren und erklären zu können.«

Ein weitere Aufgabenstellung für Wandlungsanalysen aller Art erwächst daraus, dass jede Gesellschaft einen Wechselwirkungs- und Interdependenzzusammenhang oder, mit Norbert Elias (1897–1990) gesprochen, eine »Verflechtungsordnung« darstellt. So verlaufen Wandlungen in den einzelnen Teilbereichen in der Regel nicht nebeneinander, sondern sind miteinander verwoben und beeinflussen sich gegenseitig. Obendrein fällt die Geschwindigkeit des Wandels in den *Subsystem*en der Gesellschaft in der Regel unterschiedlich aus. Nicht unüblich sind Konstellationen, in denen durch die Ungleichzeitigkeit des Wandels Reibungen und *Konflikt*e zwischen den gesellschaftlichen Teilbereichen auftreten. Eine weitere

Analyseschwierigkeit verbindet sich mit dem transnationalen oder gar globalen Charakter vieler Wandlungsprozesse in der *Moderne*. Der Komplexität der Materie entsprechend herrscht hinsichtlich der Steuerbarkeit des sozialen Wandels in der Soziologie wenig Optimismus, und es besteht eine gewisse Scheu, *Prognose*n hinsichtlich des weiteren Gangs der gesellschaftlichen Entwicklung zu wagen. Dagegen sind es eher Probleme wie diejenigen des ungeplanten Wandels, von Nebenwirkungen, Eigendynamiken und konterintuitiven Effekten, die im Brennpunkt der Forschung stehen (Zapf 2003, 429).

Perspektiven der Klassiker

Ungeachtet des verwickelten Gegenstandbereichs und seiner multifaktoriellen Bedingtheit haben sich seit den Anfängen der Soziologie namhafte Vertreter des Fachs mit der Frage beschäftigt, von welcher gesellschaftlichen Teilsphäre sozialer Wandel denn in der Regel ausgeht und welchen Entwicklungstrends ein besonderer Rang einzuräumen ist.

Karl Marx (1818–1883) vertritt hierzu eine eindeutig »materialistische« Position. Er konstatiert, dass sozialer Wandel immer der Reflex von Veränderungen in den materiell-ökonomischen Grundlagen (Eigentumsverhältnisse, technische Entwicklung, wirtschaftliche Organisationsformen) der Gesellschaft ist. Die Geschichte ist nach seiner Sicht durchgehend eine Abfolge von Klassenkämpfen, die vereinfachend auch als Auseinandersetzung zwischen Unterdrückern und Unterdrückten bezeichnet werden kann. Im Falle der bürgerlich-kapitalistischen Gesellschaft handelt es sich um den *Klassenkonflikt* zwischen der *Bourgeoisie*, die das Interesse hat, die bestehenden Produktionsverhältnisse zu verteidigen und dem veränderungswilligen *Proletariat*. Letztlich ist es dieser Widerspruch, aus dem sich die revolutionäre Dynamik zur Überwindung des *Kapitalismus* zur Realisierung einer sozialistischen Gesellschaft entwickelt. Zusammengefasst ist der soziale Wandel nach Marx als ein Konfliktgeschehen zu begreifen, das in der grundlegenden Krisenhaftigkeit der kapitalistischen Gesellschaft seine wichtigste Ursache findet.

Max Weber (1864–1920) hat mit seiner prominenten These zum Zusammenhang zwischen dem Protestantismus und dem Geist des Kapitalismus gleichsam einen umgekehrten »idealistisch-kulturellen« Weg gewählt mit dem Ziel, den materialistischen Ansatz zu ergänzen. Seine Kernannahme lautet, dass neue religiöse Überzeugungen und lebenspraktische Maximen des »asketischen Protestantismus«, insbesondere in Gestalt des Calvinismus und Puritanismus religiös grundierten Formen einer methodisch-rationalen Lebensführung den Weg bahnten. Damit sind die Voraussetzungen genannt, welche eine Art des Wirtschaftens und Arbeitens förderten, wie sie nach Weber nur für den okzidentalen »rationalen Kapitalismus« charakteristisch ist. Losgelöst von seinen religiös-ethischen Grundlagen, lautet sein weiterer Gedankengang, habe sich die kapitalistische Wirtschaftsweise dann als eine eigendynamische, weltweit erfolgreiche Strategie ausgebreitet. Er gelangt so zur Vorstellung einer universalhistorisch wirksamen und unausweichlichen *Rationalisierung*. Unter diesen zentralen Begriff fasst Weber eine Vielzahl von fundamentalen Teilprozessen sozialen Wandels. Abwechselnd werden sie »Versachlichung«, »Intellektualisierung«, »Bürokratisierung«, »Säkularisierung« oder auch »Entzauberung« genannt. Mit dem letzten Begriff ist in kritischer Sicht angedeutet, dass sich das Handeln infolge der Rationalisierung vom »Geheimnisvollen« ablöst und zunehmend den Kriterien der Zweckmäßigkeit und Nützlichkeit verschreibt.

Emile Durkheim (1858–1917), dem neben Weber einflussreichsten Klassiker der Soziologie, gebührt das Verdienst, so gründlich wie kein Zweiter die Prozesse sozialen Wandels als Vorgang sozialer *Differenzierung* erfasst zu haben – eine Perspektive, die z. B. in Gestalt der Theorien von Talcott Parsons (1902–1979) und Niklas Luhmann (1927–1998) bis heute von großem Einfluss ist. In seiner berühmten Schrift »Über soziale *Arbeitsteilung*« (1893) setzt sich Durkheim mit der Ablösung der traditionalen durch die moderne Gesellschaft und der mit ihr verbundenen Veränderung der Integrationsweisen auseinander. Er kennzeichnet die traditionale Gesellschaft als segmentär differenziert, weil sie aus gleichartigen Einheiten von Horden, Familien oder Clans besteht. Innerhalb dieser durch geringe Arbeitsteilung bestimmten Gesellschaft sind die Menschen auf eine Weise verbunden, die für Individualität keinen Raum lässt und in der das Korsett der Verpflichtungen eng geschnürt ist. Durkheim spricht hier von »mechanischer *Solidarität*« und deutet damit an, dass die Beziehungen der Menschen untereinander gleichsam »mechanisch« aus den einfachen sozialen Strukturen der vormodernen sozialen Ordnung abgeleitet sind. Im Unterschied dazu entfalten sich mit

der modern-arbeitsteiligen Gesellschaft völlig andere Prinzipien der *Integration*. Hervorgerufen durch das Bevölkerungswachstum und die zunehmende wirtschaftliche Arbeitsteilung entwickelt sich eine, wie Durkheim es nennt, »organische Solidarität«. Im Hintergrund steht hier die Analogie, dass auch ein komplexer Organismus nur weiter bestehen kann, wenn seine Einzelelemente aufeinander abgestimmt sind und zusammenarbeiten. Zugleich sind die einzelnen Organe jedoch hinsichtlich ihres internen Funktionierens relativ selbstständig und autonom. Durch die mit der Arbeitsteilung einhergehende Spezialisierung und *Differenzierung* der *Rolle*n unterscheiden sich die Menschen immer mehr voneinander und jeder hat seinen eigenen Platz in einem zusehends komplexen Sozialsystem. Zugleich aber werden sie immer abhängiger voneinander. Kurz: Die arbeitsteilige Form struktureller Differenzierung macht die gleichzeitige Steigerung von Individualität und Integration möglich. Allerdings muss hinzugefügt werden, dass Durkheim in späteren Schriften, allen voran in der Selbstmord-Studie (1897), seinen anfänglichen Optimismus in die *Kohäsion*skraft moderner Gesellschaften relativierte und etliche Anzeichen ausmachte, die weniger auf Solidarität und Integration als auf *Desintegration* hindeuten.

Modernisierungstheorie

Nach 1945 treten Konzeptionen sozialen Wandels vermehrt in Gestalt unterschiedlicher Modernisierungstheorien in Erscheinung. Deren wichtigster Vordenker war wiederum der schon erwähnte Talcott Parsons. In Anlehnung an Wolfgang Zapf (1992, 183) kann *Modernisierung* als der Entwicklungsprozess von der einfachen Agrargesellschaft zur komplexen (post)industriellen Gesellschaft bestimmt werden. Im Blickfeld steht somit eine mehr als 250-jährige Epoche sozialen Wandels, die ihren Ursprung in der historischen Doppelrevolution, der industriellen Revolution in England (1760–1830) und der politischen Revolution in Frankreich (1789–1794) hat. Die jüngeren Modernisierungstheorien vertreten ein bescheideneres Programm; sie nehmen in der Regel lediglich den Zeitraum von den 1950er Jahren bis in die Gegenwart in den Blick. Als prominenter Vertreter dieser Position ist Daniel Bell (1919–2011) zu erwähnen, der bereits für die USA der 1960er Jahre den Übergang von der Industriegesellschaft zur postindustriellen Gesellschaft als herausragendes Modernisierungsmerkmal der Sozialstruktur hervorhebt. Den Ausgangspunkt seiner Postindustrialismus-These bildet die Ausdehnung des Dienstleistungssektors und der damit verbundene Bedeutungszuwachs des wissenschaftlich-technologischen Wissens.

Hierzulande steht seit den 1980er der Ansatz von Ulrich Beck im Zentrum anhaltender Debatten. Dort wird Modernisierung als *Individualisierung* begriffen, die schon in der Renaissance und der Frühindustrialisierung ihren Anfang hatte. Becks These ist, dass sich im Zuge der einschneidenden sozialstrukturellen Modernisierungsprozesse seit den 1950er Jahren ein neuer, radikaler Individualisierungsschub in Gestalt eines Mehr an Wohlstand und Sozialstaatlichkeit, Geld, Bildung, Freizeit, Mobilität und Konsum entfaltet hat. Die Folge ist die Herauslösung der Menschen aus überkommenen Sozialformen, Sozialmilieus, Lebensrezepturen und Orientierungsmustern. Die Lebensführung wird gleichsam historisch vorbildlos; die Gussformen der industriellen Gesellschaft (*Klasse*, Sozialmilieu, Geschlechterrollen, Familie, Normallebenslauf, Nachbarschaft, Verwandtschaft, Kirchengemeinde) verlieren an Prägekraft. An ihre Stelle treten zunehmend individualisierte Existenzlagen sowie Existenzformen. Die errungenen Handlungsspielräume und die Ausdünnung der Traditionen implizieren jedoch nicht nur einen Zuwachs an Freiheiten, sondern neue Unsicherheiten sowie ein Übermaß an Möglichkeiten, aus dem nicht nur gewählt werden kann, sondern gewählt werden muss. Es besteht die Chance, aber auch der Zwang zu einer reflexiven Lebensführung. Der Entscheidungs- und Begründungsdruck für ehemals fraglose Handlungsmaximen steigt, sodass der Einzelne zunehmend zum Bastler seiner Biographie wird. Allerdings darf dieser Prozess weder mit einer gelungenen *Emanzipation* noch mit der Vorstellung eines atomisierten Individuums verwechselt werden. Der Prozess geht nach Beck vielmehr mit neuen Arten der sozialen Einbindung (»Kontroll- bzw. Reintegrationsdimension« der Individualisierung) durch Tendenzen der Institutionalisierung und Standardisierung von Lebenslagen einher. »Die freigesetzten Individuen werden arbeitsmarktabhängig und damit bildungsabhängig, konsumabhängig, abhängig von sozialrechtlichen Regelungen und Versorgungen, von Verkehrsplanungen, Konsumangeboten, Möglichkeiten und Moden in der medizinischen, psychologischen und pädagogischen Betreuung.« (Beck 1986, 119) Die Individuen werden jedoch nicht nur durch sekundäre Instanzen und Institutionen integriert. Daneben tritt in der Perspektive der Individualisierungstheorie die Wiederverankerung des Einzelnen in selbst gewählte Gemeinschaftsformen – von der Wohngemeinschaft bis zur Bürgerinitiative –, welche an die Stelle der traditionellen Bezüge treten und die Haltlosigkeit des modernen Individuums eindämmen.

Was diese Sichtweise für die Soziologie des sozialen Wandels so relevant erscheinen lässt, ist zweierlei. Zum einen bietet sie den durch die Schlagworte der »digitalen Revolution« oder der »Globalisierung« bezeichneten gesellschaftlichen Umbrüchen der Gegenwart eine theoretische Offerte. Zum anderen liefert sie eine – mit anderen namhaften Gegenwartssoziologen (etwa Anthony Giddens, Zygmunt Baumann) geteilte – radikale Diagnose eines Wandels, der die bisherige *Moderne* in ihren Grundfesten erschüttert und eine Ordnung entstehen lässt, die sich mehr und mehr aus den Konturen der klassischen Industriegesellschaft löst und sich in eine neue, wie auch immer im Detail zu beschreibende, spätmoderne Gesellschaft transformiert.

Literatur

Beck, Ulrich, 1986: Risikogesellschaft, Frankfurt a.M. – Heinz, Peter, 1962: Einführung in die soziologische Theorie, Stuttgart. – Jäger, Wieland; Weinzierl, Ulrike, 2007: Moderne soziologische Theorien und sozialer Wandel, Wiesbaden. – Lockwood, David, 1971: Soziale Integration und Systemintegration; in: Zapf, Wolfgang (Hg.): Theorien des sozialen Wandels, Köln/Berlin, 124–138. – Rosa, Hartmut et al., 2007: Soziologische Theorien, Konstanz. – Vester, Heinz-Günther, 2009: Kompendium der Soziologie I: Grundbegriffe, Wiesbaden. – Zapf, Wolfgang, 1992: Entwicklung und Sozialstruktur moderner Gesellschaften seit den 70er Jahren; in: Korte, Hermann; Schäfers, Bernhard (Hg.): Einführung in Hauptbegriffe der Soziologie, Opladen, 181–193. – Ders., 2003: Wandel, sozialer; in: Schäfers, Bernhard (Hg.): Grundbegriffe der Soziologie, 8. Aufl., Opladen, 427–432.

Thomas Meyer

Werbung

Werbung im Sinne von *Wirtschaft*swerbung (engl. advertising) steht allgemein für den Versuch der planvollen Beeinflussung einer Person oder meist einer Vielzahl von Personen (dem oder den Umworbenen) mit dem Ziel, diese zu einem Verhalten anzuregen, das den Interessen und Wünschen der Werbenden entspricht. Im Kern geht es darum, eine beworbene Sache, Produkte (z. B. einen Pkw, ein Waschmittel oder Kleidung, Kosmetika) oder Dienstleistungen (z. B. Versicherungen) so zu bewerben, dass Konsumenten diese kaufen.

Soziologisch interessant ist Werbung, weil sie eine planvolle, strategische *Kommunikation* ist; das heißt, der Kommunikator verfolgt mit der Kommunikation bestimmte Absichten, die meist aufwändig inszeniert (in Szene gesetzt) und überwiegend in *Massenmedien* gesendet werden, wie bei der marketingstrategischen Wirtschaftswerbung, aber auch bei Public Relations (engl. publicity; Öffentlichkeitsarbeit) und bei *Propaganda* (in der Terminologie von Lenin manchmal auch »Agitation«). Diese Begriffe werden im Alltag oft verschwommen und miteinander austauschbar benutzt. Sie sind aber analytisch durch wesentliche Unterscheidungskriterien voneinander zu trennen. Gemeinsam ist der (Wirtschafts-)Werbung, den Public Relations und der Propaganda, dass sie Massenkommunikationsformen und Inszenierungsformen sind, die mit ihren Botschaften auf Glaubwürdigkeit bei einem Publikum oder bei Publika (der oder den Zielgruppe/n) abstellen; oder exakter formuliert: die auf die Generierung von Glauben an die Wahrheit der übermittelten Aussagen abstellen, wobei aber Lügen nicht auszuschließen sind – nur sollen diese als Wahrheit geglaubt werden.

Da Werbung heutzutage in aller Regel über die Massenmedien und digitalen Medien verbreitet wird, wird sie in der Soziologie als ein planvoller, zielgerichteter, also strategischer Spezialfall von Massenkommunikation in der Kommunikations- und Mediensoziologie und der empirischen sozialwissenschaftlichen Kommunikations- und Medienforschung mit behandelt. Ansonsten hat Werbung in anderen Disziplinen an Hochschulen und Fachhochschulen einen besonderen Stellenwert, so in der Betriebswirtschaftslehre mit der Marketinglehre oder in Design- und anderen künstlerischen und gestalterischen Studiengängen und Ausbildungsberufen.

Grundbegriffe: Werbung – Public Relations – Propaganda

Werbung, gleichviel welche Form oder welcher Spezialfall gemeint ist, zielt auf eine eher kurzfristige Überredung zu einem freiwilligen *Tausch*akt

unter Wettbewerbsbedingungen konkurrierender Angebot-Nachfrage-Strukturen. Daher ist Wirtschaftswerbung vor allem als ein »Verhalten-Beeinflussen-Wollen« unter marktwirtschaftlichen Rahmenbedingungen zu verstehen, woraus sich die Bezeichnung marktorientierte oder marketingstrategische Werbung begründet.

Public Relations (Öffentlichkeitsarbeit), gleichviel von welchen Instanzen (ob Wirtschaft oder Politik o. a.), stehen für eine auf längere Zeit angelegte Überzeugung (im Sinne von »überzeugen« und »überzeugt werden/sein«). Sie zielen auf ein »Glauben an ...« auf der Basis der Erzeugung von Vertrauen, Sympathie etc. Das vorrangige Ziel ist die positive *Image*bildung als Bild, Ruf oder Leumund, das/der in einer Öffentlichkeit über die Instanz (z. B. ein Unternehmen, eine Partei) vorherrscht. Dabei liegen ebenfalls das Freiwilligkeitsprinzip, also Nachfrage-Wahlmöglichkeiten und Wettbewerbsbedingungen (relative Informations- und Meinungsfreiheit) zugrunde, also konkurrierende Informationsangebote (z. B. Wahlen im Mehr-Parteien-System). Public Relations bezeichnet vor allem ein »Glauben-Beeinflussen-Wollen« unter demokratischen Rahmenbedingungen.

Propaganda ist eine Totalität beanspruchende, auf »immer und ewig« ausgerichtete Manipulation entlang von vorgegebenen Entscheidungen, meist moralisierend und mit Bezug auf eine *Ideologie*. Möglich wird dies vor allem bei einem vorherrschenden politischen und/oder religiösen Machtmonopol (z. B. Diktaturen) mit einhergehendem Informationsmonopol (z. B. auch in Kriegs- und Krisensituationen) und oftmals unter Androhung von Sanktionen. Propaganda steht daher für ein verpflichtendes, damit manipulierendes »Akzeptanz-Hervorrufen-Wollen« unter totalitären Rahmenbedingungen.

Reklame

Reklame (lat. reclamatio bzw. reclamare; im Sinne von »Anspruch«, »Ansprechen«) ist eine Unterform der Wirtschaftswerbung und verwendet das Stilmittel der verbalen Anpreisung. Sie liefert vor allem reine Produktinformationen und stellt auf funktionale Nutzenaspekte ab (z. B. Qualität, Preisvorteile). Heutzutage wird Reklame oft synonym mit dem Begriff der reinen Produktwerbung verwendet, der genauso definiert wird. Dabei geht es vor allem um die Bekanntmachung der beworbenen Sache. Die Zielgruppe, also das angesprochene Publikum, ist bei der Produktwerbung überwiegend diffus, das heißt nicht eindeutig konturiert, wie dies bspw. bei einer Zielgruppenbestimmung nach Alter, Geschlecht oder nach sozioökonomischen *Status* (Einkommenshöhe, Bildungsgrad, Berufsstatus) der Fall wäre.

Ein wesentlicher Unterschied zwischen Reklame und Werbung besteht darin, dass Reklame auch heute noch in direkter Marktkommunikation Waren, Dienstleistungen u. Ä. anpreist. Dies z. B. in Form der in Fußgängerzonen beobachtbaren »Propagandisten«, die Haushaltsartikel u. Ä. marktschreierisch anpreisen und Passanten direkt ansprechen. Oder auf Wochenmärkten oder in ländlichen Regionen die fahrenden Händler, wie Fisch- und Eierverkäufer, wozu auch der organisierte Tiefkühl-Heimservice zählt. Das heißt, die oft synonyme Verwendung von Reklame und massenmedialer Konsumentenwerbung hat durchaus einen historischen Ursprung. Beide können sich aber auf grundsätzlich verschiedene Markt- und Kommunikationsprozesse beziehen: direkte versus indirekte Marktkommunikation und -interaktion.

Marketingstrategische Wirtschaftswerbung und ihre Unterformen

Der Ursprung massenmedialer (Wirtschafts-)Werbung geht maßgeblich auf die Erfindung des Buchdrucks (1439–1444) durch Johannes Gutenberg aus Mainz zurück. Erst diese technische Innovation hat die *Massenkommunikation*, die überregionale Verbreitung von Werbeblättern ermöglicht.

In der Literatur herrscht insofern disziplinenübergreifend weitreichende Einigkeit, dass mit massenmedialer Werbung in der Regel marketingstrategische Wirtschaftswerbung gemeint ist, die verschiedene Untertypen herausgebildet hat: (1) für Endverbraucher (Konsumentenwerbung) oder (2) zwischen Organisationen (Business to Business-Werbung), wie (2.1) für den Handel (Trade Marketing) oder (2.2) für andere Organisationen, etwa das Investitionsgütermarketing, bei dem werbende Grundstofflieferanten ihre beworbenen Zwischenprodukte (wie Kakao-Rohmasse) der umworbenen weiterverarbeitenden (Lebensmittel-)Industrie werbend anbieten und dabei andere Konkurrenten ausstechen wollen.

Diese Werbung steht für eine Verhandlungsform im und am (Waren-)Markt. Das heißt, sie steht für eine Marktkommunikation, die entlang konkurren-

zorientierter Wettbewerbsprinzipien, von Angebot-Nachfrage-Strukturen organisiert ist. Werbung steht also für eine zielgerichtet inszenierte Aufforderung zum Tausch (Geld gegen Ware), die in ausgewählten Massenmedien einer Öffentlichkeit präsentiert wird. Dabei hat marketingstrategische Werbung meist ein bestimmtes Zielpublikum bzw. die Zielgruppe im Sinn, die oft nach sozialstrukturellen Kriterien (z. B. Bewerbung eines Autos als Statussymbol) oder nach *Lebensstil*merkmalen (z. B. Bewerbung einer Kleidungsmarke als besonders »angesagt« in einer bestimmten Jugendszene) bestimmt wird. Richtet sich sowohl die Zielgruppenbestimmung wie die Inszenierung (das In-Szene-Setzen) der Werbung (z. B. des Werbespots im Fernsehen) maßgeblich an Kriterien von Lebensstil aus, so wird von Life-Style-Werbung als einem Spezialfall von Konsumentenwerbung gesprochen.

Im Kontext der digitalen Medien ist aus kommunikationssoziologischer Sicht insbesondere eine Spezialform von Werbung zu nennen: das virale Marketing (Mundpropaganda), das insbesondere mit der weitreichenden Verbreitung des Internet in der Bevölkerung und der zunehmenden Nutzung von Social Networks wie Facebook immer häufiger Anwendung findet.

Gleichviel welche Spezialform gemeint ist, das Grundverständnis von Werbung entspricht einer indirekten Marktkommunikation, weil nicht unvermittelt von Angesicht-zu-Angesicht, sondern über Medien vermittelt. In diesem Sinne ist Wirtschaftswerbung das strategisch-dramaturgische Instrument (Mittel und Methode), eben »das Sprachrohr des Marketing« (Rogge 1993, 20), um absatzwirtschaftliche Maßnahmen zu unterstützen und zu fördern, die sich entlang kalkulierter Vorgaben an reale oder mögliche Käufergruppen oder Käuferorganisationen richten (sollen). Damit will jede marktstrategisch inszenierte Werbung mögliche Käufer zu einem zumindest kurzfristigen Tauschakt überreden.

Literatur

Hölscher, Barbara, 2013: Inszenierung von Professionalität. Einblicke in die Sozialstruktur und Zielgruppenbestimmung der Werbe- und Medienwirtschaft, Göttingen (insb. Kap. 2). – Kroeber-Riel, Werner; Esch, Franz-Rudolf, 2011: Strategie und Technik der Werbung: Verhaltenswissenschaftliche und neurowissenschaftliche Erkenntnisse, 7. Aufl., Stuttgart. – Merten, Klaus, 2013: Konzeption von Kommunikation. Theorie und Praxis des strategischen Kommunikationsmanagements, Wiesbaden. – Rogge, Hans-Jürgen, 1993: Werbung, 3. Aufl., Ludwigshafen. – Siegert, Gabiele; Brecheis, Dieter, 2010: Werbung in der Medien- und Informationsgesellschaft, 2. Aufl., Wiesbaden. – Willems, Herbert (Hg.), 2002: Die Gesellschaft der Werbung, Wiesbaden.

Barbara Hölscher

Wert/Wertewandel

Begriffsdefinition

Werte (engl. values; Wertwandel: change in values) sind in den Sozial- und Geisteswissenschaften eine zentrale Analysekategorie. Jedoch gibt es fachübergreifend keine einheitliche Begriffsdefinition. In der Soziologie wird i. d. R. auf die 1951 vom US-amerikanischen Kulturanthropologen Clyde Kluckhohn eingeführte Definition verwiesen: »A value is a conception, explicit or implicit, distinctive of an individual or characteristic of a group, of the desirable which influences the selection from available modes, means and ends of action« (Kluckhohn 1962, 395). Insofern können Werte in Anlehnung an Kluckhohn als Vorstellungen oder Auffassungen vom Wünschenswerten verstanden werden. Zugleich impliziert Kluckhohns Definition, dass Werte in Gesellschaften und Kulturen als handlungsleitende und vereinende Prinzipien firmieren. Sie liefern demnach für das menschliche Handeln den allgemeinen Orientierungsrahmen. Zudem wirken Werte identitätsstiftend, da sie Normalitätsvorstellungen des gesellschaftlich als wünschenswert angesehenen *Handeln*s und *Verhalten*s transportieren. Es lässt sich also definieren: Werte sind allgemeine und grundlegende Orientierungsstandards, die für das Denken, Reden und Handeln auf individueller und auf kollektiver Ebene Vorgaben machen und dabei explizit artikuliert oder implizit angenommen werden.

Verwandte Begriffe

Aus dieser Definition lassen sich klare Unterscheidungsmerkmale zu den verwandten Begrifflichkeiten Wünsche und *Norm*en ableiten. Einen zentralen Unterschied zwischen Wünschen und Werten arbeitete der Philosoph John Dewey 1939 heraus. **Wünsche** klassifizierte er als das tatsächlich Gewünschte

(»desired«). Werte beschrieb er demgegenüber als Vorstellungen des Wünschenswerten (»desirable«). Die Unterscheidung zwischen **Normen** und Werten verweist darauf, dass Werte allgemein sind und den Handlungsspielraum der Akteure grob abstecken. Normen hingegen legen explizit fest, wie sich die Akteure verhalten sollen, und ihre Einhaltung wird gesellschaftlich überwacht. Normen müssen insofern als Sollenserwartungen verstanden werden und sind im Regelfall rechtlich kodifiziert. Auch zu den Begriffen *Einstellung*, Präferenz und *Bedürfnis* resp. *Motivation* lassen sich Unterscheidungskriterien bestimmen. Bei jeder Entscheidungssituation und Beurteilung im lebensweltlichen Alltag sind fortlaufend Einzelbewertungen durch die Akteure erforderlich. Diese erfasst die Analysekategorie Wert nicht. Vielmehr können sie mit dem Terminus Einstellung oder Präferenz abgebildet werden. Da Werte das Handeln in konkreten sozialen Situationen unterschiedlich stark strukturieren können, bieten sich zur feineren Differenzierung überdies die Begrifflichkeiten Bedürfnis und Motivation an. Wenn Werte für Akteure in konkreten Situationen handlungsleitend werden, dann kann von Bedürfnissen oder Motivationen gesprochen werden.

Entstehungskontext von Werten

Ohne also direkte Handlungsanweisungen vorzugeben, strukturieren Werte als allgemeine Orientierungsrichtlinien sowohl das Verhalten und Handeln von Individuen als auch die Struktur von Institutionen. In den meisten Gesellschaften existiert ein Set allgemeingültiger Wertvorstellungen, sog. Grundwerte, die (weitgehend) alle Gesellschaftsmitglieder teilen. In westlichen Gesellschaften subsumiert man hierunter u. a. Menschenwürde, Freiheit und Gerechtigkeit. Es besteht aber durchaus auch die Möglichkeit, dass gesellschaftliche Teilgruppen eigene Wertvorstellungen entwickeln, die von den gesamtgesellschaftlich akzeptierten Werten divergieren. Je stärker und manifester diese Abweichung ist, desto eher gelten die Teilgruppen als *Subkultur*en.

Die von den Akteuren individuell vertretenen Wertorientierungen werden i. d. R. durch die *Sozialisation* (Familie, Alterskohorte, Bildungseinrichtungen etc.) geprägt. Zugleich geben strukturelle Elemente wie das politische System, das Rechtssystem oder das Beschäftigungs- bzw. Wirtschaftssystem gesellschaftliche Werte vor. Obwohl sich die Individuen in diesem Rahmen bewegen und gesellschaftlichen Zwängen unterliegen, besitzen sie durchaus Freiheiten und Möglichkeiten in ihrem Handeln. Sie können die gesellschaftlich gültigen Wertvorstellungen durch ihr Agieren ständig wiederherstellen, aktualisieren, mit neuen Akzenten versehen oder verändern. Das wiederum kann Wertverschiebungen oder Wertewandelprozesse auslösen. Werte sind folglich nicht unveränderlich und allgemeingültig. Vielmehr können sie sich über die Zeit verändern, und sie variieren zwischen unterschiedlichen Kulturen und Gesellschaften. Die gesellschaftlichen Werte sind also stets an den spezifischen kulturellen und historischen Kontext gebunden. Insbesondere für moderne, funktional ausdifferenzierte Gesellschaften ist es charakteristisch, dass divergierende Wertvorstellungen aufeinandertreffen und u. U. Wert*konflikt*e ausgelöst werden.

Bürgerliche Kultur als Leitkultur der Moderne

Bis in die 1960er Jahre des letzten Jh.s herrschte die Ansicht vor, Werte seien Kulturphänomene, die sich nur langsam veränderten. In ihrer empirischen Form wurden sie als Wertorientierungen definiert, die Standards der Lebensweise in der Industriegesellschaft vorgeben, die personal verinnerlicht und sozial kontrolliert sind. Neben der Humanität, der Religiosität, der Naturverbundenheit und der Nation hatte man dabei vor allem den klassisch-bürgerlichen Wertekanon im Auge, dem bspw. Werte wie Kernfamilie, Arbeitsethos und Leistungsbereitschaft, Selbstständigkeit des selbstverantwortlichen Individuums und Gemeinwohl, Bildung und Hochkultur zugeordnet wurden.

Nicht nur die Soziologie, sondern bereits die Philosophie des 17. und 18. Jh.s hatte sich von der Vorstellung einer gottgewollten und praktisch unveränderlichen Werteordnung verabschiedet, wie sie in der ländlich-vorindustriellen Kultur des Mittelalters vorherrschte. Die bürgerliche Kultur, selbst ein Produkt der frühen Moderne, wurde im 19. Jh. mit dem Aufstieg des *Bürgertum*s zur Leitkultur der klassischen Moderne. Gegen ihre Vorherrschaft erhoben sich allerdings mächtige Gegenbewegungen.

Blieb die antibürgerliche Attitüde der Romantik des 18. und 19. Jh.s noch Episode, so stellten die proletarische Kultur, der Sowjetkommunismus, zum Teil auch der Faschismus, Bedrohungen der bürgerlichen Hegemonie dar. Dennoch führte der kontinuierliche Anstieg der Lebenshaltung und des Bildungsniveaus in der industrialisierten Welt im Laufe des 20. Jh.s zu einer Verbürgerlichung der modernen Massen, die sich durch die starke Bevölkerungszunahme des 19. Jh.s herausgebildet hatten.

Kulturrevolte des jungen Bürgertums

Diese Entwicklung wurde allerdings um die Mitte der 1960er Jahre erneut unterbrochen. Nach der Festigung der bürgerlichen Kultur nach dem Zweiten Weltkrieg brach in der westlichen Welt wieder eine Protestbewegung aus, allerdings nicht in den bisherigen Trägerschichten, der Arbeiterschaft und dem bedrohten Kleinbürgertum. Nunmehr versuchte ein Teil des jungen gebildeten Bürgertums eine kulturelle Alternative zum bürgerlichen Wertesystem zu setzen. Diese Bewegung verband sich, vermittelt durch die *Frankfurter Schule*, mit neomarxistischen Ideen.

Die neue Kulturbewegung hatte zwar in den Wandlungen der *Industriegesellschaft* eine gewisse Parallele, ihre Denk- und Ausdrucksformen standen jedoch wenig mit deren recht nüchternen Erfordernissen im Einklang. Idealerweise sollten insbesondere in der sich formierenden neuen Mittelklasse bürgerliche Werte mit solchen verknüpft werden, die sich auf gesteigerte individuelle Antriebskräfte und sozial-geistige Kompetenzen bezogen. Die Vorboten der Dienstleistungs- und Kommunikationsgesellschaft machten sich bemerkbar.

In der Bundesrepublik gestaltete sich die Lösung dieser kulturellen Aufgabe schwieriger als in der DDR. Die Möglichkeit einer Wertesynthese (H. Klages) aus wert- und sinnvollen Traditionen und den neuen Orientierungen wurde nicht erkannt oder war nicht umzusetzen. Die instabile Geschichte Deutschlands wirkte in Verbindung mit der sich belebenden demokratischen Kultur polarisierend. Die Neuerer suchten den Streit und strebten nach Werteumsturz. Die Verteidiger des »Alten« stemmten sich dagegen, gerieten jedoch wegen ihrer Verstrickung in das Hitlerregime oft in die Defensive.

Wertewandel und Wertekonflikt

Mitte der 1960er Jahre lag das Ende des Hitlerregimes erst zwei Jahrzehnte zurück und mit dem Sozialismus gab es eine politische Alternative im geteilten Land, die sich (zumindest verbal) anti-bürgerlich gab. Allerdings konnte sich die Popularität der DDR weder mit derjenigen der Bundesrepublik noch mit der des Hitlerregimes (der Friedens- und ersten Kriegszeit) messen. Gefährlich war dessen Absicht gewesen, Standards der Zivilisation zurückzunehmen und die Triebe des »Bösen« anzuzapfen. Zersetzend wirkte auch die Aufweichung kirchlicher Normen der Familien- und Sexualmoral.

Auf dieser Grundlage hatten Krieg und Nachkrieg zu einer moralischen Lockerung geführt, und diese galt es im Zuge der kulturellen Konsolidierung wieder einzudämmen. Allerdings mehrten sich in der zweiten Hälfte der 1950er und zu Beginn der 1960er Jahre die Probleme in der jungen Generation (besonders in der großstädtischen Arbeiterjugend). Zunehmend traten neue Spielarten *abweichenden Verhalten*s auf (Alkoholmissbrauch, Jugendaufläufe, Vandalismus, öffentliche Krawalle von »Halbstarken«, vgl. dazu H. Schelskys »Skeptische Generation«).

Die Arbeiterjugend forderte ihren Anteil am Aufschwung ein und die Neuerer setzten an dieser besonders präsenten Bruchstelle an. Der diffuse Protest der Arbeiterjugend gegen die »innerweltliche Askese« (M. Weber) wurde für den Angriff auf die »Fügsamkeit« gegenüber Autoritäten instrumentalisiert (auch in der DDR wurde der burschikose Stil der Arbeiterjugend gegen die verbliebenen alt-bürgerlichen Eliten eingesetzt). Im demokratischen Umfeld der Bundesrepublik wurde damit einem plebejischen Hedonismus die Tür geöffnet, den man bald nicht mehr beherrschte.

Wertewandel als Thema der jungen Soziologie

Von Anfang an war der Wertewandel Thema der Soziologie, vor allem desjenigen Zweigs, der sich der modernen *Umfrageforschung* bediente (auch hier hatte die Frankfurter Schule vorgearbeitet). In den Analysen des amerikanischen Politikwissenschaftlers R. Inglehart manifestiert sich die Auffassung, nach der ein emanzipativer »*Postmaterialismus*« den noch vorherrschenden konservativen »*Materialismus*« ablösen sollte. Freie Entfaltung des Einzelnen und Mitbestimmung würden nunmehr über die Frage der Stabilität von Ökonomie und Gesellschaft gestellt werden.

Gegen diese mit dem Pathos der Notwendigkeit vorgetragene Vorstellung, dennoch mehr Wunsch denn Realität, meldeten sich bald Gegenstimmen. Diese folgten entweder einer Werte bewahrenden

Absicht: Noelle-Neumann (1975; 1978) etwa warnte eindringlich vor dem drohenden Niedergang bürgerlicher Tugenden. Ausgangspunkt für ihre kulturpessimistische, normativ aufgeladene Interpretation vom Werteverfall waren die Umfrageergebnisse des Allensbacher Instituts. Diese hätten gezeigt, dass sich »Unterschichtswerte« wie Arbeitsunlust, Ausweichen vor Anstrengung und der Wunsch nach unmittelbarer Befriedigung der Bedürfnisse gesamtgesellschaftlich verbreiten würden. Gegenstimmen drückten sich auch als Aufruf zur Besonnenheit aus, die praktische Komplexität der gesellschaftlichen Entwicklung nicht zu unterschätzen (Klages 1975). Zwar beendete Mitte der 1970er Jahre eine allgemeine Ermüdung die Phase des Wertewandelschubs (Klages), dennoch bot der stark gestiegene gesellschaftliche Reichtum weiterhin Anlass, die Priorität bei der Entfaltung des Individuums zu belassen.

Die innerdeutsche Konstellation

Aussagen über die Werte und Mentalität der DDR-Bürger bzw. über deren Wandlungen sind schwierig. In der DDR gab es zwar eine Umfrageforschung, aber deren Ergebnisse geben für das Thema wegen fehlender Repräsentativität und zu wenig interpretierbaren Indikatoren relativ wenig her. Nimmt man das Vorhandene zusammen mit Umfragen seit der Wende, kann man sich dennoch ein ungefähres Bild machen (vgl. Gensicke 1998).

Dasjenige, was die Inglehart-Schule zum Gegensatz erklärt hatte, wurde in der DDR als sich ergänzend und kombinierbar empfunden. Diese Mentalität, in der sich von verschiedenen Voraussetzungen her System und Bevölkerung begegneten, hatte Ähnlichkeit mit dem, was Klages die Wertesynthese nannte. Erklärungen dafür sind vielfältig; die Wichtigste ist, dass die DDR auf einem Kulturmodell beruhte, das zwischen Tradition und Moderne vermittelte. Die von Marx und Lenin hoch geschätzte bürgerliche Klassik spielte dabei eine wichtige Rolle.

Das Menschenbild der allseitig entwickelten Persönlichkeit war (in Grenzen und im Laufe der DDR-Geschichte zunehmend) offen für die individuelle Selbstentfaltung. Für das praktische Leben wurde es vor allem dadurch wichtig, dass sich die Emanzipation der Menschen vor allem im Rahmen von Verantwortungsrollen vollzog, z. B. in der Arbeitswelt, in die Frauen und Jugend umfassend einbezogen wurden. Dazu kam (wie in Skandinavien trotz hoher

Scheidungsraten und vieler unehelich geborener Kinder) eine dennoch stabile Rolle der *Familie*, die frühzeitig emanzipative Elemente aufnahm.

Kulturelles Patt

In den 1970er Jahren steuerte die Bundesrepublik in ihren kulturellen Leitbildern über die Erhaltung ihrer seit dem Wirtschaftswunder stark gestiegenen Wirtschaftskraft hinaus. Der Zeitgeist, geprägt von den neuen Intellektuellen, hatte kaum noch ein Verhältnis zur wirtschaftlichen Reproduktion und zur gesellschaftlichen Stabilität. Hilflos sah man sich mit einer nahezu unaufhaltsam steigenden Massenarbeitslosigkeit konfrontiert und mit einer »materialistischen« Arbeiter- und Angestelltenschaft, die in den prosperierenden Gebieten zunehmend konservativ wählte.

Kriminalität und Terrorismus brachten die Frage der öffentlichen Sicherheit wieder auf die Tagesordnung. Der Wertewandelschub endete in einem kulturellen Patt. Das »System« gab sich konservativ, und der Wertewandel verlagerte sich in die »Lebenswelt« (Habermas). Erst die Umstrukturierung der Welt nach dem Fall des realen Sozialismus änderte diese Agenda entscheidend. Denkbar waren sowohl ein erneuter Zusammenprall von Emanzipation und Tradition als auch eine Synthese. Die Waagschale senkte sich jedoch in die zweite Richtung.

Zeitgeist im Zeichen der Wertesynthese

Die neuere Entwicklung ist wie stets in der jungen Generation besonders zu beobachten. Hineingewachsen in eine Welt ohne Ost-West-Gegensatz, ohne Vorbehalte gegen die sogenannten Sekundärtugenden, fügte sie in den 1990er Jahren zusammen, was in der alten BRD so lange nicht zusammenpassen wollte. Der Wunsch nach gesellschaftlicher Stabilität und ein starker Leistungswille verbinden sich in der jungen Generation mit der Freude am kreativen Engagement und am komfortablen Leben.

Im Laufe der 1990er Jahre entstand eine pragmatische Mentalität, die in wichtigen Punkten an Schelskys »Skeptische Generation« der 1950er Jahre erinnert. Wie in den 1950er Jahren steht die Jugend allerdings in Distanz zur Politik und konzentriert ihre Interessen auf die kleinen und mittleren sozialen Kreise, auch im zivilgesellschaftlichen Engagement. Manche Soziologen sprachen sogar von einem quasi rückläufigen »Wandel des Wertewandels« (vgl. Hradil 2002), was sicher übertrieben ist.

Die Daten der Shell Jugendstudien (Abb. 1 und 2) zeigen, dass die junge Generation auf den Schultern aller Generationen steht, die seit den 1950er Jahren auf den Plan getreten sind. Im Rahmen einer lebendigen Zivilgesellschaft sind viele junge Leute aktiv und viele sind an solchen Aktivitäten interessiert (vgl. Gensicke/Geiss 2013). Die Verhältnisse zwischen den Geschlechtern haben sich seit den 1950er Jahren deutlich gewandelt. Auffällig ist die hohe Berufsorientierung der jungen Frauen.

Seit den 1980er und 1990er Jahren öffnete sich auch die ältere Generation zunehmend den neuen Werten. Politisches Interesse und *bürgerschaftliches Engagement* haben bei den älteren Menschen stark zugenommen (vgl. Gensicke/Geiss 2013). Außerdem sind sie erlebnis- und genussfreudiger geworden. Haben die Jüngeren zu ihren »neuen« Werten die »älteren« Werte wieder hinzugefügt, so die Älteren zu ihren traditionellen Werten zunehmend die Werte des Wertewandels. Das ist die beste Erklärung für den zunehmenden Ausgleich der Werte der Emanzipation und der sozialen Pflicht.

Auffällig ist, dass die nachwachsenden, besonders jungen Jugendlichen im Laufe der 2000er Jahre von einem sehr geringen Niveau aus wieder deutlich politisch interessierter geworden sind. Die pragmatische und politikferne Haltung der Jugend seit Mitte der 1990er Jahre könnte wieder einer mehr idealistischen, auf die Gesellschaft bezogenen Mentalität Platz machen. Allerdings wird diese Haltung weiterhin bodenständig sein. Zum anderen ist zu beobachten, ob die gestiegene *Familie*norientierung und der zunehmende Kinderwunsch zumindest langfristig den demografischen Wandel abschwächen werden.

Abb. 1:

Wertorientierungen der Jugend (2002–2010)
Jugendliche im Alter ab 12 bis 25 Jahren (Angaben in Prozent)

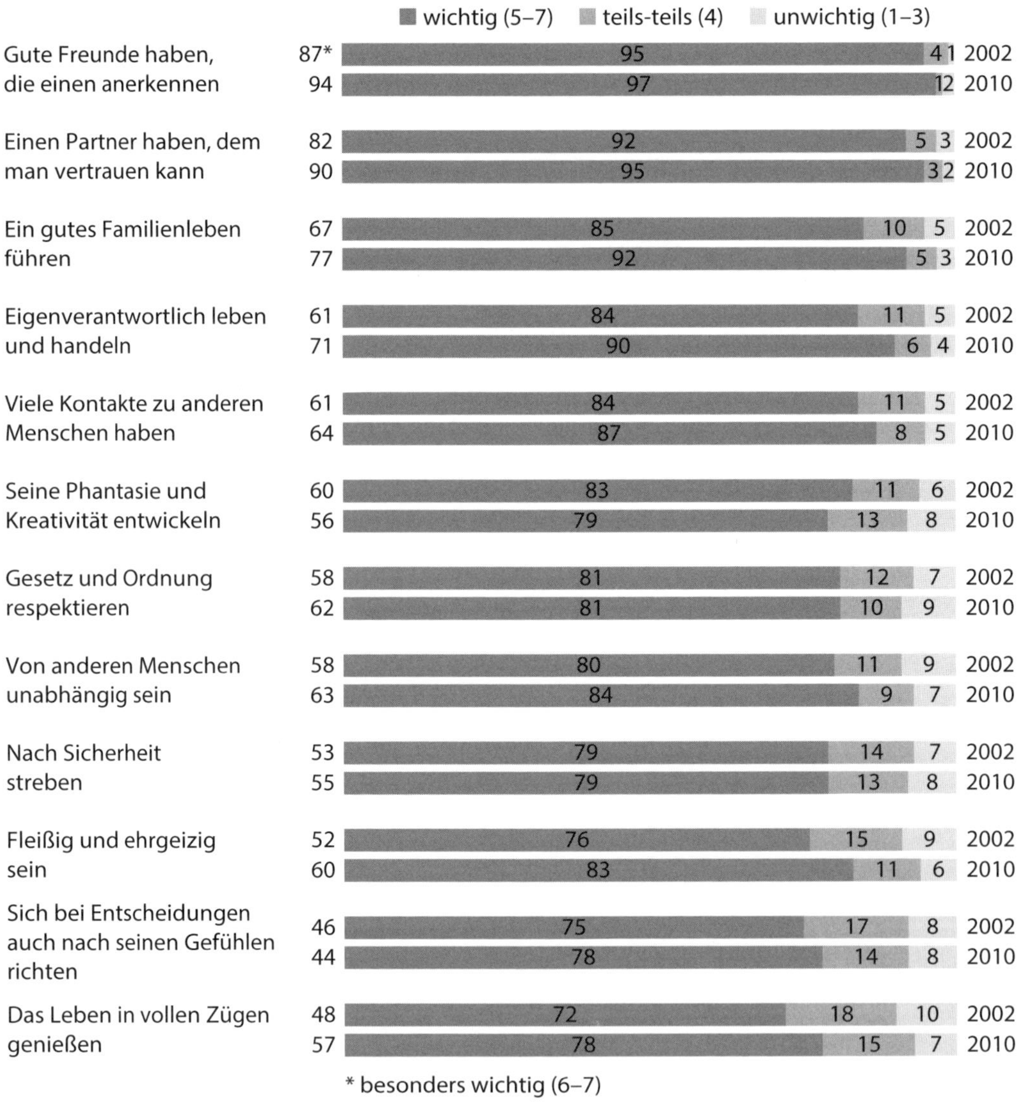

■ wichtig (5–7)   ■ teils-teils (4)   ■ unwichtig (1–3)

Gute Freunde haben, die einen anerkennen	87*	95 · 4 1	2002
	94	97 · 1 2	2010
Einen Partner haben, dem man vertrauen kann	82	92 · 5 3	2002
	90	95 · 3 2	2010
Ein gutes Familienleben führen	67	85 · 10 5	2002
	77	92 · 5 3	2010
Eigenverantwortlich leben und handeln	61	84 · 11 5	2002
	71	90 · 6 4	2010
Viele Kontakte zu anderen Menschen haben	61	84 · 11 5	2002
	64	87 · 8 5	2010
Seine Phantasie und Kreativität entwickeln	60	83 · 11 6	2002
	56	79 · 13 8	2010
Gesetz und Ordnung respektieren	58	81 · 12 7	2002
	62	81 · 10 9	2010
Von anderen Menschen unabhängig sein	58	80 · 11 9	2002
	63	84 · 9 7	2010
Nach Sicherheit streben	53	79 · 14 7	2002
	55	79 · 13 8	2010
Fleißig und ehrgeizig sein	52	76 · 15 9	2002
	60	83 · 11 6	2010
Sich bei Entscheidungen auch nach seinen Gefühlen richten	46	75 · 17 8	2002
	44	78 · 14 8	2010
Das Leben in vollen Zügen genießen	48	72 · 18 10	2002
	57	78 · 15 7	2010

* besonders wichtig (6–7)

Quelle: tnsinfratest, Gensicke 2010, 16. Shell Jugendstudie, Sozialforschung

Abb. 2:

Wertorientierungen der Jugend (2002–2010)
Jugendliche im Alter ab 12 bis 25 Jahren (Angaben in Prozent)

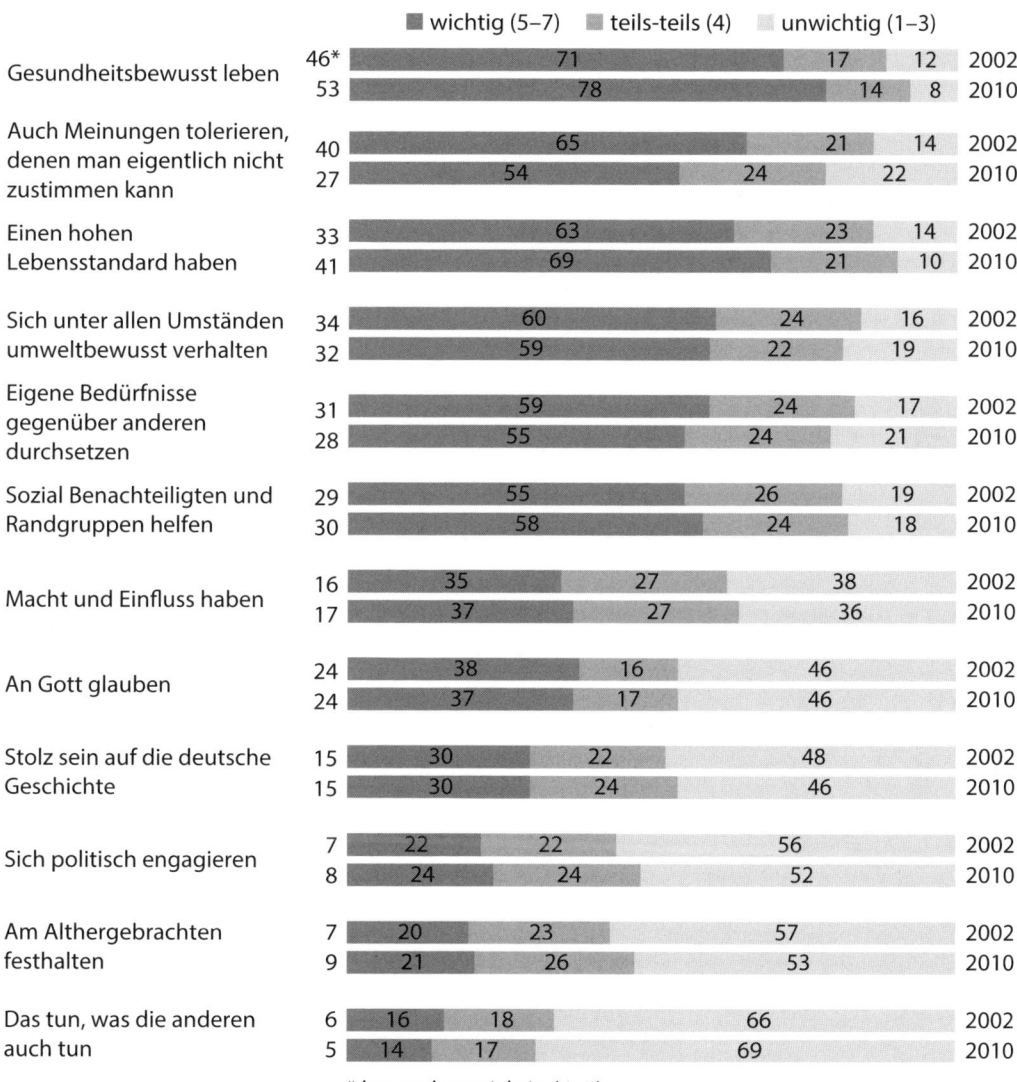

■ wichtig (5–7)   ■ teils-teils (4)   □ unwichtig (1–3)

	wichtig (5–7)	teils-teils (4)	unwichtig (1–3)	
Gesundheitsbewusst leben	46* / 71	17	12	2002
	53 / 78	14	8	2010
Auch Meinungen tolerieren, denen man eigentlich nicht zustimmen kann	40 / 65	21	14	2002
	27 / 54	24	22	2010
Einen hohen Lebensstandard haben	33 / 63	23	14	2002
	41 / 69	21	10	2010
Sich unter allen Umständen umweltbewusst verhalten	34 / 60	24	16	2002
	32 / 59	22	19	2010
Eigene Bedürfnisse gegenüber anderen durchsetzen	31 / 59	24	17	2002
	28 / 55	24	21	2010
Sozial Benachteiligten und Randgruppen helfen	29 / 55	26	19	2002
	30 / 58	24	18	2010
Macht und Einfluss haben	16 / 35	27	38	2002
	17 / 37	27	36	2010
An Gott glauben	24 / 38	16	46	2002
	24 / 37	17	46	2010
Stolz sein auf die deutsche Geschichte	15 / 30	22	48	2002
	15 / 30	24	46	2010
Sich politisch engagieren	7 / 22	22	56	2002
	8 / 24	24	52	2010
Am Althergebrachten festhalten	7 / 20	23	57	2002
	9 / 21	26	53	2010
Das tun, was die anderen auch tun	6 / 16	18	66	2002
	5 / 14	17	69	2010

* besonders wichtig (6–7)

Quelle: tnsinfratest, Gensicke 2010, 16. Shell Jugendstudie, Sozialforschung

Literatur

Deth, Jan W. van, 2001: Wertewandel im internationalen Vergleich; in: APuZ 29, 23–30. – Ders.; Scarbrough, Elinor (Hg.), 1995: The Impact of Values, Oxford. – Gensicke, Thomas, 1998: Die neuen Bundesbürger. Eine Transformation ohne Integration, Wiesbaden. – Ders., 2010: Wertorientierungen, Befinden und Problembewältigung;, in: Deutsche Shell (Hg.): Jugend 2010. Eine pragmatische Generation behauptet sich, Frankfurt a. M. – Ders.; Geiss, Sabine, 2013: Zivilgesellschaft, soziales Kapital und freiwilliges Engagement in Deutschland 1999–2004–2009, Wiesbaden. – Hepp, Gerd, 1994: Wertewandel. Politikwissenschaftliche Grundfragen, München/Wien. – Hillmann, Karl-Heinz, 1986: Wertwandel. Zur Frage soziokultureller Voraussetzungen alternativer Lebensformen, Darmstadt. – Ders., 2003: Wertwandel. Ursachen, Tendenzen, Folgen, Würzburg. – Hradil, Stefan, 2002: Vom Wandel des Wertewandels; in: Glatzer, Wolfgang et al. (Hg.): Sozialer Wandel und gesellschaftliche Dauerbeobachtung, Opladen, 31–47. – Inglehart, Ronald, 1977: The Silent Revolution, Princeton, N. J. – Ders., 1989: Kultureller Umbruch. Wertwandel in der westlichen Welt, Frankfurt a. M. – Ders., 1998: Modernisierung und Postmodernisierung, Frankfurt a. M./ New York. – Ders., 2008: Changing Values Among Western Publics from 1970 to 2006; in: West European Politics 31, 130–146. – Joas, Hans, 1999: Die Entstehung der Werte, Frankfurt a. M. – Ders.; Wiegandt, Klaus (Hg.), 2005: Die kulturellen Werte Europas. 2. Aufl., Frankfurt a. M. – Klages, Helmut, 1975: Die unruhige Gesellschaft, München. – Ders., 1984: Wertorientierungen im Wandel, Frankfurt a. M./New York. – Ders., 2001: Werte und Wertewandel; in: Schäfers, Bernhard; Zapf, Wolfgang (Hg.): Handwörterbuch zur Gesellschaft Deutschlands. 2. Aufl., Opladen, 726–738. – Ders., 2008: Entstehung, Bedeutung und Zukunft der Werteforschung; in: Witte, Erich (Hg.): Sozialpsychologie und Werte, Lengerich u. a., 11–29. – Ders.; Gensicke, Thomas, 2006: Wertesynthese – funktional oder dysfunktional; in: KZfSS 58, 332–351. – Ders.; Gensicke, Thomas (Hg.), 1999: Wertewandel und bürgergesellschaftliches Engagement an der Schwelle zum 21. Jahrhundert, Speyer. – Ders.; Kmieciak, Peter (Hg.), 1979: Wertewandel und gesellschaftlicher Wandel, Frankfurt a. M./New York. – Kluckhohn, Clyde, 1962: Values and Value-Orientations in the Theory of Action; in: Parsons, Talcott; Shils, Edward A. (Hg.): Toward a General Theory of Action. 5. Aufl., Cambridge, Mass., 388–433. – Kmieciak, Peter, 1976: Wertstrukturen und Wertwandel in der Bundesrepublik Deutschland, Göttingen. – Meulemann, Heiner, 1996: Werte und Wertewandel, Weinheim/München. – Noelle-Neumann, Elisabeth, 1975: Werden wir alle Proletarier?; in: Die Zeit, 13.6.1975 (25), 4. – Dies., 1979: Werden wir alle Proletarier? Wertewandel in unserer Gesellschaft. 2. Aufl., Zürich. – Oesterdiekhoff, Georg W.; Jegelka, Norbert (Hg.), 2001: Werte und Wertewandel in westlichen Gesellschaften, Opladen. – Rokeach, Milton, 1973: The Nature of Human Values, London. – Roßteutscher, Sigrid, 2004: Von Realisten und Konformisten – Wider die Theorie der Wertsynthese; in: KZfSS 56, 407–431.

Thomas Gensicke/Christopher Neumaier

Wertfreiheit/Werturteilsproblem

In einem sehr allgemeinen Sinne versteht man unter **Werten** (engl. value), und zwar im wissenschaftlichen wie im außerwissenschaftlichen Sprachgebrauch, Maßstäbe oder Präferenzkriterien, vermittels derer beurteilt wird, ob und in welchem Grade irgendetwas als gut oder erstrebenswert gilt, was also im gegebenen Falle überhaupt und vorzugsweise zu tun oder aber zu lassen ist. Daneben werden auch derart – und zwar besonders hoch – eingeschätzte Dinge (materielles, aber auch geistiges Vermögen, rechtlich-politische Ordnungen, Ordnungsideen wie Freiheit, Gleichheit, Gerechtigkeit, bestimmte Seelenzustände etc.) als Werte bezeichnet.

Werturteile (engl. value judgement) sind solche Urteile, in denen entweder Werte als Präferenzkriterien menschlichen Handelns gesetzt bzw. als verbindlich behauptet oder aber, explizit oder implizit, zur Entscheidung über bestimmte Handlungsalternativen verwendet werden. Durch Werturteile wird also mit dem Anspruch auf Verbindlichkeit festgestellt, wie Menschen überhaupt und immer oder in konkreten Situationen handeln **sollen**. Dieser normative Anspruch nun lässt sich auf keine Weise ausschließlich (oder in letzter Instanz) aus Tatsachenurteilen ableiten, und zwar ganz unabhängig davon, ob diese sich auf Naturtatsachen oder auf Gegebenheiten geschichtlicher, gesellschaftlicher oder kultureller Art beziehen. Die Unmöglichkeit, von noch so wahren Tatsachenurteilen auf die normative Verbindlichkeit von Werturteilen zu schließen, ist rein logisch begründet. Sie gilt deshalb auch in umgekehrter Richtung, also hinsichtlich des gerade in den Sozialwissenschaften häufig zu beobachtenden Verfahrens, sich bei der Zuschreibung oder Gewichtung sozialer Kausalitäten weniger von den empirischen Befunden als von *moral*isch-politischen Präferenzen leiten zu lassen.

Die Einsicht, dass sich aus noch so gründlicher und genauer erfahrungswissenschaftlicher Erkenntnis allein keine erschöpfende Begründung für praktische Wertsetzungen und Werturteile ergibt, wird unabweisbar, sobald die Voraussetzungen und die Grenzen solcher Erkenntnis hinreichend geklärt sind. In der neueren Philosophie ist diese Einsicht spätestens bei David Hume und Immanuel Kant erreicht. Auch in den Naturwissenschaften, vor allem aber in den Geistes-, Kultur- und Sozialwissenschaften wurde sie dessen ungeachtet immer wieder, und dies auch ganz prinzipiell, in Frage gestellt, so insbesondere im Umkreis der an der Wende vom 19. zum 20. Jh. in großer Vielfalt aufkommenden Bemühungen um eine »wissenschaftliche« Weltanschauung.

Die »Einheit von Analyse und Kritik« (Marx), also das unvermittelte Ineinanderübergehen der umfassenden Erforschung und der praktisch-politischen Bewertung (und Umgestaltung) der geschichtlich-gesellschaftlichen Wirklichkeit erschien umso besser begründet, je mehr sich diese Forschung an den – auch in technischer Hinsicht so bewährten – Naturwissenschaften orientierte, zumindest in methodischer Hinsicht, nach Möglichkeit aber auch in ihren Grundbegriffen (Evolution, Organismus, Gesetzmäßigkeit etc.) und grundlegenden Theoremen.

Vorstellungen und Bestrebungen dieser Art waren ein wesentlicher Anstoß für Max Weber, sich von seinen frühen methodologischen Abhandlungen bis zu seinem späten Vortrag »Wissenschaft als Beruf« (1919) immer wieder, am ausführlichsten in »Der Sinn der ›Wertfreiheit‹ der soziologischen und ökonomischen Wissenschaften« (Weber 1917/1968; basierend auf einer 1913 für den Verein für Sozialpolitik erstellten Ausarbeitung) der Problematik anzunehmen. Noch unmittelbarer motivierte ihn dazu die Erfahrung, dass die unterschiedlichen Geltungsvoraussetzungen von Tatsachen- und Werturteilen in sozialwissenschaftlichen (historischen, ökonomischen) Publikationen, Vorträgen und Debatten, aber auch auf dem Universitätskatheder, weitgehend missachtet, erfahrungswissenschaftliche Argumente und wertende, insbesondere politische Stellungnahmen wie selbstverständlich miteinander verquickt wurden. Webers tatkräftige Mitwirkung an der Gründung der DGS (1909) und an den ersten beiden Soziologentagen (1910 und 1912) entsprang vor allem der Absicht, damit – in Absetzung vom Verein für Sozialpolitik – einen organisatorischen Rahmen, eine »Arbeitsgemeinschaft« (Weber), zur Förderung und Durchführung »rein wissenschaftlicher« Untersuchungen zu schaffen.

Nach wenigen Jahren schon sah Weber dieses Vorhaben als gescheitert an, und das brachte ihn, in Verbindung mit der Unergiebigkeit der vom Verein für Sozialpolitik organisierten Debatte, dazu, seine Argumente in der erwähnten Abhandlung (Weber 1917) noch einmal systematisch darzulegen. Dieselbe Enttäuschung war zweifellos mitbestimmend bei seinem Entschluss, die eigenen Vorstellungen von einer »verstehenden«, aber zugleich strikt erfahrungswissenschaftlichen und also auch im gemeinten Sinne »werturteilsfreien« Soziologie auszuarbeiten und in Aufsatzform (»Über einige Kategorien der verstehenden Soziologie«, 1913) zu publizieren.

Dass Webers Auffassungen trotzdem weder zu seinen Lebzeiten noch danach in Fachkreisen auf allgemeine oder doch breite Zustimmung stießen und immer wieder, am entschiedensten wohl in den 60er Jahren (s. Weiß 1981, insbes. 44–63), angegriffen wurden, hat mancherlei Gründe, darunter gewiss auch gelegentlich unklare oder überzogene Formulierungen Webers. Zu guten Teilen erklärt es sich aber daraus, dass Webers Argumentation nur selten genau zur Kenntnis genommen und geprüft worden war. So widerspricht es nicht dem Gebot der Werturteilsfreiheit, dass kein menschliches Handeln, und so auch keine Forschungstätigkeit, ohne eine Orientierung/ Bindung an Wertentscheidungen möglich ist. Diese Wertentscheidungen beziehen sich auf die innerwissenschaftliche und/oder lebensweltliche Wichtigkeit der Erkenntnisbemühungen und auf die »Auswahl und Formung« (Weber) bestimmter Erkenntnisgegenstände, aber auch auf die praktische Bewertung und Nutzung von Forschungsresultaten. Erst recht ist die gemeinte Werturteilsfreiheit durchaus damit vereinbar, dass Werte und Wertbindungen, Wertewandel und Wertkonflikte zentrale Gegenstände empirischer sozialwissenschaftlicher Forschung sind.

Soweit sich die Kontroversen um das »Werturteilsproblem« (Nau 1996; von Ferber 1965; Albert/ Topitsch 1990) aus vermeintlichen Einwänden dieser Art speisten, haben sie sich im Wesentlichen erledigt. Auch Hilary Putnams Kritik an der »Dichotomie« von Tatsachen und Werten (Putnam 2004) betrifft Webers Position in ihrem Kern ausdrücklich nicht. Zu Recht wendet sich Putnam allerdings gegen die bei Weber sich findende Tendenz, Werturteile als nicht nur erfahrungswissenschaftlich, sondern überhaupt unbegründbar und insofern als irrational oder bloß subjektiv gültig zu verstehen. Dass dies zwar eine Tendenz, aber nicht die abschließend geklärte Position Webers ist, zeigt sich daran, dass er die Behauptung einer »subjektivistischen Inappelabilität« religiös-ethischer Wertsetzungen (Weber 1964, 469) dezidiert zurückweist.

Putnam hebt im Übrigen darauf ab, dass die Forschungspraxis unvermeidlich und auf vielfältige Weise von Wertsetzungen bestimmt ist. Das ist sehr richtig, aber eben kein grundsätzlicher Einwand gegen das von Weber Gemeinte und Geforderte. Es verweist allerdings auf die Notwendigkeit, die Art und Weise, wie Werte und Wertbindungen als Motive oder Objekte erfahrungswissenschaftlicher Erkenntnis in concreto ins Spiel kommen, sehr genau zu prüfen, und zwar auf der begrifflichen und logischen wie auf der empirischen Ebene. Insofern ist die Beschäftigung mit dem Werturteilsproblem eine Daueraufgabe aller wissenschaftlichen und insbesondere aller sozialwissenschaftlichen Forschung.

Literatur

Albert, Hans; Topitsch, Ernst (Hg.), 1971: Werturteilsstreit, Darmstadt. – Ferber, Christian von, 1965: Der Werturteilsstreit 1909–1959; in: Topitsch, Ernst (Hg.), 165–180. – Nau, Heino H. (Hg.), 1996: Der Werturteilsstreit. Die Äußerungen zur Werturteilsdiskussion im Ausschuss des Vereins für Sozialpolitik, Marburg. – Putnam, Hilary, 2004: The Collapse of the Fact/Value Dichotomy, Cambridge, Mass. – Topitsch, Ernst (Hg.), 1965: Logik der Sozialwissenschaften, 2. Aufl., Köln. – Weber, Max, 1968: Der Sinn der ›Wertfreiheit‹ in den soziologischen und ökonomischen Wissenschaften; in: Ders.: Gesammelte Aufätze zur Wissenschaftslehre, 3., erw. u. verb. Aufl., Tübingen, 489–540 (1917). – Weber, Max, 1919: Wissenschaft als Beruf; in: Ders.: Gesammelte Aufsätze zur Wissenschaftslehre, a. a. O., 582–613. – Weber, Max, 1964: Wirtschaft und Gesellschaft, Köln/Berlin. – Weiß, Johannes, 1981: Das Werk Max Webers in der marxistischen Rezeption und Kritik, Opladen.

Johannes Weiß

Wirtschaftssoziologie

Begriff und Gegenstand

Die Wirtschaftssoziologie (engl. economic sociology) ist eine Teildisziplin der Soziologie und vertritt den Anspruch, mit soziologischen Begriffen und Theorien wirtschaftliche Sachverhalte zu analysieren und zu erklären. Wirtschaftliche Sachverhalte sind all die Handlungen, Institutionen und Strukturen, welche für die Bereitstellung und Verteilung von Gütern und Leistungen in einer Gesellschaft relevant sind.

Die Wirtschaftssoziologie ist als wissenschaftliche Disziplin an der Wende zum 20. Jh. im Zuge der Ausdifferenzierung der klassischen Staats- und Finanzwissenschaften im deutschen Sprachraum entstanden. Sie teilt den Untersuchungsgegenstand mit der Ökonomie, grenzt sich aber von dieser durch eine bewusst soziologische Perspektive und den Einsatz soziologischer Begriffe, Theorien und Modelle ab. Die Wirtschaftssoziologie begreift Wirtschaften als soziales Handeln und rückt einerseits dessen gesellschaftlich/soziale Rahmenbedingungen und Konstitution bzw. andererseits dessen gesellschaftlich/soziale Folgen in den Vordergrund. Die Vertreter der »neuen Wirtschaftssoziologie«, die sich seit den 1980er Jahren formieren, folgern daraus, dass die wirtschaftlichen Kerninstitutionen moderner Gesellschaften: das Unternehmen und der *Markt*, nicht allein im Hinblick auf Marktpreisbildung und eine effiziente Ressourcenallokation zu analysieren sind, sondern dass deren soziale Voraussetzungen (Vertrag, Moral, Macht, Reputation usw.), die in ihnen bedeutsamen sozialen Prozesse (Konkurrenz, Tausch, Konflikt usw.) sowie auch deren Wirkungen auf und in gesellschaftlich-soziale Verhältnisse der Gegenstand wirtschaftssoziologischer Analysen zu sein haben (s. u.). Damit wird zugleich kritisch an der allgemeinen Soziologie die Vernachlässigung wirtschaftlichen Handelns, wirtschaftlichen Denkens und wirtschaftlicher Strukturen vermerkt.

Entwicklungsgeschichte und Grundlagen

Bereits Aristoteles und Platon haben in der Antike als wesentlichen Teil der allgemeinen Staatsphilosophie die Lehre von der guten Wirtschaft gesehen. Aber erst mit den Arbeiten von Adam Smith (1723–1790) und der Politischen Ökonomie nach Karl Marx (1818–1883) wurde im 18. und 19. Jh. die Wirtschaft als eigener Handlungsbereich zum Gegenstand abstrakt-theoretischer Abhandlungen heraus- und losgelöst von normativen Kriterien (eine Darstellung der »Klassiker des ökonomischen Denkens« bietet Kurz 2008–2009). An die Stelle ethischer Prinzipien trat das Postulat der effizienten Ressourcennutzung zur bestmöglichen Bewältigung von Knappheit bzw. zur Steigerung des materiellen Wohlstands von Gesellschaften. Karl Marx sah die menschliche *Arbeit* als die wertschaffende Größe und beschrieb über die Entwicklung der Produktionsweise den Gang der menschlichen Gesellschaften. Der »revolutionäre Gehalt« der Nach-Klassiker folgt aus der Analyse der Unproduktivität des herrschenden Feudaladels, der Loslösung der Wirtschaftsanalyse von moralischen Kriterien und deren ausschließlicher Betrachtung unter Knappheits- bzw. Effizienzgesichtspunkten.

Der einheitliche Beginn der modernen Sozialwissenschaften

Dies mündete Ende des 19., Anfang des 20. Jh.s in bahnbrechende theoretische Weiterentwicklungen, die bis heute die Wirtschaftswissenschaft und auch die Wirtschaftssoziologie prägen. Zum einen entbrannte der Streit zwischen »objektiver« und »subjektiver« Wertlehre (die subjektive Wert- oder Preislehre, welche auf William Stanley Jevons, Carl von Menger und Léon Walras zurückgeht, bestimmt den Wert einer Ware aus dessen subjektiver Nachfrage bzw. dessen Angebot auf Märkten, wohingegen Karl Marx deren objektiven Wert aus der für die Herstellung benötigten Arbeitszeit folgerte), zum Zweiten wurde im sogenannten »Methodenstreit« zwischen der Historischen Schule um Gustav Schmoller (1838–1917) und der Theoretischen Nationalökonomie von Carl von Menger (1840–1921) die für die Soziologie bis heute wichtige Frage gestellt, ob wirtschaftliches (soziales) Handeln und wirtschaftliche (soziale) Strukturen und Prozesse als historisch einmalige Erscheinungen zu rekonstruieren seien oder ob sie mit Hilfe abstrakter Theorien als allgemeine Kausalzusammenhänge erklärt werden können. Und nicht zuletzt wurde drittens die »*Werturteilsfreiheit*« sozialwissenschaftlicher Forschung problematisiert und in Folge diskutiert, inwieweit die Sozialwissenschaften praktisch-politische Empfehlungen aussprechen dürfen bzw. sollen (vgl. für eine umfassende Aufarbeitung Mikl-Horke 1999).

Kapitalismusdebatte und Sozialökonomik zu Beginn des 20. Jahrhunderts

Diese Diskussion brachte bedeutende Werke der Sozialökonomik hervor, deren Kennzeichen es ist, Gesellschaft, Politik und Wirtschaft in ihren Zusammenhängen erfassen zu wollen. Sie traten weiterhin für eine integrative Sozialwissenschaft ein, welche Fragen und Zugänge von Wirtschaftstheorie, Wirt-

schaftsgeschichte und Wirtschaftssoziologie und verschiedenste Methoden zu verbinden erlaubt. Werner Sombart (1863–1941), Max Weber (1864–1920), Joseph A. Schumpeter (1883–1950) u. a. arbeiteten am Projekt einer *Sozialökonomik*. Vor allem Max Weber stellt in »Wirtschaft und Gesellschaft« (1985 [1922]) eine Methodologie (*verstehende Soziologie*, *Idealtypen*bildung und Werturteilsfreiheit) und auch »soziologische Kategorien« des Wirtschaftens vor. Er machte zudem den »wirtschaftlichen Tatbestand« zu einem Thema der Soziologie (ebd.) Weber wollte dazu die Relevanz wirtschaftlicher Phänomene für soziale Beziehungen und Verbände bzw. kultureller Faktoren wie Religion oder Ethik für die Wirtschaft erfassen. Für soziologische Zwecke betont Weber das Kriterium der friedlichen Verfügungsgewalt beim Wirtschaften und definiert wirtschaftliches Handeln als eine besondere inhaltliche Ausrichtung sozialen Handelns. »›Wirtschaftlich **orientiert**‹ soll ein Handeln insoweit heißen, als es seinem gemeinten Sinne nach an der Fürsorge für einen Begehr nach Nutzleistungen orientiert ist.« (ebd., Hervorh. im Orig.) Für Weber ist der Gegenstandsbereich der Soziologie weiter als der der ökonomischen Theorie, da die Soziologie sowohl das autonome individuelle als auch das soziale, an anderen ausgerichtete wirtschaftliche Handeln erfasst und neben der eigentlichen Produktion und Verteilung von Nutzleistungen auch wirtschaftlich relevante (Ethik, Kultur, Ideen usw.) und wirtschaftlich bedingte soziale Regelmäßigkeiten (Gewerkschaften, Interessenverbände usw.) untersucht (a. a. O.: 31 ff.).

Wichtig bis heute sind die seinerzeit ausgearbeiteten *Kapitalismus*theorien von Werner Sombart, Max Weber sowie von Joseph A. Schumpeter (vgl. Kurz 2008/2009). Es waren aber insbesondere Webers Protestantismus-Studien, welche besonders wichtig werden sollten, nicht zuletzt deshalb, weil sich dort (gegenüber Karl Marx) die Bedeutung sozial-struktureller und sozial-kultureller Faktoren für die Entstehung des Kapitalismus dargelegt finden. Max Weber hat den Kapitalismus nicht als eine einmalige, durch das Privateigentum an Produktionsmitteln gekennzeichnete Produktionsweise beschrieben, sondern einerseits verschiedene Rationalisierungsgrade von Kapitalismusformen in den Vordergrund gerückt und andererseits den modernen rationalen Kapitalismus als einen Wirkfaktor in der Rationalisierung der westlichen Gesellschaften neben anderen behandelt. Für Weber sind der privat-kapitalistische Wirtschaftsbetrieb und die großen Massengütermärkte sowie auch die diese ergänzende Geldrechung und der Geist des Kapitalismus die mehrdimensionale Grundlage für die Rationalisierung der modernen westlichen Welt. Entscheidendes Merkmal des modernen rationalen Kapitalismus ist für Weber die darin und dadurch hervorgebrachte Berechenbarkeit und Planbarkeit des sozialen und wirtschaftlichen Handelns (Weber 1985 [1922]: Kap. 2).

Das goldene Zeitalter der neo-klassischen Ökonomik

In der ökonomischen Theorie setzten sich Anfang des 20. Jh.s wichtige Weiterentwicklungen in Form der subjektiven Wert- und Preistheorie und parallel dazu der allgemeinen Gleichgewichtsanalyse durch. Insbesondere etablierte sich aber ein theoretisches Standardprogramm auf der Basis des methodologischen Individualismus und einer analytischen Theorie- und Modellbildung. Damit erhielt die politische Vorstellung vom formal freien Individuum eine starke Aufwertung und wurde die vorteilhafte Gestaltung des Wirtschaftens zum normativen Leitaspekt (Effizienzargument). Die zentrale Leitthese der Ökonomie seit Adam Smith ist, dass ein »effizientes Wirtschaften« vor allem durch freie *Märkte* gelingt, die weitgehend ohne direkte Staatseingriffe, kollektive Entscheidungen und damit auch ohne politisch-ethische Kriterien auskommen. Damit war es der ökonomischen Theorie auf der einen Seite möglich, verschiedene Ausarbeitungen und Weiterführungen (Neoliberalismus und soziale Marktwirtschaft nach 1945, Keynesianismus in den 1970er Jahren, Zins- und Währungspolitik usw.) hervorzubringen und in der Politikberatung tätig und ob ihrer quantitativen Analysen auch einflussreich zu werden. Zudem etablierten sich die Wirtschaftswissenschaften im 20. Jh. einerseits als Betriebswirtschafts- und Managementlehre und andererseits als theoretisch-analytische, mikroökonomische Volkswirtschaftslehre im universitären, aber auch im außeruniversitären Wissenschaftsbetrieb. Der Preis dafür war allerdings, dass in der Ökonomie zunehmend gesellschaftliche Zusammenhänge und soziale Fragen Randthemen wurden. Eine Umorientierung deutet sich seit Ende des 20., Beginn des 21. Jh.s im Zuge vermehrter und verstärkter wirtschaftlicher Krisen an; sowohl innerhalb der Standardökonomik als auch in deren Weiterführungen und vor allem in gesellschaftstheoretisch und

sozial-ökonomischen Analysen und der neuen Verhaltensökonomie (Swedberg 2009: Kap. 1).

Die mittlere Phase der Wirtschaftssoziologie

Trotz der Bemühungen der Klassiker um die Ausarbeitung einer integrativen Sozialökonomik kam es zur vollständigen Trennung von Soziologie, Ökonomie, Politik- und Geschichtswissenschaft. In deren Folge konzentrierte sich die Soziologie zunehmend auf »soziale Phänomene« und »soziale Ordnungsmechanismen« wie Normen und Herrschaft und verlor Tausch, Markt, Geld u. a. aus dem Blick. Vielmehr noch führte der Einfluss des US-amerikanischen Soziologen Talcott Parsons (der selbst wiederum stark von Vilfredo Pareto beeinflusst war) nach 1945 dazu, dass sich die Soziologie auf Randgebiete des Wirtschaftens und auf wertbasierte Ordnungsbildung beschränkte. (vgl. dazu ausführlicher Mikl-Horke 1999: 518 ff.) Die neue Arbeitsteilung sah vor, dass – im Anschluss an Paretos Unterscheidung zwischen dem rational-logischen und dem nicht-rationalen Handeln – die ökonomische Theorie ihren Ausgangspunkt beim rational-logischen Handeln nimmt, wohingegen sich die Soziologie auf die empirisch umfassenderen, aber diffuseren anderen Handlungsformen und deren Effekte beschränkt (Swedberg 2009: 61 ff.).

Die mittlere Phase der Wirtschaftssoziologie (ca. 1920 bis 1980) verlief daher relativ unspektakulär, obgleich in diese Zeit die wichtigen Arbeiten von Karl Polanyi fallen. In den USA, aber viel stärker noch in Deutschland, dominierten in dieser Zwischenphase neo-marxistische Ansätze, die sich vor allem auf das Transformations- und Kontrollproblem der modernen Industrie konzentrierten und in Anlehnung an die Mehrwertthese von Marx vor allem Verteilungsfragen aufwarfen. Auf der anderen Seite etablierte sich von den USA ausgehend eine interdisziplinäre Organisationsforschung, welche mit Max Weber bis heute Rationalitätsaspekte in den Vordergrund rückt.

Neue Wirtschaftssoziologie

Die Wende nahm ihren Ausgang zu Beginn der 1980er Jahre in den USA und führte auch in Europa etwas später Ende des 20. Jh.s zur kritischen Auseinandersetzung mit der Standardökonomik und insbesondere der Neuen Institutionenökonomik, welche seit den 1970er Jahren klassische soziologische Themen wie Hierarchie und Kultur aufgreift und dafür Effizienzerklärungen anbietet. In Reaktion darauf bemühen sich Soziolog/innen um den Nachweis, dass soziologische Erklärungsfaktoren wie *soziale Beziehungen*, *Institutionen*, *Vertrauen* und *Macht* für die Erklärung wirtschaftlicher Sachverhalte notwendig sind. Daraus folgt allgemein, einerseits die Erfassung sozial-struktureller bzw. -kultureller Voraussetzungen des modernen Wirtschaftens und andererseits die Erfassung und Analyse der Rückwirkungen modernen Wirtschaftens auf die Gesellschaft, soziale Beziehungen und kulturelle Phänomene.

Neuaufbruch

Die soziologischen Arbeiten, die sich der »Herausforderung« durch die neueren Entwicklungen in der Ökonomie annahmen und so starke Impulse zur Wiederentdeckung der Wirtschaftssoziologie setzten, sind grob drei Richtungen oder Programmen in der Soziologie zuzuordnen: Da sind einerseits Theorien, welche wie Max Weber und die Ökonomik einen *Methodologischen Individualismus* vertreten. Dazu gehören sowohl Arbeiten, die mit einer mehr oder weniger engen Handlungsannahme oder auch einer Handlungstypologie arbeiten, sowie auch Arbeiten, die einen Rational-Choice-Approach in der Soziologie vertreten. Diese Position hat James Coleman in der wirtschaftssoziologischen Aufbruchsstimmung in den USA in den 1980er Jahren stark gemacht, während die US-amerikanischen Soziologen Mark Granovetter und Harrison Whyte – ausgehend von der These einer allgemeinen Unsicherheit – die Notwendigkeit einer sozialen Einbettung allen wirtschaftlichen Handelns ableiten und die jeweilige unsicherheitsreduzierende Wirkung solcher Beziehungsmerkmale untersuchen. Davon ausgehend gerät die soziale Konstitution von Märkten allgemein ins Blickfeld und es werden auch zunehmend einzelne Märkte konkret rekonstruiert bzw. analysiert sowie auch die dort wichtigen Prozesse der Preis- und Wertbestimmung. In den neueren soziologischen *Institution*entheorien und -analysen werden hingegen verschiedene »institutionelle Rahmungen« wirtschaftlichen Handelns betrachtet, verschiedene institutionelle Settings oder Governance Structure miteinander verglichen und die soziale Konstitution der verschiedenen Institutionen kapitalistischer Wirtschaften: Güter- und Finanz-

märkte, Unternehmen, Industriedistrikte und Branchen, von Geld usw. als Ergebnis von Machtprozessen, Konfliktlagen und strategischem Handeln beschrieben und erklärt (s. dazu die Sammlung repräsentativer Texte der neueren Wirtschaftssoziologie in den USA in Smelser/Swedberg 2005 bzw. für Deutschland in Maurer 2008).

Aktuelle Themen und neue Entwicklungen

Angeregt durch die Arbeiten von James Coleman, Mark Granovetter, Harrison White, Richard Swedberg u. v. a. entwickelte sich seit Beginn des 21. Jh.s auch verstärkt in Europa eine neue Wirtschaftssoziologie, welche die Kernbereiche und die zentralen Prozesse der modernen Wirtschaft analysieren und diese mit gesellschaftlichen Aspekten in Beziehung setzen will (Smelser/Swedberg 2005). Dabei ist vor allem für die Anfangsphase das Interesse an Märkten charakteristisch, was indes längst durch einschlägige Analysen und empirische Studien zu Industriedistrikten, Branchen, Unternehmen bzw. Entrepreneurship und Kultur ergänzt und abgerundet wird.

Neuere Entwicklungen schließen zudem an den *Netzwerk*ansatz von Harrison White an und finden sich heute als quantitative und qualitative Netzwerkanalysen. Angeregt durch die Arbeiten von Karl Polanyi und Mark Granovetter auf der einen Seite bzw. James Coleman auf der anderen Seite hat sich die Auseinandersetzung mit dem ökonomischen Konzept des Wettbewerbsmarktes und der soziologischen *Tauschtheorie* neu belebt. Parallel dazu wird auch die *Feldtheorie* Pierre Bourdieus (2005) aufgegriffen und erfährt durch die in kritischer Abgrenzung davon entstandene »Ökonomie der Konventionen« von Luc Boltanski und Laurent Thevenot eine internationale Rezeption. Die konflikttheoretische Richtung der neuen *Institution*entheorie (vgl. etwa Fligstein 2010) trifft gegenwärtig auf reges Interesse und findet ihre Fortsetzung in der Diskussion um Shareholder-value-Orientierung, Kontrollformen und Entscheidungsstrukturen in Unternehmen, dem Vergleich institutioneller Settings wie dem europäischen Wirtschaftsraum. Der konflikttheoretische Institutionalismus ist eine soziologische Antwort auf die Neue Institutionenökonomik und namentlich auf die Arbeiten von Oliver Williamson. Dies trifft ebenso auf neuere Konzeptionen der Sozialökonomie zu, die von kritischen Ökonomen wie Amitai Etzioni formuliert wurde, welche längst ihren Niederschlag findet in neueren Arbeiten zu Mikrokrediten, sozialem Unternehmertum, Corporate Social Responsibility, social entrepreneurship u. a. (vgl. für einen umfassenden Überblick Beckert/Zafirovski 2006).

Demgegenüber ist das wiedererwachte Interesse an Kapitalismustheorien und -analysen innerhalb und außerhalb der Wirtschaftssoziologie dem Sachstand geschuldet, dass die verschiedenen Organisationsformen kapitalistischer Gesellschafts- und Wirtschaftssysteme scheinbar unterschiedliche Fähigkeiten haben, mit Krisen wie denen von 2010 auf den Finanzmärkten umzugehen. Wichtige Fragen und Themenfelder die bislang in der Wirtschaftssoziologie noch wenig bearbeitet sind, wären die historische Ausbildung und Struktur von Branchen und Industriedistrikten, die Ökonomisierung sozialer, politischer und kultureller Handlungsbereiche, die Wirkung kultureller Vorstellungen auf das Wirtschaften, die Innovationsfähigkeit und Reichtumsproduktion von Gesellschaften, sowie *Globalisierung* und Internationalisierung.

Die Politische Ökonomie wie auch die ökonomische Verhaltensforschung, die noch junge Religions- und Kulturökonomik bzw. -soziologie oder die Wirtschaftsgeschichte sind heute wichtige Inspirationsquellen und Austauschpartner der Wirtschaftssoziologie. Eine andere wichtige Entwicklung ist das Aufeinanderzugehen von Wirtschaftssoziologie und soziologischer Theorie sowie Annäherung der Ökonomie an die anderen Sozialwissenschaften und die Psychologie.

Soziologische Theorien und Wirtschaftssoziologie

Parallel zur Renaissance der Wirtschaftssoziologie vollzogen sich international wie auch im deutschsprachigen Raum wichtige Entwicklungen in der soziologischen Theorienbildung: Erstens wurden die Einseitigkeiten reiner Makro- bzw. reiner Mikroerklärungen erkannt und Erklärungsformen vorgestellt, welche Handlungs- und Strukturannahmen explizit kennzeichnen und verbinden wollen (Strukturationstheorie, Erklärende Soziologie, Mechanismen usw.). Zweitens erwachte das Interesse an Institutionen als Vermittlungsinstanz zwischen Individuum und Gesellschaft neu und wird heute in Folge davon die Unerlässlichkeit oder doch zumindest die Vorteilhaftigkeit einer sozial-institutionel-

len Rahmung wirtschaftlichen Handelns hervorgehoben. Beide Entwicklungen helfen dabei, die normativen Fesseln des soziologischen Programms und die institutionelle Ignoranz der Ökonomik aufzudecken und aufzubrechen.

Der neue Institutionalismus eröffnet der Wirtschaftssoziologie einerseits den Anschluss an eine auf soziologische Faktoren (Normen, soziale Beziehungen, Regeln, Kultur usw.) Bezug nehmende Erklärung wirtschaftlicher Institutionen sowie eine Analyse der Wirkungen sozialer Institutionen auf das wirtschaftliche Handeln. Nicht zuletzt ist damit auch eine klare Positionierung gegenüber neuen Entwicklungen in der Ökonomik bzw. der noch jungen Kultur- und Religionsökonomik möglich.

Vor allem in internationalen Kontexten gilt die Anwendung der *Rational-Choice-Theorie* und spieltheoretischer Modelle auf wirtschaftliche Fragen als wichtig und heuristisch fruchtbar, weil damit Kontrollprobleme, Vertrauensfragen bzw. all die Situationen im Wirtschaftsleben ausgeleuchtet werden können, in denen der Eigennutz der Akteure Anlass zu sozialen Regelungen gibt. Dafür bekannt wurden Studien zum Managerhandeln, über Arbeitgeber-Arbeitnehmer-Beziehungen, Tausch unter Ungewissheit usw.

Aber auch die *Kultursoziologie*, welche vor allem mit Praxis- und Kreativitätstheorien fundiert ist, hat in den letzten Jahren beeindruckende Analysen wirtschaftlichen Handelns bzw. wirtschaftlicher Institutionen und Strukturen vorgelegt, indem sie »Praktiken des Tauschens« nachweist, die kulturelle Bedeutung von Geld und Waren nachzeichnet, die Bedeutung von *Symbol*en und *Ritual*en wie den Börsenticker oder die Gabe herausarbeitet, oder ganz allgemein das ökonomische Denken untersucht oder »dekonstruiert«.

Was ist und was kann die Wirtschaftssoziologie?

In der Soziologie waren wirtschaftliches Handeln ebenso wie Wirtschaftsinstitutionen und -strukturen über lange Zeit kein Thema. Die vielbeachtete Renaissance der Wirtschaftssoziologie hat dies geändert. Während jedoch von den Klassikern, die sich als Sozialökonomen verstanden, vor allem die Entstehung des Kapitalismus und das vielfältige Wechselspiel von Wirtschaft und Gesellschaft analysiert wurden, hat sich die neuere Wirtschaftssoziologie zunächst vor allem auf die soziale und institutionelle

Rahmung des Markttausches konzentriert. Es zeichnen sich aber viele Hinweise ab, dass sich die neuere Wirtschaftssoziologie sowohl darum bemüht, sich ihre klassischen Wurzeln wieder anzueignen als auch an die soziologische Theorie und allgemeinen soziologischen Fragen anzuschließen.

Die Renaissance der Wirtschaftssoziologie ist längst schon in Europa angekommen und entfaltet international und interdisziplinär wichtige theoretische und empirische Impulse. Für die erfolgreiche Ausarbeitung und Verankerung der Wirtschaftssoziologie sind zwei Argumente zu nennen: Erstens die Entwicklung und Arbeit mit Erklärungsmodellen, welche Handeln und Struktur, aber auch materielle, soziale und kulturelle Faktoren zu verbinden erlauben, und zweitens die Verbindung von Wirtschaft und Gesellschaft, um damit nicht zuletzt auch die sozialen, kulturellen und ökonomischen Ursachen wirtschaftlicher und damit verbundener sozialer Krisen behandeln zu können. Dies böte der Soziologie die Chance, sich sowohl durch die Kraft theoretischer Analysen als auch durch empirisches Gestaltungswissen auszuzeichnen. Dem stehen allerdings auch noch einige zu bearbeitende Aufgaben gegenüber, vor allem die Erschließung der Klassiker und die Systematisierung des Theorien- und Wissensbestandes.

Literatur

Beckert, Jens; Zafirovski, Milan (Hg.), 2006: International Encyclopedia of Economic Sociology, London. – Bourdieu, Pierre, 2005: The Social Structures of the Economy, Cambridge. – Fligstein, Neil, 2010: Die Architektur der Märkte, Wiesbaden (2001). – Kurz, Heinz D. (Hg.), 2008–09: Klassiker des ökonomischen Denkens. 2 Bde., München. – Maurer, Andrea (Hg.), 2008: Handbuch der Wirtschaftssoziologie, Wiesbaden. – Mikl-Horke, Gertraude, 1999: Historische Soziologie der Wirtschaft, München. – Smelser, Neil J.; Swedberg, Richard (Hg.), 2005: The Handbook of Economic Sociology, Princeton. – Swedberg, Richard, 2009: Grundlagen der Wirtschaftssoziologie, Wiesbaden (2003). – Weber, Max, 1985: Wirtschaft und Gesellschaft. Grundriß der verstehenden Soziologie. 5., rev. Aufl., Tübingen (1922).

Andrea Maurer

Wissenschaft

Wissenschaft (engl. science) ist ein institutionalisiertes, mehrstufiges, logisch verbundenes Aussagensystem, das durch objektivierbare Methoden gewonnenes Wissen akkumuliert (Chalmers). Im englischen und romanischen Sprachgebrauch wird im engeren Sinne der Begriff ›science‹ mit Naturwissenschaften assoziiert und dem der ›social sciences‹ gegenübergestellt. Beide werden als empirische Wissenschaften klassifiziert, da ihr Wissen auf beobachtbaren Phänomenen und auf der Überprüfbarkeit ihrer Aussagen durch die ›scientific community‹ beruht. Grundlagenwissenschaft (z. B. Physik) und angewandte Wissenschaft (z. B. Ingenieurwissenschaft) haben unterschiedliche Zielsetzungen. Kultur- und Naturwissenschaften können bezüglich ihrer spezifischen Objekte und Methoden differenziert charakterisiert werden (Rickert). Die Wurzeln der modernen abendländischen Wissenschaft sind in der griechischen Antike zu finden. Aristoteles z. B. unterscheidet praktische, theoretische und poetische Wissenschaft. Epistêmê bezeichnet den gesamten Kanon des gültigen Wissens, das logisch strukturiert ist und rational erklärt werden kann. Scheler folgend lassen sich vier Formen von Wissen unterscheiden: Leistungs- und Arbeits-, Herrschafts-, Bildungs-, Heils- und Erlösungswissen. Die Interdependenz von Wissen und sozialen Sachverhalten ist Gegenstand der *Wissenssoziologie* (Mannheim), z. B. wird die Entdeckung einer wissenschaftlichen Tatsache auf Denkkollektive und in diesen praktizierte Denkstile zurückgeführt (Fleck). Die Reduktion jeder Form des Wissens auf soziale Faktoren ist aber nicht begründbar (Grünwald). Wissenschaftliche Institutionen sind dauerhafte soziale Einrichtungen, in denen Forschung betrieben, deren Ergebnisse publiziert und die Summen der Erkenntnisse tradiert und konserviert werden (Douglas). Der wechselseitige Einfluss von institutionalisierter Wissenschaft und Gesellschaft ist Gegenstand der *Wissenschaftssoziologie*, die u. a. die Frage nach der graduellen Unabhängigkeit der Wissenschaft untersucht (Bourdieu). Kontrovers diskutiert wird das Postulat der *Wertfreiheit* von Wissenschaft als denkende Ordnung der empirischen Wirklichkeit (M. Weber). Wissenschaft bildet in der Moderne ein eigenes gesellschaftliches Teilsystem (Luhmann). Für wissenschaftlich gehaltvolle Aussagen wird gefordert (Eco), dass sie einen Gegenstand so präzise bestimmen, dass er für Dritte erkennbar ist (*Intersubjektivi-*

tät), bis dato unbekannte Angaben gemacht werden (Novität), Behauptungen praktisch bestätigt werden (Pragmatizität) und sie methodisch wiederholt überprüft werden können (*Reliabilität*). Als Kriterien für die Anerkennung einer wissenschaftlichen *Theorie* gelten: (ex ante) Prognosefähigkeit, empirische Gehaltverschärfung und Systematisierung des Wissens (Sneed). Die analytische Wissenschaftsphilosophie und *Wissenschaftstheorie* (Stegmüller) hat Wissenschaft selbst zum Gegenstand. Die Entwicklung von Wissenschaft bildet den Gegenstand der Wissenschaftsgeschichte, dabei kann ein evolutionärer methodischer *Fortschritt* (Popper) oder ein revolutionärer *Paradigmen*wechsel (Kuhn) betont werden, wobei die Bestimmung des Wachstums von Wissenschaft aufgrund der Bestätigung oder Verwerfung von Theorien kontrovers diskutiert wird (Lakatos). Wissenschaft gilt als rational, weil ihre kritisch verwendeten *Methoden* immer bessere *Theorien* hervorbringen, die zunehmend umfangreichere Kenntnisse über die Welt vermitteln (Musgrave). Die Trennung zwischen Wissenschaft und anderen (z. B. mythologischen) Deutungen der Welt wird in manchen Ansätzen aber auch als Problem gesehen (Feyerabend). Nach der *Akteur-Netzwerk-Theorie* hat Wissenschaft nicht nur neues Wissen generiert, sondern auch neue hybride menschliche und nicht-menschliche Wesen geschaffen. Wissenschaftliche Tatsachen sind hierbei keine Sätze, die die Wirklichkeit abbilden, sondern Transformations- und Substitutionsketten, durch die man sich in verschiedene Richtungen hindurch bewegen kann (Latour). Da die praktischen Folgen von Wissenschaft zunehmend kritisch betrachtet werden, kommt der Reflexion über Wissenschaft eine steigende Bedeutung in der Welt*risikogesellschaft* zu (Beck).

Literatur

Beck, Ulrich, 2008: Weltrisikogesellschaft, Frankfurt a. M. – Bourdieu, Pierre, 1998: Vom Gebrauch der Wissenschaft, Konstanz. – Chalmers, Alan F., 2007: Wege der Wissenschaft: Einführung in die Wissenschaftstheorie, Berlin/Heidelberg. – Douglas, Mary, 1991: Wie Institutionen denken, Frankfurt a. M. – Eco, Umberto, 1998: Wie man eine wissenschaftliche Abschlussarbeit schreibt, Heidelberg. – Feyerabend, Paul, 1998: Widerstreit und Harmonie, Wien. – Fleck, Ludewik, 1980: Entstehung und Entwicklung einer wissenschaftlichen Tatsache, Frankfurt a. M. – Grünwald, Ernst, 1934: Das Problem der Soziologie des Wissens, Wien. – Kuhn, Thomas S., 1973: Die Struktur wissenschaftlicher Revolutionen, Frankfurt a. M. – Lakatos, Imre, 1982: Philoso-

phische Schriften, Braunschweig. – Latour, Bruno, 2000: Die Hoffnung der Pandora, Frankfurt a. M. – Luhmann, Niklas, 1992: Die Wissenschaft der Gesellschaft, Frankfurt a. M. – Mannheim, Karl, 1964: Wissenssoziologie, Berlin. – Musgrave, Alan, 2011: Weltliche Predigten, Tübingen. – Rickert, Heinrich, 1899: Kulturwissenschaft und Naturwissenschaft, Freiburg. – Scheler, Max, 1960: Die Wissensformen und die Gesellschaft, Bern. – Popper, Karl, 2005: Die Logik der Forschung, Tübingen. – Sneed, Joseph D., 1971: The Logical Structure of Mathematical Physics, Dordrecht. – Stegmüller, Wolfgang, 1973–1986: Probleme und Resultate der Wissenschaftstheorie und analytischen Philosophie, Berlin/Heidelberg. – Weber, Max, 1988: Gesammelte Aufsätze zur Wissenschaftslehre, Tübingen.

Rainer Greca

Wissenschaftssoziologie

Die Wissenschaftssoziologie (engl. sociology of science) beschäftigt sich mit der sozialen und epistemischen Ordnung der Wissenschaft sowie deren Verbindungen. Die Kernfrage lautet: Wie sind die Produktion, Verbreitung und Geltung gesicherten Wissens möglich?

Während die institutionalistische Wissenschaftssoziologie vor allem die Entstehung und Struktur der Wissenschaft als soziale Phänomene ins Auge fasst (1), gerät in den siebziger Jahren durch den Einfluss Thomas Kuhns wissenschaftliches Wissen in den Blick (2). Parallel dazu interessiert sich die Wissenschaftssoziologie zunächst für makro-, dann eher für mikrosoziologische Fragestellungen, die die lokalen Handlungs-, Kommunikations- und Netzwerkprozesse umfassen, die an der Entstehung von Fakten beteiligt sind. Daneben rücken die Interaktionen von Wissenschaft und Gesellschaft auf die Agenda der Wissenschaftssoziologie (3) – und damit Themen, die sich als Effekte dieser Interaktionen ergeben: z. B. Technoscience und Governance der/durch Wissenschaft (4). Viele wissenschaftssoziologische Arbeiten rechnen sich unterdessen einer interdisziplinären Wissenschaftsforschung zu (Maasen et al. 2012, IV).

Wissenschaft als gesellschaftliche Institution

Die Anfänge der Wissenschaftssoziologie in den 1930er Jahren richten sich auf die gesellschaftlichen Bedingungen, die im 17. Jh. Wissenschaft möglich gemacht haben (vgl. Kaiser/Maasen 2010, 686 f.). John D. Bernal oder Boris Hessen beziehen den Beginn der Wissenschaft konsequent auf gesellschaftliche Faktoren, indem sie in historisch-materialistischer Orientierung v. a. die sozialökonomischen Determinanten experimenteller Wissenschaft analysieren. Im Anschluss an die Protestantismusthese Max Webers korreliert Robert K. Merton (1938) die wissenschaftliche Revolution mit dem englischen Puritanismus, der dem wissenschaftlichen Handwerk einerseits Motivation, anderseits soziale Anerkennung verlieh (Produktion nützlichen Wissens als gottgefällige Tätigkeit).

Mit Robert Mertons Klassiker »Science and Technology in a Democratic Order« (1942) bildet sich ein Interesse an der Wissenschaft als gesellschaftlicher *Institution* heraus, die sich durch spezifische Werte und Normen auszeichnet. Merton postuliert ein wissenschaftliches Ethos, das auf vier institutionellen Imperativen ruht und die Produktion gesicherten Wissens sowie die Aufrechterhaltung der Institution Wissenschaft ermöglicht: Der Universalismus fordert, Wahrheitsansprüche unabhängig von persönlichen oder sozialen Eigenschaften (Nationalität, Religion, Klasse) zu prüfen. Der Kommun(al)ismus betont, dass die materiellen Ergebnisse der Wissenschaft als Produkt sozialer Zusammenarbeit zu begreifen sind. Die Uneigennützigkeit verhindert, dass der Einsatz unerlaubter Mittel die Wissenschaft als öffentliches und überprüfbares Gut gefährdet. Der Organisierte Skeptizismus fordert die unvoreingenommene Prüfung von Befunden.

Auch Pierre Bourdieu (1998) und Niklas Luhmann (1992) konzipieren Wissenschaft als eine spezifische Institution: Bourdieu fasst Wissenschaft als ein besonderes *Feld* auf, dessen feldspezifische Logik seine Autonomie sichert. Luhmann postuliert ein besonderes Funktions*system*, das, reguliert durch den Code wahr/falsch, seine operative Geschlossenheit sichert. Äußere Zwänge werden nicht geleugnet: Sie kommen jedoch nur »vermittelt durch die Logik des Feldes« (Bourdieu 1998: 19) oder als Irritation an, die aufgrund des Codes Resonanz auslöst – oder nicht. Neben diesen makrosoziologischen Deutungen hat die Ausdifferenzierung der Wissenschaft auch mikrosoziologische Analysen motiviert. Dabei erregte das Konzept der Grenzarbeit [boundary work] (Gieryn 1999) Aufmerksamkeit, da es lokale Taktiken und Strategien zeigt, mit deren Hilfe Akteure die wissen-

schaftliche Autonomie zu schützen oder rivalisierende Autoritäten auszuschließen suchen.

Die von der institutionalistischen Wissenschaftssoziologie behauptete Eigengesetzlichkeit der Wissenschaft drückt sich auch im System wissenschaftlicher Reputation aus. Es beruht auf der Anerkennung wissenschaftlicher Leistungen, verteilt diese Anerkennung aber empirisch ungleich. Merton hat mit dem *Matthäus-Effekt* einen solchen Mechanismus aufgedeckt: Er basiert auf der bevorzugten Zuweisung von Anerkennung an Autoren, die bereits über Reputation verfügen (vgl. Kaiser/Maasen 2010, 689 f.). Richard Whitley (2000) schlägt vor, ganze Fachgemeinschaften als reputational organizations aufzufassen. Die *Profession*alität einer Disziplin bemisst sich danach einerseits an der Unabhängigkeit, die wissenschaftlichen Aufgaben selbst zu bestimmen, anderseits an der Chance, die Vergabe von Reputation zu kontrollieren.

Wissenschaft als Wissensproduktion

Ende der 1970er Jahre wendet sich die Wissenschaftssoziologie den sozialen Faktoren zu, die nicht nur die Institutionen der Wissenschaft, sondern auch wissenschaftliches Wissen selbst hervorbringen. V. a. die Rezeption von Kuhns »Struktur wissenschaftlicher Revolutionen« (1962) setzt die Vorstellung durch, wonach die Wahl von *Theorie*n in wissenschaftlichen Gemeinschaften nicht nur durch epistemische, sondern auch durch soziale Faktoren bedingt sei.

Paradigmatisch wird diese konstruktivistische Wissenschaftssoziologie durch das Strong Programme formuliert und in vier Prinzipien untergliedert (Bloor 1991 [1976]): Das Prinzip der Kausalität bedeutet, dass Wissen soziologisch erklärt wird; jenes der Unparteilichkeit fordert, dass ›Wahres‹ ebenso klärungsbedürftig wie ›Falsches‹ ist. Das Prinzip der Symmetrie erwartet, dass dieselben sozialen Ursachen sowohl wahres als auch falsches Wissen bedingen (und nicht: falsches Wissen durch ›Gesellschaft‹, wahres Wissen durch ›Natur‹). Reflexivität verlangt, dass auch wissenschaftssoziologisches Wissen selbst sich soziologisch erklären lassen muss.

Daran anschließend bilden sich verschiedene Schulen (etwa die Edinburgh School) und Forschungsprogramme (etwa das Empirical Programme of Relativism), unterschiedliche Theorie- und Methodenströmungen (u. a. Interessenanalyse, Diskursanalyse) und Forschungsschwerpunkte aus: Besonderes Interesse richtet sich auf das Labor als Ort der Wissensproduktion, die lokalen Praktiken des Forschens sowie die Experimentalität der Wissensgenerierung (vgl. Knorr Cetina 1995).

Als kritische Fortsetzung der konstruktivistischen Wissenschaftssoziologie hat sich die *Actor-Network-Theory* (Latour 2007) positioniert, die Gesellschaft, Wissenschaft und Technik nicht nur anhand sozialer, sondern auch anhand technischer Faktoren beschreibt. Danach stabilisieren sich soziotechnische Netzwerke durch die Zuschreibung, Übertragung und Übersetzung von Eigenschaften der involvierten Akteure, genauer: der menschlichen und nichtmenschlichen. Als ›Aktanten‹ erlangen auch technische Artefakte agency, insofern sie soziale Handlungen technisch zu substituieren und transformieren vermögen (Straßenschwellen etwa ersetzen Verkehrspolizisten).

Interaktionen zwischen Wissenschaft und Gesellschaft

Nach frühen Versuchen, den Einfluss der Gesellschaft auf wissenschaftliche Fragestellungen zu präzisieren (Finalisierungsthese), ist es unter dem Eindruck der Zunahme politisch orientierter Forschung zu Diagnosen einer Wissensproduktion gekommen, die die gegenwärtige Forschung weniger disziplinen- und theoriegetrieben als vielmehr problem- und anwendungsorientiert sowie partizipativ charakterisieren (Gibbons et al. 1994). Während diese Diagnosen eine Entdifferenzierung von Gesellschaft und Wissenschaft behaupten, betont Peter Weingart (2001) differenzierungstheoretisch die enger werdenden Kopplungen zwischen Wissenschaft und anderen Funktionssystemen: Sie machen sich einerseits als Verwissenschaftlichung der Gesellschaft, andererseits als Politisierung, Medialisierung oder Ökonomisierung der Wissenschaft bemerkbar.

Die gesteigerte Reflexion auf die Folgen von Wissenschaft und Technologie (reflexive Modernisierung) lässt sowohl die zentrale Bedeutung von Wissenschaft und Technik für die Gesellschaft hervortreten (*Wissensgesellschaft*) als auch die Widerstandspotentiale gegen die von ihnen hervorgebrachten Entwicklungen (*Risikogesellschaft*) sowie die Sensibilitäten für (Noch-)Nichtwissen hervortreten (vgl. Kaiser/Maasen 2010, 695 f.).

Neue Themen

Technoscience: Dieser Begriff trägt dem Umstand Rechnung, dass wissenschaftliches Wissen nicht nur sozial kodiert und historisch situiert ist, sondern auch von materiellen Netzwerken erhalten wird. Als Beispiele für emergierende Technowissenschaften gelten die Biomedizin, die Neurowissenschaften und die Nanotechnologie (Wajcman 2008). In diesen Feldern lässt sich beobachten, wie sich die primäre Orientierung der Forschung von der Bearbeitung theoretischer Fragen auf die Lösung wissenschaftlich-technischer Probleme verlagert, in die heterogene Akteure und Institutionen wie Instrumentenhersteller, artifizielle Modellorganismen, Labore und wissenschaftlich-technische Einrichtungen involviert sind. Innovationsprozesse erweisen sich als non-linear; die Wissensproduktion ist verteilt (vgl. Rammert 2003).

Governance: Zu den Einflussfaktoren auf die Wissenschaft zählen u. a. die Globalisierung der Wirtschaft in forschungsintensiven Branchen, die Europäisierung von *Innovation*spolitiken und die outputgesteuerte Reorganisation von Hochschulen und Forschungseinrichtungen. Die komplexe Konstellation dynamischer Prozesse und Verfahren wird unter den Begriff des governance-regime gefasst (Schimank/Lange 2009). Sie schließen die frühzeitige Abschätzung von Profit, ethischer Angemessenheit, technologischer Sicherheit etc. ein. Diese neuen assessment regimes (Kaiser et al. 2009) sind Teil einer hybriden Steuerung von Wissenschaft ebenso wie einer präventiven Wissenspolitik (Stehr 2003).

Literatur

Bloor, David, 1991: Knowledge and Social Imagery, 2nd ed., Chicago u. a. – Bourdieu, Pierre, 1998: Vom Gebrauch der Wissenschaft: für eine klinische Soziologie des wissenschaftlichen Feldes, Konstanz. – Gibbons, Michael et al., 1994: The New Production of Knowledge: the Dynamics of Science and Research in Contemporary Societies, London u. a. – Gieryn, Thomas F., 1999: Cultural boundaries of science: credibility on the line, Chicago. – Kaiser, Mario et al. (Hg.), 2009: Governing future technologies: Nanotechnology and the Rise of an Assessment Regime, Dordrecht, NL. – Ders.; Maasen, Sabine, 2010: Wissenschaftssoziologie; in: Kneer; Georg; Schroer, Markus (Hg.): Handbuch Spezielle Soziologien, Wiesbaden, 685–705. – Knorr Cetina, Karin, 1995: Laboratory Studies: The Cultural Approach to the Study of Science; in: Jasanoff, Sheila S. et al. (Ed.s): Handbook of Science and Technology Studies,

Thousand Oaks, 140–166. – Kuhn, Thomas S., 1962: The structure of scientific revolutions, Chicago, IL. – Latour, Bruno, 2007: Eine Neue Soziologie für eine neue Gesellschaft: Einführung in die Akteur-Netzwerk-Theorie, Frankfurt a. M. – Luhmann, Niklas, 1992: Die Wissenschaft der Gesellschaft, Frankfurt a. M. – Maasen, Sabine et al. (Hg.), 2012: Handbuch Wissenschaftssoziologie, Wiesbaden. – Merton, Robert K., 1938: Science, technology and society in seventeenth century England; in: Osiris 4, 360–632. – Ders., 1942: Science and Technology in a Democratic Order; in: Journal of Legal and Political Sociology 1, 115–126. – Rammert, Werner, 2003: Zwei Paradoxien einer innovationsorientierten Wissenspolitik: Die Verknüpfung heterogenen und die Verwertung impliziten Wissens; in: Soziale Welt 54, 483–508. – Schimank, Uwe; Lange, Stefan, 2009: Germany: A Latecomer to New Public Management; in: Paradeise, Catherine et al. (Hg.): University Governance, Dordrecht NL, 51–75. – Stehr, Nico, 2003: Wissenspolitik: die Überwachung des Wissens, Frankfurt a. M. – Wajcman, Judy, 2008: Emergent Technosciences; in: Hackett, Edward J. et al. (Ed.s): The handbook of science and technology studies, 3rd ed., Cambridge, 813–816. – Weingart, Peter, 2001: Die Stunde der Wahrheit? Zum Verhältnis der Wissenschaft zu Politik, Wirtschaft und Medien in der Wissensgesellschaft, Studienausg., Weilerswist. – Whitley, Richard D., 2000: The Intellectual and Social Organization of the Sciences, 2nd ed., Oxford.

Sabine Maasen/Mario Kaiser

Wissenschaftstheorie

Die Wissenschaftstheorie oder -philosophie (engl. philosophy of science) befasst sich mit den Grundlagen wissenschaftlicher Erkenntnis. Wissenschaftliche Tätigkeit (Argumente, Erklärungen, Hypothesenprüfungen) setzt Regeln (Normen, Beurteilungsmaßstäbe) voraus. Die Wissenschaftstheorie thematisiert solche Regeln und setzt sich mit ihnen kritisch auseinander. Sie weist eine Nähe zur *Erkenntnistheorie* auf, aber auch zu den *Methoden* der einzelnen Wissenschaften. Ein zentraler Teil der Wissenschaftstheorie ist die *Methodologie*, der es darum geht, inwieweit bestimmte Vorgehensweisen (z. B. induktiv oder hypothetisch-deduktiv) im Hinblick auf die Erkenntnisziele als geeignet (und in diesem Sinne als rational) gelten können. Seit etwa der Mitte des letzten Jh.s wird in der Wissenschaftstheorie der Wissenschaftsgeschichte und *Wissenschaftssoziologie* zunehmend Beachtung geschenkt. Die Perspektive der Wissenschaftstheorie ist ursprünglich eine normative. In Konkurrenz dazu hat sich eine Auffassung entwickelt, der es in erster Linie darum geht, die Tätigkeit der Wissenschaftler zu beschreiben und zu verstehen. Viele sind auch der Ansicht, dass die Wissenschaftstheorie eine deskriptive und eine normative Komponente habe.

Wichtige Gedanken zur Wissenschaftstheorie findet man seit der Antike (z. B. Aristoteles). Die moderne Wissenschaftstheorie beginnt in den 1920er Jahren mit der Gründung des Wiener Kreises (Schlick, Carnap, Neurath u. a.), der die Denkrichtung des logischen Empirismus (log. Positivismus, Neopositivismus) prägte. Poppers *Falsifikationismus* enstand in kritischer Auseinandersetzung mit dem log. Empirismus. Mit Kuhns Lehre von den *Paradigmen* und Revolutionen in der Wissenschaft setzte eine Historisierung der Wissenschaftstheorie ein. Teils in Fortführung von Kuhns Ideen, teils als Alternative dazu entstanden das Starke Programm der Wissenschaftssoziologie, Lakatos' Methodologie wissenschaftlicher Forschungsprogramme, der Non Statement View, der Bayesianische Ansatz und der Neue Experimentalismus. – Die dominierenden Richtungen der Wissenschaftstheorie (die hier allein behandelt werden können) sind durch die analytische Philosophie geprägt. Zu den alternativen Richtungen gehören u. a. die hermeneutische und die konstruktivistische.

Erklären und Verstehen

Zu den Hauptthemen der Wissenschaftstheorie zählt die Ausarbeitung der Idee der *Erklärung* (E.). Nach dem Modell der deduktiv-nomologischen E. (auch Hempel-Oppenheim-Schema) wird die Aussage, die das zu erklärende Ereignis B beschreibt, aus Aussagen über vorausgehende Bedingungen A sowie Gesetzen (im einfachsten Fall: Immer wenn A, dann B) deduktiv abgeleitet. Gesetze werden wiederum erklärt, indem man sie aus anderen (fundamentaleren) Gesetzen deduziert. Man spricht daher auch vom covering-law model. Das Modell wurde später durch verschiedene Varianten der E. mit statistischen (probabilistischen) Gesetzen (etwa der Form $p(B/A) = r$) ergänzt (Hempel 1965). – Von Vorhersagen wurde zunächst angenommen, dass sie dieselbe Struktur wie E. haben und sich nur durch den zeitlichen Bezug unterscheiden; später setzte sich mehr die Auffassung durch, dass eine E. ein Kausalgesetz benötigt, während für eine Vorhersage auch ein nichtkausales Gesetz verwendbar ist. Die Erklärungsmodelle werfen eine Reihe von Problemen auf (Schurz 2006), u. a. die Klärung des Begriffs Gesetz. Gesetzeshypothesen werden meist als Immer-und-überall-Aussagen über offene Klassen von Objekten aufgefasst (z. B. alle Menschen, alle Institutionen einer bestimmten Art), Gesetze als gut bestätigte Gesetzesaussagen.

Es wird kontrovers diskutiert, ob es in den Sozialwissenschaften überhaupt Gesetze gibt. Auch zu gut bestätigten allgemeinen sozialwissenschaftlichen Hypothesen scheint es stets Ausnahmefälle zu geben. Und wenn eine *Hypothese* behauptet, dass Y durch X auf bestimmte Weise beeinflusst wird (z. B. Nachfragegesetz), dann besteht fast immer Grund zu der Annahme, dass Y auch noch durch andere Faktoren beeinflusst wird, die man wahrscheinlich nicht alle identifizieren kann (Gadenne 1984). Sozialwissenschaftliche Gesetze werden daher meist als Aussagen mit dem Zusatz ceteris paribus verstanden. Nur als Ceteris-paribus-Aussagen können sie behauptet werden, ohne sofort als falsch zu gelten. Es ist umstritten, ob Ceteris-paribus-Aussagen den Status von Gesetze haben können. Cartwright (1999) meint allerdings, dass auch naturwissenschaftliche Gesetze nur c. p. gelten würden.

Sind alle Erklärungen in den Sozialwissenschaften kausale E.? Nach einer Auffassung sind sie es, nach einer anderen benötigen die Sozialwissenschaften Formen der Erklärung, die keine kausalen E. sind. Teleologische E. wurden in dieser Hinsicht viel diskutiert. Menschliches Handeln hat Ziele, es hat einen subjektiven Sinn. Man kann das Handeln einer Person verstehen, wenn man die Gründe (subjektive Ziele sowie Annahmen über Mittel zur Zielerreichung) der Handlung kennt. Nach einer Auffassung (z. B. M. Weber) kann ein solches *Verstehen* von Handlungen zugleich dazu dienen, diese kausal zu erklären. Andere sehen (wie W. Dilthey) ein Verstehen als vom kausalen Erklären verschieden an. Diese Kontroverse lässt sich bis in die Diskussion über qualitatives vs. quantitatives Vorgehen hinein verfolgen. Die Gegner eines einheitlichen nomologischen Erklärungsmodells argumentieren, dass es in den Sozialwissenschaften die für E. erforderlichen Gesetze nicht gäbe (Searle 1986) oder dass Gründe keine Ursachen seien, weil sie zu den jeweiligen Handlungen in einer logischen Beziehung stehen würden (v. Wright 1974). Beide Argumente sind umstritten.

Ein weiteres kontroverses Thema sind funktionale E. Kann man z. B. die Existenz bestimmter Ri-ten in einer Gesellschaft durch den Hinweis erklären, dass diese den sozialen Zusammenhalt stärken? Als heuristisches Verfahren ist die Suche nach den *Funktion*en von Systemen ohne Zweifel von Nutzen, in der Soziologie ebenso wie in der Biologie. Allerdings wird mit Recht darauf hingewiesen, dass das Aufzeigen einer Funktion eines Systems nicht zugleich die Frage beantwortet, welche Prozesse dessen Fortexistenz bewirken (Kincaid 2002).

Sind die von der Soziologie beschriebenen und erklärten Tatsachen im Prinzip durch Theorien erklärbar, die nur auf Individuen und ihr Handeln Bezug nehmen? Sind die Aussagen der Soziologie auf solche der Psychologie (oder z. B. der Rational-Choice-Theorie) zurückführbar (Reduktion, reduktive E.)? Oder existieren soziale Tatsachen zusätzlich zu Individuen (und evtl. unabhängig von diesen), und ist die Soziologie in diesem Sinne eine autonome Disziplin, wie Durkheim meinte? Eng damit zusammen hängt die Frage, ob soziale Systeme emergente Eigenschaften haben, solche, die dem ganzen System, nicht aber den Individuen zukommen und die auch nicht auf das interaktive Handeln der Individuen zurückführbar sind (G. Albert 2011). Eine erste Schwierigkeit des Reduktions-Vorhabens besteht darin, dass es zu einer sozialen Tatsache (z. B. eine allgemeine Unzufriedenheit mit dem Rechtssystem eines Staates) eine unbegrenzte Zahl von möglichen Realisierungen auf der individuellen Ebene gibt (multiple Realisierbarkeit), so dass hier eine Definition der soziologischen Beschreibung in psychologischen Begriffen schwierig erscheint. Zweitens kann es sein, dass bereits die Beschreibung von manchen individuellen Tatsachen einen Bezug auf soziale Tatsachen erfordert (z. B.: Frau Müller ist mit dem Rechtssystem unzufrieden).

Was Vorhersagen in den Sozialwissenschaften betrifft, so sind ihrer Zuverlässigkeit aus mehreren Gründen Grenzen gesetzt: Teils stehen zum Berechnen der V. keine Gesetze zur Verfügung, so dass einfach ein bestehender Trend fortgeschrieben wird. Aber auch wenn Gesetze verfügbar sind, ist es sehr schwierig, alle relevanten Anfangsbedingungen hinreichend genau bestimmen zu können. Und schließlich ist bis zum Zeitpunkt des vorhergesagten Ereignisses stets mit weiteren Einflüssen zu rechnen, die zum Zeitpunkt der V. nicht alle einbezogen werden können. Zu diesen Einflüssen gehört in den Sozialwissenschaften auch die Tatsache, dass Menschen, denen eine V. bekannt wird, möglicherweise auf diese reagieren und dadurch das vorhergesagte Ereignis beschleunigen (self fulfilling prophecy) oder es verhindern (self destroying prophecy).

Theorie und Erfahrung

Zu den Hauptprojekten des logischen Empirismus gehörte die Zurückführung theoretischer Begriffe (z. B. Elektron, Macht, Statusinkonsistenz) auf Beobachtungsbegriffe mit Hilfe von Definitionen bzw. Bedeutungsregeln (Carnap 1958). Als großes Problem erwies sich dabei, dass es nicht gelang, die Idee der Beobachtbarkeit präzise zu bestimmen. Selbst einfache Beschreibungen von Beobachtungen gehen über das hinaus, was mit den Sinnen unmittelbar erfassbar ist. Beobachtungsaussagen sind theoriegeladen. – Dass es keine scharfe Grenze zwischen dem Bereich des Beobachtbaren und dem des Theoretischen gibt, ändert aber nichts daran, dass man in den empirischen Wissenschaften *Theorie*n anhand ihrer Folgerungen über die im gegebenen Kontext relativ gut beobachtbaren Sachverhalte prüft. Hierzu werden Hilfs*hypothese*n der Art gebildet, dass sich die von einer Theorie postulierten Zustände und Prozesse in bestimmter Weise manifestieren und anhand von *Indikator*en feststellen lassen.

Lange Zeit galt die *Induktion*, das Schließen von Beobachtungsaussagen auf Gesetze, als zentraler Bestandteil des empirisch-wissenschaftlichen Denkens. Popper (1935) verwarf die Induktion und schlug als Kriterium empirischer Wissenschaft (in Abgrenzung zur Metaphysik) die Falsifizierbarkeit von Theorien vor. Ein Vorgehen nach seiner hypothetisch-deduktiven Methodologie erfordert, dass Hypothesen bzw. Theorien anhand ihrer Folgerungen über Beobachtbares kritisch geprüft werden. Sind die Beobachtungen mit der Theorie vereinbar, gilt diese als bewährt. Stellen sich dagegen (intersubjektiv nachprüfbare, evtl. wiederholte) Beobachtungsergebnisse ein, die mit der Theorie unvereinbar sind, so gilt sie als falsifiziert. *Falsifikation*en geben entscheidende Hinweise zur Änderung bzw. Neukonstruktion von Theorien. Ziel dieses Vorgehens ist es, zu Theorien von zunehmender *Wahrheit*snähe zu gelangen. Es gibt in der Erkenntnis allerdings keine Gewissheit (Fallibilismus). Popper erweiterte den Falsifikationismus schließlich zum Kritischen Rationalismus, der Vernunft auf allen Gebieten mit der Offenheit für Kritik gleichsetzt. Poppers Nachfolger haben den Krit. Rationalismus

weiterentwickelt, so dass er z. B. auch Fragen der Entdeckung einbezieht (Albert 1968).

Heute wird Poppers Methodologie in der Wissenschaftstheorie überwiegend abgelehnt, doch richten sich die Einwände dabei vor allem gegen seine frühe Position. Es wird vorgebracht, dass der Falsifikationismus kein eindeutiges Kriterium für eine Falsifikationsentscheidung anzugeben vermag. Als spezielles Problem erwies sich, ob im Fall widersprechender Beobachtungen eine der Kernannahmen der Theorie oder eine der Hilfsannahmen aufgegeben werden soll. Eine mögliche Lösung besteht darin, dies ungeregelt zu lassen und nur zu verlangen, dass die jeweils geänderte Annahme wiederum zum Gegenstand einer neuen kritischen Prüfung gemacht wird; durch systematisches Vorgehen kann man so herauszufinden suchen, ob eine Änderung der Theorie oder einer der Hilfshypothesen sich auf längere Sicht besser bewährt.

Ein anderer Einwand besagt, dass Poppers Idee der Bewährung einer Theorie letztlich doch eine bestimmte Form induktiven Denkens voraussetzen muss, zwar keinen Schluss, der die Wahrheit der Theorie garantiert, jedoch die Annahme, dass diese durch bestandene kritische Prüfungen an Glaubwürdigkeit gewinnt. Die meisten Wissenschaftler und Wissenschaftstheoretiker akzeptieren Induktion in diesem schwachen Sinne.

Feyerabend (1976) zog aufgrund seiner Kritik am induktivistischen wie hypothetisch-deduktiven Ansatz den Schluss, dass methodologische Regeln die Wissenschaft grundsätzlich eher behindern würden und deshalb von ihr nicht beachtet werden sollten. Wissenschaftler sollten nach ihren Intuitionen vorgehen (Anything goes).

In jüngster Zeit versucht der Bayesianische Ansatz in der Wissenschaftstheorie, die Probleme der Hypothesenbeurteilung auf der Grundlage von Bayes' Theorem der Wahrscheinlichkeitstheorie zu lösen: Für eine Hypothese h wird aufgrund empirischer Resultate e eine Wahrscheinlichkeit $p(h/e)$ berechnet. Voraussetzung hierfür ist, dass man die Wahrscheinlichkeiten $p(h)$, $p(e/h)$ sowie $p(e)$ bestimmen bzw. auf sinnvolle Weise schätzen kann (Howson und Urbach 1989). – Kritiker bezweifeln die Anwendung dieses Verfahrens auf wissenschaftliche Gesetzeshypothesen, da man hier kaum Anhaltspunkte für (nicht willkürliche) Ausgangswahrscheinlichkeiten $p(h)$ hat und zudem die Resultate $p(h/e)$ entscheidend davon abhängen, welche alternativen Hypothe sen (deren es unbegrenzt viele gibt) man in die Betrachtung einbezieht (M. Albert 2003).

Im Unterschied zu den Naturwissenschaften konstruieren Sozialwissenschaftler Theorien über Gegenstände (Individuen), die selbst wiederum subjektive Annahmen haben (A. Schütz nennt Erstere Konstruktionen zweiter Ordnung, Letztere Konstruktionen erster Ordnung). Für Wissenschaftler gilt es also einerseits, die Theorien ihres Faches zu verstehen, andererseits die subjektiven Theorien der untersuchten Individuen richtig zu deuten (doppelte Hermeneutik, Giddens 1976). Ob dies eine besondere Methodologie (interpretative Soziologie, qualitatives Vorgehen) erfordert, die sich von der des kausalen Erklärens und der Suche nach allgemeinen Gesetzen unterscheidet, ist ein kontroverser Gegenstand.

Theorie, Paradigma, Forschungsprogramm

Im Log. Empirismus und Krit. Rationalismus werden Theorien als deduktive Systeme von Gesetzen aufgefasst. Einige davon bilden die Grundannahmen (Axiome), andere werden aus diesen deduziert. Ziel ist es, mit wenigen Grundannahmen (Einfachheit) viel auszusagen (Gehalt) und möglichst viele Befunde eines Wissenschaftsgebietes erklären zu können (Erklärungskraft).

Gegen diese Theorieauffassung und gegen die induktive wie hypothetisch-deduktive Methodologie wandte sich Thomas Kuhn (1962), der den Gang der Forschung in einer fortgeschrittenen Wissenschaft so beschreibt: Es dominiert ein bestimmtes *Paradigma* (P.), wie z. B. Newtons Mechanik. Ein P. umfasst theoretische Annahmen, Maßstäbe für die Beurteilung wissenschaftlicher Arbeit, insbesondere aber Musterbeispiele wissenschaftlicher Problemlösungen (P. im engeren Sinn, paradigmatische Lösungen). Die jeweilige Scientific Community akzeptiert ihr P. bedingungslos, es bildet die Grundlage der Normalwissenschaft, in der ein Rätsellösen betrieben wird. Das P. wird hierbei nicht getestet. Können Rätsel jedoch längerfristig nicht gelöst werden, so werden sie zu Anomalien. Eine Häufung von Anomalien kann in eine Krise führen, die Mitglieder der Community zweifeln am P., und evtl. kommt es zu einer wissenschaftlichen Revolution: Die Wissenschaftler gehen mehrheitlich zu einer neuen Idee über, die ein neues P. mit einer neuen Normalwissenschaft begründet. Eine Revolution beruht nicht auf einer Falsifikation des alten P. bzw. einer darauf

aufbauenden Argumentation, sondern auf einem Wandel in der Art, die Welt zu sehen. P. bestimmen, wie wir die Welt sehen; daher sind sie inkommensurabel; es gibt keine objektiven, von P. unabhängigen Beobachtungsresultate, die dazu dienen könnten, P. vergleichend zu beurteilen. Kuhns Lehre hat insofern einen Relativismus zur Folge, als man nicht begründen kann, dass ein bestimmtes P. die Realität zutreffender darstellt als ein anderes. – Gegen die Inkommensurabilitätsthese wird vorgebracht, dass in der Wissenschaftsgeschichte konkurrierende Theorien durchaus so gegeneinander getestet werden konnten, dass sich die eine als der anderen überlegen erwies (Andersson 1988). In den Sozialwissenschaften gibt es kaum P. in Kuhns Sinn, da dort meist mehrere Forschungsansätze zeitgleich miteinander konkurrieren und keiner so dominant ist, wie Kuhn es von den P. der Physik annimmt. Aus den Wirtschaftswissenschaften könnte man die neoklassische Ökonomie als Beispiel für ein P. anführen.

Mit seiner Methodologie wissenschaftlicher **Forschungsprogramme** versuchte Lakatos (1970), Kuhns Thesen Rechnung zu tragen, zugleich jedoch die Möglichkeit begründeter Falsifikationen zu erhalten und einen Relativismus zu vermeiden. Was Kuhn ein P. nennt, fasst Lakatos als Forschungsprogramm auf. Die wissenschaftliche Arbeit im Rahmen eines solchen Programms und auch die Aufgabe eines ganzen Programms zugunsten eines anderen werden von Lakatos als rationale Maßnahmen interpretiert, durch die man jeweils versucht, der Gesamtheit der empirischen Resultate bestmöglich Rechnung zu tragen. Als Beleg für seinen Ansatz führte Lakatos Fallbeispiele aus der Wissenschaftsgeschichte an und setzte damit die von Kuhn eingeleitete Historisierung der Wissenschaftstheorie fort. – Als Einwand gegen Lakatos wurde vorgebracht, dass er kein eindeutiges Kriterium dafür anzugeben vermag, wann ein Programm endgültig aufgegeben werden sollte.

Der **Non Statement View** (NSV, auch semantische Theorieauffassung, Strukturalismus) greift Kuhns Idee nicht falsifizierbarer P. auf und schlägt vor, Theorien als Strukturen zu interpretieren, die keinen Aussagencharakter haben (z. B. als durch mengentheoretische Prädikate definierte Modelle; Sneed 1971, Stegmüller 1979). Während sich bei einer Theorie mit Aussagencharakter die Frage stellt, ob sie universell zutreffend ist, fragt man von einer Theorie im Sinne des NSV, ob sie sich auf ausgewählte empirische Situationen erfolgreich anwenden lässt. Danach würde z. B. die *Rational-Choice-Theorie* nicht behaupten, dass alle Menschen rationale Entscheider sind, sondern ein ideales Modell des rationalen Entscheiders definieren und dann untersuchen, ob gewisse ausgewählte empirische Situationen so interpretiert werden können, dass sie den Bedingungen des idealen Modells genügen (bei Giere 1988: ob die realen Systeme dem idealen Modell ähnlich sind). Wenn dies nicht der Fall ist, erweist sich dadurch eine spezielle, auf die Situation bezogene Hypothese als falsch, nicht aber die als Menge von Modellen aufgefasste Theorie. Allerdings wird es auch im NSV als positiv bewertet, wenn Anwendungen erfolgreich sind, und eine Theorie, die in dieser Hinsicht einer anderen überlegen ist, wird ihr vorgezogen. – Als Einwand wurde vorgebracht, dass diese Umdeutung von Theorien keine wirklichen Probleme löst, da auch Theorien im Sinne von Aussagesystemen zugestanden werden kann, dass sie im Falle widersprechender Befunde so lange beibehalten werden, bis eine bessere alternative Theorie verfügbar ist.

Wissenschaftstheorie und soziologische Wissenschaftsforschung

Kuhns Lehre regte u. a. dazu an, die Entwicklungen in den Wissenschaften nicht als Folge rationaler Schlussfolgerungen, sondern durch soziale Faktoren zu erklären, insbesondere durch Interessen an Macht und Anerkennung. David Bloor (1976) begründete das Starke Programm der Wissenschaftssoziologie, das zum Ziel hat, für wahr gehaltene und für falsch gehaltene wissenschaftliche Lehrmeinungen gleichermaßen soziologisch zu erklären. Seitdem sind viele Studien durchgeführt worden, die sich dem Phänomen Wissenschaft soziologisch und auch ethnographisch nähern (Knorr-Cetina 1999), großenteils auf der Grundlage von konstruktivistischen Annahmen.

Allerdings schließt die Anerkennung sozialer Erklärungsfaktoren keineswegs aus, dass Wissenschaft auch und sogar wesentlich auf rationaler Argumentation beruht. Die Auffassung, dass Entwicklungen in der Wissenschaft allein durch soziologische Überlegungen erklärt werden könnten, gilt in der Wissenschaftstheorie als wenig plausibel. Auch ist die Position, man könne auf Rationalitätsprinzipien in der Erkenntnis verzichten und normative Wissenschaftstheorie durch deskriptive Wissenschaftsfor-

schung ersetzen, mit dem Einwand konfrontiert, dass Letztere in diesem Fall für ihre eigenen Ergebnisse keinen Anspruch auf Geltung oder Glaubwürdigkeit erheben könnte.

Realismus und Konstruktivismus

Konstruktivistische Auffassungen spielen in den Sozialwissenschaften eine wichtige Rolle (u. a. Sozial*konstruktivismus*, radikaler Konstruktivismus) und werden meist als Gegenpositionen zum erkenntnistheoretischen *Realismus* aufgefasst. Letzterer hält es für möglich, über die objektive Realität Erkenntnisse zu gewinnen, Erkenntnis, die aus heutiger Sicht im Sinne bewährter Hypothesen über Teile und ausgewählte Aspekte der Realität zu verstehen ist. Viele (nicht alle) Spielarten des Konstruktivismus bestreiten dies: Zu der Realität, wie sie an sich beschaffen ist, können wir grundsätzlich keinen Erkenntniszugang haben (wie bereits Kant lehrte). Die empirische Welt, zu der wir allein Zugang haben, ist immer schon durch Sprache und Kultur, durch Theorien und Werte geprägt. Die Welt ist in diesem Sinne eine soziale Konstruktion. – Eine globale Erkenntnisskepsis ist allerdings mit dem Einwand konfrontiert, dass sie ihre eigene Grundlage aufhebt (Wendel 1990) und z. B. als Konstruktivismus keine überzeugende Antwort auf die Frage geben kann, ob die konstruierenden Akteure ebenfalls als konstruiert aufgefasst werden sollen.

Im Verlauf der Kontroverse zwischen Realisten und Antirealisten sind zahlreiche Positionen entstanden, die Elemente des Realismus mit solchen des Konstruktivismus zu verbinden suchen (z. B. Lenk 1993). Ohne Probleme mit einem Realismus vereinbar ist die Auffassung, die soziale Realität sei konstruiert in dem Sinne, dass die von den Sozialwissenschaften untersuchten Tatsachen nur in Anhängigkeit von menschlichen Überzeugungen und Handlungen existieren (Searle 1995). Geldmünzen von bestimmtem Wert, Ehen, Landesgrenzen, Regierungen, Staatsverfassungen und Wirtschaftsordnungen existieren nur, so lange Menschen sie auf bestimmte Weise betrachten und durch ihr Handeln für ihr Fortbestehen sorgen. Allerdings können diese sozialen oder institutionellen Gegenstände sehr wohl reale Eigenschaften und Folgen haben. Soziologische oder ökonomische Gesetze sind ebenso Teil der Realität wie Physikalische. Menschen können z. B. eine bestimmte Wirtschaftsordnung einrichten und ändern, jedoch, so lange diese besteht, nicht die Gesetzmäßigkeiten ändern, die für sie gelten. Eine andere Frage ist, ob angebliche Gesetze tatsächlich solche sind. Gesetzeshypothesen können falsch sein, und was man für Gesetze hält, könnten bloße Regelmäßigkeiten sein, die auf (änderbaren) Konventionen des Handelns beruhen.

Wertungen in den Wissenschaften

Wissenschaftliche Tätigkeit beruht auf *Wert*en verschiedener Art und besteht großenteils selbst aus Bewertungen, z. B. der logischen Richtigkeit von Argumenten oder der Bestätigung von Hypothesen. Die Frage, ob und in welchem Sinne Wissenschaft wertfrei sein kann und sollte, wurde immer wieder kontrovers diskutiert (Zecha 2006). Im *Positivismusstreit* plädierte der Kritische Rationalismus für das *Wertfreiheit*sprinzip M. Webers, Vertreter der Frankfurter Schule argumentierten dagegen. Auch von Seiten der feministischen Philosophie wird Wertfreiheit als Norm in Frage gestellt.

Nach einem von vielen vertretenen Lösungsvorschlag sind die Entstehung und die Verwertung wissenschaftlicher Ergebnisse durch Wertungen aller Art bestimmt, im Kontext der Begründung sollten aber nur wissenschaftsinterne Werte eine Rolle spielen (z. B. logische Richtigkeit) keine externen (persönliche Vorlieben, monetäre Belohnungen, Machtinteressen). Dass externe Werte de facto auch in diesem Kontext einen Einfluss haben, lässt ein entsprechendes normatives Wertfreiheitsprinzip vielen als umso wichtiger erscheinen.

Literatur

Albert, Hans, 1968: Traktat über kritische Vernunft, Tübingen. – Albert, Gert, 2011: Moderater Holismus – emergentistische Methodologie einer dritten Soziologie?; in: Greve, Jens; Schnabel, Annette (Hg.): Emergenz, Berlin, 251–285. – Albert, Max, 2003: Bayesian Rationality and Decision Making; in: Analyse&Kritik 25, 101–117. – Andersson, Gunnar, 1988: Kritik und Wissenschaftsgeschichte, Tübingen. – Bloor, David, 1976: Knowledge and Social Imagery, London. – Carnap, Rudolf, 1958: Beobachtungssprache und Theoretische Sprache; in: Dialectica 12, 236–248. – Cartwright, Nancy, 1999: The Dappled World: A Study of the Boundaries of Science, Cambridge. – Feyerabend, Paul, 1976: Wider den Methodenzwang, Frankfurt a. M. – Gadenne, Volker, 1984: Theorie und Erfahrung in der psychologischen Forschung, Tübingen. – Giddens, Anthony, 1976: New Rules of Sociological Method: a Positive Critique of interpretive Sociologies, London. – Giere, Ronald N., 1988: Explaining Science: A Cognitive Approach, Chicago. – Hempel, Carl G., 1977: Aspekte wissenschaftlicher Erklärung, Berlin. – Howson, Colin; Urbach, Peter, 1989: Scientific Reasoning: the Bayesian Approach, La Salle (Ill.). – Kincaid, Harold, 2002: Social Sciences; in: Machamer, Peter; Silberstein, Michael (Hg.): Philosophy of Science, Malden, Mass., 290–311. – Knorr-Cetina, Karin, 1999: Epistemic Cultures: How the Sciences Make Knowledge, New York. – Kuhn, Thomas, 1962: The Structure of Scientific Revolutions, Chicago. – Lakatos, Imre, 1970: Falsification and the Methodology of Scientific Research Programmes; in: Ders.; Musgrave, Alan (Hg.): Criticism and the Growth of Knowledge, Cambridge, 91–195. – Lenk, Hans, 1993: Interpretationskonstrukte, Frankfurt a. M. – Popper, Karl, 1935: Logik der Forschung, Wien. – Schurz, Gerhard, 2006: Einführung in die Wissenschaftstheorie, Darmstadt. – Searle, John, 1986: Geist, Hirn und Wissenschaft, Frankfurt a. M. – Ders., 1995: The Construction of Social Reality, New York. – Sneed, Joseph D., 1971: The Logical Structure of Mathematical Physics, Dordrecht. – Stegmüller, Wolfgang, 1979: The Structuralist View of Theories, Berlin. – Wendel, Hans J., 1990: Moderner Relativismus, Tübingen. – Wright, Georg H. v., 1974: Erklären und Verstehen, Frankfurt a. M. – Zecha, Gerhard (Hg.), 2006: Werte in den Wissenschaften, Tübingen.

Volker Gadenne

Wissenssoziologie

Die Wissenssoziologie (engl. sociology of knowledge) fragt danach, welche Rolle Sinn und Bedeutung für das menschliche Zusammenleben haben. Sie geht davon aus, dass Wissen die Grundlage des menschlichen Zugangs zur *Wirklichkeit* bildet und wir mit Wissen unsere (soziale) Wirklichkeit hervorbringen, dass Wissen unsere gesellschaftlichen Unterscheidungen und Bewertungen prägt und dass Wissen gesellschaftlich unterschiedlich verteilt ist. Dabei lassen sich **korrelationistische** von **integrativen Ansätzen** unterscheiden (Knoblauch 2005). Korrelationistische fragen nach dem Wechselverhältnis zwischen Wissen und Gesellschaft, insbesondere nach dem Einfluss verschiedener sozialer Faktoren auf die Form, Verteilung, Ausbreitung und Anerkennung von Wissen. Integrative Ansätzen betonen demgegenüber die Einheit von Wissen und Gesellschaft und betrachten Sozialität und Wissen als gleichursprünglich. Sinnphänomene werden auch von der *Kultursoziologie* behandelt, die sich historisch mit der Wissenssoziologie i. w. S. stark berührt (Schnettler 2006 ff.). Wissenssoziologie i. e. S. setzt den Begriff des Wissens zentral, misst dem Wissen eine eigenständige Bedeutung beim Verstehen und Erklären von Gesellschaft zu und versteht sich insofern als eigenständiger Zugang zur Allgemeinen Soziologie. Wissenssoziologische Einflüsse finden sich in zahlreichen soziologischen Forschungszugängen

Entwicklung der Wissenssoziologie

Als ihre **Vorläufer** benennt die Wissenssoziologie solche Autoren, die systematisch ein Verständnis von Wirklichkeit als gesellschaftlich bestimmt und von Gesellschaft als menschlichem Produkt verfolgen. Ihren Ausgang nehmen solche Überlegungen in der Religionskritik und dem Versuch einer wissenschaftlichen Erkenntnis menschlicher Existenz (Leggewie et al. 2012). Ibn Khalduns Interesse etwa richtet sich auf die Variabilität und Wandelbarkeit des menschlichen Zusammenlebens. Er formuliert im 14. Jh. eine Theorie vom sich wiederholenden Aufstieg und Fall von Zivilisationen und findet die Erklärung für den zyklischen Charakter menschlicher Geschichte nicht etwa im Willen einer höheren, verborgenen Macht, sondern in der Größe und im Zusammenhalt von Gruppen, deren innere Dynamik sozialen Wandel selbst hervorbringt. Nicht Prophetentum, sondern rationales Denken, so Ibn Khaldun, führen den Menschen zur Erkenntnis seiner Lage. Damit ist bei ihm bereits die grundlegende erkenntnistheoretische Frage angesprochen, die die Wissenssoziologie begleiten wird und auf die diese in ihren Methodologien und Methoden Antworten gibt: Wie ist wissenschaftliche Erkenntnis überhaupt möglich, und wie ist deren Status, wenn doch letztes Wissen aufgrund der unsicheren menschlichen Natur des Wissens nicht möglich ist? Die Antwort Francis Bacons lautet zu Beginn des 17. Jh.s: durch induktive Forschung. Menschlicher Erkenntnis stehen vielfältige Trugbilder – Idole – im Wege. Zu diesen rechnet Bacon neben gattungsbedingten Trugbildern, die in der Schwäche der menschlichen Natur begründet sind, sozial vermittelte Vorurteile und individuelle geistige Versäumnisse, das Unvermögen der Sprache und schließlich die deduktiv begründeten Theorien der Religion und Philosophie. Nur durch die wissenschaftliche Bekämpfung der Idole könne die Menschheit zur Wahrheit gelangen. Giambattista Vicos Modell einer zyklischen Ordnung menschlicher Geschichte aus dem 18. Jh. ist wissenssoziolo-

gisch richtungweisend, da sich in ihm die Idee der sprachlichen Selbstherstellung von *Gesellschaft* findet: Zivilisationen durchlaufen drei Phasen – die Zeitalter der Götter, der Heroen und der Menschen –, mit je eigener Sprache. Für Vico sind die kulturellen Wissensbestände, Normen und Werte dieser Zeitalter gebunden an ihre jeweiligen begrifflichen und sprachlichen Strukturen. Er identifiziert Sprache damit nicht als Hindernis wissenschaftlicher Erkenntnis, sondern als Grundlage der Erzeugung sozialer *Ordnung*. In der französischen Aufklärung verbinden sich drei wissenssoziologische Argumentationsstränge: Erstens wird *Religion* als Herrschaftsinstrument ausgewiesen, das den (wirtschaftlichen) Interessen der Priesterklasse dient. Zweitens erachten *Milieu*theorien die soziale Lage als Determinante von Interessen, die ihrerseits Denken und Handeln prägen. Drittens soll die wissenssoziologische Einsicht gesellschaftliche Veränderungen anleiten, die durch den Kampf gegen *Vorurteile*, durch Bildung und Erziehung erreicht werden sollen. Die Bedeutung von Karl Marx für die Entwicklung der Wissenssoziologie liegt in seinem Verständnis eines dialektischen Verhältnisses von materieller Basis und ideologischem Überbau. Marx versteht Geschichte als Geschichte des Kampfs verfeindeter Klassen, die sich im Kapitalismus durch die unterschiedlichen Verhältnisse zum Privateigentum an Produktionsmitteln auszeichnen, wobei die Bourgeoisie über die Produktionsmittel verfügt, während die Angehörigen des Proletariats nichts als ihre Arbeitskraft besitzen, die sie wie eine Ware verkaufen müssen. Diese materielle Basis der gesellschaftlichen Verhältnisse wird stabilisiert und gerechtfertigt durch *Ideologie*n, die eine Generalisierung der Vorstellungen und damit der Interessen der herrschenden Klasse bewirken. Umgekehrt werden bei Marx Ideologien selbst zu erklärenden Faktoren historischer Entwicklungen, indem sie Veränderungen der materiellen Basis entweder verhindern oder anstoßen können.

Als ihre **Gründer** versteht die Wissenssoziologie Autoren, die sich um eine Systematisierung von Wissensformen bemühen und wissenssoziologische Forschungsprogramme auflegen. Diese sind um Schlüsselkonzepte gebaut, die bis heute in der Wissenssoziologie einflussreich sind bzw. zum Ausgangspunkt der Neuformulierung der Wissenssoziologie wurden.

Bei Émile Durkheim gilt dies insbesondere für die Leitidee der Sozialität des Denkens und Wissens – individuelles Wissen wird als sozial abgeleitet betrachtet – und die Begriffe ›Repräsentation‹ und ›Klassifikation‹. Repräsentationen sind für Durkheim symbolische Wissensbestände einer Gesellschaft, in denen sich die sozialen Strukturen spiegeln. Während er in einfachen Gesellschaften eine Identität von individuellem und kollektivem Bewusstsein ausmacht und gesellschaftliche Integration durch kollektive Glaubensüberzeugungen und Rituale gesichert sieht, diagnostiziert er in modernen Gesellschaften die Abnahme des Bestands an gemeinsamem Wissen und die schwindende Fähigkeit religiöser Rituale, das kollektive Bewusstsein zu garantieren, während zugleich neue Wissensformen – Wissenschaft und politische Rituale – diese Funktion (teilweise) übernehmen. Die Struktur des Wissenshaushaltes von Gesellschaften stellt sich für Durkheim als ein System von Klassifikationen dar. Das kollektive Wissen ist damit nicht einfach ein Speicher an Erkenntnissen oder Bedeutungen, sondern ergibt sich aus den Verbindungen seiner Bestandteile. Der Sinn eines Wissenselements ist bestimmt durch seine Position im Wissenssystem. Die Wissensklassifkationen bringen Wahrnehmungen und Bewertungen hervor, sie sind an soziale Strukturen gebunden und werden in der sozialen Interaktion hergestellt.

Max Schelers Wissenssoziologie zeichnet sich durch eine Unterscheidung der drei Hauptformen des Wissens – Religion, Metaphysik und positive Wissenschaft – aus. Scheler erachtet diese als gleichwertige Wissensformen, die als ›Idealfaktoren‹ den ›Realfaktoren‹ – der von menschlichen Trieben unterfütterten Macht- und Sozialstruktur – gegenüberstehen und von diesen abhängen. Scheler dringt so zur Unterscheidung und Analyse klassenbedingter Denkarten vor. Sein Begriff der ›relativ natürlichen Weltanschauung‹ hebt ebenfalls darauf ab, dass Wissen in der biologischen Triebstruktur des Menschen verankert ist und insofern einen universellen Charakter aufweist, der jedoch kulturell überformt wird. Zugleich verweist der Begriff auf den impliziten Charakter gesellschaftlichen Wissens. Die grundlegenden Annahmen darüber, wie die Welt und das menschliche Zusammenleben funktionieren, unterscheiden sich zwar zwischen verschiedenen Gruppen und Gesellschaften. Diese Annahmen werden ihren Angehörigen aber durch Legenden, Mythen und Volkswissen auf naturalisierende Weise vermittelt, erscheinen ihnen als selbstverständlich und werden daher in der Regel nicht in Frage gestellt.

Karl Mannheim bedient sich des Ideologie-Begriffs, um damit zum einen darauf zu verweisen, dass Wissen sozial unterschiedlich verteilt ist und sich in den umfassenden Weltansichten sozialer Gruppen niederschlägt. Zum anderen ist Wissen für Mannheim insofern Ideologie, als es nicht logisch aufgebaut ist, sondern das Produkt der kollektiven Erfahrungszusammenhänge von Gruppen darstellt, was auf die ›Seinverbundenheit‹ des Wissens verweist. Mannheim unterscheidet weiter zwischen atheoretischem, d. h. implizitem und reflexiv kaum zugänglichem Wissen, das kennzeichnend ist für die ›konjunktiven Erfahrungsräume‹ sozialer Gruppen, und kommunikativem Wissen, mit dem sich Gesellschaften öffentlich und explizit verständigen.

Robert K. Merton schließlich widmet sich auf einflussreiche Weise der Frage nach dem Zusammenhang von Gesellschaft und Wissen, ohne einer der beiden Seiten theoretisch Vorrang einzuräumen. In seiner allgemeinen Wissenssoziologie bemüht er sich vielmehr um die Analyse und Systematisierung der Beziehungsformen zwischen Gesellschaft und Wissen. In zahlreichen Einzeluntersuchungen etablierte Merton überdies ›Theorien mittlerer Reichweite‹ über wissenssoziologische Zusammenhänge. So spricht Merton etwa von einer ›self-fulfilling prophecy‹, wenn sich aus falschen Annahmen soziale Tatsachen entwickeln und verwendet das Konzept des ›role-set‹, um zu zeigen, dass und wie sich mit einer (sozialstrukturellen) Statusposition multiple (wissensförmige) Rollenerwartungen verbinden können.

Aktuelle Ansätze der Wissenssoziologie

Semantik

In einem sehr weiten Sinne lässt sich auch die *Systemtheorie* von Niklas Luhmann als eine Soziologie des Wissens verstehen, wenngleich der Wissensbegriff bei Luhmann keine zentrale Rolle spielt. Im Zentrum der Systemtheorie steht vielmehr die kommunikative Verarbeitung von *Sinn* durch soziale und psychische Systeme und die dabei konstruierte soziale Wirklichkeit. Unter Sinn versteht Luhmann einen »Überschuss an impliziten Verweisungen auf ein anderes, der zu selektivem Vorgehen (…) zwingt.« (Luhmann 1980b: 35) D. h. dass sinnhaftem menschlichem Handeln stets eine Entscheidung vorausgeht, durch die andere Handlungsmöglichkeiten verworfen werden, wobei sich gleichzeitig durch die Aktualisierung einer Handlung zahlreiche weitere Anschlussmöglichkeiten ergeben. Sinn und die damit verbundenen Erwartungshorizonte und Selektionswahrscheinlichkeiten versteht Luhmann als Resultat evolutionärer Prozesse. Die jeweils vorgegebenen und historisch variablen Regeln und Formen der Sinnverarbeitung nennt Luhmann im Anschluss an die Begriffsgeschichte von Reinhart Koselleck Semantiken. Mit Hilfe dieses relativ situationsunabhängigen »semantischen Apparats« einer Gesellschaft, der Deutungs- und Erwartungsschemata z. B. in Form ausdifferenzierter Rollen enthält, wird die Selektion von Sinn erleichtert und Komplexität reduziert, d. h. bestimmte Anschlussmöglichkeiten werden wahrscheinlicher als andere und erleichtern so die Handlungskoordination (Luhmann 1980b: 19). Semantik umfasst auch den in einer Gesellschaft bestehenden Vorrat an relevanten Themen bzw. Sinnkomplexen, und zwar sowohl auf der profanen Ebene von Flüchen und Witzen als auch bzgl. ernsterer Kommunikationsthemen, die Luhmann dann »gepflegte Semantik« nennt, wie Ideen, Weltanschauungen oder gesellschaftliche Selbstbeschreibungen (ebd.). Im Rahmen seiner explizit wissenssoziologischen Studien untersucht Luhmann anhand historischer Analysen die »Veränderungen in der Ideen- und Begriffswelt, die den Übergang zur modernen Gesellschaft begleiten und signalisieren« (Luhmann 1980a: 7). Anders als die klassische Wissenssoziologie, die sich vor allem für bestimmte Trägergruppen des Wissens und deren historische Situation interessierte, geht es in der Systemtheorie um die Korrelation von Wissen und gesellschaftlichen Strukturen. Die zentrale Hypothese hierzu lautet, dass je nach primärer gesellschaftlicher Differenzierungsform (segmentär, stratifikatorisch, funktional) und dem damit verbundenen Grad an Komplexität bestimmte Anschlussmöglichkeiten und Sinnkomplexe wahrscheinlicher werden als andere. Während sich beispielsweise in der hierarchisch strukturierten Ständegesellschaft des Mittelalters die Semantiken vor allem innerhalb der einzelnen Schichten ausbildeten, entwickeln sich in funktional differenzierten Gesellschaften funktionssystemspezifische Themenvorräte. Luhmann geht hier also von der Nachträglichkeit der Semantik gegenüber der Differenzierungsform und damit der Sozialstruktur aus.

Alltagswissen

Nachhaltigen Einfluss auf die neuere Wissenssoziologie hat die Abhandlung ›Die gesellschaftliche Konstruktion der *Wirklichkeit*‹ von Peter L. Berger und Thomas Luckmann (1969), in der die Autoren die Titel gebende These verfolgen, die Wirklichkeit sei gesellschaftlich konstruiert. Berger und Luckmann argumentieren, dass die Welt zu unserer Wirklichkeit wird, indem wir aus der ungeheuren Fülle an Verhaltensmöglichkeiten, die dem Menschen auf Grund seiner mangelnden Festlegung durch Instinkte zur Verfügung stehen, bestimmte *Verhalten*sweisen auswählen und diese gewohnheitsmäßig wiederholen. Sobald wir diese Gewohnheiten mit anderen teilen, existiert eine gesellschaftliche *Institution*. Soziale Institutionen lösen gesellschaftlich verbreitete Handlungsprobleme. In diesem Sinne ist etwa das Auto eine gesellschaftliche Institution, die das menschliche Problem der Fortbewegung löst. Um dies jedoch leisten zu können, bedarf es einer Fülle unterstützender Einrichtungen: Straßen und Verkehrsordnung; Tankstellen und Mineralölkonzerne; Werkstätten und Automobilindustrie. Auf diese Weise entsteht eine umfassende institutionelle *Ordnung*. Da der Sinn und Zweck von Institutionen in der Regel nur denjenigen unmittelbar einsichtig ist, die an ihrer Entstehung beteiligt waren, bedarf es Erklärungen und Rechtfertigungen, um ihre gesellschaftliche Verbreitung durchzusetzen und sicherzustellen. Bei diesen Legitimationen kann es sich um einfache Formeln handeln (›so ist es am Besten‹) oder auch um umfassende (religiöse) Mythen, (politische) *Ideologien* oder (wissenschaftliche) Begründungssysteme, die der Institution eine Aura der Selbstverständlichkeit oder gar des Heiligen verleihen. So erschien das Auto lange Zeit als unhinterfragt beste Option des Personenverkehrs, die mit gesellschaftlich hochgeschätzten Werten wie Freiheit und Individualität in Verbindung gebracht wurde. Berger und Luckmann machen deutlich, dass gesellschaftliche Ordnung ganz wesentlich eine Wissensordnung ist, also ein Bestand an Gewissheiten und Überzeugungen, der in der *Sozialisation* gelernt und einverleibt wird. Die Autoren knüpfen in ihrer wissenssoziologischen Theorie an Alfred Schütz an und argumentieren, gegen die ›alte‹ Wissenssoziologie, dass nicht die großen (politischen und religiösen) Ideologien, sondern das *Alltagswissen*, seine Entstehung, Verfestigung und nachholende Legitimation den Ausgangspunkt bilden muss, wenn man sich für die Besonderheiten menschlicher Wirklichkeit(en) interessiert. Mit dem Alltagsbegriff verbindet sich die Erkenntnis, dass selbst die selbstverständlichsten Handlungen mit Wissen unterfüttert sind, dass Wissen fortlaufend relevant ist und Wirkung entfaltet und daher weder im Besitz bestimmter Gruppen noch für außergewöhnliche Ereignisse reserviert ist.

Praxis

Man kann mit einigem Recht argumentieren, dass Pierre Bourdieus Werk im Kern eine wissenssoziologische Theorie der *Praxis* darstellt. Praxis stellt sich als *soziales Handeln* dar, das in eine zeitliche Ordnung eingebunden ist, die die Menschen auf zwei Weisen miteinander verbindet: indem sie in Sonderwissensbereiche – die sozialen *Feld*er – integriert werden und dort auf Basis des feldspezifischen Habitus handeln. Unter *Habitus* werden vorgeformte Denk- und Wahrnehmungsschemata verstanden, die sich der Einzelne vollständig einverleibt und die deshalb nicht hinterfragt werden (können). Ein Feld und der korrespondierende Habitus bilden gemeinsam eine historische *Institution*. Individuelles Handeln wird durch den Habitus vorstrukturiert. Entsprechend sind Handlungsweisen, Einstellungen und Bewertungen Ausdruck der sozialen Lage. Gleichzeitig ermöglicht es der ›praktische Sinn‹ dem Einzelnen, den Habitus an die vielfältigen sich wandelnden sozialen Situationen anzupassen und so an der sozialen Praxis teilzuhaben. Die Gesellschaft tritt in vermittelter Form durch den Habitus auf der Handlungsebene der Akteure zu Tage und reproduziert damit bestehende gesellschaftliche Existenzbedingungen, wie sie durch die Akteure durch die »habituelle Brille« wahrgenommen und gedeutet werden. Handeln erlangt seine regelhafte Struktur erst im Kontext sozialer Handlungspraxis, die ihre Regelmäßigkeit nicht durch den Habitus, sondern durch das jeweilige soziale Feld erhält, innerhalb dessen es platziert ist. In sozialen Feldern finden Kämpfe um Ressourcen, Durchsetzungsfähigkeit und soziale Anerkennung statt. Dabei versuchen die Akteure zum einen, die besten Positionen im Feld zu erstreiten und zum anderen, die geltenden Spielregeln im Feld dergestalt zu verändern, dass ihr eigenes Kapital besser zur Geltung gebracht werden kann (Bourdieu 1982). Soziale Felder unterscheiden sich

zwar jeweils voneinander, sind aber ähnlich strukturiert, nämlich nach Kämpfen der *Macht*, *Zentrum* und *Peripherie*, orthodoxen (im Feld herkömmliche bzw. als legitim erachtete) und heterodoxen (von den als legitim erachteten abweichenden) Positionen und Anschauungen. In diesem Sinne sind sie homolog, ähneln einander also hinsichtlich ihrer Struktur. *Feld*er sind damit gesellschaftliche Interaktionsräume, die von Konkurrenten um *Positionen*, *Macht* und *Prestige* bevölkert sind. Zwar wurde der Habitus-Begriff stärker rezipiert und nimmt wohl in Bourdieus Denken eine zentralere Rolle ein, für die Wissenssoziologie wird er jedoch im Zusammenspiel mit dem Feldbegriff besonders interessant. Bourdieu betont, dass die Elemente eines Feldes selbst performativ an dessen Konstitution beteiligt sind, die er als »gesellschaftliche Konstruktion der Wirklichkeit« (Bourdieu 1999: 462) bezeichnet. Mit dem Konzept der Praxis setzt sich in der Wissenssoziologie mehr noch als mit dem des Alltags die Vorstellung durch, dass Wissen kein kognitives Phänomen ist, sondern an körperliche Praktiken gebunden ist (kochen, boxen etc.) und der Körper selbst kein biologisches Phänomen ist, sondern durch Wissen überformt und mitgebildet wird und in diesem Sinne Kategorien wie Geschlecht oder Ethnie Wissenskategorien sind.

Forschungsfelder und Zeitdiagnosen

Die Wissenssoziologie zeigt sich heute als ausdifferenziertes Feld konkurrierender Ansätze, Forschungsperspektiven und Zeitdiagnosen (Schützeichel 2007). An Berger und Luckmann anknüpfend widmet sich die hermeneutische Wissenssoziologie der Bedeutung von *Symbol*en und *Ritual*en in pluralen Gesellschaften (Hans-Georg Soeffner), den sich differenzierenden kommunikativen Formen der Wirklichkeitskonstruktion (Hubert Knoblauch), den Wissensbeständen von *Szene*n, *Milieu*s und Experten (Ronald Hitzler) und der Bedeutung von Diskursen (Reiner Keller). Praxeologische Ansätze gehen vielfältige Verbindung mit Wissenskonzepten außerhalb der Wissenssoziologie ein, insbesondere solchen, die an Michel Foucault anschließen, suchen aber auch, z. B. in der dokumentarischen Methode, die Verbindung zwischen Mannheim und Bourdieu (Ralf Bohnsack). Neue systemtheoretische Ansätze der Wissenssoziologie setzen bei Luhmanns Überlegungen zum Verhältnis von Semantik und Sozialstruktur an. Mittlerweile gibt es jedoch auch Auslegungen der Systemtheorie, die eine umgekehrte Wirkrichtung für möglich halten und die strukturbildende Wirkung von Semantiken beschreiben (Urs Stäheli; Rudolf Stichweh). Wissenssoziologische Zugänge sind in der Ungleichheits- und der Geschlechterforschung einflussreich, wo diese sich mit Herstellungsprozessen sozialer Unterscheidungen und Klassifikationen befassen (Sighard Neckel, Stefan Hirschauer), wie auch in der Ethnizitäts- und Migrationsforschung. Als ›Ethnowissen‹ wird die Gesamtheit der kollektiven Wissensbestände bezeichnet, derer sich soziale Akteure bei der Herstellung von und im Umgang mit ethnischer *Differenzierung* und *Migration* bedienen. In der *Wissenschaftssoziologie*, die sich als Teilgebiet der Wissenssoziologie mit den sozialen Einflussfaktoren auf wissenschaftliches Wissen beschäftigt, werden beispielsweise die Techniken und Praktiken bei der »Fabrikation der Erkenntnis« untersucht (Karin Knorr Cetina; Steve Woolgar). Mit dem Konzept der ›Postsozialität‹ verbindet sich die Vorstellung, dass Gesellschaft nicht allein aus (mit Wissen ausgestatteten) Subjekten besteht, sondern bevölkert ist von Handlungs- und Wissensträgern, die nicht-menschlicher Natur sind und keinen fixen Objekt- oder Subjektcharakter haben, sondern ›flüssig‹ sind. Wissenssoziologisch ist an dieser Konzeption insbesondere, dass *Gesellschaft* hier konsequent als Relationierung zwischen unbestimmten Subjekten und Objekten begriffen wird. Ihre Festlegung erfahren Objekte immer erst in den interpretativen Prozessen der Aneignung, so wie Subjekte erst zu Subjekten werden, wenn sie von Objekten zur Aneignung verführt werden. Der Begriff des ›Neosozialen‹ verweist dagegen auf Veränderungen in wohlfahrtsstaatlichen Strukturen, die zu einer »Verschiebung der sozialregulativen Programmatik des Wohlfahrtsstaates von der versicherungsförmigen Vergesellschaftung individueller Risiken zur sozialpolitischen Konstruktion eigenverantwortlicher Subjekte führen« (Lessenich 2003: 81), die nicht nur für ihr eigenes Fortkommen in den gesellschaftlichen Konkurrenzbeziehungen verantwortlich sind, sondern ihr Leben zudem so zu gestalten haben, dass daraus gesellschaftlicher Nutzen entsteht. Die Orientierung an der Mehrung der Wohlfahrt der ›gesellschaftlichen Gemeinschaft‹ ist zentrale Rationalität dieser neuen Wissensordnung des Sozialstaates.

Literatur

Berger, Peter L.; Luckmann, Thomas, 1969: Die gesellschaftliche Konstruktion der Wirklichkeit, Frankfurt a. M. – Bourdieu, Pierre, 1982: Die feinen Unterschiede. Kritik der gesellschaftlichen Urteilskraft, Frankfurt a. M. – Ders., 1999: Die Regeln der Kunst. Genese und Struktur des literarischen Feldes, Frankfurt a. M. – Hitzler, Ronald; Honer, Anne (Hg.), 1997: Sozialwissenschaftliche Hermeneutik: Eine Einführung, Opladen. – Knoblauch, Hubert, 2005: Wissenssoziologie, Konstanz. – Leggewie, Claus et al. (Hg.), 2012: Schlüsselwerke der Kulturwissenschaften, Bielefeld. – Lessenich, Stephan, 2008: Die Neuerfindung des Sozialen. Der Sozialstaat im flexiblen Kapitalismus, Bielefeld – Luhmann, Niklas, 1980a: Gesellschaftsstruktur und Semantik. Studien zur Wissenssoziologie der modernen Gesellschaft, Bd. 1, Frankfurt a. M. – Ders., 1980b: Gesellschaftliche Struktur und semantische Tradition; in: Luhmann 1980a, 9–71. – Schnettler, Bernt (Hg.), 2006 ff.: Schriftenreihe Klassiker der Wissenssoziologie, Konstanz. – Schützeichel, Rainer (Hg.), 2007: Handbuch Wissenssoziologie und Wissensforschung, Konstanz.

Marion Müller/Dariuš Zifonun

Z

Zeit

Zeit (engl. time) ist kein exklusiv soziologischer Forschungsgegenstand. Vielmehr zählt Zeit zu jenen Phänomenen, denen sich sowohl geistes- bzw. sozialwissenschaftliche als auch naturwissenschaftliche Disziplinen widmen (z. B. Psychologie, Philosophie, Theologie, Geschichte, Ökonomie, Musik, aber auch Physik, Biologie und Geographie). Diese Interdisziplinarität erklärt auch, warum sich Zeit einer eindeutigen Definition entzieht. Nur höchst vordergründig ist Zeit das, was die Uhr anzeigt; zentrale Elemente eines soziologisch fassbaren Verständnisses von Zeit sind allerdings die Dauer und Abfolge von Ereignissen.

Kennzeichen einer Soziologie der Zeit

Kennzeichnend für die soziologische Sicht auf Zeit – dies bereits seit den Klassikern des Fachs (z. B. Durkheim, Simmel oder Mead; einschlägig etwa auch Sorokin/Merton 1937) – ist es zum einen, Zeit als *soziales Konstrukt* zu begreifen, als von Menschen geschaffen und damit prinzipiell veränderbar. Nach Elias (1984: 8) ist Zeit ein Symbol für die Tätigkeit, etwas in Beziehung zu setzen, und zwar werden Positionen im Nacheinander von Geschehensabläufen abgestimmt. Die Orientierung an astronomischen Gegebenheiten etwa bei der Festlegung des Kalenders stellt dann nur eine Möglichkeit einer solchen Abstimmung dar. Ob ein Zeitraum z. B. als lang oder kurz empfunden wird, ist ebenfalls nicht objektiv bestimmbar und zudem veränderlich. Zum anderen ist für den soziologischen Blick eine thematische Fokussierung auf »soziale Zeit« im engeren Sinne charakteristisch, d. h. Aspekte zeitlicher Regelungen, die die Formen des Zusammenlebens von Menschen betreffen, stehen im Mittelpunkt. Hierzu gehören z. B. Zeitvorstellungen, -normen und -funktionen (Koordination, Synchronisation, Orientierung, Herstellung/Erhaltung von *Ordnung*) sowie deren Wandel. Zeitsoziologische Forschung bearbeitet somit eine Querschnittsthematik mit vielfältigen Bezügen zu anderen Bereichen der Soziologie sowie anderen Disziplinen. Die folgende Systematik wesentlicher

Themenfelder unterscheidet – nur analytisch trennbar – zwischen Feldern auf der Mikroebene (des Individuums) und auf der Makroebene (der Gesellschaft), wobei in beiden Fällen Wechselbezüge untersucht werden.

Themenfelder der Mikroebene

- Subjektive Zeit: Dieses Feld thematisiert vor allem das individuelle Zeiterleben bzw. -bewusstsein (z. B. das Erleben von Zeitknappheit) sowie die subjektive Zeitperspektive, die sich auf Vergangenheit, Gegenwart oder Zukunft richtet. Die Betrachtung subjektiver Zeit grenzt an psychologische Untersuchungen, jedoch betont die soziologische Perspektive die soziale Fundierung des individuellen Zeiterlebens: So hängen etwa unterschiedliche Bewertungen von Wochentagen auch mit der Verteilung von Arbeitszeiten (Rinderspacher 2000) oder die Ausgeprägtheit einer Zukunftsperspektive mit der sozialen Lage (so z. B. bereits LeShan 1952) zusammen.
- Zeitverwendung: Hierzu liefert die quantitativ geprägte *Zeitbudgetforschung* auf der Grundlage von Zeittagebüchern und/oder (oft standardisierten) Befragungen eine detaillierte Datenbasis. Das Statistische Bundesamt führte bislang zwei für Deutschland repräsentative Studien durch (1991/92, 2001/02). Die zweite Erhebung zeigt beispielsweise, dass das Zeitvolumen unentgeltlicher Arbeit in Haushalt und Ehrenamt größer ist als jenes der bezahlten Erwerbstätigkeit und dass die zeitlichen Belastungen von Frauen und Männern durch Erwerbstätigkeit, Haushaltsführung und Kinderbetreuung nach wie vor ungleich verteilt sind – zu Ungunsten der Frauen (Statistisches Bundesamt 2004).
- Zeit im *Alltag* und im *Lebenslauf*: Zeit im Alltag, im Lebenslauf und auch in der historischen Weltzeit spielt bereits im phänomenologischen bzw. wissenssoziologischen Kontext (Schütz; Berger/Luckmann) eine Rolle. In diesem Bereich sind zudem Ansätze angesiedelt, die das – zunehmend komplexere – (zeitliche) Arrangement der Lebensführung im Alltag betrachten (Flaherty 2011) sowie die Lebenslauf- und Biographieforschung, die z. B. den Lebenslauf in Phasen und Prozessstrukturen einteilen (Fuchs-Heinritz 2009; Heinz et al. 2009).

Themenfelder der Makroebene

- Zeit im historischen Wandel und im Gesellschaftsvergleich: In diesem Feld zeigt sich insbesondere die Veränderbarkeit von Zeit in ihrer Eigenschaft als soziales Konstrukt, z. B. der Übergang von zyklischen zu primär linearen Zeitvorstellungen im Zuge der Modernisierung (Rammstedt 1975). Neben der die *Moderne* prägenden Linearität des Zeitverständnisses spielen weitere Aspekte eine Rolle, etwa eine Allgegenwart der Zeiterfassung, eine trotz bestehender Unsicherheiten als gestaltbar aufgefasste Zukunft, ein gesellschaftlich weit verbreiteter Zeitnutzungsimperativ sowie eine *Beschleunigung* des sozialen Wandels und des Lebenstempos (Rosa 2005).
- Zeit im Kontext von Normen und *Herrschaft*: Wie Tätigkeiten zeitlich koordiniert werden, wann man bestimmte Dinge tun darf (z. B. laut sein), wer mehr über frei disponible Zeit verfügt als andere, wer über die Zeit anderer bestimmt (z. B. jemanden warten lassen kann), ist kein Aushandlungsergebnis auf gleicher Augenhöhe der jeweils Beteiligten, sondern oftmals auch ein Ausdruck von Herrschaftsverhältnissen, was entsprechend zu Zeitkonflikten führen kann. Dabei liefern nicht nur Personen, sondern auch Institutionen Zeitvorgaben, an prominenter Stelle etwa die Erwerbsarbeit. Der Begriff des »Zeitwohlstands« (Rinderspacher 2002) verdeutlicht dabei den Ressourcencharakter von Zeit.
- Zeit von und in *Organisation*en sowie gesellschaftlichen Teilsystemen: Dieses Feld wird vor allem aus organisationssoziologischer oder systemtheoretischer Sicht bearbeitet (Nassehi 2008); es geht dabei z. B. um die Zeit im Wirtschaftssystem: Ist der relevante Horizont die nächste Bilanz oder nachhaltige Entwicklung? Aspekte wie die Flexibilisierung von Erwerbsarbeitszeiten oder Zeiten für Pflege angesichts demographischen Wandels kommen auf diese Weise auch über einzelne beteiligte Akteure hinaus in den Blick.
- Aus der Diagnose von sozialer Beschleunigung und tendenziell chronischer Zeitknappheit resultiert in Teilen eine kulturkritische Sicht, die wiederum häufig mit zeitpolitischen Zielsetzungen wie z. B. *Entschleunigung*, selbstbestimmter Zeit, Verknüpfung von Zeit- und Raumperspektiven oder Lebenslaufpolitik verbunden ist. Über »Modethemen« hinaus bleibt dieser kritische Impetus

ein gemeinsamer Nenner vieler zeitsoziologischer Forschungen.

Die Vielzahl wissenschaftlicher und öffentlicher Auseinandersetzungen mit der Zeitthematik belegt dabei die dauerhaft hohe gesellschaftliche Relevanz dieses Sujets.

Literatur

Elias, Norbert, 1984: Über die Zeit, Frankfurt a.M. – Flaherty, Michael G., 2011: The Textures of Time. Agency and Temporal Experience, Philadelphia. – Fuchs-Heinritz, Werner, 2009: Biographische Forschung, Wiesbaden (1984). – Heinz, Walter R. et al. (Hg.), 2009: The Life Course Reader. Individuals and Societies Across Time, Frankfurt a. M./New York. – LeShan, Lawrence L., 1952: Time Orientation and Social Class; in: Journal of Abnormal and Social Psychology 47, 589–592. – Levine, Robert, 2002: Eine Landkarte der Zeit. Wie Kulturen mit Zeit umgehen, München. – Nassehi, Armin, 2008: Die Zeit der Gesellschaft, Neuauflage mit einem Beitrag »Gegenwarten«, Wiesbaden. – Rammstedt, Otthein, 1975: Alltagsbewusstsein von Zeit; in: Kölner Zeitschrift für Soziologie und Sozialpsychologie 27, 47–63. – Rinderspacher, Jürgen P., 2000: »Ohne Sonntag gibt es nur noch Werktage.« Die soziale und kulturelle Bedeutung des Wochenendes, Bonn. – Ders. (Hg.), 2002: Zeitwohlstand. Ein Konzept für einen anderen Wohlstand der Nation, Berlin. – Rosa, Hartmut, 2005: Beschleunigung. Die Veränderung der Zeitstrukturen in der Moderne, Frankfurt a.M. – Schöneck, Nadine M., 2009: Zeiterleben und Zeithandeln Erwerbstätiger, Wiesbaden. – Sorokin, Pitirim A.; Merton, Robert K., 1937: Social Time. A Methodological and Functional Analysis; in: American Journal of Sociology 42, 615–629. – Statistisches Bundesamt (Hg.), 2004: Alltag in Deutschland. Analysen zur Zeitverwendung, Wiesbaden. – Wendorff, Rudolf, 1980: Zeit und Kultur. Geschichte des Zeitbewusstseins in Europa, Opladen.

Nicole Burzan/Nadine M. Schöneck

Zensus

Merkmale und Ziele

Ein Zensus (synonym: Volkszählung; engl. census) umfasst den gesamten Prozess der Erhebung, Zusammenstellung, Aufbereitung, Auswertung und Veröffentlichung demographischer, ökonomischer und sozialer Daten aller Personen eines Landes zu einem bestimmten Zeitpunkt. Er beinhaltet die de jure (wohnhafte) oder die de facto (präsente) Population, welche auf der Basis bestimmter geographischer Regionen erfasst wird. Die Zählung findet auf individueller Basis statt, so dass jede gewünschte Kreuzklassifikation der erhobenen Merkmale erstellt werden kann. Die simultane Erhebung der Informationen zu einem bestimmten Zeitpunkt gewährleistet, dass jedes Individuum nur einmal gezählt wird und dass sich die Angaben auf denselben Zeitpunkt (oder -raum) beziehen.

Zensusdaten ermöglichen nicht nur eine Qualitätskontrolle von Registerdaten, sondern auch von *Stichprobe*n jeder Art. Für Stichprobenziehungen gibt der Zensus Auskunft über die Größe der Gesamtpopulation und liefert für die Kalkulation verschiedener statistischer Maßzahlen die Bevölkerungsgröße. Volkszählungsdaten zur Bevölkerungsgröße bilden auch den Ausgangspunkt verschiedener Bevölkerungsprojektionen und sind essentiell für die kontinuierliche Aktualisierung der Bevölkerungszahlen (Bevölkerungsfortschreibung) nach Alter und Geschlecht. Viele Entscheidungen in Bund, Ländern und Gemeinden beruhen auf diesen Bevölkerungszahlen. Darüber hinaus dienen Volkszählungen auch administrativen Zwecken. Zum Beispiel werden auf dieser Basis Wahlkreise eingeteilt und auch die Stimmenverteilung im Bundesrat orientiert sich an den Einwohnerzahlen. Zudem werden Ausgleichszahlungen wie der Länderfinanzausgleich und der kommunale Finanzausgleich sowie EU-Fördermittel pro Kopf berechnet.

International bemühen sich die Vereinten Nationen mit dem ›World Population Census Program‹ um eine Vereinheitlichung der Volkszählungstermine und des zu erfragenden Merkmalskatalogs sowie der dabei zugrunde liegenden Definitionen und Abgrenzungen. Diese Normierungen sollen die Vergleichbarkeit der verschiedenen nationalen Zählungen verbessern. Angestrebt wird eine Zählung zu Beginn oder am Ende eines jeden Jahrzehnts und ein einheitliches Grundprogramm, das Fragen nach Geschlecht, Alter, Familienstand, Geburtsort, Nationalität, Ethnizität und Muttersprache, nach der Familien- und Haushaltsstruktur, der Fertilität, Analphabetentum, Schulbildung und Beruf sowie nach dem Wohnort enthält. Die Vorgaben sind hinreichend flexibel für unterschiedliche Handhabungen in den einzelnen Ländern. Ein Beispiel abweichender Handhabung in der Datensammlung ist die Erfassung von Ethnizität. Diese Information wird in bestimmten Ländern (v. a. in Westeuropa) nicht erhoben, in anderen aber be-

rücksichtigt (z. B. in den USA). Im Bemühen um Vereinheitlichung des Zählprogramms in der Europäischen Union stellt Eurostat zusätzliche Richtlinien bereit. Die Empfehlungen für den Zensus 2011 umfassten eine Liste von mehr als 30 personen-, haushalts- und wohnungsbezogenen Variablen. Nach einer Verordnung der Europäischen Union sind die Mitgliedstaaten verpflichtet, alle zehn Jahre aktuelle Bevölkerungszahlen festzustellen.

Entwicklung

Volkszählungen können auf eine lange Tradition zurückblicken. Aufgrund von Tonscherben lässt sich bereits für die Zeit 3800 v. Chr. eine Volkszählung im antiken Babylon belegen. Statistische Ermittlungen von Bevölkerungszahlen fanden bereits um 3050 v. Chr. in Ägypten statt. Aus der Antike sind ferner Zählungen in China, in Persien und Griechenland bekannt, außerdem in Ägypten unter Pharao Amasis (570 v. Chr.) und in Israel unter König David (1000 v. Chr.). Bei diesen Zählungen beschränkte man sich auf die Erfassung der waffenfähigen Männer. Im Römischen Reich gab es seit dem 6. Jh. v. Chr. alle fünf Jahre Volkszählungen und Erhebungen über die Einkünfte der Bürger. Aus der biblischen Weihnachtsgeschichte ist die von Kaiser Augustus angeordnete Volkszählung bekannt. Laut dem Lukasevangelium hatte Augustus angeordnet, dass sich jeder in seinem Herkunftsort in die Steuerlisten einzutragen habe. Aus diesem Grund seien Maria und Josef nach Bethlehem gereist, wo Jesus geboren wurde. Im mittelalterlichen Europa führten sowohl die Kirche als auch verschiedene Staaten sporadisch Zählungen durch, häufig mit dem Zweck der Vermögensschätzung zur Steuereintreibung. Der früheste Prototyp des modernen Zensus ist eine Zählung in Kanada im Jahr 1665. In Preußen begann man 1686 mit der Zählung der Landbewohner, Island folgte 1703, Finnland und Schweden 1749, Österreich 1754, Frankreich 1762, Dänemark und Norwegen 1769 und die Niederlande 1795. Die Erste der Zählung der US-Bevölkerung wurde 1790 durchgeführt. England folgte 1801, die meisten anderen europäischen Staaten in den anschließenden Jahren.

In Deutschland gab es aufgrund der kleinstaatlichen Zersplitterung bis in die zweite Hälfte des 19. Jahrhunderts keine umfassenden Ermittlungen von Bevölkerungszahlen. Mit der Herausbildung zentraler Landesverwaltungen setzten die ersten Zählungen ein; die erste Volkszählung fand in Schleswig-Holstein im Jahr 1769 statt. Der erste gesamtdeutsche Zensus wurde unmittelbar nach der Gründung des Deutschen Reiches 1871 organisiert. Bis zum Ausbruch des Zweiten Weltkrieges wurden Volkszählungen in einem Fünf-Jahres-Intervall durchgeführt, in der Bundesrepublik Deutschland und in der Deutschen Demokratischen Republik in einem Intervall von zehn Jahren. In der DDR wurde die letzte Volkszählung 1981 abgehalten, und für die Bundesrepublik war im gleichen Jahr eine Zählung geplant. Letztere wurde jedoch aufgrund eines Bundesverfassungsgerichtsurteils in Folge einer kontroversen Diskussion um die Vereinbarkeit der Auskunftspflicht mit den im Grundgesetz verankerten Persönlichkeitsrechten des Einzelnen aufgeschoben und erst 1987 mit zahlreichen Restriktionen in Fragebogen und Handhabung durchgeführt. Nach diesen Widerständen dauerte es 24 Jahre, bis im Jahr 2011 wieder eine Zählung durchgeführt wurde.

Gegenwärtige Formen

Aufgrund mangelnder gesellschaftlicher *Akzeptanz* sowie hoher (politischer und materieller) Kosten haben einige wenige Länder den fragebogenbasierten Zensus aufgegeben. Einzelne Staaten führen ihre Volkszählungen als Kombination von Vollerhebung und Stichprobe durch (z. B. die USA 1990, Frankreich 1982, Kanada 1986), was zu einer Reduzierung der Kosten und zu einer geringeren Belastung der Auskunftspflichtigen führte.

Einige skandinavische Länder versuchen, geeignete Informationen zumindest teilweise aus Verwaltungsregistern zu ziehen. In der schwedischen Volkszählung des Jahres 1985 wurden erstmals die wichtigsten demographischen Informationen aus dem vom Statistischen Zentralamt geführten Bevölkerungsregister übernommen und lediglich mit Hilfe eines relativ kurzen Fragebogens um Angaben zur Haushaltszusammensetzung und zur Beteiligung am Erwerbsleben ergänzt. In Dänemark verzichtete man 1981 erstmals vollständig auf eine direkte Befragung und beschränkte sich auf die Auswertung der verschiedenen Register. Finnland folgt dem Beispiel Dänemarks seit 1990, und Schweden führte im Jahr 2005 erstmalig einen registerbasierten Zensus durch. Voraussetzung für eine derartige Registernutzung sind allerdings ein effizientes Meldesystem, ein gut organisiertes Verwaltungsregister sowie individuelle Personenkennziffern, die das Zusammenspielen von Informationen aus verschiedenen Registern ermöglichen.

Der Weg der registergestützten Volkszählung wurde erstmalig 2011 auch in Deutschland beschritten. Der Zensus 2011 erfolgte nach einem neuen, registergestützten System, bei dem nicht mehr die gesamte Bevölkerung befragt wurde. Stattdessen wurde sowohl auf Melderegister als auch auf Daten der Bundesagentur für Arbeit sowie der öffentlichen Arbeitgeber zurückgegriffen. Zusätzlich wurden alle Gebäude- und Wohneigentümer sowie zehn Prozent der Bevölkerung stichprobenartig befragt, welche durch Befragungen in allen Wohnheimen und Gemeinschaftsunterkünften ergänzt wurden. Mit dieser Methode sollte der Aufwand im Vergleich zum herkömmlichen Verfahren der Befragung deutlich reduziert werden.

Literatur

Coleman, David; Salt, John, 1996: Ethnicity in the 1991 Census, London. – Goyer, Doreen; Draaijer, Gera, 1992: The Handbook of National Population Censuses, New York. – http://www.zensus2011.de (Zugriff Januar 2012) – United Nations, 1980: Principles and Recommendations of Population and Housing Censuses, Statistical Papers, Series M, No. 67, New York.

Henriette Engelhardt

Zivilgesellschaft

Zivilgesellschaft (engl. civil society) bezeichnet den Teil einer Gesellschaft, der aus Zusammenschlüssen besteht, die im öffentlichen Raum stattfinden, auf freiwilligen Handlungen beruhen und im Wesentlichen die Selbstorganisation der Bürger zum Ziel haben. Dabei kann zwischen einem institutionalisierten und einem nicht gebundenen Bereich unterschieden werden. Klassische Organisationsformen für den institutionalisierten Bereich der Zivilgesellschaft sind Vereine, Verbände, Stiftungen oder andere Formen von rechtsfähigen und nicht rechtsfähigen Körperschaften. Die zur Zivilgesellschaft gehörenden Assoziationen agieren unabhängig vom Staat und weitgehend außerhalb des *Markt*es, zumindest handeln sie ohne Gewinnerzielungsabsicht und folgen demokratischen Prinzipien.

Typische Vereinigungen sind Nicht-Regierungsorganisationen, gemeinnützige Vereine und Gruppierungen aus den Bereichen Sport, Kultur, Erziehung, Medien und Freizeit, Kirchen, Wohlfahrtsverbände, Bürgerinitiativen und Berufsverbände. Darüber hinaus zählen jegliche Formen von *Engagement* zur Zivilgesellschaft, die darauf ausgerichtet sind, Einfluss auf gesellschaftliche Meinungs- und Willensbildungsprozesse zu nehmen (z. B. Demonstrationen, Streiks oder Petitionen), ohne aber die mit dem Engagement bezweckten Entscheidungen selbst zu treffen. Grundsätzlich kann sich jeder an den gemeinschaftlichen Aktivitäten beteiligen und Mitglied von Assoziationen werden. Zivilgesellschaftliche Schlüsselbegriffe sind Bürgersinn, Zivilcourage, Gemeinwohlorientierung und *Solidarität*. Das Wertesystem innerhalb der Zivilgesellschaft ist geprägt von Freiheit, Eigeninitiative, Toleranz, Gewaltfreiheit, Chancengleichheit, Wettbewerb und einer freiheitlich-demokratischen Kultur.

Zu bemängeln ist, dass in der wissenschaftlichen Debatte überwiegend positive Assoziationen mit der Vorstellung der Zivilgesellschaft verbunden werden, obwohl auch die Mitwirkung in Vereinigungen zu Ausschlusseffekten führt, wie die Analysen von Bourdieu (1983) zeigen. Darüber hinaus bringen die Finanzierungsmodelle der Organisationen über Spenden und Erlöse eine gewisse Nähe zum Staat mit sich, wofür die Spitzenverbände der Freien Wohlfahrtspflege typische Beispiele sind.

Literatur

Adloff, Frank, 2005: Zivilgesellschaft, Theorie und politische Praxis, Frankfurt a. M./New York. – Bourdieu, Pierre, 1983: Ökonomisches Kapital, kulturelles Kapital, soziales Kapital; in: Kreckel, Reinhard (Hg.): Soziale Ungleichheiten, 183–198. – Klein, Ansgar, 2011: Zivilgesellschaft/Bürgergesellschaft; in: Olk, Thomas; Hartnuß, Birger (Hg.): Handbuch Bürgerschaftliches Engagement, Weinheim, 29–51. – Putnam, Robert D. (Hg.), 2001: Gesellschaft und Gemeinsinn. Sozialkapital im internationalen Vergleich, Gütersloh. – Schwertmann, Philipp, 2006: Stiftungen als Förderer der Zivilgesellschaft, Baden-Baden. – Stricker, Michael, 2007: Ehrenamt als soziales Kapital – Partizipation und Professionalität in der Bürgergesellschaft, Berlin.

Michael Stricker/Hermann Strasser

Zivilisation

»Zivilisation« (engl. civilization [culture]) hat in der Hauptsache drei unterscheidbare Bedeutungen, von denen die Erste und Dritte auch in anderen Sprachen, etwa im Englischen und im Französischen, gebräuchlich sind, wogegen die Zweite mit besonderen deutschen Denktraditionen verknüpft ist.

1. Als Zivilisation werden zunächst großräumige, von eigenständigen *Wert*systemen und Weltbildern, in der Regel auch von einer spezifischen Wirtschafts- und *Herrschafts*form geprägte Lebensordnungen bezeichnet; in diesem Sinne spricht man etwa von der chinesischen, der abendländischen oder der wissenschaftlichen Zivilisation. Zivilisationen in diesem Verstande figurieren, auch wenn sie anders (etwa: »Kulturen«) genannt werden, typischerweise als Durchgangsstufen oder Subjekte der Menschheitsgeschichte in den großen universalgeschichtlichen und geschichtsphilosophischen Konzeptionen der Neuzeit. In dem Maße, in dem sich die Soziologie als Erfahrungs- und Einzelwissenschaft kritisch zu solchen Konzeptionen stellt, wird ihr auch dieser Zivilisationsbegriff problematisch. Dennoch dürfte ihm auch weiterhin eine wichtige heuristische und auch synthetisierende oder integrative Funktion zukommen. Er rückt damit in die Nähe des weniger anspruchsvollen, aber ebenfalls sehr umfassenden Begriffs von »Kultur oder Zivilisation«, den E. B. Tylor für die Zwecke der *Kulturanthropologie* definierte als »jenes komplexe Ganze von Wissen, Glauben, Kunst, Moral, Gesetz, Sitte und allen übrigen Fähigkeiten und Gewohnheiten, welche der Mensch als Glied der Gesellschaft sich angeeignet hat« (Tylor, 1),

2. Speziell in der jüngeren deutschen Ideen- und Wissenschaftsgeschichte wurde und wird der Begriff Zivilisation sehr häufig als Gegenbegriff zu *Kultur* verwendet. Die Vorstellung von einem, wie es bei Nietzsche heißt, »abgründlichen Antagonismus von Cultur und Civilisation« (Nietzsche, 485) liegt einer in Deutschland von jeher, und auch in der Gegenwart wieder, besonders stark vertretenen Kritik am fortschreitenden, immer mehr Erfahrungs- und Lebensbereiche ergreifenden Verwissenschaftlichungs- und Technisierungsprozess zugrunde. Zivilisation ist hier also der Inbegriff der von *Wissenschaft* und *Technik* für die Zwecke der Lebensbewältigung und der Be-

dürfnisbefriedigung bereitgestellten Kenntnisse, Fertigkeiten, Apparate und Organisationen. Während die Zivilisation, so verstanden, also einen bloß instrumentellen Charakters aufweist, bezeichnet der Gegenbegriff der Kultur diejenigen Erkenntnisse, Handlungen, Objekte und Einrichtungen, in denen etwas Selbstwerthaftes und die alltäglichen, profanen Lebensbedürfnisse Transzendierendes sich zeigt oder verkörpert. Der Kultur werden so im Wesentlichen die *Religion*, die *Kunst* und die Moral zugeordnet, wohingegen neben Wissenschaft und Technik auch die Ökonomie, die Politik und das Recht der Zivilisation zugeschlagen werden. Von Nutzen mag eine analytische Unterscheidung von Zivilisation und Kultur im Blick auf die Herausbildung der *Weltgesellschaft* sein. Als alle Menschen einschließender Kommunikations- und Handlungszusammenhang muss sich die Weltgesellschaft in der Hauptsache auf das stützen, was als allen Menschen zugänglich und zumutbar gelten kann. Einem solchen universellen Bedeutungs- und Geltungsanspruch aber entsprechen im genannten Sinne zivilisatorische Schöpfungen (Wissenschaft, Technik, Ökonomie) grundsätzlich in ganz anderer Weise als Kulturelle (etwa Religiöse oder Künstlerische).

In der frühen deutschen Soziologie hat vor allem Alfred Weber die Unterscheidung von Kultur und Zivilisation bzw. von Kultur-, Zivilisations- und Gesellschaftsprozess aufgenommen und systematisiert, und zwar unter weitgehendem Verzicht auf die damit üblicherweise einhergehende kultur- (oder besser: zivilisations-)kritische Attitüde. Ein solcher Verzicht ist der Soziologie auch angemessen, da sie selbst ja ohne Zweifel ein Produkt und Element des Zivilisationsprozesses ist. Im Übrigen ist die Unterscheidung von Kultur und Zivilisation nicht per se unbrauchbar und *ideologie*verdächtig. Sie hat vielmehr durchaus einen sachlichen Kern. So gibt es auf dem Felde der Erfahrungserkenntnis und der Technik nicht nur eine Akkumulation des Wissens und Könnens, sondern auch einen unbezweifelbaren und, jedenfalls im Prinzip, sogar messbaren *Fortschritt*. Dies aber ist bei den der Kultur zugerechneten Wissens- und Handlungsbereichen zumindest sehr fragwürdig, weil man sich hier schwerlich auf einen objektiven und allgemeingültigen Maßstab wird einigen können. Dieser Unterschied

verdient vor allem deshalb Beachtung, weil aus ihm tief reichende Inkongruenzen und Konflikte zwischen dem Zivilisations- und dem Kulturprozess hervorgehen können. Aus demselben Grunde ist es sinnvoll, zwischen solchen Elementen der ›Kultur‹ (im weiteren Sinne), in denen sich oberste Sinngebungen und Wertsetzungen verkörpern, und solchen, die in instrumenteller Funktion stehen, begrifflich zu unterscheiden.

3. In seiner dritten Bedeutung bezeichnet das Wort Zivilisation (resp. Zivilisierung) einen Prozess der fortschreitenden Trieb- und Affektregulierung, des Abbaus von Gewalttätigkeit und Gewaltbereitschaft und der Verfeinerung der Sitten und Umgangsformen. Dieser Begriff von Zivilisation kam, als Gegenbegriff zu dem der Wildheit und der Barbarei, vor allem in der englischen und französischen Aufklärung in Gebrauch. I. Kant, der insbesondere an J. J. Rousseau anknüpft, ordnet die Zivilisation in den Entwicklungsgang menschlicher Selbstperfektionierung ein und erklärt, dass der Mensch »durch seine Vernunft bestimmt (sei), in einer Gesellschaft mit Menschen zu sein, und in ihr sich durch Kunst und Wissenschaften zu kultivieren, zu zivilisieren und zu moralisieren« (Kant, 678).

In seiner großangelegten historisch-soziologischen Untersuchung deutet Norbert Elias den »Prozess der Zivilisation« als Folge und Funktion solcher gesellschaftlicher Entwicklungen wie der zunehmenden funktionalen *Differenzierung* und *Interdependenz*, der Verlängerung der Handlungsketten und der Durchsetzung des staatlichen Gewaltmonopols: »Das Verhalten von immer mehr Menschen muss aufeinander abgestimmt, das Gewebe der Aktionen immer genauer und straffer durchorganisiert sein, damit die einzelne Handlung darin ihre gesellschaftliche Funktion erfüllt. Der Einzelne wird gezwungen, sein Verhalten immer differenzierter, immer gleichmäßiger und stabiler zu regulieren« (Elias, II, 317). Es ist eine offene Frage, ob der Prozess der Zivilisation in den modernen *Industriegesellschaft*en unaufhaltsam und unumkehrbar weiterläuft, der »gesellschaftliche Zwang zum Selbstzwang« also weiterhin in Zunahme begriffen ist, oder ob nicht gerade eine fortgeschrittene gesellschaftliche und kulturelle Ausdifferenzierung bestimmte, zeitlich, räumlich oder sozial begrenzte Formen der Entzivilisierung möglich und sogar funktional notwendig macht.

Literatur

Eder, Klaus, 1986: Die Zivilisierung staatlicher Gewalt; in: Neidhardt, Friedhelm et al. (Hg.): Kultur und Gesellschaft, Sonderheft 27 der Kölner Zeitschrift für Soziologie und Sozialpsychologie, Opladen, 232–262. – Elias, Norbert, 1977: Über den Prozeß der Zivilisation, 2 Bd.e, 4. Aufl., Frankfurt a. M. – Gleichmann, Peter et al. (Hg.), 1984: Macht und Zivilisation. Materialien zu Norbert Elias' Zivilisationstheorie, Frankfurt a. M. – Granet, Michel, 1968: La civilisation chinoise, Paris. – Nietzsche, Friedrich, 1980: Sämtliche Werke, Bd. 13 (Nachgelassene Fragmente 1887–1889), München u. a. – Kant, Immanuel, 1968: Anthropologie in pragmatischer Hinsicht abgefasst; in: Werke in 10 Bänden, Darmstadt, 10, 395–690. – Tylor, Edward B., 1871: Primitive Culture, London, vol. 1. – Weber, Alfred, 1931: Kultursoziologie; in: Vierkandt, Alfred (Hg.): Handwörterbuch der Soziologie, Stuttgart, 284–294.

Johannes Weiß

Zukunftsforschung

Zukunftsvorstellungen als Elemente der gesellschaftlichen Konstruktion der Wirklichkeit

Eine wissenschaftliche Disziplin namens »Zukunftsforschung« (engl. futurology, future research), die auf heterogene natur- und sozialwissenschaftliche Methoden zurückgreift, entsteht im engeren Sinne erst nach dem Zweiten Weltkrieg. Ob und inwieweit die »Zukunftsforschung« wissenschaftlichen Status für sich reklamieren kann, ist strittig. Aus erkenntnistheoretisch-philosophischer Perspektive lässt sich argumentieren, eine Wissenschaft »ohne (Untersuchungs-)Gegenstand« – denn die Zukunft existiert zum Zeitpunkt der prospektiven Beschäftigung mit ihr nicht – sei keine Wissenschaft.

Zukunftsvorstellungen – einschließlich der Resultate der Zukunftsforschung – lassen sich soziologisch mit Berger/Luckmann als Faktoren im Prozess der gesellschaftlichen Konstruktion der Wirklichkeit begreifen, da sie die Wahrnehmung und Deutung von Gegenwart (und Vergangenheit) mitstrukturieren, Handlungsplanungen beeinflussen und Handlungsimpulse setzen sowie sinnstiftend und gemeinschaftsbildend wirken können. Sie sind damit nicht nur historische Produkte, sondern soziale Tatsachen; denn soziale Akteure bilden auf der Basis geteilter Vorstellungen des Kommenden Interessen- und Handlungsgemeinschaften, in denen sie auf die Verwirklichung oder Abwendung der imaginierten Zukunft hinarbeiten. Als »gegenwärtige Zukunft«, so sieht es Niklas Luhmann, ist »die« Zukunft in der Gegenwart in Gestalt von Kommunikation über mögliche, »zukünftige Gegenwarten« präsent und gesellschaftlich wirkmächtig.

Drei **Entwicklungsphasen** der Zukunftsforschung können unterschieden werden: 1. Die Entstehung des modernen Zukunftsverständnisses, die mit den *Utopie*n der Renaissance ihren Anfang nimmt und mit der *Aufklärung* und Französischer Revolution abgeschlossen ist. 2. Die *Emergenz* und Etablierung einer mit natur- und sozialwissenschaftlichen Methoden operierenden Zukunftsforschung (»Futurologie«) nach dem Zweiten Weltkrieg. 3. Die Orientierung an einem reflexiven, konstruktivistisch-systemischen Verständnis von Zukunft und Gesellschaft in Form der »Zukunftsvorausschau« (»Foresight«).

Entstehung des modernen Zukunftsverständnisses

Mit Thomas Morus' Utopia von 1516 und den weiteren Renaissance-Utopien, etwa Johann Valentin Andreäs »Reipublicae Christianopolitanae Descriptio« (1619), Tommaso Campanellas »Civitas Solis« (1620) und Francis Bacons »Nova Atlantis« (1622), beginnt ein Prozess, in dem das utopische Denken sich aus der »eschatologischen Umklammerung« des Mittelalters zu lösen beginnt. Die Orientierung auf das »Jenseits« wird kontinuierlich abgebaut, das Denken und Handeln säkularisiert und das *Zeitbewusstsein* auf diesseitige Ziele und Möglichkeiten der Zukunft gerichtet. Die *Utopie*n stellen dabei sowohl den treibenden Faktor als auch das Produkt dieser Veränderung der menschlichen Welt- und Selbstauffassung dar, in deren Verlauf eine außerzeitliche und im Jenseits angesiedelte Idealstruktur zum Aktionsprogramm wird, mit dessen Realisierung menschliche Akteure im Hier und Jetzt beginnen können.

Erste, im engeren Sinne zukunftsforscherische Überlegungen und Methoden, entwickeln sich im Zuge der seit Mitte des 17. Jh.s laufenden wissenschaftlichen Diskurse über Probabilistik, *Statistik* und *Demographie*. Sowohl Condorcet in seinem »Esquisse d'un tableau historique des progrés de l'esprit humain« (1793) als auch Thomas Malthus in seinem »Essay on the Principle of Population, as it Affects the Future Improvement of Society« (1798), gehen vor dem Hintergrund statistischen Materials der

Frage des zukünftigen Verhältnisses von Bevölkerungsentwicklung und Nahrungsmittelproduktion nach. Mit Säkularisierung und Etablierung der neuzeitlichen Wissenschaft liegen zur Wende des 18. Jh.s prinzipiell die weltbildlich notwendigen Bedingungen einer empirischen, mit wissenschaftlichen Methoden operierenden Zukunftsforschung vor.

Die »Futurologie« nach dem Zweiten Weltkrieg

Die deutsche Kriegsrohstoffplanung während des Ersten Weltkrieges und die sowjetischen Drei- und Fünfjahrespläne lassen sich als Vorläufer und Blaupausen der sogenannten »*Futurologie*« verstehen. Mit dem von George Gallup in den 1930er Jahren entwickelten System der Stichprobenanalyse lagen gleichzeitig wichtige methodische Grundlagen für die Meinungsforschung, Trend- und Präferenzanalyse vor.

Die »Futurologie« – so Ossip K. Flechtheims Begriff, geprägt in den 1940er Jahren – erscheint bei der Umstellung der Wirtschaft auf Friedensproduktion und des beginnenden »Kalten Krieges« als vielversprechendes (Hilfs-)Mittel zur Bewältigung technischer, sozialer, ökonomischer und militärstrategischer Wandlungs- und Erneuerungsprozesse. Die bekannteste und bis heute existierende Zukunftsforschungseinrichtung aus dem militärstrategischen Kontext ist die 1948 gegründete RAND-Corporation, die während des Kalten Krieges hauptsächlich für die Luftwaffe und das Pentagon sowie für die amerikanische Atomenergiekommission und später für die Raumfahrtbehörde NASA arbeitete.

Mit den Schriften und Aktivitäten von Robert Jungk, Hans Josef Mundt, Johan Galtung, Hasan Ozbekhan und Fred L. Polak entsteht in den 1960er Jahren eine (ideologie-)kritische, sozialwissenschaftliche Zukunftsforschung, die ihre Impulse nicht ausschließlich aus den natur- oder wirtschaftswissenschaftlichen Entwicklungen bezog und enge Verbindungen zur Friedens- und Konfliktforschung unterhielt. Im Gegensatz zu Prognostik und »Forecasting« wurde die prinzipielle Gestaltbarkeit der Zukunft nach der Maßgabe gesellschaftlich ausgehandelter Ziele (etwa in partizipativen »Zukunftswerkstätten«) betont.

Gemeinsam mit der »System Development Corporation« (SDC) avancierte das zu Beginn der 1960er Jahre gegründete »Hudson Institute« unter der Leitung von Herman Kahn zur bedeutendsten Zukunftsforschungseinrichtung der USA. Dort entstand auch die wohl bedeutendste globale Langzeitprognose der 1960er Jahre: »The Year 2000. A Framework for Speculation on the Next Thirty-Three Years«, herausgegeben 1967 von Anthony J. Wiener und Herman Kahn. Den Vorsitz der Kommission, die die Studie mit erarbeitete, bekleidete Daniel Bell, dessen 1966/1967 vorgelegte Thesen zur »Nachindustriellen Gesellschaft« (»Post-Industrial Society«) die sozialwissenschaftliche Diskussion zukünftiger gesellschaftlicher Veränderungen in den ausgehenden 1960er Jahren wesentlich prägten.

In Europa entstand während der 1960er Jahre eine Reihe weiterer Zukunftsforschungseinrichtungen, in Frankreich etwa die »Délégation à l'amenagement du territoire« (DATAR), das »Bureau d'Information et de Prévision Economique« (BIPE) und das »Système d'etudes de la schéma d'aménagement de la France« (SESAME). In Deutschland war bereits 1957 die »Studiengruppe für Systemforschung« (SfS) in Heidelberg gegründet worden, die ausschließlich Systementwürfe zur politischen Entscheidungsbildung für das Bundeskanzleramt erarbeitete. Mit den »Wickert-Instituten für wirtschaftliche Zukunftsforschung« eröffnet 1966 in Tübingen die erste rein privatwirtschaftliche Zukunftsforschungsinstitution. Robert Jungk gründete 1967 mit der »Gesellschaft für Zukunftsfragen« (GfZ) ein aus Bundesmitteln finanziertes Institut für Zukunftsforschung. Gemeinsam mit der GfZ nahm in der bundesrepublikanischen Zukunftsforschung das im selben Jahr auf Initiative der TU Berlin gegründete »Zentrum Berlin für Zukunftsforschung« (ZBZ) eine Schlüsselrolle ein. Zu den wichtigsten Zeitschriften gehörten Analysen und Prognosen – Über die Welt von Morgen (ZBZ; 1968 bis 1981) und Futurum (Flechtheim; 1968 bis 1971). In der von Robert Jungk und Hans Josef Mundt herausgegebenen Reihe »Modelle für eine neue Welt« erschienen zwischen 1964 und 1969 insgesamt 16 Titel führender Natur- und Sozialwissenschaftler, Ökonomen und Futurologen aus aller Welt.

Zu einem Bestseller avancierte Alvin Tofflers »Der Zukunftsschock« von 1970. Toffler schilderte die Grundzüge einer Erlebnisindustrie, in denen sich einige der von Gerhard Schulz (1993) in »Die Erlebnisgesellschaft« ausgearbeiteten Merkmale vorweggenommen fanden.

Mit dem Bericht »The Limits to Growth« von Dennis und Donella Meadows, Erich Zahn und Peter Ming an den »Club of Rome«, publiziert 1972, erscheint die bis heute bekannteste Zukunftsforschungsstudie. Nicht nur inhaltlich sorgte die am Massachusetts Institute of Technology (MIT) erarbeitete Studie, in der in einem dynamischen Wechselwirkungsmodell (Regelkreismodell) die globale Bevölkerungsentwicklung, Industrialisierung, Umweltverschmutzung, Nahrungsmittelproduktion und der Verbrauch natürlicher Ressourcen modelliert wurden, für Aufsehen. Das als »World3« bezeichnete Systemmodell, so die Ergebnisse der Forscher um Meadows, tendiere selbst bei optimistischen Annahmen aufgrund des exponentiellen Wachstums von Bevölkerungsentwicklung und ressourcenintensiver Industrieproduktion zum Kollaps (bis zum Jahr 2100).

Auch methodisch stand mit der systemdynamischen Modellierung (»System Dynamics«), bei der mittels eines formal-mathematischen Modells ein komplexes System gegenseitiger Wechselwirkungen von Einflussgrößen dynamisch abgebildet und »manipuliert« werden kann, ein auf Jahre favorisiertes und bis heute gebräuchliches Werkzeug zur »Erforschung« von Zukunftsfragen zur Verfügung. (Entwickelt wurden die formal-strukturellen Grundlagen von »System Dynamics«/»Global Modelling« von Jay. W. Forrester in den 1960er Jahren ebenfalls am MIT und 1961 in »Industrial Dynamics« erstmals vorgestellt.)

Parallel zur systemdynamischen Modellierung entwickelte sich die von Royal Dutch Shell in den 1970er Jahren erfolgreich angewendete *Szenario*methodik, in der systematisch alternative Zukünfte in Form konsistenter Zukunftsbilder erarbeitet werden, zur Standardmethode der Zukunftsforschung. Gemeinsam mit dem Brainstorming, der Delphi-Befragung – einer konsensorientierten Expertenbefragung in mehreren Runden – avanciert die Szenariotechnik zur am meisten genutzten Methode aus dem zukunftsforscherischen Methodenarsenal.

Foresight als Paradigma heutiger Zukunftsforschung

Nachdem die 1980er und frühen 1990er Jahre von einer eher zeitgeistorientierten Trendforschung geprägt wurden, wird seit den ausgehenden 1990er Jahren mit der Bezeichnung »*Foresight*« auf ein Bündel verschiedener Methoden zur »Zukunftsvorausschau« verwiesen, deren Ziel in der methodengestützten, systematischen Erarbeitung von langfristigem Orientierungswissen mit Strategie- bzw. Entscheidungsrelevanz besteht. Eine wesentliche Leistung von (Corpo-

rate-, Strategic- oder Technology-)»Foresight« besteht darin, aus dem und für das relevante(n) Umfeld eines gesellschaftlichen Funktionssystems (etwa Wirtschaft, Politik, Wissenschaft) oder einer Organisation (Unternehmen, Institution) diejenigen langfristigen Entwicklungstendenzen zu identifizieren, die große Wirkungen auf das jeweilige Funktionssystem haben können und die Implikationen der möglichen Veränderungen im Umfeld antizipativ zu beschreiben (etwa in Form von Szenarien). »Foresight« operiert dabei tendenziell im konstruktivistisch-systemischen Paradigma, da (i) die soziale Konstruktion der Zukunft als Tatsache anerkannt und der eigene Beitrag reflektiert wird; (ii) die Offenheit, Gestaltbarkeit und Kontingenz »zukünftiger Gegenwart« (Luhmann) in den Vordergrund gestellt werden und (iii) im Fokus die Beziehungen und Wechselwirkungen von Umwelt und System stehen.

Literatur

Fink, Alexander; Siebe, Andreas, 2007: Handbuch Zukunftsmanagement. Werkzeuge der strategischen Planung und Früherkennung, Frankfurt a. M. – Gaßner, Robert; Steinmüller, Karlheinz, 2009: Welche Zukunft wollen wir haben? Visionen, wie Forschung und Technik unser Leben verändern sollen. Zwölf Szenarios und ein Methodenexkurs. Werkstattbericht Nr. 104 des IZT, Berlin. – Georghiou, Luke et al., (Hg.) 2008: The Handbook of Technology Foresight: Concepts and Practice, Cheltenham. – Kosow, Hannah; Gaßner, Robert, 2008: Methoden der Zukunfts- und Szenarioanalyse. WerkstattBericht Nr. 103 des Instituts für Zukunftsstudien und Technologiebewertung (IZT), Berlin. – Müller, Adrian; Müller-Stewens, Günter, 2009: Strategic Foresight: Trend- und Zukunftsforschung in Unternehmen – Instrumente, Prozesse, Fallstudien, Stuttgart. – Pillkahn, Ulf, 2007: Trends und Szenarien als Werkzeuge zur Strategieentwicklung, Erlangen. – Popp, Reinhard; Schüll, Elmar (Hg.), 2008: Zukunftsforschung und Zukunftsgestaltung: Beiträge aus Wissenschaft und Praxis, Berlin. – Uerz, Gereon, 2005: Über-Morgen. Zukunftsvorstellungen als Elemente der gesellschaftlichen Konstruktion der Wirklichkeit, München. – van der Duin, Patrick, 2006: Qualitative Futures Research for Innovation, Delft. – van der Heijden, Kees, 2005: Scenarios: The Art of Strategic Conversation, 2nd ed., Weinheim.

Gerion Uerz

Register

A

Abhängigkeit 11
Abhängigkeitstheorien 11
Abstieg 223, 270, 418, 451, 583
Abweichung, soziale 339
Adel 35, 374, 511, 513
Affekt 92
Aggregat, soziales 12
Aggression 13, 594
AGIL-Schema 78, 530, 563
Akkulturation 372, 484, 583
Akteur 227, 336, 493
Akteur-Netzwerk-Theorie 228, 334, 456, 498, 542, 624, 627
Aktionsforschung 14, 264
Akzeptanz 15, 66, 384, 395, 542, 566, 641
Alltag 15, 49, 92, 593, 638
Alltagskultur 252, 313, 443
Alltagswissen 15, 104, 635
Alterssoziologie 16
Alterung 57
Ambiguitätstoleranz 173
Analyse, computerunterstützte 300
Anerkennung 84, 103, 168, 174, 205, 338, 592
Anlage 447
Anlage-Umwelt-Theorien 594
Anomie 14, 22, 32, 311, 340, 368, 397, 522, 544, 586, 587
Anpassung 156, 412, 590
Ansehen 84, 364
Anspruchsniveau 23
Anthropologie 107
Äquivalente, funktionale 96, 109, 404, 407
Arbeit 32, 52, 64, 129, 184, 215, 373, 539, 540, 618
Arbeiter/Arbeiterschaft 23, 39, 53, 66, 185, 203, 215, 219, 223, 312, 321, 323, 365, 371, 418, 467, 488, 512, 611
Arbeiterbewegung 23, 91, 203, 218, 439, 469
Arbeitsbeziehungen 25
Arbeitskraft 27, 40, 86, 184, 212, 222, 228, 325, 371, 489, 540, 633
Arbeitskraftunternehmer 30, 53, 185
Arbeitslosigkeit 323, 324
Arbeitssoziologie 26, 55, 92, 185, 188
Arbeitsteilung 22, 27, 30, 77, 78, 98, 123, 151, 184, 222, 236, 310, 361, 508, 606
Arbeitswerttheorie 40
Arbeitswissenschaft 32

Architektursoziologie 34
Aristokratie 35
Armut 37, 178, 198, 289, 461, 479, 583
Assimilation 202, 308, 421
Ästhetik 257, 273
Attributionstheorien 473
Aufklärung 90, 111, 482, 560, 644
Aufstieg 36, 52, 223, 291, 374, 392, 418, 503, 572
Ausbeutung 40, 215, 228, 489
Ausgrenzung 80, 130, 198, 246, 311, 460, 581
Ausländerfeindlichkeit 130
Außenseiter 90, 105
Austausch 25, 62, 445, 523, 556, 597
Austauschtheorien 11, 86, 121, 170
Auswahlverfahren 41, 164, 516
Auswertungseinheit 194
Automation 186
Autonomie 33
Autopoiesis 113, 533
Autorität 43, 245, 397, 558

B

Bedürfnis 45, 138, 200, 243, 254, 286, 429, 524, 559, 591, 593, 610
Befragung 42, 45, 48, 82, 92, 124, 192, 195, 265, 304, 440, 472, 520, 579
Begleitforschung 14, 110
Behaviorismus 362, 403, 436, 595
Belohnung 134, 143, 212, 269, 338, 416, 419, 564, 572, 588, 591, 596
Beobachtung 48, 89, 92, 119, 124, 192, 299, 304, 440, 472, 579, 580
Beruf 30, 53, 122, 185, 225, 268, 310, 321, 344, 365, 368, 414, 418, 419, 428, 449, 512, 517, 572, 617
Beschleunigung 217, 466, 604, 639
Besitz 86
Betrieb 186
Betriebssoziologie 185, 379
Bevölkerungssoziologie 56
Bewährung 387, 629
Bewegung, soziale 15, 23, 45, 60, 98, 170, 199, 210, 336, 357, 368, 439, 567
Bewusstsein 28, 92, 222, 223
Beziehungen, industrielle 25, 27
Beziehungen, soziale 61, 121, 140, 168, 212, 234, 236, 238, 261, 291, 336, 337, 361, 390, 429, 439, 465, 497, 538, 587, 588, 621

Bezugsgruppe 173, 414, 522, 585
Bias 64, 109, 328, 473
Bildung 53, 64, 70, 212, 225, 267, 373, 446
Bildungsexpansion 66, 122
Bildungssoziologie 64
Bindestrich-Soziologie 207, 487
Biographie/Biographieforschung 20, 68, 95, 266, 446
Bourgeoisie 70, 203, 222, 571, 605
Boykott 70
Brauch 340
Bürger/Bürgertum 36, 70, 90, 203, 443, 513, 611
Bürgerinitiative 60, 460
Bürokratie 52, 71, 255, 322, 346, 381, 459
Bürokratisierung 74, 216, 557, 606

C

Charisma 60, 75, 135
Chicago School 125, 208, 308, 434, 454, 509, 523, 526, 527, 587
Clique 75, 337, 523
Clusteranalyse 350, 516, 578
Cultural Studies 235, 256, 259, 276, 313, 331, 500, 520, 522
Cultural Turn 253, 256, 437

D

Daten 422
Datenanalyse 76, 304, 576
Datenerhebung 45, 76, 109, 124, 484
Deduktion 386
Definition der Situation 76, 549
Demographie 56, 644
Demokratie 35, 328, 356
Demokratisierung 326
Dependenztheorien 11, 97
Deprivation 14, 143, 281, 282, 584, 595
Desintegration 79, 131, 145, 202, 237, 311, 368, 606
Desorganisation 368
Devianz 14, 586
Dezentralisierung 29 ʿ
Differenzierung 30, 53, 65, 77, 153, 198, 199, 255, 310, 313, 322, 327, 361, 406, 432, 453, 477, 513, 606, 637, 643
Diffusion 383, 491
Digitalisierung 604
Diskriminierung 66, 80, 130, 281, 319, 320, 335, 600
Diskurs 168, 554

Diskursanalyse 300
Diskurstheorie 169, 520
Distanz, soziale 36, 281
Distinktion 66, 203, 250, 268, 275, 310, 502
Diversität 80, 571
Diversity 461
Doing Gender 150
Dokumentenanalyse 89
Doppeltblindversuche 116
Drittvariablenkontrolle 537
Dunkelziffer 81
Dyaden 11
Dysfunktion 562

E

Ehe 83, 121, 122
Ehre 36, 52, 84, 205, 512
Ehrenamt 85, 428
Eigentum 86
Einfluss 132, 230
Einkommen 55, 323, 479
Einstellung 46, 62, 87, 129, 176, 230, 245, 471, 579, 610
Einzelfallstudie 42, 89, 125, 299
Elite 36, 72, 89, 97, 203, 217, 269, 278, 284, 443, 469, 570
Emanzipation 90, 179, 236, 326, 607
Emergenz 91, 182, 400, 518, 644
Emotion 13, 83, 87, 92, 120, 527
Empathie 173
Empirie 64, 92, 127, 170, 354, 484, 603
Empirismus 93
Engagement, bürgerschaftliches 85, 613, 642
Entfremdung 23, 31, 79, 104, 280, 464
Entgrenzung 29
Entscheidung 23, 94, 389, 515, 575
Entschleunigung 105, 639
Entwicklung 11, 45, 57, 65, 95, 113, 178, 255, 263, 327, 369, 558, 566
Entwicklung, nachhaltige 395
Entwicklungssoziologie 91, 96, 97
Entzauberung 224, 380, 406, 544, 606
Erbe-Umwelt-Theorie 100
Ereignisanalyse 265, 268
Ereignisdaten 577
Erfahrungswissenschaft 145
Ergonomie 32
Erkenntnistheorie 627
Erklärung 101, 170, 362, 384, 386, 493, 494, 545, 627
Erlebnis 129

Ernährung/Ernährungssoziologie 102, 263
Erwünschtheit, soziale 46, 48, 64, 103, 579
Erziehung 44, 100, 351, 446, 457
Etablierte 90, 127, 130
Ethik-Codex 118
Ethik, protestantische 188, 253, 406, 605, 619
Ethnie 151, 374, 439, 505
Ethnographie 120, 496, 526
Ethnologie 124, 253, 254, 537
Ethnomethodologie 104, 109, 150, 168, 231,
    242, 299, 364, 460, 504
Ethnozentrismus 96, 108, 124, 129, 158, 331,
    483, 485, 488, 581, 582
Ethologie 593
Etikettierungsansatz 19, 586
Evaluation 15, 109
Evaluationsforschung 116
Evolution 78, 95, 201, 249, 593, 604
Evolutionstheorie 111, 429
Existenzminimum 37
Exklusion 39, 98, 198, 250, 282, 368, 372, 461,
    462, 523, 573
Experiment 48, 92, 114, 124, 366, 472, 484, 579
Experteninterview 299
Exploration 42, 118, 128

F
Fahrstuhleffekt 67, 418
Faktorenanalyse 350, 402, 516, 577
Falsifikation 175, 306, 387, 629
Falsifikationismus 241, 627
Falsifizierbarkeit 363
Familie 54, 56, 83, 141, 142, 158, 159, 220,
    221, 275, 351, 425, 431, 448, 449, 450, 468,
    507, 521, 558, 613
Familiensoziologie 120
Feindschaft 62
Feld 274, 392, 625, 636
Feldexperimente 116
Feldforschung 51, 124, 127
Feldtheorie 126, 621
Fertilität 56, 122
Feudalgesellschaft 417, 513
Figuration 61, 408, 477, 507
Finanz(markt)kapitalismus 217
Fordismus 490
Forschung 15, 64, 124, 127, 204
Forschung, qualitative 42, 47, 76, 89, 165, 171
Forschung, quantitative 76, 164, 171
Forschungsdesign 307
Forschungsprogramm 145

Fortschritt 95, 111, 113, 223, 237, 241, 255,
    328, 408, 604, 624, 643
Fragebogen 241, 366, 403
Frage, soziale 467, 513
Frame-Selektion 549
Frankfurter Schule 146, 330, 466, 490, 611
Frauenbewegung 91, 148
Frauenforschung 148
Freiheit 169
Freiwilligenarbeit 85
Freizeit 128
Fremdbild 176
Fremdenfeindlichkeit 129, 374
Fremdgruppe 108
Freundschaft 61, 62, 140, 141
Frustrationstheorie 13
Führung 132
Führungstheorien 132, 133, 135
Funktion 78, 137, 201, 350, 417, 434, 476, 526,
    561, 586, 628
Funktionalismus 558
Funktionssystem 625
Futurologie 645

G
Gabe 538
Gattungsforschung 505
Geburt 122
Geld 555
Gemeinde 507
Gemeindesoziologie 418
Gemeinschaft 31, 102, 129, 140, 153, 198, 224,
    226, 240, 404, 502, 580
Gemeinwohl 35
Gender 147, 277, 461, 490
Genderforschung/Gender Studies 56, 147, 242
Generation 21, 141, 208, 505
Genetik 101
Gentrification 524
Gerechtigkeit 143, 178, 431, 592
Gerontologie, Soziale 16
Geschichte der Soziologie 140, 144
Geschlecht 102, 151, 253, 286, 350, 357, 420,
    423, 437, 442, 443, 447, 456, 500, 501, 505, 594
Geschlechterforschung 147
Geschmack 259, 268, 269, 311
Gesellschaft 30, 31, 140, 152, 166, 240, 273,
    347, 372, 411, 431, 434, 439, 444, 463, 464,
    483, 484, 487, 500, 507, 522, 539, 558, 566,
    580, 581, 633, 637
Gesellschaften, moderne 392

Gesellschaft, multikulturelle   460
Gesellschaft, postindustrielle   244
Gesellschaftsvergleich   109
Gesellschaftsvertrag   152
Gesetz der großen Zahl   603
Gesundheitssoziologie   288
Gewalt   13, 44, 123, 131, 154, 210, 228, 237
Gewohnheit   155, 340
Globalisierung   12, 27, 79, 97, 98, 108, 130, 141,
    147, 154, 156, 180, 216, 247, 249, 256, 309,
    322, 328, 342, 357, 380, 383, 443, 480, 483,
    539, 604, 622
Glokalisierung   383
Glück   88
Governance   395, 410, 626
Grounded Theory   42, 76, 118, 157, 300
Grundbedürfnis   45
Grundgesamtheit   41, 164, 189, 516
Grundlagenforschung   384
Gruppe   11, 13, 14, 25, 45, 49, 75, 80, 90, 132,
    158, 180, 198, 226, 229, 245, 253, 259, 434,
    448, 471, 474, 496, 507, 511, 521, 538, 575,
    580, 591, 592, 597, 600
Gruppenarbeit   28
Gruppendiskussion   231, 299, 484
Gruppen, informelle   27
Gültigkeit   46, 93, 103, 164, 521
Gütekriterien   46, 164, 195, 303, 580

H
Habitus   166, 169, 174, 203, 219, 250, 251, 259,
    269, 275, 310, 311, 313, 361, 391, 500, 572,
    636
Halo-Effekt   51
Handeln   26, 30, 45, 69, 94, 101, 109, 176, 182,
    336, 339, 389, 394, 410, 436, 439, 447, 458,
    500, 518, 525, 533, 537, 539, 581, 610
Handeln, kommunikatives   168, 382
Handeln, soziales   141, 166, 167, 229, 251, 274,
    313, 372, 423, 495, 518, 521, 552, 554, 592,
    593, 636
Handlungsforschung   14, 460
Handlungstheorie   121, 168, 169, 250, 389, 446,
    533, 551, 595
Hawthorne-Experiment   27, 75
Heirat   83, 120, 200, 219, 286
Herkunft, soziale   65, 269, 450
Hermeneutik   494
Hermeneutik, objektive   48, 69, 76, 300, 505
Herrschaft   11, 31, 35, 71, 72, 75, 90, 107, 127,
    150, 154, 166, 169, 184, 187, 228, 230, 236,

    237, 245, 269, 278, 286, 339, 340, 397, 439,
    489, 560, 575, 639, 642
Heterogenität   571
Heuristik   529
Hierarchie   73, 137, 344
Historismus   362
Höflichkeit   84
Holismus   91
homo oeconomicus   283, 539
homo sociologicus   166, 340, 413
Humankapital   66, 212, 213, 373
Human-Relations-Ansatz   345
Human-Relations-Bewegung   27
Hypothese   47, 93, 114, 118, 125, 128, 157, 170,
    190, 226, 261, 294, 303, 304, 306, 343, 384,
    440, 483, 484, 491, 494, 545, 550, 596, 628, 629
Hysteresis   166, 312

I
Idealtypus   72, 92, 99, 109, 479, 484, 509, 619
Identität   54, 107, 135, 172, 183, 198, 219, 231,
    247, 268, 277, 310, 320, 327, 328, 332, 404,
    410, 412, 423, 460, 474, 507, 510, 522, 525,
    527, 555, 566, 593
Ideologie   96, 108, 137, 175, 180, 215, 236, 254,
    259, 277, 328, 374, 439, 441, 458, 464, 485,
    486, 559, 574, 608, 633, 635, 643
Image   84, 176, 608
Imitation   199, 491, 597
Imperialismus   107, 228
Index   177, 297, 303
Indikator   93, 164, 176, 194, 294, 297, 303, 343,
    401, 582, 629
Indikatoren, soziale   60, 177, 435, 479
Individualisierung   20, 29, 54, 79, 141, 145, 169,
    179, 209, 210, 247, 313, 320, 322, 326, 341,
    418, 446, 460, 572, 607
Individualismus   91, 179, 183
Individualismus, methodologischer   77, 181, 374,
    481, 493, 595, 621
individualistisch   168, 227
Individuation   179, 461
Individuum   90, 153, 166, 172, 179, 183, 199,
    255, 284, 391, 411, 429, 458, 464, 465, 471,
    525, 581
Indizes   178, 497
Induktion   306, 384, 629
Industrialisierung   23, 31, 97, 98, 289, 322, 326,
    431, 439, 459, 463, 507, 509, 604

Industriegesellschaft   45, 65, 86, 91, 184, 188, 248, 327, 417, 420, 457, 479, 512, 537, 567, 572, 611, 643

Industriesoziologie   26, 34, 184, 244

Inferenz, statistische   189, 193, 516

Information   403, 515

Inhaltsanalyse   92, 128, 158, 192, 231, 300, 304, 579

Initiation   198, 411, 512

Inklusion   98, 198, 250, 282, 327, 523

Innovation   15, 199, 216, 230, 237, 491, 543, 566, 568, 626

Institution   20, 65, 120, 166, 170, 200, 216, 266, 340, 360, 379, 430, 432, 439, 493, 505, 537, 541, 580, 621, 625, 635, 636

Institutionalisierung   469, 593

Institution, totale   246

Integration   32, 85, 153, 175, 198, 201, 236, 237, 245, 309, 341, 367, 372, 397, 406, 411, 413, 421, 432, 444, 457, 501, 508, 510, 555, 562, 606

Integrität   84

Intellektuelle/Intelligenz   203

Interaktion   11, 12, 15, 49, 101, 122, 158, 168, 227, 310, 418, 430, 447, 471, 506, 518, 526, 579, 592, 593, 594

Interaktionismus, symbolischer   125, 168, 231, 242, 279, 299, 331, 332, 460, 494, 525

Interaktions-Prozess-Analyse   472

Interaktionsrituale   238, 505

Interdependenz   61, 137, 643

Interdisziplinarität   204, 487

Interesse   26, 99, 143, 180, 200, 205, 222, 313, 395, 439, 461, 575

Internalisierung   413

Internet   230

Intersektionalität   151, 420, 461, 573

Intersubjektivität   164, 560, 624

Interview   45, 47, 89, 119, 124, 128, 226, 241, 393, 579

Interview, narratives   68, 299, 526, 528

Intimität   424

J

Jugend   450, 522, 589

Jugendsoziologie   207

K

Kader   72

Kapital   25, 28, 40, 66, 184, 212, 215, 222, 259, 269, 312, 313, 391, 517

Kapitalismus   24, 40, 71, 212, 214, 222, 280, 371, 382, 406, 459, 460, 479, 488, 540, 541, 559, 605, 619

Kapital, kulturelles   270, 331

Kapital, soziales   213, 538

Kapital, symbolisches   275, 364

Karriere   527

Kaste   84, 219, 222, 310, 417, 511, 571

Katalysator   60, 566

Katalysator, sozialer   45, 220, 372, 482

Kategoriensystem   50, 193

Kausalität   251, 497

Kausalschluss   115

Kindheit   220

Klan   425

Klasse   24, 40, 54, 90, 145, 151, 180, 203, 216, 219, 222, 236, 253, 259, 268, 270, 280, 310, 311, 323, 331, 365, 374, 392, 415, 417, 439, 459, 478, 488, 511, 512, 513, 521, 571, 572, 575, 607

Klassenbewusstsein   187

Klassenkampf   215, 222, 429

Klassenkonflikt   605

Klassenlage   187

Kleingruppe   75, 160, 226, 597

Kleinste-Quadrate-Methode   401, 402

Kodiereinheit   194

Kodierregeln   194

Kodierung   51, 157, 226

Kohäsion   160, 226, 310, 336, 341, 562, 606

Kohorte   20, 141

Kohorteneffekte   58

Kollektiv   13, 180, 183, 226, 284, 326

Kollektivbewusstsein   227

Kolonialismus   97, 228, 328

Kommunikation   11, 12, 45, 47, 95, 168, 192, 229, 261, 276, 293, 322, 335, 336, 359, 410, 422, 447, 473, 498, 504, 506, 518, 525, 533, 551, 568, 608

Kommunikationssoziologie   229

Kommunitarismus   140, 431

Kompetenz   17, 52, 67, 72, 369, 373, 429, 446

Konditionierung   403, 594

Konfidenzintervall   190, 402

Konfiguration   477

Konflikt   14, 25, 60, 62, 66, 70, 99, 108, 123, 130, 142, 143, 181, 184, 218, 240, 263, 312, 335, 439, 467, 468, 469, 476, 500, 526, 538, 566, 579, 586, 605, 611

Konflikttheorie   169, 236, 246, 487

Konformität   163, 245, 341, 588

Konkurrenz 131, 238
Konsens 240, 287
Konservativismus 240, 566
Konsistenz 241
Konstante, anthropologische 414
Konstruktivismus 231, 241, 399, 461, 631
Konstrukt, soziales 150, 638
Konsum 129, 224, 326, 579
Konsumgesellschaft 250
Konsumsoziologie 242
Kontingenz 404
Kontingenztabelle 535
Kontrolle 36, 86, 228, 245, 273, 284, 335, 340, 368, 413, 427, 429, 457, 587, 589
Kontrollgruppe 114
Konvention 311, 340, 585
Konvergenztheorie(n)/Konvergenztheorem(e) 248
Konversationsanalyse 105, 300, 496, 504, 506
Kooperation 22, 28, 62, 184, 500, 525
Körper 166, 210, 247, 423
Körpersoziologie 250
Korporatismus 575
Korrelation 304, 307, 402
Korrelationsmaß/-koeffizient 516, 535
Korrespondenzanalyse 392
Korrespondenzregel 177
Korruption 85
Krankheit 17, 38, 287, 302
Kreuztabelle 535
Kriminalität 586
Kriminalsoziologie 81, 485
Krisenexperimente 104
Kultur 45, 71, 108, 130, 156, 180, 234, 257, 280, 331, 335, 346, 380, 398, 437, 439, 447, 471, 474, 483, 503, 505, 520, 522, 566, 580, 581, 642
Kulturanthropologie 494, 642
Kultursoziologie 252, 273, 455, 622, 632
Kulturvergleich 109
Kulturwissenschaft 107
Kunst 275, 330, 643
Kunstsoziologie 252, 257, 559
Kybernetik 260

L
Labeling approach 14
Laborforschung 127
Lage, soziale 222, 417, 478, 572
Land- und Agrarsoziologie 263
Landwirtschaft 263
Längsschnittdaten 267

Längsschnittstudie 265, 299, 350
lean production 28
Lebenschancen 417
Lebenserwartung 56
Lebensführung 268, 310, 311
Lebensgeschichte 69
Lebenslage 38
Lebenslauf 16, 17, 20, 270, 479, 638
Lebenslaufforschung 266, 419
Lebensphase 17, 128, 208, 220, 446
Lebensqualität 128, 178, 478
Lebensstandard 38
Lebensstil 36, 38, 70, 253, 259, 268, 275, 311, 357, 365, 392, 417, 418, 421, 478, 500, 512, 572, 609
Lebensverlauf 57, 58, 121, 123
Lebenswelt 15, 140, 167, 255, 352, 369, 460, 551, 555, 560
Lebensweltanalyse 352
Lebenszufriedenheit 583
Legitimation 410
Legitimität 60, 169, 247, 270, 397, 453, 467
Leistung 23, 27, 29, 143
Leistungsgesellschaft 269, 420
Leitfadeninterview 299
Lernen 112, 271, 334, 594
Lerntheorie 13, 349, 594
Liberalismus 241, 272
Liebe 63, 121, 122, 140, 141
Literatursoziologie 252, 273, 482
Luxus 243

M
Macht 11, 19, 31, 43, 90, 97, 99, 107, 123, 133, 154, 166, 169, 212, 214, 220, 224, 230, 245, 269, 273, 274, 278, 313, 339, 357, 358, 359, 418, 423, 467, 471, 524, 548, 555, 559, 564, 575, 586, 597, 621, 636
Majorität 161, 281
Makro-Mikro-Makro-Modell 548
Makrosoziologie 240, 279
Manager 86
Manieren 84
Männlichkeitsforschung 149
Marginalisierung 246, 280, 319, 374, 537
Markoff-Modelle 491
Markt 29, 214, 225, 242, 282, 322, 381, 431, 559, 618, 620, 641
Marktforschung 46, 283
Marktwirtschaft 214, 283, 327, 620
Marxismus 24, 253, 364, 443, 488, 557

Masse   12, 60, 89, 284
Massenkommunikation   609
Massenmedien   192, 424, 448, 503, 608
Materialismus   612
Materialismus, dialektischer und historischer   285
Materialismus, historischer   486
Matriarchat   120, 286
Matthäus-Effekt   625
Median   516
Medien   129, 229, 410, 505
Medienkonsum   594
Mediensoziologie   229, 505
Medienwirkungsforschung   230
Medizinsoziologie   287
Mehrebenenanalyse   58, 485, 521, 577
Mehrwert   40, 215, 489, 620
Meinungsfreiheit   273
Meme   334
Menge   12, 60
Mensch-Tier-Sozialität   293
Meritokratie   66, 269, 564
Messfehler   578
Messtheorie   582
Messung   50, 294, 303, 425, 515, 520, 578
Metaanalyse   350
Meta-Theorie   461
Methode, dokumentarische   48, 300
Methode/Methoden   48, 192, 231, 283, 305, 336, 384, 405, 484, 514, 624, 627
Methoden, interpretative   68, 76, 107, 300, 353, 547, 637
Methoden, qualitative   119, 127, 298, 305, 360, 525
Methoden, quantitative   89, 125, 127, 302, 360, 370
Methodologie   104, 105, 146, 227, 286, 305, 361, 384, 627
Metropolregion   263, 600
Migration   56, 59, 67, 98, 108, 130, 202, 229, 253, 291, 308, 321, 332, 461, 637
Mikro-Makro-Problem   484
Mikrosoziologie   106, 168, 233
Milgram-Experiment   471
Milieu   69, 151, 216, 253, 257, 268, 310, 335, 418, 421, 469, 478, 503, 506, 523, 572, 633, 636
Militärsoziologie   314
Minderheit   130, 246, 281, 319, 471
Mitgliedschaft   343
Mittel, arithmetisches   516
Mixed Methods   43, 301, 308

Mobilität   36, 57, 66, 220, 223, 225, 247, 267, 321, 326, 335, 417, 419, 420, 421, 439, 442, 467, 469, 491, 564, 572
Mode   199, 325, 392, 491
Modell   261, 491, 515, 516, 518
Modellbildung   377
Moderne   174, 180, 229, 284, 460, 490, 501, 557, 605, 607, 639
Modernisierung   57, 97, 108, 146, 198, 207, 248, 250, 255, 322, 326, 390, 398, 406, 442, 463, 479, 557, 560, 568, 606
Modernisierungstheorie   11, 19, 99, 249, 322, 443
Modus   516
Monarchie   35
Moral   397, 424, 430, 556, 616
Mortalität   56
Motiv   167, 494
Motivation   133, 269, 610
Mundanphänomenologie   352
Musiksoziologie   252, 330
Mythos   175, 253, 537, 560

N
Nachahmung   334
Nachbarschaft   335, 428, 507
Nachhaltigkeit   178, 457, 510, 542, 569
Narrativ   338
Nationalcharakter   335
Nationalismus   406
Nationalismus, methodologischer   154
Natur   263, 454
Neofunktionalismus   77, 561
Neoinstitutionalismus   200, 216
Neokorporatismus   216
Netzwerkanalyse   213, 234, 361, 491
Netzwerk (soziales)   29, 33, 38, 73, 75, 108, 141, 213, 232, 234, 244, 247, 263, 308, 335, 336, 395, 418, 421, 448, 480, 493, 518, 538, 575, 587, 597, 621
Norm   13, 20, 62, 81, 83, 103, 113, 129, 131, 181, 200, 216, 220, 221, 234, 239, 240, 245, 246, 253, 281, 338, 379, 397, 411, 421, 424, 430, 432, 444, 445, 448, 453, 455, 493, 499, 508, 522, 537, 541, 542, 546, 548, 559, 586, 590, 592, 597, 610
Normalbiographie   427
Normallebenslauf   266
Normalverteilung   190, 402
Nutzen   94, 205

O

Obiektivität   582
Objektivität   50, 92, 109, 125, 164, 298, 300, 303, 483, 486
Öffentlichkeit   555
Ökologie   454, 567
Oligarchie   35
Operationalisierung   47, 177, 294, 303, 307, 343, 426
Ordnung   22, 152, 153, 166, 168, 169, 221, 245, 251, 340, 396, 408, 430, 465, 586, 633, 635, 638
Organisation   28, 30, 51, 60, 63, 72, 73, 108, 184, 200, 213, 214, 236, 314, 317, 360, 373, 381, 432, 448, 454, 498, 500, 505, 521, 527, 639
Organisationssoziologie   34, 53, 95, 185, 343
Organismustheorie   347

P

Paarbeziehung   61, 63, 83, 120, 423
Panel   58, 265, 577
Paradigma   145, 258, 306, 561, 624, 627, 630
Partei   575
Partizipation   281, 358, 359, 409, 501
Partnerschaft   25, 56, 88, 120, 424
Patriarchat   120, 286
pattern variables   563
Peer Group   173, 523
Pendler   509
Peripherie   97, 98, 636
Persönlichkeit   132, 349, 446
Phänomenologie   242, 352
PISA-Studie   67
Plagiat   85
Planung   178, 483, 497
Pluralisierung   141, 209, 326, 341
Policy   358
Politics   358
Politik   439, 555
Politiksoziologie   356, 575
Polity   358
Populärkultur   252, 257, 258
Position   44, 66, 86, 90, 126, 201, 269, 270, 281, 291, 321, 324, 336, 339, 340, 360, 392, 411, 418, 450, 471, 517, 548, 564, 636
Positivismus   93, 146, 361, 602
Positivismusstreit   146, 388, 632
Postmaterialismus   612
Postmoderne   250, 259
Poststrukturalismus   259

Pragmatismus   525
Praxis   14, 82, 93, 111, 310, 364, 457, 485, 487, 524, 558, 636
Praxistheorie   104, 168
Prekariat   371
Prekarität   39, 281, 573
Prestige   52, 84, 86, 364, 418, 513, 517, 564, 572, 636
Pretest   47, 195, 366
Privateigentum   222
Privileg   73, 269, 584
Probleme, soziale   11, 66, 146, 366, 421, 459, 462, 470, 474, 479, 487, 589
Produktion   28, 184
Produktionsmittel   222
Profession   53, 54, 428, 526, 625
Professionalisierung   54, 368, 460
Professionssoziologie   55
Prognose   101, 178, 260, 359, 369, 483, 492, 515, 542, 545, 605
Proletariat   24, 40, 222, 371, 488, 571, 605
Propaganda   608
Protestantismus   52, 180, 406, 605, 619
Protestbewegung   526
Prozentsatzdifferenz   535
Prozess (sozialer)   68, 77, 90, 101, 220, 276, 372, 439, 479, 482, 483, 498, 526, 562, 566
Psychoanalyse   349

Q

Qualifikation   26, 324, 373
Qualifizierung   52
Quasi-Experiment   116
Queer Theory   148

R

Rache   84
Randgruppe   130, 281, 319, 419
Randomisierung   114
Rasse   151, 219, 374, 420, 429, 441, 443
Rational-Choice-Ansatz/-Theorie   374, 389, 408, 464, 547, 595, 598, 622, 631
Rationalisierung   28, 145, 185, 187, 258, 326, 330, 379, 390, 439, 498, 509, 539, 544, 556, 606
Rationalismus   240, 568
Rationalismus, kritischer   93, 128, 242, 305, 306, 363, 384, 459, 545, 596
Rationalität   72, 78, 92, 94, 389, 459, 519, 549, 551, 560, 566, 595, 598
Raumforschung   394

Raumplanung   394
Raum, sozialer   174, 213, 263, 269, 390, 434,
    483, 490, 572
Raumsoziologie   34, 247
Reaktivität   49, 51, 116, 579
Realismus   631
Recht   246, 360, 428, 430, 431, 468, 519, 556,
    585
Rechtssoziologie   338, 396
Reduktionismus   279, 400, 475
Reflexivität   105, 108
Region   263, 264
Regionalsoziologie   455
Regressionsanalyse   252, 265, 304, 401, 516, 521,
    537, 576
Regulationstheorie   217
Reichtum   37
Reisen   129, 321
Reiz   403, 595
Relativismus   108
Reliabilität   49, 93, 164, 193, 195, 197, 298, 300,
    303, 483, 521, 582, 624
Religion   219, 253, 431, 537, 633, 643
Religionssoziologie   252, 403
Replikationsstudie   422
Repräsentativität   42, 46, 125, 164, 299, 301
Reputation   84
Respekt   84
Response-Set   46
Ressourcen   360, 361, 365, 471, 517, 538
Revolution   60, 71, 223, 236, 237, 280, 372,
    408, 488, 605
Reziprozität   61, 62
Risiko   180, 216, 409, 569
Risikogesellschaft   79, 147, 624, 626
Riten   404, 543
Ritual   108, 198, 246, 253, 410, 523, 593, 622,
    636
Rolle   19, 77, 78, 168, 173, 180, 198, 234, 280,
    292, 336, 337, 339, 383, 411, 433, 445, 448,
    471, 476, 498, 508, 580, 593, 594, 602, 606
Rollendistanz   173
Rollenkonflikt   414, 593
Rollentheorie   339, 360, 517, 565
Routine   16, 199, 548
Rückkopplung   415

S
Säkularisierung   326, 406
Sampling   41, 299
Sampling, selektives   43

Sampling, theoretisches   42, 157
Sanktion   70, 201, 245, 246, 338, 397, 411, 416,
    508, 523, 528, 537, 570, 585, 593, 594
Scham   423, 544, 588
Schätzen, statistisches   190, 516
Scheinkorrelation   251
Schicht   54, 56, 90, 131, 151, 212, 219, 222,
    223, 225, 268, 277, 310, 323, 374, 417, 450,
    475, 478, 479, 503, 505, 511, 513, 564, 571,
    572
Schichtung, soziale   364, 417, 564
Schließen, statistisches   189
Schließung, soziale   66, 311, 573
Schneeballverfahren   43
Scientific Management   32
Segregation   420, 493, 509, 510
Sekundäranalyse   422
Selbstbild   176
Selbstreferenz   261, 529, 534
Selbstreferenzialität   259, 268
Selektion   112
Self-fulfilling prophecy   370, 634
Sequenzanalyse   50
Sexualität   123, 422
Sicherheit   246
Signifikanz   191, 252, 536
Signifikanztest   117, 189
Simulation   261, 371, 493
Sinn   78, 106, 160, 167, 200, 242, 250, 256,
    352, 494, 495, 634
Sippe   425
Sitte   84, 155, 340, 585
Situation   106, 167, 525
Situationsdefinition   495, 555
Skala   343, 366, 515, 578
Skalenniveau   577
Skalierung   296, 425
Skript   549, 602
Solidarität   31, 142, 152, 310, 396, 538, 555,
    606, 642
Sozialanthropologie   336
Sozialarbeit   91, 367, 427, 457, 485
Sozialberichterstattung   178
Sozialbeziehungen   336, 337
Sozialdarwinismus   111, 429
Sozialepidemiologie   290
Sozialethik   430
Sozialforschung   302
Sozialforschung, angewandte   111
Sozialforschung, empirische   550
Sozialgeographie   433

Sozialgeschichte 439
Sozialintegration 201, 555
Sozialisation 20, 66, 76, 123, 131, 150, 151,
    156, 212, 221, 230, 242, 246, 263, 271, 275,
    282, 335, 340, 351, 358, 372, 411, 416, 421,
    444, 503, 537, 555, 558, 566, 581, 588, 590,
    593, 594, 597, 602, 610, 635
Sozialismus 72, 212, 216
Sozialkapital 85, 212, 338
Sozialkonstruktivismus 68
Sozialkunde 451
Sozialökologie 263, 454, 510
Sozialökonomik 619
Sozialpädagogik 457
Sozialphilosophie 463
Sozialpolitik 37, 367, 467
Sozialpsychologie 471
Sozialraumanalyse 434
Sozialstruktur 15, 23, 54, 56, 57, 59, 90, 95,
    203, 270, 310, 331, 356, 417, 475, 503, 604
Sozialtechnologie 361
Sozialverträglichkeit 15
Sozialwissenschaften 127, 480, 482, 486
Soziolinguistik 504
Soziologie 152, 372, 482, 486
Soziologie, allgemeine 96, 144, 168, 231, 252,
    293, 483, 485, 487
Soziologie, analytische 375, 493
Soziologie, angewandte 367, 487
Soziologie, erklärende 494
Soziologie, formale 336
Soziologie, funktionalistische 227
Soziologie, marxistische 128, 225, 488
Soziologie, mathematische 491
Soziologie, phänomenologische 106, 168, 494,
    547
Soziologie, politische 240, 356
Soziologie, spezielle 16, 102, 147, 149, 244, 251,
    252, 483, 485, 487
Soziologie, strukturell-individualistische 493
Soziologie, verstehende 109, 125, 256, 494, 549,
    619
Soziologie, visuelle 496, 506
Soziometrie 231, 234, 336, 496
Soziotechnik 485, 497
Spieltheorie 389, 491, 548, 599
Sportsoziologie 498
Sprachcodes 66
Sprache 443, 540
Sprachsoziologie 503
Staat 236, 431, 463, 507

Stadt 454, 508, 523, 587, 599
Stadtsoziologie 34, 125, 455, 507
Stand 35, 70, 219, 222, 224, 310, 365, 417, 439,
    508, 511, 517, 571
Standardabweichung 516
Standardisierung 46
Ständegesellschaft 374, 511, 513
Statistik 58, 64, 76, 81, 171, 177, 189, 265, 304,
    370, 422, 435, 478, 514, 535, 603, 644
Status 17, 52, 59, 84, 198, 205, 221, 269, 280,
    335, 360, 365, 411, 413, 419, 421, 476, 517,
    572, 584, 597, 609
Statusinkonsistenz 419
Statuskonsistenz 517
Statuspassage 543
Sterben 543
Stereotyp 155, 176, 320, 335, 365, 472, 600, 602
Stichprobe 41, 64, 81, 128, 164, 189, 303, 366,
    472, 516, 640
Stigma 320, 522, 589
Stigmatisierung 19, 129, 130, 246, 281, 410
Stimulus-Response-Modell 231
Stress 33, 291
Struktur 77, 101, 360, 439, 475, 476, 518, 548
Strukturalismus 259, 337, 518, 519
Strukturfunktionalismus 146, 198, 240, 279
Studie, komparative 520
Subjekt 372, 482, 521
Subjektivierung 29, 185
Subkultur 14, 19, 45, 125, 209, 253, 254, 259,
    281, 282, 326, 341, 522, 588, 610
Suizid 544
Sukzession 509, 523
Symbol 192, 229, 230, 234, 238, 253, 255, 379,
    404, 411, 524, 525, 622, 636
Symbolischer Interaktionismus 525
System 33, 54, 78, 140, 201, 261, 274, 387, 411,
    416, 417, 456, 476, 518, 520, 555, 566, 593
System, duales 26
Systeme, soziale 168, 433, 438
Systemintegration 201, 555
Systemtheorie 95, 145, 169, 202, 259, 261, 275,
    278, 279, 346, 358, 397, 398, 409, 412, 445,
    461, 476, 479, 481, 500, 528, 560, 634
Szenario 646
Szene 141, 523, 636

T
Tabellenanalyse 402, 535
Tabu 537, 580
Tausch 11, 19, 108, 282, 537, 608

Tauschtheorie 11, 279, 538, 621
Taylorismus 27, 32, 539
Technik 497, 642
Techniksoziologie 35, 242, 539
Technokratie 203
Technologie 545
Technoscience 626
Teilhabe 280
Teilnehmende Beobachtung 107
Terrorismus 317
Test, statistischer 117, 189, 190, 402, 403, 514
Thanatosoziologie 543
Theorem, Bayessches 602
Theorie 93, 109, 119, 125, 127, 145, 170, 175, 279, 302, 364, 384, 440, 463, 484, 491, 519, 545, 603, 624, 625, 629
Theoriebildung 157
Theorie der kognitiven Dissonanz 591, 602
Theorie der kognitiven Rationalität 549
Theorie des Handelns 168, 546
Theorie des kommunikativen Handelns 153, 169, 462, 547, 551
Theorie, gegenstandsbegründete 118
Theoriekonstruktion 128
Theorie, kritische 91, 128, 256, 363, 364, 388, 390, 412, 459, 463, 466, 486, 551, 557
Theorie, marxistische 212, 222
Theorie mittlerer Reichweite 216, 307, 412, 415, 484, 538, 546, 634
Theorieprüfung 109, 384
Theorie, strukturell-funktionale 278, 417, 484, 487, 561, 572
Thomas-Theorem 76, 339, 526
Tiersoziologie 293
Tod 289, 543
Toleranz 80
Totem 404
Tourismus 129, 263, 324
Tradition 36, 155, 175, 199, 280, 328, 431, 455, 566
Transdisziplinarität 148
Transformation 605
Transnationalisierung 202, 309
Treatmenteffekt 115
Treue 424
Triangulation 51, 301, 360, 580
Typologie 119, 301, 394

U
Übergangsriten 411
Umfrage 103, 283, 422

Umfrageforschung 366, 612
Umwelt 79, 100, 108, 113, 261, 270, 271, 347, 351, 416, 433, 435, 445, 454, 522, 525, 528, 534, 541, 566, 567, 594
Umweltsoziologie 263, 455, 567
Unabhängigkeit 228
Ungleichheit 31, 37, 39, 53, 54, 56, 64, 65, 66, 80, 90, 128, 142, 151, 154, 178, 180, 198, 203, 210, 221, 222, 225, 236, 238, 266, 268, 269, 280, 290, 313, 332, 339, 358, 359, 374, 391, 417, 420, 439, 442, 450, 453, 467, 469, 473, 478, 503, 517, 520, 571
Universalien 108, 121, 249, 328, 483, 581
Unsicherheit 39, 88, 94, 410, 549, 584, 621
Unternehmer 214, 216
Unterprivilegierung 281
Urbanisierung 326, 439, 509, 600
Utopie 573, 644

V
Validität 49, 93, 109, 115, 125, 164, 193, 195, 197, 298, 300, 303, 305, 483, 485, 521, 581, 582
Variable 472, 484, 535, 576
Varianz 401, 516, 581
Varianzanalyse 117, 402, 577
Verband 25, 397, 501, 575
Verein 501
Verfahren, multivariate 252, 402, 537, 576
Verfahren, nicht-reaktive 49, 193, 579
Verfremdung 104
Vergemeinschaftung 140, 153, 250, 340
Vergesellschaftung 140, 153, 183
Vergleich 143, 483, 520
Vergleich, interkultureller 580
Vergleich, intersozietärer 580
Vergleich, sozialer 583, 602
Verhalten 48, 49, 87, 95, 96, 126, 129, 132, 167, 201, 220, 349, 394, 427, 479, 495, 525, 546, 566, 582, 592, 610, 635
Verhalten, abweichendes 11, 14, 22, 208, 209, 245, 247, 281, 341, 522, 525, 526, 585, 590, 596, 597, 612
Verhalten, konformes 590
Verhalten, kriminelles 22
Verhalten, prosoziales 591
Verhaltenstheorie 279, 362, 412, 479, 494, 595
Verhaltenswissenschaft 106
Verifikation/Verifizierbarkeit 306, 363, 384, 387
Verkehr 321
Verrechtlichung 398

Verschlüsselung 226
Verstädterung 31, 507, 599
Verstehen 101, 170, 362, 393, 628
Versuchsleitereffekt 116
Vertrauen 44, 62, 63, 88, 410, 621
Verwandtschaft 108, 287, 425
Verzerrung 46, 50, 64, 103, 117, 175, 190, 473
Voraussage 384
Vorbild 45
Vorurteil 80, 87, 108, 131, 155, 176, 282, 320, 471, 472, 559, 600, 633

W

Wachstum 217, 328
Wahrheit 385, 629
Wahrnehmung, soziale 403, 602
Wahrscheinlichkeit 41, 190, 514, 602
Wahrscheinlichkeitstheorie 115
Wandel, demographischer 21, 65, 142
Wandel, evolutionärer 15
Wandel, revolutionärer 15
Wandel (sozialer) 14, 22, 26, 60, 72, 75, 77, 90, 95, 98, 111, 113, 145, 178, 187, 199, 207, 210, 216, 219, 223, 224, 237, 239, 248, 264, 265, 267, 312, 321, 326, 331, 340, 364, 372, 388, 422, 440, 443, 468, 476, 483, 488, 507, 522, 541, 566, 581, 585, 586, 597, 603
Wanderung 325
Weltgesellschaft 99, 153, 154, 249, 322, 643
Weltsystem 217
Weltsystemtheorie 97, 214
Werbung 45, 230, 505, 524, 607
Wert 22, 36, 45, 87, 96, 103, 129, 153, 181, 199, 201, 205, 219, 220, 221, 234, 240, 247, 253, 254, 255, 268, 281, 339, 368, 369, 397, 410, 411, 418, 422, 431, 445, 453, 455, 471, 499, 522, 541, 542, 548, 585, 610, 632, 642
Werterwartungstheorie 549
Wertewandel 29, 184, 188, 341, 572, 610
Wertfreiheit/Werturteilsproblem 15, 108, 483, 486, 616, 623, 632
Wertrationalität 390
Werturteil/Werturteilsfreiheit 176, 364, 481, 619
Wert/Wertewandel 610

Wettbewerb 273
Wirklichkeit 49, 92, 364, 387, 503, 518, 545, 573, 602, 632, 635
Wirtschaft 214, 263, 555, 607
Wirtschaftssoziologie 217, 364, 618
Wissen 15, 26, 92, 104, 170, 241, 256, 373, 411, 484, 485, 519, 545
Wissenschaft 14, 482, 485, 623, 642
Wissenschaft, angewandte 188
Wissenschaft, idiographische vs. nomothetische 362
Wissenschaftsethik 485
Wissenschaftssoziologie 242, 623, 624, 627, 637
Wissenschaftstheorie 14, 241, 363, 384, 483, 486, 530, 545, 624, 627
Wissensgesellschaft 53, 54, 626
Wissenssoziologie 145, 253, 254, 367, 494, 574, 623, 632
Wohlbefinden 88
Wohlstand 128, 328
Wohnen 34, 434
Würde 84

Z

Zeit 128, 246, 372, 483, 638
Zeitbewusstsein 644
Zeitbudgetforschung 638
Zeitdiagnose 144
Zeitreihe 178, 265, 422, 577
Zensus 639
Zentrum 97, 98, 636
Zivilgesellschaft 70, 153, 357, 641
Zivilisation 13, 145, 255, 408, 642
Zivilisationstheorie 98
Zufallsauswahl 41, 304
Zufallsexperiment 603
Zukunft 483, 573
Zukunftsforschung 644
Zusammenhalt 310
Zuschreibung 269
Zuverlässigkeit 46, 50, 164
Zweckrationalität 346, 380, 389

Autorenverzeichnis

Abele, Andrea E., Dr., geb. 1950, Professorin für Sozialpsychologie an der Universität Erlangen-Nürnberg, *Arbeitsgebiete*: Selbstwert, Wohlbefinden, berufliche Laufbahnentwicklung, Gender

Abels, Heinz, Dr. Dr., geb. 1943, em. Professor für Soziologie an der FernUniversität Hagen, *Arbeitsgebiete*: Identität, soziale Interaktion, Sozialisation

Acham, Karl, Dr. Dr. h.c., geb. 1939, em. Professor für Soziologie an der Karl-Franzens-Universität Graz, *Arbeitsgebiete*: Geschichts- und Sozialphilosophie, Geschichte und Theorie der Geistes- und Sozialwissenschaften, Ideengeschichte und Kultursoziologie, Weltanschauungsanalyse

Andreß, Hans-Jürgen, Dr., geb. 1952, Professor für empirische Sozial- und Wirtschaftsforschung an der Universität zu Köln, *Arbeitsgebiete*: Methoden der empirischen Sozialforschung, Statistik und multivariate Methoden, EDV-Anwendungen in den Sozialwissenschaften, Arbeitsmarkt und Berufsforschung (insb. Arbeitslosigkeit), Sozial- und Familienpolitik (insb. Armut)

Angermüller, Johannes, geb. 1973, Professor of Discourse an der University of Warwik, UK, und Forschungsgruppenleiter an der EHESS, Paris/Frankreich, *Arbeitsgebiete*: Diskursforschung, Wissenschaftssoziologie, empirische Methoden

Asendorpf, Jens B., Dr., geb. 1950, Professor für Persönlichkeitspsychologie an der Humboldt-Universität Berlin, *Arbeitsgebiete*: Persönlichkeitsentwicklung, Persönlichkeit und soziale Beziehungen, Persönlichkeit im Kulturvergleich

Ayaß, Ruth, Dr., Soziologin, Professorin an der Universität Klagenfurt/Österreich, *Arbeitsgebiete*: Medien- und Kultursoziologie, qualitative Methoden, interpretative Theorien

Baecker, Dirk, Dr., geb. 1955, Professor für Kulturtheorie und -analyse an der Zeppelin Universität Friedrichshafen, *Arbeitsgebiete*: soziologische Theorie, Kulturtheorie, Wirtschaftssoziologie und Organisationsforschung

Bammé, Arno, Dr. phil., Dipl.-Soz., Dipl.-Hdl., Professor an der Alpen-Adria-Universität Klagenfurt, Vorstand des Instituts für Technik- und Wissenschaftsforschung, *Arbeitsgebiete*: Technik- und Wissenschaftsforschung, Literatur und Soziologie, Didaktik der Sozialwissenschaften, Didaktik wissenschaftlicher Weiterbildung

Barlösius, Eva, Dr., Professorin für Makrosoziologie und Sozialstrukturanalyse an der Leibniz Universität Hannover, *Arbeitsgebiete*: soziale Ungleichheit, Soziologie des Essens, Wissenschaftssoziologie

Baumert, Anna, Dr., Juniorprofessorin für Persönlichkeitspsychologie und Diagnostik an der Universität Koblenz-Landau, *Arbeitsgebiete*: Ungerechtigkeitssensibilität, moralische Emotionen, politisches Vertrauen

Beck, Kurt, Dr. rer. nat., geb. 1952, Professor für Ethnologie an der Universität Bayreuth, *Arbeitsgebiete*: afrikanische Kulturen und Gesellschaften, Ethnologie der Arbeit und der Technik

Beck, Ulrich, geb. 1944, Professor für Soziologie an der Ludwig-Maximilians-Universität München, LSE in London und an der FMSH in Paris, *Arbeitsgebiete*: 2012 wurde Ulrich Beck vom Europäischen Forschungsrat (ERC) ein Projekt zum Thema »Methodologischer Kosmopolitismus am Beispiel des Klimawandels« bewilligt

Bender, Christiane, Dr., Professorin für allgemeine Soziologie an der Helmut-Schmidt-Universität (Universität der Bundeswehr Hamburg), *Arbeitsgebiete*: Theorie und Empirie moderner Gesellschaften, Klassiker der Soziologie und Philosophie, Frauenkarrieren, Demokratie

Benkel, Thorsten, Dr., geb. 1976, Akademischer Rat für Soziologie an der Universität Passau, *Arbeitsgebiete*: Wissenssoziologie, empirische Sozialforschung, Mikrosoziologie, Soziologie der Sexualität

Berger, Gerhard, Dr., geb. 1954, Akademischer Rat am Institut für Sozialwissenschaften an der Christian Albrechts Universität zu Kiel, *Arbeitsgebiete*: Organisation, Gesundheit, empirische Methoden

Best, Henning, PD Dr., geb. 1975, Survey-Projektberater und Leiter des Teams »Panel Surveys« bei Gesis, Leibnitz Institut für Sozialwissenschaften, *Arbeitsgebiete*: quantitative Methoden, Umweltsoziologie, abweichendes Verhalten

Bierhoff, Hans-Werner, Dr., geb. 1948, Professor für Sozialpsychologie an der Ruhr-Universität Bochum, *Arbeitsgebiete*: Psychologie prosozialen Verhaltens, Narzissmus, Sozialpsychologie der Partnerschaft, Forschungsmethoden

Blättel-Mink, Birgit, Dr., geb. 1957, Professorin für Soziologie mit dem Schwerpunkt Industrie- und Organisationssoziologie an der Johann Wolfgang Goethe-Universität Frankfurt a. M., *Arbeitsgebiete*: Innovationsforschung, transdisziplinäre Nachhaltigkeitsforschung, Geschlecht und Arbeit

Blossfeld, Hans-Peter, Dr., geb. 1954, Professor for Sociology, European University Institute, Florenz/Italien, *Arbeitsgebiete*: Lebenslaufforschung, soziale Ungleichheit, Längsschnittmethoden

Bonacker, Thorsten, Dr., geb. 1970, Professor für Friedens- und Konfliktforschung an der Phillips-Universität Marburg, *Arbeitsgebiete*: Konfliktsoziologie, Soziologie von Nachkriegsgesellschaften, Weltgesellschaftsforschung

Bruckmüller, Susanne, Dr., geb. 1982, Juniorprofessorin für Sozialpsychologie an der Universität Koblenz-Landau, *Arbeitsgebiete*: soziale Ungleichheit, Kommunikation in Intergruppenkontexten, soziale Kognitionsforschung

Brünken, Roland, Dr. phil., Dipl. Psych., geb. 1965, Professor für empirische Bildungsforschung an der Universität des Saarlandes, *Arbeitsgebiete*: empirische Lehr-Lernforschung, Lehrerbildungsforschung, Expertiseerwerb

Bublitz, Hannelore, Dr., seit 1995 Professorin für Soziologie an der Universität Paderborn. Von 2009–2013 (stellv.) Sprecherin des interdisziplinären DFG-Graduiertenkollegs »Automatismen«. Strukturentstehung außerhalb geplanter Prozesse in Informationstechnik, Medien und Kultur«, *Arbeitsgebiete*: Praktiken der Subjektivierung, Körper- und Selbsttechnologien sowie Normalisierungsdynamiken in modernen Gesellschaften

Buchholz, Sandra, Dr. rer. pol., geb. 1976, vertritt derzeit den Lehrstuhl für Soziologie 1 an der Otto-Friedrich-Universität Bamberg, *Arbeitsgebiete*: Lebensverlaufsforschung, soziale Ungleichheiten, Längsschnittanalyse, internationaler Vergleich

Bühler-Niederberger, Doris, Dr., geb. 1950, Professorin für Soziologie an der Bergischen Universität Wuppertal, *Arbeitsgebiete*: Strukturen und Prozesse des Aufwachsens, ungleiche Kindheiten, privates Leben, generationale Ordnungen und gesellschaftliche Transformation

Bülow, Robert, Dr., geb. 1965, Unternehmensberater, *Arbeitsgebiete*: Strategien und Marketing internationaler Telekommunikationsunternehmen

Burkhart, Dagmar, Dr., geb. 1939, war zuletzt Professorin und geschäftsführende Direktorin des Instituts für Slawistik an der Universität Mannheim, *Arbeitsgebiete*: kultursoziologische Begrifflichkeit von Würde/Ehre/Ächtung, Ehrkonzeptionen in der deutschen und russischen Literatur, Duell- und Ritualforschung

Burzan, Nicole, Dr., geb. 1971, Professorin für Soziologie an der TU Dortmund, *Arbeitsgebiete*: soziale Ungleichheit, empirische Methoden, Zeitsoziologie

Celikates, Robin, Dr., geb. 1977, Associate Professor für Politische und Sozialphilosophie an der Universität von Amsterdam, *Arbeitsgebiete*: kritische Theorie, Sozialphilosophie, Demokratietheorie

Chakkarath, Pradeep, Dr., geb. 1960, wissenschaftlicher Mitarbeiter an der Ruhr-Universität Bochum, *Arbeitsgebiete*: Kulturpsychologie, menschliche Entwicklung im Kulturvergleich, Wissenschaftstheorie der Sozialwissenschaften

Chasiotis, Athanasios, Dr., geb. 1964, Professor für kulturvergleichende Psychologie an der Universität Tilburg (NL), *Arbeitsgebiete*: Akkulturation, explizite und implizite Motivation, mentalistisches Verständnis, evolutionäre und kulturvergleichende Entwicklungspsychologie

Degele, Nina, Dr., geb. 1963, Professorin für Soziologie und Gender Studies an der Universität Freiburg, *Arbeitsgebiete*: Gesellschaftstheorie, Geschlechterverhältnisse, Sport/Körper, empirische Methoden

Delitz, Heike, PD Dr., geb. 1974, Privatdozentin für Soziologie an der Universität Bamberg, *Arbeitsgebiete*: soziologische Theorie, Kultursoziologie, Artefakt- und Wissenssoziologie

Diekmann, Andreas, Dr. rer. pol., geb. 1951, Professor für Soziologie an der ETH Zürich, *Arbeitsgebiete*: Theorie sozialer Kooperation und experimentelle Spieltheorie, Umweltsoziologie und Bevölkerung, Methoden empirischer Sozialforschung

Diewald, Martin, Dr., geb. 1958, Professor für Soziologie an der Universität Bielefeld, *Arbeitsgebiete*: soziale Ungleichheiten, Lebenslaufforschung, Verhaltensgenetik

Dörre, Klaus, Dr. phil., geb. 1957, Professor für Arbeits-, Industrie- und Wirtschaftssoziologie an der FSU Jena, *Arbeitsgebiete*: Prekarität, Kapitalismustheorien, Arbeitsbeziehungen und soziale Konflikte

Eifler, Stefanie, Dr. rer. soc., geb. 1967, Professorin für Soziologie und Empirische Sozialforschung an der Katholischen Universität Eichstätt-Ingolstadt, *Arbeitsgebiete*: Handlungstheorien, Soziologie abweichenden Verhaltens, Methoden der empirischen Sozialforschung, insbes. Verfahren der Datenerhebung

Endruweit, Günter, Dr., geb. 1939, ehem. Direktor des Instituts für Soziologie der Universität Kiel, *Arbeitsgebiete*: allg. Soziologie einschl. Methoden, Agrar-, Arbeits-, Gemeinde-, Entwicklungs- und Organisationssoziologie

Engelhardt-Wölfler, Henriette, Dr., geb. 1986, Professorin für Demografie an der Otto-Friedrich Universität Bamberg, *Arbeitsgebiete*: Familiendemografie, Gesundheitssoziologie, Lebenslaufanalyse

Ettrich, Frank, Dr., geb. 1958, Professor für Soziologie an der Universität Erfurt, *Arbeitsgebiete*: soziologische Theorie, Soziologie und Public Policy, sozialer Wandel

Feldmann, Klaus, Dr., geb. 1939, em. Professor für Soziologie an der Universität Hannover, *Arbeitsgebiete*: Thanatosoziologie, Bildungssoziologie

Flick, Uwe, Dr., geb. 1956, Professor für qualitative Sozial- und Bildungsforschung an der Freien Universität Berlin, *Arbeitsgebiete*: qualitative Methoden, Migration und Gesundheit, Versorgungsforschung, Inanspruchnahmeverhalten

Förster, Till, Dr., geb. 1955, Professor für Ethnologie/Sozialanthropologie an der Universität Basel, *Arbeitsgebiete*: visuelle Kultur, politische Anthropologie, phänomenologische Methoden

Friedrichs, Jürgen, Dr., geb. 1938, em. Professor am Institut für Soziologie und Sozialpsychologie der Universität zu Köln, *Arbeitsgebiete*: Stadtforschung, soziale Ungleichheit, Kontexteffekte

Früh, Hannah, Dr., geb. 1981, Akademische Rätin a. Z. an der Universität Erfurt, *Arbeitsgebiete*: empirische Methoden, Medienwirkungen, Risikokommunikation

Fuhse, Jan, PD Dr., geb. 1975, Heisenberg-Stipendiat am Institut für Sozialwissenschaften der Humboldt Universität zu Berlin, *Arbeitsgebiete*: Netzwerkforschung, Theorie, Ungleichheit, politische Soziologie

Gadenne, Volker, Dr., geb. 1948, Professor für Philosophie und Wissenschaftstheorie an der Johannes Kepler Universität Linz, *Arbeitsgebiete*: Wissenschaftstheorie der Sozialwissenschaften, Körper-Geist-Problem, Bewusstsein

Gebhardt, Winfried, Dr., geb. 1954, Professor für Allgemeine Soziologie an der Universität Koblenz-Landau, *Arbeitsgebiete*: Theoriegeschichte, Kultur-, Religions- und Jugendsoziologie

Gensicke, Thomas, Dr., geb. 1962, Seniorprojektleiter bei TNS Infratest Sozialforschung München, *Arbeitsgebiete*: empirische Kulturforschung, Zivilgesellschaft, Jugendforschung

Gerhardt, Uta, Dr., geb. 1938, em. Professorin für Allgemeine Soziologie an der Universität Heidelberg, *Arbeitsgebiete*: Wissenschaftsgeschichte der soziologischen Theorien, Max Weber und Talcott Parsons im 20. Jahrhundert, Demokratisierung Nachkriegsdeutschlands und die amerikanische Soziologie

Glatzer, Wolfgang, Dr., geb. 1944, em. Professor für Soziologie, *Arbeitsgebiete*: Schwerpunkt sozialstruktureller und kultureller Wandel

Göttner-Abendroth, Heide, Dr., geb. 1941, Direktorin der Internationalen Akademie HAGIA für moderne Matriarchatsforschung (www.hagia.de), *Arbeitsgebiete*: Begründerin der modernen Matriarchatsforschung

Greca, Rainer, Dr. phil. habil., geb. 1947, Professor für Soziologie an der KU Eichstätt-Ingolstadt, *Arbeitsgebiete*: Theorienvergleich, Wirtschaftssoziologie, Arbeitssoziologie, Soziologie nachhaltiger Entwicklung

Greshoff, Rainer, Dr., geb. 1955, wissenschaftlicher Mitarbeiter an der Universität Bremen, *Arbeitsgebiete*: Sozialtheorie, erklärende Soziologie,

Theorienvergleich/ Theorienintegration, sozialwissenschaftliche Interdisziplinarität

Greve, Jens, PD Dr., geb. 1966, derzeit Vertretung des Lehrstuhls für Allgemeine Soziologie an der Fakultät für Soziologie der Universität Bielefeld, *Arbeitsgebiete*: soziologische Theorie, Weltgesellschaft, soziale Ungleichheit

Griese, Hartmut M., Dr. phil. habil., M.A., geb. 1944, em. Professor an der Leibniz Universität Hannover, Institut für Soziologie, *Arbeitsgebiete*: Jugendforschung, Migrationssoziologie, Sozialisationstheorie, Bildungssoziologie (vgl. Festschrift 2009: Jugend – Migration – Sozialisation – Bildung)

Groenemeyer, Axel, Dr., geb. 1956, Professor an der Fakultät Erziehungswissenschaft und Soziologie der TU Dortmund, *Arbeitsgebiete*: Soziologie und Politik sozialer Probleme, abweichenden Verhaltens und sozialer Kontrolle, soziale Dienste

Groh-Samberg, Olaf, Dr., geb. 1971, Professor für Soziologie an der Universität Bremen, *Arbeitsgebiete*: soziale Ungleichheit und Sozialstrukturanalyse, Methoden der empirischen Sozialforschung

Häder, Michael, Dr., geb. 1952, Professor für Methoden der empirischen Sozialforschung an der TU Dresden, *Arbeitsgebiete*: telefonische Befragungen, Delphi-Technik

Hartmann, Michael, Dr., geb. 1952, Professor für Soziologie an der TU Darmstadt, *Arbeitsgebiete*: Elitesoziologie, Management- und Organisationssoziologie, Hochschulforschung

Hartmann-Tews, Ilse, Dr., geb. 1956, Professorin an der Deutschen Sporthochschule Köln, *Arbeitsgebiete*: Soziologie des Sports, soziale Konstruktion von Geschlecht und Alter(n)

Heikamp, Tobias, Dipl.-Psych., geb. 1979, wissenschaftlicher Mitarbeiter in der Arbeitsgruppe Entwicklungspsychologie und Kulturvergleich an der Universität Konstanz, *Arbeitsgebiete*: Entwicklungspsychologie, Kulturvergleich

Hellmann, Kai-Uwe, Dr., geb. 1962, zurzeit Fachvertretung der Professur für Soziologie (WiSo) an der Helmut-Schmidt-Universität/Universität der Bundeswehr Hamburg, *Arbeitsgebiete*: Konsum- und Militärsoziologie

Helmle, Simone, PD Dr., geb. 1969, Vertretungsprofessorin für Agrarsoziologie an der Justus-Liebig Universität Gießen, *Arbeitsgebiete*: Land- und Agrarsoziologie, Innovations- und Wissensmanagement

Herrmann, Heike, Dr., geb. 1966, Professorin an der Hochschule Fulda, Sprecherin der Sektion Stadt- und Regionalsoziologie, *Arbeitsgebiete*: Stadt- und Raumsoziologie, soziale Ungleichheit, (Un-)Sicherheit und soziale Kontrolle, empirische Methoden

Hinz, Thomas, Dr., geb. 1962, Professor für Soziologie an der Universität Konstanz, *Arbeitsgebiete*: Methoden der empirischen Sozialforschung, Arbeitsmarktsoziologie, Wirtschaftssoziologie

Hirschauer, Stefan, Dr., geb. 1960, Professor für Soziologie an der JGU Mainz, *Arbeitsgebiete*: Praxistheorien, qualitative Methoden, Gender Studies, Science Studies

Hitzler, Ronald, Dr. rer. pol., geb. 1950, Professor für Allgemeine Soziologie an der TU Dortmund, weitere Informationen unter www.hitzler-soziologie.de

Hölscher, Barbara, Dr., geb. 1964, Professorin für Soziologie an der Christian-Albrechts-Universität zu Kiel, *Arbeitsgebiete*: soziale Ungleichheit, Mediensoziologie, Professionalisierungs- und Wirtschaftssoziologie

Höpflinger, François, Dr., geb. 1948, Titularprofessor für Soziologie an der Universität Zürich, *Arbeitsgebiete*: Demographie, Alterssoziologie, Generationenbeziehungen

Hradil, Stefan, Dr. Dr. h.c., geb. 1946, em. Professor für Soziologie an der Universität Mainz, *Arbeitsgebiete*: Entwicklung moderner Gesellschaften, Sozialstruktur, insbes. soziale Ungleichheit und soziale Milieus

Huber, Joseph, Dr., geb. 1948, Professor für Wirtschafts- und Umweltsoziologie an der Martin-Luther-Universität Halle, *Arbeitsgebiete*: ökologische Modernisierung, Geldsystemforschung

Hummel, Diana, PD Dr., geb. 1963, Politikwissenschaftlerin, Leiterin des Forschungsschwerpunkts Bevölkerungsentwicklung und Versorgung am ISOE – Institut für sozial-ökologische Forschung, Frankfurt a. M.; Privatdozentin am Fachbereich Gesellschaftswissenschaften der Goethe-Universität Frankfurt a. M., *Arbeitsgebiete*: Gesellschaftliche Naturverhältnisse, Bevölkerungsdynamik und nachhaltige Entwicklung, Gender & Environment

Hurrelmann, Klaus, geb. 1944, Professor of Public Health and Education an der Hertie School of Governance Berlin, *Arbeitsgebiete*: soziale Ungleichheit, Sozialisation/Bildung/Gesundheit, Kinder und Jugendliche

Jaeggi, Rahel, Dr., Professorin für Praktische Philosophie an der Humboldt Universität zu Berlin, *Arbeitsgebiete*: Sozialphilosophie, Ethik, Sozialontologie, kritische Theorie

Jahn, Thomas, Dr., Dipl.-Soz., geb. 1952, Leiter des Forschungsschwerpunkts Transdisziplinäre Methoden und Konzepte und Sprecher der Institutsleitung, ISOE – Institut für sozial-ökologische Forschung; Sprecher Projektbereich Wissenstransfer und sozial-ökologische Forschung, LOEWE Biodiversität und Klimaforschung Zentrum BIK-F, Frankfurt a. M., *Arbeitsgebiete*: gesellschaftliche Naturverhältnisse, sozial-ökologische Wissenschaftsforschung, Methoden der Wissensintegration

Jonas, Kai J., Dr., geb. 1972, Assistant Professor (tenured), Department of Social Psychology and Cognitive Science Center, University of Amsterdam, *Arbeitsgebiete*: Diskriminierung, automatische Prozesse, Selbstregulation, Zivilcourage, Gesundheitspsychologie

Kaesler, Dirk, Dr. rer. pol., Dr. rer. pol. habil., geb. 1944, em. Professor für Allgemeine Soziologie an der Philipps-Universität Marburg, *Arbeitsgebiete*: soziologische Theorien, Geschichte der Soziologie, politische Soziologie, Max Weber-Forschung

Kahlert, Heike, Dr. rer. soc. habil., Lehrstuhlvertreterin für Soziologie mit dem Schwerpunkt Soziale Entwicklungen und Strukturen am Institut für Soziologie der Ludwig-Maximilians-Universität München, *Arbeitsgebiete*: Transformationen des Wissens in der Moderne, Geschlechterverhältnisse und sozialer Wandel im Wohlfahrtsstaat, institutionalisierte Ungleichheiten im Bildungswesen, gleichstellungsbezogene Organisationsentwicklung im Public-Profit-Bereich

Kaiser, Mario, Dr. phil., geb. 1976, Lehrbeauftragter an der Universität Basel und Luzern, *Arbeitsgebiete*: Wissenschaftssoziologie, Zeitsoziologie, analytische Philosophie

Kappelhoff, Peter, Dr., geb. 1944, Professor an der Schumpeter School of Business and Economics, Universität Wuppertal, *Arbeitsgebiete*: Evolutionstheorie, allgemeine Sozialtheorie, evolutionäre Ökonomik

Karduck, Stefan, PD Dr., geb. 1969, Privatdozent an der Universität zu Köln, Humanwissenschaftliche Fakultät, *Arbeitsgebiete*: Evaluation der Lehre, Soziologie, Statistik

Kelle, Udo, Dr. phil., geb. 1960, Professor für Methoden empirischer Sozialforschung und Statistik an der Helmut-Schmidt Universität der Bundeswehr, Hamburg, *Arbeitsgebiete*: Methoden empirischer Sozialforschung und deren wissenschaftstheoretische Grundlagen

Kerschreiter, Rudolf, Dr., geb. 1972, Professor für Sozial- und Wirtschaftspsychologie an der Freien Universität Berlin, *Arbeitsgebiete*: Führung, soziale Identität, Informationsverarbeitung und Entscheidungsverhalten von Individuen und Gruppen

Kißler, Leo, Dr. Dr., geb. 1949, Professor für Soziologie an der Philipps-Universität Marburg, *Arbeitsgebiete*: Demokratieforschung, Modernisierung des öffentlichen Sektors, Partizipation, industrielle Beziehungen

Kocka, Jürgen, Dr. Dr. h.c. mult., geb. 1941, em. Professor für Geschichte der Industriellen Welt an der Freien Universität Berlin, *Arbeitsgebiete*: moderne Geschichte, Sozialgeschichte, vergleichende Geschichte, Geschichte des Kapitalismus

Kocyba, Hermann, Dr. phil., geb. 1949, Mitarbeiter des Instituts für Sozialforschung an der Johann Wolfgang-Goethe-Universität Frankfurt, *Arbeitsgebiete*: Arbeit, Wertschöpfung und Anerkennung; Technologie und soziale Innovation; betriebliche Gesundheitskulturen

Koechlin, Lucy, Dr., geb. 1968, Dozentin der Universität Basel, *Arbeitsgebiete*: politischer Wandel in Afrika, Demokratie, Korruption

König, Alexandra, Dr., geb. 1972, Akademische Rätin im Bereich Soziologie an der Universität Wuppertal, *Arbeitsgebiete*: soziale Ungleichheit, Lebensphasen, empirische Methoden

Koenig, Matthias, Dr., geb. 1971, Professor für Soziologie an der Georg-August-Universität Göttingen, *Arbeitsgebiete*: soziologische Theorie, Religionssoziologie, Menschenrechte

Kößler, Reinhardt, Dr., geb. 1949, Direktor des Arnold Bergstraesser-Instituts Freiburg i.B. und apl. Professor am Seminar für Wissenschaftliche Politik der Universität Freiburg, *Arbeitsgebiete*: Gesellschaftstheorie, politische Soziologie, Erinnerungspolitik, Regionalschwerpunkt Südliches Afrika

Kohrs, Silke, M.A., geb. 1977, wissenschaftliche Mitarbeiterin am Institut für Soziologie an der TU Dortmund, *Arbeitsgebiete*: soziale Ungleichheit, empirische Methoden, Bildungssoziologie

Kolb, Kathrin, Dr., geb. 1981, wissenschaftliche Mitarbeiterin an der Universität Bamberg, *Arbeitsgebiete*: Bildungssoziologie, Lebensverlaufsforschung, Wohlfahrtsstaatenvergleich, Vermögens-/Wohneigentumsungleichheiten

Kopp, Johannes, Dr., geb. 1961, Professor für Soziologie an der Universität Trier, *Arbeitsgebiete*: Familiensoziologie, intergenerationale Beziehungen, Methoden der empirischen Sozialforschung, Datenanalyse

Korff, Rüdiger, Dr., geb. 1954, Professor für Südostasien-Studien an der Universität Passau, *Arbeitsgebiete*: Entwicklungs- und Stadtsoziologie

Krähnke, Uwe, Dr., geb. 1967, wissenschaftlicher Mitarbeiter an der Universität Leipzig, *Arbeitsgebiete*: allgemeine Soziologie, Gesellschaftstheorie, Kultursoziologie, qualitative Methoden

Krais, Beate, geb. 1944, Professorin für Soziologie an der TU Darmstadt (seit 2009 im Ruhestand), *Arbeitsgebiete*: soziologische Theorie, Bildungssoziologie, Soziologie des Geschlechterverhältnisses, Wissenschaftsforschung

Kroneberg, Clemens, Dr., geb. 1980, Professor für Soziologie an der Universität zu Köln, *Arbeitsgebiete*: Soziologische Theorie, Migration/Integration, Kriminalität

Kühl, Stefan, Dr. Dr., geb. 1966, Professor für Soziologie an der Universität Bielefeld, *Arbeitsgebiete*: soziologische Theorie, Organisationssoziologie, Interaktionssoziologie, Weltgesellschaft, Wissenschaftsgeschichte

Künemund, Harald, Dr. habil., geb. 1958, Professor für empirische Altersforschung und For-

schungsmethoden an der Universität Vechta, *Arbeitsgebiete*: gesellschaftliche Partizipation, Generationenbeziehungen, Alterssicherung, Methoden der Sozialforschung

Küsters, Ivonne, M.A., geb. 1973, wissenschaftliche Mitarbeiterin im DFG-Projekt »Handlungsstrategien einer ›verunsicherten‹ Mitte der Gesellschaft. Ein Kohortenvergleich« an der TU Dortmund, *Arbeitsgebiete*: qualitative Methoden, Theorien gesellschaftlicher Differenzierung, Kultursoziologie

Kurtz, Thomas, Dr., geb. 1961, Professor für Soziologie an der Staatlichen Studienakademie Thüringen und Privatdozent an der Fakultät für Soziologie der Universität Bielefeld, *Arbeitsgebiete*: Berufs- und Professionsforschung, Bildungsforschung, Organisationstheorie, soziologische Theorie

Kutsch, Thomas, Dr., geb. 1943, em. Professor für Wirtschaftssoziologie an der Universität Bonn, *Arbeitsgebiete*: Wirtschaftssoziologie

Laudel, Grit, Dr., geb. 1966, wissenschaftliche Mitarbeiterin an der TU Berlin, *Arbeitsgebiete*: Wissenschaftssoziologie, empirische Methoden der Sozialforschung

Lauterbach, Wolfgang, Dr., geb. 1960, Professor für sozialwissenschaftliche Bildungsforschung an der Universität Potsdam, *Arbeitsgebiete*: Bildungssoziologie, soziale Ungleichheit, Familien und Lebenslaufforschung

Lenz, Karl, Dr., geb. 1955, Professor für Mikrosoziologie an der TU Dresden, *Arbeitsgebiete*: Soziologie persönlicher Beziehung, Paar- und Familienforschung, Geschlechterforschung, qualitative Sozialforschung

Lenzen, Manuela, Dr., geb. 1967, Wissenschaftsjournalistin und wissenschaftliche Mitarbeiterin am Zentrum für interdisziplinäre Forschung der Universität Bielefeld, *Arbeitsgebiete*: Evolutionstheorie und Kognitionswissenschaften

Leuschner, Vincenz, Dr. phil., geb. 1975, wissenschaftlicher Mitarbeiter am Arbeitsbereich Entwicklungswissenschaft und angewandte Entwicklungspsychologie an der Freien Universität Berlin, *Arbeitsgebiete*: Gewaltforschung, politische Soziologie

Leutner, Detlev, Dr. phil., Dr. h.c., Professor für Lehr-Lernpsychologie an der Universität Duisburg-

Essen, *Arbeitsgebiete*: Lernen mit Multimedia, selbstreguliertes Lernen, Problemlösen, Large-Scale-Assessment

Liakova, Marina, Dr., geb. 1973, Soziologin, wissenschaftliche Mitarbeiterin und stellvertretende Direktorin des Instituts für Transdisziplinäre Sozialwissenschaft an der Pädagogischen Hochschule Karlsruhe, *Arbeitsgebiete*: Migration, Gender, Minderheiten, Südosteuropa

Lill, Cassandra, M.A., geb. 1986, wissenschaftliche Mitarbeiterin am Institut für Sozialwissenschaften, Fachbereich Soziologie, der CAU Kiel, *Arbeitsgebiete*: Stadt- und Regionalsoziologie, soziale Ungleichheit, allgemeine Soziologie

Lucke, Doris Mathilde, Dr. rer. pol., phil. habil., Diplom-Soziologin, Professorin für Soziologie am Institut für Politische Wissenschaft und Soziologie der Rheinischen Friedrich-Wilhelms-Universität Bonn, *Arbeitsgebiete*: Gender Studies, Akzeptanzforschung, Rechtssoziologie, Jugendszenen und neue Lebensformen

Luedtke, Jens, Dr., geb. 1962, Professor für Soziologie (und empirische Sozialforschung) an der Universität Augsburg, *Arbeitsgebiete*: Jugend, abweichendes Verhalten, qualitative und quantitative Methoden, Arbeit(slosigkeit)

Maasen, Sabine, Dr., geb. 1960, Professorin für Wissenschaftssoziologie an der TU München, *Arbeitsgebiete*: Wissens- und Wissenschaftssoziologie, Wissenschaftsmanagement, (Neuro-)Technowissenschaften, soziotechnische Arrangements von Selbst und Gesellschaft

Marth, Julia, Dipl.-Soziologin, geb. 1973, wissenschaftliche Mitarbeiterin am Institut für interdisziplinäre Konflikt- und Gewaltforschung der Universität Bielefeld, *Arbeitsgebiete*: Jugend- und Schülergewalt, Sozialraumforschung, Rechtsextremismus, Schulevaluation

Maurer, Andrea, Dr. rer. pol., geb. 1962, Professorin für Soziologie an der Universität Trier, *Arbeitsgebiete*: Wirtschafts- und Organisationssoziologie, soziologische Theorie, neuer Institutionalismus

Mayring, Philip, Dr., geb. 1952, Professor für Psychologische Methodenlehre an der Universität Klagenfurt, *Arbeitsgebiete*: qualitativ-quantitative Methodenforschung, Evaluationsforschung, Inhaltsanalyse, Gesundheitspsychologie

Meier, Ernst-Christoph, Dr., geb. 1956, Direktor und Professor des Sozialwissenschaftlichen Instituts der Bundeswehr in Strausberg, *Arbeitsgebiete*: Militärsoziologie, Sicherheitspolitik

Meulemann, Heiner, Dr., geb. 1944, Professor für Soziologie an der Universität zu Köln, *Arbeitsgebiete*: internationaler Vergleich, Lebenslaufforschung, Mediensoziologie, Methoden der Soziologie

Meuser, Michael, Dr. phil. habil., geb. 1952, Professor für Soziologie der Geschlechterverhältnisse an der TU Dortmund, *Arbeitsgebiete*: Soziologe der Geschlechterverhältnisse, Soziologie des Körpers, Wissenssoziologie, Methoden qualitativer Forschung

Meyer, Thomas, Dr. habil., geb. 1958, Akademischer Rat an der Universität Siegen, Fak. I/Soziologie, *Arbeitsgebiete*: Familien-, Sozialstruktur- und Ungleichheitsforschung

Mikl-Horke, Gertraude, Dr., geb. 1944, em. Professorin der Wirtschaftsuniversität Wien, *Arbeitsgebiete*: Arbeits- und Industriesoziologie, Wirtschaftssoziologie, historische Soziologie

Minssen, Heiner, Dr., geb. 1951, Professor für Arbeitsorganisation und -gestaltung an der Ruhr-Universität Bochum, *Arbeitsgebiete*: Arbeits- und Industriesoziologie, Organisationssoziologie, Managementsoziologie

Mozetič, Gerald, Dr., geb. 1951, Professor am Institut für Soziologie der Karl-Franzens-Universität Graz, *Arbeitsgebiete*: Geschichte der Soziologie, soziologische Theorie, Methodologie der Sozialwissenschaften, Literatur- und Textsoziologie

Müller, Marion, Dr., geb. 1973, Juniorprofessorin für Soziologie an der Universität Trier, *Arbeitsgebiete*: Wissenssoziologie, Ethnizitätsforschung, Soziologie des Körpers und des Sports

Müller-Jentsch, Walther, Dr., geb. 1935, em. Professor für Soziologie an der Ruhr-Universität Bochum, *Arbeitsgebiete*: industrielle Beziehungen, Industrie-, Organisations- und Kunstsoziologie

Nave-Herz, Rosemarie, Dr. Dr. h.c., Professorin für Soziologie an der C.v.O-Universität Oldenburg, *Arbeitsgebiete*: Soziologie der Familie und anderer Lebensformen, Bildungssoziologie

Neubert, Dieter, Dr., geb. 1952, Professor für Soziologie an der Universität Bayreuth, *Arbeitsgebiete*: politische Soziologie Afrikas, Soziologie gewalttätiger Konflikte, Soziologie der Entwicklung

Neumeier, Christopher, Dr. phil., geb. 1978, kommissarischer Leiter der Abteilung II »Wirtschaftliche und soziale Umbrüche im 20. Jahrhundert« am Zentrum für Zeithistorische Forschung Potsdam, *Arbeitsgebiete*: Sozial- und Wirtschaftsgeschichte, Kulturgeschichte, Technikgeschichte, Umweltgeschichte

Niederbacher, Arne, Dr., geb. 1970, Akademischer Oberrat an der TU Dortmund, *Arbeitsgebiete*: Teilkulturen der Gegenwartsgesellschaft

Nollmann, Gerd, Dr., geb. 1967, Professor für Soziologie am Karlsruher Institut für Technologie, *Arbeitsgebiete*: Sozialstrukturanalyse, Lohn- und Einkommensverteilung, quantitative Methoden

Opaschowski, Horst, Dr. phil., Professor für Erziehungswissenschaft von 1975 bis 2006 an der Universität Hamburg, *Arbeitsgebiete*: 2007 Gründer der Stiftung für Zukunftsfragen, Zukunftswissenschaftler und Berater für Politik und Wirtschaft, gilt international als »Mr. Zukunft« (dpa)

Opp, Karl-Dieter, Dr. rer. pol., geb. 1937, em. Professor an der Universität Leipzig und Affiliate Professor an der University of Washington (Seattle), *Arbeitsgebiete*: allgemeine Soziologie (Schwerpunkte: Normen und Institutionen, Rational-Choice-Theorie), politischer Protest und soziale Bewegungen, Methodologie der Sozialwissenschaften

Parzer, Michael, Dr., geb. 1978, Post-Doc-Assistent am Institut für Soziologie der Universität Wien, *Arbeitsgebiete*: Kultur, Migration, soziale Ungleichheit

Petersen, Thomas, PD Dr., geb. 1968, Projektleiter am Institut für Demoskopie Allensbach, *Arbeitsgebiete*: politische Kommunikation, Medienwirkungsforschung, Feldexperimente, visuelle Kommunikation

Pettenkofer, Andreas, Dr., wissenschaftlicher Mitarbeiter am Max-Weber-Kolleg an der Universität Erfurt, *Arbeitsgebiete*: soziologische Theorie, Protest, Vertrauen

Plé, Bernhard, Dr. Dr., geb. 1954, Professor für Soziologie an der FH JOANNEUM, Graz, und Sigmund Freud PrivatUniversität, Wien, *Arbeitsgebiete*: Wissenssoziologie, politische Ideengeschichte, Organisations- und Stadtforschung

Pollack, Detlef, Dr., geb. 1955, Professor für Religionssoziologie an der Universität Münster, *Arbeitsgebiete*: Religionssoziologie, neue soziale Bewegungen, politische Kultur-Forschung

Pries, Ludger, Dr. phil., Dr. habil., geb. 1953, Professor für Soziologie an der Ruhr-Universität Bochum, *Arbeitsgebiete*: international vergleichende Organisations-, Arbeits-, Migrationssoziologie, Transnationalisierungsforschung

Renn, Ortwin, Dr. Dr. h.c., geb. 1951, Professor für Umwelt- und Techniksoziologie und Direktor des interdisziplinären Zentrums für Risiko- und Innovationsforschung an der Universität Stuttgart (ZIRIUS), *Arbeitsgebiete*: Risikoanalyse, Technikfolgen-, Partizipations- und Nachhaltigkeitsforschung

Richter, Matthias, Dr., geb. 1971, Professor für Medizinische Soziologie an der Martin-Luther-Universität Halle-Wittenberg, *Arbeitsgebiete*: Gesundheitssoziologie, soziale Determinanten von Gesundheit und Krankheit, Kinder- und Jugendforschung, interdisziplinäre Lebenslaufforschung

Rössel, Jörg, Dr., geb. 1968, Professor für Soziologie an der Universität Zürich, *Arbeitsgebiete*: soziologische Theorie, Sozialstrukturanalyse, Kultursoziologie, Migrationsforschung

Rohmann, Elke, PD Dr., geb. 1961, Akademische Rätin a. Z. an der Ruhr-Universität Bochum, *Arbeitsgebiete*: Gerechtigkeit, Bindung in Partnerschaften, Geschlechtsrollen-Selbstkonzept und Wohlbefinden

Rosenthal, Gabriele, Dr., geb. 1954, Professorin für Qualitative Methoden an der Georg-August-Universität Göttingen, *Arbeitsgebiete*: interpretative Soziologie, Generationenforschung, Ethnizität und sozio-politische Konflikte

Rothfuß, Eberhard, PD Dr., geb. 1970, Akademischer Oberrat auf Zeit am Lehrstuhl für Anthropogeographie der Universität Passau, *Arbeitsgebiete*: Sozialgeographie, Stadtgeographie, Geographische Entwicklungsforschung, raumbezogene qualitative Sozialforschung

Saam, Nicole J., Dr. phil., geb. 1964, Professorin für Methoden der empirischen Sozialforschung an der Friedrich-Alexander-Universität Erlangen-Nürnberg, *Arbeitsgebiete*: Organisationssoziologie, sozialwissenschaftliche Computersimulation, politische Soziologie

Sackmann, Reinhold, Dr. rer. pol., geb. 1959, Professor für Soziologie mit dem Schwerpunkt Sozialstrukturanalyse an der Martin-Luther-Universität Halle Wittenberg, *Arbeitsgebiete*: Lebenslaufsoziologie, Bewältigung demografischen Wandels, Bildungssoziologie

Sahner, Heinz, Dr., geb. 1938, em. Professor für Soziologie an der Martin-Luther-Universität Halle-Wittenberg, *Arbeitsgebiete*: allgemeine Soziologie, Strukturanalyse moderner Gesellschaften, Stadt- und Regionalanalyse, Methoden der empirischen Sozialforschung

Salentin, Kurt, Dr., geb. 1959, wissenschaftlicher Mitarbeiter an der Universität Bielefeld, *Arbeitsgebiete*: Migration und Integration, Segregation, empirische Sozialforschung, Datenmanagement

Schäfers, Bernhard, Dipl.-Soz., Dr. sc. pol., geb. 1939, em. Professor am Institut für Soziologie der Universität Karlsruhe (TH; jetzt KIT), *Arbeitsgebiete*: Sozialstruktur Deutschlands, allgemeine Soziologie, Architektur- und Stadtsoziologie

Scheffer, Thomas, Dr., geb. 1967, Professor für Interpretative Sozialforschung an der Goethe-Universität Frankfurt, *Arbeitsgebiete*: Ethnographie und Diskursanalyse staatlicher Gewalten, Mikrosoziologie

Scheithauer, Herbert, Dr. phil., Professor für Entwicklungs- und Klinische Psychologie an der Freien Universität Berlin, *Arbeitsgebiete*: Gewaltforschung und -prävention

Schiener, Jürgen, Dr., geb. 1968, Akademischer Oberrat an der Johannes Gutenberg-Universität Mainz, *Arbeitsgebiete*: Arbeitsmarkt, Bildung, empirische Sozialforschung, soziale Ungleichheit

Schmidt, Gert, Dr., geb. 1943, Professor em. für Soziologie an der Universität Erlangen-Nürnberg, *Arbeitsgebiete*: Industrie, Organisation, Automobilismus

Schmitt, Manfred, Dr., geb. 1954, Professor für Diagnostik und Differentielle Psychologie an der Universität Koblenz-Landau, *Arbeitsgebiete*: soziale Gerechtigkeit, Person x Situation – Interaktion, Emotionen, implizite Dispositionen

Schöneck, Nadine M., Dr., geb. 1975, wissenschaftliche Mitarbeiterin am Institut für Soziologie an der Universität Bremen, *Arbeitsgebiete*: Sozialstrukturanalyse, ländervergleichende Wohlfahrtsstaatsforschung, Zeitsoziologie

Schrage, Dominik, Dr. phil. habil., geb. 1969, Professor für Kultur- und Mediensoziologie an der Leuphana Universität Lüneburg, *Arbeitsgebiete*: Kultursoziologie, soziologische Theorien, Konsum- und Mediensoziologie

Schroeter, Klaus R., Dr. phil. habil., Professor für »Soziale Arbeit und Alter« an der Hochschule für Soziale Arbeit (HSA) an der fhnw in Olten (CH), *Arbeitsgebiete*: allgemeine Soziologie, Gerontosoziologie, soziologische Theorie

Schubert, Cornelius, Dr., geb. 1971, PostDoc im Graduiertenkolleg Locating Media an der Universität Siegen, *Arbeitsgebiete*: Wissenschafts- und Technikforschung, Innovationssoziologie, qualitative Methoden

Schützeichel, Rainer, Dr., geb. 1958, Professor für Soziologie (Vertr.) an der Universität Bielefeld, *Arbeitsgebiete*: soziologische Theorie, Wissenssoziologie, Wirtschaftssoziologie

Schumacher, Florian, Dr., geb. 1978, Direktor des Global Studies Programme an der Albert-Ludwigs Universität Freiburg, *Arbeitsgebiete*: die Soziologie Pierre Bourdieus, Globalisierungstheorie, Kunstsoziologie

Schupp, Jürgen, Dr., geb. 1956, Professor für Soziologie an der Freien Universität Berlin und Direktor des Sozio-ökonomischen Panels (SOEP) im Deutschen Institut für Wirtschaftsforschung (DIW Berlin), *Arbeitsgebiete*: Methoden der empirischen Sozialforschung, soziale Ungleichheit und soziale Indikatoren

Schwinn, Thomas, Dr., geb. 1959, Professor für Allgemeine Soziologie mit dem Schwerpunkt Soziologische Theorie an der Universität Heidelberg, *Arbeitsgebiete*: soziologische Theorie, Differenzierungstheorie, multiple modernities, Max Weber

Skok, Robert, Dipl.-Soz., geb. 1977, wissenschaftlicher Mitarbeiter am Lehrstuhl für Wirtschafts- und Organisationssoziologie der Universität der Bundeswehr, München, *Arbeitsgebiete*: Wirtschaftssoziologie, Marktsoziologie, Organisationssoziologie, Institutionen- und Handlungstheorien

Smudits, Alfred, Dr., geb. 1954, Professor für Musiksoziologie an der Universität für Musik und darstellende Kunst in Wien, *Arbeitsgebiete*: Kultursoziologie, Medientheorie, sozialer Wandel

Stachura, Mateusz, Dr., geb. 1975, wissenschaftlicher Mitarbeiter am Max-Weber-Institut für Soziologie der Universität Heidelberg, *Arbeitsgebiete*: Institutionentheorie, politische Soziologie, Wirtschaftssoziologie

Steuerwald, Christian, Dr., geb. 1974, wissenschaftlicher Mitarbeiter am Institut für Soziologie der Johannes-Gutenberg-Universität Mainz, *Arbeitsgebiete*: theoretische Soziologie, soziale Ungleichheit, Körpersoziologie, Kunstsoziologie

Stockmann, Reinhard, Dr., geb. 1955, Professor für Soziologie an der Universität des Saarlandes, Saarbrücken, *Arbeitsgebiete*: Theorien und Methoden der Evaluation, Soziologie und Politik der Entwicklungsländer, Bildungs- und Organisationssoziologie

Strasser, Hermann, Dr., PhD, geb. 1941, em. Professor für Soziologie an der Universität Duisburg-Essen, *Arbeitsgebiete*: Sozialkapital, soziologische Theorie, Kultursoziologie, Biografien

Strauß, Susanne, Dr., geb. 1976, Akademische Rätin auf Zeit an der Universität Tübingen, *Arbeitsgebiete*: Erwerbsbiografien, Alterssicherung, Geschlechterungleichheiten, ehrenamtliches Engagement

Stricker, Michael, Dr. sc. pol., geb. 1964, Professor für Sozialmanagement an der FH Bielefeld, *Arbeitsgebiete*: Sozialkapital, bürgerschaftliches Engagement, Wohlfahrtsverbände

Struck, Olaf, Dr., geb. 1964, Professor für Arbeitswissenschaft an der Universität Bamberg, *Arbeitsgebiete*: Arbeits-, Wirtschafts-, Bildungssoziologie, empirische Lebensverlaufsforschung

Szydlik, Marc, Dr., geb. 1965, Professor für Soziologie an der Universität Zürich, *Arbeitsgebiete*: Sozialstruktur, Lebenslauf, Arbeit, Generationen

Tasseit, Siegfried, Dipl.-Soz., geb. 1948, Psycholog. Psychotherapeut, *Arbeitsgebiete*: klinische Soziologie, Professionssoziologie, Soziologie sozialer Probleme (insbes. Alkoholismus)

Thome, Helmut, Dr., geb. 1945, em. Professor an der Martin-Luther-Universität Halle-Wittenberg, *Arbeitsgebiete*: empirische Methoden, Werteforschung, Kriminalsoziologie

Trommsdorff, Gisela, em. Professorin für Entwicklungspsychologie und Kulturvergleich an der Universität Konstanz und Forschungsprofessorin am Deutschen Institut für Wirtschaftsforschung (DIW), Berlin, *Arbeitsgebiete*: Transmission von Werten, Sozialisation von prosozialem Verhalten und intergenerationale Beziehungen im kulturellen Kontext

Uerz, Gereon, Dr., geb. 1970, Soziologe und Experte für Foresight, Projektleiter in der Konzernforschung der Volkswagen AG, Wolfsburg

Vanberg, Viktor J., em. Professor für Wirtschaftspolitik an der Universität Freiburg, *Arbeitsgebiete*: Institutionenökonomik, verhaltenstheoretische Grundlagen der Sozialwissenschaften

Vaskovics, Laszlo, Dr. Dr. h.c., geb. 1936, em. Professor für Soziologie an der Universität Bamberg, Emeritus, ehem. Direktor des Staatsinstituts für Familienforschung an der Universität Bamberg, *Arbeitsgebiete*: Familienforschung, Lebenslaufforschung, soziale Probleme

Vester, Michael, Dr. phil., geb. 1939, em. Professor für Politische Wissenschaft an der Leibniz Universität Hannover, *Arbeitsgebiete*: politische Soziologie und Geschichte sozialer Strukturen, Mentalitäten, Milieus und Bewegungen

Voges, Wolfgang, Dr. habil., geb. 1947, em. Professor am Zentrum für Sozialpolitik der Universität Bremen, *Arbeitsgebiete*: soziale Ungleichheit und Morbidität/Mortalität, soziale Teilhabe und soziale Ausgrenzung

Vogt, Ludgera, Dr., geb. 1962, Professorin für Allgemeine Soziologie an der Bergischen Universität Wuppertal, *Arbeitsgebiete*: politische Soziologie, Kultur- und Mediensoziologie

Voss, Thomas, geb. 1955, Professor für Soziologie an der Universität Leipzig, *Arbeitsgebiete*: soziologische Theorie und Theoriegeschichte, Organisations- und Wirtschaftssoziologie

Voß, Werner, Dr., geb. 1942, em. Professor für statistische Methoden an der Ruhr-Universität Bochum, *Arbeitsgebiete*: Umfrageforschung, statistische Methoden, Rechnereinsatz in den Sozialwissenschaften

Weichhart, Peter, Dr. phil., geb. 1947, Professor für Humangeographie i. R. an der Universität Wien, *Arbeitsgebiete*: Sozialgeographie, Wohn- und Wanderungsforschung, Raumplanung, Gesellschaft-Umwelt-Beziehungen

Weiß, Johannes, Dr. Dr. h.c., em. Professor für Soziologische Theorie und Philosophie der Sozialwissenschaften an der Universität Kassel, *Arbeitsgebiete*: theoretische Soziologie, Kultursoziologie, Wissenschaftslehre, Sozial- und Kulturphilosophie

Weymann, Ansgar, Dr., geb. 1945, Professor für Soziologie an der Universität Bremen, *Arbeitsgebiete*: soziologische Theorie und Gesellschaftstheorie, Bildung und Arbeitsmarkt, Bildungspolitik, Lebenslaufforschung

Wiedenmann, Rainer E., geb. 1956, Professor für Soziologie an der Geschichts- und Gesellschaftswissenschaftlichen Fakultät der Kath. Universität Eichstätt-Ingolstadt, *Arbeitsgebiete*: soziologische Theorien, Wissen, historische Soziologie, Human-Animal-Studies

Wilhelms, Günter, Dr., geb. 1958, Professor für Christliche Gesellschaftslehre an der Theologischen Fakultät Paderborn, *Arbeitsgebiete*: Wirtschaftsethik, Grundlegung der Sozialethik, Kulturethik, Gesellschaftstheorie und christliche Sozialethik

Wilz, Sylvia Marlene, Dr., geb. 1964, Professorin für Organisationssoziologie und qualitative Methoden an der FernUniversität in Hagen, *Arbeitsgebiete*: Arbeits- und Organisationssoziologie, Entscheidungsforschung, Geschlechterdifferenzierung in Organisationen, qualitative Methoden empirischer Sozialforschung

Witte, Erich H., Dr. phil., Dipl. Psych., geb. 1946, em. Professor an der Universität Hamburg, ehemaliger Leiter der Arbeitsgruppe Sozial-, Medien- und Wirtschaftspsychologie, *Arbeitsgebiete*: Kleingruppenforschung, intime Sozialbeziehungen, empirische Ethikforschung, Wirtschaftspsychologie

Zifonun, Dariuš, Dr., geb. 1968, Professor für Soziologie an der Alice Salomon Hochschule Berlin, *Arbeitsgebiete*: Wissenssoziologie, Soziologie sozialer Welten, Ethnizitäts- und Migrationsforschung, interpretative Sozialforschung

Zöller, Michael, Dr., geb. 1946, em. Professor für Politische Soziologie an der Universität Bayreuth, *Arbeitsgebiete*: politische Ökonomie, Ideengeschichte, Religionssoziologie, USA

Zschache, Johannes, geb. 1986, wissenschaftlicher Mitarbeiter am Institut für Soziologie der Universität Leipzig, *Arbeitsgebiete*: soziale Simulationen, RC- und Verhaltenstheorie, Netzwerkanalyse

Zwengel, Almut, PD. Dr., geb. 1963, Professorin für Soziologie mit Schwerpunkt interkulturelle Beziehungen an der Hochschule Fulda, *Arbeitsgebiete*: Migrationssoziologie, Sprachsoziologie, qualitative Sozialforschung

UVK:Weiterlesen bei UTB

Rainer Diaz-Bone
Statistik für Soziologen
2013, 286 Seiten
ISBN 978-3-8252-4034-9
UTB Basics

Eine Einführung für die Grundausbildung: Das Lehrbuch beinhaltet alle wichtigen Themenbereiche der statistischen Grundausbildung: von der Beschreibung einzelner Variablen bis zur multivariaten Analyse. Die Zugänglichkeit in der Darstellung (eher sprachliche und grafische Darstellung als Formeln, zudem zahlreiche Beispiele) steht dabei im Vordergrund. Der Band kann in einer zweisemestrigen Lehrveranstaltung durchgearbeitet werden und vermittelt den aktuellen Stand der sozialwissenschaftlichen Statistikausbildung.

Dr. Rainer Diaz-Bone ist Professor für Soziologie mit Schwerpunkt qualitative und quantitative Methoden an der Universität Luzern (Schweiz).

Volker Kruse
Geschichte der Soziologie
2. Auflage
2012, 320 Seiten, 22 s/w Abb.
ISBN 978-3-8252-3833-9
UTB Basics

Ein kompakter Überblick über die Geschichte der Soziologie: von den Anfängen im 19. Jahrhundert bis in die Nachkriegszeit. Es werden die für die Lehre zentralen Soziologen vorgestellt – ihr Leben, ihr Werk und ihre Zeit.
Der Autor zeigt, wie soziologische Theorien in der Auseinandersetzung mit zeitspezifischen politischen, ökonomischen und kulturellen Herausforderungen entstehen und ermöglicht damit ein leichteres Verständnis der begrifflichen und theoretischen Grundlagen der Soziologie. Volker Kruse möchte bei Studierenden und anderen Interessierten Lust auf theoretisches Denken wecken und zu weiterführendem Lesen anregen. Zahlreiche Schaubilder, Hintergrundinformationen und Originalzitate veranschaulichen dabei Zusammenhänge. Zusammenfassungen, Definitionen und Lernkontrollfragen fördern das Verständnis. Ideal auch für die Prüfungsvorbereitung.

Volker Kruse ist Professor an der Fakultät für Soziologie der Universität Bielefeld.

Hartmut Rosa, David Strecker, Andrea Kottmann
Soziologische Theorien
2., überarbeitete Auflage
2013, 316 Seiten, 46 s/w Abb.
ISBN 978-3-8252-3832-2
UTB Basics

Eine grundlegende Einführung in die klassischen und zeitgenössischen soziologischen Theorien für Studienanfänger ohne fachspezifische Vorkenntnisse.
Während in traditionellen Einführungen die Theorien nach Schulen geordnet werden, stellen die Autoren die einzelnen Ansätze systematisch und historisch anhand ihrer jeweiligen Diagnose der Moderne vor. Für die Strukturierung der Ansätze ziehen sie die perspektivische Auffächerung der Modernisierung nach Prozessen der Rationalisierung, Individualisierung, Differenzierung und Domestizierung heran und verdeutlichen so Zusammenhänge und Unterschiede.

Prof. Dr. Hartmut Rosa lehrt Allgemeine und Theoretische Soziologie an der Universität Jena. Dr. David Strecker ist wissenschaftlicher Mitarbeiter an der Universität Jena. Andrea Kottmann ist wissenschaftliche Mitarbeiterin am Center for Higher Education Policy Studies (CHEPS) der Universität von Twente (Niederlande).

UVK:Weiterlesen bei UTB

Michael Corsten
Grundfragen der Soziologie
2011, 322 Seiten
ISBN 978-3-8252-3494-2
UTB Basics

Michael Corsten führt StudienanfängerInnen in die Grundfragen der Soziologie ein, indem er sie durch das Labyrinth der soziologischen Fachbegriffe leitet: Er zeigt für ausgewählte Grundbegriffe auf, wie diese im Zusammenhang einer Terminologie – also eines ganzen Begriffssystems – stehen und wie zudem verschieden ansetzende Terminologien auf vergleichbare Gegenstände bezogen sind. Er stellt Verbindungen zwischen verschiedenen Denkansätzen her, integriert dabei spezielle Soziologien (wie Familienforschung, Kultursoziologie, Bildungsforschung etc.) in die Darstellung und vermittelt die Hauptthesen aktueller Gesellschaftsdiagnosen.
Die Einführung macht sichtbar, wie über die Konstruktion von Begriffen eine spezifische Sicht auf gesellschaftliche Phänomene und die Gesellschaft insgesamt eröffnet wird.

Michael Corsten ist Professor für Soziologie an der Universität Hildesheim.

Johannes Huinink, Torsten Schröder
Sozialstruktur Deutschlands
2008, 280 Seiten
ISBN 978-3-8252-3146-0
UTB Basics

Eine kompakte Einführung in die Sozialstruktur Deutschlands: Grundbegriffe, zentrale Modelle und Methoden der Sozialstrukturanalyse werden erklärt.
Dabei werden die beiden zentralen Themenfelder »Bevölkerung« und »soziale Ungleichheit« umfassend behandelt. Der Zusammenhang zwischen der Sozialstruktur und grundlegenden gesellschaftlichen Institutionen wie Arbeitsmarkt oder Wohlfahrtsstaat wird anhand empirischer Befunde verständlich gemacht.
Der Band schließt mit einer Anleitung zum Umgang mit Datenquellen der Sozialstrukturforschung.

Dr. Johannes Huinink ist Professor für Soziologie am Institut für empirische und angewandte Soziologie der Universität Bremen, Arbeitsgebiet »Theorie und Empirie der Sozialstruktur«. Torsten Schröder ist wissenschaftlicher Mitarbeiter an der Universität Bremen.

Klicken + Blättern

Leseproben und Inhaltsverzeichnisse unter

www.uvk.de

Erhältlich auch in Ihrer Buchhandlung.

UVK:Weiterlesen bei UTB